［井上］

建築関係法令集

［令和6年度版］

建築法令研究会＝編

建築基準法

建築基準法施行令

建築基準法施行規則

建築基準法に基づく指定建築基準
適合判定資格者検定機関等に関する省令

建築士法・同法施行令・同法施行規則

建設業法・同法施行令［抄］

消防法・同法施行令［抄］

都市計画法・同法施行令・同法施行規則［抄］

住宅の品質確保促進法
長期優良住宅普及促進法・特定住宅瑕疵担保責任法
高齢者，障害者等の移動等の円滑化促進法
耐震改修促進法・建築物省エネ法

土地関係法令

設備関係法令

その他の関係法令

建築基準法関係国土交通省告示

編集にあたって

本法令集には，令和5年12月5日までに公布・施行された改正分を収録しました。

■方針

本書は，一級建築士，二級建築士および木造建築士の試験に伴う持込み法令集として，最も使いやすいものをと考え編集したものです。また，学校等における教科書としても最適であると確信しています。

■特色

1. 編集にあたっては，読みやすいように横書きとした。
2. 主要法令には，当該条文に関する施行令もしくは規則の条文の名称および番号を記載し，関連のある事項は［関連］として明示するとともに，当該箇所にそれぞれページを挿入した。

■数字および項番号等の取扱い

本書は，横組としたため，法令中の数字は，一部例外を除いて，すべて算用数字に統一した。

また，条文中および表中に「左の……」とあるのを「次の……」と表記した。同様に，表の項や欄を指定する「上欄」「下欄」は「左欄」「右欄」と表現した。

■単位および割合の取扱い

○本文中に用いた単位は，次のとおりとした。

ミリメートル	mm	メガパスカル	MPa
センチメートル	cm	ヘルツ	Hz
メートル	m	アンペア	A
キロメートル	km	ボルト	V
平方メートル	m^2	キロワット	kW
立方メートル	m^3	ルックス	lx
ニュートン	N	デシベル	dB
キロニュートン	kN	パーセント	%
ミリグラム	mg	1平方ミリメートルにつきニュートン	N/mm^2
キログラム	kg	1平方メートルにつきニュートン	N/m^2
トン	t	1平方メートルにつきセンチメートル	cm/m^2
ヘクタール	ha	1リットルにつきミリグラム	mg/l
リットル	l	1立方メートルにつきミリグラム	mg/m^3
秒	s	1平方メートルにつきメガジュール	MJ/m^2
時間	h	1時間につきキログラム	kg/h
パスカル	Pa	1秒間につきメートル	m/s
キロパスカル	kPa	角度，温度	°，℃

○「割合」の表示は，次のとおりとした。

百分の一………1/100　　　七分の一………1/7

■本書の使用した略語例

「政令」………△△法施行令　　「建告」………建設省告示

「規則」………○○法施行規則　　「国交告」……国土交通省告示

目　次

建築基準法 ……………………………………………………………………1
建築基準法施行令 ……………………………………………………………181
建築基準法施行規則 …………………………………………………………389
建築基準法に基づく指定建築基準適合判定資格者検定機関等に関する省令［抄］…571
建築士法・同法施行令・同法施行規則 ……………………………………607
　建築士法 …………………………………………………………………613
　　建築士法施行令 ………………………………………………………657
　　建築士法施行規則 ……………………………………………………660
建設業法・同法施行令 ………………………………………………………691
　建設業法［抄］ …………………………………………………………693
　　建設業法施行令［抄］ ………………………………………………712
消防法・同法施行令 …………………………………………………………719
　消防法［抄］ ……………………………………………………………721
　　消防法施行令［抄］ …………………………………………………742
　　危険物の規制に関する政令［抄］ …………………………………784
　　危険物の規制に関する規則［抄］ …………………………………802
　　住宅用防災警報器及び住宅用防災報知設備に係る技術上の規格を定める
　　省令［抄］ ……………………………………………………………803
　　住宅用防災機器の設置及び維持に関する条例の制定に関する基準を定める
　　省令 ……………………………………………………………………808
　　特定共同住宅等における必要とされる防火安全性能を有する消防の用に
　　供する設備等に関する省令 …………………………………………812
　　特定小規模施設における必要とされる防火安全性能を有する消防の用に
　　供する設備等に関する省令 …………………………………………822
　　排煙設備に代えて用いることができる必要とされる防火安全性能を有する
　　消防の用に供する設備等に関する省令 ……………………………824
　　複合型居住施設における必要とされる防火安全性能を有する消防の用に
　　供する設備等に関する省令 …………………………………………825
　　特定駐車場における必要とされる防火安全性能を有する消防の用に供する
　　設備等に関する省令 …………………………………………………827
都市計画法・同法施行令・同法施行規則 …………………………………833
　都市計画法［抄］ ………………………………………………………841
　　都市計画法施行令［抄］ ……………………………………………893
　　都市計画法施行規則［抄］ …………………………………………924
住宅の品質確保促進法・長期優良住宅普及促進法・特定住宅瑕疵担保責任法・
　高齢者，障害者等の移動等の円滑化促進法・耐震改修促進法・建築物省エネ法
　………………………………………………………………………………931
　住宅の品質確保の促進等に関する法律［抄］ ………………………933
　　住宅の品質確保の促進等に関する法律施行令［抄］ ……………941

　　住宅の品質確保の促進等に関する法律施行規則［抄］ ……………942
　長期優良住宅の普及の促進に関する法律［抄］ ………………948
　　長期優良住宅の普及の促進に関する法律施行令 …………………958
　　長期優良住宅の普及の促進に関する法律施行規則 ………………960
　特定住宅瑕疵担保責任の履行の確保に関する法律［抄］ ………967
　高齢者，障害者等の移動等の円滑化の促進に関する法律［抄］ ………980
　　高齢者，障害者等の移動等の円滑化の促進に関する法律施行令［抄］ ………998
　　高齢者，障害者等の移動等の円滑化の促進に関する法律施行規則［抄］ ……1009
　　高齢者，障害者等が円滑に利用できるようにするために誘導すべき
　　建築物特定施設の構造及び配置に関する基準を定める省令［抄］ ………1014
　　高齢者，障害者等の移動等の円滑化の促進に関する法律に基づく告示………1022
　建築物の耐震改修の促進に関する法律［抄］ …………………1031
　　建築物の耐震改修の促進に関する法律施行令…………………1046
　　建築物の耐震改修の促進に関する法律施行規則［抄］ ………1053
　　建築物の耐震改修の促進に関する法律に基づく告示……………1061
　建築物のエネルギー消費性能の向上に関する法律［抄］ ………1086
　　建築物のエネルギー消費性能の向上に関する法律施行令………1106
　　建築物エネルギー消費性能基準等を定める省令…………………1110

土地関係法令
　幹線道路の沿道の整備に関する法律［抄］ ……………………1127
　急傾斜地の崩壊による災害の防止に関する法律［抄］ ………1133
　　急傾斜地の崩壊による災害の防止に関する法律施行令［抄］ ………1134
　景観法［抄］ ………………………………………………………1135
　国土利用計画法［抄］ ……………………………………………1140
　集落地域整備法［抄］ ……………………………………………1143
　宅地造成及び特定盛土等規制法［抄］ …………………………1146
　　宅地造成及び特定盛土等規制法施行令［抄］ …………………1155
　津波防災地域づくりに関する法律［抄］ ………………………1166
　道路法［抄］ ………………………………………………………1168
　都市公園法［抄］ …………………………………………………1170
　　都市公園法施行令［抄］ …………………………………………1172
　都市再開発法［抄］ ………………………………………………1174
　都市再生特別措置法［抄］ ………………………………………1181
　　都市再生特別措置法施行令［抄］ ………………………………1191
　都市緑地法［抄］ …………………………………………………1193
　　都市緑地法施行令［抄］ …………………………………………1196
　土砂災害警戒区域等における土砂災害防止対策の推進に関する法律［抄］ ………1197
　土地区画整理法［抄］ ……………………………………………1199
　風致地区内における建築等の規制に係る条例の制定に関する
　基準を定める政令［抄］ …………………………………………1202

設備関係法令
　液化石油ガスの保安の確保及び取引の適正化に関する法律［抄］ ………1207
　　液化石油ガスの保安の確保及び取引の適正化に関する法律施行規則［抄］ ………1208
　ガス事業法［抄］ …………………………………………………1214
　　ガス事業法施行規則［抄］ ………………………………………1215

下水道法［抄］ ………………………………………………………1220
　下水道法施行令［抄］ ………………………………………………1223
高圧ガス保安法［抄］ ………………………………………………1225
　一般高圧ガス保安規則［抄］ ………………………………………1226
浄化槽法［抄］ ………………………………………………………1227
水道法［抄］ …………………………………………………………1233
　水道法施行令［抄］ …………………………………………………1235
　給水装置の構造及び材質の基準に関する省令［抄］ ……………1236

その他の関係法令

医療法［抄］ …………………………………………………………1243
　医療法施行規則［抄］ ………………………………………………1244
エネルギーの使用の合理化及び非化石エネルギーへの転換等に
関する法律［抄］ ……………………………………………………1246
　エネルギーの使用の合理化及び非化石エネルギーへの転換等に
　関する法律施行令［抄］ ……………………………………………1249
屋外広告物法［抄］ …………………………………………………1250
学校教育法［抄］ ……………………………………………………1252
　幼稚園設置基準［抄］ ………………………………………………1254
建設工事に係る資材の再資源化等に関する法律［抄］ …………1256
　建設工事に係る資材の再資源化等に関する法律施行令［抄］ …1260
建築物における衛生的環境の確保に関する法律［抄］ …………1262
　建築物における衛生的環境の確保に関する法律施行令［抄］ …1264
港湾法［抄］ …………………………………………………………1266
自転車の安全利用の促進及び自転車等の駐車対策の総合的推進に
関する法律［抄］ ……………………………………………………1271
児童福祉法［抄］ ……………………………………………………1272
　児童福祉施設の設備及び運営に関する基準［抄］ ………………1274
社会福祉法［抄］ ……………………………………………………1281
宅地建物取引業法［抄］ ……………………………………………1283
畜舎等の建築等及び利用の特例に関する法律［抄］ ……………1291
　農林水産省関係畜舎等の建築等及び利用の特例に関する法律
　施行規則［抄］ ………………………………………………………1295
　畜舎等の建築等及び利用の特例に関する法律施行規則［抄］ …1297
駐車場法［抄］ ………………………………………………………1298
　駐車場法施行令［抄］ ………………………………………………1301
特定空港周辺航空機騒音対策特別措置法［抄］ …………………1305
　特定空港周辺航空機騒音対策特別措置法施行令［抄］ …………1306
都市の低炭素化の促進に関する法律［抄］ ………………………1308
　都市の低炭素化の促進に関する法律施行令［抄］ ………………1314
廃棄物の処理及び清掃に関する法律［抄］ ………………………1315
　廃棄物の処理及び清掃に関する法律施行令［抄］ ………………1319
被災市街地復興特別措置法［抄］ …………………………………1321
風俗営業等の規制及び業務の適正化等に関する法律［抄］ ……1325
文化財保護法［抄］ …………………………………………………1329
密集市街地における防災街区の整備の促進に関する法律［抄］ ……1332

民法［抄］ ……………………………………………………………1340

流通業務市街地の整備に関する法律［抄］ ………………………1345

旅館業法［抄］ ………………………………………………………1347

　旅館業法施行令［抄］ ……………………………………………1350

老人福祉法［抄］ ……………………………………………………1352

　特別養護老人ホームの設備及び運営に関する基準［抄］ ……1354

　養護老人ホームの設備及び運営に関する基準［抄］ …………1357

労働基準法［抄］ ……………………………………………………1359

労働安全衛生法［抄］ ………………………………………………1360

　労働安全衛生法施行令［抄］ ……………………………………1364

　労働安全衛生規則［抄］ …………………………………………1367

　石綿障害予防規則［抄］ …………………………………………1389

建築基準法関係国土交通省告示………………………………………1395

法令名索引………………………………………………………………2004

建築基準法

昭和 25 年 5 月 24 日［法律第 201 号］
最終改正―令和 5 年 6 月 16 日［法律第 63 号］

目　次

第1章　総則（第1条～第18条の3）　……………………………………………11
　　第1条（目的）　…………………………………………………………………11
　　第2条（用語の定義）　…………………………………………………………11
　　第3条（適用の除外）　…………………………………………………………15
　　第4条（建築主事）　……………………………………………………………17
　　第5条（建築基準適合判定資格者検定）　……………………………………17
　　第5条の2（建築基準適合判定資格者検定事務を行う者の指定）　………18
　　第5条の3（受検手数料）　……………………………………………………18
　　第5条の4（構造計算適合判定資格者検定）　………………………………18
　　第5条の5（構造計算適合判定資格者検定事務を行う者の指定等）　……19
　　第5条の6（建築物の設計及び工事監理）　…………………………………19
　　第6条（建築物の建築等に関する申請及び確認）　…………………………20
　　第6条の2（国土交通大臣等の指定を受けた者による確認）　……………22
　　第6条の3（構造計算適合性判定）　…………………………………………23
　　第6条の4（建築物の建築に関する確認の特例）　…………………………25
　　第7条（建築物に関する完了検査）　…………………………………………25
　　第7条の2（国土交通大臣等の指定を受けた者による完了検査）　………26
　　第7条の3（建築物に関する中間検査）　……………………………………27
　　第7条の4（国土交通大臣等の指定を受けた者による中間検査）　………28
　　第7条の5（建築物に関する検査の特例）　…………………………………29
　　第7条の6（検査済証の交付を受けるまでの建築物の使用制限）　………29
　　第8条（維持保全）　……………………………………………………………30
　　第9条（違反建築物に対する措置）　…………………………………………30
　　第9条の2（建築監視員）　……………………………………………………32
　　第9条の3（違反建築物の設計者等に対する措置）　………………………32
　　第9条の4（保安上危険な建築物等の所有者等に対する指導及び助言）　…33
　　第10条（著しく保安上危険な建築物等の所有者等に対する勧告及び命令）　……34
　　第11条（第3章の規定に適合しない建築物に対する措置）　………………34
　　第12条（報告，検査等）　………………………………………………………34
　　第12条の2（建築物調査員資格者証）　………………………………………36
　　第12条の3（建築設備等検査員資格者証）　…………………………………37
　　第13条（身分証明書の携帯）　…………………………………………………38
　　第14条（都道府県知事又は国土交通大臣の勧告，助言又は援助）　………38
　　第15条（届出及び統計）　………………………………………………………38
　　第15条の2（報告，検査等）　…………………………………………………39
　　第16条（国土交通大臣又は都道府県知事への報告）　………………………39
　　第17条（特定行政庁等に対する指示等）　……………………………………39

第18条（国，都道府県又は建築主事を置く市町村の建築物に対する確認，
　　　　検査又は是正措置に関する手続の特例）……………………………………41
第18条の2（指定構造計算適合性判定機関による構造計算適合性判定の実施）………44
第18条の3（確認審査等に関する指針等）……………………………………………45
第2章　建築物の敷地，構造及び建築設備（第19条～第41条）……………………45
　第19条（敷地の衛生及び安全）……………………………………………………45
　第20条（構造耐力）…………………………………………………………………46
　第21条（大規模の建築物の主要構造部等）………………………………………47
　第22条（屋根）………………………………………………………………………48
　第23条（外壁）………………………………………………………………………48
　第24条（建築物が第22条第1項の市街地の区域の内外にわたる場合の措置）………49
　第25条（大規模の木造建築物等の外壁等）………………………………………49
　第26条（防火壁等）…………………………………………………………………49
　第27条（耐火建築物等としなければならない特殊建築物）……………………49
　第28条（居室の採光及び換気）……………………………………………………51
　第28条の2（石綿その他の物質の飛散又は発散に対する衛生上の措置）………51
　第29条（地階における住宅等の居室）……………………………………………52
　第30条（長屋又は共同住宅の各戸の界壁）………………………………………52
　第31条（便所）………………………………………………………………………53
　第32条（電気設備）…………………………………………………………………53
　第33条（避雷設備）…………………………………………………………………53
　第34条（昇降機）……………………………………………………………………53
　第35条（特殊建築物等の避難及び消火に関する技術的基準）…………………53
　第35条の2（特殊建築物等の内装）………………………………………………54
　第35条の3（無窓の居室等の主要構造部）………………………………………54
　第36条（この章の規定を実施し，又は補足するため必要な技術的基準）……54
　第37条（建築材料の品質）…………………………………………………………54
　第38条（特殊の構造方法又は建築材料）…………………………………………55
　第39条（災害危険区域）……………………………………………………………55
　第40条（地方公共団体の条例による制限の附加）………………………………55
　第41条（市長村の条例による制限の緩和）………………………………………55
第3章　都市計画区域等における建築物の敷地，構造，建築設備及び用途……55
　第1節　総則（第41条の2・第42条）…………………………………………55
　第41条の2（適用区域）……………………………………………………………55
　第42条（道路の定義）………………………………………………………………56
　第2節　建築物又はその敷地と道路又は壁面線との関係等
　　　　　（第43条～第47条）………………………………………………………57
　第43条（敷地等と道路との関係）…………………………………………………57
　第43条の2（その敷地が4m未満の道路にのみ接する建築物に対する制限の付加）…58
　第44条（道路内の建築制限）………………………………………………………58
　第45条（私道の変更又は廃止の制限）……………………………………………59
　第46条（壁面線の指定）……………………………………………………………59

第47条（壁面線による建築制限）……………………………………59

第3節　建築物の用途（第48条～第51条）………………………59
第48条（用途地域等）………………………………………………59
第49条（特別用途地区）……………………………………………62
第49条の2（特定用途制限地域）…………………………………62
第50条（用途地域等における建築物の敷地，構造又は建築設備に対する制限）………62
第51条（卸売市場等の用途に供する特殊建築物の位置）………62

第4節　建築物の敷地及び構造（第52条～第60条）………………63
第52条（容積率）……………………………………………………63
第53条（建蔽率）……………………………………………………68
第53条の2（建築物の敷地面積）…………………………………71
第54条（第一種低層住居専用地域等内における外壁の後退距離）………71
第55条（第一種低層住居専用地域等内における建築物の高さの限度）………72
第56条（建築物の各部分の高さ）…………………………………72
第56条の2（日影による中高層の建築物の高さの制限）………75
第57条（高架の工作物内に設ける建築物等に対する高さの制限の緩和）………76
第57条の2（特例容積率適用地区内における建築物の容積率の特例）………76
第57条の3（指定の取消し）………………………………………78
第57条の4（特例容積率適用地区内における建築物の高さの限度）………78
第57条の5（高層住居誘導地区）…………………………………78
第58条（高度地区）…………………………………………………79
第59条（高度利用地区）……………………………………………79
第59条の2（敷地内に広い空地を有する建築物の容積率等の特例）………80
第60条（特定街区）…………………………………………………80

**第4節の2　都市再生特別地区，居住環境向上用途誘導地区及び
　　　　　　　特定用途誘導地区**（第60条の2～第60条の3）………81
第60条の2（都市再生特別地区）…………………………………81
第60条の2の2（居住環境向上用途誘導地区）…………………81
第60条の3（特定用途誘導地区）…………………………………82

第5節　防火地域及び準防火地域（第61条～第66条）……………83
第61条（防火地域及び準防火地域内の建築物）…………………83
第62条（屋根）………………………………………………………83
第63条（隣地境界線に接する外壁）………………………………83
第64条（看板等の防火措置）………………………………………83
第65条（建築物が防火地域又は準防火地域の内外にわたる場合の措置）………83
第66条（第38条の準用）……………………………………………84

第5節の2　特定防災街区整備地区（第67条・第67条の2）………84
第67条（特定防災街区整備地区）…………………………………84
第67条の2（第38条の準用）………………………………………85

第6節　景観地区（第68条）…………………………………………85
第68条 ………………………………………………………………85

第7節　地区計画等の区域（第68条の2～第68条の8）‥‥‥‥‥‥‥‥‥‥‥86

　第68条の2　（市町村の条例に基づく制限）‥‥‥‥‥‥‥‥‥‥‥‥‥‥‥86

　第68条の3　（再開発等促進区等内の制限の緩和等）‥‥‥‥‥‥‥‥‥‥‥87

　第68条の4　（建築物の容積率の最高限度を区域の特性に応じたものと
　　　　　　　　公共施設の整備の状況に応じたものとに区分して定める
　　　　　　　　地区計画等の区域内における建築物の容積率の特例）‥‥‥‥89

　第68条の5　（区域を区分して建築物の容積を適正に配分する
　　　　　　　　地区計画等の区域内における建築物の容積率の特例）‥‥‥‥90

　第68条の5の2　（区域を区分して建築物の容積を適正に配分する特定建築物
　　　　　　　　　　地区整備計画等の区域内における建築物の容積率の特例）‥‥‥90

　第68条の5の3　（高度利用と都市機能の更新とを図る地区計画等の
　　　　　　　　　　区域内における制限の特例）‥‥‥‥‥‥‥‥‥‥‥‥‥‥91

　第68条の5の4　（住居と住居以外の用途とを区分して定める地区計画等の
　　　　　　　　　　区域内における建築物の容積率の特例）‥‥‥‥‥‥‥‥91

　第68条の5の5　（区域の特性に応じた高さ，配列及び形態を備えた建築物の
　　　　　　　　　　整備を誘導する地区計画等の区域内における制限の特例）‥‥92

　第68条の5の6　（地区計画等の区域内における建築物の建蔽率の特例）‥‥‥‥‥93

　第68条の6　（道路の位置の指定に関する特例）‥‥‥‥‥‥‥‥‥‥‥‥‥93

　第68条の7　（予定道路の指定）‥‥‥‥‥‥‥‥‥‥‥‥‥‥‥‥‥‥‥94

　第68条の8　（建築物の敷地が地区計画等の区域の内外にわたる場合の措置）‥‥‥95

**第8節　都市計画区域及び準都市計画区域以外の区域内の建築物の
　　　　敷地及び構造**（第68条の9）‥‥‥‥‥‥‥‥‥‥‥‥‥‥‥‥‥‥95

　第68条の9　‥‥‥‥‥‥‥‥‥‥‥‥‥‥‥‥‥‥‥‥‥‥‥‥‥‥‥95

第3章の2　型式適合認定等（第68条の10～第68条の26）‥‥‥‥‥‥‥‥95

　第68条の10　（型式適合認定）‥‥‥‥‥‥‥‥‥‥‥‥‥‥‥‥‥‥‥95

　第68条の11　（型式部材等製造者の認証）‥‥‥‥‥‥‥‥‥‥‥‥‥‥96

　第68条の12　（欠格条項）‥‥‥‥‥‥‥‥‥‥‥‥‥‥‥‥‥‥‥‥96

　第68条の13　（認証の基準）‥‥‥‥‥‥‥‥‥‥‥‥‥‥‥‥‥‥‥96

　第68条の14　（認証の更新）‥‥‥‥‥‥‥‥‥‥‥‥‥‥‥‥‥‥‥96

　第68条の15　（承継）‥‥‥‥‥‥‥‥‥‥‥‥‥‥‥‥‥‥‥‥‥‥97

　第68条の16　（変更の届出）‥‥‥‥‥‥‥‥‥‥‥‥‥‥‥‥‥‥‥97

　第68条の17　（廃止の届出）‥‥‥‥‥‥‥‥‥‥‥‥‥‥‥‥‥‥‥97

　第68条の18　（型式適合義務等）‥‥‥‥‥‥‥‥‥‥‥‥‥‥‥‥‥97

　第68条の19　（表示等）‥‥‥‥‥‥‥‥‥‥‥‥‥‥‥‥‥‥‥‥‥98

　第68条の20　（認証型式部材等に関する確認及び検査の特例）‥‥‥‥‥‥98

　第68条の21　（認証の取消し）‥‥‥‥‥‥‥‥‥‥‥‥‥‥‥‥‥‥98

　第68条の22　（外国型式部材等製造者の認証）‥‥‥‥‥‥‥‥‥‥‥‥99

　第68条の23　（認証の取消し）‥‥‥‥‥‥‥‥‥‥‥‥‥‥‥‥‥‥99

　第68条の24　（指定認定機関等による認定等の実施）‥‥‥‥‥‥‥‥‥99

　第68条の25　（構造方法等の認定）‥‥‥‥‥‥‥‥‥‥‥‥‥‥‥‥100

　第68条の26　（特殊構造方法等認定）‥‥‥‥‥‥‥‥‥‥‥‥‥‥‥101

第4章　建築協定（第69条〜第77条）‥‥‥‥‥‥‥‥‥‥‥‥‥‥‥‥‥‥‥‥101

　第69条（建築協定の目的）　‥‥‥‥‥‥‥‥‥‥‥‥‥‥‥‥‥‥‥‥‥101

　第70条（建築協定の認可の申請）　‥‥‥‥‥‥‥‥‥‥‥‥‥‥‥‥‥101

　第71条（申請に係る建築協定の公告）　‥‥‥‥‥‥‥‥‥‥‥‥‥‥‥102

　第72条（公開による意見の聴取）　‥‥‥‥‥‥‥‥‥‥‥‥‥‥‥‥‥102

　第73条（建築協定の認可）　‥‥‥‥‥‥‥‥‥‥‥‥‥‥‥‥‥‥‥‥102

　第74条（建築協定の変更）　‥‥‥‥‥‥‥‥‥‥‥‥‥‥‥‥‥‥‥‥102

　第74条の2　‥‥‥‥‥‥‥‥‥‥‥‥‥‥‥‥‥‥‥‥‥‥‥‥‥‥‥‥103

　第75条（建築協定の効力）　‥‥‥‥‥‥‥‥‥‥‥‥‥‥‥‥‥‥‥‥103

　第75条の2（建築協定の認可等の公告のあった日以後建築協定に加わる手続等）‥‥103

　第76条（建築協定の廃止）　‥‥‥‥‥‥‥‥‥‥‥‥‥‥‥‥‥‥‥‥104

　第76条の2（土地の共有者等の取扱い）　‥‥‥‥‥‥‥‥‥‥‥‥‥‥104

　第76条の3（建築協定の設定の特則）　‥‥‥‥‥‥‥‥‥‥‥‥‥‥‥104

　第77条（建築物の借主の地位）　‥‥‥‥‥‥‥‥‥‥‥‥‥‥‥‥‥‥105

第4章の2　指定建築基準適合判定資格者検定機関等　‥‥‥‥‥‥‥‥‥‥105

　第1節　指定建築基準適合判定資格者検定機関（第77条の2〜第77条の17）‥‥105

　　第77条の2（指定）　‥‥‥‥‥‥‥‥‥‥‥‥‥‥‥‥‥‥‥‥‥‥‥105

　　第77条の3（欠格条項）　‥‥‥‥‥‥‥‥‥‥‥‥‥‥‥‥‥‥‥‥105

　　第77条の4（指定の基準）　‥‥‥‥‥‥‥‥‥‥‥‥‥‥‥‥‥‥‥106

　　第77条の5（指定の公示等）　‥‥‥‥‥‥‥‥‥‥‥‥‥‥‥‥‥‥106

　　第77条の6（役員の選任及び解任）　‥‥‥‥‥‥‥‥‥‥‥‥‥‥‥106

　　第77条の7（建築基準適合判定資格者検定委員）　‥‥‥‥‥‥‥‥‥107

　　第77条の8（秘密保持義務等）　‥‥‥‥‥‥‥‥‥‥‥‥‥‥‥‥‥107

　　第77条の9（建築基準適合判定資格者検定事務規程）　‥‥‥‥‥‥‥107

　　第77条の10（事業計画等）　‥‥‥‥‥‥‥‥‥‥‥‥‥‥‥‥‥‥‥108

　　第77条の11（帳簿の備付け等）　‥‥‥‥‥‥‥‥‥‥‥‥‥‥‥‥‥108

　　第77条の12（監督命令）　‥‥‥‥‥‥‥‥‥‥‥‥‥‥‥‥‥‥‥‥108

　　第77条の13（報告，検査等）　‥‥‥‥‥‥‥‥‥‥‥‥‥‥‥‥‥‥108

　　第77条の14（建築基準適合判定資格者検定事務の休廃止等）　‥‥‥‥108

　　第77条の15（指定の取消し等）　‥‥‥‥‥‥‥‥‥‥‥‥‥‥‥‥‥109

　　第77条の16（国土交通大臣による建築基準適合判定資格者検定の実施）‥109

　　第77条の17（審査請求）　‥‥‥‥‥‥‥‥‥‥‥‥‥‥‥‥‥‥‥‥110

　第1節の2　指定構造計算適合判定資格者検定機関（第77条の17の2）　‥‥110

　　第77条の17の2　‥‥‥‥‥‥‥‥‥‥‥‥‥‥‥‥‥‥‥‥‥‥‥‥‥110

　第2節　指定確認検査機関（第77条の18〜第77条の35）　‥‥‥‥‥‥‥110

　　第77条の18（指定）　‥‥‥‥‥‥‥‥‥‥‥‥‥‥‥‥‥‥‥‥‥‥110

　　第77条の19（欠格条項）　‥‥‥‥‥‥‥‥‥‥‥‥‥‥‥‥‥‥‥‥111

　　第77条の20（指定の基準）　‥‥‥‥‥‥‥‥‥‥‥‥‥‥‥‥‥‥‥111

　　第77条の21（指定の公示等）　‥‥‥‥‥‥‥‥‥‥‥‥‥‥‥‥‥‥112

　　第77条の22（業務区域の変更）　‥‥‥‥‥‥‥‥‥‥‥‥‥‥‥‥‥112

　　第77条の23（指定の更新）　‥‥‥‥‥‥‥‥‥‥‥‥‥‥‥‥‥‥‥113

　　第77条の24（確認検査員）　‥‥‥‥‥‥‥‥‥‥‥‥‥‥‥‥‥‥‥113

第77条の25（秘密保持義務等）　　　　　　　　　　　　113

第77条の26（確認検査の義務）　　　　　　　　　　　　113

第77条の27（確認検査業務規程）　　　　　　　　　　　113

第77条の28（指定区分等の掲示）　　　　　　　　　　　114

第77条の29（帳簿の備付け等）　　　　　　　　　　　　114

第77条の29の2（書類の閲覧）　　　　　　　　　　　　114

第77条の30（監督命令）　　　　　　　　　　　　　　　114

第77条の31（報告，検査等）　　　　　　　　　　　　　115

第77条の32（照会及び指示）　　　　　　　　　　　　　115

第77条の33（指定確認検査機関に対する配慮）　　　　　115

第77条の34（確認検査の業務の休廃止等）　　　　　　　115

第77条の35（指定の取消し等）　　　　　　　　　　　　116

第3節　指定構造計算適合性判定機関（第77条の35の2～第77条の35の21）……116

第77条の35の2（指定）　　　　　　　　　　　　　　　116

第77条の35の3（欠格条項）　　　　　　　　　　　　　117

第77条の35の4（指定の基準）　　　　　　　　　　　　117

第77条の35の5（指定の公示等）　　　　　　　　　　　118

第77条の35の6（業務区域の変更）　　　　　　　　　　118

第77条の35の7（指定の更新）　　　　　　　　　　　　119

第77条の35の8（委任の公示等）　　　　　　　　　　　119

第77条の35の9（構造計算適合性判定員）　　　　　　　119

第77条の35の10（秘密保持義務等）　　　　　　　　　　120

第77条の35の11（構造計算適合性判定の義務）　　　　　120

第77条の35の12（構造計算適合性判定業務規程）　　　　120

第77条の35の13（業務区域等の掲示）　　　　　　　　　120

第77条の35の14（帳簿の備付け等）　　　　　　　　　　121

第77条の35の15（書類の閲覧）　　　　　　　　　　　　121

第77条の35の16（監督命令）　　　　　　　　　　　　　121

第77条の35の17（報告，検査等）　　　　　　　　　　　121

第77条の35の18（構造計算適合性判定の業務の休廃止等）……122

第77条の35の19（指定の取消し等）　　　　　　　　　　122

第77条の35の20（構造計算適合性判定の委任の解除）　　123

第77条の35の21（委任都道府県知事による構造計算適合性判定の実施）……123

第4節　指定認定機関等（第77条の36～第77条の55）　　124

第77条の36（指定）　　　　　　　　　　　　　　　　　124

第77条の37（欠格条項）　　　　　　　　　　　　　　　124

第77条の38（指定の基準）　　　　　　　　　　　　　　124

第77条の39（指定の公示等）　　　　　　　　　　　　　125

第77条の40（業務区域の変更）　　　　　　　　　　　　125

第77条の41（指定の更新）　　　　　　　　　　　　　　125

第77条の42（認定員）　　　　　　　　　　　　　　　　126

第77条の43（秘密保持義務等）　　　　　　　　　　　　126

第77条の44（認定等の義務） ································ 126

第77条の45（認定等業務規程） ··························· 126

第77条の46（国土交通大臣への報告等） ················· 126

第77条の47（帳簿の備付け等） ··························· 127

第77条の48（監督命令） ································· 127

第77条の49（報告，検査等） ····························· 127

第77条の50（認定等の業務の休廃止等） ················· 127

第77条の51（指定の取消し等） ··························· 127

第77条の52（国土交通大臣による認定等の実施） ········· 128

第77条の53（審査請求） ································· 128

第77条の54（承認） ····································· 129

第77条の55（承認の取消し等） ··························· 129

第5節　指定性能評価機関等（第77条の56・第77条の57）·······130

第77条の56（指定性能評価機関） ························· 130

第77条の57（承認性能評価機関） ························· 131

第4章の3　建築基準適合判定資格者等の登録················131

第1節　建築基準適合判定資格者の登録（第77条の58〜第77条の65）····131

第77条の58（登録） ····································· 131

第77条の59（欠格条項） ································· 132

第77条の59の2 ··· 132

第77条の60（変更の登録） ······························· 132

第77条の61（死亡等の届出） ····························· 132

第77条の62（登録の消除等） ····························· 133

第77条の63（都道府県知事の経由） ······················· 133

第77条の64（国土交通省令への委任） ····················· 133

第77条の65（手数料） ··································· 134

第2節　構造計算適合判定資格者の登録（第77条の66）·······134

第77条の66 ··· 134

第5章　建築審査会（第78条〜第83条）···················134

第78条（建築審査会） ··································· 134

第79条（建築審査会の組織） ····························· 135

第80条（委員の欠格条項） ······························· 135

第80条の2（委員の解任） ······························· 135

第81条（会長） ··· 136

第82条（委員の除斥） ··································· 136

第83条（条例への委任） ································· 136

第6章　雑則（第84条〜第97条の6）·······················136

第84条（被災市街地における建築制限） ··················· 136

第84条の2（簡易な構造の建築物に対する制限の緩和） ····· 136

第85条（仮設建築物に対する制限の緩和） ················· 136

第85条の2（景観重要建造物である建築物に対する制限の緩和） ···138

第85条の3（伝統的建造物群保存地区内の制限の緩和） ·······138

第86条（一の敷地とみなすこと等による制限の緩和）　………………138

第86条の2（公告認定対象区域内における建築物の位置及び構造の認定等）　………141

第86条の3（一の敷地内にあるとみなされる建築物に対する高度利用地区等
　　　　　　内における制限の特例）　………………………………………143

第86条の4（一の敷地内にあるとみなされる建築物に対する外壁の開口部に
　　　　　　対する制限の特例）　……………………………………………143

第86条の5（一の敷地とみなすこと等の認定又は許可の取消し）　……144

第86条の6（総合的設計による一団地の住宅施設についての制限の特例）　………144

第86条の7（既存の建築物に対する制限の緩和）　……………………144

第86条の8（既存の一の建築物について2以上の工事に分けて増築等を含む工事を
　　　　　　行う場合の制限の緩和）　……………………………………146

第86条の9（公共事業の施行等による敷地面積の減少についての第3条等の
　　　　　　規定の準用）　…………………………………………………147

第87条（用途の変更に対するこの法律の準用）　……………………147

第87条の2（既存の一の建築物について2以上の工事に分けて用途の変更に伴う
　　　　　　工事を行う場合の制限の緩和）　……………………………148

第87条の3（建築物の用途を変更して一時的に他の用途の建築物として使用する
　　　　　　場合の制限の緩和）　…………………………………………149

第87条の4（建築設備への準用）　……………………………………150

第88条（工作物への準用）　……………………………………………151

第89条（工事現場における確認の表示等）　…………………………152

第90条（工事現場の危害の防止）　……………………………………152

第90条の2（工事中の特殊建築物等に対する措置）　…………………153

第90条の3（工事中における安全上の措置等に関する計画の届出）　………153

第91条（建築物の敷地が区域，地域又は地区の内外にわたる場合の措置）　………153

第92条（面積，高さ及び階数の算定）　………………………………154

第92条の2（許可の条件）　……………………………………………154

第93条（許可又は確認に関する消防長等の同意等）　………………154

第93条の2（書類の閲覧）　……………………………………………155

第93条の3（国土交通省令への委任）　………………………………156

第94条（不服申立て）　…………………………………………………156

第95条　…………………………………………………………………156

第96条　削除

第97条（権限の委任）　…………………………………………………157

第97条の2（市町村の建築主事等の特例）　…………………………157

第97条の3（特別区の特例）　…………………………………………157

第97条の4（手数料）　…………………………………………………158

第97条の5（事務の区分）　……………………………………………158

第97条の6（経過措置）　………………………………………………159

第7章　罰則（第98条〜第107条）　………………………………159

第98条　…………………………………………………………………159

第99条　…………………………………………………………………160

第100条 ……………………………………………………………………162

第101条 ……………………………………………………………………162

第102条 ……………………………………………………………………164

第103条 ……………………………………………………………………164

第104条 ……………………………………………………………………165

第105条 ……………………………………………………………………165

第106条 ……………………………………………………………………166

第107条 ……………………………………………………………………166

附　則　（略）

別　表

別表第 1　耐火建築物等としなければならない特殊建築物 ……………………167

別表第 2　用途地域等内の建築物の制限 ……………………………………169

別表第 3　前面道路との関係についての建築物の各部分の高さの制限 …………178

別表第 4　日影による中高層の建築物の制限 ………………………………180

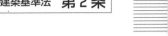

第1章　総　　則

【目　的】

第1条　この法律は，建築物の敷地，構造，設備及び用途に関する最低の基準を定めて，国民の生命，健康及び財産の保護を図り，もって公共の福祉の増進に資することを目的とする。

【用語の定義】

第2条　この法律において次の各号に掲げる用語の意義は，それぞれ当該各号に定めるところによる。

●関連［用語の定義］令第1条→p193

一　建築物　　土地に定着する工作物のうち，屋根及び柱若しくは壁を有するもの（これに類する構造のものを含む。），これに附属する門若しくは塀，観覧のための工作物又は地下若しくは高架の工作物内に設ける事務所，店舗，興行場，倉庫その他これらに類する施設（鉄道及び軌道の線路敷地内の運転保安に関する施設並びに跨線橋，プラットホームの上家，貯蔵槽その他これらに類する施設を除く。）をいい，建築設備を含むものとする。

二　特殊建築物*　　学校（専修学校及び各種学校を含む。以下同様とする。），体育館，病院，劇場，観覧場，集会場，展示場，百貨店，市場，ダンスホール，遊技場，公衆浴場，旅館，共同住宅，寄宿舎，下宿，工場，倉庫，自動車車庫，危険物の貯蔵場，と畜場，火葬場，汚物処理場その他これらに類する用途に供する建築物をいう。

●関連［特殊建築物］法別表第1　　　　　　　　　　　　　　　　→p167
　　　　［耐火建築物等としなければならない特殊建築物］令115条の3→p277

三　建築設備　　建築物に設ける電気，ガス，給水，排水，換気，暖房，冷房，消火，排煙若しくは汚物処理の設備又は煙突，昇降機*若しくは避雷針をいう。

●関連［昇降機］令第129条の3〜第129条の13の3→p306〜314

四　居室　　居住，執務，作業，集会，娯楽その他これらに類する目的のために継続的に使用する室をいう。

五　主要構造部*　　壁，柱，床，はり，屋根又は階段をいい，建築物の構造上重要でない間仕切壁，間柱，付け柱，揚げ床，最下階の床，回り舞台の床，小ばり，ひさし，局部的な小階段，屋外階段その他これらに類する建築物の部分を除くものとする。

●関連［構造耐力上主要な部分］令第1条第三号→p193

六　延焼のおそれのある部分　　隣地境界線，道路中心線又は同一敷地内の2以上の建築物（延べ面積の合計が500m²以内の建築物は，一の建築物とみなす。）相互の外壁間の中心線（ロにおいて「隣地境界線等」という。）から，1階にあっては3m以下，2階以上にあっては5m以下の距離にある建築物の部分をいう。ただし，次のイ又はロのいずれかに該当する部分を除く。

　イ　防火上有効な公園，広場，川その他の空地又は水面，耐火構造の壁その他こ
　　れらに類するものに面する部分

　ロ　建築物の外壁面と隣地境界線等との角度に応じて，当該建築物の周囲におい
　　て発生する通常の火災時における火熱により燃焼するおそれのないものとして
　　国土交通大臣が定める部分*

●告示　令2　国交告197号→p1841

七　耐火構造　　壁，柱，床その他の建築物の部分の構造のうち，耐火性能（通常
　の火災が終了するまでの間当該火災による建築物の倒壊及び延焼を防止するため
　に当該建築物の部分に必要とされる性能をいう。）に関して政令で定める技術的
　基準に適合する鉄筋コンクリート造，れんが造その他の構造で，国土交通大臣が
　定めた構造方法*を用いるもの又は国土交通大臣の認定を受けたものをいう。

◆政令［耐火性能に関する技術的基準］令第107条→p257
●告示　平12　建告1399号→p1497

七の二　準耐火構造　　壁，柱，床その他の建築物の部分の構造のうち，準耐火性
　能（通常の火災による延焼を抑制するために当該建築物の部分に必要とされる性
　能をいう。第九号の三ロにおいて同じ。）に関して政令で定める技術的基準に適
　合するもので，国土交通大臣が定めた構造方法*を用いるもの又は国土交通大臣
　の認定を受けたものをいう。

◆政令［準耐火性能に関する技術的基準］令第107条の2→p258
●告示　平12　建告1358号→p1473

八　防火構造　　建築物の外壁又は軒裏の構造のうち，防火性能（建築物の周囲に
　おいて発生する通常の火災による延焼を抑制するために当該外壁又は軒裏に必要
　とされる性能をいう。）に関して政令で定める技術的基準に適合する鉄網モルタ
　ル塗，しっくい塗その他の構造で，国土交通大臣が定めた構造方法*を用いるも
　の又は国土交通大臣の認定を受けたものをいう。

◆政令［防火性能に関する技術的基準］令第108条→p259
●告示　平12　建告1359号→p1480

九　不燃材料　　建築材料のうち，不燃性能（通常の火災時における火熱により燃
　焼しないことその他の政令で定める性能をいう。）に関して政令で定める技術的
　基準に適合するもので，国土交通大臣が定めたもの*又は国土交通大臣の認定を
　受けたものをいう。

◆政令［不燃性能及びその技術的基準］令第108条の2→p259
●告示　平12　建告1400号→p1504
●関連［準不燃材料］令第1条第五号→p193

九の二　耐火建築物　　次に掲げる基準に適合する建築物をいう。

　イ　その主要構造部が(1)又は(2)のいずれかに該当すること。

　(1)　耐火構造であること。

　(2)　次に掲げる性能（外壁以外の主要構造部にあっては，(i)に掲げる性能に
　　限る。）に関して政令で定める技術的基準に適合するものであること。

◆政令［耐火建築物の主要構造部に関する技術的基準］令第108条の3→p260

（i）当該建築物の構造，建築設備及び用途に応じて屋内において発生が予測される火災による火熱に当該火災が終了するまで耐えること。

（ii）当該建築物の周囲において発生する通常の火災による火熱に当該火災が終了するまで耐えること。

ロ　その外壁の開口部で延焼のおそれのある部分に，防火戸その他の**政令***¹で定める防火設備（その構造が遮炎性能（通常の火災時における火炎を有効に遮るために防火設備に必要とされる性能をいう。第27条第1項において同じ。）に関して**政令***²で定める技術的基準に適合するもので，国土交通大臣が定めた構造方法*を用いるもの又は国土交通大臣の認定を受けたものに限る。）を有すること。

◆**政令** 1［防火戸その他の防火設備］令第109条　　　→p262
2［遮炎性能に関する技術的基準］令第109条の2→p263
●**告示** 平12 建告1360号→p1483

九の三　準耐火建築物　耐火建築物以外の建築物で，イ又はロのいずれかに該当し，外壁の開口部で延焼のおそれのある部分に前号ロに規定する防火設備を有するものをいう。

●**関連**［防火戸その他の防火設備］令第109条→p262

イ　主要構造部を準耐火構造としたもの

●**関連**［主要構造部を準耐火構造等とした建築物の層間変形角］令第109条の2の2→p263

ロ　イに掲げる建築物以外の建築物であって，イに掲げるものと同等の準耐火性能を有するものとして主要構造部の防火の措置その他の事項について**政令**で定める技術的基準に適合するもの

◆**政令**［主要構造部を準耐火構造とした建築物と同等の耐火性能を有する
建築物の技術的基準］令第109条の3　　　　　→p263

十　設計　建築士法（昭和25年法律第202号）第2条第6項に規定する設計をいう。

●**関連**［設計］建築士法第2条第6項→p613

十一　工事監理者　建築士法第2条第8項に規定する工事監理をする者をいう。

●**関連**［工事監理］建築士法第2条第8項→p613

十二　設計図書　建築物，その敷地又は第88条第1項から第3項までに規定する工作物に関する工事用の図面（現寸図その他これに類するものを除く。）及び仕様書をいう。

●**関連**［設計図書］建築士法第2条第6項→p613

十三　建築　建築物を新築し，増築し，改築し，又は移転することをいう。

十四　大規模の修繕　建築物の主要構造部の一種以上について行う過半の修繕をいう。

●**関連**［主要構造部］法第2条第五号→p11

十五　大規模の模様替　建築物の主要構造部の一種以上について行う過半の模様替をいう。

十六　建築主　建築物に関する工事の請負契約の注文者又は請負契約によらないで自らその工事をする者をいう。

●**関連**［建設工事の請負契約］建設業法第3章→p699

七 設計者 その者の責任において，設計図書を作成した者をいい，建築士法第20条の2第3項又は第20条の3第3項の規定により建築物が構造関係規定（同法第20条の2第2項に規定する構造関係規定をいう。第5条の6第2項及び第6条第3項第二号において同じ。）又は設備関係規定（同法第20条の3第2項に規定する設備関係規定をいう。第5条の6第3項及び第6条第3項第三号において同じ。）に適合することを確認した構造設計一級建築士（同法第10条の3第4項に規定する構造設計一級建築士をいう。第5条の6第2項及び第6条第3項第二号において同じ。）又は設備設計一級建築士（同法第10条の3第4項に規定する設備設計一級建築士をいう。第5条の6第3項及び第6条第3項第三号において同じ。）を含むものとする。

八 工事施工者 建築物，その敷地若しくは第88条第1項から第3項までに規定する工作物に関する工事の請負人又は請負契約によらないで自らこれらの工事をする者をいう。

九 都市計画 都市計画法（昭和43年法律第100号）第4条第1項に規定する都市計画をいう。

●関連［都市計画］都市計画法第4条第1項→p841

十 都市計画区域又は準都市計画区域 それぞれ，都市計画法第4条第2項に規定する都市計画区域又は準都市計画区域をいう。

十一 第一種低層住居専用地域，第二種低層住居専用地域，第一種中高層住居専用地域，第二種中高層住居専用地域，第一種住居地域，第二種住居地域，準住居地域，田園住居地域，近隣商業地域，商業地域，準工業地域，工業地域，工業専用地域，特別用途地区，特定用途制限地域，特例容積率適用地区，高層住居誘導地区，高度地区，高度利用地区，特定街区，都市再生特別地区，居住環境向上用途誘導地区，特定用途誘導地区，防火地域，準防火地域，特定防災街区整備地区又は景観地区 それぞれ，都市計画法第8条第1項第一号から第六号までに掲げる第一種低層住居専用地域，第二種低層住居専用地域，第一種中高層住居専用地域，第二種中高層住居専用地域，第一種住居地域，第二種住居地域，準住居地域，田園住居地域，近隣商業地域，商業地域，準工業地域，工業地域，工業専用地域，特別用途地区，特定用途制限地域，特例容積率適用地区，高層住居誘導地区，高度地区，高度利用地区，特定街区，都市再生特別地区，居住環境向上用途誘導地区，特定用途誘導地区，防火地域，準防火地域，特定防災街区整備地区又は景観地区をいう。

●関連［地域地区］都市計画法第8条→p845

十二 地区計画 都市計画法第12条の4第1項第一号に掲げる地区計画をいう。

●関連［地区計画等］都市計画法第12条の4→p853

十三 地区整備計画 都市計画法第12条の5第2項第一号に掲げる地区整備計画をいう。

●関連［地区整備計画］都市計画法第12条の5第2項→p854

十四 防災街区整備地区計画 都市計画法第12条の4第1項第二号に掲げる防災街

区整備地区計画をいう。

五　特定建築物地区整備計画　　密集市街地における防災街区の整備の促進に関する法律（平成9年法律第49号。以下「密集市街地整備法」という。）第32条第2項第一号に規定する特定建築物地区整備計画をいう。

●関連［特定建築物地区整備計画］密集市街地整備法第32条第2項第一号→p1335

六　防災街区整備地区整備計画　　密集市街地整備法第32条第2項第二号に規定する防災街区整備地区整備計画をいう。

七　歴史的風致維持向上地区計画　　都市計画法第12条の4第1項第三号に掲げる歴史的風致維持向上地区計画をいう。

八　歴史的風致維持向上地区整備計画　　地域における歴史的風致の維持及び向上に関する法律（平成20年法律第40号。以下「地域歴史的風致法」という。）第31条第2項第一号に規定する歴史的風致維持向上地区整備計画をいう。

九　沿道地区計画　　都市計画法第12条の4第1項第四号に掲げる沿道地区計画をいう。

十　沿道地区整備計画　　幹線道路の沿道の整備に関する法律（昭和55年法律第34号。以下「沿道整備法」という。）第9条第2項第一号に掲げる沿道地区整備計画をいう。

三一　集落地区計画　　都市計画法第12条の4第1項第五号に掲げる集落地区計画をいう。

三二　集落地区整備計画　　集落地域整備法（昭和62年法律第63号）第5条第3項に規定する集落地区整備計画をいう。

三三　地区計画等　　都市計画法第4条第9項に規定する地区計画等をいう。

●関連［地区計画等］都市計画法第4条第9項→p842

三四　プログラム　　電子計算機に対する指令であって，一の結果を得ることができるように組み合わされたものをいう。

三五　特定行政庁　　建築主事*を置く市町村の区域については当該市町村の長をいい，その他の市町村の区域については都道府県知事をいう。ただし，第97条の2第1項又は第97条の3第1項の規定により建築主事を置く市町村の区域内の**政令**で定める建築物については，都道府県知事とする。

◆政令［都道府県知事が特定行政庁となる建築物］令第2条の2→p196
●関連［建築主事］法第4条→p17

【適用の除外】

第3条　この法律並びにこれに基づく命令及び条例の規定は，次の各号のいずれかに該当する建築物については，適用しない。

一　文化財保護法（昭和25年法律第214号）の規定によって国宝，重要文化財，重要有形民俗文化財，特別史跡名勝天然記念物又は史跡名勝天然記念物として指定され，又は仮指定された建築物

●関連［指定］文化財保護法第27条→p1329

二　旧重要美術品等の保存に関する法律（昭和8年法律第43号）の規定によって重

要美術品等として認定された建築物

三 文化財保護法第182条第2項の条例その他の条例の定めるところにより現状変更の規制及び保存のための措置が講じられている建築物（次号において「保存建築物」という。）であって，特定行政庁*が建築審査会*の同意を得て指定したもの

●関連 ［特定行政庁］法第2条第三十五号 →p15
　　　 ［建築審査会］法第78条 →p134
　　　 ［地方公共団体の事務］文化財保護法第182条→p1331

四 第一号若しくは第二号に掲げる建築物又は保存建築物であったものの原形を再現する建築物で，特定行政庁が建築審査会の同意を得てその原形の再現がやむを得ないと認めたもの

2 この法律又はこれに基づく命令若しくは条例の規定の施行又は適用の際現に存する建築物若しくはその敷地又は現に建築，修繕若しくは模様替の工事中の建築物若しくはその敷地がこれらの規定に適合せず，又はこれらの規定に適合しない部分を有する場合においては，当該建築物，建築物の敷地又は建築物若しくはその敷地の部分に対しては，当該規定は，適用しない。

●関連 ［既存の建築物に対する制限の緩和］法第86条の7 →p144
　　　 ［既存の建築物に対する制限の緩和等］令第137条〜第137条の16→p361〜368

3 前項の規定は，次の各号のいずれかに該当する建築物，建築物の敷地又は建築物若しくはその敷地の部分に対しては，適用しない。

一 この法律又はこれに基づく命令若しくは条例を改正する法令による改正（この法律に基づく命令又は条例を廃止すると同時に新たにこれに相当する命令又は条例を制定することを含む。）後のこの法律又はこれに基づく命令若しくは条例の規定の適用の際当該規定に相当する従前の規定に違反している建築物，建築物の敷地又は建築物若しくはその敷地の部分

二 都市計画区域若しくは準都市計画区域の指定若しくは変更，第一種低層住居専用地域，第二種低層住居専用地域，第一種中高層住居専用地域，第二種中高層住居専用地域，第一種住居地域，第二種住居地域，準住居地域，田園住居地域，近隣商業地域，商業地域，準工業地域，工業地域若しくは工業専用地域若しくは防火地域若しくは準防火地域に関する都市計画の決定若しくは変更，第42条第1項，第52条第2項第二号若しくは第三号若しくは第8項，第56条第1項第二号イ若しくは別表第3備考3の号の区域の指定若しくはその取消し又は第52条第1項第八号，第2項第三号若しくは第8項，第53条第1項第六号，第56条第1項第二号ニ若しくは別表第3(に)欄の5の項に掲げる数値の決定若しくは変更により，第43条第1項，第48条第1項から第14項まで，第52条第1項，第2項，第7項若しくは第8項，第53条第1項から第3項まで，第54条第1項，第55条第1項，第56条第1項，第56条の2第1項若しくは第61条に規定する建築物，建築物の敷地若しくは建築物若しくはその敷地の部分に関する制限又は第43条第3項，第43条の2，第49条から第50条まで若しくは第68条の9の規定に基づく条例に規定する建築物，建築物の敷地若しくは建築物若しくはその敷地の部分に関する制限に変更

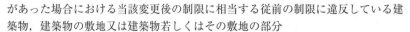

があった場合における当該変更後の制限に相当する従前の制限に違反している建築物，建築物の敷地又は建築物若しくはその敷地の部分

三　工事の着手がこの法律又はこれに基づく命令若しくは条例の規定の施行又は適用の後である増築，改築，移転，大規模の修繕又は大規模の模様替に係る建築物又はその敷地

四　前号に該当する建築物又はその敷地の部分

五　この法律又はこれに基づく命令若しくは条例の規定に適合するに至った建築物，建築物の敷地又は建築物若しくはその敷地の部分

【建築主事】

第4条　**政令**で指定する人口25万以上の市は，その長の指揮監督の下に，第6条第1項の規定による確認に関する事務をつかさどらせるために，建築主事を置かなければならない。

　　　　　　　　　　◆政令［昭和45年政令第271号］（人口25万以上の市を指定する政令）〈略〉

2　市町村（前項の市を除く。）は，その長の指揮監督の下に，第6条第1項の規定による確認に関する事務をつかさどらせるために，建築主事を置くことができる。

3　市町村は，前項の規定により建築主事を置こうとする場合においては，あらかじめ，その設置について，都道府県知事に協議しなければならない。

4　市町村が前項の規定により協議して建築主事を置くときは，当該市町村の長は，建築主事が置かれる日の30日前までにその旨を公示し，かつ，これを都道府県知事に通知しなければならない。

5　都道府県は，都道府県知事の指揮監督の下に，第1項又は第2項の規定によって建築主事を置いた市町村（第97条の2を除き，以下「建築主事を置く市町村」という。）の区域外における建築物に係る第6条第1項の規定による確認に関する事務をつかさどらせるために，建築主事を置かなければならない。

6　第1項，第2項及び前項の建築主事は，市町村又は都道府県の職員で第77条の58第1項の登録を受けた者のうちから，それぞれ市町村の長又は都道府県知事が命ずる。

7　特定行政庁*は，その所轄区域を分けて，その区域を所管する建築主事を指定することができる。

　　　　　　　　　　　　　　　●関連［特定行政庁］法第2条第三十五号→p15

【建築基準適合判定資格者検定】

第5条　建築基準適合判定資格者検定は，建築士の設計に係る建築物が第6条第1項の建築基準関係規定に適合するかどうかを判定するために必要な知識及び経験について行う。

2　建築基準適合判定資格者検定は，国土交通大臣が行う。

3　建築基準適合判定資格者検定は，一級建築士試験に合格した者で，建築行政又は第77条の18第1項の確認検査の業務その他これに類する業務で**政令**で定めるものに関して，2年以上の実務の経験を有するものでなければ受けることができない。

　　　　　　　　　　　　　　◆政令［受検資格］令第2条の3→p196

4　建築基準適合判定資格者検定に関する事務をつかさどらせるために，国土交通省

に，建築基準適合判定資格者検定委員を置く。ただし，次条第1項の指定建築基準適合判定資格者検定機関が同項の建築基準適合判定資格者検定事務を行う場合においては，この限りでない。

5　建築基準適合判定資格者検定委員は，建築及び行政に関し学識経験のある者のうちから，国土交通大臣が命ずる。

6　国土交通大臣は，不正の手段によって建築基準適合判定資格者検定を受け，又は受けようとした者に対しては，合格の決定を取り消し，又はその建築基準適合判定資格者検定を受けることを禁止することができる。

7　国土交通大臣は，前項又は次条第2項の規定による処分を受けた者に対し，情状により，2年以内の期間を定めて建築基準適合判定資格者検定を受けることができないものとすることができる。

8　前各項に定めるものを除くほか，建築基準適合判定資格者検定の手続及び基準その他建築基準適合判定資格者検定に関し必要な事項は，**政令**で定める。

◆政令［建築基準適合判定資格者検定の基準等］令第3条～第8条の3→p196～197

【建築基準適合判定資格者検定事務を行う者の指定】

第5条の2　国土交通大臣は，第77条の2から第77条の5までの規定の定めるところにより指定する者（以下「指定建築基準適合判定資格者検定機関*」という。）に，建築基準適合判定資格者検定の実施に関する事務（以下「建築基準適合判定資格者検定事務」という。）を行わせることができる。

●関連［指定建築基準適合判定資格者検定機関］法第77条の2～第77条の17→p105～110

2　指定建築基準適合判定資格者検定機関は，前条第6項に規定する国土交通大臣の職権を行うことができる。

3　国土交通大臣は，第1項の規定による指定をしたときは，建築基準適合判定資格者検定事務を行わないものとする。

【受検手数料】

第5条の3　建築基準適合判定資格者検定を受けようとする者（市町村又は都道府県の職員である者を除く。）は，政令で定めるところにより，実費を勘案して**政令**で定める額の受検手数料を，国（指定建築基準適合判定資格者検定機関が行う建築基準適合判定資格者検定を受けようとする者にあっては，指定建築基準適合判定資格者検定機関）に納めなければならない。

◆政令［受検手数料］令第8条の3，令第8条の6→p197, 198

2　前項の規定により指定建築基準適合判定資格者検定機関に納められた受検手数料は，当該指定建築基準適合判定資格者検定機関の収入とする。

【構造計算適合判定資格者検定】

第5条の4　構造計算適合判定資格者検定は，建築士の設計に係る建築物の計画について第6条の3第1項の構造計算適合性判定を行うために必要な知識及び経験について行う。

2　構造計算適合判定資格者検定は，国土交通大臣が行う。

3　構造計算適合判定資格者検定は，一級建築士試験に合格した者で，第6条の3第

1項の構造計算適合性判定の業務その他これに類する業務で**政令**で定めるものに関して，5年以上の実務の経験を有するものでなければ受けることができない。

◆**政令**［受検資格］令第8条の4→p197

4　構造計算適合判定資格者検定に関する事務をつかさどらせるために，国土交通省に，構造計算適合判定資格者検定委員を置く。ただし，次条第1項の指定構造計算適合判定資格者検定機関が同項の構造計算適合判定資格者検定事務を行う場合においては，この限りでない。

5　第5条第5項の規定は構造計算適合判定資格者検定委員に，同条第6項から第8項までの規定は構造計算適合判定資格者検定について準用する。この場合において，同条第7項中「次条第2項」とあるのは，「第5条の5第2項において準用する第5条の2第2項」と読み替えるものとする。

【構造計算適合判定資格者検定事務を行う者の指定等】

第5条の5　国土交通大臣は，第77条の17の2第1項及び同条第2項において準用する第77条の3から第77条の5までの規定の定めるところにより指定する者（以下「指定構造計算適合判定資格者検定機関」という。）に，構造計算適合判定資格者検定の実施に関する事務（以下「構造計算適合判定資格者検定事務」という。）を行わせることができる。

2　第5条の2第2項及び第5条の3第2項の規定は指定構造計算適合判定資格者検定機関に，第5条の2第3項の規定は構造計算適合判定資格者検定事務に，第5条の3第1項の規定は構造計算適合判定資格者検定について準用する。この場合において，第5条の2第2項中「前条第6項」とあるのは「第5条の4第5項において準用する第5条第6項」と，同条第3項中「第1項」とあるのは「第5条の5第1項」と，第5条の3第1項中「者（市町村又は都道府県の職員である者を除く。）」とあるのは「者」と読み替えるものとする。

【建築物の設計及び工事監理】

第5条の6　建築士法第3条第1項（同条第2項の規定により適用される場合を含む。以下同じ。），第3条の2第1項（同条第2項において準用する同法第3条第2項の規定により適用される場合を含む。以下同じ。）若しくは第3条の3第1項（同条第2項において準用する同法第3条第2項の規定により適用される場合を含む。以下同じ。）に規定する建築物又は同法第3条の2第3項（同法第3条の3第2項において読み替えて準用する場合を含む。以下同じ。）の規定に基づく条例に規定する建築物の工事は，それぞれ当該各条に規定する建築士の設計によらなければ，することができない。

2　建築士法第2条第7項に規定する構造設計図書による同法第20条の2第1項の建築物の工事は，構造設計一級建築士の構造設計（同法第2条第7項に規定する構造設計をいう。以下この項及び次条第3項第二号において同じ。）又は当該建築物が構造関係規定に適合することを構造設計一級建築士が確認した構造設計によらなければ，することができない。

3　建築士法第2条第7項に規定する設備設計図書による同法第20条の3第1項の建

築物の工事は，設備設計一級建築士の設備設計（同法第2条第7項に規定する設備設計をいう。以下この項及び次条第3項第三号において同じ。）又は当該建築物が設備関係規定に適合することを設備設計一級建築士が確認した設備設計によらなければ，することができない。

4　建築主は，第1項に規定する工事をする場合においては，それぞれ建築士法第3条第1項，第3条の2第1項若しくは第3条の3第1項に規定する建築士又は同法第3条の2第3項の規定に基づく条例に規定する建築士である工事監理者を定めなければならない。

●関連［一級建築士でなければできない設計又は工事監理］建築士法第3条～第3条の3→p614

5　前項の規定に違反した工事は，することができない。

【建築物の建築等に関する申請及び確認】

第6条　建築主は，第一号から第三号までに掲げる建築物を建築しようとする場合（増築しようとする場合においては，建築物が増築後において第一号から第三号までに掲げる規模のものとなる場合を含む。），これらの建築物の大規模の修繕若しくは大規模の模様替をしようとする場合又は第四号に掲げる建築物を建築しようとする場合においては，当該工事に着手する前に，その計画が建築基準関係規定（この法律並びにこれに基づく命令及び条例の規定（以下「建築基準法令の規定」という。）その他建築物の敷地，構造又は建築設備に関する法律並びにこれに基づく命令及び条例の規定で**政令**で定めるものをいう。以下同じ。）に適合するものであることについて，確認の申請書を提出して建築主事の確認を受け，確認済証の交付を受けなければならない。当該確認を受けた建築物の計画の変更（**国土交通省令**で定める軽微な変更を除く。）をして，第一号から第三号までに掲げる建築物を建築しようとする場合（増築しようとする場合においては，建築物が増築後において第一号から第三号までに掲げる規模のものとなる場合を含む。），これらの建築物の大規模の修繕若しくは大規模の模様替をしようとする場合又は第四号に掲げる建築物を建築しようとする場合も，同様とする。

◆政令［建築基準関係規定］令第9条→p198
●関連［建築基準関係規定］高齢者，障害者等の移動等の円滑化促進法第14条　　　→p986
建築物のエネルギー消費性能の向上に関する法律第11条→p1089
都市緑地法第41条　　　　　　　　　　　　　　　　　　→p1194
◆国土交通省令［計画の変更に係る確認を要しない軽微な変更］規則第3条の2→p492

一　別表第1（い）欄に掲げる用途に供する特殊建築物で，その用途に供する部分の床面積の合計が200m²を超えるもの

●関連［別表第1］→p167

二　木造の建築物で3以上の階数を有し，又は延べ面積が500m²，高さが13m若しくは軒の高さが9mを超えるもの

●関連［階数］令第2条第1項第八号→p195
［高さ］令第2条第1項第六号→p195
［軒の高さ］令第2条第1項第七号→p195

三　木造以外の建築物で2以上の階数を有し，又は延べ面積が200m²を超えるもの

四　前3号に掲げる建築物を除くほか，都市計画区域若しくは準都市計画区域（い

ずれも都道府県知事が都道府県都市計画審議会の意見を聴いて指定する区域を除く。）若しくは景観法（平成16年法律第110号）第74条第1項の準景観地区（市町村長が指定する区域を除く。）内又は都道府県知事が関係市町村の意見を聴いてその区域の全部若しくは一部について指定する区域内における建築物

2　前項の規定は，防火地域及び準防火地域外において建築物を増築し，改築し，又は移転しようとする場合で，その増築，改築又は移転に係る部分の床面積の合計が10m²以内であるときについては，適用しない。

3　建築主事は，第1項の申請書が提出された場合において，その計画が次の各号のいずれかに該当するときは，当該申請書を受理することができない。

一　建築士法第3条第1項，第3条の2第1項，第3条の3第1項，第20条の2第1項若しくは第20条の3第1項の規定又は同法第3条の2第3項の規定に基づく条例の規定に違反するとき。

二　構造設計一級建築士以外の一級建築士が建築士法第20条の2第1項の建築物の構造設計を行った場合において，当該建築物が構造関係規定に適合することを構造設計一級建築士が確認した構造設計によるものでないとき。

三　設備設計一級建築士以外の一級建築士が建築士法第20条の3第1項の建築物の設備設計を行った場合において，当該建築物が設備関係規定に適合することを設備設計一級建築士が確認した設備設計によるものでないとき。

●関連［一級建築士でなければできない設計又は工事監理］
建築士法第3条〜第3条の3　　　　　　　　　　　　　　→p614

4　建築主事は，第1項の申請書を受理した場合においては，同項第一号から第三号までに係るものにあってはその受理した日から35日以内に，同項第四号に係るものにあってはその受理した日から7日以内に，申請に係る建築物の計画が建築基準関係規定に適合するかどうかを審査し，審査の結果に基づいて建築基準関係規定に適合することを確認したときは，当該申請者に確認済証を交付しなければならない。

5　建築主事は，前項の場合において，申請に係る建築物の計画が第6条の3第1項の構造計算適合性判定を要するものであるときは，建築主から同条第7項の適合判定通知書又はその写しの提出を受けた場合に限り，第1項の規定による確認をすることができる。

●関連［建築主事による留意事項の通知］規則第1条の4→p472

6　建築主事は，第4項の場合（申請に係る建築物の計画が第6条の3第1項の特定構造計算基準（第20条第1項第二号イの政令で定める基準に従った構造計算で同号イに規定する方法によるものによって確かめられる安全性を有することに係る部分に限る。）に適合するかどうかを審査する場合その他**国土交通省令**で定める場合に限る。）において，第4項の期間内に当該申請者に第1項の確認済証を交付することができない合理的な理由があるときは，35日の範囲内において，第4項の期間を延長することができる。この場合においては，その旨及びその延長する期間並びにその期間を延長する理由を記載した通知書を同項の期間内に当該申請者に交付しなければならない。

◆国土交通省令［確認済証等の様式等］規則第2条第2項→p472

7 建築主事は，第4項の場合において，申請に係る建築物の計画が建築基準関係規定に適合しないことを認めたとき，又は建築基準関係規定に適合するかどうかを決定することができない正当な理由があるときは，その旨及びその理由を記載した通知書を同項の期間（前項の規定により第4項の期間を延長した場合にあっては，当該延長後の期間）内に当該申請者に交付しなければならない。

8 第1項の確認済証の交付を受けた後でなければ，同項の建築物の建築，大規模の修繕又は大規模の模様替の工事は，することができない。

9 第1項の規定による確認の申請書，同項の確認済証並びに第6項及び第7項の通知書の様式は，**国土交通省令**で定める。

◆国土交通省令［確認申請書の様式］規則第1条の3→p391
［確認済証等の様式等］規則第2条 →p472

【国土交通大臣等の指定を受けた者による確認】

第6条の2 前条第1項各号に掲げる建築物の計画（前条第3項各号のいずれかに該当するものを除く。）が建築基準関係規定に適合するものであることについて，第77条の18から第77条の21までの規定の定めるところにより国土交通大臣又は都道府県知事が指定した者の確認を受け，**国土交通省令**で定めるところにより確認済証の交付を受けたときは，当該確認は前条第1項の規定による確認と，当該確認済証は同項の確認済証とみなす。

◆国土交通省令［指定確認検査機関が交付する確認済証等の様式等］規則第3条の4→p496
●関連［指定確認検査機関］法第77条の18～第77条の35→p110～116
［建築基準関係規定］法第6条第1項 →p20

2 前項の規定による指定は，2以上の都道府県の区域において同項の規定による確認の業務を行おうとする者を指定する場合にあっては国土交通大臣が，一の都道府県の区域において同項の規定による確認の業務を行おうとする者を指定する場合にあっては都道府県知事がするものとする。

3 第1項の規定による指定を受けた者は，同項の規定による確認の申請を受けた場合において，申請に係る建築物の計画が次条第1項の構造計算適合性判定を要するものであるときは，建築主から同条第7項の適合判定通知書又はその写しの提出を受けた場合に限り，第1項の規定による確認をすることができる。

4 第1項の規定による指定を受けた者は，同項の規定による確認の申請を受けた場合において，申請に係る建築物の計画が建築基準関係規定に適合しないことを認めたとき，又は建築基準関係規定に適合するかどうかを決定することができない正当な理由があるときは，**国土交通省令**で定めるところにより，その旨及びその理由を記載した通知書を当該申請者に交付しなければならない。

◆国土交通省令［指定確認検査機関が交付する確認済証等の様式等］
規則第3条の4第2項 →p496

5 第1項の規定による指定を受けた者は，同項の確認済証又は前項の通知書の交付をしたときは，**国土交通省令**で定める期間内に，**国土交通省令**で定めるところにより，確認審査報告書を作成し，当該確認済証又は当該通知書の交付に係る建築物の

計画に関する**国土交通省令**で定める書類を添えて，これを特定行政庁に提出しなければならない。

◆**国土交通省令**［確認審査報告書］規則第3条の5→p496

6　特定行政庁は，前項の規定による確認審査報告書の提出を受けた場合において，第1項の確認済証の交付を受けた建築物の計画が建築基準関係規定に適合しないと認めるときは，当該建築物の建築主及び当該確認済証を交付した同項の規定による指定を受けた者にその旨を通知しなければならない。この場合において，当該確認済証は，その効力を失う。

●**関連**［適合しないと認める旨の通知書の様式］規則第3条の6→p497

7　前項の場合において，特定行政庁は，必要に応じ，第9条第1項又は第10項の命令その他の措置を講ずるものとする。

【構造計算適合性判定】

第6条の3　建築主は，第6条第1項の場合において，申請に係る建築物の計画が第20条第1項第二号若しくは第三号に定める基準（同項第二号イ又は第三号イの政令で定める基準に従った構造計算で，同項第二号イに規定する方法若しくはプログラムによるもの又は同項第三号イに規定するプログラムによるものによって確かめられる安全性を有することに係る部分に限る。以下「特定構造計算基準」という。）又は第3条第2項（第86条の9第1項において準用する場合を含む。）の規定により第20条の規定の適用を受けない建築物について第86条の7第1項の政令で定める範囲内において増築若しくは改築をする場合における同項の政令で定める基準（特定構造計算基準に相当する基準として**政令**[*1]で定めるものに限る。以下「特定増改築構造計算基準」という。）に適合するかどうかの確認審査（第6条第4項に規定する審査又は前条第1項の規定による確認のための審査をいう。以下この項において同じ。）を要するものであるときは，構造計算適合性判定（当該建築物の計画が特定構造計算基準又は特定増改築構造計算基準に適合するかどうかの判定をいう。以下同じ。）の申請書を提出して都道府県知事の構造計算適合性判定を受けなければならない。ただし，当該建築物の計画が特定構造計算基準（第20条第1項第二号イの政令で定める基準に従った構造計算で同号イに規定する方法によるものによって確かめられる安全性を有することに係る部分のうち確認審査が比較的容易にできるものとして**政令**[*2]で定めるものに限る。）又は特定増改築構造計算基準（確認審査が比較的容易にできるものとして**政令**[*2]で定めるものに限る。）に適合するかどうかを，構造計算に関する高度の専門的知識及び技術を有する者として**国土交通省令**で定める要件を備える者である建築主事が第6条第4項に規定する審査をする場合又は前条第1項の規定による指定を受けた者が当該**国土交通省令**で定める要件を備える者である第77条の24第1項の確認検査員に前条第1項の規定による確認のための審査をさせる場合は，この限りでない。

◆**政令** 1 ［特定増改築構造計算基準］令第9条の2　　　　　　→p199
　　　　 2 ［確認審査が比較的容易にできる特定構造計算基準及び
　　　　　　特定増改築構造計算基準］令第9条の3　　　　　　→p199

◆国土交通省令［構造計算に関する高度の専門的知識及び技術を有する者等］
規則第3条の13　　　　　　　　　　　　　　　　　　　　→p500

2　都道府県知事は，前項の申請書を受理した場合において，申請に係る建築物の計画が建築基準関係規定に適合するものであることについて当該都道府県に置かれた建築主事が第6条第1項の規定による確認をするときは，当該建築主事を当該申請に係る構造計算適合性判定に関する事務に従事させてはならない。

3　都道府県知事は，特別な構造方法の建築物の計画について第1項の構造計算適合性判定を行うに当たって必要があると認めるときは，当該構造方法に係る構造計算に関して専門的な識見を有する者の意見を聴くものとする。

4　都道府県知事は，第1項の申請書を受理した場合においては，その受理した日から14日以内に，当該申請に係る構造計算適合性判定の結果を記載した通知書を当該申請者に交付しなければならない。

●関連［都道府県知事による留意事項の通知］規則第3条の8→p498

5　都道府県知事は，前項の場合（申請に係る建築物の計画が特定構造計算基準（第20条第1項第二号イの政令で定める基準に従った構造計算で同号イに規定する方法によるものによって確かめられる安全性を有することに係る部分に限る。）に適合するかどうかの判定の申請を受けた場合その他国土交通省令で定める場合に限る。）において，前項の期間内に当該申請者に同項の通知書を交付することができない合理的な理由があるときは，35日の範囲内において，同項の期間を延長することができる。この場合においては，その旨及びその延長する期間並びにその期間を延長する理由を記載した通知書を同項の期間内に当該申請者に交付しなければならない。

6　都道府県知事は，第4項の場合において，申請書の記載によっては当該建築物の計画が特定構造計算基準又は特定増改築構造計算基準に適合するかどうかを決定することができない正当な理由があるときは，その旨及びその理由を記載した通知書を同項の期間（前項の規定により第4項の期間を延長した場合にあっては，当該延長後の期間）内に当該申請者に交付しなければならない。

7　建築主は，第4項の規定により同項の通知書の交付を受けた場合において，当該通知書が適合判定通知書（当該建築物の計画が特定構造計算基準又は特定増改築構造計算基準に適合するものであると判定された旨が記載された通知書をいう。以下同じ。）であるときは，第6条第1項又は前条第1項の規定による確認をする建築主事又は同項の規定による指定を受けた者に，当該適合判定通知書又はその写しを提出しなければならない。ただし，当該建築物の計画に係る第6条第7項又は前条第4項の通知書の交付を受けた場合は，この限りでない。

●関連［適合判定通知書又はその写しの提出］規則第3条の12→p500

8　建築主は，前項の場合において，建築物の計画が第6条第1項の規定による建築主事の確認に係るものであるときは，同条第4項の期間（同条第6項の規定により同条第4項の期間が延長された場合にあっては，当該延長後の期間）の末日の3日前までに，前項の適合判定通知書又はその写しを当該建築主事に提出しなければな

らない。

9　第1項の規定による構造計算適合性判定の申請書及び第4項から第6項までの通知書の様式は，**国土交通省令**で定める。

◆**国土交通省令**［構造計算適合判定の申請書の様式］規則第3条の7　　→p497
［都道府県知事による留意事項の通知］規則第3条の8→p498
［適合判定通知書等の様式等］規則第3条の9　　　　　→p498

【建築物の建築に関する確認の特例】

第6条の4　第一号若しくは第二号に掲げる建築物の建築，大規模の修繕若しくは大規模の模様替又は第三号に掲げる建築物の建築に対する第6条及び第6条の2の規定の適用については，第6条第1項中「政令で定めるものをいう。以下同じ」とあるのは，「政令で定めるものをいい，建築基準法令の規定のうち**政令**で定める規定を除く。以下この条及び次条において同じ」とする。

◆**政令**［建築物の建築に関する確認の特例］令第10条→p199

一　第68条の10第1項の認定を受けた型式（次号において「認定型式」という。）に適合する建築材料を用いる建築物
二　認定型式に適合する建築物の部分を有する建築物
三　第6条第1項第四号に掲げる建築物で建築士の設計に係るもの

2　前項の規定により読み替えて適用される第6条第1項に規定する**政令**のうち建築基準法令の規定を定めるものにおいては，建築士の技術水準，建築物の敷地，構造及び用途その他の事情を勘案して，建築士及び建築物の区分に応じ，建築主事の審査を要しないこととしても建築物の安全上，防火上及び衛生上支障がないと認められる規定を定めるものとする。

◆**政令**［建築物の建築に関する確認の特例］令第10条→p199

【建築物に関する完了検査】

第7条　建築主は，第6条第1項の規定による工事を完了したときは，**国土交通省令**で定めるところにより，建築主事の検査を申請しなければならない。

◆**国土交通省令**［完了検査申請書の様式］規則第4条　　　　　　　→p505
［用途変更に関する工事完了届の様式等］規則第4条の2→p506

2　前項の規定による申請は，第6条第1項の規定による工事が完了した日から4日以内に建築主事に到達するように，しなければならない。ただし，申請をしなかったことについて**国土交通省令**で定めるやむを得ない理由があるときは，この限りでない。

◆**国土交通省令**［申請できないやむを得ない理由］規則第4条の3→p506

3　前項ただし書の場合における検査の申請は，その理由がやんだ日から4日以内に建築主事に到達するように，しなければならない。

4　建築主事が第1項の規定による申請を受理した場合においては，建築主事又はその委任を受けた当該市町村若しくは都道府県の職員（以下この章において「建築主事等」という。）は，その申請を受理した日から7日以内に，当該工事に係る建築物及びその敷地が建築基準関係規定に適合しているかどうかを検査しなければならない。

●関連 [検査済証を交付できない旨の通知] 規則第4条の3の2→p506
[建築基準関係規定] 法第6条第1項　　　　　　　→p20

5　建築主事等は，前項の規定による検査をした場合において，当該建築物及びその敷地が建築基準関係規定に適合していることを認めたときは，**国土交通省令**で定めるところにより，当該建築物の建築主に対して検査済証を交付しなければならない。

◆**国土交通省令** [検査済証の様式] 規則第4条の4→p506

【国土交通大臣等の指定を受けた者による完了検査】

第7条の2　第77条の18から第77条の21までの規定の定めるところにより国土交通大臣又は都道府県知事が指定した者が，第6条第1項の規定による工事の完了の日から4日が経過する日までに，当該工事に係る建築物及びその敷地が建築基準関係規定に適合しているかどうかの検査を引き受けた場合において，当該検査の引受けに係る工事が完了したときについては，前条第1項から第3項までの規定は，適用しない。

●関連 [指定確認検査機関に対する完了検査の申請] 規則第4条の4の2→p507
[建築基準関係規定] 法第6条第1項　　　　　　　→p20

2　前項の規定による指定は，2以上の都道府県の区域において同項の検査の業務を行おうとする者を指定する場合にあっては国土交通大臣が，一の都道府県の区域において同項の検査の業務を行おうとする者を指定する場合にあっては都道府県知事がするものとする。

3　第1項の規定による指定を受けた者は，同項の規定による検査の引受けを行ったときは，**国土交通省令**で定めるところにより，その旨を証する書面を建築主に交付するとともに，その旨を建築主事に通知しなければならない。

◆**国土交通省令** [完了検査引受証及び完了検査引受通知書の様式] 規則第4条の5→p507

4　第1項の規定による指定を受けた者は，同項の規定による検査の引受けを行ったときは，当該検査の引受けを行った第6条第1項の規定による工事が完了した日又は当該検査の引受けを行った日のいずれか遅い日から7日以内に，第1項の検査をしなければならない。

●関連 [検査済証を交付できない旨の通知] 規則第4条の5の2→p507

5　第1項の規定による指定を受けた者は，同項の検査をした建築物及びその敷地が建築基準関係規定に適合していることを認めたときは，**国土交通省令**で定めるところにより，当該建築物の建築主に対して検査済証を交付しなければならない。この場合において，当該検査済証は，前条第5項の検査済証とみなす。

◆**国土交通省令** [指定確認検査機関が交付する検査済証の様式] 規則第4条の6→p507

6　第1項の規定による指定を受けた者は，同項の検査をしたときは，**国土交通省令**で定める期間内に，**国土交通省令**で定めるところにより，完了検査報告書を作成し，同項の検査をした建築物及びその敷地に関する**国土交通省令**で定める書類を添えて，これを特定行政庁に提出しなければならない。

◆**国土交通省令** [完了検査報告書] 規則第4条の7→p507

7　特定行政庁は，前項の規定による完了検査報告書の提出を受けた場合において，

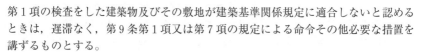

第1項の検査をした建築物及びその敷地が建築基準関係規定に適合しないと認める
ときは，遅滞なく，第9条第1項又は第7項の規定による命令その他必要な措置を
講ずるものとする。

【建築物に関する中間検査】

第7条の3　建築主は，第6条第1項の規定による工事が次の各号のいずれかに該当
する工程（以下「特定工程」という。）を含む場合において，当該特定工程に係る
工事を終えたときは，その都度，**国土交通省令**で定めるところにより，建築主事の
検査を申請しなければならない。

◆国土交通省令［中間検査申請書の様式］規則第4条の8→p508

一　階数が3以上である共同住宅の床及びはりに鉄筋を配置する工事の工程のうち
政令で定める工程

◆政令［工事を終えたときに中間検査を申請しなければならない工程］令第11条→p200

二　前号に掲げるもののほか，特定行政庁が，その地方の建築物の建築の動向又は
工事に関する状況その他の事情を勘案して，区域，期間又は建築物の構造，用途
若しくは規模を限って指定する工程

●関連［特定工程の指定に関する事項］規則第4条の11→p508

2　前項の規定による申請は，特定工程に係る工事を終えた日から4日以内に建築主
事に到達するように，しなければならない。ただし，申請をしなかったことについ
て**国土交通省令**で定めるやむを得ない理由があるときは，この限りでない。

◆国土交通省令［申請できないやむを得ない理由］規則第4条の3→p506

3　前項ただし書の場合における検査の申請は，その理由がやんだ日から4日以内に
建築主事に到達するように，しなければならない。

4　建築主事が第1項の規定による申請を受理した場合においては，建築主事等は，
その申請を受理した日から4日以内に，当該申請に係る工事中の建築物等（建築，
大規模の修繕又は大規模の模様替の工事中の建築物及びその敷地をいう。以下この
章において同じ。）について，検査前に施工された工事に係る建築物の部分及びそ
の敷地が建築基準関係規定に適合するかどうかを検査しなければならない。

●関連［中間検査合格証を交付できない旨の通知］規則第4条の9→p508

5　建築主事等は，前項の規定による検査をした場合において，工事中の建築物等が
建築基準関係規定に適合することを認めたときは，**国土交通省令**で定めるところに
より，当該建築主に対して当該特定工程に係る中間検査合格証を交付しなければな
らない。

◆国土交通省令［中間検査合格証の様式］規則第4条の10→p508

6　第1項第一号の**政令**で定める特定工程ごとに政令で定める当該特定工程後の工程
及び特定行政庁が同項第二号の指定と併せて指定する特定工程後の工程（第18条第
22項において「特定工程後の工程」と総称する。）に係る工事は，前項の規定によ
る当該特定工程に係る中間検査合格証の交付を受けた後でなければ，これを施工し
てはならない。

◆政令［中間検査合格証の交付を受けるまで施工してはならない工程］令第12条→p201

●関連［特定工程の指定に関する事項］規則第4条の11→p508

7　建築主事等又は前条第1項の規定による指定を受けた者は，第4項の規定による検査において建築基準関係規定に適合することを認められた工事中の建築物等について，第7条第4項，前条第1項，第4項又は次条第1項の規定による検査をするときは，第4項の規定による検査において建築基準関係規定に適合することを認められた建築物の部分及びその敷地については，これらの規定による検査をすることを要しない。

8　第1項第二号の規定による指定に関して公示その他の必要な事項は，**国土交通省令**で定める。

◆国土交通省令［特定工程の指定に関する事項］規則第4条の11→p508

【国土交通大臣等の指定を受けた者による中間検査】

第7条の4　第6条第1項の規定による工事が特定工程を含む場合において，第7条の2第1項の規定による指定を受けた者が当該特定工程に係る工事を終えた後の工事中の建築物等について，検査前に施工された工事に係る建築物の部分及びその敷地が建築基準関係規定に適合するかどうかの検査を当該工事を終えた日から4日が経過する日までに引き受けたときについては，前条第1項から第3項までの規定は，適用しない。

●関連［指定確認検査機関に対する中間検査の申請］規則第4条の11の2→p509

2　第7条の2第1項の規定による指定を受けた者は，前項の規定による検査の引受けを行ったときは，**国土交通省令**で定めるところにより，その旨を証する書面を建築主に交付するとともに，その旨を建築主事に通知しなければならない。

◆国土交通省令［中間検査引受証及び中間検査引受通知書の様式］規則第4条の12→p509

3　第7条の2第1項の規定による指定を受けた者は，第1項の検査をした場合において，特定工程に係る工事中の建築物等が建築基準関係規定に適合することを認めたときは，**国土交通省令**で定めるところにより，当該建築主に対して当該特定工程に係る中間検査合格証を交付しなければならない。

◆国土交通省令［指定確認検査機関が交付する中間検査合格証の様式］規則第4条の13→p509
●関連［中間検査合格証を交付できない旨の通知］規則第4条の12の2→p509

4　前項の規定により交付された特定工程に係る中間検査合格証は，それぞれ，当該特定工程に係る前条第5項の中間検査合格証とみなす。

5　前条第7項の規定の適用については，第3項の規定により特定工程に係る中間検査合格証が交付された第1項の検査は，それぞれ，同条第5項の規定により当該特定工程に係る中間検査合格証が交付された同条第4項の規定による検査とみなす。

6　第7条の2第1項の規定による指定を受けた者は，第1項の検査をしたときは，**国土交通省令**で定める期間内に，**国土交通省令**で定めるところにより，中間検査報告書を作成し，同項の検査をした工事中の建築物等に関する**国土交通省令**で定める書類を添えて，これを特定行政庁に提出しなければならない。

◆国土交通省令［中間検査報告書］規則第4条の14→p509

7　特定行政庁は，前項の規定による中間検査報告書の提出を受けた場合において，

第1項の検査をした工事中の建築物等が建築基準関係規定に適合しないと認めるときは，遅滞なく，第9条第1項又は第10項の規定による命令その他必要な措置を講ずるものとする。

【建築物に関する検査の特例】

第7条の5　第6条の4第1項第一号若しくは第二号に掲げる建築物の建築，大規模の修繕若しくは大規模の模様替又は同項第三号に掲げる建築物の建築の工事（同号に掲げる建築物の建築の工事にあっては，**国土交通省令**で定めるところにより建築士である工事監理者によって設計図書のとおりに実施されたことが確認されたものに限る。）に対する第7条から前条までの規定の適用については，第7条第4項及び第5項中「建築基準関係規定」とあるのは「前条第1項の規定により読み替えて適用される第6条第1項に規定する建築基準関係規定」と，第7条の2第1項，第5項及び第7項，第7条の3第4項，第5項及び第7項並びに前条第1項，第3項及び第7項中「建築基準関係規定」とあるのは「第6条の4第1項の規定により読み替えて適用される第6条第1項に規定する建築基準関係規定」とする。

◆国土交通省令［建築物に関する検査の特例］規則第4条の15→p510

【検査済証の交付を受けるまでの建築物の使用制限】

第7条の6　第6条第1項第一号から第三号までの建築物を新築する場合又はこれらの建築物（共同住宅以外の住宅及び居室を有しない建築物を除く。）の増築，改築，移転，大規模の修繕若しくは大規模の模様替の工事で，廊下，階段，出入口その他の避難施設，消火栓，スプリンクラーその他の消火設備，排煙設備，非常用の照明装置，非常用の昇降機若しくは防火区画で**政令**[*1]で定めるものに関する工事（**政令**[*2]で定める軽易な工事を除く。以下この項，第18条第24項及び第90条の3において「避難施設等に関する工事」という。）を含むものをする場合においては，当該建築物の建築主は，第7条第5項の検査済証の交付を受けた後でなければ，当該新築に係る建築物又は当該避難施設等に関する工事に係る建築物若しくは建築物の部分を使用し，又は使用させてはならない。ただし，次の各号のいずれかに該当する場合には，検査済証の交付を受ける前においても，仮に，当該建築物又は建築物の部分を使用し，又は使用させることができる。

◆政令1［避難施設等の範囲］令第13条　　　　　　　　　→p201
　　　 2［避難施設等に関する工事に含まれない軽易な工事］令第13条の2→p201

一　特定行政庁が，安全上，防火上及び避難上支障がないと認めたとき。

二　建築主事又は第7条の2第1項の規定による指定を受けた者が，安全上，防火上及び避難上支障がないものとして国土交通大臣が定める基準[*]に適合していることを認めたとき。

●告示　平27　国交告247号→p1740

三　第7条第1項の規定による申請が受理された日（第7条の2第1項の規定による指定を受けた者が同項の規定による検査の引受けを行った場合にあっては，当該検査の引受けに係る工事が完了した日又は当該検査の引受けを行った日のいずれか遅い日）から7日を経過したとき。

2　前項第一号及び第二号の規定による認定の申請の手続に関し必要な事項は，**国土交通省令**で定める。

◆**国土交通省令**［仮使用の認定の申請等］規則第 4 条の16→p510

3　第 7 条の 2 第 1 項の規定による指定を受けた者は，第 1 項第二号の規定による認定をしたときは，**国土交通省令**で定める期間内に，**国土交通省令**で定めるところにより，仮使用認定報告書を作成し，同号の規定による認定をした建築物に関する**国土交通省令**で定める書類を添えて，これを特定行政庁に提出しなければならない。

◆**国土交通省令**［仮使用認定報告書］規則第 4 条の16の 2 →p511

4　特定行政庁は，前項の規定による仮使用認定報告書の提出を受けた場合において，第 1 項第二号の規定による認定を受けた建築物が同号の国土交通大臣が定める基準に適合しないと認めるときは，当該建築物の建築主及び当該認定を行った第 7 条の 2 第 1 項の規定による指定を受けた者にその旨を通知しなければならない。この場合において，当該認定は，その効力を失う。

●関連［適合しないと認める旨の通知書の様式］規則第 4 条の16の 3 →p511

【維持保全】

第 8 条　建築物の所有者，管理者又は占有者は，その建築物の敷地，構造及び建築設備を常時適法な状態に維持するように努めなければならない。

2　次の各号のいずれかに該当する建築物の所有者又は管理者は，その建築物の敷地，構造及び建築設備を常時適法な状態に維持するため，必要に応じ，その建築物の維持保全に関する準則又は計画を作成し，その他適切な措置を講じなければならない。ただし，国，都道府県又は建築主事を置く市町村が所有し，又は管理する建築物については，この限りでない。

一　特殊建築物で安全上，防火上又は衛生上特に重要であるものとして**政令**で定めるもの

◆**政令**［第 3 節の 4　維持保全に関する準則の作成等を要する建築物］令第13条の 3 第 1 項→p201

二　前号の特殊建築物以外の特殊建築物その他**政令**で定める建築物で，特定行政庁が指定するもの

◆**政令**［第 3 節の 4　維持保全に関する準則の作成等を要する建築物］令第13条の 3 第 2 項→p202

3　国土交通大臣は，前項各号のいずれかに該当する建築物の所有者又は管理者による同項の準則又は計画の適確な作成に資するため，必要な指針を定めることができる。

【違反建築物に対する措置】

第 9 条　特定行政庁*は，建築基準法令の規定又はこの法律の規定に基づく許可に付した条件*に違反した建築物又は建築物の敷地については，当該建築物の建築主，当該建築物に関する工事の請負人（請負工事の下請人を含む。）若しくは現場管理者又は当該建築物若しくは建築物の敷地の所有者，管理者若しくは占有者に対して，当該工事の施工の停止を命じ，又は，相当の猶予期限を付けて，当該建築物の除却，移転，改築，増築，修繕，模様替，使用禁止，使用制限その他これらの規定又は条件に対する違反を是正するために必要な措置をとることを命ずることができる。

●関連 [特定行政庁] 法第2条第三十五号→p15
　　　[許可の条件] 法第92条の2　　→p154

2　特定行政庁は，前項の措置を命じようとする場合においては，あらかじめ，その措置を命じようとする者に対して，その命じようとする措置及びその事由並びに意見書の提出先及び提出期限を記載した通知書を交付して，その措置を命じようとする者又はその代理人に意見書及び自己に有利な証拠を提出する機会を与えなければならない。

3　前項の通知書の交付を受けた者は，その交付を受けた日から3日以内に，特定行政庁に対して，意見書の提出に代えて公開による意見の聴取を行うことを請求することができる。

4　特定行政庁は，前項の規定による意見の聴取の請求があった場合においては，第1項の措置を命じようとする者又はその代理人の出頭を求めて，公開による意見の聴取を行わなければならない。

5　特定行政庁は，前項の規定による意見の聴取を行う場合においては，第1項の規定によって命じようとする措置並びに意見の聴取の期日及び場所を，期日の2日前までに，前項に規定する者に通知するとともに，これを公告しなければならない。

6　第4項に規定する者は，意見の聴取に際して，証人を出席させ，かつ，自己に有利な証拠を提出することができる。

7　特定行政庁は，緊急の必要がある場合においては，前5項の規定にかかわらず，これらに定める手続によらないで，仮に，使用禁止又は使用制限の命令をすることができる。

8　前項の命令を受けた者は，その命令を受けた日から3日以内に，特定行政庁に対して公開による意見の聴取を行うことを請求することができる。この場合においては，第4項から第6項までの規定を準用する。ただし，意見の聴取は，その請求があった日から5日以内に行わなければならない。

9　特定行政庁は，前項の意見の聴取の結果に基づいて，第7項の規定によって仮にした命令が不当でないと認めた場合においては，第1項の命令をすることができる。意見の聴取の結果，第7項の規定によって仮にした命令が不当であると認めた場合においては，直ちに，その命令を取り消さなければならない。

10　特定行政庁は，建築基準法令の規定又はこの法律の規定に基づく許可に付した条件に違反することが明らかな建築，修繕又は模様替の工事中の建築物については，緊急の必要があって第2項から第6項までに定める手続によることができない場合に限り，これらの手続によらないで，当該建築物の建築主又は当該工事の請負人（請負工事の下請人を含む。）若しくは現場管理者に対して，当該工事の施工の停止を命ずることができる。この場合において，これらの者が当該工事の現場にいないときは，当該工事に従事する者に対して，当該工事に係る作業の停止を命ずることができる。

11　第1項の規定により必要な措置を命じようとする場合において，過失がなくてその措置を命ぜられるべき者を確知することができず，かつ，その違反を放置するこ

とが著しく公益に反すると認められるときは，特定行政庁は，その者の負担において，その措置を自ら行い，又はその命じた者若しくは委任した者に行わせることができる。この場合においては，相当の期限を定めて，その措置を行うべき旨及びその期限までにその措置を行わないときは，特定行政庁又はその命じた者若しくは委任した者がその措置を行うべき旨をあらかじめ公告しなければならない。

12　特定行政庁は，第1項の規定により必要な措置を命じた場合において，その措置を命ぜられた者がその措置を履行しないとき，履行しても十分でないとき，又は履行しても同項の期限までに完了する見込みがないときは，行政代執行法（昭和23年法律第43号）の定めるところに従い，みずから義務者のなすべき行為をし，又は第三者をしてこれをさせることができる。

13　特定行政庁は，第1項又は第10項の規定による命令をした場合（建築監視員*が第10項の規定による命令をした場合を含む。）においては，標識の設置その他**国土交通省令**で定める方法により，その旨を公示しなければならない。

　　　　　　　　　　◆**国土交通省令**［違反建築物の公告の方法］規則第4条の17→p511
　　　　　　　　　　　　　●関連［**建築監視員**］法第9条の2→p32

14　前項の標識は，第1項又は第10項の規定による命令に係る建築物又は建築物の敷地内に設置することができる。この場合においては，第1項又は第10項の規定による命令に係る建築物又は建築物の敷地の所有者，管理者又は占有者は，当該標識の設置を拒み，又は妨げてはならない。

15　第1項，第7項又は第10項の規定による命令については，行政手続法（平成5年法律第88号）第3章（第12条及び第14条を除く。）の規定は，適用しない。

【建築監視員】

第9条の2　特定行政庁は，**政令**で定めるところにより，当該市町村又は都道府県の職員のうちから建築監視員を命じ，前条第7項及び第10項に規定する特定行政庁の権限を行なわせることができる。

　　　　　　　　　　◆**政令**［第3節の5　建築監視員］令第14条→p202

【違反建築物の設計者等に対する措置】

第9条の3　特定行政庁は，第9条第1項又は第10項の規定による命令をした場合（建築監視員が同条第10項の規定による命令をした場合を含む。）においては，**国土交通省令**で定めるところにより，当該命令に係る建築物の設計者，工事監理者若しくは工事の請負人（請負工事の下請人を含む。次項において同じ。）若しくは当該建築物について宅地建物取引業に係る取引をした宅地建物取引業者又は当該命令に係る浄化槽の製造業者の氏名又は名称及び住所その他**国土交通省令**で定める事項を，建築士法，建設業法（昭和24年法律第100号），浄化槽法（昭和58年法律第43号）又は宅地建物取引業法（昭和27年法律第176号）の定めるところによりこれらの者を監督する国土交通大臣又は都道府県知事に通知しなければならない。

　　　　　　　　　　◆**国土交通省令**［違反建築物の設計者等の通知］規則第4条の19→p512
　　　　　　　　　　　　●関連［**建築士の免許**］建築士法第4条　　→p615
　　　　　　　　　　　　　［懲戒］建築士法第10条　　　　　→p618
　　　　　　　　　　　　　［報告及び検査］建築士法第26条の2→p646

［建設業の許可］建設業法第3条　　→p693
［認定の取消し］浄化槽法第18条　　→p1231
［免許］宅地建物取引業法第3条　　→p1283

2　国土交通大臣又は都道府県知事は，前項の規定による通知を受けた場合において
は，遅滞なく，当該通知に係る者について，建築士法，建設業法，浄化槽法又は宅
地建物取引業法による免許又は許可の取消し，業務の停止の処分その他必要な措置
を講ずるものとし，その結果を同項の規定による通知をした特定行政庁に通知しな
ければならない。

【保安上危険な建築物等の所有者等に対する指導及び助言】

第9条の4　特定行政庁は，建築物の敷地，構造又は建築設備（いずれも第3条第2
項の規定により次章の規定又はこれに基づく命令若しくは条例の規定の適用を受け
ないものに限る。）について，損傷，腐食その他の劣化が生じ，そのまま放置すれ
ば保安上危険となり，又は衛生上有害となるおそれがあると認める場合において
は，当該建築物又はその敷地の所有者，管理者又は占有者に対して，修繕，防腐措
置その他当該建築物又はその敷地の維持保全に関し必要な指導及び助言をすること
ができる。

【著しく保安上危険な建築物等の所有者等に対する勧告及び命令】

第10条　特定行政庁は，第6条第1項第一号に掲げる建築物その他**政令**で定める建築
物の敷地，構造又は建築設備（いずれも第3条第2項の規定により次章の規定又は
これに基づく命令若しくは条例の規定の適用を受けないものに限る。）について，
損傷，腐食その他の劣化が進み，そのまま放置すれば著しく保安上危険となり，又
は著しく衛生上有害となるおそれがあると認める場合においては，当該建築物又は
その敷地の所有者，管理者又は占有者に対して，相当の猶予期限を付けて，当該建
築物の除却，移転，改築，増築，修繕，模様替，使用中止，使用制限その他保安上
又は衛生上必要な措置をとることを勧告することができる。

◆**政令**［第3節の6　勧告の対象となる建築物］令第14条の2→p202

2　特定行政庁は，前項の勧告を受けた者が正当な理由がなくてその勧告に係る措置
をとらなかった場合において，特に必要があると認めるときは，その者に対し，相
当の猶予期限を付けて，その勧告に係る措置をとることを命ずることができる。

3　前項の規定による場合のほか，特定行政庁は，建築物の敷地，構造又は建築設備
（いずれも第3条第2項の規定により次章の規定又はこれに基づく命令若しくは条
例の規定の適用を受けないものに限る。）が著しく保安上危険であり，又は著しく
衛生上有害であると認める場合においては，当該建築物又はその敷地の所有者，管
理者又は占有者に対して，相当の猶予期限を付けて，当該建築物の除却，移転，改
築，増築，修繕，模様替，使用禁止，使用制限その他保安上又は衛生上必要な措置
をとることを命ずることができる。

4　第9条第2項から第9項まで及び第11項から第15項までの規定は，前2項の場合
に準用する。

【第3章の規定に適合しない建築物に対する措置】

第11条 特定行政庁は，建築物の敷地，構造，建築設備又は用途（いずれも第3条第2項（第86条の9第1項において準用する場合を含む。）の規定により第3章の規定又はこれに基づく命令若しくは条例の規定の適用を受けないものに限る。）が，公益上著しく支障があると認める場合においては，当該建築物の所在地の市町村の議会の同意を得た場合に限り，当該建築物の所有者，管理者又は占有者に対して，相当の猶予期限を付けて，当該建築物の除却，移転，修繕，模様替，使用禁止又は使用制限を命ずることができる。この場合においては，当該建築物の所在地の市町村は，当該命令に基づく措置によって通常生ずべき損害を時価によって補償しなければならない。

2　前項の規定によって補償を受けることができる者は，その補償金額に不服がある場合においては，**政令**の定める手続によって，その決定の通知を受けた日から1月以内に土地収用法（昭和26年法律第219号）第94条第2項の規定による収用委員会の裁決を求めることができる。

◆政令［収用委員会の裁決の申請手続］令第15条→p202

【報告，検査等】

第12条 第6条第1項第一号に掲げる建築物で安全上，防火上又は衛生上特に重要であるものとして**政令**[1]で定めるもの（国，都道府県及び建築主事を置く市町村が所有し，又は管理する建築物(以下この項及び第3項において「国等の建築物」という。)を除く。）及び当該政令で定めるもの以外の特定建築物（同号に掲げる建築物その他**政令**[2]で定める建築物をいう。以下この条において同じ。）で特定行政庁が指定するもの（国等の建築物を除く。）の所有者（所有者と管理者が異なる場合においては，管理者。第3項において同じ。）は，これらの建築物の敷地，構造及び建築設備について，**国土交通省令**[*1]で定めるところにより，定期に，一級建築士若しくは二級建築士又は建築物調査員資格者証[*2]の交付を受けている者（次項及び次条第3項において「建築物調査員」という。）にその状況の調査(これらの建築物の敷地及び構造についての損傷，腐食その他の劣化の状況の点検を含み，これらの建築物の建築設備及び防火戸その他の政令で定める防火設備(以下「建築設備等」という。)についての第3項の検査を除く。)をさせて，その結果を特定行政庁に報告しなければならない。

◆政令1［第5節　定期報告を要する建築物等］令第16条第1項→p203
　　2［第5節　定期報告を要する建築物等］令第16条第2項→p203
◆国土交通省令1［建築物の定期報告］規則第5条　　　　　　　→p512
　　2［建築物調査員資格者証等の種類］規則第6条の5第1項→p517
　　［建築物等の種類等］規則第6条の6　　　　　　　　→p517
●関連［特定建築物調査員講習の登録の申請］規則第6条の7→p518

2　国，都道府県又は建築主事を置く市町村が所有し，又は管理する特定建築物の管理者である国，都道府県若しくは市町村の機関の長又はその委任を受けた者（以下この章において「国の機関の長等」という。）は，当該特定建築物の敷地及び構造について，**国土交通省令**[*]で定めるところにより，定期に，一級建築士若しくは二級建築士又は建築物調査員に，損傷，腐食その他の劣化の状況の点検（当該特定建

築物の防火戸その他の前項の政令で定める防火設備についての第4項の点検を除く。）をさせなければならない。ただし，当該特定建築物（第6条第1項第一号に掲げる建築物で安全上，防火上又は衛生上特に重要であるものとして前項の**政令**で定めるもの及び同項の規定により特定行政庁が指定するものを除く。）のうち特定行政庁が安全上，防火上及び衛生上支障がないと認めて建築審査会の同意を得て指定したものについては，この限りでない。

◆**政令**［第5節　定期報告を要する建築物等］令第16条→p203
◆**国土交通省令**［国の機関の長等による建築物の点検］規則第5条の2→p512

3　特定建築設備等（昇降機及び特定建築物の昇降機以外の建築設備等をいう。以下この項及び次項において同じ。）で安全上，防火上又は衛生上特に重要であるものとして**政令**で定めるもの（国等の建築物に設けるものを除く。）及び当該政令で定めるもの以外の特定建築設備等で特定行政庁が指定するもの（国等の建築物に設けるものを除く。）の所有者は，これらの特定建築設備等について，**国土交通省令**[*1]で定めるところにより，定期に，一級建築士若しくは二級建築士又は建築設備等検査員資格者証[*2]の交付を受けている者（次項及び第12条の3第2項において「建築設備等検査員」という。）に検査（これらの特定建築設備等についての損傷，腐食その他の劣化の状況の点検を含む。）をさせて，その結果を特定行政庁に報告しなければならない。

◆**政令**［第5節　定期報告を要する建築物等］令第16条第3項→p203
◆**国土交通省令**1　［建築設備等の定期報告］規則第6条　　　　　　　　→p513
　　　　　　　2　［建築物調査資格者証等の種類］規則第6条の5第2項→p517
　　　　　　　　　［建築物等の種類等］規則第6条の6　　　　　　　　　　→p517
●**関連**［建築設備検査員講習の登録の申請］規則第6条の11→p520
　　　　　［防火設備検査員講習の登録の申請］規則第6条の13→p521
　　　　　［昇降機等検査員講習の登録の申請］規則第6条の15→p522

4　国の機関の長等は，国，都道府県又は建築主事を置く市町村が所有し，又は管理する建築物の特定建築設備等について，**国土交通省令**[*]で定めるところにより，定期に，一級建築士若しくは二級建築士又は建築設備等検査員に，損傷，腐食その他の劣化の状況の点検をさせなければならない。ただし，当該特定建築設備等（前項の**政令**で定めるもの及び同項の規定により特定行政庁が指定するものを除く。）のうち特定行政庁が安全上，防火上及び衛生上支障がないと認めて建築審査会の同意を得て指定したものについては，この限りでない。

◆**政令**［第5節　定期報告を要する建築物等］令第16条→p203
◆**国土交通省令**［国の機関の長等による建築設備等の点検］規則第6条の2→p513

5　特定行政庁，建築主事又は建築監視員は，次に掲げる者に対して，建築物の敷地，構造，建築設備若しくは用途，建築材料若しくは建築設備その他の建築物の部分（以下「建築材料等」という。）の受取若しくは引渡しの状況，建築物に関する工事の計画若しくは施工の状況又は建築物の敷地，構造若しくは建築設備に関する調査（以下「建築物に関する調査」という。）の状況に関する報告を求めることができる。

●**関連**［建築監視員］法第9条の2→p32

一　建築物若しくは建築物の敷地の所有者，管理者若しくは占有者，建築主，設計

　者，建築材料等を製造した者，工事監理者，工事施工者又は建築物に関する調査をした者

二　第77条の21第 1 項の指定確認検査機関

三　第77条の35の 5 第 1 項の指定構造計算適合性判定機関

6　特定行政庁又は建築主事にあっては第 6 条第 4 項，第 6 条の 2 第 6 項，第 7 条第 4 項，第 7 条の 3 第 4 項，第 9 条第 1 項，第10項若しくは第13項，第10条第 1 項から第 3 項まで，前条第 1 項又は第90条の 2 第 1 項の規定の施行に必要な限度において，建築監視員にあっては第 9 条第10項の規定の施行に必要な限度において，当該建築物若しくは建築物の敷地の所有者，管理者若しくは占有者，建築主，設計者，建築材料等を製造した者，工事監理者，工事施工者又は建築物に関する調査をした者に対し，帳簿，書類その他の物件の提出を求めることができる。

7　建築主事又は特定行政庁の命令若しくは建築主事の委任を受けた当該市町村若しくは都道府県の職員にあっては第 6 条第 4 項，第 6 条の 2 第 6 項，第 7 条第 4 項，第 7 条の 3 第 4 項，第 9 条第 1 項，第10項若しくは第13項，第10条第 1 項から第 3 項まで，前条第 1 項又は第90条の 2 第 1 項の規定の施行に必要な限度において，建築監視員にあっては第 9 条第10項の規定の施行に必要な限度において，当該建築物，建築物の敷地，建築材料等を製造した者の工場，営業所，事務所，倉庫その他の事業場，建築工事場又は建築物に関する調査をした者の営業所，事務所その他の事業場に立ち入り，建築物，建築物の敷地，建築設備，建築材料，建築材料等の製造に関係がある物件，設計図書その他建築物に関する工事に関係がある物件若しくは建築物に関する調査に関係がある物件を検査し，若しくは試験し，又は建築物若しくは建築物の敷地の所有者，管理者若しくは占有者，建築主，設計者，建築材料等を製造した者，工事監理者，工事施工者若しくは建築物に関する調査をした者に対し必要な事項について質問することができる。ただし，住居に立ち入る場合においては，あらかじめ，その居住者の承諾を得なければならない。

8　特定行政庁は，確認その他の建築基準法令の規定による処分並びに第 1 項及び第 3 項の規定による報告に係る建築物の敷地，構造，建築設備又は用途に関する台帳を整備し，かつ，当該台帳（当該処分及び当該報告に関する書類で**国土交通省令**で定めるものを含む。）を保存しなければならない。

◆**国土交通省令**［台帳の記載事項等］規則第 6 条の 3 →p515

9　前項の台帳の記載事項その他その整備に関し必要な事項及び当該台帳（同項の国土交通省令で定める書類を含む。）の保存期間その他その保存に関し必要な事項は，**国土交通省令**で定める。

◆**国土交通省令**［台帳の記載事項等］規則第 6 条の 3 第 5 項，第 6 項→p516

【建築物調査員資格者証】

第12条の 2　国土交通大臣は，次の各号のいずれかに該当する者に対し，建築物調査員資格者証を交付する。

一　前条第 1 項の調査及び同条第 2 項の点検（次項第四号及び第 3 項第三号において「調査等」という。）に関する講習で**国土交通省令**で定めるものの課程を修了

した者

◆**国土交通省令**［建築物等の種類等］規則第 6 条の 6 →p517

二　前号に掲げる者と同等以上の専門的知識及び能力を有すると国土交通大臣が認定した者

2　国土交通大臣は，前項の規定にかかわらず，次の各号のいずれかに該当する者に対しては，建築物調査員資格者証の交付を行わないことができる。

一　未成年者

二　建築基準法令の規定により刑に処せられ，その執行を終わり，又はその執行を受けることがなくなった日から起算して 2 年を経過しない者

三　次項（第二号を除く。）の規定により建築物調査員資格者証の返納を命ぜられ，その日から起算して 1 年を経過しない者

四　心身の故障により調査等の業務を適正に行うことができない者として**国土交通省令**で定めるもの

◆**国土交通省令**［心身の故障により調査等の業務を適正に行うことが
できない者］規則第 6 条の16の 2　　　　　　　　　　→p523

3　国土交通大臣は，建築物調査員が次の各号のいずれかに該当すると認めるときは，その建築物調査員資格者証の返納を命ずることができる。

一　この法律又はこれに基づく命令の規定に違反したとき。

二　前項第三号又は第四号のいずれかに該当するに至ったとき。

三　調査等に関して不誠実な行為をしたとき。

四　偽りその他不正の手段により建築物調査員資格者証の交付を受けたとき。

4　建築物調査員資格者証の交付の手続その他建築物調査員資格者証に関し必要な事項は，**国土交通省令**で定める。

◆**国土交通省令**［特別建築物調査員資格者証］規則第 6 条の17～第 6 条の21→p523～524

【建築設備等検査員資格者証】

第12条の3　建築設備等検査員資格者証の種類は，**国土交通省令**で定める。

◆**国土交通省令**［建築物調査員資格者証等の種類］規則第 6 条の 5 第 2 項→p517

2　建築設備等検査員が第12条第 3 項の検査及び同条第 4 項の点検（次項第一号において「検査等」という。）を行うことができる建築設備等の種類は，前項の建築設備等検査員資格者証の種類に応じて**国土交通省令**で定める。

◆**国土交通省令**［建築物等の種類等］規則第 6 条の 6 →p517

3　国土交通大臣は，次の各号のいずれかに該当する者に対し，建築設備等検査員資格者証を交付する。

一　検査等に関する講習で建築設備等検査員資格者証の種類ごとに**国土交通省令**で定めるものの課程を修了した者

◆**国土交通省令**［建築物等の種類等］規則第 6 条の 6 →p517

二　前号に掲げる者と同等以上の専門的知識及び能力を有すると国土交通大臣が認定した者

4　前条第 2 項から第 4 項までの規定は，建築設備等検査員資格者証について準用す

る。この場合において、同条第2項中「前項」とあるのは「次条第3項」と、同項第四号及び同条第3項第三号中「調査等」とあるのは「次条第2項に規定する検査等」と読み替えるものとする。

【身分証明書の携帯】

第13条　建築主事、建築監視員若しくは特定行政庁の命令若しくは建築主事の委任を受けた当該市町村若しくは都道府県の職員が第12条第7項の規定によって建築物、建築物の敷地若しくは建築工事場に立ち入る場合又は建築監視員が第9条の2（第90条第3項において準用する場合を含む。）の規定による権限を行使する場合においては、その身分を示す証明書*を携帯し、関係者に提示しなければならない。

●関連［身分証明書の様式］規則第7条第1項，第2項→p526

2　第12条第7項の規定による権限は、犯罪捜査のために認められたものと解釈してはならない。

【都道府県知事又は国土交通大臣の勧告，助言又は援助】

第14条　建築主事を置く市町村の長は、都道府県知事又は国土交通大臣に、都道府県知事は、国土交通大臣に、この法律の施行に関し必要な助言又は援助を求めることができる。

2　国土交通大臣は、特定行政庁に対して、都道府県知事は、建築主事を置く市町村の長に対して、この法律の施行に関し必要な勧告、助言若しくは援助をし、又は必要な参考資料を提供することができる。

【届出及び統計】

第15条　建築主が建築物を建築しようとする場合又は建築物の除却の工事を施工する者が建築物を除却しようとする場合においては、これらの者は、建築主事を経由して、その旨を都道府県知事に届け出なければならない。ただし、当該建築物又は当該工事に係る部分の床面積の合計が10m²以内である場合においては、この限りでない。

2　前項の規定にかかわらず、同項の建築物の建築又は除却が第一号の耐震改修又は第二号の建替えに該当する場合における同項の届出は、それぞれ、当該各号に規定する所管行政庁が都道府県知事であるときは直接当該都道府県知事に対し、市町村の長であるときは当該市町村の長を経由して行わなければならない。

　一　建築物の耐震改修の促進に関する法律（平成7年法律第123号）第17条第1項の規定により建築物の耐震改修（増築又は改築に限る。）の計画の認定を同法第2条第3項の所管行政庁に申請する場合の当該耐震改修

　二　密集市街地整備法第4条第1項の規定により建替計画の認定を同項の所管行政庁に申請する場合の当該建替え

●関連［建築物の耐震改修の促進に関する法律］第17条第1項→p1038
　　　［密集市街地整備法］第4条第1項　　　　　　→p1333

3　市町村の長は、当該市町村の区域内における建築物が火災、震災、水災、風災その他の災害により滅失し、又は損壊した場合においては、都道府県知事に報告しなければならない。ただし、当該滅失した建築物又は損壊した建築物の損壊した部分の床面積の合計が10m²以内である場合においては、この限りでない。

4　都道府県知事は，前3項の規定による届出及び報告に基づき，建築統計を作成し，これを国土交通大臣に送付し，かつ，関係書類を国土交通省令で定める期間保存しなければならない。

5　前各項の規定による届出，報告並びに建築統計の作成及び送付の手続は，**国土交通省令**で定める。

◆国土交通省令［建築工事届及び建築物除却届］規則第8条→p527

【報告，検査等】

第15条の2　国土交通大臣は，第1条の目的を達成するため特に必要があると認めるときは，建築物若しくは建築物の敷地の所有者，管理者若しくは占有者，建築主，設計者，建築材料等を製造した者，工事監理者，工事施工者，建築物に関する調査をした者若しくは第68条の10第1項の型式適合認定，第68条の25第1項の構造方法等の認定若しくは第68条の26の特殊構造方法等認定（以下この項において「型式適合認定等」という。）を受けた者に対し，建築物の敷地，構造，建築設備若しくは用途，建築材料等の受取若しくは引渡しの状況，建築物に関する工事の計画若しくは施工の状況若しくは建築物に関する調査の状況に関する報告若しくは帳簿，書類その他の物件の提出を求め，又はその職員に，建築物，建築物の敷地，建築材料等を製造した者の工場，営業所，事務所，倉庫その他の事業場，建築工事場，建築物に関する調査をした者の営業所，事務所その他の事業場若しくは型式適合認定等を受けた者の事務所その他の事業場に立ち入り，建築物，建築物の敷地，建築設備，建築材料，建築材料等の製造に関係がある物件，設計図書その他建築物に関する工事に関係がある物件，建築物に関する調査に関係がある物件若しくは型式適合認定等に関係がある物件を検査させ，若しくは試験させ，若しくは建築物若しくは建築物の敷地の所有者，管理者若しくは占有者，建築主，設計者，建築材料等を製造した者，工事監理者，工事施工者，建築物に関する調査をした者若しくは型式適合認定等を受けた者に対し必要な事項について質問させることができる。ただし，住居に立ち入る場合においては，あらかじめ，その居住者の承諾を得なければならない。

2　前項の規定により立入検査をする職員は，その身分を示す証明書*を携帯し，関係者に提示しなければならない。

●関連［身分証明書の様式］規則第7条第3項→p526

3　第1項の規定による権限は，犯罪捜査のために認められたものと解釈してはならない。

【国土交通大臣又は都道府県知事への報告】

第16条　国土交通大臣は，特定行政庁に対して，都道府県知事は，建築主事を置く市町村の長に対して，この法律の施行に関して必要な報告又は統計の資料の提出を求めることができる。

【特定行政庁等に対する指示等】

第17条　国土交通大臣は，都道府県若しくは市町村の建築主事の処分がこの法律若しくはこれに基づく命令の規定に違反し，又は都道府県若しくは市町村の建築主事がこれらの規定に基づく処分を怠っている場合において，国の利害に重大な関係があ

る建築物に関し必要があると認めるときは，当該都道府県知事又は市町村の長に対して，期限を定めて，都道府県又は市町村の建築主事に対し必要な措置を命ずべきことを指示することができる。

2　国土交通大臣は，都道府県の建築主事の処分がこの法律若しくはこれに基づく命令の規定に違反し，又は都道府県の建築主事がこれらの規定に基づく処分を怠っている場合において，これらにより多数の者の生命又は身体に重大な危害が発生するおそれがあると認めるときは，当該都道府県知事に対して，期限を定めて，都道府県の建築主事に対し必要な措置を命ずべきことを指示することができる。

3　都道府県知事は，市町村の建築主事の処分がこの法律若しくはこれに基づく命令の規定に違反し，又は市町村の建築主事がこれらの規定に基づく処分を怠っている場合において，これらにより多数の者の生命又は身体に重大な危害が発生するおそれがあると認めるときは，当該市町村の長に対して，期限を定めて，市町村の建築主事に対し必要な措置を命ずべきことを指示することができる。

4　国土交通大臣は，前項の場合において都道府県知事がそのすべき指示をしないときは，自ら同項の指示をすることができる。

5　都道府県知事又は市町村の長は，正当な理由がない限り，前各項の規定により国土交通大臣又は都道府県知事が行った指示に従わなければならない。

6　都道府県又は市町村の建築主事は，正当な理由がない限り，第1項から第4項までの規定による指示に基づく都道府県知事又は市町村の長の命令に従わなければならない。

7　国土交通大臣は，都道府県知事若しくは市町村の長が正当な理由がなく，所定の期限までに，第1項の規定による指示に従わない場合又は都道府県若しくは市町村の建築主事が正当な理由がなく，所定の期限までに，第1項の規定による国土交通大臣の指示に基づく都道府県知事若しくは市町村の長の命令に従わない場合においては，正当な理由がないことについて社会資本整備審議会の確認を得た上で，自ら当該指示に係る必要な措置をとることができる。

8　国土交通大臣は，都道府県知事若しくは市町村の長がこの法律若しくはこれに基づく命令の規定に違反し，又はこれらの規定に基づく処分を怠っている場合において，国の利害に重大な関係がある建築物に関し必要があると認めるときは，当該都道府県知事又は市町村の長に対して，期限を定めて，必要な措置をとるべきことを指示することができる。

9　国土交通大臣は，都道府県知事がこの法律若しくはこれに基づく命令の規定に違反し，又はこれらの規定に基づく処分を怠っている場合において，これらにより多数の者の生命又は身体に重大な危害が発生するおそれがあると認めるときは，当該都道府県知事に対して，期限を定めて，必要な措置をとるべきことを指示することができる。

10　都道府県知事は，市町村の長がこの法律若しくはこれに基づく命令の規定に違反し，又はこれらの規定に基づく処分を怠っている場合において，これらにより多数の者の生命又は身体に重大な危害が発生するおそれがあると認めるときは，当該市町

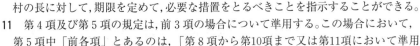

村の長に対して，期限を定めて，必要な措置をとるべきことを指示することができる。

11　第4項及び第5項の規定は，前3項の場合について準用する。この場合において，第5項中「前各項」とあるのは，「第8項から第10項まで又は第11項において準用する第4項」と読み替えるものとする。

12　国土交通大臣は，都道府県知事又は市町村の長が正当な理由がなく，所定の期限までに，第8項の規定による指示に従わない場合においては，正当な理由がないことについて社会資本整備審議会の確認を得た上で，自ら当該指示に係る必要な措置をとることができる。

【国，都道府県又は建築主事を置く市町村の建築物に対する確認，検査又は是正措置に関する手続の特例】

第18条　国，都道府県又は建築主事を置く市町村の建築物及び建築物の敷地については，第6条から第7条の6まで，第9条から第9条の3まで，第10条及び第90条の2の規定は，適用しない。この場合においては，次項から第25項までの規定に定めるところによる。

2　第6条第1項の規定によって建築し，又は大規模の修繕若しくは大規模の模様替をしようとする建築物の建築主が国，都道府県又は建築主事を置く市町村である場合においては，当該国の機関の長等は，当該工事に着手する前に，その計画を建築主事に通知しなければならない。ただし，防火地域及び準防火地域外において建築物を増築し，改築し，又は移転しようとする場合（当該増築，改築又は移転に係る部分の床面積の合計が10m²以内である場合に限る。）においては，この限りでない。

●関連［国の機関の長等による建築主事に対する通知等］規則第8条の2→p527

3　建築主事は，前項の通知を受けた場合においては，第6条第4項に定める期間内に，当該通知に係る建築物の計画が建築基準関係規定（第6条の4第1項第一号若しくは第二号に掲げる建築物の建築，大規模の修繕若しくは大規模の模様替又は同項第三号に掲げる建築物の建築について通知を受けた場合にあっては，同項の規定により読み替えて適用される第6条第1項に規定する建築基準関係規定。以下この項及び第14項において同じ。）に適合するかどうかを審査し，審査の結果に基づいて，建築基準関係規定に適合することを認めたときは，当該通知をした国の機関の長等に対して確認済証を交付しなければならない。

4　国の機関の長等は，第2項の場合において，同項の通知に係る建築物の計画が特定構造計算基準又は特定増改築構造計算基準に適合するかどうかの前項に規定する審査を要するものであるときは，当該建築物の計画を都道府県知事に通知し，構造計算適合性判定を求めなければならない。ただし，当該建築物の計画が特定構造計算基準（第20条第1項第二号イの政令で定める基準に従った構造計算で同号イに規定する方法によるものによって確かめられる安全性を有することに係る部分のうち前項に規定する審査が比較的容易にできるものとして**政令**で定めるものに限る。）又は特定増改築構造計算基準（同項に規定する審査が比較的容易にできるものとして**政令**で定めるものに限る。）に適合するかどうかを第6条の3第1項ただし書の国土交通省令で定める要件を備える者である建築主事が前項に規定する審査をする

場合は，この限りでない。

◆政令［確認審査が比較的容易にできる特定構造計算基準及び
特定増改築構造計算基準］令第 9 条の 3 →p199
●関連［特定増改築構造計算基準］令第 9 条の 2→p199

5 都道府県知事は，前項の通知を受けた場合において，当該通知に係る建築物の計画が建築基準関係規定に適合するものであることについて当該都道府県に置かれた建築主事が第 3 項に規定する審査をするときは，当該建築主事を当該通知に係る構造計算適合性判定に関する事務に従事させてはならない。

6 都道府県知事は，特別な構造方法の建築物の計画について第 4 項の構造計算適合性判定を行うに当たって必要があると認めるときは，当該構造方法に係る構造計算に関して専門的な識見を有する者の意見を聴くものとする。

7 都道府県知事は，第 4 項の通知を受けた場合においては，その通知を受けた日から14日以内に，当該通知に係る構造計算適合性判定の結果を記載した通知書を当該通知をした国の機関の長等に交付しなければならない。

8 都道府県知事は，前項の場合（第 4 項の通知に係る建築物の計画が特定構造計算基準（第20条第 1 項第二号イの政令で定める基準に従った構造計算で同号イに規定する方法によるものによって確かめられる安全性を有することに係る部分に限る。）に適合するかどうかの判定を求められた場合その他**国土交通省令**で定める場合に限る。）において，前項の期間内に当該通知をした国の機関の長等に同項の通知書を交付することができない合理的な理由があるときは，35日の範囲内において，同項の期間を延長することができる。この場合においては，その旨及びその延長する期間並びにその期間を延長する理由を記載した通知書を同項の期間内に当該通知をした国の機関の長等に交付しなければならない。

◆**国土交通省令**［確認済証等の様式等］規則第 2 条第 2 項→p472

9 都道府県知事は，第 7 項の場合において，第 4 項の通知の記載によっては当該建築物の計画が特定構造計算基準又は特定増改築構造計算基準に適合するかどうかを決定することができない正当な理由があるときは，その旨及びその理由を記載した通知書を第 7 項の期間（前項の規定により第 7 項の期間を延長した場合にあっては，当該延長後の期間）内に当該通知をした国の機関の長等に交付しなければならない。

10 国の機関の長等は，第 7 項の規定により同項の通知書の交付を受けた場合において，当該通知書が適合判定通知書であるときは，第 3 項の規定による審査をする建築主事に，当該適合判定通知書又はその写しを提出しなければならない。ただし，当該建築物の計画に係る第14項の通知書の交付を受けた場合は，この限りでない。

11 国の機関の長等は，前項の場合において，第 3 項の期間（第13項の規定により第 3 項の期間が延長された場合にあっては，当該延長後の期間）の末日の 3 日前までに，前項の適合判定通知書又はその写しを当該建築主事に提出しなければならない。

12 建築主事は，第 3 項の場合において，第 2 項の通知に係る建築物の計画が第 4 項の構造計算適合性判定を要するものであるときは，当該通知をした国の機関の長等から第10項の適合判定通知書又はその写しの提出を受けた場合に限り，第 3 項の確

認済証を交付することができる。

13 建築主事は，第3項の場合（第2項の通知に係る建築物の計画が特定構造計算基準（第20条第1項第二号イの政令で定める基準に従った構造計算で同号イに規定する方法によるものによって確かめられる安全性を有することに係る部分に限る。）に適合するかどうかを審査する場合その他**国土交通省令**で定める場合に限る。）において，第3項の期間内に当該通知をした国の機関の長等に同項の確認済証を交付することができない合理的な理由があるときは，35日の範囲内において，同項の期間を延長することができる。この場合においては，その旨及びその延長する期間並びにその期間を延長する理由を記載した通知書を同項の期間内に当該通知をした国の機関の長等に交付しなければならない。

◆国土交通省令［確認済証等の様式等］規則第2条第2項→p472

14 建築主事は，第3項の場合において，第2項の通知に係る建築物の計画が建築基準関係規定に適合しないことを認めたとき，又は建築基準関係規定に適合するかどうかを決定することができない正当な理由があるときは，その旨及びその理由を記載した通知書を第3項の期間（前項の規定により第3項の期間を延長した場合にあっては，当該延長後の期間）内に当該通知をした国の機関の長等に交付しなければならない。

15 第2項の通知に係る建築物の建築，大規模の修繕又は大規模の模様替の工事は，第3項の確認済証の交付を受けた後でなければすることができない。

16 国の機関の長等は，当該工事を完了した場合においては，その旨を，工事が完了した日から4日以内に到達するように，建築主事に通知しなければならない。

●関連［建築物に関する完了検査］法第7条→p25

17 建築主事が前項の規定による通知を受けた場合においては，建築主事等は，その通知を受けた日から7日以内に，その通知に係る建築物及びその敷地が建築基準関係規定（第7条の5に規定する建築物の建築，大規模の修繕又は大規模の模様替の工事について通知を受けた場合にあっては，第6条の4第1項の規定により読み替えて適用される第6条第1項に規定する建築基準関係規定。以下この条において同じ。）に適合しているかどうかを検査しなければならない。

18 建築主事等は，前項の規定による検査をした場合において，当該建築物及びその敷地が建築基準関係規定に適合していることを認めたときは，国の機関の長等に対して検査済証を交付しなければならない。

●関連［建築主事等］法第7条第4項→p25

19 国の機関の長等は，当該工事が特定工程*を含む場合において，当該特定工程に係る工事を終えたときは，その都度，その旨を，その日から4日以内に到達するように，建築主事に通知しなければならない。

●関連［建築物に関する中間検査］法第7条の3→p27

20 建築主事が前項の規定による通知を受けた場合においては，建築主事等は，その通知を受けた日から4日以内に，当該通知に係る工事中の建築物等について，検査前に施工された工事に係る建築物の部分及びその敷地が建築基準関係規定に適合す

るかどうかを検査しなければならない。

21 建築主事等は，前項の規定による検査をした場合において，工事中の建築物等が建築基準関係規定に適合することを認めたときは，**国土交通省令**で定めるところにより，国の機関の長等に対して当該特定工程に係る中間検査合格証を交付しなければならない。

◆国土交通省令 [国の機関の長等による建築主事に対する通知等] 規則第8条の2 →p527

22 特定工程後の工程に係る工事は，前項の規定による当該特定工程に係る中間検査合格証の交付を受けた後でなければ，これを施工してはならない。

23 建築主事等は，第20項の規定による検査において建築基準関係規定に適合することを認められた工事中の建築物等について，第17項又は第20項の規定による検査をするときは，同項の規定による検査において建築基準関係規定に適合することを認められた建築物の部分及びその敷地については，これらの規定による検査をすることを要しない。

24 第6条第1項第一号から第三号までの建築物を新築する場合又はこれらの建築物（共同住宅以外の住宅及び居室を有しない建築物を除く。）の増築，改築，移転，大規模の修繕若しくは大規模の模様替の工事で避難施設等に関する工事を含むものをする場合においては，第18項の検査済証の交付を受けた後でなければ，当該新築に係る建築物又は当該避難施設等に関する工事*に係る建築物若しくは建築物の部分を使用し，又は使用させてはならない。ただし，次の各号のいずれかに該当する場合には，検査済証の交付を受ける前においても，仮に，当該建築物又は建築物の部分を使用し，又は使用させることができる。

●関連 [検査済証の交付を受けるまでの建築物の使用制限] 法第7条の6 →p29
[避難施設等の範囲] 令第13条 →p201
[避難施設等に関する工事に含まれない軽易な工事] 令第13条の2 →p201

一 特定行政庁が，安全上，防火上又は避難上支障がないと認めたとき。

二 建築主事が，安全上，防火上及び避難上支障がないものとして国土交通大臣が定める基準に適合していることを認めたとき。

三 第16項の規定による通知をした日から7日を経過したとき。

25 特定行政庁は，国，都道府県又は建築主事を置く市町村の建築物又は建築物の敷地が第9条第1項，第10条第1項若しくは第3項又は第90条の2第1項の規定に該当すると認める場合においては，直ちに，その旨を当該建築物又は建築物の敷地を管理する国の機関の長等に通知し，これらの規定に掲げる必要な措置をとるべきことを要請しなければならない。

【指定構造計算適合性判定機関による構造計算適合性判定の実施】

第18条の2 都道府県知事は，第77条の35の2から第77条の35の5までの規定の定めるところにより国土交通大臣又は都道府県知事が指定する者に，第6条の3第1項及び前条第4項の構造計算適合性判定の全部又は一部を行わせることができる。

2 前項の規定による指定は，2以上の都道府県の区域において同項の規定による構造計算適合性判定の業務を行おうとする者を指定する場合にあっては国土交通大臣

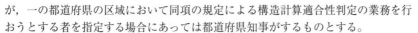

が，一の都道府県の区域において同項の規定による構造計算適合性判定の業務を行おうとする者を指定する場合にあっては都道府県知事がするものとする。

3　都道府県知事は，第1項の規定による指定を受けた者に構造計算適合性判定の全部又は一部を行わせることとしたときは，当該構造計算適合性判定の全部又は一部を行わないものとする。

4　第1項の規定による指定を受けた者が構造計算適合性判定を行う場合における第6条の3第1項及び第3項から第6項まで並びに前条第4項及び第6項から第9項までの規定の適用については，これらの規定中「都道府県知事」とあるのは，「第18条の2第1項の規定による指定を受けた者」とする。

【確認審査等に関する指針等】

第18条の3　国土交通大臣は，第6条第4項及び第18条第3項（これらの規定を第87条第1項，第87条の4並びに第88条第1項及び第2項において準用する場合を含む。）に規定する審査，第6条の2第1項（第87条第1項，第87条の4並びに第88条第1項及び第2項において準用する場合を含む。）の規定による確認のための審査，第6条の3第1項及び第18条第4項に規定する構造計算適合性判定，第7条第4項，第7条の2第1項及び第18条第17項（これらの規定を第87条の4並びに第88条第1項及び第2項において準用する場合を含む。）の規定による検査並びに第7条の3第4項，第7条の4第1項及び第18条第20項（これらの規定を第87条の4及び第88条第1項において準用する場合を含む。）の規定による検査（以下この条及び第77条の62第2項第三号において「確認審査等」という。）の公正かつ適確な実施を確保するため，確認審査等に関する指針を定めなければならない。

2　国土交通大臣は，前項の指針を定め，又はこれを変更したときは，遅滞なく，これを公表しなければならない。

3　確認審査等は，前項の規定により公表された第1項の指針に従って行わなければならない。

第2章　建築物の敷地，構造及び建築設備

【敷地の衛生及び安全】

第19条　建築物の敷地は，これに接する道の境より高くなければならず，建築物の地盤面は，これに接する周囲の土地より高くなければならない。ただし，敷地内の排水に支障がない場合又は建築物の用途により防湿の必要がない場合においては，この限りでない。

2　湿潤な土地，出水のおそれの多い土地又はごみその他これに類する物で埋め立てられた土地に建築物を建築する場合においては，盛土，地盤の改良その他衛生上又は安全上必要な措置を講じなければならない。

3　建築物の敷地には，雨水及び汚水を排出し，又は処理するための適当な下水管，下水溝又はためますその他これらに類する施設をしなければならない。

4　建築物ががけ崩れ等による被害を受けるおそれのある場合においては，擁壁*の

設置その他安全上適当な措置を講じなければならない。

●関連［工作物の指定］令第138条第1項第五号→p370
　　　［擁壁］令第142条　　　　　　　　　　　　→p375

【構造耐力】

第20条　建築物は，自重，積載荷重，積雪荷重，風圧，土圧及び水圧並びに地震その他の震動及び衝撃に対して安全な構造のものとして，次の各号に掲げる建築物の区分に応じ，それぞれ当該各号に定める基準に適合するものでなければならない。

一　高さが60mを超える建築物　　当該建築物の安全上必要な構造方法に関して**政令**^{*1}で定める技術的基準に適合するものであること。この場合において，その構造方法は，荷重及び外力によって建築物の各部分に連続的に生ずる力及び変形を把握することその他の**政令**^{*2}で定める基準に従った構造計算によって安全性が確かめられたものとして国土交通大臣の認定を受けたものであること。

◆**政令**1［構造方法に関する技術的基準］令第36条第1項　→p219
　　　　2［第8節　構造計算，第1款　総則］令第81条第1項→p239
　　　　　［第1節　建築設備の構造強度］令第129条の2の3 →p302

二　高さが60m以下の建築物のうち，第6条第1項第二号に掲げる建築物（高さが13m又は軒の高さが9mを超えるものに限る。）又は同項第三号に掲げる建築物（地階を除く階数が4以上である鉄骨造の建築物，高さが20mを超える鉄筋コンクリート造又は鉄骨鉄筋コンクリート造の建築物その他これらの建築物に準ずるものとして**政令**^{*1}で定める建築物に限る。）　　次に掲げる基準のいずれかに適合するものであること。

イ　当該建築物の安全上必要な構造方法に関して**政令**^{*2}で定める技術的基準に適合すること。この場合において，その構造方法は，地震力によって建築物の地上部分の各階に生ずる水平方向の変形を把握することその他の**政令**^{*3}で定める基準に従った構造計算で，国土交通大臣が定めた方法*によるもの又は国土交通大臣の認定を受けたプログラムによるものによって確かめられる安全性を有すること。

ロ　前号に定める基準に適合すること。

◆**政令**1［地階を除く階数が4以上である鉄骨造の建築物等に準ずる建築物］令第36条の2→p220
　　　　2［構造方法に関する技術的基準］令第36条第2項　　　　　　　　　　　　　　→p220
　　　　3［第8節　構造計算，第1款　総則］令第81条第2項　　　　　　　　　　　　→p239
　　　　　［第1節　建築設備の構造強度］令第129条の2の3　　　　　　　　　　　　→p302

●告示　平19　国交告592号→p1641

三　高さが60m以下の建築物のうち，第6条第1項第二号又は第三号に掲げる建築物その他その主要構造部（床，屋根及び階段を除く。）を石造，れんが造，コンクリートブロック造，無筋コンクリート造その他これらに類する構造とした建築物で高さが13m又は軒の高さが9mを超えるもの（前号に掲げる建築物を除く。）　　次に掲げる基準のいずれかに適合するものであること。

イ　当該建築物の安全上必要な構造方法に関して**政令**^{*1}で定める技術的基準に適合すること。この場合において，その構造方法は，構造耐力上主要な部分ごとに応力度が許容応力度を超えないことを確かめることその他の**政令**^{*2}で定める

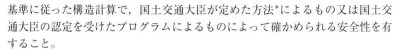

基準に従った構造計算で，国土交通大臣が定めた方法*によるもの又は国土交通大臣の認定を受けたプログラムによるものによって確かめられる安全性を有すること。

　ロ　前2号に定める基準のいずれかに適合すること。

◆**政令** 1 ［構造方法に関する技術的基準］令第36条第3項　　　→p220
2 ［第8節　構造計算，第1款　総則］令第81条第3項→p239
［第1節　建築設備の構造強度］令第129条の2の3　→p302
●**告示**　平19　国交告592号→p1641

四　前3号に掲げる建築物以外の建築物　　次に掲げる基準のいずれかに適合するものであること。

　イ　当該建築物の安全上必要な構造方法に関して**政令**で定める技術的基準に適合すること。

　ロ　前3号に定める基準のいずれかに適合すること。

◆**政令**［構造方法に関する技術的基準］令第36条第3項　　　→p220
［第1節　建築設備の構造強度］令第129条の2の3→p302

2　前項に規定する基準の適用上一の建築物であっても別の建築物とみなすことができる部分として**政令**で定める部分が2以上ある建築物の当該建築物の部分は，同項の規定の適用については，それぞれ別の建築物とみなす。

◆**政令**［別の建築物とみなすことができる部分］令第36条の4→p221

【大規模の建築物の主要構造部等】

第21条　次の各号のいずれかに該当する建築物（その主要構造部（床，屋根及び階段を除く。）の**政令**[*1]で定める部分の全部又は一部に木材，プラスチックその他の可燃材料を用いたものに限る。）は，その主要構造部を通常火災終了時間（建築物の構造，建築設備及び用途に応じて通常の火災が消火の措置により終了するまでに通常要する時間をいう。）が経過するまでの間当該火災による建築物の倒壊及び延焼を防止するために主要構造部に必要とされる性能に関して**政令**[*2]で定める技術的基準に適合するもので，国土交通大臣が定めた構造方法*を用いるもの又は国土交通大臣の認定を受けたものとしなければならない。ただし，その周囲に延焼防止上有効な空地で**政令**[*3]で定める技術的基準に適合するものを有する建築物については，この限りでない。

一　地階を除く階数が4以上である建築物

二　高さが16mを超える建築物

三　別表第1(い)欄(5)項又は(6)項に掲げる用途に供する特殊建築物で，高さが13mを超えるもの

◆**政令** 1 ［法第21条第1項の政令で定める部分］令第109条の4　　　　　→p264
2 ［大規模の建築物の主要構造部の性能に関する技術的基準］令第109条の5→p264
3 ［延焼防止上有効な空地の技術的基準］令第109条の6　　　　　→p264
●**告示**　令元　国交告193号→p1800
●**関連**［主要構造部］法第2条第五号　　　　→p11
［建築物の高さ］令第2条第1項第六号→p195

2　延べ面積が3,000m²を超える建築物（その主要構造部（床，屋根及び階段を除く。）

の前項の政令で定める部分の全部又は一部に木材，プラスチックその他の可燃材料を用いたものに限る。）は，次の各号のいずれかに適合するものとしなければならない。

一　第2条第九号のニイに掲げる基準に適合するものであること。

二　壁，柱，床その他の建築物の部分又は防火戸その他の**政令***1で定める防火設備（以下この号において「壁等」という。）のうち，通常の火災による延焼を防止するために当該壁等に必要とされる性能に関して**政令***2で定める技術的基準に適合するもので，国土交通大臣が定めた構造方法*を用いるもの又は国土交通大臣の認定を受けたものによって有効に区画し，かつ，各区画の床面積の合計をそれぞれ3,000m²以内としたものであること。

◆**政令**1〔防火戸その他の防火設備〕令第109条　　　　　　　　　→p262
　　　　2〔大規模の建築物の壁等の性能に関する技術的基準〕令第109条の7→p265
●**告示**　平27　国交告250号→p1746

【屋　根】

第22条　特定行政庁が防火地域及び準防火地域以外の市街地について指定する区域内にある建築物の屋根の構造は，通常の火災を想定した火の粉による建築物の火災の発生を防止するために屋根に必要とされる性能に関して建築物の構造及び用途の区分に応じて**政令**で定める技術的基準に適合するもので，国土交通大臣が定めた構造方法*を用いるもの又は国土交通大臣の認定を受けたものとしなければならない。ただし，茶室，あずまやその他これらに類する建築物又は延べ面積が10m²以内の物置，納屋その他これらに類する建築物の屋根の延焼のおそれのある部分*以外の部分については，この限りでない。

◆**政令**〔法第22条第1項の市街地の区域内にある建築物の屋根の性能に関する
技術的基準〕令第109条の8　　　　　　　　　　　　　　　→p265
●**告示**　平12　建告1361号→p1489
●**関連**〔屋根〕法第62条　　　　　　　　　→p83
〔延焼のおそれのある部分〕法第2条第六号→p11

2　特定行政庁は，前項の規定による指定をする場合においては，あらかじめ，都市計画区域内にある区域については都道府県都市計画審議会（市町村都市計画審議会が置かれている市町村の長たる特定行政庁が行う場合にあっては，当該市町村都市計画審議会。第51条を除き，以下同じ。）の意見を聴き，その他の区域については関係市町村の同意を得なければならない。

●**関連**〔特定行政庁〕法第2条第三十五号→p15

【外　壁】

第23条　前条第1項の市街地の区域内にある建築物（その主要構造部の第21条第1項の**政令***1で定める部分が木材，プラスチックその他の可燃材料で造られたもの（第25条及び第61条において「木造建築物等」という。）に限る。）は，その外壁で延焼のおそれのある部分の構造を，準防火性能（建築物の周囲において発生する通常の火災による延焼の抑制に一定の効果を発揮するために外壁に必要とされる性能をいう。）に関して**政令***2で定める技術的基準に適合する土塗壁その他の構造で，国土

交通大臣が定めた構造方法*を用いるもの又は国土交通大臣の認定を受けたものと
しなければならない。

◆**政令** 1 ［法第21条第１項の政令で定める部分］令第109条の４→p264
　　　　2 ［準防火性能に関する技術的基準］令第109条の９　　　→p265
●**告示**　平12　建告1362号→p1490

【建築物が第22条第１項の市街地の区域の内外にわたる場合の措置】

第24条　建築物が第22条第１項の市街地の区域の内外にわたる場合においては，その
全部について同項の市街地の区域内の建築物に関する規定を適用する。

【大規模の木造建築物等の外壁等】

第25条　延べ面積（同一敷地内に２以上の木造建築物等がある場合においては，その
延べ面積の合計）が1,000m²を超える木造建築物等*は，その外壁及び軒裏で延焼
のおそれのある部分を防火構造とし，その屋根の構造を第22条第１項に規定する構
造としなければならない。

●**関連** ［木造建築物等］法第23条→p48

【防火壁等】

第26条　延べ面積が1,000m²を超える建築物は，防火上有効な構造の防火壁又は防火
床によって有効に区画し，かつ，各区画の床面積の合計をそれぞれ1,000m²以内と
しなければならない。ただし，次の各号のいずれかに該当する建築物については，
この限りでない。

●**関連** ［木造等の建築物の防火壁及び防火床］令第113条→p274

一　耐火建築物又は準耐火建築物

二　卸売市場の上家，機械製作工場その他これらと同等以上に火災の発生のおそれ
　　が少ない用途に供する建築物で，次のイ又はロのいずれかに該当するもの

　　イ　主要構造部*が不燃材料で造られたものその他これに類する構造のもの

　　ロ　構造方法，主要構造部の防火の措置その他の事項について防火上必要な**政令**
　　　　で定める技術的基準に適合するもの

◆**政令** ［防火壁及び防火床の設置を要しない建築物に関する技術的基準等］
令第115条の２第１項　　　　　　　　　　　　　　　　→p276
●**関連** ［主要構造部］法第２条第五号→p11

三　畜舎その他の**政令**で定める用途に供する建築物で，その周辺地域が農業上の利
　　用に供され，又はこれと同様の状況にあって，その構造及び用途並びに周囲の状
　　況に関し避難上及び延焼防止上支障がないものとして国土交通大臣が定める基準
　　に適合するもの

◆**政令** ［防火壁及び防火床の設置を要しない建築物に関する技術的基準等］
令第115条の２第２項　　　　　　　　　　　　　　　　→p277

【耐火建築物等としなければならない特殊建築物】

第27条　次の各号のいずれかに該当する特殊建築物は，その主要構造部を当該特殊建
築物に存する者の全てが当該特殊建築物から地上までの避難を終了するまでの間通
常の火災による建築物の倒壊及び延焼を防止するために主要構造部に必要とされる
性能に関して**政令***¹で定める技術的基準に適合するもので，国土交通大臣が定めた

構造方法*を用いるもの又は国土交通大臣の認定を受けたものとし，かつ，その外壁の開口部であって建築物の他の部分から当該開口部へ延焼するおそれがあるものとして**政令***2で定めるものに，防火戸その他の**政令***3で定める防火設備（その構造が遮炎性能に関して**政令***4で定める技術的基準に適合するもので，国土交通大臣が定めた構造方法を用いるもの又は国土交通大臣の認定を受けたものに限る。）を設けなければならない。

◆政令1 ［法第27条第1項に規定する特殊建築物の主要構造部の性能に関する
技術的基準］令第110条 →p266
2 ［延焼するおそれがある外壁の開口部］令第110条の2 →p266
3 ［防火戸その他の防火設備］令第109条 →p262
4 ［法第27条第1項に規定する特殊建築物の防火設備の遮炎性能に関する
技術的基準］令第110条の3 →p267
●関連 ［耐火建築物］法第2条第九号の二 →p12
［耐火性能に関する技術的基準］令第107条 →p257
［耐火建築物の主要構造部に関する技術的基準］令第108条の3 →p260
［主要構造部を準耐火構造等とした建築物の層間変形角］令第109条の2の2 →p263
●告示 平27 国交告255号→p1751

一 別表第1(ろ)欄に掲げる階を同表(い)欄(1)項から(4)項までに掲げる用途に供するもの（階数が3で延べ面積が200m²未満のもの（同表(ろ)欄に掲げる階を同表(い)欄(2)項に掲げる用途で**政令***1で定めるものに供するものにあっては，**政令***2で定める技術的基準に従って警報設備を設けたものに限る。）を除く。）

◆政令1 ［警報設備を設けた場合に耐火建築物等とすることを要しないこととなる用途］
令第110条の4 →p267
2 ［警報設備の技術的基準］令第110条の5 →p267
●関連 ［別表第1］→p167

二 別表第1(い)欄(1)項から(4)項までに掲げる用途に供するもので，その用途に供する部分（同表(1)項の場合にあっては客席，同表(2)項及び(4)項の場合にあっては2階の部分に限り，かつ，病院及び診療所についてはその部分に患者の収容施設がある場合に限る。）の床面積の合計が同表(は)欄の当該各項に該当するもの

三 別表第1(い)欄(4)項に掲げる用途に供するもので，その用途に供する部分の床面積の合計が3,000m²以上のもの

四 劇場，映画館又は演芸場の用途に供するもので，主階が1階にないもの（階数が3以下で延べ面積が200m²未満のものを除く。）

2 次の各号のいずれかに該当する特殊建築物は，耐火建築物としなければならない。

一 別表第1(い)欄(5)項に掲げる用途に供するもので，その用途に供する3階以上の部分の床面積の合計が同表(は)欄(5)項に該当するもの

●関連 ［別表第1］→p167

二 別表第1(ろ)欄(6)項に掲げる階を同表(い)欄(6)項に掲げる用途に供するもの

3 次の各号のいずれかに該当する特殊建築物は，耐火建築物*又は準耐火建築物*（別表第1(い)欄(6)項に掲げる用途に供するものにあっては，第2条第九号の三ロに該当する準耐火建築物のうち**政令**で定めるものを除く。）としなければならない。

◆政令 ［自動車車庫等の用途に供してはならない準耐火建築物］令第115条の4 →p278
●関連 ［耐火建築物］法第2条第九号の二 →p12

［準耐火建築物］法第２条第九号の三→p13

一　別表第１(い)欄(5)項又は(6)項*に掲げる用途に供するもので，その用途に供する部分の床面積の合計が同表(に)欄の当該各項に該当するもの

●関連［別表第１］→p167

二　別表第２(と)項*第四号に規定する危険物（安全上及び防火上支障がないものとして**政令**で定めるものを除く。以下この号において同じ。）の貯蔵場又は処理場の用途に供するもの（貯蔵又は処理に係る危険物の数量が**政令**で定める限度を超えないものを除く。）

◆政令［危険物の数量］令第116条→p278
●関連［別表第２（と）項］　　　　　　　　→p171
［危険物の貯蔵又は処理に供する建築物］令第130条の９→p326

【居室の採光及び換気】

第28条　住宅，学校，病院，診療所，寄宿舎，下宿その他これらに類する建築物で**政令***1で定めるものの居室（居住のための居室，学校の教室，病院の病室その他これらに類するものとして**政令***2で定めるものに限る。）には，採光のための窓その他の開口部を設け，その採光に有効な部分の面積は，その居室の床面積に対して，1/5から1/10までの間において居室の種類に応じ**政令***3で定める割合以上としなければならない。ただし，地階若しくは地下工作物内に設ける居室その他これらに類する居室又は温湿度調整を必要とする作業を行う作業室その他用途上やむを得ない居室については，この限りでない。

◆政令１［居室の採光］令第19条第１項　→p203
２［居室の採光］令第19条第２項　→p204
３［居室の採光］令第19条第３項　→p204
［有効面積の算定方法］令第20条→p204

2　居室*には換気のための窓その他の開口部を設け，その換気に有効な部分の面積は，その居室の床面積に対して，1/20以上としなければならない。ただし，**政令**で定める技術的基準に従って換気設備を設けた場合においては，この限りでない。

◆政令［換気設備の技術的基準］令第20条の２→p206
●関連［居室］法第２条第四号　　　　　→p11
［換気設備］令第129条の２の５→p305

3　別表第１(い)欄(1)項に掲げる用途に供する特殊建築物の居室又は建築物の調理室，浴室その他の室でかまど，こんろその他火を使用する設備若しくは器具を設けたもの（**政令***1で定めるものを除く。）には，**政令***2で定める技術的基準に従って，換気設備を設けなければならない。

◆政令１［火を使用する室に設けなければならない換気設備等］令第20条の３第１項→p208
２［換気設備の技術的基準］令第20条の２　　　　　　→p206
［火を使用する室に設けなければならない換気設備等］令第20条の３第２項→p208

4　ふすま，障子その他随時開放することができるもので仕切られた２室は，前３項の規定の適用については，１室とみなす。

【石綿その他の物質の飛散又は発散に対する衛生上の措置】

第28条の２　建築物は，石綿その他の物質の建築材料からの飛散又は発散による衛生上の支障がないよう，次に掲げる基準に適合するものとしなければならない。

一　建築材料に石綿その他の著しく衛生上有害なものとして**政令**[*1]で定める物質（次号及び第三号において「石綿等」という。）を添加しないこと。

二　石綿等をあらかじめ添加した建築材料（石綿等を飛散又は発散させるおそれがないものとして国土交通大臣が定めたもの[*]又は国土交通大臣の認定を受けたものを除く。）を使用しないこと。

●告示 平18 国交告1172号→p1639

三　居室を有する建築物にあっては，前2号に定めるもののほか，石綿等以外の物質でその居室内において衛生上の支障を生ずるおそれがあるものとして**政令**[*2]で定める物質の区分に応じ，建築材料及び換気設備について**政令**[*3]で定める技術的基準に適合すること。

◆**政令** 1［著しく衛生上有害な物質］令第20条の4　　　　　　　　　　　　→p210
　　　　 2［居室内において衛生上の支障を生ずるおそれがある物質］令第20条の5　→p210
　　　　 3［居室を有する建築物の建築材料についてのクロルピリホスに関する
　　　　 　技術的基準］令第20条の6　　　　　　　　　　　　　　　　　　　→p210
　　　　 ［居室を有する建築物の建築材料についてのホルムアルデヒドに関する
　　　　 　技術的基準］令第20条の7　　　　　　　　　　　　　　　　　　　→p210
　　　　 ［居室を有する建築物の換気設備についてのホルムアルデヒドに関する
　　　　 　技術的基準］令第20条の8　　　　　　　　　　　　　　　　　　　→p212
　　　　 ［居室を有する建築物のホルムアルデヒドに関する技術的基準の特例］
　　　　 　令第20条の9　　　　　　　　　　　　　　　　　　　　　　　　　→p213

【地階における住宅等の居室】

第29条　住宅の居室，学校の教室，病院の病室又は寄宿舎の寝室で地階[*]に設けるものは，壁及び床の防湿の措置その他の事項について衛生上必要な**政令**で定める技術的基準に適合するものとしなければならない。

◆**政令**［地階における住宅等の居室の技術的基準］令第22条の2→p214
●関連［地階］令第1条第二号→p193

【長屋又は共同住宅の各戸の界壁】

第30条　長屋又は共同住宅の各戸の界壁は，次に掲げる基準に適合するものとしなければならない。

一　その構造が，隣接する住戸からの日常生活に伴い生ずる音を衛生上支障がないように低減するために界壁に必要とされる性能に関して**政令**で定める技術的基準に適合するもので，国土交通大臣が定めた構造方法[*]を用いるもの又は国土交通大臣の認定を受けたものであること。

二　小屋裏又は天井裏に達するものであること。

◆**政令**［第2節の3 長屋又は共同住宅の界壁の遮音構造等］令第22条の3第1項→p214
●告示 昭45 建告1827号→p1417

2　前項第二号の規定は，長屋又は共同住宅の天井の構造が，隣接する住戸からの日常生活に伴い生ずる音を衛生上支障がないように低減するために天井に必要とされる性能に関して**政令**で定める技術的基準に適合するもので，国土交通大臣が定めた構造方法[*]を用いるもの又は国土交通大臣の認定を受けたものである場合においては，適用しない。

◆政令［第2節の3　長屋又は共同住宅の界壁の遮音構造等］令第22条の3第2項→p215
●告示　昭45　建告1827号→p1417

【便　所】

第31条　下水道法（昭和33年法律第79号）第2条第八号に規定する処理区域内においては，便所は，水洗便所（汚水管が下水道法第2条第三号に規定する公共下水道に連結されたものに限る。）以外の便所としてはならない。

●関連［下水道法］第2条　　　　　　　→p1220
［便所］令第28条〜第35条→p216〜219

2　便所から排出する汚物を下水道法第2条第六号に規定する終末処理場を有する公共下水道以外に放流しようとする場合においては，屎尿浄化槽（その構造が汚物処理性能（当該汚物を衛生上支障がないように処理するために屎尿浄化槽に必要とされる性能をいう。）に関して**政令**で定める技術的基準に適合するもので，国土交通大臣が定めた構造方法を用いるもの又は国土交通大臣の認定を受けたものに限る。）を設けなければならない。

◆政令［汚物処理性能に関する技術的基準］令第32条→p217

【電気設備】

第32条　建築物の電気設備は，法律又はこれに基く命令の規定で電気工作物に係る建築物の安全及び防火に関するものの定める工法によって設けなければならない。

【避雷設備】

第33条　高さ*20mをこえる建築物には，有効に避雷設備*を設けなければならない。ただし，周囲の状況によって安全上支障がない場合においては，この限りでない。

●関連［建築物の高さ］令第2条第1項第六号　　　→p195
［避雷設備］令第129条の14，令第129条の15→p317

【昇降機】

第34条　建築物に設ける昇降機は，安全な構造で，かつ，その昇降路の周壁及び開口部は，防火上支障がない構造でなければならない。

●関連［昇降機］令第129条の3〜129条の13の3→p306〜314

2　高さ31mをこえる建築物（**政令**で定めるものを除く。）には，非常用の昇降機を設けなければならない。

◆政令［非常用の昇降機の設置を要しない建築物］令第129条の13の2→p314
●関連［非常用の昇降機の設置及び構造］令第129条の13の3→p314

【特殊建築物等の避難及び消火に関する技術的基準】

第35条　別表第1(い)欄*(1)項から(4)項までに掲げる用途に供する特殊建築物，階数が3以上である建築物，**政令***1で定める窓その他の開口部を有しない居室を有する建築物又は延べ面積（同一敷地内に2以上の建築物がある場合においては，その延べ面積の合計）が1,000m²をこえる建築物については，廊下，階段，出入口その他の避難施設，消火栓，スプリンクラー，貯水槽その他の消火設備，排煙設備，非常用の照明装置及び進入口並びに敷地内の避難上及び消火上必要な通路は，**政令***2で定める技術的基準に従って，避難上及び消火上支障がないようにしなければならない。

◆政令1［窓その他の開口部を有しない居室等］令第116条の2　　　　　→p279

2 ［廊下，避難階段及び出入口］令第117条～第126条 →p279～287

［消火設備］消防法施行令第7条 →p749

［排煙設備］令第126条の2，令第126条の3 →p287, 288

［非常用の照明装置］令第126条の4，令第126条の5 →p289

［非常用の進入口］令第126条の6，令第126条の7 →p290

［敷地内の避難上及び消火上必要な通路等］令第127条～第128条の3 →p291, 292

●関連［別表第1］→p167

【特殊建築物等の内装】

第35条の2 別表第1(い)欄*に掲げる用途に供する特殊建築物，階数が3以上である建築物，**政令***¹で定める窓その他の開口部を有しない居室を有する建築物，延べ面積が1,000m²をこえる建築物又は建築物の調理室，浴室その他の室でかまど，こんろその他火を使用する設備若しくは器具を設けたものは，**政令***²で定めるものを除き，**政令***³で定める技術的基準に従って，その壁及び天井（天井のない場合においては，屋根）の室内に面する部分の仕上げを防火上支障がないようにしなければならない。

◆政令1 ［制限を受ける窓その他の開口部を有しない居室］令第128条の3の2→p293

2 ［制限を受けない特殊建築物等］令第128条の4 →p293

3 ［特殊建築物等の内装］令第128条の5 →p294

●関連［別表第1］→p167

【無窓の居室等の主要構造部】

第35条の3 **政令**で定める窓その他の開口部を有しない居室は，その居室を区画する主要構造部を耐火構造とし，又は不燃材料で造らなければならない。ただし，別表第1(い)欄(1)項に掲げる用途に供するものについては，この限りでない。

◆政令［窓その他の開口部を有しない居室等］令第111条→p267

●関連［主要構造部］法第2条第五号→p11

［耐火構造］法第2条第七号 →p12

［不燃材料］法第2条第九号 →p12

【この章の規定を実施し，又は補足するため必要な技術的基準】

第36条 居室の採光面積，天井及び床の高さ，床の防湿方法，階段の構造，便所，防火壁，防火床，防火区画，消火設備，避雷設備及び給水，排水その他の配管設備の設置及び構造並びに浄化槽，煙突及び昇降機の構造に関して，この章の規定を実施し，又は補足するために安全上，防火上及び衛生上必要な技術的基準は，**政令**で定める。

◆政令［一般構造］第2章 令第20条，令第21条～35条 →p204, 213～219

［構造強度］第3章 令第36条～第49条，令第51条～第99条→p219～257

［防火区画等］令第112条～115条 →p267～275

［建築設備等］令第129条の2の4～令第129条の2の6，令第129条

の3～129条の13，令第129条の14，令第129条の15 →p302～317

【建築材料の品質】

第37条 建築物の基礎，主要構造部その他安全上，防火上又は衛生上重要である**政令**で定める部分に使用する木材，鋼材，コンクリートその他の建築材料として国土交通大臣が定めるもの*（以下この条において「指定建築材料」という。）は，次の各号のいずれかに該当するものでなければならない。

◆政令［安全上，防火上又は衛生上重要である建築物の部分］令第144条の3→p379

●告示　平12　建告1446号→p1554

一　その品質が，指定建築材料ごとに国土交通大臣の指定する*日本産業規格又は日本農林規格に適合するもの

●告示　平12　建告1446号→p1554

二　前号に掲げるもののほか，指定建築材料ごとに国土交通大臣が定める安全上，防火上又は衛生上必要な品質に関する技術的基準*に適合するものであることについて国土交通大臣の認定を受けたもの

●告示　平12　建告1446号→p1554

【特殊の構造方法又は建築材料】
第38条　この章の規定及びこれに基づく命令の規定は，その予想しない特殊の構造方法又は建築材料を用いる建築物については，国土交通大臣がその構造方法又は建築材料がこれらの規定に適合するものと同等以上の効力があると認める場合においては，適用しない。

【災害危険区域】
第39条　地方公共団体は，条例で，津波，高潮，出水等による危険の著しい区域を災害危険区域として指定することができる。
2　災害危険区域内における住居の用に供する建築物の建築の禁止その他建築物の建築に関する制限で災害防止上必要なものは，前項の条例で定める。

【地方公共団体の条例による制限の附加】
第40条　地方公共団体は，その地方の気候若しくは風土の特殊性又は特殊建築物の用途若しくは規模に因り，この章の規定又はこれに基く命令の規定のみによっては建築物の安全，防火又は衛生の目的を充分に達し難いと認める場合においては，条例で，建築物の敷地，構造又は建築設備に関して安全上，防火上又は衛生上必要な制限を附加することができる。

【市町村の条例による制限の緩和】
第41条　第6条第1項第四号の区域外においては，市町村は，土地の状況により必要と認める場合においては，国土交通大臣の承認を得て，条例で，区域を限り，第19条，第21条，第28条，第29条及び第36条の規定の全部若しくは一部を適用せず，又はこれらの規定による制限を緩和することができる。ただし，第6条第1項第一号及び第三号の建築物については，この限りでない。

第3章　都市計画区域等における建築物の敷地，構造，建築設備及び用途

第1節　総　　則

【適用区域】
第41条の2　この章（第8節を除く。）の規定は，都市計画区域及び準都市計画区域内に限り，適用する。

●関連 ［都市計画区域又は準都市計画区域］法第 2 条第二十号→p14
　　　［都市計画区域］都市計画法第 5 条　　　　　　　　→p842
　　　［準都市計画区域］都市計画法第 5 条の 2　　　　　→p843

【道路の定義】

第42条　この章の規定において「道路」とは，次の各号のいずれかに該当する幅員 4 m（特定行政庁がその地方の気候若しくは風土の特殊性又は土地の状況により必要と認めて都道府県都市計画審議会の議を経て指定する区域内においては，6 m。次項及び第 3 項において同じ。）以上のもの（地下におけるものを除く。）をいう。

一　道路法（昭和27年法律第180号）による道路

二　都市計画法，土地区画整理法（昭和29年法律第119号），旧住宅地造成事業に関する法律（昭和39年法律第160号），都市再開発法（昭和44年法律第38号），新都市基盤整備法（昭和47年法律第86号），大都市地域における住宅及び住宅地の供給の促進に関する特別措置法（昭和50年法律第67号）又は密集市街地整備法（第 6 章に限る。以下この項において同じ。）による道路

三　都市計画区域若しくは準都市計画区域の指定若しくは変更又は第68条の 9 第 1 項の規定に基づく条例の制定若しくは改正によりこの章の規定が適用されるに至った際現に存在する道

四　道路法，都市計画法，土地区画整理法，都市再開発法，新都市基盤整備法，大都市地域における住宅及び住宅地の供給の促進に関する特別措置法又は密集市街地整備法による新設又は変更の事業計画のある道路で，2 年以内にその事業が執行される予定のものとして特定行政庁が指定したもの

五　土地を建築物の敷地として利用するため，道路法，都市計画法，土地区画整理法，都市再開発法，新都市基盤整備法，大都市地域における住宅及び住宅地の供給の促進に関する特別措置法又は密集市街地整備法によらないで築造する**政令**で定める基準に適合する道で，これを築造しようとする者が特定行政庁からその位置の指定を受けたもの

◆政令 ［道に関する基準］令第144条の 4 →p380
●関連 ［道路の位置の指定の申請］規則第 9 条　→p530
　　　［指定道路等の公告及び通知］規則第10条→p530

2　都市計画区域若しくは準都市計画区域の指定若しくは変更又は第68条の 9 第 1 項の規定に基づく条例の制定若しくは改正によりこの章の規定が適用されるに至った際現に建築物が立ち並んでいる幅員 4 m 未満の道で，特定行政庁*の指定したものは，前項の規定にかかわらず，同項の道路とみなし，その中心線からの水平距離 2 m（同項の規定により指定された区域内においては，3 m（特定行政庁が周囲の状況により避難及び通行の安全上支障がないと認める場合は，2 m）。以下この項及び次項において同じ。）の線をその道路の境界線とみなす。ただし，当該道がその中心線からの水平距離 2 m 未満で崖地，川，線路敷地その他これらに類するものに沿う場合においては，当該崖地等の道の側の境界線及びその境界線から道の側に水平距離 4 m の線をその道路の境界線とみなす。

●関連 ［特定行政庁］法第 2 条第三十五号 →p15

[敷地面積] 令第 2 条第 1 項第一号→p193

3　特定行政庁は，土地の状況に因りやむを得ない場合においては，前項の規定にかかわらず，同項に規定する中心線からの水平距離については 2 m 未満1.35m 以上の範囲内において，同項に規定するがけ地等の境界線からの水平距離については 4 m 未満2.7m 以上の範囲内において，別にその水平距離を指定することができる。

4　第 1 項の区域内の幅員 6 m 未満の道（第一号又は第二号に該当する道にあっては，幅員 4 m 以上のものに限る。）で，特定行政庁が次の各号の一に該当すると認めて指定したものは，同項の規定にかかわらず，同項の道路とみなす。

一　周囲の状況により避難及び通行の安全上支障がないと認められる道

二　地区計画等に定められた道の配置及び規模又はその区域に即して築造される道

●関連 [地区計画等] 法第 2 条第三十三号→p15

三　第 1 項の区域が指定された際現に道路とされていた道

5　前項第三号に該当すると認めて特定行政庁が指定した幅員 4 m 未満の道については，第 2 項の規定にかかわらず，第 1 項の区域が指定された際道路の境界線とみなされていた線をその道路の境界線とみなす。

6　特定行政庁は，第 2 項の規定により幅員1.8m 未満の道を指定する場合又は第 3 項の規定により別に水平距離を指定する場合においては，あらかじめ，建築審査会*の同意を得なければならない。

●関連 [建築審査会] 法第78条〜第83条→p134〜136

第 2 節　建築物又はその敷地と道路又は壁面線との関係等

【敷地等と道路との関係】

第43条　建築物の敷地は，道路（次に掲げるものを除く。第44条第 1 項を除き，以下同じ。）に 2 m 以上接しなければならない。

一　自動車のみの交通の用に供する道路

二　地区計画の区域（地区整備計画が定められている区域のうち都市計画法第12条の11*の規定により建築物その他の工作物の敷地として併せて利用すべき区域として定められている区域に限る。）内の道路

●関連 [道路の上空又は路面下において建築物等の建築又は建設を行うための
地区整備計画] 都市計画法第12条の11　　　　　　　　　　→p857

2　前項の規定は，次の各号のいずれかに該当する建築物については，適用しない。

一　その敷地が幅員 4 m 以上の道（道路に該当するものを除き，避難及び通行の安全上必要な**国土交通省令**で定める基準に適合するものに限る。）に 2 m 以上接する建築物のうち，利用者が少数であるものとしてその用途及び規模に関し**国土交通省令**で定める基準に適合するもので，特定行政庁が交通上，安全上，防火上及び衛生上支障がないと認めるもの

◆国土交通省令 [敷地と道路との関係の特例の基準] 規則第10条の 3 第 1 項〜第 3 項→p531

二　その敷地の周囲に広い空地を有する建築物その他の**国土交通省令**で定める基準に適合する建築物で，特定行政庁が交通上，安全上，防火上及び衛生上支障がな

いと認めて建築審査会の同意を得て許可したもの

◆国土交通省令［敷地と道路との関係の特例の基準］規則第10条の3第4項→p531

3 地方公共団体は，次の各号のいずれかに該当する建築物について，その用途，規模又は位置の特殊性により，第1項の規定によっては避難又は通行の安全の目的を十分に達成することが困難であると認めるときは，条例で，その敷地が接しなければならない道路の幅員，その敷地が道路に接する部分の長さその他その敷地又は建築物と道路との関係に関して必要な制限を付加することができる。

一 特殊建築物

二 階数が3以上である建築物

三 **政令**で定める窓その他の開口部を有しない居室を有する建築物

◆**政令**［窓その他の開口部を有しない居室］令第144条の5→p381

四 延べ面積（同一敷地内に2以上の建築物がある場合にあっては，その延べ面積の合計。次号，第4節，第7節及び別表第3において同じ。）が1,000m²を超える建築物

五 その敷地が袋路状道路（その一端のみが他の道路に接続したものをいう。）にのみ接する建築物で，延べ面積が150m²を超えるもの（一戸建ての住宅を除く。）

【その敷地が4m未満の道路にのみ接する建築物に対する制限の付加】

第43条の2 地方公共団体は，交通上，安全上，防火上又は衛生上必要があると認めるときは，その敷地が第42条第3項の規定により水平距離が指定された道路にのみ2m（前条第3項各号のいずれかに該当する建築物で同項の条例によりその敷地が道路に接する部分の長さの制限が付加されているものにあっては，当該長さ）以上接する建築物について，条例で，その敷地，構造，建築設備又は用途に関して必要な制限を付加することができる。

【道路内の建築制限】

第44条 建築物又は敷地を造成するための擁壁は，道路内に，又は道路に突き出して建築し，又は築造してはならない。ただし，次の各号のいずれかに該当する建築物については，この限りでない。

一 地盤面下に設ける建築物

二 公衆便所，巡査派出所その他これらに類する公益上必要な建築物で特定行政庁が通行上支障がないと認めて建築審査会*の同意を得て許可したもの

●関連［建築審査会］法第78条→p134

三 第43条第1項第二号の道路*の上空又は路面下に設ける建築物のうち，当該道路に係る地区計画の内容に適合し，かつ，**政令**で定める基準に適合するものであって特定行政庁が安全上，防火上及び衛生上支障がないと認めるもの

◆**政令**［道路内に建築することができる建築物に関する基準等］令第145条第1項→p381
●関連［特定高架道路等］法第43条第1項第二号→p57

四 公共用歩廊その他**政令**で定める建築物で特定行政庁が安全上，防火上及び衛生上他の建築物の利便を妨げ，その他周囲の環境を害するおそれがないと認めて許可したもの

◆政令［道路内に建築することができる建築物に関する基準等］令第145条第2項→p381

2　特定行政庁は，前項第四号の規定による許可をする場合においては，あらかじめ，建築審査会*の同意を得なければならない。

●関連［建築審査会］法第78条→p134

【私道の変更又は廃止の制限】

第45条　私道の変更又は廃止によって，その道路に接する敷地が第43条第1項の規定又は同条第3項の規定に基づく条例の規定に抵触することとなる場合においては，特定行政庁は，その私道の変更又は廃止を禁止し，又は制限することができる。

2　第9条第2項から第6項まで及び第15項の規定は，前項の措置を命ずる場合に準用する。

【壁面線の指定】

第46条　特定行政庁は，街区内における建築物の位置を整えその環境の向上を図るために必要があると認める場合においては，建築審査会*の同意を得て，壁面線を指定することができる。この場合においては，あらかじめ，その指定に利害関係を有する者の出頭を求めて公開による意見の聴取を行わなければならない。

●関連［建築審査会］法第78条→p134

2　前項の規定による意見の聴取を行う場合においては，同項の規定による指定の計画並びに意見の聴取の期日及び場所を期日の3日前までに公告しなければならない。

3　特定行政庁は，第1項の規定による指定をした場合においては，遅滞なく，その旨を公告しなければならない。

【壁面線による建築制限】

第47条　建築物の壁若しくはこれに代る柱又は高さ2mをこえる門若しくはへいは，壁面線を越えて建築してはならない。ただし，地盤面下の部分又は特定行政庁が建築審査会*の同意を得て許可した歩廊の柱その他これに類するものについては，この限りでない。

●関連［建築審査会］法第78条→p134

第3節　建築物の用途

【用途地域等】

第48条　第一種低層住居専用地域*内においては，別表第2(い)項*に掲げる建築物以外の建築物は，建築してはならない。ただし，特定行政庁が第一種低層住居専用地域における良好な住居の環境を害するおそれがないと認め，又は公益上やむを得ないと認めて許可した場合においては，この限りでない。

●関連［第一種低層住居専用地域］都市計画法第9条第1項→p847
　　　［別表第2(い)項］　　　　　　　　　　　　　　　　→p169

2　第二種低層住居専用地域*内においては，別表第2(ろ)項*に掲げる建築物以外の建築物は，建築してはならない。ただし，特定行政庁が第二種低層住居専用地域における良好な住居の環境を害するおそれがないと認め，又は公益上やむを得ないと認めて許可した場合においては，この限りでない。

第48条 ●建築基準法

●関連 ［第二種低層住居専用地域］都市計画法第 9 条第 2 項→p847
　　　 ［別表第 2 ⒝項］　　　　　　　　　　　　　　　　　→p169

3　第一種中高層住居専用地域*内においては，別表第 2 ⒣項*に掲げる建築物以外の
建築物は，建築してはならない。ただし，特定行政庁が第一種中高層住居専用地域
における良好な住居の環境を害するおそれがないと認め，又は公益上やむを得ない
と認めて許可した場合においては，この限りでない。

●関連 ［第一種中高層住居専用地域］都市計画法第 9 条第 3 項→p847
　　　 ［別表第 2 ⒣項］　　　　　　　　　　　　　　　　　→p169

4　第二種中高層住居専用地域*内においては，別表第 2 ⒥項*に掲げる建築物は，建
築してはならない。ただし，特定行政庁が第二種中高層住居専用地域における良好
な住居の環境を害するおそれがないと認め，又は公益上やむを得ないと認めて許可
した場合においては，この限りでない。

●関連 ［第二種中高層住居専用地域］都市計画法第 9 条第 4 項→p847
　　　 ［別表第 2 ⒥項］　　　　　　　　　　　　　　　　　→p170

5　第一種住居地域*内においては，別表第 2 ⒣項*に掲げる建築物は，建築してはな
らない。ただし，特定行政庁が第一種住居地域における住居の環境を害するおそれ
がないと認め，又は公益上やむを得ないと認めて許可した場合においては，この限
りでない。

●関連 ［第一種住居地域］都市計画法第 9 条第 5 項→p847
　　　 ［別表第 2 ⒣項］　　　　　　　　　　　　　　→p170

6　第二種住居地域*内においては，別表第 2 ⒫項*に掲げる建築物は，建築してはな
らない。ただし，特定行政庁が第二種住居地域における住居の環境を害するおそれ
がないと認め，又は公益上やむを得ないと認めて許可した場合においては，この限
りでない。

●関連 ［第二種住居地域］都市計画法第 9 条第 6 項→p847
　　　 ［別表第 2 ⒫項］　　　　　　　　　　　　　　→p171

7　準住居地域*内においては，別表第 2 ⒰項*に掲げる建築物は，建築してはならな
い。ただし，特定行政庁が準住居地域における住居の環境を害するおそれがないと
認め，又は公益上やむを得ないと認めて許可した場合においては，この限りでない。

●関連 ［準住居地域］都市計画法第 9 条第 7 項→p847
　　　 ［別表第 2 ⒰項］　　　　　　　　　　　　　→p171

8　田園住居地域*内においては，別表第 2 ⒱項*に掲げる建築物以外の建築物は，建
築してはならない。ただし，特定行政庁が農業の利便及び田園住居地域における良
好な住居の環境を害するおそれがないと認め，又は公益上やむを得ないと認めて許
可した場合においては，この限りでない。

●関連 ［田園住居地域］都市計画法第 9 条第 8 項→p847
　　　 ［別表第 2 ⒱項］　　　　　　　　　　　　　　→p173

9　近隣商業地域*内においては，別表第 2 ⒭項*に掲げる建築物は，建築してはなら
ない。ただし，特定行政庁が近隣の住宅地の住民に対する日用品の供給を行うこと
を主たる内容とする商業その他の業務の利便及び当該住宅地の環境を害するおそれ
がないと認め，又は公益上やむを得ないと認めて許可した場合においては，この限

りでない。

●関連［近隣商業地域］都市計画法第9条第9項→p847
　　　　［別表第2（り)項］　　　　　　　　　　　→p173

10　商業地域*内においては,別表第2(ぬ)項*に掲げる建築物は,建築してはならない。
　ただし，特定行政庁が商業の利便を害するおそれがないと認め，又は公益上やむを
　得ないと認めて許可した場合においては，この限りでない。

●関連［商業地域］都市計画法第9条第10項→p847
　　　　［別表第2（ぬ)項］　　　　　　　　　→p173

11　準工業地域*内においては，別表第2(る)項*に掲げる建築物は，建築してはならな
　い。ただし，特定行政庁が安全上若しくは防火上の危険の度若しくは衛生上の有害
　の度が低いと認め，又は公益上やむを得ないと認めて許可した場合においては，こ
　の限りでない。

●関連［準工業地域］都市計画法第9条第11項→p847
　　　　［別表第2（る)項］　　　　　　　　　　→p174

12　工業地域*内においては,別表第2(を)項*に掲げる建築物は,建築してはならない。
　ただし，特定行政庁が工業の利便上又は公益上必要と認めて許可した場合において
　は，この限りでない。

●関連［工業地域］都市計画法第9条第12項→p847
　　　　［別表第2（を)項］　　　　　　　　　→p176

13　工業専用地域*内においては，別表第2(わ)項*に掲げる建築物は，建築してはなら
　ない。ただし，特定行政庁が工業の利便を害するおそれがないと認め，又は公益上
　やむを得ないと認めて許可した場合においては，この限りでない。

●関連［工業専用地域］都市計画法第9条第13項→p847
　　　　［別表第2（わ)項］　　　　　　　　　　→p176

14　第一種低層住居専用地域,第二種低層住居専用地域,第一種中高層住居専用地域,
　第二種中高層住居専用地域，第一種住居地域，第二種住居地域，準住居地域，田園
　住居地域，近隣商業地域，商業地域，準工業地域，工業地域又は工業専用地域（以
　下「用途地域」と総称する。）の指定のない区域（都市計画法第7条第1項に規定
　する市街化調整区域を除く。）内においては，別表第2(か)項*に掲げる建築物は，建
　築してはならない。ただし，特定行政庁が当該区域における適正かつ合理的な土地
　利用及び環境の保全を図る上で支障がないと認め，又は公益上やむを得ないと認め
　て許可した場合においては，この限りでない。

●関連［別表第2（か)項］→p177

15　特定行政庁は，前各項のただし書の規定による許可（次項において「特例許可」
　という。）をする場合においては，あらかじめ，その許可に利害関係を有する者の
　出頭を求めて公開により意見を聴取し，かつ，建築審査会*の同意を得なければな
　らない。

●関連［建築審査会］法第78条→p134

16　前項の規定にかかわらず，特定行政庁は，第一号に該当する場合においては同項
　の規定による意見の聴取及び同意の取得を要せず，第二号に該当する場合において

は同項の規定による同意の取得を要しない。

一　特例許可を受けた建築物の増築，改築又は移転（これらのうち，**政令**で定める場合に限る。）について特例許可をする場合

> ◆**政令**［用途地域の制限に適合しない建築物の増築等の許可に当たり
> 意見の聴取等を要しない場合等］令第130条第1項　　　　→p317

二　日常生活に必要な**政令**で定める建築物で，騒音又は振動の発生その他の事象による住居の環境の悪化を防止するために必要な**国土交通省令**で定める措置が講じられているものの建築について特例許可（第1項から第7項までの規定のただし書の規定によるものに限る。）をする場合

> ◆**政令**［用途地域の制限に適合しない建築物の増築等の許可に当たり
> 意見の聴取等を要しない場合等］令第130条第2項　　　　→p317
> ◆**国土交通省令**［住居の環境の悪化を防止するために必要な措置］規則第10条の4の3→p532

17　特定行政庁は，第15項の規定により意見を聴取する場合においては，その許可しようとする建築物の建築の計画並びに意見の聴取の期日及び場所を期日の3日前までに公告しなければならない。

【特別用途地区】

第49条　特別用途地区*内においては，前条第1項から第13項までに定めるものを除くほか，その地区の指定の目的のためにする建築物の建築の制限又は禁止に関して必要な規定は，地方公共団体の条例で定める。

2　特別用途地区内においては，地方公共団体は，その地区の指定の目的のために必要と認める場合においては，国土交通大臣の承認を得て，条例で，前条第1項から第13項までの規定による制限を緩和することができる。

> ●関連［特別用途地区］都市計画法第9条第14項→p847

【特定用途制限地域】

第49条の2　特定用途制限地域*内における建築物の用途の制限は，当該特定用途制限地域に関する都市計画に即し，**政令**で定める基準に従い，地方公共団体の条例で定める。

> ◆**政令**［特定用途制限地域内において条例で定める制限］令第130条の2→p318
> ●関連［特定用途制限地域］都市計画法第9条第15項→p848

【用途地域等における建築物の敷地，構造又は建築設備に対する制限】

第50条　用途地域，特別用途地区，特定用途制限地域，都市再生特別地区，居住環境向上用途誘導地区又は特定用途誘導地区内における建築物の敷地，構造又は建築設備に関する制限で当該地域又は地区の指定の目的のために必要なものは，地方公共団体の条例で定める。

【卸売市場等の用途に供する特殊建築物の位置】

第51条　都市計画区域内においては，卸売市場，火葬場又はと畜場，汚物処理場，ごみ焼却場その他**政令***1で定める処理施設の用途に供する建築物は，都市計画においてその敷地の位置が決定しているものでなければ，新築し，又は増築してはならない。ただし，特定行政庁が都道府県都市計画審議会（その敷地の位置を都市計画に定めるべき者が市町村であり，かつ，その敷地が所在する市町村に市町村都市計画

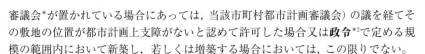
審議会*が置かれている場合にあっては，当該市町村都市計画審議会）の議を経てその敷地の位置が都市計画上支障がないと認めて許可した場合又は**政令***²で定める規模の範囲内において新築し，若しくは増築する場合においては，この限りでない。

> ◆**政令1**［位置の制限を受ける処理施設］令第130条の2の2　　　　　　　　→p318
> 　　　　2［卸売市場等の用途に供する特殊建築物の位置に対する制限の緩和］
> 　　　令第130条の2の3　　　　　　　　　　　　　　　　　　　　　　　→p318

第4節　建築物の敷地及び構造

【容積率】

第52条　建築物の延べ面積*の敷地面積*に対する割合（以下「容積率」という。）は，次の各号に掲げる区分に従い，当該各号に定める数値以下でなければならない。ただし，当該建築物が第五号に掲げる建築物である場合において，第3項の規定により建築物の延べ面積の算定に当たりその床面積が当該建築物の延べ面積に算入されない部分を有するときは，当該部分の床面積を含む当該建築物の容積率は，当該建築物がある第一種住居地域，第二種住居地域，準住居地域，近隣商業地域又は準工業地域に関する都市計画において定められた第二号に定める数値の1.5倍以下でなければならない。

> ●**関連**［延べ面積］令第2条第1項第四号，令第2条第3項→p194，195
> 　　　　［敷地面積］令第2条第1項第一号　　　　　　　　　　　　→p193

一　第一種低層住居専用地域，第二種低層住居専用地域又は田園住居地域内の建築物（第六号及び第七号に掲げる建築物を除く。）

　　　5/10，6/10，8/10，10/10，15/10又は20/10のうち当該地域に関する都市計画において定められたもの

二　第一種中高層住居専用地域若しくは第二種中高層住居専用地域内の建築物（第六号及び第七号に掲げる建築物を除く。）又は第一種住居地域，第二種住居地域，準住居地域，近隣商業地域若しくは準工業地域内の建築物（第五号から第七号までに掲げる建築物を除く。）

　　　10/10，15/10，20/10，30/10，40/10又は50/10のうち当該地域に関する都市計画において定められたもの

三　商業地域内の建築物（第六号及び第七号に掲げる建築物を除く。）

　　　20/10，30/10，40/10，50/10，60/10，70/10，80/10，90/10，100/10，110/10，120/10又は130/10のうち当該地域に関する都市計画において定められたもの

四　工業地域内の建築物（第六号及び第七号に掲げる建築物を除く。）又は工業専用地域内の建築物

　　　10/10，15/10，20/10，30/10又は40/10のうち当該地域に関する都市計画において定められたもの

五　高層住居誘導地区内の建築物（第七号に掲げる建築物を除く。）であって，その住宅の用途に供する部分の床面積の合計がその延べ面積の2/3以上であるもの

63

　　（当該高層住居誘導地区に関する都市計画において建築物の敷地面積の最低限度が定められたときは，その敷地面積が当該最低限度以上のものに限る。）

　　　　　　当該建築物がある第一種住居地域，第二種住居地域，準住居地域，近隣商業地域又は準工業地域に関する都市計画において定められた第二号に定める数値から，その1.5倍以下で当該建築物の住宅の用途に供する部分の床面積の合計のその延べ面積に対する割合に応じて**政令**で定める方法により算出した数値までの範囲内で，当該高層住居誘導地区*に関する都市計画において定められたもの

　　　◆**政令**［高層住居誘導地区内の建築物及び法第52条第8項に規定する建築物の
　　　　　容積率の上限の数値の算出方法］令第135条の14　　　　　　　→p339
　　　　　●関連［高層住居誘導地区］法第57条の5 →p78

六　居住環境向上用途誘導地区内の建築物であって，その全部又は一部を当該居住環境向上用途誘導地区に関する都市計画において定められた誘導すべき用途に供するもの

　　　　　　当該居住環境向上用途誘導地区*に関する都市計画において定められた数値

　　　　　●関連［居住環境向上用途誘導地区］法第60条の2の2→p81

七　特定用途誘導地区内の建築物であって，その全部又は一部を当該特定用途誘導地区に関する都市計画において定められた誘導すべき用途に供するもの

　　　　　　当該特定用途誘導地区*に関する都市計画において定められた数値

　　　　　●関連［特定用途誘導地区］法第60条の3→p82

八　用途地域の指定のない区域内の建築物

　　　　　　5/10，8/10，10/10，20/10，30/10又は40/10のうち，特定行政庁が土地利用の状況等を考慮し当該区域を区分して都道府県都市計画審議会の議を経て定めるもの

2　前項に定めるもののほか，前面道路（前面道路が2以上あるときは，その幅員の最大のもの。以下この項及び第12項において同じ。）の幅員が12m未満である建築物の容積率は，当該前面道路の幅員のメートルの数値に，次の各号に掲げる区分に従い，当該各号に定める数値を乗じたもの以下でなければならない。

一　第一種低層住居専用地域，第二種低層住居専用地域又は田園住居地域内の建築物

　　　　4/10

二　第一種中高層住居専用地域若しくは第二種中高層住居専用地域内の建築物又は第一種住居地域，第二種住居地域若しくは準住居地域内の建築物（高層住居誘導地区内の建築物であって，その住宅の用途に供する部分の床面積の合計がその延べ面積の2/3以上であるもの（当該高層住居誘導地区に関する都市計画において建築物の敷地面積の最低限度が定められたときは，その敷地面積が当該最低限度以上のものに限る。第56条第1項第二号ハ及び別表第3の4の項において同じ。）を除く。）

　　　　4/10（特定行政庁が都道府県都市計画審議会の議を経て指定する区域内
　　　の建築物にあっては，6/10）
　三　その他の建築物
　　　　6/10（特定行政庁が都道府県都市計画審議会の議を経て指定する区域内
　　　の建築物にあっては，4/10又は8/10のうち特定行政庁が都道府県都市計画
　　　審議会の議を経て定めるもの）
3　第1項（ただし書を除く。），前項，第7項，第12項及び第14項，第57条の2第3
項第二号，第57条の3第2項，第59条第1項及び第3項，第59条の2第1項，第60
条第1項，第60条の2第1項及び第4項，第68条の3第1項，第68条の4，第68条
の5（第二号イを除く。第6項において同じ。），第68条の5の2（第二号イを除く。
第6項において同じ。），第68条の5の3第1項（第一号ロを除く。第6項において
同じ。），第68条の5の4（ただし書及び第一号ロを除く。），第68条の5の5第1項
第一号ロ，第68条の8，第68条の9第1項，第86条第3項及び第4項，第86条の2
第2項及び第3項，第86条の5第3項並びに第86条の6第1項に規定する建築物の
容積率（第59条第1項，第60条の2第1項及び第68条の9第1項に規定するものに
ついては，建築物の容積率の最高限度に係る場合に限る。第6項において同じ。）
の算定の基礎となる延べ面積には，建築物の地階*でその天井が地盤面からの高さ
1m以下にあるものの住宅又は老人ホーム，福祉ホームその他これらに類するも
の（以下この項並びに第6項第二号及び第三号において「老人ホーム等」という。）
の用途に供する部分（第6項各号に掲げる建築物の部分を除く。以下この項におい
て同じ。）の床面積（当該床面積が当該建築物の住宅及び老人ホーム等の用途に供
する部分の床面積の合計の1/3を超える場合においては，当該建築物の住宅及び
老人ホーム等の用途に供する部分の床面積の合計の1/3）は，算入しないものと
する。

●関連［地階］令第1条第二号→p193
4　前項の地盤面*とは，建築物が周囲の地面と接する位置の平均の高さにおける水
平面をいい，その接する位置の高低差が3mを超える場合においては，その高低
差3m以内ごとの平均の高さにおける水平面をいう。

●関連［地盤面］令第2条第2項→p195
5　地方公共団体は，土地の状況等により必要と認める場合においては，前項の規定
にかかわらず，**政令**で定める基準に従い，条例で，区域を限り，第3項の地盤面を
別に定めることができる。

◆政令［条例で地盤面を別に定める場合の基準］令第135条の15→p339
6　第1項，第2項，次項，第12項及び第14項，第57条の2第3項第二号，第57条の
3第2項，第59条第1項及び第3項，第59条の2第1項，第60条第1項，第60条の
2第1項及び第4項，第68条の3第1項，第68条の4，第68条の5，第68条の5の
2，第68条の5の3第1項，第68条の5の4（第一号ロを除く。），第68条の5の5
第1項第一号ロ，第68条の8，第68条の9第1項，第86条第3項及び第4項，第86
条の2第2項及び第3項，第86条の5第3項並びに第86条の6第1項に規定する建

築物の容積率の算定の基礎となる延べ面積には，次に掲げる建築物の部分の床面積は，算入しないものとする。

一 **政令**で定める昇降機の昇降路の部分

　　　◆**政令**［容積率の算定の基礎となる延べ面積に昇降路の部分の床面積を算入しない
　　　　　昇降機］令第135条の16　　　　　　　　　　　　　　　　　　　→p339

二 共同住宅又は老人ホーム等の共用の廊下又は階段の用に供する部分

三 住宅又は老人ホーム等に設ける機械室その他これに類する建築物の部分（給湯設備その他の**国土交通省令**[*1]で定める建築設備を設置するためのものであって，市街地の環境を害するおそれがないものとして**国土交通省令**[*2]で定める基準に適合するものに限る。）で，特定行政庁が交通上，安全上，防火上及び衛生上支障がないと認めるもの

　　　◆**国土交通省令**1［容積率の算定の基礎となる延べ面積に床面積を算入しない機械室等に
　　　　　設置される給湯設備その他の建築設備］規則第10条の4の4　　　　→p535
　　　　　2［市街地の環境を害するおそれがない機械室等の基準］規則第10条の4の5 →p535

7 　建築物の敷地が第1項及び第2項の規定による建築物の容積率に関する制限を受ける地域，地区又は区域の2以上にわたる場合においては，当該建築物の容積率は，第1項及び第2項の規定による当該各地域，地区又は区域内の建築物の容積率の限度にその敷地の当該地域，地区又は区域内にある各部分の面積の敷地面積に対する割合を乗じて得たものの合計以下でなければならない。

8 　その全部又は一部を住宅の用途に供する建築物（居住環境向上用途誘導地区内の建築物であってその一部を当該居住環境向上用途誘導地区に関する都市計画において定められた誘導すべき用途に供するもの及び特定用途誘導地区内の建築物であってその一部を当該特定用途誘導地区に関する都市計画において定められた誘導すべき用途に供するものを除く。）であって次に掲げる条件に該当するものについては，当該建築物がある地域に関する都市計画において定められた第1項第二号又は第三号に定める数値の1.5倍以下で当該建築物の住宅の用途に供する部分の床面積の合計のその延べ面積に対する割合に応じて**政令**で定める方法により算出した数値（特定行政庁が都道府県都市計画審議会の議を経て指定する区域内にあっては，当該都市計画において定められた数値から当該算出した数値までの範囲内で特定行政庁が都道府県都市計画審議会の議を経て別に定めた数値）を同項第二号又は第三号に定める数値とみなして，同項及び第3項から前項までの規定を適用する。ただし，当該建築物が第3項の規定により建築物の延べ面積の算定に当たりその床面積が当該建築物の延べ面積に算入されない部分を有するときは，当該部分の床面積を含む当該建築物の容積率は，当該建築物がある地域に関する都市計画において定められた第1項第二号又は第三号に定める数値の1.5倍以下でなければならない。

　　　◆**政令**［高層住居誘導地区内の建築物及び法第52条第8項に規定する建築物の
　　　　　容積率の上限の数値の算出方法］令第135条の14　　　　　　　　→p339

一 第一種住居地域，第二種住居地域，準住居地域，近隣商業地域若しくは準工業地域（高層住居誘導地区及び特定行政庁が都道府県都市計画審議会の議を経て指定する区域を除く。）又は商業地域（特定行政庁が都道府県都市計画審議会の議

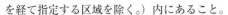

を経て指定する区域を除く。）内にあること。

二　その敷地内に**政令***1で定める規模以上の空地（道路に接して有効な部分が**政令***2で定める規模以上であるものに限る。）を有し，かつ，その敷地面積が**政令***3で定める規模以上であること。

◆**政令**1 ［敷地内の空地の規模等］令第135条の17第1項→p339
　　　2 ［敷地内の空地の規模等］令第135条の17第2項→p340
　　　3 ［敷地内の空地の規模等］令第135条の17第3項→p340

9　建築物の敷地が，幅員15m以上の道路（以下この項において「特定道路」という。）に接続する幅員6m以上12m未満の前面道路のうち当該特定道路からの延長が70m以内の部分において接する場合における当該建築物に対する第2項から第7項までの規定の適用については，第2項中「幅員」とあるのは，「幅員（第9項の特定道路に接続する同項の前面道路のうち当該特定道路からの延長が70m以内の部分にあっては，その幅員に，当該特定道路から当該建築物の敷地が接する当該前面道路の部分までの延長に応じて**政令**で定める数値を加えたもの）」とする。

◆**政令**［容積率の制限について前面道路の幅員に加算する数値］令第135条の18→p341

10　建築物の敷地が都市計画において定められた計画道路（第42条第1項第四号に該当するものを除くものとし，以下この項において「計画道路」という。）に接する場合又は当該敷地内に計画道路がある場合において，特定行政庁が交通上，安全上，防火上及び衛生上支障がないと認めて許可した建築物については，当該計画道路を第2項の前面道路とみなして，同項から第7項まで及び前項の規定を適用するものとする。この場合においては，当該敷地のうち計画道路に係る部分の面積は，敷地面積又は敷地の部分の面積に算入しないものとする。

11　前面道路の境界線又はその反対側の境界線からそれぞれ後退して壁面線の指定がある場合において，特定行政庁が次に掲げる基準に適合すると認めて許可した建築物については，当該前面道路の境界線又はその反対側の境界線は，それぞれ当該壁面線にあるものとみなして，第2項から第7項まで及び第9項の規定を適用するものとする。この場合においては，当該建築物の敷地のうち前面道路と壁面線との間の部分の面積は，敷地面積又は敷地の部分の面積に算入しないものとする。

一　当該建築物がある街区内における土地利用の状況等からみて，その街区内において，前面道路と壁面線との間の敷地の部分が当該前面道路と一体的かつ連続的に有効な空地として確保されており，又は確保されることが確実と見込まれること。

二　交通上，安全上，防火上及び衛生上支障がないこと。

12　第2項各号の規定により前面道路の幅員のメートルの数値に乗ずる数値が4/10とされている建築物で，前面道路の境界線から後退して壁面線の指定がある場合又は第68条の2第1項の規定に基づく条例で定める壁面の位置の制限（道路に面する建築物の壁又はこれに代わる柱の位置及び道路に面する高さ2mを超える門又は塀の位置を制限するものに限る。）がある場合において当該壁面線又は当該壁面の位置の制限として定められた限度の線（以下この項及び次項において「壁面線等」という。）を越えないもの（ひさしその他の建築物の部分で**政令**で定めるものを除く。）につ

いては,当該前面道路の境界線は,当該壁面線等にあるものとみなして,第2項から第7項まで及び第9項の規定を適用することができる。ただし,建築物の容積率は,当該前面道路の幅員のメートルの数値に6/10を乗じたもの以下でなければならない。

◆政令［容積率の算定に当たり建築物から除かれる部分］令第135条の19→p341

13 前項の場合においては,当該建築物の敷地のうち前面道路と壁面線等との間の部分の面積は,敷地面積又は敷地の部分の面積に算入しないものとする。

14 次の各号のいずれかに該当する建築物で,特定行政庁が交通上,安全上,防火上及び衛生上支障がないと認めて許可したものの容積率は,第1項から第9項までの規定にかかわらず,その許可の範囲内において,これらの規定による限度を超えるものとすることができる。

一 同一敷地内の建築物の機械室その他これに類する部分の床面積の合計の建築物の延べ面積に対する割合が著しく大きい場合におけるその敷地内の建築物

●関連［高齢者,障害者等が円滑に利用できる建築物の容積率の特例］
高齢者,障害者等の移動等の円滑化促進法第24条　　　　　　→p989

二 その敷地の周囲に広い公園,広場,道路その他の空地を有する建築物

三 建築物のエネルギー消費性能（建築物のエネルギー消費性能の向上に関する法律（平成27年法律第53号）第2条第1項第二号に規定するエネルギー消費性能をいう。次条第5項第四号において同じ。）の向上のため必要な外壁に関する工事その他の屋外に面する建築物の部分に関する工事を行う建築物で構造上やむを得ないものとして**国土交通省令**で定めるもの

◆国土交通省令［容積率の制限の緩和を受ける構造上やむを得ない建築物］
規則第10条の4の6　　　　　　　　　　　　→p535

15 第44条第2項の規定は,第10項,第11項又は前項の規定による許可*をする場合に準用する。

●関連［建築審査会］法第78条→p134

【建蔽率】

第53条 建築物の建築面積*（同一敷地内に2以上の建築物がある場合においては,その建築面積の合計）の敷地面積*に対する割合（以下「建蔽率」という。）は,次の各号に掲げる区分に従い,当該各号に定める数値を超えてはならない。

●関連［建築面積］令第2条第1項第二号→p193
［敷地面積］令第2条第1項第一号→p193

一 第一種低層住居専用地域,第二種低層住居専用地域,第一種中高層住居専用地域,第二種中高層住居専用地域,田園住居地域又は工業専用地域内の建築物
3/10,4/10,5/10又は6/10のうち当該地域に関する都市計画において定められたもの

二 第一種住居地域,第二種住居地域,準住居地域又は準工業地域内の建築物
5/10,6/10又は8/10のうち当該地域に関する都市計画において定められたもの

三 近隣商業地域内の建築物
6/10又は8/10のうち当該地域に関する都市計画において定められたもの

　四　商業地域内の建築物

　　　　8/10

　五　工業地域内の建築物

　　　　5/10又は6/10のうち当該地域に関する都市計画において定められたもの

　六　用途地域の指定のない区域内の建築物

　　　　3/10，4/10，5/10，6/10又は7/10のうち，特定行政庁が土地利用の状況等を考慮し当該区域を区分して都道府県都市計画審議会の議を経て定めるもの

2　建築物の敷地が前項の規定による建築物の建蔽率に関する制限を受ける地域又は区域の2以上にわたる場合においては，当該建築物の建蔽率は，同項の規定による当該各地域又は区域内の建築物の建蔽率の限度にその敷地の当該地域又は区域内にある各部分の面積の敷地面積に対する割合を乗じて得たものの合計以下でなければならない。

3　前2項の規定の適用については，第一号又は第二号のいずれかに該当する建築物にあっては第1項各号に定める数値に1/10を加えたものをもって当該各号に定める数値とし，第一号及び第二号に該当する建築物にあっては同項各号に定める数値に2/10を加えたものをもって当該各号に定める数値とする。

　一　防火地域（第1項第二号から第四号までの規定により建蔽率の限度が8/10とされている地域を除く。）内にあるイに該当する建築物又は準防火地域内にあるイ若しくはロのいずれかに該当する建築物

　　イ　耐火建築物又はこれと同等以上の延焼防止性能（通常の火災による周囲への延焼を防止するために壁，柱，床その他の建築物の部分及び防火戸その他の**政令**[*1]で定める防火設備に必要とされる性能をいう。ロにおいて同じ。）を有するものとして**政令**[*2]で定める建築物（以下この条及び第67条第1項において「耐火建築物等」という。）

　　ロ　準耐火建築物又はこれと同等以上の延焼防止性能を有するものとして**政令**[*2]で定める建築物（耐火建築物等を除く。第8項及び第67条第1項において「準耐火建築物等」という。）

　　　◆政令1 ［防火戸その他の防火設備］令第109条　　　　　　　　　　　　　→p262
　　　　　　2 ［耐火建築物と同等以上の延焼防止性能を有する建築物等］令第135条の20→p341

　二　街区の角にある敷地又はこれに準ずる敷地で特定行政庁が指定するものの内にある建築物

4　隣地境界線から後退して壁面線の指定*がある場合又は第68条の2第1項の規定に基づく条例で定める壁面の位置の制限（隣地境界線に面する建築物の壁又はこれに代わる柱の位置及び隣地境界線に面する高さ2mを超える門又は塀の位置を制限するものに限る。）がある場合において，当該壁面線又は壁面の位置の制限として定められた限度の線を越えない建築物（ひさしその他の建築物の部分で**政令**で定めるものを除く。次項において同じ。）で，特定行政庁が安全上，防火上及び衛生上支障がないと認めて許可したものの建蔽率は，前3項の規定にかかわらず，その

許可の範囲内において,前3項の規定による限度を超えるものとすることができる。

◆政令［建蔽率の制限の緩和に当たり建築物から除かれる部分］令第135条の21→p342
●関連［壁面線の指定］法第46条→p59

5　次の各号のいずれかに該当する建築物で,特定行政庁が安全上,防火上及び衛生上支障がないと認めて許可したものの建蔽率は,第1項から第3項までの規定にかかわらず,その許可の範囲内において,これらの規定による限度を超えるものとすることができる。

一　特定行政庁が街区における避難上及び消火上必要な機能の確保を図るため必要と認めて前面道路の境界線から後退して壁面線を指定した場合における,当該壁面線を越えない建築物

二　特定防災街区整備地区に関する都市計画において特定防災機能*（密集市街地整備法第2条第三号に規定する特定防災機能をいう。次号において同じ。）の確保を図るため必要な壁面の位置の制限（道路に面する建築物の壁又はこれに代わる柱の位置及び道路に面する高さ2mを超える門又は塀の位置を制限するものに限る。同号において同じ。）が定められた場合における,当該壁面の位置の制限として定められた限度の線を越えない建築物

●関連［特定防災機能］密集市街地における防災街区の整備の促進に関する法律
第2条第三号　　　　　　　　　　　　　　　　　　　　　→p1332

三　第68条の2第1項の規定に基づく条例において防災街区整備地区計画の区域（特定建築物地区整備計画又は防災街区整備地区整備計画が定められている区域に限る。）における特定防災機能の確保を図るため必要な壁面の位置の制限が定められた場合における,当該壁面の位置の制限として定められた限度の線を越えない建築物

四　建築物のエネルギー消費性能の向上のため必要な外壁に関する工事その他の屋外に面する建築物の部分に関する工事を行う建築物で構造上やむを得ないものとして**国土交通省令**で定めるもの

◆国土交通省令［建蔽率の制限の緩和を受ける構造上やむを得ない建築物］
規則第10条の4の8　　　　　　　　　　　　　　　　　→p535

6　前各項の規定は,次の各号のいずれかに該当する建築物については,適用しない。

一　防火地域（第1項第二号から第四号までの規定により建蔽率の限度が8/10とされている地域に限る。）内にある耐火建築物等

二　巡査派出所,公衆便所,公共用歩廊その他これらに類するもの

三　公園,広場,道路,川その他これらに類するものの内にある建築物で特定行政庁が安全上,防火上及び衛生上支障がないと認めて許可したもの

7　建築物の敷地が防火地域の内外にわたる場合において,その敷地内の建築物の全部が耐火建築物等であるときは,その敷地は,全て防火地域内にあるものとみなして,第3項第一号又は前項第一号の規定を適用する。

8　建築物の敷地が準防火地域と防火地域及び準防火地域以外の区域とにわたる場合において,その敷地内の建築物の全部が耐火建築物等又は準耐火建築物等であると

きは，その敷地は，全て準防火地域内にあるものとみなして，第3項第一号の規定を適用する。

9　第44条第2項の規定は，第4項，第5項又は第6項第三号の規定による許可*をする場合に準用する。

●関連［建築審査会］法第78条→p134

【建築物の敷地面積】

第53条の2　建築物の敷地面積は，用途地域に関する都市計画において建築物の敷地面積の最低限度が定められたときは，当該最低限度以上でなければならない。ただし，次の各号のいずれかに該当する建築物の敷地については，この限りでない。

一　前条第6項第一号に掲げる建築物

二　公衆便所，巡査派出所その他これらに類する建築物で公益上必要なもの

三　その敷地の周囲に広い公園，広場，道路その他の空地を有する建築物であって，特定行政庁が市街地の環境を害するおそれがないと認めて許可したもの

四　特定行政庁が用途上又は構造上やむを得ないと認めて許可したもの

2　前項の都市計画において建築物の敷地面積の最低限度を定める場合においては，その最低限度は，200m²を超えてはならない。

3　第1項の都市計画において建築物の敷地面積の最低限度が定められ，又は変更された際，現に建築物の敷地として使用されている土地で同項の規定に適合しないもの又は現に存する所有権その他の権利に基づいて建築物の敷地として使用するならば同項の規定に適合しないこととなる土地について，その全部を一の敷地として使用する場合においては，同項の規定は，適用しない。ただし，次の各号のいずれかに該当する土地については，この限りでない。

一　第1項の都市計画における建築物の敷地面積の最低限度が変更された際，建築物の敷地面積の最低限度に関する従前の制限に違反していた建築物の敷地又は所有権その他の権利に基づいて建築物の敷地として使用するならば当該制限に違反することとなった土地

二　第1項の規定に適合するに至った建築物の敷地又は所有権その他の権利に基づいて建築物の敷地として使用するならば同項の規定に適合するに至った土地

4　第44条第2項の規定は，第1項第三号又は第四号の規定による許可*をする場合に準用する。

●関連［建築審査会］法第78条→p134

【第一種低層住居専用地域等内における外壁の後退距離】

第54条　第一種低層住居専用地域，第二種低層住居専用地域又は田園住居地域内においては，建築物の外壁又はこれに代わる柱の面から敷地境界線までの距離（以下この条及び第86条の6第1項において「外壁の後退距離」という。）は，当該地域に関する都市計画*において外壁の後退距離の限度が定められた場合においては，**政令**で定める場合を除き，当該限度以上でなければならない。

◆政令［第一種低層住居専用地域等内における外壁の後退距離に対する制限の緩和］

令第135条の22　　　　　　　　　　　　　　　　　　　→p342

●関連［地域地区］都市計画法第8条第3項第二号ロ→p846

2　前項の都市計画において外壁の後退距離の限度を定める場合においては，その限度は，1.5m 又は1 m とする。

【第一種低層住居専用地域等内における建築物の高さの限度】

第55条　第一種低層住居専用地域，第二種低層住居専用地域又は田園住居地域内においては，建築物の高さ*は，10m 又は12m のうち当該地域に関する都市計画*において定められた建築物の高さの限度を超えてはならない。

●関連［建築物の高さ］令第2条第1項第六号　　　　→p195
　　　［地域地区］都市計画法第8条第3項第二号ロ→p846

2　前項の都市計画において建築物の高さの限度が10m と定められた第一種低層住居専用地域，第二種低層住居専用地域又は田園住居地域内においては，その敷地内に**政令***1で定める空地を有し，かつ，その敷地面積が**政令***2で定める規模以上である建築物であって，特定行政庁が低層住宅に係る良好な住居の環境を害するおそれがないと認めるものの高さの限度は，同項の規定にかかわらず，12m とする。

◆**政令1**［第一種低層住居専用地域等内における建築物の高さの制限の
　　　　緩和に係る敷地内の空地等］令第130条の10第1項　　　　→p330
　　　2［第一種低層住居専用地域等内における建築物の高さの制限の
　　　　緩和に係る敷地内の空地等］令第130条の10第2項　　　　→p330

3　再生可能エネルギー源（太陽光，風力その他非化石エネルギー源のうち，エネルギー源として永続的に利用することができると認められるものをいう。第58条第2項において同じ。）の利用に資する設備の設置のため必要な屋根に関する工事その他の屋外に面する建築物の部分に関する工事を行う建築物で構造上やむを得ないものとして**国土交通省令**で定めるものであって，特定行政庁が低層住宅に係る良好な住居の環境を害するおそれがないと認めて許可したものの高さは，前2項の規定にかかわらず，その許可の範囲内において，これらの規定による限度を超えるものとすることができる。

◆**国土交通省令**［第一種低層住居専用地域等内における建築物の高さの制限の緩和を
　　　　受ける構造上やむを得ない建築物］規則第10条の4の9　　　→p535

4　第1項及び第2項の規定は，次の各号のいずれかに該当する建築物については，適用しない。

　一　その敷地の周囲に広い公園，広場，道路その他の空地を有する建築物であって，低層住宅に係る良好な住居の環境を害するおそれがないと認めて特定行政庁が許可したもの

　二　学校その他の建築物であって，その用途によってやむを得ないと認めて特定行政庁が許可したもの

5　第44条第2項の規定は，第3項又は前項各号の規定による許可*をする場合について準用する。

●関連［建築審査会］法第78条→p134

【建築物の各部分の高さ】

第56条　建築物の各部分の高さは，次に掲げるもの以下としなければならない。

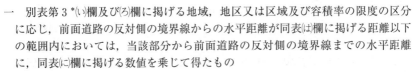

一　別表第３[*](い)欄及び(ろ)欄に掲げる地域，地区又は区域及び容積率の限度の区分に応じ，前面道路の反対側の境界線からの水平距離が同表(は)欄に掲げる距離以下の範囲内においては，当該部分から前面道路の反対側の境界線までの水平距離に，同表(に)欄に掲げる数値を乗じて得たもの

●関連［別表第３］　　→p178
［容積率］法第52条→p63

二　当該部分から隣地境界線までの水平距離に，次に掲げる区分に従い，イ若しくはニに定める数値が1.25とされている建築物で高さが20mを超える部分を有するもの又はイからニまでに定める数値が2.5とされている建築物（ロ及びハに掲げる建築物で，特定行政庁が都道府県都市計画審議会の議を経て指定する区域内にあるものを除く。以下この号及び第７項第二号において同じ。）で高さが31mを超える部分を有するものにあっては，それぞれその部分から隣地境界線までの水平距離のうち最小のものに相当する距離を加えたものに，イからニまでに定める数値を乗じて得たものに，イ又はニに定める数値が1.25とされている建築物にあっては20mを，イからニまでに定める数値が2.5とされている建築物にあっては31mを加えたもの

イ　第一種中高層住居専用地域若しくは第二種中高層住居専用地域内の建築物又は第一種住居地域，第二種住居地域若しくは準住居地域内の建築物（ハに掲げる建築物を除く。）

1.25（第52条第１項第二号の規定により容積率の限度が30/10以下とされている第一種中高層住居専用地域及び第二種中高層住居専用地域以外の地域のうち，特定行政庁が都道府県都市計画審議会の議を経て指定する区域内の建築物にあっては，2.5）

ロ　近隣商業地域若しくは準工業地域内の建築物（ハに掲げる建築物を除く。）又は商業地域，工業地域若しくは工業専用地域内の建築物

2.5

ハ　高層住居誘導地区内の建築物であって，その住宅の用途に供する部分の床面積の合計がその延べ面積の2/3以上であるもの

2.5

ニ　用途地域の指定のない区域内の建築物

1.25又は2.5のうち，特定行政庁が土地利用の状況等を考慮し当該区域を区分して都道府県都市計画審議会の議を経て定めるもの

三　第一種低層住居専用地域，第二種低層住居専用地域若しくは田園住居地域内又は第一種中高層住居専用地域若しくは第二種中高層住居専用地域（次条第１項の規定に基づく条例で別表第４[*]の２の項に規定する(1)，(2)又は(3)の号が指定されているものを除く。以下この号及び第７項第三号において同じ。）内においては，当該部分から前面道路の反対側の境界線又は隣地境界線までの真北方向の水平距離に1.25を乗じて得たものに，第一種低層住居専用地域，第二種低層住居専用地域又は田園住居地域内の建築物にあっては５ｍを，第一種中高層住居専用地域

又は第二種中高層住居専用地域内の建築物にあっては10mを加えたもの

●関連［別表第4］→p180

2 前面道路の境界線から後退した建築物に対する前項第一号の規定の適用については，同号中「前面道路の反対側の境界線」とあるのは，「前面道路の反対側の境界線から当該建築物の後退距離（当該建築物（地盤面下の部分その他**政令**で定める部分を除く。）から前面道路の境界線までの水平距離のうち最小のものをいう。）に相当する距離だけ外側の線」とする。

◆**政令**［前面道路との関係についての建築物の各部分の高さの制限に係る建築物の
後退距離の算定の特例］令第130条の12　　　　　　　　　→p330

3 第一種中高層住居専用地域，第二種中高層住居専用地域，第一種住居地域，第二種住居地域又は準住居地域内における前面道路の幅員が12m以上である建築物に対する別表第3 *の規定の適用については，同表(は)欄中「1.25」とあるのは，「1.25（前面道路の反対側の境界線からの水平距離が前面道路の幅員に1.25を乗じて得たもの以上の区域内においては，1.5）」とする。

●関連［別表第3］→p178

4 前項に規定する建築物で前面道路の境界線から後退したものに対する同項の規定の適用については，同項中「前面道路の反対側の境界線」とあるのは「前面道路の反対側の境界線から当該建築物の後退距離（当該建築物（地盤面下の部分その他**政令**で定める部分を除く。）から前面道路の境界線までの水平距離のうち最小のものをいう。以下この表において同じ。）に相当する距離だけ外側の線」と，「前面道路の幅員に」とあるのは「，前面道路の幅員に，当該建築物の後退距離に2を乗じて得たものを加えたものに」とすることができる。

◆**政令**［前面道路との関係についての建築物の各部分の高さの制限に係る建築物の
後退距離の算定の特例］令第130条の12　　　　　　　　　→p330

5 建築物が第1項第二号及び第三号の地域，地区又は区域の2以上にわたる場合においては，これらの規定中「建築物」とあるのは，「建築物の部分」とする。

6 建築物の敷地が2以上の道路に接し，又は公園，広場，川若しくは海その他これらに類するものに接する場合，建築物の敷地とこれに接する道路若しくは隣地との高低の差が著しい場合その他特別の事情がある場合における前各項の規定の適用の緩和に関する措置は，**政令**で定める。

◆**政令**［前面道路との関係についての建築物の各部分の高さの制限の緩和］令第131条→p331
　　　　［前面道路とみなす道路等］令第131条の2　　　　　　　→p331
　　　　［2以上の前面道路がある場合］令第132条　　　　　　　→p331
　　　　［前面道路の反対側に公園，広場，水面その他これらに類するものがある場合］
　　　　　令第134条　　　　　　　　　　　　　　　　　　　　→p332
　　　　［道路面と敷地の地盤面に高低差がある場合］令第135条の2　→p332
　　　　［隣地との関係についての建築物の各部分の高さの制限の緩和］令第135条の3 →p332
　　　　［北側の前面道路又は隣地との関係についての建築物の各部分の高さの
　　　　　制限の緩和］令第135条の4　　　　　　　　　　　　→p333

7 次の各号のいずれかに掲げる規定によりその高さが制限された場合にそれぞれ当該各号に定める位置において確保される採光，通風等と同程度以上の採光，通風等

が当該位置において確保されるものとして**政令**で定める基準に適合する建築物については，それぞれ当該各号に掲げる規定は，適用しない。

> ◆**政令**［前面道路との関係についての建築物の各部分の高さの制限を適用しない
> 建築物の基準等］令第135条の6　　　　　　　　　　　　　　　　　　　　→p334
> ［隣地との関係についての建築物の各部分の高さの制限を適用しない建築
> 物の基準等］令第135条の7　　　　　　　　　　　　　　　　　　　　　→p334
> ［北側の隣地との関係についての建築物の各部分の高さの制限を適用しな
> い建築物の基準等］令第135条の8　　　　　　　　　　　　　　　　　　→p335
> ●関連［天空率］令第135条の5→p333

一　第1項第一号，第2項から第4項まで及び前項（同号の規定の適用の緩和に係る部分に限る。）

　　　前面道路の反対側の境界線上の**政令**で定める位置

> ◆**政令**［法第56条第7項第一号の政令で定める位置］令第135条の9→p336

二　第1項第二号，第5項及び前項（同号の規定の適用の緩和に係る部分に限る。）

　　　隣地境界線からの水平距離が，第1項第二号イ又はニに定める数値が1.25とされている建築物にあっては16m，第1項第二号イからニまでに定める数値が2.5とされている建築物にあっては12.4mだけ外側の線上の**政令**で定める位置

> ◆**政令**［法第56条第7項第二号の政令で定める位置］令第135条の10→p336

三　第1項第三号，第5項及び前項（同号の規定の適用の緩和に係る部分に限る。）

　　　隣地境界線から真北方向への水平距離が，第一種低層住居専用地域，第二種低層住居専用地域又は田園住居地域内の建築物にあっては4m，第一種中高層住居専用地域又は第二種中高層住居専用地域内の建築物にあっては8mだけ外側の線上の**政令**で定める位置

> ◆**政令**［法第56条第7項第三号の政令で定める位置］令第135条の11→p337

【日影による中高層の建築物の高さの制限】

第56条の2　別表第4*(い)欄の各項に掲げる地域又は区域の全部又は一部で地方公共団体の条例で指定する区域（以下この条において「対象区域」という。）内にある同表(ろ)欄の当該各項（4の項にあっては，同項イ又はロのうちから地方公共団体がその地方の気候及び風土，当該区域の土地利用の状況等を勘案して条例で指定するもの）に掲げる建築物は，冬至日の真太陽時による午前8時から午後4時まで（道の区域内にあっては，午前9時から午後3時まで）の間において，それぞれ，同表(は)欄の各項（4の項にあっては，同項イ又はロ）に掲げる平均地盤面からの高さ（2の項及び3の項にあっては，当該各項に掲げる平均地盤面からの高さのうちから地方公共団体が当該区域の土地利用の状況等を勘案して条例で指定するもの）の水平面（対象区域外の部分，高層住居誘導地区内の部分，都市再生特別地区内の部分及び当該建築物の敷地内の部分を除く。）に，敷地境界線からの水平距離が5mを超える範囲において，同表(に)欄の(1)，(2)又は(3)の号（同表の3の項にあっては，(1)又は(2)の号）のうちから地方公共団体がその地方の気候及び風土，土地利用の状況等を勘案して条例で指定する号に掲げる時間以上日影となる部分を生じさせることの

ないものとしなければならない。ただし，特定行政庁が土地の状況等により周囲の居住環境を害するおそれがないと認めて建築審査会*の同意を得て許可した場合又は当該許可を受けた建築物を周囲の居住環境を害するおそれがないものとして**政令**で定める位置及び規模の範囲内において増築し，改築し，若しくは移転する場合においては，この限りでない。

　　　◆**政令**［日影による中高層の建築物の高さの制限の適用除外等］令第135条の12第1項，第2項→p338

　　　　　　　　　　　　　　　　　●**関連**［別表第4］　　　　　　　　　→p180
　　　　　　　　　　　　　　　　　　［建築審査会］法第78条→p134

2　同一の敷地内に2以上の建築物がある場合においては，これらの建築物を一の建築物とみなして，前項の規定を適用する。

3　建築物の敷地が道路，川又は海その他これらに類するものに接する場合，建築物の敷地とこれに接する隣地との高低差が著しい場合その他これらに類する特別の事情がある場合における第1項本文の規定の適用の緩和に関する措置は，**政令**で定める。

　　　◆**政令**［日影による中高層の建築物の高さの制限の適用除外等］令第135条の12第3項→p338

4　対象区域外にある高さが10mを超える建築物で，冬至日において，対象区域内の土地に日影を生じさせるものは，当該対象区域内にある建築物とみなして，第1項の規定を適用する。

5　建築物が第1項の規定による日影時間の制限の異なる区域の内外にわたる場合又は建築物が，冬至日において，対象区域のうち当該建築物がある区域外の土地に日影を生じさせる場合における同項の規定の適用に関し必要な事項は，**政令**で定める。

　　　◆**政令**［建築物が日影時間の制限の異なる区域の内外にわたる場合等の措置］令第135条の13→p338

【高架の工作物内に設ける建築物等に対する高さの制限の緩和】

第57条　高架の工作物内に設ける建築物で特定行政庁が周囲の状況により交通上，安全上，防火上及び衛生上支障がないと認めるものについては，前3条の規定は，適用しない。

2　道路内にある建築物（高架の道路の路面下に設けるものを除く。）については，第56条第1項第一号及び第2項から第4項までの規定は，適用しない。

【特例容積率適用地区内における建築物の容積率の特例】

第57条の2　特例容積率適用地区*内の2以上の敷地（建築物の敷地となるべき土地及び当該特例容積率適用地区の内外にわたる敷地であってその過半が当該特例容積率適用地区に属するものを含む。以下この項において同じ。）に係る土地について所有権若しくは建築物の所有を目的とする地上権若しくは賃借権（臨時設備その他一時使用のため設定されたことが明らかなものを除く。以下「借地権」という。）を有する者又はこれらの者の同意を得た者は，1人で，又は数人が共同して，特定行政庁に対し，**国土交通省令***で定めるところにより，当該2以上の敷地（以下この条及び次条において「特例敷地」という。）のそれぞれに適用される特別の容積率（以下この条及び第60条の2第4項において「特例容積率」という。）の限度の指定を申請することができる。

　　　◆**国土交通省令**［特例容積率の限度の指定の申請等］規則第10条の4の10→p536

●関連［特例容積率適用地区］都市計画法第９条第16項→p848

2　前項の規定による申請をしようとする者は，申請者及び同項の規定による同意をした者以外に当該申請に係る特例敷地について**政令**で定める利害関係を有する者があるときは，あらかじめ，これらの者の同意を得なければならない。

◆政令［特例容積率の限度の指定の申請について同意を得るべき利害関係者］令第135条の23→p342

3　特定行政庁は，第１項の規定による申請が次の各号に掲げる要件のいずれにも該当すると認めるときは，当該申請に基づき，特例敷地*のそれぞれに適用される特例容積率の限度を指定するものとする。

●関連［特例敷地］法第57条の２第１項→p76

一　申請に係るそれぞれの特例敷地の敷地面積に申請に係るそれぞれの特例容積率の限度を乗じて得た数値の合計が，当該それぞれの特例敷地の敷地面積に第52条第１項各号（第五号から第七号までを除く。以下この号において同じ。）の規定によるそれぞれの建築物の容積率（当該特例敷地について現に次項の規定により特例容積率の限度が公告されているときは，当該特例容積率。以下この号において「基準容積率」という。）の限度を乗じて得た数値の合計以下であること。この場合において，当該それぞれの特例敷地が基準容積率に関する制限を受ける地域又は区域の２以上にわたるときの当該基準容積率の限度は，同条第１項各号の規定による当該各地域又は区域内の建築物の容積率の限度にその特例敷地の当該地域又は区域内にある各部分の面積の敷地面積に対する割合を乗じて得たものの合計とする。

二　申請に係るそれぞれの特例容積率の限度が，申請に係るそれぞれの特例敷地内に現に存する建築物の容積率又は現に建築の工事中の建築物の計画上の容積率以上であること。

三　申請に係るそれぞれの特例容積率の限度が，申請に係るそれぞれの特例敷地における建築物の利用上の必要性，周囲の状況等を考慮して，当該それぞれの特例敷地にふさわしい容積を備えた建築物が建築されることにより当該それぞれの特例敷地の土地が適正かつ合理的な利用形態となるよう定められていること。この場合において，申請に係る特例容積率の限度のうち第52条第１項及び第３項から第８項までの規定による限度を超えるものにあっては，当該特例容積率の限度に適合して建築される建築物が交通上，安全上，防火上及び衛生上支障がないものとなるよう定められていること。

4　特定行政庁は，前項の規定による指定をしたときは，遅滞なく，特例容積率の限度，特例敷地の位置その他**国土交通省令**で定める事項を公告するとともに，**国土交通省令**で定める事項を表示した図書をその事務所に備えて，一般の縦覧に供さなければならない。

◆国土交通省令［特例容積率の限度の指定に関する公告事項等］規則第10条の４の11→p536
　　　　　　　［特例容積率の限度の指定に係る公告の方法］規則第10条の４の12　→p536

5　第３項の規定による指定は，前項の規定による公告によって，その効力を生ずる。

6　第４項の規定により特例容積率の限度が公告されたときは，当該特例敷地内の建

築物については，当該特例容積率の限度を第52条第1項各号に掲げる数値とみなして，同条の規定を適用する。

7 第4項の規定により公告された特例敷地のいずれかについて第1項の規定による申請があった場合において，特定行政庁が当該申請に係る第3項の指定（以下この項において「新規指定」という。）をしたときは，当該特例敷地についての第3項の規定による従前の指定は，新規指定に係る第4項の規定による公告があった日から将来に向かって，その効力を失う。

【指定の取消し】

第57条の3 前条第4項の規定により公告された特例敷地*である土地について所有権又は借地権を有する者は，その全員の合意により，同条第3項の指定の取消しを特定行政庁に申請することができる。この場合においては，あらかじめ，当該特例敷地について**政令**で定める利害関係を有する者の同意を得なければならない。

◆政令［特例容積率の限度の指定の取消しの申請について
同意を得るべき利害関係者］令第135条の24 →p342
●関連［特例敷地］法第57条の2第1項→p76

2 前項の規定による申請*を受けた特定行政庁は，当該申請に係るそれぞれの特例敷地内に現に存する建築物の容積率又は現に建築の工事中の建築物の計画上の容積率が第52条第1項から第9項までの規定による限度以下であるとき，その他当該建築物の構造が交通上，安全上，防火上及び衛生上支障がないと認めるときは，当該申請に係る指定を取り消すものとする。

●関連［指定の取消しの申請等］規則第10条の4の13→p536

3 特定行政庁は，前項の規定による取消しをしたときは，遅滞なく，**国土交通省令**で定めるところにより，その旨を公告しなければならない。

◆国土交通省令［指定の取消しに係る公告の方法］規則第10条の4の14→p537

4 第2項の規定による取消しは，前項の規定による公告によって，その効力を生ずる。

5 前2項に定めるもののほか，第2項の規定による指定の取消しについて必要な事項は，**国土交通省令**で定める。

◆国土交通省令［指定の取消しの申請等］規則第10条の4の13→p536

【特例容積率適用地区内における建築物の高さの限度】

第57条の4 特例容積率適用地区内においては，建築物の高さは，特例容積率適用地区に関する都市計画において建築物の高さの最高限度が定められたときは，当該最高限度以下でなければならない。ただし，特定行政庁が用途上又は構造上やむを得ないと認めて許可したものについては，この限りでない。

2 第44条第2項の規定は，前項ただし書の規定による許可をする場合に準用する。

【高層住居誘導地区】

第57条の5 高層住居誘導地区*内においては，建築物の建蔽率は，高層住居誘導地区に関する都市計画において建築物の建蔽率*の最高限度が定められたときは，当該最高限度以下でなければならない。

●関連［高層住居誘導地区］都市計画法第9条第17項→p848

[建蔽率] 法第53条　　　　　　　　　　　　　　　　　　　　　→p68

2　前項の場合において，建築物の敷地が高層住居誘導地区の内外にわたるときは，当該高層住居誘導地区に関する都市計画において定められた建築物の建蔽率の最高限度を，当該建築物の当該高層住居誘導地区内にある部分に係る第53条第1項の規定による建築物の建蔽率の限度とみなして，同条第2項の規定を適用する。

3　高層住居誘導地区に関する都市計画において建築物の敷地面積*の最低限度が定められた場合については，第53条の2（第2項を除く。）の規定を準用する。この場合において，同条第1項中「用途地域」とあるのは，「高層住居誘導地区」と読み替えるものとする。

●関連 [建築物の敷地面積] 法第53条の2→p71

4　高層住居誘導地区内の建築物については，第56条の2第1項に規定する対象区域外にある建築物とみなして，同条の規定を適用する。この場合における同条第4項の規定の適用については，同項中「対象区域内の土地」とあるのは，「対象区域（高層住居誘導地区を除く。）内の土地」とする。

●関連 [日影による中高層の建築物の高さの制限] 法第56条の2→p75

【高度地区】

第58条　高度地区*内においては，建築物の高さは，高度地区に関する都市計画において定められた内容に適合するものでなければならない。

●関連 [高度地区] 都市計画法第9条第18項→p848

2　前項の都市計画において建築物の高さの最高限度が定められた高度地区内においては，再生可能エネルギー源の利用に資する設備の設置のため必要な屋根に関する工事その他の屋外に面する建築物の部分に関する工事を行う建築物で構造上やむを得ないものとして**国土交通省令**で定めるものであって，特定行政庁が市街地の環境を害するおそれがないと認めて許可したものの高さは，同項の規定にかかわらず，その許可の範囲内において，当該最高限度を超えるものとすることができる。

◆国土交通省令 [高度地区内における建築物の高さの制限の緩和を受ける
　　　　　　　構造上やむを得ない建築物] 規則第10条の4の15　　　→p537

3　第44条第2項の規定は，前項の規定による許可をする場合について準用する。

【高度利用地区】

第59条　高度利用地区*内においては，建築物の容積率*及び建蔽率*並びに建築物の建築面積（同一敷地内に2以上の建築物がある場合においては，それぞれの建築面積）は，高度利用地区に関する都市計画において定められた内容に適合するものでなければならない。ただし，次の各号のいずれかに該当する建築物については，この限りでない。

●関連 [高度利用地区] 都市計画法第9条第19項→p848
　　　 [容積率] 法第52条　　　　　　　　　　　→p63
　　　 [建蔽率] 法第53条　　　　　　　　　　　→p68

一　主要構造部が木造，鉄骨造，コンクリートブロック造その他これらに類する構造であって，階数が2以下で，かつ，地階を有しない建築物で，容易に移転し，又は除却することができるもの

二　公衆便所，巡査派出所その他これらに類する建築物で，公益上必要なもの

三　学校，駅舎，卸売市場その他これらに類する公益上必要な建築物で，特定行政庁が用途上又は構造上やむを得ないと認めて許可したもの

2　高度利用地区内においては,建築物の壁又はこれに代わる柱は,建築物の地盤面下の部分及び国土交通大臣が指定する歩廊の柱その他これに類するものを除き，高度利用地区に関する都市計画において定められた壁面の位置の制限に反して建築してはならない。ただし，前項各号の一に該当する建築物については，この限りでない。

3　高度利用地区内の建築物については，当該高度利用地区に関する都市計画において定められた建築物の容積率の最高限度を第52条第1項各号に掲げる数値とみなして，同条の規定を適用する。

4　高度利用地区内においては，敷地内に道路に接して有効な空地が確保されていること等により，特定行政庁が，交通上，安全上，防火上及び衛生上支障がないと認めて許可した建築物については，第56条第1項第一号及び第2項から第4項までの規定は，適用しない。

5　第44条第2項の規定は，第1項第三号又は前項の規定による許可*をする場合に準用する。

●関連［建築審査会］法第78条→p134

【敷地内に広い空地を有する建築物の容積率等の特例】

第59条の2　その敷地内に**政令**[*1]で定める空地を有し，かつ，その敷地面積が**政令**[*2]で定める規模以上である建築物で，特定行政庁が交通上，安全上，防火上及び衛生上支障がなく，かつ，その建蔽率，容積率及び各部分の高さについて総合的な配慮がなされていることにより市街地の環境の整備改善に資すると認めて許可したものの容積率又は各部分の高さは，その許可の範囲内において，第52条第1項から第9項まで，第55条第1項，第56条又は第57条の2第6項の規定による限度を超えるものとすることができる。

◆**政令**1　［敷地内の空地及び敷地面積の規模］令第136条第1項，第2項→p342, 343
　　　　2　［敷地内の空地及び敷地面積の規模］令第136条第3項　　　　→p343

2　第44条第2項の規定は，前項の規定による許可*をする場合に準用する。

●関連［建築審査会］法第78条→p134

【特定街区】

第60条　特定街区*内においては，建築物の容積率及び高さは，特定街区に関する都市計画において定められた限度以下でなければならない。

●関連［特定街区］都市計画法第9条第20項→p848

2　特定街区内においては，建築物の壁又はこれに代わる柱は，建築物の地盤面下の部分及び国土交通大臣が指定する歩廊の柱その他これに類するものを除き，特定街区に関する都市計画において定められた壁面の位置の制限に反して建築してはならない。

3　特定街区内の建築物については，第52条から前条まで並びに第60条の3第1項及び第2項の規定は，適用しない。

第4節の2　都市再生特別地区，居住環境向上用途誘導地区及び特定用途誘導地区

【都市再生特別地区】

第60条の2　都市再生特別地区*内においては，建築物の容積率及び建蔽率，建築物の建築面積（同一敷地内に2以上の建築物がある場合においては，それぞれの建築面積）並びに建築物の高さは，都市再生特別地区に関する都市計画において定められた内容に適合するものでなければならない。ただし，次の各号のいずれかに該当する建築物については，この限りでない。

一　主要構造部が木造，鉄骨造，コンクリートブロック造その他これらに類する構造であって，階数が2以下で，かつ，地階を有しない建築物で，容易に移転し，又は除却することができるもの

二　公衆便所，巡査派出所その他これらに類する建築物で，公益上必要なもの

三　学校，駅舎，卸売市場その他これらに類する公益上必要な建築物で，特定行政庁が用途上又は構造上やむを得ないと認めて許可したもの

●関連［都市再生特別地区］都市計画法第8条第1項第四号のニ→p845

2　都市再生特別地区内においては，建築物の壁又はこれに代わる柱は，建築物の地盤面下の部分及び国土交通大臣が指定する歩廊の柱その他これに類するものを除き，都市再生特別地区に関する都市計画において定められた壁面の位置の制限に反して建築してはならない。ただし，前項各号のいずれかに該当する建築物については，この限りでない。

3　都市再生特別地区に関する都市計画において定められた誘導すべき用途に供する建築物については，第48条から第49条の2までの規定は，適用しない。

4　都市再生特別地区内の建築物については，当該都市再生特別地区に関する都市計画において定められた建築物の容積率の最高限度を第52条第1項各号に掲げる数値（第57条の2第6項の規定により当該数値とみなされる特例容積率*の限度の数値を含む。）とみなして，第52条の規定を適用する。

●関連［特例容積率］法第57条の2第1項→p76

5　都市再生特別地区内の建築物については，第56条，第57条の4，第58条及び第60条の3第2項の規定は，適用しない。

6　都市再生特別地区内の建築物については，第56条の2第1項に規定する対象区域外にある建築物とみなして，同条の規定を適用する。この場合における同条第4項の規定の適用については，同項中「対象区域内の土地」とあるのは，「対象区域（都市再生特別地区を除く。）内の土地」とする。

●関連［日影による中高層の建築物の高さの制限］法第56条の2→p75

7　第44条第2項の規定は，第1項第三号の規定による許可*をする場合に準用する。

●関連［建築審査会］法第78条→p134

【居住環境向上用途誘導地区】

第60条の2の2　居住環境向上用途誘導地区*内においては，建築物の建蔽率は，居

住環境向上用途誘導地区に関する都市計画において建築物の建蔽率の最高限度が定められたときは，当該最高限度以下でなければならない。ただし，次の各号のいずれかに該当する建築物については，この限りでない。

一　公衆便所，巡査派出所その他これらに類する建築物で，公益上必要なもの

二　学校，駅舎，卸売市場その他これらに類する公益上必要な建築物で，特定行政庁が用途上又は構造上やむを得ないと認めて許可したもの

●関連［居住環境向上用途誘導地区］都市計画法第8条第1項第四号のニ→p845

2　居住環境向上用途誘導地区内においては，建築物の壁又はこれに代わる柱は，居住環境向上用途誘導地区に関する都市計画において壁面の位置の制限が定められたときは，建築物の地盤面下の部分及び国土交通大臣が指定する歩廊の柱その他これに類するものを除き，当該壁面の位置の制限に反して建築してはならない。ただし，前項各号のいずれかに該当する建築物については，この限りでない。

3　居住環境向上用途誘導地区内においては，建築物の高さは，居住環境向上用途誘導地区に関する都市計画において建築物の高さの最高限度が定められたときは，当該最高限度以下でなければならない。ただし，特定行政庁が用途上又は構造上やむを得ないと認めて許可したものについては，この限りでない。

4　居住環境向上用途誘導地区内においては，地方公共団体は，その地区の指定の目的のために必要と認める場合においては，国土交通大臣の承認を得て，条例で，第48条第1項から第13項までの規定による制限を緩和することができる。

5　第44条第2項の規定は，第1項第二号又は第3項ただし書の規定による許可をする場合に準用する。

【特定用途誘導地区】

第60条の3　特定用途誘導地区*内においては，建築物の容積率及び建築物の建築面積（同一敷地内に2以上の建築物がある場合においては，それぞれの建築面積）は，特定用途誘導地区に関する都市計画において建築物の容積率の最低限度及び建築物の建築面積の最低限度が定められたときは，それぞれ，これらの最低限度以上でなければならない。ただし，次の各号のいずれかに該当する建築物については，この限りでない。

一　主要構造部が木造，鉄骨造，コンクリートブロック造その他これらに類する構造であって，階数が2以下で，かつ，地階を有しない建築物で，容易に移転し，又は除却することができるもの

二　公衆便所，巡査派出所その他これらに類する建築物で，公益上必要なもの

三　学校，駅舎，卸売市場その他これらに類する公益上必要な建築物で，特定行政庁が用途上又は構造上やむを得ないと認めて許可したもの

●関連［特定用途誘導地区］都市計画法第8条第1項第四号のニ→p845

2　特定用途誘導地区内においては，建築物の高さは，特定用途誘導地区に関する都市計画において建築物の高さの最高限度が定められたときは，当該最高限度以下でなければならない。ただし，特定行政庁が用途上又は構造上やむを得ないと認めて許可したものについては，この限りでない。

3　特定用途誘導地区内においては，地方公共団体は，その地区の指定の目的のために必要と認める場合においては，国土交通大臣の承認を得て，条例で，第48条第1項から第13項までの規定による制限を緩和することができる。

4　第44条第2項の規定は，第1項第三号又は第2項ただし書の規定による許可をする場合に準用する。

第5節　防火地域及び準防火地域

【防火地域及び準防火地域内の建築物】

第61条　防火地域又は準防火地域内にある建築物は，その外壁の開口部で延焼のおそれのある部分に防火戸その他の**政令**[*1]で定める防火設備を設け，かつ，壁，柱，床その他の建築物の部分及び当該防火設備を通常の火災による周囲への延焼を防止するためにこれらに必要とされる性能に関して防火地域及び準防火地域の別並びに建築物の規模に応じて**政令**[*2]で定める技術的基準に適合するもので，国土交通大臣が定めた構造方法*を用いるもの又は国土交通大臣の認定を受けたものとしなければならない。ただし，門又は塀で，高さ2m以下のもの又は準防火地域内にある建築物（木造建築物等*を除く。）に附属するものについては，この限りでない。

◆**政令1**〔防火戸その他の防火設備〕令第109条　→p262
　　2〔防火地域又は準防火地域内の建築物の壁，柱，床その他の部分及び防火設備の性能に関する技術的基準〕令第136条の2　→p343
●**告示**　令元　国交告194号→p1824
●**関連**〔防火地域又は準防火地域〕都市計画法第9条第21項→p848
〔木造建築物等〕法第23条　→p48

【屋　　根】

第62条　防火地域又は準防火地域内の建築物の屋根の構造は，市街地における火災を想定した火の粉による建築物の火災の発生を防止するために屋根に必要とされる性能に関して建築物の構造及び用途の区分に応じて**政令**で定める技術的基準に適合するもので，国土交通大臣が定めた構造方法*を用いるもの又は国土交通大臣の認定を受けたものとしなければならない。

◆**政令**〔防火地域又は準防火地域内の建築物の屋根の性能に関する技術的基準〕
令第136条の2の2　→p345
●**告示**　平12　建告1365号→p1491

【隣地境界線に接する外壁】

第63条　防火地域又は準防火地域内にある建築物で，外壁が耐火構造のものについては，その外壁を隣地境界線に接して設けることができる。

【看板等の防火措置】

第64条　防火地域内にある看板，広告塔，装飾塔その他これらに類する工作物で，建築物の屋上に設けるもの又は高さ3mを超えるものは，その主要な部分を不燃材料で造り，又は覆わなければならない。

【建築物が防火地域又は準防火地域の内外にわたる場合の措置】

第65条　建築物が防火地域又は準防火地域とこれらの地域として指定されていない区域にわたる場合においては，その全部についてそれぞれ防火地域又は準防火地域内

の建築物に関する規定を適用する。ただし，その建築物が防火地域又は準防火地域
外において防火壁*で区画されている場合においては，その防火壁外の部分につい
ては，この限りでない。

●関連［木造等の建築物の防火壁及び防火床］令第113条→p274

2　建築物が防火地域及び準防火地域にわたる場合においては，その全部について防
火地域内の建築物に関する規定を適用する。ただし，建築物が防火地域外において
防火壁で区画されている場合においては，その防火壁外の部分については，準防火
地域内の建築物に関する規定を適用する。

【第38条の準用】

第66条　第38条の規定は，その予想しない特殊の構造方法又は建築材料を用いる建築
物に対するこの節の規定及びこれに基づく命令の規定の適用について準用する。

第5節の2　特定防災街区整備地区

【特定防災街区整備地区】

第67条　特定防災街区整備地区内にある建築物は，耐火建築物等又は準耐火建築物等
としなければならない。ただし，次の各号のいずれかに該当する建築物については，
この限りでない。
　一　延べ面積が50m²以内の平家建ての附属建築物で，外壁及び軒裏が防火構造の
　　もの
　二　卸売市場の上家，機械製作工場その他これらと同等以上に火災の発生のおそれ
　　が少ない用途に供する建築物で，主要構造部が不燃材料で造られたものその他こ
　　れに類する構造のもの
　三　高さ2mを超える門又は塀で，不燃材料で造られ，又は覆われたもの
　四　高さ2m以下の門又は塀

●関連［特定防災街区整備地区］都市計画法第8条第1項第五号のニ→p845

2　建築物が特定防災街区整備地区と特定防災街区整備地区として指定されていない
区域にわたる場合においては，その全部について，前項の規定を適用する。ただし，
その建築物が特定防災街区整備地区外において防火壁で区画されている場合におい
ては，その防火壁外の部分については，この限りでない。

3　特定防災街区整備地区内においては，建築物の敷地面積は，特定防災街区整備地
区に関する都市計画において定められた建築物の敷地面積の最低限度以上でなけれ
ばならない。ただし，次の各号のいずれかに該当する建築物の敷地については，こ
の限りでない。
　一　公衆便所，巡査派出所その他これらに類する建築物で公益上必要なもの
　二　特定行政庁が用途上又は構造上やむを得ないと認めて許可したもの

4　第53条の2第3項の規定は，前項の都市計画において建築物の敷地面積の最低限
度が定められ，又は変更された場合に準用する。この場合において，同条第3項中
「第1項」とあるのは，「第67条第3項」と読み替えるものとする。

5　特定防災街区整備地区内においては，建築物の壁又はこれに代わる柱は，特定防

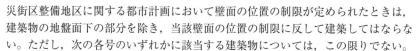

災街区整備地区に関する都市計画において壁面の位置の制限が定められたときは，建築物の地盤面下の部分を除き，当該壁面の位置の制限に反して建築してはならない。ただし，次の各号のいずれかに該当する建築物については，この限りでない。

一　第3項第一号に掲げる建築物

二　学校，駅舎，卸売市場その他これらに類する公益上必要な建築物で，特定行政庁が用途上又は構造上やむを得ないと認めて許可したもの

6　特定防災街区整備地区内においては，その敷地が防災都市計画施設（密集市街地整備法第31条第2項に規定する防災都市計画施設をいう。以下この条において同じ。）に接する建築物の防災都市計画施設に係る間口率（防災都市計画施設に面する部分の長さの敷地の当該防災都市計画施設に接する部分の長さに対する割合をいう。以下この条において同じ。）及び高さは，特定防災街区整備地区に関する都市計画において建築物の防災都市計画施設に係る間口率の最低限度及び建築物の高さの最低限度が定められたときは，それぞれ，これらの最低限度以上でなければならない。

7　前項の場合においては，同項に規定する建築物の高さの最低限度より低い高さの建築物の部分（同項に規定する建築物の防災都市計画施設に係る間口率の最低限度を超える部分を除く。）は，空隙のない壁が設けられる等防火上有効な構造としなければならない。

8　前2項の建築物の防災都市計画施設に係る間口率及び高さの算定に関し必要な事項は，**政令**で定める。

◆**政令**［建築物の防災都市計画施設に係る間口率及び高さの算定］令第136条の2の4→p345

9　前3項の規定は，次の各号のいずれかに該当する建築物については，適用しない。

一　第3項第一号に掲げる建築物

二　学校，駅舎，卸売市場その他これらに類する公益上必要な建築物で，特定行政庁が用途上又は構造上やむを得ないと認めて許可したもの

10　第44条第2項の規定は，第3項第二号，第5項第二号又は前項第二号の規定による許可をする場合に準用する。

【第38条の準用】

第67条の2　第38条の規定は，その予想しない特殊の構造方法又は建築材料を用いる建築物に対する前条第1項及び第2項の規定の適用について準用する。

第6節　景観地区

第68条　景観地区*内においては，建築物の高さは，景観地区に関する都市計画において建築物の高さの最高限度又は最低限度が定められたときは，当該最高限度以下又は当該最低限度以上でなければならない。ただし，次の各号のいずれかに該当する建築物については，この限りでない。

●**関連**［景観地区］都市計画法第8条第1項第六号→p845

一　公衆便所，巡査派出所その他これらに類する建築物で，公益上必要なもの

　二　特定行政庁が用途上又は構造上やむを得ないと認めて許可したもの

2　景観地区内においては，建築物の壁又はこれに代わる柱は，景観地区に関する都市計画において壁面の位置の制限が定められたときは，建築物の地盤面下の部分を除き，当該壁面の位置の制限に反して建築してはならない。ただし，次の各号のいずれかに該当する建築物については，この限りでない。

　一　前項第一号に掲げる建築物

　二　学校，駅舎，卸売市場その他これらに類する公益上必要な建築物で，特定行政庁が用途上又は構造上やむを得ないと認めて許可したもの

3　景観地区内においては，建築物の敷地面積は，景観地区に関する都市計画において建築物の敷地面積の最低限度が定められたときは，当該最低限度以上でなければならない。ただし，次の各号のいずれかに該当する建築物の敷地については，この限りでない。

　一　第1項第一号に掲げる建築物

　二　特定行政庁が用途上又は構造上やむを得ないと認めて許可したもの

4　第53条の2第3項の規定は，前項の都市計画において建築物の敷地面積の最低限度が定められ，又は変更された場合に準用する。この場合において，同条第3項中「第1項」とあるのは，「第68条第3項」と読み替えるものとする。

5　景観地区に関する都市計画において建築物の高さの最高限度，壁面の位置の制限（道路に面する壁面の位置を制限するものを含むものに限る。）及び建築物の敷地面積の最低限度が定められている景観地区（景観法第72条第2項の景観地区工作物制限条例で，壁面後退区域（当該壁面の位置の制限として定められた限度の線と敷地境界線との間の土地の区域をいう。）における工作物（土地に定着する工作物以外のものを含む。）の設置の制限（当該壁面後退区域において連続的に有効な空地を確保するため必要なものを含むものに限る。）が定められている区域に限る。）内の建築物で，当該景観地区に関する都市計画の内容に適合し，かつ，敷地内に有効な空地が確保されていること等により，特定行政庁が交通上，安全上，防火上及び衛生上支障がないと認めるものについては，第56条の規定は，適用しない。

6　第44条第2項の規定は，第1項第二号，第2項第二号又は第3項第二号の規定による許可をする場合に準用する。

第7節　地区計画等の区域

【市町村の条例に基づく制限】

第68条の2　市町村は，地区計画等*の区域（地区整備計画，特定建築物地区整備計画，防災街区整備地区整備計画，歴史的風致維持向上地区整備計画，沿道地区整備計画又は集落地区整備計画（以下「地区整備計画等」という。）が定められている区域に限る。）内において，建築物の敷地，構造，建築設備又は用途に関する事項で当該地区計画等の内容として定められたものを，条例*で，これらに関する制限として定めることができる。

●関連［地区計画等］都市計画法第12条の4　　　　　　　　　　　→p853

［地区計画等の区域内において条例で定める制限］令第136条の2の5 →p346

2　前項の規定による制限は，建築物の利用上の必要性，当該区域内における土地利用の状況等を考慮し，地区計画，防災街区整備地区計画，歴史的風致維持向上地区計画又は沿道地区計画の区域にあっては適正な都市機能と健全な都市環境を確保するため，集落地区計画の区域にあっては当該集落地区計画の区域の特性にふさわしい良好な居住環境の確保と適正な土地利用を図るため，それぞれ合理的に必要と認められる限度において，同項に規定する事項のうち特に重要な事項につき，**政令**で定める基準に従い，行うものとする。

◆政令［地区計画等の区域内において条例で定める制限］令第136条の2の5 →p346

3　第1項の規定に基づく条例で建築物の敷地面積に関する制限を定める場合においては，当該条例に，当該条例の規定の施行又は適用の際，現に建築物の敷地として使用されている土地で当該規定に適合しないもの又は現に存する所有権その他の権利に基づいて建築物の敷地として使用するならば当該規定に適合しないこととなる土地について，その全部を一の敷地として使用する場合の適用の除外に関する規定（第3条第3項第一号及び第五号の規定に相当する規定を含む。）を定めるものとする。

4　第1項の規定に基づく条例で建築物の構造に関する防火上必要な制限を定める場合においては，当該条例に，第65条の規定の例により，当該制限を受ける区域の内外にわたる建築物についての当該制限に係る規定の適用に関する措置を定めるものとする。

5　市町村は，用途地域における用途の制限を補完し，当該地区計画等（集落地区計画を除く。）の区域の特性にふさわしい土地利用の増進等の目的を達成するため必要と認める場合においては，国土交通大臣の承認を得て，第1項の規定に基づく条例で，第48条第1項から第13項までの規定による制限を緩和することができる。

【**再開発等促進区等内の制限の緩和等**】

第68条の3　地区計画又は沿道地区計画の区域のうち再開発等促進区*（都市計画法第12条の5第3項に規定する再開発等促進区をいう。以下同じ。）又は沿道再開発等促進区（沿道整備法第9条第3項に規定する沿道再開発等促進区をいう。以下同じ。）で地区整備計画又は沿道地区整備計画が定められている区域のうち建築物の容積率の最高限度が定められている区域内においては，当該地区計画又は沿道地区計画の内容に適合する建築物で，特定行政庁が交通上，安全上，防火上及び衛生上支障がないと認めるものについては，第52条の規定は，適用しない。

●関連［再開発等促進区］都市計画法第12条の5第3項→p854
　　　［容積率］法第52条　　　　　　　　　　　　→p63

2　地区計画又は沿道地区計画の区域のうち再開発等促進区又は沿道再開発等促進区（地区整備計画又は沿道地区整備計画が定められている区域のうち当該地区整備計画又は沿道地区整備計画において6/10以下の数値で建築物の建蔽率*の最高限度が定められている区域に限る。）内においては，当該地区計画又は沿道地区計画の内容に適合する建築物で，特定行政庁が交通上，安全上，防火上及び衛生上支障がないと認めるものについては，第53条第1項から第3項まで，第7項及び第8項の規

87

定は，適用しない。

●関連［建蔽率］法第53条→p68

3　地区計画又は沿道地区計画の区域のうち再開発等促進区又は沿道再開発等促進区（地区整備計画又は沿道地区整備計画が定められている区域のうち20m以下の高さで建築物の高さの最高限度が定められている区域に限る。）内においては，当該地区計画又は沿道地区計画の内容に適合し，かつ，その敷地面積が**政令**で定める規模以上の建築物であって特定行政庁が交通上，安全上，防火上及び衛生上支障がないと認めるものについては，第55条第1項及び第2項の規定は，適用しない。

◆政令［再開発等促進区等内において高さの制限の緩和を受ける建築物の
　　敷地面積の規模］令第136条の2の6　　　　　　　　　　　　→p351

4　地区計画又は沿道地区計画の区域のうち再開発等促進区又は沿道再開発等促進区（地区整備計画又は沿道地区整備計画が定められている区域に限る。第6項において同じ。）内においては，敷地内に有効な空地が確保されていること等により，特定行政庁が交通上，安全上，防火上及び衛生上支障がないと認めて許可した建築物については，第56条の規定は，適用しない。

●関連［建築物の各部分の高さ］法第56条→p72

5　第44条第2項の規定は，前項の規定による許可*をする場合に準用する。

●関連［建築審査会］法第78条→p134

6　地区計画又は沿道地区計画の区域のうち再開発等促進区又は沿道再開発等促進区内の建築物に対する第48条第1項から第13項まで（これらの規定を第87条第2項又は第3項において準用する場合を含む。）の規定の適用については，第48条第1項から第11項まで及び第13項中「又は公益上やむを得ない」とあるのは「公益上やむを得ないと認め，又は地区計画若しくは沿道地区計画において定められた土地利用に関する基本方針に適合し，かつ，当該地区計画若しくは沿道地区計画の区域における業務の利便の増進上やむを得ない」と，同条第12項中「工業の利便上又は公益上必要」とあるのは「工業の利便上若しくは公益上必要と認め，又は地区計画若しくは沿道地区計画において定められた土地利用に関する基本方針に適合し，かつ，当該地区計画若しくは沿道地区計画の区域における業務の利便の増進上やむを得ない」とする。

7　地区計画の区域のうち開発整備促進区（都市計画法第12条の5第4項に規定する開発整備促進区をいう。以下同じ。）で地区整備計画が定められているものの区域（当該地区整備計画において同法第12条の12の土地の区域として定められている区域に限る。）内においては，別表第2(か)項に掲げる建築物のうち当該地区整備計画の内容に適合するもので，特定行政庁が交通上，安全上，防火上及び衛生上支障がないと認めるものについては，第48条第6項，第7項，第12項及び第14項の規定は，適用しない。

8　地区計画の区域のうち開発整備促進区（地区整備計画が定められている区域に限る。）内の建築物（前項の建築物を除く。）に対する第48条第6項，第7項，第12項及び第14項（これらの規定を第87条第2項又は第3項において準用する場合を含む。）の規定の適用については，第48条第6項，第7項及び第14項中「又は公益上

やむを得ない」とあるのは「公益上やむを得ないと認め，又は地区計画において定められた土地利用に関する基本方針に適合し，かつ，当該地区計画の区域における商業その他の業務の利便の増進上やむを得ない」と，同条第12項中「工業の利便上又は公益上必要」とあるのは「工業の利便上若しくは公益上必要と認め，又は地区計画において定められた土地利用に関する基本方針に適合し，かつ，当該地区計画の区域における商業その他の業務の利便の増進上やむを得ない」とする。

9　歴史的風致維持向上地区計画の区域（歴史的風致維持向上地区整備計画が定められている区域に限る。）内の建築物に対する第48条第1項から第13項まで（これらの規定を第87条第2項又は第3項において準用する場合を含む。）の規定の適用については，第48条第1項から第11項まで及び第13項中「又は公益上やむを得ない」とあるのは「公益上やむを得ないと認め，又は歴史的風致維持向上地区計画において定められた土地利用に関する基本方針に適合し，かつ，当該歴史的風致維持向上地区計画の区域における歴史的風致（地域歴史的風致法第1条に規定する歴史的風致をいう。）の維持及び向上を図る上でやむを得ない」と，同条第12項中「工業の利便上又は公益上必要」とあるのは「工業の利便上若しくは公益上必要と認め，又は歴史的風致維持向上地区計画において定められた土地利用に関する基本方針に適合し，かつ，当該歴史的風致維持向上地区計画の区域における歴史的風致（地域歴史的風致法第1条に規定する歴史的風致をいう。）の維持及び向上を図る上でやむを得ない」とする。

【建築物の容積率の最高限度を区域の特性に応じたものと公共施設の整備の状況に応じたものとに区分して定める地区計画等の区域内における建築物の容積率の特例】

第68条の4　次に掲げる条件に該当する地区計画，防災街区整備地区計画又は沿道地区計画（防災街区整備地区計画にあっては，密集市街地整備法第32条第2項第一号に規定する地区防災施設（以下単に「地区防災施設」という。）の区域が定められているものに限る。以下この条において同じ。）の区域内にある建築物で，当該地区計画，防災街区整備地区計画又は沿道地区計画の内容（都市計画法第12条の6第二号，密集市街地整備法第32条の2第二号又は沿道整備法第9条の2第二号の規定による公共施設の整備の状況に応じた建築物の容積率の最高限度（以下この条において「公共施設の整備の状況に応じた建築物の容積率の最高限度」という。）を除く。）に適合し，かつ，特定行政庁が交通上，安全上，防火上及び衛生上支障がないと認めるものについては，公共施設の整備の状況に応じた建築物の容積率の最高限度に関する第二号の条例の規定は，適用しない。

一　地区整備計画，特定建築物地区整備計画，防災街区整備地区整備計画又は沿道地区整備計画が定められている区域のうち，次に掲げる事項が定められている区域であること。

　イ　都市計画法第12条の6，密集市街地整備法第32条の2又は沿道整備法第9条の2の規定による区域の特性に応じたものと公共施設の整備の状況に応じたものとに区分した建築物の容積率の最高限度

　ロ　(1)から(3)までに掲げる区域の区分に従い，当該(1)から(3)までに定める施設の
　　　配置及び規模
　　　(1)　地区整備計画の区域　　都市計画法第12条の5第2項第一号に規定する地
　　　　　区施設又は同条第5項第一号に規定する施設
　　　(2)　防災街区整備地区整備計画の区域　　　密集市街地整備法第32条第2項第二
　　　　　号に規定する地区施設
　　　(3)　沿道地区整備計画の区域　　　沿道整備法第9条第2項第一号に規定する沿
　　　　　道地区施設又は同条第4項第一号に規定する施設
二　第68条の2第1項の規定に基づく条例で，前号イに掲げる事項に関する制限が
　定められている区域であること。

【区域を区分して建築物の容積を適正に配分する地区計画等の区域内における建
築物の容積率の特例】

第68条の5　次に掲げる条件に該当する地区計画又は沿道地区計画*の区域内にある
建築物については，当該地区計画又は沿道地区計画において定められた建築物の容
積率*の最高限度を第52条第1項第一号から第四号までに定める数値とみなして，
同条の規定を適用する。

●関連［沿道地区計画］沿道整備法第9条→p1127
　　　　［容積率］法第52条　　　　　　→p63

一　地区整備計画又は沿道地区整備計画（都市計画法第12条の7又は沿道整備法第
　9条の3の規定により，地区整備計画又は沿道地区整備計画の区域を区分して建
　築物の容積率の最高限度が定められているものに限る。）が定められている区域
　であること。
二　前号の建築物の容積率の最高限度が当該区域に係る用途地域において定められ
　た建築物の容積率を超えるものとして定められている区域にあっては，地区整備
　計画又は沿道地区整備計画において次に掲げる事項が定められており，かつ，第
　68条の2第1項の規定に基づく条例でこれらの事項に関する制限が定められてい
　る区域であること。
　イ　建築物の容積率の最低限度
　ロ　建築物の敷地面積の最低限度
　ハ　壁面の位置の制限（道路に面する壁面の位置を制限するものを含むものに限
　　　る。）

【区域を区分して建築物の容積を適正に配分する特定建築物地区整備計画等の区
域内における建築物の容積率の特例】

第68条の5の2　次に掲げる条件に該当する防災街区整備地区計画の区域内にある建
築物（第二号に規定する区域内の建築物にあっては，防災街区整備地区計画の内容
に適合する建築物で，特定行政庁が交通上，安全上，防火上及び衛生上支障がない
と認めるものに限る。）については，当該防災街区整備地区計画において定められ
た建築物の容積率の最高限度を第52条第1項第一号から第四号までに定める数値と
みなして，同条の規定を適用する。

　　一　特定建築物地区整備計画及び防災街区整備地区整備計画（いずれも密集市街地
　　　整備法第32条の3第1項の規定により，その区域をそれぞれ区分し，又は区分し
　　　ないで建築物の容積率の最高限度が定められているものに限る。）が定められて
　　　いる区域であること。
　　二　前号の建築物の容積率の最高限度が当該区域に係る用途地域において定められ
　　　た建築物の容積率を超えるものとして定められている区域にあっては，特定建築
　　　物地区整備計画において次に掲げる事項が定められており，かつ，第68条の2第
　　　1項の規定に基づく条例でこれらの事項に関する制限が定められている区域であ
　　　ること。
　　　イ　建築物の容積率の最低限度
　　　ロ　建築物の敷地面積の最低限度
　　　ハ　壁面の位置の制限（道路に面する壁面の位置を制限するものを含むものに限
　　　　る。）

【高度利用と都市機能の更新とを図る地区計画等の区域内における制限の特例】
第68条の5の3　次に掲げる条件に該当する地区計画又は沿道地区計画の区域内にあ
　る建築物については，当該地区計画又は沿道地区計画において定められた建築物の
　容積率の最高限度を第52条第1項第二号から第四号までに定める数値とみなして，
　同条の規定を適用する。
　　一　都市計画法第12条の8又は沿道整備法第9条の4の規定により，次に掲げる事
　　　項が定められている地区整備計画又は沿道地区整備計画の区域であること。
　　　イ　建築物の容積率の最高限度
　　　ロ　建築物の容積率の最低限度（沿道地区整備計画において沿道整備法第9条第
　　　　6項第二号の建築物の沿道整備道路に係る間口率の最低限度及び建築物の高さ
　　　　の最低限度が定められている場合にあっては，これらの最低限度），建築物の
　　　　建蔽率の最高限度，建築物の建築面積の最低限度及び壁面の位置の制限（壁面
　　　　の位置の制限にあっては，市街地の環境の向上を図るため必要な場合に限る。）
　　二　第68条の2第1項の規定に基づく条例で，前号ロに掲げる事項（壁面の位置の
　　　制限にあっては，地区整備計画又は沿道地区整備計画に定められたものに限る。）
　　　に関する制限が定められている区域であること。
　2　前項各号に掲げる条件に該当する地区計画又は沿道地区計画の区域内において
　　は，敷地内に道路に接して有効な空地が確保されていること等により，特定行政庁
　　が，交通上，安全上，防火上及び衛生上支障がないと認めて許可した建築物につい
　　ては，第56条第1項第一号及び第2項から第4項までの規定は，適用しない。

●関連［建築物の各部分の高さ］法第56条→p72

　3　第44条第2項の規定は，前項の規定による許可をする場合に準用する。

●関連［建築審査会］法第78条→p134

**【住居と住居以外の用途とを区分して定める地区計画等の区域内における建築物
　の容積率の特例】**
第68条の5の4　次に掲げる条件に該当する地区計画，防災街区整備地区計画又は沿

道地区計画の区域内にあるその全部又は一部を住宅の用途に供する建築物については，当該地区計画，防災街区整備地区計画又は沿道地区計画において定められた建築物の容積率の最高限度を第52条第1項第二号又は第三号に定める数値とみなして，同条（第8項を除く。）の規定を適用する。ただし，当該建築物が同条第3項の規定により建築物の延べ面積の算定に当たりその床面積が当該建築物の延べ面積に算入されない部分を有するときは，当該部分の床面積を含む当該建築物の容積率は，当該建築物がある地域に関する都市計画において定められた同条第1項第二号又は第三号に定める数値の1.5倍以下でなければならない。

一　次に掲げる事項が定められている地区整備計画，特定建築物地区整備計画，防災街区整備地区整備計画又は沿道地区整備計画の区域であること。

　　イ　建築物の容積率の最高限度（都市計画法第12条の9，密集市街地整備法第32条の4又は沿道整備法第9条の5の規定により，それぞれ都市計画法第12条の9第一号，密集市街地整備法第32条の4第一号又は沿道整備法第9条の5第一号に掲げるものの数値が第52条第1項第二号又は第三号に定める数値以上その1.5倍以下で定められているものに限る。）

　　ロ　建築物の容積率の最低限度

　　ハ　建築物の敷地面積の最低限度

　　ニ　壁面の位置の制限（道路に面する壁面の位置を制限するものを含むものに限る。）

二　第68条の2第1項の規定に基づく条例で，前号ロからニまでに掲げる事項に関する制限が定められている区域であること。

三　当該区域が第一種住居地域，第二種住居地域，準住居地域，近隣商業地域，商業地域又は準工業地域内にあること。

【区域の特性に応じた高さ，配列及び形態を備えた建築物の整備を誘導する地区計画等の区域内における制限の特例】

第68条の5の5　次に掲げる条件に該当する地区計画等（集落地区計画を除く。以下この条において同じ。）の区域内の建築物で，当該地区計画等の内容に適合し，かつ，特定行政庁が交通上，安全上，防火上及び衛生上支障がないと認めるものについては，第52条第2項の規定は，適用しない。

一　次に掲げる事項が定められている地区整備計画等（集落地区整備計画を除く。）の区域であること。

　　イ　都市計画法第12条の10，密集市街地整備法第32条の5，地域歴史的風致法第32条又は沿道整備法第9条の6の規定による壁面の位置の制限，壁面後退区域（壁面の位置の制限として定められた限度の線と敷地境界線との間の土地の区域をいう。以下この条において同じ。）における工作物の設置の制限及び建築物の高さの最高限度

　　ロ　建築物の容積率の最高限度

　　ハ　建築物の敷地面積の最低限度

二　第68条の2第1項の規定に基づく条例で，前号イ及びハに掲げる事項（壁面後退区域における工作物の設置の制限を除く。）に関する制限が定められている区

域であること。

2　前項第一号イ及びハに掲げる事項が定められており，かつ，第68条の2第1項の規定に基づく条例で前項第一号イ及びハに掲げる事項（壁面後退区域における工作物の設置の制限を除く。）に関する制限が定められている地区計画等の区域内にある建築物で，当該地区計画等の内容に適合し，かつ，敷地内に有効な空地が確保されていること等により，特定行政庁が交通上，安全上，防火上及び衛生上支障がないと認めるものについては，第56条の規定は，適用しない。

【地区計画等の区域内における建築物の建蔽率の特例】

第68条の5の6　次に掲げる条件に該当する地区計画等（集落地区計画を除く。）の区域内の建築物については，第一号イに掲げる地区施設等の下にある部分で，特定行政庁が交通上，安全上，防火上及び衛生上支障がないと認めるものの建築面積は，第53条第1項及び第2項，第57条の5第1項及び第2項，第59条第1項，第59条の2第1項，第60条の2第1項，第68条の8，第86条第3項及び第4項，第86条の2第2項及び第3項，第86条の5第3項並びに第86条の6第1項に規定する建築物の建蔽率の算定の基礎となる建築面積に算入しない。

一　地区整備計画等（集落地区整備計画を除く。）が定められている区域のうち，次に掲げる事項が定められている区域であること。

イ　その配置が地盤面の上に定められている通路その他の公共空地である地区施設等（第68条の4第一号ロに規定する施設，地域歴史的風致法第31条第2項第一号に規定する地区施設又は地区防災施設をいう。以下同じ。）

ロ　壁面の位置の制限（イの地区施設等に面する壁面の位置を制限するものを含むものに限る。）

二　第68条の2第1項の規定に基づく条例で，前号ロに掲げる事項に関する制限が定められている区域であること。

【道路の位置の指定に関する特例】

第68条の6　地区計画等に道の配置及び規模又はその区域が定められている場合には，当該地区計画等の区域（次の各号に掲げる地区計画等の区分に応じて，当該各号に定める事項が定められている区域に限る。次条第1項において同じ。）における第42条第1項第五号の規定による位置の指定は，地区計画等に定められた道の配置又はその区域に即して行わなければならない。ただし，建築物の敷地として利用しようとする土地の位置と現に存する道路の位置との関係その他の事由によりこれにより難いと認められる場合においては，この限りでない。

●関連［道路の定義］法第42条第1項第五号→p56

一　地区計画　再開発等促進区若しくは開発整備促進区（いずれも都市計画法第12条の5第5項第一号に規定する施設の配置及び規模が定められているものに限る。）又は地区整備計画

二　防災街区整備地区計画　地区防災施設の区域又は防災街区整備地区整備計画

三　歴史的風致維持向上地区計画　歴史的風致維持向上地区整備計画

四　沿道地区計画　沿道再開発等促進区（沿道整備法第9条第4項第一号に規定

する施設の配置及び規模が定められているものに限る。）又は沿道地区整備計画

五　集落地区計画　　集落地区整備計画

【予定道路の指定】

第68条の7　特定行政庁は，地区計画等に道の配置及び規模又はその区域が定められ
ている場合で，次の各号の一に該当するときは，当該地区計画等の区域において，
地区計画等に定められた道の配置及び規模又はその区域に即して，**政令**で定める基
準に従い，予定道路の指定を行うことができる。ただし，第二号又は第三号に該当
する場合で当該指定に伴う制限により当該指定の際現に当該予定道路の敷地となる
土地を含む土地について所有権その他の権利を有する者が当該土地をその権利に基
づいて利用することが著しく妨げられることとなるときは，この限りでない。

◆**政令**［予定道路の指定の基準］令第136条の2の7→p351

一　当該指定について，当該予定道路の敷地となる土地の所有者その他の**政令**で定
める利害関係を有する者の同意を得たとき。

◆**政令**［予定道路の指定について同意を得るべき利害関係者］令第136条の2の8→p351

二　土地区画整理法による土地区画整理事業又はこれに準ずる事業により主要な区
画道路が整備された区域において，当該指定に係る道が新たに当該区画道路に接
続した細街路網を一体的に形成するものであるとき。

三　地区計画等においてその配置及び規模又はその区域が定められた道の相当部分
の整備が既に行われている場合で，整備の行われていない道の部分に建築物の建
築等が行われることにより整備された道の機能を著しく阻害するおそれがあるとき。

2　特定行政庁は，前項の規定により予定道路の指定を行う場合（同項第一号に該当す
る場合を除く。）においては，あらかじめ，建築審査会*の同意を得なければならない。

●関連［建築審査会］法第78条→p134

3　第46条第1項後段，第2項及び第3項の規定は，前項に規定する場合について準
用する。

●関連［壁面線の指定］法第46条→p59

4　第1項の規定により予定道路が指定された場合においては，当該予定道路を第42
条第1項に規定する道路とみなして，第44条の規定を適用する。

●関連［道路内の建築制限］法第44条→p58

5　第1項の規定により予定道路が指定された場合において，建築物の敷地が予定道
路に接するとき又は当該敷地内に予定道路があるときは，特定行政庁が交通上，安
全上，防火上及び衛生上支障がないと認めて許可した建築物については，当該予定
道路を第52条第2項の前面道路とみなして，同項から同条第7項まで及び第9項の
規定を適用するものとする。この場合においては，当該敷地のうち予定道路に係る
部分の面積は，敷地面積又は敷地の部分の面積に算入しないものとする。

●関連［容積率］法第52条→p63

6　第44条第2項の規定は，前項の規定による許可*をする場合に準用する。

●関連［建築審査会］法第78条→p134

【建築物の敷地が地区計画等の区域の内外にわたる場合の措置】

第68条の8　第68条の2第1項の規定に基づく条例で建築物の容積率*の最高限度又は建築物の建蔽率*の最高限度が定められた場合において，建築物の敷地が当該条例による制限を受ける区域の内外にわたるときは，当該条例で定められた建築物の容積率の最高限度又は建築物の建蔽率の最高限度を，それぞれ当該建築物の当該条例による制限を受ける区域内にある部分に係る第52条第1項及び第2項の規定による建築物の容積率の限度又は第53条第1項の規定による建築物の建蔽率の限度とみなして，第52条第7項，第14項及び第15項又は第53条第2項及び第4項から第6項までの規定を適用する。

●関連［容積率］法第52条→p63
［建蔽率］法第53条→p68

第8節　都市計画区域及び準都市計画区域以外の区域内の建築物の敷地及び構造

第68条の9　第6条第1項第四号の規定に基づき，都道府県知事が関係市町村の意見を聴いて指定する区域内においては，地方公共団体は，当該区域内における土地利用の状況等を考慮し，適正かつ合理的な土地利用を図るため必要と認めるときは，**政令**で定める基準に従い，条例で，建築物又はその敷地と道路との関係，建築物の容積率，建築物の高さその他の建築物の敷地又は構造に関して必要な制限を定めることができる。

◆政令［都道府県知事が指定する区域内の建築物に係る制限］令第136条の2の9 →p351

2　景観法第74条第1項の準景観地区内においては，市町村は，良好な景観の保全を図るため必要があると認めるときは，**政令**で定める基準に従い，条例で，建築物の高さ，壁面の位置その他の建築物の構造又は敷地に関して必要な制限を定めることができる。

◆政令［準景観地区内の建築物に係る制限］令第136条の2の10 →p352

第3章の2　型式適合認定等

【型式適合認定】

第68条の10　国土交通大臣は，申請により，建築材料又は主要構造部，建築設備その他の建築物の部分で，**政令***1で定めるものの型式が，前3章の規定又はこれに基づく命令の規定（第68条の25第1項の構造方法等の認定の内容を含む。）のうち当該建築材料又は建築物の部分の構造上の基準その他の技術的基準に関する**政令***2で定める一連の規定に適合するものであることの認定（以下「型式適合認定」という。）を行うことができる。

◆政令1［型式適合認定の対象とする建築物の部分及び一連の規定］
令第136条の2の11　　　　　　　　　　　　　　→p353
2［型式適合認定の対象とする工作物の部分及び一連の規定］
令第144条の2　　　　　　　　　　　　　　→p378

95

2　型式適合認定の申請の手続その他型式適合認定に関し必要な事項は，**国土交通省令**で定める。

◆国土交通省令［型式適合認定の申請］規則第10条の5の2　　　　　→p537
［型式適合認定に係る認定書の通知等］規則第10条の5の3→p538

【型式部材等製造者の認証】

第68条の11　国土交通大臣は，申請により，規格化された型式の建築材料，建築物の部分又は建築物で，**国土交通省令**で定めるもの（以下この章において「型式部材等」という。）の製造又は新築（以下この章において単に「製造」という。）をする者について，当該型式部材等の製造者としての認証を行う。

◆国土交通省令［型式部材等］規則第10条の5の4→p538

2　前項の申請をしようとする者は，**国土交通省令**[*1]で定めるところにより，**国土交通省令**[*2]で定める事項を記載した申請書を提出して，これを行わなければならない。

◆国土交通省令1［型式部材等製造者の認証の申請］規則第10条の5の5　　　　→p538
2［型式部材等製造者認証申請書の記載事項］規則第10条の5の6→p538

3　国土交通大臣は，第1項の規定による認証をしたときは，**国土交通省令**で定めるところにより，その旨を公示しなければならない。

◆国土交通省令［認証書の通知等］規則第10条の5の7→p539

【欠格条項】

第68条の12　次の各号のいずれかに該当する者は，前条第1項の規定による認証を受けることができない。

一　建築基準法令の規定により刑に処せられ，その執行を終わり，又は執行を受けることがなくなった日から起算して2年を経過しない者

二　第68条の21第1項若しくは第2項又は第68条の23第1項若しくは第2項の規定により認証を取り消され，その取消しの日から起算して2年を経過しない者

三　法人であって，その役員のうちに前2号のいずれかに該当する者があるもの

【認証の基準】

第68条の13　国土交通大臣は，第68条の11第1項の申請が次に掲げる基準に適合していると認めるときは，同項の規定による認証をしなければならない。

一　申請に係る型式部材等の型式で型式部材等の種類ごとに**国土交通省令**で定めるものが型式適合認定を受けたものであること。

◆国土交通省令［型式適合認定を受けることが必要な型式部材等の型式］
規則第10条の5の8　　　　　　　　　　　　　　→p540
●関連［型式部材等製造者の認証］法第68条の11→p96

二　申請に係る型式部材等の製造設備，検査設備，検査方法，品質管理方法その他品質保持に必要な技術的生産条件が**国土交通省令**で定める技術的基準に適合していると認められること。

◆国土交通省令［品質保持に必要な生産条件］規則第10条の5の9→p540

【認証の更新】

第68条の14　第68条の11第1項の規定による認証は，5年以上10年以内において**政令**

で定める期間ごとにその更新を受けなければ，その期間の経過によって，その効力を失う。

　　　　　◆政令［型式部材等製造者等に係る認証の有効期間］令第136条の2の12→p355

2　第68条の11第2項及び前2条の規定は，前項の認証の更新の場合について準用する。

【承　継】

第68条の15　第68条の11第1項の認証を受けた者（以下この章において「認証型式部材等製造者」という。）が当該認証に係る型式部材等の製造の事業の全部を譲渡し，又は認証型式部材等製造者について相続，合併若しくは分割（当該認証に係る型式部材等の製造の事業の全部を承継させるものに限る。）があったときは，その事業の全部を譲り受けた者又は相続人（相続人が2人以上ある場合において，その全員の同意により当該事業を承継すべき相続人を選定したときは，その者。以下この条において同じ。），合併後存続する法人若しくは合併により設立した法人若しくは分割によりその事業の全部を承継した法人は，その認証型式部材等製造者の地位を承継する。ただし，当該事業の全部を譲り受けた者又は相続人，合併後存続する法人若しくは合併により設立した法人若しくは分割により当該事業の全部を承継した法人が第68条の12各号のいずれかに該当するときは，この限りでない。

　　　　　●関連［欠格条項］法第68条の12→p96

【変更の届出】

第68条の16　認証型式部材等製造者は，第68条の11第2項の**国土交通省令**[*1]で定める事項に変更(**国土交通省令**[*2]で定める軽微なものを除く。)があったときは，**国土交通省令**[*3]で定めるところにより，その旨を国土交通大臣に届け出なければならない。

　　　　　◆国土交通省令1［型式部材等製造者認証申請書の記載事項］規則第10条の5の6　→p538
　　　　　　　　　　2［届出を要しない軽微な変更］規則第10条の5の10　　　　　　→p541
　　　　　　　　　　3［認証型式部材等製造者等に係る変更の届出］規則第10条の5の11→p541

【廃止の届出】

第68条の17　認証型式部材等製造者は，当該認証に係る型式部材等の製造の事業を廃止しようとするときは，**国土交通省令**で定めるところにより，あらかじめ，その旨を国土交通大臣に届け出なければならない。

　　　　　◆国土交通省令［認証型式部材等製造者等に係る製造の廃止の届出］
　　　　　　　　　　　　規則第10条の5の12　　　　　　　　　　　　　　　→p542

2　前項の規定による届出があったときは，当該届出に係る第68条の11第1項の規定による認証は，その効力を失う。

3　国土交通大臣は，第1項の規定による届出があったときは，その旨を公示しなければならない。

【型式適合義務等】

第68条の18　認証型式部材等製造者は，その認証に係る型式部材等の製造をするときは，当該型式部材等がその認証に係る型式に適合するようにしなければならない。ただし，輸出のため当該型式部材等の製造をする場合，試験的に当該型式部材等の製造をする場合その他の**国土交通省令**で定める場合は，この限りでない。

　　　　　◆国土交通省令［型式適合義務が免除される場合］規則第10条の5の13→p542

●関連［認証型式部材等製造者］法第68条の15→p97

2 認証型式部材等製造者は，**国土交通省令**で定めるところにより，製造をする当該認証に係る型式部材等について検査を行い，その検査記録を作成し，これを保存しなければならない。

◆**国土交通省令**［検査方法等］規則第10条の5の14→p542

【表示等】

第68条の19 認証型式部材等製造者は，その認証に係る型式部材等の製造をしたときは，これに当該型式部材等が認証型式部材等製造者が製造をした型式部材等であることを示す**国土交通省令**で定める方式による特別な表示を付することができる。

◆**国土交通省令**［特別な表示］規則第10条の5の15→p542

2 何人も，前項の規定による場合を除くほか，建築材料，建築物の部分又は建築物に，同項の表示又はこれと紛らわしい表示を付してはならない。

【認証型式部材等に関する確認及び検査の特例】

第68条の20 認証型式部材等製造者が製造をするその認証に係る型式部材等（以下この章において「認証型式部材等」という。）は，第6条第4項に規定する審査，第6条の2第1項の規定による確認のための審査又は第18条第3項に規定する審査において，その認証に係る型式に適合するものとみなす。

2 建築物以外の認証型式部材等で前条第1項の表示を付したもの及び建築物である認証型式部材等でその新築の工事が**国土交通省令**で定めるところにより建築士である工事監理者によって設計図書のとおり実施されたことが確認されたものは，第7条第4項，第7条の2第1項，第7条の3第4項，第7条の4第1項又は第18条第17項若しくは第20項の規定による検査において，その認証に係る型式に適合するものとみなす。

◆**国土交通省令**［認証型式部材等に関する検査の特例］規則第10条の5の16→p543

【認証の取消し】

第68条の21 国土交通大臣は，認証型式部材等製造者が次の各号のいずれかに該当するときは，その認証を取り消さなければならない。

一 第68条の12第一号又は第三号に該当するに至ったとき。

二 当該認証に係る型式適合認定が取り消されたとき。

2 国土交通大臣は，認証型式部材等製造者が次の各号のいずれかに該当するときは，その認証を取り消すことができる。

一 第68条の16，第68条の18又は第68条の19第2項の規定に違反したとき。

二 認証型式部材等の製造設備，検査設備，検査方法，品質管理方法その他品質保持に必要な技術的生産条件が，第68条の13第二号の**国土交通省令**で定める技術的基準に適合していないと認めるとき。

◆**国土交通省令**［品質保持に必要な生産条件］規則第10条の5の9→p540

三 不正な手段により認証を受けたとき。

3 国土交通大臣は，前2項の規定により認証を取り消したときは，**国土交通省令**で定めるところにより，その旨を公示しなければならない。

◆国土交通省令［認証の取消しに係る公示］規則第10条の5の17→p543

【外国型式部材等製造者の認証】

第68条の22　国土交通大臣は，申請により，外国において本邦に輸出される型式部材等の製造をする者について，当該型式部材等の外国製造者としての認証を行う。

2　第68条の11第2項及び第3項並びに第68条の12から第68条の14までの規定は前項の認証に，第68条の15から第68条の19までの規定は同項の認証を受けた者（以下この章において「認証外国型式部材等製造者」という。）に，第68条の20の規定は認証外国型式部材等製造者が製造をする型式部材等に準用する。この場合において，第68条の19第2項中「何人も」とあるのは「認証外国型式部材等製造者は」と，「建築材料」とあるのは「本邦に輸出される建築材料」と読み替えるものとする。

【認証の取消し】

第68条の23　国土交通大臣は，認証外国型式部材等製造者が次の各号のいずれかに該当するときは，その認証を取り消さなければならない。

一　前条第2項において準用する第68条の12第一号又は第三号に該当するに至ったとき。

二　当該認証に係る型式適合認定が取り消されたとき。

2　国土交通大臣は，認証外国型式部材等製造者が次の各号のいずれかに該当するときは，その認証を取り消すことができる。

一　前条第2項において準用する第68条の16，第68条の18又は第68条の19第2項の規定に違反したとき。

二　認証に係る型式部材等の製造設備，検査設備，検査方法，品質管理方法その他品質保持に必要な技術的生産条件が，前条第2項において準用する第68条の13第二号の国土交通省令で定める技術的基準に適合していないと認めるとき。

三　不正な手段により認証を受けたとき。

四　第15条の2第1項の規定による報告若しくは物件の提出をせず，又は虚偽の報告若しくは虚偽の物件の提出をしたとき。

五　第15条の2第1項の規定による検査若しくは試験を拒み，妨げ，若しくは忌避し，又は同項の規定による質問に対して答弁をせず，若しくは虚偽の答弁をしたとき。

六　第4項の規定による費用の負担をしないとき。

3　国土交通大臣は，前2項の規定により認証を取り消したときは，**国土交通省令**で定めるところにより，その旨を公示しなければならない。

◆国土交通省令［認証の取消しに係る公示］規則第10条の5の17→p543

4　第15条の2第1項の規定による検査又は試験に要する費用（**政令**で定めるものに限る。）は，当該検査又は試験を受ける認証外国型式部材等製造者の負担とする。

◆政令［認証外国型式部材等製造者の工場等における検査等に要する費用の負担］令第136条の2の13　　　　　　　　　　→p355

【指定認定機関等による認定等の実施】

第68条の24　国土交通大臣は，第77条の36から第77条の39までの規定の定めるところ

により指定する者に，型式適合認定又は第68条の11第1項若しくは第68条の22第1項の規定による認証，第68条の14第1項（第68条の22第2項において準用する場合を含む。）の認証の更新及び第68条の11第3項（第68条の22第2項において準用する場合を含む。）の規定による公示（以下「認定等」という。）の全部又は一部を行わせることができる。

2　国土交通大臣は，前項の規定による指定をしたときは，当該指定を受けた者が行う認定等を行わないものとする。

3　国土交通大臣は，第77条の54の規定の定めるところにより承認する者に，認定等（外国において事業を行う者の申請に基づき行うものに限る。）の全部又は一部を行わせることができる。

【構造方法等の認定】

第68条の25　構造方法等の認定（前3章の規定又はこれに基づく命令の規定で，建築物の構造上の基準その他の技術的基準に関するものに基づき国土交通大臣がする構造方法，建築材料又はプログラムに係る認定をいう。以下同じ。）の申請をしようとする者は，**国土交通省令**で定めるところにより，国土交通省令で定める事項を記載した申請書を国土交通大臣に提出して，これをしなければならない。

◆国土交通省令［構造方法等の認定の申請］規則第10条の5の21→p543
●関連［構造方法等の認定書の通知等］規則第10条の5の22→p544

2　国土交通大臣は，構造方法等の認定のための審査に当たっては，審査に係る構造方法，建築材料又はプログラムの性能に関する評価（以下この条において単に「評価」という。）に基づきこれを行うものとする。

3　国土交通大臣は，第77条の56の規定の定めるところにより指定する者に，構造方法等の認定のための審査に必要な評価の全部又は一部を行わせることができる。

4　国土交通大臣は，前項の規定による指定をしたときは，当該指定を受けた者が行う評価を行わないものとする。

5　国土交通大臣が第3項の規定による指定をした場合において，当該指定に係る構造方法等の認定の申請をしようとする者は，第7項の規定により申請する場合を除き，第3項の規定による指定を受けた者が作成した当該申請に係る構造方法，建築材料又はプログラムの性能に関する評価書（以下この条において「性能評価書」という。）を第1項の申請書に添えて，これをしなければならない。この場合において，国土交通大臣は，当該性能評価書に基づき構造方法等の認定のための審査を行うものとする。

6　国土交通大臣は，第77条の57の規定の定めるところにより承認する者に，構造方法等の認定のための審査に必要な評価（外国において事業を行う者の申請に基づき行うものに限る。）の全部又は一部を行わせることができる。

7　外国において事業を行う者は，前項の承認を受けた者が作成した性能評価書を第1項の申請書に添えて構造方法等の認定を申請することができる。この場合において，国土交通大臣は，当該性能評価書に基づき構造方法等の認定のための審査を行うものとする。

【特殊構造方法等認定】

第68条の26　特殊構造方法等認定（第38条（第66条及び第67条の2において準用する場合を含む。）の規定による認定をいう。以下同じ。）の申請をしようとする者は，**国土交通省令**で定めるところにより，国土交通省令で定める事項を記載した申請書を国土交通大臣に提出して，これをしなければならない。

◆国土交通省令［特殊構造方法等認定の申請］規則第10条の5の23→p544
●関連［特殊構造方法等認定書の通知等］規則第10条の5の24→p544

第4章　建築協定

【建築協定の目的】

第69条　市町村は，その区域の一部について，住宅地としての環境又は商店街としての利便を高度に維持増進する等建築物の利用を増進し，かつ，土地の環境を改善するために必要と認める場合においては，土地の所有者及び借地権を有する者（土地区画整理法第98条第1項*（大都市地域における住宅及び住宅地の供給の促進に関する特別措置法第83条において準用する場合を含む。次条第3項，第74条の2第1項及び第2項並びに第75条の2第1項，第2項及び第5項において同じ。）の規定により仮換地として指定された土地にあっては，当該土地に対応する従前の土地の所有者及び借地権を有する者。以下「土地の所有者等」と総称する。）が当該土地について一定の区域を定め，その区域内における建築物の敷地，位置，構造，用途，形態，意匠又は建築設備に関する基準についての協定（以下「建築協定」という。）を締結することができる旨を，条例で，定めることができる。

●関連［仮換地の指定］土地区画整理法第98条第1項→p1200

【建築協定の認可の申請】

第70条　前条の規定による建築協定を締結しようとする土地の所有者等は，協定の目的となっている土地の区域（以下「建築協定区域」という。），建築物に関する基準，協定の有効期間及び協定違反があった場合の措置を定めた建築協定書を作成し，その代表者によって，これを特定行政庁に提出し，その認可を受けなければならない。

2　前項の建築協定書においては，同項に規定するもののほか，前条の条例で定める区域内の土地のうち，建築協定区域に隣接した土地であって，建築協定区域の一部とすることにより建築物の利用の増進及び土地の環境の改善に資するものとして建築協定区域の土地となることを当該建築協定区域内の土地の所有者等が希望するもの（以下「建築協定区域隣接地」という。）を定めることができる。

3　第1項の建築協定書については，土地の所有者等の全員の合意がなければならない。ただし，当該建築協定区域内の土地（土地区画整理法第98条第1項の規定により仮換地として指定された土地にあっては，当該土地に対応する従前の土地）に借地権の目的となっている土地がある場合においては，当該借地権の目的となっている土地の所有者以外の土地の所有者等の全員の合意があれば足りる。

●関連［仮換地の指定］土地区画整理法第98条第1項→p1200

4 第1項の規定によって建築協定書を提出する場合において，当該建築協定区域が建築主事を置く市町村の区域外にあるときは，その所在地の市町村の長を経由しなければならない。

【申請に係る建築協定の公告】

第71条 市町村の長は，前条第1項又は第4項の規定による建築協定書の提出があった場合においては，遅滞なく，その旨を公告し，20日以上の相当の期間を定めて，これを関係人の縦覧に供さなければならない。

【公開による意見の聴取】

第72条 市町村の長は，前条の縦覧期間の満了後，関係人の出頭を求めて公開による意見の聴取を行わなければならない。

2 建築主事を置く市町村以外の市町村の長は，前項の意見の聴取をした後，遅滞なく，当該建築協定書を，同項の規定による意見の聴取の記録を添えて，都道府県知事に送付しなければならない。この場合において，当該市町村の長は，当該建築協定書の内容について意見があるときは，その意見を付さなければならない。

【建築協定の認可】

第73条 特定行政庁は，当該建築協定の認可の申請が，次に掲げる条件に該当するときは，当該建築協定を認可しなければならない。

一 建築協定の目的となっている土地又は建築物の利用を不当に制限するものでないこと。

二 第69条の目的に合致するものであること。

三 建築協定において建築協定区域隣接地を定める場合には，その区域の境界が明確に定められていることその他の建築協定区域隣接地*について**国土交通省令**で定める基準に適合するものであること。

◆**国土交通省令**［建築協定区域隣接地に関する基準］規則第10条の6 →p545
●**関連**［建築協定区域隣接地］法第70条第2項→p101

2 特定行政庁は，前項の認可をした場合においては，遅滞なく，その旨を公告しなければならない。この場合において，当該建築協定が建築主事を置く市町村の区域外の区域に係るものであるときは，都道府県知事は，その認可した建築協定に係る建築協定書の写し1通を当該建築協定区域*及び建築協定区域隣接地の所在地の市町村の長に送付しなければならない。

●**関連**［建築協定区域］法第70条第1項→p101

3 第1項の規定による認可をした市町村の長又は前項の規定によって建築協定書の写の送付を受けた市町村の長は，その建築協定書を当該市町村の事務所に備えて，一般の縦覧に供さなければならない。

【建築協定の変更】

第74条 建築協定区域内における土地の所有者等*（当該建築協定の効力が及ばない者を除く。）は，前条第1項の規定による認可を受けた建築協定に係る建築協定区域，建築物に関する基準，有効期間，協定違反があった場合の措置又は建築協定区域隣接地を変更しようとする場合においては，その旨を定め，これを特定行政庁に

申請してその認可を受けなければならない。

●関連［土地の所有者等］法第69条→p101

2　前4条の規定は，前項の認可の手続に準用する。

第74条の2　建築協定区域内の土地（土地区画整理法第98条第1項の規定により仮換地として指定*された土地にあっては，当該土地に対応する従前の土地）で当該建築協定の効力が及ばない者の所有するものの全部又は一部について借地権が消滅した場合においては，その借地権の目的となっていた土地（同項の規定により仮換地として指定された土地に対応する従前の土地にあっては，当該土地についての仮換地として指定された土地）は，当該建築協定区域から除かれるものとする。

●関連［仮換地の指定］土地区画整理法第98条第1項→p1200

2　建築協定区域内の土地で土地区画整理法第98条第1項の規定により仮換地として指定されたものが，同法第86条第1項の換地計画又は大都市地域における住宅及び住宅地の供給の促進に関する特別措置法第72条第1項の換地計画において当該土地に対応する従前の土地についての換地として定められず，かつ，土地区画整理法第91条第3項（大都市地域における住宅及び住宅地の供給の促進に関する特別措置法第82条において準用する場合を含む。）の規定により当該土地に対応する従前の土地の所有者に対してその共有持分を与えるように定められた土地としても定められなかったときは，当該土地は，土地区画整理法第103条第4項（大都市地域における住宅及び住宅地の供給の促進に関する特別措置法第83条において準用する場合を含む。）の公告があった日が終了した時において当該建築協定区域から除かれるものとする。

●関連［換地処分］土地区画整理法第103条第4項→p1201

3　前2項の場合においては，当該借地権を有していた者又は当該仮換地として指定されていた土地に対応する従前の土地に係る土地の所有者等*（当該建築協定の効力が及ばない者を除く。）は，遅滞なく，その旨を特定行政庁に届け出なければならない。

●関連［土地の所有者等］法第69条→p101

4　特定行政庁は，前項の規定による届出があった場合その他第1項又は第2項の規定により建築協定区域内の土地が当該建築協定区域から除かれたことを知った場合においては，遅滞なく，その旨を公告しなければならない。

【建築協定の効力】

第75条　第73条第2項又はこれを準用する第74条第2項の規定による認可の公告（次条において「建築協定の認可等の公告」という。）のあった建築協定は，その公告のあった日以後において当該建築協定区域内の土地の所有者等となった者（当該建築協定について第70条第3項又はこれを準用する第74条第2項の規定による合意をしなかった者の有する土地の所有権を承継した者を除く。）に対しても，その効力があるものとする。

【建築協定の認可等の公告のあった日以後建築協定に加わる手続等】

第75条の2　建築協定区域内の土地の所有者（土地区画整理法第98条第1項の規定に

103

より仮換地として指定*された土地にあっては，当該土地に対応する従前の土地の所有者）で当該建築協定の効力が及ばないものは，建築協定の認可等の公告のあった日以後いつでも，特定行政庁に対して書面でその意思を表示することによって，当該建築協定に加わることができる。

●関連［仮換地の指定］土地区画整理法第98条第1項→p1200

2　　建築協定区域隣接地*の区域内の土地に係る土地の所有者等は，建築協定の認可等の公告のあった日以後いつでも，当該土地に係る土地の所有者等の全員の合意により，特定行政庁に対して書面でその意思を表示することによって，建築協定に加わることができる。ただし，当該土地（土地区画整理法第98条第1項の規定により仮換地として指定された土地にあっては，当該土地に対応する従前の土地）の区域内に借地権の目的となっている土地がある場合においては，当該借地権の目的となっている土地の所有者以外の土地の所有者等の全員の合意があれば足りる。

●関連［建築協定区域隣接地］法第70条第2項→p101

3　　建築協定区域隣接地の区域内の土地に係る土地の所有者等で前項の意思を表示したものに係る土地の区域は，その意思の表示があった時以後，建築協定区域の一部となるものとする。

4　　第73条第2項及び第3項の規定は，第1項又は第2項の規定による意思の表示があった場合に準用する。

5　　建築協定は，第1項又は第2項の規定により当該建築協定に加わった者がその時において所有し，又は借地権を有していた当該建築協定区域内の土地（土地区画整理法第98条第1項の規定により仮換地として指定された土地にあっては，当該土地に対応する従前の土地）について，前項において準用する第73条第2項の規定による公告のあった日以後において土地の所有者等となった者（当該建築協定について第2項の規定による合意をしなかった者の有する土地の所有権を承継した者及び前条の規定の適用がある者を除く。）に対しても，その効力があるものとする。

【建築協定の廃止】

第76条　　建築協定区域内の土地の所有者等（当該建築協定の効力が及ばない者を除く。）は，第73条第1項の規定による認可を受けた建築協定を廃止しようとする場合においては，その過半数の合意をもってその旨を定め，これを特定行政庁に申請してその認可を受けなければならない。

2　　特定行政庁は，前項の認可をした場合においては，遅滞なく，その旨を公告しなければならない。

【土地の共有者等の取扱い】

第76条の2　　土地の共有者又は共同借地権者は，第70条第3項（第74条第2項において準用する場合を含む。），第75条の2第1項及び第2項並びに前条第1項の規定の適用については，合わせて一の所有者又は借地権者とみなす。

【建築協定の設定の特則】

第76条の3　　第69条の条例で定める区域内における土地で，一の所有者以外に土地の所有者等が存しないものの所有者は，当該土地の区域を建築協定区域とする建築協

定を定めることができる。

2　前項の規定による建築協定を定めようとする者は，建築協定区域，建築物に関する基準，協定の有効期間及び協定違反があった場合の措置を定めた建築協定書を作成し，これを特定行政庁に提出して，その認可を受けなければならない。

3　前項の建築協定書においては，同項に規定するもののほか，建築協定区域隣接地*を定めることができる。

●関連［建築協定区域隣接地］法第70条第2項→p101

4　第70条第4項及び第71条から第73条までの規定は，第2項の認可の手続に準用する。

5　第2項の規定による認可を受けた建築協定は，認可の日から起算して3年以内において当該建築協定区域内の土地に2以上の土地の所有者等*が存することとなった時から，第73条第2項の規定による認可の公告のあった建築協定と同一の効力を有する建築協定となる。

●関連［土地の所有者等］法第69条→p101

6　第74条及び第76条の規定は，前項の規定により第73条第2項の規定による認可の公告のあった建築協定と同一の効力を有する建築協定となった建築協定の変更又は廃止について準用する。

【建築物の借主の地位】

第77条　建築協定の目的となっている建築物に関する基準が建築物の借主の権限に係る場合においては，その建築協定については，当該建築物の借主は，土地の所有者等とみなす。

第4章の2　指定建築基準適合判定資格者検定機関等

第1節　指定建築基準適合判定資格者検定機関

【指　定】

第77条の2　第5条の2第1項の規定による指定は，一を限り，建築基準適合判定資格者検定事務を行おうとする者の申請*により行う。

●関連［指定建築基準適合判定資格者検定機関に係る指定の申請］
指定建築基準適合判定資格者検定機関等に関する省令第2条　→p573

【欠格条項】

第77条の3　次の各号のいずれかに該当する者は，第5条の2第1項の規定による指定を受けることができない。

一　一般社団法人又は一般財団法人以外の者

二　建築基準法令の規定により刑に処せられ，その執行を終わり，又は執行を受けることがなくなった日から起算して2年を経過しない者

三　第77条の15第1項又は第2項の規定により指定を取り消され，その取消しの日から起算して2年を経過しない者

四　その役員のうちに，イ又はロのいずれかに該当する者がある者

イ　第二号に該当する者

ロ　第77条の6第2項の規定による命令により解任され，その解任の日から起算して2年を経過しない者

【指定の基準】

第77条の4　国土交通大臣は，第5条の2第1項の規定による指定の申請が次に掲げる基準に適合していると認めるときでなければ，その指定をしてはならない。

一　職員（第77条の7第1項の建築基準適合判定資格者検定委員を含む。），設備，建築基準適合判定資格者検定事務の実施の方法その他の事項についての建築基準適合判定資格者検定事務の実施に関する計画が，建築基準適合判定資格者検定事務の適確な実施のために適切なものであること。

二　前号の建築基準適合判定資格者検定事務の実施に関する計画を適確に実施するに足りる経理的及び技術的な基礎を有するものであること。

三　建築基準適合判定資格者検定事務以外の業務を行っている場合には，その業務を行うことによって建築基準適合判定資格者検定事務の公正な実施に支障を及ぼすおそれがないものであること。

【指定の公示等】

第77条の5　国土交通大臣は，第5条の2第1項の規定による指定をしたときは，指定建築基準適合判定資格者検定機関の名称及び住所，建築基準適合判定資格者検定事務を行う事務所の所在地並びに建築基準適合判定資格者検定事務の開始の日を公示しなければならない。

2　指定建築基準適合判定資格者検定機関は，その名称若しくは住所又は建築基準適合判定資格者検定事務を行う事務所の所在地を変更しようとするときは，変更しようとする日の2週間前までに，その旨を国土交通大臣に届け出*なければならない。

●関連［指定建築基準適合判定資格者検定機関に係る名称等の変更の届出］
指定建築基準適合判定資格者検定機関等に関する省令第3条　　　→p573

3　国土交通大臣は，前項の規定による届出があったときは，その旨を公示*しなければならない。

●関連［公示］指定建築基準適合判定資格者検定機関等に関する省令第13条→p576

【役員の選任及び解任】

第77条の6　指定建築基準適合判定資格者検定機関の役員の選任及び解任は，国土交通大臣の認可*を受けなければ，その効力を生じない。

●関連［役員の選任及び解任の認可の申請］指定建築基準適合
判定資格者検定機関等に関する省令第4条　　　→p573

2　国土交通大臣は，指定建築基準適合判定資格者検定機関の役員が，第77条の9第1項の認可を受けた建築基準適合判定資格者検定事務規程に違反したとき，又は建築基準適合判定資格者検定事務に関し著しく不適当な行為をしたときは，指定建築基準適合判定資格者検定機関に対し，その役員を解任すべきことを命ずることができる。

【建築基準適合判定資格者検定委員】

第77条の7　指定建築基準適合判定資格者検定機関は，建築基準適合判定資格者検定の問題の作成及び採点を建築基準適合判定資格者検定委員に行わせなければならない。

2　建築基準適合判定資格者検定委員は，建築及び行政に関し学識経験のある者のうちから選任しなければならない。

3　指定建築基準適合判定資格者検定機関は，建築基準適合判定資格者検定委員を選任し，又は解任したときは，**国土交通省令**で定めるところにより，その旨を国土交通大臣に届け出なければならない。

◆指定建築基準適合判定資格者検定機関等に関する省令
〔建築基準適合判定資格者検定委員の選任及び解任〕第5条　→p574

4　国土交通大臣は，建築基準適合判定資格者検定委員が，第77条の9第1項の認可を受けた建築基準適合判定資格者検定事務規程に違反したとき，又は建築基準適合判定資格者検定事務に関し著しく不適当な行為をしたときは，指定建築基準適合判定資格者検定機関に対し，その建築基準適合判定資格者検定委員を解任すべきことを命ずることができる。

【秘密保持義務等】

第77条の8　指定建築基準適合判定資格者検定機関の役員及び職員（建築基準適合判定資格者検定委員を含む。第3項において同じ。）並びにこれらの職にあった者は，建築基準適合判定資格者検定事務に関して知り得た秘密を漏らしてはならない。

2　前項に定めるもののほか，建築基準適合判定資格者検定委員は，建築基準適合判定資格者検定の問題の作成及び採点に当たって，厳正を保持し不正な行為のないようにしなければならない。

3　建築基準適合判定資格者検定事務に従事する指定建築基準適合判定資格者検定機関の役員及び職員は，刑法（明治40年法律第45号）その他の罰則の適用については，法令により公務に従事する職員とみなす。

【建築基準適合判定資格者検定事務規程】

第77条の9　指定建築基準適合判定資格者検定機関は，建築基準適合判定資格者検定事務の実施に関する規程（以下この節において「建築基準適合判定資格者検定事務規程」という。）を定め，国土交通大臣の認可*を受けなければならない。これを変更しようとするときも，同様とする。

●関連〔建築基準適合判定資格者検定事務規程の認可の申請〕
指定建築基準適合判定資格者検定機関等に関する省令第7条　→p574

2　建築基準適合判定資格者検定事務規程で定めるべき事項は，**国土交通省令**で定める。

◆指定建築基準適合判定資格者検定機関等に関する省令
〔建築基準適合判定資格者検定事務規程の記載事項〕第6条　→p574

3　国土交通大臣は，第1項の認可をした建築基準適合判定資格者検定事務規程が建築基準適合判定資格者検定事務の公正かつ適確な実施上不適当となったと認めるときは，その建築基準適合判定資格者検定事務規程を変更すべきことを命ずることが

できる。

【事業計画等】

第77条の10　指定建築基準適合判定資格者検定機関は，毎事業年度，事業計画及び収支予算を作成し，当該事業年度の開始前に（指定を受けた日の属する事業年度にあっては，その指定を受けた後遅滞なく），国土交通大臣の認可*を受けなければならない。これを変更しようとするときも，同様とする。

　　　　●関連［事業計画等の認可の申請］指定建築基準適合判定資格者検定機関等に関する省令第8条→p574

2　指定建築基準適合判定資格者検定機関は，毎事業年度，事業報告書及び収支決算書を作成し，当該事業年度の終了後3月以内に国土交通大臣に提出しなければならない。

【帳簿の備付け等】

第77条の11　指定建築基準適合判定資格者検定機関は，国土交通省令で定めるところにより，建築基準適合判定資格者検定事務に関する事項で**国土交通省令**で定めるものを記載した帳簿を備え付け，これを保存しなければならない。

　　　　◆指定建築基準適合判定資格者検定機関等に関する省令［帳簿］第9条→p575

【監督命令】

第77条の12　国土交通大臣は，建築基準適合判定資格者検定事務の公正かつ適確な実施を確保するため必要があると認めるときは，指定建築基準適合判定資格者検定機関に対し，建築基準適合判定資格者検定事務に関し監督上必要な命令をすることができる。

【報告，検査等】

第77条の13　国土交通大臣は，建築基準適合判定資格者検定事務の公正かつ適確な実施を確保するため必要があると認めるときは，指定建築基準適合判定資格者検定機関に対し建築基準適合判定資格者検定事務に関し必要な報告を求め，又はその職員に，指定建築基準適合判定資格者検定機関の事務所に立ち入り，建築基準適合判定資格者検定事務の状況若しくは設備，帳簿，書類その他の物件を検査させ，若しくは関係者に質問させることができる。

2　第15条の2第2項及び第3項の規定は，前項の場合について準用する。

　　　　●関連［建築基準適合判定資格者検定事務の実施結果の報告］指定建築
　　　　基準適合判定資格者検定機関等に関する省令第10条　　　　　　→p575

【建築基準適合判定資格者検定事務の休廃止等】

第77条の14　指定建築基準適合判定資格者検定機関は，国土交通大臣の許可*を受けなければ，建築基準適合判定資格者検定事務の全部又は一部を休止し，又は廃止してはならない。

　　　　●関連［建築基準適合判定資格者検定事務の休廃止の許可］指定建築
　　　　基準適合判定資格者検定機関等に関する省令第11条　　　　　　→p575

2　国土交通大臣が前項の規定により建築基準適合判定資格者検定事務の全部の廃止を許可したときは，当該許可に係る指定は，その効力を失う。

3　国土交通大臣は，第1項の許可をしたときは，その旨を公示しなければならない。

【指定の取消し等】

第77条の15　国土交通大臣は，指定建築基準適合判定資格者検定機関が第77条の3第一号，第二号又は第四号のいずれかに該当するに至ったときは，その指定を取り消さなければならない。

2　国土交通大臣は，指定建築基準適合判定資格者検定機関が次の各号のいずれかに該当するときは，その指定を取り消し，又は期間を定めて建築基準適合判定資格者検定事務の全部若しくは一部の停止を命ずることができる。

一　第77条の5第2項，第77条の7第1項から第3項まで，第77条の10，第77条の11又は前条第1項の規定に違反したとき。

二　第77条の9第1項の認可を受けた建築基準適合判定資格者検定事務規程によらないで建築基準適合判定資格者検定事務を行ったとき。

三　第77条の6第2項，第77条の7第4項，第77条の9第3項又は第77条の12の規定による命令に違反したとき。

四　第77条の4各号に掲げる基準に適合していないと認めるとき。

五　その役員又は建築基準適合判定資格者検定委員が，建築基準適合判定資格者検定事務に関し著しく不適当な行為をしたとき。

六　不正な手段により指定を受けたとき。

3　国土交通大臣は，前2項の規定により指定を取り消し，又は前項の規定により建築基準適合判定資格者検定事務の全部若しくは一部の停止を命じたときは，その旨を公示しなければならない。

【国土交通大臣による建築基準適合判定資格者検定の実施】

第77条の16　国土交通大臣は，指定建築基準適合判定資格者検定機関が第77条の14第1項の規定により建築基準適合判定資格者検定事務の全部若しくは一部を休止したとき，前条第2項の規定により指定建築基準適合判定資格者検定機関に対し建築基準適合判定資格者検定事務の全部若しくは一部の停止を命じたとき，又は指定建築基準適合判定資格者検定機関が天災その他の事由により建築基準適合判定資格者検定事務の全部若しくは一部を実施することが困難となった場合において必要があると認めるときは，第5条の2第3項の規定にかかわらず，建築基準適合判定資格者検定事務の全部又は一部を自ら行うものとする。

2　国土交通大臣は，前項の規定により建築基準適合判定資格者検定事務を行い，又は同項の規定により行っている建築基準適合判定資格者検定事務を行わないこととしようとするときは，あらかじめ，その旨を公示しなければならない。

3　国土交通大臣が，第1項の規定により建築基準適合判定資格者検定事務を行うこととし，第77条の14第1項の規定により建築基準適合判定資格者検定事務の廃止を許可し，又は前条第1項若しくは第2項の規定により指定を取り消した場合における建築基準適合判定資格者検定事務の引継ぎその他の必要な事項は，**国土交通省令**で定める。

◆指定建築基準適合判定資格者検定機関等に関する省令
［建築基準適合判定資格者検定事務等の引継ぎ］第12条　→p575

【審査請求】

第77条の17　指定建築基準適合判定資格者検定機関が行う建築基準適合判定資格者検定事務に係る処分又はその不作為については，国土交通大臣に対し，審査請求をすることができる。この場合において，国土交通大臣は，行政不服審査法（平成26年法律第68号）第25条第2項及び第3項，第46条第1項及び第2項，第47条並びに第49条第3項の規定の適用については，指定建築基準適合判定資格者検定機関の上級行政庁とみなす。

第1節の2　指定構造計算適合判定資格者検定機関

第77条の17の2　第5条の5第1項の規定による指定は，一を限り，構造計算適合判定資格者検定事務を行おうとする者の申請により行う。

2　第77条の3，第77条の4及び第77条の5第1項の規定は第5条の5第1項の規定による指定に，第77条の5第2項及び第3項並びに第77条の6から第77条の16までの規定は指定構造計算適合判定資格者検定機関に，前条の規定は指定構造計算適合判定資格者検定機関が行う構造計算適合判定資格者検定事務について準用する。この場合において，第77条の16第1項中「第5条の2第3項」とあるのは，「第5条の5第2項において準用する第5条の2第3項」と読み替えるものとする。

第2節　指定確認検査機関

【指　定】

第77条の18　第6条の2第1項（第87条第1項，第87条の4又は第88条第1項若しくは第2項において準用する場合を含む。以下この項において同じ。）又は第7条の2第1項（第87条の4又は第88条第1項若しくは第2項において準用する場合を含む。以下この項において同じ。）の規定による指定*1（以下この節において単に「指定」という。）は，第6条の2第1項の規定による確認又は第7条の2第1項及び第7条の4第1項（第87条の4又は第88条第1項において準用する場合を含む。）の検査並びに第7条の6第1項第二号（第87条の4又は第88条第1項若しくは第2項において準用する場合を含む。）の規定による認定（以下「確認検査」という。）の業務を行おうとする者の申請*2により行う。

> ●関連 1［指定換えの手続］指定建築基準適合判定資格者検定機関等に関する省令第22条→p580
> 　　　 2［指定確認検査機関に係る指定の申請］指定建築基準適合判定資格者検定機関
> 　　　　　 等に関する省令第14条　　　　　　　　　　　　　　　　　　　　→p576

2　前項の申請は，国土交通省令で定めるところにより，**国土交通省令**で定める区分に従い，確認検査の業務を行う区域（以下この節において「業務区域」という。）を定めてしなければならない。

> ◆指定建築基準適合判定資格者検定機関等に関する省令
> ［指定確認検査機関に係る指定の区分］第15条　　　　　　→p577

3　国土交通大臣又は都道府県知事は，指定をしようとするときは，あらかじめ，業務区域を所轄する特定行政庁（都道府県知事にあっては，当該都道府県知事を除く。）の意見を聴かなければならない。

【欠格条項】

第77条の19　次の各号のいずれかに該当する者は，指定を受けることができない。

一　未成年者

二　破産手続開始の決定を受けて復権を得ない者

三　禁錮以上の刑に処せられ，又は建築基準法令の規定により刑に処せられ，その執行を終わり，又は執行を受けることがなくなった日から起算して5年を経過しない者

四　第77条の35第1項又は第2項の規定により指定を取り消され，その取消しの日から起算して5年を経過しない者

五　第77条の35の19第2項の規定により第77条の35の2第1項に規定する指定を取り消され，その取消しの日から起算して5年を経過しない者

六　第77条の62第2項（第77条の66第2項において準用する場合を含む。）の規定により第77条の58第1項又は第77条の66第1項の登録を消除され，その消除の日から起算して5年を経過しない者

七　建築士法第7条第四号又は第23条の4第1項第三号に該当する者

八　公務員で懲戒免職の処分を受け，その処分の日から起算して3年を経過しない者

九　心身の故障により確認検査の業務を適正に行うことができない者として**国土交通省令**で定めるもの

　　　◆指定建築基準適合判定資格者検定機関等に関する省令［心身の故障により確認
　　　　検査の業務を適正に行うことができない者］第15条の2　　　　　→p578

十　法人であって，その役員のうちに前各号のいずれかに該当する者があるもの

十一　その者の親会社等（その者の経営を実質的に支配することが可能となる関係にあるものとして**政令**で定める者をいう。以下同じ。）が前各号のいずれかに該当する者

　　　　　　　◆政令［親会社等］令第136条の2の14→p355

【指定の基準】

第77条の20　国土交通大臣又は都道府県知事は，指定の申請が次に掲げる基準に適合していると認めるときでなければ，指定をしてはならない。

一　第77条の24第1項の確認検査員（常勤の職員である者に限る。）の数が，確認検査を行おうとする建築物の種類，規模及び数に応じて**国土交通省令**で定める数以上であること。

　　　◆指定建築基準適合判定資格者検定機関等に関する省令［確認検査員の数］第16条→p578

二　前号に定めるもののほか，職員，確認検査の業務の実施の方法その他の事項についての確認検査の業務の実施に関する計画が，確認検査の業務の適確な実施のために適切なものであること。

三　その者の有する財産の評価額（その者が法人である場合にあっては，資本金，基本金その他これらに準ずるものの額）が**国土交通省令**で定める額以上であること。

　　　◆指定建築基準適合判定資格者検定機関等に関する省令
　　　　　［指定資格検定機関の有する財産の評価額］第17条　　　→p579

四　前号に定めるもののほか，第二号の確認検査の業務の実施に関する計画を適確
　　に実施するに足りる経理的基礎を有するものであること。

五　法人にあっては役員，法人の種類に応じて**国土交通省令**で定める構成員又は職
　　員（第77条の24第1項の確認検査員を含む。以下この号において同じ。）の構成
　　が，法人以外の者にあってはその者及びその職員の構成が，確認検査の業務の公
　　正な実施に支障を及ぼすおそれがないものであること。

　　　　　　　　　　　　◆**指定建築基準適合判定資格者検定機関等に関する省令**
　　　　　　　　　　　　　［指定確認検査機関に係る構成員の構成］第18条　　→p580

六　その者又はその者の親会社等が第77条の35の5第1項の指定構造計算適合性判
　　定機関である場合には，当該指定構造計算適合性判定機関に対してされた第18条
　　の2第4項の規定により読み替えて適用される第6条の3第1項の規定による構
　　造計算適合性判定の申請に係る建築物の計画について，第6条の2第1項の規定
　　による確認をしないものであること。

七　前号に定めるもののほか，その者又はその者の親会社等が確認検査の業務以外
　　の業務を行っている場合には，その業務を行うことによって確認検査の業務の公
　　正な実施に支障を及ぼすおそれがないものであること。

八　前各号に定めるもののほか，確認検査の業務を行うにつき十分な適格性を有す
　　るものであること。

【指定の公示等】

第77条の21　国土交通大臣又は都道府県知事は，指定をしたときは，指定を受けた者
（以下「指定確認検査機関」という。）の名称及び住所，指定の区分，業務区域並び
に確認検査の業務を行う事務所の所在地を公示しなければならない。

2　指定確認検査機関は，その名称若しくは住所又は確認検査の業務を行う事務所の
所在地を変更しようとするときは，変更しようとする日の2週間前までに，その指
定をした国土交通大臣又は都道府県知事（以下この節において「国土交通大臣等」
という。）にその旨を届け出*なければならない。

　　　　　　　　●関連［指定確認検査機関に係る名称等の変更の届出］
　　　　　　　　　　指定建築基準適合判定資格者検定機関等に関する省令第19条　→p580

3　国土交通大臣等は，前項の規定による届出があったときは，その旨を公示しなけ
ればならない。

【業務区域の変更】

第77条の22　指定確認検査機関は，業務区域を増加しようとするときは，国土交通大
臣等の認可*を受けなければならない。

　　　　　　　　●関連［指定確認検査機関の業務区域の変更に係る認可の申請］
　　　　　　　　　　指定建築基準適合判定資格者検定機関等に関する省令第20条　→p580

2　指定確認検査機関は，業務区域を減少したときは，**国土交通省令**で定めるところ
により，その旨を国土交通大臣等に届け出なければならない。

　　　　　　　　　　◆**指定建築基準適合判定資格者検定機関等に関する省令**
　　　　　　　　　　　［指定確認検査機関の業務区域の変更の届出］第21条　　→p580

3　第77条の18第3項及び第77条の20第一号から第四号までの規定は，第1項の認可

について準用する。この場合において，第77条の18第３項中「業務区域」とあるのは，「増加しようとする業務区域」と読み替えるものとする。

4　国土交通大臣等は，第１項の認可をしたとき又は第２項の規定による届出があったときは，その旨を公示しなければならない。

【指定の更新】

第77条の23　指定は，５年以上10年以内において**政令**で定める期間ごとにその更新*を受けなければ，その期間の経過によって，その効力を失う。

◆政令［指定確認検査機関に係る指定の有効期間］令第136条の２の15→p356
●関連［指定確認検査機関に係る指定の更新］
　　　　指定建築基準適合判定資格者検定機関等に関する省令第23条　→p581

2　第77条の18から第77条の20までの規定は，前項の指定の更新の場合について準用する。

【確認検査員】

第77条の24　指定確認検査機関は，確認検査を行うときは，確認検査員に確認検査を実施させなければならない。

2　確認検査員は，第77条の58第１項の登録を受けた者のうちから，選任しなければならない。

3　指定確認検査機関は，確認検査員を選任し，又は解任したときは，**国土交通省令**で定めるところにより，その旨を国土交通大臣等に届け出なければならない。

◆指定建築基準適合判定資格者検定機関等に関する省令
［確認検査員の選任及び解任の届出］第24条　　　　→p581

4　国土交通大臣等は，確認検査員の在任により指定確認検査機関が第77条の20第五号に掲げる基準に適合しなくなったときは，指定確認検査機関に対し，その確認検査員を解任すべきことを命ずることができる。

【秘密保持義務等】

第77条の25　指定確認検査機関（その者が法人である場合にあっては，その役員。次項において同じ。）及びその職員（確認検査員を含む。次項において同じ。）並びにこれらの者であった者は，確認検査の業務に関して知り得た秘密を漏らし，又は盗用してはならない。

2　指定確認検査機関及びその職員で確認検査の業務に従事するものは，刑法その他の罰則の適用については，法令により公務に従事する職員とみなす。

【確認検査の義務】

第77条の26　指定確認検査機関は，確認検査を行うべきことを求められたときは，正当な理由がある場合を除き，遅滞なく，確認検査を行わなければならない。

【確認検査業務規程】

第77条の27　指定確認検査機関は，確認検査の業務に関する規程（以下この節において「確認検査業務規程」という。）を定め，国土交通大臣等の認可*を受けなければならない。これを変更しようとするときも，同様とする。

●関連［確認検査業務規程の認可の申請］
　　　　指定建築基準適合判定資格者検定機関等に関する省令第25条　→p581

2　確認検査業務規程で定めるべき事項は，**国土交通省令**で定める。

◆指定建築基準適合判定資格者検定機関等に関する省令
［確認検査業務規程の記載事項］第26条　　　　　　→p581

3　国土交通大臣等は，第1項の認可をした確認検査業務規程が確認検査の公正かつ適確な実施上不当当となったと認めるときは，その確認検査業務規程を変更すべきことを命ずることができる。

【指定区分等の掲示】

第77条の28　指定確認検査機関は，**国土交通省令**で定めるところにより，指定の区分，業務区域その他国土交通省令で定める事項を，その事務所において公衆に見やすいように掲示しなければならない。

◆指定建築基準適合判定資格者検定機関等に関する省令［掲示の記載事項及び様式］第27条→p581

【帳簿の備付け等】

第77条の29　指定確認検査機関は，国土交通省令で定めるところにより，確認検査の業務に関する事項で**国土交通省令**で定めるものを記載した帳簿を備え付け，これを保存しなければならない。

◆指定建築基準適合判定資格者検定機関等に関する省令［帳簿］第28条→p582

2　前項に定めるもののほか，指定確認検査機関は，**国土交通省令**で定めるところにより，確認検査の業務に関する書類で国土交通省令で定めるものを保存しなければならない。

◆指定建築基準適合判定資格者検定機関等に関する省令［図書の保存］第29条→p583

【書類の閲覧】

第77条の29の2　指定確認検査機関は，国土交通省令で定めるところにより，確認検査の業務を行う事務所に次に掲げる書類を備え置き，第6条の2第1項の規定による確認を受けようとする者その他の関係者の求めに応じ，これを閲覧させなければならない。

一　当該指定確認検査機関の業務の実績を記載した書類

二　確認検査員の氏名及び略歴を記載した書類

三　確認検査の業務に関し生じた損害を賠償するために必要な金額を担保するための保険契約の締結その他の措置を講じている場合にあっては，その内容を記載した書類

四　その他指定確認検査機関の業務及び財務に関する書類で**国土交通省令**で定めるもの

◆指定建築基準適合判定資格者検定機関等に関する省令［書類の閲覧等］第29条の2→p583

【監督命令】

第77条の30　国土交通大臣等は，確認検査の業務の公正かつ適確な実施を確保するため必要があると認めるときは，その指定に係る指定確認検査機関に対し，確認検査の業務に関し監督上必要な命令をすることができる。

2　国土交通大臣等は，前項の規定による命令をしたときは，**国土交通省令**で定めるところにより，その旨を公示しなければならない。

◆指定建築基準適合判定資格者検定機関等に関する省令
［監督命令に係る公示の方法］第29条の3　　　→p584

【報告，検査等】

第77条の31　国土交通大臣等は，確認検査の業務の公正かつ適確な実施を確保するため必要があると認めるときは，その指定に係る指定確認検査機関に対し確認検査の業務に関し必要な報告を求め，又はその職員に，指定確認検査機関の事務所に立ち入り，確認検査の業務の状況若しくは帳簿，書類その他の物件を検査させ，若しくは関係者に質問させることができる。

2　特定行政庁は，その指揮監督の下にある建築主事が第6条第1項の規定による確認をする権限を有する建築物の確認検査の適正な実施を確保するため必要があると認めるときは，その職員に，指定確認検査機関の事務所に立ち入り，確認検査の業務の状況若しくは帳簿，書類その他の物件を検査させ，又は関係者に質問させることができる。

3　特定行政庁は，前項の規定による立入検査の結果，当該指定確認検査機関が，確認検査業務規程に違反する行為をし，又は確認検査の業務に関し著しく不適当な行為をした事実があると認めるときは，**国土交通省令**で定めるところにより，その旨を国土交通大臣等に報告しなければならない。

◆指定建築基準適合判定資格者検定機関等に関する省令
［特定行政庁による報告］第29条の4　　　→p584

4　前項の規定による報告を受けた場合において，国土交通大臣等は，必要に応じ，第77条の35第2項の規定による確認検査の業務の全部又は一部の停止命令その他の措置を講ずるものとする。

5　第15条の2第2項及び第3項の規定は，第1項及び第2項の場合について準用する。

【照会及び指示】

第77条の32　指定確認検査機関は，確認検査の適正な実施のため必要な事項について，特定行政庁に照会することができる。この場合において，当該特定行政庁は，当該照会をした者に対して，照会に係る事項の通知その他必要な措置を講ずるものとする。

2　特定行政庁は，前条第2項に規定する建築物の確認検査の適正な実施を確保するため必要があると認めるときは，指定確認検査機関に対し，当該確認検査の適正な実施のために必要な措置をとるべきことを指示することができる。

【指定確認検査機関に対する配慮】

第77条の33　国土交通大臣及び地方公共団体は，指定確認検査機関に対して，確認検査の業務の適確な実施に必要な情報の提供その他の必要な配慮をするものとする。

【確認検査の業務の休廃止等】

第77条の34　指定確認検査機関は，確認検査の業務の全部又は一部を休止し，又は廃止しようとするときは，**国土交通省令**で定めるところにより，あらかじめ，その旨を国土交通大臣等に届け出なければならない。

◆指定建築基準適合判定資格者検定機関等に関する省令
［指定確認検査機関に係る業務の休廃止の届出］第30条　→p584

2　前項の規定により確認検査の業務の全部を廃止しようとする届出があったときは，当該届出に係る指定は，その効力を失う。

3　国土交通大臣等は，第1項の規定による届出があったときは，その旨を公示しなければならない。

【指定の取消し等】

第77条の35　国土交通大臣等は，その指定に係る指定確認検査機関が第77条の19各号（第四号を除く。）のいずれかに該当するに至ったときは，その指定を取り消さなければならない。

2　国土交通大臣等は，その指定に係る指定確認検査機関が次の各号のいずれかに該当するときは，その指定を取り消し，又は期間を定めて確認検査の業務の全部若しくは一部の停止を命ずることができる。

一　第6条の2第4項若しくは第5項（これらの規定を第87条第1項，第87条の4又は第88条第1項若しくは第2項において準用する場合を含む。），第7条の2第3項から第6項まで（これらの規定を第87条の4又は第88条第1項若しくは第2項において準用する場合を含む。），第7条の4第2項，第3項若しくは第6項（これらの規定を第87条の4又は第88条第1項において準用する場合を含む。），第7条の6第3項（第87条の4又は第88条第1項若しくは第2項において準用する場合を含む。），第18条の3第3項，第77条の21第2項，第77条の22第1項若しくは第2項，第77条の24第1項から第3項まで，第77条の26，第77条の28から第77条の29の2まで又は前条第1項の規定に違反したとき。

二　第77条の27第1項の認可を受けた確認検査業務規程によらないで確認検査を行ったとき。

三　第77条の24第4項，第77条の27第3項又は第77条の30第1項の規定による命令に違反したとき。

四　第77条の20各号に掲げる基準に適合していないと認めるとき。

五　確認検査の業務に関し著しく不適当な行為をしたとき，又はその業務に従事する確認検査員若しくは法人にあってはその役員が，確認検査の業務に関し著しく不適当な行為をしたとき。

六　不正な手段により指定を受けたとき。

●関連 ［確認検査の業務の引継ぎ］
指定建築基準適合判定資格者検定機関等に関する省令第31条　→p585

3　国土交通大臣等は，前2項の規定により指定を取り消し，又は前項の規定により確認検査の業務の全部若しくは一部の停止を命じたときは，その旨を公示*しなければならない。

●関連 ［処分の公示］指定建築基準適合判定資格者検定機関等に関する省令第30条の2→p584

第3節　指定構造計算適合性判定機関

【指　定】

第77条の35の2　第18条の2第1項の規定による指定（以下この節において単に「指

定」という。）は，構造計算適合性判定の業務を行おうとする者の申請*により行う。

●関連［指定構造計算適合性判定機関に係る指定の申請］
指定建築基準適合判定資格者検定機関等に関する省令第31条の3　→p585

2　前項の申請は，国土交通省令で定めるところにより，構造計算適合性判定の業務を行う区域（以下この節において「業務区域」という。）を定めてしなければならない。

3　国土交通大臣は，指定をしようとするときは，あらかじめ，業務区域を所轄する都道府県知事の意見を聴かなければならない。

【欠格条項】

第77条の35の3　次の各号のいずれかに該当する者は，指定を受けることができない。

一　未成年者

二　破産手続開始の決定を受けて復権を得ない者

三　禁錮以上の刑に処せられ，又は建築基準法令の規定により刑に処せられ，その執行を終わり，又は執行を受けることがなくなった日から起算して5年を経過しない者

四　第77条の35第2項の規定により第77条の18第1項に規定する指定を取り消され，その取消しの日から起算して5年を経過しない者

五　第77条の35の19第1項又は第2項の規定により指定を取り消され，その取消しの日から起算して5年を経過しない者

六　第77条の62第2項（第77条の66第2項において準用する場合を含む。）の規定により第77条の58第1項又は第77条の66第1項の登録を消除され，その消除の日から起算して5年を経過しない者

七　建築士法第7条第四号又は第23条の4第1項第三号に該当する者

八　公務員で懲戒免職の処分を受け，その処分の日から起算して3年を経過しない者

九　心身の故障により構造計算適合性判定の業務を適正に行うことができない者として**国土交通省令**で定めるもの

◆指定建築基準適合判定資格者検定機関等に関する省令［心身の故障により構造
計算適合性判定の業務を適正に行うことができない者］第31条の3の2　→p586

十　法人であって，その役員のうちに前各号のいずれかに該当する者があるもの

十一　その者の親会社等が前各号のいずれかに該当する者

【指定の基準】

第77条の35の4　国土交通大臣又は都道府県知事は，指定の申請が次に掲げる基準に適合していると認めるときでなければ，指定をしてはならない。

一　第77条の35の9第1項の構造計算適合性判定員（職員である者に限る。）の数が，構造計算適合性判定を行おうとする建築物の規模及び数に応じて**国土交通省令**で定める数以上であること。

◆指定建築基準適合判定資格者検定機関等に関する省令［構造計算適合性判定員の数］
第31条の3の3　→p586

二　前号に定めるもののほか，職員，設備，構造計算適合性判定の業務の実施の方法その他の事項についての構造計算適合性判定の業務の実施に関する計画が，構造計算適合性判定の業務の適確な実施のために適切なものであること。

三　その者の有する財産の評価額(その者が法人である場合にあっては，資本金，基本金その他これらに準ずるものの額)が**国土交通省令**で定める額以上であること。

◆指定建築基準適合判定資格者検定機関等に関する省令
　　　［指定構造計算適合性判定機関の有する財産の評価額］第31条の 3 の 4　→p587

四　前号に定めるもののほか，第二号の構造計算適合性判定の業務の実施に関する計画を適確に実施するに足りる経理的基礎を有するものであること。

五　法人にあっては役員，第77条の20第五号の国土交通省令で定める構成員又は職員（第77条の35の 9 第 1 項の構造計算適合性判定員を含む。以下この号において同じ。）の構成が，法人以外の者にあってはその者及びその職員の構成が，構造計算適合性判定の業務の公正な実施に支障を及ぼすおそれがないものであること。

●関連［指定確認検査機関に係る構成員の構成］
　　　　指定建築基準適合判定資格者検定機関等に関する省令第18条　→p580

六　その者又はその者の親会社等が指定確認検査機関である場合には，当該指定確認検査機関に対してされた第 6 条の 2 第 1 項の規定による確認の申請に係る建築物の計画について，第18条の 2 第 4 項の規定により読み替えて適用される第 6 条の 3 第 1 項の規定による構造計算適合性判定を行わないものであること。

七　前号に定めるもののほか，その者又はその者の親会社等が構造計算適合性判定の業務以外の業務を行っている場合には，その業務を行うことによって構造計算適合性判定の業務の公正な実施に支障を及ぼすおそれがないものであること。

八　前各号に定めるもののほか，構造計算適合性判定の業務を行うにつき十分な適格性を有するものであること。

【指定の公示等】

第77条の35の 5　国土交通大臣又は都道府県知事は，指定をしたときは，指定を受けた者（以下この節及び第100条において「指定構造計算適合性判定機関」という。）の名称及び住所並びに業務区域を公示しなければならない。

2　指定構造計算適合性判定機関は，その名称又は住所を変更しようとするときは，変更しようとする日の 2 週間前までに，その指定をした国土交通大臣又は都道府県知事（以下この節において「国土交通大臣等」という。）にその旨を届け出*なければならない。

●関連［指定構造計算適合性判定機関に係る名称等の変更の届出］
　　　　指定建築基準適合判定資格者検定機関等に関する省令第31条の 4　→p587

3　国土交通大臣等は，前項の規定による届出があったときは，その旨を公示しなければならない。

【業務区域の変更】

第77条の35の 6　指定構造計算適合性判定機関は，業務区域を増加し，又は減少しようとするときは，国土交通大臣等の認可*を受けなければならない。

●関連〔指定構造計算適合性判定機関の業務区域の変更に係る認可の申請〕
指定建築基準適合判定資格者検定機関等に関する省令第31条の4の2　→p587

2　国土交通大臣は，指定構造計算適合性判定機関が業務区域を減少しようとするときは，当該業務区域の減少により構造計算適合性判定の業務の適正かつ確実な実施が損なわれるおそれがないと認めるときでなければ，前項の認可をしてはならない。

3　第77条の35の2第3項及び第77条の35の4第一号から第四号までの規定は，第1項の認可について準用する。この場合において，第77条の35の2第3項中「業務区域」とあるのは，「増加し，又は減少しようとする業務区域」と読み替えるものとする。

4　国土交通大臣等は，第1項の認可をしたときは，その旨を公示しなければならない。

【指定の更新】

第77条の35の7　指定は，5年以上10年以内において**政令**で定める期間ごとにその更新を受けなければ，その期間の経過によって，その効力を失う。

◆**政令**〔指定構造計算適合性判定機関に係る指定の有効期間〕令第136条の2の16→p356

2　第77条の35の2から第77条の35の4までの規定は，前項の指定の更新*の場合について準用する。

●関連〔指定構造計算適合性判定機関に係る指定の更新〕
指定建築基準適合判定資格者検定機関等に関する省令第31条の5　→p588

【委任の公示等】

第77条の35の8　第18条の2第1項の規定により指定構造計算適合性判定機関にその構造計算適合性判定を行わせることとした都道府県知事(以下「委任都道府県知事」という。)は，当該指定構造計算適合性判定機関の名称及び住所，業務区域並びに当該構造計算適合性判定の業務を行う事務所の所在地並びに当該指定構造計算適合性判定機関に行わせることとした構造計算適合性判定の業務及び当該構造計算適合性判定の業務の開始の日を公示しなければならない。

2　国土交通大臣の指定に係る指定構造計算適合性判定機関は，その名称又は住所を変更しようとするときは委任都道府県知事に，構造計算適合性判定の業務を行う事務所の所在地を変更しようとするときは関係委任都道府県知事に，それぞれ，変更しようとする日の2週間前までに，その旨を届け出なければならない。

◆指定建築基準適合判定資格者検定機関等に関する省令〔委任都道府県知事に対する
指定構造計算適合性判定機関に係る名称等の変更の届出〕第31条の6第1項　→p588

3　都道府県知事の指定に係る指定構造計算適合性判定機関は，構造計算適合性判定の業務を行う事務所の所在地を変更しようとするときは，変更しようとする日の2週間前までに，その旨を委任都道府県知事に届け出なければならない。

◆指定建築基準適合判定資格者検定機関等に関する省令〔委任都道府県知事に対する
指定構造計算適合性判定機関に係る名称等の変更の届出〕第31条の6第2項　→p588

4　委任都道府県知事は，前2項の規定による届出があったときは，その旨を公示しなければならない。

【構造計算適合性判定員】

第77条の35の9　指定構造計算適合性判定機関は，構造計算適合性判定を行うとき

は，構造計算適合性判定員に構造計算適合性判定を実施させなければならない。

2　構造計算適合性判定員は，第77条の66第１項の登録を受けた者のうちから選任しなければならない。

3　指定構造計算適合性判定機関は，構造計算適合性判定員を選任し，又は解任したときは，**国土交通省令**で定めるところにより，その旨を国土交通大臣等に届け出なければならない。

◆指定建築基準適合判定資格者検定機関等に関する省令
［構造計算適合性判定員の選任及び解任の届出］第31条の 7　→p588

4　国土交通大臣等は，構造計算適合性判定員の在任により指定構造計算適合性判定機関が第77条の35の 4 第五号に掲げる基準に適合しなくなったときは，指定構造計算適合性判定機関に対し，その構造計算適合性判定員を解任すべきことを命ずることができる。

【秘密保持義務等】

第77条の35の10　指定構造計算適合性判定機関（その者が法人である場合にあっては，その役員。次項において同じ。）及びその職員（構造計算適合性判定員を含む。次項において同じ。）並びにこれらの者であった者は，構造計算適合性判定の業務に関して知り得た秘密を漏らし，又は盗用してはならない。

2　指定構造計算適合性判定機関及びその職員で構造計算適合性判定の業務に従事するものは，刑法その他の罰則の適用については，法令により公務に従事する職員とみなす。

【構造計算適合性判定の義務】

第77条の35の11　指定構造計算適合性判定機関は，構造計算適合性判定を行うべきことを求められたときは，正当な理由がある場合を除き，遅滞なく，構造計算適合性判定を行わなければならない。

【構造計算適合性判定業務規程】

第77条の35の12　指定構造計算適合性判定機関は，構造計算適合性判定の業務に関する規程（以下この節において「構造計算適合性判定業務規程」という。）を定め，国土交通大臣等の認可*を受けなければならない。これを変更しようとするときも，同様とする。

●関連［構造計算適合性判定業務規程の認可の申請］
指定建築基準適合判定資格者検定機関等に関する省令第31条の 8　→p588

2　構造計算適合性判定業務規程で定めるべき事項は，**国土交通省令**で定める。

◆指定建築基準適合判定資格者検定機関等に関する省令
［構造計算適合性判定業務規程の記載事項］第31条の 9 →p588

3　国土交通大臣等は，第１項の認可をした構造計算適合性判定業務規程が構造計算適合性判定の公正かつ適確な実施上不適当となったと認めるときは，その構造計算適合性判定業務規程を変更すべきことを命ずることができる。

【業務区域等の掲示】

第77条の35の13　指定構造計算適合性判定機関は，国土交通省令で定めるところによ

り，業務区域その他**国土交通省令**で定める事項を，その事務所において公衆に見やすいように掲示しなければならない。

　　　　　　　　　◆指定建築基準適合判定資格者検定機関等に関する省令
　　　　　　　　　［掲示の記載事項及び様式］第31条の9の2　　　　→p589

【帳簿の備付け等】

第77条の35の14　指定構造計算適合性判定機関は，**国土交通省令**で定めるところにより，構造計算適合性判定の業務に関する事項で**国土交通省令**で定めるものを記載した帳簿を備え付け，これを保存しなければならない。

　　　　　　　　　◆指定建築基準適合判定資格者検定機関等に関する省令［帳簿］第31条の10→p589

2　前項に定めるもののほか，指定構造計算適合性判定機関は，**国土交通省令**で定めるところにより，構造計算適合性判定の業務に関する書類で**国土交通省令**で定めるものを保存しなければならない。

　　　　　　　　　◆指定建築基準適合判定資格者検定機関等に関する省令［図書の保存］第31条の11→p589

【書類の閲覧】

第77条の35の15　指定構造計算適合性判定機関は，国土交通省令で定めるところにより，構造計算適合性判定の業務を行う事務所に次に掲げる書類を備え置き，構造計算適合性判定を受けようとする者その他の関係者の求めに応じ，これを閲覧させなければならない。
一　当該指定構造計算適合性判定機関の業務の実績を記載した書類
二　構造計算適合性判定員の氏名及び略歴を記載した書類
三　構造計算適合性判定の業務に関し生じた損害を賠償するために必要な金額を担保するための保険契約の締結その他の措置を講じている場合にあっては，その内容を記載した書類
四　その他指定構造計算適合性判定機関の業務及び財務に関する書類で**国土交通省令**で定めるもの

　　　　　　　　　◆指定建築基準適合判定資格者検定機関等に関する省令
　　　　　　　　　［書類の閲覧等］第31条の11の2　　　　　→p590

【監督命令】

第77条の35の16　国土交通大臣等は，構造計算適合性判定の業務の公正かつ適確な実施を確保するため必要があると認めるときは，その指定に係る指定構造計算適合性判定機関に対し，構造計算適合性判定の業務に関し監督上必要な命令をすることができる。

2　国土交通大臣等は，前項の規定による命令をしたときは，**国土交通省令**で定めるところにより，その旨を公示しなければならない。

　　　　　　　　　◆指定建築基準適合判定資格者検定機関等に関する省令
　　　　　　　　　［監督命令に係る公示の方法］第31条の11の3　　　　→p590

【報告，検査等】

第77条の35の17　国土交通大臣等又は委任都道府県知事は，構造計算適合性判定の業務の公正かつ適確な実施を確保するため必要があると認めるときは，国土交通大臣

等にあってはその指定に係る指定構造計算適合性判定機関に対し，委任都道府県知事にあってはその構造計算適合性判定を行わせることとした指定構造計算適合性判定機関に対し，構造計算適合性判定の業務に関し必要な報告を求め，又はその職員に，指定構造計算適合性判定機関の事務所に立ち入り，構造計算適合性判定の業務の状況若しくは設備，帳簿，書類その他の物件を検査させ，若しくは関係者に質問させることができる。

2　委任都道府県知事は，前項の規定による立入検査の結果，当該指定構造計算適合性判定機関（国土交通大臣の指定に係る者に限る。）が，構造計算適合性判定業務規程に違反する行為をし，又は構造計算適合性判定の業務に関し著しく不適当な行為をした事実があると認めるときは，**国土交通省令**で定めるところにより，その旨を国土交通大臣に報告しなければならない。

◆指定建築基準適合判定資格者検定機関等に関する省令
［委任都道府県知事による報告］第31条の11の4　　　→p591

3　前項の規定による報告を受けた場合において，国土交通大臣は，必要に応じ，第77条の35の19第2項の規定による構造計算適合性判定の業務の全部又は一部の停止命令その他の措置を講ずるものとする。

4　第15条の2第2項及び第3項の規定は，第1項の場合について準用する。

【構造計算適合性判定の業務の休廃止等】

第77条の35の18　指定構造計算適合性判定機関は，国土交通大臣等の許可*を受けなければ，構造計算適合性判定の業務の全部又は一部を休止し，又は廃止してはならない。

●関連［指定構造計算適合性判定機関に係る業務の休廃止の許可の申請］
指定建築基準適合判定資格者検定機関等に関する省令第31条の12　→p591

2　国土交通大臣は，指定構造計算適合性判定機関の構造計算適合性判定の業務の全部又は一部の休止又は廃止により構造計算適合性判定の業務の適正かつ確実な実施が損なわれるおそれがないと認めるときでなければ，前項の許可をしてはならない。

3　国土交通大臣は，第1項の許可をしようとするときは，関係委任都道府県知事の意見を聴かなければならない。

4　国土交通大臣等が第1項の規定により構造計算適合性判定の業務の全部の廃止を許可したときは，当該許可に係る指定は，その効力を失う。

5　国土交通大臣等は，第一項の許可をしたときは，その旨を公示しなければならない。

【指定の取消し等】

第77条の35の19　国土交通大臣等は，その指定に係る指定構造計算適合性判定機関が第77条の35の3各号（第五号を除く。）のいずれかに該当するに至ったときは，その指定を取り消さなければならない。

2　国土交通大臣等は，その指定に係る指定構造計算適合性判定機関が次の各号のいずれかに該当するときは，その指定を取り消し，又は期間を定めて構造計算適合性

判定の業務の全部若しくは一部の停止を命ずることができる。

一　第18条の2第4項の規定により読み替えて適用される第6条の3第4項から第6項まで若しくは第18条第7項から第9項までの規定又は第18条の3第3項，第77条の35の5第2項，第77条の35の6第1項，第77条の35の8第2項若しくは第3項，第77条の35の9第1項から第3項まで，第77条の35の11，第77条の35の13から第77条の35の15まで若しくは前条第1項の規定に違反したとき。

二　第77条の35の12第1項の認可を受けた構造計算適合性判定業務規程によらないで構造計算適合性判定を行ったとき。

三　第77条の35の9第4項，第77条の35の12第3項又は第77条の35の16第1項の規定による命令に違反したとき。

四　第77条の35の4各号に掲げる基準に適合していないと認めるとき。

五　構造計算適合性判定の業務に関し著しく不適当な行為をしたとき，又はその業務に従事する構造計算適合性判定員若しくは法人にあってはその役員が，構造計算適合性判定の業務に関し著しく不適当な行為をしたとき。

六　不正な手段により指定を受けたとき。

3　国土交通大臣等は，前2項の規定により指定を取り消し，又は前項の規定により構造計算適合性判定の業務の全部若しくは一部の停止を命じたときは，その旨を公示するとともに，国土交通大臣にあっては関係都道府県知事に通知しなければならない。

●関連［処分の公示］指定建築基準適合判定資格者検定機関等に関する省令第31条の13→p591

【構造計算適合性判定の委任の解除】

第77条の35の20　委任都道府県知事は，指定構造計算適合性判定機関に構造計算適合性判定の全部又は一部を行わせないこととするときは，その6月前までに，その旨を指定構造計算適合性判定機関に通知しなければならない。

2　委任都道府県知事は，指定構造計算適合性判定機関に構造計算適合性判定の全部又は一部を行わせないこととしたときは，その旨を公示しなければならない。

【委任都道府県知事による構造計算適合性判定の実施】

第77条の35の21　委任都道府県知事は，指定構造計算適合性判定機関が次の各号のいずれかに該当するときは，第18条の2第3項の規定にかかわらず，当該指定構造計算適合性判定機関が休止し，停止を命じられ，又は実施することが困難となった構造計算適合性判定の業務のうち他の指定構造計算適合性判定機関によって行われないものを自ら行うものとする。

一　第77条の35の18第1項の規定により構造計算適合性判定の業務の全部又は一部を休止したとき。

二　第77条の35の19第2項の規定により構造計算適合性判定の業務の全部又は一部の停止を命じられたとき。

三　天災その他の事由により構造計算適合性判定の業務の全部又は一部を実施することが困難となった場合において委任都道府県知事が必要があると認めるとき。

2　委任都道府県知事は，前項の規定により構造計算適合性判定の業務を行い，又は

同項の規定により行っている構造計算適合性判定の業務を行わないこととしようとするときは，あらかじめ，その旨を公示しなければならない。

3　委任都道府県知事が第1項の規定により構造計算適合性判定の業務を行うこととし，又は国土交通大臣等が第77条の35の6第1項の規定により業務区域の減少を認可し，第77条の35の18第1項の規定により構造計算適合性判定の業務の廃止を許可し，若しくは第77条の35の19第1項若しくは第2項の規定により指定を取り消した場合における構造計算適合性判定の業務の引継ぎその他の必要な事項は，**国土交通省令**で定める。

◆指定建築基準適合判定資格者検定機関等に関する省令
［構造計算適合性判定の業務の引継ぎ］第31条の14　　　→p591

第4節　指定認定機関等

【指　定】

第77条の36　第68条の24第1項（第88条第1項において準用する場合を含む。）の規定による指定（以下この節において単に「指定」という。）は，認定等を行おうとする者（外国にある事務所により行おうとする者を除く。）の申請により行う。

2　前項の申請は，**国土交通省令**^{＊1}で定めるところにより，**国土交通省令**^{＊2}で定める区分に従い，認定等の業務を行う区域（以下この節において「業務区域」という。）を定めてしなければならない。

◆指定建築基準適合判定資格者検定機関等に関する省令
1［指定認定機関に係る指定の申請］第32条　　　→p591
2［指定認定機関に係る指定の区分］第33条　　　→p592

【欠格条項】

第77条の37　次の各号のいずれかに該当する者は，指定を受けることができない。

一　未成年者

二　破産手続開始の決定を受けて復権を得ない者

三　禁錮以上の刑に処せられ，又は建築基準法令の規定により刑に処せられ，その執行を終わり，又は執行を受けることがなくなった日から起算して2年を経過しない者

四　第77条の51第1項若しくは第2項の規定により指定を取り消され，又は第77条の55第1項若しくは第2項の規定により承認を取り消され，その取消しの日から起算して2年を経過しない者

五　心身の故障により認定等の業務を適正に行うことができない者として**国土交通省令**で定めるもの

◆指定建築基準適合判定資格者検定機関等に関する省令
［心身の故障により認定等の業務を適正に行うことができない者］第33条の2　→p593

六　法人であって，その役員のうちに前各号のいずれかに該当する者があるもの

【指定の基準】

第77条の38　国土交通大臣は，指定の申請が次に掲げる基準に適合していると認めるときでなければ，指定をしてはならない。

一　職員（第77条の42第１項の認定員を含む。第三号において同じ。），設備，認定等の業務の実施の方法その他の事項についての認定等の業務の実施に関する計画が，認定等の業務の適確な実施のために適切なものであること。

二　前号の認定等の業務の実施に関する計画を適確に実施するに足りる経理的及び技術的な基礎を有するものであること。

三　法人にあっては役員，第77条の20第五号の**国土交通省令**で定める構成員又は職員の構成が，法人以外の者にあってはその者及びその職員の構成が，認定等の業務の公正な実施に支障を及ぼすおそれがないものであること。

◆指定建築基準適合判定資格者検定機関等に関する省令
［指定確認検査機関に係る構成員の構成］第18条　　　→p580

四　認定等の業務以外の業務を行っている場合には，その業務を行うことによって認定等の業務の公正な実施に支障を及ぼすおそれがないものであること。

五　前各号に定めるもののほか，認定等の業務を行うにつき十分な適格性を有するものであること。

【指定の公示等】

第77条の39　国土交通大臣は，指定をしたときは，指定を受けた者（以下この節，第97条の４及び第100条において「指定認定機関」という。）の名称及び住所，指定の区分，業務区域，認定等の業務を行う事務所の所在地並びに認定等の業務の開始の日を公示しなければならない。

2　指定認定機関は，その名称若しくは住所又は認定等の業務を行う事務所の所在地を変更*しようとするときは，変更しようとする日の２週間前までに，その旨を国土交通大臣に届け出なければならない。

●関連［指定認定機関に係る名称等の変更の届出］
指定建築基準適合判定資格者検定機関等に関する省令第34条　→p593

3　国土交通大臣は，前項の規定による届出があったときは，その旨を公示しなければならない。

【業務区域の変更】

第77条の40　指定認定機関は，業務区域を増加し，又は減少しようとするときは，国土交通大臣の許可*を受けなければならない。

●関連［指定認定機関の業務区域の変更に係る許可の申請］
指定建築基準適合判定資格者検定機関等に関する省令第35条　→p593

2　第77条の38第一号及び第二号の規定は，前項の許可について準用する。

3　国土交通大臣は，第１項の許可をしたときは，その旨を公示しなければならない。

【指定の更新】

第77条の41　指定は，５年以上10年以内において**政令**で定める期間ごとにその更新*を受けなければ，その期間の経過によって，その効力を失う。

◆政令［指定認定機関等に係る指定等の有効期間］令第136条の２の17→p356
●関連［指定認定機関に係る指定の更新］
指定建築基準適合判定資格者検定機関等に関する省令第36条　→p593

2　第77条の36から第77条の38までの規定は，前項の指定の更新の場合について準用

する。

【認定員】

第77条の42　指定認定機関は，認定等を行うときは，**国土交通省令**で定める方法に従い，認定員に認定等を実施させなければならない。

◆指定建築基準適合判定資格者検定機関等に関する省令［認定等の方法］第37条→p593

2　認定員は，建築技術に関して優れた識見を有する者として**国土交通省令**で定める要件を備える者のうちから選任しなければならない。

◆指定建築基準適合判定資格者検定機関等に関する省令［認定員の要件］第38条→p594

3　指定認定機関は，認定員を選任し，又は解任したときは，**国土交通省令**で定めるところにより，その旨を国土交通大臣に届け出なければならない。

◆指定建築基準適合判定資格者検定機関等に関する省令
［認定員の選任及び解任の届出］第39条　　　　　　→p594

4　国土交通大臣は，認定員が，第77条の45第1項の認可を受けた認定等業務規程に違反したとき，認定等の業務に関し著しく不適当な行為をしたとき，又はその在任により指定認定機関が第77条の38第三号に掲げる基準に適合しなくなったときは，指定認定機関に対し，その認定員を解任すべきことを命ずることができる。

【秘密保持義務等】

第77条の43　指定認定機関（その者が法人である場合にあっては，その役員。次項において同じ。）及びその職員（認定員を含む。次項において同じ。）並びにこれらの者であった者は，認定等の業務に関して知り得た秘密を漏らし，又は盗用してはならない。

2　指定認定機関及びその職員で認定等の業務に従事するものは，刑法その他の罰則の適用については，法令により公務に従事する職員とみなす。

【認定等の義務】

第77条の44　指定認定機関は，認定等を行うべきことを求められたときは，正当な理由がある場合を除き，遅滞なく，認定等を行わなければならない。

【認定等業務規程】

第77条の45　指定認定機関は，認定等の業務に関する規程（以下この節において「認定等業務規程」という。）を定め，国土交通大臣の認可＊を受けなければならない。これを変更しようとするときも，同様とする。

●関連［認定等業務規程の認可の申請］
指定建築基準適合判定資格者検定機関等に関する省令第40条　→p594

2　認定等業務規程で定めるべき事項は，**国土交通省令**で定める。

◆指定建築基準適合判定資格者検定機関等に関する省令
［認定等業務規程の記載事項］第41条　　　　　　　→p594

3　国土交通大臣は，第1項の認可をした認定等業務規程が認定等の公正かつ適確な実施上不適当となったと認めるときは，その認定等業務規程を変更すべきことを命ずることができる。

【国土交通大臣への報告等】

第77条の46　指定認定機関は，認定等を行ったときは，**国土交通省令**で定めるところ

により，国土交通大臣に報告しなければならない。

◆**指定建築基準適合判定資格者検定機関等に関する省令**
［指定認定機関による認定等の報告］第42条　　　　　→p595

2　　国土交通大臣は，前項の規定による報告を受けた場合において，指定認定機関が
行った型式適合認定を受けた型式が第1章，第2章（第88条第1項において準用す
る場合を含む。）若しくは第3章の規定又はこれに基づく命令の規定に適合しない
と認めるときは，当該型式適合認定を受けた者及び当該型式適合認定を行った指定
認定機関にその旨を通知しなければならない。この場合において，当該型式適合認
定は，その効力を失う。

【帳簿の備付け等】

第77条の47　指定認定機関は，**国土交通省令**で定めるところにより，認定等の業務に
関する事項で国土交通省令で定めるものを記載した帳簿を備え付け，これを保存し
なければならない。

◆**指定建築基準適合判定資格者検定機関等に関する省令**［帳簿］第43条→p595

2　　前項に定めるもののほか，指定認定機関は，**国土交通省令**で定めるところにより，
認定等の業務に関する書類で国土交通省令で定めるものを保存しなければならない。

◆**指定建築基準適合判定資格者検定機関等に関する省令**［図書の保存］第44条→p595

【監督命令】

第77条の48　国土交通大臣は，認定等の業務の公正かつ適確な実施を確保するため必
要があると認めるときは，指定認定機関に対し，認定等の業務に関し監督上必要な
命令をすることができる。

【報告，検査等】

第77条の49　国土交通大臣は，認定等の業務の公正かつ適確な実施を確保するため必
要があると認めるときは，指定認定機関に対し認定等の業務に関し必要な報告を求
め，又はその職員に，指定認定機関の事務所に立ち入り，認定等の業務の状況若し
くは設備，帳簿，書類その他の物件を検査させ，若しくは関係者に質問させること
ができる。

2　　第15条の2第2項及び第3項の規定は，前項の場合について準用する。

【認定等の業務の休廃止等】

第77条の50　指定認定機関は，国土交通大臣の許可＊を受けなければ，認定等の業務
の全部又は一部を休止し，又は廃止してはならない。

●関連［指定認定機関に係る業務の休廃止の許可の申請］
指定建築基準適合判定資格者検定機関等に関する省令第45条　→p596

2　　国土交通大臣が前項の規定により認定等の業務の全部の廃止を許可したときは，
当該許可に係る指定は，その効力を失う。

3　　国土交通大臣は，第1項の許可をしたときは，その旨を公示しなければならない。

【指定の取消し等】

第77条の51　国土交通大臣は，指定認定機関が第77条の37各号（第四号を除く。）の
一に該当するに至ったときは，その指定を取り消さなければならない。

2　国土交通大臣は，指定認定機関が次の各号の一に該当するときは，その指定を取り消し，又は期間を定めて認定等の業務の全部若しくは一部の停止を命ずることができる。

一　第77条の39第2項，第77条の40第1項，第77条の42第1項から第3項まで，第77条の44，第77条の46第1項，第77条の47又は前条第1項の規定に違反したとき。

二　第77条の45第1項の認可を受けた認定等業務規程によらないで認定等を行ったとき。

三　第77条の42第4項，第77条の45第3項又は第77条の48の規定による命令に違反したとき。

四　第77条の38各号に掲げる基準に適合していないと認めるとき。

五　認定等の業務に関し著しく不適当な行為をしたとき，又はその業務に従事する認定員若しくは法人にあってはその役員が，認定等の業務に関し著しく不適当な行為をしたとき。

六　不正な手段により指定を受けたとき。

3　国土交通大臣は，前2項の規定により指定を取り消し，又は前項の規定による認定等の業務の全部若しくは一部の停止を命じたときは，その旨を公示*しなければならない。

●関連［処分の公示］指定建築基準適合判定資格者検定機関等に関する省令第45条の2→p596

【国土交通大臣による認定等の実施】

第77条の52　国土交通大臣は，指定認定機関が次の各号のいずれかに該当するときは，第68条の24第2項の規定にかかわらず，当該指定認定機関が休止し，停止を命じられ，又は実施することが困難となった認定等の業務のうち他の指定認定機関によって行われないものを自ら行うものとする。

一　第77条の50第1項の規定により認定等の業務の全部又は一部を休止したとき。

二　前条第2項の規定により認定等の業務の全部又は一部の停止を命じられたとき。

三　天災その他の事由により認定等の業務の全部又は一部を実施することが困難となった場合において国土交通大臣が必要があると認めるとき。

2　国土交通大臣は，前項の規定により認定等の業務を行い，又は同項の規定により行っている認定等の業務を行わないこととしようとするときは，あらかじめ，その旨を公示しなければならない。

3　国土交通大臣が，第1項の規定により認定等の業務を行うこととし，第77条の40第1項の規定により業務区域の減少を許可し，第77条の50第1項の規定により認定等の業務の廃止を許可し，又は前条第1項若しくは第2項の規定により指定を取り消した場合における認定等の業務の引継ぎその他の必要な事項は，**国土交通省令**で定める。

◆指定建築基準適合判定資格者検定機関等に関する省令［認定等の業務の引継ぎ］第46条→p596

【審査請求】

第77条の53　この法律の規定による指定認定機関の行う処分又はその不作為については，国土交通大臣に対し，審査請求をすることができる。この場合において，国土交

通大臣は，行政不服審査法第25条第2項及び第3項，第46条第1項及び第2項，第47条並びに第49条第3項の規定の適用については，指定認定機関の上級行政庁とみなす。

【承　認】

第77条の54　第68条の24第3項（第88条第1項において準用する場合を含む。以下この条において同じ。）の規定による承認は，認定等を行おうとする者（外国にある事務所により行おうとする者に限る。）の申請により行う。

2　第77条の36第2項の規定は前項の申請に，第77条の37，第77条の38，第77条の39第1項及び第77条の41の規定は第68条の24第3項の規定による承認に，第77条の22（第3項後段を除く。），第77条の34，第77条の39第2項及び第3項，第77条の42，第77条の44，第77条の45，第77条の46第1項並びに第77条の47から第77条の49までの規定は第68条の24第3項の規定による承認を受けた者（以下この条，次条及び第97条の4において「承認認定機関」という。）に，第77条の46第2項の規定は承認認定機関が行った認定等について準用する。この場合において，第77条の22第1項，第2項及び第4項並びに第77条の34第1項及び第3項中「国土交通大臣等」とあるのは「国土交通大臣」と，第77条の22第3項前段中「第77条の18第3項及び第77条の20第一号から第四号までの規定」とあるのは「第77条の38第一号及び第二号の規定」と，第77条の42第4項及び第77条の45第3項中「命ずる」とあるのは「請求する」と，第77条の48中「命令」とあるのは「請求」と読み替えるものとする。

●関連［第5章　承認認定機関］
指定建築基準適合判定資格者検定機関等に関する省令第47条～第53条　→p596～597

【承認の取消し等】

第77条の55　国土交通大臣は，承認認定機関が前条第2項において準用する第77条の37各号（第四号を除く。）の一に該当するに至ったときは，その承認を取り消さなければならない。

2　国土交通大臣は，承認認定機関が次の各号の一に該当するときは，その承認を取り消すことができる。

一　前条第2項において準用する第77条の22第1項若しくは第2項，第77条の34第1項，第77条の39第2項，第77条の42第1項から第3項まで，第77条の44，第77条の46第1項又は第77条の47の規定に違反したとき。

二　前条第2項において準用する第77条の45第1項の認可を受けた認定等業務規程によらないで認定等を行ったとき。

三　前条第2項において準用する第77条の42第4項，第77条の45第3項又は第77条の48の規定による請求に応じなかったとき。

四　前条第2項において準用する第77条の38各号に掲げる基準に適合していないと認めるとき。

五　認定等の業務に関し著しく不適当な行為をしたとき，又はその業務に従事する認定員若しくは法人にあってはその役員が，認定等の業務に関し著しく不適当な行為をしたとき。

六　不正な手段により承認を受けたとき。

七　国土交通大臣が，承認認定機関が前各号の一に該当すると認めて，期間を定めて認定等の業務の全部又は一部の停止の請求をした場合において，その請求に応じなかったとき。

八　前条第2項において準用する第77条の49第1項の規定による報告をせず，又は虚偽の報告をしたとき。

九　前条第2項において準用する第77条の49第1項の規定による検査を拒み，妨げ，若しくは忌避し，又は同項の規定による質問に対して答弁をせず，若しくは虚偽の答弁をしたとき。

十　次項の規定による費用の負担をしないとき。

3　前条第2項において準用する第77条の49第1項の規定による検査に要する費用（**政令**で定めるものに限る。）は，当該検査を受ける承認認定機関の負担とする。

　　　　◆政令［承認認定機関等の事務所における検査に要する費用の負担］
　　　　　　　令第136条の2の18　　　　　　　　　　　　　　　　　　　→p356

第5節　指定性能評価機関等

【指定性能評価機関】

第77条の56　第68条の25第3項（第88条第1項において準用する場合を含む。以下この条において同じ。）の規定による指定は，第68条の25第3項の評価（以下「性能評価」という。）を行おうとする者（外国にある事務所により行おうとする者を除く。）の申請*により行う。

　　　　●関連［指定性能評価機関に係る指定の申請］
　　　　　　　指定建築基準適合判定資格者検定機関等に関する省令第58条　→p597

2　第77条の36第2項の規定は前項の申請に，第77条の37，第77条の38，第77条の39第1項及び第77条の41の規定は第68条の25第3項の規定による指定に，第77条の39第2項及び第3項，第77条の40，第77条の42から第77条の45まで並びに第77条の47から第77条の52までの規定は前項の規定による指定を受けた者（以下この条，第97条の4及び第100条において「指定性能評価機関」という。）に，第77条の53の規定は指定性能評価機関の行う性能評価又はその不作為について準用する。この場合において，第77条の38第一号，第77条の42，第77条の43第1項及び第77条の51第2項第五号中「認定員」とあるのは「評価員」と，同項第一号中「第77条の46第1項，第77条の47」とあるのは「第77条の47」と，第77条の53中「処分」とあるのは「処分(性能評価の結果を除く。)」と読み替えるものとする。

　　　　●関連［指定性能評価機関に係る指定の区分］
　　　　　　　指定建築基準適合判定資格者検定機関等に関する省令第59条　　　　　→p598
　　　　　　［指定性能評価機関に係る名称等の変更の届出］
　　　　　　　指定建築基準適合判定資格者検定機関等に関する省令第60条　　　　　→p600
　　　　　　［指定性能評価機関の業務区域の変更に係る許可の申請］
　　　　　　　指定建築基準適合判定資格者検定機関等に関する省令第61条　　　　　→p600
　　　　　　［指定性能評価機関に係る指定の更新］
　　　　　　　指定建築基準適合判定資格者検定機関等に関する省令第62条　　　　　→p600
　　　　　　［性能評価の方法］指定建築基準適合判定資格者検定機関等に関する省令第63条　→p600

［評価員の要件］指定建築基準適合判定資格者検定機関等に関する省令第64条　　　→p603
［評価員の選任及び解任の届出］
　指定建築基準適合判定資格者検定機関等に関する省令第65条　　　→p603
［性能評価業務規程の認可の申請］
　指定建築基準適合判定資格者検定機関等に関する省令第66条　　　→p603
［性能評価業務規程の記載事項］
　指定建築基準適合判定資格者検定機関等に関する省令第67条　　　→p603
［帳簿］指定建築基準適合判定資格者検定機関等に関する省令第68条　　　→p604
［図書の保存］指定建築基準適合判定資格者検定機関等に関する省令第69条　　　→p604
［指定性能評価機関に係る業務の休廃止の許可の申請］
　指定建築基準適合判定資格者検定機関等に関する省令第70条　　　→p604
［処分の公示］指定建築基準適合判定資格者検定機関等に関する省令第70条の2　　　→p604
［性能評価の業務の引継ぎ］指定建築基準適合判定資格者検定機関等に関する省令第71条→p605

【承認性能評価機関】

第77条の57　第68条の25第6項（第88条第1項において準用する場合を含む。以下この条において同じ。）の規定による承認は，性能評価を行おうとする者（外国にある事務所により行おうとする者に限る。）の申請*により行う。

●関連［承認性能評価機関に係る承認の申請］指定建築基準適合判定
資格者検定機関等に関する省令第72条　　　→p605

2　第77条の36第2項の規定は前項の申請に，第77条の37，第77条の38，第77条の39第1項及び第77条の41の規定は第68条の25第6項の規定による承認に，第77条の22（第3項後段を除く。），第77条の34，第77条の39第2項及び第3項，第77条の42，第77条の44，第77条の45，第77条の47から第77条の49まで並びに第77条の55の規定は第68条の25第6項の規定による承認を受けた者（第97条の4において「承認性能評価機関」という。）について準用する。この場合において，第77条の22第1項，第2項及び第4項並びに第77条の34第1項及び第3項中「国土交通大臣等」とあるのは「国土交通大臣」と，第77条の22第3項前段中「第77条の18第3項及び第77条の20第一号から第四号までの規定」とあるのは「第77条の38第一号及び第二号の規定」と，第77条の38第一号，第77条の42及び第77条の55第2項第五号中「認定員」とあるのは「評価員」と，第77条の42第4項及び第77条の45第3項中「命ずる」とあるのは「請求する」と，第77条の48中「命令」とあるのは「請求」と，第77条の55第2項第一号中「，第77条の46第1項又は第77条の47」とあるのは「又は第77条の47」と読み替えるものとする。

●関連［第7章　承認性能評価機関］
指定建築基準適合判定資格者検定機関等に関する省令第72条～第79条　→p605～606

第4章の3　建築基準適合判定資格者等の登録

第1節　建築基準適合判定資格者の登録

【登　録】

第77条の58　建築基準適合判定資格者検定*に合格した者は，国土交通大臣の登録を受けることができる。

●関連［建築基準適合判定資格者検定］法第 5 条→p17

2　前項の登録は，国土交通大臣が建築基準適合判定資格者登録簿に，氏名，生年月日，住所その他の**国土交通省令**で定める事項を登載してするものとする。

◆**国土交通省令**［登録事項］規則第10条の 9，第10条の15の 5 →p545, 547

【欠格条項】

第77条の59　次の各号のいずれかに該当する者は，前条第 1 項の登録を受けることができない。

一　未成年者

二　禁錮以上の刑に処せられ，又は建築基準法令の規定若しくは建築士法の規定により刑に処せられ，その執行を終わり，又は執行を受けることがなくなった日から起算して 5 年を経過しない者

三　第77条の62第 1 項第四号又は第 2 項第三号から第五号までの規定により前条第 1 項の登録を消除され，その消除の日から起算して 5 年を経過しない者

四　第77条の62第 2 項第三号から第五号までの規定により確認検査の業務を行うことを禁止され，その禁止の期間中に同条第 1 項第一号の規定により前条第 1 項の登録を消除され，まだその期間が経過しない者

五　建築士法第 7 条第四号に該当する者

六　公務員で懲戒免職の処分を受け，その処分の日から起算して 3 年を経過しない者

第77条の59の 2　国土交通大臣は，心身の故障により確認検査の業務を適正に行うことができない者として**国土交通省令**で定めるものについては，第77条の58第 1 項の登録をしないことができる。

◆**国土交通省令**［心身の故障により確認検査の業務を適正に行うことが
できない者］規則第10条の 9 の 2　　　　　　　　　　　　→p545

【変更の登録】

第77条の60　第77条の58第 1 項の登録を受けている者（次条及び第77条の62第 2 項において「建築基準適合判定資格者」という。）は，当該登録を受けている事項で**国土交通省令**[*1]で定めるものに変更があったときは，**国土交通省令**[*2]で定めるところにより，変更の登録を申請しなければならない。

◆**国土交通省令**1 ［登録事項］規則第10条の 9 　→p545
2 ［変更の登録］規則第10条の10→p545

【死亡等の届出】

第77条の61　建築基準適合判定資格者が次の各号のいずれかに該当するときは，当該各号に定める者は，当該建築基準適合判定資格者が当該各号に該当するに至った日（第一号の場合にあっては，その事実を知った日）から30日以内に，国土交通大臣にその旨を届け出*なければならない。

一　死亡したとき　　　相続人

二　第77条の59第二号，第五号又は第六号に該当するに至ったとき　　　本人

三　心身の故障により確認検査の業務を適正に行うことができない場合に該当する

ものとして**国土交通省令**で定める場合に該当するに至ったとき　　本人又はその
法定代理人若しくは同居の親族

◆**国土交通省令**［心身の故障により確認検査の業務を適正に行うことが
できない場合］規則第10条の11の2　　　　　　　　　　　→p546

【登録の消除等】

第77条の62　国土交通大臣は，次の各号のいずれかに掲げる場合は，第77条の58第1
項の登録を消除しなければならない。

一　本人から登録の消除の申請があったとき。

二　前条（第三号に係る部分を除く。次号において同じ。）の規定による届出があっ
たとき。

三　前条の規定による届出がなくて同条第一号又は第二号に該当する事実が判明し
たとき。

四　不正な手段により登録を受けたとき。

五　第5条第6項又は第5条の2第2項の規定により，建築基準適合判定資格者検
定の合格の決定を取り消されたとき。

2　国土交通大臣は，建築基準適合判定資格者が次の各号のいずれかに該当するとき
は，1年以内の期間を定めて確認検査の業務を行うことを禁止し，又はその登録を
消除することができる。

一　前条（第三号に係る部分に限る。次号において同じ。）の規定による届出があっ
たとき。

二　前条の規定による届出がなくて同条第三号に該当する事実が判明したとき。

三　第18条の3第3項の規定に違反して，確認審査等を実施したとき。

四　第77条の27第1項の認可を受けた確認検査業務規程に違反したとき。

五　確認検査の業務に関し著しく不適当な行為をしたとき。

3　国土交通大臣は，前2項の規定による処分をしたときは，**国土交通省令**で定める
ところにより，その旨を公告しなければならない。

◆**国土交通省令**［処分の公示］規則第10条の15の2→p547

【都道府県知事の経由】

第77条の63　第77条の58第1項の登録の申請，登録証の交付，訂正，再交付及び返納
その他の同項の登録に関する国土交通大臣への書類の提出は，住所地又は勤務地の
都道府県知事を経由して行わなければならない。

2　登録証の交付及び再交付その他の第77条の58第1項の登録に関する国土交通大臣
の書類の交付は，住所地又は勤務地の都道府県知事を経由して行うものとする。

【国土交通省令への委任】

第77条の64　第77条の58から前条までに規定するもののほか，第77条の58第1項の登
録の申請，登録証の交付，訂正，再交付及び返納その他の同項の登録に関する事項
は，**国土交通省令**で定める。

◆**国土交通省令**［建築基準適合判定資格者の登録の申請］規則第10条の7→p545
［登録］規則第10条の8　　　　　　　　　　　　　　→p545

［登録証の再交付］規則第10条の11　　　　　　　→p546
［死亡等の届出］規則第10条の12　　　　　　　　→p546
［登録の消除の申請及び登録証の返納］規則第10条の13　→p546
［登録の消除］規則第10条の14　　　　　　　　　→p547
［登録証の領置］規則第10条の15　　　　　　　　→p547

【手数料】

第77条の65　第77条の58第1項の登録又は登録証の訂正若しくは再交付の申請をしようとする者（市町村又は都道府県の職員である者を除く。）は，**政令**で定めるところにより，実費を勘案して**政令**で定める額の手数料を国に納めなければならない。

◆政令［建築基準適合判定資格者等の登録手数料］令第136条の2の19→p356

第2節　構造計算適合判定資格者の登録

第77条の66　構造計算適合判定資格者検定に合格した者又はこれと同等以上の知識及び経験を有する者として**国土交通省令**[*1]で定める者は，**国土交通大臣**[*2]の登録を受けることができる。

◆国土交通省令1［構造計算適合判定資格者の登録を受けることができる者］規則第10条の15の3 →p547
　　　　　　　2［構造計算適合判定資格者の登録の申請］規則第10条の15の4　　　　→p547

2　第77条の58第2項[*]，第77条の59，第77条の59の2，第77条の62第1項及び第3項（同条第1項に係る部分に限る。）並びに第77条の63から前条までの規定は前項の登録に，第77条の60，第77条の61並びに第77条の62第2項及び第3項（同条第2項に係る部分に限る。）の規定は前項の登録を受けている者について準用する。この場合において，第77条の59第四号，第77条の59の2，第77条の61第三号及び第77条の62第2項第五号中「確認検査」とあるのは「構造計算適合性判定」と，同条第1項第五号中「第5条第6項又は第5条の2第2項」とあるのは「第5条の4第5項において準用する第5条第6項又は第5条の5第2項において準用する第5条の2第2項」と，同条第2項中「定めて確認検査」とあるのは「定めて構造計算適合性判定」と，同項第四号中「第77条の27第1項」とあるのは「第77条の35の12第1項」と，「確認検査業務規程」とあるのは「構造計算適合性判定業務規程」と，前条中「者（市町村又は都道府県の職員である者を除く。）」とあるのは「者」と読み替えるものとする。

●関連［登録事項］規則第10条の15の5 →p547

第5章　建築審査会

【建築審査会】

第78条　この法律に規定する同意[*]及び第94条第1項前段の審査請求に対する裁決についての議決を行わせるとともに，特定行政庁の諮問に応じて，この法律の施行に関する重要事項を調査審議させるために，建築主事を置く市町村及び都道府県に，建築審査会を置く。

●関連 ［適用の除外］法第3条第1項　→p15
　　　［道路の定義］法第42条第6項　→p57
　　　［敷地等と道路との関係］法第43条第2項第二号　→p57
　　　［道路内の建築制限］法第44条第1項第二号，第2項　→p58,59
　　　［壁面線の指定］法第46条第1項　→p59
　　　［壁面線による建築制限］法第47条　→p59
　　　［用途地域等］法第48条第15項　→p61
　　　［容積率］法第52条第15項　→p68
　　　［建蔽率］法第53条第9項　→p71
　　　［建築物の敷地面積］法第53条の2第4項　→p71
　　　［第一種低層住居専用地域等内における建築物の高さの限度］法第55条第5項　→p72
　　　［日影による中高層の建築物の高さの制限］法第56条の2第1項　→p75
　　　［特例容積率適用地区内における建築物の高さの限度］法第57条の4第2項　→p78
　　　［高度利用地区］法第59条第5項　→p80
　　　［敷地内に広い空地を有する建築物の容積率等の特例］法第59条の2第2項　→p80
　　　［都市再生特別地区］法第60条の2第7項　→p81
　　　［特定用途誘導地区］法第60条の3第4項　→p83
　　　［特定防災街区整備地区］法第67条第10項　→p85
　　　［景観地区］法第68条第6項　→p86
　　　［再開発等促進区等内の制限の緩和等］法第68条の3第5項　→p88
　　　［高度利用と都市機能の更新とを図る地区計画等の区域内における制限の特例］
　　　 法第68条の5第3項　→p91
　　　［予定道路の指定］法第68条の7第2項，第6項　→p94
　　　［仮設建築物に対する制限の緩和］法第85条第8項　→p138
　　　［一の敷地とみなすこと等による制限の緩和］法第86条第5項　→p140
　　　［公告認定対象区域内における建築物の位置及び構造の認定等］
　　　 法第86条の2第5項　→p142

2　建築審査会は，前項に規定する事務を行う外，この法律の施行に関する事項について，関係行政機関に対し建議することができる。

【建築審査会の組織】

第79条　建築審査会は，委員5人以上をもって組織する。

2　委員は，法律，経済，建築，都市計画，公衆衛生又は行政に関しすぐれた経験と知識を有し，公共の福祉に関し公正な判断をすることができる者のうちから，市町村長又は都道府県知事が任命する。

【委員の欠格条項】

第80条　次の各号のいずれかに該当する者は，委員となることができない。

一　破産手続開始の決定を受けて復権を得ない者

二　禁錮以上の刑に処せられ，その執行を終わるまで又はその執行を受けることがなくなるまでの者

【委員の解任】

第80条の2　市町村長又は都道府県知事は，それぞれその任命に係る委員が前条各号のいずれかに該当するに至った場合においては，その委員を解任しなければならない。

2　市町村長又は都道府県知事は，それぞれその任命に係る委員が次の各号のいずれかに該当する場合においては，その委員を解任することができる。

一　心身の故障のため職務の執行に堪えないと認められる場合

二　職務上の義務違反その他委員たるに適しない非行があると認められる場合

【会　長】

第81条 建築審査会に会長を置く。会長は，委員が互選する。

2 会長は，会務を総理し，建築審査会を代表する。

3 会長に事故があるときは，委員のうちからあらかじめ互選された者が，その職務を代理する。

【委員の除斥】

第82条 委員は，自己又は３親等以内の親族の利害に関係のある事件については，この法律に規定する同意又は第94条第１項前段の審査請求に対する裁決に関する議事に加わることができない。

【条例への委任】

第83条 この章に規定するものを除くほか，建築審査会の組織，議事並びに委員の任期，報酬及び費用弁償その他建築審査会に関して必要な事項は，条例で定める。この場合において，委員の任期については，**国土交通省令**で定める基準を参酌するものとする。

◆国土交通省令［委員の任期の基準］規則第10条の15の7 →p548

第6章　雑　　　則

【被災市街地における建築制限】

第84条 特定行政庁は，市街地に災害のあった場合において都市計画又は土地区画整理法による土地区画整理事業のため必要があると認めるときは，区域を指定し，災害が発生した日から１月以内の期間を限り，その区域内における建築物の建築を制限し，又は禁止することができる。

2 特定行政庁は，更に１月を超えない範囲内において前項の期間を延長することができる。

【簡易な構造の建築物に対する制限の緩和】

第84条の2 壁を有しない自動車車庫，屋根を帆布としたスポーツの練習場その他の**政令**[*1]で指定する簡易な構造の建築物又は建築物の部分で，**政令**[*2]で定める基準に適合するものについては，第22条から第26条まで，第27条第１項及び第３項，第35条の２，第61条，第62条並びに第67条第１項の規定は，適用しない。

◆政令1［簡易な構造の建築物の指定］令第136条の9→p359
2［簡易な構造の建築物の基準］令第136条の10→p359
●関連［防火区画等の関する規定の適用の除外］令第136条の11→p360

【仮設建築物に対する制限の緩和】

第85条 非常災害があった場合において，非常災害区域等（非常災害が発生した区域又はこれに隣接する区域で特定行政庁が指定するものをいう。第87条の３第１項において同じ。）内においては，災害により破損した建築物の応急の修繕又は次の各号のいずれかに該当する応急仮設建築物の建築でその災害が発生した日から１月以内にその工事に着手するものについては，建築基準法令の規定は，適用しない。た

だし，防火地域内に建築する場合については，この限りでない。

一　国，地方公共団体又は日本赤十字社が災害救助のために建築するもの

二　被災者が自ら使用するために建築するもので延べ面積が30m²以内のもの

2　災害があった場合において建築する停車場，官公署その他これらに類する公益上必要な用途に供する応急仮設建築物又は工事を施工するために現場に設ける事務所，下小屋，材料置場その他これらに類する仮設建築物*については，第6条から第7条の6まで，第12条第1項から第4項まで，第15条，第18条（第25項を除く。），第19条，第21条から第23条まで，第26条，第31条，第33条，第34条第2項，第35条，第36条（第19条，第21条，第26条，第31条，第33条，第34条第2項及び第35条に係る部分に限る。），第37条，第39条及び第40条の規定並びに第3章の規定は，適用しない。ただし，防火地域又は準防火地域内にある延べ面積が50m²を超えるものについては，第62条*の規定の適用があるものとする。

●関連［仮設建築物等に対する制限の緩和］令第147条第1項→p382

［屋根］法第62条　　　　　　　　　　　　　→p83

3　前2項の応急仮設建築物を建築した者は，その建築工事を完了した後3月を超えて当該建築物を存続させようとする場合においては，その超えることとなる日前に，特定行政庁の許可を受けなければならない。ただし，当該許可の申請をした場合において，その超えることとなる日前に当該申請に対する処分がされないときは，当該処分がされるまでの間は，なお当該建築物を存続させることができる。

4　特定行政庁は，前項の許可の申請があった場合において，安全上，防火上及び衛生上支障がないと認めるときは，2年以内の期限を限って，その許可をすることができる。

5　特定行政庁は，被災者の需要に応ずるに足りる適当な建築物が不足することその他の理由により前項に規定する期間を超えて使用する特別の必要がある応急仮設建築物について，安全上，防火上及び衛生上支障がなく，かつ，公益上やむを得ないと認める場合においては，同項の規定にかかわらず，更に1年を超えない範囲内において同項の規定による許可の期間を延長することができる。被災者の需要に応ずるに足りる適当な建築物が不足することその他の理由により当該延長に係る期間を超えて使用する特別の必要がある応急仮設建築物についても，同様とする。

6　特定行政庁は，仮設興行場，博覧会建築物，仮設店舗その他これらに類する仮設建築物*（次項及び第101条第1項第十号において「仮設興行場等」という。）について安全上，防火上及び衛生上支障がないと認める場合においては，1年以内の期間（建築物の工事を施工するためその工事期間中当該従前の建築物に代えて必要となる仮設店舗その他の仮設建築物については，特定行政庁が当該工事の施工上必要と認める期間）を定めてその建築を許可することができる。この場合においては，第12条第1項から第4項まで，第21条から第27条まで，第31条，第34条第2項，第35条の2，第35条の3及び第37条の規定並びに第3章の規定は，適用しない。

●関連［仮設建築物等に対する制限の緩和］令第147条第1項→p382

7　特定行政庁は，国際的な規模の会議又は競技会の用に供することその他の理由に

より1年を超えて使用する特別の必要がある仮設興行場等について，安全上，防火上及び衛生上支障がなく，かつ，公益上やむを得ないと認める場合においては，前項の規定にかかわらず，当該仮設興行場等の使用上必要と認める期間を定めてその建築を許可することができる。この場合においては，同項後段の規定を準用する。

●関連［仮設建築物等に対する制限の緩和］令第147条第1項→p382

8　特定行政庁は，第5項の規定により許可の期間を延長する場合又は前項の規定による許可をする場合においては，あらかじめ，建築審査会の同意を得なければならない。ただし，官公署，病院，学校その他の公益上特に必要なものとして**国土交通省令**で定める用途に供する応急仮設建築物について第5項の規定により許可の期間を延長する場合は，この限りでない。

◆国土交通省令［公益上特に必要な用途］規則第10条の15の8→p548

【景観重要建造物である建築物に対する制限の緩和】

第85条の2　景観法第19条第1項の規定により景観重要建造物として指定された建築物のうち，良好な景観の保全のためその位置又は構造をその状態において保存すべきものについては，市町村は，同法第22条及び第25条の規定の施行のため必要と認める場合においては，国土交通大臣の承認を得て，条例で，第21条から第25条まで，第28条，第43条，第44条，第47条，第52条，第53条，第54条から第56条の2まで，第58条，第61条，第62条，第67条第1項及び第5項から第7項まで並びに第68条第1項及び第2項の規定の全部若しくは一部を適用せず，又はこれらの規定による制限を緩和することができる。

●関連［景観重要建造物の指定］景観法第19条第1項→p1137

【伝統的建造物群保存地区内の制限の緩和】

第85条の3　文化財保護法第143条第1項又は第2項の伝統的建造物群保存地区内においては，市町村は，同条第1項後段（同条第2項後段において準用する場合を含む。）の条例において定められた現状変更の規制及び保存のための措置を確保するため必要と認める場合においては，国土交通大臣の承認を得て，条例で，第21条から第25条まで，第28条，第43条，第44条，第52条，第53条，第55条，第56条，第61条，第62条及び第67条第1項の全部若しくは一部を適用せず，又はこれらの規定による制限を緩和することができる。

●関連［伝統的建造物群保存地区の決定及びその保護］文化財保護法第143条第1項→p1331

【一の敷地とみなすこと等による制限の緩和】

第86条　建築物の敷地又は建築物の敷地以外の土地で2以上のものが一団地を形成している場合において，当該一団地（その内に第8項の規定により現に公告されている他の対象区域があるときは，当該他の対象区域の全部を含むものに限る。以下この項，第6項及び第7項において同じ。）内において建築，大規模の修繕又は大規模の模様替（以下この条及び第86条の4において「建築等」という。）をする1又は2以上の構えを成す建築物（2以上の構えを成すものにあっては，総合的設計によって建築等をするものに限る。以下この項及び第3項において「1又は2以上の建築物」という。）について，**国土交通省令**で定めるところにより，特定行政庁が

当該1又は2以上の建築物の位置及び構造が安全上，防火上及び衛生上支障がないと認めるときは，当該1又は2以上の建築物に対する第23条，第43条，第52条第1項から第14項まで，第53条第1項若しくは第2項，第54条第1項，第55条第2項，第56条第1項から第4項まで，第6項若しくは第7項，第56条の2第1項から第3項まで，第57条の2，第57条の3第1項から第4項まで，第59条第1項，第59条の2第1項，第60条第1項，第60条の2第1項，第60条の2の2第1項，第60条の3第1項，第61条又は第68条の3第1項から第3項までの規定（次項から第4項までにおいて「特例対象規定」という。）の適用については，当該一団地を当該1又は2以上の建築物の一の敷地とみなす。

◆**国土交通省令**［一の敷地とみなすこと等による制限の緩和に係る
　認定又は許可の申請等］規則第10条の16　　　　→p549

2　一定の一団の土地の区域（その内に第8項の規定により現に公告されている他の対象区域があるときは，当該他の対象区域の全部を含むものに限る。以下この項及び第6項において同じ。）内に現に存する建築物の位置及び構造を前提として，安全上，防火上及び衛生上必要な**国土交通省令**[*1]で定める基準に従い総合的見地からした設計によって当該区域内において建築物の建築等をする場合において，**国土交通省令**[*2]で定めるところにより，特定行政庁がその位置及び構造が安全上，防火上及び衛生上支障がないと認めるときは，当該区域内における各建築物に対する特例対象規定の適用については，当該一定の一団の土地の区域をこれらの建築物の一の敷地とみなす。

◆**国土交通省令**1［一定の一団の土地の区域内の現に存する建築物を前提として
　　　総合的見地からする設計の基準］規則第10条の17　　　→p556
　　2［一の敷地とみなすこと等による制限の緩和に係る認定又は
　　　許可の申請等］規則第10条の16　　　　　　　　　→p549

3　建築物の敷地又は建築物の敷地以外の土地で2以上のものが，**政令**で定める空地を有し，かつ，面積が**政令**で定める規模以上である一団地を形成している場合において，当該一団地（その内に第8項の規定により現に公告されている他の対象区域があるときは，当該他の対象区域の全部を含むものに限る。以下この項，第6項，第7項及び次条第8項において同じ。）内において建築等をする1又は2以上の建築物について，**国土交通省令**で定めるところにより，特定行政庁が，当該1又は2以上の建築物の位置及び建蔽率，容積率，各部分の高さその他の構造について，交通上，安全上，防火上及び衛生上支障がなく，かつ，総合的な配慮がなされていることにより市街地の環境の整備改善に資すると認めて許可したときは，当該1又は2以上の建築物に対する特例対象規定（第59条の2第1項を除く。）の適用について，当該一団地を当該1又は2以上の建築物の一の敷地とみなすとともに，当該1又は2以上の建築物の各部分の高さ又は容積率を，その許可の範囲内において，第55条第1項の規定又は当該一団地を一の敷地とみなして適用する第52条第1項から第9項まで，第56条若しくは第57条の2第6項の規定による限度を超えるものとすることができる。

◆**政令**［一団地内の空地及び一団地の面積の規模］令第136条の12→p360

●関連［敷地内の空地及び敷地面積の規模］令第136条→p342
◆国土交通省令［一の敷地とみなすこと等による制限の緩和に係る
認定又は許可の申請等］規則第10条の16　　　　　　→p549

4　その面積が**政令**で定める規模以上である一定の一団の土地の区域（その内に第8項の規定により現に公告されている他の対象区域があるときは，当該他の対象区域の全部を含むものに限る。以下この項，第6項及び次条第8項において同じ。）内に現に存する建築物の位置及び建蔽率，容積率，各部分の高さその他の構造を前提として，安全上，防火上及び衛生上必要な**国土交通省令**[*1]で定める基準に従い総合的見地からした設計によって当該区域内において建築物の建築等をし，かつ，当該区域内に**政令**で定める空地を有する場合において，**国土交通省令**[*2]で定めるところにより，特定行政庁が，その建築物の位置及び建蔽率，容積率，各部分の高さその他の構造について，交通上，安全上，防火上及び衛生上支障がなく，かつ，総合的な配慮がなされていることにより市街地の環境の整備改善に資すると認めて許可したときは，当該区域内における各建築物に対する特例対象規定（第59条の2第1項を除く。）の適用について，当該一定の一団の土地の区域をこれらの建築物の一の敷地とみなすとともに，当該建築等をする建築物の各部分の高さ又は容積率を，その許可の範囲内において，第55条第1項の規定又は当該一定の一団の土地の区域を一の敷地とみなして適用する第52条第1項から第9項まで，第56条若しくは第57条の2第6項の規定による限度を超えるものとすることができる。

◆政令［一団地内の空地及び一団地の面積の規模］令第136条の12→p360
●関連［敷地内の空地及び敷地面積の規模］令第136条→p342
◆国土交通省令1［一定の一団の土地の区域内の現に存する建築物を前提として
総合的見地からする設計の基準］規則第10条の17　　　　　　→p556
2［一の敷地とみなすこと等による制限の緩和に係る認定又は
許可の申請等］規則第10条の16　　　　　　→p549

5　第44条第2項の規定は，前2項の規定による許可*をする場合に準用する。

●関連［建築審査会］法第78条→p134

6　第1項から第4項までの規定による認定又は許可を申請する者は，**国土交通省令**で定めるところにより，対象区域（第1項若しくは第3項の一団地又は第2項若しくは第4項の一定の一団の土地の区域をいう。以下同じ。）内の建築物の位置及び構造に関する計画を策定して提出するとともに，その者以外に当該対象区域の内にある土地について所有権又は借地権を有する者があるときは，当該計画について，あらかじめ，これらの者の同意を得なければならない。

◆国土交通省令［対象区域内の建築物の位置及び構造に関する計画］規則第10条の18→p556

7　第1項又は第3項の場合において，次に掲げる条件に該当する地区計画等（集落地区計画を除く。）の区域内の建築物については，一団地内に2以上の構えを成す建築物の総合的設計による建築等を工区を分けて行うことができる。

一　地区整備計画等（集落地区整備計画を除く。）が定められている区域のうち，次に掲げる事項が定められている区域であること。

イ　地区施設等の配置及び規模

ロ　壁面の位置の制限（地区施設等に面する壁面の位置を制限するものを含むも

のに限る。）

二　第68条の２第１項の規定に基づく条例で，前号ロに掲げる事項に関する制限が定められている区域であること。

8　特定行政庁は，第１項から第４項までの規定による認定又は許可をしたときは，遅滞なく，当該認定又は許可に係る第６項の計画に関して，対象区域その他**国土交通省令**で定める事項を公告*するとともに，対象区域，建築物の位置その他**国土交通省令**で定める事項を表示した図書をその事務所に備えて，一般の縦覧に供さなければならない。

　　　　◆**国土交通省令**［一の敷地とみなすこと等による制限の緩和の認定又は許可に関する
　　　　　　　　公告事項等］規則第10条の19　　　　　　　　　　　　　　　→p556
　　　　●**関連**［一の敷地とみなすこと等による制限の緩和の認定又は許可に係る公告の方法］
　　　　　　　　規則第10条の20　　　　　　　　　　　　　　　　　　　　→p556

9　第１項から第４項までの規定による認定又は許可は，前項の規定による公告によって，その効力を生ずる。

10　第８項の規定により公告された対象区域（以下「公告対象区域」という。）の全部を含む土地の区域内の建築物の位置及び構造について第１項から第４項までの規定による認定又は許可の申請があった場合において，特定行政庁が当該申請に係る第１項若しくは第２項の規定による認定(以下この項において「新規認定」という。)又は第３項若しくは第４項の規定による許可（以下この項において「新規許可」という。）をしたときは，当該公告対象区域内の建築物の位置及び構造についての第１項若しくは第２項若しくは次条第１項の規定による従前の認定又は第３項若しくは第４項若しくは次条第２項若しくは第３項の規定による従前の許可は，新規認定又は新規許可に係る第８項の規定による公告があった日から将来に向かって，その効力を失う。

【公告認定対象区域内における建築物の位置及び構造の認定等】

第86条の２　公告認定対象区域（前条第１項又は第２項の規定による認定に係る公告対象区域をいう。以下同じ。）内において，同条第１項又は第２項の規定により一の敷地内にあるものとみなされる建築物（以下「一敷地内認定建築物」という。）以外の建築物を新築し，又は一敷地内認定建築物について増築，改築，移転，大規模の修繕若しくは大規模の模様替（位置又は構造の変更を伴うものに限る。以下この項から第３項までにおいて「増築等」という。）をしようとする者は，**国土交通省令**で定めるところにより，当該新築又は増築等に係る建築物の位置及び構造が当該公告認定対象区域内の他の一敷地内認定建築物の位置及び構造との関係において安全上，防火上及び衛生上支障がない旨の特定行政庁の認定を受けなければならない。

　　　　◆**国土交通省令**［一の敷地とみなすこと等による制限の緩和に係る
　　　　　　　　認定又は許可の申請等］規則第10条の16　　　　　　　　→p549

2　面積が**政令**で定める規模以上である公告認定対象区域内において，一敷地内認定建築物以外の建築物を新築し，又は一敷地内認定建築物について増築等をしようとする場合（当該区域内に**政令**で定める空地を有することとなる場合に限る。）にお

いて，**国土交通省令**で定めるところにより，特定行政庁が，当該新築又は増築等に
係る建築物の位置及び建蔽率，容積率，各部分の高さその他の構造について，他の
一敷地内認定建築物の位置及び建蔽率，容積率，各部分の高さその他の構造との関
係において，交通上，安全上，防火上及び衛生上支障がなく，かつ，市街地の環境
の整備改善に資すると認めて許可したときは，当該新築又は増築等に係る建築物の
各部分の高さ又は容積率を，その許可の範囲内において，第55条第1項の規定又は
当該公告認定対象区域を一の敷地とみなして適用される第52条第1項から第9項ま
で，第56条若しくは第57条の2第6項の規定による限度を超えるものとすることが
できる。この場合において，前項の規定は，適用しない。

◆政令［一団地内の空地及び一団地の面積の規模］令第136条の12→p360
●関連［敷地内の空地及び敷地面積の規模］令第136条→p342
◆国土交通省令［一の敷地とみなすこと等による制限の緩和に係る認定又は
許可の申請等］規則第10条の16　　　　　　　　　　→p549

3　公告許可対象区域（前条第3項又は第4項の規定による許可に係る公告対象区域
をいう。以下同じ。）内において，同条第3項又は第4項の規定により一の敷地内
にあるものとみなされる建築物(以下「一敷地内許可建築物」という。)以外の建築物
を新築し，又は一敷地内許可建築物について増築等をしようとする者は，**国土交通
省令**で定めるところにより，特定行政庁の許可を受けなければならない。この場合
において，特定行政庁は，当該新築又は増築等に係る建築物が，その位置及び建蔽
率，容積率，各部分の高さその他の構造について，他の一敷地内許可建築物の位置
及び建蔽率，容積率，各部分の高さその他の構造との関係において，交通上，安全
上，防火上及び衛生上支障がなく，かつ，市街地の環境の整備改善を阻害すること
がないと認めるとともに，当該区域内に同条第3項又は第4項の**政令**で定める空地
を維持することとなると認める場合に限り，許可するものとする。

◆国土交通省令［一の敷地とみなすこと等による制限の緩和に係る
認定又は許可の申請等］規則第10条の16　　　　　　→p549
◆政令［一団地内の空地及び一団地の面積の規模］令第136条の12→p360
●関連［敷地内の空地及び敷地面積の規模］令第136条→p342

4　第2項の規定による許可を申請する者は，その者以外に公告認定対象区域内にあ
る土地について所有権又は借地権を有する者があるときは，建築物に関する計画に
ついて，あらかじめ，これらの者の同意を得なければならない。

5　第44条第2項の規定は，第2項又は第3項の規定による許可*をする場合に準用
する。

●関連［建築審査会］法第78条→p134

6　特定行政庁は，第1項から第3項までの規定による認定又は許可をしたときは，
遅滞なく，**国土交通省令**で定めるところにより，その旨を公告するとともに，前条
第8項の図書の表示する事項について所要の変更をしなければならない。

◆国土交通省令［一の敷地とみなすこと等による制限の緩和の認定又は許可に係る
公告の方法］規則第10条の20　　　　　　　　　　→p556

7　前条第9項の規定は，第1項から第3項までの規定による認定又は許可について
準用する。

8　公告対象区域内の第1項の規定による認定又は第2項若しくは第3項の規定による許可を受けた建築物及び当該建築物以外の当該公告対象区域内の建築物については，それぞれ，前条第1項若しくは第2項の規定又は同条第3項若しくは第4項（第2項の規定による許可に係るものにあっては，同条第3項又は第4項中一団地又は一定の一団の土地の区域を一の敷地とみなす部分に限る。）の規定を準用する。

9　公告認定対象区域内に第1項の規定による認定を受けた建築物がある場合における同項又は第2項の規定の適用については，当該建築物を一敷地内認定建築物とみなす。

10　第2項の規定による許可に係る第6項の公告があった公告認定対象区域は，その日以後は，公告許可対象区域とみなす。

11　前項に規定する公告許可対象区域内における第3項の規定の適用については，第2項の規定による許可を受けた建築物及び当該建築物以外の当該公告許可対象区域内の建築物を一敷地内許可建築物とみなす。

12　公告許可対象区域内に第3項の規定による許可を受けた建築物がある場合における同項の規定の適用については，当該建築物を一敷地内許可建築物とみなす。

　【一の敷地内にあるとみなされる建築物に対する高度利用地区等内における制限の特例】

第86条の3　第86条第1項から第4項まで（これらの規定を前条第8項において準用する場合を含む。）の規定により一の敷地内にあるものとみなされる建築物は，第59条第1項，第60条の2第1項又は第60条の3第1項の規定を適用する場合においては，これを一の建築物とみなす。

　【一の敷地内にあるとみなされる建築物に対する外壁の開口部に対する制限の特例】

第86条の4　次の各号のいずれかに該当する建築物について第27条第2項若しくは第3項又は第67条第1項の規定を適用する場合においては，第一号イに該当する建築物は耐火建築物と，同号ロに該当する建築物は準耐火建築物とみなす。

一　第86条第1項又は第3項の規定による認定又は許可を受けて建築等をする建築物で，次のいずれかに該当するもの
　イ　第2条第九号の二イに該当するもの
　ロ　第2条第九号の三イ又はロのいずれかに該当するもの

二　第86条第2項又は第4項の規定による認定又は許可を受けて建築等をする建築物で，前号イ又はロのいずれかに該当するもの（当該認定又は許可に係る公告対象区域内に現に存する建築物が，同号イ又はロのいずれかに該当するものである場合に限る。）

三　第86条の2第1項から第3項までの規定による認定又は許可を受けて建築等をする建築物で，第一号イ又はロのいずれかに該当するもの（当該認定又は許可に係る公告対象区域内の他の一敷地内認定建築物又は一敷地内許可建築物が，同号イ又はロのいずれかに該当するものである場合に限る。）

【一の敷地とみなすこと等の認定又は許可の取消し】

第86条の5　公告対象区域内の土地について所有権又は借地権を有する者は，その全員の合意により，当該公告対象区域内の建築物に係る第86条第1項若しくは第2項若しくは第86条の2第1項の規定による認定又は第86条第3項若しくは第4項若しくは第86条の2第2項若しくは第3項の規定による許可の取消しを特定行政庁に申請することができる。

2　前項の規定による認定の取消しの申請を受けた特定行政庁は，当該申請に係る公告認定対象区域内の建築物の位置及び構造が安全上，防火上及び衛生上支障がないと認めるときは，当該申請に係る認定を取り消すものとする。

3　第1項の規定による許可の取消しの申請を受けた特定行政庁は，当該申請に係る公告許可対象区域内の建築物の位置及び建蔽率，容積率，各部分の高さその他の構造について，交通上，安全上，防火上及び衛生上支障がなく，かつ，市街地の環境の整備改善を阻害することがないと認めるときは，当該申請に係る許可を取り消すものとする。

4　特定行政庁は，前2項の規定による取消しをしたときは，遅滞なく，**国土交通省令**で定めるところにより，その旨を公告しなければならない。

◆国土交通省令［認定の取消しに係る公告の方法］規則第10条の22→p562

5　第2項又は第3項の規定による取消しは，前項の規定による公告によって，その効力を生ずる。

6　前2項に定めるもののほか，第2項又は第3項の規定による認定又は許可の取消しについて必要な事項は，**国土交通省令**で定める。

◆国土交通省令［認定又は許可の取消しの申請等］規則第10条の21→p556

【総合的設計による一団地の住宅施設についての制限の特例】

第86条の6　一団地の住宅施設に関する都市計画を定める場合においては，第一種低層住居専用地域，第二種低層住居専用地域又は田園住居地域については，第52条第1項第一号に規定する容積率，第53条第1項第一号に規定する建蔽率，第54条第2項に規定する外壁の後退距離及び第55条第1項に規定する建築物の高さと異なる容積率，建蔽率，距離及び高さの基準を定めることができる。

2　前項の都市計画に基づき建築物を総合的設計によって建築する場合において，当該建築物が同項の規定により当該都市計画に定められた基準に適合しており，かつ，特定行政庁がその各建築物の位置及び構造が当該第一種低層住居専用地域，第二種低層住居専用地域又は田園住居地域内の住居の環境の保護に支障がないと認めるときは，当該建築物については，第52条第1項第一号，第53条第1項第一号，第54条第1項及び第55条第1項の規定は，適用しない。

【既存の建築物に対する制限の緩和】

第86条の7　第3条第2項（第86条の9第1項において準用する場合を含む。以下この条，次条，第87条及び第87条の2において同じ。）の規定により第20条，第26条，第27条，第28条の2（同条各号に掲げる基準のうち**政令**[*1]で定めるものに係る部分に限る。），第30条，第34条第2項，第47条，第48条第1項から第14項まで，第51条，

第52条第1項，第2項若しくは第7項，第53条第1項若しくは第2項，第54条第1項，第55条第1項，第56条第1項，第56条の2第1項，第57条の4第1項，第57条の5第1項，第58条第1項，第59条第1項若しくは第2項，第60条第1項若しくは第2項，第60条の2第1項若しくは第2項，第60条の2の2第1項から第3項まで，第60条の3第1項若しくは第2項，第61条，第67条第1項若しくは第5項から第7項まで又は第68条第1項若しくは第2項の規定の適用を受けない建築物について**政令**[*2]で定める範囲内において増築，改築，大規模の修繕又は大規模の模様替（以下この条及び次条において「増築等」という。）をする場合（第3条第2項の規定により第20条の規定の適用を受けない建築物について当該政令で定める範囲内において増築又は改築をする場合にあっては，当該増築又は改築後の建築物の構造方法が政令で定める基準に適合する場合に限る。）においては，第3条第3項（第三号及び第四号に係る部分に限る。以下この条において同じ。）の規定にかかわらず，これらの規定は，適用しない。

◆**政令**1［増築等をする場合に適用されない物質の飛散又は発散に対する衛
　　　　生上の措置に関する基準］令第137条の4の2　　　　　　　　　→p363
　　　　2［構造耐力関係］令第137条の2　　　　　　　　　　　　　　　→p361
　　　　［防火壁及び防火床関係］令第137条の3　　　　　　　　　　　　→p362
　　　　［耐火建築物等としなければならない特殊建築物関係］令第137条の4→p363
　　　　［石綿関係］令第137条の4の3　　　　　　　　　　　　　　　　→p363
　　　　［長屋又は共同住宅の各戸の界壁関係］令第137条の5　　　　　　→p363
　　　　［非常用の昇降機関係］令条第137条の6　　　　　　　　　　　　→p363
　　　　［用途地域等関係］令第137の7　　　　　　　　　　　　　　　　→p364
　　　　［容積率関係］令第137条の8　　　　　　　　　　　　　　　　　→p364
　　　　［高度利用地区等関係］令第137条の9　　　　　　　　　　　　　→p365
　　　　［防火地域及び特定防災街区整備地区関係］令第137条の10　　　→p365
　　　　［準防火地域関係］令第137条の11　　　　　　　　　　　　　　→p366
　　　　［大規模の修繕又は大規模の模様替］令第137条の12　　　　　　→p366

2　第3条第2項の規定により第20条又は第35条（同条の技術的基準のうち**政令**[*1]で定めるものに係る部分に限る。以下この項及び第87条第4項において同じ。）の規定の適用を受けない建築物であって，第20条又は第35条に規定する基準の適用上一の建築物であっても別の建築物とみなすことができる部分として**政令**[*2]で定める部分（以下この項において「独立部分」という。）が2以上あるものについて増築等をする場合においては，第3条第3項の規定にかかわらず，当該増築等をする独立部分以外の独立部分に対しては，これらの規定は，適用しない。

◆**政令**1［増築等をする独立部分以外の独立部分に対して適用されない技術的基準］
　　　　令第137条の13　　　　　　　　　　　　　　　　　　　　　　→p367
　　　　2［独立部分］令第137条の14　　　　　　　　　　　　　　　　→p367

3　第3条第2項の規定により第28条，第28条の2（同条各号に掲げる基準のうち**政令**で定めるものに係る部分に限る。），第29条から第32条まで，第34条第1項，第35条の3又は第36条（防火壁，防火床，防火区画，消火設備及び避雷設備の設置及び構造に係る部分を除く。）の規定の適用を受けない建築物について増築等をする場合においては，第3条第3項の規定にかかわらず，当該増築等をする部分以外の部分に対しては，これらの規定は，適用しない。

◆政令［増築等をする部分以外の居室に対して適用されない基準］令第137条の15→p367

4　第3条第2項の規定により建築基準法令の規定の適用を受けない建築物について**政令**で定める範囲内において移転をする場合においては，同条第3項の規定にかかわらず，建築基準法令の規定は，適用しない。

◆政令［移転］令第137条の16→p368

【既存の一の建築物について2以上の工事に分けて増築等を含む工事を行う場合の制限の緩和】

第86条の8　第3条第2項の規定によりこの法律又はこれに基づく命令若しくは条例の規定の適用を受けない一の建築物について2以上の工事に分けて増築等を含む工事を行う場合において，特定行政庁が当該2以上の工事の全体計画が次に掲げる基準に適合すると認めたときにおける同項及び同条第3項の規定の適用については，同条第2項中「建築，修繕若しくは模様替の工事中の」とあるのは「第86条の8第1項の認定を受けた全体計画に係る2以上の工事の工事中若しくはこれらの工事の間の」と，同条第3項中「適用しない」とあるのは「適用しない。ただし，第三号又は第四号に該当するものにあっては，第86条の8第1項の認定を受けた全体計画に係る2以上の工事のうち最後の工事に着手するまでは，この限りでない」と，同項第三号中「工事」とあるのは「最初の工事」と，「増築，改築，移転，大規模の修繕又は大規模の模様替」とあるのは「第86条の8第1項の認定を受けた全体計画に係る2以上の工事」とする。

一　一の建築物の増築等を含む工事を2以上の工事に分けて行うことが当該建築物の利用状況その他の事情によりやむを得ないものであること。

二　全体計画に係る全ての工事の完了後において，当該全体計画に係る建築物及び建築物の敷地が建築基準法令の規定に適合することとなること。

三　全体計画に係るいずれの工事の完了後においても，当該全体計画に係る建築物及び建築物の敷地について，交通上の支障，安全上，防火上及び避難上の危険性並びに衛生上及び市街地の環境の保全上の有害性が増大しないものであること。

2　前項の認定の申請の手続その他当該認定に関し必要な事項は，**国土交通省令**で定める。

◆国土交通省令［全体計画認定の申請等］規則第10条の23　　→p563
［全体計画認定の変更の申請等］規則第10条の24→p565

3　第1項の認定を受けた全体計画に係る工事の建築主（以下この条において「認定建築主」という。）は，当該認定を受けた全体計画の変更（**国土交通省令**で定める軽微な変更を除く。）をしようとするときは，特定行政庁の認定を受けなければならない。前2項の規定は，この場合に準用する。

◆国土交通省令［全体計画の変更に係る認定を要しない軽微な変更］規則第10条の25→p565

4　特定行政庁は，認定建築主に対し，第1項の認定を受けた全体計画（前項の規定による変更の認定があったときは，その変更後のもの。次項において同じ。）に係る工事の状況について報告を求めることができる。

5　特定行政庁は，認定建築主が第1項の認定を受けた全体計画に従って工事を行っ

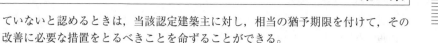

ていないと認めるときは，当該認定建築主に対し，相当の猶予期限を付けて，その改善に必要な措置をとるべきことを命ずることができる。

6　特定行政庁は，認定建築主が前項の命令に違反したときは，第1項又は第3項の認定を取り消すことができる。

【公共事業の施行等による敷地面積の減少についての第3条等の規定の準用】

第86条の9　第3条第2項及び第3項（第一号及び第二号を除く。）の規定は，次に掲げる事業の施行の際現に存する建築物若しくはその敷地又は現に建築，修繕若しくは模様替の工事中の建築物若しくはその敷地が，当該事業の施行によるこれらの建築物の敷地面積の減少により，この法律若しくはこれに基づく命令若しくは条例の規定に適合しないこととなった場合又はこれらの規定に適合しない部分を有するに至った場合について準用する。この場合において，同項第三号中「この法律又はこれに基づく命令若しくは条例の規定の施行又は適用」とあるのは，「第86条の9第1項各号に掲げる事業の施行による建築物の敷地面積の減少」と読み替えるものとする。

一　土地収用法第3条各号に掲げるものに関する事業若しくは都市計画法の規定により土地を収用し，若しくは使用することができる都市計画事業又はこれらの事業に係る土地収用法第16条に規定する関連事業

二　その他前号の事業に準ずる事業で**政令**で定めるもの

◆政令〔公共事業の施行等による敷地面積の減少について法第3条等の
　規定を準用する事業〕令第137条の17　　　　　　　　　　　　　→p368

2　第53条の2第3項（第57条の5第3項，第67条第4項及び第68条第4項において準用する場合を含む。以下この項において同じ。）の規定は，前項各号に掲げる事業の施行による面積の減少により，当該事業の施行の際現に建築物の敷地として使用されている土地で第53条の2第1項（第57条の5第3項において準用する場合を含む。），第67条第3項若しくは第68条第3項の規定に適合しなくなるもの又は当該事業の施行の際現に存する所有権その他の権利に基づいて建築物の敷地として使用するならばこれらの規定に適合しないこととなる土地について準用する。この場合において，第53条の2第3項中「同項の規定は」とあるのは「第1項，第67条第3項又は第68条第3項の規定は」と，同項第一号中「第1項の都市計画における建築物の敷地面積の最低限度が変更された際，」とあるのは「第86条の9第1項各号に掲げる事業の施行により面積が減少した際，当該面積の減少がなくとも」と，「従前の制限」とあるのは「制限」と，同項第二号中「第1項」とあるのは「第1項（第57条の5第3項において準用する場合を含む。），第67条第3項若しくは第68条第3項」と，「同項」とあるのは「これら」と読み替えるものとする。

【用途の変更に対するこの法律の準用】

第87条　建築物の用途を変更して第6条第1項第一号の特殊建築物のいずれかとする場合（当該用途の変更が**政令**で指定する類似の用途相互間におけるものである場合を除く。）においては，同条（第3項，第5項及び第6項を除く。），第6条の2（第3項を除く。），第6条の4（第1項第一号及び第二号の建築物に係る部分に限

る。），第7条第1項並びに第18条第1項から第3項まで及び第14項から第16項までの規定を準用する。この場合において，第7条第1項中「建築主事の検査を申請しなければならない」とあるのは，「建築主事に届け出なければならない」と読み替えるものとする。

◆政令［建築物に用途を変更して特殊建築物とする場合に建築主事の確認等を
要しない類似の用途］令第137条の18　　　　　　　　　　　　→p368

2　建築物（次項の建築物を除く。）の用途を変更する場合においては，第48条第1項から第14項まで，第51条，第60条の2第3項及び第68条の3第7項の規定並びに第39条第2項，第40条，第43条第3項，第43条の2，第49条から第50条まで，第60条の2の2第4項，第60条の3第3項，第68条の2第1項及び第5項並びに第68条の9第1項の規定に基づく条例の規定を準用する。

3　第3条第2項の規定により第27条，第28条第1項若しくは第3項，第29条，第30条，第35条から第35条の3まで，第36条中第28条第1項若しくは第35条に関する部分，第48条第1項から第14項まで若しくは第51条の規定又は第39条第2項，第40条，第43条第3項，第43条の2，第49条から第50条まで，第68条の2第1項若しくは第68条の9第1項の規定に基づく条例の規定（次条第1項において「第27条等の規定」という。）の適用を受けない建築物の用途を変更する場合においては，次の各号のいずれかに該当する場合を除き，これらの規定を準用する。
一　増築，改築，大規模の修繕又は大規模の模様替をする場合
二　当該用途の変更が政令で指定する類似の用途相互間におけるものであって，かつ，建築物の修繕若しくは模様替をしない場合又はその修繕若しくは模様替が大規模でない場合

◆政令［建築物に用途を変更する場合に法第27条等の規定を準用しない
類似の用途等］令第137条の19第1項　　　　　　　　　　→p369

三　第48条第1項から第14項までの規定に関しては，用途の変更が政令で定める範囲内である場合

◆政令［建築物に用途を変更する場合に法第27条等の規定を準用しない
類似の用途等］令第137条の19第2項　　　　　　　　　　→p369

4　第86条の7第2項（第35条に係る部分に限る。）及び第86条の7第3項（第28条第1項若しくは第3項，第29条，第30条，第35条の3又は第36条（居室の採光面積に係る部分に限る。以下この項において同じ。）に係る部分に限る。）の規定は，第3条第2項の規定により第28条第1項若しくは第3項，第29条，第30条，第35条，第35条の3又は第36条の規定の適用を受けない建築物の用途を変更する場合について準用する。この場合において，第86条の7第2項及び第3項中「増築等」とあるのは「用途の変更」と，「第3条第3項」とあるのは「第87条第3項」と読み替えるものとする。

【既存の一の建築物について2以上の工事に分けて用途の変更に伴う工事を行う場合の制限の緩和】

第87条の2　第3条第2項の規定により第27条等の規定の適用を受けない一の建築物

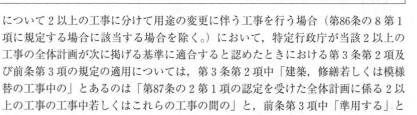

について2以上の工事に分けて用途の変更に伴う工事を行う場合（第86条の8第1項に規定する場合に該当する場合を除く。）において，特定行政庁が当該2以上の工事の全体計画が次に掲げる基準に適合すると認めたときにおける第3条第2項及び前条第3項の規定の適用については，第3条第2項中「建築，修繕若しくは模様替の工事中の」とあるのは「第87条の2第1項の認定を受けた全体計画に係る2以上の工事の工事中若しくはこれらの工事の間の」と，前条第3項中「準用する」とあるのは「準用する。ただし，次条第1項の認定を受けた全体計画に係る2以上の工事のうち最後の工事に着手するまでは，この限りでない」とする。

一　一の建築物の用途の変更に伴う工事を2以上の工事に分けて行うことが当該建築物の利用状況その他の事情によりやむを得ないものであること。

二　全体計画に係る全ての工事の完了後において，当該全体計画に係る建築物及び建築物の敷地が建築基準法令の規定に適合することとなること。

三　全体計画に係るいずれの工事の完了後においても，当該全体計画に係る建築物及び建築物の敷地について，交通上の支障，安全上，防火上及び避難上の危険性並びに衛生上及び市街地の環境の保全上の有害性が増大しないものであること。

2　第86条の8第2項から第6項までの規定は，前項の認定について準用する。

【建築物の用途を変更して一時的に他の用途の建築物として使用する場合の制限の緩和】

第87条の3　非常災害があった場合において，非常災害区域等内にある建築物の用途を変更して災害救助用建築物（住宅，病院その他これらに類する建築物で，国，地方公共団体又は日本赤十字社が災害救助のために使用するものをいう。以下この条及び第101条第1項第十六号において同じ。）として使用するとき（その災害が発生した日から1月以内に当該用途の変更に着手するときに限る。）における当該災害救助用建築物については，建築基準法令の規定は，適用しない。ただし，非常災害区域等のうち防火地域内にある建築物については，この限りでない。

2　災害があった場合において，建築物の用途を変更して公益的建築物（学校，集会場その他これらに類する公益上必要な用途に供する建築物をいう。以下この条及び第101条第1項第十六号において同じ。）として使用するときにおける当該公益的建築物については，第12条第1項から第4項まで，第21条，第22条，第26条，第30条，第34条第2項，第35条，第36条（第21条，第26条，第34条第2項及び第35条に係る部分に限る。），第39条，第40条，第3章並びに第87条第1項及び第2項の規定は，適用しない。

3　建築物の用途を変更して第1項の災害救助用建築物又は前項の公益的建築物とした者は，その用途の変更を完了した後3月を超えて当該建築物を引き続き災害救助用建築物又は公益的建築物として使用しようとする場合においては，その超えることとなる日前に，特定行政庁の許可を受けなければならない。ただし，当該許可の申請をした場合において，その超えることとなる日前に当該申請に対する処分がされないときは，当該処分がされるまでの間は，当該建築物を引き続き災害救助用建築物又は公益的建築物として使用することができる。

4　特定行政庁は，前項の許可の申請があった場合において，安全上，防火上及び衛生上支障がないと認めるときは，2年以内の期間を限って，その許可をすることができる。

5　特定行政庁は，被災者の需要に応ずるに足りる適当な建築物が不足することその他の理由により前項に規定する期間を超えて使用する特別の必要がある災害救助用建築物又は公益的建築物について，安全上，防火上及び衛生上支障がなく，かつ，公益上やむを得ないと認める場合においては，同項の規定にかかわらず，更に1年を超えない範囲内において同項の規定による許可の期間を延長することができる。被災者の需要に応ずるに足りる適当な建築物が不足することその他の理由により当該延長に係る期間を超えて使用する特別の必要がある災害救助用建築物又は公益的建築物についても，同様とする。

6　特定行政庁は，建築物の用途を変更して興行場等（興行場，博覧会建築物，店舗その他これらに類する建築物をいう。以下同じ。）とする場合における当該興行場等について安全上，防火上及び衛生上支障がないと認めるときは，1年以内の期間（建築物の用途を変更して代替建築物（建築物の工事を施工するためその工事期間中当該従前の建築物に代えて使用する興行場，店舗その他これらに類する建築物をいう。）とする場合における当該代替建築物については，特定行政庁が当該工事の施工上必要と認める期間）を定めて，当該建築物を興行場等として使用することを許可することができる。この場合においては，第12条第1項から第4項まで，第21条，第22条，第24条，第26条，第27条，第34条第2項，第35条の2，第35条の3，第3章及び第87条第2項の規定は，適用しない。

7　特定行政庁は，建築物の用途を変更して特別興行場等（国際的な規模の会議又は競技会の用に供することその他の理由により1年を超えて使用する特別の必要がある興行場等をいう。以下この項において同じ。）とする場合における当該特別興行場等について，安全上，防火上及び衛生上支障がなく，かつ，公益上やむを得ないと認めるときは，前項の規定にかかわらず，当該特別興行場等の使用上必要と認める期間を定めて，当該建築物を特別興行場等として使用することを許可することができる。この場合においては，同項後段の規定を準用する。

8　特定行政庁は，第5項の規定により許可の期間を延長する場合又は前項の規定による許可をする場合においては，あらかじめ，建築審査会の同意を得なければならない。ただし，病院，学校その他の公益上特に必要なものとして**国土交通省令**で定める用途に供する災害救助用建築物又は公益的建築物について第5項の規定により許可の期間を延長する場合は，この限りでない。

◆**国土交通省令**［公益上特に必要な用途］規則第10条の15の8 →p548

【建築設備への準用】

第87条の4　**政令**で指定する昇降機その他の建築設備を第6条第1項第一号から第三号までに掲げる建築物に設ける場合においては，同項（第87条第1項において準用する場合を含む。）の規定による確認又は第18条第2項（第87条第1項において準用する場合を含む。）の規定による通知を要する場合を除き，第6条（第3項，第

5項及び第6項を除く。），第6条の2（第3項を除く。），第6条の4（第1項第一号及び第二号の建築物に係る部分に限る。），第7条から第7条の4まで，第7条の5（第6条の4第1項第一号及び第二号の建築物に係る部分に限る。），第7条の6，第18条（第4項から第13項まで及び第25項を除く。）及び第89条から第90条の3までの規定を準用する。この場合において，第6条第4項中「同項第一号から第三号までに係るものにあってはその受理した日から35日以内に，同項第四号に係るものにあってはその受理した日から7日以内に」とあるのは，「その受理した日から7日以内に」と読み替えるものとする。

◆政令［確認等を要する建築設備］令第146条→p382
●関連［建築設備に関する確認申請書及び確認済証の様式］規則第2条の2→p473

【工作物への準用】

第88条　煙突，広告塔，高架水槽，擁壁その他これらに類する工作物で**政令**[*1]で指定するもの及び昇降機，ウォーターシュート，飛行塔その他これらに類する工作物で**政令**[*2]で指定するもの（以下この項において「昇降機等」という。）については，第3条，第6条（第3項，第5項及び第6項を除くものとし，第1項及び第4項は，昇降機等については第1項第一号から第三号までの建築物に係る部分，その他のものについては同項第四号の建築物に係る部分に限る。），第6条の2（第3項を除く。），第6条の4（第1項第一号及び第二号の建築物に係る部分に限る。），第7条から第7条の4まで，第7条の5（第6条の4第1項第一号及び第二号の建築物に係る部分に限る。），第8条から第11条まで，第12条第5項（第三号を除く。）及び第6項から第9項まで，第13条，第15条の2，第18条（第4項から第13項まで及び第24項を除く。），第20条，第28条の2（同条各号に掲げる基準のうち**政令**[*3]で定めるものに係る部分に限る。），第32条，第33条，第34条第1項，第36条（避雷設備及び昇降機に係る部分に限る。），第37条，第38条，第40条，第3章の2（第68条の20第2項については，同項に規定する建築物以外の認証型式部材等に係る部分に限る。），第86条の7第1項（第28条の2（第86条の7第1項の政令で定める基準に係る部分に限る。）に係る部分に限る。），第86条の7第2項（第20条に係る部分に限る。），第86条の7第3項（第32条，第34条第1項及び第36条（昇降機に係る部分に限る。）に係る部分に限る。），前条，次条並びに第90条の規定を，昇降機等については，第7条の6，第12条第1項から第4項まで，第12条の2，第12条の3及び第18条第24項の規定を準用する。この場合において，第20条第1項中「次の各号に掲げる建築物の区分に応じ，それぞれ当該各号に定める基準」とあるのは，「**政令**[*4]で定める技術的基準」と読み替えるものとする。

◆政令1［工作物の指定］令第138条第1項，令第139条〜第142条　→p369, 373〜375
　　　2［工作物の指定］令第138条第2項，令第143条〜第144条　→p370, 375〜376
　　　3［増築等をする場合に適用されない物質の飛散又は発散に対する
　　　　衛生上の措置に関する基準］令第137条の4の2　　　　　　→p363
　　　4 令第139条〜令第144条　　　　　　　　　　　　　　　　→p373〜376
●関連［工作物に関する確認申請書及び確認済証等の様式］規則第3条→p476
　　　［工作物の定期報告］規則第6条の2の2　　　　　　　　　→p514
　　　［国の機関の長等による工作物の点検］規則第6条の2の3　→p514

2　製造施設，貯蔵施設，遊戯施設等の工作物で**政令**で指定するものについては，第
　3条，第6条（第3項，第5項及び第6項を除くものとし，第1項及び第4項は，
　第1項第一号から第三号までの建築物に係る部分に限る。），第6条の2（第3項を
　除く。），第7条，第7条の2，第7条の6から第9条の3まで，第11条，第12条第
　5項（第三号を除く。）及び第6項から第9項まで，第13条，第15条の2，第18条
　（第4項から第13項まで及び第19項から第23項までを除く。），第48条から第51条ま
　で，第60条の2第3項，第60条の2の2第4項，第60条の3第3項，第68条の2第
　1項及び第5項，第68条の3第6項から第9項まで，第86条の7第1項（第48条第
　1項から第14項まで及び第51条に係る部分に限る。），第87条第2項（第48条第1項
　から第14項まで，第49条から第51条まで，第60条の2第3項，第60条の2の2第4
　項，第60条の3第3項並びに第68条の2第1項及び第5項に係る部分に限る。），第
　87条第3項（第48条第1項から第14項まで，第49条から第51条まで及び第68条の2
　第1項に係る部分に限る。），前条，次条，第91条，第92条の2並びに第93条の2の
　規定を準用する。この場合において，第6条第2項及び別表第2中「床面積の合計」
　とあるのは「築造面積」と，第68条の2第1項中「敷地，構造，建築設備又は用途」
　とあるのは「用途」と読み替えるものとする。

◆**政令**［工作物の指定］令第138条第3項，令第144条の2の2→p370, 379
●関連［工作物に関する確認申請書及び確認済証等の様式］規則第3条→p476

3　第3条，第8条から第11条まで，第12条（第5項第三号を除く。），第12条の2，
　第12条の3，第13条，第15条の2並びに第18条第1項及び第25項の規定は，第64条
　に規定する工作物について準用する。

4　第1項中第6条から第7条の5まで，第18条（第1項及び第25項を除く。）及び
　次条に係る部分は，宅地造成及び特定盛土等規制法（昭和36年法律第191号）第12
　条第1項，第16条第1項，第30条第1項若しくは第35条第1項，都市計画法第29条
　第1項若しくは第2項若しくは第35条の2第1項本文，特定都市河川浸水被害対策
　法（平成15年法律第77号）第57条第1項若しくは第62条第1項又は津波防災地域づ
　くりに関する法律（平成23年法律第123号）第73条第1項若しくは第78条第1項の
　規定による許可を受けなければならない場合の擁壁については，適用しない。

●関連［宅地造成等に関する工事の許可］宅地造成及び特定盛土等規制法第12条→p1147

【工事現場における確認の表示等】

第89条　第6条第1項の建築，大規模の修繕又は大規模の模様替の工事の施工者は，
　当該工事現場の見易い場所に，**国土交通省令**で定める様式によって，建築主，設計
　者，工事施工者及び工事の現場管理者の氏名又は名称並びに当該工事に係る同項の
　確認があった旨の表示をしなければならない。

◆**国土交通省令**［工事現場の確認の表示の様式］規則第11条→p565

2　第6条第1項の建築，大規模の修繕又は大規模の模様替の工事の施工者は，当該
　工事に係る設計図書を当該工事現場に備えておかなければならない。

【工事現場の危害の防止】

第90条　建築物の建築，修繕，模様替又は除却のための工事の施工者は，当該工事の

施工に伴う地盤の崩落，建築物又は工事用の工作物の倒壊等による危害を防止するために必要な措置を講じなければならない。

2　前項の措置の技術的基準は，**政令**で定める。

◆政令［仮囲い］令第136条の2の20　　　　　　　　　　　　　　　　→p356
　　　　［根切り工事，山留め工事等を行う場合の危害の防止］令第136条の3　→p356
　　　　［基礎工事用機械等の転倒による危害の防止］令第136条の4　　　　→p357
　　　　［落下物に対する防護］令第136条の5　　　　　　　　　　　　　　→p358
　　　　［建て方］令第136条の6　　　　　　　　　　　　　　　　　　　→p358
　　　　［工事用材料の集積］令第136条の7　　　　　　　　　　　　　　→p358
　　　　［火災の防止］令第136条の8　　　　　　　　　　　　　　　　　→p358

3　第3条第2項及び第3項，第9条（第13項及び第14項を除く。），第9条の2，第9条の3（設計者及び宅地建物取引業者に係る部分を除く。）並びに第18条第1項及び第25項の規定は，第1項の工事の施工について準用する。

【工事中の特殊建築物等に対する措置】

第90条の2　特定行政庁は，第9条又は第10条の規定*による場合のほか，建築，修繕若しくは模様替又は除却の工事の施工中に使用されている第6条第1項第一号から第三号までの建築物が，安全上，防火上又は避難上著しく支障があると認める場合においては，当該建築物の建築主又は所有者，管理者若しくは占有者に対して，相当の猶予期限を付けて，当該建築物の使用禁止，使用制限その他安全上，防火上又は避難上必要な措置を採ることを命ずることができる。

●関連［違反建築物に対する措置］法第9条　　　　　　　　　　　　　　→p30
　　　　［著しく保安上危険な建築物等の所有者等に対する勧告及び命令］法第10条→p33

2　第9条第2項から第9項まで及び第11項から第15項までの規定は，前項の場合に準用する。

【工事中における安全上の措置等に関する計画の届出】

第90条の3　別表第1（い）欄の(1)項，(2)項及び(4)項に掲げる用途に供する建築物並びに地下の工作物内に設ける建築物で**政令**で定めるものの新築の工事又はこれらの建築物に係る避難施設等に関する工事*の施工中において当該建築物を使用し，又は使用させる場合においては，当該建築主は，**国土交通省令**で定めるところにより，あらかじめ，当該工事の施工中における当該建築物の安全上，防火上又は避難上の措置に関する計画を作成して特定行政庁に届け出なければならない。

◆政令［工事中における安全上の措置等に関する計画の届出を要する建築物］令第147条の2→p383
　◆国土交通省令［安全上の措置等に関する計画届の様式］規則第11条の2→p565
　●関連［検査済証の交付を受けるまでの建築物の使用制限］法第7条の6　→p29
　　　　［別表第1］　　　　　　　　　　　　　　　　　　　　　　　→p167
　　　　［避難施設等の範囲］令第13条　　　　　　　　　　　　　　　→p201
　　　　［避難施設等に関する工事に含まれない軽易な工事］令第13条の2→p201

【建築物の敷地が区域，地域又は地区の内外にわたる場合の措置】

第91条　建築物の敷地がこの法律の規定（第52条，第53条，第54条から第56条の2まで，第57条の2，第57条の3，第67条第1項及び第2項並びに別表第3の規定を除く。以下この条において同じ。）による建築物の敷地，構造，建築設備又は用途に関する禁止又は制限を受ける区域（第22条第1項の市街地の区域を除く。以下この

条において同じ。），地域（防火地域及び準防火地域を除く。以下この条において同じ。）又は地区（高度地区を除く。以下この条において同じ。）の内外にわたる場合においては，その建築物又はその敷地の全部について敷地の過半の属する区域，地域又は地区内の建築物に関するこの法律の規定又はこの法律に基づく命令の規定を適用する。

●関連 ［建築物が第22条第1項の市街地の区域の内外にわたる場合の措置］法第24条　→p49
　　　［容積率］法第52条第7項　　　　　　　　　　　　　　　　　　　→p66
　　　［建蔽率］法第53条第2項，第7項　　　　　　　　　　　　　　　→p69，70
　　　［建築物の各部分の高さ］法第56条第5項　　　　　　　　　　　　→p74
　　　［日影による中高層の建築物の高さの制限］法第56条の2第5項　　→p76
　　　［建築物が防火地域又は準防火地域の内外にわたる場合の措置］法第65条　→p83
　　　［特定防災街区整備地区］法第67条第2項　　　　　　　　　　　　→p84
　　　［建築物の敷地が地区計画等の区域の内外にわたる場合の措置］法第68条の8　→p95
　　　［別表第3］備考　　　　　　　　　　　　　　　　　　　　　　　→p179

【面積，高さ及び階数の算定】

第92条　建築物の敷地面積，建築面積，延べ面積，床面積及び高さ，建築物の軒，天井及び床の高さ，建築物の階数並びに工作物の築造面積の算定方法は，**政令**で定める。

◆政令 ［面積，高さ等の算定方法］令第2条　　→p193
　　　［居室の天井の高さ］令第21条　　　　　→p213
　　　［居室の床の高さ及び防湿方法］令第22条→p213

【許可の条件】

第92条の2　この法律の規定による許可には，建築物又は建築物の敷地を交通上，安全上，防火上又は衛生上支障がないものとするための条件その他必要な条件を付することができる。この場合において，その条件は，当該許可を受けた者に不当な義務を課するものであってはならない。

【許可又は確認に関する消防長等の同意等】

第93条　特定行政庁，建築主事又は指定確認検査機関は，この法律の規定による許可又は確認をする場合においては，当該許可又は確認に係る建築物の工事施工地又は所在地を管轄する消防長（消防本部を置かない市町村にあっては，市町村長。以下同じ。）又は消防署長の同意を得なければ，当該許可又は確認をすることができない。ただし，確認に係る建築物が防火地域及び準防火地域以外の区域内における住宅（長屋，共同住宅その他**政令**で定める住宅を除く。）である場合又は建築主事若しくは指定確認検査機関が第87条の4において準用する第6条第1項若しくは第6条の2第1項の規定による確認をする場合においては，この限りでない。

◆政令 ［消防長等の同意を要する住宅］令第147条の3→p384
●関連 ［建築許可等についての消防長又は消防署長の同意］
　　　消防法第7条，同施行令第1条　　　　　　　　　　　　　　　→p723，742
　　　［既存の特定建築物に設けるエレベーターについての建築基準法
　　　の特例］高齢者，障害者等の移動等の円滑化促進法第23条　　→p989

2　消防長又は消防署長は，前項の規定によって同意を求められた場合においては，当該建築物の計画が法律又はこれに基づく命令若しくは条例の規定（建築主事又は指定確認検査機関が第6条の4第1項第一号若しくは第二号に掲げる建築物の建

築，大規模の修繕，大規模の模様替若しくは用途の変更又は同項第三号に掲げる建築物の建築について確認する場合において同意を求められたときは，同項の規定により読み替えて適用される第6条第1項の政令で定める建築基準法令の規定*を除く。）で建築物の防火に関するものに違反しないものであるときは，同項第四号に係る場合にあっては，同意を求められた日から3日以内に，その他の場合にあっては，同意を求められた日から7日以内に同意を与えてその旨を当該特定行政庁，建築主事又は指定確認検査機関に通知しなければならない。この場合において，消防長又は消防署長は，同意することができない事由があると認めるときは，これらの期限内に，その事由を当該特定行政庁，建築主事又は指定確認検査機関に通知しなければならない。

●関連［建築物の建築に関する確認の特例］令第10条→p199

3　第68条の20第1項（第68条の22第2項において準用する場合を含む。）の規定は，消防長又は消防署長が第1項の規定によって同意を求められた場合に行う審査について準用する。

4　建築主事又は指定確認検査機関は，第1項ただし書の場合において第6条第1項（第87条の4において準用する場合を含む。）の規定による確認申請書を受理したとき若しくは第6条の2第1項（第87条の4において準用する場合を含む。）の規定による確認の申請を受けたとき又は第18条第2項（第87条第1項又は第87条の4において準用する場合を含む。）の規定による通知を受けた場合においては，遅滞なく，これを当該申請又は通知に係る建築物の工事施工地又は所在地を管轄する消防長又は消防署長に通知しなければならない。

5　建築主事又は指定確認検査機関は，第31条第2項に規定する屎尿浄化槽又は建築物における衛生的環境の確保に関する法律*（昭和45年法律第20号）第2条第1項に規定する特定建築物に該当する建築物に関して，第6条第1項（第87条第1項において準用する場合を含む。）の規定による確認の申請書を受理した場合，第6条の2第1項（第87条第1項において準用する場合を含む。）の規定による確認の申請を受けた場合又は第18条第2項（第87条第1項において準用する場合を含む。）の規定による通知を受けた場合においては，遅滞なく，これを当該申請又は通知に係る建築物の工事施工地又は所在地を管轄する保健所長に通知しなければならない。

●関連［建築物における衛生的環境の確保に関する法律］第2条第1項→p1262

6　保健所長は，必要があると認める場合においては，この法律の規定による許可又は確認について，特定行政庁，建築主事又は指定確認検査機関に対して意見を述べることができる。

【書類の閲覧】

第93条の2　特定行政庁は，確認その他の建築基準法令の規定による処分並びに第12条第1項及び第3項の規定による報告に関する書類のうち，当該処分若しくは報告に係る建築物若しくは建築物の敷地の所有者，管理者若しくは占有者又は第三者の権利利益を不当に侵害するおそれがないものとして**国土交通省令**で定めるものについては，**国土交通省令**で定めるところにより，閲覧の請求があった場合には，これ

を閲覧させなければならない。

◆国土交通省令［書類の閲覧等］規則第11条の3→p569

【国土交通省令への委任】

第93条の3　この法律に定めるもののほか，この法律の規定に基づく許可その他の処分に関する手続その他この法律の実施のため必要な事項は，国土交通省令で定める。

【不服申立て】

第94条　建築基準法令の規定による特定行政庁，建築主事若しくは建築監視員，都道府県知事，指定確認検査機関又は指定構造計算適合性判定機関の処分又はその不作為についての審査請求は，行政不服審査法第4条第一号に規定する処分庁又は不作為庁が，特定行政庁，建築主事若しくは建築監視員又は都道府県知事である場合にあっては当該市町村又は都道府県の建築審査会に，指定確認検査機関である場合にあっては当該処分又は不作為に係る建築物又は工作物について第6条第1項（第87条第1項，第87条の4又は第88条第1項若しくは第2項において準用する場合を含む。）の規定による確認をする権限を有する建築主事が置かれた市町村又は都道府県の建築審査会に，指定構造計算適合性判定機関である場合にあっては第18条の2第1項の規定により当該指定構造計算適合性判定機関にその構造計算適合性判定を行わせた都道府県知事が統括する都道府県の建築審査会に対してするものとする。この場合において，不作為についての審査請求は，建築審査会に代えて，当該不作為庁が，特定行政庁，建築主事，建築監視員又は都道府県知事である場合にあっては当該市町村の長又は都道府県知事に，指定確認検査機関である場合にあっては当該指定確認検査機関に，指定構造計算適合性判定機関である場合にあっては当該指定構造計算適合性判定機関に対してすることもできる。

●関連［建築審査会］法第78条→p134

2　建築審査会は，前項前段の規定による審査請求がされた場合においては，当該審査請求がされた日（行政不服審査法第23条の規定により不備を補正すべきことを命じた場合にあっては，当該不備が補正された日）から1月以内に，裁決をしなければならない。

3　建築審査会は，前項の裁決を行う場合においては，行政不服審査法第24条の規定により当該審査請求を却下する場合を除き，あらかじめ，審査請求人，特定行政庁，建築主事，建築監視員，都道府県知事，指定確認検査機関，指定構造計算適合性判定機関その他の関係人又はこれらの者の代理人の出頭を求めて，公開による口頭審査＊を行わなければならない。

●関連［映像等の送受信による通話の方法による口頭審査］令第147条の4→p384

4　第1項前段の規定による審査請求については，行政不服審査法第31条の規定は適用せず，前項の口頭審査については，同法第9条第3項の規定により読み替えられた同法第31条第2項から第5項までの規定を準用する。

第95条　建築審査会の裁決に不服がある者は，国土交通大臣に対して再審査請求をすることができる。

第96条　削除

【権限の委任】

第97条　この法律に規定する国土交通大臣の権限は，**国土交通省令**で定めるところにより，その一部を地方整備局長又は北海道開発局長に委任することができる。

◆国土交通省令［権限の委任］規則第12条→p569

【市町村の建築主事等の特例】

第97条の2　第4条第1項の市以外の市又は町村においては，同条第2項の規定によるほか，当該市町村の長の指揮監督の下に，この法律中建築主事の権限に属するものとされている事務で**政令**で定めるものをつかさどらせるために，建築主事を置くことができる。この場合においては，この法律中建築主事に関する規定は，当該市町村が置く建築主事に適用があるものとする。

◆政令［市町村の建築主事等の特例］令第148条第1項→p384

2　第4条第3項及び第4項の規定は，前項の市町村が同項の規定により建築主事を置く場合に準用する。

3　第1項の規定により建築主事を置く市町村は，同項の規定により建築主事が行うこととなる事務に関する限り，この法律の規定の適用については，第4条第5項に規定する建築主事を置く市町村とみなす。この場合において，第78条第1項中「置く」とあるのは，「置くことができる」とする。

4　この法律中都道府県知事たる特定行政庁の権限に属する事務で**政令**^{*1}で定めるものは，**政令**^{*2}で定めるところにより，第1項の規定により建築主事を置く市町村の長が行なうものとする。この場合においては，この法律中都道府県知事たる特定行政庁に関する規定は，当該市町村の長に関する規定として当該市町村の長に適用があるものとする。

◆政令1［市町村の建築主事等の特例］令第148条第2項→p384
　　2［市町村の建築主事等の特例］令第148条第4項→p386

5　第1項の規定により建築主事を置く市町村の長たる特定行政庁，同項の建築主事又は当該特定行政庁が命じた建築監視員の建築基準法令の規定による処分又はその不作為*についての審査請求は，当該市町村に建築審査会が置かれていないときは，当該市町村を包括する都道府県の建築審査会に対してするものとする。この場合において，不作為についての審査請求は，建築審査会に代えて，当該不作為に係る市町村の長に対してすることもできる。

●関連［不作為］法第77条の17→p110

【特別区の特例】

第97条の3　特別区においては，第4条第2項の規定によるほか，特別区の長の指揮監督の下に，この法律中建築主事の権限に属するものとされている事務で**政令**で定めるものをつかさどらせるために，建築主事を置くことができる。この場合においては，この法律中建築主事に関する規定は，特別区が置く建築主事に適用があるものとする。

◆政令［特別区の特例］令第149条第1項→p386

2　前項の規定は，特別区に置かれる建築主事の権限に属しない特別区の区域におけ

る事務をつかさどらせるために，都が都知事の指揮監督の下に建築主事を置くこと
を妨げるものではない。

3　この法律中都道府県知事たる特定行政庁の権限に属する事務で**政令**^{*1}で定めるも
のは，**政令**^{*2}で定めるところにより，特別区の長が行なうものとする。この場合に
おいては，この法律中都道府県知事たる特定行政庁に関する規定は，特別区の長に
関する規定として特別区の長に適用があるものとする。

◆**政令** 1 ［特別区の特例］令第149条第2項→p386
　　　　 2 ［特別区の特例］令第149条第3項→p386

4　特別区が第4条第2項の規定により建築主事を置こうとする場合における同条第
3項及び第4項の規定の適用については，同条第3項中「協議しなければ」とある
のは「協議し，その同意を得なければ」と，同条第4項中「により協議して」とあ
るのは「による同意を得た場合において」とする。

【手数料】

第97条の4　国土交通大臣が行う次に掲げる処分の申請をしようとする者は，**国土交
通省令**^{*1}で定めるところにより，実費を勘案して**国土交通省令**^{*2}で定める額の手数
料を国に納めなければならない。

一　構造方法等の認定

二　特殊構造方法等認定

三　型式適合認定

四　第68条の11第1項の認証又はその更新

五　第68条の22第1項の認証又はその更新

◆**国土交通省令** 1 ［手数料の納付の方法］規則第11条の2の2→p565
　　　　　　　　 2 ［手数料の額］規則第11条の2の3　　　→p566

2　指定認定機関，承認認定機関，指定性能評価機関又は承認性能評価機関が行う前
項第三号から第五号までに掲げる処分又は性能評価の申請をしようとする者は，**国
土交通省令**^{*1}で定めるところにより，実費を勘案して**国土交通省令**^{*2}で定める額の
手数料を当該指定認定機関，承認認定機関，指定性能評価機関又は承認性能評価機
関に納めなければならない。

◆**国土交通省令** 1 ［手数料の納付の方法］規則第11条の2の2→p565
　　　　　　　　 2 ［手数料の額］規則第11条の2の3　　　→p566
●関連［指定認定機関］法第77条の39　　→p125
　　　［承認認定機関］法第77条の54　　→p129
　　　［指定性能評価機関］法第77条の56→p130
　　　［承認性能評価機関］法第77条の57→p131

3　前項の規定により指定認定機関，承認認定機関，指定性能評価機関又は承認性能
評価機関に納められた手数料は，当該指定認定機関，承認認定機関，指定性能評価
機関又は承認性能評価機関の収入とする。

【事務の区分】

第97条の5　第15条第4項，第16条及び第77条の63の規定により都道府県が処理する
こととされている事務並びに第15条第1項から第3項までの規定により市町村が処
理することとされている事務は，地方自治法（昭和22年法律第67号）第2条第9項

第一号に規定する第一号法定受託事務とする。

2　第70条第4項（第74条第2項（第76条の3第6項において準用する場合を含む。以下この項において同じ。）及び第76条の3第4項において準用する場合を含む。），第71条（第74条第2項及び第76条の3第4項において準用する場合を含む。），第72条（同条第2項の規定により建築協定書に意見を付する事務に係る部分を除き，第74条第2項及び第76条の3第4項において準用する場合を含む。）及び第73条第3項（第74条第2項，第75条の2第4項及び第76条の3第4項において準用する場合を含む。）の規定により市町村（建築主事を置かない市町村に限る。）が処理することとされている事務は，地方自治法第2条第9項第二号に規定する第二号法定受託事務とする。

【経過措置】

第97条の6　この法律の規定に基づき命令を制定し，又は改廃する場合においては，その命令で，その制定又は改廃に伴い合理的に必要と判断される範囲内において，所要の経過措置（罰則に関する経過措置を含む。）を定めることができる。

第7章　罰　　　則

第98条　次の各号のいずれかに該当する者は，3年以下の懲役又は300万円以下の罰金に処する。

一　第9条第1項又は第10項前段（これらの規定を第88条第1項から第3項まで又は第90条第3項において準用する場合を含む。）の規定による特定行政庁又は建築監視員の命令に違反した者

二　第20条（第1項第一号から第三号までに係る部分に限る。），第21条，第26条，第27条，第35条又は第35条の2の規定に違反した場合における当該建築物又は建築設備の設計者（設計図書に記載された認定建築材料等（型式適合認定に係る型式の建築材料若しくは建築物の部分，構造方法等の認定に係る構造方法を用いる建築物の部分若しくは建築材料又は特殊構造方法等認定に係る特殊の構造方法を用いる建築物の部分若しくは特殊の建築材料をいう。以下同じ。）の全部又は一部として当該認定建築材料等の全部又は一部と異なる建築材料又は建築物の部分を引き渡した場合においては当該建築材料又は建築物の部分を引き渡した者，設計図書を用いないで工事を施工し，又は設計図書に従わないで工事を施工した場合（設計図書に記載された認定建築材料等と異なる建築材料又は建築物の部分を引き渡された場合において，当該建築材料又は建築物の部分を使用して工事を施工した場合を除く。）においては当該建築物又は建築設備の工事施工者）

三　第36条（防火壁，防火床及び防火区画の設置及び構造に係る部分に限る。）の規定に基づく政令の規定に違反した場合における当該建築物の設計者（設計図書に記載された認定建築材料等の全部又は一部として当該認定建築材料等の全部又は一部と異なる建築材料又は建築物の部分を引き渡した場合においては当該建築材料又は建築物の部分を引き渡した者，設計図書を用いないで工事を施工し，又

は設計図書に従わないで工事を施工した場合（設計図書に記載された認定建築材料等と異なる建築材料又は建築物の部分を引き渡された場合において，当該建築材料又は建築物の部分を使用して工事を施工した場合を除く。）においては当該建築物の工事施工者）

四　第87条第3項において準用する第27条，第35条又は第35条の2の規定に違反した場合における当該建築物の所有者，管理者又は占有者

五　第87条第3項において準用する第36条（防火壁，防火床及び防火区画の設置及び構造に関して，第35条の規定を実施し，又は補足するために安全上及び防火上必要な技術的基準に係る部分に限る。）の規定に基づく政令の規定に違反した場合における当該建築物の所有者，管理者又は占有者

2　前項第二号又は第三号に規定する違反があった場合において，その違反が建築主又は建築設備の設置者の故意によるものであるときは，当該設計者又は工事施工者を罰するほか，当該建築主又は建築設備の設置者に対して同項の刑を科する。

第99条　次の各号のいずれかに該当する者は，1年以下の懲役又は100万円以下の罰金に処する。

一　第6条第1項（第87条第1項，第87条の4又は第88条第1項若しくは第2項において準用する場合を含む。），第7条の6第1項（第87条の4又は第88条第2項において準用する場合を含む。）又は第68条の19第2項（第88条第1項において準用する場合を含む。）の規定に違反した者

二　第6条第8項（第87条の4又は第88条第1項若しくは第2項において準用する場合を含む。）又は第7条の3第6項（第87条の4又は第88条第1項において準用する場合を含む。）の規定に違反した場合における当該建築物，工作物又は建築設備の工事施工者

三　第7条第2項若しくは第3項（これらの規定を第87条の4又は第88条第1項若しくは第2項において準用する場合を含む。）又は第7条の3第2項若しくは第3項（これらの規定を第87条の4又は第88条第1項において準用する場合を含む。）の期限内に第7条第1項（第87条の4又は第88条第1項若しくは第2項において準用する場合を含む。）又は第7条の3第1項（第87条の4又は第88条第1項において準用する場合を含む。）の規定による申請をせず，又は虚偽の申請をした者

四　第9条第10項後段（第88条第1項から第3項まで又は第90条第3項において準用する場合を含む。），第10条第2項若しくは第3項（これらの規定を第88条第1項又は第3項において準用する場合を含む。），第11条第1項（第88条第1項から第3項までにおいて準用する場合を含む。）又は第90条の2第1項の規定による特定行政庁又は建築監視員の命令に違反した者

五　第12条第5項（第一号に係る部分に限る。）又は第15条の2第1項（これらの規定を第88条第1項から第3項までにおいて準用する場合を含む。）の規定による報告をせず，又は虚偽の報告をした者

六　第12条第6項又は第15条の2第1項（これらの規定を第88条第1項から第3項

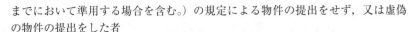

までにおいて準用する場合を含む。）の規定による物件の提出をせず，又は虚偽の物件の提出をした者

七　第12条第7項又は第15条の2第1項（これらの規定を第88条第1項から第3項までにおいて準用する場合を含む。）の規定による検査若しくは試験を拒み，妨げ，若しくは忌避し，又は質問に対して答弁せず，若しくは虚偽の答弁をした者

八　第20条（第1項第四号に係る部分に限る。），第22条第1項，第23条，第25条，第28条第3項，第28条の2（第88条第1項において準用する場合を含む。），第32条（第88条第1項において準用する場合を含む。），第33条（第88条第1項において準用する場合を含む。），第34条第1項（第88条第1項において準用する場合を含む。），第34条第2項，第35条の3，第37条（第88条第1項において準用する場合を含む。），第61条，第62条，第64条，第67条第1項又は第88条第1項において準用する第20条の規定に違反した場合における当該建築物，工作物又は建築設備の設計者（設計図書に記載された認定建築材料等の全部又は一部として当該認定建築材料等の全部又は一部と異なる建築材料又は建築物の部分を引き渡した場合においては当該建築材料又は建築物の部分を引き渡した者，設計図書を用いないで工事を施工し，又は設計図書に従わないで工事を施工した場合（設計図書に記載された認定建築材料等と異なる建築材料又は建築物の部分を引き渡された場合において，当該建築材料又は建築物の部分を使用して工事を施工した場合を除く。）においては当該建築物，工作物又は建築設備の工事施工者）

九　第36条（消火設備，避雷設備及び給水，排水その他の配管設備の設置及び構造並びに煙突及び昇降機の構造に係る部分に限り，第88条第1項において準用する場合を含む。）の規定に基づく政令の規定に違反した場合における当該建築物，工作物又は建築設備の設計者（設計図書に記載された認定建築材料等の全部又は一部として当該認定建築材料等の全部又は一部と異なる建築材料又は建築物の部分を引き渡した場合においては当該建築材料又は建築物の部分を引き渡した者，設計図書を用いないで工事を施工し，又は設計図書に従わないで工事を施工した場合（設計図書に記載された認定建築材料等と異なる建築材料又は建築物の部分を引き渡された場合において，当該建築材料又は建築物の部分を使用して工事を施工した場合を除く。）においては当該建築物，工作物又は建築設備の工事施工者）

十　第77条の8第1項（第77条の17の2第2項において準用する場合を含む。）の規定に違反して，その職務に関して知り得た秘密を漏らした者

十一　第77条の8第2項（第77条の17の2第2項において準用する場合を含む。）の規定に違反して，事前に建築基準適合判定資格者検定若しくは構造計算適合判定資格者検定の問題を漏らし，又は不正の採点をした者

十二　第77条の25第1項，第77条の35の10第1項又は第77条の43第1項（第77条の56第2項において準用する場合を含む。）の規定に違反して，その職務に関して知り得た秘密を漏らし，又は盗用した者

十三　第77条の35第2項の規定による確認検査の業務の停止の命令に違反した者

　　士　第77条の62第2項（第77条の66第2項において準用する場合を含む。）の規定
　　　　による禁止に違反して，確認検査又は構造計算適合性判定の業務を行った者

　　吉　第87条第3項において準用する第28条第3項又は第35条の3の規定に違反した
　　　　場合における当該建築物の所有者，管理者又は占有者

　　夫　第87条第3項において準用する第36条（消火設備の設置及び構造に関して，第
　　　　35条の規定を実施し，又は補足するために安全上及び防火上必要な技術的基準に
　　　　係る部分に限る。）の規定に基づく政令の規定に違反した場合における当該建築
　　　　物の所有者，管理者又は占有者

2　　前項第八号又は第九号に規定する違反があった場合において，その違反が建築
　　主，工作物の築造主又は建築設備の設置者の故意によるものであるときは，当該設
　　計者又は工事施工者を罰するほか，当該建築主，工作物の築造主又は建築設備の設
　　置者に対して同項の刑を科する。

第100条　第77条の15第2項（第77条の17の2第2項において準用する場合を含む。），
　　第77条の35の19第2項又は第77条の51第2項（第77条の56第2項において準用する
　　場合を含む。）の規定による建築基準適合判定資格者検定事務，構造計算適合判定
　　資格者検定事務又は構造計算適合性判定，認定等若しくは性能評価の業務の停止の
　　命令に違反したときは，その違反行為をした指定建築基準適合判定資格者検定機関
　　若しくは指定構造計算適合判定資格者検定機関の役員若しくは職員（建築基準適合
　　判定資格者検定委員及び構造計算適合判定資格者検定委員を含む。）又は指定構造
　　計算適合性判定機関，指定認定機関若しくは指定性能評価機関（いずれもその者が
　　法人である場合にあっては，その役員）若しくはその職員（構造計算適合性判定員，
　　認定員及び評価員を含む。）（第104条において「指定建築基準適合判定資格者検定
　　機関等の役員等」という。）は，1年以下の懲役又は100万円以下の罰金に処する。

第101条　次の各号のいずれかに該当する者は，100万円以下の罰金に処する。

　　一　第5条の6第1項から第3項まで又は第5項の規定に違反した場合における当
　　　　該建築物の工事施工者

　　二　第12条第1項若しくは第3項（これらの規定を第88条第1項又は第3項におい
　　　　て準用する場合を含む。）又は第5項（第二号に係る部分に限り，第88条第1項
　　　　から第3項までにおいて準用する場合を含む。）の規定による報告をせず，又は
　　　　虚偽の報告をした者

　　三　第19条，第28条第1項若しくは第2項，第31条，第43条第1項，第44条第1項，
　　　　第47条，第52条第1項，第2項若しくは第7項，第53条第1項若しくは第2項，
　　　　第53条の2第1項（第57条の5第3項において準用する場合を含む。），第54条第
　　　　1項，第55条第1項，第56条第1項，第56条の2第1項，第57条の4第1項，第
　　　　57条の5第1項，第59条第1項若しくは第2項，第60条第1項若しくは第2項，
　　　　第60条の2第1項若しくは第2項，第60条の2の2第1項から第3項まで，第60
　　　　条の3第1項若しくは第2項，第67条第3項若しくは第5項から第7項まで又は
　　　　第68条第1項から第3項までの規定に違反した場合における当該建築物又は建築
　　　　設備の設計者（「設計図書に記載された認定建築材料等の全部又は一部として当

該認定建築材料等の全部又は一部と異なる建築材料又は建築物の部分を引き渡した場合においては当該建築材料又は建築物の部分を引き渡した者，設計図書を用いないで工事を施工し，又は設計図書に従わないで工事を施工した場合（設計図書に記載された認定建築材料等と異なる建築材料又は建築物の部分を引き渡された場合において，当該建築材料又は建築物の部分を使用して工事を施工した場合を除く。）においては当該建築物又は建築設備の工事施工者）

四　第36条（居室の採光面積，天井及び床の高さ，床の防湿方法，階段の構造，便所の設置及び構造並びに浄化槽の構造に係る部分に限る。）の規定に基づく政令の規定に違反した場合における当該建築物又は建築設備の設計者（設計図書に記載された認定建築材料等の全部又は一部として当該認定建築材料等の全部又は一部と異なる建築材料又は建築物の部分を引き渡した場合においては当該建築材料又は建築物の部分を引き渡した者，設計図書を用いないで工事を施工し，又は設計図書に従わないで工事を施工した場合（設計図書に記載された認定建築材料等と異なる建築材料又は建築物の部分を引き渡された場合において，当該建築材料又は建築物の部分を使用して工事を施工した場合を除く。）においては当該建築物又は建築設備の工事施工者）

五　第48条第1項から第14項まで又は第51条（これらの規定を第88条第2項において準用する場合を含む。）の規定に違反した場合における当該建築物又は工作物の建築主又は築造主

六　第58条第1項の規定による制限に違反した場合における当該建築物の設計者（設計図書を用いないで工事を施工し，又は設計図書に従わないで工事を施工した場合においては，当該建築物の工事施工者）

七　第68条の18第2項（第88条第1項において準用する場合を含む。）の規定に違反して，検査を行わず，検査記録を作成せず，虚偽の検査記録を作成し，又は検査記録を保存しなかった者

八　第85条第3項の規定に違反した場合における当該建築物の建築主

九　第85条第4項又は第5項の規定により特定行政庁が定めた期間を超えて応急仮設建築物を存続させた場合における当該建築物の所有者，管理者又は占有者

十　第85条第6項又は第7項の規定により特定行政庁が定めた期間を超えて仮設興行場等を存続させた場合における当該建築物の所有者，管理者又は占有者

十一　第84条第1項の規定による制限又は禁止に違反した場合における当該建築物の建築主

十二　第87条第2項又は第3項において準用する第28条第1項，第48条第1項から第14項まで又は第51条の規定に違反した場合における当該建築物の所有者，管理者又は占有者

十三　第88条第2項において準用する第87条第2項又は第3項において準用する第48条第1項から第14項まで又は第51条の規定に違反した場合における当該工作物の所有者，管理者又は占有者

十四　第87条第3項において準用する第36条（居室の採光面積及び階段の構造に関し

て，第28条第１項又は第35条の規定を実施し，又は補足するために安全上，防火上及び衛生上必要な技術的基準に係る部分に限る。）の規定に基づく政令の規定に違反した場合における当該建築物の所有者，管理者又は占有者

五　第87条の３第３項の規定に違反した場合における当該建築物の所有者，管理者又は占有者

六　第87条の３第４項又は第５項の規定により特定行政庁が定めた期間を超えて当該建築物を災害救助用建築物又は公益的建築物として使用した場合における当該建築物の所有者，管理者又は占有者

七　第87条の３第６項又は第７項の規定により特定行政庁が定めた期間を超えて当該建築物を興行場等として使用した場合における当該建築物の所有者，管理者又は占有者

八　第90条第１項（第87条の４又は第88条第１項において準用する場合を含む。）の規定に違反した者

2　前項第三号，第四号又は第六号に規定する違反があった場合において，その違反が建築主又は建築設備の設置者の故意によるものであるときは，当該設計者又は工事施工者を罰するほか，当該建築主又は建築設備の設置者に対して同項の刑を科する。

第102条　第12条第５項（第三号に係る部分に限る。）の規定による報告をせず，又は虚偽の報告をしたときは，その違反行為をした指定構造計算適合性判定機関（その者が法人である場合にあっては，その役員）又はその職員（構造計算適合性判定員を含む。）は，100万円以下の罰金に処する。

第103条　次の各号のいずれかに該当する者は，50万円以下の罰金に処する。

一　第６条の２第５項（第87条第１項，第87条の４又は第88条第１項若しくは第２項において準用する場合を含む。），第７条の２第６項（第87条の４又は第88条第１項若しくは第２項において準用する場合を含む。），第７条の４第６項（第87条の４又は第88条第１項において準用する場合を含む。）又は第７条の６第３項（第87条の４又は第88条第１項若しくは第２項において準用する場合を含む。）の規定による報告書若しくは添付書類の提出をせず，又は虚偽の報告書若しくは添付書類の提出をした者

二　第15条第１項の規定又は第87条第１項において読み替えて準用する第７条第１項の規定による届出をせず，又は虚偽の届出をした者

三　第77条の29第２項又は第89条（第87条の４又は第88条第１項若しくは第２項において準用する場合を含む。）の規定に違反した者

四　第77条の31第１項又は第86条の８第４項（第87条の２第２項において準用する場合を含む。）の規定による報告をせず，又は虚偽の報告をした者

五　第77条の31第１項又は第２項の規定による検査を拒み，妨げ，又は忌避した者

六　第77条の31第１項又は第２項の規定による質問に対して答弁せず，又は虚偽の答弁をした者

七　第77条の29第１項の規定に違反して，帳簿を備え付けず，帳簿に記載せず，若

しくは帳簿に虚偽の記載をし，又は帳簿を保存しなかった者

八　第77条の34第１項の規定による届出をしないで確認検査の業務の全部を廃止し，又は虚偽の届出をした者

第104条　次の各号のいずれかに該当するときは，その違反行為をした指定建築基準適合判定資格者検定機関等の役員等は，50万円以下の罰金に処する。

一　第77条の13第１項（第77条の17の２第２項において準用する場合を含む。），第77条の35の17第１項又は第77条の49第１項（第77条の56第２項において準用する場合を含む。）の規定による報告をせず，又は虚偽の報告をしたとき。

二　第77条の11（第77条の17の２第２項において準用する場合を含む。），第77条の35の14第１項又は第77条の47第１項（第77条の56第２項において準用する場合を含む。）の規定に違反して，帳簿を備え付けず，帳簿に記載せず，若しくは帳簿に虚偽の記載をし，又は帳簿を保存しなかったとき。

三　第77条の13第１項（第77条の17の２第２項において準用する場合を含む。），第77条の35の17第１項又は第77条の49第１項（第77条の56第２項において準用する場合を含む。）の規定による検査を拒み，妨げ，若しくは忌避し，又は質問に対して答弁せず，若しくは虚偽の答弁をしたとき。

四　第77条の14第１項（第77条の17の２第２項において準用する場合を含む。），第77条の35の18第１項又は第77条の50第１項（第77条の56第２項において準用する場合を含む。）の許可を受けないで建築基準適合判定資格者検定事務，構造計算適合判定資格者検定事務又は構造計算適合性判定，認定等若しくは性能評価の業務の全部を廃止したとき。

五　第77条の35の14第２項又は第77条の47第２項（第77条の56第２項において準用する場合を含む。）の規定に違反したとき。

第105条　法人の代表者又は法人若しくは人の代理人，使用人その他の従業者がその法人又は人の業務に関して，次の各号に掲げる規定の違反行為をした場合においては，その行為者を罰するほか，その法人に対して当該各号に定める罰金刑を，その人に対して各本条の罰金刑を科する。

一　第98条第１項第一号（第19条第４項，第20条，第21条，第22条第１項，第23条，第25条から第27条まで，第28条第３項，第28条の２，第32条から第35条の３まで，第36条（防火壁，防火床，防火区画，消火設備，避雷設備及び給水，排水その他の配管設備の設置及び構造並びに煙突及び昇降機の構造に係る部分に限る。），第37条，第61条，第62条，第64条又は第67条第１項，第３項若しくは第５項から第７項までの規定に違反する特殊建築物等（第６条第１項第一号に掲げる建築物その他多数の者が利用するものとして**政令**で定める建築物をいう。以下この条において同じ。）又は当該特殊建築物等の敷地に関してされた第９条第１項又は第10項前段（これらの規定を第90条第３項において準用する場合を含む。）の規定による命令の違反に係る部分に限る。），第98条（第１項第一号を除き，特殊建築物等に係る部分に限る。）並びに第99条第１項第八号，第九号，第十五号及び第十六号並びに第２項（特殊建築物等に係る部分に限る。）　　　１億円以下の罰金刑

◆政令［両罰規定の対象となる多数の者が利用する建築物］令第150条→p387
［勧告の対象となる建築物］令第14条の 2 →p202

二 第98条（前号に係る部分を除く。），第99条第 1 項第一号から第七号まで，第八号及び第九号（特殊建築物等に係る部分を除く。），第十二号（第77条の25第 1 項に係る部分に限る。），第十三号，第十四号並びに第十五号及び第十六号（特殊建築物等に係る部分を除く。）並びに第 2 項（特殊建築物等に係る部分を除く。），第101条並びに第103条　各本条の罰金刑

第106条　次の各号のいずれかに該当する者は，30万円以下の過料に処する。

一 第12条の 2 第 3 項（第12条の 3 第 4 項（第88条第 1 項において準用する場合を含む。）又は第88条第 1 項において準用する場合を含む。）の規定による命令に違反した者

二 第68条の16若しくは第68条の17第 1 項（これらの規定を第88条第 1 項において準用する場合を含む。）又は第77条の61（第三号を除き，第77条の66第 2 項において準用する場合を含む。）の規定による届出をせず，又は虚偽の届出をした者

三 第77条の29の 2 の規定に違反して，書類を備え置かず，若しくは関係者の求めに応じて閲覧させず，又は書類に虚偽の記載をし，若しくは虚偽の記載のある書類を関係者に閲覧させた者

2 第77条の35の15の規定に違反して，書類を備え置かず，若しくは関係者の求めに応じて閲覧させず，又は書類に虚偽の記載をし，若しくは虚偽の記載のある書類を関係者に閲覧させた指定構造計算適合性判定機関（その者が法人である場合にあっては，その役員）又はその職員は，30万円以下の過料に処する。

第107条　第39条第 2 項，第40条若しくは第43条第 3 項（これらの規定を第87条第 2 項において準用する場合を含む。），第43条の 2 （第87条第 2 項において準用する場合を含む。），第49条第 1 項（第87条第 2 項又は第88条第 2 項において準用する場合を含む。），第49条の 2 （第87条第 2 項又は第88条第 2 項において準用する場合を含む。），第50条（第87条第 2 項又は第88条第 2 項において準用する場合を含む。），第68条の 2 第 1 項（第87条第 2 項又は第88条第 2 項において準用する場合を含む。），第68条の 9 第 1 項（第87条第 2 項において準用する場合を含む。）又は第68条の 9 第 2 項の規定に基づく条例には，これに違反した者に対し，50万円以下の罰金に処する旨の規定を設けることができる。

　　　附　則　（略）

別表第1　耐火建築物等としなければならない特殊建築物
　　　　　（第6条，第21条，第27条，第28条，第35条－第35条の3，第90条の3関係）

	(い)	(ろ)	(は)	(に)
	用　　途	(い)欄の用途に供する階	(い)欄の用途に供する部分（(1)項の場合にあっては客席，(2)項及び(4)項の場合にあっては2階，(5)項の場合にあっては3階以上の部分に限り，かつ，病院及び診療所についてはその部分に患者の収容施設がある場合に限る。）の床面積の合計	(い)欄の用途に供する部分の床面積の合計
(1)	劇場，映画館，演芸場，観覧場，公会堂，集会場その他これらに類するもので**政令**で定めるもの ◆**政令**　未制定	3階以上の階	200 m² （屋外観覧席にあっては，1,000 m²）以上	
(2)	病院，診療所（患者の収容施設があるものに限る。），ホテル，旅館，下宿，共同住宅，寄宿舎その他これらに類するもので**政令**で定めるもの ◆**政令**　令第115条の3第一号→p277	3階以上の階	300 m² 以上	
(3)	学校，体育館その他これらに類するもので**政令**で定めるもの ◆**政令**　令第115条の3第二号→p277	3階以上の階	2,000 m² 以上	

(4)	百貨店, マーケット, 展示場, キャバレー, カフェー, ナイトクラブ, バー, ダンスホール, 遊技場その他これらに類するもので**政令**で定めるもの ◆**政令** 令第115条の3第三号→p277	3階以上の階	500 m² 以上	
(5)	倉庫その他これに類するもので**政令**で定めるもの ◆**政令** 未制定		200 m² 以上	1,500 m² 以上
(6)	自動車車庫, 自動車修理工場その他これらに類するもので**政令**で定めるもの ◆**政令** 令第115条の3第四号→p277	3階以上の階		150 m² 以上

別表第2　用途地域等内の建築物の制限

（第27条，第48条，第68条の3関係）

（い）	第一種低層住居専用地域内に建築することができる建築物	一　住宅 二　住宅で事務所，店舗その他これらに類する用途を兼ねるもののうち**政令**で定めるもの 　　◆**政令**［第一種低層住居専用地域内に建築することができる兼用住宅］ 　　　令第130条の3→p320 三　共同住宅，寄宿舎又は下宿 四　学校（大学，高等専門学校，専修学校及び各種学校を除く。），図書館その他これらに類するもの 五　神社，寺院，教会その他これらに類するもの 六　老人ホーム，保育所，福祉ホームその他これらに類するもの 七　公衆浴場（風俗営業等の規制及び業務の適正化等に関する法律（昭和23年法律第122号）第2条第6項第一号に該当する営業（以下この表において「個室付浴場業」という。）に係るものを除く。） 八　診療所 九　巡査派出所，公衆電話所その他これらに類する**政令**で定める公益上必要な建築物 　　◆**政令**［第一種低層住居専用地域内に建築することができる公益上必要な建築物］令第130条の4→p321 十　前各号の建築物に附属するもの（**政令**で定めるものを除く。） 　　◆**政令**［第一種低層住居専用地域等内に建築してはならない附属建築物］令第130条の5→p321
（ろ）	第二種低層住居専用地域内に建築することができる建築物	一　（い）項第一号から第九号までに掲げるもの 二　店舗，飲食店その他これらに類する用途に供するもののうち**政令**で定めるものでその用途に供する部分の床面積の合計が150m²以内のもの（3階以上の部分をその用途に供するものを除く。） 　　◆**政令**［第二種低層住居専用地域及び田園住居地域内に建築することができる店舗，飲食店等の建築物］令第130条の5の2→p322 三　前2号の建築物に附属するもの（**政令**で定めるものを除く。） 　　◆**政令**［第一種低層住居専用地域等内に建築してはならない附属建築物］令第130条の5→p321
（は）	第一種中高層住居専用地域内に建築することができる建築物	一　（い）項第一号から第九号までに掲げるもの 二　大学，高等専門学校，専修学校その他これらに類するもの 三　病院 四　老人福祉センター，児童厚生施設その他これらに類するもの 五　店舗，飲食店その他これらに類する用途に供するもののうち**政令**で定めるものでその用途に供する部分の床面積の合計が500m²以内のもの（3階以上の部分をその用途に供するものを除く。） 　　◆**政令**［第一種中高層住居専用地域内に建築することができる店舗，飲食店等の建築物］令第130条の5の3→p322

（は）	第一種中高層住居専用地域内に建築することができる建築物	六　自動車車庫で床面積の合計が300 m² 以内のもの又は都市計画として決定されたもの（3階以上の部分をその用途に供するものを除く。） 七　公益上必要な建築物で**政令**で定めるもの ◆**政令**［第一種中高層住居専用地域内に建築することができる公益上必要な建築物］令第130条の5の4→p323 八　前各号の建築物に附属するもの（**政令**で定めるものを除く。） ◆**政令**［第一種中高層住居専用地域内に建築してはならない附属建築物］令第130条の5の5→p323
（に）	第二種中高層住居専用地域内に建築してはならない建築物	一　（は）項第二号及び第三号，（へ）項第三号から第五号まで，（と）項第四号並びに（り）項第二号及び第三号に掲げるもの 二　工場（**政令**で定めるものを除く。） ◆**政令**［第二種中高層住居専用地域内に建築することができる工場］令第130条の6→p324 三　ボーリング場，スケート場，水泳場その他これらに類する**政令**で定める運動施設 ◆**政令**［第二種中高層住居専用地域及び工業専用地域内に建築してはならない運動施設］令第130条の6の2→p324 四　ホテル又は旅館 五　自動車教習所 六　**政令**で定める規模の畜舎 ◆**政令**［第二種中高層住居専用地域内に建築してはならない畜舎］令第130条の7→p324 七　3階以上の部分を（は）項に掲げる建築物以外の建築物の用途に供するもの（**政令**で定めるものを除く。） ◆**政令**　未制定 八　（は）項に掲げる建築物以外の建築物の用途に供するものでその用途に供する部分の床面積の合計が1,500 m² を超えるもの（**政令**で定めるものを除く。） ◆**政令**　未制定
（ほ）	第一種住居地域内に建築してはならない建築物	一　（へ）項第一号から第五号までに掲げるもの 二　マージャン屋，ぱちんこ屋，射的場，勝馬投票券発売所，場外車券売場その他これらに類するもの 三　カラオケボックスその他これに類するもの 四　（は）項に掲げる建築物以外の建築物の用途に供するものでその用途に供する部分の床面積の合計が3,000 m² を超えるもの（**政令**で定めるものを除く。） ◆**政令**［第一種住居地域内に建築することができる大規模な建築物］令第130条の7の2→p324

(ヘ)	第二種住居地域内に建築してはならない建築物	一　(と)項第三号及び第四号並びに(り)項に掲げるもの 二　原動機を使用する工場で作業場の床面積の合計が 50 m² を超えるもの 三　劇場，映画館，演芸場若しくは観覧場又はナイトクラブその他これに類する**政令**で定めるもの ◆**政令**［第二種住居地域及び工業地域内に建築してはならない建築物］令第130条の 7 の 3 →p325 四　自動車車庫で床面積の合計が 300 m² を超えるもの又は 3 階以上の部分にあるもの（建築物に附属するもので**政令**で定めるもの又は都市計画として決定されたものを除く。） ◆**政令**［第二種住居地域内に建築することができる附属自動車車庫］令第130条の 8 →p325 五　倉庫業を営む倉庫 六　店舗，飲食店，展示場，遊技場，勝馬投票券発売所，場外車券売場その他これらに類する用途で**政令**で定めるものに供する建築物でその用途に供する部分の床面積の合計が10,000m²を超えるもの ◆**政令**［第二種住居地域等内に建築してはならない建築物の店舗，飲食店等に類する用途］令第130条の 8 の 2 第 1 項→p325
(ト)	準住居地域内に建築してはならない建築物	一　(り)項に掲げるもの 二　原動機を使用する工場で作業場の床面積の合計が 50 m² を超えるもの（作業場の床面積の合計が 150 m² を超えない自動車修理工場を除く。） 三　次に掲げる事業（特殊の機械の使用その他の特殊の方法による事業であって住居の環境を害するおそれがないものとして**政令**で定めるものを除く。）を営む工場 ◆**政令**［準住居地域内で営むことができる特殊の方法による事業］令第130条の 8 の 3 →p325 (1)　容量 10 *l* 以上 30 *l* 以下のアセチレンガス発生器を用いる金属の工作 (1の2)　印刷用インキの製造 (2)　出力の合計が 0.75 kW 以下の原動機を使用する塗料の吹付 (2の2)　原動機を使用する魚肉の練製品の製造 (3)　原動機を使用する 2 台以下の研磨機による金属の乾燥研磨（工具研磨を除く。） (4)　コルク，エボナイト若しくは合成樹脂の粉砕若しくは乾燥研磨又は木材の粉砕で原動機を使用するもの (4の2)　厚さ 0.5 mm 以上の金属板のつち打加工（金属工芸品の製造を目的とするものを除く。）又は原動機を使用する金属のプレス（液圧プレスのうち矯正プレスを使用するものを除く。）若しくはせん断 (4の3)　印刷用平版の研磨 (4の4)　糖衣機を使用する製品の製造 (4の5)　原動機を使用するセメント製品の製造 (4の6)　ワイヤーフォーミングマシンを使用する金属線の加工で

(と)	準住居地域内に建築してはならない建築物	出力の合計が0.75kWを超える原動機を使用するもの

出力の合計が0.75kWを超える原動機を使用するもの

(5)　木材の引割若しくはかんな削り，裁縫，機織，撚糸，組ひも，編物，製袋又はやすりの目立で出力の合計が0.75kWを超える原動機を使用するもの

(6)　製針又は石材の引割で出力の合計が1.5kWを超える原動機を使用するもの

(7)　出力の合計が2.5kWを超える原動機を使用する製粉

(8)　合成樹脂の射出成形加工

(9)　出力の合計が10kWを超える原動機を使用する金属の切削

(10)　メッキ

(11)　原動機の出力の合計が1.5kWを超える空気圧縮機を使用する作業

(12)　原動機を使用する印刷

(13)　ベンディングマシン（ロール式のものに限る。）を使用する金属の加工

(14)　タンブラーを使用する金属の加工

(15)　ゴム練用又は合成樹脂練用のロール機（カレンダーロール機を除く。）を使用する作業

(16)　(1)から(15)までに掲げるもののほか，安全上若しくは防火上の危険の度又は衛生上若しくは健康上の有害の度が高いことにより，住居の環境を保護する上で支障があるものとして**政令**で定める事業

◆**政令**　未制定

四　(る)項第一号(1)から(3)まで，(11)又は(12)の物品（(ぬ)項第四号及び(る)項第二号において「危険物」という。）の貯蔵又は処理に供するもので**政令**で定めるもの

◆**政令**［危険物の貯蔵又は処理に供する建築物］令第130条の9→p326

五　劇場，映画館，演芸場若しくは観覧場のうち客席の部分の床面積の合計が200m²以上のもの又はナイトクラブその他これに類する用途で**政令**で定めるものに供する建築物でその用途に供する部分の床面積の合計が200m²以上のもの

◆**政令**［準住居地域及び用途地域の指定のない区域内に建築してはならない建築物のナイトクラブに類する用途］令第130条の9の2→p328

六　前号に掲げるもののほか，劇場，映画館，演芸場若しくは観覧場，ナイトクラブその他これに類する用途で**政令**[1]で定めるもの又は店舗，飲食店，展示場，遊技場，勝馬投票券発売所，場外車券売場その他これらに類する用途で**政令**[2]で定めるものに供する建築物でその用途に供する部分（劇場，映画館，演芸場又は観覧場の用途に供する部分にあっては，客席の部分に限る。）の床面積の合計が10,000m²を超えるもの

◆**政令**1［準住居地域及び用途地域の指定のない区域内に建築してはならない建築物のナイトクラブに類する用途］令第130条の9の2→p328

　　　2［第二種住居地域等内に建築してはならない建築物の店舗，飲食店等に類する用途］令第130条の8の2第2項→p325

(ち)	田園住居地域内に建築することができる建築物	一　(い)項第一号から第九号までに掲げるもの 二　農産物の生産，集荷，処理又は貯蔵に供するもの（**政令**で定めるものを除く。） ◆**政令**［田園住居地域内に建築してはならない建築物］第130条の9の3→p328 三　農業の生産資材の貯蔵に供するもの 四　地域で生産された農産物の販売を主たる目的とする店舗その他の農業の利便を増進するために必要な店舗，飲食店その他これらに類する用途に供するもののうち**政令**で定めるものでその用途に供する部分の床面積の合計が 500 m² 以内のもの（3 階以上の部分をその用途に供するものを除く。） ◆**政令**［田園住居地域内に建築することができる農業の利便を増進するために必要な店舗，飲食店等の建築物］第130条の9の4→p328 五　前号に掲げるもののほか，店舗，飲食店その他これらに類する用途に供するもののうち**政令**で定めるものでその用途に供する部分の床面積の合計が 150 m² 以内のもの（3 階以上の部分をその用途に供するものを除く。） ◆**政令**［第二種低層住居専用地域及び田園住居地域内に建築することができる店舗，飲食店等の建築物］第130条の5の2→p322 六　前各号の建築物に附属するもの（**政令**で定めるものを除く。） ◆**政令**［第一種低層住居専用地域等内に建築してはならない附属建築物］第130条の5→p321
(り)	近隣商業地域内に建築してはならない建築物	一　(ぬ)項に掲げるもの 二　キャバレー，料理店その他これらに類するもの 三　個室付浴場業に係る公衆浴場その他これに類する**政令**で定めるもの ◆**政令**［近隣商業地域及び準工業地域内に建築してはならない建築物］令第130条の9の5→p328
(ぬ)	商業地域内に建築してはならない建築物	一　(る)項第一号及び第二号に掲げるもの 二　原動機を使用する工場で作業場の床面積の合計が 150 m² を超えるもの（日刊新聞の印刷所及び作業場の床面積の合計が 300 m² を超えない自動車修理工場を除く。） 三　次に掲げる事業（特殊の機械の使用その他の特殊の方法による事業であって商業その他の業務の利便を害するおそれがないものとして**政令**で定めるものを除く。）を営む工場 ◆**政令**　未制定 ⑴　玩具煙火の製造 ⑵　アセチレンガスを用いる金属の工作（アセチレンガス発生器の容量 30ℓ 以下のもの又は溶解アセチレンガスを用いるものを除く。） ⑶　引火性溶剤を用いるドライクリーニング，ドライダイイング又は塗料の加熱乾燥若しくは焼付（赤外線を用いるものを除く。） ⑷　セルロイドの加熱加工又は機械のこぎりを使用する加工 ⑸　絵具又は水性塗料の製造 ⑹　出力の合計が 0.75 kW を超える原動機を使用する塗料の吹付

(ぬ)	商業地域内に建築してはならない建築物	(7) 亜硫酸ガスを用いる物品の漂白 (8) 骨炭その他動物質炭の製造 (8の2) せっけんの製造 (8の3) 魚粉，フェザーミール，肉骨粉，肉粉若しくは血粉又はこれらを原料とする飼料の製造 (8の4) 手すき紙の製造 (9) 羽又は毛の洗浄，染色又は漂白 (10) ぼろ，くず綿，くず紙，くず糸，くず毛その他これらに類するものの消毒，選別，洗浄又は漂白 (11) 製綿，古綿の再製，起毛，せん毛，反毛又はフェルトの製造で原動機を使用するもの (12) 骨，角，牙，ひづめ若しくは貝殻の引割若しくは乾燥研磨又は3台以上の研磨機による金属の乾燥研磨で原動機を使用するもの (13) 鉱物，岩石，土砂，コンクリート，アスファルト・コンクリート，硫黄，金属，ガラス，れんが，陶磁器，骨又は貝殻の粉砕で原動機を使用するもの (13の2) レディーミクストコンクリートの製造又はセメントの袋詰で出力の合計が2.5kWを超える原動機を使用するもの (14) 墨，懐炉灰又はれん炭の製造 (15) 活字若しくは金属工芸品の鋳造又は金属の溶融で容量の合計が50ℓを超えないるつぼ又は窯を使用するもの（印刷所における活字の鋳造を除く。） (16) 瓦，れんが，土器，陶磁器，人造砥石，るつぼ又はほうろう鉄器の製造 (17) ガラスの製造又は砂吹 (17の2) 金属の溶射又は砂吹 (17の3) 鉄板の波付加工 (17の4) ドラム缶の洗浄又は再生 (18) スプリングハンマーを使用する金属の鍛造 (19) 伸線，伸管又はロールを用いる金属の圧延で出力の合計が4kW以下の原動機を使用するもの (20) (1)から(19)までに掲げるもののほか，安全上若しくは防火上の危険の度又は衛生上若しくは健康上の有害の度が高いことにより，商業その他の業務の利便を増進する上で支障があるものとして**政令**で定める事業 ◆**政令**［商業地域内で営んではならない事業］令第130条の9の6 →p329 四 危険物の貯蔵又は処理に供するもので**政令**で定めるもの ◆**政令**［危険物の貯蔵又は処理に供する建築物］令第130条の9 →p326
(る)	準工業地域内に建築してはならない建築物	一 次に掲げる事業（特殊の機械の使用その他の特殊の方法による事業であって環境の悪化をもたらすおそれのない工業の利便を害するおそれがないものとして**政令**で定めるものを除く。）を営む工場 ◆**政令**［準工業地域内で営むことができる特殊の方法による事業］令第130条の9の7 →p329

		⑴ 火薬類取締法（昭和25年法律第149号）の火薬類（玩具煙火を除く。）の製造
⒳	準工業地域内に建築してはならない建築物	⑵ 消防法（昭和23年法律第186号）第2条第7項に規定する危険物の製造（**政令**で定めるものを除く。）

⑵　消防法（昭和23年法律第186号）第2条第7項に規定する危険物の製造（**政令**で定めるものを除く。）

◆**政令**　未制定

⑶　マッチの製造

⑷　ニトロセルロース製品の製造

⑸　ビスコース製品，アセテート又は銅アンモニアレーヨンの製造

⑹　合成染料若しくはその中間物，顔料又は塗料の製造（漆又は水性塗料の製造を除く。）

⑺　引火性溶剤を用いるゴム製品又は芳香油の製造

⑻　乾燥油又は引火性溶剤を用いる擬革紙布又は防水紙布の製造

⑼　木材を原料とする活性炭の製造（水蒸気法によるものを除く。）

⑽　石炭ガス類又はコークスの製造

⑾　可燃性ガスの製造（**政令**で定めるものを除く。）

◆**政令**［準工業地域内で営むことができる可燃性ガスの製造］令第130条の9の8→p329

⑿　圧縮ガス又は液化ガスの製造（製氷又は冷凍を目的とするものを除く。）

⒀　塩素，臭素，ヨード，硫黄，塩化硫黄，弗化水素酸，塩酸，硝酸，硫酸，燐酸，苛性カリ，苛性ソーダ，アンモニア水，炭酸カリ，洗濯ソーダ，ソーダ灰，さらし粉，次硝酸蒼鉛，亜硫酸塩類，チオ硫酸塩類，砒素化合物，鉛化合物，バリウム化合物，銅化合物，水銀化合物，シアン化合物，クロールズルホン酸，クロロホルム，四塩化炭素，ホルマリン，ズルホナール，グリセリン，イヒチオールズルホン酸アンモン，酢酸，石炭酸，安息香酸，タンニン酸，アセトアニリド，アスピリン又はグアヤコールの製造

⒁　たんぱく質の加水分解による製品の製造

⒂　油脂の採取，硬化又は加熱加工（化粧品の製造を除く。）

⒃　ファクチス，合成樹脂，合成ゴム又は合成繊維の製造

⒄　肥料の製造

⒅　製紙（手すき紙の製造を除く。）又はパルプの製造

⒆　製革，にかわの製造又は毛皮若しくは骨の精製

⒇　アスファルトの精製

(21)　アスファルト，コールタール，木タール，石油蒸溜産物又はその残りかすを原料とする製造

(22)　セメント，石膏，消石灰，生石灰又はカーバイドの製造

(23)　金属の溶融又は精練（容量の合計が50*l*を超えないるつぼ若しくは窯を使用するもの又は活字若しくは金属工芸品の製造を目的とするものを除く。）

(24)　炭素粉を原料とする炭素製品若しくは黒鉛製品の製造又は黒鉛の粉砕

(25)　金属厚板又は形鋼の工作で原動機を使用するはつり作業（グラインダーを用いるものを除く。），びょう打作業又は孔埋作業を伴うもの

別表第2　●建築基準法

(る)	準工業地域内に建築してはならない建築物	⒀　鉄釘類又は鋼球の製造 ⒄　伸線，伸管又はロールを用いる金属の圧延で出力の合計が4kWを超える原動機を使用するもの ⒅　鍛造機（スプリングハンマーを除く。）を使用する金属の鍛造 ⒆　動物の臓器又は排せつ物を原料とする医薬品の製造 ⒇　石綿を含有する製品の製造又は粉砕 ㉛　(1)から⑳までに掲げるもののほか，安全上若しくは防火上の危険の度又は衛生上若しくは健康上の有害の度が高いことにより，環境の悪化をもたらすおそれのない工業の利便を増進する上で支障があるものとして**政令**で定める事業 ◆**政令**　未制定 二　危険物の貯蔵又は処理に供するもので**政令**で定めるもの ◆**政令**［危険物の貯蔵又は処理に供する建築物］令第130条の9→p326 三　個室付浴場業に係る公衆浴場その他これに類する**政令**で定めるもの ◆**政令**［近隣商業地域及び準工業地域内に建築してはならない建築物］令第130条の9の5→p328
(を)	工業地域内に建築してはならない建築物	一　(る)項第三号に掲げるもの 二　ホテル又は旅館 三　キャバレー，料理店その他これらに類するもの 四　劇場，映画館，演芸場若しくは観覧場又はナイトクラブその他これに類する**政令**で定めるもの ◆**政令**［第二種住居地域及び工業地域内に建築してはならない建築物］令第130条の7の3→p325 五　学校（幼保連携型認定こども園を除く。） 六　病院 七　店舗，飲食店，展示場，遊技場，勝馬投票券発売所，場外車券売場その他これらに類する用途で**政令**で定めるものに供する建築物でその用途に供する部分の床面積の合計が10,000m²を超えるもの ◆**政令**［第二種住居地域等内に建築してはならない建築物の店舗，飲食店等に類する用途］令第130条の8の2第1項→p325
(わ)	工業専用地域内に建築してはならない建築物	一　(を)項に掲げるもの 二　住宅 三　共同住宅，寄宿舎又は下宿 四　老人ホーム，福祉ホームその他これらに類するもの 五　物品販売業を営む店舗又は飲食店 六　図書館，博物館その他これらに類するもの 七　ボーリング場，スケート場，水泳場その他これらに類する**政令**で定める運動施設 ◆**政令**［第二種中高層住居専用地域及び工業専用地域内に建築してはならない運動施設］令第130条の6の2→p324 八　マージャン屋，ぱちんこ屋，射的場，勝馬投票券発売所，場外車券売場その他これらに類するもの

176

(か)	用途地域の指定のない区域（都市計画法第7条第1項に規定する市街化調整区域を除く。）内に建築してはならない建築物	劇場，映画館，演芸場若しくは観覧場，ナイトクラブその他これに類する用途で**政令**¹で定めるもの又は店舗，飲食店，展示場，遊技場，勝馬投票券発売所，場外車券売場その他これらに類する用途で**政令**²で定めるものに供する建築物でその用途に供する部分（劇場，映画館，演芸場又は観覧場の用途に供する部分にあっては，客席の部分に限る。）の床面積の合計が10,000m²を超えるもの ◆**政令** 1　[準住居地域及び用途地域の指定のない区域内に建築してはならない建築物のナイトクラブに類する用途] 令第130条の9の2→p328 　　　 2　[第二種住居地域等内に建築してはならない建築物の店舗，飲食店等に類する用途] 令第130条の8の2第2項→p325

別表第3　前面道路との関係についての建築物の各部分の高さの制限
（第56条，第91条関係）

	(い)	(ろ)	(は)	(に)
	建築物がある地域，地区又は区域	第52条第1項,第2項,第7項及び第9項の規定による容積率の限度	距離	数値
1	第一種低層住居専用地域，第二種低層住居専用地域，第一種中高層住居専用地域，第二種中高層住居専用地域若しくは田園住居地域内の建築物又は第一種住居地域，第二種住居地域若しくは準住居地域内の建築物（4の項に掲げる建築物を除く。）	20/10以下の場合	20m	1.25
		20/10を超え，30/10以下の場合	25m	
		30/10を超え，40/10以下の場合	30m	
		40/10を超える場合	35m	
2	近隣商業地域又は商業地域内の建築物	40/10以下の場合	20m	1.5
		40/10を超え，60/10以下の場合	25m	
		60/10を超え，80/10以下の場合	30m	
		80/10を超え,100/10以下の場合	35m	
		100/10を超え,110/10以下の場合	40m	
		110/10を超え,120/10以下の場合	45m	
		120/10を超える場合	50m	
3	準工業地域内の建築物（4の項に掲げる建築物を除く。）又は工業地域若しくは工業専用地域内の建築物	20/10以下の場合	20m	1.5
		20/10を超え，30/10以下の場合	25m	
		30/10を超え，40/10以下の場合	30m	
		40/10を超える場合	35m	
4	第一種住居地域，第二種住居地域，準住居地域又は準工業地域内について定められた高層住居誘導地区内の建築物であって，その住宅の用途に供する部分の床面積の合計がその延べ面積の2／3以上であるもの		35m	1.5
5	用途地域の指定のない区域内の建築物	20/10以下の場合	20m	1.25又は1.5のうち，特定行政庁が土地利用の状況等を考慮し当該区域を区分して都道府県都市計画審議会の議を経て定めるもの
		20/10を超え，30/10以下の場合	25m	
		30/10を超える場合	30m	

備考
1　建築物がこの表(い)欄に掲げる地域，地区又は区域の2以上にわたる場合においては，同欄中「建築物」とあるのは，「建築物の部分」とする。
2　建築物の敷地がこの表(い)欄に掲げる地域，地区又は区域の2以上にわたる場合における同表(は)欄に掲げる距離の適用に関し必要な事項は，**政令**で定める。
　　◆**政令**［建築物の敷地が2以上の地域，地区又は区域にわたる場合の法別表第3(は)欄に掲げる距離
　　　の適用の特例］令第130条の11→p330
3　この表(い)欄1の項に掲げる第一種中高層住居専用地域若しくは第二種中高層住居専用地域（第52条第1項第二号の規定により，容積率の限度が40/10以上とされている地域に限る。）又は第一種住居地域，第二種住居地域若しくは準住居地域のうち，特定行政庁が都道府県都市計画審議会の議を経て指定する区域内の建築物については，(は)欄1の項中「25m」とあるのは「20m」と，「30m」とあるのは「25m」と，「35m」とあるのは「30m」と，(に)欄1の項中「1.25」とあるのは「1.5」とする。

別表第4　日影による中高層の建築物の制限
（第56条，第56条の2関係）

	(い) 地域又は区域	(ろ) 制限を受ける建築物	(は) 平均地盤面からの高さ	(に) 敷地境界線からの水平距離が10m以内の範囲における日影時間	敷地境界線からの水平距離が10mを超える範囲における日影時間
1	第一種低層住居専用地域，第二種低層住居専用地域又は田園住居地域	軒の高さ*1が7mを超える建築物又は地階を除く階数*2が3以上の建築物 ●関連1［面積・高さ等の算定方法］令第2条第1項第七号→p195 ●関連2［面積・高さ等の算定方法］令第2条第1項第八号→p195	1.5m	(1) 3時間（道の区域内にあっては，2時間） (2) 4時間（道の区域内にあっては，3時間） (3) 5時間（道の区域内にあっては，4時間）	2時間（道の区域内にあっては，1.5時間） 2.5時間（道の区域内にあっては，2時間） 3時間（道の区域内にあっては，2.5時間）
2	第一種中高層住居専用地域又は第二種中高層住居専用地域	高さ*が10mを超える建築物 ●関連［面積・高さ等の算定方法］令第2条第1項第六号→p195	4m又は6.5m	(1) 3時間（道の区域内にあっては，2時間） (2) 4時間（道の区域内にあっては，3時間） (3) 5時間（道の区域内にあっては，4時間）	2時間（道の区域内にあっては，1.5時間） 2.5時間（道の区域内にあっては，2時間） 3時間（道の区域内にあっては，2.5時間）
3	第一種住居地域，第二種住居地域，準住居地域，近隣商業地域又は準工業地域	高さ*が10mを超える建築物 ●関連［面積・高さ等の算定方法］令第2条第1項第六号→p195	4m又は6.5m	(1) 4時間（道の区域内にあっては，3時間） (2) 5時間（道の区域内にあっては，4時間）	2.5時間（道の区域内にあっては，2時間） 3時間（道の区域内にあっては，2.5時間）
4	用途地域の指定のない区域	イ 軒の高さが7mを超える建築物又は地階を除く階数が3以上の建築物	1.5m	(1) 3時間（道の区域内にあっては，2時間） (2) 4時間（道の区域内にあっては，3時間） (3) 5時間（道の区域内にあっては，4時間）	2時間（道の区域内にあっては，1.5時間） 2.5時間（道の区域内にあっては，2時間） 3時間（道の区域内にあっては，2.5時間）
		ロ 高さが10mを超える建築物	4m	(1) 3時間（道の区域内にあっては，2時間） (2) 4時間（道の区域内にあっては，3時間） (3) 5時間（道の区域内にあっては，4時間）	2時間（道の区域内にあっては，1.5時間） 2.5時間（道の区域内にあっては，2時間） 3時間（道の区域内にあっては，2.5時間）

この表において，平均地盤面からの高さとは，当該建築物が周囲の地面と接する位置の平均の高さにおける水平面からの高さをいうものとする。

建築基準法施行令

昭和 25 年 11 月 16 日［政令第 338 号］

最終改正—令和 5 年 11 月 10 日［政令第 324 号］

目　次

第1章　総則 ……………………………………………………………………193

　第1節　用語の定義等（第1条〜第2条の2）……………………………193

　　第1条（用語の定義）……………………………………………………193

　　第2条（面積，高さ等の算定方法）……………………………………193

　　第2条の2（都道府県知事が特定行政庁となる建築物）………………196

　第2節　建築基準適合判定資格者検定（第2条の3〜第8条の3）……196

　　第2条の3（受検資格）…………………………………………………196

　　第3条（建築基準適合判定資格者検定の基準）………………………196

　　第4条（建築基準適合判定資格者検定の方法）………………………196

　　第5条（建築基準適合判定資格者検定の施行）………………………196

　　第6条（合格公告及び通知）……………………………………………197

　　第7条（建築基準適合判定資格者検定委員の定員）…………………197

　　第8条（建築基準適合判定資格者検定委員の勤務）…………………197

　　第8条の2（受検の申込み）……………………………………………197

　　第8条の3（受検手数料）………………………………………………197

　第2節の2　構造計算適合判定資格者検定（第8条の4〜第8条の6）…197

　　第8条の4（受検資格）…………………………………………………197

　　第8条の5（構造計算適合判定資格者検定の基準等）………………197

　　第8条の6（受検手数料）………………………………………………198

　第2節の3　建築基準関係規定（第9条）…………………………………198

　　第9条………………………………………………………………………198

　第2節の4　特定増改築構造計算基準等（第9条の2・第9条の3）……199

　　第9条の2（特定増改築構造計算基準）………………………………199

　　第9条の3（確認審査が比較的容易にできる特定構造計算基準及び特定増改築構造

　　　　　　　計算基準）……………………………………………………199

　第3節　建築物の建築に関する確認の特例（第10条）…………………199

　　第10条………………………………………………………………………199

　第3節の2　中間検査合格証の交付を受けるまでの共同住宅に関する工事の

　　　　　　　施工制限（第11条・第12条）…………………………………200

　　第11条（工事を終えたときに中間検査を申請しなければならない工程）…………200

　　第12条（中間検査合格証の交付を受けるまで施工してはならない工程）………201

　第3節の3　検査済証の交付を受けるまでの建築物の使用制限

　　　　　　　（第13条・第13条の2）…………………………………………201

　　第13条（避難施設等の範囲）……………………………………………201

　　第13条の2（避難施設等に関する工事に含まれない軽易な工事）…201

　第3節の4　維持保全に関する準則の作成等を要する建築物（第13条の3）……201

　　第13条の3…………………………………………………………………201

　第3節の5　建築監視員（第14条）………………………………………202

　　第14条………………………………………………………………………202

　第3節の6　勧告の対象となる建築物（第14条の2）……………………202

　　第14条の2…………………………………………………………………202

　第4節　損失補償（第15条）………………………………………………202

　　第15条（収用委員会の裁決の申請手続）………………………………202

第5節　定期報告を要する建築物等（第16条〜第18条）・・・・・・・・・・・・・・・・・・203
　　第16条・・・203
　　第17条及び第18条　削除
第2章　一般構造・・203
　第1節　採光に必要な開口部（第19条・第20条）・・・・・・・・・・・・・・・・・・・・・・・・・203
　　第19条（居室の採光）・・203
　　第20条（有効面積の算定方法）・・・204
　第1節の2　開口部の少ない建築物等の換気設備（第20条の2・第20条の3）・・・・・・206
　　第20条の2（換気設備の技術的基準）・・・・・・・・・・・・・・・・・・・・・・・・・・・・・・・・・・・206
　　第20条の3（火を使用する室に設けなければならない換気設備等）・・・・・・・208
　第1節の3　石綿その他の物質の飛散又は発散に対する衛生上の措置
　　　　　　　（第20条の4〜第20条の9）・・・・・・・・・・・・・・・・・・・・・・・・・・・・・・・・・210
　　第20条の4（著しく衛生上有害な物質）・・・・・・・・・・・・・・・・・・・・・・・・・・・・・・・・210
　　第20条の5（居室内において衛生上の支障を生ずるおそれがある物質）・・・210
　　第20条の6（居室を有する建築物の建築材料についてのクロルピリホスに関する
　　　　　　　技術的基準）・・210
　　第20条の7（居室を有する建築物の建築材料についてのホルムアルデヒドに関する
　　　　　　　技術的基準）・・210
　　第20条の8（居室を有する建築物の換気設備についてのホルムアルデヒドに関する
　　　　　　　技術的基準）・・212
　　第20条の9（居室を有する建築物のホルムアルデヒドに関する技術的基準の特例）・・・213
　第2節　居室の天井の高さ，床の高さ及び防湿方法（第21条・第22条）・・・・・・・213
　　第21条（居室の天井の高さ）・・213
　　第22条（居室の床の高さ及び防湿方法）・・・・・・・・・・・・・・・・・・・・・・・・・・・・・・・213
　第2節の2　地階における住宅等の居室の防湿の措置等（第22条の2）・・・・・・・214
　　第22条の2（地階における住宅等の居室の技術的基準）・・・・・・・・・・・・・・・・・214
　第2節の3　長屋又は共同住宅の界壁の遮音構造等（第22条の3）・・・・・・・・・・214
　　第22条の3・・・214
　第3節　階段（第23条〜第27条）・・215
　　第23条（階段及びその踊場の幅並びに階段の蹴上げ及び踏面の寸法）・・・・・・215
　　第24条（踊場の位置及び踏幅）・・216
　　第25条（階段等の手すり等）・・216
　　第26条（階段に代わる傾斜路）・・216
　　第27条（特殊の用途に専用する階段）・・・・・・・・・・・・・・・・・・・・・・・・・・・・・・・・・216
　第4節　便所（第28条〜第35条）・・216
　　第28条（便所の採光及び換気）・・216
　　第29条（くみ取便所の構造）・・216
　　第30条（特殊建築物及び特定区域の便所の構造）・・・・・・・・・・・・・・・・・・・・・・217
　　第31条（改良便槽）・・217
　　第32条（法第31条第2項等の規定に基づく汚物処理性能に関する技術的基準）・・・・217
　　第33条（漏水検査）・・219
　　第34条（便所と井戸との距離）・・219
　　第35条（合併処理浄化槽の構造）・・・・・・・・・・・・・・・・・・・・・・・・・・・・・・・・・・・・・219
第3章　構造強度・・・219
　第1節　総則（第36条〜第36条の4）・・・・・・・・・・・・・・・・・・・・・・・・・・・・・・・・・・・・219
　　第36条（構造方法に関する技術的基準）・・・・・・・・・・・・・・・・・・・・・・・・・・・・・・・219

第36条の2（地階を除く階数が4以上である鉄骨造の建築物等に準ずる建築物）　…220
第36条の3（構造設計の原則）　………………………………………………………221
第36条の4（別の建築物とみなすことができる部分）　……………………………221
第2節　構造部材等（第37条～第39条）………………………………………………221
第37条（構造部材の耐久）　……………………………………………………………221
第38条（基礎）　…………………………………………………………………………221
第39条（屋根ふき材等）　………………………………………………………………222
第3節　木造（第40条～第50条）　……………………………………………………222
第40条（適用の範囲）　…………………………………………………………………222
第41条（木材）　…………………………………………………………………………222
第42条（土台及び基礎）　………………………………………………………………223
第43条（柱の小径）　……………………………………………………………………223
第44条（はり等の横架材）　……………………………………………………………224
第45条（筋かい）　………………………………………………………………………224
第46条（構造耐力上必要な軸組等）　…………………………………………………225
第47条（構造耐力上主要な部分である継手又は仕口）　……………………………227
第48条（学校の木造の校舎）　…………………………………………………………227
第49条（外壁内部等の防腐措置等）　…………………………………………………227
第50条　削除　……………………………………………………………………………227
第4節　組積造（第51条～第62条）　…………………………………………………228
第51条（適用の範囲）　…………………………………………………………………228
第52条（組積造の施工）　………………………………………………………………228
第53条　削除　……………………………………………………………………………228
第54条（壁の長さ）　……………………………………………………………………228
第55条（壁の厚さ）　……………………………………………………………………228
第56条（臥梁）　…………………………………………………………………………229
第57条（開口部）　………………………………………………………………………229
第58条（壁のみぞ）　……………………………………………………………………230
第59条（鉄骨組積造である壁）　………………………………………………………230
第59条の2（補強を要する組積造）　…………………………………………………230
第60条（手すり又は手すり壁）　………………………………………………………230
第61条（組積造のへい）　………………………………………………………………230
第62条（構造耐力上主要な部分等のささえ）　………………………………………230
第4節の2　補強コンクリートブロック造（第62条の2～第62条の8）………230
第62条の2（適用の範囲）　……………………………………………………………230
第62条の3　削除　………………………………………………………………………
第62条の4（耐力壁）　…………………………………………………………………230
第62条の5（臥梁）　……………………………………………………………………231
第62条の6（目地及び空胴部）　………………………………………………………231
第62条の7（帳壁）　……………………………………………………………………231
第62条の8（塀）　………………………………………………………………………231
第5節　鉄骨造（第63条～第70条）　…………………………………………………232
第63条（適用の範囲）　…………………………………………………………………232
第64条（材料）　…………………………………………………………………………232
第65条（圧縮材の有効細長比）　………………………………………………………232

第66条 （柱の脚部） ………………………………………232
第67条 （接合） ……………………………………………232
第68条 （高力ボルト，ボルト及びリベット） ……………233
第69条 （斜材，壁等の配置） ……………………………233
第70条 （柱の防火被覆） …………………………………233
第6節 鉄筋コンクリート造（第71条～第79条） …………234
第71条 （適用の範囲） ……………………………………234
第72条 （コンクリートの材料） …………………………234
第73条 （鉄筋の継手及び定着） …………………………234
第74条 （コンクリートの強度） …………………………235
第75条 （コンクリートの養生） …………………………235
第76条 （型わく及び支柱の除去） ………………………235
第77条 （柱の構造） ………………………………………235
第77条の2 （床版の構造） ………………………………236
第78条 （はりの構造） ……………………………………236
第78条の2 （耐力壁） ……………………………………236
第79条 （鉄筋のかぶり厚さ） ……………………………236
第6節の2 鉄骨鉄筋コンクリート造（第79条の2～第79条の4） …237
第79条の2 （適用の範囲） ………………………………237
第79条の3 （鉄骨のかぶり厚さ） ………………………237
第79条の4 （鉄骨鉄筋コンクリート造に対する第5節及び第6節の規定の準用） …237
第7節 無筋コンクリート造（第80条） …………………237
第80条 （無筋コンクリート造に対する第4節及び第6節の規定の準用） …………237
第7節の2 構造方法に関する補則（第80条の2・第80条の3） …………238
第80条の2 （構造方法に関する補則） …………………238
第80条の3 （土砂災害特別警戒区域内における居室を有する建築物の構造方法） …238
第8節 構造計算 ……………………………………………239
第1款 総則（第81条） …………………………………239
第81条 ……………………………………………………239
第1款の2 保有水平耐力計算（第82条～第82条の4） …240
第82条 （保有水平耐力計算） ……………………………240
第82条の2 （層間変形角） ………………………………241
第82条の3 （保有水平耐力） ……………………………241
第82条の4 （屋根ふき材等の構造計算） ………………241
第1款の3 限界耐力計算（第82条の5） ………………242
第82条の5 ………………………………………………242
第1款の4 許容応力度等計算（第82条の6） …………244
第82条の6 ………………………………………………244
第2款 荷重及び外力（第83条～第88条） ……………245
第83条 （荷重及び外力の種類） …………………………245
第84条 （固定荷重） ………………………………………245
第85条 （積載荷重） ………………………………………247
第86条 （積雪荷重） ………………………………………248
第87条 （風圧力） …………………………………………249
第88条 （地震力） …………………………………………250

　　第3款　許容応力度（第89条～第94条）　……………………………………251
　　　第89条（木材）　………………………………………………………251
　　　第90条（鋼材等）　……………………………………………………251
　　　第91条（コンクリート）　……………………………………………253
　　　第92条（溶接）　………………………………………………………253
　　　第92条の2（高力ボルト接合）　……………………………………254
　　　第93条（地盤及び基礎ぐい）　………………………………………254
　　　第94条（補則）　………………………………………………………255
　　第4款　材料強度（第95条～第106条）　……………………………………255
　　　第95条（木材）　………………………………………………………255
　　　第96条（鋼材等）　……………………………………………………255
　　　第97条（コンクリート）　……………………………………………257
　　　第98条（溶接）　………………………………………………………257
　　　第99条（補則）　………………………………………………………257
　　　第100条から第106条まで　削除
第4章　耐火構造，準耐火構造，防火構造，防火区画等（第107条～第116条）　……257
　　　第107条（耐火性能に関する技術的基準）　………………………257
　　　第107条の2（準耐火性能に関する技術的基準）　………………258
　　　第108条（防火性能に関する技術的基準）　………………………259
　　　第108条の2（不燃性能及びその技術的基準）　…………………259
　　　第108条の3（耐火建築物の主要構造部に関する技術的基準）　…260
　　　第109条（防火戸その他の防火設備）　……………………………262
　　　第109条の2（遮炎性能に関する技術的基準）　…………………263
　　　第109条の2の2（主要構造部を準耐火構造等とした建築物の層間変形角）　…………263
　　　第109条の3（主要構造部を準耐火構造とした建築物と同等の耐火性能を
　　　　　　　　　有する建築物の技術的基準）　………………………263
　　　第109条の4（法第21条第1項の政令で定める部分）　……………264
　　　第109条の5（大規模の建築物の主要構造部の性能に関する技術的基準）　…………264
　　　第109条の6（延焼防止上有効な空地の技術的基準）　……………264
　　　第109条の7（大規模の建築物の壁等の性能に関する技術的基準）　………………265
　　　第109条の8（法第22条第1項の市街地の区域内にある建築物の
　　　　　　　　　屋根の性能に関する技術的基準）　…………………265
　　　第109条の9（準防火性能に関する技術的基準）　…………………265
　　　第110条（法第27条第1項に規定する特殊建築物の主要構造部の性能に関する
　　　　　　　技術的基準）　………………………………………………266
　　　第110条の2（延焼するおそれがある外壁の開口部）　……………266
　　　第110条の3（法第27条第1項に規定する特殊建築物の防火設備の遮炎性能に
　　　　　　　　　関する技術的基準）　…………………………………267
　　　第110条の4（警報設備を設けた場合に耐火建築物等とすることを要しない
　　　　　　　　　こととなる用途）　……………………………………267
　　　第110条の5（警報設備の技術的基準）　……………………………267
　　　第111条（窓その他の開口部を有しない居室等）　………………267
　　　第112条（防火区画）　………………………………………………267
　　　第113条（木造等の建築物の防火壁及び防火床）　………………274
　　　第114条（建築物の界壁，間仕切壁及び隔壁）　…………………274
　　　第115条（建築物に設ける煙突）　…………………………………275

　　　第115条の2（防火壁又は防火床の設置を要しない建築物に関する技術的基準等）　…276
　　　第115条の3（耐火建築物等としなければならない特殊建築物）　………………………277
　　　第115条の4（自動車車庫等の用途に供してはならない準耐火建築物）　………………278
　　　第116条（危険物の数量）　……………………………………………………………………278
　第5章　避難施設等………………………………………………………………………………279
　　第1節　総則（第116条の2）　………………………………………………………………279
　　　第116条の2（窓その他の開口部を有しない居室等）　……………………………………279
　　第2節　廊下，避難階段及び出入口（第117条〜第126条）　……………………………279
　　　第117条（適用の範囲）　………………………………………………………………………279
　　　第118条（客席からの出口の戸）　……………………………………………………………280
　　　第119条（廊下の幅）　…………………………………………………………………………280
　　　第120条（直通階段の設置）　…………………………………………………………………280
　　　第121条（2以上の直通階段を設ける場合）　………………………………………………281
　　　第121条の2（屋外階段の構造）　……………………………………………………………283
　　　第122条（避難階段の設置）　…………………………………………………………………283
　　　第123条（避難階段及び特別避難階段の構造）　……………………………………………284
　　　第123条の2（共同住宅の住戸の床面積の算定等）　………………………………………285
　　　第124条（物品販売業を営む店舗における避難階段等の幅）　……………………………286
　　　第125条（屋外への出口）　……………………………………………………………………286
　　　第125条の2（屋外への出口等の施錠装置の構造等）　……………………………………286
　　　第126条（屋上広場等）　………………………………………………………………………287
　　第3節　排煙設備（第126条の2・第126条の3）　………………………………………287
　　　第126条の2（設置）　…………………………………………………………………………287
　　　第126条の3（構造）　…………………………………………………………………………288
　　第4節　非常用の照明装置（第126条の4・第126条の5）　……………………………289
　　　第126条の4（設置）　…………………………………………………………………………289
　　　第126条の5（構造）　…………………………………………………………………………289
　　第5節　非常用の進入口（第126条の6・第126条の7）　………………………………290
　　　第126条の6（設置）　…………………………………………………………………………290
　　　第126条の7（構造）　…………………………………………………………………………290
　　第6節　敷地内の避難上及び消火上必要な通路等（第127条〜第128条の3）　……291
　　　第127条（適用の範囲）　………………………………………………………………………291
　　　第128条（敷地内の通路）　……………………………………………………………………291
　　　第128条の2（大規模な木造等の建築物の敷地内における通路）　………………………291
　　　第128条の3（地下街）　………………………………………………………………………292
　第5章の2　特殊建築物等の内装（第128条の3の2〜第128条の5）　………………293
　　　第128条の3の2（制限を受ける窓その他の開口部を有しない居室）　…………………293
　　　第128条の4（制限を受けない特殊建築物等）　……………………………………………293
　　　第128条の5（特殊建築物等の内装）　………………………………………………………294
　第5章の3　避難上の安全の検証（第128条の6〜第129条の2の2）　…………………296
　　　第128条の6（避難上の安全の検証を行う区画部分に対する基準の適用）　……………296
　　　第129条（避難上の安全の検証を行う建築物の階に対する基準の適用）　………………298
　　　第129条の2（避難上の安全の検証を行う建築物に対する基準の適用）　………………300
　　　第129条の2の2（別の建築物とみなす部分）　……………………………………………302

第5章の4　建築設備等 ･･････････････････････････････････302
　第1節　建築設備の構造強度（第129条の2の3）･･････････302
　　第129条の2の3 ･････････････････････････････････････302
　第1節の2　給水，排水その他の配管設備
　　　　　　　（第129条の2の4～第129条の2の6）　･････302
　　第129条の2の4（給水，排水その他の配管設備の設置及び構造）･････302
　　第129条の2の5（換気設備）･･･････････････････････305
　　第129条の2の6（冷却塔設備）･････････････････････306
　第2節　昇降機（第129条の3～第129条の13の3）･･････306
　　第129条の3（適用の範囲）･････････････････････････306
　　第129条の4（エレベーターの構造上主要な部分）･････307
　　第129条の5（エレベーターの荷重）･･･････････････309
　　第129条の6（エレベーターのかごの構造）･････････309
　　第129条の7（エレベーターの昇降路の構造）･･･････310
　　第129条の8（エレベーターの駆動装置及び制御器）･････310
　　第129条の9（エレベーターの機械室）･････････････311
　　第129条の10（エレベーターの安全装置）･･･････････311
　　第129条の11（適用の除外）･･･････････････････････312
　　第129条の12（エスカレーターの構造）･･････････････312
　　第129条の13（小荷物専用昇降機の構造）･････････････313
　　第129条の13の2（非常用の昇降機の設置を要しない建築物）･････314
　　第129条の13の3（非常用の昇降機の設置及び構造）･････314
　第3節　避雷設備（第129条の14・第129条の15）･･････････317
　　第129条の14（設置）･･･････････････････････････････317
　　第129条の15（構造）･･･････････････････････････････317
第6章　建築物の用途（第130条～第130条の9の8）　･････317
　　第130条（用途地域の制限に適合しない建築物の増築等の許可に当たり
　　　　　　意見の聴取等を要しない場合等）･･･････････････317
　　第130条の2（特定用途制限地域内において条例で定める制限）･････318
　　第130条の2の2（位置の制限を受ける処理施設）･････318
　　第130条の2の3（卸売市場等の用途に供する特殊建築物の位置に対する
　　　　　　　　　　制限の緩和）･････････････････････････318
　　第130条の3（第一種低層住居専用地域内に建築することができる兼用住宅）･････320
　　第130条の4（第一種低層住居専用地域内に建築することができる
　　　　　　　　公益上必要な建築物）･････････････････････321
　　第130条の5（第一種低層住居専用地域等内に建築してはならない附属建築物）･････321
　　第130条の5の2（第二種低層住居専用地域及び田園住居地域内に建築することが
　　　　　　　　　　できる店舗，飲食店等の建築物）････････322
　　第130条の5の3（第一種中高層住居専用地域内に建築することができる
　　　　　　　　　　店舗，飲食店等の建築物）･･････････････322
　　第130条の5の4（第一種中高層住居専用地域内に建築することができる
　　　　　　　　　　公益上必要な建築物）･････････････････323
　　第130条の5の5（第一種中高層住居専用地域内に建築してはならない
　　　　　　　　　　附属建築物）･････････････････････････323
　　第130条の6（第二種中高層住居専用地域内に建築することができる工場）･･･････324

第130条の6の2 （第二種中高層住居専用地域及び工業専用地域内に
　　　　　　　　建築してはならない運動施設） ……………………324
第130条の7 （第二種中高層住居専用地域内に建築してはならない畜舎） …………324
第130条の7の2 （第一種住居地域内に建築することができる大規模な建築物） ……324
第130条の7の3 （第二種住居地域及び工業地域内に建築してはならない建築物） …325
第130条の8 （第二種住居地域内に建築することができる附属自動車車庫） …………325
第130条の8の2 （第二種住居地域等内に建築してはならない建築物の店舗，
　　　　　　　　飲食店等に類する用途） ……………………………325
第130条の8の3 （準住居地域内で営むことができる特殊の方法による事業） ………325
第130条の9 （危険物の貯蔵又は処理に供する建築物） ………………………326
第130条の9の2 （準住居地域及び用途地域の指定のない区域内に建築しては
　　　　　　　　ならない建築物のナイトクラブに類する用途） ……………328
第130条の9の3 （田園住居地域内に建築してはならない建築物） ……………328
第130条の9の4 （田園住居地域内に建築することができる農業の利便を増進する
　　　　　　　　ために必要な店舗，飲食店等の建築物） ……………………328
第130条の9の5 （近隣商業地域及び準工業地域内に建築してはならない建築物） …328
第130条の9の6 （商業地域内で営んではならない事業） ………………………329
第130条の9の7 （準工業地域内で営むことができる特殊の方法による事業） ………329
第130条の9の8 （準工業地域内で営むことができる可燃性ガスの製造） ……………329

第7章　建築物の各部分の高さ等（第130条の10～第136条） ………………330
第130条の10 （第一種低層住居専用地域等内における建築物の高さの制限の緩和に
　　　　　　　係る敷地内の空地等） …………………………330
第130条の11 （建築物の敷地が2以上の地域，地区又は区域にわたる場合の
　　　　　　　法別表第3は欄に掲げる距離の適用の特例） ………………330
第130条の12 （前面道路との関係についての建築物の各部分の高さの制限に
　　　　　　　係る建築物の後退距離の算定の特例） ………………330
第131条 （前面道路との関係についての建築物の各部分の高さの制限の緩和） ………331
第131条の2 （前面道路とみなす道路等） ……………………………331
第132条 （2以上の前面道路がある場合） ……………………………331
第133条　削除
第134条 （前面道路の反対側に公園，広場，水面その他これらに類するもの
　　　　　がある場合） ……………………………………332
第135条　削除
第135条の2 （道路面と敷地の地盤面に高低差がある場合） ……………………332
第135条の3 （隣地との関係についての建築物の各部分の高さの制限の緩和） ………332
第135条の4 （北側の前面道路又は隣地との関係についての建築物の
　　　　　　　各部分の高さの制限の緩和） …………………………333
第135条の5 （天空率） ……………………………………333
第135条の6 （前面道路との関係についての建築物の各部分の高さの
　　　　　　　制限を適用しない建築物の基準等） ……………………334
第135条の7 （隣地との関係についての建築物の各部分の高さの制限を
　　　　　　　適用しない建築物の基準等） …………………………334
第135条の8 （北側の隣地との関係についての建築物の各部分の高さの
　　　　　　　制限を適用しない建築物の基準等） ……………………335
第135条の9 （法第56条第7項第一号の政令で定める位置） ……………………336

　　　第135条の10（法第56条第7項第二号の政令で定める位置）‥‥‥‥‥‥‥‥‥336
　　　第135条の11（法第56条第7項第三号の政令で定める位置）‥‥‥‥‥‥‥‥‥337
　　　第135条の12（日影による中高層の建築物の高さの制限の適用除外等）‥‥‥‥‥338
　　　第135条の13（建築物が日影時間の制限の異なる区域の内外にわたる場合等の
　　　　　　　　　措置）‥‥‥‥‥‥‥‥‥‥‥‥‥‥‥‥‥‥‥‥‥‥‥‥‥‥338
　　　第135条の14（高層住居誘導地区内の建築物及び法第52条第8項に規定する
　　　　　　　　　建築物の容積率の上限の数値の算出方法）‥‥‥‥‥‥‥‥‥‥‥339
　　　第135条の15（条例で地盤面を別に定める場合の基準）‥‥‥‥‥‥‥‥‥‥‥‥339
　　　第135条の16（容積率の算定の基礎となる延べ面積に昇降路の部分の
　　　　　　　　　床面積を算入しない昇降機）‥‥‥‥‥‥‥‥‥‥‥‥‥‥‥‥‥339
　　　第135条の17（敷地内の空地の規模等）‥‥‥‥‥‥‥‥‥‥‥‥‥‥‥‥‥‥339
　　　第135条の18（容積率の制限について前面道路の幅員に加算する数値）‥‥‥‥‥341
　　　第135条の19（容積率の算定に当たり建築物から除かれる部分）‥‥‥‥‥‥‥‥341
　　　第135条の20（耐火建築物と同等以上の延焼防止性能を有する建築物等）‥‥‥‥341
　　　第135条の21（建蔽率の制限の緩和に当たり建築物から除かれる部分）‥‥‥‥‥342
　　　第135条の22（第一種低層住居専用地域等内における外壁の後退距離に対する
　　　　　　　　　制限の緩和）‥‥‥‥‥‥‥‥‥‥‥‥‥‥‥‥‥‥‥‥‥‥‥342
　　　第135条の23（特例容積率の限度の指定の申請について同意を得るべき
　　　　　　　　　利害関係者）‥‥‥‥‥‥‥‥‥‥‥‥‥‥‥‥‥‥‥‥‥‥342
　　　第135条の24（特例容積率の限度の指定の取消しの申請について同意を
　　　　　　　　　得るべき利害関係者）‥‥‥‥‥‥‥‥‥‥‥‥‥‥‥‥‥‥342
　　　第136条（敷地内の空地及び敷地面積の規模）‥‥‥‥‥‥‥‥‥‥‥‥‥‥‥‥342
第7章の2　防火地域又は準防火地域内の建築物
　　　　　　（第136条の2～第136条の2の3）‥‥‥‥‥‥‥‥‥‥‥‥‥‥‥343
　　　第136条の2（防火地域又は準防火地域内の建築物の壁，柱，床その他の部分及び
　　　　　　　　　防火設備の性能に関する技術的基準）‥‥‥‥‥‥‥‥‥‥‥‥‥343
　　　第136条の2の2（防火地域又は準防火地域内の建築物の屋根の性能に関する
　　　　　　　　　技術的基準）‥‥‥‥‥‥‥‥‥‥‥‥‥‥‥‥‥‥‥‥‥‥345
　　　第136条の2の3　削除
第7章の2の2　特定防災街区整備地区内の建築物（第136条の2の4）‥‥‥‥‥345
　　　第136条の2の4（建築物の防災都市計画施設に係る間口率及び高さの算定）‥‥‥345
第7章の3　地区計画等の区域（第136条の2の5～第136条の2の8）‥‥‥‥‥346
　　　第136条の2の5（地区計画等の区域内において条例で定める制限）‥‥‥‥‥‥346
　　　第136条の2の6（再開発等促進区等内において高さの制限の緩和を受ける
　　　　　　　　　建築物の敷地面積の規模）‥‥‥‥‥‥‥‥‥‥‥‥‥‥‥‥‥351
　　　第136条の2の7（予定道路の指定の基準）‥‥‥‥‥‥‥‥‥‥‥‥‥‥‥‥351
　　　第136条の2の8（予定道路の指定について同意を得るべき利害関係者）‥‥‥‥‥351
第7章の4　都市計画区域及び準都市計画区域以外の区域内の建築物の
　　　　　　敷地及び構造（第136条の2の9・第136条の2の10）‥‥‥‥‥‥351
　　　第136条の2の9（都道府県知事が指定する区域内の建築物に係る制限）‥‥‥‥‥351
　　　第136条の2の10（準景観地区内の建築物に係る制限）‥‥‥‥‥‥‥‥‥‥‥‥352
第7章の5　型式適合認定等（第136条の2の11～第136条の2の13）‥‥‥‥‥353
　　　第136条の2の11（型式適合認定の対象とする建築物の部分及び一連の規定）‥‥‥353
　　　第136条の2の12（型式部材等製造者等に係る認証の有効期間）‥‥‥‥‥‥‥‥355
　　　第136条の2の13（認証外国型式部材等製造者の工場等における
　　　　　　　　　検査等に要する費用の負担）‥‥‥‥‥‥‥‥‥‥‥‥‥‥‥‥355

第7章の6　指定確認検査機関等（第136条の2の14～第136条の2の18）　‥‥‥‥‥355
　　第136条の2の14（親会社等）　‥‥‥‥‥‥‥‥‥‥‥‥‥‥‥‥‥‥‥‥‥‥‥‥‥‥‥355
　　第136条の2の15（指定確認検査機関に係る指定の有効期間）　‥‥‥‥‥‥‥‥‥‥356
　　第136条の2の16（指定構造計算適合性判定機関に係る指定の有効期間）　‥‥‥356
　　第136条の2の17（指定認定機関等に係る指定等の有効期間）　‥‥‥‥‥‥‥‥‥356
　　第136条の2の18（承認認定機関等の事務所における検査に要する費用の負担）　‥‥‥356
第7章の7　建築基準適合判定資格者等の登録手数料（第136条の2の19）　‥‥‥‥‥356
　　第136条の2の19　‥‥‥‥‥‥‥‥‥‥‥‥‥‥‥‥‥‥‥‥‥‥‥‥‥‥‥‥‥‥‥‥‥356
第7章の8　工事現場の危害の防止（第136条の2の20～第136条の8）　‥‥‥‥‥‥356
　　第136条の2の20（仮囲い）　‥‥‥‥‥‥‥‥‥‥‥‥‥‥‥‥‥‥‥‥‥‥‥‥‥‥356
　　第136条の3（根切り工事，山留め工事等を行う場合の危害の防止）　‥‥‥‥‥356
　　第136条の4（基礎工事用機械等の転倒による危害の防止）　‥‥‥‥‥‥‥‥‥357
　　第136条の5（落下物に対する防護）　‥‥‥‥‥‥‥‥‥‥‥‥‥‥‥‥‥‥‥‥‥358
　　第136条の6（建て方）　‥‥‥‥‥‥‥‥‥‥‥‥‥‥‥‥‥‥‥‥‥‥‥‥‥‥‥‥358
　　第136条の7（工事用材料の集積）　‥‥‥‥‥‥‥‥‥‥‥‥‥‥‥‥‥‥‥‥‥‥358
　　第136条の8（火災の防止）　‥‥‥‥‥‥‥‥‥‥‥‥‥‥‥‥‥‥‥‥‥‥‥‥‥358
第7章の9　簡易な構造の建築物に対する制限の緩和
　　　　　　　（第136条の9～第136条の11）　‥‥‥‥‥‥‥‥‥‥‥‥‥‥‥‥‥‥‥359
　　第136条の9（簡易な構造の建築物の指定）　‥‥‥‥‥‥‥‥‥‥‥‥‥‥‥‥‥359
　　第136条の10（簡易な構造の建築物の基準）　‥‥‥‥‥‥‥‥‥‥‥‥‥‥‥‥359
　　第136条の11（防火区画等に関する規定の適用の除外）　‥‥‥‥‥‥‥‥‥‥360
第7章の10　一の敷地とみなすこと等による制限の緩和（第136条の12）　‥‥‥360
　　第136条の12（一団地内の空地及び一団地の面積の規模）　‥‥‥‥‥‥‥‥‥‥360
第8章　既存の建築物に対する制限の緩和等（第137条～第137条の19）　‥‥‥361
　　第137条（基準時）　‥‥‥‥‥‥‥‥‥‥‥‥‥‥‥‥‥‥‥‥‥‥‥‥‥‥‥‥‥‥361
　　第137条の2（構造耐力関係）　‥‥‥‥‥‥‥‥‥‥‥‥‥‥‥‥‥‥‥‥‥‥‥‥361
　　第137条の3（防火壁及び防火床関係）　‥‥‥‥‥‥‥‥‥‥‥‥‥‥‥‥‥‥‥362
　　第137条の4（耐火建築物等としなければならない特殊建築物関係）　‥‥‥‥‥363
　　第137条の4の2（増築等をする場合に適用されない物質の飛散又は発散に対する
　　　　　　　　　衛生上の措置に関する基準）　‥‥‥‥‥‥‥‥‥‥‥‥‥‥‥363
　　第137条の4の3（石綿関係）　‥‥‥‥‥‥‥‥‥‥‥‥‥‥‥‥‥‥‥‥‥‥‥‥363
　　第137条の5（長屋又は共同住宅の各戸の界壁関係）　‥‥‥‥‥‥‥‥‥‥‥‥363
　　第137条の6（非常用の昇降機関係）　‥‥‥‥‥‥‥‥‥‥‥‥‥‥‥‥‥‥‥‥363
　　第137条の7（用途地域等関係）　‥‥‥‥‥‥‥‥‥‥‥‥‥‥‥‥‥‥‥‥‥‥364
　　第137条の8（容積率関係）　‥‥‥‥‥‥‥‥‥‥‥‥‥‥‥‥‥‥‥‥‥‥‥‥364
　　第137条の9（高度利用地区等関係）　‥‥‥‥‥‥‥‥‥‥‥‥‥‥‥‥‥‥‥‥365
　　第137条の10（防火地域及び特定防災街区整備地区関係）　‥‥‥‥‥‥‥‥‥365
　　第137条の11（準防火地域関係）　‥‥‥‥‥‥‥‥‥‥‥‥‥‥‥‥‥‥‥‥‥366
　　第137条の12（大規模の修繕又は大規模の模様替）　‥‥‥‥‥‥‥‥‥‥‥‥366
　　第137条の13（増築等をする独立部分以外の独立部分に対して適用されない
　　　　　　　　技術的基準）　‥‥‥‥‥‥‥‥‥‥‥‥‥‥‥‥‥‥‥‥‥‥‥367
　　第137条の14（独立部分）　‥‥‥‥‥‥‥‥‥‥‥‥‥‥‥‥‥‥‥‥‥‥‥‥‥367
　　第137条の15（増築等をする部分以外の居室に対して適用されない基準）　‥‥‥367
　　第137条の16（移転）　‥‥‥‥‥‥‥‥‥‥‥‥‥‥‥‥‥‥‥‥‥‥‥‥‥‥‥‥368
　　第137条の17（公共事業の施行等による敷地面積の減少について法第3条等の
　　　　　　　　規定を準用する事業）　‥‥‥‥‥‥‥‥‥‥‥‥‥‥‥‥‥‥‥368

　　　　　第137条の18（建築物の用途を変更して特殊建築物とする場合に建築主事の
　　　　　　　　　　確認等を要しない類似の用途）　……………………………………368
　　　　　第137条の19（建築物の用途を変更する場合に法第27条等の規定を準用しない
　　　　　　　　　　類似の用途等）　………………………………………………………369
第9章　工作物（第138条～第144条の2の4）………………………………………369
　　　第138条（工作物の指定）……………………………………………………………369
　　　第138条の2（工作物に関する確認の特例）………………………………………372
　　　第138条の3（維持保全に関する準則の作成等を要する昇降機等）……………372
　　　第139条（煙突及び煙突の支線）……………………………………………………373
　　　第140条（鉄筋コンクリート造の柱等）……………………………………………374
　　　第141条（広告塔又は高架水槽等）…………………………………………………374
　　　第142条（擁壁）………………………………………………………………………375
　　　第143条（乗用エレベーター又はエスカレーター）………………………………375
　　　第144条（遊戯施設）…………………………………………………………………376
　　　第144条の2（型式適合認定の対象とする工作物の部分及び一連の規定）…………378
　　　第144条の2の2（製造施設，貯蔵施設，遊戯施設等）………………………379
　　　第144条の2の3（処理施設）………………………………………………………379
　　　第144条の2の4（特定用途制限地域内の工作物）………………………………379
第10章　雑則（第144条の3～第150条）…………………………………………………379
　　　第144条の3（安全上，防火上又は衛生上重要である建築物の部分）…………379
　　　第144条の4（道に関する基準）……………………………………………………380
　　　第144条の5（窓その他の開口部を有しない居室）………………………………381
　　　第145条（道路内に建築することができる建築物に関する基準等）……………381
　　　第146条（確認等を要する建築設備）………………………………………………382
　　　第147条（仮設建築物等に対する制限の緩和）……………………………………382
　　　第147条の2（工事中における安全上の措置等に関する計画の届出を
　　　　　　　　　要する建築物）………………………………………………………383
　　　第147条の3（消防長等の同意を要する住宅）……………………………………384
　　　第147条の4（映像等の送受信による通話の方法による口頭審査）……………384
　　　第147条の5（権限の委任）…………………………………………………………384
　　　第148条（市町村の建築主事等の特例）……………………………………………384
　　　第149条（特別区の特例）……………………………………………………………386
　　　第150条（両罰規定の対象となる多数の者が利用する建築物）…………………387
附　則　（略）

第1章 総 則

第1節 用語の定義等

【用語の定義】

第1条 この政令において次の各号に掲げる用語の意義は，それぞれ当該各号に定めるところによる。

●関連［用語の定義］法第2条→p11

一 敷地 一の建築物又は用途上不可分の関係にある2以上の建築物のある一団の土地をいう。

二 地階 床が地盤面下にある階で，床面から地盤面までの高さがその階の天井の高さの1/3以上のものをいう。

三 構造耐力上主要な部分 基礎，基礎ぐい，壁，柱，小屋組，土台，斜材（筋かい，方づえ，火打材その他これらに類するものをいう。），床版，屋根版又は横架材（はり，けたその他これらに類するものをいう。）で，建築物の自重若しくは積載荷重，積雪荷重，風圧，土圧若しくは水圧又は地震その他の震動若しくは衝撃を支えるものをいう。

四 耐水材料 れんが，石，人造石，コンクリート，アスファルト，陶磁器，ガラスその他これらに類する耐水性の建築材料をいう。

五 準不燃材料 建築材料のうち，通常の火災による火熱が加えられた場合に，加熱開始後10分間第108条の2各号（建築物の外部の仕上げに用いるものにあっては，同条第一号及び第二号）に掲げる要件を満たしているものとして，国土交通大臣が定めたもの*又は国土交通大臣の認定を受けたものをいう。

●告示 平12 建告1401号→p1505

六 難燃材料 建築材料のうち，通常の火災による火熱が加えられた場合に，加熱開始後5分間第108条の2各号（建築物の外部の仕上げに用いるものにあっては，同条第一号及び第二号）に掲げる要件を満たしているものとして，国土交通大臣が定めたもの*又は国土交通大臣の認定を受けたものをいう。

●告示 平12 建告1402号→p1506

【面積，高さ等の算定方法】

第2条 次の各号に掲げる面積，高さ及び階数の算定方法は，当該各号に定めるところによる。

一 敷地面積 敷地の水平投影面積による。ただし，建築基準法（以下「法」という。）第42条第2項，第3項又は第5項の規定によって道路の境界線とみなされる線と道との間の部分の敷地は，算入しない。

二 建築面積 建築物（地階*で地盤面*上1m以下にある部分を除く。以下この号において同じ。）の外壁又はこれに代わる柱の中心線（軒，ひさし，はね出し縁その他これらに類するもの（以下この号において「軒等」という。）で当該

中心線から水平距離1m以上突き出たもの（建築物の建蔽率の算定の基礎となる建築面積を算定する場合に限り，工場又は倉庫の用途に供する建築物において専ら貨物の積卸しその他これに類する業務のために設ける軒等でその端と敷地境界線との間の敷地の部分に有効な空地が確保されていることその他の理由により安全上，防火上及び衛生上支障がないものとして国土交通大臣が定める軒等[*1]（以下この号において「特例軒等」という。）のうち当該中心線から突き出た距離が水平距離1m以上5m未満のものであるものを除く。）がある場合においては，その端から水平距離1m後退した線（建築物の建蔽率の算定の基礎となる建築面積を算定する場合に限り，特例軒等のうち当該中心線から水平距離5m以上突き出たものにあっては，その端から水平距離5m以内で当該特例軒等の構造に応じて国土交通大臣が定める距離後退した線[*1]））で囲まれた部分の水平投影面積による。ただし，国土交通大臣が高い開放性を有すると認めて指定する構造の建築物又はその部分[*2]については，当該建築物又はその部分の端から水平距離1m以内の部分の水平投影面積は，当該建築物の建築面積に算入しない。

●関連［地階］令第1条第二号 →p193
　　　［地盤面］令第2条第2項→p195
●告示1　令5　国交告143号→p2000
　　　2　平5　建告1437号 →p1465

三　床面積　　建築物の各階又はその一部で壁その他の区画の中心線で囲まれた部分の水平投影面積による。

四　延べ面積　　建築物の各階の床面積の合計による。ただし，法第52条第1項に規定する延べ面積（建築物の容積率の最低限度に関する規制に係る当該容積率の算定の基礎となる延べ面積を除く。）には，次に掲げる建築物の部分の床面積を算入しない。

　　イ　自動車車庫その他の専ら自動車又は自転車の停留又は駐車のための施設（誘導車路，操車場所及び乗降場を含む。）の用途に供する部分（第3項第一号及び第137条の8において「自動車車庫等部分」という。）

　　ロ　専ら防災のために設ける備蓄倉庫の用途に供する部分（第3項第二号及び第137条の8において「備蓄倉庫部分」という。）

　　ハ　蓄電池（床に据え付けるものに限る。）を設ける部分（第3項第三号及び第137条の8において「蓄電池設置部分」という。）

　　ニ　自家発電設備を設ける部分（第3項第四号及び第137条の8において「自家発電設備設置部分」という。）

　　ホ　貯水槽を設ける部分（第3項第五号及び第137条の8において「貯水槽設置部分」という。）

　　ヘ　宅配ボックス（配達された物品（荷受人が不在その他の事由により受け取ることができないものに限る。）の一時保管のための荷受箱をいう。）を設ける部分（第3項第六号及び第137条の8において「宅配ボックス設置部分」という。）

五　築造面積　　工作物の水平投影面積による。ただし，国土交通大臣が別に算定

方法を定めた工作物については，その算定方法による。

六　建築物の高さ　　地盤面*からの高さによる。ただし，次のイ，ロ又はハのいずれかに該当する場合においては，それぞれイ，ロ又はハに定めるところによる。

●関連［地盤面］令第2条第2項→p195

イ　法第56条第1項第一号の規定並びに第130条の12及び第135条の19の規定による高さの算定については，前面道路の路面の中心からの高さによる。

ロ　法第33条及び法第56条第1項第三号に規定する高さ並びに法第57条の4第1項，法第58条第1項及び第2項，法第60条の2の2第3項並びに法第60条の3第2項に規定する高さ（北側の前面道路又は隣地との関係についての建築物の各部分の高さの最高限度が定められている場合におけるその高さに限る。）を算定する場合を除き，階段室，昇降機塔，装飾塔，物見塔，屋窓その他これらに類する建築物の屋上部分の水平投影面積*の合計が当該建築物の建築面積の1/8以内の場合においては，その部分の高さは，12m（法第55条第1項から第3項まで，法第56条の2第4項，法第59条の2第1項（法第55条第1項に係る部分に限る。）並びに法別表第4（ろ）欄2の項，3の項及び4の項ロの場合には，5m）までは，当該建築物の高さに算入しない。

●関連［水平投影面積］令第2条第4項→p196

ハ　棟飾，防火壁*の屋上突出部その他これらに類する屋上突出物は，当該建築物の高さに算入しない。

●関連［防火壁］令第113条第1項第三号→p274

七　軒の高さ　　地盤面*（第130条の12第一号イの場合には，前面道路の路面の中心）から建築物の小屋組又はこれに代わる横架材を支持する壁，敷桁又は柱の上端までの高さによる。

●関連［地盤面］令第2条第2項→p195

八　階数　　昇降機塔，装飾塔，物見塔その他これらに類する建築物の屋上部分又は地階の倉庫，機械室その他これらに類する建築物の部分で，水平投影面積*の合計がそれぞれ当該建築物の建築面積の1/8以下のものは，当該建築物の階数に算入しない。また，建築物の一部が吹抜きとなっている場合，建築物の敷地が斜面又は段地である場合その他建築物の部分によって階数を異にする場合においては，これらの階数のうち最大なものによる。

●関連［水平投影面積］令第2条第4項→p196

2　前項第二号，第六号又は第七号の「地盤面」とは，建築物が周囲の地面と接する位置の平均の高さにおける水平面をいい，その接する位置の高低差が3mを超える場合においては，その高低差3m以内ごとの平均の高さにおける水平面をいう。

3　第1項第四号ただし書の規定は，次の各号に掲げる建築物の部分の区分に応じ，当該敷地内の建築物の各階の床面積の合計（同一敷地内に2以上の建築物がある場合においては，それらの建築物の各階の床面積の合計の和）に当該各号に定める割合を乗じて得た面積を限度として適用するものとする。

一　自動車車庫等部分　　　1／5
二　備蓄倉庫部分　　　1／50
三　蓄電池設置部分　　　1／50
四　自家発電設備設置部分　　　1／100
五　貯水槽設置部分　　　1／100
六　宅配ボックス設置部分　　　1／100

4　第1項第六号ロ又は第八号の場合における水平投影面積の算定方法は，同項第二号の建築面積の算定方法によるものとする。

【都道府県知事が特定行政庁となる建築物】

第2条の2　法第2条第三十五号ただし書の政令で定める建築物のうち法第97条の2第1項の規定により建築主事を置く市町村の区域内のものは，第148条第1項に規定する建築物以外の建築物とする。

2　法第2条第三十五号ただし書の政令で定める建築物のうち法第97条の3第1項の規定により建築主事を置く特別区の区域内のものは，第149条第1項に規定する建築物とする。

第2節　建築基準適合判定資格者検定

【受検資格】

第2条の3　法第5条第3項に規定する政令で定める業務は，次のとおりとする。

一　建築審査会の委員として行う業務
二　学校教育法（昭和22年法律第26号）による大学（短期大学を除く。）の学部，専攻科又は大学院において教授又は准教授として建築に関する教育又は研究を行う業務
三　建築物の敷地，構造及び建築設備の安全上，防火上又は衛生上の観点からする審査又は検査の業務（法第77条の18第1項の確認検査の業務（以下「確認検査の業務」という。）を除く。）であって国土交通大臣が確認検査の業務と同等以上の知識及び能力を要すると認めたもの

【建築基準適合判定資格者検定の基準】

第3条　法第5条の規定による建築基準適合判定資格者検定は，法第6条第1項又は法第6条の2第1項の規定による確認をするために必要な知識及び経験について行う。

【建築基準適合判定資格者検定の方法】

第4条　建築基準適合判定資格者検定は，経歴審査及び考査によって行う。

2　前項の経歴審査は，建築行政又は確認検査の業務若しくは第2条の3各号に掲げる業務に関する実務の経歴について行う。

3　第1項の考査は，法第6条第1項の建築基準関係規定に関する知識について行う。

【建築基準適合判定資格者検定の施行】

第5条　建築基準適合判定資格者検定は，毎年1回以上行う。

2　建築基準適合判定資格者検定の期日及び場所は，国土交通大臣が，あらかじめ，官報で公告する。

【合格公告及び通知】

第6条　国土交通大臣（法第5条の2第1項の指定があったときは，同項の指定建築基準適合判定資格者検定機関（以下「指定建築基準適合判定資格者検定機関」という。））は，建築基準適合判定資格者検定に合格した者の氏名を公告し，合格した者にその旨を通知する。

【建築基準適合判定資格者検定委員の定員】

第7条　建築基準適合判定資格者検定委員の数は，10人以内とする。

【建築基準適合判定資格者検定委員の勤務】

第8条　建築基準適合判定資格者検定委員は，非常勤とする。

【受検の申込み】

第8条の2　建築基準適合判定資格者検定（指定建築基準適合判定資格者検定機関が行うものを除く。）の受検の申込みは，住所地又は勤務地の都道府県知事を経由して行わなければならない。

2　前項の規定により都道府県が処理することとされている事務は，地方自治法（昭和22年法律第67号）第2条第9項第一号に規定する第一号法定受託事務とする。

【受検手数料】

第8条の3　法第5条の3第1項の受検手数料の額は，30,000円とする。

2　前項の受検手数料は，これを納付した者が検定を受けなかった場合においても，返還しない。

3　建築基準適合判定資格者検定の受検手数料であって指定建築基準適合判定資格者検定機関に納付するものの納付の方法は，法第77条の9第1項の建築基準適合判定資格者検定事務規程の定めるところによる。

第2節の2　構造計算適合判定資格者検定

【受検資格】

第8条の4　法第5条の4第3項の政令で定める業務は，次のとおりとする。

一　建築士法（昭和25年法律第202号）第2条第7項に規定する構造設計の業務

二　法第6条第4項若しくは法第18条第3項に規定する審査又は法第6条の2第1項の規定による確認のための審査の業務（法第20条第1項に規定する基準に適合するかどうかの審査の業務を含むものに限る。）

三　建築物の構造の安全上の観点からする審査の業務（法第6条の3第1項の構造計算適合性判定の業務を除く。）であって国土交通大臣が同項の構造計算適合性判定の業務と同等以上の知識及び能力を要すると認めたもの

【構造計算適合判定資格者検定の基準等】

第8条の5　法第5条の4の規定による構造計算適合判定資格者検定は，建築士の設計に係る建築物の計画が法第6条の3第1項に規定する特定構造計算基準又は特定増改築構造計算基準に適合するかどうかの審査をするために必要な知識及び経験について行う。

2　第4条から第6条まで及び第8条の2の規定は構造計算適合判定資格者検定に，

第7条及び第8条の規定は構造計算適合判定資格者検定委員について準用する。この場合において，第4条第2項中「建築行政又は確認検査の業務若しくは第2条の3各号に掲げる業務」とあるのは「法第6条の3第1項の構造計算適合性判定の業務又は第8条の4各号に掲げる業務」と，同条第3項中「第6条第1項の建築基準関係規定」とあるのは「第6条の3第1項に規定する特定構造計算基準及び特定増改築構造計算基準」と，第5条第1項中「毎年」とあるのは「3年に」と，第6条中「第5条の2第1項」とあるのは「第5条の5第1項」と読み替えるものとする。

【受検手数料】

第8条の6 法第5条の5第2項において準用する法第5条の3第1項の受検手数料の額は，35,000円とする。

2 第8条の3第2項及び第3項の規定は，前項の受検手数料について準用する。この場合において，同条第3項中「第77条の9第1項」とあるのは，「第77条の17の2第2項において準用する法第77条の9第1項」と読み替えるものとする。

第2節の3 建築基準関係規定

第9条 法第6条第1項（法第87条第1項，法第87条の4（法第88条第1項及び第2項において準用する場合を含む。）並びに法第88条第1項及び第2項において準用する場合を含む。）の政令で定める規定は，次に掲げる法律の規定並びにこれらの規定に基づく命令及び条例の規定で建築物の敷地，構造又は建築設備に係るものとする。

一 消防法（昭和23年法律第186号）第9条，第9条の2，第15条及び第17条

二 屋外広告物法（昭和24年法律第189号）第3条から第5条まで（広告物の表示及び広告物を掲出する物件の設置の禁止又は制限に係る部分に限る。）

三 港湾法（昭和25年法律第218号）第40条第1項（同法第50条の5第2項の規定により読み替えて適用する場合を含む。）

四 高圧ガス保安法（昭和26年法律第204号）第24条

五 ガス事業法（昭和29年法律第51号）第162条

六 駐車場法（昭和32年法律第106号）第20条（都市再生特別措置法（平成14年法律第22号）第19条の14，第62条の12及び第107条並びに都市の低炭素化の促進に関する法律（平成24年法律第84号）第20条の規定により読み替えて適用する場合を含む。）

七 水道法（昭和32年法律第177号）第16条

八 下水道法（昭和33年法律第79号）第10条第1項及び第3項，第25条の2並びに第30条第1項

九 宅地造成及び特定盛土等規制法（昭和36年法律第191号）第12条第1項，第16条第1項，第30条第1項及び第35条第1項

十 流通業務市街地の整備に関する法律（昭和41年法律第110号）第5条第1項

十一 液化石油ガスの保安の確保及び取引の適正化に関する法律（昭和42年法律第149号）第38条の2

十二　都市計画法（昭和43年法律第100号）第29条第1項及び第2項，第35条の2第1項，第41条第2項（同法第35条の2第4項において準用する場合を含む。），第42条，第43条第1項並びに第53条第1項（都市再生特別措置法第36条の4の規定により読み替えて適用する場合を含む。）並びに都市計画法第53条第2項において準用する同法第52条の2第2項

十三　特定空港周辺航空機騒音対策特別措置法（昭和53年法律第26号）第5条第1項から第3項まで（同条第5項において準用する場合を含む。）

十四　自転車の安全利用の促進及び自転車等の駐車対策の総合的推進に関する法律（昭和55年法律第87号）第5条第4項

十五　浄化槽法（昭和58年法律第43号）第3条の2第1項

十六　特定都市河川浸水被害対策法（平成15年法律第77号）第10条

●関連［建築基準関係規定］高齢者，障害者等の移動等の円滑化促進法第14条　　　　→p986
　　　　　　　　　　　　　建築物のエネルギー消費性能の向上に関する法律第11条→p1089
　　　　　　　　　　　　　都市緑地法第41条　　　　　　　　　　　　　　　　→p1194

第2節の4　特定増改築構造計算基準等

【特定増改築構造計算基準】

第9条の2　法第6条の3第1項本文の政令で定める基準は，第81条第2項又は第3項に規定する基準に従った構造計算で，法第20条第1項第二号イに規定する方法若しくはプログラムによるもの又は同項第三号イに規定するプログラムによるものによって確かめられる安全性を有することとする。

【確認審査が比較的容易にできる特定構造計算基準及び特定増改築構造計算基準】

第9条の3　法第6条の3第1項ただし書の政令で定める特定構造計算基準及び特定増改築構造計算基準並びに法第18条第4項ただし書の政令で定める特定構造計算基準及び特定増改築構造計算基準は，第81条第2項第二号イに掲げる構造計算で，法第20条第1項第二号イに規定する方法によるものによって確かめられる安全性を有することとする。

第3節　建築物の建築に関する確認の特例

第10条　法第6条の4第1項の規定により読み替えて適用される法第6条第1項（法第87条第1項及び法第87条の4において準用する場合を含む。）の政令で定める規定は，次の各号（法第87条第1項において準用する場合にあっては第一号及び第二号，法第87条の4において準用する場合にあっては同号。以下この条において同じ。）に掲げる建築物の区分に応じ，それぞれ当該各号に定める規定とする。

●関連［建築物の建築に関する確認の特例］法第6条の4→p25

一　法第6条の4第1項第二号に掲げる建築物のうち，その認定型式に適合する建築物の部分が第136条の2の11第一号に掲げるものであるもの　　その認定型式が，同号イに掲げる全ての規定に適合するものであることの認定を受けたものである場合にあっては同号イに掲げる全ての規定，同号ロに掲げる全ての規定に適

合するものであることの認定を受けたものである場合にあっては同号ロに掲げる全ての規定

二 法第6条の4第1項第二号に掲げる建築物のうち，その認定型式に適合する建築物の部分が第136条の2の11第二号の表の建築物の部分の欄の各項に掲げるものであるもの　　同表の一連の規定の欄の当該各項に掲げる規定（これらの規定中建築物の部分の構造に係る部分が，当該認定型式に適合する建築物の部分に適用される場合に限る。）

三 法第6条の4第1項第三号に掲げる建築物のうち防火地域及び準防火地域以外の区域内における一戸建ての住宅（住宅の用途以外の用途に供する部分の床面積の合計が，延べ面積の1/2以上であるもの又は50m²を超えるものを除く。）　　次に定める規定

イ 法第20条（第1項第四号イに係る部分に限る。），法第21条から法第25条まで，法第27条，法第28条，法第29条，法第31条第1項，法第32条，法第33条，法第35条から法第35条の3まで及び法第37条の規定

ロ 次章（第1節の3，第32条及び第35条を除く。），第3章（第8節を除き，第80条の2にあっては国土交通大臣が定めた安全上必要な技術的基準*のうちその指定する基準に係る部分に限る。），第4章から第5章の2まで，第5章の4（第2節を除く。）及び第144条の3の規定

●告示　平13　国交告1026号→p1619

ハ 法第39条から法第41条までの規定に基づく条例の規定のうち特定行政庁が法第6条の4第2項の規定の趣旨により規則で定める規定

四 法第6条の4第1項第三号に掲げる建築物のうち前号の一戸建ての住宅以外の建築物　　次に定める規定

イ 法第20条（第1項第四号イに係る部分に限る。），法第21条，法第28条第1項及び第2項，法第29条，法第30条，法第31条第1項，法第32条，法第33条並びに法第37条の規定

ロ 次章（第20条の3，第1節の3，第32条及び第35条を除く。），第3章（第8節を除き，第80条の2にあっては国土交通大臣が定めた安全上必要な技術的基準*のうちその指定する基準に係る部分に限る。），第119条，第5章の4（第129条の2の4第1項第六号及び第七号並びに第2節を除く。）及び第144条の3の規定

●告示　平13　国交告1026号→p1619

ハ 法第39条から法第41条までの規定に基づく条例の規定のうち特定行政庁が法第6条の4第2項の規定の趣旨により規則で定める規定

第3節の2　中間検査合格証の交付を受けるまでの共同住宅に関する工事の施工制限

【工事を終えたときに中間検査を申請しなければならない工程】

第11条　法第7条の3第1項第一号の政令で定める工程は，2階の床及びこれを支持

するはりに鉄筋を配置する工事の工程とする。

【中間検査合格証の交付を受けるまで施工してはならない工程】

第12条　法第7条の3第6項の政令で定める特定工程後の工程のうち前条に規定する工程に係るものは，2階の床及びこれを支持するはりに配置された鉄筋をコンクリートその他これに類するもので覆う工事の工程とする。

第3節の3　検査済証の交付を受けるまでの建築物の使用制限

【避難施設等の範囲】

第13条　法第7条の6第1項の政令で定める避難施設，消火設備，排煙設備，非常用の照明装置，非常用の昇降機又は防火区画（以下この条及び次条において「避難施設等」という。）は，次に掲げるもの（当該工事に係る避難施設等がないものとした場合に第112条，第5章第2節から第4節まで，第128条の3，第129条の13の3又は消防法施行令（昭和36年政令第37号）第12条から第15条までの規定による技術的基準に適合している建築物に係る当該避難施設等を除く。）とする。

一　避難階*（直接地上へ通ずる出入口のある階をいう。以下同じ。）以外の階にあっては居室から第120条又は第121条の直通階段に，避難階にあっては階段又は居室から屋外への出口に通ずる出入口及び廊下その他の通路

　　　　　　　●関連［避難階］令第120条〜第121条→p280〜281, 令第123条→p284, 令第125条→p286

二　第118条の客席からの出口の戸，第120条又は第121条の直通階段，同条第3項ただし書の避難上有効なバルコニー，屋外通路その他これらに類するもの，第125条の屋外への出口及び第126条第2項の屋上広場

三　第128条の3第1項の地下街の各構えが接する地下道及び同条第4項の地下道への出入口

四　スプリンクラー設備，水噴霧消火設備又は泡消火設備で自動式のもの

五　第126条の2第1項の排煙設備

六　第126条の4の非常用の照明装置

七　第129条の13の3の非常用の昇降機

八　第112条（第128条の3第5項において準用する場合を含む。）又は第128条の3第2項若しくは第3項の防火区画

【避難施設等に関する工事に含まれない軽易な工事】

第13条の2　法第7条の6第1項の政令で定める軽易な工事は，バルコニーの手すりの塗装の工事，出入口又は屋外への出口の戸に用いるガラスの取替えの工事，非常用の照明装置に用いる照明カバーの取替えの工事その他当該避難施設等の機能の確保に支障を及ぼさないことが明らかな工事とする。

　　　　　　　●関連［検査済証の交付を受けるまでの建築物の使用制限］法第7条の6→p29

第3節の4　維持保全に関する準則の作成等を要する建築物

第13条の3　法第8条第2項第一号の政令で定める特殊建築物は，次に掲げるものとする。

一　法別表第1(い)欄(1)項から(4)項までに掲げる用途に供する特殊建築物でその用途に供する部分の床面積の合計が100m²を超えるもの（当該床面積の合計が200m²以下のものにあっては，階数が3以上のものに限る。）

二　法別表第1(い)欄(5)項又は(6)項に掲げる用途に供する特殊建築物でその用途に供する部分の床面積の合計が3,000m²を超えるもの

2　法第8条第2項第二号の政令で定める建築物は，事務所その他これに類する用途に供する建築物（特殊建築物を除く。）のうち階数が3以上で延べ面積が200m²を超えるものとする。

第3節の5　建築監視員

第14条　建築監視員は，次の各号のいずれかに該当する者でなければならない。

一　3年以上の建築行政に関する実務の経験を有する者

二　建築士で1年以上の建築行政に関する実務の経験を有するもの

三　建築の実務に関し技術上の責任のある地位にあった建築士で国土交通大臣が前2号のいずれかに該当する者と同等以上の建築行政に関する知識及び能力を有すると認めたもの

●関連［建築監視員］法第9条の2→p32

第3節の6　勧告の対象となる建築物

第14条の2　法第10条第1項の政令で定める建築物は，次に掲げるものとする。

一　法別表第1(い)欄に掲げる用途に供する特殊建築物のうち階数が3以上でその用途に供する部分の床面積の合計が100m²を超え200m²以下のもの

二　事務所その他これに類する用途に供する建築物（法第6条第1項第一号に掲げる建築物を除く。）のうち階数が3以上で延べ面積が200m²を超えるもの

第4節　損失補償

【収用委員会の裁決の申請手続】

第15条　補償金額について不服がある者が，法第11条第2項（法第88条第1項から第3項までにおいて準用する場合を含む。）の規定によって収用委員会の裁決を求めようとする場合においては，土地収用法（昭和26年法律第219号）第94条第3項の規定による裁決申請書には，同項各号の規定にかかわらず，次の各号に掲げる事項を記載しなければならない。

一　申請者の住所及び氏名

二　当該建築物又は工作物の所在地

三　当該建築物又は工作物について申請者の有する権利

四　当該建築物又は工作物の用途及び構造の概要，附近見取図，配置図並びに各階平面図。ただし，命ぜられた措置に関係がない部分は，省略することができる。

五　法第11条第1項（法第88条第1項から第3項までにおいて準用する場合を含む。）の規定によって特定行政庁が命じた措置

六　通知を受けた補償金額及びその通知を受領した年月日

七　通知を受けた補償金額を不服とする理由並びに申請者が求める補償金額及びその内訳

八　前各号に掲げるものを除くほか，申請者が必要と認める事項

第5節　定期報告を要する建築物等

第16条　法第12条第1項の安全上，防火上又は衛生上特に重要であるものとして政令で定める建築物は，次に掲げるもの（避難階以外の階を法別表第1(い)欄(1)項から(4)項までに掲げる用途に供しないことその他の理由により通常の火災時において避難上著しい支障が生ずるおそれの少ないものとして国土交通大臣が定めるもの＊を除く。）とする。

●告示　平28　国交告240号→p1774

一　地階又は3階以上の階を法別表第1(い)欄(1)項に掲げる用途に供する建築物及び当該用途に供する部分（客席の部分に限る。）の床面積の合計が100m²以上の建築物

二　劇場，映画館又は演芸場の用途に供する建築物で，主階が1階にないもの

三　法別表第1(い)欄(2)項又は(4)項に掲げる用途に供する建築物

四　3階以上の階を法別表第1(い)欄(3)項に掲げる用途に供する建築物及び当該用途に供する部分の床面積の合計が2,000m²以上の建築物

2　法第12条第1項の政令で定める建築物は，第14条の2に規定する建築物とする。

3　法第12条第3項の政令で定める特定建築設備等は，次に掲げるものとする。

一　第129条の3第1項各号に掲げる昇降機（使用頻度が低く劣化が生じにくいことその他の理由により人が危害を受けるおそれのある事故が発生するおそれの少ないものとして国土交通大臣が定めるものを除く。）

二　防火設備のうち，法第6条第1項第一号に掲げる建築物で第1項各号に掲げるものに設けるもの（常時閉鎖をした状態にあることその他の理由により通常の火災時において避難上著しい支障が生ずるおそれの少ないものとして国土交通大臣が定めるものを除く。）

第17条及び第18条　削除

第2章　一般構造

第1節　採光に必要な開口部

【居室の採光】

第19条　法第28条第1項（法第87条第3項において準用する場合を含む。以下この条及び次条において同じ。）の政令で定める建築物は，児童福祉施設＊（幼保連携型認定こども園を除く。），助産所，身体障害者社会参加支援施設（補装具製作施設及び視聴覚障害者情報提供施設を除く。），保護施設（医療保護施設を除く。），婦人保護

施設，老人福祉施設，有料老人ホーム，母子保健施設，障害者支援施設，地域活動支援センター，福祉ホーム又は障害福祉サービス事業（生活介護，自立訓練，就労移行支援又は就労継続支援を行う事業に限る。）の用に供する施設（以下「児童福祉施設等」という。）とする。

●**関連**［児童福祉施設］児童福祉法第7条→p1272

2　法第28条第1項の政令で定める居室は，次に掲げるものとする。
　一　保育所及び幼保連携型認定こども園の保育室
　二　診療所の病室
　三　児童福祉施設等の寝室（入所する者の使用するものに限る。）
　四　児童福祉施設等（保育所を除く。）の居室のうちこれらに入所し，又は通う者に対する保育，訓練，日常生活に必要な便宜の供与その他これらに類する目的のために使用されるもの
　五　病院，診療所及び児童福祉施設等の居室のうち入院患者又は入所する者の談話，娯楽その他これらに類する目的のために使用されるもの
3　法第28条第1項の政令で定める割合は，次の表の左欄に掲げる居室の種類の区分に応じ，それぞれ同表の右欄に掲げる割合とする。ただし，同表の(1)の項から(6)の項までの左欄に掲げる居室のうち，国土交通大臣が定める基準に従い，照明設備の設置，有効な採光方法の確保その他これらに準ずる措置が講じられているものにあっては，それぞれ同表の右欄に掲げる割合から1/10までの範囲内において国土交通大臣が別に定める割合*とする。

●**告示** 昭55　建告1800号→p1451

居　室　の　種　類		割　合
(1)	幼稚園，小学校，中学校，義務教育学校，高等学校，中等教育学校又は幼保連携型認定こども園の教室	$\dfrac{1}{5}$
(2)	前項第一号に掲げる居室	
(3)	住宅の居住のための居室	$\dfrac{1}{7}$
(4)	病院又は診療所の病室	
(5)	寄宿舎の寝室又は下宿の宿泊室	
(6)	前項第三号及び第四号に掲げる居室	
(7)	(1)の項に掲げる学校以外の学校の教室	$\dfrac{1}{10}$
(8)	前項第五号に掲げる居室	

【有効面積の算定方法】

第20条　法第28条第1項に規定する居室の窓その他の開口部(以下この条において「開口部」という。)で採光に有効な部分の面積は，当該居室の開口部ごとの面積に，それぞれ採光補正係数を乗じて得た面積を合計して算定するものとする。ただし，国土交通大臣が別に算定方法*を定めた建築物の開口部については，その算定方法によることができる。

●**告示**　平15　国交告303号→p1638

2　前項の採光補正係数は，次の各号に掲げる地域又は区域の区分に応じ，それぞれ当該各号に定めるところにより計算した数値（天窓にあっては当該数値に3.0を乗じて得た数値，その外側に幅90cm以上の縁側（ぬれ縁を除く。）その他これに類するものがある開口部にあっては当該数値に0.7を乗じて得た数値）とする。ただし，採光補正係数が3.0を超えるときは，3.0を限度とする。

一　第一種低層住居専用地域，第二種低層住居専用地域，第一種中高層住居専用地域，第二種中高層住居専用地域，第一種住居地域，第二種住居地域，準住居地域又は田園住居地域　　隣地境界線（法第86条第10項に規定する公告対象区域（以下「公告対象区域」という。）内の建築物にあっては，当該公告対象区域内の他の法第86条の2第1項に規定する一敷地内認定建築物（同条第9項の規定により一敷地内認定建築物とみなされるものを含む。以下この号において「一敷地内認定建築物」という。）又は同条第3項に規定する一敷地内許可建築物（同条第11項又は第12項の規定により一敷地内許可建築物とみなされるものを含む。以下この号において「一敷地内許可建築物」という。）との隣地境界線を除く。以下この号において同じ。）又は同一敷地内の他の建築物（公告対象区域内の建築物にあっては，当該公告対象区域内の他の一敷地内認定建築物又は一敷地内許可建築物を含む。以下この号において同じ。）若しくは当該建築物の他の部分に面する開口部の部分で，その開口部の直上にある建築物の各部分（開口部の直上垂直面から後退し，又は突出する部分がある場合においては，その部分を含み，半透明のひさしその他採光上支障のないひさしがある場合においては，これを除くものとする。）からその部分の面する隣地境界線（開口部が，道（都市計画区域又は準都市計画区域内においては，法第42条に規定する道路をいう。第144条の4を除き，以下同じ。）に面する場合にあっては当該道の反対側の境界線とし，公園，広場，川その他これらに類する空地又は水面に面する場合にあっては当該公園，広場，川その他これらに類する空地又は水面の幅の1/2だけ隣地境界線の外側にある線とする。）又は同一敷地内の他の建築物若しくは当該建築物の他の部分の対向部までの水平距離(以下この項において「水平距離」という。）を，その部分から開口部の中心までの垂直距離で除した数値のうちの最も小さい数値(以下「採光関係比率」という。）に6.0を乗じた数値から1.4を減じて得た算定値（次のイからハまでに掲げる場合にあっては，それぞれイからハまでに定める数値）

イ　開口部が道に面する場合であって，当該算定値が1.0未満となる場合　　1.0

ロ　開口部が道に面しない場合であって，水平距離が7m以上であり，かつ，当該算定値が1.0未満となる場合　　1.0

ハ　開口部が道に面しない場合であって，水平距離が7m未満であり，かつ，当該算定値が負数となる場合　　0

二　準工業地域，工業地域又は工業専用地域　　採光関係比率に8.0を乗じた数値から1.0を減じて得た算定値（次のイからハまでに掲げる場合にあっては，それぞれイからハまでに定める数値）

　イ　開口部が道に面する場合であって，当該算定値が1.0未満となる場合　　1.0

　ロ　開口部が道に面しない場合であって，水平距離が5m以上であり，かつ，当該算定値が1.0未満となる場合　　1.0

　ハ　開口部が道に面しない場合であって，水平距離が5m未満であり，かつ，当該算定値が負数となる場合　　0

三　近隣商業地域，商業地域又は用途地域の指定のない区域　　採光関係比率に10を乗じた数値から1.0を減じて得た算定値（次のイからハまでに掲げる場合にあっては，それぞれイからハまでに定める数値）

　イ　開口部が道に面する場合であって，当該算定値が1.0未満となる場合　　1.0

　ロ　開口部が道に面しない場合であって，水平距離が4m以上であり，かつ，当該算定値が1.0未満となる場合　　1.0

　ハ　開口部が道に面しない場合であって，水平距離が4m未満であり，かつ，当該算定値が負数となる場合　　0

第1節の2　開口部の少ない建築物等の換気設備

【換気設備の技術的基準】

第20条の2　法第28条第2項ただし書の政令で定める技術的基準及び同条第3項（法第87条第3項において準用する場合を含む。以下この条及び次条第1項において同じ。）の政令で定める法第28条第3項に規定する特殊建築物（第一号において「特殊建築物」という。）の居室に設ける換気設備の技術的基準は，次に掲げるものとする。

●関連［換気設備］令第129条の2の5→p305

一　換気設備の構造は，次のイからニまで（特殊建築物の居室に設ける換気設備にあっては，ロからニまで）のいずれかに適合するものであること。

　イ　自然換気設備にあっては，第129条の2の5第1項の規定によるほか，次に掲げる構造とすること。

　⑴　排気筒の有効断面積（m²で表した面積とする。）が，次の式によって計算した必要有効断面積以上であること。

$$A_v = \frac{A_f}{250\sqrt{h}}$$

　　この式において，A_v，A_f及びhは，それぞれ次の数値を表すものとする。
　　A_v　必要有効断面積（単位　m²）
　　A_f　居室の床面積（当該居室が換気上有効な窓その他の開口部を有する場合においては，当該開口部の換気上有効な面積に20を乗じて得た面積を当該居室の床面積から減じた面積）（単位　m²）
　　h　給気口の中心から排気筒の頂部の外気に開放された部分の中心までの高さ（単位　m）

　⑵　給気口及び排気口の有効開口面積（m²で表した面積とする。）が，⑴の式によって計算した必要有効断面積以上であること。

(3)　(1)及び(2)に掲げるもののほか，衛生上有効な換気を確保することができる
　　ものとして国土交通大臣が定めた構造方法*を用いるものであること。

●**告示**　昭45　建告1826号→p1412

ロ　機械換気設備*（中央管理方式の空気調和設備*（空気を浄化し，その温度，
　湿度及び流量を調節して供給（排出を含む。）をすることができる設備をいう。
　以下同じ。）を除く。以下同じ。）にあっては，第129条の2の5第2項の規定
　によるほか，次に掲げる構造とすること。

●**関連**［機械換気設備］令第129条の2の5第2項　　　　　　→p305
　　　　［中央管理方式の空気調和設備］令第129条の2の5第3項→p305

　(1)　有効換気量（m³/h で表した量とする。(2)において同じ。）が，次の式に
　　よって計算した必要有効換気量以上であること。

$$V = \frac{20A_f}{N}$$

　　　この式において，V，A_f 及び N は，それぞれ次の数値を表すものとする。
　　　　V　必要有効換気量（単位　m³/h）
　　　　A_f　居室の床面積（特殊建築物の居室以外の居室が換気上有効な窓そ
　　　　　の他の開口部を有する場合においては，当該開口部の換気上有効な
　　　　　面積に20を乗じて得た面積を当該居室の床面積から減じた面積）（単
　　　　　位　m²）
　　　　N　実況に応じた1人当たりの占有面積（特殊建築物の居室にあって
　　　　　は，3を超えるときは3と，その他の居室にあっては，10を超える
　　　　　ときは10とする。）（単位　m²）

　(2)　一の機械換気設備が2以上の居室に係る場合にあっては，当該換気設備の
　　有効換気量が，当該2以上の居室のそれぞれの必要有効換気量の合計以上で
　　あること。

　(3)　(1)及び(2)に掲げるもののほか，衛生上有効な換気を確保することができる
　　ものとして国土交通大臣が定めた構造方法*を用いるものであること。

●**告示**　昭45　建告1826号→p1412

ハ　中央管理方式の空気調和設備にあっては，第129条の2の5第3項の規定に
　よるほか，衛生上有効な換気を確保することができるものとして国土交通大臣
　が定めた構造方法を用いるものとすること。

●**関連**［中央管理方式の空気調和設備］令第129条の2の5第3項→p305

ニ　イからハまでに掲げる構造とした換気設備以外の換気設備にあっては，次に
　掲げる基準に適合するものとして，国土交通大臣の認定を受けたものとするこ
　と。

　(1)　当該居室で想定される通常の使用状態において，当該居室内の人が通常活動
　　することが想定される空間の炭酸ガスの含有率をおおむね1,000/1,000,000
　　以下に，当該空間の一酸化炭素の含有率をおおむね6/1,000,000以下に保つ
　　換気ができるものであること。

　⑵　給気口及び排気口には，雨水の浸入又はねずみ，ほこりその他衛生上有害
　　なものの侵入を防ぐための設備を設けること。

　⑶　風道から発散する物質及びその表面に付着する物質によって居室の内部の
　　空気が汚染されないものであること。

　⑷　中央管理方式の空気調和設備にあっては，第129条の2の5第3項の表の
　　⑴の項及び⑷の項から⑹の項までの中欄に掲げる事項がそれぞれ同表の右欄
　　に掲げる基準に適合するものであること。

二　法第34条第2項に規定する建築物又は各構えの床面積の合計が1,000m²を超え
　る地下街に設ける機械換気設備（一の居室のみに係るものを除く。）又は中央管
　理方式の空気調和設備にあっては，これらの制御及び作動状態の監視を中央管理
　室＊（当該建築物，同一敷地内の他の建築物又は一団地内の他の建築物の内にあ
　る管理事務所，守衛所その他常時当該建築物を管理する者が勤務する場所で避難
　階又はその直上階若しくは直下階に設けたものをいう。以下同じ。）において行
　うことができるものであること。

●関連［中央管理室］令第126条の3第1項第十一号→p289

【火を使用する室に設けなければならない換気設備等】

第20条の3　法第28条第3項の規定により政令で定める室は，次に掲げるものとする。

一　火を使用する設備又は器具で直接屋外から空気を取り入れ，かつ，廃ガスその
　他の生成物を直接屋外に排出する構造を有するものその他室内の空気を汚染する
　おそれがないもの（以下この項及び次項において「密閉式燃焼器具等」という。）
　以外の火を使用する設備又は器具を設けていない室

二　床面積の合計が100m²以内の住宅又は住戸に設けられた調理室（発熱量の合計
　（密閉式燃焼器具等又は煙突を設けた設備若しくは器具に係るものを除く。次号
　において同じ。）が12kW以下の火を使用する設備又は器具を設けたものに限
　る。）で，当該調理室の床面積の1/10（0.8m²未満のときは，0.8m²とする。）以
　上の有効開口面積を有する窓その他の開口部を換気上有効に設けたもの

三　発熱量の合計が6kW以下の火を使用する設備又は器具を設けた室（調理室を
　除く。）で換気上有効な開口部を設けたもの

2　建築物の調理室，浴室，その他の室でかまど，こんろその他火を使用する設備又
　は器具を設けたもの（前項に規定するものを除く。第一号イ及び第129条の2の5
　第1項において「換気設備を設けるべき調理室等」という。）に設ける換気設備は，
　次に定める構造としなければならない。

一　換気設備の構造は，次のイ又はロのいずれかに適合するものとすること。

　イ　次に掲げる基準に適合すること。

　　⑴　給気口は，換気設備を設けるべき調理室等の天井の高さの1/2以下の高さ
　　　の位置（煙突を設ける場合又は換気上有効な排気のための換気扇その他これ
　　　に類するもの（以下このイにおいて「換気扇等」という。）を設ける場合に
　　　は，適当な位置）に設けること。

　　⑵　排気口は，換気設備を設けるべき調理室等の天井又は天井から下方80cm

　　　以内の高さの位置（煙突又は排気フードを有する排気筒を設ける場合には, 適
　　　当な位置）に設け, かつ, 換気扇等を設けて, 直接外気に開放し, 若しくは排
　　　気筒に直結し, 又は排気上有効な立上り部分を有する排気筒に直結すること。
　　⑶　給気口の有効開口面積又は給気筒の有効断面積は, 国土交通大臣が定める
　　　数値*以上とすること。

　　　　　　　　　　　　　　　　　　　　●告示　昭45　建告1826号→p1412

　　⑷　排気口又は排気筒に換気扇等を設ける場合にあっては, その有効換気量は
　　　国土交通大臣が定める数値*以上とし, 換気扇等を設けない場合にあっては,
　　　排気口の有効開口面積又は排気筒の有効断面積は国土交通大臣が定める数
　　　値*以上とすること。

　　　　　　　　　　　　　　　　　　　　●告示　昭45　建告1826号→p1412

　　⑸　風呂釜又は発熱量が12kW を超える火を使用する設備若しくは器具（密閉
　　　式燃焼器具等を除く。）を設けた換気設備を設けるべき調理室等には, 当該
　　　風呂釜又は設備若しくは器具に接続して煙突を設けること。ただし, 用途上,
　　　構造上その他の理由によりこれによることが著しく困難である場合におい
　　　て, 排気フードを有する排気筒を設けたときは, この限りでない。
　　⑹　火を使用する設備又は器具に煙突（第115条第1項第七号の規定が適用さ
　　　れる煙突を除く。）を設ける場合において, 煙突に換気扇等を設ける場合に
　　　あってはその有効換気量は国土交通大臣が定める数値*以上とし, 換気扇等
　　　を設けない場合にあっては煙突の有効断面積は国土交通大臣が定める数値*
　　　以上とすること。

　　　　　　　　　　　　　　　　　　　　●告示　昭45　建告1826号→p1412

　　⑺　火を使用する設備又は器具の近くに排気フードを有する排気筒を設ける場
　　　合において, 排気筒に換気扇等を設ける場合にあってはその有効換気量は国
　　　土交通大臣が定める数値*以上とし, 換気扇等を設けない場合にあっては排
　　　気筒の有効断面積は国土交通大臣が定める数値*以上とすること。

　　　　　　　　　　　　　　　　　　　　●告示　昭45　建告1826号→p1412

　　⑻　直接外気に開放された排気口又は排気筒の頂部は, 外気の流れによって排
　　　気が妨げられない構造とすること。
　ロ　火を使用する設備又は器具の通常の使用状態において, 異常な燃焼が生じな
　　　いよう当該室内の酸素の含有率をおおむね20.5％以上に保つ換気ができるもの
　　　として, 国土交通大臣の認定を受けたものとすること。
二　給気口は, 火を使用する設備又は器具の燃焼を妨げないように設けること。
三　排気口及びこれに接続する排気筒並びに煙突の構造は, 当該室に廃ガスその他
　の生成物を逆流させず, かつ, 他の室に廃ガスその他の生成物を漏らさないもの
　として国土交通大臣が定めた構造方法*を用いるものとすること。

　　　　　　　　　　　　　　　　　　　　●告示　昭45　建告1826号→p1412

四　火を使用する設備又は器具の近くに排気フードを有する排気筒を設ける場合に
　おいては, 排気フードは, 不燃材料で造ること。

第1節の3　石綿その他の物質の飛散又は発散に対する衛生上の措置

【著しく衛生上有害な物質】

第20条の4　法第28条の2第一号（法第88条第1項において準用する場合を含む。）の政令で定める物質は，石綿とする。

【居室内において衛生上の支障を生ずるおそれがある物質】

第20条の5　法第28条の2第三号の政令で定める物質は，クロルピリホス及びホルムアルデヒドとする。

【居室を有する建築物の建築材料についてのクロルピリホスに関する技術的基準】

第20条の6　建築材料についてのクロルピリホスに関する法第28条の2第三号の政令で定める技術的基準は，次のとおりとする。

一　建築材料にクロルピリホスを添加しないこと。

二　クロルピリホスをあらかじめ添加した建築材料（添加したときから長期間経過していることその他の理由によりクロルピリホスを発散させるおそれがないものとして国土交通大臣が定めたものを除く。）を使用しないこと。

【居室を有する建築物の建築材料についてのホルムアルデヒドに関する技術的基準】

第20条の7　建築材料についてのホルムアルデヒドに関する法第28条の2第三号の政令で定める技術的基準は，次のとおりとする。

一　居室（常時開放された開口部を通じてこれと相互に通気が確保される廊下その他の建築物の部分を含む。以下この節において同じ。）の壁，床及び天井（天井のない場合においては，屋根）並びにこれらの開口部に設ける戸その他の建具の室内に面する部分（回り縁，窓台その他これらに類する部分を除く。以下この条及び第108条の3第1項第一号において「内装」という。）の仕上げには，夏季においてその表面積1m²につき毎時0.12mgを超える量のホルムアルデヒドを発散させるものとして国土交通大臣が定める建築材料（以下この条において「第一種ホルムアルデヒド発散建築材料」という。）を使用しないこと。

二　居室の内装の仕上げに，夏季においてその表面積1m²につき毎時0.02mgを超え0.12mg以下の量のホルムアルデヒドを発散させるものとして国土交通大臣が定める建築材料（以下この条において「第二種ホルムアルデヒド発散建築材料」という。）又は夏季においてその表面積1m²につき毎時0.005mgを超え0.02mg以下の量のホルムアルデヒドを発散させるものとして国土交通大臣が定める建築材料（以下この条において「第三種ホルムアルデヒド発散建築材料」という。）を使用するときは，それぞれ，第二種ホルムアルデヒド発散建築材料を使用する内装の仕上げの部分の面積に次の表(1)の項に定める数値を乗じて得た面積又は第三種ホルムアルデヒド発散建築材料を使用する内装の仕上げの部分の面積に同表(2)の項に定める数値を乗じて得た面積（居室の内装の仕上げに第二種ホルムアルデヒド発散建築材料及び第三種ホルムアルデヒド発散建築材料を使用するときは，これらの面積の合計）が，当該居室の床面積を超えないこと。

	住宅等の居室		住宅等の居室以外の居室		
	換気回数が0.7以上の機械換気設備を設け、又はこれに相当する換気が確保されるものとして、国土交通大臣が定めた構造方法*を用い、若しくは国土交通大臣の認定を受けた居室	その他の居室	換気回数が0.7以上の機械換気設備を設け、又はこれに相当する換気が確保されるものとして、国土交通大臣が定めた構造方法*を用い、若しくは国土交通大臣の認定を受けた居室	換気回数が0.5以上0.7未満の機械換気設備を設け、又はこれに相当する換気が確保されるものとして、国土交通大臣が定めた構造方法*を用い、若しくは国土交通大臣の認定を受けた居室	その他の居室
⑴	1.2	2.8	0.88	1.4	3.0
⑵	0.20	0.50	0.15	0.25	0.50

●告示　平15　国交告273号→p1635

備考
一　この表において，住宅等の居室とは，住宅の居室並びに下宿の宿泊室，寄宿舎の寝室及び家具その他これに類する物品の販売業を営む店舗の売場（常時開放された開口部を通じてこれらと相互に通気が確保される廊下その他の建築物の部分を含む。）をいうものとする。
二　この表において，換気回数とは，次の式によって計算した数値をいうものとする。

$$n = V/Ah$$

この式において，n，V，A 及び h は，それぞれ次の数値を表すものとする。

　n　　1時間当たりの換気回数
　V　　機械換気設備の有効換気量（次条第1項第一号ロに規定する方式を用いる機械換気設備で同号ロ⑴から⑶までに掲げる構造とするものにあっては，同号ロ⑴に規定する有効換気換算量）（単位　m^3/h）
　A　　居室の床面積（単位　m^2）
　h　　居室の天井の高さ（単位　m）

2　第一種ホルムアルデヒド発散建築材料のうち，夏季においてその表面積 $1\,m^2$ につき毎時0.12mg を超える量のホルムアルデヒドを発散させないものとして国土交通大臣の認定を受けたもの（次項及び第4項の規定により国土交通大臣の認定を受けたものを除く。）については，第二種ホルムアルデヒド発散建築材料に該当するものとみなす。

3　第一種ホルムアルデヒド発散建築材料又は第二種ホルムアルデヒド発散建築材料のうち，夏季においてその表面積 $1\,m^2$ につき毎時0.02mg を超える量のホルムアルデヒドを発散させないものとして国土交通大臣の認定を受けたもの（次項の規定により国土交通大臣の認定を受けたものを除く。）については，第三種ホルムアルデヒド発散建築材料に該当するものとみなす。

4　第一種ホルムアルデヒド発散建築材料，第二種ホルムアルデヒド発散建築材料又は第三種ホルムアルデヒド発散建築材料のうち，夏季においてその表面積 $1\,m^2$ につき毎時0.005mg を超える量のホルムアルデヒドを発散させないものとして国土

交通大臣の認定を受けたものについては，これらの建築材料に該当しないものとみなす。

5　次条第1項第一号ハに掲げる基準に適合する中央管理方式の空気調和設備を設ける建築物の居室については，第1項の規定は，適用しない。

【居室を有する建築物の換気設備についてのホルムアルデヒドに関する技術的基準】

第20条の8　換気設備についてのホルムアルデヒドに関する法第28条の2第三号の政令で定める技術的基準は，次のとおりとする。

一　居室には，次のいずれかに適合する構造の換気設備を設けること。

イ　機械換気設備（ロに規定する方式を用いるもので(1)から(3)までに掲げる構造とするものを除く。）にあっては，第129条の2の5第2項の規定によるほか，次に掲げる構造とすること。

(1)　有効換気量（m³/hで表した量とする。(2)において同じ。）が，次の式によって計算した必要有効換気量以上であること。

$$V_r = nAh$$

> この式において，V_r，n，A 及び h は，それぞれ次の数値を表すものとする。
>
> V_r　必要有効換気量（単位　m³/h）
>
> n　前条第1項第二号の表備考一の号に規定する住宅等の居室（次項において単に「住宅等の居室」という。）にあっては0.5，その他の居室にあっては0.3
>
> A　居室の床面積（単位　m²）
>
> h　居室の天井の高さ（単位　m）

(2)　一の機械換気設備が2以上の居室に係る場合にあっては，当該換気設備の有効換気量が，当該2以上の居室のそれぞれの必要有効換気量の合計以上であること。

(3)　(1)及び(2)に掲げるもののほか，ホルムアルデヒドの発散による衛生上の支障がないようにするために必要な換気を確保することができるものとして，国土交通大臣が定めた構造方法を用いるものであること。

ロ　居室内の空気を浄化して供給する方式を用いる機械換気設備にあっては，第129条の2の5第2項の規定によるほか，次に掲げる構造とすること。

(1)　次の式によって計算した有効換気換算量がイ(1)の式によって計算した必要有効換気量以上であるものとして，国土交通大臣が定めた構造方法を用いるもの又は国土交通大臣の認定を受けたものであること。

$$V_q = Q(C - C_p)/C + V$$

> この式において，V_q，Q，C，C_p 及び V は，それぞれ次の数値を表すものとする。
>
> V_q　有効換気換算量（単位　m³/h）
>
> Q　浄化して供給する空気の量（単位　m³/h）
>
> C　浄化前の空気に含まれるホルムアルデヒドの量（単位　mg/m³）

C_p　浄化して供給する空気に含まれるホルムアルデヒドの量
　　　　　（単位　mg/m³）
　　　　V　有効換気量（単位　m³/h）
　　⑵　一の機械換気設備が2以上の居室に係る場合にあっては，当該換気設備の有効換気換算量が，当該2以上の居室のそれぞれの必要有効換気量の合計以上であること。
　　⑶　⑴及び⑵に掲げるもののほか，ホルムアルデヒドの発散による衛生上の支障がないようにするために必要な換気を確保することができるものとして，国土交通大臣が定めた構造方法を用いるものであること。
　　ハ　中央管理方式の空気調和設備にあっては，第129条の2の5第3項の規定によるほか，ホルムアルデヒドの発散による衛生上の支障がないようにするために必要な換気を確保することができるものとして，国土交通大臣が定めた構造方法を用いる構造又は国土交通大臣の認定を受けた構造とすること。
　二　法第34条第2項に規定する建築物又は各構えの床面積の合計が1,000m²を超える地下街に設ける機械換気設備（一の居室のみに係るものを除く。）又は中央管理方式の空気調和設備にあっては，これらの制御及び作動状態の監視を中央管理室において行うことができるものとすること。
2　前項の規定は，同項に規定する基準に適合する換気設備を設ける住宅等の居室又はその他の居室とそれぞれ同等以上にホルムアルデヒドの発散による衛生上の支障がないようにするために必要な換気を確保することができるものとして，国土交通大臣が定めた構造方法*を用いる住宅等の居室若しくはその他の居室又は国土交通大臣の認定を受けた住宅等の居室若しくはその他の居室については，適用しない。

●告示　平15　国交告273号→p1635

【居室を有する建築物のホルムアルデヒドに関する技術的基準の特例】
第20条の9　前2条の規定は，1年を通じて，当該居室内の人が通常活動することが想定される空間のホルムアルデヒドの量を空気1m³につきおおむね0.1mg以下に保つことができるものとして，国土交通大臣の認定を受けた居室については，適用しない。

第2節　居室の天井の高さ，床の高さ及び防湿方法

【居室の天井の高さ】
第21条　居室の天井の高さは，2.1m以上でなければならない。
2　前項の天井の高さは，室の床面から測り，1室で天井の高さの異なる部分がある場合においては，その平均の高さによるものとする。

【居室の床の高さ及び防湿方法】
第22条　最下階の居室の床が木造である場合における床の高さ及び防湿方法は，次の各号に定めるところによらなければならない。ただし，床下をコンクリート，たたきその他これらに類する材料で覆う場合及び当該最下階の居室の床の構造が，地面から発生する水蒸気によって腐食しないものとして，国土交通大臣の認定を受けた

213

ものである場合においては，この限りでない。

一　床の高さは，直下の地面からその床の上面まで 45 cm 以上とすること。

二　外壁の床下部分には，壁の長さ 5 m 以下ごとに，面積 300 cm² 以上の換気孔を設け，これにねずみの侵入を防ぐための設備をすること。

第2節の2　地階における住宅等の居室の防湿の措置等

【地階における住宅等の居室の技術的基準】

第22条の2　法第29条（法第87条第3項において準用する場合を含む。）の政令で定める技術的基準は，次に掲げるものとする。

一　居室が，次のイからハまでのいずれかに該当すること。

　イ　国土交通大臣が定める*ところにより，からぼりその他の空地に面する開口部が設けられていること。

●告示　平12　建告1430号→p1523

　ロ　第20条の2に規定する技術的基準に適合する換気設備が設けられていること。

　ハ　居室内の湿度を調節する設備が設けられていること。

二　直接土に接する外壁，床及び屋根又はこれらの部分（以下この号において「外壁等」という。）の構造が，次のイ又はロのいずれかに適合するものであること。

　イ　外壁等の構造が，次の(1)又は(2)のいずれか（屋根又は屋根の部分にあっては，(1)）に適合するものであること。ただし，外壁等のうち常水面以上の部分にあっては，耐水材料で造り，かつ，材料の接合部及びコンクリートの打継ぎをする部分に防水の措置を講ずる場合においては，この限りでない。

　(1)　外壁等にあっては，国土交通大臣が定める*ところにより，直接土に接する部分に，水の浸透を防止するための防水層を設けること。

●告示　平12　建告1430号→p1523

　(2)　外壁又は床にあっては，直接土に接する部分を耐水材料で造り，かつ，直接土に接する部分と居室に面する部分の間に居室内への水の浸透を防止するための空隙（当該空隙に浸透した水を有効に排出するための設備が設けられているものに限る。）を設けること。

　ロ　外壁等の構造が，外壁等の直接土に接する部分から居室内に水が浸透しないものとして，国土交通大臣の認定を受けたものであること。

第2節の3　長屋又は共同住宅の界壁の遮音構造等

第22条の3　法第30条第1項第一号（法第87条第3項において準用する場合を含む。）の政令で定める技術的基準は，次の表の左欄に掲げる振動数の音に対する透過損失がそれぞれ同表の右欄に掲げる数値以上であることとする。

●関連〔長屋又は共同住宅の各戸の界壁〕法第30条→p52

振動数（単位　Hz）	透過損失（単位　dB）
125	25
500	40
2,000	50

2　法第30条第2項（法第87条第3項において準用する場合を含む。）の政令で定める技術的基準は，前項に規定する基準とする。

第3節　階　　段

【階段及びその踊場の幅並びに階段の蹴上げ及び踏面の寸法】

第23条　階段及びその踊場の幅並びに階段の蹴上げ及び踏面の寸法は，次の表によらなければならない。ただし，屋外階段の幅は，第120条又は第121条の規定による直通階段にあっては90cm以上，その他のものにあっては60cm以上，住宅の階段（共同住宅の共用の階段を除く。）の蹴上げは23cm以下，踏面は15cm以上とすることができる。

	階　段　の　種　別	階段及びその踊場の幅（単位 cm）	蹴上げの寸法（単位 cm）	踏面の寸法（単位 cm）
(1)	小学校（義務教育学校の前期課程を含む。）における児童用のもの	140以上	16以下	26以上
(2)	中学校（義務教育学校の後期課程を含む。），高等学校若しくは中等教育学校における生徒用のもの又は物品販売業（物品加工修理業を含む。第130条の5の3を除き，以下同じ。）を営む店舗で床面積の合計が1,500m²を超えるもの，劇場，映画館，演芸場，観覧場，公会堂若しくは集会場における客用のもの	140以上	18以下	26以上
(3)	直上階の居室の床面積の合計が200m²を超える地上階又は居室の床面積の合計が100m²を超える地階若しくは地下工作物内におけるもの	120以上	20以下	24以上
(4)	(1)から(3)までに掲げる階段以外のもの	75以上	22以下	21以上

2　回り階段の部分における踏面の寸法は，踏面の狭い方の端から30cmの位置において測るものとする。

3　階段及びその踊場に手すり及び階段の昇降を安全に行うための設備でその高さが50cm以下のもの（以下この項において「手すり等」という。）が設けられた場合における第1項の階段及びその踊場の幅は，手すり等の幅が10cmを限度として，ないものとみなして算定する。

4 第1項の規定は，同項の規定に適合する階段と同等以上に昇降を安全に行うことができるものとして国土交通大臣が定めた構造方法*を用いる階段については，適用しない。

●告示　平26　国交告709号→p1736

【踊場の位置及び踏幅】

第24条　前条第1項の表の(1)又は(2)に該当する階段でその高さが3mをこえるものにあっては高さ3m以内ごとに，その他の階段でその高さが4mをこえるものにあっては高さ4m以内ごとに踊場を設けなければならない。

2 前項の規定によって設ける直階段の踊場の踏幅は，1.2m以上としなければならない。

【階段等の手すり等】

第25条　階段には，手すりを設けなければならない。

2 階段及びその踊場の両側（手すりが設けられた側を除く。）には，側壁又はこれに代わるものを設けなければならない。

3 階段の幅が3mをこえる場合においては，中間に手すりを設けなければならない。ただし，けあげが15cm以下で，かつ，踏面が30cm以上のものにあっては，この限りでない。

4 前3項の規定は，高さ1m以下の階段の部分には，適用しない。

【階段に代わる傾斜路】

第26条　階段に代わる傾斜路は，次の各号に定めるところによらなければならない。
一　勾配は，1/8をこえないこと。
二　表面は，粗面とし，又はすべりにくい材料で仕上げること。

2 前3条の規定（けあげ及び踏面に関する部分を除く。）は，前項の傾斜路に準用する。

【特殊の用途に専用する階段】

第27条　第23条から第25条までの規定は，昇降機機械室用階段*，物見塔用階段その他特殊の用途に専用する階段には，適用しない。

●関連［昇降機機械室用階段］令第129条の9第五号→p311

第4節　便　　　所

【便所の採光及び換気】

第28条　便所には，採光及び換気のため直接外気に接する窓を設けなければならない。ただし，水洗便所で，これに代わる設備をした場合においては，この限りでない。

【くみ取便所の構造】

第29条　くみ取便所の構造は，次に掲げる基準に適合するものとして，国土交通大臣が定めた構造方法を用いるもの又は国土交通大臣の認定を受けたものとしなければならない。
一　屎尿に接する部分から漏水しないものであること。
二　屎尿の臭気（便器その他構造上やむを得ないものから漏れるものを除く。）が，建築物の他の部分（便所の床下を除く。）又は屋外に漏れないものであること。

三　便槽に，雨水，土砂等が流入しないものであること。

【特殊建築物及び特定区域の便所の構造】

第30条　都市計画区域又は準都市計画区域内における学校，病院，劇場，映画館，演芸場，観覧場，公会堂，集会場，百貨店，ホテル，旅館，寄宿舎，停車場その他地方公共団体が条例で指定する用途に供する建築物の便所及び公衆便所の構造は，前条各号に掲げる基準及び次に掲げる基準に適合するものとして，国土交通大臣が定めた構造方法を用いるもの又は国土交通大臣の認定を受けたものとしなければならない。

一　便器及び小便器から便槽までの汚水管が，汚水を浸透させないものであること。

二　水洗便所以外の大便所にあっては，窓その他換気のための開口部からはえが入らないものであること。

2　地方公共団体は，前項に掲げる用途の建築物又は条例で指定する区域内の建築物のくみ取便所の便槽を次条の改良便槽とすることが衛生上必要であり，かつ，これを有効に維持することができると認められる場合においては，当該条例で，これを改良便槽としなければならない旨の規定を設けることができる。

【改良便槽】

第31条　改良便槽は，次に定める構造としなければならない。

一　便槽は，貯留槽及びくみ取槽を組み合わせた構造とすること。

二　便槽の天井，底，周壁及び隔壁は，耐水材料で造り，防水モルタル塗その他これに類する有効な防水の措置を講じて漏水しないものとすること。

三　貯留槽を，2槽以上に区分し，汚水を貯留する部分の深さは80cm以上とし，その容積は0.75m³以上で，かつ，100日以上（国土交通大臣が定めるところにより汚水の温度の低下を防止するための措置が講じられたものにあっては，その容積は0.6m³以上で，かつ，80日以上）貯留できるようにすること。

四　貯留槽には，掃除するために必要な大きさの穴を設け，かつ，これに密閉することができるふたを設けること。

五　小便器からの汚水管は，その先端を貯留槽の汚水面下40cm以上の深さに差し入れること。

【法第31条第2項等の規定に基づく汚物処理性能に関する技術的基準】

第32条　屎尿浄化槽の法第31条第2項の政令で定める技術的基準及び合併処理浄化槽（屎尿と併せて雑排水を処理する浄化槽をいう。以下同じ。）について法第36条の規定により定めるべき構造に関する技術的基準のうち処理性能に関するもの（以下「汚物処理性能に関する技術的基準」と総称する。）は，次のとおりとする。

一　通常の使用状態において，次の表に掲げる区域及び処理対象人員の区分に応じ，それぞれ同表に定める性能を有するものであること。

屎尿浄化槽又は合併処理浄化槽を設ける区域	処理対象人員（単位　人）	性　　　能	
		生物化学的酸素要求量の除去率（単位　％）	屎尿浄化槽又は合併処理浄化槽からの放流水の生物化学的酸素要求量（単位　mg/l）
特定行政庁が衛生上特に支障があると認めて規則で指定する区域	50以下	65以上	90以下
	51以上500以下	70以上	60以下
	501以上	85以上	30以下
特定行政庁が衛生上特に支障がないと認めて規則で指定する区域		55以上	120以下
その他の区域	500以下	65以上	90以下
	501以上2,000以下	70以上	60以下
	2,001以上	85以上	30以下

1　この表における処理対象人員の算定は，国土交通大臣が定める方法*により行うものとする。　　　　　　　　　　　　　　　　●告示　昭44　建告3184号→p1407

〔建築物の用途別による屎尿浄化槽の処理対象人員算定基準〕→p1408

2　この表において，生物化学的酸素要求量の除去率とは，屎尿浄化槽又は合併処理浄化槽への流入水の生物化学的酸素要求量の数値から屎尿浄化槽又は合併処理浄化槽からの放流水の生物化学的酸素要求量の数値を減じた数値を屎尿浄化槽又は合併処理浄化槽への流入水の生物化学的酸素要求量の数値で除して得た割合をいうものとする。

二　放流水に含まれる大腸菌群数が，1cm³につき3,000個以下とする性能を有するものであること。

2　特定行政庁が地下浸透方式により汚物（便所から排出する汚物をいい，これと併せて雑排水を処理する場合にあっては雑排水を含む。次項及び第35条第1項において同じ。）を処理することとしても衛生上支障がないと認めて規則で指定する区域内に設ける当該方式に係る汚物処理性能に関する技術的基準は，前項の規定にかかわらず，通常の使用状態において，次の表に定める性能及び同項第二号に掲げる性能を有するものであることとする。

性　　　能		
一次処理装置による浮遊物質量の除去率（単位　％）	一次処理装置からの流出水に含まれる浮遊物質量（単位　mg/l）	地下浸透能力
55以上	250以下	一次処理装置からの流出水が滞留しない程度のものであること。

218

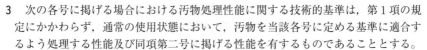

　この表において，一次処理装置による浮遊物質量の除去率とは，一次処理装置への流入水に含まれる浮遊物質量の数値から一次処理装置からの流出水に含まれる浮遊物質量の数値を減じた数値を一次処理装置への流入水に含まれる浮遊物質量の数値で除して得た割合をいうものとする。

3　次の各号に掲げる場合における汚物処理性能に関する技術的基準は，第1項の規定にかかわらず，通常の使用状態において，汚物を当該各号に定める基準に適合するよう処理する性能及び同項第二号に掲げる性能を有するものであることとする。
一　水質汚濁防止法（昭和45年法律第138号）第3条第1項又は第3項の規定による排水基準により，屎尿浄化槽又は合併処理浄化槽からの放流水について，第1項第一号の表に掲げる生物化学的酸素要求量に関する基準より厳しい基準が定められ，又は生物化学的酸素要求量以外の項目に関しても基準が定められている場合　当該排水基準
二　浄化槽法第4条第1項の規定による技術上の基準により，屎尿浄化槽又は合併処理浄化槽からの放流水について，第1項第一号の表に掲げる生物化学的酸素要求量に関する基準より厳しい基準が定められ，又は生物化学的酸素要求量以外の項目に関しても基準が定められている場合　当該技術上の基準

【漏水検査】
第33条　第31条の改良便槽並びに前条の屎尿浄化槽及び合併処理浄化槽は，満水して24時間以上漏水しないことを確かめなければならない。

【便所と井戸との距離】
第34条　くみ取便所の便槽は，井戸から5m以上離して設けなければならない。ただし，地盤面下3m以上埋設した閉鎖式井戸で，その導水管が外管を有せず，かつ，不浸透質で造られている場合又はその導水管が内径25cm以下の外管を有し，かつ，導水管及び外管が共に不浸透質で造られている場合においては，1.8m以上とすることができる。

【合併処理浄化槽の構造】
第35条　合併処理浄化槽の構造は，排出する汚物を下水道法第2条第六号に規定する終末処理場を有する公共下水道以外に放流しようとする場合においては，第32条の汚物処理性能に関する技術的基準に適合するもので，国土交通大臣が定めた構造方法を用いるもの又は国土交通大臣の認定を受けたものとしなければならない。
2　その構造が前項の規定に適合する合併処理浄化槽を設けた場合は，法第31条第2項の規定に適合するものとみなす。

第3章　構造強度

第1節　総　　則

【構造方法に関する技術的基準】
第36条　法第20条第1項第一号の政令で定める技術的基準（建築設備に係る技術的基

準を除く。）は，耐久性等関係規定（この条から第36条の3まで，第37条，第38条第1項，第5項及び第6項，第39条第1項及び第4項，第41条，第49条，第70条，第72条（第79条の4及び第80条において準用する場合を含む。），第74条から第76条まで（これらの規定を第79条の4及び第80条において準用する場合を含む。），第79条（第79条の4において準用する場合を含む。），第79条の3並びに第80条の2（国土交通大臣が定めた安全上必要な技術的基準*のうちその指定する基準に係る部分に限る。）の規定をいう。以下同じ。）に適合する構造方法を用いることとする。

●告示 平12 国交告2009号→p1594
平13 国交告1025号→p1614
平13 国交告1026号→p1619
平14 国交告326号 →p1632
平28 国交告611号 →p1776

2 法第20条第1項第二号イの政令で定める技術的基準（建築設備に係る技術的基準を除く。）は，次の各号に掲げる場合の区分に応じ，それぞれ当該各号に定める構造方法を用いることとする。

一 第81条第2項第一号イに掲げる構造計算によって安全性を確かめる場合 この節から第4節の2まで，第5節（第67条第1項（同項各号に掲げる措置に係る部分を除く。）及び第68条第4項（これらの規定を第79条の4において準用する場合を含む。）を除く。），第6節（第73条，第77条第二号から第六号まで，第77条の2第2項，第78条（プレキャスト鉄筋コンクリートで造られたはりで2以上の部材を組み合わせるものの接合部に適用される場合に限る。）及び第78条の2第1項第三号（これらの規定を第79条の4において準用する場合を含む。）を除く。），第6節の2，第80条及び第7節の2（第80条の2（国土交通大臣が定めた安全上必要な技術的基準*のうちその指定する基準に係る部分に限る。）を除く。）の規定に適合する構造方法

●告示 平13 国交告1026号→p1619
平14 国交告326号 →p1632
平28 国交告611号 →p1776

二 第81条第2項第一号ロに掲げる構造計算によって安全性を確かめる場合 耐久性等関係規定に適合する構造方法

三 第81条第2項第二号イに掲げる構造計算によって安全性を確かめる場合 この節から第7節の2までの規定に適合する構造方法

3 法第20条第1項第三号イ及び第四号イの政令で定める技術的基準（建築設備に係る技術的基準を除く。）は，この節から第7節の2までの規定に適合する構造方法を用いることとする。

【地階を除く階数が4以上である鉄骨造の建築物等に準ずる建築物】

第36条の2 法第20条第1項第二号の政令で定める建築物は，次に掲げる建築物とする。

一 地階を除く階数が4以上である組積造又は補強コンクリートブロック造の建築物

二　地階を除く階数が３以下である鉄骨造の建築物であって，高さが13m 又は軒の高さが９m を超えるもの

三　鉄筋コンクリート造と鉄骨鉄筋コンクリート造とを併用する建築物であって，高さが20m を超えるもの

四　木造，組積造，補強コンクリートブロック造若しくは鉄骨造のうち２以上の構造を併用する建築物又はこれらの構造のうち１以上の構造と鉄筋コンクリート造若しくは鉄骨鉄筋コンクリート造とを併用する建築物であって，次のイ又はロのいずれかに該当するもの

イ　地階を除く階数が４以上である建築物

ロ　高さが13m 又は軒の高さが９m を超える建築物

五　前各号に掲げるもののほか，その安全性を確かめるために地震力によって地上部分の各階に生ずる水平方向の変形を把握することが必要であるものとして，構造又は規模を限って国土交通大臣が指定する建築物*

●告示　平19　国交告593号→p1642

【構造設計の原則】

第36条の3　建築物の構造設計に当たっては，その用途，規模及び構造の種別並びに土地の状況に応じて柱，はり，床，壁等を有効に配置して，建築物全体が，これに作用する自重，積載荷重，積雪荷重，風圧，土圧及び水圧並びに地震その他の震動及び衝撃に対して，一様に構造耐力上安全であるようにすべきものとする。

2　構造耐力上主要な部分は，建築物に作用する水平力に耐えるように，釣合い良く配置すべきものとする。

3　建築物の構造耐力上主要な部分には，使用上の支障となる変形又は振動が生じないような剛性及び瞬間的破壊が生じないような靱性をもたすべきものとする。

【別の建築物とみなすことができる部分】

第36条の4　法第20条第２項（法第88条第１項において準用する場合を含む。）の政令で定める部分は，建築物の２以上の部分がエキスパンションジョイントその他の相互に応力を伝えない構造方法のみで接している場合における当該建築物の部分とする。

第２節　構造部材等

【構造部材の耐久】

第37条　構造耐力上主要な部分で特に腐食，腐朽又は摩損のおそれのあるものには，腐食，腐朽若しくは摩損しにくい材料又は有効なさび止め，防腐若しくは摩損防止のための措置をした材料を使用しなければならない。

【基　礎】

第38条　建築物の基礎は，建築物に作用する荷重及び外力を安全に地盤に伝え，かつ，地盤の沈下又は変形に対して構造耐力上安全なものとしなければならない。

2　建築物には，異なる構造方法による基礎を併用してはならない。

3　建築物の基礎の構造は，建築物の構造，形態及び地盤の状況を考慮して国土交通

大臣が定めた構造方法*を用いるものとしなければならない。この場合において，高さ13m又は延べ面積3,000m²を超える建築物で，当該建築物に作用する荷重が最下階の床面積1m²につき100kNを超えるものにあっては，基礎の底部（基礎ぐいを使用する場合にあっては，当該基礎ぐいの先端）を良好な地盤に達することとしなければならない。

●告示 平12 建告1347号→p1467
平12 建告2009号→p1594

4　前2項の規定は，建築物の基礎について国土交通大臣が定める基準*に従った構造計算によって構造耐力上安全であることが確かめられた場合においては，適用しない。

●告示 平12 建告1347号 →p1467

5　打撃，圧力又は振動により設けられる基礎ぐいは，それを設ける際に作用する打撃力その他の外力に対して構造耐力上安全なものでなければならない。

6　建築物の基礎に木ぐいを使用する場合においては，その木ぐいは，平家建の木造の建築物に使用する場合を除き，常水面下にあるようにしなければならない。

【屋根ふき材等】

第39条　屋根ふき材，内装材，外装材，帳壁その他これらに類する建築物の部分及び広告塔，装飾塔その他建築物の屋外に取り付けるものは，風圧並びに地震その他の震動及び衝撃によって脱落しないようにしなければならない。

2　屋根ふき材，外装材及び屋外に面する帳壁の構造は，構造耐力上安全なものとして国土交通大臣が定めた構造方法*を用いるものとしなければならない。

●告示 昭46 建告109号→p1421

3　特定天井（脱落によって重大な危害を生ずるおそれがあるものとして国土交通大臣が定める天井*をいう。以下同じ。）の構造は，構造耐力上安全なものとして，国土交通大臣が定めた構造方法*を用いるもの又は国土交通大臣の認定を受けたものとしなければならない。

●告示 平25 国交告771号→p1724

4　特定天井で特に腐食，腐朽その他の劣化のおそれのあるものには，腐食，腐朽その他の劣化しにくい材料又は有効なさび止め，防腐その他の劣化防止のための措置をした材料を使用しなければならない。

第3節　木　　造

【適用の範囲】

第40条　この節の規定は，木造の建築物又は木造と組積造その他の構造とを併用する建築物の木造の構造部分に適用する。ただし，茶室，あずまやその他これらに類する建築物又は延べ面積が10m²以内の物置，納屋その他これらに類する建築物については，適用しない。

【木　材】

第41条　構造耐力上主要な部分に使用する木材の品質は，節，腐れ，繊維の傾斜，丸

身等による耐力上の欠点がないものでなければならない。

【土台及び基礎】

第42条　構造耐力上主要な部分である柱で最下階の部分に使用するものの下部には，土台を設けなければならない。ただし，次の各号のいずれかに該当する場合においては，この限りでない。

一　当該柱を基礎に緊結した場合

二　平家建ての建築物（地盤が軟弱な区域として特定行政庁が国土交通大臣の定める基準*に基づいて規則で指定する区域内にあるものを除く。次項において同じ。）で足固めを使用した場合

●関連 [軟弱地盤区域] 令第88条第2項→p250

三　当該柱と基礎とをだぼ継ぎその他の国土交通大臣が定める構造方法により接合し，かつ，当該柱に構造耐力上支障のある引張応力が生じないことが国土交通大臣が定める方法*によって確かめられた場合

●告示　平28　国交告690号→p1785

2　土台は，基礎に緊結しなければならない。ただし，平家建ての建築物で延べ面積が50m²以内のものについては，この限りでない。

【柱の小径】

第43条　構造耐力上主要な部分である柱の張り間方向及びけた行方向の小径は，それぞれの方向でその柱に接着する土台，足固め，胴差，はり，けたその他の構造耐力上主要な部分である横架材の相互間の垂直距離に対して，次の表に掲げる割合以上のものでなければならない。ただし，国土交通大臣が定める基準*に従った構造計算によって構造耐力上安全であることが確かめられた場合においては，この限りでない。

●告示　平12　建告1349号→p1470

建築物 ＼ 柱	張り間方向又はけた行方向に相互の間隔が10m以上の柱又は学校，保育所，劇場，映画館，演芸場，観覧場，公会堂，集会場，物品販売業を営む店舗（床面積の合計が10m²以内のものを除く。）若しくは公衆浴場の用途に供する建築物の柱		左欄以外の柱	
	最上階又は階数が1の建築物の柱	その他の階の柱	最上階又は階数が1の建築物の柱	その他の階の柱
(1) 土蔵造の建築物その他これに類する壁の重量が特に大きい建築物	$\dfrac{1}{22}$	$\dfrac{1}{20}$	$\dfrac{1}{25}$	$\dfrac{1}{22}$

(2)	⑴に掲げる建築物以外の建築物で屋根を金属板，石板，木板その他これらに類する軽い材料でふいたもの	$\dfrac{1}{30}$	$\dfrac{1}{25}$	$\dfrac{1}{33}$	$\dfrac{1}{30}$
(3)	⑴及び⑵に掲げる建築物以外の建築物	$\dfrac{1}{25}$	$\dfrac{1}{22}$	$\dfrac{1}{30}$	$\dfrac{1}{28}$

2　地階を除く階数が2を超える建築物の1階の構造耐力上主要な部分である柱の張り間方向及びけた行方向の小径は，13.5cmを下回ってはならない。ただし，当該柱と土台又は基礎及び当該柱とはり，けたその他の横架材とをそれぞれボルト締その他これに類する構造方法により緊結し，かつ，国土交通大臣が定める基準*に従った構造計算によって構造耐力上安全であることが確かめられた場合においては，この限りでない。

●**告示**　平12　建告1349号→p1470

3　法第41条の規定によって，条例で，法第21条第1項及び第2項の規定の全部若しくは一部を適用せず，又はこれらの規定による制限を緩和する場合においては，当該条例で，柱の小径の横架材の相互間の垂直距離に対する割合を補足する規定を設けなければならない。

4　前3項の規定による柱の小径に基づいて算定した柱の所要断面積の1/3以上を欠き取る場合においては，その部分を補強しなければならない。

5　階数が2以上の建築物におけるすみ柱又はこれに準ずる柱は，通し柱としなければならない。ただし，接合部を通し柱と同等以上の耐力を有するように補強した場合においては，この限りでない。

6　構造耐力上主要な部分である柱の有効細長比（断面の最小二次率半径に対する座屈長さの比をいう。以下同じ。）は，150以下としなければならない。

【はり等の横架材】

第44条　はり，けたその他の横架材には，その中央部附近の下側に耐力上支障のある欠込みをしてはならない。

【筋かい】

第45条　引張り力を負担する筋かいは，厚さ1.5cm以上で幅9cm以上の木材又は径9mm以上の鉄筋を使用したものとしなければならない。

2　圧縮力を負担する筋かいは，厚さ3cm以上で幅9cm以上の木材を使用したものとしなければならない。

3　筋かいは，その端部を，柱とはりその他の横架材との仕口に接近して，ボルト，かすがい，くぎその他の金物で緊結しなければならない。

4　筋かいには，欠込みをしてはならない。ただし，筋かいをたすき掛けにするためにやむを得ない場合において，必要な補強を行なったときは，この限りでない。

【構造耐力上必要な軸組等】

第46条　構造耐力上主要な部分である壁，柱及び横架材を木造とした建築物にあっては，すべての方向の水平力に対して安全であるように，各階の張り間方向及びけた行方向に，それぞれ壁を設け又は筋かいを入れた軸組を釣合い良く配置しなければならない。

2　前項の規定は，次の各号のいずれかに該当する木造の建築物又は建築物の構造部分については，適用しない。

一　次に掲げる基準に適合するもの

　イ　構造耐力上主要な部分である柱及び横架材（間柱，小ばりその他これらに類するものを除く。以下この号において同じ。）に使用する集成材その他の木材の品質が，当該柱及び横架材の強度及び耐久性に関し国土交通大臣の定める基準に適合していること。

　ロ　構造耐力上主要な部分である柱の脚部が，一体の鉄筋コンクリート造の布基礎に緊結している土台に緊結し，又は鉄筋コンクリート造の基礎に緊結していること。

　ハ　イ及びロに掲げるもののほか，国土交通大臣が定める基準*に従った構造計算によって，構造耐力上安全であることが確かめられた構造であること。

●告示　昭62　建告1899号→p1463

二　方づえ（その接着する柱が添木等によって補強されているものに限る。），控柱又は控壁があって構造耐力上支障がないもの

3　床組及び小屋ばり組には木板その他これに類するものを国土交通大臣が定める基準*1に従って打ち付け，小屋組には振れ止めを設けなければならない。ただし，国土交通大臣が定める基準*2に従った構造計算によって構造耐力上安全であることが確かめられた場合においては，この限りでない。

●告示1　平28　国交告691号→p1786
　　　2　昭62　建告1899号→p1463

4　階数が2以上又は延べ面積が50m²を超える木造の建築物においては，第1項の規定によって各階の張り間方向及びけた行方向に配置する壁を設け又は筋かいを入れた軸組を，それぞれの方向につき，次の表1の軸組の種類の欄に掲げる区分に応じて当該軸組の長さに同表の倍率の欄に掲げる数値を乗じて得た長さの合計が，その階の床面積（その階又は上の階の小屋裏，天井裏その他これらに類する部分に物置等を設ける場合にあっては，当該物置等の床面積及び高さに応じて国土交通大臣が定める面積をその階の床面積に加えた面積）に次の表2に掲げる数値（特定行政庁が第88条第2項の規定によって指定した区域内における場合においては，表2に掲げる数値のそれぞれ1.5倍とした数値）を乗じて得た数値以上で，かつ，その階（その階より上の階がある場合においては，当該上の階を含む。）の見付面積（張り間方向又はけた行方向の鉛直投影面積をいう。以下同じ。）からその階の床面からの高さが1.35m以下の部分の見付面積を減じたものに次の表3に掲げる数値を乗じて得た数値以上となるように，国土交通大臣が定める基準*に従って設置しな

225

けれ ば ならない。

●告示　平12　建告1352号→p1471

1

	軸　組　の　種　類	倍　率
(1)	土塗壁又は木ずりその他これに類するものを柱及び間柱の片面に打ち付けた壁を設けた軸組	0.5
(2)	木ずりその他これに類するものを柱及び間柱の両面に打ち付けた壁を設けた軸組	1
	厚さ1.5cm以上で幅9cm以上の木材又は径9mm以上の鉄筋の筋かいを入れた軸組	
(3)	厚さ3cm以上で幅9cm以上の木材の筋かいを入れた軸組	1.5
(4)	厚さ4.5cm以上で幅9cm以上の木材の筋かいを入れた軸組	2
(5)	9cm角以上の木材の筋かいを入れた軸組	3
(6)	(2)から(4)までに掲げる筋かいをたすき掛けに入れた軸組	(2)から(4)までのそれぞれの数値の2倍
(7)	(5)に掲げる筋かいをたすき掛けに入れた軸組	5
(8)	その他(1)から(7)までに掲げる軸組と同等以上の耐力を有するものとして国土交通大臣が定めた構造方法*を用いるもの又は国土交通大臣の認定を受けたもの　●告示　昭56　建告1100号→p1452	0.5から5までの範囲内において国土交通大臣が定める数値
(9)	(1)又は(2)に掲げる壁と(2)から(6)までに掲げる筋かいとを併用した軸組	(1)又は(2)のそれぞれの数値と(2)から(6)までのそれぞれの数値との和

2

建　築　物	階の床面積に乗ずる数値（単位　cm/m²）					
	階数が1の建築物	階数が2の建築物の1階	階数が2の建築物の2階	階数が3の建築物の1階	階数が3の建築物の2階	階数が3の建築物の3階
第43条第1項の表の(1)又は(3)に掲げる建築物	15	33	21	50	39	24
第43条第1項の表の(2)に掲げる建築物	11	29	15	46	34	18
この表における階数の算定については，地階の部分の階数は，算入しないものとする。						

3

区　　　　域	見付面積に乗ずる数値（単位　cm/m²）
⑴ 特定行政庁がその地方における過去の風の記録を考慮してしばしば強い風が吹くと認めて規則で指定する区域	50を超え，75以下の範囲内において特定行政庁がその地方における風の状況に応じて規則で定める数値
⑵ ⑴に掲げる区域以外の区域	50

【構造耐力上主要な部分である継手又は仕口】

第47条　構造耐力上主要な部分である継手又は仕口は，ボルト締，かすがい打，込み栓打その他の国土交通大臣が定める構造方法*によりその部分の存在応力を伝えるように緊結しなければならない。この場合において，横架材の丈が大きいこと，柱と鉄骨の横架材とが剛に接合していること等により柱に構造耐力上支障のある局部応力が生ずるおそれがあるときは，当該柱を添木等によって補強しなければならない。

●告示　平12　建告1460号→p1588

2　前項の規定によるボルト締には，ボルトの径に応じ有効な大きさと厚さを有する座金を使用しなければならない。

【学校の木造の校舎】

第48条　学校における壁，柱及び横架材を木造とした校舎は，次に掲げるところによらなければならない。

一　外壁には，第46条第4項の表1の⑸に掲げる筋かいを使用すること。

二　桁行が12mを超える場合においては，桁行方向の間隔12m以内ごとに第46条第4項の表1の⑸に掲げる筋かいを使用した通し壁の間仕切壁を設けること。ただし，控柱又は控壁を適当な間隔に設け，国土交通大臣が定める基準*に従った構造計算によって構造耐力上安全であることが確かめられた場合においては，この限りでない。

●告示　昭62　建告1899号→p1463

三　桁行方向の間隔2m（屋内運動場その他規模が大きい室においては，4m）以内ごとに柱，はり及び小屋組を配置し，柱とはり又は小屋組とを緊結すること。

四　構造耐力上主要な部分である柱は，13.5cm角以上のもの（2階建ての1階の柱で，張り間方向又は桁行方向に相互の間隔が4m以上のものについては，13.5cm角以上の柱を2本合わせて用いたもの又は15cm角以上のもの）とすること。

2　前項の規定は，次の各号のいずれかに該当する校舎については，適用しない。

一　第46条第2項第一号に掲げる基準に適合するもの

二　国土交通大臣が指定する日本産業規格に適合するもの

【外壁内部等の防腐措置等】

第49条　木造の外壁のうち，鉄網モルタル塗その他軸組が腐りやすい構造である部分の下地には，防水紙その他これに類するものを使用しなければならない。

2　構造耐力上主要な部分である柱，筋かい及び土台のうち，地面から1m以内の部分には，有効な防腐措置を講ずるとともに，必要に応じて，しろありその他の虫

による害を防ぐための措置を講じなければならない。

第50条 削除

第4節　組　積　造

【適用の範囲】

第51条　この節の規定は，れんが造，石造，コンクリートブロック造その他の組積造（補強コンクリートブロック造を除く。以下この項及び第4項において同じ。）の建築物又は組積造と木造その他の構造とを併用する建築物の組積造の構造部分に適用する。ただし，高さ13m以下であり，かつ，軒の高さが9m以下の建築物の部分で，鉄筋，鉄骨又は鉄筋コンクリートによって補強され，かつ，国土交通大臣が定める基準に従った構造計算によって構造耐力上安全であることが確かめられたものについては，適用しない。

2　高さが4m以下で，かつ，延べ面積が20m²以内の建築物については，この節の規定中第55条第2項及び第56条の規定は，適用しない。

3　構造耐力上主要な部分でない間仕切壁で高さが2m以下のものについては，この節の規定中第52条及び第55条第5項の規定に限り適用する。

4　れんが造，石造，コンクリートブロック造その他の組積造の建築物（高さ13m又は軒の高さが9mを超えるものに限る。）又は組積造と木造その他の構造とを併用する建築物（高さ13m又は軒の高さが9mを超えるものに限る。）については，この節の規定中第59条の2に限り適用する。

【組積造の施工】

第52条　組積造に使用するれんが，石，コンクリートブロックその他の組積材は，組積するに当たって充分に水洗いをしなければならない。

2　組積材は，その目地塗面の全部にモルタルが行きわたるように組積しなければならない。

3　前項のモルタルは，セメントモルタルでセメントと砂との容積比が1対3のもの若しくはこれと同等以上の強度を有するもの又は石灰入りセメントモルタルでセメントと石灰と砂との容積比が1対2対5のもの若しくはこれと同等以上の強度を有するものとしなければならない。

4　組積材は，芋目地ができないように組積しなければならない。

第53条　削除

【壁の長さ】

第54条　組積造の壁の長さは，10m以下としなければならない。

2　前項の壁の長さは，その壁に相隣って接着する2つの壁（控壁でその基礎の部分における長さが，控壁の接着する壁の高さの1/3以上のものを含む。以下この節において「対隣壁」という。）がその壁に接着する部分間の中心距離をいう。

【壁の厚さ】

第55条　組積造の壁の厚さ（仕上材料の厚さを含まないものとする。以下この節において同じ。）は，その建築物の階数及びその壁の長さ（前条第2項の壁の長さをい

う。以下この節において同じ。）に応じて，それぞれ次の表の数値以上としなければならない。

建築物の階数 ＼ 壁の長さ	5m以下の場合 （単位　cm）	5mをこえる場合 （単位　cm）
階数が2以上の建築物	30	40
階数が1の建築物	20	30

2　組積造の各階の壁の厚さは，その階の壁の高さの1/15以上としなければならない。

3　組積造の間仕切壁の壁の厚さは，前2項の規定による壁の厚さより10cm以下を減らすことができる。ただし，20cm以下としてはならない。

4　組積造の壁を二重壁とする場合においては，前3項の規定は，そのいずれか一方の壁について適用する。

5　組積造の各階の壁の厚さは，その上にある壁の厚さより薄くしてはならない。

6　鉄骨造，鉄筋コンクリート造又は鉄骨鉄筋コンクリート造の建築物における組積造の帳壁は，この条の規定の適用については，間仕切壁とみなす。

【臥　梁】
第56条　組積造の壁には，その各階の壁頂（切妻壁がある場合においては，その切妻壁の壁頂）に鉄骨造又は鉄筋コンクリート造の臥梁を設けなければならない。ただし，その壁頂に鉄筋コンクリート造の屋根版，床版等が接着する場合又は階数が1の建築物で壁の厚さが壁の高さの1/10以上の場合若しくは壁の長さが5m以下の場合においては，この限りでない。

【開口部】
第57条　組積造の壁における窓，出入口その他の開口部は，次の各号に定めるところによらなければならない。

一　各階の対隣壁によって区画されたおのおのの壁における開口部の幅の総和は，その壁の長さの1/2以下とすること。

二　各階における開口部の幅の総和は，その階における壁の長さの総和の1/3以下とすること。

三　一の開口部とその直上にある開口部との垂直距離は，60cm以上とすること。

2　組積造の壁の各階における開口部相互間又は開口部と対隣壁の中心との水平距離は，その壁の厚さの2倍以上としなければならない。ただし，開口部周囲を鉄骨又は鉄筋コンクリートで補強した場合においては，この限りでない。

3　幅が1mをこえる開口部の上部には，鉄筋コンクリート造のまぐさを設けなければならない。

4　組積造のはね出し窓又ははね出し縁は，鉄骨又は鉄筋コンクリートで補強しなければならない。

5　壁付暖炉の組積造の炉胸は，暖炉及び煙突を充分に支持するに足りる基礎の上に造り，かつ，上部を積出しとしない構造とし，木造の建築物に設ける場合においては，更に鋼材で補強しなければならない。

【壁のみぞ】

第58条 組積造の壁に，その階の壁の高さの3/4以上連続した縦壁みぞを設ける場合においては，その深さは壁の厚さの1/3以下とし，横壁みぞを設ける場合においては，その深さは壁の厚さの1/3以下で，かつ，長さを３ｍ以下としなければならない。

【鉄骨組積造である壁】

第59条 鉄骨組積造である壁の組積造の部分は，鉄骨の軸組にボルト，かすがいその他の金物で緊結しなければならない。

【補強を要する組積造】

第59条の２ 高さ13ｍ又は軒の高さが９ｍを超える建築物にあっては，国土交通大臣が定める構造方法により，鉄筋，鉄骨又は鉄筋コンクリートによって補強しなければならない。

【手すり又は手すり壁】

第60条 手すり又は手すり壁は，組積造としてはならない。ただし，これらの頂部に鉄筋コンクリート造の臥梁を設けた場合においては，この限りでない。

【組積造のへい】

第61条 組積造のへいは，次の各号に定めるところによらなければならない。

一 高さは，1.2m 以下とすること。

二 各部分の壁の厚さは，その部分から壁頂までの垂直距離の1/10以上とすること。

三 長さ４ｍ以下ごとに，壁面からその部分における壁の厚さの1.5倍以上突出した控壁（木造のものを除く。）を設けること。ただし，その部分における壁の厚さが前号の規定による壁の厚さの1.5倍以上ある場合においては，この限りでない。

四 基礎の根入れの深さは，20cm 以上とすること。

【構造耐力上主要な部分等のささえ】

第62条 組積造である構造耐力上主要な部分又は構造耐力上主要な部分でない組積造の壁で高さが２ｍをこえるものは，木造の構造部分でささえてはならない。

第４節の２　補強コンクリートブロック造

【適用の範囲】

第62条の２ この節の規定は，補強コンクリートブロック造の建築物又は補強コンクリートブロック造と鉄筋コンクリート造その他の構造とを併用する建築物の補強コンクリートブロック造の構造部分に適用する。

2 高さが４ｍ以下で，かつ，延べ面積が20m²以内の建築物については，この節の規定中第62条の６及び第62条の７の規定に限り適用する。

第62条の３ 削除

【耐力壁】

第62条の４ 各階の補強コンクリートブロック造の耐力壁の中心線により囲まれた部分の水平投影面積は，60m²以下としなければならない。

2 各階の張り間方向及びけた行方向に配置する補強コンクリートブロック造の耐力壁の長さのそれぞれの方向についての合計は，その階の床面積１m²につき15cm以

上としなければならない。

3　補強コンクリートブロック造の耐力壁の厚さは，15cm 以上で，かつ，その耐力壁に作用するこれと直角な方向の水平力に対する構造耐力上主要な支点間の水平距離（以下第62条の5第2項において「耐力壁の水平力に対する支点間の距離」という。）の1/50以上としなければならない。

4　補強コンクリートブロック造の耐力壁は，その端部及び隅角部に径12mm 以上の鉄筋を縦に配置するほか，径9mm 以上の鉄筋を縦横に80cm 以内の間隔で配置したものとしなければならない。

5　補強コンクリートブロック造の耐力壁は，前項の規定による縦筋の末端をかぎ状に折り曲げてその縦筋の径の40倍以上基礎又は基礎ばり及び臥梁又は屋根版に定着する等の方法により，これらと互いにその存在応力を伝えることができる構造としなければならない。

6　第4項の規定による横筋は，次の各号に定めるところによらなければならない。

一　末端は，かぎ状に折り曲げること。ただし，補強コンクリートブロック造の耐力壁の端部以外の部分における異形鉄筋の末端にあっては，この限りでない。

二　継手の重ね長さは，溶接する場合を除き，径の25倍以上とすること。

三　補強コンクリートブロック造の耐力壁の端部が他の耐力壁又は構造耐力上主要な部分である柱に接着する場合には，横筋の末端をこれらに定着するものとし，これらの鉄筋に溶接する場合を除き，定着される部分の長さを径の25倍以上とすること。

【臥梁】

第62条の5　補強コンクリートブロック造の耐力壁には，その各階の壁頂に鉄筋コンクリート造の臥梁を設けなければならない。ただし，階数が1の建築物で，その壁頂に鉄筋コンクリート造の屋根版が接着する場合においては，この限りでない。

2　臥梁の有効幅は，20cm 以上で，かつ，耐力壁の水平力に対する支点間の距離の1/20以上としなければならない。

【目地及び空胴部】

第62条の6　コンクリートブロックは，その目地塗面の全部にモルタルが行きわたるように組積し，鉄筋を入れた空胴部及び縦目地に接する空胴部は，モルタル又はコンクリートで埋めなければならない。

2　補強コンクリートブロック造の耐力壁，門又はへいの縦筋は，コンクリートブロックの空胴部内で継いではならない。ただし，溶接接合その他これと同等以上の強度を有する接合方法による場合においては，この限りでない。

【帳壁】

第62条の7　補強コンクリートブロック造の帳壁は，鉄筋で，木造及び組積造（補強コンクリートブロック造を除く。）以外の構造耐力上主要な部分に緊結しなければならない。

【塀】

第62条の8　補強コンクリートブロック造の塀は，次の各号（高さ1.2m 以下の塀に

あっては，第五号及び第七号を除く。）に定めるところによらなければならない。ただし，国土交通大臣が定める基準に従った構造計算によって構造耐力上安全であることが確かめられた場合においては，この限りでない。

一　高さは，2.2m以下とすること。

二　壁の厚さは，15cm（高さ2m以下の塀にあっては，10cm）以上とすること。

三　壁頂及び基礎には横に，壁の端部及び隅角部には縦に，それぞれ径9mm以上の鉄筋を配置すること。

四　壁内には，径9mm以上の鉄筋を縦横に80cm以下の間隔で配置すること。

五　長さ3.4m以下ごとに，径9mm以上の鉄筋を配置した控壁で基礎の部分において壁面から高さの1/5以上突出したものを設けること。

六　第三号及び第四号の規定により配置する鉄筋の末端は，かぎ状に折り曲げて，縦筋にあっては壁頂及び基礎の横筋に，横筋にあってはこれらの縦筋に，それぞれかぎ掛けして定着すること。ただし，縦筋をその径の40倍以上基礎に定着させる場合にあっては，縦筋の末端は，基礎の横筋にかぎ掛けしないことができる。

七　基礎の丈は，35cm以上とし，根入れの深さは30cm以上とすること。

第5節　鉄　骨　造

【適用の範囲】

第63条　この節の規定は，鉄骨造の建築物又は鉄骨造と鉄筋コンクリート造その他の構造とを併用する建築物の鉄骨造の構造部分に適用する。

【材　料】

第64条　鉄骨造の建築物の構造耐力上主要な部分の材料は，炭素鋼若しくはステンレス鋼（この節において「鋼材」という。）又は鋳鉄としなければならない。

2　鋳鉄は，圧縮応力又は接触応力以外の応力が存在する部分には，使用してはならない。

【圧縮材の有効細長比】

第65条　構造耐力上主要な部分である鋼材の圧縮材（圧縮力を負担する部材をいう。以下同じ。）の有効細長比は，柱にあっては200以下，柱以外のものにあっては250以下としなければならない。

●関連 [有効細長比] 令第43条第6項→p224

【柱の脚部】

第66条　構造耐力上主要な部分である柱の脚部は，国土交通大臣が定める基準*に従ったアンカーボルトによる緊結その他の構造方法により基礎に緊結しなければならない。ただし，滑節構造である場合においては，この限りでない。

●告示　平12　建告1456号→p1577

【接　合】

第67条　構造耐力上主要な部分である鋼材の接合は，接合される鋼材が炭素鋼であるときは高力ボルト接合，溶接接合若しくはリベット接合（構造耐力上主要な部分である継手又は仕口に係るリベット接合にあっては，添板リベット接合）又はこれらと同等以上の効力を有するものとして国土交通大臣の認定を受けた接合方法に，接

合される鋼材がステンレス鋼であるときは高力ボルト接合若しくは溶接接合又はこれらと同等以上の効力を有するものとして国土交通大臣の認定を受けた接合方法に，それぞれよらなければならない。ただし，軒の高さが9m以下で，かつ，張り間が13m以下の建築物（延べ面積が3,000m²を超えるものを除く。）にあっては，ボルトが緩まないように次の各号のいずれかに該当する措置を講じたボルト接合によることができる。

一　当該ボルトをコンクリートで埋め込むこと。

二　当該ボルトに使用するナットの部分を溶接すること。

三　当該ボルトにナットを二重に使用すること。

四　前3号に掲げるもののほか，これらと同等以上の効力を有する戻り止めをすること。

2　構造耐力上主要な部分である継手又は仕口の構造は，その部分の存在応力を伝えることができるものとして，国土交通大臣が定めた構造方法を用いるもの又は国土交通大臣の認定を受けたものとしなければならない。この場合において，柱の端面を削り仕上げとし，密着する構造とした継手又は仕口で引張り応力が生じないものは，その部分の圧縮力及び曲げモーメントの1/4（柱の脚部においては，1/2）以内を接触面から伝えている構造とみなすことができる。

【高力ボルト，ボルト及びリベット】

第68条　高力ボルト，ボルト又はリベットの相互間の中心距離は，その径の2.5倍以上としなければならない。

2　高力ボルト孔の径は，高力ボルトの径より2mmを超えて大きくしてはならない。ただし，高力ボルトの径が27mm以上であり，かつ，構造耐力上支障がない場合においては，高力ボルト孔の径を高力ボルトの径より3mmまで大きくすることができる。

3　前項の規定は，同項の規定に適合する高力ボルト接合と同等以上の効力を有するものとして国土交通大臣の認定を受けた高力ボルト接合については，適用しない。

4　ボルト孔の径は，ボルトの径より1mmを超えて大きくしてはならない。ただし，ボルトの径が20mm以上であり，かつ，構造耐力上支障がない場合においては，ボルト孔の径をボルトの径より1.5mmまで大きくすることができる。

5　リベットは，リベット孔に充分埋まるように打たなければならない。

【斜材，壁等の配置】

第69条　軸組，床組及び小屋ばり組には，すべての方向の水平力に対して安全であるように，国土交通大臣が定める基準*に従った構造計算によって構造耐力上安全であることが確かめられた場合を除き，形鋼，棒鋼若しくは構造用ケーブルの斜材又は鉄筋コンクリート造の壁，屋根版若しくは床版を釣合い良く配置しなければならない。

●告示　昭62　建告1899号→p1463

【柱の防火被覆】

第70条　地階を除く階数が3以上の建築物（法第2条第九号の二イに掲げる基準に適

合する建築物及び同条第九号の三イに該当する建築物を除く。）にあっては，一の柱のみの火熱による耐力の低下によって建築物全体が容易に倒壊するおそれがある場合として国土交通大臣が定める場合においては，当該柱の構造は，通常の火災による火熱が加えられた場合に，加熱開始後30分間構造耐力上支障のある変形，溶融，破壊その他の損傷を生じないものとして国土交通大臣が定めた構造方法*を用いるもの又は国土交通大臣の認定を受けたものとしなければならない。

●告示　平12　建告1356号→p1472

第6節　鉄筋コンクリート造

【適用の範囲】

第71条　この節の規定は，鉄筋コンクリート造の建築物又は鉄筋コンクリート造と鉄骨造その他の構造とを併用する建築物の鉄筋コンクリート造の構造部分に適用する。

2　高さが4m以下で，かつ，延べ面積が30m²以内の建築物又は高さが3m以下のへいについては，この節の規定中第72条，第75条及び第79条の規定に限り適用する。

【コンクリートの材料】

第72条　鉄筋コンクリート造に使用するコンクリートの材料は，次の各号に定めるところによらなければならない。

一　骨材，水及び混和材料は，鉄筋をさびさせ，又はコンクリートの凝結及び硬化を妨げるような酸，塩，有機物又は泥土を含まないこと。

二　骨材は，鉄筋相互間及び鉄筋とせき板との間を容易に通る大きさであること。

三　骨材は，適切な粒度及び粒形のもので，かつ，当該コンクリートに必要な強度，耐久性及び耐火性が得られるものであること。

【鉄筋の継手及び定着】

第73条　鉄筋の末端は，かぎ状に折り曲げて，コンクリートから抜け出ないように定着しなければならない。ただし，次の各号に掲げる部分以外の部分に使用する異形鉄筋にあっては，その末端を折り曲げないことができる。

一　柱及びはり（基礎ばりを除く。）の出すみ部分

二　煙突

2　主筋又は耐力壁の鉄筋（以下この項において「主筋等」という。）の継手の重ね長さは，継手を構造部材における引張力の最も小さい部分に設ける場合にあっては，主筋等の径（径の異なる主筋等をつなぐ場合にあっては，細い主筋等の径。以下この条において同じ。）の25倍以上とし，継手を引張り力の最も小さい部分以外の部分に設ける場合にあっては，主筋等の径の40倍以上としなければならない。ただし，国土交通大臣が定めた構造方法*を用いる継手にあっては，この限りでない。

●告示　平12　建告1463号→p1592

3　柱に取り付けるはりの引張り鉄筋は，柱の主筋に溶接する場合を除き，柱に定着される部分の長さをその径の40倍以上としなければならない。ただし，国土交通大臣が定める基準*に従った構造計算によって構造耐力上安全であることが確かめられた場合においては，この限りでない。

●告示　平23　国交告432号→p1721

4　軽量骨材を使用する鉄筋コンクリート造について前2項の規定を適用する場合には，これらの項中「25倍」とあるのは「30倍」と，「40倍」とあるのは「50倍」とする。

【コンクリートの強度】

第74条　鉄筋コンクリート造に使用するコンクリートの強度は，次に定めるものでなければならない。

一　四週圧縮強度は，1mm²につき12N（軽量骨材を使用する場合においては，9N）以上であること。

二　設計基準強度（設計に際し採用する圧縮強度をいう。以下同じ。）との関係において国土交通大臣が安全上必要であると認めて定める基準に適合するものであること。

2　前項に規定するコンクリートの強度を求める場合においては，国土交通大臣が指定する強度試験によらなければならない。

3　コンクリートは，打上りが均質で密実になり，かつ，必要な強度が得られるようにその調合を定めなければならない。

【コンクリートの養生】

第75条　コンクリート打込み中及び打込み後5日間は，コンクリートの温度が2℃を下らないようにし，かつ，乾燥，震動等によってコンクリートの凝結及び硬化が妨げられないように養生しなければならない。ただし，コンクリートの凝結及び硬化を促進するための特別の措置を講ずる場合においては，この限りでない。

【型わく及び支柱の除去】

第76条　構造耐力上主要な部分に係る型わく及び支柱は，コンクリートが自重及び工事の施工中の荷重によって著しい変形又はひび割れその他の損傷を受けない強度になるまでは，取りはずしてはならない。

2　前項の型わく及び支柱の取りはずしに関し必要な技術的基準*は，国土交通大臣が定める。

●告示　昭46　建告110号→p1423

【柱の構造】

第77条　構造耐力上主要な部分である柱は，次に定める構造としなければならない。

一　主筋は，4本以上とすること。

二　主筋は，帯筋と緊結すること。

三　帯筋の径は，6mm以上とし，その間隔は，15cm（柱に接着する壁，はりその他の横架材から上方又は下方に柱の小径の2倍以内の距離にある部分においては，10cm）以下で，かつ，最も細い主筋の径の15倍以下とすること。

四　帯筋比（柱の軸を含むコンクリートの断面の面積に対する帯筋の断面積の和の割合として国土交通大臣が定める方法により算出した数値をいう。）は，0.2%以上とすること。

五　柱の小径は，その構造耐力上主要な支点間の距離の1/15以上とすること。ただし，国土交通大臣が定める基準*に従った構造計算によって構造耐力上安全であ

ることが確かめられた場合においては，この限りでない。

●告示　平23　国交告433号→p1722

六　主筋の断面積の和は，コンクリートの断面積の0.8%以上とすること。

【床版の構造】

第77条の2　構造耐力上主要な部分である床版は，次に定める構造としなければならない。ただし，第82条第四号に掲げる構造計算によって振動又は変形による使用上の支障が起こらないことが確かめられた場合においては，この限りでない。

一　厚さは，8cm以上とし，かつ，短辺方向における有効張り間長さの1/40以上とすること。

二　最大曲げモーメントを受ける部分における引張鉄筋の間隔は，短辺方向において20cm以下，長辺方向において30cm以下で，かつ，床版の厚さの3倍以下とすること。

2　前項の床版のうちプレキャスト鉄筋コンクリートで造られた床版は，同項の規定によるほか，次に定める構造としなければならない。

一　周囲のはり等との接合部は，その部分の存在応力を伝えることができるものとすること。

二　2以上の部材を組み合わせるものにあっては，これらの部材相互を緊結すること。

【はりの構造】

第78条　構造耐力上主要な部分であるはりは，複筋ばりとし，これにあばら筋をはりの丈の3/4（臥梁にあっては，30cm）以下の間隔で配置しなければならない。

【耐力壁】

第78条の2　耐力壁は，次に定める構造としなければならない。

一　厚さは，12cm以上とすること。

二　開口部周囲に径12mm以上の補強筋を配置すること。

三　径9mm以上の鉄筋を縦横に30cm（複配筋として配置する場合においては，45cm）以下の間隔で配置すること。ただし，平家建ての建築物にあっては，その間隔を35cm（複配筋として配置する場合においては，50cm）以下とすることができる。

四　周囲の柱及びはりとの接合部は，その部分の存在応力を伝えることができるものとすること。

2　壁式構造の耐力壁は，前項の規定によるほか，次に定める構造としなければならない。

一　長さは，45cm以上とすること。

二　その端部及び隅角部に径12mm以上の鉄筋を縦に配置すること。

三　各階の耐力壁は，その頂部及び脚部を当該耐力壁の厚さ以上の幅の壁ばり（最下階の耐力壁の脚部にあっては，布基礎又は基礎ばり）に緊結し，耐力壁の存在応力を相互に伝えることができるようにすること。

【鉄筋のかぶり厚さ】

第79条　鉄筋に対するコンクリートのかぶり厚さは，耐力壁以外の壁又は床にあっては2cm以上，耐力壁，柱又ははりにあっては3cm以上，直接土に接する壁，柱，

床若しくははり又は布基礎の立上り部分にあっては 4 cm 以上，基礎（布基礎の立上り部分を除く。）にあっては捨コンクリートの部分を除いて 6 cm 以上としなければならない。

2　前項の規定は，水，空気，酸又は塩による鉄筋の腐食を防止し，かつ，鉄筋とコンクリートとを有効に付着させることにより，同項に規定するかぶり厚さとした場合と同等以上の耐久性及び強度を有するものとして，国土交通大臣が定めた構造方法を用いる部材及び国土交通大臣の認定を受けた部材については，適用しない。

第6節の2　鉄骨鉄筋コンクリート造

【適用の範囲】

第79条の2　この節の規定は，鉄骨鉄筋コンクリート造の建築物又は鉄骨鉄筋コンクリート造と鉄筋コンクリート造その他の構造とを併用する建築物の鉄骨鉄筋コンクリート造の構造部分に適用する。

【鉄骨のかぶり厚さ】

第79条の3　鉄骨に対するコンクリートのかぶり厚さは，5 cm 以上としなければならない。

2　前項の規定は，水，空気，酸又は塩による鉄骨の腐食を防止し，かつ，鉄骨とコンクリートとを有効に付着させることにより，同項に規定するかぶり厚さとした場合と同等以上の耐久性及び強度を有するものとして，国土交通大臣が定めた構造方法を用いる部材及び国土交通大臣の認定を受けた部材については，適用しない。

【鉄骨鉄筋コンクリート造に対する第5節及び第6節の規定の準用】

第79条の4　鉄骨鉄筋コンクリート造の建築物又は建築物の構造部分については，前2節（第65条，第70条及び第77条第四号を除く。）の規定を準用する。この場合において，第72条第二号中「鉄筋相互間及び鉄筋とせき板」とあるのは「鉄骨及び鉄筋の間並びにこれらとせき板」と，第77条第六号中「主筋」とあるのは「鉄骨及び主筋」と読み替えるものとする。

●関連 ［有効細長比］令第65条　　　→p232
　　　［防火被覆］令第70条　　　　→p233
　　　［柱の帯筋比］令第77条第四号→p235

第7節　無筋コンクリート造

【無筋コンクリート造に対する第4節及び第6節の規定の準用】

第80条　無筋コンクリート造の建築物又は無筋コンクリート造とその他の構造とを併用する建築物の無筋コンクリート造の構造部分については，この章の第4節（第52条を除く。）の規定並びに第71条（第79条に関する部分を除く。），第72条及び第74条から第76条までの規定を準用する。

第7節の2　構造方法に関する補則

【構造方法に関する補則】

第80条の2　第3節から前節までに定めるもののほか，国土交通大臣が，次の各号に掲げる建築物又は建築物の構造部分の構造方法に関し，安全上必要な技術的基準*を定めた場合においては，それらの建築物又は建築物の構造部分は，その技術的基準に従った構造としなければならない。

●告示　平12　建告2009号　→p1594
　　　　平13　国交告1025号→p1614
　　　　平13　国交告1026号→p1619
　　　　平14　国交告326号　→p1632
　　　　平28　国交告611号　→p1776

一　木造，組積造，補強コンクリートブロック造，鉄骨造，鉄筋コンクリート造，鉄骨鉄筋コンクリート造又は無筋コンクリート造の建築物又は建築物の構造部分で，特殊の構造方法によるもの

二　木造，組積造，補強コンクリートブロック造，鉄骨造，鉄筋コンクリート造，鉄骨鉄筋コンクリート造及び無筋コンクリート造以外の建築物又は建築物の構造部分

【土砂災害特別警戒区域内における居室を有する建築物の構造方法】

第80条の3　土砂災害警戒区域等における土砂災害防止対策の推進に関する法律（平成12年法律第57号）第9条第1項に規定する土砂災害特別警戒区域（以下この条及び第82条の5第八号において「特別警戒区域」という。）内における居室を有する建築物の外壁及び構造耐力上主要な部分（当該特別警戒区域の指定において都道府県知事が同法第9条第2項及び土砂災害警戒区域等における土砂災害防止対策の推進に関する法律施行令（平成13年政令第84号）第4条の規定に基づき定めた土石等の高さ又は土石流の高さ（以下この条及び第82条の5第八号において「土石等の高さ等」という。）以下の部分であって，当該特別警戒区域に係る同法第2条に規定する土砂災害の発生原因となる自然現象（河道閉塞による湛水を除く。以下この条及び第82条の5第八号において単に「自然現象」という。）により衝撃が作用すると想定される部分に限る。以下この条及び第82条の5第八号において「外壁等」という。）の構造は，自然現象の種類，当該特別警戒区域の指定において都道府県知事が同法第9条第2項及び同令第4条の規定に基づき定めた最大の力の大きさ又は力の大きさ（以下この条及び第82条の5第八号において「最大の力の大きさ等」という。）及び土石等の高さ等（当該外壁等の高さが土石等の高さ等未満であるときは，自然現象の種類，最大の力の大きさ，土石等の高さ等及び当該外壁等の高さ）に応じて，当該自然現象により想定される衝撃が作用した場合においても破壊を生じないものとして国土交通大臣が定めた構造方法を用いるものとしなければならない。ただし，土石等の高さ等以上の高さの門又は塀（当該構造方法を用いる外壁等と同等以上の耐力を有するものとして国土交通大臣が定めた構造方法を用いるものに限る。）が当該自然現象により当該外壁等に作用すると想定される衝撃を遮るように設けられている場合においては，この限りでない。

第8節　構 造 計 算

第1款　総　　則

第81条　法第20条第1項第一号の政令で定める基準は，次のとおりとする。

一　荷重及び外力によって建築物の各部分に連続的に生ずる力及び変形を把握すること。

二　前号の規定により把握した力及び変形が当該建築物の各部分の耐力及び変形限度を超えないことを確かめること。

三　屋根ふき材，特定天井，外装材及び屋外に面する帳壁が，風圧並びに地震その他の震動及び衝撃に対して構造耐力上安全であることを確かめること。

四　前3号に掲げるもののほか，建築物が構造耐力上安全であることを確かめるために必要なものとして国土交通大臣が定める基準に適合すること。

2　法第20条第1項第二号イの政令で定める基準は，次の各号に掲げる建築物の区分に応じ，それぞれ当該各号に定める構造計算によるものであることとする。

一　高さが31mを超える建築物　　次のイ又はロのいずれかに該当する構造計算

イ　保有水平耐力計算又はこれと同等以上に安全性を確かめることができるものとして国土交通大臣が定める基準*に従った構造計算

●告示　平13　国交告1025号→p1614
　　　　平13　国交告1026号→p1619
　　　　平19　国交告823号 →p1656
　　　　平19　国交告825号 →p1673
　　　　平19　国交告826号 →p1677
　　　　平19　国交告828号 →p1681
　　　　平19　国交告830号 →p1691
　　　　平27　国交告189号 →p1738

ロ　限界耐力計算又はこれと同等以上に安全性を確かめることができるものとして国土交通大臣が定める基準*に従った構造計算

●告示　平12　建告2009号 →p1594
　　　　平19　国交告823号→p1656
　　　　平19　国交告824号→p1669
　　　　平19　国交告831号→p1698

二　高さが31m以下の建築物　　次のイ又はロのいずれかに該当する構造計算

イ　許容応力度等計算又はこれと同等以上に安全性を確かめることができるものとして国土交通大臣が定める基準*に従った構造計算

●告示　平19　国交告823号 →p1656
　　　　平19　国交告828号 →p1681
　　　　平19　国交告830号 →p1691
　　　　平19　国交告1274号→p1705

ロ　前号に定める構造計算

●関連［保有水平耐力計算］令第82条　　→p240
　　　［限界耐力計算］令第82条の5　　→p242
　　　［許容応力度等計算］令第82条の6→p244

3　法第20条第1項第三号イの政令で定める基準は，次条各号及び第82条の4に定め

るところによる構造計算又はこれと同等以上に安全性を確かめることができるものとして国土交通大臣が定める基準*に従った構造計算によるものであることとする。

●告示　平19　国交告823号→p1656
●告示　平19　国交告829号→p1688
●告示　平19　国交告832号→p1704

第1款の2　保有水平耐力計算

【保有水平耐力計算】

第82条　前条第2項第一号イに規定する保有水平耐力計算とは，次の各号及び次条から第82条の4までに定めるところによりする構造計算をいう。

●告示　平19　国交告832号→p1704

一　第2款に規定する荷重及び外力によって建築物の構造耐力上主要な部分に生ずる力を国土交通大臣が定める方法*により計算すること。

●告示　平19　国交告594号→p1647

二　前号の構造耐力上主要な部分の断面に生ずる長期及び短期の各応力度を次の表に掲げる式によって計算すること。

力の種類	荷重及び外力について想定する状態	一般の場合	第86条第2項ただし書の規定により特定行政庁が指定する多雪区域における場合	備　　考
長期に生ずる力	常時	$G+P$	$G+P$	
	積雪時		$G+P+0.7S$	
短期に生ずる力	積雪時	$G+P+S$	$G+P+S$	
	暴風時	$G+P+W$	$G+P+W$	建築物の転倒，柱の引抜き等を検討する場合においては，Pについては，建築物の実況に応じて積載荷重を減らした数値によるものとする。
			$G+P+0.35S+W$	
	地震時	$G+P+K$	$G+P+0.35S+K$	

この表において，G，P，S，W及びKは，それぞれ次の力（軸方向力，曲げモーメント，せん断力等をいう。）を表すものとする。

G　第84条に規定する固定荷重によって生ずる力
P　第85条に規定する積載荷重によって生ずる力
S　第86条に規定する積雪荷重によって生ずる力
W　第87条に規定する風圧力によって生ずる力
K　第88条に規定する地震力によって生ずる力

三　第一号の構造耐力上主要な部分ごとに，前号の規定によって計算した長期及び

短期の各応力度が，それぞれ第3款の規定による長期に生ずる力又は短期に生ずる力に対する各許容応力度を超えないことを確かめること。

四　国土交通大臣が定める場合においては，構造耐力上主要な部分である構造部材の変形又は振動によって建築物の使用上の支障が起こらないことを国土交通大臣が定める方法*によって確かめること。

●告示　平12　建告1459号→p1586

【層間変形角】

第82条の2　建築物の地上部分については，第88条第1項に規定する地震力（以下この款において「地震力」という。）によって各階に生ずる水平方向の層間変位を国土交通大臣が定める方法*により計算し，当該層間変位の当該各階の高さに対する割合（第82条の6第二号イ及び第109条の2の2において「層間変形角」という。）が1/200（地震力による構造耐力上主要な部分の変形によって建築物の部分に著しい損傷が生ずるおそれのない場合にあっては，1/120）以内であることを確かめなければならない。

●告示　平19　国交告594号→p1647

【保有水平耐力】

第82条の3　建築物の地上部分については，第一号の規定によって計算した各階の水平力に対する耐力（以下この条及び第82条の5において「保有水平耐力」という。）が，第二号の規定によって計算した必要保有水平耐力以上であることを確かめなければならない。

一　第4款に規定する材料強度によって国土交通大臣が定める方法*により保有水平耐力を計算すること。

●告示　平19　国交告594号→p1647

二　地震力*に対する各階の必要保有水平耐力を次の式によって計算すること。

$$Q_{un} = D_s \, F_{es} \, Q_{ud}$$

この式において，Q_{un}，D_s，F_{es} 及び Q_{ud} は，それぞれ次の数値を表すものとする。

　Q_{un}　各階の必要保有水平耐力（単位　kN）

　D_s　各階の構造特性を表すものとして，建築物の構造耐力上主要な部分の構造方法に応じた減衰性及び各階の靭性を考慮して国土交通大臣が定める数値*

　F_{es}　各階の形状特性を表すものとして，各階の剛性率及び偏心率に応じて国土交通大臣が定める方法*により算出した数値

　Q_{ud}　地震力によって各階に生ずる水平力（単位　kN）

●告示　昭55　建告1792号→p1437

【屋根ふき材等の構造計算】

第82条の4　屋根ふき材，外装材及び屋外に面する帳壁については，国土交通大臣が定める基準*に従った構造計算によって風圧に対して構造耐力上安全であることを確かめなければならない。

●告示　平12　建告1458号 →p1579
　　　　平19　国交告832号→p1704

第1款の3　限界耐力計算

第82条の5　第81条第2項第一号ロに規定する限界耐力計算とは，次に定めるところによりする構造計算をいう。

一　地震時を除き，第82条第一号から第三号まで（地震に係る部分を除く。）に定めるところによること。

二　積雪時又は暴風時に，建築物の構造耐力上主要な部分に生ずる力を次の表に掲げる式によって計算し，当該構造耐力上主要な部分に生ずる力が，それぞれ第4款の規定による材料強度によって計算した当該構造耐力上主要な部分の耐力を超えないことを確かめること。

荷重及び外力について想定する状態	一般の場合	第86条第2項ただし書の規定により特定行政庁が指定する多雪区域における場合	備　　　考
積雪時	$G + P + 1.4S$	$G + P + 1.4S$	
暴風時	$G + P + 1.6W$	$G + P + 1.6W$	建築物の転倒，柱の引抜き等を検討する場合においては，P については，建築物の実況に応じて積載荷重を減らした数値によるものとする。
		$G + P + 0.35S + 1.6W$	

　この表において，G，P，S 及び W は，それぞれ次の力（軸方向力，曲げモーメント，せん断力等をいう。）を表すものとする。
　G　第84条に規定する固定荷重によって生ずる力
　P　第85条に規定する積載荷重によって生ずる力
　S　第86条に規定する積雪荷重によって生ずる力
　W　第87条に規定する風圧力によって生ずる力

三　地震による加速度によって建築物の地上部分の各階に作用する地震力及び各階に生ずる層間変位を次に定めるところによって計算し，当該地震力が，損傷限界耐力（建築物の各階の構造耐力上主要な部分の断面に生ずる応力度が第3款の規定による短期に生ずる力に対する許容応力度に達する場合の建築物の各階の水平力に対する耐力をいう。以下この号において同じ。）を超えないことを確かめるとともに，層間変位の当該各階の高さに対する割合が1/200（地震力による構造耐力上主要な部分の変形によって建築物の部分に著しい損傷が生ずるおそれのない場合にあっては，1/120）を超えないことを確かめること。

　イ　各階が，損傷限界耐力に相当する水平力その他のこれに作用する力に耐えている時に当該階に生ずる水平方向の層間変位（以下この号において「損傷限界変位」という。）を国土交通大臣が定める方法により計算すること。

ロ　建築物のいずれかの階において，イによって計算した損傷限界変位に相当する変位が生じている時の建築物の固有周期（以下この号及び第七号において「損傷限界固有周期」という。）を国土交通大臣が定める方法により計算すること。

　　ハ　地震により建築物の各階に作用する地震力を，損傷限界固有周期に応じて次の表に掲げる式によって計算した当該階以上の各階に水平方向に生ずる力の総和として計算すること。

$T_d<0.16$の場合	$P_{di}=(0.64+6\,T_d)\,m_i\,B_{di}\,Z\,G_s$
$0.16\leqq T_d<0.64$の場合	$P_{di}=1.6m_i\,B_{di}\,Z\,G_s$
$0.64\leqq T_d$の場合	$P_{di}=\dfrac{1.024m_i\,B_{di}\,Z\,G_s}{T_d}$

　　この表において，T_d，P_{di}，m_i，B_{di}，Z 及び G_s は，それぞれ次の数値を表すものとする。

　　T_d　建築物の損傷限界固有周期（単位　s）

　　P_{di}　各階に水平方向に生ずる力（単位　kN）

　　m_i　各階の質量（各階の固定荷重及び積載荷重との和（第86条第2項ただし書の規定によって特定行政庁が指定する多雪区域においては，更に積雪荷重を加えたものとする。）を重力加速度で除したもの）（単位　t）

　　B_{di}　建築物の各階に生ずる加速度の分布を表すものとして，損傷限界固有周期に応じて国土交通大臣が定める基準に従って算出した数値

　　Z　第88条第1項に規定する Z の数値

　　G_s　表層地盤による加速度の増幅率を表すものとして，表層地盤の種類に応じて国土交通大臣が定める方法により算出した数値

　　ニ　各階が，ハによって計算した地震力その他のこれに作用する力に耐えている時に当該階に生ずる水平方向の層間変位を国土交通大臣が定める方法により計算すること。

　四　第88条第4項に規定する地震力により建築物の地下部分の構造耐力上主要な部分の断面に生ずる応力度を第82条第一号及び第二号の規定によって計算し，それぞれ第3款の規定による短期に生ずる力に対する許容応力度を超えないことを確かめること。

　五　地震による加速度によって建築物の各階に作用する地震力を次に定めるところにより計算し，当該地震力が保有水平耐力を超えないことを確かめること。

　　イ　各階が，保有水平耐力に相当する水平力その他のこれに作用する力に耐えている時に当該階に生ずる水平方向の最大の層間変位（以下この号において「安全限界変位」という。）を国土交通大臣が定める方法により計算すること。

　　ロ　建築物のいずれかの階において，イによって計算した安全限界変位に相当する変位が生じている時の建築物の周期（以下この号において「安全限界固有周期」という。）を国土交通大臣が定める方法により計算すること。

　　ハ　地震により建築物の各階に作用する地震力を，安全限界固有周期に応じて次

の表に掲げる式によって計算した当該階以上の各階に水平方向に生ずる力の総和として計算すること。

$T_s<0.16$の場合	$P_{si}=(3.2+30T_s)\ m_i\,B_{si}\,F_h\,Z\,G_s$
$0.16\leqq T_s<0.64$の場合	$P_{si}=8\,m_i\,B_{si}\,F_h\,Z\,G_s$
$0.64\leqq T_s$ の場合	$P_{si}=\dfrac{5.12m_i\,B_{si}\,F_h\,Z\,G_s}{T_s}$

　この表において，T_s，P_{si}，m_i，B_{si}，F_h，Z 及び G_s は，それぞれ次の数値を表すもののとする。

　　T_s　建築物の安全限界固有周期（単位　s）
　　P_{si}　各階に水平方向に生ずる力（単位　kN）
　　m_i　第三号の表に規定する m_i の数値
　　B_{si}　各階に生ずる加速度の分布を表すものとして，安全限界固有周期に対応する振動特性に応じて国土交通大臣が定める基準に従って算出した数値
　　F_h　安全限界固有周期における振動の減衰による加速度の低減率を表すものとして国土交通大臣が定める基準に従って算出した数値
　　Z　第88条第１項に規定する Z の数値
　　G_s　第三号の表に規定する G_s の数値

六　第82条第四号の規定によること。

七　屋根ふき材，特定天井，外装材及び屋外に面する帳壁が，第三号ニの規定によって計算した建築物の各階に生ずる水平方向の層間変位及び同号ロの規定によって計算した建築物の損傷限界固有周期に応じて建築物の各階に生ずる加速度を考慮して国土交通大臣が定める基準に従った構造計算によって風圧並びに地震その他の震動及び衝撃に対して構造耐力上安全であることを確かめること。

八　特別警戒区域内における居室を有する建築物の外壁等が，自然現象の種類，最大の力の大きさ等及び土石等の高さ等（当該外壁等の高さが土石等の高さ等未満であるときは，自然現象の種類，最大の力の大きさ等，土石等の高さ等及び当該外壁等の高さ）に応じて，国土交通大臣が定める基準に従った構造計算によって当該自然現象により想定される衝撃が作用した場合においても破壊を生じないものであることを確かめること。ただし，第80条の３ただし書に規定する場合は，この限りでない。

第１款の４　許容応力度等計算

第82条の6　第81条第２項第二号イに規定する許容応力度等計算とは，次に定めるところによりする構造計算をいう。

一　第82条各号，第82条の２及び第82条の４に定めるところによること。

二　建築物の地上部分について，次に適合することを確かめること。

　　イ　次の式によって計算した各階の剛性率が，それぞれ 6/10以上であること。

$$R_s=\frac{r_s}{\bar{r_s}}$$

この式において，R_s，r_s 及び $\bar{r}_s$ は，それぞれ次の数値を表すものとする。
　　R_s　　各階の剛性率
　　r_s　　各階の層間変形角の逆数
　　$\bar{r}_s$　　当該建築物についての r_s の相加平均

ロ　次の式によって計算した各階の偏心率が，それぞれ15/100を超えないこと。

$$R_e = \frac{e}{r_e}$$

　　この式において，R_e，e 及び r_e は，それぞれ次の数値を表すものとする。
　　R_e　　各階の偏心率
　　e　　各階の構造耐力上主要な部分が支える固定荷重及び積載荷重（第86
　　　　条第2項ただし書の規定により特定行政庁が指定する多雪区域にあっ
　　　　ては，固定荷重，積載荷重及び積雪荷重）の重心と当該各階の剛心を
　　　　それぞれ同一水平面に投影させて結ぶ線を計算しようとする方向と直
　　　　交する平面に投影させた線の長さ（単位　cm）
　　r_e　　国土交通大臣が定める方法*により算出した各階の剛心周りのねじ
　　　　り剛性の数値を当該各階の計算しようとする方向の水平剛性の数値で
　　　　除した数値の平方根（単位　cm）

　　　　　　　　　　　　　　　　　　　　●告示　平19　国交告594号→p1647

三　前2号に定めるところによるほか，建築物の地上部分について，国土交通大臣
　がその構造方法に応じ，地震に対し，安全であることを確かめるために必要なも
　のとして定める基準に適合すること。

第2款　荷重及び外力

【荷重及び外力の種類】

第83条　建築物に作用する荷重及び外力としては，次の各号に掲げるものを採用しな
　ければならない。
一　固定荷重
二　積載荷重
三　積雪荷重
四　風圧力
五　地震力

2　前項に掲げるもののほか，建築物の実況に応じて，土圧，水圧，震動及び衝撃に
　よる外力を採用しなければならない。

【固定荷重】

第84条　建築物の各部の固定荷重は，当該建築物の実況に応じて計算しなければなら
　ない。ただし，次の表に掲げる建築物の部分の固定荷重については，それぞれ同表
　の単位面積当たり荷重の欄に定める数値に面積を乗じて計算することができる。

建築物の部分	種別			単位面積当たり荷重(単位 N/m²)	備考
屋根	瓦ぶき	ふき土がない場合		640	下地及びたるきを含み，もやを含まない。
		ふき土がある場合		980	下地及びたるきを含み，もやを含まない。
	波形鉄板ぶき	もやに直接ふく場合	屋根面につき	50	もやを含まない。
	薄鉄板ぶき			200	下地及びたるきを含み，もやを含まない。
	ガラス屋根			290	鉄製枠を含み，もやを含まない。
	厚形スレートぶき			440	下地及びたるきを含み，もやを含まない。
木造のもや	もやの支点間の距離が2m以下の場合		屋根面につき	50	
	もやの支点間の距離が4m以下の場合			100	
天井	さお縁		天井面につき	100	つり木，受木及びその他の下地を含む。
	繊維板張，打上げ板張，合板張又は金属板張			150	
	木毛セメント板張			200	
	格縁			290	
	しっくい塗			390	
	モルタル塗			590	
床		板張		150	根太を含む。
		畳敷		340	床板及び根太を含む。
	木造の床	床ばり	張り間が4m以下の場合	100	
			張り間が6m以下の場合	170	
			張り間が8m以下の場合	床面につき 250	

コンクリート造の床の仕上げ	板張		200	根太及び大引を含む。
	フロアリングブロック張		150	仕上げ厚さ1cmごとに，そのセンチメートルの数値を乗ずるものとする。
	モルタル塗，人造石塗及びタイル張		200	
	アスファルト防水層		150	厚さ1cmごとに，そのセンチメートルの数値を乗ずるものとする。
壁	木造の建築物の壁の軸組		150	柱，間柱及び筋かいを含む。
	木造の建築物の壁の仕上げ	下見板張，羽目板張又は繊維板張	100	下地を含み，軸組を含まない。
		木ずりしっくい塗	340	
		鉄網モルタル塗	640	
	木造の建築物の小舞壁		830	軸組を含む。
	コンクリート造の壁の仕上げ	しっくい塗	170	仕上げ厚さ1cmごとに，そのセンチメートルの数値を乗ずるものとする。
		モルタル塗及び人造石塗	200	
		タイル張	200	

（壁面につき）

【積載荷重】

第85条　建築物の各部の積載荷重は，当該建築物の実況に応じて計算しなければならない。ただし，次の表に掲げる室の床の積載荷重については，それぞれ同表の(い)，(ろ)又は(は)の欄に定める数値に床面積を乗じて計算することができる。

構造計算の対象 / 室の種類	(い) 床の構造計算をする場合 （単位　N/m²）	(ろ) 大ばり，柱又は基礎の構造計算をする場合 （単位　N/m²）	(は) 地震力を計算する場合 （単位　N/m²）
(1) 住宅の居室，住宅以外の建築物における寝室又は病室	1,800	1,300	600
(2) 事務室	2,900	1,800	800
(3) 教室	2,300	2,100	1,100
(4) 百貨店又は店舗の売場	2,900	2,400	1,300

(5)	劇場，映画館，演芸場，観覧場，公会堂，集会場その他これらに類する用途に供する建築物の客席又は集会室	固定席の場合	2,900	2,600	1,600
		その他の場合	3,500	3,200	2,100
(6)	自動車車庫及び自動車通路		5,400	3,900	2,000
(7)	廊下，玄関又は階段		(3)から(5)までに掲げる室に連絡するものにあっては，(5)の「その他の場合」の数値による。		
(8)	屋上広場又はバルコニー		(1)の数値による。ただし，学校又は百貨店の用途に供する建築物にあっては，(4)の数値による。		

2　柱又は基礎の垂直荷重による圧縮力を計算する場合においては，前項の表の(ろ)欄の数値は，そのささえる床の数に応じて，これに次の表の数値を乗じた数値まで減らすことができる。ただし，同項の表の(5)に掲げる室の床の積載荷重については，この限りでない。

ささえる床の数	積載荷重を減らすために乗ずべき数値
2	0.95
3	0.9
4	0.85
5	0.8
6	0.75
7	0.7
8	0.65
9 以上	0.6

3　倉庫業を営む倉庫における床の積載荷重は，第1項の規定によって実況に応じて計算した数値が1m²につき3,900N 未満の場合においても，3,900N としなければならない。

【積雪荷重】

第86条　積雪荷重は，積雪の単位荷重に屋根の水平投影面積及びその地方における垂直積雪量を乗じて計算しなければならない。

2　前項に規定する積雪の単位荷重は，積雪量1cm ごとに1m²につき20N 以上としなければならない。ただし，特定行政庁は，規則で，国土交通大臣が定める基準*に基づいて多雪区域を指定し，その区域につきこれと異なる定めをすることができる。

●告示　平12　建告1455号→p1571

3　第1項に規定する垂直積雪量は，国土交通大臣が定める基準*に基づいて特定行

政庁が規則で定める数値としなければならない。

●告示 平12 建告1455号→p1571

4 屋根の積雪荷重は,屋根に雪止めがある場合を除き,その勾配が60°以下の場合においては,その勾配に応じて第1項の積雪荷重に次の式によって計算した屋根形状係数(特定行政庁が屋根ふき材,雪の性状等を考慮して規則でこれと異なる数値を定めた場合においては,その定めた数値)を乗じた数値とし,その勾配が60°を超える場合においては,0とすることができる。

$$\mu_b = \sqrt{\cos(1.5\beta)}$$

この式において,μ_b及びβは,それぞれ次の数値を表すものとする。

μ_b 屋根形状係数

β 屋根勾配(単位 °)

5 屋根面における積雪量が不均等となるおそれのある場合においては,その影響を考慮して積雪荷重を計算しなければならない。

6 雪下ろしを行う慣習のある地方においては,その地方における垂直積雪量が1mを超える場合においても,積雪荷重は,雪下ろしの実況に応じて垂直積雪量を1mまで減らして計算することができる。

7 前項の規定により垂直積雪量を減らして積雪荷重を計算した建築物については,その出入口,主要な居室又はその他の見やすい場所に,その軽減の実況その他必要な事項を表示しなければならない。

【風圧力】

第87条 風圧力は,速度圧に風力係数を乗じて計算しなければならない。

2 前項の速度圧は,次の式によって計算しなければならない。

$$q = 0.6EV_0^2$$

この式において,q,E及びV_0は,それぞれ次の数値を表すものとする。

q 速度圧(単位 N/m²)

E 当該建築物の屋根の高さ及び周辺の地域に存する建築物その他の工作物,樹木その他の風速に影響を与えるものの状況に応じて国土交通大臣が*定める方法により算出した数値

V_0 その地方における過去の台風の記録に基づく風害の程度その他の風の性状に応じて30m/sから46m/sまでの範囲内において国土交通大臣が定める*風速(単位 m/s)

●告示 平12 建告1454号→p1569

3 建築物に近接してその建築物を風の方向に対して有効にさえぎる他の建築物,防風林その他これらに類するものがある場合においては,その方向における速度圧は,前項の規定による数値の1/2まで減らすことができる。

4 第1項の風力係数は,風洞試験によって定める場合のほか,建築物又は工作物の断面及び平面の形状に応じて国土交通大臣が定める数値*によらなければならない。

●告示 平12 建告1454号→p1569

【地震力】

第88条 建築物の地上部分の地震力については、当該建築物の各部分の高さに応じ、当該高さの部分が支える部分に作用する全体の地震力として計算するものとし、その数値は、当該部分の固定荷重と積載荷重との和（第86条第2項ただし書の規定により特定行政庁が指定する多雪区域においては、更に積雪荷重を加えるものとする。）に当該高さにおける地震層せん断力係数を乗じて計算しなければならない。この場合において、地震層せん断力係数は、次の式によって計算するものとする。

$$C_i = Z\,R_t\,A_i\,C_o$$

この式において、C_i, Z, R_t, A_i 及び C_o は、それぞれ次の数値を表すものとする。

C_i　建築物の地上部分の一定の高さにおける地震層せん断力係数

Z　その地方における過去の地震の記録に基づく震害の程度及び地震活動の状況その他地震の性状に応じて1.0から0.7までの範囲内において国土交通大臣が定める数値*

R_t　建築物の振動特性を表すものとして、建築物の弾性域における固有周期及び地盤の種類に応じて国土交通大臣が定める方法*により算出した数値

A_i　建築物の振動特性に応じて地震層せん断力係数の建築物の高さ方向の分布を表すものとして国土交通大臣が定める方法*により算出した数値

C_o　標準せん断力係数

●告示　昭55　建告1793号→p1448

2　標準せん断力係数は、0.2以上としなければならない。ただし、地盤が著しく軟弱な区域として特定行政庁が国土交通大臣の定める基準*に基づいて規則で指定する区域内における木造の建築物（第46条第2項第一号に掲げる基準に適合するものを除く。）にあっては、0.3以上としなければならない。

●告示　昭55　建告1793号→p1448

3　第82条の3第二号の規定により必要保有水平耐力を計算する場合においては、前項の規定にかかわらず、標準せん断力係数は、1.0以上としなければならない。

4　建築物の地下部分の各部分に作用する地震力は、当該部分の固定荷重と積載荷重との和に次の式に適合する水平震度を乗じて計算しなければならない。ただし、地震時における建築物の振動の性状を適切に評価して計算をすることができる場合においては、当該計算によることができる。

$$k \geq 0.1\left(1 - \frac{H}{40}\right)Z$$

この式において、k, H 及び Z は、それぞれ次の数値を表すものとする。

k　水平震度

H　建築物の地下部分の各部分の地盤面からの深さ（20を超えるときは20とする。）（単位　m）

Z　第1項に規定する Z の数値*

●告示　昭55　建告1793号→p1448

第3款　許容応力度

【木　材】

第89条　木材の繊維方向の許容応力度は，次の表の数値によらなければならない。ただし，第82条第一号から第三号までの規定によって積雪時の構造計算をするに当たっては，長期に生ずる力に対する許容応力度は同表の数値に1.3を乗じて得た数値と，短期に生ずる力に対する許容応力度は同表の数値に0.8を乗じて得た数値としなければならない。

長期に生ずる力に対する許容応力度 （単位　N/mm²）				短期に生ずる力に対する許容応力度 （単位　N/mm²）			
圧　縮	引張り	曲　げ	せん断	圧　縮	引張り	曲　げ	せん断
$\dfrac{1.1F_c}{3}$	$\dfrac{1.1F_t}{3}$	$\dfrac{1.1F_b}{3}$	$\dfrac{1.1F_s}{3}$	$\dfrac{2F_c}{3}$	$\dfrac{2F_t}{3}$	$\dfrac{2F_b}{3}$	$\dfrac{2F_s}{3}$

この表において，F_c，F_t，F_b 及び F_s は，それぞれ木材の種類及び品質に応じて国土交通大臣が定める圧縮，引張り，曲げ及びせん断に対する基準強度*（単位　N/mm²）を表すものとする。　　　　　　　　●告示　平12　建告1452号→p1562

2　かた木で特に品質優良なものをしゃち，込み栓の類に使用する場合においては，その許容応力度は，それぞれ前項の表の数値の2倍まで増大することができる。

3　基礎ぐい，水槽，浴室その他これらに類する常時湿潤状態にある部分に使用する場合においては，その許容応力度は，それぞれ前2項の規定による数値の70%に相当する数値としなければならない。

【鋼材等】

第90条　鋼材等の許容応力度は，次の表1又は表2の数値によらなければならない。

1

種　類	許容応力度	長期に生ずる力に対する許容応力度 （単位　N/mm²）				短期に生ずる力に対する許容応力度（単位　N/mm²）			
		圧　縮	引張り	曲　げ	せん断	圧　縮	引張り	曲　げ	せん断
炭素鋼	構造用鋼材	$\dfrac{F}{1.5}$	$\dfrac{F}{1.5}$	$\dfrac{F}{1.5}$	$\dfrac{F}{1.5\sqrt{3}}$	長期に生ずる力に対する圧縮，引張り，曲げ又はせん断の許容応力度のそれぞれの数値の1.5倍とする。			
	ボルト　黒　皮	—	$\dfrac{F}{1.5}$	—					
	ボルト　仕上げ	—	$\dfrac{F}{1.5}$	—	$\dfrac{F}{2}$（F が240を超えるボルトについて，国土交通大臣がこれと異なる数値を定めた場合は，その定めた数値）				

251

	構造用ケーブル	—	$\dfrac{F}{1.5}$	—	—
	リベット鋼	—	$\dfrac{F}{1.5}$	—	$\dfrac{F}{2}$
	鋳　鋼	$\dfrac{F}{1.5}$	$\dfrac{F}{1.5}$	$\dfrac{F}{1.5}$	$\dfrac{F}{1.5\sqrt{3}}$
ステンレス鋼	構造用鋼材	$\dfrac{F}{1.5}$	$\dfrac{F}{1.5}$	$\dfrac{F}{1.5}$	$\dfrac{F}{1.5\sqrt{3}}$
	ボルト	—	$\dfrac{F}{1.5}$		$\dfrac{F}{1.5\sqrt{3}}$
	構造用ケーブル	—	$\dfrac{F}{1.5}$	—	—
	鋳　鋼	$\dfrac{F}{1.5}$	$\dfrac{F}{1.5}$	$\dfrac{F}{1.5}$	$\dfrac{F}{1.5\sqrt{3}}$
鋳　鉄		$\dfrac{F}{1.5}$	—	—	—

　この表において，F は，鋼材等の種類及び品質に応じて国土交通大臣が定める基準強度*（単位　N/mm²）を表すものとする。　●告示　平12　建告2464号→p1605

2

許容応力度　種類	長期に生ずる力に対する許容応力度（単位　N/mm²）			短期に生ずる力に対する許容応力度（単位　N/mm²）		
	圧　縮	引張り		圧　縮	引張り	
		せん断補強以外に用いる場合	せん断補強に用いる場合		せん断補強以外に用いる場合	せん断補強に用いる場合
丸　鋼	$\dfrac{F}{1.5}$（当該数値が155を超える場合には，155)	$\dfrac{F}{1.5}$（当該数値が155を超える場合には，155)	$\dfrac{F}{1.5}$（当該数値が195を超える場合には，195)	F	F	F（当該数値が295を超える場合には，295)
異形鉄筋　径28mm以下のもの	$\dfrac{F}{1.5}$（当該数値が215を超える場合には，215)	$\dfrac{F}{1.5}$（当該数値が215を超える場合には，215)	$\dfrac{F}{1.5}$（当該数値が195を超える場合には，195)	F	F	F（当該数値が390を超える場合には，390)
異形鉄筋　径28mmを超えるもの	$\dfrac{F}{1.5}$（当該数値が195を超える場合には，195)	$\dfrac{F}{1.5}$（当該数値が195を超える場合には，195)	$\dfrac{F}{1.5}$（当該数値が195を超える場合には，195)	F	F	F（当該数値が390を超える場合には，390)

| 鉄線の径が4 mm 以上の溶接金網 | — | $\dfrac{F}{1.5}$ | $\dfrac{F}{1.5}$ | — | F （ただし，床版に用いる場合に限る。） | F |

この表において，F は，表1に規定する基準強度*を表すものとする。

●**告示**　平12　建告2464号→p1605

【コンクリート】

第91条　コンクリートの許容応力度は，次の表の数値によらなければならない。ただし，異形鉄筋を用いた付着について，国土交通大臣が異形鉄筋の種類及び品質に応じて別に数値*を定めた場合は，当該数値によることができる。

●**告示**　平12　建告1450号→p1561

長期に生ずる力に対する許容応力度（単位　N/mm²）				短期に生ずる力に対する許容応力度（単位　N/mm²）			
圧　縮	引張り	せん断	付　着	圧　縮	引張り	せん断	付　着
$\dfrac{F}{3}$	$\dfrac{F}{30}$（Fが21を超えるコンクリートについて，国土交通大臣がこれと異なる数値を定めた場合は，その定めた数値）	0.7（軽量骨材を使用するものにあっては,0.6)	長期に生ずる力に対する圧縮，引張り，せん断又は付着の許容応力度のそれぞれの数値の2倍（Fが21を超えるコンクリートの引張り及びせん断について，国土交通大臣がこれと異なる数値を定めた場合は，その定めた数値）とする。			

この表において，F は，設計基準強度（単位　N/mm²）を表すものとする。

2　特定行政庁がその地方の気候，骨材の性状等に応じて規則で設計基準強度の上限の数値を定めた場合において，設計基準強度が，その数値を超えるときは，前項の表の適用に関しては，その数値を設計基準強度とする。

【溶　接】

第92条　溶接継目ののど断面に対する許容応力度は，次の表の数値によらなければならない。

継目の形式	長期に生ずる力に対する許容応力度（単位　N/mm²）				短期に生ずる力に対する許容応力度（単位　N/mm²）			
	圧　縮	引張り	曲　げ	せん断	圧　縮	引張り	曲　げ	せん断
突合せ	$\dfrac{F}{1.5}$			$\dfrac{F}{1.5\sqrt{3}}$	長期に生ずる力に対する圧縮，引張り，曲げ又はせん断の許容応力度のそれぞれの数値の1.5倍とする。			
突合せ以外のもの	$\dfrac{F}{1.5\sqrt{3}}$			$\dfrac{F}{1.5\sqrt{3}}$				

この表において，Fは，溶接される鋼材の種類及び品質に応じて国土交通大臣が定める溶接部の基準強度*（単位　N/mm²）を表すものとする。

●告示　平12　建告2464号→p1605

【高力ボルト接合】

第92条の2　高力ボルト摩擦接合部の高力ボルトの軸断面に対する許容せん断応力度は，次の表の数値によらなければならない。

種　類 　　許容せん 　断応力度	長期に生ずる力に対する許容せん 断応力度　　　（単位　N/mm²）	短期に生ずる力に対する許容せん 断応力度　　　（単位　N/mm²）
一面せん断	$0.3T_o$	長期に生ずる力に対する許容せん 断応力度の数値の1.5倍とする。
二面せん断	$0.6T_o$	

この表において，T_oは，高力ボルトの品質に応じて国土交通大臣が定める基準張力*（単位　N/mm²）を表すものとする。　●告示　平12　建告2466号→p1612

2　高力ボルトが引張力とせん断力とを同時に受けるときの高力ボルト摩擦接合部の高力ボルトの軸断面に対する許容せん断応力度は，前項の規定にかかわらず，次の式により計算したものとしなければならない。

$$f_{st} = f_{so}\left(1 - \frac{\sigma_t}{T_o}\right)$$

この式において，f_{st}，f_{so}，σ_t及びT_oは，それぞれ次の数値を表すものとする。

　　f_{st}　この項の規定による許容せん断応力度（単位　N/mm²）

　　f_{so}　前項の規定による許容せん断応力度（単位　N/mm²）

　　σ_t　高力ボルトに加わる外力により生ずる引張応力度（単位　N/mm²）

　　T_o　前項の表に規定する基準張力

【地盤及び基礎ぐい】

第93条　地盤の許容応力度及び基礎ぐいの許容支持力は，国土交通大臣が定める方法*によって，地盤調査を行い，その結果に基づいて定めなければならない。ただし，次の表に掲げる地盤の許容応力度については，地盤の種類に応じて，それぞれ次の表の数値によることができる。

●告示　平13　国交告1113号→p1623

地　　盤	長期に生ずる力に対する 許容応力度（単位　kN/m²）	短期に生ずる力に対する 許容応力度（単位　kN/m²）
岩　盤	1,000	
固結した砂	500	
土丹盤	300	
密実な礫層	300	長期に生ずる力に対する許容応
密実な砂質地盤	200	力度のそれぞれの数値の2倍と する。

砂質地盤（地震時に液状化のおそれのないものに限る。）	50
堅い粘土質地盤	100
粘土質地盤	20
堅いローム層	100
ローム層	50

【補　則】

第94条　第89条から前条までに定めるもののほか，構造耐力上主要な部分の材料の長期に生ずる力に対する許容応力度及び短期に生ずる力に対する許容応力度は，材料の種類及び品質に応じ，国土交通大臣が建築物の安全を確保するために必要なものとして定める数値*によらなければならない。

●告示　平12　建告2466号　→p1612
　　　　平13　国交告1113号→p1623

第4款　材料強度

【木　材】

第95条　木材の繊維方向の材料強度は，次の表の数値によらなければならない。ただし，第82条の5第二号の規定によって積雪時の構造計算をするに当たっては，同表の数値に0.8を乗じて得た数値としなければならない。

材料強度（単位　N/mm²）			
圧　縮	引張り	曲　げ	せん断
F_c	F_t	F_b	F_s

　この表において，F_c, F_t, F_b及びF_sは，それぞれ第89条第1項の表に規定する基準強度を表すものとする。

2　第89条第2項及び第3項の規定は，木材の材料強度について準用する。

【鋼材等】

第96条　鋼材等の材料強度は，次の表1又は表2の数値によらなければならない。

1

種　　類		材料強度（単位　N/mm²）			
		圧　縮	引張り	曲　げ	せん断
炭素鋼	構造用鋼材	F	F	F	$\dfrac{F}{\sqrt{3}}$
	高力ボルト	―	F	―	$\dfrac{F}{\sqrt{3}}$

ボルト	黒皮	—	F	—	—
	仕上げ	—	F	—	$\dfrac{3F}{4}$ （F が240を超えるボルトについて，国土交通大臣がこれと異なる数値を定めた場合は，その定めた数値）
構造用ケーブル		—	F	—	—
リベット鋼		—	F	—	$\dfrac{3F}{4}$
鋳　鋼		F	F	F	$\dfrac{F}{\sqrt{3}}$
ステンレス鋼	構造用鋼材	F	F	F	$\dfrac{F}{\sqrt{3}}$
	高力ボルト	—	F	—	$\dfrac{F}{\sqrt{3}}$
	ボルト	—	F	—	$\dfrac{F}{\sqrt{3}}$
	構造用ケーブル	—	F	—	—
	鋳　鋼	F	F	F	$\dfrac{F}{\sqrt{3}}$
鋳　鉄		F	—	—	—

この表において，F は，第90条の表1に規定する基準強度*を表すものとする。
●関連［基準強度］平12　建告2464号→p1605，建告2466号→p1612

2

種　　類	材料強度（単位　N/mm²）		
	圧縮	引張り	
		せん断補強以外に用いる場合	せん断補強に用いる場合
丸　鋼	F	F	F（当該数値が295を超える場合には，295）
異形鉄筋	F	F	F（当該数値が390を超える場合には，390）
鉄線の径が4mm以上の溶接金網	—	F（ただし，床版に用いる場合に限る。）	F

この表において，F は，第90条の表1に規定する基準強度*を表すものとする。

●関連［基準強度］平12　建告2464号→p1605

【コンクリート】

第97条 コンクリートの材料強度は，次の表の数値によらなければならない。ただし，異形鉄筋を用いた付着について，国土交通大臣が異形鉄筋の種類及び品質に応じて別に数値*を定めた場合は，当該数値によることができる。

●告示　平12　建告1450号→p1561

材料強度（単位　N/mm²）			
圧　縮	引張り	せん断	付　着
F	$\dfrac{F}{10}$ （F が21を超えるコンクリートについて，国土交通大臣がこれと異なる数値を定めた場合は，その定めた数値）		2.1 （軽量骨材を使用する場合にあっては，1.8）
この表において，F は，設計基準強度（単位　N/mm²）を表すものとする。			

2　第91条第2項の規定は，前項の設計基準強度について準用する。

【溶　接】

第98条 溶接継目ののど断面に対する材料強度は，次の表の数値によらなければならない。

継目の形式	材料強度（単位　N/mm²）			
	圧　縮	引張り	曲　げ	せん断
突合せ		F		$\dfrac{F}{\sqrt{3}}$
突合せ以外のもの		$\dfrac{F}{\sqrt{3}}$		$\dfrac{F}{\sqrt{3}}$
この表において，F は，第92条の表に規定する基準強度*を表すものとする。				

●関連［基準強度］平12　建告2464号→p1605

【補　則】

第99条 第95条から前条までに定めるもののほか，構造耐力上主要な部分の材料の材料強度は，材料の種類及び品質に応じ，国土交通大臣が地震に対して建築物の安全を確保するために必要なものとして定める数値によらなければならない。

第100条から第106条まで　削除

第4章　耐火構造，準耐火構造，防火構造，防火区画等

【耐火性能に関する技術的基準】

第107条 法第2条第七号の政令で定める技術的基準は，次に掲げるものとする。

一　次の表の左欄に掲げる建築物の部分にあっては，当該各部分に通常の火災による火熱が同表の右欄に掲げる当該部分の存する階の区分に応じそれぞれ同欄に掲げる時間加えられた場合に，構造耐力上支障のある変形，溶融，破壊その他の損

傷を生じないものであること。

建築物の部分		時　間				
		最上階及び最上階から数えた階数が2以上で4以内の階	最上階から数えた階数が5以上で9以内の階	最上階から数えた階数が10以上で14以内の階	最上階から数えた階数が15以上で19以内の階	最上階から数えた階数が20以上の階
壁	間仕切壁（耐力壁に限る。）	1時間	1.5時間	2時間	2時間	2時間
	外壁（耐力壁に限る。）	1時間	1.5時間	2時間	2時間	2時間
柱		1時間	1.5時間	2時間	2.5時間	3時間
床		1時間	1.5時間	2時間	2時間	2時間
はり		1時間	1.5時間	2時間	2.5時間	3時間
屋根		30分間				
階段		30分間				

備考
一　第2条第1項第八号の規定により階数に算入されない屋上部分がある建築物の当該屋上部分は、この表の適用については、建築物の最上階に含まれるものとする。
二　この表における階数の算定については、第2条第1項第八号の規定にかかわらず、地階の部分の階数は、全て算入するものとする。

二　前号に掲げるもののほか、壁及び床にあっては、これらに通常の火災による火熱が1時間（非耐力壁である外壁の延焼のおそれのある部分以外の部分にあっては、30分間）加えられた場合に、当該加熱面以外の面（屋内に面するものに限る。）の温度が当該面に接する可燃物が燃焼するおそれのある温度として国土交通大臣が定める温度（以下「可燃物燃焼温度」という。）以上に上昇しないものであること。

三　前2号に掲げるもののほか、外壁及び屋根にあっては、これらに屋内において発生する通常の火災による火熱が1時間（非耐力壁である外壁の延焼のおそれのある部分以外の部分及び屋根にあっては、30分間）加えられた場合に、屋外に火炎を出す原因となる亀裂その他の損傷を生じないものであること。

●関連［耐火構造の構造方法を定める件］平12　建告1399号→p1497

【準耐火性能に関する技術的基準】

第107条の2　法第2条第七号の二の政令で定める技術的基準は、次に掲げるものとする。

一　次の表に掲げる建築物の部分にあっては、当該部分に通常の火災による火熱が加えられた場合に、加熱開始後それぞれ同表に掲げる時間構造耐力上支障のある

変形，溶融，破壊その他の損傷を生じないものであること。

壁	間仕切壁（耐力壁に限る。）	45分間
	外壁（耐力壁に限る。）	45分間
柱		45分間
床		45分間
はり		45分間
屋根（軒裏を除く。）		30分間
階段		30分間

二　壁，床及び軒裏（外壁によって小屋裏又は天井裏と防火上有効に遮られているものを除く。以下この号において同じ。）にあっては，これらに通常の火災による火熱が加えられた場合に，加熱開始後45分間（非耐力壁である外壁及び軒裏（いずれも延焼のおそれのある部分以外の部分に限る。）にあっては，30分間）当該加熱面以外の面（屋内に面するものに限る。）の温度が可燃物燃焼温度以上に上昇しないものであること。

三　外壁及び屋根にあっては，これらに屋内において発生する通常の火災による火熱が加えられた場合に，加熱開始後45分間（非耐力壁である外壁（延焼のおそれのある部分以外の部分に限る。）及び屋根にあっては，30分間）屋外に火炎を出す原因となる亀裂その他の損傷を生じないものであること。

●関連［準耐火構造の構造方法を定める件］平12　建告1358号→p1473

【防火性能に関する技術的基準】

第108条　法第2条第八号の政令で定める技術的基準は，次に掲げるものとする。

一　耐力壁である外壁にあっては，これに建築物の周囲において発生する通常の火災による火熱が加えられた場合に，加熱開始後30分間構造耐力上支障のある変形，溶融，破壊その他の損傷を生じないものであること。

二　外壁及び軒裏にあっては，これらに建築物の周囲において発生する通常の火災による火熱が加えられた場合に，加熱開始後30分間当該加熱面以外の面（屋内に面するものに限る。）の温度が可燃物燃焼温度以上に上昇しないものであること。

●関連［防火構造の構造方法を定める件］平12　建告1359号→p1480

【不燃性能及びその技術的基準】

第108条の2　法第2条第九号の政令で定める性能及びその技術的基準は，建築材料に，通常の火災による火熱が加えられた場合に，加熱開始後20分間次の各号（建築物の外部の仕上げに用いるものにあっては，第一号及び第二号）に掲げる要件を満たしていることとする。

一　燃焼しないものであること。

二　防火上有害な変形，溶融，き裂その他の損傷を生じないものであること。

三　避難上有害な煙又はガスを発生しないものであること。

●関連［不燃材料を定める件］平12　建告1400号→p1504

【耐火建築物の主要構造部に関する技術的基準】

第108条の3　法第2条第九号の二イ⑵の政令で定める技術的基準は，主要構造部が，次の各号のいずれかに該当することとする。

一　主要構造部が，次のイ及びロ（外壁以外の主要構造部にあっては，イ）に掲げる基準に適合するものであることについて耐火性能検証法により確かめられたものであること。

　イ　主要構造部ごとに当該建築物の屋内において発生が予測される火災による火熱が加えられた場合に，当該主要構造部が次に掲げる要件を満たしていること。

　　⑴　耐力壁である壁，柱，床，はり，屋根及び階段にあっては，当該建築物の自重及び積載荷重（第86条第2項ただし書の規定によって特定行政庁が指定する多雪区域における建築物の主要構造部にあっては，自重，積載荷重及び積雪荷重。以下この条において同じ。）により，構造耐力上支障のある変形，溶融，破壊その他の損傷を生じないものであること。

　　⑵　壁及び床にあっては，当該壁及び床の加熱面以外の面（屋内に面するものに限る。）の温度が可燃物燃焼温度（当該面が面する室において，国土交通大臣が定める基準に従い，内装の仕上げを不燃材料ですることその他これに準ずる措置が講じられている場合にあっては，国土交通大臣が別に定める温度）以上に上昇しないものであること。

　　　　　　　　　　　●関連［耐火性能に関する技術的基準］令第107条第二号→p258

　　⑶　外壁及び屋根にあっては，屋外に火炎を出す原因となる亀裂その他の損傷を生じないものであること。

　ロ　外壁が，当該建築物の周囲において発生する通常の火災による火熱が1時間（延焼のおそれのある部分以外の部分にあっては，30分間）加えられた場合に，次に掲げる要件を満たしていること。

　　⑴　耐力壁である外壁にあっては，当該外壁に当該建築物の自重及び積載荷重により，構造耐力上支障のある変形，溶融，破壊その他の損傷を生じないものであること。

　　⑵　外壁の当該加熱面以外の面（屋内に面するものに限る。）の温度が可燃物燃焼温度（当該面が面する室において，国土交通大臣が定める基準に従い，内装の仕上げを不燃材料ですることその他これに準ずる措置が講じられている場合にあっては，国土交通大臣が別に定める温度）以上に上昇しないものであること。

　　　　　　　　　　　●関連［耐火性能に関する技術的基準］令第107条第二号→p258

二　前号イ及びロ（外壁以外の主要構造部にあっては，同号イ）に掲げる基準に適合するものとして国土交通大臣の認定を受けたものであること。

2　前項の「耐火性能検証法」とは，次に定めるところにより，当該建築物の主要構造部の耐火に関する性能を検証する方法をいう。

一　当該建築物の屋内において発生が予測される火災の継続時間を当該建築物の室ごとに次の式により計算すること。

$$t_f = \frac{Q_r}{60q_b}$$

この式において，t_f，Q_r 及び q_b は，それぞれ次の数値を表すものとする。

t_f　当該室における火災の継続時間（単位　min）

Q_r　当該室の用途及び床面積並びに当該室の壁，床及び天井（天井のない場合においては，屋根）の室内に面する部分の表面積及び当該部分に使用する建築材料の種類に応じて国土交通大臣が定める方法*により算出した当該室内の可燃物の発熱量（単位　MJ）

q_b　当該室の用途及び床面積の合計並びに当該室の開口部の面積及び高さに応じて国土交通大臣が定める方法*により算出した当該室内の可燃物の1秒間当たりの発熱量（単位　MW）

●**告示**　平12　建告1433号→p1524

二　主要構造部ごとに，当該主要構造部が，当該建築物の屋内において発生が予測される火災による火熱が加えられた場合に，前項第一号イに掲げる要件に該当して耐えることができる加熱時間（以下この項において「屋内火災保有耐火時間」という。）を，当該主要構造部の構造方法，当該建築物の自重及び積載荷重並びに当該火熱による主要構造部の表面の温度の推移に応じて国土交通大臣が定める方法*により求めること。

●**告示**　平12　建告1433号→p1524

三　当該外壁が，当該建築物の周囲において発生する通常の火災時の火熱が加えられた場合に，前項第一号ロに掲げる要件に該当して耐えることができる加熱時間（以下この項において「屋外火災保有耐火時間」という。）を，当該外壁の構造方法並びに当該建築物の自重及び積載荷重に応じて国土交通大臣が定める方法*により求めること。

●**告示**　平12　建告1433号→p1524

四　主要構造部ごとに，次のイ及びロ（外壁以外の主要構造部にあっては，イ）に該当するものであることを確かめること。

イ　各主要構造部の屋内火災保有耐火時間が，当該主要構造部が面する室について第一号に掲げる式によって計算した火災の継続時間以上であること。

ロ　各外壁の屋外火災保有耐火時間が，1時間（延焼のおそれのある部分以外の部分にあっては，30分間）以上であること。

3　主要構造部が第1項第一号又は第二号に該当する建築物（次項に規定する建築物を除く。）に対する第112条第1項，第3項，第7項から第11項まで及び第16項から第21項まで，第114条第1項及び第2項，第117条第2項，第120条第1項，第2項及び第4項，第121条第2項，第122条第1項，第123条第1項及び第3項，第123条の2，第126条の2，第128条の4第1項及び第4項，第128条の5第1項及び第4項，第128条の6第1項，第129条第1項，第129条の2第1項，第129条の2の4第1項，第129条の13の2，第129条の13の3第3項及び第4項，第137条の14並びに第145条第1項第一号及び第2項の規定（次項において「耐火性能関係規定」とい

261

う。）の適用については，当該建築物の部分で主要構造部であるものの構造は，耐火構造とみなす。

4　主要構造部が第1項第一号に該当する建築物（当該建築物の主要構造部である床又は壁（外壁を除く。）の開口部に設けられた防火設備が，当該防火設備に当該建築物の屋内において発生が予測される火災による火熱が加えられた場合に，当該加熱面以外の面に火炎を出さないものであることについて防火区画検証法により確かめられたものであるものに限る。）及び主要構造部が同項第二号に該当する建築物（当該建築物の主要構造部である床又は壁（外壁を除く。）の開口部に設けられた防火設備が，当該防火設備に当該建築物の屋内において発生が予測される火災による火熱が加えられた場合に，当該加熱面以外の面に火炎を出さないものとして国土交通大臣の認定を受けたものであるものに限る。）に対する第112条第1項，第7項から第11項まで，第16項，第18項，第19項及び第21項，第122条第1項，第123条第1項及び第3項，第126条の2，第128条の5第1項及び第4項，第128条の6第1項，第129条の2の4第1項，第129条の13の2，第129条の13の3第3項並びに第137条の14の規定（以下この項において「防火区画等関係規定」という。）の適用については，これらの建築物の部分で主要構造部であるものの構造は耐火構造と，これらの防火設備の構造は特定防火設備とみなし，これらの建築物に対する防火区画等関係規定以外の耐火性能関係規定の適用については，これらの建築物の部分で主要構造部であるものの構造は耐火構造とみなす。

5　前項の「防火区画検証法」とは，次に定めるところにより，開口部に設けられる防火設備（以下この項において「開口部設備」という。）の火災時における遮炎に関する性能を検証する方法をいう。

一　開口部設備が設けられる開口部が面する室において発生が予測される火災の継続時間を第2項第一号に掲げる式により計算すること。

二　開口部設備ごとに，当該開口部設備が，当該建築物の屋内において発生が予測される火災による火熱が加えられた場合に，当該加熱面以外の面に火炎を出すことなく耐えることができる加熱時間（以下この項において「保有遮炎時間」という。）を，当該開口部設備の構造方法及び当該火熱による開口部設備の表面の温度の推移に応じて国土交通大臣が定める方法*により求めること。

●告示　平12　建告1433号→p1524

三　開口部設備ごとに，保有遮炎時間が第一号の規定によって計算した火災の継続時間以上であることを確かめること。

【防火戸その他の防火設備】

第109条　法第2条第九号の二ロ，法第12条第1項，法第21条第2項第二号，法第27条第1項（法第87条第3項において準用する場合を含む。第110条から第110条の5までにおいて同じ。），法第53条第3項第一号イ及び法第61条の政令で定める防火設備は，防火戸，ドレンチャーその他火炎を遮る設備とする。

2　隣地境界線，道路中心線又は同一敷地内の2以上の建築物（延べ面積の合計が500m²以内の建築物は，一の建築物とみなす。）相互の外壁間の中心線のあらゆる

部分で，開口部から１階にあっては３ｍ以下，２階以上にあっては５ｍ以下の距離にあるものと当該開口部とを遮る外壁，そで壁，塀その他これらに類するものは，前項の防火設備とみなす。

【遮炎性能に関する技術的基準】

第109条の2　法第２条第九号の二ロの政令で定める技術的基準は，防火設備に通常の火災による火熱が加えられた場合に，加熱開始後20分間当該加熱面以外の面に火炎を出さないものであることとする。

【主要構造部を準耐火構造等とした建築物の層間変形角】

第109条の2の2　法第２条第九号の三イに該当する建築物及び第136条の２第一号ロ又は第二号ロに掲げる基準に適合する建築物の地上部分の層間変形角*は，1/150以内でなければならない。ただし，主要構造部が防火上有害な変形，亀裂その他の損傷を生じないことが計算又は実験によって確かめられた場合においては，この限りでない。

●関連 [準耐火建築物] 法第２条第九号の三イ→p13
　　　　[層間変形角] 令第82条の2　　　　　→p241

【主要構造部を準耐火構造とした建築物と同等の耐火性能を有する建築物の技術的基準】

第109条の3　法第２条第九号の三ロの政令で定める技術的基準は，次の各号のいずれかに掲げるものとする。

●関連 [準耐火建築物] 法第２条第九号の三ロ→p13

一　外壁が耐火構造であり，かつ，屋根の構造が法第22条第１項に規定する構造であるほか，法第86条の４の場合を除き，屋根の延焼のおそれのある部分の構造が，当該部分に屋内において発生する通常の火災による火熱が加えられた場合に，加熱開始後20分間屋外に火炎を出す原因となるき裂その他の損傷を生じないものとして，国土交通大臣が定めた構造方法*を用いるもの又は国土交通大臣の認定を受けたものであること。

●告示　平12　建告1367号→p1492

二　主要構造部である柱及びはりが不燃材料で，その他の主要構造部が準不燃材料で造られ，外壁の延焼のおそれのある部分，屋根及び床が次に掲げる構造であること。

　イ　外壁の延焼のおそれのある部分にあっては，防火構造としたもの

　ロ　屋根にあっては，法第22条第１項に規定する構造としたもの

　ハ　床にあっては，準不燃材料で造るほか，３階以上の階における床又はその直下の天井の構造を，これらに屋内において発生する通常の火災による火熱が加えられた場合に，加熱開始後30分間構造耐力上支障のある変形，溶融，き裂その他の損傷を生じず，かつ，当該加熱面以外の面（屋内に面するものに限る。）の温度が可燃物燃焼温度以上に上昇しないものとして，国土交通大臣が定めた構造方法*を用いるもの又は国土交通大臣の認定を受けたものとしたもの

●告示　平12　建告1368号→p1493

【法第21条第1項の政令で定める部分】

第109条の4　法第21条第1項の政令で定める部分は，主要構造部のうち自重又は積載荷重（第86条第2項ただし書の規定によって特定行政庁が指定する多雪区域における建築物の主要構造部にあっては，自重，積載荷重又は積雪荷重）を支える部分とする。

●関連［大規模の建築物の主要構造部等］法第21条→p47

【大規模の建築物の主要構造部の性能に関する技術的基準】

第109条の5　法第21条第1項本文の政令で定める技術的基準は，次の各号のいずれかに掲げるものとする。

一　次に掲げる基準

イ　次の表に掲げる建築物の部分にあっては，当該部分に通常の火災による火熱が加えられた場合に，加熱開始後それぞれ同表に掲げる時間構造耐力上支障のある変形，溶融，破壊その他の損傷を生じないものであること。

壁	間仕切壁（耐力壁に限る。）	通常火災終了時間（通常火災終了時間が45分間未満である場合にあっては，45分間。以下この号において同じ。）
	外壁（耐力壁に限る。）	通常火災終了時間
柱		通常火災終了時間
床		通常火災終了時間
はり		通常火災終了時間
屋根（軒裏を除く。）		30分間
階段		30分間

ロ　壁，床及び屋根の軒裏（外壁によって小屋裏又は天井裏と防火上有効に遮られているものを除く。以下このロにおいて同じ。）にあっては，これらに通常の火災による火熱が加えられた場合に，加熱開始後通常火災終了時間（非耐力壁である外壁及び屋根の軒裏（いずれも延焼のおそれのある部分以外の部分に限る。）にあっては，30分間）当該加熱面以外の面（屋内に面するものに限る。）の温度が可燃物燃焼温度以上に上昇しないものであること。

ハ　外壁及び屋根にあっては，これらに屋内において発生する通常の火災による火熱が加えられた場合に，加熱開始後通常火災終了時間（非耐力壁である外壁（延焼のおそれのある部分以外の部分に限る。）及び屋根にあっては，30分間）屋外に火炎を出す原因となる亀裂その他の損傷を生じないものであること。

二　第107条各号又は第108条の3第1項第一号イ及びロに掲げる基準

【延焼防止上有効な空地の技術的基準】

第109条の6　法第21条第1項ただし書の政令で定める技術的基準は，当該建築物の各部分から当該空地の反対側の境界線までの水平距離が，当該各部分の高さに相当する距離以上であることとする。

【大規模の建築物の壁等の性能に関する技術的基準】

第109条の7　法第21条第2項第二号の政令で定める技術的基準は，次に掲げるものとする。

一　壁等に通常の火災による火熱が火災継続予測時間（建築物の構造，建築設備及び用途に応じて火災が継続することが予測される時間をいう。以下この条において同じ。）加えられた場合に，当該壁等が構造耐力上支障のある変形，溶融，破壊その他の損傷を生じないものであること。

二　壁等に通常の火災による火熱が火災継続予測時間加えられた場合に，当該加熱面以外の面（屋内に面するものに限り，防火上支障がないものとして国土交通大臣が定めるもの*を除く。）の温度が可燃物燃焼温度以上に上昇しないものであること。

●告示　平27　国交告249号→p1744

三　壁等に屋内において発生する通常の火災による火熱が火災継続予測時間加えられた場合に，当該壁等が屋外に火炎を出す原因となる亀裂その他の損傷を生じないものであること。

四　壁等に通常の火災による当該壁等以外の建築物の部分の倒壊によって生ずる応力が伝えられた場合に，当該壁等が倒壊しないものであること。

五　壁等が，通常の火災時において，当該壁等で区画された部分（当該壁等の部分を除く。）から屋外に出た火炎による当該壁等で区画された他の部分（当該壁等の部分を除く。）への延焼を有効に防止できるものであること。

【法第22条第1項の市街地の区域内にある建築物の屋根の性能に関する技術的基準】

第109条の8　法第22条第1項の政令で定める技術的基準は，次に掲げるもの（不燃性の物品を保管する倉庫その他これに類するものとして国土交通大臣が定める用途*に供する建築物又は建築物の部分で，通常の火災による火の粉が屋内に到達した場合に建築物の火災が発生するおそれのないものとして国土交通大臣が定めた構造方法*を用いるものの屋根にあっては，第一号に掲げるもの）とする。

●告示　平28　国交告693号→p1789

一　屋根が，通常の火災による火の粉により，防火上有害な発炎をしないものであること。

二　屋根が，通常の火災による火の粉により，屋内に達する防火上有害な溶融，亀裂その他の損傷を生じないものであること。

●関連［屋根］法第22条→p48
●告示　平12　建告1361号→p1489

【準防火性能に関する技術的基準】

第109条の9　法第23条の政令で定める技術的基準は，次に掲げるものとする。

一　耐力壁である外壁にあっては，これに建築物の周囲において発生する通常の火災による火熱が加えられた場合に，加熱開始後20分間構造耐力上支障のある変形，溶融，破壊その他の損傷を生じないものであること。

二　外壁にあっては，これに建築物の周囲において発生する通常の火災による火熱

が加えられた場合に，加熱開始後20分間当該加熱面以外の面（屋内に面するものに限る。）の温度が可燃物燃焼温度以上に上昇しないものであること。

●関連［外壁］法第23条→p48
●告示　平12　建告1362号→p1490

【法第27条第1項に規定する特殊建築物の主要構造部の性能に関する技術的基準】

第110条　主要構造部の性能に関する法第27条第1項の政令で定める技術的基準は，次の各号のいずれかに掲げるものとする。

一　次に掲げる基準

イ　次の表に掲げる建築物の部分にあっては，当該部分に通常の火災による火熱が加えられた場合に，加熱開始後それぞれ同表に掲げる時間構造耐力上支障のある変形，溶融，破壊その他の損傷を生じないものであること。

壁	間仕切壁（耐力壁に限る。）	特定避難時間（特殊建築物の構造，建築設備及び用途に応じて当該特殊建築物に存する者の全てが当該特殊建築物から地上までの避難を終了するまでに要する時間をいう。以下同じ。）（特定避難時間が45分間未満である場合にあっては，45分間。以下この号において同じ。）
	外壁（耐力壁に限る。）	特定避難時間
柱		特定避難時間
床		特定避難時間
はり		特定避難時間
屋根（軒裏を除く。）		30分間
階段		30分間

ロ　壁，床及び屋根の軒裏（外壁によって小屋裏又は天井裏と防火上有効に遮られているものを除く。以下このロにおいて同じ。）にあっては，これらに通常の火災による火熱が加えられた場合に，加熱開始後特定避難時間（非耐力壁である外壁及び屋根の軒裏（いずれも延焼のおそれのある部分以外の部分に限る。）にあっては，30分間）当該加熱面以外の面(屋内に面するものに限る。)の温度が可燃物燃焼温度以上に上昇しないものであること。

ハ　外壁及び屋根にあっては，これらに屋内において発生する通常の火災による火熱が加えられた場合に，加熱開始後特定避難時間（非耐力壁である外壁（延焼のおそれのある部分以外の部分に限る。）及び屋根にあっては，30分間）屋外に火炎を出す原因となる亀裂その他の損傷を生じないものであること。

二　第107条各号又は第108条の3第1項第一号イ及びロに掲げる基準

【延焼するおそれがある外壁の開口部】

第110条の2　法第27条第1項の政令で定める外壁の開口部は，次に掲げるものとする。

一　延焼のおそれのある部分であるもの（法第86条の4各号のいずれかに該当する

建築物の外壁の開口部を除く。）
二　他の外壁の開口部から通常の火災時における火炎が到達するおそれがあるものとして国土交通大臣が定めるもの*（前号に掲げるものを除く。）

●告示　平27　国交告255号→p1751

【法第27条第１項に規定する特殊建築物の防火設備の遮炎性能に関する技術的基準】

第110条の３　防火設備の遮炎性能に関する法第27条第１項の政令で定める技術的基準は，防火設備に通常の火災による火熱が加えられた場合に，加熱開始後20分間当該加熱面以外の面（屋内に面するものに限る。）に火炎を出さないものであることとする。

【警報設備を設けた場合に耐火建築物等とすることを要しないこととなる用途】

第110条の４　法第27条第１項第一号の政令で定める用途は，病院，診療所（患者の収容施設があるものに限る。），ホテル，旅館，下宿，共同住宅，寄宿舎及び児童福祉施設等（入所する者の寝室があるものに限る。）とする。

【警報設備の技術的基準】

第110条の５　法第27条第１項第一号の政令で定める技術的基準は，当該建築物のいずれの室（火災の発生のおそれの少ないものとして国土交通大臣が定める室を除く。）で火災が発生した場合においても，有効かつ速やかに，当該火災の発生を感知し，当該建築物の各階に報知することができるよう，国土交通大臣が定めた構造方法を用いる警報設備が，国土交通大臣が定めるところにより適当な位置に設けられていることとする。

【窓その他の開口部を有しない居室等】

第111条　法第35条の３（法第87条第３項において準用する場合を含む。）の規定により政令で定める窓その他の開口部を有しない居室は，次の各号のいずれかに該当する窓その他の開口部を有しない居室（避難階又は避難階の直上階若しくは直下階の居室その他の居室であって，当該居室の床面積，当該居室からの避難の用に供する廊下その他の通路の構造並びに消火設備，排煙設備，非常用の照明装置及び警報設備の設置の状況及び構造に関し避難上支障がないものとして国土交通大臣が定める基準*に適合するものを除く。）とする。

●告示　令2　国交告249号→p1845

一　面積（第20条の規定により計算した採光に有効な部分の面積に限る。）の合計が，当該居室の床面積の1/20以上のもの
二　直接外気に接する避難上有効な構造のもので，かつ，その大きさが直径１m以上の円が内接することができるもの又はその幅及び高さが，それぞれ，75cm以上及び1.2m以上のもの

2　ふすま，障子その他随時開放することができるもので仕切られた２室は，前項の規定の適用については，１室とみなす。

【防火区画】

第112条　主要構造部を耐火構造とした建築物，法第２条第九号の三イ若しくはロのいずれかに該当する建築物又は第136条の２第一号ロ若しくは第二号ロに掲げる基

267

準に適合する建築物で，延べ面積（スプリンクラー設備，水噴霧消火設備，泡消火設備その他これらに類するもので自動式のものを設けた部分の床面積の1/2に相当する床面積を除く。以下この条において同じ。）が1,500m²を超えるものは，床面積の合計（スプリンクラー設備，水噴霧消火設備，泡消火設備その他これらに類するもので自動式のものを設けた部分の床面積の1/2に相当する床面積を除く。以下この条において同じ。）1,500m²以内ごとに１時間準耐火基準に適合する準耐火構造の床若しくは壁又は特定防火設備（第109条に規定する防火設備であって，これに通常の火災による火熱が加えられた場合に，加熱開始後１時間当該加熱面以外の面に火炎を出さないものとして，国土交通大臣が定めた構造方法*を用いるもの又は国土交通大臣の認定を受けたものをいう。以下同じ。）で区画しなければならない。ただし，次の各号のいずれかに該当する建築物の部分でその用途上やむを得ない場合においては，この限りでない。

●告示 平12 建告1369号→p1494
●関連 [耐火構造] 法第２条第七号→p12，令第107条→p257
[スプリンクラー設備] 消防法施行令第12条 →p754
[水噴霧消火設備] 消防法施行令第14条 →p759
[泡消火設備] 消防法施行令第15条 →p759
[準耐火構造] 法第２条第七号の二→p12，令第107条の２→p258

一 劇場，映画館，演芸場，観覧場，公会堂又は集会場の客席，体育館，工場その他これらに類する用途に供する建築物の部分

二 階段室の部分等（階段室の部分又は昇降機の昇降路の部分（当該昇降機の乗降のための乗降ロビーの部分を含む。）をいう。第14項において同じ。）で１時間準耐火基準に適合する準耐火構造の床若しくは壁又は特定防火設備で区画されたもの

2 前項の「１時間準耐火基準」とは，主要構造部である壁，柱，床，はり及び屋根の軒裏の構造が，次に掲げる基準に適合するものとして，国土交通大臣が定めた構造方法*を用いるもの又は国土交通大臣の認定を受けたものであることとする。

一 次の表に掲げる建築物の部分にあっては，当該部分に通常の火災による火熱が加えられた場合に，加熱開始後それぞれ同表に定める時間構造耐力上支障のある変形，溶融，破壊その他の損傷を生じないものであること。

壁	間仕切壁（耐力壁に限る。）	１時間
	外壁（耐力壁に限る。）	１時間
柱		１時間
床		１時間
はり		１時間

●告示 令元 国交告195号→p1832

二 壁（非耐力壁である外壁の延焼のおそれのある部分以外の部分を除く。），床及び屋根の軒裏（外壁によって小屋裏又は天井裏と防火上有効に遮られているものを除き，延焼のおそれのある部分に限る。）にあっては，これらに通常の火災に

よる火熱が加えられた場合に，加熱開始後1時間当該加熱面以外の面（屋内に面するものに限る。）の温度が可燃物燃焼温度以上に上昇しないものであること。

●告示　令元　国交告195号→p1832

三　外壁（非耐力壁である外壁の延焼のおそれのある部分以外の部分を除く。）にあっては，これに屋内において発生する通常の火災による火熱が加えられた場合に，加熱開始後1時間屋外に火炎を出す原因となる亀裂その他の損傷を生じないものであること。

3　主要構造部を耐火構造とした建築物の2以上の部分が当該建築物の吹抜きとなっている部分その他の一定の規模以上の空間が確保されている部分（以下この項において「空間部分」という。）に接する場合において，当該2以上の部分の構造が通常の火災時において相互に火熱による防火上有害な影響を及ぼさないものとして国土交通大臣が定めた構造方法*を用いるもの又は国土交通大臣の認定を受けたものである場合においては，当該2以上の部分と当該空間部分とが特定防火設備で区画されているものとみなして，第1項の規定を適用する。

●告示　令2　国交告522号→p1892

4　法第21条第1項の規定により第109条の5第一号に掲げる基準に適合する建築物（通常火災終了時間が1時間以上であるものを除く。）とした建築物，法第27条第1項の規定により第110条第一号に掲げる基準に適合する特殊建築物（特定避難時間が1時間以上であるものを除く。）とした建築物，法第27条第3項の規定により準耐火建築物（第109条の3第二号に掲げる基準又は1時間準耐火基準（第2項に規定する1時間準耐火基準をいう。以下同じ。）に適合するものを除く。）とした建築物，法第61条の規定により第136条の2第二号に定める基準に適合する建築物（準防火地域内にあるものに限り，第109条の3第二号に掲げる基準又は1時間準耐火基準に適合するものを除く。）とした建築物又は法第67条第1項の規定により準耐火建築物等（第109条の3第二号に掲げる基準又は1時間準耐火基準に適合するものを除く。）とした建築物で，延べ面積が500m²を超えるものについては，第1項の規定にかかわらず，床面積の合計500m²以内ごとに1時間準耐火基準に適合する準耐火構造の床若しくは壁又は特定防火設備で区画し，かつ，防火上主要な間仕切壁（自動スプリンクラー設備等設置部分（床面積が200m²以下の階又は床面積200m²以内ごとに準耐火構造の壁若しくは法第2条第九号の二ロに規定する防火設備で区画されている部分で，スプリンクラー設備，水噴霧消火設備，泡消火設備その他これらに類するもので自動式のものを設けたものをいう。第114条第1項及び第2項において同じ。）その他防火上支障がないものとして国土交通大臣が定める部分*の間仕切壁を除く。）を準耐火構造とし，次の各号のいずれかに該当する部分を除き，小屋裏又は天井裏に達せしめなければならない。

●告示　平26　国交告860号→p1737
●関連［大規模の建築物の主要構造部等］法第21条第1項　　　　　　→p47
　　　　［耐火建築物等としなければならない特殊建築物］法第27条第2項→p50
　　　　［防火地域及び準防火地域内の建築物］法第61条　　　　　　→p83

一　天井の全部が強化天井（天井のうち，その下方からの通常の火災時の加熱に対してその上方への延焼を有効に防止することができるものとして，国土交通大臣が定めた構造方法*を用いるもの又は国土交通大臣の認定を受けたものをいう。次号及び第114条第3項において同じ。）である階

●告示　平28　国交告第694号→p1791

二　準耐火構造の壁又は法第2条第九号の二ロに規定する防火設備で区画されている部分で，当該部分の天井が強化天井であるもの

5　法第21条第1項の規定により第109条の5第一号に掲げる基準に適合する建築物（通常火災終了時間が1時間以上であるものに限る。）とした建築物，法第27条第1項の規定により第110条第一号に掲げる基準に適合する特殊建築物（特定避難時間が1時間以上であるものに限る。）とした建築物，法第27条第3項の規定により準耐火建築物（第109条の3第二号に掲げる基準又は1時間準耐火基準に適合するものに限る。）とした建築物，法第61条の規定により第136条の2第二号に定める基準に適合する建築物（準防火地域内にあり，かつ，第109条の3第二号に掲げる基準又は一時間準耐火基準に適合するものに限る。）とした建築物又は法第67条第1項の規定により準耐火建築物等（第109条の3第二号に掲げる基準又は1時間準耐火基準に適合するものに限る。）とした建築物で，延べ面積が1,000m²を超えるものについては，第1項の規定にかかわらず，床面積の合計1,000m²以内ごとに1時間準耐火基準に適合する準耐火構造の床若しくは壁又は特定防火設備で区画しなければならない。

●関連［大規模の建築物の主要構造部等］法第21条第1項→p47

6　前2項の規定は，次の各号のいずれかに該当する建築物の部分で，天井（天井のない場合においては，屋根。以下この条において同じ。）及び壁の室内に面する部分の仕上げを準不燃材料でしたものについては，適用しない。

一　体育館，工場その他これらに類する用途に供する建築物の部分

二　第1項第二号に掲げる建築物の部分

7　建築物の11階以上の部分で，各階の床面積の合計が100m²を超えるものは，第1項の規定にかかわらず，床面積の合計100m²以内ごとに耐火構造の床若しくは壁又は法第2条第九号の二ロに規定する防火設備で区画しなければならない。

8　前項の建築物の部分で，当該部分の壁（床面からの高さが1.2m以下の部分を除く。次項及び第14項第一号において同じ。）及び天井の室内に面する部分（回り縁，窓台その他これらに類する部分を除く。以下この条において同じ。）の仕上げを準不燃材料でし，かつ，その下地を準不燃材料で造ったものは，特定防火設備以外の法第2条第九号の二ロに規定する防火設備で区画する場合を除き，前項の規定にかかわらず，床面積の合計200m²以内ごとに区画すれば足りる。

9　第7項の建築物の部分で，当該部分の壁及び天井の室内に面する部分の仕上げを不燃材料でし，かつ，その下地を不燃材料で造ったものは，特定防火設備以外の法第2条第九号の二ロに規定する防火設備で区画する場合を除き，同項の規定にかかわらず，床面積の合計500m²以内ごとに区画すれば足りる。

10　前3項の規定は，階段室の部分若しくは昇降機の昇降路の部分（当該昇降機の乗降のための乗降ロビーの部分を含む。），廊下その他避難の用に供する部分又は床面積の合計が200m²以内の共同住宅の住戸で，耐火構造の床若しくは壁又は特定防火設備（第7項の規定により区画すべき建築物にあっては，法第2条第九号の二ロに規定する防火設備）で区画されたものについては，適用しない。

11　主要構造部を準耐火構造とした建築物又は第136条の2第一号ロ若しくは第二号ロに掲げる基準に適合する建築物であって，地階又は3階以上の階に居室を有するものの竪穴部分（長屋又は共同住宅の住戸でその階数が2以上であるもの，吹抜きとなっている部分，階段の部分（当該部分からのみ人が出入りすることのできる便所，公衆電話所その他これらに類するものを含む。），昇降機の昇降路の部分，ダクトスペースの部分その他これらに類する部分をいう。以下この条において同じ。）については，当該竪穴部分以外の部分（直接外気に開放されている廊下，バルコニーその他これらに類する部分を除く。次項及び第13項において同じ。）と準耐火構造の床若しくは壁又は法第2条第九号の二ロに規定する防火設備で区画しなければならない。ただし，次の各号のいずれかに該当する竪穴部分については，この限りでない。

一　避難階からその直上階又は直下階のみに通ずる吹抜きとなっている部分，階段の部分その他これらに類する部分でその壁及び天井の室内に面する部分の仕上げを不燃材料でし，かつ，その下地を不燃材料で造ったもの

二　階数が3以下で延べ面積が200m²以内の一戸建ての住宅又は長屋若しくは共同住宅の住戸のうちその階数が3以下で，かつ，床面積の合計が200m²以内であるものにおける吹抜きとなっている部分，階段の部分，昇降機の昇降路の部分その他これらに類する部分

12　3階を病院，診療所（患者の収容施設があるものに限る。次項において同じ。）又は児童福祉施設等（入所する者の寝室があるものに限る。同項において同じ。）の用途に供する建築物のうち階数が3で延べ面積が200m²未満のもの（前項に規定する建築物を除く。）の竪穴部分については，当該竪穴部分以外の部分と間仕切壁又は法第2条第九号の二ロに規定する防火設備で区画しなければならない。ただし，居室，倉庫その他これらに類する部分にスプリンクラー設備その他これに類するものを設けた建築物の竪穴部分については，当該防火設備に代えて，10分間防火設備（第109条に規定する防火設備であって，これに通常の火災による火熱が加えられた場合に，加熱開始後10分間当該加熱面以外の面に火炎を出さないものとして，国土交通大臣が定めた構造方法*を用いるもの又は国土交通大臣の認定を受けたものをいう。第19項及び第121条第4項第一号において同じ。）で区画することができる。

●告示　令2　国交告198号→p1843

13　3階を法別表第1(い)欄(2)項に掲げる用途（病院，診療所又は児童福祉施設等を除く。）に供する建築物のうち階数が3で延べ面積が200m²未満のもの（第11項に規定する建築物を除く。）の竪穴部分については，当該竪穴部分以外の部分と間仕切

壁又は戸（ふすま，障子その他これらに類するものを除く。）で区画しなければならない。

14　竪穴部分及びこれに接する他の竪穴部分（いずれも第1項第一号に該当する建築物の部分又は階段室の部分等であるものに限る。）が次に掲げる基準に適合する場合においては，これらの竪穴部分を一の竪穴部分とみなして，前3項の規定を適用する。

　　一　当該竪穴部分及び他の竪穴部分の壁及び天井の室内に面する部分の仕上げが準不燃材料でされ，かつ，その下地が準不燃材料で造られたものであること。

　　二　当該竪穴部分と当該他の竪穴部分とが用途上区画することができないものであること。

15　第12項及び第13項の規定は，火災が発生した場合に避難上支障のある高さまで煙又はガスの降下が生じない建築物として，壁及び天井の仕上げに用いる材料の種類並びに消火設備及び排煙設備の設置の状況及び構造を考慮して国土交通大臣が定めるものの竪穴部分については，適用しない。

16　第1項若しくは第4項から第6項までの規定による1時間準耐火基準に適合する準耐火構造の床若しくは壁（第4項に規定する防火上主要な間仕切壁を除く。）若しくは特定防火設備，第7項の規定による耐火構造の床若しくは壁若しくは法第2条第九号の二ロに規定する防火設備又は第11項の規定による準耐火構造の床若しくは壁若しくは同号ロに規定する防火設備に接する外壁については，当該外壁のうちこれらに接する部分を含み幅90cm以上の部分を準耐火構造としなければならない。ただし，外壁面から50cm以上突出した準耐火構造のひさし，床，袖壁その他これらに類するもので防火上有効に遮られている場合においては，この限りでない。

17　前項の規定によって準耐火構造としなければならない部分に開口部がある場合においては，その開口部に法第2条第九号の二ロに規定する防火設備を設けなければならない。

18　建築物の一部が法第27条第1項各号，第2項各号又は第3項各号のいずれかに該当する場合においては，その部分とその他の部分とを1時間準耐火基準に適合する準耐火構造とした床若しくは壁又は特定防火設備で区画しなければならない。ただし，国土交通大臣が定める基準*に従い，警報設備を設けることその他これに準ずる措置が講じられている場合においては，この限りでない。

　　●関連［耐火建築物等としなければならない特殊建築物］法第27条→p49
　　●告示　令2　国交告250号→p1847

19　第1項，第4項，第5項，第10項又は前項の規定による区画に用いる特定防火設備，第7項，第10項，第11項又は第12項本文の規定による区画に用いる法第2条第九号の二ロに規定する防火設備，同項ただし書の規定による区画に用いる10分間防火設備及び第13項の規定による区画に用いる戸は，次の各号に掲げる区分に応じ，それぞれ当該各号に定める構造のものとしなければならない。

　　一　第1項本文，第4項若しくは第5項の規定による区画に用いる特定防火設備又は第7項の規定による区画に用いる法第2条第九号の二ロに規定する防火設備

次に掲げる要件を満たすものとして，国土交通大臣が定めた構造方法*を用いるもの又は国土交通大臣の認定を受けたもの

●告示　昭48　建告2563号→p1426

　イ　常時閉鎖若しくは作動をした状態にあるか，又は随時閉鎖若しくは作動をできるものであること。

　ロ　閉鎖又は作動をするに際して，当該特定防火設備又は防火設備の周囲の人の安全を確保することができるものであること。

　ハ　居室から地上に通ずる主たる廊下，階段その他の通路の通行の用に供する部分に設けるものにあっては，閉鎖又は作動をした状態において避難上支障がないものであること。

　ニ　常時閉鎖又は作動をした状態にあるもの以外のものにあっては，火災により煙が発生した場合又は火災により温度が急激に上昇した場合のいずれかの場合に，自動的に閉鎖又は作動をするものであること。

　二　第1項第二号，第10項若しくは前項の規定による区画に用いる特定防火設備，第10項，第11項若しくは第12項本文の規定による区画に用いる法第2条第九号のニロに規定する防火設備，同項ただし書の規定による区画に用いる10分間防火設備又は第13項の規定による区画に用いる戸　　次に掲げる要件を満たすものとして，国土交通大臣が定めた構造方法*を用いるもの又は国土交通大臣の認定を受けたもの

●告示　昭48　建告2564号→p1430

　イ　前号イからハまでに掲げる要件を満たしているものであること。

　ロ　避難上及び防火上支障のない遮煙性能を有し，かつ，常時閉鎖又は作動をした状態にあるもの以外のものにあっては，火災により煙が発生した場合に自動的に閉鎖又は作動をするものであること。

20　給水管，配電管その他の管*が第1項，第4項から第6項まで若しくは第18項の規定による1時間準耐火基準に適合する準耐火構造の床若しくは壁，第7項若しくは第10項の規定による耐火構造の床若しくは壁，第11項本文若しくは第16項本文の規定による準耐火構造の床若しくは壁又は同項ただし書の場合における同項ただし書のひさし，床，袖壁その他これらに類するもの（以下この条において「準耐火構造の防火区画」という。）を貫通する場合においては，当該管と準耐火構造の防火区画との隙間をモルタルその他の不燃材料で埋めなければならない。

●関連〔給水，排水その他の配管設備の設置及び構造〕
令第129条の2の4第1項第七号　　　　　　　　　　→p303

21　換気，暖房又は冷房の設備の風道が準耐火構造の防火区画を貫通する場合（国土交通大臣が防火上支障がないと認めて指定する*1場合を除く。）においては，当該風道の準耐火構造の防火区画を貫通する部分又はこれに近接する部分に，特定防火設備（法第2条第九号のニロに規定する防火設備によって区画すべき準耐火構造の防火区画を貫通する場合にあっては，同号ロに規定する防火設備）であって，次に掲げる要件を満たすものとして，国土交通大臣が定めた構造方法*2を用いるもの又

は国土交通大臣の認定を受けたものを国土交通大臣が定める方法により設けなければならない。

●告示 ＊1 昭49 建告1579号→p1432
＊2 昭48 建告2565号→p1431

一 火災により煙が発生した場合又は火災により温度が急激に上昇した場合に自動的に閉鎖するものであること。

二 閉鎖した場合に防火上支障のない遮煙性能を有するものであること。

【木造等の建築物の防火壁及び防火床】

第113条 防火壁及び防火床＊は，次に定める構造としなければならない。

●関連 ［防火壁等］法第26条→p49

一 耐火構造とすること。

二 通常の火災による当該防火壁又は防火床以外の建築物の部分の倒壊によって生ずる応力が伝えられた場合に倒壊しないものとして国土交通大臣が定めた構造方法＊を用いるものとすること。

●告示 令元 国交告197号→p1839

三 通常の火災時において，当該防火壁又は防火床で区画された部分（当該防火壁又は防火床の部分を除く。）から屋外に出た火炎による当該防火壁又は防火床で区画された他の部分（当該防火壁又は防火床の部分を除く。）への延焼を有効に防止できるものとして国土交通大臣が定めた構造方法＊を用いるものとすること。

●告示 令元 国交告197号→p1839

四 防火壁に設ける開口部の幅及び高さ又は防火床に設ける開口部の幅及び長さは，それぞれ2.5m以下とし，かつ，これに特定防火設備で前条第19項第一号に規定する構造であるものを設けること。

2 前条第20項の規定は給水管，配電管その他の管が防火壁又は防火床を貫通する場合に，同条第21項の規定は換気，暖房又は冷房の設備の風道が防火壁又は防火床を貫通する場合について準用する。

3 第109条の7に規定する技術的基準に適合する壁等で，法第21条第2項第二号に規定する構造方法を用いるもの又は同号の規定による認定を受けたものは，第1項の規定に適合する防火壁又は防火床とみなす。

【建築物の界壁，間仕切壁及び隔壁】

第114条 長屋又は共同住宅の各戸の界壁＊（自動スプリンクラー設備等設置部分その他防火上支障がないものとして国土交通大臣が定める部分の界壁を除く。）は，準耐火構造とし，第112条第4項各号のいずれかに該当する部分を除き，小屋裏又は天井裏に達せしめなければならない。

●関連 ［長屋又は共同住宅の各戸の界壁］法第30条　　　　　　　　　　→p52
［第2節の3 長屋又は共同住宅の界壁の遮音構造等］令第22条の3→p214

2 学校，病院，診療所（患者の収容施設を有しないものを除く。），児童福祉施設等，ホテル，旅館，下宿，寄宿舎又はマーケットの用途に供する建築物の当該用途に供する部分については，その防火上主要な間仕切壁（自動スプリンクラー設備等設置

部分その他防火上支障がないものとして国土交通大臣が定める部分*の間仕切壁を除く。）を準耐火構造とし，第112条第4項各号のいずれかに該当する部分を除き，小屋裏又は天井裏に達せしめなければならない。

●**告示**　平26　国交告860号→p1737
●関連［児童福祉施設等］令第19条第1項→p203

3　建築面積が300m²を超える建築物の小屋組が木造である場合においては，小屋裏の直下の天井の全部を強化天井とするか，又は桁行間隔12m以内ごとに小屋裏（準耐火構造の隔壁で区画されている小屋裏の部分で，当該部分の直下の天井が強化天井であるものを除く。）に準耐火構造の隔壁を設けなければならない。ただし，次の各号のいずれかに該当する建築物については，この限りでない。

一　法第2条第九号のニイに掲げる基準に適合する建築物
二　第115条の2第1項第七号の基準に適合するもの
三　その周辺地域が農業上の利用に供され，又はこれと同様の状況にあって，その構造及び用途並びに周囲の状況に関し避難上及び延焼防止上支障がないものとして国土交通大臣が定める基準に適合する畜舎，堆肥舎並びに水産物の増殖場及び養殖場の上家

4　延べ面積がそれぞれ200m²を超える建築物で耐火建築物以外のもの相互を連絡する渡り廊下で，その小屋組が木造であり，かつ，けた行が4mを超えるものは，小屋裏に準耐火構造の隔壁を設けなければならない。

5　第112条第20項の規定は給水管，配電管その他の管*が第1項の界壁，第2項の間仕切壁又は前2項の隔壁を貫通する場合に，同条第21項の規定は換気，暖房又は冷房の設備の風道がこれらの界壁，間仕切壁又は隔壁を貫通する場合について準用する。この場合において，同項中「特定防火設備」とあるのは，「第109条に規定する防火設備であって，これに通常の火災による火熱が加えられた場合に，加熱開始後45分間当該加熱面以外の面に火炎を出さないものとして，国土交通大臣が定めた構造方法を用いるもの又は国土交通大臣の認定を受けたもの」と読み替えるものとする。

●関連［給水，排水その他の配管設備の設置及び構造］
令第129条の2の4第1項第七号　　　　　　　→p303

【建築物に設ける煙突】

第115条　建築物に設ける煙突*は，次に定める構造としなければならない。

●関連［煙突］令第139条→p373

一　煙突の屋上突出部は，屋根面からの垂直距離を60cm以上とすること。
二　煙突の高さは，その先端からの水平距離1m以内に建築物がある場合で，その建築物に軒がある場合においては，その建築物の軒から60cm以上高くすること。
三　煙突は，次のイ又はロのいずれかに適合するものとすること。
　イ　次に掲げる基準に適合するものであること。
　　⑴　煙突の小屋裏，天井裏，床裏等にある部分は，煙突の上又は周囲にたまるほこりを煙突内の廃ガスその他の生成物の熱により燃焼させないものとして

国土交通大臣が定めた構造方法を用いるものとすること。

(2)　煙突は，建築物の部分である木材その他の可燃材料から15cm以上離して設けること。ただし，厚さが10cm以上の金属以外の不燃材料で造り，又は覆う部分その他当該可燃材料を煙突内の廃ガスその他の生成物の熱により燃焼させないものとして国土交通大臣が定めた構造方法を用いる部分は，この限りでない。

ロ　その周囲にある建築物の部分（小屋裏，天井裏，床裏等にある部分にあっては，煙突の上又は周囲にたまるほこりを含む。）を煙突内の廃ガスその他の生成物の熱により燃焼させないものとして，国土交通大臣の認定を受けたものであること。

四　壁付暖炉のれんが造，石造又はコンクリートブロック造の煙突（屋内にある部分に限る。）には，その内部に陶管の煙道を差し込み，又はセメントモルタルを塗ること。

五　壁付暖炉の煙突における煙道の屈曲が120°以内の場合においては，その屈曲部に掃除口を設けること。

六　煙突の廃ガスその他の生成物により，腐食又は腐朽のおそれのある部分には，腐食若しくは腐朽しにくい材料を用いるか，又は有効なさび止め若しくは防腐のための措置を講ずること。

七　ボイラーの煙突は，前各号に定めるもののほか，煙道接続口の中心から頂部までの高さがボイラーの燃料消費量（国土交通大臣が経済産業大臣の意見を聴いて定めるものとする。）に応じて国土交通大臣が定める基準に適合し，かつ，防火上必要があるものとして国土交通大臣が定めた構造方法を用いるものであること。

2　前項第一号から第三号までの規定は，廃ガスその他の生成物の温度が低いことその他の理由により防火上支障がないものとして国土交通大臣が定める基準に適合する場合においては，適用しない。

【防火壁又は防火床の設置を要しない建築物に関する技術的基準等】

第115条の2　法第26条第二号ロの政令で定める技術的基準は，次のとおりとする。

●関連［防火壁等］法第26条→p49

一　第46条第2項第一号イ及びロに掲げる基準に適合していること。

二　地階を除く階数が2以下であること。

三　2階の床面積（吹抜きとなっている部分に面する2階の通路その他の部分の床で壁の室内に面する部分から内側に2m以内の間に設けられたもの（次号において「通路等の床」という。）の床面積を除く。）が1階の床面積の1/8以下であること。

四　外壁及び軒裏が防火構造であり，かつ，1階の床（直下に地階がある部分に限る。）及び2階の床（通路等の床を除く。）の構造が，これに屋内において発生する通常の火災による火熱が加えられた場合に，加熱開始後30分間構造耐力上支障のある変形，溶融，亀裂その他の損傷を生じず，かつ，当該加熱面以外の面（屋

内に面するものに限る。）の温度が可燃物燃焼温度*以上に上昇しないものとして，国土交通大臣が定めた構造方法*を用いるもの又は国土交通大臣の認定を受けたものであること。ただし，特定行政庁がその周囲の状況により延焼防止上支障がないと認める建築物の外壁及び軒裏については，この限りでない。

●関連［可燃物燃焼温度］令第107条第二号→p258
●告示　平12　建告1368号→p1493

五　地階の主要構造部が耐火構造であり，又は不燃材料で造られていること。

六　調理室，浴室その他の室でかまど，こんろその他火を使用する設備又は器具を設けたものの部分が，その他の部分と耐火構造の床若しくは壁（これらの床又は壁を貫通する給水管，配電管その他の管の部分及びその周囲の部分の構造が国土交通大臣が定めた構造方法を用いるものに限る。）又は特定防火設備で第112条第19項第一号に規定する構造であるもので区画されていること。

七　建築物の各室及び各通路について，壁（床面からの高さが1.2m以下の部分を除く。）及び天井（天井のない場合においては，屋根）の室内に面する部分（回り縁，窓台その他これらに類する部分を除く。）の仕上げが難燃材料でされ，又はスプリンクラー設備，水噴霧消火設備，泡消火設備その他これらに類するもので自動式のもの及び第126条の3の規定に適合する排煙設備が設けられていること。

八　主要構造部である柱又ははりを接合する継手又は仕口の構造が，通常の火災時の加熱に対して耐力の低下を有効に防止することができるものとして国土交通大臣が定めた構造方法を用いるものであること。

九　国土交通大臣が定める基準に従った構造計算によって，通常の火災により建築物全体が容易に倒壊するおそれのないことが確かめられた構造であること。

2　法第26条第三号の政令で定める用途は，畜舎，堆肥舎並びに水産物の増殖場及び養殖場の上家とする。

【耐火建築物等としなければならない特殊建築物】

第115条の3　法別表第1*⒤欄の⑵項から⑷項まで及び⑹項（法第87条第3項において法第27条の規定を準用する場合を含む。）に掲げる用途に類するもので政令で定めるものは，それぞれ次の各号に掲げるものとする。

●関連［法別表第1］→p167

一　⑵項の用途に類するもの
　　児童福祉施設等（幼保連携型認定こども園を含む。以下同じ。）

●関連［児童福祉施設等］令第19条第1項→p203

二　⑶項の用途に類するもの
　　博物館，美術館，図書館，ボーリング場，スキー場，スケート場，水泳場又はスポーツの練習場

三　⑷項の用途に類するもの
　　公衆浴場，待合，料理店，飲食店又は物品販売業を営む店舗（床面積が10m²以内のものを除く。）

四　⑹項の用途に類するもの

映画スタジオ又はテレビスタジオ

【自動車車庫等の用途に供してはならない準耐火建築物】

第115条の4　法第27条第3項（法第87条第3項において準用する場合を含む。次条第1項において同じ。）の規定により政令で定める準耐火建築物は，第109条の3第一号に掲げる技術的基準に適合するもの（同条第二号に掲げる技術的基準に適合するものを除く。）とする。

●関連［耐火建築物等としなければならない特殊建築物］法第27条第3項→p50

【危険物の数量】

第116条　法第27条第3項第二号の規定により政令で定める危険物の数量の限度は，次の表に定めるところによるものとする。

危 険 物 品 の 種 類		数　　量	
		常時貯蔵する場合	製造所又は他の事業を営む工場において処理する場合
火薬類（玩具煙火を除く。）	火薬	20t	10t
	爆薬	20t	5t
	工業雷管及び電気雷管	3,000,000個	500,000個
	銃用雷管	10,000,000個	5,000,000個
	信号雷管	3,000,000個	500,000個
	実包	10,000,000個	50,000個
	空包	10,000,000個	50,000個
	信管及び火管	100,000個	50,000個
	導爆線	500km	500km
	導火線	2,500km	500km
	電気導火線	70,000個	50,000個
	信号炎管及び信号火箭	2t	2t
	煙火	2t	2t
	その他の火薬又は爆薬を使用した火工品	当該火工品の原料をなす火薬又は爆薬の数量に応じて，火薬又は爆薬の数量のそれぞれの限度による。	
消防法第2条第7項に規定する危険物		危険物の規制に関する政令（昭和34年政令第306号）別表第3の類別欄に掲げる類，同表の品名欄に掲げる品名及び同表の性質欄に掲げる性状に応じ，それぞれ同表の指定数量欄に定める数量の10倍の数量	危険物の規制に関する政令別表第3の類別欄に掲げる類，同表の品名欄に掲げる品名及び同表の性質欄に掲げる性状に応じ，それぞれ同表の指定数量欄に定める数量の10倍の数量

マッチ	300マッチ t	300マッチ t
可燃性ガス	700m³	20,000m³
圧縮ガス	7,000m³	200,000m³
液化ガス	70t	2,000t

この表において，可燃性ガス及び圧縮ガスの容積の数値は，温度が0℃で圧力が1気圧の状態に換算した数値とする。

●関連［危険物］消防法第2条第7項　　　→p721
［消防法］別表第1　　　　　　　　　　→p739
［危険物の規制に関する政令］別表第3→p800

2　土木工事又はその他の事業に一時的に使用するためにその事業中臨時に貯蔵する危険物の数量の限度及び支燃性又は不燃性の圧縮ガス又は液化ガスの数量の限度は，無制限とする。

3　第1項の表に掲げる危険物の2種類以上を同一の建築物に貯蔵しようとする場合においては，第1項に規定する危険物の数量の限度は，それぞれ当該各欄の危険物の数量の限度の数値で貯蔵しようとする危険物の数値を除し，それらの商を加えた数値が1である場合とする。

第5章　避難施設等

第1節　総　　則

【窓その他の開口部を有しない居室等】

第116条の2　法第35条（法第87条第3項において準用する場合を含む。第127条において同じ。）の規定により政令で定める窓その他の開口部を有しない居室は，次の各号に該当する窓その他の開口部を有しない居室とする。

一　面積（第20条の規定より計算した採光に有効な部分の面積に限る。）の合計が，当該居室の床面積の1/20以上のもの

●関連［有効面積の算定方法］令第20条→p204

二　開放できる部分（天井又は天井から下方80cm以内の距離にある部分に限る。）の面積の合計が，当該居室の床面積の1/50以上のもの

2　ふすま，障子その他随時開放することができるもので仕切られた2室は，前項の規定の適用については，1室とみなす。

第2節　廊下，避難階段及び出入口

【適用の範囲】

第117条　この節の規定は，法別表第1（い）欄(1)項から(4)項までに掲げる用途に供する特殊建築物，階数が3以上である建築物，前条第1項第一号に該当する窓その他の開口部を有しない居室を有する階又は延べ面積が1,000m²をこえる建築物に限り適

用する。

●関連［法別表第1］→p167

2 次に掲げる建築物の部分は，この節の規定の適用については，それぞれ別の建築物とみなす。

　一 建築物が開口部のない耐火構造の床又は壁で区画されている場合における当該区画された部分

　二 建築物の2以上の部分の構造が通常の火災時において相互に火熱又は煙若しくはガスによる防火上有害な影響を及ぼさないものとして国土交通大臣が定めた構造方法*を用いるものである場合における当該部分

●告示 平28 国交告695号→p1792

【客席からの出口の戸】

第118条 劇場，映画館，演芸場，観覧場，公会堂又は集会場における客席からの出口の戸は，内開きとしてはならない。

●関連［屋外への出口］令第125条→p286

【廊下の幅】

第119条 廊下の幅は，それぞれ次の表に掲げる数値以上としなければならない。

廊下の配置／廊下の用途	両側に居室がある廊下における場合（単位 m）	その他の廊下における場合（単位 m）
小学校，中学校，義務教育学校，高等学校又は中等教育学校における児童用又は生徒用のもの	2.3	1.8
病院における患者用のもの，共同住宅の住戸若しくは住室の床面積の合計が100m²を超える階における共用のもの又は3室以下の専用のものを除き居室の床面積の合計が200m²（地階にあっては，100m²）を超える階におけるもの	1.6	1.2

【直通階段の設置】

第120条 建築物の避難階*以外の階（地下街*におけるものを除く。次条第1項において同じ。）においては，避難階又は地上に通ずる直通階段（傾斜路を含む。以下同じ。）を次の表の左欄に掲げる居室の種類の区分に応じ当該各居室からその一に至る歩行距離が同表の中欄又は右欄に掲げる場合の区分に応じそれぞれ同表の中欄又は右欄に掲げる数値以下となるように設けなければならない。

●関連［避難階］令第13条第一号→p201
　　　［地下街］令第128条の3 →p292

構　造 居室の種類	主要構造部が準耐火構造であるか又は不燃材料で造られている場合 （単位 m）	その他の場合 （単位 m）
(1) 第116条の2第1項第一号に該当する窓その他の開口部を有しない居室（当該居室の床面積，当該居室からの避難の用に供する廊下その他の通路の構造並びに消火設備，排煙設備，非常用の照明装置及び警報設備の設置の状況及び構造に関し避難上支障がないものとして国土交通大臣が定める基準*に適合するものを除く。）又は法別表第1（い）欄(4)項に掲げる用途に供する特殊建築物の主たる用途に供する居室 ●告示　令5　国交告208号→p2001	30	30
(2) 法別表第1（い）欄(2)項に掲げる用途に供する特殊建築物の主たる用途に供する居室	50	30
(3) (1)の項又は(2)の項に掲げる居室以外の居室	50	40

2　主要構造部が準耐火構造であるか又は不燃材料で造られている建築物の居室で，当該居室及びこれから地上に通ずる主たる廊下，階段その他の通路の壁（床面からの高さが1.2m以下の部分を除く。）及び天井（天井のない場合においては，屋根）の室内に面する部分（回り縁，窓台その他これらに類する部分を除く。）の仕上げを準不燃材料でしたものについては，前項の表の数値に10を加えた数値を同項の表の数値とする。ただし，15階以上の階の居室については，この限りでない。

3　15階以上の階の居室については，前項本文の規定に該当するものを除き，第1項の表の数値から10を減じた数値を同項の表の数値とする。

4　第1項の規定は，主要構造部を準耐火構造とした共同住宅の住戸でその階数が2又は3であり，かつ，出入口が一の階のみにあるものの当該出入口のある階以外の階については，その居室の各部分から避難階又は地上に通ずる直通階段の一に至る歩行距離が40m以下である場合においては，適用しない。

【2以上の直通階段を設ける場合】

第121条　建築物の避難階以外の階が次の各号のいずれかに該当する場合においては，その階から避難階又は地上に通ずる2以上の直通階段を設けなければならない。

一　劇場，映画館，演芸場，観覧場，公会堂又は集会場の用に供する階でその階に客席，集会室その他これらに類するものを有するもの

二　物品販売業を営む店舗（床面積の合計が1,500m²を超えるものに限る。第122条第2項，第124条第1項及び第125条第3項において同じ。）の用途に供する階でその階に売場を有するもの

三　次に掲げる用途に供する階でその階に客席，客室その他これらに類するものを
　　有するもの（5階以下の階で，その階の居室の床面積の合計が100m²を超えず，
　　かつ，その階に避難上有効なバルコニー，屋外通路その他これらに類するもの及
　　びその階から避難階又は地上に通ずる直通階段で第123条第2項又は第3項の規
　　定に適合するものが設けられているもの並びに避難階の直上階又は直下階である
　　5階以下の階でその階の居室の床面積の合計が100m²を超えないものを除く。）
　　イ　キャバレー，カフェー，ナイトクラブ又はバー
　　ロ　個室付浴場業その他客の性的好奇心に応じてその客に接触する役務を提供す
　　　　る営業を営む施設
　　ハ　ヌードスタジオその他これに類する興行場（劇場，映画館又は演芸場に該当
　　　　するものを除く。）
　　ニ　専ら異性を同伴する客の休憩の用に供する施設
　　ホ　店舗型電話異性紹介営業その他これに類する営業を営む店舗
四　病院若しくは診療所の用途に供する階でその階における病室の床面積の合計又
　　は児童福祉施設等*の用途に供する階でその階における児童福祉施設等の主たる
　　用途に供する居室の床面積の合計が，それぞれ50m²を超えるもの

●関連［児童福祉施設等］令第19条第1項→p203

五　ホテル，旅館若しくは下宿の用途に供する階でその階における宿泊室の床面積
　　の合計，共同住宅の用途に供する階でその階における居室の床面積の合計又は寄
　　宿舎の用途に供する階でその階における寝室の床面積の合計が，それぞれ100m²
　　を超えるもの
六　前各号に掲げる階以外の階で次のイ又はロに該当するもの
　　イ　6階以上の階でその階に居室を有するもの（第一号から第四号までに掲げる
　　　　用途に供する階以外の階で，その階の居室の床面積の合計が100m²を超えず，
　　　　かつ，その階に避難上有効なバルコニー，屋外通路その他これらに類するもの
　　　　及びその階から避難階又は地上に通ずる直通階段で第123条第2項又は第3項
　　　　の規定に適合するものが設けられているものを除く。）
　　ロ　5階以下の階でその階における居室の床面積の合計が避難階の直上階にあっ
　　　　ては200m²を，その他の階にあっては100m²を超えるもの
2　主要構造部が準耐火構造であるか，又は不燃材料で造られている建築物について
　前項の規定を適用する場合には，同項中「50m²」とあるのは「100m²」と，「100m²」
　とあるのは「200m²」と，「200m²」とあるのは「400m²」とする。
3　第1項の規定により避難階又は地上に通ずる2以上の直通階段を設ける場合にお
　いて，居室の各部分から各直通階段に至る通常の歩行経路のすべてに共通の重複区
　間があるときにおける当該重複区間の長さは，前条に規定する歩行距離の数値の1/2
　をこえてはならない。ただし，居室の各部分から，当該重複区間を経由しないで，
　避難上有効なバルコニー，屋外通路その他これらに類するものに避難することがで
　きる場合は，この限りでない。
4　第1項（第四号及び第五号（第2項の規定が適用される場合にあっては，第四号）

に係る部分に限る。）の規定は，階数が3以下で延べ面積が200m²未満の建築物の避難階以外の階（以下この項において「特定階」という。）（階段の部分（当該部分からのみ人が出入りすることのできる便所，公衆電話所その他これらに類するものを含む。）と当該階段の部分以外の部分（直接外気に開放されている廊下，バルコニーその他これらに類する部分を除く。）とが間仕切壁若しくは次の各号に掲げる場合の区分に応じ当該各号に定める防火設備で第112条第19項第二号に規定する構造であるもので区画されている建築物又は同条第15項の国土交通大臣が定める建築物の特定階に限る。）については，適用しない。

一　特定階を第1項第四号に規定する用途（児童福祉施設等*については入所する者の寝室があるものに限る。）に供する場合　　法第2条第九号の二ロに規定する防火設備（当該特定階がある建築物の居室，倉庫その他これらに類する部分にスプリンクラー設備その他これに類するものを設けた場合にあっては，10分間防火設備）

二　特定階を児童福祉施設等*（入所する者の寝室があるものを除く。）の用途又は第1項第五号に規定する用途に供する場合　　戸（ふすま，障子その他これらに類するものを除く。）

●関連［児童福祉施設等］令第19条第1項→p203

【屋外階段の構造】

第121条の2　前2条の規定による直通階段で屋外に設けるものは，木造（準耐火構造のうち有効な防腐措置を講じたものを除く。）としてはならない。

【避難階段の設置】

第122条　建築物の5階以上の階（その主要構造部が準耐火構造であるか，又は不燃材料で造られている建築物で5階以上の階の床面積の合計が100m²以下である場合を除く。）又は地下2階以下の階（その主要構造部が準耐火構造であるか，又は不燃材料で造られている建築物で地下2階以下の階の床面積の合計が100m²以下である場合を除く。）に通ずる直通階段は次条の規定による避難階段又は特別避難階段とし，建築物の15階以上の階又は地下3階以下の階に通ずる直通階段は同条第3項の規定による特別避難階段としなければならない。ただし，主要構造部が耐火構造である建築物（階段室の部分，昇降機の昇降路の部分（当該昇降機の乗降のための乗降ロビーの部分を含む。）及び廊下その他の避難の用に供する部分で耐火構造の床若しくは壁又は特定防火設備*で区画されたものを除く。）で床面積の合計100m²（共同住宅の住戸にあっては，200m²）以内ごとに耐火構造の床若しくは壁又は特定防火設備（直接外気に開放されている階段室に面する換気のための窓で開口面積が0.2m²以下のものに設けられる法第2条第九号の二ロに規定する防火設備を含む。）で区画されている場合においては，この限りでない。

●関連［特定防火設備］令第112条第1項→p267
●告示　平12　建告1369号→p1494

2　3階以上の階を物品販売業を営む店舗*の用途に供する建築物にあっては，各階の売場及び屋上広場*に通ずる2以上の直通階段を設け，これを次条の規定による

避難階段又は特別避難階段としなければならない。

●関連［物品販売業を営む店舗］令第121条第1項第二号→p281
　　　　［屋上広場等］令第126条第2項　　　　　　　　　　→p287

3　前項の直通階段で，5階以上の売場に通ずるものはその1以上を，15階以上の売場に通ずるものはそのすべてを次条第3項の規定による特別避難階段としなければならない。

【避難階段及び特別避難階段の構造】

第123条　屋内に設ける避難階段は，次に定める構造としなければならない。

一　階段室は，第四号の開口部，第五号の窓又は第六号の出入口の部分を除き，耐火構造の壁で囲むこと。

二　階段室の天井(天井のない場合にあっては，屋根。第3項第四号において同じ。)及び壁の室内に面する部分は，仕上げを不燃材料でし，かつ，その下地を不燃材料で造ること。

三　階段室には，窓その他の採光上有効な開口部又は予備電源を有する照明設備を設けること。

四　階段室の屋外に面する壁に設ける開口部（開口面積が各々1m²以内で，法第2条第九号の二ロに規定する防火設備ではめごろし戸であるものが設けられたものを除く。）は，階段室以外の当該建築物の部分に設けた開口部並びに階段室以外の当該建築物の壁及び屋根（耐火構造の壁及び屋根を除く。）から90cm以上の距離に設けること。ただし，第112条第16項ただし書に規定する場合は，この限りでない。

五　階段室の屋内に面する壁に窓を設ける場合においては，その面積は，各々1m²以内とし，かつ，法第2条第九号の二ロに規定する防火設備ではめごろし戸であるものを設けること。

六　階段に通ずる出入口には，法第2条第九号の二ロに規定する防火設備で第112条第19項第二号に規定する構造であるものを設けること。この場合において，直接手で開くことができ，かつ，自動的に閉鎖する戸又は戸の部分は，避難の方向に開くことができるものとすること。

七　階段は，耐火構造とし，避難階*まで直通すること。

●関連［避難階］令第13条第一号→p201

2　屋外に設ける避難階段は，次に定める構造としなければならない。

一　階段は，その階段に通ずる出入口以外の開口部（開口面積が各々1m²以内で，法第2条第九号の二ロに規定する防火設備ではめごろし戸であるものが設けられたものを除く。）から2m以上の距離に設けること。

二　屋内から階段に通ずる出入口には，前項第六号の防火設備を設けること。

三　階段は，耐火構造とし，地上まで直通すること。

3　特別避難階段は，次に定める構造としなければならない。

一　屋内と階段室とは，バルコニー又は付室を通じて連絡すること。

二　屋内と階段室とが付室を通じて連絡する場合においては，階段室又は付室の構造が，通常の火災時に生ずる煙が付室を通じて階段室に流入することを有効に防

止できるものとして，国土交通大臣が定めた構造方法*を用いるもの又は国土交通大臣の認定を受けたものであること。

●告示　平28　国交告696号→p1794

三　階段室，バルコニー及び付室は，第六号の開口部，第八号の窓又は第十号の出入口の部分（第129条の13の3第3項に規定する非常用エレベーターの乗降ロビーの用に供するバルコニー又は付室にあっては，当該エレベーターの昇降路の出入口の部分を含む。）を除き，耐火構造の壁で囲むこと。

四　階段室及び付室の天井及び壁の室内に面する部分は，仕上げを不燃材料でし，かつ，その下地を不燃材料で造ること。

五　階段室には，付室に面する窓その他の採光上有効な開口部又は予備電源を有する照明設備を設けること。

六　階段室，バルコニー又は付室の屋外に面する壁に設ける開口部（開口面積が各々1m²以内で，法第2条第九号の二ロに規定する防火設備ではめごろし戸であるものが設けられたものを除く。）は，階段室，バルコニー又は付室以外の当該建築物の部分に設けた開口部並びに階段室，バルコニー又は付室以外の当該建築物の部分の壁及び屋根（耐火構造の壁及び屋根を除く。）から90cm以上の距離にある部分で，延焼のおそれのある部分以外の部分に設けること。ただし，第112条第16項ただし書に規定する場合は，この限りでない。

七　階段室には，バルコニー及び付室に面する部分以外に屋内に面して開口部を設けないこと。

八　階段室のバルコニー又は付室に面する部分に窓を設ける場合においては，はめごろし戸を設けること。

九　バルコニー及び付室には，階段室以外の屋内に面する壁に出入口以外の開口部を設けないこと。

十　屋内からバルコニー又は付室に通ずる出入口には第1項第六号の特定防火設備を，バルコニー又は付室から階段室に通ずる出入口には同号の防火設備を設けること。

十一　階段は，耐火構造とし，避難階まで直通すること。

十二　建築物の15階以上の階又は地下3階以下の階に通ずる特別避難階段の15階以上の各階又は地下3階以下の各階における階段室及びこれと屋内とを連絡するバルコニー又は付室の床面積（バルコニーで床面積がないものにあっては，床部分の面積）の合計は，当該階に設ける各居室の床面積に，法別表第1*(い)欄(1)項又は(4)項に掲げる用途に供する居室にあっては8/100，その他の居室にあっては3/100を乗じたものの合計以上とすること。

●関連［法別表第1］→p167

【共同住宅の住戸の床面積の算定等】

第123条の2　主要構造部を準耐火構造とした共同住宅の住戸でその階数が2又は3であり，かつ，出入口が一の階のみにあるものの当該出入口のある階以外の階は，その居室の各部分から避難階又は地上に通ずる直通階段の一に至る歩行距離が40m

以下である場合においては，第119条，第121条第1項第五号及び第六号イ（これら
の規定を同条第2項の規定により読み替える場合を含む。），第122条第1項並びに
前条第3項第十二号の規定の適用については，当該出入口のある階にあるものとみ
なす。

【物品販売業を営む店舗における避難階段等の幅】

第124条 物品販売業を営む店舗*の用途に供する建築物における避難階段，特別避難
階段及びこれらに通ずる出入口の幅は，次の各号に定めるところによらなければな
らない。

●関連［物品販売業を営む店舗］令第121条第1項第二号→p281

一 各階における避難階段及び特別避難階段の幅の合計は，その直上階以上の階（地
階にあっては，当該階以下の階）のうち床面積が最大の階における床面積100m²
につき60cmの割合で計算した数値以上とすること。

二 各階における避難階段及び特別避難階段に通ずる出入口の幅の合計は，各階ご
とにその階の床面積100m²につき，地上階にあっては27cm，地階にあっては36cm
の割合で計算した数値以上とすること。

2 前項に規定する所要幅の計算に関しては，もっぱら1若しくは2の地上階から避
難階若しくは地上に通ずる避難階段及び特別避難階段又はこれらに通ずる出入口に
ついては，その幅が1.5倍あるものとみなすことができる。

3 前2項の規定の適用に関しては，屋上広場*は，階とみなす。

●関連［屋上広場等］令第126条第2項→p287

【屋外への出口】

第125条 避難階においては，階段から屋外への出口の一に至る歩行距離は第120条に
規定する数値以下と，居室（避難上有効な開口部を有するものを除く。）の各部分
から屋外への出口の一に至る歩行距離は同条に規定する数値の2倍以下としなけれ
ばならない。

2 劇場，映画館，演芸場，観覧場，公会堂又は集会場の客用に供する屋外への出口
の戸は，内開きとしてはならない。

●関連［客席からの出口の戸］令第118条→p280

3 物品販売業を営む店舗*の避難階に設ける屋外への出口の幅の合計は，床面積が
最大の階における床面積100m²につき60cmの割合で計算した数値以上としなけれ
ばならない。

●関連［物品販売業を営む店舗］令第121条第1項第二号→p281

4 前条第3項の規定は，前項の場合に準用する。

【屋外への出口等の施錠装置の構造等】

第125条の2 次の各号に掲げる出口に設ける戸の施錠装置は，当該建築物が法令の
規定により人を拘禁する目的に供せられるものである場合を除き，屋内からかぎを
用いることなく解錠できるものとし，かつ，当該戸の近くの見やすい場所にその解
錠方法を表示しなければならない。

一 屋外に設ける避難階段に屋内から通ずる出口

二　避難階段から屋外に通ずる出口

三　前2号に掲げる出口以外の出口のうち，維持管理上常時鎖錠状態にある出口で，火災その他の非常の場合に避難の用に供すべきもの

2　前項に規定するもののほか，同項の施錠装置の構造及び解錠方法の表示の基準は，国土交通大臣が定める。

【屋上広場等】

第126条　屋上広場又は2階以上の階にあるバルコニーその他これに類するものの周囲には，安全上必要な高さが1.1m以上の手すり壁，さく又は金網を設けなければならない。

2　建築物の5階以上の階を百貨店の売場の用途に供する場合においては，避難の用に供することができる屋上広場を設けなければならない。

第3節　排煙設備

【設　置】

第126条の2　法別表第1*(い)欄(1)項から(4)項までに掲げる用途に供する特殊建築物で延べ面積が500m²を超えるもの，階数が3以上で延べ面積が500m²を超える建築物（建築物の高さが31m以下の部分にある居室で，床面積100m²以内ごとに，間仕切壁，天井面から50cm以上下方に突出した垂れ壁その他これらと同等以上に煙の流動を妨げる効力のあるもので不燃材料で造り，又は覆われたもの（以下「防煙壁」という。）によって区画されたものを除く。），第116条の2第1項第二号に該当する窓その他の開口部を有しない居室又は延べ面積が1,000m²を超える建築物の居室で，その床面積が200m²を超えるもの（建築物の高さが31m以下の部分にある居室で，床面積100m²以内ごとに防煙壁で区画されたものを除く。）には，排煙設備を設けなければならない。ただし，次の各号のいずれかに該当する建築物又は建築物の部分については，この限りでない。

●関連［法別表第1］→p167

一　法別表第1(い)欄(2)項に掲げる用途に供する特殊建築物のうち，準耐火構造の床若しくは壁又は法第2条第九号の二のロに規定する防火設備で区画された部分で，その床面積が100m²（共同住宅の住戸にあっては，200m²）以内のもの

二　学校（幼保連携型認定こども園を除く。），体育館，ボーリング場，スキー場，スケート場，水泳場又はスポーツの練習場（以下「学校等」という。）

三　階段の部分，昇降機の昇降路の部分（当該昇降機の乗降のための乗降ロビーの部分を含む。）その他これらに類する建築物の部分

四　機械製作工場，不燃性の物品を保管する倉庫その他これらに類する用途に供する建築物で主要構造部が不燃材料で造られたものその他これらと同等以上に火災の発生のおそれの少ない構造のもの

五　火災が発生した場合に避難上支障のある高さまで煙又はガスの降下が生じない建築物の部分として，天井の高さ，壁及び天井の仕上げに用いる材料の種類等を考慮して国土交通大臣が定めるもの*

●告示　平12　建告1436号→p1546

2　次に掲げる建築物の部分は，この節の規定の適用については，それぞれ別の建築物とみなす。

一　建築物が開口部のない準耐火構造の床若しくは壁又は法第2条第九号のニロに規定する防火設備でその構造が第112条第19項第一号イ及びロ並びに第二号ロに掲げる要件を満たすものとして，国土交通大臣が定めた構造方法*を用いるもの若しくは国土交通大臣の認定を受けたもので区画されている場合における当該区画された部分

●告示　昭48　建告2564号→p1430

二　建築物の2以上の部分の構造が通常の火災時において相互に煙又はガスによる避難上有害な影響を及ぼさないものとして国土交通大臣が定めた構造方法*を用いるものである場合における当該部分

●告示　令2　国交告663号→p1899

【構　造】

第126条の3　前条第1項の排煙設備は，次に定める構造としなければならない。

一　建築物をその床面積500m²以内ごとに，防煙壁*で区画すること。

●関連［防煙壁］令第126条の2第1項→p287

二　排煙設備の排煙口，風道その他煙に接する部分は，不燃材料で造ること。

三　排煙口は，第一号の規定により区画された部分（以下「防煙区画部分」という。）のそれぞれについて，当該防煙区画部分の各部分から排煙口の一に至る水平距離が30m以下となるように，天井又は壁の上部（天井から80cm（たけの最も短い防煙壁のたけが80cmに満たないときは，その値）以内の距離にある部分をいう。）に設け，直接外気に接する場合を除き，排煙風道に直結すること。

四　排煙口には，手動開放装置を設けること。

五　前号の手動開放装置のうち手で操作する部分は，壁に設ける場合においては床面から80cm以上1.5m以下の高さの位置に，天井から吊り下げて設ける場合においては床面からおおむね1.8mの高さの位置に設け，かつ，見やすい方法でその使用方法を表示すること。

六　排煙口には，第四号の手動開放装置若しくは煙感知器と連動する自動開放装置又は遠隔操作方式による開放装置により開放された場合を除き閉鎖状態を保持し，かつ，開放時に排煙に伴い生ずる気流により閉鎖されるおそれのない構造の戸その他これに類するものを設けること。

七　排煙風道は，第115条第1項第三号に定める構造とし，かつ，防煙壁を貫通する場合においては，当該風道と防煙壁とのすき間をモルタルその他の不燃材料で埋めること。

八　排煙口が防煙区画部分の床面積の1/50以上の開口面積を有し，かつ，直接外気に接する場合を除き，排煙機を設けること。

九　前号の排煙機は，一の排煙口の開放に伴い自動的に作動し，かつ，1分間に，120m³以上で，かつ，防煙区画部分の床面積1m²につき1m³（2以上の防煙区画

部分に係る排煙機にあっては，当該防煙区画部分のうち床面積の最大のものの床面積1m²につき2m³）以上の空気を排出する能力を有するものとすること。

十　電源を必要とする排煙設備には，予備電源を設けること。

十一　法第34条第2項に規定する建築物又は各構えの床面積の合計が1,000m²を超える地下街*における排煙設備の制御及び作動状態の監視は，中央管理室*において行うことができるものとすること。

●関連　[昇降機] 法第34条第2項　　　　→p53
　　　[地下街] 令第128条の3　　　　→p292
　　　[中央管理室] 令第20条の2第二号→p208

十二　前各号に定めるもののほか，火災時に生ずる煙を有効に排出することができるものとして国土交通大臣が定めた構造方法を用いるものとすること。

2　前項の規定は，送風機を設けた排煙設備その他の特殊な構造の排煙設備で，通常の火災時に生ずる煙を有効に排出することができるものとして国土交通大臣が定めた構造方法*を用いるものについては，適用しない。

●告示　平12　建告1437号→p1548

第4節　非常用の照明装置

【設　置】

第126条の4　法別表第1*(い)欄(1)項から(4)項までに掲げる用途に供する特殊建築物の居室，階数が3以上で延べ面積が500m²を超える建築物の居室，第116条の2第1項第一号に該当する窓その他の開口部を有しない居室又は延べ面積が1,000m²を超える建築物の居室及びこれらの居室から地上に通ずる廊下，階段その他の通路（採光上有効に直接外気に開放された通路を除く。）並びにこれらに類する建築物の部分で照明装置の設置を通常要する部分には，非常用の照明装置を設けなければならない。ただし，次の各号のいずれかに該当する建築物又は建築物の部分については，この限りでない。

●関連　[法別表第1]→p167

一　一戸建の住宅又は長屋若しくは共同住宅の住戸
二　病院の病室，下宿の宿泊室又は寄宿舎の寝室その他これらの類する居室
三　学校等*

●関連　[学校等] 令第126条の2第1項第二号→p287

四　避難階又は避難階の直上階若しくは直下階の居室で避難上支障がないものその他これらに類するものとして国土交通大臣が定めるもの*

●告示　平12　建告1411号→p1507

【構　造】

第126条の5　前条の非常用の照明装置は，次の各号のいずれかに定める構造としなければならない。

一　次に定める構造とすること。
　イ　照明は，直接照明とし，床面において1lx以上の照度を確保することがで

きるものとすること。

ロ　照明器具の構造は，火災時において温度が上昇した場合であっても著しく光度が低下しないものとして国土交通大臣が定めた構造方法を用いるものとすること。

ハ　予備電源を設けること。

ニ　イからハまでに定めるもののほか，非常の場合の照明を確保するために必要があるものとして国土交通大臣が定めた構造方法を用いるものとすること。

二　火災時において，停電した場合に自動的に点灯し，かつ，避難するまでの間に，当該建築物の室内の温度が上昇した場合にあっても床面において 1 lx 以上の照度を確保することができるものとして，国土交通大臣の認定を受けたものとすること。

第 5 節　非常用の進入口

【設　置】

第126条の6　建築物の高さ31m 以下の部分にある 3 階以上の階（不燃性の物品の保管その他これと同等以上に火災の発生のおそれの少ない用途に供する階又は国土交通大臣が定める*特別の理由により屋外からの進入を防止する必要がある階で，その直上階又は直下階から進入することができるものを除く。）には，非常用の進入口を設けなければならない。ただし，次の各号のいずれかに該当する場合においては，この限りでない。

●告示　平12　建告1438号→p1551

一　第129条の13の 3 の規定に適合するエレベーター*を設置している場合

●関連［非常用エレベーター］令第129条の13の 3 →p314

二　道又は道に通ずる幅員 4 m 以上の通路その他の空地に面する各階の外壁面に窓その他の開口部（直径 1 m 以上の円が内接することができるもの又はその幅及び高さが，それぞれ，75cm 以上及び1.2m 以上のもので，格子その他の屋外からの進入を妨げる構造を有しないものに限る。）を当該壁面の長さ10m 以内ごとに設けている場合

三　吹抜きとなっている部分その他の一定の規模以上の空間で国土交通大臣が定めるものを確保し，当該空間から容易に各階に進入することができるよう，通路その他の部分であって，当該空間との間に壁を有しないことその他の高い開放性を有するものとして，国土交通大臣が定めた構造方法*を用いるもの又は国土交通大臣の認定を受けたものを設けている場合

●告示　平28　国交告786号→p1799

【構　造】

第126条の7　前条の非常用の進入口は，次の各号に定める構造としなければならない。

一　進入口は，道又は道に通ずる幅員 4 m 以上の通路その他の空地に面する各階の外壁面に設けること。

二　進入口の間隔は，40m 以下であること。

三　進入口の幅，高さ及び下端の床面からの高さが，それぞれ，75cm以上，1.2m以上及び80cm以下であること。

四　進入口は，外部から開放し，又は破壊して室内に進入できる構造とすること。

五　進入口には，奥行き1m以上，長さ4m以上のバルコニーを設けること。

六　進入口又はその近くに，外部から見やすい方法で赤色灯の標識を掲示し，及び非常用の進入口である旨を赤色で表示すること。

七　前各号に定めるもののほか，国土交通大臣が非常用の進入口としての機能を確保するために必要があると認めて定める基準に適合する構造とすること。

第6節　敷地内の避難上及び消火上必要な通路等

【適用の範囲】

第127条　この節の規定は，法第35条に掲げる建築物に適用する。

【敷地内の通路】

第128条　敷地内には，第123条第2項の屋外に設ける避難階段及び第125条第1項の出口から道又は公園，広場その他の空地に通ずる幅員が1.5m（階数が3以下で延べ面積が200m²未満の建築物の敷地内にあっては，90cm）以上の通路を設けなければならない。

【大規模な木造等の建築物の敷地内における通路】

第128条の2　主要構造部の全部が木造の建築物（法第2条第九号のニイに掲げる基準に適合する建築物を除く。）でその延べ面積が1,000m²を超える場合又は主要構造部の一部が木造の建築物でその延べ面積（主要構造部が耐火構造の部分を含む場合で，その部分とその他の部分とが耐火構造とした壁又は特定防火設備で区画されているときは，その部分の床面積を除く。以下この条において同じ。）が1,000m²を超える場合においては，その周囲（道に接する部分を除く。）に幅員が3m以上の通路を設けなければならない。ただし，延べ面積が3,000m²以下の場合における隣地境界線に接する部分の通路は，その幅員を1.5m以上とすることができる。

2　同一敷地内に2以上の建築物（耐火建築物，準耐火建築物及び延べ面積が1,000m²を超えるものを除く。）がある場合で，その延べ面積の合計が1,000m²を超えるときは，延べ面積の合計1,000m²以内ごとの建築物に区画し，その周囲（道又は隣地境界線に接する部分を除く。）に幅員が3m以上の通路を設けなければならない。

3　耐火建築物又は準耐火建築物が延べ面積の合計1,000m²以内ごとに区画された建築物を相互に防火上有効に遮っている場合においては，これらの建築物については，前項の規定は，適用しない。ただし，これらの建築物の延べ面積の合計が3,000m²を超える場合においては，その延べ面積の合計3,000m²以内ごとに，その周囲（道又は隣地境界線に接する部分を除く。）に幅員が3m以上の通路を設けなければならない。

4　前各項の規定にかかわらず，通路は，次の各号の規定に該当する渡り廊下を横切ることができる。ただし，通路が横切る部分における渡り廊下の開口の幅は2.5m以上，高さは3m以上としなければならない。

　　一　幅が3m以下であること。

　　二　通行又は運搬以外の用途に供しないこと。

5　前各項の規定による通路は，敷地の接する道まで達しなければならない。

【地下街】

第128条の3　地下街の各構えは，次の各号に該当する地下道に2m以上接しなければならない。ただし，公衆便所，公衆電話所その他これらに類するものにあっては，その接する長さを2m未満とすることができる。

　　一　壁，柱，床，はり及び床版は，国土交通大臣が定める耐火に関する性能を有すること。

　　二　幅員5m以上，天井までの高さ3m以上で，かつ，段及び1/8をこえる勾配の傾斜路を有しないこと。

　　三　天井及び壁の内面の仕上げを不燃材料でし，かつ，その下地を不燃材料で造っていること。

　　四　長さが60mをこえる地下道にあっては，避難上安全な地上に通ずる直通階段で第23条第1項の表の(2)に適合するものを各構えの接する部分からその一に至る歩行距離が30m以下となるように設けていること。

　　五　末端は，当該地下道の幅員以上の幅員の出入口で道に通ずること。ただし，その末端の出入口が2以上ある場合においては，それぞれの出入口の幅員の合計が当該地下道の幅員以上であること。

　　六　非常用の照明設備，排煙設備及び排水設備で国土交通大臣が定めた構造方法を用いるものを設けていること。

2　地下街の各構えが当該地下街の他の各構えに接する場合においては，当該各構えと当該他の各構えとを耐火構造の床若しくは壁又は特定防火設備で第112条第19項第二号に規定する構造であるもので区画しなければならない。

3　地下街の各構えは，地下道と耐火構造の床若しくは壁又は特定防火設備で第112条第19項第二号に規定する構造であるもので区画しなければならない。

4　地下街の各構えの居室の各部分から地下道（当該居室の各部分から直接地上へ通ずる通路を含む。）への出入口の一に至る歩行距離は，30m以下でなければならない。

5　第112条第7項から第11項まで，第14項，第16項，第17項及び第19項から第21項まで並びに第129条の2の4第1項第七号（第112条第20項に関する部分に限る。）の規定は，地下街の各構えについて準用する。この場合において，第112条第7項中「建築物の11階以上の部分で，各階の」とあるのは「地下街の各構えの部分で」と，同条第8項から第10項までの規定中「建築物」とあるのは「地下街の各構え」と，同条第11項中「主要構造部を準耐火構造とした建築物又は第136条の2第一号ロ若しくは第二号ロに掲げる基準に適合する建築物であって，地階又は3階以上の階に居室を有するもの」とあるのは「地下街の各構え」と，「準耐火構造」とあるのは「耐火構造」と，同条第14項中「該当する建築物」とあるのは「規定する用途に供する地下街の各構え」と，同条第16項中「準耐火構造」とあるのは「耐火構造」

と，同号中「１時間準耐火基準に適合する準耐火構造」とあるのは「耐火構造」と，「建築物」とあるのは「地下街の各構え」と読み替えるものとする。

6　地方公共団体は，他の工作物との関係その他周囲の状況により必要と認める場合においては，条例で，前各項に定める事項につき，これらの規定と異なる定めをすることができる。

第５章の２　特殊建築物等の内装

【制限を受ける窓その他の開口部を有しない居室】

第128条の３の２　法第35条の２（法第87条第３項において準用する場合を含む。次条において同じ。）の規定により政令で定める窓その他の開口部を有しない居室は，次の各号のいずれかに該当するもの（天井の高さが６ｍを超えるものを除く。）とする。

一　床面積が50m²を超える居室で窓その他の開口部の開放できる部分（天井又は天井から下方80cm以内の距離にある部分に限る。）の面積の合計が，当該居室の床面積の1/50未満のもの

二　法第28条第１項ただし書に規定する温湿度調整を必要とする作業を行う作業室その他用途上やむを得ない居室で同項本文の規定に適合しないもの

【制限を受けない特殊建築物等】

第128条の４　法第35条の２の規定により政令で定める特殊建築物は，次に掲げるもの以外のものとする。

一　次の表に掲げる特殊建築物

用途＼構造		主要構造部を耐火構造とした建築物又は法第２条第九号の三イに該当する建築物（１時間準耐火基準に適合するものに限る。）	法第２条第九号の三イ又はロのいずれかに該当する建築物（１時間準耐火基準に適合するものを除く。）	その他の建築物
(1)	法別表第１(い)欄(1)項に掲げる用途	客席の床面積の合計が400m²以上のもの	客席の床面積の合計が100m²以上のもの	客席の床面積の合計が100m²以上のもの
(2)	法別表第１(い)欄(2)項に掲げる用途	当該用途に供する３階以上の部分の床面積の合計が300m²以上のもの	当該用途に供する２階の部分（病院又は診療所については，その部分に患者の収容施設がある場合に限る。）の床面積の合計が300m²以上のもの	当該用途に供する部分の床面積の合計が200m²以上のもの

	法別表第1(い)欄(4)項に掲げる用途	当該用途に供する3階以上の部分の床面積の合計が1,000m²以上のもの	当該用途に供する2階の部分の床面積の合計が500m²以上のもの	当該用途に供する部分の床面積の合計が200m²以上のもの
(3)				

二　自動車車庫又は自動車修理工場の用途に供する特殊建築物

三　地階又は地下工作物内に設ける居室その他これらに類する居室で法別表第1 *(い)欄(1)項、(2)項又は(4)項に掲げる用途に供するものを有する特殊建築物

●関連［法別表第1］→p167

2　法第35条の2の規定により政令で定める階数が3以上である建築物は、延べ面積が500m²を超えるもの（学校等*の用途に供するものを除く。）以外のものとする。

●関連［学校等］令第126条の2第1項第二号→p287

3　法第35条の2の規定により政令で定める延べ面積が1,000m²を超える建築物は、階数が2で延べ面積が1,000m²を超えるもの又は階数が1で延べ面積が3,000m²を超えるもの（学校等*の用途に供するものを除く。）以外のものとする。

●関連［学校等］令第126条の2第1項第二号→p287

4　法第35条の2の規定により政令で定める建築物の調理室、浴室その他の室でかまど、こんろその他火を使用する設備又は器具を設けたものは、階数が2以上の住宅（住宅で事務所、店舗その他これらに類する用途を兼ねるものを含む。以下この項において同じ。）の用途に供する建築物（主要構造部を耐火構造としたものを除く。）の最上階以外の階又は住宅の用途に供する建築物以外の建築物（主要構造部を耐火構造としたものを除く。）に存する調理室、浴室、乾燥室、ボイラー室、作業室その他の室でかまど、こんろ、ストーブ、炉、ボイラー、内燃機関その他火を使用する設備又は器具を設けたもの（次条第6項において「内装の制限を受ける調理室等」という。）以外のものとする。

【特殊建築物等の内装】

第128条の5　前条第1項第一号に掲げる特殊建築物は、当該各用途に供する居室（法別表第1(い)欄(2)項に掲げる用途に供する特殊建築物が主要構造部を耐火構造とした建築物又は法第2条第九号の三イに該当する建築物である場合にあっては、当該用途に供する特殊建築物の部分で床面積の合計100m²（共同住宅の住戸にあっては、200m²）以内ごとに準耐火構造の床若しくは壁又は法第2条第九号の二ロに規定する防火設備で区画されている部分の居室を除く。）の壁（床面からの高さが1.2m以下の部分を除く。第4項において同じ。）及び天井（天井のない場合においては、屋根。以下この条において同じ。）の室内に面する部分（回り縁、窓台その他これらに類する部分を除く。以下この条において同じ。）の仕上げを第一号に掲げる仕上げと、当該各用途に供する居室から地上に通ずる主たる廊下、階段その他の通路の壁及び天井の室内に面する部分の仕上げを第二号に掲げる仕上げとしなければならない。

一　次のイ又はロに掲げる仕上げ

イ　難燃材料（3階以上の階に居室を有する建築物の当該各用途に供する居室の
　　　天井の室内に面する部分にあっては，準不燃材料）でしたもの
　　ロ　イに掲げる仕上げに準ずるものとして国土交通大臣が定める方法*により国
　　　土交通大臣が定める材料の組合せによってしたもの

●告示　平12　建告1439号→p1552

　二　次のイ又はロに掲げる仕上げ
　　イ　準不燃材料でしたもの
　　ロ　イに掲げる仕上げに準ずるものとして国土交通大臣が定める方法*により国
　　　土交通大臣が定める材料の組合せによってしたもの

●告示　平21　国交告225号→p1715

2　前条第1項第二号に掲げる特殊建築物は，当該各用途に供する部分及びこれから
　地上に通ずる主たる通路の壁及び天井の室内に面する部分の仕上げを前項第二号に
　掲げる仕上げとしなければならない。
3　前条第1項第三号に掲げる特殊建築物は，同号に規定する居室及びこれから地上
　に通ずる主たる廊下，階段その他の通路の壁及び天井の室内に面する部分の仕上げ
　を第1項第二号に掲げる仕上げとしなければならない。
4　階数が3以上で延べ面積が500m²を超える建築物，階数が2で延べ面積が1,000
　m²を超える建築物又は階数が1で延べ面積が3,000m²を超える建築物（学校等の用
　途に供するものを除く。）は，居室（床面積の合計100m²以内ごとに準耐火構造の
　床若しくは壁又は法第2条第九号の二ロに規定する防火設備で第112条第19項第
　二号に規定する構造であるもので区画され，かつ，法別表第1(い)欄に掲げる用途に
　供しない部分の居室で，主要構造部を耐火構造とした建築物又は法第2条第九号の
　三イに該当する建築物の高さが31m以下の部分にあるものを除く。）の壁及び天井
　の室内に面する部分の仕上げを次の各号のいずれかに掲げる仕上げと，居室から地
　上に通ずる主たる廊下，階段その他の通路の壁及び天井の室内に面する部分の仕上
　げを第1項第二号に掲げる仕上げとしなければならない。ただし，同表(い)欄(2)項に
　掲げる用途に供する特殊建築物の高さ31m以下の部分については，この限りでな
　い。
　一　難燃材料でしたもの
　二　前号に掲げる仕上げに準ずるものとして国土交通大臣が定める方法*により国
　　土交通大臣が定める材料の組合せでしたもの

●告示　平12　建告1439号→p1552

5　第128条の3の2に規定する居室を有する建築物は，当該居室及びこれから地上
　に通ずる主たる廊下，階段その他の通路の壁及び天井の室内に面する部分の仕上げ
　を第1項第二号に掲げる仕上げとしなければならない。
6　内装の制限を受ける調理室等*は，その壁及び天井の室内に面する部分の仕上げ
　を第1項第二号に掲げる仕上げとしなければならない。

●関連［内装の制限を受ける調理室等］令第128条の4第4項→p294

7　前各項の規定は，火災が発生した場合に避難上支障のある高さまで煙又はガスの

降下が生じない建築物の部分として，床面積，天井の高さ並びに消火設備及び排煙設備の設置の状況及び構造を考慮して国土交通大臣が定めるもの*については，適用しない。

●告示　令2　国交告251号→p1848

第5章の3　避難上の安全の検証

【避難上の安全の検証を行う区画部分に対する基準の適用】

第128条の6　居室その他の建築物の部分で，準耐火構造の床若しくは壁又は法第2条第九号の二ロに規定する防火設備で第112条第19項第二号に規定する構造であるもので区画されたもの（2以上の階にわたって区画されたものを除く。以下この条において「区画部分」という。）のうち，当該区画部分が区画避難安全性能を有するものであることについて，区画避難安全検証法により確かめられたもの（主要構造部が準耐火構造であるか又は不燃材料で造られた建築物の区画部分に限る。）又は国土交通大臣の認定を受けたものについては，第126条の2，第126条の3及び前条（第2項，第6項及び第7項並びに階段に係る部分を除く。）の規定は，適用しない。

2　前項の「区画避難安全性能」とは，当該区画部分のいずれの室（火災の発生のおそれの少ないものとして国土交通大臣が定める室*を除く。以下この章において「火災室」という。）で火災が発生した場合においても，当該区画部分に存する者（当該区画部分を通らなければ避難することができない者を含む。次項第一号ニにおいて「区画部分に存する者」という。）の全てが当該区画部分から当該区画部分以外の部分等（次の各号に掲げる当該区画部分がある階の区分に応じ，当該各号に定める場所をいう。以下この条において同じ。）までの避難を終了するまでの間，当該区画部分の各居室及び各居室から当該区画部分以外の部分等に通ずる主たる廊下その他の建築物の部分において，避難上支障がある高さまで煙又はガスが降下しないものであることとする。

●告示　平12　建告1440号→p1553

一　避難階以外の階　　当該区画部分以外の部分であって，直通階段*（避難階*又は地上に通ずるものに限る。次条において同じ。）に通ずるもの

●関連［直通階段］令第120条　→p280
　　　　［避難階］令第13条第一号→p201

二　避難階　　地上又は地上に通ずる当該区画部分以外の部分

3　第1項の「区画避難安全検証法」とは，次の各号のいずれかに掲げる方法をいう。

一　次に定めるところにより，火災発生時において当該区画部分からの避難が安全に行われることを当該区画部分からの避難に要する時間に基づき検証する方法

　イ　当該区画部分の各居室ごとに，当該居室に存する者（当該居室を通らなければ避難することができない者を含む。）の全てが当該居室において火災が発生

してから当該居室からの避難を終了するまでに要する時間を，当該居室及び当該居室を通らなければ避難することができない建築物の部分（以下このイにおいて「当該居室等」という。）の用途及び床面積の合計，当該居室等の各部分から当該居室の出口（当該居室から当該区画部分以外の部分等に通ずる主たる廊下その他の通路に通ずる出口に限る。）の一に至る歩行距離，当該区画部分の各室の用途及び床面積並びに当該区画部分の各室の出口（当該居室の出口及びこれに通ずる出口に限る。）の幅に応じて国土交通大臣が定める方法*により計算すること。

●告示　令2　国交告509号→p1849
令3　国交告474号→p1903

ロ　当該区画部分の各居室ごとに，当該居室において発生した火災により生じた煙又はガスが避難上支障のある高さまで降下するために要する時間を，当該居室の用途，床面積及び天井の高さ，当該居室に設ける排煙設備の構造並びに当該居室の壁及び天井の仕上げに用いる材料の種類に応じて国土交通大臣が定める方法*により計算すること。

●告示　令2　国交告509号→p1849

ハ　当該区画部分の各居室についてイの規定によって計算した時間が，ロの規定によって計算した時間を超えないことを確かめること。

ニ　当該区画部分の各火災室ごとに，区画部分に存する者の全てが当該火災室で火災が発生してから当該区画部分からの避難を終了するまでに要する時間を，当該区画部分の各室及び当該区画部分を通らなければ避難することができない建築物の部分（以下このニにおいて「当該区画部分の各室等」という。）の用途及び床面積，当該区画部分の各室等の各部分から当該区画部分以外の部分等への出口の一に至る歩行距離並びに当該区画部分の各室等の出口（当該区画部分以外の部分等に通ずる出口及びこれに通ずるものに限る。）の幅に応じて国土交通大臣が定める方法*により計算すること。

●告示　令2　国交告509号→p1849
令3　国交告474号→p1903

ホ　当該区画部分の各火災室ごとに，当該火災室において発生した火災により生じた煙又はガスが，当該区画部分の各居室（当該火災室を除く。）及び当該居室から当該区画部分以外の部分等に通ずる主たる廊下その他の建築物の部分において避難上支障のある高さまで降下するために要する時間を，当該区画部分の各室の用途，床面積及び天井の高さ，各室の壁及びこれに設ける開口部の構造，各室に設ける排煙設備の構造並びに各室の壁及び天井の仕上げに用いる材料の種類に応じて国土交通大臣が定める方法*により計算すること。

●告示　令2　国交告509号→p1849

ヘ　当該区画部分の各火災室についてニの規定によって計算した時間が，ホの規定によって計算した時間を超えないことを確かめること。

二　次に定めるところにより，火災発生時において当該区画部分からの避難が安全

に行われることを火災により生じた煙又はガスの高さに基づき検証する方法

　イ　当該区画部分の各居室ごとに，前号イの規定によって計算した時間が経過した時における当該居室において発生した火災により生じた煙又はガスの高さを，当該居室の用途，床面積及び天井の高さ，当該居室に設ける消火設備及び排煙設備の構造並びに当該居室の壁及び天井の仕上げに用いる材料の種類に応じて国土交通大臣が定める方法*により計算すること。

●告示　令3　国交告474号→p1903

　ロ　当該区画部分の各居室についてイの規定によって計算した高さが，避難上支障のある高さとして国土交通大臣が定める高さ*を下回らないことを確かめること。

●告示　令3　国交告474号→p1903

　ハ　当該区画部分の各火災室ごとに，前号ニの規定によって計算した時間が経過した時における当該火災室において発生した火災により生じた煙又はガスの当該区画部分の各居室（当該火災室を除く。）及び当該居室から当該区画部分以外の部分等に通ずる主たる廊下その他の建築物の部分における高さを，当該区画部分の各室の用途，床面積及び天井の高さ，各室の壁及びこれに設ける開口部の構造，各室に設ける消火設備及び排煙設備の構造並びに各室の壁及び天井の仕上げに用いる材料の種類に応じて国土交通大臣が定める方法*により計算すること。

●告示　令3　国交告474号→p1903

　ニ　当該区画部分の各火災室についてハの規定によって計算した高さが，避難上支障のある高さとして国土交通大臣が定める高さ*を下回らないことを確かめること。

●告示　令3　国交告474号→p1903

【避難上の安全の検証を行う建築物の階に対する基準の適用】

第129条　建築物の階（物品販売業を営む店舗の用途に供する建築物にあっては，屋上広場を含む。以下この条及び次条第4項において同じ。）のうち，当該階が階避難安全性能を有するものであることについて，階避難安全検証法により確かめられたもの（主要構造部が準耐火構造であるか又は不燃材料で造られた建築物の階に限る。）又は国土交通大臣の認定を受けたものについては，第119条，第120条，第123条第3項第一号，第二号，第十号（屋内からバルコニー又は付室に通ずる出入口に係る部分に限る。）及び第十二号，第124条第1項第二号，第126条の2，第126条の3並びに第128条の5（第2項，第6項及び第7項並びに階段に係る部分を除く。）の規定は，適用しない。

2　前項の「階避難安全性能」とは，当該階のいずれの火災室で火災が発生した場合においても，当該階に存する者（当該階を通らなければ避難することができない者を含む。次項第一号ニにおいて「階に存する者」という。）の全てが当該階から直通階段*の一までの避難（避難階にあっては，地上までの避難）を終了するまでの間，当該階の各居室及び各居室から直通階段（避難階にあっては，地上。以下この

条において同じ。）に通ずる主たる廊下その他の建築物の部分において，避難上支障がある高さまで煙又はガスが降下しないものであることとする。

●関連［直通階段］令第120条　→p280
　　　［避難階］令第13条第一号→p201

3　第1項の「階避難安全検証法」とは，次の各号のいずれかに掲げる方法をいう。

一　次に定めるところにより，火災発生時において当該建築物の階からの避難が安全に行われることを当該階からの避難に要する時間に基づき検証する方法

イ　当該階の各居室ごとに，当該居室に存する者（当該居室を通らなければ避難することができない者を含む。）の全てが当該居室において火災が発生してから当該居室からの避難を終了するまでに要する時間を，当該居室及び当該居室を通らなければ避難することができない建築物の部分（以下このイにおいて「当該居室等」という。）の用途及び床面積の合計，当該居室等の各部分から当該居室の出口（当該居室から直通階段に通ずる主たる廊下その他の通路に通ずる出口に限る。）の一に至る歩行距離，当該階の各室の用途及び床面積並びに当該階の各室の出口（当該居室の出口及びこれに通ずるものに限る。）の幅に応じて国土交通大臣が定める方法*により計算すること。

●告示　令2　国交告510号→p1865
　　　令3　国交告475号→p1932

ロ　当該階の各居室ごとに，当該居室において発生した火災により生じた煙又はガスが避難上支障のある高さまで降下するために要する時間を，当該居室の用途，床面積及び天井の高さ，当該居室に設ける排煙設備の構造並びに当該居室の壁及び天井の仕上げに用いる材料の種類に応じて国土交通大臣が定める方法*により計算すること。

●告示　令2　国交告510号→p1865

ハ　当該階の各居室についてイの規定によって計算した時間が，ロの規定によって計算した時間を超えないことを確かめること。

ニ　当該階の各火災室ごとに，階に存する者の全てが当該火災室で火災が発生してから当該階からの避難を終了するまでに要する時間を，当該階の各室及び当該階を通らなければ避難することができない建築物の部分（以下このニにおいて「当該階の各室等」という。）の用途及び床面積，当該階の各室等の各部分から直通階段への出口の一に至る歩行距離並びに当該階の各室等の出口（直通階段に通ずる出口及びこれに通ずるものに限る。）の幅に応じて国土交通大臣が定める方法*により計算すること。

●告示　令2　国交告510号→p1865
　　　令3　国交告475号→p1932

ホ　当該階の各火災室ごとに，当該火災室において発生した火災により生じた煙又はガスが，当該階の各居室（当該火災室を除く。）及び当該居室から直通階段に通ずる主たる廊下その他の建築物の部分において避難上支障のある高さまで降下するために要する時間を，当該階の各室の用途，床面積及び天井の高さ，各室の壁及びこれに設ける開口部の構造，各室に設ける排煙設備の構造並びに

各室の壁及び天井の仕上げに用いる材料の種類に応じて国土交通大臣が定める方法*により計算すること。

●告示 令2 国交告510号→p1865

ヘ 当該階の各火災室についてニの規定によって計算した時間が，ホの規定によって計算した時間を超えないことを確かめること。

二 次に定めるところにより，火災発生時において当該建築物の階からの避難が安全に行われることを火災により生じた煙又はガスの高さに基づき検証する方法

イ 当該階の各居室ごとに，前号イの規定によって計算した時間が経過した時における当該居室において発生した火災により生じた煙又はガスの高さを，当該居室の用途，床面積及び天井の高さ，当該居室に設ける消火設備及び排煙設備の構造並びに当該居室の壁及び天井の仕上げに用いる材料の種類に応じて国土交通大臣が定める方法*により計算すること。

●告示 令3 国交告475号→p1932

ロ 当該階の各居室についてイの規定によって計算した高さが，避難上支障のある高さとして国土交通大臣が定める高さ*を下回らないことを確かめること。

●告示 令3 国交告475号→p1932

ハ 当該階の各火災室ごとに，前号ニの規定によって計算した時間が経過した時における当該火災室において発生した火災により生じた煙又はガスの当該階の各居室（当該火災室を除く。）及び当該居室から直通階段に通ずる主たる廊下その他の建築物の部分における高さを，当該階の各室の用途，床面積及び天井の高さ，各室の壁及びこれに設ける開口部の構造，各室に設ける消火設備及び排煙設備の構造並びに各室の壁及び天井の仕上げに用いる材料の種類に応じて国土交通大臣が定める方法*により計算すること。

●告示 令3 国交告475号→p1932

ニ 当該階の各火災室についてハの規定によって計算した高さが，避難上支障のある高さとして国土交通大臣が定める高さ*を下回らないことを確かめること。

●告示 令3 国交告475号→p1932

【避難上の安全の検証を行う建築物に対する基準の適用】

第129条の2 建築物のうち，当該建築物が全館避難安全性能を有するものであることについて，全館避難安全検証法により確かめられたもの（主要構造部が準耐火構造であるか又は不燃材料で造られたものに限る。）又は国土交通大臣の認定を受けたもの（次項において「全館避難安全性能確認建築物」という。）については，第112条第7項，第11項から第13項まで及び第18項，第119条，第120条，第123条第1項第一号及び第六号，第2項第二号並びに第3項第一号から第三号まで，第十号及び第十二号，第124条第1項，第125条第1項及び第3項，第126条の2，第126条の3並びに第128条の5（第2項，第6項及び第7項並びに階段に係る部分を除く。）の規定は，適用しない。

2　全館避難安全性能確認建築物の屋内に設ける避難階段に対する第123条第1項第七号の規定の適用については，同号中「避難階」とあるのは，「避難階又は屋上広場その他これに類するもの（屋外に設ける避難階段が接続しているものに限る。）」とする。

3　第1項の「全館避難安全性能」とは，当該建築物のいずれの火災室で火災が発生した場合においても，当該建築物に存する者（次項第一号ロにおいて「在館者」という。）の全てが当該建築物から地上までの避難を終了するまでの間，当該建築物の各居室及び各居室から地上に通ずる主たる廊下，階段その他の建築物の部分において，避難上支障がある高さまで煙又はガスが降下しないものであることとする。

4　第1項の「全館避難安全検証法」とは，次の各号のいずれかに掲げる方法をいう。

一　次に定めるところにより，火災発生時において当該建築物からの避難が安全に行われることを当該建築物からの避難に要する時間に基づき検証する方法

　　イ　各階が，前条第2項に規定する階避難安全性能を有するものであることについて，同条第3項第一号に定めるところにより確かめること。

　　ロ　当該建築物の各階における各火災室ごとに，在館者の全てが，当該火災室で火災が発生してから当該建築物からの避難を終了するまでに要する時間を，当該建築物の各室の用途及び床面積，当該建築物の各室の各部分から地上への出口の一に至る歩行距離並びに当該建築物の各室の出口（地上に通ずる出口及びこれに通ずるものに限る。）の幅に応じて国土交通大臣が定める方法*により計算すること。

●告示　令2　国交告511号→p1883
令3　国交告476号→p1963

　　ハ　当該建築物の各階における各火災室ごとに，当該火災室において発生した火災により生じた煙又はガスが，階段の部分又は当該階の直上階以上の階の一に流入するために要する時間を，当該階の各室の用途，床面積及び天井の高さ，各室の壁及びこれに設ける開口部の構造，各室に設ける排煙設備の構造並びに各室の壁及び天井の仕上げに用いる材料の種類並びに当該階の階段の部分を区画する壁及びこれに設ける開口部の構造に応じて国土交通大臣が定める方法*により計算すること。

●告示　令2　国交告511号→p1883

　　ニ　当該建築物の各階における各火災室についてロの規定によって計算した時間が，ハの規定によって計算した時間を超えないことを確かめること。

二　次に定めるところにより，火災発生時において当該建築物からの避難が安全に行われることを火災により生じた煙又はガスの高さに基づき検証する方法

　　イ　各階が，前条第2項に規定する階避難安全性能を有するものであることについて，同条第3項第二号に定めるところにより確かめること。

　　ロ　当該建築物の各階における各火災室ごとに，前号ロの規定によって計算した

301

時間が経過した時における当該火災室において発生した火災により生じた煙又はガスの階段の部分及び当該階の直上階以上の各階における高さを，当該階の各室の用途，床面積及び天井の高さ，各室の壁及びこれに設ける開口部の構造，各室に設ける消火設備及び排煙設備の構造並びに各室の壁及び天井の仕上げに用いる材料の種類並びに当該階の階段の部分を区画する壁及びこれに設ける開口部の構造に応じて国土交通大臣が定める方法*により計算すること。

●告示 令3 国交告476号→p1963

ハ 当該建築物の各階における各火災室についてロの規定によって計算した高さが，避難上支障のある高さとして国土交通大臣が定める高さ*を下回らないことを確かめること。

●告示 令3 国交告476号→p1963

【別の建築物とみなす部分】

第129条の2の2 第117条第2項各号*に掲げる建築物の部分は，この章の規定の適用については，それぞれ別の建築物とみなす。

●関連［適用の範囲］令第117条第2項→p280

第5章の4 建築設備等

第1節 建築設備の構造強度

第129条の2の3 法第20条第1項第一号，第二号イ，第三号イ及び第四号イの政令で定める技術的基準のうち建築設備に係るものは，次のとおりとする。

一 建築物に設ける第129条の3第1項第一号又は第二号に掲げる昇降機にあっては，第129条の4及び第129条の5（これらの規定を第129条の12第2項において準用する場合を含む。），第129条の6第一号，第129条の8第1項並びに第129条の12第1項第六号の規定（第129条の3第2項第一号に掲げる昇降機にあっては，第129条の6第一号の規定を除く。）に適合すること。

二 建築物に設ける昇降機以外の建築設備にあっては，構造耐力上安全なものとして国土交通大臣が定めた構造方法を用いること。

三 法第20条第1項第一号から第三号までに掲げる建築物に設ける屋上から突出する水槽，煙突その他これらに類するものにあっては，国土交通大臣が定める基準*に従った構造計算により風圧並びに地震その他の震動及び衝撃に対して構造耐力上安全であることを確かめること。

●告示 平12 建告1389号→p1495

第1節の2 給水，排水その他の配管設備

【給水，排水その他の配管設備の設置及び構造】

第129条の2の4 建築物に設ける給水，排水その他の配管設備の設置及び構造は，次に定めるところによらなければならない。

一　コンクリートへの埋設等により腐食するおそれのある部分には，その材質に応じ有効な腐食防止のための措置を講ずること。

二　構造耐力上主要な部分を貫通して配管する場合においては，建築物の構造耐力上支障を生じないようにすること。

三　第129条の３第１項第一号又は第三号に掲げる昇降機の昇降路内に設けないこと。ただし，地震時においても昇降機の籠（人又は物を乗せ昇降する部分をいう。以下同じ。）の昇降，籠及び出入口の戸の開閉その他の昇降機の機能並びに配管設備の機能に支障が生じないものとして，国土交通大臣が定めた構造方法を用いるもの及び国土交通大臣の認定を受けたものは，この限りでない。

●関連〔エレベーターの昇降路の構造〕令第129条の７→p310

四　圧力タンク及び給湯設備には，有効な安全装置を設けること。

五　水質，温度その他の特性に応じて安全上，防火上及び衛生上支障のない構造とすること。

六　地階を除く階数が３以上である建築物，地階に居室を有する建築物又は延べ面積が3,000m²を超える建築物に設ける換気，暖房又は冷房の設備の風道及びダストシュート，メールシュート，リネンシュートその他これらに類するもの（屋外に面する部分その他防火上支障がないものとして国土交通大臣が定める部分を除く。）は，不燃材料で造ること。

七　給水管，配電管その他の管が，第112条第20項の準耐火構造の防火区画，第113条第１項の防火壁若しくは防火床，第114条第１項の界壁，同条第２項の間仕切壁又は同条第３項若しくは第４項の隔壁（ハにおいて「防火区画等」という。）を貫通する場合においては，これらの管の構造は，次のイからハまでのいずれかに適合するものとすること。ただし，１時間準耐火基準に適合する準耐火構造の床若しくは壁又は特定防火設備で建築物の他の部分と区画されたパイプシャフト，パイプダクトその他これらに類するものの中にある部分については，この限りでない。

　　イ　給水管，配電管その他の管の貫通する部分及び当該貫通する部分からそれぞれ両側に１m以内の距離にある部分を不燃材料で造ること。

　　ロ　給水管，配電管その他の管の外径が，当該管の用途，材質その他の事項に応じて国土交通大臣が定める数値未満であること。

　　ハ　防火区画等を貫通する管に通常の火災による火熱が加えられた場合に，加熱開始後20分間（第112条第１項若しくは第４項から第６項まで，同条第７項（同条第８項の規定により床面積の合計200m²以内ごとに区画する場合又は同条第９項の規定により床面積の合計500m²以内ごとに区画する場合に限る。），同条第10項（同条第８項の規定により床面積の合計200m²以内ごとに区画する場合又は同条第９項の規定により床面積の合計500m²以内ごとに区画する場合に限る。）若しくは同条第18項の規定による準耐火構造の床若しくは壁又は第113条第１項の防火壁若しくは防火床にあっては１時間，第114条第１項の界壁，同条第２項の間仕切壁又は同条第３項若しくは第４項の隔壁にあっては45分間）

防火区画等の加熱側の反対側に火炎を出す原因となる亀裂その他の損傷を生じないものとして，国土交通大臣の認定を受けたものであること。

八　3階以上の階を共同住宅の用途に供する建築物の住戸に設けるガスの配管設備は，国土交通大臣が安全を確保するために必要があると認めて定める基準によること。

2　建築物に設ける飲料水の配管設備（水道法第3条第9項に規定する給水装置に該当する配管設備を除く。）の設置及び構造は，前項の規定によるほか，次に定めるところによらなければならない。

一　飲料水の配管設備（これと給水系統を同じくする配管設備を含む。以下この項において同じ。）とその他の配管設備とは，直接連結させないこと。

二　水槽，流しその他水を入れ，又は受ける設備に給水する飲料水の配管設備の水栓の開口部にあっては，これらの設備のあふれ面と水栓の開口部との垂直距離を適当に保つことその他の有効な水の逆流防止のための措置を講ずること。

三　飲料水の配管設備の構造は，次に掲げる基準に適合するものとして，国土交通大臣が定めた構造方法を用いるもの又は国土交通大臣の認定を受けたものであること。

イ　当該配管設備から漏水しないものであること。

ロ　当該配管設備から溶出する物質によって汚染されないものであること。

四　給水管の凍結による破壊のおそれのある部分には，有効な防凍のための措置を講ずること。

五　給水タンク及び貯水タンクは，ほこりその他衛生上有害なものが入らない構造とし，金属性のものにあっては，衛生上支障のないように有効なさび止めのための措置を講ずること。

六　前各号に定めるもののほか，安全上及び衛生上支障のないものとして国土交通大臣が定めた構造方法*を用いるものであること。

●告示　昭50　建告1597号→p1434

3　建築物に設ける排水のための配管設備の設置及び構造は，第1項の規定によるほか，次に定めるところによらなければならない。

一　排出すべき雨水又は汚水の量及び水質に応じ有効な容量，傾斜及び材質を有すること。

二　配管設備には，排水トラップ，通気管等を設置する等衛生上必要な措置を講ずること。

三　配管設備の末端は，公共下水道，都市下水路その他の排水施設に排水上有効に連結すること。

四　汚水に接する部分は，不浸透質の耐水材料で造ること。

五　前各号に定めるもののほか，安全上及び衛生上支障のないものとして国土交通大臣が定めた構造方法*を用いるものであること。

●告示　昭50　建告1597号→p1434

【換気設備】

第129条の2の5　建築物（換気設備を設けるべき調理室等を除く。以下この条において同じ。）に設ける自然換気設備*は，次に定める構造としなければならない。

●関連［自然換気設備］令第20条の2第一号イ→p206

一　換気上有効な給気口及び排気筒を有すること。

二　給気口は，居室の天井の高さの1/2以下の高さの位置に設け，常時外気に開放された構造とすること。

三　排気口（排気筒の居室に面する開口部をいう。以下この項において同じ。）は，給気口より高い位置に設け，常時開放された構造とし，かつ，排気筒の立上り部分に直結すること。

四　排気筒は，排気上有効な立上り部分を有し，その頂部は，外気の流れによって排気が妨げられない構造とし，かつ，直接外気に開放すること。

五　排気筒には，その頂部及び排気口を除き，開口部を設けないこと。

六　給気口及び排気口並びに排気筒の頂部には，雨水の浸入又はねずみ，虫，ほこりその他衛生上有害なものの侵入を防ぐための設備を設けること。

2　建築物に設ける機械換気設備*は，次に定める構造としなければならない。

●関連［機械換気設備］令第20条の2第一号ロ→p207

一　換気上有効な給気機及び排気機，換気上有効な給気機及び排気口又は換気上有効な給気口及び排気機を有すること。

二　給気口及び排気口の位置及び構造は，当該居室内の人が通常活動することが想定される空間における空気の分布を均等にし，かつ，著しく局部的な空気の流れを生じないようにすること。

三　給気機の外気取入口並びに直接外気に開放された給気口及び排気口には，雨水の浸入又はねずみ，虫，ほこりその他衛生上有害なものの侵入を防ぐための設備を設けること。

四　直接外気に開放された給気口又は排気口に換気扇を設ける場合には，外気の流れによって著しく換気能力が低下しない構造とすること。

五　風道は，空気を汚染するおそれのない材料で造ること。

3　建築物に設ける中央管理方式の空気調和設備*の構造は，前項の規定によるほか，居室における次の表の中欄に掲げる事項がそれぞれおおむね同表の右欄に掲げる基準に適合するように空気を浄化し，その温度，湿度又は流量を調節して供給（排出を含む。）をすることができる性能を有し，かつ，安全上，防火上及び衛生上支障がないものとして国土交通大臣が定めた構造方法*を用いるものとしなければならない。

●告示　昭45　建告1832号→p1419
●関連［中央管理方式の空気調和設備］令第20条の2第一号ハ→p207

⑴	浮遊粉じんの量	空気1m³につき0.15mg以下であること。
⑵	一酸化炭素の含有率	6/1,000,000以下であること。

(3)	炭酸ガスの含有率	1,000/1,000,000以下であること。
(4)	温　度	一　18℃以上28℃以下であること。 二　居室における温度を外気の温度より低くする場合は，その差を著しくしないものであること。
(5)	相対湿度	40%以上70%以下であること。
(6)	気　流	0.5m/s以下であること。

【冷却塔設備】

第129条の2の6　地階を除く階数が11以上である建築物の屋上に設ける冷房のための冷却塔設備の設置及び構造は，次の各号のいずれかに掲げるものとしなければならない。

一　主要な部分を不燃材料で造るか，又は防火上支障がないものとして国土交通大臣が定めた構造方法を用いるものとすること。

二　冷却塔の構造に応じ，建築物の他の部分までの距離を国土交通大臣が定める距離以上としたものとすること。

三　冷却塔設備の内部が燃焼した場合においても建築物の他の部分を国土交通大臣が定める温度以上に上昇させないものとして国土交通大臣の認定を受けたものとすること。

第2節　昇　降　機

【適用の範囲】

第129条の3　この節の規定は，建築物に設ける次に掲げる昇降機に適用する。

一　人又は人及び物を運搬する昇降機（次号に掲げるものを除く。）並びに物を運搬するための昇降機でかごの水平投影面積が1m²を超え，又は天井の高さが1.2mを超えるもの（以下「エレベーター」という。）

二　エスカレーター

三　物を運搬するための昇降機で，かごの水平投影面積が1m²以下で，かつ，天井の高さが1.2m以下のもの（以下「小荷物専用昇降機*」という。）

●関連［小荷物専用昇降機の構造］令第129条の13→p313

2　前項の規定にかかわらず，次の各号に掲げる昇降機については，それぞれ当該各号に掲げる規定は，適用しない。

一　特殊な構造又は使用形態のエレベーターで国土交通大臣が定めた構造方法*を用いるもの　　第129条の6，第129条の7，第129条の8第2項第二号，第129条の9，第129条の10第3項及び第4項並びに第129条の13の3の規定

●告示　平12　建告1413号→p1508

二　特殊な構造又は使用形態のエスカレーターで国土交通大臣が定めた構造方法*を用いるもの　　第129条の12第1項の規定

●告示　平12　建告1413号→p1508

三　特殊な構造又は使用形態の小荷物専用昇降機で国土交通大臣が定めた構造方法

を用いるもの　　第129条の13の規定

【エレベーターの構造上主要な部分】

第129条の4　エレベーターのかご及びかごを支え，又は吊る構造上主要な部分（以下この条において「主要な支持部分」という。）の構造は，次の各号のいずれかに適合するものとしなければならない。

一　設置時及び使用時のかご及び主要な支持部分の構造が，次に掲げる基準に適合するものとして，通常の使用状態における摩損及び疲労破壊を考慮して国土交通大臣が定めた構造方法を用いるものであること。

イ　かごの昇降によって摩損又は疲労破壊を生ずるおそれのある部分以外の部分は，通常の昇降時の衝撃及び安全装置が作動した場合の衝撃により損傷を生じないこと。

ロ　かごの昇降によって摩損又は疲労破壊を生ずるおそれのある部分については，通常の使用状態において，通常の昇降時の衝撃及び安全装置が作動した場合の衝撃によりかごの落下をもたらすような損傷が生じないこと。

二　かごを主索で吊るエレベーター，油圧エレベーターその他国土交通大臣が定めるエレベーターにあっては，設置時及び使用時のかご及び主要な支持部分の構造が，通常の使用状態における摩損及び疲労破壊を考慮したエレベーター強度検証法により，前号イ及びロに掲げる基準に適合するものであることについて確かめられたものであること。

三　設置時及び使用時のかご及び主要な支持部分の構造が，それぞれ第一号イ及びロに掲げる基準に適合することについて，通常の使用状態における摩損又は疲労破壊を考慮して行う国土交通大臣の認定を受けたものであること。

2　前項の「エレベーター強度検証法」とは，次に定めるところにより，エレベーターの設置時及び使用時のかご及び主要な支持部分の強度を検証する方法をいう。

一　次条に規定する荷重によって主要な支持部分並びにかごの床版及び枠（以下この条において「主要な支持部分等」という。）に生ずる力を計算すること。

二　前号の主要な支持部分等の断面に生ずる常時及び安全装置の作動時の各応力度を次の表に掲げる式によって計算すること。

荷重について想定する状態	式
常　時	$G_1 + \alpha_1 (G_2 + P)$
安全装置の作動時	$G_1 + \alpha_2 (G_2 + P)$

　この表において，G_1，G_2及び P はそれぞれ次の力を，α_1及び α_2はそれぞれ次の数値を表すものとする。

G_1　次条第1項に規定する固定荷重のうち昇降する部分以外の部分に係るものによって生ずる力

G_2　次条第1項に規定する固定荷重のうち昇降する部分に係るものによって生ずる力

P　次条第2項に規定する積載荷重によって生ずる力

> α_1　通常の昇降時に昇降する部分に生ずる加速度を考慮して国土交通大臣が定める数値
> α_2　安全装置が作動した場合に昇降する部分に生ずる加速度を考慮して国土交通大臣が定める数値

三　前号の規定によって計算した常時及び安全装置の作動時の各応力度が，それぞれ主要な支持部分等の材料の破壊強度を安全率（エレベーターの設置時及び使用時の別に応じて，主要な支持部分等の材料の摩損又は疲労破壊による強度の低下を考慮して国土交通大臣が定めた数値をいう。）で除して求めた許容応力度を超えないことを確かめること。

四　次項第二号に基づき設けられる独立してかごを支え，又は吊ることができる部分について，その一がないものとして第一号及び第二号に定めるところにより計算した各応力度が，当該部分の材料の破壊強度を限界安全率（エレベーターの設置時及び使用時の別に応じて，当該部分にかごの落下をもたらすような損傷が生じないように材料の摩損又は疲労破壊による強度の低下を考慮して国土交通大臣が定めた数値をいう。）で除して求めた限界の許容応力度を超えないことを確かめること。

3　前2項に定めるもののほか，エレベーターのかご及び主要な支持部分の構造は，次に掲げる基準に適合するものとしなければならない。

一　エレベーターのかご及び主要な支持部分のうち，腐食又は腐朽のおそれのあるものにあっては，腐食若しくは腐朽しにくい材料を用いるか，又は有効なさび止め若しくは防腐のための措置を講じたものであること。

二　主要な支持部分のうち，摩損又は疲労破壊を生ずるおそれのあるものにあっては，2以上の部分で構成され，かつ，それぞれが独立してかごを支え，又は吊ることができるものであること。

三　滑節構造とした接合部にあっては，地震その他の震動によって外れるおそれがないものとして国土交通大臣が定めた構造方法を用いるものであること。

四　滑車を使用してかごを吊るエレベーターにあっては，地震その他の震動によって索が滑車から外れるおそれがないものとして国土交通大臣が定めた構造方法を用いるものであること。

五　釣合おもりを用いるエレベーターにあっては，地震その他の震動によって釣合おもりが脱落するおそれがないものとして国土交通大臣が定めた構造方法*を用いるものであること。

●告示　平25　国交告1048号→p1735

六　国土交通大臣が定める基準*に従った構造計算により地震その他の震動に対して構造耐力上安全であることが確かめられたものであること。

●告示　平25　国交告1047号→p1734

七　屋外に設けるエレベーターで昇降路の壁の全部又は一部を有しないものにあっては，国土交通大臣が定める基準に従った構造計算により風圧に対して構造耐力

上安全であることが確かめられたものであること。

【エレベーターの荷重】

第129条の5 エレベーターの各部の固定荷重は，当該エレベーターの実況に応じて計算しなければならない。

2 エレベーターのかごの積載荷重は，当該エレベーターの実況に応じて定めなければならない。ただし，かごの種類に応じて，次の表に定める数値（用途が特殊なエレベーターで国土交通大臣が定めるものにあっては，当該用途に応じて国土交通大臣が定める数値）を下回ってはならない。

かごの種類		積載荷重（単位　N）
乗用エレベーター（人荷共用エレベーターを含み，寝台用エレベーターを除く。以下この節において同じ。）のかご	床面積が1.5m²以下のもの	床面積1m²につき3,600として計算した数値
	床面積が1.5m²を超え3m²以下のもの	床面積の1.5m²を超える面積に対して1m²につき4,900として計算した数値に5,400を加えた数値
	床面積が3m²を超えるもの	床面積の3m²を超える面積に対して1m²につき5,900として計算した数値に13,000を加えた数値
乗用エレベーター以外のエレベーターのかご		床面積1m²につき2,500（自動車運搬用エレベーターにあっては，1,500）として計算した数値

【エレベーターのかごの構造】

第129条の6 エレベーターのかごは，次に定める構造としなければならない。

一　各部は，かご内の人又は物による衝撃に対して安全なものとして国土交通大臣が定めた構造方法*を用いるものとすること。

●告示　平20　国交告1455号→p1712

二　構造上軽微な部分を除き，難燃材料で造り，又は覆うこと。ただし，地階又は3階以上の階に居室を有さない建築物に設けるエレベーターのかごその他防火上支障のないものとして国土交通大臣が定めるエレベーターのかごにあっては，この限りでない。

三　かご内の人又は物が釣合おもり，昇降路の壁その他のかご外の物に触れるおそれのないものとして国土交通大臣が定める基準*に適合する壁又は囲い及び出入口の戸を設けること。

●告示　平20　国交告1455号→p1712

四　非常の場合においてかご内の人を安全にかご外に救出することができる開口部をかごの天井部に設けること。

五　用途及び積載量（kgで表した重量とする。以下同じ。）並びに乗用エレベーター及び寝台用エレベーターにあっては最大定員（積載荷重を前条第2項の表に定める数値とし，重力加速度を9.8m/s²と，1人当たりの体重を65kgとして計算した定員をいう。第129条の13の3第3項第九号において同じ。）を明示した標識をかご内の見やすい場所に掲示すること。

【エレベーターの昇降路の構造】

第129条の7　エレベーターの昇降路は，次に定める構造としなければならない。

一　昇降路外の人又は物が籠又は釣合おもりに触れるおそれのないものとして国土交通大臣が定める基準*に適合する壁又は囲い及び出入口（非常口を含む。以下この節において同じ。）の戸を設けること。

●告示　平20　国交告1454号→p1710

二　構造上軽微な部分を除き，昇降路の壁又は囲い及び出入口の戸は，難燃材料で造り，又は覆うこと。ただし，地階又は3階以上の階に居室を有さない建築物に設けるエレベーターの昇降路その他防火上支障のないものとして国土交通大臣が定めるエレベーターの昇降路にあっては，この限りでない。

三　昇降路の出入口の戸には，籠がその戸の位置に停止していない場合において昇降路外の人又は物の昇降路内への落下を防止することができるものとして国土交通大臣が定める基準*に適合する施錠装置を設けること。

●告示　平20　国交告1447号→p1709

四　出入口の床先と籠の床先との水平距離は，4cm以下とし，乗用エレベーター及び寝台用エレベーターにあっては，籠の床先と昇降路壁との水平距離は，12.5cm以下とすること。

五　昇降路内には，次のいずれかに該当するものを除き，突出物を設けないこと。

　イ　レールブラケット又は横架材であって，次に掲げる基準に適合するもの

　　⑴　地震時において主索その他の索が触れた場合においても，籠の昇降，籠の出入口の戸の開閉その他のエレベーターの機能に支障が生じないよう金網，鉄板その他これらに類するものが設置されていること。

　　⑵　⑴に掲げるもののほか，国土交通大臣の定める措置*が講じられていること。

●告示　平20　国交告1495号→p1714

　ロ　第129条の2の4第1項第三号ただし書の配管設備で同条の規定に適合するもの

　ハ　イ又はロに掲げるもののほか，係合装置その他のエレベーターの構造上昇降路内に設けることがやむを得ないものであって，地震時においても主索，電線その他のものの機能に支障が生じないように必要な措置が講じられたもの

【エレベーターの駆動装置及び制御器】

第129条の8　エレベーターの駆動装置及び制御器は，地震その他の震動によって転倒し又は移動するおそれがないものとして国土交通大臣が定める方法*により設置しなければならない。

●告示　平21　国交告703号→p1719

2　エレベーターの制御器の構造は，次に掲げる基準に適合するものとして，国土交通大臣が定めた構造方法*を用いるもの又は国土交通大臣の認定を受けたものとしなければならない。

一　荷重の変動によりかごの停止位置が著しく移動しないこととするものであるこ

と。
二　かご及び昇降路のすべての出入口の戸が閉じた後，かごを昇降させるものであること。
三　エレベーターの保守点検を安全に行うために必要な制御ができるものであること。

●告示　平12　建告1429号→p1522

【エレベーターの機械室】
第129条の9　エレベーターの機械室は，次に定める構造としなければならない。
一　床面積は，昇降路の水平投影面積の2倍以上とすること。ただし，機械の配置及び管理に支障がない場合においては，この限りでない。
二　床面から天井又ははりの下端までの垂直距離は，かごの定格速度（積載荷重を作用させて上昇する場合の毎分の最高速度をいう。以下この節において同じ。）に応じて，次の表に定める数値以上とすること。

定　格　速　度	垂直距離（単位 m）
60m 以下の場合	2.0
60m をこえ，150m 以下の場合	2.2
150m をこえ，210m 以下の場合	2.5
210m をこえる場合	2.8

三　換気上有効な開口部又は換気設備を設けること。
四　出入口の幅及び高さは，それぞれ，70cm 以上及び1.8m 以上とし，施錠装置を有する鋼製の戸を設けること。
五　機械室に通ずる階段*のけあげ及び踏面は，それぞれ，23cm 以下及び15cm 以上とし，かつ，当該階段の両側に側壁又はこれに代わるものがない場合においては，手すりを設けること。

●関連 ［特殊の用途に専用する階段］令第27条→p216

【エレベーターの安全装置】
第129条の10　エレベーターには，制動装置を設けなければならない。
2　前項のエレベーターの制動装置の構造は，次に掲げる基準に適合するものとして，国土交通大臣が定めた構造方法*を用いるもの又は国土交通大臣の認定を受けたものとしなければならない。

●告示　平12　建告1423号→p1517

一　かごが昇降路の頂部又は底部に衝突するおそれがある場合に，自動的かつ段階的に作動し，これにより，かごに生ずる垂直方向の加速度が$9.8m/s^2$を，水平方向の加速度が$5.0m/s^2$を超えることなく安全にかごを制止させることができるものであること。
二　保守点検をかごの上に人が乗り行うエレベーターにあっては，点検を行う者が昇降路の頂部とかごの間に挟まれることのないよう自動的にかごを制止させるこ

とができるものであること。

3　エレベーターには，前項に定める制動装置のほか，次に掲げる安全装置を設けなければならない。

　　一　次に掲げる場合に自動的にかごを制止する装置
　　　　イ　駆動装置又は制御器に故障が生じ，かごの停止位置が著しく移動した場合
　　　　ロ　駆動装置又は制御器に故障が生じ，かご及び昇降路のすべての出入口の戸が閉じる前にかごが昇降した場合
　　二　地震その他の衝撃により生じた国土交通大臣が定める加速度を検知し，自動的に，かごを昇降路の出入口の戸の位置に停止させ，かつ，当該かごの出入口の戸及び昇降路の出入口の戸を開き，又はかご内の人がこれらの戸を開くことができることとする装置
　　三　停電等の非常の場合においてかご内からかご外に連絡することができる装置
　　四　乗用エレベーター又は寝台用エレベーターにあっては，次に掲げる安全装置
　　　　イ　積載荷重に1.1を乗じて得た数値を超えた荷重が作用した場合において警報を発し，かつ，出入口の戸の閉鎖を自動的に制止する装置
　　　　ロ　停電の場合においても，床面で1lx以上の照度を確保することができる照明装置

4　前項第一号及び第二号に掲げる装置の構造は，それぞれ，その機能を確保することができるものとして，国土交通大臣が定めた構造方法を用いるもの又は国土交通大臣の認定を受けたものとしなければならない。

【適用の除外】

第129条の11　第129条の7第四号，第129条の8第2項第二号又は前条第3項第一号から第三号までの規定は，乗用エレベーター及び寝台用エレベーター以外のエレベーターのうち，それぞれ昇降路，制御器又は安全装置について安全上支障がないものとして国土交通大臣が定めた構造方法を用いるものについては，適用しない。

【エスカレーターの構造】

第129条の12　エスカレーターは，次に定める構造としなければならない。

　　一　国土交通大臣が定めるところ*により，通常の使用状態において人又は物が挟まれ，又は障害物に衝突することがないようにすること。

●告示　平12　建告1417号→p1516

　　二　勾配は，30°以下とすること。
　　三　踏段（人を乗せて昇降する部分をいう。以下同じ。）の両側に手すりを設け，手すりの上端部が踏段と同一方向に同一速度で連動するようにすること。
　　四　踏段の幅は，1.1m以下とし，踏段の端から当該踏段の端の側にある手すりの上端部の中心までの水平距離は，25cm以下とすること。
　　五　踏段の定格速度は，50m以下の範囲内において，エスカレーターの勾配に応じ国土交通大臣が定める毎分の速度*以下とすること。

●告示　平12　建告1417号→p1516

　　六　地震その他の震動によって脱落するおそれがないものとして，国土交通大臣が

定めた構造方法*を用いるもの又は国土交通大臣の認定を受けたものとすること。

●告示　平25　国交告1046号→p1729

2　建築物に設けるエスカレーターについては，第129条の4（第3項第五号から第七号までを除く。）及び第129条の5第1項の規定を準用する。この場合において，次の表の左欄に掲げる規定中同表の中欄に掲げる字句は，それぞれ同表の右欄に掲げる字句に読み替えるものとする。

第129条の4の見出し，同条第1項各号列記以外の部分，第2項及び第3項並びに第129条の5の見出し及び同条第1項	エレベーター	エスカレーター
第129条の4	かご	踏段
第129条の4第1項第二号	主索で吊るエレベーター，油圧エレベーターその他国土交通大臣が定めるエレベーター	くさりで吊るエスカレーターその他国土交通大臣が定めるエスカレーター
第129条の4第1項第二号及び第2項	エレベーター強度検証法	エスカレーター強度検証法
第129条の4第2項第一号	次条	次条第1項及び第129条の12第3項
第129条の4第2項第二号	次条第2項に規定する積載荷重	第129条の12第3項に規定する積載荷重

3　エスカレーターの踏段の積載荷重は，次の式によって計算した数値以上としなければならない。

$$P = 2,600A$$

この式において，P及びAは，それぞれ次の数値を表すものとする。

P　エスカレーターの積載荷重（単位　N）

A　エスカレーターの踏段面の水平投影面積（単位　m²）

4　エスカレーターには，制動装置及び昇降口において踏段の昇降を停止させることができる装置を設けなければならない。

5　前項の制動装置の構造は，動力が切れた場合，駆動装置に故障が生じた場合，人又は物が挟まれた場合その他の人が危害を受け又は物が損傷するおそれがある場合に自動的に作動し，踏段に生ずる進行方向の加速度が1.25m/s²を超えることなく安全に踏段を制止させることができるものとして，国土交通大臣が定めた構造方法*を用いるもの又は国土交通大臣の認定を受けたものとしなければならない。

●告示　平12　建告1424号→p1521

【小荷物専用昇降機の構造】

第129条の13　小荷物専用昇降機は，次に定める構造としなければならない。

一　昇降路には昇降路外の人又は物がかご又は釣合おもりに触れるおそれのないものとして国土交通大臣が定める基準*に適合する壁又は囲い及び出し入れ口の戸

を設けること。

●告示　平20　国交告1446号→p1707

二　昇降路の壁又は囲い及び出し入れ口の戸は，難燃材料で造り，又は覆うこと。ただし，地階又は3階以上の階に居室を有さない建築物に設ける小荷物専用昇降機の昇降路その他防火上支障のないものとして国土交通大臣が定める小荷物専用昇降機の昇降路にあっては，この限りでない。

三　昇降路のすべての出し入れ口の戸が閉じた後，かごを昇降させるものであること。

四　昇降路の出し入れ口の戸には，かごがその戸の位置に停止していない場合においては，かぎを用いなければ外から開くことができない装置を設けること。ただし，当該出し入れ口の下端が当該出し入れ口が設けられる室の床面より高い場合においては，この限りでない。

【非常用の昇降機の設置を要しない建築物】

第129条の13の2　法第34条第2項の規定により政令で定める建築物は，次の各号のいずれかに該当するものとする。

●関連［昇降機］法第34条第2項→p53

一　高さ31mを超える部分を階段室，昇降機その他の建築設備の機械室，装飾塔，物見塔，屋窓その他これらに類する用途に供する建築物

二　高さ31mを超える部分の各階の床面積の合計が500m²以下の建築物

三　高さ31mを超える部分の階数が4以下の主要構造部を耐火構造とした建築物で，当該部分が床面積の合計100m²以内ごとに耐火構造の床若しくは壁又は特定防火設備でその構造が第112条第19項第一号イ，ロ及びニに掲げる要件を満たすものとして，国土交通大臣が定めた構造方法*を用いるもの又は国土交通大臣の認定を受けたもの（廊下に面する窓で開口面積が1m²以内のものに設けられる法第2条第九号の二ロに規定する防火設備を含む。）で区画されているもの

●告示　昭48　建告2563号→p1426

四　高さ31mを超える部分を機械製作工場，不燃性の物品を保管する倉庫その他これらに類する用途に供する建築物で主要構造部が不燃材料で造られたものその他これと同等以上に火災の発生のおそれの少ない構造のもの

【非常用の昇降機の設置及び構造】

第129条の13の3　法第34条第2項の規定による非常用の昇降機は，エレベーターとし，その設置及び構造は，第129条の4から第129条の10までの規定によるほか，この条に定めるところによらなければならない。

2　前項の非常用の昇降機であるエレベーター（以下「非常用エレベーター」という。）の数は，高さ31mを超える部分の床面積が最大の階における床面積に応じて，次の表に定める数以上とし，2以上の非常用エレベーターを設置する場合には，避難上及び消火上有効な間隔を保って配置しなければならない。

高さ31m を超える部分の床面積が最大の階の床面積	非常用エレベーターの数
(1) 1,500m²以下の場合	1
(2) 1,500m²を超える場合	3,000m²以内を増すごとに(1)の数に1を加えた数

3　乗降ロビーは，次に定める構造としなければならない。

一　各階（屋内と連絡する乗降ロビーを設けることが構造上著しく困難である階で次のイからホまでのいずれかに該当するもの及び避難階*を除く。）において屋内と連絡すること。

●関連［避難階］令第13条第一号→p201

　　イ　当該階及びその直上階（当該階が，地階である場合にあっては当該階及びその直下階，最上階又は地階の最下階である場合にあっては当該階）が次の(1)又は(2)のいずれかに該当し，かつ，当該階の直下階（当該階が地階である場合にあっては，その直上階）において乗降ロビーが設けられている階
　　　　(1)　階段室，昇降機その他の建築設備の機械室その他これらに類する用途に供する階
　　　　(2)　その主要構造部が不燃材料で造られた建築物その他これと同等以上に火災の発生のおそれの少ない構造の建築物の階で，機械製作工場，不燃性の物品を保管する倉庫その他これらに類する用途に供するもの
　　ロ　当該階以上の階の床面積の合計が500m²以下の階
　　ハ　避難階の直上階又は直下階
　　ニ　その主要構造部が不燃材料で造られた建築物の地階（他の非常用エレベーターの乗降ロビーが設けられているものに限る。）で居室を有しないもの
　　ホ　当該階の床面積に応じ，次の表に定める数の他の非常用エレベーターの乗降ロビーが屋内と連絡している階

当該階の床面積	当該階で乗降ロビーが屋内と連絡している他の非常用エレベーターの数
(1) 1,500m²以下の場合	1
(2) 1,500m²を超える場合	3,000m²以内を増すごとに(1)の数に1を加えた数

二　バルコニーを設けること。

三　出入口（特別避難階段の階段室に通ずる出入口及び昇降路の出入口を除く。）には，第123条第1項第六号に規定する構造の特定防火設備を設けること。

四　窓若しくは排煙設備又は出入口を除き，耐火構造の床及び壁で囲むこと。

五　天井及び壁の室内に面する部分は，仕上げを不燃材料でし，かつ，その下地を不燃材料で造ること。

六　予備電源を有する照明設備を設けること。

七　床面積は，非常用エレベーター1基について10m²以上とすること。

八　屋内消火栓，連結送水管の放水口，非常コンセント設備等の消火設備を設置できるものとすること。

九　乗降ロビーには，見やすい方法で，積載量及び最大定員のほか，非常用エレベーターである旨，避難階における避難経路その他避難上必要な事項を明示した標識を掲示し，かつ，非常の用に供している場合においてその旨を明示することができる表示灯その他これに類するものを設けること。

4　非常用エレベーターの昇降路は，非常用エレベーター2基以内ごとに，乗降ロビーに通ずる出入口及び機械室に通ずる主索，電線その他のものの周囲を除き，耐火構造の床及び壁で囲まなければならない。

5　避難階においては，非常用エレベーターの昇降路の出入口（第3項に規定する構造の乗降ロビーを設けた場合には，その出入口）から屋外への出口（道又は道に通ずる幅員4m以上の通路，空地その他これらに類するものに接している部分に限る。）の一に至る歩行距離は，30m以下としなければならない。

6　非常用エレベーターの籠及びその出入口の寸法並びに籠の積載量は，国土交通大臣の指定する日本産業規格に定める数値以上としなければならない。

7　非常用エレベーターには，籠を呼び戻す装置（各階の乗降ロビー及び非常用エレベーターの籠内に設けられた通常の制御装置の機能を停止させ，籠を避難階又はその直上階若しくは直下階に呼び戻す装置をいう。）を設け，かつ，当該装置の作動は，避難階又はその直上階若しくは直下階の乗降ロビー及び中央管理室*において行うことができるものとしなければならない。

●関連［中央管理室］令第20条の2第二号→p208

8　非常用エレベーターには，籠内と中央管理室とを連絡する電話装置を設けなければならない。

9　非常用エレベーターには，第129条の8第2項第二号及び第129条の10第3項第二号に掲げる装置の機能を停止させ，籠の戸を開いたまま籠を昇降させることができる装置を設けなければならない。

10　非常用エレベーターには，予備電源を設けなければならない。

11　非常用エレベーターの籠の定格速度は，60m以上としなければならない。

12　第2項から前項までの規定によるほか，非常用エレベーターの構造は，その機能を確保するために必要があるものとして国土交通大臣が定めた構造方法を用いるものとしなければならない。

13　第3項第二号の規定は，非常用エレベーターの昇降路又は乗降ロビーの構造が，通常の火災時に生ずる煙が乗降ロビーを通じて昇降路に流入することを有効に防止できるものとして，国土交通大臣が定めた構造方法*を用いるもの又は国土交通大臣の認定を受けたものである場合においては，適用しない。

●告示　平28　国交告697号→p1798

第3節　避雷設備

【設　置】

第129条の14　法第33条の規定による避雷設備は，建築物の高さ20m をこえる部分を雷撃から保護するように設けなければならない。

【構　造】

第129条の15　前条の避雷設備の構造は，次に掲げる基準に適合するものとしなければならない。

一　雷撃によって生ずる電流を建築物に被害を及ぼすことなく安全に地中に流すことができるものとして，国土交通大臣が定めた構造方法を用いるもの又は国土交通大臣の認定を受けたものであること。

二　避雷設備の雨水等により腐食のおそれのある部分にあっては，腐食しにくい材料を用いるか，又は有効な腐食防止のための措置を講じたものであること。

第6章　建築物の用途

【用途地域の制限に適合しない建築物の増築等の許可に当たり意見の聴取等を要しない場合等】

第130条　法第48条第16項第一号の政令で定める場合は，次に掲げる要件に該当する場合とする。

一　増築，改築又は移転が特例許可を受けた際における敷地内におけるものであること。

二　増築又は改築後の法第48条各項（第15項から第17項までを除く。次号において同じ。）の規定に適合しない用途に供する建築物の部分の床面積の合計が，特例許可を受けた際におけるその部分の床面積の合計を超えないこと。

三　法第48条各項の規定に適合しない事由が原動機の出力，機械の台数又は容器等の容量による場合においては，増築，改築又は移転後のそれらの出力，台数又は容量の合計が，特例許可を受けた際におけるそれらの出力，台数又は容量の合計を超えないこと。

2　法第48条第16項第二号の政令で定める建築物は，次に掲げるものとする。

一　日用品の販売を主たる目的とする店舗で第一種低層住居専用地域又は第二種低層住居専用地域内にあるもの

二　共同給食調理場（2以上の学校（法別表第2(い)項第四号に規定する学校に限る。）において給食を実施するために必要な施設をいう。）で第一種中高層住居専用地域，第二種中高層住居専用地域，第一種住居地域，第二種住居地域又は準住居地域内にあるもの

三　自動車修理工場で第一種住居地域，第二種住居地域又は準住居地域内にあるもの

【特定用途制限地域内において条例で定める制限】

第130条の2　法第49条の2の規定に基づく条例による建築物の用途の制限は，特定用途制限地域に関する都市計画に定められた用途の概要に即し，当該地域の良好な環境の形成又は保持に貢献する合理的な制限であることが明らかなものでなければならない。

2　法第49条の2の規定に基づく条例には，法第3条第2項の規定により当該条例の規定の適用を受けない建築物について，法第86条の7第1項の規定の例により当該条例に定める制限の適用の除外に関する規定を定めるものとする。

3　法第49条の2の規定に基づく条例には，当該地方公共団体の長が，当該地域の良好な環境を害するおそれがないと認め，又は公益上やむを得ないと認めて許可したものについて，当該条例に定める制限の適用の除外に関する規定を定めるものとする。

【位置の制限を受ける処理施設】

第130条の2の2　法第51条本文（法第87条第2項又は第3項において準用する場合を含む。）の政令で定める処理施設は，次に掲げるものとする。

一　廃棄物の処理及び清掃に関する法律施行令（昭和46年政令第300号。以下「廃棄物処理法施行令」という。）第5条第1項のごみ処理施設（ごみ焼却場を除く。）

二　次に掲げる処理施設（工場その他の建築物に附属するもので，当該建築物において生じた廃棄物のみの処理を行うものを除く。以下「産業廃棄物処理施設」という。）

　　イ　廃棄物処理法施行令第7条第一号から第十三号の二までに掲げる産業廃棄物の処理施設

　　ロ　海洋汚染等及び海上災害の防止に関する法律（昭和45年法律第136号）第3条第十四号に掲げる廃油処理施設

【卸売市場等の用途に供する特殊建築物の位置に対する制限の緩和】

第130条の2の3　法第51条ただし書（法第87条第2項又は第3項において準用する場合を含む。以下この条において同じ。）の規定により政令で定める新築，増築又は用途変更の規模は，次に定めるものとする。

一　第一種低層住居専用地域，第二種低層住居専用地域，第一種中高層住居専用地域，第二種中高層住居専用地域，第一種住居地域，第二種住居地域，田園住居地域及び工業専用地域以外の区域内における卸売市場の用途に供する建築物に係る新築，増築又は用途変更（第四号に該当するものを除く。）

　　　　　延べ面積の合計（増築又は用途変更の場合にあっては，増築又は用途変更後の延べ面積の合計）が500m²以下のもの

二　汚物処理場又はごみ焼却場その他のごみ処理施設の用途に供する建築物に係る新築，増築又は用途変更（第五号に該当するものを除く。）

　　　　　処理能力（増築又は用途変更の場合にあっては，増築又は用途変更後の処理能力）が3,000人（総合的設計による一団地の住宅施設*に関して当該団地内においてする場合にあっては，10,000人）以下のもの

●関連［総合的設計による一団地の住宅施設についての制限の特例］法第86条の6 →p144

三　工業地域又は工業専用地域内における産業廃棄物処理施設の用途に供する建築物に係る新築，増築又は用途変更（第六号に該当するものを除く。）

　　　1日当たりの処理能力（増築又は用途変更の場合にあっては，増築又は用途変更後の処理能力）が当該処理施設の種類に応じてそれぞれ次に定める数値以下のもの

イ　汚泥の脱水施設　　30m³

ロ　汚泥の乾燥施設（ハに掲げるものを除く。）20m³

ハ　汚泥の天日乾燥施設　120m³

ニ　汚泥（ポリ塩化ビフェニル処理物（廃ポリ塩化ビフェニル等（廃棄物処理法施行令第2条の4第五号イに掲げる廃ポリ塩化ビフェニル等をいう。以下この号において同じ。）又はポリ塩化ビフェニル汚染物（同号ロに掲げるポリ塩化ビフェニル汚染物をいう。以下この号において同じ。）を処分するために処理したものをいう。以下この号において同じ。）であるものを除く。）の焼却施設　10m³

ホ　廃油の油水分離施設　30m³

ヘ　廃油（廃ポリ塩化ビフェニル等を除く。）の焼却施設　4m³

ト　廃酸又は廃アルカリの中和施設　60m³

チ　廃プラスチック類の破砕施設　6t

リ　廃プラスチック類（ポリ塩化ビフェニル汚染物又はポリ塩化ビフェニル処理物であるものを除く。）の焼却施設　1t

ヌ　廃棄物処理法施行令第2条第二号に掲げる廃棄物（事業活動に伴って生じたものに限る。）又はがれき類の破砕施設　100t

ル　廃棄物処理法施行令別表第3の3に掲げる物質又はダイオキシン類を含む汚泥のコンクリート固型化施設　4m³

ヲ　水銀又はその化合物を含む汚泥のばい焼施設　6m³

ワ　汚泥，廃酸又は廃アルカリに含まれるシアン化合物の分解施設　8m³

カ　廃ポリ塩化ビフェニル等，ポリ塩化ビフェニル汚染物又はポリ塩化ビフェニル処理物の焼却施設　0.2t

ヨ　廃ポリ塩化ビフェニル等（ポリ塩化ビフェニル汚染物に塗布され，染み込み，付着し，又は封入されたポリ塩化ビフェニルを含む。）又はポリ塩化ビフェニル処理物の分解施設　0.2t

タ　ポリ塩化ビフェニル汚染物又はポリ塩化ビフェニル処理物の洗浄施設又は分離施設　0.2t

レ　焼却施設（ニ，ヘ，リ及びカに掲げるものを除く。）　6t

四　法第51条ただし書の規定による許可を受けた卸売市場，と畜場若しくは火葬場の用途に供する建築物又は法第3条第2項の規定により法第51条の規定の適用を受けないこれらの用途に供する建築物に係る増築又は用途変更

　　　増築又は用途変更後の延べ面積の合計がそれぞれイ若しくはロに掲げる

319

　　　　　延べ面積の合計の1.5倍以下又は750m²以下のもの

　　　　イ　当該許可に係る建築又は用途変更後の延べ面積の合計

　　　　ロ　初めて法第51条の規定の適用を受けるに至った際の延べ面積の合計

五　法第51条ただし書の規定による許可を受けた汚物処理場若しくはごみ焼却場その他のごみ処理施設の用途に供する建築物又は法第3条第2項の規定により法第51条の規定の適用を受けないこれらの用途に供する建築物に係る増築又は用途変更

　　　　　増築又は用途変更後の処理能力がそれぞれイ若しくはロに掲げる処理能力の1.5倍以下又は4,500人（総合的設計による一団地の住宅施設に関して当該団地内においてする場合にあっては，15,000人）以下のもの

　　　　イ　当該許可に係る建築又は用途変更後の処理能力

　　　　ロ　初めて法第51条の規定の適用を受けるに至った際の処理能力

六　法第51条ただし書の規定による許可を受けた産業廃棄物処理施設の用途に供する建築物又は法第3条第2項の規定により法第51条の規定の適用を受けない当該用途に供する建築物に係る増築又は用途変更

　　　　　増築又は用途変更後の処理能力が，それぞれイ若しくはロに掲げる処理能力の1.5倍以下又は産業廃棄物処理施設の種類に応じてそれぞれ第三号に掲げる処理能力の1.5倍以下のもの

　　　　イ　当該許可に係る建築又は用途変更後の処理能力

　　　　ロ　初めて法第51条の規定の適用を受けるに至った際の処理能力

2　特定行政庁が法第51条ただし書の規定による許可をする場合において，前項第四号から第六号までに規定する規模の範囲内において，増築し，又は用途を変更することができる規模を定めたときは，同項の規定にかかわらず，その規模を同条ただし書の規定により政令で定める規模とする。

【第一種低層住居専用地域内に建築することができる兼用住宅】

第130条の3　法別表第2(い)項第二号＊（法第87条第2項又は第3項において法第48条第1項の規定を準用する場合を含む。）の規定により政令で定める住宅は，延べ面積の1/2以上を居住の用に供し，かつ，次の各号のいずれかに掲げる用途を兼ねるもの（これらの用途に供する部分の床面積の合計が50m²を超えるものを除く。）とする。

●関連［法別表第2］(い)項第二号→p169

一　事務所（汚物運搬用自動車，危険物運搬用自動車その他これらに類する自動車で国土交通大臣の指定するもののための駐車施設を同一敷地内に設けて業務を運営するものを除く。）

二　日用品の販売を主たる目的とする店舗又は食堂若しくは喫茶店

三　理髪店，美容院，クリーニング取次店，質屋，貸衣装屋，貸本屋その他これらに類するサービス業を営む店舗

四　洋服店，畳屋，建具屋，自転車店，家庭電気器具店その他これらに類するサービス業を営む店舗（原動機を使用する場合にあっては，その出力の合計が0.75kW

以下のものに限る。）

五　自家販売のために食品製造業（食品加工業を含む。以下同じ。）を営むパン屋，米屋，豆腐屋，菓子屋その他これらに類するもの（原動機を使用する場合にあっては，その出力の合計が0.75kW 以下のものに限る。）

六　学習塾，華道教室，囲碁教室その他これらに類する施設

七　美術品又は工芸品を製作するためのアトリエ又は工房（原動機を使用する場合にあっては，その出力の合計が0.75kW 以下のものに限る。）

【第一種低層住居専用地域内に建築することができる公益上必要な建築物】

第130条の4　法別表第2(い)項第九号*（法第87条第2項又は第3項において法第48条第1項の規定を準用する場合を含む。）の規定により政令で定める公益上必要な建築物は，次に掲げるものとする。

●関連［法別表第2］(い)項第九号→p169

一　郵便法（昭和22年法律第165号）の規定により行う郵便の業務の用に供する施設で延べ面積が500m²以内のもの

二　地方公共団体の支庁又は支所の用に供する建築物，老人福祉センター，児童厚生施設その他これらに類するもので延べ面積が600m²以内のもの

三　近隣に居住する者の利用に供する公園に設けられる公衆便所又は休憩所

四　路線バスの停留所の上家

五　次のイからチまでのいずれかに掲げる施設である建築物で国土交通大臣が指定するもの*

●告示　昭45　建告1836号→p1420

イ　電気通信事業法（昭和59年法律第86号）第120条第1項に規定する認定電気通信事業者が同項に規定する認定電気通信事業の用に供する施設

ロ　電気事業法（昭和39年法律第170号）第2条第1項第十六号に規定する電気事業（同項第二号に規定する小売電気事業を除く。）の用に供する施設

ハ　ガス事業法第2条第2項に規定するガス小売事業又は同条第5項に規定する一般ガス導管事業の用に供する施設

ニ　液化石油ガスの保安の確保及び取引の適正化に関する法律第2条第3項に規定する液化石油ガス販売事業の用に供する施設

ホ　水道法第3条第2項に規定する水道事業の用に供する施設

ヘ　下水道法第2条第三号に規定する公共下水道の用に供する施設

ト　都市高速鉄道の用に供する施設

チ　熱供給事業法（昭和47年法律第88号）第2条第2項に規定する熱供給事業の用に供する施設

【第一種低層住居専用地域等内に建築してはならない附属建築物】

第130条の5　法別表第2(い)項第十号*，(ろ)項第三号*及び(ち)項第六号*（法第87条第2項又は第3項において法第48条第1項，第2項及び第8項の規定を準用する場合を含む。）の規定により政令で定める建築物は，次に掲げるものとする。

●関連［法別表第2］(い)項第十号，(ろ)項第三号，(ち)項第六号→p169, 173

一　自動車車庫で当該自動車車庫の床面積の合計に同一敷地内にある建築物に附属する自動車車庫の用途に供する工作物の築造面積*（当該築造面積が50m²以下である場合には，その値を減じた値）を加えた値が600m²（同一敷地内にある建築物（自動車車庫の用途に供する部分を除く。）の延べ面積の合計が600m²以下の場合においては，当該延べ面積の合計）を超えるもの（次号に掲げるものを除く。）

●関連［築造面積］令第2条第1項第五号→p194

二　公告対象区域*内の建築物に附属する自動車車庫で次のイ又はロのいずれかに該当するもの

●関連［公告対象区域］法第86条第10項→p141

　イ　自動車車庫の床面積の合計に同一敷地内にある建築物に附属する自動車車庫の用途に供する工作物の築造面積を加えた値が2,000m²を超えるもの

　ロ　自動車車庫の床面積の合計に同一公告対象区域内にある建築物に附属する他の自動車車庫の床面積の合計及び当該公告対象区域内にある建築物に附属する自動車車庫の用途に供する工作物の築造面積を加えた値が，当該公告対象区域内の敷地ごとに前号の規定により算定される自動車車庫の床面積の合計の上限の値を合算した値を超えるもの

三　自動車車庫で2階以上の部分にあるもの

四　床面積の合計が15m²を超える畜舎

五　法別表第2（と）項第四号*に掲げるもの

●関連［法別表第2］（と）項第四号→p172

【第二種低層住居専用地域及び田園住居地域内に建築することができる店舗，飲食店等の建築物】

第130条の5の2　法別表第2（ろ）項第二号*及び（ち）項第五号*（法第87条第2項又は第3項において法第48条第2項及び第8項の規定を準用する場合を含む。）の規定により政令で定める建築物は，次に掲げるものとする。

●関連［法別表第2］（ろ）項第二号，（ち）項第五号→p169, 173

一　日用品の販売を主たる目的とする店舗又は食堂若しくは喫茶店

二　理髪店，美容院，クリーニング取次店，質屋，貸衣装屋，貸本屋その他これらに類するサービス業を営む店舗

三　洋服店，畳屋，建具屋，自転車店，家庭電気器具店その他これらに類するサービス業を営む店舗で作業場の床面積の合計が50m²以内のもの（原動機を使用する場合にあっては，その出力の合計が0.75kW以下のものに限る。）

四　自家販売のために食品製造業を営むパン屋，米屋，豆腐屋，菓子屋その他これらに類するもので作業場の床面積の合計が50m²以内のもの（原動機を使用する場合にあっては，その出力の合計が0.75kW以下のものに限る。）

五　学習塾，華道教室，囲碁教室その他これらに類する施設

【第一種中高層住居専用地域内に建築することができる店舗,飲食店等の建築物】

第130条の5の3　法別表第2（は）項第五号*（法第87条第2項又は第3項において法第48条第3項の規定を準用する場合を含む。）の規定により政令で定める建築物は，

次に掲げるものとする。

●関連 [法別表第2] ㈹項第五号→p169

一　前条第二号から第五号までに掲げるもの

二　物品販売業を営む店舗*（専ら性的好奇心をそそる写真その他の物品の販売を行うものを除く。）又は飲食店

●関連 [物品販売業] 令第23条第1項表(2)項→p215

三　銀行の支店，損害保険代理店，宅地建物取引業を営む店舗その他これらに類するサービス業を営む店舗

【第一種中高層住居専用地域内に建築することができる公益上必要な建築物】

第130条の5の4　法別表第2㈹項第七号*（法第87条第2項又は第3項において法第48条第3項の規定を準用する場合を含む。）の規定により政令で定める建築物は，次に掲げるものとする。

●関連 [法別表第2] ㈹項第七号→p170

一　税務署，警察署，保健所，消防署その他これらに類するもの（法別表第2㈠項第九号に掲げるもの及び5階以上の部分をこれらの用途に供するものを除く。）

二　第130条の4第五号イからハまでの一に掲げる施設である建築物で国土交通大臣が指定するもの*（法別表第2㈠項第九号に掲げるもの及び5階以上の部分をこれらの用途に供するものを除く。）

●告示　平5　建告1451号→p1466

【第一種中高層住居専用地域内に建築してはならない附属建築物】

第130条の5の5　法別表第2㈹項第八号*（法第87条第2項又は第3項において法第48条第3項の規定を準用する場合を含む。）の規定により政令で定める建築物は，次に掲げるものとする。

●関連 [法別表第2] ㈹項第八号→p170

一　自動車車庫で当該自動車車庫の床面積の合計に同一敷地内にある建築物に附属する自動車車庫の用途に供する工作物の築造面積（当該築造面積が300m²以下である場合には，その値を減じた値。第130条の7の2第三号及び第四号並びに第130条の8において同じ。）を加えた値が3,000m²（同一敷地内にある建築物（自動車車庫の用途に供する部分を除く。）の延べ面積の合計が3,000m²以下の場合においては，当該延べ面積の合計）を超えるもの（次号に掲げるものを除く。）

二　公告対象区域*内の建築物に附属する自動車車庫で次のイ又はロのいずれかに該当するもの

●関連 [公告対象区域] 法第86条第10項→p141

イ　自動車車庫の床面積の合計に同一敷地内にある建築物に附属する自動車車庫の用途に供する工作物の築造面積を加えた値が10,000m²を超えるもの

ロ　自動車車庫の床面積の合計に同一公告対象区域内にある建築物に附属する他の自動車車庫の床面積の合計及び当該公告対象区域内にある建築物に附属する自動車車庫の用途に供する工作物の築造面積を加えた値が，当該公告対象区域内の敷地ごとに前号の規定により算定される自動車車庫の床面積の合計の上限

の値を合算した値を超えるもの

三　自動車車庫で3階以上の部分にあるもの

四　第130条の5第四号及び第五号に掲げるもの

【第二種中高層住居専用地域内に建築することができる工場】

第130条の6　法別表第2(に)項第二号*（法第87条第2項又は第3項において法第48条第4項の規定を準用する場合を含む。）の規定により政令で定める工場は，パン屋，米屋，豆腐屋，菓子屋その他これらに類する食品製造業*を営むもの（同表(と)項第三号（2の2）又は（4の4）に該当するものを除く。）で，作業場の床面積の合計が50m²以内のもの（原動機を使用する場合にあっては，その出力の合計が0.75kW以下のものに限る。）とする。

●関連 [法別表第2](に)項第二号　　　→p170

[食品製造業] 令第130条の3第五号→p321

【第二種中高層住居専用地域及び工業専用地域内に建築してはならない運動施設】

第130条の6の2　法別表第2(に)項第三号*及び(わ)項第七号*（法第87条第2項又は第3項において法第48条第4項及び第13項の規定を準用する場合を含む。）の規定により政令で定める運動施設は，スキー場，ゴルフ練習場及びバッティング練習場とする。

●関連 [法別表第2](に)項第三号, (わ)項第七号→p170, 176

【第二種中高層住居専用地域内に建築してはならない畜舎】

第130条の7　法別表第2(に)項第六号*（法第87条第2項又は第3項において法第48条第4項の規定を準用する場合を含む。）に規定する政令で定める規模の畜舎は，床面積の合計が15m²を超えるものとする。

●関連 [法別表第2](に)項第六号→p170

【第一種住居地域内に建築することができる大規模な建築物】

第130条の7の2　法別表第2(ほ)項第四号*（法第87条第2項又は第3項において法第48条第5項の規定を準用する場合を含む。）の規定により政令で定める建築物は，次に掲げるものとする。

●関連 [法別表第2](ほ)項第四号→p170

一　税務署，警察署，保健所，消防署その他これらに類するもの

二　電気通信事業法第120条第1項に規定する認定電気通信事業者が同項に規定する認定電気通信事業の用に供する施設である建築物で国土交通大臣が指定するもの

三　建築物に附属する自動車車庫で，当該自動車車庫の床面積の合計に同一敷地内にある建築物に附属する自動車車庫の用途に供する工作物の築造面積を加えた値が当該敷地内にある建築物（自動車車庫の用途に供する部分を除く。）の延べ面積の合計を超えないもの（3階以上の部分を自動車車庫の用途に供するものを除く。）

四　公告対象区域内の建築物に附属する自動車車庫で，床面積の合計に同一公告対象区域内にある建築物に附属する他の自動車車庫の床面積の合計及び当該公告対

象区域内にある建築物に附属する自動車車庫の用途に供する工作物の築造面積を加えた値が当該公告対象区域内の建築物（自動車車庫の用途に供する部分を除く。）の延べ面積の合計を超えないもの（3階以上の部分を自動車車庫の用途に供するものを除く。）

五　自動車車庫で都市計画として決定されたもの

【第二種住居地域及び工業地域内に建築してはならない建築物】

第130条の7の3　法別表第2(へ)項第三号及び(を)項第四号*（法第87条第2項又は第3項において法第48条第6項及び第12項の規定を準用する場合を含む。）の規定により政令で定める建築物は，客にダンスをさせ，かつ，客に飲食をさせる営業（客の接待をするものを除く。）を営む施設（ナイトクラブを除く。）とする。

●関連［法別表第2］(へ)項第三号, (を)項第四号→p171,176

【第二種住居地域内に建築することができる附属自動車車庫】

第130条の8　法別表第2(へ)項第四号*（法第87条第2項又は第3項において法第48条第6項の規定を準用する場合を含む。）の規定により政令で定める建築物に附属する自動車車庫は，次に掲げるものとする。

●関連［法別表第2］(へ)項第四号→p171

一　床面積の合計に同一敷地内にある建築物に附属する自動車車庫の用途に供する工作物の築造面積を加えた値が当該敷地内にある建築物（自動車車庫の用途に供する部分を除く。）の延べ面積の合計を超えないもの（3階以上の部分を自動車車庫の用途に供するものを除く。）

二　公告対象区域内の建築物に附属する自動車車庫で，床面積の合計に同一公告対象区域内にある建築物に附属する他の自動車車庫の床面積の合計及び当該公告対象区域内にある建築物に附属する自動車車庫の用途に供する工作物の築造面積を加えた値が当該公告対象区域内の建築物（自動車車庫の用途に供する部分を除く。）の延べ面積の合計を超えないもの（3階以上の部分を自動車車庫の用途に供するものを除く。）

【第二種住居地域等内に建築してはならない建築物の店舗，飲食店等に類する用途】

第130条の8の2　法別表第2(へ)項第六号*及び(を)項第七号（法第87条第2項又は第3項において法第48条第6項及び第12項の規定を準用する場合を含む。）の規定により政令で定める用途は，場外勝舟投票券発売所とする。

●関連［法別表第2］(へ)項第六号, (を)項第七号→p171,176

2　法別表第2(と)項第六号*及び(か)項（法第87条第2項又は第3項において法第48条第7項及び第14項の規定を準用する場合を含む。）の規定により政令で定める店舗，飲食店，展示場，遊技場，勝馬投票券発売所及び場外車券売場に類する用途は，場内車券売場及び勝舟投票券発売所とする。

●関連［法別表第2］(と)項第六号, (か)項→p172,177

【準住居地域内で営むことができる特殊の方法による事業】

第130条の8の3　法別表第2(と)項第三号*（法第87条第2項又は第3項において法第

48条第7項の規定を準用する場合を含む。）の規定により政令で定める特殊の方法による事業は，同号⑾に掲げる事業のうち，国土交通大臣が防音上有効な構造*と認めて指定する空気圧縮機で原動機の出力の合計が7.5kW以下のものを使用する事業とする。

●関連［法別表第2］(と)項第三号→p171
●告示　平5　建告1438号→p1465

【危険物の貯蔵又は処理に供する建築物】

第130条の9　法別表第2(と)項第四号，(ぬ)項第四号及び(る)項第二号*（法第87条第2項又は第3項において法第48条第7項，第10項及び第11項の規定を準用する場合を含む。）の規定により政令で定める危険物の貯蔵又は処理に供する建築物は，次の表に定める数量を超える危険物（同表に数量の定めのない場合にあってはその数量を問わないものとし，圧縮ガス又は液化ガスを燃料電池又は内燃機関の燃料として用いる自動車にこれらのガスを充塡するための設備（安全上及び防火上支障がないものとして国土交通大臣が定める基準に適合するものに限る。）により貯蔵し，又は処理される圧縮ガス及び液化ガス，地下貯蔵槽により貯蔵される第一石油類（消防法別表第1の備考十二に規定する第一石油類をいう。以下この項において同じ。），アルコール類（同表の備考十三に規定するアルコール類をいう。），第二石油類（同表の備考十四に規定する第二石油類をいう。以下この項において同じ。），第三石油類（同表の備考十五に規定する第三石油類をいう。以下この項において同じ。）及び第四石油類（同表の備考十六に規定する第四石油類をいう。以下この項において同じ。）並びに国土交通大臣が安全上及び防火上支障がない構造と認めて指定する蓄電池により貯蔵される硫黄及びナトリウムを除く。）の貯蔵又は処理に供する建築物とする。

●関連［法別表第2］(と)項第四号，(ぬ)項第四号，(る)項第二号→p172, 174, 176
　　　［危険物］消防法第2条第7項→p721，別表第1→p739

危険物 ＼ 用途地域			準住居地域	商業地域	準工業地域
(1)	火薬類（玩具煙火を除く。）	火　薬	20kg	50kg	20t
		爆　薬		25kg	10t
		工業雷管，電気雷管及び信号雷管		10,000個	2,500,000個
		銃用雷管	30,000個	100,000個	25,000,000個
		実包及び空包	2,000個	30,000個	10,000,000個
		信管及び火管		30,000個	500,000個
		導爆線		1.5km	500km
		導火線	1km	5km	2,500km
		電気導火線		30,000個	100,000個

	信号炎管，信号火箭 及び煙火	25kg	2t	
	その他の火薬又は爆 薬を使用した火工品	当該火工品の原料をなす火薬又は爆薬の数量に応じて，火薬又は爆薬の数量のそれぞれの限度による。		
(2)	マッチ，圧縮ガス，液化ガス 又は可燃性ガス	$\dfrac{A}{20}$	$\dfrac{A}{10}$	$\dfrac{A}{2}$
(3)	第一石油類，第二石油類，第 三石油類又は第四石油類	$\dfrac{A}{2}$ （危険物の規制に関する政令第2条第一号に規定する屋内貯蔵所のうち位置，構造及び設備について国土交通大臣が定める基準に適合するもの（以下この表において「特定屋内貯蔵所」という。）又は同令第3条第二号イに規定する第一種販売取扱所（以下この表において「第一種販売取扱所」という。）にあっては，$\dfrac{3A}{2}$）	A （特定屋内貯蔵所，第一種販売取扱所又は危険物の規制に関する政令第3条第二号ロに規定する第二種販売取扱所（以下この表において「第二種販売取扱所」という。）にあっては，$3A$）	$5A$
(4)	(1)から(3)までに掲げる危険物 以外のもの	$\dfrac{A}{10}$ （特定屋内貯蔵所又は第一種販売取扱所にあっては，$\dfrac{3A}{10}$）	$\dfrac{A}{5}$ （特定屋内貯蔵所又は第一種販売取扱所にあっては，$\dfrac{3A}{5}$）	$2A$ （特定屋内貯蔵所，第一種販売取扱所又は第二種販売取扱所にあっては，$5A$）

　この表において，A は，(2)に掲げるものについては第116条第1項の表中「常時貯蔵する場合」の欄に掲げる数量，(3)及び(4)に掲げるものについては同項の表中「製造所又は他の事業を営む工場において処理する場合」の欄に掲げる数量を表すものとする。

2　第116条第2項及び第3項の規定は，前項の場合に準用する。ただし，同条第3項の規定については，準住居地域又は商業地域における前項の表の⑴に掲げる危険物の貯蔵に関しては，この限りでない。

●関連［危険物の数量］令第116条→p278

【準住居地域及び用途地域の指定のない区域内に建築してはならない建築物のナイトクラブに類する用途】

第130条の9の2　法別表第2⒧項第五号及び第六号並びに⒦項（法第87条第2項又は第3項において法第48条第7項及び第14項の規定を準用する場合を含む。）の規定により政令で定めるナイトクラブに類する用途は，客にダンスをさせ，かつ，客に飲食をさせる営業（客の接待をするものを除く。）を営む施設（ナイトクラブを除く。）とする。

●関連［法別表第2］⒧項第五号，第六号，⒦項→p172, 177

【田園住居地域内に建築してはならない建築物】

第130条の9の3　法別表第2⒣項第二号＊（法第87条第2項又は第3項において法第48条第8項の規定を準用する場合を含む。）の規定により政令で定める建築物は，農産物の乾燥その他の農産物の処理に供する建築物のうち著しい騒音を発生するものとして国土交通大臣が指定するものとする。

●関連［法別表第2］⒣項第二号→p173

【田園住居地域内に建築することができる農業の利便を増進するために必要な店舗，飲食店等の建築物】

第130条の9の4　法別表第2⒣項第四号＊（法第87条第2項又は第3項において法第48条第8項の規定を準用する場合を含む。）の規定により政令で定める建築物は，次に掲げるものとする。

●関連［法別表第2］⒣項第四号→p173

一　田園住居地域及びその周辺の地域で生産された農産物の販売を主たる目的とする店舗

二　前号の農産物を材料とする料理の提供を主たる目的とする飲食店

三　自家販売のために食品製造業を営むパン屋，米屋，豆腐屋，菓子屋その他これらに類するもの（第一号の農産物を原材料とする食品の製造又は加工を主たる目的とするものに限る。）で作業場の床面積の合計が50m²以内のもの（原動機を使用する場合にあっては，その出力の合計が0.75kW以下のものに限る。）

【近隣商業地域及び準工業地域内に建築してはならない建築物】

第130条の9の5　法別表第2⒭項第三号＊及び⒭項第三号＊（法第87条第2項又は第3項において法第48条第9項及び第11項の規定を準用する場合を含む。）の規定により政令で定める建築物は，ヌードスタジオ，のぞき劇場，ストリップ劇場，専ら異性を同伴する客の休憩の用に供する施設，専ら性的好奇心をそそる写真その他の物品の販売を目的とする店舗その他これらに類するものとする。

●関連［法別表第2］⒭項第三号，⒭項第三号→p173, 176

【商業地域内で営んではならない事業】

第130条の9の6　法別表第2(ぬ)項第三号(20)*（法第87条第2項又は第3項において法第48条第10項の規定を準用する場合を含む。）の規定により政令で定める事業は，スエージングマシン又はロールを用いる金属の鍛造とする。

●関連［法別表第2］(ぬ)項第三号(20)→p174

【準工業地域内で営むことができる特殊の方法による事業】

第130条の9の7　法別表第2(る)項第一号*（法第87条第2項又は第3項において法第48条第11項の規定を準用する場合を含む。）の規定により政令で定める特殊の方法による事業は，次に掲げるものとする。

●関連［法別表第2］(る)項第一号→p174

一　法別表第2(る)項第一号(5)に掲げる銅アンモニアレーヨンの製造のうち，液化アンモニアガス及びアンモニア濃度が30％を超えるアンモニア水を用いないもの

二　法別表第2(る)項第一号(12)に掲げる圧縮ガスの製造のうち，次のいずれかに該当するもの

　　イ　内燃機関の燃料として自動車に充填するための圧縮天然ガスに係るもの

　　ロ　燃料電池又は内燃機関の燃料として自動車に充填するための圧縮水素に係るものであって，安全上及び防火上支障がないものとして国土交通大臣が定める基準に適合する製造設備を用いるもの

三　法別表第2(る)項第一号(16)に掲げる合成繊維の製造のうち，国土交通大臣が安全上及び防火上支障がないと認めて定める物質を原料とするもの又は国土交通大臣が安全上及び防火上支障がないと認めて定める工程によるもの

四　法別表第2(る)項第一号(28)に掲げる事業のうち，スエージングマシン又はロールを用いるもの

五　法別表第2(る)項第一号(30)に掲げる事業のうち，集じん装置の使用その他国土交通大臣が石綿の粉じんの飛散の防止上有効であると認めて定める方法により行われるもの

【準工業地域内で営むことができる可燃性ガスの製造】

第130条の9の8　法別表第2(る)項第一号(11)*（法第87条第2項又は第3項において法第48条第11項の規定を準用する場合を含む。）の規定により政令で定める可燃性ガスの製造は，次に掲げるものとする。

●関連［法別表第2］(る)項第一号(11)→p175

一　アセチレンガスの製造

二　ガス事業法第2条第2項に規定するガス小売事業又は同条第9項に規定するガス製造事業として行われる可燃性ガスの製造

第7章　建築物の各部分の高さ等

【第一種低層住居専用地域等内における建築物の高さの制限の緩和に係る敷地内の空地等】

第130条の10　法第55条第2項の規定により政令で定める空地は，法第53条の規定により建蔽率の最高限度が定められている場合においては，当該空地の面積の敷地面積に対する割合が1から当該最高限度を減じた数値に1/10を加えた数値以上であるものとし，同条の規定により建蔽率の最高限度が定められていない場合においては，当該空地の面積の敷地面積に対する割合が1/10以上であるものとする。

●関連［第一種低層住居専用地域等内における建築物の高さの限度］法第55条第2項　→p72

2　法第55条第2項の規定により政令で定める規模は，1,500m²とする。ただし，特定行政庁が，街区の形状，宅地の規模その他土地の状況によりこれによることが不適当であると認める場合においては，規則で，750m²以上1,500m²未満の範囲内で，その規模を別に定めることができる。

【建築物の敷地が2以上の地域，地区又は区域にわたる場合の法別表第3(は)欄に掲げる距離の適用の特例】

第130条の11　建築物の敷地が法別表第3*(い)欄に掲げる地域，地区又は区域の2以上にわたる場合における同表(は)欄に掲げる距離の適用については，同表(い)欄中「建築物がある地域，地区又は区域」とあるのは，「建築物又は建築物の部分の前面道路に面する方向にある当該前面道路に接する敷地の部分の属する地域，地区又は区域」とする。

●関連［法別表第3］→p178

【前面道路との関係についての建築物の各部分の高さの制限に係る建築物の後退距離の算定の特例】

第130条の12　法第56条第2項及び第4項の政令で定める建築物の部分は，次に掲げるものとする。

一　物置その他これに類する用途に供する建築物の部分で次に掲げる要件に該当するもの

イ　軒の高さ*が2.3m以下で，かつ，床面積の合計が5m²以内であること。

●関連［軒の高さ］令第2条第1項第七号→p195

ロ　当該部分の水平投影の前面道路に面する長さを敷地の前面道路に接する部分の水平投影の長さで除した数値が1/5以下であること。

ハ　当該部分から前面道路の境界線までの水平距離のうち最小のものが1m以上であること。

二　ポーチその他これに類する建築物の部分で，前号ロ及びハに掲げる要件に該当し，かつ，高さが5m以下であるもの

三　道路に沿って設けられる高さが2m以下の門又は塀（高さが1.2mを超えるものにあっては，当該1.2mを超える部分が網状その他これに類する形状であるも

のに限る。）

四　隣地境界線に沿って設けられる門又は塀

五　歩廊，渡り廊下その他これらに類する建築物の部分で，特定行政庁がその地方の気候若しくは風土の特殊性又は土地の状況を考慮して規則で定めたもの

六　前各号に掲げるもののほか，建築物の部分で高さが1.2m以下のもの

【前面道路との関係についての建築物の各部分の高さの制限の緩和】

第131条　法第56条第6項の規定による同条第1項第一号及び第2項から第4項までの規定の適用の緩和に関する措置は，次条から第135条の2までに定めるところによる。

【前面道路とみなす道路等】

第131条の2　土地区画整理事業を施行した地区その他これに準ずる街区の整った地区内の街区で特定行政庁が指定するものについては，その街区の接する道路を前面道路とみなす。

2　建築物の敷地が都市計画において定められた計画道路（法第42条第1項第四号に該当するものを除くものとし，以下この項において「計画道路*」という。）若しくは法第68条の7第1項の規定により指定された予定道路（以下この項において「予定道路*」という。）に接する場合又は当該敷地内に計画道路若しくは予定道路がある場合において，特定行政庁が交通上，安全上，防火上及び衛生上支障がないと認める建築物については，当該計画道路又は予定道路を前面道路とみなす。

●関連［計画道路］都市計画法第11条第1項第一号→p850
　　　　［予定道路］法第68条の7第1項　　　　　　→p94

3　前面道路の境界線若しくはその反対側の境界線からそれぞれ後退して壁面線の指定がある場合又は前面道路の境界線若しくはその反対側の境界線からそれぞれ後退して法第68条の2第1項の規定に基づく条例で定める壁面の位置の制限（道路に面する建築物の壁又はこれに代わる柱の位置及び道路に面する高さ2mを超える門又は塀の位置を制限するものに限る。以下この項において「壁面の位置の制限」という。）がある場合において，当該壁面線又は当該壁面の位置の制限として定められた限度の線を越えない建築物（第135条の19各号に掲げる建築物の部分を除く。）で特定行政庁が交通上，安全上，防火上及び衛生上支障がないと認めるものについては，当該前面道路の境界線又はその反対側の境界線は，それぞれ当該壁面線又は当該壁面の位置の制限として定められた限度の線にあるものとみなす。

【2以上の前面道路がある場合】

第132条　建築物の前面道路が2以上ある場合においては，幅員の最大な前面道路の境界線からの水平距離がその前面道路の幅員の2倍以内で，かつ，35m以内の区域及びその他の前面道路の中心線からの水平距離が10mをこえる区域については，すべての前面道路が幅員の最大な前面道路と同じ幅員を有するものとみなす。

2　前項の区域外の区域のうち，2以上の前面道路の境界線からの水平距離がそれぞれその前面道路の幅員の2倍（幅員が4m未満の前面道路にあっては，10mからその幅員の1/2を減じた数値）以内で，かつ，35m以内の区域については，これら

の前面道路のみを前面道路とし，これらの前面道路のうち，幅員の小さい前面道路は，幅員の大きい前面道路と同じ幅員を有するものとみなす。

3　前2項の区域外の区域については，その接する前面道路のみを前面道路とする。

第133条　削除

【前面道路の反対側に公園，広場，水面その他これらに類するものがある場合】

第134条　前面道路の反対側に公園，広場，水面その他これらに類するものがある場合においては，当該前面道路の反対側の境界線は，当該公園，広場，水面その他これらに類するものの反対側の境界線にあるものとみなす。

2　建築物の前面道路が2以上ある場合において，その反対側に公園，広場，水面その他これらに類するものがある前面道路があるときは，第132条第1項の規定によらないで，当該公園，広場，水面その他これらに類するものがある前面道路（2以上あるときは，そのうちの1）の境界線からの水平距離がその公園，広場，水面その他これらに類するものの反対側の境界線から当該前面道路の境界線までの水平距離の2倍以内で，かつ，35m以内の区域及びその他の前面道路の中心線からの水平距離が10mをこえる区域については，すべての前面道路を当該公園，広場，水面その他これらに類するものがある前面道路と同じ幅員を有し，かつ，その反対側に同様の公園，広場，水面その他これらに類するものがあるものとみなして，前項の規定によることができる。この場合においては，第132条第2項及び第3項の規定を準用する。

第135条　削除

【道路面と敷地の地盤面に高低差がある場合】

第135条の2　建築物の敷地の地盤面が前面道路より1m以上高い場合においては，その前面道路は，敷地の地盤面と前面道路との高低差から1mを減じたものの1/2だけ高い位置にあるものとみなす。

2　特定行政庁は，地形の特殊性により前項の規定をそのまま適用することが著しく不適当であると認める場合においては，同項の規定にかかわらず，規則で，前面道路の位置を同項の規定による位置と敷地の地盤面の高さとの間において適当と認める高さに定めることができる。

【隣地との関係についての建築物の各部分の高さの制限の緩和】

第135条の3　法第56条第6項の規定による同条第1項及び第5項の規定の適用の緩和に関する措置で同条第1項第二号に係るものは，次に定めるところによる。

●関連［建築物の各部分の高さ］法第56条第1項第二号→p73

一　建築物の敷地が公園（都市公園法施行令（昭和31年政令第290号）第2条第1項第一号に規定する都市公園を除く。），広場，水面その他これらに類するものに接する場合においては，その公園，広場，水面その他これらに類するものに接する隣地境界線は，その公園，広場，水面その他これらに類するものの幅の1/2だけ外側にあるものとみなす。

●関連［都市公園法施行令］第2条第1項→p1172

二　建築物の敷地の地盤面が隣地の地盤面（隣地に建築物がない場合においては，

当該隣地の平均地表面をいう。次項において同じ。）より1m以上低い場合においては，その建築物の敷地の地盤面は，当該高低差から1mを減じたものの1/2だけ高い位置にあるものとみなす。

　三　第131条の2第2項の規定により計画道路又は予定道路を前面道路とみなす場合においては，その計画道路又は予定道路内の隣地境界線は，ないものとみなす。

2　特定行政庁は，前項第二号の場合において，地形の特殊性により同号の規定をそのまま適用することが著しく不適当であると認めるときは，規則で，建築物の敷地の地盤面の位置を当該建築物の敷地の地盤面の位置と隣地の地盤面の位置との間において適当と認める高さに定めることができる。

　【北側の前面道路又は隣地との関係についての建築物の各部分の高さの制限の緩和】

第135条の4　法第56条第6項の規定による同条第1項及び第5項の規定の適用の緩和に関する措置で同条第1項第三号に係るものは，次に定めるところによる。

●関連［建築物の各部分の高さ］法第56条第1項第三号→p73

　一　北側の前面道路の反対側に水面，線路敷その他これらに類するものがある場合又は建築物の敷地が北側で水面，線路敷その他これらに類するものに接する場合においては，当該前面道路の反対側の境界線又は当該水面，線路敷その他これらに類するものに接する隣地境界線は，当該水面，線路敷その他これらに類するものの幅の1/2だけ外側にあるものとみなす。

　二　建築物の敷地の地盤面が北側の隣地（北側に前面道路がある場合においては，当該前面道路の反対側の隣接地をいう。以下この条において同じ。）の地盤面（隣地に建築物がない場合においては，当該隣地の平均地表面をいう。次項において同じ。）より1m以上低い場合においては，その建築物の敷地の地盤面は，当該高低差から1mを減じたものの1/2だけ高い位置にあるものとみなす。

　三　第131条の2第2項の規定により計画道路又は予定道路を前面道路とみなす場合においては，その計画道路又は予定道路内の隣地境界線は，ないものとみなす。

2　特定行政庁は，前項第二号の場合において，地形の特殊性により同号の規定をそのまま適用することが著しく不適当であると認めるときは，規則で，建築物の敷地の地盤面の位置を当該建築物の敷地の地盤面の位置と北側の隣地の地盤面の位置との間において適当と認める高さに定めることができる。

　【天空率】

第135条の5　この章において「天空率」とは，次の式によって計算した数値をいう。

$$R_S = \frac{A_s - A_b}{A_s}$$

この式において，R_s，A_s及びA_bは，それぞれ次の数値を表すものとする。

　　R_s　天空率

　　A_s　地上のある位置を中心としてその水平面上に想定する半球（以下この章において「想定半球」という。）の水平投影面積

　　A_b　建築物及びその敷地の地盤をA_sの想定半球と同一の想定半球に投影し

た投影面の水平投影面積

【前面道路との関係についての建築物の各部分の高さの制限を適用しない建築物の基準等】

第135条の6　法第56条第7項の政令で定める基準で同項第一号に掲げる規定を適用しない建築物に係るものは，次のとおりとする。

●関連 [建築物の各部分の高さ] 法第56条第7項→p74

　一　当該建築物（法第56条第7項第一号に掲げる規定による高さの制限（以下この章において「道路高さ制限」という。）が適用される範囲内の部分に限る。）の第135条の9に定める位置を想定半球の中心として算定する天空率が，当該建築物と同一の敷地内において道路高さ制限に適合するものとして想定する建築物（道路高さ制限が適用される範囲内の部分に限り，階段室，昇降機塔，装飾塔，物見塔，屋窓その他これらに類する建築物の屋上部分でその水平投影面積の合計が建築物の建築面積の1/8以内のものの頂部から12m以内の部分（以下この章において「階段室等」という。）及び棟飾，防火壁の屋上突出部その他これらに類する屋上突出物（以下この章において「棟飾等」という。）を除く。以下この章において「道路高さ制限適合建築物」という。）の当該位置を想定半球の中心として算定する天空率以上であること。

　二　当該建築物の前面道路の境界線からの後退距離（法第56条第2項に規定する後退距離をいう。以下この号において同じ。）が，前号の道路高さ制限適合建築物と同一の道路高さ制限適合建築物の前面道路の境界線からの後退距離以上であること。

2　当該建築物の敷地が，道路高さ制限による高さの限度として水平距離に乗ずべき数値が異なる地域，地区又は区域（以下この章において「道路制限勾配が異なる地域等」という。）にわたる場合における前項第一号の規定の適用については，同号中「限る。）」とあるのは「限る。）の道路制限勾配が異なる地域等ごとの部分」と，「という。）の」とあるのは「という。）の道路制限勾配が異なる地域等ごとの部分の」とする。

3　当該建築物の前面道路が2以上ある場合における第1項第一号の規定の適用については，同号中「限る。）」とあるのは「限る。）の第132条又は第134条第2項に規定する区域ごとの部分」と，「という。）の」とあるのは「という。）の第132条又は第134条第2項に規定する区域ごとの部分の」とする。

【隣地との関係についての建築物の各部分の高さの制限を適用しない建築物の基準等】

第135条の7　法第56条第7項の政令で定める基準で同項第二号に掲げる規定を適用しない建築物に係るものは，次のとおりとする。

●関連 [建築物の各部分の高さ] 法第56条第7項→p74

　一　当該建築物（法第56条第7項第二号に掲げる規定による高さの制限（以下この章において「隣地高さ制限」という。）が適用される地域，地区又は区域内の部分に限る。）の第135条の10に定める位置を想定半球の中心として算定する天空率

が，当該建築物と同一の敷地内の同一の地盤面において隣地高さ制限に適合するものとして想定する建築物（隣地高さ制限が適用される地域，地区又は区域内の部分に限り，階段室等及び棟飾等を除く。以下この章において「隣地高さ制限適合建築物」という。）の当該位置を想定半球の中心として算定する天空率以上であること。

二　当該建築物（法第56条第1項第二号イ又はニに定める数値が1.25とされている建築物にあっては高さが20mを，同号イからニまでに定める数値が2.5とされている建築物にあっては高さが31mを超える部分に限る。）の隣地境界線からの後退距離（同号に規定する水平距離のうち最小のものに相当する距離をいう。以下この号において同じ。）が，前号の隣地高さ制限適合建築物と同一の隣地高さ制限適合建築物（同項第二号イ又はニに定める数値が1.25とされている隣地高さ制限適合建築物にあっては高さが20mを，同号イからニまでに定める数値が2.5とされている隣地高さ制限適合建築物にあっては高さが31mを超える部分に限る。）の隣地境界線からの後退距離以上であること。

2　当該建築物の敷地が，隣地高さ制限による高さの限度として水平距離に乗ずべき数値が異なる地域，地区又は区域（以下この章において「隣地制限勾配が異なる地域等」という。）にわたる場合における前項第一号の規定の適用については，同号中「限る。）」とあるのは「限る。）の隣地制限勾配が異なる地域等ごとの部分」と，「という。）の」とあるのは「という。）の隣地制限勾配が異なる地域等ごとの部分の」とする。

3　当該建築物が周囲の地面と接する位置の高低差が3mを超える場合における第1項第一号の規定の適用については，同号中「限る。）」とあるのは「限る。）の周囲の地面と接する位置の高低差が3m以内となるようにその敷地を区分した区域（以下この章において「高低差区分区域」という。）ごとの部分」と，「地盤面」とあるのは「高低差区分区域ごとの地盤面」と，「という。）の」とあるのは「という。）の高低差区分区域ごとの部分の」とする。

【北側の隣地との関係についての建築物の各部分の高さの制限を適用しない建築物の基準等】

第135条の8　法第56条第7項の政令で定める基準で同項第三号に掲げる規定を適用しない建築物に係るものは，当該建築物（同号に掲げる規定による高さの制限（以下この章において「北側高さ制限」という。）が適用される地域内の部分に限る。）の第135条の11に定める位置を想定半球の中心として算定する天空率が，当該建築物と同一の敷地内の同一の地盤面において北側高さ制限に適合するものとして想定する建築物（北側高さ制限が適用される地域内の部分に限り，棟飾等を除く。）の当該位置を想定半球の中心として算定する天空率以上であることとする。

●関連［建築物の各部分の高さ］法第56条第7項→p74

2　当該建築物の敷地が，北側高さ制限による高さの限度として加える高さが異なる地域（以下この章において「北側制限高さが異なる地域」という。）にわたる場合における前項の規定の適用については，同項中「限る。）」とあるのは「限る。）の

北側制限高さが異なる地域ごとの部分」と，「除く。)」とあるのは「除く。)の北側制限高さが異なる地域ごとの部分」とする。

3　当該建築物が周囲の地面と接する位置の高低差が3mを超える場合における第1項の規定の適用については，同項中「限る。)」とあるのは「限る。)の高低差区分区域ごとの部分」と，「地盤面」とあるのは「高低差区分区域ごとの地盤面」と，「除く。)」とあるのは「除く。)の高低差区分区域ごとの部分」とする。

【法第56条第7項第一号の政令で定める位置】

第135条の9　法第56条第7項第一号の政令で定める位置は，前面道路の路面の中心の高さにある次に掲げる位置とする。

●関連［建築物の各部分の高さ］法第56条第7項第一号→p75

一　当該建築物の敷地（道路高さ制限が適用される範囲内の部分に限る。)の前面道路に面する部分の両端から最も近い当該前面道路の反対側の境界線上の位置

二　前号の位置の間の境界線の延長が当該前面道路の幅員の1/2を超えるときは，当該位置の間の境界線上に当該前面道路の幅員の1/2以内の間隔で均等に配置した位置

2　当該建築物の敷地が道路制限勾配が異なる地域等にわたる場合における前項の規定の適用については，同項第一号中「限る。)」とあるのは，「限る。)の道路制限勾配が異なる地域等ごと」とする。

3　当該建築物の前面道路が2以上ある場合における第1項の規定の適用については，同項第一号中「限る。)」とあるのは，「限る。)の第132条又は第134条第2項に規定する区域ごと」とする。

4　当該建築物の敷地の地盤面が前面道路の路面の中心の高さより1m以上高い場合においては，第1項に規定する前面道路の路面の中心は，当該高低差から1mを減じたものの1/2だけ高い位置にあるものとみなす。

5　第135条の2第2項の規則で前面道路の位置の高さが別に定められている場合にあっては，前項の規定にかかわらず，当該高さを第1項に規定する前面道路の路面の中心の高さとみなす。

【法第56条第7項第二号の政令で定める位置】

第135条の10　法第56条第7項第二号の政令で定める位置は，当該建築物の敷地の地盤面の高さにある次に掲げる位置とする。

●関連［建築物の各部分の高さ］法第56条第7項第二号→p75

一　法第56条第7項第二号に規定する外側の線（以下この条において「基準線」という。)の当該建築物の敷地（隣地高さ制限が適用される地域，地区又は区域内の部分に限る。)に面する部分の両端上の位置

二　前号の位置の間の基準線の延長が，法第56条第1項第二号イ又はニに定める数値が1.25とされている建築物にあっては8m，同号イからニまでに定める数値が2.5とされている建築物にあっては6.2mを超えるときは，当該位置の間の基準線上に，同号イ又はニに定める数値が1.25とされている建築物にあっては8m，同号イからニまでに定める数値が2.5とされている建築物にあっては6.2m以内

の間隔で均等に配置した位置

2　当該建築物の敷地が隣地制限勾配が異なる地域等にわたる場合における前項の規定の適用については，同項第一号中「限る。）」とあるのは，「限る。）の隣地制限勾配が異なる地域等ごとの部分」とする。

3　当該建築物が周囲の地面と接する位置の高低差が3mを超える場合における第1項の規定の適用については，同項中「地盤面」とあるのは「高低差区分区域ごとの地盤面」と，同項第一号中「限る。）」とあるのは「限る。）の高低差区分区域ごとの部分」とする。

4　当該建築物の敷地の地盤面が隣地の地盤面（隣地に建築物がない場合においては，当該隣地の平均地表面をいう。）より1m以上低い場合においては，第1項に規定する当該建築物の敷地の地盤面は，当該高低差から1mを減じたものの1/2だけ高い位置にあるものとみなす。

5　第135条の3第2項の規則で建築物の敷地の地盤面の位置の高さが別に定められている場合にあっては，前項の規定にかかわらず，当該高さを第1項に規定する当該建築物の敷地の地盤面の高さとみなす。

【法第56条第7項第三号の政令で定める位置】

第135条の11　法第56条第7項第三号の政令で定める位置は，当該建築物の敷地の地盤面の高さにある次に掲げる位置とする。

●関連［建築物の各部分の高さ］法第56条第7項第三号→p75

一　当該建築物の敷地（北側高さ制限が適用される地域内の部分に限る。）の真北に面する部分の両端から真北方向の法第56条第7項第三号に規定する外側の線（以下この条において「基準線」という。）上の位置

二　前号の位置の間の基準線の延長が，第一種低層住居専用地域，第二種低層住居専用地域又は田園住居地域内の建築物にあっては1m，第一種中高層住居専用地域又は第二種中高層住居専用地域内の建築物にあっては2mを超えるときは，当該位置の間の基準線上に，第一種低層住居専用地域，第二種低層住居専用地域又は田園住居地域内の建築物にあっては1m，第一種中高層住居専用地域又は第二種中高層住居専用地域内の建築物にあっては2m以内の間隔で均等に配置した位置

2　当該建築物の敷地が北側制限高さが異なる地域にわたる場合における前項の規定の適用については，同項第一号中「限る。）」とあるのは，「限る。）の北側制限高さが異なる地域ごと」とする。

3　当該建築物が周囲の地面と接する位置の高低差が3mを超える場合における第1項の規定の適用については，同項中「地盤面」とあるのは「高低差区分区域ごとの地盤面」と，同項第一号中「限る。）」とあるのは「限る。）の高低差区分区域ごと」とする。

4　当該建築物の敷地の地盤面が北側の隣地の地盤面（隣地に建築物がない場合においては，当該隣地の平均地表面をいう。）より1m以上低い場合においては，第1項に規定する当該建築物の敷地の地盤面は，当該高低差から1mを減じたものの

1/2だけ高い位置にあるものとみなす。

5　第135条の4第2項の規則で建築物の敷地の地盤面の位置の高さが別に定められている場合にあっては，前項の規定にかかわらず，当該高さを第1項に規定する当該建築物の敷地の地盤面の高さとみなす。

【日影による中高層の建築物の高さの制限の適用除外等】

第135条の12　法第56条の2第1項ただし書の政令で定める位置は，同項ただし書の規定による許可を受けた際における敷地の区域とする。

2　法第56条の2第1項ただし書の政令で定める規模は，同項に規定する平均地盤面からの高さの水平面に，敷地境界線からの水平距離が5mを超える範囲において新たに日影となる部分を生じさせることのない規模とする。

3　法第56条の2第3項の規定による同条第1項本文の規定の適用の緩和に関する措置は，次の各号に定めるところによる。

●関連［日影による中高層の建築物の高さの制限］法第56条の2第3項→p76

一　建築物の敷地が道路，水面，線路敷その他これらに類するものに接する場合においては，当該道路，水面，線路敷その他これらに類するものに接する敷地境界線は，当該道路，水面，線路敷その他これらに類するものの幅の1/2だけ外側にあるものとみなす。ただし，当該道路，水面，線路敷その他これらに類するものの幅が10mを超えるときは，当該道路，水面，線路敷その他これらに類するものの反対側の境界線から当該敷地の側に水平距離5mの線を敷地境界線とみなす。

二　建築物の敷地の平均地盤面が隣地又はこれに連接する土地で日影の生ずるものの地盤面（隣地又はこれに連接する土地に建築物がない場合においては，当該隣地又はこれに連接する土地の平均地表面をいう。次項において同じ。）より1m以上低い場合においては，その建築物の敷地の平均地盤面は，当該高低差から1mを減じたものの1/2だけ高い位置にあるものとみなす。

4　特定行政庁は，前項第二号の場合において，地形の特殊性により同号の規定をそのまま適用することが著しく不適当であると認めるときは，規則で，建築物の敷地の平均地盤面の位置を当該建築物の敷地の平均地盤面の位置と隣地又はこれに連接する土地で日影の生ずるものの地盤面の位置との間において適当と認める高さに定めることができる。

【建築物が日影時間の制限の異なる区域の内外にわたる場合等の措置】

第135条の13　法第56条の2第1項に規定する対象区域（以下この条において「対象区域」という。）である第一種低層住居専用地域，第二種低層住居専用地域，田園住居地域若しくは用途地域の指定のない区域内にある部分の軒の高さが7mを超える建築物若しくは当該部分の地階を除く階数が3以上である建築物又は高さが10mを超える建築物（以下この条において「対象建築物」という。）が同項の規定による日影時間の制限の異なる区域の内外にわたる場合には当該対象建築物がある各区域内に，対象建築物が，冬至日において，対象区域のうち当該対象建築物がある区域外の土地に日影を生じさせる場合には当該対象建築物が日影を生じさせる各区域内に，それぞれ当該対象建築物があるものとして，同項の規定を適用する。

●関連［日影による中高層の建築物の高さの制限］法第56条の２第１項→p75

【高層住居誘導地区内の建築物及び法第52条第８項に規定する建築物の容積率の上限の数値の算出方法】

第135条の14　法第52条第１項第五号及び第８項の政令で定める方法は，次の式により計算する方法とする。

$$V_r = \frac{3\,V_c}{3 - R}$$

この式において，V_r，V_c 及び R は，それぞれ次の数値を表すものとする。
　V_r　法第52条第１項第五号又は第８項の政令で定める方法により算出した数値
　V_c　建築物がある用途地域に関する都市計画において定められた容積率の数値
　R　建築物の住宅の用途に供する部分の床面積の合計のその延べ面積に対する割合

●関連［容積率］法第52条第１項第五号，第８項→p63,66

【条例で地盤面を別に定める場合の基準】

第135条の15　法第52条第５項の政令で定める基準は，次のとおりとする。

一　建築物が周囲の地面と接する位置のうち最も低い位置の高さ以上の高さに定めること。

二　周囲の地面と接する位置の高低差が３ｍを超える建築物については，その接する位置のうち最も低い位置からの高さが３ｍを超えない範囲内で定めること。

三　周囲の地面と接する位置の高低差が３ｍ以下の建築物については，その接する位置の平均の高さを超えない範囲内で定めること。

【容積率の算定の基礎となる延べ面積に昇降路の部分の床面積を算入しない昇降機】

第135条の16　法第52条第６項第一号の政令で定める昇降機は，エレベーターとする。

【敷地内の空地の規模等】

第135条の17　法第52条第８項第二号の政令で定める空地の規模は，次の表(い)欄に掲げる区分に応じて，当該建築物の敷地面積に同表(ろ)欄に掲げる数値を乗じて得た面積とする。ただし，地方公共団体は，土地利用の状況等を考慮し，条例で，同表(は)欄に掲げる数値の範囲内で，当該建築物の敷地面積に乗ずべき数値を別に定めることができる。

	(い)	(ろ)	(は)
(1)	法第53条の規定による建蔽率の最高限度（以下この表において「建蔽率限度」という。）が4.5/10以下の場合	1から建蔽率限度を減じた数値に1.5/10を加えた数値	1から建蔽率限度を減じた数値に1.5/10を加えた数値を超え，8.5/10以下の範囲

			1から建蔽率限度を減じた数値に1.5/10を加えた数値を超え，当該減じた数値に3/10を加えた数値以下の範囲
(2)	建蔽率限度が4.5/10を超え，5/10以下の場合		1から建蔽率限度を減じた数値に1.5/10を加えた数値を超え，当該減じた数値に3/10を加えた数値以下の範囲
(3)	建蔽率限度が5/10を超え，5.5/10以下の場合	6.5/10	6.5/10を超え，1から建蔽率限度を減じた数値に3/10を加えた数値以下の範囲
(4)	建蔽率限度が5.5/10を超える場合	1から建蔽率限度を減じた数値に2/10を加えた数値	1から建蔽率限度を減じた数値に2/10を加えた数値を超え，当該減じた数値に3/10を加えた数値以下の範囲
(5)	建蔽率限度が定められていない場合	2/10	2/10を超え，3/10以下の範囲

●関連 [容積率] 法第52条第8項第二号→p67

2　法第52条第8項第二号の政令で定める道路に接して有効な部分の規模は，前項の規定による空地の規模に1/2を乗じて得たものとする。

3　法第52条第8項第二号の政令で定める敷地面積の規模は，次の表(い)欄に掲げる区分に応じて，同表(ろ)欄に掲げる数値とする。ただし，地方公共団体は，街区の形状，宅地の規模その他土地の状況により同欄に掲げる数値によることが不適当であると認める場合においては，条例で，同表(は)欄に掲げる数値の範囲内で，その規模を別に定めることができる。

	(い)	(ろ)	(は)
	地域	敷地面積の規模（単位　m²）	条例で定めることができる敷地面積の規模（単位　m²）
(1)	第一種住居地域，第二種住居地域，準住居地域又は準工業地域（高層住居誘導地区及び特定行政庁が都道府県都市計画審議会の議を経て指定する区域（以下この表において「高層住居誘導地区等」という。）を除く。）	2,000	500以上4,000未満
(2)	近隣商業地域（高層住居誘導地区等を除く。）又は商業地域（特定行政庁が都道府県都市計画審議会の議を経て指定する区域を除く。）	1,000	500以上2,000未満

備考
一　建築物の敷地がこの表(い)欄各項に掲げる地域とこれらの地域として指定されていない区域にわたる場合においては，その全部について，同欄各項に掲げる地域に関する同表の規定を適用する。
二　建築物の敷地がこの表(い)欄(1)の項に掲げる地域と同欄(2)の項に掲げる地域にわたる場合においては，その全部について，敷地の属する面積が大きい方の地域に関する同表の規定を適用する。

【容積率の制限について前面道路の幅員に加算する数値】

第135条の18　法第52条第9項の政令で定める数値は，次の式によって計算したものとする。

$$W_a = \frac{(12 - W_r)(70 - L)}{70}$$

この式において，W_a，W_r 及び L は，それぞれ次の数値を表すものとする。
　W_a　法第52条第9項の政令で定める数値（単位　m）
　W_r　前面道路の幅員（単位　m）
　L　法第52条第9項の特定道路からその建築物の敷地が接する前面道路の部分の直近の端までの延長（単位　m）

●関連［容積率］法第52条第9項→p67

【容積率の算定に当たり建築物から除かれる部分】

第135条の19　法第52条第12項の政令で定める建築物の部分は，次に掲げるものとする。

●関連［容積率］法第52条第12項→p67

一　ひさしその他これに類する建築物の部分で，次に掲げる要件に該当するもの
　イ　高さが5m以下であること。
　ロ　当該部分の水平投影の前面道路に面する長さを敷地の前面道路に接する部分の水平投影の長さで除した数値が1/5以下であること。
　ハ　当該部分から前面道路の境界線までの水平距離のうち最小のものが1m以上であること。
二　建築物の地盤面下の部分
三　道路に沿って設けられる高さが2m以下の門又は塀（高さが1.2mを超えるものにあっては，当該1.2mを超える部分が網状その他これに類する形状であるものに限る。）
四　隣地境界線に沿って設けられる高さが2m以下の門又は塀
五　歩廊，渡り廊下その他これらに類する建築物の部分で，特定行政庁がその地方の気候若しくは風土の特殊性又は土地の状況を考慮して規則で定めたもの

【耐火建築物と同等以上の延焼防止性能を有する建築物等】

第135条の20　法第53条第3項第一号イの政令で定める建築物は，次に掲げる要件に該当する建築物とする。
一　外壁の開口部で延焼のおそれのある部分に防火設備が設けられていること。

二　壁，柱，床その他の建築物の部分及び前号の防火設備が第136条の２第一号ロに掲げる基準に適合し，かつ，法第61条に規定する構造方法を用いるもの又は同条の規定による認定を受けたものであること。

2　前項の規定は，法第53条第３項第一号ロの政令で定める建築物について準用する。この場合において，前項第二号中「第136条の２第一号ロ」とあるのは，「第136条の２第二号ロ」と読み替えるものとする。

【建蔽率の制限の緩和に当たり建築物から除かれる部分】

第135条の21　法第53条第４項の政令で定める建築物の部分は，次に掲げるものとする。

一　軒，ひさし，ぬれ縁及び**国土交通省令***で定める建築設備

◆国土交通省令［建蔽率の制限の緩和に当たり建築物から除かれる
建築設備］規則第10条の４の７　　　　　　　　→p535

二　建築物の地盤面下の部分

三　高さが２m以下の門又は塀

●関連［建蔽率］法第53条第４項→p69

【第一種低層住居専用地域等内における外壁の後退距離に対する制限の緩和】

第135条の22　法第54条第１項の規定により政令で定める場合は，当該地域に関する都市計画において定められた外壁の後退距離の限度に満たない距離にある建築物又は建築物の部分が次の各号のいずれかに該当する場合とする。

●関連［第一種低層住居専用地域等内における外壁の後退距離］
法第54条第１項　　　　　　　　　　　　　→p71

一　外壁又はこれに代わる柱の中心線の長さの合計が３m以下であること。

二　物置その他これに類する用途に供し，軒の高さが2.3m以下で，かつ，床面積の合計が５m²以内であること。

【特例容積率の限度の指定の申請について同意を得るべき利害関係者】

第135条の23　法第57条の２第２項の政令で定める利害関係を有する者は，所有権，対抗要件を備えた借地権（同条第１項に規定する借地権をいう。次条において同じ。）又は登記した先取特権，質権若しくは抵当権を有する者及びこれらの権利に関する仮登記，これらの権利に関する差押えの登記又はその土地に関する買戻しの特約の登記の登記名義人とする。

【特例容積率の限度の指定の取消しの申請について同意を得るべき利害関係者】

第135条の24　法第57条の３第１項の政令で定める利害関係を有する者は，前条に規定する者（所有権又は借地権を有する者を除く。）とする。

【敷地内の空地及び敷地面積の規模】

第136条　法第59条の２第１項の規定により政令で定める空地は，法第53条の規定により建蔽率の最高限度が定められている場合においては，当該最高限度に応じて，当該空地の面積の敷地面積に対する割合が次の表に定める数値以上であるものとし，同条の規定により建蔽率の最高限度が定められていない場合においては，当該空地の面積の敷地面積に対する割合が2/10以上であるものとする。

●関連［敷地内に広い空地を有する建築物の容積率等の特例］
法第59条の２第１項　　　　　　　　　　　→p80

	法第53条の規定による建蔽率の最高限度	空地の面積の敷地面積に対する割合
(1)	5/10以下の場合	1から法第53条の規定による建蔽率の最高限度を減じた数値に1.5/10を加えた数値
(2)	5/10を超え，5.5/10以下の場合	6.5/10
(3)	5.5/10を超える場合	1から法第53条の規定による建蔽率の最高限度を減じた数値に2/10を加えた数値

2　法第59条の2第1項の規定によりその各部分の高さのみを法第55条第1項又は法第56条の規定による限度を超えるものとする建築物に対する前項の規定の適用については，同項中「2/10」とあるのは「1.5/10」と，「1.5/10」とあるのは「1/10」と，「6.5/10」とあるのは「6/10」とする。

3　法第59条の2第1項の規定により政令で定める規模は，次の表の(い)欄に掲げる区分に応じて，同表(ろ)欄に掲げる数値とする。ただし，特定行政庁は，街区の形状，宅地の規模その他土地の状況により同欄に掲げる数値によることが不適当であると認める場合においては，規則で，同表(は)欄に掲げる数値の範囲内で，その規模を別に定めることができる。

	(い)　地　域　又　は　区　域	(ろ)　敷地面積の規模（単位　m²）	(は)　規則で定めることができる敷地面積の規模（単位　m²）
(1)	第一種低層住居専用地域，第二種低層住居専用地域又は田園住居地域	3,000	1,000以上3,000未満
(2)	第一種中高層住居専用地域，第二種中高層住居専用地域，第一種住居地域，第二種住居地域，準住居地域，準工業地域，工業地域又は工業専用地域	2,000	500以上2,000未満
(3)	近隣商業地域又は商業地域	1,000	500以上1,000未満
(4)	用途地域の指定のない区域	2,000	1,000以上2,000未満

第7章の2　防火地域又は準防火地域内の建築物

【防火地域又は準防火地域内の建築物の壁，柱，床その他の部分及び防火設備の性能に関する技術的基準】

第136条の2　法第61条の政令で定める技術的基準は，次の各号に掲げる建築物の区分に応じ，それぞれ当該各号に定めるものとする。

一　防火地域内にある建築物で階数が3以上のもの若しくは延べ面積が100m²を超えるもの又は準防火地域内にある建築物で地階を除く階数が4以上のもの若しく

は延べ面積が1,500m²を超えるもの　　次のイ又はロのいずれかに掲げる基準

イ　主要構造部が第107条各号又は第108条の3第1項第一号イ及びロに掲げる基準に適合し，かつ，外壁開口部設備（外壁の開口部で延焼のおそれのある部分に設ける防火設備をいう。以下この条において同じ。）が第109条の2に規定する基準に適合するものであること。ただし，準防火地域内にある建築物で法第86条の4各号のいずれかに該当するものの外壁開口部設備については，この限りでない。

ロ　当該建築物の主要構造部，防火設備及び消火設備の構造に応じて算出した延焼防止時間（建築物が通常の火災による周囲への延焼を防止することができる時間をいう。以下この条において同じ。）が，当該建築物の主要構造部及び外壁開口部設備（以下このロ及び次号ロにおいて「主要構造部等」という。）がイに掲げる基準に適合すると仮定した場合における当該主要構造部等の構造に応じて算出した延焼防止時間以上であること。

●関連〔防火地域及び準防火地域内の建築物〕法第61条→p83
●告示　令元　国交告194号→p1824

二　防火地域内にある建築物のうち階数が2以下で延べ面積が100m²以下のもの又は準防火地域内にある建築物のうち地階を除く階数が3で延べ面積が1,500m²以下のもの若しくは地階を除く階数が2以下で延べ面積が500m²を超え1,500m²以下のもの　　次のイ又はロのいずれかに掲げる基準

イ　主要構造部が第107条の2各号又は第109条の3第一号若しくは第二号に掲げる基準に適合し，かつ，外壁開口部設備が前号イに掲げる基準（外壁開口部設備に係る部分に限る。）に適合するものであること。

ロ　当該建築物の主要構造部，防火設備及び消火設備の構造に応じて算出した延焼防止時間が，当該建築物の主要構造部等がイに掲げる基準に適合すると仮定した場合における当該主要構造部等の構造に応じて算出した延焼防止時間以上であること。

●告示　令元　国交告194号→p1824

三　準防火地域内にある建築物のうち地階を除く階数が2以下で延べ面積が500m²以下のもの（木造建築物等に限る。）　　次のイ又はロのいずれかに掲げる基準

イ　外壁及び軒裏で延焼のおそれのある部分が第108条各号に掲げる基準に適合し，かつ，外壁開口部設備に建築物の周囲において発生する通常の火災による火熱が加えられた場合に，当該外壁開口部設備が加熱開始後20分間当該加熱面以外の面（屋内に面するものに限る。）に火炎を出さないものであること。ただし，法第86条の4各号のいずれかに該当する建築物の外壁開口部設備については，この限りでない。

ロ　当該建築物の主要構造部，防火設備及び消火設備の構造に応じて算出した延焼防止時間が，当該建築物の外壁及び軒裏で延焼のおそれのある部分並びに外壁開口部設備（以下このロにおいて「特定外壁部分等」という。）がイに掲げる基準に適合すると仮定した場合における当該特定外壁部分等の構造に応じて

算出した延焼防止時間以上であること。

●告示　令元　国交告194号→p1824

四　準防火地域内にある建築物のうち地階を除く階数が2以下で延べ面積が500m²以下のもの（木造建築物等を除く。）　　次のイ又はロのいずれかに掲げる基準

イ　外壁開口部設備が前号イに掲げる基準（外壁開口部設備に係る部分に限る。）に適合するものであること。

ロ　当該建築物の主要構造部，防火設備及び消火設備の構造に応じて算出した延焼防止時間が，当該建築物の外壁開口部設備がイに掲げる基準に適合すると仮定した場合における当該外壁開口部設備の構造に応じて算出した延焼防止時間以上であること。

●告示　令元　国交告194号→p1824

五　高さ2mを超える門又は塀で，防火地域内にある建築物に附属するもの又は準防火地域内にある木造建築物等に附属するもの　　延焼防止上支障のない構造であること。

●告示　令元　国交告194号→p1824

【防火地域又は準防火地域内の建築物の屋根の性能に関する技術的基準】

第136条の2の2　法第62条の政令で定める技術的基準は，次に掲げるもの（不燃性の物品を保管する倉庫その他これに類するものとして国土交通大臣が定める用途*に供する建築物又は建築物の部分で，市街地における通常の火災による火の粉が屋内に到達した場合に建築物の火災が発生するおそれのないものとして国土交通大臣が定めた構造方法*を用いるものの屋根にあっては，第一号に掲げるもの）とする。

●告示　平28　国交告693号→p1789

一　屋根が，市街地における通常の火災による火の粉により，防火上有害な発炎をしないものであること。

二　屋根が，市街地における通常の火災による火の粉により，屋内に達する防火上有害な溶融，亀裂その他の損傷を生じないものであること。

第136条の2の3　削除

第7章の2の2　特定防災街区整備地区内の建築物

【建築物の防災都市計画施設に係る間口率及び高さの算定】

第136条の2の4　法第67条第6項に規定する建築物の防災都市計画施設に係る間口率の算定の基礎となる次の各号に掲げる長さの算定方法は，当該各号に定めるところによる。

一　防災都市計画施設に面する部分の長さ　　建築物の周囲の地面に接する外壁又はこれに代わる柱の面で囲まれた部分の水平投影の防災都市計画施設に面する長さによる。

二　敷地の防災都市計画施設に接する部分の長さ　　敷地の防災都市計画施設に接する部分の水平投影の長さによる。

2　法第67条第6項に規定する建築物の高さの算定については，建築物の防災都市計画施設に面する方向の鉛直投影の各部分（同項に規定する建築物の防災都市計画施設に係る間口率の最低限度を超える部分を除く。）の防災都市計画施設と敷地との境界線からの高さによる。

第7章の3　地区計画等の区域

【地区計画等の区域内において条例で定める制限】

第136条の2の5　法第68条の2第1項の規定に基づく条例による制限は，次の各号に掲げる事項で地区計画等*の内容として定められたものについて，それぞれ当該各号に適合するものでなければならない。

●関連　[市町村の条例に基づく制限] 法第68条の2第1項　　　　→p86
　　　　[地区計画等] 都市計画法第4条第9項→p842，第12条の4→p853

一　建築物の用途の制限　　次に掲げるものであること。

　イ　地区計画の区域（再開発等促進区及び開発整備促進区を除く。）にあっては，当該区域の用途構成の適正化，各街区ごとの住居の環境の保持，商業その他の業務の利便の増進その他適正な土地利用の確保及び都市機能の増進による良好な環境の街区の形成に貢献する合理的な制限であることが明らかなもの

　ロ　地区計画の区域のうち再開発等促進区又は開発整備促進区にあっては，当該再開発等促進区又は開発整備促進区にふさわしい良好な住居の環境の確保，商業その他の業務の利便の増進その他適正な土地利用の確保及び都市機能の増進に貢献する合理的な制限であることが明らかなもの

　ハ　防災街区整備地区計画の区域にあっては，当該区域にふさわしい良好な住居の環境の確保，商業その他の業務の利便の増進その他適正な土地利用の確保及び都市機能の増進に貢献し，かつ，当該区域における特定防災機能（密集市街地における防災街区の整備の促進に関する法律（平成9年法律第49号）第2条第三号に規定する特定防災機能をいう。次項において同じ。）を確保する観点から見て合理的な制限であることが明らかなもの

　ニ　歴史的風致維持向上地区計画の区域にあっては，当該区域にふさわしい良好な住居の環境の確保，商業その他の業務の利便の増進その他適正な土地利用の確保及び都市機能の増進に貢献し，かつ，当該区域における歴史的風致（地域における歴史的風致の維持及び向上に関する法律（平成20年法律第40号）第1条に規定する歴史的風致をいう。）の維持及び向上を図る観点から見て合理的な制限であることが明らかなもの

　ホ　沿道地区計画の区域にあっては，商業その他幹線道路の沿道としての当該区域の特性にふさわしい業務の利便の増進その他適正な土地利用の確保及び都市機能の増進に貢献し，かつ，道路交通騒音により生ずる障害を防止する観点から見て合理的な制限であることが明らかなもの

　ヘ　集落地区計画の区域にあっては，当該区域の特性にふさわしい良好な住居の

環境の保持その他適正な土地利用の確保に貢献する合理的な制限であることが
　　明らかなもの

二　建築物の容積率の最高限度　　5/10以上の数値であること。

三　建築物の建蔽率の最高限度　　3/10以上の数値であること。

四　建築物の敷地面積の最低限度　　次に掲げるものであること。

　イ　地区計画等（集落地区計画を除く。）の区域にあっては，建築物の敷地が細
　　　分化されることにより，又は建築物が密集することにより，住宅その他の建築
　　　物の敷地内に必要とされる空地の確保又は建築物の安全，防火若しくは衛生の
　　　目的を達成することが著しく困難となる区域について，当該区域の良好な住居
　　　の環境の確保その他市街地の環境の維持増進に貢献する合理的な数値であるこ
　　　と。

　ロ　集落地区計画の区域にあっては，建築物の敷地が細分化されることにより，
　　　住宅その他の建築物の敷地内に必要とされる空地の確保又は建築物の安全，防
　　　火若しくは衛生の目的を達成することが著しく困難となる区域について，当該
　　　集落地区計画の区域の特性にふさわしい良好な住居の環境の保持その他適正な
　　　土地利用の確保に貢献する合理的な数値であること。

五　壁面の位置の制限　　建築物の壁若しくはこれに代わる柱の位置の制限又は当
　　該制限と併せて定められた建築物に附属する門若しくは塀で高さ2mを超える
　　ものの位置の制限であること。

六　建築物の高さの最高限度　　地階を除く階数が2である建築物の通常の高さを
　　下回らない数値であること。

七　建築物の高さの最低限度，建築物の容積率の最低限度及び建築物の建築面積の
　　最低限度　　商業その他の業務又は住居の用に供する中高層の建築物を集合して
　　一体的に整備すべき区域その他の土地の合理的かつ健全な高度利用を図るべき区
　　域について，当該区域の高度利用を促進するに足りる合理的な数値であること。

八　建築物の敷地の地盤面の高さの最低限度及び建築物の居室の床面の高さの最低
　　限度　　洪水，雨水出水（水防法（昭和24年法律第193号）第2条第1項に規定
　　する雨水出水をいう。），津波又は高潮が発生した場合には建築物が損壊し，又は
　　浸水し，住民その他の者の生命，身体又は財産に著しい被害（以下この号におい
　　て「洪水等による被害」という。）が生ずるおそれがあると認められる土地の区
　　域について，当該区域における洪水等による被害を防止し，又は軽減する観点か
　　ら見て合理的な数値であること。

九　建築物の形態又は意匠の制限　　地区計画等の区域（景観法（平成16年法律第
　　110号）第76条第1項の規定に基づく条例の規定による制限が行われている区域
　　を除く。）内に存する建築物に関して，その屋根又は外壁の形態又は意匠をその
　　形状又は材料によって定めた制限であること。

十　垣又は柵の構造の制限　　建築物に附属する門又は塀の構造をその高さ，形状
　　又は材料によって定めた制限であること。

十一　建築物の建築の限界　　都市計画法第12条の11に規定する道路の整備上合理的

に必要な建築の限界であること。

●関連［地区整備計画］都市計画法第12条の11→p857

十一　建築物の特定地区防災施設（密集市街地における防災街区の整備の促進に関する法律第32条第2項第一号に規定する特定地区防災施設をいう。以下この条において同じ。）に面する部分の長さの敷地の当該特定地区防災施設に接する部分の長さに対する割合（以下この条において「特定地区防災施設に係る間口率*」という。）の最低限度　7/10以上9/10以下の範囲内の数値であること。

●関連［特定地区防災施設に係る間口率］令第136条の2の5第4項→p349

十二　建築物の構造に関する防火上必要な制限　次に掲げるものであること。

　イ　特定建築物地区整備計画の区域内に存する建築物に関して，次の(1)及び(2)に掲げる構造としなければならないとされるものであること。

　　(1)　耐火建築物等（法第53条第3項第一号イに規定する耐火建築物等をいう。ロにおいて同じ。）又は準耐火建築物等（同号ロに規定する準耐火建築物等をいう。ロにおいて同じ。）であること。

　　(2)　その敷地が特定地区防災施設に接する建築物（特定地区防災施設に係る間口率の最低限度を超える部分を除く。）の当該特定地区防災施設の当該敷地との境界線からの高さ（次項において「特定地区防災施設からの高さ」という。）が5m未満の範囲は，空隙のない壁が設けられていることその他の防火上有効な構造であること。

　ロ　防災街区整備地区整備計画の区域内に存する建築物に関して，(1)に掲げる構造としなければならないとされるものであること又は耐火建築物等及び準耐火建築物等以外の建築物については(2)及び(3)に掲げる構造としなければならないとされるものであること。

　　(1)　耐火建築物等又は準耐火建築物等であること。

　　(2)　その屋根が不燃材料で造られ，又はふかれたものであること。

　　(3)　当該建築物が木造建築物である場合にあっては，その外壁及び軒裏で延焼のおそれのある部分が防火構造であること。

十四　建築物の沿道整備道路（幹線道路の沿道の整備に関する法律（昭和55年法律第34号）第2条第二号に規定する沿道整備道路をいう。以下この条において同じ。）に面する部分の長さの敷地の沿道整備道路に接する部分の長さに対する割合（以下この条において「沿道整備道路に係る間口率*」という。）の最低限度　7/10以上9/10以下の範囲内の数値であること。

●関連［沿道整備道路に係る間口率］令第136条の2の5第4項→p349

十五　建築物の構造に関する遮音上必要な制限　その敷地が沿道整備道路に接する建築物（沿道整備道路に係る間口率の最低限度を超える部分を除く。）の沿道整備道路の路面の中心からの高さが5m未満の範囲は，空隙のない壁が設けられたものとすることその他の遮音上有効な構造としなければならないとされるものであること。

十六　建築物の構造に関する防音上必要な制限　学校，病院，診療所，住宅，寄宿

舎，下宿その他静穏を必要とする建築物で，道路交通騒音により生ずる障害を防止し，又は軽減するため，防音上有効な構造とする必要があるものの居室及び居室との間に区画となる間仕切壁又は戸（ふすま，障子その他これらに類するものを除く。）がなく当該居室と一体とみなされる建築物の部分の窓，出入口，排気口，給気口，排気筒，給気筒，屋根及び壁で，直接外気に接するものに関して，次のイからハまでに掲げる構造としなければならないとされるものであること。

イ　窓及び出入口は，閉鎖した際防音上有害な空隙が生じないものであり，これらに設けられる戸は，ガラスの厚さ（当該戸が二重以上になっている場合は，それぞれの戸のガラスの厚さの合計）が0.5cm以上であるガラス入りの金属製のもの又はこれと防音上同等以上の効果のあるものであること。

ロ　排気口，給気口，排気筒及び給気筒は，開閉装置を設けることその他の防音上効果のある措置を講じたものであること。

ハ　屋根及び壁は，防音上有害な空隙のないものであるとともに，防音上支障がない構造のものであること。

2　法第68条の２第１項の規定に基づく条例で建築物の高さの最低限度に係る制限を定める場合において防災街区整備地区計画の区域における特定防災機能の確保の観点から必要があるときは，前項の規定にかかわらず，特定建築物地区整備計画の内容として定められたその敷地が特定地区防災施設に接する建築物に係る当該建築物の特定地区防災施設に面する方向の鉛直投影の各部分（特定地区防災施設に係る間口率の最低限度を超える部分を除く。）の特定地区防災施設からの高さの最低限度が５mとされる制限（同項第七号に規定する区域については，当該制限及び同号の建築物の高さの最低限度の数値に係る制限）を定めることができる。

3　法第68条の２第１項の規定に基づく条例で建築物の高さの最低限度に係る制限を定める場合において遮音上の観点から必要があるときは，第１項の規定にかかわらず，沿道地区計画の内容として定められたその敷地が沿道整備道路に接する建築物に係る当該建築物の沿道整備道路に面する方向の鉛直投影の各部分（沿道整備道路に係る間口率の最低限度を超える部分を除く。）の沿道整備道路の路面の中心からの高さの最低限度が５mとされる制限（同項第七号に規定する区域については，当該制限及び同号の建築物の高さの最低限度の数値に係る制限）を定めることができる。

4　特定地区防災施設に係る間口率及び沿道整備道路に係る間口率の算定については，次の各号に掲げる長さの算定方法は，それぞれ当該各号に定めるところによる。

一　建築物の特定地区防災施設に面する部分の長さ　建築物の周囲の地面に接する外壁又はこれに代わる柱の面で囲まれた部分の水平投影の特定地区防災施設に面する長さによる。

二　敷地の特定地区防災施設に接する部分の長さ　敷地の特定地区防災施設に接する部分の水平投影の長さによる。

三　建築物の沿道整備道路に面する部分の長さ　建築物の周囲の地面に接する外壁又はこれに代わる柱の面で囲まれた部分の水平投影の沿道整備道路に面する長さによる。

四　敷地の沿道整備道路に接する部分の長さ　　敷地の沿道整備道路に接する部分の水平投影の長さによる。

5　建築物の容積率の最高限度若しくは最低限度又は建築物の建蔽率の最高限度の算定に当たっては，同一敷地内に2以上の建築物がある場合においては，建築物の延べ面積又は建築面積は，当該建築物の延べ面積又は建築面積の合計とする。

6　特定建築物地区整備計画の区域内において法第68条の2第1項の規定に基づく条例で第1項第十二号若しくは第十三号の制限又は第2項に規定する高さの最低限度が5mとされる制限を定めようとするときは，これらを全て定めるものとする。

7　前項の場合においては，当該条例に，建築物の敷地の地盤面が特定地区防災施設の当該敷地との境界線より低い建築物について第2項に規定する高さの最低限度が5mとされる制限を適用した結果，当該建築物の高さが地階を除く階数が2である建築物の通常の高さを超えるものとなる場合における前項に規定する制限（第1項第十三号の制限で同号イ(1)に掲げるものを除く。）の適用の除外に関する規定を定めるものとする。

8　沿道地区計画の区域内において法第68条の2第1項の規定に基づく条例で第1項第十四号若しくは第十五号の制限又は第3項に規定する高さの最低限度が5mとされる制限を定めようとするときは，これらを全て定めるものとする。

9　前項の場合においては，当該条例に，建築物の敷地の地盤面が沿道整備道路の路面の中心より低い建築物について第3項に規定する高さの最低限度が5mとされる制限を適用した結果，当該建築物の高さが地階を除く階数が2である建築物の通常の高さを超えるものとなる場合における前項に規定する制限の適用の除外に関する規定を定めるものとする。

10　法第68条の2第1項の規定に基づく条例については，第130条の2第2項の規定を準用する。この場合において，同項中「第3条第2項」とあるのは，「第3条第2項（法第86条の9第1項において準用する場合を含む。）」と読み替えるものとする。

●関連［特定用途制限地域内において条例で定める制限］令第130条の2第2項→p318

11　法第68条の2第1項の規定に基づく条例で建築物の敷地面積の最低限度に関する制限を定める場合においては，当該条例に，法第86条の9第1項各号に掲げる事業の施行による建築物の敷地面積の減少により，当該事業の施行の際現に建築物の敷地として使用されている土地で当該制限に適合しなくなるもの及び当該事業の施行の際現に存する所有権その他の権利に基づいて建築物の敷地として使用するならば当該制限に適合しないこととなる土地のうち，次に掲げる土地以外のものについて，その全部を一の敷地として使用する場合の適用の除外に関する規定を定めるものとする。

一　法第86条の9第1項各号に掲げる事業の施行により面積が減少した際，当該面積の減少がなくとも建築物の敷地面積の最低限度に関する制限に違反していた建築物の敷地及び所有権その他の権利に基づいて建築物の敷地として使用するならば当該制限に違反することとなった土地

二　当該条例で定める建築物の敷地面積の最低限度に関する制限に適合するに至っ

た建築物の敷地及び所有権その他の権利に基づいて建築物の敷地として使用する
ならば当該制限に適合することとなるに至った土地

12　法第68条の2第1項の規定に基づく条例には，市町村長が，公益上必要な建築物で
用途上又は構造上やむを得ないと認めて許可したもの及び防災街区整備地区計画の
内容として防火上の制限が定められた建築物又は沿道地区計画の内容として防音上
若しくは遮音上の制限が定められた建築物でその位置，構造，用途等の特殊性により
防火上又は防音上若しくは遮音上支障がないと認めて許可したものについて，当該
条例に定める制限の全部又は一部の適用の除外に関する規定を定めるものとする。

【再開発等促進区等内において高さの制限の緩和を受ける建築物の敷地面積の規
模】

第136条の2の6　法第68条の3第3項の政令で定める規模は，300m²とする。

●関連［再開発等促進区等内の制限の緩和等］法第68条の3第3項→p88

【予定道路の指定の基準】

第136条の2の7　法第68条の7第1項に規定する予定道路の指定*は，次に掲げると
ころに従い，行うものとする。

●関連［予定道路の指定］法第68条の7第1項→p94

一　予定道路となる土地の区域及びその周辺の地域における地形，土地利用の動
向，道路（法第42条に規定する道路をいう。第144条の4において同じ。）の整備
の現状及び将来の見通し，建築物の敷地境界線，建築物の位置等を考慮して特に
必要なものについて行うこと。

二　予定道路となる土地の区域内に建築物の建築等が行われることにより，通行
上，安全上，防火上又は衛生上地区計画等の区域の利便又は環境が著しく妨げら
れることとなる場合において行うこと。

三　幅員が4m以上となるものについて行うこと。

【予定道路の指定について同意を得るべき利害関係者】

第136条の2の8　法第68条の7第1項第一号の政令で定める利害関係を有する者
は，同号の土地について所有権，建築物の所有を目的とする対抗要件を備えた地上
権若しくは賃借権又は登記した先取特権，質権若しくは抵当権を有する者及びこれ
らの権利に関する仮登記，これらの権利に関する差押えの登記又はその土地に関す
る買戻しの特約の登記の登記名義人とする。

●関連［予定道路の指定］法第68条の7第1項第一号→p94

第7章の4　都市計画区域及び準都市計画区域以外の区域内の建築物の敷地及び構造

【都道府県知事が指定する区域内の建築物に係る制限】

第136条の2の9　法第68条の9第1項の規定に基づく条例による制限は，次の各号
に掲げる事項のうち必要なものについて，それぞれ当該各号に適合するものでなけ
ればならない。

　　一　建築物又はその敷地と道路との関係　　法第43条から第45条までの規定による制限より厳しいものでないこと。

　　二　建築物の容積率の最高限度　　用途地域の指定のない区域内の建築物についての法第52条の規定による制限より厳しいものでないこと。

　　三　建築物の建蔽率の最高限度　　用途地域の指定のない区域内の建築物についての法第53条の規定による制限より厳しいものでないこと。

　　四　建築物の高さの最高限度　　地階を除く階数が2である建築物の通常の高さを下回らない数値であること。

　　五　建築物の各部分の高さの最高限度　　用途地域の指定のない区域内の建築物についての法第56条の規定による制限より厳しいものでないこと。

　　六　日影による中高層の建築物の高さの制限　　用途地域の指定のない区域内の建築物についての法第56条の2の規定による制限より厳しいものでないこと。

2　法第68条の9第1項の規定に基づく条例については，第130条の2第2項の規定を準用する。この場合において，同項中「第3条第2項」とあるのは，「第3条第2項（法第86条の9第1項において準用する場合を含む。）」と読み替えるものとする。

3　法第68条の9第1項の規定に基づく条例には，公益上必要な建築物で用途上又は構造上やむを得ないと認められるものについて，当該条例に定める制限の全部又は一部の適用の除外に関する規定を定めるものとする。

【準景観地区内の建築物に係る制限】

第136条の2の10　法第68条の9第2項の規定に基づく条例による制限は，次の各号に掲げる事項のうち必要なものについて，それぞれ当該各号に適合するものでなければならない。

　　一　建築物の高さの最高限度　　地域の特性に応じた高さを有する建築物を整備し又は保全することが良好な景観の保全を図るために特に必要と認められる区域，当該地域が連続する山の稜線その他その背景と一体となって構成している良好な景観を保全するために特に必要と認められる区域その他一定の高さを超える建築物の建築を禁止することが良好な景観の保全を図るために特に必要と認められる区域について，当該区域における良好な景観の保全に貢献する合理的な数値であり，かつ，地階を除く階数が2である建築物の通常の高さを下回らない数値であること。

　　二　建築物の高さの最低限度　　地域の特性に応じた高さを有する建築物を整備し又は保全することが良好な景観の保全を図るために特に必要と認められる区域について，当該区域における良好な景観の保全に貢献する合理的な数値であること。

　　三　壁面の位置の制限　　建築物の位置を整えることが良好な景観の保全を図るために特に必要と認められる区域について，当該区域における良好な景観の保全に貢献する合理的な制限であり，かつ，建築物の壁若しくはこれに代わる柱の位置の制限又は当該制限と併せて定められた建築物に附属する門若しくは塀で高さ2mを超えるものの位置の制限であること。

　　四　建築物の敷地面積の最低限度　　建築物の敷地が細分化されることを防止する

ことが良好な景観の保全を図るために特に必要と認められる区域について，当該
　　区域における良好な景観の保全に貢献する合理的な数値であること。
2　法第68条の9第2項の規定に基づく条例で建築物の敷地面積の最低限度を定める
　場合においては，当該条例に，当該条例の規定の施行又は適用の際，現に建築物の
　敷地として使用されている土地で当該規定に適合しないもの及び現に存する所有権
　その他の権利に基づいて建築物の敷地として使用するならば当該規定に適合しない
　こととなる土地について，その全部を一の敷地として使用する場合の適用の除外に
　関する規定（法第3条第3項第一号及び第五号の規定に相当する規定を含む。）を
　定めるものとする。
3　法第68条の9第2項の規定に基づく条例については，第130条の2第2項，第136
　条の2の5第11項及び前条第3項の規定を準用する。

第7章の5　型式適合認定等

【型式適合認定の対象とする建築物の部分及び一連の規定】

第136条の2の11　法第68条の10第1項に規定する政令で定める建築物の部分は，次
の各号に掲げる建築物の部分とし，同項に規定する政令で定める一連の規定は，そ
れぞれ当該各号に定める規定とする。
一　建築物の部分で，門，塀，改良便槽，屎尿浄化槽及び合併処理浄化槽並びに給
　　水タンク及び貯水タンクその他これらに類するもの（屋上又は屋内にあるものを
　　除く。）以外のもの　　次のいずれかに掲げる規定
　　イ　次に掲げる全ての規定
　　⑴　法第20条（第1項第一号後段，第二号イ後段及び第三号イ後段に係る部分
　　　に限る。），法第21条から法第23条まで，法第25条から法第27条まで，法第28
　　　条の2（第三号を除く。），法第29条，法第30条，法第35条の2，法第35条の
　　　3，法第37条，法第3章第5節（法第61条中門及び塀に係る部分，法第64条
　　　並びに法第66条を除く。），法第67条第1項（門及び塀に係る部分を除く。）
　　　及び法第84条の2の規定
　　⑵　第2章（第1節，第1節の2，第20条の8及び第4節を除く。），第3章（第
　　　52条第1項，第61条，第62条の8，第74条第2項，第75条，第76条及び第80
　　　条の3を除き，第80条の2にあっては国土交通大臣が定めた安全上必要な技
　　　術的基準のうちその指定する基準に係る部分に限る。），第4章（第115条を
　　　除く。），第5章（第3節，第4節及び第6節を除く。），第5章の2，第5章
　　　の3，第7章の2及び第7章の9の規定
　　ロ　次に掲げる全ての規定
　　⑴　イ⑴に掲げる規定並びに法第28条（第1項を除く。），法第28条の2第三号，
　　　法第31条第1項，法第33条及び法第34条の規定
　　⑵　イ⑵に掲げる規定並びに第2章第1節の2，第20条の8，第28条から第30
　　　条まで，第115条，第5章第3節及び第4節並びに第5章の4（第129条の2

　　の4第3項第三号を除き，第129条の2の3第二号及び第129条の2の4第2
　　項第六号にあっては国土交通大臣が定めた構造方法のうちその指定する構造
　　方法に係る部分に限る。）の規定
二　次の表の建築物の部分の欄の各項に掲げる建築物の部分　　同表の一連の規定
　　の欄の当該各項に掲げる規定（これらの規定中建築物の部分の構造に係る部分に
　　限る。）

	建築物の部分	一連の規定
(1)	防火設備	イ　法第2条第九号の二ロ，法第27条第1項，法第28条の2（第三号を除く。）及び法第37条の規定 ロ　第109条第1項，第109条の2，第110条の3，第112条第1項，第12項ただし書，第19項及び第21項，第114条第5項，第136条の2第三号イ並びに第137条の10第四号の規定
(2)	換気設備	イ　法第28条の2及び法第37条の規定 ロ　第20条の8第1項第一号（国土交通大臣が定めた構造方法のうちその指定する構造方法に係る部分に限る。）の規定
(3)	屎尿浄化槽	イ　法第28条の2（第三号を除く。），法第31条第2項及び法第37条の規定 ロ　第32条及び第129条の2の3第二号（国土交通大臣が定めた構造方法のうちその指定する構造方法に係る部分に限る。）の規定
(4)	合併処理浄化槽	イ　法第28条の2（第三号を除く。）及び法第37条の規定 ロ　第32条，第35条第1項及び第129条の2の3第二号（国土交通大臣が定めた構造方法のうちその指定する構造方法に係る部分に限る。）の規定
(5)	非常用の照明装置	イ　法第28条の2（第三号を除く。），法第35条及び法第37条の規定 ロ　第126条の5の規定
(6)	給水タンク又は貯水タンク	イ　法第28条の2（第三号を除く。）及び法第37条の規定 ロ　第129条の2の3第二号（国土交通大臣が定めた構造方法のうちその指定する構造方法に係る部分に限る。）並びに第129条の2の4第1項第四号及び第五号並びに第2項第二号，第三号，第五号及び第六号（国土交通大臣が定めた構造方法のうちその指定する構造方法に係る部分に限る。）の規定
(7)	冷却塔設備	イ　法第28条の2（第三号を除く。）及び法第37条の規定 ロ　第129条の2の3第二号（国土交通大臣が定めた構造方法のうちその指定する構造方法に係る部分に限る。）及び第129条の2の6（第二号を除く。）の規定

(8)	エレベーターの部分で昇降路及び機械室以外のもの	イ　法第28条の2（第三号を除く。）及び法第37条の規定 ロ　第129条の3，第129条の4（第3項第七号を除く。），第129条の5，第129条の6，第129条の8，第129条の10，第129条の11並びに第129条の13の3第6項から第11項まで及び第12項（国土交通大臣が定める構造方法のうちその指定する構造方法に係る部分に限る。）の規定
(9)	エスカレーター	イ　法第28条の2（第三号を除く。）及び法第37条の規定 ロ　第129条の3及び第129条の12（第1項第一号及び第六号を除く。）の規定
(10)	避雷設備	イ　法第28条の2（第三号を除く。）及び法第37条の規定 ロ　第129条の15の規定

【型式部材等製造者等に係る認証の有効期間】

第136条の2の12　法第68条の14第1項（法第68条の22第2項において準用する場合を含む。）（これらの規定を法第88条第1項において準用する場合を含む。）の政令で定める期間は，5年とする。

【認証外国型式部材等製造者の工場等における検査等に要する費用の負担】

第136条の2の13　法第68条の23第4項（法第88条第1項において準用する場合を含む。）の政令で定める費用は，法第15条の2第1項の規定による検査又は試験のため同項の職員がその検査又は試験に係る工場，営業所，事務所，倉庫その他の事業場の所在地に出張をするのに要する旅費の額に相当するものとする。この場合において，その出張をする職員を2人とし，その旅費の額の計算に関し必要な細目は，**国土交通省令**で定める。

◆国土交通省令［旅費の額］規則第10条の5の18　　　　　　　→p543
　　　　　　　　［在勤官署の所在地］規則第10条の5の19　　　　→p543
　　　　　　　　［旅費の額の計算に係る細目］規則第10条の5の20→p543

第7章の6　　指定確認検査機関等

【親会社等】

第136条の2の14　法第77条の19第十一号の政令で定める者は，法第77条の18第1項又は法第77条の35の2第1項に規定する指定を受けようとする者に対して，それぞれ次のいずれかの関係（次項において「特定支配関係」という。）を有する者とする。

一　その総株主（株主総会において決議をすることができる事項の全部につき議決権を行使することができない株主を除く。）又は総出資者の議決権の1/3を超える数を有していること。

二　その役員（理事，取締役，執行役，業務を執行する社員又はこれらに準ずる者をいう。以下この項において同じ。）に占める自己の役員又は職員（過去2年間に役員又は職員であった者を含む。次号において同じ。）の割合が1/3を超えていること。

三　その代表権を有する役員の地位を自己又はその役員若しくは職員が占めていること。

2　ある者に対して特定支配関係を有する者に対して特定支配関係を有する者は，その者に対して特定支配関係を有する者とみなして，この条の規定を適用する。

【指定確認検査機関に係る指定の有効期間】

第136条の2の15　法第77条の23第1項の政令で定める期間は，5年とする。

【指定構造計算適合性判定機関に係る指定の有効期間】

第136条の2の16　法第77条の35の7第1項の政令で定める期間は，5年とする。

【指定認定機関等に係る指定等の有効期間】

第136条の2の17　法第77条の41第1項（法第77条の54第2項，法第77条の56第2項又は法第77条の57第2項において準用する場合を含む。）の政令で定める期間は，5年とする。

【承認認定機関等の事務所における検査に要する費用の負担】

第136条の2の18　法第77条の55第3項（法第77条の57第2項において準用する場合を含む。）の政令で定める費用は，法第77条の54第2項（承認性能評価機関にあっては，法第77条の57第2項）において準用する法第77条の49第1項の検査のため同項の職員がその検査に係る事務所の所在地に出張をするのに要する旅費の額に相当するものとする。この場合において，その出張をする職員を2人とし，その旅費の額の計算に関し必要な細目は，国土交通省令で定める。

第7章の7　建築基準適合判定資格者等の登録手数料

第136条の2の19　法第77条の65（法第77条の66第2項において準用する場合を含む。）の政令で定める手数料の額は，12,000円とする。

第7章の8　工事現場の危害の防止

【仮囲い】

第136条の2の20　木造の建築物で高さが13m若しくは軒の高さが9mを超えるもの又は木造以外の建築物で2以上の階数を有するものについて，建築，修繕，模様替又は除却のための工事（以下この章において「建築工事等」という。）を行う場合においては，工事期間中工事現場の周囲にその地盤面（その地盤面が工事現場の周辺の地盤面より低い場合においては，工事現場の周辺の地盤面）からの高さが1.8m以上の板塀その他これに類する仮囲いを設けなければならない。ただし，これらと同等以上の効力を有する他の囲いがある場合又は工事現場の周辺若しくは工事の状況により危害防止上支障がない場合においては，この限りでない。

【根切り工事，山留め工事等を行う場合の危害の防止】

第136条の3　建築工事等*において根切り工事，山留め工事，ウエル工事，ケーソン工事その他基礎工事を行なう場合においては，あらかじめ，地下に埋設されたガス

管，ケーブル，水道管及び下水道管の損壊による危害の発生を防止するための措置を講じなければならない。

●関連 ［建築工事等］令第136条の2の20→p356

2　建築工事等における地階の根切り工事その他の深い根切り工事（これに伴う山留め工事を含む。）は，地盤調査による地層及び地下水の状況に応じて作成した施工図に基づいて行なわなければならない。

3　建築工事等において建築物その他の工作物に近接して根切り工事その他土地の掘削を行なう場合においては，当該工作物の基礎又は地盤を補強して構造耐力の低下を防止し，急激な排水を避ける等その傾斜又は倒壊による危害の発生を防止するための措置を講じなければならない。

4　建築工事等において深さ1.5m以上の根切り工事を行なう場合においては，地盤が崩壊するおそれがないとき，及び周辺の状況により危害防止上支障がないときを除き，山留めを設けなければならない。この場合において，山留めの根入れは，周辺の地盤の安定を保持するために相当な深さとしなければならない。

5　前項の規定により設ける山留めの切ばり，矢板，腹起しその他の主要な部分は，土圧に対して，次に定める方法による構造計算によった場合に安全であることが確かめられる最低の耐力以上の耐力を有する構造としなければならない。

　一　次に掲げる方法によって土圧を計算すること。

　　イ　土質及び工法に応じた数値によること。ただし，深さ3m以内の根切り工事を行う場合においては，土を水と仮定した場合の圧力の50％を下らない範囲でこれと異なる数値によることができる。

　　ロ　建築物その他の工作物に近接している部分については，イの数値に当該工作物の荷重による影響に相当する数値を加えた数値によること。

　二　前号の規定によって計算した土圧によって山留めの主要な部分の断面に生ずる応力度を計算すること。

　三　前号の規定によって計算した応力度が，次に定める許容応力度を超えないことを確かめること。

　　イ　木材の場合にあっては，第89条（第3項を除く。）又は第94条の規定による長期に生ずる力に対する許容応力度と短期に生ずる力に対する許容応力度との平均値。ただし，腹起しに用いる木材の許容応力度については，国土交通大臣が定める許容応力度によることができる。

　　ロ　鋼材又はコンクリートの場合にあっては，それぞれ第90条若しくは第94条又は第91条の規定による短期に生ずる力に対する許容応力度

6　建築工事等における根切り及び山留めについては，その工事の施工中必要に応じて点検を行ない，山留めを補強し，排水を適当に行なう等これを安全な状態に維持するための措置を講ずるとともに，矢板等の抜取りに際しては，周辺の地盤の沈下による危害を防止するための措置を講じなければならない。

【基礎工事用機械等の転倒による危害の防止】

第136条の4　建築工事等において次に掲げる基礎工事用機械（動力を用い，かつ，

不特定の場所に自走することができるものに限る。）又は移動式クレーン（吊り上げ荷重が0.5t以上のものに限る。）を使用する場合においては，敷板，敷角等の使用等によりその転倒による工事現場の周辺への危害を防止するための措置を講じなければならない。ただし，地盤の状況等により危害防止上支障がない場合においては，この限りでない。

一　くい打機

二　くい抜機

三　アース・ドリル

四　リバース・サーキュレーション・ドリル

五　せん孔機（チュービングマシンを有するものに限る。）

六　アース・オーガー

七　ペーパー・ドレーン・マシン

八　前各号に掲げるもののほか，これらに類するものとして国土交通大臣が定める基礎工事用機械

【落下物に対する防護】

第136条の5　建築工事等において工事現場の境界線からの水平距離が5m以内で，かつ，地盤面からの高さが3m以上の場所からくず，ごみその他飛散するおそれのある物を投下する場合においては，ダストシュートを用いる等当該くず，ごみ等が工事現場の周辺に飛散することを防止するための措置を講じなければならない。

2　建築工事等を行なう場合において，建築のための工事をする部分が工事現場の境界線から水平距離が5m以内で，かつ，地盤面から高さが7m以上にあるとき，その他はつり，除却，外壁の修繕等に伴う落下物によって工事現場の周辺に危害を生ずるおそれがあるときは，国土交通大臣の定める基準に従って，工事現場の周囲その他危害防止上必要な部分を鉄網又は帆布でおおう等落下物による危害を防止するための措置を講じなければならない。

【建て方】

第136条の6　建築物の建て方を行なうに当たっては，仮筋かいを取り付ける等荷重又は外力による倒壊を防止するための措置を講じなければならない。

2　鉄骨造の建築物の建て方の仮締は，荷重及び外力に対して安全なものとしなければならない。

【工事用材料の集積】

第136条の7　建築工事等における工事用材料の集積は，その倒壊，崩落等による危害の少ない場所に安全にしなければならない。

2　建築工事等において山留めの周辺又は架構の上に工事用材料を集積する場合においては，当該山留め又は架構に予定した荷重以上の荷重を与えないようにしなければならない。

【火災の防止】

第136条の8　建築工事等において火気を使用する場合においては，その場所に不燃材料の囲いを設ける等防火上必要な措置を講じなければならない。

第7章の9　簡易な構造の建築物に対する制限の緩和

【簡易な構造の建築物の指定】

第136条の9　法第84条の2の規定により政令で指定する簡易な構造の建築物又は建築物の部分は，次に掲げるもの（建築物の部分にあっては，準耐火構造*の壁（これらの壁を貫通する給水管，配電管その他の管の部分及びその周囲の部分の構造が国土交通大臣が定めた構造方法を用いるものに限る。）又は第126条の2第2項第一号に規定する防火設備で区画された部分に限る。）とする。

●関連［簡易な構造の建築物に対する制限の緩和］法第84条の2→p136
［準耐火構造］法第2条第七号の二　　　　　　　　　　　　→p12

一　壁を有しない建築物その他の国土交通大臣が高い開放性を有すると認めて指定する構造の建築物又は建築物の部分*（間仕切壁を有しないものに限る。）であって，次のイからニまでのいずれかに該当し，かつ，階数が1で床面積が3,000m²以内であるもの（次条において「開放的簡易建築物」という。）

●告示　平5　建告1427号→p1464

　　イ　自動車車庫の用途に供するもの

　　ロ　スケート場，水泳場，スポーツの練習場その他これらに類する運動施設

　　ハ　不燃性の物品の保管その他これと同等以上に火災の発生のおそれの少ない用途に供するもの

　　ニ　畜舎，堆肥舎並びに水産物の増殖場及び養殖場

二　屋根及び外壁が帆布その他これに類する材料で造られている建築物又は建築物の部分（間仕切壁を有しないものに限る。）で，前号ロからニまでのいずれかに該当し，かつ，階数が1で床面積が3,000m²以内であるもの

【簡易な構造の建築物の基準】

第136条の10　法第84条の2の規定により政令で定める基準は，次に掲げるものとする。

一　主要構造部である柱及びはりが次に掲げる基準に適合していること。

　　イ　防火地域又は準防火地域内にある建築物又は建築物の部分（準防火地域（特定防災街区整備地区を除く。）内にあるものにあっては，床面積が500m²を超えるものに限る。）にあっては，準耐火構造であるか，又は不燃材料で造られていること。

　　ロ　準防火地域（特定防災街区整備地区を除く。）内にある建築物若しくは建築物の部分で床面積が500m²以内のもの，法第22条第1項の市街地の区域内にある建築物若しくは建築物の部分又は防火地域，準防火地域及び同項の市街地の区域以外の区域内にある建築物若しくは建築物の部分で床面積が1,000m²を超えるものにあっては，延焼のおそれのある部分が準耐火構造であるか，又は不燃材料で造られていること。

二　前号イ又はロに規定する建築物又は建築物の部分にあっては，外壁（同号ロに規定する建築物又は建築物の部分にあっては，延焼のおそれのある部分に限る。）

及び屋根が，準耐火構造であるか，不燃材料で造られているか，又は国土交通大臣が定める防火上支障のない構造であること。

三　前条第一号イに該当する開放的簡易建築物*にあっては，前2号の規定にかかわらず，次に掲げる基準に適合していること。ただし，防火地域，準防火地域及び法第22条第1項の市街地の区域以外の区域内にあるもので床面積が150㎡未満のものにあっては，この限りでない。

●関連［開放的簡易建築物］令第136条の9第一号→p359

イ　主要構造部である柱及びはり（準防火地域（特定防災街区整備地区を除く。）又は法第22条第1項の市街地の区域内にある開放的簡易建築物で床面積が150㎡未満のものにあっては，延焼のおそれのある部分に限る。）が準耐火構造であるか，又は不燃材料で造られており，かつ，外壁（準防火地域（特定防災街区整備地区を除く。）又は同項の市街地の区域内にある開放的簡易建築物で床面積が150㎡未満のものにあっては，延焼のおそれのある部分に限る。）及び屋根が準耐火構造であるか，不燃材料で造られているか，又は国土交通大臣が定める防火上支障のない構造であること。

ロ　隣地境界線又は当該開放的簡易建築物と同一敷地内の他の建築物（同一敷地内の建築物の延べ面積の合計が500㎡以内である場合における当該他の建築物を除く。）との外壁間の中心線（以下ロにおいて「隣地境界線等」という。）に面する外壁の開口部（防火上有効な公園，広場，川等の空地若しくは水面又は耐火構造の壁その他これらに類するものに面するものを除く。以下ロにおいて同じ。）及び屋上（自動車車庫の用途に供する部分に限る。以下ロにおいて同じ。）の周囲で当該隣地境界線等からの水平距離がそれぞれ1ｍ以下の部分について，当該外壁の開口部と隣地境界線等との間及び当該屋上の周囲に，塀その他これに類するもので国土交通大臣が通常の火災時における炎及び火熱を遮る上で有効と認めて定める基準*に適合するものが設けられていること。

●告示　平5　建告1434号→p1464

ハ　屋上を自動車車庫の用途に供し，かつ，床面積が1,000㎡を超える場合にあっては，屋根が，国土交通大臣がその屋内側からの通常の火災時における炎及び火熱を遮る上で有効と認めて定める基準に適合しているとともに，屋上から地上に通ずる2以上の直通階段（誘導車路を含む。）が設けられていること。

【防火区画等に関する規定の適用の除外】

第136条の11　第136条の9に規定する建築物又は建築物の部分で前条に規定する基準に適合するものについては，第112条，第114条及び第5章の2の規定は，適用しない。

第7章の10　一の敷地とみなすこと等による制限の緩和

【一団地内の空地及び一団地の面積の規模】

第136条の12　第136条第1項及び第2項の規定は，法第86条第3項及び第4項並びに法第86条の2第2項の政令で定める空地について準用する。

2　第136条第3項の規定は，法第86条第3項の政令で定める一団地の規模，同条第4項の政令で定める一定の一団の土地の区域の規模及び法第86条の2第2項の政令で定める公告認定対象区域の規模について準用する。

●関連［敷地内の空地及び敷地面積の規模］令第136条→p342

第8章　既存の建築物に対する制限の緩和等

【基準時】

第137条　この章において「基準時」とは，法第3条第2項（法第86条の9第1項において準用する場合を含む。以下この条，第137条の8，第137条の9及び第137条の12第2項において同じ。）の規定により法第20条，法第26条，法第27条，法第28条の2，法第30条，法第34条第2項，法第47条，法第48条第1項から第14項まで，法第51条，法第52条第1項，第2項若しくは第7項，法第53条第1項若しくは第2項，法第54条第1項，法第55条第1項，法第56条第1項，法第56条の2第1項，法第57条の4第1項，法第57条の5第1項，法第58条第1項，法第59条第1項若しくは第2項，法第60条第1項若しくは第2項，法第60条の2第1項若しくは第2項，法第60条の2の2第1項から第3項まで，法第60条の3第1項若しくは第2項，法第61条，法第67条第1項若しくは第5項から第7項まで又は法第68条第1項若しくは第2項の規定の適用を受けない建築物について，法第3条第2項の規定により引き続きそれらの規定（それらの規定が改正された場合においては改正前の規定を含むものとし，法第48条第1項から第14項までの各項の規定は同一の規定とみなす。）の適用を受けない期間の始期をいう。

●関連［適用の除外］法第3条第2項→p16

【構造耐力関係】

第137条の2　法第3条第2項の規定により法第20条の規定の適用を受けない建築物（法第86条の7第2項の規定により法第20条の規定の適用を受けない部分を除く。第137条の12第1項において同じ。）について法第86条の7第1項の規定により政令で定める範囲は，増築及び改築については，次の各号に掲げる範囲とし，同項の政令で定める基準は，それぞれ当該各号に定める基準とする。

一　増築又は改築の全て（次号及び第三号に掲げる範囲を除く。）　増築又は改築後の建築物の構造方法が次のいずれかに適合するものであること。

　イ　次に掲げる基準に適合するものであること。

　　⑴　第3章第8節の規定に適合すること。

　　⑵　増築又は改築に係る部分が第3章第1節から第7節の2まで及び第129条の2の3の規定並びに法第40条の規定に基づく条例の構造耐力に関する制限を定めた規定に適合すること。

　　⑶　増築又は改築に係る部分以外の部分が耐久性等関係規定に適合し，かつ，自重，積載荷重，積雪荷重，風圧，土圧及び水圧並びに地震その他の震動及び

衝撃による当該建築物の倒壊及び崩落，屋根ふき材，特定天井，外装材及び屋外に面する帳壁の脱落並びにエレベーターの籠の落下及びエスカレーターの脱落のおそれがないものとして国土交通大臣が定める基準に適合すること。

ロ　次に掲げる基準に適合するものであること。

(1)　増築又は改築に係る部分がそれ以外の部分とエキスパンションジョイントその他の相互に応力を伝えない構造方法のみで接すること。

(2)　増築又は改築に係る部分が第3章及び第129条の2の3の規定並びに法第40条の規定に基づく条例の構造耐力に関する制限を定めた規定に適合すること。

(3)　増築又は改築に係る部分以外の部分が耐久性等関係規定に適合し，かつ，自重，積載荷重，積雪荷重，風圧，土圧及び水圧並びに地震その他の震動及び衝撃による当該建築物の倒壊及び崩落，屋根ふき材，特定天井，外装材及び屋外に面する帳壁の脱落並びにエレベーターの籠の落下及びエスカレーターの脱落のおそれがないものとして国土交通大臣が定める基準に適合すること。

二　増築又は改築に係る部分の床面積の合計が基準時における延べ面積の1/20（50m²を超える場合にあっては，50m²）を超え，1/2を超えないこと　　増築又は改築後の建築物の構造方法が次のいずれかに適合するものであること。

イ　耐久性等関係規定に適合し，かつ，自重，積載荷重，積雪荷重，風圧，土圧及び水圧並びに地震その他の震動及び衝撃による当該建築物の倒壊及び崩落，屋根ふき材，特定天井，外装材及び屋外に面する帳壁の脱落並びにエレベーターの籠の落下及びエスカレーターの脱落のおそれがないものとして国土交通大臣が定める基準に適合するものであること。

ロ　第3章第1節から第7節の2まで（第36条及び第38条第2項から第4項までを除く。）の規定に適合し，かつ，その基礎の補強について国土交通大臣が定める基準に適合するものであること（法第20条第1項第四号に掲げる建築物である場合に限る。）。

ハ　前号に定める基準に適合するものであること。

三　増築又は改築に係る部分の床面積の合計が基準時における延べ面積の1/20（50m²を超える場合にあっては，50m²）を超えないこと　　増築又は改築後の建築物の構造方法が次のいずれかに適合するものであること。

イ　次に掲げる基準に適合するものであること。

(1)　増築又は改築に係る部分が第3章及び第129条の2の3の規定並びに法第40条の規定に基づく条例の構造耐力に関する制限を定めた規定に適合すること。

(2)　増築又は改築に係る部分以外の部分の構造耐力上の危険性が増大しないこと。

ロ　前2号に定める基準のいずれかに適合するものであること。

【防火壁及び防火床関係】

第137条の3　法第3条第2項の規定により法第26条の規定の適用を受けない建築物

について法第86条の7第1項の規定により政令で定める範囲は，増築及び改築については，工事の着手が基準時以後である増築及び改築に係る部分の床面積の合計が50m²を超えないこととする。

【耐火建築物等としなければならない特殊建築物関係】

第137条の4　法第3条第2項の規定により法第27条の規定の適用を受けない特殊建築物について法第86条の7第1項の規定により政令で定める範囲は，増築（劇場の客席，病院の病室，学校の教室その他の当該特殊建築物の主たる用途に供する部分以外の部分に係るものに限る。）及び改築については，工事の着手が基準時以後である増築及び改築に係る部分の床面積の合計が50m²を超えないこととする。

【増築等をする場合に適用されない物質の飛散又は発散に対する衛生上の措置に関する基準】

第137条の4の2　法第86条の7第1項及び法第88条第1項の政令で定める基準は，法第28条の2第一号及び第二号に掲げる基準とする。

【石綿関係】

第137条の4の3　法第3条第2項の規定により法第28条の2（前条に規定する基準に係る部分に限る。第137条の12第3項において同じ。）の規定の適用を受けない建築物について法第86条の7第1項の規定により政令で定める範囲は，増築及び改築については，次に定めるところによる。

一　増築又は改築に係る部分の床面積の合計が基準時における延べ面積の1/2を超えないこと。

二　増築又は改築に係る部分が前条に規定する基準に適合すること。

三　増築又は改築に係る部分以外の部分が，建築材料から石綿を飛散させるおそれがないものとして石綿が添加された建築材料を被覆し又は添加された石綿を建築材料に固着する措置について国土交通大臣が定める基準*に適合すること。

●告示　平18　国交告1173号→p1640

【長屋又は共同住宅の各戸の界壁関係】

第137条の5　法第3条第2項の規定により法第30条の規定の適用を受けない長屋又は共同住宅について法第86条の7第1項の規定により政令で定める範囲は，増築については増築後の延べ面積が基準時における延べ面積の1.5倍を超えないこととし，改築については改築に係る部分の床面積が基準時における延べ面積の1/2を超えないこととする。

【非常用の昇降機関係】

第137条の6　法第3条第2項の規定により法第34条第2項の規定の適用を受けない高さ31mを超える建築物について法第86条の7第1項の規定により政令で定める範囲は，増築及び改築については，次に定めるところによる。

一　増築に係る部分の建築物の高さが31mを超えず，かつ，増築に係る部分の床面積の合計が基準時における延べ面積の1/2を超えないこと。

二　改築に係る部分の床面積の合計が基準時における延べ面積の1/5を超えず，かつ，改築に係る部分の建築物の高さが基準時における当該部分の高さを超えない

こと。
【用途地域等関係】
第137条の 7　法第 3 条第 2 項の規定により法第48条第 1 項から第14項までの規定の適用を受けない建築物について法第86条の 7 第 1 項の規定により政令で定める範囲は，増築及び改築については，次に定めるところによる。
一　増築又は改築が基準時における敷地内におけるものであり，かつ，増築又は改築後における延べ面積及び建築面積が基準時における敷地面積に対してそれぞれ法第52条第 1 項，第 2 項及び第 7 項並びに法第53条の規定並びに法第68条の 2 第 1 項の規定に基づく条例の第136条の 2 の 5 第 1 項第二号及び第三号の制限を定めた規定に適合すること。
二　増築後の床面積の合計は，基準時における床面積の合計の1.2倍を超えないこと。
三　増築後の法第48条第 1 項から第14項までの規定に適合しない用途に供する建築物の部分の床面積の合計は，基準時におけるその部分の床面積の合計の1.2倍を超えないこと。
四　法第48条第 1 項から第14項までの規定に適合しない事由が原動機の出力，機械の台数又は容器等の容量による場合においては，増築後のそれらの出力，台数又は容量の合計は，基準時におけるそれらの出力，台数又は容量の合計の1.2倍を超えないこと。
五　用途の変更（第137条の19第 2 項に規定する範囲内のものを除く。）を伴わないこと。
【容積率関係】
第137条の 8　法第 3 条第 2 項の規定により法第52条第 1 項，第 2 項若しくは第 7 項又は法第60条第 1 項（建築物の高さに係る部分を除く。）の規定の適用を受けない建築物について法第86条の 7 第 1 項の規定により政令で定める範囲は，増築及び改築については，次に定めるところによる。
一　増築又は改築に係る部分が増築又は改築後においてエレベーターの昇降路の部分(当該エレベーターの設置に付随して設けられる共同住宅又は老人ホーム等（法第52条第 3 項に規定する老人ホーム等をいう。次号において同じ。）の共用の廊下又は階段の用に供する部分を含む。)，同条第 6 項第三号に掲げる建築物の部分，自動車車庫等部分，備蓄倉庫部分，蓄電池設置部分，自家発電設備設置部分，貯水槽設置部分又は宅配ボックス設置部分となること。
二　増築前におけるエレベーターの昇降路の部分，共同住宅又は老人ホーム等の共用の廊下又は階段の用に供する部分，法第52条第 6 項第三号に掲げる建築物の部分，自動車車庫等部分，備蓄倉庫部分，蓄電池設置部分，自家発電設備設置部分，貯水槽設置部分及び宅配ボックス設置部分以外の部分の床面積の合計が基準時における当該部分の床面積の合計を超えないものであること。
三　増築又は改築後における自動車車庫等部分の床面積の合計，備蓄倉庫部分の床面積の合計，蓄電池設置部分の床面積の合計，自家発電設備設置部分の床面積の合計，貯水槽設置部分の床面積の合計又は宅配ボックス設置部分の床面積の合計

（以下この号において「対象部分の床面積の合計」という。）が，第2条第3項各号に掲げる建築物の部分の区分に応じ，増築又は改築後における当該建築物の床面積の合計に当該各号に定める割合を乗じて得た面積（改築の場合において，基準時における対象部分の床面積の合計が同項各号に掲げる建築物の部分の区分に応じ基準時における当該建築物の床面積の合計に当該各号に定める割合を乗じて得た面積を超えているときは，基準時における対象部分の床面積の合計）を超えないものであること。

【高度利用地区等関係】

第137条の9　法第3条第2項の規定により法第59条第1項（建築物の建蔽率に係る部分を除く。），法第60条の2第1項（建築物の建蔽率及び高さに係る部分を除く。）又は法第60条の3第1項の規定の適用を受けない建築物について法第86条の7第1項の規定により政令で定める範囲は，その適合しない部分が，当該建築物の容積率の最低限度又は建築面積に係る場合の増築及び改築については次の各号に，当該建築物の容積率の最高限度及び建築面積に係る場合の増築及び改築については次の各号及び前条各号に，当該建築物の容積率の最高限度に係る場合の増築及び改築については同条各号に定めるところによる。

一　増築後の建築面積及び延べ面積が基準時における建築面積及び延べ面積の1.5倍を超えないこと。

二　増築後の建築面積が高度利用地区，都市再生特別地区又は特定用途誘導地区に関する都市計画において定められた建築面積の最低限度の2/3を超えないこと。

三　増築後の容積率が高度利用地区，都市再生特別地区又は特定用途誘導地区に関する都市計画において定められた容積率の最低限度の2/3を超えないこと。

四　改築に係る部分の床面積が基準時における延べ面積の1/2を超えないこと。

【防火地域及び特定防災街区整備地区関係】

第137条の10　法第3条第2項の規定により法第61条（防火地域内にある建築物に係る部分に限る。）又は法第67条第1項の規定の適用を受けない建築物（木造の建築物にあっては，外壁及び軒裏が防火構造のものに限る。）について法第86条の7第1項の規定により政令で定める範囲は，増築及び改築については，次に定めるところによる。

一　工事の着手が基準時以後である増築及び改築に係る部分の床面積の合計（当該増築又は改築に係る建築物が同一敷地内に2以上ある場合においては，これらの増築又は改築に係る部分の床面積の合計）は，50m²を超えず，かつ，基準時における当該建築物の延べ面積の合計を超えないこと。

二　増築又は改築後における階数が2以下で，かつ，延べ面積が500m²を超えないこと。

三　増築又は改築に係る部分の外壁及び軒裏は，防火構造とすること。

四　増築又は改築に係る部分の外壁の開口部（法第86条の4各号のいずれかに該当する建築物の外壁の開口部を除く。以下同じ。）で延焼のおそれのある部分に，20分間防火設備（第109条に規定する防火設備であって，これに建築物の周囲に

おいて発生する通常の火災による火熱が加えられた場合に，加熱開始後20分間当該加熱面以外の面（屋内に面するものに限る。）に火炎を出さないものとして，国土交通大臣が定めた構造方法*を用いるもの又は国土交通大臣の認定を受けたものをいう。以下同じ。）を設けること。

●告示　令元　国交告196号→p1838

五　増築又は改築に係る部分以外の部分の外壁の開口部で延焼のおそれのある部分に，20分間防火設備が設けられていること。

【準防火地域関係】

第137条の11　法第3条第2項の規定により法第61条（準防火地域内にある建築物に係る部分に限る。）の規定の適用を受けない建築物（木造の建築物にあっては，外壁及び軒裏が防火構造のものに限る。）について法第86条の7第1項の規定により政令で定める範囲は，増築及び改築については，次に定めるところによる。

一　工事の着手が基準時以後である増築及び改築に係る部分の床面積の合計（当該増築又は改築に係る建築物が同一敷地内に2以上ある場合においては，これらの増築又は改築に係る部分の床面積の合計）は，$50m^2$を超えないこと。

二　増築又は改築後における階数が2以下であること。

三　増築又は改築に係る部分の外壁及び軒裏は，防火構造とすること。

四　増築又は改築に係る部分の外壁の開口部で延焼のおそれのある部分に，20分間防火設備を設けること。

●告示　令元　国交告196号→p1838

五　増築又は改築に係る部分以外の部分の外壁の開口部で延焼のおそれのある部分に，20分間防火設備が設けられていること。

【大規模の修繕又は大規模の模様替】

第137条の12　法第3条第2項の規定により法第20条の規定の適用を受けない建築物について法第86条の7第1項の規定により政令で定める範囲は，大規模の修繕又は大規模の模様替については，当該建築物の構造耐力上の危険性が増大しないこれらの修繕又は模様替のすべてとする。

2　法第3条第2項の規定により法第26条，法第27条，法第30条，法第34条第2項，法第47条，法第51条，法第52条第1項，第2項若しくは第7項，法第53条第1項若しくは第2項，法第54条第1項，法第55条第1項，法第56条第1項，法第56条の2第1項，法第57条の4第1項，法第57条の5第1項，法第58条第1項，法第59条第1項若しくは第2項，法第60条第1項若しくは第2項，法第60条の2第1項若しくは第2項，法第60条の2の2第1項から第3項まで，法第60条の3第1項若しくは第2項，法第67条第1項若しくは第5項から第7項まで又は法第68条第1項若しくは第2項の規定の適用を受けない建築物について法第86条の7第1項の規定により政令で定める範囲は，大規模の修繕又は大規模の模様替については，これらの修繕又は模様替の全てとする。

3　法第3条第2項の規定により法第28条の2の規定の適用を受けない建築物について法第86条の7第1項の規定により政令で定める範囲は，大規模の修繕及び大規模

の模様替については，次に定めるところによる。
　一　大規模の修繕又は大規模の模様替に係る部分が第137条の4の2に規定する基準に適合すること。
　二　大規模の修繕又は大規模の模様替に係る部分以外の部分が第137条の4の3第三号の国土交通大臣が定める基準に適合すること。
4　法第3条第2項の規定により法第48条第1項から第14項までの規定の適用を受けない建築物について法第86条の7第1項の規定により政令で定める範囲は，大規模の修繕又は大規模の模様替については，当該建築物の用途の変更（第137条の19第2項に規定する範囲内のものを除く。）を伴わないこれらの修繕又は模様替の全てとする。
5　法第3条第2項の規定により法第61条の規定の適用を受けない建築物について法第86条の7第1項の規定により政令で定める範囲は，大規模の修繕及び大規模の模様替については，次に定めるところによる。
　一　大規模の修繕又は大規模の模様替に係る部分の外壁の開口部で延焼のおそれのある部分に，20分間防火設備を設けること。
　二　大規模の修繕又は大規模の模様替に係る部分以外の部分の外壁の開口部で延焼のおそれのある部分に，20分間防火設備が設けられていること。

【増築等をする独立部分以外の独立部分に対して適用されない技術的基準】
第137条の13　法第86条の7第2項（法第87条第4項において準用する場合を含む。次条において同じ。）の政令で定める技術的基準は，第5章第2節（第117条第2項を除く。），第3節（第126条の2第2項を除く。）及び第4節に規定する技術的基準とする。

【独立部分】
第137条の14　法第86条の7第2項（法第88条第1項において準用する場合を含む。）の政令で定める部分は，次の各号に掲げる建築物の部分の区分に応じ，当該各号に定める部分とする。
　一　法第20条第1項に規定する基準の適用上一の建築物であっても別の建築物とみなすことができる部分　　第36条の4に規定する建築物の部分
　二　法第35条（第5章第2節（第117条第2項を除く。）及び第4節に規定する技術的基準に係る部分に限る。）に規定する基準の適用上一の建築物であっても別の建築物とみなすことができる部分　　第117条第2項各号に掲げる建築物の部分
　三　法第35条（第5章第3節（第126条の2第2項を除く。）に規定する技術的基準に係る部分に限る。）に規定する基準の適用上一の建築物であっても別の建築物とみなすことができる部分　　第126条の2第2項各号に掲げる建築物の部分

【増築等をする部分以外の居室に対して適用されない基準】
第137条の15　法第86条の7第3項の政令で定める基準は，法第28条の2第三号に掲げる基準（第20条の7から第20条の9までに規定する技術的基準に係る部分に限る。）とする。

【移　転】

第137条の16　法第86条の7第4項の政令で定める範囲は，次の各号のいずれかに該当することとする。

　一　移転が同一敷地内におけるものであること。

　二　移転が交通上，安全上，防火上，避難上，衛生上及び市街地の環境の保全上支障がないと特定行政庁が認めるものであること。

【公共事業の施行等による敷地面積の減少について法第3条等の規定を準用する事業】

第137条の17　法第86条の9第1項第二号の政令で定める事業は，次に掲げるものとする。

　一　土地区画整理法（昭和29年法律第119号）による土地区画整理事業（同法第3条第1項の規定により施行するものを除く。）

　二　都市再開発法（昭和44年法律第38号）による第一種市街地再開発事業（同法第2条の2第1項の規定により施行するものを除く。）

　三　大都市地域における住宅及び住宅地の供給の促進に関する特別措置法（昭和50年法律第67号）による住宅街区整備事業（同法第29条第1項の規定により施行するものを除く。）

　四　密集市街地における防災街区の整備の促進に関する法律による防災街区整備事業（同法第119条第1項の規定により施行するものを除く。）

【建築物の用途を変更して特殊建築物とする場合に建築主事の確認等を要しない類似の用途】

第137条の18　法第87条第1項の規定により政令で指定する類似の用途は，当該建築物が次の各号のいずれかに掲げる用途である場合において，それぞれ当該各号に掲げる他の用途とする。ただし，第三号若しくは第六号に掲げる用途に供する建築物が第一種低層住居専用地域，第二種低層住居専用地域若しくは田園住居地域内にある場合，第七号に掲げる用途に供する建築物が第一種中高層住居専用地域，第二種中高層住居専用地域若しくは工業専用地域内にある場合又は第九号に掲げる用途に供する建築物が準住居地域若しくは近隣商業地域内にある場合については，この限りでない。

　一　劇場，映画館，演芸場

　二　公会堂，集会場

　三　診療所（患者の収容施設があるものに限る。），児童福祉施設等*

●関連［児童福祉施設等］令第19条第1項→p203

　四　ホテル，旅館

　五　下宿，寄宿舎

　六　博物館，美術館，図書館

　七　体育館，ボーリング場，スケート場，水泳場，スキー場，ゴルフ練習場，バッティング練習場

　八　百貨店，マーケット，その他の物品販売業を営む店舗

九　キャバレー，カフェー，ナイトクラブ，バー

十　待合，料理店

十一　映画スタジオ，テレビスタジオ

【建築物の用途を変更する場合に法第27条等の規定を準用しない類似の用途等】

第137条の19　法第87条第3項第二号の規定により政令で指定する類似の用途は，当該建築物が前条第八号から第十一号まで及び次の各号のいずれかに掲げる用途である場合において，それぞれ当該各号に掲げる他の用途とする。ただし，法第48条第1項から第14項までの規定の準用に関しては，この限りでない。

一　劇場，映画館，演芸場，公会堂，集会場

二　病院，診療所（患者の収容施設があるものに限る。），児童福祉施設等*

●関連［児童福祉施設等］令第19条第1項→p203

三　ホテル，旅館，下宿，共同住宅，寄宿舎

四　博物館，美術館，図書館

2　法第87条第3項第三号の規定により政令で定める範囲は，次に定めるものとする。

一　次のイからホまでのいずれかに掲げる用途である場合において，それぞれ当該イからホまでに掲げる用途相互間におけるものであること。

イ　法別表第2(に)項第三号から第六号までに掲げる用途

ロ　法別表第2(ほ)項第二号若しくは第三号，同表(へ)項第四号若しくは第五号又は同表(と)項第三号(1)から(16)までに掲げる用途

ハ　法別表第2(り)項第二号又は同表(ぬ)項第三号(1)から(20)までに掲げる用途

ニ　法別表第2(る)項第一号(1)から(31)までに掲げる用途（この場合において，同号(1)から(3)まで，(11)及び(12)中「製造」とあるのは，「製造，貯蔵又は処理」とする。）

ホ　法別表第2(を)項第五号若しくは第六号又は同表(わ)項第二号から第六号までに掲げる用途

二　法第48条第1項から第14項までの規定に適合しない事由が原動機の出力，機械の台数又は容器等の容量による場合においては，用途変更後のそれらの出力，台数又は容量の合計は，基準時におけるそれらの出力，台数又は容量の合計の1.2倍を超えないこと。

三　用途変更後の法第48条第1項から第14項までの規定に適合しない用途に供する建築物の部分の床面積の合計は，基準時におけるその部分の床面積の合計の1.2倍を超えないこと。

3　法第87条第3項の規定によって同項に掲げる条例の規定を準用する場合における同項第二号に規定する類似の用途の指定については，第1項の規定にかかわらず，当該条例で，別段の定めをすることができる。

第9章　工　作　物

【工作物の指定】

第138条　煙突，広告塔，高架水槽，擁壁その他これらに類する工作物*で法第88条第

1項の規定により政令で指定するものは，次に掲げるもの（鉄道及び軌道の線路敷地内の運転保安に関するものその他他の法令の規定により法及びこれに基づく命令の規定による規制と同等の規制を受けるものとして国土交通大臣が指定するもの*を除く。）とする。

●告示 平23 国交告1002号→p1723
●関連［工作物］法第88条→p151

一　高さが6mを超える煙突*（支枠及び支線がある場合においては，これらを含み，ストーブの煙突を除く。）

●関連［煙突］令第139条→p373

二　高さが15mを超える鉄筋コンクリート造の柱，鉄柱，木柱その他これらに類するもの*（旗ざおを除く。）

●関連［鉄筋コンクリート造の柱等］令第140条→p374

三　高さが4mを超える広告塔，広告板，装飾塔，記念塔その他これらに類するもの

●関連［広告塔又は高架水槽等］令第141条→p374

四　高さが8mを超える高架水槽，サイロ，物見塔その他これらに類するもの

●関連［広告塔又は高架水槽等］令第141条→p374

五　高さが2mを超える擁壁*

●関連［擁壁］令第142条→p375

2　昇降機，ウォーターシュート，飛行塔その他これらに類する工作物で法第88条第1項の規定により政令で指定するものは，次の各号に掲げるものとする。

一　乗用エレベーター又はエスカレーター*で観光のためのもの（一般交通の用に供するものを除く。）

●関連［乗用エレベーター又はエスカレーター］令第143条→p375

二　ウォーターシュート，コースターその他これらに類する高架の遊戯施設*

●関連［遊戯施設］令第144条→p376

三　メリーゴーラウンド，観覧車，オクトパス，飛行塔その他これらに類する回転運動をする遊戯施設*で原動機を使用するもの

●関連［遊戯施設］令第144条→p376

3　製造施設，貯蔵施設，遊戯施設等*の工作物で法第88条第2項の規定により政令で指定するものは，次に掲げる工作物（土木事業その他の事業に一時的に使用するためにその事業中臨時にあるもの及び第一号又は第五号に掲げるもので建築物の敷地（法第3条第2項の規定により法第48条第1項から第14項までの規定の適用を受けない建築物については，第137条に規定する基準時における敷地をいう。）と同一の敷地内にあるものを除く。）とする。

●関連［製造施設等］令第144条の2の2→p379

一　法別表第2(ぬ)項*第三号(13)又は（13の2）の用途に供する工作物で用途地域（準工業地域，工業地域及び工業専用地域を除く。）内にあるもの及び同表(る)項*第一号(21)の用途に供する工作物で用途地域（工業地域及び工業専用地域を除く。）内にあるもの

●関連［法別表第2(ぬ)項］→p173
　　　　［法別表第2(る)項］→p174

二　自動車車庫の用途に供する工作物で次のイからチまでに掲げるもの

　イ　築造面積*が50m²を超えるもので第一種低層住居専用地域，第二種低層住居専用地域又は田園住居地域内にあるもの（建築物に附属するものを除く。）

●関連［築造面積］令第2条第1項第五号→p194

　ロ　築造面積が300m²を超えるもので第一種中高層住居専用地域，第二種中高層住居専用地域，第一種住居地域又は第二種住居地域内にあるもの（建築物に附属するものを除く。）

　ハ　第一種低層住居専用地域，第二種低層住居専用地域又は田園住居地域内にある建築物に附属するもので築造面積に同一敷地内にある建築物に附属する自動車車庫の用途に供する建築物の部分の延べ面積の合計を加えた値が600m²（同一敷地内にある建築物（自動車車庫の用途に供する部分を除く。）の延べ面積の合計が600m²以下の場合においては，当該延べ面積の合計）を超えるもの（築造面積が50m²以下のもの及びニに掲げるものを除く。）

　ニ　第一種低層住居専用地域，第二種低層住居専用地域又は田園住居地域内にある公告対象区域*内の建築物に附属するもので次の(1)又は(2)のいずれかに該当するもの

●関連［公告対象区域］法第86条第10項→p141

　　(1)　築造面積に同一敷地内にある建築物に附属する自動車車庫の用途に供する建築物の部分の延べ面積の合計を加えた値が2,000m²を超えるもの

　　(2)　築造面積に同一公告対象区域内にある建築物に附属する他の自動車車庫の用途に供する工作物の築造面積及び当該公告対象区域内にある建築物に附属する自動車車庫の用途に供する建築物の部分の延べ面積の合計を加えた値が，当該公告対象区域内の敷地ごとにハの規定により算定される自動車車庫の用途に供する工作物の築造面積の上限の値を合算した値を超えるもの

　ホ　第一種中高層住居専用地域又は第二種中高層住居専用地域内にある建築物に附属するもので築造面積に同一敷地内にある建築物に附属する自動車車庫の用途に供する建築物の部分の延べ面積の合計を加えた値が3,000m²（同一敷地内にある建築物（自動車車庫の用途に供する部分を除く。）の延べ面積の合計が3,000m²以下の場合においては，当該延べ面積の合計）を超えるもの（築造面積が300m²以下のもの及びヘに掲げるものを除く。）

　ヘ　第一種中高層住居専用地域又は第二種中高層住居専用地域内にある公告対象区域内の建築物に附属するもので次の(1)又は(2)のいずれかに該当するもの

　　(1)　築造面積に同一敷地内にある建築物に附属する自動車車庫の用途に供する建築物の部分の延べ面積の合計を加えた値が10,000m²を超えるもの

　　(2)　築造面積に同一公告対象区域内にある建築物に附属する他の自動車車庫の用途に供する工作物の築造面積及び当該公告対象区域内にある建築物に附属する自動車車庫の用途に供する建築物の部分の延べ面積の合計を加えた値

が，当該公告対象区域内の敷地ごとにホの規定により算定される自動車車庫の用途に供する工作物の築造面積の上限の値を合算した値を超えるもの

ト　第一種住居地域又は第二種住居地域内にある建築物に附属するもので築造面積に同一敷地内にある建築物に附属する自動車車庫の用途に供する建築物の部分の延べ面積の合計を加えた値が当該敷地内にある建築物（自動車車庫の用途に供する部分を除く。）の延べ面積の合計を超えるもの（築造面積が300m²以下のもの及びチに掲げるものを除く。）

チ　第一種住居地域又は第二種住居地域内にある公告対象区域内の建築物に附属するもので，築造面積に同一公告対象区域内にある建築物に附属する他の自動車車庫の用途に供する工作物の築造面積及び当該公告対象区域内にある建築物に附属する自動車車庫の用途に供する建築物の部分の延べ面積の合計を加えた値が，当該公告対象区域内の敷地ごとにトの規定により算定される自動車車庫の用途に供する工作物の築造面積の上限の値を合算した値を超えるもの

三　高さが8mを超えるサイロその他これに類する工作物のうち飼料，肥料，セメントその他これらに類するものを貯蔵するもので第一種低層住居専用地域，第二種低層住居専用地域，第一種中高層住居専用地域又は田園住居地域内にあるもの

四　前項各号に掲げる工作物で第一種低層住居専用地域，第二種低層住居専用地域，第一種中高層住居専用地域又は田園住居地域内にあるもの

五　汚物処理場，ごみ焼却場又は第130条の2の2*各号に掲げる処理施設の用途に供する工作物で都市計画区域又は準都市計画区域（準都市計画区域にあっては，第一種低層住居専用地域，第二種低層住居専用地域，第一種中高層住居専用地域又は田園住居地域に限る。）内にあるもの

●関連［位置の制限を受ける処理施設］令第130条の2の2→p318

六　特定用途制限地域内にある工作物で当該特定用途制限地域に係る法第88条第2項において準用する法第49条の2の規定に基づく条例において制限が定められた用途に供するもの

【工作物に関する確認の特例】

第138条の2　法第88条第1項において準用する法第6条の4第1項の規定により読み替えて適用される法第6条第1項の政令で定める規定は，第144条の2の表の工作物の部分の欄の各項に掲げる工作物の部分の区分に応じ，それぞれ同表の一連の規定の欄の当該各項に掲げる規定（これらの規定中工作物の部分の構造に係る部分が，法第88条第1項において準用する法第68条の10第1項の認定を受けた工作物の部分に適用される場合に限る。）とする。

【維持保全に関する準則の作成等を要する昇降機等】

第138条の3　法第88条第1項において準用する法第8条第2項第一号の政令で定める昇降機等，法第88条第1項において準用する法第12条第1項の安全上，防火上又は衛生上特に重要であるものとして政令で定める昇降機等及び法第88条第1項において準用する法第12条第3項の政令で定める昇降機等は，第138条第2項各号に掲げるものとする。

【煙突及び煙突の支線】

第139条　第138条第1項に規定する工作物のうち同項第一号に掲げる煙突（以下この条において単に「煙突」という。）に関する法第88条第1項において読み替えて準用する法第20条第1項の政令で定める技術的基準は、次のとおりとする。

一　次に掲げる基準に適合する構造方法又はこれと同等以上に煙突の崩落及び倒壊を防止することができるものとして国土交通大臣が定めた構造方法を用いること。

　イ　高さが16mを超える煙突は、鉄筋コンクリート造、鉄骨鉄筋コンクリート造又は鋼造とし、支線を要しない構造とすること。

　ロ　鉄筋コンクリート造の煙突は、鉄筋に対するコンクリートのかぶり厚さを5cm以上とすること。

　ハ　陶管、コンクリート管その他これらに類する管で造られた煙突は、次に定めるところによること。

　　⑴　管と管とをセメントモルタルで接合すること。

　　⑵　高さが10m以下のものにあっては、その煙突を支えることができる支枠又は支枠及び支線を設けて、これに緊結すること。

　　⑶　高さが10mを超えるものにあっては、その煙突を支えることができる鋼製の支枠を設けて、これに緊結すること。

　ニ　組積造又は無筋コンクリート造の煙突は、その崩落を防ぐことができる鋼材の支枠を設けること。

　ホ　煙突の支線の端部にあっては、鉄筋コンクリート造のくいその他腐食するおそれのない建築物若しくは工作物又は有効なさび止め若しくは防腐の措置を講じたくいに緊結すること。

二　次項から第4項までにおいて準用する規定（第7章の8の規定を除く。）に適合する構造方法を用いること。

三　高さが60mを超える煙突にあっては、その用いる構造方法が、荷重及び外力によって煙突の各部分に連続的に生ずる力及び変形を把握することその他の国土交通大臣が定める基準*に従った構造計算によって安全性が確かめられたものとして国土交通大臣の認定を受けたものであること。

●告示　平12　建告1449号→p1558

四　高さが60m以下の煙突にあっては、その用いる構造方法が、次のイ又はロのいずれかに適合すること。

　イ　国土交通大臣が定める基準*に従った構造計算によって確かめられる安全性を有すること。

●告示　平12　建告1449号→p1558

　ロ　前号の国土交通大臣が定める基準に従った構造計算によって安全性が確かめられたものとして国土交通大臣の認定を受けたものであること。

2　煙突については、第115条第1項第六号及び第七号、第5章の4第3節並びに第7章の8の規定を準用する。

3　第1項第三号又は第四号ロの規定により国土交通大臣の認定を受けた構造方法を

用いる煙突については，前項に規定するもののほか，耐久性等関係規定（第36条，第36条の2，第39条第4項，第41条，第49条，第70条及び第76条（第79条の4及び第80条において準用する場合を含む。）の規定を除く。）を準用する。

4　前項に規定する煙突以外の煙突については，第2項に規定するもののほか，第36条の3，第37条，第38条，第39条第1項及び第2項，第51条第1項，第52条，第3章第5節（第70条を除く。），第6節（第76条から第78条の2までを除く。）及び第6節の2（第79条の4（第76条から第78条の2までの準用に関する部分に限る。）を除く。），第80条（第51条第1項，第71条，第72条，第74条及び第75条の準用に関する部分に限る。）並びに第80条の2の規定を準用する。

【鉄筋コンクリート造の柱等】

第140条　第138条第1項に規定する工作物のうち同項第二号に掲げる工作物に関する法第88条第1項において読み替えて準用する法第20条第1項の政令で定める技術的基準は，次項から第4項までにおいて準用する規定（第7章の8の規定を除く。）に適合する構造方法を用いることとする。

2　前項に規定する工作物については，第5章の4第3節，第7章の8並びに前条第1項第三号及び第四号の規定を準用する。

3　第1項に規定する工作物のうち前項において準用する前条第1項第三号又は第四号ロの規定により国土交通大臣の認定を受けた構造方法を用いるものについては，前項に規定するもののほか，耐久性等関係規定（第36条，第36条の2，第39条第4項，第49条，第70条，第76条（第79条の4及び第80条において準用する場合を含む。）並びに第80条において準用する第72条，第74条及び第75条の規定を除く。）を準用する。

4　第1項に規定する工作物のうち前項に規定するもの以外のものについては，第2項に規定するもののほか，第36条の3，第37条，第38条，第39条第1項及び第2項，第40条，第41条，第47条，第3章第5節（第70条を除く。），第6節（第76条から第78条の2までを除く。）及び第6節の2（第79条の4（第76条から第78条の2までの準用に関する部分に限る。）を除く。）並びに第80条の2の規定を準用する。

【広告塔又は高架水槽等】

第141条　第138条第1項に規定する工作物のうち同項第三号及び第四号に掲げる工作物に関する法第88条第1項において読み替えて準用する法第20条第1項の政令で定める技術的基準は，次のとおりとする。

　一　国土交通大臣が定める構造方法により鉄筋，鉄骨又は鉄筋コンクリートによって補強した場合を除き，その主要な部分を組積造及び無筋コンクリート造以外の構造とすること。

　二　次項から第4項までにおいて準用する規定（第7章の8の規定を除く。）に適合する構造方法を用いること。

2　前項に規定する工作物については，第5章の4第3節，第7章の8並びに第139条第1項第三号及び第四号の規定を準用する。

3　第1項に規定する工作物のうち前項において準用する第139条第1項第三号又は

第四号ロの規定により国土交通大臣の認定を受けた構造方法を用いるものについては，前項に規定するもののほか，耐久性等関係規定（第36条，第36条の2，第39条第4項，第49条並びに第80条において準用する第72条及び第74条から第76条までの規定を除く。）を準用する。

4　第1項に規定する工作物のうち前項に規定するもの以外のものについては，第2項に規定するもののほか，第36条の3，第37条，第38条，第39条第1項及び第2項，第40条から第42条まで，第44条，第46条第1項及び第2項，第47条，第3章第5節，第6節及び第6節の2並びに第80条の2の規定を準用する。

【擁　壁】

第142条　第138条第1項に規定する工作物のうち同項第五号に掲げる擁壁（以下この条において単に「擁壁」という。）に関する法第88条第1項において読み替えて準用する法第20条第1項の政令で定める技術的基準は，次に掲げる基準に適合する構造方法又はこれと同等以上に擁壁の破壊及び転倒を防止することができるものとして国土交通大臣が定めた構造方法を用いることとする。

一　鉄筋コンクリート造，石造その他これらに類する腐食しない材料を用いた構造とすること。

二　石造の擁壁にあっては，コンクリートを用いて裏込めし，石と石とを十分に結合すること。

三　擁壁の裏面の排水を良くするため，水抜穴を設け，かつ，擁壁の裏面の水抜穴の周囲に砂利その他これに類するものを詰めること。

四　次項において準用する規定（第7章の8（第136条の6を除く。）の規定を除く。）に適合する構造方法を用いること。

五　その用いる構造方法が，国土交通大臣が定める基準*に従った構造計算によって確かめられる安全性を有すること。

●告示　平12　建告1449号→p1558

2　擁壁については，第36条の3，第37条，第38条，第39条第1項及び第2項，第51条第1項，第62条，第71条第1項，第72条，第73条第1項，第74条，第75条，第79条，第80条（第51条第1項，第62条，第71条第1項，第72条，第74条及び第75条の準用に関する部分に限る。），第80条の2並びに第7章の8（第136条の6を除く。）の規定を準用する。

【乗用エレベーター又はエスカレーター】

第143条　第138条第2項第一号に掲げる乗用エレベーター又はエスカレーターに関する法第88条第1項において読み替えて準用する法第20条第1項の政令で定める技術的基準は，次項から第4項までにおいて準用する規定（第7章の8の規定を除く。）に適合する構造方法を用いることとする。

2　前項に規定する乗用エレベーター又はエスカレーターについては，第129条の3から第129条の10まで，第129条の12，第7章の8並びに第139条第1項第三号及び第四号の規定を準用する。

3　第1項に規定する乗用エレベーター又はエスカレーターのうち前項において準用

する第139条第1項第三号又は第四号ロの規定により国土交通大臣の認定を受けた構造方法を用いるものについては，前項に規定するもののほか，耐久性等関係規定（第36条，第36条の2，第39条第4項，第41条，第49条並びに第80条において準用する第72条及び第74条から第76条までの規定を除く。）を準用する。

4　第1項に規定する乗用エレベーター又はエスカレーターのうち前項に規定するもの以外のものについては，第2項に規定するもののほか，第36条の3，第37条，第38条，第39条第1項及び第2項，第3章第5節，第6節及び第6節の2並びに第80条の2の規定を準用する。

【遊戯施設】

第144条　第138条第2項第二号又は第三号に掲げる遊戯施設（以下この条において単に「遊戯施設」という。）に関する法第88条第1項において読み替えて準用する法第20条第1項の政令で定める技術的基準は，次のとおりとする。

一　籠，車両その他人を乗せる部分（以下この条において「客席部分」という。）を支え，又は吊る構造上主要な部分（以下この条において「主要な支持部分」という。）のうち摩損又は疲労破壊が生ずるおそれのある部分以外の部分の構造は，次に掲げる基準に適合するものとすること。

イ　構造耐力上安全なものとして国土交通大臣が定めた構造方法を用いるものであること。

ロ　高さが60mを超える遊戯施設にあっては，その用いる構造方法が，荷重及び外力によって主要な支持部分に連続的に生ずる力及び変形を把握することその他の国土交通大臣が定める基準に従った構造計算によって安全性が確かめられたものとして国土交通大臣の認定を受けたものであること。

ハ　高さが60m以下の遊戯施設にあっては，その用いる構造方法が，次の(1)又は(2)のいずれかに適合するものであること。

(1)　国土交通大臣が定める基準に従った構造計算によって確かめられる安全性を有すること。

(2)　ロの国土交通大臣が定める基準に従った構造計算によって安全性が確かめられたものとして国土交通大臣の認定を受けたものであること。

二　軌条又は索条を用いるものにあっては，客席部分が当該軌条又は索条から脱落するおそれのない構造とすること。

三　遊戯施設の客席部分の構造は，次に掲げる基準に適合するものとすること。

イ　走行又は回転時の衝撃及び非常止め装置の作動時の衝撃が加えられた場合に，客席にいる人を落下させないものとして，国土交通大臣が定めた構造方法を用いるもの又は国土交通大臣の認定を受けたものであること。

ロ　客席部分は，堅固で，かつ，客席にいる人が他の構造部分に触れることにより危害を受けるおそれのないものとして国土交通大臣が定めた構造方法を用いるものであること。

ハ　客席部分には，定員を明示した標識を見やすい場所に掲示すること。

四　動力が切れた場合，駆動装置に故障が生じた場合その他客席にいる人が危害を

受けるおそれのある事故が発生し，又は発生するおそれのある場合に自動的に作動する非常止め装置を設けること。

五　前号の非常止め装置の構造は，自動的に作動し，かつ，当該客席部分以外の遊戯施設の部分に衝突することなく制止できるものとして，国土交通大臣が定めた構造方法を用いるもの又は国土交通大臣の認定を受けたものとすること。

六　前各号に定めるもののほか，客席にいる人その他当該遊戯施設の周囲の人の安全を確保することができるものとして国土交通大臣が定めた構造方法を用いるものであること。

七　次項において読み替えて準用する第129条の4（第1項第一号イを除く。）及び第129条の5第1項の規定に適合する構造方法を用いること。

2　遊戯施設については第7章の8の規定を，その主要な支持部分のうち摩損又は疲労破壊が生ずるおそれのある部分については第129条の4（第1項第一号イを除く。）及び第129条の5第1項の規定を準用する。この場合において，次の表の左欄に掲げる規定中同表の中欄に掲げる字句は，それぞれ同表の右欄に掲げる字句に読み替えるものとする。

第129条の4の見出し，同条第1項（第二号を除く。），第2項第三号及び第四号並びに第3項（第七号を除く。）並びに第129条の5の見出し及び同条第1項	エレベーター	遊戯施設
第129条の4第1項	かご及びかごを支え，又は吊る構造上主要な部分（	客席部分を支え，又は吊る構造上主要な部分（摩損又は疲労破壊を生ずるおそれのある部分に限る。
第129条の4	かご及び主要な支持部分	主要な支持部分
第129条の4第1項第一号ロ，第2項第四号並びに第3項第二号及び第四号	かご	客席部分
第129条の4第1項第一号ロ	昇降に	走行又は回転に
第129条の4第1項第一号ロ及び第2項第二号	通常の昇降時	通常の走行又は回転時
第129条の4第1項第二号	かごを主索で吊るエレベーター，油圧エレベーターその他国土交通大臣が定めるエレベーター	客席部分を主索で吊る遊戯施設その他国土交通大臣が定める遊戯施設
	前号イ及びロ	前号ロ
第129条の4第1項第二号及び第2項	エレベーター強度検証法	遊戯施設強度検証法

第129条の4第1項第三号	第一号イ及びロ	第一号ロ
第129条の4第2項	，エレベーター	，遊戯施設
第129条の4第2項第一号	次条に規定する荷重	次条第1項に規定する固定荷重及び国土交通大臣が定める積載荷重
	主要な支持部分並びにかごの床版及び枠（以下この条において「主要な支持部分等」という。）	主要な支持部分
第129条の4第2項第二号及び第三号	主要な支持部分等	主要な支持部分
第129条の4第2項第二号	昇降する	走行し，又は回転する
	次条第2項に規定する	国土交通大臣が定める
第129条の4第3項第二号	主要な支持部分のうち，摩損又は疲労破壊を生ずるおそれのあるものにあっては，2以上	2以上
第129条の4第3項第七号	エレベーターで昇降路の壁の全部又は一部を有しないもの	遊戯施設

【型式適合認定の対象とする工作物の部分及び一連の規定】

第144条の2 法第88条第1項において準用する法第68条の10第1項に規定する政令で定める工作物の部分は，次の表の工作物の部分の欄の各項に掲げる工作物の部分とし，法第88条第1項において準用する法第68条の10第1項に規定する政令で定める一連の規定は，同表の一連の規定の欄の当該各項に掲げる規定（これらの規定中工作物の部分の構造に係る部分に限る。）とする。

	工作物の部分	一連の規定
(1)	乗用エレベーターで観光のためのもの（一般交通の用に供するものを除く。）の部分で，昇降路及び機械室以外のもの	イ 法第88条第1項において準用する法第28条の2（第三号を除く。）及び法第37条の規定 ロ 第143条第2項（第129条の3，第129条の4（第3項第七号を除く。），第129条の5，第129条の6，第129条の8及び第129条の10の規定の準用に関する部分に限る。）の規定

(2)	エスカレーターで観光のためのもの（一般交通の用に供するものを除く。）の部分で，トラス又ははりを支える部分以外のもの	イ	法第88条第1項において準用する法第28条の2（第三号を除く。）及び法第37条の規定
		ロ	第143条第2項（第129条の3及び第129条の12（第1項第一号及び第六号を除く。）の規定の準用に関する部分に限る。）の規定
(3)	ウォーターシュート，コースターその他これらに類する高架の遊戯施設又はメリーゴーラウンド，観覧車，オクトパス，飛行塔その他これらに類する回転運動をする遊戯施設で原動機を使用するものの部分のうち，かご，車両その他人を乗せる部分及びこれを支え，又は吊る構造上主要な部分並びに非常止め装置の部分	イ	法第88条第1項において準用する法第28条の2（第三号を除く。）及び法第37条の規定
		ロ	前条第1項（同項第一号イ及び第六号にあっては，国土交通大臣が定めた構造方法のうちその指定する構造方法に係る部分に限る。）の規定

【製造施設，貯蔵施設，遊戯施設等】

第144条の2の2　第138条第3項第一号から第四号までに掲げるものについては，第137条（法第48条第1項から第14項までに係る部分に限る。），第137条の7，第137条の12第4項及び第137条の19第2項（第三号を除く。）の規定を準用する。この場合において，第137条の7第二号及び第三号中「床面積の合計」とあるのは，「築造面積*」と読み替えるものとする。

●関連［築造面積］令第2条第1項第五号→p194

【処理施設】

第144条の2の3　第138条第3項第五号に掲げるもの（都市計画区域内にあるものに限る。）については，第130条の2の3（第1項第一号及び第四号を除く。）及び第137条の12第2項（法第51条に係る部分に限る。）の規定を準用する。

【特定用途制限地域内の工作物】

第144条の2の4　第138条第3項第六号に掲げるものについては，第130条の2の規定を準用する。

2　第138条第3項第六号に掲げるものについての法第88条第2項において準用する法第87条第3項の規定によって法第49条の2の規定に基づく条例の規定を準用する場合における同項第二号に規定する類似の用途の指定については，当該条例で定めるものとする。

第10章　雑　　　則

【安全上，防火上又は衛生上重要である建築物の部分】

第144条の3　法第37条の規定により政令で定める安全上，防火上又は衛生上重要である建築物の部分は，次に掲げるものとする。

●関連［建築材料の品質］法第37条→p54

　一　構造耐力上主要な部分*で基礎及び主要構造部以外のもの

　　　　　　　●関連［構造耐力上主要な部分］令第1条第三号→p193

　二　耐火構造，準耐火構造又は防火構造の構造部分で主要構造部以外のもの

　三　第109条に定める防火設備又はこれらの部分

　四　建築物の内装又は外装の部分で安全上又は防火上重要であるものとして国土交通大臣が定めるもの

　五　主要構造部以外の間仕切壁，揚げ床，最下階の床，小ばり，ひさし，局部的な小階段，屋外階段，バルコニーその他これらに類する部分で防火上重要であるものとして国土交通大臣が定めるもの

　六　建築設備又はその部分（消防法第21条の2第1項に規定する検定対象機械器具等及び同法第21条の16の2に規定する自主表示対象機械器具等，ガス事業法第2条第13項に規定するガス工作物及び同法第137条第1項に規定するガス用品，電気用品安全法（昭和36年法律第234号）第2条第1項に規定する電気用品，液化石油ガスの保安の確保及び取引の適正化に関する法律第2条第7項に規定する液化石油ガス器具等並びに安全上，防火上又は衛生上支障がないものとして国土交通大臣が定めるものを除く。）

【道に関する基準】

第144条の4　法第42条第1項第五号の規定により政令で定める基準は，次の各号に掲げるものとする。

　一　両端が他の道路に接続したものであること。ただし，次のイからホまでのいずれかに該当する場合においては，袋路状道路（法第43条第3項第五号に規定する袋路状道路をいう。以下この条において同じ。）とすることができる。

　　イ　延長（既存の幅員6m未満の袋路状道路に接続する道にあっては，当該袋路状道路が他の道路に接続するまでの部分の延長を含む。ハにおいて同じ。）が35m以下の場合

　　ロ　終端が公園，広場その他これらに類するもので自動車の転回に支障がないものに接続している場合

　　ハ　延長が35mを超える場合で，終端及び区間35m以内ごとに国土交通大臣の定める基準に適合する自動車の転回広場が設けられている場合

　　ニ　幅員が6m以上の場合

　　ホ　イからニまでに準ずる場合で，特定行政庁が周囲の状況により避難及び通行の安全上支障がないと認めた場合

　二　道が同一平面で交差し，若しくは接続し，又は屈曲する箇所（交差，接続又は屈曲により生ずる内角が120°以上の場合を除く。）は，角地の隅角を挟む辺の長さ2mの二等辺三角形の部分を道に含む隅切りを設けたものであること。ただし，特定行政庁が周囲の状況によりやむを得ないと認め，又はその必要がないと認めた場合においては，この限りでない。

　三　砂利敷その他ぬかるみとならない構造であること。

　四　縦断勾配が12%以下であり，かつ，階段状でないものであること。ただし，特

定行政庁が周囲の状況により避難及び通行の安全上支障がないと認めた場合においては，この限りでない。

五　道及びこれに接する敷地内の排水に必要な側溝，街渠その他の施設を設けたものであること。

2　地方公共団体は，その地方の気候若しくは風土の特殊性又は土地の状況により必要と認める場合においては，条例で，区域を限り，前項各号に掲げる基準と異なる基準を定めることができる。

3　地方公共団体は，前項の規定により第1項各号に掲げる基準を緩和する場合においては，あらかじめ，国土交通大臣の承認を得なければならない。

【窓その他の開口部を有しない居室】

第144条の5　法第43条第3項第三号の規定により政令で定める窓その他の開口部を有しない居室は，第116条の2に規定するものとする。

●関連［窓その他の開口部を有しない居室等］令第116条の2→p279

【道路内に建築することができる建築物に関する基準等】

第145条　法第44条第1項第三号の政令で定める基準は，次のとおりとする。

●関連［道路内の建築制限］法第44条第1項第三号→p58

一　主要構造部が耐火構造であること。

二　耐火構造とした床若しくは壁又は特定防火設備のうち，次に掲げる要件を満たすものとして，国土交通大臣が定めた構造方法*を用いるもの又は国土交通大臣の認定を受けたもので道路と区画されていること。

●告示　昭48　建告2564号→p1430

イ　第112条第19項第一号イ及びロ並びに第二号ロに掲げる要件を満たしていること。

ロ　閉鎖又は作動をした状態において避難上支障がないものであること。

三　道路の上空に設けられる建築物にあっては，屋外に面する部分に，ガラス（網入りガラスを除く。），瓦，タイル，コンクリートブロック，飾石，テラコッタその他これらに類する材料が用いられていないこと。ただし，これらの材料が道路上に落下するおそれがない部分については，この限りでない。

2　法第44条第1項第四号の規定により政令で定める建築物は，道路（高度地区（建築物の高さの最低限度が定められているものに限る。以下この項において同じ。），高度利用地区又は都市再生特別地区内の自動車のみの交通の用に供するものを除く。）の上空に設けられる渡り廊下その他の通行又は運搬の用途に供する建築物で，次の各号のいずれかに該当するものであり，かつ，主要構造部が耐火構造であり，又は不燃材料で造られている建築物に設けられるもの，高度地区，高度利用地区又は都市再生特別地区内の自動車のみの交通の用に供する道路の上空に設けられる建築物，高架の道路の路面下に設けられる建築物並びに自動車のみの交通の用に供する道路に設けられる建築物である休憩所，給油所及び自動車修理所（高度地区，高度利用地区又は都市再生特別地区内の自動車のみの交通の用に供する道路の上空に設けられるもの及び高架の道路の路面下に設けられるものを除く。）とする。

　一　学校，病院，老人ホームその他これらに類する用途に供する建築物に設けられるもので，生徒，患者，老人等の通行の危険を防止するために必要なもの

　二　建築物の5階以上の階に設けられるもので，その建築物の避難施設として必要なもの

　三　多数人の通行又は多量の物品の運搬の用途に供するもので，道路の交通の緩和に寄与するもの

3　前項の建築物のうち，道路の上空に設けられるものの構造は，次の各号に定めるところによらなければならない。

　一　構造耐力上主要な部分は，鉄骨造，鉄筋コンクリート造又は鉄骨鉄筋コンクリート造とし，その他の部分は，不燃材料で造ること。

　二　屋外に面する部分には，ガラス（網入ガラスを除く。），瓦（かわら），タイル，コンクリートブロック，飾石，テラコッタその他これらに類する材料を用いないこと。ただし，これらの材料が道路上に落下するおそれがない部分については，この限りでない。

　三　道路の上空に設けられる建築物が渡り廊下その他の通行又は運搬の用途に供する建築物である場合においては，その側面には，床面からの高さが1.5m以上の壁を設け，その壁の床面からの高さが1.5m以下の部分に開口部を設けるときは，これにはめごろし戸を設けること。

【確認等を要する建築設備】

第146条　法第87条の4（法第88条第1項及び第2項において準用する場合を含む。）の規定により政令で指定する建築設備は，次に掲げるものとする。

●関連［建築設備への準用］法第87条の4→p150

　一　エレベーター及びエスカレーター

　二　小荷物専用昇降機（昇降路の出し入れ口の下端が当該出し入れ口が設けられる室の床面より高いことその他の理由により人が危害を受けるおそれのある事故が発生するおそれの少ないものとして国土交通大臣が定めるものを除く。）

　三　法第12条第3項の規定により特定行政庁が指定する建築設備（屎尿浄化槽*及び合併処理浄化槽を除く。）

●関連［屎尿浄化槽］浄化槽法第5条→p1228

2　第7章の8の規定は，前項各号に掲げる建築設備について準用する。

●関連［工事現場の危害の防止］令第136条の2の20〜令第136条の8→p356〜358

【仮設建築物等に対する制限の緩和】

第147条　法第85条第2項の規定の適用を受ける建築物（以下この項において「応急仮設建築物等」という。）又は同条第6項若しくは第7項の規定による許可を受けた建築物（いずれも高さが60m以下のものに限る。）については，第22条，第28条から第30条まで，第37条，第46条，第49条，第67条，第70条，第3章第8節，第112条，第114条，第5章の2，第129条の2の3（屋上から突出する水槽，煙突その他これらに類するものに係る部分に限る。），第129条の13の2及び第129条の13の3の規定は適用せず，応急仮設建築物等については，第41条から第43条まで，第48条及

び第5章の規定は適用しない。

2 災害があった場合において建築物の用途を変更して法第87条の3第2項に規定する公益的建築物として使用するときにおける当該公益的建築物（以下この項において「公益的建築物」という。），建築物の用途を変更して同条第6項に規定する興行場等とする場合における当該興行場等及び建築物の用途を変更して同条第7項に規定する特別興行場等とする場合における当該特別興行場等（いずれも高さが60m以下のものに限る。）については，第22条，第28条から第30条まで，第46条，第49条，第112条，第114条，第5章の2，第129条の13の2及び第129条の13の3の規定は適用せず，公益的建築物については，第41条から第43条まで及び第5章の規定は適用しない。

3 第138条第1項に規定する工作物のうち同項第一号に掲げる煙突でその存続期間が2年以内のもの（高さが60mを超えるものにあっては，その構造及び周囲の状況に関し安全上支障がないものとして国土交通大臣が定める基準に適合するものに限る。）については，第139条第1項第三号及び第四号の規定並びに同条第4項において準用する第37条，第38条第6項及び第67条の規定は，適用しない。

4 第138条第1項に規定する工作物のうち同項第二号に掲げる工作物でその存続期間が2年以内のもの（高さが60mを超えるものにあっては，その構造及び周囲の状況に関し安全上支障がないものとして国土交通大臣が定める基準*に適合するものに限る。）については，第140条第2項において準用する第139条第1項第三号及び第四号の規定並びに第140条第4項において準用する第37条，第38条第6項及び第67条の規定は，適用しない。

●告示 令4 国交告1024号→p1999

5 第138条第1項に規定する工作物のうち同項第三号又は第四号に掲げる工作物でその存続期間が2年以内のもの（高さが60mを超えるものにあっては，その構造及び周囲の状況に関し安全上支障がないものとして国土交通大臣が定める基準に適合するものに限る。）については，第141条第2項において準用する第139条第1項第三号及び第四号の規定並びに第141条第4項において準用する第37条，第38条第6項，第67条及び第70条の規定は，適用しない。

【工事中における安全上の措置等に関する計画の届出を要する建築物】

第147条の2 法第90条の3（法第87条の4において準用する場合を含む。）の政令で定める建築物は，次に掲げるものとする。

一 百貨店，マーケットその他の物品販売業を営む店舗*（床面積が10㎡以内のものを除く。）又は展示場の用途に供する建築物で3階以上の階又は地階におけるその用途に供する部分の床面積の合計が1,500㎡を超えるもの

●関連［物品販売業］令第23条第1項表(2)項→p215

二 病院，診療所（患者の収容施設があるものに限る。）又は児童福祉施設等*の用途に供する建築物で5階以上の階におけるその用途に供する部分の床面積の合計が1,500㎡を超えるもの

●関連［児童福祉施設等］令第19条第1項→p203

三　劇場，映画館，演芸場，観覧場，公会堂，集会場，ホテル，旅館，キャバレー，カフェー，ナイトクラブ，バー，ダンスホール，遊技場，公衆浴場，待合，料理店若しくは飲食店の用途又は前2号に掲げる用途に供する建築物で5階以上の階又は地階におけるその用途に供する部分の床面積の合計が2,000m²を超えるもの

四　地下の工作物内に設ける建築物で居室の床面積の合計が1,500m²を超えるもの

【消防長等の同意を要する住宅】

第147条の3　法第93条第1項ただし書の政令で定める住宅は，一戸建ての住宅で住宅の用途以外の用途に供する部分の床面積の合計が延べ面積の1/2以上であるもの又は50m²を超えるものとする。

●関連［許可又は確認に関する消防長等の同意等］法第93条第1項→p154

【映像等の送受信による通話の方法による口頭審査】

第147条の4　法第94条第3項の口頭審査については，行政不服審査法施行令（平成27年政令第391号）第2条の規定により読み替えられた同令第8条の規定を準用する。この場合において，同条中「総務省令」とあるのは，「国土交通省令」と読み替えるものとする。

●関連［映像等の送受信による通話の方法による口頭審査］規則第11条の4→p569

【権限の委任】

第147条の5　この政令に規定する国土交通大臣の権限は，国土交通省令で定めるところにより，その一部を地方整備局長又は北海道開発局長に委任することができる。

【市町村の建築主事等の特例】

第148条　法第97条の2第1項の政令で定める事務は，法の規定により建築主事の権限に属するものとされている事務のうち，次に掲げる建築物又は工作物（当該建築物又は工作物の新築，改築，増築，移転，築造又は用途の変更に関して，法律並びにこれに基づく命令及び条例の規定により都道府県知事の許可を必要とするものを除く。）に係る事務とする。

一　法第6条第1項第四号に掲げる建築物

二　第138条第1項に規定する工作物のうち同項第一号に掲げる煙突若しくは同項第三号に掲げる工作物で高さが10m以下のもの又は同項第五号に掲げる擁壁で高さが3m以下のもの（いずれも前号に規定する建築物以外の建築物の敷地内に築造するものを除く。）

2　法第97条の2第4項の政令で定める事務は，次に掲げる事務（建築審査会が置かれていない市町村の長にあっては，第一号及び第三号に掲げる事務）とする。

一　第6条の2第6項及び第7項（これらの規定を法第88条第1項において準用する場合を含む。），法第7条の2第7項（法第88条第1項において準用する場合を含む。），法第7条の4第7項（法第88条第1項において準用する場合を含む。），法第9条（法第88条第1項及び第3項並びに法第90条第3項において準用する場合を含む。），法第9条の2（法第88条第1項及び第3項並びに法第90条第3項において準用する場合を含む。），法第9条の3（法第88条第1項及び第3項並びに法第90条第3項において準用する場合を含む。），法第9条の4（法第88条第1項

及び第3項において準用する場合を含む。），法第10条（法第88条第1項及び第3項において準用する場合を含む。），法第11条第1項（法第88条第1項及び第3項において準用する場合を含む。），法第12条（法第88条第1項及び第3項において準用する場合を含む。），法第18条第25項（法第88条第1項及び第3項並びに法第90条第3項において準用する場合を含む。），法第43条第2項第一号，法第85条第3項，第5項，第6項及び第8項（同条第5項の規定により許可の期間を延長する場合に係る部分に限る。），法第86条第1項，第2項及び第8項（同条第1項又は第2項の規定による認定に係る部分に限る。），法第86条の2第1項及び第6項（同条第1項の規定による認定に係る部分に限る。），法第86条の5第2項及び第4項（同条第2項の規定による認定の取消しに係る部分に限る。），法第86条の6，法第86条の8（第2項を除き，法第87条の2第2項において準用する場合を含む。），法第87条の2第1項，法第87条の3第3項，第5項，第6項及び第8項（同条第5項の規定により許可の期間を延長する場合に係る部分に限る。）並びに法第93条の2に規定する都道府県知事たる特定行政庁の権限に属する事務のうち，前項各号に掲げる建築物又は工作物に係る事務

二　法第43条第2項第二号，法第44条第1項第二号，法第52条第14項（同項第二号に該当する場合に限る。以下この号において同じ。），同条第15項（同条第14項の規定による許可をする場合に係る部分に限る。）において準用する法第44条第2項，法第53条第6項第三号，同条第9項（同号の規定による許可をする場合に係る部分に限る。）において準用する法第44条第2項，法第53条の2第1項第三号及び第四号，同条第4項において準用する法第44条第2項，法第67条第3項第二号，同条第10項（同号の規定による許可をする場合に係る部分に限る。）において準用する法第44条第2項，法第68条第3項第二号，同条第6項（同号の規定による許可をする場合に係る部分に限る。）において準用する法第44条第2項，法第68条の7第5項並びに同条第6項において準用する法第44条第2項に規定する都道府県知事たる特定行政庁の権限に属する事務のうち，前項各号に掲げる建築物又は工作物に係る事務

三　法第42条第1項第五号，同条第2項（幅員1.8m未満の道の指定を除く。），同条第4項（幅員1.8m未満の道の指定を除く。），法第45条及び法第68条の7第1項（同項第一号に該当する場合に限る。）に規定する都道府県知事たる特定行政庁の権限に属する事務

四　法第42条第2項（幅員1.8m未満の道の指定に限る。），第3項，第4項（幅員1.8m未満の道の指定に限る。）及び第6項並びに法第68条の7第1項（同項第一号に該当する場合を除く。）及び第2項に規定する都道府県知事たる特定行政庁の権限に属する事務

3　法第97条の2第4項の規定により同項に規定する市町村の長が前項第一号に掲げる事務のうち法第12条第4項ただし書，法第85条第8項又は法第87条の3第8項の規定に係るものを行う場合におけるこれらの規定の適用については，これらの規定中「建築審査会」とあるのは，「建築審査会（建築審査会が置かれていない市町村

385

にあっては，当該市町村を包括する都道府県の建築審査会)」とする。

4 法第97条の2第4項の場合においては，この政令中都道府県知事たる特定行政庁に関する規定は，同条第1項の規定により建築主事を置く市町村の長に関する規定として当該市町村の長に適用があるものとする。

【特別区の特例】

第149条 法第97条の3第1項の政令で定める事務は，法の規定により建築主事の権限に属するものとされている事務のうち，次に掲げる建築物，工作物又は建築設備（第二号に掲げる建築物又は工作物にあっては，地方自治法第252条の17の2第1項の規定により同号に規定する処分に関する事務を特別区が処理することとされた場合における当該建築物又は工作物を除く。）に係る事務以外の事務とする。

一 延べ面積が10,000m²を超える建築物

二 その新築，改築，増築，移転，築造又は用途の変更に関して，法第51条（法第87条第2項及び第3項並びに法第88条第2項において準用する場合を含む。以下この条において同じ。）（市町村都市計画審議会が置かれている特別区の建築主事にあっては，卸売市場，と畜場及び産業廃棄物処理施設に係る部分に限る。）並びに法以外の法律並びにこれに基づく命令及び条例の規定により都知事の許可を必要とする建築物又は工作物

三 第138条第1項に規定する工作物で前2号に掲げる建築物に附置するもの及び同条第3項に規定する工作物のうち同項第二号ハからチまでに掲げる工作物で前2号に掲げる建築物に附属するもの

四 第146条第1項第一号に掲げる建築設備で第一号及び第二号に掲げる建築物に設けるもの

2 法第97条の3第3項に規定する都道府県知事たる特定行政庁の権限に属する事務で政令で定めるものは，前項各号に掲げる建築物，工作物又は建築設備に係る事務以外の事務であって法の規定により都知事たる特定行政庁の権限に属する事務のうち，次の各号に掲げる区分に応じ，当該各号に定める事務以外の事務とする。

一 市町村都市計画審議会が置かれていない特別区の長 法第7条の3（法第87条の4及び法第88条第1項において準用する場合を含む。次号において同じ。），法第22条，法第42条第1項（各号列記以外の部分に限る。），法第51条，法第52条第1項，第2項及び第8項，法第53条第1項，法第56条第1項，法第57条の2第3項及び第4項，法第57条の3第2項及び第3項，法第84条，法第85条第1項並びに法別表第3に規定する事務

二 市町村都市計画審議会が置かれている特別区の長 法第7条の3，法第51条（卸売市場，と畜場及び産業廃棄物処理施設に係る部分に限る。），法第52条第1項及び第8項，法第53条第1項，法第56条第1項第二号ニ，法第57条の2第3項及び第4項，法第57条の3第2項及び第3項，法第84条，法第85条第1項並びに法別表第3(i)欄5の項に規定する事務

3 法第97条の3第3項の場合においては，この政令中都道府県知事たる特定行政庁に関する規定（第130条の10第2項ただし書，第135条の12第4項及び第136条第3

項ただし書の規定を除く。）は，特別区の長に関する規定として特別区の長に適用
があるものとする。

【両罰規定の対象となる多数の者が利用する建築物】

第150条　法第105条第一号の政令で定める建築物は，次に掲げるものとする。

一　法別表第1(い)欄に掲げる用途に供する特殊建築物のうち階数が3以上でその用
　　途に供する部分の床面積の合計が100m²を超え200m²以下のもの

二　事務所その他これに類する用途に供する建築物（法第6条第1項第一号に掲げ
　　る建築物を除く。）のうち階数が5以上で延べ面積が1,000m²を超えるもの

　　　附　則　（略）

建築基準法施行規則

昭和 25 年 11 月 16 日［建設省令第 40 号］

最終改正―令和 5 年 3 月 31 日［国土交通省令第 30 号］

【建築基準適合判定資格者検定の受検申込書】

第1条　建築基準適合判定資格者検定（指定建築基準適合判定資格者検定機関が建築基準適合判定資格者検定事務を行うものを除く。）を受けようとする者は，別記第1号様式による受検申込書に申請前6月以内に撮影した無帽，正面，無背景の縦の長さ4.5cm，横の長さ3.5cmの写真（以下「受検申込用写真」という。）を添え，これを国土交通大臣に提出しなければならない。

2　指定建築基準適合判定資格者検定機関が建築基準適合判定資格者検定事務を行う建築基準適合判定資格者検定を受けようとする者は，前項の受検申込書に受検申込用写真を添え，指定建築基準適合判定資格者検定機関の定めるところにより，これを指定建築基準適合判定資格者検定機関に提出しなければならない。

【受検者の不正行為に対する報告】

第1条の2　指定建築基準適合判定資格者検定機関は，建築基準法（以下「法」という。）第5条の2第2項の規定により法第5条第6項に規定する国土交通大臣の職権を行ったときは，遅滞なく次に掲げる事項を記載した報告書を国土交通大臣に提出しなければならない。

一　不正行為者の氏名，住所及び生年月日

二　不正行為に係る検定の年月日及び検定地

三　不正行為の事実

四　処分の内容及び年月日

五　その他参考事項

【構造計算適合判定資格者検定の受検申込書】

第1条の2の2　構造計算適合判定資格者検定（指定構造計算適合判定資格者検定機関が構造計算適合判定資格者検定事務を行うものを除く。）を受けようとする者は，別記第1号の2様式による受検申込書に受検申込用写真を添え，これを国土交通大臣に提出しなければならない。

【準　用】

第1条の2の3　第1条第2項の規定は指定構造計算適合判定資格者検定機関が構造計算適合判定資格者検定事務を行う構造計算適合判定資格者検定を受けようとする者に，第1条の2の規定は指定構造計算適合判定資格者検定機関が法第5条の5第2項において読み替えて準用する法第5条の2第2項の規定により法第5条の4第5項において準用する法第5条第6項に規定する国土交通大臣の職権を行ったときについて準用する。この場合において，第1条第2項中「前項」とあるのは「第1条の2の2」と読み替えるものとする。

【確認申請書の様式】

第1条の3　法第6条第1項（法第87条第1項において準用する場合を含む。第4項において同じ。）の規定による確認の申請書は，次の各号に掲げる図書及び書類とする。ただし，次の表1の(い)項に掲げる配置図又は各階平面図は，次の表2の⒆項の(ろ)欄に掲げる道路に接して有効な部分の配置図若しくは特定道路の配置図，同表の⒇項の(ろ)欄に掲げる道路高さ制限適合建築物の配置図，隣地高さ制限適合建築物の配置図若しくは北側高さ制限適合建築物の配置図又は同表の⒇項の(ろ)欄に掲げる日影図と，表1の(ろ)項に掲げる2面以上の立面図又は2面以上の断面図は，表2の⒇項の(ろ)欄に掲げる道路高さ制限適合建築物の2面以上の立面図，隣地高さ制限適合建築物の2面以上の立面図若しくは北側高さ制限適合建築物の2面以上の立面図又は同表の㊺項の(ろ)欄に掲げる防災都市計画施設に面する方向の立面図と，それぞれ併せて作成することができる。

一　別記第2号様式による正本1通及び副本1通に，それぞれ，次に掲げる図書及び書類を添えたもの（正本に添える図書にあっては，当該図書の設計者の氏名が記載されたも

のに限る。）。

イ 次の表1の各項に掲げる図書（用途変更の場合においては同表の(は)項に掲げる図書を，国土交通大臣があらかじめ安全であると認定した構造の建築物又はその部分に係る場合で当該認定に係る認定書の写しを添えたものにおいては同項に掲げる図書のうち国土交通大臣の指定したものを除く。）

ロ 申請に係る建築物が次の(1)から(3)までに掲げる建築物である場合にあっては，それぞれ当該(1)から(3)までに定める図書及び書類

(1) 次の表2の各項の(い)欄並びに表5の(2)項及び(3)項の(い)欄に掲げる建築物 それぞれ表2の各項の(ろ)欄に掲げる図書並びに表5の(2)項の(ろ)欄に掲げる計算書及び同表の(3)項の(ろ)欄に掲げる図書（用途変更の場合においては表2の(1)項の(ろ)欄に掲げる図書を，国土交通大臣があらかじめ安全であると認定した構造の建築物又はその部分に係る場合で当該認定に係る認定書の写しを添えたものにおいては表2の(1)項の(ろ)欄に掲げる図書，表5の(1)項及び(4)項から(6)項までの(ろ)欄に掲げる計算書並びに同表の(3)項の(ろ)欄に掲げる図書のうち国土交通大臣が指定したものを，(2)の認定を受けた構造の建築物又はその部分に係る場合においては同表の(2)項の(ろ)欄に掲げる計算書を除く。）

(2) 次の(i)及び(ii)に掲げる建築物（用途変更をする建築物を除く。） それぞれ当該(i)及び(ii)に定める図書（国土交通大臣があらかじめ安全であると認定した構造の建築物又はその部分に係る場合においては，当該認定に係る認定書の写し及び当該構造であることを確かめることができるものとして国土交通大臣が指定した構造計算の計算書）。ただし，(i)及び(ii)に掲げる建築物について法第20条第1項第二号イ及び第三号イの認定を受けたプログラムによる構造計算によって安全性を確かめた場合は，当該認定に係る認定書の写し，当該プログラムによる構造計算を行うときに電子計算機（入出力装置を含む。以下同じ。）に入力した構造設計の条件並びに構造計算の過程及び結果に係る情報を記録した磁気ディスク等（磁気ディスク，シー・ディー・ロムその他これらに準ずる方法により一定の事項を確実に記録しておくことができる物をいう。以下同じ。）並びに(i)及び(ii)に定める図書のうち国土交通大臣が指定したものをもって代えることができる。

(i) 次の表3の各項の(い)欄左段（(2)項にあっては(い)欄）に掲げる建築物 当該各項の(ろ)欄に掲げる構造計算書

(ii) 建築基準法施行令（以下「令」という。）第81条第2項第一号イ若しくはロ又は同項第二号イ又は同条第3項に規定する国土交通大臣が定める基準に従った構造計算により安全性を確かめた建築物 次の表3の各項の(ろ)欄に掲げる構造計算書に準ずるものとして国土交通大臣が定めるもの

(3) 次の表4の各項の(い)欄に掲げる建築物 当該各項に掲げる書類（建築主事が，当該書類を有していないことその他の理由により，提出を求める場合に限る。）

二 別記第3号様式による建築計画概要書

三 代理者によって確認の申請を行う場合にあっては，当該代理者に委任することを証する書類（以下「委任状」という。）又はその写し

四 申請に係る建築物が一級建築士，二級建築士又は木造建築士（第4項第四号，第3条第3項第四号及び第3条の7第1項第四号において「建築士」という。）により構造計算によってその安全性を確かめられたものである場合（建築士法（昭和25年法律第202号）第20条の2の規定の適用がある場合を除く。第4項第四号，第3条第3項第四号及び第3条の7第1項第四号において同じ。）にあっては，同法第20条第2項に規定する

証明書（構造計算書を除く。第４項第四号，第３条第３項第四号及び第３条の７第１項第四号において単に「証明書」という。）の写し

1

	図書の種類	明 示 す べ き 事 項
(い)	付近見取図	方位，道路及び目標となる地物
	配置図	縮尺及び方位
		敷地境界線，敷地内における建築物の位置及び申請に係る建築物と他の建築物との別
		擁壁の設置その他安全上適当な措置
		土地の高低，敷地と敷地の接する道の境界部分との高低差及び申請に係る建築物の各部分の高さ
		敷地の接する道路の位置，幅員及び種類
		下水管，下水溝又はためますその他これらに類する施設の位置及び排出経路又は処理経路
	各階平面図	縮尺及び方位
		間取，各室の用途及び床面積
		壁及び筋かいの位置及び種類
		通し柱及び開口部の位置
		延焼のおそれのある部分の外壁の位置及び構造
		申請に係る建築物が法第３条第２項の規定により法第28条の２（令第137条の４の２に規定する基準に係る部分に限る。）の規定の適用を受けない建築物である場合であって当該建築物について増築，改築，大規模の修繕又は大規模の模様替（以下この項において「増築等」という。）をしようとするときにあっては，当該増築等に係る部分以外の部分について行う令第137条の４の３第三号に規定する措置
	床面積求積図	床面積の求積に必要な建築物の各部分の寸法及び算式
(ろ)	２面以上の立面図	縮尺
		開口部の位置
		延焼のおそれのある部分の外壁及び軒裏の構造
	２面以上の断面図	縮尺
		地盤面
		各階の床及び天井（天井のない場合は，屋根）の高さ，軒及びひさしの出並びに建築物の各部分の高さ
	地盤面算定表	建築物が周囲の地面と接する各位置の高さ
		地盤面を算定するための算式
(は)	基礎伏図	縮尺並びに構造耐力上主要な部分の材料の種別及び寸法
	各階床伏図	
	小屋伏図	
	構造詳細図	

2

	(い)		(ろ)	
			図書の種類	明示すべき事項
(1)	法第20条の規定が適用される建築物	令第３章第２節の規定が適用される建築物	各階平面図	1　基礎の配置，構造方法及び寸法並びに材料の種別及び寸法 2　屋根ふき材，内装材，外装材，帳壁その他これらに類する建築物の部分及び広告塔，装飾塔その他建築物の屋外に取り付けるものの種別，位置及び寸法
			２面以上の立面図	
			２面以上の断面図	
			基礎伏図	
			構造詳細図	屋根ふき材，内装材，外装材，帳壁その他これらに類する建築物の部分及び広告塔，装飾塔その他建築物の屋外に取り付けるものの取付け部分の構造方法
			使用構造材料一覧表	構造耐力上主要な部分で特に腐食，腐朽又は摩損のおそれのあるものに用いる材料の腐食，腐朽若しくは摩損のおそれの程度又はさび止め，防腐若しくは摩損防止のための措置
				特定天井(令第39条第３項に規定する特定天井をいう。以下同じ。)で特に腐食，腐朽その他の劣化のおそれのあるものに用いる材料の腐食，腐朽その他の劣化のおそれの程度又はさび止め，防腐その他の劣化防止のための措置
			基礎・地盤説明書	支持地盤の種別及び位置
				基礎の種類
				基礎の底部又は基礎ぐいの先端の位置
				基礎の底部に作用する荷重の数値及びその算出方法
				木ぐい及び常水面の位置
			施工方法等計画書	打撃，圧力又は振動により設けられる基礎ぐいの打撃力等に対する構造耐力上の安全性を確保するための措置
			令第38条第３項若しくは第４項又は令第39条第２項若しくは第３項の規定に適合することの確認に必要な図書	令第38条第３項に規定する構造方法への適合性審査に必要な事項
				令第38条第４項の構造計算の結果及びその算出方法
				令第39条第２項に規定する構造方法への適合性審査に必要な事項
				令第39条第３項に規定する構造方法への適合性審査に必要な事項

令第3章第3節の規定が適用される建築物	各階平面図	構造耐力上主要な部分である部材の位置及び寸法並びに開口部の位置，形状及び寸法
	2面以上の立面図	
	2面以上の断面図	
	基礎伏図	構造耐力上主要な部分である部材（接合部を含む。）の位置，寸法，構造方法及び材料の種別並びに開口部の位置，形状及び寸法
	各階床伏図	
	小屋伏図	
	2面以上の軸組図	
	構造詳細図	屋根ふき材の種別
		柱の有効細長比
		構造耐力上主要な部分である軸組等の構造方法
		構造耐力上主要な部分である継手又は仕口の構造方法
		外壁のうち，軸組が腐りやすい構造である部分の下地
		構造耐力上主要な部分である部材の地面から1m以内の部分の防腐又は防蟻措置
	使用構造材料一覧表	構造耐力上主要な部分に使用する木材の品質
	令第40条ただし書，令第42条第1項第二号，同条第1項第三号，令第43条第1項ただし書，同条第2項ただし書，令第46条第2項第一号イ，同条第2項第一号ハ，同条第3項，同条第4項，令第47条第1項，令第48条第1項第二号ただし書又は同条第2項第二号の規定に適合することの確認に必要な図書	令第40条ただし書に規定する用途又は規模への適合性審査に必要な事項
		令第42条第1項第二号に規定する基準への適合性審査に必要な事項
		令第42条第1項第三号に規定する構造方法への適合性審査に必要な事項
		令第42条第1項第三号に規定する方法による検証内容
		令第43条第1項ただし書の構造計算の結果及びその算出方法
		令第43条第2項ただし書の構造計算の結果及びその算出方法
		令第46条第2項第一号イに規定する基準への適合性審査に必要な事項
		令第46条第2項第一号ハの構造計算の結果及びその算出方法
		令第46条第3項本文に規定する基準への適合性審査に必要な事項
		令第46条第3項ただし書の構造計算の結果及びその算出方法

				令第46条第4項に規定する基準への適合性審査に必要な事項
				令第47条第1項に規定する構造方法への適合性審査に必要な事項
				令第48条第1項第二号ただし書の構造計算の結果及びその算出方法
				令第48条第2項第二号に規定する規格への適合性審査に必要な事項
		令第3章第4節の規定が適用される建築物	配置図	組積造の塀の位置
			各階平面図	構造耐力上主要な部分である部材，間仕切壁及び手すり又は手すり壁の位置及び寸法並びに開口部の位置，形状及び寸法
			2面以上の立面図	
			2面以上の断面図	
			基礎伏図	構造耐力上主要な部分である部材（接合部を含む。），間仕切壁及び手すり又は手すり壁の位置，寸法，構造方法及び材料の種別並びに開口部の位置，形状及び寸法
			各階床伏図	
			小屋伏図	
			2面以上の軸組図	
			構造詳細図	塀の寸法，構造方法，基礎の根入れ深さ並びに材料の種別及び寸法
			使用構造材料一覧表	構造耐力上主要な部分に用いる材料の種別
			施工方法等計画書	使用するモルタルの調合等の組積材の施工方法の計画
			令第51条第1項ただし書，令第55条第2項，令第57条第1項第一号及び第二号又は令第59条の2の規定に適合することの確認に必要な図書	令第51条第1項ただし書の構造計算の結果及びその算出方法
				令第55条第2項に規定する基準への適合性審査に必要な事項
				令第57条第1項第一号及び第二号に規定する基準への適合性審査に必要な事項
				令第59条の2に規定する構造方法への適合性審査に必要な事項
		令第3章第4節の2の規定が適用される建築物	配置図	補強コンクリートブロック造の塀の位置
			各階平面図	構造耐力上主要な部分である部材，間仕切壁及び手すり又は手すり壁の位置及び寸法並びに開口部の位置，形状及び寸法
			2面以上の立面図	
			2面以上の断面図	

			基礎伏図	構造耐力上主要な部分である部材（接合部を含む。）の位置，寸法，構造方法及び材料の種別並びに開口部の位置，形状及び寸法
			各階床伏図	
			小屋伏図	
			2面以上の軸組図	
			構造詳細図	塀の寸法，構造方法，基礎の丈及び根入れ深さ並びに材料の種別及び寸法
				帳壁の材料の種別及び構造方法
				鉄筋の配置，径，継手及び定着の方法
			使用構造材料一覧表	構造耐力上主要な部分に用いる材料の種別
			施工方法等計画書	コンクリートブロックの組積方法
				補強コンクリートブロックの耐力壁，門又は塀の縦筋の接合方法
			令第62条の4第1項から第3項まで，令第62条の5第2項又は令第62条の8ただし書の規定に適合することの確認に必要な図書	令第62条の4第1項から第3項までに規定する基準への適合性審査に必要な事項
				令第62条の5第2項に規定する基準への適合性審査に必要な事項
				令第62条の8ただし書の構造計算の結果及びその算出方法
	令第3章第5節の規定が適用される建築物	各階平面図	構造耐力上主要な部分である部材の位置及び寸法並びに開口部の位置，形状及び寸法
		2面以上の立面図	
		2面以上の断面図	
		基礎伏図	構造耐力上主要な部分である部材（接合部を含む。）の位置，寸法，構造方法及び材料の種別並びに開口部の位置，形状及び寸法
		各階床伏図	
		小屋伏図	
		2面以上の軸組図	
		構造詳細図	圧縮材の有効細長比
			構造耐力上主要な部分である接合部並びに継手及び仕口の構造方法
		使用構造材料一覧表	構造耐力上主要な部分に用いる材料の種別
		令第66条，令第67条第2項，令第69条又は令第70条の規定に適合することの確認に必要な図書	令第66条に規定する基準への適合性審査に必要な事項
			令第67条第2項に規定する構造方法への適合性審査に必要な事項
			令第69条の構造計算の結果及びその算出方法

				令第70条に規定する構造方法への適合性審査に必要な事項
				令第70条に規定する一の柱のみの火熱による耐力の低下によって建築物全体が容易に倒壊するおそれがある場合として国土交通大臣が定める場合に該当することを確認するために必要な事項
		令第３章第６節の規定が適用される建築物	各階平面図	構造耐力上主要な部分である部材の位置及び寸法並びに開口部の位置，形状及び寸法
			２面以上の立面図	
			２面以上の断面図	
			基礎伏図	構造耐力上主要な部分である部材（接合部を含む。）の位置，寸法，構造方法及び材料の種別並びに開口部の位置，形状及び寸法
			各階床伏図	
			小屋伏図	
			２面以上の軸組図	
			構造詳細図	鉄筋の配置，径，継手及び定着の方法
				鉄筋に対するコンクリートのかぶり厚さ
			使用構造材料一覧表	構造耐力上主要な部分に用いる材料の種別
				コンクリートの骨材，水及び混和材料の種別
			施工方法等計画書	コンクリートの強度試験方法，調合及び養生方法
				コンクリートの型枠の取外し時期及び方法
			令第73条第２項ただし書，同条第３項ただし書，令第77条第四号，同条第五号ただし書，令第77条の２第１項ただし書又は令第79条第２項の規定に適合することの確認に必要な図書	令第73条第２項ただし書に規定する構造方法への適合性審査に必要な事項
				令第73条第３項ただし書の構造計算の結果及びその算出方法
				第77条第四号に規定する基準への適合性審査に必要な事項
				令第77条第五号ただし書の構造計算の結果及びその算出方法
				令第77条の２第１項ただし書の構造計算の結果及びその算出方法
				令第79条第２項に規定する構造方法への適合性審査に必要な事項
		令第３章第６節の２の規定が適用される建築物	各階平面図	構造耐力上主要な部分である部材の位置及び寸法並びに開口部の位置，形状及び寸法
			２面以上の立面図	
			２面以上の断面図	

		基礎伏図	構造耐力上主要な部分である部材（接合部を含む。）の位置，寸法，構造方法及び材料の種別並びに開口部の位置，形状及び寸法
		各階床伏図	
		小屋伏図	
		２面以上の軸組図	
		構造詳細図	構造耐力上主要な部分である接合部並びに継手及び仕口の構造方法
			鉄筋の配置，径，継手及び定着の方法
			鉄筋及び鉄骨に対するコンクリートのかぶり厚さ
		使用構造材料一覧表	構造耐力上主要な部分に用いる材料の種別
			コンクリートの骨材，水及び混和材料の種別
		施工方法等計画書	コンクリートの強度試験方法，調合及び養生方法
			コンクリートの型枠の取外し時期及び方法
		令第66条，令第67条第２項，令第69条，令第73条第２項ただし書，同条第３項ただし書，令第77条第五号ただし書，同条第六号，令第77条の２第１項ただし書，令第79条第２項又は令第79条の３第２項の規定に適合することの確認に必要な図書	令第66条に規定する構造方法への適合性審査に必要な事項
			令第67条第２項に規定する構造方法への適合性審査に必要な事項
			令第69条の構造計算の結果及びその算出方法
			令第73条第２項ただし書に規定する構造方法への適合性審査に必要な事項
			令第73条第３項ただし書の構造計算の結果及びその算出方法
			令第77条第五号ただし書の構造計算の結果及びその算出方法
			令第77条第六号に規定する基準への適合性審査に必要な事項
			令第77条の２第１項ただし書の構造計算の結果及びその算出方法
			令第79条第２項に規定する構造方法への適合性審査に必要な事項
			令第79条の３第２項に規定する構造方法への適合性審査に必要な事項
	令第３章第７節の規定が適用される建築物	配置図	無筋コンクリート造の塀の位置，構造方法及び寸法
		各階平面図	構造耐力上主要な部分である部材，間仕切壁及び手すり又は手すり壁の位置及び寸法並びに開口部の位置，形状及び寸法
		２面以上の立面図	
		２面以上の断面図	

			基礎伏図	構造耐力上主要な部分である部材（接合部を含む。），間仕切壁及び手すり又は手すり壁の位置，寸法，構造方法及び材料の種別並びに開口部の位置，形状及び寸法
			各階床伏図	
			小屋伏図	
			２面以上の軸組図	
			構造詳細図	塀の寸法，構造方法，基礎の根入れ深さ並びに材料の種別及び寸法
			使用構造材料一覧表	コンクリートの骨材，水及び混和材料の種別
			施工方法等計画書	コンクリートの強度試験方法，調合及び養生方法
				コンクリートの型枠の取外し時期及び方法
			令第51条第１項ただし書，令第55条第２項，令第57条第１項第一号及び第二号又は令第59条の２の規定に適合することの確認に必要な図書	令第51条第１項ただし書の構造計算の結果及びその算出方法
				令第55条第２項に規定する基準への適合性審査に必要な事項
				令第57条第１項第一号及び第二号に規定する基準への適合性審査に必要な事項
				令第59条の２に規定する構造方法への適合性審査に必要な事項
		令第３章第７節の２の規定が適用される建築物	令第80条の２又は令第80条の３の規定に適合することの確認に必要な図書	令第80条の２に規定する構造方法への適合性審査に必要な事項
				令第80条の３に規定する構造方法への適合性審査に必要な事項
		令第３章第８節の規定が適用される建築物	各階平面図，２面以上の立面図，２面以上の断面図，基礎伏図，小屋伏図，２面以上の軸組図及び構造詳細図	構造耐力上主要な部分である部材（接合部を含む。）の位置，寸法，構造方法及び材料の種別並びに開口部の位置，形状及び寸法
				構造計算においてその影響を考慮した非構造部材の位置，形状，寸法及び材料の種別
		令第129条の２の３第三号の規定が適用される建築物	令第129条の２の３第三号の規定に適合することの確認に必要な図書	令第129条の２の３第三号に規定する構造方法への適合性審査に必要な事項
		第８条の３の規定が適用される建築物	第８条の３の規定に適合することの確認に必要な図書	第８条の３に規定する構造方法への適合性審査に必要な事項
		法第20条第２項の規定が適用される建築物	２面以上の断面図	令第36条の４に規定する構造方法

(2)	法第21条の規定が適用される建築物	法第21条第1項本文の規定が適用される建築物	各階平面図	耐力壁及び非耐力壁の位置
				防火区画の位置及び面積
				通常火災終了時間の算出に当たって必要な建築設備の位置
			耐火構造等の構造詳細図	主要構造部の断面の構造，材料の種別及び寸法
			通常火災終了時間計算書	通常火災終了時間及びその算出方法
		法第21条第1項ただし書の規定が適用される建築物	付近見取図	延焼防止上有効な空地の状況
			配置図	敷地境界線，敷地内における建築物の位置及び申請に係る建築物と他の建築物との別
				令第109条の6に規定する建築物の各部分から空地の反対側の境界線までの水平距離
				建築物の各部分の高さ
		法第21条第2項の規定が適用される建築物	各階平面図	耐力壁及び非耐力壁の位置
				壁等の位置
				壁等による区画の位置及び面積
			耐火構造等の構造詳細図	主要構造部及び壁等の断面の構造，材料の種別及び寸法
			その他法第21条第2項第二号の規定に適合することの確認に必要な図書	法第21条第2項第二号に規定する構造方法への適合性審査に必要な事項
(3)	法第22条の規定が適用される建築物		耐火構造等の構造詳細図	屋根の断面の構造，材料の種別及び寸法
			その他法第22条の規定に適合することの確認に必要な図書	令第109条の8に規定する構造方法への適合性審査に必要な事項
(4)	法第23条の規定が適用される建築物		各階平面図	耐力壁及び非耐力壁の位置
			耐火構造等の構造詳細図	延焼のおそれのある部分の外壁の断面の構造，材料の種別及び寸法
			使用建築材料表	主要構造部の材料の種別
(5)	法第24条の規定が適用される建築物		配置図	法第22条第1項の規定による区域の境界線
(6)	法第25条の規定が適用される建築物		各階平面図	耐力壁及び非耐力壁の位置
			2面以上の断面図	延焼のおそれのある部分
			耐火構造等の構造詳細図	屋根並びに延焼のおそれのある部分の外壁及び軒裏の断面の構造，材料の種別及び寸法

(7) 法第26条の規定が適用される建築物	法第26条本文の規定が適用される建築物	各階平面図	防火壁及び防火床の位置
			防火壁及び防火床による区画の位置及び面積
		2面以上の断面図	防火床の位置
			防火床による区画の位置
		耐火構造等の構造詳細図	防火壁及び防火床並びに防火設備の断面の構造，材料の種別及び寸法
	法第26条ただし書の規定が適用される建築物	付近見取図	建築物の周囲の状況
		各階平面図	耐力壁及び非耐力壁の位置
			かまど，こんろその他火を使用する設備又は器具の位置
			外壁，袖壁，塀その他これらに類するものの位置及び高さ
			令第115条の2第1項第六号に規定する区画の位置並びに当該区画を構成する床若しくは壁又は防火設備の位置及び構造
			令第115条の2第1項第七号に規定するスプリンクラー設備等及び令第126条の3の規定に適合する排煙設備の位置
		耐火構造等の構造詳細図	主要構造部，軒裏及び防火設備の断面の構造，材料の種別及び寸法
			令第115条の2第1項第六号に規定する床又は壁を貫通する給水管，配電管その他の管の部分及びその周囲の部分の構造
			令第115条の2第1項第八号に規定する柱又ははりを接合する継手又は仕口の構造
		室内仕上げ表	令第115条の2第1項第七号に規定する部分の仕上げの材料の種別及び厚さ
		令第115条の2第1項第九号の規定に適合することの確認に必要な図書	通常の火災により建築物全体が容易に倒壊するおそれのないことが確かめられた構造
	令第113条第2項の規定が適用される建築物	各階平面図	風道の配置
			防火壁又は防火床を貫通する風道に設ける防火設備の位置及び種別
			給水管，配電管その他の管と防火壁又は防火床との隙間を埋める材料の種別
		2面以上の断面図	防火壁又は防火床を貫通する風道に設ける防火設備の位置及び種別

				給水管，配電管その他の管と防火壁又は防火床との隙間を埋める材料の種別
			耐火構造等の構造詳細図	防火設備の構造，材料の種別及び寸法
(8)	法第27条の規定が適用される建築物	法第27条第１項の規定が適用される建築物	各階平面図	開口部及び防火設備の位置
				耐力壁及び非耐力壁の位置
				外壁，袖壁，塀その他これらに類するものの位置及び高さ
				防火区画の位置及び面積
				特定避難時間の算出に当たって必要な建築設備の位置
			耐火構造等の構造詳細図	主要構造部及び防火設備の断面の構造，材料の種別及び寸法
			特定避難時間計算書	特定避難時間及びその算出方法
			その他法第27条第１項の規定に適合することの確認に必要な図書	法第27条第１項に規定する構造方法への適合性審査に必要な事項
		令第110条の5の規定が適用される建築物	各階平面図	警報設備の位置及び構造
		法第27条第２項の規定が適用される建築物	各階平面図	開口部及び防火設備の位置
				耐力壁及び非耐力壁の位置
				外壁，袖壁，塀その他これらに類するものの位置及び高さ
			耐火構造等の構造詳細図	主要構造部及び防火設備の断面の構造，材料の種別及び寸法
		法第27条第３項の規定が適用される建築物	各階平面図	開口部及び防火設備の位置
				耐力壁及び非耐力壁の位置
				外壁，袖壁，塀その他これらに類するものの位置及び高さ
			耐火構造等の構造詳細図	主要構造部，軒裏，天井及び防火設備の断面の構造，材料の種別及び寸法
			危険物の数量表	危険物の種類及び数量
(9)	法第28条第１項及び第４項の規定が適用される建築物		配置図	敷地の接する道路の位置及び幅員並びに令第20条第２項第一号に規定する公園，広場，川その他これらに類する空地又は水面の位置及び幅
				令第20条第２項第一号に規定する水平距離
			各階平面図	法第28条第１項に規定する開口部の位置及び面積

403

			2面以上の立面図	令第20条第2項第一号に規定する垂直距離
			2面以上の断面図	令第20条第2項第一号に規定する垂直距離
			開口部の採光に有効な部分の面積を算出した際の計算書	居室の床面積
				開口部の採光に有効な部分の面積及びその算出方法
		令第19条第3項ただし書の規定が適用される居室を有する建築物	令第19条第3項ただし書に規定する国土交通大臣が定める基準に適合することの確認に必要な図書	令第19条第3項ただし書に規定する国土交通大臣が定める基準に適合する居室に該当することを確認するために必要な事項
⑽	法第28条の2の規定が適用される建築物		各階平面図	給気機又は給気口及び排気機又は排気口の位置
				外壁の開口部に設ける建具（通気ができる空隙のあるものに限る。）の構造
			使用建築材料表	内装の仕上げに使用する建築材料の種別
				令第20条の7第1項第一号に規定する第一種ホルムアルデヒド発散建築材料（以下この表及び第3条の2第1項第十二号の表において単に「第一種ホルムアルデヒド発散建築材料」という。），令第20条の7第1項第二号に規定する第二種ホルムアルデヒド発散建築材料（以下この表及び第3条の2第1項第十二号の表において単に「第二種ホルムアルデヒド発散建築材料」という。）又は令第20条の7第1項第二号に規定する第三種ホルムアルデヒド発散建築材料（以下この表及び第3条の2第1項第十二号の表において単に「第三種ホルムアルデヒド発散建築材料」という。）を使用する内装の仕上げの部分の面積（以下この項において単に「内装の仕上げの部分の面積」という。）
				内装の仕上げの部分の面積に，内装の仕上げに用いる建築材料の種別に応じ令第20条の7第1項第二号の表の(1)項又は(2)項に定める数値を乗じて得た面積の合計
			有効換気量又は有効換気換算量を算出した際の計算書	有効換気量又は有効換気換算量及びその算出方法
				換気回数及び必要有効換気量

(11)	法第29条の規定が適用される建築物	各階平面図	令第22条の２第一号イに規定する開口部，令第20条の２に規定する技術的基準に適合する換気設備又は居室内の湿度を調節する設備の位置
		外壁等の構造詳細図	直接土に接する外壁，床及び屋根又はこれらの部分の構造及び材料の種別
		開口部の換気に有効な部分の面積を算出した際の計算書	居室の床面積
			開口部の換気に有効な部分の面積及びその算出方法
(12)	法第30条の規定が適用される建築物	各階平面図	界壁の位置及び遮音性能
		２面以上の断面図	界壁の位置及び構造
	法第30条第２項の規定が適用される建築物	２面以上の断面図	天井の位置，構造及び遮音性能
(13)	法第35条の規定が適用される建築物	各階平面図	令第116条の２第１項に規定する窓その他の開口部の面積
			令第116条の２第１項第二号に規定する窓その他の開口部の開放できる部分の面積
		消火設備の構造詳細図	消火栓，スプリンクラー，貯水槽その他の消火設備の構造
	令第５章第２節の規定が適用される建築物	各階平面図	開口部及び防火設備の位置
			耐力壁及び非耐力壁の位置
			防火区画の位置及び面積
			階段の配置及び構造
			階段室，バルコニー及び付室の開口部，窓及び出入口の構造及び面積
			歩行距離
			廊下の幅
			避難階段及び特別避難階段に通ずる出入口の幅
			物品販売業を営む店舗の避難階に設ける屋外への出口の幅
			令第118条に規定する出口の戸
			令第125条の２第１項に規定する施錠装置の構造
			令第126条第１項に規定する手すり壁，さく又は金網の位置及び高さ
		２面以上の断面図	直通階段の構造
		耐火構造等の構造詳細図	主要構造部及び防火設備の断面の構造，材料の種別及び寸法

		室内仕上げ表	令第123条第1項第二号及び第3項第四号に規定する部分の仕上げ及び下地の材料の種別及び厚さ
		令第117条第2項第二号及び令第123条第3項第二号の規定に適合することの確認に必要な図書	令第117条第2項第二号に規定する建築物の部分に該当することを確認するために必要な事項
			令第123条第3項第二号に規定する構造方法への適合性審査に必要な事項
		令第120条第1項の表の(1)の項に規定する国土交通大臣が定める基準に適合することの確認に必要な図書	令第120条第1項の表の(1)の項に規定する国土交通大臣が定める基準に適合する居室に該当することを確認するために必要な事項
		令第121条の2の規定に適合することの確認に必要な図書	直通階段で屋外に設けるものが木造である場合における当該直通階段の構造及び防腐措置
	令第5章第5節の規定が適用される建築物	各階平面図	赤色灯及び非常用進入口である旨の表示の構造
			令第126条の6第三号に規定する空間の位置
		2面以上の立面図	非常用進入口又は令第126条の6第二号に規定する窓その他の開口部の構造
			赤色灯及び非常用進入口である旨の表示の構造
		2面以上の断面図	令第126条の6第三号に規定する空間に通ずる出入口の構造
		その他令第126条の6第三号の規定に適合することの確認に必要な図書	令第126条の6第三号に規定する空間に該当することを確認するために必要な事項
			令第126条の6第三号に規定する構造方法への適合性審査に必要な事項
	令第5章第6節の規定が適用される建築物	配置図	敷地内における通路の幅員
		各階平面図	防火設備の位置及び種別
			歩行距離
			渡り廊下の位置及び幅員
			地下道の位置及び幅員
		2面以上の断面図	渡り廊下の高さ
		使用建築材料表	主要構造部の材料の種別及び厚さ
		室内仕上げ表	令第128条の3に規定する部分の仕上げ及び下地の材料の種別及び厚さ
		地下道の床面積求積図	地下道の床面積の求積に必要な建築物の各部分の寸法及び算式

			非常用の照明設備の構造詳細図	照度
				照明設備の構造
				照明器具の材料の位置及び種別
			非常用の排煙設備の構造詳細図	地下道の床面積
				垂れ壁の材料の種別
				排煙設備の構造，材料の配置及び種別
				排煙口の手動開放装置の位置及び構造
				排煙機の能力
			非常用の排水設備の構造詳細図	排水設備の構造及び材料の種別
				排水設備の能力
(14)	法第35条の２の規定が適用される建築物		各階平面図	令第128条の３の２第１項に規定する窓のその他の開口部の開放できる部分の面積
				令第128条の５第７項に規定する国土交通大臣が定める建築物の部分に該当することを確認するために必要な事項
			室内仕上げ表	令第128条の５に規定する部分の仕上げの材料の種別及び厚さ
(15)	法第35条の３の規定が適用される建築物		各階平面図	令第111条第１項に規定する窓その他の開口部の面積
			耐火構造等の構造詳細図	主要構造部の断面の構造，材料の種別及び寸法
			令第111条第１項に規定する国土交通大臣が定める基準に適合することの確認に必要な図書	令第111条第１項に規定する国土交通大臣が定める基準に適合する居室に該当することを確認するために必要な事項
(16)	法第36条の規定が適用される建築物	令第２章第２節の規定が適用される建築物	２面以上の断面図	最下階の居室の床が木造である場合における床の高さ及び防湿方法
				換気孔の位置
				ねずみの侵入を防ぐための設備の設置状況
		令第２章第３節の規定が適用される建築物	各階平面図	階段，踊り場，手すり等又は階段に代わる傾斜路の位置及び構造
				令第27条に規定する階段の設置状況
			２面以上の断面図	階段，踊り場，手すり等又は階段に代わる傾斜路の構造
		令第109条の２の２本文の規定が適用される建築物	層間変形角計算書	層間変位の計算に用いる地震力
				地震力によって各階に生ずる水平方向の層間変位の算出方法

			各階及び各方向の層間変形角の算出方法
令第109条の２の２ただし書の規定が適用される建築物	防火上有害な変形，亀裂その他の損傷に関する図書		令第109条の２の２ただし書に規定する計算又は実験による検証内容
令第112条第１項から第18項までの規定が適用される建築物	各階平面図		耐力壁及び非耐力壁の位置
			スプリンクラー設備等消火設備の配置
			防火設備の位置及び種別並びに戸の位置
			防火区画の位置及び面積
			強化天井の位置
			令第112条第18項に規定する区画に用いる壁の構造
	２面以上の断面図		令第112条第16項に規定する外壁の位置及び構造
			令第112条第18項に規定する区画に用いる床の構造
	耐火構造等の構造詳細図		主要構造部，天井及び防火設備の断面の構造，材料の種別及び寸法
	令第112条第３項の規定に適合することの確認に必要な図書		令第112条第３項に規定する構造方法への適合性審査に必要な事項
	令第112条第４項の規定に適合することの確認に必要な図書		令第112条第４項に規定する防火上支障がないものとして国土交通大臣が定める部分に該当することを確認するために必要な事項
	令第112条第15項の規定に適合することの確認に必要な図書		令第112条第15項に規定する国土交通大臣が定める建築物の竪穴部分に該当することを確認するために必要な事項
	令第112条第18項ただし書の規定に適合することの確認に必要な図書		令第112条第18項ただし書に規定する場合に該当することを確認するために必要な事項
令第112条第19項第一号の規定が適用される建築物	各階平面図		防火設備の位置及び種別
	耐火構造等の構造詳細図		防火設備の構造，材料の種別及び寸法
令第112条第19項第二号の規定が適用される建築物	各階平面図		防火設備の位置及び種別並びに戸の位置
	耐火構造等の構造詳細図		防火設備の構造，材料の種別及び寸法並びに戸の構造

	令第112条第20項及び第21項の規定が適用される建築物	各階平面図	風道の配置
			令第112条第20項に規定する準耐火構造の防火区画を貫通する風道に設ける防火設備の位置及び種別
			給水管，配電管その他の管と令第112条第20項に規定する準耐火構造の防火区画との隙間を埋める材料の種別
		２面以上の断面図	令第112条第20項に規定する準耐火構造の防火区画を貫通する風道に設ける防火設備の位置及び種別
			給水管，配電管その他の管と令第112条第20項に規定する準耐火構造の防火区画との隙間を埋める材料の種別
		耐火構造等の構造詳細図	防火設備の構造，材料の種別及び寸法
	令第114条の規定が適用される建築物	各階平面図	界壁又は防火上主要な間仕切壁の位置
			スプリンクラー設備等消火設備の配置
			防火区画の位置
			強化天井の位置
			界壁，防火上主要な間仕切壁又は隔壁を貫通する風道に設ける防火設備の位置
			給水管，配電管その他の管と界壁，防火上主要な間仕切壁又は隔壁との隙間を埋める材料の種別
		２面以上の断面図	小屋組の構造
			界壁，防火上主要な間仕切壁又は隔壁の位置
			界壁，防火上主要な間仕切壁又は隔壁を貫通する風道に設ける防火設備の位置
			給水管，配電管その他の管と界壁，防火上主要な間仕切壁又は隔壁との隙間を埋める材料の種別
		耐火構造等の構造詳細図	界壁，防火上主要な間仕切壁又は隔壁及び天井の断面並びに防火設備の構造，材料の種別及び寸法
		令第114条第１項の規定に適合することの確認に必要な図書	令第114条第１項に規定する防火上支障がないものとして国土交通大臣が定める部分に該当することを確認するために必要な事項
		令第114条第２項の規定に適合することの確認に必要な図書	令第114条第２項に規定する防火上支障がないものとして国土交通大臣が定める部分に該当することを確認するために必要な事項

⒄	法第37条の規定が適用される建築物	使用建築材料表	建築物の基礎,主要構造部及び令第144条の3に規定する部分に使用する指定建築材料の種別
			指定建築材料を使用する部分
			使用する指定建築材料の品質が適合する日本産業規格又は日本農林規格及び当該規格に適合することを証する事項
			日本産業規格又は日本農林規格の規格に適合することを証明する事項
			使用する指定建築材料が国土交通大臣の認定を受けたものである場合は認定番号
⒅	法第43条の規定が適用される建築物	付近見取図	敷地の位置
		配置図	敷地の道路に接する部分及びその長さ
		その他法第43条の規定に適合することの確認に必要な図書	法第43条に規定する敷地等と道路との関係への適合性審査に必要な事項
	法第43条第2項第一号又は第二号の規定が適用される建築物	法第43条第2項第一号の認定又は同項第二号の許可の内容に適合することの確認に必要な図書	当該認定又は許可に係る建築物の敷地,構造,建築設備又は用途に関する事項
⒆	法第44条の規定が適用される建築物	付近見取図	敷地の位置
		2面以上の断面図	敷地境界線
			敷地の接する道路の位置,幅員及び種類
		その他法第44条の規定に適合することの確認に必要な図書	法第44条に規定する道路内の建築制限への適合性審査に必要な事項
	法第44条第1項第二号から第四号までの規定が適用される建築物	法第44条第1項第二号若しくは第四号の許可又は同項第三号の認定の内容に適合することの確認に必要な図書	当該許可又は認定に係る建築物の敷地,構造,建築設備又は用途に関する事項
⒇	法第47条の規定が適用される建築物	付近見取図	敷地の位置
		配置図	壁面線
			申請に係る建築物の壁又はこれに代わる柱の位置
			門又は塀の位置及び高さ
		2面以上の断面図	敷地境界線
			壁面線
			門又は塀の位置及び高さ

		法第47条ただし書の規定が適用される建築物	法第47条ただし書の許可の内容に適合することの確認に必要な図書	当該許可に係る建築物の敷地，構造，建築設備又は用途に関する事項
(21)	法第48条の規定が適用される建築物		付近見取図	敷地の位置
			配置図	用途地域の境界線
			危険物の数量表	危険物の種類及び数量
			工場・事業調書	事業の種類
		法第48条第1項から第14項までのただし書の規定が適用される建築物	法第48条第1項から第14項までのただし書の許可の内容に適合することの確認に必要な図書	当該許可に係る建築物の敷地，構造，建築設備又は用途に関する事項
(22)	法第51条の規定が適用される建築物		付近見取図	敷地の位置
			配置図	都市計画において定められた法第51条に規定する建築物の敷地の位置
				用途地域の境界線
				都市計画区域の境界線
			卸売市場等の用途に供する建築物調書	法第51条に規定する建築物の用途及び規模
		法第51条ただし書の規定が適用される建築物	法第51条ただし書の許可の内容に適合することの確認に必要な図書	当該許可に係る建築物の敷地，構造，建築設備又は用途に関する事項
(23)	法第52条の規定が適用される建築物		付近見取図	敷地の位置
			配置図	指定された容積率の数値の異なる地域の境界線
				法第52条第12項の壁面線等
				令第135条の19に掲げる建築物の部分の位置，高さ及び構造
			各階平面図	蓄電池設置部分，自家発電設備設置部分，貯水槽設置部分又は宅配ボックス設置部分の位置
			床面積求積図	蓄電池設置部分，自家発電設備設置部分，貯水槽設置部分又は宅配ボックス設置部分の床面積の求積に必要な建築物の各部分の寸法及び算式
			敷地面積求積図	敷地面積の求積に必要な敷地の各部分の寸法及び算式
			その他法第52条の規定に適合することの確認に必要な図書	法第52条に規定する容積率への適合性審査に必要な事項

		法第52条第6項第三号の規定が適用される建築物	法第52条第6項第三号の認定の内容に適合することの確認に必要な図書	当該認定に係る建築物の敷地，構造，建築設備又は用途に関する事項
		法第52条第8項の規定が適用される建築物	法第52条第8項第二号に規定する空地のうち道路に接して有効な部分（以下「道路に接して有効な部分」という。）の配置図	敷地境界線
				法第52条第8項第二号に規定する空地の面積及び位置
				道路に接して有効な部分の面積及び位置
				敷地内における工作物の位置
				敷地の接する道路の位置
				令第135条の17第3項の表(い)欄各項に掲げる地域の境界線
		法第52条第9項の規定が適用される建築物	法第52条第9項に規定する特定道路（以下単に「特定道路」という。）の配置図	敷地境界線
				前面道路及び前面道路が接続する特定道路の位置及び幅員
				当該特定道路から敷地が接する前面道路の部分の直近の端までの延長
		法第52条第10項，第11項又は第14項の規定が適用される建築物	法第52条第10項，第11項又は第14項の許可の内容に適合することの確認に必要な図書	当該許可に係る建築物の敷地，構造，建築設備又は用途に関する事項
(24)	法第53条の規定が適用される建築物		付近見取図	敷地の位置
			配置図	用途地域の境界線
				防火地域の境界線
			敷地面積求積図	敷地面積の求積に必要な敷地の各部分の寸法及び算式
			建築面積求積図	建築面積の求積に必要な建築物の各部分の寸法及び算式
			耐火構造等の構造詳細図	主要構造部の断面の構造，材料の種別及び寸法
			令第2条第1項第二号に規定する特例軒等に該当することの確認に必要な図書	令第2条第1項第二号に規定する特例軒等に該当することを確認するために必要な事項
		法第53条第4項，第5項又は第6項第三号の規定が適用される建築物	法第53条第4項，第5項又は第6項第三号の許可の内容に適合することの確認に必要な図書	当該許可に係る建築物の敷地，構造，建築設備又は用途に関する事項

⒉	法第53条の2の規定が適用される建築物	付近見取図	敷地の位置
		敷地面積求積図	敷地面積の求積に必要な敷地の各部分の寸法及び算式
		配置図	用途地域の境界線
			防火地域の境界線
		耐火構造等の構造詳細図	主要構造部の断面の構造，材料の種別及び寸法
	法第53条の2第1項第三号又は第四号の規定が適用される建築物	法第53条の2第1項第三号又は第四号の許可の内容に適合することの確認に必要な図書	当該許可に係る建築物の敷地，構造，建築設備又は用途に関する事項
	法第53条の2第3項の規定が適用される建築物	現に存する所有権その他の権利に基づいて当該土地を建築物の敷地として使用することができる旨を証する書面	現に存する所有権その他の権利に基づいて当該土地を建築物の敷地として使用することができる旨
⒍	法第54条の規定が適用される建築物	付近見取図	敷地の位置
		配置図	用途地域の境界線
			都市計画において定められた外壁の後退距離の限度の線
			申請に係る建築物の外壁又はこれに代わる柱の面の位置
			令第135条の22に掲げる建築物又はその部分の用途，高さ及び床面積
			申請に係る建築物又はその部分の外壁又はこれに代わる柱の中心線及びその長さ
⒎	法第55条の規定が適用される建築物	付近見取図	敷地の位置
		配置図	用途地域の境界線
		2面以上の断面図	用途地域の境界線
			土地の高低
	法第55条第2項，第3項又は第4項の規定が適用される建築物	法第55条第2項の認定又は同条第3項若しくは第4項の許可の内容に適合することの確認に必要な図書	当該認定又は許可に係る建築物の敷地，構造，建築設備又は用途に関する事項
⒏	法第56条の規定が適用される建築物	付近見取図	敷地の位置
			令第131条の2第1項に規定する街区の位置
		配置図	地盤面及び前面道路の路面の中心からの申請に係る建築物の各部分の高さ

413

			地盤面の異なる区域の境界線
			法第56条第１項第二号に規定する水平距離のうち最小のものに相当する距離
			令第130条の12に掲げる建築物の部分の用途，位置，高さ，構造及び床面積
			法第56条第２項に規定する後退距離
			用途地域の境界線
			高層住居誘導地区の境界線
			法第56条第１項第二号イの規定により特定行政庁が指定した区域の境界線
			令第132条第１項若しくは第２項又は令第134条第２項に規定する区域の境界線
			前面道路の反対側又は隣地にある公園，広場，水面その他これらに類するものの位置
			北側の前面道路の反対側又は北側の隣地にある水面，線路敷その他これらに類するものの位置
		２面以上の断面図	前面道路の路面の中心の高さ
			地盤面及び前面道路の路面の中心からの建築物の各部分の高さ
			令第135条の２第２項，令第135条の３第２項又は令第135条の４第２項の規定により特定行政庁が規則において定める前面道路の位置
			法第56条第１項から第６項までの規定による建築物の各部分の高さの限度
			敷地の接する道路の位置，幅員及び種類
			前面道路の中心線
			擁壁の位置
			土地の高低
			地盤面の異なる区域の境界線
			令第130条の12に掲げる建築物の部分の用途，位置，高さ，構造及び床面積
			法第56条第１項第二号に規定する水平距離のうち最小のものに相当する距離
			法第56条第２項に規定する後退距離
			用途地域の境界線

				高層住居誘導地区の境界線
				法第56条第１項第二号イの規定により特定行政庁が指定した区域の境界線
				令第132条第１項若しくは第２項又は令第134条第２項に規定する区域の境界線
				前面道路の反対側又は隣地にある公園，広場，水面その他これらに類するものの位置
				北側の前面道路の反対側又は北側の隣地にある水面，線路敷その他これらに類するものの位置
	法第56条第７項の規定が適用される建築物	令第135条の６第１項第一号の規定により想定する道路高さ制限適合建築物（以下「道路高さ制限適合建築物」という。）の配置図	縮尺
				敷地境界線
				敷地内における申請に係る建築物及び道路高さ制限適合建築物の位置
				擁壁の位置
				土地の高低
				敷地の接する道路の位置，幅員及び種類
				前面道路の路面の中心からの申請に係る建築物及び道路高さ制限適合建築物の各部分の高さ
				申請に係る建築物及び道路高さ制限適合建築物の前面道路の境界線からの後退距離
				道路制限勾配が異なる地域等の境界線
				令第132条又は令第134条第２項に規定する区域の境界線
				令第135条の９に規定する位置及び当該位置の間の距離
				申請に係る建築物及び道路高さ制限適合建築物について令第135条の９に規定する位置ごとに算定した天空率（令第135条の５に規定する天空率をいう。以下同じ。）
		道路高さ制限適合建築物の２面以上の立面図	縮尺
				前面道路の路面の中心の高さ
				前面道路の路面の中心からの申請に係る建築物及び道路高さ制限適合建築物の各部分の高さ

415

				令第135条の2第2項の規定により特定行政庁が規則に定める高さ
				擁壁の位置
				土地の高低
				令第135条の9に規定する位置からの申請に係る建築物及び道路高さ制限適合建築物の各部分の高さ
			申請に係る建築物と道路高さ制限適合建築物の天空率の差が最も近い算定位置（以下「道路高さ制限近接点」という。）における水平投影位置確認表	前面道路の路面の中心からの申請に係る建築物及び道路高さ制限適合建築物の各部分の高さ
				道路高さ制限近接点から申請に係る建築物及び道路高さ制限適合建築物の各部分までの水平距離，仰角及び方位角
			道路高さ制限近接点における申請に係る建築物及び道路高さ制限適合建築物の天空図	水平投影面
				天空率
			道路高さ制限近接点における天空率算定表	申請に係る建築物及び道路高さ制限適合建築物の天空率を算定するための算式
			令第135条の7第1項第一号の規定により想定する隣地高さ制限適合建築物（以下「隣地高さ制限適合建築物」という。）の配置図	縮尺
				敷地境界線
				敷地内における申請に係る建築物及び隣地高さ制限適合建築物の位置
				擁壁の位置
				土地の高低
				敷地の接する道路の位置，幅員及び種類
				地盤面からの申請に係る建築物及び隣地高さ制限適合建築物の各部分の高さ
				法第56条第1項第二号に規定する水平距離のうち最小のものに相当する距離
				令第135条の7第1項第二号に規定する隣地高さ制限適合建築物の隣地境界線からの後退距離
				隣地制限勾配が異なる地域等の境界線
				高低差区分区域の境界線
				令第135条の10に規定する位置及び当該位置の間の距離
				申請に係る建築物及び隣地高さ制限適合建築物について令第135条の10に規定する位置ごとに算定した天空率

隣地高さ制限適合建築物の２面以上の立面図	縮尺
	地盤面
	地盤面からの申請に係る建築物及び隣地高さ制限適合建築物の各部分の高さ
	令第135条の３第２項の規定により特定行政庁が規則に定める高さ
	擁壁の位置
	土地の高低
	高低差区分区域の境界線
	令第135条の10に規定する位置からの申請に係る建築物及び隣地高さ制限適合建築物の各部分の高さ
申請に係る建築物と隣地高さ制限適合建築物の天空率の差が最も近い算定位置（以下「隣地高さ制限近接点」という。）における水平投影位置確認表	申請に係る建築物及び隣地高さ制限適合建築物の各部分の高さ
	隣地高さ制限近接点から申請に係る建築物及び隣地高さ制限適合建築物の各部分までの水平距離，仰角及び方位角
隣地高さ制限近接点における申請に係る建築物及び隣地高さ制限適合建築物の天空図	水平投影面
	天空率
隣地高さ制限近接点における天空率算定表	申請に係る建築物及び隣地高さ制限適合建築物の天空率を算定するための算式
令第135条の８第１項の規定により想定する建築物（以下「北側高さ制限適合建築物」という。）の配置図	縮尺
	敷地境界線
	敷地内における申請に係る建築物及び北側高さ制限適合建築物の位置
	擁壁の位置
	土地の高低
	敷地の接する道路の位置,幅員及び種類
	地盤面からの申請に係る建築物及び北側高さ制限適合建築物の各部分の高さ
	北側制限高さが異なる地域の境界線
	高低差区分区域の境界線
	令第135条の11に規定する位置及び当該位置の間の距離

			申請に係る建築物及び北側高さ制限適合建築物について令第135条の11に規定する位置ごとに算定した天空率
		北側高さ制限適合建築物の2面以上の立面図	縮尺
			地盤面
			地盤面からの申請に係る建築物及び北側高さ制限適合建築物の各部分の高さ
			令第135条の4第2項の規定により特定行政庁が規則に定める高さ
			擁壁の位置
			土地の高低
			令第135条の11に規定する位置からの申請に係る建築物及び北側高さ制限適合建築物の高さ
		申請に係る建築物と北側高さ制限適合建築物の天空率の差が最も近い算定位置（以下「北側高さ制限近接点」という。）における水平投影位置確認表	申請に係る建築物及び北側高さ制限適合建築物の各部分の高さ
			北側高さ制限近接点から申請に係る建築物及び北側高さ制限適合建築物の各部分までの水平距離，仰角及び方位角
		北側高さ制限近接点における申請に係る建築物及び北側高さ制限適合建築物の天空図	水平投影面
			天空率
		北側高さ制限近接点における天空率算定表	申請に係る建築物及び北側高さ制限適合建築物の天空率を算定するための算式
	令第131条の2第2項又は第3項の規定が適用される建築物	令第131条の2第2項又は第3項の認定の内容に適合することの確認に必要な図書	当該認定に係る申請に係る建築物の敷地，構造，建築設備又は用途に関する事項
(29)	法第56条の2の規定が適用される建築物	付近見取図	敷地の位置
		配置図	建築物の各部分の高さ
			軒の高さ
			地盤面の異なる区域の境界線
			敷地の接する道路，水面，線路敷その他これらに類するものの位置及び幅員
		日影図	縮尺及び方位
			敷地境界線

			法第56条の２第１項に規定する対象区域の境界線
			法別表第４（い）欄の各項に掲げる地域又は区域の境界線
			高層住居誘導地区又は都市再生特別地区の境界線
			日影時間の異なる区域の境界線
			敷地の接する道路，水面，線路敷その他これらに類するものの位置及び幅員
			敷地内における建築物の位置
			平均地盤面からの建築物の各部分の高さ
			法第56条の２第１項の水平面（以下「水平面」という。）上の敷地境界線からの水平距離５ｍ及び10mの線（以下「測定線」という。）
			建築物が冬至日の真太陽時による午前８時から30分ごとに午後４時まで（道の区域内にあっては，午前９時から30分ごとに午後３時まで）の各時刻に水平面に生じさせる日影の形状
			建築物が冬至日の真太陽時による午前８時から午後４時まで（道の区域内にあっては，午前９時から午後３時まで）の間に測定線上の主要な点に生じさせる日影時間
			建築物が冬至日の真太陽時による午前８時から午後４時まで（道の区域内にあっては，午前９時から午後３時まで）の間に水平面に生じさせる日影の等時間日影線
			土地の高低
		日影形状算定表	平均地盤面からの建築物の各部分の高さ及び日影の形状を算定するための算式
		２面以上の断面図	平均地盤面
			地盤面及び平均地盤面からの建築物の各部分の高さ
			隣地又はこれに連接する土地で日影が生ずるものの地盤面又は平均地表面
		平均地盤面算定表	建築物が周囲の地面と接する各位置の高さ及び平均地盤面を算定するための算式

		法第56条の2第1項ただし書の規定が適用される建築物	法第56条の2第1項ただし書の許可の内容に適合することの確認に必要な図書	当該許可に係る建築物の敷地，構造，建築設備又は用途に関する事項
(30)	法第57条の規定が適用される建築物	付近見取図		敷地の位置
		配置図		道路の位置
		2面以上の断面図		道路の位置
		法第57条第1項の規定が適用される建築物	法第57条第1項の認定の内容に適合することの確認に必要な図書	当該認定に係る建築物の敷地，構造，建築設備又は用途に関する事項
(31)	法第57条の2の規定が適用される建築物	付近見取図		敷地の位置
		配置図		特例敷地の位置
(32)	法第57条の4の規定が適用される建築物	付近見取図		敷地の位置
		配置図		地盤面の異なる区域の境界線
				特例容積率適用地区の境界線
		2面以上の断面図		土地の高低
		法第57条の4第1項ただし書の規定が適用される建築物	法第57条の4第1項ただし書の許可の内容に適合することの確認に必要な図書	当該許可に係る建築物の敷地，構造，建築設備又は用途に関する事項
(33)	法第57条の5の規定が適用される建築物	付近見取図		敷地の位置
		配置図		高層住居誘導地区の境界線
		敷地面積求積図		敷地面積の求積に必要な敷地の各部分の寸法及び算式
		建築面積求積図		建築面積の求積に必要な建築物の各部分の寸法及び算式
		法第57条の5第3項の規定が適用される建築物	現に存する所有権その他の権利に基づいて当該土地を建築物の敷地として使用することができる旨を証する書面	現に存する所有権その他の権利に基づいて当該土地を建築物の敷地として使用することができる旨
(34)	法第58条の規定が適用される建築物	付近見取図		敷地の位置
		配置図		地盤面の異なる区域の境界線
				高度地区の境界線
		2面以上の断面図		高度地区の境界線
				土地の高低
		法第58条第2項の規定が適用される建築物	法第58条第2項の許可の内容に適合することの確認に必要な図書	当該許可に係る建築物の敷地，構造，建築設備又は用途に関する事項

(35)	法第59条の規定が適用される建築物		付近見取図	敷地の位置
			配置図	高度利用地区の境界線
				高度利用地区に関する都市計画において定められた壁面の位置の制限の位置
				申請に係る建築物の壁又はこれに代わる柱の位置
				国土交通大臣が指定する歩廊の柱その他これに類するものの位置
			2面以上の断面図	高度利用地区に関する都市計画において定められた壁面の位置の制限の位置
				国土交通大臣が指定する歩廊の柱その他これに類するものの位置
			敷地面積求積図	敷地面積の求積に必要な敷地の各部分の寸法及び算式
			建築面積求積図	建築面積の求積に必要な建築物の各部分の寸法及び算式
		法第59条第1項第三号又は第4項の規定が適用される建築物	法第59条第1項第三号又は第4項の許可の内容に適合することの確認に必要な図書	当該許可に係る建築物の敷地，構造，建築設備又は用途に関する事項
(36)	法第59条の2の規定が適用される建築物		法第59条の2第1項の許可の内容に適合することの確認に必要な図書	当該許可に係る建築物の敷地，構造，建築設備又は用途に関する事項
(37)	法第60条の規定が適用される建築物		付近見取図	敷地の位置
			配置図	地盤面の異なる区域の境界線
				特定街区に関する都市計画において定められた壁面の位置の制限の位置
				申請に係る建築物の壁又はこれに代わる柱の位置
				国土交通大臣が指定する歩廊の柱その他これに類するものの位置
			2面以上の断面図	特定街区に関する都市計画において定められた壁面の位置の制限の位置
				国土交通大臣が指定する歩廊の柱その他これに類するものの位置
				土地の高低
			敷地面積求積図	敷地面積の求積に必要な敷地の各部分の寸法及び算式
(38)	法第60条の2の規定が適用される建築物		付近見取図	敷地の位置
			配置図	都市再生特別地区の境界線

				都市再生特別地区に関する都市計画において定められた壁面の位置の制限の位置
				申請に係る建築物の壁又はこれに代わる柱の位置
				国土交通大臣が指定する歩廊の柱その他これに類するものの位置
			2面以上の断面図	都市再生特別地区に関する都市計画において定められた壁面の位置の制限の位置
				都市再生特別地区の境界線
				土地の高低
				国土交通大臣が指定する歩廊の柱その他これに類するものの位置
			敷地面積求積図	敷地面積の求積に必要な敷地の各部分の寸法及び算式
			建築面積求積図	建築面積の求積に必要な建築物の各部分の寸法及び算式
		法第60条の2第1項第三号の規定が適用される建築物	法第60条の2第1項第三号の許可の内容に適合することの確認に必要な図書	当該許可に係る建築物の敷地，構造，建築設備又は用途に関する事項
〔38〕の2	法第60条の2の2の規定が適用される建築物		付近見取図	敷地の位置
			配置図	地盤面の異なる区域の境界線
				居住環境向上用途誘導地区の境界線
				居住環境向上用途誘導地区に関する都市計画において定められた壁面の位置の制限の位置
				申請に係る建築物の壁又はこれに代わる柱の位置
				国土交通大臣が指定する歩廊の柱その他これに類するものの位置
			2面以上の断面図	居住環境向上用途誘導地区に関する都市計画において定められた壁面の位置の制限の位置
				居住環境向上用途誘導地区の境界線
				土地の高低
				国土交通大臣が指定する歩廊の柱その他これに類するものの位置
			敷地面積求積図	敷地面積の求積に必要な敷地の各部分の寸法及び算式

		建築面積求積図	建築面積の求積に必要な建築物の各部分の寸法及び算式
	法第60条の２の２第１項第二号又は第３項ただし書の規定が適用される建築物	法第60条の２の２第１項第二号又は第３項ただし書の許可の内容に適合することの確認に必要な図書	当該許可に係る建築物の敷地，構造，建築設備又は用途に関する事項
⑶⁹	法第60条の３の規定が適用される建築物	付近見取図	敷地の位置
		配置図	地盤面の異なる区域の境界線
			特定用途誘導地区の境界線
		２面以上の断面図	土地の高低
		敷地面積求積図	敷地面積の求積に必要な敷地の各部分の寸法及び算式
		建築面積求積図	建築面積の求積に必要な建築物の各部分の寸法及び算式
	法第60条の３第１項第三号又は第２項ただし書の規定が適用される建築物	法第60条の３第１項第三号又は第２項ただし書の許可の内容に適合することの確認に必要な図書	当該許可に係る建築物の敷地，構造，建築設備又は用途に関する事項
⑷⁰	法第61条の規定が適用される建築物	法第61条本文の規定が適用される建築物 　配置図	隣地境界線，道路中心線及び同一敷地内の他の建築物の外壁の位置
		各階平面図	開口部及び防火設備の位置
			耐力壁及び非耐力壁の位置
			スプリンクラー設備等消火設備の配置
			外壁，袖壁，塀その他これらに類するものの位置及び高さ
		２面以上の立面図	開口部の面積，位置，構造，形状及び寸法
		２面以上の断面図	換気孔の位置及び面積
			窓の位置及び面積
		耐火構造等の構造詳細図	主要構造部の断面及び防火設備の構造，材料の種別及び寸法
		令第136条の２第五号の規定が適用される建築物 　構造詳細図	門又は塀の断面の構造，材料の種別及び寸法
⑷¹	法第62条の規定が適用される建築物	耐火構造等の構造詳細図	主要構造部の断面の構造，材料の種別及び寸法
		その他法第62条の規定に適合することの確認に必要な図書	令第136条の２の２に規定する構造方法への適合性審査に必要な事項

423

⑷⑵	法第63条の規定が適用される建築物	配置図	隣地境界線の位置
		耐火構造等の構造詳細図	外壁の断面の構造, 材料の種別及び寸法
⑷⑶	法第64条の規定が適用される建築物	配置図	看板等の位置
		2面以上の立面図	看板等の高さ
		耐火構造等の構造詳細図	看板等の材料の種別
⑷⑷	法第65条の規定が適用される建築物	配置図	防火地域又は準防火地域の境界線
		各階平面図	防火壁の位置
		耐火構造等の構造詳細図	防火壁の断面の構造, 材料の種別及び寸法
⑷⑸	法第67条の規定が適用される建築物	付近見取図	敷地の位置
		配置図	特定防災街区整備地区の境界線
			特定防災街区整備地区に関する都市計画において定められた壁面の位置の制限の位置
			申請に係る建築物の壁又はこれに代わる柱の位置
			敷地の接する防災都市計画施設の位置
			申請に係る建築物の防災都市計画施設に面する部分及びその長さ
			敷地の防災都市計画施設に接する部分及びその長さ
		敷地面積求積図	敷地面積の求積に必要な敷地の各部分の寸法及び算式
		防災都市計画施設に面する方向の立面図	縮尺
			建築物の防災都市計画施設に係る間口率の最低限度以内の部分の位置
			建築物の高さの最低限度より低い高さの建築物の部分（建築物の防災都市計画施設に係る間口率の最低限度を超える部分を除く。）の構造
			建築物の防災都市計画施設に面する部分及びその長さ
			敷地の防災都市計画施設に接する部分及びその長さ
			敷地に接する防災都市計画施設の位置
		2面以上の断面図	特定防災街区整備地区に関する都市計画において定められた壁面の位置の制限の位置
			土地の高低

424

			耐火構造等の構造詳細図	主要構造部の断面の構造，材料の種別及び寸法
		法第67条第3項第二号，第5項第二号又は第9項第二号の規定が適用される建築物	法第67条第3項第二号，第5項第二号又は第9項第二号の許可の内容に適合することの確認に必要な図書	当該許可に係る建築物の敷地，構造，建築設備又は用途に関する事項
		法第67条第4項の規定が適用される建築物	現に存する所有権その他の権利に基づいて当該土地を建築物の敷地として使用することができる旨を証する書面	現に存する所有権その他の権利に基づいて当該土地を建築物の敷地として使用することができる旨
(46)	法第68条の規定が適用される建築物		付近見取図	敷地の位置
			配置図	地盤面の異なる区域の境界線
				景観地区の境界線
				景観地区に関する都市計画において定められた壁面の位置の制限の位置
				申請に係る建築物の壁又はこれに代わる柱の位置
			2面以上の断面図	土地の高低
				景観地区に関する都市計画において定められた壁面の位置の制限の位置
			敷地面積求積図	敷地面積の求積に必要な敷地の各部分の寸法及び算式
		法第68条第1項第二号，第2項第二号若しくは第3項第二号又は第5項の規定が適用される建築物	法第68条第1項第二号，第2項第二号若しくは第3項第二号の許可又は同条第5項の認定の内容に適合することの確認に必要な図書	当該許可又は認定に係る建築物の敷地，構造，建築設備又は用途に関する事項
		法第68条第4項の規定が適用される建築物	現に存する所有権その他の権利に基づいて当該土地を建築物の敷地として使用することができる旨を証する書面	現に存する所有権その他の権利に基づいて当該土地を建築物の敷地として使用することができる旨
(47)	法第68条の3の規定が適用される建築物		法第68条の3第1項から第3項まで若しくは第7項の認定又は同条第4項の許可の内容に適合することの確認に必要な図書	当該認定又は許可に係る建築物の敷地，構造，建築設備又は用途に関する事項
(48)	法第68条の4の規定が適用される建築物		法第68条の4の認定の内容に適合することの確認に必要な図書	当該認定に係る建築物の敷地，構造，建築設備又は用途に関する事項

(48)の2	法第68条の５の２の規定が適用される建築物	法第68条の５の２の認定の内容に適合することの確認に必要な図書	当該認定に係る建築物の敷地，構造，建築設備又は用途に関する事項
(49)	法第68条の５の３の規定が適用される建築物	法第68条の５の３第２項の許可の内容に適合することの確認に必要な図書	当該許可に係る建築物の敷地，構造，建築設備又は用途に関する事項
(50)	法第68条の５の５の規定が適用される建築物	法第68条の５の５第１項又は第２項の認定の内容に適合することの確認に必要な図書	当該認定に係る建築物の敷地，構造，建築設備又は用途に関する事項
(51)	法第68条の５の６の規定が適用される建築物	法第68条の５の６の認定の内容に適合することの確認に必要な図書	当該認定に係る建築物の敷地，構造，建築設備又は用途に関する事項
(52)	法第68条の７の規定が適用される建築物	法第68条の７第５項の許可の内容に適合することの確認に必要な図書	当該許可に係る建築物の敷地，構造，建築設備又は用途に関する事項
(53)	法第84条の２の規定が適用される建築物	配置図	敷地境界線の位置
		各階平面図	壁及び開口部の位置
			延焼のおそれのある部分
		２面以上の立面図	常時開放されている開口部の位置
		２面以上の断面図	塀その他これに類するものの高さ及び材料の種別
		耐火構造等の構造詳細図	柱，はり，外壁及び屋根の断面の構造及び材料の種別
			令第136条の10第三号ハに規定する屋根の構造
(54)	法第85条の規定が適用される建築物	法第85条第６項又は第７項の許可の内容に適合することの確認に必要な図書	仮設建築物の許可の内容に関する事項
(55)	法第85条の２の規定が適用される建築物	景観法（平成16年法律第110号）第19条第１項の規定により景観重要建造物として指定されていることの確認に必要な図書	景観重要建造物としての指定の内容に関する事項
(56)	法第85条の３の規定が適用される建築物	文化財保護法（昭和25年法律第214号）第143条第１項後段に規定する条例の内容に適合することの確認に必要な図書	当該条例に係る制限の緩和の内容に関する事項

(57)	法第86条の規定が適用される建築物		法第86条第1項若しくは第2項の認定又は同条第3項若しくは第4項の許可の内容に適合することの確認に必要な図書	当該認定又は許可に係る建築物の敷地，構造，建築設備又は用途に関する事項
(58)	法第86条の2の規定が適用される建築物		法第86条の2第1項の認定又は同条第2項若しくは第3項の許可の内容に適合することの確認に必要な図書	当該認定又は許可に係る建築物の敷地，構造，建築設備又は用途に関する事項
(59)	法第86条の4の規定が適用される建築物		法第86条第1項から第4項まで又は法第86条の2第1項から第3項までの認定又は許可の内容に適合することの確認に必要な図書	当該認定又は許可に係る建築物の敷地，構造，建築設備又は用途に関する事項
			耐火構造等の構造詳細図	主要構造部の断面の構造，材料の種別及び寸法
(60)	法第86条の6の規定が適用される建築物		法第86条の6第2項の認定の内容に適合することの確認に必要な図書	当該認定に係る建築物の敷地，構造，建築設備又は用途に関する事項
(61)	法第86条の7の規定が適用される建築物		既存不適格調書	既存建築物の基準時及びその状況に関する事項
		令第137条の2の規定が適用される建築物	令第137条の2第一号イ若しくはロ，第二号イ若しくはロ又は第三号イの規定に適合することの確認に必要な図書	令第137条の2第一号イ若しくはロ，第二号イ若しくはロ又は第三号イに規定する構造方法の内容に関する事項
			各階平面図	増築又は改築に係る部分
		令第137条の3の規定が適用される建築物	各階平面図	基準時以後の増築又は改築に係る部分
		令第137条の4の規定が適用される建築物	各階平面図	基準時以後の増築又は改築に係る部分
		令第137条の4の3の規定が適用される建築物	各階平面図	増築又は改築に係る部分
				石綿が添加されている部分
			2面以上の断面図	石綿が添加された建築材料を被覆し又は添加された石綿を建築材料に固着する措置
		令第137条の5の規定が適用される建築物	各階平面図	増築又は改築に係る部分

建築基準法施行規則

第1条の3 ●建築基準法施行規則

令第137条の6の規定が適用される建築物	各階平面図	増築又は改築に係る部分
	2面以上の断面図	改築に係る部分の建築物の高さ及び基準時における当該部分の建築物の高さ
令第137条の7の規定が適用される建築物	敷地面積求積図	敷地面積の求積に必要な敷地の各部分の寸法及び算式
	建築面積求積図	建築面積の求積に必要な建築物の各部分の寸法及び算式
	危険物の数量表	危険物の種類及び数量
	工場・事業調書	事業の種類
令第137条の8の規定が適用される建築物	各階平面図	増築又は改築に係る部分
		増築前におけるエレベーターの昇降路の部分，共同住宅又は老人ホーム等の共用の廊下又は階段の用に供する部分，法第52条第6項第三号に掲げる建築物の部分，自動車車庫等部分，備蓄倉庫部分，蓄電池設置部分，自家発電設備設置部分，貯水槽設置部分及び宅配ボックス設置部分以外の部分
		増築又は改築後における自動車車庫等部分，備蓄倉庫部分，蓄電池設置部分，自家発電設備設置部分，貯水槽設置部分又は宅配ボックス設置部分
令第137条の9の規定が適用される建築物	各階平面図	改築に係る部分
	敷地面積求積図	敷地面積の求積に必要な敷地の各部分の寸法及び算式
	建築面積求積図	建築面積の求積に必要な建築物の各部分の寸法及び算式
令第137条の10の規定が適用される建築物	耐火構造等の構造詳細図	増築又は改築に係る部分の外壁及び軒裏の構造，材料の種別及び寸法
	各階平面図	基準時以後の増築又は改築に係る部分
令第137条の11の規定が適用される建築物	耐火構造等の構造詳細図	増築又は改築に係る部分の外壁及び軒裏の構造，材料の種別及び寸法
	面積表	基準時以後の増築又は改築に係る部分
令第137条の12の規定が適用される建築物	各階平面図	石綿が添加されている部分
令第137条の14の規定が適用される建築物	各階平面図	防火設備の位置
	2面以上の断面図	令第137条の14第一号に規定する構造方法
	耐火構造等の構造詳細図	床又は壁の断面の構造，材料の種別及び寸法

428

		令第137条の14第二号の規定に適合することの確認に必要な図書	令第137条の14第二号に規定する建築物の部分に該当することを確認するために必要な事項
	令第137条の16第二号の規定が適用される建築物	付近見取図	敷地の位置
		その他令第137条の16第二号の認定の内容に適合することの確認に必要な図書	当該認定に係る建築物の敷地，構造，建築設備又は用途に関する事項
(62)	法第86条の9第2項の規定が適用される建築物	現に存する所有権その他の権利に基づいて当該土地を建築物の敷地として使用することができる旨を証する書面	現に存する所有権その他の権利に基づいて当該土地を建築物の敷地として使用することができる旨
(63)	法第87条の3の規定が適用される建築物	法第87条の3第6項又は第7項の許可の内容に適合することの確認に必要な図書	法第87条の3第6項又は第7項の許可の内容に関する事項
(64)	消防法（昭和23年法律第186号）第9条の規定が適用される建築物	消防法第9条の市町村条例の規定に適合することの確認に必要な図書	当該市町村条例で定められた火災の予防のために必要な事項
(65)	消防法第9条の2の規定が適用される建築物	各階平面図	住宅用防災機器の位置及び種類
		消防法第9条の2第2項の市町村条例の規定に適合することの確認に必要な図書	当該市町村条例で定められた住宅用防災機器の設置及び維持に関する基準その他住宅における火災の予防のために必要な事項
(66)	消防法第15条の規定が適用される建築物	各階平面図	特定防火設備の位置及び構造
			消火設備の位置
			映写機用排気筒及び室内換気筒の位置及び材料
			格納庫の位置
			映写窓の構造
			映写室の寸法
			映写室の出入口の幅
			映写室である旨を表示した標識及び防火に関し必要な事項を掲示した掲示板の位置及び構造
		2面以上の断面図	映写室の天井の高さ
			映写室の出入口の高さ
		構造詳細図	映写室の壁，柱，床及び天井の断面の構造，材料の種別及び寸法

(67)	消防法第17条の規定が適用される建築物	消防法第17条第1項の規定に適合することの確認に必要な図書	当該規定に係る消防用設備等の技術上の基準に関する事項
		消防法第17条第2項の条例の規定に適合することの確認に必要な図書	当該条例で定められた制限に係る消防用設備等の技術上の基準に関する事項
		消防法第17条第3項の認定の内容に適合することの確認に必要な図書	当該認定に係る消防用設備等に関する事項
(68)	屋外広告物法（昭和24年法律第189号）第3条（公告物の表示及び公告物を掲出する物件の設置の禁止又は制限に係る部分に限る。以下この項において同じ。）の規定が適用される建築物	屋外広告物法第3条第1項から第3項までの条例の規定に適合することの確認に必要な図書	当該条例で定められた制限に係る広告物の表示又は掲出物件の設置に関する事項
(69)	屋外広告物法第4条（公告物の表示及び公告物を掲出する物件の設置の禁止又は制限に係る部分に限る。以下この項において同じ。）の規定が適用される建築物	屋外広告物法第4条の条例の規定に適合することの確認に必要な図書	当該条例で定められた制限に係る広告物の表示又は掲出物件の設置に関する事項
(70)	屋外広告物法第5条（公告物の表示及び公告物を掲出する物件の設置の禁止又は制限に係る部分に限る。以下この項において同じ。）の規定が適用される建築物	屋外広告物法第5条の条例の規定に適合することの確認に必要な図書	当該条例で定められた制限に係る広告物の形状，面積，意匠その他表示の方法又は掲出物件の形状その他設置の方法に関する事項
(71)	港湾法（昭和25年法律第218号）第40条第1項（同法第50条の5第2項の規定により読み替えて適用する場合を含む。以下この項において同じ。）の規定が適用される建築物	港湾法第40条第1項の条例の規定に適合することの確認に必要な図書	当該条例で定められた制限に係る建築物その他の構築物に関する事項
(72)	駐車場法（昭和32年法律第106号）第20条（都市再生特別措置法（平成14年法律第22号）第19条の14，第62条の12及び第107条並びに都市の低炭素化の促進に関する法律（平成24年法律第84号）第20条の規定により読み替えて適用する場合を含む。以下この項において同じ。）の規定が適用される建築物	駐車場法第20条第1項又は第2項の条例の規定に適合することの確認に必要な図書	当該条例で定められた制限に係る駐車施設に関する事項

(73)	宅地造成及び特定盛土等規制法（昭和36年法律第191号）第12条第１項の規定が適用される建築物	宅地造成及び特定盛土等規制法第12条第１項の規定に適合していることを証する書面	宅地造成及び特定盛土等規制法第12条第１項の規定に適合していること
(73)の2	宅地造成及び特定盛土等規制法第16条第１項の規定が適用される建築物	宅地造成及び特定盛土等規制法第16条第１項の規定に適合していることを証する書面	宅地造成及び特定盛土等規制法第16条第１項の規定に適合していること
(74)	宅地造成及び特定盛土等規制法第30条第１項の規定が適用される建築物	宅地造成及び特定盛土等規制法第30条第１項の規定に適合していることを証する書面	宅地造成及び特定盛土等規制法第30条第１項の規定に適合していること
(74)の2	宅地造成及び特定盛土等規制法第35条第１項の規定が適用される建築物	宅地造成及び特定盛土等規制法第35条第１項の規定に適合していることを証する書面	宅地造成及び特定盛土等規制法第35条第１項の規定に適合していること
(75)	流通業務市街地の整備に関する法律（昭和41年法律第110号）第５条第１項の規定が適用される建築物	流通業務市街地の整備に関する法律第５条第１項の規定に適合していることを証する書面	流通業務市街地の整備に関する法律第５条第１項の規定に適合していること
(76)	都市計画法（昭和43年法律第100号）第29条第１項又は第２項の規定が適用される建築物	都市計画法第29条第１項又は第２項の規定に適合していることを証する書面	都市計画法第29条第１項又は第２項の規定に適合していること
(77)	都市計画法第35条の２第１項の規定が適用される建築物	都市計画法第35条の２第１項の規定に適合していることを証する書面	都市計画法第35条の２第１項の規定に適合していること
(78)	都市計画法第41条第２項（同法第35条の２第４項において準用する場合を含む。以下この項において同じ。）の規定が適用される建築物	都市計画法第41条第２項の規定に適合していることを証する書面	都市計画法第41条第２項の規定に適合していること
(79)	都市計画法第42条の規定が適用される建築物	都市計画法第42条の規定に適合していることを証する書面	都市計画法第42条の規定に適合していること
(80)	都市計画法第43条第１項の規定が適用される建築物	都市計画法第43条第１項の規定に適合していることを証する書面	都市計画法第43条第１項の規定に適合していること
(81)	都市計画法第53条第１項（都市再生特別措置法第36条の４の規定により読み替えて適用する場合を含む。以下この項において同じ。）又は都市計画法第53条第２項において準用する同法第52条の２第２項の規定が適用される建築物	都市計画法第53条第１項又は同条第２項において準用する同法第52条の２第２項の規定に適合していることを証する書面	都市計画法第53条第１項又は同条第２項において準用する同法第52条の２第２項の規定に適合していること

(82)	特定空港周辺航空機騒音対策特別措置法（昭和53年法律第26号）第５条第１項(同条第５項において準用する場合を含む。）の規定が適用される建築物	構造詳細図	窓及び出入口の構造
			排気口，給気口，排気筒及び給気筒の構造
(83)	特定空港周辺航空機騒音対策特別措置法第５条第２項及び第３項（同条第５項において準用する場合を含む。以下この項において同じ。）の規定が適用される建築物	特定空港周辺航空機騒音対策特別措置法第５条第２項ただし書の許可を受けたことの確認に必要な図書	特定空港周辺航空機騒音対策特別措置法第５条第２項の規定に適合していること
(84)	自転車の安全利用の促進及び自転車等の駐車対策の総合的推進に関する法律（昭和55年法律第87号）第５条第４項の規定が適用される建築物	自転車の安全利用の促進及び自転車等の駐車対策の総合的推進に関する法律第５条第４項の条例の規定に適合することの確認に必要な図書	当該条例で定められた制限に係る駐車施設に関する事項
(85)	高齢者，障害者等の移動等の円滑化の促進に関する法律（平成18年法律第91号）第14条の規定が適用される建築物	配置図	高齢者，障害者等の移動等の円滑化の促進に関する法律施行令（平成18年政令379号。以下この項において「移動等円滑化促進法施行令」という。）第16条に規定する敷地内の通路の構造
			移動等円滑化経路を構成する敷地内の通路の構造
			車いす使用者用駐車施設の位置及び寸法
		各階平面図	客室の数
			移動等円滑化経路及び視覚障害者移動等円滑化経路の位置
			車いす使用者用客室及び案内所の位置
			移動等円滑化促進法施行令第18条第２項第六号及び第19条に規定する標識の位置
			移動等円滑化促進法施行令第20条第１項に規定する案内板その他の設備の位置
			移動等円滑化促進法施行令第20条第２項に規定する設備の位置
			移動等円滑化経路を構成する出入口，廊下等及び傾斜路の構造
			移動等円滑化経路を構成するエレベーター及びその乗降ロビーの構造

		車いす使用者用客室の便所及び浴室等の構造
		移動等円滑化促進法施行令第14条に規定する便所の位置及び構造
		階段，踊り場，手すり等及び階段に代わる傾斜路の位置及び構造
(86)	都市緑地法（昭和48年法律第72号）第35条の規定が適用される建築物	都市緑地法第35条の規定に適合していることを証する書面	都市緑地法第35条の規定に適合していること
(87)	都市緑地法第36条の規定が適用される建築物	都市緑地法第36条の規定に適合していることを証する書面	都市緑地法第36条の規定に適合していること
(88)	都市緑地法第39条第１項の規定が適用される建築物	都市緑地法第39条第2項の条例の規定に適合することの確認に必要な図書	当該条例で定められた制限に係る建築物の緑化率に関する事項
(89)	令第108条の３第１項第一号の耐火性能検証法により法第2条第九号のニイ(2)に該当するものであることを確かめた主要構造部を有する建築物	各階平面図	開口部の位置及び寸法
			防火設備の種別
		耐火構造等の構造詳細図	主要構造部の断面の構造，材料の種別及び寸法
		使用建築材料表	令第108条の３第2項第一号に規定する部分の表面積並びに当該部分に使用する建築材料の種別及び発熱量
		耐火性能検証法により検証した際の計算書	令第108条の３第2項第一号に規定する火災の継続時間及びその算出方法
			令第108条の３第2項第二号に規定する屋内火災保有耐火時間及びその算出方法
			令第108条の３第2項第三号に規定する屋外火災保有耐火時間及びその算出方法
		防火区画検証法により検証した際の計算書	令第108条の３第5項第二号に規定する保有遮炎時間
		発熱量計算書	令第108条の３第2項第一号に規定する可燃物の発熱量及び可燃物の１秒間当たりの発熱量
		令第108条の３第１項第一号イ(2)及びロ(2)の規定に適合することの確認に必要な図書	令第108条の３第１項第一号イ(2)及びロ(2)に規定する基準への適合性審査に必要な事項

⑼	令第128条の6第1項の区画避難安全検証法により区画避難安全性能を有することを確かめた区画部分を有する建築物	各階平面図	耐力壁及び非耐力壁の位置
		耐火構造等の構造詳細図	主要構造部の断面の構造，材料の種別及び寸法
		室内仕上げ表	令第128条の5に規定する部分の仕上げの材料の種別及び厚さ
		区画避難安全検証法により検証した際の平面図	防火区画の位置及び面積
			居室の出口の幅
			各室の天井の高さ
		区画避難安全検証法により検証した際の計算書	各室の用途
			在館者密度
			各室の用途に応じた発熱量
			令第128条の6第3項第一号イに規定する居室避難時間及びその算出方法
			令第128条の6第3項第一号ロに規定する居室煙降下時間及びその算出方法
			令第128条の6第3項第一号ニに規定する区画避難時間及びその算出方法
			令第128条の6第3項第一号ホに規定する区画煙降下時間及びその算出方法
			令第128条の6第3項第二号イに規定する煙又はガスの高さ及びその算出方法
			令第128条の6第3項第二号ハに規定する煙又はガスの高さ及びその算出方法
⑼⑴	令第129条第1項の階避難安全検証法により階避難安全性能を有することを確かめた階を有する建築物	各階平面図	耐力壁及び非耐力壁の位置
		耐火構造等の構造詳細図	主要構造部の断面の構造，材料の種別及び寸法
		室内仕上げ表	令第128条の5に規定する部分の仕上げの材料の種別及び厚さ
		階避難安全検証法により検証した際の平面図	防火区画の位置及び面積
			居室の出口の幅
			各室の天井の高さ
		階避難安全検証法により検証した際の計算書	各室の用途
			在館者密度
			各室の用途に応じた発熱量
			令第129条第3項第一号イに規定する居室避難時間及びその算出方法

			令第129条第３項第一号ロに規定する居室煙降下時間及びその算出方法
			令第129条第３項第一号ニに規定する階避難時間及びその算出方法
			令第129条第３項第一号ホに規定する階煙降下時間及びその算出方法
			令第129条第３項第二号イに規定する煙又はガスの高さ及びその算出方法
			令第129条第３項第二号ハに規定する煙又はガスの高さ及びその算出方法
	令第129条の２の２の規定が適用される建築物	令第129条の２の２の規定に適合することの確認に必要な図書	令第129条の２の２に規定する建築物の部分に該当することを確認するために必要な事項
⑼⑵	令第129条の２第１項の全館避難安全検証法により全館避難安全性能を有することを確かめた建築物	各階平面図	耐力壁及び非耐力壁の位置
			屋上広場その他これに類するものの位置
			屋外に設ける避難階段の位置
		耐火構造等の構造詳細図	主要構造部の断面の構造，材料の種別及び寸法
		室内仕上げ表	令第128条の５に規定する部分の仕上げの材料の種別及び厚さ
		全館避難安全検証法により検証した際の平面図	防火区画の位置及び面積
			居室の出口の幅
			各室の天井の高さ
		全館避難安全検証法により検証した際の計算書	各室の用途
			在館者密度
			各室の用途に応じた発熱量
			令第129条第３項第一号イに規定する居室避難時間及びその算出方法
			令第129条第３項第一号ロに規定する居室煙降下時間及びその算出方法
			令第129条第３項第一号ニに規定する階避難時間及びその算出方法
			令第129条第３項第一号ホに規定する階煙降下時間及びその算出方法
			令第129条の２第４項第一号ロに規定する全館避難時間及びその算出方法
			令第129条の２第４項第一号ハに規定する全館煙降下時間及びその算出方法

			令第129条第３項第二号イに規定する煙又はガスの高さ及びその算出方法
			令第129条第３項第二号ハに規定する煙又はガスの高さ及びその算出方法
			令第129条の２第４項第二号ロに規定する煙又はガスの高さ及びその算出方法
	令第129条の２の２の規定が適用される建築物	令第129条の２の２の規定に適合することの確認に必要な図書	令第129条の２の２に規定する建築物の部分に該当することを確認するために必要な事項

3

		(い)	(ろ)	
			構造計算書の種類	明示すべき事項
(1)	令第81条第２項第一号イに規定する保有水平耐力計算により安全性を確かめた建築物	共通事項	構造計算チェックリスト	プログラムによる構造計算を行う場合において，申請に係る建築物が，当該プログラムによる構造計算によって安全性を確かめることのできる建築物の構造の種別，規模その他のプログラムの使用条件に適合するかどうかを照合するための事項
			使用構造材料一覧表	構造耐力上主要な部分である部材（接合部を含む。）に使用されるすべての材料の種別（規格がある場合にあっては，当該規格）及び使用部位
				使用する材料の許容応力度，許容耐力及び材料強度の数値及びそれらの算出方法
				使用する指定建築材料が法第37条の規定に基づく国土交通大臣の認定を受けたものである場合にあっては，その使用位置，形状及び寸法，当該構造計算において用いた許容応力度及び材料強度の数値並びに認定番号
			特別な調査又は研究の結果等説明書	法第68条の25の規定に基づく国土交通大臣の認定を受けた構造方法等その他特殊な構造方法等が使用されている場合にあっては，その認定番号，使用条件及び内容
				特別な調査又は研究の結果に基づき構造計算が行われている場合にあっては，その検討内容
				構造計算の仮定及び計算結果の適切性に関する検討内容
		令第82条各号関係	基礎・地盤説明書（国土交通大臣があらかじめ適切であると認定した算出方法により基礎ぐいの許	地盤調査方法及びその結果
				地層構成，支持地盤及び建築物（地下部分を含む。）の位置

容支持力を算出する場合で当該認定に係る認定書の写しを添えた場合にあっては，当該算出方法に係る図書のうち国土交通大臣の指定したものを除く。)	地下水位（地階を有しない建築物に直接基礎を用いた場合を除く。)
	基礎の工法（地盤改良を含む。）の種別，位置，形状，寸法及び材料の種別
	構造計算において用いた支持層の位置，層の構成及び地盤調査の結果により設定した地盤の特性値
	地盤の許容応力度並びに基礎及び基礎ぐいの許容支持力の数値及びそれらの算出方法
略伏図	各階の構造耐力上主要な部分である部材の種別,配置及び寸法並びに開口部の位置
略軸組図	すべての通りの構造耐力上主要な部分である部材の種別，配置及び寸法並びに開口部の位置
部材断面表	各階及びすべての通りの構造耐力上主要な部分である部材の断面の形状，寸法及び仕様
荷重・外力計算書	固定荷重の数値及びその算出方法
	各階又は各部分の用途ごとに積載荷重の数値及びその算出方法
	各階又は各部分の用途ごとに大規模な設備，塔屋その他の特殊な荷重（以下「特殊な荷重」という。）の数値及びその算出方法
	積雪荷重の数値及びその算出方法
	風圧力の数値及びその算出方法
	地震力の数値及びその算出方法
	土圧，水圧その他考慮すべき荷重及び外力の数値及びそれらの算出方法
	略伏図上に記載した特殊な荷重の分布
応力計算書（国土交通大臣が定める様式による応力図及び基礎反力図を含む。)	構造耐力上主要な部分である部材に生ずる力の数値及びその算出方法
	地震時（風圧力によって生ずる力が地震力によって生ずる力を上回る場合にあっては,暴風時）における柱が負担するせん断力及びその分担率並びに耐力壁又は筋かいが負担するせん断力及びその分担率
	国土交通大臣が定める様式による応力図及び基礎反力図に記載すべき事項

437

			断面計算書（国土交通大臣が定める様式による断面検定比図を含む。）	構造耐力上主要な部分である部材（接合部を含む。）の位置，部材に付す記号，部材断面の仕様，部材に生じる荷重の種別及び当該荷重が作用する方向
				構造耐力上主要な部分である部材（接合部を含む。）の軸方向，曲げ及びせん断の応力度
				構造耐力上主要な部分である部材（接合部を含む。）の軸方向，曲げ及びせん断の許容応力度
				構造耐力上主要な部分である部材（接合部を含む。）の応力度と許容応力度の比率
				国土交通大臣が定める様式による断面検定比図に記載すべき事項
			基礎ぐい等計算書	基礎ぐい，床版，小ばりその他の構造耐力上主要な部分である部材に関する構造計算の計算書
			使用上の支障に関する計算書	令第82条第四号に規定する構造計算の計算書
	令第82条の2関係	層間変形角計算書		層間変位の計算に用いる地震力
				地震力によって各階に生ずる水平方向の層間変位の算出方法
				各階及び各方向の層間変形角の算出方法
		層間変形角計算結果一覧表		各階及び各方向の層間変形角
				損傷が生ずるおそれのないことについての検証内容（層間変形角が1/200を超え1/120以内である場合に限る。）
	令第82条の3関係	保有水平耐力計算書		保有水平耐力計算に用いる地震力
				各階及び各方向の保有水平耐力の算出方法
				令第82条の3第二号に規定する各階の構造特性を表す D_s（以下この表において「D_s」という。）の算出方法
				令第82条の3第二号に規定する各階の形状特性を表す F_{es}（以下この表において「F_{es}」という。）の算出方法
				各階及び各方向の必要保有水平耐力の算出方法
				構造耐力上主要な部分である柱，はり若しくは壁又はこれらの接合部について，局部座屈，せん断破壊等による構造耐力上支障のある急激な耐力の低下が生ずるおそれのないことについての検証内容

			保有水平耐力計算結果一覧表	各階の保有水平耐力を増分解析により計算する場合における外力分布
				架構の崩壊形
				保有水平耐力，D_s，F_{es} 及び必要保有水平耐力の数値
				各階及び各方向の D_s の算定時における構造耐力上主要な部分である部材に生ずる力の分布及び塑性ヒンジの発生状況
				各階及び各方向の構造耐力上主要な部分である部材の部材群としての部材種別
				各階及び各方向の保有水平耐力時における構造耐力上主要な部分である部材に生ずる力の分布及び塑性ヒンジの発生状況
				各階の保有水平耐力を増分解析により計算する場合において，建築物の各方向におけるせん断力と層間変形角の関係
		令第82条の4関係	使用構造材料一覧表	屋根ふき材，外装材及び屋外に面する帳壁に使用されるすべての材料の種別（規格がある場合にあっては，当該規格）及び使用部位
				使用する材料の許容応力度，許容耐力及び材料強度の数値及びそれらの算出方法
				使用する指定建築材料が法第37条の規定に基づく国土交通大臣の認定を受けたものである場合にあっては，その使用位置，形状及び寸法，当該構造計算において用いた許容応力度及び材料強度の数値並びに認定番号
			荷重・外力計算書	風圧力の数値及びその算出方法
			応力計算書	屋根ふき材及び屋外に面する帳壁に生ずる力の数値及びその算出方法
			屋根ふき材等計算書	令第82条の4に規定する構造計算の計算書
(2)	令第81条第2項第一号ロに規定する限界耐力計算により安全性を確かめた建築物		構造計算チェックリスト	プログラムによる構造計算を行う場合において，申請に係る建築物が，当該プログラムによる構造計算によって安全性を確かめることのできる建築物の構造の種別，規模その他のプログラムの使用条件に適合するかどうかを照合するための事項
			使用構造材料一覧表	構造耐力上主要な部分である部材（接合部を含む。）に使用されるすべての材料の種別（規格がある場合にあっては，当該規格）及び使用部位

			使用する材料の許容応力度，許容耐力及び材料強度の数値及びそれらの算出方法
			使用する指定建築材料が法第37条の規定に基づく国土交通大臣の認定を受けたものである場合にあっては，その使用位置，形状及び寸法，当該構造計算において用いた許容応力度及び材料強度の数値並びに認定番号
		特別な調査又は研究の結果等説明書	法第68条の25の規定に基づく国土交通大臣の認定を受けた構造方法等その他特殊な構造方法等が使用されている場合にあっては，その認定番号，使用条件及び内容
			特別な調査又は研究の結果に基づき構造計算が行われている場合にあっては，その検討内容
			構造計算の仮定及び計算結果の適切性に関する検討内容
		基礎・地盤説明書（国土交通大臣があらかじめ適切であると認定した算出方法により基礎ぐいの許容支持力を算出する場合で当該認定に係る認定書の写しを添えた場合にあっては，当該算出方法に係る図書のうち国土交通大臣の指定したものを除く。）	地盤調査方法及びその結果
			地層構成，支持地盤及び建築物（地下部分を含む。）の位置
			地下水位（地階を有しない建築物に直接基礎を用いた場合を除く。）
			基礎の工法（地盤改良を含む。）の種別，位置，形状，寸法及び材料の種別
			構造計算において用いた支持層の位置，層の構成及び地盤調査の結果により設定した地盤の特性値
			地盤の許容応力度並びに基礎及び基礎ぐいの許容支持力の数値及びそれらの算出方法
		略伏図	各階の構造耐力上主要な部分である部材の種別，配置及び寸法並びに開口部の位置
		略軸組図	すべての通りの構造耐力上主要な部分である部材の種別，配置及び寸法並びに開口部の位置
		部材断面表	各階及びすべての通りの構造耐力上主要な部分である部材の断面の形状，寸法及び仕様
		荷重・外力計算書	固定荷重の数値及びその算出方法
			各階又は各部分の用途ごとに積載荷重の数値及びその算出方法

			各階又は各部分の用途ごとに特殊な荷重の数値及びその算出方法
			積雪荷重の数値及びその算出方法
			風圧力の数値及びその算出方法
			地震力（令第82条の５第三号ハに係る部分）の数値及びその算出方法
			地震力（令第82条の５第五号ハに係る部分）の数値及びその算出方法
			土圧，水圧その他考慮すべき荷重及び外力の数値及びそれらの算出方法
			略伏図上にそれぞれ記載した特殊な荷重の分布
		応力計算書（国土交通大臣が定める様式による応力図及び基礎反力図を含む。）（地下部分の計算を含む。）	構造耐力上主要な部分である部材に生ずる力の数値及びその算出方法
			地震時（風圧力によって生ずる力が地震力によって生ずる力を上回る場合にあっては，暴風時）における柱が負担するせん断力及びその分担率並びに耐力壁又は筋かいが負担するせん断力及びその分担率
			国土交通大臣が定める様式による応力図及び基礎反力図に記載すべき事項
		断面計算書（国土交通大臣が定める様式による断面検定比図を含む。）（地下部分の計算を含む。）	構造耐力上主要な部分である部材（接合部を含む。）の位置，部材に付す記号，部材断面の仕様，部材に生じる荷重の種別及び当該荷重が作用する方向
			構造耐力上主要な部分である部材（接合部を含む。）の軸方向，曲げ及びせん断の応力度
			構造耐力上主要な部分である部材（接合部を含む。）の軸方向，曲げ及びせん断の許容応力度
			構造耐力上主要な部分である部材（接合部を含む。）の応力度と許容応力度の比率
			国土交通大臣が定める様式による断面検定比図に記載すべき事項
		積雪・暴風時耐力計算書	構造耐力上主要な部分である部材（接合部を含む。）に生ずる力の数値及びその算出方法
			構造耐力上主要な部分である部材（接合部を含む。）の耐力の数値及びその算出方法

積雪・暴風時耐力計算結果一覧表	構造耐力上主要な部分である部材（接合部を含む。）に生ずる力及び耐力並びにその比率	
損傷限界に関する計算書	各階及び各方向の損傷限界変位の数値及びその算出方法	
	建築物の損傷限界固有周期の数値及びその算出方法	
	建築物の損傷限界固有周期に応じて求めた地震時に作用する地震力の数値及びその算出方法	
	表層地盤による加速度の増幅率 G_s の数値及びその算出方法	
	各階及び各方向の損傷限界耐力の数値及びその算出方法	
損傷限界に関する計算結果一覧表	令第82条の5第三号ハに規定する地震力及び損傷限界耐力	
	損傷限界変位の当該各階の高さに対する割合	
	損傷が生ずるおそれのないことについての検証内容（損傷限界変位の当該各階の高さに対する割合が1/200を超え1/120以内である場合に限る。）	
安全限界に関する計算書	各階及び各方向の安全限界変位の数値及びその算出方法	
	建築物の安全限界固有周期の数値及びその算出方法	
	建築物の安全限界固有周期に応じて求めた地震時に作用する地震力の数値及びその算出方法	
	各階の安全限界変位の当該各階の高さに対する割合及びその算出方法	
	表層地盤による加速度の増幅率 G_s の数値及びその算出方法	
	各階及び各方向の保有水平耐力の数値及びその算出方法	
	構造耐力上主要な部分である柱，はり若しくは壁又はこれらの接合部について，局部座屈，せん断破壊等による構造耐力上支障のある急激な耐力の低下が生ずるおそれのないことについての検証内容	
安全限界に関する計算結果一覧表	各階の保有水平耐力を増分解析により計算する場合における外力分布	

442

				各階の安全限界変位の当該各階の高さに対する割合
				各階の安全限界変位の当該各階の高さに対する割合が1/75（木造である階にあっては，1/30）を超える場合にあっては，建築物の各階が荷重及び外力に耐えることができることについての検証内容
				表層地盤による加速度の増幅率 G_s の数値を精算法で算出する場合にあっては，工学的基盤の条件
				令第82条の5第五号ハに規定する地震力及び保有水平耐力
				各階及び各方向の安全限界変形時における構造耐力上主要な部分である部材に生ずる力の分布
				各階及び各方向の安全限界変形時における構造耐力上主要な部分である部材に生ずる塑性ヒンジ及び変形の発生状況
				各階及び各方向の保有水平耐力時における構造耐力上主要な部分である部材に生ずる塑性ヒンジ及び変形の発生状況
				各階の保有水平耐力を増分解析により計算する場合において，建築物の各方向におけるせん断力と層間変形角の関係
			基礎ぐい等計算書	基礎ぐい，床版，小ばりその他の構造耐力上主要な部分である部材に関する構造計算の計算書
			使用上の支障に関する計算書	令第82条第四号に規定する構造計算の計算書
			屋根ふき材等計算書	令第82条の5第七号に規定する構造計算の計算書
			土砂災害特別警戒区域内破壊防止計算書	令第82条の5第八号に規定する構造計算の計算書
(3)	令第81条第2項第二号イに規定する許容応力度等計算により安全性を確かめた建築物	共通事項	構造計算チェックリスト	プログラムによる構造計算を行う場合において，申請に係る建築物が，当該プログラムによる構造計算によって安全性を確かめることのできる建築物の構造の種別，規模その他のプログラムの使用条件に適合するかどうかを照合するための事項
			使用構造材料一覧表	構造耐力上主要な部分である部材（接合部を含む。）に使用されるすべての材料の種別（規格がある場合にあっては，当該規格）及び使用部位
				使用する材料の許容応力度，許容耐力及び材料強度の数値及びそれらの算出方法

				使用する指定建築材料が法第37条の規定に基づく国土交通大臣の認定を受けたものである場合にあっては，その使用位置，形状及び寸法，当該構造計算において用いた許容応力度及び材料強度の数値並びに認定番号
			特別な調査又は研究の結果等説明書	法第68条の25の規定に基づく国土交通大臣の認定を受けた構造方法等その他特殊な構造方法等が使用されている場合にあっては，その認定番号，使用条件及び内容
				特別な調査又は研究の結果に基づき構造計算が行われている場合にあっては，その検討内容
				構造計算の仮定及び計算結果の適切性に関する検討内容
		令第82条各号関係	基礎・地盤説明書（国土交通大臣があらかじめ適切であると認定した算出方法により基礎ぐいの許容支持力を算出する場合で当該認定に係る認定書の写しを添えた場合にあっては，当該算出方法に係る図書のうち国土交通大臣の指定したものを除く。）	地盤調査方法及びその結果
				地層構成，支持地盤及び建築物（地下部分を含む。）の位置
				地下水位（地階を有しない建築物に直接基礎を用いた場合を除く。）
				基礎の工法（地盤改良を含む。）の種別，位置，形状，寸法及び材料の種別
				構造計算において用いた支持層の位置，層の構成及び地盤調査の結果により設定した地盤の特性値
				地盤の許容応力度並びに基礎及び基礎ぐいの許容支持力の数値及びそれらの算出方法
			略伏図	各階の構造耐力上主要な部分である部材の種別，配置及び寸法並びに開口部の位置
			略軸組図	すべての通りの構造耐力上主要な部分である部材の種別，配置及び寸法並びに開口部の位置
			部材断面表	各階及びすべての通りの構造耐力上主要な部分である部材の断面の形状，寸法及び仕様
			荷重・外力計算書	固定荷重の数値及びその算出方法
				各階又は各部分の用途ごとに積載荷重の数値及びその算出方法
				各階又は各部分の用途ごとに特殊な荷重の数値及びその算出方法

				積雪荷重の数値及びその算出方法
				風圧力の数値及びその算出方法
				地震力の数値及びその算出方法
				土圧，水圧その他考慮すべき荷重及び外力の数値及びそれらの算出方法
				略伏図上に記載した特殊な荷重の分布
			応力計算書（国土交通大臣が定める様式による応力図及び基礎反力図を含む。）	構造耐力上主要な部分である部材に生ずる力の数値及びその算出方法
				地震時(風圧力によって生ずる力が地震力によって生ずる力を上回る場合にあっては，暴風時)における柱が負担するせん断力及びその分担率並びに耐力壁又は筋かいが負担するせん断力及びその分担率
				国土交通大臣が定める様式による応力図及び基礎反力図に記載すべき事項
			断面計算書（国土交通大臣が定める様式による断面検定比図を含む。）	構造耐力上主要な部分である部材（接合部を含む。）の位置，部材に付す記号，部材断面の仕様，部材に生じる荷重の種別及び当該荷重が作用する方向
				構造耐力上主要な部分である部材（接合部を含む。）の軸方向，曲げ及びせん断の応力度
				構造耐力上主要な部分である部材（接合部を含む。）の軸方向，曲げ及びせん断の許容応力度
				構造耐力上主要な部分である部材（接合部を含む。）の応力度と許容応力度の比率
				国土交通大臣が定める様式による断面検定比図に記載すべき事項
			基礎ぐい等計算書	基礎ぐい，床版，小ばりその他の構造耐力上主要な部分である部材に関する構造計算の計算書
			使用上の支障に関する計算書	令第82条第四号に規定する構造計算の計算書
		令第82条の2関係	層間変形角計算書	層間変位の計算に用いる地震力
				地震力によって各階に生ずる水平方向の層間変位の算出方法
				各階及び各方向の層間変形角の算出方法
			層間変形角計算結果一覧表	各階及び各方向の層間変形角

				損傷が生ずるおそれのないことについての検証内容（層間変形角が1/200を超え1/120以内である場合に限る。）
		令第82条の4関係	使用構造材料一覧表	屋根ふき材，外装材及び屋外に面する帳壁に使用されるすべての材料の種別（規格がある場合にあっては，当該規格）及び使用部位
				使用する材料の許容応力度，許容耐力及び材料強度の数値及びそれらの算出方法
				使用する指定建築材料が法第37条の規定に基づく国土交通大臣の認定を受けたものである場合にあっては，その使用位置，形状及び寸法，当該構造計算において用いた許容応力度及び材料強度の数値並びに認定番号
			荷重・外力計算書	風圧力の数値及びその算出方法
			応力計算書	屋根ふき材及び屋外に面する帳壁に生ずる力の数値及びその算出方法
			屋根ふき材等計算書	令第82条の4に規定する構造計算の計算書
		令第82条の6関係	剛性率・偏心率等計算書	各階及び各方向の剛性率を計算する場合における層間変形角の算定に用いる層間変位の算出方法
				各階及び各方向の剛性率の算出方法
				各階の剛心周りのねじり剛性の算出方法
				各階及び各方向の偏心率の算出方法
				令第82条の6第三号の規定に基づき国土交通大臣が定める基準による計算の根拠
			剛性率・偏心率等計算結果一覧表	各階の剛性率及び偏心率
				令第82条の6第三号の規定に基づき国土交通大臣が定める基準に適合していること
(4)	令第81条第3項に規定する令第82条各号及び令第82条の4に定めるところによる構造計算により安全性を確かめた建築物	共通事項	構造計算チェックリスト	プログラムによる構造計算を行う場合において，申請に係る建築物が，当該プログラムによる構造計算によって安全性を確かめることのできる建築物の構造の種別，規模その他のプログラムの使用条件に適合するかどうかを照合するための事項
			使用構造材料一覧表	構造耐力上主要な部分である部材（接合部を含む。）に使用されるすべての材料の種別（規格がある場合にあっては，当該規格）及び使用部位
				使用する材料の許容応力度,許容耐力及び材料強度の数値並びにそれらの算出方法

				使用する指定建築材料が法第37条の規定に基づく国土交通大臣の認定を受けたものである場合にあっては，その使用位置，形状及び寸法，当該構造計算において用いた許容応力度及び材料強度の数値並びに認定番号
			特別な調査又は研究の結果等説明書	法第68条の25の規定に基づく国土交通大臣の認定を受けた構造方法等その他特殊な構造方法等が使用されている場合にあっては，その認定番号，使用条件及び内容
				特別な調査又は研究の結果に基づき構造計算が行われている場合にあっては，その検討内容
				構造計算の仮定及び計算結果の適切性に関する検討内容
		令第82条各号関係	基礎・地盤説明書（国土交通大臣があらかじめ適切であると認定した算出方法により基礎ぐいの許容支持力を算出する場合で当該認定に係る認定書の写しを添えた場合にあっては，当該算出方法に係る図書のうち国土交通大臣の指定したものを除く。）	地盤調査方法及びその結果
				地層構成，支持地盤及び建築物（地下部分を含む。）の位置
				地下水位（地階を有しない建築物に直接基礎を用いた場合を除く。）
				基礎の工法（地盤改良を含む。）の種別，位置，形状，寸法及び材料の種別
				構造計算において用いた支持層の位置，層の構成及び地盤調査の結果により設定した地盤の特性値
				地盤の許容応力度並びに基礎及び基礎ぐいの許容支持力の数値及びそれらの算出方法
			略伏図	各階の構造耐力上主要な部分である部材の種別，配置及び寸法並びに開口部の位置
			略軸組図	すべての通りの構造耐力上主要な部分である部材の種別，配置及び寸法並びに開口部の位置
			部材断面表	各階及びすべての通りの構造耐力上主要な部分である部材の断面の形状，寸法及び仕様
			荷重・外力計算書	固定荷重の数値及びその算出方法
				各階又は各部分の用途ごとに積載荷重の数値及びその算出方法
				各階又は各部分の用途ごとに特殊な荷重の数値及びその算出方法
				積雪荷重の数値及びその算出方法
				風圧力の数値及びその算出方法

				地震力の数値及びその算出方法
				土圧，水圧その他考慮すべき荷重及び外力の数値及びそれらの算出方法
				略伏図上に記載した特殊な荷重の分布
			応力計算書（国土交通大臣が定める様式による応力図及び基礎反力図を含む。）	構造耐力上主要な部分である部材に生ずる力の数値及びその算出方法
				地震時(風圧力によって生ずる力が地震力によって生ずる力を上回る場合にあっては，暴風時)における柱が負担するせん断力及びその分担率並びに耐力壁又は筋かいが負担するせん断力及びその分担率
				国土交通大臣が定める様式による応力図及び基礎反力図に記載すべき事項
			断面計算書（国土交通大臣が定める様式による断面検定比図を含む。）	構造耐力上主要な部分である部材（接合部を含む。）の位置，部材に付す記号，部材断面の仕様，部材に生じる荷重の種別及び当該荷重が作用する方向
				構造耐力上主要な部分である部材（接合部を含む。）の軸方向，曲げ及びせん断の応力度
				構造耐力上主要な部分である部材（接合部を含む。）の軸方向，曲げ及びせん断の許容応力度
				構造耐力上主要な部分である部材（接合部を含む。)の応力度と許容応力度の比率
				国土交通大臣が定める様式による断面検定比図に記載すべき事項
			基礎ぐい等計算書	基礎ぐい，床版，小ばりその他の構造耐力上主要な部分である部材に関する構造計算の計算書
			使用上の支障に関する計算書	令第82条第四号に規定する構造計算の計算書
		令第82条の4関係	使用構造材料一覧表	屋根ふき材，外装材及び屋外に面する帳壁に使用されるすべての材料の種別（規格がある場合にあっては，当該規格）及び使用部位
				使用する材料の許容応力度，許容耐力及び材料強度の数値及びそれらの算出方法
				使用する指定建築材料が法第37条の規定に基づく国土交通大臣の認定を受けたものである場合にあっては，その使用位置，形状及び寸法，当該構造計算において用いた許容応力度及び材料強度の数値並びに認定番号

荷重・外力計算書	風圧力の数値及びその算出方法
応力計算書	屋根ふき材及び屋外に面する帳壁に生ずる力の数値及びその算出方法
屋根ふき材等計算書	令第82条の4に規定する構造計算の計算書

構造計算書の作成に当たっては，次に掲げる事項について留意するものとする。
1　確認申請時に提出する構造計算書には通し頁を付すことその他の構造計算書の構成を識別できる措置を講じること。
2　建築物の構造等の実況に応じて，当該建築物の安全性を確かめるために必要な図書の追加，変更等を行うこと。
3　この表の略伏図及び略軸組図は，構造計算における架構の様相を示した図に代えることができるものとするほか，プログラムによる構造計算を行わない場合にあっては省略することができるものとする。

4

	(い)	(ろ)
(1)	壁，柱，床その他の建築物の部分の構造を法第2条第七号の認定を受けたものとする建築物	法第2条第七号に係る認定書の写し
(2)	壁，柱，床その他の建築物の部分の構造を法第2条第七号の二の認定を受けたものとする建築物	法第2条第七号の二に係る認定書の写し
(3)	建築物の外壁又は軒裏の構造を法第2条第八号の認定を受けたものとする建築物	法第2条第八号に係る認定書の写し
(4)	法第2条第九号の認定を受けたものとする建築材料を用いる建築物	法第2条第九号に係る認定書の写し
(5)	防火設備を法第2条第九号の二ロの認定を受けたものとする建築物	法第2条第九号の二ロに係る認定書の写し
(6)	法第20条第1項第一号の認定を受けたものとする構造方法を用いる建築物	法第20条第1項第一号に係る認定書の写し
(7)	法第20条第1項第二号イ及び第三号イの認定を受けたものとするプログラムによる構造計算によって安全性を確かめた建築物	法第20条第1項第二号イ及び第三号イに係る認定書の写し
(8)	主要構造部を法第21条第1項の認定を受けたものとする建築物	法第21条第1項に係る主要構造部に関する認定書の写し
(9)	壁等を法第21条第2項第二号の認定を受けたものとする建築物	法第21条第2項第二号に係る認定書の写し
(10)	屋根の構造を法第22条第1項の認定を受けたものとする建築物	法第22条第1項に係る認定書の写し
(11)	外壁で延焼のおそれのある部分の構造を法第23条の認定を受けたものとする建築物	法第23条に係る認定書の写し
(12)	主要構造部を法第27条第1項の認定を受けたものとする建築物	法第27条第1項に係る主要構造部に関する認定書の写し
(13)	防火設備を法第27条第1項の認定を受けたものとする建築物	法第27条第1項に係る防火設備に関する認定書の写し

(14)	法第28条の2第二号の認定を受けたものとする建築材料を用いる建築物	法第28条の2第二号に係る認定書の写し
(15)	界壁を法第30条第1項第一号の認定を受けたものとする建築物	法第30条第1項第一号に係る認定書の写し
(16)	天井を法第30条第2項の認定を受けたものとする建築物	法第30条第2項に係る認定書の写し
(17)	法第37条第二号の認定を受けたものとする建築材料を用いる建築物	法第37条第二号に係る認定書の写し
(18)	法第38条の認定を受けたものとする特殊の構造方法又は建築材料を用いる建築物	法第38条に係る認定書の写し
(19)	壁，柱，床その他の建築物の部分の構造を法第61条の認定を受けたものとする建築物	法第61条に係る建築物の部分に関する認定書の写し
(20)	防火設備を法第61条の認定を受けたものとする建築物	法第61条に係る防火設備に関する認定書の写し
(21)	屋根の構造を法第62条の認定を受けたものとする建築物	法第62条に係る認定書の写し
(22)	法第66条において準用する法第38条の認定を受けたものとする特殊の構造方法又は建築材料を用いる建築物	法第66条において準用する法第38条に係る認定書の写し
(23)	法第67条の2において準用する法第38条の認定を受けたものとする特殊の構造方法又は建築材料を用いる建築物	法第67条の2において準用する法第38条に係る認定書の写し
(24)	令第1条第五号の認定を受けたものとする建築材料を用いる建築物	令第1条第五号に係る認定書の写し
(25)	令第1条第六号の認定を受けたものとする建築材料を用いる建築物	令第1条第六号に係る認定書の写し
(26)	令第20条の7第1項第二号の表の認定を受けたものとする居室を有する建築物	令第20条の7第1項第二号の表に係る認定書の写し
(27)	令第20条の7第2項の認定を受けたものとする建築材料を用いる建築物	令第20条の7第2項に係る認定書の写し
(28)	令第20条の7第3項の認定を受けたものとする建築材料を用いる建築物	令第20条の7第3項に係る認定書の写し
(29)	令第20条の7第4項の認定を受けたものとする建築材料を用いる建築物	令第20条の7第4項に係る認定書の写し
(30)	令第20条の8第2項の認定を受けたものとする居室を有する建築物	令第20条の8第2項に係る認定書の写し
(31)	令第20条の9の認定を受けたものとする居室を有する建築物	令第20条の9に係る認定書の写し
(32)	床の構造を令第22条の認定を受けたものとする建築物	令第22条に係る認定書の写し
(33)	外壁，床及び屋根又はこれらの部分を令第22条の2第二号ロの認定を受けたものとする建築物	令第22条の2第二号ロに係る認定書の写し
(34)	特定天井の構造を令第39条第3項の認定を受けたものとする建築物	令第39条第3項に係る認定書の写し

(35)	令第46条第４項の表１の(8)項の認定を受けたものとする軸組を設置する建築物	令第46条第４項の表１の(8)項に係る認定書の写し
(36)	構造耐力上主要な部分である鋼材の接合を令第67条第１項の認定を受けたものとする接合方法による建築物	令第67条第１項に係る認定書の写し
(37)	構造耐力上主要な部分である継手又は仕口の構造を令第67条第２項の認定を受けたものとする建築物	令第67条第２項に係る認定書の写し
(38)	令第68条第３項の認定を受けたものとする高力ボルト接合を用いる建築物	令第68条第３項に係る認定書の写し
(39)	令第70条に規定する国土交通大臣が定める場合において，当該建築物の柱の構造を令第70条の認定を受けたものとする建築物	令第70条に係る認定書の写し
(40)	鉄筋に対するコンクリートのかぶり厚さを令第79条第２項の認定を受けたものとする建築物	令第79条第２項に係る認定書の写し
(41)	鉄骨に対するコンクリートのかぶり厚さを令第79条の３第２項の認定を受けたものとする建築物	令第79条の３第２項に係る認定書の写し
(42)	主要構造部を令第108条の３第１項第二号の認定を受けたものとする建築物	令第108条の３第１項第二号に係る認定書の写し
(43)	防火設備を令第108条の３第４項の認定を受けたものとする建築物	令第108条の３第４項に係る認定書の写し
(44)	屋根の延焼のおそれのある部分の構造を令第109条の３第一号の認定を受けたものとする建築物	令第109条の３第一号に係る認定書の写し
(45)	床又はその直下の天井の構造を令第109条の３第二号ハの認定を受けたものとする建築物	令第109条の３第二号ハに係る認定書の写し
(46)	防火設備を令第112条第１項の認定を受けたものとする建築物	令第112条第１項に係る認定書の写し
(47)	主要構造部である壁，柱，床，はり及び屋根の軒裏の構造を令第112条第２項の認定を受けたものとする建築物	令第112条第２項に係る認定書の写し
(48)	建築物の部分の構造を令第112条第３項の認定を受けたものとする建築物	令112条第３項に係る認定書の写し
(49)	天井を令第112条第４項第一号の認定を受けたものとする建築物	令第112条第４項第一号に係る認定書の写し
(50)	防火設備を令第112条第12項ただし書の認定を受けたものとする建築物	令第112条第12項ただし書に係る認定書の写し
(51)	防火設備を令第112条第19項第一号の認定を受けたものとする建築物	令第112条第19項第一号に係る認定書の写し
(52)	防火設備又は戸を令第112条第19項第二号の認定を受けたものとする建築物	令第112条第19項第二号に係る認定書の写し
(53)	防火設備を令第112条第21項の認定を受けたものとする建築物	令第112条第21項に係る認定書の写し
(54)	防火設備を令第114条第５項において読み替えて準用する令第112条第21項の認定を受けたものとする建築物	令第114条第５項において読み替えて準用する令第112条第21項に係る認定書の写し

	(い)	(ろ)
(55)	床の構造を令第115条の２第１項第四号の認定を受けたものとする建築物	令第115条の２第１項第四号に係る認定書の写し
(56)	階段室又は付室の構造を令第123条第３項第二号の認定を受けたものとする建築物	令第123条第３項第二号に係る認定書の写し
(57)	防火設備を令第126条の２第２項第一号の認定を受けたものとする建築物	令第126条の２第２項第一号に係る認定書の写し
(58)	通路その他の部分を令第126条の６第三号の認定を受けたものとする建築物	令第126条の６第三号に係る認定書の写し
(59)	令第128条の６第１項の認定を受けたものとする区画部分を有する建築物	令第128条の６第１項に係る認定書の写し
(60)	令第129条第１項の認定を受けたものとする階を有する建築物	令第129条第１項に係る認定書の写し
(61)	令第129条の２第１項の認定を受けたものとする建築物	令第129条の２第１項に係る認定書の写し
(62)	防火設備を令第129条の13の２第三号の認定を受けたものとする建築物	令第129条の13の２第三号に係る認定書の写し
(63)	防火設備を令第137条の10第四号の認定を受けたものとする建築物	令第137条の10第四号に係る認定書の写し
(64)	防火設備を令第145条第１項第二号の認定を受けたものとする建築物	令第145条第１項第二号に係る認定書の写し
(65)	第１条の３第１項第一号イ又は同号ロ(1)若しくは(2)又は同項の表３の各項の認定を受けたものとする建築物又は建築物の部分	第１条の３第１項第一号イ又は同号ロ(1)若しくは(2)に係る認定書の写し
(66)	構造耐力上主要な部分である壁及び床版の構造を第8条の３の認定を受けたものとする建築物	第８条の３に係る認定書の写し

5

	(い)	(ろ)
(1)	主要構造部を法第２条第九号のニイ(2)に該当する構造とする建築物（令第108条の３第１項第一号に該当するものに限る。）	1　令第108条の３第１項第一号の耐火性能検証法により検証をした際の計算書 2　当該建築物の開口部が令第108条の３第４項の防火区画検証法により検証をしたものである場合にあっては，当該検証をした際の計算書
(2)	令第38条第４項，令第43条第１項ただし書，同条第２項ただし書，令第46条第２項第一号ハ，同条第３項ただし書，令第48条第１項第二号ただし書，令第51条第１項ただし書，令第62条の８ただし書，令第73条第３項ただし書，令第77条第五号ただし書又は令第77条の２第１項ただし書の構造計算により安全性を確かめた建築物	(い)欄に掲げる規定にそれぞれ規定する構造計算の計算書

(3)	令第70条に規定する国土交通大臣が定める場合に該当しないとする建築物	一の柱のみの火熱による耐力の低下によって建築物全体が容易に倒壊するおそれのあるものではないことを証する図書
(4)	令第128条の６第１項の区画避難安全検証法により区画避難安全性能を有することを確かめた区画部分を有する建築物	令第128条の６第１項の区画避難安全検証法により検証をした際の計算書
(5)	令第129条第１項の階避難安全検証法により階避難安全性能を有することを確かめた階を有する建築物	令第129条第１項の階避難安全検証法により検証をした際の計算書
(6)	令第129条の２第１項の全館避難安全検証法により全館避難安全性能を有することを確かめた建築物	令第129条の２第１項の全館避難安全検証法により検証をした際の計算書

2　法第86条の７各項の規定によりそれぞれ当該各項に規定する増築，改築，移転，大規模の修繕又は大規模の模様替をする建築物に係る確認の申請書にあっては，前項の表１の(い)項に掲げる図書に当該各項に規定する規定が適用されない旨を明示することとする。

3　法第86条の８第１項若しくは法第87条の２第１項の認定（以下「全体計画認定」という。）又は法第86条の８第３項（法第87条の２第２項において準用する場合を含む。）の規定による変更の認定（以下「全体計画変更認定」という。）を受けた建築物に係る確認の申請書にあっては，別記第67号の５様式による全体計画認定通知書又は全体計画変更認定通知書及び添付図書の写しを添えるものとする。

4　法第６条第１項の規定による確認の申請に係る建築物の計画に建築設備に係る部分が含まれる場合においては，同項の規定による確認の申請書は，次の各号に掲げる図書及び書類とする。

一　別記第２号様式による正本１通及び副本１通に，それぞれ，次に掲げる図書及び書類を添えたもの（正本に添える図書にあっては，当該図書の設計者の氏名が記載されたものに限る。）。

イ　第１項第一号イ及びロに掲げる図書及び書類

ロ　申請に係る建築物の計画に法第87条の４の昇降機に係る部分が含まれる場合又は法第６条第１項第一号から第三号までに掲げる建築物の計画に令第146条第１項第三号に掲げる建築設備に係る部分が含まれる場合にあっては，別記第８号様式中の「昇降機の概要の欄」又は「建築設備の概要の欄」に記載すべき事項を記載した書類

ハ　申請に係る建築物の計画に含まれる建築設備が次の(1)及び(2)に掲げる建築設備である場合にあっては，それぞれ当該(1)及び(2)に定める図書及び書類

(1)　次の表１の各項の(い)欄に掲げる建築設備　　当該各項の(ろ)欄に掲げる図書

(2)　次の表２の各項の(い)欄に掲げる建築設備　　当該各項の(ろ)欄に掲げる書類（建築主事が，当該書類を有していないことその他の理由により，提出を求める場合に限る。）

二　別記第３号様式による建築計画概要書

三　代理者によって確認の申請を行う場合にあっては，委任状又はその写し

四　申請に係る建築物が建築士により構造計算によってその安全性を確かめられたものである場合にあっては，証明書の写し

1

(い)		(ろ)	
		図書の種類	明示すべき事項
(1)	法第28条第２項から第４項までの規定が適用される換気設備	各階平面図	居室に設ける換気のための窓その他の開口部の位置及び面積
			給気機又は給気口の位置
			排気機若しくは排気口，排気筒又は煙突の位置
			かまど，こんろその他設備器具の位置，種別及び発熱量
			火を使用する室に関する換気経路
			中央管理室の位置
		２面以上の断面図	給気機又は給気口の位置
			排気機若しくは排気口，排気筒又は煙突の位置
		換気設備の仕様書	換気設備の有効換気量
			中央管理方式の空気調和設備の有効換気量
		換気設備の構造詳細図	火を使用する設備又は器具の近くの排気フードの材料の種別
		給気口及び排気口の有効開口面積等を算出した際の計算書	給気口の有効開口面積又は給気筒の有効断面積及びその算出方法
			排気口の有効開口面積又は排気筒の有効断面積及びその算出方法
			必要有効断面積及びその算出方法
			煙突の有効断面積及びその算出方法
			給気口の中心から排気筒の頂部の外気に開放された部分の中心までの高さ
		必要有効換気量を算出した際の計算書	必要有効換気量及びその算出方法
(2)	法第28条の２第三号の規定が適用される換気設備	各階平面図	中央管理室の位置
			令第20条の７第１項第二号の表及び令第20条の８第２項に規定するホルムアルデヒドの発散による衛生上の支障がないようにするために必要な換気を確保することができる居室の構造方法
		換気設備の構造詳細図	令第20条の７第１項第二号の表及び令第20条の８第２項に規定するホルムアルデヒドの発散による衛生上の支障がないようにするために必要な換気を確保することができる居室の構造方法
			令第20条の８第１項第一号イ(3)，ロ(3)及びハに規定するホルムアルデヒドの発散による衛生上の支障がないようにするために必要な換気を確保することができる換気設備の構造方法

		給気機又は排気機の給気又は排気能力を算定した際の計算書	給気機又は排気機の給気又は排気能力及びその算出方法
			換気経路の全圧力損失(直管部損失,局部損失,諸機器その他における圧力損失の合計をいう。)及びその算出方法
(3)	法第31条第1項の規定が適用される便所	配置図	排水ます及び公共下水道の位置
(4)	法第31条第2項の規定が適用される屎尿浄化槽又は合併処理浄化槽(以下この項において「浄化槽」という。)	配置図	浄化槽の位置及び当該浄化槽からの放流水の放流先又は放流方法
		浄化槽の仕様書	浄化槽の汚物処理性能
			浄化槽の処理対象人員及びその算出方法
			浄化槽の処理方式
			浄化槽の各槽の有効容量
		浄化槽の構造詳細図	浄化槽の構造
(5)	法第32条の規定が適用される電気設備	各階平面図	常用の電源及び予備電源の種類及び位置
			非常用の照明装置及び予備電源を有する照明設備の位置
		電気設備の構造詳細図	受電設備の電気配線の状況
			常用の電源及び予備電源の種類及び構造
			予備電源に係る負荷機器の電気配線の状況
			ガス漏れを検知し,警報する設備(以下「ガス漏れ警報設備」という。)に係る電気配線の構造
		予備電源の容量を算出した際の計算書	予備電源の容量及びその算出方法
(6)	法第33条の規定が適用される避雷設備	付近見取図	建築物の周囲の状況
		2面以上の立面図	建築物の高さが20mを超える部分
			雷撃から保護される範囲
			受雷部システムの配置
		小屋伏図	受雷部システムの配置
		避雷設備の構造詳細図	雨水等により腐食のおそれのある避雷設備の部分
			日本産業規格 A4201—1992又は日本産業規格 A4201—2003の別
			受雷部システム及び引下げ導線の位置及び構造
			接地極の位置及び構造
		避雷設備の使用材料表	腐食しにくい材料を用い,又は有効な腐食防止のための措置を講じた避雷設備の部分

(7)	法第34条第1項の規定が適用される昇降機		各階平面図	昇降機の昇降路の周壁及び開口部の位置
			昇降機の構造詳細図	昇降機の昇降路の周壁及び開口部の構造
(8)	法第34条第2項の規定が適用される非常用の昇降機		各階平面図	非常用の昇降機の位置
(9)	法第35条の規定が適用される建築設備	令第5章第3節の規定が適用される排煙設備	各階平面図	排煙の方法及び火災が発生した場合に避難上支障のある高さまで煙又はガスの降下が生じない建築物の部分
				令第116条の2第1項第二号に該当する窓その他の開口部の位置
				防火区画及び令第126条の2第1項に規定する防煙壁による区画の位置
				排煙口の位置
				排煙風道の配置
				排煙口に設ける手動開放装置の使用方法を表示する位置
				排煙口の開口面積又は排煙機の位置
				法第34条第2項に規定する建築物又は各構えの床面積が1,000m²を超える地下街に設ける排煙設備の制御及び作動状態の監視を行うことができる中央管理室の位置
				予備電源の位置
				不燃性ガス消火設備又は粉末消火設備の位置
				給気口を設けた付室（以下「給気室」という。）及び直通階段の位置
				給気口から給気室に通ずる建築物の部分に設ける開口部（排煙口を除く。）に設ける戸の構造
			床面積求積図	防火区画及び令第126条の2第1項に規定する防煙壁による区画の面積の求積に必要な建築物の各部分の寸法及び算式
			2面以上の断面図	排煙口に設ける手動開放装置の位置
				排煙口及び当該排煙口に係る防煙区画部分に設けられた防煙壁の位置
				給気口の位置
				給気口の開口面積及び給気室の開口部の開口面積
			使用建築材料表	建築物の壁及び天井の室内に面する部分の仕上げに用いる建築材料の種別
			排煙設備の構造詳細図	排煙口の構造
				排煙口に設ける手動開放装置の使用方法

				排煙風道の構造
				排煙設備の電気配線に用いる配線の種別
				給気室の構造
			排煙機の空気を排出する能力を算出した際の計算書	排煙機の空気を排出する能力及びその算出方法
			排煙設備の使用材料表	排煙設備の給気口の風道に用いる材料の種別
			令第126条の２第２項第二号の規定に適合することの確認に必要な図書	令第126条の２第２項第二号に規定する構造方法への適合性審査に必要な事項
		令第5章第4節の規定が適用される非常用の照明装置	各階平面図	照明装置の位置及び構造
				非常用の照明装置によって，床面において1lx以上の照度を確保することができる範囲
		令第5章第6節の規定が適用される非常用の照明設備，排煙設備及び排水設備	非常用の照明設備の構造詳細図	照度
				照明設備の構造
				照明器具の位置及び材料の種別
			非常用の排煙設備の構造詳細図	地下道の床面積
				垂れ壁の材料の種別
				排煙設備の構造，配置及び材料の種別
				排煙口の手動開放装置の構造及び位置
				排煙機の能力
			地下道の床面積求積図	床面積の求積に必要な地下道の各部分の寸法及び算式
			非常用の排水設備の構造詳細図	排水設備の構造及び材料の種別
				排水設備の能力
⑽	法第36条の規定が適用される建築設備	令第129条の2の3第二号に関する規定が適用される昇降機以外の建築設備	構造詳細図	昇降機以外の建築設備の構造方法
		令第28条から第31条まで，第33条及び第34条に関する規定が適用される便所	配置図	くみ取便所の便槽及び井戸の位置
			各階平面図	便所に設ける採光及び換気のため直接外気に接する窓の位置又は当該窓に代わる設備の位置及び構造

			便所の構造詳細図	屎尿に接するくみ取便所の部分
				くみ取便所の便器及び小便器から便槽までの汚水管の構造
				水洗便所以外の大便所に設ける窓その他換気のための開口部の構造
				便槽の種類及び構造
				改良便槽の貯留槽に設ける掃除するための穴の位置及び構造
				くみ取便所に講じる防水モルタル塗その他これに類する防水の措置
				くみ取便所のくみ取口の位置及び構造
			便所の断面図	改良便槽の貯留槽の構造
				汚水の温度の低下を防止するための措置
			便所の使用材料表	便器及び小便器から便槽までの汚水管に用いる材料の種別
				耐水材料で造り，防水モルタル塗その他これに類する有効な防水の措置を講じる便槽の部分
			井戸の断面図	令第34条ただし書の適用に係る井戸の構造
			井戸の使用材料表	令第34条ただし書の適用に係る井戸の不浸透質で造られている部分
		令第115条の規定が適用される煙突	各階平面図	煙突の位置及び構造
			2面以上の立面図	煙突の位置及び高さ
			2面以上の断面図	煙突の位置及び構造
		令第129条の2の4の規定が適用される配管設備	配置図	建築物の外部の給水タンク等の位置
				配管設備の種別及び配置
				給水タンク及び貯水タンク（以下「給水タンク等」という。）からくみ取便所の便槽，浄化槽，排水管（給水タンク等の水抜管又はオーバーフロー管に接続する管を除く。），ガソリンタンクその他衛生上有害な物の貯留槽又は処理に供する施設までの水平距離（給水タンク等の底が地盤面下にある場合に限る。）
			各階平面図	配管設備の種別及び配置
				給水管，配電管その他の管が防火区画等を貫通する部分の位置及び構造
				給水タンク等の位置及び構造
				建築物の内部，屋上又は最下階の床下に設ける給水タンク等の周辺の状況

				ガス栓及びガス漏れ警報設備の位置
			2面以上の断面図	給水管，配電管その他の管が防火区画等を貫通する部分の構造
				給水タンク等の位置及び構造
				建築物の内部，屋上又は最下階の床下に設ける給水タンク等の周辺の状況
				ガス漏れ警報設備を設けた場合にあっては，当該設備及びガス栓の位置
			配管設備の仕様書	腐食するおそれのある部分及び当該部分の材料に応じ腐食防止のために講じた措置
				圧力タンク及び給湯設備に設ける安全装置の種別
				水槽，流しその他水を入れ，又は受ける設備に給水する飲料水の配管設備の水栓の開口部に講じた水の逆流防止のための措置
				給水管の凍結による破壊のおそれのある部分及び当該部分に講じた防凍のための措置
				金属製の給水タンク等に講じたさび止めのための措置
				給水管に講じたウォーターハンマー防止のための措置
				ガス栓の金属管等への接合方法
				ガスが過流出した場合に自動的にガスの流出を停止することができる機構の種別
				排水トラップの深さ及び汚水に含まれる汚物等が付着又は沈殿しない措置
			配管設備の構造詳細図	飲料水の配管設備に設ける活性炭等の濾材その他これに類するものを内蔵した装置の位置及び構造
				給水タンク等の構造
				排水槽の構造
				阻集器の位置及び構造
				ガス漏れ警報設備の構造
			配管設備の系統図	配管設備の種類，配置及び構造
				配管設備の末端の連結先
				給水管，配電管その他の管が防火区画等を貫通する部分の位置
				給水管の止水弁の位置
				排水トラップ，通気管等の位置

		排水のための配管設備の容量及び傾斜を算出した際の計算書		排水のための配管設備の容量及び傾斜並びにそれらの算出方法
		配管設備の使用材料表		配管設備に用いる材料の種別
		風道の構造詳細図		風道の構造
				防火設備及び特定防火設備の位置
	令第129条の2の5の規定が適用される換気設備	各階平面図		給気口又は給気機の位置
				排気口若しくは排気機又は排気筒の位置
		2面以上の断面図		給気口又は給気機の位置
				排気口若しくは排気機又は排気筒の位置
		換気設備の構造詳細図		排気筒の立上り部分及び頂部の構造
				給気機の外気取入口，給気口及び排気口並びに排気筒の頂部に設ける雨水の浸入又はねずみ，虫，ほこりその他衛生上有害なものの侵入を防ぐための設備の構造
				直接外気に開放された給気口又は排気口に換気扇を設けた換気設備の外気の流れによって著しく換気能力が低下しない構造
				中央管理方式の空気調和設備の空気浄化装置に設ける濾過材，フィルターその他これらに類するものの構造
		中央管理方式の空気調和設備の給気機又は排気機の給気又は排気能力を算出した際の計算書		中央管理方式の空気調和設備の給気機又は排気機の給気又は排気能力及びその算出方法
				換気経路の全圧力損失(直管部損失，局部損失，諸機器その他における圧力損失の合計をいう。) 及びその算出方法
		換気設備の使用材料表		風道に用いる材料の種別
	令第129条の2の6の規定が適用される冷却塔設備	各階平面図		冷却塔設備から建築物の他の部分までの距離
		2面以上の断面図		冷却塔設備から建築物の他の部分までの距離
		冷却塔設備の仕様書		冷却塔設備の容量
		冷却塔設備の使用材料表		冷却塔設備の主要な部分に用いる材料の種別
	令第129条の3第1項第一号及	各階平面図		エレベーターの機械室に設ける換気上有効な開口部又は換気設備の位置

び第2項第一号並びに第129条の4から第129条の11までの規定が適用されるエレベーター		エレベーターの機械室の出入口の構造
		エレベーターの機械室に通ずる階段の構造
		エレベーター昇降路の壁又は囲いの全部又は一部を有さない部分の構造
	床面積求積図	エレベーターの機械室の床面積及び昇降路の水平投影面積の求積に必要な建築物の各部分の寸法及び算式
	エレベーターの仕様書	乗用エレベーター及び寝台用エレベーターである場合にあっては，エレベーターの用途及び積載量並びに最大定員
		昇降行程
		エレベーターのかごの定格速度
		保守点検の内容
	エレベーターの構造詳細図	エレベーターのかごの構造
		エレベーターの主要な支持部分の位置及び構造
		エレベーターの釣合おもりの構造
		エレベーターのかご及び昇降路の壁又は囲い及び出入口の戸の位置及び構造
		非常の場合においてかご内の人を安全にかご外に救出することができる開口部の位置及び構造
		エレベーターの駆動装置及び制御器の位置及び取付方法
		エレベーターの制御器の構造
		エレベーターの安全装置の位置及び構造
		乗用エレベーター及び寝台用エレベーターである場合にあっては，エレベーターの用途及び積載量並びに最大定員を明示した標識の意匠及び当該標識を掲示する位置
	エレベーターのかご，昇降路及び機械室の断面図	乗用エレベーター及び寝台用エレベーターである場合にあっては，出入口の床先とかごの床先との水平距離及びかごの床先と昇降路の壁との水平距離
		エレベーターの昇降路内の突出物の種別，位置及び構造
		エレベーターの機械室の床面から天井又ははりの下端までの垂直距離
		エレベーターの機械室に通ずる階段の構造
	エレベーター強度検証法により検証した際の計算書	固定荷重及び積載荷重によって主要な支持部分等に生ずる力
		主要な支持部分等の断面に生ずる常時及び安全装置作動時の各応力度

				主要な支持部分等の材料の破壊強度を安全率で除して求めた許容応力度
				独立してかごを支え、又は吊ることができる部分の材料の破断強度を限界安全率で除して求めた限界の許容応力度
			エレベーターの荷重を算出した際の計算書	エレベーターの各部の固定荷重
				エレベーターのかごの積載荷重及びその算出方法
				エレベーターのかごの床面積
			令第129条の4第3項第六号又は第七号の規定に適合することの確認に必要な図書	令第129条の4第3項第六号の構造計算の結果及びその算出方法
				令第129条の4第3項第七号の構造計算の結果及びその算出方法
			エレベーターの使用材料表	エレベーターのかご及び昇降路の壁又は囲い及び出入口の戸（構造上軽微な部分を除く。）に用いる材料の種別
				エレベーターの機械室の出入口に用いる材料
		令第129条の3第1項第二号及び第2項第二号並びに第129条の12の規定が適用されるエスカレーター	各階平面図	エスカレーターの位置
			エスカレーターの仕様書	エスカレーターの勾配及び揚程
				エスカレーターの踏段の定格速度
				保守点検の内容
			エスカレーターの構造詳細図	通常の使用状態において人又は物が挟まれ、又は障害物に衝突することがないようにするための措置
				エスカレーターの踏段の構造
				エスカレーターの取付け部分の構造方法
				エスカレーターの主要な支持部分の位置及び構造
				エスカレーターの制動装置の構造
				昇降口において踏段の昇降を停止させることができる装置の構造
			エスカレーターの断面図	エスカレーターの踏段の両側に設ける手すりの構造
				エスカレーターの踏段の幅及び踏段の端から当該踏段の端の側にある手すりの上端部及び中心までの水平距離
			エスカレーター強度検証法により検証した際の計算書	固定荷重及び積載荷重によって主要な支持部分等に生ずる力
				主要な支持部分等の断面に生ずる常時及び安全装置作動時の各応力度

462

				主要な支持部分等の材料の破壊強度を安全率で除して求めた許容応力度
				独立して踏段を支え，又は吊ることができる部分の材料の破断強度を限界安全率で除して求めた限界の許容応力度
			エスカレーターの荷重を算出した際の計算書	エスカレーターの各部の固定荷重
				エスカレーターの踏段の積載荷重及びその算出方法
				エスカレーターの踏段面の水平投影面積
	令第129条の3第1項第三号及び第2項第三号並びに第129条の13の規定が適用される小荷物専用昇降機	各階平面図	小荷物専用昇降機の昇降路の壁又は囲い及び出し入れ口の戸の位置
		小荷物専用昇降機の構造詳細図	小荷物専用昇降機の昇降路の壁又は囲い及び出し入れ口の戸の構造
			小荷物専用昇降機の安全装置の位置及び構造
			かごの構造
		小荷物専用昇降機の使用材料表	小荷物専用昇降機の昇降路の壁又は囲い及び出し入れ口の戸に用いる材料の種別
	令第129条の13の2及び第129条の13の3の規定が適用される非常用エレベーター	各階平面図	非常用エレベーターの配置
			高さ31mを超える建築物の部分の階の用途
			非常用エレベーターの乗降ロビーの位置
			バルコニーの位置
			非常用の乗降ロビーの出入口（特別避難階段の階段室に通ずる出入口及び昇降路の出入口を除く。）に設ける特定防火設備
			非常用エレベーターの乗降ロビーの床及び壁（窓若しくは排煙設備又は出入口を除く。）の構造
			予備電源を有する照明設備の位置
			屋内消火栓，連結送水管の放水口，非常コンセント設備等の消火設備を設置できる非常用エレベーターの乗降ロビーの部分
			非常用エレベーターの積載量及び最大定員
			非常用エレベーターである旨，避難階における避難経路その他避難上必要な事項を明示した標識を掲示する位置
			非常用エレベーターを非常の用に供している場合においてその旨を明示することができる表示灯その他これに類するものの位置
			非常用エレベーターの昇降路の床及び壁（乗降ロビーに通ずる出入口及び機械室に通ずる鋼索，電線その他のものの周囲を除く。）の構造

463

			避難階における非常用エレベーターの昇降路の出入口又は令第129条の13の3第3項に規定する構造の乗降ロビーの出入口から屋外への出口（道又は道に通ずる幅員4m以上の通路，空地その他これらに類するものに接しているものに限る。）の位置
			避難階における非常用エレベーターの昇降路の出入口又は令第129条の13の3第3項に規定する構造の乗降ロビーの出入口から屋外への出口（道又は道に通ずる幅員4m以上の通路，空地その他これらに類するものに接しているものに限る。）の一に至る歩行距離
		床面積求積図	非常用エレベーターの乗降ロビーの床面積の求積に必要な建築物の各部分の寸法及び算式
		2面以上の断面図	建築物の高さが31mとなる位置
		エレベーターの仕様書	非常用エレベーターのかごの積載量
		エレベーターの構造詳細図	非常用エレベーターのかご及びその出入口の寸法
			非常用エレベーターのかごを呼び戻す装置の位置
			非常用エレベーターのかご内と中央管理室とを連絡する電話装置の位置
			非常用エレベーターのかごの戸を開いたままかごを昇降させることができる装置及び予備電源の位置
			非常用エレベーターの予備電源の位置
		エレベーターの使用材料表	非常用エレベーターの乗降ロビーの室内に面する部分の仕上げ及び下地に用いる材料の種別
		令第129条の13の3第13項の規定に適合することの確認に必要な図書	令第129条の13の3第13項に規定する構造方法への適合性審査に必要な事項
(11)	高圧ガス保安法（昭和26年法律第204号）第24条の規定が適用される家庭用設備	各階平面図	一般高圧ガス保安規則（昭和41年通商産業省令第53号）第52条に規定する燃焼器に接続する配管の配置
			一般高圧ガス保安規則第52条に規定する家庭用設備の位置
		家庭用設備の構造詳細図	閉止弁と燃焼器との間の配管の構造
			硬質管以外の管と硬質管とを接続する部分の締付状況

(12)	ガス事業法（昭和29年法律第51号）第162条の規定が適用される消費機器	各階平面図	ガス事業法施行規則（昭和45年通商産業省令第97号）第202条第一号に規定する燃焼器（以下この項において単に「燃焼器」という。）の排気筒又は排気フードの位置
			給気口その他給気上有効な開口部の位置及び構造
			密閉燃焼式の燃焼器の給排気部の位置及び構造
		２面以上の断面図	燃焼器の排気筒の高さ
			燃焼器の排気筒又は密閉燃焼式の燃焼器の給排気部が外壁を貫通する箇所の構造
		消費機器の仕様書	燃焼器の種類
			ガスの消費量
			燃焼器出口の排気ガスの温度
			ガス事業法施行規則第21条に規定する建物区分（以下この項において単に「建物区分」という。）のうち特定地下街等又は特定地下室等に設置する燃焼器と接続するガス栓における過流出安全機構の有無
			ガス事業法施行規則第108条第十号に規定する自動ガス遮断装置の有無
			ガス事業法施行規則第202条第十号に規定するガス漏れ警報器の有無
		消費機器の構造詳細図	燃焼器の排気筒の構造及び取付状況
			燃焼器の排気筒を構成する各部の接続部並びに排気筒及び排気扇の接続部の取付状況
			燃焼器と直接接続する排気扇と燃焼器との取付状況
			密閉燃焼式の燃焼器の給排気部(排気に係るものに限る。)を構成する各部の接続部並びに給排気部及び燃焼器のケーシングの接続部の取付状況
			燃焼器の排気筒に接続する排気扇が停止した場合に燃焼器へのガスの供給を自動的に遮断する装置の位置
			建物区分のうち特定地下街等又は特定地下室等に設置する燃焼器とガス栓との接続状況
		消費機器の使用材料表	燃焼器の排気筒に用いる材料の種別
			燃焼器の排気筒に接続する排気扇に用いる材料の種別
			密閉燃焼式の燃焼器の給排気部（排気に係るものに限る。）に用いる材料の種別
(13)	水道法(昭和32年法律第177号）第16条の規定が適用さ	給水装置の構造詳細図	水道法第16条に規定する給水装置（以下この項において単に「給水装置」という。）の構造

465

		給水装置の使用材料表	給水装置の材質
(14)	下水道法（昭和33年法律第79号）第10条第1項の規定が適用される排水設備	配置図	下水道法第10条第1項に規定する排水設備（以下この項において単に「排水設備」という。）の位置
		排水設備の構造詳細図	排水設備の構造
(15)	下水道法第25条の2の規定が適用される排水施設	配置図	下水道法第25条の2に規定する排水施設(以下この項において単に「排水施設」という。)の配置
		下水道法第25条の2の条例の規定に適合することの確認に必要な図書	当該条例で定められた基準に係る排水設備に関する事項
(16)	下水道法第30条第1項の規定が適用される排水施設	配置図	下水道法第30条第1項に規定する排水施設（以下この項において単に「排水施設」という。）の位置
		排水施設の構造詳細図	排水施設の構造
(17)	液化石油ガスの保安の確保及び取引の適正化に関する法律（昭和42年法律第149号）第38条の2の規定が適用される供給設備及び消費設備	配置図	液化石油ガスの保安の確保及び取引の適正化に関する法律施行規則（平成9年通商産業省令第11号）第18条第一号に規定する貯蔵設備及び同条第三号に規定する貯槽並びに同令第1条第2項第六号に規定する第一種保安物件及び同項第七号に規定する第二種保安物件の位置
			供給管の配置
		供給設備の仕様書	貯蔵設備の貯蔵能力
			貯蔵設備，気化装置及び調整器が供給しうる液化石油ガスの数量
			一般消費者等の液化石油ガスの最大消費数量
		供給設備の構造詳細図	貯蔵設備の構造
			バルブ，集合装置，気化装置，供給管及びガス栓の構造
		供給設備の使用材料表	貯蔵設備に用いる材料の種別
		消費設備の構造詳細図	消費設備の構造
(18)	浄化槽法（昭和58年法律第43号）第3条の2第1項の規定が適用される浄化槽	配置図	浄化槽法第3条の2第1項に規定する浄化槽からの放流水の放流先又は放流方法

⒆	特定都市河川浸水被害対策法（平成15年法律第77号）第10条の規定が適用される排水設備	配置図	特定都市河川浸水被害対策法第10条に規定する排水設備（以下この項において単に「排水設備」という。）の配置
		特定都市河川浸水被害対策法第10条の条例の規定に適合することの確認に必要な図書	当該条例で定められた基準に係る排水設備に関する事項

2

	(い)	(ろ)
⑴	法第31条第2項の認定を受けたものとする構造の屎尿浄化槽	法第31条第2項に係る認定書の写し
⑵	令第20条の2第1項第一号ニの認定を受けたものとする構造の換気設備	令第20条の2第1項第一号ニに係る認定書の写し
⑶	令第20条の3第2項第一号ロの認定を受けたものとする構造の換気設備	令第20条の3第2項第一号ロに係る認定書の写し
⑷	令第20条の8第1項第一号ロ⑴の認定を受けたものとする構造の居室内の空気を浄化して供給する方式を用いる機械換気設備	令第20条の8第1項第一号ロ⑴に係る認定書の写し
⑸	令第20条の8第1項第一号ハの認定を受けたものとする構造の中央管理方式の空気調和設備	令第20条の8第1項第一号ハに係る認定書の写し
⑹	令第29条の認定を受けたものとする構造のくみ取便所	令第29条に係る認定書の写し
⑺	令第30条第1項の認定を受けたものとする構造の特殊建築物及び特定区域の便所	令第30条第1項に係る認定書の写し
⑻	令第35条第1項の認定を受けたものとする構造の合併処理浄化槽	令第35条第1項に係る認定書の写し
⑼	令第115条第1項第三号ロに規定する認定を受けたものとする構造の煙突	令第115条第1項第三号ロに係る認定書の写し
⑽	令第126条の5第二号の認定を受けたものとする構造の非常用の照明装置	令第126条の5第二号に係る認定書の写し
⑾	令第129条の2の4第1項第三号ただし書の認定を受けたものとする構造の昇降機の昇降路内に設ける配管設備	令第129条の2の4第1項第三号ただし書に係る認定書の写し
⑿	令第129条の2の4第1項第七号ハの認定を受けたものとする構造の防火区画等を貫通する管	令第129条の2の4第1項第七号ハに係る認定書の写し
⒀	令第129条の2の4第2項第三号の認定を受けたものとする構造の飲料水の配管設備	令第129条の2の4第2項第三号に係る認定書の写し
⒁	令第129条の2の6第三号の認定を受けたものとする構造の冷却塔設備	令第129条の2の6第三号に係る認定書の写し
⒂	令第129条の4第1項第三号の認定を受けたものとする構造のかご及び主要な支持部分を有するエレベーター	令第129条の4第1項第三号に係る認定書の写し

(16)	令第129条の８第２項の認定を受けたものとする構造の制御器を有するエレベーター	令第129条の８第２項に係る認定書の写し
(17)	令第129条の10第２項の認定を受けたものとする構造の制動装置を有するエレベーター	令第129条の10第２項に係る認定書の写し
(18)	令第129条の10第４項の認定を受けたものとする構造の安全装置を有するエレベーター	令第129条の10第４項に係る認定書の写し
(19)	令第129条の12第１項第六号の認定を受けたものとする構造のエスカレーター	令第129条の12第１項第六号に係る認定書の写し
(20)	令第129条の12第２項において準用する令第129条の４第１項第三号の認定を受けたものとする構造の踏段及び主要な支持部分を有するエスカレーター	令第129条の12第２項において準用する令第129条の４第１項第三号に係る認定書の写し
(21)	令第129条の12第５項の認定を受けたものとする構造の制動装置を有するエスカレーター	令第129条の12第５項に係る認定書の写し
(22)	令第129条の13の３第13項の認定を受けたものとする構造の昇降路又は乗降ロビーを有する非常用エレベーター	令第129条の13の３第13項に係る認定書の写し
(23)	令第129条の15第一号の認定を受けたものとする構造の避雷設備	令第129条の15第一号に係る認定書の写し

5　第１項又は前項の規定にかかわらず，次の各号に掲げる建築物の計画に係る確認の申請書にあっては，それぞれ当該各号に定めるところによるものとする。

　一　法第６条の４第１項第二号に掲げる建築物　　法第68条の10第１項の認定を受けた型式（以下「認定型式」という。）の認定書の写し（その認定型式が令第136条の２の11第一号イに掲げる規定に適合するものであることの認定を受けたものである場合にあっては，当該認定型式の認定書の写し及び申請に係る建築物が当該認定型式に適合する建築物の部分を有するものであることを確認するために必要な図書及び書類として国土交通大臣が定めるもの）を添えたものにあっては，次の表１の(い)欄に掲げる建築物の区分に応じ，同表の(ろ)欄に掲げる図書についてはこれを添えることを要しない。

　二　法第６条の４第１項第三号に掲げる建築物　　次の表２の(い)欄に掲げる建築物の区分に応じ，同表の(ろ)欄に掲げる図書についてはこれを添えることを要せず，同表の(は)欄に掲げる図書については同表の(に)欄に掲げる事項を明示することを要しない。

　三　法第68条の20第１項に規定する認証型式部材等（第３条第４項第二号を除き，以下単に「認証型式部材等」という。）を有する建築物　　認証型式部材等に係る認証書の写しを添えたものにあっては，次の表１の(い)欄に掲げる建築物の区分に応じ，同表の(ろ)欄及び(は)欄に掲げる図書についてはこれらを添えることを要せず，同表の(に)欄に掲げる図書については同表の(は)欄に掲げる事項を明示することを要しない。

1

	(い)	(ろ)	(は)	(に)	(ほ)
(1)	令第136条の2の11第一号に掲げる建築物の部分（同号イに掲げる規定に適合するものであることの認定を受けたものに限る。）を有する建築物	第1項の表3から表5までに掲げる図書（表5の(2)項にあっては、令第62条の8ただし書に係るものを除く。）	第1項の表1の(は)項に掲げる図書及び同項の表2の(ろ)欄に掲げる図書のうち令第136条の2の11第一号イに掲げる規定が適用される建築物の部分に係る図書	第1項の表1の(い)項に掲げる図書のうち各階平面図	壁及び筋かいの位置及び種類，通し柱の位置並びに延焼のおそれのある部分の外壁の位置及び構造
				第1項の表1の(ろ)項に掲げる図書のうち2面以上の立面図	延焼のおそれのある部分の外壁及び軒裏の構造
				第1項の表1の(ろ)項に掲げる図書のうち2面以上の断面図	各階の床及び天井の高さ
(2)	令第136条の2の11第一号に掲げる建築物の部分（同号ロに掲げる規定に適合するものであることの認定を受けたものに限る。）を有する建築物	第1項の表3から表5まで及び前項の表2（(1)項及び(8)項を除く。）に掲げる図書（第1項の表5の(2)項にあっては令第62条の8ただし書に係るものを，前項の表2の(13)項にあっては給水タンク及び貯水タンクその他これらに類するもの（屋上又は屋内にあるものを除く。）に係るものを除く。）	第1項の表1の(は)項に掲げる図書及び同項の表2の(ろ)欄に掲げる図書のうち令第136条の2の11第一号ロに掲げる規定が適用される建築物の部分に係る図書　前項の表1に掲げる図書（改良便槽，屎尿浄化槽及び合併処理浄化槽並びに給水タンク及び貯水タンクその他これらに類するもの（屋上又は屋内にあるものを除く。）に係るものを除く。）	第1項の表1の(い)項に掲げる図書のうち各階平面図	壁及び筋かいの位置及び種類，通し柱の位置並びに延焼のおそれのある部分の外壁の位置及び構造
				第1項の表1の(ろ)項に掲げる図書のうち2面以上の立面図	延焼のおそれのある部分の外壁及び軒裏の構造
				第1項の表1の(ろ)項に掲げる図書のうち2面以上の断面図	各階の床及び天井の高さ
(3)	防火設備を有する建築物	第1項の表4の(4)項，(17)項，(24)項及び(25)項の(ろ)欄に掲げる図書	第1項の表2の(ろ)欄に掲げる図書のうち令第136条の2の11第二号の表の(1)項に掲げる規定が適用される建築物に係る図書（防火設備に係るものに限り，各階平面図を除く。）	第1項の表1の(ろ)項に掲げる図書のうち2面以上の立面図	開口部の構造

469

(4)	換気設備を有する建築物	第1項の表4の(17)項の(ろ)欄に掲げる図書及び前項の表2の(4)項の(ろ)欄に掲げる図書	前項の表1の(ろ)欄に掲げる図書のうち令第136条の2の11第二号の表の(2)項に掲げる規定が適用される換気設備に係る図書（各階平面図を除く。）		
(5)	屎尿浄化槽又は合併処理浄化槽を有する建築物	第1項の表4の(17)項の(ろ)欄及び前項の表2の(8)項の(ろ)欄に掲げる図書	前項の表1の(ろ)欄に掲げる図書のうち令第136条の2の11第二号の表の(3)項又は(4)項に掲げる規定が適用される屎尿浄化槽又は合併処理浄化槽に係る図書（各階平面図を除く。）		
(6)	非常用の照明装置を有する建築物	第1項の表4の(17)項の(ろ)欄及び前項の表2の(10)項の(ろ)欄に掲げる図書	前項の表1の(ろ)欄に掲げる図書のうち令第136条の2の11第二号の表の(5)項に掲げる規定が適用される非常用の照明装置に係る図書（各階平面図を除く。）		
(7)	給水タンク又は貯水タンクを有する建築物	第1項の表4の(17)項の(ろ)欄及び前項の表2の(13)項の(ろ)欄に掲げる図書	前項の表1の(ろ)欄に掲げる図書のうち令第136条の2の11第二号の表の(6)項に掲げる規定が適用される給水タンク又は貯水タンクに係る図書（各階平面図を除く。）		
(8)	冷却塔設備を有する建築物	第1項の表4の(17)項の(ろ)欄及び前項の表2の(14)項の(ろ)欄に掲げる図書	前項の表1の(ろ)欄に掲げる図書のうち令第136条の2の11第二号の(7)項に掲げる規定が適用される冷却塔設備に係る図書（各階平面図を除く。）		
(9)	エレベーターの部分で昇降路及び機械室以外のものを有する建築物	第1項の表4の(17)項の(ろ)欄に掲げる図書，前項の表1の(ろ)欄に掲げるエレベーター強度検証法により検証をした際の計算書並びに前項の表2の(15)項，(16)項，(17)項及び(18)項の(ろ)欄に掲げる図書	前項の表1の(ろ)欄に掲げる図書のうち令第136条の2の11第二号の表の(8)項に掲げる規定が適用されるエレベーターの部分で昇降路及び機械室以外のものに係る図書（各階平面図及び前項の表1の(9)項の(ろ)欄に掲げるエレベーターの構造詳細図を除く。）	前項の表1の(10)項の(ろ)欄に掲げるエレベーターの構造詳細図	昇降路の構造以外の事項

| (10) | エスカレーターを有する建築物 | 第1項の表4の(17)項の(ろ)欄に掲げる図書，前項の表1の(10)項に掲げるエスカレーター強度検証法により検証をした際の計算書並びに前項の表2の(20)項及び(21)項の(ろ)欄に掲げる図書 | 前項の表1の(ろ)欄に掲げる図書のうち令第136条の2の11第二号の(9)項に掲げる規定が適用されるエスカレーターに係る図書（各階平面図を除く。） | | |
| (11) | 避雷設備を有する建築物 | 第1項の表4の(17)項の(ろ)欄及び前項の表2の(22)項の(ろ)欄に掲げる図書 | 前項の表1の(6)項の(ろ)欄に掲げる図書のうち令第136条の2の11第二号の(10)項に掲げる規定が適用される避雷設備に係る図書（各階平面図を除く。） | | |

2

(い)	(ろ)	(は)	(に)
令第10条第三号に掲げる一戸建ての住宅	第1項の表1に掲げる図書のうち付近見取図，配置図及び各階平面図以外の図書	第1項の表1の(い)項に掲げる図書のうち各階平面図	筋かいの位置及び種類，通し柱の位置並びに延焼のおそれのある部分の外壁の構造
	第1項の表2及び表5並びに第4項の表1に掲げる図書のうち令第10条第三号イからハまでに定める規定に係る図書		
令第10条第四号に掲げる建築物	第1項の表1に掲げる図書のうち付近見取図，配置図及び各階平面図以外の図書	第1項の表1の(い)項に掲げる図書のうち各階平面図	筋かいの位置及び種類並びに通し柱の位置
	第1項の表2及び表5並びに第4項の表1に掲げる図書のうち令第10条第四号イからハまでに定める規定に係る図書		

6　第1項の表1及び表2並びに第4項の表1の各項に掲げる図書に明示すべき事項をこれらの表に掲げる図書のうち他の図書に明示してその図書を第1項又は第4項の申請書に添える場合においては，第1項又は第4項の規定にかかわらず，当該各項に掲げる図書に明示することを要しない。この場合において，当該各項に掲げる図書に明示すべきすべての事項を当該他の図書に明示したときは，当該各項に掲げる図書を第1項又は第4項の申請書に添えることを要しない。

7　特定行政庁が，申請に係る建築物が法第39条第2項，第40条，第43条第3項，第43条の2，第49条から第50条まで，第68条の2第1項若しくは第68条の9第1項の規定に基づく条例（法第87条第2項又は第3項においてこれらの規定に基づく条例の規定を準用する場合を含む。）又は第68条の9第2項の規定に基づく条例の規定に適合するものであることについての確認をするために特に必要があると認める場合においては，規則で，第1項又は第4項の規定に定めるもののほか，申請書に添えるべき図書について必要な規定を設けることができる。

8　前各項の規定にかかわらず，確認を受けた建築物の計画の変更の場合における確認の申請書並びにその添付図書及び添付書類は，前各項に規定する申請書並びにその添付図書及び添付書類並びに当該計画の変更に係る直前の確認に要した図書及び書類（変更に係る部分に限る。）とする。ただし，当該直前の確認を受けた建築主事に対して申請を行う場合

においては，変更に係る部分の申請書（第１面が別記第４号様式によるものをいう。）並びにその添付図書及び添付書類とする。

9　申請に係る建築物の計画が全体計画認定又は全体計画変更認定を受けたものである場合において，前各項の規定により申請書に添えるべき図書及び書類と当該建築物が受けた全体計画認定又は全体計画変更認定に要した図書及び書類の内容が同一であるときは，申請書にその旨を記載した上で，当該申請書に添えるべき図書及び書類のうち当該内容が同一であるものについては，申請書の正本１通及び副本１通に添えることを要しない。

10　前各項の規定にかかわらず，増築又は改築後において，増築又は改築に係る部分とそれ以外の部分とがエキスパンションジョイントその他の相互に応力を伝えない構造方法のみで接するものとなる建築物の計画のうち，増築又は改築に係る部分以外の部分の計画が増築又は改築後においても令第81条第２項又は第３項に規定する基準に適合することが明らかなものとして国土交通大臣が定めるもの（以下この項及び第３条の７第４項において「構造計算基準に適合する部分の計画」という。）に係る確認の申請において，当該申請に係る建築物の直前の確認に要した図書及び書類（確認を受けた建築物の計画の変更に係る確認を受けた場合にあっては当該確認に要した図書及び書類を含む。次項において「直前の確認に要した図書及び書類」という。）並びに当該建築物に係る検査済証の写しを確認の申請書に添えた場合にあっては，第１項第一号ロ⑵に掲げる図書及び書類（構造計算基準に適合する部分の計画に係るものに限る。）を添えることを要しない。

11　前項の規定による申請を当該申請に係る建築物の直前の確認（確認を受けた建築物の計画の変更に係る確認を受けた場合にあっては当該確認）を受けた建築主事に対して行う場合においては，当該建築主事が直前の確認に要した図書及び書類を有していないことその他の理由により提出を求める場合を除き，当該図書及び書類を添えることを要しない。

【建築主事による留意事項の通知】

第１条の４　建築主事は，法第６条第１項の規定による確認の申請を受けた場合において，申請に係る建築物の計画について都道府県知事又は指定構造計算適合性判定機関が構造計算適合性判定を行うに当たって留意すべき事項があると認めるときは，当該計画について構造計算適合性判定の申請を受けた都道府県知事又は指定構造計算適合性判定機関に対し，当該事項の内容を通知するものとする。

【確認済証等の様式等】

第２条　法第６条第４項（法第87条第１項において準用する場合を含む。）の規定による確認済証の交付は，別記第５号様式による確認済証に第１条の３の申請書の副本１通並びにその添付図書及び添付書類，第３条の12に規定する図書及び書類並びに建築物のエネルギー消費性能の向上に関する法律施行規則（平成28年国土交通省令第５号）第６条に規定する書類（建築物のエネルギー消費性能の向上に関する法律（平成27年法律第53号）第12条第６項に規定する適合判定通知書又はその写し，同規則第６条第一号に規定する認定書の写し，同条第二号に規定する通知書又はその写し及び同条第三号に規定する通知書又はその写しを除く。第４項，第３条の４第１項及び同条第２項第一号において同じ。）を添えて行うものとする。

2　法第６条第６項の国土交通省令で定める場合は，次のいずれかに該当する場合とする。

一　申請に係る建築物の計画が特定増改築構造計算基準（令第81条第２項に規定する基準に従った構造計算で，法第20条第１項第二号イに規定する方法によるものによって確かめられる安全性を有することに係る部分に限る。）に適合するかどうかの審査をする場合

二　申請に係る建築物（法第６条第１項第二号又は第三号に掲げる建築物に限る。）の計画

が令第81条第２項又は第３項に規定する基準に従った構造計算で，法第20条第１項第二号イ又は第三号イに規定するプログラムによるものによって確かめられる安全性を有するかどうかを審査する場合において，第１条の３第１項第一号ロ(2)ただし書の規定による磁気ディスク等の提出がなかった場合

　三　申請に係る建築物（法第６条第１項第二号又は第三号に掲げる建築物を除く。）の計画が令第81条第２項又は第３項に規定する基準に従った構造計算で，法第20条第１項第二号イ又は第三号イに規定するプログラムによるものによって確かめられる安全性を有するかどうかを審査する場合

　四　申請に係る建築物の計画が令第81条第３項に規定する基準に従った構造計算で，法第20条第１項第三号イに規定する方法によるものによって確かめられる安全性を有するかどうかを審査する場合

　五　法第６条第４項の期間の末日の３日前までに法第６条の３第７項に規定する適合判定通知書（以下単に「適合判定通知書」という。）若しくはその写し又は建築物のエネルギー消費性能の向上に関する法律第12条第６項に規定する適合判定通知書若しくはその写し（建築物のエネルギー消費性能の向上に関する法律施行規則第６条第一号に掲げる場合にあっては同号に規定する認定書の写し，同条第二号に掲げる場合にあっては同号に規定する通知書又はその写し，同条第三号に掲げる場合にあっては同号に規定する通知書又はその写し。第４項，第３条の４第２項第一号及び第６条の３第２項第十一号において同じ。）の提出がなかった場合

３　法第６条第６項の規定による同条第４項の期間を延長する旨及びその延長する期間並びにその期間を延長する理由を記載した通知書の交付は，別記第５号の２様式により行うものとする。

４　法第６条第７項（法第87条第１項において準用する場合を含む。次項において同じ。）の規定による適合しないことを認めた旨及びその理由を記載した通知書の交付は，別記第６号様式による通知書に第１条の３の申請書の副本１通並びにその添付図書及び添付書類，適合判定通知書又はその写し，第３条の12に規定する図書及び書類，建築物のエネルギー消費性能の向上に関する法律第12条第６項に規定する適合判定通知書又はその写し並びに建築物のエネルギー消費性能の向上に関する法律施行規則第６条に規定する書類を添えて行うものとする。

５　法第６条第７項の規定による適合するかどうかを決定することができない旨及びその理由を記載した通知書の交付は，別記第７号様式により行うものとする。

【建築設備に関する確認申請書及び確認済証の様式】

第２条の２　法第87条の４において準用する法第６条第１項の規定による確認の申請書は，次の各号に掲げる図書及び書類とする。

　一　別記第８号様式（昇降機用）又は同様式（昇降機以外の建築設備用）による正本１通及び副本１通に，それぞれ，次に掲げる図書及び書類を添えたもの（正本に添える図書にあっては，当該図書の設計者の氏名が記載されたものに限る。）

　　イ　次の表の各項に掲げる図書

　　ロ　申請に係る建築設備が次の(1)から(4)までに掲げる建築設備である場合にあっては，それぞれ当該(1)から(4)までに定める図書及び書類

　　　(1)　第１条の３第４項の表１の各項の(い)欄に掲げる建築設備　当該各項の(ろ)欄に掲げる図書

　　　(2)　第１条の３第４項の表２の各項の(い)欄に掲げる建築設備　当該各項の(ろ)欄に掲げる書類（建築主事が，当該書類を有していないことその他の理由により，提出を

求める場合に限る。)
⑶　法第37条の規定が適用される建築設備　　第1条の3第1項の表2の⒅項の㈣欄に掲げる図書
⑷　法第37条第二号の認定を受けたものとする建築材料を用いる建築設備　　法第37条第二号に係る認定書の写し
二　代理者によって確認の申請を行う場合にあっては，委任状又はその写し

図書の種類	明示すべき事項
付近見取図	方位，道路及び目標となる地物
配置図	縮尺及び方位
	敷地境界線，敷地内における建築物の位置及び申請に係る建築設備を含む建築物と他の建築物との別
	擁壁の設置その他安全上適当な措置
	土地の高低，敷地と敷地の接する道の境界部分との高低差又は申請に係る建築物の各部分の高さ
	敷地の接する道路の位置，幅員及び種類
	下水管，下水溝又はためますその他これに類する施設の位置及び排出又は処理経路
各階平面図	縮尺及び方位
	間取，各室の用途及び床面積
	壁及び筋かいの位置及び種類
	通し柱及び開口部の位置
	延焼のおそれのある部分の外壁の位置及び構造

2　前項の規定にかかわらず，次の各号に掲げる建築設備の計画に係る確認の申請書にあっては，それぞれ当該各号に定めるところによるものとする。
一　認定型式に適合する建築設備　　認定型式の認定書の写しを添えたものにあっては，次の表の㈠欄に掲げる建築設備の区分に応じ，同表の㈣欄に掲げる図書についてはこれを添えることを要しない。
二　認証型式部材等を有する建築設備　　認証型式部材等に係る認証書の写しを添えたものにあっては，次の表の㈠欄に掲げる建築設備の区分に応じ，同表の㈣欄及び㈸欄に掲げる図書についてはこれらを添えることを要せず，同表の㈬欄に掲げる図書については同表の㈭欄に掲げる事項を明示することを要しない。

	(い)	(ろ)	(は)	(に)	(ほ)
(1)	換気設備	第１条の３第４項の表２の(4)項の(ろ)欄に掲げる図書及び前項第一号ロ(4)に掲げる書類	第１条の３第４項の表１の(ろ)欄に掲げる図書のうち令第136条の２の11第二号の(2)項に掲げる規定が適用される換気設備に係る図書（各階平面図を除く。）		
(2)	非常用の照明装置	第１条の３第４項の表２の(10)項の(ろ)欄に掲げる図書及び第１項第一号ロ(4)に掲げる書類	第１条の３第４項の表１の(ろ)欄に掲げる図書のうち令第136条の２の11第二号の(5)項に掲げる規定が適用される非常用の照明装置に係る図書（各階平面図を除く。）		
(3)	給水タンク又は貯水タンク	第１条の３第４項の表２の(13)項の(ろ)欄に掲げる図書及び前項第一号ロ(4)に掲げる書類	第１条の３第４項の表１の(ろ)欄に掲げる図書のうち令第136条の２の11第二号の(6)項に掲げる規定が適用される給水タンク又は貯水タンクに係る図書（各階平面図を除く。）		
(4)	冷却塔設備	第１条の３第４項の表２の(14)項の(ろ)欄に掲げる図書及び前項第一号ロ(4)に掲げる書類	第１条の３第４項の表１の(ろ)欄に掲げる図書のうち令第136条の２の11第二号の(7)項に掲げる規定が適用される冷却塔設備に係る図書（各階平面図を除く。）		
(5)	エレベーターの部分で昇降路及び機械室以外のもの	第１条の３第４項の表１の(10)項に掲げるエレベーター強度検証法により検証をした際の計算書，同項の表２の(15)項，(16)項，(17)項及び(18)項の(ろ)欄に掲げる図書並びに前項第一号ロ(4)に掲げる書類	第１条の３第４項の表１の(ろ)欄に掲げる図書のうち令第136条の２の11第二号の(8)項に掲げる規定が適用されるエレベーターの部分で昇降路及び機械室以外のものに係るものに係る図書（各階平面図及び第１条の３第４項の表１の(10)項の(ろ)欄に掲げるエレベーターの構造詳細図を除く。）	第１条の３第４項の表１の(10)項の(ろ)欄に掲げるエレベーターの構造詳細図	昇降路の構造以外の事項
(6)	エスカレーター	第１条の３第４項の表１の(10)項に掲げるエスカレーター強度検証法により検証をした際の計算書，同項の表２の(20)項及び(21)項の(ろ)欄に掲げる図書並びに前項第一号ロ(4)に掲げる書類	第１条の３第４項の表１の(ろ)欄に掲げる図書のうち令第136条の２の11第二号の(9)項に掲げる規定が適用されるエスカレーターに係る図書（各階平面図を除く。）		
(7)	避雷設備	第１条の３第４項の表２の(22)項の(ろ)欄に掲げる図書及び前項第一号ロ(4)に掲げる書類	第１条の３第４項の表１の(ろ)欄に掲げる図書のうち令第136条の２の11第二号の(10)項に掲げる規定が適用される避雷設備に係る図書（各階平面図を除く。）		

3　第１項の表１の各項に掲げる図書に明示すべき事項を同表に掲げる図書のうち他の図書に明示してその図書を同項の申請書に添える場合においては，同項の規定にかかわらず，当該各項に掲げる図書に明示することを要しない。この場合において，当該各項に掲げる

図書に明示すべきすべての事項を当該他の図書に明示したときは，当該各項に掲げる図書を第１項の申請書に添えることを要しない。

4　特定行政庁は，申請に係る建築設備が法第39条第２項，第40条，第43条第３項，第43条の２，第49条から第50条まで，第68条の２第１項若しくは第68条の９第１項の規定に基づく条例（これらの規定に基づく条例の規定を法第87条第２項又は第３項において準用する場合を含む。）又は第68条の９第２項の規定に基づく条例の規定に適合するものであることについての確認をするために特に必要があると認める場合においては，規則で，第１項の規定に定めるもののほか，申請書に添えるべき図書について必要な規定を設けることができる。

5　前各項の規定にかかわらず，確認を受けた建築設備の計画の変更の場合における確認の申請書並びにその添付図書及び添付書類は，前各項に規定する申請書並びにその添付図書及び添付書類並びに当該計画の変更に係る直前の確認に要した図書及び書類（変更に係る部分に限る。）とする。ただし，当該直前の確認を受けた建築主事に対して申請を行う場合においては，変更に係る部分の申請書（第１面が別記第９号様式によるものをいう。）並びにその添付図書及び添付書類とする。

6　前条第１項，第４項又は第５項の規定は，法第87条の４において準用する法第６条第４項又は第７項の規定による交付について準用する。

【工作物に関する確認申請書及び確認済証等の様式】

第３条　法第88条第１項において準用する法第６条第１項の規定による確認の申請書は，次の各号に掲げる図書及び書類とする。

一　別記第10号様式（令第138条第２項第一号に掲げるもの（以下「観光用エレベーター等」という。）にあっては，別記第８号様式（昇降機用））による正本１通及び副本１通に，それぞれ，次に掲げる図書及び書類を添えたもの（正本に添える図書にあっては，当該図書の設計者の氏名が記載されたものに限る。）

イ　次の表１の各項に掲げる図書

ロ　申請に係る工作物が次の(1)及び(2)に掲げる工作物である場合にあっては，それぞれ当該(1)及び(2)に定める図書及び書類

(1)　次の表２の各項の(い)欄に掲げる工作物　　当該各項の(ろ)欄に掲げる図書

(2)　次の表３の各項の(い)欄に掲げる工作物　　当該各項の(ろ)欄に掲げる書類（建築主事が，当該書類を有していないことその他の理由により，提出を求める場合に限る。）

二　代理者によって確認の申請を行う場合にあっては，委任状又はその写し

1

図書の種類	明示すべき事項
付近見取図	方位，道路及び目標となる地物
配置図	縮尺及び方位
	敷地境界線，申請に係る工作物の位置並びに申請に係る工作物と他の建築物及び工作物との別
	土地の高低及び申請に係る工作物の各部分の高さ
平面図又は横断面図	縮尺
	主要部分の材料の種別及び寸法

側面図又は縦断面図	縮尺
	工作物の高さ
	主要部分の材料の種別及び寸法
構造詳細図	縮尺
	主要部分の材料の種別及び寸法
構造計算書	応力算定及び断面算定（遊戯施設以外の工作物にあっては，令第139条第1項第三号又は第四号ロ（令第140条第2項，令第141条第2項又は令第143条第2項において準用する場合を含む。）の認定を受けたものを除き，遊戯施設にあっては，工作物のかご，車両その他人を乗せる部分（以下この表，表2の⑹項並びに表3の⑶項，⑼項及び⑽項において「客席部分」という。）及びこれを支え，又は吊る構造上主要な部分（以下この表，表2の⑹項並びに表3の⑶項及び⑼項において「主要な支持部分」という。）のうち摩損又は疲労破壊が生ずるおそれのある部分以外の部分に係るもの（令第144条第1項第一号ロ又はハ⑵の認定を受けたものを除く。）並びに屋外に設ける工作物の客席部分及び主要な支持部分のうち摩損又は疲労破壊が生ずるおそれのある部分で風圧に対する安全性を確かめたものに限る。）

2

	(い)	(ろ)	
		図書の種類	明示すべき事項
⑴	令第139条の規定が適用される工作物	配置図	煙突等の位置，寸法及び構造方法
		平面図又は横断面図	煙突等の各部の位置及び構造方法並びに材料の種別，寸法及び平面形状
			近接又は接合する建築物又は工作物の位置，寸法及び構造方法
			構造耐力上主要な部分である部材（接合部を含む。）の位置，寸法及び構造方法並びに材料の種別
		側面図又は縦断面図	煙突等の各部の高さ及び構造方法並びに材料の種別，寸法及び立面形状
			近接又は接合する建築物又は工作物の位置，寸法及び構造方法
			構造耐力上主要な部分である部材（接合部を含む。）の位置，寸法及び構造方法並びに材料の種別及び寸法
		構造詳細図	構造耐力上主要な部分である接合部並びに継手及び仕口並びに溶接の構造方法
			鉄筋の配置，径，継手及び定着の方法
			鉄筋及び鉄骨に対するコンクリートのかぶり厚さ
			管の接合方法，支枠及び支線の緊結
		基礎伏図	基礎の配置，構造方法及び寸法並びに材料の種別及び寸法
		敷地断面図及び基礎・地盤説明書	支持地盤の種別及び位置
			基礎の底部又は基礎ぐいの先端の位置

477

			基礎の底部に作用する荷重の数値及びその算出根拠
		使用構造材料一覧表	構造耐力上主要な部分に用いる材料の種別
			くいに用いるさび止め又は防腐措置
		施工方法等計画書	打撃，圧力又は振動により設けられる基礎ぐいの打撃力等に対する構造耐力上の安全性を確保するための措置
			コンクリートの強度試験方法，調合及び養生方法
			コンクリートの型枠の取外し時期及び方法
		令第38条第3項若しくは第4項，令第39条第2項，令第66条，令第67条第2項，令第69条，令第73条第2項ただし書，同条第3項ただし書，令第79条第2項，令第79条の3第2項，令第80条の2又は令第139条第1項第四号イの規定に適合することの確認に必要な図書	令第38条第3項に規定する構造方法への適合性審査に必要な事項
			令第38条第4項の構造計算の結果及びその算出方法
			令第39条第2項に規定する構造方法への適合性審査に必要な事項
			令第66条に規定する構造方法への適合性審査に必要な事項
			令第67条第2項に規定する構造方法への適合性審査に必要な事項
			令第69条の構造計算の結果及びその算出方法
			令第73条第2項ただし書に規定する構造方法への適合性審査に必要な事項
			令第73条第3項ただし書の構造計算の結果及びその算出方法
			令第79条第2項に規定する構造方法への適合性審査に必要な事項
			令第79条の3第2項に規定する構造方法への適合性審査に必要な事項
			令第80条の2に規定する構造方法への適合性審査に必要な事項
			令第139条第1項第四号イの構造計算の結果及びその算出方法
(2)	令第140条の規定が適用される工作物	配置図	鉄筋コンクリート造等の柱の位置，構造方法及び寸法
		平面図又は横断面図	鉄筋コンクリート造等の柱の各部の位置及び構造方法並びに材料の種別，寸法及び平面形状
			近接又は接合する建築物又は工作物の位置，構造方法及び寸法
			構造耐力上主要な部分である部材（接合部を含む。）の位置，寸法及び構造方法並びに材料の種別
		側面図又は縦断面図	鉄筋コンクリート造等の柱の各部の高さ及び構造方法並びに材料の種別，寸法及び立面形状

478

		近接又は接合する建築物又は工作物の位置，寸法及び構造方法
		構造耐力上主要な部分である部材（接合部を含む。）の位置，寸法及び構造方法並びに材料の種別及び寸法
	構造詳細図	構造耐力上主要な部分である接合部並びに継手及び仕口並びに溶接の構造方法
		鉄筋の配置，径，継手及び定着の方法
		鉄筋及び鉄骨に対するコンクリートのかぶり厚さ
		管の接合方法，支枠及び支線の緊結
	基礎伏図	基礎の配置，構造方法及び寸法並びに材料の種別及び寸法
	敷地断面図及び基礎・地盤説明書	支持地盤の種別及び位置
		基礎の底部又は基礎ぐいの先端の位置
		基礎の底部に作用する荷重の数値及びその算出根拠
	使用構造材料一覧表	構造耐力上主要な部分に用いる材料の種別
	施工方法等計画書	打撃，圧力又は振動により設けられる基礎ぐいの打撃力等に対する構造耐力上の安全性を確保するための措置
		コンクリートの強度試験方法，調合及び養生方法
		コンクリートの型枠の取外し時期及び方法
	令第38条第3項若しくは第4項，令第39条第2項，令第40条ただし書，令第47条第1項，令第66条，令第67条第2項，令第69条，令第73条第2項ただし書，同条第3項ただし書，令第79条第2項，令第79条の3第2項又は令第139条第1項第四号イの規定に適合することの確認に必要な図書	令第38条第3項に規定する構造方法への適合性審査に必要な事項
		令第38条第4項の構造計算の結果及びその算出方法
		令第39条第2項に規定する構造方法への適合性審査に必要な事項
		令第40条ただし書に規定する用途又は規模への適合性審査に必要な事項
		令第47条第1項に規定する構造方法への適合性審査に必要な事項
		令第66条に規定する構造方法への適合性審査に必要な事項
		令第67条第2項に規定する構造方法への適合性審査に必要な事項
		令第69条の構造計算の結果及びその算出方法
		令第73条第2項ただし書に規定する構造方法への適合性審査に必要な事項
		令第73条第3項ただし書の構造計算の結果及びその算出方法

			令第79条第２項に規定する構造方法への適合性審査に必要な事項
			令第79条の３第２項に規定する構造方法への適合性審査に必要な事項
			令第139条第１項第四号イの構造計算の結果及びその算出方法
(3)	令第141条の規定が適用される工作物	配置図	広告塔又は高架水槽等の各部の位置，構造方法及び寸法
		平面図又は横断面図	広告塔又は高架水槽等の各部の位置及び構造方法並びに材料の種別，寸法及び平面形状
			近接又は接合する建築物又は工作物の位置，寸法及び構造方法
			構造耐力上主要な部分である部材（接合部を含む。）の位置，寸法及び構造方法並びに材料の種別
		側面図又は縦断面図	広告塔又は高架水槽等の各部の高さ及び構造方法並びに材料の種別，寸法及び立面形状
			近接又は接合する建築物又は工作物の位置，寸法及び構造方法
			構造耐力上主要な部分である部材（接合部を含む。）の位置，寸法及び構造方法並びに材料の種別及び寸法
		構造詳細図	構造耐力上主要な部分である接合部並びに継手及び仕口並びに溶接の構造方法
			鉄筋の配置，径，継手及び定着の方法
			鉄筋及び鉄骨に対するコンクリートのかぶり厚さ
		基礎伏図	基礎の配置，構造方法及び寸法並びに材料の種別及び寸法
		敷地断面図及び基礎・地盤説明書	支持地盤の種別及び位置
			基礎の底部又は基礎ぐいの先端の位置
			基礎の底部に作用する荷重の数値及びその算出根拠
		使用構造材料一覧表	構造耐力上主要な部分に用いる材料の種別
		施工方法等計画書	打撃，圧力又は振動により設けられる基礎ぐいの打撃力等に対する構造耐力上の安全性を確保するための措置
			コンクリートの強度試験方法，調合及び養生方法
			コンクリートの型枠の取外し時期及び方法
		令第38条第３項若しくは第４項，令第39条第２項，令第40条	令第38条第３項に規定する構造方法への適合性審査に必要な事項
			令第38条第４項の構造計算の結果及びその算出方法

		ただし書，令第42条第1項第二号，同条第1項第三号，令第47条第1項，令第66条，令第67条第2項，令第69条，令第70条，令第73条第2項ただし書，同条第3項ただし書，令第77条第四号及び第六号，同条第五号ただし書，令第77条の2第1項ただし書，令第79条第2項，令第79条の3第2項，令第80条の2又は令第139条第1項第四号イの規定に適合することの確認に必要な図書	令第39条第2項に規定する構造方法への適合性審査に必要な事項
			令第40条ただし書に規定する用途又は規模への適合性審査に必要な事項
			令第42条第1項第二号に規定する基準への適合性審査に必要な事項
			令第42条第1項第三号に規定する構造方法への適合性審査に必要な事項
			令第42条第1項第三号に規定する方法による検証内容
			令第47条第1項に規定する構造方法への適合性審査に必要な事項
			令第66条に規定する構造方法への適合性審査に必要な事項
			令第67条第2項に規定する構造方法への適合性審査に必要な事項
			令第69条の構造計算の結果及びその算出方法
			令第70条に規定する構造方法への適合性審査に必要な事項
			令第70条に規定する一の柱のみ火熱による耐力の低下によって建築物全体が容易に倒壊するおそれがある場合として国土交通大臣が定める場合に該当することを確認するために必要な事項
			令第73条第2項ただし書に規定する構造方法への適合性審査に必要な事項
			令第73条第3項ただし書の構造計算の結果及びその算出方法
			令第77条第四号及び第六号に規定する基準への適合性審査に必要な事項
			令第77条第五号ただし書の構造計算の結果及びその算出方法
			令第77条の2第1項ただし書の構造計算の結果及びその算出方法
			令第79条第2項に規定する構造方法への適合性審査に必要な事項
			令第79条の3第2項に規定する構造方法への適合性審査に必要な事項
			令第80条の2に規定する構造方法への適合性審査に必要な事項
			令第139条第1項第四号イの構造計算の結果及びその算出方法

(4)	令第142条の規定が適用される工作物	配置図	擁壁の各部の位置，寸法及び構造方法
		平面図又は横断面図	がけ及び擁壁の位置及び構造方法並びに材料の種別，寸法及び平面形状
			近接又は接合する建築物又は工作物の位置，寸法及び構造方法
			構造耐力上主要な部分である部材（接合部を含む。）の位置，寸法及び構造方法並びに材料の種別
		側面図又は縦断面図	鉄筋コンクリート造等の柱の各部の高さ及び構造方法並びに材料の種別，寸法及び立面形状
			近接又は接合する建築物又は工作物の位置，寸法及び構造方法
			構造耐力上主要な部分である部材（接合部を含む。）の位置，寸法及び構造方法並びに材料の種別及び寸法
		構造詳細図	構造耐力上主要な部分である接合部並びに継手及び仕口並びに溶接の構造方法
			鉄筋の配置，径，継手及び定着の方法
			鉄筋及び鉄骨に対するコンクリートのかぶり厚さ
		基礎伏図	基礎の配置，構造方法及び寸法並びに材料の種別及び寸法
		敷地断面図及び基礎・地盤説明書	支持地盤の種別及び位置
			基礎の底部又は基礎ぐいの先端の位置
			基礎の底部に作用する荷重の数値及びその算出根拠
		使用構造材料一覧表	構造耐力上主要な部分に用いる材料の種別
		施工方法等計画書	打撃，圧力又は振動により設けられる基礎ぐいの打撃力等に対する構造耐力上の安全性を確保するための措置
			コンクリートの強度試験方法，調合及び養生方法
			コンクリートの型枠の取外し時期及び方法
		令第38条第3項若しくは第4項，令第39条第2項，令第79条第2項，令第80条の2又は令第142条第1項第五号の規定に適合することの確認に必要な図書	令第38条第3項に規定する構造方法への適合性審査に必要な事項
			令第38条第4項の構造計算の結果及びその算出方法
			令第39条第2項に規定する構造方法への適合性審査に必要な事項
			令第79条第2項に規定する構造方法への適合性審査に必要な事項
			令第80条の2に規定する構造方法への適合性審査に必要な事項
			令第142条第1項第五号の構造計算の結果及びその算出方法

(5)	令第143条の規定が適用される乗用エレベーター及びエスカレーター（この項において「乗用エレベーター等」という。）	配置図	乗用エレベーター等の位置，構造方法及び寸法
		平面図又は横断面図	乗用エレベーター等の各部の位置及び構造方法並びに材料の種別，寸法及び平面形状
			近接又は接合する建築物の位置，寸法及び構造方法
			構造耐力上主要な部分である部材（接合部を含む。）の位置，寸法及び構造方法並びに材料の種別
		側面図又は縦断面図	乗用エレベーター等の各部の高さ及び構造方法並びに材料の種別，寸法及び立面形状
			近接又は接合する建築物の位置，寸法及び構造方法
			構造耐力上主要な部分である部材（接合部を含む。）の位置，寸法及び構造方法並びに材料の種別及び寸法
		構造詳細図	構造耐力上主要な部分である接合部並びに継手及び仕口並びに溶接の構造方法
			鉄筋の配置，径，継手及び定着の方法
			鉄筋及び鉄骨に対するコンクリートのかぶり厚さ
			管の接合方法，支枠及び支線の緊結
		基礎伏図	基礎の配置，構造方法及び寸法並びに材料の種別及び寸法
		敷地断面図及び基礎・地盤説明書	支持地盤の種別及び位置
			基礎の底部又は基礎ぐいの先端の位置
			基礎の底部に作用する荷重の数値及びその算出根拠
		使用構造材料一覧表	構造耐力上主要な部分に用いる材料の種別
		施工方法等計画書	打撃，圧力又は振動により設けられる基礎ぐいの打撃力等に対する構造耐力上の安全性を確保するための措置
			コンクリートの強度試験方法，調合及び養生方法
			コンクリートの型枠の取外し時期及び方法
		令第38条第3項若しくは第4項，令第39条第2項，令第66条，令第67条第2項，令第69条，令第73条第2項ただし書，同条第3項ただし書，令第77条第五号ただし書，令第79条第2項，令第79条の	令第38条第3項に規定する構造方法への適合性審査に必要な事項
			令第38条第4項の構造計算の結果及びその算出方法
			令第39条第2項に規定する構造方法への適合性審査に必要な事項
			令第66条に規定する構造方法への適合性審査に必要な事項
			令第67条第2項に規定する構造方法への適合性審査に必要な事項
			令第69条の構造計算の結果及びその算出方法

		3第2項，令第80条の2又は令第139条第1項第四号イの規定に適合することの確認に必要な図書	令第73条第2項ただし書に規定する構造方法への適合性審査に必要な事項
			令第73条第3項ただし書の構造計算の結果及びその算出方法
			令第77条第五号ただし書の構造計算の結果及びその算出方法
			令第79条第2項に規定する構造方法への適合性審査に必要な事項
			令第79条の3第2項に規定する構造方法への適合性審査に必要な事項
			令第80条の2に規定する構造方法への適合性審査に必要な事項
			令第139条第1項第四号イの構造計算の結果及びその算出方法
	令第129条の3第1項第一号及び第2項第一号並びに令第129条の4から令第129条の10までの規定が適用されるエレベーター	平面図	エレベーターの機械室に設ける換気上有効な開口部又は換気設備の位置
			エレベーターの機械室の出入口の構造
			エレベーターの機械室に通ずる階段の構造
			エレベーター昇降路の壁又は囲いの全部又は一部を有さない部分の構造
		床面積求積図	エレベーターの機械室の床面積及び昇降路の水平投影面積の求積に必要な建築物の各部分の寸法及び算式
		エレベーターの仕様書	エレベーターの用途及び積載量並びに最大定員
			昇降行程
			エレベーターのかごの定格速度
			保守点検の内容
		エレベーターの構造詳細図	エレベーターのかごの構造
			エレベーターの主要な支持部分の位置及び構造
			エレベーターの釣合おもりの構造
			エレベーターのかご及び昇降路の壁又は囲い及び出入口の戸の位置及び構造
			非常の場合においてかご内の人を安全にかご外に救出することができる開口部の位置及び構造
			エレベーターの駆動装置及び制御器の位置及び取付方法
			エレベーターの制御器の構造
			エレベーターの安全装置の位置及び構造
			エレベーターの用途及び積載量並びに最大定員を明示した標識の意匠及び当該標識を掲示する位置

		エレベーターの かご，昇降路及 び機械室の断面 図	出入口の床先とかごの床先との水平距離及びかごの床 先と昇降路の壁との水平距離
			エレベーターの昇降路内の突出物の種別，位置及び構 造
			エレベーターの機械室の床面から天井又ははりの下端 までの垂直距離
			エレベーターの機械室に通ずる階段の構造
		エレベーター強 度検証法により 検証した際の計 算書	固定荷重及び積載荷重によって主要な支持部分等に生 ずる力
			主要な支持部分等の断面に生ずる常時及び安全装置作 動時の各応力度
			主要な支持部分等の材料の破壊強度を安全率で除して 求めた許容応力度
			独立してかごを支え，又は吊ることができる部分の材 料の破断強度を限界安全率で除して求めた限界の許容 応力度
		エレベーターの 荷重を算出した 際の計算書	エレベーターの各部の固定荷重
			エレベーターのかごの積載荷重及びその算出方法
			エレベーターのかごの床面積
		令第143条第2 項において準用 する令第129条 の4第3項第六 号又は第七号の 規定に適合する ことの確認に必 要な図書	令第143条第2項において準用する令第129条の4第3 項第六号の構造計算の結果及びその算出方法
			令第143条第2項において準用する令第129条の4第3 項第七号の構造計算の結果及びその算出方法
		エレベーターの 使用材料表	エレベーターのかご及び昇降路の壁又は囲い及び出入 口の戸（構造上軽微な部分を除く。）に用いる材料の 種別
			エレベーターの機械室の出入口に用いる材料
	令第129 条の3 第1項 第二号 及び第 2項第 二号並 びに令 第129 条の12 の規定 が適用 される エスカ	各階平面図	エスカレーターの位置
		エスカレーター の仕様書	エスカレーターの勾配及び揚程
			エスカレーターの踏段の定格速度
			保守点検の内容
		エスカレーター の構造詳細図	通常の使用状態において人又は物が挟まれ，又は障害 物に衝突することがないようにするための措置
			エスカレーターの踏段の構造
			エスカレーターの取付け部分の構造方法
			エスカレーターの主要な支持部分の位置及び構造
			エスカレーターの制動装置の構造

			レーター		昇降口において踏段の昇降を停止させることができる装置の構造
				エスカレーターの断面図	エスカレーターの踏段の両側に設ける手すりの構造
					エスカレーターの踏段の幅及び踏段の端から当該踏段の端の側にある手すりの上端部及び中心までの水平距離
				エスカレーター強度検証法により検証した際の計算書	固定荷重及び積載荷重によって主要な支持部分等に生ずる力
					主要な支持部分等の断面に生ずる常時及び安全装置作動時の各応力度
					主要な支持部分等の材料の破壊強度を安全率で除して求めた許容応力度
					独立して踏段を支え，又は吊ることができる部分の材料の破断強度を限界安全率で除して求めた限界の許容応力度
				エスカレーターの荷重を算出した際の計算書	エスカレーターの各部の固定荷重
					エスカレーターの踏段の積載荷重及びその算出方法
					エスカレーターの踏段面の水平投影面積
(6)	令第144条の規定が適用される遊戯施設		平面図又は横断面図		運転開始及び運転終了を知らせる装置の位置
					非常止め装置が作動した場合に，客席にいる人を安全に救出することができる位置へ客席部分を移動するための手動運転装置又は客席にいる人を安全に救出することができる通路その他の施設の位置
					安全柵の位置及び構造並びに安全柵の出入口の戸の構造
					遊戯施設の運転室の位置
					遊戯施設の使用の制限に関する事項を掲示する位置
					遊戯施設の客席部分及び主要な支持部分の位置
					遊戯施設の客席部分の周囲の状況
					遊戯施設の駆動装置の位置
			側面図又は縦断面図		遊戯施設の客席部分及び主要な支持部分の構造
					遊戯施設の客席部分の周囲の状況
					遊戯施設の駆動装置の位置
			遊戯施設の仕様書		遊戯施設の種類
					客席部分の定常走行速度及び勾配若しくは平均勾配又は定常円周速度及び傾斜角度
					遊戯施設の使用の制限に関する事項
					遊戯施設の客席部分の数
					遊戯施設の客席部分及び主要な支持部分に関する事項

		遊戯施設の駆動装置及び非常止め装置に関する事項
		遊戯施設の運転室に関する事項
	遊戯施設の構造詳細図	遊戯施設の客席部分及び主要な支持部分の位置及び構造
		遊戯施設の釣合おもりの構造
		遊戯施設の駆動装置の位置及び構造
		令第144条第1項第四号に規定する非常止め装置の位置及び構造
		遊戯施設の乗降部分の構造又は乗降部分における客席部分に対する乗降部分の床に対する速度
	遊戯施設の客席部分の構造詳細図	軌条又は索条の位置及び構造
		定員を明示した標識の位置
		遊戯施設の非常止め装置の位置及び構造
		客席部分にいる人が客席部分から落下し，又は飛び出すことを防止するために講じた措置
	遊戯施設強度検証法により検証した際の計算書	固定荷重及び積載荷重によって主要な支持部分等に生ずる力
		主要な支持部分等の断面に生ずる常時及び安全措置作動時の各応力度
		主要な支持部分等の材料の破壊強度を安全率で除して求めた許容応力度
		独立して客席部分を支え，又は吊ることができる部分の材料の破断強度を限界安全率で除して求めた限界の許容応力度
		主索の規格及び直径並びに端部の緊結方法
		綱車又は巻胴の直径
	令第144条第2項において準用する令第129条の4第3項第六号又は第七号の規定に適合することの確認に必要な図書	令第144条第2項において準用する令第129条の4第3項第六号の構造計算の結果及びその算出方法
		令第144条第2項において準用する令第129条の4第3項第七号の構造計算の結果及びその算出方法
	遊戯施設の使用材料表	遊戯施設の客席部分及び主要な支持部分に用いる材料の種別及び厚さ

3

		(い)	(ろ)
(1)	乗用エレベーターで観光のためのもの	かご及び主要な支持部分の構造を令第143条第 2 項において準用する令第129条の 4 第 1 項第三号の認定を受けたものとするもの	令第143条第 2 項において準用する令第129条の 4 第 1 項第三号の認定に係る認定書の写し
		制御器の構造を令第143条第 2 項において準用する令第129条の 8 第 2 項の認定を受けたものとするもの	令第143条第 2 項において準用する令第129条の 8 第 2 項の認定に係る認定書の写し
		制動装置の構造を令第143条第 2 項において準用する令第129条の10第 2 項の認定を受けたものとするもの	令第143条第 2 項において準用する令第129条の10第 2 項の認定に係る認定書の写し
		安全装置の構造を令第143条第 2 項において準用する令第129条の10第 4 項の認定を受けたものとするもの	令第143条第 2 項において準用する令第129条の10第 4 項の認定に係る認定書の写し
(2)	エスカレーターで観光のためのもの	踏段及び主要な支持部分の構造を令第143条第 2 項において準用する令第129条の12第 2 項において準用する令第129条の 4 第 1 項第三号の認定を受けたものとするもの	令第143条第 2 項において準用する令第129条の12第 2 項において準用する令第129条の 4 第 1 項第三号の認定に係る認定書の写し
		構造を令第143条第 2 項において準用する令第129条の12第 1 項第六号の認定を受けたものとするもの	令第143条第 2 項において準用する令第129条の12第 1 項第六号の認定に係る認定書の写し
		制御装置の構造を令第143条第 2 項において準用する令第129条の12第 5 項の認定を受けたものとするもの	令第143条第 2 項において準用する令第129条の12第 5 項の認定に係る認定書の写し
(3)	遊戯施設	客席部分及び主要な支持部分のうち摩損又は疲労破壊が生ずるおそれのある部分の構造を令第144条第 2 項において準用する令第129条の 4 第 1 項第三号の認定を受けたものとするもの	令第144条第 2 項において準用する令第129条の 4 第 1 項第三号の認定に係る認定書の写し
		客席部分の構造を令第144条第 1 項第三号イの認定を受けたものとするもの	令第144条第 1 項第三号イの認定に係る認定書の写し
		非常止め装置の構造を令第144条第 1 項第五号の認定を受けたものとするもの	令第144条第 1 項第五号の認定に係る認定書の写し
(4)		令第139条第 1 項第三号又は第四号ロの認定を受けたものとする構造方法を用いる煙突等	令第139条第 1 項第三号又は第四号ロに係る認定書の写し
(5)		令第139条第 1 項第三号又は第四号ロの規定を準用する令第140条第 2 項の認定を受けたものとする構造方法を用いる鉄筋コンクリート造の柱等	令第139条第 1 項第三号又は第四号ロの規定を準用する令第140条第 2 項に係る認定書の写し
(6)		令第139条第 1 項第三号又は第四号ロの規定を準用する令第141条第 2 項の認定を受けたものとする構造方法を用いる広告塔又は高架水槽等	令第139条第 1 項第三号又は第四号ロの規定を準用する令第141条第 2 項に係る認定書の写し
(7)		令第139条第 1 項第三号又は第四号ロの規定を準用する令第143条第 2 項の認定を受けたものとする構造方法を用いる乗用エレベーター又はエスカレーター	令第139条第 1 項第三号又は第四号ロの規定を準用する令第143条第 2 項に係る認定書の写し

⑻	令第144条第1項第一号ロ又はハ⑵の認定を受けたものとする構造方法を用いる遊戯施設	令第144条第1項第一号ロ又はハ⑵に係る認定書の写し
⑼	令第144条第2項において読み替えて準用する令第129条の4第1項第三号の認定を受けたものとする構造の客席部分及び主要な支持部分を有する遊戯施設	令第144条第2項において読み替えて準用する令第129条の4第1項第三号に係る認定書の写し
⑽	令第144条第1項第三号イの認定を受けたものとする構造の客席部分を有する遊戯施設	令第144条第1項第三号イに係る認定書の写し
⑾	令第144条第1項第五号の認定を受けたものとする構造の非常止め装置を設ける遊戯施設	令第144条第1項第五号に係る認定書の写し
⑿	指定建築材料ごとに国土交通大臣が定める安全上，防火上又は衛生上必要な品質に関する技術的基準に適合するものとしなければならない工作物で，法第88条第1項において準用する法第37条第二号の認定を受けたものを用いるもの	法第88条第1項において準用する法第37条第二号の認定に係る認定書の写し
⒀	法第88条第1項において準用する法第38条の認定を受けたものとする特殊の構造方法又は建築材料を用いる工作物	法第88条第1項において準用する法第38条に係る認定書の写し

2　法第88条第2項において準用する法第6条第1項の規定による確認の申請書は，次の各号に掲げる図書及び書類とする。
　一　別記第11号様式による正本1通及び副本1通に，それぞれ，次に掲げる図書を添えたもの（正本に添える図書にあっては，当該図書の設計者の氏名が記載されたものに限る。）
　　イ　次の表の各項に掲げる図書
　　ロ　申請に係る工作物が，法第88条第2項の規定により第1条の3第1項の表2の㉑項，㉒項又は㊽項の⒤欄に掲げる規定が準用される工作物である場合にあっては，それぞれ当該各項の⒭欄に掲げる図書
　二　別記第12号様式による築造計画概要書
　三　代理者によって確認の申請を行う場合にあっては，委任状又はその写し

図書の種類	明示すべき事項
付近見取図	方位，道路及び目標となる地物
配置図	縮尺及び方位
	敷地境界線，敷地内における工作物の位置及び申請に係る工作物と他の工作物との別（申請に係る工作物が令第138条第3項第二号ハからチまでに掲げるものである場合においては，当該工作物と建築物との別を含む。）
平面図又は横断面図	縮尺
	主要部分の寸法
側面図又は縦断面図	縮尺
	工作物の高さ
	主要部分の寸法

3　工作物に関する確認申請（法第88条第2項において準用する法第6条第1項の規定による確認の申請を除く。以下この項において同じ。）を建築物に関する確認申請と併せてす

る場合における確認の申請書は，次の各号に掲げる図書及び書類とする。この場合においては，第一号の正本に工作物に関する確認申請を建築物に関する確認申請と併せてする旨を記載しなければならない。

一　別記第2号様式による正本1通及び副本1通に，それぞれ，次に掲げる図書及び書類を添えたもの（正本に添える図書にあっては，当該図書の設計者の氏名が記載されたものに限る。）。

　イ　第1条の3第1項から第4項までに規定する図書及び書類

　ロ　別記第10号様式中の「工作物の概要の欄」又は別記第8号様式（昇降機用）中の「昇降機の概要の欄」に記載すべき事項を記載した書類

　ハ　第1項第一号イに掲げる図書（付近見取図又は配置図に明示すべき事項を第1条の3第1項の付近見取図又は配置図に明示した場合においては，付近見取図又は配置図を除く。）

　ニ　申請に係る工作物が第1項第一号ロ(1)及び(2)に掲げる工作物である場合にあっては，それぞれ当該(1)又は(2)に定める図書及び書類

二　別記第3号様式による建築計画概要書

三　代理者によって確認の申請を行う場合にあっては，委任状又はその写し

四　申請に係る建築物が建築士により構造計算によってその安全性を確かめられたものである場合にあっては，証明書の写し

4　第1項及び前項の規定にかかわらず，次の各号に掲げる工作物の計画に係る確認の申請書にあっては，それぞれ当該各号に定めるところによるものとする。

一　法第88条第1項において準用する法第6条の4第1項第二号に掲げる工作物　　法第88条第1項において準用する法第68条の10第1項の認定を受けた型式の認定書の写しを添えたものにあっては，次の表の(い)欄に掲げる工作物の区分に応じ，同表の(ろ)欄に掲げる図書についてはこれを添えることを要しない。

二　法第88条第1項において準用する法第68条の20第1項に規定する認証型式部材等（この号において単に「認証型式部材等」という。）を有する工作物　　認証型式部材等に係る認証書の写しを添えたものにあっては，次の表の(い)欄に掲げる工作物の区分に応じ，同表の(ろ)欄及び(は)欄に掲げる図書についてはこれらを添えることを要せず，同表の(に)欄に掲げる図書については同表の(ほ)欄に掲げる事項を明示することを要しない。

	(い)	(ろ)	(は)	(に)	(ほ)
(1)	令第144条の2の表の(1)項に掲げる工作物の部分を有する工作物	第1項の表1に掲げる図書のうち構造計算書（昇降路及び機械室以外のエレベーターの部分に係るものに限る。），同項の表2の(5)項の(ろ)欄に掲げる図書のうちエレベーター強度検証法により検証した際の計算書並びに同項の表3の(1)項の(ろ)欄及び(12)項の(ろ)欄に掲げる図書	第1項の表1に掲げる図書のうち構造詳細図（昇降路及び機械室以外のエレベーターの部分に係るものに限る。）	第1項の表1に掲げる図書のうち平面図又は横断面図	昇降路及び機械室以外のエレベーターの部分に係る主要部分の材料の種別及び寸法
				第1項の表1に掲げる図書のうち側面図又は縦断面図	昇降路及び機械室以外のエレベーターの部分に係る主要部分の材料の種別及び寸法

(2)	令第144条の2の表の(2)項に掲げる工作物の部分を有する工作物	第1項の表1に掲げる図書のうち構造計算書（トラス又ははりを支える部分以外のエスカレーターの部分に係るものに限る。），同項の表2の(5)項の(ろ)欄に掲げる図書のうちエスカレーター強度検証法により検証した際の計算書並びに同項の表3の(2)項の(ろ)欄及び(12)項の(ろ)欄に掲げる図書（令第143条第2項において準用する令第129条の12第1項第六号の認定に係る認定書の写しを除く。）	第1項の表1に掲げる図書のうち構造詳細図（トラス又ははりを支える部分以外のエスカレーターの部分に係るものに限る。）	第1項の表1に掲げる図書のうち平面図又は横断面図	トラス又ははりを支える部分以外のエスカレーターの部分に係る主要部分の材料の種別及び寸法
				第1項の表1に掲げる図書のうち側面図又は縦断面図	トラス又ははりを支える部分以外のエスカレーターの部分に係る主要部分の材料の種別及び寸法
(3)	令第144条の2の表の(3)項に掲げる工作物の部分を有する工作物	第1項の表1に掲げる図書のうち構造計算書，同項の表2の(6)項の(ろ)欄に掲げる図書のうち遊戯施設強度検証法により検証した際の計算書並びに同項の表3の(3)項の(ろ)欄及び(12)項の(ろ)欄に掲げる図書	第1項の表1に掲げる図書のうち構造詳細図（遊戯施設のうち，かご，車両その他人を乗せる部分及びこれを支え，又は吊る構造上主要な部分並びに非常止め装置の部分（以下この項において「かご等」という。）に係るものに限る。）	第1項の表1に掲げる図書のうち平面図又は横断面図	遊戯施設のかご等の主要部分の材料の種別及び寸法
				第1項の表1に掲げる図書のうち側面図又は縦断面図	遊戯施設のかご等の主要部分の材料の種別及び寸法

5　申請に係る工作物が都市計画法第4条第11項に規定する特定工作物である場合においては，第1項から第3項までの規定に定めるもののほか，その計画が同法第29条第1項若しくは第2項，第35条の2第1項，第42条又は第43条第1項の規定に適合していることを証する書面を申請書に添えなければならない。

6　特定行政庁は，申請に係る工作物が法第88条第1項において準用する法第40条又は法第88条第2項において準用する法第49条から第50条まで若しくは第68条の2第1項の規定に基づく条例（これらの規定に基づく条例の規定を法第88条第2項において準用する法第87条第2項又は第3項において準用する場合を含む。）の規定に適合するものであることについての確認をするために特に必要があると認める場合においては，規則で，第1項から第3項までの規定に定めるもののほか，申請書に添えるべき図書について必要な規定を設けることができる。

7　前各項の規定にかかわらず，確認を受けた工作物の計画の変更の場合における確認の申請書並びにその添付図書及び添付書類は，前各項に規定する申請書並びにその添付図書及び添付書類並びに当該計画の変更に係る直前の確認に要した図書及び書類（変更に係る部分に限る。）とする。ただし，当該直前の確認を受けた建築主事に対して申請を行う場合においては，変更に係る部分の申請書（第1面が別記第14号様式によるものをいう。）並びにその添付図書及び添付書類とする。

8 第 2 条第 1 項，第 4 項又は第 5 項の規定は，法第88条第 1 項又は第 2 項において準用する法第 6 条第 4 項又は第 7 項の規定による交付について準用する。

【計画の変更に係る確認を要しない軽微な変更】

第 3 条の 2 法第 6 条第 1 項（法第87条第 1 項において準用する場合を含む。）の国土交通省令で定める軽微な変更は，次に掲げるものであって，変更後も建築物の計画が建築基準関係規定に適合することが明らかなものとする。

一 敷地に接する道路の幅員及び敷地が道路に接する部分の長さの変更（都市計画区域内，準都市計画区域内及び法第68条の 9 第 1 項の規定に基づく条例により建築物又はその敷地と道路との関係が定められた区域内にあっては敷地に接する道路の幅員が大きくなる場合（敷地境界線が変更されない場合に限る。）及び変更後の敷地が道路に接する部分の長さが 2 m（条例で規定する場合にあってはその長さ）以上である場合に限る。）

二 敷地面積が増加する場合の敷地面積及び敷地境界線の変更（当該敷地境界線の変更により変更前の敷地の一部が除かれる場合を除く。）

三 建築物の高さが減少する場合における建築物の高さの変更（建築物の高さの最低限度が定められている区域内の建築物に係るものを除く。）

四 建築物の階数が減少する場合における建築物の階数の変更

五 建築面積が減少する場合における建築面積の変更（都市計画区域内，準都市計画区域内及び法第68条の 9 第 1 項の規定に基づく条例により日影による中高層の建築物の高さの制限が定められた区域内において当該建築物の外壁が隣地境界線又は同一の敷地内の他の建築物若しくは当該建築物の他の部分から後退しない場合及び建築物の建築面積の最低限度が定められている区域内の建築物に係るものを除く。）

六 床面積の合計が減少する場合における床面積の変更（都市計画区域内，準都市計画区域内及び法第68条の 9 第 1 項の規定に基づく条例の適用を受ける区域内の建築物に係るものにあっては次のイ又はロに掲げるものを除く。）

イ 当該変更により建築物の延べ面積が増加するもの

ロ 建築物の容積率の最低限度が定められている区域内の建築物に係るもの

七 用途の変更（令第137条の18で指定する類似の用途相互間におけるものに限る。）

八 構造耐力上主要な部分である基礎ぐい，間柱，床版，屋根版又は横架材（小ばりその他これに類するものに限る。）の位置の変更（変更に係る部材及び当該部材に接する部材以外に応力度の変更がない場合であって，変更に係る部材及び当該部材に接する部材が令第82条各号に規定する構造計算によって確かめられる安全性を有するものに限る。）

九 構造耐力上主要な部分である部材の材料又は構造の変更（変更後の建築材料が変更前の建築材料と異なる変更及び強度又は耐力が減少する変更を除き，第十二号の表の左欄に掲げる材料又は構造を変更する場合にあっては，同表の右欄に掲げる材料又は構造とする変更に限る。）

十 構造耐力上主要な部分以外の部分であって，屋根ふき材，内装材（天井を除く。），外装材，帳壁その他これらに類する建築物の部分，広告塔，装飾塔その他建築物の屋外に取り付けるもの若しくは当該取付け部分，壁又は手すり若しくは手すり壁の材料若しくは構造の変更（第十二号の表の左欄に掲げる材料又は構造を変更する場合にあっては，同表の右欄に掲げる材料又は構造とする変更に限る。）又は位置の変更（間仕切壁にあっては，主要構造部であるもの及び防火上主要なものを除く。）

十一 構造耐力上主要な部分以外の部分である天井の材料若しくは構造の変更（次号の表の左欄に掲げる材料又は構造を変更する場合にあっては同表の右欄に掲げる材料又は構造とする変更に限り，特定天井にあっては変更後の建築材料が変更前の建築材料と異なる

変更又は強度若しくは耐力が減少する変更を除き，特定天井以外の天井にあっては特定
天井とする変更を除く。）又は位置の変更（特定天井以外の天井にあっては，特定天井
とする変更を除く。）

十一　建築物の材料又は構造において，次の表の左欄に掲げる材料又は構造を同表の右欄に
掲げる材料又は構造とする変更（第九号から前号までに係る部分の変更を除く。）

不燃材料	不燃材料
準不燃材料	不燃材料又は準不燃材料
難燃料材	不燃材料，準不燃材料又は難燃材料
耐火構造	耐火構造
準耐火構造	耐火構造又は準耐火構造（変更後の構造における加熱開始後構造耐力上支障のある変形，溶融，破壊その他の損傷を生じない時間，加熱面以外の面（屋内に面するものに限る。）の温度が可燃物燃焼温度以上に上昇しない時間及び屋外に火炎を出す原因となる亀裂その他の損傷を生じない時間が，それぞれ変更前の構造における加熱開始後構造耐力上支障のある変形，溶融，破壊その他の損傷を生じない時間，加熱面以外の面（屋内に面するものに限る。）の温度が可燃物燃焼温度以上に上昇しない時間及び屋外に火炎を出す原因となる亀裂その他の損傷を生じない時間以上である場合に限る。）
防火構造	耐火構造，準耐火構造又は防火構造
令第109条の3第一号の技術的基準に適合する構造	耐火構造，準耐火構造又は令第109条の3第一号の技術的基準に適合する構造
令第109条の3第二号ハの技術的基準に適合する構造	耐火構造，準耐火構造又は令第109条の3第二号ハの技術的基準に適合する構造
令第115条の2第1項第四号の技術的基準に適合する構造	耐火構造，準耐火構造又は令第115条の2第1項第四号の技術的基準に適合する構造
令第109条の9の技術的基準に適合する構造	耐火構造，準耐火構造，防火構造又は令第109条の9の技術的基準に適合する構造
令第136条の2の2の技術的基準に適合する構造	令第136条の2の2の技術的基準に適合する構造
令第109条の8の技術的基準に適合する構造	令第136条の2の2の技術的基準に適合する構造又は令第109条の8の技術的基準に適合する構造
特定防火設備	特定防火設備
令第114条第5項において準用する令第112条第21項の技術的基準に適合する防火設備	特定防火設備又は令第114条第5項において準用する令第112条第21項の技術的基準に適合する防火設備
令第109条の2の技術的基準に適合する防火設備	特定防火設備，令第114条第5項において準用する令第112条第21項の技術的基準に適合する防火設備又は令第109条の2の技術的基準に適合する防火設備
令第110条の3の技術的基準に適合する防火設備	特定防火設備，令第114条第5項において準用する令第112条第21項の技術的基準に適合する防火設備，令第109条の2の技術的基準に適合する防火設備又は令第110条の3の技術的基準に適合する防火設備

令第136条の２第三号イ⑵の技術的基準に適合する防火設備又は令第137条の10第四号の技術的基準に適合する防火設備	特定防火設備，令第114条第５項において準用する令第112条第21項の技術的基準に適合する防火設備，令第109条の２の技術的基準に適合する防火設備，令第110条の３の技術的基準に適合する防火設備，令第136条の２第三号イ⑵の技術的基準に適合する防火設備又は令第137条の10第四号の技術的基準に適合する防火設備
第二種ホルムアルデヒド発散建築材料	第一種ホルムアルデヒド発散建築材料以外の建築材料
第三種ホルムアルデヒド発散建築材料	第一種ホルムアルデヒド発散建築材料及び第二種ホルムアルデヒド発散建築材料以外の建築材料
第一種ホルムアルデヒド発散建築材料，第二種ホルムアルデヒド発散建築材料及び第三種ホルムアルデヒド発散建築材料以外の建築材料	第一種ホルムアルデヒド発散建築材料，第二種ホルムアルデヒド発散建築材料及び第三種ホルムアルデヒド発散建築材料以外の建築材料

　十三　井戸の位置の変更（くみ取便所の便槽との間の距離が短くなる変更を除く。）

　十四　開口部の位置及び大きさの変更（次のイ又はロに掲げるものを除く。）

　　　イ　令第117条の規定により令第５章第２節の規定の適用を受ける建築物の開口部に係る変更で次の⑴及び⑵に掲げるもの

　　　　⑴　当該変更により令第120条第１項又は令第125条第１項の歩行距離が長くなるもの

　　　　⑵　令第123条第１項の屋内に設ける避難階段，同条第２項の屋外に設ける避難階段又は同条第３項の特別避難階段に係る開口部に係るもの

　　　ロ　令第126条の６の非常用の進入口に係る変更で，進入口の間隔，幅，高さ及び下端の床面からの高さ並びに進入口に設けるバルコニーに係る令第126条の７第二号，第三号及び第五号に規定する値の範囲を超えることとなるもの

　十五　建築設備の材料，位置又は能力の変更（性能が低下する材料の変更及び能力が減少する変更を除く。）

　十六　前各号に掲げるもののほか，安全上，防火上及び避難上の危険の度並びに衛生上及び市街地の環境の保全上の有害の度に著しい変更を及ぼさないものとして国土交通大臣が定めるもの

２　法第87条の４において準用する法第６条第１項の軽微な変更は，次に掲げるものであって，変更後も建築設備の計画が建築基準関係規定に適合することが明らかなものとする。

　一　第１条の３第４項の表１の⑺項の昇降機の構造詳細図並びに同表の⑽項のエレベーターの構造詳細図，エスカレーターの断面図及び小荷物専用昇降機の構造詳細図における構造又は材料並びに同表の昇降機以外の建築設備の構造詳細図における主要な部分の構造又は材料において，耐火構造又は不燃材料を他の耐火構造又は不燃材料とする変更

　二　建築設備の材料，位置又は能力の変更（性能が低下する材料の変更及び能力が減少する変更を除く。）

　三　前２号に掲げるもののほか，安全上，防火上及び避難上の危険の度並びに衛生上及び市街地の環境の保全上の有害の度に著しい変更を及ぼさないものとして国土交通大臣が定めるもの

３　法第88条第１項において準用する法第６条第１項の軽微な変更は，次に掲げるものであって，変更後も工作物の計画が建築基準関係規定に適合することが明らかなものとする。

一　第３条第１項の表１の配置図における当該工作物の位置の変更

二　構造耐力上主要な部分である基礎ぐい，間柱，床版，屋根版又は横架材（小ばりその他これに類するものに限る。）の位置の変更（変更に係る部材及び当該部材に接する部材以外に応力度の変更がない場合であって，変更に係る部材及び当該部材に接する部材が令第82条各号に規定する構造計算によって確かめられる安全性を有するものに限る。）

三　構造耐力上主要な部分である部材の材料又は構造の変更（変更後の建築材料が変更前の建築材料と異なる変更及び強度又は耐力が減少する変更を除き，第１項第十二号の表の左欄に掲げる材料又は構造を変更する場合にあっては，同表の右欄に掲げる材料又は構造とする変更に限る。）

四　構造耐力上主要な部分以外の部分であって，屋根ふき材，内装材，外装材，帳壁その他これらに類する工作物の部分，広告塔，装飾塔その他工作物の屋外に取り付けるものの材料若しくは構造の変更（第１項第十二号の表の左欄に掲げる材料又は構造を変更する場合にあっては，同表の右欄に掲げる材料又は構造とする変更に限る。）又は位置の変更

五　観光用エレベーター等の構造耐力上主要な部分以外の部分（前号に係る部分を除く。）の材料，位置又は能力の変更（性能が低下する材料の変更及び能力が減少する変更を除く。）

六　前各号に掲げるもののほか，安全上，防火上及び避難上の危険の度並びに衛生上及び市街地の環境の保全上の有害の度に著しい変更を及ぼさないものとして国土交通大臣が定めるもの

4　法第88条第２項において準用する法第６条第１項の軽微な変更は，次に掲げるものであって，変更後も工作物の計画が建築基準関係規定に適合することが明らかなものとする。

一　築造面積が減少する場合における当該面積の変更

二　高さが減少する場合における当該高さの変更

三　前２号に掲げるもののほか，安全上，防火上及び避難上の危険の度並びに衛生上及び市街地の環境の保全上の有害の度に著しい変更を及ぼさないものとして国土交通大臣が定めるもの

【指定確認検査機関に対する確認の申請等】

第３条の３　第１条の３（第７項及び第９項を除く。）の規定は，法第６条の２第１項（法第87条第１項において準用する場合を含む。）の規定による確認の申請について，第１条の４の規定は法第６条の２第１項の規定による確認の申請を受けた場合について準用する。この場合において，第１条の３第１項第一号ロ(3)，第４項第一号ハ(2)，第８項，第10項及び第11項並びに第１条の４中「建築主事」とあるのは「指定確認検査機関」と読み替えるものとする。

2　第２条の２（第４項及び第６項を除く。）の規定は，法第87条の４において準用する法第６条の２第１項の規定による確認の申請について準用する。この場合において，第２条の２第１項第一号ロ(2)及び第５項中「建築主事」とあるのは「指定確認検査機関」と読み替えるものとする。

3　第３条（第６項及び第８項を除く。）の規定は，法第88条第１項又は第２項において準用する法第６条の２第１項の規定による確認の申請について準用する。この場合において，第３条第１項第一号ロ(2)及び第７項中「建築主事」とあるのは「指定確認検査機関」と読み替えるものとする。

4　第1条の3第7項，第2条の2第4項又は第3条第6項の規定に基づき特定行政庁が規則で法第6条第1項（法第87条第1項，法第87条の4又は法第88条第1項若しくは第2項において準用する場合を含む。）の申請書に添えるべき図書を定めた場合にあっては，前各項の規定による確認の申請書に当該図書を添えるものとする。

【指定確認検査機関が交付する確認済証等の様式等】

第3条の4　法第6条の2第1項（法第87条第1項，法第87条の4又は法第88条第1項若しくは第2項において準用する場合を含む。次条において同じ。）の規定による確認済証の交付は，別記第15号様式による確認済証に，前条において準用する第1条の3，第2条の2又は第3条の申請書の副本1通並びにその添付図書及び添付書類，第3条の12に規定する図書及び書類並びに建築物のエネルギー消費性能の向上に関する法律施行規則第6条に規定する書類を添えて行わなければならない。

2　法第6条の2第4項（法第87条第1項，法第87条の4又は法第88条第1項若しくは第2項において準用する場合を含む。次条第1項において同じ。）の規定による通知書の交付は，次の各号に掲げる通知書の区分に応じ，それぞれ当該各号に定めるところによるものとする。

一　申請に係る建築物の計画が建築基準関係規定に適合しないことを認めた旨及びその理由を記載した通知書　　別記第15号の2様式による通知書に，前条において準用する第1条の3，第2条の2又は第3条の申請書の副本1通並びにその添付図書及び添付書類，適合判定通知書又はその写し，第3条の12に規定する図書及び書類，建築物のエネルギー消費性能の向上に関する法律第12条第6項に規定する適合判定通知書又はその写し並びに建築物のエネルギー消費性能の向上に関する法律施行規則第6条に規定する書類を添えて行う。

二　申請に係る建築物の計画が申請の内容によっては建築基準関係規定に適合するかどうかを決定することができない旨及びその理由を記載した通知書　　別記第15号の3様式による通知書により行う。

3　前2項に規定する図書及び書類の交付については，電子情報処理組織（指定確認検査機関の使用に係る電子計算機と交付を受ける者の使用に係る入出力装置とを電気通信回線で接続した電子情報処理組織をいう。第3条の11，第3条の22（第6条の10，第6条の12，第6条の14及び第6条の16において準用する場合を含む。）及び第11条の2の2を除き，以下同じ。）の使用又は磁気ディスク等の交付によることができる。

【確認審査報告書】

第3条の5　法第6条の2第5項（法第87条第1項，法第87条の4又は法第88条第1項若しくは第2項において準用する場合を含む。以下この条において同じ。）の国土交通省令で定める期間は，法第6条の2第1項の確認済証又は同条第4項の通知書の交付の日から7日以内とする。

2　法第6条の2第5項に規定する確認審査報告書は，別記第16号様式による。

3　法第6条の2第5項の国土交通省令で定める書類（法第6条の2第1項の確認済証の交付をした場合に限る。）は，次の各号に掲げる書類とする。

一　次のイからニまでに掲げる区分に応じ，それぞれ当該イからニまでに定める書類

イ　建築物　　別記第2号様式の第4面から第6面による書類並びに別記第3号様式による建築計画概要書

ロ　建築設備　　別記第8号様式の第2面による書類

ハ　法第88条第1項に規定する工作物　　別記第10号様式（観光用エレベーター等にあっては，別記第8号様式（昇降機用））の第2面による書類

　ニ　法第88条第2項に規定する工作物　　別記第12号様式による築造計画概要書
二　法第18条の3第1項に規定する確認審査等に関する指針（以下単に「確認審査等に関する指針」という。）に従って法第6条の2第1項の規定による確認のための審査を行ったことを証する書類として国土交通大臣が定める様式によるもの
三　適合判定通知書又はその写し
4　前項各号に定める書類が，電子計算機に備えられたファイル又は磁気ディスク等に記録され，必要に応じ特定行政庁において電子計算機その他の機器を用いて明確に紙面に表示されるときは，当該ファイル又は磁気ディスク等をもって同項各号の書類に代えることができる。

【適合しないと認める旨の通知書の様式】

第3条の6　法第6条の2第6項（法第87条第1項，法第87条の4又は法第88条第1項若しくは第2項において準用する場合を含む。）の規定による適合しないと認める旨の通知書の様式は，別記第17号様式及び別記第18号様式による。

【構造計算適合性判定の申請書の様式】

第3条の7　法第6条の3第1項の規定による構造計算適合性判定の申請書は，次の各号に掲げる図書及び書類とする。
一　別記第18号の2様式による正本1通及び副本1通に，それぞれ，次に掲げる図書及び書類を添えたもの（正本に添える図書にあっては，当該図書の設計者の氏名が記載されたものに限る。）
　イ　第1条の3第1項の表1の各項に掲げる図書（同条第1項第一号イの認定を受けた構造の建築物又はその部分に係る場合で当該認定に係る認定書の写しを添えたものにおいては同号イに規定する国土交通大臣の指定した図書を除く。）
　ロ　申請に係る建築物が次の(1)から(3)までに掲げる建築物である場合にあっては，それぞれ当該(1)から(3)までに定める図書及び書類
　(1)　次の(i)及び(ii)に掲げる建築物　　それぞれ当該(i)及び(ii)に定める図書及び書類
　　(i)　第1条の3第1項の表2の(1)項の(い)欄に掲げる建築物並びに同条第1項の表5の(2)項及び(3)項の(い)欄に掲げる建築物　　それぞれ同条第1項の表2の(1)項の(ろ)欄に掲げる図書並びに同条第1項の表5の(2)項の(ろ)欄に掲げる計算書及び同表の(3)項の(ろ)欄に掲げる図書（同条第1項第一号ロ(1)の認定を受けた構造の建築物又はその部分に係る場合で当該認定に係る認定書の写しを添えたものにおいては同号ロ(1)に規定する国土交通大臣が指定した図書及び計算書，同号ロ(2)の認定を受けた構造の建築物又はその部分に係る場合においては同項の表5の(2)項の(ろ)欄に掲げる計算書を除く。）
　　(ii)　第1条の3第1項の表2の(61)項の(い)欄に掲げる建築物（令第137条の2の規定が適用される建築物に限る。）　　同項の(ろ)欄に掲げる図書（同条の規定が適用される建築物に係るものに限る。）
　(2)　次の(i)及び(ii)に掲げる建築物　　それぞれ当該(i)及び(ii)に定める図書（第1条の3第1項第一号ロ(2)の認定を受けた構造の建築物又はその部分に係る場合においては，当該認定に係る認定書の写し及び同号ロ(2)に規定する国土交通大臣が指定した構造計算の計算書）。ただし，(i)及び(ii)に掲げる建築物について法第20条第1項第二号イ及び第三号イの認定を受けたプログラムによる構造計算によって安全性を確かめた場合は，当該認定に係る認定書の写し，第1条の3第1項第一号ロ(2)ただし書の規定による磁気ディスク等及び同号ロ(2)ただし書に規定する国土交通大臣が指定した図書をもって代えることができる。

　　　　(i)　第１条の３第１項の表３の各項の(い)欄上段（(2)項にあっては(い)欄）に掲げる
　　　　　建築物　当該各項の(ろ)欄に掲げる構造計算書
　　　　(ii)　令第81条第２項第一号イ若しくはロ又は同項第二号イ又は同条第３項に規定
　　　　　する国土交通大臣が定める基準に従った構造計算により安全性を確かめた建築物
　　　　　　　第１条の３第１項第一号ロ(2)(ii)に規定する国土交通大臣が定める構造計算
　　　　　書に準ずる図書
　　　(3)　第１条の３第１項の表４の(7)項，(17)項，(34)項から(41)項まで，(65)項及び(66)項の(い)欄
　　　　に掲げる建築物　当該各項に掲げる書類（都道府県知事が，当該書類を有してい
　　　　ないことその他の理由により，提出を求める場合に限る。）
　二　別記第３号様式による建築計画概要書
　三　代理者によって構造計算適合性判定の申請を行う場合にあっては，委任状又はその写
　　し
　四　申請に係る建築物が建築士により構造計算によってその安全性を確かめられたもので
　　ある場合にあっては，証明書の写し
２　前項第一号イ及びロ(1)に掲げる図書に明示すべき事項をこれらの図書のうち他の図書に
　明示してその図書を同項の申請書に添える場合においては，同項の規定にかかわらず，同
　号イ及びロ(1)に掲げる図書に明示することを要しない。この場合において，同号イ及びロ
　(1)に掲げる図書に明示すべき全ての事項を当該他の図書に明示したときは，同号イ及びロ
　(1)に掲げる図書を同項の申請書に添えることを要しない。
３　前２項の規定にかかわらず，構造計算適合性判定（特定構造計算基準又は特定増改築構
　造計算基準に適合する旨の判定に限る。）を受けた建築物の計画の変更の場合における構
　造計算適合性判定の申請書並びにその添付図書及び添付書類は，前２項に規定する申請書
　並びにその添付図書及び添付書類並びに当該計画の変更に係る直前の構造計算適合性判定
　に要した図書及び書類（変更に係る部分に限る。）とする。ただし，当該直前の構造計算
　適合性判定を受けた都道府県知事に対して申請を行う場合においては，変更に係る部分の
　申請書（第１面が別記第18号の３様式によるものをいう。）並びにその添付図書及び添付
　書類とする。
４　前各項の規定にかかわらず，第１条の３第10項に規定する建築物の計画に係る構造計算
　適合性判定の申請を行う場合にあっては，前各項に規定する申請書並びにその添付図書及
　び添付書類（構造計算基準に適合する部分の計画に係るものに限る。）を提出することを
　要しない。

　　　　　　　　【都道府県知事による留意事項の通知】
第３条の８　都道府県知事は，法第６条の３第１項の規定による構造計算適合性判定の申請
　を受けた場合において，申請に係る建築物の計画について建築主事又は指定確認検査機関
　が法第６条第４項に規定する審査又は法第６条の２第１項の規定による確認のための審査
　を行うに当たって留意すべき事項があると認めるときは，当該計画について法第６条第１
　項又は法第６条の２第１項の規定による確認の申請を受けた建築主事又は指定確認検査機
　関に対し，当該事項の内容を通知するものとする。

　　　　　　　　【適合判定通知書等の様式等】
第３条の９　法第６条の３第４項の規定による通知書の交付は，次の各号に掲げる場合に応
　じ，それぞれ当該各号に定めるものに第３条の７の申請書の副本１通並びにその添付図書
　及び添付書類を添えて行うものとする。
　一　建築物の計画が特定構造計算基準又は特定増改築構造計算基準に適合するものである
　　と判定された場合　別記第18号の４様式による適合判定通知書

　　二　建築物の計画が特定構造計算基準又は特定増改築構造計算基準に適合しないものであると判定された場合　　別記第18号の５様式による通知書

2　法第6条の3第5項の国土交通省令で定める場合は，次のいずれかに該当する場合とする。

　　一　申請に係る建築物の計画が特定増改築構造計算基準（令第81条第2項に規定する基準に従った構造計算で，法第20条第1項第二号イに規定する方法によるものによって確かめられる安全性を有することに係る部分に限る。）に適合するかどうかの判定の申請を受けた場合

　　二　申請に係る建築物の計画が令第81条第2項又は第3項に規定する基準に従った構造計算で，法第20条第1項第二号イ又は第三号イに規定するプログラムによるものによって確かめられる安全性を有するかどうかの判定の申請を受けた場合において，第1条の3第1項第一号ロ⑵ただし書の規定による磁気ディスク等の提出がなかった場合

　　三　法第20条第1項第二号イに規定するプログラムにより令第81条第2項に規定する基準に従った構造計算を行う場合に用いた構造設計の条件が適切なものであるかどうかその他の事項について構造計算適合性判定に関する事務に従事する者相互間で意見が異なる場合

3　法第6条の3第5項の規定による同条第4項の期間を延長する旨及びその延長する期間並びにその期間を延長する理由を記載した通知書の交付は，別記第18号の6様式により行うものとする。

4　法第6条の3第6項の規定による適合するかどうかを決定することができない旨及びその理由を記載した通知書の交付は，別記第18号の7様式により行うものとする。

【指定構造計算適合性判定機関に対する構造計算適合性判定の申請等】

第3条の10　第3条の7の規定は，法第18条の2第4項において読み替えて適用する法第6条の3第1項の規定による構造計算適合性判定の申請について，第3条の8の規定は法第18条の2第4項において読み替えて適用する法第6条の3第1項の規定による構造計算適合性判定の申請を受けた場合について準用する。この場合において，第3条の7第1項第一号ロ⑶及び第3項並びに第3条の8中「都道府県知事」とあるのは「指定構造計算適合性判定機関」と読み替えるものとする。

【指定構造計算適合性判定機関が交付する適合判定通知書等の様式等】

第3条の11　法第18条の2第4項において読み替えて適用する法第6条の3第4項の規定による通知書の交付は，次の各号に掲げる場合に応じ，それぞれ当該各号に定めるものに，前条において準用する第3条の7の申請書の副本1通並びにその添付図書及び添付書類を添えて行わなければならない。

　　一　建築物の計画が特定構造計算基準又は特定増改築構造計算基準に適合するものであると判定された場合　　別記第18号の8様式による適合判定通知書

　　二　建築物の計画が特定構造計算基準又は特定増改築構造計算基準に適合しないものであると判定された場合　　別記第18号の9様式による通知書

2　法第18条の2第4項において読み替えて適用する法第6条の3第5項の国土交通省令で定める場合は，次のいずれかに該当する場合とする。

　　一　申請に係る建築物の計画が特定増改築構造計算基準（令第81条第2項に規定する基準に従った構造計算で，法第20条第1項第二号イに規定する方法によるものによって確かめられる安全性を有することに係る部分に限る。）に適合するかどうかの判定の申請を受けた場合

　　二　申請に係る建築物の計画が令第81条第2項又は第3項に規定する基準に従った構造計

算で，法第20条第 1 項第二号イ又は第三号イに規定するプログラムによるものによって確かめられる安全性を有するかどうかの判定の申請を受けた場合において，第 1 条の 3 第 1 項第一号ロ(2)ただし書の規定による磁気ディスク等の提出がなかった場合

三　法第20条第 1 項第二号イに規定するプログラムにより令第81条第 2 項に規定する基準に従った構造計算を行う場合に用いた構造設計の条件が適切なものであるかどうかその他の事項について構造計算適合性判定員相互間で意見が異なる場合

3　法第18条の 2 第 4 項において読み替えて適用する法第 6 条の 3 第 5 項の規定による同条第 4 項の期間を延長する旨及びその延長する期間並びにその期間を延長する理由を記載した通知書の交付は，別記第18号の10様式により行うものとする。

4　法第18条の 2 第 4 項において読み替えて適用する法第 6 条の 3 第 6 項の規定による適合するかどうかを決定することができない旨及びその理由を記載した通知書の交付は，別記第18号の11様式により行うものとする。

5　第 1 項及び前 2 項に規定する図書及び書類の交付については，電子情報処理組織（指定構造計算適合性判定機関の使用に係る電子計算機と交付を受ける者の使用に係る入出力装置とを電気通信回線で接続した電子情報処理組織をいう。）の使用又は磁気ディスク等の交付によることができる。

【適合判定通知書又はその写しの提出】

第 3 条の12　法第 6 条の 3 第 7 項の規定による適合判定通知書又はその写しの提出は，第 3 条の 7 第 1 項第一号ロ(1)及び(2)に定める図書及び書類を添えて行うものとする。

【構造計算に関する高度の専門的知識及び技術を有する者等】

第 3 条の13　法第 6 条の 3 第 1 項ただし書の国土交通省令で定める要件は，次の各号のいずれかに該当する者（以下「特定建築基準適合判定資格者」という。）であることとする。

一　建築士法第10条の 3 第 4 項に規定する構造設計一級建築士

二　法第77条の66第 1 項の登録を受けている者（以下「構造計算適合判定資格者」という。）

三　構造計算に関する高度の専門的知識及び技術を習得させるための講習であって，次条から第 3 条の16までの規定により国土交通大臣の登録を受けたもの（以下「登録特定建築基準適合判定資格者講習」という。）を修了した者

四　前 3 号に掲げる者のほか国土交通大臣が定める者

2　特定行政庁及び指定確認検査機関は，その指揮監督の下にある建築主事及び確認検査員が特定建築基準適合判定資格者として法第 6 条の 3 第 1 項ただし書の規定による審査を行う場合にあっては，その旨をウェブサイトへの掲載その他の適切な方法により公表するものとする。

【特定建築基準適合判定資格者講習の登録の申請】

第 3 条の14　前条第 1 項第三号の登録は，登録特定建築基準適合判定資格者講習の実施に関する事務（以下「登録特定建築基準適合判定資格者講習事務」という。）を行おうとする者の申請により行う。

2　前条第 1 項第三号の登録を受けようとする者は，次に掲げる事項を記載した申請書を国土交通大臣に提出しなければならない。

一　前条第 1 項第三号の登録を受けようとする者の氏名又は名称及び住所並びに法人にあっては，その代表者の氏名

二　登録特定建築基準適合判定資格者講習事務を行おうとする事務所の名称及び所在地

三　登録特定建築基準適合判定資格者講習事務を開始しようとする年月日

3　前項の申請書には，次に掲げる書類を添付しなければならない。

一　個人である場合においては，次に掲げる書類

イ　住民票の抄本若しくは個人番号カード（行政手続における特定の個人を識別するための番号の利用等に関する法律（平成25年法律第27号）第２条第７項に規定する個人番号カードをいう。第６条の17第２項第一号において同じ。）の写し又はこれらに類するものであって氏名及び住所を証明する書類

　　ロ　登録申請者の略歴を記載した書類

　二　法人である場合においては，次に掲げる書類

　　イ　定款及び登記事項証明書

　　ロ　株主名簿又は社員名簿の写し

　　ハ　申請に係る意思の決定を証する書類

　　ニ　役員（持分会社（会社法（平成17年法律第86号）第575条第１項に規定する持分会社をいう。）にあっては，業務を執行する社員をいう。以下同じ。）の氏名及び略歴を記載した書類

　三　講師が第３条の16第１項第二号イからハまでのいずれかに該当する者であることを証する書類

　四　登録特定建築基準適合判定資格者講習の受講資格を記載した書類その他の登録特定建築基準適合判定資格者講習事務の実施の方法に関する計画を記載した書類

　五　登録特定建築基準適合判定資格者講習事務以外の業務を行おうとするときは，その業務の種類及び概要を記載した書類

　六　前条第１項第三号の登録を受けようとする者が次条各号のいずれにも該当しない者であることを誓約する書面

　七　その他参考となる事項を記載した書類

【欠格事項】

第３条の15　次の各号のいずれかに該当する者が行う講習は，第３条の13第１項第三号の登録を受けることができない。

　一　建築基準法令の規定により罰金以上の刑に処せられ，その執行を終わり，又は執行を受けることがなくなった日から起算して２年を経過しない者

　二　第３条の25の規定により第３条の13第１項第三号の登録を取り消され，その取消しの日から起算して２年を経過しない者

　三　法人であって，登録特定建築基準適合判定資格者講習事務を行う役員のうちに前２号のいずれかに該当する者があるもの

【登録の要件等】

第３条の16　国土交通大臣は，第３条の14の規定による登録の申請が次に掲げる要件の全てに適合しているときは，その登録をしなければならない。

　一　第３条の18第三号イからハまでに掲げる科目について講習が行われること。

　二　次のいずれかに該当する者が講師として登録特定建築基準適合判定資格者講習事務に従事するものであること。

　　イ　学校教育法（昭和22年法律第26号）による大学若しくはこれに相当する外国の学校において建築物の構造に関する科目を担当する教授若しくは准教授の職にあり，若しくはこれらの職にあった者又は建築物の構造に関する科目の研究により博士の学位を授与された者

　　ロ　建築物の構造に関する分野の試験研究機関において試験研究の業務に従事し，又は従事した経験を有する者で，かつ，当該分野について高度の専門的知識を有する者

　　ハ　イ又はロに掲げる者と同等以上の知識及び経験を有する者

　三　指定確認検査機関又は指定構造計算適合性判定機関に支配されているものとして次の

いずれかに該当するものでないこと。

イ　第３条の14の規定により登録を申請した者（以下この号において「登録申請者」という。）が株式会社である場合にあっては，指定確認検査機関又は指定構造計算適合性判定機関がその親法人（会社法第879条第１項に規定する親法人をいう。以下同じ。）であること。

ロ　登録申請者の役員に占める指定確認検査機関又は指定構造計算適合性判定機関の役員又は職員（過去２年間に当該指定確認検査機関又は指定構造計算適合性判定機関の役員又は職員であった者を含む。ハにおいて同じ。）の割合が１／２を超えていること。

ハ　登録申請者（法人にあっては，その代表権を有する役員）が指定確認検査機関又は指定構造計算適合性判定機関の役員又は職員であること。

2　第３条の13第１項第三号の登録は，登録特定建築基準適合判定資格者講習登録簿に次に掲げる事項を記載してするものとする。

一　登録年月日及び登録番号

二　登録特定建築基準適合判定資格者講習事務を行う者（以下「登録特定建築基準適合判定資格者講習実施機関」という。）の氏名又は名称及び住所並びに法人にあっては，その代表者の氏名

三　登録特定建築基準適合判定資格者講習事務を行う事務所の名称及び所在地

四　登録特定建築基準適合判定資格者講習事務を開始する年月日

【登録の更新】

第３条の17　第３条の13第１項第三号の登録は，５年ごとにその更新を受けなければ，その期間の経過によって，その効力を失う。

2　前３条の規定は，前項の登録の更新について準用する。

【登録特定建築基準適合判定資格者講習事務の実施に係る義務】

第３条の18　登録特定建築基準適合判定資格者講習実施機関は，公正に，かつ，第３条の16第１項第一号及び第二号に掲げる要件並びに次に掲げる基準に適合する方法により登録特定建築基準適合判定資格者講習事務を行わなければならない。

一　建築基準適合判定資格者であることを受講資格とすること。

二　登録特定建築基準適合判定資格者講習は，講義及び修了考査により行うこと。

三　講義は，次に掲げる科目についてそれぞれ次に定める時間以上行うこと。

イ　木造の建築物の構造計算に係る審査方法　　40分

ロ　鉄骨造の建築物の構造計算に係る審査方法　　40分

ハ　鉄筋コンクリート造の建築物の構造計算に係る審査方法　　40分

四　講義は，前号イからハまでに掲げる科目に応じ，国土交通大臣が定める事項を含む適切な内容の教材を用いて行うこと。

五　講師は，講義の内容に関する受講者の質問に対し，講義中に適切に応答すること。

六　修了考査は，講義の終了後に行い，特定建築基準適合判定資格者として必要な知識及び技能を修得したかどうかを判定できるものであること。

七　登録特定建築基準適合判定資格者講習を実施する日時，場所その他の登録特定建築基準適合判定資格者講習の実施に関し必要な事項を公示すること。

八　不正な受講を防止するための措置を講じること。

九　終了した修了考査の問題及び当該修了考査の合格基準を公表すること。

十　修了考査に合格した者に対し，別記第18号の12様式による修了証明書（第３条の20第八号及び第３条の26第１項第五号において単に「修了証明書」という。）を交付すること。

【登録事項の変更の届出】

第３条の19　登録特定建築基準適合判定資格者講習実施機関は，第３条の16第２項第二号から第四号までに掲げる事項を変更しようとするときは，変更しようとする日の２週間前までに，その旨を国土交通大臣に届け出なければならない。

【登録特定建築基準適合判定資格者講習事務規程】

第３条の20　登録特定建築基準適合判定資格者講習実施機関は，次に掲げる事項を記載した登録特定建築基準適合判定資格者講習事務（以下この条において単に「講習事務」という。）に関する規程を定め，講習事務の開始前に，国土交通大臣に届け出なければならない。これを変更しようとするときも，同様とする。

一　講習事務を行う時間及び休日に関する事項

二　講習事務を行う事務所及び登録特定建築基準適合判定資格者講習（以下この条及び第３条の26第１項において単に「講習」という。）の実施場所に関する事項

三　講習の受講の申込みに関する事項

四　講習の受講手数料の額及び収納の方法に関する事項

五　講習の日程，公示方法その他の講習の実施の方法に関する事項

六　修了考査の問題の作成及び修了考査の合否判定の方法に関する事項

七　終了した講習の修了考査の問題及び当該修了考査の合格基準の公表に関する事項

八　修了証明書の交付及び再交付に関する事項

九　講習事務に関する秘密の保持に関する事項

十　講習事務に関する公正の確保に関する事項

十一　不正受講者の処分に関する事項

十二　第３条の26第１項の帳簿その他の講習事務に関する書類の管理に関する事項

十三　その他講習事務に関し必要な事項

【登録特定建築基準適合判定資格者講習事務の休廃止】

第３条の21　登録特定建築基準適合判定資格者講習実施機関は，登録特定建築基準適合判定資格者講習事務の全部又は一部を休止し，又は廃止しようとするときは，あらかじめ，次に掲げる事項を記載した届出書を国土交通大臣に提出しなければならない。

一　休止し，又は廃止しようとする登録特定建築基準適合判定資格者講習の範囲

二　休止し，又は廃止しようとする年月日及び休止しようとする場合にあっては，その期間

三　休止又は廃止の理由

【財務諸表等の備付け及び閲覧等】

第３条の22　登録特定建築基準適合判定資格者講習実施機関は，毎事業年度経過後３月以内に，その事業年度の財産目録，貸借対照表及び損益計算書又は収支計算書並びに事業報告書（その作成に代えて電磁的記録（電子的方式，磁気的方式その他の人の知覚によっては認識することができない方式で作られる記録であって，電子計算機による情報処理の用に供されるものをいう。以下この条において同じ。）の作成がされている場合における当該電磁的記録を含む。次項において「財務諸表等」という。）を作成し，５年間事務所に備えて置かなければならない。

2　登録特定建築基準適合判定資格者講習を受講しようとする者その他の利害関係人は，登録特定建築基準適合判定資格者講習実施機関の業務時間内は，いつでも，次に　掲げる請求をすることができる。ただし，第二号又は第四号の請求をするには，登録特定建築基準適合判定資格者講習実施機関の定めた費用を支払わなければならない。

一　財務諸表等が書面をもって作成されているときは，当該書面の閲覧又は謄写の請求

二　前号の書面の謄本又は抄本の請求

三　財務諸表等が電磁的記録をもって作成されているときは，当該電磁的記録に記録された事項を紙面又は出力装置の映像面に表示したものの閲覧又は謄写の請求

四　前号の電磁的記録に記録された事項を電磁的方法であって，次に掲げるもののうち登録特定建築基準適合判定資格者講習実施機関が定めるものにより提供することの請求又は当該事項を記載した書面の交付の請求

　　イ　送信者の使用に係る電子計算機と受信者の使用に係る電子計算機とを電気通信回線で接続した電子情報処理組織を使用する方法であって，当該電気通信回線を通じて情報が送信され，受信者の使用に係る電子計算機に備えられたファイルに当該情報が記録されるもの

　　ロ　磁気ディスク等をもって調製するファイルに情報を記録したものを交付する方法

3　前項第四号イ又はロに掲げる方法は，受信者がファイルへの記録を出力することによる書面を作成することができるものでなければならない。

【適合命令】

第3条の23　国土交通大臣は，登録特定建築基準適合判定資格者講習実施機関が第3条の16第1項各号のいずれかに適合しなくなったと認めるときは，その登録特定建築基準適合判定資格者講習実施機関に対し，これらの規定に適合するため必要な措置をとるべきことを命ずることができる。

【改善命令】

第3条の24　国土交通大臣は，登録特定建築基準適合判定資格者講習実施機関が第3条の18の規定に違反していると認めるときは，その登録特定建築基準適合判定資格者講習実施機関に対し，同条の規定による登録特定建築基準適合判定資格者講習事務を行うべきこと又は登録特定建築基準適合判定資格者講習事務の方法その他の業務の方法の改善に関し必要な措置をとるべきことを命ずることができる。

【登録の取消し等】

第3条の25　国土交通大臣は，登録特定建築基準適合判定資格者講習実施機関が次の各号のいずれかに該当するときは，当該登録特定建築基準適合判定資格者講習実施機関が行う講習の登録を取り消し，又は期間を定めて登録特定建築基準適合判定資格者講習事務の全部又は一部の停止を命ずることができる。

一　第3条の15第一号又は第三号に該当するに至ったとき。

二　第3条の19から第3条の21まで，第3条の22第1項又は次条の規定に違反したとき。

三　正当な理由がないのに第3条の22第2項各号の規定による請求を拒んだとき。

四　前2条の規定による命令に違反したとき。

五　第3条の27の規定による報告を求められて，報告をせず，又は虚偽の報告をしたとき。

六　不正の手段により第3条の13第1項第三号の登録を受けたとき。

【帳簿の記載等】

第3条の26　登録特定建築基準適合判定資格者講習実施機関は，次に掲げる事項を記載した帳簿を備えなければならない。

一　講習の実施年月日

二　講習の実施場所

三　講義を行った講師の氏名並びに講義において担当した科目及びその時間

四　受講者の氏名，生年月日及び住所

五　講習を修了した者にあっては，前号に掲げる事項のほか，修了証明書の交付の年月日及び証明書番号

2　前項各号に掲げる事項が，電子計算機に備えられたファイル又は磁気ディスク等に記録され，必要に応じ登録特定建築基準適合判定資格者講習実施機関において電子計算機その他の機器を用いて明確に紙面に表示されるときは，当該記録をもって同項に規定する帳簿への記載に代えることができる。

3　登録特定建築基準適合判定資格者講習実施機関は，第１項に規定する帳簿（前項の規定による記録が行われた同項のファイル又は磁気ディスク等を含む。）を，登録特定建築基準適合判定資格者講習事務の全部を廃止するまで保存しなければならない。

4　登録特定建築基準適合判定資格者講習実施機関は，次に掲げる書類を備え，登録特定建築基準適合判定資格者講習を実施した日から３年間保存しなければならない。

一　登録特定建築基準適合判定資格者講習の受講申込書及び添付書類
二　講義に用いた教材
三　終了した修了考査の問題及び答案用紙

【報告の徴収】

第３条の27　国土交通大臣は，登録特定建築基準適合判定資格者講習事務の適切な実施を確保するため必要があると認めるときは，登録特定建築基準適合判定資格者講習実施機関に対し，登録特定建築基準適合判定資格者講習事務の状況に関し必要な報告を求めることができる。

【公　示】

第３条の28　国土交通大臣は，次に掲げる場合には，その旨を官報に公示しなければならない。

一　第３条の13第１項第三号の登録をしたとき。
二　第３条の19の規定による届出があったとき。
三　第３条の21の規定による届出があったとき。
四　第３条の25の規定により第３条の13第１項第三号の登録を取り消し，又は登録特定建築基準適合判定資格者講習事務の停止を命じたとき。

【完了検査申請書の様式】

第４条　法第７条第１項（法第87条の４又は法第88条第１項若しくは第２項において準用する場合を含む。次項において同じ。）の規定による検査の申請書（次項及び第４条の４において「完了検査申請書」という。）は，別記第19号様式に，次に掲げる図書及び書類を添えたものとする。

一　当該建築物の計画に係る確認に要した図書及び書類（確認を受けた建築物の計画の変更に係る確認を受けた場合にあっては当該確認に要した図書及び書類を含む。第４条の８第１項第一号並びに第４条の16第１項及び第２項において同じ。）
二　法第７条の５の適用を受けようとする場合にあっては屋根の小屋組の工事終了時，構造耐力上主要な軸組若しくは耐力壁の工事終了時，基礎の配筋（鉄筋コンクリート造の基礎の場合に限る。）の工事終了時その他特定行政庁が必要と認めて指定する工程の終了時における当該建築物に係る構造耐力上主要な部分の軸組，仕口その他の接合部，鉄筋部分等を写した写真（特定工程に係る建築物にあっては直前の中間検査後に行われた工事に係るものに限る。）
三　都市緑地法第43条第１項の認定を受けた場合にあっては当該認定に係る認定書の写し
四　建築物のエネルギー消費性能の向上に関する法律第11条第１項の規定が適用される場合にあっては，同法第12条第１項の建築物エネルギー消費性能適合性判定に要した図書及び書類（同条第２項の規定による判定を受けた場合にあっては当該判定に要した図書及び書類を含み，次のイからハまでに掲げる場合にあってはそれぞれイからハまでに定

　めるものとする。）

　イ　建築物のエネルギー消費性能の向上に関する法律施行規則第６条第一号に掲げる場
　　　合　　建築物のエネルギー消費性能の向上に関する法律第23条第１項の規定による認
　　　定に要した図書及び書類

　ロ　建築物のエネルギー消費性能の向上に関する法律施行規則第６条第二号に掲げる場
　　　合　　建築物のエネルギー消費性能の向上に関する法律第34条第１項の規定による認
　　　定に要した図書及び書類（同法第36条第１項の規定による認定を受けた場合にあって
　　　は当該認定に要した図書及び書類を含む。）

　ハ　建築物のエネルギー消費性能の向上に関する法律施行規則第６条第三号に掲げる場
　　　合　　都市の低炭素化の促進に関する法律第10条第１項又は同法第54条第１項の規定
　　　による認定に要した図書及び書類（同法第11条第１項又は同法第55条第１項の規定に
　　　よる認定を受けた場合にあっては当該認定に要した図書及び書類を含む。）

　五　直前の確認又は中間検査を受けた日以降において申請に係る計画について第３条の２
　　に該当する軽微な変更が生じた場合にあっては，当該変更の内容を記載した書類

　六　その他特定行政庁が工事監理の状況を把握するため特に必要があると認めて規則で定
　　める書類

　七　代理者によって検査の申請を行う場合にあっては，委任状又はその写し

２　法第７条第１項の規定による申請を当該申請に係る建築物の直前の確認（確認を受けた
　建築物の計画の変更に係る確認を受けた場合にあっては当該確認。第４条の８第２項並び
　に第４条の16第１項及び第２項において「直前の確認」という。）を受けた建築主事に対
　して行う場合の完了検査申請書にあっては，前項第一号に掲げる図書及び書類の添付を要
　しない。

【用途変更に関する工事完了届の様式等】

第４条の２　法第87条第１項において読み替えて準用する法第７条第１項の規定による届出
　は，別記第20号様式によるものとする。

２　前項の規定による届出は，法第87条第１項において準用する法第６条第１項の規定によ
　る工事が完了した日から４日以内に建築主事に到達するように，しなければならない。た
　だし，届出をしなかったことについて災害その他の事由によるやむを得ない理由があると
　きは，この限りでない。

【申請できないやむを得ない理由】

第４条の３　法第７条第２項ただし書（法第87条の４又は法第88条第１項若しくは第２項に
　おいて準用する場合を含む。）及び法第７条の３第２項ただし書（法第87条の４又は法第
　88条第１項において準用する場合を含む。）の国土交通省令で定めるやむを得ない理由は，
　災害その他の事由とする。

【検査済証を交付できない旨の通知】

第４条の３の２　法第７条第４項に規定する建築主事等は，同項（法第87条の４又は法第88
　条第１項若しくは第２項において準用する場合を含む。）の規定による検査をした場合に
　おいて，検査済証を交付できないと認めたときは，当該建築主に対して，その旨及びその
　理由を通知しなければならない。

２　前項の規定による交付できない旨及びその理由の通知は，別記第20号の２様式による。

【検査済証の様式】

第４条の４　法第７条第５項（法第87条の４又は法第88条第１項若しくは第２項において準
　用する場合を含む。）の規定による検査済証の交付は，別記第21号様式による検査済証に，
　第４条第１項第一号又は第四号に掲げる図書及び書類の提出を受けた場合にあっては当該

図書及び書類を添えて行うものとする。ただし，同条第2項の規定に基づき完了検査申請書に同条第1項第一号の図書及び書類の添付を要しない場合にあっては，当該図書及び書類の添付を要しない。

【指定確認検査機関に対する完了検査の申請】

第4条の4の2　第4条の規定は，法第7条の2第1項（法第87条の4又は法第88条第1項若しくは第2項において準用する場合を含む。第4条の5の2第1項及び第4条の7第3項第二号において同じ。）の規定による検査の申請について準用する。この場合において，第4条第2項中「建築主事」とあるのは「指定確認検査機関」と読み替えるものとする。

【完了検査引受証及び完了検査引受通知書の様式】

第4条の5　法第7条の2第3項（法第87条の4又は法第88条第1項若しくは第2項において準用する場合を含む。次項において同じ。）の検査の引受けを行った旨を証する書面の様式は，別記第22号様式による。

2　法第7条の2第3項の規定による検査の引受けを行った旨の通知の様式は，別記第23号様式による。

3　前項の通知は，法第7条の2第1項（法第87条の4又は法第88条第1項若しくは第2項において準用する場合を含む。第4条の7において同じ。）の検査の引受けを行った日から7日以内で，かつ，当該検査の引受けに係る工事が完了した日から4日が経過する日までに，建築主事に到達するように，しなければならない。

【検査済証を交付できない旨の通知】

第4条の5の2　指定確認検査機関は，法第7条の2第1項の規定による検査をした場合において，検査済証を交付できないと認めたときは，当該建築主に対して，その旨及びその理由を通知しなければならない。

2　前項の規定による交付できない旨及びその理由の通知は，別記第23号の2様式による。

【指定確認検査機関が交付する検査済証の様式】

第4条の6　法第7条の2第5項（法第87条の4又は法第88条第1項若しくは第2項において準用する場合を含む。次項において同じ。）に規定する検査済証の様式は，別記第24号様式による。

2　指定確認検査機関が第4条の4の2において準用する第4条第1項第一号又は第四号に掲げる図書及び書類の提出を受けた場合における法第7条の2第5項の検査済証の交付は，当該図書及び書類を添えて行わなければならない。

3　前項に規定する図書及び書類の交付については，電子情報処理組織の使用又は磁気ディスク等の交付によることができる。

【完了検査報告書】

第4条の7　法第7条の2第6項（法第87条の4又は法第88条第1項若しくは第2項において準用する場合を含む。以下この条において同じ。）の国土交通省令で定める期間は，法第7条の2第5項（法第87条の4又は法第88条第1項若しくは第2項において準用する場合を含む。）の検査済証の交付の日又は第4条の5の2第1項の規定による通知をした日から7日以内とする。

2　法第7条の2第6項に規定する完了検査報告書は，別記第25号様式による。

3　法第7条の2第6項の国土交通省令で定める書類は，次に掲げる書類とする。

一　別記第19号様式の第2面から第4面までによる書類

二　確認審査等に関する指針に従って法第7条の2第1項の規定による検査を行ったことを証する書類として国土交通大臣が定める様式によるもの

4　前項各号に定める書類が，電子計算機に備えられたファイル又は磁気ディスク等に記録

され，必要に応じ特定行政庁において電子計算機その他の機器を用いて明確に紙面に表示されるときは，当該ファイル又は磁気ディスク等をもって同項各号の書類に代えることができる。

【中間検査申請書の様式】

第4条の8　法第7条の3第1項（法第87条の4又は法第88条第1項において準用する場合を含む。次項において同じ。）の規定による検査の申請書（次項及び第4条の10において「中間検査申請書」という。）は，別記第26号様式に，次に掲げる図書及び書類を添えたものとする。

一　当該建築物の計画に係る確認に要した図書及び書類

二　法第7条の5の適用を受けようとする場合にあっては屋根の小屋組の工事終了時，構造耐力上主要な軸組若しくは耐力壁の工事終了時，基礎の配筋（鉄筋コンクリート造の基礎の場合に限る。）の工事終了時その他特定行政庁が必要と認めて指定する工程の終了時における当該建築物に係る構造耐力上主要な部分の軸組，仕口その他の接合部，鉄筋部分等を写した写真（既に中間検査を受けている建築物にあっては直前の中間検査後に行われた工事に係るものに限る。）

三　直前の確認又は中間検査を受けた日以降において申請に係る計画について第3条の2に該当する軽微な変更が生じた場合にあっては，当該変更の内容を記載した書類

四　その他特定行政庁が工事監理の状況を把握するため特に必要があると認めて規則で定める書類

五　代理者によって検査の申請を行う場合にあっては，委任状又はその写し

2　法第7条の3第1項の規定による申請を当該申請に係る建築物の直前の確認を受けた建築主事に対して行う場合の中間検査申請書にあっては，前項第一号に掲げる図書及び書類の添付を要しない。

【中間検査合格証を交付できない旨の通知】

第4条の9　建築主事等は，法第7条の3第4項（法第87条の4又は法第88条第1項において準用する場合を含む。）の規定による検査をした場合において，中間検査合格証を交付できないと認めたときは，当該建築主に対して，その旨及びその理由を通知しなければならない。

2　前項の規定による交付できない旨及びその理由の通知は，別記第27号様式によるものとする。

【中間検査合格証の様式】

第4条の10　法第7条の3第5項（法第87条の4又は法第88条第1項において準用する場合を含む。）の規定による中間検査合格証の交付は，別記第28号様式による中間検査合格証に，第4条の8第1項第一号に掲げる図書及び書類を求めた場合にあっては当該図書及び書類を添えて行うものとする。ただし，第4条の8第2項の規定に基づき中間検査申請書に同号の図書及び書類の添付を要しない場合にあっては，当該図書及び書類の添付を要しない。

【特定工程の指定に関する事項】

第4条の11　特定行政庁は，法第7条の3第1項第二号及び第6項（これらの規定を法第87条の4又は法第88条第1項において準用する場合を含む。）の規定により特定工程及び特定工程後の工程を指定しようとする場合においては，当該指定をしようとする特定工程に係る中間検査を開始する日の30日前までに，次に掲げる事項を公示しなければならない。

一　中間検査を行う区域を限る場合にあっては，当該区域

二　中間検査を行う期間を限る場合にあっては，当該期間

三　中間検査を行う建築物の構造，用途又は規模を限る場合にあっては，当該構造, 用途又は規模

四　指定する特定工程

五　指定する特定工程後の工程

六　その他特定行政庁が必要と認める事項

【指定確認検査機関に対する中間検査の申請】

第４条の11の２　第４条の８の規定は，法第７条の４第１項（法第87条の４又は法第88条第１項において準用する場合を含む。第４条の12の２第１項及び第４条の14第３項第二号において同じ。）の規定による検査の申請について準用する。この場合において，第４条の８第２項中「建築主事」とあるのは「指定確認検査機関」と読み替えるものとする。

【中間検査引受証及び中間検査引受通知書の様式】

第４条の12　法第７条の４第２項（法第87条の４又は法第88条第１項において準用する場合を含む。次項において同じ。）の検査の引受けを行った旨を証する書面の様式は，別記第29号様式による。

２　法第７条の４第２項の規定による検査の引受けを行った旨の通知の様式は，別記第30号様式による。

３　前項の通知は，法第７条の４第１項（法第87条の４又は法第88条第１項において準用する場合を含む。第４条の14において同じ。）の検査の引受けを行った日から７日以内で，かつ，当該検査の引受けに係る工事が完了した日から４日が経過する日までに，建築主事に到達するように，しなければならない。

【中間検査合格証を交付できない旨の通知】

第４条の12の２　指定確認検査機関は，法第７条の４第１項の規定による検査をした場合において，中間検査合格証を交付できないと認めたときは，当該建築主に対して，その旨及びその理由を通知しなければならない。

２　前項の規定による交付できない旨及びその理由の通知は，別記第30号の２様式による。

【指定確認検査機関が交付する中間検査合格証の様式】

第４条の13　法第７条の４第３項（法第87条の４又は法第88条第１項において準用する場合を含む。次項において同じ。）に規定する中間検査合格証の様式は，別記第31号様式による。

２　指定確認検査機関が当該建築物の計画に係る図書及び書類（確認に要したものに限る。）を求めた場合における法第７条の４第３項の中間検査合格証の交付は，当該図書及び書類を添えて行わなければならない。

３　前項に規定する図書及び書類の交付については，電子情報処理組織の使用又は磁気ディスク等の交付によることができる。

【中間検査報告書】

第４条の14　法第７条の４第６項（法第87条の４又は法第88条第１項において準用する場合を含む。以下この条において同じ。）の国土交通省令で定める期間は，法第７条の４第３項（法第87条の４又は法第88条第１項において準用する場合を含む。）の中間検査合格証の交付の日又は第４条の12の２第１項の規定による通知をした日から７日以内とする。

２　法第７条の４第６項に規定する中間検査報告書は，別記第32号様式による。

３　法第７条の４第６項の国土交通省令で定める書類は，次に掲げる書類とする。

一　別記第26号様式の第２面から第４面までによる書類

二　確認審査等に関する指針に従って法第７条の４第１項の規定による検査を行ったことを証する書類として国土交通大臣が定める様式によるもの

4　前項各号に定める書類が，電子計算機に備えられたファイル又は磁気ディスク等に記録され，必要に応じ特定行政庁において電子計算機その他の機器を用いて明確に紙面に表示されるときは，当該ファイル又は磁気ディスク等をもって同項各号の書類に代えることができる。

【建築物に関する検査の特例】

第4条の15　法第7条の5に規定する建築物の建築の工事であることの確認は，次の各号に掲げる場合の区分に応じ，当該各号に定めるところにより行うものとする。

一　法第7条又は法第7条の3の規定を適用する場合　　第4条第1項又は第4条の8第1項の申請書並びにその添付図書及び添付書類を審査し，必要に応じ，法第12条第5項の規定による報告を求める。

二　法第7条の2又は法第7条の4の規定を適用する場合　　第4条の4の2において準用する第4条第1項第一号に規定する図書及び同項第二号に規定する写真並びに第4条の11の2において準用する第4条の8第1項第一号に規定する図書及び同項第二号に規定する写真を審査し，特に必要があるときは，法第77条の32第1項の規定により照会する。

【仮使用の認定の申請等】

第4条の16　法第7条の6第1項第一号（法第87条の4又は法第88条第1項若しくは第2項において準用する場合を含む。以下この条において同じ。）の規定により特定行政庁の仮使用の認定を受けようとする者は，別記第33号様式による仮使用認定申請書の正本及び副本に，それぞれ，当該認定の申請に係る建築物の計画に係る確認に要した図書及び書類（当該申請に係る建築物の直前の確認を受けた建築主事を置く市町村の長又は都道府県知事たる特定行政庁に対して申請を行う場合においては，当該特定行政庁の指揮監督下にある建築主事が当該図書及び書類を有していないことその他の理由により，提出を求める場合に限る。）並びに次の表の(い)項及び(は)項に掲げる図書（令第138条に規定する工作物（同条第2項第一号に掲げるものを除く。以下この項において「昇降機以外の工作物」という。）を仮使用する場合にあっては(ろ)項及び(は)項に掲げる図書，昇降機以外の工作物と建築物又は建築物及び建築設備とを併せて仮使用する場合にあっては(い)項から(は)項までに掲げる図書。次項において同じ。）その他特定行政庁が必要と認める図書及び書類を添えて，建築主事を経由して特定行政庁に提出するものとする。ただし，令第147条の2に規定する建築物に係る仮使用をする場合にあっては，(は)項に掲げる図書に代えて第11条の2第1項の表に掲げる工事計画書及び安全計画書を提出しなければならない。

	図書の種類	明　示　す　べ　き　事　項
(い)	各階平面図	縮尺，方位，間取，各室の用途，新築又は避難施設等に関する工事に係る建築物又は建築物の部分及び申請に係る仮使用の部分
(ろ)	配置図	縮尺，方位，工作物の位置及び申請に係る仮使用の部分
(は)	安全計画書	工事中において安全上，防火上又は避難上講ずる措置の概要

2　法第7条の6第1項第二号（法第87条の4又は法第88条第1項若しくは第2項において準用する場合を含む。以下同じ。）の規定により建築主事又は指定確認検査機関の仮使用の認定を受けようとする者は，別記第34号様式による仮使用認定申請書の正本及び副本に，それぞれ，当該認定の申請に係る建築物の計画に係る確認に要した図書及び書類（当該申請に係る建築物の直前の確認を受けた建築主事又は指定確認検査機関に対して申請を行う場合においては，当該建築主事又は指定確認検査機関が当該図書及び書類を有してい

ないことその他の理由により，提出を求める場合に限る。）並びに前項の表の(い)項及び(は)項に掲げる図書その他の仮使用の認定をするために必要な図書及び書類として国土交通大臣が定めるもの*を添えて，建築主事又は指定確認検査機関に提出するものとする。ただし，令第147条の 2 に規定する建築物に係る仮使用をする場合にあっては，(は)項に掲げる図書に代えて第11条の 2 第 1 項の表に掲げる工事計画書及び安全計画書を提出しなければならない。

●告示　平27　国交告247号→p1740

3　増築，改築，移転，大規模の修繕又は大規模の模様替の工事で避難施設等に関する工事を含むもの（国土交通大臣が定めるもの*を除く。次項において「増築等の工事」という。）に係る建築物又は建築物の部分を使用し，又は使用させようとする者は，法第 7 条第 1 項の規定による申請が受理される前又は指定確認検査機関が法第 7 条の 2 第 1 項の規定による検査の引受けを行う前においては，特定行政庁に仮使用の認定を申請しなければならない。

●告示　平27　国交告247号→p1740

4　増築等の工事の着手の時から当該増築等の工事に係る建築物又は建築物の部分を使用し，又は使用させようとする者が，前項の規定による仮使用の認定の申請を行おうとする場合においては，法第 6 条第 1 項の規定による確認の申請と同時に（法第 6 条の 2 第 1 項の確認を受けようとする者にあっては，指定確認検査機関が当該確認を引き受けた後遅滞なく）行わなければならない。ただし，特定行政庁がやむを得ない事情があると認めたときは，この限りでない。

5　特定行政庁，建築主事又は指定確認検査機関は，法第 7 条の 6 第 1 項第一号又は第二号の規定による仮使用の認定をしたときは，別記第35号様式，別記第35号の 2 様式又は別記第35号の 3 様式による仮使用認定通知に第 1 項又は第 2 項の仮使用認定申請書の副本を添えて，申請者に通知（指定確認検査機関が通知する場合にあっては，電子情報処理組織の使用又は磁気ディスク等の交付を含む。）するものとする。

【仮使用認定報告書】

第 4 条の16の 2　法第 7 条の 6 第 3 項（法第87条の 4 又は法第88条第 1 項若しくは第 2 項において準用する場合を含む。以下この条において同じ。）の国土交通省令で定める期間は，前条第 5 項の規定による通知をした日から 7 日以内とする。

2　法第 7 条の 6 第 3 項に規定する仮使用認定報告書は，別記第35号の 4 様式による。

3　法第 7 条の 6 第 3 項の国土交通省令で定める書類は，次の各号に掲げる書類とする。

一　別記第34号様式の第 2 面による書類

二　法第 7 条の 6 第 1 項第二号に規定する国土交通大臣が定める基準に従って認定を行ったことを証する書類として国土交通大臣が定める様式によるもの

4　前項各号に定める書類が，電子計算機に備えられたファイル又は磁気ディスク等に記録され，必要に応じ特定行政庁において電子計算機その他の機器を用いて明確に紙面に表示されるときは，当該ファイル又は磁気ディスク等をもって同項各号の書類に代えることができる。

【適合しないと認める旨の通知書の様式】

第 4 条の16の 3　法第 7 条の 6 第 4 項（法第87条の 4 又は法第88条第 1 項若しくは第 2 項において準用する場合を含む。）の規定による適合しないと認める旨の通知書の様式は，別記第35号の 5 様式及び別記第36号様式による。

【違反建築物の公告の方法】

第 4 条の17　法第 9 条第13項（法第10条第 2 項，法第88条第 1 項から第 3 項まで又は法第90

条の2第2項において準用する場合を含む。)の規定により国土交通省令で定める方法は、公報への掲載その他特定行政庁が定める方法とする。

第4条の18 削除

【違反建築物の設計者等の通知】

第4条の19 法第9条の3第1項（法第88条第1項から第3項まで又は法第90条第3項において準用する場合を含む。以下この条において同じ。）の規定により国土交通省令で定める事項は、次の各号に掲げるものとする。

　一　法第9条第1項又は第10項の規定による命令（以下この条において「命令」という。）に係る建築物又は工作物の概要

　二　前号の建築物又は工作物の設計者等に係る違反事実の概要

　三　命令をするまでの経過及び命令後に特定行政庁の講じた措置

　四　前各号に掲げる事項のほか、参考となるべき事項

2　法第9条の3第1項の規定による通知は、当該通知に係る者について建築士法、建設業法（昭和24年法律第100号）、浄化槽法又は宅地建物取引業法（昭和27年法律第176号）による免許、許可、認定又は登録をした国土交通大臣又は都道府県知事にするものとする。

3　前項の規定による通知は、文書をもって行なうものとし、当該通知には命令書の写しを添えるものとする。

【建築物の定期報告】

第5条 法第12条第1項の規定による報告の時期は、建築物の用途、構造、延べ面積等に応じて、おおむね6月から3年までの間隔をおいて特定行政庁が定める時期（次のいずれかに該当する場合においては、その直後の時期を除く。）とする。

　一　法第12条第1項の安全上、防火上又は衛生上特に重要であるものとして政令で定める建築物について、建築主が法第7条第5項又は法第7条の2第5項の規定による検査済証（新築又は改築（一部の改築を除く。）に係るものに限る。）の交付を受けた場合

　二　法第12条第1項の規定により特定行政庁が指定する建築物について、建築主が法第7条第5項又は法第7条の2第5項の規定による検査済証（当該指定があった日以後の新築又は改築（一部の改築を除く。）に係るものに限る。）の交付を受けた場合

2　法第12条第1項の規定による調査は、建築物の敷地、構造及び建築設備の状況について安全上、防火上又は衛生上支障がないことを確認するために十分なものとして行うものとし、当該調査の項目、方法及び結果の判定基準は国土交通大臣の定めるところによるものとする。

3　法第12条第1項の規定による報告は、別記第36号の2様式による報告書及び別記第36号の3様式による定期調査報告概要書に国土交通大臣が定める調査結果表を添えてするものとする。ただし、特定行政庁が規則により別記第36号の2の4様式、別記第36号の2の5様式又は国土交通大臣が定める調査結果表に定める事項その他の事項を記載する報告書の様式又は調査結果表を定めた場合にあっては、当該様式による報告書又は当該調査結果表によるものとする。

4　法第12条第1項の規定による報告は、前項の報告書及び調査結果表に、特定行政庁が建築物の敷地、構造及び建築設備の状況を把握するため必要があると認めて規則で定める書類を添えて行わなければならない。

【国の機関の長等による建築物の点検】

第5条の2 法第12条第2項の点検（次項において単に「点検」という。）は、建築物の敷地及び構造の状況について安全上、防火上又は衛生上支障がないことを確認するために十分なものとして3年以内ごとに行うものとし、当該点検の項目、方法及び結果の判定基準

は国土交通大臣の定めるところによるものとする。

2　法第18条第18項の規定による検査済証の交付を受けた日以後最初の点検については，前項の規定にかかわらず，当該検査済証の交付を受けた日から起算して６年以内に行うものとする。

【建築設備等の定期報告】

第６条　法第12条第３項の規定による報告の時期は，建築設備又は防火設備（以下「建築設備等」という。）の種類，用途，構造等に応じて，おおむね６月から１年まで（ただし，国土交通大臣が定める検査の項目については，１年から３年まで）の間隔をおいて特定行政庁が定める時期（次のいずれかに該当する場合においては，その直後の時期を除く。）とする。

一　法第12条第３項の安全上，防火上又は衛生上特に重要であるものとして政令で定める特定建築設備等について，設置者が法第７条第５項（法第87条の４において準用する場合を含む。以下この項において同じ。）又は法第７条の２第５項（法第87条の４において準用する場合を含む。以下この項において同じ。）の規定による検査済証の交付を受けた場合

二　法第12条第３項の規定により特定行政庁が指定する特定建築設備等について，設置者が法第７条第５項又は法第７条の２第５項の規定による検査済証（当該指定があった日以後の設置に係るものに限る。）の交付を受けた場合

2　法第12条第３項の規定による検査は，建築設備等の状況について安全上，防火上又は衛生上支障がないことを確認するために十分なものとして行うものとし，当該検査の項目，事項，方法及び結果の判定基準は国土交通大臣の定めるところによるものとする。

3　法第12条第３項の規定による報告は，昇降機にあっては別記第36号の４様式による報告書及び別記第36号の５様式による定期検査報告概要書に，建築設備（昇降機を除く。）にあっては別記第36号の６様式による報告書及び別記第36号の７様式による定期検査報告概要書に，防火設備にあっては別記第36号の８様式による報告書及び別記第36号の９様式による定期検査報告概要書に，それぞれ国土交通大臣が定める検査結果表を添えてするものとする。ただし，特定行政庁が規則により別記第36号の４様式，別記第36号の５様式，別記第36号の６様式，別記第36号の７様式，別記第36号の８様式，別記第36号の９様式又は国土交通大臣が定める検査結果表その他の事項を記載する報告書の様式又は検査結果表を定めた場合にあっては，当該様式による報告書又は当該検査結果表によるものとする。

4　法第12条第３項の規定による報告は，前項の報告書及び調査結果表に，特定行政庁が建築設備等の状況を把握するために必要と認めて規則で定める書類を添えて行わなければならない。

【国の機関の長等による建築設備等の点検】

第６条の２　法第12条第４項の点検（次項において単に「点検」という。）は，建築設備等の状況について安全上，防火上又は衛生上支障がないことを確認するために十分なものとして１年（ただし，国土交通大臣が定める点検の項目については３年）以内ごとに行うものとし，当該点検の項目，事項，方法及び結果の判定基準は国土交通大臣の定めるところによるものとする。

2　法第18条第18項（法第87条の４において準用する場合を含む。）の規定による検査済証の交付を受けた日以後最初の点検については，前項の規定にかかわらず，当該検査済証の交付を受けた日から起算して２年（ただし，国土交通大臣が定める点検の項目については６年）以内に行うものとする。

【工作物の定期報告】

第6条の2の2　法第88条第1項及び第3項において準用する法第12条第1項及び第3項の規定による報告の時期は，法第64条に規定する工作物（高さ4mを超えるものに限る。以下「看板等」という。）又は法第88条第1項に規定する昇降機等（以下単に「昇降機等」という。）（次項及び次条第1項においてこれらを総称して単に「工作物」という。）の種類，用途，構造等に応じて，おおむね6月から1年まで（ただし，国土交通大臣が定める検査の項目については，1年から3年まで）の間隔をおいて特定行政庁が定める時期（次のいずれかに該当する場合においては，その直後の時期を除く。）とする。

一　法第88条第1項において準用する法第12条第1項及び第3項の政令で定める昇降機等について，築造主が法第7条第5項又は法第7条の2第5項の規定による検査済証（新築又は改築（一部の改築を除く。）に係るものに限る。）の交付を受けた場合

二　法第88条第1項及び第3項において準用する法第12条第1項及び第3項の規定により特定行政庁が指定する工作物について，築造主が法第7条第5項又は法第7条の2第5項の規定による検査済証（当該指定があった日以後の新築又は改築（一部の改築を除く。）に係るものに限る。）の交付を受けた場合

2　法第88条第1項及び第3項において準用する法第12条第1項及び第3項の規定による調査及び検査は，工作物の状況について安全上，防火上又は衛生上支障がないことを確認するために十分なものとして行うものとし，当該調査及び検査の項目，事項，方法及び結果の判定基準は国土交通大臣の定めるところによるものとする。

3　法第88条第1項及び第3項において準用する法第12条第1項及び第3項の規定による報告は，看板等にあっては別記第36号の6様式による報告書及び別記第36号の7様式による定期検査報告概要書に，観光用エレベーター等にあっては別記第36号の4様式による報告書及び別記第36号の5様式による定期検査報告概要書に，令第138条第2項第二号又は第三号に掲げる遊戯施設（以下単に「遊戯施設」という。）にあっては別記第36号の10様式による報告書及び別記第36号の11様式による定期検査報告概要書に，それぞれ国土交通大臣が定める検査結果表を添えてするものとする。ただし，特定行政庁が規則により別記第36号の4様式，別記第36号の5様式，別記第36号の6様式，別記第36号の7様式，別記第36号の10様式，別記第36号の11様式又は国土交通大臣が定める検査結果表その他の事項を記載する報告書の様式又は検査結果表を定めた場合にあっては，当該様式による報告書又は当該検査結果表によるものとする。

4　法第88条第1項及び第3項において準用する法第12条第1項及び第3項の規定による報告は，前項の報告書及び調査結果表に，特定行政庁が工作物の状況を把握するために必要と認めて規則で定める書類を添えて行わなければならない。

【国の機関の長等による工作物の点検】

第6条の2の3　法第88条第1項及び第3項において準用する法第12条第2項及び第4項の点検（次項において単に「点検」という。）は，工作物の状況について安全上，防火上又は衛生上支障がないことを確認するために十分なものとして1年（ただし，国土交通大臣が定める点検の項目については3年）以内ごとに行うものとし，当該点検の項目，事項，方法及び結果の判定基準は国土交通大臣の定めるところによるものとする。

2　法第88条第1項及び第3項において準用する法第18条第18項の規定による検査済証の交付を受けた日以後最初の点検については，前項の規定にかかわらず，当該検査済証の交付を受けた日から起算して2年（ただし，国土交通大臣が定める点検の項目については6年）以内に行うものとする。

【台帳の記載事項等】

第６条の３　法第12条第８項（法第88条第１項から第３項までにおいて準用する場合を含む。以下この条において同じ。）に規定する台帳は，次の各号に掲げる台帳の種類ごとに，それぞれ当該各号に定める事項を記載しなければならない。

一　建築物に係る台帳　　次のイ及びロに掲げる事項

　イ　別記第３号様式による建築計画概要書（第３面を除く。），別記第36号の３様式による定期調査報告概要書，別記第37号様式による建築基準法令による処分等の概要書（以下この項及び第11条の３第１項第五号において「処分等概要書」という。）及び別記第67号の４様式による全体計画概要書（以下単に「全体計画概要書」という。）に記載すべき事項

　ロ　第１条の３の申請書及び第８条の２第１項において準用する第１条の３の規定による通知書の受付年月日，指定確認検査機関から確認審査報告書の提出を受けた年月日その他特定行政庁が必要と認める事項

二　建築設備に係る台帳　　次のイ及びロに掲げる事項

　イ　別記第８号様式による申請書の第２面，別記第36号の５様式による定期検査報告概要書（観光用エレベーター等に係るものを除く。），別記第36号の７様式による定期検査報告概要書（看板等に係るものを除く。）及び処分等概要書並びに別記第42号の７様式による通知書の第２面に記載すべき事項

　ロ　第２条の２の申請書及び第８条の２第５項において準用する第２条の２の規定による通知書の受付年月日，指定確認検査機関から確認審査報告書の提出を受けた年月日その他特定行政庁が必要と認める事項

三　防火設備に係る台帳　　別記第36号の９様式による定期検査報告概要書その他特定行政庁が必要と認める事項

四　工作物に係る台帳　　次のイからニまでに掲げる事項

　イ　法第88条第１項に規定する工作物にあっては，別記第10号様式（観光用エレベーター等にあっては，別記第８号様式（昇降機用））による申請書の第２面及び別記第42号の９様式（令第138条第２項第一号に掲げる工作物にあっては，別記第42号の７様式（昇降機用））による通知書の第２面に記載すべき事項

　ロ　法第88条第２項に規定する工作物にあっては，別記第11号様式による申請書の第２面及び別記第42号の11様式による通知書の第２面に記載すべき事項

　ハ　別記第36号の５様式による定期検査報告概要書（観光用エレベーター等に係るものに限る。），別記第36号の７様式による定期検査報告概要書（看板等に係るものに限る。）及び別記第36号の11様式による定期検査報告概要書並びに処分等概要書に記載すべき事項

　ニ　第３条の申請書及び第８条の２第６項において準用する第３条の規定による通知書の受付年月日，指定確認検査機関から確認審査報告書の提出を受けた年月日その他特定行政庁が必要と認める事項

２　法第12条第８項の国土交通省令で定める書類は，次に掲げるものとする。

一　第１条の３（第８条の２第１項において準用する場合を含む。）に規定する図書及び書類（別記第３号様式による建築計画概要書を除く。）

二　第２条の２（第８条の２第５項において準用する場合を含む。）に規定する図書及び書類

三　第３条（第８条の２第６項において準用する場合を含む。）に規定する図書及び書類（別記第３号様式による建築計画概要書及び別記第12号様式による築造計画概要書を除

　く。）

　　四　第4条第1項（第8条の2第13項において準用する場合を含む。）に規定する図書及び書類

　　五　第4条の2第1項（第8条の2第14項において準用する場合を含む。）に規定する書類

　　六　第4条の8第1項（第8条の2第17項において準用する場合を含む。）に規定する図書及び書類

　　七　第5条第3項に規定する書類

　　八　第6条第3項に規定する書類

　　九　第6条の2の2第3項に規定する書類

　　十　適合判定通知書又はその写し

　　十一　建築物のエネルギー消費性能の向上に関する法律第12条第6項に規定する適合判定通知書又はその写し

3　第1項各号に掲げる事項又は前項各号に定める書類が，電子計算機に備えられたファイル又は磁気ディスク等に記録され，必要に応じ特定行政庁において電子計算機その他の機器を用いて明確に紙面に表示されるときは，当該記録をもって法第12条第8項に規定する台帳への記載又は同項に規定する書類の保存に代えることができる。

4　法第12条第8項に規定する台帳（第2項に規定する書類を除き，前項の規定による記録が行われた同項のファイル又は磁気ディスク等を含む。）は，当該建築物又は工作物が滅失し，又は除却されるまで，保存しなければならない。

5　第2項に規定する書類（第3項の規定による記録が行われた同項のファイル又は磁気ディスク等を含む。）は，次の各号の書類の区分に応じ，それぞれ当該各号に定める期間保存しなければならない。

　　一　第2項第一号から第六号まで，第十号及び第十一号の図書及び書類　　当該建築物，建築設備又は工作物に係る確認済証（計画の変更に係るものを除く。）の交付の日から起算して15年間

　　二　第2項第七号から第九号までの書類　　特定行政庁が定める期間

6　指定確認検査機関から台帳に記載すべき事項に係る報告を受けた場合においては，速やかに台帳を作成し，又は更新しなければならない。

【都道府県知事による台帳の記載等】

第6条の4　都道府県知事は，構造計算適合性判定に関する台帳を整備し，かつ，当該台帳（第3条の7の申請書及び第8条の2第7項において準用する第3条の7（第3条の10において準用する場合を除く。）の通知書（以下この条において「申請書等」という。）を含む。）を保存しなければならない。

2　前項に規定する台帳は，次の各号に定める事項を記載しなければならない。

　　一　別記第18号の2様式による申請書の第2面及び第3面並びに別記第42号の12の2様式による通知書の第2面及び第3面に記載すべき事項

　　二　申請書等の受付年月日

　　三　構造計算適合性判定の結果

　　四　構造計算適合性判定の結果を記載した通知書の番号及びこれを交付した年月日その他都道府県知事が必要と認める事項

3　申請書等又は前項に規定する事項が，電子計算機に備えられたファイル又は磁気ディスク等に記録され，必要に応じ都道府県において電子計算機その他の機器を用いて明確に紙面に表示されるときは，当該記録をもって申請書等の保存又は第1項に規定する台帳への

記載に代えることができる。

4　第1項に規定する台帳（申請書等を除き，前項の規定による記録が行われた同項のファイル又は磁気ディスク等を含む。）は，当該建築物が滅失し，又は除却されるまで，保存しなければならない。

5　申請書等（第3項の規定による記録が行われた同項のファイル又は磁気ディスク等を含む。）は，法第6条の3第4項又は法第18条第7項の規定による通知書の交付の日から起算して15年間保存しなければならない。

【建築物調査員資格者証等の種類】

第6条の5　法第12条第1項（法第88条第1項において準用する場合を含む。次条において同じ。）に規定する建築物調査員資格者証の種類は，特定建築物調査員資格者証及び昇降機等検査員資格者証とする。

2　法第12条第3項（法第88条第1項において準用する場合を含む。次条において同じ。）に規定する建築設備等検査員資格者証の種類は，建築設備検査員資格者証，防火設備検査員資格者証及び昇降機等検査員資格者証とする。

【建築物等の種類等】

第6条の6　建築物調査員が法第12条第1項の調査及び同条第2項（法第88条第1項において準用する場合を含む。）の点検（以下「調査等」という。）を行うことができる建築物及び昇降機等並びに建築設備等検査員が法第12条第3項の検査及び同条第4項（法第88条第1項において準用する場合を含む。）の点検（以下「検査等」という。）を行うことができる建築設備等及び昇降機等の種類は，次の表の(い)欄に掲げる建築物調査員資格者証及び建築設備等検査員資格者証（以下この条において建築物調査員資格者証等」という。）の種類に応じ，それぞれ同表の(ろ)欄に掲げる建築物，建築設備等及び昇降機等の種類とし，法第12条の2第1項第一号及び法第12条の3第3項第一号（これらの規定を法第88条第1項において準用する場合を含む。）の国土交通省令で定める講習は，同表の(い)欄に掲げる建築物調査員資格者証等の種類に応じ，それぞれ同表(は)欄に掲げる講習とする。

	(い)	(ろ)	(は)
	建築物調査員資格者証等の種類	建築物，建築設備等及び昇降機等の種類	講　習
(1)	特定建築物調査員資格者証	特定建築物	特定建築物調査員（特定建築物調査員資格者証の交付を受けている者をいう。以下同じ。）として必要な知識及び技能を修得させるための講習であって，次条，第6条の8及び第6条の10において準用する第3条の14(第1項を除く。)から第3条の16（第1項を除く。）までの規定により国土交通大臣の登録を受けたもの（以下「登録特定建築物調査員講習」という。）。

(2)	建築設備検査員資格者証	建築設備（昇降機を除く。以下この表において同じ。）及び防火設備（建築設備についての法第12条第3項の検査及び同条第4項の点検（以下この表において「検査等」という。）と併せて検査等を一体的に行うことが合理的であるものとして国土交通大臣が定めたものに限る。）	建築設備検査員資格者証の交付を受けている者（以下「建築設備検査員」という。）として必要な知識及び技能を修得させるための講習であって，第6条の11並びに第6条の12において準用する第3条の14（第1項を除く。）から第3条の16（第1項を除く。）まで及び第6条の8の規定により国土交通大臣の登録を受けたもの（以下「登録建築設備検査員講習」という。）
(3)	防火設備検査員資格者証	防火設備（(2)項の(ろ)欄に規定する国土交通大臣が定めたものを除く。）	防火設備検査員資格者証の交付を受けている者（以下「防火設備検査員」という。）として必要な知識及び技能を修得させるための講習であって，第6条の13条並びに第6条の14において準用する第3条の14（第1項を除く。）から第3条の16（第1項を除く。）まで及び第6条の8の規定により国土交通大臣の登録を受けたもの（以下「登録防火設備検査員講習」という。）
(4)	昇降機等検査員資格者証	昇降機（観光用エレベーター等を含む。）及び遊戯施設	昇降機等検査員資格者証の交付を受けている者（以下「昇降機等検査員」という。）として必要な知識及び技能を修得させるための講習であって，第6条の15並びに第6条の16において準用する第3条の14（第1項を除く。）から第3条の16（第1項を除く。）まで及び第6条の8の規定により国土交通大臣の登録を受けたもの（以下「登録昇降機等検査員講習」という。）

【特定建築物調査員講習の登録の申請】

第6条の7　前条の表の(1)項の(は)欄の登録は，登録特定建築物調査員講習の実施に関する事務（以下「登録特定建築物調査員講習事務」という。）を行おうとする者の申請により行う。

【登録の要件】

第6条の8　国土交通大臣は，前条の規定による登録の申請が次に掲げる要件の全てに適合しているときは，その登録をしなければならない。

一　次条第四号の表の左欄に掲げる科目について講習が行われるものであること。

二　次のいずれかに該当する者が講師として登録特定建築物調査員講習事務に従事するものであること。

　イ　建築基準適合判定資格者

　ロ　特定建築物調査員

　ハ　学校教育法による大学若しくはこれに相当する外国の学校において建築学その他の登録特定建築物調査員講習事務に関する科目を担当する教授若しくは准教授の職にあり，若しくはこれらの職にあった者又は建築学その他の登録特定建築物調査員講習事務に関する科目の研究により博士の学位を授与された者

　ニ　建築行政に関する実務の経験を有する者

　ホ　イからニまでに掲げる者と同等以上の知識及び経験を有する者

三　法第12条第1項又は第3項（これらの規定を法第88条第1項において準用する場合を含む。）の規定に基づく調査又は検査を業として行っている者（以下「調査検査業者」

という。）に支配されているものとして次のいずれかに該当するものでないこと。

イ　前条の規定により登録を申請した者（以下この号において「登録申請者」という。）が株式会社である場合にあっては，調査検査業者がその親法人であること。

ロ　登録申請者の役員に占める調査検査業者の役員又は職員（過去2年間に当該調査検査業者の役員又は職員であった者を含む。）の割合が1/2を超えていること。

ハ　登録申請者（法人にあっては，その代表権を有する役員）が調査検査業者の役員又は職員（過去2年間に当該調査検査業者の役員又は職員であった者を含む。）であること。

【登録特定建築物調査員講習事務の実施に係る義務】

第6条の9　登録特定建築物調査員講習事務を行う者（以下「登録特定建築物調査員講習実施機関」という。）は，公正に，かつ，前条第一号及び第二号に掲げる要件並びに次に掲げる基準に適合する方法により登録特定建築物調査員講習事務を行わなければならない。

一　建築に関する知識及び経験を有する者として国土交通大臣が定める者であることを受講資格とすること。

二　登録特定建築物調査員講習を毎年1回以上行うこと。

三　登録特定建築物調査員講習は，講義及び修了考査により行うこと。

四　講義は，次の表の左欄に掲げる科目について，それぞれ同表の右欄に掲げる時間以上行うこと。

科　　　　　目	時　　　　　間
特定建築物定期調査制度総論	1時間
建築学概論	5時間
建築基準法令の構成と概要	1時間
特殊建築物等の維持保全	1時間
建築構造	4時間
防火・避難	6時間
その他の事故防止	1時間
特定建築物調査業務基準	4時間

五　講義は，前号の表の左欄に掲げる科目に応じ，国土交通大臣が定める事項を含む適切な内容の教材を用いて行うこと。

六　講師は，講義の内容に関する受講者の質問に対し，講義中に適切に応答すること。

七　修了考査は，講義の終了後に行い，特定建築物調査員として必要な知識及び技能を修得したかどうかを判定できるものであること。

八　登録特定建築物調査員講習を実施する日時，場所その他の登録特定建築物調査員講習の実施に関し必要な事項を公示すること。

九　講義を受講した者と同等以上の知識を有する者として国土交通大臣が定める者については，申請により，第四号の表の左欄に掲げる科目のうち国土交通大臣が定めるものを免除すること。

十　不正な受講を防止するための措置を講じること。

十一　終了した修了考査の問題及び当該修了考査の合格基準を公表すること。

十二　修了考査に合格した者に対し，別記第37号の2様式による修了証明書を交付すること。

【準　用】

第6条の10　第3条の14から第3条の28まで（第3条の14第1項，第3条の16第1項及び第3条の18を除く。）の規定は，第6条の6の表の(1)項の(は)欄の登録及びその更新，登録特定建築物調査員講習，登録特定建築物調査員講習事務並びに登録特定建築物調査員講習実施機関について準用する。この場合において，第3条の14第3項第三号中「第3条の16第1項第二号イからハまで」とあるのは「第6条の8第二号イからホまで」と，第3条の17第2項中「前3条」とあるのは「第6条の7，第6条の8並びに第6条の10において読み替えて準用する第3条の14（第1項を除く。）から第3条の16（第1項を除く。）まで」と，第3条の20第八号及び第3条の26第1項第五号中「修了証明書」とあるのは「第6条の9第十二号に規定する修了証明書」と，第3条の23中「第3条の16第1項各号」とあるのは「第6条の8各号」と，第3条の24中「第3条の18」とあるのは「第6条の9」と読み替えるものとする。

【建築設備検査員講習の登録の申請】

第6条の11　第6条の6の表の(2)項の(は)欄の登録は，登録建築設備検査員講習の実施に関する事務（以下「登録建築設備検査員講習事務」という。）を行おうとする者の申請により行う。

【準　用】

第6条の12　第3条の14から第3条の28まで（第3条の14第1項，第3条の16第1項及び第3条の18を除く。），第6条の8及び第6条の9の規定は，第6条の6の表の(2)項の(は)欄の登録及びその更新，登録建築設備検査員講習，登録建築設備検査員講習事務並びに登録建築設備検査員講習実施機関（登録建築設備検査員講習事務を行う者をいう。）について準用する。この場合において，第3条の14第3項第三号中「第3条の16第1項第二号イからハまで」とあるのは「第6条の12において読み替えて準用する第6条の8第二号イからホまで」と，第3条の17第2項中「前3条」とあるのは「第6条の11並びに第6条の12において読み替えて準用する第3条の14（第1項を除く。）から第3条の16（第1項を除く。）まで及び第6条の8」と，第3条の20第八号及び第3条の26第1項第五号中「修了証明書」とあるのは「第6条の12において読み替えて準用する第6条の9第十二号に規定する修了証明書」と，第3条の23中「第3条の16第1項各号」とあるのは「第6条の12において読み替えて準用する第6条の8各号」と，第3条の24中「第3条の18」とあるのは「第6条の12において読み替えて準用する第6条の9」と，第6条の8中「前条」とあるのは「第6条の11」と，同条第一号中「次条第四号の表」とあり，第6条の9第四号中「次の表」とあり，同条第五号中「前号の表」とあり，及び同条第九号中「第四号の表」とあるのは「第6条の12の表」と，第6条の8第二号ロ及び第6条の9第七号中「特定建築物調査員」とあるのは「建築設備検査員」と，同条第十二号中「別記第37号の2様式」とあるのは「別記第37号の3様式」と読み替えるものとする。

科　　　　目	時　　　　間
建築設備定期検査制度総論	1時間
建築学概論	2時間
建築設備に関する建築基準法令	3時間30分
建築設備に関する維持保全	1時間30分
建築設備の耐震規制，設計指針	1時間30分

換気，空気調和設備	4時間30分
排煙設備	2時間
電気設備	2時間30分
給排水衛生設備	2時間30分
建築設備定期検査業務基準	2時間30分

【防火設備検査員講習の登録の申請】

第6条の13　第6条の6の表の⑶項の㈥欄の登録は，登録防火設備検査員講習の実施に関する事務（以下「登録防火設備検査員講習事務」という。）を行おうとする者の申請により行う。

【準　用】

第6条の14　第3条の14から第3条の28まで（第3条の14第1項，第3条の16第1項及び第3条の18を除く。），第6条の8及び第6条の9の規定は，第6条の6の表の⑶項の㈥欄の登録及びその更新，登録防火設備検査員講習，登録防火設備検査員講習事務並びに登録防火設備検査員講習実施機関（登録防火設備検査員講習事務を行う者をいう。）について準用する。この場合において，第3条の14第3項第三号中「第3条の16第1項第二号イからハまで」とあるのは「第6条の14において読み替えて準用する第6条の8第二号イからホまで」と，第3条の17第2項中「前3条」とあるのは「第6条の13並びに第6条の14において読み替えて準用する第3条の14（第1項を除く。）から第3条の16（第1項を除く。）まで及び第6条の8」と，第3条の20第八号及び第3条の26第1項第五号中「修了証明書」とあるのは「第6条の14において読み替えて準用する第6条の9第十二号に規定する修了証明書」と，第3条の23中「第3条の16第1項各号」とあるのは「第6条の14において読み替えて準用する第6条の8各号」と，第3条の24中「第3条の18」とあるのは「第6条の14において読み替えて準用する第6条の9」と，第3条の26第1項第三号及び第4項第二号中「講義」とあるのは「学科講習及び実技講習」と，第6条の8中「前条」とあるのは「第6条の13」と，同条第一号中「次条第四号の表の左欄」とあり，第6条の9第五号中「前号の表の左欄」とあり，及び同条第九号中「第四号の表の左欄」とあるのは「第6条の14の表の中欄」と，第6条の8第二号ロ及び第六条の9第七号中「特定建築物調査員」とあるのは「防火設備検査員」と，同条第三号中「講義」とあるのは「講習（学科講習及び実技講習をいう。以下この条において同じ。）」と，同条第四号から第六号まで及び第九号中「講義」とあるのは「講習」と，同条第四号中「次の表の左欄」とあるのは「第6条の14の表の左欄の講習に区分して行うこととし，同表の中欄」と，同条第七号中「講義」とあるのは「学科講習」と，同条第十二号中「修了考査に合格した者」とあるのは「講習を修了した者」と，「別記第37号の2様式」とあるのは「別記第37号の4様式」と読み替えるものとする。

講習区分	科　　　　　目	時　　　間
学科講習	防火設備定期検査制度総論	1時間
	建築学概論	2時間
	防火設備に関する建築基準法令	1時間
	防火設備に関する維持保全	1時間

	防火設備概論	3時間
	防火設備定期検査業務基準	2時間
実技講習	防火設備検査方法	3時間

【昇降機等検査員講習の登録の申請】

第6条の15 第6条の6の表の(4)項の(は)欄の登録は，登録昇降機等検査員講習の実施に関する事務（以下「登録昇降機等検査員講習事務」という。）を行おうとする者の申請により行う。

【準用】

第6条の16 第3条の14から第3条の28まで（第3条の14第1項，第3条の16第1項及び第3条の18を除く。），第6条の8及び第6条の9の規定は，第6条の6の表の(4)項の(は)欄の登録及びその更新，登録昇降機等検査員講習，登録昇降機等検査員講習事務並びに登録昇降機等検査員講習実施機関（登録昇降機等検査員講習事務を行う者をいう。）について準用する。この場合において，第3条の14第3項第三号中「第3条の16第1項第二号イからハまで」とあるのは「第6条の16において読み替えて準用する第6条の8第二号イからホまで」と，第3条の17第2項中「前3条」とあるのは「第6条の15並びに第6条の16において読み替えて準用する第3条の14（第1項を除く。）から第3条の16（第1項を除く。）まで及び第6条の8」と，第3条の20第八号及び第3条の26第1項第五号中「修了証明書」とあるのは「第6条の16において読み替えて準用する第6条の9第十二号に規定する修了証明書」と，第3条の23中「第3条の16第1項各号」とあるのは「第6条の16において読み替えて準用する第6条の8各号」と，第3条の24中「第3条の18」とあるのは「第6条の16において読み替えて準用する第6条の9」と，第6条の8中「前条」とあるのは「第6条の15」と，同条第一号中「次条第四号の表」とあり，第6条の9第四号中「次の表」とあり，同条第五号中「前号の表」とあり，及び同条第九号中「第四号の表」とあるのは「第6条の16の表」と，第6条の8第二号ロ及び第6条の9第七号中「特定建築物調査員」とあるのは「昇降機等検査員」と，同条第十二号中「別記第37号の2様式」とあるのは「別記第37号の5様式」と読み替えるものとする。

科　　　　　目	時　　　　間
昇降機・遊戯施設定期検査制度総論	1時間
建築学概論	2時間
昇降機・遊戯施設に関する電気工学	2時間
昇降機・遊戯施設に関する機械工学	2時間
昇降機・遊戯施設に関する建築基準法令	5時間
昇降機・遊戯施設に関する維持保全	1時間
昇降機概論	3時間
遊戯施設概論	30分
昇降機・遊戯施設の検査標準	4時間

【心身の故障により調査等の業務を適正に行うことができない者】

第６条の16の２　法第12条の２第２項第四号の国土交通省令で定める者は，精神の機能の障害により調査等の業務を適正に行うに当たって必要な認知，判断及び意思疎通を適切に行うことができない者とする。

【治療等の考慮】

第６条の16の３　国土交通大臣は，特定建築物調査員資格者証の交付を申請した者が前条に規定する者に該当すると認める場合において，当該者に特定建築物調査員資格者証を交付するかどうかを決定するときは，当該者が現に受けている治療等により障害の程度が軽減している状況を考慮しなければならない。

【特定建築物調査員資格者証の交付の申請】

第６条の17　法第12条の２第１項の規定によって特定建築物調査員資格者証の交付を受けようとする者は，別記第37号の６様式による交付申請書を国土交通大臣に提出しなければならない。

2　前項の交付申請書には，次に掲げる書類を添付しなければならない。

一　住民票の写し若しくは個人番号カードの写し又はこれらに類するものであって氏名及び生年月日を証明する書類

二　第６条の９第十二号に規定する修了証明書又は法第12条の２第１項第二号の規定による認定を受けた者であることを証する書類

三　その他参考となる事項を記載した書類

3　第１項の特定建築物調査員資格者証の交付の申請は，修了証明書の交付を受けた日又は法第12条の２第１項第二号の規定による認定を受けた日から３月以内に行わなければならない。

【特定建築物調査員資格者証の条件】

第６条の18　国土交通大臣は，建築物の調査等の適正な実施を確保するため必要な限度において，特定建築物調査員資格者証に，当該資格者証の交付を受ける者の建築物の調査等に関する知識又は経験に応じ，その者が調査等を行うことができる建築物の範囲を限定し，その他建築物の調査等について必要な条件を付し，及びこれを変更することができる。

【特定建築物調査員資格者証の交付】

第６条の19　国土交通大臣は，第６条の17の規定による申請があった場合においては，別記第37号の７様式による特定建築物調査員資格者証を交付する。

【特定建築物調査員資格者証の再交付】

第６条の20　特定建築物調査員は，氏名に変更を生じた場合又は特定建築物調査員資格者証を汚損し，若しくは失った場合においては，遅滞なく，別記第37号の８様式による特定建築物調査員資格者証再交付申請書に，汚損した場合にあってはその特定建築物調査員資格者証を添え，これを国土交通大臣に提出しなければならない。

2　国土交通大臣は，前項の規定による申請があった場合においては，申請者に特定建築物調査員資格者証を再交付する。

3　特定建築物調査員は，第１項の規定によって特定建築物調査員資格者証の再交付を申請した後，失った特定建築物調査員資格者証を発見した場合においては，発見した日から10日以内に，これを国土交通大臣に返納しなければならない。

【心身の故障により認知等を適切に行うことができない状態となった場合の届出】

第６条の20の２　特定建築物調査員又はその法定代理人若しくは同居の親族は，当該特定建築物調査員が精神の機能の障害を有することにより認知，判断及び意思疎通を適切に行うことができない状態となったときは，別記第37号の８の２様式による届出書に，病名，障

害の程度，病因，病後の経過，治癒の見込みその他参考となる所
見を記載した医師の診断書を添え，これを国土交通大臣に提出しなければならない。

【特定建築物調査員資格者証の返納の命令等】

第 6 条の21　法第12条の 2 第 3 項の規定による特定建築物調査員資格者証の返納の命令は，別記第37号の 9 様式による返納命令書を交付して行うものとする。

2　前項の規定による返納命令書の交付を受けた者は，その交付の日から10日以内に，特定建築物調査員資格者証を国土交通大臣に返納しなければならない。

3　特定建築物調査員が死亡し，又は失踪の宣告を受けたときは，戸籍法（昭和22年法律第224号）による死亡又は失踪宣告の届出義務者は，遅滞なくその特定建築物調査員資格者証を国土交通大臣に返納しなければならない。

【建築設備検査員資格者証の交付の申請】

第 6 条の22　法第12条の 3 第 3 項の規定によって建築設備検査員資格者証の交付を受けようとする者は，別記第37号の10様式による交付申請書を国土交通大臣に提出しなければならない。

【準　用】

第 6 条の23　第 6 条の16の 2 ，第 6 条の16の 3 ，第 6 条の17第 2 項及び第 3 項並びに第 6 条の18から第 6 条の21までの規定は，建築設備検査員資格者証について準用する。この場合において，次の表の左欄に掲げる規定中同表の中欄に掲げる字句は，それぞれ同表の右欄に掲げる字句に読み替えるものとする。

第 6 条の16の 2	第12条の 2 第 2 項第四号	第12条の 3 第 4 項において読み替えて準用する法第12条の 2 第 2 項第四号
	調査等	検査等
第 6 条の17第 2 項	前項	第 6 条の22
第 6 条の17第 2 項第二号	第 6 条の 9 第十二号	第 6 条の12において読み替えて準用する第 6 条の 9 第十二号
第 6 条の17第 2 項第二号及び第 3 項	第12条の 2 第 1 項第二号	第12条の 3 第 3 項第二号
第 6 条の17第 3 項	第 1 項	第 6 条の22
第 6 条の18	建築物の	建築設備の
	調査等	検査等
第 6 条の19	第 6 条の17	第 6 条の22並びに第 6 条の23において読み替えて準用する第 6 条の17第 2 項及び第 3 項
	別記第37号の 7 様式	別記第37号の11様式
第 6 条の20第 1 項	別記第37号の 8 様式	別記第37号の12様式
第 6 条の20の 2	別記第37号の 8 の 2 様式	別記第37号の12の 2 様式
第 6 条の21第 1 項	第12条の 2 第 3 項	第12条の 3 第 4 項において読み替えて準用する法第12条の 2 第 3 項
	別記第37号の 9 様式	別記第37号の13様式

【防火設備検査員資格者証の交付の申請】

第6条の24　法第12条の3第3項の規定によって防火設備検査員資格者証の交付を受けよう
とする者は，別記第37号の14様式による交付申請書を国土交通大臣に提出しなければなら
ない。

【準用】

第6条の25　第6条の16の2，第6条の16の3，第6条の17第2項及び第3項並びに第6条
の18から第6条の21までの規定は，防火設備検査員資格者証について準用する。この場合
において，次の表の左欄に掲げる規定中同表の中欄に掲げる字句は，それぞれ同表の右欄
に掲げる字句に読み替えるものとする。

第6条の16の2	第12条の2第2項第四号	第12条の3第4項において読み替えて準用する法第12条の2第2項第四号
	調査等	検査等
第6条の17第2項	前項	第6条の24
第6条の17第2項第二号	第6条の9第十二号	第6条の14において読み替えて準用する第6条の9第十二号
第6条の17第2項第二号及び第3項	第12条の2第1項第二号	第12条の3第3項第二号
第6条の17第3項	第1項	第6条の24
第6条の18	建築物の	防火設備の
	調査等	検査等
第6条の19	第6条の17	第6条の24並びに第6条の25において読み替えて準用する第6条の17第2項及び第3項
	別記第37号の7様式	別記第37号の15様式
第6条の20第1項	別記第37号の8様式	別記第37号の16様式
第6条の20の2	別記第37号の8の2様式	別記第37号の16の2様式
第6条の21第1項	第12条の2第3項	第12条の3第4項において読み替えて準用する法第12条の2第3項
	別記第37号の9様式	別記第37号の17様式

【昇降機等検査員資格者証の交付の申請】

第6条の26　法第12条の3第3項（法第88条第1項において準用する場合を含む。）及び法
第88条第1項において準用する法第12条の2第1項の規定によって昇降機等検査員資格者
証の交付を受けようとする者は，別記第37号の18様式による交付申請書を国土交通大臣に
提出しなければならない。

【準用】

第6条の27　第6条の16の2，第6条の16の3，第6条の17第2項及び第3項並びに第6条
の18から第6条の21までの規定は，昇降機等検査員資格者証について準用する。この場合
において，次の表の左欄に掲げる規定中同表の中欄に掲げる字句は，それぞれ同表の右欄
に掲げる字句に読み替えるものとする。

第 6 条の16の 2	第12条の 2 第 2 項第四号	第12条の 3 第 4 項（法第88条第 1 項において準用する場合を含む。）において読み替えて準用する法第12条の 2 第 2 項第四号及び法第88条第 1 項において準用する法第12条の 2 第 2 項第四号
	調査等	調査等及び検査等
第 6 条の17第 2 項	前項	第 6 条の26
第 6 条の17第 2 項第二号	第 6 条の 9 第十二号	第 6 条の16において読み替えて準用する第 6 条の 9 第十二号
第 6 条の17第 2 項第二号及び第 3 項	第12条の 2 第 1 項第二号	第12条の 3 第 3 項第二号（法第88条第 1 項において準用する場合を含む。）及び法第88条第 1 項において準用する法第12条の 2 第 1 項第二号
第 6 条の17第 3 項	第 1 項	第 6 条の26
第 6 条の18	建築物の	昇降機等の
	調査等	調査等及び検査等
第 6 条の19	第 6 条の17	第 6 条の26並びに第 6 条の27において読み替えて準用する第 6 条の17第 2 項及び第 3 項
	別記第37号の 7 様式	別記第37号の19様式
第 6 条の20第 1 項	別記第37号の 8 様式	別記第37号の20様式
第 6 条の20の 2	別記第37号の 8 の 2 様式	別記第37号の20の 2 様式
第 6 条の21第 1 項	第12条の 2 第 3 項	第12条の 3 第 4 項（法第88条第 1 項において準用する場合を含む。）において読み替えて準用する法第12条の 2 第 3 項及び法第88条第 1 項において準用する法第12条の 2 第 3 項
	別記第37号の 9 様式	別記第37号の21様式

【身分証明書の様式】

第 7 条　法第13条第 1 項（法第88条第 1 項から第 3 項までにおいて準用する場合を含む。次項において同じ。）の規定により建築主事又は特定行政庁の命令若しくは建築主事の委任を受けた当該市町村若しくは都道府県の職員が携帯する身分証明書の様式は，別記第38号様式による。

2　法第13条第 1 項の規定により建築監視員が携帯する身分証明書の様式は，別記第39号様式による。

3　法第15条の 2 第 2 項（法第88条第 1 項から第 3 項までにおいて準用する場合を含む。）の規定により国土交通省の職員が携帯する身分証明書の様式は，別記第39号の 2 様式による。

【建築工事届及び建築物除却届】

第8条　法第15条第1項の規定による建築物を建築しようとする旨の届出及び同項の規定による建築物を除却しようとする旨の届出は，それぞれ別記第40号様式及び別記第41号様式による。

2　既存の建築物を除却し，引き続き，当該敷地内において建築物を建築しようとする場合においては，建築物を建築しようとする旨の届出及び建築物を除却しようとする旨の届出は，前項の規定にかかわらず，合わせて別記第40号様式による。

3　前2項の届出は，当該建築物の計画について法第6条第1項の規定により建築主事の確認を受け，又は法第18条第2項の規定により建築主事に工事の計画を通知しなければならない場合においては，当該確認申請又は通知と同時に（法第6条の2第1項の確認済証の交付を受けた場合においては，遅滞なく）行わなければならない。

4　法第15条第2項の届出は，同項各号に規定する申請と同時に行わなければならないものとする。

【国の機関の長等による建築主事に対する通知等】

第8条の2　第1条の3の規定は，法第18条第2項（法第87条第1項において準用する場合を含む。）の規定による通知について準用する。

2　第1条の4の規定は，法第18条第2項の規定による通知を受けた場合について準用する。

3　第2条第1項及び第3項から第5項までの規定は，法第18条第3項（法第87条第1項，法第87条の4又は法第88条第1項若しくは第2項において準用する場合を含む。）の規定による確認済証の交付並びに法第18条第13項及び第14項（法第87条第1項，法第87条の4又は法第88条第1項若しくは第2項において準用する場合を含む。）の規定による通知書の交付について準用する。

4　第2条第2項の規定は，法第18条第13項の国土交通省令で定める場合について準用する。

5　第2条の2（第6項を除く。）の規定は，法第87条の4において準用する法第18条第2項の規定による通知について準用する。

6　第3条（第8項を除く。）の規定は，法第88条第1項又は第2項において準用する法第18条第2項の規定による通知について準用する。

7　第3条の7（第3条の10において準用する場合を含む。第21項において同じ。）の規定は，法第18条第4項の規定による通知について準用する。

8　第3条の8（第3条の10において準用する場合を含む。第21項において同じ。）の規定は，法第18条第4項の規定による通知を受けた場合について準用する。

9　第3条の9第1項，第3項及び第4項の規定は，法第18条第7項から第9項までの規定による通知書の交付について準用する。

10　第3条の9第2項の規定は，法第18条第8項の国土交通省令で定める場合について準用する。

11　第3条の11の規定は，法第18条の2第4項において読み替えて適用する法第18条第7項から第9項までの規定による通知書の交付について準用する。

12　第3条の12の規定は，法第18条第10項の規定による適合判定通知書又はその写しの提出について準用する。

13　第4条の規定は，法第18条第16項（法第87条の4又は法第88条第1項若しくは第2項において準用する場合を含む。）の規定による通知について準用する。

14　第4条の2の規定は，法第87条第1項において準用する法第88条第16項の規定による通

知について準用する。

15　第4条の3の2の規定は，法第18条第17項（法第87条の4又は法第88条第1項若しくは第2項において準用する場合を含む。）の規定による検査をした場合について準用する。

16　第4条の4の規定は，法第18条第18項（法第87条の4又は法第88条第1項若しくは第2項において準用する場合を含む。）の規定による検査済証の交付について準用する。

17　第4条の8の規定は，法第18条第19項（法第87条の4又は法第88条第1項において準用する場合を含む。）の規定による通知について準用する。

18　第4条の9の規定は，法第18条第20項（法第87条の4又は法第88条第1項において準用する場合を含む。）の規定による検査をした場合について準用する。

19　第4条の10の規定は，法第18条第21項（法第87条の4又は法第88条第1項において準用する場合を含む。）の規定による中間検査合格証の交付について準用する。

20　第4条の16の規定は，法第18条第24項第一号又は第二号（法第87条の4又は法第88条第1項若しくは第2項において準用する場合を含む。）の規定による仮使用の認定について準用する。

21　前各項の場合において，次の表の左欄に掲げる規定中同表の中欄に掲げる字句は，それぞれ同表の右欄に掲げる字句に読み替えるものとする。

第1条の3第1項第一号及び第4項第一号並びに第3条第3項第一号	別記第2号様式	別記第42号様式
第1条の3第8項	別記第4号様式	別記第42号の2様式
第2条第1項	別記第5号様式	別記第42号の3様式
	建築物のエネルギー消費性能の向上に関する法律施行規則（平成28年国土交通省令第5号）第6条	建築物のエネルギー消費性能の向上に関する法律施行規則（平成28年国土交通省令第5号）第7条第5項において準用する同規則第6条
	建築物のエネルギー消費性能の向上に関する法律（平成27年法律第53号）第12条第6項	建築物のエネルギー消費性能の向上に関する法律（平成27年法律第53号）第13条第7項
第2条第2項第五号	建築物のエネルギー消費性能の向上に関する法律第12条第6項	建築物のエネルギー消費性能の向上に関する法律第13条第7項
第2条第3項	別記第5号の2様式	別記第42号の4様式
第2条第4項	別記第6号様式	別記第42号の5様式
	建築物のエネルギー消費性能の向上に関する法律第12条第6項	建築物のエネルギー消費性能の向上に関する法律第13条第7項
	建築物のエネルギー消費性能の向上に関する法律施行規則第6条	建築物のエネルギー消費性能の向上に関する法律施行規則第7条第5項において準用する同規則第6条

第2条第5項	別記第7号様式	別記第42号の6様式
第1条の3第4項第一号ロ，第2条の2第1項第一号並びに第3条第1項第一号及び第3項第一号ロ	別記第8号様式	別記第42号の7様式
第2条の2第5項	別記第9号様式	別記第42号の8様式
第3条第1項第一号及び第3項第一号ロ	別記第10号様式	別記第42号の9様式
第3条第2項第一号	別記第11号様式	別記第42号の10様式
第3条第7項	別記第13号様式	別記第42号の11様式
	別記第14号様式	別記第42号の12様式
第3条の7第1項第一号	別記第18号の2様式	別記第42号の12の2様式
第3条の7第3項	別記第18号の3様式	別記第42号の12の3様式
第3条の9第1項第一号	別記第18号の4様式	別記第42号の12の4様式
第3条の9第1項第二号	別記第18号の5様式	別記第42号の12の5様式
第3条の9第3項	別記第18号の6様式	別記第42号の12の6様式
第3条の9第4項	別記第18号の7様式	別記第42号の12の7様式
第3条の11第1項第一号	別記第18号の8様式	別記第42号の12の8様式
第3条の11第1項第二号	別記第18号の9様式	別記第42号の12の9様式
第3条の11第3項	別記第18号の10様式	別記第42号の12の10様式
第3条の11第4項	別記第18号の11様式	別記第42号の12の11様式
第4条第1項	別記第19号様式	別記第42号の13様式
	同法第12条第1項	同法第13条第2項
	同条第2項	同条第3項
第4条の2第1項	別記第20号様式	別記第42号の14様式
第4条の3の2第2項	別記第20号の2様式	別記第42号の15様式
第4条の4	別記第21号様式	別記第42号の16様式
第4条の8第1項	別記第26号様式	別記第42号の17様式
第4条の9第2項	別記第27号様式	別記第42号の18様式
第4条の10	別記第28号様式	別記第42号の19様式
第4条の16第1項	別記第33号様式	別記第42号の20様式
第4条の16第2項	別記第34号様式	別記第42号の21様式
第4条の16第5項	別記第35号様式	別記第42号の22様式
	別記第35号の2様式	別記第42号の23様式

【枠組壁工法を用いた建築物等の構造方法】

第8条の3　構造耐力上主要な部分である壁及び床版に，枠組壁工法（木材を使用した枠組に構造用合板その他これに類するものを打ち付けることにより，壁及び床版を設ける工法をいう。以下同じ。）により設けられるものを用いる場合における当該壁及び床版の構造

は，国土交通大臣が定める技術的基準に適合するもので，国土交通大臣が定めた構造方法を用いるもの又は国土交通大臣の認定を受けたものとしなければならない。

【道路の位置の指定の申請】

第9条　法第42条第1項第五号に規定する道路の位置の指定を受けようとする者は，申請書正副2通に，それぞれ次の表に掲げる図面及び指定を受けようとする道路の敷地となる土地（以下この条において「土地」という。）の所有者及びその土地又はその土地にある建築物若しくは工作物に関して権利を有する者並びに当該道を令第144条の4第1項及び第2項に規定する基準に適合するように管理する者の承諾書を添えて特定行政庁に提出するものとする。

図面の種類	明　示　す　べ　き　事　項
附近見取図	方位，道路及び目標となる地物
地　籍　図	縮尺，方位，指定を受けようとする道路の位置，延長及び幅員，土地の境界，地番，地目，土地の所有者及びその土地又はその土地にある建築物若しくは工作物に関して権利を有する者の氏名，土地内にある建築物，工作物，道路及び水路の位置並びに土地の高低その他地形上特記すべき事項

【指定道路等の公告及び通知】

第10条　特定行政庁は，法第42条第1項第四号若しくは第五号，第2項若しくは第4項又は法第68条の7第1項の規定による指定をしたときは，速やかに，次の各号に掲げる事項を公告しなければならない。

　一　指定に係る道路（以下この項及び次条において「指定道路」という。）の種類

　二　指定の年月日

　三　指定道路の位置

　四　指定道路の延長及び幅員

2　特定行政庁は，法第42条第3項の規定による水平距離の指定（以下この項及び次条において「水平距離指定」という。）をしたときは，速やかに，次の各号に掲げる事項を公告しなければならない。

　一　水平距離指定の年月日

　二　水平距離指定に係る道路の部分の位置

　三　水平距離指定に係る道路の部分の延長

　四　水平距離

3　特定行政庁は，前条の申請に基づいて道路の位置を指定した場合においては，速やかに，その旨を申請者に通知するものとする。

【指定道路図及び指定道路調書】

第10条の2　特定行政庁は，指定道路に関する図面（以下この条及び第11条の3第1項第七号において「指定道路図」という。）及び調書（以下この条及び第11条の3第1項第八号において「指定道路調書」という。）を作成し，これらを保存するときは，次の各号に定めるところによるものとする。

　一　指定道路図は，少なくとも指定道路の種類及び位置を，付近の地形及び方位を表示した縮尺1/2,500以上の平面図に記載して作成すること。この場合において，できる限り一葉の図面に表示すること。

　二　指定道路調書は，指定道路ごとに作成すること。

　三　指定道路調書には，少なくとも前条第1項各号に掲げる事項を記載するものとし，その様式は，別記第42号の24様式とすること。

四　特定行政庁は，第9条の申請に基づいて道路の位置を指定した場合においては，申請者の氏名を指定道路調書に記載すること。

　五　特定行政庁は，水平距離指定をした場合においては，水平距離指定に係る道路の部分の位置を指定道路図に，前条第2項各号に掲げる事項を指定道路調書に記載すること。

2　指定道路図又は指定道路調書に記載すべき事項が，電子計算機に備えられたファイル又は磁気ディスク等に記録され，必要に応じ特定行政庁において電子計算機その他の機器を用いて明確に紙面に表示されるときは，当該記録をもってそれぞれ指定道路図又は指定道路調書への記載に代えることができる。

【敷地と道路との関係の特例の基準】

第10条の3　法第43条第2項第一号の国土交通省令で定める道の基準は，次の各号のいずれかに掲げるものとする。

　一　農道その他これに類する公共の用に供する道であること。

　二　令第144条の4第1項各号に掲げる基準に適合する道であること。

2　令第144条の4第2項及び第3項の規定は，前項第二号に掲げる基準について準用する。

3　法第43条第2項第一号の国土交通省令で定める建築物の用途及び規模に関する基準は，延べ面積（同一敷地内に2以上の建築物がある場合にあっては，その延べ面積の合計）が200m²以内の一戸建ての住宅であることとする。

4　法第43条第2項第二号の国土交通省令で定める基準は，次の各号のいずれかに掲げるものとする。

　一　その敷地の周囲に公園，緑地，広場等広い空地を有する建築物であること。

　二　その敷地が農道その他これに類する公共の用に供する道（幅員4m以上のものに限る。）に2m以上接する建築物であること。

　三　その敷地が，その建築物の用途，規模，位置及び構造に応じ，避難及び通行の安全等の目的を達するために十分な幅員を有する通路であって，道路に通ずるものに有効に接する建築物であること。

【許可申請書及び許可通知書の様式】

第10条の4　法第43条第2項第二号，法第44条第1項第二号若しくは第四号，法第47条ただし書，法第48条第1項ただし書，第2項ただし書，第3項ただし書，第4項ただし書，第5項ただし書，第6項ただし書，第7項ただし書，第8項ただし書，第9項ただし書，第10項ただし書，第11項ただし書，第12項ただし書，第13項ただし書若しくは第14項ただし書（法第87条第2項又は第3項において準用する場合を含む。），法第51条ただし書（法第87条第2項又は第3項において準用する場合を含む。），法第52条第10項，第11項若しくは第14項，法第53条第4項，第5項若しくは第6項第三号，法第53条の2第1項第三号若しくは第四号（法第57条の5第3項において準用する場合を含む。），法第55条第3項若しくは第4項各号，法第56条の2第1項ただし書，法第57条の4第1項ただし書，法第58条第2項，法第59条第1項第三号若しくは第4項，法第59条の2第1項，法第60条の2第1項第三号，法第60条の2の2第1項第二号若しくは第3項ただし書，法第60条の3第1項第三号若しくは第2項ただし書，法第67条第3項第二号，第5項第二号若しくは第9項第二号，法第68条第1項第二号，第2項第二号若しくは第3項第二号，法第68条の3第4項，法第68条の5の3第2項，法第68条の7第5項，法第85条第3項，第6項若しくは第7項又は法第87条の3第3項，第6項若しくは第7項の規定（以下この条において「許可関係規定」という。）による許可を申請しようとする者は，別記第43号様式（法第85条第3項，第6項若しくは第7項又は法第87条の3第3項，第6項若しくは第7項の規定による許可の申請にあっては別記第44号様式）による申請書の正本及び副本に，それぞれ，特定行政

531

庁が規則で定める図書又は書面を添えて，特定行政庁に提出するものとする。

2　特定行政庁は，許可関係規定による許可をしたときは，別記第45号様式による通知書に，前項の申請書の副本及びその添付図書を添えて，申請者に通知するものとする。

3　特定行政庁は，許可関係規定による許可をしないときは，別記第46号様式による通知書に，第1項の申請書の副本及びその添付図書を添えて，申請者に通知するものとする。

4　法第88条第2項において準用する法第48条第1項ただし書，第2項ただし書，第3項ただし書，第4項ただし書，第5項ただし書，第6項ただし書，第7項ただし書，第8項ただし書，第9項ただし書，第10項ただし書，第11項ただし書，第12項ただし書，第13項ただし書若しくは第14項ただし書，法第51条ただし書又は法第87条第2項若しくは第3項中法第48条第1項ただし書，第2項ただし書，第3項ただし書，第4項ただし書き，第5項ただし書，第6項ただし書，第7項ただし書，第8項ただし書，第9項ただし書，第10項ただし書，第11項ただし書，第12項ただし書，第13項ただし書若しくは第14項ただし書若しくは法第51条ただし書に関する部分の規定（次項において「工作物許可関係規定」という。）による許可を申請しようとする者は，別記第47号様式による申請書の正本及び副本に，それぞれ，特定行政庁が規則で定める図書又は書面を添えて，特定行政庁に提出するものとする。

5　第2項及び第3項の規定は，工作物許可関係規定の許可に関する通知について準用する。

【認定申請書及び認定通知書の様式】

第10条の4の2　法第43条第2項第一号，法第44条第1項第三号，法第52条第6項第三号，法第55条第2項，法第57条第1項，法第68条第5項，法第68条の3第1項から第3項まで若しくは第7項，法第68条の4，法第68条の5の2，法第68条の5の5第1項若しくは第2項，法第68条の5の6，法第86条の6第2項，令第131条の2第2項若しくは第3項又は令第137条の16第二号の規定（以下この条において「認定関係規定」という。）による認定を申請しようとする者は，別記第48号様式による申請書の正本及び副本に，それぞれ，特定行政庁が規則で定める図書又は書面を添えて，特定行政庁に提出するものとする。

2　法第43条第2項第一号の規定による認定の申請をしようとする場合（当該認定に係る道が第10条の3第1項第一号に掲げる基準に適合する場合を除く。）においては，前項に定めるもののほか，申請者その他の関係者が当該道を将来にわたって通行することについての，当該道の敷地となる土地の所有者及びその土地に関して権利を有する者並びに当該道を同条第1項第二号及び同条第2項において準用する令第144条の4第2項に規定する基準に適合するように管理する者の承諾書を申請書に添えるものとする。

3　特定行政庁は，認定関係規定による認定をしたときは，別記第49号様式による通知書に，第1項の申請書の副本及びその添付図書を添えて，申請者に通知するものとする。

4　特定行政庁は，認定関係規定による認定をしないときは，別記第49号の2様式による通知書に，第1項の申請書の副本及びその添付図書を添えて，申請者に通知するものとする。

【住居の環境の悪化を防止するために必要な措置】

第10条の4の3　法第48条第16項第二号の国土交通省令で定める措置は，次の表の左欄に掲げる建築物に対応して，それぞれ同表の右欄に掲げるものとする。

建築物	措　置
1　令第130条第2項第一号に掲げる建築物	イ　敷地は，幅員9m以上の道路に接するものとすること。 ロ　店舗の用途に供する部分の床面積は，200m²以内とすること。 ハ　敷地内には，専ら，貨物の運送の用に供する自動車（以下この条において「貨物自動車」という。）の駐車及び貨物の積卸しの用に供する駐車施設を設けること。 ニ　排気口は，道路（法第42条第2項の規定により道路とみなされるものを除く。次号ヘ及び第三号ルにおいて同じ。）に面するものとすること。ただし，排気口から当該排気口が面する隣地境界線までの水平距離が4m以上ある場合においては，この限りでない。 ホ　生鮮食料品の加工の用に供する場所は，建築物及びその敷地内に設けないこと。 ヘ　専ら喫煙の用に供させるための器具及び設備は，建築物及びその敷地内に設けないこと。 ト　道路の見通しに支障を及ぼすおそれがある塀，柵その他これらに類するものは，敷地内に設けないこと。 チ　商品を陳列し，又は販売する場所は，屋外に設けないこと。 リ　ごみ置場は，屋外に設けないこと。ただし，ごみを容器に密閉し，かつ，施錠して保管する場合においては，この限りでない。 ヌ　電気冷蔵庫若しくは電気冷凍庫又は冷暖房設備の室外機を設ける場合においては，当該室外機の騒音の大きさを国土交通大臣が定める方法により計算した値以下とすること。 ル　午後10時から午前6時までの間において営業を営む場合においては，次に掲げる措置を講じること。 　⑴　隣地境界線に沿って車両の灯火の光を遮る壁その他これに類するものを設けること。 　⑵　店舗内には，テーブル，椅子その他の客に飲食をさせるための設備を設けること。ただし，飲食料品以外の商品のみを販売する店舗については，この限りでない。 　⑶　隣地境界線上の鉛直面の内側の照度は，5lx以下とすること。 　⑷　屋外広告物の輝度は，400cd/m²以下とすること。 　⑸　屋外における照明の射光の範囲は，光源を含む鉛直面から左右それぞれ70°までの範囲とすること。
2　令第130条第2項第二号に掲げる建築物	イ　調理業務の用に供する部分の床面積は，500m²以内とすること。 ロ　貨物自動車の交通の用に供する敷地内の通路は，幼児，児童又は生徒の通行の用に供する敷地内の通路と交差しないものとすること。 ハ　作業場は，臭気を除去する装置を設けることその他の臭気の発散を防止するために必要な措置を講じること。 ニ　敷地内には，専ら貨物自動車の駐車及び貨物の積卸しの用に供する駐車施設を設けること。 ホ　敷地の貨物自動車の出入口の周辺には，見通しを確保するための空地及びガードレールを設けることその他幼児，児童又は生徒の通行の安全上必要な措置を講じること。 ヘ　排気口は，道路に面するものとすること。ただし，排気口から当該排気口が面する隣地境界線までの水平距離が4m以上ある場合においては，この限りでない。 ト　ごみ置場は，屋外に設けないこと。ただし，ごみを容器に密閉し，かつ，施錠して保管する場合においては，この限りでない。 チ　道路の見通しに支障を及ぼすおそれがある塀，柵その他これらに類するものは，ホの出入口の周辺に設けないこと。

	リ　電気冷蔵庫若しくは電気冷凍庫又は冷暖房設備の室外機を設ける場合においては，騒音を防止するために必要なものとして国土交通大臣が定める措置を講じること。 ヌ　食品を保管する倉庫その他の設備を設ける場合においては，臭気が当該設備から漏れない構造のものとすること。 ル　ボイラーを設ける場合においては，遮音上有効な機能を有する専用室に設けること。ただし，ボイラーの周囲に当該専用室と遮音上同等以上の効果のある遮音壁を設ける場合においては，この限りでない。
3　令第130条第2項第三号に掲げる建築物	イ　敷地は，幅員16m以上の道路に接するものとすること。 ロ　作業場の床面積は，次の(1)又は(2)に掲げる地域の区分に応じ，それぞれ(1)又は(2)に定める面積以内とすること。 　(1)　第一種住居地域及び第二種住居地域　　　150m² 　(2)　準住居地域　　　300m² ハ　敷地の自動車の主要な出入口は，イの道路に接するものとし，かつ，その幅は，8m以上とすること。 ニ　作業場の主要な出入口は，イの道路に面するものとすること。 ホ　ニの出入口が設けられている外壁以外の外壁は，次に掲げるものとすること。 　(1)　遮音上有効な機能を有するものとすること。 　(2)　開口部を設けないこと。ただし，換気又は採光に必要な最小限度の面積のものとし，かつ，防音上有効な措置を講じたものとする場合においては，この限りでない。 ヘ　油水分離装置を設けること。 ト　産業廃棄物の保管の用に供する専用室を設けること。 チ　敷地内には，専ら貨物自動車の駐車及び貨物の積卸しの用に供する駐車施設を設けること。 リ　ハの出入口の周辺には，見通しを確保するための空地を設けることその他歩行者の通行の安全上必要な措置を講じること。 ヌ　ニの出入口を道路から離して設けることその他騒音を防止するために必要な措置を講じること。 ル　排気口は，道路に面するものとすること。ただし，排気口から当該排気口が面する隣地境界線までの水平距離が4m以上ある場合においては，この限りでない。 ヲ　作業場以外の場所は，作業の用に供しないものとすること。 ワ　作業場は，板金作業及び塗装作業の用に供しないものとすること。 カ　冷暖房設備の室外機を設ける場合においては，騒音を防止するために必要なものとして国土交通大臣が定める措置を講じること。 ヨ　空気圧縮機を設ける場合においては，騒音を防止するために必要なものとして国土交通大臣が定める措置を講じること。 タ　午後6時から午前8時までの間においては，騒音を発する機械を稼働させないこと。 レ　午後10時から午前6時までの間において営業を営む場合においては，次に掲げる措置を講じること。 　(1)　隣地境界線上の鉛直面の内側の照度は，10lx以下とすること。 　(2)　屋外における照明の射光の範囲は，光源を含む鉛直面から左右それぞれ70°までの範囲とすること。

2　地方公共団体は，その地方の気候若しくは風土の特殊性又は土地の状況により必要と認める場合においては，条例で，区域を限り，前項に規定する措置と異なる措置を定めることができる。

3　地方公共団体は，前項の規定により第1項に規定する措置を緩和する場合においては，あらかじめ，国土交通大臣の承認を得なければならない。

　　【容積率の算定の基礎となる延べ面積に床面積を算入しない機械室等に設置される給湯設備その他の建築設備】

第10条の4の4　法第52条第6項第三号の国土交通省令で定める建築設備は，建築物のエネルギー消費性能（建築物のエネルギー消費性能の向上に関する法律第2条第1項第二号に規定するエネルギー消費性能をいう。第10条の4の6第1項及び第10条の4の9第1項において同じ。）の向上に資するものとして国土交通大臣が定める給湯設備＊とする。

　　　　　　　　　　　　　　　　　　　　　●告示　令5　国交告209号→p2003

　　【市街地の環境を害するおそれがない機械室等の基準】

第10条の4の5　法第52条第6項第三号の国土交通省令で定める基準は，次に掲げるものとする。

　一　その敷地が幅員8m以上の道路に接する建築物に設けられるものであること。

　二　その敷地面積が1,000㎡以上の建築物に設けられるものであること。

　三　当該建築物の部分の床面積の合計を居住部分（住宅にあっては住戸をいい，老人ホーム等にあっては入居者ごとの専用部分をいう。）の数の合計で除して得た面積が2㎡以下であること。

　四　当該建築物の部分の床面積の合計が建築物の延べ面積の1/50以下であること。

　　【容積率の制限の緩和を受ける構造上やむを得ない建築物】

第10条の4の6　法第52条第14項第三号の国土交通省令で定める建築物は，次に掲げる工事を行う建築物で当該工事によりその容積率が法第52条第1項から第9項までの規定による限度を超えるものとする。

　一　建築物のエネルギー消費性能の向上のため必要な外壁を通しての熱の損失の防止のための工事

　二　建築物のエネルギー消費性能の向上のため必要な軒又はひさしを外壁その他の屋外に面する建築物の部分に設ける工事

　三　再生可能エネルギー源（法第55条第3項に規定する再生可能エネルギー源をいう。第10条の4の9第1項第一号及び第二号において同じ。）の利用に資する設備を外壁に設ける工事

2　前項の工事は，その目的を達成するために必要な最小限度のものでなければならない。

　　【建蔽率の制限の緩和に当たり建築物から除かれる建築設備】

第10条の4の7　令第135条の21第一号の国土交通省令で定める建築設備は，かごの構造が壁又は囲いを設けている昇降機以外の建築設備とする。

　　【建蔽率の制限の緩和を受ける構造上やむを得ない建築物】

第10条の4の8　法第53条第5項第四号の国土交通省令で定める建築物は，第10条の4の6第1項各号に掲げる工事を行う建築物で当該工事によりその建蔽率が法第53条第1項から第3項までの規定による限度を超えるものとする。

2　前項の工事は，その目的を達成するために必要な最小限度のものでなければならない。

　　【第一種低層住居専用地域等内における建築物の高さの制限の緩和を受ける構造上やむを得ない建築物】

第10条の4の9　法第55条第3項の国土交通省令で定める建築物は，次に掲げる工事を行う建築物で当該工事によりその高さが法第55条第1項及び第2項の規定による限度を超えるものとする。

　一　屋根を再生可能エネルギー源の利用に資する設備として使用するための工事

535

　二　再生可能エネルギー源の利用に資する設備を屋根に設ける工事

　三　建築物のエネルギー消費性能の向上のため必要な屋根を通しての熱の損失の防止のための工事

　四　建築物のエネルギー消費性能の向上のため必要な空気調和設備その他の建築設備を屋根に設ける工事（第二号に掲げるものを除く。）

2　前項の工事は，その目的を達成するために必要な最小限度のものでなければならない。

【特例容積率の限度の指定の申請等】

第10条の4の10　法第57条の2第1項の指定（以下この条において「指定」という。）の申請をしようとする者は，別記第49号の3様式による申請書の正本及び副本に，それぞれ，次に掲げる図書又は書面を添えて，特定行政庁に提出するものとする。

　一　指定の申請に係る敷地（以下この条において「申請敷地」という。）ごとに次に掲げる図書

図面の種類	明　示　す　べ　き　事　項
附近見取図	方位，道路及び目標となる地物
配　置　図	縮尺，方位，敷地境界線並びに敷地の接する道路の位置及び幅員

　二　申請敷地ごとに別記第49号の4様式による計画書

　三　指定の申請をしようとする者以外に申請敷地について令第135条の23に規定する利害関係を有する者がある場合においては，これらの者の同意を得たことを証する書面

　四　前3号に定めるもののほか，特定行政庁が規則で定めるもの

2　特定行政庁は，指定をしたときは，別記第49号の5様式による通知書に，前項の申請書の副本及びその添付図書を添えて，申請者に通知するものとする。

3　特定行政庁は，指定をしないときは，別記第49号の6様式による通知書に，第1項の申請書の副本及びその添付図書を添えて，申請者に通知するものとする。

【特例容積率の限度の指定に関する公告事項等】

第10条の4の11　法第57条の2第4項の国土交通省令で定める公告事項は，公告に係る特例容積率の限度等を縦覧に供する場所とする。

2　法第52条の2第4項の国土交通省令で定める縦覧事項は，前条第1項第二号の計画書に記載すべき事項とする。

【特例容積率の限度の指定に係る公告の方法】

第10条の4の12　法第57条の2第4項の規定による公告は，公報への掲載その他特定行政庁が定める方法により行うものとする。

【指定の取消しの申請等】

第10条の4の13　法第57条の3第2項の指定の取消し（以下この条において「取消し」という。）の申請をしようとする者は，別記第49号の7様式による申請書の正本及び副本に，それぞれ，次に掲げる図書又は書面を添えて，特定行政庁に提出するものとする。

　一　取消しの申請に係る敷地（以下「取消対象敷地」という。）ごとに，次の表に掲げる図書

図面の種類	明　示　す　べ　き　事　項
配　置　図	縮尺，方位，敷地境界線並びに敷地の接する道路の位置及び幅員

　二　取消対象敷地について所有権及び借地権（法第57条の2第1項に規定する借地権をいう。以下同じ。）を有する者全員の合意を証する書面及び令第135条の24に規定する利害関係を有する者の同意を得たことを証する書面

三　前2号に定めるもののほか，特定行政庁が規則で定めるもの

2　特定行政庁は，取消しをしたときは，別記第49号の8様式による通知書に，前項の申請書の副本及びその添付図書を添えて，申請者に通知するものとする。

3　特定行政庁は，取消しをしないときは，別記第50号様式による通知書に，第1項の申請書の副本及びその添付図書を添えて，申請者に通知するものとする。

【指定の取消しに係る公告の方法】

第10条の4の14　第10条の4の12の規定は，法第57条の3第3項の規定による公告について準用する。

【高度地区内における建築物の高さの制限の緩和を受ける構造上やむを得ない建築物】

第10条の4の15　法第58条第2項の国土交通省令で定める建築物は，第10条の4の9第1項各号に掲げる工事を行う建築物で当該工事によりその高さが法第58条第1項の都市計画において定められた最高限度を超えるものとする。

2　前項の工事は，その目的を達成するために必要な最小限度のものでなければならない。

第10条の5　削除

【型式適合認定の申請】

第10条の5の2　法第68条の10第1項（法第88条第1項において準用する場合を含む。）の規定による認定（以下「型式適合認定」という。）のうち，令第136条の2の11第一号に規定する建築物の部分に係るものの申請をしようとする者は，別記第50号の2様式による型式適合認定申請書（以下単に「型式適合認定申請書」という。）に次に掲げる図書を添えて，これを国土交通大臣又は指定認定機関（以下「指定認定機関等」という。）に提出するものとする。

一　建築物の部分の概要を記載した図書

二　建築物の部分の平面図，立面図，断面図及び構造詳細図

三　建築物の部分に関し，令第3章第8節の構造計算をしたものにあっては当該構造計算書，令第108条の3第1項第一号若しくは第4項，令第128条の6第1項，令第129条第1項又は令第129条の2第1項の規定による検証をしたものにあっては当該検証の計算書

四　建築物の部分に関し，法第68条の25第1項（法第88条第1項において準用する場合を含む。）の規定による構造方法等の認定（以下「構造方法等の認定」という。）又は法第38条（法第66条，法第67条の2及び法第88条第1項において準用する場合を含む。）の規定による認定（以下「特殊構造方法等認定」という。）を受けた場合にあっては，当該認定書の写し

五　前各号に掲げるもののほか，建築物の部分が令第136条の2の11第一号に掲げる一連の規定に適合することについて審査をするために必要な事項を記載した図書

2　型式適合認定のうち令第136条の2の11第二号の表の建築物の部分の欄の各項に掲げるものに係るものの申請をしようとする者は，型式適合認定申請書に次に掲げる図書を添えて，指定認定機関等に提出するものとする。

一　前項各号（第三号を除く。）に掲げる図書

二　当該建築物の部分に係る一連の規定に基づき検証をしたものにあっては，当該検証の計算書

3　型式適合認定のうち令第144条の2の表の工作物の部分の欄の各項に掲げるものに係るものの申請をしようとする者は，型式適合認定申請書に次に掲げる図書を添えて，指定認定機関等に提出するものとする。

一　第1項各号（第三号を除く。）に掲げる図書

二　当該工作物の部分に係る一連の規定に基づき構造計算又は検証をしたものにあって

は，当該構造計算書又は当該検証の計算書

【型式適合認定に係る認定書の通知等】

第10条の5の3　指定認定機関等は，型式適合認定をしたときは，別記第50号の3様式による型式適合認定書（以下単に「型式適合認定書」という。）をもって申請者に通知するとともに，次に掲げる事項を公示するものとする。

一　認定を受けた者の氏名又は名称

二　認定を受けた型式に係る建築物の部分又は工作物の部分の種類

三　認定番号

四　認定年月日

2　指定認定機関等は，型式適合認定をしないときは，別記第50号の4様式による通知書をもって申請者に通知するものとする。

【型式部材等】

第10条の5の4　法第68条の11第1項（法第88条第1項において準用する場合を含む。以下同じ。）の国土交通省令で定める型式部材等は，次に掲げるものとする。

一　令第136条の2の11第一号に規定する門，塀，改良便槽，屎尿浄化槽及び合併処理浄化槽並びに給水タンク及び貯水タンクその他これらに類するもの（屋上又は屋内にあるものを除く。）以外の建築物の部分（次号において「建築物の部分」という。）で，当該建築物の部分（建築設備を除く。以下この号において同じ。）に用いられる材料の種類，形状，寸法及び品質並びに構造方法が標準化されており，かつ，当該建築物の部分の工場において製造される部分の工程の合計がすべての製造及び施工の工程の2/3以上であるもの

二　建築物の部分で，当該建築物の部分に用いられる材料の種類，形状，寸法及び品質並びに構造方法が標準化されており，かつ，当該建築物の部分の工場において製造される部分の工程の合計がすべての製造及び施工の工程の2/3以上であるもの（前号に掲げるものを除く。）。

三　令第136条の2の11第二号の表の各項に掲げる建築物の部分又は令第144条の2の表の各項に掲げる工作物の部分で，当該建築物の部分又は工作物の部分に用いられる材料の種類，形状，寸法及び品質並びに構造方法が標準化されており，かつ，据付工事に係る工程以外の工程が工場において行われるもの。

【型式部材等製造者の認証の申請】

第10条の5の5　法第68条の11第1項又は法第68条の22第1項（法第88条第1項において準用する場合を含む。以下同じ。）の規定による認証（以下「型式部材等製造者の認証」という。）の申請をしようとする者は，別記第50号の5様式による型式部材等製造者認証申請書に製造をする型式部材等に係る型式適合認定書の写しを添えて，指定認定機関等に提出するものとする。

【型式部材等製造者認証申請書の記載事項】

第10条の5の6　法第68条の11第2項（法第68条の22第2項（法第88条第1項において準用する場合を含む。以下同じ。）及び法第88条第1項において準用する場合を含む。）の国土交通省令で定める申請書に記載すべき事項は，次に掲げるものとする。

一　認証を申請しようとする者の氏名又は名称及び住所又は主たる事務所の所在地

二　型式部材等の種類

三　型式部材等に係る型式適合認定の認定番号及び適合する一連の規定の別

四　工場その他の事業場（以下「工場等」という。）の名称及び所在地

五　技術的生産条件に関する事項

2　前項第五号の事項には，法第68条の13第二号（法第68条の22第2項及び法第88条第1項において準用する場合を含む。第10条の5の9において同じ。）の技術的基準に適合していることを証するものとして，次に掲げる事項（第10条の5の4第三号に掲げる型式部材等に係る申請書にあっては，第二号ヲに掲げるものを除く。）を記載するものとする。

一　申請に係る工場等に関する事項

イ　沿革

ロ　経営指針（品質管理に関する事項を含むものとする。）

ハ　配置図

ニ　従業員数

ホ　組織図（全社的なものを含み，かつ，品質管理推進責任者の位置付けを明確にすること。）

ヘ　就業者に対する教育訓練等の概要

二　申請に係る型式部材等の生産に関する事項

イ　当該型式部材等又はそれと類似のものに関する製造経歴

ロ　生産設備能力及び今後の生産計画

ハ　社内規格一覧表

ニ　製品の品質特性及び品質管理の概要（保管に関するものを含む。）

ホ　主要資材の名称，製造業者の氏名又は名称及び品質並びに品質確保の方法（保管に関するものを含む。）の概要

ヘ　製造工程の概要図

ト　工程中における品質管理の概要

チ　主要製造設備及びその管理の概要

リ　主要検査設備及びその管理の概要

ヌ　外注状況及び外注管理（製造若しくは検査又は設備の管理の一部を外部に行わせている場合における当該発注に係る管理をいう。以下同じ。）の概要

ル　苦情処理の概要

ヲ　監査の対象，監査の時期，監査事項その他監査の実施の概要

三　申請に係る型式部材等に法第68条の19第1項（法第68条の22第2項及び法第88条第1項において準用する場合を含む。第10条の5の15において同じ。）の特別な表示を付する場合にあっては，その表示方式に関する事項

四　申請に係る型式部材等に係る品質管理推進責任者に関する事項

イ　氏名及び職名

ロ　申請に係る型式部材等の製造に必要な技術に関する実務経験

ハ　品質管理に関する実務経験及び専門知識の修得状況

3　前項の規定にかかわらず，製造設備，検査設備，検査方法，品質管理方法その他品質保持に必要な技術的生産条件が，日本産業規格Q9001の規定に適合していることを証する書面を添付する場合にあっては，前項第一号ロ及びへに掲げる事項を記載することを要しない。

【認証書の通知等】

第10条の5の7　指定認定機関等は，型式部材等製造者の認証をしたときは，別記第50号の6様式による型式部材等製造者認証書をもって申請者に通知するとともに，次に掲げる事項を公示するものとする。

一　認証を受けた者の氏名又は名称

二　型式部材等の種類

　三　認証番号

　四　認証年月日

2　指定認定機関等は，型式部材等製造者の認証をしないときは，別記第50号の7様式による通知書をもって，申請者に通知するものとする。

【型式適合認定を受けることが必要な型式部材等の型式】

第10条の5の8　法第68条の13第一号（法第68条の22第2項及び法第88条第1項において準用する場合を含む。）の国土交通省令で定める型式部材等の型式は，第10条の5の4各号に掲げる建築物の部分又は工作物の部分の型式とする。

【品質保持に必要な生産条件】

第10条の5の9　法第68条の13第二号の国土交通省令で定める技術的基準は，次のとおりとする。

　一　別表第1の(い)欄に掲げる型式部材等の区分に応じ，それぞれ同表の(ろ)欄に掲げる製造設備を用いて製造されていること。

　二　別表第1の(い)欄に掲げる型式部材等の区分に応じ，それぞれ同表の(は)欄に掲げる検査が同表の(に)欄に掲げる検査設備を用いて適切に行われていること。

　三　製造設備が製造される型式部材等の品質及び性能を確保するために必要な精度及び性能を有していること。

　四　検査設備が検査を行うために必要な精度及び性能を有していること。

　五　次に掲げる方法（第10条の5の4第三号に掲げる型式部材等にあっては，イ（(1)(vii)に係るものに限る。），ト及びチ（監査に関する記録に係るものに限る。）に掲げるものを除く。）により品質管理が行われていること。

　　イ　社内規格が次のとおり適切に整備されていること。

　　　(1)　次に掲げる事項について社内規格が具体的かつ体系的に整備されていること。

　　　　(i)　製品の品質，検査及び保管に関する事項

　　　　(ii)　資材の品質，検査及び保管に関する事項

　　　　(iii)　工程ごとの管理項目及びその管理方法，品質特性及びその検査方法並びに作業方法に関する事項

　　　　(iv)　製造設備及び検査設備の管理に関する事項

　　　　(v)　外注管理に関する事項

　　　　(vi)　苦情処理に関する事項

　　　　(vii)　監査に関する事項

　　　(2)　社内規格が適切に見直されており，かつ，就業者に十分周知されていること。

　　ロ　製品及び資材の検査及び保管が社内規格に基づいて適切に行われていること。

　　ハ　工程の管理が次のとおり適切に行われていること。

　　　(1)　製造及び検査が工程ごとに社内規格に基づいて適切に行われているとともに，作業記録，検査記録又は管理図を用いる等必要な方法によりこれらの工程が適切に管理されていること。

　　　(2)　工程において発生した不良品又は不合格ロットの処置，工程に生じた異常に対する処置及び再発防止対策が適切に行われていること。

　　　(3)　作業の条件及び環境が適切に維持されていること。

　　ニ　製造設備及び検査設備について，点検，検査，校正，保守等が社内規格に基づいて適切に行われており，これらの設備の精度及び性能が適正に維持されていること。

　　ホ　外注管理が社内規格に基づいて適切に行われていること。

　　ヘ　苦情処理が社内規格に基づいて適切に行われているとともに，苦情の要因となった

事項の改善が図られていること。

　ト　監査が社内規格に基づいて適切に行われていること。

　チ　製品の管理，資材の管理，工程の管理，設備の管理，外注管理，苦情処理，監査等
　　に関する記録が必要な期間保存されており，かつ，品質管理の推進に有効に活用され
　　ていること。

六　その他品質保持に必要な技術的生産条件を次のとおり満たしていること。

　イ　次に掲げる方法により品質管理の組織的な運営が図られていること。

　　⑴　品質管理の推進が工場等の経営指針として確立されており，品質管理が計画的に
　　　実施されていること。

　　⑵　工場等における品質管理を適切に行うため，各組織の責任及び権限が明確に定め
　　　られているとともに，品質管理推進責任者を中心として各組織間の有機的な連携が
　　　とられており，かつ，品質管理を推進する上での問題点が把握され，その解決のた
　　　めに適切な措置がとられていること。

　　⑶　工場等における品質管理を推進するために必要な教育訓練が就業者に対して計画
　　　的に行われており，また，工程の一部を外部の者に行わせている場合においては，
　　　その者に対し品質管理の推進に係る技術的指導が適切に行われていること。

　ロ　工場等において，品質管理推進責任者を選任し，次に掲げる職務を行わせているこ
　　と。

　　⑴　品質管理に関する計画の立案及び推進

　　⑵　社内規格の制定，改正等についての統括

　　⑶　製品の品質水準の評価

　　⑷　各工程における品質管理の実施に関する指導及び助言並びに部門間の調整

　　⑸　工程に生じた異常，苦情等に関する処置及びその対策に関する指導及び助言

　　⑹　就業者に対する品質管理に関する教育訓練の推進

　　⑺　外注管理に関する指導及び助言

2　前項の規定にかかわらず，製品の品質保証の確保及び国際取引の円滑化に資すると認め
　られる場合は，次に定める基準によることができる。

　一　製造設備，検査設備，検査方法，品質管理方法その他品質保持に必要な技術的生産条
　　件が，日本産業規格Ｑ9001の規定に適合していること。

　二　前項第一号から第四号まで及び第六号ロの基準に適合していること。

　三　製造をする型式部材等の型式に従って社内規格が具体的かつ体系的に整備されてお
　　り，かつ，製品について型式に適合することの検査及び保管が，社内規格に基づいて適
　　切に行われていること。

【届出を要しない軽微な変更】

第10条の5の10　法第68条の16（法第68条の22第2項及び法第88条第1項において準用する
　場合を含む。次条において同じ。）の国土交通省令で定める軽微な変更は，第10条の5の
　6第2項第一号イ及びニに掲げる事項とする。

【認証型式部材等製造者等に係る変更の届出】

第10条の5の11　認証型式部材等製造者（法第68条の11第1項の認証を受けた者をいう。以
　下同じ。）又は認証外国型式部材等製造者（法第68条の22第2項に規定する認証外国型式
　部材等製造者をいう。第10条の5の13において同じ。）（以下これらを総称して「認証型式
　部材等製造者等」という。）は，法第68条の16の規定により第10条の5の6第1項及び第
　2項に掲げる事項に変更（型式部材等の種類の変更，工場等の移転による所在地の変更そ
　の他の当該認証の効力が失われることとなる変更及び前条に規定する変更を除く。）があっ

たときは，別記第50号の8様式による認証型式部材等製造者等変更届出書を国土交通大臣に提出しなければならない。

【認証型式部材等製造者等に係る製造の廃止の届出】

第10条の5の12　認証型式部材等製造者等は，法第68条の17第1項（法第68条の22第2項及び法第88条第1項において準用する場合を含む。）の規定により当該認証に係る型式部材等の製造の事業を廃止しようとするときは，別記第50号の9様式による製造事業廃止届出書を国土交通大臣に提出しなければならない。

【型式適合義務が免除される場合】

第10条の5の13　法第68条の18第1項（法第68条の22第2項及び法第88条第1項において準用する場合を含む。）の国土交通省令で定める場合は，次に掲げるものとする。

一　輸出（認証外国型式部材等製造者にあっては，本邦への輸出を除く。）のため当該型式部材等の製造をする場合

二　試験的に当該型式部材等の製造をする場合

三　建築物並びに法第88条第1項及び第2項に掲げる工作物以外の工作物に設けるため当該型式部材等の製造をする場合

【検査方法等】

第10条の5の14　法第68条の18第2項（法第68条の22第2項及び法第88条第1項において準用する場合を含む。）の国土交通省令で定める検査並びにその検査記録の作成及び保存は，次に掲げるところにより行うものとする。

一　別表第1の(い)欄に掲げる型式部材等の区分に応じ，それぞれ同表の(は)欄に掲げる検査設備を用いて同表の(ろ)欄に掲げる検査を行うこと。

二　製造される型式部材等が法第68条の13（法第68条の22第2項及び法第88条第1項において準用する場合を含む。）に掲げる基準に適合することを確認できる検査手順書を作成し，それを確実に履行すること。

三　検査手順書に定めるすべての事項を終了し，製造される型式部材等がその認証に係る型式に適合することを確認するまで型式部材等を出荷しないこと。

四　認証型式部材等（認証型式部材等製造者等が製造をするその認証に係る型式部材等をいう。）ごとに次に掲げる事項を記載した検査記録簿を作成すること。

イ　検査を行った型式部材等の概要

ロ　検査を行った年月日及び場所

ハ　検査を実施した者の氏名

ニ　検査を行った型式部材等の数量

ホ　検査の方法

ヘ　検査の結果

五　前号の検査記録簿（次項の規定による記録が行われた同項のファイル又は磁気ディスク等を含む。）は，該当型式部材等の製造をした工場等の所在地において，記載の日から起算して5年以上保存すること。

2　前項第四号に掲げる事項が，電子計算機に備えられたファイル又は磁気ディスク等に記録され，必要に応じ電子計算機その他の機器を用いて明確に紙面に表示されるときは，当該記録をもって同号の検査記録簿に代えることができる。

【特別な表示】

第10条の5の15　法第68条の19第1項の国土交通省令で定める方式による特別な表示は，別記第50号の10様式に定める表示とし，認証型式部材等製造者等がその認証に係る型式部材等の見やすい箇所に付するものとする。

【認証型式部材等に関する検査の特例】

第10条の5の16　法第68条の20第2項（法第68条の22第2項及び法第88条第1項において準用する場合を含む。）の確認は，次の各号に掲げる区分に応じ，それぞれ当該各号に定めるところにより行うものとする。

　一　法第7条第4項，法第7条の3第4項又は法第18条第17項若しくは第20項の規定による検査　　第4条第1項又は第4条の8第1項の申請書並びにその添付図書及び添付書類を審査し，必要に応じ，法第12条第5項の規定による報告を求める。

　二　法第7条の2第1項又は法第7条の4第1項の規定による検査　　第4条の4の2において準用する第4条第1項第一号に規定する図書及び同項第二号に規定する写真並びに第4条の11の2において準用する第4条の8第1項第一号に規定する図書及び同項第二号に規定する写真を審査し，特に必要があるときは，法第77条の32第1項の規定により照会する。

【認証の取消しに係る公示】

第10条の5の17　国土交通大臣は，法第68条の21第1項及び第2項並びに法第68条の23第1項及び第2項の規定により認証を取り消したときは，次に掲げる事項を公示しなければならない。

　一　認証を取り消した型式部材等製造者の氏名又は名称

　二　認証の取消しに係る型式部材等の種類

　三　認証番号

　四　認証を取り消した年月日

【旅費の額】

第10条の5の18　令第136条の2の13の旅費の額に相当する額（以下「旅費相当額」という。）は，国家公務員等の旅費に関する法律（昭和25年法律第114号。以下「旅費法」という。）の規定により支給すべきこととなる旅費の額とする。この場合において，当該検査又は試験のためその地に出張する職員は，一般職の職員の給与等に関する法律（昭和25年法律第95号）第6条第1項第一号イに規定する行政職俸給表㈠による職務の級が6級である者であるものとしてその旅費の額を計算するものとする。

【在勤官署の所在地】

第10条の5の19　旅費相当額を計算する場合において，当該検査又は試験のためその地に出張する職員の旅費法第2条第1項第六号の在勤官署の所在地は，東京都千代田区霞が関2丁目1番3号とする。

【旅費の額の計算に係る細目】

第10条の5の20　旅費法第6条第1項の支度料は，旅費相当額に算入しない。

2　検査又は試験を実施する日数は，当該検査又は試験に係る工場等ごとに3日として旅費相当額を計算する。

3　旅費法第6条第1項の旅行雑費は，10,000円として旅費相当額を計算する。

4　国土交通大臣が，旅費法第46条第1項の規定により，実費を超えることとなる部分又は必要としない部分の旅費を支給しないときは，当該部分に相当する額は，旅費相当額に算入しない。

【構造方法等の認定の申請】

第10条の5の21　構造方法等の認定の申請をしようとする者は，別記第50号の11様式による申請書に次に掲げる図書を添えて，国土交通大臣に提出するものとする。

　一　構造方法，建築材料又はプログラム（以下「構造方法等」という。）の概要を記載した図書

二　平面図，立面図，断面図及び構造詳細図

三　前2号に掲げるもののほか，構造計算書，実験の結果，検査の方法その他の構造方法等を評価するために必要な事項を記載した図書

2　国土交通大臣は，前項各号に掲げる図書のみでは評価が困難と認める場合にあっては，当該構造方法等の実物又は試験体その他これらに類するもの（次項及び第11条の2の3第2項第一号において「実物等」という。）の提出を求めることができる。

3　前2項の規定にかかわらず，法第77条の56第2項に規定する指定性能評価機関（以下単に「指定性能評価機関」という。）又は法第77条の57第2項に規定する承認性能評価機関（以下単に「承認性能評価機関」という。）が作成した当該申請に係る構造方法等の性能に関する評価書を第1項の申請書に添える場合にあっては，同項各号に掲げる図書及び実物等を添えることを要しない。

【構造方法等の認定書の通知等】

第10条の5の22　国土交通大臣は，構造方法等の認定をしたときは，別記第50号の12様式による認定書をもって申請者に通知するとともに，次に掲げる事項を記載した帳簿を作成し，一般の閲覧に供するものとする。

一　認定を受けた者の氏名又は名称及び住所

二　認定を受けた構造方法等の名称

三　認定番号

四　認定年月日

五　認定に係る性能評価を行った指定性能評価機関又は承認性能評価機関の名称（国土交通大臣が性能評価を行った場合にあっては，その旨）

2　国土交通大臣は，構造方法等の認定をしないときは，別記第50号の13様式による通知書をもって申請者に通知するものとする。

【特殊構造方法等認定の申請】

第10条の5の23　特殊構造方法等認定の申請をしようとする者は，別記第50号の14様式による申請書に次に掲げる図書を添えて，国土交通大臣に提出するものとする。

一　構造方法又は建築材料の概要を記載した図書

二　平面図，立面図，断面図及び構造詳細図

三　前2号に掲げるもののほか，構造計算書，実験の結果，検査の方法その他の構造方法又は建築材料が法第2章，法第3章第5節並びに法第67条第1項及び第2項の規定並びにこれらに基づく命令の規定に適合するものと同等以上の効力があるかどうかを審査するために必要な事項を記載した図書

2　国土交通大臣は，前項各号に掲げる図書のみでは前項第三号の規定による審査が困難と認める場合にあっては，当該構造方法又は建築材料の実物又は試験体その他これらに類するものの提出を求めることができる。

【特殊構造方法等認定書の通知等】

第10条の5の24　国土交通大臣は，特殊構造方法等認定をしたときは，別記第50号の15様式による認定書をもって申請者に通知するとともに，次に掲げる事項を記載した帳簿を作成し，一般の閲覧に供するものとする。

一　認定を受けた者の氏名又は名称及び住所

二　認定を受けた構造方法又は建築材料の名称及び内容

三　認定番号

四　認定年月日

2　国土交通大臣は，特殊構造方法等認定をしないときは，別記第50号の16様式による通知

書をもって申請者に通知するものとする。

【建築協定区域隣接地に関する基準】

第10条の6　法第73条第1項第三号の国土交通省令で定める基準は，次に掲げるものとする。

一　建築協定区域隣接地の区域は，その境界が明確に定められていなければならない。

二　建築協定区域隣接地の区域は，建築協定区域との一体性を有する土地の区域でなければならない。

【建築基準適合判定資格者の登録の申請】

第10条の7　法第77条の58第1項の規定によって建築基準適合判定資格者の登録を受けようとする者は，別記第51号様式による登録申請書に，本籍の記載のある住民票の写しその他参考となる事項を記載した書類を添え，これを国土交通大臣に提出しなければならない。

【登　録】

第10条の8　国土交通大臣は，前条の規定による申請があった場合においては，登録申請書の記載事項を審査し，申請者が建築基準適合判定資格者となる資格を有すると認めたときは，法第77条の58第2項の建築基準適合判定資格者登録簿（以下「登録簿」という。）に登録し，かつ，申請者に別記第52号様式による建築基準適合判定資格者登録証（以下「登録証」という。）を交付する。

2　国土交通大臣は，前項の場合において，申請者が建築基準適合判定資格者となる資格を有しないと認めたときは，理由を付し，登録申請書を，申請者に返却する。

【登録事項】

第10条の9　法第77条の58第2項に規定する国土交通省令で定める事項は，次のとおりとする。

一　登録番号及び登録年月日

二　本籍地の都道府県名（日本の国籍を有しない者にあっては，その者の有する国籍名。第10条の10及び第10条の15の5第二号において同じ。），氏名，生年月日，住所及び性別

三　建築基準適合判定資格者検定の合格の年月及び合格通知番号又は建築主事の資格検定の合格の年月及び合格証書番号

四　勤務先の名称及び所在地

五　法第77条の62第1項に規定する登録の消除及び同条第2項の規定による禁止又は登録の消除の処分を受けた場合においては，その旨及びその年月日

【心身の故障により確認検査の業務を適正に行うことができない者】

第10条の9の2　法第77条の59の2の国土交通省令で定める者は，精神の機能の障害により確認検査の業務を適正に行うに当たって必要な認知，判断及び意思疎通を適切に行うことができない者とする。

【治療等の考慮】

第10条の9の3　国土交通大臣は，建築基準適合判定資格者の登録を申請した者が前条に規定する者に該当すると認める場合において，当該者に建築基準適合判定資格者の登録を行うかどうかを決定するときは，当該者が現に受けている治療等により障害の程度が軽減している状況を考慮しなければならない。

【変更の登録】

第10条の10　法第77条の60に規定する国土交通省令で定める事項は，次のとおりとする。

一　本籍地の都道府県名，氏名及び住所

二　勤務先の名称及び所在地

2　法第77条の60の規定によって登録の変更を申請しようとする者は，その変更を生じた日

から30日以内に，別記第53号様式による変更登録申請書に，登録証及び本籍地の都道府県名の変更を申請する場合にあっては戸籍謄本若しくは戸籍抄本又は本籍の記載のある住民票の写しを，氏名の変更を申請する場合にあっては戸籍謄本又は戸籍抄本を添え，これを国土交通大臣に提出しなければならない。

3　国土交通大臣は，法第77条の60の規定による申請があった場合においては，登録簿を訂正し，かつ，本籍地の都道府県名又は氏名の変更に係る申請にあっては登録証を書き換えて，申請者に交付する。

【登録証の再交付】

第10条の11　建築基準適合判定資格者は，登録証を汚損し，又は失った場合においては，遅滞なく，別記第54号様式による登録証再交付申請書に，汚損した場合にあってはその登録証を添え，これを国土交通大臣に提出しなければならない。

2　国土交通大臣は，前項の規定による申請があった場合においては，申請者に登録証を再交付する。

3　建築基準適合判定資格者は，第1項の規定によって登録証の再交付を申請した後，失った登録証を発見した場合においては，発見した日から10日以内に，これを国土交通大臣に返納しなければならない。

【心身の故障により確認検査の業務を適正に行うことができない場合】

第10条の11の2　法第77条の61第三号の国土交通省令で定める場合は，建築基準適合判定資格者が精神の機能の障害を有することにより認知，判断及び意思疎通を適切に行うことができない状態となった場合とする。

【死亡等の届出】

第10条の12　法第77条の61の規定により，次の各号に掲げる者は，それぞれ当該各号に定める様式に，第一号の場合においては登録証及び戸籍謄本又は戸籍抄本を，第二号から第四号までの場合においては登録証を，第五号の場合においては病名，障害の程度，病因，病後の経過，治癒の見込みその他参考となる所見を記載した医師の診断書を添え，これを届け出なければならない。

一　法第77条の61第一号の相続人　　別記第55号様式

二　法第77条の61第二号の建築基準適合判定資格者本人のうち法第77条の59第二号に該当するもの　　別記第56号様式

三　法第77条の61第二号の建築基準適合判定資格者本人のうち法第77条の59第五号に該当するもの　　別記第57号様式

四　法第77条の61第二号の建築基準適合判定資格者本人のうち法第77条の59第六号に該当するもの　　別記第58号様式

五　法第77条の61第三号の建築基準適合判定資格者本人又はその法定代理人若しくは同居の親族　　別記第59号様式

【登録の消除の申請及び登録証の返納】

第10条の13　建築基準適合判定資格者は，登録の消除を申請する場合においては，別記第60号様式による登録消除申請書に，登録証を添え，これを国土交通大臣に提出しなければならない。

2　建築基準適合判定資格者が法第77条の62第1項（第一号及び第二号に係る部分を除く。）又は第2項の規定によって登録を消除された場合においては，当該建築基準適合判定資格者（法第77条の61第一号に該当する事実が判明したときにあっては相続人，同条（第三号に係る部分に限る。）の規定による届出があったとき及び同条第三号に該当する事実が判明したときにあっては当該建築基準適合判定資格者又はその法定代理人若しくは同居の親

族）は，消除の通知を受けた日から10日以内に，登録証を国土交通大臣に返納しなければならない。

【登録の消除】

第10条の14　国土交通大臣は，登録を消除した場合においては，その登録簿に消除の事由及びその年月日を記載する。

2　国土交通大臣は，前項の規定によって登録を消除した名簿を，消除した日から5年間保存する。

【登録証の領置】

第10条の15　国土交通大臣は，法第77条の62第2項の規定によって建築基準適合判定資格者に業務を行うことを禁止した場合においては，当該建築基準適合判定資格者に対して，登録証の提出を求め，かつ，処分期間満了までこれを領置することができる。

【処分の公告】

第10条の15の2　法第77条の62第3項の規定による公告は，次に掲げる事項について，官報で行うものとする。

一　処分をした年月日

二　処分を受けた建築基準適合判定資格者の氏名及び登録番号

三　処分の内容

四　処分の原因となった事実

【構造計算適合判定資格者の登録を受けることができる者】

第10条の15の3　法第77条の66第1項の国土交通省令で定める者は，次の各号のいずれかに該当する者とする。

一　学校教育法に基づく大学又はこれに相当する外国の学校において建築物の構造に関する科目を担当する教授若しくは准教授の職にあり，又はあった者

二　建築物の構造に関する分野の試験研究機関において試験研究の業務に従事し，又は従事した経験を有する者で，かつ，当該分野について高度の専門的知識を有する者

三　国土交通大臣が前2号に掲げる者と同等以上の知識及び経験を有すると認める者

【構造計算適合判定資格者の登録の申請】

第10条の15の4　法第77条の66第1項の規定によって構造計算適合判定資格者の登録を受けようとする者は，別記第60号の2様式による登録申請書を国土交通大臣に提出しなければならない。

2　前項の登録申請書には，次に掲げる書類を添付しなければならない。

一　本籍の記載のある住民票の写し

二　前条第一号若しくは第二号に該当する者であることを証する書類又は同条第三号の規定による認定を受けた者であることを証する書類

三　その他参考となる事項を記載した書類

【登録事項】

第10条の15の5　法第77条の66第2項において準用する法第77条の58第2項に規定する国土交通省令で定める事項は，次のとおりとする。

一　登録番号及び登録年月日

二　本籍地の都道府県名，氏名，生年月日，住所及び性別

三　構造計算適合判定資格者検定に合格した者である場合においては，合格の年月及び合格通知番号

四　第10条の15の3第一号又は第二号に該当する者である場合においては，その旨

五　第10条の15の3第三号の規定による認定を受けた者である場合においては，当該認定

の内容及び年月日

六　勤務先の名称及び所在地

七　法第77条の66第2項において読み替えて準用する法第77条の62第1項に規定する登録の消除及び法第77条の66第2項において読み替えて準用する法第77条の62第2項の規定による禁止又は登録の消除の処分を受けた場合においては，その旨及びその年月日

【準　用】

第10条の15の6　第10条の8，第10条の9の2から第10条の15の2までの規定は，構造計算適合判定資格者の登録及びその変更について準用する。この場合において，次の表の左欄に掲げる規定中同表の中欄に掲げる字句は，それぞれ同表の右欄に掲げる字句に読み替えるものとする。

第10条の8第1項	前条	第10条の15の4
	別記第52号様式	別記第60号の3様式
第10条の9の2	確認検査	構造計算適合性判定
第10条の10第2項	別記第53号様式	別記第60号の4様式
第10条の11第1項	別記第54号様式	別記第60号の5様式
第10条の11の2	確認検査	構造計算適合性判定
第10条の12第一号	別記第55号様式	別記第60号の6様式
第10条の12第二号	別記第56号様式	別記第60号の7様式
第10条の12第三号	別記第57号様式	別記第60号の8様式
第10条の12第四号	別記第58号様式	別記第60号の9様式
第10条の12第五号	別記第59号様式	別記第60号の10様式
第10条の13第1項	別記第60号様式	別記第60号の11様式

第10条の15の7　法第83条の国土交通省令で定める基準は，次に掲げるものとする。

一　委員の任期は，2年とすること。ただし，補欠の委員の任期は，前任者の残任期間とすること。

二　委員は，再任されることができること。

三　委員は，任期が満了した場合においては，後任の委員が任命されるまでその職務を行うこと。

【公益上特に必要な用途】

第10条の15の8　法第85条第8項及び第87条の3第8項の国土交通省令で定める用途は，次の各号に掲げる用途とする。

一　官公署

二　病院又は診療所

三　学校

四　児童福祉施設等（令第19条第1項に規定する児童福祉施設等をいう。）

五　災害救助法（昭和22年法律第118号）に基づき地方公共団体が被災者に供与する応急仮設住宅

六　前各号に掲げるもののほか，被災者の日常生活上の必要性の程度においてこれらに類する用途

【一の敷地とみなすこと等による制限の緩和に係る認定又は許可の申請等】

第10条の16　法第86条第１項又は第２項の規定による認定の申請をする者は，別記第61号様式による申請書の正本及び副本に，同条第３項又は第４項の規定による許可の申請をする者は，別記第61号の２様式による申請書の正本及び副本に，それぞれ，次に掲げる図書又は書面を添えて，特定行政庁に提出するものとする。

一　次の表の(い)項に掲げる図書及び法第52条第８項の規定の適用によりその容積率が同項の規定の適用がないとした場合における同条第１項及び第７項の規定による限度を超えるものである建築物については同表の(ろ)項に掲げる図書，同条第９項の規定の適用によりその容積率が同項の規定の適用がないとした場合における同条第１項，第２項及び第７項の規定による限度を超えるものである建築物については同表の(は)項に掲げる図書，法第56条第７項の規定の適用により同項第一号に掲げる規定が適用されない建築物については同表の(に)項に掲げる図書，同条第７項の規定の適用により同項第二号に掲げる規定が適用されない建築物については同表の(ほ)項に掲げる図書，同条第７項の規定の適用により同項第三号に掲げる規定が適用されない建築物については同表の(へ)項に掲げる図書，法第56条の２第１項の規定により日影による高さの制限を受ける建築物については同表の(と)項に掲げる図書。ただし，同表の(い)項に掲げる付近見取図，配置図又は各階平面図は，同表の(ろ)項若しくは(は)項に掲げる図書，同表の(に)項に掲げる道路高さ制限適合建築物の配置図，同表の(ほ)項に掲げる隣地高さ制限適合建築物の配置図，同表の(へ)項に掲げる北側高さ制限適合建築物の配置図又は同表の(と)項に掲げる日影図と，同表の(い)項に掲げる２面以上の立面図又は断面図は，同表の(に)項に掲げる道路高さ制限適合建築物の２面以上の立面図，同表の(ほ)項に掲げる隣地高さ制限適合建築物の２面以上の立面図又は同表の(へ)項に掲げる北側高さ制限適合建築物の２面以上の立面図と，それぞれ併せて作成することができる。

	図書の種類	明示すべき事項
(い)	付近見取図	方位，道路及び目標となる地物
		法第86条第１項若しくは第２項又は法第86条の２第１項の規定による認定の申請に係る土地の区域（以下「申請区域」という。）
	配置図	縮尺及び方位
		申請区域の境界線
		申請区域内の建築物の敷地境界線，用途，延べ面積，位置及び構造並びに申請に係る建築物と申請区域内の他の建築物との別（法第86条第１項又は第３項の規定による認定又は許可（一の建築物の建築等に係るものに限る。）の申請をする場合を除く。）
		申請区域内の建築物に附属する自動車車庫の用途に供する工作物の築造面積及び位置
		土地の高低
		申請区域内の建築物の各部分の高さ
		申請区域の接する道路の位置，幅員及び種類
		申請区域内に設ける通路の位置，延長及び幅員
	各階平面図	縮尺及び方位
		外壁の開口部の位置及び構造

		申請区域内の建築物が一の敷地内にあるものとみなされた場合における延焼のおそれのある部分の外壁の構造
	２面以上の立面図	縮尺
		開口部の位置及び構造
		申請区域内の建築物が一の敷地内にあるものとみなされた場合における延焼のおそれのある部分の外壁及び軒裏の構造
	断面図（法第86条第１項又は第３項の規定により２以上の構えを成す建築物の建築等に係る認定又は許可の申請をする場合にあっては，隣接する２以上の建築物を含む断面図）	縮尺
		地盤面
		開口部の位置
		軒の高さ及び建築物の高さ
		建築物間の距離（法第86条第１項又は第３項の規定による認定又は許可（一の建築物の建築等に係るものに限る。）の申請をする場合を除く。）
	地盤面算定表	建築物が周囲の地面と接する各位置の高さ
		地盤面を算定するための算式
(ろ)	道路に接して有効な部分の配置図	申請区域の境界線
		申請区域内における法第52条第８項第二号に規定する空地の面積及び位置
		道路に接して有効な部分の面積及び位置
		申請区域内における工作物の位置
		申請区域の接する道路の位置
		令第135条の17第３項の表(い)欄各項に掲げる地域の境界線
(は)	特定道路の配置図	申請区域の境界線
		申請区域の接する前面道路及び当該前面道路が接続する特定道路の位置及び幅員
		当該特定道路から申請区域が接する前面道路の部分の直近の端までの延長
(に)	道路高さ制限適合建築物の配置図	縮尺
		申請区域の境界線
		申請区域内における申請に係る建築物及び道路高さ制限適合建築物の位置
		申請区域内における擁壁の位置
		土地の高低
		申請区域の接する道路の位置，幅員及び種類
		申請区域の接する前面道路の路面の中心からの申請に係る建築物及び道路高さ制限適合建築物の各部分の高さ
		申請に係る建築物及び道路高さ制限適合建築物の申請区域の接する前面道路の境界線からの後退距離

		道路制限勾配が異なる地域等の境界線
		令第132条又は令第134条第2項に規定する区域の境界線
		申請区域内の建築物が一の敷地内にあるものとみなされた場合における令第135条の9に規定する位置及び当該位置の間の距離
		申請区域内の申請に係る建築物及び申請区域内の道路高さ制限適合建築物について申請区域内の建築物が一の敷地内にあるものとみなされた場合における令第135条の9に規定する位置ごとに算定した天空率
	道路高さ制限適合建築物の2面以上の立面図	縮尺
		申請区域の接する前面道路の路面の中心の高さ
		申請区域の接する前面道路の路面の中心からの申請に係る建築物及び道路高さ制限適合建築物の各部分の高さ
		令第135条の2第2項の規定により特定行政庁が規則で定める高さ
		申請区域内における擁壁の位置
		土地の高低
		申請区域内の建築物が一の敷地内にあるものとみなされた場合における令第135条の9に規定する位置からの申請に係る建築物及び道路高さ制限適合建築物の各部分の高さ
	道路高さ制限近接点における水平投影位置確認表	申請区域の接する前面道路の路面の中心からの申請に係る建築物及び道路高さ制限適合建築物の各部分の高さ
		道路高さ制限近接点から申請に係る建築物及び道路高さ制限適合建築物の各部分までの水平距離，仰角及び方位角
	道路高さ制限近接点における申請に係る建築物及び道路高さ制限適合建築物の天空図	水平投影面
		天空率
	道路高さ制限近接点における天空率算定表	申請に係る建築物及び道路高さ制限適合建築物の天空率を算定するための算式
(ほ)	隣地高さ制限適合建築物の配置図	縮尺
		申請区域の境界線
		申請区域内における申請に係る建築物及び隣地高さ制限適合建築物の位置
		申請区域内における擁壁の位置
		土地の高低
		申請区域の接する道路の位置，幅員及び種類
		申請区域内の建築物が一の敷地内にあるものとみなされた場合における地盤面からの申請に係る建築物及び隣地高さ制限適合建築物の各部分の高さ
		法第56条第1項第二号に規定する水平距離のうち最小のものに相当する距離

551

		令第135条の7第1項第二号に規定する隣地高さ制限適合建築物の隣地境界線からの後退距離
		隣地制限勾配が異なる地域等の境界線
		申請区域内の建築物が一の敷地内にあるものとみなされた場合における高低差区分区域の境界線
		申請区域内の建築物が一の敷地内にあるものとみなされた場合における令第135条の10に規定する位置及び当該位置の間の距離
		申請に係る建築物及び隣地高さ制限適合建築物について申請区域内の建築物が一の敷地内にあるものとみなされた場合における令第135条の10に規定する位置ごとに算定した天空率
	隣地高さ制限適合建築物の2面以上の立面図	縮尺
		申請区域内の建築物が一の敷地内にあるものとみなされた場合における地盤面
		申請区域内の建築物が一の敷地内にあるものとみなされた場合における地盤面からの申請に係る建築物及び隣地高さ制限適合建築物の各部分の高さ
		令第135条の3第2項の規定により特定行政庁が規則に定める高さ
		申請区域内における擁壁の位置
		土地の高低
		申請区域内の建築物が一の敷地内にあるものとみなされた場合における高低差区分区域の境界線
		申請区域内の建築物が一の敷地内にあるものとみなされた場合における令第135条の10に規定する位置からの申請に係る建築物及び隣地高さ制限適合建築物の各部分の高さ
	隣地高さ制限近接点における水平投影位置確認表	申請に係る建築物及び隣地高さ制限適合建築物の各部分の高さ
		隣地高さ制限近接点から申請に係る建築物及び隣地高さ制限適合建築物の各部分までの水平距離，仰角及び方位角
	隣地高さ制限近接点における申請に係る建築物及び隣地高さ制限適合建築物の天空図	水平投影面
		天空率
	隣地高さ制限近接点における天空率算定表	申請に係る建築物及び隣地高さ制限適合建築物の天空率を算定するための算式
(ヘ)	北側高さ制限適合建築物の配置図	縮尺
		申請区域境界線
		申請区域内における申請に係る建築物及び北側高さ制限適合建築物の位置
		申請区域内における擁壁の位置
		土地の高低

		申請区域の接する道路の位置，幅員及び種類
		申請区域内の建築物が一の敷地内にあるものとみなされた場合における地盤面からの申請に係る建築物及び北側高さ制限適合建築物の各部分の高さ
		北側制限高さが異なる地域の境界線
		申請区域内の建築物が一の敷地内にあるものとみなされた場合における高低差区分区域の境界線
		申請区域内の建築物が一の敷地内にあるものとみなされた場合における令第135条の11に規定する位置及び当該位置の間の距離
		申請に係る建築物及び北側高さ制限適合建築物について申請区域内の建築物が一の敷地内にあるものとみなされた場合における令第135条の11に規定する位置ごとに算定した天空率
	北側高さ制限適合建築物の2面以上の立面図	縮尺
		申請区域内の建築物が一の敷地内にあるものとみなされた場合における地盤面
		申請区域内の建築物が一の敷地内にあるものとみなされた場合における地盤面からの申請に係る建築物及び北側高さ制限適合建築物の各部分の高さ
		令第135条の4第2項の規定により特定行政庁が規則に定める高さ
		申請区域内における擁壁の位置
		土地の高低
		申請区域内の建築物が一の敷地内にあるものとみなされた場合における令第135条の11に規定する位置からの申請に係る建築物及び北側高さ制限適合建築物の高さ
	北側高さ制限近接点における水平投影位置確認表	申請に係る建築物及び北側高さ制限適合建築物の各部分の高さ
		北側高さ制限近接点から申請に係る建築物及び北側高さ制限適合建築物の各部分までの水平距離，仰角及び方位角
	北側高さ制限近接点における申請に係る建築物及び北側高さ制限適合建築物の天空図	水平投影面
		天空率
	北側高さ制限近接点における天空率算定表	申請に係る建築物及び北側高さ制限適合建築物の天空率を算定するための算式
(と)	配置図	軒の高さ
		申請区域内の建築物が一の敷地内にあるものとみなされた場合における地盤面の異なる区域の境界線
		申請区域の接する道路，水面，線路敷その他これらに類するものの位置及び幅員
	日影図	縮尺及び方位
		申請区域の境界線

		法第56条の2第1項の対象区域の境界線
		法別表第4(い)欄の各項に掲げる地域又は区域の境界線
		高層住居誘導地区又は都市再生特別地区の境界線
		日影時間の異なる区域の境界線
		申請区域の接する道路，水面，線路敷その他これらに類するものの位置及び幅員
		申請区域内における建築物の位置
		申請区域内の建築物が一の敷地内にあるものとみなされた場合における平均地盤面からの当該建築物の各部分の高さ
		申請区域内の建築物が一の敷地内にあるものとみなされた場合における測定線
		申請区域内の建築物が一の敷地内にあるものとみなされた場合における当該建築物が冬至日の真太陽時による午前8時から30分ごとに午後4時まで（道の区域内にあっては，午前9時から30分ごとに午後3時まで）の各時刻に水平面に生じさせる日影の形状
		申請区域内の建築物が一の敷地内にあるものとみなされた場合における当該建築物が冬至日の真太陽時による午前8時から午後4時まで（道の区域内にあっては，午前9時から午後3時まで）の間に測定線上の主要な点に生じさせる日影時間
		申請区域内の建築物が一の敷地内にあるものとみなされた場合における当該建築物が冬至日の真太陽時による午前8時から午後4時まで（道の区域内にあっては，午前9時から午後3時まで）の間に水平面に生じさせる日影の等時間日影線
		申請区域内に建築等をする建築物で法第56条の2第1項の規定による対象区域内にあるものが，当該申請区域内の他の建築物であって同項の規定による対象区域内にあるものの居住の用に供する部分（その部分が，当該建築等をする建築物に係る法別表第4(い)欄の各項に掲げる地域又は区域に対応する同表(は)欄の各項に掲げる平均地盤面からの高さより低い場合においては，同項に掲げる平均地盤面からの高さの部分）に生じさせる日影の形状及び等時間日影線
		土地の高低
	日影形状算定表	申請区域内の建築物が一の敷地内にあるものとみなされた場合における平均地盤面からの当該建築物の各部分の高さ及び日影の形状を算定するための算式
	2面以上の断面図	申請区域内の建築物が一の敷地内にあるものとみなされた場合における平均地盤面
		申請区域内の建築物が一の敷地内にあるものとみなされた場合における地盤面及び平均地盤面からの建築物の各部分の高さ
		隣地又はこれに連接する土地で日影が生ずるものの地盤面又は平均地表面
	平均地盤面算定表	申請区域内の建築物が周囲の地面と接する各位置の高さ及び申請区域内の建築物が一の敷地内にあるものとみなされた場合における平均地盤面を算定するための算式

二　第10条の18の計画書

三　法第86条第1項若しくは第2項の規定による認定の申請をする者又は同条第3項若しくは第4項の規定による許可の申請をする者以外に同条第6項に規定する対象区域（以下「対象区域」という。）内の土地について所有権又は借地権を有する者がある場合においては，これらの者の同意を得たことを証する書面

四　前3号に定めるもののほか，特定行政庁が規則で定めるもの

2　法第86条の2第1項の規定による認定の申請をする者は，別記第61号様式による申請書の正本及び副本に，同条第3項の規定による許可の申請をする者は，別記第61号の2様式による申請書の正本及び副本に，それぞれ，次に掲げる図書又は書面を添えて，特定行政庁に提出するものとする。

一　前項第一号の表の(い)項に掲げる図書及び法第52条第8項の規定の適用によりその容積率が同項の規定の適用がないとした場合における同条第1項及び第7項の規定による限度を超えるものである建築物については同表の(ろ)項に掲げる図書，同条第9項の規定の適用によりその容積率が同項の規定の適用がないとした場合における同条第1項，第2項及び第7項の規定による限度を超えるものである建築物については同表の(は)項に掲げる図書，法第56条第7項の規定の適用により同項第一号に掲げる規定が適用されない建築物については同表の(に)項に掲げる図書，同条第7項の規定の適用により同項第二号に掲げる規定が適用されない建築物については同表の(ほ)項に掲げる図書，同条第7項の規定の適用により同項第三号に掲げる規定が適用されない建築物については同表の(へ)項に掲げる図書，法第56条の2第1項の規定により日影による高さの制限を受ける建築物については同表の(と)項に掲げる図書。ただし，これらの図書は併せて作成することができる。

二　法第86条の2第1項の規定による認定の申請をする者以外に公告認定対象区域内にある土地について所有権又は借地権を有する者がある場合又は同条第3項の規定による許可の申請をする者以外に公告許可対象区域内にある土地について所有権又は借地権を有する者がある場合においては，これらの者に対する当該申請に係る建築物の計画に関する説明のために講じた措置を記載した書面

三　前2号に定めるもののほか，特定行政庁が規則で定めるもの

3　法第86条の2第2項の規定による許可の申請をする者は，別記第61号の2様式による申請書の正本及び副本に，それぞれ，次に掲げる図書又は書面を添えて，特定行政庁に提出するものとする。

一　第1項第一号の表の(い)項に掲げる図書及び法第52条第8項の規定の適用によりその容積率が同項の規定の適用がないとした場合における同条第1項及び第7項の規定による限度を超えるものである建築物については同表の(ろ)項に掲げる図書，同条第9項の規定の適用によりその容積率が同項の規定の適用がないとした場合における同条第1項，第2項及び第7項の規定による限度を超えるものである建築物については同表の(は)項に掲げる図書，法第56条第7項の規定の適用により同項第一号に掲げる規定が適用されない建築物については同表の(に)項に掲げる図書，同条第7項の規定の適用により同項第二号に掲げる規定が適用されない建築物については同表の(ほ)項に掲げる図書，同条第7項の規定の適用により同項第三号に掲げる規定が適用されない建築物については同表の(へ)項に掲げる図書，法第56条の2第1項の規定により日影による高さの制限を受ける建築物については同表の(と)項に掲げる図書。ただし，これらの図書は併せて作成することができる。

二　法第86条の2第2項の規定による許可の申請をする者以外に公告認定対象区域内にあ

　る土地について所有権又は借地権を有する者がある場合においては，これらの者の同意を得たことを証する書面

　三　前2号に定めるもののほか，特定行政庁が規則で定めるもの

4　特定行政庁は，法第86条第1項若しくは第2項又は法第86条の2第1項の規定による認定（次項において「認定」という。）をしたときは，別記第62号様式による通知書に，法第86条第3項若しくは第4項又は法第86条の2第2項若しくは第3項の規定による許可（次項において「許可」という。）をしたときは，別記第62号の2様式による通知書に，第1項又は前項の申請書の副本及びその添付図書を添えて，申請者に通知するものとする。

5　特定行政庁は，認定をしないときは，別記第63号様式による通知書に，許可をしないときは，別記第63号の2様式による通知書に，第1項，第2項又は第3項の申請書の副本及びその添付図書を添えて，申請者に通知するものとする。

　　【一定の一団の土地の区域内の現に存する建築物を前提として総合的見地からする設計の基準】

第10条の17　法第86条第2項及び同条第4項の国土交通省令で定める基準は，次に掲げるものとする。

　一　対象区域内の各建築物の用途，規模，位置及び構造に応じ，当該各建築物の避難及び通行の安全の目的を達するために十分な幅員を有する通路であって，道路に通ずるものを設けること。

　二　対象区域内の各建築物の外壁の開口部の位置及び構造は，当該各建築物間の距離に応じ，防火上適切な措置が講じられること。

　三　対象区域内の各建築物の各部分の高さに応じ，当該対象区域内に採光及び通風上有効な空地等を確保すること。

　四　対象区域内に建築する建築物の高さは，当該対象区域内の他の各建築物の居住の用に供する部分に対し，当該建築物が存する区域における法第56条の2の規定による制限を勘案し，これと同程度に日影となる部分を生じさせることのないものとすること。

　　【対象区域内の建築物の位置及び構造に関する計画】

第10条の18　法第86条第6項の規定による対象区域内の建築物の位置及び構造に関する計画は，同条第1項又は第2項に規定する認定の申請をする者は別記第64号様式による計画書に，同条第3項又は第4項に規定する許可の申請をする者は別記第64号の2様式による計画書に記載するものとする。

　　【一の敷地とみなすこと等による制限の緩和の認定又は許可に関する公告事項等】

第10条の19　法第86条第8項の国土交通省令で定める公告事項は，公告に係る対象区域等を縦覧に供する場所とする。

2　法第86条第8項の国土交通省令で定める縦覧事項は，前条の計画書に記載すべき事項とする。

　　【一の敷地とみなすこと等による制限の緩和の認定又は許可に係る公告の方法】

第10条の20　法第86条第8項及び第86条の2第6項の規定による公告は，公報への掲載その他特定行政庁が定める方法により行うものとする。

　　【認定又は許可の取消しの申請等】

第10条の21　法第86条の5第2項の規定による認定の取消し（以下この条において「認定の取消し」という。）の申請をしようとする者は，別記第65号様式による申請書の正本及び副本に，同条第3項の規定による許可の取消し（以下この条において「許可の取消し」という。）の申請をしようとする者は，別記第65号の2様式による申請書の正本及び副本に，それぞれ，次に掲げる図書又は書面を添えて，特定行政庁に提出するものとする。

一　次の表の(い)項に掲げる図書並びに取消しの申請に係る法第86条第10項に規定する公告対象区域（以下「取消対象区域」という。）内の建築物について同表の(ろ)項に掲げる図書及び法第52条第8項の規定によりその容積率が同項の規定の適用がないとした場合における同条第1項及び第7項の規定による限度を超えるものである建築物については同表の(は)項に掲げる図書，同条第9項の規定の適用によりその容積率が同項の規定の適用がないとした場合における同条第1項，第2項及び第7項の規定による限度を超えるものである建築物については同表の(に)項に掲げる図書，法第56条第7項の規定の適用により同項第一号に掲げる規定が適用されない建築物については同表の(ほ)項に掲げる図書，法第56条第7項の規定の適用により同項第二号に掲げる規定が適用されない建築物については同表の(へ)項に掲げる図書，法第56条第7項の規定の適用により同項第三号に掲げる規定が適用されない建築物については同表の(と)項に掲げる図書，法第56条の2第1項の規定により日影による高さの制限を受ける建築物については同表の(ち)項に掲げる図書。ただし，同表の(い)項に掲げる配置図又は同表の(ろ)項に掲げる各階平面図は，同表の(は)項に掲げる道路に接して有効な部分の配置図，同表の(に)項に掲げる特定道路の配置図，同表の(ほ)項に掲げる道路高さ制限適合建築物の配置図，同表の(へ)項に掲げる隣地高さ制限適合建築物の配置図，同表の(と)項に掲げる北側高さ制限適合建築物の配置図又は同表の(ち)項に掲げる配置図若しくは日影図と，同表の(ろ)項に掲げる2面以上の立面図又は2面以上の断面図は，同表の(ほ)項に掲げる道路高さ制限適合建築物の2面以上の立面図，同表の(へ)項に掲げる隣地高さ制限適合建築物の2面以上の立面図又は同表の(と)項に掲げる北側高さ制限適合建築物の2面以上の立面図と，それぞれ併せて作成することができる。

	図書の種類	明示すべき事項
(い)	配置図	縮尺及び方位
		取消対象区域の境界線
		取消対象区域内の各建築物の敷地境界線及び位置
		取消対象区域内の各建築物に附属する自動車車庫の用途に供する工作物の築造面積及び位置
		土地の高低
		取消対象区域内の各建築物の各部分の高さ
		取消対象区域内の各建築物の敷地の接する道路の位置及び幅員
(ろ)	各階平面図	縮尺及び方位
		外壁の開口部の位置及び構造
		法第86条の5第2項の規定により法第86条第1項若しくは第2項又は法第86条の2第1項の規定による認定が取り消された場合における延焼のおそれのある部分の外壁の構造
	2面以上の立面図	縮尺
		開口部の位置及び構造

			法第86条の５第２項の規定により法第86条第１項若しくは第２項又は法第86条の２第１項の規定による認定が取り消された場合における延焼のおそれのある部分の外壁の構造
		２面以上の断面図	縮尺
			地盤面
			軒及びひさしの出
			軒の高さ及び建築物の高さ
		地盤面算定表	建築物が周囲の地面と接する各位置の高さ
			地盤面を算定するための算式
(は)		道路に接して有効な部分の配置図	縮尺及び方位
			敷地境界線
			法第52条第８項第二号に規定する空地の面積及び位置
			道路に接して有効な部分の面積及び位置
			敷地内における工作物の位置
			敷地の接する道路の位置
			令第135条の17第３項の表(い)欄各項に掲げる地域の境界線
(に)		特定道路の配置図	敷地境界線
			前面道路及び当該前面道路が接続する特定道路の位置及び幅員
			当該特定道路から敷地が接する前面道路の部分の直近の端までの延長
(ほ)		道路高さ制限適合建築物の配置図	縮尺
			敷地境界線
			敷地内における申請に係る建築物及び道路高さ制限適合建築物の位置
			擁壁の位置
			土地の高低
			敷地の接する道路の位置，幅員及び種類
			前面道路の路面の中心からの申請に係る建築物及び道路高さ制限適合建築物の各部分の高さ
			申請に係る建築物及び道路高さ制限適合建築物の前面道路の境界線からの後退距離
			道路制限勾配が異なる地域等の境界線
			令第132条又は第134条第２項に規定する区域の境界線

		令第135条の9に規定する位置及び当該位置の間の距離
		申請に係る建築物及び道路高さ制限適合建築物について令第135条の9に規定する位置ごとに算定した天空率
	道路高さ制限適合建築物の2面以上の立面図	縮尺
		前面道路の路面の中心の高さ
		前面道路の路面の中心からの申請に係る建築物及び道路高さ制限適合建築物の各部分の高さ
		令第135条の2第2項の規定により特定行政庁が規則で定める高さ
		擁壁の位置
		土地の高低
		令第135条の9に規定する位置からの申請に係る建築物及び道路高さ制限適合建築物の各部分の高さ
	道路高さ制限近接点における水平投影位置確認表	前面道路の路面の中心からの申請に係る建築物及び道路高さ制限適合建築物の各部分の高さ
		道路高さ制限近接点から申請に係る建築物及び道路高さ制限適合建築物の各部分までの水平距離，仰角及び方位角
	道路高さ制限近接点における申請に係る建築物及び道路高さ制限適合建築物の天空図	水平投影面
		天空率
	道路高さ制限近接点における天空率算定表	申請に係る建築物及び道路高さ制限適合建築物の天空率を算定するための算式
(ヘ)	隣地高さ制限適合建築物の配置図	縮尺
		敷地境界線
		敷地内における申請に係る建築物及び隣地高さ制限適合建築物の位置
		擁壁の位置
		土地の高低
		敷地の接する道路の位置，幅員及び種類
		地盤面からの申請に係る建築物及び隣地高さ制限適合建築物の各部分の高さ
		法第56条第1項第二号に規定する水平距離のうち最小のものに相当する距離
		令第135条の7第1項第二号に規定する隣地高さ制限適合建築物の隣地境界線からの後退距離
		隣地制限勾配が異なる地域等の境界線
		高低差区分区域の境界線

		令第135条の10に規定する位置及び当該位置の間の距離
		申請に係る建築物及び隣地高さ制限適合建築物について令第135条の10に規定する位置ごとに算定した天空率
	隣地高さ制限適合建築物の2面以上の立面図	縮尺
		地盤面
		地盤面からの申請に係る建築物及び隣地高さ制限適合建築物の各部分の高さ
		令第135条の3第2項の規定により特定行政庁が規則に定める高さ
		擁壁の位置
		土地の高低
		高低差区分区域の境界線
		令第135条の10に規定する位置からの申請に係る建築物及び隣地高さ制限適合建築物の各部分の高さ
	隣地高さ制限近接点における水平投影位置確認表	申請に係る建築物及び隣地高さ制限適合建築物の各部分の高さ
		隣地高さ制限近接点から申請に係る建築物及び隣地高さ制限適合建築物の各部分までの水平距離，仰角及び方位角
	隣地高さ制限近接点における申請に係る建築物及び隣地高さ制限適合建築物の天空図	水平投影面
		天空率
	隣地高さ制限近接点における天空率算定表	申請に係る建築物及び隣地高さ制限適合建築物の天空率を算定するための算式
(と)	北側高さ制限適合建築物の配置図	縮尺
		敷地境界線
		敷地内における申請に係る建築物及び北側高さ制限適合建築物の位置
		擁壁の位置
		土地の高低
		敷地の接する道路の位置，幅員及び種類
		地盤面からの申請に係る建築物及び北側高さ制限適合建築物の各部分の高さ
		北側制限高さが異なる地域の境界線
		高低差区分区域の境界線
		令第135条の11に規定する位置及び当該位置の間の距離

			申請に係る建築物及び北側高さ制限適合建築物について令第135条の11に規定する位置ごとに算定した天空率
	北側高さ制限適合建築物の2面以上の立面図	縮尺	
		地盤面	
		地盤面からの申請に係る建築物及び北側高さ制限適合建築物の各部分の高さ	
		令第135条の4第2項の規定により特定行政庁が規則に定める高さ	
		擁壁の位置	
		土地の高低	
		令第135条の11に規定する位置からの申請に係る建築物及び北側高さ制限適合建築物の高さ	
	北側高さ制限近接点における水平投影位置確認表	申請に係る建築物及び北側高さ制限適合建築物の各部分の高さ	
		北側高さ制限近接点から申請に係る建築物及び北側高さ制限適合建築物の各部分までの水平距離，仰角及び方位角	
	北側高さ制限近接点における申請に係る建築物及び北側高さ制限適合建築物の天空図	水平投影面	
		天空率	
	北側高さ制限近接点における天空率算定表	申請に係る建築物及び北側高さ制限適合建築物の天空率を算定するための算式	
(ち)	配置図	軒の高さ	
		地盤面の異なる区域の境界線	
		敷地の接する道路，水面，線路敷その他これらに類するものの位置及び幅員	
	日影図	縮尺及び方位	
		敷地境界線	
		法第56条の2第1項の対象区域の境界線	
		法別表第4(い)欄の各項に掲げる地域又は区域の境界線	
		高層住居誘導地区又は都市再生特別地区の境界線	
		日影時間の異なる区域の境界線	
		敷地の接する道路，水面，線路敷その他これらに類するものの位置及び幅員	
		敷地内における建築物の位置	
		平均地盤面からの建築物の各部分の高さ	
		測定線	

		建築物が冬至日の真太陽時による午前8時から30分ごとに午後4時まで（道の区域内にあっては，午前9時から30分ごとに午後3時まで）の各時刻に水平面に生じさせる日影の形状
		建築物が冬至日の真太陽時による午前8時から午後4時まで（道の区域内にあっては，午前9時から午後3時まで）の間に測定線上の主要な点に生じさせる日影時間
		建築物が冬至日の真太陽時による午前8時から午後4時まで（道の区域内にあっては，午前9時から午後3時まで）の間に水平面に生じさせる日影時間
		建築物が冬至日の真太陽時による午前8時から午後4時まで（道の区域内にあっては，午前9時から午後3時まで）の間に水平面に生じさせる日影の等時間日影線
		土地の高低
	日影形状算定表	申請区域内の建築物が一の敷地内にあるものとみなされた場合における平均地盤面からの当該建築物の各部分の高さ及び日影の形状を算定するための算式
	2面以上の断面図	平均地盤面
		地盤面及び平均地盤面からの建築物の各部分の高さ
		隣地又はこれに連接する土地で日影が生ずるものの地盤面又は平均地表面
	平均地盤面算定表	建築物が周囲の地面と接する各位置の高さ及び平均地盤面を算定するための算式

二　取消対象区域内の土地について所有権又は借地権を有する者全員の合意を証する書面

三　前2号に定めるもののほか，特定行政庁が規則で定めるもの

2　特定行政庁は，認定の取消しをしたときは，別記第66号様式による通知書に，許可の取消しをしたときは，別記第66号の2様式による通知書に，前項の申請書の副本及びその添付図書を添えて，申請者に通知するものとする。

3　特定行政庁は，取消しをしないときは，別記第67号様式による通知書に，許可の取消しをしないときは，別記第67号の2様式による通知書に，第1項の申請書の副本及びその添付図書を添えて，申請者に通知するものとする。

【認定の取消しに係る公告の方法】

第10条の22　第10条の20の規定は，法第86条の5第4項の規定による公告についてを準用する。

【認定の取消しに係る公告】

第10条の22の2　特定行政庁は，法第86条第1項若しくは第2項又は法第86条の2第1項の規定による認定を取り消したとき（法第86条の5第2項の規定による認定の取消しをしたときを除く。第3項において同じ。）は，遅滞なく，その旨を公告しなければならない。

2　第10条の20の規定は，前項の規定による公告について準用する。

3　法第86条第1項若しくは第2項又は法第86条の2第1項の規定による認定を取り消したときは，第1項の規定による公告によって，その効力を生ずる。

【許可の取消しに係る公告】

第10条の22の3　特定行政庁は，法第86条第3項若しくは第4項又は法第86条の2第2項若しくは第3項の規定による許可を取り消したとき（法第86条の5第3項の規定による許可の取消しをしたときを除く。第3項において同じ。）は，遅滞なく，その旨を公告しなければならない。

2　第10条の20の規定は，前項の規定による公告について準用する。

3　法第86条第3項若しくは第4項又は法第86条の2第2項若しくは第3項の規定による許可を取り消したときは，第1項の規定による公告によって，その効力を生ずる。

【全体計画認定の申請等】

第10条の23　全体計画認定の申請をしようとする者は，次の各号に掲げる図書及び書類を特定行政庁に提出するものとする。ただし，第1条の3第1項の表1の(い)項に掲げる配置図又は各階平面図は，同条第1項の表2の(23)項の(ろ)欄に掲げる道路に接して有効な部分の配置図若しくは特定道路の配置図，同表の(28)項の(ろ)欄に掲げる道路高さ制限適合建築物の配置図，隣地高さ制限適合建築物の配置図若しくは北側高さ制限適合建築物の配置図又は同表の(29)項の(ろ)欄に掲げる日影図と，同条第1項の表1の(ろ)項に掲げる2面以上の立面図又は2面以上の断面図は，同条第1項の表2の(28)項の(ろ)欄に掲げる道路高さ制限適合建築物の2面以上の立面図，隣地高さ制限適合建築物の2面以上の立面図若しくは北側高さ制限適合建築物の2面以上の立面図又は同表の(45)項の(ろ)欄に掲げる防災都市計画施設に面する方向の立面図と，それぞれ併せて作成することができる。

一　別記第67号の3様式による申請書（以下この条及び次条において単に「申請書」という。）の正本及び副本に，それぞれ，次に掲げる図書及び書類で，全体計画に係るそれぞれの工事ごとに作成したものを添えたもの（正本に添える図書にあっては，当該図書の設計者の氏名が記載されたものに限る。）

イ　第1条の3第1項の表1の各項に掲げる図書（同条第1項第一号イの認定を受けた構造の建築物又はその部分に係る場合で当該認定に係る認定書の写しを添えたものにおいては同号イに規定する国土交通大臣の指定した図書を除く。）

ロ　申請に係る建築物が第1条の3第1項第一号ロ(1)から(3)までに掲げる建築物である場合にあっては，それぞれ当該(1)から(3)までに定める図書及び書類

ハ　申請に係る建築物が法第3条第2項（法第86条の9第1項において準用する場合を含む。）の規定により法又はこれに基づく命令若しくは条例の規定の適用を受けないものであることを示す書面

二　全体計画概要書

2　申請に係る全体計画に建築設備に係る部分が含まれる場合においては，申請書は，次の各号に掲げる図書及び書類とする。

一　別記第67号の3様式による正本及び副本に，それぞれ，次に掲げる図書及び書類で，全体計画に係るそれぞれの工事ごとに作成したものを添えたもの（正本に添える図書にあっては，当該図書の設計者の氏名が記載されたものに限る。）

イ　前項第一号イからハまでに掲げる図書及び書類

ロ　申請に係る全体計画に法第87条の4の昇降機に係る部分が含まれる場合又は法第6条第1項第一号から第三号までに掲げる建築物の全体計画に令第146条第1項第三号に掲げる建築設備に係る部分が含まれる場合にあっては，別記第8号様式中の「昇降機の概要の欄」又は「建築設備の概要の欄」に記載すべき事項を記載した書類

ハ　申請に係る全体計画に含まれる建築設備が第1条の3第4項第一号ハ(1)及び(2)に掲げる建築設備である場合にあっては，それぞれ当該(1)及び(2)に定める図書及び書類

　二　全体計画概要書

3　第1項及び前項の規定にかかわらず，次の各号に掲げる建築物の全体計画に係る申請書にあっては，それぞれ当該各号に定めるところによるものとする。

　一　法第6条の4第1項第二号に掲げる建築物　　認定型式の認定書の写し（その認定型式が令第136条の二の11第一号イに掲げる規定に適合するものであることの認定を受けたものである場合にあっては，当該認定型式の認定書の写し及び第1条の3第5項第一号に規定する国土交通大臣が定める図書及び書類）を添えたものにあっては，同項の表1の(い)欄に掲げる建築物の区分に応じ，同表の(ろ)欄に掲げる図書についてはこれを添えることを要しない。

　二　法第6条の4第1項第三号に掲げる建築物　　第1条の3第5項の表2の(い)欄に掲げる建築物の区分に応じ，同表の(ろ)欄に掲げる図書についてはこれを添えることを要せず，同表の(は)欄に掲げる図書については同表の(に)欄に掲げる事項を明示することを要しない。

　三　認証型式部材等を有する建築物　　認証型式部材等に係る認証書の写しを添えたものにあっては，第1条の3第5項の表1の(い)欄に掲げる建築物の区分に応じ，同表の(ろ)欄及び(は)欄に掲げる図書についてはこれらを添えることを要せず，同表の(に)欄に掲げる図書については同表の(は)欄に掲げる事項を明示することを要しない。

4　第1条の3第1項の表1の各項に掲げる図書に明示すべき事項を同表に掲げる図書のうち他の図書に明示してその図書を第1項又は第2項の申請書に添える場合においては，第1項又は第2項の規定にかかわらず，当該各項に掲げる図書に明示することを要しない。この場合において，当該各項に掲げる図書に明示すべきすべての事項を当該他の図書に明示したときは，当該各項に掲げる図書を第1項又は第2項の申請書に添えることを要しない。

5　特定行政庁は，申請に係る建築物が法第39条第2項，第40条，第43条第3項，第43条の2，第49条から第50条まで，第68条の2第1項若しくは第68条の9第1項の規定に基づく条例（法第87条第2項又は第3項においてこれらの規定に基づく条例の規定を準用する場合を含む。）又は第68条の9第2項の規定に基づく条例の規定に適合するものであることについての確認をするために特に必要があると認める場合においては，規則で，第1項又は第2項の規定に定めるもののほか，申請書に添えるべき図書について必要な規定を設けることができる。

6　前各項に規定する図書及び書類のほか，特定行政庁が全体計画の内容を把握するため又は申請に係る建築物の安全性を確かめるために特に必要があると認めて規則で定める図書及び書類を申請書に添えなければならない。

7　前各項の規定により申請書に添えるべき図書及び書類のうち2以上の図書及び書類の内容が同一である場合においては，申請書にその旨を記載した上で，これらの図書及び書類のうちいずれかの図書及び書類を申請書に添付し，他の図書及び書類の添付を省略することができる。

8　特定行政庁は，全体計画認定をしたときは，別記第67号の5様式による通知書に，当該全体計画認定に係る申請書の副本及びその添付図書及び添付書類を添えて，申請者に通知するものとする。

9　特定行政庁は，全体計画認定をしないときは，別記第67号の6様式による通知書に，当該通知に係る申請書の副本及びその添付図書及び添付書類を添えて，申請者に通知するものとする。

【全体計画認定の変更の申請等】

第10条の24　全体計画変更認定の申請をしようとする者は，申請書の正本及び副本並びに全体計画概要書に前条第１項から第７項までの規定による添付図書及び添付書類のうち変更に係るものを添えて，特定行政庁に提出するものとする。

2　前条第８項及び第９項の規定は，全体計画認定の変更の場合について準用する。この場合において，同条第８項及び第９項中「全体計画認定」とあるのは「全体計画変更認定」と，「添付図書及び添付書類」とあるのは「添付図書及び添付書類（変更に係るものに限る。）」と読み替えるものとする。

【全体計画の変更に係る認定を要しない軽微な変更】

第10条の25　法第86条の８第３項（法第87条の２第２項において準用する場合を含む。）の国土交通省令で定める軽微な変更は，次に掲げるものとする。

一　第３条の２第１項各号に掲げる変更であって，変更後も全体計画に係る建築物の計画が建築基準関係規定に適合することが明らかなもの

二　全体計画認定を受けた全体計画に係る工事の実施時期の変更のうち，工事の着手又は完了の予定年月日の３月以内の変更

【工事現場の確認の表示の様式】

第11条　法第89条第１項（法第87条の４又は法第88条第１項若しくは第２項において準用する場合を含む。）の規定による工事現場における確認の表示の様式は，別記第68号様式による。

【安全上の措置等に関する計画届の様式】

第11条の２　法第90条の３（法第87条の４において準用する場合を含む。）の規定による建築物の安全上，防火上又は避難上の措置に関する計画の届出（安全上の措置等に関する計画届）をしようとする建築主は，別記第69号様式による届出書に次の表に掲げる図書を添えて特定行政庁に提出するものとする。当該計画を変更した場合も同様とする。

図面の種類	明　示　す　べ　き　事　項
付 近 見 取 図	方位，道路及び目標となる地物
配　　置　　図	縮尺，方位，敷地境界線，敷地内における建築物の位置並びに敷地の接する道路の位置及び幅員
工事着手前の各階平面図	縮尺，方位，間取，各室の用途，壁の位置及び種類並びに開口部及び防火設備の位置
工 事 計 画 書	工事により機能の確保に支障を生ずる避難施設等の種類，箇所及び工事期間，工事に伴う火気の種類，使用場所及び使用期間，工事に使用する資材及び機械器具の種類，量並びに集積，設置等の場所，方法及び期間，工事に係る部分の区画の方法並びに工事に係る部分の工事完了後の状況
安 全 計 画 書	工事の施工中における使用部分及びその用途並びに工事により機能の確保に支障を生ずる避難施設等に係る代替措置の概要，使用する火気，資材及び機械器具の管理の方法その他安全上，防火上又は避難上講ずる措置の内容

2　法第７条の６第１項第一号又は第二号の規定による仮使用の認定を受けた者が前項の届出をする場合においては，同項の規定にかかわらず，同項の表に掲げる図書を添えることを要しない。

【手数料の納付の方法】

第11条の２の２　法第97条の４第１項及び第２項の手数料の納付は，次の各号に掲げる場合の区分に応じ，それぞれ当該各号に定めるところにより行うものとする。

一　国に納める場合　　当該手数料の金額に相当する額の収入印紙をもって納める。ただし，印紙をもって納め難い事由があるときは，現金をもってすることができる。

二　指定認定機関又は承認認定機関に納める場合　　法第77条の45第１項（法第77条の54第２項において準用する場合を含む。）に規定する認定等業務規程で定めるところにより納める。

三　指定性能評価機関又は承認性能評価機関に納める場合　　法第77条の56第２項及び法第77条の57第２項において準用する法第77条の45第１項の性能評価の業務に関する規程で定めるところにより納める。

【手数料の額】

第11条の２の３　法第97条の４第１項の国土交通省令で定める手数料の額は，次の各号に掲げる処分の区分に応じ，それぞれ当該各号に定める額とする。

一　構造方法等の認定　　申請１件につき，20,000円に，別表第２の(い)欄に掲げる区分に応じ，それぞれ同表の(ろ)欄に掲げる額を加算した額。ただし，法第68条の25第５項及び第７項の規定により申請する場合にあっては，20,000円とする。

二　特殊構造方法等認定　　申請１件につき，2,120,000円

三　型式適合認定　　申請１件につき，別表第３の(い)欄に掲げる区分に応じ，それぞれ同表の(ろ)欄に掲げる額

四　型式部材等製造者の認証又はその更新　　申請に係る工場等１件につき，490,000円

五　法第68条の22第１項の認証又はその更新　　申請に係る工場等１件につき，390,000円に，職員２人が同条第２項（法第88条第１項において準用する場合を含む。）において準用する法第68条の13に掲げる基準に適合するかどうかを審査するため，当該審査に係る工場等の所在地に出張するとした場合に旅費法の規定により支給すべきこととなる旅費の額に相当する額を加算した額。この場合において，その旅費の額の計算に関し必要な細目は，第10条の５の18から第10条の５の20までの規定を準用する。

2　前項各号の規定にかかわらず，次の各号に掲げる場合の手数料は，それぞれ当該各号に定める額とする。

一　構造方法等の認定のための審査に当たって実物等の提出を受けて試験その他の方法により評価を行うことが困難であることその他の理由により申請者が工場等において行う試験に立ち会い，又は工場等における指定建築材料の製造，検査若しくは品質管理を実地に確認する必要がある場合として国土交通大臣が定める場合　　申請１件につき，前項第一号本文に定める額に，当該試験の立会い又は当該実地確認を行うために必要な費用として国土交通大臣が定める額を加算した額（ただし，法第68条の25第５項及び第７項の規定により申請する場合にあっては，20,000円）

二　既に構造方法等の認定のための審査に当たって行われた評価に係る試験の結果を用いることにより，新たな試験を要しないこととなる評価に基づいて行われる認定を受けようとする場合　　次のイからハまでに掲げる場合の区分に応じ，それぞれ当該イからハまでに定める額（ただし，法第68条の25第５項及び第７項の規定により申請する場合にあっては，20,000円）

イ　法第２条第九号若しくは第九号の二ロ又は令第１条第五号若しくは第六号，令第20条の７第２項から第４項まで，令第112条第１項，令第114条第５項若しくは令第137条の10第四号の規定に基づく認定の場合　　290,000円

ロ　令第46条第４項の表１の(8)項又は第８条の３の規定に基づく認定の場合　　740,000円

ハ　建築基準法に基づく指定建築基準適合判定資格者検定機関等に関する省令（平成11

年建設省令第13号。第5項第一号において「機関省令」という。）第63条第四号に掲げる認定のうち，イ又はロの認定以外の認定の場合　　380,000円

三　既に構造方法等の認定を受けた構造方法等の軽微な変更であって，国土交通大臣が安全上，防火上及び衛生上支障がないと認めるものの認定を受けようとする場合　20,000円に，別表第2(い)欄に掲げる区分に応じ，それぞれ同表の(ろ)欄に掲げる額の1/10の額を加算した額（ただし，法第68条の25第5項及び第7項の規定により申請する場合にあっては，20,000円）

四　既に特殊構造方法等認定を受けた構造方法又は建築材料の軽微な変更であって，国土交通大臣が安全上，防火上及び衛生上支障がないと認めるものの認定を受けようとする場合　　570,000円

五　次の表の各項に掲げる規定のうち，既に型式適合認定（建築物の部分で，門，塀，改良便槽，屎尿浄化槽及び合併処理浄化槽並びに給水タンク及び貯水タンクその他これらに類するもの（屋上又は屋内にあるものを除く。）以外のものに関する認定に限る。）を受けた型式について，認定を受けようとする場合　　次のイからへまでに掲げる場合の区分に応じ，それぞれ当該イからへまでに定める額

イ　次の表の(1)項に掲げる規定に係る変更をしようとする場合　　別表第3(い)欄に掲げる区分に応じ，それぞれ同表の(ろ)欄に掲げる額の3/5

ロ　次の表の(2)項に掲げる規定に係る変更をしようとする場合　　別表第3(い)欄に掲げる区分に応じ，それぞれ同表の(ろ)欄に掲げる額の1/4

ハ　次の表の(3)項に掲げる規定に係る変更をしようとする場合　　別表第3(い)欄に掲げる区分に応じ，それぞれ同表の(ろ)欄に掲げる額の1/4

ニ　次の表の(1)項及び(2)項に掲げる規定に係る変更をしようとする場合（イ又はロに掲げる場合を除く。）　　別表第3(い)欄に掲げる区分に応じ，それぞれ同表の(ろ)欄に掲げる額の4/5

ホ　次の表の(1)項及び(3)項に掲げる規定に係る変更をしようとする場合（イ又はハに掲げる場合を除く。）　　別表第3(い)欄に掲げる区分に応じ，それぞれ同表の(ろ)欄に掲げる額の4/5

へ　次の表の(2)項及び(3)項に掲げる規定に係る変更をしようとする場合（ロ又はハに掲げる場合を除く。）　　別表第3(い)欄に掲げる区分に応じ，それぞれ同表の(ろ)欄に掲げる額の9/20

(1)	法第20条（第1項第一号後段，第二号イ後段及び第三号イ後段に係る部分に限る。）及び令第3章（令第52条第1項，令第61条，令第62条の8，令第74条第2項，令第75条，令第76条及び令第80条の3を除き，令第80条の2にあっては国土交通大臣が定めた安全上必要な技術的基準のうちその指定する基準に係る部分に限る。）の規定
(2)	法第21条から法第23条まで，法第25条から法第27条まで，法第35条の2，法第35条の3，法第3章第5節（法第61条中門及び塀に係る部分，法第64条並びに法第66条を除く。），法第67条第1項（門及び塀に係る部分を除く。）及び法第84条の2並びに令第4章，令第5章（第6節を除く。），令第5章の2，令第5章の3，令第7章の2（令第136条の2第五号を除く。）及び令第7章の9の規定
(3)	法第28条（第1項を除く。），法第28条の2から法第30条まで，法第31条第1項，法第33条及び法第34条並びに令第2章（令第19条，令第20条及び令第31条から令第35条までを除く。）及び令第5章の4（令第129条の2の4第3項第三号を除き，令第129条の2の3第1項及び令第129条の2の4第2項第六号にあっては国土交通大臣が定めた構造方法のうちその指定する構造方法に係る部分に限る。）の規定

六　既に型式部材等製造者の認証を受けた者が，当該認証に係る技術的生産条件で製造を
する別の型式部材等につき新たに型式部材等製造者の認証を受けようとする場合　　申
請１件につき26,000円

七　同時に行われる申請において，一の技術的生産条件で製造をする２以上の型式の型式
部材等につき認証を受けようとする場合　　26,000円に申請件数から１を減じた数を乗
じた額及び前項第四号又は第五号に規定する額（申請に係る工場等の件数を１として算
定したものとする。次号において同じ。）の合計額

八　一の申請において，一の技術的生産条件で２以上の工場等において認証を受けようと
する場合　　26,000円に申請に係る工場等の件数から１を減じた数を乗じた額及び前項
第四号又は第五号に規定する額の合計額

3　法第97条の４第２項の国土交通省令で定める手数料のうち指定認定機関又は指定性能評
価機関が行う処分又は性能評価（以下この条において「処分等」という。）に係るものの
額は，次の各号に掲げる処分等の区分に応じ，それぞれ当該各号に定める額とする。

一　型式適合認定　　申請１件につき，第１項第三号に掲げる額

二　型式部材等製造者の認証又はその更新　　申請に係る工場等１件につき，第１項第四
号に掲げる額

三　法第68条の22第１項の認証又はその更新　　申請に係る工場等１件につき，390,000
円に，指定認定機関の主たる事務所の所在地より当該申請に係る工場等の所在地に出張
するとした場合に第１項第五号の規定に準じて算出した旅費の額に相当する額を加算し
た額

四　性能評価　　別表第２の(い)欄に掲げる区分に応じ，それぞれ同表の(ろ)欄に掲げる額

4　第２項（第一号から第四号までを除く。）の規定は，前項第一号から第四号までに掲げ
る処分の申請に係る手数料の額について準用する。

5　第３項第四号の規定にかかわらず，次の各号に掲げる場合の手数料は，それぞれ当該各
号に定める額とする。

一　機関省令第63条第五号の規定による審査に基づく性能評価を受ける場合　　申請１件
につき，別表第２の(い)欄に掲げる区分に応じ，それぞれ同表の(ろ)欄に掲げる額に，第２
項第一号に規定する国土交通大臣が定める額を加算した額

二　既に構造方法等の認定のための審査に当たって行われた性能評価に係る試験の結果を
用いることにより，新たな試験を要しないこととなる性能評価を受ける場合　　申請１
件につき，次のイからハまでに掲げる性能評価の区分に応じ，それぞれ当該イからハま
でに定める額

イ　第２項第二号イに掲げる認定に係る性能評価　　270,000円

ロ　第２項第二号ロに掲げる認定に係る性能評価　　720,000円

ハ　第２項第二号ハに掲げる認定に係る性能評価　　360,000円

三　既に構造方法等の認定を受けた構造方法等の軽微な変更であって，国土交通大臣が安
全上，防火上及び衛生上支障がないと認めるものの認定を受けようとする場合に係る性
能評価を受ける場合　　別表第２の(い)欄に掲げる区分に応じ，それぞれ同表の(ろ)欄に掲げ
る額の1/10

6　法第97条の４第２項の国土交通省令で定める手数料のうち承認認定機関又は承認性能評
価機関が行う処分等に係るものの額は，次に掲げる基準に適合するものとして国土交通大
臣の認可を受けた額とする。

一　手数料の額が当該処分等の業務の適正な実施に要する費用の額を超えないこと。

二　特定の者に対して不当な差別的取扱いをするものではないこと。

7　承認認定機関又は承認性能評価機関は，前項の認可を受けようとするときは，次に掲げる事項を記載した申請書を国土交通大臣に提出しなければならない。手数料の額の変更の認可を受けようとするときも，同様とする。

一　認可を受けようとする手数料の額（業務の区分ごとに定めたものとする。次号において同じ。）
二　審査１件当たりに要する人件費，事務費その他の経費の額
三　旅費（鉄道費，船賃，航空賃及び車賃をいう。），日当及び宿泊料の額
四　その他必要な事項

【書類の閲覧等】

第11条の３　法第93条の２（法第88条第２項において準用する場合を含む。）の国土交通省令で定める書類は，次の各号に掲げるものとする。ただし，それぞれの書類に記載すべき事項が特定行政庁の使用に係る電子計算機に備えられたファイル又は磁気ディスク等に記録され，必要に応じ特定行政庁において電子計算機その他の機器を用いて明確に紙面に表示されるときは，当該記録をもってこれらの図書とみなす。

一　別記第３号様式による建築計画概要書
二　別記第12号様式による築造計画概要書
三　別記第36号の３様式による定期調査報告概要書
四　別記第36号の５様式，別記第36号の７様式，別記第36号の９様式及び別記第36号の11様式による定期検査報告概要書
五　処分等概要書
六　全体計画概要書
七　指定道路図
八　指定道路調書

2　特定行政庁は，前項の書類（同項第七号及び第八号の書類を除く。）を当該建築物が滅失し，又は除却されるまで，閲覧に供さなければならない。

3　特定行政庁は，第１項の書類を閲覧に供するため，閲覧に関する規程を定めてこれを告示しなければならない。

【映像等の送受信による通話の方法による口頭審査】

第11条の４　令第147条の４において準用する行政不服審査法施行令（平成27年政令第391号）第８条に規定する方法によって口頭審査の期日に審理を行う場合には，審理関係人（行政不服審査法（平成26年法律第68号）第28条に規定する審理関係人をいう。以下この条において同じ。）の意見を聴いて，当該審理に必要な装置が設置された場所であって審査庁（同法第９条第１項に規定する審査庁をいう。）が相当と認める場所を，審理関係人ごとに指定して行う。

【権限の委任】

第12条　法（第６条の２第１項（第87条第１項，第87条の４又は第88条第１項若しくは第２項において準用する場合を含む。），第７条の２第１項（第87条の４又は第88条第１項若しくは第２項において準用する場合を含む。），第18条の２第１項並びに第４章の２第２節及び第３節を除く。），令及びこの省令に規定する国土交通大臣の権限のうち，次に掲げるものは，地方整備局長及び北海道開発局長に委任する。ただし，第五号から第八号までに掲げる権限については，国土交通大臣が自ら行うことを妨げない。

一　法第９条の３第１項の規定による通知を受理し，及び同条第２項の規定により通知すること（国土交通大臣が講じた免許又は許可の取消し業務の停止の処分その他必要な措置に係るものを除く。）

二 法第12条の2第1項（法第88条第1項において準用する場合を含む。）及び法第12条の3第3項（法第88条第1項において準用する場合を含む。）の規定による交付をすること。

三 法第12条の2第1項第二号（法第88条第1項において準用する場合を含む。）及び法第12条の3第3項第二号（法第88条第1項において準用する場合を含む。）の規定による認定をすること。

四 法第12条の2第3項（法第12条の3第4項（法第88条第1項において準用する場合を含む。）又は法第88条第1項において準用する場合を含む。）の規定により返納を命ずること。

五 法第14条第1項の規定による助言又は援助をし，及び同条第2項の規定により必要な勧告，助言若しくは援助をし，又は必要な参考資料を提供すること。

六 法第15条の2の規定により必要な報告若しくは物件の提出を求め，又はその職員に立入検査，試験若しくは質問させること。

七 法第16条の規定により必要な報告又は統計の資料の提出を求めること。

八 法第17条第2項，第4項（同条第11項において準用する場合を含む。）及び第9項の規定により指示すること。

九 法第49条第2項の規定による承認をすること。

十 法第68条の2第5項の規定による承認をすること。

十一 法第4章の3に規定する権限

十二 法第85条の3の規定による承認をすること。

十三 令第144条の4第3項（第10条の3第2項において準用する場合を含む。）の規定による承認をすること。

十四 第6条の18（第6条の23，第6条の25及び第6条の27において読み替えて準用する場合を含む。）の規定により範囲を限定し，条件を付し，及びこれを変更すること。

十五 第6条の20（第6条の23，第6条の25及び第6条の27において読み替えて準用する場合を含む。）の規定による再交付をすること。

十六 第6条の20の2（第6条の23，第6条の25及び第6条の27において読み替えて準用する場合を含む。）の規定による届出を受理すること。

十七 第6条の21第3項（第6条の23，第6条の25及び第6条の27において準用する場合を含む。）の規定による受納をすること。

附　則　（略）

建築基準法に基づく指定建築基準適合判定資格者検定機関等に関する省令［抄］

平成 11 年 4 月 26 日［建設省令第 13 号］

最終改正─令和 3 年 8 月 31 日［国土交通省令第 53 号］

目　次

第1章　総則（第1条）‥‥‥‥‥‥‥‥‥‥‥‥‥‥‥‥‥‥‥‥‥‥‥‥‥‥‥573

第2章　指定建築基準適合判定資格者検定機関（第2条～第13条）‥‥‥‥‥‥‥573

第2章の2　指定構造計算適合判定資格者検定機関（第13条の2・第13条の3）‥‥576

第3章　指定確認検査機関（第14条～第31条の2）‥‥‥‥‥‥‥‥‥‥‥‥‥‥576

第3章の2　指定構造計算適合性判定機関（第31条の3～第31条の15）‥‥‥‥585

第4章　指定認定機関（第32条～第46条の2）‥‥‥‥‥‥‥‥‥‥‥‥‥‥‥‥591

第5章　承認認定機関（第47条～第57条）‥‥‥‥‥‥‥‥‥‥‥‥‥‥‥‥‥‥596

第6章　指定性能評価機関（第58条～第71条の2）‥‥‥‥‥‥‥‥‥‥‥‥‥‥597

第7章　承認性能評価機関（第72条～第79条）‥‥‥‥‥‥‥‥‥‥‥‥‥‥‥‥605

第8章　雑則（第80条）‥‥‥‥‥‥‥‥‥‥‥‥‥‥‥‥‥‥‥‥‥‥‥‥‥‥‥606

附　則　（略）

第1章 総 則

【用　語】

第1条　この規則において使用する用語は，建築基準法（以下「法」という。）において使用する用語の例による。

第2章　指定建築基準適合判定資格者検定機関

【指定建築基準適合判定資格者検定機関に係る指定の申請】

第2条　法第5条の2第1項に規定する指定を受けようとする者は，次に掲げる事項を記載した申請書を国土交通大臣に提出しなければならない。

一　名称及び住所

二　建築基準適合判定資格者検定事務を行おうとする事務所の名称及び所在地

三　建築基準適合判定資格者検定事務を開始しようとする年月日

2　前項の申請書には，次に掲げる書類を添えなければならない。

一　定款及び登記事項証明書

二　申請の日の属する事業年度の前事業年度における財産目録及び貸借対照表。ただし，申請の日の属する事業年度に設立された法人にあっては，その設立時における財産目録とする。

三　申請の日の属する事業年度及び翌事業年度における事業計画書及び収支予算書

四　申請に係る意思の決定を証する書類

五　役員の氏名及び略歴を記載した書類

六　組織及び運営に関する事項を記載した書類

七　建築基準適合判定資格者検定事務を行おうとする事務所ごとの検定用設備の概要及び整備計画を記載した書類

八　現に行っている業務の概要を記載した書類

九　建築基準適合判定資格者検定事務の実施の方法に関する計画を記載した書類

十　法第77条の7第1項に規定する建築基準適合判定資格者検定委員の選任に関する事項を記載した書類

土　法第77条の3第四号イ又はロの規定に関する役員の誓約書

土　その他参考となる事項を記載した書類

【指定建築基準適合判定資格者検定機関に係る名称等の変更の届出】

第3条　指定建築基準適合判定資格者検定機関は，法第77条の5第2項の規定による届出をしようとするときは，次に掲げる事項を記載した届出書を国土交通大臣に提出しなければならない。

一　変更後の指定建築基準適合判定資格者検定機関の名称若しくは住所又は建築基準適合判定資格者検定事務を行う事務所の所在地

二　変更しようとする年月日

三　変更の理由

【役員の選任及び解任の認可の申請】

第4条　指定建築基準適合判定資格者検定機関は，法第77条の6第1項の規定により認可を受けようとするときは，次に掲げる事項を記載した申請書を国土交通大臣に提出しなければならない。

 一 役員として選任しようとする者又は解任しようとする役員の氏名
 二 選任又は解任の理由
 三 選任の場合にあっては，その者の略歴

2 前項の場合において，選任の認可を受けようとするときは，同項の申請書に，当該選任に係る者の就任承諾書及び法第77条の 3 第四号イ又はロの規定に関する誓約書を添えなければならない。

【建築基準適合判定資格者検定委員の選任及び解任】

第 5 条 指定建築基準適合判定資格者検定機関は，法第77条の 7 第 3 項の規定による届出をしようとするときは，遅滞なく次に掲げる事項を記載した届出書を国土交通大臣に提出しなければならない。

 一 建築基準適合判定資格者検定委員の氏名
 二 選任又は解任の理由
 三 選任の場合にあっては，その者の略歴

【建築基準適合判定資格者検定事務規程の記載事項】

第 6 条 法第77条の 9 第 2 項に規定する建築基準適合判定資格者検定事務規程で定めるべき事項は，次のとおりとする。

 一 建築基準適合判定資格者検定事務を行う時間及び休日に関する事項
 二 建築基準適合判定資格者検定事務を行う事務所及び検定地に関する事項
 三 建築基準適合判定資格者検定事務の実施の方法に関する事項
 四 受検手数料の収納の方法に関する事項
 五 建築基準適合判定資格者検定委員の選任及び解任に関する事項
 六 建築基準適合判定資格者検定事務に関する秘密の保持に関する事項
 七 建築基準適合判定資格者検定事務に関する帳簿及び書類の管理に関する事項
 八 その他建築基準適合判定資格者検定事務の実施に関し必要な事項

【建築基準適合判定資格者検定事務規程の認可の申請】

第 7 条 指定建築基準適合判定資格者検定機関は，法第77条の 9 第 1 項前段の規定により認可を受けようとするときは，申請書に，当該認可に係る建築基準適合判定資格者検定事務規程を添え，これを国土交通大臣に提出しなければならない。

2 指定建築基準適合判定資格者検定機関は，法第77条の 9 第 1 項後段の規定により認可を受けようとするときは，次に掲げる事項を記載した申請書を国土交通大臣に提出しなければならない。

 一 変更しようとする事項
 二 変更しようとする年月日
 三 変更の理由

【事業計画等の認可の申請】

第 8 条 指定建築基準適合判定資格者検定機関は，法第77条の10第 1 項前段の規定により認可を受けようとするときは，申請書に，当該認可に係る事業計画書及び収支予算書を添え，これを国土交通大臣に提出しなければならない。

2 指定建築基準適合判定資格者検定機関は，法第77条の10第 1 項後段の規定により認可を受けようとするときは，次に掲げる事項を記載した申請書を国土交通大臣に提出しなければならない。

 一 変更しようとする事項
 二 変更しようとする年月日
 三 変更の理由

【帳　簿】

第9条　法第77条の11に規定する国土交通省令で定める建築基準適合判定資格者検定事務に関する事項は，次のとおりとする。

一　検定年月日

二　検定地

三　受検者の受検番号，氏名，生年月日及び合否の別

四　合格年月日

2　前項各号に掲げる事項が，電子計算機（入出力装置を含む。以下同じ。）に備えられたファイル又は磁気ディスク（これに準ずる方法により一定の事項を確実に記録しておくことができる物を含む。以下同じ。）に記録され，必要に応じ指定建築基準適合判定資格者検定機関において電子計算機その他の機器を用いて明確に紙面に表示されるときは，当該記録をもって法第77条の11に規定する帳簿への記載に代えることができる。

3　法第77条の11に規定する帳簿（前項の規定による記録が行われた同項のファイル又は磁気ディスクを含む。）は，第12条の規定による引継ぎを完了するまで保存しなければならない。

【建築基準適合判定資格者検定事務の実施結果の報告】

第10条　指定建築基準適合判定資格者検定機関は，建築基準適合判定資格者検定を実施したときは，遅滞なく次に掲げる事項を記載した報告書を国土交通大臣に提出しなければならない。

一　検定年月日

二　検定地

三　受検者数

四　合格者数

五　合格年月日

2　前項の報告書には，合格者の受検番号，氏名及び生年月日を記載した合格者一覧表を添えなければならない。

【建築基準適合判定資格者検定事務の休廃止の許可】

第11条　指定建築基準適合判定資格者検定機関は，法第77条の14第1項の規定により許可を受けようとするときは，次に掲げる事項を記載した申請書を国土交通大臣に提出しなければならない。

一　休止し，又は廃止しようとする建築基準適合判定資格者検定事務の範囲

二　休止し，又は廃止しようとする年月日及び休止しようとする場合にあっては，その期間

三　休止又は廃止の理由

【建築基準適合判定資格者検定事務等の引継ぎ】

第12条　指定建築基準適合判定資格者検定機関（国土交通大臣が法第77条の15第1項又は第2項の規定により指定建築基準適合判定資格者検定機関の指定を取り消した場合にあっては，当該指定建築基準適合判定資格者検定機関であった者）は，法第77条の16第3項に規定する場合には，次に掲げる事項を行わなければならない。

一　建築基準適合判定資格者検定事務を国土交通大臣に引き継ぐこと。

二　建築基準適合判定資格者検定事務に関する帳簿及び書類を国土交通大臣に引き継ぐこと。

三　その他国土交通大臣が必要と認める事項

【公 示】

第13条 法第77条の5第1項及び第3項，法第77条の14第3項，法第77条の15第3項並びに法第77条の16第2項の規定による公示は，官報で告示することによって行う。

第2章の2　指定構造計算適合判定資格者検定機関

【指定構造計算適合判定資格者検定機関に係る指定の申請】

第13条の2 法第5条の5第1項に規定する指定を受けようとする者は，次に掲げる事項を記載した申請書を国土交通大臣に提出しなければならない。
一　名称及び住所
二　構造計算適合判定資格者検定事務を行おうとする事務所の名称及び所在地
三　構造計算適合判定資格者検定事務を開始しようとする年月日

【準 用】

第13条の3 第2条第2項の規定は法第5条の5第1項に規定する指定の申請に，第3条から第13条までの規定は指定構造計算適合判定資格者検定機関について準用する。

第3章　指定確認検査機関

【指定確認検査機関に係る指定の申請】

第14条 法第77条の18第1項の規定による指定を受けようとする者は，2以上の都道府県の区域において確認検査の業務を行おうとする場合にあっては国土交通大臣に，1の都道府県の区域において確認検査の業務を行おうとする場合にあっては当該都道府県知事に，別記第1号様式の指定確認検査機関指定申請書に次に掲げる書類を添えて，これを提出しなければならない。
一　定款及び登記事項証明書
二　申請の日の属する事業年度の前事業年度における財産目録及び貸借対照表。ただし，申請の日の属する事業年度に設立された法人にあっては，その設立時における財産目録とする。
三　申請の日の属する事業年度及び翌事業年度における事業計画書及び収支予算書で確認検査の業務に係る事項と他の業務に係る事項とを区分したもの
四　申請に係る意思の決定を証する書類
五　申請者が法人である場合においては，役員又は第18条に規定する構成員の氏名及び略歴（構成員が法人である場合は，その法人の名称）を記載した書類
六　組織及び運営に関する事項を記載した書類
七　事務所の所在地を記載した書類
八　申請者（法人である場合においてはその役員）が法第77条の19第一号及び第二号に該当しない旨の市町村（特別区を含む。以下同じ。）の長の証明書
八の二　申請者（法人である場合においてはその役員）が法第77条の19第九号に該当しない者であることを誓約する書類
九　申請者が法人である場合においては，発行済株式総数の5/100以上の株式を有する株主又は出資の総額の5/100以上に相当する出資をしている者の氏名又は名称，住所及びその有する株式の数又はその者のなした出資の価額を記載した書類
十　別記第2号様式による確認検査の業務の予定件数を記載した書類
十の二　別記第2号の2様式による過去20事業年度以内において確認検査を行った件数を

記載した書類

十一　確認検査員の氏名及び略歴を記載した書類並びに当該確認検査員が建築基準適合判定資格者であることを証する書類

十二　現に行っている業務の概要を記載した書類

十三　確認検査の業務の実施に関する計画を記載した書類

十四　申請者の親会社等について，前各号（第三号，第四号，第十号から第十一号まで及び前号を除く。）に掲げる書類（この場合において，第五号及び第八号から第九号までの規定中「申請者」とあるのは「申請者の親会社等」と読み替えるものとする。）

十五　申請者が確認検査の業務を実施するに当たり第三者に損害を加えた場合において，その損害の賠償に関し当該申請者が負うべき第17条第１項に規定する民事上の責任の履行を確保するために必要な金額を担保するための保険契約の締結その他の措置を講じている場合にあっては，当該措置の内容を証する書類

十六　その他参考となる事項を記載した書類

【指定確認検査機関に係る指定の区分】

第15条　法第77条の18第２項の国土交通省令で定める区分は，次に掲げるものとする。

一　床面積の合計が500m²以内の建築物（当該建築物の計画に含まれる建築基準法施行令（昭和25年政令第338号。以下「令」という。）第146条第１項各号に掲げる建築設備を含む。以下この条において同じ。）の建築確認を行う者としての指定

二　床面積の合計が500m²以内の建築物の完了検査及び中間検査を行う者としての指定

二の二　床面積の合計が500m²以内の建築物の仮使用認定（法第７条の６第１項第二号（法第87条の４又は法第88条第１項若しくは第２項において準用する場合を含む。）の規定による仮使用の認定をいう。以下同じ。）を行う者としての指定

三　床面積の合計が500m²を超え，2,000m²以内の建築物の建築確認を行う者としての指定

四　床面積の合計が500m²を超え，2,000m²以内の建築物の完了検査及び中間検査を行う者としての指定

四の二　床面積の合計が500m²を超え，2,000m²以内の建築物の仮使用認定を行う者としての指定

五　床面積の合計が2,000m²を超え，10,000m²以内の建築物の建築確認を行う者としての指定

六　床面積の合計が2,000m²を超え，10,000m²以内の建築物の完了検査及び中間検査を行う者としての指定

六の二　床面積の合計が2,000m²を超え，10,000m²以内の建築物の仮使用認定を行う者としての指定

七　床面積の合計が10,000m²を超える建築物の建築確認を行う者としての指定

八　床面積の合計が10,000m²を超える建築物の完了検査及び中間検査を行う者としての指定

八の二　床面積の合計が10,000m²を超える建築物の仮使用認定を行う者としての指定

九　小荷物専用昇降機以外の建築設備（建築物の計画に含まれるものを除く。次号において同じ。）の建築確認を行う者としての指定

十　小荷物専用昇降機以外の建築設備の完了検査及び中間検査を行う者としての指定

十一　小荷物専用昇降機（建築物の計画に含まれるものを除く。次号において同じ。）の建築確認を行う者としての指定

十二　小荷物専用昇降機の完了検査及び中間検査を行う者としての指定

　　圭　工作物の建築確認を行う者としての指定

　　古　工作物の完了検査及び中間検査を行う者としての指定

　　古の二　工作物の仮使用認定を行う者としての指定

【心身の故障により確認検査の業務を適正に行うことができない者】

第15条の2　法第77条の19第九号の国土交通省令で定める者は，精神の機能の障害により確認検査の業務を適正に行うに当たって必要な認知，判断及び意思疎通を適切に行うことができない者とする。

【確認検査員の数】

第16条　法第77条の20第一号の国土交通省令で定める数は，その事業年度において確認検査を行おうとする件数を，次の表の(い)欄に掲げる建築物，建築設備及び工作物の別並びに(ろ)欄に掲げる建築確認，完了検査，中間検査及び仮使用認定の別に応じて区分し，当該区分した件数をそれぞれ同表の(は)欄に掲げる値で除して得た数を合計したもの（1未満の端数は切り上げる。）とする。ただし，当該合計した数が2未満であるときは，2とする。

(い)	(ろ)	(は)
前条第一号から第二号の二まで建築物（法第6条第1項第四号に掲げる建築物及び法第68条の10第1項の認定（令第136条の2の11第一号に係る認定に限る。以下この条において同じ。）を受けた型式に適合する建築物の部分を有する建築物に限る。）	建築確認	2,600
	完了検査	860
	中間検査	860
	仮使用認定	860
前条第一号から第二号の二まで建築物（法第6条第1項第四号に掲げる建築物及び法第68条の10第1項の認定を受けた型式に適合する建築物の部分を有する建築物を除く。）	建築確認	590
	完了検査	720
	中間検査	780
	仮使用認定	720
前条第三号から第四号の二まで建築物	建築確認	360
	完了検査	510
	中間検査	680
	仮使用認定	510
前条第五号から第六号の二まで建築物	建築確認	230
	完了検査	320
	中間検査	450
	仮使用認定	320
前条第七号から第八号の二まで建築物	建築確認	200
	完了検査	230
	中間検査	340
	仮使用認定	230
前条第九号及び第十号の建築設備	建築確認	1,300
	完了検査	780
	中間検査	2,200

前条第十一号及び第十二号の小荷物専用昇降機	建築確認	2,600
	完了検査	1,000
	中間検査	3,500
前条第十三号から第十四号の二まで工作物	建築確認	1,900
	完了検査	1,000
	中間検査	3,300
	仮使用認定	1,000

【指定確認検査機関の有する財産の評価額】

第17条　法第77条の20第三号の国土交通省令で定める額は，その者が確認検査の業務を実施するに当たり第三者に損害を加えた場合において，その損害の賠償に関し当該その者が負うべき国家賠償法（昭和22年法律第125号）による責任その他の民事上の責任（同法の規定により当該確認検査に係る建築物又は工作物について法第6条第1項（法第87条第1項，法第87条の4又は法第88条第1項若しくは第2項において準用する場合を含む。）の規定による確認をする権限を有する建築主事が置かれた市町村又は都道府県（第31条において「所轄特定行政庁」という。）が当該損害の賠償の責めに任ずる場合における求償に応ずる責任を含む。）の履行を確保するために必要な額として次に掲げるもののうちいずれか高い額とする。

一　3,000万円。ただし，次のイ又はロのいずれかに該当する場合にあっては，それぞれ当該イ又はロに定める額とする。

イ　第15条第五号から第六号の二までのいずれかの指定を受けようとする場合（ロに該当する場合を除く。）　　1億円

ロ　第15条第七号から第八号の二までのいずれかの指定を受けようとする場合　　3億円

二　その事業年度において確認検査を行おうとする件数と当該事業年度の前事業年度から起算して過去20事業年度以内において行った確認検査の件数の合計数を，次の表の(い)欄に掲げる建築物，建築設備及び工作物の別に応じて区分し，当該区分した件数にそれぞれ同表の(ろ)欄に掲げる額を乗じて得た額を合計した額

(い)	(ろ)
第15条第一号から第二号の二まで建築物，同条第九号から第十二号までの建築設備並びに同条第十三号から第十四号の二まで工作物	200円
第15条第三号から第四号の二まで建築物	600円
第15条第五号から第六号の二まで建築物	2,000円
第15条第七号から第八号の二まで建築物	9,000円

2　法第77条の20第三号の財産の評価額（第4項において「財産の評価額」という。）は，次に掲げる額の合計額とする。

一　その事業年度の前事業年度における貸借対照表に計上された資産（創業費その他の繰延資産及びのれんを除く。以下同じ。）の総額から当該貸借対照表に計上された負債の総額を控除した額

二　その者が確認検査の業務を実施するに当たり第三者に損害を加えた場合において，そ

の損害の賠償に関し当該その者が負うべき前項に規定する民事上の責任の履行に必要な金額を担保するための保険契約を締結している場合にあっては，その契約の内容を証する書類に記載された保険金額

3　前項第一号の資産又は負債の価額は，資産又は負債の評価額が貸借対照表に計上された価額と異なることが明確であるときは，その評価額によって計算するものとする。

4　第2項の規定にかかわらず，前2項の規定により算定される額に増減があったことが明確であるときは，当該増減後の額を財産の評価額とするものとする。

【指定確認検査機関に係る構成員の構成】

第18条　法第77条の20第五号の国土交通省令で定める構成員は，次の各号に掲げる法人の種類ごとに，それぞれ当該各号に掲げるものとする。

一　一般社団法人又は一般財団法人　　社員又は評議員

二　会社法（平成17年法律第86号）第575条第1項の持分会社　　社員

三　会社法第2条第一号の株式会社　　株主

四　中小企業等協同組合法（昭和24年法律第181号）第3条の事業協同組合，事業協同小組合及び企業組合　　組合員

五　中小企業等協同組合法第3条の協同組合連合会　　直接又は間接にこれらを構成する者

六　その他の法人　　当該法人に応じて前各号に掲げる者に類するもの

【指定確認検査機関に係る名称等の変更の届出】

第19条　指定確認検査機関は，法第77条の21第2項の規定によりその名称若しくは住所又は確認検査の業務を行う事務所の所在地を変更しようとするときは，別記第3号様式の指定確認検査機関変更届出書を，その指定をした国土交通大臣又は都道府県知事（以下この章において「国土交通大臣等」という。）に提出しなければならない。

【指定確認検査機関の業務区域の変更に係る認可の申請】

第20条　指定確認検査機関は，法第77条の22第1項の規定により業務区域の増加に係る認可の申請をしようとするときは，別記第4号様式の指定確認検査機関業務区域増加認可申請書に第14条第一号から第五号まで，第七号，第十号，第十号の二，第十三号，第十五号及び第十六号に掲げる書類を添えて，これを国土交通大臣等に提出しなければならない。

【指定確認検査機関の業務区域の変更の届出】

第21条　指定確認検査機関は，法第77条の22第2項の規定により業務区域の減少の届出をしようとするときは，別記第5号様式の指定確認検査機関業務区域減少届出書を国土交通大臣等に提出しなければならない。

【指定換えの手続】

第22条　国土交通大臣若しくは地方整備局長又は都道府県知事は，指定確認検査機関が次の各号のいずれかに該当して引き続き確認検査の業務を行おうとする場合において，法第77条の18第1項に規定する指定をしたときは，遅滞なく，その旨を，従前の指定をした都道府県知事又は国土交通大臣若しくは地方整備局長に通知するものとする。

一　国土交通大臣又は地方整備局長の指定を受けた者が1の都道府県の区域内において確認検査の業務を行おうとするとき。

二　都道府県知事の指定を受けた者が2以上の都道府県の区域内において確認検査の業務を行おうとするとき。

2　国土交通大臣又は地方整備局長は，指定確認検査機関が次の各号のいずれかに該当して引き続き確認検査の業務を行おうとする場合において，法第77条の18第1項に規定する指定をしたときは，遅滞なく，その旨を，従前の指定をした地方整備局長又は国土交通大臣

に通知するものとする。

一　国土交通大臣の指定を受けた者が１の地方整備局の管轄区域内であって２以上の都府県の区域内において確認検査の業務を行おうとするとき。

二　地方整備局長の指定を受けた者が２以上の地方整備局又は北海道開発局の管轄区域内において確認検査の業務を行おうとするとき。

3　従前の指定をした都道府県知事又は国土交通大臣若しくは地方整備局長は，前２項の通知を受けた場合においては，その従前の指定を取り消し，その旨を公示しなければならない。

【指定確認検査機関に係る指定の更新】

第23条　第14条から第18条までの規定は，法第77条の23第１項の規定により指定確認検査機関が指定の更新を受けようとする場合について準用する。この場合において，第16条及び第17条第１項第二号中「その事業年度において確認検査を行おうとする件数」とあるのは，「指定の申請の日の属する事業年度の前事業年度において行った確認検査の件数」と読み替えるものとする。

【確認検査員の選任及び解任の届出】

第24条　指定確認検査機関は，法第77条の24第３項の規定によりその確認検査員の選任又は解任を届け出ようとするときは，別記第６号様式の指定確認検査機関確認検査員選任等届出書を国土交通大臣等に提出しなければならない。

【確認検査業務規程の認可の申請】

第25条　指定確認検査機関は，法第77条の27第１項前段の規定により確認検査業務規程の認可を受けようとするときは，別記第７号様式の指定確認検査機関確認検査業務規程認可申請書に当該認可に係る確認検査業務規程を添えて，これを国土交通大臣等に提出しなければならない。

2　指定確認検査機関は，法第77条の27第１項後段の規定により確認検査業務規程の変更の認可を受けようとするときは，別記第８号様式の指定確認検査機関確認検査業務規程変更認可申請書に当該変更の明細を記載した書面を添えて，これを国土交通大臣等に提出しなければならない。

【確認検査業務規程の記載事項】

第26条　法第77条の27第２項の国土交通省令で定める事項は，次のとおりとする。

一　確認検査の業務を行う時間及び休日に関する事項

二　事務所の所在地及びその事務所が確認検査の業務を行う区域に関する事項

三　確認検査の業務の範囲に関する事項

四　確認検査の業務の実施方法に関する事項

五　確認検査に係る手数料の収納の方法に関する事項

六　確認検査員の選任及び解任に関する事項

七　確認検査の業務に関する秘密の保持に関する事項

八　確認検査員の配置に関する事項

九　確認検査を行う際に携帯する身分証及びその携帯に関する事項

十　確認検査の業務の実施体制に関する事項

十一　確認検査の業務の公正かつ適確な実施を確保するための措置に関する事項

十二　法第77条の29の２各号に掲げる書類の備置き及び閲覧に関する事項

十三　その他確認検査の業務の実施に関し必要な事項

【掲示の記載事項及び様式】

第27条　法第77条の28の規定による国土交通省令で定める事項は，次のとおりとする。

　一　指定の番号
　二　指定の有効期間
　三　機関の名称
　四　代表者氏名
　五　主たる事務所の住所及び電話番号
　六　取り扱う建築物等
　七　実施する業務の態様
2　法第77条の28の規定により指定確認検査機関が行う掲示は別記第9号様式によるものとする。

　　【帳　簿】
第28条　法第77条の29第1項の確認検査の業務に関する事項で国土交通省令で定めるものは，次のとおりとする。
　一　次のイからニまでに掲げる区分に応じ，それぞれイからニまでに定める事項
　　イ　建築物　　建築基準法施行規則（昭和25年建設省令第40号。以下「施行規則」という。）別記第3号様式の建築計画概要書（第3面を除く。）に記載すべき事項
　　ロ　建築設備　　施行規則別記第8号様式による申請書の第2面に記載すべき事項
　　ハ　法第88条第1項に規定する工作物　　施行規則別記第10号様式（令第138条第2項第一号に掲げる工作物にあっては，施行規則別記第8号様式（昇降機用））による申請書の第2面に記載すべき事項
　　ニ　法第88条第2項に規定する工作物　　施行規則別記第11号様式による申請書の第2面に記載すべき事項
　二　法第6条の2第1項（法第87条第1項，法第87条の4又は法第88条第1項若しくは第2項において準用する場合を含む。）の規定による確認の引受けを行った年月日，法第7条の2第3項（法第87条の4又は法第88条第1項若しくは第2項において準用する場合を含む。次号において同じ。）及び法第7条の4第2項（法第87条の4又は法第88条第1項において準用する場合を含む。次号において同じ。）に規定する書面を交付した年月日並びに仮使用認定の引受けを行った年月日
　三　法第7条の2第3項及び法第7条の4第2項の通知を行った年月日
　四　法第7条の2第1項（法第87条の4又は法第88条第1項若しくは第2項において準用する場合を含む。）及び法第7条の4第1項（法第87条の4又は法第88条第1項において準用する場合を含む。）の検査を行なった年月日
　五　当該建築物等に係る確認検査を実施した確認検査員の氏名
　六　当該指定確認検査機関（次号において「機関」という。）が行った確認検査の結果
　七　機関が交付した確認済証，検査済証，中間検査合格証及び施行規則別記第35号の3様式の仮使用認定通知書の番号並びにこれらを交付した年月日
　八　当該建築物等に係る確認検査の業務に関する手数料の額
　九　法第6条の2第5項（法第87条第1項，法第87条の4又は法第88条第1項若しくは第2項において準用する場合を含む。次条第3項において同じ。），法第7条の2第6項（法第87条の4又は法第88条第1項若しくは第2項において準用する場合を含む。），法第7条の4第6項（法第87条の4又は法第88条第1項において準用する場合を含む。）及び法第7条の6第3項（法第87条の4又は法第88条第1項若しくは第2項において準用する場合を含む。）の規定による報告を行った年月日
2　前項各号に掲げる事項が，電子計算機に備えられたファイル又は磁気ディスクに記録され，必要に応じ指定確認検査機関において電子計算機その他の機器を用いて明確に紙面に

表示されるときは，当該記録をもって法第77条の29第 1 項に規定する帳簿への記載に代えることができる。

3　法第77条の29第 1 項に規定する帳簿（前項の規定による記録が行われた同項のファイル又は磁気ディスクを含む。）は，第31条の規定による引継ぎを完了するまで保存しなければならない。

【図書の保存】

第29条　法第77条の29第 2 項の確認検査の業務に関する書類で国土交通省令で定めるものは，施行規則第 3 条の 3 において準用する施行規則第 1 条の 3，施行規則第 2 条の 2 及び施行規則第 3 条，施行規則第 4 条の 4 の 2 において準用する施行規則第 4 条，施行規則第 4 条の11の 2 において準用する施行規則第 4 条の 8 並びに施行規則第 4 条の16第 2 項に規定する図書及び書類，施行規則第 3 条の 5 第 3 項第二号，施行規則第 4 条の 7 第 3 項第二号，施行規則第 4 条の14第 3 項第二号及び施行規則第 4 条の16の 2 第 3 項第二号に掲げる書類，法第 6 条の 3 第 7 項に規定する適合判定通知書又はその写し並びに建築物のエネルギー消費性能の向上に関する法律（平成27年法律第53号）第12条第 6 項に規定する適合判定通知書又はその写し（建築物のエネルギー消費性能の向上に関する法律施行規則（平成28年国土交通省令第 5 号）第 6 条第一号に掲げる場合にあっては同号に規定する認定書の写し，同条第二号に掲げる場合にあっては同号に規定する通知書又はその写し，同条第三号に掲げる場合にあっては同号に規定する通知書又はその写し。）とする。

2　前項の図書及び書類が，電子計算機に備えられたファイル又は磁気ディスクに記録され，必要に応じ指定確認検査機関において電子計算機その他の機器を用いて明確に紙面に表示されるときは，当該ファイル又は磁気ディスクをもって同項の図書及び書類に代えることができる。

3　法第77条の29第 2 項に規定する書類（前項の規定による記録が行われた同項のファイル又は磁気ディスクを含む。）は，当該建築物又は工作物に係る法第 6 条第 1 項又は法第 6 条の 2 第 1 項の規定による確認済証（計画の変更に係るものを除く。）の交付の日から15年間保存しなければならない。

【書類の閲覧等】

第29条の 2　法第77条の29の 2 第四号の国土交通省令で定める書類は，次の各号に掲げるものとする。

一　定款及び登記事項証明書

二　財産目録，貸借対照表及び正味財産増減計算書又は損益計算書

三　法人である場合にあっては，役員及び構成員の氏名及び略歴を記載した書類

四　法人である場合にあっては，発行済株式総数の 5 /100以上の株式を有する株主又は出資の総額の 5 /100以上に相当する出資をしている者の氏名又は名称及びその有する株式の数又はその者のなした出資の価額を記載した書類

五　法人であって，その者の親会社等が指定構造計算適合性判定機関である場合にあっては，当該親会社等の名称及び住所を記載した書類

2　指定確認検査機関は，法第77条の29の 2 第一号及び前項第二号に定める書類を，事業年度ごとに当該事業年度経過後 3 月以内に作成し，遅滞なく確認検査の業務を行う事務所ごとに備え置くものとする。

3　指定確認検査機関は，法第77条の29の 2 第二号及び第三号並びに第 1 項第一号及び第三号から第五号までに定める書類に記載した事項に変更を生じたときは，遅滞なく，当該書類の記載を変更しなければならない。

4　法第77条の29の 2 各号の書類が，電子計算機に備えられたファイル又は磁気ディスクに

583

記録され，必要に応じ確認検査の業務を行う事務所において電子計算機その他の機器を用いて明確に紙面に表示されるときは，当該ファイル又は磁気ディスクをもって同条各号の書類に代えることができる。この場合における同条の規定による閲覧は，当該ファイル又は磁気ディスクに記録されている事項を紙面又は入出力装置の映像面に表示する方法で行うものとする。

5　指定確認検査機関は，第2項の書類（前項の規定による記録が行われた同項のファイル又は磁気ディスクを含む。）を，当該書類を備え置いた日から起算して5年を経過する日までの間当該確認検査の業務を行う事務所に備え置くものとする。

6　指定確認検査機関は，法第77条の29の2各号の書類（第4項の規定による記録が行われた同項のファイル又は磁気ディスクを含む。）を閲覧に供するため，閲覧に関する規則を定め，確認検査の業務を行う事務所における備付けその他の適当な方法により公にしておかなければならない。

　　　【監督命令に係る公示の方法】

第29条の3　法第77条の30第2項の規定による公示は，次に掲げる事項について，国土交通大臣にあっては官報で，都道府県知事にあっては当該都道府県の公報又はウェブサイトへの掲載その他の適切な方法で行うものとする。

　一　監督命令をした年月日

　二　監督命令を受けた指定確認検査機関の名称及び事務所の所在地並びにその者が法人である場合にあっては代表者の氏名

　三　監督命令の内容

　四　監督命令の原因となった事実

　　　【特定行政庁による報告】

第29条の4　法第77条の31第3項の規定による報告は，次に掲げる事項について，文書をもって行うものとする。

　一　立入検査を行った指定確認検査機関の名称及び事務所の所在地

　二　立入検査を行った年月日

　三　法第77条の31第3項に規定する事実の概要及び当該事実を証する資料

　四　その他特定行政庁が必要と認めること

　　　【指定確認検査機関に係る業務の休廃止の届出】

第30条　指定確認検査機関は，法第77条の34第1項の規定により確認検査の業務の全部又は一部を休止し，又は廃止しようとするときは，別記第10号様式の指定確認検査機関業務休廃止届出書を国土交通大臣等に提出しなければならない。

2　指定確認検査機関は，前項の規定による提出をしたときは，当該指定確認検査機関業務休廃止届出書の写しを，その業務区域を所轄する特定行政庁（都道府県知事にあっては，その指定をした都道府県知事を除く。）に送付しなければならない。

　　　【処分の公示】

第30条の2　法第77条の35第3項の規定による公示は，次に掲げる事項について，国土交通大臣にあっては官報で，都道府県知事にあっては当該都道府県の公報又はウェブサイトへの掲載その他の適切な方法で行うものとする。

　一　処分をした年月日

　二　処分を受けた指定確認検査機関の名称及び事務所の所在地並びにその者が法人である場合にあっては代表者の氏名

　三　処分の内容

　四　処分の原因となった事実

【確認検査の業務の引継ぎ】

第31条 指定確認検査機関（国土交通大臣等が法第77条の35第1項又は第2項の規定により指定確認検査機関の指定を取り消した場合にあっては，当該指定確認検査機関であった者。次項において同じ。）は，法第77条の34第1項の規定により確認検査の業務の全部を廃止したとき又は法第77条の35第1項又は第2項の規定により指定を取り消されたときは，次に掲げる事項を行わなければならない。

一　確認検査の業務を，所轄特定行政庁に引き継ぐこと。

二　法第77条の29第1項の帳簿を国土交通大臣等に，同条第2項の書類を所轄特定行政庁に引き継ぐこと。

三　その他国土交通大臣等又は所轄特定行政庁が必要と認める事項

2　指定確認検査機関は，前項第二号の規定により書類を引き継ごうとするときは，あらかじめ，引継ぎの方法，時期その他の事項について，所轄特定行政庁に協議しなければならない。

第31条の2　（略）

第3章の2　指定構造計算適合性判定機関

【指定構造計算適合性判定機関に係る指定の申請】

第31条の3　法第77条の35の2第1項の規定による指定を受けようとする者は，2以上の都道府県の区域において構造計算適合性判定の業務を行おうとする場合にあっては国土交通大臣に，1の都道府県の区域において構造計算適合性判定の業務を行おうとする場合にあっては当該都道府県知事に，別記第10号の2様式の指定構造計算適合性判定機関指定申請書に次に掲げる書類を添えて，これを提出しなければならない。

一　定款及び登記事項証明書

二　申請の日の属する事業年度の前事業年度における財産目録及び貸借対照表。ただし，申請の日の属する事業年度に設立された法人にあっては，その設立時における財産目録とする。

三　申請の日の属する事業年度及び翌事業年度における事業計画書及び収支予算書で構造計算適合性判定の業務に係る事項と他の業務に係る事項とを区分したもの

四　申請に係る意思の決定を証する書類

五　申請者が法人である場合においては，役員又は第18条に規定する構成員の氏名及び略歴（構成員が法人である場合は，その法人の名称）を記載した書類

六　組織及び運営に関する事項を記載した書類

七　事務所の所在地を記載した書類

八　申請者（法人である場合においてはその役員）が法第77条の35の3第一号及び第二号に該当しない旨の市町村の長の証明書

九　申請者（法人である場合においてはその役員）が法第77条の35の3第九号に該当しない者であることを誓約する書類

十　申請者が法人である場合においては，発行済株式総数の5/100以上の株式を有する株主又は出資の総額の5/100以上に相当する出資をしている者の氏名又は名称，住所及びその有する株式の数又はその者のなした出資の価額を記載した書類

十の二　別記第10号の2の2様式による構造計算適合性判定の業務の予定件数を記載した書類

十の三　別記第10号の2の3様式による過去20事業年度以内において構造計算適合性判定

を行った件数を記載した書類

十一　構造計算適合性判定員の氏名及び略歴を記載した書類並びに当該構造計算適合性判定員が構造計算適合判定資格者であることを証する書類

十二　現に行っている業務の概要を記載した書類

十三　構造計算適合性判定の業務の実施に関する計画を記載した書類

十四　申請者の親会社等について，前各号（第三号，第四号，第十号の二から第十一号まで及び前号を除く。）に掲げる書類（この場合において，第五号及び第八号から第十号までの規定中「申請者」とあるのは「申請者の親会社等」と読み替えるものとする。）

十四の二　申請者が構造計算適合性判定の業務を実施するに当たり第三者に損害を加えた場合において，その損害の賠償に関し当該申請者が負うべき第31条の3の4第1項に規定する民事上の責任の履行を確保するために必要な金額を担保するための保険契約の締結その他の措置を講じている場合にあっては，当該措置の内容を証する書類

十五　その他参考となる事項を記載した書類

【心身の故障により構造計算適合性判定の業務を適正に行うことができない者】

第31条の3の2　法第77条の35の3第九号の国土交通省令で定める者は，精神の機能の障害により構造計算適合性判定の業務を適正に行うに当たって必要な認知，判断及び意思疎通を適切に行うことができない者とする。

【構造計算適合性判定員の数】

第31条の3の3　法第77条の35の4第一号の国土交通省令で定める数は，常勤換算方法で，構造計算適合性判定の件数（その事業年度において構造計算適合性判定を行おうとする件数を，次の表の(い)欄に掲げる構造計算適合性判定の別並びに(ろ)欄に掲げる建築物の別に応じて区分した件数をいう。）をそれぞれ同表の(は)欄に掲げる値で除して得た数を合計したもの（1未満の端数は切り上げる。）とする。ただし，当該合計した数が2未満であるときは，2とする。

(い)	(ろ)	(は)
特定構造計算基準又は特定増改築構造計算基準（法第20条第1項第二号イ又は第三号イに規定するプログラムによる構造計算によって確かめられる安全性を有することに係る部分に限る。）に適合するかどうかの判定	床面積の合計が1,000m²以内の建築物	480
	床面積の合計が1,000m²を超え，2,000m²以内の建築物	320
	床面積の合計が2,000m²を超え，10,000m²以内の建築物	270
	床面積の合計が10,000m²を超え，50,000m²以内の建築物	190
	床面積の合計が50,000m²を超える建築物	90
特定構造計算基準又は特定増改築構造計算基準（法第20第1項第二号イに規定する方法による構造計算によって確かめられる安全性を有することに係る部分に限る。）に適合するかどうかの判定	床面積の合計が1,000m²以内の建築物	240
	床面積の合計が1,000m²を超え，2,000m²以内の建築物	160
	床面積の合計が2,000m²を超え，10,000m²以内の建築物	130
	床面積の合計が10,000m²を超え，50,000m²以内の建築物	90
	床面積の合計が50,000m²を超える建築物	40

2　前項の常勤換算方法とは，指定構造計算適合性判定機関の構造計算適合性判定員（職員である者に限る。以下この項において同じ。）のそれぞれの勤務延べ時間数の総数を常勤の構造計算適合性判定員が勤務する時間数で除することにより常勤の構造計算適合性判定員の数に換算する方法をいう。

【指定構造計算適合性判定機関の有する財産の評価額】

第31条の3の4　法第77条の35の4第三号の国土交通省令で定める額は，その者が構造計算適合性判定の業務を実施するに当たり第三者に損害を加えた場合において，その損害の賠償に関し当該その者が負うべき国家賠償法による責任その他の民事上の責任（同法の規定により当該構造計算適合性判定に係る建築物について法第6条の3第1項の規定による構造計算適合性判定を行う権限を有する都道府県知事が統括する都道府県が当該損害の賠償の責めに任ずる場合における求償に応ずる責任を含む。）の履行を確保するために必要な額として次に掲げるもののうちいずれか高い額とする。

一　1,500万円。ただし，次のイ又はロのいずれかに該当する場合にあっては，それぞれ当該イ又はロに定める額とする。

　イ　床面積の合計が2,000m²を超え，10,000m²以内の建築物に係る構造計算適合性判定を行おうとする場合（ロに該当する場合を除く。）　5,000万円

　ロ　床面積の合計が10,000m²を超える建築物に係る構造計算適合性判定を行おうとする場合　1億5,000万円

二　その事業年度において構造計算適合性判定を行おうとする件数と当該事業年度の前事業年度から起算して過去20事業年度以内において行った構造計算適合性判定の件数の合計数を，次の表の(い)欄に掲げる建築物の別に応じて区分し，当該区分した件数にそれぞれ同表の(ろ)欄に掲げる額を乗じて得た額を合計した額

(い)	(ろ)
床面積の合計が500m²以内の建築物	100円
床面積の合計が500m²を超え，2,000m²以内の建築物	300円
床面積の合計が2,000m²を超え，10,000m²以内の建築物	1,000円
床面積の合計が10,000m²を超える建築物	4,500円

2　第17条第2項から第4項までの規定は，法第77条の35の4第三号の財産の評価額について準用する。この場合において，第17条第2項第二号中「確認検査」とあるのは，「構造計算適合性判定」と読み替えるものとする。

【指定構造計算適合性判定機関に係る名称等の変更の届出】

第31条の4　指定構造計算適合性判定機関は，法第77条の35の5第2項の規定によりその名称又は住所を変更しようとするときは，別記第10号の3様式の指定構造計算適合性判定機関名称等変更届出書を，その指定した国土交通大臣又は都道府県知事（以下この章において「国土交通大臣等」という。）に提出しなければならない。

【指定構造計算適合性判定機関の業務区域の変更に係る認可の申請】

第31条の4の2　指定構造計算適合性判定機関は，法第77条の35の6第1項の規定により業務区域の増加又は減少に係る認可の申請をしようとするときは，別記第10号の3の2様式の指定構造計算適合性判定機関業務区域変更認可申請書に第31条の3第一号から第五号まで，第七号，第十号の二，第十号の三，第十三号，第十四号の二及び第十五号に掲げる書類を添えて，これを国土交通大臣等に提出しなければならない。

【指定構造計算適合性判定機関に係る指定の更新】

第31条の5　　第31条の3から第31条の3の4までの規定は，法第77条の35の7第1項の規定により，指定構造計算適合性判定機関が指定の更新を受けようとする場合について準用する。この場合において，第31条の3の3第1項及び第31条の3の4第1項第二号中「その事業年度において構造計算適合性判定を行おうとする件数」とあるのは，「指定の申請の日の属する事業年度の前事業年度において行った構造計算適合性判定の件数」と読み替えるものとする。

【委任都道府県知事に対する指定構造計算適合性判定機関に係る名称等の変更の届出】

第31条の6　　国土交通大臣の指定に係る指定構造計算適合性判定機関は，法第77条の35の8第2項の規定によりその名称又は住所を変更しようとするときは，別記第10号の3様式の指定構造計算適合性判定機関名称等変更届出書を委任都道府県知事に，構造計算適合性判定の業務を行う事務所の所在地を変更しようとするときは，別記第10号の3の3様式の指定構造計算適合性判定機関事務所所在地変更届出書を関係委任都道府県知事に，提出しなければならない。

2　　都道府県知事の指定に係る指定構造計算適合性判定機関は，法第77条の35の8第3項の規定により構造計算適合性判定の業務を行う事務所の所在地を変更しようとするときは，別記第10号の3の3様式の指定構造計算適合性判定機関事務所所在地変更届出書を，委任都道府県知事に提出しなければならない。

【構造計算適合性判定員の選任及び解任の届出】

第31条の7　　指定構造計算適合性判定機関は，法第77条の35の9第3項の規定により構造計算適合性判定員の選任又は解任を届け出ようとするときは，別記第10号の4様式の指定構造計算適合性判定機関構造計算適合性判定員選任等届出書を国土交通大臣等に提出しなければならない。

2　　指定構造計算適合性判定機関は，前項の規定による提出をしたときは，遅滞なく，その指定構造計算適合性判定機関構造計算適合性判定員選任等届出書の写しを，関係委任都道府県知事（その指定をした都道府県知事を除く。）に送付しなければならない。

【構造計算適合性判定業務規程の認可の申請】

第31条の8　　指定構造計算適合性判定機関は，法第77条の35の12第1項前段の規定により構造計算適合性判定業務規程の認可を受けようとするときは，別記第10号の5様式の指定構造計算適合性判定機関構造計算適合性判定業務規程認可申請書に当該認可に係る構造計算適合性判定業務規程を添えて，これを国土交通大臣等に提出しなければならない。

2　　指定構造計算適合性判定機関は，法第77条の35の12第1項後段の規定により構造計算適合性判定業務規程の変更の認可を受けようとするときは，別記第10号の6様式の指定構造計算適合性判定機関構造計算適合性判定業務規程変更認可申請書に当該変更の明細を記載した書面を添えて，これを国土交通大臣等に提出しなければならない。

3　　指定構造計算適合性判定機関は，法第77条の35の12第1項の認可を受けたときは，遅滞なく，その構造計算適合性判定業務規程を関係委任都道府県知事（その指定をした都道府県知事を除く。）に送付しなければならない。

【構造計算適合性判定業務規程の記載事項】

第31条の9　　法第77条の35の12第2項の国土交通省令で定める事項は，次のとおりとする。

一　構造計算適合性判定の業務を行う時間及び休日に関する事項

二　事務所の所在地及びその事務所が構造計算適合性判定の業務を行う区域に関する事項

三　構造計算適合性判定の業務の範囲に関する事項

四　構造計算適合性判定の業務の実施方法に関する事項

五　構造計算適合性判定に係る手数料の収納の方法に関する事項
六　構造計算適合性判定員の選任及び解任に関する事項
七　構造計算適合性判定の業務に関する秘密の保持に関する事項
八　構造計算適合性判定員の配置に関する事項
九　構造計算適合性判定の業務の実施体制に関する事項
十　構造計算適合性判定の業務の公正かつ適確な実施を確保するための措置に関する事項
十一　法第77条の35の15各号に掲げる書類の備置き及び閲覧に関する事項
十二　その他構造計算適合性判定の業務の実施に関し必要な事項

【掲示の記載事項及び様式】

第31条の9の2　法第77条の35の13の規定による国土交通省令で定める事項は，次のとおりとする。

一　指定の番号
二　指定の有効期間
三　機関の名称
四　代表者氏名
五　主たる事務所の住所及び電話番号
六　委任都道府県知事
七　取り扱う建築物

2　法第77条の35の13の規定により指定構造計算適合性判定機関が行う掲示は別記第10号の6の2様式によるものとする。

【帳　簿】

第31条の10　法第77条の35の14第1項の構造計算適合性判定の業務に関する事項で国土交通省令で定めるものは，次のとおりとする。

一　別記第18号の2様式による申請書の第2面及び第3面並びに別記第42号の12の2様式による通知書の第2面及び第3面に記載すべき事項
二　法第18条の2第4項において読み替えて適用する法第6条の3第1項の規定による構造計算適合性判定の申請を受理した年月日及び法第18条の2第4項において読み替えて適用する法第18条第4項の規定による通知を受けた年月日
三　構造計算適合性判定を実施した構造計算適合性判定員の氏名
四　構造計算適合性判定の結果
五　構造計算適合性判定の結果を記載した通知書の番号及びこれを交付した年月日
六　構造計算適合性判定の業務に関する手数料の額

2　前項各号に掲げる事項が，電子計算機に備えられたファイル又は磁気ディスクに記録され，必要に応じ指定構造計算適合性判定機関において電子計算機その他の機器を用いて明確に紙面に表示されるときは，当該記録をもって法第77条の35の14第1項に規定する帳簿への記載に代えることができる。

3　法第77条の35の14第1項に規定する帳簿（前項の規定による記録が行われた同項のファイル又は磁気ディスクを含む。）は，第31条の14の規定による引継ぎを完了するまで保存しなければならない。

【図書の保存】

第31条の11　法第77条の35の14第2項の構造計算適合性判定の業務に関する書類で国土交通省令で定めるものは，施行規則第3条の10において準用する施行規則第3条の7（施行規則第8条の2第7項において準用する場合を含む。）に規定する図書及び書類とする。

2　前項の図書及び書類が，電子計算機に備えられたファイル又は磁気ディスクに記録さ

れ，必要に応じ指定構造計算適合性判定機関において電子計算機その他の機器を用いて明確に紙面に表示されるときは，当該ファイル又は磁気ディスクをもって同項の図書及び書類に代えることができる。

3　法第77条の35の14第2項に規定する書類（前項の規定による記録が行われた同項のファイル又は磁気ディスクを含む。）は，法第18条の2第4項の規定により読み替えて適用する法第6条の3第4項又は法第18条第7項の規定による通知書の交付の日から15年間保存しなければならない。

【書類の閲覧等】

第31条の11の2　法第77条の35の15第四号の国土交通省令で定める書類は，次の各号に掲げるものとする。

　一　定款及び登記事項証明書

　二　財産目録，貸借対照表及び正味財産増減計算書又は損益計算書

　三　法人である場合にあっては，役員及び構成員の氏名及び略歴を記載した書類

　四　法人である場合にあっては，発行済株式総数の5/100以上の株式を有する株主又は出資の総額の5/100以上に相当する出資をしている者の氏名又は名称及びその有する株式の数又はその者のなした出資の価額を記載した書類

　五　法人であって，その者の親会社等が指定確認検査機関である場合にあっては，当該親会社等の名称及び住所を記載した書類

2　指定構造計算適合性判定機関は，法第77条の35の15第一号及び前項第二号に定める書類を，事業年度ごとに当該事業年度経過後3月以内に作成し，遅滞なく構造計算適合性判定の業務を行う事務所ごとに備え置くものとする。

3　指定構造計算適合性判定機関は，法第77条の35の15第二号及び第三号並びに第1項第一号及び第三号から第五号までに定める書類に記載した事項に変更を生じたときは，遅滞なく，当該書類の記載を変更しなければならない。

4　法第77条の35の15各号の書類が，電子計算機に備えられたファイル又は磁気ディスクに記録され，必要に応じ構造計算適合性判定の業務を行う事務所において電子計算機その他の機器を用いて明確に紙面に表示されるときは，当該ファイル又は磁気ディスクをもって同条各号の書類に代えることができる。この場合における同条の規定による閲覧は，当該ファイル又は磁気ディスクに記録されている事項を紙面又は入出力装置の映像面に表示する方法で行うものとする。

5　指定構造計算適合性判定機関は，第2項の書類（前項の規定による記録が行われた同項のファイル又は磁気ディスクを含む。）を，当該書類を備え置いた日から起算して5年を経過する日までの間当該構造計算適合性判定の業務を行う事務所に備え置くものとする。

6　指定構造計算適合性判定機関は，法第77条の35の15各号の書類（第4項の規定による記録が行われた同項のファイル又は磁気ディスクを含む。）を閲覧に供するため，閲覧に関する規則を定め，構造計算適合性判定の業務を行う事務所における備付けその他の適当な方法により公にしておかなければならない。

【監督命令に係る公示の方法】

第31条の11の3　法第77条の35の16第2項の規定による公示は，次に掲げる事項について，国土交通大臣にあっては官報で，都道府県知事にあっては当該都道府県の公報又はウェブサイトへの掲載その他の適切な方法で行うものとする。

　一　監督命令をした年月日

　二　監督命令を受けた指定構造計算適合性判定機関の名称及び事務所の所在地並びにその者が法人である場合にあっては代表者の氏名

三　監督命令の内容

四　監督命令の原因となった事実

【委任都道府県知事による報告】

第31条の11の4　法第77条の35の17第2項の規定による報告は，次に掲げる事項について，文書をもって行うものとする。

一　立入検査を行った指定構造計算適合性判定機関の名称及び事務所の所在地

二　立入検査を行った年月日

三　法第77条の35の17第2項に規定する事実の概要及び当該事実を証する資料

四　その他委任都道府県知事が必要と認めること

【指定構造計算適合性判定機関に係る業務の休廃止の許可の申請】

第31条の12　指定構造計算適合性判定機関は，法第77条の35の18第1項の規定により構造計算適合性判定の業務の全部又は一部を休止し，又は廃止しようとするときは，別記第10号の7様式の指定構造計算適合性判定機関業務休廃止許可申請書を国土交通大臣等に提出しなければならない。

【処分の公示】

第31条の13　法第77条の35の19第3項の規定による公示は，次に掲げる事項について，国土交通大臣にあっては官報で，都道府県知事にあっては都道府県の公報又はウェブサイトへの掲載その他の適切な方法で行うものとする。

一　処分をした年月日

二　処分を受けた指定構造計算適合性判定機関の名称及び事務所の所在地並びにその者が法人である場合にあっては代表者の氏名

三　処分の内容

四　処分の原因となった事実

【構造計算適合性判定の業務の引継ぎ】

第31条の14　指定構造計算適合性判定機関（国土交通大臣等が法第77条の35の19第1項又は第2項の規定により指定構造計算適合性判定機関の指定を取り消した場合にあっては，当該指定構造計算適合性判定機関であった者）は，法第77条の35の21第3項に規定する場合には，次に掲げる事項を行わなければならない。

一　構造計算適合性判定の業務を，委任都道府県知事に引き継ぐこと。

二　法第77条の35の14第1項の帳簿を国土交通大臣等に，同条第2項の書類を委任都道府県知事に引き継ぐこと。

三　その他国土交通大臣等又は委任都道府県知事が必要と認める事項

2　指定構造計算適合性判定機関は，前項第二号の規定により書類を引き継ごうとするときは，あらかじめ，引継ぎの方法，時期その他の事項について，委任都道府県知事に協議しなければならない。

【準　用】

第31条の15　第22条の規定は，法第77条の35の2第1項に規定する指定をしたときについて準用する。

第4章　指定認定機関

【指定認定機関に係る指定の申請】

第32条　法第77条の36第1項の規定による指定を受けようとする者は，別記第11号様式の指定認定機関指定申請書に次に掲げる書類を添えて，これを国土交通大臣に提出しなければ

ならない。

一　定款及び登記事項証明書

二　申請の日の属する事業年度の前事業年度における財産目録及び貸借対照表。ただし，申請の日の属する事業年度に設立された法人にあっては，その設立時における財産目録とする。

三　申請の日の属する事業年度及び翌事業年度における事業計画書及び収支予算書で認定等の業務に係る事項と他の業務に係る事項とを区分したもの

四　申請に係る意思の決定を証する書類

五　申請者が法人である場合においては，役員又は第18条に規定する構成員の氏名及び略歴（構成員が法人である場合は，その法人の名称）を記載した書類

六　組織及び運営に関する事項を記載した書類

七　事務所の所在地を記載した書類

八　申請者（法人である場合においてはその役員）が法第77条の37第一号及び第二号に該当しない旨の市町村の長の証明書

九　申請者（法人である場合においてはその役員）が法第77条の37第五号に該当しない者であることを誓約する書類

十　申請者が法人である場合においては，発行済株式総数の5/100以上の株式を有する株主又は出資の総額の5/100以上に相当する出資をしている者の氏名又は名称，住所及びその有する株式の数又はその者のなした出資の価額を記載した書類

十一　認定員の氏名及び略歴を記載した書類

十二　現に行っている業務の概要を記載した書類

十三　認定等の業務の実施に関する計画を記載した書類

十四　その他参考となる事項を記載した書類

【指定認定機関に係る指定の区分】

第33条　法第77条の36第2項の国土交通省令で定める区分は，行おうとする処分について次に掲げるものとする。

一　型式適合認定を行う者としての指定

二　型式部材等に係る法第68条の11第1項の規定による認証及び法第68条の14第1項の規定による認証の更新並びに法第68条の11第3項の規定による公示を行う者としての指定

三　型式部材等に係る法第68条の22第1項の規定による認証及び法第68条の22第2項において準用する法第68条の14第1項の規定による認証の更新並びに法第68条の22第2項において準用する法第68条の11第3項の規定による公示を行う者としての指定

2　前項各号に掲げる指定の申請は，次に掲げる建築物の部分又は工作物の部分の区分を明らかにして行うものとする。

一　令第136条の2の11第一号に掲げる建築物の部分

二　防火設備

二の二　換気設備

三　屎尿浄化槽又は合併処理浄化槽

四　非常用の照明装置

五　給水タンク又は貯水タンク

六　冷却塔設備

七　エレベーターの部分で昇降路及び機械室以外のもの

八　エスカレーター

九　避雷設備

十　乗用エレベーターで観光のためのもの（一般交通の用に供するものを除く。）の部分で，昇降路及び機械室以外のもの

十一　エスカレーターで観光のためのもの（一般交通の用に供するものを除く。）の部分で，トラス又ははりを支える部分以外のもの

十二　ウォーターシュート，コースターその他これらに類する高架の遊戯施設又はメリーゴーラウンド，観覧車，オクトパス，飛行塔その他これらに類する回転運動をする遊戯施設で原動機を使用するものの部分のうち，かご，車両その他人を乗せる部分及びこれを支え，又は吊る構造上主要な部分並びに非常止め装置の部分

【心身の故障により認定等の業務を適正に行うことができない者】

第33条の2　法第77条の37第五号の国土交通省令で定める者は，精神の機能の障害により認定等の業務を適正に行うに当たって必要な認知，判断及び意思疎通を適切に行うことができない者とする。

【指定認定機関に係る名称等の変更の届出】

第34条　指定認定機関は，法第77条の39第2項の規定によりその名称若しくは住所又は認定等の業務を行う事務所の所在地を変更しようとするときは，別記第12号様式の指定認定機関変更届出書を国土交通大臣に提出しなければならない。

【指定認定機関の業務区域の変更に係る許可の申請】

第35条　指定認定機関は，法第77条の40第1項の規定により業務区域の増加又は減少に係る許可の申請をしようとするときは，別記第13号様式の指定認定機関業務区域変更許可申請書に第32条第一号から第五号まで，第七号，第十三号及び第十四号に掲げる書類を添えて，これを国土交通大臣に提出しなければならない。

【指定認定機関に係る指定の更新】

第36条　法第77条の41第1項の規定により，指定認定機関が指定の更新を受けようとする場合は，第32条及び第33条の規定を準用する。

【認定等の方法】

第37条　法第77条の42第1項の国土交通省令で定める方法は，次の各号に掲げる処分の区分に応じ，それぞれ当該各号に定めるものとする。

一　型式適合認定　次に定める方法に従い，認定員2名以上によって行うこと。

イ　施行規則第10条の5の2に規定する形式適合認定申請書及びその添付図書をもって，当該申請に係る建築物の部分又は工作物の部分ごとに，それぞれ令第136条の2の11各号又は令第144条の2に掲げる一連の規定に適合しているかどうかについて審査を行うこと。

ロ　審査を行うに際し，書類の記載事項に疑義があり，提出された書類のみでは令第136条の2の11各号又は令第144条の2に掲げる一連の規定に適合しているかどうかの判断ができないと認めるときは，追加の書類を求めて審査を行うこと。

二　型式部材等製造者の認証（法第68条の11第1項（法第88条第1項において準用する場合を含む。以下同じ。）又は法第68条の22第1項（法第88条第1項において準用する場合を含む。以下同じ。）の規定による認証及び法第68条の14第1項（法第68条の22第2項（法第88条第1項において準用する場合を含む。以下同じ。）及び法第88条第1項において準用する場合を含む。以下同じ。）の規定による認証の更新をいう。以下同じ。）

次に定める方法に従い，認定員2名以上によって行うこと。

イ　施行規則第10条の5の5に規定する形式部材等製造者認証申請書及びその添付図書をもって行うこと。

ロ　審査を行うに際し，書類の記載事項に疑義があり，提出された書類のみでは法第68

条の13各号に掲げる基準に適合しているかどうかの判断ができないと認めるときは，追加の書類を求めて審査を行うこと。

ハ　施行規則第11条の2の3第2項各号に掲げる場合を除き，当該申請に係る工場その他の事業場（以下この章において「工場等」という。）において実地に行うこと。

【認定員の要件】

第38条　法第77条の42第2項の国土交通省令で定める要件は，次の各号に掲げる場合に応じ，それぞれ当該各号に該当する者であることとする。

一　型式適合認定を行う場合　　次のイからニまでのいずれかに該当する者

イ　学校教育法に基づく大学又はこれに相当する外国の学校において建築学，機械工学，電気工学，衛生工学その他の認定等の業務に関する科目を担当する教授若しくは准教授の職にあり，又はあった者

ロ　建築，機械，電気若しくは衛生その他の認定等の業務に関する分野の試験研究機関において試験研究の業務に従事し，又は従事した経験を有する者で，かつ，これらの分野について高度の専門的知識を有する者

ハ　建築基準適合判定資格者検定に合格した者で，かつ，建築物の敷地，構造及び建築設備の安全上，防火上又は衛生上の観点からする審査又は検査に係る部門の責任者としてこれらの業務に関して3年以上の実務の経験を有する者

ニ　国土交通大臣がイからハまでに掲げる者と同等以上の知識及び経験を有すると認める者

二　型式部材等製造者の認証を行う場合　　次のイからハまでのいずれかに該当する者

イ　前号イからハまでのいずれかに該当する者

ロ　建築材料又は建築物の部分の製造，検査又は品質管理（工場等で行われるものに限る。）に係る部門の責任者としてこれらの業務に関して5年以上の実務の経験を有する者

ハ　国土交通大臣がイ又はロに掲げる者と同等以上の知識及び経験を有すると認める者

【認定員の選任及び解任の届出】

第39条　指定認定機関は，法第77条の42第3項の規定によりその認定員の選任又は解任を届け出ようとするときは，別記第14号様式の指定認定機関認定員選任等届出書を国土交通大臣に提出しなければならない。

【認定等業務規程の認可の申請】

第40条　指定認定機関は，法第77条の45第1項前段の規定により認定等業務規程の認可を受けようとするときは，別記第15号様式の指定認定機関認定等業務規程認可申請書に当該認可に係る認定等業務規程を添えて，これを国土交通大臣に提出しなければならない。

2　指定認定機関は，法第77条の45第1項後段の規定により認定等業務規程の変更の認可を受けようとするときは，別記第16号様式の指定認定機関認定等業務規程変更認可申請書に当該変更の明細を記載した書面を添えて，これを国土交通大臣に提出しなければならない。

【認定等業務規程の記載事項】

第41条　法第77条の45第2項の国土交通省令で定める事項は，次のとおりとする。

一　認定等の業務を行う時間及び休日に関する事項

二　事務所の所在地及びその事務所が認定等の業務を行う区域に関する事項

三　認定等の業務の範囲に関する事項

四　認定等の業務の実施方法に関する事項

五　認定等に係る手数料の収納の方法に関する事項

　六　認定員の選任及び解任に関する事項
　七　認定等の業務に関する秘密の保持に関する事項
　八　認定等の業務の実施体制に関する事項
　九　認定等の業務の公正かつ適確な実施を確保するための措置に関する事項
　十　その他認定等の業務の実施に関し必要な事項
　　【指定認定機関による認定等の報告】
第42条　指定認定機関は，法第68条の24第１項に規定する認定等を行ったときは，遅滞なく，次の各号に掲げる場合の区分に応じ，それぞれ当該各号に定める方法により，国土交通大臣に報告しなければならない。

　一　型式適合認定を行った場合　　別記第17号様式による報告書に型式適合認定書の写しを添えて行う。
　二　法第68条の24第１項の認証を行った場合　　別記第18号様式による報告書に型式部材等製造者認証書の写しを添えて行う。
　三　法第68条の24第１項の認証の更新を行った場合　　別記第19号様式による報告書に型式部材等製造者認証書の写しを添えて行う。
　　【帳　簿】
第43条　法第77条の47第１項の認定等の業務に関する事項で国土交通省令で定めるものは，次のとおりとする。
　一　認定等を申請した者の氏名又は名称及び住所又は主たる事務所の所在地
　二　認定等の対象となるものの概要として次に定めるもの
　　イ　型式適合認定にあっては，認定の申請に係る建築物の部分又は工作物の部分の種類，名称，構造，材料その他の概要
　　ロ　型式部材等製造者の認証にあっては，認証の申請に係る工場等の名称，所在地その他の概要及び製造をする型式部材等に係る型式適合認定番号その他の概要
　三　認定等の申請を受けた年月日
　四　型式部材等製造者の認証にあっては，実地検査を行った年月日
　五　型式適合認定にあっては審査を行った認定員の氏名，型式部材等製造者の認証にあっては実地検査又は審査を行った認定員の氏名
　六　審査の結果（認定等をしない場合にあっては，その理由を含む。）
　七　認定番号又は認証番号及び型式適合認定書又は型式部材等製造者認証書を通知した年月日（認定等をしない場合にあっては，その旨を通知した年月日）
　八　法第77条の46第１項の規定による報告を行った年月日
　九　認定等に係る公示の番号及び公示を行った年月日
２　前項各号に掲げる事項が，電子計算機に備えられたファイル又は磁気ディスクに記録され，必要に応じ指定認定機関において電子計算機その他の機器を用いて明確に紙面に表示されるときは，当該記録をもって法第77条の47第１項に規定する帳簿への記載に代えることができる。
３　法第77条の47第１項に規定する帳簿（前項の規定による記録が行われた同項のファイル又は磁気ディスクを含む。）は，第46条の規定による引継ぎを完了するまで保存しなければならない。
　　【図書の保存】
第44条　法第77条の47第２項の認定等の業務に関する書類で国土交通省令で定めるものは，次の各号に掲げる認定等の業務の区分に応じ，それぞれ当該各号に定める図書とする。
　一　型式適合認定　　施行規則第10条の５の２第１項に規定する型式適合認定申請書及び

　　その添付図書並びに型式適合認定書の写しその他審査の結果を記載した図書

　二　型式部材等製造者の認証　　施行規則第10条の5の5に規定する型式部材等製造者認証申請書及びその添付図書並びに型式部材等製造者認証書の写しその他審査の結果を記載した図書

2　前項各号の図書が，電子計算機に備えられたファイル又は磁気ディスクに記録され，必要に応じ指定認定機関において電子計算機その他の機器を用いて明確に紙面に表示されるときは，当該ファイル又は磁気ディスクをもって同項各号の図書に代えることができる。

3　法第77条の47第2項に規定する書類（前項の規定による記録が行われた同項のファイル又は磁気ディスクを含む。）は，当該認定又は認証が取り消された場合を除き，型式適合認定の業務に係るものにあっては第46条の規定による引継ぎ（型式適合認定の業務に係る部分に限る。）を完了するまで，型式部材等製造者の認証の業務に係るものにあっては5年間保存しなければならない。

　　【指定認定機関に係る業務の休廃止の許可の申請】

第45条　指定認定機関は，法第77条の50第1項の規定により認定等の業務の全部又は一部を休止し，又は廃止しようとするときは，別記第20号様式の指定認定機関業務休廃止許可申請書を国土交通大臣に提出しなければならない。

　　【処分の公示】

第45条の2　法第77条の51第3項の規定による公示は，次に掲げる事項について，官報で行うものとする。

　一　処分をした年月日

　二　処分を受けた指定認定機関の名称及び事務所の所在地並びにその者が法人である場合にあっては代表者の氏名

　三　処分の内容

　四　処分の原因となった事実

　　【認定等の業務の引継ぎ】

第46条　指定認定機関（国土交通大臣が法第77条の51第1項又は第2項の規定により指定認定機関の指定を取り消した場合にあっては，当該指定認定機関であった者）は，法第77条の52第3項に規定する場合には，次に掲げる事項を行わなければならない。

　一　認定等の業務を国土交通大臣に引き継ぐこと。

　二　認定等の業務に関する帳簿及び書類を国土交通大臣に引き継ぐこと。

　三　その他国土交通大臣が必要と認める事項

第46条の2　（略）

第5章　承認認定機関

　　【承認認定機関に係る承認の申請】

第47条　法第77条の54第1項の規定による承認を受けようとする者は，別記第21号様式の承認認定機関承認申請書に次に掲げる書類を添えて，これを国土交通大臣に提出しなければならない。

　一　定款及び登記事項証明書又はこれらに準ずるもの

　二　申請の日の属する事業年度の前事業年度における財産目録及び貸借対照表その他経理的基礎を有することを明らかにする書類（以下この号及び第72条第二号において「財産目録等」という。）。ただし，申請の日の属する事業年度に設立された法人にあっては，その設立時における財産目録等とする。

　　三　申請者（法人である場合においてはその役員）が法第77条の37第一号及び第二号に該当しない旨を明らかにする書類

　　四　第32条第三号から第七号まで及び第九号から第十四号までに掲げる書類

　　【承認認定機関に係る名称等の変更の届出】

第48条　承認認定機関は，法第77条の54第2項において準用する法第77条の39第2項の規定によりその名称若しくは住所又は認定等の業務を行う事務所の所在地を変更しようとするときは，別記第22号様式の承認認定機関変更届出書を国土交通大臣に提出しなければならない。

　　【承認認定機関の業務区域の変更に係る認可の申請】

第49条　承認認定機関は，法第77条の54第2項において準用する法第77条の22第1項の規定により業務区域の増加に係る認可の申請をしようとするときは，別記第23号様式の承認認定機関業務区域増加認可申請書に第32条第三号から第五号まで，第七号，第十三号及び第十四号並びに第47条第一号及び第二号に掲げる書類を添えて，これを国土交通大臣に提出しなければならない。

　　【承認認定機関の業務区域の変更の届出】

第50条　承認認定機関は，法第77条の54第2項において準用する法第77条の22第2項の規定により業務区域の減少の届出をしようとするときは，別記第24号様式の承認認定機関業務区域減少届出書を国土交通大臣に提出しなければならない。

　　【認定員の選任及び解任の届出】

第51条　承認認定機関は，法第77条の54第2項において準用する法第77条の42第3項の規定によりその認定員の選任又は解任を届け出ようとするときは，別記第25号様式の承認認定機関認定員選任等届出書を国土交通大臣に提出しなければならない。

　　【認定等業務規程の認可の申請】

第52条　承認認定機関は，法第77条の54第2項において準用する法第77条の45第1項前段の規定により認定等業務規程の認可を受けようとするときは，別記第26号様式の承認認定機関認定等業務規程認可申請書に当該認可に係る認定等業務規程を添えて，これを国土交通大臣に提出しなければならない。

2　承認認定機関は，法第77条の54第2項において準用する法第77条の45第1項後段の規定により認定等業務規程の変更の認可を受けようとするときは，別記第27号様式の承認認定機関認定等業務規程変更認可申請書に当該変更の明細を記載した書面を添えて，これを国土交通大臣に提出しなければならない。

　　【承認認定機関に係る業務の休廃止の届出】

第53条　承認認定機関は，法第77条の54第2項において準用する法第77条の34第1項の規定により認定等の業務の全部又は一部を休止し，又は廃止しようとするときは，別記第28号様式の承認認定機関業務休廃止届出書を国土交通大臣に提出しなければならない。

第54条～第57条　（略）

第6章　指定性能評価機関

　　【指定性能評価機関に係る指定の申請】

第58条　法第77条の56第1項の規定による指定を受けようとする者は，別記第29号様式の指定性能評価機関指定申請書に次に掲げる書類を添えて，これを国土交通大臣に提出しなければならない。

　　一　定款及び登記事項証明書

二　申請の日の属する事業年度の前事業年度における財産目録及び貸借対照表。ただし，申請の日の属する事業年度に設立された法人にあっては，その設立時における財産目録とする。

三　申請の日の属する事業年度及び翌事業年度における事業計画書及び収支予算書で性能評価の業務に係る事項と他の業務に係る事項とを区分したもの

四　申請に係る意思の決定を証する書類

五　申請者が法人である場合においては，役員又は第18条に規定する構成員の氏名及び略歴（構成員が法人である場合は，その法人の名称）を記載した書類

六　組織及び運営に関する事項を記載した書類

七　事務所の所在地を記載した書類

八　申請者（法人である場合においてはその役員）が法第77条の37第一号及び第二号に該当しない旨の市町村の長の証明書

九　申請者（法人である場合においてはその役員）が法第77条の37第五号に該当しない者であることを誓約する書類

十　申請者が法人である場合においては，発行済株式総数の5/100以上の株式を有する株主又は出資の総額の5/100以上に相当する出資をしている者の氏名又は名称，住所及びその有する株式の数又はその者のなした出資の価額を記載した書類

十一　審査に用いる試験装置その他の設備の概要及び整備計画を記載した書類

十二　評価員の氏名及び略歴を記載した書類

十三　現に行っている業務の概要を記載した書類

十四　性能評価の業務の実施に関する計画を記載した書類

十五　その他参考となる事項を記載した書類

【心身の故障により性能評価の業務を適正に行うことができない者】

第58条の2　法第77条の56第2項において準用する法第77条の37第五号の国土交通省令で定める者は，精神の機能の障害により性能評価の業務を適正に行うに当たって必要な認知，判断及び意思疎通を適切に行うことができない者とする。

【指定性能評価機関に係る指定の区分】

第59条　法第77条の56第2項において準用する法第77条の36第2項の国土交通省令で定める区分は，次に掲げるものとする。

一　法第2条第七号から第八号まで及び第九号の二ロ，法第21条第1項（主要構造部の一部に関するものに限る。），法第23条，法第27条第1項（主要構造部の一部又は防火設備に関するものに限る。），法第61条(防火設備に関するものに限る。)，令第70条，令第109条の3第一号及び第二号ハ，令第112条第1項，第2項，第4項第一号及び第12項ただし書，令第114条第5項，令第115条の2第1項第四号，令第129条の2の4第1項第七号ハ並びに令第137条の10第四号の認定に係る性能評価を行う者としての指定

二　法第2条第九号，令第1条第五号及び第六号の認定に係る性能評価を行う者としての指定

二の二　法第20条第1項第一号の認定に係る性能評価を行う者としての指定

二の三　法第20条第1項第二号イ及び第三号イの認定に係る性能評価を行う者としての指定

二の四　法第21条第1項（主要構造部の全部に関するものに限る。）の認定に係る性能評価を行う者としての指定

二の五　法第21条第2項第二号の認定に係る性能評価を行う者としての指定

三　法第22条第1項及び法第62条の認定に係る性能評価を行う者としての指定

三の二　法第27条第1項（主要構造部の全部に関するものに限る。）の認定に係る性能評価を行う者としての指定

四　法第30条第1項第一号及び第2項の認定に係る性能評価を行う者としての指定

五　法第31条第2項，令第29条，令第30条第1項及び令第35条第1項の認定に係る性能評価を行う者としての指定

六　法第37条第二号の認定に係る性能評価を行う者としての指定

六の二　法第61条（建築物の部分に関するものに限る。）に係る性能評価を行う者としての指定

七　令第20条の2第一号ニの認定に係る性能評価を行う者としての指定

八　令第20条の3第2項第一号ロの認定に係る性能評価を行う者としての指定

八の二　令第20条の7第1項第二号の表及び令第20条の8第2項の認定に係る性能評価を行う者としての指定

八の三　令第20条の7第2項から第4項までの認定に係る性能評価を行う者としての指定

八の四　令第20条の8第1項第一号ロ(1)の認定に係る性能評価を行う者としての指定

八の五　令第20条の8第1項第一号ハの認定に係る性能評価を行う者としての指定

八の六　令第20条の9の認定に係る性能評価を行う者としての指定

九　令第22条の認定に係る性能評価を行う者としての指定

十　令第22条の2第二号ロの認定に係る性能評価を行う者としての指定

十の二　令第39条第3項の認定に係る性能評価を行う者としての指定

十一　令第46条第4項の表1の(8)項の認定に係る性能評価を行う者としての指定

十二　令第67条第1項の認定に係る性能評価を行う者としての指定

十二の二　令第67条第2項の認定に係る性能評価を行う者としての指定

十二の三　令第68条第3項の認定に係る性能評価を行う者としての指定

十二の四　令第79条第2項及び令第79条の3第2項の認定に係る性能評価を行う者としての指定

十三　令第108条の3第1項第二号及び第4項並びに令第112条第3項の認定に係る性能評価を行う者としての指定

十四　令第112条第19項各号及び第21項，令第126条の2第2項第一号，令第129条の13の2第三号並びに令第145条第1項第二号の認定に係る性能評価を行う者としての指定

十五　令第115条第1項第三号ロの認定に係る性能評価を行う者としての指定

十五の二　令第123条第3項第二号及び令第129条の13の3第13項の認定に係る性能評価を行う者としての指定

十六　令第126条の5第二号の認定に係る性能評価を行う者としての指定

十六の二　令第126条の6第三号の認定に係る性能評価を行う者としての指定

十七　令第128条の6第1項，令第129条第1項及び令第129条の2第1項の認定に係る性能評価を行う者としての指定

十七の二　令第129条の2の4第1項第三号ただし書の認定に係る性能評価を行う者としての指定

十八　令第129条の2の4第2項第三号の認定に係る性能評価を行う者としての指定

十九　令第129条の2の6第三号の認定に係る性能評価を行う者としての指定

二十　令第129条の4第1項第三号，令第129条の8第2項，令第129条の10第2項及び第4項並びに令第129条の12第1項第六号，第2項及び第5項の認定に係る性能評価を行う者としての指定

二十一　令第129条の15第一号の認定に係る性能評価を行う者としての指定

三の二　令第139条第1項第三号及び第四号ロの認定に係る性能評価を行う者としての指定

三の三　令第140条第2項において準用する令第139条第1項第三号及び第四号ロの認定に係る性能評価を行う者としての指定

三の四　令第141条第2項において準用する令第139条第1項第三号及び第四号ロの認定に係る性能評価を行う者としての指定

三の五　令第143条第2項において準用する令第139条第1項第三号及び第四号ロの認定に係る性能評価を行う者としての指定

三の六　令第144条第1項第一号ロ及びハ⑵の認定に係る性能評価を行う者としての指定

三　令第144条第1項第三号イ及び第五号の認定並びに同条第2項において読み替えて準用する令第129条の4第1項第三号の認定に係る性能評価を行う者としての指定

三　施行規則第1条の3第1項第一号イ，同号ロ⑴及び⑵並びに同項の表3の各項の認定に係る性能評価を行う者としての指定

四　施行規則第8条の3の認定に係る性能評価を行う者としての指定

【指定性能評価機関に係る名称等の変更の届出】

第60条　指定性能評価機関は，法第77条の56第2項において準用する法第77条の39第2項の規定によりその名称若しくは住所又は性能評価の業務を行う事務所の所在地を変更しようとするときは，別記第30号様式の指定性能評価機関変更届出書を国土交通大臣に提出しなければならない。

【指定性能評価機関の業務区域の変更に係る許可の申請】

第61条　指定性能評価機関は，法第77条の56第2項において準用する法第77条の40第1項の規定により業務区域の増加又は減少に係る許可の申請をしようとするときは，別記第31号様式の指定性能評価機関業務区域変更許可申請書に第58条第一号から第五号まで，第七号，第十一号，第十四号及び第十五号に掲げる書類を添えて，これを国土交通大臣に提出しなければならない。

【指定性能評価機関に係る指定の更新】

第62条　法第77条の56第2項において準用する法第77条の41第1項の規定により，指定性能評価機関が指定の更新を受けようとする場合は，第58条及び59条の規定を準用する。

【性能評価の方法】

第63条　法第77条の56第2項において準用する法第77条の42第1項の国道交通省令で定める方法は，次の各号に定める方法に従い，評価員2名以上によって行うこととする。

一　施行規則第10条の5の21第1項各号に掲げる図書をもって行うこと。

二　審査を行うに際し，書類の記載事項に疑義があり，提出された書類のみでは性能評価を行うことが困難であると認めるときは，追加の書類を求めて審査を行うこと。

三　前2号の書類のみでは性能評価を行うことが困難であると認めるときは，第五号の規定により審査を行う場合を除き，申請者にその旨を通知し，当該構造方法，建築材料又はプログラム（次条第二号ロにおいて「構造方法等」という。）の実物又は試験体その他これらに類するものの提出を受け，当該性能評価を行うことが困難であると認める事項について試験その他の方法により審査を行うこと。

四　次に掲げる認定に係る性能評価を行うに当たっては，当該認定の区分に応じ，それぞれ次のイからトまでに掲げる試験方法により性能評価を行うこと。

イ　法第2条第七号から第八号まで，法第21条第1項（主要構造部の一部に関するものに限る。），法第23条若しくは法第27条第1項（主要構造部の一部に関するものに限る。）又は令第70条，令第109条の3第一号若しくは第二号ハ，令第112条第2項若し

くは第4項第一号若しくは令第115条の2第1項第四号の規定に基づく認定　次に掲げる基準に適合する試験方法

⑴　実際のものと同一の構造方法及び寸法の試験体を用いるものであること。ただし，実際のものの性能を適切に評価できる場合においては，異なる寸法とすることができる。

⑵　通常の火災による火熱を適切に再現することができる加熱炉を用い，通常の火災による火熱を適切に再現した加熱により行うものであること。

⑶　試験体（自重，積載荷重又は積雪荷重を支えるものに限る。）に当該試験体の長期に生ずる力に対する許容応力度（以下「長期許容応力度」という。）に相当する力が生じた状態で行うものであること。ただし，当該試験に係る構造に長期許容応力度に相当する力が生じないことが明らかな場合又はその他の方法により試験体の長期許容応力度に相当する力が生じた状態における性能を評価できる場合においてはこの限りでない。

⑷　当該認定に係る技術的基準に適合することについて適切に判定を行うことができるものであること。

ロ　法第2条第九号又は令第1条第五号若しくは第六号の規定に基づく認定　次に掲げる建築材料の区分に応じ，それぞれ次に定める試験方法

⑴　施行規則別表第2の法第2条第九号の認定に係る評価の項の⑷欄に規定するガス有害性試験不要材料　令第108条の2第一号及び第二号に掲げる要件を満たしていることを確かめるための基準として次に掲げる基準に適合するもの

　⒤　実際のものと同一の材料及び寸法の試験体を用いるものであること。ただし，実際のものの性能を適切に評価できる場合には異なる寸法とすることができる。

　⒤⒤　通常の火災による火熱を適切に再現することができる装置を用い，通常の火災による火熱を適切に再現した加熱により行うものであること。

　⒤⒤⒤　当該認定に係る技術的基準に適合することについて発熱量及びその他の数値により適切に判定を行うことができるものであること。

⑵　施行規則別表第2の法第2条第九号の認定に係る評価の項の⑷欄に規定するガス有害性試験不要材料以外の建築材料　令第108条の2第一号から第三号までに掲げる要件を満たしていることを確かめるための基準として次に掲げる基準に適合するもの

　⒤　⑴⒤及び⒤⒤に掲げる基準に適合するものであること。

　⒤⒤　当該認定に係る技術的基準に適合することについて発熱量，有毒性に関する数値及びその他の数値により適切に判定を行うことができるものであること。

ハ　法第2条第九号の二ロ，法第27条第1項（防火設備に関するものに限る。）若しくは法第61条（防火設備に関するものに限る。）又は令第112条第1項若しくは第12項ただし書，令第114条第5項，令第129条の2の4第1項第七号ハ若しくは令第137条の10第四号の規定に基づく認定　次に掲げる基準に適合する試験方法

⑴　実際のものと同一の構造方法及び寸法の試験体を用いるものであること。ただし，実際のものの性能を適切に評価できる場合には異なる寸法とすることができる。

⑵　通常の火災による火熱を適切に再現することができる加熱炉を用い，通常の火災による火熱を適切に再現した加熱により行うものであること。

⑶　当該認定に係る技術的基準に適合することについて適切に判定を行うことができるものであること。

　　ニ　法第22条第１項又は法第62条の規定に基づく認定　　次に掲げる基準に適合する試
　　　験方法
　　　⑴　実際のものと同一の構造方法及び寸法の試験体を用いるものであること。ただ
　　　　し，実際のものの性能を適切に評価できる場合においては，異なる寸法とすること
　　　　ができる。
　　　⑵　通常の火災による火の粉及び市街地における通常の火災による火の粉を適切に再
　　　　現することができる装置を用い，通常の火災による火の粉（法第62条の規定に基づ
　　　　く認定の評価を行う場合にあっては，市街地における通常の火災による火の粉）を
　　　　適切に再現した試験により行うものであること。
　　　⑶　当該認定に係る技術的基準に適合することについて適切に判定を行うことができ
　　　　るものであること。
　　ホ　法第30条第１項第一号又は第２項の規定に基づく認定　　次に掲げる基準に適合す
　　　る試験方法
　　　⑴　実際のものと同一の構造方法及び寸法の試験体を用いるものであること。ただ
　　　　し，実際のものの性能を適切に評価できる場合においては，異なる寸法とすること
　　　　ができる。
　　　⑵　試験開口部をはさむ２つの室を用い，一方の室の音源から令第22条の３の表の左
　　　　欄に掲げる振動数の音を発し，もう一方の室で音圧レベルを測定するものであるこ
　　　　と。
　　　⑶　当該認定に係る技術的基準に適合することについて適切に判定を行うことができ
　　　　るものであること。
　　ヘ　法第20条の７第２項から第４項までの規定に基づく認定　　次に掲げる基準に適合
　　　する試験方法
　　　⑴　実際のものと同一の建築材料及び寸法の試験体を用いるものであること。ただ
　　　　し，実際のものの性能を適切に評価できる場合においては，異なる寸法とすること
　　　　ができる。
　　　⑵　温度及び湿度を調節できる装置を用い，夏季における温度及び湿度を適切に再現
　　　　した試験により行うものであること。ただし，夏季における建築材料からのホルム
　　　　アルデヒドの発散を適切に再現する場合においては，異なる温度及び湿度により行
　　　　うことができる。
　　　⑶　当該認定に係る技術的基準に適合することについて適切に判定を行うことができ
　　　　るものであること。
　　ト　令第46条第４項の表１の⑻項又は施行規則第８条の３の規定に基づく認定　　次に
　　　掲げる基準に適合する試験方法
　　　⑴　実際のものと同一の構造方法及び寸法の試験体を用いるものであること。ただ
　　　　し，実際のものの性能を適切に評価できる場合においては，異なる寸法とすること
　　　　ができる。
　　　⑵　変位及び加力速度を調整できる装置を用い，繰り返しせん断変形を適切に再現し
　　　　た加力により行うものであること。
　　　⑶　当該認定に係る技術的基準に適合することについて，変位及び耐力により適切に
　　　　判定を行うことができるものであること。
　五　施行規則第11条の２の３第２項第一号に規定する場合においては，申請者が工場その
　　他の事業場（以下この章において「工場等」という。）において行う試験に立ち会い，
　　又は工場等における指定建築材料の製造，検査若しくは品質管理を実地に確認し，その

結果を記載した書類等により審査を行うこと。

【評価員の要件】

第64条　法第77条の56第2項において準用する法第77条の42第2項の国土交通省令で定める要件は，次の各号に掲げる場合に応じ，それぞれ当該各号に該当する者であることとする。

一　前条各号に定める方法による審査を行う場合　　次のイからハまでのいずれかに該当する者

　　イ　学校教育法に基づく大学又はこれに相当する外国の学校において建築学，機械工学，電気工学，衛生工学その他の性能評価の業務に関する科目を担当する教授若しくは准教授の職にあり，又はあった者

　　ロ　建築，機械，電気若しくは衛生その他の性能評価の業務に関する分野の試験研究機関において試験研究の業務に従事し，又は従事した経験を有する者で，かつ，これらの分野について高度の専門的知識を有する者

　　ハ　国土交通大臣がイ又はロに掲げる者と同等以上の知識及び経験を有すると認める者

二　前条第五号の規定による試験の立会いを行う場合　　次のイからハまでのいずれかに該当する者

　　イ　前号イ又はロのいずれかに該当する者

　　ロ　構造方法等の性能に関する試験の実施，記録，報告等に係る部門の責任者としてこれらの業務に関して5年以上の実務の経験を有する者

　　ハ　国土交通大臣がイ又はロに掲げる者と同等以上の知識及び経験を有すると認める者

三　前条第五号の規定による実地確認を行う場合　　次のイからハまでのいずれかに該当する者

　　イ　第一号イ又はロのいずれかに該当する者

　　ロ　指定建築材料の製造，検査又は品質管理（工場等で行われるものに限る。）に係る部門の責任者としてこれらの業務に関して5年以上の実務の経験を有する者

　　ハ　国土交通大臣がイ又はロに掲げる者と同等以上の知識及び経験を有すると認める者

【評価員の選任及び解任の届出】

第65条　指定性能評価機関は，法第77条の56第2項において準用する法第77条の42第3項の規定によりその評価員の選任又は解任を届け出ようとするときは，別記第32号様式の指定性能評価機関評価員選任等届出書を国土交通大臣に提出しなければならない。

【性能評価業務規程の認可の申請】

第66条　指定性能評価機関は，法第77条の56第2項において準用する法第77条の45第1項前段の規定により性能評価の業務に関する規程（以下この章において「性能評価業務規程」という。）の認可を受けようとするときは，別記第33号様式の指定性能評価機関性能評価業務規程認可申請書に当該認可に係る性能評価業務規程を添えて，これを国土交通大臣に提出しなければならない。

2　指定性能評価機関は，法第77条の56第2項において準用する法第77条の45第1項後段の規定により性能評価業務規程の変更の認可を受けようとするときは，別記第34号様式の指定性能評価機関性能評価業務規程変更認可申請書に当該変更の明細を記載した書面を添えて，これを国土交通大臣に提出しなければならない。

【性能評価業務規程の記載事項】

第67条　法第77条の56第2項において準用する法第77条の45第2項の国土交通省令で定める事項は，次のとおりとする。

一　性能評価の業務を行う時間及び休日に関する事項

二　事務所の所在地及びその事務所が性能評価の業務を行う区域に関する事項

　三　性能評価の業務の範囲に関する事項
　四　性能評価の業務の実施方法に関する事項
　五　性能評価に係る手数料の収納の方法に関する事項
　六　評価員の選任及び解任に関する事項
　七　性能評価の業務に関する秘密の保持に関する事項
　八　性能評価の業務の実施体制に関する事項
　九　性能評価の業務の公正かつ適確な実施を確保するための措置に関する事項
　十　その他性能評価の業務の実施に関し必要な事項

【帳　簿】

第68条　法第77条の56第2項において準用する法第77条の47第1項の性能評価の業務に関する事項で国土交通省令で定めるものは，次のとおりとする。
　一　性能評価を申請した者の氏名又は名称及び住所又は主たる事務所の所在地
　二　性能評価の申請に係る構造方法，建築材料又はプログラムの種類，名称，構造，材料その他の概要
　三　性能評価の申請を受けた年月日
　四　第63条第五号の規定により審査を行った場合においては，工場等の名称，所在地その他の概要並びに同号の規定による試験の立会い又は実地確認を行った年月日及び評価員の氏名
　五　審査を行った評価員の氏名
　六　性能評価書の交付を行った年月日

2　前項各号に掲げる事項が，電子計算機に備えられたファイル又は磁気ディスクに記録され，必要に応じ指定性能評価機関において電子計算機その他の機器を用いて明確に紙面に表示されるときは，当該記録をもって法第77条の56第2項において準用する法第77条の47第1項に規定する帳簿への記載に代えることができる。

3　法第77条の56第2項において準用する法第77条の47第1項に規定する帳簿（前項の規定による記録が行われた同項のファイル又は磁器ディスクを含む。）は，第71条の規定による引継ぎを完了するまで保存しなければならない。

【図書の保存】

第69条　法第77条の56第2項において準用する法第77条の47第2項の性能評価の業務に関する書類で国土交通省令で定めるものは，施行規則第10条の5の21第1項各号に掲げる図書及び性能評価書の写しその他審査の結果を記載した図書とする。

2　前項の図書が，電子計算機に備えられたファイル又は磁気ディスクに記録され，必要に応じ指定性能評価機関において電子計算機その他の機器を用いて明確に紙面に表示されるときは，当該ファイル又は磁気ディスクをもって同項の図書に代えることができる。

3　法第77条の56第2項において準用する法第77条の47第2項に規定する書類（前項の規定による記録が行われた同項のファイル又は磁気ディスクを含む。）は，第71条の規定による引継ぎを完了するまで保存しなければならない。

【指定性能評価機関に係る業務の休廃止の許可の申請】

第70条　指定性能評価機関は，法第77条の56第2項において準用する法第77条の50第1項の規定により性能評価の業務の全部又は一部を休止し，又は廃止しようとするときは，別記第35号様式の指定性能評価機関業務休廃止許可申請書を国土交通大臣に提出しなければならない。

【処分の公示】

第70条の2　法第77条の56第2項において準用する法第77条の51第3項の規定による公示

は，次に掲げる事項について，官報で行うものとする。
一　処分をした年月日
二　処分を受けた指定性能評価機関の名称及び事務所の所在地並びにその者が法人である場合にあっては代表者の氏名
三　処分の内容
四　処分の原因となった事実

【性能評価の業務の引継ぎ】

第71条　指定性能評価機関（国土交通大臣が法第77条の56第2項において準用する法第77条の51第1項又は第2項の規定により指定性能評価機関の指定を取り消した場合にあっては，当該指定性能評価機関であった者）は，法第77条の56第2項において準用する法第77条の52第3項に規定する場合には，次に掲げる事項を行わなければならない。
一　性能評価の業務を国土交通大臣に引き継ぐこと。
二　性能評価の業務に関する帳簿及び書類を国土交通大臣に引き継ぐこと。
三　その他国土交通大臣が必要と認める事項

第71条の2　（略）

第7章　承認性能評価機関

【承認性能評価機関に係る承認の申請】

第72条　法第77条の57第1項の規定による承認を受けようとする者は，別記第36号様式の承認性能評価機関承認申請書に次に掲げる書類を添えて，これを国土交通大臣に提出しなければならない。
一　定款及び登記事項証明書又はこれらに準ずるもの
二　申請の日の属する事業年度の前事業年度における財産目録等。ただし，申請の日の属する事業年度に設立された法人にあっては，その設立時における財産目録等とする。
三　申請者（法人である場合においてはその役員）が法第77条の37第一号及び第二号に該当しない旨を明らかにする書類
四　第58条第三号から第七号まで及び第九号から第十五号までに掲げる書類

【承認性能評価機関に係る名称等の変更の届出】

第73条　承認性能評価機関は，法第77条の57第2項において準用する法第77条の39第2項の規定によりその名称若しくは住所又は性能評価の業務を行う事務所の所在地を変更しようとするときは，別記第37号様式の承認性能評価機関変更届出書を国土交通大臣に提出しなければならない。

【承認性能評価機関の業務区域の変更に係る認可の申請】

第74条　承認性能評価機関は，法第77条の57第2項において準用する法第77条の22第1項の規定により業務区域の増加に係る認可の申請をしようとするときは，別記第38号様式の承認性能評価機関業務区域増加認可申請書に第58条第三号から第五号まで，第七号，第十一号，第十四号及び階十五号並びに第72条第一号及び第二号に掲げる書類を添えて，これを国土交通大臣に提出しなければならない。

【承認性能評価機関の業務区域の変更の届出】

第75条　承認性能評価機関は，法第77条の57第2項において準用する法第77条の22第2項の規定により業務区域の減少の届出をしようとするときは，別記第39号様式の承認性能評価機関業務区域減少届出書を国土交通大臣に提出しなければならない。

【評価員の選任及び解任の届出】

第76条　承認性能評価機関は，法第77条の57第2項において準用する法律第77条の42第3項の規定によりその評価員の選任又は解任を届け出ようとするときは，別記第40号様式の承認性能評価機関評価員選任等届出書を国土交通大臣に提出しなければならない。

【性能評価業務規程の認可の申請】

第77条　承認性能評価機関は，法第77条の57第2項において準用する法第77条の45第1項前段の規定により性能評価の業務に関する規程（以下この章において「性能評価業務規程」という。）の認可を受けようとするときは，別記第41号様式の承認性能評価機関性能評価業務規程認可申請書に当該認可に係る性能評価業務規程を添えて，これを国土交通大臣に提出しなければならない。

2　指定性能評価機関は，法第77条の57第2項において準用する法第77条の45第1項後段の規定により性能評価業務規程の変更の認可を受けようとするときは，別記第42号様式の承認性能評価機関性能評価業務規程変更認可申請書に当該変更の明細を記載した書面を添えて，これを国土交通大臣に提出しなければならない。

【承認性能評価機関に係る業務の休廃止の届出】

第78条　承認性能評価機関は，法第77条の57第2項において準用する法第77条の34第1項の規定により性能評価の業務の全部又は一部を休止し，又は廃止しようとするときは，別記第43号様式の承認性能評価機関業務休廃止届出書を国土交通大臣に提出しなければならない。

【準　用】

第79条　第59条の規定は法第77条の57第1項の規定による承認の申請に，第58条の2及び第62条の規定は法第68条の25第6項の規定による承認に，第63条，第64条及び第67条から第69条までの規定は承認性能評価機関に，第54条から第56条までの規定は法第77条の57第2項において準用する法第77条の49第1項の検査について準用する。

第8章　雑　　則

【権限の委任】

第80条　法第6条の2第1項（法第87条第1項，法第87条の4又は法第88条第1項若しくは第2項において準用する場合を含む。），法第7条の2第1項（法第87条の4又は法第88条第1項若しくは第2項において準用する場合を含む。）及び法第4章の2第2節並びに第31条に規定する国土交通大臣の権限のうち，その確認検査の業務を一の地方整備局の管轄区域内のみにおいて行う指定確認検査機関に関するものは，当該地方整備局長に委任する。

2　法第18条の2第1項及び法第4章の2第3節並びに第31条の14に規定する国土交通大臣の権限のうち，その構造計算適合性判定の業務を一の地方整備局の管轄区域内のみにおいて行う指定構造計算適合性判定機関に関するものは，当該地方整備局長に委任する。

　　　附　則　（略）

建築士法

昭和 25 年 5 月 24 日［法律第 202 号］
最終改正—令和 4 年 6 月 17 日［法律第 69 号］

同法施行令

昭和 25 年 6 月 22 日［政令第 201 号］
最終改正—令和 3 年 8 月 4 日［政令第 224 号］

同法施行規則

昭和 25 年 10 月 31 日［建設省令第 38 号］
最終改正—令和 5 年 9 月 25 日［国土交通省令第 75 号］

目　次

建築士法 ……………………………………………………………………………613
第1章　総則（第1条〜第3条の3）……………………………………………613
　　第1条（目的）………………………………………………………………613
　　第2条（定義）………………………………………………………………613
　　第2条の2（職責）…………………………………………………………614
　　第3条（一級建築士でなければできない設計又は工事監理）……………614
　　第3条の2（一級建築士又は二級建築士でなければできない設計又は工事監理）…614
　　第3条の3（一級建築士，二級建築士又は木造建築士でなければできない
　　　　　　　設計又は工事監理）…………………………………………614
第2章　免許等（第4条〜第11条）………………………………………………615
　　第4条（建築士の免許）……………………………………………………615
　　第5条（免許の登録）………………………………………………………616
　　第5条の2（住所等の届出）………………………………………………616
　　第6条（名簿）………………………………………………………………617
　　第7条（絶対的欠格事由）…………………………………………………617
　　第8条（相対的欠格事由）…………………………………………………617
　　第8条の2（建築士の死亡等の届出）……………………………………618
　　第9条（免許の取消し）……………………………………………………618
　　第10条（懲戒）………………………………………………………………618
　　第10条の2（報告，検査等）………………………………………………619
　　第10条の3（構造設計一級建築士証及び設備設計一級建築士証の交付等）…619
　　第10条の4（中央指定登録機関の指定）…………………………………620
　　第10条の5（指定の基準）…………………………………………………620
　　第10条の6（指定の公示等）………………………………………………621
　　第10条の7（役員の選任及び解任）………………………………………621
　　第10条の8（秘密保持義務等）……………………………………………621
　　第10条の9（登録等事務規程）……………………………………………622
　　第10条の10（事業計画等）…………………………………………………622
　　第10条の11（帳簿の備付け等）……………………………………………622
　　第10条の12（監督命令）……………………………………………………622
　　第10条の13（報告，検査等）………………………………………………622
　　第10条の14（照会）…………………………………………………………622
　　第10条の15（一級建築士登録等事務の休廃止等）………………………623
　　第10条の16（指定の取消し等）……………………………………………623
　　第10条の17（国土交通大臣による一級建築士登録等事務の実施等）……623
　　第10条の18（審査請求）……………………………………………………624
　　第10条の19（中央指定登録機関が一級建築士登録等事務を行う場合における
　　　　　　　　規定の適用等）………………………………………624
　　第10条の20（都道府県指定登録機関）……………………………………624

　　　第10条の21（都道府県指定登録機関が二級建築士等登録事務を行う場合に
　　　　　　おける規定の適用等）　……………………………………………………625

　　　第10条の22（構造設計一級建築士講習又は設備設計一級建築士講習の
　　　　　　講習機関の登録）　………………………………………………………625

　　　第10条の23（欠格条項）　…………………………………………………………625

　　　第10条の24（登録基準等）　………………………………………………………626

　　　第10条の25（登録の公示等）　……………………………………………………626

　　　第10条の26（登録の更新）　………………………………………………………627

　　　第10条の27（承継）　………………………………………………………………627

　　　第10条の28（講習事務の実施に係る義務）　……………………………………627

　　　第10条の29（講習事務規程）　……………………………………………………627

　　　第10条の30（財務諸表等の備付け及び閲覧等）　………………………………627

　　　第10条の31（帳簿の備付け等）　…………………………………………………628

　　　第10条の32（適合命令）　…………………………………………………………628

　　　第10条の33（改善命令）　…………………………………………………………628

　　　第10条の34（報告，検査等）　……………………………………………………628

　　　第10条の35（講習事務の休廃止等）　……………………………………………628

　　　第10条の36（登録の取消し等）　…………………………………………………629

　　　第10条の37（国土交通大臣による講習事務の実施）　…………………………629

　　　第10条の38（手数料）　……………………………………………………………629

　　　第11条（国土交通省令及び都道府県の規則への委任）　………………………630

第3章　試験（第12条〜第17条）　…………………………………………………630

　　　第12条（試験の内容）　……………………………………………………………630

　　　第13条（試験の施行）　……………………………………………………………630

　　　第13条の2（合格の取消し等）　…………………………………………………630

　　　第14条（一級建築士試験の受験資格）　…………………………………………630

　　　第15条（二級建築士試験及び木造建築士試験の受験資格）　…………………631

　　　第15条の2（中央指定試験機関の指定）　………………………………………631

　　　第15条の3（試験委員）　…………………………………………………………631

　　　第15条の4（不正行為の禁止）　…………………………………………………631

　　　第15条の5（準用）　………………………………………………………………631

　　　第15条の6（都道府県指定試験機関）　…………………………………………632

　　　第16条（受験手数料）　……………………………………………………………632

　　　第17条（国土交通省令及び都道府県の規則への委任）　………………………633

第4章　業務（第18条〜第22条の3）　……………………………………………633

　　　第18条（設計及び工事監理）　……………………………………………………633

　　　第19条（設計の変更）　……………………………………………………………633

　　　第19条の2（建築士免許証等の提示）　…………………………………………634

　　　第20条（業務に必要な表示行為）　………………………………………………634

　　　第20条の2（構造設計に関する特例）　…………………………………………634

　　　第20条の3（設備設計に関する特例）　…………………………………………635

　　　第21条（その他の業務）　…………………………………………………………635

　　　第21条の2（非建築士等に対する名義貸しの禁止）　…………………………636

　　第21条の3　（違反行為の指示等の禁止）　　……………………………636

　　第21条の4　（信用失墜行為の禁止）　　………………………………636

　　第22条（知識及び技能の維持向上）　　…………………………………636

　　第22条の2　（定期講習）　　……………………………………………636

　　第22条の3　（定期講習の講習機関の登録）　　………………………637

第4章の2　設計受託契約等（第22条の3の2〜第22条の3の4）……637

　　第22条の3の2　（設計受託契約等の原則）　　………………………637

　　第22条の3の3　（延べ面積が300m²を超える建築物に係る契約の内容）……637

　　第22条の3の4　（適正な委託代金）　　………………………………638

第5章　建築士会及び建築士会連合会（第22条の4）……………………638

　　第22条の4　　…………………………………………………………638

第6章　建築士事務所（第23条〜第27条）…………………………………639

　　第23条（登録）　　………………………………………………………639

　　第23条の2　（登録の申請）　　…………………………………………639

　　第23条の3　（登録の実施）　　…………………………………………640

　　第23条の4　（登録の拒否）　　…………………………………………640

　　第23条の5　（変更の届出）　　…………………………………………641

　　第23条の6　（設計等の業務に関する報告書）　　……………………641

　　第23条の7　（廃業等の届出）　　………………………………………641

　　第23条の8　（登録の抹消）　　…………………………………………642

　　第23条の9　（登録簿等の閲覧）　　……………………………………642

　　第23条の10　（無登録業務の禁止）　　…………………………………642

　　第24条（建築士事務所の管理）　　……………………………………642

　　第24条の2　（名義貸しの禁止）　　……………………………………643

　　第24条の3　（再委託の制限）　　………………………………………643

　　第24条の4　（帳簿の備付け等及び図書の保存）　　…………………643

　　第24条の5　（標識の掲示）　　…………………………………………643

　　第24条の6　（書類の閲覧）　　…………………………………………643

　　第24条の7　（重要事項の説明等）　　…………………………………644

　　第24条の8　（書面の交付）　　…………………………………………644

　　第24条の9　（保険契約の締結等）　　…………………………………645

　　第25条（業務の報酬）　　………………………………………………645

　　第26条（監督処分）　　…………………………………………………645

　　第26条の2　（報告及び検査）　　………………………………………646

　　第26条の3　（指定事務所登録機関の指定）　　………………………646

　　第26条の4　（指定事務所登録機関が事務所登録等事務を行う場合における
　　　　　　　　　規定の適用等）　　………………………………………647

　　第26条の5　（管理建築士講習の講習機関の登録）　　………………647

　　第27条（国土交通省令への委任）　　…………………………………647

第7章　建築士事務所協会及び建築士事務所協会連合会
　　　　　（第27条の2〜第27条の5）………………………………………647

　　第27条の2　（建築士事務所協会及び建築士事務所協会連合会）　　…647

　　第27条の3　（加入）　　…………………………………………………648

　　　第27条の 4 （名称の使用の制限） ……………………………648
　　　第27条の 5 （苦情の解決） ……………………………………649
　第 8 章　建築士審査会（第28条～第33条） ……………………………649
　　　第28条（建築士審査会） ………………………………………649
　　　第29条（建築士審査会の組織） ………………………………649
　　　第30条（委員の任期） …………………………………………649
　　　第31条（会長） …………………………………………………650
　　　第32条（不正行為の禁止） ……………………………………650
　　　第33条（政令への委任） ………………………………………650
　第 9 章　雑則（第34条～第36条） ………………………………………650
　　　第34条（名称の使用禁止） ……………………………………650
　　　第35条（権限の委任） …………………………………………650
　　　第36条（経過措置） ……………………………………………650
　第10章　罰則（第37条～第43条） ………………………………………650
　　　第37条 ………………………………………………………………650
　　　第38条 ………………………………………………………………651
　　　第39条 ………………………………………………………………651
　　　第40条 ………………………………………………………………652
　　　第41条 ………………………………………………………………652
　　　第42条 ………………………………………………………………653
　　　第43条 ………………………………………………………………653
　附　則　（略）
　　　別表第 1 ……………………………………………………………654
　　　別表第 2 ……………………………………………………………654
　　　別表第 3 ……………………………………………………………656

建築士法施行令 ………………………………………………………………657

建築士法施行規則 ……………………………………………………………660
第 1 章　総則（第 1 条） …………………………………………………660
第 1 章の 2　免許（第 1 条の 2 ～第 9 条の 7 ） ………………………660
第 2 章　試験（第10条～第17条の14） …………………………………667
第 2 章の 2　構造計算によって建築物の安全性を確かめた旨の証明書等
　　　　　　（第17条の14の 2 ～第17条の17の 3 ） …………………669
第 2 章の 3　建築設備士（第17条の18～第17条の35） ………………671
第 2 章の 4　定期講習（第17条の36・第17条の37） …………………678
第 2 章の 5　設計受託契約等（第17条の38～第17条の41） …………679
第 3 章　建築士事務所（第18条～第22条の 5 の 2 ） …………………681
第 4 章　雑則（第22条の 6 ～第24条） …………………………………688
附　則　（略）

建 築 士 法

昭和25年5月24日　法律第202号
最終改正　令和4年6月17日　法律第69号

第1章　総　　　則

【目　的】

第1条　この法律は，建築物の設計，工事監理等を行う技術者の資格を定めて，その業務の適正をはかり，もって建築物の質の向上に寄与させることを目的とする。

【定　義】

第2条　この法律で「建築士」とは，一級建築士，二級建築士及び木造建築士をいう。

2　この法律で「一級建築士」とは，国土交通大臣の免許を受け，一級建築士の名称を用いて，建築物に関し，設計，工事監理その他の業務を行う者をいう。

3　この法律で「二級建築士」とは，都道府県知事の免許を受け，二級建築士の名称を用いて，建築物に関し，設計，工事監理その他の業務を行う者をいう。

4　この法律で「木造建築士」とは，都道府県知事の免許を受け，木造建築士の名称を用いて，木造の建築物に関し，設計，工事監理その他の業務を行う者をいう。

5　この法律で「建築設備士」とは，建築設備に関する知識及び技能につき国土交通大臣が定める資格を有する者をいう。

6　この法律で「設計図書」とは建築物の建築工事の実施のために必要な図面（現寸図その他これに類するものを除く。）及び仕様書を，「設計」とはその者の責任において設計図書を作成することをいう。

7　この法律で「構造設計」とは基礎伏図，構造計算書その他の建築物の構造に関する設計図書で**国土交通省令**[*1]で定めるもの（以下「構造設計図書」という。）の設計を，「設備設計」とは建築設備（建築基準法（昭和25年法律第201号）第2条第三号に規定する建築設備をいう。以下同じ。）の各階平面図及び構造詳細図その他の建築設備に関する設計図書で**国土交通省令**[*2]で定めるもの（以下「設備設計図書」という。）の設計をいう。

◆国土交通省令1［構造設計図書及び設備設計図書］規則第1条第1項→p660
　　　　　　 2［構造設計図書及び設備設計図書］規則第1条第2項→p660

8　この法律で「工事監理」とは，その者の責任において，工事を設計図書と照合し，それが設計図書のとおりに実施されているかいないかを確認することをいう。

9　この法律で「大規模の修繕[*]」又は「大規模の模様替[*]」とは，それぞれ建築基準法第2条第十四号又は第十五号に規定するものをいう。

●関連［大規模の修繕］建築基準法第2条第十四号　→p13
　　　　［大規模の模様替］建築基準法第2条第十五号→p13

10 この法律で「延べ面積」，「高さ」，「軒の高さ」又は「階数」とは，それぞれ建築基準法第92条の規定により定められた算定方法によるものをいう。

【職　責】

第2条の2　建築士は，常に品位を保持し，業務に関する法令及び実務に精通して，建築物の質の向上に寄与するように，公正かつ誠実にその業務を行わなければならない。

【一級建築士でなければできない設計又は工事監理】

第3条　次の各号に掲げる建築物（建築基準法第85条第1項又は第2項に規定する応急仮設建築物を除く。以下この章中同様とする。）を新築する場合においては，一級建築士でなければ，その設計又は工事監理をしてはならない。

一　学校，病院，劇場，映画館，観覧場，公会堂，集会場（オーディトリアムを有しないものを除く。）又は百貨店の用途に供する建築物で，延べ面積が500m^{2}をこえるもの

二　木造の建築物又は建築物の部分で，高さが13m又は軒の高さが9mを超えるもの

三　鉄筋コンクリート造，鉄骨造，石造，れん瓦造，コンクリートブロック造若しくは無筋コンクリート造の建築物又は建築物の部分で，延べ面積が300m^2，高さが13m又は軒の高さが9mをこえるもの

四　延べ面積が1,000m^{2}をこえ，且つ，階数が2以上の建築物

2　建築物を増築し，改築し，又は建築物の大規模の修繕若しくは大規模の模様替をする場合においては，当該増築，改築，修繕又は模様替に係る部分を新築するものとみなして前項の規定を適用する。

【一級建築士又は二級建築士でなければできない設計又は工事監理】

第3条の2　前条第1項各号に掲げる建築物以外の建築物で，次の各号に掲げるものを新築する場合においては，一級建築士又は二級建築士でなければ，その設計又は工事監理をしてはならない。

一　前条第1項第三号に掲げる構造の建築物又は建築物の部分で，延べ面積が30m^{2}を超えるもの

二　延べ面積が100m^2（木造の建築物にあっては，300m^2）を超え，又は階数が3以上の建築物

2　前条第2項の規定は，前項の場合に準用する。

3　都道府県は，土地の状況により必要と認める場合においては，第1項の規定にかかわらず，条例で，区域又は建築物の用途を限り，同項各号に規定する延べ面積（木造の建築物に係るものを除く。）を別に定めることができる。

【一級建築士，二級建築士又は木造建築士でなければできない設計又は工事監理】

第3条の3　前条第1項第二号に掲げる建築物以外の木造の建築物で，延べ面積が100m^{2}を超えるものを新築する場合においては，一級建築士，二級建築士又は木造建築士でなければ，その設計又は工事監理をしてはならない。

2　第3条第2項及び前条第3項の規定は，前項の場合に準用する。この場合において，同条第3項中「同項各号に規定する延べ面積（木造の建築物に係るものを除

く。）」とあるのは，「次条第1項に規定する延べ面積」と読み替えるものとする。

第2章　免　許　等

【建築士の免許】

第4条　一級建築士になろうとする者は，国土交通大臣の免許を受けなければならない。

2　一級建築士の免許は，国土交通大臣の行う一級建築士試験に合格した者であって，次の各号のいずれかに該当する者でなければ，受けることができない。

一　学校教育法（昭和22年法律第26号）による大学（短期大学を除く。）又は旧大学令（大正7年勅令第388号）による大学において，国土交通大臣の指定する建築に関する科目を修めて卒業した者であって，その卒業後建築に関する実務として**国土交通省令**で定めるもの（以下「建築実務」という。）の経験を2年以上有する者

◆国土交通省令［実務の経験の内容］規則第1条の2→p660

二　学校教育法による短期大学（修業年限が3年であるものに限り，同法による専門職大学の3年の前期課程を含む。）において，国土交通大臣の指定する建築に関する科目を修めて卒業した者（同法による専門職大学の前期課程にあっては，修了した者。以下この号及び次号において同じ。）（夜間において授業を行う課程等であって国土交通大臣の指定するものを修めて卒業した者を除く。）であって，その卒業後（同法による専門職大学の前期課程にあっては，修了後。同号において同じ。）建築実務の経験を3年以上有する者

三　学校教育法による短期大学（同法による専門職大学の前期課程を含む。）若しくは高等専門学校又は旧専門学校令（明治36年勅令第61号）による専門学校において，国土交通大臣の指定する建築に関する科目を修めて卒業した者であって，その卒業後建築実務の経験を4年以上有する者（前号に掲げる者を除く。）

四　二級建築士として設計その他の**国土交通省令**で定める実務の経験を4年以上有する者

◆国土交通省令［実務の経験の内容］規則第1条の2→p660

五　国土交通大臣が前各号に掲げる者と同等以上の知識及び技能を有すると認める者

3　二級建築士又は木造建築士になろうとする者は，都道府県知事の免許を受けなければならない。

4　二級建築士又は木造建築士の免許は，それぞれその免許を受けようとする都道府県知事の行う二級建築士試験又は木造建築士試験に合格した者であって，次の各号のいずれかに該当する者でなければ，受けることができない。

一　学校教育法による大学若しくは高等専門学校，旧大学令による大学又は旧専門学校令による専門学校において，国土交通大臣の指定する建築に関する科目を修めて卒業した者（当該科目を修めて同法による専門職大学の前期課程を修了した者を含む。）

　二　学校教育法による高等学校若しくは中等教育学校又は旧中等学校令（昭和18年勅令第36号）による中等学校において，国土交通大臣の指定する建築に関する科目を修めて卒業した者であって，その卒業後建築実務の経験を2年以上有する者

　三　都道府県知事が前2号に掲げる者と同等以上の知識及び技能を有すると認める者

　四　建築実務の経験を7年以上有する者

5　外国の建築士免許を受けた者で，一級建築士になろうとする者にあっては国土交通大臣が，二級建築士又は木造建築士になろうとする者にあっては都道府県知事が，それぞれ一級建築士又は二級建築士若しくは木造建築士と同等以上の資格を有すると認めるものは，第2項又は前項の規定にかかわらず，一級建築士又は二級建築士若しくは木造建築士の免許を受けることができる。

【免許の登録】

第5条　一級建築士，二級建築士又は木造建築士の免許は，それぞれ一級建築士名簿，二級建築士名簿又は木造建築士名簿に登録することによって行う。

2　国土交通大臣又は都道府県知事は，一級建築士又は二級建築士若しくは木造建築士の免許を与えたときは，それぞれ一級建築士免許証又は二級建築士免許証若しくは木造建築士免許証を交付する。

3　一級建築士，二級建築士又は木造建築士は，一級建築士免許証，二級建築士免許証又は木造建築士免許証に記載された事項等に変更があったときは，一級建築士にあっては国土交通大臣に，二級建築士又は木造建築士にあっては免許を受けた都道府県知事に対し，一級建築士免許証，二級建築士免許証又は木造建築士免許証の書換え交付を申請することができる。

4　一級建築士，二級建築士又は木造建築士は，第9条第1項若しくは第2項又は第10条第1項の規定によりその免許を取り消されたときは，速やかに，一級建築士にあっては一級建築士免許証を国土交通大臣に，二級建築士又は木造建築士にあっては二級建築士免許証又は木造建築士免許証をその交付を受けた都道府県知事に返納しなければならない。

5　一級建築士の免許を受けようとする者は，登録免許税法（昭和42年法律第35号）の定めるところにより登録免許税を国に納付しなければならない。

6　一級建築士免許証の書換え交付又は再交付を受けようとする者は，実費を勘案して**政令**で定める額の手数料を国に納付しなければならない。

◆政令［一級建築士免許証又は一級建築士免許証明書の書換え交付等の手数料］令第1条→p657

【住所等の届出】

第5条の2　一級建築士，二級建築士又は木造建築士は，一級建築士免許証，二級建築士免許証又は木造建築士免許証の交付の日から30日以内に，住所その他の**国土交通省令**で定める事項を，一級建築士にあっては国土交通大臣に，二級建築士又は木造建築士にあっては免許を受けた都道府県知事及び住所地の都道府県知事に届け出なければならない。

◆国土交通省令［住所等の届出］規則第8条→p664

2　一級建築士，二級建築士又は木造建築士は，前項の国土交通省令で定める事項に変更があったときは，その日から30日以内に，その旨を，一級建築士にあっては国土交通大臣に，二級建築士又は木造建築士にあっては免許を受けた都道府県知事及び住所地の都道府県知事（都道府県の区域を異にして住所を変更したときは，変更前の住所地の都道府県知事）に届け出なければならない。

3　前項に規定するもののほか，都道府県の区域を異にして住所を変更した二級建築士又は木造建築士は，同項の期間内に第1項の国土交通省令で定める事項を変更後の住所地の都道府県知事に届け出なければならない。

【名　簿】

第6条　一級建築士名簿は国土交通省に，二級建築士名簿及び木造建築士名簿は都道府県に，これを備える。

●関連 ［登録事項］規則第3条　　　→p662
［登録事項の変更］規則第4条→p663

2　国土交通大臣は一級建築士名簿を，都道府県知事は二級建築士名簿及び木造建築士名簿を，それぞれ一般の閲覧に供しなければならない。

●関連 ［一級建築士名簿の閲覧］規則第9条の2→p665

【絶対的欠格事由】

第7条　次の各号のいずれかに該当する者には，一級建築士，二級建築士又は木造建築士の免許を与えない。

一　未成年者

二　禁錮以上の刑に処せられ，その刑の執行を終わり，又は執行を受けることがなくなった日から5年を経過しない者

三　この法律の規定に違反して，又は建築物の建築に関し罪を犯して罰金の刑に処せられ，その刑の執行を終わり，又は執行を受けることがなくなった日から5年を経過しない者

四　第9条第1項第四号又は第10条第1項の規定により免許を取り消され，その取消しの日から起算して5年を経過しない者

五　第10条第1項の規定による業務の停止の処分を受け，その停止の期間中に第9条第1項第一号の規定によりその免許が取り消され，まだその期間が経過しない者

【相対的欠格事由】

第8条　次の各号のいずれかに該当する者には，一級建築士，二級建築士又は木造建築士の免許を与えないことができる。

一　禁錮以上の刑に処せられた者（前条第二号に該当する者を除く。）

二　この法律の規定に違反して，又は建築物の建築に関し罪を犯して罰金の刑に処せられた者（前条第三号に該当する者を除く。）

三　心身の故障により一級建築士，二級建築士又は木造建築士の業務を適正に行うことができない者として**国土交通省令**で定めるもの

◆国土交通省令 ［心身の故障により一級建築士，二級建築士又は木造建築士の
業務を適正に行うことができない者］規則第1条の3　　　→p661

【建築士の死亡等の届出】

第8条の2　一級建築士，二級建築士又は木造建築士が次の各号に掲げる場合のいずれかに該当することとなったときは，当該各号に定める者は，その日（第一号の場合にあっては，その事実を知った日）から30日以内に，その旨を，一級建築士にあっては国土交通大臣に，二級建築士又は木造建築士にあっては免許を受けた都道府県知事に届け出なければならない。

一　死亡したとき　　その相続人

二　第7条第二号又は第三号に該当するに至ったとき　　本人

三　心身の故障により一級建築士，二級建築士又は木造建築士の業務を適正に行うことができない場合に該当するものとして**国土交通省令**で定める場合に該当するに至ったとき　　本人又はその法定代理人若しくは同居の親族

◆国土交通省令［心身の故障により一級建築士，二級建築士又は木造建築士の
業務を適正に行うことができない場合］規則第5条の2　　→p663

【免許の取消し】

第9条　国土交通大臣又は都道府県知事は，その免許を受けた一級建築士又は二級建築士若しくは木造建築士が次の各号のいずれかに該当する場合においては，当該一級建築士又は二級建築士若しくは木造建築士の免許を取り消さなければならない。

一　本人から免許の取消しの申請があったとき。

二　前条（第三号に係る部分を除く。次号において同じ。）の規定による届出があったとき。

三　前条の規定による届出がなくて同条第一号又は第二号に掲げる場合に該当する事実が判明したとき。

四　虚偽又は不正の事実に基づいて免許を受けたことが判明したとき。

五　第13条の2第1項又は第2項の規定により一級建築士試験，二級建築士試験又は木造建築士試験の合格の決定を取り消されたとき。

2　国土交通大臣又は都道府県知事は，その免許を受けた一級建築士又は二級建築士若しくは木造建築士が次の各号のいずれかに該当する場合においては，当該一級建築士又は二級建築士若しくは木造建築士の免許を取り消すことができる。

一　前条（第三号に係る部分に限る。次号において同じ。）の規定による届出があったとき。

二　前条の規定による届出がなくて同条第三号に掲げる場合に該当する事実が判明したとき。

3　国土交通大臣又は都道府県知事は，前2項の規定により免許を取り消したときは，**国土交通省令**で定めるところにより，その旨を公告しなければならない。

◆国土交通省令［免許の取消しの公告］規則第6条の2→p664

【懲　戒】

第10条　国土交通大臣又は都道府県知事は，その免許を受けた一級建築士又は二級建築士若しくは木造建築士が次の各号のいずれかに該当する場合においては，当該一級建築士又は二級建築士若しくは木造建築士に対し，戒告し，若しくは1年以内の

期間を定めて業務の停止を命じ，又はその免許を取り消すことができる。

●関連［免許証等の領置］規則第9条→p665

一　この法律若しくは建築物の建築に関する他の法律又はこれらに基づく命令若しくは条例の規定に違反したとき。

二　業務に関して不誠実な行為をしたとき。

2　国土交通大臣又は都道府県知事は，前項の規定により業務の停止を命じようとするときは，行政手続法（平成5年法律第88号）第13条第1項の規定による意見陳述のための手続の区分にかかわらず，聴聞を行わなければならない。

3　第1項の規定による処分に係る聴聞の主宰者は，必要があると認めるときは，参考人の出頭を求め，その意見を聴かなければならない。

4　国土交通大臣又は都道府県知事は，第1項の規定により，業務の停止を命じ，又は免許を取り消そうとするときは，それぞれ中央建築士審査会又は都道府県建築士審査会の同意を得なければならない。

5　国土交通大臣又は都道府県知事は，第1項の規定による処分をしたときは，**国土交通省令**で定めるところにより，その旨を公告しなければならない。

◆国土交通省令［処分の公告］規則第6条の3→p664

6　国土交通大臣又は都道府県知事は，第3項の規定により出頭を求めた参考人に対して，**政令**で定めるところにより，旅費，日当その他の費用を支給しなければならない。

◆政令［参考人に支給する費用］令第5条→p657

【報告，検査等】

第10条の2　国土交通大臣は，建築士の業務の適正な実施を確保するため必要があると認めるときは，一級建築士に対しその業務に関し必要な報告を求め，又はその職員に，建築士事務所その他業務に関係のある場所に立ち入り，図書その他の物件を検査させ，若しくは関係者に質問させることができる。

2　都道府県知事は，建築士の業務の適正な実施を確保するため必要があると認めるときは，二級建築士若しくは木造建築士に対しその業務に関し必要な報告を求め，又はその職員に，建築士事務所その他業務に関係のある場所に立ち入り，図書その他の物件を検査させ，若しくは関係者に質問させることができる。

3　前2項の規定により立入検査をする職員は，その身分を示す証明書を携帯し，関係者に提示しなければならない。

4　第1項及び第2項の規定による立入検査の権限は，犯罪捜査のために認められたものと解釈してはならない。

【構造設計一級建築士証及び設備設計一級建築士証の交付等】

第10条の3　次の各号のいずれかに該当する一級建築士は，国土交通大臣に対し，構造設計一級建築士証の交付を申請することができる。

●関連［構造設計一級建築士証及び設備設計一級建築士証］規則第9条の3→p665

一　一級建築士として5年以上構造設計の業務に従事した後，第10条の22から第10条の25までの規定の定めるところにより国土交通大臣の登録を受けた者（以下こ

619

の章において「登録講習機関」という。）が行う講習（別表第 1 (1)の項講習の欄に掲げる講習に限る。）の課程をその申請前 1 年以内に修了した一級建築士

二　国土交通大臣が，構造設計に関し前号に掲げる一級建築士と同等以上の知識及び技能を有すると認める一級建築士

2　次の各号のいずれかに該当する一級建築士は，国土交通大臣に対し，設備設計一級建築士証の交付を申請することができる。

●関連〔構造設計一級建築士証及び設備設計一級建築士証〕規則第 9 条の 3→p665

一　一級建築士として 5 年以上設備設計の業務に従事した後，登録講習機関が行う講習（別表第 1 (2)の項講習の欄に掲げる講習に限る。）の課程をその申請前 1 年以内に修了した一級建築士

二　国土交通大臣が，設備設計に関し前号に掲げる一級建築士と同等以上の知識及び技能を有すると認める一級建築士

3　国土交通大臣は，前 2 項の規定による構造設計一級建築士証又は設備設計一級建築士証の交付の申請があったときは，遅滞なく，その交付をしなければならない。

4　構造設計一級建築士証又は設備設計一級建築士証の交付を受けた一級建築士（以下それぞれ「構造設計一級建築士」又は「設備設計一級建築士」という。）は，構造設計一級建築士証又は設備設計一級建築士証に記載された事項等に変更があったときは，国土交通大臣に対し，構造設計一級建築士証又は設備設計一級建築士証の書換え交付を申請することができる。

5　構造設計一級建築士又は設備設計一級建築士は，第 9 条第 1 項若しくは第 2 項又は第10条第 1 項の規定によりその免許を取り消されたときは，速やかに，構造設計一級建築士証又は設備設計一級建築士証を国土交通大臣に返納しなければならない。

6　構造設計一級建築士証又は設備設計一級建築士証の交付，書換え交付又は再交付を受けようとする一級建築士は，実費を勘案して**政令**で定める額の手数料を国に納付しなければならない。

◆政令〔構造設計一級建築士証又は設備設計一級建築士証の交付等の手数料〕令第 2 条→p657

【中央指定登録機関の指定】

第10条の4　国土交通大臣は，その指定する者（以下「中央指定登録機関」という。）に，一級建築士の登録の実施に関する事務，一級建築士名簿を一般の閲覧に供する事務並びに構造設計一級建築士証及び設備設計一級建築士証の交付の実施に関する事務（以下「一級建築士登録等事務」という。）を行わせることができる。

2　中央指定登録機関の指定は，一級建築士登録等事務を行おうとする者の申請により行う。

【指定の基準】

第10条の5　国土交通大臣は，他に中央指定登録機関の指定を受けた者がなく，かつ，前条第 2 項の申請が次に掲げる基準に適合していると認めるときでなければ，中央指定登録機関の指定をしてはならない。

一　職員，設備，事務の実施の方法その他の事項についての一級建築士登録等事務の実施に関する計画が，一級建築士登録等事務の適正かつ確実な実施のために適

切なものであること。

二　前号の一級建築士登録等事務の実施に関する計画の適正かつ確実な実施に必要な経理的及び技術的な基礎を有するものであること。

三　一級建築士登録等事務以外の業務を行っている場合には，その業務を行うことによって一級建築士登録等事務の公正な実施に支障を及ぼすおそれがないものであること。

2　国土交通大臣は，前条第2項の申請をした者が，次の各号のいずれかに該当するときは，中央指定登録機関の指定をしてはならない。

一　一般社団法人又は一般財団法人以外の者であること。

二　この法律の規定に違反して，刑に処せられ，その執行を終わり，又は執行を受けることがなくなった日から起算して2年を経過しない者であること。

三　第10条の16第1項又は第2項の規定により指定を取り消され，その取消しの日から起算して2年を経過しない者であること。

四　その役員のうちに，次のいずれかに該当する者があること。

　　イ　第二号に該当する者

　　ロ　第10条の7第2項の規定による命令により解任され，その解任の日から起算して2年を経過しない者

【指定の公示等】

第10条の6　国土交通大臣は，中央指定登録機関の指定をしたときは，中央指定登録機関の名称及び住所，一級建築士登録等事務を行う事務所の所在地並びに一級建築士登録等事務の開始の日を公示しなければならない。

2　中央指定登録機関は，その名称若しくは住所又は一級建築士登録等事務を行う事務所の所在地を変更しようとするときは，変更しようとする日の2週間前までに，その旨を国土交通大臣に届け出なければならない。

3　国土交通大臣は，前項の規定による届出があったときは，その旨を公示しなければならない。

【役員の選任及び解任】

第10条の7　中央指定登録機関の役員の選任及び解任は，国土交通大臣の認可を受けなければ，その効力を生じない。

2　国土交通大臣は，中央指定登録機関の役員が，この法律（この法律に基づく命令又は処分を含む。）若しくは第10条の9第1項に規定する登録等事務規程に違反する行為をしたとき，又は一級建築士登録等事務に関し著しく不適当な行為をしたときは，中央指定登録機関に対し，その役員を解任すべきことを命ずることができる。

【秘密保持義務等】

第10条の8　中央指定登録機関の役員若しくは職員又はこれらの職にあった者は，一級建築士登録等事務に関して知り得た秘密を漏らしてはならない。

2　一級建築士登録等事務に従事する中央指定登録機関の役員及び職員は，刑法（明治40年法律第45号）その他の罰則の適用については，法令により公務に従事する職員とみなす。

【登録等事務規程】

第10条の9　中央指定登録機関は，一級建築士登録等事務の開始前に，一級建築士登録等事務に関する規程（以下この章において「登録等事務規程」という。）を定め，国土交通大臣の認可を受けなければならない。これを変更しようとするときも，同様とする。

2　一級建築士登録等事務の実施の方法その他の登録等事務規程で定めるべき事項は，国土交通省令で定める。

3　国土交通大臣は，第1項の認可をした登録等事務規程が一級建築士登録等事務の適正かつ確実な実施上不適当となったと認めるときは，中央指定登録機関に対し，その登録等事務規程を変更すべきことを命ずることができる。

【事業計画等】

第10条の10　中央指定登録機関は，事業年度ごとに，その事業年度の事業計画及び収支予算を作成し，毎事業年度開始前に（指定を受けた日の属する事業年度にあっては，その指定を受けた後遅滞なく），国土交通大臣の認可を受けなければならない。これを変更しようとするときも，同様とする。

2　中央指定登録機関は，事業年度ごとに，その事業年度の事業報告書及び収支決算書を作成し，毎事業年度経過後3月以内に国土交通大臣に提出しなければならない。

【帳簿の備付け等】

第10条の11　中央指定登録機関は，国土交通省令で定めるところにより，一級建築士登録等事務に関する事項で国土交通省令で定めるものを記載した帳簿を備え付け，これを保存しなければならない。

【監督命令】

第10条の12　国土交通大臣は，一級建築士登録等事務の適正かつ確実な実施を確保するため必要があると認めるときは，中央指定登録機関に対し，一級建築士登録等事務に関し監督上必要な命令をすることができる。

【報告，検査等】

第10条の13　国土交通大臣は，一級建築士登録等事務の適正かつ確実な実施を確保するため必要があると認めるときは，中央指定登録機関に対し一級建築士登録等事務に関し必要な報告を求め，又はその職員に，中央指定登録機関の事務所に立ち入り，一級建築士登録等事務の状況若しくは設備，帳簿，書類その他の物件を検査させ，若しくは関係者に質問させることができる。

2　第10条の2第3項及び第4項の規定は，前項の規定による立入検査について準用する。

【照　会】

第10条の14　中央指定登録機関は，一級建築士登録等事務の適正な実施のため必要な事項について，国土交通大臣に照会することができる。この場合において，国土交通大臣は，中央指定登録機関に対して，照会に係る事項の通知その他必要な措置を講ずるものとする。

【一級建築士登録等事務の休廃止等】

第10条の15 中央指定登録機関は，国土交通大臣の許可を受けなければ，一級建築士登録等事務の全部又は一部を休止し，又は廃止してはならない。

2 国土交通大臣が前項の規定により一級建築士登録等事務の全部の廃止を許可したときは，当該許可に係る指定は，その効力を失う。

3 国土交通大臣は，第1項の許可をしたときは，その旨を公示しなければならない。

【指定の取消し等】

第10条の16 国土交通大臣は，中央指定登録機関が第10条の5第2項各号（第三号を除く。）のいずれかに該当するに至ったときは，その指定を取り消さなければならない。

2 国土交通大臣は，中央指定登録機関が次の各号のいずれかに該当するときは，その指定を取り消し，又は期間を定めて一級建築士登録等事務の全部若しくは一部の停止を命ずることができる。

　一　第10条の5第1項各号に掲げる基準に適合しなくなったと認めるとき。

　二　第10条の6第2項，第10条の10，第10条の11又は前条第1項の規定に違反したとき。

　三　第10条の7第2項，第10条の9第3項又は第10条の12の規定による命令に違反したとき。

　四　第10条の9第1項の認可を受けた登録等事務規程によらないで一級建築士登録等事務を行ったとき。

　五　その役員が一級建築士登録等事務に関し著しく不適当な行為をしたとき。

　六　不正な手段により中央指定登録機関の指定を受けたとき。

3 国土交通大臣は，前2項の規定により指定を取り消し，又は前項の規定により一級建築士登録等事務の全部若しくは一部の停止を命じたときは，その旨を公示しなければならない。

【国土交通大臣による一級建築士登録等事務の実施等】

第10条の17 国土交通大臣は，中央指定登録機関の指定をしたときは，一級建築士登録等事務を行わないものとする。

2 国土交通大臣は，中央指定登録機関が次の各号のいずれかに該当するときは，前項の規定にかかわらず，一級建築士登録等事務の全部又は一部を自ら行うものとする。

　一　第10条の15第1項の規定により一級建築士登録等事務の全部又は一部を休止したとき。

　二　前条第2項の規定により一級建築士登録等事務の全部又は一部の停止を命じられたとき。

　三　天災その他の事由により一級建築士登録等事務の全部又は一部を実施することが困難となった場合において国土交通大臣が必要があると認めるとき。

3 国土交通大臣は，前項の規定により一級建築士登録等事務を行い，又は同項の規定により行っている一級建築士登録等事務を行わないこととしようとするときは，

あらかじめ，その旨を公示しなければならない。

4　国土交通大臣が，第2項の規定により一級建築士登録等事務を行うこととし，第10条の15第1項の規定により一級建築士登録等事務の廃止を許可し，又は前条第1項若しくは第2項の規定により指定を取り消した場合における一級建築士登録等事務の引継ぎその他の必要な事項は，国土交通省令で定める。

【審査請求】

第10条の18　中央指定登録機関が行う一級建築士登録等事務に係る処分又はその不作為について不服がある者は，国土交通大臣に対し，審査請求をすることができる。この場合において，国土交通大臣は，行政不服審査法（平成26年法律第68号）第25条第2項及び第3項，第46条第1項及び第2項，第47条並びに第49条第3項の規定の適用については，中央指定登録機関の上級行政庁とみなす。

【中央指定登録機関が一級建築士登録等事務を行う場合における規定の適用等】

第10条の19　中央指定登録機関が一級建築士登録等事務を行う場合における第5条第2項から第4項まで及び第6項，第5条の2第1項，第6条並びに第10条の3の規定の適用については，これらの規定（第5条第2項，第5条の2第1項並びに第10条の3第1項各号及び第2項第二号を除く。）中「一級建築士免許証」とあるのは「一級建築士免許証明書」と，「国土交通大臣」とあり，及び「国土交通省」とあるのは「中央指定登録機関」と，「国に」とあるのは「中央指定登録機関に」と，第5条第2項中「国土交通大臣」とあるのは「中央指定登録機関（第10条の4第1項に規定する中央指定登録機関をいう。以下同じ。）」と，「一級建築士又は」とあるのは「前項の規定により一級建築士名簿に登録をし，又は」と，同項及び第5条の2第1項中「一級建築士免許証」とあるのは「一級建築士免許証明書」とする。

2　中央指定登録機関が一級建築士登録等事務を行う場合において，第5条第1項の規定による登録を受けようとする者は，実費を勘案して**政令**で定める額の手数料を中央指定登録機関に納付しなければならない。

◆政令［中央指定登録機関による一級建築士の登録手数料］令第3条→p657

3　第1項の規定により読み替えて適用する第5条第6項及び第10条の3第6項の規定並びに前項の規定により中央指定登録機関に納められた手数料は，中央指定登録機関の収入とする。

【都道府県指定登録機関】

第10条の20　都道府県知事は，その指定する者（以下「都道府県指定登録機関」という。）に，二級建築士及び木造建築士の登録の実施に関する事務並びに二級建築士名簿及び木造建築士名簿を一般の閲覧に供する事務(以下「二級建築士等登録事務」という。) を行わせることができる。

2　都道府県指定登録機関の指定は，二級建築士等登録事務を行おうとする者の申請により行う。

3　第10条の5から第10条の18までの規定は，都道府県指定登録機関について準用する。この場合において，これらの規定（第10条の5第1項第一号を除く。）中「国土交通大臣」とあるのは「都道府県知事」と，「一級建築士登録等事務」とあるの

は「二級建築士等登録事務」と，「登録等事務規程」とあるのは「登録事務規程」と，第10条の５第１項中「他に」とあるのは「当該都道府県の区域において他に」と，同条中「前条第２項」とあるのは「第10条の20第２項」と，同項第一号中「一級建築士登録等事務の実施」とあるのは「二級建築士等登録事務（第10条の20第１項に規定する二級建築士等登録事務をいう。以下同じ。）の実施」と，「，一級建築士登録等事務」とあるのは「，二級建築士等登録事務」と，第10条の７第２項中「命令」とあるのは「命令，規則」と読み替えるものとする。

【都道府県指定登録機関が二級建築士等登録事務を行う場合における規定の適用等】

第10条の21　都道府県指定登録機関が二級建築士等登録事務を行う場合における第５条第２項から第４項まで，第５条の２第１項及び第６条の規定の適用については，これらの規定（第５条第２項及び第５条の２第１項を除く。）中「都道府県知事」とあるのは「都道府県指定登録機関」と，第５条第２項中「都道府県知事」とあるのは「都道府県指定登録機関（第10条の20第１項に規定する都道府県指定登録機関をいう。以下同じ。）」と，「一級建築士又は二級建築士若しくは木造建築士の免許を与えた」とあるのは「一級建築士の免許を与え，又は前項の規定により二級建築士名簿若しくは木造建築士名簿に登録をした」と，同項，同条第３項及び第４項並びに第５条の２第１項中「二級建築士免許証」とあるのは「二級建築士免許証明書」と，「木造建築士免許証」とあるのは「木造建築士免許証明書」と，第６条第１項中「都道府県」とあるのは「都道府県指定登録機関」とする。

２　都道府県は，地方自治法（昭和22年法律第67号）第227条の規定に基づき二級建築士若しくは木造建築士の登録又は二級建築士免許証若しくは木造建築士免許証の書換え交付若しくは再交付に係る手数料を徴収する場合においては，前条の規定により都道府県指定登録機関が行う二級建築士若しくは木造建築士の登録又は二級建築士免許証明書若しくは木造建築士免許証明書の書換え交付若しくは再交付を受けようとする者に，条例で定めるところにより，当該手数料を当該都道府県指定登録機関に納めさせ，その収入とすることができる。

【構造設計一級建築士講習又は設備設計一級建築士講習の講習機関の登録】

第10条の22　第10条の３第１項第一号の登録（第11条を除き，以下この章において単に「登録」という。）は，別表第１の各項の講習の欄に掲げる講習の区分ごとに，これらの講習の実施に関する事務（以下この章において「講習事務」という。）を行おうとする者の申請により行う。

【欠格条項】

第10条の23　次の各号のいずれかに該当する者は，登録を受けることができない。

一　未成年者

二　破産手続開始の決定を受けて復権を得ない者

三　禁錮以上の刑に処せられ，又はこの法律の規定により刑に処せられ，その執行を終わり，又は執行を受けることがなくなった日から起算して２年を経過しない者

四　第10条の36第１項又は第２項の規定により登録を取り消され，その取消しの日

から起算して２年を経過しない者

五　心身の故障により講習事務を適正に行うことができない者として国土交通省令で定めるもの

六　法人であって，その役員のうちに前各号のいずれかに該当する者があるもの

【登録基準等】

第10条の24　国土交通大臣は，登録の申請をした者（第二号において「登録申請者」という。）が次に掲げる基準のすべてに適合しているときは，その登録をしなければならない。この場合において，登録に関して必要な手続は，国土交通省令で定める。

一　別表第１の各項の講習の欄に掲げる講習の区分に応じ，当該各項の科目の欄に掲げる科目について，それぞれ当該各項の講師の欄に掲げる者のいずれかに該当する者が講師として従事する講習事務を行うものであること。

二　登録申請者が，業として，設計，工事監理，建築物の販売若しくはその代理若しくは媒介又は建築物の建築工事の請負を行う者（以下この号において「建築関連事業者」という。）でなく，かつ，建築関連事業者に支配されているものとして次のいずれかに該当するものでないこと。

イ　登録申請者が株式会社である場合にあっては，建築関連事業者がその総株主（株主総会において決議をすることができる事項の全部につき議決権を行使することができない株主を除く。）の議決権の過半数を有するものであること。

ロ　登録申請者の役員（持分会社（会社法（平成17年法律第86号）第575条第１項に規定する持分会社をいう。）にあっては，業務を執行する社員）に占める建築関連事業者又はその役員若しくは職員（過去２年間に建築関連事業者の役員又は職員であった者を含む。）の割合が1/2を超えていること。

ハ　登録申請者（法人にあっては，その代表権を有する役員）が，建築関連事業者の役員又は職員（過去２年間に建築関連事業者の役員又は職員であった者を含む。）であること。

三　債務超過の状態にないこと。

2　登録は，登録講習機関登録簿に次に掲げる事項を記載してするものとする。

一　登録年月日及び登録番号

二　登録講習機関の氏名又は名称及び住所並びに法人にあっては，その代表者の氏名

三　登録の区分

四　登録講習機関が講習事務を行う事務所の所在地

五　前各号に掲げるもののほか，登録講習機関に関する事項で国土交通省令で定めるもの

【登録の公示等】

第10条の25　国土交通大臣は，登録をしたときは，前条第２項第二号から第四号までに掲げる事項その他国土交通省令で定める事項を公示しなければならない。

2　登録講習機関は，前条第２項第二号，第四号又は第五号に掲げる事項を変更しようとするときは，変更しようとする日の２週間前までに，その旨を国土交通大臣に

届け出なければならない。

3　国土交通大臣は，前項の規定による届出があったときは，その旨を公示しなければならない。

【登録の更新】

第10条の26　登録は，5年以上10年以内において**政令**で定める期間ごとにその更新を受けなければ，その期間の経過によって，その効力を失う。

◆**政令**〔登録講習機関の登録の有効期間〕令第6条→p657

2　第10条の22から第10条の24までの規定は，前項の登録の更新の場合について準用する。

【承　継】

第10条の27　登録講習機関が当該登録に係る事業の全部を譲渡し，又は登録講習機関について相続，合併若しくは分割（当該登録に係る事業の全部を承継させるものに限る。）があったときは，その事業の全部を譲り受けた者又は相続人（相続人が2人以上ある場合において，その全員の同意により当該事業を承継すべき相続人を選定したときは，その者。以下この項において同じ。），合併後存続する法人若しくは合併により設立した法人若しくは分割によりその事業の全部を承継した法人は，その登録講習機関の地位を承継する。ただし，当該事業の全部を譲り受けた者又は相続人，合併後存続する法人若しくは合併により設立した法人若しくは分割により当該事業の全部を承継した法人が第10条の23各号のいずれかに該当するときは，この限りでない。

2　前項の規定により登録講習機関の地位を承継した者は，遅滞なく，国土交通省令で定めるところにより，その旨を国土交通大臣に届け出なければならない。

【講習事務の実施に係る義務】

第10条の28　登録講習機関は，公正に，かつ，国土交通省令で定める基準に適合する方法により講習事務を行わなければならない。

【講習事務規程】

第10条の29　登録講習機関は，講習事務に関する規程（以下この章において「講習事務規程」という。）を定め，講習事務の開始前に，国土交通大臣に届け出なければならない。これを変更しようとするときも，同様とする。

2　講習事務規程には，講習事務の実施の方法，講習事務に関する料金その他の国土交通省令で定める事項を定めておかなければならない。

【財務諸表等の備付け及び閲覧等】

第10条の30　登録講習機関は，毎事業年度経過後3月以内に，その事業年度の財産目録，貸借対照表及び損益計算書又は収支計算書並びに事業報告書（その作成に代えて電磁的記録（電子的方式，磁気的方式その他人の知覚によっては認識することができない方式で作られる記録であって，電子計算機による情報処理の用に供されるものをいう。以下この条において同じ。）の作成がされている場合における当該電磁的記録を含む。以下「財務諸表等」という。）を作成し，5年間事務所に備えて置かなければならない。

2　利害関係人は，登録講習機関の業務時間内は，いつでも，次に掲げる請求をすることができる。ただし，第二号又は第四号の請求をするには，登録講習機関の定めた費用を支払わなければならない。

一　財務諸表等が書面をもって作成されているときは，当該書面の閲覧又は謄写の請求

二　前号の書面の謄本又は抄本の請求

三　財務諸表等が電磁的記録をもって作成されているときは，当該電磁的記録に記録された事項を国土交通省令で定める方法により表示したものの閲覧又は謄写の請求

四　前号の電磁的記録に記録された事項を電磁的方法であって国土交通省令で定めるものにより提供することの請求又は当該事項を記載した書面の交付の請求

【帳簿の備付け等】

第10条の31　登録講習機関は，国土交通省令で定めるところにより，講習事務に関する事項で国土交通省令で定めるものを記載した帳簿を備え付け，これを保存しなければならない。

【適合命令】

第10条の32　国土交通大臣は，登録講習機関が第10条の24第1項各号のいずれかに適合しなくなったと認めるときは，その登録講習機関に対し，これらの規定に適合するため必要な措置をとるべきことを命ずることができる。

【改善命令】

第10条の33　国土交通大臣は，登録講習機関が第10条の28の規定に違反していると認めるときは，その登録講習機関に対し，同条の規定による講習事務を行うべきこと又は講習事務の方法その他の事務の方法の改善に関し必要な措置をとるべきことを命ずることができる。

【報告，検査等】

第10条の34　国土交通大臣は，講習事務の適正な実施を確保するため必要があると認めるときは，登録講習機関に対し講習事務若しくは経理の状況に関し必要な報告を求め，又はその職員に，登録講習機関の事務所に立ち入り，講習事務の状況若しくは設備，帳簿，書類その他の物件を検査させ，若しくは関係者に質問させることができる。

2　第10条の2第3項及び第4項の規定は，前項の規定による立入検査について準用する。

【講習事務の休廃止等】

第10条の35　登録講習機関は，講習事務の全部又は一部を休止し，又は廃止しようとするときは，国土交通省令で定めるところにより，あらかじめ，その旨を国土交通大臣に届け出なければならない。

2　前項の規定により講習事務の全部を廃止しようとする届出があったときは，当該届出に係る登録は，その効力を失う。

3　国土交通大臣は，第1項の規定による届出があったときは，その旨を公示しなけ

ればならない。

【登録の取消し等】

第10条の36　国土交通大臣は，登録講習機関が第10条の23各号（第一号及び第四号を除く。）のいずれかに該当するに至ったときは，その登録を取り消さなければならない。

2　国土交通大臣は，登録講習機関が次の各号のいずれかに該当するときは，その登録を取り消し，又は期間を定めて講習事務の全部若しくは一部の停止を命ずることができる。

一　第10条の25第２項，第10条の27第２項，第10条の30第１項，第10条の31又は前条第１項の規定に違反したとき。

二　第10条の29第１項の規定による届出のあった講習事務規程によらないで講習事務を行ったとき。

三　正当な理由がないのに第10条の30第２項各号の請求を拒んだとき。

四　第10条の32又は第10条の33の規定による命令に違反したとき。

五　講習事務に関し著しく不適当な行為をしたとき，又はその事務に従事する者若しくは法人にあってはその役員が，講習事務に関し著しく不適当な行為をしたとき。

六　不正な手段により登録を受けたとき。

3　国土交通大臣は，前２項の規定により登録を取り消し，又は前項の規定により講習事務の全部若しくは一部の停止を命じたときは，その旨を公示しなければならない。

【国土交通大臣による講習事務の実施】

第10条の37　国土交通大臣は，次の各号のいずれかに該当するときその他必要があると認めるときは，講習事務の全部又は一部を自ら行うことができる。

一　登録を受ける者がいないとき。

二　第10条の35第１項の規定による講習事務の全部又は一部の休止又は廃止の届出があったとき。

三　前条第１項若しくは第２項の規定により登録を取り消し，又は同項の規定により講習事務の全部若しくは一部の停止を命じたとき。

四　登録講習機関が天災その他の事由により講習事務の全部又は一部を実施することが困難となったとき。

2　国土交通大臣は，前項の規定により講習事務を行い，又は同項の規定により行っている講習事務を行わないこととしようとするときは，あらかじめ，その旨を公示しなければならない。

3　国土交通大臣が第１項の規定により講習事務を行うこととした場合における講習事務の引継ぎその他の必要な事項は，国土交通省令で定める。

【手数料】

第10条の38　前条第１項の規定により国土交通大臣が行う講習を受けようとする者は，実費を勘案して政令で定める額の手数料を国に納めなければならない。

【国土交通省令及び都道府県の規則への委任】

第11条 この章に規定するもののほか，一級建築士の免許の申請，登録の訂正及び抹消並びに住所等の届出，一級建築士免許証及び一級建築士免許証明書の交付，書換え交付，再交付及び返納その他一級建築士の免許に関して必要な事項並びに第10条の３第１項第一号の登録，同号及び同条第２項第一号の講習，登録講習機関その他構造設計一級建築士証及び設備設計一級建築士証の交付，書換え交付，再交付及び返納に関して必要な事項は，**国土交通省令**で定める。

◆**国土交通省令** 規則第１条～第９条→p660～665

2 この章に規定するもののほか，二級建築士及び木造建築士の免許の申請，登録の訂正及び抹消並びに住所等の届出，二級建築士免許証及び木造建築士免許証並びに二級建築士免許証明書及び木造建築士免許証明書の交付，書換え交付，再交付及び返納その他二級建築士及び木造建築士の免許に関して必要な事項は，都道府県の規則で定める。

第3章 試　　験

【試験の内容】

第12条 一級建築士試験及び二級建築士試験は，設計及び工事監理に必要な知識及び技能について行う。

2 木造建築士試験は，小規模の木造の建築物に関する設計及び工事監理に必要な知識及び技能について行う。

【試験の施行】

第13条 一級建築士試験，二級建築士試験又は木造建築士試験は，毎年少なくとも１回，一級建築士試験にあっては国土交通大臣が，二級建築士試験及び木造建築士試験にあっては都道府県知事が行う。

【合格の取消し等】

第13条の2 国土交通大臣は不正の手段によって一級建築士試験を受け，又は受けようとした者に対して，都道府県知事は不正の手段によって二級建築士試験又は木造建築士試験を受け，又は受けようとした者に対して，合格の決定を取り消し，又は当該受けようとした試験を受けることを禁止することができる。

2 第15条の２第１項に規定する中央指定試験機関にあっては前項に規定する国土交通大臣の職権を，第15条の６第１項に規定する都道府県指定試験機関にあっては前項に規定する都道府県知事の職権を行うことができる。

3 国土交通大臣又は都道府県知事は，前２項の規定による処分を受けた者に対し，３年以内の期間を定めて一級建築士試験又は二級建築士試験若しくは木造建築士試験を受けることができないものとすることができる。

【一級建築士試験の受験資格】

第14条 一級建築士試験は，次の各号のいずれかに該当する者でなければ，受けることができない。

一　学校教育法による大学若しくは高等専門学校，旧大学令による大学又は旧専門学校令による専門学校において，国土交通大臣の指定する建築に関する科目を修めて卒業した者（当該科目を修めて同法による専門職大学の前期課程を修了した者を含む。）

二　二級建築士

三　国土交通大臣が前2号に掲げる者と同等以上の知識及び技能を有すると認める者

【二級建築士試験及び木造建築士試験の受験資格】

第15条　二級建築士試験及び木造建築士試験は，次の各号のいずれかに該当する者でなければ，受けることができない。

一　学校教育法による大学，高等専門学校，高等学校若しくは中等教育学校，旧大学令による大学，旧専門学校令による専門学校又は旧中等学校令による中等学校において，国土交通大臣の指定する建築に関する科目を修めて卒業した者（当該科目を修めて同法による専門職大学の前期課程を修了した者を含む。）

二　都道府県知事が前号に掲げる者と同等以上の知識及び技能を有すると認める者

三　建築実務の経験を7年以上有する者

【中央指定試験機関の指定】

第15条の2　国土交通大臣は，その指定する者（以下「中央指定試験機関」という。）に，一級建築士試験の実施に関する事務（以下「一級建築士試験事務」という。）を行わせることができる。

2　中央指定試験機関の指定は，一級建築士試験事務を行おうとする者の申請により行う。

3　国土交通大臣は，中央指定試験機関の指定をしようとするときは，あらかじめ，中央建築士審査会の意見を聴かなければならない。

【試験委員】

第15条の3　中央指定試験機関は，試験の問題の作成及び採点を試験委員に行わせなければならない。

2　前項の試験委員は，建築士のうちから選任しなければならない。この場合において，やむを得ない理由があるときは，学識経験のある者のうちから，選任することができる。ただし，その数は，同項の試験委員の半数を超えてはならない。

3　中央指定試験機関は，第1項の試験委員を選任し，又は解任したときは，遅滞なくその旨を国土交通大臣に届け出なければならない。

【不正行為の禁止】

第15条の4　前条第1項の試験委員は，試験の問題の作成及び採点に当たって，厳正を保持し不正の行為のないようにしなければならない。

【準　用】

第15条の5　第10条の5から第10条の13まで及び第10条の15から第10条の18までの規定は，中央指定試験機関について準用する。この場合において，これらの規定（第10条の5第1項第一号及び第2項第四号並びに第10条の7第1項を除く。）中「一級建築士登録等事務」とあるのは「一級建築士試験事務」と，「役員」とあるのは

「役員（第15条の3第1項の試験委員を含む。）」と，「登録等事務規程」とあるのは「試験事務規程」と，第10条の5中「前条第2項」とあるのは「第15条の2第2項」と，同条第1項第一号中「一級建築士登録等事務の実施」とあるのは「一級建築士試験事務（第15条の2第1項に規定する一級建築士試験事務をいう。以下同じ。）の実施」と，「，一級建築士登録等事務」とあるのは「，一級建築士試験事務」と，第10条の16第2項第二号中「又は」とあるのは「若しくは」と，「規定」とあるのは「規定又は第15条の3の規定」と読み替えるものとする。

2　第15条の2第3項の規定は，前項において読み替えて準用する第10条の9第1項若しくは第3項又は第10条の16第2項の規定による認可，命令又は処分をしようとするときについて準用する。

【都道府県指定試験機関】

第15条の6　都道府県知事は，その指定する者（以下「都道府県指定試験機関」という。）に，二級建築士試験及び木造建築士試験の実施に関する事務（以下「二級建築士等試験事務」という。）を行わせることができる。

2　都道府県指定試験機関の指定は，二級建築士等試験事務を行おうとする者の申請により行う。

3　第10条の5から第10条の13まで，第10条の15から第10条の18まで，第15条の2第3項，第15条の3，第15条の4及び前条第2項の規定は，都道府県指定試験機関について準用する。この場合において，これらの規定（第10条の5第1項第一号及び第2項第四号並びに第10条の7第1項を除く。）中「国土交通大臣」とあるのは「都道府県知事」と，「一級建築士登録等事務」とあるのは「二級建築士等試験事務」と，「役員」とあるのは「役員（第15条の6第3項において準用する第15条の3第1項の試験委員を含む。）」と，「登録等事務規程」とあるのは「試験事務規程」と，第10条の5第1項中「他に」とあるのは「当該都道府県の区域において他に」と，同条中「前条第2項」とあるのは「第15条の6第2項」と，同項第一号中「一級建築士登録等事務の実施」とあるのは「二級建築士等試験事務（第15条の6第1項に規定する二級建築士等試験事務をいう。以下同じ。）の実施」と，「，一級建築士登録等事務」とあるのは「，二級建築士等試験事務」と，第10条の7第1項中「国土交通大臣」とあるのは「都道府県知事」と，同条第2項中「命令」とあるのは「命令，規則」と，第10条の16第2項第二号中「又は」とあるのは「若しくは」と，「規定」とあるのは「規定又は第15条の6第3項において準用する第15条の3の規定」と，第15条の2第3項中「中央建築士審査会」とあるのは「都道府県建築士審査会」と，前条第2項中「前項」とあるのは「次条第3項」と読み替えるものとする。

【受験手数料】

第16条　一級建築士試験を受けようとする者は国（中央指定試験機関が行う試験を受けようとする者にあっては，中央指定試験機関）に，**政令**の定めるところにより，実費を勘案して**政令**で定める額の受験手数料を納付しなければならない。

◆政令［一級建築士の受験手数料］令第4条→p657

2　前項の規定により中央指定試験機関に納められた手数料は，中央指定試験機関の

収入とする。

3　都道府県は，地方自治法第227条の規定に基づき二級建築士試験又は木造建築士試験に係る手数料を徴収する場合においては，前条の規定により都道府県指定試験機関が行う二級建築士試験又は木造建築士試験を受けようとする者に，条例で定めるところにより，当該手数料を当該都道府県指定試験機関に納めさせ，その収入とすることができる。

【国土交通省令及び都道府県の規則への委任】

第17条　この章に規定するもののほか，一級建築士試験の科目，受験手続その他一級建築士試験に関して必要な事項並びに二級建築士試験及び木造建築士試験の基準は，**国土交通省令**で定める。

◆**国土交通省令**　規則第10条〜第17条→p667〜669

2　この章に規定するもののほか，二級建築士試験及び木造建築士試験の科目，受験手続その他二級建築士試験及び木造建築士試験に関して必要な事項は，都道府県の規則で定める。

第4章　業　　務

【設計及び工事監理】

第18条　建築士は，設計を行う場合においては，設計に係る建築物が法令又は条例の定める建築物に関する基準に適合するようにしなければならない。

2　建築士は，設計を行う場合においては，設計の委託者に対し，設計の内容に関して適切な説明を行うように努めなければならない。

3　建築士は，工事監理を行う場合において，工事が設計図書のとおりに実施されていないと認めるときは，直ちに，工事施工者に対して，その旨を指摘し，当該工事を設計図書のとおりに実施するよう求め，当該工事施工者がこれに従わないときは，その旨を建築主に報告しなければならない。

●関連［工事監理］法第2条第8項→p613

4　建築士は，延べ面積が2,000m^{2}を超える建築物の建築設備に係る設計又は工事監理を行う場合においては，建築設備士*の意見を聴くよう努めなければならない。ただし，設備設計一級建築士が設計を行う場合には，設計に関しては，この限りでない。

●関連［建築設備士］規則第2章の3→p671

【設計の変更】

第19条　一級建築士，二級建築士又は木造建築士は，他の一級建築士，二級建築士又は木造建築士の設計した設計図書の一部を変更しようとするときは，当該一級建築士，二級建築士又は木造建築士の承諾を求めなければならない。ただし，承諾を求めることのできない事由があるとき，又は承諾が得られなかったときは，自己の責任において，その設計図書の一部を変更することができる。

【建築士免許証等の提示】

第19条の2　一級建築士，二級建築士又は木造建築士は，第23条第1項に規定する設計等の委託者（委託しようとする者を含む。）から請求があったときは，一級建築士免許証，二級建築士免許証若しくは木造建築士免許証又は一級建築士免許証明書，二級建築士免許証明書若しくは木造建築士免許証明書を提示しなければならない。

【業務に必要な表示行為】

第20条　一級建築士，二級建築士又は木造建築士は，設計を行った場合においては，その設計図書に一級建築士，二級建築士又は木造建築士である旨の表示をして記名しなければならない。設計図書の一部を変更した場合も同様とする。

2　一級建築士，二級建築士又は木造建築士は，構造計算によって建築物の安全性を確かめた場合においては，遅滞なく，**国土交通省令**で定めるところにより，その旨の証明書を設計の委託者に交付しなければならない。ただし，次条第1項又は第2項の規定の適用がある場合は，この限りでない。

　　　　　◆**国土交通省令**［構造計算によって建築物の安全性を確かめた旨の証明書］規則第17条の14の2→p669

3　建築士は，工事監理を終了したときは，直ちに，**国土交通省令**で定めるところにより，その結果を文書で建築主に報告しなければならない。

　　　　　◆**国土交通省令**［工事監理報告書］規則第17条の15→p669

4　建築士は，前項の規定による文書での報告に代えて，**政令**で定めるところにより，当該建築主の承認を得て，当該結果を電子情報処理組織を使用する方法その他の情報通信の技術を利用する方法であって**国土交通省令**で定めるものにより報告することができる。この場合において，当該建築士は，当該文書での報告をしたものとみなす。

　　　　　◆**政令**［法第20条第4項の規定による承諾に関する手続等］令第7条→p657
　　　　　◆**国土交通省令**［工事監理報告に係る情報通信の技術を利用する方法］規則第17条の16→p669

5　建築士は，大規模の建築物その他の建築物の建築設備に係る設計又は工事監理を行う場合において，建築設備士*の意見を聴いたときは，第1項の規定による設計図書又は第3項の規定による報告書（前項前段に規定する方法により報告が行われた場合にあっては，当該報告の内容）において，その旨を明らかにしなければならない。

　　　　　●関連［建築設備士］規則第17条の18→p671

【構造設計に関する特例】

第20条の2　構造設計一級建築士は，第3条第1項に規定する建築物のうち建築基準法第20条第1項第一号又は第二号に掲げる建築物に該当するものの構造設計を行った場合においては，前条第1項の規定によるほか，その構造設計図書に構造設計一級建築士である旨の表示をしなければならない。構造設計図書の一部を変更した場合も同様とする。

2　構造設計一級建築士以外の一級建築士は，前項の建築物の構造設計を行った場合においては，**国土交通省令**で定めるところにより，構造設計一級建築士に当該構造

設計に係る建築物が建築基準法第20条（第1項第一号又は第二号に係る部分に限る。）の規定及びこれに基づく命令の規定（以下「構造関係規定」という。）に適合するかどうかの確認を求めなければならない。構造設計図書の一部を変更した場合も同様とする。

◆国土交通省令［構造設計一級建築士への法適合確認］規則第17条の17の2の2→p671

3　構造設計一級建築士は，前項の規定により確認を求められた場合において，当該建築物が構造関係規定に適合することを確認したとき又は適合することを確認できないときは，当該構造設計図書にその旨を記載するとともに，構造設計一級建築士である旨の表示をして記名しなければならない。

4　構造設計一級建築士は，第2項の規定により確認を求めた一級建築士から請求があったときは，構造設計一級建築士証を提示しなければならない。

【設備設計に関する特例】

第20条の3　設備設計一級建築士は，階数が3以上で床面積の合計が5,000m²を超える建築物の設備設計を行った場合においては，第20条第1項の規定によるほか，その設備設計図書に設備設計一級建築士である旨の表示をしなければならない。設備設計図書の一部を変更した場合も同様とする。

2　設備設計一級建築士以外の一級建築士は，前項の建築物の設備設計を行った場合においては，**国土交通省令**で定めるところにより，設備設計一級建築士に当該設備設計に係る建築物が建築基準法第28条第3項，第28条の2第三号（換気設備に係る部分に限る。），第32条から第34条まで，第35条（消火栓，スプリンクラー，貯水槽その他の消火設備，排煙設備及び非常用の照明装置に係る部分に限る。）及び第36条（消火設備，避雷設備及び給水，排水その他の配管設備の設置及び構造並びに煙突及び昇降機の構造に係る部分に限る。）の規定並びにこれらに基づく命令の規定（以下「設備関係規定」という。）に適合するかどうかの確認を求めなければならない。設備設計図書の一部を変更した場合も同様とする。

◆国土交通省令［設備設計一級建築士への法適合確認］規則第17条の17の3→p671

3　設備設計一級建築士は，前項の規定により確認を求められた場合において，当該建築物が設備関係規定に適合することを確認したとき又は適合することを確認できないときは，当該設備設計図書にその旨を記載するとともに，設備設計一級建築士である旨の表示をして記名しなければならない。

4　設備設計一級建築士は，第2項の規定により確認を求めた一級建築士から請求があったときは，設備設計一級建築士証を提示しなければならない。

【その他の業務】

第21条　建築士は，設計（第20条の2第2項又は前条第2項の確認を含む。第22条及び第23条第1項において同じ。）及び工事監理を行うほか，建築工事契約に関する事務，建築工事の指導監督，建築物に関する調査又は鑑定及び建築物の建築に関する法令又は条例の規定に基づく手続の代理その他の業務（木造建築士にあっては，木造の建築物に関する業務に限る。）を行うことができる。ただし，他の法律においてその業務を行うことが制限されている事項については，この限りでない。

【非建築士等に対する名義貸しの禁止】

第21条の2　建築士は，次の各号のいずれかに該当する者に自己の名義を利用させてはならない。

　一　第3条第1項（同条第2項の規定により適用される場合を含む。第26条第2項第六号から第八号までにおいて同じ。），第3条の2第1項（同条第2項において準用する第3条第2項の規定により適用される場合を含む。第26条第2項第六号から第八号までにおいて同じ。），第3条の3第1項（同条第2項において準用する第3条第2項の規定により適用される場合を含む。第26条第2項第八号において同じ。）又は第34条の規定に違反する者

　二　第3条の2第3項（第3条の3第2項において読み替えて準用する場合を含む。）の規定に基づく条例の規定に違反する者

【違反行為の指示等の禁止】

第21条の3　建築士は，建築基準法の定める建築物に関する基準に適合しない建築物の建築その他のこの法律若しくは建築物の建築に関する他の法律又はこれらに基づく命令若しくは条例の規定に違反する行為について指示をし，相談に応じ，その他これらに類する行為をしてはならない。

【信用失墜行為の禁止】

第21条の4　建築士は，建築士の信用又は品位を害するような行為をしてはならない。

【知識及び技能の維持向上】

第22条　建築士は，設計及び工事監理に必要な知識及び技能の維持向上に努めなければならない。

　2　国土交通大臣及び都道府県知事は，設計及び工事監理に必要な知識及び技能の維持向上を図るため，必要な情報及び資料の提供その他の措置を講ずるものとする。

【定期講習】

第22条の2　次の各号に掲げる建築士は，3年以上5年以内において**国土交通省令**で定める期間ごとに，次条第1項の規定及び同条第2項において準用する第10条の23から第10条の25までの規定の定めるところにより国土交通大臣の登録を受けた者（次条において「登録講習機関」という。）が行う当該各号に定める講習を受けなければならない。

　一　一級建築士（第23条第1項の建築士事務所に属するものに限る。）　　別表第2(1)の項講習の欄に掲げる講習

　二　二級建築士（第23条第1項の建築士事務所に属するものに限る。）　　別表第2(2)の項講習の欄に掲げる講習

　三　木造建築士（第23条第1項の建築士事務所に属するものに限る。）　　別表第2(3)の項講習の欄に掲げる講習

　四　構造設計一級建築士　　別表第2(4)の項講習の欄に掲げる講習

　五　設備設計一級建築士　　別表第2(5)の項講習の欄に掲げる講習

◆**国土交通省令**［定期講習の受講期間］規則第17条の36→p678

【定期講習の講習機関の登録】

第22条の3　前条の登録は，別表第2の各項の講習の欄に掲げる講習の区分ごとに，これらの講習の実施に関する事務を行おうとする者の申請により行う。

2　第10条の23，第10条の24，第10条の25第1項及び第10条の26の規定は前条の登録に，第10条の25第2項及び第3項並びに第10条の27から第10条の38までの規定は登録講習機関について準用する。この場合において，第10条の23第五号中「講習事務」とあるのは「第22条の2の講習の実施に関する事務（以下「講習事務」という。）」と，第10条の24第1項第一号中「別表第1の各項の講習の欄」とあるのは「別表第2の各項の講習の欄」と読み替えるものとする。

3　前条の登録及び講習並びに登録講習機関に関して必要な事項は，**国土交通省令**で定める。

◆**国土交通省令**　規則第17条の37→p678

第4章の2　設計受託契約等

【設計受託契約等の原則】

第22条の3の2　設計又は工事監理の委託を受けることを内容とする契約（以下それぞれ「設計受託契約」又は「工事監理受託契約」という。）の当事者は，各々の対等な立場における合意に基づいて公正な契約を締結し，信義に従って誠実にこれを履行しなければならない。

【延べ面積が300㎡を超える建築物に係る契約の内容】

第22条の3の3　延べ面積が300㎡を超える建築物の新築に係る設計受託契約又は工事監理受託契約の当事者は，前条の趣旨に従って，契約の締結に際して次に掲げる事項を書面に記載し，署名又は記名押印をして相互に交付しなければならない。

一　設計受託契約にあっては，作成する設計図書の種類

二　工事監理受託契約にあっては，工事と設計図書との照合の方法及び工事監理の実施の状況に関する報告の方法

三　当該設計又は工事監理に従事することとなる建築士の氏名及びその者の一級建築士，二級建築士又は木造建築士の別並びにその者が構造設計一級建築士又は設備設計一級建築士である場合にあっては，その旨

四　報酬の額及び支払の時期

五　契約の解除に関する事項

六　前各号に掲げるもののほか，**国土交通省令**で定める事項

◆**国土交通省令**［延べ面積が300㎡を超える建築物に係る契約の内容］第17条の38→p679

2　延べ面積が300㎡を超える建築物の新築に係る設計受託契約又は工事監理受託契約の当事者は，設計受託契約又は工事監理受託契約の内容で前項各号に掲げる事項に該当するものを変更するときは，その変更の内容を書面に記載し，署名又は記名押印をして相互に交付しなければならない。

3　建築物を増築し，改築し，又は建築物の大規模の修繕若しくは大規模の模様替を

する場合においては，当該増築，改築，修繕又は模様替に係る部分の新築とみなして前2項の規定を適用する。

4　設計受託契約又は工事監理受託契約の当事者は，第1項又は第2項の規定による書面の交付に代えて，**政令**で定めるところにより，当該契約の相手方の承諾を得て，当該書面に記載すべき事項を電子情報処理組織を使用する方法その他の情報通信の技術を利用する方法であって**国土交通省令**で定めるものにより提供することができる。この場合において，当該設計受託契約又は工事監理受託契約の当事者は，当該書面を交付したものとみなす。

◆政令［法第22条の3の3第4項の規定による承諾等に関する手続等］令第8条第1項→p658
◆国土交通省令［延べ面積が300㎡を超える建築物に係る契約に係る書面の交付に係る
　　　　　　情報通信の技術を利用する方法］規則第17条の39　　　　　　　　→p680

5　設計受託契約又は工事監理受託契約の当事者が，第1項の規定により書面を相互に交付した場合（前項の規定により書面を交付したものとみなされる場合を含む。）には，第24条の8第1項の規定は，適用しない。

【適正な委託代金】

第22条の3の4　設計受託契約又は工事監理受託契約を締結しようとする者は，第25条に規定する報酬の基準に準拠した委託代金で設計受託契約又は工事監理受託契約を締結するよう努めなければならない。

第5章　建築士会及び建築士会連合会

第22条の4　その名称中に建築士会という文字を用いる一般社団法人（次項に規定するものを除く。）は，建築士の品位の保持及びその業務の進歩改善に資するため，建築士に対する建築技術に関する研修並びに社員の指導及び連絡に関する事務を行うことを目的とし，かつ，建築士を社員とする旨の定款の定めがあるものでなければならない。

2　その名称中に建築士会連合会という文字を用いる一般社団法人は，建築士の品位の保持及びその業務の進歩改善に資するため，建築士に対する建築技術に関する研修並びに社員の指導及び連絡に関する事務を行うことを目的とし，かつ，前項に規定する一般社団法人（以下この条において「建築士会」という。）を社員とする旨の定款の定めがあるものでなければならない。

3　前2項に規定する定款の定めは，これを変更することができない。

4　建築士会及び第2項に規定する一般社団法人（以下この条において「建築士会連合会」という。）は，成立したときは，成立の日から2週間以内に，登記事項証明書及び定款の写しを添えて，その旨を，建築士会にあってはその主たる事務所の所在地を管轄する都道府県知事に，建築士会連合会にあっては国土交通大臣に届け出なければならない。

5　建築士会及び建築士会連合会は，建築士に対し，その業務に必要な知識及び技能の向上を図るための建築技術に関する研修を実施しなければならない。

6　国土交通大臣は建築士会連合会に対して，建築士会の主たる事務所の所在地を管轄する都道府県知事は当該建築士会に対して，建築士の品位の保持及びその業務の進歩改善に資するため，必要な事項に関して報告を求め，又は必要な指導，助言及び勧告をすることができる。

第6章　建築士事務所

【登　録】

第23条　一級建築士，二級建築士若しくは木造建築士又はこれらの者を使用する者は，他人の求めに応じ報酬を得て，設計，工事監理，建築工事契約に関する事務，建築工事の指導監督，建築物に関する調査若しくは鑑定又は建築物の建築に関する法令若しくは条例の規定に基づく手続の代理（木造建築士又は木造建築士を使用する者（木造建築士のほかに，一級建築士又は二級建築士を使用する者を除く。）にあっては，木造の建築物に関する業務に限る。以下「設計等」という。）を業として行おうとするときは，一級建築士事務所，二級建築士事務所又は木造建築士事務所を定めて，その建築士事務所について，都道府県知事の登録を受けなければならない。

●関連［添付書類］規則第19条→p681

2　前項の登録の有効期間は，登録の日から起算して5年とする。

3　第1項の登録の有効期間の満了後，引き続き，他人の求めに応じ報酬を得て，設計等を業として行おうとする者は，その建築士事務所について更新の登録を受けなければならない。

●関連［更新の登録の申請］規則第18条→p681

【登録の申請】

第23条の2　前条第1項又は第3項の規定により建築士事務所について登録を受けようとする者（以下「登録申請者」という。）は，次に掲げる事項を記載した登録申請書をその建築士事務所の所在地を管轄する都道府県知事に提出しなければならない。

一　建築士事務所の名称及び所在地

二　一級建築士事務所，二級建築士事務所又は木造建築士事務所の別

三　登録申請者が個人である場合はその氏名，法人である場合はその名称及び役員（業務を執行する社員，取締役，執行役又はこれらに準ずる者をいう。以下この章において同じ。）の氏名

四　第24条第2項に規定する管理建築士の氏名及びその者の一級建築士，二級建築士又は木造建築士の別

五　建築士事務所に属する建築士の氏名及びその者の一級建築士，二級建築士又は木造建築士の別

六　前各号に掲げるもののほか，**国土交通省令**で定める事項

◆国土交通省令［未制定］

【登録の実施】

第23条の3　都道府県知事は，前条の規定による登録の申請があった場合において
は，次条の規定により登録を拒否する場合を除くほか，遅滞なく，前条各号に掲げ
る事項及び登録年月日，登録番号その他**国土交通省令**で定める事項を一級建築士事
務所登録簿，二級建築士事務所登録簿又は木造建築士事務所登録簿（以下「登録簿」
という。）に登録しなければならない。

◆**国土交通省令**［登録事項］規則第20条の2→p682

2　都道府県知事は，前項の規定による登録をした場合においては，直ちにその旨を
当該登録申請者に通知しなければならない。

【登録の拒否】

第23条の4　都道府県知事は，登録申請者が次の各号のいずれかに該当する場合又は
登録申請書に重要な事項についての虚偽の記載があり，若しくは重要な事実の記載
が欠けている場合においては，その登録を拒否しなければならない。

一　破産手続開始の決定を受けて復権を得ない者

二　第7条第二号から第四号までのいずれかに該当する者

三　第26条第1項又は第2項の規定により建築士事務所について登録を取り消さ
れ，その取消しの日から起算して5年を経過しない者（当該登録を取り消された
者が法人である場合においては，その取消しの原因となった事実があった日以前
1年内にその法人の役員であった者でその取消しの日から起算して5年を経過し
ないもの）

四　第26条第2項の規定により建築士事務所の閉鎖の命令を受け，その閉鎖の期間
が経過しない者（当該命令を受けた者が法人である場合においては，当該命令の
原因となった事実があった日以前1年内にその法人の役員であった者でその閉鎖
の期間が経過しないもの）

五　暴力団員による不当な行為の防止等に関する法律（平成3年法律第77号）第2
条第六号に規定する暴力団員又は同号に規定する暴力団員でなくなった日から5
年を経過しない者（第九号において「暴力団員等」という。）

六　心身の故障により建築士事務所の業務を適正に行うことができない者として**国
土交通省令**で定めるもの

◆**国土交通省令**［心身の故障により建築士事務所の業務を
適正に行うことができない者］規則第20条の2の2　→p682

七　営業に関し成年者と同一の行為能力を有しない未成年者でその法定代理人（法
定代理人が法人である場合においては，その役員を含む。）が前各号のいずれか
に該当するもの

八　法人でその役員のうちに第一号から第六号までのいずれかに該当する者のある
もの

九　暴力団員等がその事業活動を支配する者

十　建築士事務所について第24条第1項及び第2項に規定する要件を欠く者

2　都道府県知事は，登録申請者が次の各号のいずれかに該当する場合は，その登録

を拒否することができる。
一　第8条第一号又は第二号のいずれかに該当する者
二　営業に関し成年者と同一の行為能力を有しない未成年者でその法定代理人（法定代理人が法人である場合においては，その役員を含む。）が前号に該当するもの
三　法人でその役員のうちに第一号に該当する者のあるもの
3　都道府県知事は，前2項の規定により登録を拒否した場合においては，遅滞なく，その理由を記載した文書をもって，その旨を当該登録申請者に通知しなければならない。

【変更の届出】

第23条の5　第23条の3第1項の規定により建築士事務所について登録を受けた者（以下「建築士事務所の開設者」という。）は，第23条の2第一号，第三号，第四号又は第六号に掲げる事項について変更があったときは，2週間以内に，その旨を当該都道府県知事に届け出なければならない。
2　建築士事務所の開設者は，第23条の2第五号に掲げる事項について変更があったときは，3月以内に，その旨を当該都道府県知事に届け出なければならない。
3　第23条の3第1項及び前条の規定は，前2項の規定による変更の届出があった場合に準用する。

【設計等の業務に関する報告書】

第23条の6　建築士事務所の開設者は，国土交通省令で定めるところにより，事業年度ごとに，次に掲げる事項を記載した設計等の業務に関する報告書を作成し，毎事業年度経過後3月以内に当該建築士事務所に係る登録をした都道府県知事に提出しなければならない。
一　当該事業年度における当該建築士事務所の業務の実績の概要
二　当該建築士事務所に属する建築士の氏名
三　前号の建築士の当該事業年度における業務の実績（当該建築士事務所におけるものに限る。）
四　前3号に掲げるもののほか，**国土交通省令**で定める事項

◆国土交通省令［設計等の業務に関する報告書］規則第20条の3→p682

【廃業等の届出】

第23条の7　建築士事務所の開設者が次の各号に掲げる場合のいずれかに該当することとなったときは，当該各号に定める者は，その日（第二号の場合にあっては，その事実を知った日）から30日以内に，その旨を当該建築士事務所に係る登録をした都道府県知事に届け出なければならない。
一　その登録に係る建築士事務所の業務を廃止したとき　建築士事務所の開設者であった者
二　死亡したとき　その相続人
三　破産手続開始の決定があったとき　その破産管財人
四　法人が合併により解散したとき　その法人を代表する役員であった者
五　法人が破産手続開始の決定又は合併以外の事由により解散したとき　その清

算人

【登録の抹消】

第23条の8　都道府県知事は，次の各号のいずれかに該当する場合においては，登録簿につき，当該建築士事務所に係る登録を抹消しなければならない。

一　前条の規定による届出があったとき。

二　第23条第1項の登録の有効期間の満了の際更新の登録の申請がなかったとき。

三　第26条第1項又は第2項の規定により登録を取り消したとき。

2　第23条の3第2項の規定は，前項の規定により登録を抹消した場合に準用する。

【登録簿等の閲覧】

第23条の9　都道府県知事は，次に掲げる書類を一般の閲覧に供しなければならない。

一　登録簿

二　第23条の6の規定により提出された設計等の業務に関する報告書

三　その他建築士事務所に関する書類で国土交通省令で定めるもの

【無登録業務の禁止】

第23条の10　建築士は，第23条の3第1項の規定による登録を受けないで，他人の求めに応じ報酬を得て，設計等を業として行ってはならない。

2　何人も，第23条の3第1項の規定による登録を受けないで，建築士を使用して，他人の求めに応じ報酬を得て，設計等を業として行ってはならない。

【建築士事務所の管理】

第24条　建築士事務所の開設者は，一級建築士事務所，二級建築士事務所又は木造建築士事務所ごとに，それぞれ当該一級建築士事務所，二級建築士事務所又は木造建築士事務所を管理する専任の一級建築士，二級建築士又は木造建築士を置かなければならない。

2　前項の規定により置かれる建築士事務所を管理する建築士（以下「管理建築士」という。）は，建築士として3年以上の設計その他の**国土交通省令**で定める業務に従事した後，第26条の5第1項の規定及び同条第2項において準用する第10条の23から第10条の25までの規定の定めるところにより国土交通大臣の登録を受けた者（以下この章において「登録講習機関」という。）が行う別表第3講習の欄に掲げる講習の課程を修了した建築士でなければならない。

◆**国土交通省令**［管理建築士の業務要件］規則第20条の4 →p683

3　管理建築士は，その建築士事務所の業務に係る次に掲げる技術的事項を総括するものとする。

一　受託可能な業務の量及び難易並びに業務の内容に応じて必要となる期間の設定

二　受託しようとする業務を担当させる建築士その他の技術者の選定及び配置

三　他の建築士事務所との提携及び提携先に行わせる業務の範囲の案の作成

四　建築士事務所に属する建築士その他の技術者の監督及びその業務遂行の適正の確保

4　管理建築士は，その者と建築士事務所の開設者とが異なる場合においては，建築士事務所の開設者に対し，前項各号に掲げる技術的事項に関し，その建築士事務所

の業務が円滑かつ適切に行われるよう必要な意見を述べるものとする。

5　建築士事務所の開設者は，前項の規定による管理建築士の意見を尊重しなければ
ならない。

【名義貸しの禁止】

第24条の2　建築士事務所の開設者は，自己の名義をもって，他人に建築士事務所の
業務を営ませてはならない。

【再委託の制限】

第24条の3　建築士事務所の開設者は，委託者の許諾を得た場合においても，委託を
受けた設計又は工事監理の業務を建築士事務所の開設者以外の者に委託してはなら
ない。

2　建築士事務所の開設者は，委託者の許諾を得た場合においても，委託を受けた設
計又は工事監理（いずれも延べ面積が300m²を超える建築物の新築工事に係るもの
に限る。）の業務を，それぞれ一括して他の建築士事務所の開設者に委託してはな
らない。

【帳簿の備付け等及び図書の保存】

第24条の4　建築士事務所の開設者は，**国土交通省令**で定めるところにより，その建
築士事務所の業務に関する事項で**国土交通省令**で定めるものを記載した帳簿を備え
付け，これを保存しなければならない。

◆国土交通省令［帳簿の備付け等及び図書の保存］規則第21条第1項～第3項→p683～684

2　前項に定めるもののほか，建築士事務所の開設者は，**国土交通省令**で定めるとこ
ろにより，その建築士事務所の業務に関する図書で**国土交通省令**で定めるものを保
存しなければならない。

◆国土交通省令［帳簿の備付け等及び図書の保存］規則第21条第4項，第5項→p684

【標識の掲示】

第24条の5　建築士事務所の開設者は，その建築士事務所において，公衆の見やすい
場所に**国土交通省令**で定める標識を掲げなければならない。

◆国土交通省令［標識の書式］規則第22条→p684

【書類の閲覧】

第24条の6　建築士事務所の開設者は，**国土交通省令**で定めるところにより，次に掲
げる書類を，当該建築士事務所に備え置き，設計等を委託しようとする者の求めに
応じ，閲覧させなければならない。

一　当該建築士事務所の業務の実績を記載した書類

二　当該建築士事務所に属する建築士の氏名及び業務の実績を記載した書類

三　設計等の業務に関し生じた損害を賠償するために必要な金額を担保するための
保険契約の締結その他の措置を講じている場合にあっては，その内容を記載した
書類

四　その他建築士事務所の業務及び財務に関する書類で**国土交通省令**で定めるもの

◆国土交通省令［書類の閲覧］規則第22条の2→p684

【重要事項の説明等】

第24条の7 建築士事務所の開設者は，設計受託契約又は工事監理受託契約を建築主と締結しようとするときは，あらかじめ，当該建築主に対し，管理建築士その他の当該建築士事務所に属する建築士（次項及び第3項において「管理建築士等」という。）をして，設計受託契約又は工事監理受託契約の内容及びその履行に関する次に掲げる事項について，これらの事項を記載した書面を交付して説明をさせなければならない。

一　設計受託契約にあっては，作成する設計図書の種類

二　工事監理受託契約にあっては，工事と設計図書との照合の方法及び工事監理の実施の状況に関する報告の方法

三　当該設計又は工事監理に従事することとなる建築士の氏名及びその者の一級建築士，二級建築士又は木造建築士の別並びにその者が構造設計一級建築士又は設備設計一級建築士である場合にあっては，その旨

四　報酬の額及び支払の時期

五　契約の解除に関する事項

六　前各号に掲げるもののほか，**国土交通省令**で定める事項

◆**国土交通省令**［重要事項説明］規則第22条の2の2→p685

2　管理建築士等は，前項の説明をするときは，当該建築主に対し，一級建築士免許証，二級建築士免許証若しくは木造建築士免許証又は一級建築士免許証明書，二級建築士免許証明書若しくは木造建築士免許証明書を提示しなければならない。

3　管理建築士等は，第1項の規定による書面の交付に代えて，**政令**で定めるところにより，当該建築主の承諾を得て，当該書面に記載すべき事項を電子情報処理組織を使用する方法その他の情報通信の技術を利用する方法であって**国土交通省令**で定めるものにより提供することができる。この場合において，当該管理建築士等は，当該書面を交付したものとみなす。

◆**政令**［法第22条の3の3第4項の規定による承諾等に関する手続等］

令第8条第2項　　　　　　　　　　　　　　　　　　　→p658

◆**国土交通省令**［重要事項説明に係る書面の交付に係る情報通信の技術を
利用する方法］規則第22条の2の3　　　　　　　　　→p685

【書面の交付】

第24条の8 建築士事務所の開設者は，設計受託契約又は工事監理受託契約を締結したときは，遅滞なく，**国土交通省令**で定めるところにより，次に掲げる事項を記載した書面を当該委託者に交付しなければならない。

一　第22条の3の3第1項各号に掲げる事項

二　前号に掲げるもののほか，設計受託契約又は工事監理受託契約の内容及びその履行に関する事項で**国土交通省令**で定めるもの

◆**国土交通省令**［書面の交付］規則第22条の3→p687

2　建築士事務所の開設者は，前項の規定による書面の交付に代えて，**政令**で定めるところにより，当該委託者の承諾を得て，当該書面に記載すべき事項を電子情報処

理組織を使用する方法その他の情報通信の技術を利用する方法であって**国土交通省令**で定めるものにより提供することができる。この場合において，当該建築士事務所の開設者は，当該書面を交付したものとみなす。

　　　　◆政令［法第22条の3の3第4項の規定による承諾等に関する手続等］令第8条第3項→p658
　　　　◆国土交通省令［書面の交付に係る情報通信の技術を利用する方法］規則第22条の4→p687

【保険契約の締結等】

第24条の9　建築士事務所の開設者は，設計等の業務に関し生じた損害を賠償するために必要な金額を担保するための保険契約の締結その他の措置を講ずるよう努めなければならない。

【業務の報酬】

第25条　国土交通大臣は，中央建築士審査会の同意を得て，建築士事務所の開設者がその業務に関して請求することのできる報酬の基準を定めることができる。

【監督処分】

第26条　都道府県知事は，建築士事務所の開設者が次の各号のいずれかに該当する場合においては，当該建築士事務所の登録を取り消さなければならない。

　一　虚偽又は不正の事実に基づいて第23条の3第1項の規定による登録を受けたとき。

　二　第23条の4第1項第一号，第二号，第五号，第六号，第七号（同号に規定する未成年者でその法定代理人（法人代理人が法人である場合においては，その役員を含む。）が同項第四号に該当するものに係る部分を除く。），第八号（法人でその役員のうちに同項第四号に該当する者のあるものに係る部分を除く。），第九号又は第十号のいずれかに該当するに至ったとき。

　三　第23条の7の規定による届出がなくて同条各号に掲げる場合のいずれかに該当する事実が判明したとき。

2　都道府県知事は，建築士事務所につき次の各号のいずれかに該当する事実がある場合においては，当該建築士事務所の開設者に対し，戒告し，若しくは1年以内の期間を定めて当該建築士事務所の閉鎖を命じ，又は当該建築士事務所の登録を取り消すことができる。

　一　建築士事務所の開設者が第22条の3の3第1項から第4項まで又は第24条の2から第24条の8までの規定のいずれかに違反したとき。

　二　建築士事務所の開設者が第23条の4第2項各号のいずれかに該当するに至ったとき。

　三　建築士事務所の開設者が第23条の5第1項又は第2項の規定による変更の届出をせず，又は虚偽の届出をしたとき。

　四　管理建築士が第10条第1項の規定による処分を受けたとき。

　五　建築士事務所に属する建築士が，その属する建築士事務所の業務として行った行為を理由として，第10条第1項の規定による処分を受けたとき。

　六　管理建築士である二級建築士又は木造建築士が，第3条第1項若しくは第3条の2第1項の規定又は同条第3項の規定に基づく条例の規定に違反して，建築物

の設計又は工事監理をしたとき。

七　建築士事務所に属する二級建築士又は木造建築士が，その属する建築士事務所の業務として，第3条第1項若しくは第3条の2第1項の規定又は同条第3項の規定に基づく条例の規定に違反して，建築物の設計又は工事監理をしたとき。

八　建築士事務所に属する者で建築士でないものが，その属する建築士事務所の業務として，第3条第1項，第3条の2第1項若しくは第3条の3第1項の規定又は第3条の2第3項（第3条の3第2項において読み替えて準用する場合を含む。）の規定に基づく条例の規定に違反して，建築物の設計又は工事監理をしたとき。

九　建築士事務所の開設者又は管理建築士がこの法律の規定に基づく都道府県知事の処分に違反したとき。

十　前各号に掲げるもののほか，建築士事務所の開設者がその建築士事務所の業務に関し不正な行為をしたとき。

3　都道府県知事は，前項の規定により建築士事務所の閉鎖を命じようとするときは，行政手続法第13条第1項の規定による意見陳述のための手続の区分にかかわらず，聴聞を行わなければならない。

4　第10条第3項，第4項及び第6項の規定は都道府県知事が第1項若しくは第2項の規定により建築士事務所の登録を取り消し，又は同項の規定により建築士事務所の閉鎖を命ずる場合について，同条第5項*の規定は都道府県知事が第1項又は第2項の規定による処分をした場合について，それぞれ準用する。

　　　　　　　　　　　●関連［監督処分の公告］規則第22条の6→p688

【報告及び検査】

第26条の2　都道府県知事は，第10条の2第2項に定めるもののほか，この法律の施行に関し必要があると認めるときは，建築士事務所の開設者若しくは管理建築士に対し，必要な報告を求め，又は当該職員をして建築士事務所に立ち入り，図書その他の物件を検査させることができる。

2　第10条の2第3項及び第4項の規定は，前項の規定による立入検査について準用する。

　　　　　　　　◆国土交通省令［立入検査をする職員の証明書の書式］規則第23条→p688

【指定事務所登録機関の指定】

第26条の3　都道府県知事は，その指定する者（以下「指定事務所登録機関」という。）に，建築士事務所の登録の実施に関する事務並びに登録簿及び第23条の9第三号に掲げる書類（国土交通省令で定める書類に限る。）を一般の閲覧に供する事務（以下「事務所登録等事務」という。）を行わせることができる。

2　指定事務所登録機関の指定は，事務所登録等事務を行おうとする者の申請により行う。

3　第10条の5から第10条の18までの規定は，指定事務所登録機関について準用する。この場合において，これらの規定（第10条の5第1項第一号を除く。）中「国土交通大臣」とあるのは「都道府県知事」と，「一級建築士登録等事務」とあるのは

「事務所登録等事務」と，第10条の5第1項中「他に」とあるのは「当該都道府県の区域において他に」と，同条中「前条第2項」とあるのは「第26条の3第2項」と，同項第一号中「一級建築士登録等事務の実施」とあるのは「事務所登録等事務（第26条の3第1項に規定する事務所登録等事務をいう。以下同じ。）の実施」と，「，一級建築士登録等事務」とあるのは「，事務所登録等事務」と読み替えるものとする。

【指定事務所登録機関が事務所登録等事務を行う場合における規定の適用等】

第26条の4　指定事務所登録機関が事務所登録等事務を行う場合における第23条第1項，第23条の2から第23条の4まで，第23条の5第1項及び第2項，第23条の7，第23条の8第1項並びに第23条の9の規定の適用については，これらの規定（第23条第1項，第23条の2及び第23条の9を除く。）中「都道府県知事」とあるのは「指定事務所登録機関」と，第23条第1項中「都道府県知事」とあるのは「指定事務所登録機関（第26条の3第1項に規定する指定事務所登録機関をいう。以下同じ。）」と，第23条の2中「都道府県知事」とあるのは「都道府県知事の第26条の3第1項の指定を受けた者」と，第23条の8第1項第三号中「登録」とあるのは「都道府県知事が登録」と，第23条の9中「次に掲げる書類」とあるのは「次に掲げる書類（登録簿及び第26条の3第1項の国土交通省令で定める書類を除く。）」とする。

2　都道府県は，地方自治法第227条の規定に基づき建築士事務所の登録に係る手数料を徴収する場合においては，前条の規定により指定事務所登録機関が行う建築士事務所の登録を受けようとする者に，条例で定めるところにより，当該手数料を当該指定事務所登録機関に納めさせ，その収入とすることができる。

【管理建築士講習の講習機関の登録】

第26条の5　第24条第2項の登録（次項において単に「登録」という。）は，同条第2項の講習の実施に関する事務を行おうとする者の申請により行う。

2　第10条の23，第10条の24，第10条の25第1項及び第10条の26の規定は登録に，第10条の25第2項及び第3項並びに第10条の27から第10条の38までの規定は登録講習機関について準用する。この場合において，第10条の23第五号中「講習事務」とあるのは「第24条第2項の講習の実施に関する事務（以下「講習事務」という。）」と，第10条の24第1項第一号中「別表第1の各項の講習の欄」とあるのは「別表第3講習の欄」と，同条第2項中「次に掲げる事項」とあるのは「次に掲げる事項（登録の区分に関する事項を除く。）」と読み替えるものとする。

【国土交通省令への委任】

第27条　この章に規定するもののほか，建築士事務所の登録，第24条第2項の登録及び講習並びに登録講習機関に関して必要な事項は，**国土交通省令**で定める。

◆**国土交通省令**　規則第18条〜第22条の5の2→p681〜688

第7章　建築士事務所協会及び建築士事務所協会連合会

【建築士事務所協会及び建築士事務所協会連合会】

第27条の2　その名称中に建築士事務所協会という文字を用いる一般社団法人（次項

647

に規定するものを除く。）は，建築士事務所の業務の適正な運営及び建築士事務所の開設者に設計等を委託する建築主（以下単に「建築主」という。）の利益の保護を図ることを目的とし，かつ，建築士事務所の開設者を社員（以下この章において「協会会員」という。）とする旨の定款の定めがあるものでなければならない。

2　その名称中に建築士事務所協会連合会という文字を用いる一般社団法人は，建築士事務所の業務の適正な運営及び建築主の利益の保護を図ることを目的とし，かつ，建築士事務所協会を社員（第6項において「連合会会員」という。）とする旨の定款の定めがあるものでなければならない。

3　第1項に規定する一般社団法人（以下「建築士事務所協会」という。）及び前項に規定する一般社団法人（以下「建築士事務所協会連合会」という。）は，その目的を達成するため，次に掲げる業務を行う。

　一　建築士事務所の業務に関し，設計等の業務に係る契約の内容の適正化その他建築主の利益の保護を図るため必要な建築士事務所の開設者に対する指導，勧告その他の業務

　二　建築士事務所の業務に対する建築主その他の関係者からの苦情の解決

　三　建築士事務所の開設者に対する建築士事務所の業務の運営に関する研修及び建築士事務所に属する建築士に対する設計等の業務に関する研修

　四　前3号に掲げるもののほか，その目的を達成するために必要な業務

4　第1項及び第2項に規定する定款の定めは，これを変更することができない。

5　建築士事務所協会及び建築士事務所協会連合会は，成立したときは，成立の日から2週間以内に，登記事項証明書及び定款の写しを添えて，その旨を，建築士事務所協会にあってはその主たる事務所の所在地を管轄する都道府県知事に，建築士事務所協会連合会にあっては国土交通大臣に届け出なければならない。

6　建築士事務所協会は協会会員の名簿を，建築士事務所協会連合会は連合会会員の名簿を，それぞれ一般の閲覧に供しなければならない。

7　建築士事務所協会及び建築士事務所協会連合会は，建築士事務所の業務の適正化を図るための建築士事務所の開設者に対する建築士事務所の業務の運営に関する研修及び建築士事務所に属する建築士に対する設計等の業務に関する研修を実施しなければならない。

8　国土交通大臣は建築士事務所協会連合会に対して，建築士事務所協会の主たる事務所の所在地を管轄する都道府県知事は当該建築士事務所協会に対して，建築士事務所の業務の適正な運営及び建築主の利益の保護を図るため，必要な事項に関して報告を求め，又は必要な指導，助言及び勧告をすることができる。

【加　入】

第27条の3　建築士事務所協会は，建築士事務所の開設者が建築士事務所協会に加入しようとするときは，正当な理由がないのに，その加入を拒み，又はその加入につき不当な条件を付してはならない。

【名称の使用の制限】

第27条の4　建築士事務所協会及び建築士事務所協会連合会でない者は，その名称中

に建築士事務所協会又は建築士事務所協会連合会という文字を用いてはならない。

2　協会会員でない者は，その名称中に建築士事務所協会会員という文字を用いては
ならない。

【苦情の解決】

第27条の5　建築士事務所協会は，建築主その他の関係者から建築士事務所の業務に
関する苦情について解決の申出があったときは，その相談に応じ，申出人に必要な
助言をし，その苦情に係る事情を調査するとともに，当該建築士事務所の開設者に
対しその苦情の内容を通知してその迅速な処理を求めなければならない。

2　建築士事務所協会は，前項の申出に係る苦情の解決について必要があると認める
ときは，当該建築士事務所の開設者に対し，文書若しくは口頭による説明を求め，
又は資料の提出を求めることができる。

3　協会会員は，建築士事務所協会から前項の規定による求めがあったときは，正当
な理由がないのに，これを拒んではならない。

第8章　建築士審査会

【建築士審査会】

第28条　一級建築士試験，二級建築士試験又は木造建築士試験に関する事務（中央指
定試験機関又は都道府県指定試験機関が行う事務を除く。）をつかさどらせるとと
もに，この法律によりその権限に属させられた事項を処理させるため，国土交通省
に中央建築士審査会を，都道府県に都道府県建築士審査会を置く。

【建築士審査会の組織】

第29条　中央建築士審査会及び都道府県建築士審査会は，委員をもって組織し，中央
建築士審査会の委員の定数は，10人以内とする。

2　中央指定試験機関又は都道府県指定試験機関が一級建築士試験事務又は二級建築
士等試験事務を行う場合を除き，試験の問題の作成及び採点を行わせるため，一級
建築士試験にあっては中央建築士審査会に，二級建築士試験又は木造建築士試験に
あっては都道府県建築士審査会に，それぞれ試験委員を置く。

3　委員及び前項の試験委員は，建築士のうちから，中央建築士審査会にあっては国
土交通大臣が，都道府県建築士審査会にあっては都道府県知事が任命する。この場
合において，やむを得ない理由があるときは，学識経験のある者のうちから，任命
することができる。ただし，その数は，それぞれ委員又は同項の試験委員の半数を
超えてはならない。

【委員の任期】

第30条　委員の任期は，2年（都道府県建築士審査会の委員にあっては，その任期を
2年を超え3年以下の期間で都道府県が条例で定めるときは，当該条例で定める期
間）とする。ただし，補欠の委員の任期は，前任者の残任期間とする。

2　前項の委員は，再任されることができる。

3　前条第2項の試験委員は，その者の任命に係る試験の問題の作成及び採点が終了

したときは，解任されるものとする。

【会　長】

第31条　中央建築士審査会及び都道府県建築士審査会にそれぞれ会長を置き，委員の互選によって定める。

2　会長は，会務を総理する。

3　会長に事故のあるときは，委員のうちからあらかじめ互選された者が，その職務を代理する。

【不正行為の禁止】

第32条　委員又は第29条第2項の試験委員は，その事務の施行に当たって，厳正を保持し不正の行為のないようにしなければならない。

【政令への委任】

第33条　この章に規定するもののほか，中央建築士審査会及び都道府県建築士審査会に関して必要な事項は，**政令**で定める。

◆政令 [建築士審査会の委員等の勤務] 令第9条 →p658
[建築士審査会の議事] 令第10条　　　→p658
[試験委員] 令第11条　　　　　　　　→p659
[中央建築士審査会の庶務] 令第12条　→p659
[建築士審査会の運営] 令第13条　　　→p659

第9章　雑　　　則

【名称の使用禁止】

第34条　建築士でない者は，建築士又はこれに紛らわしい名称を用いてはならない。

2　二級建築士は，一級建築士又はこれに紛らわしい名称を用いてはならない。

3　木造建築士は，一級建築士若しくは二級建築士又はこれらに紛らわしい名称を用いてはならない。

【権限の委任】

第35条　この法律に規定する国土交通大臣の権限は，国土交通省令で定めるところにより，その一部を地方整備局長又は北海道開発局長に委任することができる。

【経過措置】

第36条　この法律の規定に基づき命令を制定し，又は改廃する場合においては，その命令で，その制定又は改廃に伴い合理的に必要と判断される範囲内において，所要の経過措置（罰則に関する経過措置を含む。）を定めることができる。

第10章　罰　　　則

第37条　次の各号のいずれかに該当するときは，その違反行為をした者は，1年以下の懲役又は100万円以下の罰金に処する。

一　一級建築士，二級建築士又は木造建築士の免許を受けないで，それぞれその業務を行う目的で一級建築士，二級建築士又は木造建築士の名称を用いたとき。

二　虚偽又は不正の事実に基づいて一級建築士，二級建築士又は木造建築士の免許を受けたとき。

三　第3条第1項（同条第2項の規定により適用される場合を含む。），第3条の2第1項（同条第2項において準用する第3条第2項の規定により適用される場合を含む。）若しくは第3条の3第1項（同条第2項において準用する第3条第2項の規定により適用される場合を含む。）の規定又は第3条の2第3項（第3条の3第2項において読み替えて準用する場合を含む。）の規定に基づく条例の規定に違反して，建築物の設計又は工事監理をしたとき。

四　第10条第1項の規定による業務停止命令に違反したとき。

五　第10条の36第2項（第22条の3第2項及び第26条の5第2項において準用する場合を含む。）の規定による講習事務（第10条の22に規定する講習事務，第22条の3第2項において読み替えて準用する第10条の23第五号に規定する講習事務及び第26条の5第2項において読み替えて準用する第10条の23第五号に規定する講習事務をいう。第40条第八号において同じ。）の停止の命令に違反したとき。

六　第20条第2項の規定に違反して，構造計算によって建築物の安全性を確かめた場合でないのに，同項の証明書を交付したとき。

七　第21条の2の規定に違反したとき。

八　虚偽又は不正の事実に基づいて第23条の3第1項の規定による登録を受けたとき。

九　第23条の10第1項又は第2項の規定に違反したとき。

十　第24条第1項の規定に違反したとき。

十一　第24条の2の規定に違反して，他人に建築士事務所の業務を営ませたとき。

十二　第26条第2項の規定による建築士事務所の閉鎖命令に違反したとき。

十三　第32条の規定に違反して，事前に試験問題を漏らし，又は不正の採点をしたとき。

第38条　次の各号のいずれかに該当する者は，1年以下の懲役又は100万円以下の罰金に処する。

一　第10条の8第1項（第10条の20第3項，第15条の5第1項，第15条の6第3項及び第26条の3第3項において読み替えて準用する場合を含む。）の規定に違反した者

二　第15条の4（第15条の6第3項において準用する場合を含む。）の規定に違反して，不正の採点をした者

第39条　第10条の16第2項（第10条の20第3項，第15条の5第1項，第15条の6第3項及び第26条の3第3項において読み替えて準用する場合を含む。）の規定による一級建築士登録等事務，二級建築士等登録事務，一級建築士試験事務，二級建築士等試験事務又は事務所登録等事務の停止の命令に違反したときは，その違反行為をした中央指定登録機関，都道府県指定登録機関，中央指定試験機関，都道府県指定試験機関又は指定事務所登録機関の役員又は職員（第41条において「中央指定登録機関等の役員等」という。）は，1年以下の懲役又は100万円以下の罰金に処する。

第40条　次の各号のいずれかに該当するときは，その違反行為をした者は，30万円以下の罰金に処する。

一　第10条の2第1項又は第2項の規定による報告をせず，又は虚偽の報告をしたとき。

二　第10条の2第1項又は第2項の規定による検査を拒み，妨げ，又は忌避したとき。

三　第10条の2第1項又は第2項の規定による質問に対して答弁せず，又は虚偽の答弁をしたとき。

四　第10条の31（第22条の3第2項及び第26条の5第2項において準用する場合を含む。）の規定に違反して，帳簿を備え付けず，帳簿に記載せず，若しくは帳簿に虚偽の記載をし，又は帳簿を保存しなかったとき。

五　第10条の34第1項（第22条の3第2項及び第26条の5第2項において準用する場合を含む。以下この条において同じ。）の規定による報告をせず，又は虚偽の報告をしたとき。

六　第10条の34第1項の規定による検査を拒み，妨げ，又は忌避したとき。

七　第10条の34第1項の規定による質問に対して答弁せず，又は虚偽の答弁をしたとき。

八　第10条の35第1項（第22条の3第2項及び第26条の5第2項において準用する場合を含む。）の規定による届出をしないで講習事務の全部を廃止し，又は虚偽の届出をしたとき。

九　第23条の5第1項又は第2項の規定による変更の届出をせず，又は虚偽の届出をしたとき。

十　第23条の6の規定に違反して，設計等の業務に関する報告書を提出せず，又は虚偽の記載をして設計等の業務に関する報告書を提出したとき。

十一　第24条の4第1項の規定に違反して，帳簿を備え付けず，帳簿に記載せず，若しくは帳簿に虚偽の記載をし，又は帳簿を保存しなかったとき。

十二　第24条の4第2項の規定に違反して，図書を保存しなかったとき。

十三　第24条の5の規定に違反して，標識を掲げなかったとき。

十四　第24条の6の規定に違反して，書類を備え置かず，若しくは設計等を委託しようとする者の求めに応じて閲覧させず，又は虚偽の記載のある書類を備え置き，若しくは設計等を委託しようとする者に閲覧させたとき。

十五　第24条の8第1項の規定に違反して，書面を交付せず，又は虚偽の記載のある書面を交付したとき。

十六　第26条の2第1項の規定による報告をせず，若しくは虚偽の報告をし，又は同項の規定による立入り若しくは検査を拒み，妨げ，若しくは忌避したとき。

十七　第27条の4第2項の規定に違反して，その名称中に建築士事務所協会会員という文字を用いたとき。

十八　第34条の規定に違反したとき（第37条第一号に該当する場合を除く。）。

第41条　次の各号のいずれかに該当するときは，その違反行為をした中央指定登録機

関等の役員等は，30万円以下の罰金に処する。

一　第10条の11（第10条の20第3項，第15条の5第1項，第15条の6第3項及び第26条の3第3項において読み替えて準用する場合を含む。）の規定に違反して，帳簿を備え付けず，帳簿に記載せず，若しくは帳簿に虚偽の記載をし，又は帳簿を保存しなかったとき。

二　第10条の13第1項（第10条の20第3項，第15条の5第1項，第15条の6第3項及び第26条の3第3項において読み替えて準用する場合を含む。以下この条において同じ。）の規定による報告をせず，又は虚偽の報告をしたとき。

三　第10条の13第1項の規定による検査を拒み，妨げ，又は忌避したとき。

四　第10条の13第1項の規定による質問に対して答弁せず，又は虚偽の答弁をしたとき。

五　第10条の15第1項（第10条の20第3項，第15条の5第1項，第15条の6第3項及び第26条の3第3項において読み替えて準用する場合を含む。）の許可を受けないで一級建築士登録等事務，二級建築士等登録事務，一級建築士試験事務，二級建築士等試験事務又は事務所登録等事務の全部を廃止したとき。

第42条　法人の代表者又は法人若しくは人の代理人，使用人その他の従業者が，その法人又は人の業務に関し，第37条（第十三号を除く。）又は第40条の違反行為をしたときは，その行為者を罰するほか，その法人又は人に対しても各本条の罰金刑を科する。

第43条　次の各号のいずれかに該当する者は，10万円以下の過料に処する。

一　第5条第4項（第10条の19第1項及び第10条の21第1項の規定により読み替えて適用される場合を含む。），第8条の2（第三号を除く。），第10条の3第5項（第10条の19第1項の規定により読み替えて適用される場合を含む。），第23条の7（第26条の4第1項の規定により読み替えて適用される場合を含む。）又は第24条の7第2項の規定に違反した者

二　第10条の27第2項（第22条の3第2項及び第26条の5第2項において準用する場合を含む。）の規定による届出をせず，又は虚偽の届出をした者

三　第10条の30第1項（第22条の3第2項及び第26条の5第2項において準用する場合を含む。）の規定に違反して，財務諸表等を備えて置かず，財務諸表等に記載すべき事項を記載せず，若しくは虚偽の記載をし，又は正当な理由がないのに第10条の30第2項各号（第22条の3第2項及び第26条の5第2項において準用する場合を含む。）の請求を拒んだ者

四　第27条の7第1項の規定に違反して，その名称中に建築士事務所協会又は建築士事務所協会連合会という文字を用いた者

　　附　則　（略）

別表第1　（第10条の3，第10条の22，第10条の24関係）

	講　習	科　目	講　師
(1)	構造設計一級建築士講習	イ　構造関係規定に関する科目	(1)　学校教育法による大学（以下「大学」という。）において行政法学を担当する教授若しくは准教授の職にあり，又はこれらの職にあった者 (2)　(1)に掲げる者と同等以上の知識及び経験を有する者
		ロ　建築物の構造に関する科目	(1)　大学において建築学を担当する教授若しくは准教授の職にあり，又はこれらの職にあった者 (2)　(1)に掲げる者と同等以上の知識及び経験を有する者
(2)	設備設計一級建築士講習	イ　設備関係規定に関する科目	(1)　大学において行政法学を担当する教授若しくは准教授の職にあり，又はこれらの職にあった者 (2)　(1)に掲げる者と同等以上の知識及び経験を有する者
		ロ　建築設備に関する科目	(1)　大学において建築学を担当する教授若しくは准教授の職にあり，又はこれらの職にあった者 (2)　(1)に掲げる者と同等以上の知識及び経験を有する者

別表第2　（第22条の2，第22条の3関係）

	講　習	科　目	講　師
(1)	一級建築士定期講習	イ　建築物の建築に関する法令に関する科目	(1)　大学において行政法学を担当する教授若しくは准教授の職にあり，又はこれらの職にあった者 (2)　(1)に掲げる者と同等以上の知識及び経験を有する者
		ロ　設計及び工事監理に関する科目	(1)　大学において建築学を担当する教授若しくは准教授の職にあり，又はこれらの職にあった者 (2)　(1)に掲げる者と同等以上の知識及び経験を有する者

(2)	二級建築士定期講習	イ　建築物の建築に関する法令に関する科目	(1)　大学において行政法学を担当する教授若しくは准教授の職にあり，又はこれらの職にあった者 (2)　(1)に掲げる者と同等以上の知識及び経験を有する者
		ロ　建築物（第3条に規定する建築物を除く。）の設計及び工事監理に関する科目	(1)　大学において建築学を担当する教授若しくは准教授の職にあり，又はこれらの職にあった者 (2)　(1)に掲げる者と同等以上の知識及び経験を有する者
(3)	木造建築士定期講習	イ　木造の建築物の建築に関する法令に関する科目	(1)　大学において行政法学を担当する教授若しくは准教授の職にあり，又はこれらの職にあった者 (2)　(1)に掲げる者と同等以上の知識及び経験を有する者
		ロ　木造の建築物（第3条及び第3条の2に規定する建築物を除く。）の設計及び工事監理に関する科目	(1)　大学において建築学を担当する教授若しくは准教授の職にあり，又はこれらの職にあった者 (2)　(1)に掲げる者と同等以上の知識及び経験を有する者
(4)	構造設計一級建築士定期講習	イ　構造関係規定に関する科目	(1)　大学において行政法学を担当する教授若しくは准教授の職にあり，又はこれらの職にあった者 (2)　(1)に掲げる者と同等以上の知識及び経験を有する者
		ロ　構造設計に関する科目	(1)　大学において建築学を担当する教授若しくは准教授の職にあり，又はこれらの職にあった者 (2)　(1)に掲げる者と同等以上の知識及び経験を有する者
(5)	設備設計一級建築士定期講習	イ　設備関係規定に関する科目	(1)　大学において行政法学を担当する教授若しくは准教授の職にあり，又はこれらの職にあった者 (2)　(1)に掲げる者と同等以上の知識及び経験を有する者
		ロ　設備設計に関する科目	(1)　大学において建築学を担当する教授若しくは准教授の職にあり，又はこれらの職にあった者 (2)　(1)に掲げる者と同等以上の知識及び経験を有する者

別表第3　●建築士法

別表第3　（第24条，第26条の5関係）

講　　　習	科　　　目	講　　　師
管理建築士講習	イ　この法律その他 　関係法令に関する 　科目	(1)　大学において行政法学を担当する 　教授若しくは准教授の職にあり， 　又はこれらの職にあった者 (2)　(1)に掲げる者と同等以上の知識及 　び経験を有する者
	ロ　建築物の品質確 　保に関する科目	(1)　管理建築士として3年以上の実務 　の経験を有する管理建築士 (2)　(1)に掲げる者と同等以上の知識及 　び経験を有する者

建築士法施行令

昭和25年6月22日　政令第201号
最終改正　令和3年8月4日　政令第224号

【一級建築士免許証又は一級建築士免許証明書の書換え交付等の手数料】
第1条　建築士法（以下「法」という。）第5条第6項（法第10条の19第1項の規定により読み替えて適用する場合を含む。）の政令で定める額は，5,900円とする。

【構造設計一級建築士証又は設備設計一級建築士証の交付等の手数料】
第2条　法第10条の3第6項（法第10条の19第1項の規定により読み替えて適用する場合を含む。）の政令で定める額は，次の各号に掲げる一級建築士の区分に応じ，それぞれ当該各号に定める額とする。
一　構造設計一級建築士証又は設備設計一級建築士証の交付を受けようとする一級建築士　14,300円
二　構造設計一級建築士証又は設備設計一級建築士証の書換え交付又は再交付を受けようとする一級建築士　5,900円

【中央指定登録機関による一級建築士の登録手数料】
第3条　法第10条の19第2項の政令で定める額は，28,400円とする。

【一級建築士の受験手数料】
第4条　法第16条第1項の政令で定める額は，17,000円とする。
2　受験手数料は，これを納付した者が試験を受けなかった場合においても，返還しない。
3　中央指定試験機関に納付する受験手数料の納付の方法は，法第15条の5第1項において読み替えて準用する法第10条の9第1項に規定する試験事務規程の定めるところによる。

【参考人に支給する費用】
第5条　法第10条第6項に規定する旅費，日当その他の費用の額は，次の各号に掲げる参考人の区分に応じ，それぞれ当該各号に定める額とする。
一　国土交通大臣の求めに応じて出席した参考人　政府職員に支給する旅費，日当その他の費用の額の範囲内において，国土交通大臣が財務大臣と協議して定める額
二　都道府県知事の求めに応じて出席した参考人　都道府県が条例で定める額

【登録講習機関の登録の有効期間】
第6条　法第10条の26第1項（法第22条の3第2項及び第26条の5第2項において準用する場合を含む。）の政令で定める期間は，5年とする。

【法第20条第4項の規定による承諾に関する手続等】
第7条　法第20条第4項の規定による承諾は，建築士が，**国土交通省令**[*1]で定めると

ころにより，あらかじめ，当該承諾に係る建築主に対し電磁的方法（同項に規定する方法をいう。以下この条において同じ。）による報告に用いる電磁的方法の種類及び内容を示した上で，当該建築主から書面又は電子情報処理組織を使用する方法その他の情報通信の技術を利用する方法であって**国土交通省令**[*2]で定めるもの（次項において「書面等」という。）によって得るものとする。

◆国土交通省令1　［工事監理報告に係る電磁的方法の種類及び方法］規則第17条の17→p670
2　［工事監理報告に係る情報通信の技術を利用した承諾の取得］
規則第17条の17の2　　　　　　　　　　　　　→p670

2　建築士は，前項の承諾を得た場合であっても，当該承諾に係る建築主から書面等により電磁的方法による報告を受けない旨の申出があったときは，当該電磁的方法による報告をしてはならない。ただし，当該申出の後に当該建築主から再び同項の承諾を得た場合は，この限りでない。

【法第22条の3の3第4項の規定による承諾等に関する手続等】

第8条　法第22条の3の3第4項の規定による承諾については，前条の規定を準用する。この場合において，同条中「建築士」とあるのは「設計受託契約又は工事監理受託契約の当事者」と，「建築主」とあるのは「契約の相手方」と，「報告」とあるのは「提供」と読み替えるものとする。

●関連［延べ面積が300m²を超える建築物に係る契約に係る書面の交付に係る
電磁的方法の種類及び方法］規則第17条の40　　　　　　　　　→p681
［延べ面積が300m²を超える建築物に係る契約に係る書面の交付に係る
情報通信の技術を利用した承諾の取得］規則第17条の41　　　　　→p681

2　法第24条の7第3項の規定による承諾については，前条の規定を準用する。この場合において，同条中「建築士」とあるのは「管理建築士等」と，「報告」とあるのは「提供」と読み替えるものとする。

●関連［重要事項説明に係る書面の交付に係る電磁的方法の種類及び方法］
規則第22条の2の4　　　　　　　　　　　　　→p686
［重要事項説明に係る書面の交付に係る情報通信の技術を利用した
承諾の取得］規則第22条の2の5　　　　　　　　→p686

3　法第24条の8第2項の規定による承諾については，前条の規定を準用する。この場合において，同条中「建築士」とあるのは「建築士事務所の開設者」と，「建築主」とあるのは「委託者」と，「報告」とあるのは「提供」と読み替えるものとする。

●関連［書面の交付に係る電磁的方法の種類及び方法］規則第22条の5→p687
［書面の交付に係る情報通信の技術を利用した承諾の取得］
規則第22条の5の2　　　　　　　　　　　　　→p688

【建築士審査会の委員等の勤務】

第9条　中央建築士審査会及び都道府県建築士審査会（次条及び第13条において「建築士審査会」と総称する。）の委員及び試験委員は，非常勤とする。

【建築士審査会の議事】

第10条　建築士審査会は，委員の半数以上が出席しなければ，会議を開くことができない。

2　建築士審査会の議事は，出席委員の過半数で決し，可否同数の場合は，会長の決するところによる。

【試験委員】

第11条　中央建築士審査会の試験委員は，10人以上30人以内とし，都道府県建築士審査会の試験委員は，5人以上とする。

2　中央建築士審査会及び都道府県建築士審査会の試験委員は，それぞれ一級建築士試験又は二級建築士試験若しくは木造建築士試験の科目について専門的な知識及び技能を有し，かつ，試験委員としてふさわしい者のうちから任命するものとする。

【中央建築士審査会の庶務】

第12条　中央建築士審査会の庶務は，国土交通省住宅局建築指導課において処理する。

【建築士審査会の運営】

第13条　法又はこの政令に定めるもののほか，建築士審査会の運営に関し必要な事項は，建築士審査会が定める。

　　附　則　（略）

建築士法施行規則

昭和25年10月31日　建設省令第38号

最終改正　令和5年9月25日　国土交通省令第75号

第1章　総　　則

【構造設計図書及び設備設計図書】

第1条　建築士法（以下「法」という。）第2条第7項の国土交通省令で定める建築物の構造に関する設計図書は，次に掲げる図書（建築基準法（昭和25年法律第201号）第68条の10第1項の規定により，建築基準法施行令（昭和25年政令第338号）第136条の2の11第一号で定める一連の規定に適合するものであることの認定を受けた型式による建築物の部分を有する建築物に係るものを除く。）とする。

　一　建築基準法施行規則（昭和25年建設省令第40号）第1条の3第1項の表2の第⑴項の㈎欄に掲げる建築物の区分に応じそれぞれ同表の第⑴項の㈬欄に掲げる図書及び同条第4項の表1の各項の㈎欄に掲げる建築設備の区分に応じそれぞれ当該各項の㈬欄に掲げる図書（いずれも構造関係規定に係るものに限る。）

　二　建築基準法第20条第1項第一号の認定に係る構造方法を用いる建築物にあっては，建築基準法施行規則第10条の5の21第1項各号に掲げる図書

　三　建築基準法施行規則第1条の3第1項の表3の各項の㈎欄に掲げる建築物にあっては，その区分に応じそれぞれ当該各項の㈬欄に掲げる構造計算書

　四　建築基準法施行令第81条第2項第一号イ若しくはロ又は同項第二号イに規定する国土交通大臣が定める基準に従った構造計算により安全性を確かめた建築物にあっては，建築基準法施行規則第1条の3第1項の表3の各項の㈬欄に掲げる構造計算書に準ずるものとして国土交通大臣が定めるもの

2　法第2条第7項に規定する国土交通省令で定める建築設備に関する設計図書は，建築基準法施行規則第1条の3第4項の表1の各項の㈎欄に掲げる建築設備の区分に応じそれぞれ当該各項の㈬欄に掲げる図書（設備関係規定が適用される建築設備に係るものに限る。）とする。

第1章の2　免　　許

【実務の経験の内容】

第1条の2　法第4条第2項第一号及び第四号の国土交通省令で定める建築に関する実務は，次に掲げるものとする。

　一　建築物の設計（法第21条に規定する設計をいう。第20条の4第1項第一号において同じ。）に関する実務

二　建築物の工事監理に関する実務

三　建築工事の指導監督に関する実務

四　建築士事務所の業務として行う建築物に関する調査又は評価に関する実務

五　次に掲げる工事の施工の技術上の管理に関する実務

イ　建築一式工事（建設業法（昭和24年法律第100号）別表第1に掲げる建築一式工事をいう。）

ロ　大工工事（建設業法別表第1に掲げる大工工事をいう。）

ハ　建築設備（建築基準法第2条第三号に規定する建築設備をいう。）の設置工事

六　建築基準法第18条の3第1項に規定する確認審査等に関する実務

七　前各号の実務に準ずるものとして国土交通大臣が定める実務

2　第1項各号に掲げる実務の経験には，単なる写図工若しくは労務者としての経験又は単なる庶務，会計その他これらに類する事務に関する経験を含まないものとする。

3　第1項各号に掲げる実務に従事したそれぞれの期間は通算することができる。

【心身の故障により一級建築士，二級建築士又は木造建築士の業務を適正に行うことができない者】

第1条の3　法第8条第三号の国土交通省令で定める者は，精神の機能の障害により一級建築士，二級建築士又は木造建築士の業務を適正に行うに当たって必要な認知，判断及び意思疎通を適切に行うことができない者とする。

【治療等の考慮】

第1条の4　国土交通大臣又は都道府県知事は，一級建築士又は二級建築士若しくは木造建築士の免許を申請した者が前条に規定する者に該当すると認める場合において，当該者に免許を与えるかどうかを決定するときは，当該者が現に受けている治療等により障害の程度が軽減している状況を考慮しなければならない。

【免許の申請】

第1条の5　法第4条第1項の規定により一級建築士の免許を受けようとする者は，第1号書式による免許申請書に，次に掲げる書類（その書類を得られない正当な事由がある場合においては，これに代わる適当な書類）を添え，これを国土交通大臣に提出しなければならない。ただし，第15条第1項の規定により同項第一号に掲げる書類を国土交通大臣に提出した場合又は同条第2項の規定により当該書類を中央指定試験機関に提出した場合で，当該書類に記載された内容と第1号書式による免許申請書に記載された内容が同一であるときは，第三号に掲げる書類を添えることを要しない。

一　本籍の記載のある住民票の写しその他参考となる事項を記載した書類

二　国土交通大臣又は中央指定試験機関が交付した一級建築士試験に合格したことを証する書類

三　次のイからニまでのいずれかに掲げる書類

イ　法第4条第2項第一号，第二号又は第三号に該当する者にあっては，当該各号に掲げる学校を卒業したことを証する証明書

ロ　法第4条第2項第四号に該当する者にあっては，二級建築士であつた期間を

　　　証する都道府県知事の証明書
　　ハ　国土交通大臣が別に定める法第4条第2項第五号に該当する者の基準に適合
　　　する者にあっては，その基準に適合することを証するに足る書類
　　ニ　法第4条第2項第五号に該当する者のうち，ハに掲げる者以外の者にあって
　　　は，法第4条第2項第一号から第四号までに掲げる者と同等以上の知識及び技
　　　能を有することを証する書類
　四　第1号の2書式による実務の経験を記載した書類（以下この号において「実務
　　経歴書」という。）及び第1号の3書式による使用者その他これに準ずる者が実
　　務経歴書の内容が事実と相違しないことを確認したことを証する書類
2　法第4条第5項の規定により一級建築士の免許を受けようとする者は，第1号書
　式による免許申請書に，前項第一号に掲げる書類（その書類を得られない正当な事
　由がある場合においては，これに代わる適当な書類）及び外国の建築士免許証の写
　しを添え，これを国土交通大臣に提出しなければならない。
3　前2項の免許申請書には，申請前6月以内に撮影した無帽，正面，無背景の縦の
　長さ4.5cm，横の長さ3.5cm の写真でその裏面に氏名及び撮影年月日を記入したも
　の（以下「一級建築士免許証用写真」という。）を貼付しなければならない。

　　【免　許】
第2条　国土交通大臣は，前条の規定による申請があった場合においては，免許申請
　書の記載事項を審査し，申請者が一級建築士となる資格を有すると認めたときは，
　法第5条第1項の一級建築士名簿（以下「名簿」という。）に登録し，かつ，申請
　者に第2号書式による一級建築士免許証を交付する。
2　国土交通大臣は，前項の場合において，申請者が一級建築士となる資格を有しな
　いと認めたときは，理由を付し，免許申請書を申請者に返却する。

　　【登録事項】
第3条　名簿に登録する事項は，次のとおりとする。
　一　登録番号及び登録年月日
　二　氏名，生年月日及び性別
　三　一級建築士試験合格の年月及び合格証書番号（外国の建築士免許を受けた者に
　　あっては，その免許の名称，免許者名及び免許の年月日）
　四　法第10条第1項の規定による戒告，業務停止又は免許の取消しの処分及びこれ
　　らの処分を受けた年月日
　五　法第10条の3第1項第一号若しくは同条第2項第一号又は法第24条第2項に規
　　定する講習の課程を修了した者にあっては，当該講習を修了した年月日及び当該
　　講習の修了証の番号
　六　法第22条の2に定める講習を受けた年月日及び当該講習の修了証の番号
　七　第9条の3第3項の規定により構造設計一級建築士証若しくは設備設計一級建
　　築士証の交付を受けた者にあっては，当該建築士証の番号及び当該建築士証の交
　　付を受けた年月日
　八　構造設計一級建築士証若しくは設備設計一級建築士証の返納を行った者にあっ

ては，当該建築士証の返納を行った年月日

【登録事項の変更】

第4条　一級建築士は，前条第二号に掲げる登録事項に変更を生じた場合においては，その変更を生じた日から30日以内に，その旨を国土交通大臣に届け出なければならない。

2　国土交通大臣は，前項の届出があった場合においては，名簿を訂正する。

【免許証の書換え交付】

第4条の2　一級建築士は，前条第1項の規定による届出をする場合において，一級建築士免許証（以下「免許証」という。）又は一級建築士免許証明書（以下「免許証明書」という。）に記載された事項に変更があったときは，免許証の書換え交付を申請しなければならない。

2　前項及び法第5条第3項の規定により免許証の書換え交付を申請しようとする者は，一級建築士免許証用写真を貼付した免許証書換え交付申請書に免許証又は免許証明書を添え，これを国土交通大臣に提出しなければならない。

3　国土交通大臣は，前項の規定による申請があった場合においては，免許証を書き換えて，申請者に交付する。

【免許証の再交付】

第5条　一級建築士は，免許証又は免許証明書を汚損し又は失った場合においては，遅滞なく，一級建築士免許証用写真を貼付した免許証再交付申請書にその事由を記載し，汚損した場合にあってはその免許証又は免許証明書を添え，これを国土交通大臣に提出しなければならない。

2　国土交通大臣は，前項の規定による申請があった場合においては，申請者に免許証を再交付する。

3　一級建築士は，第1項の規定により免許証の再交付を申請した後，失った免許証又は免許証明書を発見した場合においては，発見した日から10日以内に，これを国土交通大臣に返納しなければならない。

【心身の故障により一級建築士，二級建築士又は木造建築士の業務を適正に行うことができない場合】

第5条の2　法第8条の2第三号の国土交通省令で定める場合は，一級建築士，二級建築士又は木造建築士が精神の機能の障害を有することにより認知，判断及び意思疎通を適切に行うことができない状態となった場合とする。

【免許の取消しの申請及び免許証等の返納】

第6条　一級建築士は，法第8条の2（第二号に該当する場合に限る。）の規定による届出をする場合においては，届出書に，免許証又は免許証明書を添え，これを国土交通大臣に提出しなければならない。

2　一級建築士又はその法定代理人若しくは同居の親族は，法第8条の2（第三号に係る部分に限る。）の規定による届出をする場合においては，届出書に，病名，障害の程度，病因，病後の経過，治癒の見込みその他参考となる所見を記載した医師の診断書を添え，これを国土交通大臣に提出しなければならない。

3　一級建築士は，法第9条第1項第一号の規定による免許の取消しを申請する場合においては，免許取消し申請書に，免許証又は免許証明書を添え，これを国土交通大臣に提出しなければならない。

4　一級建築士が失踪の宣告を受けた場合においては，戸籍法（昭和22年法律第224号）による失踪の届出義務者は，失踪の宣告の日から30日以内に，その旨を国土交通大臣に届け出なければならない。

5　一級建築士が法第9条第1項（第一号及び第二号を除き，第三号にあっては法第8条の2第二号に掲げる場合に該当する場合に限る。）若しくは第2項又は法第10条第1項の規定により免許を取り消された場合においては，当該一級建築士（法第9条第2項の規定により免許を取り消された場合においては，当該一級建築士又はその法定代理人若しくは同居の親族）は，取消しの通知を受けた日から10日以内に，免許証又は免許証明書を国土交通大臣に返納しなければならない。

【免許の取消しの公告】

第6条の2　法第9条第3項の規定による公告は，次に掲げる事項について，国土交通大臣にあっては官報又はウェブサイトへの掲載その他の適切な方法で，都道府県知事にあっては当該都道府県の公報又はウェブサイトへの掲載その他の適切な方法で行うものとする。

一　免許の取消しをした年月日

二　免許の取消しを受けた建築士の氏名，その者の一級建築士，二級建築士又は木造建築士の別及びその者の登録番号

三　免許の取消しの理由

【処分の公告】

第6条の3　法第10条第5項の規定による公告は，次に掲げる事項について，国土交通大臣にあっては官報又はウェブサイトへの掲載その他の適切な方法で，都道府県知事にあっては当該都道府県の公報又はウェブサイトへの掲載その他の適切な方法で行うものとする。

一　処分をした年月日

二　処分を受けた建築士の氏名，その者の一級建築士，二級建築士又は木造建築士の別及びその者の登録番号

三　処分の内容

四　処分の原因となった事実

【登録の抹消】

第7条　国土交通大臣は，免許を取り消した場合又は第6条第4項の届出があった場合においては，登録を抹消し，その名簿に抹消の事由及び年月日を記載する。

2　国土交通大臣は，前項の規定により登録を抹消した名簿を，抹消した日から5年間保存する。

【住所等の届出】

第8条　法第5条の2第1項に規定する国土交通省令で定める事項は，次に掲げるものとする。

一　登録番号及び登録年月日

二　本籍，住所，氏名，生年月日及び性別

三　建築に関する業務に従事する者にあっては，その業務の種別並びに勤務先の名称（建築士事務所にあっては，その名称及び開設者の氏名）及び所在地

2　法第5条の2第1項の規定による届出は，一級建築士にあっては，第3号書式によらなければならない。

【免許証等の領置】

第9条　国土交通大臣は，法第10条第1項の規定により一級建築士に業務の停止を命じた場合においては，当該一級建築士に対して，免許証又は免許証明書の提出を求め，かつ，処分期間満了までこれを領置することができる。

【一級建築士名簿の閲覧】

第9条の2　国土交通大臣は，法第6条第2項の規定により一級建築士名簿を一般の閲覧に供するため，閲覧規則を定めてこれを告示しなければならない。

【構造設計一級建築士証及び設備設計一級建築士証】

第9条の3　法第10条の3第1項又は同条第2項の規定により，構造設計一級建築士証又は設備設計一級建築士証の交付を申請しようとする者は，第3号の2書式による交付申請書に，次に掲げる書類を添え，これを国土交通大臣に提出しなければならない。

一　法第10条の3第1項第一号又は同条第2項第一号に該当する者にあっては，建築士法に基づく中央指定登録機関等に関する省令（平成20年国土交通省令第37号）第28条第十二号に規定する修了証

二　法第10条の3第1項第二号又は同条第2項第二号に該当する者にあっては，同条第1項第一号又は同条第2項第一号に掲げる一級建築士と同等以上の知識及び技能を有することを証する書類

2　前項の交付申請書には，一級建築士免許証用写真を貼付しなければならない。

3　国土交通大臣は，第1項の規定による申請があった場合においては，交付申請書の記載事項を審査し，申請者が構造設計一級建築士又は設備設計一級建築士となる資格を有すると認めたときは，申請者に第3号の3書式による構造設計一級建築士証又は第3号の4書式による設備設計一級建築士証を交付する。

4　国土交通大臣は，前項の審査の結果，申請者が構造設計一級建築士又は設備設計一級建築士となる資格を有しないと認めたときは，理由を付し，交付申請書を申請者に返却する。

【構造設計一級建築士証及び設備設計一級建築士証の書換え交付】

第9条の4　構造設計一級建築士又は設備設計一級建築士は，第4条第1項の規定による届出をする場合において，構造設計一級建築士証又は設備設計一級建築士証に記載された事項に変更があったときは，当該構造設計一級建築士証又は設備設計一級建築士証の書換え交付を申請しなければならない。

2　前項及び法第10条の3第4項の規定により構造設計一級建築士証又は設備設計一級建築士証の書換え交付を申請しようとする者は，一級建築士免許証用写真を貼付

した建築士証書換え交付申請書に構造設計一級建築士証又は設備設計一級建築士証を添え，これを国土交通大臣に提出しなければならない。

3　国土交通大臣は，前項の規定による申請があった場合においては，構造設計一級建築士証又は設備設計一級建築士証を書き換えて，申請者に交付する。

【構造設計一級建築士証及び設備設計一級建築士証の再交付】

第9条の5　構造設計一級建築士又は設備設計一級建築士は，構造設計一級建築士証又は設備設計一級建築士証を汚損し又は失った場合においては，遅滞なく，一級建築士免許証用写真を貼付した建築士証再交付申請書にその事由を記載し，汚損した場合にあってはその構造設計一級建築士証又は設備設計一級建築士証を添え，これを国土交通大臣に提出しなければならない。

2　国土交通大臣は，前項の規定による申請があった場合においては，申請者に構造設計一級建築士証又は設備設計一級建築士証を再交付する。

3　構造設計一級建築士又は設備設計一級建築士は，第1項の規定により構造設計一級建築士証又は設備設計一級建築士証の再交付を申請した後，失った構造設計一級建築士証又は設備設計一級建築士証を発見した場合においては，発見した日から10日以内に，これを国土交通大臣に返納しなければならない。

【構造設計一級建築士証及び設備設計一級建築士証の領置】

第9条の6　国土交通大臣は，法第10条第1項の規定により構造設計一級建築士又は設備設計一級建築士である一級建築士に業務の停止を命じた場合においては，当該一級建築士に対して，構造設計一級建築士証又は設備設計一級建築士証の提出を求め，かつ，処分期間満了までこれを領置することができる。

【規定の適用】

第9条の7　中央指定登録機関が法第10条の4第1項に規定する一級建築士登録等事務を行う場合における第1条の4，第1条の5第1項及び第2項，第2条，第4条から第5条まで，第6条第5項，第7条並びに第9条の2から第9条の5までの規定の適用については，これらの規定（第1条の5第1項及び第2項を除く。）中「国土交通大臣」とあるのは「中央指定登録機関」と，第1条の5第1項及び第2項中「これを国土交通大臣」とあるのは「これを中央指定登録機関」と，第2条第1項中「第2号書式による一級建築士免許証」とあるのは「一級建築士免許証明書」と，第4条の2の見出し及び同条第3項並びに第5条の見出し及び同条第2項中「免許証」とあるのは「免許証明書」と，第4条の2第1項中「免許証の書換え交付」とあるのは「免許証明書の書換え交付」と，同条第2項中「法第5条第3項の規定により免許証」とあるのは「法第10条の19第1項の規定により読み替えて適用される法第5条第3項の規定により免許証明書」と，第5条第3項中「免許証の再交付」とあるのは「免許証明書の再交付」と，第7条第1項中「免許を取り消した場合又は第6条第4項の届出があった場合」とあるのは「国土交通大臣が免許を取り消した場合又は建築士法に基づく中央指定登録機関等に関する省令第12条第1項の規定により第6条第4項の規定による届出に係る事項を記載した書類の交付を受けた場合」と，第9条の2中「法第6条第2項」とあるのは「法第10条の19第1項の規定

により読み替えて適用される法第6条第2項」と，「告示」とあるのは「公示」と，第9条の3第1項中「法第10条の3第1項又は同条第2項」とあるのは「法第10条の19第1項の規定により読み替えて適用される法第10条の3第1項又は同条第2項」と，同条第3項中「第3号の3書式による構造設計一級建築士証又は第3号の4書式による設備設計一級建築士証」とあるのは「構造設計一級建築士証又は設備設計一級建築士証」と，第9条の4第2項中「法第10条の3第4項」とあるのは「法第10条の19第1項の規定により読み替えて適用される法第10条の3第4項」とする。

第2章 試　　験

第10条　削除

【一級建築士試験の方法】

第11条　一級建築士試験は，学科及び設計製図について，筆記試験により行う。

2　設計製図の試験は，学科の試験に合格した者に限り，受けることができる。

3　前項に規定する学科の試験は，建築計画，環境工学，建築設備（設備機器の概要を含む。），構造力学，建築一般構造，建築材料，建築施工，建築積算，建築法規等に関する必要な知識について行う。

第12条　学科の試験に合格した者については，学科の試験に合格した一級建築士試験（以下この条において「学科合格試験」という。）に引き続いて行われる次の4回の一級建築士試験のうち2回（学科合格試験の設計製図の試験を受けなかった場合においては，3回）の一級建築士試験に限り，学科の試験を免除する。

【二級建築士試験の基準】

第13条　二級建築士試験は，学校教育法（昭和22年法律第26号）による高等学校における正規の建築に関する課程において修得する程度の基本的知識並びにこれを用いて通常の木造の建築物及び簡単な鉄筋コンクリート造，鉄骨造，れん瓦造，石造及びコンクリートブロック造の建築物の設計及び工事監理を行う能力を判定することに基準を置くものとする。

2　前項の基準によって試験すべき事項を例示すると，おおむね次のとおりである。

一　各種の用途に供する建築物の設計製図及びこれに関する仕様書の作成

二　建築物の用途に応ずる敷地の選定に関すること

三　各種の用途に供する建築物の間取りその他建築物の平面計画に関すること

四　建築物の採光，換気及び照明に関すること

五　簡易な建築設備の概要に関すること

六　各種建築材料の性質，判別及び使用方法に関すること

七　通常の木造の建築物の基礎，軸組，小屋組，床，壁，屋根，造作等各部の構造に関すること

八　簡単な鉄筋コンクリート造，鉄骨造，れん瓦造，石造又はコンクリートブロック造の建築物の構法の原理の概要並びにこれらの建築物の各部の構造に関すること

九 建築物の防腐，防火，耐震，耐風構法に関すること

十 普通のトラスの解法，簡単なラーメンに生ずる応力の概要又は普通のはり，柱等の部材の断面の決定に関すること

十一 建築工事現場の管理（工事現場の災害防止を含む。）に関すること

十二 建築工事の請負契約書，工費見積書又は工程表に関すること

十三 普通に使用される建築工事用機械器具の種類及び性能に関すること

十四 建築物各部の施工の指導監督及び検査に関すること

十五 建築物の敷地の平面測量又は高低測量に関すること

十六 法及び建築基準法並びにこれらの関係法令に関すること

【木造建築士試験の基準】

第13条の2 木造建築士試験は，学校教育法による高等学校における正規の建築に関する課程において修得する程度の小規模の木造の建築物の建築に関する基本的知識並びにこれを用いて小規模の木造の建築物の設計及び工事監理を行う能力を判定することに基準を置くものとする。

2 前項の基準によって試験すべき事項を例示すると，おおむね次のとおりである。

一 小規模の木造の建築物に関する前条第2項第一号から第七号まで，第九号及び第十一号から第十六号までに掲げる事項

二 小規模の木造の建築物の鉄筋コンクリート造，コンクリートブロック造等の部分の構造に関すること

三 小規模の木造の建築物の普通の筋かい，たる木，すみ木等の部材の形状の決定に関すること

四 小規模の木造の建築物の普通のはり，柱等の部材の断面の決定に関すること

【試験期日等の公告】

第14条 一級建築士試験を施行する期日，場所その他試験の施行に関して必要な事項は，国土交通大臣があらかじめ官報で公告する。

【受験申込書】

第15条 一級建築士試験（中央指定試験機関が一級建築士試験事務を行うものを除く。）を受けようとする者は，受験申込書に，次に掲げる書類を添え，これを国土交通大臣に提出しなければならない。

一 次のイからニまでのいずれかに掲げる書類

イ 法第14条第一号に該当する者にあっては，同号に掲げる学校を卒業したことを証する証明書（その証明書を得られない正当な事由がある場合においては，これに代わる適当な書類）

ロ 法第14条第二号に該当する者にあっては，二級建築士であった期間を証する都道府県知事の証明書

ハ 国土交通大臣が別に定める法第14条第三号に該当する者の基準に適合する者にあっては，その基準に適合することを証するに足る書類

ニ 法第14条第三号に該当する者のうち，ハに掲げる者以外の者にあっては，法第14条第一号又は第二号に掲げる者と同等以上の知識及び技能を有することを

証する書類

二　申請前6月以内に，脱帽して正面から撮影した写真で，縦4.5cm，横3.5cmのもの

2　中央指定試験機関が一級建築士試験事務を行う一級建築士試験を受けようとする者は，受験申込書に，前項に掲げる書類を添え，中央指定試験機関の定めるところにより，これを中央指定試験機関に提出しなければならない。

【合格公告及び通知】

第16条　国土交通大臣又は中央指定試験機関は，一級建築士試験に合格した者の受験番号を公告し，本人に合格した旨を通知する。

2　国土交通大臣又は中央指定試験機関は，学科の試験に合格した者にその旨を通知する。

【受験者の不正行為に対する措置に関する報告書】

第17条　中央指定試験機関は，法第13条の2第2項の規定により同条第1項に規定する国土交通大臣の職権を行ったときは，遅滞なく次に掲げる事項を記載した報告書を国土交通大臣に提出しなければならない。

一　不正行為者の氏名，住所及び生年月日

二　不正行為に係る試験の年月日及び試験地

三　不正行為の事実

四　処分の内容及び年月日

五　その他参考事項

第17条の2から第17条の14まで　削除

第2章の2　構造計算によって建築物の安全性を 確かめた旨の証明書等

【構造計算によって建築物の安全性を確かめた旨の証明書】

第17条の14の2　法第20条第2項の規定による交付は，第4号書式により行うものとする。

【工事監理報告書】

第17条の15　法第20条第3項の規定による報告は，第4号の2書式による工事監理報告書を提出して行うものとする。

【工事監理報告に係る情報通信の技術を利用する方法】

第17条の16　法第20条第4項の国土交通省令で定める方法は，次に掲げるものとする。

一　電子情報処理組織を使用する方法のうちイ又はロに掲げるもの

イ　建築士の使用に係る電子計算機と建築主の使用に係る電子計算機とを接続する電気通信回線を通じて送信し，受信者の使用に係る電子計算機に備えられたファイルに記録する方法

ロ　建築士の使用に係る電子計算機に備えられたファイルに記録された結果を電気通信回線を通じて建築主の閲覧に供し，当該建築主の使用に係る電子計算機

に備えられたファイルに当該結果を記録する方法

二　磁気ディスク，シー・ディー・ロムその他これらに準ずる方法により一定の事項を確実に記録しておくことができる物（以下「磁気ディスク等」という。）をもって調製するファイルに結果を記録したものを交付する方法

2　前項各号に掲げる方法は，次に掲げる基準に適合するものでなければならない。

一　建築主がファイルへの記録を出力することにより書面を作成することができるものであること。

二　ファイルに記録された結果について，改変を防止するための措置を講じていること。

三　前項第一号ロに掲げる方法にあっては，結果を建築士の使用に係る電子計算機に備えられたファイルに記録する旨又は記録した旨を建築主に対し通知するものであること。ただし，当該建築主が当該結果を閲覧していたことを確認したときはこの限りではない。

3　第1項第一号の「電子情報処理組織」とは，建築士の使用に係る電子計算機と，建築主の使用に係る電子計算機とを電気通信回線で接続した電子情報処理組織をいう。

【工事監理報告に係る電磁的方法の種類及び方法】

第17条の17　建築士法施行令（昭和25年政令第201号。以下「令」という。）第7条第1項の規定により示すべき電磁的方法の種類及び内容は，次に掲げる事項とする。

一　前条第1項各号に規定する方法のうち建築士が使用するもの

二　ファイルへの記録の方式

【工事監理報告に係る情報通信の技術を利用した承諾の取得】

第17条の17の2　令第7条第1項の国土交通省令で定める方法は，次に掲げるものとする。

一　電子情報処理組織を使用する方法のうちイ又はロに掲げるもの

イ　建築主の使用に係る電子計算機から電気通信回線を通じて建築士の使用に係る電子計算機に令第7条第1項の承諾又は同条第2項の申出（以下この項において「承諾等」という。）をする旨を送信し，当該電子計算機に備えられたファイルに記録する方法

ロ　建築士の使用に係る電子計算機に備えられたファイルに記録された前条に規定する電磁的方法の種類及び内容を電気通信回線を通じて建築主の閲覧に供し，当該電子計算機に備えられたファイルに承諾等をする旨を記録する方法

二　磁気ディスク等をもって調製するファイルに承諾等をする旨を記録したものを交付する方法

2　前項各号に掲げる方法は，建築士がファイルへの記録を出力することにより書面を作成することができるものでなければならない。

3　第1項第一号の「電子情報処理組織」とは，建築士の使用に係る電子計算機と，建築主の使用に係る電子計算機とを電気通信回線で接続した電子情報処理組織をいう。

【構造設計一級建築士への法適合確認】

第17条の17の2の2　法第20条の2第2項の規定による確認は，次に掲げる図書及び書類の審査により行うものとする。

一　建築基準法施行規則第1条の3第1項の表1の各項に掲げる図書

二　構造設計図書

三　建築基準法第20条第1項第二号イの認定を受けたプログラムによる構造計算によって安全性を確かめた場合にあっては，当該認定に係る認定書の写し，当該プログラムによる構造計算を行うときに電子計算機（入出力装置を含む。）に入力した構造設計の条件並びに構造計算の過程及び結果に係る情報を記録した磁気ディスク等

四　建築基準法施行規則第1条の3第1項の表4の各項の(い)欄に掲げる建築物の区分に応じそれぞれ当該各項の(ろ)欄に掲げる書類及び同条第4項の表2の各項の(い)欄に掲げる建築設備の区分に応じそれぞれ当該各項の(ろ)欄に掲げる書類（いずれも構造関係規定に係るものに限る。）

2　法第20条の2第2項の確認を受けた建築物の構造設計図書の変更の場合における確認は，前項に掲げる図書及び書類のうち変更に係るものの審査により行うものとする。

【設備設計一級建築士への法適合確認】

第17条の17の3　法第20条の3第2項の規定による確認は，次に掲げる図書及び書類の審査により行うものとする。

一　建築基準法施行規則第2条の2第1項の表に掲げる図書

二　設備設計図書

三　建築基準法施行規則第1条の3第4項の表2の各項の(い)欄に掲げる建築設備の区分に応じそれぞれ当該各項の(ろ)欄に掲げる書類（設備関係規定に係るものに限る。）

2　法第20条の3第2項の確認を受けた建築物の設備設計図書の変更の場合における確認は，前項に掲げる図書及び書類のうち変更に係るものの審査により行うものとする。

第2章の3　建築設備士

【建築設備士】

第17条の18　建築設備士は，国土交通大臣が定める要件を満たし，かつ，次のいずれかに該当する者とする。

一　次に掲げる要件のいずれにも該当する者

イ　建築設備士として必要な知識を有するかどうかを判定するための学科の試験であって，次条から第17条の21までの規定により国土交通大臣の登録を受けたもの（以下「登録学科試験」という。）に合格した者

ロ　建築設備士として必要な知識及び技能を有するかどうかを判定するための設

計製図の試験であって，次条から第17条の21までの規定により国土交通大臣の
登録を受けたもの（以下「登録設計製図試験」という。）に合格した者

二　前号に掲げる者のほか国土交通大臣が定める者

【登録の申請】

第17条の19　前条第一号イ又はロの登録は，登録学科試験又は登録設計製図試験の実
施に関する事務（以下「登録試験事務」という。）を行おうとする者の申請により
行う。

2　前条第一号イ又はロの登録を受けようとする者（以下この章において「登録申請
者」という。）は，次に掲げる事項を記載した申請書を国土交通大臣に提出しなけ
ればならない。

一　登録申請者の氏名又は名称及び住所並びに法人にあっては，その代表者の氏名

二　登録試験事務を行おうとする事務所の名称及び所在地

三　受けようとする登録の別（前条第一号イの登録又は同号ロの登録の別をいう。）

四　登録試験事務を開始しようとする年月日

五　試験委員（第17条の21第1項第二号に規定する合議制の機関を構成する者をい
う。以下同じ。）となるべき者の氏名及び略歴並びに同号イからハまでのいずれ
かに該当する者にあっては，その旨

3　前項の申請書には，次に掲げる書類を添付しなければならない。

一　個人である場合においては，次に掲げる書類

イ　住民票の抄本若しくは個人番号カード（行政手続における特定の個人を識別
するための番号の利用等に関する法律（平成25年法律第27号）第2条第7項に
規定する個人番号カードをいう。）の写し又はこれらに類するものであって氏
名及び住所を証明する書類

ロ　登録申請者の略歴を記載した書類

二　法人である場合においては，次に掲げる書類

イ　定款及び登記事項証明書

ロ　株主名簿又は社員名簿の写し

ハ　申請に係る意思の決定を証する書類

ニ　役員（持分会社（会社法（平成17年法律第86号）第575条第1項に規定する
持分会社をいう。）にあっては，業務を執行する社員をいう。以下この章にお
いて同じ。）の氏名及び略歴を記載した書類

三　試験委員のうち，第17条の21第1項第二号イからハまでのいずれかに該当する
者にあっては，その資格等を有することを証する書類

四　登録試験事務以外の業務を行おうとするときは，その業務の種類及び概要を記
載した書類

五　登録申請者が次条各号のいずれにも該当しない者であることを誓約する書面

六　その他参考となる事項を記載した書類

【欠格条項】

第17条の20　次の各号のいずれかに該当する者が行う試験は，第17条の18第一号イ又

はロの登録を受けることができない。

一　法の規定に違反し，罰金以上の刑に処せられ，その執行を終わり，又は執行を受けることがなくなった日から起算して 2 年を経過しない者

二　第17条の30の規定により第17条の18第一号イ又はロの登録を取り消され，その取消しの日から起算して 2 年を経過しない者

三　法人であって，登録試験事務を行う役員のうちに前 2 号のいずれかに該当する者があるもの

【登録の要件等】

第17条の21　国土交通大臣は，第17条の19の規定による登録の申請が次に掲げる要件のすべてに適合しているときは，その登録をしなければならない。

一　第17条の18第一号イの登録を受けようとする場合にあっては第17条の23第一号の表(1)項(い)欄に掲げる科目について学科の試験が，第17条の18第一号ロの登録を受けようとする場合にあっては同表(2)項(い)欄に掲げる科目について設計製図の試験が行われるものであること。

二　次のいずれかに該当する者を 2 名以上含む10名以上によって構成される合議制の機関により試験問題の作成及び合否判定が行われるものであること。

イ　建築設備士

ロ　学校教育法による大学若しくはこれに相当する外国の学校において建築学，機械工学，電気工学，衛生工学その他の登録試験事務に関する科目を担当する教授若しくは准教授の職にあり，若しくはこれらの職にあった者又は建築学，機械工学，電気工学，衛生工学その他の登録試験事務に関する科目の研究により博士の学位を授与された者

ハ　イ又はロに掲げる者と同等以上の能力を有する者

三　建築士事務所の開設者に支配されているものとして次のいずれかに該当するものでないこと。

イ　登録申請者が株式会社である場合にあっては，建築士事務所の開設者が当該株式会社の総株主の議決権の1/2を超える議決権を保有している者（当該建築士事務所の開設者が法人である場合にあっては，その親法人（会社法第879条第 1 項に規定する親法人をいう。）であること。

ロ　登録申請者の役員に占める建築士事務所の開設者の役員又は職員（過去 2 年間に当該建築士事務所の開設者の役員又は職員であった者を含む。）の割合が1/2を超えていること。

ハ　登録申請者（法人にあっては，その代表権を有する役員）が建築士事務所の開設者（法人にあっては，その役員又は職員（過去 2 年間に当該建築士事務所の開設者の役員又は職員であった者を含む。））であること。

2　第17条の18第一号イ又はロの登録は，登録試験登録簿に次に掲げる事項を記載してするものとする。

一　登録年月日及び登録番号

二　登録試験事務を行う者（以下「登録試験実施機関」という。）の氏名又は名称

及び住所並びに法人にあっては，その代表者の氏名

三　登録試験事務を行う事務所の名称及び所在地

四　登録試験事務を開始する年月日

【登録の更新】

第17条の22　第17条の18第一号イ又はロの登録は，5年ごとにその更新を受けなければ，その期間の経過によって，その効力を失う。

2　前3条の規定は，前項の登録の更新について準用する。

【登録試験事務の実施に係る義務】

第17条の23　登録試験実施機関は，公正に，かつ，第17条の21第1項第一号及び第二号に掲げる要件並びに次に掲げる基準に適合する方法により登録試験事務を行わなければならない。

一　登録学科試験にあっては次の表(1)項(い)欄に掲げる科目に応じ，それぞれ同項(ろ)欄に掲げる内容について，同項(は)欄に掲げる時間を標準として，登録設計製図試験にあっては同表(2)項(い)欄に掲げる科目に応じ，それぞれ同項(ろ)欄に掲げる内容について，同項(は)欄に掲げる時間を標準として試験を行うこと。

		(い)	(ろ)	(は)
		科　　目	内　　容	時　間
(1)	一	建築一般知識に関する科目	建築計画，環境工学，構造力学，建築一般構造，建築材料及び建築施工に関する事項	6時間
	二	建築法規に関する科目	建築士法，建築基準法その他の関係法規に関する事項	
	三	建築設備に関する科目	建築設備設計計画及び建築設備施工に関する事項	
(2)	一	建築設備基本計画に関する科目	建築設備に係る基本計画の作成に関する事項	5時間30分
	二	建築設備基本設計製図に関する科目	空気調和設備及び換気設備，給水設備及び排水設備又は電気設備のうち受験者の選択する1つの建築設備に係る設計製図の作成に関する事項	

二　登録学科試験又は登録設計製図試験（以下この章において「試験」という。）を実施する日時，場所その他試験の実施に関し必要な事項を公示すること。

三　試験に関する不正行為を防止するための措置を講じること。

四　終了した試験の問題及び当該試験の合格基準を公表すること。

五　試験に合格した者に対し，合格証書及び第4号の3書式による合格証明書（以下単に「合格証明書」という。）を交付すること。

六　試験に備えるための講義，講習，公開模擬学力試験その他の学力の教授に関する業務を行わないこと。

【登録事項の変更の届出】

第17条の24　登録試験実施機関は，第17条の21第2項第二号から第四号までに掲げる事項を変更しようとするときは，変更しようとする日の2週間前までに，その旨を国土交通大臣に届け出なければならない。

【登録試験事務規程】

第17条の25　登録試験実施機関は，次に掲げる事項を記載した登録試験事務に関する規程を定め，登録試験事務の開始前に，国土交通大臣に届け出なければならない。これを変更しようとするときも，同様とする。

一　登録試験事務を行う時間及び休日に関する事項

二　登録試験事務を行う事務所及び試験地に関する事項

三　試験の日程，公示方法その他の登録試験事務の実施の方法に関する事項

四　試験の受験の申込みに関する事項

五　試験の受験手数料の額及び収納の方法に関する事項

六　試験委員の選任及び解任に関する事項

七　試験の問題の作成及び試験の合否判定の方法に関する事項

八　終了した試験の問題及び当該試験の合格基準の公表に関する事項

九　試験の合格証書及び合格証明書の交付並びに合格証明書の再交付に関する事項

十　登録試験事務に関する秘密の保持に関する事項

十一　登録試験事務に関する公正の確保に関する事項

十二　不正受験者の処分に関する事項

十三　第17条の31第3項の帳簿その他の登録試験事務に関する書類の管理に関する事項

十四　その他登録試験事務に関し必要な事項

【登録試験事務の休廃止】

第17条の26　登録試験実施機関は，登録試験事務の全部又は一部を休止し，又は廃止しようとするときは，あらかじめ，次に掲げる事項を記載した届出書を国土交通大臣に提出しなければならない。

一　休止し，又は廃止しようとする登録試験事務の範囲

二　休止し，又は廃止しようとする年月日及び休止しようとする場合にあっては，その期間

三　休止又は廃止の理由

【財務諸表等の備付け及び閲覧等】

第17条の27　登録試験実施機関は，毎事業年度経過後3月以内に，その事業年度の財産目録，貸借対照表及び損益計算書又は収支計算書並びに事業報告書（その作成に代えて電磁的記録（電子的方式，磁気的方式その他の人の知覚によっては認識することができない方式で作られる記録であって，電子計算機による情報処理の用に供されるものをいう。以下この条において同じ。）の作成がされている場合における当該電磁的記録を含む。次項において「財務諸表等」という。）を作成し，5年間事務所に備えて置かなければならない。

2 試験を受験しようとする者その他の利害関係人は，登録試験実施機関の業務時間内は，いつでも，次に掲げる請求をすることができる。ただし，第二号又は第四号の請求をするには，登録試験実施機関の定めた費用を支払わなければならない。

一 財務諸表等が書面をもって作成されているときは，当該書面の閲覧又は謄写の請求

二 前号の書面の謄本又は抄本の請求

三 財務諸表等が電磁的記録をもって作成されているときは，当該電磁的記録に記録された事項を紙面又は出力装置の映像面に表示したものの閲覧又は謄写の請求

四 前号の電磁的記録に記録された事項を電磁的方法であって，次に掲げるもののうち登録試験実施機関が定めるものにより提供することの請求又は当該事項を記載した書面の交付の請求

イ 送信者の使用に係る電子計算機と受信者の使用に係る電子計算機とを電気通信回線で接続した電子情報処理組織を使用する方法であって，当該電気通信回線を通じて情報が送信され，受信者の使用に係る電子計算機に備えられたファイルに当該情報が記録されるもの

ロ 磁気ディスク等をもって調製するファイルに情報を記録したものを交付する方法

3 前項第四号イ又はロに掲げる方法は，受信者がファイルへの記録を出力することによる書面を作成することができるものでなければならない。

【適合命令】

第17条の28 国土交通大臣は，登録試験実施機関が第17条の21第1項の規定に適合しなくなったと認めるときは，その登録試験実施機関に対し，同項の規定に適合するため必要な措置をとるべきことを命ずることができる。

【改善命令】

第17条の29 国土交通大臣は，登録試験実施機関が第17条の23の規定に違反していると認めるときは，その登録試験実施機関に対し，同条の規定による登録試験事務を行うべきこと又は登録試験事務の方法その他の業務の方法の改善に関し必要な措置をとるべきことを命ずることができる。

【登録の取消し等】

第17条の30 国土交通大臣は，登録試験実施機関が次の各号のいずれかに該当するときは，当該登録試験実施機関が行う試験の登録を取り消し，又は期間を定めて登録試験事務の全部若しくは一部の停止を命じることができる。

一 第17条の20第一号又は第三号に該当するに至ったとき。

二 第17条の24から第17条の26まで，第17条の27第1項又は次条の規定に違反したとき。

三 正当な理由がないのに第17条の27第2項各号の規定による請求を拒んだとき。

四 前2条の規定による命令に違反したとき。

五 第17条の33の規定による報告を求められて，報告をせず，又は虚偽の報告をしたとき。

六　不正の手段により第17条の18第一号イ又はロの登録を受けたとき。
　【帳簿の記載等】
第17条の31　登録試験実施機関は，次に掲げる事項を記載した帳簿を備えなければならない。
一　試験年月日
二　試験地
三　受験者の受験番号，氏名，生年月日及び合否の別
四　合格年月日
2　前項各号に掲げる事項が，電子計算機に備えられたファイル又は磁気ディスク等に記録され，必要に応じ登録試験実施機関において電子計算機その他の機器を用いて明確に紙面に表示されるときは，当該記録をもって同項に規定する帳簿への記載に代えることができる。
3　登録試験実施機関は，第1項に規定する帳簿（前項の規定による記録が行われた同項のファイル又は磁気ディスク等を含む。）を，登録試験事務の全部を廃止するまで保存しなければならない。
4　登録試験実施機関は，次に掲げる書類を備え，試験を実施した日から3年間保存しなければならない。
一　試験の受験申込書及び添付書類
二　終了した試験の問題及び答案用紙
　【国土交通大臣による試験の実施等】
第17条の32　国土交通大臣は，試験を行う者がいないとき，第17条の26の規定による登録試験事務の全部又は一部の休止又は廃止の届出があったとき，第17条の30の規定により第17条の18第一号イ若しくはロの登録を取り消し，又は登録試験実施機関に対し登録試験事務の全部若しくは一部の停止を命じたとき，又は登録試験実施機関が天災その他の事由により登録試験事務の全部又は一部を実施することが困難となったとき，その他必要があると認めるときは，登録試験事務の全部又は一部を自ら行うことができる。
2　国土交通大臣が前項の規定により登録試験事務の全部又は一部を自ら行う場合には，登録試験実施機関は，次に掲げる事項を行わなければならない。
一　登録試験事務を国土交通大臣に引き継ぐこと。
二　前条第3項の帳簿その他の登録試験事務に関する書類を国土交通大臣に引き継ぐこと。
三　その他国土交通大臣が必要と認める事項
　【報告の徴収】
第17条の33　国土交通大臣は，登録試験事務の適切な実施を確保するため必要があると認めるときは，登録試験実施機関に対し，登録試験事務の状況に関し必要な報告を求めることができる。
　【公　示】
第17条の34　国土交通大臣は，次に掲げる場合には，その旨を官報に公示しなければ

ならない。
一 第17条の18第一号イ又はロの登録をしたとき。
二 第17条の24の規定による届出があったとき。
三 第17条の26の規定による届出があったとき。
四 第17条の30の規定により第17条の18第一号イ又はロの登録を取り消し，又は登
　録試験事務の停止を命じたとき。
五 第17条の32の規定により登録試験事務の全部若しくは一部を自ら行うこととす
　るとき，又は自ら行っていた登録試験事務の全部若しくは一部を行わないことと
　するとき。

【登 録】
第17条の35 建築設備士として業務を行う者は，建築設備士を対象とする登録であっ
　て，建築設備士の資格を有することを証明するものとして国土交通大臣が指定する
　ものを受けることができる。
2 前項の規定による登録の指定は，次に掲げる基準に適合すると認められる者が実
　施する登録について行う。
一 職員，登録の実施の方法その他の事項についての登録の実施に関する計画が登
　録の適正かつ確実な実施のために適切なものであること。
二 前号の登録の実施に関する計画を適正かつ確実に実施するに足りる経理的基礎
　及び技術的能力があること。
三 登録以外の業務を行っている場合には，その業務を行うことによって登録が不
　公正になるおそれがないこと。
3 第1項の規定による指定を受けた登録を実施する者の名称及び主たる事務所の所
　在地並びに登録の名称は，次のとおりとする。

登 録 を 実 施 す る 者		登録の名称
名　　　称	主たる事務所の所在地	
一般社団法人建築設備技術者協会	東京都港区新橋6丁目9番6号	建築設備士登録

第2章の4　定期講習

【定期講習の受講期間】
第17条の36 法第22条の2の国土交通省令で定める期間は，法第22条の2各号に掲げ
　る建築士が同条各号に規定する講習のうち直近のものを受けた日の属する年度の翌
　年度の開始の日から起算して3年とする。
第17条の37 次の表の左欄に掲げる講習について，同表の中欄に掲げる一級建築士
　は，前条の規定にかかわらず，それぞれ同表の右欄に定めるところにより講習を受
　けなければならない。

一 一級建築士定期講習	イ 一級建築士試験に合格した日の属する年度の翌年度の開始の日から起算して3年以内に建築士事務所に所属した一級建築士であって，一級建築士定期講習を受けたことがない者	当該建築士試験に合格した日の属する年度の翌年度の開始の日から起算して3年以内
	ロ 一級建築士試験に合格した日の属する年度の翌年度の開始の日から起算して3年を超えた日以降に建築士事務所に所属した一級建築士であって，一級建築士定期講習を受けたことがない者	遅滞なく
	ハ 一級建築士であって，建築士事務所に所属しなくなった後，当該者が受けた一級建築士定期講習のうち直近のものを受けた日の属する年度の翌年度の開始の日から起算して3年を超えた日以降に建築士事務所に所属した者	遅滞なく
二 構造設計一級建築士定期講習	法第10条の3第1項の構造設計一級建築士証の交付を受けた者であって，構造設計一級建築士定期講習を受けたことがない者	法第10条の3第1項第一号に規定する講習を修了した日の属する年度の翌年度の開始の日から起算して3年以内
三 設備設計一級建築士定期講習	法第10条の3第2項の設備設計一級建築士証の交付を受けた者であって，設備設計一級建築士定期講習を受けたことがない者	法第10条の3第2項第一号に規定する講習を修了した日の属する年度の翌年度の開始の日から起算して3年以内

2 前項の規定（表第二号及び第三号を除く。）は，二級建築士について準用する。この場合において，同項中「一級建築士」とあるのは「二級建築士」と読み替えるものとする。

3 第1項の規定（表第二号及び第三号を除く。）は，木造建築士について準用する。この場合において，同項中「一級建築士」とあるのは「木造建築士」と読み替えるものとする。

4 法第22条の2の規定により同条第二号又は第三号に掲げる講習を受けなければならない建築士であって，同条第一号に掲げる講習を受けた者は，同条第二号又は第三号に掲げる講習を受けたものとみなす。

5 法第22条の2の規定により同条第三号に掲げる講習を受けなければならない建築士（第4項に掲げる者を除く。）であって，同条第二号に掲げる講習を受けた者は，同条第三号に掲げる講習を受けたものとみなす。

第2章の5 設計受託契約等

【延べ面積が300m²を超える建築物に係る契約の内容】
第17条の38 法第22条の3の3第1項第六号に規定する国土交通省令で定める事項

は，次に掲げるものとする。

一　建築士事務所の名称及び所在地並びに当該建築士事務所の一級建築士事務所，二級建築士事務所又は木造建築士事務所の別

二　建築士事務所の開設者の氏名（当該建築士事務所の開設者が法人である場合にあっては，当該開設者の名称及びその代表者の氏名）

三　設計受託契約又は工事監理受託契約の対象となる建築物の概要

四　業務に従事することとなる建築士の登録番号

五　業務に従事することとなる建築設備士がいる場合にあっては，その氏名

六　設計又は工事監理の一部を委託する場合にあっては，当該委託に係る設計又は工事監理の概要並びに受託者の氏名又は名称及び当該受託者に係る建築士事務所の名称及び所在地

七　設計又は工事監理の実施の期間

八　第三号から第六号までに掲げるもののほか，設計又は工事監理の種類，内容及び方法

【延べ面積が300m²を超える建築物に係る契約に係る書面の交付に係る情報通信の技術を利用する方法】

第17条の39　法第22条の3の3第4項の国土交通省令で定める方法は，次に掲げるものとする。

一　電子情報処理組織を使用する方法のうちイ又はロに掲げるもの

　イ　設計受託契約又は工事監理受託契約の当事者の使用に係る電子計算機と契約の相手方の使用に係る電子計算機とを接続する電気通信回線を通じて送信し，受信者の使用に係る電子計算機に備えられたファイルに記録する方法

　ロ　設計受託契約又は工事監理受託契約の当事者の使用に係る電子計算機に備えられたファイルに記録された書面に記載すべき事項を電気通信回線を通じて契約の相手方の閲覧に供し，当該契約の相手方の使用に係る電子計算機に備えられたファイルに当該書面に記載すべき事項を記録する方法

二　磁気ディスク等をもって調製するファイルに書面に記載すべき事項を記録したものを交付する方法

2　前項各号に掲げる方法は，次に掲げる基準に適合するものでなければならない。

一　契約の相手方がファイルへの記録を出力することにより書面を作成することができるものであること。

二　ファイルに記録された書面に記載すべき事項について，改変が行われていないかどうかを確認することができる措置を講じていること。

三　前項第一号ロに掲げる措置にあっては，書面に記載すべき事項を設計受託契約又は工事監理受託契約の当事者の使用に係る電子計算機に備えられたファイルに記録する旨又は記録した旨を契約の相手方に対し通知するものであること。ただし，当該契約の相手方が当該書面に記載すべき事項を閲覧していたことを確認したときはこの限りではない。

3　第1項第一号の「電子情報処理組織」とは，設計受託契約又は工事監理受託契約

の当事者の使用に係る電子計算機と，契約の相手方の使用に係る電子計算機とを電気通信回線で接続した電子情報処理組織をいう。

【延べ面積が300m²を超える建築物に係る契約に係る書面の交付に係る電磁的方法の種類及び方法】

第17条の40　令第8条第1項の規定により示すべき電磁的方法の種類及び内容は，次に掲げる事項とする。

　一　前条第1項各号に規定する方法のうち設計受託契約又は工事監理受託契約の当事者が使用するもの

　二　ファイルへの記録の方式

【延べ面積が300m²を超える建築物に係る契約に係る書面の交付に係る情報通信の技術を利用した承諾の取得】

第17条の41　令第8条第1項において準用する令第7条第1項の国土交通省令で定める方法は，次に掲げるものとする。

　一　電子情報処理組織を使用する方法のうちイ又はロに掲げるもの

　　イ　契約の相手方の使用に係る電子計算機から電気通信回線を通じて設計受託契約又は工事監理受託契約の当事者の使用に係る電子計算機に令第8条第1項において準用する令第7条第1項の承諾又は令第8条第1項において準用する令第7条第2項の申出（以下この項において「承諾等」という。）をする旨を送信し，当該電子計算機に備えられたファイルに記録する方法

　　ロ　設計受託契約又は工事監理受託契約の当事者の使用に係る電子計算機に備えられたファイルに記録された前条に規定する電磁的方法の種類及び内容を電気通信回線を通じて契約の相手方の閲覧に供し，当該電子計算機に備えられたファイルに承諾等をする旨を記録する方法

　二　磁気ディスク等をもって調製するファイルに承諾等をする旨を記録したものを交付する方法

2　前項各号に掲げる方法は，設計受託契約又は工事監理受託契約の当事者がファイルへの記録を出力することにより書面を作成することができるものでなければならない。

3　第1項第一号の「電子情報処理組織」とは，設計受託契約又は工事監理受託契約の当事者の使用に係る電子計算機と，契約の相手方の使用に係る電子計算機とを電気通信回線で接続した電子情報処理組織をいう。

第3章　建築士事務所

【更新の登録の申請】

第18条　法第23条第3項の規定により更新の登録を受けようとする者は，有効期間満了の日前30日までに登録申請書を提出しなければならない。

【添付書類】

第19条　法第23条第1項又は第3項の規定により建築士事務所について登録を受けよ

うとする者（以下「登録申請者」という。）は，法第23条の2の登録申請書の正本
及び副本にそれぞれ次に掲げる書類を添付しなければならない。
一 建築士事務所が行った業務の概要を記載した書類
二 登録申請者（法人である場合には，その代表者をいう。以下この号において同
じ。）及び建築士事務所を管理する建築士（以下「管理建築士」という。）略歴を
記載した書類（登録申請者が管理建築士を兼ねているときは，登録申請者の略歴
を記載した書類とする。）
三 管理建築士が受講した法第24条第2項に規定する講習の修了証の写し
四 法第23条の4第1項各号及び第2項各号に関する登録申請者の誓約書
五 登録申請者が法人である場合には，定款及び登記事項証明書

【登録申請書等の書式】
第20条 登録申請書及び前条の添付書類（同条第四号に掲げる書類を除く。）は，そ
れぞれ第5号書式及び第6号書式によらなければならない。

【登録事項】
第20条の2 法第23条の3第1項に規定する国土交通省令で定める事項は，法第26条
第1項又は第2項に規定による取消し，戒告又は閉鎖の処分（当該処分を受けた日
から5年を経過したものを除く。）及びこれらを受けた年月日並びに建築士事務所
に属する建築士の登録番号とする。

2 都道府県知事は，法第23条の3第1項の規定による登録をした後において，法第
26条第2項の規定による戒告又は閉鎖の処分をしたときは，当該処分及びこれらを
受けた年月日を法第23条の3第1項に規定する登録簿（次項において単に「登録
簿」という。）に登録しなければならない。

3 指定事務所登録機関が法第26条の3第1項に規定する事務所登録等事務を行う場
合において，建築士法に基づく中央指定登録機関等に関する省令第21条に規定する
通知を受けたときは，同条第三号に掲げる事項を登録簿に登録しなければならな
い。

【心身の故障により建築士事務所の業務を適正に行うことができない者】
第20条の2の2 法第23条の4第六号の国土交通省令で定める者は，精神の機能の障
害により建築士事務所の業務を適正に行うに当たって必要な認知，判断及び意思疎
通を適切に行うことができない者とする。

【設計等の業務に関する報告書】
第20条の3 法第23条の6第四号に規定する国土交通省令で定める事項は，次のとお
りとする。
一 当該建築士事務所に属する建築士の一級建築士，二級建築士又は木造建築士の
別，その者の登録番号及びその者が受けた法第22条の2第一号から第三号までに
定める講習のうち直近のものを受けた年月日並びにその者が管理建築士である場
合にあっては，その旨
二 当該建築士事務所に属する一級建築士が構造設計一級建築士又は設備設計一級
建築士である場合にあっては，その旨，その者の構造設計一級建築士証又は設備

設計一級建築士証の交付番号並びにその者が受けた法第22条の2第四号及び第五号に定める講習のうちそれぞれ直近のものを受けた年月日

三　当該事業年度において法第24条第4項の規定により意見が述べられたときは，当該意見の概要

2　法第23条の6に規定する設計等の業務に関する報告書は，第6号の2書式によるものとする。

3　法第23条の6各号に掲げる事項が，電子計算機に備えられたファイル又は磁気ディスク等に記録され，必要に応じ電子計算機その他の機器を用いて明確に紙面に表示されるときは，当該記録をもって同条に規定する設計等の業務に関する報告書への記載に代えることができる。

4　都道府県知事は，法第23条の6に規定する設計等の業務に関する報告書（前項の規定による記録が行われた同項のファイル又は磁気ディスク等を含む。）を，その提出を受けた日から起算して5年間保存しなければならない。

【管理建築士の業務要件】

第20条の4　法第24条第2項の国土交通省令で定める業務は，次に掲げるものとする。

一　建築物の設計に関する業務

二　建築物の工事監理に関する業務

三　建築工事契約に関する事務に関する業務

四　建築工事の指導監督に関する業務

五　建築物に関する調査又は鑑定に関する業務

六　建築物の建築に関する法令又は条例の規定に基づく手続の代理に関する業務

2　前項各号に掲げる業務に従事したそれぞれの期間は通算することができる。

【帳簿の備付け等及び図書の保存】

第21条　法第24条の4第1項に規定する国土交通省令で定める事項は，次のとおりとする。

一　契約の年月日

二　契約の相手方の氏名又は名称

三　業務の種類及びその概要

四　業務の終了の年月日

五　報酬の額

六　業務に従事した建築士及び建築設備士の氏名

七　業務の一部を委託した場合にあっては，当該委託に係る業務の概要並びに受託者の氏名又は名称及び住所

八　法第24条第4項の規定により意見が述べられたときは，当該意見の概要

2　前項各号に掲げる事項が，電子計算機に備えられたファイル又は磁気ディスク等に記録され，必要に応じ当該建築士事務所において電子計算機その他の機器を用いて明確に紙面に表示されるときは，当該記録をもって法第24条の4第1項に規定する帳簿への記載に代えることができる。

3　建築士事務所の開設者は，法第24条の４第１項に規定する帳簿（前項の規定による記録が行われた同項のファイル又は磁気ディスク等を含む。）を各事業年度の末日をもって閉鎖するものとし，当該閉鎖をした日の翌日から起算して15年間当該帳簿（前項の規定による記録が行われた同項のファイル又は磁気ディスクを含む。）を保存しなければならない。

4　法第24条の４第２項に規定する建築士事務所の業務に関する図書で国土交通省令で定めるものは，建築士事務所に属する建築士が建築士事務所の業務として作成した図書（第三号ロにあっては，受領した図書）のうち次に掲げるものとする。

一　設計図書のうち次に掲げるもの

　　イ　配置図，各階平面図，２面以上の立面図，２面以上の断面図，基礎伏図，各階床伏図，小屋伏図及び構造詳細図

　　ロ　当該設計が建築基準法第６条第１項に規定する建築基準法令の規定に定めるところによる構造計算により安全性を確かめた建築物の設計である場合にあっては，当該構造計算に係る図書

　　ハ　当該設計が建築基準法施行令第46条第４項又は同令第47条第１項の規定の適用を受ける建築物の設計である場合にあっては当該各項の規定に，同令第80条の２又は建築基準法施行規則第８条の３の規定の適用を受ける建築物の設計である場合にあっては当該各条の技術的基準のうち国土交通大臣が定めるものに，それぞれ適合することを確認できる図書（イ及びロに掲げるものを除く。）

二　工事監理報告書

三　建築物のエネルギー消費性能の向上に関する法律（平成27年法律第53号）第27条第１項に規定する小規模建築物の建築に係る設計を行った場合にあっては，次のイ又はロに掲げる場合の区分に応じ，それぞれイ又はロに定める図書

　　イ　建築物のエネルギー消費性能の向上に関する法律第27条第１項の規定による評価及び説明を行った場合　　同項に規定する書面

　　ロ　建築物のエネルギー消費性能の向上に関する法律第27条第２項の意思の表明があった場合　　建築物のエネルギー消費性能の向上に関する法律施行規則（平成28年国土交通省令第５号）第21条の４に規定する書面

●関連［建築物のエネルギー消費性能の向上に関する法律］第27条第１項→p1095

5　建築士事務所の開設者は，法第24条の４第２項に規定する図書を作成した日から起算して15年間当該図書を保存しなければならない。

【標識の書式】

第22条　法第24条の５の規定により建築士事務所の開設者が掲げる標識は，第７号書式によるものとする。

【書類の閲覧】

第22条の２　法第24条の６第四号に規定する建築士事務所の業務及び財務に関する書類で国土交通省令で定めるものは，次に掲げる事項を記載した書類とする。

一　建築士事務所の名称及び所在地，当該建築士事務所の開設者の氏名（当該建築士事務所の開設者が法人である場合にあっては，当該開設者の名称及びその代表

者の氏名），当該建築士事務所の一級建築士事務所，二級建築士事務所又は木造建築士事務所の別並びに当該建築士事務所の登録番号及び登録の有効期間

二　建築士事務所に属する建築士の氏名，その者の一級建築士，二級建築士又は木造建築士の別，その者の登録番号及びその者が受けた法第22条の2第一号から第三号までに定める講習のうち直近のものを受けた年月日並びにその者が管理建築士である場合にあっては，その旨

三　建築士事務所に属する一級建築士が構造設計一級建築士又は設備設計一級建築士である場合にあっては，その旨，その者の構造設計一級建築士証又は設備設計一級建築士証の交付番号並びにその者が受けた法第22条の2第四号及び第五号に定める講習のうちそれぞれ直近のものを受けた年月日

2　建築士事務所の開設者は，法第24条の6第一号及び第二号に定める書類並びに前項各号に掲げる事項を記載した書類を，第7号の2書式により，事業年度ごとに当該事業年度経過後3月以内に作成し，遅滞なく建築士事務所ごとに備え置くものとする。

3　建築士事務所の開設者は，法第24条の6第三号に規定する措置を講じたときは，同号に定める書類を，遅滞なく作成し，建築士事務所ごとに備え置くものとする。当該措置の内容を変更したときも，同様とする。

4　前2項の書類に記載すべき事項が，電子計算機に備えられたファイル又は磁気ディスク等に記録され，必要に応じ当該建築士事務所において電子計算機その他の機器を用いて明確に紙面に表示されるときは，当該記録をもって同条に規定する書類に代えることができる。この場合における法第24条の6の規定による閲覧は，当該ファイル又は磁気ディスク等に記録されている事項を紙面又は入出力装置の映像面に表示する方法で行うものとする。

5　建築士事務所の開設者は，第2項の書類（前項の規定による記録が行われた同項のファイル又は磁気ディスク等を含む。）を，当該書類を備え置いた日から起算して3年を経過する日までの間，当該建築士事務所に備え置くものとする。

【重要事項説明】

第22条の2の2　法第24条の7第1項第六号に規定する国土交通省令で定める事項は，第17条の38第一号から第六号までに掲げる事項とする。

●関連［延べ面積が300m²を超える建築物に係る契約の内容］規則第17条の38→p679

【重要事項説明に係る書面の交付に係る情報通信の技術を利用する方法】

第22条の2の3　法第24条の7第3項の国土交通省令で定める方法は，次に掲げるものとする。

一　電子情報処理組織を使用する方法のうちイ又はロに掲げるもの

イ　管理建築士等の使用に係る電子計算機と建築主の使用に係る電子計算機とを接続する電気通信回線を通じて送信し，受信者の使用に係る電子計算機に備えられたファイルに記録する方法

ロ　管理建築士等の使用に係る電子計算機に備えられたファイルに記録された書面に記載すべき事項を電気通信回線を通じて建築主の閲覧に供し，当該建築主

の使用に係る電子計算機に備えられたファイルに当該書面に記載すべき事項を
記録する方法
二　磁気ディスク等をもって調製するファイルに書面に記載すべき事項を記録した
ものを交付する方法

2　前項各号に掲げる方法は，次に掲げる基準に適合するものでなければならない。
一　建築主がファイルへの記録を出力することによる書面を作成することができる
ものであること。
二　ファイルに記録された書面に記載すべき事項について，改変を防止するための
措置を講じていること。
三　前項第一号ロに掲げる措置にあっては，書面に記載すべき事項を管理建築士等
の使用に係る電子計算機に備えられたファイルに記録する旨又は記録した旨を建
築主に対し通知するものであること。ただし，当該建築主が当該書面に記載すべ
き事項を閲覧していたことを確認したときはこの限りではない。

3　第1項第一号の「電子情報処理組織」とは，管理建築士等の使用に係る電子計算
機と，建築主の使用に係る電子計算機とを電気通信回線で接続した電子情報処理組
織をいう。

【重要事項説明に係る書面の交付に係る電磁的方法の種類及び方法】
第22条の2の4　令第8条第2項において準用する令第7条第1項の規定により示す
べき電磁的方法の種類及び内容は，次に掲げる事項とする。
一　前条第1項各号に規定する方法のうち管理建築士等が使用するもの
二　ファイルへの記録の方式

【重要事項説明に係る書面の交付に係る情報通信の技術を利用した承諾の取得】
第22条の2の5　令第8条第2項において準用する令第7条第1項の国土交通省令で
定める方法は，次に掲げるものとする。
一　電子情報処理組織を使用する方法のうちイ又はロに掲げるもの
イ　建築主の使用に係る電子計算機から電気通信回線を通じて管理建築士等の使
用に係る電子計算機に令第8条第2項において準用する令第7条第1項の承諾
又は令第8条第2項において準用する令第7条第2項の申出（以下この項にお
いて「承諾等」という。）をする旨を送信し，当該電子計算機に備えられたフ
ァイルに記録する方法
ロ　管理建築士等の使用に係る電子計算機に備えられたファイルに記録された前
条に規定する電磁的方法の種類及び内容を電気通信回線を通じて建築主の閲覧
に供し，当該電子計算機に備えられたファイルに承諾等をする旨を記録する方
法
二　磁気ディスク等をもって調製するファイルに承諾等をする旨を記録したものを
交付する方法

2　前項各号に掲げる方法は，管理建築士等がファイルへの記録を出力することによ
り書面を作成することができるものでなければならない。

3　第1項第一号の「電子情報処理組織」とは，管理建築士等の使用に係る電子計算

機と，建築主の使用に係る電子計算機とを電気通信回線で接続した電子情報処理組織をいう。

【書面の交付】

第22条の3　法第24条の8第1項第二号に規定する国土交通省令で定める事項は，次のとおりとする。

一　契約の年月日

二　契約の相手方の氏名又は名称

2　建築士事務所の開設者は，法第24条の8第1項に規定する書面を作成したときは，当該書面に記名押印又は署名をしなければならない。

【書面の交付に係る情報通信の技術を利用する方法】

第22条の4　法第24条の8第2項の国土交通省令で定める方法は，次に掲げるものとする。

一　電子情報処理組織を使用する方法のうちイ又はロに掲げるもの

　イ　建築士事務所の開設者の使用に係る電子計算機と委託者の使用に係る電子計算機とを接続する電気通信回線を通じて送信し，受信者の使用に係る電子計算機に備えられたファイルに記録する方法

　ロ　建築士事務所の開設者の使用に係る電子計算機に備えられたファイルに記録された書面に記載すべき事項を電気通信回線を通じて委託者の閲覧に供し，当該委託者の使用に係る電子計算機に備えられたファイルに当該書面に記載すべき事項を記録する方法

二　磁気ディスク等をもって調製するファイルに書面に記載すべき事項を記録したものを交付する方法

2　前項各号に掲げる方法は，次に掲げる基準に適合するものでなければならない。

一　委託者がファイルへの記録を出力することにより書面を作成することができるものであること。

二　ファイルに記録された書面に記載すべき事項について，改変が行われていないかどうかを確認することができる措置を講じていること。

三　前項第一号ロに掲げる措置にあっては，書面に記載すべき事項を建築士事務所の開設者の使用に係る電子計算機に備えられたファイルに記録する旨又は記録した旨を委託者に対し通知するものであること。ただし，当該委託者が当該書面に記載すべき事項を閲覧していたことを確認したときはこの限りではない。

3　第1項第一号の「電子情報処理組織」とは，建築士事務所の開設者の使用に係る電子計算機と，委託者の使用に係る電子計算機とを電気通信回線で接続した電子情報処理組織をいう。

【書面の交付に係る電磁的方法の種類及び方法】

第22条の5　令第8条第3項において準用する令第7条第1項の規定により示すべき電磁的方法の種類及び内容は，次に掲げる事項とする。

一　前条第1項各号に規定する方法のうち建築士事務所の開設者が使用するもの

二　ファイルへの記録の方式

【書面の交付に係る情報通信の技術を利用した承諾の取得】

第22条の5の2　令第8条第3項において準用する令第7条第1項の国土交通省令で定める方法は、次に掲げるものとする。

一　電子情報処理組織を使用する方法のうちイ又はロに掲げるもの

イ　委託者の使用に係る電子計算機から電気通信回線を通じて建築士事務所の開設者の使用に係る電子計算機に令第8条第3項において準用する令第7条第1項の承諾又は令第8条第3項において準用する令第7条第2項の申出（以下この項において「承諾等」という。）をする旨を送信し、当該電子計算機に備えられたファイルに記録する方法

ロ　建築士事務所の開設者の使用に係る電子計算機に備えられたファイルに記録された前条に規定する電磁的方法の種類及び内容を電気通信回線を通じて委託者の閲覧に供し、当該電子計算機に備えられたファイルに承諾等をする旨を記録する方法

二　磁気ディスク等をもって調製するファイルに承諾等をする旨を記録したものを交付する方法

2　前項各号に掲げる方法は、建築士事務所の開設者がファイルへの記録を出力することにより書面を作成することができるものでなければならない。

3　第1項第一号の「電子情報処理組織」とは、建築士事務所の開設者の使用に係る電子計算機と、委託者の使用に係る電子計算機とを電気通信回線で接続した電子情報処理組織をいう。

第4章　雑　　則

【監督処分の公告】

第22条の6　法第26条第4項において準用する法第10条第5項の規定による公告は、次に掲げる事項について、都道府県の公報又はウェブサイトへの掲載その他の適切な方法で行うものとする。

一　監督処分をした年月日

二　監督処分を受けた建築士事務所の名称及び所在地、当該建築士事務所の開設者の氏名（当該建築士事務所の開設者が法人である場合にあっては、当該開設者の名称及びその代表者の氏名）、当該建築士事務所の一級建築士事務所、二級建築士事務所又は木造建築士事務所の別並びに当該建築士事務所の登録番号

三　監督処分の内容

四　監督処分の原因となった事実

【立入検査をする職員の証明書の書式】

第23条　法第10条の2第3項（法第26条の2第2項において準用する場合を含む。）に規定する証明書は、第8号書式によるものとする。

【権限の委任】

第24条　法及びこの省令に規定する国土交通大臣の権限のうち、次に掲げるものは、

地方整備局長及び北海道開発局長に委任する。ただし，第四号に掲げる権限については，国土交通大臣が自ら行うことを妨げない。

一　法第5条第2項の規定により一級建築士免許証を交付すること。

二　法第5条の2第1項又は第2項の規定による届出を受理すること。

二の二　法第8条の2の規定による届出（同条第二号に掲げる場合に該当する場合の届出にあっては，第6条第1項の規定による免許証の提出を含む。）を受理すること。

三　法第10条第1項の規定により戒告を与え，同条第2項の規定により聴聞を行い，同条第3項の規定により参考人の意見を聴き，及び同条第5項の規定により公告（同条第1項の規定により戒告を与えたときに係るものに限る。）すること。

四　法第10条の2第1項の規定により必要な報告を求め，立入検査させ，又は関係者に質問させること。

五　法第10条の3第3項の規定により構造設計一級建築士証又は設備設計一級建築士証を交付し，及び同条第5項の規定による受納をすること。

六　第1条の5第1項又は第2項の規定による免許の申請を受理すること。

七　第2条第2項の規定により免許申請書を返却すること。

八　第4条第1項の規定による届出を受理すること。

九　第4条の2第2項の規定による免許証の書換え交付の申請を受理し，及び同条第3項の規定により交付すること。

十　第5条第1項の規定による免許証の再交付の申請を受理し，同条第2項の規定により再交付し，及び同条第3項の規定による受納をすること。

十一　第6条第3項の規定による免許取消しの申請を受理し，同条第4項の規定による届出を受理し，及び同条第5項の規定による受納をすること。

十二　第9条の規定により免許証の提出を求め，かつ，これを領置すること。

十三　第9条の3第1項の規定による交付の申請を受理し，及び同条第4項の規定により交付申請書を返却すること。

十四　第9条の4第2項の規定による構造設計一級建築士証又は設備設計一級建築士証の書換え交付の申請を受理し，及び同条第3項の規定により交付すること。

十五　第9条の5第1項の規定による建築士証の再交付の申請を受理し，同条第2項の規定により再交付し，及び同条第3項の規定による受納をすること。

十六　第9条の6の規定により構造設計一級建築士証又は設備設計一級建築士証の提出を求め，かつ，これを領置すること。

　　附　則　（略）

建設業法［抄］

昭和 24 年 5 月 24 日［法律第 100 号］
最終改正─令和 4 年 6 月 17 日［法律第 68 号］

同法施行令［抄］

昭和 31 年 8 月 29 日［政令第 273 号］
最終改正─令和 4 年 12 月 23 日［政令第 393 号］

目　次

建設業法 ………………………………………………………………………693

第 1 章　総則（第 1 条・第 2 条）………………………………………693

第 2 章　建設業の許可 ………………………………………………693

　第 1 節　通則（第 3 条～第 4 条）……………………………………693

　第 2 節　一般建設業の許可（第 5 条～第14条）………………………694

　第 3 節　特定建設業の許可（第15条～第17条）………………………697

　第 4 節　承継（第17条の 2 ・第17条の 3 ）（略）

第 3 章　建設工事の請負契約 ………………………………………699

　第 1 節　通則（第18条～第24条）……………………………………699

　第 2 節　元請負人の義務（第24条の 2 ～第24条の 8 ）………………702

第 3 章の 2 　建設工事の請負契約に関する紛争の処理（第25条～第25条の26）……703

第 4 章　施工技術の確保（第25条の27～第27条の22）………………704

第 4 章の 2 　建設業者の経営に関する事項の審査（第27条の23～第27条の36）（略）

第 4 章の 3 　建設業者団体（第27条の37～第27条の40）（略）

第 5 章　監督（第28条～第32条）………………………………………707

第 6 章　中央建設業審議会等（第33条～第39条の 3 ）…………………709

第 7 章　雑則（第39条の 4 ～第44条の 3 ）……………………………710

第 8 章　罰則（第45条～第55条）（略）

附　則　（略）

別　表 ………………………………………………………………………711

建設業法施行令 …………………………………………………………712

建 設 業 法〔抄〕

昭和24年 5 月24日　法律第100号
最終改正　令和 4 年 6 月17日　法律第68号

第1章　総　　　則

【目　的】

第1条　この法律は，建設業を営む者の資質の向上，建設工事の請負契約の適正化等を図ることによって，建設工事の適正な施工を確保し，発注者を保護するとともに，建設業の健全な発達を促進し，もって公共の福祉の増進に寄与することを目的とする。

【定　義】

第2条　この法律において「建設工事」とは，土木建築に関する工事で別表第 1 *の左欄に掲げるものをいう。

●関連〔別表第 1 〕→p711

2　この法律において「建設業」とは，元請，下請その他いかなる名義をもってするかを問わず，建設工事の完成を請け負う営業をいう。

3　この法律において「建設業者」とは，第 3 条第 1 項の許可を受けて建設業を営む者をいう。

4　この法律において「下請契約」とは，建設工事を他の者から請け負った建設業を営む者と他の建設業を営む者との間で当該建設工事の全部又は一部について締結される請負契約をいう。

5　この法律において「発注者」とは，建設工事(他の者から請け負ったものを除く。)の注文者をいい，「元請負人」とは，下請契約における注文者で建設業者であるものをいい，「下請負人」とは，下請契約における請負人をいう。

第2章　建設業の許可

第1節　通　　　則

【建設業の許可】

第3条　建設業を営もうとする者は，次に掲げる区分により，この章で定めるところにより，2 以上の都道府県の区域内に営業所（本店又は支店若しくは**政令***¹で定めるこれに準ずるものをいう。以下同じ。）を設けて営業をしようとする場合にあっては国土交通大臣の，1 の都道府県の区域内にのみ営業所を設けて営業をしようとする場合にあっては当該営業所の所在地を管轄する都道府県知事の許可を受けなけ

ればならない。ただし，**政令**[*2]で定める軽微な建設工事のみを請け負うことを営業とする者は，この限りでない。

◆政令1［支店に準ずる営業所］令第1条　　　　　　　　　　　　　→p712
2［法第3条第1項ただし書の軽微な建設工事］令第1条の2→p712

一　建設業を営もうとする者であって，次号に掲げる者以外のもの

二　建設業を営もうとする者であって，その営業にあたって，その者が発注者から直接請け負う1件の建設工事につき，その工事の全部又は一部を，下請代金の額（その工事に係る下請契約が2以上あるときは，下請代金の額の総額）が**政令**で定める金額以上となる下請契約を締結して施工しようとするもの

◆政令［法第3条第1項第二号の金額］令第2条→p712

2　前項の許可は，別表第1[*]の左欄に掲げる建設工事の種類ごとに，それぞれ同表の右欄に掲げる建設業に分けて与えるものとする。

●関連［別表第1］→p711

3　第1項の許可は，5年ごとにその更新を受けなければ，その期間の経過によって，その効力を失う。

4　前項の更新の申請があった場合において，同項の期間（以下「許可の有効期間」という。）の満了の日までにその申請に対する処分がされないときは，従前の許可は，許可の有効期間の満了後もその処分がされるまでの間は，なおその効力を有する。

5　前項の場合において，許可の更新がされたときは，その許可の有効期間は，従前の許可の有効期間の満了の日の翌日から起算するものとする。

6　第1項第一号に掲げる者に係る同項の許可（第3項の許可の更新を含む。以下「一般建設業の許可」という。）を受けた者が，当該許可に係る建設業について，第1項第二号に掲げる者に係る同項の許可（第3項の許可の更新を含む。以下「特定建設業の許可」という。）を受けたときは，その者に対する当該建設業に係る一般建設業の許可は，その効力を失う。

【許可の条件】

第3条の2　国土交通大臣又は都道府県知事は，前条第1項の許可に条件を付し，及びこれを変更することができる。

2　前項の条件は，建設工事の適正な施工の確保及び発注者の保護を図るため必要な最小限度のものに限り，かつ，当該許可を受ける者に不当な義務を課することとならないものでなければならない。

【附帯工事】

第4条　建設業者は，許可を受けた建設業に係る建設工事を請け負う場合においては，当該建設工事に附帯する他の建設業に係る建設工事を請け負うことができる。

第2節　一般建設業の許可

【許可の申請】

第5条　一般建設業の許可（第8条第二号及び第三号を除き，以下この節において「許可」という。）を受けようとする者は，国土交通省令で定めるところにより，2以

上の都道府県の区域内に営業所を設けて営業をしようとする場合にあっては国土交通大臣に，1の都道府県の区域内にのみ営業所を設けて営業をしようとする場合にあっては当該営業所の所在地を管轄する都道府県知事に，次に掲げる事項を記載した許可申請書を提出しなければならない。

一　商号又は名称

二　営業所の名称及び所在地

三　法人である場合においては，その資本金額（出資総額を含む。第24条の6第1項において同じ。）及び役員等（業務を執行する社員，取締役，執行役若しくはこれらに準ずる者又は相談役，顧問その他いかなる名称を有する者であるかを問わず，法人に対し業務を執行する社員，取締役，執行役若しくはこれらに準ずる者と同等以上の支配力を有するものと認められる者をいう。以下同じ。）の氏名

四　個人である場合においては，その者の氏名及び支配人があるときは，その者の氏名

五　その営業所ごとに置かれる第7条第二号イ，ロ又はハに該当する者の氏名

六　許可を受けようとする建設業

七　他に営業を行っている場合においては，その営業の種類

【許可の基準】

第7条　国土交通大臣又は都道府県知事は，許可を受けようとする者が次に掲げる基準に適合していると認めるときでなければ，許可をしてはならない。

一　建設業に係る経営業務の管理を適正に行うに足りる能力を有するものとして国土交通省令で定める基準に適合する者であること。

二　その営業所ごとに，次のいずれかに該当する者で専任のものを置く者であること。

　　イ　許可を受けようとする建設業に係る建設工事に関し学校教育法（昭和22年法律第26号）による高等学校（旧中等学校令（昭和18年勅令第36号）による実業学校を含む。第26条の7第1項第二号ロにおいて同じ。）若しくは中等教育学校を卒業した後5年以上又は同法による大学（旧大学令（大正7年勅令第388号）による大学を含む。同号ロにおいて同じ。）若しくは高等専門学校（旧専門学校令（明治36年勅令第61号）による専門学校を含む。同号ロにおいて同じ。）を卒業した（同法による専門職大学の前期課程を修了した場合を含む。）後3年以上実務の経験を有する者で在学中に国土交通省令で定める学科を修めたもの

　　ロ　許可を受けようとする建設業に係る建設工事に関し10年以上実務の経験を有する者

　　ハ　国土交通大臣がイ又はロに掲げる者と同等以上の知識及び技術又は技能を有するものと認定した者

三　法人である場合においては当該法人又はその役員等若しくは**政令**で定める使用人が，個人である場合においてはその者又は**政令**で定める使用人が，請負契約に関して不正又は不誠実な行為をするおそれが明らかな者でないこと。

◆政令［使用人］令第3条→p712

四　請負契約（第3条第1項ただし書の**政令**で定める軽微な建設工事に係るものを
　　除く。）を履行するに足りる財産的基礎又は金銭的信用を有しないことが明らか
　　な者でないこと。

◆**政令**［法第3条第1項ただし書の軽微な建設工事］令第1条の2→p712

第8条　国土交通大臣又は都道府県知事は，許可を受けようとする者が次の各号のい
　ずれか（許可の更新を受けようとする者にあっては，第一号又は第七号から第十四
　号までのいずれか）に該当するとき，又は許可申請書若しくはその添付書類中に重
　要な事項について虚偽の記載があり，若しくは重要な事実の記載が欠けているとき
　は，許可をしてはならない。

一　破産手続開始の決定を受けて復権を得ない者
二　第29条第1項第七号又は第八号に該当することにより一般建設業の許可又は特
　　定建設業の許可を取り消され，その取消しの日から5年を経過しない者
三　第29条第1項第七号又は第八号に該当するとして一般建設業の許可又は特定建
　　設業の許可の取消しの処分に係る行政手続法（平成5年法律第88号）第15条の規
　　定による通知があった日から当該処分があった日又は処分をしないことの決定が
　　あった日までの間に第12条第五号に該当する旨の同条の規定による届出をした者
　　で当該届出の日から5年を経過しないもの
四　前号に規定する期間内に第12条第五号に該当する旨の同条の規定による届出が
　　あった場合において，前号の通知の日前60日以内に当該届出に係る法人の役員等
　　若しくは**政令**で定める使用人であった者又は当該届出に係る個人の政令で定める
　　使用人であった者で，当該届出の日から5年を経過しないもの

◆**政令**［使用人］令第3条→p712

五　第28条第3項又は第5項の規定により営業の停止を命ぜられ，その停止の期間
　　が経過しない者
六　許可を受けようとする建設業について第29条の4の規定により営業を禁止さ
　　れ，その禁止の期間が経過しない者
七　禁錮以上の刑に処せられ，その刑の執行を終わり，又はその刑の執行を受ける
　　ことがなくなった日から5年を経過しない者
八　この法律，建設工事の施工若しくは建設工事に従事する労働者の使用に関する
　　法令の規定で政令で定めるもの若しくは暴力団員による不当な行為の防止等に関
　　する法律（平成3年法律第77号）の規定（同法第32条の3第7項及び第32条の11
　　第1項の規定を除く。）に違反したことにより，又は刑法（明治40年法律第45号）
　　第204条，第206条，第208条，第208条の2，第222条若しくは第247条の罪若しく
　　は暴力行為等処罰に関する法律（大正15年法律第60号）の罪を犯したことにより，
　　罰金の刑に処せられ，その刑の執行を終わり，又はその刑の執行を受けることが
　　なくなった日から5年を経過しない者
九　暴力団員による不当な行為の防止等に関する法律第2条第六号に規定する暴力
　　団員又は同号に規定する暴力団員でなくなった日から5年を経過しない者（第十
　　四号において「暴力団員等」という。

十　心身の故障により建設業を適正に営むことができない者として国土交通省令で定めるもの

十一　営業に関し成年者と同一の能力を有しない未成年者でその法定代理人が前各号又は次号（法人でその役員等のうちに第一号から第四号まで又は第六号から前号までのいずれかに該当する者のあるものに係る部分に限る。）のいずれかに該当するもの

十二　法人でその役員等又は**政令**で定める使用人のうちに，第一号から第四号まで又は第六号から第十号までのいずれかに該当する者（第二号に該当する者についてはその者が第29条の規定により許可を取り消される以前から，第三号又は第四号に該当する者についてはその者が第12条第五号に該当する旨の同条の規定による届出がされる以前から，第六号に該当する者についてはその者が第29条の４の規定により営業を禁止される以前から，建設業者である当該法人の役員等又は政令で定める使用人であった者を除く。）のあるもの

◆政令［使用人］令第３条→p712

十三　個人で**政令**で定める使用人のうちに，第一号から第四号まで又は第六号から第十号までのいずれかに該当する者（第二号に該当する者についてはその者が第29条の規定により許可を取り消される以前から，第三号又は第四号に該当する者についてはその者が第12条第五号に該当する旨の同条の規定による届出がされる以前から，第六号に該当する者についてはその者が第29条の４の規定により営業を禁止される以前から，建設業者である当該個人の政令で定める使用人であった者を除く。）のあるもの

◆政令［使用人］令第３条→p712

十四　暴力団員等がその事業活動を支配する者

【提出書類の閲覧】

第13条　国土交通大臣又は都道府県知事は，政令の定めるところにより，次に掲げる書類又はこれらの写しを公衆の閲覧に供する閲覧所を設けなければならない。

一　第５条の許可申請書

二　第６条第１項に規定する書類（同項第一号から第四号までに掲げる書類であるものに限る。）

三　第11条第１項の変更届出書

四　第11条第２項に規定する第６条第１項第一号及び第二号に掲げる書類

五　第11条第３項に規定する第６条第１項第三号に掲げる書面の記載事項に変更が生じた旨の書面

六　前各号に掲げる書類以外の書類で国土交通省令で定めるもの

第３節　特定建設業の許可

【許可の基準】

第15条　国土交通大臣又は都道府県知事は，特定建設業の許可を受けようとする者が次に掲げる基準に適合していると認めるときでなければ，許可をしてはならない。

第15条 ●建設業法 [抄]

一　第７条第一号及び第三号に該当する者であること。

二　その営業所ごとに次のいずれかに該当する者で専任のものを置く者であること。ただし，施工技術（設計図書に従って建設工事を適正に実施するために必要な専門の知識及びその応用能力をいう。以下同じ。）の総合性，施工技術の普及状況その他の事情を考慮して**政令**で定める建設業（以下「指定建設業」という。）の許可を受けようとする者にあっては，その営業所ごとに置くべき専任の者は，イに該当する者又はハの規定により国土交通大臣がイに掲げる者と同等以上の能力を有するものと認定した者でなければならない。

◆**政令**［法第15条第二号ただし書の建設業］令第５条の２→p712

イ　第27条第１項の規定による技術検定その他の法令の規定による試験で許可を受けようとする建設業の種類に応じ国土交通大臣が定めるものに合格した者又は他の法令の規定による免許で許可を受けようとする建設業の種類に応じ国土交通大臣が定めるものを受けた者

ロ　第７条第二号イ，ロ又はハに該当する者のうち，許可を受けようとする建設業に係る建設工事で，発注者から直接請け負い，その請負代金の額が**政令**で定める金額以上であるものに関し２年以上指導監督的な実務の経験を有する者

◆**政令**［法第15条第二号ロの金額］令第５条の３→p713

ハ　国土交通大臣がイ又はロに掲げる者と同等以上の能力を有するものと認定した者

三　発注者との間の請負契約で，その請負代金の額が**政令**で定める金額以上であるものを履行するに足りる財産的基礎を有すること。

◆**政令**［法第15条第三号の金額］令第５条の４→p713

【下請契約の締結の制限】

第16条　特定建設業の許可を受けた者でなければ，その者が発注者から直接請け負った建設工事を施工するための次の各号の一に該当する下請契約を締結してはならない。

一　その下請契約に係る下請代金の額が，１件で，第３条第１項第二号の**政令**で定める金額以上である下請契約

◆**政令**［法第３条第１項第二号の金額］令第２条→p712

二　その下請契約を締結することにより，その下請契約及びすでに締結された当該建設工事を施工するための他のすべての下請契約に係る下請代金の額の総額が，第３条第１項第二号の**政令**で定める金額以上となる下請契約

◆**政令**［法第３条第１項第二号の金額］令第２条→p712

【準用規定】

第17条　第５条，第６条及び第８条から第14条までの規定は，特定建設業の許可及び特定建設業の許可を受けた者（以下「特定建設業者」という。）について準用する。この場合において，第５条第五号中「第７条第二号イ，ロ又はハ」とあるのは「第15条第二号イ，ロ又はハ」と，第６条第１項第五号中「次条第一号及び第二号」とあるのは「第７条第一号及び第15条第二号」と，第11条第４項中「第７条第二号イ，

ロ又はハ」とあるのは「第15条第二号イ，ロ又はハ」と，「同号ハ」とあるのは「同号イ，ロ若しくはハ」と，同条第5項中「第7条第一号若しくは第二号」とあるのは「第7条第一号若しくは第15条第二号」と読み替えるものとする。

第3章　建設工事の請負契約

第1節　通　　則

【建設工事の請負契約の原則】

第18条　建設工事の請負契約の当事者は，各々の対等な立場における合意に基いて公正な契約を締結し，信義に従って誠実にこれを履行しなければならない。

【建設工事の請負契約の内容】

第19条　建設工事の請負契約の当事者は，前条の趣旨に従って，契約の締結に際して次に掲げる事項を書面に記載し，署名又は記名押印をして相互に交付しなければならない。

一　工事内容

二　請負代金の額

三　工事着手の時期及び工事完成の時期

四　工事を施工しない日又は時間帯の定めをするときは，その内容

五　請負代金の全部又は一部の前金払又は出来形部分に対する支払の定めをするときは，その支払の時期及び方法

六　当事者の一方から設計変更又は工事着手の延期若しくは工事の全部若しくは一部の中止の申出があった場合における工期の変更，請負代金の額の変更又は損害の負担及びそれらの額の算定方法に関する定め

七　天災その他不可抗力による工期の変更又は損害の負担及びその額の算定方法に関する定め

八　価格等（物価統制令（昭和21年勅令第118号）第2条に規定する価格等をいう。）の変動若しくは変更に基づく請負代金の額又は工事内容の変更

九　工事の施工により第三者が損害を受けた場合における賠償金の負担に関する定め

十　注文者が工事に使用する資材を提供し，又は建設機械その他の機械を貸与するときは，その内容及び方法に関する定め

十一　注文者が工事の全部又は一部の完成を確認するための検査の時期及び方法並びに引渡しの時期

十二　工事完成後における請負代金の支払の時期及び方法

十三　工事の目的物が種類又は品質に関して契約の内容に適合しない場合におけるその不適合を担保すべき責任又は当該責任の履行に関して講ずべき保証保険契約の締結その他の措置に関する定めをするときは，その内容

十四　各当事者の履行の遅滞その他債務の不履行の場合における遅延利息，違約金そ

の他の損害金

十五　契約に関する紛争の解決方法

十六　その他国土交通省令で定める事項

2　請負契約の当事者は，請負契約の内容で前項に掲げる事項に該当するものを変更するときは，その変更の内容を書面に記載し，署名又は記名押印をして相互に交付しなければならない。

3　建設工事の請負契約の当事者は，前2項の規定による措置に代えて，政令で定めるところにより，当該契約の相手方の承諾を得て，電子情報処理組織を使用する方法その他の情報通信の技術を利用する方法であって，当該各項の規定による措置に準ずるものとして国土交通省令で定めるものを講ずることができる。この場合において，当該国土交通省令で定める措置を講じた者は，当該各項の規定による措置を講じたものとみなす。

【不当に低い請負代金の禁止】

第19条の3　注文者は，自己の取引上の地位を不当に利用して，その注文した建設工事を施工するために通常必要と認められる原価に満たない金額を請負代金の額とする請負契約を締結してはならない。

【不当な使用資材等の購入強制の禁止】

第19条の4　注文者は，請負契約の締結後，自己の取引上の地位を不当に利用して，その注文した建設工事に使用する資材若しくは機械器具又はこれらの購入先を指定し，これらを請負人に購入させて，その利益を害してはならない。

【著しく短い工期の禁止】

第19条の5　注文者は，その注文した建設工事を施工するために通常必要と認められる期間に比して著しく短い期間を工期とする請負契約を締結してはならない。

【建設工事の見積り等】

第20条　建設業者は，建設工事の請負契約を締結するに際して，工事内容に応じ，工事の種別ごとの材料費，労務費その他の経費の内訳並びに工事の工程ごとの作業及びその準備に必要な日数を明らかにして，建設工事の見積りを行うよう努めなければならない。

2　建設業者は，建設工事の注文者から請求があったときは，請負契約が成立するまでの間に，建設工事の見積書を交付しなければならない。

3　建設業者は，前項の規定による見積書の交付に代えて，**政令**で定めるところにより，建設工事の注文者の承諾を得て，当該見積書に記載すべき事項を電子情報処理組織を使用する方法その他の情報通信の技術を利用する方法であって国土交通省令で定めるものにより提供することができる。この場合において，当該建設業者は，当該見積書を交付したものとみなす。

◆政令［法第20条第3項の規定による承諾に関する手続等］令第5条の9→p713

4　建設工事の注文者は，請負契約の方法が随意契約による場合にあっては契約を締結するまでに，入札の方法により競争に付する場合にあっては入札を行うまでに，第19条第1項第一号及び第三号から第十六号までに掲げる事項について，できる限

り具体的な内容を提示し，かつ，当該提示から当該契約の締結又は入札までに，建設業者が当該建設工事の見積りをするために必要な**政令**で定める一定の期間を設けなければならない。

◆**政令**［建設工事の見積期間］令第6条→p713

【工期等に影響を及ぼす事象に関する情報の提供】

第20条の2　建設工事の注文者は，当該建設工事について，地盤の沈下その他の工期又は請負代金の額に影響を及ぼすものとして国土交通省令で定める事象が発生するおそれがあると認めるときは，請負契約を締結するまでに，建設業者に対して，その旨及び当該事象の状況の把握のため必要な情報を提供しなければならない。

【契約の保証】

第21条　建設工事の請負契約において請負代金の全部又は一部の前金払をする定がなされたときは，注文者は，建設業者に対して前金払をする前に，保証人を立てることを請求することができる。但し，公共工事の前払金保証事業に関する法律（昭和27年法律第184号）第2条第4項に規定する保証事業会社の保証に係る工事又は政令で定める軽微な工事については，この限りでない。

2　前項の請求を受けた建設業者は，次の各号の一に規定する保証人を立てなければならない。

一　建設業者の債務不履行の場合の遅延利息，違約金その他の損害金の支払の保証人

二　建設業者に代って自らその工事を完成することを保証する他の建設業者

3　建設業者が第1項の規定により保証人を立てることを請求された場合において，これを立てないときは，注文者は，契約の定にかかわらず，前金払をしないことができる。

【一括下請負の禁止】

第22条　建設業者は，その請け負った建設工事を，いかなる方法をもってするかを問わず，一括して他人に請け負わせてはならない。

2　建設業を営む者は，建設業者から当該建設業者の請け負った建設工事を一括して請け負ってはならない。

3　前2項の建設工事が多数の者が利用する施設又は工作物に関する重要な建設工事で**政令**で定めるもの以外の建設工事である場合において，当該建設工事の元請負人があらかじめ発注者の書面による承諾を得たときは，これらの規定は，適用しない。

◆**政令**［一括下請負の禁止の対象となる多数の者が利用する施設
又は工作物に関する重要な建設工事］令第6条の3　　　→p713

4　発注者は，前項の規定による書面による承諾に代えて，政令で定めるところにより，同項の元請負人の承諾を得て，電子情報処理組織を使用する方法その他の情報通信の技術を利用する方法であって国土交通省令で定めるものにより，同項の承諾をする旨の通知をすることができる。この場合において，当該発注者は，当該書面による承諾をしたものとみなす。

【下請負人の変更請求】

第23条 注文者は，請負人に対して，建設工事の施工につき著しく不適当と認められる下請負人があるときは，その変更を請求することができる。ただし，あらかじめ注文者の書面による承諾を得て選定した下請負人については，この限りでない。

2 注文者は，前項ただし書の規定による書面による承諾に代えて，政令で定めるところにより，同項ただし書の規定により下請負人を選定する者の承諾を得て，電子情報処理組織を使用する方法その他の情報通信の技術を利用する方法であって国土交通省令で定めるものにより，同項ただし書の承諾をする旨の通知をすることができる。この場合において，当該注文者は，当該書面による承諾をしたものとみなす。

【工事監理に関する報告】

第23条の2 請負人は，その請け負った建設工事の施工について建築士法（昭和25年法律第202号）第18条第3項の規定により建築士から工事を設計図書のとおりに実施するよう求められた場合において，これに従わない理由があるときは，直ちに，第19条の2第2項の規定により通知された方法により，注文者に対して，その理由を報告しなければならない。

【請負契約とみなす場合】

第24条 委託その他いかなる名義をもってするかを問わず，報酬を得て建設工事の完成を目的として締結する契約は，建設工事の請負契約とみなして，この法律の規定を適用する。

第2節　元請負人の義務

【下請負人の意見の聴取】

第24条の2 元請負人は，その請け負った建設工事を施工するために必要な工程の細目，作業方法その他元請負人において定めるべき事項を定めようとするときは，あらかじめ，下請負人の意見をきかなければならない。

【下請代金の支払】

第24条の3 元請負人は，請負代金の出来形部分に対する支払又は工事完成後における支払を受けたときは，当該支払の対象となった建設工事を施工した下請負人に対して，当該元請負人が支払を受けた金額の出来形に対する割合及び当該下請負人が施工した出来形部分に相応する下請代金を，当該支払を受けた日から1月以内で，かつ，できる限り短い期間内に支払わなければならない。

2 前項の場合において，元請負人は，同項に規定する下請代金のうち労務費に相当する部分については，現金で支払うよう適切な配慮をしなければならない。

3 元請負人は，前払金の支払を受けたときは，下請負人に対して，資材の購入，労働者の募集その他建設工事の着手に必要な費用を前払金として支払うよう適切な配慮をしなければならない。

【特定建設業者の下請代金の支払期日等】

第24条の6 特定建設業者が注文者となった下請契約（下請契約における請負人が特定建設業者又は資本金額が政令で定める金額以上の法人であるものを除く。以下こ

の条において同じ。）における下請代金の支払期日は，第24条の４第２項の申出の日（同項ただし書の場合にあっては，その一定の日。以下この条において同じ。）から起算して50日を経過する日以前において，かつ，できる限り短い期間内において定められなければならない。

2　特定建設業者が注文者となった下請契約において，下請代金の支払期日が定められなかったときは第24条の４第２項の申出の日が，前項の規定に違反して下請代金の支払期日が定められたときは同条第２項の申出の日から起算して50日を経過する日が下請代金の支払期日と定められたものとみなす。

3　特定建設業者は，当該特定建設業者が注文者となった下請契約に係る下請代金の支払につき，当該下請代金の支払期日までに一般の金融機関（預金又は貯金の受入れ及び資金の融通を業とする者をいう。）による割引を受けることが困難であると認められる手形を交付してはならない。

4　（略）

第３章の２　建設工事の請負契約に関する紛争の処理

【建設工事紛争審査会の設置】

第25条　建設工事の請負契約に関する紛争の解決を図るため，建設工事紛争審査会を設置する。

2　建設工事紛争審査会（以下「審査会」という。）は，この法律の規定により，建設工事の請負契約に関する紛争（以下「紛争」という。）につきあっせん，調停及び仲裁（以下「紛争処理」という。）を行う権限を有する。

3　審査会は，中央建設工事紛争審査会（以下「中央審査会」という。）及び都道府県建設工事紛争審査会（以下「都道府県審査会」という。）とし，中央審査会は，国土交通省に，都道府県審査会は，都道府県に置く。

【管　轄】

第25条の9　中央審査会は，次の各号に掲げる場合における紛争処理について管轄する。

　一　当事者の双方が国土交通大臣の許可を受けた建設業者であるとき。

　二　当事者の双方が建設業者であって，許可をした行政庁を異にするとき。

　三　当事者の一方のみが建設業者であって，国土交通大臣の許可を受けたものであるとき。

2　都道府県審査会は，次の各号に掲げる場合における紛争処理について管轄する。

　一　当事者の双方が当該都道府県の知事の許可を受けた建設業者であるとき。

　二　当事者の一方のみが建設業者であって，当該都道府県の知事の許可を受けたものであるとき。

　三　当事者の双方が許可を受けないで建設業を営む者である場合であって，その紛争に係る建設工事の現場が当該都道府県の区域内にあるとき。

　四　前項第三号に掲げる場合及び第二号に掲げる場合のほか，当事者の一方のみが

許可を受けないで建設業を営む者である場合であって，その紛争に係る建設工事の現場が当該都道府県の区域内にあるとき。

3　前2項の規定にかかわらず，当事者は，双方の合意によって管轄審査会を定めることができる。

第4章　施工技術の確保

【施工技術の確保に関する建設業者等の責務】

第25条の27　建設業者は，建設工事の担い手の育成及び確保その他の施工技術の確保に努めなければならない。

2　建設工事に従事する者は，建設工事を適正に実施するために必要な知識及び技術又は技能の向上に努めなければならない。

3　国土交通大臣は，前2項の施工技術の確保並びに知識及び技術又は技能の向上に資するため，必要に応じ，講習及び調査の実施，資料の提供その他の措置を講ずるものとする。

【主任技術者及び監理技術者の設置等】

第26条　建設業者は，その請け負った建設工事を施工するときは，当該建設工事に関し第7条第二号イ，ロ又はハに該当する者で当該工事現場における建設工事の施工の技術上の管理をつかさどるもの（以下「主任技術者」という。）を置かなければならない。

2　発注者から直接建設工事を請け負った特定建設業者は，当該建設工事を施工するために締結した下請契約の請負代金の額（当該下請契約が2以上あるときは，それらの請負代金の額の総額）が第3条第1項第二号の**政令**で定める金額以上になる場合においては，前項の規定にかかわらず，当該建設工事に関し第15条第二号イ，ロ又はハに該当する者（当該建設工事に係る建設業が指定建設業である場合にあっては，同号イに該当する者又は同号ハの規定により国土交通大臣が同号イに掲げる者と同等以上の能力を有するものと認定した者）で当該工事現場における建設工事の施工の技術上の管理をつかさどるもの（以下「監理技術者」という。）を置かなければならない。

◆**政令**［法第3条第1項第二号の金額］令第2条→p712

3　公共性のある施設若しくは工作物又は多数の者が利用する施設若しくは工作物に関する重要な建設工事で**政令**[*1]で定めるものについては，前2項の規定により置かなければならない主任技術者又は監理技術者は，工事現場ごとに，専任の者でなければならない。ただし，監理技術者にあっては，発注者から直接当該建設工事を請け負った特定建設業者が，当該監理技術者の行うべき第26条の4第1項に規定する職務を補佐する者として，当該建設工事に関し第15条第二号イ，ロ又はハに該当する者に準ずる者として**政令**[*2]で定める者を当該工事現場に専任で置くときは，この限りでない。

◆**政令1**［専任の主任技術者又は監理技術者を必要とする建設工事］令第27条→p713

2 ［監理技術者の行うべき職務を補佐する者］令第28条　　　　　　　　　→p714

4　前項ただし書の規定は，同項ただし書の工事現場の数が，同一の特例監理技術者（同項ただし書の規定の適用を受ける監理技術者をいう。次項において同じ。）がその行うべき各工事現場に係る第26条の 4 第 1 項に規定する職務を行ったとしてもその適切な実施に支障を生ずるおそれがないものとして**政令**で定める数を超えるときは，適用しない。

◆**政令**［同一の特例監理技術者を置くことができる工事現場の数］令第29条→p714

5　第 3 項の規定により専任の者でなければならない監理技術者（特例監理技術者を含む。）は，第27条の18第 1 項の規定による監理技術者資格者証の交付を受けている者であって，第26条の 5 から第26条の 7 までの規定により国土交通大臣の登録を受けた講習を受講したもののうちから，これを選任しなければならない。

6　前項の規定により選任された監理技術者は，発注者から請求があったときは，監理技術者資格者証を提示しなければならない。

第26条の 2　土木工事業又は建築工事業を営む者は，土木一式工事又は建築一式工事を施工する場合において，土木一式工事又は建築一式工事以外の建設工事（第 3 条第 1 項ただし書の**政令**で定める軽微な建設工事を除く。）を施工するときは，当該建設工事に関し第 7 条第二号イ，ロ又はハに該当する者で当該工事現場における当該建設工事の施工の技術上の管理をつかさどるものを置いて自ら施工する場合のほか，当該建設工事に係る建設業の許可を受けた建設業者に当該建設工事を施工させなければならない。

◆**政令**［法第 3 条第 1 項ただし書の軽微な建設工事］令第 1 条の 2 →p712

2　建設業者は，許可を受けた建設業に係る建設工事に附帯する他の建設工事（第 3 条第 1 項ただし書の**政令**で定める軽微な建設工事を除く。）を施工する場合においては，当該建設工事に関し第 7 条第二号イ，ロ又はハに該当する者で当該工事現場における当該建設工事の施工の技術上の管理をつかさどるものを置いて自ら施工する場合のほか，当該建設工事に係る建設業の許可を受けた建設業者に当該建設工事を施工させなければならない。

◆**政令**［法第 3 条第 1 項ただし書の軽微な建設工事］令第 1 条の 2 →p712

第26条の 3　特定専門工事の元請負人及び下請負人（建設業者である下請負人に限る。以下この条において同じ。）は，その合意により，当該元請負人が当該特定専門工事につき第26条第 1 項の規定により置かなければならない主任技術者が，その行うべき次条第 1 項に規定する職務と併せて，当該下請負人がその下請負に係る建設工事につき第26条第 1 項の規定により置かなければならないこととされる主任技術者の行うべき次条第 1 項に規定する職務を行うこととすることができる。この場合において，当該下請負人は，第26条第 1 項の規定にかかわらず，その下請負に係る建設工事につき主任技術者を置くことを要しない。

2　前項の「特定専門工事」とは，土木一式工事又は建築一式工事以外の建設工事のうち，その施工技術が画一的であり，かつ，その施工の技術上の管理の効率化を図る必要があるものとして**政令**[*1]で定めるものであって，当該建設工事の元請負人が

これを施工するために締結した下請契約の請負代金の額（当該下請契約が2以上あるときは，それらの請負代金の額の総額。以下この項において同じ。）が**政令**[*2]で定める金額未満となるものをいう。ただし，元請負人が発注者から直接請け負った建設工事であって，当該元請負人がこれを施工するために締結した下請契約の請負代金の額が第26条第2項に規定する金額以上となるものを除く。

◆**政令** 1 ［特定専門工事の対象となる建設工事］令第30条第1項→p714
2 ［特定専門工事の対象となる建設工事］令第30条第2項→p715

3　第1項の合意は，書面により，当該特定専門工事（前項に規定する特定専門工事をいう。第7項において同じ。）の内容，当該元請負人が置く主任技術者の氏名その他の国土交通省令で定める事項を明らかにしてするものとする。

4　第1項の元請負人及び下請負人は，前項の規定による書面による合意に代えて，電子情報処理組織を使用する方法その他の情報通信の技術を利用する方法であって国土交通省令で定めるものにより第1項の合意をすることができる。この場合において，当該元請負人及び下請負人は，当該書面による合意をしたものとみなす。

5　第1項の元請負人は，同項の合意をしようとするときは，あらかじめ，注文者の書面による承諾を得なければならない。

6　注文者は，前項の規定による書面による承諾に代えて，政令で定めるところにより，同項の元請負人の承諾を得て，電子情報処理組織を使用する方法その他の情報通信の技術を利用する方法であって国土交通省令で定めるものにより，同項の承諾をする旨の通知をすることができる。この場合において，当該注文者は，当該書面による承諾をしたものとみなす。

7　第1項の元請負人が置く主任技術者は，次に掲げる要件のいずれにも該当する者でなければならない。

一　当該特定専門工事と同一の種類の建設工事に関し1年以上指導監督的な実務の経験を有すること。

二　当該特定専門工事の工事現場に専任で置かれること。

8　第1項の元請負人が置く主任技術者については，第26条第3項の規定は，適用しない。

9　第1項の下請負人は，その下請負に係る建設工事を他人に請け負わせてはならない。

【主任技術者及び監理技術者の職務等】

第26条の4　主任技術者及び監理技術者は，工事現場における建設工事を適正に実施するため，当該建設工事の施工計画の作成，工程管理，品質管理その他の技術上の管理及び当該建設工事の施工に従事する者の技術上の指導監督の職務を誠実に行わなければならない。

2　工事現場における建設工事の施工に従事する者は，主任技術者又は監理技術者がその職務として行う指導に従わなければならない。

【技術検定】

第27条　国土交通大臣は，施工技術の向上を図るため，建設業者の施工する建設工事に従事し又はしようとする者について，**政令**の定めるところにより，技術検定を行

うことができる。

◆政令［技術検定の種目等］令第34条→p715

2　前項の検定は，これを分けて第一次検定及び第二次検定とする。

3　第一次検定は，第１項に規定する者が施工技術の基礎となる知識及び能力を有するかどうかを判定するために行う。

4　第二次検定は，第１項に規定する者が施工技術のうち第26条の４第１項に規定する技術上の管理及び指導監督に係る知識及び能力を有するかどうかを判定するために行う。

5　国土交通大臣は，第一次検定又は第二次検定に合格した者に，それぞれ合格証明書を交付する。

6　合格証明書の交付を受けた者は，合格証明書を滅失し，又は損傷したときは，合格証明書の再交付を申請することができる。

7　第一次検定又は第二次検定に合格した者は，それぞれ**政令**で定める称号を称することができる。

◆政令［称号］令第40条→p717

第５章　監　　督

【指示及び営業の停止】

第28条　国土交通大臣又は都道府県知事は，その許可を受けた建設業者が次の各号のいずれかに該当する場合又はこの法律の規定（第19条の３，第19条の４，第24条の３第１項，第24条の４，第24条の５並びに第24条の６第３項及び第４項を除き，公共工事の入札及び契約の適正化の促進に関する法律（平成12年法律第127号。以下「入札契約適正化法」という。）第15条第１項の規定により読み替えて適用される第24条の８第１項，第２項及び第４項を含む。第４項において同じ。），入札契約適正化法第15条第２項若しくは第３項の規定若しくは特定住宅瑕疵担保責任の履行の確保等に関する法律（平成19年法律第66号。以下この条において「履行確保法」という。）第３条第６項，第４条第１項，第７条第２項，第８条第１項若しくは第２項若しくは第10条第１項の規定に違反した場合においては，当該建設業者に対して，必要な指示をすることができる。特定建設業者が第41条第２項又は第３項の規定による勧告に従わない場合において必要があると認めるときも，同様とする。

一　建設業者が建設工事を適切に施工しなかったために公衆に危害を及ぼしたとき，又は危害を及ぼすおそれが大であるとき。

二　建設業者が請負契約に関し不誠実な行為をしたとき。

三　建設業者（建設業者が法人であるときは，当該法人又はその役員等）又は**政令**で定める使用人がその業務に関し他の法令（入札契約適正化法及び履行確保法並びにこれらに基づく命令を除く。）に違反し，建設業者として不適当であると認められるとき。

◆政令［使用人］令第３条→p712

　　四　建設業者が第22条第1項若しくは第2項又は第26条の3第9項の規定に違反したとき。

　　五　第26条第1項又は第2項に規定する主任技術者又は監理技術者が工事の施工の管理について著しく不適当であり，かつ，その変更が公益上必要であると認められるとき。

　　六　建設業者が，第3条第1項の規定に違反して同項の許可を受けないで建設業を営む者と下請契約を締結したとき。

　　七　建設業者が，特定建設業者以外の建設業を営む者と下請代金の額が第3条第1項第二号の政令で定める金額以上となる下請契約を締結したとき。

　　八　建設業者が，情を知って，第3項の規定により営業の停止を命ぜられている者又は第29条の4第1項の規定により営業を禁止されている者と当該停止され，又は禁止されている営業の範囲に係る下請契約を締結したとき。

　　九　履行確保法第3条第1項，第5条第2項又は第7条第1項の規定に違反したとき。

2　都道府県知事は，その管轄する区域内で建設工事を施工している第3条第1項の許可を受けないで建設業を営む者が次の各号のいずれかに該当する場合においては，当該建設業を営む者に対して，必要な指示をすることができる。

　　一　建設工事を適切に施工しなかったために公衆に危害を及ぼしたとき，又は危害を及ぼすおそれが大であるとき。

　　二　請負契約に関し著しく不誠実な行為をしたとき。

3　国土交通大臣又は都道府県知事は，その許可を受けた建設業者が第1項各号のいずれかに該当するとき若しくは同項若しくは次項の規定による指示に従わないとき又は建設業を営む者が前項各号のいずれかに該当するとき若しくは同項の規定による指示に従わないときは，その者に対し，1年以内の期間を定めて，その営業の全部又は一部の停止を命ずることができる。

4　都道府県知事は，国土交通大臣又は他の都道府県知事の許可を受けた建設業者で当該都道府県の区域内において営業を行うものが，当該都道府県の区域内における営業に関し，第1項各号のいずれかに該当する場合又はこの法律の規定，入札契約適正化法第15条第2項若しくは第3項の規定若しくは履行確保法第3条第6項，第4条第1項，第7条第2項，第8条第1項若しくは第2項若しくは第10条第1項の規定に違反した場合においては，当該建設業者に対して，必要な指示をすることができる。

5　都道府県知事は，国土交通大臣又は他の都道府県知事の許可を受けた建設業者で当該都道府県の区域内において営業を行うものが，当該都道府県の区域内における営業に関し，第1項各号のいずれかに該当するとき又は同項若しくは前項の規定による指示に従わないときは，その者に対し，1年以内の期間を定めて，当該営業の全部又は一部の停止を命ずることができる。

6　都道府県知事は，前2項の規定による処分をしたときは，遅滞なく，その旨を，当該建設業者が国土交通大臣の許可を受けたものであるときは国土交通大臣に報告し，当該建設業者が他の都道府県知事の許可を受けたものであるときは当該他の都

道府県知事に通知しなければならない。

7　国土交通大臣又は都道府県知事は，第1項第一号若しくは第三号に該当する建設業者又は第2項第一号に該当する第3条第1項の許可を受けないで建設業を営む者に対して指示をする場合において，特に必要があると認めるときは，注文者に対しても，適当な措置をとるべきことを勧告することができる。

【許可の取消し】

第29条　国土交通大臣又は都道府県知事は，その許可を受けた建設業者が次の各号のいずれかに該当するときは，当該建設業者の許可を取り消さなければならない。

一　一般建設業の許可を受けた建設業者にあっては第7条第一号又は第二号，特定建設業者にあっては同条第一号又は第15条第二号に掲げる基準を満たさなくなった場合

二　第8条第一号又は第七号から第十四号まで（第17条において準用する場合を含む。）のいずれかに該当するに至った場合

三　第9条第1項各号（第17条において準用する場合を含む。）のいずれかに該当する場合（第17条の2第1項から第3項まで又は第17条の3第4項の規定により他の建設業者の地位を承継したことにより第9条第1項第三号（第17条において準用する場合を含む。）に該当する場合を除く。）において一般建設業の許可又は特定建設業の許可を受けないとき。

四　許可を受けてから1年以内に営業を開始せず，又は引き続いて1年以上営業を休止した場合

五　第12条各号（第17条において準用する場合を含む。）のいずれかに該当するに至った場合

六　死亡した場合において第17条の3第1項の認可をしない旨の処分があったとき。

七　不正の手段により第3条第1項の許可（同条第3項の許可の更新を含む。）又は第17条の2第1項から第3項まで若しくは第17条の3第1項の認可を受けた場合

八　前条第1項各号のいずれかに該当し情状特に重い場合又は同条第3項若しくは第5項の規定による営業の停止の処分に違反した場合

2　国土交通大臣又は都道府県知事は，その許可を受けた建設業者が第3条の2第1項の規定により付された条件に違反したときは，当該建設業者の許可を取り消すことができる。

第6章　中央建設業審議会等

【中央建設業審議会の設置等】

第34条　この法律，公共工事の前払金保証事業に関する法律及び入札契約適正化法によりその権限に属させられた事項を処理するため，国土交通省に，中央建設業審議会を設置する。

2　中央建設業審議会は，建設工事の標準請負契約約款，入札の参加者の資格に関する基準，予定価格を構成する材料費及び役務費以外の諸経費に関する基準並びに建

設工事の工期に関する基準を作成し，並びにその実施を勧告することができる。

第7章 雑 則

【標識の掲示】

第40条 建設業者は，その店舗及び建設工事（発注者から直接請け負ったものに限る。）の現場ごとに，公衆の見やすい場所に，国土交通省令の定めるところにより，許可を受けた別表第1の右欄の区分による建設業の名称，一般建設業又は特定建設業の別その他国土交通省令で定める事項を記載した標識を掲げなければならない。

【表示の制限】

第40条の2 建設業を営む者は，当該建設業について，第3条第1項の許可を受けていないのに，その許可を受けた建設業者であると明らかに誤認されるおそれのある表示をしてはならない。

附 則 （略）

別表第1 （第2条，第3条，第40条関係）

土木一式工事	土木工事業
建築一式工事	建築工事業
大工工事	大工工事業
左官工事	左官工事業
とび・土工・コンクリート工事	とび・土工工事業
石工事	石工事業
屋根工事	屋根工事業
電気工事	電気工事業
管工事	管工事業
タイル・れんが・ブロック工事	タイル・れんが・ブロック工事業
鋼構造物工事	鋼構造物工事業
鉄筋工事	鉄筋工事業
舗装工事	舗装工事業
しゅんせつ工事	しゅんせつ工事業
板金工事	板金工事業
ガラス工事	ガラス工事業
塗装工事	塗装工事業
防水工事	防水工事業
内装仕上工事	内装仕上工事業
機械器具設置工事	機械器具設置工事業
熱絶縁工事	熱絶縁工事業
電気通信工事	電気通信工事業
造園工事	造園工事業
さく井工事	さく井工事業
建具工事	建具工事業
水道施設工事	水道施設工事業
消防施設工事	消防施設工事業
清掃施設工事	清掃施設工事業
解体工事	解体工事業

建設業法施行令［抄］

昭和31年8月29日　政令第273号
最終改正　令和4年12月23日　政令第393号

【支店に準ずる営業所】

第1条　建設業法（以下「法」という。）第3条第1項の政令で定める支店に準ずる営業所は，常時建設工事の請負契約を締結する事務所とする。

【法第3条第1項ただし書の軽微な建設工事】

第1条の2　法第3条第1項ただし書の政令で定める軽微な建設工事は，工事1件の請負代金の額が500万円（当該建設工事が建築一式工事である場合にあっては，1,500万円）に満たない工事又は建築一式工事のうち延べ面積が150m²に満たない木造住宅を建設する工事とする。

2　前項の請負代金の額は，同一の建設業を営む者が工事の完成を2以上の契約に分割して請け負うときは，各契約の請負代金の額の合計額とする。ただし，正当な理由に基いて契約を分割したときは，この限りでない。

3　注文者が材料を提供する場合においては，その市場価格又は市場価格及び運送賃を当該請負契約の請負代金の額に加えたものを第1項の請負代金の額とする。

【法第3条第1項第二号の金額】

第2条　法第3条第1項第二号の政令で定める金額は，4,500万円とする。ただし，同項の許可を受けようとする建設業が建築工事業である場合においては，7,000万円とする。

【使用人】

第3条　法第6条第1項第四号（法第17条において準用する場合を含む。），法第7条第三号，法第8条第四号，第十二号及び第十三号（これらの規定を法第17条において準用する場合を含む。），法第28条第1項第三号並びに法第29条の4の政令で定める使用人は，支配人及び支店又は第1条に規定する営業所の代表者（支配人である者を除く。）であるものとする。

【法第15条第二号ただし書の建設業】

第5条の2　法第15条第二号ただし書の政令で定める建設業は，次に掲げるものとする。

　一　土木工事業
　二　建築工事業
　三　電気工事業
　四　管工事業
　五　鋼構造物工事業
　六　舗装工事業
　七　造園工事業

【法第15条第二号ロの金額】

第5条の3 法第15条第二号ロの政令で定める金額は，4,500万円とする。

【法第15条第三号の金額】

第5条の4 法第15条第三号の政令で定める金額は，8,000万円とする。

【法第20条第3項の規定による承諾に関する手続等】

第5条の9 法第20条第3項の規定による承諾は，建設業者が，国土交通省令で定めるところにより，あらかじめ，当該承諾に係る建設工事の注文者に対し電磁的方法（同項に規定する方法をいう。以下この条において同じ。）による提供に用いる電磁的方法の種類及び内容を示した上で，当該建設工事の注文者から書面又は電子情報処理組織を使用する方法その他の情報通信の技術を利用する方法であって国土交通省令で定めるもの（次項において「書面等」という。）によって得るものとする。

2 建設業者は，前項の承諾を得た場合であっても，当該承諾に係る建設工事の注文者から書面等により電磁的方法による提供を受けない旨の申出があったときは，当該電磁的方法による提供をしてはならない。ただし，当該申出の後に当該建設工事の注文者から再び同項の承諾を得た場合は，この限りでない。

【建設工事の見積期間】

第6条 法第20条第4項に規定する見積期間は，次に掲げるとおりとする。ただし，やむを得ない事情があるときは，第二号及び第三号の期間は，5日以内に限り短縮することができる。

一 工事1件の予定価格が500万円に満たない工事については，1日以上

二 工事1件の予定価格が500万円以上5,000万円に満たない工事については,10日以上

三 工事1件の予定価格が5,000万円以上の工事については，15日以上

2 国が入札の方法により競争に付する場合においては，予算決算及び会計令（昭和22年勅令第165号）第74条の規定による期間を前項の見積期間とみなす。

【一括下請負の禁止の対象となる多数の者が利用する施設又は工作物に関する重要な建設工事】

第6条の3 法第22条第3項の政令で定める重要な建設工事は，共同住宅を新築する建設工事とする。

【専任の主任技術者又は監理技術者を必要とする建設工事】

第27条 法第26条第3項の政令で定める重要な建設工事は，次の各号のいずれかに該当する建設工事で工事一件の請負代金の額が4,000万円（当該建設工事が建築一式工事である場合にあっては，8,000万円）以上のものとする。

一 国又は地方公共団体が注文者である施設又は工作物に関する建設工事

二 第15条第一号及び第三号に掲げる施設又は工作物に関する建設工事

三 次に掲げる施設又は工作物に関する建設工事

イ 石油パイプライン事業法（昭和47年法律第105号）第5条第2項第二号に規定する事業用施設

ロ 電気通信事業法（昭和59年法律第86号）第2条第五号に規定する電気通信事業者（同法第9条第一号に規定する電気通信回線設備を設置するものに限る。）

　　　　が同条第四号に規定する電気通信事業の用に供する施設

　ハ　放送法（昭和25年法律第132号）第2条第二十三号に規定する基幹放送事業
　　者又は同条第二十四号に規定する基幹放送局提供事業者が同条第一号に規定す
　　る放送の用に供する施設（鉄骨造又は鉄筋コンクリート造の塔その他これに類
　　する施設に限る。）

　ニ　学校

　ホ　図書館，美術館，博物館又は展示場

　ヘ　社会福祉法（昭和26年法律第45号）第2条第1項に規定する社会福祉事業の
　　用に供する施設

　ト　病院又は診療所

　チ　火葬場，と畜場又は廃棄物処理施設

　リ　熱供給事業法（昭和47年法律第88号）第2条第4項に規定する熱供給施設

　ヌ　集会場又は公会堂

　ル　市場又は百貨店

　ヲ　事務所

　ワ　ホテル又は旅館

　カ　共同住宅，寄宿舎又は下宿

　ヨ　公衆浴場

　タ　興行場又はダンスホール

　レ　神社，寺院又は教会

　ソ　工場，ドック又は倉庫

　ツ　展望塔

2　前項に規定する建設工事のうち密接な関係のある2以上の建設工事を同一の建設
　業者が同一の場所又は近接した場所において施工するものについては，同一の専任
　の主任技術者がこれらの建設工事を管理することができる。

　　【監理技術者の行うべき職務を補佐する者】

第28条　法第26条第3項ただし書の政令で定める者は，次の各号のいずれかに該当す
　る者とする。

　一　法第7条第二号イ，ロ又はハに該当する者のうち，法第26条の4第1項に規定
　　する技術上の管理及び指導監督であって監理技術者がその職務として行うべきも
　　のに係る基礎的な知識及び能力を有すると認められる者として，建設工事の種類
　　に応じ国土交通大臣が定める要件に該当する者

　二　国土交通大臣が前号に掲げる者と同等以上の能力を有するものと認定した者

　　【同一の特例監理技術者を置くことができる工事現場の数】

第29条　法第26条第4項の政令で定める数は，2とする。

　　【特定専門工事の対象となる建設工事】

第30条　法第26条の3第2項の政令で定めるものは，次に掲げるものとする。

　一　大工工事又はとび・土工・コンクリート工事のうち，コンクリートの打設に用
　　いる型枠の組立てに関する工事

二　鉄筋工事

2　法第26条の3第2項の政令で定める金額は，4,000万円とする。

【技術検定の種目等】

第34条　法第27条第1項の規定による技術検定は，次の表の検定種目の欄に掲げる種目について，同表の検定技術の欄に掲げる技術を対象として行う。

検定種目	検　定　技　術
建設機械施工管理	建設機械の統一的かつ能率的な運用を必要とする建設工事の実施に当たり，その施工計画の作成及び当該工事の工程管理，品質管理，安全管理等工事の施工の管理を適確に行うために必要な技術
土木施工管理	土木一式工事の実施に当たり，その施工計画の作成及び当該工事の工程管理，品質管理，安全管理等工事の施工の管理を適確に行うために必要な技術
建築施工管理	建築一式工事の実施に当たり，その施工計画及び施工図の作成並びに当該工事の工程管理，品質管理，安全管理等工事の施工の管理を適確に行うために必要な技術
電気工事施工管理	電気工事の実施に当たり，その施工計画及び施工図の作成並びに当該工事の工程管理，品質管理，安全管理等工事の施工の管理を適確に行うために必要な技術
管工事施工管理	管工事の実施に当たり，その施工計画及び施工図の作成並びに当該工事の工程管理，品質管理，安全管理等工事の施工の管理を適確に行うために必要な技術
電気通信工事施工管理	電気通信工事の実施に当たり，その施工計画及び施工図の作成並びに当該工事の工程管理，品質管理，安全管理等工事の施工の管理を適確に行うために必要な技術
造園施工管理	造園工事の実施に当たり，その施工計画及び施工図の作成並びに当該工事の工程管理，品質管理，安全管理等工事の施工の管理を適確に行うために必要な技術

2　技術検定は，一級及び二級に区分して行う。

3　建設機械施工管理，土木施工管理及び建築施工管理に係る二級の技術検定（建築施工管理に係る二級の技術検定にあっては，第二次検定に限る。）は，当該種目を国土交通大臣が定める種別に細分して行う。

【技術検定の科目及び基準】

第35条　第一次検定及び第二次検定の科目及び基準は，国土交通省令で定める。

【第一次検定の受検資格】

第36条　一級の第一次検定を受けることができる者は，次のとおりとする。

一　学校教育法（昭和22年法律第26号）による大学（短期大学を除き，旧大学令（大正7年勅令第388号）による大学を含む。）を卒業した後受検しようとする種目に

関し指導監督的実務経験１年以上を含む３年以上の実務経験を有する者で在学中に国土交通省令で定める学科を修めたもの

二 学校教育法による短期大学（同法による専門職大学の前期課程を含む。）又は高等専門学校（旧専門学校令（明治36年勅令第61号）による専門学校を含む。）を卒業した後（同法による専門職大学の前期課程にあっては，修了した後）受検しようとする種目に関し指導監督的実務経験１年以上を含む５年以上の実務経験を有する者で在学中に国土交通省令で定める学科を修めたもの

三 受検しようとする種目について二級の第二次検定に合格した者

四 国土交通大臣が前３号に掲げる者と同等以上の知識及び経験を有するものと認定した者

2 二級の第一次検定を受けることができる者は，当該第一次検定が行われる日の属する年度の末日における年齢が17歳以上の者とする。

【第二次検定の受検資格】

第37条 一級の第二次検定を受けることができる者は，次のとおりとする。

一 受検しようとする第二次検定と種目を同じくする一級の第一次検定に合格した者（当該第一次検定を前条第１項第三号に該当する者として受検した者（同項第一号，第二号又は第四号に該当する者を除く。）にあっては，受検しようとする種目について二級の第二次検定に合格した後同種目に関し指導監督的実務経験１年以上を含む５年以上の実務経験を有するものに限る。）

二 国土交通大臣が前号に掲げる者と同等以上の知識及び経験を有するものと認定した者

2 二級の第二次検定を受けることができる者は，次の各号に掲げる種目の区分に応じ，当該各号に定める者とする。

一 建設機械施工管理 次のいずれかに該当する者

イ 建設機械施工管理に係る二級の第一次検定に合格した者であって，次のいずれかに該当するもの

⑴ 学校教育法による高等学校（旧中等学校令（昭和18年勅令第36号）による実業学校を含む。⑵及び次号イ⑴において同じ。）又は中等教育学校を卒業した後受検しようとする種別に関し２年以上の実務経験を有する者で在学中に国土交通省令で定める学科を修めたもの

⑵ 学校教育法による高等学校又は中等教育学校を卒業した後建設機械施工管理に関し，受検しようとする種別に関する１年６月以上の実務経験を含む３年以上の実務経験を有する者で在学中に国土交通省令で定める学科を修めたもの

⑶ 受検しようとする種別に関し６年以上の実務経験を有する者

⑷ 建設機械施工管理に関し，受検しようとする種別に関する４年以上の実務経験を含む８年以上の実務経験を有する者

ロ 国土交通大臣がイに掲げる者と同等以上の知識及び経験を有するものと認定した者

二　土木施工管理，建築施工管理，電気工事施工管理，管工事施工管理，電気通信工事施工管理又は造園施工管理　次のいずれかに該当する者

　　イ　受検しようとする第二次検定と種目を同じくする二級の第一次検定に合格した者であって，次のいずれかに該当するもの

　　　⑴　学校教育法による高等学校又は中等教育学校を卒業した後受検しようとする種目(土木施工管理又は建築施工管理にあっては，種別。⑵において同じ。)に関し３年以上の実務経験を有する者で在学中に国土交通省令で定める学科を修めたもの

　　　⑵　受検しようとする種目に関し８年以上の実務経験を有する者

　　ロ　国土交通大臣がイに掲げる者と同等以上の知識及び経験を有するものと認定した者

【検定の免除】

第39条　次の表の左欄に掲げる者については，申請により，それぞれ同表の右欄に掲げる検定を免除する。

一級の第二次検定に合格した者	二級の第一次検定又は第二次検定の一部で国土交通大臣が定めるもの
二級の第二次検定に合格した者	種目を同じくする一級の第一次検定又は第二次検定の一部で国土交通大臣が定めるもの
他の法令の規定による免許で国土交通大臣が定めるものを受けた者又は国土交通大臣が定める検定若しくは試験に合格した者	国土交通大臣が定める第一次検定又は第二次検定の全部又は一部

【称　号】

第40条　法第27条第７項の政令で定める称号は，第一次検定に合格した者にあっては級及び種目の名称を冠する技士補とし，第二次検定に合格した者にあっては級及び種目の名称を冠する技士とする。

消防法［抄］

昭和 23 年 7 月 24 日［法律第 186 号］
最終改正―令和 5 年 6 月 16 日［法律第 58 号］

同法施行令［抄］

昭和 36 年 3 月 25 日［政令第 37 号］
最終改正―令和 4 年 9 月 14 日［政令第 305 号］

危険物の規制に関する政令［抄］
危険物の規制に関する規則［抄］

住宅用防災警報器及び住宅用防災報知設備に係る技
　術上の規格を定める省令［抄］
住宅用防災機器の設置及び維持に関する条例の制定
　に関する基準を定める省令
特定共同住宅等における必要とされる防火安全性能
　を有する消防の用に供する設備等に関する省令
特定小規模施設における必要とされる防火安全性能
　を有する消防の用に供する設備等に関する省令
排煙設備に代えて用いることができる必要とされる
　防火安全性能を有する消防の用に供する設備等に
　関する省令
複合型居住施設における必要とされる防火安全性能
　を有する消防の用に供する設備等に関する省令
特定駐車場における必要とされる防火安全性能を有
　する消防の用に供する設備等に関する省令

目　次

消防法 ……………………………………………………………………………… 721
第1章　総則（第1条・第2条）……………………………………………………… 721
第2章　火災の予防（第3条～第9条の4）………………………………………… 722
第3章　危険物（第10条～第16条の9）…………………………………………… 730
第3章の2　危険物保安技術協会（第16条の10～第16条の49）（略）
第4章　消防の設備等（第17条～第21条）………………………………………… 733
第4章の2　消防の用に供する機械器具等の検定等 …………………………… 737
　第1節　検定対象機械器具等の検定（第21条の2～第21条の16）…………… 737
　第2節　自主表示対象機械器具等の表示等
　　　　　　　（第21条の16の2～第21条の16の7）………………………… 738
第4章の3　日本消防検定協会等（略）
　　　　　　　（第21条の17～第21条の57）
第5章　火災の警戒（第22条～第23条の2）（略）
第6章　消火の活動（第24条～第30条の2）（略）
第7章　火災の調査（第31条～第35条の4）（略）
第7章の2　救急業務（第35条の5～第35条の12）（略）
第8章　雑則（第35条の13～第37条）（略）
第9章　罰則（第38条～第46条の5）（略）
附　則　（略）
別　表 …………………………………………………………………………………… 739

消防法施行令 …………………………………………………………………………… 742

危険物の規則に関する政令 ………………………………………………………… 784
危険物の規則に関する規則 ………………………………………………………… 802
住宅用防災警報器及び住宅用防災報知設備に係る技術上の規格を定める省令 …… 803
住宅用防災機器の設置及び維持に関する条例の制定に関する基準を定める省令 … 808
**特定共同住宅等における必要とされる防火安全性能を有する消防の用に供する
　設備等に関する省令** ………………………………………………………………… 812
**特定小規模施設における必要とされる防火安全性能を有する消防の用に供する
　設備等に関する省令** ………………………………………………………………… 822
**排煙設備に代えて用いることができる必要とされる防火安全性能を有する消防
　の用に供する設備等に関する省令** ………………………………………………… 824
**複合型居住施設における必要とされる防火安全性能を有する消防の用に供する
　設備等に関する省令** ………………………………………………………………… 825
**特定駐車場における必要とされる防火安全性能を有する消防の用に供する
　設備等に関する省令** ………………………………………………………………… 827

消 防 法［抄］

昭和23年7月24日　法律第186号
最終改正　令和5年6月16日　法律第58号

第1章　総　　則

【この法律の目的】
第1条　この法律は，火災を予防し，警戒し及び鎮圧し，国民の生命，身体及び財産を火災から保護するとともに，火災又は地震等の災害による被害を軽減するほか，災害等による傷病者の搬送を適切に行い，もって安寧秩序を保持し，社会公共の福祉の増進に資することを目的とする。

【用語の定義】
第2条　この法律の用語は次の例による。
2　防火対象物とは，山林又は舟車，船きょ若しくはふ頭に繋留された船舶，建築物その他の工作物若しくはこれらに属する物をいう。
3　消防対象物とは，山林又は舟車，船きょ若しくはふ頭に繋留された船舶，建築物その他の工作物又は物件をいう。
4　関係者とは，防火対象物又は消防対象物の所有者，管理者又は占有者をいう。
5　関係のある場所とは，防火対象物又は消防対象物のある場所をいう。
6　舟車とは，船舶安全法第2条第1項の規定を適用しない船舶，端舟，はしけ，被曳船その他の舟及び車両をいう。
7　危険物とは，別表第1*の品名欄に掲げる物品で，同表に定める区分に応じ同表の性質欄に掲げる性状を有するものをいう。

●関連［別表第1］→p739

8　消防隊とは，消防器具を装備した消防吏員若しくは消防団員の一隊又は消防組織法（昭和22年法律第226号）第30条第3項の規定による都道府県の航空消防隊をいう。
9　救急業務とは，災害により生じた事故若しくは屋外若しくは公衆の出入する場所において生じた事故（以下この項において「災害による事故等」という。）又は政令で定める場合における災害による事故等に準ずる事故その他の事由で政令で定めるものによる傷病者のうち，医療機関その他の場所へ緊急に搬送する必要があるものを，救急隊によって，医療機関（厚生労働省令で定める医療機関をいう。第7章の2において同じ。）その他の場所に搬送すること（傷病者が医師の管理下に置かれるまでの間において，緊急やむを得ないものとして，応急の手当を行うことを含む。）をいう。

第2章　火災の予防

【防火対象物についての所要措置の命令】

第5条　消防長又は消防署長は，防火対象物の位置，構造，設備又は管理の状況について，火災の予防に危険であると認める場合，消火，避難その他の消防の活動に支障になると認める場合，火災が発生したならば人命に危険であると認める場合その他火災の予防上必要があると認める場合には，権原を有する関係者（特に緊急の必要があると認める場合においては，関係者及び工事の請負人又は現場管理者）に対し，当該防火対象物の改修，移転，除去，工事の停止又は中止その他の必要な措置をなすべきことを命ずることができる。ただし，建築物その他の工作物で，それが他の法令*により建築，増築，改築又は移築の許可又は認可を受け，その後事情の変更していないものについては，この限りでない。

●**関連**［他の法令］建築基準法→p11

2　第3条第4項の規定は，前項の規定により必要な措置を命じた場合について準用する。

3　消防長又は消防署長は，第1項の規定による命令をした場合においては，標識の設置その他総務省令で定める方法により，その旨を公示しなければならない。

4　前項の標識は，第1項の規定による命令に係る防火対象物又は当該防火対象物のある場所に設置することができる。この場合においては，同項の規定による命令に係る防火対象物又は当該防火対象物のある場所の所有者，管理者又は占有者は，当該標識の設置を拒み，又は妨げてはならない。

【防火対象物の使用禁止等】

第5条の2　消防長又は消防署長は，防火対象物の位置，構造，設備又は管理の状況について次のいずれかに該当する場合には，権原を有する関係者に対し，当該防火対象物の使用の禁止，停止又は制限を命ずることができる。

一　前条第1項，次条第1項，第8条第3項若しくは第4項，第8条の2第5項若しくは第6項，第8条の2の5第3項又は第17条の4第1項若しくは第2項の規定により必要な措置が命ぜられたにもかかわらず，その措置が履行されず，履行されても十分でなく，又はその措置の履行について期限が付されている場合にあっては履行されても当該期限までに完了する見込みがないため，引き続き，火災の予防に危険であると認める場合，消火，避難その他の消防の活動に支障になると認める場合又は火災が発生したならば人命に危険であると認める場合

二　前条第1項，次条第1項，第8条第3項若しくは第4項，第8条の2第5項若しくは第6項，第8条の2の5第3項又は第17条の4第1項若しくは第2項の規定による命令によっては，火災の予防の危険，消火，避難その他の消防の活動の支障又は火災が発生した場合における人命の危険を除去することができないと認める場合

2　前条第3項及び第4項の規定は，前項の規定による命令について準用する。

【火災予防危険に対する措置】

第5条の3　消防長，消防署長その他の消防吏員は，防火対象物において火災の予防に危険であると認める行為者又は火災の予防に危険であると認める物件若しくは消火，避難その他の消防の活動に支障になると認める物件の所有者，管理者若しくは占有者で権原を有する者（特に緊急の必要があると認める場合においては，当該物件の所有者，管理者若しくは占有者又は当該防火対象物の関係者。次項において同じ。）に対して，第3条第1項各号に掲げる必要な措置をとるべきことを命ずることができる。

2　消防長又は消防署長は，火災の予防に危険であると認める物件又は消火，避難その他の消防の活動に支障になると認める物件の所有者，管理者又は占有者で権原を有するものを確知することができないため，これらの者に対し，前項の規定による必要な措置をとるべきことを命ずることができないときは，それらの者の負担において，当該消防職員に，当該物件について第3条第1項第三号又は第四号に掲げる措置をとらせることができる。この場合においては，相当の期限を定めて，その措置を行うべき旨及びその期限までにその措置を行わないときは，当該消防職員がその措置を行うべき旨をあらかじめ公告しなければならない。ただし，緊急の必要があると認めるときはこの限りでない。

3　消防長又は消防署長は，前項の規定による措置をとった場合において，物件を除去させたときは，当該物件を保管しなければならない。

4　災害対策基本法第64条第3項から第6項までの規定は，前項の規定により消防長又は消防署長が物件を保管した場合について準用する。この場合において，これらの規定中「市町村長」とあるのは「消防長又は消防署長」と，「工作物等」とあるのは「物件」と，「統轄する」とあるのは「属する」と読み替えるものとする。

5　第3条第4項の規定は第1項の規定により必要な措置を命じた場合について，第5条第3項及び第4項の規定は第1項の規定による命令について，それぞれ準用する。

【建築許可等についての消防長又は消防署長の同意】

第7条　建築物の新築，増築，改築，移転，修繕，模様替，用途の変更若しくは使用について許可，認可若しくは確認をする権限を有する行政庁若しくはその委任を受けた者又は建築基準法（昭和25年法律第201号）第6条の2第1項（同法第87条第1項において準用する場合を含む。以下この項において同じ。）の規定による確認を行う指定確認検査機関（同法第77条の21第1項に規定する指定確認検査機関をいう。以下この条において同じ。）は，当該許可，認可若しくは確認又は同法第6条の2第1項の規定による確認に係る建築物の工事施工地又は所在地を管轄する消防長又は消防署長の同意*を得なければ，当該許可，認可若しくは確認又は同項の規定による確認をすることができない。ただし，確認（同項の規定による確認を含む。）に係る建築物が都市計画法（昭和43年法律第100号）第8条第1項第五号に掲げる防火地域及び準防火地域以外の区域内における住宅（長屋，共同住宅その他**政令**で定める住宅を除く。）である場合又は建築主事が建築基準法第87条の4において準

723

第7条　●消防法［抄］

用する同法第6条第1項の規定による確認をする場合においては，この限りでない。

◆政令［消防長等の同意を要する住宅］令第1条→p742
●関連［国土交通大臣等の指定を受けた者による確認］建築基準法第6条の2→p22
　　　　［許可又は確認に関する消防長等の同意等］建築基準法第93条　　　　→p154

2　消防長又は消防署長は，前項の規定によって同意を求められた場合において，当該建築物の計画が法律又はこれに基づく命令若しくは条例の規定（建築基準法第6条第4項又は第6条の2第1項（同法第87条第1項の規定によりこれらの規定を準用する場合を含む。）の規定により建築主事又は指定確認検査機関が同法第6条の4第1項第一号若しくは第二号に掲げる建築物の建築，大規模の修繕（同法第2条第十四号の大規模の修繕をいう。），大規模の模様替（同法第2条第十五号の大規模の模様替をいう。）若しくは用途の変更又は同項第三号に掲げる建築物の建築について確認する場合において同意を求められたときは，同項の規定により読み替えて適用される同法第6条第1項の政令で定める建築基準法令の規定を除く。）で建築物の防火に関するものに違反しないものであるときは，同法第6条第1項第四号に係る場合にあっては，同意を求められた日から3日以内に，その他の場合にあっては，同意を求められた日から7日以内に同意を与えて，その旨を当該行政庁若しくはその委任を受けた者又は指定確認検査機関に通知しなければならない。この場合において，消防長又は消防署長は，同意することができない事由があると認めるときは，これらの期限内に，その事由を当該行政庁若しくはその委任を受けた者又は指定確認検査機関に通知しなければならない。

●関連［建築物の建築等に関する申請及び確認］建築基準法第6条　　　　→p20
　　　　［国土交通大臣等の指定を受けた者による確認］建築基準法第6条の2→p22
　　　　［建築物の建築に関する確認の特例］建築基準法第6条の4　　　　→p25
　　　　［建築物の建築に関する確認の特例］建築基準法施行令第10条　　　→p199

3　建築基準法第68条の20第1項（同法第68条の22第2項において準用する場合を含む。）の規定は，消防長又は消防署長が第1項の規定によって同意を求められた場合に行う審査について準用する。

●関連［認証型式部材等に関する確認及び検査の特例］建築基準法第68条の20→p98

【防火管理者】

第8条　学校，病院，工場，事業場，興行場，百貨店（これに準ずるものとして**政令**[*1]で定める大規模な小売店舗を含む。以下同じ。），複合用途防火対象物（防火対象物で**政令**[*2]で定める2以上の用途に供されるものをいう。以下同じ。）その他多数の者が出入し，勤務し，又は居住する防火対象物で**政令**[*3]で定めるものの管理について権原を有する者は，**政令**[*4]で定める資格を有する者のうちから防火管理者を定め，**政令**[*5]で定めるところにより，当該防火対象物について消防計画の作成，当該消防計画に基づく消火，通報及び避難の訓練の実施，消防の用に供する設備，消防用水又は消火活動上必要な施設の点検及び整備，火気の使用又は取扱いに関する監督，避難又は防火上必要な構造及び設備の維持管理並びに収容人員の管理その他防火管理上必要な業務を行わせなければならない。

◆政令　1～3［防火管理者を定めなければならない防火対象物等］令第1条の2→p742

4 ［防火管理者の資格］令第3条 →p743
5 ［防火管理者の責務］令第3条の2 →p744

2　前項の権原を有する者は，同項の規定により防火管理者を定めたときは，遅滞なくその旨を所轄消防長又は消防署長に届け出なければならない。これを解任したときも，同様とする。

3　消防長又は消防署長は，第1項の防火管理者が定められていないと認める場合には，同項の権原を有する者に対し，同項の規定により防火管理者を定めるべきことを命ずることができる。

4　消防長又は消防署長は，第1項の規定により同項の防火対象物について同項の防火管理者の行うべき防火管理上必要な業務が法令の規定又は同項の消防計画に従って行われていないと認める場合には，同項の権原を有する者に対し，当該業務が当該法令の規定又は消防計画に従って行われるように必要な措置を講ずべきことを命ずることができる。

5　第5条第3項及び第4項の規定は，前2項の規定による命令について準用する。

【高層建築物等に係る消防計画の作成等】

第8条の2　高層建築物（高さ31mを超える建築物をいう。第8条の3第1項において同じ。）その他**政令**^{*1}で定める防火対象物で，その管理について権原が分かれているもの又は地下街（地下の工作物内に設けられた店舗，事務所その他これらに類する施設で，連続して地下道に面して設けられたものと当該地下道とを合わせたものをいう。以下同じ。）でその管理について権原が分かれているもののうち消防長若しくは消防署長が指定するものの管理について権原を有する者は，**政令**^{*2}で定める資格を有する者のうちからこれらの防火対象物の全体について防火管理上必要な業務を統括する防火管理者（以下この条において「統括防火管理者」という。）を協議して定め，**政令**^{*3}で定めるところにより，当該防火対象物の全体についての消防計画の作成，当該消防計画に基づく消火，通報及び避難の訓練の実施，当該防火対象物の廊下，階段，避難口その他の避難上必要な施設の管理その他当該防火対象物の全体についての防火管理上必要な業務を行わせなければならない。

◆政令1 ［統括防火管理者を定めなければならない防火対象物］令第3条の3 →p744
2 ［統括防火管理者の資格］令第4条 →p745
3 ［統括防火管理者の責務］令第4条の2 →p745

2　統括防火管理者は，前項の規定により同項の防火対象物の全体についての防火管理上必要な業務を行う場合において必要があると認めるときは，同項の権原を有する者が前条第1項の規定によりその権原に属する当該防火対象物の部分ごとに定めた同項の防火管理者に対し，当該業務の実施のために必要な措置を講ずることを指示することができる。

3　前条第1項の規定により前項に規定する防火管理者が作成する消防計画は，第1項の規定により統括防火管理者が作成する防火対象物の全体についての消防計画に適合するものでなければならない。

4　第1項の権原を有する者は，同項の規定により統括防火管理者を定めたときは，遅滞なく，その旨を所轄消防長又は消防署長に届け出なければならない。これを解

任したときも，同様とする。

5　消防長又は消防署長は，第1項の防火対象物について統括防火管理者が定められていないと認める場合には，同項の権原を有する者に対し，同項の規定により統括防火管理者を定めるべきことを命ずることができる。

6　消防長又は消防署長は，第1項の規定により同項の防火対象物の全体について統括防火管理者の行うべき防火管理上必要な業務が法令の規定又は同項の消防計画に従って行われていないと認める場合には，同項の権原を有する者に対し，当該業務が当該法令の規定又は同項の消防計画に従って行われるように必要な措置を講ずべきことを命ずることができる。

7　第5条第3項及び第4項の規定は，前2項の規定による命令について準用する。

【防火対象物の点検報告】

第8条の2の2　第8条第1項の防火対象物のうち火災の予防上必要があるものとして**政令**で定めるものの管理について権原を有する者は，総務省令で定めるところにより，定期に，防火対象物における火災の予防に関する専門的知識を有する者で総務省令で定める資格を有するもの（次項，次条第1項及び第36条第4項において「防火対象物点検資格者」という。）に，当該防火対象物における防火管理上必要な業務，消防の用に供する設備，消防用水又は消火活動上必要な施設の設置及び維持その他火災の予防上必要な事項（次項，次条第1項及び第36条第4項において「点検対象事項」という。）がこの法律又はこの法律に基づく命令に規定する事項に関し総務省令で定める基準（次項，次条第1項及び第36条第4項において「点検基準」という。）に適合しているかどうかを点検させ，その結果を消防長又は消防署長に報告しなければならない。ただし，第17条の3の3の規定による点検及び報告の対象となる事項については，この限りでない。

◆**政令**〔火災の予防上必要な事項等について点検を要する防火対象物〕令第4条の2の2→p745

2　前項の規定による点検（その管理について権原が分かれている防火対象物にあっては，当該防火対象物全体（次条第1項の規定による認定を受けた部分を除く。）についての前項の規定による点検）の結果，防火対象物点検資格者により点検対象事項が点検基準に適合していると認められた防火対象物には，総務省令で定めるところにより，点検を行った日その他総務省令で定める事項を記載した表示を付することができる。

3　何人も，防火対象物に，前項に規定する場合を除くほか同項の表示を付してはならず，又は同項の表示と紛らわしい表示を付してはならない。

4　消防長又は消防署長は，防火対象物で第2項の規定によらないで同項の表示が付されているもの又は同項の表示と紛らわしい表示が付されているものについて，当該防火対象物の関係者で権原を有する者に対し，当該表示を除去し，又はこれに消印を付するべきことを命ずることができる。

5　第1項の規定は，次条第1項の認定を受けた防火対象物については，適用しない。

【防火対象物の点検の特例】

第8条の2の3　消防長又は消防署長は，前条第1項の防火対象物であって次の要件

を満たしているものを，当該防火対象物の管理について権原を有する者の申請により，同項の規定の適用につき特例を設けるべき防火対象物として認定することができる。

一　申請者が当該防火対象物の管理を開始した時から3年が経過していること。

二　当該防火対象物について，次のいずれにも該当しないこと。

　イ　過去3年以内において第5条第1項，第5条の2第1項，第5条の3第1項，第8条第3項若しくは第4項，第8条の2の5第3項又は第17条の4第1項若しくは第2項の規定による命令（当該防火対象物の位置，構造，設備又は管理の状況がこの法律若しくはこの法律に基づく命令又はその他の法令に違反している場合に限る。）がされたことがあり，又はされるべき事由が現にあること。

　ロ　過去3年以内において第6項の規定による取消しを受けたことがあり，又は受けるべき事由が現にあること。

　ハ　過去3年以内において前条第1項の規定にかかわらず同項の規定による点検若しくは報告がされなかったことがあり，又は同項の報告について虚偽の報告がされたことがあること。

　ニ　過去3年以内において前条第1項の規定による点検の結果，防火対象物点検資格者により点検対象事項が点検基準に適合していないと認められたことがあること。

三　前号に定めるもののほか，当該防火対象物について，この法律又はこの法律に基づく命令の遵守の状況が優良なものとして総務省令で定める基準に適合するものであると認められること。

2　申請者は，総務省令で定めるところにより，申請書に前項の規定による認定を受けようとする防火対象物の所在地その他総務省令で定める事項を記載した書類を添えて，消防長又は消防署長に申請し，検査を受けなければならない。

3　消防長又は消防署長は，第1項の規定による認定をしたとき，又は認定をしないことを決定したときは，総務省令で定めるところにより，その旨を申請者に通知しなければならない。

4　第1項の規定による認定を受けた防火対象物について，次のいずれかに該当することとなったときは，当該認定は，その効力を失う。

一　当該認定を受けてから3年が経過したとき（当該認定を受けてから3年が経過する前に当該防火対象物について第2項の規定による申請がされている場合にあっては，前項の規定による通知があったとき。）。

二　当該防火対象物の管理について権原を有する者に変更があったとき。

5　第1項の規定による認定を受けた防火対象物について，当該防火対象物の管理について権原を有する者に変更があったときは，当該変更前の権原を有する者は，総務省令で定めるところにより，その旨を消防長又は消防署長に届け出なければならない。

6　消防長又は消防署長は，第1項の規定による認定を受けた防火対象物について，次のいずれかに該当するときは，当該認定を取り消さなければならない。

　一　偽りその他不正な手段により当該認定を受けたことが判明したとき。

　二　第5条第1項，第5条の2第1項，第5条の3第1項，第8条第3項若しくは第4項，第8条の2の5第3項又は第17条の4第1項若しくは第2項の規定による命令（当該防火対象物の位置，構造，設備又は管理の状況がこの法律若しくはこの法律に基づく命令又はその他の法令に違反している場合に限る。）がされたとき。

　三　第1項第三号に該当しなくなったとき。

7　第1項の規定による認定を受けた防火対象物（当該防火対象物の管理について権原が分かれているものにあっては，当該防火対象物全体が同項の規定による認定を受けたものに限る。）には，総務省令で定めるところにより，同項の規定による認定を受けた日その他総務省令で定める事項を記載した表示を付することができる。

8　前条第3項及び第4項の規定は，前項の表示について準用する。

【防火対象物の避難施設の管理】

第8条の2の4　学校，病院，工場，事業場，興行場，百貨店，旅館，飲食店，地下街，複合用途防火対象物その他の防火対象物で**政令**で定めるものの管理について権原を有する者は，当該防火対象物の廊下，階段，避難口その他の避難上必要な施設について避難の支障になる物件が放置され，又はみだりに存置されないように管理し，かつ，防火戸についてその閉鎖の支障になる物件が放置され，又はみだりに存置されないように管理しなければならない。

　　　　　　　◆政令［避難上必要な施設等の管理を要する防火対象物］令第4条の2の3→p746

【自衛消防組織】

第8条の2の5　第8条第1項の防火対象物のうち多数の者が出入するものであり，かつ，大規模なものとして**政令**で定めるものの管理について権原を有する者は，政令で定めるところにより，当該防火対象物に自衛消防組織を置かなければならない。

　　　　　　　◆政令［自衛消防組織の設置を要する防火対象物］令第4条の2の4→p746

2　前項の権原を有する者は，同項の規定により自衛消防組織を置いたときは，遅滞なく自衛消防組織の要員の現況その他総務省令で定める事項を所轄消防長又は消防署長に届け出なければならない。当該事項を変更したときも，同様とする。

3　消防長又は消防署長は，第1項の自衛消防組織が置かれていないと認める場合には，同項の権原を有する者に対し，同項の規定により自衛消防組織を置くべきことを命ずることができる。

4　第5条第3項及び第4項の規定は，前項の規定による命令について準用する。

【高層建築物等において使用する防炎対象物品の防炎性能】

第8条の3　高層建築物若しくは地下街又は劇場，キャバレー，旅館，病院その他の**政令**で定める防火対象物において使用する防炎対象物品（どん帳，カーテン，展示用合板その他これらに類する物品で政令で定めるものをいう。以下この条において同じ。）は，**政令**で定める基準以上の防炎性能を有するものでなければならない。

　　　　　　　　　　◆政令［防炎防火対象物の指定等］令第4条の3→p747

2　防炎対象物品又はその材料で前項の防炎性能を有するもの（第4項において「防

炎物品」という。）には，総務省令で定めるところにより，前項の防炎性能を有するものである旨の表示を付することができる。

3　何人も，防炎対象物品又はその材料に，前項の規定により表示を付する場合及び産業標準化法（昭和24年法律第185号）その他**政令**で定める法律の規定により防炎対象物品又はその材料の防炎性能に関する表示で総務省令で定めるもの（次項及び第5項において「指定表示」という。）を付する場合を除くほか，前項の表示又はこれと紛らわしい表示を付してはならない。

◆**政令**　令第4条の4→p747

4　防炎対象物品又はその材料は，第2項の表示又は指定表示が付されているものでなければ，防炎物品として販売し，又は販売のために陳列してはならない。

5　第1項の防火対象物の関係者は，当該防火対象物において使用する防炎対象物品について，当該防炎対象物品若しくはその材料に同項の防炎性能を与えるための処理をさせ，又は第2項の表示若しくは指定表示が付されている生地その他の材料からカーテンその他の防炎対象物品を作製させたときは，総務省令で定めるところにより，その旨を明らかにしておかなければならない。

【火の使用に関する市町村条例への規定委任】

第9条　かまど，風呂場その他火を使用する設備又はその使用に際し，火災の発生のおそれのある設備の位置，構造及び管理，こんろ，こたつその他火を使用する器具又はその使用に際し，火災の発生のおそれのある器具の取扱いその他火の使用に関し火災の予防のために必要な事項は，政令で定める基準に従い市町村条例でこれを定める。

【住宅用防災機器の設置】

第9条の2　住宅の用途に供される防火対象物（その一部が住宅の用途以外の用途に供される防火対象物にあっては，住宅の用途以外の用途に供される部分を除く。以下この条において「住宅」という。）の関係者は，次項の規定による住宅用防災機器（住宅における火災の予防に資する機械器具又は設備であって**政令**で定めるものをいう。以下この条において同じ。）の設置及び維持に関する基準に従って，住宅用防災機器を設置し，及び維持しなければならない。

◆**政令**［住宅用防災機器］令第5条の6→p748

2　住宅用防災機器の設置及び維持に関する基準その他住宅における火災の予防のために必要な事項は，**政令**で定める基準に従い市町村条例で定める。

◆**政令**［住宅用防災機器の設置及び維持に関する条例の基準］令第5条の7→p748

【圧縮アセチレンガス等の貯蔵等の届出】

第9条の3　圧縮アセチレンガス，液化石油ガスその他の火災予防又は消火活動に重大な支障を生ずるおそれのある物質で**政令**で定めるものを貯蔵し，又は取り扱う者は，あらかじめ，その旨を所轄消防長又は消防署長に届け出なければならない。ただし，船舶，自動車，航空機，鉄道又は軌道により貯蔵し，又は取り扱う場合その他**政令**で定める場合は，この限りでない。

◆**政令**［届出を要する物質の指定］危険物の規制に関する政令第1条の10→p784

2　前項の規定は，同項の貯蔵又は取扱いを廃止する場合について準用する。

【引火性物品の技術上の基準の市町村条例への規定委任】

第9条の4　危険物についてその危険性を勘案して**政令**[*1]で定める数量（以下「指定数量」という。）未満の危険物及びわら製品，木毛その他の物品で火災が発生した場合にその拡大が速やかであり，又は消火の活動が著しく困難となるものとして**政令**[*2]で定めるもの（以下「指定可燃物」という。）その他指定可燃物に類する物品の貯蔵及び取扱いの技術上の基準は，市町村条例でこれを定める。

◆政令1　［危険物の指定数量］危険物の規制に関する政令第1条の11→p785
　　　　2　［指定可燃物］危険物の規制に関する政令第1条の12　　　→p785

2　指定数量未満の危険物及び指定可燃物その他指定可燃物に類する物品を貯蔵し，又は取り扱う場所の位置，構造及び設備の技術上の基準（第17条第1項の消防用設備等の技術上の基準を除く。）は，市町村条例で定める。

第3章　危　険　物

【危険物の貯蔵及び取扱いの制限等】

第10条　指定数量以上の危険物は，貯蔵所（車両に固定されたタンクにおいて危険物を貯蔵し，又は取り扱う貯蔵所（以下「移動タンク貯蔵所」という。）を含む。以下同じ。）以外の場所でこれを貯蔵し，又は製造所，貯蔵所及び取扱所以外の場所でこれを取り扱ってはならない。ただし，所轄消防長又は消防署長の承認を受けて指定数量以上の危険物を，10日以内の期間，仮に貯蔵し，又は取り扱う場合は，この限りでない。

●関連　［貯蔵所の区分］危険物の規制に関する政令第2条→p785
　　　　［取扱所の区分］危険物の規制に関する政令第3条→p786

2　別表第1[*]に掲げる品名（第11条の4第1項において単に「品名」という。）又は指定数量を異にする2以上の危険物を同一の場所で貯蔵し，又は取り扱う場合において，当該貯蔵又は取扱いに係るそれぞれの危険物の数量を当該危険物の指定数量で除し，その商の和が1以上となるときは，当該場所は，指定数量以上の危険物を貯蔵し，又は取り扱っているものとみなす。

●関連　［別表第1］→p739

3　製造所，貯蔵所又は取扱所においてする危険物の貯蔵又は取扱は，**政令**で定める技術上の基準に従ってこれをしなければならない。

◆政令　［製造所の基準］危険物の規制に関する政令第9条〜第21条の2→p786〜799

4　製造所，貯蔵所及び取扱所の位置，構造及び設備の技術上の基準は，**政令**でこれを定める。

◆政令　［製造所の基準］危険物の規制に関する政令第9条〜第21条の2→p786〜799

【危険物施設の設置，変更等】

第11条　製造所，貯蔵所又は取扱所を設置しようとする者は，**政令**で定めるところにより，製造所，貯蔵所又は取扱所ごとに，次の各号に掲げる製造所，貯蔵所又は取扱所の区分に応じ，当該各号に定める者の許可を受けなければならない。製造所，

貯蔵所又は取扱所の位置，構造又は設備を変更しようとする者も，同様とする。

◆政令［設置の許可の申請］危険物の規制に関する政令第6条→p786

一 消防本部及び消防署を置く市町村（次号及び第三号において「消防本部等所在市町村」という。）の区域に設置される製造所，貯蔵所又は取扱所（配管によって危険物の移送の取扱いを行うもので政令で定めるもの（以下「移送取扱所」という。）を除く。） 当該市町村長

二 消防本部等所在市町村以外の市町村の区域に設置される製造所，貯蔵所又は取扱所（移送取扱所を除く。） 当該区域を管轄する都道府県知事

三 一の消防本部等所在市町村の区域のみに設置される移送取扱所 当該市町村長

四 前号の移送取扱所以外の移送取扱所 当該移送取扱所が設置される区域を管轄する都道府県知事（2以上の都道府県の区域にわたって設置されるものについては，総務大臣）

2 前項各号に掲げる製造所，貯蔵所又は取扱所の区分に応じ当該各号に定める市町村長，都道府県知事又は総務大臣（以下この章及び次章において「市町村長等」という。）は，同項の規定による許可の申請があった場合において，その製造所，貯蔵所又は取扱所の位置，構造及び設備が前条第4項の技術上の基準に適合し，かつ，当該製造所，貯蔵所又は取扱所においてする危険物の貯蔵又は取扱いが公共の安全の維持又は災害の発生の防止に支障を及ぼすおそれがないものであるときは，許可を与えなければならない。

3 総務大臣は，移送取扱所について第1項第四号の規定による許可をしようとするときは，その旨を関係都道府県知事に通知しなければならない。この場合においては，関係都道府県知事は，当該許可に関し，総務大臣に対し，意見を申し出ることができる。

4 関係市町村長は，移送取扱所についての第1項第四号の規定による許可に関し，当該都道府県知事又は総務大臣に対し，意見を申し出ることができる。

5 第1項の規定による許可を受けた者は，製造所，貯蔵所若しくは取扱所を設置したとき又は製造所，貯蔵所若しくは取扱所の位置，構造若しくは設備を変更したときは，当該製造所，貯蔵所又は取扱所につき市町村長等が行う完成検査を受け，これらが前条第4項の技術上の基準に適合していると認められた後でなければ，これを使用してはならない。ただし，製造所，貯蔵所又は取扱所の位置，構造又は設備を変更する場合において，当該製造所，貯蔵所又は取扱所のうち当該変更の工事に係る部分以外の部分の全部又は一部について市町村長等の承認を受けたときは，完成検査を受ける前においても，仮に，当該承認を受けた部分を使用することができる。

6 製造所，貯蔵所又は取扱所の譲渡又は引渡があったときは，譲受人又は引渡を受けた者は，第1項の規定による許可を受けた者の地位を承継する。この場合において，同項の規定による許可を受けた者の地位を承継した者は，遅滞なくその旨を市町村長等に届け出なければならない。

7 市町村長等は，政令で定める製造所，貯蔵所又は取扱所について第1項の規定に

よる許可（同項後段の規定による許可で総務省令で定める軽易な事項に係るものを除く。）をしたときは，政令で定めるところにより，その旨を国家公安委員会若しくは都道府県公安委員会又は海上保安庁長官に通報しなければならない。

【危険物保安監督者】

第13条 政令で定める製造所，貯蔵所又は取扱所の所有者，管理者又は占有者は，甲種危険物取扱者（甲種危険物取扱者免状の交付を受けている者をいう。以下同じ。）又は乙種危険物取扱者（乙種危険物取扱者免状の交付を受けている者をいう。以下同じ。）で，6月以上危険物取扱いの実務経験を有するもののうちから危険物保安監督者を定め，総務省令で定めるところにより，その者が取り扱うことができる危険物の取扱作業に関して保安の監督をさせなければならない。

2　製造所，貯蔵所又は取扱所の所有者，管理者又は占有者は，前項の規定により危険物保安監督者を定めたときは，遅滞なくその旨を市町村長等に届け出なければならない。これを解任したときも，同様とする。

3　製造所，貯蔵所又は取扱所においては，危険物取扱者（危険物取扱者免状の交付を受けている者をいう。以下同じ。）以外の者は，甲種危険物取扱者又は乙種危険物取扱者が立ち会わなければ，危険物を取り扱ってはならない。

【保安検査及びその審査の委託】

第14条の3 政令で定める屋外タンク貯蔵所又は移送取扱所の所有者，管理者又は占有者は，政令で定める時期ごとに，当該屋外タンク貯蔵所又は移送取扱所に係る構造及び設備に関する事項で政令で定めるものが第10条第4項の技術上の基準に従って維持されているかどうかについて，市町村長等が行う保安に関する検査を受けなければならない。

2　政令で定める屋外タンク貯蔵所の所有者，管理者又は占有者は，当該屋外タンク貯蔵所について，不等沈下その他の政令で定める事由が生じた場合には，当該屋外タンク貯蔵所に係る構造及び設備に関する事項で政令で定めるものが第10条第4項の技術上の基準に従って維持されているかどうかについて，市町村長等が行う保安に関する検査を受けなければならない。

3　第1項（屋外タンク貯蔵所に係る部分に限る。）又は前項の場合には，市町村長等は，これらの規定に規定する屋外タンク貯蔵所に係る構造及び設備に関する事項で政令で定めるものが第10条第4項の技術上の基準に従って維持されているかどうかの審査を協会に委託することができる。

【映写室の構造設備】

第15条 常時映画を上映する建築物その他の工作物に設けられた映写室で緩燃性でない映画を映写するものは，**政令**で定める技術上の基準に従い，構造及び設備を具備しなければならない。

◆**政令**［映写室の基準］危険物の規制に関する政令第39条→p800

第4章　消防の設備等

【消防用設備等の設置，維持】

第17条　学校，病院，工場，事業場，興行場，百貨店，旅館，飲食店，地下街，複合用途防火対象物その他の防火対象物で**政令**[*1]で定めるものの関係者は，**政令**[*2]で定める消防の用に供する設備，消防用水及び消火活動上必要な施設（以下「消防用設備等」という。）について消火，避難その他の消防の活動のために必要とされる性能を有するように，**政令**[*3]で定める技術上の基準に従って，設置し，及び維持しなければならない。

◆政令　1 ［防火対象物の指定］令第6条　→p749
　　　　2 ［消防用設備等の種類］令第7条　→p749
　　　　3 ［消火器具に関する基準］令第10条　→p751
　　　　 ［屋内消火栓設備に関する基準］令第11条　→p752
　　　　 ［スプリンクラー設備に関する基準］令第12条　→p754
　　　　 ［水噴霧消火設備等を設置すべき防火対象物］令第13条　→p758
　　　　 ［水噴霧消火設備に関する基準］令第14条　→p759
　　　　 ［泡消火設備に関する基準］令第15条　→p759
　　　　 ［不活性ガス消火設備に関する基準］令第16条　→p760
　　　　 ［ハロゲン化物消火設備に関する基準］令第17条　→p761
　　　　 ［粉末消火設備に関する基準］令第18条　→p761
　　　　 ［屋外消火栓設備に関する基準］令第19条　→p762
　　　　 ［動力消防ポンプ設備に関する基準］令第20条　→p763
　　　　 ［自動火災報知設備に関する基準］令第21条　→p764
　　　　 ［ガス漏れ火災警報設備に関する基準］令第21条の2　→p766
　　　　 ［漏電火災警報器に関する基準］令第22条　→p767
　　　　 ［消防機関へ通報する火災報知設備に関する基準］令第23条　→p767
　　　　 ［非常警報器具又は非常警報設備に関する基準］令第24条　→p768
　　　　 ［避難器具に関する基準］令第25条　→p768
　　　　 ［誘導灯及び誘導標識に関する基準］令第26条　→p770
　　　　 ［消防用水に関する基準］令第27条　→p771
　　　　 ［排煙設備に関する基準］令第28条　→p772
　　　　 ［連結散水設備に関する基準］令第28条の2　→p773
　　　　 ［連結送水管に関する基準］令第29条　→p773
　　　　 ［非常コンセント設備に関する基準］令第29条の2　→p774
　　　　 ［無線通信補助設備に関する基準］令第29の3　→p774
　　　　 ［必要とされる防火安全性能を有する消防の用に供する設備等に関する基準］令第29条の4 →p775

2　市町村は，その地方の気候又は風土の特殊性により，前項の消防用設備等の技術上の基準に関する政令又はこれに基づく命令の規定のみによっては防火の目的を充分に達し難いと認めるときは，条例で，同項の消防用設備等の技術上の基準に関して，当該政令又はこれに基づく命令の規定と異なる規定を設けることができる。

3　第1項の防火対象物の関係者が，同項の政令若しくはこれに基づく命令又は前項の規定に基づく条例で定める技術上の基準に従って設置し，及び維持しなければならない消防用設備等に代えて，特殊の消防用設備等その他の設備等（以下「特殊消防用設備等」という。）であって，当該消防用設備等と同等以上の性能を有し，かつ，当該関係者が総務省令で定めるところにより作成する特殊消防用設備等の設置

及び維持に関する計画（以下「設備等設置維持計画」という。）に従って設置し，及び維持するものとして，総務大臣の認定を受けたものを用いる場合には，当該消防用設備等（それに代えて当該認定を受けた特殊消防用設備等が用いられるものに限る。）については，前2項の規定は，適用しない。

【適用除外】

第17条の2の5 第17条第1項の消防用設備等の技術上の基準に関する**政令**若しくはこれに基づく命令又は同条第2項の規定に基づく条例の規定の施行又は適用の際，現に存する同条第1項の防火対象物における消防用設備等（消火器，避難器具その他政令で定めるものを除く。以下この条及び次条において同じ。）又は現に新築，増築，改築，移転，修繕若しくは模様替えの工事中の同条同項の防火対象物に係る消防用設備等がこれらの規定に適合しないときは，当該消防用設備等については，当該規定は，適用しない。この場合においては，当該消防用設備等の技術上の基準に関する従前の規定を適用する。

◆**政令**［適用が除外されない消防用設備等］令第34条→p776

2 前項の規定は，消防用設備等で次の各号のいずれかに該当するものについては，適用しない。

一 第17条第1項の消防用設備等の技術上の基準に関する政令若しくはこれに基づく命令又は同条第2項の規定に基づく条例を改正する法令による改正（当該政令若しくは命令又は条例を廃止すると同時に新たにこれに相当する政令若しくは命令又は条例を制定することを含む。）後の当該政令若しくは命令又は条例の規定の適用の際，当該規定に相当する従前の規定に適合していないことにより同条第1項の規定に違反している同条同項の防火対象物における消防用設備等

二 工事の着手が第17条第1項の消防用設備等の技術上の基準に関する政令若しくはこれに基づく命令又は同条第2項の規定に基づく条例の規定の施行又は適用の後である**政令**で定める増築，改築又は大規模の修繕若しくは模様替えに係る同条第1項の防火対象物における消防用設備等

◆**政令**［増築及び改築の範囲］令第34条の2　　　　　　→p777
［大規模の修繕及び模様替えの範囲］令第34条の3→p777

三 第17条第1項の消防用設備等の技術上の基準に関する政令若しくはこれに基づく命令又は同条第2項の規定に基づく条例の規定に適合するに至った同条第1項の防火対象物における消防用設備等

四 前3号に掲げるもののほか，第17条第1項の消防用設備等の技術上の基準に関する政令若しくはこれに基づく命令又は同条第2項の規定に基づく条例の規定の施行又は適用の際，現に存する百貨店，旅館，病院，地下街，複合用途防火対象物（**政令**で定めるものに限る。）その他同条第1項の防火対象物で多数の者が出入するものとして**政令**で定めるもの（以下「特定防火対象物」という。）における消防用設備等又は現に新築，増築，改築，移転，修繕若しくは模様替えの工事中の特定防火対象物に係る消防用設備等

◆**政令**［適用が除外されない防火対象物の範囲］令第34条の4→p777

第17条の3　前条に規定する場合のほか，第17条第1項の防火対象物の用途が変更されたことにより，当該用途が変更された後の当該防火対象物における消防用設備等がこれに係る同条同項の消防用設備等の技術上の基準に関する政令若しくはこれに基づく命令又は同条第2項の規定に基づく条例の規定に適合しないこととなるときは，当該消防用設備等については，当該規定は，適用しない。この場合においては，当該用途が変更される前の当該防火対象物における消防用設備等の技術上の基準に関する規定を適用する。

2　前項の規定は，消防用設備等で次の各号の一に該当するものについては，適用しない。

一　第17条第1項の防火対象物の用途が変更された際，当該用途が変更される前の当該防火対象物における消防用設備等に係る同条同項の消防用設備等の技術上の基準に関する**政令**若しくはこれに基づく命令又は同条第2項の規定に基づく条例の規定に適合していないことにより同条第1項の規定に違反している当該防火対象物における消防用設備等

◆**政令**　令第8条～第32条→p750～776

二　工事の着手が第17条第1項の防火対象物の用途の変更の後である**政令**で定める増築，改築又は大規模の修繕若しくは模様替えに係る当該防火対象物における消防用設備等

◆**政令**［増築及び改築の範囲］令第34条の2　　　→p777
［大規模の修繕及び模様替えの範囲］令第34条の3→p777

三　第17条第1項の消防用設備等の技術上の基準に関する**政令**若しくはこれに基づく命令又は同条第2項の規定に基づく条例の規定に適合するに至った同条第1項の防火対象物における消防用設備等

◆**政令**　令第6条～第32条→p749～776

四　前3号に掲げるもののほか，第17条第1項の防火対象物の用途が変更され，その変更後の用途が特定防火対象物の用途である場合における当該特定防火対象物における消防用設備等

●**関連**［特定防火対象物］法第17条の2の5第2項第四号→p734

【消防用設備等又は特殊消防用設備等の検査】

第17条の3の2　第17条第1項の防火対象物のうち特定防火対象物その他の**政令**で定めるものの関係者は，同項の政令若しくはこれに基づく命令若しくは同条第2項の規定に基づく条例で定める技術上の基準（第17条の2の5第1項前段又は前条第1項前段に規定する場合には，それぞれ第17条の2の5第1項後段又は前条第1項後段の規定により適用されることとなる技術上の基準とする。以下「設備等技術基準」という。）又は設備等設置維持計画に従って設置しなければならない消防用設備等又は特殊消防用設備等（政令で定めるものを除く。）を設置したときは，総務省令で定めるところにより，その旨を消防長又は消防署長に届け出て，検査を受けなければならない。

◆**政令**［消防機関の検査を受けなければならない防火対象物等］令第35条→p777

【消防用設備等又は特殊消防用設備等についての点検及び報告】

第17条の3の3　第17条第1項の防火対象物（**政令**で定めるものを除く。）の関係者
は，当該防火対象物における消防用設備等又は特殊消防用設備等（第8条の2の2
第1項の防火対象物にあっては，消防用設備等又は特殊消防用設備等の機能）につ
いて，総務省令で定めるところにより，定期に，当該防火対象物のうち政令で定め
るものにあっては消防設備士免状の交付を受けている者又は総務省令で定める資格
を有する者に点検させ，その他のものにあっては自ら点検し，その結果を消防長又
は消防署長に報告しなければならない。

◆**政令**［消防用設備等又は特殊消防設備等について点検を要しない防火対象物等］令第36条→p778

【基準違反の場合の必要な措置命令】

第17条の4　消防長又は消防署長は，第17条第1項の防火対象物における消防用設備
等が設備等技術基準に従って設置され，又は維持されていないと認めるときは，当
該防火対象物の関係者で権原を有するものに対し，当該設備等技術基準に従ってこ
れを設置すべきこと，又はその維持のため必要な措置をなすべきことを命ずること
ができる。

2　消防長又消防署長は，第17条第1項の防火対象物における同条第3項の規定によ
る認定を受けた特殊消防用設備等が設備等設置維持計画に従って設置され，又は維
持されていないと認めるときは，当該防火対象物の関係者で権原を有するものに対
し，当該設備等設置維持計画に従ってこれを設置すべきこと，又はその維持のため
必要な措置をなすべきことを命ずることができる。

3　第5条第3項及び第4項の規定は，前2項の規定による命令について準用する。

【消防設備士免状のない者の工事等の制限】

第17条の5　消防設備士免状の交付を受けていない者は，次に掲げる消防用設備等又
は特殊消防用設備等の工事（設置に係るものに限る。）又は整備のうち，**政令**で定
めるものを行ってはならない。

◆**政令**［消防設備士でなければ行ってはならない工事又は整備］令第36条の2→p778

一　第10条第4項の技術上の基準又は設備等技術基準に従って設置しなければならな
い消防用設備等

二　設備等設置維持計画に従って設置しなければならない特殊消防用設備等

【工事に関する事前届出】

第17条の14　甲種消防設備士は，第17条の5の規定に基づく**政令**で定める工事をしよ
うとするときは，その工事に着手しようとする日の10日前までに，総務省令で定め
るところにより，工事整備対象設備等の種類，工事の場所その他必要な事項を消防
長又は消防署長に届け出なければならない。

◆**政令**［消防設備士でなければ行ってはならない工事又は整備］令第36条の2→p778

第4章の2　消防の用に供する機械器具等の検定等

第1節　検定対象機械器具等の検定

【検定】

第21条の2　消防の用に供する機械器具若しくは設備，消火薬剤又は防火塗料，防火液その他の防火薬品（以下「消防の用に供する機械器具等」という。）のうち，一定の形状，構造，材質，成分及び性能（以下「形状等」という。）を有しないときは火災の予防若しくは警戒，消火又は人命の救助等のために重大な支障を生ずるおそれのあるものであり，かつ，その使用状況からみて当該形状等を有することについてあらかじめ検査を受ける必要があると認められるものであって，**政令**で定めるもの（以下「検定対象機械器具等」という。）については，この節に定めるところにより検定をするものとする。

◆政令［検定対象機械器具等の範囲］令第37条→p779

2　この節において「型式承認」とは，検定対象機械器具等の型式に係る形状等が**総務省令**で定める検定対象機械器具等に係る技術上の規格に適合している旨の承認をいう。

◆総務省令［住宅用防災警報器及び住宅用防災報知設備に係る技術上の規格を定める省令］→p803

3　この節において「型式適合検定」とは，検定対象機械器具等の形状等が型式承認を受けた検定対象機械器具等の型式に係る形状等に適合しているかどうかについて総務省令で定める方法により行う検定をいう。

4　検定対象機械器具等は，第21条の9第1項（第21条の11第3項において準用する場合を含む。以下この項において同じ。）の規定による表示が付されているものでなければ，販売し，又は販売の目的で陳列してはならず，また，検定対象機械器具等のうち消防の用に供する機械器具又は設備は，第21条の9第1項の規定による表示が付されているものでなければ，その設置，変更又は修理の請負に係る工事に使用してはならない。

【型式承認の失効】

第21条の5　総務大臣は，第21条の2第2項に規定する技術上の規格が変更され，既に型式承認を受けた検定対象機械器具等の型式に係る形状等が当該変更後の同項に規定する技術上の規格に適合しないと認めるときは，当該型式承認の効力を失わせ，又は一定の期間が経過した後に当該型式承認の効力が失われることとするものとする。

2　総務大臣は，前項の規定により，型式承認の効力を失わせたとき，又は一定の期間が経過した後に型式承認の効力が失われることとしたときは，その旨を公示するとともに，当該型式承認を受けた者に通知しなければならない。

3　第1項の規定による処分は，前項の規定による公示によりその効力を生ずる。

第2節　自主表示対象機械器具等の表示等

【自主表示対象機械器具等】

第21条の16の2　検定対象機械器具等以外の消防の用に供する機械器具等のうち，一定の形状等を有しないときは火災の予防若しくは警戒，消火又は人命の救助等のために重大な支障を生ずるおそれのあるものであって，**政令**で定めるもの（以下「自主表示対象機械器具等」という。）は，次条第1項の規定による表示が付されているものでなければ，販売し，又は販売の目的で陳列してはならず，また，自主表示対象機械器具等のうち消防の用に供する機械器具又は設備は，同項の規定による表示が付されているものでなければ，その設置，変更又は修理の請負に係る工事に使用してはならない。

◆**政令**〔自主表示対象機械器具等の範囲〕令第41条→p780

【自主表示対象機械器具等の表示】

第21条の16の3　自主表示対象機械器具等の製造又は輸入を業とする者は，自主表示対象機械器具等について，その形状等が総務省令で定める自主表示対象機械器具等に係る技術上の規格に適合しているかどうかについて総務省令で定める方法により検査を行い，その形状等が当該技術上の規格に適合する場合には，総務省令で定めるところにより，当該技術上の規格に適合するものである旨の表示を付することができる。

2　何人も，消防の用に供する機械器具等に，前項に規定する場合を除くほか同項の表示を付してはならず，又は同項の表示と紛らわしい表示を付してはならない。

3　自主表示対象機械器具等の製造又は輸入を業とする者は，総務省令で定めるところにより，第1項の自主表示対象機械器具等の検査に係る記録を作成し，これを保存しなければならない。

　　　附　則　（略）

別表第1　（第2条，第10条，第11条の4関係）

類　別	性　　　質	品　　　　　名
第一類	酸化性固体	一　塩素酸塩類 二　過塩素酸塩類 三　無機過酸化物 四　亜塩素酸塩類 五　臭素酸塩類 六　硝酸塩類 七　よう素酸塩類 八　過マンガン酸塩類 九　重クロム酸塩類 十　その他のもので**政令**で定めるもの 　　　◆**政令**［**危険物の規制に関する政令**］第1条第1項→p784 十一　前各号に掲げるもののいずれかを含有するもの
第二類	可燃性固体	一　硫化りん 二　赤りん 三　硫黄 四　鉄粉 五　金属粉 六　マグネシウム 七　その他のもので政令で定めるもの 八　前各号に掲げるもののいずれかを含有するもの 九　引火性固体
第三類	自然発火性物質及び 禁水性物質	一　カリウム 二　ナトリウム 三　アルキルアルミニウム 四　アルキルリチウム 五　黄りん 六　アルカリ金属（カリウム及びナトリウムを除く。）及びアルカリ土類金属 七　有機金属化合物（アルキルアルミニウム及びアルキルリチウムを除く。） 八　金属の水素化物 九　金属のりん化物 十　カルシウム又はアルミニウムの炭化物 十一　その他のもので**政令**で定めるもの 　　　◆**政令**［**危険物の規制に関する政令**］第1条第2項→p784 十二　前各号に掲げるもののいずれかを含有するもの
第四類	引火性液体	一　特殊引火物 二　第一石油類 三　アルコール類 四　第二石油類 五　第三石油類 六　第四石油類 七　動植物油類

第五類	自己反応性物質	一　有機過酸化物 二　硝酸エステル類 三　ニトロ化合物 四　ニトロソ化合物 五　アゾ化合物 六　ジアゾ化合物 七　ヒドラジンの誘導体 八　ヒドロキシルアミン 九　ヒドロキシルアミン塩類 十　その他のもので**政令**で定めるもの 　　　◆政令［危険物の規制に関する政令］第 1 条第 3 項→p784 十一　前各号に掲げるもののいずれかを含有するもの
第六類	酸化性液体	一　過塩素酸 二　過酸化水素 三　硝酸 四　その他のもので**政令**で定めるもの 　　　◆政令［危険物の規制に関する政令］第 1 条第 4 項→p784 五　前各号に揚げるもののいずれかを含有するもの

備考

一　酸化性固体とは，固体（液体（1 気圧において，温度20℃で液状であるもの又は温度20℃を超え40℃以下の間において液状となるものをいう。以下同じ。）又は気体（1 気圧において，温度20℃で気体状であるものをいう。）以外のものをいう。以下同じ。）であって，酸化力の潜在的な危険性を判断するための政令で定める試験において政令で定める性状を示すもの又は衝撃に対する敏感性を判断するための政令で定める試験において政令で定める性状を示すものであることをいう。

二　可燃性固体とは，固体であって，火災による着火の危険性を判断するための政令で定める試験において政令で定める性状を示すもの又は引火の危険性を判断するための政令で定める試験において引火性を示すものであることをいう。

三　鉄粉とは，鉄の粉をいい，粒度等を勘案して総務省令で定めるものを除く。

四　硫化りん，赤りん，硫黄及び鉄粉は，備考第二号に規定する性状を示すものとみなす。

五　金属粉とは，アルカリ金属，アルカリ土類金属，鉄及びマグネシウム以外の金属の粉をいい，粒度等を勘案して総務省令で定めるものを除く。

六　マグネシウム及び第二類の項第八号の物品のうちマグネシウムを含有するものにあっては，形状等を勘案して総務省令で定めるものを除く。

七　引火性固体とは，固形アルコールその他 1 気圧において引火点が40℃未満のものをいう。

八　自然発火性物質及び禁水性物質とは，固体又は液体であって，空気中での発火の危険性を判断するための政令で定める試験において政令で定める性状を示すもの又は水と接触して発火し，若しくは可燃性ガスを発生する危険性を判断するための政令で定める試験において政令で定める性状を示すものであることをいう。

九　カリウム，ナトリウム，アルキルアルミニウム，アルキルリチウム及び黄りんは，前号に規定する性状を示すものとみなす。

十　引火性液体とは，液体（第三石油類，第四石油類及び動植物油類にあっては，1 気圧において，温度20℃で液状であるものに限る。）であって，引火の危険性を判断するための政令で定める試験において引火性を示すものであることをいう。

十一 特殊引火物とは，ジエチルエーテル，二硫化炭素その他1気圧において，発火点が100 ℃以下のもの又は引火点が零下20℃以下で沸点が40℃以下のものをいう。

十二 第一石油類とは，アセトン，ガソリンその他1気圧において引火点が21℃未満のもの をいう。

十三 アルコール類とは，1分子を構成する炭素の原子の数が1個から3個までの飽和一価 アルコール（変性アルコールを含む。）をいい，組成等を勘案して総務省令で定めるも のを除く。

十四 第二石油類とは，灯油，軽油その他1気圧において引火点が21℃以上70℃未満のもの をいい，塗料類その他の物品であって，組成等を勘案して総務省令で定めるものを除く。

十五 第三石油類とは，重油，クレオソート油その他1気圧において引火点が70℃以上200 ℃未満のものをいい，塗料類その他の物品であって，組成を勘案して総務省令で定める ものを除く。

十六 第四石油類とは，ギヤー油，シリンダー油その他1気圧において引火点が200℃以上 250℃未満のものをいい，塗料類その他の物品であって，組成を勘案して総務省令で定 めるものを除く。

十七 動植物油類とは，動物の脂肉等又は植物の種子若しくは果肉から抽出したものであっ て，1気圧において引火点が250℃未満のものをいい，総務省令で定めるところにより 貯蔵保管されているものを除く。

十八 自己反応性物質とは，固体又は液体であって，爆発の危険性を判断するための政令で 定める試験において政令で定める性状を示すもの又は加熱分解の激しさを判断するため の政令で定める試験において政令で定める性状を示すものであることをいう。

十九 第五類の項第11号の物品にあっては，有機過酸化物を含有するもののうち不活性の固 体を含有するもので，総務省令で定めるものを除く。

二十 酸化性液体とは，液体であって，酸化力の潜在的な危険性を判断するための政令で定 める試験において政令で定める性状を示すものであることをいう。

二一 この表の性質欄に掲げる性状の2以上を有する物品の属する品名は，総務省令で定め る。

別表第2 （略）

別表第3 （略）

消防法施行令［抄］

昭和36年3月25日　政令第37号
最終改正　令和4年9月14日　政令第305号

【消防長等の同意を要する住宅】

第1条　消防法（以下「法」という。）第7条第1項ただし書の政令で定める住宅は，一戸建ての住宅で住宅の用途以外の用途に供する部分の床面積の合計が延べ面積の1/2以上であるもの又は50m²を超えるものとする。

【防火管理者を定めなければならない防火対象物等】

第1条の2　法第8条第1項の政令で定める大規模な小売店舗は，延べ面積が1,000m²以上の小売店舗で百貨店以外のものとする。

2　法第8条第1項の政令で定める2以上の用途は，異なる2以上の用途のうちに別表第1(1)項から(15)項までに掲げる防火対象物の用途のいずれかに該当する用途が含まれている場合における当該2以上の用途とする。この場合において，当該異なる2以上の用途のうちに，一の用途で，当該一の用途に供される防火対象物の部分がその管理についての権原，利用形態その他の状況により他の用途に供される防火対象物の部分の従属的な部分を構成すると認められるものがあるときは，当該一の用途は，当該他の用途に含まれるものとする。

3　法第8条第1項の政令で定める防火対象物は，次に掲げる防火対象物とする。

一　別表第1に掲げる防火対象物（同表(16の3)項及び(18)項から(20)項までに掲げるものを除く。次条において同じ。）のうち，次に掲げるもの

イ　別表第1(6)項ロ，(16)項及び(16の2)項に掲げる防火対象物（同表(16)項イ及び(16の2)項に掲げる防火対象物にあっては，同表(6)項ロに掲げる防火対象物の用途に供される部分が存するものに限る。）で，当該防火対象物に出入し，勤務し，又は居住する者の数（以下「収容人員」という。）が10人以上のもの

ロ　別表第1(1)項から(4)項まで，(5)項イ，(6)項イ，ハ及びニ，(9)項イ，(16)項イ並びに(16の2)項に掲げる防火対象物（同表(16)項イ及び(16の2)項に掲げる防火対象物にあっては，同表(6)項ロに掲げる防火対象物の用途に供される部分が存するものを除く。）で，収容人員が30人以上のもの

ハ　別表第1(5)項ロ，(7)項，(8)項，(9)項ロ，(10)項から(15)項まで，(16)項ロ及び(17)項に掲げる防火対象物で，収容人員が50人以上のもの

二　新築の工事中の次に掲げる建築物で，収容人員が50人以上のもののうち，総務省令で定めるもの

イ　地階を除く階数が11以上で，かつ，延べ面積が10,000m²以上である建築物

ロ　延べ面積が50,000m²以上である建築物

ハ　地階の床面積の合計が5,000m²以上である建築物

三　建造中の旅客船（船舶安全法（昭和8年法律第11号）第8条に規定する旅客船

をいう。）で，収容人員が50人以上で，かつ，甲板数が11以上のもののうち，総
務省令で定めるもの

4　収容人員の算定方法は，総務省令で定める。

【防火管理者の資格】

第3条　法第8条第1項の政令で定める資格を有する者は，次の各号に掲げる防火対
象物の区分に応じ，当該各号に定める者で，当該防火対象物において防火管理上必
要な業務を適切に遂行することができる管理的又は監督的な地位にあるものとす
る。

一　第1条の2第3項各号に掲げる防火対象物（同項第一号ロ及びハに掲げる防火
対象物にあっては，次号に掲げるものを除く。）（以下この条において「甲種防火
対象物」という。）　次のいずれかに該当する者

イ　都道府県知事，消防本部及び消防署を置く市町村の消防長又は法人であって
総務省令で定めるところにより総務大臣の登録を受けたものが行う甲種防火対
象物の防火管理に関する講習（第4項において「甲種防火管理講習」という。）
の課程を修了した者

ロ　学校教育法（昭和22年法律第26号）による大学又は高等専門学校において総
務大臣の指定する防災に関する学科又は課程を修めて卒業した者（当該学科又
は課程を修めて同法による専門職大学の前期課程を修了した者を含む。）で，
1年以上防火管理の実務経験を有するもの

ハ　市町村の消防職員で，管理的又は監督的な職に1年以上あった者

ニ　イからハまでに掲げる者に準ずる者で，総務省令で定めるところにより，防
火管理者として必要な学識経験を有すると認められるもの

二　第1条の2第3項第一号ロ及びハに掲げる防火対象物で，延べ面積が，別表第
1⑴項から⑷項まで，⑸項イ，⑹項イ，ハ及びニ，⑼項イ，⒃項イ並びに（16の2）
項に掲げる防火対象物にあっては300m²未満，その他の防火対象物にあっては500
m²未満のもの（以下この号において「乙種防火対象物」という。）　次のいず
れかに該当する者

イ　都道府県知事，消防本部及び消防署を置く市町村の消防長又は法人であって
総務省令で定めるところにより総務大臣の登録を受けたものが行う乙種防火対
象物の防火管理に関する講習（第4項において「乙種防火管理講習」という。）
の課程を修了した者

ロ　前号イからニまでに掲げる者

2　共同住宅その他総務省令で定める防火対象物で，管理的又は監督的な地位にある
者のいずれもが遠隔の地に勤務していることその他の事由により防火管理上必要な
業務を適切に遂行することができないと消防長（消防本部を置かない市町村におい
ては，市町村長。以下同じ。）又は消防署長が認めるものの管理について権原を有
する者が，当該防火対象物に係る防火管理者を定める場合における前項の規定の適
用については，同項中「防火管理上必要な業務を適切に遂行することができる管理
的又は監督的な地位にあるもの」とあるのは，「防火管理上必要な業務を適切に遂

行するために必要な権限及び知識を有するものとして総務省令で定める要件を満たすもの」とする。

3　甲種防火対象物でその管理について権原が分かれているものの管理について権原を有する者がその権原に属する防火対象物の部分で総務省令で定めるものに係る防火管理者を定める場合における第1項（前項の規定により読み替えて適用する場合を含む。）の規定の適用については，法第8条第1項の政令で定める資格を有する者は，第1項第一号に掲げる者のほか，同項第二号イに掲げる者とすることができる。

4　甲種防火管理講習及び乙種防火管理講習の実施に関し必要な事項は，総務省令で定める。

【防火管理者の責務】

第3条の2　防火管理者は，総務省令で定めるところにより，当該防火対象物についての防火管理に係る消防計画を作成し，所轄消防長又は消防署長に届け出なければならない。

2　防火管理者は，前項の消防計画に基づいて，当該防火対象物について消火，通報及び避難の訓練の実施，消防の用に供する設備，消防用水又は消火活動上必要な施設の点検及び整備，火気の使用又は取扱いに関する監督，避難又は防火上必要な構造及び設備の維持管理並びに収容人員の管理その他防火管理上必要な業務を行わなければならない。

3　防火管理者は，防火管理上必要な業務を行うときは，必要に応じて当該防火対象物の管理について権原を有する者の指示を求め，誠実にその職務を遂行しなければならない。

4　防火管理者は，消防の用に供する設備，消防用水若しくは消火活動上必要な施設の点検及び整備又は火気の使用若しくは取扱いに関する監督を行うときは，火元責任者その他の防火管理の業務に従事する者に対し，必要な指示を与えなければならない。

【統括防火管理者を定めなければならない防火対象物】

第3条の3　法第8条の2第1項の政令で定める防火対象物は，次に掲げる防火対象物とする。

　一　別表第1(6)項ロ及び(16)項イに掲げる防火対象物（同表(16)項イに掲げる防火対象物にあっては，同表(6)項ロに掲げる防火対象物の用途に供される部分が存するものに限る。）のうち，地階を除く階数が3以上で，かつ，収容人員が10人以上のもの

　二　別表第1(1)項から(4)項まで，(5)項イ，(6)項イ，ハ及びニ，(9)項イ並びに(16)項イに掲げる防火対象物（同表(16)項イに掲げる防火対象物にあっては，同表(6)項ロに掲げる防火対象物の用途に供される部分が存するものを除く。）のうち，地階を除く階数が3以上で，かつ，収容人員が30人以上のもの

　三　別表第1(16)項ロに掲げる防火対象物のうち，地階を除く階数が5以上で，かつ，収容人員が50人以上のもの

　四　別表第1(16の3)項に掲げる防火対象物

【統括防火管理者の資格】

第４条 法第８条の２第１項の政令で定める資格を有する者は，次の各号に掲げる防火対象物の区分に応じ，当該各号に定める者で，当該防火対象物の全体についての防火管理上必要な業務を適切に遂行するために必要な権限及び知識を有するものとして総務省令で定める要件を満たすものとする。

一 次に掲げる防火対象物 第３条第１項第一号に定める者

　イ 法第８条の２第１項に規定する高層建築物（次号イに掲げるものを除く。）

　ロ 前条各号に掲げる防火対象物（次号ロ，ハ及びニに掲げるものを除く。）

　ハ 法第８条の２第１項に規定する地下街（次号ホに掲げるものを除く。）

二 次に掲げる防火対象物 第３条第１項第二号に定める者

　イ 法第８条の２第１項に規定する高層建築物で，次に掲げるもの

　　(1) 別表第１(1)項から(4)項まで，(5)項イ，(6)項イ，ハ及びニ，(9)項イ並びに(16)項イに掲げる防火対象物（同表(16)項イに掲げる防火対象物にあっては，同表(6)項ロに掲げる防火対象物の用途に供される部分が存するものを除く。）で，延べ面積が300m²未満のもの

　　(2) 別表第１(5)項ロ，(7)項，(8)項，(9)項ロ，(10)項から(15)項まで，(16)項ロ及び(17)項に掲げる防火対象物で，延べ面積が500m²未満のもの

　ロ 前条第二号に掲げる防火対象物で，延べ面積が300m²未満のもの

　ハ 前条第三号に掲げる防火対象物で，延べ面積が500m²未満のもの

　ニ 前条第四号に掲げる防火対象物（別表第１(6)項ロに掲げる防火対象物の用途に供される部分が存するものを除く。）で，延べ面積が300m²未満のもの

　ホ 法第８条の２第１項に規定する地下街（別表第１(6)項ロに掲げる防火対象物の用途に供される部分が存するものを除く。）で，延べ面積が300m²未満のもの

【統括防火管理者の責務】

第４条の２ 統括防火管理者は，総務省令で定めるところにより，当該防火対象物の全体についての防火管理に係る消防計画を作成し，所轄消防長又は消防署長に届け出なければならない。

2 統括防火管理者は，前項の消防計画に基づいて，消火，通報及び避難の訓練の実施，当該防火対象物の廊下，階段，避難口その他の避難上必要な施設の管理その他当該防火対象物の全体についての防火管理上必要な業務を行わなければならない。

3 統括防火管理者は，防火対象物の全体についての防火管理上必要な業務を行うときは，必要に応じて当該防火対象物の管理について権原を有する者の指示を求め，誠実にその職務を遂行しなければならない。

【火災の予防上必要な事項等について点検を要する防火対象物】

第４条の２の２ 法第８条の２の２第１項の政令で定める防火対象物は，別表第１(1)項から(4)項まで，(5)項イ，(6)項，(9)項イ，(16)項イ及び(16の2)項に掲げる防火対象物であって，次に掲げるものとする。

一 収容人員が300人以上のもの

　二　前号に掲げるもののほか，別表第１⑴項から⑷項まで，⑸項イ，⑹項又は⑼項
　　イに掲げる防火対象物の用途に供される部分が避難階（建築基準法施行令（昭和
　　25年政令第338号）第13条第一号に規定する避難階をいう。以下同じ。）以外の階
　　（１階及び２階を除くものとし，総務省令で定める避難上有効な開口部を有しな
　　い壁で区画されている部分が存する場合にあっては，その区画された部分とす
　　る。以下この号，第21条第１項第七号，第35条第１項第四号及び第36条第２項第
　　三号において「避難階以外の階」という。）に存する防火対象物で，当該避難階
　　以外の階から避難階又は地上に直通する階段（建築基準法施行令第26条に規定す
　　る傾斜路を含む。以下同じ。）が２（当該階段が屋外に設けられ，又は総務省令
　　で定める避難上有効の構造を有する場合にあっては，１）以上設けられていない
　　もの

【避難上必要な施設等の管理を要する防火対象物】

第４条の２の３　法第８条の２の４の政令で定める防火対象物は，別表第１に掲げる
　防火対象物（同表⒅項から⒇項までに掲げるものを除く。）とする。

【自衛消防組織の設置を要する防火対象物】

第４条の２の４　法第８条の２の５第１項の政令で定める防火対象物は，法第８条第
　１項の防火対象物のうち，次に掲げるものとする。

　一　別表第１⑴項から⑷項まで，⑸項イ，⑹項から⑿項まで，⒀項イ，⒂項及び⒄
　　項に掲げる防火対象物（以下「自衛消防組織設置防火対象物」という。）で，次
　　のいずれかに該当するもの
　　イ　地階を除く階数が11以上の防火対象物で，延べ面積が10,000m²以上のもの
　　ロ　地階を除く階数が５以上10以下の防火対象物で，延べ面積が20,000m²以上
　　　のもの
　　ハ　地階を除く階数が４以下の防火対象物で，延べ面積が50,000m²以上のもの
　二　別表第１⒃項に掲げる防火対象物（自衛消防組織設置防火対象物の用途に供さ
　　れる部分が存するものに限る。）で，次のいずれかに該当するもの
　　イ　地階を除く階数が11以上の防火対象物で，次に掲げるもの
　　　⑴　自衛消防組織設置防火対象物の用途に供される部分の全部又は一部が11階
　　　　以上の階に存する防火対象物で，当該部分の床面積の合計が10,000m²以上
　　　　のもの
　　　⑵　自衛消防組織設置防火対象物の用途に供される部分の全部が10階以下の階
　　　　に存し，かつ，当該部分の全部又は一部が５階以上10階以下の階に存する防
　　　　火対象物で，当該部分の床面積の合計が20,000m²以上のもの
　　　⑶　自衛消防組織設置防火対象物の用途に供される部分の全部が４階以下の階
　　　　に存する防火対象物で，当該部分の床面積の合計が50,000m²以上のもの
　　ロ　地階を除く階数が５以上10以下の防火対象物で，次に掲げるもの
　　　⑴　自衛消防組織設置防火対象物の用途に供される部分の全部又は一部が５階
　　　　以上の階に存する防火対象物で，当該部分の床面積の合計が20,000m²以上
　　　　のもの

　⑵　自衛消防組織設置防火対象物の用途に供される部分の全部が4階以下の階に存する防火対象物で，当該部分の床面積の合計が50,000m²以上のもの

　　ハ　地階を除く階数が4以下の防火対象物で，自衛消防組織設置防火対象物の用途に供される部分の床面積の合計が50,000m²以上のもの

　三　別表第1（16の2）項に掲げる防火対象物で，延べ面積が1,000m²以上のもの

【防炎防火対象物の指定等】

第4条の3　法第8条の3第1項の政令で定める防火対象物は，別表第1⑴項から⑷項まで，⑸項イ，⑹項，⑼項イ，⑿項ロ及び(16の3)項に掲げる防火対象物（次項において「防炎防火対象物」という。）並びに工事中の建築物その他の工作物（総務省令で定めるものを除く。）とする。

2　別表第1⒃項に掲げる防火対象物の部分で前項の防炎防火対象物の用途のいずれかに該当する用途に供されるものは，同項の規定の適用については，当該用途に供される一の防炎防火対象物とみなす。

3　法第8条の3第1項の政令で定める物品は，カーテン，布製のブラインド，暗幕，じゅうたん等（じゅうたん，毛せんその他の床敷物で総務省令で定めるものをいう。次項において同じ。），展示用の合板，どん帳その他舞台において使用する幕及び舞台において使用する大道具用の合板並びに工事用シートとする。

4　法第8条の3第1項の政令で定める防炎性能の基準は，炎を接した場合に溶融する性状の物品（じゅうたん等を除く。）にあっては次の各号，じゅうたん等にあっては第一号及び第四号，その他の物品にあっては第一号から第三号までに定めるところによる。

　一　物品の残炎時間（着炎後バーナーを取り去ってから炎を上げて燃える状態がやむまでの経過時間をいう。）が，20秒を超えない範囲内において総務省令で定める時間以内であること。

　二　物品の残じん時間（着炎後バーナーを取り去ってから炎を上げずに燃える状態がやむまでの経過時間をいう。）が，30秒を超えない範囲内において総務省令で定める時間以内であること。

　三　物品の炭化面積（着炎後燃える状態がやむまでの時間内において炭化する面積をいう。）が，50cm²を超えない範囲内において総務省令で定める面積以下であること。

　四　物品の炭化長（着炎後燃える状態がやむまでの時間内において炭化する長さをいう。）の最大値が，20cmを超えない範囲内において総務省令で定める長さ以下であること。

　五　物品の接炎回数（溶融し尽くすまでに必要な炎を接する回数をいう。）が，3回以上の回数で総務省令で定める回数以上であること。

5　前項に規定する防炎性能の測定に関する技術上の基準は，総務省令で定める。

第4条の4　法第8条の3第3項の政令で定める法律は，日本農林規格等に関する法律（昭和25年法律第175号）及び家庭用品品質表示法（昭和37年法律第104号）とする。

【住宅用防災機器】

第5条の6 法第9条の2第1項の住宅用防災機器として政令で定める機械器具又は
設備は，次に掲げるもののいずれかであって，その形状，構造，材質及び性能が**総
務省令**で定める技術上の規格に適合するものとする。

◆**総務省令**［住宅用防災警報器及び住宅用防災報知設備に係る技術上の規格を
定める省令］ →p803

一　住宅用防災警報器（住宅（法第9条の2第1項に規定する住宅をいう。以下こ
の章において同じ。）における火災の発生を未然に又は早期に感知し，及び報知
する警報器をいう。次条及び第37条第七号において同じ。）

二　住宅用防災報知設備（住宅における火災の発生を未然に又は早期に感知し，及
び報知する火災報知設備（その部分であって，法第21条の2第1項の検定対象機
械器具等で第37条第四号から第六号までに掲げるものに該当するものについて
は，これらの検定対象機械器具等について定められた法第21条の2第2項の技術
上の規格に適合するものに限る。）をいう。次条において同じ。）

【住宅用防災機器の設置及び維持に関する条例の基準】

第5条の7　住宅用防災機器の設置及び維持に関し住宅における火災の予防のために
必要な事項に係る法第9条の2第2項の規定に基づく条例の制定に関する基準は，
次のとおりとする。

一　住宅用防災警報器又は住宅用防災報知設備の感知器は，次に掲げる住宅の部分
（ロ又はハに掲げる住宅の部分にあっては，**総務省令**で定める他の住宅との共用
部分を除く。）に設置すること。

◆**総務省令**［住宅用防災機器の設置及び維持に関する条例の制定に関する
基準を定める省令］第3条 →p808

イ　就寝の用に供する居室（建築基準法（昭和25年法律第201号）第2条第四号
に規定する居室をいう。ハにおいて同じ。）

ロ　イに掲げる住宅の部分が存する階（避難階を除く。）から直下階に通ずる階
段（屋外に設けられたものを除く。）

ハ　イ又はロに掲げるもののほか，居室が存する階において火災の発生を未然に
又は早期に，かつ，有効に感知することが住宅における火災予防上特に必要で
あると認められる住宅の部分として**総務省令**で定める部分

◆**総務省令**［住宅用防災機器の設置及び維持に関する条例の制定に関する
基準を定める省令］第4条 →p808

二　住宅用防災警報器又は住宅用防災報知設備の感知器は，天井又は壁の屋内に面
する部分（天井のない場合にあっては，屋根又は壁の屋内に面する部分）に，火
災の発生を未然に又は早期に，かつ，有効に感知することができるように設置す
ること。

三　前2号の規定にかかわらず，第一号に掲げる住宅の部分にスプリンクラー設備
（**総務省令**で定める閉鎖型スプリンクラーヘッドを備えているものに限る。）又は
自動火災報知設備を，それぞれ第12条又は第21条に定める技術上の基準に従い設

置したときその他の当該設備と同等以上の性能を有する設備を設置した場合において**総務省令**で定めるときは，当該設備の有効範囲内の住宅の部分について住宅用防災警報器又は住宅用防災報知設備を設置しないことができること。

　　　◆総務省令［住宅用防災機器の設置及び維持に関する条例の制定に関する
　　　　基準を定める省令］第5条，第6条　　　　　　　　　　→p809

2　前項に規定するもののほか，住宅用防災機器の設置方法の細目及び点検の方法その他の住宅用防災機器の設置及び維持に関し住宅における火災の予防のために必要な事項に係る法第9条の2第2項の規定に基づく条例の制定に関する基準については，**総務省令**で定める。

　　　◆総務省令［住宅用防災機器の設置及び維持に関する条例の制定に関する
　　　　基準を定める省令］第7条，第8条　　　　　　　　　　→p809,810

【住宅用防災機器に係る条例の規定の適用除外に関する条例の基準】
第5条の8　法第9条の2第2項の規定に基づく条例には，住宅用防災機器について，消防長又は消防署長が，住宅の位置，構造又は設備の状況から判断して，住宅における火災の発生又は延焼のおそれが著しく少なく，かつ，住宅における火災による被害を最少限度に止めることができると認めるときにおける当該条例の規定の適用の除外に関する規定を定めるものとする。

【防火対象物の指定】
第6条　法第17条第1項の政令で定める防火対象物は，別表第1*に掲げる防火対象物とする。

　　　　　　　　　　　　　　　　　　　　　　●関連［別表第1］→p781

【消防用設備等の種類】
第7条　法第17条第1項の政令で定める消防の用に供する設備は，消火設備，警報設備及び避難設備とする。

2　前項の消火設備は，水その他消火剤を使用して消火を行う機械器具又は設備であって，次に掲げるものとする。

一　消火器及び次に掲げる簡易消火用具
　イ　水バケツ
　ロ　水槽（そう）
　ハ　乾燥砂
　ニ　膨張ひる石又は膨張真珠岩
二　屋内消火栓（せん）設備
三　スプリンクラー設備
四　水噴霧消火設備
五　泡（あわ）消火設備
六　不活性ガス消火設備
七　ハロゲン化物消火設備
八　粉末消火設備
九　屋外消火栓（せん）設備

十 動力消防ポンプ設備

3 第1項の警報設備は，火炎の発生を報知する機械器具又は設備であって，次に掲げるものとする。

一 自動火災報知設備

一の二 ガス漏れ火災警報設備（液化石油ガスの保安の確保及び取引の適正化に関する法律（昭和42年法律第149号）第2条第3項に規定する液化石油ガス販売事業によりその販売がされる液化石油ガスの漏れを検知するためのものを除く。以下同じ。）

二 漏電火災警報器

三 消防機関へ通報する火災報知設備

四 警鐘，携帯用拡声器，手動式サイレンその他の非常警報器具及び次に掲げる非常警報設備

イ 非常ベル

ロ 自動式サイレン

ハ 放送設備

4 第1項の避難設備は，火災が発生した場合において避難するために用いる機械器具又は設備であって，次に掲げるものとする。

一 すべり台，避難はしご，救助袋，緩降機，避難橋その他の避難器具

二 誘導灯及び誘導標識

5 法第17条第1項の政令で定める消防用水は，防火水槽又はこれに代わる貯水池その他の用水とする。

6 法第17条第1項の政令で定める消火活動上必要な施設は，排煙設備，連結散水設備，連結送水管，非常コンセント設備及び無線通信補助設備とする。

7 第1項及び前2項に規定するもののほか，第29条の4第1項に規定する必要とされる防火安全性能を有する消防の用に供する設備等は，法第17条第1項に規定する政令で定める消防の用に供する設備，消防用水及び消火活動上必要な施設とする。

【通 則】

第8条 防火対象物が開口部のない耐火構造*（建築基準法第2条第七号に規定する耐火構造をいう。以下同じ。）の床又は壁で区画されているときは，その区画された部分は，この節の規定の適用については，それぞれ別の防火対象物とみなす。

●関連［耐火構造］建築基準法第2条第七号→p12

第9条 別表第1(16)項に掲げる防火対象物の部分で，同表各項（(16)項から(20)項までを除く。）の防火対象物の用途のいずれかに該当する用途に供されるものは，この節（第12条第1項第三号及び第十号から第十二号まで，第21条第1項第三号，第七号，第十号及び第十四号，第21条の2第1項第五号，第22条第1項第六号及び第七号，第24条第2項第二号並びに第3項第二号及び第三号，第25条第1項第五号並びに第26条を除く。）の規定の適用については，当該用途に供される一の防火対象物とみなす。

第9条の2 別表第1(1)項から(4)項まで，(5)項イ，(6)項，(9)項イ又は(16)項イに掲げる

防火対象物の地階で，同表(16の2)項に掲げる防火対象物と一体を成すものとして消防長又は消防署長が指定したものは，第12条第1項第六号，第21条第1項第三号（同表(16の2)項に係る部分に限る。），第21条の2第1項第一号及び第24条第3項第一号（同表(16の2)項に係る部分に限る。）の規定の適用については，同表(16の2)項に掲げる防火対象物の部分であるものとみなす。

【消火器具に関する基準】

第10条 消火器又は簡易消火用具（以下「消火器具」という。）は，次に掲げる防火対象物又はその部分に設置するものとする。

一 次に掲げる防火対象物

　イ 別表第1(1)項イ，(2)項，(6)項イ(1)から(3)まで及びロ，(16の2)項から(17)項まで並びに(20)項に掲げる防火対象物

　ロ 別表第1(3)項に掲げる防火対象物で，火を使用する設備又は器具（防火上有効な措置として総務省令で定める措置が講じられたものを除く。）を設けたもの

二 次に掲げる防火対象物で，延べ面積が150m²以上のもの

　イ 別表第1(1)項ロ，(4)項，(5)項，(6)項イ(4)，ハ及びニ，(9)項並びに(12)項から(14)項までに掲げる防火対象物

　ロ 別表第1(3)項に掲げる防火対象物（前号ロに掲げるものを除く。）

三 別表第1(7)項，(8)項，(10)項，(11)項及び(15)項に掲げる防火対象物で，延べ面積が300m²以上のもの

四 前3号に掲げるもののほか，別表第1に掲げる建築物その他の工作物で，少量危険物（法第2条第7項に規定する危険物（別表第2において「危険物」という。）のうち，危険物の規制に関する政令（昭和34年政令第306号）第1条の11に規定する指定数量の1/5以上で当該指定数量未満のものをいう。）又は指定可燃物（同令別表第4の品名欄に掲げる物品で，同表の数量欄に定める数量以上のものをいう。以下同じ。）を貯蔵し，又は取り扱うもの

五 前各号に掲げる防火対象物以外の別表第1に掲げる建築物の地階（地下建築物にあっては，その各階をいう。以下同じ。），無窓階（建築物の地上階のうち，総務省令で定める避難上又は消火活動上有効な開口部を有しない階をいう。以下同じ。）又は3階以上の階で，床面積が50m²以上のもの

2 前項に規定するもののほか，消火器具の設置及び維持に関する技術上の基準は，次のとおりとする。

一 前項各号に掲げる防火対象物又はその部分には，防火対象物の用途，構造若しくは規模又は消火器具の種類若しくは性能に応じ，総務省令で定めるところにより，別表第2においてその消火に適応するものとされる消火器具を設置すること。ただし，二酸化炭素又はハロゲン化物（総務省令で定めるものを除く。）を放射する消火器は，別表第1(16の2)項及び(16の3)項に掲げる防火対象物並びに総務省令で定める地階，無窓階その他の場所に設置してはならない。

二 消火器具は，通行又は避難に支障がなく，かつ，使用に際して容易に持ち出す

ことができる箇所に設置すること。
3　第1項各号に掲げる防火対象物又はその部分に屋内消火栓設備，スプリンクラー
設備，水噴霧消火設備，泡消火設備，不活性ガス消火設備，ハロゲン化物消火設備
又は粉末消火設備を次条，第12条，第13条，第14条，第15条，第16条，第17条，若
しくは第18条に定める技術上の基準に従い，又は当該技術上の基準の例により設置
したときは，同項の規定にかかわらず，総務省令で定めるところにより，消火器具
の設置個数を減少することができる。

【屋内消火栓設備に関する基準】

第11条　屋内消火栓設備は，次に掲げる防火対象物又はその部分に設置するものとする。
　一　別表第1(1)項に掲げる防火対象物で，延べ面積が500m²以上のもの
　二　別表第1(2)項から(10)項まで，(12)項及び(14)項に掲げる防火対象物で，延べ面積が
　　700m²以上のもの
　三　別表第1(11)項及び(15)項に掲げる防火対象物で，延べ面積が1,000m²以上のもの
　四　別表第1 (16の2)項に掲げる防火対象物で，延べ面積が150m²以上のもの
　五　前各号に掲げるもののほか，別表第1に掲げる建築物その他の工作物で，指定
　　可燃物（可燃性液体類に係るものを除く。）を危険物の規制に関する政令別表第
　　4で定める数量の750倍以上貯蔵し，又は取り扱うもの
　六　前各号に掲げる防火対象物以外の別表第1(1)項から(12)項まで，(14)項及び(15)項に
　　掲げる防火対象物の地階，無窓階又は4階以上の階で，床面積が，同表(1)項に掲
　　げる防火対象物にあっては100m²以上，同表(2)項から(10)項まで，(12)項及び(14)項に
　　掲げる防火対象物にあっては150m²以上，同表(11)項及び(15)項に掲げる防火対象物
　　にあっては200m²以上のもの
2　前項の規定の適用については，同項各号（第五号を除く。）に掲げる防火対象物
又はその部分の延べ面積又は床面積の数値は，主要構造部（建築基準法第2条第五
号に規定する主要構造部をいう。以下同じ。）を耐火構造とし，かつ，壁及び天井
（天井のない場合にあっては，屋根。以下この項において同じ。）の室内に面する部
分（回り縁，窓台その他これらに類する部分を除く。以下この項において同じ。）
の仕上げを難燃材料（建築基準法施行令第1条第六号に規定する難燃材料をいう。
以下この項において同じ。）でした防火対象物にあっては当該数値の3倍の数値（次
条第1項第一号に掲げる防火対象物について前項第二号の規定を適用する場合に
あっては，当該3倍の数値又は1,000m²に同条第2項第三号の二の総務省令で定め
る部分の床面積の合計を加えた数値のうち，いずれか小さい数値）とし，主要構造
部を耐火構造としたその他の防火対象物又は建築基準法第2条第九号の三イ若し
くはロのいずれかに該当し，かつ，壁及び天井の室内に面する部分の仕上げを難燃材
料でした防火対象物にあっては当該数値の2倍の数値（次条第1項第一号に掲げる
防火対象物について前項第二号の規定を適用する場合にあっては，当該2倍の数値
又は1,000m²に同条第2項第三号の二の総務省令で定める部分の床面積の合計を加
えた数値のうち，いずれか小さい数値）とする。
3　前2項に規定するもののほか，屋内消火栓設備の設置及び維持に関する技術上の

基準は，次の各号に掲げる防火対象物又はその部分の区分に応じ，当該各号に定めるとおりとする。

一　第1項第二号及び第六号に掲げる防火対象物又はその部分（別表第1⑿項イ又は⒁項に掲げる防火対象物に係るものに限る。）並びに第1項第五号に掲げる防火対象物又はその部分　次に掲げる基準

　イ　屋内消火栓は，防火対象物の階ごとに，その階の各部分から一のホース接続口までの水平距離が25m 以下となるように設けること。

　ロ　屋内消火栓設備の消防用ホースの長さは，当該屋内消火栓設備のホース接続口からの水平距離が25m の範囲内の当該階の各部分に有効に放水することができる長さとすること。

　ハ　水源は，その水量が屋内消火栓の設置個数が最も多い階における当該設置個数（当該設置個数が2を超えるときは，2とする。）に2.6m³を乗じて得た量以上の量となるように設けること。

　ニ　屋内消火栓設備は，いずれの階においても，当該階のすべての屋内消火栓（設置個数が2を超えるときは，2個の屋内消火栓とする。）を同時に使用した場合に，それぞれのノズルの先端において，放水圧力が0.17MPa 以上で，かつ，放水量が130l/min 以上の性能のものとすること。

　ホ　水源に連結する加圧送水装置は，点検に便利で，かつ，火災等の災害による被害を受けるおそれが少ない箇所に設けること。

　ヘ　屋内消火栓設備には，非常電源を附置すること。

二　第1項各号に掲げる防火対象物又はその部分で，前号に掲げる防火対象物又はその部分以外のもの　同号又は次のイ若しくはロに掲げる基準

　イ　次に掲げる基準

　　⑴　屋内消火栓は，防火対象物の階ごとに，その階の各部分から一のホース接続口までの水平距離が15m 以下となるように設けること。

　　⑵　屋内消火栓設備の消防用ホースの長さは，当該屋内消火栓設備のホース接続口からの水平距離が15m の範囲内の当該階の各部分に有効に放水することができる長さとすること。

　　⑶　屋内消火栓設備の消防用ホースの構造は，1人で操作することができるものとして総務省令で定める基準に適合するものとすること。

　　⑷　水源は，その水量が屋内消火栓の設置個数が最も多い階における当該設置個数（当該設置個数が2を超えるときは，2とする。）に1.2m³を乗じて得た量以上の量となるように設けること。

　　⑸　屋内消火栓設備は，いずれの階においても，当該階の全ての屋内消火栓（設置個数が2を超えるときは，2個の屋内消火栓とする。）を同時に使用した場合に，それぞれのノズルの先端において，放水圧力が0.25MP 以上で，かつ，放水量が60l/min 以上の性能のものとすること。

　　⑹　水源に連結する加圧送水装置は，点検に便利で，かつ，火災等の災害による被害を受けるおそれが少ない箇所に設けること。

⑺　屋内消火栓設備には，非常電源を附置すること。

ロ　次に掲げる基準

⑴　屋内消火栓は，防火対象物の階ごとに，その階の各部分から一のホース接続口までの水平距離が25m 以下となるように設けること。

⑵　屋内消火栓設備の消防用ホースの長さは，当該屋内消火栓設備のホース接続口からの水平距離が25m の範囲内の当該階の各部分に有効に放水することができる長さとすること。

⑶　屋内消火栓設備の消防用ホースの構造は，１人で操作することができるものとして総務省令で定める基準に適合するものとすること。

⑷　水源は，その水量が屋内消火栓の設置個数が最も多い階における当該設置個数（当該設置個数が２を超えるときは，２とする。）に1.6m³を乗じて得た量以上の量となるように設けること。

⑸　屋内消火栓設備は，いずれの階においても，当該階の全ての屋内消火栓（設置個数が２を超えるときは，２個の屋内消火栓とする。）を同時に使用した場合に，それぞれのノズルの先端において，放水圧力が0.17MPa 以上で，かつ，放水量が80l/min 以上の性能のものとすること。

⑹　水源に連結する加圧送水装置は，点検に便利で，かつ，火災等の災害による被害を受けるおそれが少ない箇所に設けること。

⑺　屋内消火栓設備には，非常電源を附置すること。

4　第１項各号に掲げる防火対象物又はその部分にスプリンクラー設備，水噴霧消火設備，泡消火設備，不活性ガス消火設備，ハロゲン化物消火設備，粉末消火設備，屋外消火栓設備又は動力消防ポンプ設備を次条，第13条，第14条，第15条，第16条，第17条，第18条，第19条若しくは第20条に定める技術上の基準に従い，又は当該技術上の基準の例により設置したときは，同項の規定にかかわらず，当該設備の有効範囲内の部分（屋外消火栓設備及び動力消防ポンプ設備にあっては，１階及び２階の部分に限る。）について屋内消火栓設備を設置しないことができる。

【スプリンクラー設備に関する基準】

第12条　スプリンクラー設備は，次に掲げる防火対象物又はその部分に設置するものとする。

一　次に掲げる防火対象物（第三号及び第四号に掲げるものを除く。）で，火災発生時の延焼を抑制する機能を備える構造として総務省令で定める構造を有するもの以外のもの

イ　別表第１⑹項イ⑴及び⑵に掲げる防火対象物

ロ　別表第１⑹項ロ⑴及び⑶に掲げる防火対象物

ハ　別表第１⑹項ロ⑵，⑷及び⑸に掲げる防火対象物（介助がなければ避難できない者として総務省令で定める者を主として入所させるもの以外のものにあっては，延べ面積が275m²以上のものに限る。）

二　別表第１⑴項に掲げる防火対象物（次号及び第四号に掲げるものを除く。）で，舞台部（舞台並びにこれに接続して設けられた大道具室及び小道具室をいう。以

下同じ。）の床面積が，当該舞台が，地階，無窓階又は4階以上の階にあるものにあっては300m²以上，その他の階にあるものにあっては500m²以上のもの

三　別表第1(1)項から(4)項まで，(5)項イ，(6)項，(9)項イ及び(16)項イに掲げる防火対象物で，地階を除く階数が11以上のもの（総務省令で定める部分を除く。）

四　別表第1(1)項から(4)項まで，(5)項イ，(6)項及び(9)項イに掲げる防火対象物（前号に掲げるものを除く。）のうち，平屋建以外の防火対象物で，総務省令で定める部分以外の部分の床面積の合計が，同表(4)項及び(6)項イ(1)から(3)までに掲げる防火対象物にあっては3,000m²以上，その他の防火対象物にあっては6,000m²以上のもの

五　別表第1(14)項に掲げる防火対象物のうち，天井（天井のない場合にあっては，屋根の下面。次項において同じ。）の高さが10mを超え，かつ，延べ面積が700m²以上のラック式倉庫（棚又はこれに類するものを設け，昇降機により収納物の搬送を行う装置を備えた倉庫をいう。）

六　別表第1(16の2)項に掲げる防火対象物で，延べ面積が1,000m²以上のもの

七　別表第1(16の3)項に掲げる防火対象物のうち，延べ面積が1,000m²以上で，かつ，同表(1)項から(4)項まで，(5)項イ，(6)項又は(9)項イに掲げる防火対象物の用途に供される部分の床面積の合計が500m²以上のもの

八　前各号に掲げるもののほか，別表第1に掲げる建築物その他の工作物で，指定可燃物（可燃性液体類に係るものを除く。）を危険物の規制に関する政令別表第4で定める数量の1,000倍以上貯蔵し，又は取り扱うもの

九　別表第1(16の2)項に掲げる防火対象物（第六号に掲げるものを除く。）の部分のうち，同表(6)項イ(1)若しくは(2)又はロに掲げる防火対象物の用途に供されるもの（火災発生時の延焼を抑制する機能を備える構造として総務省令で定める構造を有するものを除く。）

十　別表第1(16)項イに掲げる防火対象物（第三号に掲げるものを除く。）で，同表(1)項から(4)項まで，(5)項イ，(6)項又は(9)項イに掲げる防火対象物の用途に供される部分（総務省令で定める部分を除く。）の床面積の合計が3,000m²以上のものの階のうち，当該部分が存する階

十一　前各号に掲げる防火対象物又はその部分以外の別表第1に掲げる防火対象物の地階，無窓階又は4階以上10階以下の階（総務省令で定める部分を除く。）で，次に掲げるもの

　　イ　別表第1(1)項，(3)項，(5)項イ，(6)項及び(9)項イに掲げる防火対象物の階で，その床面積が，地階又は無窓階にあっては1,000m²以上，4階以上10階以下の階にあっては1,500m²以上のもの

　　ロ　別表第1(2)項及び(4)項に掲げる防火対象物の階で，その床面積が1,000m²以上のもの

　　ハ　別表第1(16)項イに掲げる防火対象物の階のうち，同表(1)項から(4)項まで，(5)項イ，(6)項又は(9)項イに掲げる防火対象物の用途に供される部分が存する階で，当該部分の床面積が，地階又は無窓階にあっては1,000m²以上，4階以上

10階以下の階にあっては1,500m²（同表(2)項又は(4)項に掲げる防火対象物の用途に供される部分が存する階にあっては，1,000m²）以上のもの

十三　前各号に掲げる防火対象物又はその部分以外の別表第1に掲げる防火対象物の11階以上の階（総務省令で定める部分を除く。）

2　前項に規定するもののほか，スプリンクラー設備の設置及び維持に関する技術上の基準は，次のとおりとする。

一　スプリンクラーヘッドは，前項第二号に掲げる防火対象物にあっては舞台部に，同項第八号に掲げる防火対象物にあっては指定可燃物（可燃性液体類に係るものを除く。）を貯蔵し，又は取り扱う部分に，同項第一号，第三号，第四号，第六号，第七号及び第九号から第十二号までに掲げる防火対象物にあっては総務省令で定める部分に，それぞれ設けること。

二　スプリンクラーヘッドは，次に定めるところにより，設けること。

イ　前項各号（第一号，第五号から第七号まで及び第九号を除く。）に掲げる防火対象物又はその部分（ロに規定する部分を除くほか，別表第1(5)項若しくは(6)項に掲げる防火対象物又は同表(16)項に掲げる防火対象物の同表(5)項若しくは(6)項に掲げる防火対象物の用途に供される部分であって，総務省令で定める種別のスプリンクラーヘッドが総務省令で定めるところにより設けられている部分がある場合には，当該スプリンクラーヘッドが設けられている部分を除く。）においては，前号に掲げる部分の天井又は小屋裏に，当該天井又は小屋裏の各部分から一のスプリンクラーヘッドまでの水平距離が，次の表の左欄に掲げる防火対象物又はその部分ごとに，同表の右欄に定める距離となるように，総務省令で定める種別のスプリンクラーヘッドを設けること。

防火対象物又はその部分	距　　　　離
第1項第二号から第四号まで及び第十号から第十二号までに掲げる防火対象物又はその部分（別表第1(1)項に掲げる防火対象物の舞台部に限る。）	1.7m 以下
第1項第八号に掲げる防火対象物	1.7m（火災を早期に感知し，かつ，広範囲に散水することができるスプリンクラーヘッドとして総務省令で定めるスプリンクラーヘッド（以下この表において「高感度型ヘッド」という。）にあっては，当該スプリンクラーヘッドの性能に応じ総務省令で定める距離）以下

第1項第三号，第四号及び第十号から第十二号までに掲げる防火対象物又はその部分（別表第1⑴項に掲げる防火対象物の舞台部を除く。）	耐火建築物（建築基準法第2条第九号の二に規定する耐火建築物をいう。以下同じ。）以外の建築物	2.1m（高感度型ヘッドにあっては，当該スプリンクラーヘッドの性能に応じ総務省令で定める距離）以下
	耐火建築物	2.3m（高感度型ヘッドにあっては，当該スプリンクラーヘッドの性能に応じ総務省令で定める距離）以下

ロ　前項第三号，第四号，第八号及び第十号から第十二号までに掲げる防火対象物又はその部分（別表第1⑴項に掲げる防火対象物の舞台部を除く。）のうち，可燃物が大量に存し消火が困難と認められる部分として総務省令で定めるものであって床面から天井までの高さが6mを超える部分及びその他の部分であって床面から天井までの高さが10mを超える部分においては，総務省令で定める種別のスプリンクラーヘッドを，総務省令で定めるところにより，設けること。

ハ　前項第一号，第五号から第七号まで及び第九号に掲げる防火対象物においては，総務省令で定める種別のスプリンクラーヘッドを，総務省令で定めるところにより，設けること。

三　前号に掲げるもののほか，開口部（防火対象物の10階以下の部分にある開口部にあっては，延焼のおそれのある部分（建築基準法第2条第六号に規定する延焼のおそれのある部分をいう。）にあるものに限る。）には，その上枠に，当該上枠の長さ2.5m以下ごとに一のスプリンクラーヘッドを設けること。ただし，防火対象物の10階以下の部分にある開口部で建築基準法第2条第九号の二ロに規定する防火設備（防火戸その他の総務省令で定めるものに限る。）が設けられているものについては，この限りでない。

三の二　特定施設水道連結型スプリンクラー設備（スプリンクラー設備のうち，その水源として，水道の用に供する水管を当該スプリンクラー設備に連結したものであって，次号に規定する水量を貯留するための施設を有しないものをいう。以下この項において同じ。）は，前項第一号及び第九号に掲げる防火対象物又はその部分のうち，防火上有効な措置が講じられた構造を有するものとして総務省令で定める部分以外の部分の床面積の合計が1,000m²未満のものに限り，設置することができること。

四　スプリンクラー設備（特定施設水道連結型スプリンクラー設備を除く。）には，その水源として，防火対象物の用途，構造若しくは規模又はスプリンクラーヘッドの種別に応じ総務省令で定めるところにより算出した量以上の量となる水量を貯留するための施設を設けること。

五　スプリンクラー設備は，防火対象物の用途，構造若しくは規模又はスプリンクラーヘッドの種別に応じ総務省令で定めるところにより放水することができる性

能のものとすること。

六　スプリンクラー設備（総務省令で定める特定施設水道連結型スプリンクラー設備を除く。）には，点検に便利で，かつ，火災等の災害による被害を受けるおそれが少ない箇所に，水源に連結する加圧送水装置を設けること。

七　スプリンクラー設備には，非常電源を附置し，かつ，消防ポンプ自動車が容易に接近することができる位置に双口形の送水口を附置すること。ただし，特定施設水道連結型スプリンクラー設備については，この限りでない。

八　スプリンクラー設備には，総務省令で定めるところにより，補助散水栓を設けることができること。

3　第1項各号に掲げる防火対象物又はその部分に水噴霧消火設備，泡消火設備，不活性ガス消火設備，ハロゲン化物消火設備又は粉末消火設備を次条，第14条，第15条，第16条，第17条若しくは第18条に定める技術上の基準に従い，又は当該技術上の基準の例により設置したときは，同項の規定にかかわらず，当該設備の有効範囲内の部分についてスプリンクラー設備を設置しないことができる。

4　前条第2項の規定は，第1項第五号に掲げる防火対象物について準用する。

【水噴霧消火設備等を設置すべき防火対象物】

第13条　次の表の左欄に掲げる防火対象物又はその部分には，水噴霧消火設備，泡消火設備，不活性ガス消火設備，ハロゲン化物消火設備又は粉末消火設備のうち，それぞれ当該右欄に掲げるもののいずれかを設置するものとする。

防火対象物又はその部分	消火設備
別表第1⑬項ロに掲げる防火対象物	泡消火設備又は粉末消火設備
別表第1に掲げる防火対象物の屋上部分で，回転翼航空機又は垂直離着陸航空機の発着の用に供されるもの	泡消火設備又は粉末消火設備
別表第1に掲げる防火対象物の道路（車両の交通の用に供されるものであって総務省令で定めるものに限る。以下同じ。）の用に供される部分で，床面積が，屋上部分にあっては600m²以上，それ以外の部分にあっては400m²以上のもの	水噴霧消火設備，泡消火設備，不活性ガス消火設備又は粉末消火設備
別表第1に掲げる防火対象物の自動車の修理又は整備の用に供される部分で，床面積が，地階又は2階以上の階にあっては200m²以上，1階にあっては500m²以上のもの	泡消火設備，不活性ガス消火設備，ハロゲン化物消火設備又は粉末消火設備
別表第1に掲げる防火対象物の駐車の用に供される部分で，次に掲げるもの 1　当該部分の存する階（屋上部分を含み，駐車するすべての車両が同時に屋外に出ることができる構造の階を除く。）における当該部分の床面積が，地階又は2階以上の階にあっては200m²以上，1階にあっては500m²以上，屋上部分にあっては300m²以上のもの	水噴霧消火設備，泡消火設備，不活性ガス消火設備，ハロゲン化物消火設備又は粉末消火設備

2 昇降機等の機械装置により車両を駐車させる構造のもので，車両の収容台数が10以上のもの	
別表第1に掲げる防火対象物の発電機，変圧器その他これらに類する電気設備が設置されている部分で，床面積が200m²以上のもの	不活性ガス消火設備，ハロゲン化物消火設備又は粉末消火設備
別表第1に掲げる防火対象物の鍛造場，ボイラー室，乾燥室その他多量の火気を使用する部分で，床面積が200m²以上のもの	不活性ガス消火設備，ハロゲン化物消火設備又は粉末消火設備
別表第1に掲げる防火対象物の通信機器室で，床面積が500m²以上のもの	不活性ガス消火設備，ハロゲン化物消火設備又は粉末消火設備
（以下略）	

2 前項の表に掲げる指定可燃物（可燃性液体類に係るものを除く。）を貯蔵し，又は取り扱う建築物その他の工作物にスプリンクラー設備を前条に定める技術上の基準に従い，又は当該技術上の基準の例により設置したときは，同項の規定にかかわらず，当該設備の有効範囲内の部分について，それぞれ同表の右欄に掲げる消火設備を設置しないことができる。

【水噴霧消火設備に関する基準】

第14条 前条に規定するもののほか，水噴霧消火設備の設置及び維持に関する技術上の基準は，次のとおりとする。

一 噴霧ヘッドは，防護対象物（当該消火設備によって消火すべき対象物をいう。以下同じ。）の形状，構造，性質，数量又は取扱いの方法に応じ，標準放射量（前条第1項の消火設備のそれぞれのヘッドについて総務省令で定める水噴霧，泡，不活性ガス消火剤，ハロゲン化物消火剤又は粉末消火剤の放射量をいう。以下同じ。）で当該防護対象物の火災を有効に消火することができるように，総務省令で定めるところにより，必要な個数を適当な位置に設けること。

二 別表第1に掲げる防火対象物の道路の用に供される部分又は駐車の用に供される部分に設置するときは，総務省令で定めるところにより，有効な排水設備を設けること。

三 高圧の電気機器がある場所においては，当該電気機器と噴霧ヘッド及び配管との間に電気絶縁を保つための必要な空間を保つこと。

四 水源は，総務省令で定めるところにより，その水量が防護対象物の火災を有効に消火することができる量以上の量となるように設けること。

五 水源に連結する加圧送水装置は，点検に便利で，かつ，火災の際の延焼のおそれ及び衝撃による損傷のおそれが少ない箇所に設けること。ただし，保護のための有効な措置を講じたときは，この限りでない。

六 水噴霧消火設備には，非常電源を附置すること。

【泡消火設備に関する基準】

第15条 第13条に規定するもののほか，泡消火設備の設置及び維持に関する技術上の

基準は，次のとおりとする。

一　固定式の泡消火設備の泡放出口は，防護対象物の形状，構造，性質，数量又は取扱いの方法に応じ，標準放射量で当該防護対象物の火災を有効に消火することができるように，総務省令で定めるところにより，必要な個数を適当な位置に設けること。

二　移動式の泡消火設備のホース接続口は，すべての防護対象物について，当該防護対象物の各部分から一のホース接続口までの水平距離が15m以下となるように設けること。

三　移動式の泡消火設備の消防用ホースの長さは，当該泡消火設備のホース接続口からの水平距離が15mの範囲内の当該防護対象物の各部分に有効に放射することができる長さとすること。

四　移動式の泡消火設備の泡放射用器具を格納する箱は，ホース接続口から3m以内の距離に設けること。

五　水源の水量又は泡消火薬剤の貯蔵量は，総務省令で定めるところにより，防護対象物の火災を有効に消火することができる量以上の量となるようにすること。

六　泡消火薬剤の貯蔵場所及び加圧送液装置は，点検に便利で，火災の際の延焼のおそれ及び衝撃による損傷のおそれが少なく，かつ，薬剤が変質するおそれが少ない箇所に設けること。ただし，保護のための有効な措置を講じたときは，この限りでない。

七　泡消火設備には，非常電源を附置すること。

【不活性ガス消火設備に関する基準】

第16条　第13条に規定するもののほか，不活性ガス消火設備の設置及び維持に関する技術上の基準は，次のとおりとする。

一　全域放出方式の不活性ガス消火設備の噴射ヘッドは，不燃材料（建築基準法第2条第九号に規定する不燃材料をいう。以下この号において同じ。）で造った壁，柱，床又は天井（天井のない場合にあっては，はり又は屋根）により区画され，かつ，開口部に自動閉鎖装置（建築基準法第2条第九号のニロに規定する防火設備（防火戸その他の総務省令で定めるものに限る。）又は不燃材料で造った戸で不活性ガス消火剤が放射される直前に開口部を自動的に閉鎖する装置をいう。）が設けられている部分に，当該部分の容積及び当該部分にある防護対象物の性質に応じ，標準放射量で当該防護対象物の火災を有効に消火することができるように，総務省令で定めるところにより，必要な個数を適当な位置に設けること。ただし，当該部分から外部に漏れる量以上の量の不活性ガス消火剤を有効に追加して放出することができる設備であるときは，当該開口部の自動閉鎖装置を設けないことができる。

二　局所放出方式の不活性ガス消火設備の噴射ヘッドは，防護対象物の形状，構造，性質，数量又は取扱いの方法に応じ，防護対象物に不活性ガス消火剤を直接放射することによって標準放射量で当該防護対象物の火災を有効に消火することができるように，総務省令で定めるところにより，必要な個数を適当な位置に設ける

こと。

三　移動式の不活性ガス消火設備のホース接続口は，すべての防護対象物について，当該防護対象物の各部分から一のホース接続口までの水平距離が15m 以下となるように設けること。

四　移動式の不活性ガス消火設備のホースの長さは，当該不活性ガス消火設備のホース接続口からの水平距離が15m の範囲内の当該防護対象物の各部分に有効に放射することができる長さとすること。

五　不活性ガス消火剤容器に貯蔵する不活性ガス消火剤の量は，総務省令で定めるところにより，防護対象物の火災を有効に消火することができる量以上の量となるようにすること。

六　不活性ガス消火剤容器は，点検に便利で，火災の際の延焼のおそれ及び衝撃による損傷のおそれが少なく，かつ，温度の変化が少ない箇所に設けること。ただし，保護のための有効な措置を講じたときは，この限りでない。

七　全域放出方式又は局所放出方式の不活性ガス消火設備には，非常電源を附置すること。

【ハロゲン化物消火設備に関する基準】

第17条　第13条に規定するもののほか，ハロゲン化物消火設備の設置及び維持に関する技術上の基準は，次のとおりとする。

一　全域放出方式又は局所放出方式のハロゲン化物消火設備の噴射ヘッドの設置は，前条第一号又は第二号に掲げる全域放出方式又は局所放出方式の不活性ガス消火設備の噴射ヘッドの設置の例によるものであること。

二　移動式のハロゲン化物消火設備のホース接続口は，すべての防護対象物について，当該防護対象物の各部分から一のホース接続口までの水平距離が20m 以下となるように設けること。

三　移動式のハロゲン化物消火設備のホースの長さは，当該ハロゲン化物消火設備のホース接続口からの水平距離が20m の範囲内の当該防護対象物の各部分に有効に放射することができる長さとすること。

四　ハロゲン化物消火剤容器に貯蔵するハロゲン化物消火剤の量は，総務省令で定めるところにより，防護対象物の火災を有効に消火することができる量以上の量となるようにすること。

五　ハロゲン化物消火剤容器及び加圧用容器は，点検に便利で，火災の際の延焼のおそれ及び衝撃による損傷のおそれが少なく，かつ，温度の変化が少ない箇所に設けること。ただし，保護のための有効な措置を講じたときは，この限りでない。

六　全域放出方式又は局所放出方式のハロゲン化物消火設備には，非常電源を附置すること。

【粉末消火設備に関する基準】

第18条　第13条に規定するもののほか，粉末消火設備の設置及び維持に関する技術上の基準は，次のとおりとする。

一　全域放出方式又は局所放出方式の粉末消火設備の噴射ヘッドの設置は，第16条

第一号又は第二号に掲げる全域放出方式又は局所放出方式の不活性ガス消火設備の噴射ヘッドの設置の例によるものであること。

二　移動式の粉末消火設備のホース接続口は，すべての防護対象物について，当該防護対象物の各部分から一のホース接続口までの水平距離が15m以下となるように設けること。

三　移動式の粉末消火設備のホースの長さは，当該粉末消火設備のホース接続口からの水平距離が15mの範囲内の当該防護対象物の各部分に有効に放射することができる長さとすること。

四　粉末消火剤容器に貯蔵する粉末消火剤の量は，総務省令で定めるところにより，防護対象物の火災を有効に消火することができる量以上の量となるようにすること。

五　粉末消火剤容器及び加圧用ガス容器は，点検に便利で，火災の際の延焼のおそれ及び衝撃による損傷のおそれが少なく，かつ，温度の変化が少ない箇所に設けること。ただし，保護のための有効な措置を講じたときは，この限りでない。

六　全域放出方式又は局所放出方式の粉末消火設備には，非常電源を附置すること。

【屋外消火栓設備に関する基準】

第19条　屋外消火栓設備は，別表第1(1)項から(15)項まで，(17)項及び(18)項に掲げる建築物で，床面積（地階を除く階数が1であるものにあっては1階の床面積を，地階を除く階数が2以上であるものにあっては1階及び2階の部分の床面積の合計をいう。第27条において同じ。）が，耐火建築物にあっては9,000m²以上，準耐火建築物（建築基準法第2条第九号の三に規定する準耐火建築物をいう。以下同じ。）にあっては6,000m²以上，その他の建築物にあっては3,000m²以上のものについて設置するものとする。

2　同一敷地内にある2以上の別表第1(1)項から(15)項まで，(17)項及び(18)項に掲げる建築物（耐火建築物及び準耐火建築物を除く。）で，当該建築物相互の1階の外壁間の中心線からの水平距離が，1階にあっては3m以下，2階にあっては5m以下である部分を有するものは，前項の規定の適用については，1の建築物とみなす。

3　前2項に規定するもののほか，屋外消火栓設備の設置及び維持に関する技術上の基準は，次のとおりとする。

一　屋外消火栓は，建築物の各部分から一のホース接続口までの水平距離が40m以下となるように設けること。

二　屋外消火栓設備の消防用ホースの長さは，当該屋外消火栓設備のホース接続口からの水平距離が40mの範囲内の当該建築物の各部分に有効に放水することができる長さとすること。

三　水源は，その水量が屋外消火栓の設置個数（当該設置個数が2を超えるときは，2とする。）に7m³を乗じて得た量以上の量となるように設けること。

四　屋外消火栓設備は，すべての屋外消火栓（設置個数が2を超えるときは，2個の屋外消火栓とする。）を同時に使用した場合に，それぞれのノズルの先端において，放水圧力が0.25MPa以上で，かつ，放水量が350*l*/min以上の性能のもの

とすること。

五　屋外消火栓及び屋外消火栓設備の放水用器具を格納する箱は，避難の際通路となる場所等屋外消火栓設備の操作が著しく阻害されるおそれのある箇所に設けないこと。

六　屋外消火栓設備には，非常電源を附置すること。

4　第1項の建築物にスプリンクラー設備，水噴霧消火設備，泡消火設備，不活性ガス消火設備，ハロゲン化物消火設備，粉末消火設備又は動力消防ポンプ設備を第12条，第13条，第14条，第15条，第16条，第17条，前条若しくは次条に定める技術上の基準に従い，又は当該技術上の基準の例により設置したときは，同項の規定にかかわらず，当該設備の有効範囲内の部分について屋外消火栓設備を設置しないことができる。

【動力消防ポンプ設備に関する基準】

第20条　動力消防ポンプ設備は，次の各号に掲げる防火対象物又はその部分について設置するものとする。

一　第11条第1項各号（第四号を除く。）に掲げる防火対象物又はその部分

二　前条第1項の建築物

2　第11条第2項の規定は前項第一号に掲げる防火対象物又はその部分について，前条第2項の規定は前項第二号に掲げる建築物について準用する。

3　動力消防ポンプ設備は，法第21条の16の3第1項の技術上の規格として定められた放水量（次項において「規格放水量」という。）が第1項第一号に掲げる防火対象物又はその部分に設置するものにあっては$0.2m^3/min$以上，同項第二号に掲げる建築物に設置するものにあっては$0.4m^3/min$以上であるものとする。

4　前3項に規定するもののほか，動力消防ポンプ設備の設置及び維持に関する技術上の基準は，次のとおりとする。

一　動力消防ポンプ設備の水源は，防火対象物の各部分から一の水源までの水平距離が，当該動力消防ポンプの規格放水量が$0.5m^3/min$以上のものにあっては100m以下，$0.4m^3/min$以上$0.5m^3/min$未満のものにあっては40m以下，$0.4m^3/min$未満のものにあっては25m以下となるように設けること。

二　動力消防ポンプ設備の消防用ホースの長さは，当該動力消防ポンプ設備の水源からの水平距離が当該動力消防ポンプの規格放水量が$0.5m^3/min$以上のものにあっては100m，$0.4m^3/min$以上$0.5m^3/min$未満のものにあっては40m，$0.4m^3/min$未満のものにあっては25mの範囲内の当該防火対象物の各部分に有効に放水することができる長さとすること。

三　水源は，その水量が当該動力消防ポンプを使用した場合に規格放水量で20分間放水することができる量（その量が$20m^3$以上となることとなる場合にあっては，$20m^3$）以上の量となるように設けること。

四　動力消防ポンプは，消防ポンプ自動車又は自動車によって牽引されるものにあっては水源からの歩行距離が1,000m以内の場所に，その他のものにあっては水源の直近の場所に常置すること。

5　第１項各号に掲げる防火対象物又はその部分に次の各号に掲げる消火設備をそれぞれ当該各号に定めるところにより設置したときは，同項の規定にかかわらず，当該設備の有効範囲内の部分について動力消防ポンプ設備を設置しないことができる。

一　第１項各号に掲げる防火対象物又はその部分に屋外消火栓設備を前条に定める技術上の基準に従い，又は当該技術上の基準の例により設置したとき。

二　第１項第一号に掲げる防火対象物の１階又は２階に屋内消火栓設備，スプリンクラー設備，水噴霧消火設備，泡消火設備，不活性ガス消火設備，ハロゲン化物消火設備又は粉末消火設備を第11条，第12条，第13条，第14条，第15条，第16条，第17条若しくは第18条に定める技術上の基準に従い，又は当該技術上の基準の例により設置したとき。

三　第１項第二号に掲げる建築物の１階又は２階にスプリンクラー設備，水噴霧消火設備，泡消火設備，不活性ガス消火設備，ハロゲン化物消火設備又は粉末消火設備を第12条，第13条，第14条，第15条，第16条，第17条若しくは第18条に定める技術上の基準に従い，又は当該技術上の基準の例により設置したとき。

【自動火災報知設備に関する基準】

第21条　自動火災報知設備は，次に掲げる防火対象物又はその部分に設置するものとする。

一　次に掲げる防火対象物

イ　別表第１(2)項ニ，(5)項イ，(6)項イ(1)から(3)まで及びロ，(13)項ロ並びに(17)項に掲げる防火対象物

ロ　別表第１(6)項ハに掲げる防火対象物（利用者を入居させ，又は宿泊させるものに限る。

二　別表第１(9)項イに掲げる防火対象物で，延べ面積が$200m^2$以上のもの

三　次に掲げる防火対象物で，延べ面積が$300m^2$以上のもの

イ　別表第１(1)項，(2)項イからハまで，(3)項，(4)項，(6)項イ(4)及びニ，(16)項イ並びに(16の２)項に掲げる防火対象物

ロ　別表第１(6)項ハに掲げる防火対象物（利用者を入居させ，又は宿泊させるものを除く。）

四　別表第１(5)項ロ，(7)項，(8)項，(9)項ロ，(10)項，(12)項，(13)項イ及び(14)項に掲げる防火対象物で，延べ面積が$500m^2$以上のもの

五　別表第１(16の3)項に掲げる防火対象物のうち，延べ面積が$500m^2$以上で，かつ，同表(1)項から(4)項まで，(5)項イ，(6)項又は(9)項イに掲げる防火対象物の用途に供される部分の床面積の合計が$300m^2$以上のもの

六　別表第１(11)項及び(15)項に掲げる防火対象物で，延べ面積が$1,000m^2$以上のもの

七　前各号に掲げる防火対象物以外の別表第１に掲げる防火対象物のうち，同表(1)項から(4)項まで，(5)項イ，(6)項又は(9)項イに掲げる防火対象物の用途に供される部分が避難階以外の階に存する防火対象物で，当該避難階以外の階から避難階又は地上に直通する階段が２（当該階段が屋外に設けられ，又は総務省令で定める避難上有効な構造を有する場合にあっては，１）以上設けられていないもの

八　前各号に掲げる防火対象物以外の別表第1に掲げる建築物その他の工作物で，指定可燃物を危険物の規制に関する政令別表第4で定める数量の500倍以上貯蔵し，又は取り扱うもの

九　別表第1（16の2）項に掲げる防火対象物（第三号及び前2号に掲げるものを除く。）の部分で，次に掲げる防火対象物の用途に供されるもの

　イ　別表第1（2）項ニ，（5）項イ並びに（6）項イ（1）から（3）まで及びロに掲げる防火対象物

　ロ　別表第1（6）項ハに掲げる防火対象物（利用者を入居させ，又は宿泊させるものに限る。）

十　別表第1（2）項イからハまで，（3）項及び（16）項イに掲げる防火対象物（第三号，第七号及び第八号に掲げるものを除く。）の地階又は無窓階（同表（16）項イに掲げる防火対象物の地階又は無窓階にあっては，同表（2）項又は（3）項に掲げる防火対象物の用途に供される部分が存するものに限る。）で，床面積が100m²（同表（16）項イに掲げる防火対象物の地階又は無窓階にあっては，当該用途に供される部分の床面積の合計が100m²）以上のもの

十一　前各号に掲げるもののほか，別表第1に掲げる建築物の地階，無窓階又は3階以上の階で，床面積が300m²以上のもの

十二　前各号に掲げるもののほか，別表第1に掲げる防火対象物の道路の用に供される部分で，床面積が，屋上部分にあっては600m²以上，それ以外の部分にあっては400m²以上のもの

十三　前各号に掲げるもののほか，別表第1に掲げる防火対象物の地階又は2階以上の階のうち，駐車の用に供する部分の存する階（駐車するすべての車両が同時に屋外に出ることができる構造の階を除く。）で，当該部分の床面積が200m²以上のもの

十四　前各号に掲げるもののほか，別表第1に掲げる防火対象物の11階以上の階

十五　前各号に掲げるもののほか，別表第1に掲げる防火対象物の通信機器室で床面積が500m²以上のもの

2　前項に規定するもののほか，自動火災報知設備の設置及び維持に関する技術上の基準は，次のとおりとする。

　一　自動火災報知設備の警戒区域（火災の発生した区域を他の区域と区別して識別することができる最小単位の区域をいう。次号において同じ。）は，防火対象物の2以上の階にわたらないものとすること。ただし，総務省令で定める場合は，この限りでない。

　二　一の警戒区域の面積は，600m²以下とし，その一辺の長さは，50m以下（別表第3に定める光電式分離型感知器を設置する場合にあっては，100m以下）とすること。ただし，当該防火対象物の主要な出入口からその内部を見通すことができる場合にあっては，その面積を1,000m²以下とすることができる。

　三　自動火災報知設備の感知器は，総務省令で定めるところにより，天井又は壁の屋内に面する部分及び天井裏の部分（天井のない場合にあっては，屋根又は壁の

　　屋内に面する部分）に，有効に火災の発生を感知することができるように設けること。ただし，主要構造部を耐火構造とした建築物にあっては，天井裏の部分に設けないことができる。

　四　自動火災報知設備には，非常電源を附置すること。

3　第1項各号に掲げる防火対象物又はその部分（総務省令で定めるものを除く。）にスプリンクラー設備，水噴霧消火設備又は泡消火設備（いずれも総務省令で定める閉鎖型スプリンクラーヘッドを備えているものに限る。）を第12条，第13条，第14条若しくは第15条に定める技術上の基準に従い，又は当該技術上の基準の例により設置したときは，同項の規定にかかわらず，当該設備の有効範囲内の部分について自動火災報知設備を設置しないことができる。

【ガス漏れ火災警報設備に関する基準】

第21条の2　ガス漏れ火災警報設備は，次に掲げる防火対象物又はその部分（総務省令で定めるものを除く。）に設置するものとする。

　一　別表第1(16の2)項に掲げる防火対象物で，延べ面積が1,000m²以上のもの

　二　別表第1(16の3)項に掲げる防火対象物のうち，延べ面積が1,000m²以上で，かつ，同表(1)項から(4)項まで，(5)項イ，(6)項又は(9)項イに掲げる防火対象物の用途に供される部分の床面積の合計が500m²以上のもの

　三　前2号に掲げる防火対象物以外の別表第1に掲げる建築物その他の工作物（収容人員が総務省令で定める数に満たないものを除く。）で，その内部に，温泉の採取のための設備で総務省令で定めるもの（温泉法（昭和23年法律第125号）第14条の5第1項の確認を受けた者が当該確認に係る温泉の採取の場所において温泉を採取するための設備を除く。）が設置されているもの

　四　別表第1(1)項から(4)項まで，(5)項イ，(6)項及び(9)項イに掲げる防火対象物（前号に掲げるものを除く。）の地階で，床面積の合計が1,000m²以上のもの

　五　別表第1(16)項イに掲げる防火対象物（第三号に掲げるものを除く。）の地階のうち，床面積の合計が1,000m²以上で，かつ，同表(1)項から(4)項まで，(5)項イ，(6)項又は(9)項イに掲げる防火対象物の用途に供される部分の床面積の合計が500m²以上のもの

2　前項に規定するもののほか，ガス漏れ火災警報設備の設置及び維持に関する技術上の基準は，次のとおりとする。

　一　ガス漏れ火災警報設備の警戒区域（ガス漏れの発生した区域を他の区域と区別して識別することができる最小単位の区域をいう。次号において同じ。）は，防火対象物の2以上の階にわたらないものとすること。ただし，総務省令で定める場合は，この限りでない。

　二　一の警戒区域の面積は，600m²以下とすること。ただし，総務省令で定める場合は，この限りでない。

　三　ガス漏れ火災警報設備のガス漏れ検知器は，総務省令で定めるところにより，有効にガス漏れを検知することができるように設けること。

　四　ガス漏れ火災警報設備には，非常電源を附置すること。

【漏電火災警報器に関する基準】

第22条　漏電火災警報器は，次に掲げる防火対象物で，間柱若しくは下地を準不燃材料（建築基準法施行令第１条第五号に規定する準不燃材料をいう。以下この項において同じ。）以外の材料で造った鉄網入りの壁，根太若しくは下地を準不燃材料以外の材料で造った鉄網入りの床又は天井野縁若しくは下地を準不燃材料以外の材料で造った鉄網入りの天井を有するものに設置するものとする。

一　別表第１⒄項に掲げる建築物

二　別表第１⑸項及び⑼項に掲げる建築物で，延べ面積が150m²以上のもの

三　別表第１⑴項から⑷項まで，⑹項，⑿項及び(16の2)項に掲げる防火対象物で，延べ面積が300m²以上のもの

四　別表第１⑺項，⑻項，⑽項及び⑾項に掲げる建築物で，延べ面積が500m²以上のもの

五　別表第１⒁項及び⒂項に掲げる建築物で，延べ面積が1,000m²以上のもの

六　別表第１⒃項イに掲げる防火対象物のうち，延べ面積が500m²以上で，かつ，同表⑴項から⑷項まで，⑸項イ，⑹項又は⑼項イに掲げる防火対象物の用途に供される部分の床面積の合計が300m²以上のもの

七　前各号に掲げるもののほか，別表第１⑴項から⑹項まで，⒂項及び⒃項に掲げる建築物で，当該建築物における契約電流容量（同一建築物で契約種別の異なる電気が供給されているものにあっては，そのうちの最大契約電流容量）が50Aを超えるもの

2　前項の漏電火災警報器は，建築物の屋内電気配線に係る火災を有効に感知することができるように設置するものとする。

【消防機関へ通報する火災報知設備に関する基準】

第23条　消防機関へ通報する火災報知設備は，次に掲げる防火対象物に設置するものとする。ただし，消防機関から著しく離れた場所その他総務省令で定める場所にある防火対象物にあっては，この限りでない。

一　別表第１⑹項イ⑴から⑶まで及びロ，(16の2)項並びに(16の3)項に掲げる防火対象物

二　別表第１⑴項，⑵項，⑷項，⑸項イ，⑹項イ⑷，ハ及びニ，⑿項並びに⒄項に掲げる防火対象物で，延べ面積が500m²以上のもの

三　別表第１⑶項，⑸項ロ，⑺項から⑾項まで及び⒀項から⒂項までに掲げる防火対象物で，延べ面積が1,000m²以上のもの

2　前項の火災報知設備は，当該火災報知設備の種別に応じ総務省令で定めるところにより，設置するものとする。

3　第１項各号に掲げる防火対象物（同項第一号に掲げる防火対象物で別表第１⑹項イ⑴から⑶まで及びロに掲げるもの並びに第１項第二号に掲げる防火対象物で同表⑸項イ並びに⑹項イ⑷及びハに掲げるものを除く。）に消防機関へ常時通報することができる電話を設置したときは，第１項の規定にかかわらず，同項の火災報知設備を設置しないことができる。

【非常警報器具又は非常警報設備に関する基準】

第24条 非常警報器具は，別表第1⑷項，⑹項ロ，ハ及びニ，⑼項ロ並びに⑿項に掲げる防火対象物で収容人員が20人以上50人未満のもの（次項に掲げるものを除く。）に設置するものとする。ただし，これらの防火対象物に自動火災報知設備又は非常警報設備が第21条若しくは第4項に定める技術上の基準に従い，又は当該技術上の基準の例により設置されているときは，当該設備の有効範囲内の部分については，この限りでない。

2 非常ベル，自動式サイレン又は放送設備は，次に掲げる防火対象物（次項の適用を受けるものを除く。）に設置するものとする。ただし，これらの防火対象物に自動火災報知設備が第21条に定める技術上の基準に従い，又は当該技術上の基準の例により設置されているときは，当該設備の有効範囲内の部分については，この限りでない。

　一 別表第1⑸項イ，⑹項イ及び⑼項イに掲げる防火対象物で，収容人員が20人以上のもの

　二 前号に掲げる防火対象物以外の別表第1⑴項から⑰項までに掲げる防火対象物で，収容人員が50人以上のもの又は地階及び無窓階の収容人員が20人以上のもの

3 非常ベル及び放送設備又は自動式サイレン及び放送設備は，次に掲げる防火対象物に設置するものとする。

　一 別表第1（16の2）項及び（16の3）項に掲げる防火対象物

　二 別表第1に掲げる防火対象物（前号に掲げるものを除く。）で，地階を除く階数が11以上のもの又は地階の階数が3以上のもの

　三 別表第1⑯項イに掲げる防火対象物で，収容人員が500人以上のもの

　四 前2号に掲げるもののほか，別表第1⑴項から⑷項まで，⑸項イ，⑹項イ及び⑼項イに掲げる防火対象物で収容人員が300人以上のもの又は同表⑸項ロ，⑺項及び⑻項に掲げる防火対象物で収容人員が800人以上のもの

4 前3項に規定するもののほか，非常警報器具又は非常警報設備の設置及び維持に関する技術上の基準は，次のとおりとする。

　一 非常警報器具又は非常警報設備は，当該防火対象物の全区域に火災の発生を有効に，かつ，すみやかに報知することができるように設けること。

　二 非常警報器具又は非常警報設備の起動装置は，多数の者の目にふれやすく，かつ，火災に際しすみやかに操作することができる箇所に設けること。

　三 非常警報設備には，非常電源を附置すること。

5 第3項各号に掲げる防火対象物のうち自動火災報知設備又は総務省令で定める放送設備が第21条若しくは前項に定める技術上の基準に従い，又は当該技術上の基準の例により設置されているものについては，第3項の規定にかかわらず，当該設備の有効範囲内の部分について非常ベル又は自動式サイレンを設置しないことができる。

【避難器具に関する基準】

第25条 避難器具は，次に掲げる防火対象物の階（避難階及び11階以上の階を除く。）

に設置するものとする。

一　別表第1⑹項に掲げる防火対象物の2階以上の階又は地階で，収容人員が20人（下階に同表⑴項から⑷項まで，⑼項，⑿項イ，⒀項イ，⒁項又は⒂項に掲げる防火対象物が存するものにあっては，10人）以上のもの

二　別表第1⑸項に掲げる防火対象物の2階以上の階又は地階で，収容人員が30人（下階に同表⑴項から⑷項まで，⑼項，⑿項イ，⒀項イ，⒁項又は⒂項に掲げる防火対象物が存するものにあっては，10人）以上のもの

三　別表第1⑴項から⑷項まで及び⑺項から⑾項までに掲げる防火対象物の2階以上の階（主要構造部を耐火構造とした建築物の2階を除く。）又は地階で，収容人員が50人以上のもの

四　別表第1⑿項及び⒂項に掲げる防火対象物の3階以上の階又は地階で，収容人員が，3階以上の無窓階又は地階にあっては100人以上，その他の階にあっては150人以上のもの

五　前各号に掲げるもののほか，別表第1に掲げる防火対象物の3階（同表⑵項及び⑶項に掲げる防火対象物並びに同表⒃項イに掲げる防火対象物で2階に同表⑵項又は⑶項に掲げる防火対象物の用途に供される部分が存するものにあっては，2階）以上の階のうち，当該階（当該階に総務省令で定める避難上有効な開口部を有しない壁で区画されている部分が存する場合にあっては，その区画された部分）から避難階又は地上に直通する階段が2以上設けられていない階で，収容人員が10人以上のもの

2　前項に規定するもののほか，避難器具の設置及び維持に関する技術上の基準は，次のとおりとする。

一　前項各号に掲げる階には，次の表において同項各号の防火対象物の区分に従いそれぞれの階に適応するものとされる避難器具のいずれかを，同項第一号，第二号及び第五号に掲げる階にあっては，収容人員が100人以下のときは1個以上，100人を超えるときは1個に100人までを増すごとに1個を加えた個数以上，同項第三号に掲げる階にあっては，収容人員が200人以下のときは1個以上，200人を超えるときは1個に200人までを増すごとに1個を加えた個数以上，同項第四号に掲げる階にあっては，収容人員が300人以下のときは1個以上，300人を超えるときは1個に300人までを増すごとに1個を加えた個数以上設置すること。ただし，当該防火対象物の位置，構造又は設備の状況により避難上支障がないと認められるときは，総務省令で定めるところにより，その設置個数を減少し，又は避難器具を設置しないことができる。

防火対象物 ＼ 階	地階	2 階	3 階	4 階又は 5 階	6 階以上 の階
前項第一号の 防火対象物	避難はしご 避難用タラップ	滑り台 避難はしご 救助袋 緩降機 避難橋 避難用タラップ	滑り台 救助袋 緩降機 避難橋	滑り台 救助袋 緩降機 避難橋	滑り台 救助袋 避難橋
前項第二号及 び第三号の防 火対象物	避難はしご 避難用タラップ	滑り台 避難はしご 救助袋 緩降機 避難橋 滑り棒 避難ロープ 避難用タラップ	滑り台 避難はしご 救助袋 緩降機 避難橋 避難用タラップ	滑り台 避難はしご 救助袋 緩降機 避難橋	滑り台 避難はしご 救助袋 緩降機 避難橋
前項第四号の 防火対象物	避難はしご 避難用タラップ		滑り台 避難はしご 救助袋 緩降機 避難橋 避難用タラップ	滑り台 避難はしご 救助袋 緩降機 避難橋	滑り台 避難はしご 救助袋 緩降機 避難橋
前項第五号の 防火対象物		滑り台 避難はしご 救助袋 緩降機 避難橋 滑り棒 避難ロープ 避難用タラップ	滑り台 避難はしご 救助袋 緩降機 避難橋 避難用タラップ	滑り台 避難はしご 救助袋 緩降機 避難橋	滑り台 避難はしご 救助袋 緩降機 避難橋

二　避難器具は，避難に際して容易に接近することができ，階段，避難口その他の
　避難施設から適当な距離にあり，かつ，当該器具を使用するについて安全な構造
　を有する開口部に設置すること。

三　避難器具は，前号の開口部に常時取り付けておくか，又は必要に応じて速やか
　に当該開口部に取り付けることができるような状態にしておくこと。

【誘導灯及び誘導標識に関する基準】

第26条　誘導灯及び誘導標識は，次の各号に掲げる区分に従い，当該各号に定める防
　火対象物又はその部分に設置するものとする。ただし，避難が容易であると認めら
　れるもので総務省令で定めるものについては，この限りでない。

一　避難口誘導灯　　別表第1(1)項から(4)項まで，(5)項イ，(6)項，(9)項，(16)項イ，(16
　の2)項及び(16の3)項に掲げる防火対象物並びに同表(5)項ロ，(7)項，(8)項，(10)項
　から(15)項まで及び(16)項ロに掲げる防火対象物の地階，無窓階及び11階以上の部分

二　通路誘導灯　　別表第1(1)項から(4)項まで，(5)項イ，(6)項，(9)項，(16)項イ，(16

の2)項及び(16の3)項に掲げる防火対象物並びに同表(5)項ロ，(7)項，(8)項，(10)項から(15)項まで及び(16)項ロに掲げる防火対象物の地階，無窓階及び11階以上の部分

三　客席誘導灯　　別表第1(1)項に掲げる防火対象物並びに同表(16)項イ及び(16の2)項に掲げる防火対象物の部分で，同表(1)項に掲げる防火対象物の用途に供されるもの

四　誘導標識　　別表第1(1)項から(16)項までに掲げる防火対象物

2　前項に規定するもののほか，誘導灯及び誘導標識の設置及び維持に関する技術上の基準は，次のとおりとする。

一　避難口誘導灯は，避難口である旨を表示した緑色の灯火とし，防火対象物又はその部分の避難口に，避難上有効なものとなるように設けること。

二　通路誘導灯は，避難の方向を明示した緑色の灯火とし，防火対象物又はその部分の廊下，階段，通路その他避難上の設備がある場所に，避難上有効なものとなるように設けること。ただし，階段に設けるものにあっては，避難の方向を明示したものとすることを要しない。

三　客席誘導灯は，客席に，総務省令で定めるところにより計った客席の照度が0.2 lx 以上となるように設けること。

四　誘導灯には，非常電源を附置すること。

五　誘導標識は，避難口である旨又は避難の方向を明示した緑色の標識とし，多数の者の目に触れやすい箇所に，避難上有効なものとなるように設けること。

3　第1項第四号に掲げる防火対象物又はその部分に避難口誘導灯又は通路誘導灯を前項に定める技術上の基準に従い，又は当該技術上の基準の例により設置したときは，第1項の規定にかかわらず，これらの誘導灯の有効範囲内の部分について誘導標識を設置しないことができる。

【消防用水に関する基準】

第27条　消防用水は，次に掲げる建築物について設置するものとする。

一　別表第1(1)項から(15)項まで，(17)項及び(18)項に掲げる建築物で，その敷地の面積が20,000m²以上あり，かつ，その床面積が，耐火建築物にあっては15,000m²以上，準耐火建築物にあっては10,000m²以上，その他の建築物にあっては5,000m²以上のもの（次号に掲げる建築物を除く。）

二　別表第1に掲げる建築物で，その高さが31m を超え，かつ，その延べ面積（地階に係るものを除く。以下この条において同じ。）が25,000m²以上のもの

2　同一敷地内に別表第1(1)項から(15)項まで，(17)項及び(18)項に掲げる建築物（高さが31m を超え，かつ，延べ面積が25,000m²以上の建築物を除く。以下この項において同じ。）が2以上ある場合において，これらの建築物が，当該建築物相互の1階の外壁間の中心線からの水平距離が，1階にあっては3m以下，2階にあっては5m以下である部分を有するものであり，かつ，これらの建築物の床面積を，耐火建築物にあっては15,000m²，準耐火建築物にあっては10,000m²，その他の建築物にあっては5,000m²でそれぞれ除した商の和が1以上となるものであるときは，これらの建築物は，前項の規定の適用については，一の建築物とみなす。

3 前2項に規定するもののほか，消防用水の設置及び維持に関する技術上の基準は，次のとおりとする。

一 消防用水は，その有効水量（地盤面下に設けられている消防用水にあっては，その設けられている地盤面の高さから4.5m以内の部分の水量をいう。以下この条において同じ。）の合計が，第1項第一号に掲げる建築物にあってはその床面積を，同項第二号に掲げる建築物にあってはその延べ面積を建築物の区分に従い次の表に定める面積で除した商（1未満のはしたの数は切り上げるものとする。）を20m³に乗じた量以上の量となるように設けること。この場合において，当該消防用水が流水を利用するものであるときは，0.8m³/minの流量を20m³の水量に換算するものとする。

建 築 物 の 区 分		面 積
第1項第一号に掲げる建築物	耐火建築物	7,500m²
	準耐火建築物	5,000m²
	その他の建築物	2,500m²
第1項第二号に掲げる建築物		12,500m²

二 消防用水は，建築物の各部分から一の消防用水までの水平距離が100m以下となるように設けるとともに，1個の消防用水の有効水量は，20m³未満（流水の場合は，0.8m³/min未満）のものであってはならないものとすること。

三 消防用水の吸管を投入する部分の水深は，当該消防用水について，所要水量のすべてを有効に吸い上げることができる深さであるものとすること。

四 消防用水は，消防ポンプ自動車が2m以内に接近することができるように設けること。

五 防火水槽には，適当の大きさの吸管投入孔を設けること。

【排煙設備に関する基準】

第28条 排煙設備は，次に掲げる防火対象物又はその部分に設置するものとする。

一 別表第1(16の2)項に掲げる防火対象物で，延べ面積が1,000m²以上のもの

二 別表第1(1)項に掲げる防火対象物の舞台部で，床面積が500m²以上のもの

三 別表第1(2)項，(4)項，(10)項及び(13)項に掲げる防火対象物の地階又は無窓階で，床面積が1,000m²以上のもの

2 前項に規定するもののほか，排煙設備の設置及び維持に関する技術上の基準は，次のとおりとする。

一 排煙設備は，前項各号に掲げる防火対象物又はその部分の用途，構造又は規模に応じ，火災が発生した場合に生ずる煙を有効に排除することができるものであること。

二 排煙設備には，手動起動装置又は火災の発生を感知した場合に作動する自動起動装置を設けること。

三 排煙設備の排煙口，風道その他煙に接する部分は，煙の熱及び成分によりその機能に支障を生ずるおそれのない材料で造ること。

　四　排煙設備には，非常電源を附置すること。

3　第1項各号に掲げる防火対象物又はその部分のうち，排煙上有効な窓等の開口部が設けられている部分その他の消火活動上支障がないものとして総務省令で定める部分には，同項の規定にかかわらず，排煙設備を設置しないことができる。

【連結散水設備に関する基準】

第28条の2　連結散水設備は，別表第1(1)項から(15)項まで，(16の2)項及び(17)項に掲げる防火対象物で，地階の床面積の合計（同表(16の2)項に掲げる防火対象物にあっては，延べ面積）が700m²以上のものに設置するものとする。

2　前項に規定するもののほか，連結散水設備の設置及び維持の技術上の基準は，次のとおりとする。

　一　散水ヘッドは，前項の防火対象物の地階の部分のうち総務省令で定める部分の天井又は天井裏に，総務省令で定めるところにより設けること。

　二　送水口は，消防ポンプ自動車が容易に接近できる位置に設けること。

3　第1項の防火対象物に送水口を附置したスプリンクラー設備，水噴霧消火設備，泡消火設備，不活性ガス消火設備，ハロゲン化物消火設備又は粉末消火設備を第12条，第13条，第14条，第15条，第16条，第17条若しくは第18条の技術上の基準に従い，又は当該技術上の基準の例により設置したときは，同項の規定にかかわらず，当該設備の有効範囲内の部分について連結散水設備を設置しないことができる。

4　第1項の防火対象物に連結送水管を次条の技術上の基準に従い，又は当該技術上の基準の例により設置したときは，消火活動上支障がないものとして総務省令で定める防火対象物の部分には，同項の規定にかかわらず，連結散水設備を設置しないことができる。

【連結送水管に関する基準】

第29条　連結送水管は，次の各号に掲げる防火対象物に設置するものとする。

　一　別表第1に掲げる建築物で，地階を除く階数が7以上のもの

　二　前号に掲げるもののほか，地階を除く階数が5以上の別表第1に掲げる建築物で，延べ面積が6,000m²以上のもの

　三　別表第1(16の2)項に掲げる防火対象物で，延べ面積が1,000m²以上のもの

　四　別表第1(18)項に掲げる防火対象物

　五　前各号に掲げるもののほか，別表第1に掲げる防火対象物で，道路の用に供される部分を有するもの

2　前項に規定するもののほか，連結送水管の設置及び維持に関する技術上の基準は，次のとおりとする。

　一　放水口は，次に掲げる防火対象物又はその階若しくはその部分ごとに，当該防火対象物又はその階若しくはその部分のいずれの場所からも1の放水口までの水平距離がそれぞれに定める距離以下となるように，かつ，階段室，非常用エレベーターの乗降ロビーその他これらに類する場所で消防隊が有効に消火活動を行うことができる位置に設けること。

　　イ　前項第一号及び第二号に掲げる建築物の3階以上の階　　50m

　　　ロ　前項第三号に掲げる防火対象物の地階　　50m

　　　ハ　前項第四号に掲げる防火対象物　　25m

　　　ニ　前項第五号に掲げる防火対象物の道路の用に供される部分　　25m

　二　主管の内径は，100mm 以上とすること。ただし，総務省令で定める場合は，この限りでない。

　三　送水口は，双口形とし，消防ポンプ自動車が容易に接近することができる位置に設けること。

　四　地階を除く階数が11以上の建築物に設置する連結送水管については，次のイからハまでに定めるところによること。

　　　イ　当該建築物の11階以上の部分に設ける放水口は，双口形とすること。

　　　ロ　総務省令で定めるところにより，非常電源を附置した加圧送水装置を設けること。

　　　ハ　総務省令で定めるところにより，放水用器具を格納した箱をイに規定する放水口に附置すること。ただし，放水用器具の搬送が容易である建築物として総務省令で定めるものについては，この限りでない。

【非常コンセント設備に関する基準】

第29条の2　非常コンセント設備は，次に掲げる防火対象物に設置するものとする。

　一　別表第1に掲げる建築物で，地階を除く階数が11以上のもの

　二　別表第1（16の2）項に掲げる防火対象物で，延べ面積が1,000m²以上のもの

2　前項に規定するもののほか，非常コンセント設備の設置及び維持に関する技術上の基準は，次のとおりとする。

　一　非常コンセントは，次に掲げる防火対象物の階ごとに，その階の各部分から1の非常コンセントまでの水平距離がそれぞれに定める距離以下となるように，かつ，階段室，非常用エレベーターの乗降ロビーその他これらに類する場所で消防隊が有効に消火活動を行うことができる位置に設けること。

　　　イ　前項第一号に掲げる建築物の11階以上の階　　50m

　　　ロ　前項第二号に掲げる防火対象物の地階　　50m

　二　非常コンセント設備は，単相交流100Vで15A 以上の電気を供給できるものとすること。

　三　非常コンセント設備には，非常電源を附置すること。

【無線通信補助設備に関する基準】

第29条の3　無線通信補助設備は，別表第1（16の2）項に掲げる防火対象物で，延べ面積が1,000m²以上のものに設置するものとする。

2　前項に規定するもののほか，無線通信補助設備の設置及び維持に関する基準は，次のとおりとする。

　一　無線通信補助設備は，点検に便利で，かつ，火災等の災害による被害を受けるおそれが少ないように設けること。

　二　無線通信補助設備は，前項に規定する防火対象物における消防隊相互の無線連絡が容易に行われるように設けること。

【必要とされる防火安全性能を有する消防の用に供する設備等に関する基準】

第29条の4　法第17条第1項の関係者は，この節の第2款から前款*までの規定により設置し，及び維持しなければならない同項に規定する消防用設備等（以下この条において「通常用いられる消防用設備等」という。）に代えて，**総務省令**で定めるところにより消防長又は消防署長が，その防火安全性能（火災の拡大を初期に抑制する性能，火災時に安全に避難することを支援する性能又は消防隊による活動を支援する性能をいう。以下この条及び第36条第2項第四号において同じ。）が当該通常用いられる消防用設備等の防火安全性能と同等以上であると認める消防の用に供する設備，消防用水又は消火活動上必要な施設（以下この条，第34条第八号及び第36条の2において「必要とされる防火安全性能を有する消防の用に供する設備等」という。）を用いることができる。

◆**総務省令**［特定共同住宅等における必要とされる防火安全性能を有する
　　　　　　消防の用に供する設備等に関する省令］　　　　　　　　　→p812
　　　　　　［特定小規模施設における必要とされる防火安全性能を有する
　　　　　　消防の用に供する設備等に関する省令］　　　　　　　　　→p822
　　　　　　［排煙設備に代えて用いることができる必要とされる防火安
　　　　　　全性能を有する消防の用に供する設備等に関する省令］　　→p824
　　　　　　［複合型居住施設における必要とされる防火安全性能を有する
　　　　　　消防の用に供する設備等に関する省令］　　　　　　　　　→p825
　　　　　　［特定駐車場における必要とされる防火安全性能を有する消防
　　　　　　の用に供する設備等に関する省令］　　　　　　　　　　　→p827

＊令第10条〜令第29条の3

2　前項の場合においては，同項の関係者は，必要とされる防火安全性能を有する消防の用に供する設備等について，通常用いられる消防用設備等と同等以上の防火安全性能を有するように設置し，及び維持しなければならない。

3　通常用いられる消防用設備等（それに代えて必要とされる防火安全性能を有する消防の用に供する設備等が用いられるものに限る。）については，この節の第2款から前款*までの規定は，適用しない。

＊令第10条〜令第29条の3

【消防用設備等の規格】

第30条　法第17条第1項の消防用設備等（以下「消防用設備等」という。）又はその部分である法第21条の2第1項の検定対象機械器具等若しくは法第21条の16の2の自主表示対象機械器具等（以下この条において「消防用機械器具等」という。）で第37条各号又は第41条各号に掲げるものに該当するものは，これらの消防用機械器具等について定められた法第21条の2第2項又は法第21条の16の3第1項の技術上の規格に適合するものでなければならない。

2　前項の規定にかかわらず，法第21条の2第2項又は法第21条の16の3第1項の規定に基づく技術上の規格に関する総務省令の規定の施行又は適用の際，現に存する防火対象物における消防用機械器具等（法第17条の2の5第1項の規定の適用を受ける消防用設備等に係るものを除く。）又は現に新築，増築，改築，移転，修繕若しくは模様替えの工事中の防火対象物に係る消防用機械器具等（法第17条の2の5

第1項の規定の適用を受ける消防用設備等に係るものを除く。）のうち第37条各号又は第41条各号に掲げるものに該当するもので当該技術上の規格に関する総務省令の規定に適合しないものに係る技術上の基準については，総務省令で，一定の期間を限って，前項の特例を定めることができる。当該技術上の規格に関する総務省令の規定の施行又は適用の日から当該規定による技術上の規格に適合する消防用機械器具等を供用することができる日として総務大臣が定める日の前日までの間において新築，増築，改築，移転，修繕又は模様替えの工事が開始された防火対象物に係る消防用機械器具等のうち第37条各号又は第41条各号に掲げるものに該当するもので当該技術上の規格に関する総務省令の規定に適合しないものについても，同様とする。

【基準の特例】

第31条 別表第1⑿項イに掲げる防火対象物で，総務省令で定めるものについては，この節の第2款*に定める基準に関して，総務省令で特例を定めることができる。

2 次に掲げる防火対象物又はその部分については，この節に定める基準に関して，総務省令で特例を定めることができる。

一 別表第1⒂項に掲げる防火対象物で，総務省令で定めるもの

二 別表第1に掲げる防火対象物の道路の用に供される部分で，総務省令で定めるもの

＊令第10条～令第20条

第32条 この節の規定は，消防用設備等について，消防長又は消防署長が，防火対象物の位置，構造又は設備の状況から判断して，この節の規定による消防用設備等の基準によらなくとも，火災の発生又は延焼のおそれが著しく少なく，かつ，火災等の災害による被害を最少限度に止めることができると認めるときにおいては，適用しない。

●関連 令第8条～令32条→p750～776

【適用が除外されない消防用設備等】

第34条 法第17条の2の5第1項の政令で定める消防用設備等は，次の各号に掲げる消防用設備等とする。

一 簡易消火用具

二 不活性ガス消火設備（全域放出方式のもので総務省令で定める不活性ガス消火剤を放射するものに限る。）（不活性ガス消火設備の設置及び維持に関する技術上の基準であって総務省令で定めるものの適用を受ける部分に限る。）

三 自動火災報知設備（別表第1⑴項から⑷項まで，⑸項イ，⑹項，⑼項イ，⒃項イ及び(16の2)項から⒄項までに掲げる防火対象物に設けるものに限る。）

四 ガス漏れ火災警報設備（別表第1⑴項から⑷項まで，⑸項イ，⑹項，⑼項イ，⒃項イ，(16の2)項及び(16の3)項に掲げる防火対象物並びにこれらの防火対象物以外の防火対象物で第21条の2第1項第三号に掲げるものに設けるものに限る。）

五 漏電火災警報器

六 非常警報器具及び非常警報設備

七　誘導灯及び誘導標識

八　必要とされる防火安全性能を有する消防の用に供する設備等であって，消火器，避難器具及び前各号に掲げる消防用設備等に類するものとして消防庁長官が定めるもの

【増築及び改築の範囲】

第34条の2　法第17条の2の5第2項第二号及び第17条の3第2項第二号の政令で定める増築及び改築は，防火対象物の増築又は改築で，次の各号に掲げるものとする。

一　工事の着手が基準時以後である増築又は改築に係る当該防火対象物の部分の床面積の合計が1,000m²以上となることとなるもの

二　前号に掲げるもののほか，工事の着手が基準時以後である増築又は改築に係る当該防火対象物の部分の床面積の合計が，基準時における当該防火対象物の延べ面積の1/2以上となることとなるもの

2　前項の基準時とは，法第17条の2の5第1項前段又は法第17条の3第1項前段の規定により第8条から第33条までの規定若しくはこれらに基づく総務省令又は法第17条第2項の規定に基づく条例の規定の適用を受けない別表第1に掲げる防火対象物における消防用設備等について，それらの規定（それらの規定が改正された場合にあっては，改正前の規定を含むものとする。）が適用されない期間の始期をいう。

【大規模の修繕及び模様替えの範囲】

第34条の3　法第17条の2の5第2項第二号及び第17条の3第2項第二号の政令で定める大規模の修繕及び模様替えは，当該防火対象物の主要構造部である壁について行う過半の修繕又は模様替えとする。

【適用が除外されない防火対象物の範囲】

第34条の4　法第17条の2の5第2項第四号の政令で定める複合用途防火対象物は，別表第1(16)項イに掲げる防火対象物とする。

2　法第17条の2の5第2項第四号の多数の者が出入するものとして政令で定める防火対象物は，別表第1(1)項から(4)項まで，(5)項イ，(6)項，(9)項イ及び(16の3)項に掲げる防火対象物のうち，百貨店，旅館及び病院以外のものとする。

【消防機関の検査を受けなければならない防火対象物等】

第35条　法第17条の3の2の政令で定める防火対象物は，次に掲げる防火対象物とする。

一　次に掲げる防火対象物

イ　別表第1(2)項ニ，(5)項イ並びに(6)項イ(1)から(3)まで及びロに掲げる防火対象物

ロ　別表第1(6)項ハに掲げる防火対象物（利用者を入居させ，又は宿泊させるものに限る。）

ハ　別表第1(16)項イ，(16の2)項及び(16の3)項に掲げる防火対象物（イ又はロに掲げる防火対象物の用途に供される部分が存するものに限る。）

二　別表第1(1)項，(2)項イからハまで，(3)項，(4)項，(6)項イ(4)，ハ及びニ，(9)項イ，(16)項イ，(16の2)項並びに(16の3)項に掲げる防火対象物（前号ロ及びハに掲げる

ものを除く。）で，延べ面積が300m²以上のもの

三 別表第1(5)項ロ，(7)項，(8)項，(9)項ロ，(10)項から(15)項まで，(16)項ロ，(17)項及び(18)項に掲げる防火対象物で，延べ面積が300m²以上のもののうち，消防長又は消防署長が火災予防上必要があると認めて指定するもの

四 前3号に掲げるもののほか，別表第1(1)項から(4)項まで，(5)項イ，(6)項又は(9)項イに掲げる防火対象物の用途に供される部分が避難階以外の階に存する防火対象物で，当該避難階以外の階から避難階又は地上に直通する階段が2（当該階段が屋外に設けられ，又は総務省令で定める避難上有効な構造を有する場合にあっては，1）以上設けられていないもの

2 法第17条の3の2の政令で定める消防用設備等又は法第17条第3項に規定する特殊消防用設備等（以下「特殊消防用設備等」という。）は，簡易消火用具及び非常警報器具とする。

【消防用設備等又は特殊消防用設備等について点検を要しない防火対象物等】

第36条 法第17条の3の3の消防用設備等又は特殊消防用設備等について点検を要しない防火対象物は，別表第1(20)項に掲げる防火対象物とする。

2 法第17条の3の3の消防用設備等又は特殊消防用設備等について消防設備士免状の交付を受けている者又は総務省令で定める資格を有する者（第四号において「消防設備士等」という。）に点検をさせなければならない防火対象物は，次に掲げる防火対象物とする。

一 別表第1(1)項から(4)項まで，(5)項イ，(6)項，(9)項イ，(16)項イ，(16の2)項及び(16の3)項に掲げる防火対象物で，延べ面積が1,000m²以上のもの

二 別表第1(5)項ロ，(7)項，(8)項，(9)項ロ，(10)項から(15)項まで，(16)項ロ，(17)項及び(18)項に掲げる防火対象物で，延べ面積が1,000m²以上のもののうち，消防長又は消防署長が火災予防上必要があると認めて指定するもの

三 前2号に掲げるもののほか，別表第1(1)項から(4)項まで，(5)項イ，(6)項又は(9)項イに掲げる防火対象物の用途に供される部分が避難階以外の階に存する防火対象物で，当該避難階以外の階から避難階又は地上に直通する階段が2（当該階段が屋外に設けられ，又は総務省令で定める避難上有効な構造を有する場合にあっては，1）以上設けられていないもの

四 前3号に掲げるもののほか，消防用設備等又は特殊消防用設備等の防火安全性能を確保するために，消防設備士等による点検が特に必要であるものとして総務省令で定める防火対象物

【消防設備士でなければ行ってはならない工事又は整備】

第36条の2 法第17条の5の政令で定める消防用設備等又は特殊消防用設備等の設置に係る工事は，次に掲げる消防用設備等（第一号から第三号まで及び第八号に掲げる消防用設備等については電源，水源及び配管の部分を除き，第四号から第七号まで及び第九号から第十号までに掲げる消防用設備等については電源の部分を除く。）又は必要とされる防火安全性能を有する消防の用に供する設備等若しくは特殊消防用設備等（これらのうち，次に掲げる消防用設備等に類するものとして消防

庁長官が定めるものに限り，電源，水源及び配管の部分を除く。次項において同じ。）の設置に係る工事とする。

一　屋内消火栓設備

二　スプリンクラー設備

三　水噴霧消火設備

四　泡消火設備

五　不活性ガス消火設備

六　ハロゲン化物消火設備

七　粉末消火設備

八　屋外消火栓設備

九　自動火災報知設備

九の二　ガス漏れ火災警報設備

十　消防機関へ通報する火災報知設備

十一　金属製避難はしご（固定式のものに限る。）

十二　救助袋

十三　緩降機

2　法第17条の5の政令で定める消防用設備等又は特殊消防用設備等の整備は，次に掲げる消防用設備等又は必要とされる防火安全性能を有する消防の用に供する設備等若しくは特殊消防用設備等の整備（屋内消火栓設備の表示灯の交換その他総務省令で定める軽微な整備を除く。）とする。

一　前項各号に掲げる消防用設備等（同項第一号から第三号まで及び第八号に掲げる消防用設備等については電源，水源及び配管の部分を除き，同項第四号から第七号まで及び第九号から第十号までに掲げる消防用設備等については電源の部分を除く。）

二　消火器

三　漏電火災警報器

【検定対象機械器具等の範囲】

第37条　法第21条の2第1項の政令で定める消防の用に供する機械器具等は，次に掲げるもの（法第17条第3項の規定による認定を受けた特殊消防用設備等の部分であるもの，輸出されるもの（輸出されるものであることについて，総務省令で定めるところにより，総務大臣の承認を受けたものに限る。）又は船舶安全法若しくは航空法（昭和27年法律第231号）の規定に基づく検査若しくは試験に合格したものを除く。）とする。

一　消火器

二　消火器用消火薬剤（二酸化炭素を除く。）

三　泡消火薬剤（総務省令で定めるものを除く。別表第3において同じ。）

四　火災報知設備の感知器（火災によって生ずる熱，煙又は炎を利用して自動的に火災の発生を感知するものに限る。）又は発信機

五　火災報知設備又はガス漏れ火災警報設備（総務省令で定めるものを除く。以下

次号までにおいて同じ。）に使用する中継器（火災報知設備及びガス漏れ火災警報設備の中継器を含む。別表第3において「中継器」という。）

六　火災報知設備又はガス漏れ火災警報設備に使用する受信機（火災報知設備及びガス漏れ火災警報設備の受信機を含む。別表第3において「受信機」という。）

七　住宅用防災警報器

八　閉鎖型スプリンクラーヘッド

九　スプリンクラー設備，水噴霧消火設備又は泡消火設備（次号において「スプリンクラー設備等」という。）に使用する流水検知装置（別表第3において「流水検知装置」という。）

十　スプリンクラー設備等に使用する一斉開放弁（配管との接続部の内径が300mmを超えるものを除く。別表第3において「一斉開放弁」という。）

十一　金属製避難はしご

十二　緩降機

【自主表示対象機械器具等の範囲】

第41条　法第21条の16の2の政令で定める消防の用に供する機械器具等は，次に掲げるもの（法第17条第3項の規定による認定を受けた特殊消防用設備等の部分であるもの，輸出されるもの（輸出されるものであることについて，総務省令で定めるところにより，総務大臣の承認を受けたものに限る。）又は船舶安全法若しくは航空法の規定に基づく検査若しくは試験に合格したものを除く。）とする。

一　動力消防ポンプ

二　消防用ホース

三　消防用吸管

四　消防用ホースに使用する差込式又はねじ式の結合金具及び消防用吸管に使用するねじ式の結合金具

五　エアゾール式簡易消火具

六　漏電火災警報器

　　附　則　（略）

別表第1 （第1条の2〜第3条，第3条の3，第4条，第4条の2の2〜第4条の3，第6条，第9条〜第14条，第19条，第21条〜第29条の3，第31条，第34条，第34条の2，第34条の4〜第36条関係）

⑴	イ　劇場，映画館，演芸場又は観覧場 ロ　公会堂又は集会場
⑵	イ　キャバレー，カフェー，ナイトクラブその他これらに類するもの ロ　遊技場又はダンスホール ハ　風俗営業等の規制及び業務の適正化等に関する法律（昭和23年法律第122号）第2条第5項に規定する性風俗関連特殊営業を営む店舗（ニ並びに⑴項イ，⑷項，⑸項イ及び⑼項イに掲げる防火対象物の用途に供されているものを除く。）その他これに類するものとして総務省令で定めるもの ニ　カラオケボックスその他遊興のための設備又は物品を個室（これに類する施設を含む。）において客に利用させる役務を提供する業務を営む店舗で総務省令で定めるもの
⑶	イ　待合，料理店その他これらに類するもの ロ　飲食店
⑷	百貨店，マーケットその他の物品販売業を営む店舗又は展示場
⑸	イ　旅館，ホテル，宿泊所その他これらに類するもの ロ　寄宿舎，下宿又は共同住宅
⑹	イ　次に掲げる防火対象物 　⑴　次のいずれにも該当する病院（火災発生時の延焼を抑制するための消火活動を適切に実施することができる体制を有するものとして総務省令で定めるものを除く。） 　　⒤　診療科名中に特定診療科名（内科，整形外科，リハビリテーション科その他の総務省令で定める診療科名をいう。⑵⒤において同じ。）を有すること。 　　⒥　医療法（昭和23年法律第205号）第7条第2項第四号に規定する療養病床又は同項第五号に規定する一般病床を有すること。 　⑵　次のいずれにも該当する診療所 　　⒤　診療科名中に特定診療科名を有すること。 　　⒥　4人以上の患者を入院させるための施設を有すること。 　⑶　病院（⑴に掲げるものを除く。），患者を入院させるための施設を有する診療所（⑵に掲げるものを除く。）又は入所施設を有する助産所 　⑷　患者を入院させるための施設を有しない診療所又は入所施設を有しない助産所 ロ　次に掲げる防火対象物 　⑴　老人短期入所施設，養護老人ホーム，特別養護老人ホーム，軽費老人ホーム（介護保険法（平成9年法律第123号）第7条第1項に規定する要介護状態区分が避難が困難な状態を示すものとして総務省令で定める区分に該当する者（以下「避難が困難な要介護者」という。）を主として入居させるものに限る。），有料老人ホーム（避難が困難な要介護者を主として入居させるものに限る。），介護老人保健施設，老人福祉法（昭和38年法律第133号）第5条の2第4項に規定する老人短期入所事業を行う施設，同条第5項に規定する小規模多機能型居宅介護事業を行う施設（避難が困難な

要介護者を主として宿泊させるものに限る。），同条第6項に規定する認知症対応型老人共同生活援助事業を行う施設その他これらに類するものとして総務省令で定めるもの

(2) 救護施設

(3) 乳児院

(4) 障害児入所施設

(5) 障害者支援施設（障害者の日常生活及び社会生活を総合的に支援するための法律（平成17年法律第123号）第4条第1項に規定する障害者又は同条第2項に規定する障害児であって，同条第4項に規定する障害支援区分が避難が困難な状態を示すものとして総務省令で定める区分に該当する者（以下「避難が困難な障害者等」という。）を主として入所させるものに限る。）又は同法第5条第8項に規定する短期入所若しくは同条第17項に規定する共同生活援助を行う施設（避難が困難な障害者等を主として入所させるものに限る。ハ(5)において「短期入所等施設」という。）

ハ 次に掲げる防火対象物

(1) 老人デイサービスセンター，軽費老人ホーム（ロ(1)に掲げるものを除く。），老人福祉センター，老人介護支援センター，有料老人ホーム（ロ(1)に掲げるものを除く。），老人福祉法第5条の2第3項に規定する老人デイサービス事業を行う施設，同条第5項に規定する小規模多機能型居宅介護事業を行う施設（ロ(1)に掲げるものを除く。）その他これらに類するものとして総務省令で定めるもの

(2) 更生施設

(3) 助産施設，保育所，幼保連携型認定こども園，児童養護施設，児童自立支援施設，児童家庭支援センター，児童福祉法（昭和22年法律第164号）第6条の3第7項に規定する一時預かり事業又は同条第9項に規定する家庭的保育事業を行う施設その他これらに類するものとして総務省令で定めるもの

(4) 児童発達支援センター，児童心理治療施設又は児童福祉法第6条の2の2第2項に規定する児童発達支援若しくは同条第4項に規定する放課後等デイサービスを行う施設（児童発達支援センターを除く。）

(5) 身体障害者福祉センター，障害者支援施設（ロ(5)に掲げるものを除く。），地域活動支援センター，福祉ホーム又は障害者の日常生活及び社会生活を総合的に支援するための法律第5条第7項に規定する生活介護，同条第8項に規定する短期入所，同条第12項に規定する自立訓練，同条第13項に規定する就労移行支援，同条第14項に規定する就労継続支援若しくは同条第15項に規定する共同生活援助を行う施設（短期入所等施設を除く。）

ニ 幼稚園又は特別支援学校

(7)	小学校，中学校，義務教育学校，高等学校，中等教育学校，高等専門学校，大学，専修学校，各種学校その他これらに類するもの
(8)	図書館，博物館，美術館その他これらに類するもの
(9)	イ　公衆浴場のうち，蒸気浴場，熱気浴場その他これらに類するもの ロ　イに掲げる公衆浴場以外の公衆浴場
(10)	車両の停車場又は船舶若しくは航空機の発着場（旅客の乗降又は待合いの用に供する建築物に限る。）

(11)	神社，寺院，教会その他これらに類するもの
(12)	イ　工場又は作業場 ロ　映画スタジオ又はテレビスタジオ
(13)	イ　自動車車庫又は駐車場 ロ　飛行機又は回転翼航空機の格納庫
(14)	倉庫
(15)	前各項に該当しない事業場
(16)	イ　複合用途防火対象物のうち，その一部が(1)項から(4)項まで，(5)項イ，(6)項 　又は(9)項イに掲げる防火対象物の用途に供されているもの ロ　イに掲げる複合用途防火対象物以外の複合用途防火対象物
(16の2)	地下街
(16の3)	建築物の地階（（16の2）項に掲げるものの各階を除く。）で連続して地下道に面して設けられたものと当該地下道とを合わせたもの（(1)項から(4)項まで，(5)項イ，(6)項又は(9)項イに掲げる防火対象物の用途に供される部分が存するものに限る。）
(17)	文化財保護法（昭和25年法律第214号）の規定によって重要文化財，重要有形民俗文化財，史跡若しくは重要な文化財として指定され，又は旧重要美術品等の保存に関する法律（昭和8年法律第43号）の規定によって重要美術品として認定された建造物
(18)	延長50m 以上のアーケード
(19)	市長村長の指定する山林
(20)	総務省令で定める舟車

備考
一　2以上の用途に供される防火対象物で第1条の2第2項後段の規定の適用により複合用途防火対象物以外の防火対象物となるものの主たる用途が(1)項から(15)項までの各項に掲げる防火対象物の用途であるときは，当該防火対象物は，当該各項に掲げる防火対象物とする。
二　(1)項から(16)項までに掲げる用途に供される建築物が(16の2)項に掲げる防火対象物内に存するときは，これらの建築物は同項に掲げる防火対象物の部分とみなす。
三　(1)項から(16)項までに掲げる用途に供される建築物又はその部分が(16の3)項に掲げる防火対象物の部分に該当するものであるときは，これらの建築物又はその部分は，同項に掲げる防火対象物の部分であるほか，(1)項から(16)項に掲げる防火対象物又はその部分でもあるものとみなす。
四　(1)項から(16)項までに掲げる用途に供される建築物その他の工作物又はその部分が(17)項に掲げる防火対象物に該当するものであるときは，これらの建築物その他の工作物又はその部分は，同項に掲げる防火対象物であるほか，(1)項から(16)項までに掲げる防火対象物又はその部分でもあるものとみなす。

別表第2　（略）
別表第3　（略）

危険物の規制に関する政令[抄]

昭和34年 9 月26日　政令第306号

最終改正　令和 5 年 9 月 6 日　政令第276号

【品名の指定】

第 1 条　消防法（以下「法」という。）別表第 1 第一類の項第十号の政令で定めるものは，次のとおりとする。

一　過よう素酸塩類

二　過よう素酸

三　クロム，鉛又はよう素の酸化物

四　亜硝酸塩類

五　次亜塩素酸塩類

六　塩素化イソシアヌル酸

七　ペルオキソ二硫酸塩類

八　ペルオキソほう酸塩類

九　炭酸ナトリウム過酸化水素付加物

2　法別表第 1 第三類の項第十一号の政令で定めるものは，塩素化けい素化合物とする。

3　法別表第 1 第五類の項第十号の政令で定めるものは，次のとおりとする。

一　金属のアジ化物

二　硝酸グアニジン

三　1 －アリルオキシ─2.3 －エポキシプロパン

四　4 －メチリデンオキセタン─ 2 －オン

4　法別表第 1 第六類の項第四号の政令で定めるものは，ハロゲン間化合物とする。

【危険物の品名】

第 1 条の 2　法別表第 1 の品名欄に掲げる物品のうち，同表第一類の項第十号の危険物にあっては前条第 1 項各号ごとに，同表第五類の項第十号の危険物にあっては同条第 3 項各号ごとに，それぞれ異なる品名の危険物として，法第11条の 4 第 1 項の規定並びに第 6 条第 1 項第四号，第15条第 1 項第十七号，第20条第 1 項，第21条の 2 ，第23条，第24条第一号，第26条第 1 項第三号及び第六号の二並びに第29条第二号の規定を適用する。

2　法別表第 1 の品名欄に掲げる物品のうち，同表第一類の項第十一号の危険物で当該危険物に含有されている同項第一号から第九号まで及び前条第 1 項各号の物品が異なるものは，それぞれ異なる品名の危険物として，法第11条の 4 第 1 項の規定並びに第 6 条第 1 項第四号，第15条第 1 項第十七号，第20条第 1 項，第21条の 2 ，第23条，第24条第一号，第26条第 1 項第三号及び第六号の二並びに第29条第二号の規定を適用する。同表第二類の項第八号の危険物で当該危険物に含有されている同項第一号から第七号までの物品が異なるもの，同表第三類の項第十二号の危険物で当該危険物に含有されている同項第一号から第十一号までの物品が異なるもの，同表第五類の項第十一号の危険物で当該危険物に含有されている同項第一号から第九号まで及び前条第 3 項各号の物品が異なるもの並びに同表第六類の項第五号の危険物で当該危険物に含有されている同項第一号から第四号までの物品が異なるものについても，同様とする。

【届出を要する物質の指定】

第 1 条の10　法第 9 条の 3 第 1 項（同条第 2 項において準用する場合を含む。）の政令で定

める物質は，次の各号に掲げる物質で当該各号に定める数量以上のものとする。

一　圧縮アセチレンガス　　40kg

二　無水硫酸　　200kg

三　液化石油ガス　　300kg

四　生石灰（酸化カルシウム80%以上を含有するものをいう。）　　500kg

五　毒物及び劇物取締法（昭和25年法律第303号）第2条第1項に規定する毒物のうち別表第1の左欄に掲げる物質　　当該物質に応じそれぞれ同表の右欄に定める数量

六　毒物及び劇物取締法第2条第2項に規定する劇物のうち別表第2の左欄に掲げる物質　　当該物質に応じそれぞれ同表の右欄に定める数量

2　法第9条の3第1項ただし書（同条第2項において準用する場合を含む。）の政令で定める場合は，高圧ガス保安法（昭和26年法律第204号）第74条第1項，ガス事業法（昭和29年法律第51号）第176条第1項又は液化石油ガスの保安の確保及び取引の適正化に関する法律（昭和42年法律第149号）第87条第1項の規定により消防庁長官又は消防長（消防本部を置かない市町村にあっては，市長村長）に通報があった施設において液化石油ガスを貯蔵し，又は取り扱う場合（法第9条の3第2項において準用する場合にあっては，当該施設において液化石油ガスの貯蔵又は取扱いを廃止する場合）とする。

【危険物の指定数量】

第1条の11　法第9条の4の法令で定める数量（以下「指定数量」という。）は，別表第3 *の類別欄に掲げる類，同表の品名欄に掲げる品名及び同表の性質欄に掲げる性状に応じ，それぞれ同表の指定数量欄に定める数量とする。

●関連［別表第3］→p800

【指定可燃物】

第1条の12　法第9条の4の物品で政令で定めるものは，別表第4の品名欄に掲げる物品で，同表の数量欄に定める数量以上のものとする。

【貯蔵所の区分】

第2条　法第10条の貯蔵所は，次のとおり区分する。

一　屋内の場所において危険物を貯蔵し，又は取り扱う貯蔵所（以下「屋内貯蔵所」という。）

二　屋外にあるタンク（第四号から第六号までに掲げるものを除く。）において危険物を貯蔵し，又は取り扱う貯蔵所（以下「屋外タンク貯蔵所」という。）

三　屋内にあるタンク（次号から第六号までに掲げるものを除く。）において危険物を貯蔵し，又は取り扱う貯蔵所（以下「屋内タンク貯蔵所」という。）

四　地盤面下に埋没されているタンク（次号に掲げるものを除く。）において危険物を貯蔵し，又は取り扱う貯蔵所（以下「地下タンク貯蔵所」という。）

五　簡易タンクにおいて危険物を貯蔵し，又は取り扱う貯蔵所（以下「簡易タンク貯蔵所」という。）

六　車両（被牽引自動車にあっては，前車軸を有しないものであって，当該被牽引自動車の一部が牽引自動車に載せられ，かつ，当該被牽引自動車及びその積載物の重量の相当部分が牽引自動車によってささえられる構造のものに限る。）に固定されたタンクにおいて危険物を貯蔵し，又は取り扱う貯蔵所（以下「移動タンク貯蔵所」という。）

七　屋外の場所において第二類の危険物のうち硫黄，硫黄のみを含有するもの若しくは引火性固体（引火点が0℃以上のものに限る。）又は第四類の危険物のうち第一石油類（引火点が0℃以上のものに限る。），アルコール類，第二石油類，第三石油類，第四石油類若しくは動植物油類を貯蔵し，又は取り扱う貯蔵所（以下「屋外貯蔵所」という。）

【取扱所の区分】

第3条 法第10条の取扱所は，次のとおり区分する。

一 給油設備によって自動車等の燃料タンクに直接給油するため危険物を取り扱う取扱所（当該取扱所において併せて灯油若しくは軽油を容器に詰め替え，又は車両に固定された容量4,000l以下のタンク（容量2,000lを超えるタンクにあっては，その内部を2,000l以下ごとに仕切ったものに限る。）に注入するため固定した注油設備によって危険物を取り扱う取扱所を含む。以下「給油取扱所」という。）

二 店舗において容器入りのままで販売するため危険物を取り扱う取扱所で次に掲げるもの

　イ 指定数量の倍数（法第11条の4第1項に規定する指定数量の倍数をいう。以下同じ。）が15以下のもの（以下「第一種販売取扱所」という。）

　ロ 指定数量の倍数が15を超え40以下のもの（以下「第二種販売取扱所」という。）

三 配管及びポンプ並びにこれらに附属する設備（危険物を運搬する船舶からの陸上への危険物の移送については，配管及びこれに附属する設備）によって危険物の移送の取扱いを行う取扱所（当該危険物の移送が当該取扱所に係る施設（配管を除く。）の敷地及びこれとともに一団の土地を形成する事業所の用に供する土地内にとどまる構造を有するものを除く。以下「移送取扱所」という。）

四 前3号に掲げる取扱所以外の取扱所（以下「一般取扱所」という。）

【設置の許可の申請】

第6条 法第11条第1項前段の規定により製造所，貯蔵所又は取扱所（以下「製造所等」という。）の設置の許可を受けようとする者は，次の事項を記載した申請書を，同項各号に掲げる区分に応じ当該各号に定める市長村長，都道府県知事又は総務大臣（以下「市長村長等」という。）に提出しなければならない。

一 氏名又は名称及び住所並びに法人にあっては，その代表者の氏名及び住所

二 製造所等の別及び貯蔵所又は取扱所にあっては，その区分

三 製造所等の設置の場所（移動タンク貯蔵所にあっては，その常置する場所）

四 貯蔵し，又は取り扱う危険物の類，品名及び最大数量

五 指定数量の倍数

六 製造所等の位置，構造及び設置

七 危険物の貯蔵又は取扱いの方法

八 製造所等の着工及び完成の予定期日

2 前項の申請書には，製造所等の位置，構造及び設備に関する図面その他総務省令で定める書類を添付しなければならない。

【製造所の基準】

第9条 法第10条第4項の製造所の位置，構造及び設備（消火設備，警報設備及び避難設備を除く。以下この章の第1節から第3節までにおいて同じ。）の技術上の基準は，次のとおりとする。

一 製造所の位置は，次に掲げる建築物等から当該製造所の外壁又はこれに相当する工作物の外側までの間に，それぞれ当該建築物等について定める距離を保つこと。ただし，イからハまでに掲げる建築物等について，不燃材料（建築基準法（昭和25年法律第201号）第2条第九号の不燃材料のうち，総務省令で定めるものをいう。以下同じ。）で造った防火上有効な塀を設けること等により，市町村長等が安全であると認めた場合は，当該市町村長等が定めた距離を当該距離とすることができる。

　イ ロからニまでに掲げるもの以外の建築物その他の工作物で住居の用に供するもの

　（製造所の存する敷地と同一の敷地内に存するものを除く。）　　　10m 以上

　ロ　学校，病院，劇場その他多数の人を収容する施設で総務省令で定めるもの　　30m
　　　以上

　ハ　文化財保護法（昭和25年法律第214号）の規定によって重要文化財，重要有形民俗
　　　文化財，史跡若しくは重要な文化財として指定され，又は旧重要美術品等の保存に関
　　　する法律（昭和8年法律第43号）の規定によって重要美術品として認定された建造
　　　物　　50m 以上

　ニ　高圧ガスその他災害を発生させるおそれのある物を貯蔵し，又は取り扱う施設で総
　　　務省令で定めるもの　　　総務省令で定める距離

　ホ　使用電圧が7,000Vをこえ35,000V以下の特別高圧架空電線　　水平距離3m以上

　ヘ　使用電圧が35,000Vをこえる特別高圧架空電線　　水平距離5m以上

二　危険物を取り扱う建築物その他の工作物（危険物を移送するための配管その他これに
　準ずる工作物を除く。）の周囲に，次の表に掲げる区分に応じそれぞれ同表に定める幅
　の空地を保有すること。ただし，総務省令で定めるところにより，防火上有効な隔壁を
　設けたときは，この限りでない。

区　　　　　分	空　地　の　幅
指定数量の倍数が10以下の製造所	3m以上
指定数量の倍数が10を超える製造所	5m以上

三　製造所には，総務省令で定めるところにより，見やすい箇所に製造所である旨を表示
　した標識及び防火に関し必要な事項を掲示した掲示板を設けること。

四　危険物を取り扱う建築物は，地階（建築基準法施行令（昭和25年政令第338号）第1
　条第二号に規定する地階をいう。）を有しないものであること。

五　危険物を取り扱う建築物は，壁，柱，床，はり及び階段を不燃材料で造るとともに，
　延焼のおそれのある外壁を出入口以外の開口部を有しない耐火構造（建築基準法第2条
　第七号の耐火構造をいう。以下同じ。）の壁とすること。

六　危険物を取り扱う建築物は，屋根を不燃材料で造るとともに，金属板その他の軽量な
　不燃材料でふくこと。ただし，第二類の危険物（粉状のもの及び引火性固体を除く。）
　のみを取り扱う建築物にあっては，屋根を耐火構造とすることができる。

七　危険物を取り扱う建築物の窓及び出入口には，防火設備（建築基準法第2条第九号の
　二ロに規定する防火設備のうち，防火戸その他の総務省令で定めるものをいう。以下同
　じ。）を設けるとともに，延焼のおそれのある外壁に設ける出入口には，随時開けるこ
　とができる自動閉鎖の特定防火設備（建築基準法施行令第112条第1項に規定する特定
　防火設備のうち，防火戸その他の総務省令で定めるものをいう。以下同じ。）を設ける
　こと。

八　危険物を取り扱う建築物の窓又は出入口にガラスを用いる場合は，網入ガラスとする
　こと。

九　液状の危険物を取り扱う建築物の床は，危険物が浸透しない構造とするとともに，適
　当な傾斜を付け，かつ，漏れた危険物を一時的に貯留する設備（以下「貯留設備」とい
　う。）を設けること。

十　危険物を取り扱う建築物には，危険物を取り扱うために必要な採光，照明及び換気の
　設備を設けること。

十一　可燃性の蒸気又は可燃性の微粉が滞留するおそれのある建築物には，その蒸気又は微
　粉を屋外の高所に排出する設備を設けること。

十一 屋外に設けた液状の危険物を取り扱う設備には，その直下の地盤面の周囲に高さ0.15m以上の囲いを設け，又は危険物の流出防止にこれと同等以上の効果があると認められる総務省令で定める措置を講ずるとともに，当該地盤面は，コンクリートその他危険物が浸透しない材料で覆い，かつ，適当な傾斜及び貯留設備を設けること。この場合において，第四類の危険物（水に溶けないものに限る。）を取り扱う設備にあっては，当該危険物が直接排水溝に流入しないようにするため，貯留設備に油分離装置を設けなければならない。

十二 危険物を取り扱う機械器具その他の設備は，危険物のもれ，あふれ又は飛散を防止することができる構造とすること。ただし，当該設備に危険物のもれ，あふれ又は飛散による災害を防止するための附帯設備を設けたときは，この限りでない。

十三 危険物を加熱し，若しくは冷却する設備又は危険物の取扱に伴って温度の変化が起る設備には，温度測定装置を設けること。

十四 危険物を加熱し，又は乾燥する設備は，直火を用いない構造とすること。ただし，当該設備が防火上安全な場所に設けられているとき，又は当該設備に火災を防止するための附帯設備を設けたときは，この限りでない。

十五 危険物を加圧する設備又はその取り扱う危険物の圧力が上昇するおそれのある設備には，圧力計及び総務省令で定める安全装置を設けること。

十六 電気設備は，電気工作物に係る法令の規定によること。

十七 危険物を取り扱うにあたって静電気が発生するおそれのある設備には，当該設備に蓄積される静電気を有効に除去する装置を設けること。

十八 指定数量の倍数が10以上の製造所には，総務省令で定める避雷設備を設けること。ただし，周囲の状況によって安全上支障がない場合においては，この限りでない。

十九 危険物を取り扱うタンク（屋外にあるタンク又は屋内にあるタンクであって，その容量が指定数量の1/5未満のものを除く。）の位置，構造及び設備は，次によること。

　イ 屋外にあるタンクの構造及び設備は，第11条第1項第四号（特定屋外貯蔵タンク及び準特定屋外貯蔵タンクに係る部分を除く。），第五号から第十号まで及び第十一号から第十二号までに掲げる屋外タンク貯蔵所の危険物を貯蔵し，又は取り扱うタンクの構造及び設備の例（同条第6項の規定により総務省令で定める特例を含む。）によるほか，液体危険物タンクであるものの周囲には，総務省令で定めるところにより，危険物が漏れた場合にその流出を防止するための総務省令で定める防油堤を設けること。

　ロ 屋内にあるタンクの構造及び設備は，第12条第1項第五号から第九号まで及び第十号から第十一号までに掲げる屋内タンク貯蔵所の危険物を貯蔵し，又は取り扱うタンクの構造及び設備の例によるものであること。

　ハ 地下にあるタンクの位置，構造及び設備は，第13条第1項（第五号，第九号の二及び第十二号を除く。），同条第2項（同項においてその例によるものとされる同条第1項第五号，第九号の二及び第十二号を除く。）又は同条第3項（同項においてその例によるものとされる同条第1項第五号，第九号の二及び第十二号を除く。）に掲げる地下タンク貯蔵所の危険物を貯蔵し，又は取り扱うタンクの位置，構造及び設備の例によるものであること。

二十 危険物を取り扱う配管の位置，構造及び設備は，次によること。

　イ 配管は，その設置される条件及び使用される状況に照らして十分な強度を有するものとし，かつ，当該配管に係る最大常用圧力の1.5倍以上の圧力で水圧試験（水以外の不燃性の液体又は不燃性の気体を用いて行う試験を含む。）を行ったとき漏えいそ

の他の異常がないものであること。

ロ　配管は，取り扱う危険物により容易に劣化するおそれのないものであること。

ハ　配管は，火災等による熱によって容易に変形するおそれのないものであること。た
だし，当該配管が地下その他の火災等による熱により悪影響を受けるおそれのない場
所に設置される場合にあっては，この限りでない。

ニ　配管には，総務省令で定めるところにより，外面の腐食を防止するための措置を講
ずること。ただし，当該配管が設置される条件の下で腐食するおそれのないものであ
る場合にあっては，この限りでない。

ホ　配管を地下に設置する場合には，配管の接合部分（溶接その他危険物の漏えいのお
それがないと認められる方法により接合されたものを除く。）について当該接合部分
からの危険物の漏えいを点検することができる措置を講ずること。

ヘ　配管に加熱又は保温のための設備を設ける場合には，火災予防上安全な構造とする
こと。

ト　イからヘまでに掲げるもののほか，総務省令で定める基準に適合するものとするこ
と。

　三　電動機及び危険物を取り扱う設備のポンプ，弁，接手等は，火災の予防上支障のない
位置に取り付けること。

2　引火点が100℃以上の第四類の危険物（以下「高引火点危険物」という。）のみを総務省
令で定めるところにより取り扱う製造所については，総務省令で，前項に掲げる基準の特
例を定めることができる。

3　アルキルアルミニウム，アルキルリチウム，アセトアルデヒド，酸化プロピレンその他
の総務省令で定める危険物を取り扱う製造所については，当該危険物の性質に応じ，総務
省令で，第1項に掲げる基準を超える特例を定めることができる。

【屋内貯蔵所の基準】

第10条　屋内貯蔵所（次項及び第3項に定めるものを除く。）の位置，構造及び設備の技術
上の基準は，次のとおりとする。

　一　屋内貯蔵所の位置は，前条第1項第一号に掲げる製造所の位置の例によるものである
こと。

　二　危険物を貯蔵し，又は取り扱う建築物（以下この条において「貯蔵倉庫」という。）
の周囲に，次の表に掲げる区分に応じそれぞれ同表に定める幅の空地を保有すること。
ただし，2以上の屋内貯蔵所を隣接して設置するときは，総務省令で定めるところによ
り，その空地の幅を減ずることができる。

区　　　分	空　地　の　幅	
	当該建築物の壁，柱及び床が耐火構造である場合	左欄に掲げる場合以外の場合
指定数量の倍数が5以下の屋内貯蔵所		0.5m 以上
指定数量の倍数が5を超え10以下の屋内貯蔵所	1m 以上	1.5m 以上
指定数量の倍数が10を超え20以下の屋内貯蔵所	2m 以上	3m 以上
指定数量の倍数が20を超え50以下の屋内貯蔵所	3m 以上	5m 以上
指定数量の倍数が50を超え200以下の屋内貯蔵所	5m 以上	10m 以上
指定数量の倍数が200を超える屋内貯蔵所	10m 以上	15m 以上

三 屋内貯蔵所には，総務省令で定めるところにより，見やすい箇所に屋内貯蔵所である旨を表示した標識及び防火に関し必要な事項を掲示した掲示板を設けること。

三の二 貯蔵倉庫は，独立した専用の建築物とすること。

四 貯蔵倉庫は，地盤面から軒までの高さ（以下「軒高」という。）が6m未満の平家建とし，かつ，その床を地盤面以上に設けること。ただし，第二類又は第四類の危険物のみの貯蔵倉庫で総務省令で定めるものにあっては，その軒高を20m未満とすることができる。

五 一の貯蔵倉庫の床面積は，1,000m²を超えないこと。

六 貯蔵倉庫は，壁，柱及び床を耐火構造とし，かつ，はりを不燃材料で造るとともに，延焼のおそれのある外壁を出入口以外の開口部を有しない壁とすること。ただし，指定数量の10倍以下の危険物の貯蔵倉庫又は第二類若しくは第四類の危険物（引火性固体及び引火点が70℃未満の第四類の危険物を除く。）のみの貯蔵倉庫にあっては，延焼のおそれのない外壁，柱及び床を不燃材料で造ることができる。

七 貯蔵倉庫は，屋根を不燃材料で造るとともに，金属板その他の軽量な不燃材料でふき，かつ，天井を設けないこと。ただし，第二類の危険物（粉状のもの及び引火性固体を除く。）のみの貯蔵倉庫にあっては屋根を耐火構造とすることができ，第五類の危険物のみの貯蔵倉庫にあっては当該貯蔵倉庫内の温度を適温に保つため，難燃性の材料又は不燃材料で造った天井を設けることができる。

八 貯蔵倉庫の窓及び出入口には，防火設備を設けるとともに，延焼のおそれのある外壁に設ける出入口には，随時開けることができる自動閉鎖の特定防火設備を設けること。

九 貯蔵倉庫の窓又は出入口にガラスを用いる場合は，網入ガラスとすること。

十 第一類の危険物のうちアルカリ金属の過酸化物若しくはこれを含有するもの，第二類の危険物のうち鉄粉，金属粉若しくはマグネシウム若しくはこれらのいずれかを含有するもの，第三類の危険物のうち第1条の5第5項の水との反応性試験において同条第6項に定める性状を示すもの（カリウム，ナトリウム，アルキルアルミニウム及びアルキルリチウムを含む。以下「禁水性物品」という。）又は第四類の危険物の貯蔵倉庫の床は，床面に水が浸入し，又は浸透しない構造とすること。

十一 液状の危険物の貯蔵倉庫の床は，危険物が浸透しない構造とするとともに，適当な傾斜を付け，かつ，貯留設備を設けること。

十一の二 貯蔵倉庫に架台を設ける場合には，架台の構造及び設備は，総務省令で定めるところによるものであること。

十二 貯蔵倉庫には，危険物を貯蔵し，又は取り扱うために必要な採光，照明及び換気の設備を設けるとともに，引火点が70℃未満の危険物の貯蔵倉庫にあっては，内部に滞留した可燃性の蒸気を屋根上に排出する設備を設けること。

十三 電気設備は，前条第1項第十七号に掲げる製造所の電気設備の例によるものであること。

十四 指定数量の10倍以上の危険物の貯蔵倉庫には，総務省令で定める避雷設備を設けること。ただし，周囲の状況によって安全上支障がない場合においては，この限りでない。

十五 第五類の危険物のうちセルロイドその他温度の上昇により分解し，発火するおそれのあるもので総務省令で定めるものの貯蔵倉庫は，当該貯蔵倉庫内の温度を当該危険物の発火する温度に達しない温度に保つ構造とし，又は通風装置，冷房装置等の設備を設けること。

2 屋内貯蔵所のうち第二類又は第四類の危険物（引火性固体及び引火点が70℃未満の第四類の危険物を除く。）のみを貯蔵し，又は取り扱うもの（貯蔵倉庫が平家建以外の建築物

であるものに限る。）の位置，構造及び設備の技術上の基準は，前項第一号から第三号の二まで及び第七号から第十四号までの規定の例によるほか，次のとおりとする。

一　貯蔵倉庫は，各階の床を地盤面以上に設けるとともに，床面から上階の床の下面（上階のない場合には，軒）までの高さ（以下「階高」という。）を6m未満とすること。

二　一の貯蔵倉庫の床面積の合計は，1,000m²を超えないこと。

三　貯蔵倉庫は，壁，柱，床及びはりを耐火構造とし，かつ，階段を不燃材料で造るとともに，延焼のおそれのある外壁を出入口以外の開口部を有しない壁とすること。

四　貯蔵倉庫の2階以上の階の床には，開口部を設けないこと。ただし，耐火構造の壁又は防火設備で区画された階段室については，この限りでない。

3　屋内貯蔵所のうち指定数量の倍数が20以下のもの（屋内貯蔵所の用に供する部分以外の部分を有する建築物に設けるものに限る。）の位置，構造及び設備の技術上の基準は，第1項第三号及び第十号から第十五号までの規定の例によるほか，次のとおりとする。

一　屋内貯蔵所は，壁，柱，床及びはりが耐火構造である建築物の1階又は2階のいずれか一の階に設置すること。

二　建築物の屋内貯蔵所の用に供する部分は，床を地盤面以上に設けるとともに，その階高を6m未満とすること。

三　建築物の屋内貯蔵所の用に供する部分の床面積は，75m²を超えないこと。

四　建築物の屋内貯蔵所の用に供する部分は，壁，柱，床，はり及び屋根（上階がある場合には，上階の床）を耐火構造とするとともに，出入口以外の開口部を有しない厚さ70mm以上の鉄筋コンクリート造又はこれと同等以上の強度を有する構造の床又は壁で当該建築物の他の部分と区画されたものであること。

五　建築物の屋内貯蔵所の用に供する部分の出入口には，随時開けることができる自動閉鎖の特定防火設備を設けること。

六　建築物の屋内貯蔵所の用に供する部分には，窓を設けないこと。

七　建築物の屋内貯蔵所の用に供する部分の換気及び排出の設備には，防火上有効にダンパー等を設けること。

4　指定数量の倍数が50以下の屋内貯蔵所については，総務省令で，第1項に掲げる基準の特例を定めることができる。

5　高引火点危険物のみを貯蔵し，又は取り扱う屋内貯蔵所については，総務省令で，第1項，第2項及び前項に掲げる基準の特例を定めることができる。

6　有機過酸化物及びこれを含有するもののうち総務省令で定める危険物又はアルキルアルミニウム，アルキルリチウムその他の総務省令で定める危険物を貯蔵し，又は取り扱う屋内貯蔵所については，当該危険物の性質に応じ，総務省令で，第1項から第4項までに掲げる基準を超える特例を定めることができる。

【屋内タンク貯蔵所の基準】

第12条　屋内タンク貯蔵所（次項に定めるものを除く。）の位置，構造及び設備の技術上の基準は，次のとおりとする。

一　危険物を貯蔵し，又は取り扱う屋内タンク（以下この条及び第26条において「屋内貯蔵タンク」という。）は，平家建の建築物に設けられたタンク専用室に設置すること。

二　屋内貯蔵タンクとタンク専用室の壁との間及び同一のタンク専用室内に屋内貯蔵タンクを2以上設置する場合におけるそれらのタンクの相互間に，0.5m以上の間隔を保つこと。

三　屋内タンク貯蔵所には，総務省令で定めるところにより，見やすい箇所に屋内タンク貯蔵所である旨を表示した標識及び防火に関し必要な事項を掲示した掲示板を設けること。

　四　屋内貯蔵タンクの容量は，指定数量の40倍（第四石油類及び動植物油類以外の第四類の危険物にあっては，当該数量が20,000lを超えるときは，20,000l）以下であること。同一のタンク専用室に屋内貯蔵タンクを2以上設置する場合におけるそれらのタンクの容量の総計についても，同様とする。

　五　屋内貯蔵タンクの構造は，前条第1項第四号に掲げる屋外貯蔵タンクの構造の例（同条第6項の規定により総務省令で定める特例を含む。）によるものであること。

　六　屋内貯蔵タンクの外面には，さびどめのための塗装をすること。

　七　屋内貯蔵タンクのうち，圧力タンク以外のタンクにあっては総務省令で定めるところにより通気管を，圧力タンクにあっては総務省令で定める安全装置をそれぞれ設けること。

　八　液体の危険物の屋内貯蔵タンクには，危険物の量を自動的に表示する装置を設けること。

　九　液体の危険物の屋内貯蔵タンクの注入口は，前条第1項第十号に掲げる屋外貯蔵タンクの注入口の例によるものであること。

　九の二　屋内貯蔵タンクのポンプ設備は，タンク専用室の存する建築物以外の場所に設けるポンプ設備にあっては前条第1項第十号の二（イ及びロを除く。）に掲げる屋外貯蔵タンクのポンプ設備の例により，タンク専用室の存する建築物に設けるポンプ設備にあっては総務省令で定めるところにより設けるものであること。

　十　屋内貯蔵タンクの弁は，前条第1項第十一号に掲げる屋外貯蔵タンクの弁の例によるものであること。

　十の二　屋内貯蔵タンクの水抜管は，前条第1項第十一号の二に掲げる屋外貯蔵タンクの水抜管の例によるものであること。

　十一　屋内貯蔵タンクの配管の位置，構造及び設備は，次号に定めるもののほか，第9条第1項第二十一号に掲げる製造所の危険物を取り扱う配管の例によるものであること。

　十一の二　液体の危険物を移送するための屋内貯蔵タンクの配管は，前条第1項第十二号の二に掲げる屋外貯蔵タンクの配管の例によるものであること。

　十二　タンク専用室は，壁，柱及び床を耐火構造とし，かつ，はりを不燃材料で造るとともに，延焼のおそれのある外壁を出入口以外の開口部を有しない壁とすること。ただし，引火点が70℃以上の第四類の危険物のみの屋内貯蔵タンクを設置するタンク専用室にあっては，延焼のおそれのない外壁，柱及び床を不燃材料で造ることができる。

　十三　タンク専用室は，屋根を不燃材料で造り，かつ，天井を設けないこと。

　十四　タンク専用室の窓及び出入口には，防火設備を設けるとともに，延焼のおそれのある外壁に設ける出入口には，随時開けることができる自動閉鎖の特定防火設備を設けること。

　十五　タンク専用室の窓又は出入口にガラスを用いる場合は，網入ガラスとすること。

　十六　液状の危険物の屋内貯蔵タンクを設置するタンク専用室の床は，危険物が浸透しない構造とするとともに，適当な傾斜を付け，かつ，貯留設備を設けること。

　十七　タンク専用室の出入口のしきいの高さは，床面から0.2m以上とすること。

　十八　タンク専用室の採光，照明，換気及び排出の設備は，第10条第1項第十二号に掲げる屋内貯蔵所の採光，照明，換気及び排出の設備の例によるものであること。

　十九　電気設備は，第9条第1項第十七号に掲げる製造所の電気設備の例によるものであること。

2　屋内タンク貯蔵所のうち引火点が40℃以上の第四類の危険物のみを貯蔵し，又は取り扱うもの（タンク専用室を平家建以外の建築物に設けるものに限る。）の位置，構造及び設

備の技術上の基準は，前項第二号から第九号まで，第九号の二（タンク専用室の存する建築物以外の場所に設けるポンプ設備に関する基準に係る部分に限る。），第十号から第十一号の二まで，第十六号，第十八号及び第十九号の規定の例によるほか，次のとおりとする。

一　屋内貯蔵タンクは，タンク専用室に設置すること。

二　屋内貯蔵タンクの注入口付近には，当該屋内貯蔵タンクの危険物の量を表示する装置を設けること。ただし，当該危険物の量を容易に覚知することができる場合は，この限りでない。

二の二　タンク専用室の存する建築物に設ける屋内貯蔵タンクのポンプ設備は，総務省令で定めるところにより設けるものであること。

三　タンク専用室は，壁，柱，床及びはりを耐火構造とすること。

四　タンク専用室は，上階がある場合にあっては上階の床を耐火構造とし，上階のない場合にあっては屋根を不燃材料で造り，かつ，天井を設けないこと。

五　タンク専用室には，窓を設けないこと。

六　タンク専用室の出入口には，随時開けることができる自動閉鎖の特定防火設備を設けること。

七　タンク専用室の換気及び排出の設備には，防火上有効にダンパー等を設けること。

八　タンク専用室は，屋内貯蔵タンクから漏れた危険物がタンク専用室以外の部分に流出しないような構造とすること。

3　アルキルアルミニウム，アルキルリチウム，アセトアルデヒド，酸化プロピレンその他の総務省令で定める危険物を貯蔵し，又は取り扱う屋内タンク貯蔵所については，当該危険物の性質に応じ，総務省令で，第1項に掲げる基準を超える特例を定めることができる。

【給油取扱所の基準】

第17条　給油取扱所（次項に定めるものを除く。）の位置，構造及び設備の技術上の基準は，次のとおりとする。

一　給油取扱所の給油設備は，ポンプ機器及びホース機器からなる固定された給油設備（以下この条及び第27条において「固定給油設備」という。）とすること。

二　固定給油設備のうちホース機器の周囲（懸垂式の固定給油設備にあっては，ホース機器の下方）に，自動車等に直接給油し，及び給油を受ける自動車等が出入りするための，間口10m 以上，奥行 6 m 以上の空地で総務省令で定めるもの（以下この条及び第27条において「給油空地」という。）を保有すること。

三　給油取扱所に灯油若しくは軽油を容器に詰め替え，又は車両に固定された容量4,000l 以下のタンク（容量2,000l を超えるタンクにあっては，その内部を2,000l 以下ごとに仕切ったものに限る。）に注入するための固定された注油設備（ポンプ機器及びホース機器からなるものをいう。以下この条及び第26条において「固定注油設備」という。）を設ける場合は，固定注油設備のうちホース機器の周囲（懸垂式の固定注油設備にあっては，ホース機器の下方）に，灯油若しくは軽油を容器に詰め替え，又は車両に固定されたタンクに注入するための空地で総務省令で定めるもの（以下この条及び第27条において「注油空地」という。）を給油空地以外の場所に保有すること。

四　給油空地及び注油空地は，漏れた危険物が浸透しないための総務省令で定める舗装をすること。

五　給油空地及び注油空地には，漏れた危険物及び可燃性の蒸気が滞留せず，かつ，当該危険物その他の液体が当該給油空地及び注油空地以外の部分に流出しないように総務省令で定める措置を講ずること。

六 給油取扱所には，総務省令で定めるところにより，見やすい箇所に給油取扱所である旨を表示した標識及び防火に関し必要な事項を掲示した掲示板を設けること。

七 給油取扱所には，固定給油設備若しくは固定注油設備に接続する専用タンク又は容量10,000l以下の廃油タンクその他の総務省令で定めるタンク（以下この条及び第27条において「廃油タンク等」という。）を地盤面下に埋没して設ける場合を除き，危険物を取り扱うタンクを設けないこと。ただし，都市計画法（昭和43年法律第100号）第8条第1項第五号の防火地域及び準防火地域以外の地域においては，地盤面上に固定給油設備に接続する容量600l以下の簡易タンクを，その取り扱う同一品質の危険物ごとに1個ずつ3個まで設けることができる。

八 前号の専用タンク，廃油タンク等又は簡易タンクを設ける場合には，当該専用タンク，廃油タンク等又は簡易タンクの位置，構造及び設備は，次によること。

　イ 専用タンク又は廃油タンク等の位置，構造及び設備は，第13条第1項（第五号，第九号（掲示板に係る部分に限る。），第九号の二及び第十二号を除く。），同条第2項（同項においてその例によるものとされる同条第1項第五号，第九号（掲示板に係る部分に限る。），第九号の二及び第十二号を除く。）又は同条第3項（同項においてその例によるものとされる同条第1項第五号，第九号（掲示板に係る部分に限る。），第九号の二及び第十二号を除く。）に掲げる地下タンク貯蔵所の地下貯蔵タンクの位置，構造及び設備の例によるものであること。

　ロ 簡易タンクの構造及び設備は，第14条第四号及び第六号から第八号までに掲げる簡易タンク貯蔵所の簡易貯蔵タンクの構造及び設備の例によるものであること。

九 固定給油設備又は固定注油設備に危険物を注入するための配管は，当該固定給油設備又は固定注油設備に接続する第七号の専用タンク又は簡易タンクからの配管のみとすること。

十 固定給油設備及び固定注油設備は，漏れるおそれがない等火災予防上安全な総務省令で定める構造とするとともに，先端に弁を設けた全長5m（懸垂式の固定給油設備及び固定注油設備にあっては，総務省令で定める長さ）以下の給油ホース又は注油ホース及びこれらの先端に蓄積される静電気を有効に除去する装置を設けること。

十一 固定給油設備及び固定注油設備には，総務省令で定めるところにより，見やすい箇所に防火に関し必要な事項を表示すること。

十二 固定給油設備は，次に掲げる道路境界線等からそれぞれ当該道路境界線等について定める間隔を保つこと。ただし，総務省令で定めるところによりホース機器と分離して設置されるポンプ機器については，この限りでない。

　イ 道路境界線 次の表に掲げる固定給油設備の区分に応じそれぞれ同表に定める間隔

固定給油設備の区分		間　隔
懸垂式の固定給油設備		4m以上
その他の固定給油設備	固定給油設備に接続される給油ホースのうちその全長が最大であるものの全長（以下このイ及び次号イにおいて「最大給油ホース全長」という。）が3m以下のもの	4m以上
	最大給油ホース全長が3mを超え4m以下のもの	5m以上
	最大給油ホース全長が4mを超え5m以下のもの	6m以上

　ロ 敷地境界線 2m以上

ハ　建築物の壁　　2m（給油取扱所の建築物の壁に開口部がない場合には，1m）以上

十三　固定注油設備は，次に掲げる固定給油設備等からそれぞれ当該固定給油設備等について定める間隔を保つこと。ただし，総務省令で定めるところによりホース機器と分離して設置されるポンプ機器については，この限りでない。

イ　固定給油設備（総務省令で定めるところによりホース機器と分離して設置されるポンプ機器を除く。）　　次の表に掲げる固定給油設備の区分に応じそれぞれ同表に定める間隔

固定給油設備の区分		間　　隔
懸垂式の固定給油設備		4m以上
その他の固定給油設備	最大給油ホース全長が3m以下のもの	4m以上
	最大給油ホース全長が3mを超え4m以下のもの	5m以上
	最大給油ホース全長が4mを超え5m以下のもの	6m以上

ロ　道路境界線　　次の表に掲げる固定注油設備の区分に応じそれぞれ同表に定める間隔

固定注油設備の区分		間　　隔
懸垂式の固定注油設備		4m以上
その他の固定注油設備	固定注油設備に接続される注油ホースのうちその全長が最大であるものの全長（以下このロにおいて「最大注油ホース全長」という。）が3m以下のもの	4m以上
	最大注油ホース全長が3mを超え4m以下のもの	5m以上
	最大注油ホース全長が4mを超え5m以下のもの	6m以上

ハ　敷地境界線　　1m以上

ニ　建築物の壁　　2m（給油取扱所の建築物の壁に開口部がない場合には，1m）以上

十四　懸垂式の固定給油設備及び固定注油設備にあっては，ホース機器の引出口の高さを地盤面から4.5m以下とすること。

十五　懸垂式の固定給油設備又は固定注油設備を設ける給油取扱所には，当該固定給油設備又は固定注油設備のポンプ機器を停止する等により専用タンクからの危険物の移送を緊急に止めることができる装置を設けること。

十六　給油取扱所には，給油又はこれに附帯する業務のための総務省令で定める用途に供する建築物以外の建築物その他の工作物を設けないこと。この場合において，給油取扱所の係員以外の者が出入する建築物の部分で総務省令で定めるものの床面積の合計は，避難又は防火上支障がないと認められる総務省令で定める面積を超えてはならない。

十七　前号の給油取扱所に設ける建築物は，壁，柱，床，はり及び屋根を耐火構造とし，又は不燃材料で造るとともに，窓及び出入口（自動車等の出入口で総務省令で定めるものを除く。）に防火設備を設けること。この場合において，当該建築物の総務省令で定める部分は，開口部のない耐火構造の床又は壁で当該建築物の他の部分と区画され，かつ，防火上必要な総務省令で定める構造としなければならない。

十八　前号の建築物のうち，事務所その他火気を使用するもの（総務省令で定める部分を除

く。）は，漏れた可燃性の蒸気がその内部に流入しない総務省令で定める構造とすること。

九　給油取扱所の周囲には，自動車等の出入りする側を除き，火災による被害の拡大を防止するための高さ2m以上の塀又は壁であって，耐火構造のもの又は不燃材料で造られたもので総務省令で定めるものを設けること。

二十　ポンプ室その他危険物を取り扱う室（以下この号において「ポンプ室等」という。）を設ける場合にあっては，ポンプ室等は，次によること。

　イ　ポンプ室等の床は，危険物が浸透しない構造とするとともに，漏れた危険物及び可燃性の蒸気が滞留しないように適当な傾斜を付け，かつ，貯留設備を設けること。

　ロ　ポンプ室等には，危険物を取り扱うために必要な採光，照明及び換気の設備を設けること。

　ハ　可燃性の蒸気が滞留するおそれのあるポンプ室等には，その蒸気を屋外に排出する設備を設けること。

二十一　電気設備は，第9条第1項第十七号に掲げる製造所の電気設備の例によるものであること。

二十二　自動車等の洗浄を行う設備その他給油取扱所の業務を行うについて必要な設備は，総務省令で定めるところにより設けること。

二十三　給油取扱所には，給油に支障があると認められる設備を設けないこと。

2　給油取扱所のうち建築物内に設置するものその他これに類するもので総務省令で定めるもの（以下「屋内給油取扱所」という。）の位置，構造及び設備の技術上の基準は，前項第一号から第六号まで，第七号本文，第九号から第十六号まで及び第十九号から第二十三号までの規定の例によるほか，次のとおりとする。

一　屋内給油取扱所は，壁，柱，床及びはりが耐火構造で，消防法施行令（昭和36年政令第37号）別表第1(6)項に掲げる用途に供する部分を有しない建築物（総務省令で定める設備を備えたものに限る。）に設置すること。

二　屋内給油取扱所に専用タンク又は廃油タンク等を設ける場合には，当該専用タンク又は廃油タンク等の位置，構造及び設備は，次号から第四号までに定めるもののほか，第13条第1項（第五号，第八号，第九号（注入口は屋外に設けることとする部分及び掲示板に係る部分に限る。），第九号の二及び第十二号を除く。），同条第2項（同項においてその例によるものとされる同条第1項第五号，第八号，第九号（注入口は屋外に設けることとする部分及び掲示板に係る部分に限る。），第九号の二及び第十二号を除く。）又は同条第3項（同項においてその例によるものとされる同条第1項第五号，第八号，第九号（注入口は屋外に設けることとする部分及び掲示板に係る部分に限る。），第九号の二及び第十二号を除く。）に掲げる地下タンク貯蔵所の地下貯蔵タンクの位置，構造及び設備の例によるものであること。

三　専用タンク及び廃油タンク等には，総務省令で定めるところにより，通気管又は安全装置を設けること。

四　専用タンクには，危険物の過剰な注入を自動的に防止する設備を設けること。

五　建築物の屋内給油取扱所の用に供する部分は，壁，柱，床，はり及び屋根を耐火構造とするとともに，開口部のない耐火構造の床又は壁で当該建築物の他の部分と区画されたものであること。ただし，建築物の屋内給油取扱所の用に供する部分の上部に上階がない場合には，屋根を不燃材料で造ることができる。

六　建築物の屋内給油取扱所の用に供する部分のうち総務省令で定める部分は，開口部のない耐火構造の床又は壁で当該建築物の屋内給油取扱所の用に供する部分の他の部分と

区画され，かつ，防火上必要な総務省令で定める構造とすること。

七　建築物の屋内給油取扱所の用に供する部分の窓及び出入口（自動車等の出入口で総務省令で定めるものを除く。）には，防火設備を設けること。

七の二　事務所等の窓又は出入口にガラスを用いる場合は，網入りガラスとすること。

八　建築物の屋内給油取扱所の用に供する部分のうち，事務所その他火気を使用するもの（総務省令で定める部分を除く。）は，漏れた可燃性の蒸気がその内部に流入しない総務省令で定める構造とすること。

九　建築物の屋内給油取扱所の用に供する部分の1階の二方については，自動車等の出入する側又は通風及び避難のための総務省令で定める空地に面するとともに，壁を設けないこと。ただし，総務省令で定める措置を講じた屋内給油取扱所にあっては，当該建築物の屋内給油取扱所の用に供する部分の1階の一方について，自動車等の出入する側に面するとともに，壁を設けないことをもって足りる。

十　建築物の屋内給油取扱所の用に供する部分については，可燃性の蒸気が滞留するおそれのある穴，くぼみ等を設けないこと。

十一　建築物の屋内給油取扱所の用に供する部分は，当該部分の上部に上階がある場合にあっては，危険物の漏えいの拡大及び上階への延焼を防止するための総務省令で定める措置を講ずること。

3　次に掲げる給油取扱所については，総務省令で，前2項に掲げる基準の特例（第五号に掲げるものにあっては，第1項に掲げる基準の特例に限る。）を定めることができる。

一　飛行場で航空機に給油する給油取扱所

二　船舶に給油する給油取扱所

三　鉄道又は軌道によって運行する車両に給油する給油取扱所

四　圧縮天然ガスその他の総務省令で定めるガスを内燃機関の燃料として用いる自動車等に当該ガスを充てんするための設備を設ける給油取扱所（第六号に掲げるものを除く。）

五　電気を動力源とする自動車等に水素を充てんするための設備を設ける給油取扱所（次号に掲げるものを除く。）

六　総務省令で定める自家用の給油取扱所

4　第四類の危険物のうちメタノール若しくはエタノール又はこれらを含有するものを取り扱う給油取扱所については，当該危険物の性質に応じ，総務省令で，前3項に掲げる基準を超える特例を定めることができる。

5　顧客に自ら自動車等に給油させ，又は灯油若しくは軽油を容器に詰め替えさせる給油取扱所として総務省令で定めるもの（第27条第6項第一号及び第一号の三において「顧客に自ら給油等をさせる給油取扱所」という。）については，総務省令で，前各項に掲げる基準を超える特例を定めることができる。

【販売取扱所の基準】

第18条　第一種販売取扱所の位置，構造及び設備の技術上の基準は，次のとおりとする。

一　第一種販売取扱所は，建築物の1階に設置すること。

二　第一種販売取扱所には，総務省令で定めるところにより，見やすい箇所に第一種販売取扱所である旨を表示した標識及び防火に関し必要な事項を掲示した掲示板を設けること。

三　建築物の第一種販売取扱所の用に供する部分は，壁を準耐火構造（建築基準法第2条第七号の二の準耐火構造をいい，耐火構造以外のものにあっては，不燃材料で造られたものに限る。）とすること。ただし，第一種販売取扱所の用に供する部分とその他の部分との隔壁は，耐火構造としなければならない。

四　建築物の第一種販売取扱所の用に供する部分は，はりを不燃材料で造るとともに，天井を設ける場合にあっては，これを不燃材料で造ること。

五　建築物の第一種販売取扱所の用に供する部分は，上階がある場合にあっては上階の床を耐火構造とし，上階のない場合にあっては屋根を耐火構造とし，又は不燃材料で造ること。

六　建築物の第一種販売取扱所の用に供する部分の窓及び出入口には，防火設備を設けること。

七　建築物の第一種販売取扱所の用に供する部分の窓又は出入口にガラスを用いる場合は，網入ガラスとすること。

八　建築物の第一種販売取扱所の用に供する部分の電気設備は，第9条第1項第十七号に掲げる製造所の電気設備の例によるものであること。

九　危険物を配合する室は，次によること。

　イ　床面積は，6 m²以上10m²以下であること。

　ロ　壁で区画すること。

　ハ　床は，危険物が浸透しない構造とするとともに，適当な傾斜を付け，かつ，貯留設備を設けること。

　ニ　出入口には，随時開けることができる自動閉鎖の特定防火設備を設けること。

　ホ　出入口のしきいの高さは，床面から0.1m 以上とすること。

　ヘ　内部に滞留した可燃性の蒸気又は可燃性の微粉を屋根上に排出する設備を設けること。

2　第二種販売取扱所の位置，構造及び設備の技術上の基準は，前項第一号，第二号及び第七号から第九号までの規定の例によるほか，次のとおりとする。

一　建築物の第二種販売取扱所の用に供する部分は，壁，柱，床及びはりを耐火構造とするとともに，天井を設ける場合にあっては，これを不燃材料で造ること。

二　建築物の第二種販売取扱所の用に供する部分は，上階がある場合にあっては上階の床を耐火構造とするとともに，上階への延焼を防止するための措置を講ずることとし，上階のない場合にあっては屋根を耐火構造とすること。

三　建築物の第二種販売取扱所の用に供する部分には，当該部分のうち延焼のおそれのない部分に限り，窓を設けることができるものとし，当該窓には防火設備を設けること。

四　建築物の第二種販売取扱所の用に供する部分の出入口には，防火設備を設けること。ただし，当該部分のうち延焼のおそれのある壁又はその部分に設けられる出入口には，随時開けることができる自動閉鎖の特定防火設備を設けなければならない。

【移送取扱所の基準】

第18条の2　移送取扱所の位置，構造及び設備の技術上の基準は，石油パイプライン事業法（昭和47年法律第105号）第5条第2項第二号に規定する事業用施設に係る同法第15条第3項第二号の規定に基づく技術上の基準に準じて総務省令で定める。

2　第六類の危険物のうち過酸化水素又はこれを含有するものを取り扱うものであることその他の特別な事情により前項の基準によることが適当でないものとして総務省令で定める移送取扱所については，総務省令で，同項の基準の特例を定めることができる。

【一般取扱所の基準】

第19条　第9条第1項の規定は，一般取扱所の位置，構造及び設備の技術上の基準について準用する。

2　次に掲げる一般取扱所のうち総務省令で定めるものについては，総務省令で，前項に掲げる基準の特例を定めることができる。

一　専ら吹付塗装作業を行う一般取扱所その他これに類する一般取扱所

一の二　専ら洗浄の作業を行う一般取扱所その他これに類する一般取扱所

二　専ら焼入れ作業を行う一般取扱所その他これに類する一般取扱所

三　危険物を消費するボイラー又はバーナー以外では危険物を取り扱わない一般取扱所その他これに類する一般取扱所

四　専ら車両に固定されたタンクに危険物を注入する作業を行う一般取扱所その他これに類する一般取扱所

五　専ら容器に危険物を詰め替える作業を行う一般取扱所

六　危険物を用いた油圧装置又は潤滑油循環装置以外では危険物を取り扱わない一般取扱所その他これに類する一般取扱所

七　切削油として危険物を用いた切削装置又は研削装置以外では危険物を取り扱わない一般取扱所その他これに類する一般取扱所

八　危険物以外の物を加熱するための危険物を用いた熱媒体油循環装置以外では危険物を取り扱わない一般取扱所その他これに類する一般取扱所

九　危険物を用いた蓄電池設備以外では危険物を取り扱わない一般取扱所

3　高引火点危険物のみを総務省令で定めるところにより取り扱う一般取扱所については，総務省令で，前2項に掲げる基準の特例を定めることができる。

4　アルキルアルミニウム，アルキルリチウム，アセトアルデヒド，酸化プロピレンその他の総務省令で定める危険物を取り扱う一般取扱所については，当該危険物の性質に応じ，総務省令で，第1項に掲げる基準を超える特例を定めることができる。

【消火設備の基準】

第20条　消火設備の技術上の基準は，次のとおりとする。

一　製造所，屋内貯蔵所，屋外タンク貯蔵所，屋内タンク貯蔵所，屋外貯蔵所，給油取扱所及び一般取扱所のうち，その規模，貯蔵し，又は取り扱う危険物の品名及び最大数量等により，火災が発生したとき著しく消火が困難と認められるもので総務省令で定めるもの並びに移送取扱所は，総務省令で定めるところにより，別表第5に掲げる対象物について同表においてその消火に適応するものとされる消火設備のうち，第一種，第二種又は第三種の消火設備並びに第四種及び第五種の消火設備を設置すること。

二　製造所，屋内貯蔵所，屋外タンク貯蔵所，屋内タンク貯蔵所，屋外貯蔵所，給油取扱所，第二種販売取扱所及び一般取扱所のうち，その規模，貯蔵し，又は取り扱う危険物の品名及び最大数量等により，火災が発生したとき消火が困難と認められるもので総務省令で定めるものは，総務省令で定めるところにより，別表第5に掲げる対象物について同表においてその消火に適応するものとされる消火設備のうち，第四種及び第五種の消火設備を設置すること。

三　前2号の総務省令で定める製造所等以外の製造所等にあっては，総務省令で定めるところにより，別表第5に掲げる対象物について同表においてその消火に適応するものとされる消火設備のうち，第五種の消火設備を設置すること。

2　前項に掲げるもののほか，消火設備の技術上の基準については，総務省令で定める。

【警報設備の基準】

第21条　指定数量の倍数が10以上の製造所等で総務省令で定めるものは，総務省令で定めるところにより，火災が発生した場合自動的に作動する火災報知設備その他の警報設備を設置しなければならない。

【避難設備の基準】

第21条の2　製造所等のうち，その規模，貯蔵し，又は取り扱う危険物の品名及び最大数量

等により，火災が発生したとき避難が容易でないと認められるもので総務省令で定めるものは，総務省令で定めるところにより，避難設備を設置しなければならない。

【映写室の基準】

第39条 法第15条に規定する映写室の構造及び設備の技術上の基準は，次のとおりとする。

一 映写室には，**総務省令**で定めるところにより，見やすい箇所に映写室である旨を表示した標識及び防火に関し必要な事項を掲示した掲示板を設けること。

◆**総務省令**［映写室の表示及び掲示板］規則第66条→p802

二 映写室の壁，柱，床及び天井は，耐火構造とすること。

三 映写室は，間口を1mに映写機1台につき1mを加えた長さ以上，奥行を3m以上，天井の高さを2.1m以上とすること。

四 出入口は，幅を0.6m以上，高さを1.7m以上とし，かつ，外開きの自動閉鎖の特定防火設備を設けること。

五 映写窓その他の開口部には，事故又は火災が発生した場合に当該開口部を直ちに閉鎖することができる装置を有する防火板を設けること。

六 映写室には，不燃材料で作った映写機用排気筒及び室内換気筒を屋外に通ずるように設けること。

七 映写室には，フィルムを収納するための不燃材料で作った格納庫を設けること。

八 映写室には，映写機の整流器を設けないこと。

九 映写室には，**総務省令**で定めるところにより，消火設備を設けること。

◆**総務省令**［映写室の消火設備］規則第67条→p802

別表第3（第1条の11関係）

種 別	品 名	性 質	指定数量
第一類		第一種酸化性固体	50kg
		第二種酸化性固体	300kg
		第三種酸化性固体	1,000kg
第二類	硫化りん		100kg
	赤りん		100kg
	硫黄		100kg
		第一種可燃性固体	100kg
	鉄粉		500kg
		第二種可燃性固体	500kg
	引火性固体		1,000kg
第三類	カリウム		10kg
	ナトリウム		10kg
	アルキルアルミニウム		10kg
	アルキルリチウム		10kg
		第一種自然発火性物質及び禁水性物質	10kg
	黄りん		20kg
		第二種自然発火性物質及び禁水性物質	50kg

		第三種自然発火性物質及び禁水性物質	300kg
第四類	特殊引火物		50*l*
	第一石油類	非水溶性液体	200*l*
		水溶性液体	400*l*
	アルコール類		400*l*
	第二石油類	非水溶性液体	1,000*l*
		水溶性液体	2,000*l*
	第三石油類	非水溶性液体	2,000*l*
		水溶性液体	4,000*l*
	第四石油類		6,000*l*
	動植物油類		10,000*l*
第五類		第一種自己反応性物質	10kg
		第二種自己反応性物質	100kg
第六類			300kg

備考　（略）

危険物の規制に関する規則[抄]

昭和34年 9 月29日　総理府令第55号
最終改正　令和 5 年 9 月19日　総務省令第70号

【映写室の標識及び掲示板】

第66条　令第39条第一号の規定により，映写室に設けなければならない標識及び掲示板は，次のとおりとする。

一　標識は，幅0.3m 以上，長さ0.6m 以上の板であること。

二　標識の色は，地を白地，文字を黒色とすること。

三　掲示板は，第一号の標識と同一寸法の板とし，かつ，地を赤色，文字を白色として「火気厳禁」と表示すること。

【映写室の消火設備】

第67条　令第39条第九号の規定により，映写室には，第五種の消火設備を 2 個以上設けるものとする。

住宅用防災警報器及び住宅用防災報知設備に係る技術上の規格を定める省令［抄］

平成17年1月25日　総務省令第11号
最終改正　令和元年8月30日　総務省令第35号

【趣　旨】

第1条　この省令は，消防法（昭和23年法律第186号）第21条の2第2項及び消防法施行令（昭和36年政令第37号）第5条の6の規定に基づき，住宅用防災警報器に係る技術上の規格を定め，並びに同条の規定に基づき，住宅用防災報知設備に係る技術上の規格を定めるものとする。

【用語の意義】

第2条　この省令において，次の各号に掲げる用語の意義は，当該各号に定めるところによる。

一　住宅用防災警報器　　住宅（消防法第9条の2第1項に規定する住宅をいう。以下同じ。）における火災の発生を未然に又は早期に感知し，及び報知する警報器であって，感知部，警報部等で構成されたものをいう。

二　住宅用防災報知設備　　住宅における火災の発生を未然に又は早期に感知し，及び報知する火災報知設備であって，感知器（火災報知設備の感知器及び発信機に係る技術上の規格を定める省令（昭和56年自治省令第17号）第2条第一号に規定するものをいう。），中継器（中継器に係る技術上の規格を定める省令（昭和56年自治省令第18号）第2条第六号に規定するものをいう。），受信機（受信機に係る技術上の規格を定める省令（昭和56年自治省令第19号）第2条第七号に規定するものをいう。第六号において同じ。）及び補助警報装置で構成されたもの（中継器又は補助警報装置を設けないものにあっては，中継器又は補助警報装置を除く。）をいう。

三　イオン化式住宅用防災警報器　　周囲の空気が一定の濃度以上の煙を含むに至ったときに火災が発生した旨の警報（以下「火災警報」という。）を発する住宅用防災警報器で，1局所の煙によるイオン電流の変化により作動するものをいう。

四　光電式住宅用防災警報器　　周囲の空気が一定の濃度以上の煙を含むに至ったときに火災警報を発する住宅用防災警報器で，1局所の煙による光電素子の受光量の変化により作動するものをいう。

四の二　定温式住宅用防災警報器　　1局所の周囲の温度が一定の温度以上になったときに火災警報を発する住宅用防災警報器をいう。

四の三　連動型住宅用防災警報器　　住宅用防災警報器で，火災の発生を感知した場合に火災の発生した旨の信号（以下「火災信号」という。）を他の住宅用防災警報器に発信する機能及び他の住宅用防災警報器からの火災信号を受信した場合に火災警報を発する機能を有するものをいう。

五　自動試験機能　　住宅用防災警報器及び住宅用防災報知設備に係る機能が適正に維持されていることを，自動的に確認することができる装置による試験機能をいう。

六　補助警報装置　　住宅の内部にいる者に対し，有効に火災警報を伝達するために，住宅用防災報知設備の受信機から発せられた火災が発生した旨の信号を受信して，補助的に火災警報を発する装置をいう。

第3条 ●住宅用防災警報器及び住宅用防災報知設備に係る技術上の規格を定める省令［抄］

【構造及び機能】

第3条 住宅用防災警報器の構造及び機能は，次に定めるところによらなければならない。

一 感知部は，火災の発生を煙又は熱により感知すること。

一の二 確実に火災警報を発し，かつ，取扱い及び附属部品の取替えが容易にできること。

二 取付け及び取り外しが容易にできる構造であること。

三 耐久性を有すること。

三の二 ほこり又は湿気により機能に異常を生じないこと。

四 通常の使用状態において，温度の変化によりその外箱が変形しないこと。

五 配線は，十分な電流容量を有し，かつ，接続が的確であること。

五の二 無極性のものを除き，誤接続防止のための措置を講ずること。

六 部品は，機能に異常を生じないように，的確に，かつ，容易に緩まないように取り付けること。

七 充電部は，外部から容易に人が触れないように，十分に保護すること。

八 感知部の受ける気流の方向により住宅用防災警報器に係る機能に著しい変動を生じないこと。

九 住宅用防災警報器は，その基板面を取付け定位置から45°傾斜させた場合，機能に異常を生じないこと。

十 火災警報は，次によること。

　イ 警報音（音声によるものを含む。以下同じ。）により火災警報を発する住宅用防災警報器における音圧は，次に掲げる区分に応じ，当該各号に定める値の電圧において，無響室で警報部の中心から前方1m離れた地点で測定した値が，70dB（音圧を5dB単位で増加させた場合においては，増加後の音圧。以下「公称音圧」という。）以上であり，かつ，その状態を1分間以上継続できること。

　　(イ) 電源に電池を用いる住宅用防災警報器 住宅用防災警報器を有効に作動できる電圧の下限値

　　(ロ) 電源に電池以外から供給される電力を用いる住宅用防災警報器 電源の電圧が定格電圧の90%以上110%以下の値

　ロ 警報音以外により火災警報を発する住宅用防災警報器にあっては，住宅の内部にいる者に対し，有効に火災の発生を報知できるものであること。

十の二 火災警報以外の音響を発する住宅用防災警報器にあっては，火災の発生を有効に報知することを妨げないこと。

十一 電源に電池を用いる住宅用防災警報器にあっては，次によること。

　イ 電池の交換が容易にできること。ただし，電池の有効期間が本体の有効期間以上のものにあっては，この限りでない。

　ロ 住宅用防災警報器を有効に作動できる電圧の下限値となったことを72時間以上点滅表示等により自動的に表示し，又はその旨を72時間以上音響により伝達することができること。

十二 スイッチの操作により火災警報を停止することのできる住宅用防災警報器にあっては，当該スイッチの操作により火災警報を停止したとき，15分以内に自動的に適正な監視状態に復旧するものであること。

十三 光電式住宅用防災警報器の光源は，半導体素子とすること。

十四 イオン化式住宅用防災警報器及び光電式住宅用防災警報器の感知部は，目開き1mm以下の網，円孔板等により虫の侵入防止のための措置を講ずること。

十五 放射性物質を使用する住宅用防災警報器は，当該放射性物質を密封線源とし，当該線

源は，外部から直接触れることができず，かつ，火災の際容易に破壊されないものであること。

六　自動試験機能を有する住宅用防災警報器にあっては，次によること。

　イ　自動試験機能は，住宅用防災警報器の機能に有害な影響を及ぼすおそれのないものであり，かつ，住宅用防災警報器の感知部が適正であることを確認できるものであること。

　ロ　イの確認に要する時間は，60秒以内であること。ただし，機能の確認中であっても火災を感知することができるものにあっては，この限りではない。

　ハ　機能が異常となったことを72時間以上点滅表示等により自動的に表示し，又はその旨を72時間以上音響により伝達することができること。

七　電源変圧器は，電気用品の技術上の基準を定める省令（平成25年経済産業省令第34号）に規定するベル用変圧器と同等以上の性能を有するものであり，かつ，その容量は最大使用電流に連続して耐えるものであること。

八　接点間隔の調整部その他の調整部は，調整後変動しないように固定されていること。

九　定温式住宅用防災警報器の感知部は，機能に有害な影響を及ぼすおそれのある傷，ひずみ等を生じないこと。

十　連動型住宅用防災警報器は，次によること。

　イ　火災の発生を感知した場合に連動型住宅用防災警報器から発信する火災信号は，他の連動型住宅用防災警報器に確実に信号を伝達することができるものであること。

　ロ　他の連動型住宅用防災警報器から発せられた火災信号を，確実に受信することができるものであること。

　ハ　ロにより火災信号を受信した場合に，確実に火災警報を発することができるものであること。

　ニ　スイッチの操作により火災警報を停止することができるものにあっては，次によること。

　　(イ)　スイッチの操作により火災警報を停止した場合において，火災の発生を感知した連動型住宅用防災警報器にあっては15分以内に，それ以外の連動型住宅用防災警報器にあっては速やかに，自動的に適正な監視状態に復旧するものであること。

　　(ロ)　火災の発生を感知した連動型住宅用防災警報器の火災警報を，それ以外の連動型住宅防災警報器のスイッチ操作により停止できないものであること。

　ホ　無線設備を有するものにあっては，次によること。

　　(イ)　無線設備は，無線設備規則（昭和25年電波監理委員会規則第18号）第49条の17に規定する小電力セキュリティシステムの無線局の無線設備であること。

　　(ロ)　発信される信号の電界強度の値は，当該住宅用防災警報器から3m離れた位置において設計値以上であること。

　　(ハ)　電波を受信する機能を有するものにあっては，当該住宅用防災警報器から3m離れた位置から発信される信号を受信できる最低の電界強度の値が設計値以下であること。

　　(ニ)　無線設備における火災信号の受信及び発信にあっては，次によること

　　　(1)　火災の発生を感知した住宅用防災警報器の無線設備が火災信号を受信してから発信するまでの所要時間が5秒以内であること。

　　　(2)　無線設備が火災信号の受信を継続している間は，断続的に当該信号を発信すること。ただし，他の住宅用防災警報器から火災を受信した旨を確認できる機能又はこれに類する機能を有するものにあっては，この限りでない。

㈭　火災信号の発信を容易に確認することができる装置を設けること。

㈭　他の機器と識別できる信号を発信すること。

【附属装置】

第4条　住宅用防災警報器には，その機能に有害な影響を及ぼすおそれのある附属装置を設けてはならない。

第5条～第7条　（略）

【表　示】

第8条　住宅用防災警報器には，次の各号に掲げる事項を見やすい箇所に容易に消えないように表示しなければならない。ただし，第六号及び第七号の表示は消防法施行令第5条の7第1項第二号の規定により設置した状態において容易に識別できる大きさとし，第十一号の表示は外面に表示しなければならない。

一　光電式，イオン化式又は定温式の別及び住宅用防災警報器という文字

二　種別を有するものにあってはその種別

二の二　型式及び型式番号

三　製造年

四　製造事業者の氏名又は名称

四の二　取扱方法の概要（取扱説明書その他これに類するものに表示するものを除く。）

五　耐食性能を有するものにあっては，耐食型という文字

六　交換期限（自動試験機能を有するものを除く。）

七　自動試験機能を有するものにあっては，自動試験機能付という文字

八　連動型住宅用防災警報器にあっては，連動型という文字

九　連動型住宅用防災警報器のうち，無線設備を有するものにあっては，無線式という文字

十　電源に電池を用いるものにあっては，電池の種類及び電圧

十一　イオン化式住宅用防災警報器にあっては，次に掲げる事項

イ　放射性同位元素等の規制に関する法律（昭和32年法律第167号）第12条の5第1項に規定する特定認証機器である旨の表示

ロ　廃棄に関する注意表示

十二　公称音圧（公称音圧があるものに限る。）

十三　使用温度範囲（使用温度範囲があるものに限る。）

2　住宅用防災警報器（無極性のものを除く。）に用いる端子板には，端子記号を見やすい箇所に容易に消えないように表示しなければならない。

【住宅用防災報知設備の補助警報装置の火災警報】

第9条　住宅用防災報知設備の補助警報装置の火災警報は，次に定めるところによらなければならない。

一　警報音により火災警報を発する住宅用防災報知設備の補助警報装置における音圧は，電源の電圧が定格電圧の90％以上110％以下の値において，無響室で住宅用防災報知設備の補助警報装置の警報部の中心から前方1m離れた地点で測定した値が，70dB以上であり，かつ，その状態を1分間以上継続できること。

二　警報音以外により火災警報を発する住宅用防災報知設備の補助警報装置にあっては，住宅の内部にいる者に対し，有効に火災の発生を報知できるものであること。

【表　示】

第10条　住宅用防災報知設備の補助警報装置には，次の各号に掲げる事項を見やすい箇所に容易に消えないように表示しなければならない。

一　補助警報装置という文字
二　製造年
三　製造事業者の氏名又は名称
四　この省令の規定に適合することを第三者が確認した場合にあっては，その旨及び当該
　　第三者の名称
第11条（略）
　　　附　則（略）

住宅用防災機器の設置及び維持に関する
条例の制定に関する基準を定める省令

平成16年11月26日　総務省令第138号
最終改正　平成31年2月28日　総務省令第11号

【趣　旨】
第1条　この省令は，消防法施行令（昭和36年政令第37号。以下「令」という。）第5条の7の規定に基づき，住宅用防災機器の設置及び維持に関する条例の制定に関する基準を定めるものとする。

【用語の意義】
第2条　この省令において，次の各号に掲げる用語の意義は，当該各号に定めるところによる。
　一　住宅用防災警報器　　令第5条の6第一号に規定する住宅用防災警報器をいう。
　二　住宅用防災報知設備　　令第5条の6第二号に規定する住宅用防災報知設備をいう。
　三　イオン化式住宅用防災警報器　　周囲の空気が一定の濃度以上の煙を含むに至ったときに火災が発生した旨の警報（以下「火災警報」という。）を発する住宅用防災警報器で，1局所の煙によるイオン電流の変化により作動するものをいう。
　四　光電式住宅用防災警報器　　周囲の空気が一定の濃度以上の煙を含むに至ったときに火災警報を発する住宅用防災警報器で，1局所の煙による光電素子の受光量の変化により作動するものをいう。
　五　自動試験機能　　住宅用防災警報器及び住宅用防災報知設備に係る機能が適正に維持されていることを，自動的に確認することができる装置による試験機能をいう。
　六　補助警報装置　　住宅の内部にいる者に対し，有効に火災警報を伝達するために，住宅用防災報知設備の受信機（受信機に係る技術上の規格を定める省令（昭和56年自治省令第19号）第2条第七号に規定するものをいう。第8条において同じ。）から発せられた火災が発生した旨の信号を受信して，補助的に火災警報を発する装置をいう。

【他の住宅との共用部分】
第3条　令第5条の7第1項第一号の総務省令で定める他の住宅との共用部分は，令別表第1(5)項ロに掲げる防火対象物又は(16)項に掲げる防火対象物の住宅の用途に供される部分のうち，もっぱら居住の用に供されるべき住宅の部分以外の部分であって，廊下，階段，エレベーター，エレベーターホール，機械室，管理事務所その他入居者の共同の福祉のために必要な共用部分とする。

【住宅用防災警報器又は住宅用防災報知設備の感知器を設置すべき住宅の部分】
第4条　令第5条の7第1項第一号ハの総務省令で定める住宅の部分は，次のとおりとする。
　一　令第5条の7第1項第一号イに掲げる住宅の部分が存する階（避難階（建築基準法施行令（昭和25年政令第338号）第13条第一号に規定する避難階をいう。次号において同じ。）から上方に数えた階数が2以上である階に限る。）から下方に数えた階数が2である階に直上階から通ずる階段（屋外に設けられたものを除く。以下同じ。）の下端（当該階段の上端に住宅用防災警報器又は住宅用防災報知設備の感知器（火災報知設備の感知器及び発信機に係る技術上の規格を定める省令（昭和56年自治省令第17号。以下「感知器等規格省令」という。）第2条第一号に規定するものをいう。以下「感知器」とい

う。）が設置されている場合を除く。）

二　令第5条の7第1項第一号イに掲げる住宅の部分が避難階のみに存する場合であっ
て，居室（建築基準法（昭和25年法律第201号）第2条第四号に規定する居室をいう。
次号において同じ。）が存する最上階（避難階から上方に数えた階数が2以上である階
に限る。）から直階下に通ずる階段の上端

三　令第5条の7第1項第一号イ若しくはロ又は前2号の規定により住宅用防災警報器又
は感知器が設置される階以外の階のうち，床面積が7㎡以上である居室が5以上存す
る階（この号において「当該階」という。）の次に掲げるいずれかの住宅の部分

イ　廊下

ロ　廊下が存しない場合にあっては，当該階から直下階に通ずる階段の上端

ハ　廊下及び直下階が存しない場合にあっては，当該階の直上階から当該階に通ずる階
段の下端

【閉鎖型スプリンクラーヘッド】

第5条　令第5条の7第1項第三号の総務省令で定める閉鎖型スプリンクラーヘッドは，標
示温度が75℃以下で種別が一種のものとする。

【設置の免除】

第6条　令第5条の7第1項第三号の総務省令で定めるときは，次の各号に掲げるいずれか
のときとする。

一　スプリンクラー設備（前条に定める閉鎖型スプリンクラーヘッドを備えているものに
限る。）又は自動火災報知設備を，それぞれ令第12条又は令第21条に定める技術上の基
準に従い，又は当該技術上の基準の例により設置したとき。

二　共同住宅用スプリンクラー設備，共同住宅用自動火災報知設備又は住戸用自動火災報
知設備を，それぞれ特定共同住宅等における必要とされる防火安全性能を有する消防の
用に供する設備等に関する省令（平成17年総務省令第40号）第3条第2項第二号並びに
第三号及び第四号（同令第4条第2項においてこれらの規定を準用する場合を含む。）
に定める技術上の基準に従い，又は当該技術上の基準の例により設置したとき。

三　特定小規模施設用自動火災報知設備を特定小規模施設における必要とされる防火安全
性能を有する消防の用に供する設備等に関する省令（平成20年総務省令第156号）第3
条第2項及び第3項に定める技術上の基準に従い，又は当該技術上の基準の例により設
置したとき。

四　複合型居住施設用自動火災報知設備を複合型居住施設における必要とされる防火安全
性能を有する消防の用に供する設備等に関する省令（平成22年総務省令第7号）第3条
第2項に定める技術上の基準に従い，又は当該技術上の基準の例により設置したとき。

【住宅用防災警報器に関する基準】

第7条　令第5条の7第2項の規定により，第3条から前条までに規定するもののほか，住
宅用防災警報器の設置及び維持に関し住宅における火災の予防のために必要な事項に係る
条例は，次の各号に定めるところにより制定されなければならない。

一　令第5条の7第1項第一号ロに定める階段にあっては，住宅用防災警報器は，当該階
段の上端に設置すること。

二　住宅用防災警報器は，天井又は壁の屋内に面する部分（天井のない場合にあっては，
屋根又は壁の屋内に面する部分。この号において同じ。）の次のいずれかの位置に設け
ること。

イ　壁又ははりから0.6m 以上離れた天井の屋内に面する部分

ロ　天井から下方0.15m 以上0.5m 以内の位置にある壁の屋内に面する部分

三　住宅用防災警報器は，換気口等の空気吹出し口から，1.5m以上離れた位置に設けること。

四　住宅用防災警報器は，次の表の左欄に掲げる住宅の部分の区分に応じ，同表の右欄に掲げる種別のものを設けること。

住宅の部分	住宅用防災警報器の種別
令第5条の7第1項第一号イ及びロ並びに第4条第一号，第二号並びに第三号ロ及びハに掲げる住宅の部分	光電式住宅用防災警報器
第4条第三号イに掲げる住宅の部分	イオン化式住宅用防災警報器又は光電式住宅用防災警報器

五　電源に電池を用いる住宅用防災警報器にあっては，当該住宅用防災警報器を有効に作動できる電圧の下限値となった旨が表示され，又は音響により伝達された場合は，適切に電池を交換すること。

六　電源に電池以外から供給される電力を用いる住宅用防災警報器にあっては，正常に電力が供給されていること。

七　電源に電池以外から供給される電力を用いる住宅用防災警報器の電源は，分電盤との間に開閉器が設けられていない配線からとること。

八　電源に用いる配線は，電気工作物に係る法令の規定によること。

九　自動試験機能を有しない住宅用防災警報器にあっては，交換期限が経過しないよう，適切に住宅用防災警報器を交換すること。

十　自動試験機能を有する住宅用防災警報器にあっては，機能の異常が表示され，又は音響により伝達された場合は，適切に住宅用防災警報器を交換すること。

【住宅用防災報知設備に関する基準】

第8条　令第5条の7第2項の規定により，第3条から第6条までに規定するもののほか，住宅用防災報知設備の設置及び維持に関し住宅における火災の予防のために必要な事項に係る条例は，次の各号に定めるところにより制定されなければならない。

一　感知器は，次の表の左欄に掲げる住宅の部分の区分に応じ，同表の右欄に掲げる種別のものを設けること。

住宅の部分	感知器の種別
令第5条の7第1項第一号イ及びロ並びに第4条第一号，第二号並びに第三号ロ及びハに掲げる住宅の部分	光電式スポット型感知器（感知器等規格省令第2条第九号に掲げるもののうち，感知器等規格省令第17条第2項で定める一種又は二種の試験に合格するものに限る。この表において同じ。）
第4条第三号イに掲げる住宅の部分	イオン化式スポット型感知器（感知器等規格省令第2条第八号に掲げるもののうち，感知器等規格省令第16条第2項で定める一種又は二種の試験に合格するものに限る。）又は光電式スポット型感知器

二　受信機は，操作に支障が生じず，かつ，住宅の内部にいる者に対し，有効に火災の発生を報知できる場所に設けること。

三　令第5条の7第1項第一号に定める住宅の部分が存する階に受信機が設置されていない場合にあっては，住宅の内部にいる者に対し，有効に火災の発生を報知できるように，当該階に補助警報装置を設けること。

四　感知器と受信機との間の信号を配線により送信し，又は受信する住宅用防災報知設備にあっては，当該配線の信号回路について容易に導通試験をすることができるように措

置されていること。ただし，配線が感知器からはずれた場合又は配線に断線があった場合に受信機が自動的に警報を発するものにあっては，この限りでない。

　五　感知器と受信機との間の信号を無線により送信し，又は受信する住宅用防災報知設備にあっては，次によること。

　　イ　感知器と受信機との間において確実に信号を送信し，又は受信することができる位置に感知器及び受信機を設けること。

　　ロ　受信機において信号を受信できることを確認するための措置を講じていること。

　六　住宅用防災報知設備は，受信機その他の見やすい箇所に容易に消えないよう感知器の交換期限を明示すること。

2　前条第一号から第三号まで，第五号，第九号及び第十号の規定は感知器について，同条第六号から第八号までの規定は住宅用防災報知設備について準用する。

　　附　則　（略）

特定共同住宅等における必要とされる防火安全性能を有する消防の用に供する設備等に関する省令

平成17年3月25日　総務省令第40号
最終改正　平成30年6月1日　総務省令第34号

【趣　旨】

第1条　この省令は，消防法施行令（昭和36年政令第37号。以下「令」という。）第29条の4第1項の規定に基づき，特定共同住宅等における必要とされる防火安全性能を有する消防の用に供する設備等（令第29条の4第1項に規定するものをいう。以下同じ。）に関し必要な事項を定めるものとする。

【用語の意義】

第2条　この省令において，次の各号に掲げる用語の意義は，当該各号に定めるところによる。

　一　特定共同住宅等　令別表第1*(5)項ロに掲げる防火対象物及び同表(16)項イに掲げる防火対象物（同表(5)項イ及びロ並びに(6)項ロ及びハに掲げる防火対象物（同表(6)項ロ及びハに掲げる防火対象物にあっては，有料老人ホーム，福祉ホーム，老人福祉法（昭和38年法律第133号）第5条の2第6項に規定する認知症対応型老人共同生活援助事業を行う施設又は障害者の日常生活及び社会生活を総合的に支援するための法律（平成17年法律第123号）第5条第17項に規定する共同生活援助を行う施設に限る。以下同じ。）の用途以外の用途に供される部分が存せず，かつ，同表(5)項イ並びに(6)項ロ及びハに掲げる防火対象物の用途に供する各独立部分（構造上区分された数個の部分の各部分で独立して当該用途に供されることができるものをいう。以下同じ。）の床面積がいずれも100m²以下であって，同表(5)項ロに掲げる防火対象物の用途に供される部分の床面積の合計が，当該防火対象物の延べ面積の1/2以上のものに限る。）であって，火災の発生又は延焼のおそれが少ないものとして，その位置，構造及び設備について消防庁長官が定める基準に適合するものをいう。

　一の二　住戸利用施設　特定共同住宅等の部分であって，令別表第1*(5)項イ並びに(6)項ロ及びハに掲げる防火対象物の用途に供されるものをいう。

　一の三　特定住戸利用施設　住戸利用施設のうち，次に掲げる部分で，消防法施行規則（昭和36年自治省令第6号。以下「規則」という。）第12条の2第1項又は第3項に規定する構造を有するもの以外のものをいう。

　　イ　令別表第1(6)項ロ(1)に掲げる防火対象物の用途に供される部分

　　ロ　令別表第1(6)項ロ(5)に掲げる防火対象物の用途に供される部分（規則第12条の3に規定する者を主として入所させるもの以外のものにあっては，床面積が275m²以上のものに限る。）

　二　住戸等　特定共同住宅等の住戸（下宿の宿泊室，寄宿舎の寝室及び各独立部分で令別表第1*(5)項イ並びに(6)項ロ及びハに掲げる防火対象物の用途に供されるものを含む。以下同じ。），共用室，管理人室，倉庫，機械室その他これらに類する室をいう。

●関連［令別表第1］→p781

　三　共用室　特定共同住宅等において，居住者が集会，談話等の用に供する室をいう。

　四　共用部分　特定共同住宅等の廊下，階段，エレベーターホール，エントランスホール，駐車場その他これらに類する特定共同住宅等の部分であって，住戸等以外の部分を

いう。

五　階段室等　避難階又は地上に通ずる直通階段の階段室（当該階段が壁，床又は防火設備（建築基準法（昭和25年法律第201号）第2条第九号のニロに規定するものをいう。）等で区画されていない場合にあっては当該階段）をいう。

六　開放型廊下　直接外気に開放され，かつ，特定共同住宅等における火災時に生ずる煙を有効に排出することができる廊下をいう。

七　開放型階段　直接外気に開放され，かつ，特定共同住宅等における火災時に生ずる煙を有効に排出することができる階段をいう。

八　2方向避難型特定共同住宅等　特定共同住宅等における火災時に，すべての住戸，共用室及び管理人室から，少なくとも1以上の避難経路を利用して安全に避難できるようにするため，避難階又は地上に通ずる2以上の異なった避難経路を確保している特定共同住宅等として消防庁長官が定める構造を有するものをいう。

九　開放型特定共同住宅等　すべての住戸，共用室及び管理人室について，その主たる出入口が開放型廊下又は開放型階段に面していることにより，特定共同住宅等における火災時に生ずる煙を有効に排出することができる特定共同住宅等として消防庁長官が定める構造を有するものをいう。

十　2方向避難・開放型特定共同住宅等　特定共同住宅等における火災時に，すべての住戸，共用室及び管理人室から，少なくとも1以上の避難経路を利用して安全に避難できるようにするため，避難階又は地上に通ずる2以上の異なった避難経路を確保し，かつ，その主たる出入口が開放型廊下又は開放型階段に面していることにより，特定共同住宅等における火災時に生ずる煙を有効に排出することができる特定共同住宅等として消防庁長官が定める構造を有するものをいう。

十一　その他の特定共同住宅等　前3号に掲げるもの以外の特定共同住宅等をいう。

十二　住宅用消火器　消火器の技術上の規格を定める省令（昭和39年自治省令第27号）第1条の2第二号に規定するものをいう。

十三　共同住宅用スプリンクラー設備　特定共同住宅等における火災時に火災の拡大を初期に抑制するための設備であって，スプリンクラーヘッド（閉鎖型スプリンクラーヘッドの技術上の規格を定める省令（昭和40年自治省令第2号）第2条第一号のニに規定する小区画型ヘッドをいう。以下同じ。），制御弁，自動警報装置，加圧送水装置，送水口等で構成され，かつ，住戸，共用室又は管理人室ごとに自動警報装置の発信部が設けられているものをいう。

十四　共同住宅用自動火災報知設備　特定共同住宅等における火災時に火災の拡大を初期に抑制し，かつ，安全に避難することを支援するために，特定共同住宅等における火災の発生を感知し，及び当該特定共同住宅等に火災の発生を報知する設備であって，受信機（受信機に係る技術上の規格を定める省令（昭和56年自治省令第19号）第2条第七号に規定するものをいう。以下同じ。），感知器（火災報知設備の感知器及び発信機に係る技術上の規格を定める省令（昭和56年自治省令第17号。以下「感知器等規格省令」という。）第2条第一号に規定するものをいう。以下同じ。），戸外表示器（住戸等の外部において，受信機から火災が発生した旨の信号を受信し，火災の発生を報知するものをいう。以下同じ。）等で構成され，かつ，自動試験機能（中継器に係る技術上の規格を定める省令（昭和56年自治省令第18号。以下「中継器規格省令」という。）第2条第十二号に規定するものをいう。）又は遠隔試験機能（中継器規格省令第2条第十三号に規定するものをいう。以下同じ。）を有することにより，住戸の自動試験機能等対応型感知器（感知器等規格省令第2条第十九号の三に規定するものをいう。以下同じ。）の機能

の異常が当該住戸の外部から容易に確認できるものをいう。

五　住戸用自動火災報知設備　　特定共同住宅等における火災時に火災の拡大を初期に抑制し，かつ，安全に避難することを支援するために，住戸等における火災の発生を感知し，及び当該住戸等に火災の発生を報知する設備であって，受信機，感知器，戸外表示器等で構成され，かつ，遠隔試験機能を有することにより，住戸の自動試験機能等対応型感知器の機能の異常が当該住戸の外部から容易に確認できるものをいう。

六　共同住宅用非常警報設備　　特定共同住宅等における火災時に安全に避難することを支援するための設備であって，起動装置，音響装置，操作部等で構成されるものをいう。

七　共同住宅用連結送水管　　特定共同住宅等における消防隊による活動を支援するための設備であって，放水口，配管，送水口等で構成されるものをいう。

八　共同住宅用非常コンセント設備　　特定共同住宅等における消防隊による活動を支援するための設備であって，非常コンセント，配線等で構成されるものをいう。

【必要とされる初期拡大抑制性能を有する消防の用に供する設備等に関する基準】

第3条　特定共同住宅等（住戸利用施設を除く。）において，火災の拡大を初期に抑制する性能（以下「初期拡大抑制性能」という。）を主として有する通常用いられる消防用設備等に代えて用いることができる必要とされる初期拡大抑制性能を主として有する消防の用に供する設備等は，次の表の左欄に掲げる特定共同住宅等の種類及び同表中欄に掲げる通常用いられる消防用設備等の区分に応じ，同表右欄に掲げる必要とされる防火安全性能を有する消防の用に供する設備等とする。

特定共同住宅等の種類		通常用いられる消防用設備等	必要とされる防火安全性能を有する消防の用に供する設備等
構造類型	階数		
2方向避難型特定共同住宅等	地階を除く階数が5以下のもの	消火器具 屋内消火栓設備（第3項第二号イ(ロ)及び(ハ)に掲げる階及び部分に設置するものに限る。） スプリンクラー設備 自動火災報知設備 屋外消火栓設備 動力消防ポンプ設備	住宅用消火器及び消火器具 共同住宅用スプリンクラー設備 共同住宅用自動火災報知設備又は住戸用自動火災報知設備及び共同住宅用非常警報設備
	地階を除く階数が10以下のもの	消火器具 屋内消火栓設備（第3項第二号イ(ロ)及び(ハ)に掲げる階及び部分に設置するものに限る。） スプリンクラー設備 自動火災報知設備 屋外消火栓設備 動力消防ポンプ設備	住宅用消火器及び消火器具 共同住宅用スプリンクラー設備 共同住宅用自動火災報知設備
	地階を除く階数が11以上のもの	消火器具 屋内消火栓設備（第3項第二号イに掲げる階及び部分に設置するものに限る。） スプリンクラー設備 自動火災報知設備 屋外消火栓設備 動力消防ポンプ設備	住宅用消火器及び消火器具 共同住宅用スプリンクラー設備 共同住宅用自動火災報知設備

開放型特定共同住宅等	地階を除く階数が5以下のもの	消火器具 屋内消火栓設備 スプリンクラー設備 自動火災報知設備 屋外消火栓設備 動力消防ポンプ設備	住宅用消火器及び消火器具 共同住宅用スプリンクラー設備 共同住宅用自動火災報知設備又は住戸用自動火災報知設備及び共同住宅用非常警報設備
	地階を除く階数が6以上のもの	消火器具 屋内消火栓設備 スプリンクラー設備 自動火災報知設備 屋外消火栓設備 動力消防ポンプ設備	住宅用消火器及び消火器具 共同住宅用スプリンクラー設備 共同住宅用自動火災報知設備
2方向避難・開放型特定共同住宅等	地階を除く階数が10以下のもの	消火器具 屋内消火栓設備 スプリンクラー設備 自動火災報知設備 屋外消火栓設備 動力消防ポンプ設備	住宅用消火器及び消火器具 共同住宅用スプリンクラー設備 共同住宅用自動火災報知設備又は住戸用自動火災報知設備及び共同住宅用非常警報設備
	地階を除く階数が11以上のもの	消火器具 屋内消火栓設備 スプリンクラー設備 自動火災報知設備 屋外消火栓設備 動力消防ポンプ設備	住宅用消火器及び消火器具 共同住宅用スプリンクラー設備 共同住宅用自動火災報知設備
その他の特定共同住宅等	地階を除く階数が10以下のもの	消火器具 屋内消火栓設備（第3項第二号イ(ロ)及び(ハ)に掲げる階及び部分に設置するものに限る。） スプリンクラー設備 自動火災報知設備 屋外消火栓設備 動力消防ポンプ設備	住宅用消火器及び消火器具 共同住宅用スプリンクラー設備 共同住宅用自動火災報知設備
	地階を除く階数が11以上のもの	消火器具 屋内消火栓設備（第3項第二号イに掲げる階及び部分に設置するものに限る。） スプリンクラー設備 自動火災報知設備 屋外消火栓設備 動力消防ポンプ設備	住宅用消火器及び消火器具 共同住宅用スプリンクラー設備 共同住宅用自動火災報知設備

2　住戸利用施設において，初期拡大抑制性能を主として有する通常用いられる消防用設備等に代えて用いることができる必要とされる初期拡大抑制性能を主として有する消防の用に供する設備等は，次の表の左欄に掲げる特定共同住宅等の種類及び同表中欄に掲げる通常用いられる消防用設備等の区分に応じ，同表右欄に掲げる必要とされる防火安全性能を有する消防の用に供する設備等とする。

特定共同住宅等の種類		通常用いられる消防用設備等	必要とされる防火安全性能を有する消防の用に供する設備等
構造類型	階数		
2方向避難型特定共同住宅等	地階を除く階数が5以下のもの	屋内消火栓設備（次項第二号イに掲げる階及び部屋に設置するものに限る。以下同じ。）スプリンクラー設備 自動火災報知設備 屋外消火栓設備 動力消防ポンプ設備	共同住宅用スプリンクラー設備 共同住宅用自動火災報知設備又は住戸用自動火災報知設備及び共同住宅用非常警報設備
	地階を除く階数が10以下のもの	屋内消火栓設備 スプリンクラー設備 自動火災報知設備 屋外消火栓設備 動力消防ポンプ設備	共同住宅用スプリンクラー設備 共同住宅用自動火災報知設備
	地階を除く階数が11以上のもの	屋内消火栓設備 スプリンクラー設備 自動火災報知設備 屋外消火栓設備 動力消防ポンプ設備	共同住宅用スプリンクラー設備 共同住宅用自動火災報知設備
開放型特定共同住宅等	地階を除く階数が5以下のもの	屋内消火栓設備 スプリンクラー設備 自動火災報知設備 屋外消火栓設備 動力消防ポンプ設備	共同住宅用スプリンクラー設備 共同住宅用自動火災報知設備又は住戸用自動火災報知設備及び共同住宅用非常警報設備
	地階を除く階数が10以下のもの	屋内消火栓設備 スプリンクラー設備 自動火災報知設備 屋外消火栓設備 動力消防ポンプ設備	共同住宅用スプリンクラー設備 共同住宅用自動火災報知設備
	地階を除く階数が11以上のもの	屋内消火栓設備 スプリンクラー設備 自動火災報知設備 屋外消火栓設備 動力消防ポンプ設備	共同住宅用スプリンクラー設備 共同住宅用自動火災報知設備
2方向避難・開放型特定共同住宅等	地階を除く階数が10以下のもの	屋内消火栓設備 スプリンクラー設備 自動火災報知設備 屋外消火栓設備 動力消防ポンプ設備	共同住宅用スプリンクラー設備 共同住宅用自動火災報知設備又は住戸用自動火災報知設備及び共同住宅用非常警報設備
	地階を除く階数が11以上のもの	屋内消火栓設備 スプリンクラー設備 自動火災報知設備 屋外消火栓設備 動力消防ポンプ設備	共同住宅用スプリンクラー設備 共同住宅用自動火災報知設備

その他の特定共同住宅等	地階を除く階数が10以下のもの	屋内消火栓設備 スプリンクラー設備 自動火災報知設備 屋外消火栓設備 動力消防ポンプ設備	共同住宅用スプリンクラー設備 共同住宅用自動火災報知設備
	地階を除く階数が11以上のもの	屋内消火栓設備 スプリンクラー設備 自動火災報知設備 屋外消火栓設備 動力消防ポンプ設備	共同住宅用スプリンクラー設備 共同住宅用自動火災報知設備

3　前２項に規定するもののほか，特定共同住宅等における必要とされる初期拡大抑制性能を主として有する消防の用に供する設備等の設置及び維持に関する技術上の基準は，次のとおりとする。

一　住宅用消火器及び消火器具（令第10条第１項に定める消火器具のうち，住宅用消火器を除く。）は，次のイ及びロに定めるところによること。

イ　住宅用消火器は，住戸，共用室又は管理人室ごとに設置すること。

ロ　消火器具は，共用部分及び倉庫，機械室等（以下この号において「共用部分等」という。）に，各階ごとに当該共用部分等の各部分から，それぞれ一の消火器具に至る歩行距離が20ｍ以下となるように，令第10条第２項並びに規則第６条から第９条まで（第６条第６項を除く。）及び第11条に定める技術上の基準の例により設置すること。ただし，特定共同住宅等の廊下，階段室等のうち，住宅用消火器が設置された住戸，共用室又は管理人室に面する部分にあっては，消火器具を設置しないことができる。

二　共同住宅用スプリンクラー設備は，次のイからチまでに定めるところによること。

イ　次の(イ)から(ハ)に掲げる階又は部分に設置すること。

(イ)　特定共同住宅等の11階以上の階及び特定住戸利用施設（10階以下の階に存するものに限る。）

(ロ)　特定共同住宅等で，住戸利用施設の床面積の合計が3,000m²以上のものの階のうち，当該部分が存する階（(イ)に掲げる階及び部分を除く。）

(ハ)　特定共同住宅等で，住戸利用施設の床面積の合計が3,000m²未満のものの階のうち，当該部分が存する階で，当該部分の床面積が，地階又は無窓階にあっては1,000m²以上，４階以上10階以下の階にあっては1,500m²以上のもの（(イ)に掲げる階及び部分を除く。）

ロ　スプリンクラーヘッドは，住戸，共用室及び管理人室の居室（建築基準法第２条第四号に規定するものをいう。以下同じ。）及び収納室（室の面積が４m²以上のものをいう。以下同じ。）の天井の室内に面する部分に設けること。

ハ　スプリンクラーヘッドは，規則第13条の２第４項第一号（イただし書，ホ及びトを除く。）及び第14条第１項第七号の規定の例により設けること。

ニ　水源の水量は，４m³以上となるように設けること。

ホ　共同住宅用スプリンクラー設備は，４個のスプリンクラーヘッドを同時に使用した場合に，それぞれの先端において，放水圧力が0.1MPa以上で，かつ，放水量が50ℓ/min以上で放水することができる性能のものとすること。

ヘ　非常電源は，規則第14条第１項第六号の二の規定の例により設けること。

ト　送水口は，規則第14条第１項第六号の規定の例によるほか，消防ポンプ自動車が容

易に接近することができる位置に単口形又は双口形の送水口を設けること。

チ　イからトまでに規定するもののほか，共同住宅用スプリンクラー設備は，消防庁長官が定める設置及び維持に関する技術上の基準に適合するものであること。

三　共同住宅用自動火災報知設備は，次のイからトまでに定めるところによること。

イ　共同住宅用自動火災報知設備の警戒区域（火災が発生した区域を他の区域と区別して識別することができる最小単位の区域をいう。以下この号において同じ。）は，防火対象物の2以上の階にわたらないものとすること。ただし，当該警戒区域が2以上の階にわたったとしても防火安全上支障がないものとして消防庁長官が定める設置及び維持に関する技術上の基準に適合する場合は，この限りでない。

ロ　一の警戒区域の面積は，1,500m²以下とし，その一辺の長さは，50m 以下とすること。ただし，住戸，共用室及び管理人室について，その主たる出入口が階段室等以外の廊下等の通路に面する特定共同住宅等に共同住宅用自動火災報知設備を設置する場合に限り，一の警戒区域の一辺の長さを100m 以下とすることができる。

ハ　共同住宅用自動火災報知設備の感知器は，規則第23条第4項各号（第一号ハ，第七号ヘ及び第七号の五を除く。）及び同条第7項並びに第24条の2第二号及び第五号の規定の例により設けること。

ニ　共同住宅用自動火災報知設備の感知器は，次の(イ)から(ハ)までに掲げる部分の天井又は壁（(イ)の部分の壁に限る。）の屋内に面する部分（天井のない場合にあっては，屋根又は壁の屋内に面する部分）に，有効に火災の発生を感知することができるように設けること。

(イ)　住戸，共用室及び管理人室の居室及び収納室

(ロ)　倉庫（室の面積が4m²以上のものをいう。以下同じ。），機械室その他これらに類する室

(ハ)　直接外気に開放されていない共用部分

ホ　非常電源は，規則第24条第四号の規定の例により設けること。

ヘ　住戸利用施設（令別表第1(6)項ロ及びハに掲げる防火対象物の用途に供される部分に限る。以下この項において同じ。）に設ける共同住宅用自動火災報知設備にあっては，住戸利用施設で発生した火災を，当該住戸利用施設の関係者（所有者又は管理者をいう。）又は当該関係者に雇用されている者（当該住戸利用施設で勤務している者に限る。）（以下「関係者等」という。）に，自動的に，かつ，有効に報知できる装置を設けること。

ト　イからヘまでに規定するもののほか，共同住宅用自動火災報知設備は，消防庁長官が定める設置及び維持に関する技術上の基準に適合するものであること。

四　住戸用自動火災報知設備及び共同住宅用非常警報設備は，次のイからヘまでに定めるところによること。

イ　住戸用自動火災報知設備は，住戸等及び共用部分に設置すること。

ロ　住戸用自動火災報知設備の警戒区域は，前号イ及びロの規定の例によること。

ハ　住戸用自動火災報知設備の感知器は，前号ハ及びニの規定の例によること。

ニ　住戸利用施設に設ける住戸用自動火災報知設備にあっては，住戸利用施設で発生した火災を，当該住戸利用施設の関係者等に，自動的に，かつ，有効に報知できる装置を設けること。

ホ　共同住宅用非常警報設備は，直接外気に開放されていない共用部分以外の共用部分に設置することができること。

ヘ　イからホまでに規定するもののほか，住戸用自動火災報知設備及び共同住宅用非常

警報設備は，消防庁長官が定める設置及び維持に関する技術上の基準に適合するものであること。

4　次の各号に掲げるときに限り，当該各号に掲げる特定共同住宅等における必要とされる初期拡大抑制性能を主として有する消防の用に供する設備等を設置しないことができる。

一　次のいずれかに該当するとき　　共同住宅用スプリンクラー設備

　イ　2方向避難・開放型特定共同住宅等（前項第二号イに掲げる部分に限り，特定住戸利用施設を除く。）又は開放型特定共同住宅等（前項第二号イに掲げる部分のうち14階以下のものに限り，特定住戸利用施設を除く。）において，住戸，共用室及び管理人室の壁並びに天井（天井がない場合にあっては，上階の床又は屋根）の室内に面する部分（回り縁，窓台等を除く。）の仕上げを準不燃材料とし，かつ，共用室と共用室以外の特定共同住宅等の部分（開放型廊下又は開放型階段に面する部分を除く。）を区画する壁に設けられる開口部（規則第13条第2項第一号ロの基準に適合するものに限る。）に，特定防火設備である防火戸（規則第13条第2項第一号ハの基準に適合するものに限る。）が設けられているとき。

　ロ　10階以下の階に存する特定住戸利用施設を令第12条第1項第一号に掲げる防火対象物とみなして同条第2項第三号の二の規定を適用した場合に設置することができる同号に規定する特定施設水道連結型スプリンクラー設備を当該特定住戸利用施設に同項に定める技術上の基準に従い，又は当該技術上の基準の例により設置したとき（当該特定住戸利用施設に限る。）。

二　住戸，共用室及び管理人室（住戸利用施設にあるものを除く。）に共同住宅用スプリンクラー設備を前項第二号に定める技術上の基準に従い，又は当該技術上の基準の例により設置したとき（当該設備の有効範囲内の部分に限る。）　　共同住宅用自動火災報知設備又は住宅用自動火災報知設備

【必要とされる避難安全支援性能を有する消防の用に供する設備等に関する基準】

第4条　特定共同住宅等（住戸利用施設を除く。）において，火災時に安全に避難することを支援する性能（以下「避難安全支援性能」という。）を主として有する通常用いられる消防用設備等に代えて用いることができる必要とされる避難安全支援性能を主として有する消防の用に供する設備等は，次の表の左欄に掲げる特定共同住宅等の種類及び同表中欄に掲げる通常用いられる消防用設備等の区分に応じ，同表右欄に掲げる必要とされる防火安全性能を有する消防の用に供する設備等とする。

特定共同住宅等の種類		通常用いられる消防用設備等	必要とされる防火安全性能を有する消防の用に供する設備等
構造類型	階数		
2方向避難型特定共同住宅等	地階を除く階数が5以下のもの	自動火災報知設備 非常警報器具又は非常警報設備 避難器具	共同住宅用自動火災報知設備又は住戸用自動火災報知設備及び共同住宅用非常警報設備
	地階を除く階数が6以上のもの	自動火災報知設備 非常警報器具又は非常警報設備 避難器具	共同住宅用自動火災報知設備
開放型特定共同住宅等	地階を除く階数が5以下のもの	自動火災報知設備 非常警報器具又は非常警報設備 避難器具 誘導灯及び誘導標識	共同住宅用自動火災報知設備又は住戸用自動火災報知設備及び共同住宅用非常警報設備

	地階を除く階数が6以上のもの	自動火災報知設備 非常警報器具又は非常警報設備 避難器具 誘導灯及び誘導標識	共同住宅用自動火災報知設備
2方向避難・開放型特定共同住宅等	地階を除く階数が10以下のもの	自動火災報知設備 非常警報器具又は非常警報設備 避難器具 誘導灯及び誘導標識	共同住宅用自動火災報知設備又は住戸用自動火災報知設備及び共同住宅用非常警報設備
	地階を除く階数が11以上のもの	自動火災報知設備 非常警報器具又は非常警報設備 避難器具 誘導灯及び誘導標識	共同住宅用自動火災報知設備
その他の特定共同住宅等	すべてのもの	自動火災報知設備 非常警報器具又は非常警報設備 避難器具	共同住宅用自動火災報知設備

2 　住戸利用施設において，避難安全支援性能を主として有する通常用いられる消防用設備等に代えて用いることができる必要とされる避難安全支援性能を主として有する消防の用に供する設備等は，次の表の左欄に掲げる特定共同住宅等の種類及び同表中欄に掲げる通常用いられる消防用設備等の区分に応じ，同表右欄に掲げる必要とされる防火安全性能を有する消防の用に供する設備等とする。

特定共同住宅等の種類		通常用いられる消防用設備等	必要とされる防火安全性能を有する消防の用に供する設備等
構造類型	階数		
2方向避難型特定共同住宅等及び開放型特定共同住宅等	地階を除く階数が5以下のもの	自動火災報知設備 非常警報器具又は非常警報設備	共同住宅用自動火災報知設備又は住戸用自動火災報知設備及び共同住宅用非常警報設備
	地階を除く階数が6以上のもの	自動火災報知設備 非常警報器具又は非常警報設備	共同住宅用自動火災報知設備
2方向避難・開放型特定共同住宅等	地階を除く階数が10以下のもの	自動火災報知設備 非常警報器具又は非常警報設備	共同住宅用自動火災報知設備又は住戸用自動火災報知設備及び共同住宅用非常警報設備
	地階を除く階数が11以上のもの	自動火災報知設備 非常警報器具又は非常警報設備	共同住宅用自動火災報知設備
その他の特定共同住宅等	すべてのもの	自動火災報知設備 非常警報器具又は非常警報設備	共同住宅用自動火災報知設備

3 　前2項に規定するもののほか，特定共同住宅等における必要とされる避難安全支援性能を主として有する消防の用に供する設備等の設置及び維持に関する技術上の基準については，前条第3項第三号及び第四号の規定を準用する。

4 　前条第3項第三号又は第四号の規定により，通常用いられる消防用設備等に代えて必要とされる初期拡大抑制性能を主として有する消防の用に供する設備等として共同住宅用自

動火災報知設備又は住戸用自動火災報知設備及び共同住宅用非常警報設備を設置したとき
は，第1項及び第2項の規定の適用については共同住宅用自動火災報知設備又は住戸用自
動火災報知設備及び共同住宅用非常警報設備を設置したものとみなす。

5　住戸，共用室及び管理人室（住戸利用施設にあるものを除く。）に共同住宅用スプリン
クラー設備を前条第3項第二号に定める技術上の基準に従い，又は当該技術上の基準の例
により設置したときに限り，当該設備の有効範囲内の部分について，共同住宅用自動火災
報知設備又は住戸用自動火災報知設備を設置しないことができる。

【必要とされる消防活動支援性能を有する消防の用に供する設備等に関する基準】

第5条　特定共同住宅等（住戸，共用室及び管理人室について，その主たる出入口が階段室
等に面する特定共同住宅等に限る。）において，消防隊による活動を支援する性能（以下
「消防活動支援性能」という。）を主として有する通常用いられる消防用設備等（連結送水
管及び非常コンセント設備に限る。）に代えて用いることができる必要とされる消防活動
支援性能を主として有する消防の用に供する設備等は，共同住宅用連結送水管及び共同住
宅用非常コンセント設備とする。

2　前項に規定するもののほか，特定共同住宅等における必要とされる消防活動支援性能を
主として有する消防の用に供する設備等の設置及び維持に関する技術上の基準は，次のと
おりとする。

　一　共同住宅用連結送水管は，次のイからハまでに定めるところによること。

　　イ　放水口は，階段室等又は非常用エレベーターの乗降ロビーその他これらに類する場
所ごとに，消防隊が有効に消火活動を行うことができる位置に設けること。

　　ロ　放水口は，3階及び当該階から上方に数えた階数3以内ごとに，かつ，特定共同住
宅等の各部分から一の放水口に至る歩行距離が50m以下となるように，設けること。

　　ハ　イ及びロに規定するもののほか，共同住宅用連結送水管は，令第29条第2項第二号
から第四号まで並びに規則第30条の4及び第31条の規定の例により設置すること。

　二　共同住宅用非常コンセント設備は，次のイからハまでに定めるところによること。

　　イ　非常コンセントは，階段室等又は非常用エレベーターの乗降ロビーその他これらに
類する場所ごとに，消防隊が有効に消火活動を行うことができる位置に設けること。

　　ロ　非常コンセントは，11階及び当該階から上方に数えた階数3以内ごとに，かつ，特
定共同住宅等の各部分から一の非常コンセントに至る歩行距離が50m以下となるよ
うに，設けること。

　　ハ　イ及びロに規定するもののほか，共同住宅用非常コンセント設備は，令第29条の2
第2項第二号及び第三号並びに規則第31条の2の規定の例により設置すること。

　　附　則　（略）

特定小規模施設における必要とされる防火安全性能を有する消防の用に供する設備等に関する省令

平成20年12月26日　総務省令第156号
最終改正　平成30年6月1日　総務省令第34号

【趣　旨】

第1条　この省令は，消防法施行令（昭和36年政令第37号。以下「令」という。）第29条の4第1項の規定に基づき，特定小規模施設における必要とされる防火安全性能を有する消防の用に供する設備等（同項に規定するものをいう。第3条第1項において同じ。）に関し必要な事項を定めるものとする。

【用語の定義】

第2条　この省令において，次の各号に掲げる用語の意義は，当該各号に定めるところによる。

一　特定小規模施設　次に掲げる防火対象物であって，消防法施行規則（昭和36年自治省令第6号。以下「規則」という。）第23条第4項第七号ヘに規定する特定一階段等防火対象物以外のものをいう。

イ　次に掲げる防火対象物のうち，延べ面積が300m²未満のもの

(1)　令別表第1(2)項2に掲げる防火対象物

(2)　令別表第1(5)項イ，(6)項イ(1)から(3)まで及び(6)項ロに掲げる防火対象物

(3)　令別表第1(6)項ハに掲げる防火対象物（利用者を入居させ，又は宿泊させるものに限る。）

ロ　令別表第1(16)項イに掲げる防火対象物のうち，次の防火対象物の用途に供される部分が存するもの（延べ面積が300m²以上のものにあっては，規則第13条第1項第二号に規定する小規模特定用途複合防火対象物（令第21条第1項第八号に掲げる防火対象物を除く。）であって，次に掲げる防火対象物の用途に供される部分（同項第五号及び第十一号から第十五号までに掲げる防火対象物の部分を除く。）及び規則第23条第4項第一号ヘに掲げる部分以外の部分が存しないものに限る。）

(1)　令別表第1(2)項ニに掲げる防火対象物

(2)　令別表第1(5)項イ，(6)項イ(1)から(3)まで及び(6)項ロに掲げる防火対象物

(3)　令別表第1(6)項ハに掲げる防火対象物（利用者を入居させ，又は宿泊させるものに限る。）

ハ　ロに掲げる防火対象物以外の令別表第1(16)項イに掲げる防火対象物（同表(5)項イ及びロに掲げる用途以外の用途に供される部分が存せず，かつ，(5)項イに掲げる用途に供される部分の床面積が300m²未満のものに限る。）のうち，延べ面積が300m²以上500m²未満のもの

二　特定小規模施設用自動火災報知設備　特定小規模施設における火災が発生した場合において，当該火災の発生を感知し，及び報知するための設備をいう。

【自動火災報知設備に代えて用いることができる特定小規模施設用自動火災報知設備】

第3条　特定小規模施設において，令第21条第1項及び第2項の規定により設置し，及び維持しなければならない自動火災報知設備に代えて用いることができる必要とされる防火安全性能を有する消防の用に供する設備等は，特定小規模施設用自動火災報知設備とする。

2　前項に定める特定小規模施設用自動火災報知設備の設置及び維持に関する技術上の基準

は，次のとおりとする。

一　特定小規模施設用自動火災報知設備の警戒区域（火災の発生した区域を他の区域と区別して識別することができる最小単位の区域をいう。）は，令第21条第2項第一号及び第二号の規定の例によること。

二　特定小規模施設用自動火災報知設備の感知器を，次のイからハまでに掲げる場所の天井又は壁（イに掲げる場所（床面積が30m²以下のものに限る。）の壁に限る。以下この号において同じ。）の屋内に面する部分（天井のない場合にあっては，屋根又は壁の屋内に面する部分）に，有効に火災の発生を感知することができるように設けること。

イ　建築基準法（昭和25年法律第201号）第2条第四号に規定する居室及び床面積が2m²以上の収納室

ロ　倉庫，機械室その他これらに類する室

ハ　階段及び傾斜路，廊下及び通路並びにエレベーターの昇降路，リネンシュート及びパイプダクトその他これらに類するもの（第2条第一号イ(1)，ロ(1)及びハに掲げる防火対象物の内部に設置されている場合に限る。）

三　特定小規模施設用自動火災報知設備には，非常電源を附置すること。

3　前項に定めるもののほか，特定小規模施設用自動火災報知設備は，消防庁長官が定める設置及び維持に関する技術上の基準に適合するものでなければならない。

　　　附　則　（略）

排煙設備に代えて用いることができる必要とされる
防火安全性能を有する消防の用に供する設備等に関する省令

平成21年9月15日　総務省令第88号

【趣　旨】

第1条　この省令は，消防法施行令（昭和36年政令第37号。以下「令」という。）第29条の4第1項の規定に基づき，排煙設備に代えて用いることができる必要とされる防火安全性能を有する消防の用に供する設備等（同項に規定するものをいう。次条において同じ。）に関し必要な事項を定めるものとする。

【排煙設備に代えて用いることができる加圧防排煙設備】

第2条　次の各号に適合する防火対象物又はその部分において，令第28条の規定により設置し，及び維持しなければならない排煙設備に代えて用いることができる必要とされる防火安全性能を有する消防の用に供する設備等は，加圧防排煙設備（消防隊による活動を支援するために，火災が発生した場合に生ずる煙を有効に排除し，かつ，給気により加圧することによって，当該活動の拠点となる室への煙の侵入を防ぐことのできる設備であって，排煙口，給気口，給気機等により構成されるものをいう。以下同じ。）とする。

一　令別表第1(4)項又は(13)項イに掲げる防火対象物（同表(13)項イに掲げる防火対象物にあっては，昇降機等の機械装置により車両を駐車させる構造のものを除く。）の地階又は無窓階で，床面積が1,000m²以上のものであること。

二　主要構造部（建築基準法（昭和25年法律第201号。以下「法」という。）第2条第五号に規定する主要構造部をいう。）が，耐火構造（同条第七号に規定する耐火構造をいう。）であること。

三　吹抜けとなっている部分，階段の部分，昇降機の昇降路の部分，ダクトスペースの部分その他これらに類する部分については，当該部分とその他の部分（直接外気に開放されている廊下，バルコニーその他これらに類する部分を除く。）とが準耐火構造（法第2条第七号の二に規定する準耐火構造をいう。）の床若しくは壁又は防火設備（同条第九号の二ロに規定する防火設備をいう。）で区画されていること。

四　スプリンクラー設備，水噴霧消火設備，泡消火設備（移動式のものを除く。），不活性ガス消火設備（移動式のものを除く。），ハロゲン化物消火設備（移動式のものを除く。）又は粉末消火設備（移動式のものを除く。）が令第12条，令第13条，令第14条，令第15条（第二号及び第三号を除く。），令第16条（第三号を除く。），令第17条（第二号を除く。）若しくは令第18条（第二号を除く。）に定める技術上の基準に従い，又は当該技術上の基準の例により設置されていること。

2　前項に定める加圧防排煙設備の設置及び維持に関する技術上の基準は，次のとおりとする。

一　加圧防排煙設備には，手動起動装置を設けること。

二　加圧防排煙設備の排煙口，排煙用の風道その他煙に接する部分は，煙の熱及び成分によりその機能に支障を生ずるおそれのない材料で造ること。

三　加圧防排煙設備には，非常電源を附置すること。

3　前項に定めるもののほか，加圧防排煙設備は，消防庁長官が定める設置及び維持に関する技術上の基準に適合するものでなければならない。

附　則　（略）

複合型居住施設における必要とされる防火安全性能を有する消防の用に供する設備等に関する省令

平成22年2月5日　総務省令第7号
最終改正　平成30年3月30日　総務省令第19号

【趣　旨】

第1条　この省令は，消防法施行令（昭和36年政令第37号。以下「令」という。）第29条の4第1項の規定に基づき，複合型居住施設における必要とされる防火安全性能を有する消防の用に供する設備等（同項に規定するものをいう。第3条第1項において同じ。）に関し必要な事項を定めるものとする。

【用語の意義】

第2条　この省令において，次の各号に掲げる用語の意義は，当該各号に定めるところによる。

一　複合型居住施設　　令別表第1⒃項イに掲げる防火対象物のうち，延べ面積が500m²未満で，かつ，同表⑸項ロ並びに⑹項ロ及びハに掲げる防火対象物（同表⑹項ロ及びハに掲げる防火対象物にあっては，有料老人ホーム，福祉ホーム，老人福祉法（昭和38年法律第133号）第5条の2第6項に規定する認知症対応型老人共同生活援助事業を行う施設又は障害者の日常生活及び社会生活を総合的に支援するための法律（平成17年法律第123号）第5条第17項に規定する共同生活援助を行う施設に限る。以下次条第2項において同じ。）の用途以外の用途に供される部分が存しないもの（令第21条第1項第八号に掲げる防火対象物及び消防法施行規則（昭和36年自治省令第6号。以下「規則」という。）第23条第4項第七号ヘに規定する特定一階段等防火対象物を除く。）をいう。

二　複合型居住施設用自動火災報知設備　　複合型居住施設における火災が発生した場合において，当該火災の発生を感知し，及び報知するための設備をいう。

【自動火災報知設備に代えて用いることができる複合型居住施設用自動火災報知設備】

第3条　複合型居住施設において，令第21条第1項及び第2項の規定により設置し，及び維持しなければならない自動火災報知設備に代えて用いることができる必要とされる防火安全性能を有する消防の用に供する設備等は，複合型居住施設用自動火災報知設備とする。

2　前項に定める複合型居住施設用自動火災報知設備の設置及び維持に関する技術上の基準は，令第21条第2項及び規則第23条から第24条の2までの規定の例による。ただし，令別表第1⑹項ロ及びハに掲げる防火対象物の用途に供される部分（以下「福祉施設等」という。）の床面積の合計が300m²未満の複合型居住施設にあっては，特定小規模施設における必要とされる防火安全性能を有する消防の用に供する設備等に関する省令（平成20年総務省令第156号）第2条第二号に規定する特定小規模施設用自動火災報知設備を同令第3条第2項及び第3項の例により設置することができる。

3　前項の規定にかかわらず，次の各号のいずれにも適合するときに限り，福祉施設等及び令第21条第1項第十一号から第十四号までに掲げる防火対象物の部分以外の部分について，感知器を設置しないことができる。ただし，受信機を設けない場合は，この限りでない。

一　福祉施設等の居室（建築基準法（昭和25年法律第201号）第2条第四号に規定する居室をいう。）を，準耐火構造（同条第七号の二に規定する準耐火構造をいう。）の壁及び床（3階以上の階に存する場合にあっては，耐火構造（同条第七号に規定する耐火構造

をいう。）の壁及び床）で区画したものであること。

二　福祉施設等の壁及び天井（天井のない場合にあっては，屋根）の室内に面する部分（回り縁，窓台その他これらに類する部分を除く。）の仕上げを地上に通ずる主たる廊下その他の通路にあっては準不燃材料（建築基準法施行令（昭和25年政令第338号）第1条第五号に規定する準不燃材料をいう。）で，その他の部分にあっては難燃材料（同条第六号に規定する難燃材料をいう。）でしたものであること。

三　区画する壁及び床の開口部の面積の合計が8 m²以下であり，かつ，一の開口部の面積が4 m²以下であること。

四　前号の開口部には，防火設備（建築基準法第2条第九号の二ロに規定する防火設備をいう。）である防火戸（3階以上の階に存する場合にあっては，建築基準法施行令第112条第1項に規定する特定防火設備である防火戸）（廊下と階段とを区画する部分以外の部分の開口部にあっては，防火シャッターを除く。）で，随時開くことができる自動閉鎖装置付きのもの若しくは次に定める構造のもの又は鉄製網入りガラス入り戸（2以上の異なった経路により避難することができる部分の出入口以外の開口部で，直接外気に開放されている廊下，階段その他の通路に面し，かつ，その面積の合計が4 m²以内のものに設けるものに限る。）を設けたものであること。

イ　随時閉鎖することができ，かつ，煙感知器の作動と連動して閉鎖すること。

ロ　居室から地上に通ずる主たる廊下，階段その他の通路に設けるものにあっては，直接手で開くことができ，かつ，自動的に閉鎖する部分を有し，その部分の幅，高さ及び下端の床面からの高さが，それぞれ，75cm以上，1.8m以上及び15cm以下であること。

五　福祉施設等の主たる出入口が，直接外気に開放され，かつ，福祉施設等における火災時に生ずる煙を有効に排出することができる廊下，階段その他の通路に面していること。

　　附　則　（略）

特定駐車場における必要とされる防火安全性能を有する消防の用に供する設備等に関する省令

平成26年3月27日　総務省令第23号

【趣　旨】

第1条　この省令は，消防法施行令（昭和36年政令第37号。以下「令」という。）第29条の4第1項の規定に基づき，特定駐車場における必要とされる防火安全性能を有する消防の用に供する設備等（同項に規定するものをいう。以下同じ。）に関し，必要な事項を定めるものとする。

【用語の意義】

第2条　この省令において，次の各号に掲げる用語の意義は，当該各号に定めるところによる。

一　特定駐車場　　令別表第1に掲げる防火対象物の駐車の用に供される部分で，次に掲げるものをいう。

イ　当該部分の存する階（屋上部分を含み，駐車するすべての車両が同時に屋外に出ることができる構造の階を除く。）における当該部分の床面積が，地階又は2階以上の階にあっては200m²以上，1階にあっては500m²以上，屋上部分にあっては300m²以上のもののうち，床面から天井までの高さが10m以下の部分

ロ　昇降機等の機械装置により車両を駐車させる構造のもので，車両の収容台数が10以上のもののうち，床面から天井までの高さが10m以下のもの

二　特定駐車場用泡消火設備　　特定駐車場における火災の発生を感知し，自動的に泡水溶液（泡消火薬剤と水との混合液をいう。以下同じ。）を圧力により放射して当該火災の拡大を初期に抑制するための設備をいう。

三　単純型平面式泡消火設備　　第一号イに規定する特定駐車場（昇降機等の機械装置により車両を駐車させる構造の部分を除く。以下「平面式特定駐車場」という。）において閉鎖型泡水溶液ヘッド（特定駐車場に用いるスプリンクラーヘッドであって，火災の熱により作動し，圧力により泡水溶液を放射するものをいう。以下同じ。）を用いる特定駐車場用泡消火設備（次号から第七号までに掲げるものを除く。）をいう。

四　感知継手開放ヘッド併用型平面式泡消火設備　　平面式特定駐車場において閉鎖型泡水溶液ヘッド，開放型泡水溶液ヘッド（特定駐車場に用いるスプリンクラーヘッドであって，感熱体を有しないものをいう。以下同じ。）及び感知継手（火災の感知と同時に内蔵する弁体を開放し，開放型泡水溶液ヘッド又は泡ヘッド（消防法施行規則（昭和36年自治省令第6号。以下「規則」という。）第18条第1項第一号に規定する泡ヘッドをいう。以下同じ。）に泡水溶液を供給する継手をいう。以下同じ。）を用いる特定駐車場用泡消火設備をいう。

五　感知継手泡ヘッド併用型平面式泡消火設備　　平面式特定駐車場において閉鎖型泡水溶液ヘッド，泡ヘッド及び感知継手を用いる特定駐車場用泡消火設備をいう。

六　一斉開放弁開放ヘッド併用型平面式泡消火設備　　平面式特定駐車場において閉鎖型泡水溶液ヘッド，開放型泡水溶液ヘッド，火災感知用ヘッド（規則第18条第4項第十号イに規定する火災感知用ヘッドをいう。以下同じ。），閉鎖型スプリンクラーヘッド（規則第13条の2第1項に規定する閉鎖型スプリンクラーヘッドをいい，閉鎖型スプリンクラーヘッドの技術上の規格を定める省令（昭和40年自治省令第2号）第2条第一号に規

定する標準型ヘッド（同条第一号の二に規定する小区画型ヘッドを除く。）に限る。以下同じ。）及び一斉開放弁（令第37条第十一号に規定する一斉開放弁をいう。以下同じ。）を用いる特定駐車場用泡消火設備をいう。

七　一斉開放弁泡ヘッド併用型平面式泡消火設備　　平面式特定駐車場において閉鎖型泡水溶液ヘッド，泡ヘッド，火災感知用ヘッド，閉鎖型スプリンクラーヘッド及び一斉開放弁を用いる特定駐車場用泡消火設備をいう。

八　機械式泡消火設備　　第一号に規定する特定駐車場のうち，昇降機等の機械装置により車両を駐車させる構造の部分（以下「機械式特定駐車場」という。）において閉鎖型泡水溶液ヘッド，開放型泡水溶液ヘッド，泡ヘッド，火災感知用ヘッド，閉鎖型スプリンクラーヘッド，一斉開放弁及び感知継手を用いる特定駐車場用泡消火設備をいう。

九　流水検知装置　　流水検知装置の技術上の規格を定める省令（昭和58年自治省令第2号）の規定に適合する流水検知装置をいう。

十　有効感知範囲　　消防庁長官が定める試験方法において閉鎖型泡水溶液ヘッド，感知継手，火災感知用ヘッド及び閉鎖型スプリンクラーヘッドが火災の発生を有効に感知することができる範囲として確認された範囲をいう。

十一　有効放射範囲　　消防庁長官が定める試験方法において閉鎖型泡水溶液ヘッド，開放型泡水溶液ヘッド及び泡ヘッドから放射する泡水溶液によって有効に消火することができる範囲として確認された範囲をいう。

十二　有効警戒範囲　　前 2 号に規定する設備の有効感知範囲及び有効放射範囲が重複する範囲をいう。

【泡消火設備に代えて用いることができる特定駐車場用泡消火設備】

第 3 条　特定駐車場において，令第13条及び第15条の規定により設置し，及び維持しなければならない泡消火設備に代えて用いることができる必要とされる防火安全性能を有する消防の用に供する設備等は，特定駐車場用泡消火設備とする。

【単純型平面式泡消火設備の設置及び維持に関する技術上の基準】

第 4 条　単純型平面式泡消火設備の設置及び維持に関する技術上の基準は，次の各号に定めるところによる。

一　閉鎖型泡水溶液ヘッドは，規則第13条の2第4項第一号イからニまでの規定に準じて設けることとするほか，次に定めるところによること。

　　イ　閉鎖型泡水溶液ヘッドは，その取り付ける場所の正常時における最高周囲温度に応じて次の表で定める標示温度を有するものを設けること。

取り付ける場所の最高周囲温度	標示温度
39℃未満	79℃未満
39℃以上64℃未満	79℃以上121℃未満

　　ロ　閉鎖型泡水溶液ヘッドは，防護対象物（当該消火設備によって消火すべき対象物をいう。以下同じ。）のすべての表面が閉鎖型泡水溶液ヘッドの有効警戒範囲内に包含できるように設けること。

二　水源の水量は，次のイ及びロに定める量の泡水溶液を作るに必要な量以上を確保すること。

　　イ　消防庁長官が定める試験方法において火災の発生時に開放することが確認された閉鎖型泡水溶液ヘッドの最大個数（以下「最大開放個数」という。）又は次の式により求められる閉鎖型泡水溶液ヘッドの個数のうちいずれか大きい個数（当該個数が 8 以下の場合にあっては，8）の閉鎖型泡水溶液ヘッドを同時に開放した場合に，泡水溶

液を10分間放射することができる量

$$N = 10 \times (2.3)^2 \div r^2$$

r は，閉鎖型泡水溶液ヘッドの有効感知範囲の半径（2以上の種類の閉鎖型泡水溶液ヘッドを用いる場合にあっては最小の半径に限る。）（単位　m）

N は，閉鎖型泡水溶液ヘッドの個数（小数点以下は切り上げる。）（単位　個）

ロ　配管内を満たすに要する泡水溶液の量

三　流水検知装置は，次に定めるところによること。

イ　流水検知装置の一次側（流水検知装置への流入側で弁体までの部分をいう。以下同じ。）には，圧力計を設けること。

ロ　流水検知装置の二次側（流水検知装置からの流出側で弁体からの部分をいう。以下同じ。）に圧力の設定を必要とする特定駐車場用泡消火設備にあっては，当該流水検知装置の圧力設定値よりも二次側の圧力が低下した場合に自動的に警報を発する装置を設けること。

ハ　流水検知装置の二次側は泡水溶液を満たした状態とすること。

四　単純型平面式泡消火設備に併せて自動火災報知設備を設置する場合には，当該設備の感知器は，火災報知設備の感知器及び発信機に係る技術上の規格を定める省令（昭和56年自治省令第17号。）に適合するものを規則第23条第4項の規定に準じて設けること。

五　泡消火薬剤の貯蔵量は，第二号イに定める泡水溶液の量に，消火に有効な泡を生成するために適した泡消火薬剤の希釈容量濃度を乗じて得た量以上の量とすること。

六　泡消火薬剤の貯蔵場所及び加圧送水装置は，点検に便利で，火災等の災害による被害を受けるおそれが少なく，かつ，当該泡消火薬剤が変質するおそれが少ない箇所に設けること。ただし，保護のための有効な措置を講じたときは，この限りでない。

七　呼水装置，非常電源及び操作回路の配線は，規則第12条第1項第三号の二，第四号及び第五号の規定の例により設けること。

八　配管は，規則第12条第1項第六号の規定に準じて設けること。

九　加圧送水装置は，規則第18条第4項第九号の規定に準じて設けること。

十　起動装置は，自動火災報知設備の感知器の作動又は流水検知装置若しくは起動用水圧開閉装置の作動と連動して加圧送水装置を起動することができるものとすること。

十一　自動警報装置は，規則第18条第4項第十二号の規定に準じて設けること。

十二　泡消火薬剤混合装置は，規則第18条第4項第十四号の規定に準じて設けることとするほか，消火に有効な泡を生成するために適した泡水溶液を混合することができるものとすること。

十三　規則第12条第1項第八号の規定は，単純型平面式泡消火設備について準用すること。

十四　泡消火薬剤貯蔵槽，加圧送水装置，非常電源，配管等は規則第12条第1項第九号に規定する措置を講じること。

十五　単純型平面式泡消火設備の配管の末端には，流水検知装置の作動を試験するための弁を規則第14条第五号の二の規定に準じて設けること。

【感知継手開放ヘッド併用型平面式泡消火設備の設置及び維持に関する技術上の基準】

第5条　感知継手開放ヘッド併用型平面式泡消火設備の設置及び維持に関する技術上の基準は，前条（第一号ロ及び第二号を除く。）の規定の例によるほか，次の各号に定めるとおりとする。

一　閉鎖型泡水溶液ヘッド及び感知継手は，次に定めるところによること。

イ　感知継手は，その取り付ける場所の正常時における最高周囲温度に応じて次の表で定める標示温度を有するものを設けること。

取り付ける場所の最高周囲温度	標示温度
39℃未満	79℃未満
39℃以上64℃未満	79℃以上121℃未満

　　ロ　閉鎖型泡水溶液ヘッド及び感知継手は，防護対象物のすべての表面が閉鎖型泡水溶液ヘッドの有効感知範囲及び感知継手の有効感知範囲内に包含できるよう設けること。

　二　開放型泡水溶液ヘッドは，次に定めるところによること。

　　イ　開放型泡水溶液ヘッドは，感知継手の開放により放射すること。

　　ロ　1の感知継手に接続する開放型泡水溶液ヘッドの数は2以下とすること。

　三　閉鎖型泡水溶液ヘッド，開放型泡水溶液ヘッド及び感知継手は，防護対象物の全ての表面が閉鎖型泡水溶液ヘッドの有効警戒範囲並びに開放型泡水溶液ヘッド及び感知継手の有効警戒範囲内に包含できるように設けること。

　四　水源の水量は，次のイ及びロに定める量の泡水溶液を作るに必要な量以上を確保すること。

　　イ　前条第二号イに定める量又は次の(イ)若しくは(ロ)に定める個数のいずれか大きい個数（当該個数が8以下の場合にあっては，8）の閉鎖型泡水溶液ヘッド及び感知継手を同時に開放した場合に泡水溶液を10分間放射することができる量

　　　(イ)　最大開放個数に，最大開放個数における閉鎖型泡水溶液ヘッドの有効感知範囲の範囲内に設けられる感知継手に接続される開放型泡水溶液ヘッドの数を加え，当該範囲内に設けられた感知継手の個数を減じた個数

　　　(ロ)　前条第二号イに定める式により求められる個数に，当該個数における閉鎖型泡水溶液ヘッドの有効感知範囲の範囲内に設けられる感知継手に接続される開放型泡水溶液ヘッドの数を加え，当該範囲内に設けられた感知継手の個数を減じた個数

　　ロ　配管内を満たすに要する泡水溶液の量

　五　配管は，感知継手の二次側のうち金属製のものには，亜鉛メッキ等による防食処理を施すこと。

【感知継手泡ヘッド併用型平面式泡消火設備の設置及び維持に関する技術上の基準】

第6条　感知継手泡ヘッド併用型平面式泡消火設備の設置及び維持に関する技術上の基準は，第4条（第一号ロ及び第二号を除く。）並びに前条第一号，第四号及び第五号の規定の例によるほか，次の各号に定めるとおりとする。

　一　泡ヘッドは，令第15条第一号及び規則第18条第1項の規定の例により設置するほか次に定めるところによること。

　　イ　泡ヘッドは，感知継手の開放により放射すること。

　　ロ　1の感知継手に接続する泡ヘッドの数は2以下とすること。

　二　閉鎖型泡水溶液ヘッド，泡ヘッド及び感知継手は，防護対象物の全ての表面が閉鎖型泡水溶液ヘッドの有効警戒範囲並びに泡ヘッド及び感知継手の有効警戒範囲内に包含できるように設けること。

【一斉開放弁開放ヘッド併用型平面式泡消火設備の設置及び維持に関する技術上の基準】

第7条　一斉開放弁開放ヘッド併用型平面式泡消火設備の設置及び維持に関する技術上の基準は，第4条（第一号ロ及び第二号を除く。）の規定の例によるほか，次の各号に定めるとおりとする。

　一　火災感知用ヘッド及び閉鎖型スプリンクラーヘッド（以下「火災感知ヘッド等」という。）は，次に定めるところによること。

イ　火災感知ヘッド等は，その取り付ける場所の正常時における最高周囲温度に応じて次の表で定める標示温度を有するものを設けること。

取り付ける場所の最高周囲温度	標示温度
39℃未満	79℃未満
39℃以上64℃未満	79℃以上121℃未満

ロ　閉鎖型泡水溶液ヘッド及び火災感知ヘッド等は，防護対象物の全ての表面が閉鎖型泡水溶液ヘッドの有効感知範囲及び火災感知ヘッド等の有効感知範囲内に包含できるよう設けること。

二　開放型泡水溶液ヘッドは，次に定めるところによること。

イ　開放型泡水溶液ヘッドは，火災感知ヘッド等と連動した一斉開放弁の開放により放射すること。

ロ　1の一斉開放弁に接続する開放型泡水溶液ヘッドの数は4以下とすること。

三　閉鎖型泡水溶液ヘッド，開放型泡水溶液ヘッド及び火災感知ヘッド等は，防護対象物のすべての表面が閉鎖型泡水溶液ヘッドの有効警戒範囲並びに開放型泡水溶液ヘッド及び火災感知ヘッド等の有効警戒範囲内に包含できるように設けること。

四　水源の水量は，次のイ及びロに定める量の泡水溶液を作るに必要な量以上を確保すること。

イ　第4条第二号イに定める量又は次の(イ)若しくは(ロ)に定める個数のいずれか大きい個数（当該個数が8以下の場合にあっては，8）の閉鎖型泡水溶液ヘッド及び開放型泡水溶液ヘッドを同時に開放した場合に泡水溶液を10分間放射することができる量

(イ)　最大開放個数に，最大開放個数における閉鎖型泡水溶液ヘッドの有効感知範囲の範囲内に設けられる最大個数の火災感知ヘッド等と連動して開放する一斉開放弁に接続される開放型泡水溶液ヘッドの数を加え，当該範囲内に設けられた開放型泡水溶液ヘッドが接続された一斉開放弁の個数を減じた個数

(ロ)　第4条第二号イに定める式により求められる個数に，当該個数における閉鎖型泡水溶液ヘッドの有効感知範囲の範囲内に設けられる最大個数の火災感知ヘッド等と連動して開放する一斉開放弁に接続される開放型泡水溶液ヘッドの数を加え，当該範囲内に設けられた2以上の開放型泡水溶液ヘッド等が接続された一斉開放弁の個数を減じた個数

ロ　配管内を満たすに要する泡水溶液の量

五　配管は，一斉開放弁の二次側のうち金属製のものには，亜鉛メッキ等による防食処理を施すこと。

【一斉開放弁泡ヘッド併用型平面式泡消火設備の設置及び維持に関する技術上の基準】

第8条　一斉開放弁泡ヘッド併用型平面式泡消火設備の設置及び維持に関する技術上の基準は，第4条（第一号ロ及び第二号を除く。）並びに前条第一号，第四号及び第五号の規定の例によるほか，次の各号に定めるとおりとする。

一　泡ヘッドは，令第15条第一号及び規則第18条第1項の規定の例により設置するほか次に定めるところによること。

イ　泡ヘッドは，火災感知ヘッド等と連動した一斉開放弁の開放により放射すること。

ロ　一の一斉開放弁に接続する泡ヘッドの数は4以下とすること。

二　閉鎖型泡水溶液ヘッド，泡ヘッド及び火災感知ヘッド等は，防護対象物のすべての表面が閉鎖型泡水溶液ヘッドの有効警戒範囲並びに泡ヘッド及び火災感知ヘッド等の有効警戒範囲内に包含できるように設けること。

【機械式泡消火設備の設置及び維持に関する技術上の基準】

第9条　機械式泡消火設備の設置及び維持に関する技術上の基準は，第4条から第8条までの規定の例によるほか，車両を駐車させる昇降機等の機械装置の作動又は車両の駐車により破損するおそれのない場所に設けること。ただし，当該機械装置の部分に設ける場合にあっては，第4条第一号（イ及びロ以外の部分に限る。）に定めるところにより設置することを要しない。

【委任規定】

第10条　第4条から第9条までに定めるもののほか，特定駐車場用泡消火設備は，消防庁長官が定める設置及び維持に関する技術上の基準に適合するものでなければならない。

　　　　附　則　（略）

都市計画法［抄］

昭和 43 年 6 月 15 日［法律第 100 号］
最終改正—令和 4 年 6 月 17 日［法律第 68 号］

同法施行令［抄］

昭和 44 年 6 月 13 日［政令第 158 号］
最終改正—令和 5 年 10 月 18 日［政令第 304 号］

同法施行規則［抄］

昭和 44 年 8 月 25 日［建設省令第 49 号］
最終改正—令和 5 年 3 月 31 日［国土交通省令第 30 号］

目　次

都市計画法
第1章　総則（第1条～第6条）……………………………………………841
　　第1条（目的）………………………………………………………………841
　　第2条（都市計画の基本理念）…………………………………………841
　　第3条（国，地方公共団体及び住民の責務）………………………841
　　第4条（定義）………………………………………………………………841
　　第5条（都市計画区域）…………………………………………………842
　　第5条の2（準都市計画区域）…………………………………………843
　　第6条（都市計画に関する基礎調査）………………………………843
第2章　都市計画………………………………………………………………843
　第1節　都市計画の内容（第6条の2～第14条）…………………843
　　第6条の2（都市計画区域の整備，開発及び保全の方針）………843
　　第7条（区域区分）………………………………………………………844
　　第7条の2（都市再開発方針等）………………………………………844
　　第8条（地域地区）………………………………………………………845
　　第9条………………………………………………………………………847
　　第10条………………………………………………………………………848
　　第10条の2（促進区域）…………………………………………………848
　　第10条の3（遊休土地転換利用促進地区）…………………………849
　　第10条の4（被災市街地復興推進地域）……………………………849
　　第11条（都市施設）………………………………………………………850
　　第12条（市街地開発事業）……………………………………………851
　　第12条の2（市街地開発事業等予定区域）…………………………852
　　第12条の3（市街地開発事業等予定区域に係る市街地開発事業又は
　　　　　　　都市施設に関する都市計画に定める事項）……………853
　　第12条の4（地区計画等）………………………………………………853
　　第12条の5（地区計画）…………………………………………………853
　　第12条の6（建築物の容積率の最高限度を区域の特性に応じたものと公共施設の
　　　　　　　整備状況に応じたものとに区分して定める地区整備計画）……856
　　第12条の7（区域を区分して建築物の容積を適正に配分する地区整備計画）……856
　　第12条の8（高度利用と都市機能の更新とを図る地区整備計画）……856
　　第12条の9（住居と住居以外の用途とを適正に配分する地区整備計画）……857
　　第12条の10（区域の特性に応じた高さ，配列及び形態を備えた建築物の
　　　　　　　整備を誘導する地区整備計画）…………………………857
　　第12条の11（道路の上空又は路面下において建築物等の建築又は建設を
　　　　　　　行うための地区整備計画）………………………………857
　　第12条の12（適正な配置の特定大規模建築物を整備するための地区整備計画）……857
　　第12条の13（防災街区整備地区計画等について都市計画に定めるべき事項）………858
　　第13条（都市計画基準）…………………………………………………858
　　第14条（都市計画の図書）……………………………………………862
　第2節　都市計画の決定及び変更（第15条～第28条）…………863
　　第15条（都市計画を定める者）………………………………………863
　　第16条（公聴会の開催等）……………………………………………864

第17条（都市計画の案の縦覧等）‥‥‥‥‥‥‥‥‥‥‥‥‥‥‥‥‥‥‥‥864
第18条（都道府県の都市計画の決定）‥‥‥‥‥‥‥‥‥‥‥‥‥‥‥‥‥864
第18条の2（市町村の都市計画に関する基本的な方針）‥‥‥‥‥‥‥‥‥865
第19条（市町村の都市計画の決定）‥‥‥‥‥‥‥‥‥‥‥‥‥‥‥‥‥865
第20条（都市計画の告示等）‥‥‥‥‥‥‥‥‥‥‥‥‥‥‥‥‥‥‥‥865
第21条（都市計画の変更）‥‥‥‥‥‥‥‥‥‥‥‥‥‥‥‥‥‥‥‥‥866
第21条の2（都市計画の決定等の提案）‥‥‥‥‥‥‥‥‥‥‥‥‥‥‥866
第21条の3（計画提案に対する都道府県又は市町村の判断等）‥‥‥‥‥867
第21条の4（計画提案を踏まえた都市計画の案の都道府県都市計画審議会等
　　　　　への付議）‥‥‥‥‥‥‥‥‥‥‥‥‥‥‥‥‥‥‥‥‥‥‥867
第21条の5（計画提案を踏まえた都市計画の決定等をしない場合に
　　　　　とるべき措置）‥‥‥‥‥‥‥‥‥‥‥‥‥‥‥‥‥‥‥‥867
第23条の2（準都市計画区域について都市計画区域が指定された場合に
　　　　　おける都市計画の取扱い）‥‥‥‥‥‥‥‥‥‥‥‥‥‥‥867
第25条（調査のための立入り等）‥‥‥‥‥‥‥‥‥‥‥‥‥‥‥‥‥‥867
第26条（障害物の伐除及び土地の試掘等）‥‥‥‥‥‥‥‥‥‥‥‥‥‥868
第27条（証明書等の携帯）‥‥‥‥‥‥‥‥‥‥‥‥‥‥‥‥‥‥‥‥‥868
第28条（土地の立入り等に伴う損失の補償）‥‥‥‥‥‥‥‥‥‥‥‥‥868
第3章　都市計画制限等 ‥‥‥‥‥‥‥‥‥‥‥‥‥‥‥‥‥‥‥‥‥‥‥868
第1節　開発行為等の規制（第29条～第51条）‥‥‥‥‥‥‥‥‥‥‥868
第29条（開発行為の許可）‥‥‥‥‥‥‥‥‥‥‥‥‥‥‥‥‥‥‥‥‥868
第30条（許可申請の手続）‥‥‥‥‥‥‥‥‥‥‥‥‥‥‥‥‥‥‥‥‥870
第31条（設計者の資格）‥‥‥‥‥‥‥‥‥‥‥‥‥‥‥‥‥‥‥‥‥‥870
第32条（公共施設の管理者の同意等）‥‥‥‥‥‥‥‥‥‥‥‥‥‥‥‥870
第33条（開発許可の基準）‥‥‥‥‥‥‥‥‥‥‥‥‥‥‥‥‥‥‥‥‥870
第34条　‥‥‥‥‥‥‥‥‥‥‥‥‥‥‥‥‥‥‥‥‥‥‥‥‥‥‥‥‥875
第34条の2（開発許可の特例）‥‥‥‥‥‥‥‥‥‥‥‥‥‥‥‥‥‥‥877
第35条（許可又は不許可の通知）‥‥‥‥‥‥‥‥‥‥‥‥‥‥‥‥‥‥877
第35条の2（変更の許可等）‥‥‥‥‥‥‥‥‥‥‥‥‥‥‥‥‥‥‥‥878
第36条（工事完了の検査）‥‥‥‥‥‥‥‥‥‥‥‥‥‥‥‥‥‥‥‥‥878
第37条（建築制限等）‥‥‥‥‥‥‥‥‥‥‥‥‥‥‥‥‥‥‥‥‥‥‥879
第38条（開発行為の廃止）‥‥‥‥‥‥‥‥‥‥‥‥‥‥‥‥‥‥‥‥‥879
第39条（開発行為等により設置された公共施設の管理）‥‥‥‥‥‥‥‥879
第40条（公共施設の用に供する土地の帰属）‥‥‥‥‥‥‥‥‥‥‥‥‥879
第41条（建築物の建蔽率等の指定）‥‥‥‥‥‥‥‥‥‥‥‥‥‥‥‥‥880
第42条（開発許可を受けた土地における建築等の制限）‥‥‥‥‥‥‥‥880
第43条（開発許可を受けた土地以外の土地における建築等の制限）‥‥‥880
第44条（許可に基づく地位の承継）‥‥‥‥‥‥‥‥‥‥‥‥‥‥‥‥‥881
第45条　‥‥‥‥‥‥‥‥‥‥‥‥‥‥‥‥‥‥‥‥‥‥‥‥‥‥‥‥‥881
第46条（開発登録簿）‥‥‥‥‥‥‥‥‥‥‥‥‥‥‥‥‥‥‥‥‥‥‥881
第47条　‥‥‥‥‥‥‥‥‥‥‥‥‥‥‥‥‥‥‥‥‥‥‥‥‥‥‥‥‥881
第48条（国及び地方公共団体の援助）‥‥‥‥‥‥‥‥‥‥‥‥‥‥‥‥882
第49条　削除
第50条（不服申立て）‥‥‥‥‥‥‥‥‥‥‥‥‥‥‥‥‥‥‥‥‥‥‥882
第51条　‥‥‥‥‥‥‥‥‥‥‥‥‥‥‥‥‥‥‥‥‥‥‥‥‥‥‥‥‥882
第1節の2　田園住居地域内における建築等の規制（第52条）‥‥‥‥‥883
第52条　‥‥‥‥‥‥‥‥‥‥‥‥‥‥‥‥‥‥‥‥‥‥‥‥‥‥‥‥‥883

第1節の3　市街地開発事業等予定区域の区域内における建築等の規制
　　　　　　（第52条の2～第52条の5）‥‥‥‥‥‥‥‥‥883
　　第52条の2　（建築等の制限）‥‥‥‥‥‥‥‥‥‥‥‥‥883
　　第52条の3　（土地建物等の先買い等）‥‥‥‥‥‥‥‥‥884
　　第52条の4　（土地の買取請求）‥‥‥‥‥‥‥‥‥‥‥‥884
　　第52条の5　（損失の補償）‥‥‥‥‥‥‥‥‥‥‥‥‥‥884
第2節　都市計画施設等の区域内における建築等の規制
　　　　　　（第53条～第57条の6）‥‥‥‥‥‥‥‥‥‥‥885
　　第53条　（建築の許可）‥‥‥‥‥‥‥‥‥‥‥‥‥‥‥885
　　第54条　（許可の基準）‥‥‥‥‥‥‥‥‥‥‥‥‥‥‥885
　　第55条　（許可の基準の特例等）‥‥‥‥‥‥‥‥‥‥‥886
　　第56条　（土地の買取り）‥‥‥‥‥‥‥‥‥‥‥‥‥‥886
　　第57条　（土地の先買い等）‥‥‥‥‥‥‥‥‥‥‥‥‥886
　　第57条の3　（建築等の制限）‥‥‥‥‥‥‥‥‥‥‥‥887
第3節　風致地区内における建築等の規制（第58条）‥‥‥‥‥887
　　第58条　（建築等の規制）‥‥‥‥‥‥‥‥‥‥‥‥‥‥887
第4節　地区計画等の区域内における建築等の規制
　　　　　　（第58条の2～第58条の4）‥‥‥‥‥‥‥‥‥887
　　第58条の2　（建築等の届出等）‥‥‥‥‥‥‥‥‥‥‥887
　　第58条の3　（建築等の許可）‥‥‥‥‥‥‥‥‥‥‥‥888
　　第58条の4　（他の法律による建築等の規制）‥‥‥‥‥888
第5節　遊休土地転換利用促進地区内における土地利用に関する措置等
　　　　　　（第58条の5～第58条の12）（略）
第4章　都市計画事業　‥‥‥‥‥‥‥‥‥‥‥‥‥‥‥‥‥889
第1節　都市計画事業の認可等（第59条～第64条）‥‥‥‥‥889
　　第59条　（施行者）‥‥‥‥‥‥‥‥‥‥‥‥‥‥‥‥‥889
　　第60条　（認可又は承認の申請）‥‥‥‥‥‥‥‥‥‥‥889
　　第62条　（都市計画事業の認可等の告示）‥‥‥‥‥‥‥890
　　第63条　（事業計画の変更）‥‥‥‥‥‥‥‥‥‥‥‥‥890
第2節　都市計画事業の施行（第65条～第75条）‥‥‥‥‥‥890
　　第65条　（建築等の制限）‥‥‥‥‥‥‥‥‥‥‥‥‥‥890
　　第67条　（土地建物等の先買い）‥‥‥‥‥‥‥‥‥‥‥890
　　第68条　（土地の買取請求）‥‥‥‥‥‥‥‥‥‥‥‥‥891
第5章　都市施設等整備協定（第75条の2～第75条の4）（略）
第6章　都市計画協力団体（第75条の5～第75条の10）（略）
第7章　社会資本整備審議会の調査審議等及び都道府県都市計画審議会等
　　　　　　（第76条～第78条）（略）
第8章　雑則（第79条～第88条の2）‥‥‥‥‥‥‥‥‥‥‥891
　　第87条　（指定都市の特例）‥‥‥‥‥‥‥‥‥‥‥‥‥891
　　第87条の2　‥‥‥‥‥‥‥‥‥‥‥‥‥‥‥‥‥‥‥‥891
　　第87条の3　（都の特例）‥‥‥‥‥‥‥‥‥‥‥‥‥‥892
第9章　罰則（第89条～第98条）（略）

都市計画法施行令
第1章　総則（第1条～第2条）‥‥‥‥‥‥‥‥‥‥‥‥‥893
　　第1条　（特定工作物）‥‥‥‥‥‥‥‥‥‥‥‥‥‥‥893
　　第1条の2　（公共施設）‥‥‥‥‥‥‥‥‥‥‥‥‥‥894

第2章　都市計画 ･･888
　第1節　都市計画の内容（第3条～第8条）･･････････････････････････････････894
　　第3条（大都市に係る都市計画区域）････････････････････････････････････894
　　第4条（地域地区について都市計画に定める事項）･･････････････････････････894
　　第4条の2（促進区域について都市計画に定める事項）･･････････････････････894
　　第4条の3（法第10条の3第1項第一号の政令で定める要件）･･･････････････894
　　第4条の4（遊休土地転換利用促進地区について都市計画に定める事項）････････894
　　第4条の5（被災市街地復興推進地域について都市計画に定める事項）････････894
　　第5条（法第11条第1項第十五号の政令で定める施設）････････････････････894
　　第6条（都市施設について都市計画に定める事項）････････････････････････894
　　第6条の2（立体的な範囲を都市計画に定めることができる都市施設）････････895
　　第7条（市街地開発事業について都市計画に定める事項）････････････････････895
　　第7条の2（市街地開発事業等予定区域について都市計画に定める事項）･･･････895
　　第7条の3（地区計画等について都市計画に定める事項）････････････････････895
　　第7条の4（地区施設）･･895
　　第7条の5（再開発等促進区又は開発整備促進区を定める地区計画において
　　　　　　　定める施設）･･895
　　第7条の6（地区整備計画において定める建築物等に関する事項）･･･････････896
　　第7条の7（地区計画の策定に関する基準）････････････････････････････････896
　　第8条（都市計画基準）･･896
　第2節　都市計画の決定等（第9条～第18条）･･･････････････････････････････897
　　第9条（都道府県が定める都市計画）････････････････････････････････････897
　　第10条（法第15条第1項第六号の政令で定める大規模な土地区画整理事業等）･･898
　　第10条の2（法第15条第1項第七号の政令で定める市街地開発事業等予定区域）･･898
　　第10条の3（法第16条第2項の政令で定める事項）････････････････････････898
　　第10条の4（地区計画等の案を作成するに当たって意見を求める者）････････898
　　第11条（特定街区に関する都市計画の案につき同意を要する者）････････････898
　　第13条（地区計画等に定める事項のうち都道府県知事への協議を要するもの）･･898
　　第15条（法第21条の2第1項の政令で定める規模）････････････････････････901
第3章　都市計画制限等 ･･901
　第1節　開発行為等の規制（第19条～第36条の2）･･････････････････････････901
　　第19条（許可を要しない開発行為の規模）････････････････････････････････901
　　第20条（法第29条第1項第二号及び第2項第一号の政令で定める建築物）･････902
　　第21条（適正かつ合理的な土地利用及び環境の保全を図る上で支障がない
　　　　　　公益上必要な建築物）･･902
　　第22条（開発行為の許可を要しない通常の管理行為，軽易な行為その他の行為）･･905
　　第22条の2（法第29条第2項の政令で定める規模）････････････････････････905
　　第22条の3（開発区域が2以上の区域にわたる場合の開発行為の
　　　　　　　　許可の規模要件の適用）････････････････････････････････････905
　　第23条（開発行為を行うについて協議すべき者）･･････････････････････････906
　　第23条の2（開発行為を行うのに適当でない区域）････････････････････････906
　　第23条の3（樹木の保存等の措置が講ぜられるように設計が
　　　　　　　　定められなければならない開発行為の規模）････････････････907
　　第23条の4（環境の悪化の防止上必要な緩衝帯が配置されるように設計が
　　　　　　　　定められなければならない開発行為の規模）････････････････907
　　第24条（輸送の便等からみて支障がないと認められなければならない
　　　　　　開発行為の規模）･･907
　　第24条の2（申請者に自己の開発行為を行うために必要な資力及び

　　　　　　信用がなければならない開発行為の規模）……………………………907
　第24条の3（工事施工者に自己の開発行為に関する工事を完成させるために
　　　　　　必要な能力がなければならない開発行為の規模）……………………907
　第25条（開発許可の基準を適用するについて必要な技術的細目）……………907
　第26条　……………………………………………………………………………908
　第27条　……………………………………………………………………………909
　第28条　……………………………………………………………………………909
　第28条の2　………………………………………………………………………909
　第28条の3　………………………………………………………………………910
　第29条　……………………………………………………………………………910
　第29条の2（条例で技術的細目において定められた制限を強化し，
　　　　　　又は緩和する場合の基準）……………………………………………910
　第29条の3（条例で建築物の敷地面積の最低限度に関する基準を定める
　　　　　　場合の基準）……………………………………………………………912
　第29条の4（景観計画に定められた開発行為についての制限の内容を条例で
　　　　　　開発許可の基準として定める場合の基準）…………………………912
　第29条の5（主として周辺の地域において居住している者の利用に供する
　　　　　　公益上必要な建築物）…………………………………………………913
　第29条の6（危険物等の範囲）……………………………………………………913
　第29条の7（市街化調整区域のうち開発行為を行うのに適当でない区域）……913
　第29条の8（市街化区域内において建築し，又は建設することが困難又は
　　　　　　不適当な建築物等）……………………………………………………913
　第29条の9（法第34条第十一号の土地の区域を条例で指定する場合の基準）…913
　第29条の10（開発許可をすることができる開発行為を条例で定める場合の基準）……914
　第30条（区域区分に関する都市計画の決定等の際土地等を有していた者が
　　　　　開発行為を行うことができる期間）……………………………………914
　第31条（開発行為の変更について協議すべき事項等）…………………………914
　第32条（法第40条第3項の政令で定める主要な公共施設等）…………………914
　第33条　……………………………………………………………………………914
　第34条（その開発行為が行われた土地の区域内における建築物の新築等が
　　　　　建築等の許可を要しないこととなる開発行為）………………………914
　第35条（開発許可を受けた土地以外の土地における建築等の許可を要しない
　　　　　通常の管理行為，軽易な行為その他の行為）…………………………915
　第36条（開発許可を受けた土地以外の土地における建築等の許可の基準）…………915
　第36条の2（映像等の送受信による通話の方法による口頭審理）……………916

第1節の2　田園住居地域内における建築等の規制（第36条の3～第36条の7）…916
　第36条の3（堆積の許可を要する物件）…………………………………………916
　第36条の4（建築等の許可を要しない通常の管理行為，軽易な行為その他の行為）…916
　第36条の5（都市計画事業の施行として行う行為に準ずる行為）……………916
　第36条の6（農業の利便の増進及び良好な住居の環境の保護を図る上で支障が
　　　　　　ない土地の形質の変更等の規模）……………………………………917
　第36条の7（堆積をした物件の飛散の防止の方法等に関する要件）…………917

第1節の3　市街地開発事業等予定区域の区域内における建築等の規制
　　　　　　（第36条の8・第36条の9）…………………………………………917
　第36条の8（市街地開発事業等予定区域の区域内における建築等の許可を
　　　　　　要しない通常の管理行為，軽易な行為その他の行為）……………917

　　第36条の9（都市計画事業の施行として行う行為に準ずる行為）·················917
　第2節　都市計画施設等の区域内における建築等の規制
　　　　　（第37条〜第38条の3）···917
　　第37条（法第53条第1項第一号の政令で定める軽易な行為）·················917
　　第37条の2（法第53条第1項第三号の政令で定める行為）·················917
　　第37条の3（法第53条第1項第五号の政令で定める行為）·················918
　　第37条の4（法第54条第二号の政令で定める場合）·····················918
　　第38条（法第55条第2項の政令で定める者）·························919
　　第38条の2（施行予定者が定められている都市計画施設の区域等内における
　　　　　　建築等の許可を要しない通常の管理行為，軽易な行為その他の行為）···919
　　第38条の3（都市計画事業の施行として行う行為に準ずる行為）·············919
　第3節　地区計画の区域内における建築等の規制
　　　　　（第38条の4〜第38条の7）·······································919
　　第38条の4（届出を要する行為）···919
　　第38条の5（地区計画の区域内において建築等の届出を要しない通常の
　　　　　　管理行為，軽易な行為その他の行為）·····························920
　　第38条の6（法第58条の2第1項第四号の政令で定める行為）·············920
　　第38条の7（建築等の届出を要しないその他の行為）·····················921
　第4節　遊休土地転換利用促進地区内における土地利用に関する措置等
　　　　　（第38条の8〜第38条の10）（略）
第4章　都市計画事業（第39条・第40条）（略）
第5章　雑　則（第41条〜第46条）···922
　　第45条（一の指定都市の区域を超えて特に広域の見地から決定すべき都市施設）······922
　　第46条（都に関する特例）···922
　附　則　（略）

都市計画法施行規則···924

都市計画法［抄］

昭和43年6月13日　法律第100号
最終改正　令和4年6月17日　法律第68号

第1章　総　則

【目　的】

第1条　この法律は，都市計画の内容及びその決定手続，都市計画制限，都市計画事業その他都市計画に関し必要な事項を定めることにより，都市の健全な発展と秩序ある整備を図り，もって国土の均衡ある発展と公共の福祉の増進に寄与することを目的とする。

【都市計画の基本理念】

第2条　都市計画は，農林漁業との健全な調和を図りつつ，健康で文化的な都市生活及び機能的な都市活動を確保すべきこと並びにこのためには適正な制限のもとに土地の合理的な利用が図られるべきことを基本理念として定めるものとする。

【国，地方公共団体及び住民の責務】

第3条　国及び地方公共団体は，都市の整備，開発その他都市計画の適切な遂行に努めなければならない。

2　都市の住民は，国及び地方公共団体がこの法律の目的を達成するため行なう措置に協力し，良好な都市環境の形成に努めなければならない。

3　国及び地方公共団体は，都市の住民に対し，都市計画に関する知識の普及及び情報の提供に努めなければならない。

【定　義】

第4条　この法律において「都市計画」とは，都市の健全な発展と秩序ある整備を図るための土地利用，都市施設の整備及び市街地開発事業に関する計画で，次章の規定に従い定められたものをいう。

2　この法律において「都市計画区域」とは次条の規定により指定された区域を，「準都市計画区域」とは第5条の2の規定により指定された区域をいう。

3　この法律において「地域地区」とは，第8条第1項各号に掲げる地域，地区又は街区をいう。

4　この法律において「促進区域」とは，第10条の2第1項各号に掲げる区域をいう。

5　この法律において「都市施設」とは，都市計画において定められるべき第11条第1項各号に掲げる施設をいう。

6　この法律において「都市計画施設」とは，都市計画において定められた第11条第1項各号に掲げる施設をいう。

7　この法律において「市街地開発事業」とは，第12条第1項各号に掲げる事業をい

う。

8 この法律において「市街地開発事業等予定区域」とは，第12条の2第1項各号に掲げる予定区域をいう。

9 この法律において「地区計画等」とは，第12条の4第1項各号に掲げる計画をいう。

10 この法律において「建築物」とは建築基準法（昭和25年法律第201号）第2条第一号に定める建築物を，「建築」とは同条第十三号に定める建築をいう。

11 この法律において「特定工作物」とは，コンクリートプラントその他周辺の地域の環境の悪化をもたらすおそれがある工作物で**政令***1で定めるもの（以下「第一種特定工作物」という。）又はゴルフコースその他大規模な工作物で**政令***2で定めるもの（以下「第二種特定工作物」という。）をいう。

◆**政令**1［特定工作物］令第1条第1項→p893
2［特定工作物］令第1条第2項→p893

12 この法律において「開発行為」とは，主として建築物の建築又は特定工作物の建設の用に供する目的で行なう土地の区画形質の変更をいう。

13 この法律において「開発区域」とは，開発行為をする土地の区域をいう。

14 この法律において「公共施設」とは，道路，公園その他**政令**で定める公共の用に供する施設をいう。

◆**政令**［公共施設］令第1条の2→p894

15 この法律において「都市計画事業」とは，この法律で定めるところにより第59条の規定による認可又は承認を受けて行なわれる都市計画施設の整備に関する事業及び市街地開発事業をいう。

16 この法律において「施行者*」とは，都市計画事業を施行する者をいう。

●関連［施行者］法第59条→p889

【都市計画区域】

第5条 都道府県は，市又は人口，就業者数その他の事項が政令で定める要件に該当する町村の中心の市街地を含み，かつ，自然的及び社会的条件並びに人口，土地利用，交通量その他国土交通省令で定める事項に関する現況及び推移を勘案して，一体の都市として総合的に整備し，開発し，及び保全する必要がある区域を都市計画区域として指定するものとする。この場合において，必要があるときは，当該市町村の区域外にわたり，都市計画区域を指定することができる。

2 都道府県は，前項の規定によるもののほか，首都圏整備法（昭和31年法律第83号）による都市開発区域，近畿圏整備法（昭和38年法律第129号）による都市開発区域，中部圏開発整備法（昭和41年法律第102号）による都市開発区域その他新たに住居都市，工業都市その他の都市として開発し，及び保全する必要がある区域を都市計画区域として指定するものとする。

3 都道府県は，前2項の規定により都市計画区域を指定しようとするときは，あらかじめ，関係市町村及び都道府県都市計画審議会の意見を聴くとともに，国土交通省令で定めるところにより，国土交通大臣に協議し，その同意を得なければならな

い。

4　2以上の都府県の区域にわたる都市計画区域は，第1項及び第2項の規定にかかわらず，国土交通大臣が，あらかじめ，関係都府県の意見を聴いて指定するものとする。この場合において，関係都府県が意見を述べようとするときは，あらかじめ，関係市町村及び都道府県都市計画審議会の意見を聴かなければならない。

5　都市計画区域の指定は，国土交通省令で定めるところにより，公告することによって行なう。

6　前各項の規定は，都市計画区域の変更又は廃止について準用する。

【準都市計画区域】

第5条の2　都道府県は，都市計画区域外の区域のうち，相当数の建築物その他の工作物（以下「建築物等」という。）の建築若しくは建設又はこれらの敷地の造成が現に行われ，又は行われると見込まれる区域を含み，かつ，自然的及び社会的条件並びに農業振興地域の整備に関する法律（昭和44年法律第58号）その他の法令による土地利用の規制の状況その他国土交通省令で定める事項に関する現況及び推移を勘案して，そのまま土地利用を整序し，又は環境を保全するための措置を講ずることなく放置すれば，将来における一体の都市としての整備，開発及び保全に支障が生じるおそれがあると認められる一定の区域を，準都市計画区域として指定することができる。

2　都道府県は，前項の規定により準都市計画区域を指定しようとするときは，あらかじめ，関係市町村及び都道府県都市計画審議会の意見を聴かなければならない。

3　準都市計画区域の指定は，国土交通省令で定めるところにより，公告することによって行う。

4　前3項の規定は，準都市計画区域の変更又は廃止について準用する。

5　準都市計画区域の全部又は一部について都市計画区域が指定されたときは，当該準都市計画区域は，前項の規定にかかわらず，廃止され，又は当該都市計画区域と重複する区域以外の区域に変更されたものとみなす。

【都市計画に関する基礎調査】

第6条　都道府県は，都市計画区域について，おおむね5年ごとに，都市計画に関する基礎調査として，国土交通省令で定めるところにより，人口規模，産業分類別の就業人口の規模，市街地の面積，土地利用，交通量その他国土交通省令で定める事項に関する現況及び将来の見通しについての調査を行うものとする。

2〜5　（略）

第2章　都市計画

第1節　都市計画の内容

【都市計画区域の整備，開発及び保全の方針】

第6条の2　都市計画区域については，都市計画に，当該都市計画区域の整備，開発

及び保全の方針を定めるものとする。

2　都市計画区域の整備，開発及び保全の方針には，第一号に掲げる事項を定めるものとするとともに，第二号及び第三号に掲げる事項を定めるよう努めるものとする。

一　次条第1項に規定する区域区分の決定の有無及び当該区域区分を定めるときはその方針

二　都市計画の目標

三　第一号に掲げるもののほか，土地利用，都市施設の整備及び市街地開発事業に関する主要な都市計画の決定の方針

3　都市計画区域について定められる都市計画（第11条第1項後段の規定により都市計画区域外において定められる都市施設（以下「区域外都市施設」という。）に関するものを含む。）は，当該都市計画区域の整備，開発及び保全の方針に即したものでなければならない。

【区域区分】

第7条　都市計画区域について無秩序な市街化を防止し，計画的な市街化を図るため必要があるときは，都市計画に，市街化区域と市街化調整区域との区分（以下「区域区分」という。）を定めることができる。ただし，次に掲げる都市計画区域については，区域区分を定めるものとする。

一　次に掲げる土地の区域の全部又は一部を含む都市計画区域

イ　首都圏整備法第2条第3項に規定する既成市街地又は同条第4項に規定する近郊整備地帯

ロ　近畿圏整備法第2条第3項に規定する既成都市区域又は同条第4項に規定する近郊整備区域

ハ　中部圏開発整備法第2条第3項に規定する都市整備区域

二　前号に掲げるもののほか，大都市に係る都市計画区域として**政令**で定めるもの

◆政令［大都市に係る都市計画区域］令第3条→p894

2　市街化区域は，すでに市街地を形成している区域及びおおむね10年以内に優先的かつ計画的に市街化を図るべき区域とする。

3　市街化調整区域は，市街化を抑制すべき区域とする。

【都市再開発方針等】

第7条の2　都市計画区域については，都市計画に，次に掲げる方針（以下「都市再開発方針等」という。）を定めることができる。

一　都市再開発法（昭和44年法律第38号）第2条の3第1項又は第2項の規定による都市再開発の方針

二　大都市地域における住宅及び住宅地の供給の促進に関する特別措置法（昭和50年法律第67号）第4条第1項の規定による住宅市街地の開発整備の方針

三　地方拠点都市地域の整備及び産業業務施設の再配置の促進に関する法律（平成4年法律第76号）第30条の規定による拠点業務市街地の開発整備の方針

四　密集市街地における防災街区の整備の促進に関する法律（平成9年法律第49号。以下「密集市街地整備法」という。）第3条第1項の規定による防災街区整

備方針

2　都市計画区域について定められる都市計画（区域外都市施設に関するものを含む。）は，都市再開発方針等に即したものでなければならない。

【地域地区】

第8条　都市計画区域については，都市計画に，次に掲げる地域，地区又は街区を定めることができる。

一　第一種低層住居専用地域，第二種低層住居専用地域，第一種中高層住居専用地域，第二種中高層住居専用地域，第一種住居地域，第二種住居地域，準住居地域，田園住居地域，近隣商業地域，商業地域，準工業地域，工業地域又は工業専用地域（以下「用途地域」と総称する。）

二　特別用途地区

二の二　特定用途制限地域

二の三　特例容積率適用地区

二の四　高層住居誘導地区

三　高度地区又は高度利用地区

四　特定街区

四の二　都市再生特別措置法（平成14年法律第22号）第36条第1項の規定による都市再生特別地区，同法第89条の規定による居住調整地域，同法第94条の2第1項の規定による居住環境向上用途誘導地区又は同法第109条第1項の規定による特定用途誘導地区

五　防火地域又は準防火地域

五の二　密集市街地整備法第31条第1項の規定による特定防災街区整備地区

六　景観法（平成16年法律第110号）第61条第1項の規定による景観地区

七　風致地区

八　駐車場法（昭和32年法律第106号）第3条第1項の規定による駐車場整備地区

●関連［駐車場整備地区］駐車場法第3条→p1298

九　臨港地区

十　古都における歴史的風土の保存に関する特別措置法（昭和41年法律第1号）第6条第1項の規定による歴史的風土特別保存地区

十一　明日香村における歴史的風土の保存及び生活環境の整備等に関する特別措置法（昭和55年法律第60号）第3条第1項の規定による第一種歴史的風土保存地区又は第二種歴史的風土保存地区

十二　都市緑地法（昭和48年法律第72号）第5条の規定による緑地保全地域，同法第12条の規定による特別緑地保全地区又は同法第34条第1項の規定による緑化地域

十三　流通業務市街地の整備に関する法律（昭和41年法律第110号）第4条第1項の規定による流通業務地区

十四　生産緑地法（昭和49年法律第68号）第3条第1項の規定による生産緑地地区

十五　文化財保護法（昭和25年法律第214号）第143条第1項の規定による伝統的建造物群保存地区

●関連［伝統的建造物群保存地区の決定及びその保護］文化財保護法第143条→p1331

六 特定空港周辺航空機騒音対策特別措置法（昭和53年法律第26号）第４条第１項の規定による航空機騒音障害防止地区又は航空機騒音障害防止特別地区

2 準都市計画区域については，都市計画に，前項第一号から第二号の二まで，第三号（高度地区に係る部分に限る。），第六号，第七号，第十二号（都市緑地法第５条の規定による緑地保全地域に係る部分に限る。）又は第十五号に掲げる地域又は地区を定めることができる。

3 地域地区については，都市計画に，第一号及び第二号に掲げる事項を定めるものとするとともに，第三号に掲げる事項を定めるよう努めるものとする。

一 地域地区の種類（特別用途地区にあっては，その指定により実現を図るべき特別の目的を明らかにした特別用途地区の種類），位置及び区域

二 次に掲げる地域地区については，それぞれ次に定める事項

イ 用途地域 建築基準法第52条第１項第一号から第四号までに規定する建築物の容積率（延べ面積の敷地面積に対する割合をいう。以下同じ。）並びに同法第53条の２第１項及び第２項に規定する建築物の敷地面積の最低限度（建築物の敷地面積の最低限度にあっては，当該地域における市街地の環境を確保するため必要な場合に限る。）

●関連［容積率］建築基準法第52条 →p63
［建築物の敷地面積］建築基準法第53条の２ →p71

ロ 第一種低層住居専用地域，第二種低層住居専用地域又は田園住居地域 建築基準法第53条第１項第一号に規定する建築物の建蔽率（建築面積の敷地面積に対する割合をいう。以下同じ。），同法第54条に規定する外壁の後退距離の限度（低層住宅に係る良好な住居の環境を保護するため必要な場合に限る。）及び同法第55条第１項に規定する建築物の高さの限度

●関連［建蔽率］建築基準法第53条 →p68
［第一種低層住居専用地域等内における外壁の後退距離］
建築基準法第54条 →p71
［第一種低層住居専用地域等内における建築物の高さの制限］
建築基準法第55条 →p72

ハ 第一種中高層住居専用地域，第二種中高層住居専用地域，第一種住居地域，第二種住居地域，準住居地域，近隣商業地域，準工業地域，工業地域又は工業専用地域 建築基準法第53条第１項第一号から第三号まで又は第五号に規定する建築物の建蔽率

ニ 特定用途制限地域 制限すべき特定の建築物等の用途の概要

ホ 特例容積率適用地区 建築物の高さの最高限度（当該地区における市街地の環境を確保するために必要な場合に限る。）

ヘ 高層住居誘導地区 建築基準法第52条第１項第五号に規定する建築物の容積率，建築物の建蔽率の最高限度（当該地区における市街地の環境を確保するため必要な場合に限る。次条第17項において同じ。）及び建築物の敷地面積の最低限度（当該地区における市街地の環境を確保するため必要な場合に限る。

次条第16項において同じ。）

　ト　高度地区　　建築物の高さの最高限度又は最低限度（準都市計画区域内に
　　あっては，建築物の高さの最高限度。次条第18項において同じ。）

　チ　高度利用地区　　建築物の容積率の最高限度及び最低限度，建築物の建蔽率
　　の最高限度，建築物の建築面積の最低限度並びに壁面の位置の制限（壁面の位
　　置の制限にあっては，敷地内に道路（都市計画において定められた計画道路を
　　含む。以下この号において同じ。）に接して有効な空間を確保して市街地の環
　　境の向上を図るため必要な場合における当該道路に面する壁面の位置に限る。
　　次条第19項において同じ。）

　リ　特定街区　　建築物の容積率並びに建築物の高さの最高限度及び壁面の位置
　　の制限

　三　面積その他の**政令**で定める事項

　　　　　　　　◆**政令**［地域地区について都市計画に定める事項］令第4条→p894

4　都市再生特別地区，居住環境向上用途誘導地区，特定用途誘導地区，特定防災街
　区整備地区，景観地区及び緑化地域について都市計画に定めるべき事項は，前項第
　一号及び第三号に掲げるもののほか，別に法律で定める。

第9条　第一種低層住居専用地域は，低層住宅に係る良好な住居の環境を保護するた
　め定める地域とする。

2　第二種低層住居専用地域は，主として低層住宅に係る良好な住居の環境を保護す
　るため定める地域とする。

3　第一種中高層住居専用地域は，中高層住宅に係る良好な住居の環境を保護するた
　め定める地域とする。

4　第二種中高層住居専用地域は，主として中高層住宅に係る良好な住居の環境を保
　護するため定める地域とする。

5　第一種住居地域は，住居の環境を保護するため定める地域とする。

6　第二種住居地域は，主として住居の環境を保護するため定める地域とする。

7　準住居地域は，道路の沿道としての地域の特性にふさわしい業務の利便の増進を
　図りつつ，これと調和した住居の環境を保護するため定める地域とする。

8　田園住居地域は，農業の利便の増進を図りつつ，これと調和した低層住宅に係る
　良好な住居の環境を保護するため定める地域とする。

9　近隣商業地域は，近隣の住宅地の住民に対する日用品の供給を行うことを主たる
　内容とする商業その他の業務の利便を増進するため定める地域とする。

10　商業地域は，主として商業その他の業務の利便を増進するため定める地域とする。

11　準工業地域は，主として環境の悪化をもたらすおそれのない工業の利便を増進す
　るため定める地域とする。

12　工業地域は，主として工業の利便を増進するため定める地域とする。

13　工業専用地域は，工業の利便を増進するため定める地域とする。

14　特別用途地区は，用途地域内の一定の地区における当該地区の特性にふさわしい
　土地利用の増進，環境の保護等の特別の目的の実現を図るため当該用途地域の指定

を補完して定める地区とする。

15 特定用途制限地域は，用途地域が定められていない土地の区域（市街化調整区域を除く。）内において，その良好な環境の形成又は保持のため当該地域の特性に応じて合理的な土地利用が行われるよう，制限すべき特定の建築物等の用途の概要を定める地域とする。

16 特例容積率適用地区は，第一種中高層住居専用地域，第二種中高層住居専用地域，第一種住居地域，第二種住居地域，準住居地域，近隣商業地域，商業地域，準工業地域又は工業地域内の適正な配置及び規模の公共施設を備えた土地の区域において，建築基準法第52条第１項から第９項までの規定による建築物の容積率の限度からみて未利用となっている建築物の容積の活用を促進して土地の高度利用を図るため定める地区とする。

17 高層住居誘導地区は，住居と住居以外の用途とを適正に配分し，利便性の高い高層住宅の建設を誘導するため，第一種住居地域，第二種住居地域，準住居地域，近隣商業地域又は準工業地域でこれらの地域に関する都市計画において建築基準法第52条第１項第二号に規定する建築物の容積率が40/10又は50/10と定められたものの内において，建築物の容積率の最高限度，建築物の建蔽率の最高限度及び建築物の敷地面積の最低限度を定める地区とする。

18 高度地区は，用途地域内において市街地の環境を維持し，又は土地利用の増進を図るため，建築物の高さの最高限度又は最低限度を定める地区とする。

19 高度利用地区は，用途地域内の市街地における土地の合理的かつ健全な高度利用と都市機能の更新とを図るため，建築物の容積率の最高限度及び最低限度，建築物の建蔽率の最高限度，建築物の建築面積の最低限度並びに壁面の位置の制限を定める地区とする。

20 特定街区は，市街地の整備改善を図るため街区の整備又は造成が行われる地区について，その街区内における建築物の容積率並びに建築物の高さの最高限度及び壁面の位置の制限を定める街区とする。

21 防火地域又は準防火地域は，市街地における火災の危険を防除するため定める地域とする。

22 風致地区は，都市の風致を維持するため定める地区とする。

23 臨港地区は，港湾を管理運営するため定める地区とする。

第10条 地域地区内における建築物その他の工作物に関する制限については，この法律*に特に定めるもののほか，別に法律で定める。

●関連［建築等の規制］法第58条→p887

【促進区域】

第10条の2 都市計画区域については，都市計画に，次に掲げる区域を定めることができる。

一 都市再開発法第７条第１項の規定による市街地再開発促進区域

●関連［市街地再開発促進区域］都市再開発法第７条→p1178

二 大都市地域における住宅及び住宅地の供給の促進に関する特別措置法第５条第

　　１項の規定による土地区画整理促進区域

　三　大都市地域における住宅及び住宅地の供給の促進に関する特別措置法第24条第
　　１項の規定による住宅街区整備促進区域

　四　地方拠点都市地域の整備及び産業業務施設の再配置の促進に関する法律第19条
　　第１項の規定による拠点業務市街地整備土地区画整理促進区域

2　促進区域については，都市計画に，促進区域の種類，名称，位置及び区域のほか，
　別に法律*で定める事項を定めるものとするとともに，区域の面積その他の**政令**で
　定める事項を定めるよう努めるものとする。

◆**政令**［促進区域について都市計画に定める事項］令第４条の２→p894
●**関連**［都市再開発法］第７条→p1178

3　促進区域内における建築物の建築その他の行為に関する制限については，別に法
　律*で定める。

●**関連**［都市再開発法］第７条の４→p1179

【遊休土地転換利用促進地区】

第10条の3　都市計画区域については，都市計画に，次に掲げる条件に該当する土地
　の区域について，遊休土地転換利用促進地区を定めることができる。

　一　当該区域内の土地が，相当期間にわたり住宅の用，事業の用に供する施設の用
　　その他の用途に供されていないことその他の**政令**で定める要件に該当しているこ
　　と。

◆**政令**［法第10条の３第１項第一号の政令で定める要件］令第４条の３→p894

　二　当該区域内の土地が前号の要件に該当していることが，当該区域及びその周辺
　　の地域における計画的な土地利用の増進を図る上で著しく支障となっているこ
　　と。

　三　当該区域内の土地の有効かつ適切な利用を促進することが，当該都市の機能の
　　増進に寄与すること。

　四　おおむね5,000m²以上の規模の区域であること。

　五　当該区域が市街化区域内にあること。

2　遊休土地転換利用促進地区については，都市計画に，名称，位置及び区域を定め
　るものとするとともに，区域の面積その他の**政令**で定める事項を定めるよう努める
　ものとする。

◆**政令**［遊休土地転換利用促進地区について都市計画に定める事項］令第４条の４→p894

【被災市街地復興推進地域】

第10条の4　都市計画区域については，都市計画に，被災市街地復興特別措置法（平
　成７年法律第14号）第５条第１項の規定による被災市街地復興推進地域を定めるこ
　とができる。

2　被災市街地復興推進地域については，都市計画に，名称，位置及び区域のほか，
　別に法律で定める事項を定めるものとするとともに，区域の面積その他の**政令**で定
　める事項を定めるよう努めるものとする。

◆**政令**［被災市街地復興推進地域について都市計画に定める事項］令第４条の５→p894

3　被災市街地復興推進地域内における建築物の建築その他の行為に関する制限については，別に法律で定める。

【都市施設】

第11条　都市計画区域については，都市計画に，次に掲げる施設を定めることができる。この場合において，特に必要があるときは，当該都市計画区域外においても，これらの施設を定めることができる。

一　道路，都市高速鉄道，駐車場，自動車ターミナルその他の交通施設

二　公園，緑地，広場，墓園その他の公共空地

三　水道，電気供給施設，ガス供給施設，下水道，汚物処理場，ごみ焼却場その他の供給施設又は処理施設

四　河川，運河その他の水路

五　学校，図書館，研究施設その他の教育文化施設

六　病院，保育所その他の医療施設又は社会福祉施設

七　市場，と畜場又は火葬場

八　一団地の住宅施設（一団地における50戸以上の集団住宅及びこれらに附帯する通路その他の施設をいう。）

九　一団地の官公庁施設（一団地の国家機関又は地方公共団体の建築物及びこれらに附帯する通路その他の施設をいう。）

十　一団地の都市安全確保拠点施設（溢水，湛水，津波，高潮その他の自然現象による災害が発生した場合における居住者等（居住者，来訪者又は滞在者をいう。以下同じ。）の安全を確保するための拠点となる一団地の特定公益的施設（避難場所の提供，生活関連物資の配布，保健医療サービスの提供その他の当該災害が発生した場合における居住者等の安全を確保するために必要な機能を有する集会施設，購買施設，医療施設その他の施設をいう。第4項第一号において同じ。）及び公共施設をいう。）

十一　流通業務団地

十二　一団地の津波防災拠点市街地形成施設（津波防災地域づくりに関する法律（平成23年法律第123号）第2条第15項に規定する一団地の津波防災拠点市街地形成施設をいう。）

●関連［津波防災地域づくりに関する法律］第2条第15項→p1166

十三　一団地の復興再生拠点市街地形成施設（福島復興再生特別措置法（平成24年法律第25号）第32条第1項に規定する一団地の復興再生拠点市街地形成施設をいう。）

十四　一団地の復興拠点市街地形成施設（大規模災害からの復興に関する法律（平成25年法律第55号）第2条第八号に規定する一団地の復興拠点市街地形成施設をいう。）

十五　その他**政令**で定める施設

◆政令［法第11条第1項第十五号の政令で定める施設］令第5条→p894

2　都市施設については，都市計画に，都市施設の種類，名称，位置及び区域を定めるも

のとするとともに，面積その他の**政令**で定める事項を定めるよう努めるものとする。

◆政令［都市施設について都市計画に定める事項］令第6条→p894

3　道路，都市高速鉄道，河川その他の**政令**で定める都市施設については，前項に規定するもののほか，適正かつ合理的な土地利用を図るため必要があるときは，当該都市施設の区域の地下又は空間について，当該都市施設を整備する立体的な範囲を都市計画に定めることができる。この場合において，地下に当該立体的な範囲を定めるときは，併せて当該立体的な範囲からの離隔距離の最小限度及び載荷重の最大限度（当該離隔距離に応じて定めるものを含む。）を定めることができる。

◆政令［立体的な範囲を都市計画に定めることができる都市施設］令第6条の2→p895

4　一団地の都市安全確保拠点施設については，第2項に規定するもののほか，都市計画に，次に掲げる事項を定めるものとする。

一　特定公益的施設及び公共施設の位置及び規模

二　建築物の高さの最高限度若しくは最低限度，建築物の容積率の最高限度若しくは最低限度又は建築物の建蔽率の最高限度

5　密集市街地整備法第30条に規定する防災都市施設に係る都市施設，都市再生特別措置法第19条の4の規定により付議して定める都市計画に係る都市施設及び同法第51条第1項の規定により決定又は変更をする都市計画に係る都市施設，都市鉄道等利便増進法（平成17年法律第41号）第19条の規定により付議して定める都市計画に係る都市施設，流通業務団地，一団地の津波防災拠点市街地形成施設，一団地の復興再生拠点市街地形成施設並びに一団地の復興拠点市街地形成施設について都市計画に定めるべき事項は，この法律に定めるもののほか，別に法律で定める。

6　次に掲げる都市施設については，第12条の3第1項の規定により定められる場合を除き，第一号又は第二号に掲げる都市施設にあっては国の機関又は地方公共団体のうちから，第三号に掲げる都市施設にあっては流通業務市街地の整備に関する法律第10条に規定する者のうちから，当該都市施設に関する都市計画事業の施行予定者を都市計画に定めることができる。

一　区域の面積が20ha以上の一団地の住宅施設

二　一団地の官公庁施設

三　流通業務団地

7　前項の規定により施行予定者が定められた都市施設に関する都市計画は，これを変更して施行予定者を定めないものとすることができない。

【市街地開発事業】

第12条　都市計画区域については，都市計画に，次に掲げる事業を定めることができる。

一　土地区画整理法（昭和29年法律第119号）による土地区画整理事業

二　新住宅市街地開発法（昭和38年法律第134号）による新住宅市街地開発事業

三　首都圏の近郊整備地帯及び都市開発区域の整備に関する法律（昭和33年法律第98号）による工業団地造成事業又は近畿圏の近郊整備区域及び都市開発区域の整備及び開発に関する法律（昭和39年法律第145号）による工業団地造成事業

四　都市再開発法による市街地再開発事業

　　五　新都市基盤整備法（昭和47年法律第86号）による新都市基盤整備事業
　　六　大都市地域における住宅及び住宅地の供給の促進に関する特別措置法による住
　　　宅街区整備事業
　　七　密集市街地整備法による防災街区整備事業
２　市街地開発事業については，都市計画に，市街地開発事業の種類，名称及び施行
　区域を定めるものとするとともに，施行区域の面積その他の**政令**で定める事項を定
　めるよう努めるものとする。

◆政令［市街地開発事業について都市計画に定める事項］令第7条→p895

３　土地区画整理事業については，前項に定めるもののほか，公共施設の配置及び宅
　地の整備に関する事項を都市計画に定めるものとする。
４　市街地開発事業について都市計画に定めるべき事項は，この法律に定めるものの
　ほか，別に法律*で定める。

●関連［都市再開発法］第4条→p1177

５　第1項第二号，第三号又は第五号に掲げる市街地開発事業については，第12条の
　3第1項の規定により定められる場合を除き，これらの事業に関する法律（新住宅
　市街地開発法第45条第1項を除く。）において施行者として定められている者のう
　ちから，当該市街地開発事業の施行予定者を都市計画に定めることができる。
６　前項の規定により施行予定者が定められた市街地開発事業に関する都市計画は，
　これを変更して施行予定者を定めないものとすることができない。

【市街地開発事業等予定区域】

第12条の2　都市計画区域については，都市計画に，次に掲げる予定区域を定めるこ
　とができる。
　　一　新住宅市街地開発事業の予定区域
　　二　工業団地造成事業の予定区域
　　三　新都市基盤整備事業の予定区域
　　四　区域の面積が20ha以上の一団地の住宅施設の予定区域
　　五　一団地の官公庁施設の予定区域
　　六　流通業務団地の予定区域
２　市街地開発事業等予定区域については，都市計画に，市街地開発事業等予定区域
　の種類，名称，区域，施行予定者を定めるものとするとともに，区域の面積その他
　の**政令**で定める事項を定めるよう努めるものとする。

◆政令［市街地開発事業等予定区域について都市計画に定める事項］令第7条の2→p895

３　施行予定者は，第1項第一号から第三号まで又は第六号に掲げる予定区域にあっ
　てはこれらの事業又は施設に関する法律（新住宅市街地開発法第45条第1項を除
　く。）において施行者として定められている者のうちから，第1項第四号又は第五
　号に掲げる予定区域にあっては国の機関又は地方公共団体のうちから定めるものと
　する。
４　市街地開発事業等予定区域に関する都市計画が定められた場合においては，当該
　都市計画についての第20条第1項の規定による告示の日から起算して3年以内に，

当該市街地開発事業等予定区域に係る市街地開発事業又は都市施設に関する都市計画を定めなければならない。

5　前項の期間内に，市街地開発事業等予定区域に係る市街地開発事業又は都市施設に関する都市計画が定められたときは当該都市計画についての第20条第1項の規定による告示の日の翌日から起算して10日を経過した日から，その都市計画が定められなかったときは前項の期間満了の日の翌日から，将来に向かって，当該市街地開発事業等予定区域に関する都市計画は，その効力を失う。

【市街地開発事業等予定区域に係る市街地開発事業又は都市施設に関する都市計画に定める事項】

第12条の3　市街地開発事業等予定区域に係る市街地開発事業又は都市施設に関する都市計画には，施行予定者をも定めるものとする。

2　前項の都市計画に定める施行区域又は区域及び施行予定者は，当該市街地開発事業等予定区域に関する都市計画に定められた区域及び施行予定者でなければならない。

【地区計画等】

第12条の4　都市計画区域については，都市計画に，次に掲げる計画を定めることができる。

一　地区計画

　　　　　　　　　　　　　　　　　　　●関連［地区計画］法第12条の5→p853

二　密集市街地整備法第32条第1項の規定による防災街区整備地区計画

　　　　　　　●関連［防災街区整備地区計画］密集市街地における防災街区の整備の
　　　　　　　　　　　　促進に関する法律第32条　　　　　　　　　　→p1335

三　地域における歴史的風致の維持及び向上に関する法律（平成20年法律第40号）第31条第1項の規定による歴史的風致維持向上地区計画

四　幹線道路の沿道の整備に関する法律（昭和55年法律第34号）第9条第1項の規定による沿道地区計画*

　　　　　　●関連［沿道地区計画］幹線道路の沿道の整備に関する法律第9条→p1127

五　集落地域整備法（昭和62年法律第63号）第5条第1項の規定による集落地区計画

　　　　　　　　　　●関連［集落地区計画］集落地域整備法第5条→p1144

2　地区計画等については，都市計画に，地区計画等の種類，名称，位置及び区域を定めるものとするとともに，区域の面積その他の**政令**で定める事項を定めるよう努めるものとする。

　　　　◆政令［地区計画等について都市計画に定める事項］令第7条の3→p895

【地区計画】

第12条の5　地区計画は，建築物の建築形態，公共施設その他の施設の配置等からみて，一体としてそれぞれの区域の特性にふさわしい態様を備えた良好な環境の各街区を整備し，開発し，及び保全するための計画とし，次の各号のいずれかに該当する土地の区域について定めるものとする。

一 用途地域が定められている土地の区域
二 用途地域が定められていない土地の区域のうち次のいずれかに該当するもの
　　イ 住宅市街地の開発その他建築物若しくはその敷地の整備に関する事業が行われる，又は行われた土地の区域
　　ロ 建築物の建築又はその敷地の造成が無秩序に行われ，又は行われると見込まれる一定の土地の区域で，公共施設の整備の状況，土地利用の動向等からみて不良な街区の環境が形成されるおそれがあるもの
　　ハ 健全な住宅市街地における良好な居住環境その他優れた街区の環境が形成されている土地の区域
2 地区計画については，前条第2項に定めるもののほか，都市計画に，第一号に掲げる事項を定めるものとするとともに，第二号及び第三号に掲げる事項を定めるよう努めるものとする。
一 次に掲げる施設（以下「地区施設」という。）及び建築物等の整備並びに土地の利用に関する計画（以下「地区整備計画」という。）
　　イ 主として街区内の居住者等の利用に供される道路，公園その他の**政令**で定める施設

◆**政令**［地区施設］令第7条の4第1項→p895

　　ロ 街区における防災上必要な機能を確保するための避難施設，避難路，雨水貯留浸透施設（雨水を一時的に貯留し，又は地下に浸透させる機能を有する施設であって，浸水による被害の防止を目的とするものをいう。）その他の**政令**で定める施設

◆**政令**［地区施設］令第7条の4第2項→p895

二 当該地区計画の目標
三 当該区域の整備，開発及び保全に関する方針
3 次に掲げる条件に該当する土地の区域における地区計画については，土地の合理的かつ健全な高度利用と都市機能の増進とを図るため，一体的かつ総合的な市街地の再開発又は開発整備を実施すべき区域（以下「再開発等促進区」という。）を都市計画に定めることができる。
一 現に土地の利用状況が著しく変化しつつあり，又は著しく変化することが確実であると見込まれる土地の区域であること。
二 土地の合理的かつ健全な高度利用を図るため，適正な配置及び規模の公共施設を整備する必要がある土地の区域であること。
三 当該区域内の土地の高度利用を図ることが，当該都市の機能の増進に貢献することとなる土地の区域であること。
四 用途地域が定められている土地の区域であること。
4 次に掲げる条件に該当する土地の区域における地区計画については，劇場，店舗，飲食店その他これらに類する用途に供する大規模な建築物（以下「特定大規模建築物」という。）の整備による商業その他の業務の利便の増進を図るため，一体的かつ総合的な市街地の開発整備を実施すべき区域（以下「開発整備促進区」という。）

を都市計画に定めることができる。

一　現に土地の利用状況が著しく変化しつつあり，又は著しく変化することが確実であると見込まれる土地の区域であること。

二　特定大規模建築物の整備による商業その他の業務の利便の増進を図るため，適正な配置及び規模の公共施設を整備する必要がある土地の区域であること。

三　当該区域内において特定大規模建築物の整備による商業その他の業務の利便の増進を図ることが，当該都市の機能の増進に貢献することとなる土地の区域であること。

四　第二種住居地域，準住居地域若しくは工業地域が定められている土地の区域又は用途地域が定められていない土地の区域（市街化調整区域を除く。）であること。

5　再開発等促進区又は開発整備促進区を定める地区計画においては，第2項各号に掲げるもののほか，都市計画に，第一号に掲げる事項を定めるものとするとともに，第二号に掲げる事項を定めるよう努めるものとする。

一　道路，公園，その他の**政令**で定める施設（都市計画施設及び地区施設を除く。）の配置及び規模

　　　　　　　◆**政令**［再開発等促進区又は開発整備促進区を定める地区計画において
　　　　　　　定める施設］令第7条の5　　　　　　　　　　　　　　　　　→p895

二　土地利用に関する基本方針

6　再開発等促進区又は開発整備促進区を都市計画に定める際，当該再開発等促進区又は開発整備促進区について，当面建築物又はその敷地の整備と併せて整備されるべき公共施設の整備に関する事業が行われる見込みがないときその他前項第一号に規定する施設の配置及び規模を定めることができない特別の事情があるときは，当該再開発等促進区又は開発整備促進区について同号に規定する施設の配置及び規模を定めることを要しない。

7　地区整備計画においては，次に掲げる事項（市街化調整区域内において定められる地区整備計画については，建築物の容積率の最低限度，建築物の建築面積の最低限度及び建築物等の高さの最低限度を除く。）を定めることができる。

一　地区施設の配置及び規模

二　建築物等の用途の制限，建築物の容積率の最高限度又は最低限度，建築物の建蔽率の最高限度，建築物の敷地面積又は建築面積の最低限度，建築物の敷地の地盤面の高さの最低限度，壁面の位置の制限，壁面後退区域（壁面の位置の制限として定められた限度の線と敷地境界線との間の土地の区域をいう。以下同じ。）における工作物の設置の制限，建築物等の高さの最高限度又は最低限度，建築物の居室（建築基準法第2条第四号に規定する居室をいう。）の床面の高さの最低限度，建築物等の形態又は色彩その他の意匠の制限，建築物の緑化率（都市緑地法第34条第2項に規定する緑化率をいう。）の最低限度その他建築物等に関する事項で**政令**で定めるもの

　　　　　　　◆**政令**［地区整備計画において定める建築物等に関する事項］令第7条の6→p896

三　現に存する樹林地，草地等で良好な居住環境を確保するため必要なものの保全に関する事項（次号に該当するものを除く。）

四　現に存する農地（耕作の目的に供される土地をいう。以下同じ。）で農業の利便の増進と調和した良好な居住環境を確保するため必要なものにおける土地の形質の変更その他の行為の制限に関する事項

五　前各号に掲げるもののほか，土地の利用に関する事項で**政令**で定めるもの

◆政令［地区計画の策定に関する基準］令第7条の7→p896

8　地区計画を都市計画に定める際，当該地区計画の区域の全部又は一部について地区整備計画を定めることができない特別の事情があるときは，当該区域の全部又は一部について地区整備計画を定めることを要しない。この場合において，地区計画の区域の一部について地区整備計画を定めるときは，当該地区計画については，地区整備計画の区域をも都市計画に定めなければならない。

【建築物の容積率の最高限度を区域の特性に応じたものと公共施設の整備状況に応じたものとに区分して定める地区整備計画】

第12条の6　地区整備計画においては，適正な配置及び規模の公共施設が整備されていない土地の区域において適正かつ合理的な土地利用の促進を図るため特に必要であると認められるときは，前条第7項第二号の建築物の容積率の最高限度について次の各号に掲げるものごとに数値を区分し，第一号に掲げるものの数値を第二号に掲げるものの数値を超えるものとして定めるものとする。

一　当該地区整備計画の区域の特性（再開発等促進区及び開発整備促進区にあっては，土地利用に関する基本方針に従って土地利用が変化した後の区域の特性）に応じたもの

二　当該地区整備計画の区域内の公共施設の整備の状況に応じたもの

【区域を区分して建築物の容積を適正に配分する地区整備計画】

第12条の7　地区整備計画（再開発等促進区及び開発整備促進区におけるものを除く。以下この条において同じ。）においては，用途地域内の適正な配置及び規模の公共施設を備えた土地の区域において建築物の容積を適正に配分することが当該地区整備計画の区域の特性に応じた合理的な土地利用の促進を図るため特に必要であると認められるときは，当該地区整備計画の区域を区分して第12条の5第7項第二号の建築物の容積率の最高限度を定めるものとする。この場合において，当該地区整備計画の区域を区分して定められた建築物の容積率の最高限度の数値にそれぞれの数値の定められた区域の面積を乗じたものの合計は，当該地区整備計画の区域内の用途地域において定められた建築物の容積率の数値に当該数値の定められた区域の面積を乗じたものの合計を超えてはならない。

【高度利用と都市機能の更新とを図る地区整備計画】

第12条の8　地区整備計画（再開発等促進区及び開発整備促進区におけるものを除く。）においては，用途地域（第一種低層住居専用地域，第二種低層住居専用地域及び田園住居地域を除く。）内の適正な配置及び規模の公共施設を備えた土地の区域において，その合理的かつ健全な高度利用と都市機能の更新とを図るため特に必

要であると認められるときは，建築物の容積率の最高限度及び最低限度，建築物の建蔽率の最高限度，建築物の建築面積の最低限度並びに壁面の位置の制限（壁面の位置の制限にあっては，敷地内に道路（都市計画において定められた計画道路及び地区施設である道路を含む。以下この条において同じ。）に接して有効な空間を確保して市街地の環境の向上を図るため必要な場合における当該道路に面する壁面の位置を制限するもの（これを含む壁面の位置の制限を含む。）に限る。）を定めるものとする。

【住居と住居以外の用途とを適正に配分する地区整備計画】

第12条の9　地区整備計画（開発整備促進区におけるものを除く。以下この条において同じ。）においては，住居と住居以外の用途とを適正に配分することが当該地区整備計画の区域の特性（再開発等促進区にあっては，土地利用に関する基本方針に従って土地利用が変化した後の区域の特性）に応じた合理的な土地利用の促進を図るため特に必要であると認められるときは，第12条の5第7項第二号の建築物の容積率の最高限度について次の各号に掲げるものごとに数値を区分し，第一号に掲げるものの数値を第二号に掲げるものの数値以上のものとして定めるものとする。

一　その全部又は一部を住宅の用途に供する建築物に係るもの
二　その他の建築物に係るもの

【区域の特性に応じた高さ，配列及び形態を備えた建築物の整備を誘導する地区整備計画】

第12条の10　地区整備計画においては，当該地区整備計画の区域の特性（再開発等促進区及び開発整備促進区にあっては，土地利用に関する基本方針に従って土地利用が変化した後の区域の特性）に応じた高さ，配列及び形態を備えた建築物を整備することが合理的な土地利用の促進を図るため特に必要であると認められるときは，壁面の位置の制限（道路（都市計画において定められた計画道路及び第12条の5第5項第一号に規定する施設又は地区施設である道路を含む。）に面する壁面の位置を制限するものを含むものに限る。），壁面後退区域における工作物の設置の制限（当該壁面後退区域において連続的に有効な空地を確保するため必要なものを含むものに限る。）及び建築物の高さの最高限度を定めるものとする。

【道路の上空又は路面下において建築物等の建築又は建設を行うための地区整備計画】

第12条の11　地区整備計画においては，第12条の5第7項に定めるもののほか，市街地の環境を確保しつつ，適正かつ合理的な土地利用の促進と都市機能の増進とを図るため，道路（都市計画において定められた計画道路を含む。）の上空又は路面下において建築物等の建築又は建設を行うことが適切であると認められるときは，当該道路の区域のうち，建築物等の敷地として併せて利用すべき区域を定めることができる。この場合においては，当該区域内における建築物等の建築又は建設の限界であって空間又は地下について上下の範囲を定めるものをも定めなければならない。

【適正な配置の特定大規模建築物を整備するための地区整備計画】

第12条の12　開発整備促進区における地区整備計画においては，第12条の5第7項に

定めるもののほか，土地利用に関する基本方針に従って土地利用が変化した後の当該地区整備計画の区域の特性に応じた適正な配置の特定大規模建築物を整備することが合理的な土地利用の促進を図るため特に必要であると認められるときは，劇場，店舗，飲食店その他これらに類する用途のうち当該区域において誘導すべき用途及び当該誘導すべき用途に供する特定大規模建築物の敷地として利用すべき土地の区域を定めることができる。

【防災街区整備地区計画等について都市計画に定めるべき事項】

第12条の13 防災街区整備地区計画，歴史的風致維持向上地区計画，沿道地区計画及び集落地区計画について都市計画に定めるべき事項は，第12条の4第2項に定めるもののほか，別に法律*で定める。

●関連 ［防災街区整備地区計画］密集市街地における防災街区の
整備の促進に関する法律第32条第2項 →p1335
［沿道地区計画］幹線道路の沿道の整備に関する法律第9条第2項→p1128

【都市計画基準】

第13条 都市計画区域について定められる都市計画（区域外都市施設に関するものを含む。次項において同じ。）は，国土形成計画，首都圏整備計画，近畿圏整備計画，中部圏開発整備計画，北海道総合開発計画，沖縄振興計画その他の国土計画又は地方計画に関する法律に基づく計画(当該都市について公害防止計画が定められているときは，当該公害防止計画を含む。第3項において同じ。) 及び道路，河川，鉄道，港湾，空港等の施設に関する国の計画に適合するとともに，当該都市の特質を考慮して，次に掲げるところに従って，土地利用，都市施設の整備及び市街地開発事業に関する事項で当該都市の健全な発展と秩序ある整備を図るため必要なものを，一体的かつ総合的に定めなければならない。この場合においては，当該都市における自然的環境の整備又は保全に配慮しなければならない。

一 都市計画区域の整備，開発及び保全の方針は，当該都市の発展の動向，当該都市計画区域における人口及び産業の現状及び将来の見通し等を勘案して，当該都市計画区域を一体の都市として総合的に整備し，開発し，及び保全することを目途として，当該方針に即して都市計画が適切に定められることとなるように定めること。

二 区域区分*は，当該都市の発展の動向，当該都市計画区域における人口及び産業の将来の見通し等を勘案して，産業活動の利便と居住環境の保全との調和を図りつつ，国土の合理的利用を確保し，効率的な公共投資を行うことができるように定めること。

●関連 ［都市計画基準］令第8条第1項→p896

三 都市再開発の方針は，市街化区域内において，計画的な再開発が必要な市街地について定めること。

四 住宅市街地の開発整備の方針は，大都市地域における住宅及び住宅市街地の供給の促進に関する特別措置法第4条第1項に規定する都市計画区域について，良好な住宅市街地の開発整備が図られるように定めること。

五 拠点業務市街地の開発整備の方針は，地方拠点都市地域の整備及び産業業務施

設の再配置の促進に関する法律第 8 条第 1 項の同意基本計画において定められた同法第 2 条第 2 項の拠点地区に係る市街化区域について，当該同意基本計画の達成に資するように定めること。

六　防災街区整備方針は，市街化区域内において，密集市街地整備法第 2 条第一号の密集市街地内の各街区について同条第二号の防災街区としての整備が図られるように定めること。

七　地域地区は，土地の自然的条件及び土地利用の動向を勘案して，住居，商業，工業その他の用途を適正に配分することにより，都市機能を維持増進し，かつ，住居の環境を保護し，商業，工業等の利便を増進し，良好な景観を形成し，風致を維持し，公害を防止する等適正な都市環境を保持するように定めること。この場合において，市街化区域については，少なくとも用途地域*を定めるものとし，市街化調整区域については，原則として用途地域を定めないものとする。

●関連［用途地域］法第 8 条第 1 項第一号→p845

八　促進区域は，市街化区域又は区域区分が定められていない都市計画区域内において，主として関係権利者による市街地の計画的な整備又は開発を促進する必要があると認められる土地の区域について定めること。

九　遊休土地転換利用促進地区は，主として関係権利者による有効かつ適切な利用を促進する必要があると認められる土地の区域について定めること。

十　被災市街地復興推進地域は，大規模な火災，震災その他の災害により相当数の建築物が滅失した市街地の計画的な整備改善を推進して，その緊急かつ健全な復興を図る必要があると認められる土地の区域について定めること。

十一　都市施設は，土地利用，交通等の現状及び将来の見通しを勘案して，適切な規模で必要な位置に配置することにより，円滑な都市活動を確保し，良好な都市環境を保持するように定めること。この場合において，市街化区域及び区域区分が定められていない都市計画区域については，少なくとも道路，公園及び下水道を定めるものとし，第一種低層住居専用地域，第二種低層住居専用地域，第一種中高層住居専用地域，第二種中高層住居専用地域，第一種住居地域，第二種住居地域，準住居地域及び田園住居地域については，義務教育施設をも定めるものとする。

十二　一団地の都市安全確保拠点施設については，前号に定めるもののほか，次に掲げるところに従って定めること。

イ　溢水，湛水，津波，高潮その他の自然現象による災害の発生のおそれが著しく，かつ，当該災害が発生した場合に居住者等の安全を確保する必要性が高いと認められる区域（当該区域に隣接し，又は近接する区域を含む。）について定めること。

ロ　第 11 条第 4 項第一号に規定する施設は，溢水，湛水，津波，高潮その他の自然現象による災害が発生した場合においてイに規定する区域内における同条第 1 項第十号に規定する機能が一体的に発揮されるよう，必要な位置に適切な規模で配置すること。

ハ　第 11 条第 4 項第二号に掲げる事項は，溢水，湛水，津波，高潮その他の自然

現象による災害が発生した場合においてイに規定する区域内における居住者等の安全の確保が図られるよう定めること。

十三 市街地開発事業は，市街化区域又は区域区分が定められていない都市計画区域内において，一体的に開発し，又は整備する必要がある土地の区域について定めること。

十四 市街地開発事業等予定区域は，市街地開発事業に係るものにあっては市街化区域又は区域区分が定められていない都市計画区域内において，一体的に開発し，又は整備する必要がある土地の区域について，都市施設に係るものにあっては当該都市施設が第十一号前段の基準に合致することとなるような土地の区域について定めること。

十五 地区計画は，公共施設の整備，建築物の建築その他の土地利用の現状及び将来の見通しを勘案し，当該区域の各街区における防災，安全，衛生等に関する機能が確保され，かつ，その良好な環境の形成又は保持のためその区域の特性に応じて合理的な土地利用が行われることを目途として，当該計画に従って秩序ある開発行為，建築又は施設の整備が行われることとなるように定めること。この場合において，次のイからハまでに掲げる地区計画については，当該イからハまでに定めるところによること。

　イ 市街化調整区域における地区計画 市街化区域における市街化の状況等を勘案して，地区計画の区域の周辺における市街化を促進することがない等当該都市計画区域における計画的な市街化を図る上で支障がないように定めること。

　ロ 再開発等促進区を定める地区計画 土地の合理的かつ健全な高度利用と都市機能の増進とが図られることを目途として，一体的かつ総合的な市街地の再開発又は開発整備が実施されることとなるように定めること。この場合において，第一種低層住居専用地域，第二種低層住居専用地域及び田園住居地域については，再開発等促進区の周辺の低層住宅に係る良好な住居の環境の保護に支障がないように定めること。

　ハ 開発整備促進区を定める地区計画 特定大規模建築物の整備による商業その他の業務の利便の増進が図られることを目途として，一体的かつ総合的な市街地の開発整備が実施されることとなるように定めること。この場合において，第二種住居地域及び準住居地域については，開発整備促進区の周辺の住宅に係る住居の環境の保護に支障がないように定めること。

十六 防災街区整備地区計画は，当該区域の各街区が火事又は地震が発生した場合の延焼防止上及び避難上確保されるべき機能を備えるとともに，土地の合理的かつ健全な利用が図られることを目途として，一体的かつ総合的な市街地の整備が行われることとなるように定めること。

十七 歴史的風致維持向上地区計画は，地域におけるその固有の歴史及び伝統を反映した人々の活動とその活動が行われる歴史上価値の高い建造物及びその周辺の市街地とが一体となって形成してきた良好な市街地の環境の維持及び向上並びに土地の合理的かつ健全な利用が図られるように定めること。

八　沿道地区計画は，道路交通騒音により生ずる障害を防止するとともに，適正か
　　つ合理的な土地利用が図られるように定めること。この場合において，沿道再開
　　発等促進区（幹線道路の沿道の整備に関する法律第9条第3項の規定による沿道
　　再開発等促進区をいう。以下同じ。）を定める沿道地区計画については，土地の
　　合理的かつ健全な高度利用と都市機能の増進とが図られることを目途として，一
　　体的かつ総合的な市街地の再開発又は開発整備が実施されることとなるように定
　　めることとし，そのうち第一種低層住居専用地域，第二種低層住居専用地域及び
　　田園住居地域におけるものについては，沿道再開発等促進区の周辺の低層住宅に
　　係る良好な住居の環境の保護に支障がないように定めること。

九　集落地区計画は，営農条件と調和のとれた居住環境を整備するとともに，適正
　　な土地利用が図られるように定めること。

二〇　前各号の基準を適用するについては，第6条第1項の規定による都市計画に関
　　する基礎調査の結果に基づき，かつ，政府が法律に基づき行う人口，産業，住宅，
　　建築，交通，工場立地その他の調査の結果について配慮すること。

2　都市計画区域について定められる都市計画は，当該都市の住民が健康で文化的な
　都市生活を享受することができるように，住宅の建設及び居住環境の整備に関する
　計画を定めなければならない。

3　準都市計画区域について定められる都市計画は，第1項に規定する国土計画若し
　くは地方計画又は施設に関する国の計画に適合するとともに，地域の特質を考慮し
　て，次に掲げるところに従って，土地利用の整序又は環境の保全を図るため必要な
　事項を定めなければならない。この場合において，当該地域における自然的環境
　の整備又は保全及び農林漁業の生産条件の整備に配慮しなければならない。

一　地域地区は，土地の自然的条件及び土地利用の動向を勘案して，住居の環境を
　　保護し，良好な景観を形成し，風致を維持し，公害を防止する等地域の環境を適
　　正に保持するように定めること。

二　前号の基準を適用するについては，第6条第2項の規定による都市計画に関す
　　る基礎調査の結果に基づくこと。

4　都市再開発方針等，第8条第1項第四号の二，第五号の二，第六号，第八号及び
　第十号から第十六号までに掲げる地域地区，促進区域，被災市街地復興推進地域，
　流通業務団地，一団地の津波防災拠点市街地形成施設，一団地の復興再生拠点市街
　地形成施設，一団地の復興拠点市街地形成施設，市街地開発事業，市街地開発事業
　等予定区域（第12条の2第1項第四号及び第五号に掲げるものを除く。），防災街区
　整備地区計画，歴史的風致維持向上地区計画，沿道地区計画並びに集落地区計画に
　関する都市計画の策定に関し必要な基準は，前3項に定めるもののほか，別に法律
　で定める。

5　地区計画を都市計画に定めるについて必要な基準は，第1項及び第2項に定める
　もののほか，**政令**で定める。

　　　　　　　　　　　◆政令［地区計画の策定に関する基準］令第7条の7→p896

6　都市計画の策定に関し必要な技術的基準は，**政令**で定める。

◆政令［都市計画基準］令第8条→p896

【都市計画の図書】

第14条　都市計画は，国土交通省令で定めるところにより，総括図，計画図及び計画書によって表示するものとする。

2　計画図及び計画書における区域区分の表示又は次に掲げる区域の表示は，土地に関し権利を有する者が，自己の権利に係る土地が区域区分により区分される市街化区域若しくは市街化調整区域のいずれの区域に含まれるか又は次に掲げる区域に含まれるかどうかを容易に判断することができるものでなければならない。

一　都市再開発の方針に定められている都市再開発法第2条の3第1項第二号又は第2項の地区の区域

二　防災街区整備方針に定められている防災再開発促進地区（密集市街地整備法第3条第1項第一号に規定する防災再開発促進地区をいう。）の区域

三　地域地区の区域

四　促進区域の区域

五　遊休土地転換利用促進地区の区域

六　被災市街地復興推進地域の区域

七　都市計画施設の区域

八　市街地開発事業の施行区域

九　市街地開発事業等予定区域の区域

十　地区計画の区域（地区計画の区域の一部について再開発等促進区若しくは開発整備促進区又は地区整備計画が定められているときは，地区計画の区域及び再開発等促進区若しくは開発整備促進区又は地区整備計画の区域）

十一　防災街区整備地区計画の区域（防災街区整備地区計画の区域について地区防災施設（密集市街地整備法第32条第2項第一号に規定する地区防災施設をいう。以下この号及び第33条第1項において同じ。），特定建築物地区整備計画（密集市街地整備法第32条第2項第一号の規定による特定建築物地区整備計画をいう。以下この号及び第33条第1項において同じ。）又は防災街区整備地区整備計画（密集市街地整備法第32条第2項第二号の規定による防災街区整備地区整備計画をいう。以下この号及び第33条第1項において同じ。）が定められているときは，防災街区整備地区計画の区域及び地区防災施設の区域，特定建築物地区整備計画の区域又は防災街区整備地区整備計画の区域）

十二　歴史的風致維持向上地区計画の区域（歴史的風致維持向上地区計画の区域の一部について地域における歴史的風致の維持及び向上に関する法律第31条第3項第三号に規定する土地の区域又は歴史的風致維持向上地区整備計画（同条第2項第一号の規定による歴史的風致維持向上地区整備計画をいう。以下この号及び第33条第1項において同じ。）が定められているときは，歴史的風致維持向上地区計画の区域及び当該定められた土地の区域又は歴史的風致維持向上地区整備計画の区域）

十三　沿道地区計画の区域（沿道地区計画の区域の一部について沿道再開発等促進区

又は沿道地区整備計画（幹線道路の沿道の整備に関する法律第9条第2項第一号に掲げる沿道地区整備計画をいう。以下同じ。）が定められているときは，沿道地区計画の区域及び沿道再開発等促進区又は沿道地区整備計画の区域）

古　集落地区計画の区域（集落地区計画の区域の一部について集落地区整備計画（集落地域整備法第5条第3項の規定による集落地区整備計画をいう。以下同じ。）が定められているときは，集落地区計画の区域及び集落地区整備計画の区域）

3　第11条第3項の規定により都市計画施設の区域について都市施設を整備する立体的な範囲が定められている場合においては，計画図及び計画書における当該立体的な範囲の表示は，当該区域内において建築物の建築をしようとする者が，当該建築が，当該立体的な範囲外において行われるかどうか，同項後段の規定により当該立体的な範囲からの離隔距離の最小限度が定められているときは当該立体的な範囲から最小限度の離隔距離を確保しているかどうかを容易に判断することができるものでなければならない。

第2節　都市計画の決定及び変更

【都市計画を定める者】

第15条　次に掲げる都市計画は都道府県が，その他の都市計画は市町村が定める。

一　都市計画区域の整備，開発及び保全の方針に関する都市計画

二　区域区分に関する都市計画

三　都市再開発方針等に関する都市計画

四　第8条第1項第四号の二，第九号から第十三号まで及び第十六号に掲げる地域地区（同項第四号の二に掲げる地区にあっては都市再生特別措置法第36条第1項の規定による都市再生特別地区に，第8条第1項第九号に掲げる地区にあっては港湾法（昭和25年法律第218号）第2条第2項の国際戦略港湾，国際拠点港湾又は重要港湾に係るものに，第8条第1項第十二号に掲げる地区にあっては都市緑地法第5条の規定による緑地保全地域（2以上の市町村の区域にわたるものに限る。），首都圏近郊緑地保全法（昭和41年法律第101号）第4条第2項第三号の近郊緑地特別保全地区及び近畿圏の保全区域の整備に関する法律（昭和42年法律第103号）第6条第2項の近郊緑地特別保全地区に限る。）に関する都市計画

五　1の市町村の区域を超える広域の見地から決定すべき地域地区として**政令**で定めるもの又は1の市町村の区域を超える広域の見地から決定すべき都市施設若しくは根幹的都市施設として**政令**で定めるものに関する都市計画

◆**政令**［都道府県が定める都市計画］令第9条→p897

六　市街地開発事業（土地区画整理事業，市街地再開発事業，住宅街区整備事業及び防災街区整備事業にあっては，**政令**で定める大規模なものであって，国の機関又は都道府県が施行すると見込まれるものに限る。）に関する都市計画

◆**政令**［法第15条第1項第六号の政令で定める大規模な土地区画整理事業等］令第10条→p898

七　市街地開発事業等予定区域（第12条の2第1項第四号から第六号までに掲げる予定区域にあっては，一の市町村の区域を超える広域の見地から決定すべき都市

施設又は根幹的都市施設の予定区域として**政令**で定めるものに限る。）に関する都市計画

◆政令［法第15条第１項第七号の政令で定める市街地開発事業等予定区域］令第10条の２→p898

2〜4　（略）

【公聴会の開催等】

第16条　都道府県又は市町村は，次項の規定による場合を除くほか，都市計画の案を作成しようとする場合において必要があると認めるときは，公聴会の開催等住民の意見を反映させるために必要な措置を講ずるものとする。

2　都市計画に定める地区計画等の案は，意見の提出方法その他の**政令**[*1]で定める事項について条例で定めるところにより，その案に係る区域内の土地の所有者その他**政令**[*2]で定める利害関係を有する者の意見を求めて作成するものとする。

◆政令１［法第16条第２項の政令で定める事項］令第10条の３　　　　　　　　→p898
　　　２［地区計画等の案を作成するに当たって意見を求める者］令第10条の４→p898

3　市町村は，前項の条例において，住民又は利害関係人から地区計画等に関する都市計画の決定若しくは変更又は地区計画等の案の内容となるべき事項を申し出る方法を定めることができる。

【都市計画の案の縦覧等】

第17条　都道府県又は市町村は，都市計画を決定しようとするときは，あらかじめ，国土交通省令で定めるところにより，その旨を公告し，当該都市計画の案を，当該都市計画を決定しようとする理由を記載した書面を添えて，当該公告の日から２週間公衆の縦覧に供しなければならない。

2　前項の規定による公告があったときは，関係市町村の住民及び利害関係人は，同項の縦覧期間満了の日までに，縦覧に供された都市計画の案について，都道府県の作成に係るものにあっては都道府県に，市町村の作成に係るものにあっては市町村に，意見書を提出することができる。

3　特定街区に関する都市計画の案については，**政令**で定める利害関係を有する者の同意を得なければならない。

◆政令［特定街区に関する都市計画の案につき同意を要する者］令第11条→p898

4　遊休土地転換利用促進地区に関する都市計画の案については，当該遊休土地転換利用促進地区内の土地に関する所有権又は地上権その他の政令で定める使用若しくは収益を目的とする権利を有する者の意見を聴かなければならない。

5　都市計画事業の施行予定者を定める都市計画の案については，当該施行予定者の同意を得なければならない。ただし，第12条の３第２項の規定の適用がある事項については，この限りでない。

【都道府県の都市計画の決定】

第18条　都道府県は，関係市町村の意見を聴き，かつ，都道府県都市計画審議会の議を経て，都市計画を決定するものとする。

2　都道府県は，前項の規定により都市計画の案を都道府県都市計画審議会に付議しようとするときは，第17条第２項の規定により提出された意見書の要旨を都道府県

都市計画審議会に提出しなければならない。

3　都道府県は，国の利害に重大な関係がある政令で定める都市計画の決定をしよう
とするときは，あらかじめ，国土交通省令で定めるところにより，国土交通大臣に
協議し，その同意を得なければならない。

4　国土交通大臣は，国の利害との調整を図る観点から，前項の協議を行うものとす
る。

【市町村の都市計画に関する基本的な方針】

第18条の2　市町村は，議会の議決を経て定められた当該市町村の建設に関する基本
構想並びに都市計画区域の整備，開発及び保全の方針に即し，当該市町村の都市計
画に関する基本的な方針（以下この条において「基本方針」という。）を定めるも
のとする。

2　市町村は，基本方針を定めようとするときは，あらかじめ，公聴会の開催等住民
の意見を反映させるために必要な措置を講ずるものとする。

3　市町村は，基本方針を定めたときは，遅滞なく，これを公表するとともに，都道
府県知事に通知しなければならない。

4　市町村が定める都市計画は，基本方針に即したものでなければならない。

【市町村の都市計画の決定】

第19条　市町村は，市町村都市計画審議会（当該市町村に市町村都市計画審議会が置
かれていないときは，当該市町村の存する都道府県の都道府県都市計画審議会）の
議を経て，都市計画を決定するものとする。

2　市町村は，前項の規定により都市計画の案を市町村都市計画審議会又は都道府県
都市計画審議会に付議しようとするときは，第17条第2項の規定により提出された
意見書の要旨を市町村都市計画審議会又は都道府県都市計画審議会に提出しなけれ
ばならない。

3　市町村は，都市計画区域又は準都市計画区域について都市計画（都市計画区域に
ついて定めるものにあっては区域外都市施設に関するものを含み，地区計画等に
あっては当該都市計画に定めようとする事項のうち，**政令**で定める地区施設の配置
及び規模その他の事項に限る。）を決定しようとするときは，あらかじめ，都道府
県知事に協議しなければならない。

◆政令［地区計画等に定める事項のうち都道府県知事への協議を要するもの］
令第13条　　　　　　　　　　　　　　　　　　　　　　　　　　　　　　→p898

4　都道府県知事は，1の市町村の区域を超える広域の見地からの調整を図る観点又
は都道府県が定め，若しくは定めようとする都市計画との適合を図る観点から，前
項の協議を行うものとする。

5　都道府県知事は，第3項の協議を行うに当たり必要があると認めるときは，関係
市町村に対し，資料の提出，意見の開陳，説明その他必要な協力を求めることがで
きる。

【都市計画の告示等】

第20条　都道府県又は市町村は，都市計画を決定したときは，その旨を告示し，かつ，

都道府県にあっては関係市町村長に，市町村にあっては都道府県知事に，第14条第1項に規定する図書の写しを送付しなければならない。

2　都道府県知事及び市町村長は，国土交通省令で定めるところにより，前項の図書又はその写しを当該都道府県又は市町村の事務所に備え置いて一般の閲覧に供する方法その他の適切な方法により公衆の縦覧に供しなければならない。

3　都市計画は，第1項の規定による告示があった日から，その効力を生ずる。

【都市計画の変更】

第21条　都道府県又は市町村は，都市計画区域又は準都市計画区域が変更されたとき，第6条第1項若しくは第2項の規定による都市計画に関する基礎調査又は第13条第1項第二十号に規定する政府が行う調査の結果都市計画を変更する必要が明らかとなったとき，遊休土地転換利用促進地区に関する都市計画についてその目的が達成されたと認めるとき，その他都市計画を変更する必要が生じたときは，遅滞なく，当該都市計画を変更しなければならない。

2　第17条から第18条まで及び前2条の規定は，都市計画の変更（第17条，第18条第2項及び第3項並びに第19条第2項及び第3項の規定については，政令で定める軽易な変更を除く。）について準用する。この場合において，施行予定者を変更する都市計画の変更については，第17条第5項中「当該施行予定者」とあるのは，「変更前後の施行予定者」と読み替えるものとする。

【都市計画の決定等の提案】

第21条の2　都市計画区域又は準都市計画区域のうち，一体として整備し，開発し，又は保全すべき土地の区域としてふさわしい**政令**で定める規模以上の一団の土地の区域について，当該土地の所有権又は建物の所有を目的とする対抗要件を備えた地上権若しくは賃借権（臨時設備その他一時使用のため設定されたことが明らかなものを除く。以下「借地権」という。）を有する者（以下この条において「土地所有者等」という。）は，1人で，又は数人共同して，都道府県又は市町村に対し，都市計画（都市計画区域の整備，開発及び保全の方針並びに都市再開発方針等に関するものを除く。次項及び第75条の9第1項において同じ。）の決定又は変更をすることを提案することができる。この場合においては，当該提案に係る都市計画の素案を添えなければならない。

◆政令［法第21条の2第1項の政令で定める規模］令第15条→p901

2　まちづくりの推進を図る活動を行うことを目的とする特定非営利活動促進法（平成10年法律第7号）第2条第2項の特定非営利活動法人，一般社団法人若しくは一般財団法人その他の営利を目的としない法人，独立行政法人都市再生機構，地方住宅供給公社若しくはまちづくりの推進に関し経験と知識を有するものとして国土交通省令で定める団体又はこれらに準ずるものとして地方公共団体の条例で定める団体は，前項に規定する土地の区域について，都道府県又は市町村に対し，都市計画の決定又は変更をすることを提案することができる。同項後段の規定は，この場合について準用する。

3　前2項の規定による提案（以下「計画提案」という。）は，次に掲げるところに

従って，国土交通省令で定めるところにより行うものとする。

一　当該計画提案に係る都市計画の素案の内容が，第13条その他の法令の規定に基づく都市計画に関する基準に適合するものであること。

二　当該計画提案に係る都市計画の素案の対象となる土地（国又は地方公共団体の所有している土地で公共施設の用に供されているものを除く。以下この号において同じ。）の区域内の土地所有者等の2/3以上の同意（同意した者が所有するその区域内の土地の地積と同意した者が有する借地権の目的となっているその区域内の土地の地積の合計が，その区域内の土地の総地積と借地権の目的となっている土地の総地積との合計の2/3以上となる場合に限る。）を得ていること。

【計画提案に対する都道府県又は市町村の判断等】

第21条の3　都道府県又は市町村は，計画提案が行われたときは，遅滞なく，計画提案を踏まえた都市計画（計画提案に係る都市計画の素案の内容の全部又は一部を実現することとなる都市計画をいう。以下同じ。）の決定又は変更をする必要があるかどうかを判断し，当該都市計画の決定又は変更をする必要があると認めるときは，その案を作成しなければならない。

【計画提案を踏まえた都市計画の案の都道府県都市計画審議会等への付議】

第21条の4　都道府県又は市町村は，計画提案を踏まえた都市計画（当該計画提案に係る都市計画の素案の内容の全部を実現するものを除く。）の決定又は変更をしようとする場合において，第18条第1項又は第19条第1項（これらの規定を第21条第2項において準用する場合を含む。）の規定により都市計画の案を都道府県都市計画審議会又は市町村都市計画審議会に付議しようとするときは，当該都市計画の案に併せて，当該計画提案に係る都市計画の素案を提出しなければならない。

【計画提案を踏まえた都市計画の決定等をしない場合にとるべき措置】

第21条の5　都道府県又は市町村は，計画提案を踏まえた都市計画の決定又は変更をする必要がないと判断したときは，遅滞なく，その旨及びその理由を，当該計画提案をした者に通知しなければならない。

2　都道府県又は市町村は，前項の通知をしようとするときは，あらかじめ，都道府県都市計画審議会（当該市町村に市町村都市計画審議会が置かれているときは，当該市町村都市計画審議会）に当該計画提案に係る都市計画の素案を提出してその意見を聴かなければならない。

【準都市計画区域について都市計画区域が指定された場合における都市計画の取扱い】

第23条の2　準都市計画区域の全部又は一部について都市計画区域が指定されたときは，当該都市計画区域と重複する区域内において定められている都市計画は，当該都市計画区域について定められているものとみなす。

【調査のための立入り等】

第25条　国土交通大臣，都道府県知事又は市町村長は，都市計画の決定又は変更のために他人の占有する土地に立ち入って測量又は調査を行う必要があるときは，その必要の限度において，他人の占有する土地に，自ら立ち入り，又はその命じた者若

しくは委任した者に立ち入らせることができる。

2〜5 （略）

【障害物の伐除及び土地の試掘等】

第26条 前条第1項の規定により他人の占有する土地に立ち入って測量又は調査を行う者は，その測量又は調査を行うに当たり，やむを得ない必要があって，障害となる植物若しくは垣，柵等（以下「障害物」という。）を伐除しようとする場合又は当該土地に試掘若しくはボーリング若しくはこれらに伴う障害物の伐除（以下「試掘等」という。）を行おうとする場合において，当該障害物又は当該土地の所有者及び占有者の同意を得ることができないときは，当該障害物の所在地を管轄する市町村長の許可を受けて当該障害物を伐除し，又は当該土地の所在地を管轄する都道府県知事（市の区域内にあっては，当該市の長。以下「都道府県知事等」という。）の許可を受けて当該土地に試掘等を行うことができる。この場合において，市町村長が許可を与えようとするときは障害物の所有者及び占有者に，都道府県知事等が許可を与えようとするときは土地又は障害物の所有者及び占有者に，あらかじめ，意見を述べる機会を与えなければならない。

2，3 （略）

【証明書等の携帯】

第27条 第25条第1項の規定により他人の占有する土地に立ち入ろうとする者は，その身分を示す証明書を携帯しなければならない。

2 前条第1項の規定により障害物を伐除しようとする者又は土地に試掘等を行おうとする者は，その身分を示す証明書及び市町村長又は都道府県知事等の許可証を携帯しなければならない。

3 前2項に規定する証明書又は許可証は，関係人の請求があったときは，これを提示しなければならない。

【土地の立入り等に伴う損失の補償】

第28条 国土交通大臣，都道府県又は市町村は，第25条第1項又は第26条第1項若しくは第3項の規定による行為により他人に損失を与えたときは，その損失を受けた者に対して，通常生ずべき損失を補償しなければならない。

2，3 （略）

第3章 都市計画制限等

第1節 開発行為等の規制

【開発行為の許可】

第29条 都市計画区域又は準都市計画区域内において開発行為*をしようとする者は，あらかじめ，国土交通省令で定めるところにより，都道府県知事（地方自治法（昭和22年法律第67号）第252条の19第1項の指定都市又は同法第252条の22第1項の中核市（以下「指定都市等」という。）の区域内にあっては，当該指定都市等の

長。以下この節において同じ。）の許可を受けなければならない。ただし，次に掲げる開発行為については，この限りでない。

●関連［開発行為］法第4条第12項→p842

一　市街化区域，区域区分が定められていない都市計画区域又は準都市計画区域内において行う開発行為で，その規模が，それぞれの区域の区分に応じて**政令**で定める規模未満であるもの

◆政令［許可を要しない開発行為の規模］令第19条→p901

二　市街化調整区域，区域区分が定められていない都市計画区域又は準都市計画区域内において行う開発行為で，農業，林業若しくは漁業の用に供する**政令**で定める建築物又はこれらの業務を営む者の居住の用に供する建築物の建築の用に供する目的で行なうもの

◆政令［法第29条第1項第二号及び第2項第一号の政令で定める建築物］令第20条→p902

三　駅舎その他の鉄道の施設，図書館，公民館，変電所その他これらに類する公益上必要な建築物のうち開発区域及びその周辺の地域における適正かつ合理的な土地利用及び環境の保全を図る上で支障がないものとして**政令**で定める建築物の建築の用に供する目的で行う開発行為

◆政令［適正かつ合理的な土地利用及び環境の保全を図る上で
支障がない公益上必要な建築物］令第21条　　　　　　　　　→p902

四　都市計画事業の施行として行う開発行為

五　土地区画整理事業の施行として行う開発行為

六　市街地再開発事業の施行として行う開発行為

七　住宅街区整備事業の施行として行う開発行為

八　防災街区整備事業の施行として行う開発行為

九　公有水面埋立法（大正10年法律第57号）第2条第1項の免許を受けた埋立地であって，まだ同法第22条第2項の告示がないものにおいて行う開発行為

十　非常災害のため必要な応急措置として行う開発行為

十一　通常の管理行為，軽易な行為その他の行為で**政令**で定めるもの

◆政令［開発行為の許可を要しない通常の管理行為，軽易な行為その他の行為］令第22条→p905

2　都市計画区域及び準都市計画区域外の区域内において，それにより一定の市街地を形成すると見込まれる規模として**政令**で定める規模以上の開発行為をしようとする者は，あらかじめ，国土交通省令で定めるところにより，都道府県知事の許可を受けなければならない。ただし，次に掲げる開発行為については，この限りでない。

◆政令［法第29条第2項の政令で定める規模］令第22条の2→p905

一　農業，林業若しくは漁業の用に供する政令で定める建築物又はこれらの業務を営む者の居住の用に供する建築物の建築の用に供する目的で行う開発行為

◆政令［法第29条第1項第二号及び第2項第一号の政令で定める建築物］令第20条→p902

二　前項第三号，第四号及び第九号から第十一号までに掲げる開発行為

3　開発区域が，市街化区域，区域区分が定められていない都市計画区域，準都市計画区域又は都市計画区域及び準都市計画区域外の区域のうち2以上の区域にわたる

場合における第1項第一号及び前項の規定の適用については，**政令**で定める。

◆政令［開発区域が2以上の区域にわたる場合の開発行為の許可の規模要件の適用］
令第22条の3　　　　　　　　　　　　　　　　　　　　　　　→p905

【許可申請の手続】

第30条　前条第1項又は第2項の許可（以下「開発許可」という。）を受けようとする者は，国土交通省令で定めるところにより，次に掲げる事項を記載した申請書を都道府県知事に提出しなければならない。

一　開発区域（開発区域を工区に分けたときは，開発区域及び工区）の位置，区域及び規模

二　開発区域内において予定される建築物又は特定工作物*（以下「予定建築物等」という。）の用途

●関連［特定工作物］法第4条第11項→p842

三　開発行為に関する設計（以下この節において「設計」という。）

四　工事施行者（開発行為に関する工事の請負人又は請負契約によらないで自らその工事を施行する者をいう。以下同じ。）

五　その他国土交通省令で定める事項

2　前項の申請書には，第32条第1項に規定する同意を得たことを証する書面，同条第2項に規定する協議の経過を示す書面その他国土交通省令で定める図書を添付しなければならない。

【設計者の資格】

第31条　前条の場合において，設計に係る設計図書（開発行為に関する工事のうち**国土交通省令***[1]で定めるものを実施するため必要な図面（現寸図その他これに類するものを除く。）及び仕様書をいう。）は，**国土交通省令***[2]で定める資格を有する者の作成したものでなければならない。

◆国土交通省令1［資格を有する者の設計によらなければならない工事］規則第18条→p924
2［設計者の資格］規則第19条　　　　　　　　　　　　→p924

【公共施設の管理者の同意等】

第32条　開発許可を申請しようとする者は，あらかじめ，開発行為に関係がある公共施設の管理者と協議し，その同意を得なければならない。

2　開発許可を申請しようとする者は，あらかじめ，開発行為又は開発行為に関する工事により設置される公共施設を管理することとなる者その他**政令**で定める者と協議しなければならない。

◆政令［開発行為を行うについて協議すべき者］令第23条→p906

3　前2項に規定する公共施設の管理者又は公共施設を管理することとなる者は，公共施設の適切な管理を確保する観点から，前2項の協議を行うものとする。

【開発許可の基準】

第33条　都道府県知事は，開発許可の申請があった場合において，当該申請に係る開発行為が，次に掲げる基準（第4項及び第5項の条例が定められているときは，当該条例で定める制限を含む。）に適合しており，かつ，その申請の手続がこの法律

又はこの法律に基づく命令の規定に違反していないと認めるときは，開発許可をしなければならない。

一　次のイ又はロに掲げる場合には，予定建築物等の用途が当該イ又はロに定める用途の制限に適合していること。ただし，都市再生特別地区の区域内において当該都市再生特別地区に定められた誘導すべき用途に適合するものにあっては，この限りでない。

　　イ　当該申請に係る開発区域内の土地について用途地域，特別用途地区，特定用途制限地域，居住環境向上用途誘導地区，特定用途誘導地区，流通業務地区又は港湾法第39条第1項の分区（以下「用途地域等」という。）が定められている場合　当該用途地域等内における用途の制限（建築基準法第49条第1項若しくは第2項，第49条の2，第60条の2の2第4項若しくは第60条の3第3項（これらの規定を同法第88条第2項において準用する場合を含む。）又は港湾法第40条第1項の条例による用途の制限を含む。）

　　ロ　当該申請に係る開発区域内の土地（都市計画区域（市街化調整区域を除く。）又は準都市計画区域内の土地に限る。）について用途地域等が定められていない場合　建築基準法第48条第14項及び第68条の3第7項（同法第48条第14項に係る部分に限る。）（これらの規定を同法第88条第2項において準用する場合を含む。）の規定による用途の制限

二　主として，自己の居住の用に供する住宅の建築の用に供する目的で行う開発行為以外の開発行為にあっては，道路，公園，広場その他の公共の用に供する空地（消防に必要な水利が十分でない場合に設置する消防の用に供する貯水施設を含む。）が，次に掲げる事項を勘案して，環境の保全上，災害の防止上，通行の安全上又は事業活動の効率上支障がないような規模及び構造で適当に配置され，かつ，開発区域内の主要な道路が，開発区域外の相当規模の道路に接続するように設計が定められていること。この場合において，当該空地に関する都市計画が定められているときは，設計がこれに適合していること。

　　イ　開発区域の規模，形状及び周辺の状況
　　ロ　開発区域内の土地の地形及び地盤の性質
　　ハ　予定建築物等の用途
　　ニ　予定建築物等の敷地の規模及び配置

●関連［開発許可の基準を適用するについて必要な技術的細目］令第25条→p907

三　排水路その他の排水施設が，次に掲げる事項を勘案して，開発区域内の下水道法（昭和33年法律第79号）第2条第一号に規定する下水を有効に排出するとともに，その排出によって開発区域及びその周辺の地域に溢水等による被害が生じないような構造及び能力で適当に配置されるように設計が定められていること。この場合において，当該排水施設に関する都市計画が定められているときは，設計がこれに適合していること。

●関連［用語の定義］下水道法第2条→p1220

　　イ　当該地域における降水量

ロ　前号イからニまでに掲げる事項及び放流先の状況

四　主として，自己の居住の用に供する住宅の建築の用に供する目的で行う開発行
　為以外の開発行為にあっては，水道その他の給水施設が，第二号イからニまでに
　掲げる事項を勘案して，当該開発区域について想定される需要に支障を来さない
　ような構造及び能力で適当に配置されるように設計が定められていること。この
　場合において，当該給水施設に関する都市計画が定められているときは，設計が
　これに適合していること。

五　当該申請に係る開発区域内の土地について地区計画等（次のイからホまでに掲
　げる地区計画等の区分に応じて，当該イからホまでに定める事項が定められてい
　るものに限る。）が定められているときは，予定建築物等の用途又は開発行為の
　設計が当該地区計画等に定められた内容に即して定められていること。

　　イ　地区計画　　再開発等促進区若しくは開発整備促進区（いずれも第12条の5
　　　第5項第一号に規定する施設の配置及び規模が定められているものに限る。）
　　　又は地区整備計画

　　ロ　防災街区整備地区計画　　地区防災施設の区域，特定建築物地区整備計画又
　　　は防災街区整備地区整備計画

　　ハ　歴史的風致維持向上地区計画　　歴史的風致維持向上地区整備計画

　　ニ　沿道地区計画　　沿道再開発等促進区（幹線道路の沿道の整備に関する法律
　　　第9条第4項第一号に規定する施設の配置及び規模が定められているものに限
　　　る。）又は沿道地区整備計画

　　ホ　集落地区計画　　集落地区整備計画

六　当該開発行為の目的に照らして，開発区域における利便の増進と開発区域及びその
　周辺の地域における環境の保全とが図られるように公共施設,学校その他の公益的
　施設及び開発区域内において予定される建築物の用途の配分が定められていること。

七　地盤の沈下，崖崩れ，出水その他による災害を防止するため，開発区域内の土
　地について，地盤の改良，擁壁又は排水施設の設置その他安全上必要な措置が講
　ぜられるように設計が定められていること。この場合において，開発区域内の土
　地の全部又は一部が次の表の左欄に掲げる区域内の土地であるときは，当該土地
　における同表の中欄に掲げる工事の計画が，同表の右欄に掲げる基準に適合して
　いること。

宅地造成及び特定盛土等規制法（昭和36年法律第191号）第10条第1項の宅地造成等工事規制区域	開発行為に関する工事	宅地造成及び特定盛土等規制法第13条の規定に適合するものであること。
宅地造成及び特定盛土等規制法第26条第1項の特定盛土等規制区域	開発行為（宅地造成及び特定盛土等規制法第30条第1項の政令で定める規模（同法第32条の条例が定められているときは，当該条例で	宅地造成及び特定盛土等規制法第31条の規定に適合するものであること。

	定める規模）のものに限る。）に関する工事	
津波防災地域づくりに関する法律第72条第1項の津波災害特別警戒区域	津波防災地域づくりに関する法律第73条第1項に規定する特定開発行為（同条第4項各号に掲げる行為を除く。）に関する工事	津波防災地域づくりに関する法律第75条に規定する措置を同条の国土交通省令で定める技術的基準に従い講じるものであること。

八　主として，自己の居住の用に供する住宅の建築の用に供する目的で行う開発行為以外の開発行為にあっては，開発区域内に建築基準法第39条第1項の災害危険区域*，地すべり等防止法（昭和33年法律第30号）第3条第1項の地すべり防止区域，土砂災害警戒区域等における土砂災害防止対策の推進に関する法律（平成12年法律第57号）第9条第1項の土砂災害特別警戒区域及び特定都市河川浸水被害対策法（平成15年法律第77号）第56条第1項の浸水被害防止区域（次条第八号の二において「災害危険区域等」という。）その他**政令**で定める開発行為を行うのに適当でない区域内の土地を含まないこと。ただし，開発区域及びその周辺の地域の状況等により支障がないと認められるときは，この限りでない。

◆**政令**［開発行為を行うのに適当でない区域］令第23条の2→p906
●**関連**［災害危険区域］建築基準法第39条→p55

九　**政令**で定める規模以上の開発行為にあっては，開発区域及びその周辺の地域における環境を保全するため，開発行為の目的及び第二号イからニまでに掲げる事項を勘案して，開発区域における植物の生育の確保上必要な樹木の保存，表土の保全その他の必要な措置が講ぜられるように設計が定められていること。

◆**政令**［樹木の保存等の措置が講ぜられるように設計が定められなければならない
開発行為の規模］令第23条の3　　　　　　　　　　　　　　　　　　→p907

十　**政令**で定める規模以上の開発行為にあっては，開発区域及びその周辺の地域における環境を保全するため，第二号イからニまでに掲げる事項を勘案して，騒音，振動等による環境の悪化の防止上必要な緑地帯その他の緩衝帯が配置されるように設計が定められていること。

◆**政令**［環境の悪化の防止上必要な緩衝帯が配置されるように設計が定められなければ
ならない開発行為の規模］令第23条の4　　　　　　　　　→p907

十一　**政令**で定める規模以上の開発行為にあっては，当該開発行為が道路，鉄道等による輸送の便等からみて支障がないと認められること。

◆**政令**［輸送の便等からみて支障がないと認められなければならない
開発行為の規模］令第24条　　　　　　　　　　　　　→p907

十二　主として，自己の居住の用に供する住宅の建築の用に供する目的で行う開発行為（当該開発行為に関する工事が宅地造成及び特定盛土等規制法第12条第1項又は第30条第1項の許可を要するものを除く。）又は住宅以外の建築物若しくは特定工作物で自己の業務の用に供するものの建築若しくは建設の用に供する目的で行う開発行為（当該開発行為に関する工事が当該許可を要するもの並びに当該開発行為の中断により当該開発区域及びその周辺の地域に出水，崖崩れ，土砂の流

出等による被害が生じるおそれがあることを考慮して**政令**で定める規模以上のものを除く。）以外の開発行為にあっては，申請者に当該開発行為を行うために必要な資力及び信用があること。

◆政令［申請者に自己の開発行為を行うために必要な資力及び信用がなければならない
開発行為の規模］令第24条の2 →p907

十三 主として，自己の居住の用に供する住宅の建築の用に供する目的で行う開発行為（当該開発行為に関する工事が宅地造成及び特定盛土等規制法第12条第1項又は第30条第1項の許可を要するものを除く。）又は住宅以外の建築物若しくは特定工作物で自己の業務の用に供するものの建築若しくは建設の用に供する目的で行う開発行為（当該開発行為に関する工事が当該許可を要するもの並びに当該開発行為の中断により当該開発区域及びその周辺の地域に出水，崖崩れ，土砂の流出等による被害が生じるおそれがあることを考慮して**政令**で定める規模以上のものを除く。）以外の開発行為にあっては，工事施行者に当該開発行為に関する工事を完成するために必要な能力があること。

◆政令［工事施工者に自己の開発行為に関する工事を完成させるために必要な能力が
なければならない開発行為の規模］令第24条の3 →p907

十四 当該開発行為をしようとする土地若しくは当該開発行為に関する工事をしようとする土地の区域内の土地又はこれらの土地にある建築物その他の工作物につき当該開発行為の施行又は当該開発行為に関する工事の実施の妨げとなる権利を有する者の相当数の同意を得ていること。

2 前項各号に規定する基準を適用するについて必要な技術的細目は，**政令**で定める。

◆政令［開発許可の基準を適用するについて必要な技術的細目］
令第25条～令第29条 →p907～910

3 地方公共団体は，その地方の自然的条件の特殊性又は公共施設の整備，建築物の建築その他の土地利用の現状及び将来の見通しを勘案し，前項の政令で定める技術的細目のみによっては環境の保全，災害の防止及び利便の増進を図ることが困難であると認められ，又は当該技術的細目によらなくとも環境の保全,災害の防止及び利便の増進上支障がないと認められる場合においては，**政令**で定める基準に従い，条例で，当該技術的細目において定められた制限を強化し，又は緩和することができる。

◆政令［条例で技術的細目において定められた制限を強化し，又は緩和する場合の基準］
令第29条の2 →p910

4 地方公共団体は，良好な住居等の環境の形成又は保持のため必要と認める場合においては，**政令**で定める基準に従い，条例で，区域，目的又は予定される建築物の用途を限り，開発区域内において予定される建築物の敷地面積の最低限度に関する制限を定めることができる。

◆政令［条例で建築物の敷地面積の最低限度に関する基準を定める場合の基準］
令第29条の3 →p912

5 景観行政団体（景観法第7条第1項に規定する景観行政団体をいう。）は，良好な景観の形成を図るため必要と認める場合においては，同法第8条第2項第一号の景観計画区域内において，**政令**で定める基準に従い，同条第1項の景観計画に定め

られた開発行為についての制限の内容を，条例で，開発許可の基準として定めることができる。

◆**政令**［景観計画に定められた開発行為についての制限の内容を条例で
開発許可の基準として定める場合の基準］令第29条の4　　　　　　→p912

6　指定都市等及び地方自治法第252条の17の2第1項の規定に基づきこの節の規定により都道府県知事の権限に属する事務の全部を処理することとされた市町村（以下この節において「事務処理市町村」という。）以外の市町村は，前3項の規定により条例を定めようとするときは，あらかじめ，都道府県知事と協議し，その同意を得なければならない。

7　公有水面埋立法第22条第2項の告示があった埋立地において行う開発行為については，当該埋立地に関する同法第2条第1項の免許の条件において第1項各号に規定する事項（第4項及び第5項の条例が定められているときは，当該条例で定める事項を含む。）に関する定めがあるときは，その定めをもって開発許可の基準とし，第1項各号に規定する基準（第4項及び第5項の条例が定められているときは，当該条例で定める制限を含む。）は，当該条件に抵触しない限度において適用する。

8　居住調整地域又は市街地再開発促進区域内における開発許可に関する基準については，第1項に定めるもののほか，別に法律*で定める。

●**関連**［開発行為の許可の基準の特例］都市再開発法第7条の8→p1180

第34条　前条の規定にかかわらず，市街化調整区域に係る開発行為（主として第二種特定工作物の建設の用に供する目的で行う開発行為を除く。）については，当該申請に係る開発行為及びその申請の手続が同条に定める要件に該当するほか，当該申請に係る開発行為が次の各号のいずれかに該当すると認める場合でなければ，都道府県知事は，開発許可をしてはならない。

一　主として当該開発区域の周辺の地域において居住している者の利用に供する**政令**で定める公益上必要な建築物又はこれらの者の日常生活のため必要な物品の販売，加工若しくは修理その他の業務を営む店舗，事業場その他これらに類する建築物の建築の用に供する目的で行う開発行為

◆**政令**［主として周辺の地域において居住している者の利用に供する
公益上必要な建築物］令第29条の5　　　　　　　　　→p913

二　市街化調整区域内に存する鉱物資源，観光資源その他の資源の有効な利用上必要な建築物又は第一種特定工作物の建築又は建設の用に供する目的で行う開発行為

三　温度，湿度，空気等について特別の条件を必要とする政令で定める事業の用に供する建築物又は第一種特定工作物で，当該特別の条件を必要とするため市街化区域内において建築し，又は建設することが困難なものの建築又は建設の用に供する目的で行う開発行為

四　農業，林業若しくは漁業の用に供する建築物で第29条第1項第二号の**政令**で定める建築物以外のものの建築又は市街化調整区域内において生産される農産物，林産物若しくは水産物の処理，貯蔵若しくは加工に必要な建築物若しくは第一種特定工作物の建築若しくは建設の用に供する目的で行う開発行為

◆政令［法第29条第1項第二号及び第2項第一号の政令で定める建築物］令第20条→p902

五　特定農山村地域における農林業等の活性化のための基盤整備の促進に関する法律（平成5年法律第72号）第9条第1項の規定による公告があった所有権移転等促進計画の定めるところによって設定され、又は移転された同法第2条第3項第三号の権利に係る土地において当該所有権移転等促進計画に定める利用目的（同項第二号に規定する農林業等活性化基盤施設である建築物の建築の用に供するためのものに限る。）に従って行う開発行為

六　都道府県が国又は独立行政法人中小企業基盤整備機構と一体となって助成する中小企業者の行う他の事業者との連携若しくは事業の共同化又は中小企業の集積の活性化に寄与する事業の用に供する建築物又は第一種特定工作物の建築又は建設の用に供する目的で行う開発行為

七　市街化調整区域内において現に工業の用に供されている工場施設における事業と密接な関連を有する事業の用に供する建築物又は第一種特定工作物で、これらの事業活動の効率化を図るため市街化調整区域内において建築し、又は建設することが必要なものの建築又は建設の用に供する目的で行う開発行為

八　**政令***で定める危険物の貯蔵又は処理に供する建築物又は第一種特定工作物で、市街化区域内において建築し、又は建設することが不適当なものとして**政令**で定めるものの建築又は建設の用に供する目的で行う開発行為

◆政令［危険物等の範囲］令第29条の6→p913

八の二　市街化調整区域のうち災害危険区域等その他の**政令**で定める開発行為を行うのに適当でない区域内に存する建築物又は第一種特定工作物に代わるべき建築物又は第一種特定工作物（いずれも当該区域外において従前の建築物又は第一種特定工作物の用途と同一の用途に供されることとなるものに限る。）の建築又は建設の用に供する目的で行う開発行為

◆政令［市街化調整区域のうち開発行為を行うのに適当でない区域］令第29条の7→p913

九　前各号に規定する建築物又は第一種特定工作物のほか、市街化区域内において建築し、又は建設することが困難又は不適当なものとして**政令**で定める建築物又は第一種特定工作物の建築又は建設の用に供する目的で行う開発行為

◆政令［市街化区域内において建築し、又は建設することが困難又は不適当な
建築物等］令第29条の8　　　　　　　　　　　　　　　　　→p913

十　地区計画又は集落地区計画の区域（地区整備計画又は集落地区整備計画が定められている区域に限る。）内において、当該地区計画又は集落地区計画に定められた内容に適合する建築物又は第一種特定工作物の建築又は建設の用に供する目的で行う開発行為

十一　市街化区域に隣接し、又は近接し、かつ、自然的社会的諸条件から市街化区域と一体的な日常生活圏を構成していると認められる地域であっておおむね50以上の建築物（市街化区域内に存するものを含む。）が連たんしている地域のうち、災害の防止その他の事情を考慮して**政令**で定める基準に従い、都道府県（指定都市等又は事務処理市町村の区域内にあっては、当該指定都市等又は事務処理市町

村。以下この号及び次号において同じ。）の条例で指定する土地の区域内におい
て行う開発行為で，予定建築物等の用途が，開発区域及びその周辺の地域におけ
る環境の保全上支障があると認められる用途として都道府県の条例で定めるもの
に該当しないもの

　　　　　◆**政令**［法第34条第十一号の土地の区域を条例で指定する場合の基準］令第29条の9→p913

十三　開発区域の周辺における市街化を促進するおそれがないと認められ，かつ，市
街化区域内において行うことが困難又は著しく不適当と認められる開発行為とし
て，災害の防止その他の事情を考慮して**政令**で定める基準に従い，都道府県の条
例で区域，目的又は予定建築物等の用途を限り定められたもの

　　　　　◆**政令**［開発許可をすることができる開発行為を条例で定める場合の基準］
　　　　　　　　令第29条の10　　　　　　　　　　　　　　　　　　　→p914

十三　区域区分に関する都市計画が決定され，又は当該都市計画を変更して市街化調
整区域が拡張された際，自己の居住若しくは業務の用に供する建築物を建築し，
又は自己の業務の用に供する第一種特定工作物を建設する目的で土地又は土地の
利用に関する所有権以外の権利を有していた者で，当該都市計画の決定又は変更
の日から起算して6月以内に国土交通省令で定める事項を都道府県知事に届け出
たものが，当該目的に従って，当該土地に関する権利の行使として行う開発行為
（**政令**で定める期間内に行うものに限る。）

　　　　　◆**政令**［区域区分に関する都市計画の決定等の際土地等を有していた者が
　　　　　　　　開発行為を行うことができる期間］令第30条　　　　　→p914

十四　前各号に掲げるもののほか，都道府県知事が開発審査会の議を経て，開発区域
の周辺における市街化を促進するおそれがなく，かつ，市街化区域内において行
うことが困難又は著しく不適当と認める開発行為

　　【開発許可の特例】

第34条の2　国又は都道府県，指定都市等若しくは事務処理市町村若しくは都道府
県，指定都市等若しくは事務処理市町村がその組織に加わっている一部事務組合，
広域連合若しくは港務局（以下「都道府県等」という。）が行う都市計画区域若し
くは準都市計画区域内における開発行為（第29条第1項各号に掲げる開発行為を除
く。）又は都市計画区域及び準都市計画区域外の区域内における開発行為（同条第
2項の政令で定める規模未満の開発行為及び同項各号に掲げる開発行為を除く。）
については，当該国の機関又は都道府県等と都道府県知事との協議が成立すること
をもって，開発許可があったものとみなす。

2　第32条の規定は前項の協議を行おうとする国の機関又は都道府県等について，第
41条の規定は都道府県知事が同項の協議を成立させる場合について，第47条の規定
は同項の協議が成立したときについて準用する。

　　【許可又は不許可の通知】

第35条　都道府県知事は，開発許可の申請があったときは，遅滞なく，許可又は不許
可の処分をしなければならない。

2　前項の処分をするには，文書をもって当該申請者に通知しなければならない。

【変更の許可等】

第35条の2 開発許可を受けた者は，第30条第1項各号に掲げる事項の変更をしよう
とする場合においては，都道府県知事の許可を受けなければならない。ただし，変
更の許可の申請に係る開発行為が，第29条第1項の許可に係るものにあっては同項
各号に掲げる開発行為，同条第2項の許可に係るものにあっては同項の政令で定め
る規模未満の開発行為若しくは同項各号に掲げる開発行為に該当するとき，又は国
土交通省令で定める軽微な変更をしようとするときは，この限りでない。

2 前項の許可を受けようとする者は，国土交通省令で定める事項を記載した申請書
を都道府県知事に提出しなければならない。

3 開発許可を受けた者は，第1項ただし書の国土交通省令で定める軽微な変更をし
たときは，遅滞なく，その旨を都道府県知事に届け出なければならない。

4 第31条の規定は変更後の開発行為に関する工事が同条の**国土交通省令**で定める工
事に該当する場合について，第32条の規定は開発行為に関係がある公共施設若しく
は当該開発行為若しくは当該開発行為に関する工事により設置される公共施設に関
する事項の変更をしようとする場合又は同条の**政令**[*1]で定める者との協議に係る開
発行為に関する事項であって**政令**[*2]で定めるものの変更をしようとする場合につい
て，第33条，第34条，前条及び第41条の規定は第1項の規定による許可について，
第34条の2の規定は第1項の規定により国又は都道府県等が同項の許可を受けなけ
ればならない場合について，第47条第1項の規定は第1項の規定による許可及び第
3項の規定による届出について準用する。この場合において，第47条第1項中「次
に掲げる事項」とあるのは，「変更の許可又は届出の年月日及び第二号から第六号
までに掲げる事項のうち当該変更に係る事項」と読み替えるものとする。

◆政令1 ［**開発行為を行うについて協議すべき者**］令第23条 →p906
2 ［**開発行為の変更について協議すべき事項等**］令第31条→p914
◆**国土交通省令** ［**資格を有する者の設計によらなければならない工事**］規則第18条→p924
［**設計者の資格**］規則第19条 →p924

5 第1項又は第3項の場合における次条，第37条，第39条，第40条，第42条から第
45条まで及び第47条第2項の規定の適用については，第1項の規定による許可又は
第3項の規定による届出に係る変更後の内容を開発許可の内容とみなす。

【工事完了の検査】

第36条 開発許可を受けた者は，当該開発区域（開発区域を工区に分けたときは，工区）
の全部について当該開発行為に関する工事（当該開発行為に関する工事のうち公共
施設に関する部分については，当該公共施設に関する工事）を完了したときは，国土
交通省令で定めるところにより，その旨を都道府県知事に届け出なければならない。

2 都道府県知事は，前項の規定による届出があったときは，遅滞なく，当該工事が
開発許可の内容に適合しているかどうかについて検査し，その検査の結果当該工事
が当該開発許可の内容に適合していると認めたときは，国土交通省令で定める様式
の検査済証を当該開発許可を受けた者に交付しなければならない。

3 都道府県知事は，前項の規定により検査済証を交付したときは，遅滞なく，国土

交通省令で定めるところにより，当該工事が完了した旨を公告しなければならない。この場合において，当該工事が津波災害特別警戒区域（津波防災地域づくりに関する法律第72条第1項の津波災害特別警戒区域をいう。以下この項において同じ。）内における同法第73条第1項に規定する特定開発行為（同条第4項各号に掲げる行為を除く。）に係るものであり，かつ，当該工事の完了後において当該工事に係る同条第4項第一号に規定する開発区域（津波災害特別警戒区域内のものに限る。）に地盤面の高さが同法第53条第2項に規定する基準水位以上である土地の区域があるときは，その区域を併せて公告しなければならない。

【建築制限等】

第37条　開発許可を受けた開発区域内の土地においては，前条第3項の公告があるまでの間は，建築物を建築し，又は特定工作物を建設してはならない。ただし，次の各号の一に該当するときは，この限りでない。

一　当該開発行為に関する工事用の仮設建築物又は特定工作物を建築し，又は建設するとき，その他都道府県知事が支障がないと認めたとき。

二　第33条第1項第十四号に規定する同意をしていない者が，その権利の行使として建築物を建築し，又は特定工作物*を建設するとき。

●関連［特定工作物］法第4条第11項→p842

【開発行為の廃止】

第38条　開発許可を受けた者は，開発行為に関する工事を廃止したときは，遅滞なく，国土交通省令で定めるところにより，その旨を都道府県知事に届け出なければならない。

【開発行為等により設置された公共施設の管理】

第39条　開発許可を受けた開発行為又は開発行為に関する工事により公共施設が設置されたときは，その公共施設は，第36条第3項の公告の日の翌日において，その公共施設の存する市町村の管理に属するものとする。ただし，他の法律に基づく管理者が別にあるとき，又は第32条第2項の協議により管理者について別段の定めをしたときは，それらの者の管理に属するものとする。

【公共施設の用に供する土地の帰属】

第40条　開発許可を受けた開発行為又は開発行為に関する工事により，従前の公共施設に代えて新たな公共施設が設置されることとなる場合においては，従前の公共施設の用に供していた土地で国又は地方公共団体が所有するものは，第36条第3項の公告の日の翌日において当該開発許可を受けた者に帰属するものとし，これに代わるものとして設置された新たな公共施設の用に供する土地は，その日においてそれぞれ国又は当該地方公共団体に帰属するものとする。

2　開発許可を受けた開発行為又は開発行為に関する工事により設置された公共施設の用に供する土地は，前項に規定するもの及び開発許可を受けた者が自ら管理するものを除き，第36条第3項の公告の日の翌日において，前条の規定により当該公共施設を管理すべき者（その者が地方自治法第2条第9項第一号に規定する第一号法定受託事務（以下単に「第一号法定受託事務」という。）として当該公共施設を管

理する地方公共団体であるときは，国）に帰属するものとする。

3 市街化区域内における都市計画施設である幹線街路その他の主要な公共施設で**政令**[*1]で定めるものの用に供する土地が前項の規定により国又は地方公共団体に帰属することとなる場合においては，当該帰属に伴う費用の負担について第32条第2項の協議において別段の定めをした場合を除き，従前の所有者（第36条第3項の公告の日において当該土地を所有していた者をいう。）は，国又は地方公共団体に対し，**政令**[*2]で定めるところにより，当該土地の取得に要すべき費用の額の全部又は一部を負担すべきことを求めることができる。

◆政令1［法第40条第3項の政令で定める主要な公共施設等］令第32条→p914
　　　2　　　　　　　　　　　　　　　　　　　　　　　　　令第33条→p914

【建築物の建蔽率等の指定】

第41条 都道府県知事は，用途地域の定められていない土地の区域における開発行為について開発許可をする場合において必要があると認めるときは，当該開発区域内の土地について，建築物の建蔽率，建築物の高さ，壁面の位置その他建築物の敷地，構造及び設備に関する制限を定めることができる。

2 前項の規定により建築物の敷地，構造及び設備に関する制限が定められた土地の区域内においては，建築物は，これらの制限に違反して建築してはならない。ただし，都道府県知事が当該区域及びその周辺の地域における環境の保全上支障がないと認め，又は公益上やむを得ないと認めて許可したときは，この限りでない。

【開発許可を受けた土地における建築等の制限】

第42条 何人も，開発許可を受けた開発区域内においては，第36条第3項の公告があった後は，当該開発許可に係る予定建築物等以外の建築物又は特定工作物を新築し，又は新設してはならず，また，建築物を改築し，又はその用途を変更して当該開発許可に係る予定の建築物以外の建築物としてはならない。ただし，都道府県知事が当該開発区域における利便の増進上若しくは開発区域及びその周辺の地域における環境の保全上支障がないと認めて許可したとき，又は建築物及び第一種特定工作物で建築基準法第88条第2項の**政令**で指定する工作物に該当するものにあっては，当該開発区域内の土地について用途地域等が定められているときは，この限りでない。

◆政令［工作物の指定］建築基準法施行令第138条第3項→p370

2 国又は都道府県等が行う行為については，当該国の機関又は都道府県等と都道府県知事との協議が成立することをもって，前項ただし書の規定による許可があったものとみなす。

【開発許可を受けた土地以外の土地における建築等の制限】

第43条 何人も，市街化調整区域のうち開発許可を受けた開発区域外の区域内においては，都道府県知事の許可を受けなければ，第29条第1項第二号若しくは第三号に規定する建築物以外の建築物を新築し，又は第一種特定工作物を新設してはならず，また，建築物を改築し，又はその用途を変更して同項第二号若しくは第三号に規定する建築物以外の建築物としてはならない。ただし，次に掲げる建築物の新築，改築若しくは用途の変更又は第一種特定工作物の新設については，この限りでない。

一　都市計画事業の施行として行う建築物の新築，改築若しくは用途の変更又は第一種特定工作物の新設

二　非常災害のため必要な応急措置として行う建築物の新築，改築若しくは用途の変更又は第一種特定工作物の新設

三　仮設建築物の新築

四　第29条第1項第九号に掲げる開発行為その他の**政令**で定める開発行為が行われた土地の区域内において行う建築物の新築，改築若しくは用途の変更又は第一種特定工作物の新設

◆**政令**［その開発行為が行われた土地の区域内における建築物の新築等が
建築等の許可を要しないこととなる開発行為］令第34条　　　　→p914

五　通常の管理行為，軽易な行為その他の行為で**政令**で定めるもの

◆**政令**［開発許可を受けた土地以外の土地における建築等の許可を要しない
通常の管理行為，軽易な行為その他の行為］令第35条　　　　→p915

2　前項の規定による許可の基準は，第33条及び第34条に規定する開発許可の基準の例に準じて，**政令**で定める。

◆**政令**［開発許可を受けた土地以外の土地における建築等の許可の基準］令第36条→p915

3　国又は都道府県等が行う第1項本文の建築物の新築，改築若しくは用途の変更又は第一種特定工作物の新設（同項各号に掲げるものを除く。）については，当該国の機関又は都道府県等と都道府県知事との協議が成立することをもって，同項の許可があったものとみなす。

【許可に基づく地位の承継】

第44条　開発許可又は前条第1項の許可を受けた者の相続人その他の一般承継人は，被承継人が有していた当該許可に基づく地位を承継する。

第45条　開発許可を受けた者から当該開発区域内の土地の所有権その他当該開発行為に関する工事を施行する権原を取得した者は，都道府県知事の承認を受けて，当該開発許可を受けた者が有していた当該開発許可に基づく地位を承継することができる。

【開発登録簿】

第46条　都道府県知事は，開発登録簿（以下「登録簿」という。）を調製し，保管しなければならない。

第47条　都道府県知事は，開発許可をしたときは，当該許可に係る土地について，次に掲げる事項を登録簿に登録しなければならない。

一　開発許可の年月日

二　予定建築物等（用途地域等の区域内の建築物及び第一種特定工作物を除く。）の用途

三　公共施設の種類，位置及び区域

四　前3号に掲げるもののほか，開発許可の内容

五　第41条第1項の規定による制限の内容

六　前各号に定めるもののほか，国土交通省令で定める事項

2　都道府県知事は，第36条の規定による完了検査を行なった場合において，当該工

事が当該開発許可の内容に適合すると認めたときは，登録簿にその旨を附記しなければならない。

3 第41条第2項ただし書若しくは第42条第1項ただし書の規定による許可があったとき，又は同条第2項の協議が成立したときも，前項と同様とする。

4 都道府県知事は，第81条第1項の規定による処分により第1項各号に掲げる事項について変動を生じたときは，登録簿に必要な修正を加えなければならない。

5 都道府県知事は，登録簿を常に公衆の閲覧に供するように保管し，かつ，請求があったときは，その写しを交付しなければならない。

6 登録簿の調製，閲覧その他登録簿に関し必要な事項は，国土交通省令で定める。

【国及び地方公共団体の援助】

第48条 国及び地方公共団体は，市街化区域内における良好な市街地の開発を促進するため，市街化区域内において開発許可を受けた者に対する必要な技術上の助言又は資金上その他の援助に努めるものとする。

第49条 削除

【不服申立て】

第50条 第29条第1項若しくは第2項，第35条の2第1項，第41条第2項ただし書，第42条第1項ただし書若しくは第43条第1項の規定に基づく処分若しくはその不作為又はこれらの規定に違反した者に対する第81条第1項の規定に基づく監督処分についての審査請求は，開発審査会に対してするものとする。この場合において，不作為についての審査請求は，開発審査会に代えて，当該不作為に係る都道府県知事に対してすることもできる。

2 開発審査会は，前項前段の規定による審査請求がされた場合においては，当該審査請求がされた日（行政不服審査法（平成26年法律第68号）第23条の規定により不備を補正すべきことを命じた場合にあっては，当該不備が補正された日）から2月以内に，裁決をしなければならない。

3 開発審査会は，前項の裁決を行う場合においては，行政不服審査法第24条の規定により当該審査請求を却下する場合を除き，あらかじめ，審査請求人，処分をした行政庁その他の関係人又はこれらの者の代理人の出頭を求めて，公開による口頭審理＊を行わなければならない。

●関連［映像等の送受信による通話の方法による口頭審理］令第36条の2→p916

4 第1項前段の規定による審査請求については，行政不服審査法第31条の規定は適用せず，前項の口頭審理については，同法第9条第3項の規定により読み替えられた同法第31条第2項から第5項までの規定を準用する。

第51条 第29条第1項若しくは第2項，第35条の2第1項，第42条第1項ただし書又は第43条第1項の規定による処分に不服がある者は，その不服の理由が鉱業，採石業又は砂利採取業との調整に関するものであるときは，公害等調整委員会の裁定の申請をすることができる。この場合においては，審査請求をすることができない。

2 行政不服審査法第22条の規定は，前項に規定する処分につき，処分をした行政庁が誤って審査請求又は再調査の請求をすることができる旨を教示した場合に準用する。

第1節の2　田園住居地域内における建築等の規制

第52条　田園住居地域内の農地の区域内において，土地の形質の変更，建築物の建築その他工作物の建設又は土石その他の**政令**で定める物件の堆積を行おうとする者は，市町村長の許可を受けなければならない。ただし，次に掲げる行為については，この限りでない。

◆政令［堆積の許可を要する物件］令第36条の3 →p916

一　通常の管理行為，軽易な行為その他の行為で**政令**で定めるもの

◆政令［建築等の許可を要しない通常の管理行為，軽易な行為その他の行為］令第36条の4 →p916

二　非常災害のため必要な応急措置として行う行為

三　都市計画事業の施行として行う行為又はこれに準ずる行為として**政令**で定める行為

◆政令［都市計画事業の施行として行う行為に準ずる行為］令第36条の5 →p916

2　市町村長は，次に掲げる行為について前項の許可の申請があった場合においては，その許可をしなければならない。

一　土地の形質の変更でその規模が農業の利便の増進及び良好な住居の環境の保護を図る上で支障がないものとして**政令**[*1]で定める規模未満のもの

二　建築物の建築又は工作物の建設で次のいずれかに該当するもの

イ　前項の許可を受けて土地の形質の変更が行われた土地の区域内において行う建築物の建築又は工作物の建設

ロ　建築物又は工作物でその敷地の規模が農業の利便の増進及び良好な住居の環境の保護を図る上で支障がないものとして**政令**[*1]で定める規模未満のものの建築又は建設

三　前項の**政令**[*1]で定める物件の堆積で当該堆積を行う土地の規模が農業の利便の増進及び良好な住居の環境の保護を図る上で支障がないものとして**政令**[*1]で定める規模未満のもの（堆積をした物件の飛散の防止の方法その他の事項に関し**政令**[*2]で定める要件に該当するものに限る。）

◆政令1［農業の利便の増進及び良好な住居の環境の保護を図る上で支障がない
　　　土地の形質の変更等の規模］令第36条の6　　　　　　　　　　　　　→p917
　　2［堆積をした物件の飛散の防止の方法等に関する要件］令第36条の7　→p917

3　国又は地方公共団体が行う行為については，第1項の許可を受けることを要しない。この場合において，当該国の機関又は地方公共団体は，その行為をしようとするときは，あらかじめ，市町村長に協議しなければならない。

第1節の3　市街地開発事業等予定区域の区域内における建築等の規制

【建築等の制限】

第52条の2　市街地開発事業等予定区域に関する都市計画において定められた区域内において，土地の形質の変更を行い，又は建築物の建築その他工作物の建設を行お

うとする者は，都道府県知事等の許可を受けなければならない。ただし，次に掲げる行為については，この限りでない。

一　通常の管理行為，軽易な行為その他の行為で**政令**で定めるもの

　　　◆**政令**［市街地開発事業等予定区域の区域内における建築等の許可を要しない　　　　　　通常の管理行為，軽易な行為その他の行為］令第36条の8　　　　　　　→p917

二　非常災害のため必要な応急措置として行う行為

三　都市計画事業の施行として行う行為又はこれに準ずる行為として**政令**で定める行為

　　　◆**政令**［都市計画事業の施行として行う行為に準ずる行為］令第36条の9→p917

2　国が行う行為については，当該国の機関と都道府県知事等との協議が成立することをもって，前項の規定による許可があったものとみなす。

3　第1項の規定は，市街地開発事業等予定区域に係る市街地開発事業又は都市施設に関する都市計画についての第20条第1項の規定による告示があった後は，当該告示に係る土地の区域内においては，適用しない。

【土地建物等の先買い等】

第52条の3　市街地開発事業等予定区域に関する都市計画についての第20条第1項（第21条第2項において準用する場合を含む。）の規定による告示があったときは，施行予定者は，すみやかに，国土交通省令で定める事項を公告*するとともに，国土交通省令で定めるところにより，当該市街地開発事業等予定区域の区域内の土地又は土地及びこれに定着する建築物その他の工作物（以下「土地建物等」という。）の有償譲渡について，次項から第4項までの規定による制限があることを関係権利者に周知させるため必要な措置を講じなければならない。

2〜5　（略）

【土地の買取請求】

第52条の4　市街地開発事業等予定区域に関する都市計画において定められた区域内の土地の所有者は，施行予定者に対し，国土交通省令で定めるところにより，当該土地を時価で買い取るべきことを請求することができる。ただし，当該土地が他人の権利の目的となっているとき，及び当該土地に建築物その他の工作物又は立木に関する法律（明治42年法律第22号）第1条第1項に規定する立木があるときは，この限りでない。

2〜4　（略）

【損失の補償】

第52条の5　市街地開発事業等予定区域に関する都市計画に定められた区域が変更された場合において，その変更により当該市街地開発事業等予定区域の区域外となった土地の所有者又は関係人のうちに当該都市計画が定められたことにより損失を受けた者があるときは，施行予定者が，市街地開発事業等予定区域に係る市街地開発事業又は都市施設に関する都市計画が定められなかったため第12条の2第5項の規定により市街地開発事業等予定区域に関する都市計画がその効力を失った場合において，当該市街地開発事業等予定区域の区域内の土地の所有者又は関係人のうちに

当該都市計画が定められたことにより損失を受けた者があるときは，当該市街地開発事業等予定区域に係る市街地開発事業又は都市施設に関する都市計画の決定をすべき者が，それぞれその損失の補償をしなければならない。

2，3　（略）

第2節　都市計画施設等の区域内における建築等の規制

【建築の許可】

第53条　都市計画施設の区域又は市街地開発事業*の施行区域内において建築物の建築をしようとする者は，国土交通省令で定めるところにより，都道府県知事等の許可を受けなければならない。ただし，次に掲げる行為については，この限りでない。

●関連［都市計画施設］法第4条第6項→p841，第11条第1項→p850
　　　　［市街地開発事業］法第12条　　　　　　　　　　　→p851

一　**政令**で定める軽易な行為

◆政令［法第53条第1項第一号の政令で定める軽易な行為］令第37条→p917

二　非常災害のため必要な応急措置として行う行為

三　都市計画事業の施行として行う行為又はこれに準ずる行為として**政令**で定める行為

◆政令［法第53条第1項第三号の政令で定める行為］令第37条の2→p917

四　第11条第3項後段の規定により離隔距離の最小限度及び載荷重の最大限度が定められている都市計画施設の区域内において行う行為であって，当該離隔距離の最小限度及び載荷重の最大限度に適合するもの

五　第12条の11に規定する道路（都市計画施設であるものに限る。）の区域のうち建築物等の敷地として併せて利用すべき区域内において行う行為であって，当該道路を整備する上で著しい支障を及ぼすおそれがないものとして**政令**で定めるもの

◆政令［法第53条第1項第五号の政令で定める行為］令第37条の3→p918

2　第52条の2第2項の規定は，前項の規定による許可について準用する。

3　第1項の規定は，第65条第1項に規定する告示があった後は，当該告示に係る土地の区域内においては，適用しない。

【許可の基準】

第54条　都道府県知事等は，前条第1項の規定による許可の申請があった場合において，当該申請が次の各号のいずれかに該当するときは，その許可をしなければならない。

一　当該建築が，都市計画施設又は市街地開発事業に関する都市計画のうち建築物について定めるものに適合するものであること。

二　当該建築が，第11条第3項の規定により都市計画施設の区域について都市施設を整備する立体的な範囲が定められている場合において，当該立体的な範囲外において行われ，かつ，当該都市計画施設を整備する上で著しい支障を及ぼすおそれがないと認められること。ただし，当該立体的な範囲が道路である都市施設を整備するものとして空間について定められているときは，安全上，防火上及び衛

生上支障がないものとして**政令**で定める場合に限る。

◆**政令**［法第54条第二号の政令で定める場合］令第37条の4→p918

三　当該建築物が次に掲げる要件に該当し，かつ，容易に移転し，又は除却することができるものであると認められること。

イ　階数が2以下で，かつ，地階を有しないこと。

ロ　主要構造部（建築基準法第2条第五号に定める主要構造部をいう。）が木造，鉄骨造，コンクリートブロック造その他これらに類する構造であること。

【許可の基準の特例等】

第55条　都道府県知事等は，都市計画施設の区域内の土地でその指定したものの区域又は市街地開発事業（土地区画整理事業及び新都市基盤整備事業を除く。）の施行区域（次条及び第57条において「事業予定地」という。）内において行われる建築物の建築については，前条の規定にかかわらず，第53条第1項の許可をしないことができる。ただし，次条第2項の規定により買い取らない旨の通知があった土地における建築物の建築については，この限りでない。

2　都市計画事業を施行しようとする者その他**政令**で定める者は，都道府県知事等に対し，前項の規定による土地の指定をすべきこと又は次条第1項の規定による土地の買取りの申出及び第57条第2項本文の規定による届出の相手方として定めるべきことを申し出ることができる。

◆**政令**［法第55条第2項の政令で定める者］令第38条→p919

3，4　（略）

【土地の買取り】

第56条　都道府県知事等（前条第4項の規定により，土地の買取りの申出の相手方として公告された者があるときは，その者）は，事業予定地内の土地の所有者から，同条第1項本文の規定により建築物の建築が許可されないときはその土地の利用に著しい支障を来すこととなることを理由として，当該土地を買い取るべき旨の申出があった場合においては，特別の事情がない限り，当該土地を時価で買い取るものとする。

2～4　（略）

【土地の先買い等】

第57条　市街地開発事業に関する都市計画についての第20条第1項（第21条第2項において準用する場合を含む。）の規定による告示又は市街地開発事業若しくは市街化区域若しくは区域区分が定められていない都市計画区域内の都市計画施設に係る第55条第4項の規定による公告*があったときは，都道府県知事等（同項の規定により，次項本文の規定による届出の相手方として公告された者があるときは，その者。以下この条において同じ。）は，速やかに，国土交通省令で定める事項を公告するとともに，国土交通省令で定めるところにより，事業予定地内の土地の有償譲渡について，次項から第4項までの規定による制限があることを関係権利者に周知させるため必要な措置を講じなければならない。

2～5　（略）

【建築等の制限】

第57条の3 施行予定者が定められている都市計画施設の区域等内における土地の形質の変更又は建築物の建築その他工作物の建設については，第52条の2第1項及び第2項の規定を準用する。

> ●**関連**［市街地開発事業等予定区域の区域内における建築等の許可を要しない
> 通常の管理行為，軽易な行為その他の行為］令第36条の8　　　　→p917

2　前項の規定は，第65条第1項に規定する告示があった後は，当該告示に係る土地の区域内においては，適用しない。

第3節　風致地区内における建築等の規制

【建築等の規制】

第58条 風致地区内における建築物の建築，宅地の造成，木竹の伐採その他の行為については，**政令**で定める基準に従い，地方公共団体の条例で，都市の風致を維持するため必要な規制をすることができる。

> ◆**政令**［行為の制限］風致地区内における建築等の規制に係る
> 条例の制定に関する基準を定める政令第3条　　　　→p1202

2　第51条の規定は，前項の規定に基づく条例の規定による処分に対する不服について準用する。

第4節　地区計画等の区域内における建築等の規制

【建築等の届出等】

第58条の2 地区計画の区域（再開発等促進区若しくは開発整備促進区（いずれも第12条の5第5項第一号に規定する施設の配置及び規模が定められているものに限る。）又は地区整備計画が定められている区域に限る。）内において，土地の区画形質の変更，建築物の建築その他**政令**で定める行為を行おうとする者は，当該行為に着手する日の30日前までに，国土交通省令で定めるところにより，行為の種類，場所，設計又は施行方法，着手予定日その他国土交通省令で定める事項を市町村長に届け出なければならない。ただし，次に掲げる行為については，この限りでない。

> ◆**政令**［届出を要する行為］令第38条の4 →p919

一　通常の管理行為，軽易な行為その他の行為で**政令**で定めるもの

> ◆**政令**［地区計画の区域内において建築等の届出を要しない通常の
> 管理行為，軽易な行為その他の行為］令第38条の5　　　　→p920

二　非常災害のため必要な応急措置として行う行為

三　国又は地方公共団体が行う行為

四　都市計画事業の施行として行う行為又はこれに準ずる行為として**政令**で定める行為

> ◆**政令**［法第58条の2第1項第四号の政令で定める行為］令第38条の6 →p920

五　第29条第1項の許可を要する行為その他**政令**で定める行為

> ◆**政令**［建築等の届出を要しないその他の行為］令第38条の7 →p921

2　前項の規定による届出をした者は，その届出に係る事項のうち国土交通省令で定める事項を変更しようとするときは，当該事項の変更に係る行為に着手する日の30日前までに，国土交通省令で定めるところにより，その旨を市町村長に届け出なければならない。

3　市町村長は，第1項又は前項の規定による届出があった場合において，その届出に係る行為が地区計画に適合しないと認めるときは，その届出をした者に対し，その届出に係る行為に関し設計の変更その他の必要な措置をとることを勧告することができる。

4　市町村長は，前項の規定による勧告をした場合において，必要があると認めるときは，その勧告を受けた者に対し，土地に関する権利の処分についてのあっせんその他の必要な措置を講ずるよう努めなければならない。

【建築等の許可】

第58条の3　市町村は，条例で，地区計画の区域（地区整備計画において第12条の5第7項第四号に掲げる事項が定められている区域に限る。）内の農地の区域内における第52条第1項本文に規定する行為について，市町村長の許可を受けなければならないこととすることができる。

2　前項の規定に基づく条例（以下この条において「地区計画農地保全条例」という。）には，併せて，市町村長が農業の利便の増進と調和した良好な居住環境を確保するために必要があると認めるときは，許可に期限その他必要な条件を付することができる旨を定めることができる。

3　地区計画農地保全条例による制限は，当該区域内における土地利用の状況等を考慮し，農業の利便の増進と調和した良好な居住環境を確保するため合理的に必要と認められる限度において行うものとする。

4　地区計画農地保全条例には，第52条第1項ただし書，第2項及び第3項の規定の例により，当該条例に定める制限の適用除外，許可基準その他必要な事項を定めなければならない。

【他の法律による建築等の規制】

第58条の4　地区計画等の区域内における建築物の建築その他の行為に関する制限については，前2条に定めるもののほか，別に法律＊で定める。

●関連 [市町村の条例に基づく制限] 建築基準法第68条の2　　　→p86
　　　[再開発等促進区等内の制限の緩和等] 建築基準法第68条の3→p87
　　　建築基準法第68条の4〜第68条の5の5　　　　　　　　→p89〜92
　　　[行為の届出等] 幹線道路の沿道の整備に関する法律第10条→p1131

第5節　遊休土地転換利用促進地区内における土地利用に関する措置等（略）

第4章　都市計画事業

第1節　都市計画事業の認可等

【施行者】

第59条　都市計画事業は，市町村が，都道府県知事（第一号法定受託事務として施行する場合にあっては，国土交通大臣）の認可を受けて施行する。

2　都道府県は，市町村が施行することが困難又は不適当な場合その他特別な事情がある場合においては，国土交通大臣の認可を受けて，都市計画事業を施行することができる。

3　国の機関は，国土交通大臣の承認を受けて，国の利害に重大な関係を有する都市計画事業を施行することができる。

4　国の機関，都道府県及び市町村以外の者は，事業の施行に関して行政機関の免許，許可，認可等の処分を必要とする場合においてこれらの処分を受けているとき，その他特別な事情がある場合においては，都道府県知事の認可を受けて，都市計画事業を施行することができる。

5　都道府県知事は，前項の認可をしようとするときは，あらかじめ，関係地方公共団体の長の意見をきかなければならない。

6　国土交通大臣又は都道府県知事は，第1項から第4項までの規定による認可又は承認をしようとする場合において，当該都市計画事業が，用排水施設その他農用地の保全若しくは利用上必要な公共の用に供する施設を廃止し，若しくは変更するものであるとき，又はこれらの施設の管理，新設若しくは改良に係る土地改良事業計画に影響を及ぼすおそれがあるものであるときは，当該都市計画事業について，当該施設を管理する者又は当該土地改良事業計画による事業を行う者の意見をきかなければならない。ただし，政令で定める軽易なものについては，この限りでない。

7　施行予定者が定められている都市計画に係る都市計画施設の整備に関する事業及び市街地開発事業は，その定められている者でなければ，施行することができない。

【認可又は承認の申請】

第60条　前条の認可又は承認を受けようとする者は，国土交通省令で定めるところにより，次に掲げる事項を記載した申請書を国土交通大臣又は都道府県知事に提出しなければならない。

一　施行者の名称

二　都市計画事業の種類

三　事業計画

四　その他国土交通省令で定める事項

2　前項第三号の事業計画には，次に掲げる事項を定めなければならない。

一　収用又は使用の別を明らかにした事業地（都市計画事業を施行する土地をいう。以下同じ。）

二 設計の概要

三 事業施行期間

3，4 （略）

【都市計画事業の認可等の告示】

第62条 国土交通大臣又は都道府県知事は，第59条の認可又は承認をしたときは，遅滞なく，国土交通省令で定めるところにより，施行者の名称，都市計画事業の種類，事業施行期間及び事業地を告示し，かつ，国土交通大臣にあっては関係都道府県知事及び関係市町村長に，都道府県知事にあっては国土交通大臣及び関係市町村長に，第60条第3項第一号及び第二号に掲げる図書の写しを送付しなければならない。

2 （略）

【事業計画の変更】

第63条 第60条第1項第三号の事業計画を変更しようとする者は，国の機関にあっては国土交通大臣の承認を，都道府県及び第一号法定受託事務として施行する市町村にあっては国土交通大臣の認可を，その他の者にあっては都道府県知事の認可を受けなければならない。ただし，設計の概要について国土交通省令で定める軽易な変更をしようとするときは，この限りでない。

2 第59条第6項，第60条及び前2条の規定は，前項の認可又は承認について準用する。

第2節 都市計画事業の施行

【建築等の制限】

第65条 第62条第1項の規定による告示又は新たな事業地の編入に係る第63条第2項において準用する第62条第1項の規定による告示があった後においては，当該事業地内において，都市計画事業の施行の障害となるおそれがある土地の形質の変更若しくは建築物の建築その他工作物の建設を行い，又は政令で定める移動の容易でない物件の設置若しくは堆積を行おうとする者は，都道府県知事等の許可を受けなければならない。

2 都道府県知事等は，前項の許可の申請があった場合において，その許可を与えようとするときは，あらかじめ，施行者の意見を聴かなければならない。

3 第52条の2第2項の規定は，第1項の規定による許可について準用する。

【土地建物等の先買い】

第67条 前条の公告の日の翌日から起算して10日を経過した後に事業地内の土地建物等を有償で譲り渡そうとする者は，当該土地建物等，その予定対価の額（予定対価が金銭以外のものであるときは，これを時価を基準として金銭に見積もった額。以下この条において同じ。）及び当該土地建物等を譲り渡そうとする相手方その他国土交通省令で定める事項を書面で施行者に届け出なければならない。ただし，当該土地建物等の全部又は一部が文化財保護法第46条（同法第83条において準用する場合を含む。）の規定の適用を受けるものであるときは，この限りでない。

2，3 （略）

【土地の買取請求】

第68条　事業地内の土地で，次条の規定により適用される土地収用法第31条の規定により収用の手続が保留されているものの所有者は，施行者に対し，国土交通省令で定めるところにより，当該土地を時価で買い取るべきことを請求することができる。ただし，当該土地が他人の権利の目的となっているとき，及び当該土地に建築物その他の工作物又は立木に関する法律第1条第1項に規定する立木があるときは，この限りでない。

2，3　（略）

第5章　都市施設等整備協定（略）

第6章　都市計画協力団体（略）

第7章　社会資本整備審議会の調査審議等及び 都道府県都市計画審議会等（略）

第8章　雑　　則

【指定都市の特例】

第87条　国土交通大臣又は都道府県は，地方自治法第252条の19第1項の指定都市（以下この条及び次条において単に「指定都市」という。）の区域を含む都市計画区域に係る都市計画を決定し，又は変更しようとするときは，当該指定都市の長と協議するものとする。

第87条の2　指定都市の区域においては，第15条第1項の規定にかかわらず，同項各号に掲げる都市計画（同項第一号に掲げる都市計画にあっては一の指定都市の区域の内外にわたり指定されている都市計画区域に係るものを除き，同項第五号に掲げる都市計画にあっては一の指定都市の区域を超えて特に広域の見地から決定すべき都市施設として**政令**で定めるものに関するものを除く。）は，指定都市が定める。

◆政令［一の指定都市の区域を超えて特に広域の見地から決定すべき都市施設］令第45条→p922

2　指定都市の区域における第6条の2第3項及び第7条の2第2項の規定の適用については，これらの規定中「定められる」とあるのは，「指定都市が定める」とする。

3　指定都市（その区域の内外にわたり都市計画区域が指定されているものを除く。）に対する第18条の2第1項の規定の適用については，同項中「ものとする」とあるのは，「ことができる」とする。

4　指定都市が第1項の規定により第18条第3項に規定する都市計画を定めようとす

る場合における第19条第3項（第21条第2項において準用する場合を含む。以下この条において同じ。）の規定の適用については，第19条第3項中「都道府県知事に協議しなければ」とあるのは「国土交通省令で定めるところにより，国土交通大臣に協議し，その同意を得なければ」とし，同条第4項及び第5項の規定は，適用しない。

5　国土交通大臣は，国の利害との調整を図る観点から，前項の規定により読み替えて適用される第19条第3項の協議を行うものとする。

6　第4項の規定により読み替えて適用される第19条第3項の規定により指定都市が国土交通大臣に協議しようとするときは，あらかじめ，都道府県知事の意見を聴き，協議書にその意見を添えて行わなければならない。

7　都道府県知事は，一の市町村の区域を超える広域の見地からの調整を図る観点又は都道府県が定め，若しくは定めようとする都市計画との適合を図る観点から，前項の意見の申出を行うものとする。

8　都道府県知事は，第6項の意見の申出を行うに当たり必要があると認めるときは，関係市町村に対し，資料の提出，意見の開陳，説明その他必要な協力を求めることができる。

9　指定都市が，2以上の都府県の区域にわたる都市計画区域に係る第1項の都市計画を定める場合においては，前3項の規定は，適用しない。

10　指定都市の区域における第23条第1項の規定の適用については，同項中「都道府県」とあるのは，「都道府県若しくは指定都市」とする。

11　指定都市に対する第77条の2第1項の規定の適用については，同項中「置くことができる」とあるのは，「置く」とする。

【都の特例】

第87条の3　特別区の存する区域においては，第15条の規定により市町村が定めるべき都市計画のうち**政令**で定めるものは，都が定める。

◆政令［都に関する特例］令第46条→p922

2　前項の規定により都が定める都市計画に係る第2章第2節（第26条第1項及び第3項並びに第27条第2項を除く。）の規定による市町村の事務は，都が処理する。この場合においては，これらの規定中市町村に関する規定は，都に関する規定として都に適用があるものとする。

第9章　罰　　則（略）

附　則　（略）

都市計画法施行令［抄］

昭和44年6月13日　政令第158号
最終改正　令和5年10月18日　政令第304号

第1章　総　　則

【特定工作物】
第1条　都市計画法（以下「法」という。）第4条第11項の周辺の地域の環境の悪化
をもたらすおそれがある工作物で政令で定めるものは，次に掲げるものとする。
一　アスファルトプラント
二　クラッシャープラント
三　危険物（建築基準法施行令（昭和25年政令第338号）第116条第1項の表の危険
物品の種類の欄に掲げる危険物をいう。）の貯蔵又は処理に供する工作物（石油
パイプライン事業法（昭和47年法律第105号）第5条第2項第二号に規定する事
業用施設に該当するもの，港湾法（昭和25年法律第218号）第2条第5項第八号
に規定する保管施設又は同項第八号の二に規定する船舶役務用施設に該当するも
の，漁港漁場整備法（昭和25年法律第137号）第3条第二号ホに規定する補給施
設に該当するもの，航空法（昭和27年法律第231号）による公共の用に供する飛
行場に建設される航空機給油施設に該当するもの，電気事業法（昭和39年法律第
170号）第2条第1項第十六号に規定する電気事業（同項第二号に規定する小売
電気事業及び同項第十五号の三に規定する特定卸供給事業を除く。）の用に供す
る同項第十八号に規定する電気工作物に該当するもの及びガス事業法（昭和29年
法律第51号）第2条第13項に規定するガス工作物（同条第2項に規定するガス小
売事業の用に供するものを除く。）に該当するものを除く。）
2　法第4条第11項の大規模な工作物で政令で定めるものは，次に掲げるもので，そ
の規模が1ha以上のものとする。
一　野球場，庭球場，陸上競技場，遊園地，動物園その他の運動・レジャー施設で
ある工作物（学校教育法（昭和22年法律第26号）第1条に規定する学校（大学を
除く。）又は就学前の子どもに関する教育，保育等の総合的な提供の推進に関す
る法律（平成18年法律第77号）第2条第7項に規定する幼保連携型認定こども園
の施設に該当するもの，港湾法第2条第5項第九号の三に規定する港湾環境整備
施設に該当するもの，都市公園法（昭和31年法律第79号）第2条第1項に規定す
る都市公園に該当するもの及び自然公園法（昭和32年法律第161号）第2条第六
号に規定する公園事業又は同条第四号に規定する都道府県立自然公園のこれに相
当する事業により建設される施設に該当するものを除く。）
二　墓園

【公共施設】

第1条の2　法第4条第14項の政令で定める公共の用に供する施設は,下水道,緑地,広場,河川,運河,水路及び消防の用に供する貯水施設とする。

第2章　都市計画

第1節　都市計画の内容

【大都市に係る都市計画区域】

第3条　法第7条第1項第二号の大都市に係る都市計画区域として政令で定めるものは,地方自治法（昭和22年法律第67号）第252条の19第1項の指定都市（以下単に「指定都市」という。）の区域の全部又は一部を含む都市計画区域（指定都市の区域の一部を含む都市計画区域にあっては,その区域内の人口が50万人未満であるものを除く。）とする。

【地域地区について都市計画に定める事項】

第4条　法第8条第3項第三号の政令で定める事項は,面積並びに特定街区,景観地区,風致地区,臨港地区,歴史的風土特別保存地区,第一種歴史的風土保存地区,第二種歴史的風土保存地区,緑地保全地域,特別緑地保全地区,流通業務地区及び伝統的建造物群保存地区については名称とする。

【促進区域について都市計画に定める事項】

第4条の2　法第10条の2第2項の政令で定める事項は,区域の面積とする。

【法第10条の3第1項第一号の政令で定める要件】

第4条の3　法第10条の3第1項第一号の政令で定める要件は,当該区域内の土地が相当期間にわたり次に掲げる条件のいずれかに該当していることとする。

　一　住宅の用,事業の用に供する施設の用その他の用途に供されていないこと。

　二　住宅の用,事業の用に供する施設の用その他の用途に供されている場合には,その土地又はその土地に存する建築物その他の工作物（第3章第1節を除き,以下「建築物等」という。）の整備の状況等からみて,その土地の利用の程度がその周辺の地域における同一の用途又はこれに類する用途に供されている土地の利用の程度に比し著しく劣っていると認められること。

【遊休土地転換利用促進地区について都市計画に定める事項】

第4条の4　法第10条の3第2項の政令で定める事項は,区域の面積とする。

【被災市街地復興推進地域について都市計画に定める事項】

第4条の5　法第10条の4第2項の政令で定める事項は,区域の面積とする。

【法第11条第1項第十五号の政令で定める施設】

第5条　法第11条第1項第十五号の政令で定める施設は,電気通信事業の用に供する施設又は防風,防火,防水,防雪,防砂若しくは防潮の施設とする。

【都市施設について都市計画に定める事項】

第6条　法第11条第2項の政令で定める事項は,次の各号に掲げる施設について,そ

れぞれ当該各号に定めるものとする。

一　道路　　種別及び車線の数（車線のない道路である場合を除く。）その他の構造

二　駐車場　　面積及び構造

三　自動車ターミナル又は公園　　種別及び面積

四　都市高速鉄道又は法第11条第1項第四号に掲げる都市施設　　構造

五　空港，緑地，広場，運動場，墓園，汚物処理場，ごみ焼却場，ごみ処理場又は法第11条第1項第五号から第七号までに掲げる都市施設　　面積

六　下水道　　排水区域

七　一団地の住宅施設　　面積，建築物の建蔽率の限度，建築物の容積率の限度，住宅の低層，中層又は高層別の予定戸数並びに公共施設，公益的施設及び住宅の配置の方針

八　一団地の官公庁施設　　面積，建築物の建蔽率の限度，建築物の容積率の限度並びに公共施設，公益的施設及び建築物の配置の方針

2　前項の種別及び構造の細目は，国土交通省令で定める。

【立体的な範囲を都市計画に定めることができる都市施設】

第6条の2　法第11条第3項の政令で定める都市施設は，次に掲げるものとする。

一　道路，都市高速鉄道，駐車場，自動車ターミナルその他の交通施設

二　公園，緑地，広場，墓園その他の公共空地

三　水道，電気供給施設，ガス供給施設，下水道，汚物処理場，ごみ焼却場その他の供給施設又は処理施設

四　河川，運河その他の水路

五　一団地の都市安全確保拠点施設

六　電気通信事業の用に供する施設

七　防火又は防水の施設

【市街地開発事業について都市計画に定める事項】

第7条　法第12条第2項の政令で定める事項は，施行区域の面積とする。

【市街地開発事業等予定区域について都市計画に定める事項】

第7条の2　法第12条の2第2項の政令で定める事項は，区域の面積とする。

【地区計画等について都市計画に定める事項】

第7条の3　法第12条の4第2項の政令で定める事項は，区域の面積とする。

【地区施設】

第7条の4　法第12条の5第2項第一号イの政令で定める施設は，都市計画施設以外の施設である道路又は公園，緑地，広場その他の公共空地とする。

2　法第12条の5第2項第一号ロの政令で定める施設は，避難施設，避難路又は雨水貯留浸透施設のうち，都市計画施設に該当しないものとする。

【再開発等促進区又は開発整備促進区を定める地区計画において定める施設】

第7条の5　法第12条の5第5項第一号の政令で定める施設は，道路又は公園，緑地，広場その他の公共空地とする。

【地区整備計画において定める建築物等に関する事項】

第 7 条の 6 法第12条の 5 第 7 項第二号の建築物等に関する事項で政令で定めるものは，垣又はさくの構造の制限とする。

【地区計画の策定に関する基準】

第 7 条の 7 地区計画を都市計画に定めるについて必要な政令で定める基準は，次に掲げるものとする。

一 地区施設及び法第12条の 5 第 5 項第一号に規定する施設の配置及び規模は，当該区域及びその周辺において定められている他の都市計画と併せて効果的な配置及び規模の公共施設を備えた健全な都市環境を形成し，又は保持するよう，必要な位置に適切な規模で定めること。

二 建築物等に関する事項（再開発等促進区及び開発整備促進区におけるものを除く。）は，建築物等が各街区においてそれぞれ適正かつ合理的な土地の利用形態を示し，かつ，その配列，用途構成等が一体として当該区域の特性にふさわしいものとなるように定めること。

三 再開発等促進区又は開発整備促進区における建築物等に関する事項は，市街地の空間の有効な利用，良好な住居の環境の確保，商業その他の業務の利便の増進等を考慮して，建築物等が当該区域にふさわしい用途，容積，高さ，配列等を備えた適正かつ合理的な土地の利用形態となるように定めること。

四 再開発等促進区又は開発整備促進区における地区整備計画の区域は，建築物及びその敷地の整備並びに公共施設の整備を一体として行うべき土地の区域としてふさわしいものとなるように定めること。

【都市計画基準】

第 8 条 区域区分に関し必要な技術的基準は，次に掲げるものとする。

一 既に市街地を形成している区域として市街化区域に定める土地の区域は，相当の人口及び人口密度を有する市街地その他の既成市街地として国土交通省令で定めるもの並びにこれに接続して現に市街化しつつある土地の区域とすること。

二 おおむね10年以内に優先的かつ計画的に市街化を図るべき区域として市街化区域に定める土地の区域は，原則として，次に掲げる土地の区域を含まないものとすること。

　　イ 当該都市計画区域における市街化の動向並びに鉄道，道路，河川及び用排水施設の整備の見通し等を勘案して市街化することが不適当な土地の区域

　　ロ 溢水，湛水，津波，高潮等による災害の発生のおそれのある土地の区域

　　ハ 優良な集団農地その他長期にわたり農用地として保存すべき土地の区域

　　ニ 優れた自然の風景を維持し，都市の環境を保持し，水源を涵養し，土砂の流出を防備する等のため保全すべき土地の区域

三 区域区分のための土地の境界は，原則として，鉄道その他の施設，河川，海岸，崖その他の地形，地物等土地の範囲を明示するのに適当なものにより定めることとし，これにより難い場合には，町界，字界等によること。

2 用途地域には，原則として，次に掲げる土地の区域を含まないものとする。

一 農業振興地域の整備に関する法律（昭和44年法律第58号）第8条第2項第一号に規定する農用地区域（第16条の2第一号において単に「農用地区域」という。）又は農地法（昭和27年法律第229号）第5条第2項第一号ロに掲げる農地（同法第43条第1項の規定により農作物の栽培を耕作に該当するものとみなして適用する同号ロに掲げる農地を含む。）若しくは採草放牧地の区域

二 自然公園法第20条第1項に規定する特別地域，森林法（昭和26年法律第249号）第25条又は第25条の2の規定により指定された保安林の区域その他これらに類する土地の区域として国土交通省令で定めるもの

第2節 都市計画の決定等

【都道府県が定める都市計画】

第9条 法第15条第1項第五号の広域の見地から決定すべき地域地区として政令で定めるものは，次に掲げるものとする。

一 風致地区で面積が10ha以上のもの（2以上の市町村の区域にわたるものに限る。）

二 特別緑地保全地区（首都圏近郊緑地保全法（昭和41年法律第101号）第4条第2項第三号の近郊緑地特別保全地区及び近畿圏の保全区域の整備に関する法律（昭和42年法律第103号）第6条第2項の近郊緑地特別保全地区（第12条第三号において「近郊緑地特別保全地区」という。）を除く。）で面積が10ha以上のもの（2以上の市町村の区域にわたるものに限る。）

2 法第15条第1項第五号の広域の見地から決定すべき都市施設又は根幹的都市施設として政令で定めるものは，次に掲げるものとする。

一 次に掲げる道路

　イ 道路法（昭和27年法律第180号）第3条の一般国道又は都道府県道

　ロ その他の道路で自動車専用道路であるもの

二 都市高速鉄道

三 空港法（昭和31年法律第80号）第4条第1項各号に掲げる空港及び同法第5条第1項に規定する地方管理空港

四 公園，緑地，広場又は墓園で，面積が10ha以上のもの（国又は都道府県が設置するものに限る。）

五 水道法（昭和32年法律第177号）第3条第4項に規定する水道用水供給事業の用に供する水道

六 下水道法（昭和33年法律第79号）第2条第三号に規定する公共下水道で排水区域が2以上の市町村の区域にわたるもの又は同法第2条第四号に規定する流域下水道

七 産業廃棄物処理施設

八 河川法（昭和39年法律第167号）第4条第1項に規定する一級河川若しくは同法第5条第1項に規定する二級河川又は運河

九 一団地の官公庁施設

十 流通業務団地

【法第15条第１項第六号の政令で定める大規模な土地区画整理事業等】

第10条　法第15条第１項第六号の政令で定める大規模な土地区画整理事業，市街地再開発事業，住宅街区整備事業及び防災街区整備事業は，それぞれ次に掲げるものとする。

一　土地区画整理法（昭和29年法律第119号）による土地区画整理事業で施行区域の面積が50ha を超えるもの

二　都市再開発法（昭和44年法律第38号）による市街地再開発事業で施行区域の面積が３ha を超えるもの

三　大都市地域における住宅及び住宅地の供給の促進に関する特別措置法（昭和50年法律第67号）による住宅街区整備事業で施行区域の面積が20ha を超えるもの

四　密集市街地における防災街区の整備の促進に関する法律（平成９年法律第49号。以下「密集市街地整備法」という。）による防災街区整備事業で施行区域の面積が３ha を超えるもの

【法第15条第１項第七号の政令で定める市街地開発事業等予定区域】

第10条の２　法第15条第１項第七号の広域の見地から決定すべき都市施設又は根幹的都市施設の予定区域として政令で定めるものは，法第12条の２第１項第五号又は第六号に掲げる予定区域とする。

【法第16条第２項の政令で定める事項】

第10条の３　法第16条第２項の政令で定める事項は，地区計画等の案の内容となるべき事項の提示方法及び意見の提出方法とする。

【地区計画等の案を作成するに当たって意見を求める者】

第10条の４　法第16条第２項の政令で定める利害関係を有する者は，地区計画等の案に係る区域内の土地について対抗要件を備えた地上権若しくは賃借権又は登記した先取特権，質権若しくは抵当権を有する者及びその土地若しくはこれらの権利に関する仮登記，その土地若しくはこれらの権利に関する差押えの登記又はその土地に関する買戻しの特約の登記の登記名義人とする。

【特定街区に関する都市計画の案につき同意を要する者】

第11条　法第17条第３項（法第21条第２項において準用する場合を含む。）の政令で定める利害関係を有する者は，当該特定街区内の土地について所有権，建物の所有を目的とする対抗要件を備えた地上権若しくは賃借権又は登記した先取特権，質権若しくは抵当権を有する者及びこれらの権利に関する仮登記，これらの権利に関する差押えの登記又はその土地に関する買戻しの特約の登記の登記名義人とする。

【地区計画等に定める事項のうち都道府県知事への協議を要するもの】

第13条　法第19条第３項（法第21条第２項において準用する場合を含む。）の政令で定める事項は，次の表の左欄各項に定める地区計画等の区分に応じてそれぞれ同表の右欄各項に定めるものとする。

地区計画等	事　　　　　　項
地区計画（市街化調整区域内において定めるものを除く。）	一　地区計画の位置及び区域 二　地区施設のうち道路（袋路状のものを除く。）で幅員 8 m 以上のものの配置及び規模 三　再開発等促進区又は開発整備促進区に関する事項のうち，次に掲げるもの 　イ　法第12条の 5 第 5 項第一号に規定する施設の配置及び規模 　ロ　土地利用に関する基本方針 四　建築物等に関する事項（再開発等促進区及び開発整備促進区におけるものを除く。）のうち，次に掲げるもの（これらの事項が都道府県が定める地域地区の区域その他**国土交通省令**で定める区域において定められる場合に限る。） 　　◆**国土交通省令**［令第13条の表の国土交通省令で定める区域］ 　　　　　規則第11条の 2　　　　　　　　　　　　　　→p924 　イ　建築物等の用途の制限 　ロ　建築物の容積率の最高限度 五　再開発等促進区又は開発整備促進区における建築物等に関する事項のうち，次に掲げるもの（ハに掲げるものにあっては，用途地域に関する都市計画において定められた建築物の建蔽率を超えて定められる場合に限る。） 　イ　建築物等の用途の制限 　ロ　建築物の容積率の最高限度 　ハ　建築物の建蔽率の最高限度 六　法第12条の11に規定する道路の区域のうち建築物等の敷地として併せて利用すべき区域及び当該区域内における同条に規定する建築物等の建築又は建設の限界 七　法第12条の12に規定する開発整備促進区における地区整備計画の区域において誘導すべき用途及び当該誘導すべき用途に供する特定大規模建築物の敷地として利用すべき土地の区域
市街化調整区域内において定める地区計画	一　地区計画の位置及び区域 二　当該地区計画の目標 三　当該区域の整備，開発及び保全に関する方針 四　地区施設の配置及び規模 五　建築物等に関する事項のうち，建築物の緑化率の最低限度，建築物等の形態若しくは色彩その他の意匠の制限又は垣若しくは柵の構造の制限以外のもの 六　法第12条の11に規定する道路の区域のうち建築物等の敷地として併せて利用すべき区域及び当該区域内における同条に規定する建築物等の建築又は建設の限界
防災街区整備地区計画	一　防災街区整備地区計画の位置及び区域 二　道路（袋路状のものを除く。）で幅員 8 m 以上のものの配置及び規模又はその区域 三　建築物等に関する事項のうち，次に掲げるもの（これらの事項が都道府県が定める地域地区その他**国土交通省令**で定める区域内において定められる場合に限る。）

899

	◆**国土交通省令**［令第13条の表の国土交通省令で定める区域］ 規則第11条の2　　　　　　　　　　　　　　　→p924 　イ　建築物等の用途の制限 　ロ　建築物の容積率の最高限度
歴史的風致維持向上地区計画	一　歴史的風致維持向上地区計画の位置及び区域 二　当該区域の土地利用に関する基本方針（地域における歴史的風致の維持及び向上に関する法律（平成20年法律第40号）第31条第3項第二号に掲げる事項に係る部分を除き，都道府県が定める地域地区の区域その他国土交通省令で定める区域において定められる場合に限る。） 三　地域における歴史的風致の維持及び向上に関する法律第31条第2項第一号に規定する地区施設のうち道路（袋路状のものを除く。）で幅員8m以上のものの配置及び規模 四　建築物等に関する事項のうち，次に掲げるもの（これらの事項が都道府県が定める地域地区の区域その他国土交通省令で定める区域において定められる場合に限る。） 　イ　建築物等の用途の制限 　ロ　建築物の容積率の最高限度
沿道地区計画	一　沿道地区計画の位置及び区域 二　沿道の整備に関する方針 三　幹線道路の沿道の整備に関する法律（昭55年法律第34号）第9条第2項第一号に規定する沿道地区施設のうち次に掲げるものの配置及び規模 　イ　緑地その他の緩衝空地 　ロ　道路（袋路状のものを除く。）で幅員8m以上のもの 四　沿道再開発等促進区に関する事項のうち，次に掲げるもの 　イ　幹線道路の沿道の整備に関する法律第9条第4項第一号に規定する施設の配置及び規模 　ロ　土地利用に関する基本方針 五　建築物等に関する事項(沿道再開発等促進区におけるものを除く。)のうち，次に掲げるもの（ニ及びホに掲げるものにあっては，これらの事項が都道府県が定める地域地区その他**国土交通省令**で定める区域において定められる場合に限る。） 　◆**国土交通省令**［令第13条の表の国土交通省令で定める区域］ 　規則第11条の2　　　　　　　　　　　　　　　→p924 　イ　建築物の沿道整備道路に係る間口率（幹線道路の沿道の整備に関する法律第9条第6項第二号に規定する建築物の沿道整備道路に係る間口率をいう。次号イにおいて同じ。）の最低限度 　ロ　建築物の構造に関する防音上又は遮音上必要な制限 　ハ　建築物等の高さの最低限度 　ニ　建築物の容積率の最高限度 　ホ　建築物等の用途の制限 六　沿道再開発等促進区における建築物等に関する事項のうち，次に掲げるもの（ホに掲げるものにあっては，用途地域に関する都市計画において定められた建築物の建蔽率を超えて定められる場合に限る。） 　イ　建築物の沿道整備道路に係る間口率の最低限度

	ロ 　建築物の構造に関する防音上又は遮音上必要な制限 ハ 　建築物等の高さの最低限度 ニ 　建築物の容積率の最高限度 ホ 　建築物の建蔽率の最高限度 ヘ 　建築物等の用途の制限
集落地区計画	一 　集落地区計画の位置及び区域 二 　当該集落地区計画の目標その他当該区域の整備及び保全に関する方針 三 　集落地域整備法（昭和62年法律第63号）第5条第3項の集落地区施設の配置及び規模 四 　建築物等に関する事項のうち，建築物等の形態若しくは色彩その他の意匠の制限又は垣若しくは柵の構造の制限以外のもの

【法第21条の2第1項の政令で定める規模】

第15条　法第21条の2第1項の政令で定める規模は，0.5ha とする。ただし，当該都市計画区域又は準都市計画区域において一体として行われる整備，開発又は保全に関する事業等の現況及び将来の見通し等を勘案して，特に必要があると認められるときは，都道府県又は市町村は，条例で，区域又は計画提案に係る都市計画の種類を限り，0.1ha 以上0.5ha 未満の範囲内で，それぞれ当該都道府県又は市町村に対する計画提案に係る規模を別に定めることができる。

第3章　都市計画制限等

第1節　開発行為等の規制

【許可を要しない開発行為の規模】

第19条　法第29条第1項第一号の政令で定める規模は，次の表の第1欄に掲げる区域ごとに，それぞれ同表の第2欄に掲げる規模とする。ただし，同表の第3欄に掲げる場合には，都道府県（指定都市等（法第29条第1項に規定する指定都市等をいう。以下同じ。）又は事務処理市町村（法第33条第6項に規定する事務処理市町村をいう。以下同じ。）の区域内にあっては，当該指定都市等又は事務処理市町村。第22条の3，第23条の3及び第36条において同じ。）は，条例で，区域を限り，同表の第4欄に掲げる範囲内で，その規模を別に定めることができる。

第　1　欄	第2欄	第　3　欄	第　4　欄
市街化区域	1,000m²	市街化の状況により，無秩序な市街化を防止するため特に必要があると認められる場合	300m²以上 1,000m²未満
区域区分が定められていない都市計画区域及び準都市計画区域	3,000m²	市街化の状況等により特に必要があると認められる場合	300m²以上 3,000m²未満

2　都の区域（特別区の存する区域に限る。）及び市町村でその区域の全部又は一部が次に掲げる区域内にあるものの区域についての前項の表市街化区域の項の規定の適用については，同項中「1,000m²」とあるのは，「500m²」とする。

一　首都圏整備法（昭和31年法律第83号）第2条第3項に規定する既成市街地又は同条第4項に規定する近郊整備地帯

二　近畿圏整備法（昭和38年法律第129号）第2条第3項に規定する既成都市区域又は同条第4項に規定する近郊整備区域

三　中部圏開発整備法（昭和41年法律第102号）第2条第3項に規定する都市整備区域

【法第29条第1項第二号及び第2項第一号の政令で定める建築物】

第20条　法第29条第1項第二号及び第2項第一号の政令で定める建築物は，次に掲げるものとする。

一　畜舎，蚕室，温室，育種苗施設，家畜人工授精施設，孵卵育雛施設，搾乳施設，集乳施設その他これらに類する農産物，林産物又は水産物の生産又は集荷の用に供する建築物

二　堆肥舎，サイロ，種苗貯蔵施設，農機具等収納施設その他これらに類する農業，林業又は漁業の生産資材の貯蔵又は保管の用に供する建築物

三　家畜診療の用に供する建築物

四　用排水機，取水施設等農用地の保全若しくは利用上必要な施設の管理の用に供する建築物又は索道の用に供する建築物

五　前各号に掲げるもののほか，建築面積が90m²以内の建築物

【適正かつ合理的な土地利用及び環境の保全を図る上で支障がない公益上必要な建築物】

第21条　法第29条第1項第三号の政令で定める建築物は，次に掲げるものとする。

一　道路法第2条第1項に規定する道路又は道路運送法（昭和26年法律第183号）第2条第8項に規定する一般自動車道若しくは専用自動車道（同法第3条第一号に規定する一般旅客自動車運送事業又は貨物自動車運送事業法（平成元年法律第83号）第2条第2項に規定する一般貨物自動車運送事業の用に供するものに限る。）を構成する建築物

二　河川法が適用され，又は準用される河川を構成する建築物

三　都市公園法第2条第2項に規定する公園施設である建築物

四　鉄道事業法（昭和61年法律第92号）第2条第1項に規定する鉄道事業若しくは同条第5項に規定する索道事業で一般の需要に応ずるものの用に供する施設である建築物又は軌道法（大正10年法律第76号）による軌道若しくは同法が準用される無軌条電車の用に供する施設である建築物

五　石油パイプライン事業法第5条第2項第二号に規定する事業用施設である建築物

六　道路運送法第3条第一号イに規定する一般乗合旅客自動車運送事業（路線を定めて定期に運行する自動車により乗合旅客の運送を行うものに限る。）若しくは

貨物自動車運送事業法第2条第2項に規定する一般貨物自動車運送事業（同条第6項に規定する特別積合せ貨物運送をするものに限る。）の用に供する施設である建築物又は自動車ターミナル法（昭和34年法律第136号）第2条第5項に規定する一般自動車ターミナルを構成する建築物

七　港湾法第2条第5項に規定する港湾施設である建築物又は漁港漁場整備法第3条に規定する漁港施設である建築物

八　海岸法（昭和31年法律第101号）第2条第1項に規定する海岸保全施設である建築物

九　航空法による公共の用に供する飛行場に建築される建築物で当該飛行場の機能を確保するため必要なもの若しくは当該飛行場を利用する者の利便を確保するため必要なもの又は同法第2条第5項に規定する航空保安施設で公共の用に供するものの用に供する建築物

十　気象，海象，地象又は洪水その他これに類する現象の観測又は通報の用に供する施設である建築物

十一　日本郵便株式会社が日本郵便株式会社法（平成17年法律100号）第4条第1項第一号に掲げる業務の用に供する施設である建築物

十二　電気通信事業法（昭和59年法律第86号）第120条第1項に規定する認定電気通信事業者が同項に規定する認定電気通信事業の用に供する施設である建築物

十三　放送法（昭和25年法律第132号）第2条第二号に規定する基幹放送の用に供する放送設備である建築物

十四　電気事業法第2条第1項第十六号に規定する電気事業（同項第二号に規定する小売電気事業及び同項第十五号の三に規定する特定卸供給事業を除く。）の用に供する同項第十八号に規定する電気工作物を設置する施設である建築物又はガス事業法第2条第13項に規定するガス工作物（同条第2項に規定するガス小売事業の用に供するものを除く。）を設置する施設である建築物

十五　水道法第3条第2項に規定する水道事業若しくは同条第4項に規定する水道用水供給事業の用に供する同条第8項に規定する水道施設である建築物，工業用水道事業法（昭和33年法律第84号）第2条第6項に規定する工業用水道施設である建築物又は下水道法第2条第三号から第五号までに規定する公共下水道，流域下水道若しくは都市下水路の用に供する施設である建築物

十六　水害予防組合が水防の用に供する施設である建築物

十七　図書館法（昭和25年法律第118号）第2条第1項に規定する図書館の用に供する施設である建築物又は博物館法（昭和26年法律第285号）第2条第1項に規定する博物館の用に供する施設である建築物

十八　社会教育法（昭和24年法律第207号）第20条に規定する公民館の用に供する施設である建築物

十九　国，都道府県及び市町村並びに独立行政法人高齢・障害・求職者雇用支援機構が設置する職業能力開発促進法（昭和44年法律第64号）第15条の7第3項に規定する公共職業能力開発施設並びに国及び独立行政法人高齢・障害・求職者雇用支援機

構が設置する同法第27条第1項に規定する職業能力開発総合大学校である建築物

二十一　墓地，埋葬等に関する法律（昭和23年法律第48号）第2条第7項に規定する火葬場である建築物

二十二　と畜場法（昭和28年法律第114号）第3条第2項に規定すると畜場である建築物又は化製場等に関する法律（昭和23年法律第140号）第1条第2項に規定する化製場若しくは同条第3項に規定する死亡獣畜取扱場である建築物

二十三　廃棄物の処理及び清掃に関する法律（昭和45年法律第137号）による公衆便所，し尿処理施設若しくはごみ処理施設である建築物又は浄化槽法（昭和58年法律第43号）第2条第一号に規定する浄化槽である建築物

二十四　卸売市場法（昭和46年法律第35号）第4条第6項に規定する中央卸売市場若しくは同法第13条第6項に規定する地方卸売市場の用に供する施設である建築物又は地方公共団体が設置する市場の用に供する施設である建築物

二十五　自然公園法第2条第六号に規定する公園事業又は同条第四号に規定する都道府県立自然公園のこれに相当する事業により建築される建築物

二十六　住宅地区改良法（昭和35年法律第84号）第2条第1項に規定する住宅地区改良事業により建築される建築物

二十七　国，都道府県等（法第34条の2第1項に規定する都道府県等をいう。），市町村（指定都市等及び事務処理市町村を除き，特別区を含む。以下この号において同じ。）又は市町村がその組織に加わっている一部事務組合若しくは広域連合が設置する研究所，試験所その他の直接その事務又は事業の用に供する建築物で次に掲げる建築物以外のもの

　イ　学校教育法第1条に規定する学校，同法第124条に規定する専修学校又は同法第134条第1項に規定する各種学校の用に供する施設である建築物

　ロ　児童福祉法（昭和22年法律第164号）による家庭的保育事業，小規模保育事業若しくは事業所内保育事業，社会福祉法（昭和26年法律第45号）による社会福祉事業又は更生保護事業法（平成7年法律第86号）による更生保護事業の用に供する施設である建築物

　ハ　医療法（昭和23年法律第205号）第1条の5第1項に規定する病院，同条第2項に規定する診療所又は同法第2条第1項に規定する助産所の用に供する施設である建築物

　ニ　多数の者の利用に供する庁舎（主として当該開発区域の周辺の地域において居住している者の利用に供するものを除く。）で国土交通省令で定めるもの

　ホ　宿舎（職務上常駐を必要とする職員のためのものその他これに準ずるものとして国土交通省令で定めるものを除く。）

二十八　国立研究開発法人量子科学技術研究開発機構が国立研究開発法人量子科学技術研究開発機構法（平成11年法律第176号）第16条第一号に掲げる業務の用に供する施設である建築物

二十九　国立研究開発法人日本原子力研究開発機構が国立研究開発法人日本原子力研究開発機構法（平成16年法律第155号）第17条第1項第一号から第三号までに掲げ

る業務の用に供する施設である建築物

元　独立行政法人水資源機構が設置する独立行政法人水資源機構法（平成14年法律第182号）第2条第2項に規定する水資源開発施設である建築物

三十　国立研究開発法人宇宙航空研究開発機構が国立研究開発法人宇宙航空研究開発機構法（平成14年法律第161号）第18条第一号から第四号までに掲げる業務の用に供する施設である建築物

三一　国立研究開発法人新エネルギー・産業技術総合開発機構が国立研究開発法人新エネルギー・産業技術総合開発機構法（平成14年法律第145号）第15条第一号又は非化石エネルギーの開発及び導入の促進に関する法律（昭和55年法律第71号）第11条第三号に掲げる業務の用に供する施設である建築物

【開発行為の許可を要しない通常の管理行為，軽易な行為その他の行為】

第22条　法第29条第1項第十一号の政令で定める開発行為は，次に掲げるものとする。

一　仮設建築物の建築又は土木事業その他の事業に一時的に使用するための第一種特定工作物の建設の用に供する目的で行う開発行為

二　車庫，物置その他これらに類する附属建築物の建築の用に供する目的で行う開発行為

三　建築物の増築又は特定工作物の増設で当該増築に係る床面積の合計又は当該増設に係る築造面積が$10m^2$以内であるものの用に供する目的で行う開発行為

四　法第29条第1項第二号若しくは第三号に規定する建築物以外の建築物の改築で用途の変更を伴わないもの又は特定工作物の改築の用に供する目的で行う開発行為

五　前号に掲げるもののほか，建築物の改築で当該改築に係る床面積の合計が$10m^2$以内であるものの用に供する目的で行う開発行為

六　主として当該開発区域の周辺の市街化調整区域内に居住している者の日常生活のため必要な物品の販売，加工，修理等の業務を営む店舗，事業場その他これらの業務の用に供する建築物で，その延べ面積（同一敷地内に2以上の建築物を新築する場合においては，その延べ面積の合計。以下この条及び第35条において同じ。）が$50m^2$以内のもの（これらの業務の用に供する部分の延べ面積が全体の延べ面積の50％以上のものに限る。）の新築の用に供する目的で当該開発区域の周辺の市街化調整区域内に居住している者が自ら当該業務を営むために行う開発行為で，その規模が$100m^2$以内であるもの

【法第29条第2項の政令で定める規模】

第22条の2　法第29条第2項の政令で定める規模は，1 ha とする。

【開発区域が2以上の区域にわたる場合の開発行為の許可の規模要件の適用】

第22条の3　開発区域が，市街化区域，区域区分が定められていない都市計画区域，準都市計画区域又は都市計画区域及び準都市計画区域外の区域のうち2以上の区域にわたる場合においては，法第29条第1項第一号の規定は，次に掲げる要件のいずれにも該当する開発行為について適用する。

一　当該開発区域の面積の合計が，1 ha 未満であること。

二　市街化区域，区域区分が定められていない都市計画区域又は準都市計画区域のうち2以上の区域における開発区域の面積の合計が，当該開発区域に係るそれぞれの区域について第19条の規定により開発行為の許可を要しないこととされる規模のうち最も大きい規模未満であること。

三　市街化区域における開発区域の面積が，1,000m^2（第19条第2項の規定が適用される場合にあっては，500m^2）未満であること。ただし，同条第1項ただし書の規定により都道府県の条例で別に規模が定められている場合にあっては，その規模未満であること。

四　区域区分が定められていない都市計画区域における開発区域の面積が，3,000m^2（第19条第1項ただし書の規定により都道府県の条例で別に規模が定められている場合にあっては，その規模）未満であること。

五　準都市計画区域における開発区域の面積が，3,000m^2（第19条第1項ただし書の規定により都道府県の条例で別に規模が定められている場合にあっては，その規模）未満であること。

2　開発区域が，市街化区域，区域区分が定められていない都市計画区域又は準都市計画区域と都市計画区域及び準都市計画区域外の区域とにわたる場合においては，法第29条第2項の規定は，当該開発区域の面積の合計が1ha以上である開発行為について適用する。

【開発行為を行うについて協議すべき者】

第23条　開発区域の面積が20ha以上の開発行為について開発許可を申請しようとする者は，あらかじめ，次に掲げる者（開発区域の面積が40ha未満の開発行為にあっては，第三号及び第四号に掲げる者を除く。）と協議しなければならない。

一　当該開発区域内に居住することとなる者に関係がある義務教育施設の設置義務者

二　当該開発区域を給水区域に含む水道法第3条第5項に規定する水道事業者

三　当該開発区域を供給区域に含む電気事業法第2条第1項第九号に規定する一般送配電事業者及び同項第十一号の三に規定する配電事業者並びにガス事業法第2条第6項に規定する一般ガス導管事業者

四　当該開発行為に関係がある鉄道事業法による鉄道事業者及び軌道法による軌道経営者

【開発行為を行うのに適当でない区域】

第23条の2　法第33条第1項第八号（法第35条の2第4項において準用する場合を含む。）の政令で定める開発行為を行うのに適当でない区域は，急傾斜地崩壊危険区域（急傾斜地の崩壊による災害の防止に関する法律（昭和44年法律第57号）第3条第1項の急傾斜地崩壊危険区域*をいう。第29条の7及び第29条の9第三号において同じ。）とする。

●関連［急傾斜地崩壊危険区域の指定］急傾斜地の崩壊による
災害の防止に関する法律第3条第1項
→p1133

【樹木の保存等の措置が講ぜられるように設計が定められなければならない開発行為の規模】

第23条の3 法第33条第1項第九号（法第35条の2第4項において準用する場合を含む。）の政令で定める規模は，1haとする。ただし，開発区域及びその周辺の地域における環境を保全するため特に必要があると認められるときは，都道府県は，条例で，区域を限り，0.3ha以上1ha未満の範囲内で，その規模を別に定めることができる。

【環境の悪化の防止上必要な緩衝帯が配置されるように設計が定められなければならない開発行為の規模】

第23条の4 法第33条第1項第十号（法第35条の2第4項において準用する場合を含む。）の政令で定める規模は，1haとする。

【輸送の便等からみて支障がないと認められなければならない開発行為の規模】

第24条 法第33条第1項第十一号（法第35条の2第4項において準用する場合を含む。）の政令で定める規模は，40haとする。

【申請者に自己の開発行為を行うために必要な資力及び信用がなければならない開発行為の規模】

第24条の2 法第33条第1項第十二号（法第35条の2第4項において準用する場合を含む。）の政令で定める規模は，1haとする。

【工事施工者に自己の開発行為に関する工事を完成させるために必要な能力がなければならない開発行為の規模】

第24条の3 法第33条第1項第十三号（法第35条の2第4項において準用する場合を含む。）の政令で定める規模は，1haとする。

【開発許可の基準を適用するについて必要な技術的細目】

第25条 法第33条第2項（法第35条の2第4項において準用する場合を含む。以下同じ。）に規定する技術的細目のうち，法第33条第1項第二号（法第35条の2第4項において準用する場合を含む。）に関するものは，次に掲げるものとする。

一 道路は，都市計画において定められた道路及び開発区域外の道路の機能を阻害することなく，かつ，開発区域外にある道路と接続する必要があるときは，当該道路と接続してこれらの道路の機能が有効に発揮されるように設計されていること。

二 予定建築物等の用途，予定建築物等の敷地の規模等に応じて，6m以上12m以下で**国土交通省令**[*1]で定める幅員（小区間で通行上支障がない場合は，4m）以上の幅員の道路が当該予定建築物等の敷地に接するように配置されていること。ただし，開発区域の規模及び形状，開発区域の周辺の土地の地形及び利用の態様等に照らして，これによることが著しく困難と認められる場合であって，環境の保全上，災害の防止上，通行の安全上及び事業活動の効率上支障がないと認められる規模及び構造の道路で**国土交通省令**[*2]で定めるものが配置されているときは，この限りでない。

◆**国土交通省令**1 ［道路の幅員］規則第20条 →p925

2 ［令第25条第二号ただし書の国土交通省令で定める道路］
規則第20条の2　　　　　　　　　　　　　→p925

三　市街化調整区域における開発区域の面積が20ha以上の開発行為（主として第二種特定工作物の建設の用に供する目的で行う開発行為を除く。第六号及び第七号において同じ。）にあっては，予定建築物等の敷地から250m以内の距離に幅員12m以上の道路が設けられていること。

四　開発区域内の主要な道路は，開発区域外の幅員9m（主として住宅の建築の用に供する目的で行う開発行為にあっては，6.5m）以上の道路（開発区域の周辺の道路の状況によりやむを得ないと認められるときは，車両の通行に支障がない道路）に接続していること。

五　開発区域内の幅員9m以上の道路は，歩車道が分離されていること。

六　開発区域の面積が0.3ha以上5ha未満の開発行為にあっては，開発区域に，面積の合計が開発区域の面積の3％以上の公園，緑地又は広場が設けられていること。ただし，開発区域の周辺に相当規模の公園，緑地又は広場が存する場合，予定建築物等の用途が住宅以外のものであり，かつ，その敷地が1である場合等開発区域の周辺の状況並びに予定建築物等の用途及び敷地の配置を勘案して特に必要がないと認められる場合は，この限りでない。

七　開発区域の面積が5ha以上の開発行為にあっては，**国土交通省令**で定めるところにより，面積が1箇所300m²以上であり，かつ，その面積の合計が開発区域の面積の3％以上の公園（予定建築物等の用途が住宅以外のものである場合は，公園，緑地又は広場）が設けられていること。

◆**国土交通省令**［公園等の設置基準］規則第21条→p925

八　消防に必要な水利として利用できる河川，池沼その他の水利が消防法（昭和23年法律第186号）第20条第1項の規定による勧告に係る基準に適合していない場合において設置する貯水施設は，当該基準に適合しているものであること。

第26条　法第33条第2項に規定する技術的細目のうち，同条第1項第三号（法第35条の2第4項において準用する場合を含む。）に関するものは，次に掲げるものとする。

一　開発区域内の排水施設は，**国土交通省令**で定めるところにより，開発区域の規模，地形，予定建築物等の用途，降水量等から想定される汚水及び雨水を有効に排出することができるように，管渠の勾配及び断面積が定められていること。

◆**国土交通省令**［排水施設の管渠の勾配及び断面積］規則第22条第1項→p926

二　開発区域内の排水施設は，放流先の排水能力，利水の状況その他の状況を勘案して，開発区域内の下水を有効かつ適切に排出することができるように，下水道，排水路その他の排水施設又は河川その他の公共の水域若しくは海域に接続していること。この場合において，放流先の排水能力によりやむを得ないと認められるときは，開発区域内において一時雨水を貯留する遊水池その他の適当な施設を設けることを妨げない。

三　雨水（処理された汚水及びその他の汚水でこれと同程度以上に清浄であるもの

を含む。）以外の下水は，原則として，暗渠によって排出することができるように定められていること。

第27条 主として住宅の建築の用に供する目的で行なう20ha 以上の開発行為にあっては，当該開発行為の規模に応じ必要な教育施設，医療施設，交通施設，購買施設その他の公益的施設が，それぞれの機能に応じ居住者の有効な利用が確保されるような位置及び規模で配置されていなければならない。ただし，周辺の状況により必要がないと認められるときは，この限りでない。

第28条 法第33条第2項に規定する技術的細目のうち，同条第1項第七号（法第35条の2第4項において準用する場合を含む。）に関するものは，次に掲げるものとする。

一 地盤の沈下又は開発区域外の地盤の隆起が生じないように，土の置換え，水抜きその他の措置が講ぜられていること。

二 開発行為によって崖が生じる場合においては，崖の上端に続く地盤面には，特別の事情がない限り，その崖の反対方向に雨水その他の地表水が流れるように勾配が付されていること。

三 切土をする場合において，切土をした後の地盤に滑りやすい土質の層があるときは，その地盤に滑りが生じないように，地滑り抑止ぐい又はグラウンドアンカーその他の土留（次号において「地滑り抑止ぐい等」という。）の設置，土の置換えその他の措置が講ぜられていること。

四 盛土をする場合には，盛土に雨水その他の地表水又は地下水の浸透による緩み，沈下，崩壊又は滑りが生じないように，おおむね30cm 以下の厚さの層に分けて土を盛り，かつ，その層の土を盛るごとに，これをローラーその他これに類する建設機械を用いて締め固めるとともに，必要に応じて地滑り抑止ぐい等の設置その他の措置が講ぜられていること。

五 著しく傾斜している土地において盛土をする場合には，盛土をする前の地盤と盛土とが接する面が滑り面とならないように，段切りその他の措置が講ぜられていること。

六 開発行為によって生じた崖面は，崩壊しないように，**国土交通省令**で定める基準により，擁壁の設置，石張り，芝張り，モルタルの吹付けその他の措置が講ぜられていること。

◆**国土交通省令**［がけ面の保護］規則第23条→p926

七 切土又は盛土をする場合において，地下水により崖崩れ又は土砂の流出が生じるおそれがあるときは，開発区域内の地下水を有効かつ適切に排出することができるように，**国土交通省令**で定める排水施設が設置されていること。

◆**国土交通省令**［排水施設の管渠の勾配及び断面積］規則第22条第2項→p926

第28条の2 法第33条第2項に規定する技術的細目のうち，同条第1項第九号（法第35条の2第4項において準用する場合を含む。）に関するものは，次に掲げるものとする。

一 高さが10m 以上の健全な樹木又は**国土交通省令**で定める規模以上の健全な樹

木の集団については，その存する土地を公園又は緑地として配置する等により，当該樹木又は樹木の集団の保存の措置が講ぜられていること。ただし，当該開発行為の目的及び法第33条第1項第二号イからニまで（これらの規定を法第35条の2第4項において準用する場合を含む。）に掲げる事項と当該樹木又は樹木の集団の位置とを勘案してやむを得ないと認められる場合は，この限りでない。

◆国土交通省令［樹木の集団の規模］規則第23条の2→p927

二　高さが1mを超える切土又は盛土が行われ，かつ，その切土又は盛土をする土地の面積が1,000m²以上である場合には，当該切土又は盛土を行う部分（道路の路面の部分その他の植栽の必要がないことが明らかな部分及び植物の生育が確保される部分を除く。）について表土の復元，客土，土壌の改良等の措置が講ぜられていること。

第28条の3　騒音，振動等による環境の悪化をもたらすおそれがある予定建築物等*の建築又は建設の用に供する目的で行う開発行為にあっては，4mから20mまでの範囲内で開発区域の規模に応じて**国土交通省令**で定める幅員以上の緑地帯その他の緩衝帯が開発区域の境界にそってその内側に配置されていなければならない。ただし，開発区域の土地が開発区域外にある公園，緑地，河川等に隣接する部分については，その規模に応じ，緩衝帯の幅員を減少し，又は緩衝帯を配置しないことができる。

◆国土交通省令［緩衝帯の幅員］規則第23条の3→p927
●関連［予定建築物等］法第30条第1項第二号→p870

第29条　第25条から前条までに定めるもののほか，道路の勾配，排水の用に供する管渠の耐水性等法第33条第1項第二号から第四号まで及び第七号（これらの規定を法第35条の2第4項において準用する場合を含む。）に規定する施設の構造又は能力に関して必要な技術的細目は，**国土交通省令**で定める。

◆国土交通省令［道路に関する技術的細目］規則第24条　　→p927
［公園に関する技術的細目］規則第25条　　→p927
［排水施設に関する技術的細目］規則第26条→p928

【条例で技術的細目において定められた制限を強化し，又は緩和する場合の基準】

第29条の2　法第33条第3項（法第35条の2第4項において準用する場合を含む。次項において同じ。）の政令で定める基準のうち制限の強化に関するものは，次に掲げるものとする。

一　第25条第二号，第三号若しくは第五号から第七号まで，第27条，第28条第二号から第六号まで又は前3条の技術的細目に定められた制限について，環境の保全，災害の防止及び利便の増進を図るために必要な限度を超えない範囲で行うものであること。

二　第25条第二号の技術的細目に定められた制限の強化は，配置すべき道路の幅員の最低限度について，12m（小区間で通行上支障がない場合は，6m）を超えない範囲で行うものであること。

三　第25条第三号の技術的細目に定められた制限の強化は，開発区域の面積につい

て行うものであること。

四　第25条第五号の技術的細目に定められた制限の強化は，歩車道を分離すべき道路の幅員の最低限度について，5.5mを下らない範囲で行うものであること。

五　第25条第六号の技術的細目に定められた制限の強化は，次に掲げるところによるものであること。

　イ　主として住宅の建築の用に供する目的で行う開発行為において設置すべき施設の種類を，公園に限定すること。

　ロ　設置すべき公園，緑地又は広場の数又は一箇所当たりの面積の最低限度を定めること。

　ハ　設置すべき公園，緑地又は広場の面積の合計の開発区域の面積に対する割合の最低限度について，6％を超えない範囲で，開発区域及びその周辺の状況並びに予定建築物等の用途を勘案して特に必要があると認められる場合に行うこと。

六　第25条第七号の技術的細目に定められた制限の強化は，国土交通省令で定めるところにより，設置すべき公園，緑地若しくは広場の数若しくは一箇所当たりの面積の最低限度又はそれらの面積の合計の開発区域の面積に対する割合の最低限度（6％を超えない範囲に限る。）について行うものであること。

七　第27条の技術的細目に定められた制限の強化は，20ha未満の開発行為においてもごみ収集場その他の公益的施設が特に必要とされる場合に，当該公益的施設を配置すべき開発行為の規模について行うものであること。

八　第28条第二号から第六号までの技術的細目に定められた制限の強化は，その地方の気候，風土又は地勢の特殊性により，これらの規定のみによっては開発行為に伴う崖(がけ)崩れ又は土砂の流出の防止の目的を達し難いと認められる場合に行うものであること。

九　第28条の2第一号の技術的細目に定められた制限の強化は，保存の措置を講ずべき樹木又は樹木の集団の要件について，優れた自然的環境の保全のため特に必要があると認められる場合に行うものであること。

十　第28条の2第二号の技術的細目に定められた制限の強化は，表土の復元，客土，土壌の改良等の措置を講ずべき切土若しくは盛土の高さの最低限度又は切土若しくは盛土をする土地の面積の最低限度について行うものであること。

十一　第28条の3の技術的細目に定められた制限の強化は，配置すべき緩衝帯の幅員の最低限度について，20mを超えない範囲で**国土交通省令**で定める基準に従い行うものであること。

　　　◆**国土交通省令**［令第29条の2第1項第十一号の国土交通省令で定める基準］規則第27条の3→p929

十二　前条に規定する技術的細目の強化は，**国土交通省令**で定める基準に従い行うものであること。

　　　◆**国土交通省令**［令第29条の2第1項第十二号の国土交通省令で定める基準］規則第27条の4→p929

2　法第33条第3項の政令で定める基準のうち制限の緩和に関するものは，次に掲げるものとする。

　一　第25条第二号又は第六号の技術的細目に定められた制限について，環境の保全，災害の防止及び利便の増進上支障がない範囲で行うものであること。
　二　第25条第二号の技術的細目に定められた制限の緩和は，既に市街地を形成している区域内で行われる開発行為において配置すべき道路の幅員の最低限度について，4m（当該道路と一体的に機能する開発区域の周辺の道路の幅員が4mを超える場合には，当該幅員）を下らない範囲で行うものであること。
　三　第25条第六号の技術的細目に定められた制限の緩和は，次に掲げるところによるものであること。
　　イ　開発区域の面積の最低限度について，1haを超えない範囲で行うこと。
　　ロ　地方公共団体その他の者が開発区域の周辺に相当規模の公園，緑地又は広場の設置を予定している場合に行うこと。

【条例で建築物の敷地面積の最低限度に関する基準を定める場合の基準】

第29条の3　法第33条第4項（法第35条の2第4項において準用する場合を含む。）の政令で定める基準は，建築物の敷地面積の最低限度が200m²（市街地の周辺その他の良好な自然的環境を形成している地域においては，300m²）を超えないこととする。

【景観計画に定められた開発行為についての制限の内容を条例で開発許可の基準として定める場合の基準】

第29条の4　法第33条第5項（法第35条の2第4項において準用する場合を含む。）の政令で定める基準は，次に掲げるものとする。
　一　切土若しくは盛土によって生じる法（のり）の高さの最高限度，開発区域内において予定される建築物の敷地面積の最低限度又は木竹の保全若しくは適切な植栽が行われる土地の面積の最低限度に関する制限を，良好な景観の形成を図るために必要な限度を超えない範囲で行うものであること。
　二　切土又は盛土によって生じる法（のり）の高さの最高限度に関する制限は，区域，目的，開発区域の規模又は予定建築物等の用途を限り，開発区域内の土地の地形に応じ，1.5mを超える範囲で行うものであること。
　三　開発区域内において予定される建築物の敷地面積の最低限度に関する制限は，区域，目的又は予定される建築物の用途を限り，300m²を超えない範囲で行うものであること。
　四　木竹の保全又は適切な植栽が行われる土地の面積の最低限度に関する制限は，区域，目的，開発区域の規模又は予定建築物等の用途を限り，木竹の保全又は適切な植栽が行われる土地の面積の開発区域の面積に対する割合が60%を超えない範囲で行うものであること。
2　前項第二号に規定する基準を適用するについて必要な技術的細目は，**国土交通省令**で定める。

◆**国土交通省令**［法（のり）の高さ制限に関する技術的細目］規則第27条の5 →p930

【主として周辺の地域において居住している者の利用に供する公益上必要な建築物】

第29条の5　法第34条第一号（法第35条の2第4項において準用する場合を含む。）の政令で定める公益上必要な建築物は，第21条第二十六号イからハまでに掲げる建築物とする。

【危険物等の範囲】

第29条の6　法第34条第八号（法第35条の2第4項において準用する場合を含む。次項において同じ。）の政令で定める危険物は，火薬類取締法（昭和25年法律第149号）第2条第1項の火薬類とする。

2　法第34条第八号の政令で定める建築物又は第一種特定工作物は，火薬類取締法第12条第1項の火薬庫である建築物又は第一種特定工作物とする。

【市街化調整区域のうち開発行為を行うのに適当でない区域】

第29条の7　法第34条第八号の二（法第35条の2第4項において準用する場合を含む。）の政令で定める開発行為を行うのに適当でない区域は，災害危険区域等（法第33条第1項第八号に規定する災害危険区域等をいう。）及び急傾斜地崩壊危険区域＊とする。

●関連［急傾斜地崩壊危険区域の指定］急傾斜地の崩壊による
災害の防止に関する法律第3条第1項　　　　　→p1133

【市街化区域内において建築し，又は建設することが困難又は不適当な建築物等】

第29条の8　法第34条第九号（法第35条の2第4項において準用する場合を含む。）の政令で定める建築物又は第一種特定工作物は，次に掲げるものとする。

一　道路の円滑な交通を確保するために適切な位置に設けられる道路管理施設，休憩所又は給油所等である建築物又は第一種特定工作物

二　火薬類取締法第2条第1項の火薬類の製造所である建築物

【法第34条第十一号の土地の区域を条例で指定する場合の基準】

第29条の9　法第34条第十一号（法第35条の2第4項において準用する場合を含む。）の政令で定める基準は，同号の条例で指定する土地の区域に，原則として，次に掲げる区域を含まないこととする。

一　建築基準法（昭和25年法律第201号）第39条第1項の災害危険区域＊

●関連［災害危険区域］建築基準法第39条第1項→p55

二　地すべり等防止法（昭和33年法律第30号）第3条第1項の地すべり防止区域

三　急傾斜地崩壊危険区域＊

●関連［急傾斜地崩壊危険区域の指定］急傾斜地の崩壊による
災害の防止に関する法律第3条第1項　　　　　→p1133

四　土砂災害警戒区域等における土砂災害防止対策の推進に関する法律（平成12年法律第57号）第7条第1項の土砂災害警戒区域

五　特定都市河川浸水被害対策法（平成15年法律第77号）第56条第1項の浸水被害防止区域

六　水防法（昭和24年法律第193号）第15条第1項第四号の浸水想定区域のうち，

　土地利用の動向，浸水した場合に想定される水深その他の国土交通省令で定める事項を勘案して，洪水，雨水出水（同法第2条第1項の雨水出水をいう。）又は高潮が発生した場合には建築物が損壊し，又は浸水し，住民その他の者の生命又は身体に著しい危害が生ずるおそれがあると認められる土地の区域

七　前各号に掲げる区域のほか，第8条第1項第二号ロからニまでに掲げる土地の区域

【開発許可をすることができる開発行為を条例で定める場合の基準】

第29条の10　法第34条第十二号(法第35条の2第4項において準用する場合を含む。)の政令で定める基準は，同号の条例で定める区域に，原則として，前条各号に掲げる区域を含まないこととする。

【区域区分に関する都市計画の決定等の際土地等を有していた者が開発行為を行うことができる期間】

第30条　法第34条第十三号（法第35条の2第4項において準用する場合を含む。）の政令で定める期間は，当該都市計画の決定又は変更の日から起算して5年とする。

【開発行為の変更について協議すべき事項等】

第31条　第23条各号に掲げる者との協議に係る開発行為に関する事項で法第35条の2第4項の政令で定めるものは，次に掲げるものとする。

一　開発区域の位置，区域又は規模

二　予定建築物等の用途

三　協議をするべき者に係る公益的施設の設計

2　第23条の規定は，開発区域の区域又は規模の変更に伴い，開発区域の面積が20ha（同条第三号又は第四号に掲げる者との協議にあっては，40ha）以上となる場合について準用する。

【法第40条第3項の政令で定める主要な公共施設等】

第32条　法第40条第3項の主要な公共施設で政令で定めるものは，次に掲げるものとする。

一　都市計画施設である幅員12m以上の道路，公園，緑地，広場，下水道（管渠を除く。），運河及び水路

二　河川

第33条　法第40条第3項の規定により国又は地方公共団体に対し費用の負担の協議を求めようとする者は，法第36条第3項の規定による公告の日から起算して3月以内に，国土交通省令で定める書類を国又は当該地方公共団体に提出しなければならない。

【その開発行為が行われた土地の区域内における建築物の新築等が建築等の許可を要しないこととなる開発行為】

第34条　法第43条第1項第四号の政令で定める開発行為は，次に掲げるものとする。

一　法第29条第1項第四号から第九号までに掲げる開発行為

二　旧住宅地造成事業に関する法律（昭和39年法律第160号）第4条の認可を受けた住宅地造成事業の施行として行う開発行為

【開発許可を受けた土地以外の土地における建築等の許可を要しない通常の管理行為，軽易な行為その他の行為】

第35条　法第43条第１項第五号の政令で定める行為は，次に掲げるものとする。

一　既存の建築物の敷地内において行う車庫，物置その他これらに類する附属建築物の建築

二　建築物の改築又は用途の変更で当該改築又は用途の変更に係る床面積の合計が10m²以内であるもの

三　主として当該建築物の周辺の市街化調整区域内に居住している者の日常生活のため必要な物品の販売，加工，修理等の業務を営む店舗，事業場その他これらの業務の用に供する建築物で，その延べ面積が50m²以内のもの（これらの業務の用に供する部分の延べ面積が全体の延べ面積の50％以上のものに限る。）の新築で，当該市街化調整区域内に居住している者が自ら当該業務を営むために行うもの

四　土木事業その他の事業に一時的に使用するための第一種特定工作物の新設

【開発許可を受けた土地以外の土地における建築等の許可の基準】

第36条　都道府県知事（指定都市等の区域内にあっては，当該指定都市等の長。以下この項において同じ。）は，次の各号のいずれにも該当すると認めるときでなければ，法第43条第１項の許可をしてはならない。

一　当該許可の申請に係る建築物又は第一種特定工作物の敷地が次に定める基準（用途の変更の場合にあっては，ロを除く。）に適合していること。

　　イ　排水路その他の排水施設が，次に掲げる事項を勘案して，敷地内の下水を有効に排出するとともに，その排出によって当該敷地及びその周辺の地域に出水等による被害が生じないような構造及び能力で適当に配置されていること。

　　　⑴　当該地域における降水量

　　　⑵　当該敷地の規模，形状及び地盤の性質

　　　⑶　敷地の周辺の状況及び放流先の状況

　　　⑷　当該建築物又は第一種特定工作物の用途

　　ロ　地盤の沈下，崖崩れ，出水その他による災害を防止するため，当該土地について，地盤の改良，擁壁又は排水施設の設置その他安全上必要な措置が講ぜられていること。

二　地区計画又は集落地区計画の区域（地区整備計画又は集落地区整備計画が定められている区域に限る。）内においては，当該許可の申請に係る建築物又は第一種特定工作物の用途が当該地区計画又は集落地区計画に定められた内容に適合していること。

三　当該許可の申請に係る建築物又は第一種特定工作物が次のいずれかに該当すること。

　　イ　法第34条第一号から第十号までに規定する建築物又は第一種特定工作物

　　ロ　法第34条第十一号の条例で指定する土地の区域内において新築し，若しくは改築する建築物若しくは新設する第一種特定工作物で同号の条例で定める用途に該当しないもの又は当該区域内において用途を変更する建築物で変更後の用

途が同号の条例で定める用途に該当しないもの。

ハ　建築物又は第一種特定工作物の周辺における市街化を促進するおそれがない
と認められ，かつ，市街化区域内において行うことが困難又は著しく不適当と
認められる建築物の新築，改築若しくは用途の変更又は第一種特定工作物の新
設として，都道府県の条例で区域，目的又は用途を限り定められたもの。この
場合において，当該条例で定める区域には，原則として，第29条の9各号に掲
げる区域を含まないものとする。

ニ　法第34条第十三号に規定する者が同号に規定する土地において同号に規定す
る目的で建築し，又は建設する建築物又は第一種特定工作物（第30条に規定す
る期間内に建築し，又は建設するものに限る。）

ホ　当該建築物又は第一種特定工作物の周辺における市街化を促進するおそれが
ないと認められ，かつ，市街化区域内において建築し，又は建設することが困
難又は著しく不適当と認められる建築物又は第一種特定工作物で，都道府県知
事があらかじめ開発審査会の議を経たもの。

2　第26条，第28条及び第29条の規定は，前項第一号に規定する基準の適用について
準用する。

【映像等の送受信による通話の方法による口頭審理】

第36条の2　法第50条第3項の口頭審理については，行政不服審査法施行令（平成27
年政令第391号）第2条の規定により読み替えられた同令第8条の規定を準用する。
この場合において，同条中「総務省令」とあるのは，「国土交通省令」と読み替え
るものとする。

●関連［映像等の送受信による通話の方法による口頭審理］規則第38条の2→p930

第1節の2　田園住居地域内における建築等の規制

【堆積の許可を要する物件】

第36条の3　法第52条第1項の政令で定める物件は，次に掲げるものとする。

一　土石

二　廃棄物の処理及び清掃に関する法律第2条第1項に規定する廃棄物

三　資源の有効な利用の促進に関する法律（平成3年法律第48号）第2条第4項に
規定する再生資源

【建築等の許可を要しない通常の管理行為，軽易な行為その他の行為】

第36条の4　法第52条第1項第一号の政令で定める行為は，次に掲げるものとする。

一　工作物（建築物以外の工作物をいう。以下同じ。）で仮設のものの建設

二　法令又はこれに基づく処分による義務の履行として行う工作物の建設又は土地
の形質の変更

三　現に農業を営む者が農業を営むために行う土地の形質の変更又は前条各号に掲
げる物件の堆積

【都市計画事業の施行として行う行為に準ずる行為】

第36条の5　法第52条第1項第三号の都市計画事業の施行として行う行為に準ずる行

為として政令で定めるものは，国，都道府県若しくは市町村（特別区を含む。第36条の9，第37条の2及び第38条において同じ。）又は当該都市施設を管理することとなる者が都市施設に関する都市計画に適合して行う行為とする。

【農業の利便の増進及び良好な住居の環境の保護を図る上で支障がない土地の形質の変更等の規模】

第36条の6　法第52条第2項第一号，第二号ロ及び第三号の政令で定める規模は，300 m²とする。

【堆積をした物件の飛散の防止の方法等に関する要件】

第36条の7　法第52条第2項第三号の政令で定める要件は，国土交通省令で定めるところにより，覆いの設置，容器への収納その他の堆積をした物件が飛散し，流出し，又は地下に浸透することを防止するために必要な措置を講ずることとする。

第1節の3　市街地開発事業等予定区域の区域内における建築等の規制

【市街地開発事業等予定区域の区域内における建築等の許可を要しない通常の管理行為，軽易な行為その他の行為】

第36条の8　法第52条の2第1項第一号の政令で定める行為は，次に掲げるものとする。

一　工作物で仮設のものの建設

二　法令又はこれに基づく処分による義務の履行として行う工作物の建設又は土地の形質の変更

三　既存の建築物の敷地内において行う車庫，物置その他これらに類する附属建築物（階数が2以下で，かつ，地階を有しない木造のものに限る。）の建築又は既存の建築物の敷地内において行う当該建築物に附属する工作物の建設

四　現に農林漁業を営む者が農林漁業を営むために行う土地の形質の変更

五　既存の建築物又は工作物の管理のために必要な土地の形質の変更

【都市計画事業の施行として行う行為に準ずる行為】

第36条の9　法第52条の2第1項第三号の都市計画事業の施行として行う行為に準ずる行為として政令で定めるものは，国，都道府県若しくは市町村又は当該都市施設を管理することとなる者が都市施設（法第11条第1項第八号，第九号又は第十一号に掲げるものを除く。）に関する都市計画に適合して行う行為とする。

第2節　都市計画施設等の区域内における建築等の規制

【法第53条第1項第一号の政令で定める軽易な行為】

第37条　法第53条第1項第一号の政令で定める軽易な行為は，階数が2以下で，かつ，地階を有しない木造の建築物の改築又は移転とする。

【法第53条第1項第三号の政令で定める行為】

第37条の2　法第53条第1項第三号の政令で定める行為は，国，都道府県若しくは市町村又は当該都市計画施設を管理することとなる者が当該都市施設又は市街地開発

事業に関する都市計画に適合して行うものとする。

【法第53条第1項第五号の政令で定める行為】

第37条の3 法第53条第1項第五号の政令で定める行為は，次に掲げる建築物の建築であって，法第12条の11に規定する建築物等の建築又は建設の限界に適合して行うものとする。

一 道路法第47条の18第1項第一号に規定する道路一体建物の建築

二 当該道路を管理することとなる者が行う建築物の建築

【法第54条第二号の政令で定める場合】

第37条の4 法第54条第二号の政令で定める場合は，次のいずれかの場合とする。

一 地下で建築物の建築が行われる場合

二 道路である都市施設を整備する立体的な範囲の下に位置する空間において建築物の建築が行われる場合（前号に掲げる場合を除く。）であって，当該建築物が安全上，防火上及び衛生上他の建築物の利便を妨げ，その他周囲の環境を害するおそれがないと認められる場合

三 道路（次号に規定するものを除く。）である都市施設を整備する立体的な範囲の上に位置する空間において渡り廊下その他の通行又は運搬の用途に供する建築物（次のいずれにも該当するものに限る。）の建築が行われる場合であって，当該建築物が安全上，防火上及び衛生上他の建築物の利便を妨げ，その他周囲の環境を害するおそれがないと認められる場合

イ 次のいずれかに該当するものであること。

⑴ 学校，病院，老人ホームその他これらに類する用途に供する建築物に設けられるもので，生徒，患者，老人等の通行の危険を防止するために必要なもの

⑵ 建築物の5階以上の階に設けられるもので，その建築物の避難施設として必要なもの

⑶ 多数人の通行又は多量の物品の運搬の用途に供するもので，道路の交通の緩和に寄与するもの

ロ その主要構造部（建築基準法第2条第五号に規定する主要構造部をいう。）が次のいずれかに該当する建築物に設けられるものであること。

⑴ 建築基準法第2条第七号に規定する耐火構造であること。

⑵ 建築基準法施行令第108条の3第1項第一号又は第二号に該当すること。

⑶ 建築基準法第2条第九号に規定する不燃材料（ハにおいて単に「不燃材料」という。）で造られていること。

ハ その構造が，次に定めるところによるものであること。

⑴ 建築基準法施行令第1条第三号に規定する構造耐力上主要な部分は，鉄骨造，鉄筋コンクリート造又は鉄骨鉄筋コンクリート造とし，その他の部分は，不燃材料で造ること。

⑵ 屋外に面する部分には，ガラス（網入ガラスを除く。），瓦，タイル，コンクリートブロック，飾石，テラコッタその他これらに類する材料を用いないこと。ただし，これらの材料が道路上に落下するおそれがない部分について

は，この限りでない。

⑶　側面には，床面からの高さが1.5m 以上の壁を設け，その壁の床面からの高さが1.5m 以下の部分に開口部を設けるときは，これにはめごろし戸を設けること。

四　高度地区（建築物の高さの最低限度が定められているものに限る。），高度利用地区又は都市再生特別地区内の自動車のみの交通の用に供する道路である都市施設を整備する立体的な範囲の上に位置する空間において建築物（その構造が，渡り廊下その他の通行又は運搬の用途に供するものにあっては前号ハ⑴から⑶まで，その他のものにあっては同号ハ⑴及び⑵に定めるところによるものに限る。）の建築が行われる場合であって，当該建築物が安全上，防火上及び衛生上他の建築物の利便を妨げ，その他周囲の環境を害するおそれがないと認められる場合

【法第55条第2項の政令で定める者】

第38条　法第55条第2項の政令で定める者は，都道府県及び市町村とする。

【施行予定者が定められている都市計画施設の区域等内における建築等の許可を要しない通常の管理行為，軽易な行為その他の行為】

第38条の2　法第57条の3第1項において準用する法第52条の2第1項第一号の政令で定める行為は，第36条の8各号に掲げる行為とする。

【都市計画事業の施行として行う行為に準ずる行為】

第38条の3　法第57条の3第1項において準用する法第52条の2第1項第三号の都市計画事業の施行として行う行為に準ずる行為として政令で定めるものは，第36条の9に規定する行為とする。

第3節　地区計画の区域内における建築等の規制

【届出を要する行為】

第38条の4　法第58条の2第1項各号列記以外の部分の政令で定める行為は，工作物の建設及び次の各号に掲げる土地の区域内において行う当該各号に定める行為とする。

一　地区計画において用途の制限が定められ，又は用途に応じて建築物等に関する制限が定められている土地の区域　　建築物等の用途の変更（用途変更後の建築物等が地区計画において定められた用途の制限又は用途に応じた建築物等に関する制限に適合しないこととなる場合に限る。）

二　地区計画において建築物等の形態又は色彩その他の意匠の制限が定められている土地の区域　　建築物等の形態又は色彩その他の意匠の変更

三　地区計画において法第12条の5第7項第三号に掲げる事項が定められている土地の区域　　木竹の伐採

四　地区計画において法第12条の5第7項第四号に掲げる事項（第36条の3各号に掲げる物件の堆積の制限に関するものに限る。）が定められている土地の区域　　当該物件の堆積

【地区計画の区域内において建築等の届出を要しない通常の管理行為，軽易な行為その他の行為】

第38条の5　法第58条の2第1項第一号の政令で定める行為は，次に掲げるものとする。

　一　次に掲げる土地の区画形質の変更

　　イ　建築物で仮設のものの建築又は工作物で仮設のものの建設の用に供する目的で行う土地の区画形質の変更

　　ロ　既存の建築物等の管理のために必要な土地の区画形質の変更

　　ハ　農林漁業を営むために行う土地の区画形質の変更

　二　次に掲げる建築物の建築又は工作物の建設

　　イ　前号イに掲げる建築物の建築又は工作物の建設（地区計画において法第12条の5第7項第四号に掲げる事項が定められている土地の区域にあっては，前号イに掲げる工作物の建設）

　　ロ　屋外広告物で表示面積が1m²以下であり，かつ，高さが3m以下であるものの表示又は掲出のために必要な工作物の建設

　　ハ　水道管，下水道管その他これらに類する工作物で地下に設けるものの建設

　　ニ　建築物の存する敷地内の当該建築物に附属する物干場，建築設備，受信用の空中線系（その支持物を含む。），旗ざおその他これらに類する工作物の建設

　　ホ　農林漁業を営むために必要な物置，作業小屋その他これらに類する建築物の建築又は工作物の建設

　三　次に掲げる建築物等の用途の変更

　　イ　建築物等で仮設のものの用途の変更

　　ロ　建築物等の用途を前号ホに掲げるものとする建築物等の用途の変更

　四　第二号に掲げる建築物等の形態又は色彩その他の意匠の変更

　五　次に掲げる木竹の伐採

　　イ　除伐，間伐，整枝等木竹の保育のために通常行われる木竹の伐採

　　ロ　枯損した木竹又は危険な木竹の伐採

　　ハ　自家の生活の用に充てるために必要な木竹の伐採

　　ニ　仮植した木竹の伐採

　　ホ　測量，実地調査又は施設の保守の支障となる木竹の伐採

　六　現に農業を営む者が農業を営むために行う第36条の3各号に掲げる物件の堆積

　七　前各号に掲げるもののほか，法令又はこれに基づく処分による義務の履行として行う行為

【法第58条の2第1項第四号の政令で定める行為】

第38条の6　法第58条の2第1項第四号の都市計画事業の施行として行う行為に準ずる行為として政令で定めるものは，次に掲げるものとする。

　一　都市計画施設を管理することとなる者が当該都市施設に関する都市計画に適合して行う行為

　二　土地区画整理法による土地区画整理事業の施行として行う行為

三　都市再開発法による市街地再開発事業の施行として行う行為

四　大都市地域における住宅及び住宅地の供給の促進に関する特別措置法による住宅街区整備事業の施行として行う行為

五　密集市街地整備法による防災街区整備事業の施行として行う行為

【建築等の届出を要しないその他の行為】

第38条の7　法第58条の2第1項第五号の政令で定める行為は，次に掲げるものとする。

一　法第43条第1項の許可を要する建築物の建築，工作物の建設又は建築物等の用途の変更（当該建築物等について地区計画において用途の制限のみが定められている場合に限る。）

二　法第58条の3第1項の規定に基づく条例の規定により同項の許可を要する法第52条第1項本文に規定する行為

三　建築基準法第6条第1項（同法第87条第1項又は第88条第2項において準用する場合を含む。）の確認又は同法第18条第2項（同法第87条第1項又は第88条第2項において準用する場合を含む。）の通知を要する建築物の建築，工作物の建設又は建築物等の用途の変更（当該建築物等又はその敷地について地区計画において定められている内容（次に掲げる事項を除く。）の全てが同法第68条の2第1項（同法第87条第2項若しくは第3項又は第88条第2項において準用する場合を含む。）の規定に基づく条例で制限として定められている場合に限る。）

　　イ　地区計画において定められている建築物の容積率の最高限度で，建築基準法第68条の5の規定により同法第52条第1項第一号から第四号までに定める数値とみなされるもの，同法第68条の5の3第1項の規定により同法第52条第1項第二号から第四号までに定める数値とみなされるもの又は同法第68条の5の4の規定により同法第52条第1項第二号若しくは第三号に定める数値とみなされるもの

　　ロ　地区計画（地区整備計画において，法第12条の10の規定による壁面の位置の制限，壁面後退区域における工作物の設置の制限及び建築物の高さの最高限度が定められているものに限る。）において定められている建築物の容積率の最高限度で，当該敷地に係る建築基準法第52条の規定による建築物の容積率の最高限度を超えるもの

　　ハ　地区計画（再開発等促進区が定められてる区域に限る。）において定められている次に掲げる事項

　　　(1)　建築物の容積率の最高限度で，当該敷地に係る法第8条第1項第一号に規定する用途地域に関する都市計画において定められた建築物の容積率を超えるもの

　　　(2)　建築物の建蔽率の最高限度で，当該敷地に係る法第8条第1項第一号に規定する用途地域に関する都市計画において定められた建築物の建蔽率を超えるもの

　　　(3)　建築物の高さの最高限度で，当該敷地に係る第一種低層住居専用地域又は

第二種低層住居専用地域に関する都市計画において定められた建築物の高さの限度を超えるもの

ニ　法第12条の12に規定する開発整備促進区における地区整備計画の区域において誘導すべき用途及び当該誘導すべき用途に供する特定大規模建築物の敷地として利用すべき土地の区域

四　都市緑地法（昭和48年法律第72号）第20条第1項の規定に基づく条例の規定により同項の許可を要する同法第14条第1項各号に掲げる行為

五　法第29条第1項第三号に掲げる開発行為その他の公益上必要な事業の実施に係る行為で地区計画の目的を達成する上で著しい支障を及ぼすおそれが少ないと認められるもののうち，用途上又は構造上やむを得ないものとして国土交通省令で定めるもの

第4節　遊休土地転換利用促進地区内おける土地利用に関する措置等（略）

第4章　都市計画事業（略）

第5章　雑　　則

【一の指定都市の区域を超えて特に広域の見地から決定すべき都市施設】

第45条　法第87の2第1項の一の指定都市の区域を超えて特に広域の見地から決定すべき都市施設として政令で定めるものは，第9条第2項各号に掲げる都市施設のうち，次に掲げるものとする。

一　空港法第4条第1項各号に掲げる空港及び同法第5条第1項に規定する地方管理空港

二　国が設置する公園又は緑地

三　水道

四　下水道

五　河川（河川法第5条第1項に規定する二級河川のうち，一の指定都市の区域内のみに存するものを除く。）

【都に関する特例】

第46条　法第87条の3第1項の政令で定める都市計画は，法第15条の規定により市町村が定めるべき都市計画のうち，次に掲げるものに関する都市計画とする。

一　用途地域，特例容積率適用地区，高層住居誘導地区，居住調整地域，居住環境向上用途誘導地区又は特定用途誘導地区

二　特定街区で面積が1haを超えるもの

三　水道，電気供給施設，ガス供給施設，下水道，市場及びと畜場

四　再開発等促進区を定める地区計画又は沿道再開発等促進区を定める沿道地区計

画で，それぞれ再開発等促進区又は沿道再開発等促進区の面積が3 ha を超える
もの

　附　則　（略）

都市計画法施行規則［抄］

昭和44年8月25日　建設省令第49号

最終改正　令和5年3月31日　国土交通省令第30号

【令第13条の表の国土交通省令で定める区域】

第11条の2　令第13条の表の地区計画（市街化調整区域内において定めるものを除く。）の項，防災街区整備地区計画の項，歴史的風致維持向上地区計画の項及び沿道地区計画の項の右欄に規定する国土交通省令で定める区域は，次に掲げる区域又は施行区域とする。

一　都市計画施設（令第9条第2項第二号から第四号まで，第六号（排水管，排水渠その他の排水施設の部分を除く。），第八号及び第九号に掲げる都市施設に係るものに限る。）の区域

二　市街地開発事業の施行区域（都道府県が定めた市街地開発事業に関する都市計画に係るものに限る。）

三　市街地開発事業等予定区域の区域（都道府県が定めた市街地開発事業等予定区域に関する都市計画に係るものに限る。）

【資格を有する者の設計によらなければならない工事】

第18条　法第31条の国土交通省令で定める工事は，開発区域の面積が1ha以上の開発行為に関する工事とする。

【設計者の資格】

第19条　法第31条の国土交通省令で定める資格は，次に掲げるものとする。

一　開発区域の面積が1ha以上20ha未満の開発行為に関する工事にあっては，次のいずれかに該当する者であること。

イ　学校教育法（昭和22年法律第26号）による大学（短期大学を除く。）又は旧大学令（大正7年勅令第388号）による大学において，正規の土木，建築，都市計画又は造園に関する課程を修めて卒業した後，宅地開発に関する技術に関して2年以上の実務の経験を有する者

ロ　学校教育法による短期大学（同法による専門職大学の前期課程を含む。ハにおいて同じ。）において，正規の土木，建築，都市計画又は造園に関する修業年限3年の課程（夜間において授業を行なうものを除く。）を修めて卒業した後（同法による専門職大学の前期課程にあっては，修了した後），宅地開発に関する技術に関して3年以上の実務の経験を有する者

ハ　ロに該当する者を除き，学校教育法による短期大学若しくは高等専門学校又は旧専門学校令（明治36年勅令第61号）による専門学校において，正規の土木，建築，都市計画又は造園に関する課程を修めて卒業した後（同法による専門職大学の前期課程にあっては，修了した後），宅地開発に関する技術に関して4年以上の実務の経験を有する者

　　ニ　学校教育法による高等学校若しくは中等教育学校又は旧中等学校令（昭和18年勅令第36号）による中等学校において，正規の土木，建築，都市計画又は造園に関する課程を修めて卒業した後，宅地開発に関する技術に関して７年以上の実務の経験を有する者

　　ホ　技術士法（昭和58年法律第25号）による第２次試験のうち国土交通大臣が定める部門に合格した者で，宅地開発に関する技術に関して２年以上の実務の経験を有するもの

　　ヘ　建築士法（昭和25年法律第202号）による一級建築士の資格を有する者で，宅地開発に関する技術に関して２年以上の実務の経験を有するもの

　　ト　宅地開発に関する技術に関する７年以上の実務の経験を含む土木，建築，都市計画又は造園に関する10年以上の実務の経験を有する者で，次条から第19条の４までの規定により国土交通大臣の登録を受けた者（以下「登録講習機関」という。）がこの省令の定めるところにより行う講習（以下「講習」という。）を修了した者

　　チ　国土交通大臣がイからトまでに掲げる者と同等以上の知識及び経験を有すると認めた者

　二　開発区域の面積が20ha 以上の開発行為に関する工事にあっては，前号のいずれかに該当する者で，開発区域の面積が20ha 以上の開発行為に関する工事の総合的な設計に係る設計図書の作成に関する実務に従事したことのあるものその他国土交通大臣がこれと同等以上の経験を有すると認めたものであること。

　　【道路の幅員】

第20条　令第25条第二号の国土交通省令で定める道路の幅員は，住宅の敷地又は住宅以外の建築物若しくは第一種特定工作物の敷地でその規模が1,000m²未満のものにあっては６ｍ（多雪地域で，積雪時における交通の確保のため必要があると認められる場合にあっては，８ｍ），その他のものにあっては９ｍとする。

　　【令第25条第二号ただし書の国土交通省令で定める道路】

第20条の２　令第25条第二号ただし書の国土交通省令で定める道路は，次に掲げる要件に該当するものとする。

　一　開発区域内に新たに道路が整備されない場合の当該開発区域に接する道路であること。

　二　幅員が４ｍ以上であること。

　　【公園等の設置基準】

第21条　開発区域の面積が５ha 以上の開発行為にあっては，次に定めるところにより，その利用者の有効な利用が確保されるような位置に公園（予定建築物等の用途が住宅以外のものである場合は，公園，緑地又は広場。以下この条において同じ。）を設けなければならない。

　一　公園の面積は，１箇所300m²以上であり，かつ，その面積の合計が開発区域の面積の３％以上であること。

　二　開発区域の面積が20ha 未満の開発行為にあってはその面積が1,000m²以上の公

園が１箇所以上，開発区域の面積が20ha 以上の開発行為にあってはその面積が1,000m²以上の公園が２箇所以上であること。

【排水施設の管渠の勾配及び断面積】

第22条 令第26条第一号の排水施設の管渠の勾配及び断面積は，５年に１回の確率で想定される降雨強度値以上の降雨強度値を用いて算定した計画雨水量並びに生活又は事業に起因し，又は付随する廃水量及び地下水量から算定した計画汚水量を有効に排出することができるように定めなければならない。

2 令第28条第七号の国土交通省令で定める排水施設は，その管渠の勾配及び断面積が，切土又は盛土をした土地及びその周辺の土地の地形から想定される集水地域の面積を用いて算定した計画地下水排水量を有効かつ適切に排出することができる排水施設とする。

【がけ面の保護】

第23条 切土をした土地の部分に生ずる高さが２ｍをこえるがけ，盛土をした土地の部分に生ずる高さが１ｍをこえるがけ又は切土と盛土とを同時にした土地の部分に生ずる高さが２ｍをこえるがけのがけ面は，擁壁＊でおおわなければならない。ただし，切土をした土地の部分に生ずることとなるがけ又はがけの部分で，次の各号の一に該当するもののがけ面については，この限りでない。

●関連［擁壁に関する技術的細目］規則第27条→p928

一 土質が次の表の左欄に掲げるものに該当し，かつ，土質に応じ勾配が同表の中欄の角度以下のもの

土　　質	擁壁を要しない勾配の上限	擁壁を要する勾配の下限
軟岩（風化の著しいものを除く。）	60°	80°
風化の著しい岩	40°	50°
砂利，真砂土，関東ローム，硬質粘土その他これらに類するもの	35°	45°

二 土質が前号の表の左欄に掲げるものに該当し，かつ，土質に応じ勾配が同表の中欄の角度をこえ同表の右欄の角度以下のもので，その上端から下方に垂直距離５ｍ以内の部分。この場合において，前号に該当するがけの部分により上下に分離されたがけの部分があるときは，同号に該当するがけの部分は存在せず，その上下のがけの部分は連続しているものとみなす。

2 前項の規定の適用については，小段等によって上下に分離されたがけがある場合において，下層のがけ面の下端を含み，かつ，水平面に対し30°の角度をなす面の上方に上層のがけ面の下端があるときは，その上下のがけを一体のものとみなす。

3 第１項の規定は，土質試験等に基づき地盤の安定計算をした結果がけの安全を保つために擁壁の設置が必要でないことが確かめられた場合又は災害の防止上支障が

ないと認められる土地において擁壁の設置に代えて他の措置が講ぜられた場合には，適用しない。

4　開発行為によって生ずるがけのがけ面は，擁壁でおおう場合を除き，石張り，芝張り，モルタルの吹付け等によって風化その他の侵食に対して保護しなければならない。

【樹木の集団の規模】

第23条の2　令第28条の2第一号の国土交通省令で定める規模は，高さが5mで，かつ，面積が300m²とする。

【緩衝帯の幅員】

第23条の3　令第28条の3の国土交通省令で定める幅員は，開発行為の規模が，1ha以上1.5ha未満の場合にあっては4m，1.5ha以上5ha未満の場合にあっては5m，5ha以上15ha未満の場合にあっては10m，15ha以上25ha未満の場合にあっては15m，25ha以上の場合にあっては20mとする。

【道路に関する技術的細目】

第24条　令第29条の規定により定める技術的細目のうち，道路に関するものは，次に掲げるものとする。

一　道路は，砂利敷その他の安全かつ円滑な交通に支障を及ぼさない構造とし，かつ，適当な値の横断勾配が附されていること。

二　道路には，雨水等を有効に排出するため必要な側溝，街渠その他の適当な施設が設けられていること。

三　道路の縦断勾配は，9％以下であること。ただし，地形等によりやむを得ないと認められる場合は，小区間に限り，12％以下とすることができる。

四　道路は，階段状でないこと。ただし，もっぱら歩行者の通行の用に供する道路で，通行の安全上支障がないと認められるものにあっては，この限りでない。

五　道路は，袋路状でないこと。ただし，当該道路の延長若しくは当該道路と他の道路との接続が予定されている場合又は転回広場及び避難通路が設けられている場合等避難上及び車両の通行上支障がない場合は，この限りでない。

六　歩道のない道路が同一平面で交差し，若しくは接続する箇所又は歩道のない道路のまがりかどは，適当な長さで街角が切り取られていること。

七　歩道は，縁石線又はさくその他これに類する工作物によって車道から分離されていること。

【公園に関する技術的細目】

第25条　令第29条の規定により定める技術的細目のうち，公園に関するものは，次に掲げるものとする。

一　面積が1,000m²以上の公園にあっては，2以上の出入口が配置されていること。

二　公園が自動車交通量の著しい道路等に接する場合は，さく又はへいの設置その他利用者の安全の確保を図るための措置が講ぜられていること。

三　公園は，広場，遊戯施設等の施設が有効に配置できる形状及び勾配で設けられていること。

　四　公園には，雨水等を有効に排出するための適当な施設が設けられていること。

【排水施設に関する技術的細目】

第26条　令第29条の規定により定める技術的細目のうち，排水施設に関するものは，次に掲げるものとする。

　一　排水施設は，堅固で耐久力を有する構造であること。

　二　排水施設は，陶器，コンクリート，れんがその他の耐水性の材料で造り，かつ，漏水を最少限度のものとする措置が講ぜられていること。ただし，崖（がけ）崩れ又は土砂の流出の防止上支障がない場合においては，専ら雨水その他の地表水を排除すべき排水施設は，多孔管その他雨水を地下に浸透させる機能を有するものとすることができる。

　三　公共の用に供する排水施設は，道路その他排水施設の維持管理上支障がない場所に設置されていること。

　四　管渠（きょ）の勾配（こう）及び断面積が，その排除すべき下水又は地下水を支障なく流下させることができるもの（公共の用に供するは排水施設のうち暗渠（きょ）である構造の部分にあっては，その内径又は内法（のり）幅が，20cm以上のもの）であること。

　五　専ら下水を排除すべき排水施設のうち暗渠（きょ）である構造の部分の次に掲げる箇所には，ます又はマンホールが設けられていること。

　　イ　管渠（きょ）の始まる箇所

　　ロ　下水の流路の方向，勾配（こう）又は横断面が著しく変化する箇所（管渠（きょ）の清掃上支障がない箇所を除く。）

　　ハ　管渠（きょ）の内径又は内法（のり）幅の120倍を超えない範囲内の長さごとの管渠（きょ）の部分のその清掃上適当な場所

　六　ます又はマンホールには，ふた（汚水を排除すべきます又はマンホールにあっては，密閉することができるふたに限る。）が設けられていること。

　七　ます又はマンホールの底には，専ら雨水その他の地表水を排除すべきますにあっては深さが15cm以上の泥溜（た）めが，その他のます又はマンホールにあってはその接続する管渠（きょ）の内径又は内法（のり）幅に応じ相当の幅のインバートが設けられていること。

【擁壁に関する技術的細目】

第27条　第23条第1項の規定により設置される擁壁については，次に定めるところによらなければならない。

　一　擁壁の構造は，構造計算，実験等によって次のイからニまでに該当することが確かめられたものであること。

　　イ　土圧，水圧及び自重（以下この号において「土圧等」という。）によって擁壁が破壊されないこと。

　　ロ　土圧等によって擁壁が転倒しないこと。

　　ハ　土圧等によって擁壁の基礎がすべらないこと。

　　ニ　土圧等によって擁壁が沈下しないこと。

　二　擁壁には，その裏面の排水をよくするため，水抜穴が設けられ，擁壁の裏面で

水抜穴の周辺その他必要な場所には，砂利等の透水層が設けられていること。ただし，空積造その他擁壁の裏面の水が有効に排水できる構造のものにあっては，この限りでない。

2　開発行為によって生ずるがけのがけ面を覆う擁壁*で高さが2mを超えるものについては，建築基準法施行令（昭和25年政令第338号）第142条（同令第7章の8の準用に関する部分を除く。）の規定を準用する。

●関連［擁壁］建築基準法施行令第142条→p375

【公園等の設置基準の強化】

第27条の2　第21条第一号の技術的細目に定められた制限の強化は，次に掲げるところにより行うものとする。

一　設置すべき公園，緑地又は広場の数又は1箇所当たりの面積の最低限度を定めること。

二　設置すべき公園，緑地又は広場の面積の合計の開発区域の面積に対する割合の最低限度について，6％を超えない範囲で，開発区域及びその周辺の状況並びに予定建築物等の用途を勘案して特に必要があると認められる場合に行うこと。

2　第21条第二号の技術的細目に定められた制限の強化は，設置すべき公園，緑地又は広場の数又は1箇所当たりの面積の最低限度について行うものとする。

【令第29条の2第1項第十一号の国土交通省令で定める基準】

第27条の3　第23条の3の技術的細目に定められた制限の強化は，配置すべき緩衝帯の幅員の最低限度について，開発行為の規模が1ha以上1.5ha未満の場合にあっては6.5m，1.5ha以上5ha未満の場合にあっては8m，5ha以上15ha未満の場合にあっては15m，15ha以上の場合にあっては20mを超えない範囲で行うものとする。

【令第29条の2第1項第十二号の国土交通省令で定める基準】

第27条の4　令第29条の2第1項第十二号の国土交通省令で定める基準は，次に掲げるものとする。

一　第24条，第25条第二号，第26条第四号又は第27条の技術的細目に定められた制限について，環境の保全，災害の防止及び利便の増進を図るために必要な限度を超えない範囲で行うものであること。

二　第24条の技術的細目に定められた制限の強化は，その地方の気候若しくは風土の特殊性又は土地の状況により必要と認められる場合に，同条各号に掲げる基準と異なる基準を定めるものであること。

三　第25条第二号の技術的細目に定められた制限の強化は，公園の利用者の安全の確保を図るため必要があると認められる場合に，さく又はへいの設置その他利用者の安全を図るための措置が講ぜられていることを要件とするものであること。

四　第26条第四号の技術的細目に定められた制限の強化は，公共の用に供する排水施設のうち暗渠である構造の部分の内径又は内のり幅について行うものであること。

五　第27条の技術的細目に定められた制限の強化は，その地方の気候，風土又は地

勢の特殊性により，同条各号の規定のみによっては開発行為に伴うがけ崩れ又は土砂の流出の防止の目的を達し難いと認められる場合に行うものであること。

【法の高さの制限に関する技術的細目】

第27条の5 令第29条の4第2項の国土交通省令で定める技術的細目は，小段等によって上下に分離された法がある場合にその上下の法を一体のものとみなすことを妨げないこととする。

【映像等の送受信による通話の方法による口頭審理】

第38条の2 令第36条の2において準用する行政不服審査法施行令（平成27年政令第391号）第8条に規定する方法によって口頭審理の期日における審理を行う場合には，審理関係人（行政不服審査（平成26年法律第68号）第28条に規定する審理関係人をいう。以下この条において同じ。）の意見を聴いて，当該審理に必要な装置が設置された場所であって審査庁（同法第9条第1項に規定する審査庁をいう。）が相当と認める場所を，審理関係人ごとに指定して行う。

【開発行為又は建築に関する証明書等の交付】

第60条 建築基準法（昭和25年法律第201号）第6条第1項（同法第88条第1項又は第2項において準用する場合を含む。）又は第6条の2第1項（同法第88条第1項又は第2項において準用する場合を含む。）の規定による確認済証の交付を受けようとする者は，その計画が法第29条第1項若しくは第2項，第35条の2第1項，第41条第2項，第42条，第43条第1項又は第53条第1項の規定に適合していることを証する書面の交付を都道府県知事（指定都市等における場合にあっては当該指定都市等の長とし，指定都市等以外の市における場合（法第53条第1項の規定に適合していることを証する書面の交付を求める場合に限る。）にあっては当該市の長とし，法第29条第1項若しくは第2項，第35条の2第1項，第41条第2項，第42条又は第43条第1項の事務が地方自治法（昭和22年法律第67号）第252条の17の2第1項の規定により市町村が処理することとされている場合又は法第86条の規定により港務局の長に委任されている場合にあっては当該市町村の長又は港務局の長とする。）に求めることができる。

2 畜舎等の建築等及び利用の特例に関する法律（令和3年法律第34号）第3条第1項の認定（同法第4条第1項の変更の認定を含む。）を受けようとする者は，その計画が法第53条第1項の規定に適合していることを証する書面の交付を都道府県知事（指定都市等における場合にあっては当該指定都市等の長とし，指定都市等以外の市における場合にあっては当該市の長とする。）に求めることができる。

住宅の品質確保促進法

住宅の品質確保の促進等に関する法律［抄］
　住宅の品質確保の促進等に関する法律施行令［抄］
　住宅の品質確保の促進等に関する法律施行規則［抄］

長期優良住宅普及促進法

長期優良住宅の普及の促進に関する法律［抄］
　長期優良住宅の普及の促進に関する法律施行令
　長期優良住宅の普及の促進に関する法律施行規則

特定住宅瑕疵担保責任法

特定住宅瑕疵担保責任の履行の確保等に関する法律［抄］

高齢者，障害者等の
移動等の円滑化促進法

高齢者，障害者等の移動等の円滑化の促進に関する法律［抄］
　高齢者，障害者等の移動等の円滑化の促進に関する法律施行令［抄］
　高齢者，障害者等の移動等の円滑化の促進に関する法律施行規則［抄］
　高齢者，障害者等が円滑に利用できるようにするために誘導すべき建
　築物特定施設の構造及び配置に関する基準を定める省令［抄］
　高齢者，障害者等の移動等の円滑化の促進に関する法律に基づく告示

耐震改修促進法

建築物の耐震改修の促進に関する法律［抄］
　建築物の耐震改修の促進に関する法律施行令
　建築物の耐震改修の促進に関する法律施行規則［抄］
　建築物の耐震改修の促進に関する法律に基づく告示

建築物省エネ法

建築物のエネルギー消費性能の向上に関する法律［抄］
　建築物のエネルギー消費性能の向上に関する法律施行令
　建築物エネルギー消費性能基準等を定める省令

住宅の品質確保の促進等に関する法律［抄］

平成11年6月23日　法律第81号
最終改正　令和5年6月16日　法律第63号

【目　的】

第1条　この法律は，住宅の性能に関する表示基準及びこれに基づく評価の制度を設け，住宅に係る紛争の処理体制を整備するとともに，新築住宅の請負契約又は売買契約における瑕疵（かし）担保責任について特別の定めをすることにより，住宅の品質確保の促進，住宅購入者等の利益の保護及び住宅に係る紛争の迅速かつ適正な解決を図り，もって国民生活の安定向上と国民経済の健全な発展に寄与することを目的とする。

【定　義】

第2条　この法律において「住宅」とは，人の居住の用に供する家屋又は家屋の部分（人の居住の用以外の用に供する家屋の部分との共用に供する部分を含む。）をいう。

2　この法律において「新築住宅」とは，新たに建設された住宅で，まだ人の居住の用に供したことのないもの（建設工事の完了の日から起算して1年を経過したものを除く。）をいう。

3　この法律において「日本住宅性能表示基準」とは，住宅の性能に関し表示すべき事項及びその表示の方法の基準であって，次条の規定により定められたものをいう。

4　この法律において「住宅購入者等」とは，住宅の購入若しくは住宅の建設工事の注文をし，若しくはしようとする者又は購入され，若しくは建設された住宅に居住をし，若しくはしようとする者をいう

5　この法律において「瑕疵（かし）」とは，種類又は品質に関して契約の内容に適合しない状態をいう。

【日本住宅性能表示基準】

第3条　国土交通大臣及び内閣総理大臣は，住宅の性能に関する表示の適正化を図るため，日本住宅性能表示基準を定めなければならない。

2　日本住宅性能表示基準は，利害関係人の意向を適切に反映するように，かつ，その適用に当たって同様な条件の下にある者に対して不公正に差別を付することがないように定め，又は変更しなければならない。

3　国土交通大臣又は内閣総理大臣は，日本住宅性能表示基準を定め，又は変更しようとする場合において，必要があると認めるときは，当該日本住宅性能表示基準又はその変更の案について，公聴会を開いて利害関係人の意見を聴くことができる。

4　国土交通大臣及び内閣総理大臣は，日本住宅性能表示基準を定め，又は変更しようとするときは，国土交通大臣にあっては社会資本整備審議会の議決を，内閣総理大臣にあっては消費者委員会の議決を，それぞれ経なければならない。ただし，社

会資本整備審議会又は消費者委員会が軽微な事項と認めるものについては，この限りでない。

5　国土交通大臣及び内閣総理大臣は，日本住宅性能表示基準を定め，又は変更したときは，遅滞なく，これを告示しなければならない。

【評価方法基準】

第3条の2　国土交通大臣は，日本住宅性能表示基準を定める場合には，併せて，日本住宅性能表示基準に従って表示すべき住宅の性能に関する評価（評価のための検査を含む。以下同じ。）の方法の基準（以下「評価方法基準」という。）を定めるものとする。

2　前条第2項から第5項までの規定は，評価方法基準について準用する。この場合において，同条第3項中「国土交通大臣又は内閣総理大臣」とあり，並びに同条第4項及び第5項中「国土交通大臣及び内閣総理大臣」とあるのは「国土交通大臣」と，同条第4項中「国土交通大臣にあっては社会資本整備審議会の議決を，内閣総理大臣にあっては消費者委員会の議決を，それぞれ」とあるのは「社会資本整備審議会の議決を」と，同項ただし書中「社会資本整備審議会又は消費者委員会」とあるのは「社会資本整備審議会」と読み替えるものとする。

3　内閣総理大臣は，個人である住宅購入者等の利益の保護を図るため必要があると認めるときは，国土交通大臣に対し，評価方法基準の策定又は変更に関し，必要な意見を述べることができる。

【住宅性能評価】

第5条　第7条から第10条までの規定の定めるところにより国土交通大臣の登録を受けた者（以下「登録住宅性能評価機関」という。）は，申請により，住宅性能評価（設計された住宅又は建設された住宅について，日本住宅性能表示基準に従って表示すべき性能に関し，評価方法基準（第58条第1項の特別評価方法認定を受けた方法を用いる場合における当該方法を含む。第31条第1項において同じ。）に従って評価することをいう。以下同じ。）を行い，**国土交通省令・内閣府令**[*1]で定める事項を記載し，**国土交通省令・内閣府令**[*2]で定める標章を付した評価書（以下「住宅性能評価書」という。）を交付することができる。

◆国土交通省令・内閣府令1［住宅性能評価書に記載すべき事項］規則第1条→p942
　　　　　　　　　　　　2［住宅性能評価書に付すべき標章］規則第2条　→p943

2　前項の申請の手続その他住宅性能評価及び住宅性能評価書の交付に関し必要な事項は，**国土交通省令・内閣府令**で定める。

◆国土交通省令・内閣府令［設計住宅性能評価の申請］規則第3条　　→p943
　　　　　　　　　　　　［設計住宅性能評価書の交付等］規則第4条→p944

3　何人も，第1項の場合を除き，住宅の性能に関する評価書，住宅の建設工事の請負契約若しくは売買契約に係る契約書又はこれらに添付する書類に，同項の標章又はこれと紛らわしい標章を付してはならない。

【住宅性能評価書等と契約内容】

第6条　住宅の建設工事の請負人は，設計された住宅に係る住宅性能評価書（以下「設

計住宅性能評価書」という。）若しくはその写しを請負契約書に添付し，又は注文者に対し設計住宅性能評価書若しくはその写しを交付した場合においては，当該設計住宅性能評価書又はその写しに表示された性能を有する住宅の建設工事を行うことを契約したものとみなす。

2　新築住宅の建設工事の完了前に当該新築住宅の売買契約を締結した売主は，設計住宅性能評価書若しくはその写しを売買契約書に添付し，又は買主に対し設計住宅性能評価書若しくはその写しを交付した場合においては，当該設計住宅性能評価書又はその写しに表示された性能を有する新築住宅を引き渡すことを契約したものとみなす。

3　新築住宅の建設工事の完了後に当該新築住宅の売買契約を締結した売主は，建設された住宅に係る住宅性能評価書（以下「建設住宅性能評価書」という。）若しくはその写しを売買契約書に添付し，又は買主に対し建設住宅性能評価書若しくはその写しを交付した場合においては，当該建設住宅性能評価書又はその写しに表示された性能を有する新築住宅を引き渡すことを契約したものとみなす。

4　前3項の規定は，請負人又は売主が，請負契約書又は売買契約書において反対の意思を表示しているときは，適用しない。

【長期優良住宅の普及の促進に関する法律の特例】

第6条の2　長期優良住宅の普及の促進に関する法律（平成20年法律第87号）第5条第1項から第7項までの規定による認定の申請（同法第8条第1項の規定による変更の認定の申請を含む。）をする者は，あらかじめ，**国土交通省令**で定めるところにより，登録住宅性能評価機関に対し，当該申請に係る住宅の構造及び設備が長期使用構造等（同法第2条第4項に規定する長期使用構造等をいう。以下この条において同じ。）であることの確認を行うことを求めることができる。

◆国土交通省令［長期使用構造等であることの確認の申請］規則第7条の2→p947

2　第5条第1項の住宅性能評価の申請をする者は，前項の規定による求めを当該住宅性能評価の申請と併せてすることができる。

3　第1項の規定による求めがあった場合（次項に規定する場合を除く。）は，登録住宅性能評価機関は，当該住宅の構造及び設備が長期使用構造等であるかどうかの確認を行い，**国土交通省令**で定めるところにより，その結果を記載した書面（第5項において「確認書」という。）を当該求めをした者に交付するものとする。

◆国土交通省令［確認書の交付等］規則第7条の4→p947

4　第2項の規定により住宅性能評価の申請と併せて第1項の規定による求めがあった場合は，登録住宅性能評価機関は，当該住宅の構造及び設備が長期使用構造等であるかどうかの確認を行い，国土交通省令で定めるところにより，その結果を住宅性能評価書に記載するものとする。

5　前2項の規定によりその住宅の構造及び設備が長期使用構造等である旨が記載された確認書若しくは住宅性能評価書又はこれらの写しを，長期優良住宅の普及の促進に関する法律第5条第1項に規定する長期優良住宅建築等計画又は同条第6項に規定する長期優良住宅維持保全計画に添えて同条第1項から第7項までの規定によ

る認定の申請（同法第8条第1項の規定による変更の認定の申請を含む。）をした場合においては，当該申請に係る長期優良住宅建築等計画又は長期優良住宅維持保全計画は，同法第6条第1項第一号（同法第8条第2項において準用する場合を含む。）に掲げる基準に適合しているものとみなす。

【住宅型式性能認定】

第31条 第44条から第46条までの規定の定めるところにより国土交通大臣の登録（第44条第2項第一号に掲げる業務の種別に係るものに限る。）を受けた者は，申請により，住宅型式性能認定（住宅又はその部分で国土交通大臣が定めるものの型式について評価方法基準に従って評価し，当該型式が日本住宅性能表示基準に従って表示すべき性能を有する旨を認定することをいい，当該登録を受けた者が外国にある事務所によりこれを行う者である場合にあっては，外国において事業を行う者の申請に基づくものに限る。以下同じ。）を行うことができる。

2 前項の申請の手続その他住宅型式性能認定に関し必要な事項は，国土交通省令で定める。

3 第1項の登録を受けた者は，住宅型式性能認定をしたときは，国土交通省令で定めるところにより，その旨を公示しなければならない。

【住宅型式性能認定を受けた型式に係る住宅性能評価の特例】

第32条 住宅型式性能認定を受けた型式に適合する住宅又はその部分は，住宅性能評価において，当該住宅型式性能認定により認定された性能を有するものとみなす。

【型式住宅部分等製造者の認証】

第33条 第44条から第46条までの規定の定めるところにより国土交通大臣の登録（第44条第2項第二号に掲げる業務の種別に係るものに限る。）を受けた者は，申請により，規格化された型式の住宅の部分又は住宅で国土交通大臣が定めるもの（以下この節において「型式住宅部分等」という。）の製造又は新築（以下この節において単に「製造」という。）をする者について，当該型式住宅部分等の製造者としての認証（当該登録を受けた者が外国にある事務所によりこれを行う者である場合にあっては，外国において事業を行う者の申請に基づくものに限る。）を行うことができる。

2 前項の申請をしようとする者は，国土交通省令で定めるところにより，国土交通省令で定める事項を記載した申請書を提出して，これを行わなければならない。

3 第1項の登録を受けた者は，同項の認証をしたときは，国土交通省令で定めるところにより，その旨を公示しなければならない。

【認証の基準】

第35条 第33条第1項の登録を受けた者は，同項の申請が次に掲げる基準に適合していると認めるときは，同項の認証をしなければならない。

一 申請に係る型式住宅部分等の型式が住宅型式性能認定を受けたものであること。

二 申請に係る型式住宅部分等の製造設備，検査設備，検査方法，品質管理方法その他品質保持に必要な技術的生産条件が国土交通大臣が定める技術的基準に適合

していると認められること。

【型式適合義務等】

第38条 認証型式住宅部分等製造者は，その認証に係る型式住宅部分等の製造をする
ときは，当該型式住宅部分等がその認証に係る型式に適合するようにしなければな
らない。ただし，本邦において外国に輸出するため当該型式住宅部分等の製造をす
る場合，試験的に当該型式住宅部分等の製造をする場合その他の国土交通省令で定
める場合は，この限りでない。

2 認証型式住宅部分等製造者は，国土交通省令で定めるところにより，製造をする
当該認証に係る型式住宅部分等について検査を行い，その検査記録を作成し，これ
を保存しなければならない。

【特別な標章等】

第39条 認証型式住宅部分等製造者は，その認証に係る型式住宅部分等の製造をした
ときは，これに当該型式住宅部分等が認証型式住宅部分等製造者が製造をした型式
住宅部分等であることを示す国土交通省令で定める方式による特別な標章を付する
ことができる。ただし，第43条第1項又は第2項の規定により，その標章を付する
ことを禁止されたときは，この限りでない。

2 何人も，前項の規定により同項の標章を付する場合を除くほか，住宅の部分又は
住宅に，同項の標章又はこれと紛らわしい標章を付してはならない。

【認証型式住宅部分等に係る住宅性能評価の特例】

第40条 認証型式住宅部分等製造者が製造をするその認証に係る型式住宅部分等（以
下この節において「認証型式住宅部分等」という。）は，設計された住宅に係る住
宅性能評価において，その認証に係る型式に適合するものとみなす。

2 住宅の部分である認証型式住宅部分等で前条第1項の標章を付したもの及び住宅
である認証型式住宅部分等でその新築の工事が国土交通省令で定めるところにより
建築士である工事監理者（建築士法第2条第8項に規定する工事監理をする者をい
う。）によって設計図書（同法第2条第6項に規定する設計図書をいう。）のとおり
実施されたことが確認されたものは，建設された住宅に係る住宅性能評価におい
て，その認証に係る型式に適合するものとみなす。

【特別評価方法認定】

第58条 国土交通大臣は，申請により，特別評価方法認定（日本住宅性能表示基準に
従って表示すべき性能に関し，評価方法基準に従った方法に代えて，特別の建築材
料若しくは構造方法に応じて又は特別の試験方法若しくは計算方法を用いて評価す
る方法を認定することをいう。以下同じ。）をすることができる。

2 前項の申請をしようとする者は，国土交通省令で定めるところにより，国土交通
省令で定める事項を記載した申請書を提出して，これを行わなければならない。

3 国土交通大臣は，特別評価方法認定をし，又は特別評価方法認定を取り消したと
きは，その旨を公示しなければならない。

【指定住宅紛争処理機関の指定等】

第66条 国土交通大臣は，弁護士会又は一般社団法人若しくは一般財団法人であっ

て，次条第 1 項に規定する業務（以下この章において「紛争処理の業務」という。）を公正かつ適確に行うことができると認められるものを，その申請により，紛争処理の業務を行う者として指定することができる。

2　国土交通大臣は，前項の規定による指定（以下この節において単に「指定」という。）をしたときは，指定を受けた者（以下「指定住宅紛争処理機関」という。）の名称及び住所並びに紛争処理の業務を行う事務所の所在地を公示しなければならない。

3　第10条第 2 項及び第 3 項並びに第23条の規定は，指定住宅紛争処理機関について準用する。この場合において，第10条第 2 項中「前条第 2 項第二号又は第四号から第六号までに掲げる事項」とあるのは「その名称若しくは住所又は紛争処理の業務を行う事務所の所在地」と，第23条第 1 項及び第 2 項中「評価の業務」とあるのは「紛争処理の業務」と，同項中「登録」とあるのは「指定」と読み替えるものとする。

4　指定住宅紛争処理機関は，国土交通省令で定めるところにより，指定住宅紛争処理機関である旨を，その事務所において公衆に見やすいように掲示しなければならない。

5　第 3 項において読み替えて準用する第23条第 1 項の規定により紛争処理の業務の全部を廃止しようとする届出をした者は，当該届出の日に次条第 1 項に規定する紛争のあっせん又は調停の業務を行っていたときは，当該届出の日から 2 週間以内に，当該あっせん又は調停に係る当該紛争の当事者に対し，当該届出をした旨及び第 3 項において読み替えて準用する第23条第 2 項の規定により指定がその効力を失った旨を通知しなければならない。

【業　務】

第67条　指定住宅紛争処理機関は，建設住宅性能評価書が交付された住宅（以下この章において「評価住宅」という。）の建設工事の請負契約又は売買契約に関する紛争（以下この節において「紛争」という。）の当事者の双方又は一方からの申請により，当該紛争のあっせん，調停及び仲裁（以下この章において「住宅紛争処理」という。）の業務を行うものとする。

2　前項の申請の手続は，国土交通省令で定める。

【技術的基準】

第74条　国土交通大臣は，指定住宅紛争処理機関による住宅に係る紛争の迅速かつ適正な解決に資するため，住宅紛争処理の参考となるべき技術的基準を定めることができる。

【住宅紛争処理支援センター】

第82条　国土交通大臣は，指定住宅紛争処理機関の行う紛争処理の業務の支援その他住宅購入者等の利益の保護及び住宅に係る紛争の迅速かつ適正な解決を図ることを目的とする一般財団法人であって，次条第 1 項に規定する業務（以下この節において「支援等の業務」という。）に関し次に掲げる基準に適合すると認められるものを，その申請により，全国に一を限って，住宅紛争処理支援センター（以下「セン

ター」という。）として指定することができる。

一　職員，支援等の業務の実施の方法その他の事項についての支援等の業務の実施に関する計画が，支援等の業務の適確な実施のために適切なものであること。

二　前号の支援等の業務の実施に関する計画を適確に実施するに足りる経理的及び技術的な基礎を有するものであること。

三　役員又は職員の構成が，支援等の業務の公正な実施に支障を及ぼすおそれがないものであること。

四　支援等の業務以外の業務を行っている場合には，その業務を行うことによって支援等の業務の公正な実施に支障を及ぼすおそれがないものであること。

五　前各号に定めるもののほか，支援等の業務を公正かつ適確に行うことができるものであること。

2　国土交通大臣は，前項の規定による指定（以下この節において単に「指定」という。）をしたときは，センターの名称及び住所並びに支援等の業務を行う事務所の所在地を公示しなければならない。

3　（略）

【業　務】

第83条　センターは，次に掲げる業務を行うものとする。

一　指定住宅紛争処理機関に対して紛争処理の業務の実施に要する費用を助成すること。

二　住宅紛争処理に関する情報及び資料の収集及び整理をし，並びにこれらを指定住宅紛争処理機関に対し提供すること。

三　住宅紛争処理に関する調査及び研究を行うこと。

四　指定住宅紛争処理機関の紛争処理委員又はその職員に対する研修を行うこと。

五　指定住宅紛争処理機関の行う紛争処理の業務について，連絡調整を図ること。

六　評価住宅の建設工事の請負契約又は売買契約に関する相談，助言及び苦情の処理を行うこと。

七　評価住宅以外の住宅の建設工事の請負契約又は売買契約に関する相談，助言及び苦情の処理を行うこと。

八　住宅の瑕疵の発生の防止に関する調査及び研究を行うこと。

九　前各号に掲げるもののほか，住宅購入者等の利益の保護及び住宅に係る紛争の迅速かつ適正な解決を図るために必要な業務を行うこと。

2　前項第一号に規定する費用の助成に関する手続，基準その他必要な事項は，国土交通省令で定める。

【住宅の新築工事の請負人の瑕疵担保責任】

第94条　住宅を新築する建設工事の請負契約（以下「住宅新築請負契約」という。）においては，請負人は，注文者に引き渡した時から10年間，住宅のうち構造耐力上主要な部分又は雨水の浸入を防止する部分として**政令**で定めるもの（次条において「住宅の構造耐力上主要な部分等」という。）の瑕疵（構造耐力又は雨水の浸入に影響のないものを除く。次条において同じ。）について，民法（明治29年法律第89

号）第415条，第541条及び第542条並びに同法第559条において準用する同法第562条及び第563条に規定する担保の責任を負う。

◆政令［住宅の構造耐力上主要な部分等］令第5条→p941

2　前項の規定に反する特約で注文者に不利なものは，無効とする。

3　第1項の場合における民法第637条の規定の適用については，同条第1項中「前条本文に規定する」とあるのは「請負人が住宅の品質確保の促進等に関する法律（平成11年法律第81号）第94条第1項に規定する瑕疵がある目的物を注文者に引き渡した」と，同項及び同条第2項中「不適合」とあるのは「瑕疵」とする。

【新築住宅の売主の瑕疵担保責任】

第95条　新築住宅の売買契約においては，売主は，買主に引き渡した時（当該新築住宅が住宅新築請負契約に基づき請負人から当該売主に引き渡されたものである場合にあっては，その引渡しの時）から10年間，住宅の構造耐力上主要な部分等の瑕疵について，民法第415条，第541条，第542条，第562条及び第563条に規定する担保の責任を負う。

2　前項の規定に反する特約で買主に不利なものは，無効とする。

3　第1項の場合における民法第566条の規定の適用については，同条中「種類又は品質に関して契約の内容に適合しない」とあるのは「住宅の品質確保の促進等に関する法律（平成11年法律第81号）第95条第1項に規定する瑕疵がある」と，「不適合」とあるのは「瑕疵」とする。

【瑕疵担保責任の期間の伸長等】

第97条　住宅新築請負契約又は新築住宅の売買契約においては，請負人が第94条第1項に規定する瑕疵その他の住宅の瑕疵について同項に規定する担保の責任を負うべき期間又は売主が第95条第1項に規定する瑕疵その他の住宅の瑕疵について同項に規定する担保の責任を負うべき期間は，注文者又は買主に引き渡した時から20年以内とすることができる。

住宅の品質確保の促進等に関する法律施行令［抄］

平成12年3月15日　政令第64号
最終改正　平成21年8月14日　政令第217号

【住宅の構造耐力上主要な部分等】

第5条　法第94条第1項の住宅のうち構造耐力上主要な部分として政令で定めるものは，住宅の基礎，基礎ぐい，壁，柱，小屋組，土台，斜材（筋かい，方づえ，火打材その他これらに類するものをいう。），床版，屋根版又は横架材（はり，けたその他これらに類するものをいう。）で，当該住宅の自重若しくは積載荷重，積雪，風圧，土圧若しくは水圧又は地震その他の震動若しくは衝撃を支えるものとする。

2　法第94条第1項の住宅のうち雨水の浸入を防止する部分として政令で定めるものは，次に掲げるものとする。

一　住宅の屋根若しくは外壁又はこれらの開口部に設ける戸，わくその他の建具

二　雨水を排除するため住宅に設ける排水管のうち，当該住宅の屋根若しくは外壁の内部又は屋内にある部分

住宅の品質確保の促進等に関する
法律施行規則［抄］

平成12年3月31日　建設省令第20号
最終改正　令和4年8月16日　国土交通省令第61号

【住宅性能評価書に記載すべき事項】

第1条　住宅の品質確保の促進等に関する法律（以下「法」という。）第5条第1項の国土交通省令・内閣府令で定める事項は，次に掲げるものとする。

一　申請者の氏名又は名称及び住所

二　住宅性能評価を行った新築住宅にあっては，当該新築住宅の建築主及び設計者の氏名又は名称及び連絡先

三　建設された住宅に係る住宅性能評価（以下「建設住宅性能評価」という。）を行った新築住宅にあっては，当該新築住宅の工事監理者及び工事施工者の氏名又は名称及び連絡先

四　住宅性能評価を行った既存住宅（新築住宅以外の住宅をいう。以下同じ。）にあっては，当該既存住宅の所有者（当該既存住宅が共同住宅，長屋その他一戸建ての住宅（住宅の用途以外の用途に供する部分を有しないものに限る。以下同じ。）以外の住宅（以下「共同住宅等」という。）である場合にあっては，住宅性能評価を行った住戸の所有者に限る。）の氏名又は名称及び連絡先

五　住宅性能評価を行った既存住宅にあっては，新築，増築，改築，移転，修繕及び模様替（修繕及び模様替にあっては，軽微なものを除く。）の時における当該既存住宅の建築主，設計者，工事監理者，工事施工者及び売主の氏名又は名称及び連絡先（国土交通大臣及び消費者庁長官が定める方法により確認されたものに限る。）並びにその確認の方法

六　住宅性能評価を行った住宅の所在地及び名称

七　住宅性能評価を行った住宅の階数，延べ面積，構造その他の当該住宅に関する基本的な事項で国土交通大臣及び消費者庁長官が定めるもの（国土交通大臣及び消費者庁長官が定める方法により確認されたものに限る。）及びその確認の方法

八　住宅の性能に関し日本住宅性能表示基準に従って表示すべき事項（以下「性能表示事項」という。）ごとの住宅性能評価の実施の有無

九　住宅性能評価を行った住宅の性能その他日本住宅性能表示基準に従って表示すべきもの

十　住宅性能評価を行った既存住宅にあっては，住宅性能評価の際に認められた当該既存住宅に関し特記すべき事項（前号に掲げるものを除く。）

十一　住宅性能評価を行った住宅の地盤の液状化に関し住宅性能評価の際に入手した事項のうち参考となるもの（申請者からの申出があった場合に限る。）

十三　住宅性能評価書を交付する登録住宅性能評価機関の名称及び登録の番号
十三　登録住宅性能評価機関の印
十四　住宅性能評価を行った評価員の氏名
十五　住宅性能評価書の交付番号
十六　住宅性能評価書を交付する年月日

【住宅性能評価書に付すべき標章】

第2条　法第5条第1項の国土交通省令・内閣府令で定める標章で設計住宅性能評価書に係るものは，別記第1号様式に定める標章とする。

2　法第5条第1項の国土交通省令・内閣府令で定める標章で建設住宅性能評価書に係るものは，住宅性能評価を行った住宅が新築住宅である場合にあっては別記第2号様式に，既存住宅である場合にあっては別記第3号様式に定める標章とする。

【設計住宅性能評価の申請】

第3条　設計された住宅に係る住宅性能評価（以下「設計住宅性能評価」という。）の申請をしようとする者は，別記第4号様式の設計住宅性能評価申請書（設計住宅性能評価書が交付された住宅でその計画の変更をしようとするものに係る設計住宅性能評価（以下この項において「変更設計住宅性能評価」という。）にあっては，第一面を別記第5号様式としたものとする。以下単に「設計住宅性能評価申請書」という。）の正本及び副本に，それぞれ，設計住宅性能評価のために必要な図書で国土交通大臣及び消費者庁長官が定めるもの（変更設計住宅性能評価にあっては，当該変更に係るものに限る。以下この条において「設計評価申請添付図書」という。）を添えて，これを登録住宅性能評価機関に提出しなければならない。

2　前項の申請は，性能表示事項のうち設計住宅性能評価を希望するもの（住宅性能評価を受けなければならない事項として国土交通大臣及び消費者庁長官が定めるもの（以下「必須評価事項」という。）を除く。）を明らかにして，しなければならない。

3　住宅型式性能認定を受けた型式に適合する住宅又は住宅型式性能認定を受けた型式に適合する住宅の部分を含む住宅に係る設計住宅性能評価の申請のうち，次に掲げるものにあっては，第1項の規定にかかわらず，設計評価申請添付図書に明示すべき事項のうち第64条第一号イ⑶の規定により指定されたものを明示することを要しない。

一　第41条第1項に規定する住宅型式性能認定書の写しを添えたもの
二　第41条第1項に規定する住宅型式性能認定書の写しを有している登録住宅性能評価機関が設計評価申請添付図書に明示すべき事項のうち第64条第一号イ⑶の規定により指定されたものを明示しないことについて評価の業務の公正かつ適確な実施に支障がないと認めたもの

4　住宅である認証型式住宅部分等又は住宅の部分である認証型式住宅部分等を含む住宅に係る設計住宅性能評価の申請のうち，次に掲げるものにあっては，第1項の規定にかかわらず，設計評価申請添付図書に明示すべき事項のうち第64条第一号ロ⑷の規定により指定されたものを明示することを要しない。

 一 第45条第1項に規定する型式住宅部分等製造者認証書の写しを添えたもの

 二 第45条第1項に規定する型式住宅部分等製造者認証書の写しを有している登録住宅性能評価機関が設計評価申請添付図書に明示すべき事項のうち第64条第一号ロ(4)の規定により指定されたものを明示しないことについて評価の業務の公正かつ適確な実施に支障がないと認めたもの

5 特別評価方法認定を受けた方法（以下「認定特別評価方法」という。）を用いて評価されるべき住宅に係る設計住宅性能評価の申請にあっては，設計評価申請添付図書のほか，設計住宅性能評価申請書の正本及び副本に，それぞれ，第80条第1項に規定する特別評価方法認定書の写しを添えなければならない（登録住宅性能評価機関が，当該特別評価方法認定書の写しを有していないことその他の理由により，提出を求める場合に限る。）。

6 認定特別評価方法を用いて評価されるべき住宅に係る設計住宅性能評価の申請にあっては，設計評価申請添付図書に明示すべき事項のうち評価方法基準（当該認定特別評価方法により代えられる方法に限る。）に従って評価されるべき事項については，これを明示することを要しない。

7 登録住宅性能評価機関は，設計住宅性能評価申請書及びその添付図書の受理については，電子情報処理組織（登録住宅性能評価機関の使用に係る電子計算機（入出力装置を含む。以下同じ）と申請者の使用に係る入出力装置とを電気通信回線で接続した電子情報処理組織をいう。第4条第5項において同じ。）の使用又は磁気ディスク(これに準ずる方法により一定の事項を確実に記録しておくことができる物を含む。以下同じ。）の受理によることができる。

【設計住宅性能評価書の交付等】

第4条 設計住宅性能評価書の交付は，設計住宅性能評価申請書の副本及びその添付図書を添えて行わなければならない。

2 登録住宅性能評価機関は，次に掲げる場合においては，設計住宅性能評価書を交付してはならない。この場合において，登録住宅性能評価機関は，別記第6号様式の通知書を申請者に交付しなければならない。

 一 設計住宅性能評価申請書又はその添付図書に形式上の不備があり，又はこれらに記載すべき事項の記載が不十分であると認めるとき。

 二 設計住宅性能評価申請書又はその添付図書に記載された内容が明らかに虚偽であるとき。

 三 申請に係る住宅の計画が，建築基準法（昭和25年法律第201号）第6条第1項の建築基準関係規定に適合しないと認めるとき。

3 前項の通知書の交付は，設計住宅性能評価申請書の副本及びその添付図書を添えて行うものとする。ただし，共同住宅又は長屋における2以上の住戸で一の申請者により設計住宅性能評価の申請が行われたもののうち，それらの一部について同項の通知書を交付する場合にあっては，この限りでない。

4 登録住宅性能評価機関から設計住宅性能評価書を交付された者は，設計住宅性能評価書を滅失し，汚損し，又は破損したときは，設計住宅性能評価書の再交付を当

該登録住宅性能評価機関に申請することができる。

5 　登録住宅性能評価機関は，前各項に規定する図書の交付については，電子情報処理組織の使用又は磁気ディスクの交付によることができる。

【建設住宅性能評価の申請】

第5条　建設住宅性能評価の申請をしようとする者は，新築住宅に係る申請にあっては別記第7号様式の，既存住宅に係る申請にあっては別記第8号様式の建設住宅性能評価申請書（建設住宅性能評価書が交付された住宅でその建設工事の変更をしようとするものに係る建設住宅性能評価（以下この項において「変更建設住宅性能評価」という。）にあっては第一面を別記第9号様式としたものとする。以下単に「建設住宅性能評価申請書」という。）の正本及び副本に，それぞれ，当該住宅に係る設計住宅性能評価書又はその写し（新築住宅について当該住宅に係る設計住宅性能評価を行った登録住宅性能評価機関とは異なる登録住宅性能評価機関に申請しようとする場合に限る。），建設住宅性能評価のために必要な図書で国土交通大臣及び消費者庁長官が定めるもの（変更建設住宅性能評価にあっては，当該変更に係るものに限る。）並びに建築基準法第6条第1項又は第6条の2第1項の確認済証（以下この項において単に「確認済証」という。）の写しを添えて，これを登録住宅性能評価機関に提出しなければならない。ただし，同法第6条第1項の規定による確認を要しない住宅に係る申請又は既存住宅に係る建設住宅性能評価の申請にあっては，確認済証の写しの添付を要しない。

2 　前項の申請は，性能表示事項のうち建設住宅性能評価を希望するもの（必須評価事項を除く。）を明らかにして，しなければならない。

3 　新築住宅に係る建設住宅性能評価の申請は，検査時期（住宅性能評価のための検査を行うべき時期として評価方法基準に定められたもの（第64条第一号ロ⑷の規定により指定された検査が，特定の時期に行うべき検査のすべてのものである場合においては，当該時期を除く。）をいう。以下同じ。）のうち最初のものの後の工程に係る工事を開始するまでに，これを行わなければならない。ただし，検査を要しない住宅にあっては，この限りでない。

4 　第3条第5項及び第6項の規定は，既存住宅に係る建設住宅性能評価の申請について準用する。

5 　第3条第7項の規定は，建設住宅性能評価申請書及びその添付図書の受理について準用する。

【検　査】

第6条　建設住宅性能評価（新築住宅に係るものに限る。以下この条において同じ。）の申請者は，登録住宅性能評価機関に対し，検査時期に行われるべき検査の対象となる工程（以下この条において「検査対象工程」という。）に係る工事が完了する日又は完了した日を通知しなければならない。

2 　登録住宅性能評価機関は，前項の規定による通知を受理したときは，同項に規定する日又はその通知を受理した日のいずれか遅い日から7日以内に，評価員に当該検査時期における検査を行わせなければならない。

3　建設住宅性能評価の申請者は，検査が行われるまでに，当該検査対象工程に係る工事の実施の状況を報告する書類で評価方法基準に定められたもの（以下「施工状況報告書」という。）を登録住宅性能評価機関に提出しなければならない。

4　第3条第7項の規定は，施工状況報告書の受理について準用する。

5　建設住宅性能評価の申請者は，検査が行われる場合には，当該住宅の建設工事が設計住宅性能評価書に表示された性能を有する住宅のものであることを証する図書を当該工事現場に備えておかなければならない。

6　前項の図書が電子計算機に備えられたファイル又は磁気ディスクに記録され，必要に応じ電子計算機その他の機器を用いて明確に紙面に表示されるときは，当該ファイル又は磁気ディスクをもって同項の図書に代えることができる。

7　登録住宅性能評価機関は，新築住宅に係る検査を行ったときは，遅滞なく，別記第10号様式の検査報告書により建設住宅性能評価の申請者にその旨を報告しなければならない。

8　第4条第5項の規定は，前項の規定による報告について準用する。

【建設住宅性能評価書の交付等】

第7条　建設住宅性能評価書の交付は，建設住宅性能評価申請書の副本及び第15条第一号ロ(1)若しくはハ(2)に規定する書類（建設住宅性能評価申請書を除き，住宅性能評価に要したものに限る。）又はその写しを添えて行わなければならない。

2　登録住宅性能評価機関は，新築住宅に係る建設住宅性能評価にあっては次の各号に，既存住宅に係る建設住宅性能評価にあっては第一号，第二号又は第四号に掲げる場合においては，建設住宅性能評価書を交付してはならない。この場合において，登録住宅性能評価機関は，別記第11号様式の通知書を申請者に交付しなければならない。

　　一　建設住宅性能評価申請書若しくはその添付図書，施工状況報告書又は前条第5項に規定する図書（次号において「申請書等」という。）に形式上の不備があり，又はこれらに記載すべき事項の記載が不十分であると認めるとき。

　　二　申請書等に記載された内容が明らかに虚偽であるとき。

　　三　申請に係る住宅が，建築基準法第6条第1項の建築基準関係規定に適合しないと認めるとき。

　　四　登録住宅性能評価機関の責に帰すことのできない事由により検査を行うことができないとき。

　　五　申請に係る住宅について建築基準法第7条第5項又は第7条の2第5項の検査済証が交付されていないとき。ただし，同法第7条第1項の規定による検査を要しない住宅又は同法第7条の6第1項第一号若しくは第二号の規定による認定を受けた住宅にあっては，この限りでない。

3　前項の通知書の交付は，建設住宅性能評価申請書の副本及びその添付図書を添えて行うものとする。第4条第3項ただし書の規定は，この場合について準用する。

4　登録住宅性能評価機関から建設住宅性能評価書を交付された者（次項において「被交付者」という。）は，建設住宅性能評価書を滅失し，汚損し，又は破損したときは，建設住宅性能評価書の再交付を当該登録住宅性能評価機関に申請することができる。

5　住宅を新築する建設工事の請負契約又は住宅を譲渡する契約を被交付者と締結し，かつ，被交付者から当該住宅に係る当該建設住宅性能評価書又はその写しを交付された者は，建設住宅性能評価書の交付を当該登録住宅性能評価機関に申請することができる。

6　第4条第5項の規定は，前各項に規定する図書の交付について準用する。

【長期使用構造等であることの確認の申請】

第7条の2　法第6条の2第1項の規定による求めをしようとする者は，別記第11号の2様式の確認申請書（第7条の4第1項第一号に規定する確認書又は法第6条の2第5項の住宅性能評価書が交付された住宅でその計画の変更をしようとするものに係る確認（以下この項において「変更確認」という。）にあっては第1面を別記第11号の3様式としたものとする。以下単に「確認申請書」という。）の正本及び副本に，それぞれ，同条第3項の規定による確認のために必要な図書で国土交通大臣が定めるもの（変更確認にあっては，当該変更に係るものに限る。）を添えて，これを登録住宅性能評価機関に提出しなければならない。

2　第3条第7項の規定は，確認申請書及びその添付図書の受理について準用する。

第7条の3　法第6条の2第2項の規定により住宅性能評価の申請と併せて同条第1項の規定による求めをしようとする場合における第3条第1項の規定及び第5条第1項の規定の適用については，第3条第1項中「を添えて」とあるのは「並びに法第6条の2第4項の規定による確認のために必要な図書で国土交通大臣が定めるものを添えて」と，第5条第1項中「並びに建築基準法第6条第1項又は第6条の2第1項の確認済証（以下この項において単に「確認済証」という。）の写しを添えて」とあるのは「，建築基準法第6条第1項又は第6条の2第1項の確認済証（以下この項において単に「確認済証」という。）の写し並びに法第6条の2第4項の規定による確認のために必要な図書で国土交通大臣が定めるものを添えて」とする。

【確認書の交付等】

第7条の4　法第6条の2第3項の規定による確認書の交付は，次の各号に掲げる場合に応じ，それぞれ当該各号に定めるものに確認申請書の副本及びその添付図書を添えて行わなければならない。

一　当該住宅の構造及び設備が長期使用構造等であることを確認した場合　　別記第11号の4様式による確認書

二　当該住宅の構造及び設備が長期使用構造等でないことを確認した場合　　別記第11号の5様式による確認書

2　登録住宅性能評価機関から確認書を交付された者は，確認書を減失し，汚損し，又は破損したときは，確認書の再交付を当該登録住宅性能評価機関に申請することができる。

長期優良住宅の普及の促進に関する法律［抄］

平成20年12月5日　法律第87号
最終改正　令和5年6月16日　法律第58号

第1章　総　　則

【目　的】

第1条　この法律は，現在及び将来の国民の生活の基盤となる良質な住宅が建築され，及び長期にわたり良好な状態で使用されることが住生活の向上及び環境への負荷の低減を図る上で重要となっていることにかんがみ，長期にわたり良好な状態で使用するための措置がその構造及び設備について講じられた優良な住宅の普及を促進するため，国土交通大臣が策定する基本方針について定めるとともに，所管行政庁による長期優良住宅建築等計画の認定，当該認定を受けた長期優良住宅建築等計画に基づき建築及び維持保全が行われている住宅についての住宅性能評価に関する措置その他の措置を講じ，もって豊かな国民生活の実現と我が国の経済の持続的かつ健全な発展に寄与することを目的とする。

【定　義】

第2条　この法律において「住宅」とは，人の居住の用に供する建築物（建築基準法（昭和25年法律第201号）第2条第一号に規定する建築物をいう。以下この項において同じ。）又は建築物の部分（人の居住の用以外の用に供する建築物の部分との共用に供する部分を含む。）をいう。

2　この法律において「建築」とは，住宅を新築し，増築し，又は改築することをいう。

3　この法律において「維持保全」とは，次に掲げる住宅の部分又は設備について，点検又は調査を行い，及び必要に応じ修繕又は改良を行うことをいう。
　一　住宅の構造耐力上主要な部分として**政令**^{*1}で定めるもの
　二　住宅の雨水の浸入を防止する部分として**政令**^{*2}で定めるもの
　三　住宅の給水又は排水の設備で**政令**^{*3}で定めるもの

　　　　　　　　　　◆政令1［住宅の構造耐力上主要な部分］令第1条　　→p958
　　　　　　　　　　　　2［住宅の雨水の浸入を防止する部分］令第2条→p958
　　　　　　　　　　　　3［住宅の給水又は排水の設備］令第3条　　→p958

4　この法律において「長期使用構造等」とは，住宅の構造及び設備であって，次に掲げる措置が講じられたものをいう。
　一　当該住宅を長期にわたり良好な状態で使用するために次に掲げる事項に関し誘導すべき**国土交通省令**で定める基準に適合させるための措置
　　イ　前項第一号及び第二号に掲げる住宅の部分の構造の腐食,腐朽及び摩損の防止

ロ　前項第一号に掲げる住宅の部分の地震に対する安全性の確保

二　居住者の加齢による身体の機能の低下，居住者の世帯構成の異動その他の事由による住宅の利用の状況の変化に対応した構造及び設備の変更を容易にするための措置として**国土交通省令**で定めるもの

三　維持保全を容易にするための措置として**国土交通省令**で定めるもの

四　日常生活に身体の機能上の制限を受ける高齢者の利用上の利便性及び安全性，エネルギーの使用の効率性その他住宅の品質又は性能に関し誘導すべき**国土交通省令**で定める基準に適合させるための措置

◆**国土交通省令**［長期使用構造等とするための措置］規則第 1 条→p960

5　この法律において「長期優良住宅」とは，住宅であって，その構造及び設備が長期使用構造等であるものをいう。

6　この法律において「所管行政庁」とは，建築主事を置く市町村又は特別区の区域については当該市町村又は特別区の長をいい，その他の市町村又は特別区の区域については都道府県知事をいう。ただし，建築基準法第97条の 2 第 1 項又は第97条の 3 第 1 項の規定により建築主事を置く市町村又は特別区の区域内の**政令**で定める住宅については，都道府県知事とする。

◆**政令**［都道府県知事が所管行政庁となる住宅］令第 4 条→p958

【国，地方公共団体及び事業者の努力義務】

第 3 条　国及び地方公共団体は，長期優良住宅の普及を促進するために必要な財政上及び金融上の措置その他の措置を講ずるよう努めなければならない。

2　国及び地方公共団体は，長期優良住宅の普及の促進に関し，国民の理解と協力を得るため，長期優良住宅の建築及び維持保全に関する知識の普及及び情報の提供に努めなければならない。

3　国及び地方公共団体は，長期優良住宅の普及を促進するために必要な人材の養成及び資質の向上に努めなければならない。

4　国は，長期優良住宅の普及を促進するため，住宅の建設における木材の使用に関する伝統的な技術を含め，長期使用構造等に係る技術に関する研究開発の推進及びその成果の普及に努めなければならない。

5　長期優良住宅の建築又は販売を業として行う者は，長期優良住宅の建築又は購入をしようとする者及び長期優良住宅の建築又は購入をした者に対し，当該長期優良住宅の品質又は性能に関する情報及びその維持保全を適切に行うために必要な情報を提供するよう努めなければならない。

6　長期優良住宅の維持保全を業として行う者は，長期優良住宅の所有者又は管理者に対し，当該長期優良住宅の維持保全を適切に行うために必要な情報を提供するよう努めなければならない。

第 2 章　基 本 方 針

第 4 条　国土交通大臣は，長期優良住宅の普及の促進に関する基本的な方針（以下こ

の条及び第6条第1項第八号において「基本方針」という。）を定めなければならない。

2　基本方針には，次に掲げる事項を定めるものとする。

一　長期優良住宅の普及の促進の意義に関する事項

二　長期優良住宅の普及の促進のための施策に関する基本的事項

三　次条第1項に規定する長期優良住宅建築等計画及び同条第6項に規定する長期優良住宅維持保全計画の第6条第1項の認定に関する基本的事項

四　前3号に掲げるもののほか，長期優良住宅の普及の促進に関する重要事項

3　国土交通大臣は，基本方針を定めるに当たっては，国産材（国内で生産された木材をいう。以下この項において同じ。）の適切な利用が我が国における森林の適正な整備及び保全並びに地球温暖化の防止及び循環型社会の形成に資することに鑑み，国産材その他の木材を使用した長期優良住宅の普及が図られるよう配慮するものとする。

4　国土交通大臣は，基本方針を定めようとするときは，関係行政機関の長に協議しなければならない。

5　国土交通大臣は，基本方針を定めたときは，遅滞なく，これを公表しなければならない。

6　前2項の規定は，基本方針の変更について準用する。

第3章　長期優良住宅建築等計画等の認定等

【長期優良住宅建築等計画等の認定】

第5条　住宅（区分所有住宅（2以上の区分所有者（建物の区分所有等に関する法律（昭和37年法律第69号）第2条第2項に規定する区分所有者をいう。）が存する住宅をいう。以下同じ。）を除く。以下この項から第3項までにおいて同じ。）の建築をしてその構造及び設備を長期使用構造等とし，自らその建築後の住宅について長期優良住宅として維持保全を行おうとする者は，**国土交通省令**で定めるところにより，当該住宅の建築及び維持保全に関する計画（以下「長期優良住宅建築等計画」という。）を作成し，所管行政庁の認定を申請することができる。

◆国土交通省令［長期優良住宅建築等計画等の認定の申請］規則第2条→p960

2　住宅の建築をしてその構造及び設備を長期使用構造等とし，その建築後の住宅を他の者に譲渡してその者（以下この条，第9条第1項及び第13条第2項において「譲受人」という。）において当該建築後の住宅について長期優良住宅として維持保全を行おうとする場合における当該譲渡をしようとする者（次項，第9条第1項及び第13条第2項において「一戸建て住宅等分譲事業者」という。）は，当該譲受人と共同して，**国土交通省令**で定めるところにより，長期優良住宅建築等計画を作成し，所管行政庁の認定を申請することができる。

◆国土交通省令［長期優良住宅建築等計画等の認定の申請］規則第2条→p960

3　一戸建て住宅等分譲事業者は，譲受人を決定するまでに相当の期間を要すると見

込まれる場合において，当該譲受人の決定に先立って当該住宅の建築に関する工事に着手する必要があるときは，前項の規定にかかわらず，**国土交通省令**で定めるところにより，単独で長期優良住宅建築等計画を作成し，所管行政庁の認定を申請することができる。

◆**国土交通省令**［長期優良住宅建築等計画等の認定の申請］規則第 2 条→p960

4　住宅（複数の者に譲渡することにより区分所有住宅とするものに限る。）の建築をしてその構造及び設備を長期使用構造等とし，当該区分所有住宅の管理者等（建物の区分所有等に関する法律第 3 条若しくは第65条に規定する団体について同法第25条第 1 項（同法第66条において準用する場合を含む。）の規定により選任された管理者又は同法第47条第 1 項（同法第66条において準用する場合を含む。）の規定による法人について同法第49条第 1 項（同法第66条において準用する場合を含む。）の規定により置かれた理事をいう。以下同じ。）において当該建築後の区分所有住宅について長期優良住宅として維持保全を行おうとする場合における当該譲渡をしようとする者（第 9 条第 3 項及び第13条第 3 項において「区分所有住宅分譲事業者」という。）は，**国土交通省令**で定めるところにより，長期優良住宅建築等計画を作成し，所管行政庁の認定を申請することができる。

◆**国土交通省令**［長期優良住宅建築等計画等の認定の申請］規則第 2 条→p960

5　区分所有住宅の増築又は改築をしてその構造及び設備を長期使用構造等とし，その増築又は改築後の区分所有住宅について長期優良住宅として維持保全を行おうとする当該区分所有住宅の管理者等は，**国土交通省令**で定めるところにより，長期優良住宅建築等計画を作成し，所管行政庁の認定を申請することができる。

◆**国土交通省令**［長期優良住宅建築等計画等の認定の申請］規則第 2 条→p960

6　住宅（区分所有住宅を除く。以下この項において同じ。）のうちその構造及び設備が長期使用構造等に該当すると認められるものについて当該住宅の所有者その他当該住宅の維持保全の権原を有する者（以下この項において「所有者等」という。）において長期優良住宅として維持保全を行おうとする場合には，当該所有者等は，**国土交通省令**で定めるところにより，当該住宅の維持保全に関する計画（以下「長期優良住宅維持保全計画」という。）を作成し，所管行政庁の認定を申請することができる。

◆**国土交通省令**［長期優良住宅建築等計画等の認定の申請］規則第 2 条→p960

7　区分所有住宅のうちその構造及び設備が長期使用構造等に該当すると認められるものについて当該区分所有住宅の管理者等において長期優良住宅として維持保全を行おうとする場合には，当該管理者等は，**国土交通省令**で定めるところにより，長期優良住宅維持保全計画を作成し，所管行政庁の認定を申請することができる。

◆**国土交通省令**［長期優良住宅建築等計画等の認定の申請］規則第 2 条→p960

8　長期優良住宅建築等計画又は長期優良住宅維持保全計画には，次に掲げる事項を記載しなければならない。
一　住宅の位置
二　住宅の構造及び設備

三　住宅の規模

四　第1項，第2項又は第5項の長期優良住宅建築等計画にあっては，次に掲げる事項

　　イ　建築後の住宅の維持保全の方法及び期間

　　ロ　住宅の建築及び建築後の住宅の維持保全に係る資金計画

五　第3項又は第4項の長期優良住宅建築等計画にあっては，次に掲げる事項

　　イ　建築後の住宅の維持保全の方法の概要

　　ロ　住宅の建築に係る資金計画

六　長期優良住宅維持保全計画にあっては，次に掲げる事項

　　イ　当該認定後の住宅の維持保全の方法及び期間

　　ロ　当該認定後の住宅の維持保全に係る資金計画

七　その他**国土交通省令**で定める事項

◆国土交通省令［長期優良住宅建築等計画の記載事項］規則第3条→p962

【認定基準等】

第6条　所管行政庁は，前条第1項から第7項までの規定による認定の申請があった場合において，当該申請に係る長期優良住宅建築等計画又は長期優良住宅維持保全計画が次に掲げる基準に適合すると認めるときは，その認定をすることができる。

一　当該申請に係る住宅の構造及び設備が長期使用構造等であること。

二　当該申請に係る住宅の規模が**国土交通省令**で定める規模以上であること。

◆国土交通省令［規模の基準］規則第4条→p963

三　当該申請に係る住宅が良好な景観の形成その他の地域における居住環境の維持及び向上に配慮されたものであること。

四　当該申請に係る住宅が自然災害による被害の発生の防止又は軽減に配慮されたものであること。

五　前条第1項，第2項又は第5項の規定による認定の申請に係る長期優良住宅建築等計画にあっては，次に掲げる基準に適合すること。

　　イ　建築後の住宅の維持保全の方法が当該住宅を長期にわたり良好な状態で使用するために誘導すべき**国土交通省令**で定める基準に適合するものであること。

　　ロ　建築後の住宅の維持保全の期間が30年以上であること。

　　ハ　資金計画が当該住宅の建築及び維持保全を確実に遂行するため適切なものであること。

◆国土交通省令［維持保全の方法の基準］規則第5条→p963

六　前条第3項又は第4項の規定による認定の申請に係る長期優良住宅建築等計画にあっては，次に掲げる基準に適合すること。

　　イ　建築後の住宅の維持保全の方法の概要が当該住宅を30年以上にわたり良好な状態で使用するため適切なものであること。

　　ロ　資金計画が当該住宅の建築を確実に遂行するため適切なものであること。

七　前条第6項又は第7項の規定による認定の申請に係る長期優良住宅維持保全計画にあっては，次に掲げる基準に適合すること。

  イ 当該認定後の住宅の維持保全の方法が当該住宅を長期にわたり良好な状態で使用するために誘導すべき**国土交通省令**で定める基準に適合するものであること。

  ロ 当該認定後の住宅の維持保全の期間が30年以上であること。

  ハ 資金計画が当該住宅の維持保全を確実に遂行するため適切なものであること。

◆国土交通省令［維持保全の方法の基準］規則第５条→p963

 八 その他基本方針のうち第４条第２項第三号に掲げる事項に照らして適切なものであること。

2 前条第１項から第５項までの規定による認定の申請をする者は，所管行政庁に対し，当該所管行政庁が当該申請に係る長期優良住宅建築等計画（住宅の建築に係る部分に限る。以下この条において同じ。）を建築主事に通知し，当該長期優良住宅建築等計画が建築基準法第６条第１項に規定する建築基準関係規定に適合するかどうかの審査を受けるよう申し出ることができる。この場合においては，当該申請に併せて，同項の規定による確認の申請書を提出しなければならない。

3 前項の規定による申出を受けた所管行政庁は，速やかに，当該申出に係る長期優良住宅建築等計画を建築主事に通知しなければならない。

4 建築基準法第18条第３項及び第14項の規定は，建築主事が前項の規定による通知を受けた場合について準用する。

5 所管行政庁が，前項において準用する建築基準法第18条第３項の規定による確認済証の交付を受けた場合において，第１項の認定をしたときは，当該認定を受けた長期優良住宅建築等計画は，同法第６条第１項の規定による確認済証の交付があったものとみなす。

6 所管行政庁は，第４項において準用する建築基準法第18条第14項の規定による通知書の交付を受けた場合においては，第１項の認定をしてはならない。

7 建築基準法第12条第８項及び第９項並びに第93条から第93条の３までの規定は，第４項において準用する同法第18条第３項及び第14項の規定による確認済証及び通知書の交付について準用する。

8 マンションの管理の適正化の推進に関する法律（平成12年法律第149号）第５条の８に規定する認定管理計画のうち**国土交通省令**で定める維持保全に関する基準に適合するものに係る区分所有住宅の管理者等が前条第５項の長期優良住宅建築等計画又は同条第７項の長期優良住宅維持保全計画の認定の申請をした場合における第１項の規定の適用については，当該申請に係る長期優良住宅建築等計画にあっては同項第五号に掲げる基準に，当該申請に係る長期優良住宅維持保全計画にあっては同項第七号に掲げる基準に，それぞれ適合しているものとみなす。

◆国土交通省令［維持保全に関する基準］規則第５条の２→p963

【認定の通知】

第7条 所管行政庁は，前条第１項の認定をしたときは，速やかに，**国土交通省令**で定めるところにより，その旨（同条第５項の場合においては，同条第４項において準用する建築基準法第18条第３項の規定による確認済証の交付を受けた旨を含む。）を当該認定を受けた者に通知しなければならない。

◆国土交通省令［認定の通知］規則第 6 条→p963

【認定を受けた長期優良住宅建築等計画等の変更】

第8条 第 6 条第 1 項の認定を受けた者は，当該認定を受けた長期優良住宅建築等計画又は長期優良住宅維持保全計画の変更（**国土交通省令**[*1]で定める軽微な変更を除く。）をしようとするときは，**国土交通省令**[*2]で定めるところにより，所管行政庁の認定を受けなければならない。

◆国土交通省令1［法第 8 条第 1 項の国土交通省令で定める軽微な変更］規則第 7 条→p963
2［法第 8 条第 1 項の規定による認定長期優良住宅建築等計画等の
変更の認定の申請］規則第 8 条 →p964

2 前 3 条の規定は，前項の認定について準用する。

【譲受人を決定した場合における認定を受けた長期優良住宅建築等計画の変更の認定の申請等】

第9条 第 5 条第 3 項の規定による認定の申請に基づき第 6 条第 1 項の認定を受けた一戸建て住宅等分譲事業者は，同項の認定（前条第 1 項の変更の認定を含む。）を受けた長期優良住宅建築等計画（変更があったときは，その変更後のもの。以下「認定長期優良住宅建築等計画」という。）に基づく建築に係る住宅の譲受人を決定したときは，当該認定長期優良住宅建築等計画に第 5 条第 8 項第四号イ及びロに規定する事項その他**国土交通省令**[*1]で定める事項を記載し，当該譲受人と共同して，**国土交通省令**[*2]で定めるところにより，速やかに，前条第 1 項の変更の認定を申請しなければならない。

◆国土交通省令1［法第 9 条第 1 項の規定による認定長期優良住宅建築等計画の
変更の認定の申請］規則第10条 →p964
2 規則第11条 →p964

2 前項の規定による前条第 1 項の変更の認定の申請があった場合における同条第 2 項において準用する第 6 条第 1 項の規定の適用については，同項第五号中「前条第 1 項，第 2 項又は第 5 項の規定による」とあるのは，「第 9 条第 1 項の規定による第 8 条第 1 項の変更の」とする。

3 第 5 条第 4 項の規定による認定の申請に基づき第 6 条第 1 項の認定を受けた区分所有住宅分譲事業者は，認定長期優良住宅建築等計画に基づく建築に係る区分所有住宅の管理者等が選任されたときは，当該認定長期優良住宅建築等計画に第 5 条第 8 項第四号イ及びロに規定する事項その他**国土交通省令**[*1]で定める事項を記載し，当該管理者等と共同して，**国土交通省令**[*2]で定めるところにより，速やかに，前条第 1 項の変更の認定を申請しなければならない。

◆国土交通省令1［法第 9 条第 3 項の規定による認定長期優良住宅建築等計画の
変更の認定の申請］規則第12条 →p964
2 規則第13条 →p964

4 前項の規定による前条第 1 項の変更の認定の申請があった場合における同条第 2 項において準用する第 6 条第 1 項の規定の適用については，同項第五号中「前条第 1 項，第 2 項又は第 5 項の規定による」とあるのは，「第 9 条第 3 項の規定による第 8 条第 1 項の変更の」とする。

【地位の承継】

第10条　次に掲げる者は，所管行政庁の承認を受けて，第6条第1項の認定（第5条第5項又は第7項の規定による認定の申請に基づくものを除き，第8条第1項の変更の認定（前条第1項の規定による第8条第1項の変更の認定を含む。）を含む。）を受けた者が有していた当該認定に基づく地位を承継することができる。

一　当該認定を受けた者の一般承継人

二　当該認定を受けた者から，次に掲げる住宅の所有権その他当該住宅の建築及び維持保全に必要な権原を取得した者

　　イ　認定長期優良住宅建築等計画に基づき建築及び維持保全が行われ，又は行われた住宅（当該認定長期優良住宅建築等計画に記載された第5条第8項第四号イ（第8条第2項において準用する場合を含む。）に規定する建築後の住宅の維持保全の期間が経過したものを除く。）

　　ロ　第6条第1項の認定（第8条第1項の変更の認定を含む。）を受けた長期優良住宅維持保全計画（変更があったときは，その変更後のもの。以下「認定長期優良住宅維持保全計画」という。）に基づき維持保全が行われ，又は行われた住宅（当該認定長期優良住宅維持保全計画に記載された第5条第8項第六号イ（第8条第2項において準用する場合を含む。）に規定する当該認定後の住宅の維持保全の期間が経過したものを除く。）

【記録の作成及び保存】

第11条　第6条第1項の認定（第8条第1項の変更の認定（第9条第1項又は第3項の規定による第8条第1項の変更の認定を含む。）を含む。第14条において「計画の認定」という。）を受けた者（以下「認定計画実施者」という。）は，**国土交通省令**で定めるところにより，認定長期優良住宅（前条第二号イ又はロに掲げる住宅をいう。以下同じ。）の建築及び維持保全（同号ロに掲げる住宅にあっては，維持保全）の状況に関する記録を作成し，これを保存しなければならない。

◆**国土交通省令**［記録の作成及び保存］規則第16条→p965

2　国及び地方公共団体は，前項の認定長期優良住宅の建築及び維持保全の状況に関する記録の作成及び保存を容易にするため，必要な援助を行うよう努めるものとする。

【報告の徴収】

第12条　所管行政庁は，認定計画実施者に対し，認定長期優良住宅の建築又は維持保全の状況について報告を求めることができる。

【改善命令】

第13条　所管行政庁は，認定計画実施者が認定長期優良住宅建築等計画又は認定長期優良住宅維持保全計画に従って認定長期優良住宅の建築又は維持保全を行っていないと認めるときは，当該認定計画実施者に対し，相当の期限を定めて，その改善に必要な措置を命ずることができる。

2　所管行政庁は，認定計画実施者（第5条第3項の規定による認定の申請に基づき第6条第1項の認定を受けた一戸建て住宅等分譲事業者に限る。）が認定長期優良住宅建築等計画に基づく建築に係る住宅の譲受人を決定せず，又はこれを決定した

にもかかわらず，第9条第1項の規定による第8条第1項の変更の認定を申請して
いないと認めるときは，当該認定計画実施者に対し，相当の期限を定めて，その改
善に必要な措置を命ずることができる。

3　所管行政庁は，認定計画実施者（第5条第4項の規定による認定の申請に基づき
第6条第1項の認定を受けた区分所有住宅分譲事業者に限る。）が，認定長期優良
住宅建築等計画に基づく建築に係る区分所有住宅の管理者等が選任されたにもかか
わらず，第9条第3項の規定による第8条第1項の変更の認定を申請していないと
認めるときは，当該認定計画実施者に対し，相当の期限を定めて，その改善に必要
な措置を命ずることができる。

【計画の認定の取消し】

第14条　所管行政庁は，次に掲げる場合には，計画の認定を取り消すことができる。

一　認定計画実施者が前条の規定による命令に違反したとき。

二　認定計画実施者から認定長期優良住宅建築等計画又は認定長期優良住宅維持保
全計画に基づく住宅の建築又は維持保全を取りやめる旨の申出があったとき。

三　認定長期優良住宅建築等計画（第5条第4項の規定による認定の申請に基づき
第6条第1項の認定を受けたものに限る。以下この号において同じ。）に基づく
建築に関する工事が完了してから当該建築に係る区分所有住宅の管理者等が選任
されるまでに通常必要と認められる期間として**国土交通省令**で定める期間内に認
定長期優良住宅建築等計画に基づく建築に係る区分所有住宅の管理者等が選任さ
れないとき。

◆国土交通省令［区分所有住宅の管理者等が選任されるまでの期間］規則第17条→p965

2　所管行政庁は，前項の規定により計画の認定を取り消したときは，速やかに，そ
の旨を当該認定計画実施者であった者に通知しなければならない。

【助言及び指導】

第15条　所管行政庁は，認定計画実施者に対し，認定長期優良住宅の建築及び維持保
全に関し必要な助言及び指導を行うよう努めるものとする。

第4章　認定長期優良住宅建築等計画等に基づく措置

【認定長期優良住宅についての住宅性能評価】

第16条　認定長期優良住宅（認定長期優良住宅建築等計画に係るものに限る。）の建
築に関する工事の完了後に当該認定長期優良住宅（住宅の品質確保の促進等に関す
る法律（平成11年法律第81号）第2条第2項に規定する新築住宅であるものを除く。
以下この項において同じ。）の売買契約を締結した売主又は認定長期優良住宅（認
定長期優良住宅維持保全計画に係るものに限る。）の売買契約を締結した売主は，
これらの認定長期優良住宅に係る同法第5条第1項の規定による住宅性能評価書
（以下この項において「認定長期優良住宅性能評価書」という。）若しくはその写しを
売買契約書に添付し，又は買主に対し認定長期優良住宅性能評価書若しくはその写
しを交付した場合においては，当該認定長期優良住宅性能評価書又はその写しに表

示された性能を有する認定長期優良住宅を引き渡すことを契約したものとみなす。

2　前項の規定は，売主が売買契約書において反対の意思を表示しているときは，適用しない。

【容積率の特例】

第18条　その敷地面積が**政令**で定める規模以上である住宅のうち，認定長期優良住宅建築等計画に基づく建築に係る住宅であって，建築基準法第2条第三十五号に規定する特定行政庁が交通上，安全上，防火上及び衛生上支障がなく，かつ，その建蔽率（建築面積の敷地面積に対する割合をいう。），容積率（延べ面積の敷地面積に対する割合をいう。以下この項において同じ。）及び各部分の高さについて総合的な配慮がなされていることにより市街地の環境の整備改善に資すると認めて許可したものの容積率は，その許可の範囲内において，同法第52条第1項から第9項まで又は第57条の2第6項の規定による限度を超えるものとすることができる。

◆政令［容積率の特例の対象となる住宅の敷地面積の規模］令第5条→p959

2　建築基準法第44条第2項，第92条の2，第93条第1項及び第2項，第94条並びに第95条の規定は，前項の規定による許可について準用する。

第5章　雑　　則（略）

第6章　罰　　則

第21条　第12条の規定による報告をせず，又は虚偽の報告をしたときは，その違反行為をした者は，30万円以下の罰金に処する。

2　法人の代表者又は法人若しくは人の代理人，使用人その他の従業者が，その法人又は人の業務に関し，前項の違反行為をしたときは，行為者を罰するほか，その法人又は人に対して同項の刑を科する。

附　則（略）

長期優良住宅の普及の促進に関する
法律施行令

平成21年2月16日　政令第24号
最終改正　令和5年9月29日　政令第293号

【住宅の構造耐力上主要な部分】

第1条　長期優良住宅の普及の促進に関する法律（以下「法」という。）第2条第3項第一号の住宅の構造耐力上主要な部分として政令で定めるものは，住宅の基礎，基礎ぐい，壁，柱，小屋組，土台，斜材（筋かい，方づえ，火打材その他これらに類するものをいう。），床版，屋根版又は横架材（はり，けたその他これらに類するものをいう。）で，当該住宅の自重若しくは積載荷重，積雪荷重，風圧，土圧若しくは水圧又は地震その他の震動若しくは衝撃を支えるものとする。

【住宅の雨水の浸入を防止する部分】

第2条　法第2条第3項第二号の住宅の雨水の浸入を防止する部分として政令で定めるものは，住宅の屋根若しくは外壁又はこれらの開口部に設ける戸，枠その他の建具とする。

【住宅の給水又は排水の設備】

第3条　法第2条第3項第三号の住宅の給水又は排水の設備で政令で定めるものは，住宅に設ける給水又は排水のための配管設備とする。

【都道府県知事が所管行政庁となる住宅】

第4条　法第2条第6項ただし書の政令で定める住宅のうち建築基準法（昭和25年法律第201号）第97条の2第1項の規定により建築主事を置く市町村の区域内のものは，同法第6条第1項第四号に掲げる建築物（その新築，改築，増築，移転又は用途の変更に関して，法律並びにこれに基づく命令及び条例の規定により都道府県知事の許可を必要とするものを除く。）以外の建築物である住宅とする。

2　法第2条第6項ただし書の政令で定める住宅のうち建築基準法第97条の3第1項の規定により建築主事を置く特別区の区域内のものは，次に掲げる住宅とする。

一　延べ面積（建築基準法施行令（昭和25年政令第338号）第2条第1項第四号に規定する延べ面積をいう。）が10,000m²を超える住宅

二　その新築，改築，増築，移転又は用途の変更に関して，法律並びにこれに基づく命令及び条例の規定により都知事の許可を必要とする住宅（地方自治法（昭和22年法律第67号）第252条の17の2第1項の規定により当該許可に関する事務を特別区が処理することとされた場合における当該住宅を除く。）

【容積率の特例の対象となる住宅の敷地面積の規模】

第5条 法第18条第1項の政令で定める規模は，次の表の左欄に掲げる地域又は区域の区分に応じ，それぞれ同表の右欄に定める数値とする。

地 域 又 は 区 域	敷地面積の規模 （単位　m²）
都市計画法（昭和43年法律第100号）第8条第1項第一号に掲げる第一種低層住居専用地域，第二種低層住居専用地域若しくは田園住居地域又は同号に規定する用途地域の指定のない区域	1,000
都市計画法第8条第1項第一号に掲げる第一種中高層住居専用地域，第二種中高層住居専用地域，第一種住居地域，第二種住居地域，準住居地域，準工業地域，工業地域又は工業専用地域	500
都市計画法第8条第1項第一号に掲げる近隣商業地域又は商業地域	300

附　則 （略）

長期優良住宅の普及の促進に関する法律施行規則

平成21年2月24日　国土交通省令第3号
最終改正　令和5年9月25日　国土交通省令第75号

【長期使用構造等とするための措置】

第1条　長期優良住宅の普及の促進に関する法律（以下「法」という。）第2条第4項第一号イに掲げる事項に関し誘導すべき国土交通省令で定める基準は，住宅の構造に応じた腐食，腐朽又は摩損しにくい部材の使用その他の同条第3項第一号及び第二号に掲げる住宅の部分の構造の腐食，腐朽及び摩損の防止を適切に図るための措置として国土交通大臣が定めるものが講じられていることとする。

2　法第2条第4項第一号ロに掲げる事項に関し誘導すべき国土交通省令で定める基準は，同条第3項第一号に掲げる住宅の部分（以下「構造躯体」という。）の地震による損傷の軽減を適切に図るための措置として国土交通大臣が定めるものが講じられていることとする。

3　法第2条第4項第二号の国土交通省令で定める措置は，居住者の加齢による身体の機能の低下，居住者の世帯構成の異動その他の事由による住宅の利用の状況の変化に対応した間取りの変更に伴う構造の変更及び設備の変更を容易にするための措置として国土交通大臣が定めるものとする。

4　法第2条第4項第三号の国土交通省令で定める措置は，同条第3項第三号に掲げる住宅の設備について，同項第一号に掲げる住宅の部分に影響を及ぼすことなく点検又は調査を行い，及び必要に応じ修繕又は改良を行うことができるようにするための措置その他の維持保全を容易にするための措置として国土交通大臣が定めるものとする。

5　法第2条第4項第四号の国土交通省令で定める基準は，次に掲げるものとする。

一　住宅の通行の用に供する共用部分について，日常生活に身体の機能上の制限を受ける高齢者の利用上の利便性及び安全性の確保を適切に図るための措置その他の高齢者が日常生活を支障なく営むことができるようにするための措置として国土交通大臣が定めるものが講じられていること。

二　外壁，窓その他の部分を通しての熱の損失の防止その他の住宅に係るエネルギーの使用の合理化を適切に図るための措置として国土交通大臣が定めるものが講じられていること。

【長期優良住宅建築等計画等の認定の申請】

第2条　法第5条第1項から第7項までの規定による認定の申請をしようとする者は，同条第1項から第3項までの規定による認定の申請にあっては第1号様式の，同条第4項又は第5項の規定による認定の申請にあっては第1号の2様式の，同条

第6項又は第7項の規定による認定の申請にあっては第1号の3様式の申請書の正本及び副本に，同条第1項から第5項までの規定による認定の申請にあっては次の表1に，同条第6項又は第7項の規定による認定の申請にあっては次の表1及び表2に掲げる図書（住宅の品質確保の促進等に関する法律（平成11年法律第81号）第6条の2第5項の確認書若しくは住宅性能評価書又はこれらの写しを添えて，法第5条第1項から第5項までの規定による認定の申請をする場合においては次の表3に，同条第6項又は第7項の規定による認定の申請をする場合においては次の表2及び表3に掲げる図書）その他所管行政庁が必要と認める図書（第9条，第16条第1項第九号並びに第18条第2項及び第3項を除き，以下「添付図書」と総称する。）を添えて，これらを所管行政庁に提出するものとする。ただし，これらの申請に係る長期優良住宅建築等計画又は長期優良住宅維持保全計画（第5条において「長期優良住宅建築等計画等」という。）に応じて，その必要がないときは，これらの表に掲げる図書又は当該図書に明示すべき事項の一部を省略することができる。

1

図書の種類	明 示 す べ き 事 項
設計内容説明書	住宅の構造及び設備が長期使用構造等であることの説明
付近見取図	方位，道路及び目標となる地物
配置図	縮尺，方位，敷地境界線，敷地内における建築物の位置，申請に係る建築物と他の建築物との別，空気調和設備等（建築物のエネルギー消費性能の向上に関する法律（平成27年法律第53号）第2条第1項第二号に規定する空気調和設備等をいう。）及び当該空気調和設備等以外のエネルギー消費性能（同号に規定するエネルギー消費性能をいう。）の向上に資する建築設備（以下この表において「エネルギー消費性能向上設備」という。）の位置並びに配管に係る外部の排水ますの位置
仕様書（仕上げ表を含む。）	部材の種別，寸法及び取付方法並びにエネルギー消費性能向上設備の種別
各階平面図	縮尺，方位，間取り，各室の名称，用途及び寸法，居室の寸法，階段の寸法及び構造，廊下及び出入口の寸法，段差の位置及び寸法，壁の種類及び位置，通し柱の位置，筋かいの種類及び位置，開口部の位置及び構造，換気孔の位置，設備の種別及び位置，点検口及び掃除口の位置並びに配管取出口及び縦管の位置
用途別床面積表	用途別の床面積
床面積求積図	床面積の求積に必要な建築物の各部分の寸法及び算式
2面以上の立面図	縮尺，外壁，開口部及びエネルギー消費性能向上設備の位置並びに小屋裏換気孔の種別，寸法及び位置
断面図又は矩計図	縮尺，建築物の高さ，外壁及び屋根の構造，軒の高さ，軒及びひさしの出，小屋裏の構造，各階の天井の高さ，天井の構造，床の高さ及び構造並びに床下及び基礎の構造
基礎伏図	縮尺，構造躯体の材料の種別及び寸法並びに床下換気孔の寸法
各階床伏図	縮尺並びに構造躯体の材料の種別及び寸法
小屋伏図	縮尺並びに構造躯体の材料の種別及び寸法

各部詳細図	縮尺並びに断熱部その他の部分の材料の種別及び寸法
各種計算書	構造計算その他の計算を要する場合における当該計算の内容
機器表	エネルギー消費性能向上設備の種別，位置，仕様，数及び制御方法
状況調査書	建築物の劣化事象等の状況の調査の結果

2

図書の種類	明 示 す べ き 事 項
工事履歴書	新築，増築又は改築の時期及び増築又は改築に係る工事の内容

3

図書の種類	明 示 す べ き 事 項
付近見取図	方位，道路及び目標となる地物
配置図	縮尺，方位，敷地境界線，敷地内における建築物の位置及び申請に係る建築物と他の建築物との別
各階平面図	縮尺，方位，間取り，各室の名称，用途及び寸法，居室の寸法並びに階段の寸法
用途別床面積表	用途別の床面積
床面積求積図	床面積の求積に必要な建築物の各部分の寸法及び算式
2面以上の立面図	縮尺，外壁及び開口部の位置
断面図又は矩計図	縮尺，建築物の高さ，軒の高さ並びに軒及びひさしの出
状況調査書	建築物の劣化事象等の状況の調査の結果

2　前項の表1，表2又は表3の各項に掲げる図書に明示すべき事項を添付図書のうち他の図書に明示する場合には，同項の規定にかかわらず，当該事項を当該各項に掲げる図書に明示することを要しない。この場合において，当該各項に掲げる図書に明示すべき全ての事項を当該他の図書に明示したときは，当該各項に掲げる図書を同項の申請書に添えることを要しない。

3　第1項に規定する所管行政庁が必要と認める図書を添付する場合には，同項の規定にかかわらず，同項の表1，表2又は表3に掲げる図書のうち所管行政庁が不要と認めるものを同項の申請書に添えることを要しない。

4　法第5条第5項又は第7項の規定による認定の申請をしようとする者のうち，法第6条第8項の規定の適用を受けようとする者は，第1項の申請書の正本及び副本並びに添付図書にマンションの管理の適正化の推進に関する法津施行規則（平成13年国土交通省令第110号）第1条の6に規定する通知書及びマンションの管理の適正化の推進に関する法律（平成12年法律第149号。第5条の2において「マンション管理適正化法」という。）第5条の8に規定する認定管理計画又はこれらの写しを添えて，所管行政庁に提出するものとする。

【長期優良住宅建築等計画の記載事項】

第3条　法第5条第8項第七号の国土交通省令で定める事項は，次に掲げるものとする。

一　長期優良住宅建築等計画にあっては，住宅の建築に関する工事の着手予定時期及び完了予定時期

二　法第5条第3項の長期優良住宅建築等計画にあっては，譲受人の決定の予定時期

三　法第5条第4項の長期優良住宅建築等計画にあっては，区分所有住宅の管理者等の選任の予定時期

【規模の基準】

第4条　法第6条第1項第二号の国土交通省令で定める規模は，次の各号に掲げる住宅の区分に応じ，それぞれ当該各号に定める面積とする。ただし，住戸の少なくとも一の階の床面積（階段部分の面積を除く。）が40m²であるものとする。

一　一戸建ての住宅（人の居住の用以外の用途に供する部分を有しないものに限る。次号において同じ。）　床面積の合計が75m²（地域の実情を勘案して所管行政庁が55m²を下回らない範囲内で別に面積を定める場合には，その面積）

二　共同住宅等（共同住宅，長屋その他の一戸建ての住宅以外の住宅をいう。）一戸の床面積の合計（共用部分の床面積を除く。）が40m²（地域の実情を勘案して所管行政庁が40m²を下回らない範囲内で別に面積を定める場合には，その面積）

【維持保全の方法の基準】

第5条　法第6条第1項第五号イ及び第七号イの国土交通省令で定める基準は，法第2条第3項各号に掲げる住宅の部分及び設備について，国土交通大臣が定めるところにより点検の時期及び内容が長期優良住宅建築等計画等に定められていることとする。

【維持保全に関する基準】

第5条の2　法第6条第8項の国土交通省令で定める基準は，法第2条第3項各号に掲げる住宅の部分及び設備について，国土交通大臣が定めるところにより点検の時期及び内容がマンション管理適正化法第5条の8に規定する認定管理計画に定められていることとする。

【認定の通知】

第6条　法第7条の認定の通知は，第2号様式による通知書に第2条第1項の申請書の副本及びその添付図書を添えて行うものとする。

【法第8条第1項の国土交通省令で定める軽微な変更】

第7条　法第8条第1項の国土交通省令で定める軽微な変更は，次に掲げるものとする。

一　長期優良住宅建築等計画にあっては，住宅の建築に関する工事の着手予定時期又は完了予定時期の6月以内の変更

二　法第5条第3項の長期優良住宅建築等計画にあっては，譲受人の決定の予定時期の6月以内の変更

三　法第5条第4項の長期優良住宅建築等計画にあっては，区分所有住宅の管理者等の選任の予定時期の6月以内の変更

四　前3号に掲げるもののほか，住宅の品質又は性能を向上させる変更その他の変

更後も認定に係る長期優良住宅建築等計画が法第6条第1項第一号から第六号まで及び第八号に掲げる基準に適合することが明らかな変更（法第6条第2項の規定により建築基準関係規定に適合するかどうかの審査を受けるよう申し出た場合には，建築基準法（昭和25年法律第201号）第6条第1項（同法第87条第1項において準用する場合を含む。）に規定する軽微な変更であるものに限る。）

五　住宅の品質又は性能を向上させる変更その他の変更後も認定に係る長期優良住宅維持保全計画が法第6条第1項第一号から第四号まで，第七号及び第八号に掲げる基準に適合することが明らかな変更

【法第8条第1項の規定による認定長期優良住宅建築等計画等の変更の認定の申請】

第8条　法第8条第1項の変更の認定を申請しようとする者は，第3号様式による申請書の正本及び副本に，それぞれ添付図書のうち変更に係るものを添えて，所管行政庁に提出するものとする。

【変更の認定の通知】

第9条　法第8条第2項において準用する法第7条の規定による変更の認定の通知は，第4号様式による通知書に，前条の申請書の副本及びその添付図書，第11条第1項の申請書の副本又は第13条第1項の申請書の副本を添えて行うものとする。

【法第9条第1項の規定による認定長期優良住宅建築等計画の変更の認定の申請】

第10条　法第9条第1項の国土交通省令で定める事項は，譲受人の氏名又は名称とする。

第11条　法第9条第1項の規定による法第8条第1項の変更の認定を申請しようとする者は，第5号様式による申請書の正本及び副本を所管行政庁に提出するものとする。

2　前項の申請は，譲受人を決定した日から3月以内に行うものとする。

【法第9条第3項の規定による認定長期優良住宅建築等計画の変更の認定の申請】

第12条　法第9条第3項の国土交通省令で定める事項は，区分所有住宅の管理者等の氏名又は名称とする。

第13条　法第9条第3項の規定による法第8条第1項の変更の認定を申請しようとする者は，第6号様式による申請書の正本及び副本を所管行政庁に提出するものとする。

2　前項の申請は，区分所有住宅の管理者等が選任された日から3月以内に行うものとする。

【地位の承継の承認の申請】

第14条　法第10条の承認を受けようとする者は，第7号様式による申請書の正本及び副本に，それぞれ地位の承継の事実を証する書類（次条において「添付書類」という。）を添えて，所管行政庁に提出するものとする。

【地位の承継の承認の通知】

第15条　所管行政庁は，法第10条の承認をしたときは，速やかに，第8号様式による

通知書に前条の申請書の副本及びその添付書類を添えて，当該承認を受けた者に通知するものとする。

【記録の作成及び保存】

第16条 法第11条第1項の認定長期優良住宅の建築及び維持保全の状況に関する記録は，次に掲げる事項を記載した図書とする。

一 法第5条第8項各号に掲げる事項

二 法第6条第1項の認定を受けた旨，その年月日，認定計画実施者の氏名及び認定番号

三 法第8条第1項の変更の認定（法第9条第1項又は第3項の規定による法第8条第1項の変更の認定を含む。第九号において同じ。）を受けた場合は，その旨及びその年月日並びに当該変更の内容

四 法第10条の承認を受けた場合は，その旨並びに承認を受けた者の氏名並びに当該地位の承継があった年月日及び当該承認を受けた年月日

五 法第12条の規定による報告をした場合は，その旨及びその年月日並びに当該報告の内容

六 法第13条の規定による命令を受けた場合は，その旨及びその年月日並びに当該命令の内容

七 法第15条の規定による助言又は指導を受けた場合は，その旨及びその年月日並びに当該助言又は指導の内容

八 添付図書に明示すべき事項

九 法第8条第1項の変更の認定を受けた場合は，第8条に規定する添付図書に明示すべき事項

十 長期優良住宅の維持保全を行った場合は，その旨及びその年月日並びに当該維持保全の内容（維持保全を委託により他の者に行わせる場合は，当該他の者の氏名又は名称を含む。）

2 前項各号に掲げる事項が，電子計算機に備えられたファイル又は磁気ディスク（これに準ずる方法により一定の事項を確実に記録しておくことができるものを含む。以下同じ。）に記録され，必要に応じ電子計算機その他の機器を用いて明確に紙面に表示されるときは，当該記録をもって法第11条第1項の記録の作成及び保存に代えることができる。

【区分所有住宅の管理者等が選任されるまでの期間】

第17条 法第14条第1項第三号の国土交通省令で定める期間は，当該工事が完了した日から起算して1年とする。

【許可申請書及び許可通知書の様式】

第18条 法第18条第1項の許可を申請しようとする者は，第9号様式の許可申請書の正本及び副本に，それぞれ，特定行政庁が規則で定める図書又は書面を添えて，特定行政庁に提出するものとする。

2 特定行政庁は，法第18条第1項の許可をしたときは，第10号様式の許可通知書に，前項の許可申請書の副本及びその添付図書を添えて，申請者に通知するものとする。

3　特定行政庁は，法第18条第1項の許可をしないときは，第11号様式の許可しない
　旨の通知書に，第1項の許可申請書の副本及びその添付図書を添えて，申請者に通
　知するものとする。

　　　附　則　（略）

特定住宅瑕疵担保責任の履行の確保等に関する法律［抄］

平成19年5月30日　法律第66号
最終改正　令和5年6月14日　法律第53号

第1章　総　則

【目　的】

第1条　この法律は，国民の健康で文化的な生活にとって不可欠な基盤である住宅の備えるべき安全性その他の品質又は性能を確保するためには，住宅の瑕疵の発生の防止が図られるとともに，住宅に瑕疵があった場合においてはその瑕疵担保責任が履行されることが重要であることにかんがみ，建設業者による住宅建設瑕疵担保保証金の供託，宅地建物取引業者による住宅販売瑕疵担保保証金の供託，住宅瑕疵担保責任保険法人の指定及び住宅瑕疵担保責任保険契約に係る新築住宅に関する紛争の処理体制等について定めることにより，住宅の品質確保の促進等に関する法律（平成11年法律第81号。以下「住宅品質確保法」という。）と相まって，住宅を新築する建設工事の発注者及び新築住宅の買主の利益の保護並びに円滑な住宅の供給を図り，もって国民生活の安定向上と国民経済の健全な発展に寄与することを目的とする。

【定　義】

第2条　この法律において「住宅」とは住宅品質確保法第2条第1項に規定する住宅をいい，「新築住宅」とは同条第2項に規定する新築住宅をいう。

2　この法律において「瑕疵」とは，住宅品質確保法第2条第5項に規定する瑕疵をいう。

3　この法律において「建設業者」とは，建設業法（昭和24年法律第100号）第2条第3項に規定する建設業者をいう。

4　この法律において「宅地建物取引業者」とは，宅地建物取引業法（昭和27年法律第176号）第2条第三号に規定する宅地建物取引業者をいい，信託会社又は金融機関の信託業務の兼営等に関する法律（昭和18年法律第43号）第1条第1項の認可を受けた金融機関であって，宅地建物取引業法第2条第二号に規定する宅地建物取引業を営むもの（第12条第1項において「信託会社等」という。）を含むものとする。

5　この法律において「特定住宅瑕疵担保責任」とは，住宅品質確保法第94条第1項又は第95条第1項の規定による担保の責任をいう。

6　この法律において「住宅建設瑕疵担保責任保険契約」とは，次に掲げる要件に適合する保険契約をいう。

一　建設業者が保険料を支払うことを約するものであること。

　二　その引受けを行う者が次に掲げる事項を約して保険料を収受するものであること。

　　イ　住宅品質確保法第94条第1項の規定による担保の責任（以下「特定住宅建設瑕疵担保責任」という。）に係る新築住宅に同項に規定する瑕疵がある場合において，建設業者が当該特定住宅建設瑕疵担保責任を履行したときに，当該建設業者の請求に基づき，その履行によって生じた当該建設業者の損害を填補すること。

　　ロ　特定住宅建設瑕疵担保責任に係る新築住宅に住宅品質確保法第94条第1項に規定する瑕疵がある場合において，建設業者が相当の期間を経過してもなお当該特定住宅建設瑕疵担保責任を履行しないときに，当該住宅を新築する建設工事の発注者（建設業法第2条第5項に規定する発注者をいい，宅地建物取引業者であるものを除く。以下同じ。）の請求に基づき，その瑕疵によって生じた当該発注者の損害を填補すること。

　三　前号イ及びロの損害を填補するための保険金額が2,000万円以上であること。

　四　住宅を新築する建設工事の発注者が当該建設工事の請負人である建設業者から当該建設工事に係る新築住宅の引渡しを受けた時から10年以上の期間にわたって有効であること。

　五　国土交通大臣の承認を受けた場合を除き，変更又は解除をすることができないこと。

　六　前各号に掲げるもののほか，その内容が第二号イに規定する建設業者及び同号ロに規定する発注者の利益の保護のため必要なものとして国土交通省令で定める基準に適合すること。

7　この法律において「住宅販売瑕疵担保責任保険契約」とは，次に掲げる要件に適合する保険契約をいう。

　一　宅地建物取引業者が保険料を支払うことを約するものであること。

　二　その引受けを行う者が次に掲げる事項を約して保険料を収受するものであること。

　　イ　住宅品質確保法第95条第1項の規定による担保の責任（以下「特定住宅販売瑕疵担保責任」という。）に係る新築住宅に同項に規定する瑕疵がある場合において，宅地建物取引業者が当該特定住宅販売瑕疵担保責任を履行したときに，当該宅地建物取引業者の請求に基づき，その履行によって生じた当該宅地建物取引業者の損害を填補すること。

　　ロ　特定住宅販売瑕疵担保責任に係る新築住宅に住宅品質確保法第95条第1項に規定する瑕疵がある場合において，宅地建物取引業者が相当の期間を経過してもなお当該特定住宅販売瑕疵担保責任を履行しないときに，当該新築住宅の買主（宅地建物取引業者であるものを除く。第19条第二号を除き，以下同じ。）の請求に基づき，その瑕疵によって生じた当該買主の損害を填補すること。

　三　前号イ及びロの損害を填補するための保険金額が2,000万円以上であること。

　四　新築住宅の買主が当該新築住宅の売主である宅地建物取引業者から当該新築住

宅の引渡しを受けた時から10年以上の期間にわたって有効であること。

五　国土交通大臣の承認を受けた場合を除き，変更又は解除をすることができないこと。

六　前各号に掲げるもののほか，その内容が第二号イに規定する宅地建物取引業者及び同号ロに規定する買主の利益の保護のため必要なものとして国土交通省令で定める基準に適合すること。

第2章　住宅建設瑕疵担保保証金

【住宅建設瑕疵担保保証金の供託等】

第3条　建設業者は，毎年，基準日（3月31日をいう。以下同じ。）から3週間を経過する日までの間において，当該基準日前10年間に住宅を新築する建設工事の請負契約に基づき発注者に引き渡した新築住宅について，当該発注者に対する特定住宅建設瑕疵担保責任の履行を確保するため，住宅建設瑕疵担保保証金の供託をしていなければならない。

2　前項の住宅建設瑕疵担保保証金の額は，当該基準日における同項の新築住宅（当該建設業者が第17条第1項に規定する住宅瑕疵担保責任保険法人（以下この章及び次章において単に「住宅瑕疵担保責任保険法人」という。）と住宅建設瑕疵担保責任保険契約を締結し，当該発注者に，保険証券又はこれに代わるべき書面を交付し，又はこれらに記載すべき事項を記録した電磁的記録（電磁的方式（電子的方式，磁気的方式その他人の知覚によっては認識することができない方式をいう。）で作られる記録をいう。第11条第2項において同じ。）を提供した場合における当該住宅建設瑕疵担保責任保険契約に係る新築住宅を除く。以下この条において「建設新築住宅」という。）の合計戸数の別表の左欄に掲げる区分に応じ，それぞれ同表の右欄に掲げる金額の範囲内で，建設新築住宅の合計戸数を基礎として，新築住宅に住宅品質確保法第94条第1項に規定する瑕疵があった場合に生ずる損害の状況を勘案して政令で定めるところにより算定する額（以下この章において「基準額」という。）以上の額とする。

3　前項の建設新築住宅の合計戸数の算定に当たっては，建設新築住宅のうち，その床面積の合計が政令で定める面積以下のものは，その2戸をもって1戸とする。

4　前項に定めるもののほか，住宅を新築する建設工事の発注者と2以上の建設業者との間で締結された請負契約であって，建設業法第19条第1項の規定により特定住宅建設瑕疵担保責任の履行に係る当該建設業者それぞれの負担の割合が記載された書面が相互に交付されたものに係る建設新築住宅その他の政令で定める建設新築住宅については，政令で，第2項の建設新築住宅の合計戸数の算定の特例を定めることができる。

5　第1項の住宅建設瑕疵担保保証金は，国土交通省令で定めるところにより，国債証券，地方債証券その他の国土交通省令で定める有価証券（社債，株式等の振替に関する法律（平成13年法律第75号）第278条第1項に規定する振替債を含む。第8

条第2項及び第11条第5項において同じ。）をもって，これに充てることができる。

6　第1項の規定による住宅建設瑕疵担保保証金の供託は，当該建設業者の主たる事務所の最寄りの供託所にするものとする。

【住宅建設瑕疵担保保証金の供託等の届出等】

第4条　前条第1項の新築住宅を引き渡した建設業者は，基準日ごとに，当該基準日に係る住宅建設瑕疵担保保証金の供託及び同条第2項に規定する住宅建設瑕疵担保責任保険契約の締結の状況について，国土交通省令で定めるところにより，その建設業法第3条第1項の許可を受けた国土交通大臣又は都道府県知事に届け出なければならない。

2　前項の建設業者が新たに住宅建設瑕疵担保保証金の供託をし，又は新たに住宅瑕疵担保責任保険法人と住宅建設瑕疵担保責任保険契約を締結して同項の規定による届出をする場合においては，住宅建設瑕疵担保保証金の供託又は住宅建設瑕疵担保責任保険契約の締結に関する書類で国土交通省令で定めるものを添付しなければならない。

【住宅を新築する建設工事の請負契約の新たな締結の制限】

第5条　第3条第1項の新築住宅を引き渡した建設業者は，同項の規定による供託をし，かつ，前条第1項の規定による届出をしなければ，当該基準日の翌日から起算して50日を経過した日以後においては，新たに住宅を新築する建設工事の請負契約を締結してはならない。ただし，当該基準日後に当該基準日に係る住宅建設瑕疵担保保証金の基準額に不足する額の供託をし，かつ，その供託について，国土交通省令で定めるところにより，その建設業法第3条第1項の許可を受けた国土交通大臣又は都道府県知事の確認を受けたときは，その確認を受けた日以後においては，この限りでない。

【住宅建設瑕疵担保保証金の還付等】

第6条　第3条第1項の規定により住宅建設瑕疵担保保証金の供託をしている建設業者（以下「供託建設業者」という。）が特定住宅建設瑕疵担保責任を負う期間内に，住宅品質確保法第94条第1項に規定する瑕疵によって生じた損害を受けた当該特定住宅建設瑕疵担保責任に係る新築住宅の発注者は，その瑕疵を理由とする報酬の返還請求権又は損害賠償請求権（次項において「報酬返還請求権等」という。）に関し，当該供託建設業者が供託をしている住宅建設瑕疵担保保証金について，他の債権者に先立って弁済を受ける権利を有する。

2　前項の権利を有する者は，次に掲げるときに限り，同項の権利の実行のため住宅建設瑕疵担保保証金の還付を請求することができる。

　一　当該報酬返還請求権等について債務名義を取得したとき。

　二　当該報酬返還請求権等の存在及び内容について当該供託建設業者と合意した旨が記載された公正証書を作成したときその他これに準ずる場合として国土交通省令で定めるとき。

　三　当該供託建設業者が死亡した場合その他当該報酬返還請求権等に係る報酬の返還の義務又は損害の賠償の義務を履行することができず，又は著しく困難である

場合として国土交通省令で定める場合において，国土交通省令で定めるところにより，前項の権利を有することについて国土交通大臣の確認を受けたとき。

3　前項に定めるもののほか，第1項の権利の実行に関し必要な事項は，法務省令・国土交通省令で定める。

【住宅建設瑕疵担保保証金の不足額の供託】

第7条　供託建設業者は，前条第1項の権利の実行その他の理由により，住宅建設瑕疵担保保証金が基準額に不足することとなったときは，法務省令・国土交通省令で定める日から2週間以内にその不足額を供託しなければならない。

2　供託建設業者は，前項の規定により供託したときは，国土交通省令で定めるところにより，その旨をその建設業法第3条第1項の許可を受けた国土交通大臣又は都道府県知事に届け出なければならない。

3　第3条第5項の規定は，第1項の規定により供託する場合について準用する。

【住宅建設瑕疵担保保証金の保管替え等】

第8条　供託建設業者は，金銭のみをもって住宅建設瑕疵担保保証金の供託をしている場合において，主たる事務所を移転したためその最寄りの供託所が変更したときは，法務省令・国土交通省令で定めるところにより，遅滞なく，住宅建設瑕疵担保保証金の供託をしている供託所に対し，費用を予納して，移転後の主たる事務所の最寄りの供託所への住宅建設瑕疵担保保証金の保管替えを請求しなければならない。

2　供託建設業者は，有価証券又は有価証券及び金銭で住宅建設瑕疵担保保証金の供託をしている場合において，主たる事務所を移転したためその最寄りの供託所が変更したときは，遅滞なく，当該住宅建設瑕疵担保保証金の額と同額の住宅建設瑕疵担保保証金の供託を移転後の主たる事務所の最寄りの供託所にしなければならない。その供託をしたときは，法務省令・国土交通省令で定めるところにより，移転前の主たる事務所の最寄りの供託所に供託をしていた住宅建設瑕疵担保保証金を取り戻すことができる。

3　第3条第5項の規定は，前項の規定により住宅建設瑕疵担保保証金の供託をする場合について準用する。

【住宅建設瑕疵担保保証金の取戻し】

第9条　供託建設業者又は建設業者であった者若しくはその承継人で第3条第1項の規定により住宅建設瑕疵担保保証金の供託をしているものは，基準日において当該住宅建設瑕疵担保保証金の額が当該基準日に係る基準額を超えることとなったときは，その超過額を取り戻すことができる。

2　前項の規定による住宅建設瑕疵担保保証金の取戻しは，国土交通省令で定めるところにより，当該供託建設業者又は建設業者であった者がその建設業法第3条第1項の許可を受けた国土交通大臣又は都道府県知事の承認を受けなければ，することができない。

3　前2項に定めるもののほか，住宅建設瑕疵担保保証金の取戻しに関し必要な事項は，法務省令・国土交通省令で定める。

【建設業者による供託所の所在地等に関する説明】

第10条 供託建設業者は，住宅を新築する建設工事の発注者に対し，当該建設工事の請負契約を締結するまでに，その住宅建設瑕疵担保保証金の供託をしている供託所の所在地その他住宅建設瑕疵担保保証金に関し国土交通省令で定める事項について，これらの事項を記載した書面を交付して説明しなければならない。

2 供託建設業者は，前項の規定による書面の交付に代えて，政令で定めるところにより，発注者の承諾を得て，当該書面に記載すべき事項を電磁的方法（電子情報処理組織を使用する方法その他の情報通信の技術を利用する方法であって国土交通省令で定めるものをいう。）により提供することができる。この場合において，当該供託建設業者は，当該書面を交付したものとみなす。

第3章 住宅販売瑕疵担保保証金

【住宅販売瑕疵担保保証金の供託等】

第11条 宅地建物取引業者は，毎年，基準日から3週間を経過する日までの間において，当該基準日前10年間に自ら売主となる売買契約に基づき買主に引き渡した新築住宅について，当該買主に対する特定住宅販売瑕疵担保責任の履行を確保するため，住宅販売瑕疵担保保証金の供託をしていなければならない。

2 前項の住宅販売瑕疵担保保証金の額は，当該基準日における同項の新築住宅（当該宅地建物取引業者が住宅瑕疵担保責任保険法人と住宅販売瑕疵担保責任保険契約を締結し，当該買主に，保険証券又はこれに代わるべき書面を交付し，又はこれらに記載すべき事項を記録した電磁的記録を提供した場合における当該住宅販売瑕疵担保責任保険契約に係る新築住宅を除く。以下この条において「販売新築住宅」という。）の合計戸数の別表の左欄に掲げる区分に応じ，それぞれ同表の右欄に掲げる金額の範囲内で，販売新築住宅の合計戸数を基礎として，新築住宅に住宅品質確保法第95条第1項に規定する瑕疵があった場合に生ずる損害の状況を勘案して政令で定めるところにより算定する額（第13条において「基準額」という。）以上の額とする。

3 前項の販売新築住宅の合計戸数の算定に当たっては，販売新築住宅のうち，その床面積の合計が政令で定める面積以下のものは，その2戸をもって1戸とする。

4 前項に定めるもののほか，新築住宅の買主と2以上の自ら売主となる宅地建物取引業者との間で締結された売買契約であって，宅地建物取引業法第37条第1項の規定により当該宅地建物取引業者が特定住宅販売瑕疵担保責任の履行に係る当該宅地建物取引業者それぞれの負担の割合が記載された書面を当該新築住宅の買主に交付したものに係る販売新築住宅その他の政令で定める販売新築住宅については，政令で，第2項の販売新築住宅の合計戸数の算定の特例を定めることができる。

5 第1項の住宅販売瑕疵担保保証金は，国土交通省令で定めるところにより，国債証券，地方債証券その他の国土交通省令で定める有価証券をもって，これに充てることができる。

6　第１項の規定による住宅販売瑕疵担保保証金の供託は，当該宅地建物取引業者の主たる事務所の最寄りの供託所にするものとする。

【住宅販売瑕疵担保保証金の供託等の届出等】

第12条　前条第１項の新築住宅を引き渡した宅地建物取引業者は，基準日ごとに，当該基準日に係る住宅販売瑕疵担保保証金の供託及び同条第２項に規定する住宅販売瑕疵担保責任保険契約の締結の状況について，国土交通省令で定めるところにより，その宅地建物取引業法第３条第１項の免許を受けた国土交通大臣又は都道府県知事（信託会社等にあっては，国土交通大臣。次条において同じ。）に届け出なければならない。

2　前項の宅地建物取引業者が新たに住宅販売瑕疵担保保証金の供託をし，又は新たに住宅瑕疵担保責任保険法人と住宅販売瑕疵担保責任保険契約を締結して同項の規定による届出をする場合においては，住宅販売瑕疵担保保証金の供託又は住宅販売瑕疵担保責任保険契約の締結に関する書類で国土交通省令で定めるものを添付しなければならない。

【自ら売主となる新築住宅の売買契約の新たな締結の制限】

第13条　第11条第１項の新築住宅を引き渡した宅地建物取引業者は，同項の規定による供託をし，かつ，前条第１項の規定による届出をしなければ，当該基準日の翌日から起算して50日を経過した日以後においては，新たに自ら売主となる新築住宅の売買契約を締結してはならない。ただし，当該基準日後に当該基準日に係る住宅販売瑕疵担保保証金の基準額に不足する額の供託をし，かつ，その供託について，国土交通省令で定めるところにより，その宅地建物取引業法第３条第１項の免許を受けた国土交通大臣又は都道府県知事の確認を受けたときは，その確認を受けた日以後においては，この限りでない。

【住宅販売瑕疵担保保証金の還付等】

第14条　第11条第１項の規定により住宅販売瑕疵担保保証金の供託をしている宅地建物取引業者（以下「供託宅地建物取引業者」という。）が特定住宅販売瑕疵担保責任を負う期間内に，住宅品質確保法第95条第１項に規定する瑕疵によって生じた損害を受けた当該特定住宅販売瑕疵担保責任に係る新築住宅の買主は，その瑕疵を理由とする代金の返還請求権又は損害賠償請求権（次項において「代金返還請求権等」という。）に関し，当該供託宅地建物取引業者が供託をしている住宅販売瑕疵担保保証金について，他の債権者に先立って弁済を受ける権利を有する。

2　前項の権利を有する者は，次に掲げるときに限り，同項の権利の実行のため住宅販売瑕疵担保保証金の還付を請求することができる。

　一　当該代金返還請求権等について債務名義を取得したとき。

　二　当該代金返還請求権等の存在及び内容について当該供託宅地建物取引業者と合意した旨が記載された公正証書を作成したときその他これに準ずる場合として国土交通省令で定めるとき。

　三　当該供託宅地建物取引業者が死亡した場合その他当該代金返還請求権等に係る代金の返還の義務又は損害の賠償の義務を履行することができず，又は著しく困

難である場合として国土交通省令で定める場合において，国土交通省令で定めるところにより，前項の権利を有することについて国土交通大臣の確認を受けたとき。

3　前項に定めるもののほか，第1項の権利の実行に関し必要な事項は，法務省令・国土交通省令で定める。

【宅地建物取引業者による供託所の所在地等に関する説明】

第15条　供託宅地建物取引業者は，自ら売主となる新築住宅の買主に対し，当該新築住宅の売買契約を締結するまでに，その住宅販売瑕疵担保保証金の供託をしている供託所の所在地その他住宅販売瑕疵担保保証金に関し国土交通省令で定める事項について，これらの事項を記載した書面を交付して説明しなければならない。

2　第10条第2項の規定は，前項の規定による書面の交付について準用する。

【準　用】

第16条　第7条から第9条までの規定は，供託宅地建物取引業者について準用する。この場合において，第7条第1項中「前条第1項」とあるのは「第14条第1項」と，「基準額」とあるのは「第11条第2項に規定する基準額（以下単に「基準額」という。）」と，同条第2項及び第9条第2項中「建設業法第3条第1項の許可」とあるのは「宅地建物取引業法第3条第1項の免許」と，「都道府県知事」とあるのは「都道府県知事（第2条第4項に規定する信託会社等にあっては，国土交通大臣）」と，第7条第3項及び第8条第3項中「第3条第5項」とあるのは「第11条第5項」と，第9条第1項及び第2項中「建設業者であった者」とあるのは「宅地建物取引業者であった者」と，同条第1項中「第3条第1項」とあるのは「第11条第1項」と読み替えるものとする。

第4章　住宅瑕疵担保責任保険法人

【指　定】

第17条　国土交通大臣は，特定住宅瑕疵担保責任その他住宅の建設工事の請負又は住宅の売買に係る民法（明治29年法律第89号）第415条，第541条，第542条又は第562条若しくは第563条（これらの規定を同法第559条において準用する場合を含む。）に規定する担保の責任の履行の確保を図る事業を行うことを目的とする一般社団法人，一般財団法人その他政令で定める法人であって，第19条に規定する業務（以下「保険等の業務」という。）に関し，次に掲げる基準に適合すると認められるものを，その申請により，住宅瑕疵担保責任保険法人（以下「保険法人」という。）として指定することができる。

一　保険等の業務を的確に実施するために必要と認められる国土交通省令で定める基準に適合する財産的基礎を有し，かつ，保険等の業務に係る収支の見込みが適正であること。

二　職員，業務の方法その他の事項についての保険等の業務の実施に関する計画が，保険等の業務を的確に実施するために適切なものであること。

　　三　役員又は構成員の構成が，保険等の業務の公正な実施に支障を及ぼすおそれが
　　　ないものであること。
　　四　保険等の業務以外の業務を行っている場合には，その業務を行うことによって
　　　保険等の業務の公正な実施に支障を及ぼすおそれがないものであること。
２　国土交通大臣は，前項の申請をした者が次の各号のいずれかに該当するときは，
　同項の規定による指定（以下単に「指定」という。）をしてはならない。
　　一　この法律の規定に違反して，刑に処せられ，その執行を終わり，又は執行を受
　　　けることがなくなった日から起算して２年を経過しない者であること。
　　二　第30条第１項又は第２項の規定により指定を取り消され，その取消しの日から
　　　起算して２年を経過しない者であること。
　　三　その役員のうちに，次のいずれかに該当する者があること。
　　　イ　第一号に該当する者
　　　ロ　第20条第２項の規定による命令により解任され，その解任の日から起算して
　　　　２年を経過しない者

　　【指定の公示等】
第18条　国土交通大臣は，指定をしたときは，当該保険法人の名称及び住所，保険等
　の業務を行う事務所の所在地並びに保険等の業務の開始の日を公示しなければなら
　ない。
２　保険法人は，その名称若しくは住所又は保険等の業務を行う事務所の所在地を変
　更しようとするときは，変更しようとする日の２週間前までに，その旨を国土交通
　大臣に届け出なければならない。
３　国土交通大臣は，前項の規定による届出があったときは，その旨を公示しなけれ
　ばならない。

　　【業　務】
第19条　保険法人は，次に掲げる業務を行うものとする。
　　一　住宅建設瑕疵担保責任保険契約及び住宅販売瑕疵担保責任保険契約（以下この
　　　条及び第33条第１項において「住宅瑕疵担保責任保険契約」という。）の引受け
　　　を行うこと。
　　二　民法第415条，第541条，第542条又は第562条若しくは第563条（これらの規定
　　　を同法第559条において準用する場合を含む。）に規定する担保の責任の履行に
　　　よって生じた住宅の建設工事の請負人若しくは住宅の売主の損害又は瑕疵によっ
　　　て生じた住宅の建設工事の注文者若しくは住宅の買主の損害を塡補することを約
　　　して保険料を収受する保険契約（住宅瑕疵担保責任保険契約を除く。）の引受け
　　　を行うこと。
　　三　他の保険法人が引き受けた住宅瑕疵担保責任保険契約又は前号の保険契約に係
　　　る再保険契約の引受けを行うこと。
　　四　住宅品質確保法第94条第１項又は第95条第１項に規定する瑕疵（以下この条及
　　　び第35条において「特定住宅瑕疵」という。）の発生の防止及び修補技術その他
　　　特定住宅瑕疵に関する情報又は資料を収集し，及び提供すること。

　五　特定住宅瑕疵の発生の防止及び修補技術その他特定住宅瑕疵に関する調査研究
　　を行うこと。
　六　前各号の業務に附帯する業務を行うこと。
第20条～第32条　（略）

第5章　住宅瑕疵担保責任保険契約に係る
新築住宅等に関する紛争の処理

【指定住宅紛争処理機関の業務の特例】

第33条　住宅品質確保法第66条第2項に規定する指定住宅紛争処理機関（次項及び次
　条第1項において単に「指定住宅紛争処理機関」という。）は，住宅品質確保法第
　67条第1項に規定する業務のほか，住宅瑕疵担保責任保険契約に係る新築住宅（同
　項に規定する評価住宅を除く。）又は第19条第二号に規定する保険契約に係る住宅
　の建設工事の請負契約又は売買契約に関する紛争の当事者の双方又は一方からの申
　請により，当該紛争のあっせん，調停及び仲裁の業務を行うことができる。

2　前項の規定により指定住宅紛争処理機関が同項に規定する業務を行う場合には，
　次の表の左欄に掲げる住宅品質確保法の規定中同表の中欄に掲げる字句は，それぞ
　れ同表の右欄に掲げる字句とするほか，住宅品質確保法の規定（罰則を含む。）の
　適用に関し必要な技術的読替えは，政令で定める。

第66条第5項	のあっせん	又は特定住宅瑕疵担保責任の履行の確保等に関する法律（平成19年法律第66号。以下「履行確保法」という。）第33条第1項に規定する紛争（以下この節において「特別紛争」という。）のあっせん
	当該紛争	当該紛争又は特別紛争
第68条第2項	，住宅紛争処理	，住宅紛争処理又は特別紛争のあっせん，調停及び仲裁（以下「特別住宅紛争処理」という。）
	に住宅紛争処理	に住宅紛争処理又は特別住宅紛争処理
第68条第2項及び第73条第1項	住宅紛争処理の	住宅紛争処理又は特別住宅紛争処理の
第69条第1項	紛争処理の業務	紛争処理の業務又は履行確保法第33条第1項に規定する業務（以下「特別紛争処理の業務」という。）
第69条第2項，第70条，第71条第1項，第78条，第79条及び第80条第1項第四号	紛争処理の業務	紛争処理の業務又は特別紛争処理の業務
第71条第1項	，登録住宅性能評価機関	，紛争処理の業務にあっては登録住宅性能評価機関
	に対して	に，特別紛争処理の業務にあっては履行確保法第17条第1項に規定する住宅瑕疵担保責任保険法人に対して

第71条第2項	登録住宅性能評価機関等	登録住宅性能評価機関等又は履行確保法第17条第1項に規定する住宅瑕疵担保責任保険法人
第72条及び第74条	住宅紛争処理の	住宅紛争処理及び特別住宅紛争処理の
第73条の2第1項及び第73条の3第1項	紛争に	紛争又は特別紛争に
第73条の2，第73条の3第1項及び第80条第3項	紛争の	紛争又は特別紛争の
第73条の2第2項及び第3項	紛争が	紛争又は特別紛争が
第76条	紛争処理の業務	紛争処理の業務及び特別紛争処理の業務
第77条	とその他の業務に係る経理とを	，特別紛争処理の業務に係る経理及びその他の業務に係る経理をそれぞれ
第80条第1項及び第2項	紛争処理の業務の	紛争処理の業務若しくは特別紛争処理の業務の
第81条	の手続及びこれ	及び特別住宅紛争処理の手続並びにこれら

【住宅紛争処理支援センターの業務の特例】

第34条　住宅品質確保法第82条第1項に規定する住宅紛争処理支援センター（第3項及び次条において単に「住宅紛争処理支援センター」という。）は，住宅品質確保法第83条第1項に規定する業務のほか，次に掲げる業務を行うことができる。

一　指定住宅紛争処理機関に対して前条第1項に規定する業務の実施に要する費用を助成すること。

二　前条第1項の紛争のあっせん，調停及び仲裁に関する情報及び資料の収集及び整理をし，並びにこれらを指定住宅紛争処理機関に対し提供すること。

三　前条第1項の紛争のあっせん，調停及び仲裁に関する調査及び研究を行うこと。

四　指定住宅紛争処理機関の行う前条第1項に規定する業務について，連絡調整を図ること。

2　前項第一号に規定する費用の助成に関する手続，基準その他必要な事項は，国土交通省令で定める。

3　第1項の規定により住宅紛争処理支援センターが同項各号に掲げる業務を行う場合には，次の表の左欄に掲げる住宅品質確保法の規定中同表の中欄に掲げる字句は，それぞれ同表の右欄に掲げる字句とするほか，住宅品質確保法の規定（罰則を含む。）の適用に関し必要な技術的読替えは，政令で定める。

第82条第3項	第10条第2項及び第3項，第19条，第22条並びに	第19条，第22条及び
	次の表の左欄に掲げる規定中同表の中欄に掲げる字句は，それぞれ同表の右欄に掲げる字句に	第19条第1項中「評価の業務」とあるのは「第82条第1項に規定する支援等の業務（以下「支援等の業務」という。）及び特定住宅瑕疵担保責任の履行の確保等に関する法律（平成19年法律第66号）第34条第1項各号に掲げる業務（以下「特別支援等の業務」という。）」と，同条第2項中「評価の業務」とあるのは「支援等の業務及び特別支援等の業務」と，第22条第1項中「評価の業務の公正」とあるのは「支援等の業務又は特別支援等の業務の公正」と，「評価の業務若しくは」とあるのは「支援等の業務若しくは特別支援等の業務若しくは」と，「評価の業務の状況」とあるのは「支援等の業務若しくは特別支援等の業務の状況」と，第69条中「紛争処理委員並びにその役員」とあるのは「役員」と，「紛争処理の業務」とあるのは「支援等の業務又は特別支援等の業務」と
第84条第1項	支援等の業務に	支援等の業務及び特定住宅瑕疵担保責任の履行の確保等に関する法律（以下「履行確保法」という。）第34条第1項各号に掲げる業務（以下「特別支援等の業務」という。）に
	支援等の業務の	支援等の業務及び特別支援等の業務の
第84条第2項及び第3項並びに第86条	支援等の業務	支援等の業務及び特別支援等の業務
第85条第1項，第89条，第91条第1項第二号及び第六号並びに第93条	支援等の業務	支援等の業務又は特別支援等の業務
第85条第2項	の支援等の業務	の支援等の業務又は特別支援等の業務
	，支援等の業務	，支援等の業務若しくは特別支援等の業務
第91条	支援等の業務の	支援等の業務若しくは特別支援等の業務の

第6章　雑　　　則（略）

第7章　罰　　　則

第40条　次の各号のいずれかに該当するときは，その違反行為をした者は，1年以下の懲役若しく100万円以下の罰金に処し，又はこれを併科する。

一　第5条の規定に違反して住宅を新築する建設工事の請負契約を締結したとき。

二　第13条の規定に違反して自ら売主となる新築住宅の売買契約の締結をしたとき。

　　附　則　（略）

別表（第3条，第11条関係）

	区　　　分	住宅建設瑕疵担保保証金又は住宅販売瑕疵担保保証金の額の範囲
1	1以下の場合	2,000万円以下
2	1を超え10以下の場合	2,000万円を超え3,800万円以下
3	10を超え50以下の場合	3,800万円を超え7,000万円以下
4	50を超え100以下の場合	7,000万円を超え1億円以下
5	100を超え500以下の場合	1億円を超え1億4,000万円以下
6	500を超え1,000以下の場合	1億4,000万円を超え1億8,000万円以下
7	1,000を超え5,000以下の場合	1億8,000万円を超え3億4,000万円以下
8	5,000を超え1万以下の場合	3億4,000万円を超え4億4,000万円以下
9	1万を超え2万以下の場合	4億4,000万円を超え6億3,000万円以下
10	2万を超え3万以下の場合	6億3,000万円を超え8億1,000万円以下
11	3万を超え4万以下の場合	8億1,000万円を超え9億8,000万円以下
12	4万を超え5万以下の場合	9億8,000万円を超え11億4,000万円以下
13	5万を超え10万以下の場合	11億4,000万円を超え18億9,000万円以下
14	10万を超え20万以下の場合	18億9,000万円を超え32億9,000万円以下
15	20万を超え30万以下の場合	32億9,000万円を超え45億9,000万円以下
16	30万を超える場合	45億9,000万円を超え120億円以下

高齢者，障害者等の移動等の円滑化の促進に関する法律［抄］

平成18年 6 月21日　法律第91号
最終改正　令和 5 年 6 月16日　法律第58号

【目　的】
第1条　この法律は，高齢者，障害者等の自立した日常生活及び社会生活を確保することの重要性に鑑み，公共交通機関の旅客施設及び車両等，道路，路外駐車場，公園施設並びに建築物の構造及び設備を改善するための措置，一定の地区における旅客施設，建築物等及びこれらの間の経路を構成する道路，駅前広場，通路その他の施設の一体的な整備を推進するための措置，移動等円滑化に関する国民の理解の増進及び協力の確保を図るための措置その他の措置を講ずることにより，高齢者，障害者等の移動上及び施設の利用上の利便性及び安全性の向上の促進を図り，もって公共の福祉の増進に資することを目的とする。

【定　義】
第2条　この法律において次の各号に掲げる用語の意義は，それぞれ当該各号に定めるところによる。
　一　高齢者，障害者等　　高齢者又は障害者で日常生活又は社会生活に身体の機能上の制限を受けるものその他日常生活又は社会生活に身体の機能上の制限を受ける者をいう。
　二　移動等円滑化　　高齢者，障害者等の移動又は施設の利用に係る身体の負担を軽減することにより，その移動上又は施設の利用上の利便性及び安全性を向上することをいう。
　三　施設設置管理者　　公共交通事業者等，道路管理者，路外駐車場管理者等，公園管理者等及び建築主等をいう。
　四　高齢者障害者等用施設等　　高齢者，障害者等が円滑に利用することができる施設又は設備であって，主としてこれらの者の利用のために設けられたものであることその他の理由により，これらの者の円滑な利用が確保されるために適正な配慮が必要となるものとして**主務省令**で定めるものをいう。
　　　　　　　◆**主務省令**［法第 2 条第四号の主務省令で定める施設又は設備］規則第 1 条→p1009
　五　公共交通事業者等　　次に掲げる者をいう。
　　イ　鉄道事業法（昭和61年法律第92号）による鉄道事業者（旅客の運送を行うもの及び旅客の運送を行う鉄道事業者に鉄道施設を譲渡し，又は使用させるものに限る。）
　　ロ　軌道法（大正10年法律第76号）による軌道経営者（旅客の運送を行うものに限る。第二十六号ハにおいて同じ。）
　　ハ　道路運送法（昭和26年法律第183号）による一般乗合旅客自動車運送事業者

　　（路線を定めて定期に運行する自動車により乗合旅客の運送を行うものに限る。以下この条において同じ。），一般貸切旅客自動車運送事業者及び一般乗用旅客自動車運送事業者

　ニ　自動車ターミナル法（昭和34年法律第136号）によるバスターミナル事業を営む者

　ホ　海上運送法（昭和24年法律第187号）による一般旅客定期航路事業（日本の国籍を有する者及び日本の法令により設立された法人その他の団体以外の者が営む同法による対外旅客定期航路事業を除く。次号ニにおいて同じ。）を営む者及び旅客不定期航路事業者

　ヘ　航空法（昭和27年法律第231号）による本邦航空運送事業者（旅客の運送を行うものに限る。）

　ト　イからヘまでに掲げる者以外の者で次号イ，ニ又はホに掲げる旅客施設を設置し，又は管理するもの

六　旅客施設　　次に掲げる施設であって，公共交通機関を利用する旅客の乗降，待合いその他の用に供するものをいう。

　イ　鉄道事業法による鉄道施設

　ロ　軌道法による軌道施設

　ハ　自動車ターミナル法によるバスターミナル

　ニ　海上運送法による輸送施設（船舶を除き，同法による一般旅客定期航路事業又は旅客不定期航路事業の用に供するものに限る。）

　ホ　航空旅客ターミナル施設

七　特定旅客施設　　旅客施設のうち，利用者が相当数であること又は相当数であると見込まれることその他の政令で定める要件に該当するものをいう。

八　車両等　　公共交通事業者等が旅客の運送を行うためその事業の用に供する車両，自動車（一般乗合旅客自動車運送事業者が旅客の運送を行うためその事業の用に供する自動車にあっては道路運送法第5条第1項第三号に規定する路線定期運行の用に供するもの，一般貸切旅客自動車運送事業者又は一般乗用旅客自動車運送事業者が旅客の運送を行うためこれらの事業の用に供する自動車にあっては高齢者，障害者等が移動のための車椅子その他の用具を使用したまま車内に乗り込むことが可能なものその他主務省令で定めるものに限る。），船舶及び航空機をいう。

九　道路管理者　　道路法（昭和27年法律第180号）第18条第1項に規定する道路管理者をいう。

十　特定道路　　移動等円滑化が特に必要なものとして政令で定める道路法による道路をいう。

十一　路外駐車場管理者等　　駐車場法（昭和32年法律第106号）第12条に規定する路外駐車場管理者又は都市計画法（昭和43年法律第100号）第4条第2項の都市計画区域外において特定路外駐車場を設置する者をいう。

十二　旅客特定車両停留施設　　道路法第2条第2項第八号に規定する特定車両停留

施設であって，公共交通機関を利用する旅客の乗降，待合いその他の用に供するものをいう。

十三　特定路外駐車場　駐車場法第2条第二号に規定する路外駐車場（道路法第2条第2項第七号に規定する自動車駐車場，都市公園法（昭和31年法律第79号）第2条第2項に規定する公園施設（以下「公園施設」という。），建築物又は建築物特定施設であるものを除く。）であって，自動車の駐車の用に供する部分の面積が500㎡以上であるものであり，かつ，その利用について駐車料金を徴収するものをいう。

十四　公園管理者等　都市公園法第5条第1項に規定する公園管理者（以下「公園管理者」という。）又は同項の規定による許可を受けて公園施設（特定公園施設に限る。）を設け若しくは管理し，若しくは設け若しくは管理しようとする者をいう。

十五　特定公園施設　移動等円滑化が特に必要なものとして政令で定める公園施設をいう。

十六　建築主等　建築物の建築をしようとする者又は建築物の所有者，管理者若しくは占有者をいう。

十七　建築物　建築基準法（昭和25年法律第201号）第2条第一号に規定する建築物をいう。

十八　特定建築物　学校，病院，劇場，観覧場，集会場，展示場，百貨店，ホテル，事務所，共同住宅，老人ホームその他の多数の者が利用する**政令**で定める建築物又はその部分をいい，これらに附属する建築物特定施設を含むものとする。

◆**政令**［特定建築物］令第4条→p998

十九　特別特定建築物　不特定かつ多数の者が利用し，又は主として高齢者，障害者等が利用する特定建築物その他の特定建築物であって，移動等円滑化が特に必要なものとして**政令**で定めるものをいう。

◆**政令**［特別特定建築物］令第5条→p999

二十　建築物特定施設　出入口，廊下，階段，エレベーター，便所，敷地内の通路，駐車場その他の建築物又はその敷地に設けられる施設で**政令**で定めるものをいう。

◆**政令**［建築物特定施設］令第6条→p999

二一　建築　建築物を新築し，増築し，又は改築することをいう。

二二　所管行政庁　建築主事を置く市町村又は特別区の区域については当該市町村又は特別区の長をいい，その他の市町村又は特別区の区域については都道府県知事をいう。ただし，建築基準法第97条の2第1項又は第97条の3第1項の規定により建築主事を置く市町村又は特別区の区域内の**政令**で定める建築物については，都道府県知事とする。

◆**政令**［都道府県知事が所管行政庁となる建築物］令第7条→p1000

二三　移動等円滑化促進地区　次に掲げる要件に該当する地区をいう。

イ　生活関連施設（高齢者，障害者等が日常生活又は社会生活において利用する旅客施設，官公庁施設，福祉施設その他の施設をいう。以下同じ。）の所在地を含み，かつ，生活関連施設相互間の移動が通常徒歩で行われる地区であるこ

と。
ロ　生活関連施設及び生活関連経路（生活関連施設相互間の経路をいう。以下同じ。）を構成する一般交通用施設（道路，駅前広場，通路その他の一般交通の用に供する施設をいう。以下同じ。）について移動等円滑化を促進することが特に必要であると認められる地区であること。

ハ　当該地区において移動等円滑化を促進することが，総合的な都市機能の増進を図る上で有効かつ適切であると認められる地区であること。

二二　重点整備地区　　次に掲げる要件に該当する地区をいう。

イ　前号イに掲げる要件

ロ　生活関連施設及び生活関連経路を構成する一般交通用施設について移動等円滑化のための事業が実施されることが特に必要であると認められる地区であること。

ハ　当該地区において移動等円滑化のための事業を重点的かつ一体的に実施することが，総合的な都市機能の増進を図る上で有効かつ適切であると認められる地区であること。

二三　特定事業　　公共交通特定事業，道路特定事業，路外駐車場特定事業，都市公園特定事業，建築物特定事業，交通安全特定事業及び教育啓発特定事業をいう。

二六　公共交通特定事業　　次に掲げる事業をいう。

イ　特定旅客施設内において実施するエレベーター，エスカレーターその他の移動等円滑化のために必要な設備の整備に関する事業

ロ　イに掲げる事業に伴う特定旅客施設の構造の変更に関する事業

ハ　特定車両（軌道経営者，一般乗合旅客自動車運送事業者，一般貸切旅客自動車運送事業者又は一般乗用旅客自動車運送事業者が旅客の運送を行うために使用する車両等をいう。以下同じ。）を床面の低いものとすることその他の特定車両に関する移動等円滑化のために必要な事業

二七　道路特定事業　　次に掲げる道路法による道路の新設又は改築に関する事業（これと併せて実施する必要がある移動等円滑化のための施設又は設備の整備に関する事業を含む。）をいう。

イ　歩道，道路用エレベーター，通行経路の案内標識その他の移動等円滑化のために必要な施設又は工作物の設置に関する事業

ロ　歩道の拡幅又は路面の構造の改善その他の移動等円滑化のために必要な道路の構造の改良に関する事業

二八　路外駐車場特定事業　　特定路外駐車場において実施する車椅子を使用している者が円滑に利用することができる駐車施設その他の移動等円滑化のために必要な施設の整備に関する事業をいう。

二九　都市公園特定事業　　都市公園の移動等円滑化のために必要な特定公園施設の整備に関する事業をいう。

三十　建築物特定事業　　次に掲げる事業をいう。

イ　特別特定建築物（第14条第3項の条例で定める特定建築物を含む。ロにおい

て同じ。）の移動等円滑化のために必要な建築物特定施設の整備に関する事業

ロ　特定建築物（特別特定建築物を除き，その全部又は一部が生活関連経路であるものに限る。）における生活関連経路の移動等円滑化のために必要な建築物特定施設の整備に関する事業

三　交通安全特定事業　　次に掲げる事業をいう。

イ　高齢者，障害者等による道路の横断の安全を確保するための機能を付加した信号機，道路交通法（昭和35年法律第105号）第9条の歩行者用道路であることを表示する道路標識，横断歩道であることを表示する道路標示その他の移動等円滑化のために必要な信号機，道路標識又は道路標示（第36条第2項において「信号機等」という。）の同法第4条第1項の規定による設置に関する事業

ロ　違法駐車行為（道路交通法第51条の4第1項の違法駐車行為をいう。以下この号において同じ。）に係る車両の取締りの強化，違法駐車行為の防止についての広報活動及び啓発活動その他の移動等円滑化のために必要な生活関連経路を構成する道路における違法駐車行為の防止のための事業

三　教育啓発特定事業　　市町村又は施設設置管理者（第36条の2において「市町村等」という。）が実施する次に掲げる事業をいう。

イ　移動等円滑化の促進に関する児童，生徒又は学生の理解を深めるために学校と連携して行う教育活動の実施に関する事業

ロ　移動等円滑化の促進に関する住民その他の関係者の理解の増進又は移動等円滑化の実施に関するこれらの者の協力の確保のために必要な啓発活動の実施に関する事業（イに掲げる事業を除く。）

【基本方針】

第3条　主務大臣は，移動等円滑化を総合的かつ計画的に推進するため，移動等円滑化の促進に関する基本方針（以下「基本方針」という。）を定めるものとする。

2　基本方針には，次に掲げる事項について定めるものとする。

一　移動等円滑化の意義及び目標に関する事項

二　移動等円滑化のために施設設置管理者が講ずべき措置に関する基本的な事項

三　（略）

四　第25条第1項の基本構想の指針となるべき次に掲げる事項

イ　重点整備地区における移動等円滑化の意義に関する事項

ロ　重点整備地区の位置及び区域に関する基本的な事項

ハ　生活関連施設及び生活関連経路並びにこれらにおける移動等円滑化に関する基本的な事項

ニ　生活関連施設，特定車両及び生活関連経路を構成する一般交通用施設について移動等円滑化のために実施すべき特定事業その他の事業に関する基本的な事項

ホ　ニに規定する事業と併せて実施する土地区画整理事業（土地区画整理法（昭和29年法律第119号）による土地区画整理事業をいう。以下同じ。），市街地再開発事業（都市再開発法（昭和44年法律第38号）による市街地再開発事業をいう。以下同じ。）その他の市街地開発事業（都市計画法第4条第7項に規定す

る市街地開発事業をいう。以下同じ。）に関し移動等円滑化のために考慮すべき基本的な事項，自転車その他の車両の駐車のための施設の整備に関する事項その他の重点整備地区における移動等円滑化に資する市街地の整備改善に関する基本的な事項その他重点整備地区における移動等円滑化のために必要な事項

五　移動等円滑化の促進に関する国民の理解の増進及び移動等円滑化の実施に関する国民の協力の確保に関する基本的な事項

六　移動等円滑化に関する情報提供に関する基本的な事項

七　移動等円滑化の促進のための施策に関する基本的な事項その他移動等円滑化の促進に関する事項

3　主務大臣は，情勢の推移により必要が生じたときは，基本方針を変更するものとする。

4　主務大臣は，基本方針を定め，又はこれを変更したときは，遅滞なく，これを公表しなければならない。

【国の責務】

第4条　国は，高齢者，障害者等，地方公共団体，施設設置管理者その他の関係者と協力して，基本方針及びこれに基づく施設設置管理者の講ずべき措置の内容その他の移動等円滑化の促進のための施策の内容について，移動等円滑化の進展の状況等を勘案しつつ，関係行政機関及びこれらの者で構成する会議における定期的な評価その他これらの者の意見を反映させるために必要な措置を講じた上で，適時に，かつ，適切な方法により検討を加え，その結果に基づいて必要な措置を講ずるよう努めなければならない。

2　国は，教育活動，広報活動等を通じて，移動等円滑化の促進に関する国民の理解を深めるとともに，高齢者，障害者等が公共交通機関を利用して移動するために必要となる支援，これらの者の高齢者障害者等用施設等の円滑な利用を確保する上で必要となる適正な配慮その他の移動等円滑化の実施に関する国民の協力を求めるよう努めなければならない。

【地方公共団体の責務】

第5条　地方公共団体は，国の施策に準じて，移動等円滑化を促進するために必要な措置を講ずるよう努めなければならない。

【施設設置管理者等の責務】

第6条　施設設置管理者その他の高齢者，障害者等が日常生活又は社会生活において利用する施設を設置し，又は管理する者は，移動等円滑化のために必要な措置を講ずるよう努めなければならない。

【国民の責務】

第7条　国民は，高齢者，障害者等の自立した日常生活及び社会生活を確保することの重要性について理解を深めるとともに，これらの者が公共交通機関を利用して移動するために必要となる支援，これらの者の高齢者障害者等用施設等の円滑な利用を確保する上で必要となる適正な配慮その他のこれらの者の円滑な移動及び施設の利用を確保するために必要な協力をするよう努めなければならない。

【特別特定建築物の建築主等の基準適合義務等】

第14条　建築主等は，特別特定建築物の**政令**[*1]で定める規模以上の建築（用途の変更をして特別特定建築物にすることを含む。以下この条において同じ。）をしようとするときは，当該特別特定建築物（以下この条において「新築特別特定建築物」という。）を，移動等円滑化のために必要な建築物特定施設の構造及び配置に関する**政令**[*2]で定める基準（以下「建築物移動等円滑化基準」という。）に適合させなければならない。

◆政令1 ［基準適合義務の対象となる特別特定建築物の規模］令第9条→p1000
　　　2 ［建築物移動等円滑化基準］令第10条　　　　　　　　　→p1000
　　　　 ［廊下等］令第11条　　　　　　　　　　　　　　　　→p1000
　　　　 ［階段］令第12条　　　　　　　　　　　　　　　　　→p1001
　　　　 ［階段に代わり，又はこれに併設する傾斜路］令第13条　→p1001
　　　　 ［便所］令第14条　　　　　　　　　　　　　　　　　→p1002
　　　　 ［ホテル又は旅館の客室］令第15条　　　　　　　　　→p1002
　　　　 ［敷地内の通路］令第16条　　　　　　　　　　　　　→p1003
　　　　 ［駐車場］令第17条　　　　　　　　　　　　　　　　→p1003
　　　　 ［移動等円滑化経路］令第18条　　　　　　　　　　　→p1003
　　　　 ［標識］令第19条　　　　　　　　　　　　　　　　　→p1006
　　　　 ［案内設備］令第20条　　　　　　　　　　　　　　　→p1006
　　　　 ［案内設備までの経路］令第21条　　　　　　　　　　→p1006
　　　　 ［増築等に関する適用範囲］令第22条　　　　　　　　→p1006
　　　　 ［公立小学校等に関する読替え］令第23条　　　　　　→p1007
　　　　 ［条例で定める特定建築物に関する読替え］令第24条　→p1007

2　建築主等は，その所有し，管理し，又は占有する新築特別特定建築物を建築物移動等円滑化基準に適合するように維持しなければならない。

3　地方公共団体は，その地方の自然的社会的条件の特殊性により，前2項の規定のみによっては，高齢者，障害者等が特定建築物を円滑に利用できるようにする目的を十分に達成することができないと認める場合においては，特別特定建築物に条例で定める特定建築物を追加し，第1項の建築の規模を条例で同項の政令で定める規模未満で別に定め，又は建築物移動等円滑化基準に条例で必要な事項を付加することができる。

●関連［条例対象小規模特別特定建築物の建築物移動等円滑化基準］令第25条→p1007

4　前3項の規定は，建築基準法第6条第1項に規定する建築基準関係規定[*]とみなす。

●関連［建築基準関係規定］建築基準法第6条第1項　→p20
建築基準法施行令第9条→p198

5　建築主等（第1項から第3項までの規定が適用される者を除く。）は，その建築をしようとし，又は所有し，管理し，若しくは占有する特別特定建築物（同項の条例で定める特定建築物を含む。以下同じ。）を建築物移動等円滑化基準（同項の条例で付加した事項を含む。第17条第3項第一号を除き，以下同じ。）に適合させるために必要な措置を講ずるよう努めなければならない。

6，7　（略）

【特別特定建築物に係る基準適合命令等】

第15条　所管行政庁は，前条第1項から第3項までの規定に違反している事実がある

と認めるときは，建築主等に対し，当該違反を是正するために必要な措置をとるべきことを命ずることができる。

2 国，都道府県又は建築主事を置く市町村の特別特定建築物については，前項の規定は，適用しない。この場合において，所管行政庁は，国，都道府県又は建築主事を置く市町村の特別特定建築物が前条第1項から第3項までの規定に違反している事実があると認めるときは，直ちに，その旨を当該特別特定建築物を管理する機関の長に通知し，前項に規定する措置をとるべきことを要請しなければならない。

3 所管行政庁は，前条第5項に規定する措置の適確な実施を確保するため必要があると認めるときは，建築主等に対し，建築物移動等円滑化基準を勘案して，特別特定建築物の設計及び施工に係る事項その他の移動等円滑化に係る事項について必要な指導及び助言をすることができる。

【特定建築物の建築主等の努力義務等】

第16条 建築主等は，特定建築物（特別特定建築物を除く。以下この条において同じ。）の建築（用途の変更をして特定建築物にすることを含む。次条第1項において同じ。）をしようとするときは，当該特定建築物を建築物移動等円滑化基準に適合させるために必要な措置を講ずるよう努めなければならない。

2 建築主等は，特定建築物の建築物特定施設の修繕又は模様替をしようとするときは，当該建築物特定施設を建築物移動等円滑化基準に適合させるために必要な措置を講ずるよう努めなければならない。

3 所管行政庁は，特定建築物について前2項に規定する措置の適確な実施を確保するため必要があると認めるときは，建築主等に対し，建築物移動等円滑化基準を勘案して，特定建築物又はその建築物特定施設の設計及び施工に係る事項について必要な指導及び助言をすることができる。

【特定建築物の建築等及び維持保全の計画の認定】

第17条 建築主等は，特定建築物の建築，修繕又は模様替（修繕又は模様替にあっては，建築物特定施設に係るものに限る。以下「建築等」という。）をしようとするときは，**主務省令**で定めるところにより，特定建築物の建築等及び維持保全の計画を作成し，所管行政庁の認定を申請することができる。

◆**主務省令**［特定建築物の建築等及び維持保全の計画の認定の申請］規則第8条→p1010

2 前項の計画には，次に掲げる事項を記載しなければならない。

一 特定建築物の位置

二 特定建築物の延べ面積，構造方法及び用途並びに敷地面積

三 計画に係る建築物特定施設の構造及び配置並びに維持保全に関する事項

四 特定建築物の建築等の事業に関する資金計画

五 その他**主務省令**で定める事項

◆**主務省令**［特定建築物の建築等及び維持保全の計画の記載事項］規則第9条→p1012

3 所管行政庁は，第1項の申請があった場合において，当該申請に係る特定建築物の建築等及び維持保全の計画が次に掲げる基準に適合すると認めるときは，認定をすることができる。

一　前項第三号に掲げる事項が，建築物移動等円滑化基準を超え，かつ，高齢者，障害者等が円滑に利用できるようにするために誘導すべき**主務省令**で定める建築物特定施設の構造及び配置に関する基準に適合すること。

◆**主務省令**［建築物特定施設の構造及び配置に関する省令］省令第114号→p1014

二　前項第四号に掲げる資金計画が，特定建築物の建築等の事業を確実に遂行するため適切なものであること。

4　前項の認定の申請をする者は，所管行政庁に対し，当該申請に併せて，建築基準法第6条第1項（同法第87条第1項において準用する場合を含む。第7項において同じ。）の規定による確認の申請書を提出して，当該申請に係る特定建築物の建築等の計画が同法第6条第1項の建築基準関係規定に適合する旨の建築主事の通知（以下この条において「適合通知」という。）を受けるよう申し出ることができる。

5　前項の申出を受けた所管行政庁は，速やかに当該申出に係る特定建築物の建築等の計画を建築主事に通知しなければならない。

6　建築基準法第18条第3項及び第14項の規定は，建築主事が前項の通知を受けた場合について準用する。この場合においては，建築主事は，申請に係る特定建築物の建築等の計画が第14条第1項の規定に適合するかどうかを審査することを要しないものとする。

7　所管行政庁が，適合通知を受けて第3項の認定をしたときは，当該認定に係る特定建築物の建築等の計画は，建築基準法第6条第1項の規定による確認済証の交付があったものとみなす。

8　建築基準法第12条第8項，第93条及び第93条の2の規定は，建築主事が適合通知をする場合について準用する。

【特定建築物の建築等及び維持保全の計画の変更】

第18条　前条第3項の認定を受けた者（以下「認定建築主等」という。）は，当該認定を受けた計画の変更（**主務省令**で定める軽微な変更を除く。）をしようとするときは，所管行政庁の認定を受けなければならない。

◆**主務省令**［法第18条第1項の主務省令で定める軽微な変更］規則第11条→p1012

2　前条の規定は，前項の場合について準用する。

【認定特定建築物の容積率の特例】

第19条　建築基準法第52条第1項，第2項，第7項，第12項及び第14項，第57条の2第3項第二号，第57条の3第2項，第59条第1項及び第3項，第59条の2第1項，第60条第1項，第60条の2第1項及び第4項，第68条の3第1項，第68条の4，第68条の5（第二号イを除く。），第68条の5の2（第二号イを除く。），第68条の5の3第1項（第一号ロを除く。），第68条の5の4（第一号ロを除く。），第68条の5の5第1項第一号ロ，第68条の8，第68条の9第1項，第86条第3項及び第4項，第86条の2第2項及び第3項，第86条の5第3項並びに第86条の6第1項に規定する建築物の容積率（同法第59条第1項，第60条の2第1項及び第68条の9第1項に規定するものについては，これらの規定に規定する建築物の容積率の最高限度に係る場合に限る。）の算定の基礎となる延べ面積には，同法第52条第3項及び第6項に

定めるもののほか，第17条第３項の認定を受けた計画（前条第１項の規定による変更の認定があったときは，その変更後のもの。第21条において同じ。）に係る特定建築物（以下「認定特定建築物」という。）の建築物特定施設の床面積のうち，移動等円滑化の措置をとることにより通常の建築物の建築物特定施設の床面積を超えることとなる場合における**政令**で定める床面積は，算入しないものとする。

◆政令［認定特定建築物等の容積率の特例］令第26条→p1008

【認定特定建築物の表示等】

第20条　認定建築主等は，認定特定建築物の建築等をしたときは，当該認定特定建築物，その敷地又はその利用に関する広告その他の**主務省令**で定めるもの（次項において「広告等」という。）に，主務省令で定めるところにより，当該認定特定建築物が第17条第３項の認定を受けている旨の表示を付することができる。

◆主務省令［表示等］規則第12条→p1012

２　何人も，前項の規定による場合を除くほか，建築物，その敷地又はその利用に関する広告等に，同項の表示又はこれと紛らわしい表示を付してはならない。

【認定建築主等に対する改善命令】

第21条　所管行政庁は，認定建築主等が第17条第３項の認定を受けた計画に従って認定特定建築物の建築等又は維持保全を行っていないと認めるときは，当該認定建築主等に対し，その改善に必要な措置をとるべきことを命ずることができる。

【特定建築物の建築等及び維持保全の計画の認定の取消し】

第22条　所管行政庁は，認定建築主等が前条の規定による処分に違反したときは，第17条第３項の認定を取り消すことができる。

【既存の特定建築物に設けるエレベーターについての建築基準法の特例】

第23条　この法律の施行の際現に存する特定建築物に専ら車椅子を使用している者の利用に供するエレベーターを設置する場合において，当該エレベーターが次に掲げる基準に適合し，所管行政庁が防火上及び避難上支障がないと認めたときは，当該特定建築物に対する建築基準法第27条第２項の規定の適用については，当該エレベーターの構造は耐火構造（同法第２条第七号に規定する耐火構造をいう。）とみなす。

一　エレベーター及び当該エレベーターの設置に係る特定建築物の主要構造部の部分の構造が**主務省令**で定める安全上及び防火上の基準に適合していること。

◆主務省令［法第23条第１項第一号の主務省令で定める安全上及び防火上の基準］規則第13条→p1012

二　エレベーターの制御方法及びその作動状態の監視方法が**主務省令**で定める安全上の基準に適合していること。

◆主務省令［法第23条第１項第二号の主務省令で定める安全上の基準］規則第14条→p1012

２　建築基準法第93条第１項本文及び第２項の規定は，前項の規定により所管行政庁が防火上及び避難上支障がないと認める場合について準用する。

【高齢者，障害者等が円滑に利用できる建築物の容積率の特例】

第24条　建築物特定施設（建築基準法第52条第６項第一号に規定する昇降機並びに同項第二号に規定する共同住宅及び老人ホーム等の共用の廊下及び階段を除く。）の床面積が高齢者，障害者等の円滑な利用を確保するため通常の床面積よりも著しく

大きい建築物で，主務大臣が高齢者，障害者等の円滑な利用を確保する上で有効と認めて定める基準*に適合するものについては，当該建築物を同条第14項第一号に規定する建築物とみなして，同項の規定を適用する。

●告示　平18　国交告1481号→p1022

【移動等円滑化基本構想】

第25条　市町村は，基本方針（移動等円滑化促進方針が作成されているときは，基本方針及び移動等円滑化促進方針。以下同じ。）に基づき，単独で又は共同して，当該市町村の区域内の重点整備地区について，移動等円滑化に係る事業の重点的かつ一体的な推進に関する基本的な構想（以下「基本構想」という。）を作成するよう努めるものとする。

2　基本構想には，次に掲げる事項について定めるものとする。

一　重点整備地区の位置及び区域

二　生活関連施設及び生活関連経路並びにこれらにおける移動等円滑化に関する事項

三　生活関連施設，特定車両及び生活関連経路を構成する一般交通用施設について移動等円滑化のために実施すべき特定事業その他の事業に関する事項（旅客施設の所在地を含まない重点整備地区にあっては，当該重点整備地区と同一の市町村の区域内に所在する特定旅客施設との間の円滑な移動のために実施すべき特定事業その他の事業に関する事項を含む。）

四　前号に掲げる事業と併せて実施する土地区画整理事業，市街地再開発事業その他の市街地開発事業に関し移動等円滑化のために考慮すべき事項，自転車その他の車両の駐車のための施設の整備に関する事項その他の重点整備地区における移動等円滑化に資する市街地の整備改善に関する事項その他重点整備地区における移動等円滑化のために必要な事項

3　前項各号に掲げるもののほか，基本構想には，重点整備地区における移動等円滑化に関する基本的な方針について定めるよう努めるものとする。

4，5　（略）

6　市町村は，基本構想を作成しようとするときは，あらかじめ，住民，生活関連施設を利用する高齢者，障害者等その他利害関係者の意見を反映させるために必要な措置を講ずるものとする。

7　市町村は，基本構想を作成しようとする場合において，第26条第1項の協議会が組織されていないときは，これに定めようとする特定事業に関する事項について，関係する施設設置管理者及び公安委員会と協議をしなければならない。

8　市町村は，第26条第1項の協議会が組織されていない場合には，基本構想を作成するに当たり，あらかじめ，関係する施設設置管理者及び公安委員会に対し，特定事業に関する事項について基本構想の案を作成し，当該市町村に提出するよう求めることができる。

9　前項の案の提出を受けた市町村は，基本構想を作成するに当たっては，当該案の内容が十分に反映されるよう努めるものとする。

10　（略）

11　第24条の2第7項から第9項まで及びこの条第6項から第9項までの規定は，基本構想の変更について準用する。

【協議会】

第26条　基本構想を作成しようとする市町村は，基本構想の作成に関する協議及び基本構想の実施（実施の状況についての調査，分析及び評価を含む。）に係る連絡調整を行うための協議会（以下この条において「協議会」という。）を組織することができる。

2〜6　（略）

【基本構想の作成等の提案】

第27条　次に掲げる者は，市町村に対して，基本構想の作成又は変更をすることを提案することができる。この場合においては，基本方針に即して，当該提案に係る基本構想の素案を作成して，これを提示しなければならない。

一　施設設置管理者，公安委員会その他基本構想に定めようとする特定事業その他の事業を実施しようとする者

二　高齢者，障害者等その他の生活関連施設又は生活関連経路を構成する一般交通用施設の利用に関し利害関係を有する者

2　前項の規定による提案を受けた市町村は，当該提案に基づき基本構想の作成又は変更をするか否かについて，遅滞なく，当該提案をした者に通知しなければならない。この場合において，基本構想の作成又は変更をしないこととするときは，その理由を明らかにしなければならない。

【建築物特定事業の実施】

第35条　第25条第1項の規定により基本構想が作成されたときは，関係する建築主等は，単独で又は共同して，当該基本構想に即して建築物特定事業を実施するための計画（以下この条において「建築物特定事業計画」という。）を作成し，これに基づき，当該建築物特定事業を実施するものとする。

2　建築物特定事業計画においては，実施しようとする建築物特定事業について次に掲げる事項を定めるものとする。

一　建築物特定事業を実施する特定建築物

二　建築物特定事業の内容

三　建築物特定事業の実施予定期間並びにその実施に必要な資金の額及びその調達方法

四　その他建築物特定事業の実施に際し配慮すべき重要事項

3　建築主等は，建築物特定事業計画を定めようとするときは，あらかじめ，関係する市町村及び施設設置管理者の意見を聴かなければならない。

4　建築主等は，建築物特定事業計画を定めたときは，遅滞なく，これを関係する市町村及び施設設置管理者に送付しなければならない。

5　前2項の規定は，建築物特定事業計画の変更について準用する。

【基本構想に基づく事業の実施に係る命令等】

第38条 市町村は，第28条第1項の公共交通特定事業，第33条第1項の路外駐車場特定事業，第34条第1項の都市公園特定事業（公園管理者が実施すべきものを除く。）又は第35条第1項の建築物特定事業若しくは第36条の2第1項の教育啓発特定事業（いずれも国又は地方公共団体が実施すべきものを除く。）（以下この条において「公共交通特定事業等」と総称する。）が実施されていないと認めるときは，当該公共交通特定事業等を実施すべき者に対し，その実施を要請することができる。

2　市町村は，前項の規定による要請を受けた者が当該要請に応じないときは，その旨を主務大臣等（公共交通特定事業又は教育啓発特定事業にあっては主務大臣，路外駐車場特定事業にあっては知事等，都市公園特定事業にあっては公園管理者，建築物特定事業にあっては所管行政庁。以下この条において同じ。）に通知することができる。

3　主務大臣等は，前項の規定による通知があった場合において，第1項の規定による要請を受けた者が正当な理由がなくて公共交通特定事業等を実施していないと認めるときは，当該要請を受けた者に対し，当該公共交通特定事業等を実施すべきことを勧告することができる。

4　主務大臣等は，前項の規定による勧告を受けた者が正当な理由がなくてその勧告に係る措置を講じない場合において，当該勧告を受けた者の事業について移動等円滑化を阻害している事実があると認めるときは，第9条第3項，第12条第3項及び第15条第1項の規定により違反を是正するために必要な措置をとるべきことを命ずることができる場合を除くほか，当該勧告を受けた者に対し，移動等円滑化のために必要な措置をとるべきことを命ずることができる。

【土地区画整理事業の換地計画において定める保留地の特例】

第39条 基本構想において定められた土地区画整理事業であって土地区画整理法第3条第4項，第3条の2又は第3条の3の規定により施行するものの換地計画（基本構想において定められた重点整備地区の区域内の宅地について定められたものに限る。）においては，重点整備地区の区域内の住民その他の者の共同の福祉又は利便のために必要な生活関連施設又は一般交通用施設で国，地方公共団体，公共交通事業者等その他**政令**で定める者が設置するもの（同法第2条第5項に規定する公共施設を除き，基本構想において第25条第2項第四号に掲げる事項として土地区画整理事業の実施に関しその整備を考慮すべきものと定められたものに限る。）の用に供するため，一定の土地を換地として定めないで，その土地を保留地として定めることができる。この場合においては，当該保留地の地積について，当該土地区画整理事業を施行する土地の区域内の宅地について所有権，地上権，永小作権，賃借権その他の宅地を使用し，又は収益することができる権利を有する全ての者の同意を得なければならない。

◆**政令**［保留地において生活関連施設等を設置する者］令第29条→p1008

2～5　（略）

【移動等円滑化経路協定の締結等】

第41条　移動等円滑化促進地区内又は重点整備地区内の一団の土地の所有者及び建築物その他の工作物の所有を目的とする借地権その他の当該土地を使用する権利（臨時設備その他一時使用のため設定されたことが明らかなものを除く。以下「借地権等」という。）を有する者（土地区画整理法第98条第1項（大都市地域における住宅及び住宅地の供給の促進に関する特別措置法（昭和50年法律第67号。第45条第2項において「大都市住宅等供給法」という。）第83条において準用する場合を含む。以下同じ。）の規定により仮換地として指定された土地にあっては，当該土地に対応する従前の土地の所有者及び借地権等を有する者。以下「土地所有者等」と総称する。）は，その全員の合意により，当該土地の区域における移動等円滑化のための経路の整備又は管理に関する協定（以下「移動等円滑化経路協定」という。）を締結することができる。ただし，当該土地（土地区画整理法第98条第1項の規定により仮換地として指定された土地にあっては，当該土地に対応する従前の土地）の区域内に借地権等の目的となっている土地がある場合（当該借地権等が地下又は空間について上下の範囲を定めて設定されたもので，当該土地の所有者が当該土地を使用している場合を除く。）においては，当該借地権等の目的となっている土地の所有者の合意を要しない。

2　移動等円滑化経路協定においては，次に掲げる事項を定めるものとする。

一　移動等円滑化経路協定の目的となる土地の区域（以下「移動等円滑化経路協定区域」という。）及び経路の位置

二　次に掲げる移動等円滑化のための経路の整備又は管理に関する事項のうち，必要なもの

イ　前号の経路における移動等円滑化に関する基準

ロ　前号の経路を構成する施設（エレベーター，エスカレーターその他の移動等円滑化のために必要な設備を含む。）の整備又は管理に関する事項

ハ　その他移動等円滑化のための経路の整備又は管理に関する事項

三　移動等円滑化経路協定の有効期間

四　移動等円滑化経路協定に違反した場合の措置

3　移動等円滑化経路協定は，市町村長の認可を受けなければならない。

【認可の申請に係る移動等円滑化経路協定の縦覧等】

第42条　市町村長は，前条第3項の認可の申請があったときは，**主務省令**で定めるところにより，その旨を公告し，当該移動等円滑化経路協定を公告の日から2週間関係人の縦覧に供さなければならない。

◆主務省令［移動等円滑化経路協定の認可等の申請の公告］規則第20条→p1013

2　前項の規定による公告があったときは，関係人は，同項の縦覧期間満了の日までに，当該移動等円滑化経路協定について，市町村長に意見書を提出することができる。

【移動等円滑化経路協定の認可】

第43条　市町村長は，第41条第3項の認可の申請が次の各号のいずれにも該当すると

きは，同項の認可をしなければならない。

一　申請手続が法令に違反しないこと。

二　土地又は建築物その他の工作物の利用を不当に制限するものでないこと。

三　第41条第2項各号に掲げる事項について**主務省令**で定める基準に適合するものであること。

◆主務省令［移動等円滑化経路協定の認可の基準］規則第21条→p1013

2　市町村長は，第41条第3項の認可をしたときは，主務省令で定めるところにより，その旨を公告し，かつ，当該移動等円滑化経路協定を当該市町村の事務所に備えて公衆の縦覧に供するとともに，移動等円滑化経路協定区域である旨を当該移動等円滑化経路協定区域内に明示しなければならない。

【移動等円滑化経路協定の変更】

第44条　移動等円滑化経路協定区域内における土地所有者等（当該移動等円滑化経路協定の効力が及ばない者を除く。）は，移動等円滑化経路協定において定めた事項を変更しようとする場合においては，その全員の合意をもってその旨を定め，市町村長の認可を受けなければならない。

2　前2条の規定は，前項の変更の認可について準用する。

【移動等円滑化経路協定区域からの除外】

第45条　移動等円滑化経路協定区域内の土地（土地区画整理法第98条第1項の規定により仮換地として指定された土地にあっては，当該土地に対応する従前の土地）で当該移動等円滑化経路協定の効力が及ばない者の所有するものの全部又は一部について借地権等が消滅した場合においては，当該借地権等の目的となっていた土地（同項の規定により仮換地として指定された土地に対応する従前の土地にあっては，当該土地についての仮換地として指定された土地）は，当該移動等円滑化経路協定区域から除外されるものとする。

2　移動等円滑化経路協定区域内の土地で土地区画整理法第98条第1項の規定により仮換地として指定されたものが，同法第86条第1項の換地計画又は大都市住宅等供給法第72条第1項の換地計画において当該土地に対応する従前の土地についての換地として定められず，かつ，土地区画整理法第91条第3項（大都市住宅等供給法第82条第1項において準用する場合を含む。）の規定により当該土地に対応する従前の土地の所有者に対してその共有持分を与えるように定められた土地としても定められなかったときは，当該土地は，土地区画整理法第103条第4項（大都市住宅等供給法第83条において準用する場合を含む。）の公告があった日が終了した時において当該移動等円滑化経路協定区域から除外されるものとする。

3　前2項の規定により移動等円滑化経路協定区域内の土地が当該移動等円滑化経路協定区域から除外された場合においては，当該借地権等を有していた者又は当該仮換地として指定されていた土地に対応する従前の土地に係る土地所有者等（当該移動等円滑化経路協定の効力が及ばない者を除く。）は，遅滞なく，その旨を市町村長に届け出なければならない。

4　第43条第2項の規定は，前項の規定による届出があった場合その他市町村長が第

1項又は第2項の規定により移動等円滑化経路協定区域内の土地が当該移動等円滑化経路協定区域から除外されたことを知った場合について準用する。

【移動等円滑化経路協定の効力】

第46条　第43条第2項（第44条第2項において準用する場合を含む。）の規定による認可の公告のあった移動等円滑化経路協定は，その公告のあった後において当該移動等円滑化経路協定区域内の土地所有者等となった者（当該移動等円滑化経路協定について第41条第1項又は第44条第1項の規定による合意をしなかった者の有する土地の所有権を承継した者を除く。）に対しても，その効力があるものとする。

【移動等円滑化経路協定の認可の公告のあった後移動等円滑化経路協定に加わる手続等】

第47条　移動等円滑化経路協定区域内の土地の所有者（土地区画整理法第98条第1項の規定により仮換地として指定された土地にあっては，当該土地に対応する従前の土地の所有者）で当該移動等円滑化経路協定の効力が及ばないものは，第43条第2項（第44条第2項において準用する場合を含む。）の規定による認可の公告があった後いつでも，市町村長に対して書面でその意思を表示することによって，当該移動等円滑化経路協定に加わることができる。

2　第43条第2項の規定は，前項の規定による意思の表示があった場合について準用する。

3　移動等円滑化経路協定は，第1項の規定により当該移動等円滑化経路協定に加わった者がその時において所有し，又は借地権等を有していた当該移動等円滑化経路協定区域内の土地（土地区画整理法第98条第1項の規定により仮換地として指定された土地にあっては，当該土地に対応する従前の土地）について，前項において準用する第43条第2項の規定による公告のあった後において土地所有者等となった者（前条の規定の適用がある者を除く。）に対しても，その効力があるものとする。

【移動等円滑化経路協定の廃止】

第48条　移動等円滑化経路協定区域内の土地所有者等（当該移動等円滑化経路協定の効力が及ばない者を除く。）は，第41条第3項又は第44条第1項の認可を受けた移動等円滑化経路協定を廃止しようとする場合においては，その過半数の合意をもってその旨を定め，市町村長の認可を受けなければならない。

2　市町村長は，前項の認可をしたときは，その旨を公告しなければならない。

【土地の共有者等の取扱い】

第49条　土地又は借地権等が数人の共有に属するときは，第41条第1項，第44条第1項，第47条第1項及び前条第1項の規定の適用については，合わせて一の所有者又は借地権等を有する者とみなす。

【一の所有者による移動等円滑化経路協定の設定】

第50条　移動等円滑化促進地区内又は重点整備地区内の一団の土地で，一の所有者以外に土地所有者等が存しないものの所有者は，移動等円滑化のため必要があると認めるときは，市町村長の認可を受けて，当該土地の区域を移動等円滑化経路協定区域とする移動等円滑化経路協定を定めることができる。

2　市町村長は，前項の認可の申請が第43条第1項各号のいずれにも該当し，かつ，当該移動等円滑化経路協定が移動等円滑化のため必要であると認める場合に限り，前項の認可をするものとする。

3　第43条第2項の規定は，第1項の認可について準用する。

4　第1項の認可を受けた移動等円滑化経路協定は，認可の日から起算して3年以内において当該移動等円滑化経路協定区域内の土地に2以上の土地所有者等が存することになった時から，第43条第2項の規定による認可の公告のあった移動等円滑化経路協定と同一の効力を有する移動等円滑化経路協定となる。

【借主の地位】

第51条　移動等円滑化経路協定に定める事項が建築物その他の工作物の借主の権限に係る場合においては，その移動等円滑化経路協定については，当該建築物その他の工作物の借主を土地所有者等とみなして，この章の規定を適用する。

【報告及び立入検査】

第53条　主務大臣は，この法律の施行に必要な限度において，主務省令で定めるところにより，公共交通事業者等に対し，移動等円滑化のための事業に関し報告をさせ，又はその職員に，公共交通事業者等の事務所その他の事業場若しくは車両等に立ち入り，旅客施設，車両等若しくは帳簿，書類その他の物件を検査させ，若しくは関係者に質問させることができる。

2　知事等は，この法律の施行に必要な限度において，路外駐車場管理者等に対し，特定路外駐車場の路外駐車場移動等円滑化基準への適合に関する事項に関し報告をさせ，又はその職員に，特定路外駐車場若しくはその業務に関係のある場所に立ち入り，特定路外駐車場の施設若しくは業務に関し検査させ，若しくは関係者に質問させることができる。

3　所管行政庁は，この法律の施行に必要な限度において，**政令**で定めるところにより，建築主等に対し，特定建築物の建築物移動等円滑化基準への適合に関する事項に関し報告をさせ，又はその職員に，特定建築物若しくはその工事現場に立ち入り，特定建築物，建築設備，書類その他の物件を検査させ，若しくは関係者に質問させることができる。

◆政令［報告及び立入検査］令第31条→p1008

4　所管行政庁は，認定建築主等に対し，認定特定建築物の建築等又は維持保全の状況について報告をさせることができる。

5　所管行政庁は，認定協定建築主等に対し，第22条の2第4項の認定を受けた計画（同条第5項において準用する第18条第1項の規定による変更の認定があったときは，その変更後のもの）に係る協定建築物の建築等又は維持保全の状況について報告をさせることができる。

6　第1項から第3項までの規定により立入検査をする職員は，その身分を示す証明書を携帯し，関係者の請求があったときは，これを提示しなければならない。

7　第1項から第3項までの規定による立入検査の権限は，犯罪捜査のために認められたものと解釈してはならない。

【罰　則】

第59条　第9条第3項，第12条第3項又は第15条第1項の規定による命令に違反した者は，300万円以下の罰金に処する。

第60条　次の各号のいずれかに該当する者は，100万円以下の罰金に処する。

一　第9条第2項の規定に違反して，届出をせず，又は虚偽の届出をした者

二　第38条第4項の規定による命令に違反した者

三　第53条第1項の規定による報告をせず，若しくは虚偽の報告をし，又は同項の規定による検査を拒み，妨げ，若しくは忌避し，若しくは質問に対して陳述をせず，若しくは虚偽の陳述をした者

第61条　次の各号のいずれかに該当する者は，50万円以下の罰金に処する。

一　第9条の4の規定による提出をしなかった者

二　第9条の5の規定による報告をせず，又は虚偽の報告をした者

三　第12条第1項又は第2項の規定に違反して，届出をせず，又は虚偽の届出をした者

第62条　次の各号のいずれかに該当する者は，30万円以下の罰金に処する。

一　第20条第2項の規定に違反して，表示を付した者

二　（略）

三　第53条第3項の規定による報告をせず，若しくは虚偽の報告をし，又は同項の規定による検査を拒み，妨げ，若しくは忌避し，若しくは質問に対して陳述をせず，若しくは虚偽の陳述をした者

第63条　次の各号のいずれかに該当する者は，20万円以下の罰金に処する。

一　第53条第2項の規定による報告をせず，若しくは虚偽の報告をし，又は同項の規定による検査を拒み，妨げ，若しくは忌避し，若しくは質問に対して陳述をせず，若しくは虚偽の陳述をした者

二　第53条第4項又は第5項の規定による報告をせず，又は虚偽の報告をした者

第64条　法人の代表者又は法人若しくは人の代理人，使用人その他の従業者が，その法人又は人の業務に関し，第59条から前条までの違反行為をしたときは，行為者を罰するほか，その法人又は人に対しても各本条の刑を科する。

　　附　則　（略）

高齢者，障害者等の移動等の円滑化の促進に関する法律施行令［抄］

平成18年12月8日　政令第379号
最終改正　令和5年9月29日　政令第293号

【特定建築物】

第4条　法第2条第十八号の政令で定める建築物は，次に掲げるもの（建築基準法（昭和25年法律第201号）第3条第1項に規定する建築物及び文化財保護法（昭和25年法律第214号）第143条第1項又は第2項の伝統的建造物群保存地区内における同法第2条第1項第六号の伝統的建造物群を構成している建築物を除く。）とする。

一　学校
二　病院又は診療所
三　劇場，観覧場，映画館又は演芸場
四　集会場又は公会堂
五　展示場
六　卸売市場又は百貨店，マーケットその他の物品販売業を営む店舗
七　ホテル又は旅館
八　事務所
九　共同住宅，寄宿舎又は下宿
十　老人ホーム，保育所，福祉ホームその他これらに類するもの
十一　老人福祉センター，児童厚生施設，身体障害者福祉センターその他これらに類するもの
十二　体育館，水泳場，ボーリング場その他これらに類する運動施設又は遊技場
十三　博物館，美術館又は図書館
十四　公衆浴場
十五　飲食店又はキャバレー，料理店，ナイトクラブ，ダンスホールその他これらに類するもの
十六　理髪店，クリーニング取次店，質屋，貸衣装屋，銀行その他これらに類するサービス業を営む店舗
十七　自動車教習所又は学習塾，華道教室，囲碁教室その他これらに類するもの
十八　工場
十九　車両の停車場又は船舶若しくは航空機の発着場を構成する建築物で旅客の乗降又は待合いの用に供するもの
二十　自動車の停留又は駐車のための施設
二十一　公衆便所
二十二　公共用歩廊

【特別特定建築物】

第5条 法第2条第十九号の政令で定める特定建築物は，次に掲げるものとする。

一　小学校，中学校，義務教育学校若しくは中等教育学校（前期課程に係るものに限る。）で公立のもの（第23条及び第25条第3項第一号において「公立小学校等」という。）又は特別支援学校

二　病院又は診療所

三　劇場，観覧場，映画館又は演芸場

四　集会場又は公会堂

五　展示場

六　百貨店，マーケットその他の物品販売業を営む店舗

七　ホテル又は旅館

八　保健所，税務署その他不特定かつ多数の者が利用する官公署

九　老人ホーム，福祉ホームその他これらに類するもの（主として高齢者，障害者等が利用するものに限る。）

十　老人福祉センター，児童厚生施設，身体障害者福祉センターその他これらに類するもの

十一　体育館（一般公共の用に供されるものに限る。），水泳場（一般公共の用に供されるものに限る。）若しくはボーリング場又は遊技場

十二　博物館，美術館又は図書館

十三　公衆浴場

十四　飲食店

十五　理髪店，クリーニング取次店，質屋，貸衣装屋，銀行その他これらに類するサービス業を営む店舗

十六　車両の停車場又は船舶若しくは航空機の発着場を構成する建築物で旅客の乗降又は待合いの用に供するもの

十七　自動車の停留又は駐車のための施設（一般公共の用に供されるものに限る。）

十八　公衆便所

十九　公共用歩廊

【建築物特定施設】

第6条 法第2条第二十号の政令で定める施設は，次に掲げるものとする。

一　出入口

二　廊下その他これに類するもの（以下「廊下等」という。）

三　階段（その踊場を含む。以下同じ。）

四　傾斜路（その踊場を含む。以下同じ。）

五　エレベーターその他の昇降機

六　便所

七　ホテル又は旅館の客室

八　敷地内の通路

九　駐車場

十　その他国土交通省令で定める施設

◆国土交通省令［建築物特定施設］規則第3条→p1010

【都道府県知事が所管行政庁となる建築物】

第7条　法第2条第二十二号ただし書の政令で定める建築物のうち建築基準法第97条の2第1項の規定により建築主事を置く市町村の区域内のものは，同法第6条第1項第四号に掲げる建築物（その新築，改築，増築，移転又は用途の変更に関して，法律並びにこれに基づく命令及び条例の規定により都道府県知事の許可を必要とするものを除く。）以外の建築物とする。

2　法第2条第二十二号ただし書の政令で定める建築物のうち建築基準法第97条の3第1項の規定により建築主事を置く特別区の区域内のものは，次に掲げる建築物（第二号に掲げる建築物にあっては，地方自治法（昭和22年法律第67号）第252条の17の2第1項の規定により同号に規定する処分に関する事務を特別区が処理することとされた場合における当該建築物を除く。）とする。

一　延べ面積（建築基準法施行令（昭和25年政令第338号）第2条第1項第四号の延べ面積をいう。第26条において同じ。）が10,000m²を超える建築物

二　その新築，改築，増築，移転又は用途の変更に関して，建築基準法第51条（同法第87条第2項及び第3項において準用する場合を含み，市町村都市計画審議会が置かれている特別区にあっては，卸売市場に係る部分に限る。）の規定又は同法以外の法律若しくはこれに基づく命令若しくは条例の規定により都知事の許可を必要とする建築物

【基準適合義務の対象となる特別特定建築物の規模】

第9条　法第14条第1項の政令で定める規模は，床面積（増築若しくは改築又は用途の変更の場合にあっては，当該増築若しくは改築又は用途の変更に係る部分の床面積。次条第2項において同じ。）の合計2,000m²（第5条第十八号に掲げる公衆便所（次条第2項において「公衆便所」という。）にあっては，50m²）とする。

【建築物移動等円滑化基準】

第10条　法第14条第1項の政令で定める建築物特定施設の構造及び配置に関する基準（次項に規定する特別特定建築物に係るものを除く。）は，次条から第24条までに定めるところによる。

2　法第14条第3項の規定により地方公共団体が条例で同条第1項の建築の規模を床面積の合計500m²未満で定めた場合における床面積の合計が500m²未満の当該建築に係る特別特定建築物（公衆便所を除き，同条第3項の条例で定める特定建築物を含む。第25条において「条例対象小規模特別特定建築物」という。）についての法第14条第1項の政令で定める建築物特定施設の構造及び配置に関する基準は，第19条及び第25条に定めるところによる。

【廊下等】

第11条　不特定かつ多数の者が利用し，又は主として高齢者，障害者等が利用する廊下等は，次に掲げるものでなければならない。

一　表面は，粗面とし，又は滑りにくい材料で仕上げること。

二　階段又は傾斜路（階段に代わり，又はこれに併設するものに限る。）の上端に近接する廊下等の部分（不特定かつ多数の者が利用し，又は主として視覚障害者が利用するものに限る。）には，視覚障害者に対し段差又は傾斜の存在の警告を行うために，点状ブロック等（床面に敷設されるブロックその他これに類するものであって，点状の突起が設けられており，かつ，周囲の床面との色の明度，色相又は彩度の差が大きいことにより容易に識別できるものをいう。以下同じ。）を敷設すること。ただし，視覚障害者の利用上支障がないものとして国土交通大臣*が定める場合は，この限りでない。

●告示　平18　国交告1497号→p1029

【階　段】

第12条　不特定かつ多数の者が利用し，又は主として高齢者，障害者等が利用する階段は，次に掲げるものでなければならない。

一　踊場を除き，手すりを設けること。

二　表面は，粗面とし，又は滑りにくい材料で仕上げること。

三　踏面の端部とその周囲の部分との色の明度，色相又は彩度の差が大きいことにより段を容易に識別できるものとすること。

四　段鼻の突き出しがその他のつまずきの原因となるものを設けない構造とすること。

五　段がある部分の上端に近接する踊場の部分（不特定かつ多数の者が利用し，又は主として視覚障害者が利用するものに限る。）には，視覚障害者に対し警告を行うために，点状ブロック等を敷設すること。ただし，視覚障害者の利用上支障がないものとして国土交通大臣*が定める場合は，この限りでない。

●告示　平18　国交告1497号→p1029

六　主たる階段は，回り階段でないこと。ただし，回り階段以外の階段を設ける空間を確保することが困難であるときは，この限りでない。

【階段に代わり，又はこれに併設する傾斜路】

第13条　不特定かつ多数の者が利用し，又は主として高齢者，障害者等が利用する傾斜路（階段に代わり，又はこれに併設するものに限る。）は，次に掲げるものでなければならない。

一　勾配が1/12を超え，又は高さが16cmを超える傾斜がある部分には，手すりを設けること。

二　表面は，粗面とし，又は滑りにくい材料で仕上げること。

三　その前後の廊下等との色の明度，色相又は彩度の差が大きいことによりその存在を容易に識別できるものとすること。

四　傾斜がある部分の上端に近接する踊場の部分（不特定かつ多数の者が利用し，又は主として視覚障害者が利用するものに限る。）には，視覚障害者に対し警告を行うために，点状ブロック等を敷設すること。ただし，視覚障害者の利用上支障がないものとして国土交通大臣*が定める場合は，この限りでない。

●告示　平18　国交告1497号→p1029

【便　所】

第14条　不特定かつ多数の者が利用し，又は主として高齢者，障害者等が利用する便所を設ける場合には，そのうち1以上（男子用及び女子用の区別があるときは，それぞれ1以上）は，次に掲げるものでなければならない。

一　便所内に，車椅子を使用している者（以下「車椅子使用者」という。）が円滑に利用することができるものとして国土交通大臣*が定める構造の便房（以下「車椅子使用者用便房」という。）を1以上設けること。

●告示　平18　国交告1496号→p1029

二　便所内に，高齢者，障害者等が円滑に利用することができる構造の水洗器具を設けた便房を1以上設けること。

2　不特定かつ多数の者が利用し，又は主として高齢者，障害者等が利用する男子用小便器のある便所を設ける場合には，そのうち1以上に，床置式の小便器，壁掛式の小便器（受け口の高さが35cm以下のものに限る。）その他これらに類する小便器を1以上設けなければならない。

【ホテル又は旅館の客室】

第15条　ホテル又は旅館には，客室の総数が50以上の場合は，車椅子使用者が円滑に利用できる客室（以下「車椅子使用者用客室」という。）を客室の総数に1/100を乗じて得た数（その数に1未満の端数があるときは，その端数を切り上げた数）以上設けなければならない。

2　車椅子使用者用客室は，次に掲げるものでなければならない。

一　便所は，次に掲げるものであること。ただし，当該客室が設けられている階に不特定かつ多数の者が利用する便所（車椅子使用者用便房が設けられたものに限る。）が1以上（男子用及び女子用の区別があるときは，それぞれ1以上）設けられている場合は，この限りでない。

イ　便所内に車椅子使用者用便房を設けること。

ロ　車椅子使用者用便房及び当該便房が設けられている便所の出入口は，次に掲げるものであること。

⑴　幅は，80cm以上とすること。

⑵　戸を設ける場合には，自動的に開閉する構造その他の車椅子使用者が容易に開閉して通過できる構造とし，かつ，その前後に高低差がないこと。

二　浴室又はシャワー室（以下この号において「浴室等」という。）は，次に掲げるものであること。ただし，当該客室が設けられている建築物に不特定かつ多数の者が利用する浴室等（次に掲げるものに限る。）が1以上（男子用及び女子用の区別があるときは，それぞれ1以上）設けられている場合は，この限りでない。

イ　車椅子使用者が円滑に利用することができるものとして国土交通大臣*が定める構造であること。

●告示　平18　国交告1495号→p1028

ロ　出入口は，前号ロに掲げるものであること。

【敷地内の通路】

第16条 不特定かつ多数の者が利用し，又は主として高齢者，障害者等が利用する敷地内の通路は，次に掲げるものでなければならない。

一 表面は，粗面とし，又は滑りにくい材料で仕上げること。

二 段がある部分は，次に掲げるものであること。

イ 手すりを設けること。

ロ 踏面の端部とその周囲の部分との色の明度，色相又は彩度の差が大きいことにより段を容易に識別できるものとすること。

ハ 段鼻の突き出しその他のつまずきの原因となるものを設けない構造とすること。

三 傾斜路は，次に掲げるものであること。

イ 勾配が1/12を超え，又は高さが16cmを超え，かつ，勾配が1/20を超える傾斜がある部分には，手すりを設けること。

ロ その前後の通路との色の明度，色相又は彩度の差が大きいことによりその存在を容易に識別できるものとすること。

【駐車場】

第17条 不特定かつ多数の者が利用し，又は主として高齢者，障害者等が利用する駐車場を設ける場合には，そのうち1以上に，車椅子使用者が円滑に利用することができる駐車施設（以下「車椅子使用者用駐車施設」という。）を1以上設けなければならない。

2 車椅子使用者用駐車施設は，次に掲げるものでなければならない。

一 幅は，350cm以上とすること。

二 次条第1項第三号に定める経路の長さができるだけ短くなる位置に設けること。

【移動等円滑化経路】

第18条 次に掲げる場合には，それぞれ当該各号に定める経路のうち1以上（第四号に掲げる場合にあっては，その全て）を，高齢者，障害者等が円滑に利用できる経路（以下この条及び第25条第1項において「移動等円滑化経路」という。）にしなければならない。

一 建築物に，不特定かつ多数の者が利用し，又は主として高齢者，障害者等が利用する居室（以下「利用居室」という。）を設ける場合　道又は公園，広場その他の空地（以下「道等」という。）から当該利用居室までの経路（直接地上へ通ずる出入口のある階（以下この条において「地上階」という。）又はその直上階若しくは直下階のみに利用居室を設ける場合にあっては，当該地上階とその直上階又は直下階との間の上下の移動に係る部分を除く。）

二 建築物又はその敷地に車椅子使用者用便房（車椅子使用者用客室に設けられるものを除く。以下同じ。）を設ける場合　利用居室（当該建築物に利用居室が設けられていないときは，道等。次号において同じ。）から当該車椅子使用者用便房までの経路

　三　建築物又はその敷地に車椅子使用者用駐車施設を設ける場合　　当該車椅子使用者用駐車施設から利用居室までの経路

　四　建築物が公共用歩廊である場合　　その一方の側の道等から当該公共用歩廊を通過し，その他方の側の道等までの経路（当該公共用歩廊又はその敷地にある部分に限る。）

2　移動等円滑化経路は，次に掲げるものでなければならない。

　一　当該移動等円滑化経路上に階段又は段を設けないこと。ただし，傾斜路又はエレベーターその他の昇降機を併設する場合は，この限りでない。

　二　当該移動等円滑化経路を構成する出入口は，次に掲げるものであること。

　　イ　幅は，80cm 以上とすること。

　　ロ　戸を設ける場合には，自動的に開閉する構造その他の車椅子使用者が容易に開閉して通過できる構造とし，かつ，その前後に高低差がないこと。

　三　当該移動等円滑化経路を構成する廊下等は，第11条の規定によるほか，次に掲げるものであること。

　　イ　幅は，120cm 以上とすること。

　　ロ　50m 以内ごとに車椅子の転回に支障がない場所を設けること。

　　ハ　戸を設ける場合には，自動的に開閉する構造その他の車椅子使用者が容易に開閉して通過できる構造とし，かつ，その前後に高低差がないこと。

　四　当該移動等円滑化経路を構成する傾斜路（階段に代わり，又はこれに併設するものに限る。）は，第13条の規定によるほか，次に掲げるものであること。

　　イ　幅は，階段に代わるものにあっては120cm 以上，階段に併設するものにあっては90cm 以上とすること。

　　ロ　勾配は，1 /12を超えないこと。ただし，高さが16cm 以下のものにあっては，1 / 8 を超えないこと。

　　ハ　高さが75cm を超えるものにあっては，高さ75cm 以内ごとに踏幅が150cm 以上の踊場を設けること。

　五　当該移動等円滑化経路を構成するエレベーター（次号に規定するものを除く。以下この号において同じ。）及びその乗降ロビーは，次に掲げるものであること。

　　イ　籠（人を乗せ昇降する部分をいう。以下この号において同じ。）は，利用居室，車椅子使用者用便房又は車椅子使用者用駐車施設がある階及び地上階に停止すること。

　　ロ　籠及び昇降路の出入口の幅は，80cm 以上とすること。

　　ハ　籠の奥行きは，135cm 以上とすること。

　　ニ　乗降ロビーは，高低差がないものとし，その幅及び奥行きは，150cm 以上とすること。

　　ホ　籠内及び乗降ロビーには，車椅子使用者が利用しやすい位置に制御装置を設けること。

　　ヘ　籠内に，籠が停止する予定の階及び籠の現在位置を表示する装置を設けること。

ト　乗降ロビーに，到着する籠の昇降方向を表示する装置を設けること。

チ　不特定かつ多数の者が利用する建築物（床面積の合計が2,000m²以上の建築物に限る。）の移動等円滑化経路を構成するエレベーターにあっては，イからハまで，ホ及びへに定めるもののほか，次に掲げるものであること。

　⑴　籠の幅は，140cm 以上とすること。

　⑵　籠は，車椅子の転回に支障がない構造とすること。

リ　不特定かつ多数の者が利用し，又は主として視覚障害者が利用するエレベーター及び乗降ロビーにあっては，イからチまでに定めるもののほか，次に掲げるものであること。ただし，視覚障害者の利用上支障がないものとして国土交通大臣*が定める場合は，この限りでない。

●告示　平18　国交告1494号→p1028

　⑴　籠内に，籠が到着する階並びに籠及び昇降路の出入口の戸の閉鎖を音声により知らせる装置を設けること。

　⑵　籠内及び乗降ロビーに設ける制御装置（車椅子使用者が利用しやすい位置及びその他の位置に制御装置を設ける場合にあっては，当該その他の位置に設けるものに限る。）は，点字その他国土交通大臣が定める方法により視覚障害者が円滑に操作することができる構造とすること。

　⑶　籠内又は乗降ロビーに，到着する籠の昇降方向を音声により知らせる装置を設けること。

六　当該移動等円滑化経路を構成する国土交通大臣*が定める特殊な構造又は使用形態のエレベーターその他の昇降機は，車椅子使用者が円滑に利用することができるものとして国土交通大臣*が定める構造とすること。

●告示　平18　国交告1492号→p1027

七　当該移動等円滑化経路を構成する敷地内の通路は，第16条の規定によるほか，次に掲げるものであること。

イ　幅は，120cm 以上とすること。

ロ　50m 以内ごとに車椅子の転回に支障がない場所を設けること。

ハ　戸を設ける場合には，自動的に開閉する構造その他の車椅子使用者が容易に開閉して通過できる構造とし，かつ，その前後に高低差がないこと。

ニ　傾斜路は，次に掲げるものであること。

　⑴　幅は，段に代わるものにあっては120cm 以上，段に併設するものにあっては90cm 以上とすること。

　⑵　勾配は，1/12を超えないこと。ただし，高さが16cm 以下のものにあっては，1/8 を超えないこと。

　⑶　高さが75cm を超えるもの（勾配が1/20を超えるものに限る。）にあっては，高さ75cm 以内ごとに踏幅が150cm 以上の踊場を設けること。

3　第1項第一号に定める経路を構成する敷地内の通路が地形の特殊性により前項第七号の規定によることが困難である場合における前2項の規定の適用については，第1項第一号中「道又は公園，広場その他の空地（以下「道等」という。）」とある

のは，「当該建築物の車寄せ」とする。

【標　識】

第19条　移動等円滑化の措置がとられたエレベーターその他の昇降機，便所又は駐車施設の付近には，国土交通省令で定めるところにより，それぞれ，当該エレベーターその他の昇降機，便所又は駐車施設があることを表示する標識を設けなければならない。

【案内設備】

第20条　建築物又はその敷地には，当該建築物又はその敷地内の移動等円滑化の措置がとられたエレベーターその他の昇降機，便所又は駐車施設の配置を表示した案内板その他の設備を設けなければならない。ただし，当該エレベーターその他の昇降機，便所又は駐車施設の配置を容易に視認できる場合は，この限りでない。

2　建築物又はその敷地には，当該建築物又はその敷地内の移動等円滑化の措置がとられたエレベーターその他の昇降機又は便所の配置を点字その他国土交通大臣が定める方法により視覚障害者に示すための設備を設けなければならない。

3　案内所を設ける場合には，前2項の規定は適用しない。

【案内設備までの経路】

第21条　道等から前条第2項の規定による設備又は同条第3項の規定による案内所までの経路（不特定かつ多数の者が利用し，又は主として視覚障害者が利用するものに限る。）は，そのうち1以上を，視覚障害者が円滑に利用できる経路（以下この条において「視覚障害者移動等円滑化経路」という。）にしなければならない。ただし，視覚障害者の利用上支障がないものとして国土交通大臣*が定める場合は，この限りでない。

●告示　平18　国交告1497号→p1029

2　視覚障害者移動等円滑化経路は，次に掲げるものでなければならない。

一　当該視覚障害者移動等円滑化経路に，視覚障害者の誘導を行うために，線状ブロック等（床面に敷設されるブロックその他これに類するものであって，線状の突起が設けられており，かつ，周囲の床面との色の明度，色相又は彩度の差が大きいことにより容易に識別できるものをいう。）及び点状ブロック等を適切に組み合わせて敷設し，又は音声その他の方法により視覚障害者を誘導する設備を設けること。ただし，進行方向を変更する必要がない風除室内においては，この限りでない。

二　当該視覚障害者移動等円滑化経路を構成する敷地内の通路の次に掲げる部分には，視覚障害者に対し警告を行うために，点状ブロック等を敷設すること。

イ　車路に近接する部分

ロ　段がある部分又は傾斜がある部分の上端に近接する部分（視覚障害者の利用上支障がないものとして国土交通大臣*が定める部分を除く。）

●告示　平18　国交告1497号→p1029

【増築等に関する適用範囲】

第22条　建築物の増築又は改築（用途の変更をして特別特定建築物にすることを含

む。第一号において「増築等」という。）をする場合には，第11条から前条までの規定は，次に掲げる建築物の部分に限り，適用する。

一　当該増築等に係る部分

二　道等から前号に掲げる部分にある利用居室までの１以上の経路を構成する出入口，廊下等，階段，傾斜路，エレベーターその他の昇降機及び敷地内の通路

三　不特定かつ多数の者が利用し，又は主として高齢者，障害者等が利用する便所

四　第一号に掲げる部分にある利用居室（当該部分に利用居室が設けられていないときは，道等）から車椅子使用者用便房（前号に掲げる便所に設けられるものに限る。）までの１以上の経路を構成する出入口，廊下等，階段，傾斜路，エレベーターその他の昇降機及び敷地内の通路

五　不特定かつ多数の者が利用し，又は主として高齢者，障害者等が利用する駐車場

六　車椅子使用者用駐車施設（前号に掲げる駐車場に設けられるものに限る。）から第一号に掲げる部分にある利用居室（当該部分に利用居室が設けられていないときは，道等）までの１以上の経路を構成する出入口，廊下等，階段，傾斜路，エレベーターその他の昇降機及び敷地内の通路

【公立小学校等に関する読替え】

第23条　公立小学校等についての第11条から第14条まで，第16条，第17条第１項，第18条第１項及び前条の規定（次条において「読替え対象規定」という。）の適用については，これらの規定中「不特定かつ多数の者が利用し，又は主として高齢者，障害者等が利用する」とあるのは「多数の者が利用する」と，前条中「特別特定建築物」とあるのは「第５条第一号に規定する公立小学校等」とする。

【条例で定める特定建築物に関する読替え】

第24条　法第14条第３項の規定により特別特定建築物に条例で定める特定建築物を追加した場合における読替え対象規定の適用については，読替え対象規定中「不特定かつ多数の者が利用し，又は主として高齢者，障害者等が利用する」とあるのは「多数の者が利用する」と，第22条中「特別特定建築物」とあるのは「法第14条第３項の条例で定める特定建築物」とする。

【条例対象小規模特別特定建築物の建築物移動等円滑化基準】

第25条　条例対象小規模特別特定建築物の移動等円滑化経路については，第18条の規定を準用する。この場合において，同条第１項中「次に」とあるのは「第一号又は第四号に」と，同条第２項第三号中「第11条の規定によるほか，」とあるのは「第11条各号及び」と，同項イ及び第七号イ中「120cm」とあり，同項第四号イ中「階段に代わるものにあっては120cm 以上，階段に併設するものにあっては90cm」とあり，並びに同項第七号ニ(1)中「段に代わるものにあっては120cm 以上，段に併設するものにあっては90cm」とあるのは「90cm」と，同項第四号中「第13条の規定によるほか，」とあるのは「第13条各号及び」と，同項第七号中「第16条の規定によるほか，」とあるのは「第16条各号及び」と読み替えるものとする。

2　建築物の増築又は改築（用途の変更をして条例対象小規模特別特定建築物にすることを含む。以下この項において「増築等」という。）をする場合には，第19条及

び前項の規定は，当該増築等に係る部分（当該部分に道等に接する出入口がある場合に限る。）に限り，適用する。

3　条例対象小規模特別特定建築物のうち次に掲げるものについての第1項において読み替えて準用する第18条の規定の適用については，同条第1項第一号中「不特定かつ多数の者が利用し，又は主として高齢者，障害者等が利用する」とあるのは，「多数の者が利用する」とする。

一　公立小学校等
二　法第14条第3項の条例で定める特定建築物

【認定特定建築物等の容積率の特例】

第26条　法第19条（法第22条の2第5項において準用する場合を含む。）の政令で定める床面積は，認定特定建築物又は認定協定建築物の延べ面積の1/10を限度として，当該認定特定建築物の建築物特定施設又は当該認定協定建築物の協定建築物特定施設の床面積のうち，通常の建築物の建築物特定施設の床面積を超えることとなるものとして国土交通大臣*が定めるものとする。

●告示→　平18　国交告1490号→p1025

【保留地において生活関連施設等を設置する者】

第29条　法第39条第1項の政令で定める者は，国（国の全額出資に係る法人を含む。）又は地方公共団体が資本金，基本金その他これらに準ずるものの1/2以上を出資している法人とする。

【報告及び立入検査】

第31条　所管行政庁は，法第53条第3項の規定により，同条第1項の政令で定める規模（同条第3項の条例で別に定める規模があるときは，当該別に定める規模。以下この項において同じ。）以上の特別特定建築物（同条第3項の条例で定める特定建築物を含む。以下この項において同じ。）の建築（用途の変更をして特別特定建築物にすることを含む。）若しくは維持保全をする建築主等に対し，当該特別特定建築物につき，当該特別特定建築物の建築物移動等円滑化基準（同条第3項の条例で付加した事項を含む。次項において同じ。）への適合に関する事項に関し報告をさせ，又はその職員に，同条第1項の政令で定める規模以上の特別特定建築物若しくはその工事現場に立ち入り，当該特別特定建築物の建築物特定施設及びこれに使用する建築材料並びに設計図書その他の関係書類を検査させ，若しくは関係者に質問させることができる。

2　所管行政庁は，法第53条第3項の規定により，法第35条第1項の規定に基づき建築物特定事業を実施すべき建築主等に対し，当該建築物特定事業が実施されるべき特定建築物につき，当該特定建築物の建築物移動等円滑化基準への適合に関する事項に関し報告をさせ，又はその職員に，当該特定建築物若しくはその工事現場に立ち入り，当該特定建築物の建築物特定施設及びこれに使用する建築材料並びに設計図書その他の関係書類を検査させ，若しくは関係者に質問させることができる。

　　　附　則　（略）

高齢者，障害者等の移動等の円滑化の促進に関する法律施行規則［抄］

平成18年12月15日　国土交通省令第110号
最終改正　令和4年3月31日　国土交通省令第30号

【法第2条第四号の主務省令で定める施設又は設備】

第1条　高齢者，障害者等の移動等の円滑化の促進に関する法律（以下「法」という。）第2条第四号の主務省令で定める施設又は設備は，次のとおりとする。

一　次に掲げる便所又は便房であって，移動等円滑化の措置がとられたもの

イ　車椅子使用者が円滑に利用することができる構造の便所又は便房

ロ　高齢者，障害者等が円滑に利用することができる構造の水洗器具を設けた便所又は便房

二　次に掲げる駐車施設又は停車施設であって，移動等円滑化の措置がとられたもの

イ　車椅子使用者が円滑に利用することができる駐車施設

ロ　車椅子使用者が円滑に利用することができる停車施設

三　次に掲げるエレベーター

イ　移動等円滑化された経路（移動等円滑化のために必要な旅客施設又は車両等の構造及び設備並びに旅客施設及び車両等を使用した役務の提供の方法に関する基準を定める省令（平成18年国土交通省令第111号。以下「公共交通移動等円滑化基準省令」という。）第4条第1項に規定する移動等円滑化された経路をいう。以下同じ。）又は乗継ぎ経路（同条第11項に規定する乗継ぎ経路をいう。）を構成するエレベーター

ロ　移動等円滑化された通路（移動等円滑化のために必要な道路の構造及び旅客特定車両停留施設を使用した役務の提供の方法に関する基準を定める省令（平成18年国土交通省令第116号。ハにおいて「道路移動等円滑化基準省令」という。）第33条第2項に規定する移動等円滑化された通路をいう。）に設けられるエレベーター

ハ　旅客施設又は旅客特定車両停留施設に隣接しており，かつ，旅客施設又は旅客特定車両停留施設と一体的に利用される他の施設のエレベーター（公共交通移動等円滑化基準省令第4条第3項前段又は道路移動等円滑化基準省令第33条第3項前段の規定が適用される場合に限る。）

四　次に掲げる車椅子スペース（公共交通移動等円滑化基準省令第2条第1項第五号に規定する車椅子スペースをいう。以下この号において同じ。）

イ　鉄道車両（公共交通移動等円滑化基準省令第2条第1項第十一号に規定する鉄道車両をいう。以下同じ。）又は軌道車両（同項第十二号に規定する軌道車

　　両をいう。以下同じ。）の客室に設けられた車椅子スペース

　ロ　乗合バス車両（公共交通移動等円滑化基準省令第2条第1項第十三号に規定
　　する乗合バス車両をいう。以下同じ。）又は貸切バス車両（同項第十三号の二
　　に規定する貸切バス車両をいう。以下同じ。）に設けられた車椅子スペース

　ハ　船舶（公共交通移動等円滑化基準省令第2条第1項第十五号に規定する船舶
　　をいう。以下同じ。）に設けられた車椅子スペース

　五　次に掲げる優先席（主として高齢者，障害者等の優先的な利用のために設けら
　　れる座席をいう。以下この号において同じ。）又は基準適合客席（公共交通移動
　　等円滑化基準省令第51条第1項に規定する基準適合客席をいう。ニにおいて同
　　じ。）

　イ　旅客施設又は旅客特定車両停留施設の高齢者，障害者等の休憩の用に供する
　　設備に設けられた優先席

　ロ　鉄道車両又は軌道車両の客室に設けられた優先席

　ハ　乗合バス車両に設けられた優先席

　ニ　船舶に設けられた基準適合客席

【建築物特定施設】

第3条　令第6条第十号の国土交通省令で定める施設は，次に掲げるものとする。

　一　劇場，観覧場，映画館，演芸場，集会場又は公会堂（以下「劇場等」という。）
　　の客席

　二　浴室又はシャワー室（以下「浴室等」という。）

【特定建築物の建築等及び維持保全の計画の認定の申請】

第8条　法第17条第1項の規定により認定の申請をしようとする者は，第3号様式に
　よる申請書の正本及び副本に，それぞれ次の表に掲げる図書を添えて，これらを所
　管行政庁に提出するものとする。

図書の種類	明示すべき事項
付近見取図	方位，道路及び目標となる地物
配置図	縮尺，方位，敷地の境界線，土地の高低，敷地の接する道等の位置，特定建築物及びその出入口の位置，特殊な構造又は使用形態のエレベーターその他の昇降機の位置，敷地内の通路の位置及び幅（当該通路が段又は傾斜路若しくはその踊場を有する場合にあっては，それらの位置及び幅を含む。），敷地内の通路に設けられる手すり並びに令第11条第二号に規定する点状ブロック等（以下単に「点状ブロック等」という。）及び令第21条第2項第一号に規定する線状ブロック等（以下単に「線状ブロック等」という。）の位置，敷地内の車路及び車寄せの位置，駐車場の位置，車椅子使用者用駐車施設の位置及び幅並びに案内設備の位置

各階平面図		縮尺，方位，間取，各室の用途，床の高低，特定建築物の出入口及び各室の出入口の位置及び幅，出入口に設けられる戸の開閉の方法，廊下等の位置及び幅，廊下等に設けられる点状ブロック等及び線状ブロック等，高齢者，障害者等の休憩の用に供する設備並びに突出物の位置，階段の位置，幅及び形状（当該階段が踊場を有する場合にあっては，踊場の位置及び幅を含む。），階段に設けられる手すり及び点状ブロック等の位置，傾斜路の位置及び幅（当該傾斜路が踊場を有する場合にあっては，踊場の位置及び幅を含む。），傾斜路に設けられる手すり及び点状ブロック等の位置，エレベーターその他の昇降機の位置，車椅子使用者用便房のある便所，令第14条第１項第二号に規定する便房のある便所，腰掛便座及び手すりの設けられた便房（車椅子使用者用便房を除く。以下この条において同じ。）のある便所，床置式の小便器，壁掛式の小便器（受け口の高さが35cm 以下のものに限る。）その他これらに類する小便器のある便所及びにこれら以外の便所の位置，車椅子使用者用客室の位置，駐車場の位置，車椅子使用者用駐車施設の位置及び幅，劇場等の客席の位置，車椅子使用者用客席（高齢者，障害者等が円滑に利用できるようにするために誘導すべき建築物特定施設の構造及び配置に関する基準を定める省令（平成18年国土交通省令第114号）第12条の２第１項に規定する車椅子使用者用客席をいう。以下この条において同じ。）の位置，幅及び奥行き，車椅子使用者用客席に隣接して設けられる同伴者用の客席又はスペースの位置，車椅子使用者用浴室等（同令第13条第一号に規定する車椅子使用者用浴室等をいう。以下この条において同じ。）の位置並びに案内設備の位置
縦断面図	階段又は段	縮尺並びに蹴上げ及び踏面の構造及び寸法
	傾斜路	縮尺，高さ，長さ及び踊場の踏幅
	客席	車椅子使用者用客席から舞台等まで引いた可視線
構造詳細図	エレベーターその他の昇降機	縮尺並びにかご（人を乗せ昇降する部分をいう。以下同じ。），昇降路及び乗降ロビーの構造（かご内に設けられるかごの停止する予定の階を表示する装置，かごの現在位置を表示する装置及び乗降ロビーに設けられる到着するかごの昇降方向を表示する装置の位置並びにかご内及び乗降ロビーに設けられる制御装置の位置及び構造を含む。）
	便所	縮尺，車椅子使用者用便房のある便所の構造，車椅子使用者用便房，令第14条第１項第二号に規定する便房並びに腰掛便座及び手すりの設けられた便房の構造並びに床置式の小便器，壁掛式の小便器（受け口の高さが35cm 以下のものに限る。）その他これらに類する小便器の構造

	浴室等	縮尺及び車椅子使用者用浴室等の構造

【特定建築物の建築等及び維持保全の計画の記載事項】

第9条 法第17条第2項第五号の主務省令で定める事項は，特定建築物の建築等の事業の実施時期とする。

【認定通知書の様式】

第10条 所管行政庁は，法第17条第3項の認定をしたときは，速やかに，その旨を申請者に通知するものとする。

2 前項の通知は，第4号様式による通知書に第8条の申請書の副本（法第17条第7項の規定により適合通知を受けて同条第3項の認定をした場合にあっては，第8条の申請書の副本及び当該適合通知に添えられた建築基準法施行規則（昭和25年建設省令第40号）第1条の3第1項の申請書の副本）及びその添付図書を添えて行うものとする。

【法第18条第1項の主務省令で定める軽微な変更】

第11条 法第18条第1項の主務省令で定める軽微な変更は，特定建築物の建築等の事業の実施時期の変更のうち，事業の着手又は完了の予定年月日の3月以内の変更とする。

【表示等】

第12条 法第20条第1項の主務省令で定めるものは，次のとおりとする。

一 広告

二 契約に係る書類

三 その他国土交通大臣が定めるもの

2 法第20条第1項の規定による表示は，第5号様式により行うものとする。

【法第23条第1項第一号の主務省令で定める安全上及び防火上の基準】

第13条 法第23条第1項第一号の主務省令で定める安全上及び防火上の基準は，次のとおりとする。

一 専ら車椅子使用者の利用に供するエレベーターの設置に係る特定建築物の壁，柱，床及びはりは，当該エレベーターの設置後において構造耐力上安全な構造であること。

二 当該エレベーターの昇降路は，出入口の戸が自動的に閉鎖する構造のものであり，かつ，壁，柱及びはり（当該特定建築物の主要構造部に該当する部分に限る。）が不燃材料で造られたものであること。

【法第23条第1項第二号の主務省令で定める安全上の基準】

第14条 法第23条第1項第二号の主務省令で定める安全上の基準は，次のとおりとする。

一 エレベーターのかご内及び乗降ロビーには，それぞれ，車椅子使用者が利用しやすい位置に制御装置を設けること。この場合において，乗降ロビーに設ける制御装置は，施錠装置を有する覆いを設ける等当該制御装置の利用を停止することができる構造とすること。

二　エレベーターは，当該エレベーターのかご及び昇降路のすべての出入口の戸に網入ガラス入りのはめごろし戸を設ける等により乗降ロビーからかご内の車椅子使用者を容易に覚知できる構造とし，かつ，かご内と常時特定建築物を管理する者が勤務する場所との間を連絡することができる装置が設けられたものとすること。

【移動等円滑化経路協定の認可等の申請の公告】

第20条　法第42条第1項（法第44条第2項において準用する場合を含む。）の規定による公告は，次に掲げる事項について，公報，掲示その他の方法で行うものとする。

一　移動等円滑化経路協定の名称

二　移動等円滑化経路協定区域

三　移動等円滑化経路協定の縦覧場所

【移動等円滑化経路協定の認可の基準】

第21条　法第43条第1項第三号（法第44条第2項において準用する場合を含む。）の主務省令で定める基準は，次のとおりとする。

一　移動等円滑化経路協定区域は，その境界が明確に定められていなければならない。

二　法第41条第2項第二号の移動等円滑化のための経路の整備又は管理に関する事項は，法第24条の2第3項の移動等円滑化促進地区における移動等円滑化の促進に関する基本的な方針又は法第25条第3項の重点整備地区における移動等円滑化に関する基本的な方針が定められているときは，これらの基本的方針に適合していなければならない。

三　移動等円滑化経路協定に違反した場合の措置は，違反した者に対して不当に重い負担を課するものであってはならない。

【移動等円滑化経路協定の認可等の公告】

第22条　第20条の規定は，法第43条第2項（法第44条第2項，第45条第4項，第47条第2項又は第50条第3項において準用する場合を含む。）の規定による公告について準用する。

【立入検査の証明書】

第25条　法第53条第6項の立入検査をする職員の身分を示す証明書は，第7号様式によるものとする。

　　　附　則　（略）

高齢者，障害者等が円滑に利用できるようにするために誘導すべき建築物特定施設の構造及び配置に関する基準を定める省令［抄］

平成18年12月15日　国土交通省令第114号

最終改正　令和4年3月31日　国土交通省令第30号

【建築物移動等円滑化誘導基準】

第1条　高齢者，障害者等の移動等の円滑化の促進に関する法律（以下「法」という。）第17条第3項第一号の主務省令で定める建築物特定施設の構造及び配置に関する基準は，この省令の定めるところによる。

【出入口】

第2条　多数の者が利用する出入口（次項に規定するもの並びに籠，昇降路，便所及び浴室等に設けられるものを除き，かつ，2以上の出入口を併設する場合には，そのうち1以上のものに限る。）は，次に掲げるものでなければならない。

　一　幅は，90cm 以上とすること。

　二　戸を設ける場合には，自動的に開閉する構造その他の車椅子使用者が容易に開閉して通過できる構造とし，かつ，その前後に高低差がないこと。

2　多数の者が利用する直接地上へ通ずる出入口のうち1以上のものは，次に掲げるものでなければならない。

　一　幅は，120cm 以上とすること。

　二　戸を設ける場合には，自動的に開閉する構造とし，かつ，その前後に高低差がないこと。

【廊下等】

第3条　多数の者が利用する廊下等は，次に掲げるものでなければならない。

　一　幅は，180cm 以上とすること。ただし，50m 以内ごとに車椅子のすれ違いに支障がない場所を設ける場合にあっては，140cm 以上とすることができる。

　二　表面は，粗面とし，又は滑りにくい材料で仕上げること。

　三　階段又は傾斜路（階段に代わり，又はこれに併設するものに限る。）の上端に近接する廊下等の部分（不特定かつ多数の者が利用し，又は主として視覚障害者が利用するものに限る。）には，点状ブロック等を敷設すること。ただし，視覚障害者の利用上支障がないものとして国土交通大臣*が定める場合は，この限りでない。

●告示　平18　国交告1489号→p1025

　四　戸を設ける場合には，自動的に開閉する構造その他の車椅子使用者が容易に開閉して通過できる構造とし，かつ，その前後に高低差がないこと。

　五　側面に廊下等に向かって開く戸を設ける場合には，当該戸の開閉により高齢者，障害者等の通行の安全上支障がないよう必要な措置を講ずること。

　六　不特定かつ多数の者が利用し，又は主として視覚障害者が利用する廊下等に突出物を設けないこと。ただし，視覚障害者の通行の安全上支障が生じないよう必要な措置を講じた場合は，この限りでない。

　七　高齢者，障害者等の休憩の用に供する設備を適切な位置に設けること。

2　前項第一号及び第四号の規定は，車椅子使用者の利用上支障がないものとして国土交通大臣*が定める廊下等の部分には，適用しない。

●告示　平18　国交告1488号→p1024

【階　段】

第4条　多数の者が利用する階段は，次に掲げるものとしなければならない。

一　幅は，140cm 以上とすること。ただし，手すりが設けられた場合にあっては，手すりの幅が10cm を限度として，ないものとみなして算定することができる。

二　蹴上げの寸法は，16cm 以下とすること。

三　踏面の寸法は，30cm 以上とすること。

四　踊場を除き，両側に手すりを設けること。

五　表面は，粗面とし，又は滑りにくい材料で仕上げること。

六　踏面の端部とその周囲の部分との色の明度，色相又は彩度の差が大きいことにより段を容易に識別できるものとすること。

七　段鼻の突き出しその他のつまずきの原因となるものを設けない構造とすること。

八　段がある部分の上端に近接する踊場の部分（不特定かつ多数の者が利用し，又は主として視覚障害者が利用するものに限る。）には，点状ブロック等を敷設すること。ただし，視覚障害者の利用上支障がないものとして国土交通大臣*が定める場合は，この限りでない。

　　　　　　　　　　　　　　　　　　　●**告示**　平18　国交告1489号→p1025

九　主たる階段は，回り階段でないこと。

【傾斜路又はエレベーターその他の昇降機の設置】

第5条　多数の者が利用する階段を設ける場合には，階段に代わり，又はこれに併設する傾斜路又はエレベーターその他の昇降機（2 以上の階にわたるときには，第7条に定めるものに限る。）を設けなければならない。ただし，車椅子使用者の利用上支障がないものとして国土交通大臣*が定める場合は，この限りでない。

　　　　　　　　　　　　　　　　　　　●**告示**　平18　国交告1488号→p1024

【階段に代わり，又はこれに併設する傾斜路】

第6条　多数の者が利用する傾斜路（階段に代わり，又はこれに併設するものに限る。）は，次に掲げるものでなければならない。

一　幅は，階段に代わるものにあっては150cm 以上，階段に併設するものにあっては120cm 以上とすること。

二　勾配は，1/12を超えないこと。

三　高さが75cm を超えるものにあっては，高さ75cm 以内ごとに踏幅が150cm 以上の踊場を設けること。

四　高さが16cm を超える傾斜がある部分には，両側に手すりを設けること。

五　表面は，粗面とし，又は滑りにくい材料で仕上げること。

六　その前後の廊下等との色の明度，色相又は彩度の差が大きいことによりその存在を容易に識別できるものとすること。

七　傾斜がある部分の上端に近接する踊場の部分（不特定かつ多数の者が利用し，又は主として視覚障害者が利用するものに限る。）には，点状ブロック等を敷設すること。ただし，視覚障害者の利用上支障がないものとして国土交通大臣*が定める場合は，この限りでない。

　　　　　　　　　　　　　　　　　　　●**告示**　平18　国交告1489号→p1025

2　前項第一号から第三号までの規定は，車椅子使用者の利用上支障がないものとして国土交通大臣*が定める傾斜路の部分には，適用しない。この場合において，勾配が1/12を超える傾斜がある部分には，両側に手すりを設けなければならない。

　　　　　　　　　　　　　　　　　　　●**告示**　平18　国交告1488号→p1024

【エレベーター】

第7条 多数の者が利用するエレベーター（次条に規定するものを除く。以下この条において同じ。）を設ける場合には，第一号及び第二号に規定する階に停止する籠を備えたエレベーターを，第一号に規定する階ごとに1以上設けなければならない。

　一　多数の者が利用する居室，車椅子使用者用便房，車椅子使用者用駐車施設，車椅子使用者用客室，第12条の2第1項に規定する車椅子使用者用客席又は第13条第一号に規定する車椅子使用者用浴室等がある階

　二　直接地上へ通ずる出入口のある階

2　多数の者が利用するエレベーター及びその乗降ロビーは，次に掲げるものでなければならない

　一　籠及び昇降路の出入口の幅は，80cm以上とすること。

　二　籠の奥行きは，135cm以上とすること。

　三　乗降ロビーは，高低差がないものとし，その幅及び奥行きは，150cm以上とすること。

　四　籠内に，籠が停止する予定の階及び籠の現在位置を表示する装置を設けること。

　五　乗降ロビーに，到着する籠の昇降方向を表示する装置を設けること。

3　第1項の規定により設けられた多数の者が利用するエレベーター及びその乗降ロビーは，前項に定めるもののほか，次に掲げるものでなければならない。

　一　籠の幅は，140cm以上とすること。

　二　籠は，車椅子の転回に支障がない構造とすること。

　三　籠内及び乗降ロビーには，車椅子使用者が利用しやすい位置に制御装置を設けること。

4　不特定かつ多数の者が利用するエレベーターは，第2項第一号，第二号及び第四号並びに前項第一号及び第二号に定めるものでなければならない。

5　第1項の規定により設けられた不特定かつ多数の者が利用するエレベーター及びその乗降ロビーは，第2項第二号，第四号及び第五号並びに第3項第二号及び第三号に定めるもののほか，次に掲げるものでなければならない。

　一　籠の幅は，160cmとすること。

　二　籠及び昇降路の出入口の幅は，90cm以上とすること。

　三　乗降ロビーは，高低差がないものとし，その幅及び奥行きは，180cm以上とすること。

6　第1項の規定により設けられた不特定かつ多数の者が利用し，又は主として視覚障害者が利用するエレベーター及びその乗降ロビーは，第3項又は前項に定めるもののほか，次に掲げるものでなければならない。ただし，視覚障害者の利用上支障がないものとして国土交通大臣*が定める場合は，この限りでない。

●告示　平18　国交告1486号→p1024

　一　籠内に，籠が到着する階並びに籠及び昇降路の出入口の戸の閉鎖を音声により知らせる装置を設けること。

　二　籠内及び乗降ロビーに設ける制御装置（車椅子使用者が利用しやすい位置及びその他の位置に制御装置を設ける場合にあっては，当該その他の位置に設けるものに限る。）は，点字その他国土交通大臣が定める方法により視覚障害者が円滑に操作することができる構造とすること。

　三　籠内又は乗降ロビーに，到着する籠の昇降方向を音声により知らせる装置を設けること。

【特殊な構造又は使用形態のエレベーターその他の昇降機】

第8条 階段又は段に代わり，又はこれに併設する国土交通大臣*が定める特殊な構造又は使用形態のエレベーターその他の昇降機は，車椅子使用者が円滑に利用できるものとして国土交通大臣*が定める構造としなければならない。

●告示　平18　国交告1485号→p1023

【便　所】

第9条 多数の者が利用する便所は，次に掲げるものでなければならない。

一　多数の者が利用する便所（男子用及び女子用の区別があるときは，それぞれの便所）が設けられている階ごとに，当該便所のうち1以上に，車椅子使用者用便房及び高齢者，障害者等が円滑に利用することができる構造の水洗器具を設けた便房を設けること。

二　多数の者が利用する便所が設けられている階の車椅子使用者用便房の数は，当該階の便房（多数の者が利用するものに限る。以下この号において同じ。）の総数が200以下の場合は当該便房の総数に1/50を乗じて得た数以上とし，当該階の便房の総数が200を超える場合は当該便房の総数に1/100を乗じて得た数に2を加えた数以上とすること。

三　車椅子使用者用便房及び当該便房が設けられている便所の出入口は，次に掲げるものであること。

イ　幅は，80cm以上とすること。

ロ　戸を設ける場合には，自動的に開閉する構造その他の車椅子使用者が容易に開閉して通過できる構造とし，かつ，その前後に高低差がないこと。

四　多数の者が利用する便所に車椅子使用者用便房が設けられておらず，かつ，当該便所に近接する位置に車椅子使用者用便房が設けられている便所が設けられていない場合には，当該便所内に腰掛便座及び手すりの設けられた便房を1以上設けること。

2　多数の者が利用する男子用小便器のある便所が設けられている階ごとに，当該便所のうち1以上に，床置式の小便器，壁掛式の小便器（受け口の高さが35cm以下のものに限る。）その他これらに類する小便器を1以上設けなければならない。

【ホテル又は旅館の客室】

第10条 ホテル又は旅館には，客室の総数が200以下の場合は当該客室の総数に1/50を乗じて得た数以上，客室の総数が200を超える場合は当該客室の総数に1/100を乗じて得た数に2を加えた数以上の車椅子使用者用客室を設けなければならない。

2　車椅子使用者用客室は，次に掲げるものでなければならない。

一　出入口は，次に掲げるものであること。

イ　幅は，80cm以上とすること。

ロ　戸を設ける場合には，自動的に開閉する構造その他の車椅子使用者が容易に開閉して通過できる構造とし，かつ，その前後に高低差がないこと。

二　便所は，次に掲げるものであること。ただし，当該客室が設けられている階に不特定かつ多数の者が利用する便所が1以上（男子用及び女子用の区別があるときは，それぞれ1以上）設けられている場合は，この限りでない。

イ　便所内に車椅子使用者用便房を設けること。

ロ　車椅子使用者用便房及び当該便房が設けられている便所の出入口は，前条第1項第三号イ及びロに掲げるものであること。

三　浴室等は，次に掲げるものであること。ただし，当該客室が設けられている建築物に不特定かつ多数の者が利用する浴室等が1以上（男子用及び女子用の区別があるときは，それぞれ1以上）設けられている場合は，この限りでない。

イ　車椅子使用者が円滑に利用することができるものとして国土交通大臣*が定める構

造の浴室等（以下「車椅子使用者用浴室等」という。）であること。

●告示　平18　国交告1484号→p1023

ロ　出入口は，次に掲げるものであること。

⑴　幅は，80cm 以上とすること。

⑵　戸を設ける場合には，自動的に開閉する構造その他の車椅子使用者が容易に開閉して通過できる構造とし，かつ，その前後に高低差がないこと。

【敷地内の通路】

第11条　多数の者が利用する敷地内の通路は，次に掲げるものでなければならない。

一　段がある部分及び傾斜路を除き，幅は，180cm 以上とすること。

二　表面は，粗面とし，又は滑りにくい材料で仕上げること。

三　戸を設ける場合には，自動的に開閉する構造その他の車椅子使用者が容易に開閉して通過できる構造とし，かつ，その前後に高低差がないこと。

四　段がある部分は，次に掲げるものであること。

イ　幅は，140cm 以上とすること。ただし，手すりが設けられた場合にあっては，手すりの幅が10cm を限度として，ないものとみなして算定することができる。

ロ　蹴上げの寸法は，16cm 以下とすること。

ハ　踏面の寸法は，30cm 以上とすること。

ニ　両側に手すりを設けること。

ホ　踏面の端部とその周囲の部分との色の明度，色相又は彩度の差が大きいことにより段を容易に識別できるものとすること。

ヘ　段鼻の突き出しその他のつまずきの原因となるものを設けない構造とすること。

五　段を設ける場合には，段に代わり，又はこれに併設する傾斜路又はエレベーターその他の昇降機を設けなければならない。

六　傾斜路は，次に掲げるものであること。

イ　幅は，段に代わるものにあっては150cm 以上，段に併設するものにあっては120cm 以上とすること。

ロ　勾配は，1/15を超えないこと。

ハ　高さが75cm を超えるもの（勾配が1/20を超えるものに限る。）にあっては，高さ75cm 以内ごとに踏幅が150cm 以上の踊場を設けること。

ニ　高さが16cm を超え，かつ勾配が1/20を超える傾斜がある部分には，両側に手すりを設けること。

ホ　その前後の通路との色の明度，色相又は彩度の差が大きいことによりその存在を容易に識別できるものとすること。

2　多数の者が利用する敷地内の通路（道等から直接地上へ通ずる出入口までの経路を構成するものに限る。）が地形の特殊性により前項の規定によることが困難である場合においては，同項第一号，第三号，第五号及び第六号イからハまでの規定は，当該敷地内の通路が設けられた建築物の車寄せから直接地上へ通ずる出入口までの敷地内の通路の部分に限り，適用する。

3　第1項第一号，第三号，第五号及び第六号イからハまでの規定は，車椅子使用者の利用上支障がないものとして国土交通大臣*が定める敷地内の通路の部分には，適用しない。この場合において，勾配が1/12を超える傾斜がある部分には，両側に手すりを設けなければならない。

●告示　平18　国交告1488号→p1024

【駐車場】

第12条 多数の者が利用する駐車場には，当該駐車場の全駐車台数が200以下の場合は当該駐車台数に1/50を乗じて得た数以上，全駐車台数が200を超える場合は当該駐車台数に1/100を乗じて得た数に 2 を加えた数以上の車椅子使用者用駐車施設を設けなければならない。

【劇場等の客席】

第12条の 2 劇場，観覧場，映画館，演芸場，集会場又は公会堂（以下「劇場等」という。）に客席を設ける場合には，客席の総数が200以下のときは当該客席の総数に 1/50を乗じて得た数以上，客席の総数が200を超え2,000以下のときは当該客席の総数に 1/100を乗じて得た数に 2 を加えた数以上，客席の総数が2,000を超えるときは当該客席の総数に75/10,000を乗じて得た数に 7 を加えた数以上の車椅子使用者用客席（車椅子使用者が円滑に利用できる客席をいう。以下この条において同じ。）を設けなければならない。

2 車椅子使用者用客席は，次に掲げるものでなければならない。

一 幅は，90cm 以上とすること。

二 奥行きは，120cm 以上とすること。

三 床は，平らとすること。

四 車椅子使用者が舞台等を容易に視認できる構造とすること。

五 同伴者用の客席又はスペースを当該車椅子使用者用客席に隣接して設けること。

3 客席の総数が200を超える場合には，第 1 項の規定による車椅子使用者用客席を 2 箇所以上に分散して設けなければならない。

【浴室等】

第13条 多数の者が利用する浴室等を設ける場合には，そのうち 1 以上（男子用及び女子用の区別があるときは，それぞれ 1 以上）は，次に掲げるものでなければならない。

一 車椅子使用者用浴室等であること。

二 出入口は，第10条第 2 項第三号ロに掲げるものであること。

【標　識】

第14条 移動等円滑化の措置がとられたエレベーターその他の昇降機，便所又は駐車施設の付近には，それぞれ，当該エレベーターその他の昇降機，便所又は駐車施設があることを表示する標識を，高齢者，障害者等の見やすい位置に設けなければならない。

2 前項の標識は，当該標識に表示すべき内容が容易に識別できるもの（当該内容が日本産業規格 Z 8210に定められているときは，これに適合するもの）でなければならない。

【案内設備】

第15条 建築物又はその敷地には，当該建築物又はその敷地内の移動等円滑化の措置がとられたエレベーターその他の昇降機，便所又は駐車施設の配置を表示した案内板その他の設備を設けなければならない。ただし，当該エレベーターその他の昇降機，便所又は駐車施設の配置を容易に視認できる場合は，この限りでない。

2 建築物又はその敷地には，当該建築物又はその敷地内の移動等円滑化の措置がとられたエレベーターその他の昇降機又は便所の配置を点字その他国土交通大臣が定める方法により視覚障害者に示すための設備を設けなければならない。

3 案内所を設ける場合には，前 2 項の規定は適用しない。

【案内設備までの経路】

第16条 道等から前条第 2 項の規定による設備又は同条第 3 項の規定による案内所までの主たる経路（不特定かつ多数の者が利用し，又は主として視覚障害者が利用するものに限る。）は，視覚障害者移動等円滑化経路にしなければならない。ただし，視覚障害者の利用

上支障がないものとして国土交通大臣*が定める場合は，この限りでない。

●告示　平18　国交告1489号→p1025

【増築等又は修繕等に関する適用範囲】

第17条　建築物の増築若しくは改築（用途の変更をして特定建築物にすることを含む。以下「増築等」という。）又は建築物の修繕若しくは模様替（建築物特定施設に係るものに限る。以下「修繕等」という。）をする場合には，第2条から前条までの規定は，次に掲げる建築物の部分に限り，適用する。

一　当該増築等又は修繕等に係る部分

二　道等から前号に掲げる部分までの1以上の経路を構成する出入口，廊下等，階段，傾斜路，エレベーターその他の昇降機及び敷地内の通路

三　多数の者が利用する便所のうち1以上のもの

四　第一号に掲げる部分から車椅子使用者用便房（前号に掲げる便所に設けられるものに限る。）までの1以上の経路を構成する出入口，廊下等，階段，傾斜路,エレベーターその他の昇降機及び敷地内の通路

五　ホテル又は旅館の客室のうち1以上のもの

六　第一号に掲げる部分から前号に掲げる客室までの1以上の経路を構成する出入口，廊下等，階段，傾斜路，エレベーターその他の昇降機及び敷地内の通路

七　多数の者が利用する駐車場のうち1以上のもの

八　車椅子使用者用駐車施設（前号に掲げる駐車場に設けられるものに限る。）から第一号に掲げる部分までの1以上の経路を構成する出入口，廊下等，階段，傾斜路，エレベーターその他の昇降機及び敷地内の通路

九　劇場等の客席のうち1以上のもの

十　第一号に掲げる部分から前号に掲げる客席までの1以上の経路を構成する出入口，廊下等，階段，傾斜路，エレベーターその他の昇降機及び敷地内の通路

十一　多数の者が利用する浴室等

十二　第一号に掲げる部分から車椅子使用者用浴室等（前号に掲げるものに限る。）までの1以上の経路を構成する出入口，廊下等，階段，傾斜路，エレベーターその他の昇降機及び敷地内の通路

2　前項第三号に掲げる建築物の部分について第9条の規定を適用する場合には，同条第1項第一号中「便所（男子用及び女子用の区別があるときは，それぞれの便所）が設けられている階ごとに，当該便所のうち1以上に，」とあるのは「便所（男子用及び女子用の区別があるときは，それぞれの便所）に，」と，同項第二号中「便所が設けられている階の」とあるのは「便所の」と，「当該階の」とあるのは「当該便所の」と，同条第2項中「便所が設けられている階ごとに，当該便所のうち」とあるのは「便所を設ける場合には，そのうち」とする。

3　第1項第五号に掲げる建築物の部分について第10条の規定を適用する場合には，同条中「客室の総数が200以下の場合は当該客室の総数に1/50を乗じて得た数以上，客室の総数が200を超える場合は当該客室の総数に1/100を乗じて得た数に2を加えた数以上」とあるのは「1以上」とする。

4　第1項第七号に掲げる建築物の部分について第12条の規定を適用する場合には，同条中「当該駐車場の全駐車台数が200以下の場合は当該駐車台数に1/50を乗じて得た数以上，全駐車台数が200を超える場合は当該駐車台数に1/100を乗じて得た数に2を加えた数以上」とあるのは「1以上」とする。

5　第1項第九号に掲げる建築物の部分について第12条の2の規定を適用する場合には，同

条第1項中「客席の総数が200以下のときは当該客席の総数に1/50を乗じて得た数以上，客席の総数が200を超え2,000以下のときは当該客席の総数に1/100を乗じて得た数に2を加えた数以上，客席の総数が2,000を超えるときは当該客席の総数に75/10,000を乗じて得た数に7を加えた数以上」とあるのは，「1以上」とする。

【特別特定建築物に関する読替え】

第18条 法第17条第1項の申請に係る特別特定建築物（高齢者，障害者等の移動等の円滑化の促進に関する法律施行令（平成18年政令第379号）第5条第一号に規定する公立小学校等を除く。）における第2条から前条まで（第3条第1項第三号及び第六号，第4条第八号，第6条第1項第七号，第7条第4項から第6項まで，第10条第2項並びに第16条を除く。）の規定の適用については，これらの規定（第2条第1項及び第7条第3項を除く。）中「多数の者が利用する」とあるのは「不特定かつ多数の者が利用し，又は主として高齢者，障害者等が利用する」と，第2条第1項中「多数の者が利用する出入口（次項に規定するもの並びに籠，昇降路，便所」とあるのは「不特定かつ多数の者が利用し，又は主として高齢者，障害者等が利用する出入口（次項に規定するもの並びに籠，昇降路，便所，車椅子使用者用客室」と，第7条第3項中「多数の者が利用する」とあるのは「主として高齢者，障害者等が利用する」と，前条中「特定建築物」とあるのは「特別特定建築物」とする。

　　附　則　（略）

高齢者，障害者等の移動等の円滑化の促進に関する法律第24条の規定に基づく国土交通大臣が高齢者，障害者等の円滑な利用を確保する上で有効と認めて定める基準

平成18年12月15日　国土交通省告示第1481号

第1　特定建築物にあっては，高齢者，障害者等が円滑に利用できるようにするために誘導すべき建築物特定施設の構造及び配置に関する基準を定める省令（平成18年国土交通省令第114号）（以下「建築物移動等円滑化誘導基準」という。）に適合すること。

第2　特定建築物以外の建築物にあっては，建築物特定施設（高齢者，障害者等の利用上支障がない部分を除く。）が次に掲げる基準に適合すること。

一　出入口は，次に掲げるものであること。

イ　幅は，80cm 以上とすること。

ロ　戸を設ける場合には，自動的に開閉する構造その他車いすを使用している者（以下「車いす使用者」という。）が容易に開閉して通過できる構造とすること。

ハ　車いす使用者が通過する際に支障となる段を設けないこと。

二　廊下その他これに類するものは，次に掲げるものであること。

イ　表面は，粗面とし，又は滑りにくい材料で仕上げること。

ロ　幅は，住宅の用途に供する部分に設けるものにあっては85cm（柱等の箇所にあっては80cm）以上，住宅の用途に供する部分以外の部分に設けるものにあっては90cm 以上とすること。

ハ　段を設ける場合においては，当該段は，次号に定める構造に準じたものとすること。

ニ　第一号に定める構造の出入口に接する部分は，水平とすること。

三　階段は，次に掲げるものであること。

イ　手すりを設けること。

ロ　表面は，粗面とし，又は滑りにくい材料で仕上げること。

四　便所を設ける場合においては，次に定める基準に適合する便所を 1 以上設けること。

イ　腰掛便座及び手すりの設けられた便房があること。

ロ　イに掲げる便房の出入口又は当該便房のある便所の出入口の幅は，80cm 以上とすること。

ハ　イに掲げる便房の出入口又は当該便房のある便所の出入口に戸を設ける場合には，自動的に開閉する構造その他車いす使用者が容易に開閉して通過できる構造とすること。

五　敷地内の通路は，次に掲げるものであること。

イ　表面は，粗面とし，又は滑りにくい材料で仕上げること。

ロ　直接地上へ通ずる第一号に定める構造の出入口から道又は公園，広場その他の空地に至る敷地内の通路のうち，1 以上の敷地内の通路は，次に定める構造とすること。

(1)　幅は，90cm 以上とすること。

(2)　段を設ける場合においては，当該段は，第三号に定める構造に準じたものとすること。

高齢者，障害者等が円滑に利用できるようにするために誘導すべき建築物特定施設の構造及び配置に関する基準を定める省令の規定により車いす使用者用浴室等の構造を定める件

平成18年12月15日　国土交通省告示第1484号

　高齢者，障害者等が円滑に利用できるようにするために誘導すべき建築物特定施設の構造及び配置に関する基準を定める省令第10条第2項第三号イに規定する車いす使用者が円滑に利用することができるものとして国土交通大臣が定める構造は，次に掲げるものとする。
　一　浴槽，シャワー，手すり等が適切に配置されていること。
　二　車いす使用者が円滑に利用することができるよう十分な空間が確保されていること。
　　　附　則　（略）

高齢者，障害者等が円滑に利用できるようにするために誘導すべき建築物特定施設の構造及び配置に関する基準を定める省令の規定により特殊な構造又は使用形態のエレベーターその他の昇降機等を定める件

平成18年12月15日　国土交通省告示第1485号
最終改正　平成21年8月4日　国土交通省告示第859号

第1　高齢者，障害者等が円滑に利用できるようにするために誘導すべき建築物特定施設の構造及び配置に関する基準を定める省令（以下「建築物移動等円滑化誘導基準」という。）第8条に規定する国土交通大臣が定める特殊な構造又は使用形態のエレベーターその他の昇降機は，次に掲げるものとする。
　一　車いすに座ったまま使用するエレベーターで，かごの定格速度が15m/min以下で，かつ，その床面積が2.25m²以下のものであって，昇降行程が4m以下のもの又は階段及び傾斜路に沿って昇降するもの
　二　車いすに座ったまま車いす使用者を昇降させる場合に2枚以上の踏段を同一の面に保ちながら昇降を行うエスカレーターで，当該運転時において，踏段の定格速度を30m/min以下とし，かつ，2枚以上の踏段を同一の面とした部分の先端に車止めを設けたもの
第2　建築物移動等円滑化誘導基準第8条に規定する車いす使用者が円滑に利用することができるものとして国土交通大臣が定める構造は，次に掲げるものとする。
　一　第1第一号に掲げるエレベーターにあっては，次に掲げるものであること。
　イ　平成12年建設省告示第1413号第1第九号に規定するものとすること。
　ロ　かごの幅は70cm以上とし，かつ，奥行きは120cm以上とすること。
　ハ　車いす使用者がかご内で方向を変更する必要がある場合にあっては，かごの幅及び奥行きが十分に確保されていること。
　二　第1第二号に掲げるエスカレーターにあっては，平成12年建設省告示第1417号第1た

だし書に規定するものであること。
　附　則　（略）

高齢者，障害者等が円滑に利用できるようにするために誘導すべき建築物特定施設の構造及び配置に関する基準を定める省令の規定により視覚障害者の利用上支障がないエレベーター及び乗降ロビーを定める件

平成18年12月15日　国土交通省告示第1486号

　高齢者，障害者等が円滑に利用できるようにするために誘導すべき建築物特定施設の構造及び配置に関する基準を定める省令第7条第6項ただし書に規定する視覚障害者の利用上支障がないものとして国土交通大臣が定める場合は，エレベーター及び乗降ロビーが主として自動車の駐車の用に供する施設に設けるものである場合とする。
　附　則　（略）

高齢者，障害者等が円滑に利用できるようにするために誘導すべき建築物特定施設の構造及び配置に関する基準を定める省令の規定により車いす使用者の利用上支障がない廊下等の部分等を定める件

平成18年12月15日　国土交通省告示第1488号

第1　高齢者，障害者等が円滑に利用できるようにするために誘導すべき建築物特定施設の構造及び配置に関する基準を定める省令（以下「建築物移動等円滑化誘導基準」という。）第3条第2項に規定する車いす使用者の利用上支障がないものとして国土交通大臣が定める部分は，車いす使用者用駐車施設が設けられていない駐車場，階段等のみに通ずる廊下等の部分とする。

第2　建築物移動等円滑化誘導基準第5条ただし書に規定する車いす使用者の利用上支障がないものとして国土交通大臣が定める場合は，階段が車いす使用者用駐車施設が設けられていない駐車場等のみに通ずるものである場合とする。

第3　建築物移動等円滑化誘導基準第6条第2項に規定する車いす使用者の利用上支障がないものとして国土交通大臣が定める部分は，車いす使用者用駐車施設が設けられていない駐車場，階段等のみに通ずる傾斜路の部分とする。

第4　建築物移動等円滑化誘導基準第11条第3項に規定する車いす使用者の利用上支障がないものとして国土交通大臣が定める部分は，車いす使用者用駐車施設が設けられていない駐車場，段等のみに通ずる敷地内の通路の部分とする。
　附　則　（略）

高齢者，障害者等が円滑に利用できるようにするために誘導すべき建築物特定施設の構造及び配置に関する基準を定める省令の規定により視覚障害者の利用上支障がない廊下等の部分等を定める件

平成18年12月15日　国土交通省告示第1489号

第1　高齢者，障害者等が円滑に利用できるようにするために誘導すべき建築物特定施設の構造及び配置に関する基準を定める省令（以下「建築物移動等円滑化誘導基準」という。）第3条第1項第三号ただし書に規定する視覚障害者の利用上支障がないものとして国土交通大臣が定める場合は，階段又は傾斜路の上端に近接する廊下等の部分が次の各号のいずれかに該当するものである場合とする。

一　勾配が1/20を超えない傾斜がある部分の上端に近接するもの

二　高さが16cmを超えず，かつ，勾配が1/12を超えない傾斜がある部分の上端に近接するもの

三　主として自動車の駐車の用に供する施設に設けるもの

第2　建築物移動等円滑化誘導基準第4条第八号ただし書に規定する視覚障害者の利用上支障がないものとして国土交通大臣が定める場合は，段がある部分の上端に近接する踊場の部分が第1第三号に定めるもの又は段がある部分と連続して手すりを設けるものである場合とする。

第3　建築物移動等円滑化誘導基準第6条第1項第七号ただし書に規定する視覚障害者の利用上支障がないものとして国土交通大臣が定める場合は，傾斜がある部分の上端に近接する踊場の部分が第1各号のいずれかに該当するもの又は傾斜がある部分と連続して手すりを設けるものである場合とする。

第4　建築物移動等円滑化誘導基準第16条ただし書に規定する視覚障害者の利用上支障がないものとして国土交通大臣が定める場合は，道等から案内設備までの経路が第1第三号に定めるもの又は建築物の内にある当該建築物を管理する者等が常時勤務する案内所から直接地上へ通ずる出入口を容易に視認でき，かつ，道等から当該出入口までの経路が高齢者，障害者等の移動等の円滑化の促進に関する法律施行令第21条第2項に定める基準に適合するものである場合とする。

　　附　則　（略）

高齢者，障害者等の移動等の円滑化の促進に関する法律施行令の規定により，認定特定建築物等の建築物特定施設の床面積のうち，通常の建築物の建築物特定施設の床面積を超えることとなるものを定める件

平成18年12月15日　国土交通省告示第1490号

最終改正　令和4年3月31日　国土交通省告示第403号

高齢者，障害者等の移動等の円滑化の促進に関する法律施行令（以下「令」という。）第

26条に規定する認定特定建築物の建築物特定施設又は認定協定建築物の協定建築物特定施設の床面積のうち，通常の建築物の建築物特定施設の床面積を超えることとなるものとして国土交通大臣が定める床面積は，次の各号に掲げる建築物特定施設（高齢者，障害者等の移動等の円滑化の促進に関する法律（平成18年法律第91号。以下「法」という。）第17条第1項の申請に係る特定建築物（特別特定建築物（令第5条第一号に規定する公立小学校等を除く。以下同じ。）を除く。）にあっては多数の者が利用するもの（当該申請に係る特別特定建築物にあっては不特定かつ多数の者が利用し，又は主として高齢者，障害者等が利用するもの），法第22条の2第1項の申請に係る協定建築物にあっては協定建築物特定施設であるものに限る。）ごとに，それぞれ当該各号に定める数値を超える床面積の合計とする。

　一　廊下等

廊下の用途 ＼ 廊下の部分	両側に居室がある廊下（単位　m²）	その他の廊下（単位　m²）
（一）小学校，中学校，義務教育学校，高等学校又は中等教育学校における児童用又は生徒用のもの	2.30L	1.80L
（二）病院における患者用のもの又は3室以下の専用のものを除き居室の床面積の合計が200m²（地階にあっては，100m²）を超える階におけるもの	1.60L	1.20L
（三）（一）及び（二）に掲げる廊下以外のもの	1.20L	

この表において，Lは，廊下等の長さ（単位　m）を表すものとする。

　二　階段

階段の用途 ＼ 階段の部分	段がある部分（単位　m²）	踊　場（単位　m²）
（一）小学校（義務教育学校の前期課程を含む。）における児童用のもの	2.28H	1.68
（二）中学校（義務教育学校の後期課程を含む。），高等学校若しくは中等教育学校における生徒用のもの又は物品販売業（物品加工修理業を含む。以下同じ。）を営む店舗で床面積の合計が1,500m²を超えるもの若しくは劇場，観覧場，映画館，演芸場，集会場若しくは公会堂（次号及び第六号において「劇場等」という。）における客用のもの	2.03H	1.68
（三）直上階の居室の床面積の合計が200m²を超える地上階又は居室の床面積の合計が100m²を超える地階若しくは地下工作物内におけるもの	1.44H	1.44
（四）（一）から（三）までに掲げる階段以外のもの	0.72H	0.90

この表において，Hは，階段の高さ（単位　m）を表すものとする。

　三　傾斜路

傾斜路の用途 / 傾斜路の部分	傾斜がある部分（単位 m²）	踊 場（単位 m²）
(一) 小学校，中学校，義務教育学校，高等学校若しくは中等教育学校における児童用若しくは生徒用のもの又は物品販売業を営む店舗で床面積の合計が1,500m²を超えるもの若しくは劇場等における客用のもの	11.20H	1.68
(二) 直上階の居室の床面積の合計が200m²を超える地上階又は居室の床面積の合計が100m²を超える地階若しくは地下工作物内におけるもの	9.60H	1.44
(三) (一)及び(二)に掲げる傾斜路以外のもの	6.00H	0.90

この表において，Hは，傾斜路の高さ（単位 m）を表すものとする。

四 便所（車椅子使用者用便房に係る部分に限る。） 1.00（単位 m²）
五 駐車場（車椅子使用者用駐車施設に係る部分に限る。） 15.00（単位 m²）
六 劇場等の客席（車椅子使用者用客席であるものに限る。） 0.50（単位 m²）
　　附　則　（略）

高齢者，障害者等の移動等の円滑化の促進に関する法律施行令の規定により特殊な構造又は使用形態のエレベーターその他の昇降機等を定める件

平成18年12月15日　国土交通省告示第1492号

最終改正　平成21年8月4日　国土交通省告示第859号

第1　高齢者，障害者等の移動等の円滑化の促進に関する法律施行令（以下「令」という。）第18条第2項第六号に規定する国土交通大臣が定める特殊な構造又は使用形態のエレベーターその他の昇降機は，次に掲げるものとする。
　一　車いすに座ったまま使用するエレベーターで，かごの定格速度が15m/min以下で，かつ，その床面積が2.25m²以下のものであって，昇降行程が4m以下のもの又は階段及び傾斜路に沿って昇降するもの
　二　車いすに座ったまま車いす使用者を昇降させる場合に2枚以上の踏段を同一の面に保ちながら昇降を行うエスカレーターで，当該運転時において，踏段の定格速度を30m/min以下とし，かつ，2枚以上の踏段を同一の面とした部分の先端に車止めを設けたもの
第2　令第18条第2項第六号に規定する車いす使用者が円滑に利用することができるものとして国土交通大臣が定める構造は，次に掲げるものとする。
　一　第1第一号に掲げるエレベーターにあっては，次に掲げるものであること。
　　イ　平成12年建設省告示第1413号第1第九号に規定するものとすること。
　　ロ　かごの幅は70cm以上とし，かつ，奥行きは120cm以上とすること。

ハ　車いす使用者がかご内で方向を変更する必要がある場合にあっては，かごの幅及び奥行きが十分に確保されていること。

二　第1第二号に掲げるエスカレーターにあっては，平成12年建設省告示第1417号第1ただし書に規定するものであること。

附　則　（略）

高齢者，障害者等の移動等の円滑化の促進に関する法律施行令の規定により視覚障害者の利用上支障がないエレベーター及び乗降ロビーを定める件

平成18年12月15日　国土交通省告示第1494号

高齢者，障害者等の移動等の円滑化の促進に関する法律施行令第18条第2項第五号リただし書に規定する視覚障害者の利用上支障がないものとして国土交通大臣が定める場合は，エレベーター及び乗降ロビーが主として自動車の駐車の用に供する施設に設けるものである場合とする。

附　則　（略）

高齢者，障害者等の移動等の円滑化の促進に関する法律施行令の規定により車いす使用者用浴室等の構造を定める件

平成18年12月15日　国土交通省告示第1495号

高齢者，障害者等の移動等の円滑化の促進に関する法律施行令第15条第2項第二号イに規定する車いす使用者が円滑に利用することができるものとして国土交通大臣が定める構造は，次に掲げるものとする。

一　浴槽，シャワー，手すり等が適切に配置されていること。

二　車いす使用者が円滑に利用することができるよう十分な空間が確保されていること。

附　則　（略）

高齢者，障害者等の移動等の円滑化の促進に関する法律施行令の規定により車いす使用者用便房の構造を定める件

平成18年12月15日　国土交通省告示第1496号

　高齢者，障害者等の移動等の円滑化の促進に関する法律施行令第14条第1項第一号に規定する車いす使用者が円滑に利用できるものとして国土交通大臣が定める構造は，次に掲げるものとする。
　一　腰掛便座，手すり等が適切に配置されていること。
　二　車いす使用者が円滑に利用することができるよう十分な空間が確保されていること。
　　　附　則　（略）

高齢者，障害者等の移動等の円滑化の促進に関する法律施行令の規定により視覚障害者の利用上支障がない廊下等の部分等を定める件

平成18年12月15日　国土交通省告示第1497号

第1　高齢者，障害者等の移動等の円滑化の促進に関する法律施行令（以下「令」という。）第11条第二号ただし書に規定する視覚障害者の利用上支障がないものとして国土交通大臣が定める場合は，階段又は傾斜路の上端に近接する廊下等の部分が次の各号のいずれかに該当するものである場合とする。
　一　勾配が1/20を超えない傾斜がある部分の上端に近接するもの
　二　高さが16cmを超えず，かつ，勾配が1/12を超えない傾斜がある部分の上端に近接するもの
　三　主として自動車の駐車の用に供する施設に設けるもの
第2　令第12条第五号ただし書に規定する視覚障害者の利用上支障がないものとして国土交通大臣が定める場合は，段がある部分の上端に近接する踊場の部分が第1第三号に定めるもの又は段がある部分と連続して手すりを設けるものである場合とする。
第3　令第13条第四号ただし書に規定する視覚障害者の利用上支障がないものとして国土交通大臣が定める場合は，傾斜がある部分の上端に近接する踊場の部分が第1各号のいずれかに該当するもの又は傾斜がある部分と連続して手すりを設けるものである場合とする。
第4　令第21条第1項ただし書に規定する視覚障害者の利用上支障がないものとして国土交通大臣が定める場合は，道等から案内設備までの経路が第1第三号に定めるもの又は建築物の内にある当該建築物を管理する者等が常時勤務する案内所から直接地上へ通ずる出入口を容易に視認でき，かつ，道等から当該出入口までの経路が令第21条第2項に定める基準に適合するものである場合とする。

第5 　令第21条第2項第二号ロに規定する視覚障害者の利用上支障がないものとして国土交通大臣が定める部分は，第1第一号若しくは第二号に定めるもの又は段がある部分若しくは傾斜がある部分と連続して手すりを設ける踊場等とする。

　　　附　則　（略）

建築物の耐震改修の促進に関する法律［抄］

平成7年10月27日　法律第123号
最終改正　令和5年6月16日　法律第58号

第1章　総　　則

【目　的】

第1条　この法律は，地震による建築物の倒壊等の被害から国民の生命，身体及び財産を保護するため，建築物の耐震改修の促進のための措置を講ずることにより建築物の地震に対する安全性の向上を図り，もって公共の福祉の確保に資することを目的とする。

【定　義】

第2条　この法律において「耐震診断」とは，地震に対する安全性を評価することをいう。

2　この法律において「耐震改修」とは，地震に対する安全性の向上を目的として，増築，改築，修繕，模様替若しくは一部の除却又は敷地の整備をすることをいう。

3　この法律において「所管行政庁」とは，建築主事を置く市町村又は特別区の区域については当該市町村又は特別区の長をいい，その他の市町村又は特別区の区域については都道府県知事をいう。ただし，建築基準法（昭和25年法律第201号）第97条の2第1項又は第97条の3第1項の規定により建築主事を置く市町村又は特別区の区域内の**政令**で定める建築物については，都道府県知事とする。

◆政令［都道府県知事が所管行政庁となる建築物］令第1条→p1046

【国，地方公共団体及び国民の努力義務】

第3条　国は，建築物の耐震診断及び耐震改修の促進に資する技術に関する研究開発を促進するため，当該技術に関する情報の収集及び提供その他必要な措置を講ずるよう努めるものとする。

2　国及び地方公共団体は，建築物の耐震診断及び耐震改修の促進を図るため，資金の融通又はあっせん，資料の提供その他の措置を講ずるよう努めるものとする。

3　国及び地方公共団体は，建築物の耐震診断及び耐震改修の促進に関する国民の理解と協力を得るため，建築物の地震に対する安全性の向上に関する啓発及び知識の普及に努めるものとする。

4　国民は，建築物の地震に対する安全性を確保するとともに，その向上を図るよう努めるものとする。

第2章　基本方針及び都道府県耐震改修促進計画等

【基本方針】

第4条　国土交通大臣は，建築物の耐震診断及び耐震改修の促進を図るための基本的な方針（以下「基本方針」という。）を定めなければならない。

2　基本方針においては，次に掲げる事項を定めるものとする。

一　建築物の耐震診断及び耐震改修の促進に関する基本的な事項

二　建築物の耐震診断及び耐震改修の実施に関する目標の設定に関する事項

三　建築物の耐震診断及び耐震改修の実施について技術上の指針となるべき事項

四　建築物の地震に対する安全性の向上に関する啓発及び知識の普及に関する基本的な事項

五　次条第1項に規定する都道府県耐震改修促進計画の策定に関する基本的な事項その他建築物の耐震診断及び耐震改修の促進に関する重要事項

3　国土交通大臣は，基本方針を定め，又はこれを変更したときは，遅滞なく，これを公表しなければならない。

【都道府県耐震改修促進計画】

第5条　都道府県は，基本方針に基づき，当該都道府県の区域内の建築物の耐震診断及び耐震改修の促進を図るための計画（以下「都道府県耐震改修促進計画」という。）を定めるものとする。

2　都道府県耐震改修促進計画においては，次に掲げる事項を定めるものとする。

一　当該都道府県の区域内の建築物の耐震診断及び耐震改修の実施に関する目標

二　当該都道府県の区域内の建築物の耐震診断及び耐震改修の促進を図るための施策に関する事項

三　建築物の地震に対する安全性の向上に関する啓発及び知識の普及に関する事項

四　建築基準法第10条第1項から第3項までの規定による勧告又は命令その他建築物の地震に対する安全性を確保し，又はその向上を図るための措置の実施についての所管行政庁との連携に関する事項

五　その他当該都道府県の区域内の建築物の耐震診断及び耐震改修の促進に関し必要な事項

3　都道府県は，次の各号に掲げる場合には，前項第二号に掲げる事項に，当該各号に定める事項を記載することができる。

一　病院，官公署その他大規模な地震が発生した場合においてその利用を確保することが公益上必要な建築物で**政令***¹で定めるものであって，既存耐震不適格建築物（地震に対する安全性に係る建築基準法又はこれに基づく命令若しくは条例の規定（以下「耐震関係規定」という。）に適合しない建築物で同法第3条第2項の規定の適用を受けているものをいう。以下同じ。）であるもの（その地震に対する安全性が明らかでないものとして**政令***²で定める建築物（以下「耐震不明建

築物」という。）に限る。）について，耐震診断を行わせ，及び耐震改修の促進を図ることが必要と認められる場合　当該建築物に関する事項及び当該建築物に係る耐震診断の結果の報告の期限に関する事項

◆政令1［都道府県耐震改修促進計画に記載することができる公益上必要な建築物］令第2条→p1046
2［耐震不明建築物の要件］令第3条　　　　　　　　　　　　　　　　　　→p1047

二　建築物が地震によって倒壊した場合においてその敷地に接する道路（相当数の建築物が集合し，又は集合することが確実と見込まれる地域を通過する道路その他国土交通省令で定める道路（以下「建築物集合地域通過道路等」という。）に限る。）の通行を妨げ，市町村の区域を越える相当多数の者の円滑な避難を困難とすることを防止するため，当該道路にその敷地が接する通行障害既存耐震不適格建築物（地震によって倒壊した場合においてその敷地に接する道路の通行を妨げ，多数の者の円滑な避難を困難とするおそれがあるものとして政令で定める建築物（第14条第三号において「通行障害建築物」という。）であって既存耐震不適格建築物であるものをいう。以下同じ。）について，耐震診断を行わせ，又はその促進を図り，及び耐震改修の促進を図ることが必要と認められる場合　当該通行障害既存耐震不適格建築物の敷地に接する道路に関する事項及び当該通行障害既存耐震不適格建築物（耐震不明建築物であるものに限る。）に係る耐震診断の結果の報告の期限に関する事項

◆国土交通省令［法第5条第3項第二号の国土交通省令で定める道路］規則第2条→p1053
◆政令［通行障害建築物の要件］令第4条→p1048

三　建築物が地震によって倒壊した場合においてその敷地に接する道路（建築物集合地域通過道路等を除く。）の通行を妨げ，市町村の区域を越える相当多数の者の円滑な避難を困難とすることを防止するため，当該道路にその敷地が接する通行障害既存耐震不適格建築物の耐震診断及び耐震改修の促進を図ることが必要と認められる場合　当該通行障害既存耐震不適格建築物の敷地に接する道路に関する事項

四　特定優良賃貸住宅の供給の促進に関する法律（平成5年法律第52号。以下「特定優良賃貸住宅法」という。）第3条第四号に規定する資格を有する入居者をその全部又は一部について確保することができない特定優良賃貸住宅（特定優良賃貸住宅法第6条に規定する特定優良賃貸住宅をいう。以下同じ。）を活用し，第19条に規定する計画認定建築物である住宅の耐震改修の実施に伴い仮住居を必要とする者（特定優良賃貸住宅法第3条第四号に規定する資格を有する者を除く。以下「特定入居者」という。）に対する仮住居を提供することが必要と認められる場合　特定優良賃貸住宅の特定入居者に対する賃貸に関する事項

五　前項第一号の目標を達成するため，当該都道府県の区域内において独立行政法人都市再生機構（以下「機構」という。）又は地方住宅供給公社（以下「公社」という。）による建築物の耐震診断及び耐震改修の実施が必要と認められる場合　機構又は公社による建築物の耐震診断及び耐震改修の実施に関する事項

4　都道府県は，都道府県耐震改修促進計画に前項第一号に定める事項を記載しよう

とするときは，当該事項について，あらかじめ，当該建築物の所有者（所有者以外に権原に基づきその建築物を使用する者があるときは，その者及び所有者）の意見を聴かなければならない。

5　都道府県は，都道府県耐震改修促進計画に第3項第五号に定める事項を記載しようとするときは，当該事項について，あらかじめ，機構又は当該公社の同意を得なければならない。

6　都道府県は，都道府県耐震改修促進計画を定めたときは，遅滞なく，これを公表するとともに，当該都道府県の区域内の市町村にその写しを送付しなければならない。

7　第3項から前項までの規定は，都道府県耐震改修促進計画の変更について準用する。

【市町村耐震改修促進計画】

第6条　市町村は，都道府県耐震改修促進計画に基づき，当該市町村の区域内の建築物の耐震診断及び耐震改修の促進を図るための計画（以下「市町村耐震改修促進計画」という。）を定めるよう努めるものとする。

2　市町村耐震改修促進計画においては，おおむね次に掲げる事項を定めるものとする。

一　当該市町村の区域内の建築物の耐震診断及び耐震改修の実施に関する目標

二　当該市町村の区域内の建築物の耐震診断及び耐震改修の促進を図るための施策に関する事項

三　建築物の地震に対する安全性の向上に関する啓発及び知識の普及に関する事項

四　建築基準法第10条第1項から第3項までの規定による勧告又は命令その他建築物の地震に対する安全性を確保し，又はその向上を図るための措置の実施についての所管行政庁との連携に関する事項

五　その他当該市町村の区域内の建築物の耐震診断及び耐震改修の促進に関し必要な事項

3　市町村は，次の各号に掲げる場合には，前項第二号に掲げる事項に，当該各号に定める事項を記載することができる。

一　建築物が地震によって倒壊した場合においてその敷地に接する道路（建築物集合地域通過道路等に限る。）の通行を妨げ，当該市町村の区域における多数の者の円滑な避難を困難とすることを防止するため，当該道路にその敷地が接する通行障害既存耐震不適格建築物について，耐震診断を行わせ，又はその促進を図り，及び耐震改修の促進を図ることが必要と認められる場合　当該通行障害既存耐震不適格建築物の敷地に接する道路に関する事項及び当該通行障害既存耐震不適格建築物（耐震不明建築物であるものに限る。）に係る耐震診断の結果の報告の期限に関する事項

二　建築物が地震によって倒壊した場合においてその敷地に接する道路（建築物集合地域通過道路等を除く。）の通行を妨げ，当該市町村の区域における多数の者の円滑な避難を困難とすることを防止するため，当該道路にその敷地が接する通

　行障害既存耐震不適格建築物の耐震診断及び耐震改修の促進を図ることが必要と
認められる場合　　当該通行障害既存耐震不適格建築物の敷地に接する道路に関
する事項
4　市町村は，市町村耐震改修促進計画を定めたときは，遅滞なく，これを公表しな
ければならない。
5　前2項の規定は，市町村耐震改修促進計画の変更について準用する。

第3章　建築物の所有者が講ずべき措置

【要安全確認計画記載建築物の所有者の耐震診断の義務】

第7条　次に掲げる建築物（以下「要安全確認計画記載建築物」という。）の所有者
は，当該要安全確認計画記載建築物について，**国土交通省令**で定めるところにより，
耐震診断を行い，その結果を，次の各号に掲げる建築物の区分に応じ，それぞれ当
該各号に定める期限までに所管行政庁に報告しなければならない。
　一　第5条第3項第一号の規定により都道府県耐震改修促進計画に記載された建築
　　物　　同号の規定により都道府県耐震改修促進計画に記載された期限
　二　その敷地が第5条第3項第二号の規定により都道府県耐震改修促進計画に記載
　　された道路に接する通行障害既存耐震不適格建築物（耐震不明建築物であるもの
　　に限る。）　　同号の規定により都道府県耐震改修促進計画に記載された期限
　三　その敷地が前条第3項第一号の規定により市町村耐震改修促進計画に記載され
　　た道路に接する通行障害既存耐震不適格建築物（耐震不明建築物であるものに限
　　り，前号に掲げる建築物であるものを除く。）　　同項第一号の規定により市町村
　　耐震改修促進計画に記載された期限
　　　　　◆**国土交通省令**［要安全確認計画記載建築物の耐震診断及びその結果の報告］規則第5条→p1053

【要安全確認計画記載建築物に係る報告命令等】

第8条　所管行政庁は，要安全確認計画記載建築物の所有者が前条の規定による報告
をせず，又は虚偽の報告をしたときは，当該所有者に対し，相当の期限を定めて，
その報告を行い，又はその報告の内容を是正すべきことを命ずることができる。
2　所管行政庁は，前項の規定による命令をしたときは，**国土交通省令**で定めるとこ
ろにより，その旨を公表しなければならない。
　　　　　◆**国土交通省令**［法第8条第2項の規定による公表の方法］規則第21条→p1054
3　所管行政庁は，第1項の規定により報告を命じようとする場合において，過失が
なくて当該報告を命ずべき者を確知することができず，かつ，これを放置すること
が著しく公益に反すると認められるときは，その者の負担において，耐震診断を自
ら行い，又はその命じた者若しくは委任した者に行わせることができる。この場合
においては，相当の期限を定めて，当該報告をすべき旨及びその期限までに当該報
告をしないときは，所管行政庁又はその命じた者若しくは委任した者が耐震診断を
行うべき旨を，あらかじめ，公告しなければならない。

【耐震診断の結果の公表】

第9条 所管行政庁は，第7条の規定による報告を受けたときは，**国土交通省令**で定めるところにより，当該報告の内容を公表しなければならない。前条第3項の規定により耐震診断を行い，又は行わせたときも，同様とする。

◆国土交通省令［法第9条の規定による公表の方法］規則第22条→p1054

【通行障害既存耐震不適格建築物の耐震診断に要する費用の負担】

第10条 都道府県は，第7条第二号に掲げる建築物の所有者から申請があったときは，**国土交通省令**で定めるところにより，同条の規定により行われた耐震診断の実施に要する費用を負担しなければならない。

◆国土交通省令［通行障害既存耐震不適格建築物の耐震診断に要する費用の負担］規則第23条→p1054

2 市町村は，第7条第三号に掲げる建築物の所有者から申請があったときは，**国土交通省令**で定めるところにより，同条の規定により行われた耐震診断の実施に要する費用を負担しなければならない。

◆国土交通省令［通行障害既存耐震不適格建築物の耐震診断に要する費用の負担］規則第23条→p1054

【要安全確認計画記載建築物の所有者の耐震改修の努力】

第11条 要安全確認計画記載建築物の所有者は，耐震診断の結果，地震に対する安全性の向上を図る必要があると認められるときは，当該要安全確認計画記載建築物について耐震改修を行うよう努めなければならない。

【要安全確認計画記載建築物の耐震改修に係る指導及び助言並びに指示等】

第12条 所管行政庁は，要安全確認計画記載建築物の耐震改修の適確な実施を確保するため必要があると認めるときは，要安全確認計画記載建築物の所有者に対し，基本方針のうち第4条第2項第三号の技術上の指針となるべき事項（以下「技術指針事項」という。）を勘案して，要安全確認計画記載建築物の耐震改修について必要な指導及び助言をすることができる。

2 所管行政庁は，要安全確認計画記載建築物について必要な耐震改修が行われていないと認めるときは，要安全確認計画記載建築物の所有者に対し，技術指針事項を勘案して，必要な指示をすることができる。

3 所管行政庁は，前項の規定による指示を受けた要安全確認計画記載建築物の所有者が，正当な理由がなく，その指示に従わなかったときは，その旨を公表することができる。

【要安全確認計画記載建築物に係る報告，検査等】

第13条 所管行政庁は，第8条第1項並びに前条第2項及び第3項の規定の施行に必要な限度において，**政令**で定めるところにより，要安全確認計画記載建築物の所有者に対し，要安全確認計画記載建築物の地震に対する安全性に係る事項（第7条の規定による報告の対象となる事項を除く。）に関し報告させ，又はその職員に，要安全確認計画記載建築物，要安全確認計画記載建築物の敷地若しくは要安全確認計画記載建築物の工事現場に立ち入り，要安全確認計画記載建築物，要安全確認計画記載建築物の敷地，建築設備，建築材料，書類その他の物件を検査させることができる。ただし，住居に立ち入る場合においては，あらかじめ，その居住者の承諾を

得なければならない。

◆政令［要安全確認計画記載建築物に係る報告及び立入検査］令第5条→p1048

2　前項の規定により立入検査をする職員は，その身分を示す証明書を携帯し，関係者に提示しなければならない。

●関連［身分証明書の様式］規則第27条→p1055

3　第1項の規定による立入検査の権限は，犯罪捜査のために認められたものと解釈してはならない。

【特定既存耐震不適格建築物の所有者の努力】

第14条　次に掲げる建築物であって既存耐震不適格建築物であるもの（要安全確認計画記載建築物であるものを除く。以下「特定既存耐震不適格建築物」という。）の所有者は，当該特定既存耐震不適格建築物について耐震診断を行い，その結果，地震に対する安全性の向上を図る必要があると認められるときは，当該特定既存耐震不適格建築物について耐震改修を行うよう努めなければならない。

一　学校，体育館，病院，劇場，観覧場，集会場，展示場，百貨店，事務所，老人ホームその他多数の者が利用する建築物で**政令**で定めるものであって**政令**で定める規模以上のもの

◆政令［多数の者が利用する特定既存耐震不適格建築物の要件］令第6条→p1049

二　火薬類，石油類その他政令で定める危険物であって**政令**で定める数量以上のものの貯蔵場又は処理場の用途に供する建築物

◆政令［危険物の貯蔵場等の用途に供する特定既存耐震不適格建築物の要件］令第7条→p1050

三　その敷地が第5条第3項第二号若しくは第三号の規定により都道府県耐震改修促進計画に記載された道路又は第6条第3項の規定により市町村耐震改修促進計画に記載された道路に接する通行障害建築物

【特定既存耐震不適格建築物に係る指導及び助言並びに指示等】

第15条　所管行政庁は，特定既存耐震不適格建築物の耐震診断及び耐震改修の適確な実施を確保するため必要があると認めるときは，特定既存耐震不適格建築物の所有者に対し，技術指針事項を勘案して，特定既存耐震不適格建築物の耐震診断及び耐震改修について必要な指導及び助言をすることができる。

2　所管行政庁は，次に掲げる特定既存耐震不適格建築物（第一号から第三号までに掲げる特定既存耐震不適格建築物にあっては，地震に対する安全性の向上を図ることが特に必要なものとして**政令**で定めるものであって**政令**で定める規模以上のものに限る。）について必要な耐震診断又は耐震改修が行われていないと認めるときは，特定既存耐震不適格建築物の所有者に対し，技術指針事項を勘案して，必要な指示をすることができる。

一　病院，劇場，観覧場，集会場，展示場，百貨店その他不特定かつ多数の者が利用する特定既存耐震不適格建築物

二　小学校，老人ホームその他地震の際の避難確保上特に配慮を要する者が主として利用する特定既存耐震不適格建築物

三　前条第二号に掲げる建築物である特定既存耐震不適格建築物

四　前条第三号に掲げる建築物である特定既存耐震不適格建築物

◆政令［所管行政庁による指示の対象となる特定既存耐震不適格建築物の要件］令第8条→p1051

3　所管行政庁は，前項の規定による指示を受けた特定既存耐震不適格建築物の所有者が，正当な理由がなく，その指示に従わなかったときは，その旨を公表することができる。

4　所管行政庁は，前2項の規定の施行に必要な限度において，**政令**で定めるところにより，特定既存耐震不適格建築物の所有者に対し，特定既存耐震不適格建築物の地震に対する安全性に係る事項に関し報告させ，又はその職員に，特定既存耐震不適格建築物，特定既存耐震不適格建築物の敷地若しくは特定既存耐震不適格建築物の工事現場に立ち入り，特定既存耐震不適格建築物，特定既存耐震不適格建築物の敷地，建築設備，建築材料，書類その他の物件を検査させることができる。

◆政令［特定既存耐震不適格建築物に係る報告及び立入検査］令第9条→p1052

5　第13条第1項ただし書，第2項及び第3項の規定は，前項の規定による立入検査について準用する。

【一定の既存耐震不適格建築物の所有者の努力等】

第16条　要安全確認計画記載建築物及び特定既存耐震不適格建築物以外の既存耐震不適格建築物の所有者は，当該既存耐震不適格建築物について耐震診断を行い，必要に応じ，当該既存耐震不適格建築物について耐震改修を行うよう努めなければならない。

2　所管行政庁は，前項の既存耐震不適格建築物の耐震診断及び耐震改修の適確な実施を確保するため必要があると認めるときは，当該既存耐震不適格建築物の所有者に対し，技術指針事項を勘案して，当該既存耐震不適格建築物の耐震診断及び耐震改修について必要な指導及び助言をすることができる。

第4章　建築物の耐震改修の計画の認定

【計画の認定】

第17条　建築物の耐震改修をしようとする者は，**国土交通省令**で定めるところにより，建築物の耐震改修の計画を作成し，所管行政庁の認定を申請することができる。

◆国土交通省令［計画の認定の申請］規則第28条→p1055

2　前項の計画には，次に掲げる事項を記載しなければならない。

一　建築物の位置

二　建築物の階数，延べ面積，構造方法及び用途

三　建築物の耐震改修の事業の内容

四　建築物の耐震改修の事業に関する資金計画

五　その他**国土交通省令**で定める事項

◆国土交通省令［計画の記載事項］規則第29条→p1058

3　所管行政庁は，第1項の申請があった場合において，建築物の耐震改修の計画が次に掲げる基準に適合すると認めるときは，その旨の認定（以下この章において「計

画の認定」という。）をすることができる。

一　建築物の耐震改修の事業の内容が耐震関係規定又は地震に対する安全上これに準ずるものとして国土交通大臣が定める基準に適合していること。

二　前項第四号の資金計画が建築物の耐震改修の事業を確実に遂行するため適切なものであること。

三　第1項の申請に係る建築物，建築物の敷地又は建築物若しくはその敷地の部分が耐震関係規定及び耐震関係規定以外の建築基準法又はこれに基づく命令若しくは条例の規定に適合せず，かつ，同法第3条第2項の規定の適用を受けているものである場合において，当該建築物又は建築物の部分の増築，改築，大規模の修繕（同法第2条第十四号に規定する大規模の修繕をいう。）又は大規模の模様替（同条第十五号に規定する大規模の模様替をいう。）をしようとするものであり，かつ，当該工事後も，引き続き，当該建築物，建築物の敷地又は建築物若しくはその敷地の部分が耐震関係規定以外の同法又はこれに基づく命令若しくは条例の規定に適合しないこととなるものであるときは，前2号に掲げる基準のほか，次に掲げる基準に適合していること。

　イ　当該工事が地震に対する安全性の向上を図るため必要と認められるものであり，かつ，当該工事後も，引き続き，当該建築物，建築物の敷地又は建築物若しくはその敷地の部分が耐震関係規定以外の建築基準法又はこれに基づく命令若しくは条例の規定に適合しないこととなることがやむを得ないと認められるものであること。

　ロ　工事の計画（2以上の工事に分けて耐震改修の工事を行う場合にあっては，それぞれの工事の計画。第五号ロ及び第六号ロにおいて同じ。）に係る建築物及び建築物の敷地について，交通上の支障の度，安全上，防火上及び避難上の危険の度並びに衛生上及び市街地の環境の保全上の有害の度が高くならないものであること。

四　第1項の申請に係る建築物が既存耐震不適格建築物である耐火建築物（建築基準法第2条第九号の二に規定する耐火建築物をいう。）である場合において，当該建築物について柱若しくは壁を設け，又は柱若しくははりの模様替をすることにより当該建築物が同法第27条第2項の規定に適合しないこととなるものであるときは，第一号及び第二号に掲げる基準のほか，次に掲げる基準に適合していること。

　イ　当該工事が地震に対する安全性の向上を図るため必要と認められるものであり，かつ，当該工事により，当該建築物が建築基準法第27条第2項の規定に適合しないこととなることがやむを得ないと認められるものであること。

　ロ　次に掲げる基準に適合し，防火上及び避難上支障がないと認められるものであること。

　　⑴　工事の計画に係る柱，壁又ははりの構造が**国土交通省令**で定める防火上の基準に適合していること。

◆**国土交通省令**［国土交通省令で定める防火上の基準］規則第31条第1項→p1058

　⑵　工事の計画に係る柱，壁又ははりに係る火災が発生した場合の通報の方法
　が**国土交通省令**で定める防火上の基準に適合していること。

◆国土交通省令［国土交通省令で定める防火上の基準］規則第31条第2項→p1058

五　第1項の申請に係る建築物が既存耐震不適格建築物である場合において，当該
　建築物について増築をすることにより当該建築物が建築物の容積率（延べ面積の
　敷地面積に対する割合をいう。）に係る建築基準法又はこれに基づく命令若しく
　は条例の規定（イ及び第8項において「容積率関係規定」という。）に適合しな
　いこととなるものであるときは，第一号及び第二号に掲げる基準のほか，次に掲
　げる基準に適合していること。

　イ　当該工事が地震に対する安全性の向上を図るため必要と認められるものであ
　　り，かつ，当該工事により，当該建築物が容積率関係規定に適合しないことと
　　なることがやむを得ないと認められるものであること。

　ロ　工事の計画に係る建築物について，交通上，安全上，防火上及び衛生上支障
　　がないと認められるものであること。

六　第1項の申請に係る建築物が既存耐震不適格建築物である場合において，当該
　建築物について増築をすることにより当該建築物が建築物の建蔽率（建築面積の
　敷地面積に対する割合をいう。）に係る建築基準法又はこれに基づく命令若しく
　は条例の規定（イ及び第9項において「建蔽率関係規定」という。）に適合しな
　いこととなるものであるときは，第一号及び第二号に掲げる基準のほか，次に掲
　げる基準に適合していること。

　イ　当該工事が地震に対する安全性の向上を図るため必要と認められるものであ
　　り，かつ，当該工事により，当該建築物が建蔽率関係規定に適合しないことと
　　なることがやむを得ないと認められるものであること。

　ロ　工事の計画に係る建築物について，交通上，安全上，防火上及び衛生上支障
　　がないと認められるものであること。

4　第1項の申請に係る建築物の耐震改修の計画が建築基準法第6条第1項の規定に
　よる確認又は同法第18条第2項の規定による通知を要するものである場合におい
　て，計画の認定をしようとするときは，所管行政庁は，あらかじめ，建築主事の同
　意を得なければならない。

5　建築基準法第93条の規定は所管行政庁が同法第6条第1項の規定による確認又は
　同法第18条第2項の規定による通知を要する建築物の耐震改修の計画について計画
　の認定をしようとする場合について，同法第93条の2の規定は所管行政庁が同法第
　6条第1項の規定による確認を要する建築物の耐震改修の計画について計画の認定
　をしようとする場合について準用する。

6　所管行政庁が計画の認定をしたときは，次に掲げる建築物，建築物の敷地又は建
　築物若しくはその敷地の部分（以下この項において「建築物等」という。）につい
　ては，建築基準法第3条第3項第三号及び第四号の規定にかかわらず，同条第2項
　の規定を適用する。

一　耐震関係規定に適合せず，かつ，建築基準法第3条第2項の規定の適用を受け

ている建築物等であって，第3項第一号の国土交通大臣が定める基準に適合しているものとして計画の認定を受けたもの

二　計画の認定に係る第3項第三号の建築物等

7　所管行政庁が計画の認定をしたときは，計画の認定に係る第3項第四号の建築物については，建築基準法第27条第2項の規定は，適用しない。

8　所管行政庁が計画の認定をしたときは，計画の認定に係る第3項第五号の建築物については，容積率関係規定は，適用しない。

9　所管行政庁が計画の認定をしたときは，計画の認定に係る第3項第六号の建築物については，建蔽率関係規定は，適用しない。

10　第1項の申請に係る建築物の耐震改修の計画が建築基準法第6条第1項の規定による確認又は同法第18条第2項の規定による通知を要するものである場合において，所管行政庁が計画の認定をしたときは，同法第6条第1項又は第18条第3項の規定による確認済証の交付があったものとみなす。この場合において，所管行政庁は，その旨を建築主事に通知するものとする。

【計画の変更】

第18条　計画の認定を受けた者（第28条第1項及び第3項を除き，以下「認定事業者」という。）は，当該計画の認定を受けた計画の変更（**国土交通省令**で定める軽微な変更を除く。）をしようとするときは，所管行政庁の認定を受けなければならない。

◆国土交通省令［国土交通省令で定める軽微な変更］規則第32条→p1059

2　前条の規定は，前項の場合について準用する。

【計画認定建築物に係る報告の徴収】

第19条　所管行政庁は，認定事業者に対し，計画の認定を受けた計画（前条第1項の規定による変更の認定があったときは，その変更後のもの。次条において同じ。）に係る建築物（以下「計画認定建築物」という。）の耐震改修の状況について報告を求めることができる。

【改善命令】

第20条　所管行政庁は，認定事業者が計画の認定を受けた計画に従って計画認定建築物の耐震改修を行っていないと認めるときは，当該認定事業者に対し，相当の期限を定めて，その改善に必要な措置をとるべきことを命ずることができる。

【計画の認定の取消し】

第21条　所管行政庁は，認定事業者が前条の規定による処分に違反したときは，計画の認定を取り消すことができる。

第5章　建築物の地震に対する安全性に係る認定等

【建築物の地震に対する安全性に係る認定】

第22条　建築物の所有者は，**国土交通省令**で定めるところにより，所管行政庁に対し，当該建築物について地震に対する安全性に係る基準に適合している旨の認定を申請することができる。

◆国土交通省令［建築物の地震に対する安全性に係る認定の申請］規則第33条→p1059

2　所管行政庁は，前項の申請があった場合において，当該申請に係る建築物が耐震関係規定又は地震に対する安全上これに準ずるものとして国土交通大臣が定める基準に適合していると認めるときは，その旨の認定をすることができる。

3　前項の認定を受けた者は，同項の認定を受けた建築物（以下「基準適合認定建築物」という。），その敷地又はその利用に関する広告その他の国土交通省令で定めるもの（次項において「広告等」という。）に，**国土交通省令**で定めるところにより，当該基準適合認定建築物が前項の認定を受けている旨の表示を付することができる。

◆国土交通省令［表示等］規則第35条→p1060

4　何人も，前項の規定による場合を除くほか，建築物，その敷地又はその利用に関する広告等に，同項の表示又はこれと紛らわしい表示を付してはならない。

【基準適合認定建築物に係る認定の取消し】

第23条　所管行政庁は，基準適合認定建築物が前条第2項の基準に適合しなくなったと認めるときは，同項の認定を取り消すことができる。

【基準適合認定建築物に係る報告，検査等】

第24条　所管行政庁は，前条の規定の施行に必要な限度において，**政令**で定めるところにより，第22条第2項の認定を受けた者に対し，基準適合認定建築物の地震に対する安全性に係る事項に関し報告させ，又はその職員に，基準適合認定建築物，基準適合認定建築物の敷地若しくは基準適合認定建築物の工事現場に立ち入り，基準適合認定建築物，基準適合認定建築物の敷地，建築設備，建築材料，書類その他の物件を検査させることができる。

◆**政令**［基準適合認定建築物に係る報告及び立入検査］令第10条→p1052

2　第13条第1項ただし書，第2項及び第3項の規定は，前項の規定による立入検査について準用する。

第6章　区分所有建築物の耐震改修の必要性に係る認定等

【区分所有建築物の耐震改修の必要性に係る認定】

第25条　耐震診断が行われた区分所有建築物（2以上の区分所有者（建物の区分所有等に関する法律（昭和37年法律第69号）第2条第2項に規定する区分所有者をいう。以下同じ。）が存する建築物をいう。以下同じ。）の管理者等（同法第25条第1項の規定により選任された管理者（管理者がないときは，同法第34条の規定による集会において指定された区分所有者）又は同法第49条第1項の規定により置かれた理事をいう。）は，**国土交通省令**で定めるところにより，所管行政庁に対し，当該区分所有建築物について耐震改修を行う必要がある旨の認定を申請することができる。

◆国土交通省令［区分所有建築物の耐震改修の必要性に係る認定の申請］規則第37条→p1060

2　所管行政庁は，前項の申請があった場合において，当該申請に係る区分所有建築物が地震に対する安全上耐震関係規定に準ずるものとして国土交通大臣が定める基

準に適合していないと認めるときは，その旨の認定をすることができる。

3　前項の認定を受けた区分所有建築物（以下「要耐震改修認定建築物」という。）の耐震改修が建物の区分所有等に関する法律第17条第1項に規定する共用部分の変更に該当する場合における同項の規定の適用については，同項中「区分所有者及び議決権の各3/4以上の多数による集会の決議」とあるのは「集会の決議」とし，同項ただし書の規定は，適用しない。

【要耐震改修認定建築物の区分所有者の耐震改修の努力】

第26条　要耐震改修認定建築物の区分所有者は，当該要耐震改修認定建築物について耐震改修を行うよう努めなければならない。

【要耐震改修認定建築物の耐震改修に係る指導及び助言並びに指示等】

第27条　所管行政庁は，要耐震改修認定建築物の区分所有者に対し，技術指針事項を勘案して，要耐震改修認定建築物の耐震改修について必要な指導及び助言をすることができる。

2　所管行政庁は，要耐震改修認定建築物について必要な耐震改修が行われていないと認めるときは，要耐震改修認定建築物の区分所有者に対し，技術指針事項を勘案して，必要な指示をすることができる。

3　所管行政庁は，前項の規定による指示を受けた要耐震改修認定建築物の区分所有者が，正当な理由がなく，その指示に従わなかったときは，その旨を公表することができる。

4　所管行政庁は，前2項の規定の施行に必要な限度において，**政令**で定めるところにより，要耐震改修認定建築物の区分所有者に対し，要耐震改修認定建築物の地震に対する安全性に係る事項に関し報告させ，又はその職員に，要耐震改修認定建築物，要耐震改修認定建築物の敷地若しくは要耐震改修認定建築物の工事現場に立ち入り，要耐震改修認定建築物，要耐震改修認定建築物の敷地，建築設備，建築材料，書類その他の物件を検査させることができる。

◆政令［要耐震改修認定建築物に係る報告及び立入検査］令第11条→p1052

5　第13条第1項ただし書，第2項及び第3項の規定は，前項の規定による立入検査について準用する。

第7章　建築物の耐震改修に係る特例　（略）

第8章　耐震改修支援センター

【耐震改修支援センター】

第32条　国土交通大臣は，建築物の耐震診断及び耐震改修の実施を支援することを目的とする一般社団法人又は一般財団法人その他営利を目的としない法人であって，第34条に規定する業務（以下「支援業務」という。）に関し次に掲げる基準に適合すると認められるものを，その申請により，耐震改修支援センター（以下「センタ

一」という。）として指定することができる。

一　職員，支援業務の実施の方法その他の事項についての支援業務の実施に関する計画が，支援業務の適確な実施のために適切なものであること。

二　前号の支援業務の実施に関する計画を適確に実施するに足りる経理的及び技術的な基礎を有するものであること。

三　役員又は職員の構成が，支援業務の公正な実施に支障を及ぼすおそれがないものであること。

四　支援業務以外の業務を行っている場合には，その業務を行うことによって支援業務の公正な実施に支障を及ぼすおそれがないものであること。

五　前各号に定めるもののほか，支援業務を公正かつ適確に行うことができるものであること。

【業　務】

第34条　センターは，次に掲げる業務を行うものとする。

一　認定事業者が行う計画認定建築物である要安全確認計画記載建築物及び特定既存耐震不適格建築物の耐震改修に必要な資金の貸付けを行った国土交通省令で定める金融機関の要請に基づき，当該貸付けに係る債務の保証をすること。

二　建築物の耐震診断及び耐震改修に関する情報及び資料の収集，整理及び提供を行うこと。

三　建築物の耐震診断及び耐震改修に関する調査及び研究を行うこと。

四　前3号に掲げる業務に附帯する業務を行うこと。

【帳簿の備付け等】

第39条　センターは，国土交通省令で定めるところにより，支援業務に関する事項で国土交通省令で定めるものを記載した帳簿を備え付け，これを保存しなければならない。

2　前項に定めるもののほか，センターは，国土交通省令で定めるところにより，支援業務に関する書類で国土交通省令で定めるものを保存しなければならない。

【センターに係る報告，検査等】

第41条　国土交通大臣は，支援業務の公正かつ適確な実施を確保するため必要があると認めるときは，センターに対し支援業務若しくは資産の状況に関し必要な報告を求め，又はその職員に，センターの事務所に立ち入り，支援業務の状況若しくは帳簿，書類その他の物件を検査させ，若しくは関係者に質問させることができる。

2　前項の規定により立入検査をする職員は，その身分を示す証明書を携帯し，関係者に提示しなければならない。

3　第1項の規定による立入検査の権限は，犯罪捜査のために認められたものと解釈してはならない。

第9章 罰　　　則

第43条　第8条第1項の規定による命令に違反した者は，100万円以下の罰金に処する。

第44条　第13条第1項，第15条第4項又は第27条第4項の規定による報告をせず，若しくは虚偽の報告をし，又はこれらの規定による検査を拒み，妨げ，若しくは忌避した者は，50万円以下の罰金に処する。

第45条　次の各号のいずれかに該当する者は，30万円以下の罰金に処する。

一　第19条，第24条第1項又は第41条第1項の規定による報告をせず，又は虚偽の報告をした者

二　第22条第4項の規定に違反して，表示を付した者

三　第24条第1項又は第41条第1項の規定による検査を拒み，妨げ，又は忌避した者

四　第39条第1項の規定に違反して，帳簿を備え付けず，帳簿に記載せず，若しくは帳簿に虚偽の記載をし，又は帳簿を保存しなかった者

五　第39条第2項の規定に違反した者

六　第41条第1項の規定による質問に対して答弁せず，又は虚偽の答弁をした者

第46条　法人の代表者又は法人若しくは人の代理人，使用人その他の従業者が，その法人又は人の業務に関し，前3条の違反行為をしたときは，行為者を罰するほか，その法人又は人に対しても各本条の刑を科する。

　　附　則　（略）

建築物の耐震改修の促進に関する
法律施行令

平成 7 年12月22日　政令第429号
最終改正　令和 5 年 9 月29日　政令第293号

【都道府県知事が所管行政庁となる建築物】

第 1 条　建築物の耐震改修の促進に関する法律（以下「法」という。）第 2 条第 3 項ただし書の政令で定める建築物のうち建築基準法（昭和25年法律第201号）第97条の 2 第 1 項の規定により建築主事を置く市町村の区域内のものは、同法第 6 条第 1 項第四号に掲げる建築物（その新築、改築、増築、移転又は用途の変更に関して、法律並びにこれに基づく命令及び条例の規定により都道府県知事の許可を必要とするものを除く。）以外の建築物とする。

2　法第 2 条第 3 項ただし書の政令で定める建築物のうち建築基準法第97条の 3 第 1 項の規定により建築主事を置く特別区の区域内のものは、次に掲げる建築物（第二号に掲げる建築物にあっては、地方自治法（昭和22年法律第67号）第252条の17の 2 第 1 項の規定により同号に規定する処分に関する事務を特別区が処理することとされた場合における当該建築物を除く。）とする。

一　延べ面積（建築基準法施行令（昭和25年政令第338号）第 2 条第 1 項第四号に規定する延べ面積をいう。）が10,000m²を超える建築物

二　その新築、改築、増築、移転又は用途の変更に関して、建築基準法第51条（同法第87条第 2 項及び第 3 項において準用する場合を含む。）（市町村都市計画審議会が置かれている特別区にあっては、卸売市場、と畜場及び産業廃棄物処理施設に係る部分に限る。）並びに同法以外の法律並びにこれに基づく命令及び条例の規定により都知事の許可を必要とする建築物

【都道府県耐震改修促進計画に記載することができる公益上必要な建築物】

第 2 条　法第 5 条第 3 項第一号の政令で定める公益上必要な建築物は、次に掲げる施設である建築物とする。

一　診療所

二　電気通信事業法（昭和59年法律第86号）第 2 条第四号に規定する電気通信事業の用に供する施設

三　電気事業法（昭和39年法律第170号）第 2 条第 1 項第十六号に規定する電気事業の用に供する施設

四　ガス事業法（昭和29年法律第51号）第 2 条第11項に規定するガス事業の用に供する施設

五　液化石油ガスの保安の確保及び取引の適正化に関する法律（昭和42年法律第149号）第 2 条第 3 項に規定する液化石油ガス販売事業の用に供する施設

六　水道法（昭和32年法律第177号）第 3 条第 2 項に規定する水道事業又は同条第

4項に規定する水道用水供給事業の用に供する施設

七　下水道法（昭和33年法律第79号）第2条第三号に規定する公共下水道又は同条第四号に規定する流域下水道の用に供する施設

八　熱供給事業法（昭和47年法律第88号）第2条第2項に規定する熱供給事業の用に供する施設

九　火葬場

十　汚物処理場

十一　廃棄物の処理及び清掃に関する法律施行令（昭和46年政令第300号。次号において「廃棄物処理法施行令」という。）第5条第1項に規定するごみ処理施設

十二　廃棄物処理法施行令第7条第一号から第十三号の二までに掲げる産業廃棄物の処理施設（工場その他の建築物に附属するもので，当該建築物において生じた廃棄物のみの処理を行うものを除く。）

十三　鉄道事業法（昭和61年法律第92号）第2条第1項に規定する鉄道事業の用に供する施設

十四　軌道法（大正10年法律第76号）第1条第1項に規定する軌道の用に供する施設

十五　道路運送法（昭和26年法律第183号）第3条第一号イに規定する一般乗合旅客自動車運送事業の用に供する施設

十六　貨物自動車運送事業法（平成元年法律第83号）第2条第2項に規定する一般貨物自動車運送事業の用に供する施設

十七　自動車ターミナル法（昭和34年法律第136号）第2条第8項に規定する自動車ターミナル事業の用に供する施設

十八　港湾法（昭和25年法律第218号）第2条第5項に規定する港湾施設

十九　空港法（昭和31年法律第80号）第2条に規定する空港の用に供する施設

二十　放送法（昭和25年法律第132号）第2条第二号に規定する基幹放送の用に供する施設

二十一　工業用水道事業法（昭和33年法律第84号）第2条第4項に規定する工業用水道事業の用に供する施設

二十二　災害対策基本法（昭和36年法律第223号）第2条第十号に規定する地域防災計画において災害応急対策に必要な施設として定められたものその他これに準ずるものとして国土交通省令で定めるもの

【耐震不明建築物の要件】

第3条　法第5条第3項第一号の政令で定めるその地震に対する安全性が明らかでない建築物は，昭和56年5月31日以前に新築の工事に着手したものとする。ただし，同年6月1日以後に増築，改築，大規模の修繕又は大規模の模様替の工事（次に掲げるものを除く。）に着手し，建築基準法第7条第5項，第7条の2第5項又は第18条第18項の規定による検査済証の交付（以下この条において単に「検査済証の交付」という。）を受けたもの（建築基準法施行令第137条の14第一号に定める建築物の部分（以下この条において「独立部分」という。）が2以上ある建築物にあっては，当該2以上の独立部分の全部について同日以後にこれらの工事に着手し，検査

済証の交付を受けたものに限る。）を除く。

一　建築基準法第86条の8第1項の規定による認定を受けた全体計画に係る2以上の工事のうち最後の工事以外の増築，改築，大規模の修繕又は大規模の模様替の工事

二　建築基準法施行令第137条の2第三号に掲げる範囲内の増築又は改築の工事であって，増築又は改築後の建築物の構造方法が同号イに適合するもの

三　建築基準法施行令第137条の12第1項に規定する範囲内の大規模の修繕又は大規模の模様替の工事

【通行障害建築物の要件】

第4条　法第5条第3項第二号の政令で定める建築物は，次に掲げるものとする。

一　そのいずれかの部分の高さが，当該部分から前面道路の境界線までの水平距離に，次のイ又はロに掲げる場合の区分に応じ，それぞれ当該イ又はロに定める距離（これによることが不適当である場合として国土交通省令で定める場合においては，当該前面道路の幅員が12m以下のときは6mを超える範囲において，当該前面道路の幅員が12mを超えるときは6m以上の範囲において，国土交通省令で定める距離）を加えた数値を超える建築物（次号に掲げるものを除く。）

　　イ　当該前面道路の幅員が12m以下の場合　　　6m

　　ロ　当該前面道路の幅員が12mを超える場合　　　当該前面道路の幅員の1/2に相当する距離

二　その前面道路に面する部分の長さが25m（これによることが不適当である場合として国土交通省令で定める場合においては，8m以上25m未満の範囲において国土交通省令で定める長さ）を超え，かつ，その前面道路に面する部分のいずれかの高さが，当該部分から当該前面道路の境界線までの水平距離に当該前面道路の幅員の1/2に相当する距離（これによることが不適当である場合として国土交通省令で定める場合においては，2m以上の範囲において国土交通省令で定める距離）を加えた数値を2.5で除して得た数値を超える組積造の塀であって，建物（土地に定着する工作物のうち屋根及び柱又は壁を有するもの（これに類する構造のものを含む。）をいう。）に附属するもの

【要安全確認計画記載建築物に係る報告及び立入検査】

第5条　所管行政庁は，法第13条第1項の規定により，要安全確認計画記載建築物の所有者に対し，当該要安全確認計画記載建築物につき，当該要安全確認計画記載建築物の設計及び施工並びに構造の状況に係る事項のうち地震に対する安全性に係るもの並びに当該要安全確認計画記載建築物の耐震診断及び耐震改修の状況（法第7条の規定による報告の対象となる事項を除く。）に関し報告させることができる。

2　所管行政庁は，法第13条第1項の規定により，その職員に，要安全確認計画記載建築物，要安全確認計画記載建築物の敷地又は要安全確認計画記載建築物の工事現場に立ち入り，当該要安全確認計画記載建築物並びに当該要安全確認計画記載建築物の敷地，建築設備，建築材料及び設計図書その他の関係書類を検査させることができる。

【多数の者が利用する特定既存耐震不適格建築物の要件】

第6条 法第14条第一号の政令で定める建築物は，次に掲げるものとする。

一　ボーリング場，スケート場，水泳場その他これらに類する運動施設

二　診療所

三　映画館又は演芸場

四　公会堂

五　卸売市場又はマーケットその他の物品販売業を営む店舗

六　ホテル又は旅館

七　賃貸住宅（共同住宅に限る。），寄宿舎又は下宿

八　老人短期入所施設，保育所，福祉ホームその他これらに類するもの

九　老人福祉センター，児童厚生施設，身体障害者福祉センターその他これらに類するもの

十　博物館，美術館又は図書館

十一　遊技場

十二　公衆浴場

十三　飲食店，キャバレー，料理店，ナイトクラブ，ダンスホールその他これらに類するもの

十四　理髪店，質屋，貸衣装屋，銀行その他これらに類するサービス業を営む店舗

十五　工場

十六　車両の停車場又は船舶若しくは航空機の発着場を構成する建築物で旅客の乗降又は待合いの用に供するもの

十七　自動車車庫その他の自動車又は自転車の停留又は駐車のための施設

十八　保健所，税務署その他これらに類する公益上必要な建築物

2　法第14条第一号の政令で定める規模は，次の各号に掲げる建築物の区分に応じ，それぞれ当該各号に定める階数及び床面積の合計（当該各号に掲げる建築物の用途に供する部分の床面積の合計をいう。以下この項において同じ。）とする。

一　幼稚園，幼保連携型認定こども園又は保育所　　階数2及び床面積の合計500m²

二　小学校，中学校，義務教育学校，中等教育学校の前期課程若しくは特別支援学校（以下「小学校等」という。），老人ホーム又は前項第八号若しくは第九号に掲げる建築物（保育所を除く。）　　階数2及び床面積の合計1,000m²

三　学校（幼稚園，小学校等及び幼保連携型認定こども園を除く。），病院，劇場，観覧場，集会場，展示場，百貨店，事務所又は前項第一号から第七号まで若しくは第十号から第十八号までに掲げる建築物　　階数3及び床面積の合計1,000m²

四　体育館　　階数1及び床面積の合計1,000m²

3　前項各号のうち2以上の号に掲げる建築物の用途を兼ねる場合における法第14条第一号の政令で定める規模は，同項の規定にかかわらず，同項各号に掲げる建築物の区分に応じ，それぞれ当該各号に定める階数及び床面積の合計に相当するものとして**国土交通省令**で定める階数及び床面積の合計とする。

◆国土交通省令 ［令第6条第3項の規定による階数及び床面積の合計］規則第25条→p1054

【危険物の貯蔵場等の用途に供する特定既存耐震不適格建築物の要件】

第7条　法第14条第二号の政令で定める危険物は，次に掲げるものとする。

一　消防法（昭和23年法律第186号）第2条第7項に規定する危険物（石油類を除く。）

二　危険物の規制に関する政令（昭和34年政令第306号）別表第4備考第六号に規定する可燃性固体類又は同表備考第八号に規定する可燃性液体類

三　マッチ

四　可燃性のガス（次号及び第六号に掲げるものを除く。）

五　圧縮ガス

六　液化ガス

七　毒物及び劇物取締法（昭和25年法律第303号）第2条第1項に規定する毒物又は同条第2項に規定する劇物（液体又は気体のものに限る。）

2　法第14条第二号の政令で定める数量は，次の各号に掲げる危険物の区分に応じ，それぞれ当該各号に定める数量（第六号及び第七号に掲げる危険物にあっては，温度が0度で圧力が1気圧の状態における数量とする。）とする。

一　火薬類　　次に掲げる火薬類の区分に応じ，それぞれに定める数量

　　イ　火薬　　　10t

　　ロ　爆薬　　　5 t

　　ハ　工業雷管若しくは電気雷管又は信号雷管　　50万個

　　ニ　銃用雷管　　500万個

　　ホ　実包若しくは空包，信管若しくは火管又は電気導火線　　5万個

　　ヘ　導爆線又は導火線　　500km

　　ト　信号炎管若しくは信号火箭又は煙火　　2 t

　　チ　その他の火薬又は爆薬を使用した火工品　　当該火工品の原料となる火薬又は爆薬の区分に応じ，それぞれイ又はロに定める数量

二　消防法第2条第7項に規定する危険物　　危険物の規制に関する政令別表第3の類別の欄に掲げる類，品名の欄に掲げる品名及び性質の欄に掲げる性状に応じ，それぞれ同表の指定数量の欄に定める数量の10倍の数量

三　危険物の規制に関する政令別表第4備考第六号に規定する可燃性固体類　　30t

四　危険物の規制に関する政令別表第4備考第八号に規定する可燃性液体類　　20m³

五　マッチ　　300マッチt

六　可燃性のガス（次号及び第八号に掲げるものを除く。）　　2万m³

七　圧縮ガス　　20万m³

八　液化ガス　　2,000t

九　毒物及び劇物取締法第2条第1項に規定する毒物（液体又は気体のものに限る。）　　20t

十　毒物及び劇物取締法第2条第2項に規定する劇物（液体又は気体のものに限る。）　　200t

3　前項各号に掲げる危険物の2種類以上を貯蔵し，又は処理しようとする場合においては，同項各号に定める数量は，貯蔵し，又は処理しようとする同項各号に掲げる危険物の数量の数値をそれぞれ当該各号に定める数量の数値で除し，それらの商を加えた数値が1である場合の数量とする。

【所管行政庁による指示の対象となる特定既存耐震不適格建築物の要件】

第8条　法第15条第2項の政令で定める特定既存耐震不適格建築物は，次に掲げる建築物である特定既存耐震不適格建築物とする。

一　体育館（一般公共の用に供されるものに限る。），ボーリング場，スケート場，水泳場その他これらに類する運動施設

二　病院又は診療所

三　劇場，観覧場，映画館又は演芸場

四　集会場又は公会堂

五　展示場

六　百貨店，マーケットその他の物品販売業を営む店舗

七　ホテル又は旅館

八　老人福祉センター，児童厚生施設，身体障害者福祉センターその他これらに類するもの

九　博物館，美術館又は図書館

十　遊技場

十一　公衆浴場

十二　飲食店，キャバレー，料理店，ナイトクラブ，ダンスホールその他これらに類するもの

十三　理髪店，質屋，貸衣装屋，銀行その他これらに類するサービス業を営む店舗

十四　車両の停車場又は船舶若しくは航空機の発着場を構成する建築物で旅客の乗降又は待合いの用に供するもの

十五　自動車車庫その他の自動車又は自転車の停留又は駐車のための施設で，一般公共の用に供されるもの

十六　保健所，税務署その他これらに類する公益上必要な建築物

十七　幼稚園，小学校等又は幼保連携型認定こども園

十八　老人ホーム，老人短期入所施設，保育所，福祉ホームその他これらに類するもの

十九　法第14条第二号に掲げる建築物

2　法第15条第2項の政令で定める規模は，次の各号に掲げる建築物の区分に応じ，それぞれ当該各号に定める床面積の合計（当該各号に掲げる建築物の用途に供する部分の床面積の合計をいう。以下この項において同じ。）とする。

一　前項第一号から第十六号まで又は第十八号に掲げる建築物（保育所を除く。）　床面積の合計2,000m²

二　幼稚園，幼保連携型認定こども園又は保育所　床面積の合計750m²

三　小学校等　床面積の合計1,500m²

四　前項第十九号に掲げる建築物　床面積の合計500m²

3 前項第一号から第三号までのうち2以上の号に掲げる建築物の用途を兼ねる場合における法第15条第2項の政令で定める規模は，前項の規定にかかわらず，同項第一号から第三号までに掲げる建築物の区分に応じ，それぞれ同項第一号から第三号までに定める床面積の合計に相当するものとして**国土交通省令**で定める床面積の合計とする。

◆国土交通省令［令第8条第3項の規定による床面積の合計］規則第26条→p1054

【特定既存耐震不適格建築物に係る報告及び立入検査】

第9条 所管行政庁は，法第15条第4項の規定により，前条第1項の特定既存耐震不適格建築物で同条第2項に規定する規模以上のもの及び法第15条第2項第四号に掲げる特定既存耐震不適格建築物の所有者に対し，これらの特定既存耐震不適格建築物につき，当該特定既存耐震不適格建築物の設計及び施工並びに構造の状況に係る事項のうち地震に対する安全性に係るもの並びに当該特定既存耐震不適格建築物の耐震診断及び耐震改修の状況に関し報告させることができる。

2 所管行政庁は，法第15条第4項の規定により，その職員に，前条第1項の特定既存耐震不適格建築物で同条第2項に規定する規模以上のもの及び法第15条第2項第四号に掲げる特定既存耐震不適格建築物，これらの特定既存耐震不適格建築物の敷地又はこれらの特定既存耐震不適格建築物の工事現場に立ち入り，当該特定既存耐震不適格建築物並びに当該特定既存耐震不適格建築物の敷地，建築設備，建築材料及び設計図書その他の関係書類を検査させることができる。

【基準適合認定建築物に係る報告及び立入検査】

第10条 所管行政庁は，法第24条第1項の規定により，法第22条第2項の認定を受けた者に対し，当該認定に係る基準適合認定建築物につき，当該基準適合認定建築物の設計及び施工並びに構造の状況に係る事項のうち地震に対する安全性に係るもの並びに当該基準適合認定建築物の耐震診断の状況に関し報告させることができる。

2 所管行政庁は，法第24条第1項の規定により，その職員に，基準適合認定建築物，基準適合認定建築物の敷地又は基準適合認定建築物の工事現場に立ち入り，当該基準適合認定建築物並びに当該基準適合認定建築物の敷地，建築設備，建築材料及び設計図書その他の関係書類を検査させることができる。

【要耐震改修認定建築物に係る報告及び立入検査】

第11条 所管行政庁は，法第27条第4項の規定により，要耐震改修認定建築物の区分所有者に対し，当該要耐震改修認定建築物につき，当該要耐震改修認定建築物の設計及び施工並びに構造の状況に係る事項のうち地震に対する安全性に係るもの並びに当該要耐震改修認定建築物の耐震診断及び耐震改修の状況に関し報告させることができる。

2 所管行政庁は，法第27条第4項の規定により，その職員に，要耐震改修認定建築物，要耐震改修認定建築物の敷地又は要耐震改修認定建築物の工事現場に立ち入り，当該要耐震改修認定建築物並びに当該要耐震改修認定建築物の敷地，建築設備，建築材料及び設計図書その他の関係書類を検査させることができる。

　　　附　則　（略）

建築物の耐震改修の促進に関する法律
施行規則 [抄]

平成 7 年12月25日　建設省令第28号
最終改正　令和 3 年10月22日　国土交通省令第68号

【法第 5 条第 3 項第二号の国土交通省令で定める道路】

第 2 条　建築物の耐震改修の促進に関する法律（以下「法」という。）第 5 条第 3 項第二号の国土交通省令で定める道路は，都道府県が同項の規定により同条第 2 項第二号に掲げる事項に同条第 3 項第二号に定める事項を記載しようとする場合にあっては当該都道府県知事が，市町村が法第 6 条第 3 項の規定により同条第 2 項第二号に掲げる事項に同条第 3 項第一号に掲げる事項を記載しようとする場合にあっては当該市町村長が避難場所と連絡する道路その他の地震が発生した場合においてその通行を確保することが必要な道路として認めるものとする。

【要安全確認計画記載建築物の耐震診断及びその結果の報告】

第 5 条　法第 7 条の規定により行う耐震診断は，次の各号のいずれかに掲げる者に行わせるものとする。

一　一級建築士（建築士法（昭和25年法律第202号）第 2 条第 2 項に規定する一級建築士をいう。第 8 条第 1 項第一号において同じ。），二級建築士（同法第 2 条第 3 項に規定する二級建築士をいう。第 8 条第 1 項第一号において同じ。）又は木造建築士（同法第 2 条第 4 項に規定する木造建築士をいう。第 8 条第 1 項第一号において同じ。）（国土交通大臣が定める要件を満たす者に限る。）であり，かつ，耐震診断を行う者として必要な知識及び技能を修得させるための講習であって，次条から第 8 条までの規定により国土交通大臣の登録を受けたもの（木造の構造部分を有する建築物の耐震診断にあっては木造耐震診断資格者講習，鉄骨造の構造部分を有する建築物の耐震診断にあっては鉄骨造耐震診断資格者講習，鉄筋コンクリート造の構造部分を有する建築物の耐震診断にあっては鉄筋コンクリート造耐震診断資格者講習，鉄骨鉄筋コンクリート造の構造部分を有する建築物の耐震診断にあっては鉄骨鉄筋コンクリート造耐震診断資格者講習，木造，鉄骨造，鉄筋コンクリート造及び鉄骨鉄筋コンクリート造以外の構造部分を有する建築物にあっては鉄筋コンクリート造耐震診断資格者講習又は鉄骨鉄筋コンクリート造耐震診断資格者講習に限る。以下「登録資格者講習」という。）を修了した者（建築士法第 3 条第 1 項，第 3 条の 2 第 1 項若しくは第 3 条の 3 第 1 項に規定する建築物又は同法第 3 条の 2 第 3 項（同法第 3 条の 3 第 2 項において準用する場合を含む。）の規定に基づく条例に規定する建築物について耐震診断を行わせる場合にあっては，それぞれ当該各条に規定する建築士に限る。以下「耐震診断資格者」という。）

二　前号に掲げる者のほか国土交通大臣が定める者

2　前項の耐震診断は，技術指針事項（法第12条第1項に規定する技術指針事項をいう。）に適合したものでなければならない。

3，4　（略）

【法第8条第2項の規定による公表の方法】

第21条　法第8条第2項の規定による公表は，次に掲げる事項を明示して，インターネットの利用その他の適切な方法により行わなければならない。

一　法第8条第1項の規定による命令に係る要安全確認計画記載建築物の所有者の氏名又は名称及び法人にあっては，その代表者の氏名

二　前号の要安全確認計画記載建築物の位置，用途その他当該要安全確認計画記載建築物の概要

三　第一号の命令をした年月日及びその内容

【法第9条の規定による公表の方法】

第22条　法第9条の規定による公表は，法第7条の規定による報告について，次に掲げる事項を，同条各号に掲げる建築物の区分に応じ，当該各号に定める期限が同一である要安全確認計画記載建築物ごとに一覧できるよう取りまとめ，インターネットの利用その他の適切な方法により行わなければならない。

一　要安全確認計画記載建築物の位置，用途その他当該要安全確認計画記載建築物の概要

二　前号の要安全確認計画記載建築物の耐震診断の結果に関する事項のうち国土交通大臣が定める事項

【通行障害既存耐震不適格建築物の耐震診断に要する費用の負担】

第23条　法第10条第1項の規定により都道府県が負担する費用の額は，法第7条第二号に掲げる建築物の耐震診断の実施に要する標準的な費用として国土交通大臣が定める額から国又は市町村の補助に相当する額を除いた額を限度とする。

2　法第10条第2項の規定により市町村が負担する費用の額は，法第7条第三号に掲げる建築物の耐震診断の実施に要する標準的な費用として国土交通大臣が定める額から国又は都道府県の補助に相当する額を除いた額を限度とする。

【令第6条第3項の規定による階数及び床面積の合計】

第25条　令第6条第3項の規定による同条第2項各号に定める階数は，同項各号のうち当該建築物が該当する2以上の号に定める階数のうち最小のものとし，同条第3項の規定による同条第2項各号に定める床面積の合計は，当該2以上の号に掲げる建築物の用途に供する部分の床面積の合計の数値をそれぞれ当該2以上の号に定める床面積の合計の数値で除し，それらの商を加えた数値が1である場合の床面積の合計とする。

【令第8条第3項の規定による床面積の合計】

第26条　令第8条第3項の規定による同条第2項第一号から第三号までに定める床面積の合計は，これらの号のうち当該建築物が該当する2以上の号に掲げる建築物の用途に供する部分の床面積の合計の数値をそれぞれ当該2以上の号に定める床面積の合計の数値で除し，それらの商を加えた数値が1である場合の床面積の合計とする。

建築物の耐震改修の促進に関する法律施行規則［抄］

【身分証明書の様式】

第27条 法第15条第5項において準用する法第13条第2項の規定により立入検査をする職員の携帯する身分証明書の様式は，別表第1号様式によるものとする。

【計画の認定の申請】

第28条 法第5条第3項第一号の耐震関係規定（第33条第1項において「耐震関係規定」という。）に適合するものとして法第17条第3項の計画の認定を受けようとする建築物の耐震改修の計画について同条第1項の規定により認定の申請をしようとする者は，別記第2号様式による申請書の正本及び副本に，それぞれ，次の表の(い)項及び(ろ)項に掲げる図書を添えて，これらを所管行政庁に提出するものとする。

	図書の種類	明示すべき事項
(い)	付近見取図	方位，道路及び目標となる地物
	配置図	縮尺及び方位
		敷地境界線，敷地内における建築物の位置及び申請に係る建築物と他の建築物との別
		擁壁の位置その他安全上適当な措置
		土地の高低，敷地と敷地の接する道の境界部分との高低差及び申請に係る建築物の各部分の高さ
		敷地の接する道路の位置，幅員及び種類
		下水管，下水溝又はためますその他これらに類する施設の位置及び排出経路又は処理経路
	各階平面図	縮尺及び方位
		間取，各室の用途及び床面積
		壁及び筋かいの位置及び種類
		通し柱及び開口部の位置
		延焼のおそれのある部分の外壁の位置及び構造
		申請に係る建築物が建築基準法第3条第2項の規定により同法第28条の2（建築基準法施行令（昭和25年政令第338号）第137条の4の2に規定する基準に係る部分に限る。）の規定の適用を受けない建築物である場合であって，当該建築物について，増築，改築，大規模の修繕又は大規模の模様替をしようとするときにあっては，当該増築等に係る部分以外の部分について行う同令第137条の4の3第三号に規定する措置
	基礎伏図	縮尺並びに構造耐力上主要な部分（建築基準法施行令第1条第三号に規定する構造耐力上主要な部分をいう。以下同じ。）の材料の種別及び寸法
	各階床伏図	
	小屋伏図	
	構造詳細図	

(ろ)	構造計算書	一　建築基準法施行令第81条第2項第一号イに規定する保有水平耐力計算により安全性を確かめた建築物の場合 　建築基準法施行規則（昭和25年建設省令第40号）第1条の3第1項の表3の⑴項に掲げる構造計算書に明示すべき事項 二　建築基準法施行令第81条第2項第一号ロに規定する限界耐力計算により安全性を確かめた建築物の場合 　建築基準法施行規則第1条の3第1項の表3の⑵項に掲げる構造計算書に明示すべき事項 三　建築基準法施行令第81条第23項第二号イに規定する許容応力度等計算により安全性を確かめた建築物の場合 　建築基準法施行規則第1条の3第1項の表3の⑶項に掲げる構造計算書に明示すべき事項 四　建築基準法施行令第81条第3項に規定する同令第82条各号及び同令第82条の4に定めるところによる構造計算により安全性を確かめた建築物 　建築基準法施行規則第1条の3第1項の表3の⑷項に掲げる構造計算書に明示すべき事項

2　法第17条第3項第一号の国土交通大臣が定める基準に適合するものとして同項の計画の認定を受けようとする建築物の耐震改修の計画について同条第1項の規定により認定の申請をしようとする者は，木造の建築物又は木造と木造以外の構造とを併用する建築物については別記第5号様式による申請書の正本及び副本並びに別記第6号様式による正本及び副本に，木造の構造部分を有しない建築物については別記第5号様式による申請書の正本及び副本に，それぞれ，次の表の左欄に掲げる建築物等の区分に応じて同表の右欄に掲げる事項を明示した構造計算書及び当該計画が法第17条第3項第一号の国土交通大臣が定める基準に適合していることを所管行政庁が適切であると認めた者が証する書類その他の当該計画が当該基準に適合していることを証するものとして所管行政庁が規則で定める書類を添えて，これらを所管行政庁に提出するものとする。

建築物等	明示すべき事項
木造の建築物又は木造と木造以外の構造とを併用する建築物の木造の構造部分	各階の張り間方向及びけた行方向の壁を設け又は筋かいを入れた軸組の水平力に対する耐力及び靭性並びに配置並びに地震力，建築物の形状及び地盤の種類を考慮して行った各階の当該方向の耐震性能の水準に係る構造計算
木造の構造部分を有しない建築物又は木造と木造以外の構造とを併用する建築物の木造以外の構造部分	各階の保有水平耐力及び各階の靭性，各階の形状特性，地震の地域における特性並びに建築物の振動特性を考慮して行った各階の耐震性能の水準に係る構造計算並びに各階の保有水平耐力，各階の形状特性，当該階が支える固定荷重と積載荷重との和（建築基準法施行令第86条第2項ただし書の多雪区域においては，更に積雪荷重を加えたもの），

	地震の地域における特性，建築物の振動特性，地震層せん断力係数の建築物の高さ方向の分布及び建築物の構造方法を考慮して行った各階の保有水平耐力の水準に係る構造計算

3　法第17条第3項第三号に掲げる基準に適合するものとして同項の計画の認定を受けようとする建築物の耐震改修の計画について同条第1項の規定により認定の申請をしようとする者は，第1項又は前項の認定の申請書の正本及び副本並びに別記第7号様式の正本及び副本に，それぞれ，建築基準法施行規則第1条の3第1項第一号イ及びロに掲げる図書及び書類を，同条第7項の規定に基づき特定行政庁（建築基準法第2条第三十五号に規定する特定行政庁をいう。以下第5項及び第6項において同じ。）が規則で同法第6条第1項の申請書に添えるべき図書を定めた場合においては当該図書を添えて，これらを所管行政庁に提出するものとする。

4　法第17条第3項第四号に掲げる基準に適合するものとして同項の計画の認定を受けようとする建築物の耐震改修の計画について同条第1項の規定により認定の申請をしようとする者は，第1項又は第2項の認定の申請書の正本及び副本並びに別記第8号様式による正本又は副本に，それぞれ，次の表に掲げる図書を添えて，これらを所管行政庁に提出するものとする。

図書の種類	明示すべき事項
各階平面図	工事の計画に係る柱，壁又ははり及び第31条第2項に掲げる装置の位置
構造詳細図	工事の計画に係る柱，壁又ははりの構造及び材料の種別
構造計算書	応力算定及び断面算定

5　法第17条第3項第五号に掲げる基準に適合するものとして同項の計画の認定を受けようとする建築物の耐震改修の計画について同条第1項の規定により認定の申請をしようとする者は，第1項又は第2項の認定の申請書の正本及び副本並びに別記第9号様式による正本及び副本に，それぞれ，建築基準法施行規則第1条の3第1項第一号イ及びロに掲げる図書及び書類を，同条第7項の規定に基づき特定行政庁が規則で同法第6条第1項の申請書に添えるべき図書を定めた場合においては当該図書を添えて，これらを所管行政庁に提出するものとする。

6　法第17条第3項第六号に掲げる基準に適合するものとして同項の計画の認定を受けようとする建築物の耐震改修の計画について同条第1項の規定により認定の申請をしようとする者は，第1項又は第2項の認定の申請書の正本及び副本並びに別記第10号様式による正本及び副本に，それぞれ，建築基準法施行規則第1条の3第1項第一号イ及びロに掲げる図書及び書類を，同条第7項の規定に基づき特定行政庁が規則で同法第6条第1項の申請書に添えるべき図書を定めた場合においては当該図書を添えて，これらを所管行政庁に提出するものとする。

7　法第17条第10項の規定により建築基準法第6条第1項又は第18条第3項の規定による確認済証の交付があったものとみなされるものとして法第8条第3項の計画の認定を受けようとする建築物の耐震改修の計画について同条第1項の規定により認定の申請をしようとする者は，第1項又は第2項の申請書の正本及び副本に，建築基準法第6条第1項の規定による確認の申請書又は同法第18条第2項の規定による通知に要する通知書を添えて，これらを所管行政庁に提出するものとする。

8　前7項に規定する図書は併せて作成することができる。

9　高さが60mを超える建築物に係る法第17条第3項の計画の認定の申請書にあっては，第1項の表の(ろ)項の規定にかかわらず，同項に掲げる図書のうち構造計算書は，添えることを要しない。この場合においては，建築基準法第20条第1項第一号の認定に係る認定書の写しを添えるものとする。

10　第3項の認定の申請書にあっては，建築基準法第20条第1項第一号の認定に係る認定書の写しを添えた場合には，建築基準法施行規則第1条の3第1項の表1の(は)項及び同項の表3の(ろ)欄に掲げる構造計算書を添えることを要しない。

11　所管行政庁は，前10項の規定にかかわらず，規則で，前8項に掲げる図書の一部を添えることを要しない旨を規定することができる。

【計画の記載事項】

第29条　法第17条第2項第五号の国土交通省令で定める事項は，建築物の建築面積及び耐震改修の事業の実施時期とする。

【法第17条第3項第四号の国土交通省令で定める防火上の基準】

第31条　法第17条第3項第四号ロ⑴の国土交通省令で定める防火上の基準は，次のとおりとする。

一　工事の計画に係る柱，壁又ははりが建築基準法施行令第1条第五号に規定する準不燃材料で造られ，又は覆われていること。

二　次のイからハまでに定めるところにより行う構造計算によって構造耐力上安全であることが確かめられた構造であること。

　　イ　建築基準法施行令第3章第8節第2款に規定する荷重及び外力によって構造耐力上主要な部分（工事により新たに設けられる柱及び耐力壁を除く。）に長期に生ずる力を計算すること。

　　ロ　イの構造耐力上主要な部分の断面に生ずる長期の応力度を建築基準法施行令第82条第二号の表の長期に生ずる力の項に掲げる式によって計算すること。ただし，構造耐力上主要な部分のうち模様替を行う柱又ははりについては，当該模様替が行われる前のものとして，同項に掲げる式により，当該模様替が行われる前の当該柱又ははりの断面に生ずる長期の応力度を計算すること。

　　ハ　ロによって計算した長期の応力度が，建築基準法施行令第3章第8節第3款の規定による長期に生ずる力に対する許容応力度を超えないことを確かめること。

2　法第17条第3項第四号ロ⑵の国土交通省令で定める防火上の基準は，工事の計画に係る柱，壁又ははりに係る火災の発生を有効に感知し，かつ，工事の計画に係る

建築物を常時管理する者が居る場所に報知することができる装置が設けられていることとする。

【法第18条第１項の国土交通省令で定める軽微な変更】

第32条　法第18条第１項の国土交通省令で定める軽微な変更は，計画の認定を受けた計画に係る耐震改修の事業の実施時期の変更のうち，事業の着手又は完了の予定年月日の３月以内の変更とする。

【建築物の地震に対する安全性に係る認定の申請】

第33条　耐震関係規定に適合するものとして法第22条第２項の認定を受けようとする建築物について同条第１項の規定により認定の申請をしようとする者は，別記第12号様式による申請書の正本及び副本に，それぞれ，次の各号のいずれかに掲げる図書及び当該建築物が耐震関係規定に適合していることを証する書類として所管行政庁が規則で定めるものを添えて，これらを所管行政庁に提出するものとする。

一　第28条第１項の表の(ろ)項に掲げる図書及び次の表に掲げる図書

二　国土交通大臣が定める書類

図書の種類	明 示 す べ き 事 項
付近見取図	方位，道路及び目標となる地物
配置図	縮尺及び方位
	敷地境界線，敷地内における建築物の位置及び申請に係る建築物と他の建築物との別
	擁壁の位置その他安全上適当な措置
	土地の高低，敷地と敷地の接する道の境界部分との高低差及び申請に係る建築物の各部分の高さ
各階平面図	縮尺及び方位
	壁及び筋かいの位置及び種類
	通し柱及び開口部の位置
基礎伏図	縮尺並びに構造耐力上主要な部分（建築基準法施行令第１条第三号に規定する構造耐力上主要な部分をいう。以下同じ。）の材料の種別及び寸法
各階床伏図	
小屋伏図	
構造詳細図	

2　法第22条第２項の国土交通大臣が定める基準に適合するものとして同項の認定を受けようとする建築物について同条第１項の規定により認定の申請をしようとする者は，次の各号のいずれかに掲げる方法により，これをしなければならない。

一　木造の建築物又は木造と木造以外の構造とを併用する建築物については別記第13号様式による申請書の正本及び副本並びに別記第６号様式による正本及び副本に，木造の構造部分を有しない建築物については別記第13号様式に，それぞれ，第28条第２項の表の左欄に掲げる建築物等の区分に応じて同表の右欄に掲げる事

項を明示した構造計算書及び当該建築物が法第22条第2項の国土交通大臣が定める基準に適合していることを所管行政庁が適切であると認めた者が証する書類その他の当該建築物が当該基準に適合していることを証するものとして所管行政庁が規則で定める書類を添えて，これらを所管行政庁に提出すること。

二　別記第12号様式による申請書の正本及び副本に，それぞれ，国土交通大臣が定める書類及び当該申請に係る建築物が法第22条第2項の国土交通大臣が定める基準に適合していることを証する書類として所管行政庁が規則で定めるものを添えて，これらを所管行政庁に提出すること。

3　所管行政庁は，前2項の規定にかかわらず，規則で，前2項に掲げる図書の一部を添えることを要しない旨を規定することができる。

【表示等】

第35条　法第22条第3項の国土交通省令で定めるものは，次のとおりとする。

一　広告

二　契約に係る書類

三　その他国土交通大臣が定めるもの

2　法第22条第3項に規定する表示は，別記第15号様式により行うものとする。

【区分所有建築物の耐震改修の必要性に係る認定の申請】

第37条　法第25条第2項の認定を受けようとする区分所有建築物について同条第1項の規定により認定の申請をしようとする者は，木造の建築物又は木造と木造以外の構造とを併用する建築物については別記第17号様式による申請書の正本及び副本並びに別記第6号様式による正本及び副本に，木造の構造部分を有しない建築物については別記第17号様式による申請書の正本及び副本に，それぞれ，次に掲げる図書又は書類を添えて，これらを所管行政庁に提出するものとする。

一　建物の区分所有等に関する法律（昭和37年法律第69号）第18条第1項（同法第66条において準用する場合を含む。）の規定により当該認定の申請を決議した集会の議事録の写し（同法第18条第2項の規定により規約で別段の定めをした場合にあっては，当該規約の写し及びその定めるところにより当該認定の申請をすることを証する書類）

二　第28条第2項の表の左欄に掲げる建築物等の区分に応じて同表の右欄に掲げる事項を明示した構造計算書

三　当該区分所有建築物が法第25条第2項の国土交通大臣が定める基準に適合していないことを所管行政庁が適切であると認める者が証する書類その他の当該区分所有建築物が当該基準に適合していないことを証するものとして所管行政庁が規則で定める書類

2　所管行政庁は，前項の規定にかかわらず，規則で，前項第二号に掲げる構造計算書を添えることを要しない旨を規定することができる。

　　　附　則　（略）

　　　別　記　（略）

建築物の耐震診断及び耐震改修の促進を
図るための基本的な方針

平成18年1月25日　国土交通省告示第184号
最終改正　令和3年12月21日　国土交通省告示第1537号

　平成7年1月の阪神・淡路大震災では，地震により6434人の尊い命が奪われた。このうち地震による直接的な死者数は5502人であり，さらにこの約9割の4831人が住宅・建築物の倒壊等によるものであった。この教訓を踏まえて，建築物の耐震改修の促進に関する法律（以下「法」という。）が制定された。

　しかし近年，平成16年10月の新潟県中越地震，平成17年3月の福岡県西方沖地震，平成20年6月の岩手・宮城県内陸地震，平成28年4月の熊本地震，平成30年9月の北海道胆振東部地震など大地震が頻発しており，特に平成23年3月に発生した東日本大震災は，これまでの想定をはるかに超える巨大な地震・津波により，一度の災害で戦後最大の人命が失われるなど，甚大な被害をもたらした。また，東日本大震災においては，津波による沿岸部の建築物の被害が圧倒的であったが，内陸市町村においても建築物に大きな被害が発生した。さらに，平成30年6月の大阪府北部を震源とする地震においては塀に被害が発生した。このように，我が国において，大地震はいつどこで発生してもおかしくない状況にあるとの認識が広がっている。また，南海トラフ地震，日本海溝・千島海溝周辺海溝型地震及び首都直下地震については，発生の切迫性が指摘され，ひとたび地震が発生すると被害は甚大なものと想定されており，特に，南海トラフ巨大地震については，東日本大震災を上回る被害が想定されている。

　建築物の耐震改修については，建築物の耐震化緊急対策方針（平成17年9月中央防災会議決定）において，全国的に取り組むべき「社会全体の国家的な緊急課題」とされるとともに，南海トラフ地震防災対策推進基本計画（令和3年5月中央防災会議決定）において，10年後に死者数をおおむね8割，建築物の全壊棟数をおおむね5割，被害想定から減少させるという目標の達成のため，重点的に取り組むべきものとして位置づけられているところである。また，首都直下地震緊急対策推進基本計画（平成27年3月閣議決定）においては，10年後に死者数及び建築物の全壊棟数を被害想定から半減させるという目標の達成のため，あらゆる対策の大前提として強力に推進すべきものとして位置づけられているところである。特に切迫性の高い地震については発生までの時間が限られていることから，効果的かつ効率的に建築物の耐震改修等を実施することが求められている。

　この告示は，このような認識の下に，建築物の耐震診断及び耐震改修の促進を図るため，基本的な方針を定めるものである。

一　建築物の耐震診断及び耐震改修の促進に関する基本的な事項
　　1　国，地方公共団体，所有者等の役割分担
　　　　住宅・建築物の耐震化の促進のためには，まず，住宅・建築物の所有者等が，地域防災対策を自らの問題，地域の問題として意識して取り組むことが不可欠である。国及び地方公共団体は，こうした所有者等の取組をできる限り支援するという観点から，所有者等にとって耐震診断及び耐震改修を行いやすい環境の整備や負担軽減のための制度の構築など必要な施策を講じ，耐震改修の実施の阻害要因となっている課題を解決していくべきである。
　　2　公共建築物の耐震化の促進

公共建築物については，災害時には学校は避難場所等として活用され，病院では災害による負傷者の治療が，国及び地方公共団体の庁舎では被害情報収集や災害対策指示が行われるなど，多くの公共建築物が応急活動の拠点として活用される。このため，平常時の利用者の安全確保だけでなく，災害時の拠点施設としての機能確保の観点からも公共建築物の耐震性確保が求められるとの認識のもと，強力に公共建築物の耐震化の促進に取り組むべきである。具体的には，国及び地方公共団体は，各施設の耐震診断を速やかに行い，耐震性に係るリストを作成及び公表するとともに，構造耐力上主要な部分に加え，非構造部材及び建築設備に係るより高い耐震性の確保に配慮しつつ，整備目標及び整備プログラムの策定等を行い，計画的かつ重点的な耐震化の促進に積極的に取り組むべきである。

また，公共建築物について，法第22条第3項の規定に基づく表示を積極的に活用すべきである。

3 法に基づく指導等の実施

所管行政庁は，法に基づく指導等を次のイからハまでに掲げる建築物の区分に応じ，それぞれ当該イからハまでに定める措置を適切に実施すべきである。

イ 耐震診断義務付け対象建築物

法第7条に規定する要安全確認計画記載建築物については，所管行政庁は，その所有者に対して，所有する建築物が耐震診断の実施及び耐震診断の結果の報告義務の対象建築物となっている旨の十分な周知を行い，その確実な実施を図るべきである。また，期限までに耐震診断の結果を報告しない所有者に対しては，個別の通知等を行うことにより，耐震診断結果の報告をするように促し，それでもなお報告しない場合にあっては，法第8条第1項の規定に基づき，当該所有者に対し，相当の期限を定めて，耐震診断の結果の報告を行うべきことを命ずるとともに，その旨を公報，ホームページ等で公表すべきである。

法第9条（法附則第3条第3項において準用する場合を含む。）の規定に基づく報告の内容の公表については，建築物の耐震改修の促進に関する法律施行規則（平成7年建設省令第28号。以下「規則」という。）第22条（規則附則第3条において準用する場合を含む。）の規定により，所管行政庁は，当該報告の内容をとりまとめた上で公表しなければならないが，当該公表後に耐震改修等により耐震性が確保された建築物については，公表内容にその旨を付記するなど，迅速に耐震改修等に取り組んだ建築物所有者が不利になることのないよう，営業上の競争環境等にも十分に配慮し，丁寧な運用を行うべきである。

また，所管行政庁は，報告された耐震診断の結果を踏まえ，耐震診断義務付け対象建築物（法第7条に規定する要安全確認計画記載建築物及び法附則第3条第1項に規定する要緊急安全確認大規模建築物をいう。以下同じ。）の所有者に対して，法第12条第1項（法附則第3条第3項において準用する場合を含む。）の規定に基づく指導及び助言を実施すべきである。また，指導に従わない者に対しては同条第2項の規定に基づき必要な指示を行い，正当な理由がなく，その指示に従わなかったときは，その旨を公報，ホームページ等を通じて公表すべきである。

さらに，指導・助言，指示等を行ったにもかかわらず，当該耐震診断義務付け対象建築物の所有者が必要な対策をとらなかった場合には，所管行政庁は，構造耐力上主要な部分の地震に対する安全性について著しく保安上危険であると認められる建築物（別添の建築物の耐震診断及び耐震改修の実施について技術上の指針となるべき事項（以下「技術指針事項」という。）第1第一号又は第二号の規定により構造耐力上主要

な部分の地震に対する安全性を評価した結果，地震の震動及び衝撃に対して倒壊し，又は崩壊する危険性が高いと判断された建築物をいう。以下同じ。）については速やかに建築基準法（昭和25年法律第201号）第10条第3項の規定に基づく命令を，損傷，腐食その他の劣化が進み，そのまま放置すれば著しく保安上危険となるおそれがあると認められる建築物については，同条第1項の規定に基づく勧告や同条第2項の規定に基づく命令を行うべきである。

ロ　指示対象建築物

　　法第15条第2項に規定する特定既存耐震不適格建築物（以下「指示対象建築物」という。）については，所管行政庁は，その所有者に対して，所有する建築物が指示対象建築物である旨の周知を図るとともに，同条第1項の規定に基づく指導及び助言を実施するよう努め，指導に従わない者に対しては同条第2項の規定に基づき必要な指示を行い，正当な理由がなく，その指示に従わなかったときは，その旨を公報，ホームページ等を通じて公表すべきである。

　　また，指導・助言，指示等を行ったにもかかわらず，当該指示対象建築物の所有者が必要な対策をとらなかった場合には，所管行政庁は，構造耐力上主要な部分の地震に対する安全性について著しく保安上危険であると認められる建築物については速やかに建築基準法第10条第3項の規定に基づく命令を，損傷，腐食その他の劣化が進み，そのまま放置すれば著しく保安上危険となるおそれがあると認められる建築物については，同条第1項の規定に基づく勧告や同条第2項の規定に基づく命令を行うべきである。

ハ　指導・助言対象建築物

　　法第14条に規定する特定既存耐震不適格建築物（指示対象建築物を除く。）については，所管行政庁は，その所有者に対して，法第15条第1項の規定に基づく指導及び助言を実施するよう努めるべきである。また，法第16条第1項に規定する既存耐震不適格建築物についても，所管行政庁は，その所有者に対して，同条第2項の規定に基づく指導及び助言を実施するよう努めるべきである。

4　計画の認定等による耐震改修の促進

　　所管行政庁は，法第17条第3項の計画の認定，法第22条第2項の認定，法第25条第2項の認定について，適切かつ速やかな認定が行われるよう努めるべきである。

　　国は，これらの認定について，所管行政庁による適切かつ速やかな認定が行われるよう，必要な助言，情報提供等を行うこととする。

5　所有者等の費用負担の軽減等

　　耐震診断及び耐震改修に要する費用は，建築物の状況や工事の内容により様々であるが，相当の費用を要することから，所有者等の費用負担の軽減を図ることが課題となっている。このため，地方公共団体は，所有者等に対する耐震診断及び耐震改修に係る助成制度等の整備や耐震改修促進税制の普及に努め，密集市街地や緊急輸送道路・避難路沿いの建築物の耐震化を促進するなど，重点的な取組を行うことが望ましい。特に，耐震診断義務付け対象建築物については早急な耐震診断の実施及び耐震改修の促進が求められることから，特に重点的な予算措置が講じられることが望ましい。国は，地方公共団体に対し，必要な助言，補助・交付金，税の優遇措置等の制度に係る情報提供等を行うこととする。

　　また，法第32条の規定に基づき指定された耐震改修支援センター（以下「センター」という。）が債務保証業務，情報提供業務等を行うこととしているが，国は，センターを指定した場合においては，センターの業務が適切に運用されるよう，センターに対し

て必要な指導等を行うとともに，地方公共団体に対し，必要な情報提供等を行うこととする。

さらに，所有者等が耐震改修工事を行う際に仮住居の確保が必要となる場合については，地方公共団体が，公共賃貸住宅の空室の紹介等に努めることが望ましい。

6 相談体制の整備及び情報提供の充実

近年，悪質なリフォーム工事詐欺による被害が社会問題となっており，住宅・建築物の所有者等が安心して耐震診断及び耐震改修を実施できる環境整備が重要な課題となっている。特に，「どの事業者に頼めばよいか」，「工事費用は適正か」，「工事内容は適切か」，「改修の効果はあるのか」等の不安に対応する必要がある。このため，国は，センター等と連携し，耐震診断及び耐震改修に関する相談窓口を設置するとともに，耐震診断及び耐震改修の実施が可能な建築士及び事業者の一覧や，耐震改修工法の選択や耐震診断・耐震改修費用の判断の参考となる事例集を作成し，ホームページ等で公表を行い，併せて，地方公共団体に対し，必要な助言，情報提供等を行うこととする。また，地方公共団体は，耐震診断及び耐震改修に関する窓口を設置し，所有者等の個別の事情に応じた助言を行うよう努めるべきであるとともに，関係部局，センター等と連携し，先進的な取組事例，耐震改修事例，一般的な工事費用，専門家・事業者情報，助成制度概要等について，情報提供の充実を図ることが望ましい。

7 専門家・事業者の育成及び技術開発

適切な耐震診断及び耐震改修が行われるためには，専門家・事業者が耐震診断及び耐震改修について必要な知識，技術等の更なる習得に努め，資質の向上を図ることが望ましい。国及び地方公共団体は，センター等の協力を得て，講習会や研修会の開催，受講者の登録・紹介制度の整備等に努めるものとする。特に，耐震診断義務付け対象建築物の耐震診断が円滑に行われるよう，国は，登録資格者講習（規則第5条に規定する登録資格者講習をいう。以下同じ。）の十分な頻度による実施，建築士による登録資格者講習の受講の促進のための情報提供の充実を図るものとする。

また，簡易な耐震改修工法の開発やコストダウン等が促進されるよう，国及び地方公共団体は，関係団体と連携を図り，耐震診断及び耐震改修に関する調査及び研究を実施することとする。

8 地域における取組の推進

地方公共団体は，地域に根ざした専門家・事業者の育成，町内会や学校等を単位とした地震防災対策への取組の推進，NPOとの連携や地域における取組に対する支援，地域ごとに関係団体等からなる協議会の設置等を行うことが考えられる。国は，地方公共団体に対し，必要な助言，情報提供等を行うこととする。

9 その他の地震時の安全対策

地方公共団体及び関係団体は，ブロック塀等の倒壊防止，屋根瓦，窓ガラス，天井，外壁等の非構造部材の脱落防止，地震時のエレベーター内の閉じ込め防止，エスカレーターの脱落防止，給湯設備の転倒防止，配管等の設備の落下防止等の対策を所有者等に促すとともに，自らが所有する建築物についてはこれらの対策の実施に努めるべきである。さらに，これらの対策に係る建築基準法令の規定に適合しない建築物で同法第3条第2項の適用を受けているものについては，改修の実施及びその促進を図るべきである。また，南海トラフ沿いの巨大地震による長周期地震動に関する報告（平成27年12月）を踏まえて，長周期地震動対策を推進すべきである。国は，地方公共団体及び関係団体に対し，必要な助言，情報提供等を行うこととする。

二 建築物の耐震診断及び耐震改修の実施に関する目標の設定に関する事項

建築物の耐震改修の促進に関する法律に基づく告示

1　建築物の耐震化の現状

　　平成30年の統計調査に基づき，我が国の住宅については総数約5,360万戸のうち，約700万戸（約13％）が耐震性が不十分であり，耐震化率は約87％と推計されている。この推計では，耐震性が不十分な住宅は，平成15年の約1,150万戸から15年間で約450万戸減少し，そのうち耐震改修によるものは15年間で約75万戸と推計されている。

　　また，耐震診断義務付け対象建築物のうち，要緊急安全確認大規模建築物については，令和3年4月1日時点で耐震診断結果が公表されている約1万1,000棟のうち，約1,100棟（約10％）が耐震性が不十分であり，耐震化率は約90％である。なお，要安全確認計画記載建築物を含めた場合の耐震化率は，約73％となっている。

2　建築物の耐震診断及び耐震改修の目標の設定

　　南海トラフ地震防災対策推進基本計画，首都直下地震緊急対策推進基本計画及び住生活基本計画（令和3年3月閣議決定）における目標を踏まえ，令和12年までに耐震性が不十分な住宅を，令和7年までに耐震性が不十分な耐震診断義務付け対象建築物を，それぞれおおむね解消することを目標とする。

三　建築物の耐震診断及び耐震改修の実施について技術上の指針となるべき事項

　　建築物の耐震診断及び耐震改修は，既存の建築物について，現行の耐震関係規定に適合しているかどうかを調査し，これに適合しない場合には，適合させるために必要な改修を行うことが基本である。しかしながら，既存の建築物については，耐震関係規定に適合していることを詳細に調査することや，適合しない部分を完全に適合させることが困難な場合がある。このような場合には，建築物の所有者等は，技術指針事項に基づいて耐震診断を行い，その結果に基づいて必要な耐震改修を行うべきである。

四　建築物の地震に対する安全性の向上に関する啓発及び知識の普及に関する基本的な事項

　　建築物の所有者等が，地震防災対策を自らの問題，地域の問題として意識することができるよう，地方公共団体は，過去に発生した地震の被害と対策，発生のおそれがある地震の概要と地震による危険性の程度等を記載した地図（以下「地震防災マップ」という。），建築物の耐震性能や免震等の技術情報，地域での取組の重要性等について，関係部局と連携しつつ，町内会等や各種メディアを活用して啓発及び知識の普及を図ることが考えられる。国は，地方公共団体に対し，必要な助言及び情報提供等を行うこととする。

　　また，地方公共団体が適切な情報提供を行うことができるよう，地方公共団体とセンターとの間で必要な情報の共有及び連携が図られることが望ましい。

五　都道府県耐震改修促進計画の策定に関する基本的な事項その他建築物の耐震診断及び耐震改修の促進に関する重要事項

1　都道府県耐震改修促進計画の策定に関する基本的な事項

イ　都道府県耐震改修促進計画の基本的な考え方

　　都道府県は，法第5条第1項の規定に基づく都道府県耐震改修促進計画（以下単に「都道府県耐震改修促進計画」という。）の改定に当たっては，道路部局，防災部局，衛生部局，観光部局，商工部局，福祉部局，教育委員会等とも連携するとともに，都道府県内の市町村の耐震化の目標や施策との整合を図るため，市町村と協議会を設置する等の取組を行いながら，市町村の区域を超える広域的な見地からの調整を図る必要がある施策等を中心に見直すことが考えられ，建築物の耐震改修の促進に関する法律施行令の一部を改正する政令（平成30年政令第323号。以下「改正令」という。）の施行に伴う改定を行っていない都道府県にあっては，改正令の趣旨を踏まえ，できるだけ速やかに改定すべきである。

　　また，都道府県耐震改修促進計画に基づく施策が効果的に実現できるよう，その改

定に当たっては，法に基づく指導・助言，指示等を行う所管行政庁と十分な調整を行うべきである。

なお，都道府県は，耐震化の進捗状況や新たな施策の実施等にあわせて，適宜，都道府県耐震改修促進計画の見直しを行うことが望ましい。

ロ　建築物の耐震診断及び耐震改修の実施に関する目標

都道府県耐震改修促進計画においては，二2の目標を踏まえ，各都道府県において想定される地震の規模，被害の状況，建築物の耐震化の現状等を勘案し，目標を定めることとする。なお，都道府県は，定めた目標について，一定期間ごとに検証すべきである。

特に耐震診断義務付け対象建築物については，早急に耐震化を促進すべき建築物である。このため，都道府県耐震改修促進計画に法第5条第3項第一号及び第二号に定める事項を記載する場合においては早期に記載するとともに，二2の目標を踏まえ，耐震診断義務付け対象建築物の耐震化の目標を設定すべきである。また，耐震診断結果の報告を踏まえ，耐震化の状況を検証すべきである。

さらに，庁舎，病院，学校等の公共建築物については，関係部局と協力し，可能な限り用途ごとに目標を設定すべきである。このため，国土交通省は関係省庁と連携を図り，都道府県に対し，必要な助言及び情報提供を行うこととする。

ハ　建築物の耐震診断及び耐震改修の促進を図るための施策

都道府県耐震改修促進計画においては，都道府県，市町村，建築物の所有者等との役割分担の考え方，実施する事業の方針等基本的な取組方針について定めるとともに，具体的な支援策の概要，安心して耐震改修等を行うことができるようにするための環境整備，地震時の総合的な安全対策に関する事業の概要等を定めることが望ましい。

また，庁舎，病院，学校等の公共建築物については，関係部局と協力し，耐震診断を行い，その結果の公表に取り組むとともに，重点化を図りながら着実な耐震化を推進するため，具体的な整備プログラム等を作成することが望ましい。

法第5条第3項第一号の規定に基づき定めるべき公益上必要な建築物は，地震時における災害応急対策の拠点となる施設や避難所となる施設等であるが，例えば庁舎，病院，学校の体育館等の公共建築物のほか，病院，ホテル・旅館，福祉施設等の民間建築物のうち，災害対策基本法（昭和36年法律第223号）第2条第十号に規定する地域防災計画や防災に関する計画等において，大規模な地震が発生した場合においてその利用を確保することが公益上必要な建築物として定められたものについても，積極的に定めることが考えられる。なお，公益上必要な建築物を定めようとするときは，法第5条第4項の規定に基づき，あらかじめ，当該建築物の所有者等の意見を勘案し，例えば特別積合せ貨物運送以外の一般貨物自動車運送事業の用に供する施設である建築物等であって，大規模な地震が発生した場合に公益上必要な建築物として実際に利用される見込みがないものまで定めることがないよう留意すべきである。

法第5条第3項第二号又は第三号の規定に基づき定めるべき道路は，沿道の建築物の倒壊によって緊急車両の通行や住民の避難の妨げになるおそれがある道路であるが，例えば緊急輸送道路，避難路，通学路等避難場所と連絡する道路その他密集市街地内の道路等を定めることが考えられる。特に緊急輸送道路のうち，市町村の区域を越えて，災害時の拠点施設を連絡する道路であり，災害時における多数の者の円滑な避難，救急・消防活動の実施，避難者への緊急物資の輸送等の観点から重要な道路については，沿道の建築物の耐震化を図ることが必要な道路として定めるべきである。

　このうち，現に相当数の建築物が集合し，又は集合することが確実と見込まれる地域を通過する道路，公園や学校等の重要な避難場所と連絡する道路その他の地域の防災上の観点から重要な道路については，同項第二号の規定に基づき早期に通行障害建築物の耐震診断を行わせ，耐震化を図ることが必要な道路として定めることが考えられる。

　また，通学路等の沿道のブロック塀等の実態把握を進め，住民の避難等の妨げとなるおそれの高い道路についても，沿道のブロック塀等の耐震化を図ることが必要な道路として定めるべきである。

　改正令の施行の際，現に同号の規定に基づき通行障害既存耐震不適格建築物（耐震不明建築物であるものに限る。以下同じ。）に係る耐震診断の結果の報告の期限に関する事項が都道府県耐震改修促進計画に記載されている場合においては，必要に応じて，当該都道府県耐震改修促進計画を速やかに改定し，建築物の耐震改修の促進に関する法律施行令（平成７年政令第429号）第４条第二号に規定する組積造の塀に係る耐震診断の結果の報告の期限に関する事項を別に記載すべきである。ただし，やむを得ない事情により当該都道府県耐震改修促進計画を速やかに改定することが困難な場合においては，改正令の施行の際現に法第５条第３項第二号の規定に基づき当該都道府県耐震改修促進計画に記載されている通行障害既存耐震不適格建築物に係る耐震診断の結果の報告の期限に関する事項は，建築物の耐震改修の促進に関する法律施行令第４条第一号に規定する建築物に係るものであるとみなす。また，同条第二号に規定する組積造の塀については，規則第４条の２の規定により，地域の実情に応じて，都道府県知事が耐震診断義務付け対象建築物となる塀の長さ等を規則で定めることができることに留意すべきである。

　さらに，同項第四号の規定に基づく特定優良賃貸住宅に関する事項は，法第28条の特例の適用の考え方等について定めることが望ましい。

　加えて，同項第五号の規定に基づく独立行政法人都市再生機構又は地方住宅供給公社（以下「機構等」という。）による建築物の耐震診断及び耐震改修の実施に関する事項は，機構等が耐震診断及び耐震改修を行う地域，建築物の種類等について定めることが考えられる。なお，独立行政法人都市再生機構による耐震診断及び耐震改修の業務及び地域は，原則として都市再生に資するものに限定するとともに，地域における民間事業者による業務を補完して行うよう留意する。

ニ　建築物の地震に対する安全性の向上に関する啓発及び知識の普及

　都道府県耐震改修促進計画においては，四を踏まえ，個々の建築物の所在地を識別可能とする程度に詳細な地震防災マップの作成について盛り込むとともに，相談窓口の設置，パンフレットの作成・配布，セミナー・講習会の開催，耐震診断及び耐震改修に係る情報提供等，啓発及び知識の普及に係る事業について定めることが望ましい。特に，地震防災マップの作成及び相談窓口の設置は，都道府県内の全ての市町村において措置されるよう努めるべきである。

　また，地域における地震時の危険箇所の点検等を通じて，住宅・建築物の耐震化のための啓発活動や危険なブロック塀の改修・撤去等の取組を行うことが効果的であり，必要に応じ，市町村との役割分担のもと，町内会や学校等との連携策についても定めるべきである。

ホ　建築基準法による勧告又は命令等の実施

　法に基づく指導・助言，指示等について，所管行政庁は，優先的に実施すべき建築物の選定及び対応方針，公表の方法等について定めることが望ましい。

　また，所管行政庁は，法第12条第3項（法附則第3条第3項において準用する場合を含む。）又は法第15条第3項の規定による公表を行ったにもかかわらず，建築物の所有者が耐震改修を行わない場合には，建築基準法第10条第1項の規定による勧告，同条第2項又は第3項の規定による命令等を実施すべきであり，その実施の考え方，方法等について定めることが望ましい。

2　市町村耐震改修促進計画の策定に関する基本的な事項

　イ　市町村耐震改修促進計画の基本的な考え方

　　平成17年3月に中央防災会議において決定された地震防災戦略において，東海地震及び東南海・南海地震の被害を受けるおそれのある地方公共団体については地域目標を定めることが要請され，その他の地域においても減災目標を策定することが必要とされている。こうしたことを踏まえ，法第6条第1項において，基礎自治体である市町村においても，都道府県耐震改修促進計画に基づき，市町村耐震改修促進計画を定めるよう努めるものとされたところであり，可能な限り全ての市町村において市町村耐震改修促進計画が策定されることが望ましい。

　　市町村耐震改修促進計画の策定及び改定に当たっては，道路部局，防災部局，衛生部局，観光部局，商工部局，福祉部局，教育委員会等とも連携するとともに，都道府県の耐震化の目標や施策との整合を図るため，都道府県と協議会を設置する等の取組を行いながら，より地域固有の状況に配慮して作成することが考えられ，改正令の施行前に市町村耐震改修促進計画を策定しているが，改正令の施行に伴う改定を行っていない市町村は，改正令の趣旨を踏まえ，できるだけ速やかに改定すべきである。

　　また，市町村耐震改修促進計画に基づく施策が効果的に実現できるよう，法に基づく指導，助言，指示等を行う所管行政庁と十分な調整を行うべきである。

　　なお，市町村は，耐震化の進捗状況や新たな施策の実施等にあわせて，適宜，市町村耐震改修促進計画の見直しを行うことが望ましい。

　ロ　建築物の耐震診断及び耐震改修の実施に関する目標

　　市町村耐震改修促進計画においては，都道府県耐震改修促進計画の目標を踏まえ，各市町村において想定される地震の規模，被害の状況，建築物の耐震化の現状等を勘案し，目標を定めることを原則とする。なお，市町村は，定めた目標について，一定期間ごとに検証すべきである。

　　特に耐震診断義務付け対象建築物については，早急に耐震化を促進すべき建築物である。このため，市町村耐震改修促進計画に法第6条第3項第一号に定める事項を記載する場合においては早期に記載するとともに，二2の目標を踏まえ，耐震診断義務付け対象建築物の耐震化の目標を設定すべきである。また，耐震診断の結果の報告を踏まえ，耐震化の状況を検証すべきである。

　　さらに，庁舎，病院，学校等の公共建築物については，関係部局と協力し，可能な限り用途ごとに目標を設定すべきである。このため，国土交通省は関係省庁と連携を図り，市町村に対し，必要な助言及び情報提供を行うこととする。

　ハ　建築物の耐震診断及び耐震改修の促進を図るための施策

　　市町村耐震改修促進計画においては，都道府県，市町村，建築物の所有者等との役割分担の考え方，実施する事業の方針等基本的な取組方針について定めるとともに，具体的な支援策の概要，安心して耐震改修等を行うことができるようにするための環境整備，地震時の総合的な安全対策に関する事業の概要等を定めることが望ましい。

　　また，庁舎，病院，学校等の公共建築物については，関係部局と協力し，耐震診断を行い，その結果の公表に取り組むとともに，重点化を図りながら着実な耐震化を推

進するため，具体的な整備プログラム等を作成することが望ましい。

法第6条第3項第一号又は第二号の規定に基づき定めるべき道路は，沿道の建築物の倒壊によって緊急車両の通行や住民の避難の妨げになるおそれがある道路であるが，例えば緊急輸送道路，避難路，通学路等避難場所と連絡する道路その他密集市街地内の道路等を定めることが考えられる。特に緊急輸送道路のうち，市町村の区域内において，災害時の拠点施設を連絡する道路であり，災害時における多数の者の円滑な避難，救急・消防活動の実施，避難者への緊急物資の輸送等の観点から重要な道路については，沿道の建築物の耐震化を図ることが必要な道路として定めるべきである。

このうち，現に相当数の建築物が集合し，又は集合することが確実と見込まれる地域を通過する道路，公園や学校等の重要な避難場所と連絡する道路その他の地域の防災上の観点から重要な道路については，同項第一号の規定に基づき早期に通行障害建築物の耐震診断を行わせ，耐震化を図ることが必要な道路として定めることが考えられる。

また，通学路等の沿道のブロック塀等の実態把握を進め，住民の避難等の妨げとなるおそれの高い道路についても，沿道のブロック塀等の耐震化を図ることが必要な道路として定めるべきである。

改正令の施行の際，現に同号の規定に基づき通行障害既存耐震不適格建築物に係る耐震診断の結果の報告の期限に関する事項が市町村耐震改修促進計画に記載されている場合においては，必要に応じて，当該市町村耐震改修促進計画を速やかに改定し，建築物の耐震改修の促進に関する法律施行令第4条第二号に規定する組積造の塀に係る耐震診断の結果の報告の期限に関する事項を別に記載すべきである。ただし，やむを得ない事情により当該市町村耐震改修促進計画を速やかに改定することが困難な場合においては，改正令の施行の際現に法第6条第3項第一号の規定に基づき当該市町村耐震改修促進計画に記載されている通行障害既存耐震不適格建築物に係る耐震診断の結果の報告の期限に関する事項は，建築物の耐震改修の促進に関する法律施行令第4条第一号に規定する建築物に係るものであるとみなす。また，同条第二号に規定する組積造の塀については，地域の実情に応じて，市町村長が耐震診断義務付け対象建築物となる塀の長さ等を規則で定めることができることに留意すべきである。

ニ　建築物の地震に対する安全性の向上に関する啓発及び知識の普及

市町村耐震改修促進計画においては，四を踏まえ，個々の建築物の所在地を識別可能とする程度に詳細な地震防災マップの作成について盛り込むとともに，相談窓口の設置，パンフレットの作成・配布，セミナー・講習会の開催，耐震診断及び耐震改修に係る情報提供等，啓発及び知識の普及に係る事業について定めることが望ましい。特に，地震防災マップの作成及び相談窓口の設置は，全ての市町村において措置されるよう努めるべきである。

また，地域における地震時の危険箇所の点検等を通じて，住宅・建築物の耐震化のための啓発活動や危険なブロック塀の改修・撤去等の取組を行うことが効果的であり，必要に応じ，町内会や学校等との連携策についても定めるべきである。

ホ　建築基準法による勧告又は命令等の実施

法に基づく指導・助言，指示等について，所管行政庁である市町村は，優先的に実施すべき建築物の選定及び対応方針，公表の方法等について定めることが望ましい。

また，所管行政庁である市町村は，法第12条第3項（法附則第3条第3項において準用する場合を含む。）又は法第15条第3項の規定による公表を行ったにもかかわら

ず，建築物の所有者が耐震改修を行わない場合には，建築基準法第10条第１項の規定による勧告，同条第２項又は第３項の規定による命令等を実施すべきであり，その実施の考え方，方法等について定めることが望ましい。

3　計画の認定等の周知

所管行政庁は，法第17条第３項の計画の認定，法第22条第２項の認定及び法第25条第２項の認定について，建築物の所有者へ周知し，活用を促進することが望ましい。なお，法第22条第２項の認定制度の周知に当たっては，本制度の活用は任意であり，表示が付されていないことをもって，建築物が耐震性を有さないこととはならないことについて，建築物の利用者等の十分な理解が得られるよう留意すべきである。

附　則（略）

（別添）

建築物の耐震診断及び耐震改修の実施について技術上の指針となるべき事項

第１　建築物の耐震診断の指針

建築物の耐震診断は，当該建築物の構造耐力上主要な部分（建築基準法施行令（昭和25年政令第338号。以下「令」という。）第１条第三号に規定するものをいう。以下同じ。）及び建物（建築物の耐震改修の促進に関する法律施行令第４条第二号に規定する建物をいう。以下同じ。）に附属する組積造の塀の配置，形状，寸法，接合の緊結の度，腐食，腐朽又は摩損の度，材料強度等に関する実地調査，当該建築物の敷地の状況に関する実地調査等の結果に基づき，次の各号によりそれぞれ地震に対する安全性を評価するものとする。この場合において，木造の建築物又は木造と鉄骨造その他の構造とを併用する建築物の木造の構造部分（以下「木造の建築物等」という。）にあっては，第一号の規定による評価の結果，地震の震動及び衝撃に対して倒壊し，又は崩壊する危険性が低いと判断され，かつ，当該木造の建築物等の敷地が第四号に掲げる基準に適合することが確かめられた場合に，木造の構造部分を有しない建築物又は木造と鉄骨造その他の構造とを併用する建築物（いずれも建物に附属する組積造の塀を除く。）の木造以外の構造部分（第二号において「鉄骨造，鉄筋コンクリート造，鉄骨鉄筋コンクリート造等の建築物等」という。）にあっては，第二号の規定による評価の結果，地震の震動及び衝撃に対して倒壊し，又は崩壊する危険性が低いと判断され，かつ，当該鉄骨造，鉄筋コンクリート造，鉄骨鉄筋コンクリート造等の建築物等の敷地が第四号に掲げる基準に適合することが確かめられた場合に，建物に附属する組積造の塀にあっては，第三号の規定による評価の結果，地震の震動及び衝撃に対して倒壊し，又は崩壊する危険性が低いと判断された場合に，当該建築物は地震に対して安全な構造であると判断できるものとする。ただし，国土交通大臣がこの指針の一部又は全部と同等以上の効力を有すると認める方法によって耐震診断を行う場合においては，当該方法によることができる。

　一　木造の建築物等については，各階の張り間方向及びけた行方向の構造耐震指標を次のイからハまでに定めるところによりそれぞれ求め，別表第１により構造耐力上主要な部分の地震に対する安全性を評価すること。ただし，この安全性を評価する際には，実地調査等により建築物の部材等の劣化状況を適切に考慮するものとする。

　　イ　建築物の各階の張り間方向又はけた行方向の構造耐震指標は，次の式により計算すること。

$$I_w = \frac{P_d}{Q_r}$$

　この式において，I_w，P_d 及び Q_r は，それぞれ次の数値を表すものとする。

　　I_w　各階の張り間方向又はけた行方向の構造耐震指標

　　P_d　各階の張り間方向又はけた行方向の耐力（以下「保有耐力」という。）を表すものとして，各階の当該方向の壁を設け又は筋かいを入れた軸組（以下「壁等」という。）の強さ及び配置を考慮してロに定めるところにより算出した数値（単位　kN）

　　Q_r　各階の必要保有耐力を表すものとして，各階の床面積，積雪荷重，建築物の形状，地盤の種類等を考慮してハに定めるところにより算出した数値（単位　kN）

ロ　イに定める建築物の各階の張り間方向又はけた行方向の P_d は，次の式によって得られる数値とする。ただし，建築物の各階の保有水平耐力（令第82条の3に規定する各階の水平力に対する耐力をいう。以下同じ。）及び靱性を適切に評価して算出することができる場合においては，当該算出によることができるものとする。

$$P_d = (P_w + P_e) E$$

　この式において，P_d，P_w，P_e 及び E は，それぞれ次の数値を表すものとする。

　　P_d　イに定める P_d の数値（単位　kN）

　　P_w　各階の張り間方向又はけた行方向につき，壁等の強さに基礎の仕様並びに壁等の両側の柱の頂部及び脚部の接合方法による低減係数を乗じた数値（単位　kN）。ただし，壁等の強さは，各階の張り間方向又はけた行方向につき，令第46条第4項の表1の軸組の種類の欄に掲げる区分に応じて倍率の欄に掲げる数値に1.96を乗じた数値（別表第2の軸組の種類の欄に掲げる軸組にあっては，それぞれ同表の倍率の欄に掲げる数値とする。）（以下「壁強さ倍率」という。）に当該軸組の長さ（単位　m）を乗じた数値とし，基礎の仕様並びに壁等の両側の柱の頂部及び脚部の接合方法による低減係数は，最上階及び地階を除く階数が1の建築物にあっては別表第3-1，地階を除く階数が2の建築物の1階並びに地階を除く階数が3の建築物の1階及び2階にあっては別表第3-2の壁強さ倍率，基礎の仕様並びに壁等の両側の柱の頂部及び脚部の接合方法に応じて，これらの表の低減係数の欄に掲げる数値とする。

　　P_e　壁等の強さ以外の耐力を表す数値として，ハに定める Q_r の数値に0.25を乗じた数値とする（単位　kN）。ただし，建築物の壁等の部分以外の部分の耐力として，建築物の保有水平耐力及び靱性に及ぼす影響を適切に評価して算出することができる場合においては，当該算出によることができるものとする。

　　E　壁等の配置による保有耐力の低減を表す数値として，別表第4の側端部分の壁量充足率，反対側の側端部分の壁量充足率及び直上階の床の仕様に応じて，同表の低減係数の欄に掲げる数値

ハ　イに定める建築物の各階の Q_r は，次の式によって得られる数値（1階が鉄骨造又は鉄筋コンクリート造で2階又は3階が木造である建築物の木造部分の階の Q_r にあっては，同式によって得られる数値を1.2倍した数値）とする。ただし，令第88条第1項及び第2項の規定により各階の地震力を算出する場合においては，当該算出によることができるものとする。

$$Q_r = (C_r + W_s) A_f Z C_d C_g$$

この式において，Q_r，A_f，C_r，W_s，Z，C_d 及び C_g は，それぞれ次の数値を表すものとする。

Q_r　イに定める Q_r の数値（単位　kN）

C_r　単位床面積当たりの必要保有耐力として，別表第 5 の建築物の種類及び階数に応じて，同表の単位床面積当たりの必要保有耐力の欄に掲げる数値（単位　kN/m²）

W_s　令第86条第 2 項ただし書の規定により，特定行政庁が指定する多雪区域内の建築物にあっては，同条第 3 項に規定する垂直積雪量（単位　m）に0.26を乗じた数値，それ以外の建築物にあっては 0 （単位　kN/m²）

A_f　当該階の床面積（単位　m²）

Z　令第88条第 1 項に規定する Z の数値

C_d　張り間方向又はけた行方向のいずれか短い方の長さが 4 m 未満の建築物であって，地階を除く階数が 2 の建築物の 1 階又は地階を除く階数が 3 の建築物の 1 階若しくは 2 階の場合には1.13，その他の場合には 1

C_g　令第88条第 2 項ただし書の規定により，地盤が著しく軟弱な区域として特定行政庁が指定する区域内における建築物にあっては1.5，それ以外の建築物にあっては 1

二　鉄骨造，鉄筋コンクリート造，鉄骨鉄筋コンクリート造等の建築物等については，各階の構造耐震指標を次のイからハまでに，各階の保有水平耐力に係る指標をニに定めるところによりそれぞれ求め，これらの指標に応じ別表第六により構造耐力上主要な部分の地震に対する安全性を評価すること。ただし，この安全性を評価する際には，実地調査等により建築物の部材等の劣化状況を適切に考慮するものとする。

イ　建築物の各階の構造耐震指標は，次の式により計算すること。

$$I_s = \frac{E_o}{F_{es}\, Z\, R_t}$$

この式において，I_s，E_o，F_{es}，Z 及び R_t は，それぞれ次の数値を表すものとする。ただし，F_{es} については，地震時における建築物の形状が当該建築物の振動の性状に与える影響を適切に評価して算出することができる場合においては，当該算出によることができる。

I_s　各階の構造耐震指標

E_o　各階の耐震性能を表すものとして，各階の保有水平耐力及び各階の靱性を考慮してロに定めるところにより算出した数値

F_{es}　令第82条の 3 第二号に規定する F_{es} の数値

Z　令第88条第 1 項に規定する Z の数値

R_t　令第88条第 1 項に規定する R_t の数値

ロ　イに定める建築物の各階の E_o は，次の(1)の式によって得られる数値又は次の(2)の式によって得られる数値（当該建築物の構造耐力上主要な部分である柱，壁若しくははり又はこれらの接合部が，せん断破壊等によって構造耐力上支障のある急激な耐力の低下を生ずるおそれがなく，かつ，当該建築物の特定の部分に生ずる塑性変形が過度に増大しないことが確かめられる場合には，これらの式の右辺に次の(3)の式により得られる割増係数を乗じることができるものとする。）のいずれか大きなものとする。ただし，各階の E_o は，塑性変形の度が著しく低い柱が存在する場合又は地震力の大部分を負担する柱，筋かい又は壁以外の一部の柱のみの耐力の低下によって建築物が容易に倒壊し，又は崩壊するおそれがある場合においては次の(1)の式によって計算す

るものとするほか，建築物の保有水平耐力及び靭性を適切に評価して算出することができる場合においては，当該算出によることができるものとする。

(1) $\quad E_o = \dfrac{Q_u\,F}{WA_i}$

(2) $\quad E_o = \dfrac{\sqrt{(Q_1\,F_1)^2 + (Q_2\,F_2)^2 + (Q_3\,F_3)^2}}{WA_i}$

(3) $\quad \alpha = \dfrac{2\,(2\,n+1)}{3\,(n+1)}$

(1)から(3)までの式において，E_o，Q_u，F，W，A_i，Q_1，Q_2，Q_3，F_1，F_2，F_3，α 及び n は，それぞれ次の数値を表すものとする。

E_o 　イに定める E_o の数値

Q_u 　各階の保有水平耐力

F 　各階の靭性を表す数値で，柱及びはりの大部分が鉄骨造である階にあっては，当該階に作用する地震力の多くを負担する架構の種類に応じた別表第7に掲げる F_i と，その他の階にあっては，当該階に作用する地震力の多くを負担する柱又は壁の種類に応じた別表8に掲げる F_i とする。ただし，当該階の地震力の大部分を負担する柱，筋かい又は壁以外の一部の柱の耐力の低下によって建築物が容易に倒壊し，又は崩壊するおそれがある場合においては，柱及びはりの大部分が鉄骨造である階にあっては，当該柱を含む架構の種類に，その他の階にあっては，当該柱の種類に応じた数値としなければならない。

W 　令第88条第1項の規定により地震力を計算する場合における当該階が支える部分の固定荷重と積載荷重との和（多雪区域においては，更に積雪荷重を加えるものとする。）

A_i 　令第88条第1項に規定する当該階に係る A_i の数値

Q_1 　ハに定める第1グループに属する架構又はこれを構成する柱若しくは壁（以下「第1グループの架構等」という。）の水平力に対する耐力の合計

Q_2 　ハに定める第2グループに属する架構又はこれを構成する柱若しくは壁（以下「第2グループの架構等」という。）の水平力に対する耐力の合計

Q_3 　ハに定める第3グループに属する架構又はこれを構成する柱若しくは壁（以下「第3グループの架構等」という。）の水平力に対する耐力の合計

F_1 　第1グループの架構等の種類に応じた別表第7及び別表第8に掲げる当該架構等の F_i の最小値

F_2 　第2グループの架構等の種類に応じた別表第7及び別表第8に掲げる当該架構等の F_i の最小値

F_3 　第3グループの架構等の種類に応じた別表第7及び別表第8に掲げる当該架構等の F_i の最小値

α 　割増係数

n 　建築物の地階を除く階数

ハ 　別表第7及び別表第8に掲げる F_i の大きさに応じ，架構又はこれを構成する柱若しくは壁（以下「架構等」という。）を3組に区分する場合において，F_i の最も小さな架構等を含む組を第1グループ，F_i の最も大きな架構等を含む組を第3グループ，その他の組を第2グループとする。

ニ　建築物の各階の保有水平耐力に係る指標は，次の式により計算すること。

$$q = \frac{Q_u}{F_{es}\, W\, Z\, R_t\, A_i\, S_t}$$

この式において，q，Q_u，F_{es}，W，Z，R_t，A_i 及び S_t は，それぞれ次の数値を表すものとする。

q　　各階の保有水平耐力に係る指標

Q_u　ロに定める Q_u の数値

F_{es}　イに定める F_{es} の数値

W　　ロに定める W の数値

Z　　イに定める Z の数値

R_t　イに定める R_t の数値

A_i　ロに定める A_i の数値

S_t　建築物の構造方法に応じて定まる数値で，鉄骨造及び鉄骨鉄筋コンクリート造にあっては0.25，その他の構造方法にあっては0.3とする。

三　建物に附属する組積造の塀については，その前面道路に面する部分が次に掲げる基準に適合するかどうかを確かめ，別表第9により地震に対する安全性を評価すること。ただし，この安全性を評価する際には，実地調査等により塀の部材等の劣化状況を適切に考慮するものとする。

イ　材料の腐食，腐朽等により，構造耐力上支障となる損傷，変形等が生じていないこと。

ロ　次に掲げる基準に適合すること。

(1)　地震時に生じる力に対して，鉄筋等により壁の一体性が確保されていること。

(2)　地震時に生じる力に対して，鉄筋等により壁と控壁等の一体性が確保されていること。

(3)　壁及び控壁等の重量による復元モーメントと縦筋等による降伏モーメントの和が，地震時に生じる力により壁の基礎より上の部分において当該塀の面外方向に作用するモーメントを上回ること。

ハ　壁，控壁等及び基礎部の重量による復元モーメントと基礎根入れ部の周辺地盤等による抵抗モーメントの和が，地震時に生じる力により壁の面外方向に作用するモーメントを上回ること。

四　建築物の敷地については，次に掲げる基準に適合するかどうかを確かめること。

イ　高さが2mを超える擁壁を設けた建築物の敷地にあっては，当該擁壁が次の基準に適合すること。ただし，当該擁壁の崩壊が，周囲の建築物に被害を与えるおそれがなく，かつ，当該擁壁が崩壊する場合においても当該敷地内の建築物の基礎が地震時に生じる力を地盤に安全に伝えることができることを確かめられる場合は，この限りでない。

(1)　材料の腐食，腐朽等により，構造耐力上支障となる損傷，変形等が生じていないこと。

(2)　石造の擁壁にあっては，裏込めにコンクリートを用いること等により，石と石とを充分に結合したものであること。

(3)　擁壁の裏面の排水をよくするために水抜穴を設け，擁壁の裏面で水抜穴の周辺に砂利等を詰めること等の措置が講じられていること。

(4)　擁壁が垂直方向に増設されている場合にあっては，当該擁壁全体が地震時に生じる土圧等により崩壊しないことが構造計算等により確かめられたものであること。

ロ　がけ崩れ等による被害を受けるおそれのある建築物の敷地にあっては，次のいずれかの基準に適合すること。

(1)　イ(1)から(4)までに掲げる基準に適合する擁壁の設置その他安全上適当な措置が講じられていること。

(2)　当該敷地内の建築物について，がけから安全上支障のない距離が確保されていること等により，被害を受けるおそれのないことが確かめられること。

ハ　地震時に液状化するおそれのある地盤の土地である建築物の敷地にあっては，当該地盤の液状化により建築物に構造耐力上著しい支障が生じることがないよう適当な地盤の改良等が行われていること。

第2　建築物の耐震改修の指針

　建築物の耐震改修は，耐震診断の結果に基づき，当該建築物及びその敷地が第1に定める地震に対して安全な構造となるように，当該建築物の構造耐力上主要な部分，建物に附属する組積造の塀及び当該建築物の敷地について，次に掲げる基準に適合する方法によって行うものとする。

一　建築物を使用しつつ耐震改修を行う場合にあっては，構造耐力上主要な部分を釣合いよく配置し，地震の震動及び衝撃に対して一様に当該建築物の構造耐力が確保されるものとすること。

二　耐震改修による地盤の沈下又は変形に対して，建築物の基礎を構造耐力上安全なものとすること。

三　木造の建築物等にあっては，前2号に適合するほか，次の方法によること。

イ　建築物に作用する地震の震動及び衝撃に耐えるように，軸組を構成する柱及び間柱並びにはり，けた，土台その他の横架材に合板をくぎで打ち付けること等によって軸組を補強すること。

ロ　筋かいは，その端部を，柱とはりその他の横架材との仕口に接近して，ボルト，かすがい，くぎその他の金物で緊結し，構造耐力上主要な部分である継手又は仕口は，ボルト締，かすがい打，込み栓打その他の構造方法によりその部分の存在応力を伝えるように緊結すること。

ハ　地盤の沈下又は変形に対して，構造耐力上主要な部分である柱で最下階の部分に使用するものの下部，土台及び基礎が構造耐力上安全なものとなるように，当該柱の下部若しくは土台を基礎に緊結し，足固めを使用し，又は基礎を鉄筋コンクリートで補強すること。

ニ　外壁のうち，鉄網モルタル塗その他軸組が腐りやすい構造である部分又は柱，筋かい及び土台のうち，地面から1m以内の部分には，有効な防腐措置を講ずるとともに，必要に応じて白蟻その他の虫による害を防ぐための措置を講ずること。

四　鉄骨造の建築物又は鉄骨造とその他の構造とを併用する建築物の鉄骨造の部分については，第一号及び第二号に適合するほか，次の方法によること。

イ　建築物に作用する地震の震動及び衝撃に耐えるように，筋かいを補強し，又は増設すること。この場合において，当該筋かいの端部及び接合部が破断しないものとすること。

ロ　柱若しくははり又はこれらの接合部が，局部座屈，破断等を生ずるおそれのある場合においては，これらの部分を添板等によって補強すること。

ハ　柱の脚部の基礎との接合部において，アンカーボルトの破断，基礎の破壊等の生ずるおそれのある場合においては，当該柱の脚部を鉄筋コンクリート造の基礎に埋め込むこと等によって当該接合部を補強すること。

ニ　腐食のおそれのある部分に使用する鋼材には，有効な錆止めを講ずること。

五　鉄筋コンクリート造等（組積造，鉄筋コンクリート造，鉄骨鉄筋コンクリート造及び無筋コンクリート造をいう。以下この号において同じ。）の建築物又は鉄筋コンクリート造等とその他の構造とを併用する建築物（いずれも建物に附属する組積造の塀を除く。）の鉄筋コンクリート造等の部分にあっては，第一号及び第二号に適合するほか，次の方法によること。

イ　建築物に作用する地震の震動及び衝撃に耐えるように，壁を厚くすること等により補強し，又は壁若しくは鉄骨造の筋かいを増設すること。

ロ　柱がせん断破壊等によって急激な耐力の低下を生ずるおそれのある場合には，当該柱に鋼板を巻き付けることその他の靭性をもたせるための措置を講ずること。

六　建物に附属する組積造の塀にあっては，第一号及び第二号に適合するほか，塀に作用する地震の震動及び衝撃に耐えるように，一体性の確保及び転倒防止のための補強又は高さの低減等を行うことその他安全上必要な措置を講ずること。

七　建築物の敷地にあっては，次の方法によること。

イ　高さが2mを超える擁壁を設けた建築物の敷地であって，当該擁壁の崩壊により建築物が被害を受けるおそれのある場合においては，当該擁壁について，地盤アンカー体，格子状に組み合わせた鉄筋コンクリート造の枠等を用いて補強すること。

ロ　がけ崩れ等による被害を受けるおそれのある建築物の敷地であって，がけ崩れ等により建築物が被害を受けるおそれのある場合においては，新たに擁壁を設置すること，イに定める方法により擁壁を補強すること，がけの下の建築物にあっては土砂の流入を防止するための防護塀を設けることその他安全上必要な措置を講ずること。

ハ　地震時に液状化するおそれのある地盤の土地である建築物の敷地であって，当該地盤の液状化により建築物に構造耐力上著しい支障が生じるおそれのある場合においては，締固め等により地盤の改良を行うこと，当該建築物の基礎の構造を鉄筋コンクリート造のべた基礎とすることその他安全上必要な措置を講ずること。

八　前各号に定めるもののほか，建築物が地震に対して安全な構造となるように有効な措置を講ずること。

別表第1

構造耐震指標	構造耐力上主要な部分の地震に対する安全性
(1)　I_wが0.7未満の場合	地震の震動及び衝撃に対して倒壊し，又は崩壊する危険性が高い。
(2)　I_wが0.7以上1.0未満の場合	地震の震動及び衝撃に対して倒壊し，又は崩壊する危険性がある。
(3)　I_wが1.0以上の場合	地震の震動及び衝撃に対して倒壊し，又は崩壊する危険性が低い。
この表において，I_wは，構造耐震指標を表す数値とする。	

別表第2

	軸組の種類	倍率
(1)	塗り厚が9cm以上の土塗壁（中塗り土の塗り方が両面塗りのものに限る。）	3.9
(2)	厚さ1.5cm以上で幅9cm以上の木材又は径9mm以上の鉄筋の筋かいを入れた軸組（筋かいの端部の接合が平成12年建設省告示第1460号（以下「告示第1460号」という。）第一号の規定に適合しないものに限る。）	1.6

(3)	厚さ3cm以上で幅9cm以上の木材の筋かいを入れた軸組（筋かいの端部の接合が告示第1460号第一号の規定に適合しないものに限る。）	1.9
(4)	厚さ4.5cm以上で幅9cm以上の木材の筋かいを入れた軸組（筋かいの端部の接合が告示第1460号第一号の規定に適合しないものに限る。）	2.6
(5)	9cm角以上の木材の筋かいを入れた軸組（筋かいの端部の接合が告示第1460号第一号の規定に適合しないものに限る。）	2.9
(6)	木ずりその他これに類するものを柱及び間柱の片面に打ち付け，これにラスシート，ワイヤラス又はメタルラスを止め付けたモルタル塗りの壁を設けた軸組	1.6
(7)	柱及び間柱並びにはり，けた，土台その他の横架材の片面に窯業系サイディングをくぎ又はねじ（JIS A 5508（くぎ）-1992に適合するGNF40，GNC40その他これらと同等以上の品質を有するものに限る。）で打ち付けた壁（くぎの間隔が20cm以下のものに限る。）を設けた軸組	1.7
(8)	厚さ1.5cm以上で幅4.5cm以上の木材を50cm以下の間隔で柱及び間柱並びにはり，けた，土台その他の横架材にくぎ（JIS A 5508（くぎ）-1992に適合するN50又はこれと同等以上の品質を有するものに限る。）で打ち付けた胴縁に，窯業系サイディングをくぎ又はねじ（JIS A 5508（くぎ）-1992に適合するGNF40，GNC40その他これらと同等以上の品質を有するものに限る。）で打ち付けた壁（くぎの間隔が20cm以下のものに限る。）を設けた軸組	1.7
(9)	柱及び間柱の片面にせっこうボード（JIS A 6901（せっこうボード製品）-1994に適合するせっこうボードで厚さが12mm以上のものに限る。以下この表において同じ。）をくぎ又はねじ（JIS A 5508（くぎ）-1992に適合するGNF40，GNC40その他これらと同等以上の品質を有するものに限る。）で打ち付けた壁（垂れ壁及び腰壁を除き，くぎの間隔が20cm以下のものに限る。）を設けた軸組	1.2
(10)	厚さ1.5cm以上で幅4.5cmの木材を31cm以下の間隔で柱及び間柱にくぎ（JIS A 5508（くぎ）-1992に適合するN50又はこれと同等以上の品質を有するものに限る。）で打ち付けた胴縁に，せっこうボードをくぎ又はねじ（JIS A 5508（くぎ）-1992に適合するGNF40，GNC40その他これらと同等以上の品質を有するものに限る。）で打ち付けた壁（垂れ壁及び腰壁を除き，くぎの間隔が20cm以下のものに限る。）を設けた軸組	1.2
(11)	厚さ3cm以上で幅4cm以上の木材を用いて柱及び間柱にくぎ（JIS A 5508（くぎ）-1992に適合するN75又はこれと同等以上の品質を有するものに限る。）で打ち付けた受材（くぎの間隔が30cm以下のものに限る。）及び間柱，胴つなぎその他これらに類するものに，せっこうボードをくぎ又はねじ（JIS A 5508（くぎ）-1992に適合するGNF40，GNC40その他これらと同等以上の品質を有するものに限る。）で打ち付けた壁（垂れ壁及び腰壁を除き，くぎの間隔が20cm以下のものに限る。）を設けた軸組	1.3

(12)	構造用合板（構造用合板の日本農林規格（昭和51年農林水産省告示第894号）に規定するもの（屋外に面する壁又は常時湿潤の状態となるおそれのある壁に用いる場合は特類に限る。）で厚さが7.5mm 以上のものに限る。）を柱及び間柱にくぎ（JIS A 5508（くぎ）-1992に適合する N50又はこれと同等以上の品質を有するものに限る。）で打ち付けた壁（垂れ壁及び腰壁を除き，くぎの間隔が20cm 以下のものに限る。）を設けた軸組	2.5
(13)	化粧合板で厚さが5.5mm 以上のものを柱及び間柱にくぎ（JIS A 5508（くぎ）-1992に適合する N38又はこれと同等以上の品質を有するものに限る。）で打ち付けた壁（垂れ壁及び腰壁を除き，くぎの間隔が20cm 以下のものに限る。）を設けた軸組	1.4
(14)	厚さ3 cm 以上で幅4 cm 以上の木材を用いて柱及び間柱にくぎ(JIS A 5508（くぎ）-1992に適合する N75又はこれと同等以上の品質を有するものに限る。）で打ち付けた受材（くぎの間隔が30cm 以下のものに限る。）及び間柱，胴つなぎその他これらに類するものに，化粧合板で厚さが5.5mm 以上のものをくぎ（JIS A 5508（くぎ）-1992に適合する N38又はこれと同等以上の品質を有するものに限る。）で打ち付けた壁（垂れ壁及び腰壁を除き，くぎの間隔が20cm 以下のものに限る。）を設けた軸組	1.0
(15)	令第46条第4項の表1の(1)から(8)まで又は(1)から(14)までに掲げる壁又は筋かいを併用した軸組	併用する軸組の令第46条第4項の表1の(1)から(8)までの倍率の欄に掲げる数値に1.96を乗じた数値又は(1)から(14)までの倍率の欄に掲げる数値の和（当該数値の和が9.8を超える場合は9.8）

別表第3-1

壁強さ倍率	基礎の仕様	壁等の両側の柱の頂部及び脚部の接合方法	低減係数
2.5未満	鉄筋コンクリート造のべた基礎又は布基礎	告示第1460号第二号に適合する接合方法としたもの	1.0
		告示第1460号第二号に適合しない場合であって，告示第1460号表3(ろ)から(ぬ)までに掲げる接合方法としたもの	1.0
		告示第1460号第二号に適合しない場合であって，告示第1460号表3(い)に掲げる接合方法としたもの（当該軸組を含む面内にある軸組のうち，端部の柱が通し柱の場合に限る。）	0.7
		その他の接合方法としたもの	0.7

	著しいひび割れのある鉄筋コンクリート造のべた基礎若しくは布基礎，無筋コンクリート造の布基礎又は玉石基礎（柱脚に足固めを設けたものに限る。）	告示第1460号第二号に適合する接合方法としたもの	0.85
		告示第1460号第二号に適合しない場合であって，告示第1460号表3(ろ)から(ぬ)までに掲げる接合方法としたもの	0.85
		告示第1460号第二号に適合しない場合であって，告示第1460号表3（い）に掲げる接合方法としたもの（当該軸組を含む面内にある軸組のうち，端部の柱が通し柱の場合に限る。）	0.7
		その他の接合方法としたもの	0.7
	その他の基礎	－	0.7
2.5以上4.0未満	鉄筋コンクリート造のべた基礎又は布基礎	告示第1460号第二号に適合する接合方法としたもの	1.0
		告示第1460号第二号に適合しない場合であって，告示第1460号表3(ろ)から(ぬ)までに掲げる接合方法としたもの	0.8
		告示第1460号第二号に適合しない場合であって，告示第1460号表3(い)に掲げる接合方法としたもの（当該軸組を含む面内にある軸組のうち，端部の柱が通し柱の場合に限る。）	0.6
		その他の接合方法としたもの	0.35
	著しいひび割れのある鉄筋コンクリート造のべた基礎若しくは布基礎，無筋コンクリート造の布基礎又は玉石基礎（柱脚に足固めを設けたものに限る。）	告示第1460号第二号に適合する接合方法としたもの	0.7
		告示第1460号第二号に適合しない場合であって，告示第1460号表3(ろ)から(ぬ)までに掲げる接合方法としたもの	0.6
		告示第1460号第二号に適合しない場合であって，告示第1460号表3(い)に掲げる接合方法としたもの（当該軸組を含む面内にある軸組のうち，端部の柱が通し柱の場合に限る。）	0.5
		その他の接合方法としたもの	0.35
	その他の基礎	－	0.35
4.0以上6.0未満	鉄筋コンクリート造のべた基礎又は布基礎	告示第1460号第二号に適合する接合方法としたもの	1.0
		告示第1460号第二号に適合しない場合であって，告示第1460号表3(ろ)から(ぬ)までに掲げる接合方法としたもの	0.65

		告示第1460号第二号に適合しない場合であって，告示第1460号表3 (い)に掲げる接合方法としたもの（当該軸組を含む面内にある軸組のうち，端部の柱が通し柱の場合に限る。）	0.45
		その他の接合方法としたもの	0.25
	著しいひび割れのある鉄筋コンクリート造のべた基礎若しくは布基礎，無筋コンクリート造の布基礎又は玉石基礎（柱脚に足固めを設けたものに限る。）	告示第1460号第二号に適合する接合方法としたもの	0.6
		告示第1460号第二号に適合しない場合であって，告示第1460号表3 (ろ)から(ぬ)までに掲げる接合方法としたもの	045
		告示第1460号第二号に適合しない場合であって，告示第1460号表3 (い)に掲げる接合方法としたもの（当該軸組を含む面内にある軸組のうち，端部の柱が通し柱の場合に限る。）	0.35
		その他の接合方法としたもの	0.25
	その他の基礎	－	0.25
6.0以上	鉄筋コンクリート造のべた基礎又は布基礎	告示第1460号第二号に適合する接合方法としたもの	1.0
		告示第1460号第二号に適合しない場合であって，告示第1460号表3 (ろ)から(ぬ)までに掲げる接合方法としたもの	0.5
		告示第1460号第二号に適合しない場合であって，告示第1460号表3 (い)に掲げる接合方法としたもの（当該軸組を含む面内にある軸組のうち，端部の柱が通し柱の場合に限る。）	0.35
		その他の接合方法としたもの	0.2
	著しいひび割れのある鉄筋コンクリート造のべた基礎若しくは布基礎，無筋コンクリート造の布基礎又は玉石基礎（柱脚に足固めを設けたものに限る。）	告示第1460号第二号に適合する接合方法としたもの	0.6
		告示第1460号第二号に適合しない場合であって，告示第1460号表3 (ろ)から(ぬ)までに掲げる接合方法としたもの	0.35
		告示第1460号第二号に適合しない場合であって，告示第1460号表3 (い)に掲げる接合方法としたもの（当該軸組を含む面内にある軸組のうち，端部の柱が通し柱の場合に限る。）	0.3
		その他の接合方法としたもの	0.2
	その他の基礎	－	0.2

この表において，最上階の壁については，基礎の仕様の欄に掲げる鉄筋コンクリート造のべた基礎又は布基礎の項の数値を用いるものとする。

別表第3－2

壁強さ倍率	基礎の仕様	壁等の両側の柱の頂部及び脚部の接合方法	低減係数
2.5未満	－	－	1.0
2.5以上 4.0未満	鉄筋コンクリート造のべた基礎又は布基礎	告示第1460号第二号に適合する接合方法としたもの	1.0
		告示第1460号第二号に適合しない場合であって，告示第1460号表3(ろ)から(ぬ)までに掲げる接合方法としたもの	1.0
		告示第1460号第二号に適合しない場合であって，告示第1460号表3(い)に掲げる接合方法としたもの（当該軸組を含む面内にある軸組のうち，端部の柱が通し柱の場合に限る。）	0.8
		その他の接合方法としたもの	0.8
	著しいひび割れのある鉄筋コンクリート造のべた基礎若しくは布基礎，無筋コンクリート造の布基礎又は玉石基礎（柱脚に足固めを設けたものに限る。）	告示第1460号第二号に適合する接合方法としたもの	0.9
		告示第1460号第二号に適合しない場合であって，告示第1460号表3(ろ)から(ぬ)までに掲げる接合方法としたもの	0.9
		告示第1460号第二号に適合しない場合であって，告示第1460号表3(い)に掲げる接合方法としたもの（当該軸組を含む面内にある軸組のうち，端部の柱が通し柱の場合に限る。）	0.8
		その他の接合方法としたもの	0.8
	その他の基礎	－	0.8
4.0以上 6.0未満	鉄筋コンクリート造のべた基礎又は布基礎	告示第1460号第二号に適合する接合方法としたもの	1.0
		告示第1460号第二号に適合しない場合であって，告示第1460号表3(ろ)から(ぬ)までに掲げる接合方法としたもの	0.9
		告示第1460号第二号に適合しない場合であって，告示第1460号表3(い)に掲げる接合方法としたもの（当該軸組を含む面内にある軸組のうち，端部の柱が通し柱の場合に限る。）	0.7
		その他の接合方法としたもの	0.7
	著しいひび割れのある鉄筋コンクリート造のべた基礎若しくは布基礎，無筋コンクリート造の布基礎又は玉石基礎（柱脚に足固めを設けたものに限る。）	告示第1460号第二号に適合する接合方法としたもの	0.85
		告示第1460号第二号に適合しない場合であって，告示第1460号表3(ろ)から(ぬ)までに掲げる接合方法としたもの	0.8

		告示第1460号第二号に適合しない場合であって，告示第1460号表3(い)に掲げる接合方法としたもの（当該軸組を含む面内にある軸組のうち，端部の柱が通し柱の場合に限る。）	0.7
		その他の接合方法としたもの	0.7
	その他の基礎	－	0.7
6.0以上	鉄筋コンクリート造のべた基礎又は布基礎	告示第1460号第二号に適合する接合方法としたもの	1.0
		告示第1460号第二号に適合しない場合であって，告示第1460号表3(ろ)から(ぬ)までに掲げる接合方法としたもの	0.8
		告示第1460号第二号に適合しない場合であって，告示第1460号表3(い)に掲げる接合方法としたもの（当該軸組を含む面内にある軸組のうち，端部の柱が通し柱の場合に限る。）	0.6
		その他の接合方法としたもの	0.6
	著しいひび割れのある鉄筋コンクリート造のべた基礎若しくは布基礎，無筋コンクリート造の布基礎又は玉石基礎（柱脚に足固めを設けたものに限る。）	告示第1460号第二号に適合する接合方法としたもの	0.8
		告示第1460号第二号に適合しない場合であって，告示第1460号表3(ろ)から(ぬ)までに掲げる接合方法としたもの	0.7
		告示第1460号第二号に適合しない場合であって，告示第1460号表3(い)に掲げる接合方法としたもの（当該軸組を含む面内にある軸組のうち，端部の柱が通し柱の場合に限る。）	0.6
		その他の接合方法としたもの	0.6
	その他の基礎	－	0.6

この表において，地階を除く階数が3の建築物の2階部分の壁については，基礎の仕様の欄に掲げる鉄筋コンクリート造のべた基礎又は布基礎の項の数値を用いるものとする。

別表第4

側端部分の壁量充足率	上欄の側端部分の反対側の側端部分の壁量充足率	直上階の床の仕様	低減係数
0.33未満	0.33未満	－	1.0
	0.33以上0.66未満	横架材に合板を釘打ちしたもの又はこれと同等以上の性能を有するもの	0.7
		火打ち材を設けたもの又はこれと同等以上の性能を有するもの	0.5
		その他の仕様	0.3

		横架材に合板を釘打ちしたもの又はこれと同等以上の性能を有するもの	0.6
	0.66以上1.0未満	横架材に合板を釘打ちしたもの又はこれと同等以上の性能を有するもの	0.6
		火打ち材を設けたもの又はこれと同等以上の性能を有するもの	0.45
		その他の仕様	0.3
	1.0以上	横架材に合板を釘打ちしたもの又はこれと同等以上の性能を有するもの	0.6
		火打ち材を設けたもの又はこれと同等以上の性能を有するもの	0.45
		その他の仕様	0.3
0.33以上0.66未満	0.33以上0.66未満	–	1.0
	0.66以上1.0未満	横架材に合板を釘打ちしたもの又はこれと同等以上の性能を有するもの	0.8
		火打ち材を設けたもの又はこれと同等以上の性能を有するもの	0.8
		その他の仕様	0.75
	1.0以上	–	0.75
0.66以上	0.66以上	–	1.0

　この表における壁量充足率の算定方法については，平成12年建設省告示第1352号第一号及び第二号の規定を準用する。この場合においては，同告示第一号中「令第46条第4項の規定の表1の数値」とあるのは「令第46条第4項の規定の表1の数値に1.96を乗じたもの又は別表第2の数値」と，「同項の表2の数値」とあるのは「別表第5の数値」と，それぞれ読み替えるものとする。

別表第5

建築物の種類		単位床面積当たりの必要保有耐力　（kN/m²)					
		階数が1の建築物	階数が2の建築物の1階	階数が2の建築物の2階	階数が3の建築物の1階	階数が3の建築物の2階	階数が3の建築物の3階
(1)	土蔵造の建築物その他これに類する壁の重量が特に大きい建築物	0.64	1.41	0.78	2.07	1.59	0.91
(2)	(1)に掲げる建築物以外の建築物で屋根を金属板，石板，木板その他これらに類する軽い材料でふいたもの	0.28	0.83	0.37	1.34	0.98	0.43
(3)	(1)及び(2)に掲げる建築物以外の建築物	0.4	1.06	0.53	1.66	1.25	0.62

　この表における階数の算定については，地階の部分の階数は，算入しないものとする。

別表第6

構造耐震指標及び保有水平耐力に係る指標		構造耐力上主要な部分の地震に対する安全性
(1)	I_s が0.3未満の場合又は q が0.5未満の場合	地震の震動及び衝撃に対して倒壊し，又は崩壊する危険性が高い。
(2)	(1)及び(3)以外の場合	地震の震動及び衝撃に対して倒壊し，又は崩壊する危険性がある。
(3)	I_s が0.6以上の場合で，かつ，q が1.0以上の場合	地震の震動及び衝撃に対して倒壊し，又は崩壊する危険性が低い。

この表において，I_s 及び q は，それぞれ次の数値を表すものとする。
I_s　各階の構造耐震指標
q　各階の保有水平耐力に係る指標

別表第7

架構の種類		鉄骨造の架構の F_i の数値
(1)	柱及びはりの座屈が著しく生じ難く，かつ，これらの接合部，筋かいの接合部及び柱の脚部の基礎との接合部（以下この表において「接合部」という。）の破断が著しく生じ難いこと等のため，塑性変形の度が特に高いもの	4.0
(2)	柱及びはりの座屈が生じ難く，かつ，接合部の破断が著しく生じ難いこと等のため，塑性変形の度が高いもの	3.0
(3)	柱及びはりの座屈が生じ難く，かつ，接合部の破断が生じ難いこと等のため，耐力が急激に低下しないもの	2.5
(4)	接合部の破断が生じ難いが，柱及びはりの座屈が生じ易いこと等のため，耐力が低下するもの	2.0
(5)	柱及びはりの座屈が生じ易く，かつ，接合部に塑性変形が著しく生じ易いこと等のため，耐力が急激に低下するもの	1.5
(6)	接合部又は筋かいの破断が生じ易いもの又は(1)から(5)までに掲げるもの以外のもの	1.0

この表において，F_i は，架構の靱性を表す数値とする。

別表第8

柱又は壁の種類		鉄骨鉄筋コンクリート造の柱又は壁の F_i の数値	鉄骨造及び鉄骨鉄筋コンクリート造の柱又は壁以外の柱又は壁の F_i の数値
(1)	せん断破壊が著しく生じ難いため，塑性変形の度が特に高い柱	3.5	3.2
(2)	せん断破壊が著しく生じ難いはりに専ら塑性変形が生ずる架構の柱	3.5	3.0
(3)	せん断破壊が生じ難いため，塑性変形の度が高い柱	2.4	2.2

(4)	せん断破壊が生じ易いはりに専ら塑性変形が生ずる架構の柱	2.0	1.5
(5)	塑性変形の度は高くないが，せん断破壊が生じ難い柱	1.3	1.3
(6)	せん断破壊が生じ易いため，塑性変形の度が低い柱	1.3	1.0
(7)	せん断破壊が著しく生じ易いため，耐力が急激に低下する柱	1.0	0.8
(8)	基礎の浮き上がり等により回転変形を生ずる壁	3.5	3.0
(9)	せん断破壊が著しく生じ難いため，塑性変形の度が特に高い壁	2.5	2.0
(10)	せん断破壊が生じ易いため，塑性変形の度が低い壁	1.3	1.0

この表において，F_i は，柱又は壁の靭性を表す数値とする。

別表第9

	別添第1第三号に掲げる基準への適合性	塀の地震に対する安全性
(1)	別添第1第三号に掲げる基準のいずれかに適合しない場合	地震の震動及び衝撃に対して倒壊し，又は崩壊する危険性がある。
(2)	別添第1第三号に掲げる基準のいずれにも適合する場合	地震の震動及び衝撃に対して倒壊し，又は崩壊する危険性が低い。

建築物のエネルギー消費性能の向上に 関する法律［抄］

平成27年 7 月 8 日　法律第53号
最終改正　令和 5 年 6 月16日　法律第58号

第 1 章　総　　　則

【目　的】

第 1 条　この法律は，社会経済情勢の変化に伴い建築物におけるエネルギーの消費量が著しく増加していることに鑑み，建築物のエネルギー消費性能の向上に関する基本的な方針の策定について定めるとともに，一定規模以上の建築物の建築物エネルギー消費性能基準への適合性を確保するための措置，建築物エネルギー消費性能向上計画の認定その他の措置を講ずることにより，エネルギーの使用の合理化及び非化石エネルギーへの転換等に関する法律（昭和54年法律第49号）と相まって，建築物のエネルギー消費性能の向上を図り，もって国民経済の健全な発展と国民生活の安定向上に寄与することを目的とする。

【定義等】

第 2 条　この法律において，次の各号に掲げる用語の意義は，それぞれ当該各号に定めるところによる。

一　建築物　　建築基準法（昭和25年法律第201号）第 2 条第一号に規定する建築物をいう。

二　エネルギー消費性能　　建築物の一定の条件での使用に際し消費されるエネルギー（エネルギーの使用の合理化及び非化石エネルギーへの転換等に関する法律第 2 条第 1 項に規定するエネルギーをいい，建築物に設ける空気調和設備その他の**政令**で定める建築設備（第 6 条第 2 項及び第34条第 3 項において「空気調和設備等」という。）において消費されるものに限る。）の量を基礎として評価される性能をいう。

◆政令［空気調和設備等］令第 1 条→p1106

三　建築物エネルギー消費性能基準　　建築物の備えるべきエネルギー消費性能の確保のために必要な建築物の構造及び設備に関する**経済産業省令・国土交通省令**で定める基準をいう。

◆**建築物エネルギー消費性能基準等を定める省令**［**建築物エネルギー消費性能基準**］第 1 条→p1110

四　建築主等　　建築主（建築物に関する工事の請負契約の注文者又は請負契約によらないで自らその工事をする者をいう。以下同じ。）又は建築物の所有者，管理者若しくは占有者をいう。

五　所管行政庁　　建築主事を置く市町村の区域については市町村長をいい，その

他の市町村の区域については都道府県知事をいう。ただし，建築基準法第97条の2第1項又は第97条の3第1項の規定により建築主事を置く市町村の区域内の**政令**で定める建築物については，都道府県知事とする。

◆**政令**［都道府県知事が所管行政庁となる建築物］令第2条→p1106

2　地方公共団体は，その地方の自然的社会的条件の特殊性により，建築物エネルギー消費性能基準のみによっては建築物のエネルギー消費性能の確保を図ることが困難であると認める場合においては，条例で，建築物エネルギー消費性能基準に必要な事項を付加することができる。

第2章　基本方針等

【基本方針】

第3条　国土交通大臣は，建築物のエネルギー消費性能の向上に関する基本的な方針（以下「基本方針」という。）を定めなければならない。

2　基本方針においては，次に掲げる事項を定めるものとする。

一　建築物のエネルギー消費性能の向上の意義及び目標に関する事項

二　建築物のエネルギー消費性能の向上のための施策に関する基本的な事項

三　建築物のエネルギー消費性能の向上のために建築主等が講ずべき措置に関する基本的な事項

四　前3号に掲げるもののほか，建築物のエネルギー消費性能の向上に関する重要事項

3　基本方針は，エネルギーの使用の合理化及び非化石エネルギーへの転換等に関する法律第3条第1項に規定する基本方針との調和が保たれたものでなければならない。

4　国土交通大臣は，基本方針を定めようとするときは，経済産業大臣に協議しなければならない。

5　国土交通大臣は，基本方針を定めたときは，遅滞なく，これを公表しなければならない。

6　前3項の規定は，基本方針の変更について準用する。

【国の責務】

第4条　国は，建築物のエネルギー消費性能の向上に関する施策を総合的に策定し，及び実施する責務を有する。

2　国は，地方公共団体が建築物のエネルギー消費性能の向上に関する施策を円滑に実施することができるよう，地方公共団体に対し，助言その他の必要な援助を行うよう努めなければならない。

3　国は，建築物のエネルギー消費性能の向上を促進するために必要な財政上，金融上及び税制上の措置を講ずるよう努めなければならない。

4　国は，建築物のエネルギー消費性能の向上に関する研究，技術の開発及び普及，人材の育成その他の建築物のエネルギー消費性能の向上を図るために必要な措置を

講ずるよう努めなければならない。

5　国は，教育活動，広報活動その他の活動を通じて，建築物のエネルギー消費性能の向上に関する国民の理解を深めるとともに，その実施に関する国民の協力を求めるよう努めなければならない。

【地方公共団体の責務】

第5条　地方公共団体は，建築物のエネルギー消費性能の向上に関し，国の施策に準じて施策を講ずるとともに，その地方公共団体の区域の実情に応じた施策を策定し，及び実施する責務を有する。

【建築主等の努力】

第6条　建築主（次章第1節若しくは第2節又は附則第3条の規定が適用される者を除く。）は，その建築（建築物の新築，増築又は改築をいう。以下同じ。）をしようとする建築物について，建築物エネルギー消費性能基準（第2条第2項の条例で付加した事項を含む。第29条及び第32条第2項を除き，以下同じ。）に適合させるために必要な措置を講ずるよう努めなければならない。

2　建築主は，その修繕等（建築物の修繕若しくは模様替，建築物への空気調和設備等の設置又は建築物に設けた空気調和設備等の改修をいう。第34条第1項において同じ。）をしようとする建築物について，建築物の所有者，管理者又は占有者は，その所有し，管理し，又は占有する建築物について，エネルギー消費性能の向上を図るよう努めなければならない。

【建築物の販売又は賃貸を行う事業者の努力】

第7条　建築物の販売又は賃貸を行う事業者は，その販売又は賃貸を行う建築物について，エネルギー消費性能を表示するよう努めなければならない。

【建築物に係る指導及び助言】

第8条　所管行政庁は，建築物のエネルギー消費性能の確保のため必要があると認めるときは，建築主等に対し，建築物エネルギー消費性能基準を勘案して，建築物の設計，施工及び維持保全に係る事項について必要な指導及び助言をすることができる。

【建築物の設計等に係る指導及び助言】

第9条　国土交通大臣は，建築物エネルギー消費性能基準に適合する建築物の建築が行われることを確保するため特に必要があると認めるときは，建築物の設計又は施工を行う事業者に対し，建築物エネルギー消費性能基準を勘案して，建築物のエネルギー消費性能の向上及び建築物のエネルギー消費性能の表示について必要な指導及び助言をすることができる。

【建築材料に係る指導及び助言】

第10条　経済産業大臣は，建築物エネルギー消費性能基準に適合する建築物の建築が行われることを確保するため特に必要があると認めるときは，建築物の直接外気に接する屋根，壁又は床（これらに設ける窓その他の開口部を含む。）を通しての熱の損失の防止の用に供される建築材料の製造，加工又は輸入を行う事業者に対し，建築物エネルギー消費性能基準を勘案して，当該建築材料の断熱性に係る品質の向

上及び当該品質の表示について必要な指導及び助言をすることができる。

第3章　建築主が講ずべき措置等

第1節　特定建築物の建築主の基準適合義務等

【特定建築物の建築主の基準適合義務】

第11条　建築主は，特定建築行為（特定建築物（居住のために継続的に使用する室その他の**政令**[*1]で定める建築物の部分（以下「住宅部分」という。）以外の建築物の部分（以下「非住宅部分」という。）の規模がエネルギー消費性能の確保を特に図る必要があるものとして**政令**[*2]で定める規模以上である建築物をいう。以下同じ。）の新築若しくは増築若しくは改築（非住宅部分の増築又は改築の規模が政令で定める規模以上であるものに限る。）又は特定建築物以外の建築物の増築（非住宅部分の増築の規模が政令で定める規模以上であるものであって，当該建築物が増築後において特定建築物となる場合に限る。）をいう。以下同じ。）をしようとするときは，当該特定建築物（非住宅部分に限る。）を建築物エネルギー消費性能基準に適合させなければならない。

◆政令1［住宅部分］令第3条　　　　　　　　　→p1106
　　　　　2［特定建築物の非住宅部分の規模等］令第4条→p1107

2　前項の規定は，建築基準法第6条第1項に規定する建築基準関係規定[*]とみなす。

●関連［建築基準関係規定］建築基準法第6条第1項→p20
　　　　　　　　　　　　　建築基準法施行令第9条→p198

【建築物エネルギー消費性能適合性判定】

第12条　建築主は，特定建築行為をしようとするときは，その工事に着手する前に，建築物エネルギー消費性能確保計画（特定建築行為に係る特定建築物のエネルギー消費性能の確保のための構造及び設備に関する計画をいう。以下同じ。）を提出して所管行政庁の建築物エネルギー消費性能適合性判定（建築物エネルギー消費性能確保計画（非住宅部分に係る部分に限る。第5項及び第6項において同じ。）が建築物エネルギー消費性能基準に適合するかどうかの判定をいう。以下同じ。）を受けなければならない。

2　建築主は，前項の建築物エネルギー消費性能適合性判定を受けた建築物エネルギー消費性能確保計画の変更（国土交通省令で定める軽微な変更を除く。）をして特定建築行為をしようとするときは，その工事に着手する前に，その変更後の建築物エネルギー消費性能確保計画を所管行政庁に提出しなければならない。この場合において，当該変更が非住宅部分に係る部分の変更を含むものであるときは，所管行政庁の建築物エネルギー消費性能適合性判定を受けなければならない。

3　所管行政庁は，前2項の規定による建築物エネルギー消費性能確保計画の提出を受けた場合においては，その提出を受けた日から14日以内に，当該提出に係る建築物エネルギー消費性能適合性判定の結果を記載した通知書を当該提出者に交付しな

ければならない。

4 　所管行政庁は，前項の場合において，同項の期間内に当該提出者に同項の通知書を交付することができない合理的な理由があるときは，28日の範囲内において，同項の期間を延長することができる。この場合においては，その旨及びその延長する期間並びにその期間を延長する理由を記載した通知書を同項の期間内に当該提出者に交付しなければならない。

5 　所管行政庁は，第3項の場合において，建築物エネルギー消費性能確保計画の記載によっては当該建築物エネルギー消費性能確保計画が建築物エネルギー消費性能基準に適合するかどうかを決定することができない正当な理由があるときは，その旨及びその理由を記載した通知書を同項の期間（前項の規定によりその期間を延長した場合にあっては，当該延長後の期間）内に当該提出者に交付しなければならない。

6 　建築主は，第3項の規定により交付を受けた通知書が適合判定通知書（当該建築物エネルギー消費性能確保計画が建築物エネルギー消費性能基準に適合するものであると判定された旨が記載された通知書をいう。以下同じ。）である場合においては，当該特定建築行為に係る建築基準法第6条第1項又は第6条の2第1項の規定による確認をする建築主事又は指定確認検査機関（同法第77条の21第1項に規定する指定確認検査機関をいう。第8項において同じ。）に，当該適合判定通知書又はその写しを提出しなければならない。ただし，当該特定建築行為に係る建築物の計画（同法第6条第1項又は第6条の2第1項の規定による確認の申請に係る建築物の計画をいう。次項及び第8項において同じ。）について同法第6条第7項又は第6条の2第4項の通知書の交付を受けた場合は，この限りでない。

7 　建築主は，前項の場合において，特定建築行為に係る建築物の計画が建築基準法第6条第1項の規定による建築主事の確認に係るものであるときは，同条第4項の期間（同条第6項の規定によりその期間が延長された場合にあっては，当該延長後の期間）の末日の3日前までに，前項の適合判定通知書又はその写しを当該建築主事に提出しなければならない。

8 　建築主事は，建築基準法第6条第1項の規定による確認の申請書を受理した場合において，指定確認検査機関は，同法第6条の2第1項の規定による確認の申請を受けた場合において，建築物の計画が特定建築行為に係るものであるときは，建築主から第6項の適合判定通知書又はその写しの提出を受けた場合に限り，同法第6条第1項又は第6条の2第1項の規定による確認をすることができる。

9 　建築物エネルギー消費性能確保計画に関する書類及び第3項から第5項までの通知書の様式は，国土交通省令で定める。

【国等に対する建築物エネルギー消費性能適合性判定に関する手続の特例】

第13条 　国，都道府県又は建築主事を置く市町村（以下「国等」という。）の機関の長が行う特定建築行為については，前条の規定は，適用しない。この場合においては，次項から第九項までの規定に定めるところによる。

2 　国等の機関の長は，特定建築行為をしようとするときは，その工事に着手する前

に，建築物エネルギー消費性能確保計画を所管行政庁に通知し，建築物エネルギー消費性能適合性判定を求めなければならない。

3　国等の機関の長は，前項の建築物エネルギー消費性能適合性判定を受けた建築物エネルギー消費性能確保計画の変更（国土交通省令で定める軽微な変更を除く。）をして特定建築行為をしようとするときは，その工事に着手する前に，その変更後の建築物エネルギー消費性能確保計画を所管行政庁に通知しなければならない。この場合において，当該変更が非住宅部分に係る部分の変更を含むものであるときは，所管行政庁の建築物エネルギー消費性能適合性判定を求めなければならない。

4　所管行政庁は，前2項の規定による通知を受けた場合においては，その通知を受けた日から14日以内に，当該通知に係る建築物エネルギー消費性能適合性判定の結果を記載した通知書を当該通知をした国等の機関の長に交付しなければならない。

5　所管行政庁は，前項の場合において，同項の期間内に当該通知をした国等の機関の長に同項の通知書を交付することができない合理的な理由があるときは，28日の範囲内において，同項の期間を延長することができる。この場合においては，その旨及びその延長する期間並びにその期間を延長する理由を記載した通知書を同項の期間内に当該通知をした国等の機関の長に交付しなければならない。

6　所管行政庁は，第4項の場合において，第2項又は第3項の規定による通知の記載によっては当該建築物エネルギー消費性能確保計画（非住宅部分に係る部分に限る。）が建築物エネルギー消費性能基準に適合するかどうかを決定することができない正当な理由があるときは，その旨及びその理由を記載した通知書を第4項の期間（前項の規定によりその期間を延長した場合にあっては，当該延長後の期間）内に当該通知をした国等の機関の長に交付しなければならない。

7　国等の機関の長は，第4項の規定により交付を受けた通知書が適合判定通知書である場合においては，当該特定建築行為に係る建築基準法第18条第3項の規定による審査をする建築主事に，当該適合判定通知書又はその写しを提出しなければならない。ただし，当該特定建築行為に係る建築物の計画（同条第2項の規定による通知に係る建築物の計画をいう。第9項において同じ。）について同条第14項の通知書の交付を受けた場合は，この限りでない。

8　国等の機関の長は，前項の場合において，建築基準法第18条第3項の期間（同条第13項の規定によりその期間が延長された場合にあっては，当該延長後の期間）の末日の3日前までに，前項の適合判定通知書又はその写しを当該建築主事に提出しなければならない。

9　建築主事は，建築基準法第18条第3項の場合において，建築物の計画が特定建築行為に係るものであるときは，当該通知をした国等の機関の長から第7項の適合判定通知書又はその写しの提出を受けた場合に限り，同条第3項の確認済証を交付することができる。

【特定建築物に係る基準適合命令等】

第14条　所管行政庁は，第11条第1項の規定に違反している事実があると認めるときは，建築主に対し，相当の期限を定めて，当該違反を是正するために必要な措置を

とるべきことを命ずることができる。

2　国等の建築物については，前項の規定は，適用しない。この場合において，所管行政庁は，当該建築物が第11条第１項の規定に違反している事実があると認めるときは，直ちに，その旨を当該建築物に係る国等の機関の長に通知し，前項に規定する措置をとるべきことを要請しなければならない。

【登録建築物エネルギー消費性能判定機関による建築物エネルギー消費性能適合性判定の実施等】

第15条　所管行政庁は，第44条から第47条までの規定の定めるところにより国土交通大臣の登録を受けた者（以下「登録建築物エネルギー消費性能判定機関」という。）に，第12条第１項及び第２項並びに第13条第２項及び第３項の建築物エネルギー消費性能適合性判定の全部又は一部を行わせることができる。

2　登録建築物エネルギー消費性能判定機関が建築物エネルギー消費性能適合性判定を行う場合における第12条第１項から第５項まで及び第13条第２項から第６項までの規定の適用については，これらの規定中「所管行政庁」とあるのは，「第15条第１項の登録を受けた者」とする。

3　登録建築物エネルギー消費性能判定機関は，第12条第１項若しくは第２項の規定による建築物エネルギー消費性能確保計画（住宅部分の規模が**政令**で定める規模以上である建築物の新築又は住宅部分の規模が**政令**で定める規模以上である増築若しくは改築に係るものに限る。以下同じ。）の提出又は第13条第２項若しくは第３項の規定による建築物エネルギー消費性能確保計画の通知を受けた場合においては，遅滞なく，当該建築物エネルギー消費性能確保計画の写しを所管行政庁に送付しなければならない。

◆政令［所管行政庁への建築物エネルギー消費性能確保計画の写しの
　　　　送付の対象となる建築物の住宅部分の規模等］令第５条　　　→p1107

【住宅部分に係る指示等】

第16条　所管行政庁は，第12条第１項若しくは第２項の規定による建築物エネルギー消費性能確保計画の提出又は前条第３項の規定による建築物エネルギー消費性能確保計画の写しの送付を受けた場合において，当該建築物エネルギー消費性能確保計画（住宅部分に係る部分に限る。）が建築物エネルギー消費性能基準に適合せず，当該特定建築物のエネルギー消費性能の確保のため必要があると認めるときは，その工事の着手の日の前日までの間に限り，その提出者（同項の規定による建築物エネルギー消費性能確保計画の写しの送付を受けた場合にあっては，当該建築物エネルギー消費性能確保計画の提出者）に対し，当該建築物エネルギー消費性能確保計画の変更その他必要な措置をとるべきことを指示することができる。

2　所管行政庁は，前項の規定による指示を受けた者が，正当な理由がなくてその指示に係る措置をとらなかったときは，その者に対し，相当の期限を定めて，その指示に係る措置をとるべきことを命ずることができる。

3　所管行政庁は，第13条第２項若しくは第３項の規定による建築物エネルギー消費性能確保計画の通知又は前条第３項の規定による建築物エネルギー消費性能確保計

画の写しの送付を受けた場合において，当該建築物エネルギー消費性能確保計画（住
宅部分に係る部分に限る。）が建築物エネルギー消費性能基準に適合せず，当該特
定建築物のエネルギー消費性能の確保のため必要があると認めるときは，その必要
な限度において，当該国等の機関の長に対し，当該特定建築物のエネルギー消費性
能の確保のためとるべき措置について協議を求めることができる。

【特定建築物に係る報告，検査等】

第17条　所管行政庁は，第14条又は前条の規定の施行に必要な限度において，建築主
等に対し，特定建築物の建築物エネルギー消費性能基準への適合に関する事項に関
し報告させ，又はその職員に，特定建築物若しくはその工事現場に立ち入り，特定
建築物，建築設備，建築材料，書類その他の物件を検査させることができる。ただ
し，住居に立ち入る場合においては，あらかじめ，その居住者の承諾を得なければ
ならない。

2　前項の規定により立入検査をする職員は，その身分を示す証明書を携帯し，関係
者に提示しなければならない。

3　第1項の規定による立入検査の権限は，犯罪捜査のために認められたものと解釈
してはならない。

【適用除外】

第18条　この節の規定は，次の各号のいずれかに該当する建築物については，適用し
ない。

一　居室を有しないこと又は高い開放性を有することにより空気調和設備を設ける
必要がないものとして**政令**で定める用途に供する建築物

◆**政令**［適用除外］令第6条第1項→p1107

二　法令又は条例の定める現状変更の規制及び保存のための措置その他の措置がと
られていることにより建築物エネルギー消費性能基準に適合させることが困難な
ものとして**政令**で定める建築物

◆**政令**［適用除外］令第6条第2項→p1107

三　仮設の建築物であって**政令**で定めるもの

◆**政令**［適用除外］令第6条第3項→p1108

第2節　一定規模以上の建築物のエネルギー消費性能の
　　　　確保に関するその他の措置

【建築物の建築に関する届出等】

第19条　建築主は，次に掲げる行為をしようとするときは，その工事に着手する日の
21日前までに，国土交通省令で定めるところにより，当該行為に係る建築物のエネ
ルギー消費性能の確保のための構造及び設備に関する計画を所管行政庁に届け出な
ければならない。その変更（国土交通省令で定める軽微な変更を除く。）をしよう
とするときも，同様とする。

一　特定建築物以外の建築物であってエネルギー消費性能の確保を図る必要がある
ものとして**政令**で定める規模以上のものの新築

◆**政令**［所管行政庁への届出の対象となる建築物の建築の規模］令第 7 条第 1 項→p1108

二　建築物の増築又は改築であってエネルギー消費性能の確保を図る必要があるものとして**政令**で定める規模以上のもの（特定建築行為に該当するものを除く。）

◆**政令**［所管行政庁への届出の対象となる建築物の建築の規模］令第 7 条第 2 項→p1108

2　所管行政庁は，前項の規定による届出があった場合において，その届出に係る計画が建築物エネルギー消費性能基準に適合せず，当該建築物のエネルギー消費性能の確保のため必要があると認めるときは，その届出を受理した日から21日以内に限り，その届出をした者に対し，その届出に係る計画の変更その他必要な措置をとるべきことを指示することができる。

3　所管行政庁は，前項の規定による指示を受けた者が，正当な理由がなくてその指示に係る措置をとらなかったときは，その者に対し，相当の期限を定めて，その指示に係る措置をとるべきことを命ずることができる。

4　建築主は，第 1 項の規定による届出に併せて，建築物エネルギー消費性能基準への適合性に関する審査であって第12条第 1 項の建築物エネルギー消費性能適合性判定に準ずるものとして国土交通省令で定めるものの結果を記載した書面を提出することができる。この場合において，第 1 項及び第 2 項の規定の適用については，第 1 項中「21日前」とあるのは「 3 日以上21日未満の範囲内で国土交通省令で定める日数前」と，第 2 項中「21日以内」とあるのは「前項の国土交通省令で定める日数以内」とする。

【国等に対する特例】

第20条　国等の機関の長が行う前条第 1 項各号に掲げる行為については，同条の規定は，適用しない。この場合においては，次項及び第 3 項の規定に定めるところによる。

2　国等の機関の長は，前条第 1 項各号に掲げる行為をしようとするときは，あらかじめ，当該行為に係る建築物のエネルギー消費性能の確保のための構造及び設備に関する計画を所管行政庁に通知しなければならない。その変更（国土交通省令で定める軽微な変更を除く。）をしようとするときも，同様とする。

3　所管行政庁は，前項の規定による通知があった場合において，その通知に係る計画が建築物エネルギー消費性能基準に適合せず，当該建築物のエネルギー消費性能の確保のため必要があると認めるときは，その必要な限度において，当該国等の機関の長に対し，当該建築物のエネルギー消費性能の確保のためとるべき措置について協議を求めることができる。

【建築物に係る報告，検査等】

第21条　所管行政庁は，第19条第 2 項及び第 3 項並びに前条第 3 項の規定の施行に必要な限度において，建築主等に対し，建築物の建築物エネルギー消費性能基準への適合に関する事項に関し報告させ，又はその職員に，建築物若しくはその工事現場に立ち入り，建築物，建築設備，建築材料，書類その他の物件を検査させることができる。

2　第17条第 1 項ただし書，第 2 項及び第 3 項の規定は，前項の規定による立入検査

について準用する。

【適用除外】

第22条　この節の規定は，第18条各号のいずれかに該当する建築物については，適用しない。

第3節　特殊の構造又は設備を用いる建築物の認定等

【特殊の構造又は設備を用いる建築物の認定】

第23条　国土交通大臣は，建築主の申請により，特殊の構造又は設備を用いて建築が行われる建築物が建築物エネルギー消費性能基準に適合する建築物と同等以上のエネルギー消費性能を有するものである旨の認定をすることができる。

2　前項の申請をしようとする者は，国土交通省令で定めるところにより，国土交通省令で定める事項を記載した申請書を提出して，これを行わなければならない。

3　国土交通大臣は，第1項の認定をしたときは，遅滞なく，その旨を当該認定を受けた建築物の建築が行われる場所を管轄する所管行政庁に通知するものとする。

【審査のための評価】

第24条　国土交通大臣は，前条第1項の認定のための審査に当たっては，審査に係る特殊の構造又は設備を用いる建築物のエネルギー消費性能に関する評価（第27条を除き，以下単に「評価」という。）であって，第61条から第63条までの規定の定めるところにより国土交通大臣の登録を受けた者（以下「登録建築物エネルギー消費性能評価機関」という。）が行うものに基づきこれを行うものとする。

2　前条第1項の申請をしようとする者は，登録建築物エネルギー消費性能評価機関が作成した当該申請に係る特殊の構造又は設備を用いる建築物のエネルギー消費性能に関する評価書を同条第2項の申請書に添えて，これをしなければならない。この場合において，国土交通大臣は，当該評価書に基づき同条第1項の認定のための審査を行うものとする。

【認定を受けた特殊の構造又は設備を用いる建築物に関する特例】

第25条　特殊の構造又は設備を用いて建築物の建築をしようとする者が当該建築物について第23条第1項の認定を受けたときは，当該建築物の建築のうち第12条第1項の建築物エネルギー消費性能適合性判定を受けなければならないものについては，同条第3項の規定により適合判定通知書の交付を受けたものとみなして，同条第6項から第8項までの規定を適用する。

2　特殊の構造又は設備を用いて建築物の建築をしようとする者が当該建築物について第23条第1項の認定を受けたときは，当該建築物の建築のうち第19条第1項の規定による届出をしなければならないものについては，同項の規定による届出をしたものとみなす。この場合においては，同条第2項及び第3項の規定は，適用しない。

第4節　小規模建築物のエネルギー消費性能に係る評価及び説明

第27条　建築士は，小規模建築物（特定建築物及び第19条第1項第一号に規定する建築物以外の建築物（第18条各号のいずれかに該当するものを除く。）をいう。以下

この条において同じ。）の建築（特定建築行為又は第19条第1項第二号に掲げる行為に該当するもの及びエネルギー消費性能に及ぼす影響が少ないものとして**政令**で定める規模以下のものを除く。次項において同じ。）に係る設計を行うときは，国土交通省令で定めるところにより当該小規模建築物の建築物エネルギー消費性能基準への適合性について評価を行うとともに，当該設計の委託をした建築主に対し，当該評価の結果（当該小規模建築物が建築物エネルギー消費性能基準に適合していない場合にあっては，当該小規模建築物のエネルギー消費性能の確保のためとるべき措置を含む。）について，国土交通省令で定める事項を記載した書面を交付して説明しなければならない。

◆**政令**［エネルギー消費性能に及ぼす影響が少ない小規模建築物の
建築の規模］令第8条 →p1108

2　前項の規定は，小規模建築物の建築に係る設計の委託をした建築主から同項の規定による評価及び説明を要しない旨の意思の表明があった場合については，適用しない。

第5節　分譲型一戸建て規格住宅及び分譲型規格共同住宅等に係る措置

【特定一戸建て住宅建築主及び特定共同住宅等建築主の努力】

第28条　特定一戸建て住宅建築主（自らが定めた一戸建ての住宅の構造及び設備に関する規格に基づき一戸建ての住宅を新築し，これを分譲することを業として行う建築主であって，その1年間に新築する当該規格に基づく一戸建ての住宅（以下この項及び次条第1項において「分譲型一戸建て規格住宅」という。）の戸数が**政令**で定める数以上であるものをいう。同項において同じ。）は，第6条に定めるもののほか，その新築する分譲型一戸建て規格住宅を同項に規定する基準に適合させるよう努めなければならない。

◆**政令**［特定一戸建て住宅建築主等の新築する分譲型一戸建て規格住宅の
戸数等］令第9条第1項 →p1108

2　特定共同住宅等建築主（自らが定めた共同住宅等（共同住宅又は長屋をいう。以下この項及び第31条第2項において同じ。）の構造及び設備に関する規格に基づき共同住宅等を新築し，これを分譲することを業として行う建築主であって，その1年間に新築する当該規格に基づく共同住宅等（以下この項及び次条第1項において「分譲型規格共同住宅等」という。）の住戸の数が**政令**で定める数以上であるものをいう。同項において同じ。）は，第6条に定めるもののほか，その新築する分譲型規格共同住宅等を同項に規定する基準に適合させるよう努めなければならない。

◆**政令**［特定一戸建て住宅建築主等の新築する分譲型一戸建て規格住宅の
戸数等］令第9条第2項 →p1108

【分譲型一戸建て規格住宅等のエネルギー消費性能の一層の向上に関する基準】

第29条　経済産業大臣及び国土交通大臣は，**経済産業省令・国土交通省令**で，分譲型一戸建て規格住宅又は分譲型規格共同住宅等（以下この条及び次条において「分譲型一戸建て規格住宅等」という。）ごとに，特定一戸建て住宅建築主又は特定共同

住宅等建築主（次項及び同条において「特定一戸建て住宅建築主等」という。）の新築する分譲型一戸建て規格住宅等のエネルギー消費性能の一層の向上（建築物エネルギー消費性能基準に適合する建築物において確保されるエネルギー消費性能を超えるエネルギー消費性能を当該建築物において確保することをいう。以下同じ。）のために必要な住宅の構造及び設備に関する基準を定めなければならない。

◆建築物エネルギー消費性能基準等を定める省令
　［特定一戸建て住宅建築主等の新築する分譲型一戸建て規格住宅等のエネルギー消費
　性能の一層の向上のために必要な住宅の構造及び設備に関する基準］第8条　　→p1114

2　前項に規定する基準は，特定一戸建て住宅建築主等の新築する分譲型一戸建て規格住宅等のうちエネルギー消費性能が最も優れているものの当該エネルギー消費性能，分譲型一戸建て規格住宅等に関する技術開発の将来の見通しその他の事情を勘案して，建築物エネルギー消費性能基準に必要な事項を付加して定めるものとし，これらの事情の変動に応じて必要な改定をするものとする。

【特定一戸建て住宅建築主等に対する勧告及び命令等】

第30条　国土交通大臣は，特定一戸建て住宅建築主等の新築する分譲型一戸建て規格住宅等につき，前条第1項に規定する基準に照らしてエネルギー消費性能の一層の向上を相当程度行う必要があると認めるときは，当該特定一戸建て住宅建築主等に対し，その目標を示して，その新築する分譲型一戸建て規格住宅等のエネルギー消費性能の一層の向上を図るべき旨の勧告をすることができる。

2　国土交通大臣は，前項の勧告を受けた特定一戸建て住宅建築主等がその勧告に従わなかったときは，その旨を公表することができる。

3　国土交通大臣は，第1項の勧告を受けた特定一戸建て住宅建築主等が，正当な理由がなくてその勧告に係る措置をとらなかった場合において，前条第1項に規定する基準に照らして特定一戸建て住宅建築主等が行うべきその新築する分譲型一戸建て規格住宅等のエネルギー消費性能の一層の向上を著しく害すると認めるときは，社会資本整備審議会の意見を聴いて，当該特定一戸建て住宅建築主等に対し，相当の期限を定めて，その勧告に係る措置をとるべきことを命ずることができる。

4　国土交通大臣は，前3項の規定の施行に必要な限度において，特定一戸建て住宅建築主等に対し，その新築する分譲型一戸建て規格住宅等に係る業務の状況に関し報告させ，又はその職員に，特定一戸建て住宅建築主等の事務所その他の事業場若しくは特定一戸建て住宅建築主等の新築する分譲型一戸建て規格住宅等若しくはその工事現場に立ち入り，特定一戸建て住宅建築主等の新築する分譲型一戸建て規格住宅等，帳簿，書類その他の物件を検査させることができる。

5　第17条第2項及び第3項の規定は，前項の規定による立入検査について準用する。

第6節　請負型一戸建て規格住宅及び請負型規格共同住宅等に係る措置

【特定一戸建て住宅建設工事業者及び特定共同住宅等建設工事業者の努力】

第31条　特定一戸建て住宅建設工事業者（自らが定めた一戸建ての住宅の構造及び設備に関する規格に基づき一戸建ての住宅を新たに建設する工事を業として請け負う

者であって，その1年間に新たに建設する当該規格に基づく一戸建ての住宅（以下
この項及び次条第1項において「請負型一戸建て規格住宅」という。）の戸数が
政令で定める数以上であるものをいう。同項において同じ。）は，その新たに建設
する請負型一戸建て規格住宅を同項に規定する基準に適合させるよう努めなければ
ならない。

◆**政令**［特定一戸建て住宅建設工事業者等の新たに建設する
　　　請負型一戸建て規格住宅の戸数等］令第10条第1項　→p1108

2　特定共同住宅等建設工事業者（自らが定めた共同住宅等の構造及び設備に関する
規格に基づき共同住宅等を新たに建設する工事を業として請け負う者であって，そ
の1年間に新たに建設する当該規格に基づく共同住宅等（以下この項及び次条第1
項において「請負型規格共同住宅等」という。）の住戸の数が**政令**で定める数以上
であるものをいう。同項において同じ。）は，その新たに建設する請負型規格共同
住宅等を同項に規定する基準に適合させるよう努めなければならない。

◆**政令**［特定一戸建て住宅建設工事業者等の新たに建設する
　　　請負型一戸建て規格住宅の戸数等］令第10条第2項　→p1108

【請負型一戸建て規格住宅等のエネルギー消費性能の一層の向上に関する基準】

第32条　経済産業大臣及び国土交通大臣は，**経済産業省令・国土交通省令**で，請負型
一戸建て規格住宅又は請負型規格共同住宅等（以下この条及び次条において「請負
型一戸建て規格住宅等」という。）ごとに，特定一戸建て住宅建設工事業者又は特
定共同住宅等建設工事業者（次項及び同条において「特定一戸建て住宅建設工事業
者等」という。）の新たに建設する請負型一戸建て規格住宅等のエネルギー消費性
能の一層の向上のために必要な住宅の構造及び設備に関する基準を定めなければな
らない。

◆**建築物エネルギー消費性能基準等を定める省令**
　［特定一戸建て住宅建設工事業者等の新たに建設する請負型一戸建て規格住宅等のエネルギー
　　消費性能の一層の向上のために必要な住宅の構造及び設備に関する基準］第9条の2　　　→p1116

2　前項に規定する基準は，特定一戸建て住宅建設工事業者等の新たに建設する請負
型一戸建て規格住宅等のうちエネルギー消費性能が最も優れているものの当該エネ
ルギー消費性能，請負型一戸建て規格住宅等に関する技術開発の将来の見通しその
他の事情を勘案して，建築物エネルギー消費性能基準に必要な事項を付加して定め
るものとし，これらの事情の変動に応じて必要な改定をするものとする。

【特定一戸建て住宅建設工事業者等に対する勧告及び命令等】

第33条　国土交通大臣は，特定一戸建て住宅建設工事業者等の新たに建設する請負型
一戸建て規格住宅等につき，前条第1項に規定する基準に照らしてエネルギー消費
性能の一層の向上を相当程度行う必要があると認めるときは，当該特定一戸建て住
宅建設工事業者等に対し，その目標を示して，その新たに建設する請負型一戸建て
規格住宅等のエネルギー消費性能の一層の向上を図るべき旨の勧告をすることがで
きる。

2　国土交通大臣は，前項の勧告を受けた特定一戸建て住宅建設工事業者等がその勧
告に従わなかったときは，その旨を公表することができる。

3 国土交通大臣は，第１項の勧告を受けた特定一戸建て住宅建設工事業者等が，正当な理由がなくてその勧告に係る措置をとらなかった場合において，前条第１項に規定する基準に照らして特定一戸建て住宅建設工事業者等が行うべきその新たに建設する請負型一戸建て規格住宅等のエネルギー消費性能の一層の向上を著しく害すると認めるときは，社会資本整備審議会の意見を聴いて，当該特定一戸建て住宅建設工事業者等に対し，相当の期限を定めて，その勧告に係る措置をとるべきことを命ずることができる。

4 国土交通大臣は，前３項の規定の施行に必要な限度において，特定一戸建て住宅建設工事業者等に対し，その新たに建設する請負型一戸建て規格住宅等に係る業務の状況に関し報告させ，又はその職員に，特定一戸建て住宅建設工事業者等の事務所その他の事業場若しくは特定一戸建て住宅建設工事業者等の新たに建設する請負型一戸建て規格住宅等若しくはその工事現場に立ち入り，特定一戸建て住宅建設工事業者等の新たに建設する請負型一戸建て規格住宅等，帳簿，書類その他の物件を検査させることができる。

5 第17条第２項及び第３項の規定は，前項の規定による立入検査について準用する。

第４章　建築物エネルギー消費性能向上計画の認定等

【建築物エネルギー消費性能向上計画の認定】

第34条 建築主等は，エネルギー消費性能の一層の向上に資する建築物の新築又はエネルギー消費性能の一層の向上のための建築物の増築，改築若しくは修繕等（以下「エネルギー消費性能の一層の向上のための建築物の新築等」という。）をしようとするときは，国土交通省令で定めるところにより，エネルギー消費性能の一層の向上のための建築物の新築等に関する計画（以下「建築物エネルギー消費性能向上計画」という。）を作成し，所管行政庁の認定を申請することができる。

2 建築物エネルギー消費性能向上計画には，次に掲げる事項を記載しなければならない。
　一　建築物の位置
　二　建築物の延べ面積，構造，設備及び用途並びに敷地面積
　三　エネルギー消費性能の一層の向上のための建築物の新築等に係る資金計画
　四　その他国土交通省令で定める事項

3 建築主等は，第１項の規定による認定の申請に係る建築物（以下「申請建築物」という。）以外の建築物（以下「他の建築物」という。）のエネルギー消費性能の一層の向上にも資するよう，当該申請建築物に自他供給型熱源機器等（申請建築物及び他の建築物に熱又は電気を供給するための熱源機器等（熱源機器，発電機その他の熱又は電気を発生させ，これを建築物に供給するための国土交通省令で定める機器であって空気調和設備等を構成するものをいう。以下この項において同じ。）をいう。）を設置しようとするとき（当該他の建築物に熱源機器等（エネルギー消費性能に及ぼす影響が少ないものとして国土交通省令で定めるものを除く。）が設置さ

れているとき又は設置されることとなるときを除く。）は，建築物エネルギー消費性能向上計画に，前項各号に掲げる事項のほか，次に掲げる事項を記載することができる。

一 他の建築物の位置

二 他の建築物の延べ面積，構造，設備及び用途並びに敷地面積

三 その他国土交通省令で定める事項

4 建築主等は，次に掲げる場合においては，第1項の規定による認定の申請をすることができない。

一 当該申請をしようとする建築物エネルギー消費性能向上計画に係る申請建築物が他の建築物エネルギー消費性能向上計画に他の建築物として記載されているとき。

二 当該申請をしようとする建築物エネルギー消費性能向上計画に係る他の建築物が他の建築物エネルギー消費性能向上計画に他の建築物として記載されているとき（当該申請をしようとする建築物エネルギー消費性能向上計画に係る申請建築物が当該他の建築物エネルギー消費性能向上計画に係る申請建築物と同一であるときを除く。）。

【建築物エネルギー消費性能向上計画の認定基準等】

第35条 所管行政庁は，前条第1項の規定による認定の申請があった場合において，当該申請に係る建築物エネルギー消費性能向上計画が次に掲げる基準に適合すると認めるときは，その認定をすることができる。

一 申請建築物のエネルギー消費性能が建築物エネルギー消費性能誘導基準（建築物のエネルギー消費性能の一層の向上の促進のために誘導すべき**経済産業省令・国土交通省令**で定める基準をいう。第四号及び第40条第1項において同じ。）に適合するものであること。

◆建築物エネルギー消費性能基準等を定める省令
［建築物エネルギー消費性能誘導基準］第10条 →p1117

二 建築物エネルギー消費性能向上計画に記載された事項が基本方針に照らして適切なものであること。

三 前条第2項第三号の資金計画がエネルギー消費性能の一層の向上のための建築物の新築等を確実に遂行するため適切なものであること。

四 建築物エネルギー消費性能向上計画に前条第3項各号に掲げる事項が記載されている場合にあっては，当該建築物エネルギー消費性能向上計画に係る他の建築物のエネルギー消費性能が建築物エネルギー消費性能誘導基準に適合するものであること。

2 前条第1項の規定による認定の申請をする者は，所管行政庁に対し，当該所管行政庁が当該申請に係る建築物エネルギー消費性能向上計画（他の建築物に係る部分を除く。以下この条において同じ。）を建築主事に通知し，当該建築物エネルギー消費性能向上計画が建築基準法第6条第1項に規定する建築基準関係規定に適合するかどうかの審査を受けるよう申し出ることができる。この場合においては，当該

申請に併せて，同項の規定による確認の申請書を提出しなければならない。

3　前項の規定による申出を受けた所管行政庁は，速やかに，当該申出に係る建築物エネルギー消費性能向上計画を建築主事に通知しなければならない。

4　建築基準法第18条第3項及び第14項の規定は，建築主事が前項の規定による通知を受けた場合について準用する。

5　所管行政庁が，前項において準用する建築基準法第18条第3項の規定による確認済証の交付を受けた場合において，第1項の認定をしたときは，当該認定を受けた建築物エネルギー消費性能向上計画は，同法第6条第1項の確認済証の交付があったものとみなす。

6　所管行政庁は，第4項において準用する建築基準法第18条第14項の規定による通知書の交付を受けた場合においては，第1項の認定をしてはならない。

7　建築基準法第12条第8項及び第9項並びに第93条から第93条の3までの規定は，第4項において準用する同法第18条第3項及び第14項の規定による確認済証及び通知書の交付について準用する。

8　エネルギー消費性能の一層の向上のための建築物の新築等をしようとする者がその建築物エネルギー消費性能向上計画について第1項の認定を受けたときは，当該エネルギー消費性能の一層の向上のための建築物の新築等のうち，第12条第1項の建築物エネルギー消費性能適合性判定を受けなければならないものについては，第2項の規定による申出があった場合及び第2条第2項の条例が定められている場合を除き，第12条第3項の規定により適合判定通知書の交付を受けたものとみなして，同条第6項から第8項までの規定を適用する。

9　エネルギー消費性能の一層の向上のための建築物の新築等をしようとする者がその建築物エネルギー消費性能向上計画について第1項の認定を受けたときは，当該エネルギー消費性能の一層の向上のための建築物の新築等のうち，第19条第1項の規定による届出をしなければならないものについては，第2条第2項の条例が定められている場合を除き，第19条第1項の規定による届出をしたものとみなす。この場合においては，同条第2項及び第3項の規定は，適用しない。

【建築物エネルギー消費性能向上計画の変更】

第36条　前条第1項の認定を受けた者（以下「認定建築主」という。）は，当該認定を受けた建築物エネルギー消費性能向上計画の変更（国土交通省令で定める軽微な変更を除く。）をしようとするときは，国土交通省令で定めるところにより，所管行政庁の認定を受けなければならない。

2　前条の規定は，前項の認定について準用する。

【認定建築主に対する報告の徴収】

第37条　所管行政庁は，認定建築主に対し，第35条第1項の認定を受けた建築物エネルギー消費性能向上計画（変更があったときは，その変更後のもの。以下「認定建築物エネルギー消費性能向上計画」という。）に基づくエネルギー消費性能の一層の向上のための建築物の新築等の状況に関し報告を求めることができる。

【認定建築主に対する改善命令】

第38条　所管行政庁は，認定建築主が認定建築物エネルギー消費性能向上計画に従っ
てエネルギー消費性能の一層の向上のための建築物の新築等を行っていないと認め
るときは，当該認定建築主に対し，相当の期限を定めて，その改善に必要な措置を
とるべきことを命ずることができる。

【建築物エネルギー消費性能向上計画の認定の取消し】

第39条　所管行政庁は，認定建築主が前条の規定による命令に違反したときは，第35
条第1項の認定を取り消すことができる。

【認定建築物エネルギー消費性能向上計画に係る建築物の容積率の特例】

第40条　建築基準法第52条第1項，第2項，第7項，第12項及び第14項，第57条の2
第3項第二号，第57条の3第2項，第59条第1項及び第3項，第59条の2第1項，
第60条第1項，第60条の2第1項及び第4項，第68条の3第1項，第68条の4，第
68条の5（第二号イを除く。），第68条の5の2（第二号イを除く。），第68条の5の
3第1項（第一号ロを除く。），第68条の5の4（第一号ロを除く。），第68条の5の
5第1項第一号ロ，第68条の8，第68条の9第1項，第86条第3項及び第4項，第
86条の2第2項及び第3項，第86条の5第3項並びに第86条の6第1項に規定する
建築物の容積率（同法第59条第1項，第60条の2第1項及び第68条の9第1項に規
定するものについては，これらの規定に規定する建築物の容積率の最高限度に係る
場合に限る。）の算定の基礎となる延べ面積には，同法第52条第3項及び第6項に
定めるもののほか，認定建築物エネルギー消費性能向上計画に係る建築物の床面積
のうち，建築物エネルギー消費性能誘導基準に適合させるための措置をとることに
より通常の建築物の床面積を超えることとなる場合における**政令**で定める床面積
は，算入しないものとする。

◆政令［認定建築物エネルギー消費性能向上計画に係る建築物の容積率の
特例に係る床面積］令第11条　　　　　　　　　　　　　　　　→p1108

2　認定建築物エネルギー消費性能向上計画に第34条第3項各号に掲げる事項が記載
されている場合における前項の規定の適用については，同項中「建築物の床面積の
うち，」とあるのは，「申請建築物の床面積のうち，当該認定建築物エネルギー消費
性能向上計画に係る申請建築物及び他の建築物を」とする。

第5章　建築物のエネルギー消費性能に係る認定等

【建築物のエネルギー消費性能に係る認定】

第41条　建築物の所有者は，国土交通省令で定めるところにより，所管行政庁に対
し，当該建築物について建築物エネルギー消費性能基準に適合している旨の認定を
申請することができる。

2　所管行政庁は，前項の規定による認定の申請があった場合において，当該申請に
係る建築物が建築物エネルギー消費性能基準に適合していると認めるときは，その
旨の認定をすることができる。

3　前項の認定を受けた者は，当該認定を受けた建築物（以下「基準適合認定建築物」という。），その敷地又はその利用に関する広告その他の国土交通省令で定めるもの（次項において「広告等」という。）に，国土交通省令で定めるところにより，当該基準適合認定建築物が当該認定を受けている旨の表示を付することができる。

4　何人も，前項の規定による場合を除くほか，建築物，その敷地又はその利用に関する広告等に，同項の表示又はこれと紛らわしい表示を付してはならない。

【基準適合認定建築物に係る認定の取消し】

第42条　所管行政庁は，基準適合認定建築物が建築物エネルギー消費性能基準に適合しなくなったと認めるときは，前条第2項の認定を取り消すことができる。

【基準適合認定建築物に係る報告，検査等】

第43条　所管行政庁は，前条の規定の施行に必要な限度において，第41条第2項の認定を受けた者に対し，基準適合認定建築物の建築物エネルギー消費性能基準への適合に関する事項に関し報告させ，又はその職員に，基準適合認定建築物若しくはその工事現場に立ち入り，基準適合認定建築物，建築設備，建築材料，書類その他の物件を検査させることができる。

2　第17条第1項ただし書，第2項及び第3項の規定は，前項の規定による立入検査について準用する。

第6章　登録建築物エネルギー消費性能判定機関等

第1節　登録建築物エネルギー消費性能判定機関

【登　録】

第44条　第15条第1項の登録（以下この節において単に「登録」という。）は，国土交通省令で定めるところにより，建築物エネルギー消費性能適合性判定の業務（以下「判定の業務」という。）を行おうとする者の申請により行う。

【登録基準等】

第46条　国土交通大臣は，登録の申請をした者（以下この項において「登録申請者」という。）が次に掲げる基準の全てに適合しているときは，その登録をしなければならない。

一　第50条の適合性判定員が建築物エネルギー消費性能適合性判定を実施し，その数が次のいずれにも適合するものであること。

イ　次の(1)から(5)までに掲げる特定建築物の区分に応じ，それぞれ(1)から(5)までに定める数（その数が2未満であるときは，2）以上であること。

(1)　床面積の合計が1,000m²未満の特定建築物　　建築物エネルギー消費性能適合性判定を行う特定建築物の棟数を620で除した数

(2)　床面積の合計が1,000m²以上2,000m²未満の特定建築物　　建築物エネルギー消費性能適合性判定を行う特定建築物の棟数を420で除した数

(3)　床面積の合計が2,000m²以上10,000m²未満の特定建築物　　建築物エネル

ギー消費性能適合性判定を行う特定建築物の棟数を350で除した数
　⑷　床面積の合計が10,000m²以上50,000m²未満の特定建築物　建築物エネルギー消費性能適合性判定を行う特定建築物の棟数を250で除した数
　⑸　床面積の合計が50,000m²以上の特定建築物　建築物エネルギー消費性能適合性判定を行う特定建築物の棟数を120で除した数
　ロ　イ⑴から⑸までに掲げる特定建築物の区分の2以上にわたる特定建築物について建築物エネルギー消費性能適合性判定を行う場合にあっては，第50条の適合性判定員の総数が，それらの区分に応じそれぞれイ⑴から⑸までに定める数を合計した数（その数が2未満であるときは，2）以上であること。
二　登録申請者が，業として，建築物を設計し若しくは販売し，建築物の販売を代理し若しくは媒介し，又は建築物の建設工事を請け負う者（以下この号及び第63条第1項第二号において「建築物関連事業者」という。）に支配されているものとして次のいずれかに該当するものでないこと。
　イ　登録申請者が株式会社である場合にあっては，建築物関連事業者がその親法人（会社法（平成17年法律第86号）第879条第1項に規定する親法人をいう。第63条第1項第二号イにおいて同じ。）であること。
　ロ　登録申請者の役員（持分会社（会社法第575条第1項に規定する持分会社をいう。第63条第1項第二号ロにおいて同じ。）にあっては，業務を執行する社員）に占める建築物関連事業者の役員又は職員（過去2年間に当該建築物関連事業者の役員又は職員であった者を含む。）の割合が1/2を超えていること。
　ハ　登録申請者（法人にあっては，その代表権を有する役員）が，建築物関連事業者の役員又は職員（過去2年間に当該建築物関連事業者の役員又は職員であった者を含む。）であること。
三　判定の業務を適正に行うために判定の業務を行う部門に専任の管理者が置かれていること。
四　債務超過の状態にないこと。
2　登録は，登録建築物エネルギー消費性能判定機関登録簿に次に掲げる事項を記載してするものとする。
一　登録年月日及び登録番号
二　登録建築物エネルギー消費性能判定機関の氏名又は名称及び住所並びに法人にあっては，その代表者の氏名
三　登録建築物エネルギー消費性能判定機関が判定の業務を行う事務所の所在地
四　第50条の適合性判定員の氏名
五　前各号に掲げるもののほか，国土交通省令で定める事項

【登録の更新】

第48条　登録は，5年以上10年以内において**政令**で定める期間ごとにその更新を受けなければ，その期間の経過によって，その効力を失う。

◆**政令**［登録建築物エネルギー消費性能判定機関等の登録の有効期間］令第12条→p1109

2　第44条から第46条までの規定は，前項の登録の更新の場合について準用する。

【適合性判定員】

第50条　登録建築物エネルギー消費性能判定機関は，建築に関する専門的知識及び技術を有する者として国土交通省令で定める要件を備えるもののうちから適合性判定員を選任しなければならない。

第2節　登録建築物エネルギー消費性能評価機関 （略）

第7章　雑　　則

【審査請求】

第68条　この法律の規定による登録建築物エネルギー消費性能判定機関又は登録建築物エネルギー消費性能評価機関の行う処分又はその不作為については，国土交通大臣に対し，審査請求をすることができる。この場合において，国土交通大臣は，行政不服審査法（平成26年法律第68号）第25条第2項及び第3項，第46条第1項及び第2項，第47条並びに第49条第3項の規定の適用については，登録建築物エネルギー消費性能判定機関又は登録建築物エネルギー消費性能評価機関の上級行政庁とみなす。

【国土交通省令への委任】

第70条　この法律に定めるもののほか，この法律の実施のため必要な事項は，国土交通省令で定める。

【経過措置】

第71条　この法律に基づき命令を制定し，又は改廃する場合においては，その命令で，その制定又は改廃に伴い合理的に必要と判断される範囲内において，所要の経過措置（罰則に関する経過措置を含む。）を定めることができる。

第8章　罰　　則 （略）

附　則 （略）

建築物のエネルギー消費性能の向上に関する法律施行令

平成28年1月15日　政令第8号
最終改正　令和5年9月29日　政令第293号

【空気調和設備等】

第1条　建築物のエネルギー消費性能の向上に関する法律（以下「法」という。）第2条第1項第二号の政令で定める建築設備は，次に掲げるものとする。

一　空気調和設備その他の機械換気設備

二　照明設備

三　給湯設備

四　昇降機

【都道府県知事が所管行政庁となる建築物】

第2条　法第2条第1項第五号ただし書の政令で定める建築物のうち建築基準法（昭和25年法律第201号）第97条の2第1項の規定により建築主事を置く市町村の区域内のものは，同法第6条第1項第四号に掲げる建築物（その新築，改築，増築，移転又は用途の変更に関して，法律並びにこれに基づく命令及び条例の規定により都道府県知事の許可を必要とするものを除く。）以外の建築物とする。

2　法第2条第1項第五号ただし書の政令で定める建築物のうち建築基準法第97条の3第1項の規定により建築主事を置く特別区の区域内のものは，次に掲げる建築物（第二号に掲げる建築物にあっては，地方自治法（昭和22年法律第67号）第252条の17の2第1項の規定により同号に規定する処分に関する事務を特別区が処理することとされた場合における当該建築物を除く。）とする。

一　延べ面積（建築基準法施行令（昭和25年政令第338号）第2条第1項第四号の延べ面積をいう。第11条第1項において同じ。）が10,000m²を超える建築物

二　その新築，改築，増築，移転又は用途の変更に関して，建築基準法第51条（同法第87条第2項及び第3項において準用する場合を含み，市町村都市計画審議会が置かれている特別区にあっては，卸売市場，と畜場及び産業廃棄物処理施設に係る部分に限る。）の規定又は同法以外の法律若しくはこれに基づく命令若しくは条例の規定により都知事の許可を必要とする建築物

【住宅部分】

第3条　法第11第1項の政令で定める建築物の部分は，次に掲げるものとする。

一　居間，食事室，寝室その他の居住のために継続的に使用する室（当該室との間に区画となる間仕切壁又は戸（ふすま，障子その他これらに類するものを除く。次条第1項において同じ。）がなく当該室と一体とみなされる台所，洗面所，物置その他これらに類する建築物の部分を含む。）

二　台所，浴室，便所，洗面所，廊下，玄関，階段，物置その他これらに類する建築物の部分であって，居住者の専用に供するもの（前号に規定する台所，洗面所，物置その他これらに類する建築物の部分を除く。）

三　集会室，娯楽室，浴室，便所，洗面所，廊下，玄関，階段，昇降機，倉庫，自動車車庫，自転車駐車場，管理人室，機械室その他これらに類する建築物の部分であって，居住者の共用に供するもの（居住者以外の者が主として利用していると認められるものとして国土交通大臣が定めるものを除く。）

【特定建築物の非住宅部分の規模等】

第4条　法第11条第1項のエネルギー消費性能の確保を特に図る必要があるものとして政令で定める規模は，床面積（内部に間仕切壁又は戸を有しない階又はその一部であって，その床面積に対する常時外気に開放された開口部の面積の合計の割合が1/20以上であるものの床面積を除く。第11条第1項を除き，以下同じ。）の合計が300m²であることとする。

2　法第11条第1項の政令で定める特定建築物の非住宅部分の増築又は改築の規模は，当該増築又は改築に係る部分の床面積の合計が300m²であることとする。

3　法第11条第1項の政令で定める特定建築物以外の建築物の非住宅部分の増築の規模は，当該増築に係る部分の床面積の合計が300m²であることとする。

【所管行政庁への建築物エネルギー消費性能確保計画の写しの送付の対象となる建築物の住宅部分の規模等】

第5条　法第15条第3項の政令で定める建築物の住宅部分の規模は，床面積の合計が300m²であることとする。

2　法第15条第3項の政令で定める増築又は改築に係る住宅部分の規模は，当該増築又は改築に係る部分の床面積の合計が300m²であることとする。

【適用除外】

第6条　法第18条第一号の政令で定める用途は，次に掲げるものとする。

一　自動車車庫，自転車駐車場，畜舎，堆肥舎，公共用歩廊その他これらに類する用途

二　観覧場，スケート場，水泳場，スポーツの練習場，神社，寺院その他これらに類する用途（壁を有しないことその他の高い開放性を有するものとして国土交通大臣が定めるものに限る。）

2　法第18条第二号の政令で定める建築物は，次に掲げるものとする。

一　文化財保護法（昭和25年法律第214号）の規定により国宝，重要文化財，重要有形民俗文化財，特別史跡名勝天然記念物又は史跡名勝天然記念物として指定され，又は仮指定された建築物

二　文化財保護法第143条第1項又は第2項の伝統的建造物群保存地区内における同法第2条第1項第六号に規定する伝統的建造物群を構成している建築物

三　旧重要美術品等の保存に関する法律（昭和8年法律第43号）の規定により重要美術品等として認定された建築物

四　文化財保護法第182条第2項の条例その他の条例の定めるところにより現状変

更の規制及び保存のための措置が講じられている建築物であって，建築物エネルギー消費性能基準に適合させることが困難なものとして所管行政庁が認めたもの

五　第一号，第三号又は前号に掲げる建築物であったものの原形を再現する建築物であって，建築物エネルギー消費性能基準に適合させることが困難なものとして所管行政庁が認めたもの

六　景観法（平成16年法律第110号）第19条第1項の規定により景観重要建造物として指定された建築物

3　法第18条第三号の政令で定める仮設の建築物は，次に掲げるものとする。

一　建築基準法第85条第1項又は第2項に規定する応急仮設建築物であって，その建築物の工事を完了した後3月以内であるもの又は同条第3項の許可を受けたもの

二　建築基準法第85条第2項に規定する事務所，下小屋，材料置場その他これらに類する仮設建築物

三　建築基準法第85条第6項又は第7項の規定による許可を受けた建築物

【所管行政庁への届出の対象となる建築物の建築の規模】

第7条　法第19条第1項第一号の政令で定める規模は，床面積の合計が300m²であることとする。

2　法第19条第1項第二号の政令で定める規模は，増築又は改築に係る部分の床面積の合計が300m²であることとする。

【エネルギー消費性能に及ぼす影響が少ない小規模建築物の建築の規模】

第8条　法第27条第1項の政令で定める小規模建築物の建築の規模は，当該建築に係る部分の床面積の合計が10m²であることとする。

【特定一戸建て住宅建築主等の新築する分譲型一戸建て規格住宅の戸数等】

第9条　法第28条第1項の政令で定める数は，150戸とする。

2　法第28条第2項の政令で定める数は，1,000戸とする。

【特定一戸建て住宅建設工事業者等の新たに建設する請負型一戸建て規格住宅の戸数等】

第10条　法第31条第1項の政令で定める数は，300戸とする。

2　法第31条第2項の政令で定める数は，1,000戸とする。

【認定建築物エネルギー消費性能向上計画に係る建築物の容積率の特例に係る床面積】

第11条　法第40条第1項の政令で定める床面積は，認定建築物エネルギー消費性能向上計画に係る建築物の床面積のうち通常の建築物の床面積を超えることとなるものとして国土交通大臣が定めるもの（当該床面積が当該建築物の延べ面積の1/10を超える場合においては，当該建築物の延べ面積の1/10）とする。

2　法第40条第2項の規定により同条第1項の規定を読み替えて適用する場合における前項の規定の適用については，同項中「建築物の床面積のうち」とあるのは「申請建築物の床面積のうち」と，「建築物の延べ面積」とあるのは「認定建築物エネルギー消費性能向上計画に係る申請建築物及び他の建築物の延べ面積の合計」とする。

【登録建築物エネルギー消費性能判定機関等の登録の有効期間】

第12条　法第48条第1項（法第61条第2項において準用する場合を含む。）の政令で
定める期間は，5年とする。

　　附　則　（略）

建築物エネルギー消費性能基準等を定める省令

平成28年1月29日　経済産業省・国土交通省令第1号
最終改正　令和5年9月25日　経済産業省・国土交通省令第2号

第1章　建築物エネルギー消費性能基準

【建築物エネルギー消費性能基準】

第1条　建築物のエネルギー消費性能の向上に関する法律（以下「法」という。）第2条第1項第三号の経済産業省・国土交通省令で定める基準は，次の各号に掲げる建築物の区分に応じ，それぞれ当該各号に定める基準とする。

一　非住宅部分（法第11条第1項に規定する非住宅部分をいう。以下同じ。）を有する建築物（複合建築物（非住宅部分及び住宅部分（同項に規定する住宅部分をいう。以下同じ。）を有する建築物をいう。以下同じ。）を除く。第10条第一号において「非住宅建築物」という。）　次のイ又はロのいずれかに適合するものであること。ただし，国土交通大臣がエネルギー消費性能を適切に評価できる方法と認める方法によって非住宅部分が備えるべきエネルギー消費性能を有することが確かめられた場合においては，この限りでない。

イ　非住宅部分の設計一次エネルギー消費量（実際の設計仕様の条件を基に算定した一次エネルギー消費量（1年間に消費するエネルギー（エネルギーの使用の合理化及び非化石エネルギーへの転換等に関する法律（昭和54年法律第49号）第2条第1項に規定するエネルギーをいう。以下同じ。）の量を熱量に換算したものをいう。以下同じ。）であって，建築物のエネルギー消費性能が建築物エネルギー消費性能基準に適合するかどうかの判定に用いるものをいう。以下同じ。）が，非住宅部分の基準一次エネルギー消費量（床面積，設備等の条件により定まる基準となる一次エネルギー消費量をいう。以下同じ。）を超えないこと。

ロ　非住宅部分の用途と同一の用途の一次エネルギー消費量モデル建築物（国土交通大臣が用途に応じて一次エネルギー消費量の算出に用いるべき標準的な建築物であると認めるものをいう。以下同じ。）の設計一次エネルギー消費量が，当該一次エネルギー消費量モデル建築物の基準一次エネルギー消費量を超えないこと。

二　住宅部分を有する建築物（複合建築物を除く。以下「住宅」という。）　次のイ及びロに適合するものであること。ただし，国土交通大臣がエネルギー消費性能を適切に評価できる方法と認める方法によって住宅部分が備えるべきエネルギー消費性能を有することが確かめられた場合においては，この限りでない。

イ　次の(1)から(3)までのいずれかに適合すること。

(1)　国土交通大臣が定める方法により算出した単位住戸（住宅部分の1の住戸をいう。以下同じ。）の外皮平均熱貫流率（単位住戸の内外の温度差1℃当たりの総熱損失量（換気による熱損失量を除く。）を外皮（外気等（外気又は外気に通じる床裏，小屋裏，天井裏その他これらに類する建築物の部分をいう。）に接する天井（小屋裏又は天井裏が外気に通じていない場合にあっては，屋根），壁，床及び開口部並びに当該単位住戸以外の建築物の部分に接する部分をいう。以下(1)において同じ。）の面積で除した数値をいう。以下同じ。）及び冷房期（1年間のうち1日の最

高気温が23℃以上となる全ての期間をいう。以下同じ。）の平均日射熱取得率（日射量に対する室内に侵入する日射量の割合を外皮の面積により加重平均した数値をいう。以下同じ。）が，次の表の左欄に掲げる地域の区分に応じ，それぞれ同表の中欄及び右欄に掲げる数値以下であること。

地域の区分	外皮平均熱貫流率 （単位　W/m²·℃）	冷房期の平均日射熱取得率
1	0.46	—
2	0.46	—
3	0.56	—
4	0.75	—
5	0.87	3.0
6	0.87	2.8
7	0.87	2.7
8	—	6.7

⑵　⑴の国土交通大臣が定める方法により算出した外皮性能モデル住宅（国土交通大臣が構造に応じて外皮平均熱貫流率及び冷房期の平均日射熱取得率の算出に用いるべき標準的な住宅であると認めるものをいう。）の単位住戸の外皮平均熱貫流率及び冷房期の平均日射熱取得率が，⑴の表の左欄に掲げる地域の区分に応じ，それぞれ同表の中欄及び右欄に掲げる数値以下であること。

⑶　住宅部分が外壁，窓等を通しての熱の損失の防止に関する国土交通大臣が定める基準に適合すること。

ロ　次の⑴から⑶までのいずれかに適合すること。

⑴　住宅部分の設計一次エネルギー消費量が，住宅部分の基準一次エネルギー消費量を超えないこと。

⑵　住宅部分の一次エネルギー消費量モデル住宅（国土交通大臣が設備に応じて住宅部分の一次エネルギー消費量の算出に用いるべき標準的な住宅であると認めるものをいう。以下同じ。）の設計一次エネルギー消費量が，当該一次エネルギー消費量モデル住宅の基準一次エネルギー消費量を超えないこと。

⑶　住宅部分が一次エネルギー消費量に関する国土交通大臣が定める基準に適合すること。

三　複合建築物　次のイ又はロのいずれか（法第11条第1項に規定する特定建築行為（法附則第3条第1項に規定する特定増改築を除く。）に係る建築物にあっては，イ）に適合するものであること。

イ　非住宅部分が第一号に定める基準に適合し，かつ，住宅部分が前号に定める基準に適合すること。

ロ　次の⑴及び⑵に適合すること。

⑴　複合建築物の設計一次エネルギー消費量が，複合建築物の基準一次エネルギー消費量を超えないこと。

⑵　住宅部分が前号イに適合すること。

2　前項第二号イ⑴の地域の区分は，国土交通大臣が別に定めるものとする。

【非住宅部分に係る設計一次エネルギー消費量】

第2条　前条第1項第一号イの非住宅部分の設計一次エネルギー消費量及び同号ロの一次エ

ネルギー消費量モデル建築物の設計一次エネルギー消費量は，次の式により算出した数値（その数値に小数点以下1位未満の端数があるときは，これを切り上げる。）とする。

$$E_T = (E_{AC} + E_V + E_L + E_W + E_{EV} - E_S + E_M) \times 10^{-3}$$

> この式において，E_T，E_{AC}，E_V，E_L，E_W，E_{EV}，E_S 及び E_M は，それぞれ次の数値を表すものとする。
>
> E_T　設計一次エネルギー消費量（単位　GJ/年）
>
> E_{AC}　空気調和設備の設計一次エネルギー消費量（単位　MJ/年）
>
> E_V　空気調和設備以外の機械換気設備の設計一次エネルギー消費量（単位　MJ/年）
>
> E_L　照明設備の設計一次エネルギー消費量（単位　MJ/年）
>
> E_W　給湯設備の設計一次エネルギー消費量（単位　MJ/年）
>
> E_{EV}　昇降機の設計一次エネルギー消費量（単位　MJ/年）
>
> E_S　エネルギーの効率的利用を図ることのできる設備（以下「エネルギー利用効率化設備」という。）による設計一次エネルギー消費量の削減量（単位　MJ/年）
>
> E_M　その他一次エネルギー消費量（単位　MJ/年）

2　前項の空気調和設備の設計一次エネルギー消費量，空気調和設備以外の機械換気設備の設計一次エネルギー消費量，照明設備の設計一次エネルギー消費量，給湯設備の設計一次エネルギー消費量，昇降機の設計一次エネルギー消費量，エネルギー利用効率化設備による設計一次エネルギー消費量の削減量及びその他一次エネルギー消費量は，国土交通大臣が定める方法により算出するものとする。

【非住宅部分に係る基準一次エネルギー消費量】

第3条　第1条第1項第一号イの非住宅部分の基準一次エネルギー消費量及び同号ロの一次エネルギー消費量モデル建築物の基準一次エネルギー消費量は，次の式により算出した数値（その数値に小数点以下1位未満の端数があるときは，これを切り上げる。）とする。

$$E_{ST} = (E_{SAC} + E_{SV} + E_{SL} + E_{SW} + E_{SEV} + E_M) \times 10^{-3}$$

> この式において，E_{ST}，E_{SAC}，E_{SV}，E_{SL}，E_{SW}，E_{SEV} 及び E_M は，それぞれ次の数値を表すものとする。
>
> E_{ST}　基準一次エネルギー消費量（単位　GJ/年）
>
> E_{SAC}　空気調和設備の基準一次エネルギー消費量（単位　MJ/年）
>
> E_{SV}　空気調和設備以外の機械換気設備の基準一次エネルギー消費量（単位　MJ/年）
>
> E_{SL}　照明設備の基準一次エネルギー消費量（単位　MJ/年）
>
> E_{SW}　給湯設備の基準一次エネルギー消費量（単位　MJ/年）
>
> E_{SEV}　昇降機の基準一次エネルギー消費量（単位　MJ/年）
>
> E_M　その他一次エネルギー消費量（単位　MJ/年）

2　前項の空気調和設備の基準一次エネルギー消費量，空気調和設備以外の機械換気設備の基準一次エネルギー消費量，照明設備の基準一次エネルギー消費量，給湯設備の基準一次エネルギー消費量，昇降機の基準一次エネルギー消費量及びその他一次エネルギー消費量は，国土交通大臣が定める方法により算出するものとする。

【住宅部分の設計一次エネルギー消費量】

第4条　第1条第1項第二号ロ(1)の住宅部分の設計一次エネルギー消費量（住宅部分の単位住戸の数が1である場合に限る。）及び同号ロ(2)の一次エネルギー消費量モデル住宅の設計一次エネルギー消費量（住宅部分の単位住戸の数が1である場合に限る。）並びに第3項各号の単位住戸の設計一次エネルギー消費量は，次の式により算出した数値（その数値に小数点以下1位未満の端数があるときは，これを切り上げる。）とする。

$$E_T = (E_H + E_C + E_V + E_L + E_W - E_S + E_M) \times 10^{-3}$$

この式において，E_T，E_H，E_C，E_V，E_L，E_W，E_S 及び E_M は，それぞれ次の数値を表すものとする。

E_T　設計一次エネルギー消費量（単位　GJ/年）

E_H　暖房設備の設計一次エネルギー消費量（単位　MJ/年）

E_C　冷房設備の設計一次エネルギー消費量（単位　MJ/年）

E_V　機械換気設備の設計一次エネルギー消費量（単位　MJ/年）

E_L　照明設備の設計一次エネルギー消費量（単位　MJ/年）

E_W　給湯設備（排熱利用設備を含む。次項において同じ。）の設計一次エネルギー消費量（単位　MJ/年）

E_S　エネルギー利用効率化設備による設計一次エネルギー消費量の削減量（単位　MJ/年）

E_M　その他一次エネルギー消費量（単位　MJ/年）

2　前項の暖房設備の設計一次エネルギー消費量，冷房設備の設計一次エネルギー消費量，機械換気設備の設計一次エネルギー消費量，照明設備の設計一次エネルギー消費量，給湯設備の設計一次エネルギー消費量，エネルギー利用効率化設備による設計一次エネルギー消費量の削減量及びその他一次エネルギー消費量は，国土交通大臣が定める方法により算出するものとする。

3　第1条第1項第二号ロ(1)の住宅部分の設計一次エネルギー消費量（住宅部分の単位住戸の数が1である場合を除く。以下この項において同じ。）及び同号ロ(2)の一次エネルギー消費量モデル住宅の設計一次エネルギー消費量は，次の各号のいずれかの数値とする。

一　単位住戸の設計一次エネルギー消費量の合計と共用部分（住宅部分のうち単位住戸以外の部分をいう。以下同じ。）の設計一次エネルギー消費量とを合計した数値

二　単位住戸の設計一次エネルギー消費量を合計した数値

4　第2条第1項及び第2項の規定は，前項第一号の共用部分の設計一次エネルギー消費量について準用する。

【住宅部分の基準一次エネルギー消費量】

第5条　第1条第1項第二号ロ(1)の住宅部分の基準一次エネルギー消費量（住宅部分の単位住戸の数が1である場合に限る。）及び同号ロ(2)の一次エネルギー消費量モデル住宅の基準一次エネルギー消費量（住宅部分の単位住戸の数が1である場合に限る。）並びに第3項各号の単位住戸の基準一次エネルギー消費量は，次の式により算出した数値（その数値に小数点以下1位未満の端数があるときは，これを切り上げる。）とする。

$$E_{ST} = (E_{SH} + E_{SC} + E_{SV} + E_{SL} + E_{SW} + E_M) \times 10^{-3}$$

この式において，E_{ST}，E_{SH}，E_{SC}，E_{SV}，E_{SL}，E_{SW} 及び E_M は，それぞれ次の数値を表すものとする。

E_{ST}　基準一次エネルギー消費量（単位　GJ/年）

E_{SH}　暖房設備の基準一次エネルギー消費量（単位　MJ/年）

E_{SC}　冷房設備の基準一次エネルギー消費量（単位　MJ/年）

E_{SV}　機械換気設備の基準一次エネルギー消費量（単位　MJ/年）

E_{SL}　照明設備の基準一次エネルギー消費量（単位　MJ/年）

E_{SW}　給湯設備の基準一次エネルギー消費量（単位　MJ/年）

E_M　その他一次エネルギー消費量（単位　MJ/年）

2　前項の暖房設備の基準一次エネルギー消費量，冷房設備の基準一次エネルギー消費量，機械換気設備の基準一次エネルギー消費量，照明設備の基準一次エネルギー消費量，給湯設備の基準一次エネルギー消費量及びその他一次エネルギー消費量は，国土交通大臣が定

める方法により算出するものとする。

3　第1条第1項第二号ロ(1)の住宅部分の基準一次エネルギー消費量（住宅部分の単位住戸の数が1である場合を除く。以下この項において同じ。）及び同号ロ(2)の一次エネルギー消費量モデル住宅の基準一次エネルギー消費量は，次の各号に掲げる住宅の区分に応じ，それぞれ当該各号に定めるとおりとする。

一　住宅部分の設計一次エネルギー消費量を前条第3項第一号の数値とした住宅　　単位住戸の基準一次エネルギー消費量の合計と共用部分の基準一次エネルギー消費量とを合計した数値

二　住宅部分の設計一次エネルギー消費量を前条第3項第二号の数値とした住宅　　単位住戸の基準一次エネルギー消費量を合計した数値

4　第3条第1項及び第2項の規定は，前項第一号の共用部分の基準一次エネルギー消費量について準用する。

【複合建築物の設計一次エネルギー消費量】

第6条　第1条第1項第三号ロ(1)の複合建築物の設計一次エネルギー消費量は，第2条第1項の規定により算出した非住宅部分の設計一次エネルギー消費量と第4条第1項又は第3項の規定により算出した住宅部分の設計一次エネルギー消費量とを合計した数値とする。

【複合建築物の基準一次エネルギー消費量】

第7条　第1条第1項第三号ロ(1)の複合建築物の基準一次エネルギー消費量は，第3条第1項の規定により算出した非住宅部分の基準一次エネルギー消費量と第5条第1項又は第3項の規定により算出した住宅部分の基準一次エネルギー消費量とを合計した数値とする。

第2章　特定一戸建て住宅建築主等の新築する分譲型一戸建て規格住宅等のエネルギー消費性能の一層の向上のために必要な住宅の構造及び設備に関する基準

【特定一戸建て住宅建築主等の新築する分譲型一戸建て規格住宅等のエネルギー消費性能の一層の向上のために必要な住宅の構造及び設備に関する基準】

第8条　特定一戸建て住宅建築主の新築する分譲型一戸建て規格住宅に係る法第29条第1項の経済産業省令・国土交通省令で定める基準は，次の各号に定める基準とする。ただし，国土交通大臣がエネルギー消費性能を適切に評価できる方法と認める方法によって特定一戸建て住宅建築主の新築する分譲型一戸建て規格住宅が備えるべきエネルギー消費性能を有することが確かめられた場合においては，この限りでない。

一　特定一戸建て住宅建築主が令和2年度以降に新築する分譲型一戸建て規格住宅が，第1条第1項第二号イ(1)に適合するものであること。

二　特定一戸建て住宅建築主が令和2年度以降の各年度に新築する分譲型一戸建て規格住宅に係る第1条第1項第二号ロ(1)の住宅部分の設計一次エネルギー消費量の合計が，当該年度に新築する分譲型一戸建て規格住宅の特定一戸建て住宅建築主基準一次エネルギー消費量（床面積，設備等の条件により定まる特定一戸建て住宅建築主の新築する分譲型一戸建て規格住宅に係る基準となる一次エネルギー消費量をいう。次条第1項において同じ。）の合計を超えないこと。

2　特定共同住宅等建築主の新築する分譲型規格共同住宅等に係る法第29条第1項の経済産業省令・国土交通省令で定める基準は，次の各号に定める基準とする。ただし，国土交通大臣がエネルギー消費性能を適切に評価できる方法と認める方法によって特定共同住宅等

建築主の新築する分譲型規格共同住宅等が備えるべきエネルギー消費性能を有することが確かめられた場合においては，この限りでない。

一　特定共同住宅等建築主が令和8年度以降に新築する分譲型規格共同住宅等が，第10条第二号イ(1)に適合するものであること。

二　特定共同住宅等建築主が令和8年度以降の各年度に新築する分譲型規格共同住宅等に係る第1条第1項第二号ロ(1)の住宅部分の設計一次エネルギー消費量の合計が，当該年度に新築する分譲型規格共同住宅等の特定共同住宅等建築主基準一次エネルギー消費量（床面積，設備等の条件により定まる特定共同住宅等建築主の新築する分譲型規格共同住宅等に係る基準となる一次エネルギー消費量をいう。以下同じ。）の合計を超えないこと。

【特定一戸建て住宅建築主基準一次エネルギー消費量等】

第9条　前条第1項第二号の特定一戸建て住宅建築主基準一次エネルギー消費量は，次の式により算出した数値（その数値に小数点以下1位未満の端数があるときは，これを切り上げる。第3項において同じ。）とする。

$$E_{ST} = \{(E_{SH} + E_{SC} + E_{SV} + E_{SL} + E_{SW}) \times 0.85 + E_M\} \times 10^{-3}$$

本条において，E_{ST}，E_{SH}，E_{SC}，E_{SV}，E_{SL}，E_{SW} 及び E_M は，それぞれ次の値を表すものとする。

E_{ST}　特定一戸建て住宅建築主基準一次エネルギー消費量（特定共同住宅等建築主基準一次エネルギー消費量を算出する場合にあっては，特定共同住宅等建築主基準一次エネルギー消費量）（単位　GJ/年）

E_{SH}　第5条第1項の暖房設備の基準一次エネルギー消費量（単位　MJ/年）

E_{SC}　第5条第1項の冷房設備の基準一次エネルギー消費量（単位　MJ/年）

E_{SV}　第5条第1項の機械換気設備の基準一次エネルギー消費量（単位　MJ/年）

E_{SL}　第5条第1項の照明設備の基準一次エネルギー消費量（単位　MJ/年）

E_{SW}　第5条第1項の給湯設備の基準一次エネルギー消費量（単位　MJ/年）

E_M　第5条第1項のその他一次エネルギー消費量（単位　MJ/年）

2　前条第2項第二号の特定共同住宅等建築主基準一次エネルギー消費量は，次の各号に掲げる長屋又は共同住宅（以下「共同住宅等」という。）の区分に応じ，それぞれ当該各号に定めるとおりとする。

一　住宅部分の設計一次エネルギー消費量を第4条第3項第一号の数値とした共同住宅等　単位住戸の特定共同住宅等建築主基準一次エネルギー消費量の合計と共用部分の特定共同住宅等建築主基準一次エネルギー消費量とを合計した数値

二　住宅部分の設計一次エネルギー消費量を第4条第3項第二号の数値とした共同住宅等　単位住戸の特定共同住宅等建築主基準一次エネルギー消費量を合計した数値

3　前項第一号及び第二号の単位住戸の特定共同住宅等建築主基準一次エネルギー消費量は，次の式により算出した数値とする。

$$E_{ST} = \{(E_{SH} + E_{SC} + E_{SV} + E_{SL} + E_{SW}) \times 0.8 + E_M\} \times 10^{-3}$$

4　第3条第1項及び第2項の規定は，第2項第一号の共用部分の特定共同住宅等建築主基準一次エネルギー消費量について準用する。この場合において，同条第1項中「$E_{ST} = (E_{SAC} + E_{SV} + E_{SL} + E_{SW} + E_{SEV} + E_M) \times 10^{-3}$」とあるのは「$E_{ST} = \{(E_{SAC} + E_{SV} + E_{SL} + E_{SW} + E_{SEV}) \times 0.8 + E_M\} \times 10^{-3}$」とする。

第2章の2 特定一戸建て住宅建設工事業者等の新たに建設する請負型一戸建て規格住宅等のエネルギー消費性能の一層の向上のために必要な住宅の構造及び設備に関する基準

【特定一戸建て住宅建設工事業者等の新たに建設する請負型一戸建て規格住宅等のエネルギー消費性能の一層の向上のために必要な住宅の構造及び設備に関する基準】

第9条の2 特定一戸建て住宅建設工事業者の新たに建設する請負型一戸建て規格住宅に係る法第32条第1項の経済産業省令・国土交通省令で定める基準は，次の各号に定める基準とする。ただし，国土交通大臣がエネルギー消費性能を適切に評価できる方法と認める方法によって特定一戸建て住宅建設工事業者の新たに建設する請負型一戸建て規格住宅が備えるべきエネルギー消費性能を有することが確かめられた場合においては，この限りでない。

　一　特定一戸建て住宅建設工事業者が令和6年度以降に新たに建設する請負型一戸建て規格住宅が，第1条第1項第二号イ(1)に適合するものであること。

　二　特定一戸建て住宅建設工事業者が令和6年度以降の各年度に新たに建設する請負型一戸建て規格住宅に係る第1条第1項第二号ロ(1)の住宅部分の設計一次エネルギー消費量の合計が，当該年度に新たに建設する請負型一戸建て規格住宅の特定一戸建て住宅建設工事業者基準一次エネルギー消費量（床面積，設備等の条件により定まる特定一戸建て住宅建設工事業者の新たに建設する請負型一戸建て規格住宅に係る基準となる一次エネルギー消費量をいう。次条第1項において同じ。）の合計を超えないこと。

2　特定共同住宅等建設工事業者の新たに建設する請負型規格共同住宅等に係る法第32条第1項の経済産業省令・国土交通省令で定める基準は，次の各号に定める基準とする。ただし，国土交通大臣がエネルギー消費性能を適切に評価できる方法と認める方法によって特定共同住宅等建設工事業者の新たに建設する請負型規格共同住宅等が備えるべきエネルギー消費性能を有することが確かめられた場合においては，この限りでない。

　一　特定共同住宅等建設工事業者が令和6年度以降に新たに建設する請負型規格共同住宅等が，第1条第1項第二号イ(1)に適合するものであること。

　二　特定共同住宅等建設工事業者が令和6年度以降の各年度に新たに建設する請負型規格共同住宅等に係る第1条第1項第二号ロ(1)の住宅部分の設計一次エネルギー消費量の合計が，当該年度に新たに建設する請負型規格共同住宅等の特定共同住宅等建設工事業者基準一次エネルギー消費量（床面積，設備等の条件により定まる特定共同住宅等建設工事業者の新たに建設する請負型規格共同住宅等に係る基準となる一次エネルギー消費量をいう。以下同じ。）の合計を超えないこと。

【特定一戸建て住宅建設工事業者基準一次エネルギー消費量等】

第9条の3 前条第1項第二号の特定一戸建て住宅建設工事業者基準一次エネルギー消費量は，次の各号に掲げる住宅の区分に応じ，それぞれ当該各号に定めるとおりとする。

　一　請負型一戸建て規格住宅（次号に掲げるものを除く。）　次の式により算出した数値（その数値に小数点以下1位未満の端数があるときは，これを切り上げる。次号及び第3項において同じ。）

$$E_{ST} = \{(E_{SH} + E_{SC} + E_{SV} + E_{SL} + E_{SW}) \times 0.8 + E_M\} \times 10^{-3}$$

　本条において，E_{ST}，E_{SH}，E_{SC}，E_{SV}，E_{SL}，E_{SW} 及び E_M は，それぞれ次の数値を表すものとする。

E_{ST}　特定一戸建て住宅建設工事業者基準一次エネルギー消費量（特定共同住宅
等建設工事業者基準一次エネルギー消費量を算出する場合にあっては，特定
共同住宅等建設工事業者基準一次エネルギー消費量）（単位　GJ/年）

E_{SH}　第5条第1項の暖房設備の基準一次エネルギー消費量（単位　MJ/年）

E_{SC}　第5条第1項の冷房設備の基準一次エネルギー消費量（単位　MJ/年）

E_{SV}　第5条第1項の機械換気設備の基準一次エネルギー消費量（単位　MJ/年）

E_{SL}　第5条第1項の照明設備の基準一次エネルギー消費量（単位　MJ/年）

E_{SW}　第5条第1項の給湯設備の基準一次エネルギー消費量（単位　MJ/年）

E_{M}　第5条第1項のその他一次エネルギー消費量（単位　MJ/年）

二　特定一戸建て住宅建設工事業者が経済産業大臣及び国土交通大臣が定める年度以降に
新たに建設する請負型一戸建て規格住宅　　次の式により算出した数値

$$E_{ST} = \{(E_{SH} + E_{SC} + E_{SV} + E_{SL} + E_{SW}) \times 0.75 + E_M\} \times 10^{-3}$$

2　前条第2項第二号の特定共同住宅等建設工事業者基準一次エネルギー消費量は，次の各
号に掲げる共同住宅等の区分に応じ，それぞれ当該各号に定めるとおりとする。

一　住宅部分の設計一次エネルギー消費量を第4条第3項第一号の数値とした共同住宅
等　　単位住戸の特定共同住宅等建設工事業者基準一次エネルギー消費量の合計と共用
部分の特定共同住宅等建設工事業者基準一次エネルギー消費量とを合計した数値

二　住宅部分の設計一次エネルギー消費量を第4条第3項第二号の数値とした共同住宅
等　　単位住戸の特定共同住宅等建設工事業者基準一次エネルギー消費量を合計した数値

3　前項第一号及び第二号の単位住戸の特定共同住宅等建設工事業者基準一次エネルギー消
費量は，次の式により算出した数値とする。

$$E_{ST} = \{(E_{SH} + E_{SC} + E_{SV} + E_{SL} + E_{SW}) \times 0.9 + E_M\} \times 10^{-3}$$

4　第3条第1項及び第2項の規定は，第2項第一号の共用部分の特定共同住宅等建設工事
業者基準一次エネルギー消費量について準用する。この場合において，同条第1項中「E_{ST}
$= (E_{SAC} + E_{SV} + E_{SL} + E_{SW} + E_{SEV} + E_M) \times 10^{-3}$」とあるのは「$E_{ST} = \{(E_{SAC} + E_{SV} + E_{SL} + E_{SW} + E_{SEV})$
$\times 0.9 + E_M\} \times 10^{-3}$」とする。

第3章　建築物エネルギー消費性能誘導基準

【建築物エネルギー消費性能誘導基準】

第10条　法第35条第1項第一号の経済産業省令・国土交通省令で定める基準は，次の各号に
掲げる建築物の区分に応じ，それぞれ当該各号に定める基準とする。

一　非住宅建築物　　次のイ及びロ（非住宅部分の全部を工場，畜舎，自動車車庫，自転
車駐車場，倉庫，観覧場，卸売市場，火葬場その他エネルギーの使用の状況に関してこ
れらに類するもの（イ(1)及び別表第2において「工場等」という。）の用途に供する場
合にあっては，ロ）に適合するものであること。ただし，国土交通大臣がエネルギー消
費性能を適切に評価できる方法と認める方法によって非住宅部分が建築物のエネルギー
消費性能の一層の向上の促進のために誘導すべきエネルギー消費性能を有することが確
かめられた場合においては，この限りでない。

イ　次の(1)又は(2)のいずれかに適合すること。

(1)　国土交通大臣が定める方法により算出した非住宅部分（工場等の用途に供する部
分を除く。以下(1)及び(2)において同じ。）の屋内周囲空間（各階の外気に接する壁
の中心線から水平距離が5m以内の屋内の空間，屋根の直下階の屋内の空間及び外
気に接する床の直上の屋内の空間をいう。以下(1)及び(2)において同じ。）の年間熱

負荷（１年間の暖房負荷及び冷房負荷の合計をいう。以下(1)及び(2)において同じ。）を屋内周囲空間の床面積の合計で除した数値が，用途及び第１条第１項第二号イ(1)の地域の区分（以下単に「地域の区分」という。）に応じて別表第１に掲げる数値以下であること。ただし，非住宅部分を２以上の用途に供する場合にあっては，当該非住宅部分の各用途の屋内周囲空間の年間熱負荷の合計を各用途の屋内周囲空間の床面積の合計で除して得た数値が，用途及び地域の区分に応じた別表第１に掲げる数値を各用途の屋内周囲空間の床面積により加重平均した数値以下であること。

(2)　非住宅部分の形状に応じた年間熱負荷モデル建築物（非住宅部分の形状を単純化した建築物であって，屋内周囲空間の年間熱負荷の算出に用いるべきものとして国土交通大臣が認めるものをいう。以下(2)において同じ。）について，国土交通大臣が定める方法により算出した屋内周囲空間の年間熱負荷を屋内周囲空間の床面積の合計で除した数値が，用途及び地域の区分に応じて別表第１に掲げる数値以下であること。ただし，非住宅部分を２以上の用途に供する場合にあっては，当該非住宅部分に係る年間熱負荷モデル建築物の各用途の屋内周囲空間の年間熱負荷の合計を各用途の屋内周囲空間の床面積の合計で除して得た数値が，用途及び地域の区分に応じた別表第１に掲げる数値を各用途の屋内周囲空間の床面積により加重平均した数値以下であること。

ロ　次の(1)又は(2)のいずれかに適合すること。

(1)　非住宅部分の誘導設計一次エネルギー消費量（実際の設計仕様の条件を基に算定した一次エネルギー消費量であって，建築物のエネルギー消費性能が建築物エネルギー消費性能誘導基準に適合するかどうかの審査に用いるものをいう。以下同じ。）が，非住宅部分の誘導基準一次エネルギー消費量（床面積，設備等の条件により定まる建築物エネルギー消費性能誘導基準となる一次エネルギー消費量をいう。以下同じ。）を超えないこと。ただし，非住宅部分を２以上の用途に供する場合にあっては，各用途に供する当該非住宅部分ごとに算出した誘導設計一次エネルギー消費量を合計した数値が，各用途に供する当該非住宅部分ごとに算出した誘導基準一次エネルギー消費量を合計した数値を超えないこと。

(2)　非住宅部分の用途と同一の用途の一次エネルギー消費量モデル建築物の誘導設計一次エネルギー消費量が，当該一次エネルギー消費量モデル建築物の誘導基準一次エネルギー消費量を超えないこと。ただし，非住宅部分を２以上の用途に供する場合にあっては，当該非住宅部分の各用途と同一の用途の一次エネルギー消費量モデル建築物ごとに算出した誘導設計一次エネルギー消費量を合計した数値が，当該非住宅部分の各用途と同一の用途の一次エネルギー消費量モデル建築物ごとに算出した誘導基準一次エネルギー消費量を合計した数値を超えないこと。

二　住宅　　次のイ及びロに適合するものであること。ただし，国土交通大臣がエネルギー消費性能を適切に評価できる方法と認める方法によって住宅部分が建築物のエネルギー消費性能の一層の向上の促進のために誘導すべきエネルギー消費性能を有することが確かめられた場合においては，この限りでない。

イ　次の(1)又は(2)のいずれかに適合すること。

(1)　第１条第１項第二号イ(1)の国土交通大臣が定める方法により算出した単位住戸の外皮平均熱貫流率及び冷房期の平均日射熱取得率が，次の表の左欄に掲げる地域の区分に応じ，それぞれ同表の中欄及び右欄に掲げる数値以下であること。

地域の区分	外皮平均熱貫流率 （単位　W/m²·℃）	冷房期の平均日射熱取得率
1	0.40	—
2	0.40	—
3	0.50	—
4	0.60	—
5	0.60	3.0
6	0.60	2.8
7	0.60	2.7
8	—	6.7

　⑵　住宅部分が外壁，窓等を通しての熱の損失の防止に関する国土交通大臣が定める基準に適合すること。
　ロ　次の⑴又は⑵のいずれかに適合すること。
　⑴　住宅部分の誘導設計一次エネルギー消費量が，住宅部分の誘導基準一次エネルギー消費量を超えないこと。
　⑵　住宅部分が一次エネルギー消費量に関する国土交通大臣が定める基準に適合すること。
　三　複合建築物　　次のイ又はロのいずれかに適合するものであること。
　イ　非住宅部分が第一号に定める基準に適合し，かつ，住宅部分が前号に定める基準に適合すること。
　ロ　次の⑴から⑶までに適合すること。
　⑴　非住宅部分が第1条第1項第一号イに定める基準に適合し，かつ，住宅部分が同項第二号ロ⑴に適合すること。
　⑵　複合建築物の誘導設計一次エネルギー消費量が，複合建築物の誘導基準一次エネルギー消費量を超えないこと。
　⑶　非住宅部分が第一号イ⑴に定める基準に適合し，かつ，住宅部分が前号イに適合すること。

【非住宅部分に係る誘導設計一次エネルギー消費量】
第11条　前条第一号ロ⑴の非住宅部分の誘導設計一次エネルギー消費量及び同号ロ⑵の一次エネルギー消費量モデル建築物の誘導設計一次エネルギー消費量は，次の式により算出した数値（その数値に小数点以下1位未満の端数があるときは，これを切り上げる。）とする。

$$E_T = (E_{AC} + E_V + E_L + E_W + E_{EV} - E_S + E_M) \times 10^{-3}$$

　この式において，E_T，E_{AC}，E_V，E_L，E_W，E_{EV}，E_S 及び E_M は，それぞれ次の数値を表すものとする。
　　E_T　誘導設計一次エネルギー消費量（単位　GJ/年）
　　E_{AC}　第2条第1項の空気調和設備の設計一次エネルギー消費量（単位　MJ/年）
　　E_V　第2条第1項の空気調和設備以外の機械換気設備の設計一次エネルギー消費量（単位　MJ/年）
　　E_L　第2条第1項の照明設備の設計一次エネルギー消費量（単位　MJ/年）
　　E_W　第2条第1項の給湯設備の設計一次エネルギー消費量（単位　MJ/年）
　　E_{EV}　第2条第1項の昇降機の設計一次エネルギー消費量（単位　MJ/年）

E_S　エネルギー利用効率化設備（コージェネレーション設備に限る。次項並びに第13条第1項及び第2項において同じ。）による誘導設計一次エネルギー消費量の削減量（単位　MJ/年）

E_M　第2条第1項のその他一次エネルギー消費量（単位　MJ/年）

2　前項のエネルギー利用効率化設備による誘導設計一次エネルギー消費量の削減量は，国土交通大臣が定める方法により算出するものとする。

【非住宅部分に係る誘導基準一次エネルギー消費量】

第12条　第10条第一号ロ(1)の非住宅部分の誘導基準一次エネルギー消費量及び同号ロ(2)の一次エネルギー消費量モデル建築物の誘導基準一次エネルギー消費量は，次の式により算出した数値（その数値に小数点以下1位未満の端数があるときは，これを切り上げる。）とする。

$$E_{ST} = \left| (E_{SAC} + E_{SV} + E_{SL} + E_{SW} + E_{SEV}) \times B + E_M \right| \times 10^{-3}$$

この式において，E_{ST}，E_{SAC}，E_{SV}，E_{SL}，E_{SW}，E_{SEV}，B 及び E_M はそれぞれ次の数値を表すものとする。

E_{ST}　誘導基準一次エネルギー消費量（単位　GJ/年）

E_{SAC}　第3条第1項の空気調和設備の基準一次エネルギー消費量（単位　MJ/年）

E_{SV}　第3条第1項の空気調和設備以外の機械換気設備の基準一次エネルギー消費量（単位　MJ/年）

E_{SL}　第3条第1項の照明設備の基準一次エネルギー消費量（単位　MJ/年）

E_{SW}　第3条第1項の給湯設備の基準一次エネルギー消費量（単位　MJ/年）

E_{SEV}　第3条第1項の昇降機の基準一次エネルギー消費量（単位　MJ/年）

B　用途に応じて別表第2に掲げる第1条第1項第一号イの非住宅部分の基準一次エネルギー消費量（第3条第1項のその他一次エネルギー消費量を除く。別表第2において同じ。）に対する誘導基準一次エネルギー消費量（同項のその他一次エネルギー消費量を除く。別表第2において同じ。）の割合

E_M　第3条第1項のその他一次エネルギー消費量（単位　MJ/年）

【住宅部分の誘導設計一次エネルギー消費量】

第13条　第10条第二号ロ(1)の住宅部分の誘導設計一次エネルギー消費量（住宅部分の単位住戸の数が1である場合に限る。）及び第3項各号の単位住戸の誘導設計一次エネルギー消費量は，次の式により算出した数値（その数値に小数点以下1位未満の端数があるときは，これを切り上げる。）とする。

$$E_T = (E_H + E_C + E_V + E_L + E_W - E_S + E_M) \times 10^{-3}$$

この式において，E_T，E_H，E_C，E_V，E_L，E_W，E_S 及び E_M は，それぞれ次の数値を表すものとする。

E_T　誘導設計一次エネルギー消費量（単位　GJ/年）

E_H　第4条第1項の暖房設備の設計一次エネルギー消費量（単位　MJ/年）

E_C　第4条第1項の冷房設備の設計一次エネルギー消費量（単位　MJ/年）

E_V　第4条第1項の機械換気設備の設計一次エネルギー消費量（単位　MJ/年）

E_L　第4条第1項の照明設備の設計一次エネルギー消費量（単位　MJ/年）

E_W　第4条第1項の給湯設備の設計一次エネルギー消費量（単位　MJ/年）

E_S　エネルギー利用効率化設備による誘導設計一次エネルギー消費量の削減量（単位　MJ/年）

E_M　第4条第1項のその他一次エネルギー消費量（単位　MJ/年）

2　前項のエネルギー利用効率化設備による誘導設計一次エネルギー消費量の削減量は，国

土交通大臣が定める方法により算出するものとする。

3　第10条第二号ロ(1)の住宅部分の誘導設計一次エネルギー消費量（住宅部分の単位住戸の数が1である場合を除く。以下この項において同じ。）は，次の各号のいずれかの数値とする。

一　単位住戸の誘導設計一次エネルギー消費量の合計と共用部分の誘導設計一次エネルギー消費量とを合計した数値

二　単位住戸の誘導設計一次エネルギー消費量を合計した数値

4　第11条第1項及び第2項の規定は，前項第一号の共用部分の誘導設計一次エネルギー消費量について準用する。

【住宅部分の誘導基準一次エネルギー消費量】

第14条　第10条第二号ロ(1)の住宅部分の誘導基準一次エネルギー消費量（住宅部分の単位住戸の数が1である場合に限る。）及び次項の単位住戸の誘導基準一次エネルギー消費量は，次の式により算出した数値（その数値に小数点以下1位未満の端数があるときは，これを切り上げる。）とする。

$$E_{ST} = \{(E_{SH} + E_{SC} + E_{SV} + E_{SL} + E_{SW}) \times 0.8 + E_M\} \times 10^{-3}$$

この式において，E_{ST}，E_{SH}，E_{SC}，E_{SV}，E_{SL}，E_{SW} 及び E_M は，それぞれ次の数値を表すものとする。

E_{ST}　誘導基準一次エネルギー消費量（単位　GJ/年）

E_{SH}　第5条第1項の暖房設備の基準一次エネルギー消費量（単位　MJ/年）

E_{SC}　第5条第1項の冷房設備の基準一次エネルギー消費量（単位　MJ/年）

E_{SV}　第5条第1項の機械換気設備の基準一次エネルギー消費量（単位　MJ/年）

E_{SL}　第5条第1項の照明設備の基準一次エネルギー消費量（単位　MJ/年）

E_{SW}　第5条第1項の給湯設備の基準一次エネルギー消費量（単位　MJ/年）

E_M　第5条第1項のその他一次エネルギー消費量（単位　MJ/年）

2　第10条第二号ロ(1)の住宅部分の誘導基準一次エネルギー消費量（住宅部分の単位住戸の数が1である場合を除く。以下この項において同じ。）は，次の各号に掲げる住宅の区分に応じ，それぞれ当該各号に定めるとおりとする。

一　住宅部分の誘導設計一次エネルギー消費量を前条第3項第一号の数値とした住宅
単位住戸の誘導基準一次エネルギー消費量の合計と共用部分の誘導基準一次エネルギー消費量とを合計した数値

二　住宅部分の誘導設計一次エネルギー消費量を前条第3項第二号の数値とした住宅
単位住戸の誘導基準一次エネルギー消費量を合計した数値

3　第12条の規定は，前項第一号の共用部分の誘導基準一次エネルギー消費量について準用する。この場合において，同条中「$E_{ST} = \{(E_{SAC} + E_{SV} + E_{SL} + E_{SW} + E_{SEV}) \times B + E_M\} \times 10^{-3}$」とあるのは「$E_{ST} = \{(E_{SAC} + E_{SV} + E_{SL} + E_{SW} + E_{SEV}) \times 0.8 + E_M\} \times 10^{-3}$」とする。

【複合建築物の誘導設計一次エネルギー消費量】

第15条　第10条第三号ロ(2)の複合建築物の誘導設計一次エネルギー消費量は，第11条第1項の規定により算出した非住宅部分の誘導設計一次エネルギー消費量と第13条第1項又は第3項の規定により算出した住宅部分の誘導設計一次エネルギー消費量を合計した数値とする。

【複合建築物の誘導基準一次エネルギー消費量】

第16条　第10条第三号ロ(2)の複合建築物の誘導基準一次エネルギー消費量は，第12条の規定により算出した非住宅部分の誘導基準一次エネルギー消費量と第14条第1項又は第2項の規定により算出した住宅部分の誘導基準一次エネルギー消費量とを合計した数値とする。

　附　則　（略）

建築物エネルギー消費性能基準等を定める省令

別表第1 （第10条関係）

用　途		地　域　の　区　分							
		1	2	3	4	5	6	7	8
(1) 事務所等		480	480	480	470	470	470	450	570
(2) ホテル等	客室部	650	650	650	500	500	500	510	670
	宴会場部	990	990	990	1260	1260	1260	1470	2220
(3) 病院等	病室部	900	900	900	830	830	830	800	980
	非病室部	460	460	460	450	450	450	440	650
(4) 百貨店等		640	640	640	720	720	720	810	1290
(5) 学校等		420	420	420	470	470	470	500	630
(6) 飲食店等		710	710	710	820	820	820	900	1430
(7) 集会所等	図書館等	590	590	590	580	580	580	550	650
	体育館等	790	790	790	910	910	910	910	1000
	映画館等	1490	1490	1490	1510	1510	1510	1510	2090

備考
1　単位は，MJ/m²・年とする。
2　「事務所等」とは，事務所，官公署その他エネルギーの使用の状況に関してこれらに類するものをいう。別表第2において同じ。
3　「ホテル等」とは，ホテル，旅館その他エネルギーの使用の状況に関してこれらに類するものをいう。別表第2において同じ。
4　「病院等」とは，病院，老人ホーム，福祉ホームその他エネルギーの使用の状況に関してこれらに類するものをいう。別表第2において同じ。
5　「百貨店等」とは，百貨店，マーケットその他エネルギーの使用の状況に関してこれらに類するものをいう。別表第2において同じ。
6　「学校等」とは，小学校，中学校，義務教育学校，高等学校，大学，高等専門学校，専修学校，各種学校その他エネルギーの使用の状況に関してこれらに類するものをいう。別表第2において同じ。
7　「飲食店等」とは，飲食店，食堂，喫茶店，キャバレーその他エネルギーの使用の状況に関してこれらに類するものをいう。別表第2において同じ。
8　「図書館等」とは，図書館，博物館その他エネルギーの使用の状況に関してこれらに類するものをいい，「体育館等」とは，体育館，公会堂，集会場，ボーリング場，劇場，アスレチック場，スケート場，公衆浴場，競馬場又は競輪場，社寺その他エネルギーの使用の状況に関してこれらに類するものをいい，「映画館等」とは，映画館，カラオケボックス，ぱちんこ屋その他エネルギーの使用の状況に関してこれらに類するものをいう。別表第2において同じ。

	建築物エネルギー消費性能基準等を定める省令

別表第2 （第12条関係）

	用　途	第1条第1項第一号イの非住宅部分の基準一次エネルギー消費量に対する誘導基準一次エネルギー消費量の割合
(1)	事務所等	0.6
(2)	ホテル等	0.7
(3)	病院等	0.7
(4)	百貨店等	0.7
(5)	学校等	0.6
(6)	飲食店等	0.7
(7)	集会所等	0.7
(8)	工場等	0.6
備考 「集会所等」とは，図書館等，体育館等及び映画館等をいう。		

土地関係法令

幹線道路の沿道の整備に関する法律［抄］

急傾斜地の崩壊による災害の防止に関する法律［抄］

　急傾斜地の崩壊による災害の防止に関する法律施行令［抄］

景観法［抄］

国土利用計画法［抄］

集落地域整備法［抄］

宅地造成及び特定盛土等規制法［抄］

　宅地造成及び特定盛土等規制法施行令［抄］

津波防災地域づくりに関する法律［抄］

道路法［抄］

都市公園法［抄］

　都市公園法施行令［抄］

都市再開発法［抄］

都市再生特別措置法［抄］

　都市再生特別措置法施行令［抄］

都市緑地法［抄］

　都市緑地法施行令［抄］

土砂災害警戒区域等における土砂災害防止対策の推進に関する法律　［抄］

土地区画整理法［抄］

風致地区内における建築等の規制に係る条例の制定に関する基準を定める政令［抄］

幹線道路の沿道の整備に関する法律［抄］

昭和55年5月1日　法律第34号
最終改正　平成29年5月12日　法律第26号

【沿道整備道路の指定】

第5条　都道府県知事は，幹線道路網を構成する道路（高速自動車国道以外の道路にあっては，都市計画において定められたものに限る。第4項において同じ。）のうち次に掲げる条件に該当する道路について，道路交通騒音により生ずる障害の防止と沿道の適正かつ合理的な土地利用の促進を図るため必要があると認めるときは，区間を定めて，国土交通大臣に協議し，その同意を得て，沿道整備道路として指定することができる。

一　自動車交通量が特に大きいものとして政令で定める基準を超え，又は超えることが確実と見込まれるものであること。

二　道路交通騒音が沿道における生活環境に著しい影響を及ぼすおそれがあるものとして政令で定める基準を超え，又は超えることが確実と見込まれるものであること。

三　当該道路に隣接する地域における土地利用の現況及び推移からみて，当該地域に相当数の住居等が集合し，又は集合することが確実と見込まれるものであること。

2　前項の規定による指定は，当該道路及びこれと密接な関連を有する道路の整備の見通し等を考慮した上でなお必要があると認められる場合に限り，行うものとする。

3　都道府県知事は，第1項の規定による指定をするときは，あらかじめ，当該指定に係る道路及びこれと密接な関連を有する道路の道路管理者，関係市町村並びに都道府県公安委員会に協議しなければならない。

4　幹線道路網を構成する道路のうち第1項各号に掲げる条件に該当する道路の道路管理者又は関係市町村は，都道府県知事に対し，当該道路を沿道整備道路として指定するよう要請することができる。

5　都道府県知事は，第1項の規定による指定をしたときは，国土交通省令で定めるところにより，その路線名及び区間を公告しなければならない。

6　前各項の規定は，沿道整備道路の指定の変更又は解除について準用する。

【沿道地区計画】

第9条　都市計画法（昭和43年法律第100号）第5条の規定により指定された都市計画区域（同法第7条第1項の規定による市街化区域以外の地域にあっては，政令で定める地域に限る。）内において，沿道整備道路に接続する土地の区域で，道路交通騒音により生ずる障害の防止と適正かつ合理的な土地利用の促進を図るため，一体的かつ総合的に市街地を整備することが適切であると認められるものについて

は，都市計画に沿道地区計画を定めることができる。

2　沿道地区計画については，都市計画法第12条の4第2項に定める事項のほか，都市計画に，第一号に掲げる事項を定めるものとするとともに，第二号に掲げる事項を定めるよう努めるものとする。

　　一　　緑地その他の緩衝空地及び主として当該区域内の居住者等の利用に供される道路その他政令で定める施設（都市計画施設（都市計画法第4条第6項に規定する都市計画施設をいう。以下同じ。）を除く。以下「沿道地区施設」という。）並びに建築物その他の工作物（以下「建築物等」という。）の整備並びに土地の利用その他の沿道の整備に関する計画（以下「沿道地区整備計画」という。）

　　二　沿道の整備に関する方針

3　次に掲げる条件に該当する土地の区域における沿道地区計画については，土地の合理的かつ健全な高度利用と都市機能の増進とを図るため，一体的かつ総合的な市街地の再開発又は開発整備を実施すべき区域（以下「沿道再開発等促進区」という。）を都市計画に定めることができる。

　　一　現に土地の利用状況が著しく変化しつつあり，又は著しく変化することが確実であると見込まれる区域であること。

　　二　土地の合理的かつ健全な高度利用を図る上で必要となる適正な配置及び規模の公共施設（都市計画法第4条第14項に規定する公共施設をいう。以下同じ。）がない区域であること。

　　三　当該区域内の土地の高度利用を図ることが，当該都市の機能の増進に貢献すること。

　　四　用途地域（都市計画法第8条第1項第一号に規定する用途地域をいう。以下同じ。）が定められている区域であること。

4　沿道再開発等促進区を定める沿道地区計画においては，第2項各号に掲げるもののほか，都市計画に，第一号に掲げる事項を定めるものとするとともに，第二号に掲げる事項を定めるよう努めるものとする。

　　一　道路，公園その他の政令で定める施設（都市計画施設及び沿道地区施設を除く。）の配置及び規模

　　二　土地利用に関する基本方針

5　沿道再開発等促進区を都市計画に定める際，当該沿道再開発等促進区について，当面建築物又はその敷地の整備と併せて整備されるべき公共施設の整備に関する事業が行われる見込みがないときその他前項第一号に規定する施設の配置及び規模を定めることができない特別の事情があるときは，当該沿道再開発等促進区について同号に規定する施設の配置及び規模を定めることを要しない。

6　沿道地区整備計画においては，次に掲げる事項を定めることができる。

　　一　沿道地区施設の配置及び規模

　　二　建築物の沿道整備道路に係る間口率（建築物の沿道整備道路に面する部分の長さの敷地の沿道整備道路に接する部分の長さに対する割合をいう。以下同じ。）の最低限度，建築物の構造に関する防音上又は遮音上必要な制限，建築物等の高

さの最高限度又は最低限度，壁面の位置の制限，壁面後退区域（壁面の位置の制限として定められた限度の線と敷地境界線との間の土地の区域をいう。以下同じ。）における工作物の設置の制限，建築物の容積率（延べ面積の敷地面積に対する割合をいう。以下同じ。）の最高限度又は最低限度，建築物の建ぺい率（建築面積の敷地面積に対する割合をいう。以下同じ。）の最高限度，建築物等の用途の制限，建築物の敷地面積又は建築面積の最低限度，建築物等の形態又は色彩その他の意匠の制限，建築物の緑化率（都市緑地法（昭和48年法律第72号）第34条第2項に規定する緑化率をいう。）の最低限度その他建築物等に関する事項で政令で定めるもの

三　現に存する樹林地，草地等で良好な居住環境を確保するため必要なものの保全に関する事項

四　前3号に掲げるもののほか，土地の利用に関する事項その他の沿道の整備に関する事項で政令で定めるもの

7　沿道地区計画を都市計画に定めるに当たっては，次に掲げるところに従わなければならない。

一　当該区域及びその周辺の地域の土地利用の状況及びその見通しを勘案し，これらの地域について道路交通騒音により生ずる障害を防止し，又は軽減するため，必要に応じ，遮音上有効な機能を有する建築物等又は緑地その他の緩衝空地が沿道整備道路等に面して整備されるとともに，当該道路に面する建築物その他道路交通騒音が著しい土地の区域内に存する建築物について，道路交通騒音により生ずる障害を防止し，又は軽減するため，防音上有効な構造となるように定めること。

二　当該区域が，前号に掲げるところに従って都市計画に定められるべき事項の内容を考慮し，当該区域及びその周辺において定められている他の都市計画と併せて効果的な配置及び規模の公共施設を備えた健全な都市環境のものとなるように定めること。

三　建築物等が，都市計画上幹線道路の沿道としての当該区域の特性にふさわしい用途，容積，高さ，配列等を備えた適正かつ合理的な土地の利用形態となるように定めること。

四　沿道再開発等促進区は，建築物及びその敷地の整備並びに公共施設の整備を一体として行うべき土地の区域としてふさわしいものとなるように定めること。

8　沿道地区計画を都市計画に定める際，当該沿道地区計画の区域の全部又は一部について沿道地区整備計画を定めることができない特別の事情があるときは，当該区域の全部又は一部について沿道地区整備計画を定めることを要しない。この場合において，沿道地区計画の区域の一部について沿道地区整備計画を定めるときは，当該沿道地区計画については，沿道地区整備計画の区域をも都市計画に定めなければならない。

【建築物の容積率の最高限度を区域の特性に応じたものと公共施設の整備状況に応じたものとに区分して定める沿道地区整備計画】

第9条の2　沿道地区整備計画においては，適正な配置及び規模の公共施設がない土地の区域において適正かつ合理的な土地利用の促進を図るため特に必要であると認められるときは，前条第6項第二号の建築物の容積率の最高限度について次の各号に掲げるものごとに数値を区分し，第一号に掲げるものの数値を第二号に掲げるものの数値を超えるものとして定めるものとする。

一　当該沿道地区整備計画の区域の特性（沿道再開発等促進区にあっては，土地利用に関する基本方針に従って土地利用が変化した後の区域の特性）に応じたもの

二　当該沿道地区整備計画の区域内の公共施設の整備の状況に応じたもの

【区域を区分して建築物の容積を適正に配分する沿道地区整備計画】

第9条の3　沿道地区整備計画（沿道再開発等促進区におけるものを除く。以下この条において同じ。）においては，用途地域内の適正な配置及び規模の公共施設を備えた土地の区域において建築物の容積を適正に配分することが当該沿道地区整備計画の区域の特性に応じた合理的な土地利用の促進を図るため特に必要であると認められるときは，当該沿道地区整備計画の区域を区分して第9条第6項第二号の建築物の容積率の最高限度を定めるものとする。この場合において，当該沿道地区整備計画の区域を区分して定められた建築物の容積率の最高限度の数値にそれぞれの数値の定められた区域の面積を乗じたものの合計は，当該沿道地区整備計画の区域内の都市計画法第8条第3項第二号イの規定により用途地域において定められた建築物の容積率の数値に当該数値の定められた区域の面積を乗じたものの合計を超えてはならない。

【高度利用と都市機能の更新とを図る沿道地区整備計画】

第9条の4　沿道地区整備計画（沿道再開発等促進区におけるものを除く。）においては，用途地域（都市計画法第8条第1項第一号に規定する第一種低層住居専用地域，第二種低層住居専用地域及び田園住居地域を除く。）内の適正な配置及び規模の公共施設を備えた土地の区域において，その合理的かつ健全な高度利用と都市機能の更新とを図るため特に必要であると認められるときは，建築物の容積率の最高限度及び最低限度（建築物の沿道整備道路に係る間口率の最低限度及び建築物の高さの最低限度が定められている場合にあっては，建築物の容積率の最低限度を除く。），建築物の建蔽率の最高限度，建築物の建築面積の最低限度並びに壁面の位置の制限（壁面の位置の制限にあっては，敷地内に道路（都市計画において定められた計画道路及び沿道地区施設である道路その他政令で定める施設を含む。以下この条において同じ。）に接して有効な空間を確保して市街地の環境の向上を図るため必要な場合における当該道路に面する壁面の位置を制限するもの（これを含む壁面の位置の制限を含む。）に限る。）を定めるものとする。

【住居と住居以外の用途とを適正に配分する沿道地区整備計画】

第9条の5　沿道地区整備計画においては，住居と住居以外の用途とを適正に配分することが当該沿道地区整備計画の区域の特性（沿道再開発等促進区にあっては，土

地利用に関する基本方針に従って土地利用が変化した後の区域の特性）に応じた合理的な土地利用の促進を図るため特に必要であると認められるときは，第9条第6項第二号の建築物の容積率の最高限度について次の各号に掲げるものごとに数値を区分し，第一号に掲げるものの数値を第二号に掲げるものの数値以上のものとして定めるものとする。

一　その全部又は一部を住宅の用途に供する建築物に係るもの

二　その他の建築物に係るもの

【区域の特性に応じた高さ，配列及び形態を備えた建築物の整備を誘導する沿道地区整備計画】

第9条の6　沿道地区整備計画においては，当該沿道地区整備計画の区域の特性（沿道再開発等促進区にあっては，土地利用に関する基本方針に従って土地利用が変化した後の区域の特性）に応じた高さ，配列及び形態を備えた建築物を整備することが合理的な土地利用の促進を図るため特に必要であると認められるときは，壁面の位置の制限（道路（都市計画において定められた計画道路及び第9条第4項第一号に規定する施設又は沿道地区施設である道路その他政令で定める施設を含む。）に面する壁面の位置を制限するものを含むものに限る。），壁面後退区域における工作物の設置の制限（当該壁面後退区域において連続的に有効な空地を確保するため必要なものを含むものに限る。）及び建築物の高さの最高限度を定めるものとする。

【行為の届出等】

第10条　沿道地区計画の区域（第9条第4項第一号に規定する施設の配置及び規模が定められている沿道再開発等促進区又は沿道地区整備計画が定められている区域に限る。）内において，土地の区画形質の変更，建築物等の新築，改築又は増築その他政令で定める行為を行おうとする者は，当該行為に着手する日の30日前までに，国土交通省令で定めるところにより，行為の種類，場所，設計又は施行方法，着手予定日その他の国土交通省令で定める事項を市町村長に届け出なければならない。ただし，次に掲げる行為については，この限りでない。

一　通常の管理行為，軽易な行為その他の行為で政令で定めるもの

二　非常災害のため必要な応急措置として行う行為

三　国又は地方公共団体が行う行為

四　都市計画事業の施行として行う行為又はこれに準ずる行為として政令で定める行為

五　都市計画法第29条第1項の許可を要する行為その他政令で定める行為

六　第10条の4の規定による公告があった沿道整備権利移転等促進計画の定めるところによって設定され，又は移転された次条第1項の権利に係る土地において当該沿道整備権利移転等促進計画に定められた土地の区画形質の変更，建築物等の新築，改築又は増築その他同条第2項第六号の国土交通省令で定める行為に関する事項に従って行う行為

2　前項の規定による届出をした者は，その届出に係る事項のうち国土交通省令で定める事項を変更しようとするときは，当該事項の変更に係る行為に着手する日の30

日前までに，国土交通省令で定めるところにより，その旨を市町村長に届け出なければならない。

3　市町村長は，第1項又は前項の規定による届出があった場合において，その届出に係る行為が沿道地区計画に適合しないと認めるときは，その届出をした者に対し，その届出に係る行為に関し，設計の変更その他の必要な措置を執ることを勧告することができる。この場合において，道路交通騒音により生ずる障害の防止又は軽減を図るため必要があると認めるときは，沿道地区計画に定められた事項その他の事項に関し，適切な措置を執ることについて指導又は助言をするものとする。

【緩衝建築物の建築等に要する費用の負担】

第12条　沿道地区計画の区域内において，遮音上有効な機能を有する建築物として国土交通省令で定めるもので沿道地区計画に適合するものを建築する者は，沿道整備道路の道路管理者に対し，道路交通騒音により生ずる障害の防止又は軽減について遮音上当該建築物の建築により得られる効用の限度内において，政令で定めるところにより，当該建築物の建築及びその敷地の整備に要する費用の一部を負担することを求めることができる。

2　前項の規定による費用の負担を求めようとする者は，あらかじめ，道路管理者に当該建築物を建築する旨の申出をし，当該費用の額及びその負担の方法について道路管理者と協議しなければならない。

【防音構造化の促進等】

第13条　道路管理者は，沿道地区整備計画の区域内において建築基準法（昭和25年法律第201号）第68条の2第1項*の規定に基づく条例により建築物の構造に関する防音上の制限が定められた際，当該制限が定められた区域内に現に存する人の居住の用に供する建築物又はその部分（以下この条において「特定住宅」という。）について，その所有者又は当該特定住宅に関する所有権以外の権利を有する者が防音上有効な構造とするために行う工事に関し，必要な助成その他その促進のための措置を講ずるものとする。

●関連［市町村の条例に基づく制限］建築基準法第68条の2→p86

2　道路管理者は，特定住宅の所有者が，当該特定住宅を，前項の制限が定められた区域外に移転し，又は除却する場合には，当該特定住宅の所有者及び当該特定住宅に関する所有権以外の権利を有する者に対し，政令で定めるところにより，予算の範囲内において，当該移転又は除却に関し，必要な助成措置を講ずることができる。

3　国は，前2項の措置に関し，その費用を負担する地方公共団体に対し，予算の範囲内において，必要な財政上の措置を執ることができる。

急傾斜地の崩壊による災害の防止に関する法律［抄］

昭和44年7月1日　法律第57号
最終改正　令和5年5月26日　法律第34号

【急傾斜地崩壊危険区域の指定】

第3条　都道府県知事は，この法律の目的を達成するために必要があると認めるときは，関係市町村長（特別区の長を含む。以下同じ。）の意見をきいて，崩壊するおそれのある急傾斜地で，その崩壊により相当数の居住者その他の者に危害が生ずるおそれのあるもの及びこれに隣接する土地のうち，当該急傾斜地の崩壊が助長され，又は誘発されるおそれがないようにするため，第7条第1項各号に掲げる行為が行なわれることを制限する必要がある土地の区域を急傾斜地崩壊危険区域として指定することができる。

2　前項の指定は，この法律の目的を達成するために必要な最小限度のものでなければならない。

3　都道府県知事は，第1項の指定をするときは，国土交通省令で定めるところにより，当該急傾斜地崩壊危険区域を公示するとともに，その旨を関係市町村長に通知しなければならない。これを廃止するときも，同様とする。

4　急傾斜地崩壊危険区域の指定又は廃止は，前項の公示によってその効力を生ずる。

【急傾斜地崩壊防止工事の施行の基準】

第14条　急傾斜地崩壊防止工事は，急傾斜地崩壊危険区域内における急傾斜地の崩壊の原因，機構及び規模に応じて，有効かつ適切なものとしなければならない。

2　急傾斜地崩壊防止工事は，**政令**で定める技術的基準に従い，施行しなければならない。

◆政令［急傾斜地崩壊防止工事の技術的基準］令第3条→p1134

急傾斜地の崩壊による災害の防止に関する法律施行令［抄］

昭和44年 7 月31日　政令第206号
最終改正　令和 5 年10月18日　政令第304号

【急傾斜地崩壊防止工事の技術的基準】

第 3 条　法第14条第 2 項の政令で定める技術的基準は，次のとおりとする。

一　のり切は，地形，地質等の状況及び急傾斜地崩壊防止施設の設計を考慮して行なわなければならない。

二　のり面には，土圧，水圧及び自重によって損壊，転倒，滑動又は沈下しない構造の土留施設を設けなければならない。ただし，土質試験等に基づき地盤の安定計算をした結果急傾斜地の安全を保つために土留施設の設置が必要でないことが確かめられた部分については，この限りでない。

三　のり面は，石張り，芝張り，モルタルの吹付け等によって風化その他の侵食に対して保護しなければならない。

四　土留施設には，その裏面の排水をよくするため，水抜穴を設けなければならない。

五　水のしん透又は停滞により急傾斜地の崩壊のおそれがある場合には，必要な排水施設を設置しなければならない。

六　なだれ，落石等により急傾斜地崩壊防止施設が損壊するおそれがある場合には，なだれ防止工，落石防止工等により当該施設を防護しなければならない。

景観法［抄］

平成16年 6 月18日　法律第110号
最終改正　令和 5 年 6 月16日　法律第58号

【定　義】

第 7 条　この法律において「景観行政団体」とは，地方自治法（昭和22年法律第67号）第252条の19第 1 項の指定都市（以下この項及び第98条第 1 項において「指定都市」という。）の区域にあっては指定都市，同法第252条の22第 1 項の中核市（以下この項及び第98条第 1 項において「中核市」という。）の区域にあっては中核市，その他の区域にあっては都道府県をいう。ただし，指定都市及び中核市以外の市町村であって，第98条第 1 項の規定により第 2 章第 1 節から第 4 節まで，第 4 章及び第 5 章の規定に基づく事務（同条において「景観行政事務」という。）を処理する市町村の区域にあっては，当該市町村をいう。

2 ～ 6 　（略）

【景観計画】

第 8 条　景観行政団体は，都市，農山漁村その他市街地又は集落を形成している地域及びこれと一体となって景観を形成している地域における次の各号のいずれかに該当する土地（水面を含む。以下この項，第11条及び第14条第 2 項において同じ。）の区域について，良好な景観の形成に関する計画（以下「景観計画」という。）を定めることができる。

一　現にある良好な景観を保全する必要があると認められる土地の区域

二　地域の自然，歴史，文化等からみて，地域の特性にふさわしい良好な景観を形成する必要があると認められる土地の区域

三　地域間の交流の拠点となる土地の区域であって，当該交流の促進に資する良好な景観を形成する必要があると認められるもの

四　住宅市街地の開発その他建築物若しくはその敷地の整備に関する事業が行われ，又は行われた土地の区域であって，新たに良好な景観を創出する必要があると認められるもの

五　地域の土地利用の動向等からみて，不良な景観が形成されるおそれがあると認められる土地の区域

2　景観計画においては，次に掲げる事項を定めるものとする。

一　景観計画の区域（以下「景観計画区域」という。）

二　良好な景観の形成のための行為の制限に関する事項

三　第19条第 1 項の景観重要建造物又は第28条第 1 項の景観重要樹木の指定の方針（当該景観計画区域内にこれらの指定の対象となる建造物又は樹木がある場合に限る。）

四　次に掲げる事項のうち，良好な景観の形成のために必要なもの

イ　屋外広告物の表示及び屋外広告物を掲出する物件の設置に関する行為の制限に関する事項

ロ　当該景観計画区域内の道路法（昭和27年法律第180号）による道路，河川法（昭和39年法律第167号）による河川，都市公園法（昭和31年法律第79号）による都市公園，津波防災地域づくりに関する法律（平成23年法律第123号）による津波防護施設，海岸保全区域等（海岸法（昭和31年法律第101号）第2条第3項に規定する海岸保全区域等をいう。以下同じ。）に係る海岸，港湾法（昭和25年法律第218号）による港湾，漁港漁場整備法（昭和25年法律第137号）による漁港，自然公園法による公園事業（国又は同法第10条第2項に規定する公共団体が執行するものに限る。）に係る施設その他政令で定める公共施設（以下「特定公共施設」と総称する。）であって，良好な景観の形成に重要なもの（以下「景観重要公共施設」という。）の整備に関する事項

ハ　景観重要公共施設に関する次に掲げる基準であって，良好な景観の形成に必要なもの

(1)　道路法第32条第1項又は第3項の許可の基準

(2)　河川法第24条，第25条，第26条第1項又は第27条第1項（これらの規定を同法第100条第1項において準用する場合を含む。）の許可の基準

(3)　都市公園法第5条第1項又は第6条第1項若しくは第3項の許可の基準

(4)　津波防災地域づくりに関する法律第22条第1項又は第23条第1項の許可の基準

(5)　海岸法第7条第1項，第8条第1項，第37条の4又は第37条の5の許可の基準

(6)　港湾法第37条第1項の許可の基準

(7)　漁港漁場整備法第39条第1項の許可の基準

ニ　第55条第1項の景観農業振興地域整備計画の策定に関する基本的な事項

ホ　自然公園法第20条第3項，第21条第3項又は第22条第3項の許可（政令で定める行為に係るものに限る。）の基準であって，良好な景観の形成に必要なもの（当該景観計画区域に国立公園又は国定公園の区域が含まれる場合に限る。）

3　前項各号に掲げるもののほか，景観計画においては，景観計画区域における良好な景観の形成に関する方針を定めるよう努めるものとする。

4〜11　（略）

【届出及び勧告等】

第16条　景観計画区域内において，次に掲げる行為をしようとする者は，あらかじめ，国土交通省令（第四号に掲げる行為にあっては，景観行政団体の条例。以下この条において同じ。）で定めるところにより，行為の種類，場所，設計又は施行方法，着手予定日その他国土交通省令で定める事項を景観行政団体の長に届け出なければならない。

一　建築物の新築，増築，改築若しくは移転，外観を変更することとなる修繕若しくは模様替又は色彩の変更（以下「建築等」という。）

二　工作物の新設，増築，改築若しくは移転，外観を変更することとなる修繕若しくは模様替又は色彩の変更（以下「建設等」という。）

三　都市計画法第４条第12項に規定する開発行為その他政令で定める行為

四　前３号に掲げるもののほか，良好な景観の形成に支障を及ぼすおそれのある行為として景観計画に従い景観行政団体の条例で定める行為

2～7　（略）

【変更命令等】

第17条　景観行政団体の長は，良好な景観の形成のために必要があると認めるときは，特定届出対象行為（前条第１項第一号又は第二号の届出を要する行為のうち，当該景観行政団体の条例で定めるものをいう。第７項及び次条第１項において同じ。）について，景観計画に定められた建築物又は工作物の形態意匠の制限に適合しないものをしようとする者又はした者に対し，当該制限に適合させるため必要な限度において，当該行為に関し設計の変更その他の必要な措置をとることを命ずることができる。この場合においては，前条第３項の規定は，適用しない。

2～9　（略）

【行為の着手の制限】

第18条　第16条第１項又は第２項の規定による届出をした者は，景観行政団体がその届出を受理した日から30日（特定届出対象行為について前条第４項の規定により同条第２項の期間が延長された場合にあっては，その延長された期間）を経過した後でなければ，当該届出に係る行為（根切り工事その他の政令で定める工事に係るものを除く。第103条第四号において同じ。）に着手してはならない。ただし，特定届出対象行為について前条第１項の命令を受け，かつ，これに基づき行う行為については，この限りでない。

2　景観行政団体の長は，第16条第１項又は第２項の規定による届出に係る行為について，良好な景観の形成に支障を及ぼすおそれがないと認めるときは，前項本文の期間を短縮することができる。

【景観重要建造物の指定】

第19条　景観行政団体の長は，景観計画に定められた景観重要建造物の指定の方針（次条第３項において「指定方針」という。）に即し，景観計画区域内の良好な景観の形成に重要な建造物（これと一体となって良好な景観を形成している土地その他の物件を含む。以下この節において同じ。）で国土交通省令で定める基準に該当するものを，景観重要建造物として指定することができる。

2　景観行政団体の長は，前項の規定による指定をしようとするときは，あらかじめ，当該建造物の所有者（所有者が２人以上いるときは，その全員。次条第２項及び第21条第１項において同じ。）の意見を聴かなければならない。

3　第１項の規定は，文化財保護法（昭和25年法律第214号）の規定により国宝，重要文化財，特別史跡名勝天然記念物又は史跡名勝天然記念物として指定され，又は仮指定された建造物については，適用しない。

【景観地区に関する都市計画】

第61条　市町村は，都市計画区域又は準都市計画区域内の土地の区域については，市街地の良好な景観の形成を図るため，都市計画に，景観地区を定めることができる。

2　景観地区に関する都市計画には，都市計画法第8条第3項第一号及び第三号に掲げる事項のほか，第一号に掲げる事項を定めるとともに，第二号から第四号までに掲げる事項のうち必要なものを定めるものとする。この場合において，これらに相当する事項が定められた景観計画に係る景観計画区域内においては，当該都市計画は，当該景観計画による良好な景観の形成に支障がないように定めるものとする。

一　建築物の形態意匠の制限

二　建築物の高さの最高限度又は最低限度

三　壁面の位置の制限

四　建築物の敷地面積の最低限度

【建築物の形態意匠の制限】

第62条　景観地区内の建築物の形態意匠は，都市計画に定められた建築物の形態意匠の制限に適合するものでなければならない。ただし，政令で定める他の法令の規定により義務付けられた建築物又はその部分の形態意匠にあっては，この限りでない。

【計画の認定】

第63条　景観地区内において建築物の建築等をしようとする者は，あらかじめ，その計画が，前条の規定に適合するものであることについて，申請書を提出して市町村長の認定を受けなければならない。当該認定を受けた建築物の計画を変更して建築等をしようとする場合も，同様とする。

2　市町村長は，前項の申請書を受理した場合においては，その受理した日から30日以内に，申請に係る建築物の計画が前条の規定に適合するかどうかを審査し，審査の結果に基づいて当該規定に適合するものと認めたときは，当該申請者に認定証を交付しなければならない。

3　市町村長は，前項の規定により審査をした場合において，申請に係る建築物の計画が前条の規定に適合しないものと認めたとき，又は当該申請書の記載によっては当該規定に適合するかどうかを決定することができない正当な理由があるときは，その旨及びその理由を記載した通知書を同項の期間内に当該申請者に交付しなければならない。

4　第2項の認定証の交付を受けた後でなければ，同項の建築物の建築等の工事（根切り工事その他の政令で定める工事を除く。第102条第三号において同じ。）は，することができない。

5　第1項の申請書，第2項の認定証及び第3項の通知書の様式は，国土交通省令で定める。

【適用の除外】

第69条　第62条から前条までの規定は，次に掲げる建築物については，適用しない。

一　第19条第1項の規定により景観重要建造物として指定された建築物

二　文化財保護法の規定により国宝，重要文化財，特別史跡名勝天然記念物又は史

跡名勝天然記念物として指定され，又は仮指定された建築物

　三　文化財保護法第143条第1項の伝統的建造物群保存地区内にある建築物

　四　第二号に掲げる建築物であったものの原形を再現する建築物で，市町村長がその原形の再現がやむを得ないと認めたもの

　五　前各号に掲げるもののほか，良好な景観の形成に支障を及ぼすおそれが少ない建築物として市町村の条例で定めるもの

2，3　（略）

【形態意匠の制限に適合しない建築物に対する措置】

第70条　市町村長は，前条第2項の規定により第62条から第68条までの規定の適用を受けない建築物について，その形態意匠が景観地区における良好な景観の形成に著しく支障があると認める場合においては，当該市町村の議会の同意を得た場合に限り，当該建築物の所有者，管理者又は占有者に対して，相当の期限を定めて，当該建築物の改築，模様替，色彩の変更その他都市計画において定められた建築物の形態意匠の制限に適合するために必要な措置をとることを命ずることができる。この場合においては，市町村は，当該命令に基づく措置によって通常生ずべき損害を時価によって補償しなければならない。

2　（略）

【準景観地区の指定】

第74条　市町村は，都市計画区域及び準都市計画区域外の景観計画区域のうち，相当数の建築物の建築が行われ，現に良好な景観が形成されている一定の区域について，その景観の保全を図るため，準景観地区を指定することができる。

2〜6　（略）

【準景観地区内における行為の規制】

第75条　市町村は，準景観地区内における建築物又は工作物について，景観地区内におけるこれらに対する規制に準じて政令で定める基準に従い，条例で，良好な景観を保全するため必要な規制（建築物については，建築基準法第68条の9第2項の規定に基づく条例により行われるものを除く。）をすることができる。

2　市町村は，準景観地区内において，開発行為その他政令で定める行為について，政令で定める基準に従い，条例で，良好な景観を保全するため必要な規制をすることができる。

3　（略）

第76条　市町村は，地区計画等の区域（地区整備計画，特定建築物地区整備計画，防災街区整備地区整備計画，歴史的風致維持向上地区整備計画，沿道地区整備計画又は集落地区整備計画において，建築物又は工作物（以下この条において「建築物等」という。）の形態意匠の制限が定められている区域に限る。）内における建築物等の形態意匠について，政令で定める基準に従い，条例で，当該地区計画等において定められた建築物等の形態意匠の制限に適合するものとしなければならないこととすることができる。

2〜6　（略）

国土利用計画法［抄］

昭和49年6月25日　法律第92号
最終改正　令和4年6月17日　法律第68号

【国土利用計画】

第4条　国土利用計画は，全国の区域について定める国土の利用に関する計画（以下「全国計画」という。），都道府県の区域について定める国土の利用に関する計画（以下「都道府県計画」という。）及び市町村の区域について定める国土の利用に関する計画（以下「市町村計画」という。）とする。

【土地利用基本計画】

第9条　都道府県は，当該都道府県の区域について，土地利用基本計画を定めるものとする。

2　土地利用基本計画は，政令で定めるところにより，次の地域を定めるものとする。

一　都市地域

二　農業地域

三　森林地域

四　自然公園地域

五　自然保全地域

3～14　（略）

【規制区域の指定】

第12条　都道府県知事は，当該都道府県の区域のうち，次に掲げる区域を，期間を定めて，規制区域として指定するものとする。

一　都市計画法（昭和43年法律第100号）第4条第2項に規定する都市計画区域にあっては，その全部又は一部の区域で土地の投機的取引が相当範囲にわたり集中して行われ，又は行われるおそれがあり，及び地価が急激に上昇し，又は上昇するおそれがあると認められるもの

二　都市計画法第4条第2項に規定する都市計画区域以外の区域にあっては，前号の事態が生ずると認められる場合において，その事態を緊急に除去しなければ適正かつ合理的な土地利用の確保が著しく困難となると認められる区域

2～15　（略）

【土地に関する権利の移転等の許可】

第14条　規制区域に所在する土地について，土地に関する所有権若しくは地上権その他の政令で定める使用及び収益を目的とする権利又はこれらの権利の取得を目的とする権利（以下「土地に関する権利」という。）の移転又は設定（対価を得て行われる移転又は設定に限る。以下同じ。）をする契約（予約を含む。以下「土地売買等の契約」という。）を締結しようとする場合には，当事者は，都道府県知事の許可を受けなければならない。その許可に係る事項のうち，土地に関する権利の移転

若しくは設定の予定対価の額（予定対価が金銭以外のものであるときは，これを時価を基準として金銭に見積った額。以下同じ。）の変更（その額を減額する場合を除く。）をして，又は土地に関する権利の移転若しくは設定後における土地の利用目的の変更をして，当該契約を締結しようとするときも，同様とする。

2，3　（略）

【土地に関する権利の移転又は設定後における利用目的等の届出】

第23条　土地売買等の契約を締結した場合には，当事者のうち当該土地売買等の契約により土地に関する権利の移転又は設定を受けることとなる者（次項において「権利取得者」という。）は，その契約を締結した日から起算して2週間以内に，次に掲げる事項を，国土交通省令で定めるところにより，当該土地が所在する市町村の長を経由して，都道府県知事に届け出なければならない。

一　土地売買等の契約の当事者の氏名又は名称及び住所並びに法人にあっては，その代表者の氏名

二　土地売買等の契約を締結した年月日

三　土地売買等の契約に係る土地の所在及び面積

四　土地売買等の契約に係る土地に関する権利の種別及び内容

五　土地売買等の契約による土地に関する権利の移転又は設定後における土地の利用目的

六　土地売買等の契約に係る土地の土地に関する権利の移転又は設定の対価の額（対価が金銭以外のものであるときは，これを時価を基準として金銭に見積った額）

七　前各号に掲げるもののほか，国土交通省令で定める事項

2　前項の規定は，次の各号のいずれかに該当する場合には，適用しない。

一　次のイからハまでに規定する区域に応じそれぞれその面積が次のイからハまでに規定する面積未満の土地について土地売買等の契約を締結した場合（権利取得者が当該土地を含む一団の土地で次のイからハまでに規定する区域に応じそれぞれその面積が次のイからハまでに規定する面積以上のものについて土地に関する権利の移転又は設定を受けることとなる場合を除く。）

イ　都市計画法第7条第1項の規定による市街化区域にあっては，2,000m²

ロ　都市計画法第4条第2項に規定する都市計画区域（イに規定する区域を除く。）にあっては，5,000m²

ハ　イ及びロに規定する区域以外の区域にあっては，10,000m²

二　第12条第1項の規定により指定された規制区域，第27条の3第1項の規定により指定された注視区域又は第27条の6第1項の規定により指定された監視区域に所在する土地について，土地売買等の契約を締結した場合

三　前2号に定めるもののほか，民事調停法による調停に基づく場合，当事者の一方又は双方が国等である場合その他政令で定める場合

3　（略）

【遊休土地である旨の通知】

第28条　都道府県知事は，第14条第1項の許可又は第23条第1項若しくは第27条の4

第1項（第27条の7第1項において準用する場合を含む。）の規定による届出に係る土地を所有している者のその所有に係る土地（都市計画法第58条の7第1項の規定による通知に係る土地を除く。）が次の各号の要件に該当すると認めるときは，国土交通省令で定めるところにより，当該土地の所有者（当該土地の全部又は一部について地上権その他の政令で定める使用及び収益を目的とする権利が設定されているときは，当該権利を有している者及び当該土地の所有者）に当該土地が遊休土地である旨を通知するものとする。

一　その土地が，その所在する次のイからハまでに規定する区域に応じそれぞれ次のイからハまでに規定する面積以上の一団の土地であること。

　　イ　規制区域にあっては，次の(1)から(3)までに規定する区域に応じそれぞれ次の(1)から(3)までに規定する面積

　　　(1)　都市計画法第7条第1項の規定による市街化区域にあっては，1,000m²

　　　(2)　都市計画法第4条第2項に規定する都市計画区域（(1)に規定する区域を除く。）にあっては，3,000m²

　　　(3)　(1)及び(2)に規定する区域以外の区域にあっては，5,000m²

　　ロ　監視区域にあっては，第27条の7第2項の都道府県の規則で定める面積（当該面積がイの(1)から(3)までに規定する区域に応じそれぞれイの(1)から(3)までに規定する面積に満たないときは，それぞれイの(1)から(3)までに規定する面積）

　　ハ　規制区域及び監視区域以外の区域にあっては，第23条第2項第一号イからハまでに規定する区域に応じそれぞれ同号イからハまでに規定する面積

二　その土地の所有者が当該土地を取得した後2年を経過したものであること。

三　その土地が住宅の用，事業の用に供する施設の用その他の用途に供されていないことその他の政令で定める要件に該当するものであること。

四　土地利用基本計画その他の土地利用に関する計画に照らしその土地を含む周辺の地域における計画的な土地利用の増進を図るため，当該土地の有効かつ適切な利用を特に促進する必要があること。

2　市町村長は，当該市町村の区域内に所在する土地のうち前項の要件に該当するものがあるときは，都道府県知事に対し，同項の規定による通知をすべき旨を申し出ることができる。

3　都道府県知事は，都市計画法第7条第1項の規定による市街化区域に所在する土地について第1項の規定による通知をしたときは，遅滞なく，その旨をその通知に係る土地が所在する市町村の長に通知しなければならない。

【遊休土地に係る計画の届出】

第29条　前条第1項の規定による通知を受けた者は，その通知があった日から起算して6週間以内に，国土交通省令で定めるところにより，その通知に係る遊休土地の利用又は処分に関する計画を，当該土地が所在する市町村の長を経由して，都道府県知事に届け出なければならない。

2　第15条第2項の規定は，前項の規定による届出のあった場合について準用する。

集落地域整備法［抄］

昭和62年6月2日　法律第63号
最終改正　令和4年6月17日　法律第68号

【定　義】

第2条　この法律において「農用地」とは，農業振興地域の整備に関する法律（昭和44年法律第58号）第3条第一号に規定する農用地をいう。

2　この法律において「公共施設」とは，道路，公園その他政令で定める公共の用に供する施設をいう。

【集落地域】

第3条　この法律による措置は，集落及びその周辺の農用地を含む一定の地域で，次に掲げる要件に該当するもの（以下「集落地域」という。）について講じられるものとする。

一　当該地域の土地利用の状況等からみて，営農条件及び居住環境の確保に支障を生じ，又は生ずるおそれがあると認められる地域であること。

二　当該地域の自然的経済的社会的諸条件を考慮して，調和のとれた農業の生産条件の整備と都市環境の整備とを図り，及び適正な土地利用を図る必要があると認められる地域であること。

三　当該地域内に相当規模の農用地が存し，かつ，農用地及び農業用施設等を整備することにより良好な営農条件を確保し得ると見込まれること。

四　当該地域内に相当数の住居等が存し，かつ，公共施設の整備の状況等からみて，一体としてその特性にふさわしい良好な居住環境を有する地域として秩序ある整備を図ることが相当であると認められること。

五　当該地域が都市計画法（昭和43年法律第100号）第5条の規定により指定された都市計画区域（同法第7条第1項の規定による市街化区域を除く。）内にあり，かつ，農業振興地域の整備に関する法律第6条第1項の規定により指定された農業振興地域内にあること。

【集落地域整備基本方針】

第4条　都道府県知事は，集落地域について，その整備又は保全に関する基本方針（以下「基本方針」という。）を定めることができる。

2　基本方針においては，集落地域の位置及び区域に関する基本的事項を定めるほか，おおむね次に掲げる事項を定めるものとする。

一　集落地域の整備又は保全の目標

二　集落地域における土地利用に関する基本的事項

三　集落地域における農用地及び農業用施設等の整備その他良好な営農条件の確保に関する基本的事項

四　集落地域における公共施設の整備及び良好な居住環境の整備に関する基本的事

　項

　五　その他必要な事項

3　基本方針は，国土形成計画，首都圏整備計画，近畿圏整備計画，中部圏開発整備
　計画，北海道総合開発計画，沖縄振興計画，山村振興計画，過疎地域持続的発展計
　画その他法律の規定による地域振興に関する計画及び道路，河川，鉄道，港湾，空
　港等の施設に関する国の計画との調和が保たれたものでなければならない。

4 ～ 6　（略）

【集落地区計画】

第5条　集落地域の土地の区域で，営農条件と調和のとれた良好な居住環境の確保と
　適正な土地利用を図るため，当該集落地域の特性にふさわしい整備及び保全を行う
　ことが必要と認められるものについては，都市計画に集落地区計画を定めることが
　できる。

2　集落地区計画は，基本方針に基づいて定めなければならない。

3　集落地区計画については，都市計画法第12条の4第2項に定める事項のほか，主
　として当該区域内の居住者等の利用に供される道路，公園その他の政令で定める施
　設（第5項及び第6項において「集落地区施設」という。）及び建築物その他の工
　作物（以下この章において「建築物等」という。）の整備並びに土地の利用に関す
　る計画（以下この章において「集落地区整備計画」という。）を都市計画に定める
　ものとする。

4　集落地区計画については，前項に規定する事項のほか，当該集落地区計画の目標
　その他当該区域の整備及び保全に関する方針を都市計画に定めるよう努めるものと
　する。

5　集落地区整備計画においては，次に掲げる事項を定めることができる。

　一　集落地区施設の配置及び規模

　二　建築物等の用途の制限，建築物の建築面積の敷地面積に対する割合の最高限
　　度，建築物等の高さの最高限度，建築物等の形態又は色彩その他の意匠の制限そ
　　の他建築物等に関する事項で政令で定めるもの

　三　現に存する樹林地，草地等で良好な居住環境を確保するため必要なものの保全
　　に関する事項

　四　前3号に掲げるもののほか，土地の利用に関する事項で政令で定めるもの

6　集落地区計画を都市計画に定めるに当たっては，次に掲げるところに従わなけれ
　ばならない。

　一　集落地区施設の配置及び規模は，当該集落地域の特性を考慮して，当該区域及
　　びその周辺において定められている他の都市計画と併せて適切な配置及び規模の
　　公共施設を備えた良好な居住環境を形成し，又は保持するよう，必要な位置に適
　　切な規模で定めること。

　二　建築物等に関する事項は，建築物等が当該集落地域の特性にふさわしい用途，
　　形態等を備えた適正な土地の利用形態を示すように定めること。

7　集落地区計画を都市計画に定める際，当該集落地区計画の区域の全部又は一部に

ついて集落地区整備計画を定めることができない特別の事情があるときは，当該区域の全部又は一部について集落地区整備計画を定めることを要しない。この場合において，集落地区計画の区域の一部について集落地区整備計画を定めるときは，当該集落地区計画については，集落地区整備計画の区域をも都市計画に定めなければならない。

【行為の届出等】

第6条　集落地区計画の区域（集落地区整備計画が定められている区域に限る。）内において，土地の区画形質の変更，建築物等の新築，改築又は増築その他政令で定める行為を行おうとする者は，当該行為に着手する日の30日前までに，国土交通省令で定めるところにより，行為の種類，場所，設計又は施行方法，着手予定日その他国土交通省令で定める事項を市町村長に届け出なければならない。ただし，次に掲げる行為については，この限りでない。

一　通常の管理行為，軽易な行為その他の行為で政令で定めるもの

二　非常災害のため必要な応急措置として行う行為

三　国又は地方公共団体が行う行為

四　都市計画事業の施行として行う行為又はこれに準ずる行為として政令で定める行為

五　都市計画法第29条第1項の許可を要する行為その他政令で定める行為

2　前項の規定による届出をした者は，その届出に係る事項のうち設計又は施行方法その他の国土交通省令で定める事項を変更しようとするときは，当該事項の変更に係る行為に着手する日の30日前までに，国土交通省令で定めるところにより，その旨を市町村長に届け出なければならない。

3　市町村長は，前2項の規定による届出があった場合において，その届出に係る行為が集落地区計画に適合しないと認めるときは，その届出をした者に対し，その届出に係る行為に関し，設計の変更その他の必要な措置を執ることを勧告することができる。

4　市町村長は，前項の規定による勧告をした場合において，必要があると認めるときは，その勧告を受けた者に対し，土地に関する権利の処分についてのあっせんその他の必要な措置を講ずるよう努めなければならない。

宅地造成及び特定盛土等規制法［抄］

昭和36年11月7日　法律第191号

最終改正　令和4年6月17日　法律第68号

【定　義】

第2条　この法律において，次の各号に掲げる用語の意義は，当該各号に定めるところによる。

一　宅地　　農地，採草放牧地及び森林（以下この条，第21条第4項及び第40条第4項において「農地等」という。）並びに道路，公園，河川その他**政令**で定める公共の用に供する施設の用に供されている土地（以下「公共施設用地」という。）以外の土地をいう。

◆**政令**［公共の用に供する施設］令第2条→p1155

二　宅地造成　　宅地以外の土地を宅地にするために行う盛土その他の土地の形質の変更で**政令**で定めるものをいう。

◆**政令**［宅地造成及び特定盛土等］令第3条→p1155

三　特定盛土等　　宅地又は農地等において行う盛土その他の土地の形質の変更で，当該宅地又は農地等に隣接し，又は近接する宅地において災害を発生させるおそれが大きいものとして**政令**で定めるものをいう。

◆**政令**［宅地造成及び特定盛土等］令第3条→p1155

四　土石の堆積　　宅地又は農地等において行う土石の堆積で**政令**で定めるもの（一定期間の経過後に当該土石を除却するものに限る。）をいう。

◆**政令**［土石の堆積］令第4条→p1155

五　災害　　崖崩れ又は土砂の流出による災害をいう。

六　設計　　その者の責任において，設計図書（宅地造成，特定盛土等又は土石の堆積に関する工事を実施するために必要な図面（現寸図その他これに類するものを除く。）及び仕様書をいう。第55条第2項において同じ。）を作成することをいう。

七　工事主　　宅地造成，特定盛土等若しくは土石の堆積に関する工事の請負契約の注文者又は請負契約によらないで自らその工事をする者をいう。

八　工事施行者　　宅地造成，特定盛土等若しくは土石の堆積に関する工事の請負人又は請負契約によらないで自らその工事をする者をいう。

九　造成宅地　　宅地造成又は特定盛土等（宅地において行うものに限る。）に関する工事が施行された宅地をいう。

【基本方針】

第3条　主務大臣は，宅地造成，特定盛土等又は土石の堆積に伴う災害の防止に関する基本的な方針（以下「基本方針」という。）を定めなければならない。

2　基本方針においては，次に掲げる事項について定めるものとする。

一　この法律に基づき行われる宅地造成，特定盛土等又は土石の堆積に伴う災害の防止に関する基本的な事項

二　次条第1項の基礎調査の実施について指針となるべき事項

三　第10条第1項の規定による宅地造成等工事規制区域の指定，第26条第1項の規定による特定盛土等規制区域の指定及び第45条第1項の規定による造成宅地防災区域の指定について指針となるべき事項

四　前3号に掲げるもののほか，宅地造成，特定盛土等又は土石の堆積に伴う災害の防止に関する重要事項

3～5　（略）

第10条　都道府県知事は，基本方針に基づき，かつ，基礎調査の結果を踏まえ，宅地造成，特定盛土等又は土石の堆積（以下この章及び次章において「宅地造成等」という。）に伴い災害が生ずるおそれが大きい市街地若しくは市街地となろうとする土地の区域又は集落の区域（これらの区域に隣接し，又は近接する土地の区域を含む。第5項及び第26条第1項において「市街地等区域」という。）であって，宅地造成等に関する工事について規制を行う必要があるものを，宅地造成等工事規制区域として指定することができる。

2　都道府県知事は，前項の規定により宅地造成等工事規制区域を指定しようとするときは，関係市町村長の意見を聴かなければならない。

3　第1項の指定は，この法律の目的を達成するため必要な最小限度のものでなければならない。

4　都道府県知事は，第1項の指定をするときは，主務省令で定めるところにより，当該宅地造成等工事規制区域を公示するとともに，その旨を関係市町村長に通知しなければならない。

5　市町村長は，宅地造成等に伴い市街地等区域において災害が生ずるおそれが大きいため第1項の指定をする必要があると認めるときは，その旨を都道府県知事に申し出ることができる。

6　第1項の指定は，第4項の公示によってその効力を生ずる。

【宅地造成等に関する工事の許可】

第12条　宅地造成等工事規制区域内において行われる宅地造成等に関する工事については，工事主は，当該工事に着手する前に，主務省令で定めるところにより，都道府県知事の許可を受けなければならない。ただし，宅地造成等に伴う災害の発生のおそれがないと認められるものとして**政令**で定める工事については，この限りでない。

　　◆政令［宅地造成等に伴う災害の発生のおそれがないと認められる工事等］

　　令第5条第1項　→p1156

2　都道府県知事は，前項の許可の申請が次に掲げる基準に適合しないと認めるとき，又はその申請の手続がこの法律若しくはこの法律に基づく命令の規定に違反していると認めるときは，同項の許可をしてはならない。

一　当該申請に係る宅地造成等に関する工事の計画が次条の規定に適合するものであること。

二　工事主に当該宅地造成等に関する工事を行うために必要な資力及び信用があること。

三　工事施行者に当該宅地造成等に関する工事を完成するために必要な能力があること。

四　当該宅地造成等に関する工事（土地区画整理法（昭和29年法律第119号）第2条第1項に規定する土地区画整理事業その他の公共施設の整備又は土地利用の増進を図るための事業として**政令**で定めるものの施行に伴うものを除く。）をしようとする土地の区域内の土地について所有権，地上権，質権，賃借権，使用貸借による権利又はその他の使用及び収益を目的とする権利を有する者の全ての同意を得ていること。

◆**政令**［宅地造成等に伴う災害の発生のおそれがないと認められる工事等］
令第5条第2項　　　　　　　　　　　　　　　　　　　　　→p1156

3　都道府県知事は，第1項の許可に，工事の施行に伴う災害を防止するため必要な条件を付することができる。

4　（略）

【宅地造成等に関する工事の技術的基準等】

第13条　宅地造成等工事規制区域内において行われる宅地造成等に関する工事（前条第1項ただし書に規定する工事を除く。第21条第1項において同じ。）は，**政令**[*1]（その政令で都道府県の規則に委任した事項に関しては，その規則を含む。）で定める技術的基準に従い，擁壁，排水施設その他の**政令**[*2]で定める施設（以下「擁壁等」という。）の設置その他宅地造成等に伴う災害を防止するため必要な措置が講ぜられたものでなければならない。

◆**政令**1［地盤について講ずる措置に関する技術的基準］令第7条　　　　　→p1157
　　　　　［擁壁の設置に関する技術的基準］令第8条　　　　　　　　　　→p1157
　　　　　［鉄筋コンクリート造等の擁壁の構造］令第9条　　　　　　　　→p1158
　　　　　［練積み造の擁壁の構造］令第10条　　　　　　　　　　　　　→p1159
　　　　　［設置しなければならない擁壁についての建築基準法施行令の準用］令第11条→p1159
　　　　　［擁壁の水抜穴］令第12条　　　　　　　　　　　　　　　　　→p1159
　　　　　［任意に設置する擁壁についての建築基準法施行令の準用］令第13条　→p1159
　　　　　［崖面崩壊防止施設の設置に関する技術的基準］令第14条　　　→p1160
　　　　　［崖面及びその他の地表面について講ずる措置に関する技術的基準］令第15条→p1160
　　　　　［排水施設の設置に関する技術的基準］令第16条　　　　　　　→p1160
　　　　　［特殊の材料又は構法による擁壁］令第17条　　　　　　　　　→p1161
　　　　　［特定盛土等に関する工事の技術的基準］令第18条　　　　　　→p1161
　　　　　［土石の堆積に関する工事の技術的基準］令第19条　　　　　　→p1161
　　　　2［擁壁，排水施設その他の施設］令第6条　　　　　　　　　　→p1157

2　前項の規定により講ずべきものとされる措置のうち**政令**（同項の政令で都道府県の規則に委任した事項に関しては，その規則を含む。）で定めるものの工事は，政令で定める資格を有する者の設計によらなければならない。

◆**政令**［資格を有する者の設計によらなければならない措置］令第21条→p1162

【変更の許可等】

第16条　第12条第1項の許可を受けた者は，当該許可に係る宅地造成等に関する工事の計画の変更をしようとするときは，主務省令で定めるところにより，都道府県知

事の許可を受けなければならない。ただし，主務省令で定める軽微な変更をしようとするときは，この限りでない。

2　第12条第1項の許可を受けた者は，前項ただし書の主務省令で定める軽微な変更をしたときは，遅滞なく，その旨を都道府県知事に届け出なければならない。

3　第12条第2項から第4項まで，第13条，第14条及び前条第1項の規定は，第1項の許可について準用する。

4　第1項又は第2項の場合における次条から第19条までの規定の適用については，第1項の許可又は第2項の規定による届出に係る変更後の内容を第12条第1項の許可の内容とみなす。

5　（略）

【中間検査】

第18条　第12条第1項の許可を受けた者は，当該許可に係る宅地造成又は特定盛土等（**政令**で定める規模のものに限る。）に関する工事が政令で定める工程（以下この条において「特定工程」という。）を含む場合において，当該特定工程に係る工事を終えたときは，その都度主務省令で定める期間内に，主務省令で定めるところにより，都道府県知事の検査を申請しなければならない。

　　　◆政令［中間検査を要する宅地造成又は特定盛土等の規模］令第23条→p1162

2〜5　（略）

【工事等の届出】

第21条　宅地造成等工事規制区域の指定の際，当該宅地造成等工事規制区域内において行われている宅地造成等に関する工事の工事主は，その指定があった日から21日以内に，主務省令で定めるところにより，当該工事について都道府県知事に届け出なければならない。

2　都道府県知事は，前項の規定による届出を受理したときは，速やかに，主務省令で定めるところにより，工事主の氏名又は名称，宅地造成等に関する工事が施行される土地の所在地その他主務省令で定める事項を公表するとともに，関係市町村長に通知しなければならない。

3　宅地造成等工事規制区域内の土地（公共施設用地を除く。以下この章において同じ。）において，擁壁等に関する工事その他の工事で政令で定めるものを行おうとする者（第12条第1項若しくは第16条第1項の許可を受け，又は同条第2項の規定による届出をした者は除く。）は，その工事に着手する日の14日前までに，主務省令で定めるところにより，その旨を都道府県知事に届け出なければならない。

4　宅地造成等工事規制区域内において，公共施設用地を宅地又は農地等に転用した者（第12条第1項若しくは第16条第1項の許可を受け，又は同条第2項の規定による届出をした者は除く。）は，その転用した日から14日以内に，主務省令で定めるところにより，その旨を都道府県知事に届け出なければならない。

【土地の保全等】

第22条　宅地造成等工事規制区域内の土地の所有者，管理者又は占有者は，宅地造成等（宅地造成等工事規制区域の指定前に行われたものを含む。次項及び次条第1項

において同じ。）に伴う災害が生じないよう，その土地を常時安全な状態に維持するように努めなければならない。

2　都道府県知事は，宅地造成等工事規制区域内の土地について，宅地造成等に伴う災害の防止のため必要があると認める場合においては，その土地の所有者，管理者，占有者，工事主又は工事施行者に対し，擁壁等の設置又は改造その他宅地造成等に伴う災害の防止のため必要な措置をとることを勧告することができる。

【改善命令】

第23条　都道府県知事は，宅地造成等工事規制区域内の土地で，宅地造成若しくは特定盛土等に伴う災害の防止のため必要な擁壁等が設置されておらず，若しくは極めて不完全であり，又は土石の堆積に伴う災害の防止のため必要な措置がとられておらず，若しくは極めて不十分であるために，これを放置するときは，宅地造成等に伴う災害の発生のおそれが大きいと認められるものがある場合においては，その災害の防止のため必要であり，かつ，土地の利用状況その他の状況からみて相当であると認められる限度において，当該宅地造成等工事規制区域内の土地又は擁壁等の所有者，管理者又は占有者（次項において「土地所有者等」という。）に対して，相当の猶予期限を付けて，擁壁等の設置若しくは改造，地形若しくは盛土の改良又は土石の除却のための工事を行うことを命ずることができる。

2，3　（略）

第26条　都道府県知事は，基本方針に基づき，かつ，基礎調査の結果を踏まえ，宅地造成等工事規制区域以外の土地の区域であって，土地の傾斜度，渓流の位置その他の自然的条件及び周辺地域における土地利用の状況その他の社会的条件からみて，当該区域内の土地において特定盛土等又は土石の堆積が行われた場合には，これに伴う災害により市街地等区域その他の区域の居住者その他の者（第5項及び第45条第1項において「居住者等」という。）の生命又は身体に危害を生ずるおそれが特に大きいと認められる区域を，特定盛土等規制区域として指定することができる。

2～6　（略）

【特定盛土等又は土石の堆積に関する工事の届出等】

第27条　特定盛土等規制区域内において行われる特定盛土等又は土石の堆積に関する工事については，工事主は，当該工事に着手する日の30日前までに，主務省令で定めるところにより，当該工事の計画を都道府県知事に届け出なければならない。ただし，特定盛土等又は土石の堆積に伴う災害の発生のおそれがないと認められるものとして**政令**で定める工事については，この限りでない。

◆**政令**［特定盛土等又は土石の堆積に伴う災害の発生のおそれがないと
　　認められる工事］令第27条　　　　　　　　　　　　　　　　→p1162

2～5　（略）

【変更の届出等】

第28条　前条第1項の規定による届出をした者は，当該届出に係る特定盛土等又は土石の堆積に関する工事の計画の変更（主務省令で定める軽微な変更を除く。）をしようとするときは，当該変更後の工事に着手する日の30日前までに，主務省令で定

めるところにより，当該変更後の工事の計画を都道府県知事に届け出なければなら
ない。

2，3　（略）

【特定盛土等又は土石の堆積に関する工事の許可】

第30条　特定盛土等規制区域内において行われる特定盛土等又は土石の堆積（大規模
な崖崩れ又は土砂の流出を生じさせるおそれが大きいものとして**政令**[*1]で定める規
模のものに限る。以下この条から第39条まで及び第55条第1項第二号において同
じ。）に関する工事については，工事主は，当該工事に着手する前に，主務省令で
定めるところにより，都道府県知事の許可を受けなければならない。ただし，特定
盛土等又は土石の堆積に伴う災害の発生のおそれがないと認められるものとして**政
令**[*2]で定める工事については，この限りでない。

> ◆**政令** 1 ［許可を要する特定盛土等又は土石の堆積の規模］令第28条　　　→p1162
> 　　　　2 ［特定盛土等又は土石の堆積に伴う災害の発生のおそれがないと
> 　　　　　　認められる工事等］令第29条第1項　　　　　　　　　　　　　→p1163

2　都道府県知事は，前項の許可の申請が次に掲げる基準に適合しないと認めると
き，又はその申請の手続がこの法律若しくはこの法律に基づく命令の規定に違反し
ていると認めるときは，同項の許可をしてはならない。

一　当該申請に係る特定盛土等又は土石の堆積に関する工事の計画が次条の規定に
適合するものであること。

二　工事主に当該特定盛土等又は土石の堆積に関する工事を行うために必要な資力
及び信用があること。

三　工事施行者に当該特定盛土等又は土石の堆積に関する工事を完成するために必
要な能力があること。

四　当該特定盛土等又は土石の堆積に関する工事（土地区画整理法第2条第1項に
規定する土地区画整理事業その他の公共施設の整備又は土地利用の増進を図るた
めの事業として**政令**で定めるものの施行に伴うものを除く。）をしようとする土
地の区域内の土地について所有権，地上権，質権，賃借権，使用貸借による権利
又はその他の使用及び収益を目的とする権利を有する者の全ての同意を得ている
こと。

> ◆**政令** ［特定盛土等又は土石の堆積に伴う災害の発生のおそれがないと
> 　　　　認められる工事等］令第29条第2項　　　　　　　　　　　　　　→p1163

3　都道府県知事は，第1項の許可に，工事の施行に伴う災害を防止するため必要な
条件を付することができる。

4　都道府県知事は，第1項の許可をしたときは，速やかに，主務省令で定めるとこ
ろにより，工事主の氏名又は名称，特定盛土等又は土石の堆積に関する工事が施行
される土地の所在地その他主務省令で定める事項を公表するとともに，関係市町村
長に通知しなければならない。

5　第1項の許可を受けた者は，当該許可に係る工事については，第27条第1項の規
定による届出をすることを要しない。

【特定盛土等又は土石の堆積に関する工事の技術的基準等】

第31条 特定盛土等規制区域内において行われる特定盛土等又は土石の堆積に関する工事（前条第1項ただし書に規定する工事を除く。第40条第1項において同じ。）は，**政令**（その政令で都道府県の規則に委任した事項に関しては，その規則を含む。）で定める技術的基準に従い，擁壁等の設置その他特定盛土等又は土石の堆積に伴う災害を防止するため必要な措置が講ぜられたものでなければならない。

◆政令［特定盛土等又は土石の堆積に関する工事の技術的基準］令第30条→p1163

2 前項の規定により講ずべきものとされる措置のうち**政令**（同項の政令で都道府県の規則に委任した事項に関しては，その規則を含む。）で定めるものの工事は，政令で定める資格を有する者の設計によらなければならない。

◆政令［資格を有する者の設計によらなければならない措置等］令第31条→p1163

【許可の特例】

第34条 国又は都道府県，指定都市若しくは中核市が特定盛土等規制区域内において行う特定盛土等又は土石の堆積に関する工事については，これらの者と都道府県知事との協議が成立することをもって第30条第1項の許可があったものとみなす。

2 特定盛土等規制区域内において行われる特定盛土等について当該特定盛土等規制区域の指定後に都市計画法第29条第1項又は第2項の許可を受けたときは，当該特定盛土等に関する工事については，第30条第1項の許可を受けたものとみなす。

【変更の許可等】

第35条 第30条第1項の許可を受けた者は，当該許可に係る特定盛土等又は土石の堆積に関する工事の計画の変更をしようとするときは，主務省令で定めるところにより，都道府県知事の許可を受けなければならない。ただし，主務省令で定める軽微な変更をしようとするときは，この限りでない。

2 第30条第1項の許可を受けた者は，前項ただし書の主務省令で定める軽微な変更をしたときは，遅滞なく，その旨を都道府県知事に届け出なければならない。

3 第30条第2項から第4項まで，第31条から第33条まで及び前条第1項の規定は，第1項の許可について準用する。

4 第1項又は第2項の場合における次条から第38条までの規定の適用については，第1項の許可又は第2項の規定による届出に係る変更後の内容を第30条第1項の許可の内容とみなす。

5 前条第2項の規定により第30条第1項の許可を受けたものとみなされた特定盛土等に関する工事に係る都市計画法第35条の2第1項の許可又は同条第3項の規定による届出は，当該工事に係る第1項の許可又は第2項の規定による届出とみなす。

【工事等の届出】

第40条 特定盛土等規制区域の指定の際，当該特定盛土等規制区域内において行われている特定盛土等又は土石の堆積に関する工事の工事主は，その指定があった日から21日以内に，主務省令で定めるところにより，当該工事について都道府県知事に届け出なければならない。

2 都道府県知事は，前項の規定による届出を受理したときは，速やかに，主務省令

で定めるところにより，工事主の氏名又は名称，特定盛土等又は土石の堆積に関する工事が施行される土地の所在地その他主務省令で定める事項を公表するとともに，関係市町村長に通知しなければならない。

3　特定盛土等規制区域内の土地（公共施設用地を除く。以下この章において同じ。）において，擁壁等に関する工事その他の工事で**政令**で定めるものを行おうとする者（第30条第1項若しくは第35条第1項の許可を受け，又は第27条第1項，第28条第1項若しくは第35条第2項の規定による届出をした者を除く。）は，その工事に着手する日の14日前までに，主務省令で定めるところにより，その旨を都道府県知事に届け出なければならない。

◆政令 ［届出を要する工事］令第34条→p1163

4　特定盛土等規制区域内において，公共施設用地を宅地又は農地等に転用した者（第30条第1項若しくは第35条第1項の許可を受け，又は第27条第1項，第28条第1項若しくは第35条第2項の規定による届出をした者を除く。）は，その転用した日から14日以内に，主務省令で定めるところにより，その旨を都道府県知事に届け出なければならない。

【土地の保全等】

第41条　特定盛土等規制区域内の土地の所有者，管理者又は占有者は，特定盛土等又は土石の堆積（特定盛土等規制区域の指定前に行われたものを含む。次項及び次条第1項において同じ。）に伴う災害が生じないよう，その土地を常時安全な状態に維持するように努めなければならない。

2　都道府県知事は，特定盛土等規制区域内の土地について，特定盛土等又は土石の堆積に伴う災害の防止のため必要があると認める場合においては，その土地の所有者，管理者，占有者，工事主又は工事施行者に対し，擁壁等の設置又は改造その他特定盛土等又は土石の堆積に伴う災害の防止のため必要な措置をとることを勧告することができる。

【改善命令】

第42条　都道府県知事は，特定盛土等規制区域内の土地で，特定盛土等に伴う災害の防止のため必要な擁壁等が設置されておらず，若しくは極めて不完全であり，又は土石の堆積に伴う災害の防止のため必要な措置がとられておらず，若しくは極めて不十分であるために，これを放置するときは，特定盛土等又は土石の堆積に伴う災害の発生のおそれが大きいと認められるものがある場合においては，その災害の防止のため必要であり，かつ，土地の利用状況その他の状況からみて相当であると認められる限度において，当該特定盛土等規制区域内の土地又は擁壁等の所有者，管理者又は占有者（次項において「土地所有者等」という。）に対して，相当の猶予期限を付けて，擁壁等の設置若しくは改造，地形若しくは盛土の改良又は土石の除却のための工事を行うことを命ずることができる。

2，3　（略）

第45条　都道府県知事は，基本方針に基づき，かつ，基礎調査の結果を踏まえ，この法律の目的を達成するために必要があると認めるときは，宅地造成又は特定盛土等

（宅地において行うものに限る。第47条第2項において同じ。）に伴う災害で相当数の居住者等に危害を生ずるものの発生のおそれが大きい一団の造成宅地（これに附帯する道路その他の土地を含み，宅地造成等工事規制区域内の土地を除く。）の区域であって**政令**で定める基準に該当するものを，造成宅地防災区域として指定することができる。

◆**政令** 令第35条→p1163

2　都道府県知事は，擁壁等の設置又は改造その他前項の災害の防止のため必要な措置を講ずることにより，造成宅地防災区域の全部又は一部について同項の指定の事由がなくなったと認めるときは，当該造成宅地防災区域の全部又は一部について同項の指定を解除するものとする。

3　第10条第2項から第6項までの規定は，第1項の規定による指定及び前項の規定による指定の解除について準用する。

【災害の防止のための措置】

第46条　造成宅地防災区域内の造成宅地の所有者，管理者又は占有者は，前条第1項の災害が生じないよう，その造成宅地について擁壁等の設置又は改造その他必要な措置を講ずるように努めなければならない。

2　都道府県知事は，造成宅地防災区域内の造成宅地について，前条第1項の災害の防止のため必要があると認める場合においては，その造成宅地の所有者，管理者又は占有者に対し，擁壁等の設置又は改造その他同項の災害の防止のため必要な措置をとることを勧告することができる。

【改善命令】

第47条　都道府県知事は，造成宅地防災区域内の造成宅地で，第45条第1項の災害の防止のため必要な擁壁等が設置されておらず，又は極めて不完全であるために，これを放置するときは，同項の災害の発生のおそれが大きいと認められるものがある場合においては，その災害の防止のため必要であり，かつ，土地の利用状況その他の状況からみて相当であると認められる限度において，当該造成宅地又は擁壁等の所有者，管理者又は占有者（次項において「造成宅地所有者等」という。）に対して，相当の猶予期限を付けて，擁壁等の設置若しくは改造又は地形若しくは盛土の改良のための工事を行うことを命ずることができる。

2，3　（略）

宅地造成及び特定盛土等規制法施行令［抄］

昭和37年１月30日　政令第16号
最終改正　令和４年12月23日　政令第393号

【定義等】

第１条　この政令において，「崖」とは地表面が水平面に対し30°を超える角度をなす土地で硬岩盤（風化の著しいものを除く。）以外のものをいい，「崖面」とはその地表面をいう。

2　崖面の水平面に対する角度を崖の勾配とする。

3　小段その他の崖以外の土地によって上下に分離された崖がある場合において，下層の崖面の下端を含み，かつ，水平面に対し30°の角度をなす面の上方に上層の崖面の下端があるときは，その上下の崖は一体のものとみなす。

4　擁壁の前面の上端と下端（擁壁の前面の下部が地盤面と接する部分をいう。以下この項において同じ。）とを含む面の水平面に対する角度を擁壁の勾配とし，その上端と下端との垂直距離を擁壁の高さとする。

【公共の用に供する施設】

第２条　宅地造成及び特定盛土等規制法（昭和36年法律第191号。以下「法」という。）第２条第一号の政令で定める公共の用に供する施設は，砂防設備，地すべり防止施設，海岸保全施設，津波防護施設，港湾施設，漁港施設，飛行場，航空保安施設，鉄道，軌道，索道又は無軌条電車の用に供する施設その他これらに準ずる施設で主務省令で定めるもの及び国又は地方公共団体が管理する学校，運動場，墓地その他の施設で主務省令で定めるものとする。

【宅地造成及び特定盛土等】

第３条　法第２条第二号及び第三号の政令で定める土地の形質の変更は，次に掲げるものとする。

一　盛土であって，当該盛土をした土地の部分に高さが１mを超える崖を生ずることとなるもの

二　切土であって，当該切土をした土地の部分に高さが２mを超える崖を生ずることとなるもの

三　盛土と切土とを同時にする場合において，当該盛土及び切土をした土地の部分に高さが２mを超える崖を生ずることとなるときにおける当該盛土及び切土（前２号に該当する盛土又は切土を除く。）

四　第一号又は前号に該当しない盛土であって，高さが２mを超えるもの

五　前各号のいずれにも該当しない盛土又は切土であって，当該盛土又は切土をする土地の面積が500m²を超えるもの

【土石の堆積】

第４条　法第２条第四号の政令で定める土石の堆積は，次に掲げるものとする。

　一　高さが 2 m を超える土石の堆積

　二　前号に該当しない土石の堆積であって，当該土石の堆積を行う土地の面積が 500m² を超えるもの

【宅地造成等に伴う災害の発生のおそれがないと認められる工事等】

第 5 条　法第12条第 1 項ただし書の政令で定める工事は，次に掲げるものとする。

　一　鉱山保安法（昭和24年法律第70号）第13条第 1 項の規定による届出をした者が行う当該届出に係る工事又は同法第36条，第37条，第39条第 1 項若しくは第48条第 1 項若しくは第 2 項の規定による産業保安監督部長若しくは鉱務監督官の命令を受けた者が行う当該命令の実施に係る工事

　二　鉱業法（昭和25年法律第289号）第63条第 1 項の規定による届出をし，又は同条第 2 項（同法第87条において準用する場合を含む。）若しくは同法第63条の 2 第 1 項若しくは第 2 項の規定による認可を受けた者（同法第63条の 3 の規定により同法第63条の 2 第 1 項又は第 2 項の規定により施業案の認可を受けたとみなされた者を含む。）が行う当該届出又は認可に係る施業案の実施に係る工事

　三　採石法（昭和25年法律第291号）第33条若しくは第33条の 5 第 1 項の規定による認可を受けた者が行う当該認可に係る工事又は同法第33条の13若しくは第33条の17の規定による命令を受けた者が行う当該命令の実施に係る工事

　四　砂利採取法（昭和43年法律第74号）第16条若しくは第20条第 1 項の規定による認可を受けた者が行う当該認可に係る工事又は同法第23条の規定による都道府県知事若しくは河川管理者の命令を受けた者が行う当該命令の実施に係る工事

　五　前各号に掲げる工事と同等以上に宅地造成等に伴う災害の発生のおそれがないと認められる工事として主務省令で定めるもの

2　法第12条第 2 項第四号（法第16条第 3 項において準用する場合を含む。）の政令で定める事業は，次に掲げるものとする。

　一　土地区画整理法（昭和29年法律第119号）第 2 条第 1 項に規定する土地区画整理事業

　二　土地収用法（昭和26年法律第219号）第26条第 1 項の規定による告示（他の法律の規定による告示又は公告で同項の規定による告示とみなされるものを含む。）に係る事業

　三　都市再開発法（昭和44年法律第38号）第 2 条第一号に規定する第一種市街地再開発事業

　四　大都市地域における住宅及び住宅地の供給の促進に関する特別措置法（昭和50年法律第67号）第 2 条第四号に規定する住宅街区整備事業

　五　密集市街地における防災街区の整備の促進に関する法律（平成 9 年法律第49号）第 2 条第五号に規定する防災街区整備事業

　六　所有者不明土地の利用の円滑化等に関する特別措置法（平成30年法律第49号）第 2 条第 3 項に規定する地域福利増進事業のうち同法第19条第 1 項に規定する使用権設定土地において行うもの

【擁壁，排水施設その他の施設】

第6条 法第13条第1項（法第16条第3項において準用する場合を含む。以下同じ。）の政令で定める施設は，擁壁，崖面崩壊防止施設（崖面の崩壊を防止するための施設（擁壁を除く。）で，崖面を覆うことにより崖の安定を保つことができるものとして主務省令で定めるものをいう。以下同じ。），排水施設若しくは地滑り抑止ぐい又はグラウンドアンカーその他の土留とする。

【地盤について講ずる措置に関する技術的基準】

第7条 法第13条第1項の政令で定める宅地造成に関する工事の技術的基準のうち地盤について講ずる措置に関するものは，次に掲げるものとする。

一　盛土をする場合においては，盛土をした後の地盤に雨水その他の地表水又は地下水（以下「地表水等」という。）の浸透による緩み，沈下，崩壊又は滑りが生じないよう，次に掲げる措置を講ずること。

　　イ　おおむね30cm以下の厚さの層に分けて土を盛り，かつ，その層の土を盛るごとに，これをローラーその他これに類する建設機械を用いて締め固めること。

　　ロ　盛土の内部に浸透した地表水等を速やかに排除することができるよう，砂利その他の資材を用いて透水層を設けること。

　　ハ　イ及びロに掲げるもののほか，必要に応じて地滑り抑止ぐい又はグラウンドアンカーその他の土留（以下「地滑り抑止ぐい等」という。）の設置その他の措置を講ずること。

二　著しく傾斜している土地において盛土をする場合においては，盛土をする前の地盤と盛土とが接する面が滑り面とならないよう，段切りその他の措置を講ずること。

2　前項に定めるもののほか，法第13条第1項の政令で定める宅地造成に関する工事の技術的基準のうち盛土又は切土をした後の地盤について講ずる措置に関するものは，次に掲げるものとする。

一　盛土又は切土（第3条第四号の盛土及び同条第五号の盛土又は切土を除く。）をした後の土地の部分に生じた崖の上端に続く当該土地の地盤面には，特別の事情がない限り，その崖の反対方向に雨水その他の地表水が流れるよう，勾配を付すること。

二　山間部における河川の流水が継続して存する土地その他の宅地造成に伴い災害が生ずるおそれが特に大きいものとして主務省令で定める土地において高さが15mを超える盛土をする場合においては，盛土をした後の土地の地盤について，土質試験その他の調査又は試験に基づく地盤の安定計算を行うことによりその安定が保持されるものであることを確かめること。

三　切土をした後の地盤に滑りやすい土質の層があるときは，その地盤に滑りが生じないよう，地滑り抑止ぐい等の設置，土の置換えその他の措置を講ずること。

【擁壁の設置に関する技術的基準】

第8条 法第13条第1項の政令で定める宅地造成に関する工事の技術的基準のうち擁壁の設置に関するものは，次に掲げるものとする。

一　盛土又は切土（第3条第四号の盛土及び同条第五号の盛土又は切土を除く。）をした土地の部分に生ずる崖面で次に掲げる崖面以外のものには擁壁を設置し，これらの崖面を覆うこと。

　　イ　切土をした土地の部分に生ずる崖又は崖の部分であって，その土質が別表第1左欄に掲げるものに該当し，かつ，次のいずれかに該当するものの崖面

　　　⑴　その土質に応じ勾配が別表第1中欄の角度以下のもの

　　　⑵　その土質に応じ勾配が別表第1中欄の角度を超え，同表右欄の角度以下のもの（その上端から下方に垂直距離5m以内の部分に限る。）

　　ロ　土質試験その他の調査又は試験に基づき地盤の安定計算をした結果崖の安定を保つために擁壁の設置が必要でないことが確かめられた崖面

　　ハ　第14条第一号の規定により崖面崩壊防止施設が設置された崖面

二　前号の擁壁は，鉄筋コンクリート造，無筋コンクリート造又は間知石練積み造その他の練積み造のものとすること。

2　前項第一号イ⑴に該当する崖の部分により上下に分離された崖の部分がある場合における同号イ⑵の規定の適用については，同号イ⑴に該当する崖の部分は存在せず，その上下の崖の部分は連続しているものとみなす。

【鉄筋コンクリート造等の擁壁の構造】

第9条　前条第1項第二号の鉄筋コンクリート造又は無筋コンクリート造の擁壁の構造は，構造計算によって次の各号のいずれにも該当することを確かめたものでなければならない。

一　土圧，水圧及び自重（以下この条及び第14条第二号ロにおいて「土圧等」という。）によって擁壁が破壊されないこと。

二　土圧等によって擁壁が転倒しないこと。

三　土圧等によって擁壁の基礎が滑らないこと。

四　土圧等によって擁壁が沈下しないこと。

2　前項の構造計算は，次に定めるところによらなければならない。

一　土圧等によって擁壁の各部に生ずる応力度が，擁壁の材料である鋼材又はコンクリートの許容応力度を超えないことを確かめること。

二　土圧等による擁壁の転倒モーメントが擁壁の安定モーメントの2/3以下であることを確かめること。

三　土圧等による擁壁の基礎の滑り出す力が擁壁の基礎の地盤に対する最大摩擦抵抗力その他の抵抗力の2/3以下であることを確かめること。

四　土圧等によって擁壁の地盤に生ずる応力度が当該地盤の許容応力度を超えないことを確かめること。ただし，基礎ぐいを用いた場合においては，土圧等によって基礎ぐいに生ずる応力が基礎ぐいの許容支持力を超えないことを確かめること。

3　前項の構造計算に必要な数値は，次に定めるところによらなければならない。

一　土圧等については，実況に応じて計算された数値。ただし，盛土の場合の土圧については，盛土の土質に応じ別表第2の単位体積重量及び土圧係数を用いて計算された数値を用いることができる。

二　鋼材，コンクリート及び地盤の許容応力度並びに基礎ぐいの許容支持力については，建築基準法施行令（昭和25年政令第338号）第90条（表1を除く。），第91条，第93条及び第94条中長期に生ずる力に対する許容応力度及び許容支持力に関する部分の例により計算された数値

三　擁壁の基礎の地盤に対する最大摩擦抵抗力その他の抵抗力については，実況に応じて計算された数値。ただし，その地盤の土質に応じ別表第3の摩擦係数を用いて計算された数値を用いることができる。

【練積み造の擁壁の構造】

第10条　第8条第1項第二号の間知石練積み造その他の練積み造の擁壁の構造は，次に定めるところによらなければならない。

一　擁壁の勾配，高さ及び下端部分の厚さ（第1条第4項に規定する擁壁の前面の下端以下の擁壁の部分の厚さをいう。別表第4において同じ。）が，崖の土質に応じ別表第4に定める基準に適合し，かつ，擁壁の上端の厚さが，擁壁の設置される地盤の土質が，同表左欄の第一種又は第二種に該当するものであるときは40cm以上，その他のものであるときは70cm以上であること。

二　石材その他の組積材は，控え長さを30cm以上とし，コンクリートを用いて一体の擁壁とし，かつ，その背面に栗石，砂利又は砂利混じり砂で有効に裏込めること。

三　前2号に定めるところによっても，崖の状況等によりはらみ出しその他の破壊のおそれがあるときは，適当な間隔に鉄筋コンクリート造の控え壁を設ける等必要な措置を講ずること。

四　擁壁を岩盤に接着して設置する場合を除き，擁壁の前面の根入れの深さは，擁壁の設置される地盤の土質が，別表第4左欄の第一種又は第二種に該当するものであるときは擁壁の高さの15/100（その値が35cmに満たないときは，35cm）以上，その他のものであるときは擁壁の高さの20/100（その値が45cmに満たないときは，45cm）以上とし，かつ，擁壁には，一体の鉄筋コンクリート造又は無筋コンクリート造で，擁壁の滑り及び沈下に対して安全である基礎を設けること。

【設置しなければならない擁壁についての建築基準法施行令の準用】

第11条　第8条第1項第一号の規定により設置される擁壁については，建築基準法施行令第36条の3から第39条まで，第52条（第3項を除く。），第72条から第75条まで及び第79条の規定を準用する。

【擁壁の水抜穴】

第12条　第8条第1項第一号の規定により設置される擁壁には，その裏面の排水を良くするため，壁面の面積3㎡以内ごとに少なくとも1個の内径が7.5cm以上の陶管その他これに類する耐水性の材料を用いた水抜穴を設け，かつ，擁壁の裏面の水抜穴の周辺その他必要な場所には，砂利その他の資材を用いて透水層を設けなければならない。

【任意に設置する擁壁についての建築基準法施行令の準用】

第13条　法第12条第1項又は第16条第1項の許可を受けなければならない宅地造成に

関する工事により設置する擁壁で高さが2mを超えるもの（第8条第1項第一号の規定により設置されるものを除く。）については，建築基準法施行令第142条（同令第7章の8の規定の準用に係る部分を除く。）の規定を準用する。

●関連［擁壁］建築基準法施行令第142条→p375

【崖面崩壊防止施設の設置に関する技術的基準】

第14条　法第13条第1項の政令で定める宅地造成に関する工事の技術的基準のうち崖面崩壊防止施設の設置に関するものは，次に掲げるものとする。

一　盛土又は切土（第3条第四号の盛土及び同条第五号の盛土又は切土を除く。以下この号において同じ。）をした土地の部分に生ずる崖面に第8条第1項第一号（ハに係る部分を除く。）の規定により擁壁を設置することとした場合に，当該盛土又は切土をした後の地盤の変動，当該地盤の内部への地下水の浸入その他の当該擁壁が有する崖の安定を保つ機能を損なうものとして主務省令で定める事象が生ずるおそれが特に大きいと認められるときは，当該擁壁に代えて，崖面崩壊防止施設を設置し，これらの崖面を覆うこと。

二　前号の崖面崩壊防止施設は，次のいずれにも該当するものでなければならない。

イ　前号に規定する事象が生じた場合においても崖面と密着した状態を保持することができる構造であること。

ロ　土圧等によって損壊，転倒，滑動又は沈下をしない構造であること。

ハ　その裏面に浸入する地下水を有効に排除することができる構造であること。

【崖面及びその他の地表面について講ずる措置に関する技術的基準】

第15条　法第13条第1項の政令で定める宅地造成に関する工事の技術的基準のうち崖面について講ずる措置に関するものは，盛土又は切土をした土地の部分に生ずることとなる崖面（擁壁又は崖面崩壊防止施設で覆われた崖面を除く。）が風化その他の侵食から保護されるよう，石張り，芝張り，モルタルの吹付けその他の措置を講ずることとする。

2　法第13条第1項の政令で定める宅地造成に関する工事の技術的基準のうち盛土又は切土をした後の土地の地表面（崖面であるもの及び次に掲げる地表面であるものを除く。）について講ずる措置に関するものは，当該地表面が雨水その他の地表水による侵食から保護されるよう，植栽，芝張り，板柵工その他の措置を講ずることとする。

一　第7条第2項第一号の規定による措置が講じられた土地の地表面

二　道路の路面の部分その他当該措置の必要がないことが明らかな地表面

【排水施設の設置に関する技術的基準】

第16条　法第13条第1項の政令で定める宅地造成に関する工事の技術的基準のうち排水施設の設置に関するものは，盛土又は切土をする場合において，地表水等により崖崩れ又は土砂の流出が生じるおそれがあるときは，その地表水等を排除することができるよう，排水施設で次の各号のいずれにも該当するものを設置することとする。

一　堅固で耐久性を有する構造のものであること。

二　陶器，コンクリート，れんがその他の耐水性の材料で造られ，かつ，漏水を最少限度のものとする措置が講ぜられているものであること。ただし，崖崩れ又は土砂の流出の防止上支障がない場合においては，専ら雨水その他の地表水を排除すべき排水施設は，多孔管その他雨水を地下に浸透させる機能を有するものとすることができる。

三　その管渠の勾配及び断面積が，その排除すべき地表水等を支障なく流下させることができるものであること。

四　専ら雨水その他の地表水を排除すべき排水施設は，その暗渠である構造の部分の次に掲げる箇所に，ます又はマンホールが設けられているものであること。

　イ　管渠の始まる箇所

　ロ　排水の流路の方向又は勾配が著しく変化する箇所（管渠の清掃上支障がない箇所を除く。）

　ハ　管渠の内径又は内法幅の120倍を超えない範囲内の長さごとの管渠の部分のその清掃上適当な箇所

五　ます又はマンホールに，蓋が設けられているものであること。

六　ますの底に，深さが15cm 以上の泥溜めが設けられているものであること。

2　前項に定めるもののほか，同項の技術的基準は，盛土をする場合において，盛土をする前の地盤面から盛土の内部に地下水が浸入するおそれがあるときは，当該地下水を排除することができるよう，当該地盤面に排水施設で同項各号（第二号ただし書及び第四号を除く。）のいずれにも該当するものを設置することとする。

【特殊の材料又は構法による擁壁】

第17条　構造材料又は構造方法が第8条第1項第二号及び第9条から第12条までの規定によらない擁壁で，国土交通大臣がこれらの規定による擁壁と同等以上の効力があると認めるものについては，これらの規定は，適用しない。

【特定盛土等に関する工事の技術的基準】

第18条　法第13条第1項の政令で定める特定盛土等に関する工事の技術的基準については，第7条から前条までの規定を準用する。この場合において，第15条第2項第二号中「地表面」とあるのは，「地表面及び農地等（法第2条第一号に規定する農地等をいう。）における植物の生育が確保される部分の地表面」と読み替えるものとする。

【土石の堆積に関する工事の技術的基準】

第19条　法第13条第1項の政令で定める土石の堆積に関する工事の技術的基準は，次に掲げるものとする。

一　堆積した土石の崩壊を防止するために必要なものとして主務省令で定める措置を講ずる場合を除き，土石の堆積は，勾配が1/10以下である土地において行うこと。

二　土石の堆積を行うことによって，地表水等による地盤の緩み，沈下，崩壊又は滑りが生ずるおそれがあるときは，土石の堆積を行う土地について地盤の改良そ

の他の必要な措置を講ずること。

三　堆積した土石の周囲に，次のイ又はロに掲げる場合の区分に応じ，それぞれイ又はロに定める空地（勾配が1/10以下であるものに限る。）を設けること。

　　イ　堆積する土石の高さが5m以下である場合　　当該高さを超える幅の空地

　　ロ　堆積する土石の高さが5mを超える場合　　当該高さの2倍を超える幅の空地

四　堆積した土石の周囲には，主務省令で定めるところにより，柵その他これに類するものを設けること。

五　雨水その他の地表水により堆積した土石の崩壊が生ずるおそれがあるときは，当該地表水を有効に排除することができるよう，堆積した土石の周囲に側溝を設置することその他の必要な措置を講ずること。

2　前項第三号及び第四号の規定は，堆積した土石の周囲にその高さを超える鋼矢板を設置することその他の堆積した土石の崩壊に伴う土砂の流出を有効に防止することができるものとして主務省令で定める措置を講ずる場合には，適用しない。

【資格を有する者の設計によらなければならない措置】

第21条　法第13条第2項（法第16条第3項において準用する場合を含む。次条において同じ。）の政令で定める措置は，次に掲げるものとする。

一　高さが5mを超える擁壁の設置

二　盛土又は切土をする土地の面積が1,500m²を超える土地における排水施設の設置

【中間検査を要する宅地造成又は特定盛土等の規模】

第23条　法第18条第1項の政令で定める規模の宅地造成又は特定盛土等は，次に掲げるものとする。

一　盛土であって，当該盛土をした土地の部分に高さが2mを超える崖を生ずることとなるもの

二　切土であって，当該切土をした土地の部分に高さが5mを超える崖を生ずることとなるもの

三　盛土と切土とを同時にする場合において，当該盛土及び切土をした土地の部分に高さが5mを超える崖を生ずることとなるときにおける当該盛土及び切土（前2号に該当する盛土又は切土を除く。）

四　第一号又は前号に該当しない盛土であって，高さが5mを超えるもの

五　前各号のいずれにも該当しない盛土又は切土であって，当該盛土又は切土をする土地の面積が3,000m²を超えるもの

【特定盛土等又は土石の堆積に伴う災害の発生のおそれがないと認められる工事】

第27条　法第27条第1項ただし書の政令で定める工事は，第5条第1項各号に掲げるものとする。

【許可を要する特定盛土等又は土石の堆積の規模】

第28条　法第30条第1項の政令で定める規模の特定盛土等は，第23条各号に掲げるものとする。

2　法第30条第1項の政令で定める規模の土石の堆積は，第25条第2項各号に掲げるものとする。

【特定盛土等又は土石の堆積に伴う災害の発生のおそれがないと認められる工事等】

第29条　法第30条第1項ただし書の政令で定める工事は，第5条第1項各号に掲げるものとする。

2　法第30条第2項第四号（法第35条第3項において準用する場合を含む。）の政令で定める事業は，第5条第2項各号に掲げるものとする。

【特定盛土等又は土石の堆積に関する工事の技術的基準】

第30条　法第31条第1項（法第35条第3項において準用する場合を含む。次項において同じ。）の政令で定める特定盛土等に関する工事の技術的基準については，第7条から第17条まで及び第20条の規定を準用する。この場合において，第13条中「第12条第1項又は第16条第1項」とあるのは「第30条第1項又は第35条第1項」と，第15条第2項第二号中「地表面」とあるのは「地表面及び農地等（法第2条第一号に規定する農地等をいう。）における植物の生育が確保される部分の地表面」と読み替えるものとする。

2　法第31条第1項の政令で定める土石の堆積に関する工事の技術的基準については，第19条及び第20条第2項の規定を準用する。

【資格を有する者の設計によらなければならない措置等】

第31条　法第31条第2項（法第35条第3項において準用する場合を含む。次項において同じ。）の政令で定める措置は，第21条各号に掲げるものとする。

2　法第31条第2項の政令で定める資格は，第22条各号に掲げるものとする。

【届出を要する工事】

第34条　法第40条第3項の政令で定める工事は，第26条第1項に規定する工事とする。この場合においては，同条第2項の規定を準用する。

第35条　法第45条第1項の政令で定める基準は，次の各号のいずれかに該当する一団の造成宅地（これに附帯する道路その他の土地を含み，宅地造成等工事規制区域内の土地を除く。以下この条において同じ。）の区域であることとする。

一　次のいずれかに該当する一団の造成宅地の区域（盛土をした土地の区域に限る。次項第三号において同じ。）であって，安定計算によって，地震力及びその盛土の自重による当該盛土の滑り出す力がその滑り面に対する最大摩擦抵抗力その他の抵抗力を上回ることが確かめられたもの

　イ　盛土をした土地の面積が3,000㎡以上であり，かつ，盛土をしたことにより，当該盛土をした土地の地下水位が盛土をする前の地盤面の高さを超え，盛土の内部に浸入しているもの

　ロ　盛土をする前の地盤面が水平面に対し20度以上の角度をなし，かつ，盛土の高さが5m以上であるもの

二　盛土又は切土をした後の地盤の滑動，宅地造成又は特定盛土等（宅地において行うものに限る。）に関する工事により設置された擁壁の沈下，盛土又は切土を

した土地の部分に生じた崖の崩落その他これらに類する事象が生じている一団の造成宅地の区域

2　前項第一号の計算に必要な数値は，次に定めるところによらなければならない。

一　地震力については，当該盛土の自重に，水平震度として0.25に建築基準法施行令第88条第1項に規定するＺの数値を乗じて得た数値を乗じて得た数値

二　自重については，実況に応じて計算された数値。ただし，盛土の土質に応じ別表第2の単位体積重量を用いて計算された数値を用いることができる。

三　盛土の滑り面に対する最大摩擦抵抗力その他の抵抗力については，イ又はロに掲げる一団の造成宅地の区域の区分に応じ，当該イ又はロに定める滑り面に対する抵抗力であって，実況に応じて計算された数値。ただし，盛土の土質に応じ別表第3の摩擦係数を用いて計算された数値を用いることができる。

イ　前項第一号イに該当する一団の造成宅地の区域　　その盛土の形状及び土質から想定される滑り面であって，複数の円弧又は直線によって構成されるもの

ロ　前項第一号ロに該当する一団の造成宅地の区域　　その盛土の形状及び土質から想定される滑り面であって，単一の円弧によって構成されるもの

別表第1（第8条，第30条関係）

土　　質	擁壁を要しない勾配の上限	擁壁を要する勾配の下限
軟岩（風化の著しいものを除く。）	60°	80°
風化の著しい岩	40°	50°
砂利，真砂土，関東ローム，硬質粘土その他これらに類するもの	35°	45°

別表第2（第9条，第30条，第35条関係）

土　　質	単位体積重量（1m³につき）	土圧係数
砂利又は砂	1.8t	0.35
砂質土	1.7t	0.40
シルト，粘土又はそれらを多量に含む土	1.6t	0.50

別表第3（第9条，第30条，第35条関係）

土　　質	摩擦係数
岩，岩屑，砂利又は砂	0.5
砂質土	0.4
シルト，粘土又はそれらを多量に含む土（擁壁の基礎底面から少なくとも15cmまでの深さの土を砂利又は砂に置き換えた場合に限る。）	0.3

別表第4 （第10条，第30条関係）

土　　　質		擁　　　　　　壁		
		勾　　　配	高　　　さ	下端部分の厚さ
第一種	岩，岩屑，砂利又は砂利混じり砂	70°を超え75°以下	2m以下	40cm以上
			2mを超え3m以下	50cm以上
		65°を超え70°以下	2m以下	40cm以上
			2mを超え3m以下	45cm以上
			3mを超え4m以下	50cm以上
		65°以下	3m以下	40cm以上
			3mを超え4m以下	45cm以上
			4mを超え5m以下	60cm以上
第二種	真砂土，関東ローム，硬質粘土その他これらに類するもの	70°を超え75°以下	2m以下	50cm以上
			2mを超え3m以下	70cm以上
		65°を超え70°以下	2m以下	45cm以上
			2mを超え3m以下	60cm以上
			3mを超え4m以下	75cm以上
		65°以下	2m以下	40cm以上
			2mを超え3m以下	50cm以上
			3mを超え4m以下	65cm以上
			4mを超え5m以下	80cm以上
第三種	その他の土質	70°を超え75°以下	2m以下	85cm以上
			2mを超え3m以下	90cm以上
		65°を超え70°以下	2m以下	75cm以上
			2mを超え3m以下	85cm以上
			3mを超え4m以下	105cm以上
		65°以下	2m以下	70cm以上
			2mを超え3m以下	80cm以上
			3mを超え4m以下	95cm以上
			4mを超え5m以下	120cm以上

津波防災地域づくりに関する法律［抄］

平成23年12月14日　法律第123号
最終改正　令和5年6月16日　法律第58号

【目　的】

第1条　この法律は，津波による災害を防止し，又は軽減する効果が高く，将来にわたって安心して暮らすことのできる安全な地域の整備，利用及び保全（以下「津波防災地域づくり」という。）を総合的に推進することにより，津波による災害から国民の生命，身体及び財産の保護を図るため，国土交通大臣による基本指針の策定，市町村による推進計画の作成，推進計画区域における特別の措置及び一団地の津波防災拠点市街地形成施設に関する都市計画に関する事項について定めるとともに，津波防護施設の管理，津波災害警戒区域における警戒避難体制の整備並びに津波災害特別警戒区域における一定の開発行為及び建築物の建築等の制限に関する措置等について定め，もって公共の福祉の確保及び地域社会の健全な発展に寄与することを目的とする。

【定　義】

第2条　（略）

2～9　（略）

10　この法律において「津波防護施設」とは，盛土構造物，閘門その他の政令で定める施設（海岸保全施設，港湾施設，漁港施設及び河川管理施設並びに保安施設事業に係る施設であるものを除く。）であって，第8条第1項に規定する津波浸水想定を踏まえて津波による人的災害を防止し，又は軽減するために都道府県知事又は市町村長が管理するものをいう。

11　（略）

12　この法律において「公共施設」とは，道路，公園，下水道その他政令で定める公共の用に供する施設をいう。

13　この法律において「公益的施設」とは，教育施設，医療施設，官公庁施設，購買施設その他の施設で，居住者の共同の福祉又は利便のために必要なものをいう。

14　この法律において「特定業務施設」とは，事務所，事業所その他の業務施設で，津波による災害の発生のおそれが著しく，かつ，当該災害を防止し，又は軽減する必要性が高いと認められる区域（当該区域に隣接し，又は近接する区域を含む。）の基幹的な産業の振興，当該区域内の地域における雇用機会の創出及び良好な市街地の形成に寄与するもののうち，公益的施設以外のものをいう。

15　この法律において「一団地の津波防災拠点市街地形成施設」とは，前項に規定する区域内の都市機能を津波が発生した場合においても維持するための拠点となる市街地を形成する一団地の住宅施設，特定業務施設又は公益的施設及び公共施設をいう。

【基本指針】

第3条　国土交通大臣は，津波防災地域づくりの推進に関する基本的な指針（以下「基本指針」という。）を定めなければならない。

2　基本指針においては，次に掲げる事項を定めるものとする。

　一　津波防災地域づくりの推進に関する基本的な事項

　二　第6条第1項の調査について指針となるべき事項

　三　第8条第1項に規定する津波浸水想定の設定について指針となるべき事項

　四　第10条第1項に規定する推進計画の作成について指針となるべき事項

　五　第53条第1項の津波災害警戒区域及び第72条第1項の津波災害特別警戒区域の指定について指針となるべき事項

3～5　（略）

【津波浸水想定】

第8条　都道府県知事は，基本指針に基づき，かつ，基礎調査の結果を踏まえ，津波浸水想定（津波があった場合に想定される浸水の区域及び水深をいう。以下同じ。）を設定するものとする。

2～6　（略）

【推進計画】

第10条　市町村は，基本指針に基づき，かつ，津波浸水想定を踏まえ，単独で又は共同して，当該市町村の区域内について，津波防災地域づくりを総合的に推進するための計画（以下「推進計画」という。）を作成することができる。

2　推進計画においては，推進計画の区域（以下「推進計画区域」という。）を定めるものとする。

3～12　（略）

【津波防災住宅等建設区】

第12条　津波による災害の発生のおそれが著しく，かつ，当該災害を防止し，又は軽減する必要性が高いと認められる区域内の土地を含む土地（推進計画区域内にあるものに限る。）の区域において津波による災害を防止し，又は軽減することを目的とする土地区画整理事業の事業計画においては，施行地区（土地区画整理法第2条第4項に規定する施行地区をいう。以下同じ。）内の津波による災害の防止又は軽減を図るための措置が講じられた又は講じられる土地の区域における住宅及び公益的施設の建設を促進するため特別な必要があると認められる場合には，国土交通省令で定めるところにより，当該土地の区域であって，住宅及び公益的施設の用に供すべきもの（以下「津波防災住宅等建設区」という。）を定めることができる。

2　津波防災住宅等建設区は，施行地区において津波による災害を防止し，又は軽減し，かつ，住宅及び公益的施設の建設を促進する上で効果的であると認められる位置に定め，その面積は，住宅及び公益的施設が建設される見込みを考慮して相当と認められる規模としなければならない。

3　（略）

道 路 法［抄］

昭和27年 6 月10日　法律第180号
最終改正　令和 5 年 5 月26日　法律第34号

【用語の定義】

第 2 条　この法律において「道路」とは，一般交通の用に供する道で次条各号に掲げるものをいい，トンネル，橋，渡船施設，道路用エレベーター等道路と一体となってその効用を全うする施設又は工作物及び道路の付属物で当該道路に付属して設けられているものを含むものとする。

2　この法律において「道路の付属物」とは，道路の構造の保全，安全かつ円滑な道路の交通の確保その他道路の管理上必要な施設又は工作物で，次に掲げるものをいう。

一　道路上の柵又は駒止め

二　道路上の並木又は街灯で第18条第 1 項に規定する道路管理者の設けるもの

三　道路標識，道路元標又は里程標

四　道路情報管理施設(道路上の道路情報提供装置，車両監視装置，気象観測装置，緊急連絡施設その他これらに類するものをいう。)

五　自動運行補助施設（電子的方法，磁気的方法その他人の知覚によって認識することができない方法により道路運送車両法（昭和26年法律第185号）第41条第 1 項第二十号に掲げる自動運行装置を備えている自動車の自動的な運行を補助するための施設その他これに類するものをいう。以下同じ。）で道路上に又は道路の路面下に第18条第 1 項に規定する道路管理者が設けるもの

六　道路に接する道路の維持又は修繕に用いる機械，器具又は材料の常置場

七　自動車駐車場又は自転車駐車場で道路上に，又は道路に接して第18条第 1 項に規定する道路管理者が設けるもの

八　特定車両停留施設（旅客の乗降又は貨物の積卸しによる道路における交通の混雑を緩和することを目的として，専ら道路運送法（昭和26年法律第183号）による一般乗合旅客自動車運送事業若しくは一般乗用旅客自動車運送事業又は貨物自動車運送事業法（平成元年法律第83号）による一般貨物自動車運送事業の用に供する自動車その他の国土交通省令で定める車両（以下「特定車両」という。）を同時に 2 両以上停留させる施設で道路に接して第18条第 1 項に規定する道路管理者が設けるものをいう。以下同じ。）

九　共同溝の整備等に関する特別措置法（昭和38年法律第81号）第 3 条第 1 項の規定による共同溝整備道路又は電線共同溝の整備等に関する特別措置法（平成 7 年法律第39号）第 4 条第 2 項に規定する電線共同溝整備道路に第18条第 1 項に規定する道路管理者の設ける共同溝又は電線共同溝

十　前各号に掲げるものを除くほか，政令で定めるもの

3 ～ 5 　(略)

道路法〔抄〕

【道路の種類】

第3条　道路の種類は，次に掲げるものとする。

　　一　高速自動車国道

　　二　一般国道

　　三　都道府県道

　　四　市町村道

【道路の占用の許可】

第32条　道路に次の各号のいずれかに掲げる工作物，物件又は施設を設け，継続して道路を使用しようとする場合においては，道路管理者の許可を受けなければならない。

　　一　電柱，電線，変圧塔，郵便差出箱，公衆電話所，広告塔その他これらに類する工作物

　　二　水管，下水道管，ガス管その他これらに類する物件

　　三　鉄道，軌道，自動運行補助施設その他これらに類する施設

　　四　歩廊，雪よけその他これらに類する施設

　　五　地下街，地下室，通路，浄化槽その他これらに類する施設

　　六　露店，商品置場その他これらに類する施設

　　七　前各号に掲げるもののほか，道路の構造又は交通に支障を及ぼすおそれのある工作物，物件又は施設で政令で定めるもの

2　前項の許可を受けようとする者は，次の各号に掲げる事項を記載した申請書を道路管理者に提出しなければならない。

　　一　道路の占用（道路に前項各号の一に掲げる工作物，物件又は施設を設け，継続して道路を使用することをいう。以下同じ。）の目的

　　二　道路の占用の期間

　　三　道路の占用の場所

　　四　工作物，物件又は施設の構造

　　五　工事実施の方法

　　六　工事の時期

　　七　道路の復旧方法

3　第1項の規定による許可を受けた者（以下「道路占用者」という。）は，前項各号に掲げる事項を変更しようとする場合においては，その変更が道路の構造又は交通に支障を及ぼす虞のないと認められる軽易なもので政令で定めるものである場合を除く外，あらかじめ道路管理者の許可を受けなければならない。

4　第1項又は前項の規定による許可に係る行為が道路交通法第77条第1項の規定の適用を受けるものである場合においては，第2項の規定による申請書の提出は，当該地域を管轄する警察署長を経由して行なうことができる。この場合において，当該警察署長は，すみやかに当該申請書を道路管理者に送付しなければならない。

5　道路管理者は，第1項又は第3項の規定による許可を与えようとする場合において，当該許可に係る行為が道路交通法第77条第1項の規定の適用を受けるものであるときは，あらかじめ当該地域を管轄する警察署長に協議しなければならない。

都市公園法［抄］

昭和31年 4 月20日　法律第79号
最終改正　令和 4 年 6 月17日　法律第68号

【定　義】

第 2 条　この法律において「都市公園」とは，次に掲げる公園又は緑地で，その設置者である地方公共団体又は国が当該公園又は緑地に設ける公園施設を含むものとする。

一　都市計画施設（都市計画法（昭和43年法律第100号）第 4 条第 6 項に規定する都市計画施設をいう。次号において同じ。）である公園又は緑地で地方公共団体が設置するもの及び地方公共団体が同条第 2 項に規定する都市計画区域内において設置する公園又は緑地

●関連［都市計画施設］都市計画法第 4 条第 6 項→p841

二　次に掲げる公園又は緑地で国が設置するもの

イ　1 の都府県の区域を超えるような広域の見地から設置する都市計画施設である公園又は緑地（ロに該当するものを除く。）

ロ　国家的な記念事業として，又は我が国固有の優れた文化的資産の保存及び活用を図るため閣議の決定を経て設置する都市計画施設である公園又は緑地

2　この法律において「公園施設」とは，都市公園の効用を全うするため当該都市公園に設けられる次に掲げる施設をいう。

一　園路及び広場

二　植栽，花壇，噴水その他の修景施設で政令で定めるもの

三　休憩所，ベンチその他の休養施設で政令で定めるもの

四　ぶらんこ，滑り台，砂場その他の遊戯施設で政令で定めるもの

五　野球場，陸上競技場，水泳プールその他の運動施設で政令で定めるもの

六　植物園，動物園，野外劇場その他の教養施設で政令で定めるもの

七　飲食店，売店，駐車場，便所その他の便益施設で政令で定めるもの

八　門，柵，管理事務所その他の管理施設で政令で定めるもの

九　前各号に掲げるもののほか，都市公園の効用を全うする施設で政令で定めるもの

3　次の各号に掲げるものは，第 1 項の規定にかかわらず，都市公園に含まれないものとする。

一　自然公園法（昭和32年法律第161号）の規定により決定された国立公園又は国定公園に関する公園計画に基いて設けられる施設（以下「国立公園又は国定公園の施設」という。）たる公園又は緑地

二　自然公園法の規定により国立公園又は国定公園の区域内に指定される集団施設地区たる公園又は緑地

【都市公園の占用の許可】

第6条 都市公園に公園施設以外の工作物その他の物件又は施設を設けて都市公園を占用しようとするときは，公園管理者の許可を受けなければならない。

2～4 （略）

都市公園法施行令［抄］

昭和31年9月11日　政令第290号
最終改正　令和2年9月4日　政令第268号

【住民1人当たりの都市公園の敷地面積の標準】

第1条の2　1の市町村（特別区を含む。以下同じ。）の区域内の都市公園の住民1人当たりの敷地面積の標準は，10m²（当該市町村の区域内に都市緑地法（昭和48年法律第72号）第55条第1項若しくは第2項の規定による市民緑地契約又は同法第63条に規定する認定計画に係る市民緑地（以下この条において単に「市民緑地」という。）が存するときは，10m²から当該市民緑地の住民1人当たりの敷地面積を控除して得た面積）」を，「5m²」（当該市街地に市民緑地が存するときは，5m²から当該市民緑地の当該市街地の住民1人当たりの敷地面積を控除して得た面積）以上とし，当該市町村の市街地の都市公園の当該市街地の住民1人当たりの敷地面積の標準は，5m²以上とする。

【地方公共団体が設置する都市公園の配置及び規模の基準】

第2条　地方公共団体が次に掲げる都市公園を設置する場合においては，それぞれその特質に応じて当該市町村又は都道府県における都市公園の分布の均衡を図り，かつ，防火，避難等災害の防止に資するよう考慮するほか，次に掲げるところによりその配置及び規模を定めるものとする。

　一　主として街区内に居住する者の利用に供することを目的とする都市公園は，街区内に居住する者が容易に利用することができるように配置し，その敷地面積は，0.25haを標準として定めること。

　二　主として近隣に居住する者の利用に供することを目的とする都市公園は，近隣に居住する者が容易に利用することができるように配置し，その敷地面積は，2haを標準として定めること。

　三　主として徒歩圏域内に居住する者の利用に供することを目的とする都市公園は，徒歩圏域内に居住する者が容易に利用することができるように配置し，その敷地面積は，4haを標準として定めること。

　四　主として1の市町村の区域内に居住する者の休息，観賞，散歩，遊戯，運動等総合的な利用に供することを目的とする都市公園，主として運動の用に供することを目的とする都市公園及び1の市町村の区域を超える広域の利用に供することを目的とする都市公園で，休息，観賞，散歩，遊戯，運動等総合的な利用に供されるものは，容易に利用することができるように配置し，それぞれその利用目的に応じて都市公園としての機能を十分発揮することができるようにその敷地面積を定めること。

2　地方公共団体が，主として公害又は災害を防止することを目的とする緩衝地帯としての都市公園，主として風致の享受の用に供することを目的とする都市公園，主

として動植物の生息地又は生育地である樹林地等の保護を目的とする都市公園，主として市街地の中心部における休息又は観賞の用に供することを目的とする都市公園等前項各号に掲げる都市公園以外の都市公園を設置する場合においては，それぞれその設置目的に応じて都市公園としての機能を十分発揮することができるように配置し，及びその敷地面積を定めるものとする。

都市再開発法［抄］

昭和44年6月3日　法律第38号
最終改正　令和4年6月17日　法律第68号

【定　義】

第2条　この法律において，次の各号に掲げる用語の意義は，それぞれ当該各号に定めるところによる。

一　市街地再開発事業　　市街地の土地の合理的かつ健全な高度利用と都市機能の更新とを図るため，都市計画法（昭和43年法律第100号）及びこの法律（第7章を除く。）で定めるところに従って行われる建築物及び建築敷地の整備並びに公共施設の整備に関する事業並びにこれに附帯する事業をいい，第3章の規定により行われる第一種市街地再開発事業と第4章の規定により行われる第二種市街地再開発事業とに区分する。

二　施行者　　市街地再開発事業を施行する者をいう。

三　施行地区　　市街地再開発事業を施行する土地の区域をいう。

四　公共施設　　道路，公園，広場その他政令で定める公共の用に供する施設をいう。

五　宅地　　公共施設の用に供されている国，地方公共団体その他政令で定める者の所有する土地以外の土地をいう。

六　施設建築物　　市街地再開発事業によって建築される建築物をいう。

七　施設建築敷地　　市街地再開発事業によって造成される建築敷地をいう。

八　施設建築物の一部　　建物の区分所有等に関する法律（昭和37年法律第69号）第2条第1項に規定する区分所有権の目的たる施設建築物の部分（同条第4項に規定する共用部分の共有持分を含む。）をいう。

九　施設建築物の一部等　　施設建築物の一部及び当該施設建築物の所有を目的とする地上権の共有持分をいう。

十　建築施設の部分　　施設建築物の一部及び当該施設建築物の存する施設建築敷地の共有持分をいう。

十一　借地権　　建物の所有を目的とする地上権及び賃借権をいう。ただし，臨時設備その他一時使用のため設定されたことが明らかなものを除く。

十二　借地　　借地権の目的となっている宅地をいう。

十三　借家権　　建物の賃借権（一時使用のため設定されたことが明らかなものを除く。以下同じ。）及び配偶者居住権をいう。

【市街地再開発事業の施行】

第2条の2　次に掲げる区域内の宅地について所有権若しくは借地権を有する者又はこれらの宅地について所有権若しくは借地権を有する者の同意を得た者は，1人で，又は数人共同して，当該権利の目的である宅地について，又はその宅地及び一

定の区域内の宅地以外の土地について第一種市街地再開発事業を施行することができる。

一　高度利用地区（都市計画法第8条第1項第三号の高度利用地区をいう。以下同じ。）の区域

二　都市再生特別地区（都市再生特別措置法（平成14年法律第22号）第36条第1項の規定による都市再生特別地区をいう。第3条において同じ。）の区域

三　特定用途誘導地区（都市再生特別措置法第109条第1項の規定による特定用途誘導地区をいい，建築物の容積率（延べ面積の敷地面積に対する割合をいう。以下同じ。）の最低限度及び建築物の建築面積の最低限度が定められているものに限る。第3条において同じ。）の区域

四　都市計画法第12条の4第1項第一号の地区計画，密集市街地における防災街区の整備の促進に関する法律（平成9年法律第49号。以下「密集市街地整備法」という。）第32条第1項の規定による防災街区整備地区計画又は幹線道路の沿道の整備に関する法律（昭和55年法律第34号）第9条第1項の規定による沿道地区計画の区域（次に掲げる条件の全てに該当するものに限る。第3条第一号において「特定地区計画等区域」という。）

　　イ　地区整備計画（都市計画法第12条の5第2項第一号の地区整備計画をいう。以下同じ。），密集市街地整備法第32条第2項第一号に規定する特定建築物地区整備計画若しくは同項第二号に規定する防災街区整備地区整備計画又は幹線道路の沿道の整備に関する法律第9条第2項第一号の沿道地区整備計画（ロにおいて「地区整備計画等」という。）が定められている区域であること。

　　ロ　地区整備計画等において都市計画法第8条第3項第二号チに規定する高度利用地区について定めるべき事項（特定建築物地区整備計画において建築物の特定地区防災施設に係る間口率（密集市街地整備法第32条第3項に規定する建築物の特定地区防災施設に係る間口率をいう。）の最低限度及び建築物の高さの最低限度が定められている場合並びに沿道地区整備計画において建築物の沿道整備道路に係る間口率（幹線道路の沿道の整備に関する法律第9条第6項第二号に規定する建築物の沿道整備道路に係る間口率をいう。）の最低限度及び建築物の高さの最低限度が定められている場合にあっては，建築物の容積率の最低限度を除く。）が定められていること。

　　ハ　建築基準法（昭和25年法律第201号）第68条の2第1項の規定に基づく条例で，ロに規定する事項に関する制限が定められていること。

2　市街地再開発組合は，第一種市街地再開発事業の施行区域内の土地について第一種市街地再開発事業を施行することができる。

3　次に掲げる要件のすべてに該当する株式会社は，市街地再開発事業の施行区域内の土地について市街地再開発事業を施行することができる。

一　市街地再開発事業の施行を主たる目的とするものであること。

二　公開会社（会社法（平成17年法律第86号）第2条第五号に規定する公開会社をいう。）でないこと。

　三　施行地区となるべき区域内の宅地について所有権又は借地権を有する者が，総
　　株主の議決権の過半数を保有していること。

　四　前号の議決権の過半数を保有している者及び当該株式会社が所有する施行地区
　　となるべき区域内の宅地の地積とそれらの者が有するその区域内の借地の地積と
　　の合計が，その区域内の宅地の総地積と借地の総地積との合計の2/3以上である
　　こと。この場合において，所有権又は借地権が数人の共有に属する宅地又は借地
　　について前段に規定する者が共有持分を有しているときは，当該宅地又は借地の
　　地積に当該者が有する所有権又は借地権の共有持分の割合を乗じて得た面積を，
　　当該宅地又は借地について当該者が有する宅地又は借地の地積とみなす。

4　地方公共団体は，市街地再開発事業の施行区域内の土地について市街地再開発事
　業を施行することができる。

5　独立行政法人都市再生機構は，国土交通大臣が次に掲げる事業を施行する必要が
　あると認めるときは，市街地再開発事業の施行区域内の土地について当該事業を施
　行することができる。

　一　一体的かつ総合的に市街地の再開発を促進すべき相当規模の地区の計画的な整
　　備改善を図るため当該地区の全部又は一部について行う市街地再開発事業

　二　前号に規定するもののほか，国の施策上特に供給が必要な賃貸住宅の建設と併
　　せてこれと関連する市街地の再開発を行うための市街地再開発事業

6　地方住宅供給公社は，国土交通大臣（市のみが設立した地方住宅供給公社にあっ
　ては，都道府県知事）が地方住宅供給公社の行う住宅の建設と併せてこれと関連す
　る市街地の再開発を行うための市街地再開発事業を施行する必要があると認めると
　きは，市街地再開発事業の施行区域内の土地について当該市街地再開発事業を施行
　することができる。

【第一種市街地再開発事業の施行区域】

第3条　都市計画法第12条第2項の規定により第一種市街地再開発事業について都市
　計画に定めるべき施行区域は，第7条第1項の規定による市街地再開発促進区域内
　の土地の区域又は次に掲げる条件に該当する土地の区域でなければならない。

　一　当該区域が高度利用地区，都市再生特別地区，特定用途誘導地区又は特定地区
　　計画等区域内にあること。

　二　当該区域内にある耐火建築物＊（建築基準法第2条第九号の二に規定する耐火
　　建築物をいう。以下同じ。）で次に掲げるもの以外のものの建築面積の合計が，
　　当該区域内にある全ての建築物の建築面積の合計のおおむね1/3以下であること
　　又は当該区域内にある耐火建築物で次に掲げるもの以外のものの敷地面積の合計
　　が，当該区域内の全ての宅地の面積の合計のおおむね1/3以下であること。

　　　　　　　　　　　　　●関連［耐火建築物］建築基準法第2条九号の二→p12

　　イ　地階を除く階数が2以下であるもの
　　ロ　政令で定める耐用年限の2/3を経過しているもの
　　ハ　災害その他の理由によりロに掲げるものと同程度の機能低下を生じているも
　　　の

ニ　建築面積が，当該区域に係る高度利用地区，都市再生特別地区，特定用途誘
導地区，地区計画，防災街区整備地区計画又は沿道地区計画に関する都市計画
（以下「高度利用地区等に関する都市計画」という。）において定められた建
築物の建築面積の最低限度の3/4未満であるもの

ホ　容積率（同一敷地内に2以上の建築物がある場合においては，その延べ面積
の合計を算定の基礎とする容積率。以下同じ。）が，当該区域に係る高度利用
地区等に関する都市計画において定められた建築物の容積率の最高限度の1/3
未満であるもの

ヘ　都市計画法第4条第6項に規定する都市計画施設（以下「都市計画施設」と
いう。）である公共施設の整備に伴い除却すべきもの

三　当該区域内に十分な公共施設がないこと，当該区域内の土地の利用が細分され
ていること等により，当該区域内の土地の利用状況が著しく不健全であること。

四　当該区域内の土地の高度利用を図ることが，当該都市の機能の更新に貢献する
こと。

【第二種市街地再開発事業の施行区域】

第3条の2　都市計画法第12条第2項の規定により第二種市街地再開発事業について
都市計画に定めるべき施行区域は，次の各号に掲げる条件に該当する土地の区域で
なければならない。

一　前条各号に掲げる条件

二　次のいずれかに該当する土地の区域で，その面積が0.5ha以上のものであること。

イ　次のいずれかに該当し，かつ，当該区域内にある建築物が密集しているため，
災害の発生のおそれが著しく，又は環境が不良であること。

⑴　当該区域内にある安全上又は防火上支障がある建築物で政令で定めるもの
の数の当該区域内にあるすべての建築物の数に対する割合が政令で定める割
合以上であること。

⑵　⑴に規定する政令で定める建築物の延べ面積の合計の当該区域内にあるす
べての建築物の延べ面積の合計に対する割合が政令で定める割合以上である
こと。

ロ　当該区域内に駅前広場，大規模な火災等が発生した場合における公衆の避難
の用に供する公園又は広場その他の重要な公共施設で政令で定めるものを早急
に整備する必要があり，かつ，当該公共施設の整備と併せて当該区域内の建築
物及び建築敷地の整備を一体的に行うことが合理的であること。

**【第一種市街地再開発事業又は第二種市街地再開発事業に関する都市計画に定め
る事項】**

第4条　第一種市街地再開発事業又は第二種市街地再開発事業に関する都市計画にお
いては，都市計画法第12条第2項に定める事項のほか，公共施設の配置及び規模並
びに建築物及び建築敷地の整備に関する計画を定めるものとする。

2　第一種市街地再開発事業又は第二種市街地再開発事業に関する都市計画は，次の
各号に規定するところに従って定めなければならない。

　一　道路，公園，下水道その他の施設に関する都市計画が定められている場合にお
　　いては，その都市計画に適合するように定めること。
　二　当該区域が，適正な配置及び規模の道路，公園その他の公共施設を備えた良好
　　な都市環境のものとなるように定めること。
　三　建築物の整備に関する計画は，市街地の空間の有効な利用，建築物相互間の開
　　放性の確保及び建築物の利用者の利便を考慮して，建築物が都市計画上当該地区
　　にふさわしい容積，建築面積，高さ，配列及び用途構成を備えた健全な高度利用
　　形態となるように定めること。
　四　建築敷地の整備に関する計画は，前号の高度利用形態に適合した適正な街区が
　　形成されるように定めること。

【都市計画事業として施行する市街地再開発事業】

第6条　市街地再開発事業の施行区域内においては，市街地再開発事業は，都市計画
事業として施行する。
2　都市計画事業として施行する第一種市街地再開発事業については都市計画法第60
条から第74条までの規定を，第二種市街地再開発事業については同法第60条から第
64条までの規定を適用しない。
3，4　（略）

【市街地再開発促進区域に関する都市計画】

第7条　次の各号に掲げる条件に該当する土地の区域で，その区域内の宅地について
所有権又は借地権を有する者による市街地の計画的な再開発の実施を図ることが適
切であると認められるものについては，都市計画に市街地再開発促進区域を定める
ことができる。
　一　第3条各号に掲げる条件
　二　当該土地の区域が第3条の2第二号イ又はロに該当しないこと。
2　市街地再開発促進区域に関する都市計画においては，都市計画法第10条の2第2
　項に定める事項のほか，公共施設の配置及び規模並びに単位整備区を定めるものと
　する。
3　市街地再開発促進区域に関する都市計画は，次の各号に規定するところに従って
　定めなければならない。
　一　道路，公園，下水道その他の施設に関する都市計画が定められている場合にお
　　いては，その都市計画に適合するように定めること。
　二　当該区域が，適正な配置及び規模の道路，公園その他の公共施設を備えた良好
　　な都市環境のものとなるように定めること。
　三　単位整備区は，その区域が市街地再開発促進区域内における建築敷地の造成及
　　び公共施設の用に供する敷地の造成を一体として行うべき土地の区域としてふさ
　　わしいものとなるように定めること。

【第一種市街地再開発事業等の施行】

第7条の2　市街地再開発促進区域内の宅地について所有権又は借地権を有する者
は，当該区域内の宅地について，できる限り速やかに，第一種市街地再開発事業を

施行する等により，高度利用地区等に関する都市計画及び当該市街地再開発促進区域に関する都市計画の目的を達成するよう努めなければならない。

2　市町村は，市街地再開発促進区域に関する都市計画に係る都市計画法第20条第1項の告示の日から起算して5年以内に，当該市街地再開発促進区域内の宅地について同法第29条第1項の許可がされておらず，又は第7条の9第1項，第11条第1項若しくは第2項若しくは第50条の2第1項の規定による認可に係る第一種市街地再開発事業の施行地区若しくは第129条の3の規定による認定を受けた第129条の2第1項の再開発事業の同条第5項第一号の再開発事業区域に含まれていない単位整備区については，施行の障害となる事由がない限り，第一種市街地再開発事業を施行するものとする。

3　一の単位整備区の区域内の宅地について所有権又は借地権を有する者が，国土交通省令で定めるところにより，その区域内の宅地について所有権又は借地権を有するすべての者の2/3以上の同意（同意した者が所有するその区域内の宅地の地積と同意した者のその区域内の借地の地積との合計が，その区域内の宅地の総地積と借地の総地積との合計の2/3以上となる場合に限る。）を得て，第一種市街地再開発事業を施行すべきことを市町村に対して要請したときは，当該市町村は，前項の期間内であっても，当該単位整備区について第一種市街地再開発事業を施行することができる。

4　前2項の場合において，都道府県は，当該市町村と協議の上，前2項の規定による第一種市街地再開発事業を施行することができる。当該第一種市街地再開発事業が独立行政法人都市再生機構又は地方住宅供給公社の施行することができるものであるときは，これらの者についても，同様とする。

5　第3項の場合において，所有権又は借地権が数人の共有に属する宅地又は借地があるときは，当該宅地又は借地について所有権を有する者又は借地権を有する者の数をそれぞれ一とみなし，同意した所有権を有する者の共有持分の割合の合計又は同意した借地権を有する者の共有持分の割合の合計をそれぞれ当該宅地又は借地について同意した者の数とみなし，当該宅地又は借地の地積に同意した所有権を有する者の共有持分の割合の合計又は同意した借地権を有する者の共有持分の割合の合計を乗じて得た面積を当該宅地又は借地について同意した者が所有する宅地の地積又は同意した者の借地の地積とみなす。

【建築の許可】

第7条の4　市街地再開発促進区域内においては，建築基準法第59条第1項第一号に該当する建築物（同項第二号又は第三号に該当する建築物を除く。），同法第60条の2第1項第一号に該当する建築物（同項第二号又は第三号に該当する建築物を除く。）又は同法第60条の3第1項第一号に該当する建築物（同項第二号又は第三号に該当する建築物を除く。）の建築をしようとする者は，国土交通省令で定めるところにより，都道府県知事（市の区域内にあっては，当該市の長。以下この条から第7条の6まで及び第141条の2第一号において「建築許可権者」という。）の許可を受けなければならない。ただし，非常災害のため必要な応急措置として行う行為

又はその他の政令で定める軽易な行為については，この限りでない。

●関連［高度利用地区］建築基準法第59条第1項第一号→p79

2　建築許可権者は，前項の許可の申請があった場合において，当該建築が第7条の6第4項の規定により買い取らない旨の通知があった土地におけるものであるときは，その許可をしなければならない。

3　第1項の規定は，第一種市街地再開発事業に関する都市計画に係る都市計画法第20条第1項（同法第21条第2項において準用する場合を含む。）の規定による告示又は第60条第2項第一号の公告があった後は，当該告示又は公告に係る土地の区域内においては，適用しない。

【開発行為の許可の基準の特例】

第7条の8　市街地再開発促進区域内における都市計画法第4条第12項に規定する開発行為（第7条の4第1項の許可に係る建築物の建築又は建築基準法第59条第1項第二号若しくは第三号，第60条の2第1項第二号若しくは第三号若しくは第60条の3第1項第二号若しくは第三号に該当する建築物の建築に係るものを除く。）については，都市計画法第29条第1項第一号の規定は適用せず，同法第33条第1項中「基準（第4項及び第5項の条例が定められているときは，当該条例で定める制限を含む。）」とあるのは，「基準（第29条第1項第一号の政令で定める規模未満の開発行為にあっては第二号から第十四号までに規定する基準，第29条第1項第一号の政令で定める規模以上の開発行為にあっては第二号（貯水施設に係る部分を除く。）に規定する基準を除き，第4項及び第5項の条例が定められているときは当該条例で定める制限を含む。）及び市街地再開発促進区域に関する都市計画」と読み替えて，同条の規定を適用する。

【認　可】

第11条　第一種市街地再開発事業の施行区域内の宅地について所有権又は借地権を有する者は，5人以上共同して，定款及び事業計画を定め，国土交通省令で定めるところにより，都道府県知事の認可を受けて組合を設立することができる。

2〜5　（略）

都市再生特別措置法［抄］

平成14年4月5日　法律第22号
最終改正　令和5年6月16日　法律第58号

【定　義】

第2条　この法律において「都市開発事業」とは，都市における土地の合理的かつ健全な利用及び都市機能の増進に寄与する建築物及びその敷地の整備に関する事業（これに附帯する事業を含む。）のうち公共施設の整備を伴うものをいう。

2　この法律において「公共施設」とは，道路，公園，広場その他**政令**で定める公共の用に供する施設をいう。

◆政令［公共施設］令第1条→p1191

3　この法律において「都市再生緊急整備地域」とは，都市の再生の拠点として，都市開発事業等を通じて緊急かつ重点的に市街地の整備を推進すべき地域として政令で定める地域をいう。

4　この法律において「都市の国際競争力の強化」とは，都市において，外国会社，国際機関その他の者による国際的な活動に関連する居住者，来訪者又は滞在者を増加させるため，都市開発事業等を通じて，その活動の拠点の形成に資するよう，都市機能を高度化し，及び都市の居住環境を向上させることをいう。

5　この法律において「特定都市再生緊急整備地域」とは，都市再生緊急整備地域のうち，都市開発事業等の円滑かつ迅速な施行を通じて緊急かつ重点的に市街地の整備を推進することが都市の国際競争力の強化を図る上で特に有効な地域として政令で定める地域をいう。

【民間都市再生事業計画の認定】

第20条　都市再生緊急整備地域内における都市開発事業であって，当該都市再生緊急整備地域の地域整備方針に定められた都市機能の増進を主たる目的とし，当該都市開発事業を施行する土地（水面を含む。）の区域（以下この節において「事業区域」という。）の面積が**政令**で定める規模以上のもの（以下「都市再生事業」という。）を施行しようとする民間事業者は，国土交通省令で定めるところにより，当該都市再生事業に関する計画（以下「民間都市再生事業計画」という。）を作成し，平成19年3月31日までに国土交通大臣の認定を申請することができる。

◆政令［法第20条第1項の政令で定める都市再生事業の規模］令第7条→p1191

2　（略）

【民間都市再生事業計画の認定基準等】

第21条　国土交通大臣は，前条第1項の認定（以下この節において「計画の認定」という。）の申請があった場合において，当該申請に係る民間都市再生事業計画が次に掲げる基準に適合すると認めるときは，計画の認定をすることができる。

一～四　（略）

2，3　（略）

【都市再生特別地区】

第36条　都市再生緊急整備地域のうち，都市の再生に貢献し，土地の合理的かつ健全な高度利用を図る特別の用途，容積，高さ，配列等の建築物の建築を誘導する必要があると認められる区域については，都市計画に，都市再生特別地区を定めることができる。

2　都市再生特別地区に関する都市計画には，都市計画法第8条第3項第一号及び第三号に掲げる事項のほか，建築物その他の工作物（以下「建築物等」という。）の誘導すべき用途（当該地区の指定の目的のために必要な場合に限る。），建築物の容積率（延べ面積の敷地面積に対する割合をいう。以下同じ。）の最高限度及び最低限度，建築物の建蔽率（建築面積の敷地面積に対する割合をいう。第94条の2第2項第二号において同じ。）の最高限度，建築物の建築面積の最低限度，建築物の高さの最高限度並びに壁面の位置の制限を定めるものとする。

3　前項の建築物の容積率の最高限度は，40/10以上の数値でなければならない。ただし，当該地区の区域を区分して同項の建築物の容積率の最高限度を定める場合にあっては，当該地区の区域を区分して定められた建築物の容積率の最高限度の数値にそれぞれの数値の定められた区域の面積を乗じたものの合計を当該地区の全体の面積で除して得た数値が40/10以上であることをもって足りる。

4　第2項の建築物の高さの最高限度及び壁面の位置の制限は，当該地区にふさわしい高さ，配列等を備えた建築物の建築が誘導されること，建築物の敷地内に道路（都市計画において定められた計画道路を含む。次条第1項において同じ。）に接する有効な空地が確保されること等により，当該都市再生特別地区における防災，交通，衛生等に関する機能が確保されるように定めなければならない。

【道路の上空又は路面下における建築物等の建築又は建設】

第36条の2　都市再生特別地区に関する都市計画には，前条第2項に定めるもののほか，都市の再生に貢献し，土地の合理的かつ健全な高度利用を図るため，道路の上空又は路面下において建築物等の建築又は建設を行うことが適切であると認められるときは，当該道路の区域のうち，建築物等の敷地として併せて利用すべき区域（以下「重複利用区域」という。）を定めることができる。この場合においては，当該重複利用区域内における建築物等の建築又は建設の限界であって空間又は地下について上下の範囲を定めるものをも定めなければならない。

2　都市計画法第15条第1項の都道府県又は同法第87条の2第1項の指定都市（同法第22条第1項の場合にあっては，同項の国土交通大臣）は，前項の規定により建築物等の建築又は建設の限界を定めようとするときは，あらかじめ，同項に規定する道路の管理者又は管理者となるべき者に協議しなければならない。

第36条の3　都市再生特別地区の区域のうち前条第1項の規定により重複利用区域として定められている区域内の道路（次項において「特定都市道路」という。）については，建築基準法第43条第1項第二号に掲げる道路とみなして，同法の規定を適用する。

2　特定都市道路の上空又は路面下に設ける建築物のうち，当該特定都市道路に係る都市再生特別地区に関する都市計画の内容に適合し，かつ，政令で定める基準に適合するものであって特定行政庁が安全上，防火上及び衛生上支障がないと認めるものについては，建築基準法第44条第1項第三号に該当する建築物とみなして，同項の規定を適用する。

第36条の4　都市再生特別地区の区域のうち第36条の2第1項の規定により重複利用区域として定められている区域内における都市計画法第53条第1項の規定の適用については，同項第五号中「第12条の11」とあるのは，「都市再生特別措置法第36条の2第1項」とする。

第36条の5　都市再生特別地区の区域のうち第36条の2第1項の規定により重複利用区域として定められている区域内における都市再開発法による第一種市街地再開発事業又は同法による第二種市街地再開発事業については，それぞれ同法第109条の2第1項の地区計画の区域内における第一種市街地再開発事業又は同法第118条の25第1項の地区計画の区域内における第二種市街地再開発事業とみなして，同法の規定を適用する。

【都市再生事業等を行おうとする者による都市計画の決定等の提案】

第37条　都市再生事業又は都市再生事業の施行に関連して必要となる公共公益施設の整備に関する事業（以下「都市再生事業等」という。）を行おうとする者は，都市計画法第15条第1項の都道府県若しくは市町村若しくは同法第87条の2第1項の指定都市（同法第22条第1項の場合にあっては，同項の国土交通大臣又は市町村）又は第51条第1項の規定に基づき都市計画の決定若しくは変更をする市町村（以下「都市計画決定権者」と総称する。）に対し，当該都市再生事業等を行うために必要な次に掲げる都市計画の決定又は変更をすることを提案することができる。この場合においては，当該提案に係る都市計画の素案を添えなければならない。

一　第36条第1項の規定による都市再生特別地区に関する都市計画

二　都市計画法第8条第1項第一号に規定する用途地域又は同項第三号の高度利用地区に関する都市計画

三　密集市街地における防災街区の整備の促進に関する法律（平成9年法律第49号。以下「密集市街地整備法」という。）第31条第1項の規定による特定防災街区整備地区に関する都市計画

四　都市計画法第12条の4第1項第一号の地区計画であってその区域の全部に同法第12条の5第3項に規定する再開発等促進区又は同条第4項に規定する開発整備促進区を定めるものに関する都市計画

五　都市再開発法による市街地再開発事業（以下「市街地再開発事業」という。）に関する都市計画

六　密集市街地整備法による防災街区整備事業（以下「防災街区整備事業」という。）に関する都市計画

七　土地区画整理法による土地区画整理事業（以下「土地区画整理事業」という。）に関する都市計画

八　都市施設で**政令**で定めるものに関する都市計画

◆政令［都市再生事業等を行おうとする者がその都市計画の決定又は変更を
提案することができる都市施設］令第12条　　　　　　　　→p1191

九　その他政令で定める都市計画

2　前項の規定による提案（以下「計画提案」という。）は，当該都市再生事業等に
係る土地の全部又は一部を含む一団の土地の区域について，次に掲げるところに
従って，国土交通省令で定めるところにより行うものとする。

一　当該計画提案に係る都市計画の素案の内容が，都市計画法第13条その他の法令
の規定に基づく都市計画に関する基準に適合するものであること。

二　当該計画提案に係る都市計画の素案の対象となる土地（国又は地方公共団体の
所有している土地で公共施設の用に供されているものを除く。以下この条におい
て同じ。）の区域内の土地について所有権又は建物の所有を目的とする対抗要件
を備えた地上権若しくは賃借権（臨時設備その他一時使用のため設定されたこと
が明らかなものを除く。以下この条において「借地権」という。）を有する者の2
/3以上の同意（同意した者が所有するその区域内の土地の地積と同意した者が有
する借地権の目的となっているその区域内の土地の地積の合計が，その区域内の
土地の総地積と借地権の目的となっている土地の総地積との合計の2/3以上とな
る場合に限る。）を得ていること。

三　当該計画提案に係る都市計画の素案に係る事業が環境影響評価法（平成9年法
律第81号）第2条第4項に規定する対象事業に該当するものであるときは，同法
第27条に規定する公告を行っていること。

3　前項第二号の場合において，所有権又は借地権が数人の共有に属する土地がある
ときは，当該土地について所有権を有する者又は借地権を有する者の数をそれぞれ
一とみなし，同意した所有権を有する者の共有持分の割合の合計又は同意した借地
権を有する者の共有持分の割合の合計をそれぞれ当該土地について同意した者の数
とみなし，当該土地の地積に同意した所有権を有する者の共有持分の割合の合計又
は同意した借地権を有する者の共有持分の割合の合計を乗じて得た面積を当該土地
について同意した者が所有する土地の地積又は同意した者が有する借地権の目的と
なっている土地の地積とみなす。

【民間都市再生整備事業計画の認定】

第63条　都市再生整備計画の区域内における都市開発事業であって，当該都市開発事
業を施行する土地（水面を含む。）の区域（以下「整備事業区域」という。）の面積
が**政令**で定める規模以上のもの（以下「都市再生整備事業」という。）を都市再生
整備計画に記載された事業と一体的に施行しようとする民間事業者は，国土交通省
令で定めるところにより，当該都市再生整備事業に関する計画（以下「民間都市再
生整備事業計画」という。）を作成し，国土交通大臣の認定を申請することができ
る。

◆政令［認定を申請することができる都市再生整備事業の規模］令第27条→p1192

2　（略）

【民間都市再生整備事業計画の認定基準等】

第64条 国土交通大臣は，前条第1項の認定（以下「整備事業計画の認定」という。）の申請があった場合において，当該申請に係る民間都市再生整備事業計画が次に掲げる基準に適合すると認めるときは，整備事業計画の認定をすることができる。

一～四 （略）

2，3 （略）

【立地適正化計画】

第81条 市町村は，単独で又は共同して，都市計画法第4条第2項に規定する都市計画区域内の区域について，都市再生基本方針に基づき，住宅及び都市機能増進施設（医療施設，福祉施設，商業施設その他の都市の居住者の共同の福祉又は利便のため必要な施設であって，都市機能の増進に著しく寄与するものをいう。以下同じ。）の立地の適正化を図るための計画（以下「立地適正化計画」という。）を作成することができる。

2 立地適正化計画には，その区域を記載するほか，おおむね次に掲げる事項を記載するものとする。

一 住宅及び都市機能増進施設の立地の適正化に関する基本的な方針

二 都市の居住者の居住を誘導すべき区域（以下「居住誘導区域」という。）及び居住環境の向上，公共交通の確保その他の当該居住誘導区域に都市の居住者の居住を誘導するために市町村が講ずべき施策に関する事項

三 都市機能増進施設の立地を誘導すべき区域(以下「都市機能誘導区域」という。)及び当該都市機能誘導区域ごとにその立地を誘導すべき都市機能増進施設（以下「誘導施設」という。）並びに必要な土地の確保，費用の補助その他の当該都市機能誘導区域に当該誘導施設の立地を誘導するために市町村が講ずべき施策に関する事項（次号に掲げるものを除く。）

四 都市機能誘導区域に誘導施設の立地を図るために必要な次に掲げる事業等に関する事項

イ 誘導施設の整備に関する事業

ロ イに掲げる事業の施行に関連して必要となる公共公益施設の整備に関する事業，市街地再開発事業，土地区画整理事業その他国土交通省令で定める事業

ハ イ又はロに掲げる事業と一体となってその効果を増大させるために必要な事務又は事業

五 居住誘導区域にあっては住宅の，都市機能誘導区域にあっては誘導施設の立地及び立地の誘導を図るための都市の防災に関する機能の確保に関する指針（以下この条において「防災指針」という。）に関する事項

六 第二号若しくは第三号の施策，第四号の事業等又は防災指針に基づく取組の推進に関連して必要な事項

七 前各号に掲げるもののほか，住宅及び都市機能増進施設の立地の適正化を図るために必要な事項

3 前項第四号に掲げる事項には，市町村が実施する事業等に係るものを記載するほ

か，必要に応じ，当該市町村以外の者が実施する事業等に係るものを記載すること
ができる。

4　市町村は，立地適正化計画に当該市町村以外の者が実施する事業等に係る事項を
記載しようとするときは，当該事項について，あらかじめ，その者の同意を得なけ
ればならない。

5　第2項第六号に掲げる事項には，居住誘導区域ごとにその立地を誘導すべき居住
環境向上施設（病院，店舗その他の都市の居住者の日常生活に必要な施設であって，
居住環境の向上に資するものをいう。以下同じ。）及び必要な土地の確保その他の
当該居住誘導区域に当該居住環境向上施設の立地を誘導するために市町村が講ずべ
き施策に関する事項を記載することができる。

6　第2項第六号に掲げる事項には，次に掲げる事項を記載することができる。
　一　都市機能誘導区域内の区域であって，歩行者の移動上の利便性及び安全性の向
　　上のための駐車場の配置の適正化を図るべき区域（以下「駐車場配置適正化区域」
　　という。）
　二　駐車場配置適正化区域における路外駐車場の配置及び規模の基準（第106条に
　　おいて「路外駐車場配置等基準」という。）
　三　駐車場配置適正化区域における駐車施設の機能を集約するために整備する駐車
　　施設（第107条において「集約駐車施設」という。）の位置及び規模

7　市町村は，立地適正化計画に前項各号に掲げる事項を記載しようとするときは，
当該事項について，あらかじめ，公安委員会に協議しなければならない。

8　市町村は，立地適正化計画に第6項第三号に掲げる事項を記載しようとするとき
は，当該事項について，あらかじめ，都道府県知事（駐車場法第20条第1項若しく
は第2項又は第20条の2第1項の規定に基づき条例を定めている都道府県の知事に
限る。）に協議しなければならない。

9　第2項第六号に掲げる事項には，居住誘導区域にあっては住宅の，都市機能誘導
区域にあっては誘導施設の立地の誘導の促進に資する老朽化した都市計画法第4条
第6項に規定する都市計画施設の改修に関する事業に関する事項を記載することが
できる。

10　第2項第六号に掲げる事項には，居住誘導区域又は都市機能誘導区域のうち，レ
クリエーションの用に供する広場，地域における催しに関する情報を提供するため
の広告塔，良好な景観の形成又は風致の維持に寄与する並木その他のこれらの区域
における居住者，来訪者又は滞在者の利便の増進に寄与する施設等であって，居住
誘導区域にあっては住宅の，都市機能誘導区域にあっては誘導施設の立地の誘導の
促進に資するもの（以下「立地誘導促進施設」という。）の配置及び利用の状況そ
の他の状況からみて，これらの区域内の一団の土地の所有者及び借地権等を有する
者（土地区画整理法第98条第1項の規定により仮換地として指定された土地にあっ
ては，当該土地に対応する従前の土地の所有者及び借地権等を有する者）による立
地誘導促進施設の一体的な整備又は管理が必要となると認められる区域並びに当該
立地誘導促進施設の一体的な整備又は管理に関する事項を記載することができる。

11　第2項第六号に掲げる事項には，居住誘導区域内の区域であって，防災指針に即した宅地（宅地造成及び特定盛土等規制法（昭和36年法律第191号）第2条第一号に規定する宅地をいう。）における地盤の滑動，崩落又は液状化による被害の防止を促進する事業（以下この項において「宅地被害防止事業」という。）を行う必要があると認められるもの及び当該宅地被害防止事業に関する事項を記載することができる。

12　第2項第六号に掲げる事項には，溢水(いっ)，湛水(たん)，津波，高潮その他による災害の発生のおそれが著しく，かつ，当該災害を防止し，又は軽減する必要性が高いと認められる区域内の土地を含む土地（居住誘導区域内にあるものに限る。）の区域において溢水，湛水，津波，高潮その他による災害を防止し，又は軽減することを目的とする防災指針に即した土地区画整理事業に関する事項を記載することができる。

13　第2項第六号に掲げる事項には，居住誘導区域又は都市機能誘導区域内の区域（溢水，湛水，津波，高潮その他による災害の防止又は軽減を図るための措置が講じられた，又は講じられる土地の区域に限る。）であって，次の各号に掲げる建物の区分に応じ当該各号に定める移転を促進するために，防災指針に即した土地及び当該土地に存する建物についての権利設定等（地上権，賃借権若しくは使用貸借による権利の設定若しくは移転又は所有権の移転をいう。以下同じ。）を促進する事業（以下「居住誘導区域等権利設定等促進事業」という。）を行う必要があると認められる区域（以下「居住誘導区域等権利設定等促進事業区域」という。）並びに当該居住誘導区域等権利設定等促進事業に関する事項を記載することができる。

　一　住宅　居住誘導区域外の区域（溢水，湛水，津波，高潮その他による災害の発生のおそれのある土地の区域に限る。）から当該居住誘導区域への当該住宅の移転

　二　誘導施設　都市機能誘導区域外の区域（溢水，湛水，津波，高潮その他による災害の発生のおそれのある土地の区域に限る。）から当該都市機能誘導区域への当該誘導施設の移転

14　第2項第六号に掲げる事項には，居住誘導区域にあっては住宅の，都市機能誘導区域にあっては誘導施設の立地及び立地の誘導を図るための低未利用土地の利用及び管理に関する指針（以下「低未利用土地利用等指針」という。）に関する事項を記載することができる。

15　前項の規定により立地適正化計画に低未利用土地利用等指針に関する事項を記載するときは，併せて，居住誘導区域又は都市機能誘導区域のうち，低未利用土地が相当程度存在する区域で，当該低未利用土地利用等指針に即した住宅又は誘導施設の立地又は立地の誘導を図るための土地（国又は地方公共団体が所有する土地で公共施設の用に供されているもの，農地その他の国土交通省令で定める土地を除く。第5節において同じ。）及び当該土地に存する建物についての権利設定等を促進する事業（以下「低未利用土地権利設定等促進事業」という。）を行う必要があると認められる区域（以下「低未利用土地権利設定等促進事業区域」という。）並びに当該低未利用土地権利設定等促進事業に関する事項を記載することができる。

16　第2項第六号に掲げる事項には，居住誘導区域外の区域のうち，住宅が相当数存在し，跡地（建築物の敷地であった土地で現に建築物が存しないものをいう。以下同じ。）の面積が現に増加しつつある区域（以下この項において「跡地区域」という。）で，良好な生活環境の確保及び美観風致の維持のために次に掲げる行為（以下「跡地等の管理等」という。）が必要となると認められる区域（以下「跡地等管理等区域」という。）並びに当該跡地等管理等区域における跡地等の管理等を図るための指針（以下「跡地等管理等指針」という。）に関する事項を記載することができる。

　一　跡地区域内の跡地及び跡地に存する樹木（以下「跡地等」という。）の適正な管理

　二　跡地区域内の跡地における緑地，広場その他の都市の居住者その他の者の利用に供する施設であって国土交通省令で定めるものの整備及び管理（第111条第1項において「緑地等の整備等」という。）

17　立地適正化計画は，議会の議決を経て定められた市町村の建設に関する基本構想並びに都市計画法第6条の2の都市計画区域の整備，開発及び保全の方針に即するとともに，同法第18条の2の市町村の都市計画に関する基本的な方針との調和が保たれたものでなければならない。

18　立地適正化計画は，都市計画法第6条第1項の規定による都市計画に関する基礎調査の結果に基づき，かつ，政府が法律に基づき行う人口，産業，住宅，建築，交通，工場立地その他の調査の結果を勘案したものでなければならない。

19　第2項第二号の居住誘導区域は，立地適正化計画の区域における人口，土地利用及び交通の現状及び将来の見通しを勘案して，良好な居住環境が確保され，公共投資その他の行政運営が効率的に行われるように定めるものとし，都市計画法第7条第1項に規定する市街化調整区域（以下「市街化調整区域」という。），建築基準法第39条第1項に規定する災害危険区域（同条第2項の規定に基づく条例により住居の用に供する建築物の建築が禁止されているものに限る。）その他政令で定める区域については定めないものとする。

20　第2項第三号の都市機能誘導区域及び誘導施設は，立地適正化計画の区域における人口，土地利用及び交通の現状及び将来の見通しを勘案して，適切な都市機能増進施設の立地を必要な区域に誘導することにより，住宅の立地の適正化が効果的に図られるように定めるものとする。

21　市町村は，立地適正化計画の作成に当たっては，第2項第二号及び第三号の施策並びに同項第四号及び第9項の事業等において市町村の所有する土地又は建築物が有効に活用されることとなるよう努めるものとする。

22　市町村は，立地適正化計画を作成しようとするときは，あらかじめ，公聴会の開催その他の住民の意見を反映させるために必要な措置を講ずるとともに，市町村都市計画審議会（当該市町村に市町村都市計画審議会が置かれていないときは，都道府県都市計画審議会。第84条において同じ。）の意見を聴かなければならない。

23　市町村は，立地適正化計画を作成したときは，遅滞なく，これを公表するととも

に，都道府県に立地適正化計画の写しを送付しなければならない。

24　（略）

【居住調整地域】

第89条　立地適正化計画の区域（市街化調整区域を除く。）のうち，当該立地適正化計画に記載された居住誘導区域外の区域で，住宅地化を抑制すべき区域については，都市計画に，居住調整地域を定めることができる。

【開発行為等の許可等の特例】

第90条　居住調整地域に係る特定開発行為（住宅その他人の居住の用に供する建築物のうち市町村の条例で定めるもの（以下この条において「住宅等」という。）の建築の用に供する目的で行う開発行為（政令で定める戸数未満の住宅の建築の用に供する目的で行うものにあっては，その規模が政令で定める規模以上のものに限る。）をいう。以下同じ。）については，都市計画法第29条第１項第一号の規定は適用せず，特定開発行為及び特定建築等行為（住宅等を新築し，又は建築物を改築し，若しくはその用途を変更して住宅等とする行為（当該政令で定める戸数未満の住宅に係るものを除く。）をいう。第92条において同じ。）については，居住調整地域を市街化調整区域とみなして，同法第34条及び第43条の規定（同条第１項の規定に係る罰則を含む。）を適用する。この場合において，同法第34条中「開発行為（主として第二種特定工作物の建設の用に供する目的で行う開発行為を除く。）」とあるのは「都市再生特別措置法第90条に規定する特定開発行為」と，「次の各号」とあるのは「第八号の二，第十号又は第十二号から第十四号まで」と，同法第43条第１項中「第29条第１項第二号若しくは第三号に規定する建築物以外の建築物を新築し，又は第一種特定工作物を新設しては」とあるのは「都市再生特別措置法第90条に規定する住宅等（同条の政令で定める戸数未満の住宅を除く。以下この項において「住宅等」という。）を新築しては」と，「同項第二号若しくは第三号に規定する建築物以外の建築物」とあるのは「住宅等」と，同条第２項中「第34条」とあるのは「都市再生特別措置法第90条の規定により読み替えて適用する第34条」とするほか，必要な技術的読替えは，政令で定める。

第94条の2　立地適正化計画に記載された居住誘導区域のうち，当該居住誘導区域に係る居住環境向上施設を有する建築物の建築を誘導する必要があると認められる区域（都市計画法第８条第１項第一号に規定する用途地域（同号に掲げる工業専用地域を除く。第109条第１項において同じ。）が定められている区域に限る。）については，都市計画に，居住環境向上用途誘導地区を定めることができる。

2　居住環境向上用途誘導地区に関する都市計画には，都市計画法第８条第３項第一号及び第三号に掲げる事項のほか，次に掲げる事項を定めるものとする。

　一　建築物等の誘導すべき用途及びその全部又は一部を当該用途に供する建築物の容積率の最高限度

　二　当該地区における市街地の環境を確保するため必要な場合にあっては，建築物の建蔽率の最高限度，壁面の位置の制限及び建築物の高さの最高限度

第109条　立地適正化計画に記載された都市機能誘導区域のうち，当該都市機能誘導

区域に係る誘導施設を有する建築物の建築を誘導する必要があると認められる区域（都市計画法第8条第1項第一号に規定する用途地域が定められている区域に限る。）については，都市計画に，特定用途誘導地区を定めることができる。

2　特定用途誘導地区に関する都市計画には，都市計画法第8条第3項第一号及び第三号に掲げる事項のほか，次に掲げる事項を定めるものとする。

一　建築物等の誘導すべき用途及びその全部又は一部を当該用途に供する建築物の容積率の最高限度

二　当該地区における土地の合理的かつ健全な高度利用を図るため必要な場合にあっては，建築物の容積率の最低限度及び建築物の建築面積の最低限度

三　当該地区における市街地の環境を確保するため必要な場合にあっては，建築物の高さの最高限度

都市再生特別措置法施行令［抄］

平成14年5月31日　政令第190号
最終改正　令和5年3月30日　政令第98号

【公共施設】
第1条　都市再生特別措置法（以下「法」という。）第2条第2項の政令で定める公共の用に供する施設は，下水道，緑地，河川，運河及び水路並びに防水，防砂又は防潮の施設並びに港湾における水域施設，外郭施設及び係留施設とする。

【法第20条第1項の政令で定める都市再生事業の規模】
第7条　法第20条第1項の規定による民間都市再生事業計画の認定を申請することができる都市再生事業についての同項の政令で定める都市開発事業の事業区域の面積の規模は，0.5haとする。ただし，特定都市再生緊急整備地域内において当該都市開発事業を施行する場合においては，次の各号に掲げる場合の区分に応じ，当該各号に定める規模とする。

一　次号に掲げる場合以外の場合　　　1 ha
二　当該特定都市再生緊急整備地域が指定されている都市再生緊急整備地域内において当該都市開発事業の事業区域に隣接し，又は近接してこれと一体的に他の都市開発事業（当該都市再生緊急整備地域に係る地域整備方針に定められた都市機能の増進を主たる目的とするものに限る。）が施行され，又は施行されることが確実であると見込まれ，かつ，これらの都市開発事業の事業区域の面積の合計が1 ha以上となる場合　　　0.5ha

2　法第37条に規定する提案並びに法第42条及び第43条第1項に規定する申請に係る都市計画等の特例（次項において単に「都市計画等の特例」という。）の対象となる都市再生事業についての法第20条第1項の政令で定める規模は，0.5haとする。

3　都市計画等の特例の対象となる関連公共公益施設整備事業（都市再生事業の施行に関連して必要となる公共公益施設の整備に関する事業をいう。）に係る当該都市再生事業についての法第20条第1項の政令で定める規模は，0.5haとする。

【都市再生事業等を行おうとする者がその都市計画の決定又は変更を提案することができる都市施設】
第12条　法第37条第1項第八号の政令で定める都市施設は，次に掲げるものとする。

一　道路，都市高速鉄道，駐車場，自動車ターミナルその他の交通施設
二　公園，緑地，広場その他の公共空地
三　水道，電気供給施設，ガス供給施設，下水道，ごみ焼却場その他の供給施設又は処理施設
四　河川，運河その他の水路
五　学校，図書館，研究施設その他の教育文化施設
六　病院，保育所その他の医療施設又は社会福祉施設

　七　防水，防砂又は防潮の施設

【認定を申請することができる都市再生整備事業の規模】

第27条　法第63条第1項の政令で定める規模は，次の各号に掲げる都市開発事業の区分に応じ，当該各号に定める面積とする。

一　次に掲げる区域内における都市開発事業（次号，第三号及び第五号に掲げる都市開発事業を除く。）　　0.5ha

　イ　首都圏整備法（昭和31年法律第83号）第2条第3項に規定する既成市街地又は同条第4項に規定する近郊整備地帯

　ロ　近畿圏整備法（昭和38年法律第129号）第2条第3項に規定する既成都市区域又は同条第4項に規定する近郊整備区域

　ハ　中部圏開発整備法（昭和41年法律第102号）第2条第3項に規定する都市整備区域

　ニ　指定都市の区域

二　前号イからニまでに掲げる区域内における都市開発事業であって，当該都市開発事業の整備事業区域に隣接し，又は近接してこれと一体的に他の都市開発事業（都市再生整備計画の区域内において，都市再生整備計画に記載された事業と一体的に施行されることによりその事業の効果を一層高めるものに限る。）が施行され，又は施行されることが確実であると見込まれ，かつ，これらの都市開発事業の整備事業区域の面積の合計が0.5ha以上となる場合における当該都市開発事業（次号及び第五号に掲げる都市開発事業を除く。）　　0.25ha

三　第一号イからニまでに掲げる区域内における都市開発事業であって，中心市街地の活性化に関する法律（平成10年法律第92号）第9条第11項に規定する認定基本計画において同条第2項第二号に掲げる事項として定められた都市開発事業（第五号に掲げる都市開発事業を除く。）　　0.2ha

四　第一号イからニまでに掲げる区域以外の区域内における都市開発事業（次号に掲げる都市開発事業を除く。）　　0.2ha

五　低未利用土地の区域内における都市開発事業　　500m^2

都市緑地法［抄］

昭和48年9月1日　法律第72号
最終改正　令和5年6月16日　法律第58号

【緑化地域に関する都市計画】

第34条　都市計画区域内の都市計画法第8条第1項第一号に規定する用途地域のうち，良好な都市環境の形成に必要な緑地が不足し，建築物の敷地内において緑化を推進する必要がある区域については，都市計画に，緑化地域を定めることができる。

2　緑化地域に関する都市計画には，都市計画法第8条第3項第一号及び第三号に掲げる事項のほか，建築物の緑化施設（植栽，花壇その他の緑化のための施設及び敷地内の保全された樹木並びにこれらに附属して設けられる園路，土留その他の施設（当該建築物の空地，屋上その他の屋外に設けられるものに限る。）をいう。以下この章において同じ。）の面積の敷地面積に対する割合（以下「緑化率」という。）の最低限度を定めるものとする。

3　前項の都市計画において定める建築物の緑化率の最低限度は，2.5/10を超えてはならない。

【緑化率】

第35条　緑化地域内においては，敷地面積が**政令***¹で定める規模以上の建築物の新築又は増築（当該緑化地域に関する都市計画が定められた際既に着手していた行為及び**政令***²で定める範囲内の増築を除く。以下この節において同じ。）をしようとする者は，当該建築物の緑化率を，緑化地域に関する都市計画において定められた建築物の緑化率の最低限度以上としなければならない。当該新築又は増築をした建築物の維持保全をする者についても，同様とする。

　　　　◆**政令**1［緑化率の規制の対象となる敷地面積の規模］令第9条→p1196
　　　　　　2［緑化率の規制の対象とならない増築の範囲］令第10条→p1196

2　前項の規定は，次の各号のいずれかに該当する建築物については，適用しない。

一　その敷地の周囲に広い緑地を有する建築物であって，良好な都市環境の形成に支障を及ぼすおそれがないと認めて市町村長が許可したもの

二　学校その他の建築物であって，その用途によってやむを得ないと認めて市町村長が許可したもの

三　その敷地の全部又は一部が崖地である建築物その他の建築物であって，その敷地の状況によってやむを得ないと認めて市町村長が許可したもの

3　市町村長は，前項各号に規定する許可の申請があった場合において，良好な都市環境を形成するため必要があると認めるときは，許可に必要な条件を付することができる。

4　建築物の敷地が，第1項の規定による建築物の緑化率に関する制限が異なる区域の2以上にわたる場合においては，当該建築物の緑化率は，同項の規定にかかわら

ず，各区域の建築物の緑化率の最低限度（建築物の緑化率に関する制限が定められ
ていない区域にあっては，０）にその敷地の当該区域内にある各部分の面積の敷地
面積に対する割合を乗じて得たものの合計以上でなければならない。

【一の敷地とみなすことによる緑化率規制の特例】

第36条 建築基準法第86条第１項から第４項まで（これらの規定を同法第86条の２第
８項において準用する場合を含む。）の規定により一の敷地とみなされる一団地又
は一定の一団の土地の区域内の建築物については，当該一団地又は区域を当該建築
物の一の敷地とみなして前条の規定を適用する。

第39条 市町村は，地区計画等の区域（地区整備計画，特定建築物地区整備計画（密
集市街地における防災街区の整備の促進に関する法律第32条第２項第一号に規定す
る特定建築物地区整備計画をいう。），防災街区整備地区整備計画，歴史的風致維持
向上地区整備計画又は沿道地区整備計画において建築物の緑化率の最低限度が定め
られている区域に限る。）内において，当該地区計画等の内容として定められた建
築物の緑化率の最低限度を，条例で，建築物の新築又は増築及び当該新築又は増築
をした建築物の維持保全に関する制限として定めることができる。

2 前項の規定に基づく条例（以下「地区計画等緑化率条例」という。以下同じ。）
による制限は，建築物の利用上の必要性，当該区域内における土地利用の状況等を
考慮し，緑化の推進による良好な都市環境の形成を図るため，合理的に必要と認め
られる限度において，**政令**で定める基準に従い，行うものとする。

◆**政令**［地区計画等緑化率条例による制限］令第12条→p1196

3 地区計画等緑化率条例には，第37条及び前条の規定の例により，違反是正のため
の措置並びに報告の徴収及び立入検査をすることができる旨を定めることができ
る。

【建築基準関係規定】

第41条 第35条，第36条及び第39条第１項の規定は，建築基準法第６条第１項に規定
する建築基準関係規定（以下単に「建築基準関係規定」という。）とみなす。

●**関連**［建築基準関係規定］建築基準法第６条第１項 →p20
建築基準法施行令第９条→p198

【制限の特例】

第42条 第35条及び第39条第１項の規定は，次の各号のいずれかに該当する建築物に
ついては，適用しない。

一 建築基準法第３条第１項各号に掲げる建築物

二 建築基準法第85条第１項又は第２項に規定する応急仮設建築物であって，その
建築物の工事を完了した後３月以内であるもの又は同条第３項の許可を受けたも
の

三 建築基準法第85条第２項に規定する工事を施工するために現場に設ける事務
所，下小屋，材料置場その他これらに類する仮設建築物

四 建築基準法第85条第６項又は第７項の許可を受けた建築物

【緑化施設の工事の認定】

第43条　第35条又は地区計画等緑化率条例の規定による規制の対象となる建築物の新築又は増築をしようとする者は，気温その他のやむを得ない理由により建築基準法第6条第1項の規定による工事の完了の日までに緑化施設に関する工事（植栽工事に係るものに限る。以下この条において同じ。）を完了することができない場合においては，国土交通省令で定めるところにより，市町村長に申し出て，その旨の認定を受けることができる。

2　建築基準法第7条第4項に規定する建築主事等又は同法第7条の2第1項の規定による指定を受けた者は，前項の認定を受けた者に対し，その検査に係る建築物及びその敷地が，緑化施設に関する工事が完了していないことを除き，建築基準関係規定に適合していることを認めた場合においては，同法第7条第5項又は第7条の2第5項の規定にかかわらず，これらの規定による検査済証を交付しなければならない。

3　前項の規定による検査済証の交付を受けた者は，第1項のやむを得ない理由がなくなった後速やかに緑化施設に関する工事を完了しなければならない。

4　第37条及び第38条の規定は，前項の規定の違反について準用する。

【緑化施設の管理】

第44条　市町村は，条例で，第35条又は地区計画等緑化率条例の規定により設けられた緑化施設の管理の方法の基準を定めることができる。

都市緑地法施行令［抄］

昭和49年1月10日　政令第3号
最終改正　令和5年10月18日　政令第304号

【緑化率の規制の対象となる敷地面積の規模】

第9条　法第35条第1項の政令で定める規模は，1,000m²とする。ただし，土地利用の状況により，建築物の敷地内において緑化を推進することが特に必要であると認められるときは，市町村は，条例で，区域を限り，300m²以上1,000m²未満の範囲内で，その規模を別に定めることができる。

【緑化率の規制の対象とならない増築の範囲】

第10条　法第35条第1項の政令で定める範囲は，増築後の建築物の床面積（建築基準法施行令（昭和25年政令第338号）第2条第1項第三号の床面積をいう。以下同じ。）の合計が緑化地域に関する都市計画が定められた日における当該建築物の床面積の合計の1.2倍を超えないこととする。

【地区計画等緑化率条例による制限】

第12条　法第39条第2項の地区計画等緑化率条例（以下この条において「地区計画等緑化率条例」という。）による建築物の緑化率の最低限度は，2.5/10を超えないものとする。

2　地区計画等緑化率条例には，次に掲げる建築物の緑化率の最低限度に関する制限の適用の除外に関する規定を定めるものとする。

一　敷地面積が一定規模未満の建築物の新築及び増築についての適用の除外に関する規定

二　地区計画等緑化率条例の施行の日において既に着手していた行為についての適用の除外に関する規定

三　増築後の建築物の床面積の合計が地区計画等緑化率条例の施行の日における当該建築物の床面積の合計の1.2倍を超えない建築物の増築についての適用の除外に関する規定

四　法第35条第2項の規定の例による同項の建築物についての適用の除外に関する規定

土砂災害警戒区域等における土砂災害防止対策の推進に関する法律［抄］

平成12年 5 月 8 日　法律第57号
最終改正　令和 4 年 6 月17日　法律第69号

【目　的】

第1条　この法律は，土砂災害から国民の生命及び身体を保護するため，土砂災害が発生するおそれがある土地の区域を明らかにし，当該区域における警戒避難体制の整備を図るとともに，著しい土砂災害が発生するおそれがある土地の区域において一定の開発行為を制限し，建築物の構造の規制に関する所要の措置を定めるほか，土砂災害の急迫した危険がある場合において避難に資する情報を提供すること等により，土砂災害の防止のための対策の推進を図り，もって公共の福祉の確保に資することを目的とする。

【定　義】

第2条　この法律において「土砂災害」とは，急傾斜地の崩壊（傾斜度が30度以上である土地が崩壊する自然現象をいう。），土石流（山腹が崩壊して生じた土石等又は渓流の土石等が水と一体となって流下する自然現象をいう。第27条第 2 項及び第28条第 1 項において同じ。）若しくは地滑り（土地の一部が地下水等に起因して滑る自然現象又はこれに伴って移動する自然現象をいう。同項において同じ。）（以下「急傾斜地の崩壊等」と総称する。）又は河道閉塞による湛水（土石等が河道を閉塞したことによって水がたまる自然現象をいう。第 7 条第 1 項及び第28条第 1 項において同じ。）を発生原因として国民の生命又は身体に生ずる被害をいう。

【土砂災害特別警戒区域】

第9条　都道府県知事は，基本指針に基づき，警戒区域のうち，急傾斜地の崩壊等が発生した場合には建築物に損壊が生じ住民等の生命又は身体に著しい危害が生ずるおそれがあると認められる土地の区域で，一定の開発行為の制限及び居室（建築基準法（昭和25年法律第201号）第 2 条第四号に規定する居室をいう。以下同じ。）を有する建築物の構造の規制をすべき土地の区域として政令で定める基準に該当するものを，土砂災害特別警戒区域（以下「特別警戒区域」という。）として指定することができる。

2 〜 9　（略）

【特定開発行為の制限】

第10条　特別警戒区域内において，都市計画法（昭和43年法律第100号）第 4 条第12項に規定する開発行為で当該開発行為をする土地の区域内において建築が予定されている建築物（当該区域が特別警戒区域の内外にわたる場合においては，特別警戒区域外において建築が予定されている建築物を除く。以下「予定建築物」という。）

の用途が制限用途であるもの（以下「特定開発行為」という。）をしようとする者は，あらかじめ，都道府県知事の許可を受けなければならない。ただし，非常災害のために必要な応急措置として行う行為その他の政令で定める行為については，この限りでない。

2　前項の制限用途とは，予定建築物の用途で，住宅（自己の居住の用に供するものを除く。）並びに高齢者，障害者，乳幼児その他の特に防災上の配慮を要する者が利用する社会福祉施設，学校及び医療施設（政令で定めるものに限る。）以外の用途でないものをいう。

【特別警戒区域内における居室を有する建築物の構造耐力に関する基準】

第24条　特別警戒区域における土砂災害の発生を防止するため，建築基準法第20条に基づく政令においては，居室を有する建築物の構造が当該土砂災害の発生原因となる自然現象により建築物に作用すると想定される衝撃に対して安全なものとなるよう建築物の構造耐力に関する基準を定めるものとする。

【特別警戒区域内における居室を有する建築物に対する建築基準法の適用】

第25条　特別警戒区域（建築基準法第6条第1項第四号に規定する区域を除く。）内における居室を有する建築物（同項第一号から第三号までに掲げるものを除く。）については，同項第四号の規定に基づき都道府県知事が関係市町村の意見を聴いて指定する区域内における建築物とみなして，同法第6条から第7条の5まで，第18条，第89条，第91条及び第93条の規定（これらの規定に係る罰則を含む。）を適用する。

土地区画整理法［抄］

昭和29年5月20日　法律第119号
最終改正　令和5年6月16日　法律第63号

【定　義】

第2条　この法律において「土地区画整理事業」とは，都市計画区域内の土地について，公共施設の整備改善及び宅地の利用の増進を図るため，この法律で定めるところに従って行われる土地の区画形質の変更及び公共施設の新設又は変更に関する事業をいう。

2　前項の事業の施行のため若しくはその事業の施行に係る土地の利用の促進のため必要な工作物その他の物件の設置，管理及び処分に関する事業又は埋立若しくは干拓に関する事業が前項の事業にあわせて行われる場合においては，これらの事業は，土地区画整理事業に含まれるものとする。

3　この法律において「施行者」とは，土地区画整理事業を施行する者をいう。

4　この法律において「施行地区」とは，土地区画整理事業を施行する土地の区域をいう。

5　この法律において「公共施設」とは，道路，公園，広場，河川その他政令で定める公共の用に供する施設をいう。

6　この法律において「宅地」とは，公共施設の用に供されている国又は地方公共団体の所有する土地以外の土地をいう。

7　この法律において「借地権」とは，借地借家法（平成3年法律第90号）にいう借地権をいい，「借地」とは，借地権の目的となっている宅地をいう。

8　この法律において「施行区域」とは，都市計画法（昭和43年法律第100号）第12条第2項の規定により土地区画整理事業について都市計画に定められた施行区域をいう。

【建築行為等の制限】

第76条　次に掲げる公告があった日後，第103条第4項の公告がある日までは，施行地区内において，土地区画整理事業の施行の障害となるおそれがある土地の形質の変更若しくは建築物その他の工作物の新築，改築若しくは増築を行い，又は政令で定める移動の容易でない物件の設置若しくは堆積を行おうとする者は，国土交通大臣が施行する土地区画整理事業にあっては国土交通大臣の，その他の者が施行する土地区画整理事業にあっては都道府県知事（市の区域内において個人施行者，組合若しくは区画整理会社が施行し，又は市が第3条第4項の規定により施行する土地区画整理事業にあっては，当該市の長。以下この条において「都道府県知事等」という。）の許可を受けなければならない。

一　個人施行者が施行する土地区画整理事業にあっては，その施行についての認可の公告又は施行地区の変更を含む事業計画の変更（以下この項において「事業計

画の変更」という。）についての認可の公告

二　組合が施行する土地区画整理事業にあっては，第21条第3項の公告又は事業計画の変更についての認可の公告

三　区画整理会社が施行する土地区画整理事業にあっては，その施行についての認可の公告又は事業計画の変更についての認可の公告

四　市町村，都道府県又は国土交通大臣が第3条第4項又は第5項の規定により施行する土地区画整理事業にあっては，事業計画の決定の公告又は事業計画の変更の公告

五　機構等が第3条の2又は第3条の3の規定により施行する土地区画整理事業にあっては，施行規程及び事業計画の認可の公告又は事業計画の変更の認可の公告

2～5　（略）

【換地計画の決定及び認可】

第86条　施行者は，施行地区内の宅地について換地処分を行うため，換地計画を定めなければならない。この場合において，施行者が個人施行者，組合，区画整理会社，市町村又は機構等であるときは，国土交通省令で定めるところにより，その換地計画について都道府県知事の認可を受けなければならない。

2～5　（略）

【換　地】

第89条　換地計画において換地を定める場合においては，換地及び従前の宅地の位置，地積，土質，水利，利用状況，環境等が照応するように定めなければならない。

2　（略）

【仮換地の指定】

第98条　施行者は，換地処分を行う前において，土地の区画形質の変更若しくは公共施設の新設若しくは変更に係る工事のため必要がある場合又は換地計画に基き換地処分を行うため必要がある場合においては，施行地区内の宅地について仮換地を指定することができる。この場合において，従前の宅地について地上権，永小作権，賃借権その他の宅地を使用し，又は収益することができる権利を有する者があるときは，その仮換地について仮にそれらの権利の目的となるべき宅地又はその部分を指定しなければならない。

2～7　（略）

【仮換地の指定の効果】

第99条　前条第1項の規定により仮換地が指定された場合においては，従前の宅地について権原に基き使用し，又は収益することができる者は，仮換地の指定の効力発生の日から第103条第4項の公告がある日まで，仮換地又は仮換地について仮に使用し，若しくは収益することができる権利の目的となるべき宅地若しくはその部分について，従前の宅地について有する権利の内容である使用又は収益と同じ使用又は収益をすることができるものとし，従前の宅地については，使用し，又は収益することができないものとする。

2，3　（略）

【換地処分】

第103条 換地処分は，関係権利者に換地計画において定められた関係事項を通知してするものとする。

2 換地処分は，換地計画に係る区域の全部について土地区画整理事業の工事が完了した後において，遅滞なく，しなければならない。ただし，規準，規約，定款又は施行規程に別段の定めがある場合においては，換地計画に係る区域の全部について工事が完了する以前においても換地処分をすることができる。

3 個人施行者，組合，区画整理会社，市町村又は機構等は，換地処分をした場合においては，遅滞なく，その旨を都道府県知事に届け出なければならない。

4 国土交通大臣は，換地処分をした場合においては，その旨を公告しなければならない。都道府県知事は，都道府県が換地処分をした場合又は前項の届出があった場合においては，換地処分があった旨を公告しなければならない。

5，6 （略）

風致地区内における建築等の規制に係る条例の制定に関する基準を定める政令［抄］

昭和44年12月26日　政令第317号

最終改正　令和5年3月23日　政令第68号

【地方公共団体の条例】

第2条　都市計画法第58条第1項の規定に基づく条例は，面積が10ha以上の風致地区（2以上の市町村（都の特別区を含む。以下同じ。）の区域にわたるものに限る。以下同じ。）に係るものにあっては都道府県が，その他の風致地区に係るものにあっては市町村が定めるものとする。

【行為の制限】

第3条　風致地区内においては，次に掲げる行為は，あらかじめ，面積が10ha以上の風致地区にあっては都道府県知事（市（都の特別区を含む。以下同じ。）の区域内にあっては，当該市の長。以下「都道府県知事等」という。），その他の風致地区にあっては市町村の長の許可を受けなければならないものとする。ただし，都市計画事業の施行として行う行為，国，都道府県若しくは市町村又は当該都市計画施設を管理することとなる者が当該都市施設又は市街地開発事業に関する都市計画に適合して行う行為，非常災害のため必要な応急措置として行う行為及び通常の管理行為，軽易な行為その他の行為で条例で定めるものについては，この限りでないものとする。

一　建築物の建築その他工作物の建設

二　建築物その他の工作物（以下「建築物等」という。）の色彩の変更

三　宅地の造成，土地の開墾その他の土地の形質の変更（以下「宅地の造成等」という。）

四　水面の埋立て又は干拓

五　木竹の伐採

六　土石の類の採取

七　屋外における土石，廃棄物（廃棄物の処理及び清掃に関する法律（昭和45年法律第137号）第2条第1項に規定する廃棄物をいう。以下同じ。）又は再生資源（資源の有効な利用の促進に関する法律（平成3年法律第48号）第2条第4項に規定する再生資源をいう。以下同じ。）の堆積

八　前各号に掲げるもののほか，都市の風致の維持に影響を及ぼすおそれのあるものとして条例で定める行為

2　国，都道府県又は市町村（面積が10ha以上の風致地区にあっては，国，都道府県，市又は地方自治法（昭和22年法律第67号）第252条の17の2第1項の規定に基づきこの政令の規定により都道府県知事の権限に属する事務の全部を処理することとされた町村。以下この項において「国等」と総称する。）の機関が行う行為につ

いては，前項の許可を受けることを要しないものとする。この場合において，当該国等の機関は，その行為をしようとするときは，あらかじめ，面積が10ha以上の風致地区にあっては都道府県知事等，その他の風致地区にあっては市町村の長に協議しなければならないものとする。

3　次に掲げる行為及びこれらに類する行為で都市の風致の維持に著しい支障を及ぼすおそれがないものとして条例で定めるものについては，第１項の許可を受け，又は前項の規定による協議をすることを要しないものとする。この場合において，これらの行為をしようとする者は，あらかじめ，面積が10ha以上の風致地区にあっては都道府県知事等，その他の風致地区にあっては市町村の長にその旨を通知しなければならないものとする。

一　国土保全施設，水資源開発施設，道路交通，船舶交通若しくは航空機の航行の安全のため必要な施設，気象，海象，地象，洪水等の観測若しくは通報の用に供する施設，自然公園の保護若しくは利用のための施設若しくは都市公園若しくはその施設の設置若しくは管理に係る行為，土地改良事業若しくは地方公共団体若しくは農業等を営む者が組織する団体が行う農業構造，林業構造若しくは漁業構造の改善に関する事業の施行に係る行為，重要文化財等の保存に係る行為又は鉱物の掘採に係る行為（都市の風致の維持上支障があると認めて条例で定めるものを除く。）

二　道路，鉄道若しくは軌道，国若しくは地方公共団体が行う通信業務，認定電気通信事業（電気通信事業法（昭和59年法律第86号）第120条第１項に規定する認定電気通信事業をいう。）若しくは基幹放送（放送法（昭和25年法律第132号）第２条第二号に規定する基幹放送をいう。）の用に供する線路若しくは空中線系（その支持物を含む。），水道若しくは下水道，電気事業（電気事業法（昭和39年法律第170号）第２条第１項第十六号に規定する電気事業をいう。）の用に供する電気工作物又はガス工作物の設置又は管理に係る行為（自動車専用道路以外の道路，駅，操車場，車庫並びに発電用の電気工作物及び発電事業（同項第十四号に規定する発電事業をいう。）の用に供する蓄電用の電気工作物の新設に係るものその他都市の風致の維持に著しい支障を及ぼすおそれがあると認めて条例で定めるものを除く。）

【許可の基準】

第４条　都道府県知事等又は市町村の長は，前条第１項各号に掲げる行為で次に定める基準（第一号イ，ロ若しくはハ又は第四号イ若しくはハ⑴に掲げる基準にあっては，周辺の土地の状況により風致の維持上これらの基準による必要がないと認められる場合を除く。）及びその他の都市の風致を維持するため必要なものとして条例で定める基準に適合するものについては，同項の許可をするものとする。

一　建築物の建築については，次に該当するものであること。ただし，仮設の建築物及び地下に設ける建築物については，この限りでない。

イ　当該建築物の高さが８ｍ以上15ｍ以下の範囲内において条例で定める高さを超えないこと。

  ロ 当該建築物の建ぺい率が2/10以上4/10以下の範囲内において条例で定める割
   合を超えないこと。

  ハ 当該建築物の外壁又はこれに代わる柱の面から敷地の境界線までの距離が
   1 m以上3 m以下の範囲内において条例で定める距離以上であること。

  ニ 当該建築物の位置，形態及び意匠が当該建築の行われる土地及びその周辺の
   土地の区域における風致と著しく不調和でないこと。

 二 建築物以外の工作物の建設については，当該工作物の位置，規模，形態及び意
  匠が，当該建設の行われる土地及びその周辺の土地の区域における風致と著しく
  不調和でないこと。ただし，仮設の工作物及び地下に設ける工作物については，
  この限りでない。

 三 建築物等の色彩の変更については，当該変更後の色彩が，当該変更の行われる
  建築物等の存する土地及びその周辺の土地の区域における風致と著しく不調和で
  ないこと。

 四～八 （略）

設備関係法令

液化石油ガスの保安の確保及び取引の適正化に関する法律［抄］
　液化石油ガスの保安の確保及び取引の適正化に関する法律
　施行規則［抄］
ガス事業法［抄］
　ガス事業法施行規則［抄］
下水道法［抄］
　下水道法施行令［抄］
高圧ガス保安法［抄］
　一般高圧ガス保安規則［抄］
浄化槽法［抄］
水道法［抄］
　水道法施行令［抄］
　給水装置の構造及び材質の基準に関する省令［抄］

液化石油ガスの保安の確保及び取引の適正化に関する法律［抄］

昭和42年12月28日　法律第149号
最終改正　令和5年6月16日　法律第63号

【基準適合命令】

第35条の5　都道府県知事又は指定都市の長は，消費設備が**経済産業省令**で定める技術上の基準に適合していないと認めるときは，その所有者又は占有者に対し，その技術上の基準に適合するように消費設備を修理し，改造し，又は移転すべきことを命ずることができる。

◆経済産業省令［消費設備の技術上の基準］規則第44条→p1208

【貯蔵施設等の設置の許可】

第36条　次の各号のいずれかに該当する液化石油ガス販売事業者は，貯蔵施設又は特定供給設備ごとに，その貯蔵施設又は特定供給設備の所在地を管轄する都道府県知事（指定都市の区域内にあっては，指定都市の長。以下この章，第38条の3及び第38条の10において同じ。）の許可を受けなければならない。

一　第16条第1項の経済産業省令で定める量以上の液化石油ガスを貯蔵するための貯蔵施設（以下この章において「貯蔵施設」という。）を設置しようとする者
二　特定供給設備を設置して液化石油ガスを供給しようとする者

2　前項の許可の申請は，貯蔵施設又は特定供給設備の所在地を管轄する消防長（消防本部を置かない市町村にあっては，市町村長。以下同じ。）又は消防署長の意見書を添えて行わなければならない。

【基準適合義務】

第38条の2　供給設備又は消費設備の設置又は変更の工事（以下「液化石油ガス設備工事」という。）は，供給設備についてのものにあってはその供給設備が第16条の2第1項の経済産業省令で定める技術上の基準に，消費設備についてのものにあってはその消費設備が第35条の5の経済産業省令で定める技術上の基準に，それぞれ，適合するようにしなければならない。

液化石油ガスの保安の確保及び取引の適正化に関する法律施行規則［抄］

平成 9 年 3 月10日　通商産業省令第11号
最終改正　令和 5 年 6 月 9 日　経済産業省令第32号

【消費設備の技術上の基準】

第44条　法第35条の 5 の経済産業省令で定める消費設備の技術上の基準は，次の各号に掲げるものとする。

一　次号に掲げるもの以外の消費設備は，次に定める基準に適合すること。

イ　配管，ガス栓及び末端ガス栓と燃焼器の間の管は，使用上支障のある腐しょく，割れ等の欠陥がないものであること。

ロ　配管には，腐しょくを防止する措置を講ずること。

ハ　配管に使用する材料は，その使用条件等に照らし適切なものであること。この場合において，告示で定める材料は，使用しないこと。

ニ　配管は，0.8MPa 以上の圧力で行う耐圧試験に合計するものであること。

ホ　配管は，その設置又は変更（硬質管以外の管の交換を除く。）の工事の終了後に行う8.4kPa 以上の圧力による気密試験に合格するものであること。

ヘ　配管は，漏えい試験に合格するものであること。

ト　ガスメーターと燃焼器の間の配管その他の設備は，燃焼器の入口における液化石油ガスの圧力を次に定める範囲に保持するものであること。

(1)　生活の用に供する液化石油ガスに係るものにあっては，2.0kPa 以上3.3kPa 以下

(2)　(1)以外のものにあっては，使用する燃焼器に適合した圧力

チ　建物の自重及び土圧により損傷を受けるおそれのある配管には，損傷を防止する措置を講ずること。

リ　配管は，地くずれ，山くずれ，地盤の不同沈下等のおそれのある場所又は建物の基礎面下に設置しないこと。

ヌ　電源により操作される気化装置により発生する液化石油ガスが通る配管には，手動復帰式自動ガス遮断器を設けること。ただし，停電の際に自動的に作動する自家発電機その他操作用電源が停止したとき液化石油ガスの供給を維持するための装置が設けられている場合は，この限りでない。

ル　末端ガス栓と燃焼器とを硬質管，液化石油ガス用継手金具付低圧ホース，ゴム管等を用いて接続する場合は，告示で定める規格に適合するものを用いること。

ヲ　末端ガス栓は，告示で定める燃焼器の区分に応じ，告示で定める方法により，燃焼器と接続されていること。ただし，告示で定めるところにより，燃焼器と接続されないで設置されている場合は，この限りでない。

ワ　燃焼器は，消費する液化石油ガスに適合したものであること。

カ　燃焼器（第86条各号に掲げる施設若しくは建築物又は地下室等に設置されているものに限り，告示で定めるものを除く。）は，告示で定めるところにより，令別表第1第十号に掲げる液化石油ガス用ガス漏れ警報器（告示で定める地下室等に設置する場合にあっては，保安状況を常時監視できる場所において液化石油ガスの漏えいを知ることができるものに限る。）の検知区域（当該液化石油ガス用ガス漏れ警報器が液化石油ガスの漏れを検知することができる区域をいう。）に設置されていること。

ヨ　次に掲げる燃焼器（屋内に設置するものに限り，密閉式のものを除く。）には，当該燃焼器に接続して排気筒が設けられていること。ただし，当該燃焼器の構造上その他の理由によりこれによることが困難な場合において，当該燃焼器の排気のための排気フードが設けられているときは，この限りでない。

⑴　ガス湯沸器（暖房兼用のものを含み，ガス瞬間湯沸器にあっては液化石油ガスの消費量が12kW を超えるもの。その他のものにあっては液化石油ガスの消費量が7kW を超えるもの）

⑵　ガスバーナー付きふろがま及びその他のふろがまでガスバーナーを使用することができる構造のもの（以下「ガスふろがま」という。）

タ　ヨの燃焼器（以下タからソまでにおいて単に「燃焼器」という。）の排気筒は，次の⑴又は⑵に定める基準に適合すること。

⑴　自然排気式の燃焼器の排気筒（排気扇が接続されているものを除く。）は，次に定める基準に適合すること。

　　(i)　排気筒の材料は，金属，その他の不燃性のものであること。

　　(ii)　排気筒には，当該燃焼器と同一室内にある部分の当該燃焼器に近接した箇所に逆風止めが取り付けられていること。ただし，当該燃焼器に逆風止めが取り付けられている場合は，この限りでない。

　　(iii)　排気筒の有効断面積は，当該燃焼器の排気筒との接続部の有効断面積より小さくないこと。

　　(iv)　排気筒の先端は，屋外に出ていること。

　　(v)　排気筒の先端は，障害物又は外気の流れによって排気が妨げられない位置にあること。

　　(vi)　排気筒の先端は，鳥，落葉及び雨水その他の異物の侵入又は風雨等の圧力により排気が妨げられるおそれのない構造であること。

　　(vii)　排気筒の高さ（逆風止め開口部の下端からの排気筒の先端の開口部（逆風止め開口部の下端から排気筒の先端の開口部までの排気筒の長さが8m を超えるときは，逆風止め開口部の下端から8m 以内にある部分）の高さをいう。以下同じ。）は，次の式により算出した値以上であること。

$$h = \frac{0.5 + 0.4n + 0.1l}{\left(\dfrac{A_V}{5.16W}\right)^2}$$

この式において，h，n，l，A_V 及び W は，それぞれ次の値を表すものとする。

- h　排気筒の高さ（単位　m）
- n　排気筒の曲りの数
- l　逆風止め開口部の下端から排気筒の先端の開口部までの排気筒の長さ（単位　m）
- A_V　排気筒の有効断面積（単位　cm^2）
- W　燃焼器の液化石油ガスの消費量（単位　kW）

(viii) 排気筒の天井裏，床裏等にある部分は，金属以外の不燃性の材料で覆われていること。ただし，燃焼器出口の排気ガスの温度が100℃以下の場合は，この限りでない。

(ix) 排気筒は，自重，風圧，振動等に対して，十分耐え，かつ，当該排気筒を構成する各部の接続部及び当該排気筒と当該燃焼器の排気部との接続部が容易に外れないよう堅固に取り付けられていること。

(x) 排気筒は，凝縮水等がたまりにくい構造であること。

(xi) 排気筒は，十分な耐食性を有するものであること。

(2) 自然排気式の燃焼器の排気筒であって排気扇が接続されているもの及び強制排気式の燃焼器の排気筒は，次に定める基準に適合すること。

(i) 排気筒は(1)(i)，(iv)，(v)（障害物に係る部分に限る。），(vi)（鳥，落葉及び雨水その他の異物の侵入に係る部分に限る。）(viii)，(x)及び(xi)の基準に適合すること。ただし，強制排気式の燃焼器の排気筒は，これらの基準に加え，(1)(ix)の基準に適合すること。

(ii) 排気筒が外壁を貫通する箇所には，当該排気筒と外壁との間に排気ガスが屋内に流れ込む隙間がないこと。

(iii) 自然排気式の燃焼器の排気筒であって排気扇を接続するものは，自重，風圧，振動等に対して，十分耐え，かつ，当該排気筒を構成する各部の接続部，当該燃焼器の排気部との接続部及び当該排気扇との接続部が容易に外れないよう堅固に取り付けられていること。

(iv) 排気筒の形状は，排気ガスが当該燃焼器の給気口（当該燃焼器又は当該排気筒に逆風止めを取り付ける場合にあっては，当該逆風止め開口部）から流出しないよう風量が十分に確保されるものであること。

レ　燃焼器の排気筒に接続される排気扇は，次に定める基準に適合すること。

(1) 排気扇（排気ガスに触れる部分に限る。）の材料は，不燃性のものであること。

(2) 燃焼器と直接接続する排気扇は，当該燃焼器の排気部との接続部が容易に外れないよう堅固に取り付けられていること。

⑶　排気扇には，これが停止した場合に当該燃焼器への液化石油ガスの供給を自動的に遮断する装置が設けられていること。

ソ　燃焼器であって，ヨの規定により排気筒が設けられているものは，当該排気筒の有効断面積以上の有効断面積を有する給気口その他給気上有効な開口部が設けられた室に設置されていること。

ツ　ガス湯沸器（暖房兼用のものを含み，ガス瞬間湯沸器にあっては液化石油ガスの消費量が12kW 以下のもの。その他のものにあっては液化石油ガスの消費量が７kW 以下のもの）は，換気扇又は有効な給排気のための開口部が設けられた室に設置されていること。ただし，排気フードが設けられているもの並びに排気筒が設けられているものであって，タからソまでの基準に適合するものを除く。

ネ　屋内に設置されているガス湯沸器（暖房兼用のものを含む。）及びガスふろがまであって，密閉式のものは，次に定める基準に適合すること。

⑴　給排気部（給気に係る部分を除く。）の材料は，金属その他の不燃性のものであること。

⑵　給排気部が外壁を貫通する箇所は，当該給排気部と外壁との間に排気ガスが屋内に流れ込む隙間がないこと。

⑶　給排気部の先端は，屋外に出ていること。

⑷　給排気部の先端は，障害物又は外気の流れによって給排気が妨げられない位置にあること。

⑸　給排気部の先端は，鳥，落葉，雨水その他の異物の侵入又は自然給排気式の燃焼器の場合にあっては風雨等の圧力により給排気が妨げられるおそれのない構造であること。

⑹　給排気部は，自重，風圧，振動等に対して，十分耐え，かつ，当該給排気部を構成する各部の接続部並びに当該燃焼器のケーシングとの接続部が容易に外れないよう堅固に取り付けられていること。

⑺　給排気部は，十分な耐食性を有するものであること。

⑻　給排気部は，凝縮水等がたまりにくいよう取り付けられていること。

⑼　給排気部の天井裏，床裏等にある部分（給気に係る部分を除く。）は，金属以外の不燃性の材料で覆われていること。ただし，燃焼器出口の排気ガスの温度が100℃以下の場合は，この限りでない。

⑽　給排気部の形状は，当該燃焼器の燃焼が妨げられないよう風量が十分に確保されるものであること。

ナ　屋外に設置する燃焼器の排気筒又はその給排気部は，次に定める基準に適合すること。

⑴　自然排気式の燃焼器の排気筒（排気扇が接続されているものを除く。）であって，屋内に設置する部分を有するものは，タ⑴(iv)の基準に適合し，かつ，屋内に設置される当該部分は，タ⑴(i)，(viii)，(ix)（燃焼器に係る部分を除く。），(x)及び(xi)の基準に適合すること。

⑵ 自然排気式の燃焼器の排気筒（排気扇が接続されているものに限る。）及び強制排気式の燃焼器の排気筒であって，屋内に設置する部分を有するものは，タ⑴⒤，⒱（障害物に係る部分に限る。）及び⒲（鳥，落葉，雨水その他の異物の侵入に係る部分に限る。）の基準に適合し，かつ，屋内に設置される当該部分は，タ⑴⒤，⒵，⒳及び⒳並びにタ⑵⒤及び⒤の基準に適合すること。

⑶ 給排気部であって，屋内に設置する部分を有するものは，ネ⑵から⑸まで及び⑽の基準に適合し，かつ，屋内に設置される当該部分は，ネ⑴及び⑹から⑼までの基準に適合すること。

ラ　配管は，次に定める基準に適合するよう修理し，又は取り外すこと。

⑴ 配管には，当該配管から液化石油ガスが漏えいすることを防止するための措置を講ずること。

⑵ 配管には，当該配管から漏えいする液化石油ガスが滞留するおそれのある場所において，当該液化石油ガスが漏えいしていないことを確認するための措置を講ずること。

⑶ 配管には，当該配管の修理又は取り外しが終了したときは，当該配管から液化石油ガスの漏えいのないことを確認するための措置を講ずること。

ム　強制排気式の燃焼器であって告示で定めるものは，ガスを燃焼した場合において正常に当該燃焼器から排気が排出されること。

二　第16条第十三号ただし書の規定により質量により液化石油ガスを販売する場合における消費設備は，次のイ又はロに定める基準に適合すること。

イ　ロに掲げる消費設備以外の消費設備は，次に定める基準に適合すること。

⑴ 配管には，次に定める基準に適合する管を使用すること。

　⒤　充てん容器等と調整器の間に設置される管にあっては，2.6MPa以上の圧力で行う耐圧試験に合格するもの

　⒤　調整器と末端ガス栓の間に設置される管にあっては，0.8MPa以上の圧力で行う耐圧試験に合格するもの

⑵ 調整器と末端ガス栓の間の配管は，その設置又は変更（硬質管以外の管の交換を除く。）の工事の終了後に行う8.4kPa以上の圧力による気密試験に合格するものであること。

⑶ 調整器と燃焼器の間の配管その他の設備は，当該燃焼器の入口における液化石油ガスの圧力を次に定める範囲に保持するものであること。

　⒤　生活の用に供する液化石油ガスに係るものにあっては，2.0kPa以上3.3kPa以下

　⒤　⒤以外のものにあっては，使用する燃焼器に適合した圧力

⑷ 充てん容器等は，第18条第一号の基準に適合すること。

⑸ 気化装置は，第18条第十号（気化装置に係る部分に限る。）及び第十九号の基準に適合すること。

⑹ 調整器は，第18条第二十号の基準に適合すること。

(7) 配管は，前号ロ，ハ，ヘ，チ及びリの基準に適合すること。

(8) 末端ガス栓は，前号ヲの基準に適合すること。

(9) 燃焼器は，前号ワ，カ，ヨ，ソ，ツ，ネ及びムの基準に適合すること。

(10) 燃焼器の排気筒は，前号タ及びナ（排気筒に係る部分に限る。）の基準に適合すること。

(11) 燃焼器の排気筒に接続される排気扇は前号レの基準に適合すること。

(12) 内容積が20ℓを超え25ℓ以下の容器であって，カップリング付容器用弁を有し，かつ，硬質管に接続されているものは，次の(i)又は(ii)に掲げるもの及び(iii)に掲げるものが告示で定める方法により設置されていること。ただし，その設置場所又は一般消費者等の液化石油ガスの消費の形態に特段の事情があるとき（(ii)に掲げるものにあっては，告示で定める場合を含む。）は，この限りでない。

   (i) 第18条第二十二号イに定めるガスメーターと同等の保安を確保するための機能を有する機器

   (ii) 器具省令別表第1第十四号に規定する液化石油ガス用ガス漏れ警報器（器具省令別表第3の技術上の基準に適合するものに限る。）を用いた機器であって，ガス漏れを検知したときに自動的にガスの供給を停止するもの

   (iii) 器具省令別表第1第十六号に規定する液化石油ガス用対震自動ガス遮断器（器具省令別表第3の技術上の基準に適合するものに限る。）

(13) その他前号イ，ヌ及びラの基準に適合すること。

(14) 配管又は調整器から充てん容器等を取り外すときは，その取り外す充てん容器等について，バルブを確実に閉止し，かつ，安全な場所に移す措置を講ずること。

ロ　内容積が20ℓ以下の容器に係る消費設備，内容積が20ℓを超え25ℓ以下の容器であって，カップリング付容器用弁を有するものに係る消費設備（容器が硬質管に接続されている場合を除く。）又は屋外において移動して使用される消費設備は，次に定める基準に適合すること。

(1) 充てん容器等は，第18条第一号ロからニまでの基準に適合すること。

(2) 調整器は，第18条第二十号の基準に適合すること。

(3) 燃焼器は，前号ワの基準に適合すること。

ガス事業法［抄］

昭和29年3月31日　法律第51号
最終改正　令和4年11月18日　法律第80号

【消費機器に関する周知及び調査】

第159条　ガス小売事業者（一般ガス導管事業者が最終保障供給を行う場合にあっては，当該一般ガス導管事業者。以下この項から第3項まで及び第6項において同じ。）は，経済産業省令で定めるところにより，ガスを消費する場合に用いられる機械又は器具（附属装置を含む。以下「消費機器」という。）を使用する者に対し，当該ガス小売事業者が供給するガスの使用に伴う危険の発生の防止に関し必要な事項を周知させなければならない。

2　ガス小売事業者は，経済産業省令で定めるところにより，その供給するガスに係る消費機器が**経済産業省令**で定める技術上の基準に適合しているかどうかを調査しなければならない。ただし，その消費機器を設置し，又は使用する場所に立ち入ることにつき，その所有者又は占有者の承諾を得ることができないときは，この限りでない。

◆経済産業省令［消費機器の技術上の基準］規則第202条→p1215

3　ガス小売事業者は，前項の規定による調査の結果，消費機器が同項の経済産業省令で定める技術上の基準に適合していないと認めるときは，遅滞なく，その技術上の基準に適合するようにするためにとるべき措置及びその措置をとらなかった場合に生ずべき結果をその所有者又は占有者に通知しなければならない。

4　ガス小売事業者は，そのガス小売事業の用に供するためのガスに係る託送供給を行う一般ガス導管事業者又は特定ガス導管事業者に対し，経済産業省令で定めるところにより，第2項の規定による調査の結果を通知しなければならない。ただし，その調査の結果を通知することにつき，あらかじめ，当該調査を受けた消費機器の所有者又は占有者の承諾を得ることができないときは，この限りでない。

5，6　（略）

【基準適合義務】

第162条　消費機器の設置又は変更の工事は，その消費機器が第159条第2項の経済産業省令で定める技術上の基準に適合するようにしなければならない。

ガス事業法施行規則［抄］

昭和45年10月9日　通商産業省令第97号
最終改正　令和5年1月12日　経済産業省令第2号

【消費機器の技術上の基準】

第202条　法第159条第2項の経済産業省令で定める技術上の基準は，次のとおりとする。

一　次に掲げる燃焼器（屋内に設置するものに限り，密閉燃焼式のものを除く。）には，当該燃焼器に接続して排気筒を設けること。ただし，当該燃焼器の構造上その他の理由によりこれによることが困難な場合において，当該燃焼器のための排気フードを設けるときは，この限りでない。

イ　ガス調理機器（ガスの消費量が12kW を超えるもの）

ロ　ガス瞬間湯沸器（暖房兼用のものを含み，ガスの消費量が12kW を超えるもの）

ハ　ガス貯湯湯沸器（暖房兼用のものを含み，ガスの消費量が7kW を超えるもの）

ニ　ガス常圧貯蔵湯沸器（ガスの消費量が7kW を超えるもの）

ホ　ガスふろがま

ヘ　ガスストーブ（ガスの消費量が7kW を超えるもの）

ト　ガス衣類乾燥機（ガスの消費量が12kW を超えるもの）

二　前号の燃焼器（以下この号から第四号までにおいて単に「燃焼器」という。）の排気筒は，次のイ又はロに定める基準に適合すること。

イ　自然排気式の燃焼器の排気筒（排気扇を接続するものを除く。）は，次に定める基準に適合すること。

⑴　排気筒の材料は，告示で定める規格に適合するもの又はこれと同等以上のものであること。

⑵　排気筒には，当該燃焼器と同一室内にある部分の当該燃焼器と近接した箇所に逆風止めを取り付けること。ただし，当該燃焼器に逆風止めを取り付ける場合は，この限りでない。

⑶　排気筒の有効断面積は，当該燃焼器の排気部と接続部の有効断面積より小さくないこと。

⑷　排気筒の先端は，屋外に出ていること。

⑸　排気筒の先端は，障害物又は外気の流れによって排気が妨げられない位置にあること。

⑹　排気筒の先端は，鳥，落葉，雨水その他の異物の侵入又は風雨等の圧力により排気が妨げられるおそれのない構造であること。

⑺　排気筒の高さ（逆風止め開口部の下端からの排気筒の先端の開口部（逆風

止め開口部の下端から排気筒の先端の開口部までの排気筒の長さが8mを超えるときは，逆風止め開口部の下端から8m以内にある部分）の高さをいう。以下同じ。）は，次の式により算出した値以上であること。

$$h = \frac{0.5 + 0.4n + 0.1l}{\left(\dfrac{A_V}{5.16H}\right)^2}$$

この式において，h，n，l，A_V 及び H は，それぞれ次の値を表すものとする。

h　排気筒の高さ（単位　m）

n　排気筒の曲りの数

l　逆風止め開口部の下端から排気筒の先端の開口部までの排気筒の長さ（単位　m）

A_V　排気筒の有効断面積（単位　cm²）

H　燃焼器のガスの消費量（単位　kW）

(8) 排気筒の天井裏，床裏等にある部分は，金属以外の不燃性の材料で覆われていること。ただし，燃焼器出口の排気ガスの温度が100℃以下の場合は，この限りでない。

(9) 排気筒は，自重，風圧，振動等に対して，十分耐え，かつ，当該排気筒を構成する各部の接続部及び当該排気筒と当該燃焼器の排気部との接続部が容易に外れないよう堅固に取り付けられていること。

(10) 排気筒は，凝縮水等がたまりにくい構造であること。

ロ　自然排気式の燃焼器の排気筒であって排気扇を接続するもの及び強制排気式の燃焼器の排気筒は，次に定める基準に適合すること。

(1) 排気筒は，イ(1)，(4)，(5)（障害物に係る部分に限る。），(6)（鳥，落葉，雨水その他の異物の侵入に係る部分に限る。）及び(8)の基準に適合するものであること。ただし，強制排気式の燃焼器の排気筒は，これらの基準に加えてイ(9)の基準に適合するものであること。

(2) 排気筒が外壁を貫通する箇所には，当該排気筒と外壁との間に排気ガスが屋内に流れ込む隙間がないこと。

(3) 自然排気式の燃焼器の排気筒であって排気扇を接続するものは，自重，風圧，振動等に対して，十分耐え，かつ，当該排気筒を構成する各部の接続部，当該燃焼器の排気部との接続部及び当該排気扇との接続部が容易に外れないよう堅固に取り付けられていること。

(4) 排気筒の形状は，排気ガスが燃焼器の給気口（当該燃焼器又は当該排気筒に逆風止めを取り付ける場合にあっては，当該逆風止めの開口部）から流出しないよう風量が十分に確保されるものであること。

(5) 排気筒は，凝縮水等がたまりにくいよう取り付けること。

三　燃焼器の排気筒に接続する排気扇は，次に定める基準に適合すること。

イ　排気扇（排気ガスに触れる部分に限る。）の材料は，不燃性のものであるこ

と。

ロ　燃焼器と直接接続する排気扇は，当該燃焼器の排気部との接続部が容易に外れないよう堅固に取り付けること。

ハ　排気扇には，これが停止した場合に当該燃焼器へのガスの供給を自動的に遮断する装置を設けること。

四　燃焼器であって，第一号の規定により排気筒を設けるものは，当該排気筒の有効断面積以上の有効断面積を有する給気口その他給気上有効な開口部を設けた室に設置すること。

五　次に掲げる燃焼器は，換気扇又は有効な給排気のための開口部を設けた室に設置すること。ただし，排気フードを設けるもの又は排気筒を設けるものであって第二号から第四号までの基準に準じて設置するものを除く。

イ　ガス調理機器（ガスの消費量が12kW 以下のもの）

ロ　ガス瞬間湯沸器（暖房兼用のものを含み，ガスの消費量が12kW 以下のもの）

ハ　ガス貯湯湯沸器（暖房兼用のものを含み，ガスの消費量が 7 kW 以下のもの）

ニ　ガス常圧貯蔵湯沸器（ガスの消費量が 7 kW 以下のもの）

ホ　ガスストーブ（ガスの消費量が 7 kW 以下のもの）

ヘ　ガス衣類乾燥機（ガスの消費量が12kW 以下のもの）

六　ガス調理機器，ガス湯沸器（暖房兼用のものを含む。），ガスふろがま，ガスストーブ又はガス衣類乾燥機であって，密閉燃焼式のもの（屋内に設置するものに限る。）は，次に定める基準に適合すること。

イ　給排気部（排気に係るもの（ロに規定する部分を除く。）に限る。）の材料は，金属その他の不燃性のものであって十分な耐食性を有するものであること。

ロ　給排気部であって別に告示で指定する部分については，告示で定める規格に適合するもの又はこれと同等以上のものであること。

ハ　給排気部が外壁を貫通する箇所には，当該給排気部と外壁との間に排気ガスが屋内に流れ込む隙間がないこと。

ニ　給排気部の先端は，屋外に出ていること。

ホ　給排気部の先端は，障害物又は外気の流れによって給排気が妨げられない位置にあること。

ヘ　給排気部の先端は，鳥，落葉，雨水その他の異物の侵入又は自然給排気式の燃焼器の場合にあっては風雨等の圧力により給排気が妨げられるおそれのない構造であること。

ト　給排気部は，自重，風圧，振動等に対して，十分耐え，かつ，当該給排気部を構成する各部の接続部並びに当該燃焼器のケーシングとの接続部が容易に外れないよう堅固に取り付けられていること。

チ　給排気部は，凝縮水等がたまりにくいよう取り付けること。

リ　給排気部の天井裏，床裏等にある部分（排気に係るものに限る。）は，金属以外の不燃性の材料で覆われていること。ただし，燃焼器出口の排気ガスの温度が100℃以下の場合は，この限りでない。

　ヌ　給排気部の形状は，当該燃焼器の燃焼が妨げられないよう風量が十分に確保されるものであること。

七　屋外に設置する燃焼器の排気筒又はその給排気部は，次に定める基準に適合すること。

　イ　自然排気式の燃焼器の排気筒（排気扇を接続するものを除く。）であって，屋内に設置する部分を有するものは，第二号イ(4)の基準に適合するものであり，かつ，屋内に設置される部分は，同号イ(1)，(8)，(9)（燃焼器に係る部分を除く。）及び(10)の基準に適合するものであること。

　ロ　自然排気式の燃焼器の排気筒（排気扇を接続するものに限る。）及び強制排気式の燃焼器の排気筒であって，屋内に設置する部分を有するものは，第二号イ(4)，(5)（障害物に係る部分に限る。）及び(6)（鳥，落葉，雨水その他の異物の侵入に係る部分に限る。）の基準に適合するものであり，かつ，屋内に設置される部分は，同号イ(1)，(8)，同号ロ(1)のただし書，(2)，(3)（排気扇に係る部分を除く。）及び(5)の基準に適合するものであること。

　ハ　給排気部であって，屋内に設置する部分を有するものは，前号ハからへまで及びヌの基準に適合するものであり，かつ，屋内に設置される部分は，同号イ，ロ及びトからリまでの基準に適合するものであること。

八　燃焼器であって，建物区分のうち特定地下街等又は特定地下室等に設置するものには，告示で定める規格に適合するガス漏れ警報設備を告示で定める方法により設けること。

九　燃焼器であって，建物区分のうち特定地下街等又は特定地下室等に設置するもの（過流出安全機構（一定流量を超えるガスが流出した場合に自動的にガスの流出を停止することができるものをいう。）を内蔵するガス栓に接続するものを除く。）は，告示で定める規格に適合する金属管，金属可とう管，両端に迅速継手の付いたゴム管，ガスコード又は強化ガスホースを用いて告示で定める方法によりガス栓と確実に接続すること。

十　燃焼器（屋外に設置するものを除く。）であって次のイ，ロ又はハに該当するものには，自動ガス遮断装置（ガスの流量若しくは圧力等の異常な状態又はガスの漏えいを検知し，自動的にガスを遮断する機能を有するものをいう。）を適切に設け，又は告示で定める規格に適合するガス漏れ警報器を告示で定める方法により設けること。

　イ　建物区分のうち超高層建物（住居の用に供される部分については，調理室に限る。）に設置するもの（ハに掲げるものを除く。）

　ロ　建物区分のうち特定大規模建物（昭和60年通商産業省告示第461号（ガスを使用する建物ごとの区分を定める件）第1条の表中第五号イからりまでに掲げる用途に供される部分に限る。）に設置するもの（ハに掲げるものを除く。）

　ハ　中圧以上のガスの供給を受けるもの（導管との接続部分のうち接合部（溶接によるものを除く。）を含み，現に中圧以上のガスを通ずる部分に限る。）。ただし，次に掲げるものを除く。

(1) 工場，廃棄物処理場，浄水場，下水処理場その他これらに類する場所に設置するもの

(2) ガスが滞留するおそれがない場所に設置するもの

十一 燃焼器は，供給されるガスに適応したものであること。

十二 強制排気式の燃焼器であって告示で定めるものは，ガスを燃焼した場合において正常に当該燃焼器から排気が排出されること。

下 水 道 法［抄］

昭和33年4月24日　法律第79号
最終改正　令和4年6月17日　法律第68号

【用語の定義】

第2条　この法律において次の各号に掲げる用語の意義は，それぞれ当該各号に定めるところによる。

一　下水　　生活若しくは事業（耕作の事業を除く。）に起因し，若しくは付随する廃水（以下「汚水」という。）又は雨水をいう。

二　下水道　　下水を排除するために設けられる排水管，排水渠その他の排水施設（かんがい排水施設を除く。），これに接続して下水を処理するために設けられる処理施設（屎尿浄化槽を除く。）又はこれらの施設を補完するために設けられるポンプ施設，貯留施設その他の施設の総体をいう。

三　公共下水道　　次のいずれかに該当する下水道をいう。

イ　主として市街地における下水を排除し，又は処理するために地方公共団体が管理する下水道で，終末処理場を有するもの又は流域下水道に接続するものであり，かつ，汚水を排除すべき排水施設の相当部分が暗渠である構造のもの

ロ　主として市街地における雨水のみを排除するために地方公共団体が管理する下水道で，河川その他の公共の水域若しくは海域に当該雨水を放流するもの又は流域下水道に接続するもの

四　流域下水道　　次のいずれかに該当する下水道をいう。

イ　専ら地方公共団体が管理する下水道により排除される下水を受けて，これを排除し，及び処理するために地方公共団体が管理する下水道で，2以上の市町村の区域における下水を排除するものであり，かつ，終末処理場を有するもの又は前号ロに該当するもの

ロ　公共下水道（終末処理場を有するもの又は前号ロに該当するものに限る。）により排除される雨水のみを受けて，これを河川その他の公共の水域又は海域に放流するために地方公共団体が管理する下水道で，2以上の市町村の区域における雨水を排除するものであり，かつ，当該雨水の流量を調節するための施設を有するもの

五　都市下水路　　主として市街地における下水を排除するために地方公共団体が管理している下水道（公共下水道及び流域下水道を除く。）で，その規模が政令で定める規模以上のものであり，かつ，当該地方公共団体が第27条の規定により指定したものをいう。

六　終末処理場　　下水を最終的に処理して河川その他の公共の水域又は海域に放流するために下水道の施設として設けられる処理施設及びこれを補完する施設をいう。

七　排水区域　　公共下水道により下水を排除することができる地域で，第9条第1項の規定により公示された区域をいう。

八　処理区域　　排水区域のうち排除された下水を終末処理場により処理することができる地域で，第9条第2項において準用する同条第1項の規定により公示された区域をいう。

九　浸水被害　　排水区域において，一時的に大量の降雨が生じた場合において排水施設に当該雨水を排除できないこと又は排水施設から河川その他の公共の水域若しくは海域に当該雨水を排除できないことによる浸水により，国民の生命，身体又は財産に被害を生ずることを言う。

【排水設備の設置等】

第10条　公共下水道の供用が開始された場合においては，当該公共下水道の排水区域内の土地の所有者，使用者又は占有者は，遅滞なく，次の区分に従って，その土地の下水を公共下水道に流入させるために必要な排水管，排水渠その他の排水施設(以下「排水設備」という。)を設置しなければならない。ただし，特別の事情により公共下水道管理者の許可を受けた場合その他政令で定める場合においては，この限りでない。

一　建築物の敷地である土地にあっては，当該建築物の所有者

二　建築物の敷地でない土地（次号に規定する土地を除く。）にあっては，当該土地の所有者

三　道路（道路法（昭和27年法律第180号）による道路をいう。）その他の公共施設（建築物を除く。）の敷地である土地にあっては，当該公共施設を管理すべき者

2　前項の規定により設置された排水設備の改築又は修繕は，同項の規定によりこれを設置すべき者が行うものとし，その清掃その他の維持は，当該土地の占有者（前項第三号の土地にあっては，当該公共施設を管理すべき者）が行うものとする。

3　第1項の排水設備の設置又は構造については，建築基準法（昭和25年法律第201号）その他の法令の規定の適用がある場合においてはそれらの法令の規定によるほか，**政令**で定める技術上の基準によらなければならない。

◆政令［排水設備の設置及び構造の技術上の基準］令第8条→p1223

【排水に関する受忍義務等】

第11条　前条第1項の規定により排水設備を設置しなければならない者は，他人の土地又は排水設備を使用しなければ下水を公共下水道に流入させることが困難であるときは，他人の土地に排水設備を設置し，又は他人の設置した排水設備を使用することができる。この場合においては，他人の土地又は排水設備にとって最も損害の少ない場所又は箇所及び方法を選ばなければならない。

2　前項の規定により他人の排水設備を使用する者は，その利益を受ける割合に応じて，その設置，改築，修繕及び維持に要する費用を負担しなければならない。

3　第1項の規定により他人の土地に排水設備を設置することができる者又は前条第2項の規定により当該排水設備の維持をしなければならない者は，当該排水設備の設置，改築若しくは修繕又は維持をするためやむを得ない必要があるときは，他人

の土地を使用することができる。この場合においては，あらかじめその旨を当該土地の占有者に告げなければならない。

4　前項の規定により他人の土地を使用した者は，当該使用により他人に損失を与えた場合においては，その者に対し，通常生ずべき損失を補償しなければならない。

【排水設備の技術上の基準に関する特例】

第25条の2　公共下水道管理者は，浸水被害対策区域（排水区域のうち，都市機能が相当程度集積し，著しい浸水被害が発生するおそれがある区域（第4条第1項の事業計画に計画降雨が定められている場合にあっては，都市機能が相当程度集積し，当該計画降雨を超える規模の降雨が生じた場合には，著しい浸水被害が発生するおそれがある区域）であって，当該区域における土地利用の状況からみて，公共下水道の整備のみによっては浸水被害（同項の事業計画に計画降雨が定められている場合にあっては，当該計画降雨を超える規模の降雨が生じた場合に想定される浸水被害。以下この節において同じ。）の防止を図ることが困難であると認められるものとして公共下水道管理者である地方公共団体の条例で定める区域をいう。以下同じ。）において浸水被害の防止を図るためには，排水設備（雨水を排除するためのものに限る。）が，第10条第3項の政令で定める技術上の基準を満たすのみでは十分でなく，雨水を一時的に貯留し，又は地下に浸透させる機能を備えることが必要であると認められるときは，政令で定める基準に従い，条例で，同項の技術上の基準に代えて排水設備に適用すべき排水及び雨水の一時的な貯留又は地下への浸透に関する技術上の基準を定めることができる。

【都市下水路に接続する特定排水施設の構造】

第30条　次に掲げる事業所の当該都市下水路に接続する排水施設の構造は，建築基準法その他の法令の規定の適用がある場合においてはそれらの法令の規定によるほか，**政令**で定める技術上の基準によらなければならない。

◆政令［特定排水施設の構造の技術上の基準］令第22条→p1224

一　工場その他の事業所（一団地の住宅経営，社宅その他これらに類する施設を含む。以下この条において同じ。）で政令で定める量以上の下水を同一都市下水路に排除するもの

二　工場その他の事業所で政令で定める水質の下水を政令で定める量以上に同一都市下水路に排除するもの

2　前項の規定は，都市下水路の指定の際現に当該都市下水路に接続する排水施設については，同項の事業所について政令で定める大規模な増築又は改築をする場合を除き，適用しない。

下水道法施行令［抄］

昭和34年4月22日　政令第147号
最終改正　令和4年7月15日　政令第248号

【排水設備の設置及び構造の技術上の基準】

第8条　法第10条第3項に規定する政令で定める技術上の基準は、次のとおりとする。

一　排水設備は、公共下水道管理者である地方公共団体の条例で定めるところにより、公共下水道のますその他の排水施設又は他の排水設備に接続させること。

二　排水設備は、堅固で耐久力を有する構造とすること。

三　排水設備は、陶器、コンクリート、れんがその他の耐水性の材料で造り、かつ、漏水を最少限度のものとする措置が講ぜられていること。ただし、雨水を排除すべきものについては、多孔管その他雨水を地下に浸透させる機能を有するものとすることができる。

四　分流式の公共下水道に下水を流入させるために設ける排水設備は、汚水と雨水とを分離して排除する構造とすること。

五　管渠の勾配は、やむを得ない場合を除き、1/100以上とすること。

六　排水管の内径及び排水渠の断面積は、公共下水道管理者である地方公共団体の条例で定めるところにより、その排除すべき下水を支障なく流下させることができるものとすること。

七　汚水（冷却の用に供した水その他の汚水で雨水と同程度以上に清浄であるものを除く。以下この条において同じ。）を排除すべき排水渠は、暗渠とすること。ただし、製造業又はガス供給業の用に供する建築物内においては、この限りでない。

八　暗渠である構造の部分の次に掲げる箇所には、ます又はマンホールを設けること。

　イ　もっぱら雨水を排除すべき管渠の始まる箇所

　ロ　下水の流路の方向又は勾配が著しく変化する箇所。ただし、管渠の清掃に支障がないときは、この限りでない。

　ハ　管渠の長さがその内径又は内のり幅の120倍をこえない範囲内において管渠の清掃上適当な箇所

九　ます又はマンホールには、ふた（汚水を排除すべきます又はマンホールにあっては、密閉することができるふた）を設けること。

十　ますの底には、もっぱら雨水を排除すべきますにあっては深さが15cm以上のどろためを、その他のますにあってはその接続する管渠の内径又は内のり幅に応じ相当の幅のインバートを設けること。

十一　汚水を一時的に貯留する排水設備には、臭気の発散により生活環境の保全上支障が生じないようにするための措置が講ぜられていること。

【特定排水施設の構造の技術上の基準】

第22条　法第30条第1項に規定する政令で定める技術上の基準は,次のとおりとする。

　一　第8条第二号,第三号及び第八号から第十一号までの規定の例によること。

　二　管渠の勾配並びに排水管の内径及び排水渠の断面積は,その排除すべき下水を支障なく流下させることができるものとすること。

　三　第9条第1項第四号に該当する水質又は第9条の4第1項各号若しくは第9条の5第1項（第一号ただし書,第六号及び第七号を除く。）若しくは第9条の11第1項第一号若しくは第六号に規定する基準に適合しない水質の汚水を排除すべき排水渠は,暗渠とすること。ただし,製造業,ガス供給業又は鉱業の用に供する施設の敷地内においては,この限りでない。

高圧ガス保安法［抄］

昭和26年6月7日　法律第204号
最終改正　令和4年6月22日　法律第74号

【定　義】

第2条　この法律で「高圧ガス」とは，次の各号のいずれかに該当するものをいう。

一　常用の温度において圧力（ゲージ圧力をいう。以下同じ。）が1MPa以上となる圧縮ガスであって現にその圧力が1MPa以上であるもの又は温度35℃において圧力が1MPa以上となる圧縮ガス（圧縮アセチレンガスを除く。）

二　常用の温度において圧力が0.2MPa以上となる圧縮アセチレンガスであって現にその圧力が0.2MPa以上であるもの又は温度15℃において圧力が0.2MPa以上となる圧縮アセチレンガス

三　常用の温度において圧力が0.2MPa以上となる液化ガスであって現にその圧力が0.2MPa以上であるもの又は圧力が0.2MPaとなる場合の温度が35℃以下である液化ガス

四　前号に掲げるものを除くほか，温度35℃において圧力0Paを超える液化ガスのうち，液化シアン化水素，液化ブロムメチル又はその他の液化ガスであって，政令で定めるもの

【家庭用設備の設置等】

第24条　圧縮天然ガス（内容積が20*l*以上120*l*未満の容器に充てんされたものに限る。）を一般消費者の生活の用に供するための設備の設置又は変更の工事は，**経済産業省令**で定める技術上の基準に従ってしなければならない。

◆経済産業省令［家庭用設備の設置に係る技術上の基準］規則第52条→p1226

一般高圧ガス保安規則［抄］

昭和41年 5 月25日　通商産業省令第53号
最終改正　令和 4 年 6 月22日　経済産業省令第54号

【家庭用設備の設置に係る技術上の基準】

第52条　法第24条の経済産業省令で定める技術上の基準は，次の各号に掲げるものとする。

一　圧縮天然ガス（内容積が20l 以上120l 未満の容器に充てんしたものに限る。）を一般消費者の生活の用に供するための設備（以下「家庭用設備」という。）は，その設置又は変更の工事を終了した後閉止弁と燃焼器との間の配管について4.2 kPa 以上の圧力で気密試験を行い，これに合格するものであること。

二　閉止弁と燃焼器との間の配管には，硬質管を使用すること。ただし，燃焼器に接続する配管であって，屋内に設けたものについては，0.2MPa 以上の圧力で行う耐圧試験に合格するゴム管又はこれと同等以上の耐圧性能を有する管を使用することができる。

三　硬質管以外の管と硬質管とを接続するときは，その部分をホースバンドで締め付けること。

浄化槽法［抄］

昭和58年5月18日　法律第43号
最終改正　令和5年6月16日　法律第58号

【定　義】

第2条　この法律において，次の各号に掲げる用語の意義は，それぞれ当該各号に定めるところによる。

一　浄化槽　便所と連結してし尿及びこれと併せて雑排水（工場廃水，雨水その他の特殊な排水を除く。以下同じ。）を処理し，下水道法（昭和33年法律第79号）第2条第六号に規定する終末処理場を有する公共下水道（以下「終末処理下水道」という。）以外に放流するための設備又は施設であって，同法に規定する公共下水道及び流域下水道並びに廃棄物の処理及び清掃に関する法律（昭和45年法律第137号）第6条第1項の規定により定められた計画に従って市町村が設置したし尿処理施設以外のものをいう。

一の二　公共浄化槽　第12条の4第1項の規定により指定された浄化槽処理促進区域内に存する浄化槽のうち，第12条の5第1項の設置計画に基づき設置された浄化槽であって市町村が管理するもの及び第12条の6の規定により市町村が管理する浄化槽をいう。

二　浄化槽工事　浄化槽を設置し，又はその構造若しくは規模の変更をする工事をいう。

三　浄化槽の保守点検　浄化槽の点検，調整又はこれらに伴う修理をする作業をいう。

四　浄化槽の清掃　浄化槽内に生じた汚泥，スカム等の引出し，その引出し後の槽内の汚泥等の調整並びにこれらに伴う単位装置及び附属機器類の洗浄，掃除等を行う作業をいう。

五　浄化槽製造業者　第13条第1項又は第2項の認定を受けて当該認定に係る型式の浄化槽を製造する事業を営む者をいう。

六　浄化槽工事業　浄化槽工事を行う事業をいう。

七　浄化槽工事業者　第21条第1項又は第3項の登録を受けて浄化槽工事業を営む者をいう。

八　浄化槽清掃業　浄化槽の清掃を行う事業をいう。

九　浄化槽清掃業者　第35条第1項の許可を受けて浄化槽清掃業を営む者をいう。

十　浄化槽設備士　浄化槽工事を実地に監督する者として第42条第1項の浄化槽設備士免状の交付を受けている者をいう。

十一　浄化槽管理士　浄化槽管理士の名称を用いて浄化槽の保守点検の業務に従事する者として第45条第1項の浄化槽管理士免状の交付を受けている者をいう。

三　特定行政庁　　建築基準法（昭和25年法律第201号）第２条第三十五号本文に規定する特定行政庁をいう。ただし，同法第97条の２第１項の市町村又は特別区の区域については，当該浄化槽に係る建築物の審査を行うべき建築主事を置く市町村若しくは特別区の長又は都道府県知事をいう。

【浄化槽によるし尿処理等】

第３条　何人も，終末処理下水道又は廃棄物の処理及び清掃に関する法律第８条に基づくし尿処理施設で処理する場合を除き，浄化槽で処理した後でなければ，し尿を公共用水域等に放流してはならない。

2　何人も，浄化槽で処理した後でなければ，浄化槽をし尿の処理のために使用する者が排出する雑排水を公共用水域等に放流してはならない。

3　浄化槽を使用する者は，浄化槽の機能を正常に維持するための浄化槽の使用に関する環境省令で定める準則を遵守しなければならない。

第３条の２　何人も，便所と連結してし尿を処理し，終末処理下水道以外に放流するための設備又は施設として，浄化槽以外のもの（下水道法に規定する公共下水道及び流域下水道並びに廃棄物の処理及び清掃に関する法律第６条第１項の規定により定められた計画に従って市町村が設置したし尿処理施設を除く。）を設置してはならない。ただし，下水道法第４条第１項の事業計画において定められた同法第５条第１項第五号に規定する予定処理区域内の者が排出するし尿のみを処理する設備又は施設については，この限りでない。

2　前項ただし書に規定する設備又は施設は，この法律の規定（前条第２項，前項及び第51条の規定を除く。）の適用については，浄化槽とみなす。

【浄化槽に関する基準等】

第４条　環境大臣は，浄化槽から公共用水域等に放流される水の水質について，環境省令で，技術上の基準を定めなければならない。

2　浄化槽の構造基準に関しては，建築基準法並びにこれに基づく命令及び条例で定めるところによる。

3　前項の構造基準は，これにより第１項の技術上の基準が確保されるものとして定められなければならない。

4　国土交通大臣は，浄化槽の構造基準を定め，又は変更しようとする場合には，あらかじめ，環境大臣に協議しなければならない。

5　浄化槽工事の技術上の基準は，国土交通省令・環境省令で定める。

6　都道府県は，地域の特性，水域の状態等により，前項の技術上の基準のみによっては生活環境の保全及び公衆衛生上の支障を防止し難いと認めるときは，条例で，同項の技術上の基準について特別の定めをすることができる。

7　浄化槽の保守点検の技術上の基準は，環境省令で定める。

8　浄化槽の清掃の技術上の基準は，環境省令で定める。

【設置等の届出，勧告及び変更命令】

第５条　浄化槽を設置し，又はその構造若しくは規模の変更（国土交通省令・環境省令で定める軽微な変更を除く。第７条第１項，第12条の４第２項において同じ。）

をしようとする者は，国土交通省令・環境省令で定めるところにより，その旨を都道府県知事（保健所を設置する市又は特別区にあっては，市長又は区長とする。第5項，第7条第1項，第12条の4第2項，第5章，第48条第4項，第49条第1項及び第57条を除き，以下同じ。）及び当該都道府県知事を経由して特定行政庁に届け出なければならない。ただし，当該浄化槽に関し，建築基準法第6条第1項（同法第87条第1項において準用する場合を含む。）の規定による建築主事の確認を申請すべきとき，又は同法第18条第2項（同法第87条第1項において準用する場合を含む。）の規定により建築主事に通知すべきときは，この限りでない。

2　都道府県知事は，前項の届出を受理した場合において，当該届出に係る浄化槽の設置又は変更の計画について，その保守点検及び清掃その他生活環境の保全及び公衆衛生上の観点から改善の必要があると認めるときは，同項の届出が受理された日から21日（第13条第1項又は第2項の規定により認定を受けた型式に係る浄化槽にあっては，10日）以内に限り，その届出をした者に対し，必要な勧告をすることができる。ただし，次項の特定行政庁の権限に係るものについては，この限りでない。

3　特定行政庁は，第1項の届出を受理した場合において，当該届出に係る浄化槽の設置又は変更の計画が浄化槽の構造に関する建築基準法並びにこれに基づく命令及び条例の規定に適合しないと認めるときは，前項の期間内に限り，その届出をした者に対し，当該届出に係る浄化槽の設置又は変更の計画の変更又は廃止を命ずることができる。

4　第1項の届出をした者は，第2項の期間を経過した後でなければ，当該届出に係る浄化槽工事に着手してはならない。ただし，当該届出の内容が相当であると認める旨の都道府県知事及び特定行政庁の通知を受けた後においては，この限りでない。

5　第1項の規定により保健所を設置する市又は特別区が処理することとされている事務（都道府県知事に対する届出の経由に係るものに限る。）は，地方自治法（昭和22年法律第67号）第2条第9項第二号に規定する第二号法定受託事務とする。

【浄化槽工事の施工】

第6条　浄化槽工事は，浄化槽工事の技術上の基準に従って行わなければならない。

【設置後等の水質検査】

第7条　新たに設置され，又はその構造若しくは規模の変更をされた浄化槽については，環境省令で定める期間内に，環境省令で定めるところにより，当該浄化槽の所有者，占有者その他の者で当該浄化槽の管理について権原を有するもの（以下「浄化槽管理者」という。）は，都道府県知事が第57条第1項の規定により指定する者（以下「指定検査機関」という。）の行う水質に関する検査を受けなければならない。

2　指定検査機関は，前項の水質に関する検査を実施したときは，環境省令で定めるところにより，遅滞なく，環境省令で定める事項を都道府県知事に報告しなければならない。

【設置後等の水質検査についての勧告及び命令等】

第7条の2　都道府県知事は，前条第1項の規定の施行に関し必要があると認めるときは，浄化槽管理者に対し，同項の水質に関する検査を受けることを確保するため

に必要な指導及び助言をすることができる。

2　都道府県知事は，浄化槽管理者が前条第1項の規定を遵守していないと認める場合において，生活環境の保全及び公衆衛生上必要があると認めるときは，当該浄化槽管理者に対し，相当の期限を定めて，同項の水質に関する検査を受けるべき旨の勧告をすることができる。

3　都道府県知事は，前項の規定による勧告を受けた浄化槽管理者が，正当な理由がなくてその勧告に係る措置をとらなかったときは，当該浄化槽管理者に対し，相当の期限を定めて，その勧告に係る措置をとるべきことを命ずることができる。

【保守点検】

第8条　浄化槽の保守点検は，浄化槽の保守点検の技術上の基準に従って行わなければならない。

【清　掃】

第9条　浄化槽の清掃は，浄化槽の清掃の技術上の基準に従って行わなければならない。

【浄化槽管理者の義務】

第10条　浄化槽管理者は，環境省令で定めるところにより，毎年1回（環境省令で定める場合にあっては，環境省令で定める回数），浄化槽の保守点検及び浄化槽の清掃をしなければならない。ただし，第11条の2第1項の規定による使用の休止の届出に係る浄化槽（使用が再開されたものを除く。）については，この限りでない。

2　政令で定める規模の浄化槽の浄化槽管理者は，当該浄化槽の保守点検及び清掃に関する技術上の業務を担当させるため，環境省令で定める資格を有する技術管理者（以下「技術管理者」という。）を置かなければならない。ただし，自ら技術管理者として管理する浄化槽については，この限りでない。

3　浄化槽管理者は，浄化槽の保守点検を，第48条第1項の規定により条例で浄化槽の保守点検を業とする者の登録制度が設けられている場合には当該登録を受けた者に，若しくは当該登録制度が設けられていない場合には浄化槽管理士に，又は浄化槽の清掃を浄化槽清掃業者に委託することができる。

【定期検査】

第11条　浄化槽管理者は，環境省令で定めるところにより，毎年1回（環境省令で定める浄化槽については，環境省令で定める回数），指定検査機関の行う水質に関する検査を受けなければならない。ただし，次条第1項の規定による使用の休止の届出に係る浄化槽（使用が再開されたものを除く。）については，この限りでない。

2　第7条第2項の規定は，前項本文の水質に関する検査について準用する。

【使用の休止の届出等】

第11条の2　浄化槽管理者は，当該浄化槽の使用の休止に当たって当該浄化槽の清掃をしたときは，環境省令で定めるところにより，当該浄化槽の使用の休止について都道府県知事に届け出ることができる。

2　浄化槽管理者は，前項の規定による使用の休止の届出に係る浄化槽の使用を再開したとき又は当該浄化槽の使用が再開されていることを知ったときは，環境省令で定めるところにより，当該浄化槽の使用を再開した日又は当該浄化槽の使用が再開

されていることを知った日から30日以内に，その旨を都道府県知事に届け出なければならない。

【廃止の届出】

第11条の3 浄化槽管理者は，当該浄化槽の使用を廃止したときは，環境省令で定めるところにより，その日から30日以内に，その旨を都道府県知事に届け出なければならない。

【保守点検又は清掃についての改善命令等】

第12条 都道府県知事は，生活環境の保全及び公衆衛生上必要があると認めるときは，浄化槽管理者，浄化槽管理者から委託を受けた浄化槽の保守点検を業とする者，浄化槽管理士若しくは浄化槽清掃業者又は技術管理者に対し，浄化槽の保守点検又は浄化槽の清掃について，必要な助言，指導又は勧告をすることができる。

2 都道府県知事は，浄化槽の保守点検の技術上の基準又は浄化槽の清掃の技術上の基準に従って浄化槽の保守点検又は浄化槽の清掃が行われていないと認めるときは，当該浄化槽管理者，当該浄化槽管理者から委託を受けた浄化槽の保守点検を業とする者，浄化槽管理士若しくは浄化槽清掃業者又は当該技術管理者に対し，浄化槽の保守点検又は浄化槽の清掃について必要な改善措置を命じ，又は当該浄化槽管理者に対し，10日以内の期間を定めて当該浄化槽の使用の停止を命ずることができる。

【定期検査についての勧告及び命令等】

第12条の2 都道府県知事は，第11条第1項の規定の施行に関し必要があると認めるときは，浄化槽管理者に対し，同項本文の水質に関する検査を受けることを確保するために必要な指導及び助言をすることができる。

2 都道府県知事は，浄化槽管理者が第11条第1項の規定を遵守していないと認める場合において，生活環境の保全及び公衆衛生上必要があると認めるときは，当該浄化槽管理者に対し，相当の期限を定めて，同項本文の水質に関する検査を受けるべき旨の勧告をすることができる。

3 都道府県知事は，前項の規定による勧告を受けた浄化槽管理者が，正当な理由がなくてその勧告に係る措置をとらなかったときは，当該浄化槽管理者に対し，相当の期限を定めて，その勧告に係る措置をとるべきことを命ずることができる。

【認　定】

第13条 浄化槽を工場において製造しようとする者は，製造しようとする浄化槽の型式について，国土交通大臣の認定を受けなければならない。ただし，試験的に製造する場合においては，この限りでない。

2 外国の工場において本邦に輸出される浄化槽を製造しようとする者は，製造しようとする浄化槽の型式について，国土交通大臣の認定を受けることができる。

【認定の取消し】

第18条 国土交通大臣は，第15条に規定する浄化槽の構造基準が変更され，既に第13条第1項又は第2項の認定を受けた浄化槽が当該変更後の浄化槽の構造基準に適合しないと認めるときは，当該認定を取り消さなければならない。

2 国土交通大臣は，第13条第1項の認定を受けた浄化槽製造業者が，不正の手段に

より同項の認定を受けたとき，同項の認定を受けた型式と異なる浄化槽を製造したとき（試験的に製造したときを除く。），又は前条第1項の規定に違反したときは，当該認定を取り消すことができる。

3　国土交通大臣は，第13条第2項の認定を受けた浄化槽製造業者が，不正の手段により同項の認定を受けたとき，第14条第3項の規定による届出をせず，若しくは虚偽の届出をしたとき，前条第1項の規定に違反したとき，又は第53条第1項の規定による報告をせず，若しくは虚偽の報告をしたときは，当該認定を取り消すことができる。

水　道　法［抄］

昭和32年 6 月15日　法律第177号
最終改正　令和 5 年 5 月26日　法律第36号

【用語の定義】

第 3 条　この法律において「水道」とは，導管及びその他の工作物により，水を人の飲用に適する水として供給する施設の総体をいう。ただし，臨時に施設されたものを除く。

2　この法律において「水道事業」とは，一般の需要に応じて，水道により水を供給する事業をいう。ただし，給水人口が100人以下である水道によるものを除く。

3　この法律において「簡易水道事業」とは，給水人口が5,000人以下である水道により，水を供給する水道事業をいう。

4　この法律において「水道用水供給事業」とは，水道により，水道事業者に対してその用水を供給する事業をいう。ただし，水道事業者又は専用水道の設置者が他の水道事業者に分水する場合を除く。

5　この法律において「水道事業者」とは，第 6 条第 1 項の規定による認可を受けて水道事業を経営する者をいい，「水道用水供給事業者」とは，第26条の規定による認可を受けて水道用水供給事業を経営する者をいう。

6　この法律において「専用水道」とは，寄宿舎，社宅，療養所等における自家用の水道その他水道事業の用に供する水道以外の水道であって，次の各号のいずれかに該当するものをいう。ただし，他の水道から供給を受ける水のみを水源とし，かつ，その水道施設のうち地中又は地表に施設されている部分の規模が政令で定める基準以下である水道を除く。

一　100人を超える者にその居住に必要な水を供給するもの

二　その水道施設の 1 日最大給水量（ 1 日に給水することができる最大の水量をいう。以下同じ。）が政令で定める基準を超えるもの

7　この法律において「簡易専用水道」とは，水道事業の用に供する水道及び専用水道以外の水道であって，水道事業の用に供する水道から供給を受ける水のみを水源とするものをいう。ただし，その用に供する施設の規模が政令で定める基準以下のものを除く。

8　この法律において「水道施設」とは，水道のための取水施設，貯水施設，導水施設，浄水施設，送水施設及び配水施設（専用水道にあっては，給水の施設を含むものとし，建築物に設けられたものを除く。以下同じ。）であって，当該水道事業者，水道用水供給事業者又は専用水道の設置者の管理に属するものをいう。

9　この法律において「給水装置」とは，需要者に水を供給するために水道事業者の施設した配水管から分岐して設けられた給水管及びこれに直結する給水用具をいう。

10　この法律において「水道の布設工事」とは，水道施設の新設又は政令で定めるその増設若しくは改造の工事をいう。

11　この法律において「給水装置工事」とは，給水装置の設置又は変更の工事をいう。

12　この法律において「給水区域」，「給水人口」及び「給水量」とは，それぞれ事業計画において定める給水区域，給水人口及び給水量をいう。

【給水装置の構造及び材質】

第16条　水道事業者は，当該水道によって水の供給を受ける者の給水装置の構造及び材質が，**政令**で定める基準に適合していないときは，供給規程の定めるところにより，その者の給水契約の申込を拒み，又はその者が給水装置をその基準に適合させるまでの間その者に対する給水を停止することができる。

◆**政令**［給水装置の構造及び材質の基準］令第 6 条→p1235

水道法施行令［抄］

昭和32年12月12日　政令第336号
最終改正　令和 4 年 5 月27日　政令第210号

【給水装置の構造及び材質の基準】

第 6 条　法第16条の規定による給水装置の構造及び材質は，次のとおりとする。

一　配水管への取付口の位置は，他の給水装置の取付口から30cm 以上離れていること。

二　配水管への取付口における給水管の口径は，当該給水装置による水の使用量に比し，著しく過大でないこと。

三　配水管の水圧に影響を及ぼすおそれのあるポンプに直接連結されていないこと。

四　水圧，土圧その他の荷重に対して充分な耐力を有し，かつ，水が汚染され，又は漏れるおそれがないものであること。

五　凍結，破壊，侵食等を防止するための適当な措置が講ぜられていること。

六　当該給水装置以外の水管その他の設備に直接連結されていないこと。

七　水槽，プール，流しその他水を入れ，又は受ける器具，施設等に給水する給水装置にあっては，水の逆流を防止するための適当な措置が講ぜられていること。

2　前項各号に規定する基準を適用するについて必要な技術的細目は，**厚生労働省令**で定める。

◆**厚生労働省令**［給水装置の構造及び材質の基準に関する省令］→p1236

給水装置の構造及び材質の基準に関する省令［抄］

平成 9 年 3 月19日　厚生省令第14号

最終改正　令和 2 年 3 月25日　厚生労働省令第38号

【耐圧に関する基準】

第 1 条　給水装置（最終の止水機構の流出側に設置されている給水用具を除く。以下この条において同じ。）は，次に掲げる耐圧のための性能を有するものでなければならない。

　一　給水装置（次号に規定する加圧装置及び当該加圧装置の下流側に設置されている給水用具並びに第三号に規定する熱交換器内における浴槽内の水等の加熱用の水路を除く。）は，厚生労働大臣が定める耐圧に関する試験（以下「耐圧性能試験」という。）により1.75MPaの静水圧を 1 分間加えたとき，水漏れ，変形，破損その他の異常を生じないこと。

　二　加圧装置及び当該加圧装置の下流側に設置されている給水用具（次に掲げる要件を満たす給水用具に設置されているものに限る。）は，耐圧性能試験により当該加圧装置の最大吐出圧力の静水圧を 1 分間加えたとき，水漏れ，変形，破損その他の異常を生じないこと。

　　イ　当該加圧装置を内蔵するものであること。

　　ロ　減圧弁が設置されているものであること。

　　ハ　ロの減圧弁の下流側に当該加圧装置が設置されているものであること。

　　ニ　当該加圧装置の下流側に設置されている給水用具についてロの減圧弁を通さない水との接続がない構造のものであること。

　三　熱交換器内における浴槽内の水等の加熱用の水路（次に掲げる要件を満たすものに限る。）については，接合箇所（溶接によるものを除く。）を有せず，耐圧性能試験により1.75MPaの静水圧を 1 分間加えたとき，水漏れ，変形，破損その他の異常を生じないこと。

　　イ　当該熱交換器が給湯及び浴槽内の水等の加熱に兼用する構造のものであること。

　　ロ　当該熱交換器の構造として給湯用の水路と浴槽内の水等の加熱用の水路が接触するものであること。

　四　パッキンを水圧で圧縮することにより水密性を確保する構造の給水用具は，第一号に掲げる性能を有するとともに，耐圧性能試験により20kPaの静水圧を 1 分間加えたとき，水漏れ，変形，破損その他の異常を生じないこと。

2　給水装置の接合箇所は，水圧に対する充分な耐力を確保するためにその構造及び材質に応じた適切な接合が行われているものでなければならない。

3　家屋の主配管は，配管の経路について構造物の下の通過を避けること等により漏水時の修理を容易に行うことができるようにしなければならない。

【浸出等に関する基準】

第 2 条　飲用に供する水を供給する給水装置は，厚生労働大臣が定める浸出に関する試験（以下「浸出性能試験」という。）により供試品（浸出性能試験に供される器具，その部品，又はその材料（金属以外のものに限る。）をいう。）について浸出させたとき，その浸出液は，別表第 1 の左欄に掲げる事項につき，水栓その他給水装置の末端に設置されている給水用具にあっては同表の中欄に掲げる基準に適合し，それ以外の給水装置にあっては同表の右欄に掲げる基準に適合しなければならない。

2　給水装置は，末端部が行き止まりとなっていること等により水が停滞する構造であってはならない。ただし，当該末端部に排水機構が設置されているものにあっては，この限りでない。

3　給水装置は，シアン，六価クロムその他水を汚染するおそれのある物を貯留し，又は取り扱う施設に近接して設置されていてはならない。

4　鉱油類，有機溶剤その他の油類が浸透するおそれのある場所に設置されている給水装置は，当該油類が浸透するおそれのない材質のもの又はさや管等により適切な防護のための措置が講じられているものでなければならない。

【水撃限界に関する基準】

第3条　水栓その他水撃作用（止水機構を急に閉止した際に管路内に生じる圧力の急激な変動作用をいう。）を生じるおそれのある給水用具は，厚生労働大臣が定める水撃限界に関する試験により当該給水用具内の流速を2m毎秒又は当該給水用具内の動水圧を0.15MPaとする条件において給水用具の止水機構の急閉止（閉止する動作が自動的に行われる給水用具にあっては，自動閉止）をしたとき，その水撃作用により上昇する圧力が1.5MPa以下である性能を有するものでなければならない。ただし，当該給水用具の上流側に近接してエアチャンバーその他の水撃防止器具を設置すること等により適切な水撃防止のための措置が講じられているものにあっては，この限りでない。

【防食に関する基準】

第4条　酸又はアルカリによって侵食されるおそれのある場所に設置されている給水装置は，酸又はアルカリに対する耐食性を有する材質のもの又は防食材で被覆すること等により適切な侵食の防止のための措置が講じられているものでなければならない。

2　漏えい電流により侵食されるおそれのある場所に設置されている給水措置は，非金属製の材質のもの又は絶縁材で被覆すること等により適切な電気防食のための措置が講じられているものでなければならない。

【逆流防止に関する基準】

第5条　水が逆流するおそれのある場所に設置されている給水装置は，次の各号のいずれかに該当しなければならない。

一　次に掲げる逆流を防止するための性能を有する給水用具が，水の逆流を防止することができる適切な位置（ニに掲げるものにあっては，水受け容器の越流面の上方150mm以上の位置）に設置されていること。

　　イ　減圧式逆流防止器は，厚生労働大臣が定める逆流防止に関する試験（以下「逆流防止性能試験」という。）により3kPa及び1.5MPaの静水圧を1分間加えたとき，水漏れ，変形，破損その他の異常を生じないとともに，厚生労働大臣が定める負圧破壊に関する試験（以下「負圧破壊性能試験」という。）により流入側からマイナス54kPaの圧力を加えたとき，減圧式逆流防止器に接続した透明管内の水位の上昇が3mmを超えないこと。

　　ロ　逆止弁（減圧式逆流防止器を除く。）及び逆流防止装置を内部に備えた給水用具（ハにおいて「逆流防止給水用具」という。）は，逆流防止性能試験により3kPa及び1.5MPaの静水圧を1分間加えたとき，水漏れ，変形，破損その他の異常を生じないこと。

　　ハ　逆流防止給水用具のうち次の表の第1欄に掲げるものに対するロの規定の適用については，同欄に掲げる逆流防止給水用具の区分に応じ，同表の第2欄に掲げる字句は，それぞれ同表の第3欄に掲げる字句とする。

逆流防止給水用具の区分	読み替えられる字句	読み替える字句
⑴ 減圧弁	1.5MPa	当該減圧弁の設定圧力
⑵ 当該逆流防止装置の流出側に止水機構が設けられておらず，かつ，大気に開口されている逆流防止給水用具（⑶及び⑷に規定するものを除く。）	3kPa及び1.5MPa	3kPa
⑶ 浴槽に直結し，かつ，自動給湯する給湯機及び給湯付きふろがま（⑷に規定するものを除く。）	1.5MPa	50kPa
⑷ 浴槽に直結し，かつ，自動給湯する給湯機及び給湯付きふろがまであって逆流防止装置の流出側に循環ポンプを有するもの	1.5MPa	当該循環ポンプの最大吐出圧力又は50kPaのいずれかの高い圧力

　　ニ　バキュームブレーカは，負圧破壊性能試験により流入側からマイナス54kPaの圧力を加えたとき，バキュームブレーカに接続した透明管内の水位の上昇が75mmを超えないこと。

　　ホ　負圧破壊装置を内部に備えた給水用具は，負圧破壊性能試験により流入側からマイナス54kPaの圧力を加えたとき，当該給水用具に接続した透明管内の水位の上昇が，バキュームブレーカを内部に備えた給水用具にあっては逆流防止機能が働く位置から水受け部の水面までの垂直距離の1/2，バキュームブレーカ以外の負圧破壊装置を内部に備えた給水用具にあっては吸気口に接続している管と流入管の接続部分の最下端又は吸気口の最下端のうちいずれか低い点から水面までの垂直距離の1/2を超えないこと。

　　ヘ　水受け部と吐水口が一体の構造であり，かつ，水受け部の越流面と吐水口の間が分離されていることにより水の逆流を防止する構造の給水用具は，負圧破壊性能試験により流入側からマイナス54kPaの圧力を加えたとき，吐水口から水を引き込まないこと。

　ニ　吐水口を有する給水装置が，次に掲げる基準に適合すること。

　　イ　呼び径が25mm以下のものにあっては，別表第2の左欄に掲げる呼び径の区分に応じ，同表中欄に掲げる近接壁から吐水口の中心までの水平距離及び同表右欄に掲げる越流面から吐水口の最下端までの垂直距離が確保されていること。

　　ロ　呼び径が25mmを超えるものにあっては，別表第3の左欄に掲げる区分に応じ，同表右欄に掲げる越流面から吐水口の最下端までの垂直距離が確保されていること。

2　事業活動に伴い，水を汚染するおそれのある場所に給水する給水装置は，前項第二号に規定する垂直距離及び水平距離を確保し，当該場所の水管その他の設備と当該給水装置を分離すること等により，適切な逆流の防止のための措置が講じられているものでなければならない。

【耐寒に関する基準】

第6条　屋外で気温が著しく低下しやすい場所その他凍結のおそれのある場所に設置されている給水装置のうち減圧弁，逃し弁，逆止弁，空気弁及び電磁弁（給水用具の内部に備え付けられているものを除く。以下「弁類」という。）にあっては，厚生労働大臣が定める耐久に関する試験（以下「耐久性能試験」という。）により10万回の開閉操作を繰り返し，

かつ，厚生労働大臣が定める耐寒に関する試験（以下「耐寒性能試験」という。）により零下20℃プラスマイナス2℃の温度で1時間保持した後通水したとき，それ以外の給水装置にあっては，耐寒性能試験により零下20℃プラスマイナス2℃の温度で1時間保持した後通水したとき，当該給水装置に係る第1条第1項に規定する性能，第3条に規定する性能及び前条第1項第一号に規定する性能を有するものでなければならない。ただし，断熱材で被覆すること等により適切な凍結の防止のための措置が講じられているものにあっては，この限りでない。

【耐久に関する基準】

第7条　弁類（前条本文に規定するものは除く。）は，耐久性能試験により10万回の開閉操作を繰り返した後，当該給水装置に係る第1条第1項に規定する性能，第3条に規定する性能及び第5条第1項第一号に規定する性能を有するものでなければならない。

別　表　（略）

その他の関係法令

医療法[抄]
   医療法施行規則[抄]
エネルギーの使用の合理化及び非化石エネルギーへの転換等に関する法律[抄]
   エネルギーの使用の合理化及び非化石エネルギーへの転換等に関する法律施行令[抄]
屋外広告物法[抄]
学校教育法[抄]
   幼稚園設置基準[抄]
建設工事に係る資材の再資源化等に関する法律[抄]
   建設工事に係る資材の再資源化等に関する法律施行令[抄]
建築物における衛生的環境の確保に関する法律[抄]
   建築物における衛生的環境の確保に関する法律施行令[抄]
港湾法[抄]
自転車の安全利用の促進及び自転車等の駐車対策の総合的推進に関する法律[抄]
児童福祉法[抄]
   児童福祉施設の設備及び運営に関する基準[抄]
社会福祉法[抄]
宅地建物取引業法[抄]
畜舎等の建築等及び利用の特例に関する法律[抄]
   農林水産省関係畜舎等の建築等及び利用の特例に関する法律施行規則[抄]
   畜舎等の建築等及び利用の特例に関する法律施行規則[抄]
駐車場法[抄]
   駐車場法施行令[抄]
特定空港周辺航空機騒音対策特別措置法[抄]
   特定空港周辺航空機騒音対策特別措置法施行令[抄]
都市の低炭素化の促進に関する法律[抄]
   都市の低炭素化の促進に関する法律施行令[抄]
廃棄物の処理及び清掃に関する法律[抄]
   廃棄物の処理及び清掃に関する法律施行令[抄]

被災市街地復興特別措置法［抄］

風俗営業等の規制及び業務の適正化等に関する法律［抄］

文化財保護法［抄］

密集市街地における防災街区の整備の促進に関する法律［抄］

民法［抄］

流通業務市街地の整備に関する法律［抄］

旅館業法［抄］

　　旅館業法施行令［抄］

老人福祉法［抄］

　　特別養護老人ホームの設備及び運営に関する基準［抄］

　　養護老人ホームの設備及び運営に関する基準［抄］

労働基準法［抄］

労働安全衛生法［抄］

　　労働安全衛生法施行令［抄］

　　労働安全衛生規則［抄］

　　石綿障害予防規則［抄］

医　療　法［抄］

昭和23年 7 月30日　法律第205号
最終改正　令和 5 年 6 月 7 日　法律第47号

【定　義】

第 1 条の 5　この法律において，「病院」とは，医師又は歯科医師が，公衆又は特定多数人のため医業又は歯科医業を行う場所であって，20人以上の患者を入院させるための施設を有するものをいう。病院は，傷病者が，科学的でかつ適正な診療を受けることができる便宜を与えることを主たる目的として組織され，かつ，運営されるものでなければならない。

2　この法律において，「診療所」とは，医師又は歯科医師が，公衆又は特定多数人のため医業又は歯科医業を行う場所であって，患者を入院させるための施設を有しないもの又は19人以下の患者を入院させるための施設を有するものをいう。

【助産所の定義】

第 2 条　この法律において，「助産所」とは，助産師が公衆又は特定多数人のためその業務（病院又は診療所においてなすものを除く。）を行う場所をいう。

2　（略）

【病院等の構造設備の基準】

第20条　病院，診療所又は助産所は，清潔を保持するものとし，その構造設備は，衛生上，防火上及び保安上安全と認められるようなものでなければならない。

【厚生労働省令への委任】

第23条　第21条から前条までに定めるもののほか，病院，診療所又は助産所の構造設備について，換気，採光，照明，防湿，保安，避難及び清潔その他衛生上遺憾のないように必要な基準は，**厚生労働省令**で定める。

◆**厚生労働省令**［**構造設備の基準**］規則第16条→p1244

2　前項の規定に基づく厚生労働省令の規定に違反した者については，政令で200,000円以下の罰金の刑を科する旨の規定を設けることができる。

医療法施行規則［抄］

昭和23年11月5日　厚生省令第50号
最終改正　令和5年7月31日　厚生労働省令第100号

【構造設備の基準】

第16条　法第23条第1項の規定による病院又は診療所の構造設備の基準は，次のとおりとする。ただし，第九号及び第十一号の規定は，患者を入院させるための施設を有しない診療所又は9人以下の患者を入院させるための施設を有する診療所（療養病床を有する診療所を除く。）には適用しない。

一　診療の用に供する電気，光線，熱，蒸気又はガスに関する構造設備については，危害防止上必要な方法を講ずることとし，放射線に関する構造設備については，第4章に定めるところによること。

二　病室は，地階又は第3階以上の階には設けないこと。ただし，第30条の12第1項に規定する放射線治療病室にあっては，地階に，主要構造部（建築基準法（昭和25年法律第201号）第2条第五号に規定する主要構造部をいう。以下同じ。）を耐火構造（建築基準法第2条第七号に規定する耐火構造をいう。以下同じ。）とする場合は，第3階以上に設けることができる。

二の二　療養病床に係る1の病室の病床数は，4床以下とすること。

三　病室の床面積は，次のとおりとすること。

　イ　病院の病室及び診療所の療養病床に係る病室の床面積は，内法による測定で，患者1人につき6.4m^{2}以上とすること。

　ロ　イ以外の病室の床面積は，内法による測定で，患者1人を入院させるものにあっては6.3m^{2}以上，患者2人以上を入院させるものにあっては患者1人につき4.3m^{2}以上とすること。

四　小児だけを入院させる病室の床面積は，前号に規定する病室の床面積の2/3以上とすることができること。ただし，1の病室の床面積は，6.3m^{2}以下であってはならない。

五　機械換気設備については，感染症病室，結核病室又は病理細菌検査室の空気が風道を通じて病院又は診療所の他の部分へ流入しないようにすること。

六　精神病室の設備については，精神疾患の特性を踏まえた適切な医療の提供及び患者の保護のために必要な方法を講ずること。

七　感染症病室及び結核病室には，病院又は診療所の他の部分及び外部に対して感染予防のためにしゃ断その他必要な方法を講ずること。

八　第2階以上の階に病室を有するものにあっては，患者の使用する屋内の直通階段を2以上設けること。ただし，患者の使用するエレベーターが設置されているもの又は第2階以上の各階における病室の床面積の合計がそれぞれ50m^2（主要構造部が耐火構造であるか，又は不燃材料（建築基準法第2条第九号に規定する

不燃材料をいう。以下同じ。）で造られている建築物にあっては100m²）以下の
ものについては，患者の使用する屋内の直通階段を1とすることができる。

九　前号に規定する直通階段の構造は，次の通りとすること。

　　イ　階段及び踊場の幅は，内法を1.2m以上とすること。

　　ロ　けあげは0.2m以下，踏面は0.24m以上とすること。

　　ハ　適当な手すりを設けること。

十　第3階以上の階に病室を有するものにあっては，避難に支障がないように避難
　階段を2以上設けること。ただし，第八号に規定する直通階段のうちの1又は2
　を建築基準法施行令（昭和25年政令第338号）第123条第1項に規定する避難階段
　としての構造とする場合は，その直通階段の数を避難階段の数に算入することが
　できる。

十一　患者が使用する廊下の幅は，次のとおりとすること。

　　イ　精神病床及び療養病床に係る病室に隣接する廊下の幅は，内法による測定
　　　で，1.8m以上とすること。ただし，両側に居室がある廊下の幅は，内法によ
　　　る測定で，2.7m以上としなければならない。

　　ロ　イ以外の廊下（病院に係るものに限る。）の幅は，内法による測定で，1.8m
　　　以上とすること。ただし，両側に居室がある廊下（病院に係るものに限る。）
　　　の幅は，内法による測定で，2.1m以上としなければならない。

　　ハ　イ以外の廊下（診療所に係るものに限る。）の幅は，内法による測定で，1.2
　　　m以上とすること。ただし，両側に居室がある廊下（診療所に係るものに限
　　　る。）の幅は，内法による測定で，1.6m以上としなければならない。

十二　感染症病室又は結核病室を有する病院又は診療所には，必要な消毒設備を設け
　ること。

十三　歯科技工室には，防塵設備その他の必要な設備を設けること。

十四　調剤所の構造設備は次に従うこと。

　　イ　採光及び換気を十分にし，かつ，清潔を保つこと。

　　ロ　冷暗所を設けること。

　　ハ　感量10mgのてんびん及び500mgの上皿てんびんその他調剤に必要な器具を
　　　備えること。

十五　火気を使用する場所には，防火上必要な設備を設けること。

十六　消火用の機械又は器具を備えること。

2　前項に定めるもののほか，病院又は診療所の構造設備の基準については，建築基
　準法の規定に基づく政令の定めるところによる。

エネルギーの使用の合理化及び非化石エネルギーへの転換等に関する法律［抄］

昭和54年6月22日　法律第49号
最終改正　令和4年6月17日　法律第68号

【定　義】

第2条　この法律において「エネルギー」とは，化石燃料及び非化石燃料並びに熱（政令で定めるものを除く。以下同じ。）及び電気をいう。

2　この法律において「化石燃料」とは，原油及び揮発油，重油その他経済産業省令で定める石油製品，可燃性天然ガス並びに石炭及びコークスその他経済産業省令で定める石炭製品であって，燃焼その他の経済産業省令で定める用途に供するものをいう。

3　この法律において「非化石燃料」とは，前項の経済産業省令で定める用途に供する物であって水素その他の化石燃料以外のものをいう。

4　この法律において「非化石エネルギー」とは，非化石燃料並びに化石燃料を熱源とする熱に代えて使用される熱（第5条第2項第二号ロ及びハにおいて「非化石熱」という。）及び化石燃料を熱源とする熱を変換して得られる動力を変換して得られる電気に代えて使用される電気（同号ニにおいて「非化石電気」という。）をいう。

5　この法律において「非化石エネルギーへの転換」とは，使用されるエネルギーのうちに占める非化石エネルギーの割合を向上させることをいう。

6　この法律において「電気の需要の最適化」とは，季節又は時間帯による電気の需給の状況の変動に応じて電気の需要量の増加又は減少をさせることをいう。

【事業者の判断の基準となるべき事項等】

第5条　主務大臣は，工場等におけるエネルギーの使用の合理化の適切かつ有効な実施を図るため，次に掲げる事項並びにエネルギーの使用の合理化の目標（エネルギーの使用の合理化が特に必要と認められる業種において達成すべき目標を含む。）及び当該目標を達成するために計画的に取り組むべき措置に関し，工場等においてエネルギーを使用して事業を行う者の判断の基準となるべき事項を定め，これを公表するものとする。

　一　工場等であって専ら事務所その他これに類する用途に供するものにおけるエネルギーの使用の方法の改善，第149条第1項に規定するエネルギー消費性能等が優れている機械器具の選択その他エネルギーの使用の合理化に関する事項

　二　工場等（前号に該当するものを除く。）におけるエネルギーの使用の合理化に関する事項であって次に掲げるもの

　　イ　化石燃料及び非化石燃料の燃焼の合理化

　　ロ　加熱及び冷却並びに伝熱の合理化

  ハ 廃熱の回収利用

  ニ 熱の動力等への変換の合理化

  ホ 放射，伝導，抵抗等によるエネルギーの損失の防止

  ヘ 電気の動力，熱等への変換の合理化

2 経済産業大臣は，工場等における非化石エネルギーへの転換の適切かつ有効な実施を図るため，次に掲げる事項並びに非化石エネルギーへの転換の目標及び当該目標を達成するために計画的に取り組むべき措置に関し，工場等においてエネルギーを使用して事業を行う者の判断の基準となるべき事項を定め，これを公表するものとする。

 一 工場等であって専ら事務所その他これに類する用途に供するものにおける非化石エネルギーを使用する設備の設置その他非化石エネルギーへの転換に関する事項

 二 工場等（前号に該当するものを除く。）における非化石エネルギーへの転換に関する事項であって次に掲げるもの

  イ 燃焼における非化石燃料の使用

  ロ 加熱及び冷却における非化石熱の使用

  ハ 非化石熱を使用した動力等の使用

  ニ 非化石電気を使用した動力，熱等の使用

3 経済産業大臣は，工場等において電気を使用して事業を行う者による電気の需要の最適化に資する措置の適切かつ有効な実施を図るため，次に掲げる事項その他当該者が取り組むべき措置に関する指針を定め，これを公表するものとする。

 一 電気需要最適化時間帯（電気の需給の状況に照らし電気の需要の最適化を推進する必要があると認められる時間帯として経済産業大臣が指定する時間帯をいう。以下同じ。）における電気の使用から化石燃料若しくは非化石燃料若しくは熱の使用への転換又は化石燃料若しくは非化石燃料若しくは熱の使用から電気の使用への転換

 二 電気需要最適化時間帯を踏まえた電気を消費する機械器具を使用する時間の変更

4 第1項及び第2項に規定する判断の基準となるべき事項並びに前項に規定する指針は，エネルギー需給の長期見通し，電気その他のエネルギーの需給を取り巻く環境，エネルギーの使用の合理化及び非化石エネルギーへの転換に関する技術水準，業種別のエネルギーの使用の合理化及び非化石エネルギーへの転換の状況その他の事情を勘案して定めるものとし，これらの事情の変動に応じて必要な改定をするものとする。

5 第1項及び第2項に規定する判断の基準となるべき事項は，エネルギーの使用の合理化に関する事項及び非化石エネルギーへの転換に関する事項の相互の間の調和が保たれたものでなければならない。

第147条 次に掲げる者は，基本方針の定めるところに留意して，建築物の外壁，窓等を通しての熱の損失の防止及び建築物に設ける空気調和設備その他の**政令**で定め

る建築設備（第四号において「空気調和設備等」という。）に係るエネルギーの効率的利用のための措置及び建築物において消費されるエネルギーの量に占める非化石エネルギーの割合を増加させるための措置を適確に実施することにより，建築物に係るエネルギーの使用の合理化及び非化石エネルギーへの転換に資するよう努めるとともに，建築物に設ける電気を消費する機械器具に係る電気の需要の最適化に資する電気の利用のための措置を適確に実施することにより，電気の需要の最適化に資するよう努めなければならない。

◆政令 [空気調和設備等] 令第17条→p1249

一　建築物の建築をしようとする者

二　建築物の所有者（所有者と管理者が異なる場合にあっては，管理者）

三　建築物の直接外気に接する屋根，壁又は床（これらに設ける窓その他の開口部を含む。）の修繕又は模様替をしようとする者

四　建築物への空気調和設備等の設置又は建築物に設けた空気調和設備等の改修をしようとする者

エネルギーの使用の合理化及び非化石エネルギーへの転換等に関する法律施行令［抄］

昭和54年 9 月29日　政令第267号

最終改正　令和 5 年 3 月23日　政令第68号

【空気調和設備等】

第17条　法第147条の政令で定める建築設備は，次のとおりとする。

一　空気調和設備その他の機械換気設備

二　照明設備

三　給湯設備

四　昇降機

屋外広告物法［抄］

昭和24年6月3日　法律第189号
最終改正　令和4年6月17日　法律第68号

【定　義】

第2条　この法律において「屋外広告物」とは，常時又は一定の期間継続して屋外で公衆に表示されるものであって，看板，立看板，はり紙及びはり札並びに広告塔，広告板，建物その他の工作物等に掲出され，又は表示されたもの並びにこれらに類するものをいう。

2　この法律において「屋外広告業」とは，屋外広告物（以下「広告物」という。）の表示又は広告物を掲出する物件（以下「掲出物件」という。）の設置を行う営業をいう。

【広告物の表示等の禁止】

第3条　都道府県は，条例で定めるところにより，良好な景観又は風致を維持するために必要があると認めるときは，次に掲げる地域又は場所について，広告物の表示又は掲出物件の設置を禁止することができる。

一　都市計画法（昭和43年法律第100号）第2章の規定により定められた第一種低層住居専用地域，第二種低層住居専用地域，第一種中高層住居専用地域，第二種中高層住居専用地域，田園住居地域，景観地区，風致地区又は伝統的建造物群保存地区

二　文化財保護法（昭和25年法律第214号）第27条又は第78条第1項の規定により指定された建造物の周囲で，当該都道府県が定める範囲内にある地域，同法第109条第1項若しくは第2項又は第110条第1項の規定により指定され，又は仮指定された地域及び同法第143条第2項に規定する条例の規定により市町村が定める地域

三　森林法（昭和26年法律第249号）第25条第1項第十一号に掲げる目的を達成するため保安林として指定された森林のある地域

四　道路，鉄道，軌道，索道又はこれらに接続する地域で，良好な景観又は風致を維持するために必要があるものとして当該都道府県が指定するもの

五　公園，緑地，古墳又は墓地

六　前各号に掲げるもののほか，当該都道府県が特に指定する地域又は場所

2　都道府県は，条例で定めるところにより，良好な景観又は風致を維持するために必要があると認めるときは，次に掲げる物件に広告物を表示し，又は掲出物件を設置することを禁止することができる。

一　橋りょう

二　街路樹及び路傍樹

三　銅像及び記念碑

　四　景観法（平成16年法律第110号）第19条第１項の規定により指定された景観重
　　要建造物及び同法第28条第１項の規定により指定された景観重要樹木
　五　前各号に掲げるもののほか，当該都道府県が特に指定する物件
3　都道府県は，条例で定めるところにより，公衆に対する危害を防止するために必
　要があると認めるときは，広告物の表示又は掲出物件の設置を禁止することができ
　る。

【広告物の表示等の制限】

第４条　都道府県は，条例で定めるところにより，良好な景観を形成し，若しくは風
　致を維持し，又は公衆に対する危害を防止するために必要があると認めるときは，
　広告物の表示又は掲出物件の設置（前条の規定に基づく条例によりその表示又は設
　置が禁止されているものを除く。）について，都道府県知事の許可を受けなければ
　ならないとすることその他必要な制限をすることができる。

【広告物の表示の方法等の基準】

第５条　前条に規定するもののほか，都道府県は，良好な景観を形成し，若しくは風
　致を維持し，又は公衆に対する危害を防止するために必要があると認めるときは，
　条例で，広告物（第３条の規定に基づく条例によりその表示が禁止されているもの
　を除く。）の形状，面積，色彩，意匠その他表示の方法の基準若しくは掲出物件（同
　条の規定に基づく条例によりその設置が禁止されているものを除く。）の形状その
　他設置の方法の基準又はこれらの維持の方法の基準を定めることができる。

【景観計画との関係】

第６条　景観法第８条第１項の景観計画に広告物の表示及び掲出物件の設置に関する
　行為の制限に関する事項が定められた場合においては，当該景観計画を策定した景
　観行政団体（同法第７条第１項の景観行政団体をいう。以下同じ。）の前３条の規
　定に基づく条例は，当該景観計画に即して定めるものとする。

学校教育法［抄］

昭和22年3月31日　法律第26号
最終改正　令和4年6月22日　法律第76号

【学校の範囲】

第1条　この法律で，学校とは，幼稚園，小学校，中学校，義務教育学校，高等学校，中等教育学校，特別支援学校，大学及び高等専門学校とする。

【設置基準】

第3条　学校を設置しようとする者は，学校の種類に応じ，文部科学大臣の定める設備，編制その他に関する設置基準に従い，これを設置しなければならない。

●関連［幼稚園設置基準］→p1254

【特別支援学校】

第72条　特別支援学校は，視覚障害者，聴覚障害者，知的障害者，肢体不自由者又は病弱者（身体虚弱者を含む。以下同じ。）に対して，幼稚園，小学校，中学校又は高等学校に準ずる教育を施すとともに，障害による学習上又は生活上の困難を克服し自立を図るために必要な知識技能を授けることを目的とする。

【特別支援学級の設置等】

第81条　幼稚園，小学校，中学校，義務教育学校，高等学校及び中等教育学校においては，次項各号のいずれかに該当する幼児，児童及び生徒その他教育上特別の支援を必要とする幼児，児童及び生徒に対し，文部科学大臣の定めるところにより，障害による学習上又は生活上の困難を克服するための教育を行うものとする。

2　小学校，中学校，義務教育学校，高等学校及び中等教育学校には，次の各号のいずれかに該当する児童及び生徒のために，特別支援学級を置くことができる。

一　知的障害者
二　肢体不自由者
三　身体虚弱者
四　弱視者
五　難聴者
六　その他障害のある者で，特別支援学級において教育を行うことが適当なもの

3　前項に規定する学校においては，疾病により療養中の児童及び生徒に対して，特別支援学級を設け，又は教員を派遣して，教育を行うことができる。

【専修学校】

第124条　第1条に掲げるもの以外の教育施設で，職業若しくは実際生活に必要な能力を育成し，又は教養の向上を図ることを目的として次の各号に該当する組織的な教育を行うもの（当該教育を行うにつき他の法律に特別の規定があるもの及び我が国に居住する外国人を専ら対象とするものを除く。）は，専修学校とする。

一　修業年限が1年以上であること。

二　授業時数が文部科学大臣の定める授業時数以上であること。

三　教育を受ける者が常時40人以上であること。

【各種学校】

第134条　第1条に掲げるもの以外のもので，学校教育に類する教育を行うもの（当該教育を行うにつき他の法律*に特別の規定があるもの及び第124条に規定する専修学校の教育を行うものを除く。）は，各種学校とする。

●関連［**最低基準**］児童福祉法第45条→p1272

2　第4条第1項前段，第5条から第7条まで，第9条から第11条まで，第13条第1項，第14条及び第42条から第44条までの規定は，各種学校に準用する。この場合において，第4条第1項前段中「次の各号に掲げる学校」とあるのは「市町村の設置する各種学校又は私立の各種学校」と，「当該各号に定める者」とあるのは「都道府県の教育委員会又は都道府県知事」と，第10条中「大学及び高等専門学校にあっては文部科学大臣に，大学及び高等専門学校以外の学校にあっては都道府県知事に」とあるのは「都道府県知事に」と，第13条第1項中「第4条第1項各号に掲げる学校」とあるのは「市町村の設置する各種学校又は私立の各種学校」と，「同項各号に定める者」とあるのは「都道府県の教育委員会又は都道府県知事」と，同項第二号中「その者」とあるのは「当該都道府県の教育委員会又は都道府県知事」と，第14条中「大学及び高等専門学校以外の市町村の設置する学校については都道府県の教育委員会，大学及び高等専門学校以外の私立学校については都道府県知事」とあるのは「市町村の設置する各種学校については都道府県の教育委員会，私立の各種学校については都道府県知事」と読み替えるものとする。

3　前項のほか，各種学校に関し必要な事項は，文部科学大臣が，これを定める。

幼稚園設置基準［抄］

昭和31年12月13日　文部省令第32号

最終改正　平成26年7月31日　文部科学省令第23号

【趣　旨】

第1条　幼稚園設置基準は，学校教育法施行規則（昭和22年文部省令第11号）に定めるものの
ほか，この省令の定めるところによる。

【基準の向上】

第2条　この省令で定める設置基準は，幼稚園を設置するのに必要な最低の基準を示すもの
であるから，幼稚園の設置者は，幼稚園の水準の向上を図ることに努めなければならない。

【1学級の幼児数】

第3条　1学級の幼児数は，35人以下を原則とする。

【一般的基準】

第7条　幼稚園の位置は，幼児の教育上適切で，通園の際安全な環境にこれを定めなければ
ならない。

2　幼稚園の施設及び設備は，指導上，保健衛生上，安全上及び管理上適切なものでなけれ
ばならない。

【園地，園舎及び運動場】

第8条　園舎は，2階建以下を原則とする。園舎を2階建とする場合及び特別の事情がある
ため園舎を3階建以上とする場合にあっては，保育室，遊戯室及び便所の施設は，第1階
に置かなければならない。ただし，園舎が耐火建築物で，幼児の待避上必要な施設を備え
るものにあっては，これらの施設を第2階に置くことができる。

2　園舎及び運動場は，同一の敷地内又は隣接する位置に設けることを原則とする。

3　園地，園舎及び運動場の面積は，別に定める。

【施設及び設備等】

第9条　幼稚園には，次の施設及び設備を備えなければならない。ただし，特別の事情があ
るときは，保育室と遊戯室及び職員室と保健室とは，それぞれ兼用することができる。

- 一　職員室
- 二　保育室
- 三　遊戯室
- 四　保健室
- 五　便所
- 六　飲料水用設備，手洗用設備，足洗用設備

2　保育室の数は，学級数を下ってはならない。

3　飲料水用設備は，手洗用設備又は足洗用設備と区別して備えなければならない。

4　飲料水の水質は，衛生上無害であることが証明されたものでなければならない。

第10条　幼稚園には，学級数及び幼児数に応じ，教育上，保健衛生上及び安全上必要な種類
及び数の園具及び教具を備えなければならない。

2　前項の園具及び教具は，常に改善し，補充しなければならない。

第11条　幼稚園には，次の施設及び設備を備えるように努めなければならない。

- 一　放送聴取設備
- 二　映写設備

三　水遊び場
四　幼児清浄用設備
五　給食施設
六　図書室
七　会議室

【他の施設及び設備の使用】

第12条　幼稚園は，特別の事情があり，かつ，教育上及び安全上支障がない場合は，他の学校等の施設及び設備を使用することができる。

　　　　附　則

1，2　（略）

3　園地，園舎及び運動場の面積は，第8条第3項の規定に基き別に定められるまでの間，園地についてはなお従前の例により，園舎及び運動場については別表第1及び第2に定めるところによる。ただし，この省令施行の際現に存する幼稚園については，特別の事情があるときは，当分の間，園舎及び運動場についてもなお従前の例によることができる。

4　（略）

別表第1　（園舎の面積）

学　級　数	1学級	2学級以上
面積	180m²	320＋100×（学級数－2）m²

別表第2　（運動場の面積）

学　級　数	2学級以下	3学級以上
面積	330＋30×（学級数－1）m²	400＋80×（学級数－3）m²

建設工事に係る資材の再資源化等に関する法律［抄］

平成12年5月31日　法律第104号
最終改正　令和4年6月17日　法律第68号

【定　義】

第2条　この法律において「建設資材」とは，土木建築に関する工事（以下「建設工事」という。）に使用する資材をいう。

2　この法律において「建設資材廃棄物」とは，建設資材が廃棄物（廃棄物の処理及び清掃に関する法律（昭和45年法律第137号）第2条第1項に規定する廃棄物をいう。以下同じ。）となったものをいう。

3　この法律において「分別解体等」とは，次の各号に掲げる工事の種別に応じ，それぞれ当該各号に定める行為をいう。

一　建築物その他の工作物（以下「建築物等」という。）の全部又は一部を解体する建設工事（以下「解体工事」という。）　建築物等に用いられた建設資材に係る建設資材廃棄物をその種類ごとに分別しつつ当該工事を計画的に施工する行為

二　建築物等の新築その他の解体工事以外の建設工事（以下「新築工事等」という。）　当該工事に伴い副次的に生ずる建設資材廃棄物をその種類ごとに分別しつつ当該工事を施工する行為

4　この法律において建設資材廃棄物について「再資源化」とは，次に掲げる行為であって，分別解体等に伴って生じた建設資材廃棄物の運搬又は処分（再生することを含む。）に該当するものをいう。

一　分別解体等に伴って生じた建設資材廃棄物について，資材又は原材料として利用すること（建設資材廃棄物をそのまま用いることを除く。）ができる状態にする行為

二　分別解体等に伴って生じた建設資材廃棄物であって燃焼の用に供することができるもの又はその可能性のあるものについて，熱を得ることに利用することができる状態にする行為

5　この法律において「特定建設資材」とは，コンクリート，木材その他建設資材のうち，建設資材廃棄物となった場合におけるその再資源化が資源の有効な利用及び廃棄物の減量を図る上で特に必要であり，かつ，その再資源化が経済性の面において制約が著しくないと認められるものとして**政令**で定めるものをいう。

◆政令［特定建設資材］令第1条→p1260

6　この法律において「特定建設資材廃棄物」とは，特定建設資材が廃棄物となったものをいう。

7　この法律において建設資材廃棄物について「縮減」とは，焼却，脱水，圧縮その他の方法により建設資材廃棄物の大きさを減ずる行為をいう。

8　この法律において建設資材廃棄物について「再資源化等」とは，再資源化及び縮減をいう。

9　この法律において「建設業」とは，建設工事を請け負う営業（その請け負った建設工事を他の者に請け負わせて営むものを含む。）をいう。

10　この法律において「下請契約」とは，建設工事を他の者から請け負った建設業を営む者と他の建設業を営む者との間で当該建設工事の全部又は一部について締結される請負契約をいい，「発注者」とは，建設工事（他の者から請け負ったものを除く。）の注文者をいい，「元請業者」とは，発注者から直接建設工事を請け負った建設業を営む者をいい，「下請負人」とは，下請契約における請負人をいう。

11　この法律において「解体工事業」とは，建設業のうち建築物等を除却するための解体工事を請け負う営業（その請け負った解体工事を他の者に請け負わせて営むものを含む。）をいう。

12　この法律において「解体工事業者」とは，第21条第1項の登録を受けて解体工事業を営む者をいう。

【実施に関する指針】

第4条　都道府県知事は，基本方針に即し，当該都道府県における特定建設資材に係る分別解体等及び特定建設資材廃棄物の再資源化等の促進等の実施に関する指針を定めることができる。

2　都道府県知事は，前項の指針を定め，又はこれを変更したときは，遅滞なく，これを公表するよう努めなければならない。

【発注者の責務】

第6条　発注者は，その注文する建設工事について，分別解体等及び建設資材廃棄物の再資源化等に要する費用の適正な負担，建設資材廃棄物の再資源化により得られた建設資材の使用等により，分別解体等及び建設資材廃棄物の再資源化等の促進に努めなければならない。

【分別解体等実施義務】

第9条　特定建設資材を用いた建築物等に係る解体工事又はその施工に特定建設資材を使用する新築工事等であって，その規模が第3項又は第4項の建設工事の規模に関する基準以上のもの（以下「対象建設工事」という。）の受注者（当該対象建設工事の全部又は一部について下請契約が締結されている場合における各下請負人を含む。以下「対象建設工事受注者」という。）又はこれを請負契約によらないで自ら施工する者（以下単に「自主施工者」という。）は，正当な理由がある場合を除き，分別解体等をしなければならない。

2　前項の分別解体等は，特定建設資材廃棄物をその種類ごとに分別することを確保するための適切な施工方法に関する基準として主務省令で定める基準に従い，行わなければならない。

3　建設工事の規模に関する基準は，**政令**で定める。

◆政令〔建設工事の規模に関する基準〕令第2条→p1260

4　都道府県は，当該都道府県の区域のうちに，特定建設資材廃棄物の再資源化等をするための施設及び廃棄物の最終処分場における処理量の見込みその他の事情から判断して前項の基準によっては当該区域において生じる特定建設資材廃棄物をその

再資源化等により減量することが十分でないと認められる区域があるときは，当該区域について，条例で，同項の基準に代えて適用すべき建設工事の規模に関する基準を定めることができる。

【対象建設工事の届出等】

第10条 対象建設工事の発注者又は自主施工者は，工事に着手する日の7日前までに，主務省令で定めるところにより，次に掲げる事項を都道府県知事に届け出なければならない。

一 解体工事である場合においては，解体する建築物等の構造

二 新築工事等である場合においては，使用する特定建設資材の種類

三 工事着手の時期及び工程の概要

四 分別解体等の計画

五 解体工事である場合においては，解体する建築物等に用いられた建設資材の量の見込み

六 その他主務省令で定める事項

2 前項の規定による届出をした者は，その届出に係る事項のうち主務省令で定める事項を変更しようとするときは，その届出に係る工事に着手する日の7日前までに，主務省令で定めるところにより，その旨を都道府県知事に届け出なければならない。

3 （略）

【再資源化等実施義務】

第16条 対象建設工事受注者は，分別解体等に伴って生じた特定建設資材廃棄物について，再資源化をしなければならない。ただし，特定建設資材廃棄物でその再資源化について一定の施設を必要とするもののうち**政令**で定めるもの（以下この条において「指定建設資材廃棄物」という。）に該当する特定建設資材廃棄物については，主務省令で定める距離に関する基準の範囲内に当該指定建設資材廃棄物の再資源化をするための施設が存しない場所で工事を施工する場合その他地理的条件，交通事情その他の事情により再資源化をすることには相当程度に経済性の面での制約があるものとして主務省令で定める場合には，再資源化に代えて縮減をすれば足りる。

◆**政令**［指定建設資材廃棄物］令第5条→p1260

【解体工事業者の登録】

第21条 解体工事業を営もうとする者（建設業法別表第1の右欄に掲げる土木工事業，建築工事業又は解体工事業に係る同法第3条第1項の許可を受けた者を除く。）は，当該業を行おうとする区域を管轄する都道府県知事の登録を受けなければならない。

2 前項の登録は，5年ごとにその更新を受けなければ，その期間の経過によって，その効力を失う。

3～5 （略）

【報告の徴収】

第42条 都道府県知事は，特定建設資材に係る分別解体等の適正な実施を確保するために必要な限度において，**政令**で定めるところにより，対象建設工事の発注者，自主施工者又は対象建設工事受注者に対し，特定建設資材に係る分別解体等の実施の

状況に関し報告をさせることができる。◆**政令**［**報告の徴収**］令第7条第1項, 第2項→p1260, 1261

2　都道府県知事は, 特定建設資材廃棄物の再資源化等の適正な実施を確保するために必要な限度において, **政令**で定めるところにより, 対象建設工事受注者に対し, 特定建設資材廃棄物の再資源化等の実施の状況に関し報告をさせることができる。

◆**政令**［**報告の徴収**］令第7条第3項→p1261

建設工事に係る資材の再資源化等に関する 法律施行令［抄］

平成12年11月29日　法律第495号
最終改正　令和5年9月29日　政令第293号

【特定建設資材】

第1条　建設工事に係る資材の再資源化等に関する法律（以下「法」という。）第2条第5項のコンクリート，木材その他建設資材のうち政令で定めるものは，次に掲げる建設資材とする。

一　コンクリート

二　コンクリート及び鉄から成る建設資材

三　木材

四　アスファルト・コンクリート

【建設工事の規模に関する基準】

第2条　法第9条第3項の建設工事の規模に関する基準は，次に掲げるとおりとする。

一　建築物（建築基準法（昭和25年法律第201号）第2条第一号に規定する建築物をいう。以下同じ。）に係る解体工事については，当該建築物（当該解体工事に係る部分に限る。）の床面積の合計が80m²であるもの

二　建築物に係る新築又は増築の工事については，当該建築物（増築の工事にあっては，当該工事に係る部分に限る。）の床面積の合計が500m²であるもの

三　建築物に係る新築工事等（法第2条第3項第二号に規定する新築工事等をいう。以下同じ。）であって前号に規定する新築又は増築の工事に該当しないものについては，その請負代金の額（法第9条第1項に規定する自主施工者が施工するものについては，これを請負人に施工させることとした場合における適正な請負代金相当額。次号において同じ。）が1億円であるもの

四　建築物以外のものに係る解体工事又は新築工事等については，その請負代金の額が500万円であるもの

2　解体工事又は新築工事等を同一の者が2以上の契約に分割して請け負う場合においては，これを1の契約で請け負ったものとみなして，前項に規定する基準を適用する。ただし，正当な理由に基づいて契約を分割したときは，この限りでない。

【指定建設資材廃棄物】

第5条　法第16条ただし書の政令で定めるものは，木材が廃棄物となったものとする。

【報告の徴収】

第7条　都道府県知事は，法第42条第1項の規定により，対象建設工事の発注者に対し，特定建設資材に係る分別解体等の実施の状況につき，次に掲げる事項に関し報告をさせることができる。

一　当該対象建設工事の元請業者が当該発注者に対して法第12条第1項の規定により交付した書面に関する事項

二　その他分別解体等に関する事項として主務省令で定める事項

2　都道府県知事は，法第42条第1項の規定により，自主施工者又は対象建設工事受注者に対し，特定建設資材に係る分別解体等の実施の状況につき，次に掲げる事項に関し報告をさせることができる。

一　分別解体等の方法に関する事項

二　その他分別解体等に関する事項として主務省令で定める事項

3　都道府県知事は，法第42条第2項の規定により，対象建設工事受注者に対し，特定建設資材廃棄物の再資源化等の実施の状況につき，次に掲げる事項に関し報告をさせることができる。

一　再資源化等の方法に関する事項

二　再資源化等をした施設に関する事項

三　その他特定建設資材廃棄物の再資源化等に関する事項として主務省令で定める事項

建築物における衛生的環境の確保に関する法律［抄］

昭和45年4月14日　法律第20号
最終改正　令和4年6月17日　法律第68号

【定　義】

第2条　この法律において「特定建築物」とは，興行場，百貨店，店舗，事務所，学校，共同住宅等の用に供される相当程度の規模を有する建築物（建築基準法（昭和25年法律第201号）第2条第一号に掲げる建築物をいう。以下同じ。）で，多数の者が使用し，又は利用し，かつ，その維持管理について環境衛生上特に配慮が必要なものとして**政令**で定めるものをいう。

◆**政令**［特定建築物］令第1条→p1264

2　前項の政令においては，建築物の用途，延べ面積等により特定建築物を定めるものとする。

【建築物環境衛生管理基準】

第4条　特定建築物の所有者，占有者その他の者で当該特定建築物の維持管理について権原を有するものは，**政令**で定める基準（以下「建築物環境衛生管理基準」という。）に従って当該特定建築物の維持管理をしなければならない。

◆**政令**［建築物環境衛生管理基準］令第2条→p1264

2　建築物環境衛生管理基準は，空気環境の調整，給水及び排水の管理，清掃，ねずみ，昆虫等の防除その他環境衛生上良好な状態を維持するのに必要な措置について定めるものとする。

3　特定建築物以外の建築物で多数の者が使用し，又は利用するものの所有者，占有者その他の者で当該建築物の維持管理について権原を有するものは，建築物環境衛生管理基準に従って当該建築物の維持管理をするように努めなければならない。

【特定建築物についての届出】

第5条　特定建築物の所有者（所有者以外に当該特定建築物の全部の管理について権原を有する者があるときは，当該権原を有する者）（以下「特定建築物所有者等」という。）は，当該特定建築物が使用されるに至ったときは，その日から1箇月以内に，厚生労働省令の定めるところにより，当該特定建築物の所在場所，用途，延べ面積及び構造設備の概要，建築物環境衛生管理技術者の氏名その他厚生労働省令で定める事項を都道府県知事（保健所を設置する市又は特別区にあっては，市長又は区長。以下この章並びに第13条第2項及び第3項において同じ。）に届け出なければならない。

2　前項の規定は，現に使用されている建築物が，第2条第1項の政令を改正する政令の施行に伴い，又は用途の変更，増築による延べ面積の増加等により，新たに特定建築物に該当することとなった場合について準用する。この場合において，前項

中「当該特定建築物が使用されるに至ったとき」とあるのは，「建築物が特定建築物に該当することとなったとき」と読み替えるものとする。

3　特定建築物所有者等は，前2項の規定による届出事項に変更があったとき，又は当該特定建築物が用途の変更等により特定建築物に該当しないこととなったときは，その日から1箇月以内に，その旨を都道府県知事に届け出なければならない。

【建築物環境衛生管理技術者の選任】

第6条　特定建築物所有者等は，当該特定建築物の維持管理が環境衛生上適正に行なわれるように監督をさせるため，厚生労働省令の定めるところにより，建築物環境衛生管理技術者免状を有する者のうちから建築物環境衛生管理技術者を選任しなければならない。

2　建築物環境衛生管理技術者は，当該特定建築物の維持管理が建築物環境衛生管理基準に従って行なわれるようにするため必要があると認めるときは，当該特定建築物の所有者，占有者その他の者で当該特定建築物の維持管理について権原を有するものに対し，意見を述べることができる。この場合においては，当該権原を有する者は，その意見を尊重しなければならない。

建築物における衛生的環境の確保に関する法律施行令［抄］

昭和45年10月12日　政令第304号
最終改正　令和3年12月24日　政令第347号

【特定建築物】

第1条　建築物における衛生的環境の確保に関する法律（以下「法」という。）第2条第1項の政令で定める建築物は，次に掲げる用途に供される部分の延べ面積（建築基準法施行令（昭和25年政令338号）第2条第1項第三号に規定する床面積の合計をいう。以下同じ。）が3,000m²以上の建築物及び専ら学校教育法（昭和22年法律第26号）第1条に規定する学校又は就学前の子どもに関する教育，保育等の総合的な提供の推進に関する法律（平成18年法律第77号）第2条第7項に規定する幼保連携型認定こども園（第三号において「第1条学校等」という。）の用途に供される建築物で延べ面積が8,000m²以上のものとする。

一　興行場，百貨店，集会場，図書館，博物館，美術館又は遊技場

二　店舗又は事務所

三　第1条学校等以外の学校（研修所を含む。）

四　旅館

【建築物環境衛生管理基準】

第2条　法第4条第1項の政令で定める基準は，次のとおりとする。

一　空気環境の調整は，次に掲げるところによること。

イ　空気調和設備（空気を浄化し，その温度，湿度及び流量を調節して供給（排出を含む。以下この号において同じ。）をすることができる設備をいう。ニにおいて同じ。）を設けている場合は，厚生労働省令で定めるところにより，居室における次の表の各号の左欄に掲げる事項がおおむね当該各号の右欄に掲げる基準に適合するように空気を浄化し，その温度，湿度又は流量を調節して供給をすること。

一　浮遊粉じんの量	空気1m³につき0.15mg以下
二　一酸化炭素の含有率	6/1,000,000以下
三　二酸化炭素の含有率	1,000/1,000,000以下
四　温度	一　18℃以上28℃以下 二　居室における温度を外気の温度より低くする場合は，その差を著しくしないこと。
五　相対湿度	40%以上70%以下

六　気流	0.5m/s 以下
七　ホルムアルデヒドの量	空気1㎥につき0.1mg 以下

ロ　機械換気設備（空気を浄化し，その流量を調節して供給をすることができる設備をいう。）を設けている場合は，厚生労働省令で定めるところにより，居室におけるイの表の第一号から第三号まで，第六号及び第七号の左欄に掲げる事項がおおむね当該各号の右欄に掲げる基準に適合するように空気を浄化し，その流量を調節して供給をすること。

ハ　イの表の各号の右欄に掲げる基準を適用する場合における当該各号の左欄に掲げる事項についての測定の方法は，厚生労働省令で定めるところによること。

ニ　空気調和設備を設けている場合は，厚生労働省令で定めるところにより，病原体によって居室の内部の空気が汚染されることを防止するための措置を講ずること。

二　給水及び排水の管理は，次に掲げるところによること。

イ　給水に関する設備（水道法（昭和32年法律第177号）第3条第9項に規定する給水装置を除く。ロにおいて同じ。）を設けて人の飲用その他の厚生労働省令で定める目的のために水を供給する場合は，厚生労働省令で定めるところにより，同法第4条の規定による水質基準に適合する水を供給すること。

ロ　給水に関する設備を設けてイに規定する目的以外の目的のために水を供給する場合は，厚生労働省令で定めるところにより，人の健康に係る被害が生ずることを防止するための措置を講ずること。

ハ　排水に関する設備の正常な機能が阻害されることにより汚水の漏出等が生じないように，当該設備の補修及び掃除を行うこと。

三　清掃及びねずみその他の厚生労働省令で定める動物（ロにおいて「ねずみ等」という。）の防除は，次に掲げるところによること。

イ　厚生労働省令で定めるところにより，掃除を行い，廃棄物を処理すること。

ロ　厚生労働省令で定めるところにより，ねずみ等の発生及び侵入の防止並びに駆除を行うこと。

港　湾　法［抄］

昭和25年5月31日　法律第218号
最終改正　令和4年11月18日　法律第87号

【定　義】

第2条　この法律で「港湾管理者」とは，第2章第1節の規定により設立された港務局又は第33条の規定による地方公共団体をいう。

2　この法律で「国際戦略港湾」とは，長距離の国際海上コンテナ運送に係る国際海上貨物輸送網の拠点となり，かつ，当該国際海上貨物輸送網と国内海上貨物輸送網とを結節する機能が高い港湾であって，その国際競争力の強化を重点的に図ることが必要な港湾として政令で定めるものをいい，「国際拠点港湾」とは，国際戦略港湾以外の港湾であって，国際海上貨物輸送網の拠点となる港湾として政令で定めるものをいい，「重要港湾」とは，国際戦略港湾及び国際拠点港湾以外の港湾であって，海上輸送網の拠点となる港湾その他の国の利害に重大な関係を有する港湾として政令で定めるものをいい，「地方港湾」とは，国際戦略港湾，国際拠点港湾及び重要港湾以外の港湾をいう。

3　この法律で「港湾区域」とは，第4条第4項又は第8項（これらの規定を第9条第2項及び第33条第2項において準用する場合を含む。）の規定による同意又は届出があった水域をいう。

4　この法律で「臨港地区」とは，都市計画法（昭和43年法律第100号）第2章の規定により臨港地区として定められた地区又は第38条の規定により港湾管理者が定めた地区をいう。

5　この法律で「港湾施設」とは，港湾区域及び臨港地区内における第一号から第十一号までに掲げる施設並びに港湾の利用又は管理に必要な第十二号から第十四号までに掲げる施設をいう。

一　水域施設　　航路，泊地及び船だまり
二　外郭施設　　防波堤，防砂堤，防潮堤，導流堤，水門，閘門，護岸，堤防，突堤及び胸壁
三　係留施設　　岸壁，係船浮標，係船くい，桟橋，浮桟橋，物揚場及び船揚場
四　臨港交通施設　　道路，駐車場，橋梁，鉄道，軌道，運河及びヘリポート
五　航行補助施設　　航路標識並びに船舶の入出港のための信号施設，照明施設及び港務通信施設
六　荷さばき施設　　固定式荷役機械，軌道走行式荷役機械，荷さばき地及び上屋
七　旅客施設　　旅客乗降用固定施設，手荷物取扱所，待合所及び宿泊所
八　保管施設　　倉庫，野積場，貯木場，貯炭場，危険物置場及び貯油施設
八の二　船舶役務用施設　　船舶のための給水施設及び動力源の供給の用に供する施設（第十三号に掲げる施設を除く。），船舶修理施設並びに船舶保管施設

八の三　港湾情報提供施設　　案内施設，見学施設その他の港湾の利用に関する情報を提供するための施設

九　港湾公害防止施設　　汚濁水の浄化のための導水施設，公害防止用緩衝地帯その他の港湾における公害の防止のための施設

九の二　廃棄物処理施設　　廃棄物埋立護岸，廃棄物受入施設，廃棄物焼却施設，廃棄物破砕施設，廃油処理施設その他の廃棄物の処理のための施設（第十三号に掲げる施設を除く。）

九の三　港湾環境整備施設　　海浜，緑地，広場，植栽，休憩所その他の港湾の環境の整備のための施設

十　港湾厚生施設　　船舶乗組員及び港湾における労働者の休泊所，診療所その他の福利厚生施設

十の二　港湾管理施設　　港湾管理事務所，港湾管理用資材倉庫その他の港湾の管理のための施設（第十四号に掲げる施設を除く。）

十一　港湾施設用地　　前各号の施設の敷地

十二　移動式施設　　移動式荷役機械及び移動式旅客乗降用施設

十三　港湾役務提供用移動施設　　船舶の離着岸を補助するための船舶並びに船舶のための給水及び動力源の供給並びに廃棄物の処理の用に供する船舶及び車両

十四　港湾管理用移動施設　　清掃船，通船その他の港湾の管理のための移動施設

6〜10　（略）

【臨港地区】

第38条　港湾管理者は，都市計画法第5条の規定により指定された都市計画区域以外の地域について臨港地区を定めることができる。

2　前項の臨港地区は，当該港湾区域を地先水面とする地域において，当該港湾の管理運営に必要な最小限度のものでなければならない。

3　港湾管理者は，第1項の臨港地区を定めようとするときは，あらかじめ，国土交通省令で定めるところにより，その旨を公告し，当該臨港地区の区域の案を，当該公告の日から2週間公衆の縦覧に供しなければならない。

4　利害関係人は，前項の臨港地区の区域の案が第2項の規定に適合しないと認めるときは，前項の縦覧期間満了の日までに，その事実を具して国土交通大臣に申し出て，臨港地区の区域の案の変更を港湾管理者に求めることを請求することができる。

5〜9　（略）

【臨港地区内における行為の届出等】

第38条の2　臨港地区内において，次の各号の一に掲げる行為をしようとする者は，当該行為に係る工事の開始の日の60日前までに，国土交通省令で定めるところにより，その旨を港湾管理者に届け出なければならない。但し，第37条第1項の許可を受けた者が当該許可に係る行為をしようとするとき，又は同条第3項に掲げる者が同項の規定による港湾管理者との協議の調った行為をしようとするときは，この限りでない。

一　水域施設，運河，用水きょ又は排水きょの建設又は改良

二　次号に規定する工場等の敷地内の廃棄物処理施設（もっぱら当該工場等におい

て発生する廃棄物を処理するためのものに限る。）以外の廃棄物処理施設で政令で定めるものの建設又は改良

　三　工場又は事業場で，一の団地内における作業場の床面積の合計又は工場若しくは事業場の敷地面積が政令で定める面積以上であるもの（以下「工場等」という。）の新設又は増設

　四　前３号に掲げるものを除き，港湾の開発，利用又は保全に著しく支障を与えるおそれのある政令で定める施設の建設又は改良

2～6　（略）

7　港湾管理者は，第１項又は第４項の規定による届出があった場合において，当該届出に係る行為が次の各号（第１項第一号，第二号及び第四号に掲げる行為にあっては，第三号及び第四号。次項及び第10項において同じ。）に掲げる基準に適合しないと認めるときは，その届出を受理した日から60日以内に限り，その届出をした者に対し，その届出に係る行為に関し計画の変更その他の必要な措置をとることを勧告することができる。

　一　新設又は増設される工場等の事業活動に伴い搬入し，又は搬出することとなる貨物の輸送に関する計画が当該港湾の港湾施設の能力又は第３条の３第９項若しくは第10項の規定により公示された港湾計画に照らし適切であること。

　二　新設又は増設される工場等の事業活動により生ずることとなる廃棄物のうち，当該港湾区域又は臨港地区（当該工場等の敷地を除く。）内において処理されることとなるものの量又は種類が第３条の３第９項又は第10項の規定により公示された港湾計画において定めた廃棄物の処理に関する計画に照らし適切であること。

　三　第３条の３第９項又は第10項の規定により公示された港湾計画の遂行を著しく阻害するものでないこと。

　四　その他港湾の利用及び保全に著しく支障を与えるおそれがないものであること。

8　港湾管理者は，第１項又は第４項の規定による届出があった場合において，当該届出に係る行為（第１項第二号及び第四号に掲げる行為を除く。）が前項各号に掲げる基準に適合せず，且つ，その実施により水域施設，外郭施設，係留施設又は臨港交通施設の開発に関する港湾計画を著しく変更しなければ港湾の管理運営が困難となると認めるときは，その届出を受理した日から60日以内に限り，その届出をした者に対し，その届出に係る行為に関する計画を変更すべきことを命ずることができる。

9，10　（略）

【分区の指定】

第39条　港湾管理者は，臨港地区内において次に掲げる分区を指定することができる。

　一　商港区　　旅客又は一般の貨物を取り扱わせることを目的とする区域

　二　特殊物資港区　　石炭，鉱石その他大量ばら積みを通例とする物資を取り扱わ

せることを目的とする区域

三　工業港区　　工場その他工業用施設を設置させることを目的とする区域

四　鉄道連絡港区　　鉄道と鉄道連絡船との連絡を行わせることを目的とする区域

五　漁港区　　水産物を取り扱わせ，又は漁船の出漁の準備を行わせることを目的とする区域

六　バンカー港区　　船舶用燃料の貯蔵及び補給を行わせることを目的とする区域

七　保安港区　　爆発物その他の危険物を取り扱わせることを目的とする区域

八　マリーナ港区　　スポーツ又はレクリエーションの用に供するヨット，モーターボートその他の船舶の利便に供することを目的とする区域

九　クルーズ港区　　専ら観光旅客の利便に供することを目的とする区域

十　修景厚生港区　　その景観を整備するとともに，港湾関係者の厚生の増進を図ることを目的とする区域

2　前項の分区は，当該港湾管理者としての地方公共団体（港湾管理者が港務局である場合には港務局を組織する地方公共団体）の区域の範囲内で指定しなければならない。

【分区内の規制】

第40条　前条に掲げる分区の区域内においては，各分区の目的を著しく阻害する建築物その他の構築物であって，港湾管理者としての地方公共団体（港湾管理者が港務局である場合には港務局を組織する地方公共団体であって当該分区の区域を区域とするもののうち定款で定めるもの）の条例で定めるものを建設してはならず，また，建築物その他の構築物を改築し，又はその用途を変更して当該条例で定める構築物としてはならない。

2　港務局を組織する地方公共団体がする前項の条例の制定は，当該港務局の作成した原案を尊重してこれをしなければならない。

3　第1項の地方公共団体は，条例で，同項の規定に違反した者に対し，30万円以下の罰金を科する旨の規定を設けることができる。

【脱炭素化推進地区】

第50条の5　港湾脱炭素化推進計画を作成した港湾管理者は，当該港湾脱炭素化推進計画の目標を達成するために必要があると認めるときは，第39条の規定により指定した分区の区域内において，当該目標の達成に資する土地利用の増進を図ることを目的とする1又は2以上の区域（次項において「脱炭素化推進地区」という。）を定めることができる。

2　脱炭素化推進地区の区域内における第40条から第41条までの規定の適用については，次の表の左欄に掲げる規定中同表の中欄に掲げる字句は，それぞれ同表の右欄に掲げる字句とする。

第40条第1項	ものを	もの（第50条の5第1項に規定する脱炭素化推進地区の区域内においては，当該脱炭素化推進地区に係る第50条の2第1項に規定する港湾脱炭素化推進計画の目標の達成に資するものとして当該地方公共団体の条例で定めるものを除き，当該脱炭素化推進地区の目的を著しく阻害する建築物その他の構築物であって当該条例で定めるものを含む。以下「特定構築物」という。）を
	当該条例で定める構築物	特定構築物
第40条の2第1項	（略）	（略）
第41条第1項	（略）	（略）

【他の法令との関係】

第58条　建築基準法（昭和25年法律第201号）第48条及び第49条の規定は，第39条の規定により指定された分区については，適用しない。

2〜4　（略）

自転車の安全利用の促進及び自転車等の駐車対策の総合的推進に関する法律［抄］

昭和55年11月25日　法律第87号
最終改正　平成5年12月22日　法律第97号

【自転車等の駐車対策の総合的推進】

第5条　地方公共団体又は道路管理者は，通勤，通学，買物等のための自転車等の利用の増大に伴い，自転車等の駐車需要の著しい地域又は自転車等の駐車需要の著しくなることが予想される地域においては，一般公共の用に供される自転車等駐車場の設置に努めるものとする。

2　鉄道事業者は，鉄道の駅の周辺における前項の自転車等駐車場の設置が円滑に行われるように，地方公共団体又は道路管理者との協力体制の整備に努めるとともに，地方公共団体又は道路管理者から同項の自転車等駐車場の設置に協力を求められたときは，その事業との調整に努め，鉄道用地の譲渡，貸付けその他の措置を講ずることにより，当該自転車等駐車場の設置に積極的に協力しなければならない。ただし，鉄道事業者が自ら旅客の利便に供するため，自転車等駐車場を設置する場合は，この限りでない。

3　官公署，学校，図書館，公会堂等公益的施設の設置者及び百貨店，スーパーマーケット，銀行，遊技場等自転車等の大量の駐車需要を生じさせる施設の設置者は，周辺の土地利用状況を勘案し，その施設の利用者のために必要な自転車等駐車場を，当該施設若しくはその敷地内又はその周辺に設置するように努めなければならない。

4　地方公共団体は，商業地域，近隣商業地域その他自転車等の駐車需要の著しい地域内で条例で定める区域内において百貨店，スーパーマーケット，銀行，遊技場等自転車等の大量の駐車需要を生じさせる施設で条例で定めるものを新築し，又は増築しようとする者に対し，条例で，当該施設若しくはその敷地内又はその周辺に自転車等駐車場を設置しなければならない旨を定めることができる。

5，6　（略）

【自転車等駐車場の構造及び設備の基準】

第9条　一般公共の用に供される自転車等駐車場の構造及び設備は，利用者の安全が確保され，かつ，周辺の土地利用状況及び自転車等の駐車需要に適切に対応したものでなければならない。

2　国は，前項の自転車等駐車場の安全性を確保するため，その構造及び設備に関して必要な技術的指針を定めることができる。

児童福祉法［抄］

昭和22年12月12日　法律第164号
最終改正　令和5年6月16日　法律第63号

【児童福祉施設】

第7条　この法律で，児童福祉施設とは，助産施設，乳児院，母子生活支援施設，保育所，幼保連携型認定こども園，児童厚生施設，児童養護施設，障害児入所施設，児童発達支援センター，児童心理治療施設，児童自立支援施設及び児童家庭支援センターとする。

2　この法律で，障害児施設支援とは，障害児入所施設に入所し，又は指定発達支援医療機関に入院する障害児に対して行われる保護，日常生活の指導及び知識技能の付与並びに障害児入所施設に入所し，又は指定発達支援医療機関に入院する障害児のうち知的障害のある児童，肢体不自由のある児童又は重度の知的障害及び重度の肢体不自由が重複している児童（以下「重症心身障害児」という。）に対し行われる治療をいう。

【最低基準】

第45条　都道府県は，児童福祉施設の設備及び運営について，条例で基準＊を定めなければならない。この場合において，その基準は，児童の身体的，精神的及び社会的な発達のために必要な生活水準を確保するものでなければならない。

●関連［児童福祉施設の設備及び運営に関する基準］→p1274

2　都道府県が前項の条例を定めるに当たっては，次に掲げる事項については内閣府令で定める基準に従い定めるものとし，その他の事項については内閣府令で定める基準を参酌するものとする。

一　児童福祉施設に配置する従業者及びその員数

二　児童福祉施設に係る居室及び病室の床面積その他児童福祉施設の設備に関する事項であって児童の健全な発達に密接に関連するものとして内閣府令で定めるもの

三　児童福祉施設の運営に関する事項であって，保育所における保育の内容その他児童（助産施設にあっては，妊産婦）の適切な処遇及び安全の確保並びに秘密の保持並びに児童の健全な発達に密接に関連するものとして内閣府令で定めるもの

3　内閣総理大臣は，前項の内閣府令で定める基準（同項第三号の保育所における保育の内容に関する事項に限る。）を定めるに当たっては，学校教育法第25条第1項の規定により文部科学大臣が定める幼稚園の教育課程その他の保育内容に関する事項並びに認定こども園法第10条第1項の規定により主務大臣が定める幼保連携型認定こども園の教育課程その他の教育及び保育の内容に関する事項との整合性の確保並びに小学校及び義務教育学校における教育との円滑な接続に配慮しなければならない。

4　内閣総理大臣は，前項の内閣府令で定める基準を定めるときは，あらかじめ，文部科学大臣に協議しなければならない。

5　児童福祉施設の設置者は，第1項の基準を遵守しなければならない。

6　児童福祉施設の設置者は，児童福祉施設の設備及び運営についての水準の向上を図ることに努めるものとする。

児童福祉施設の設備及び運営に関する基準［抄］

昭和23年12月29日　厚生省令第63号

最終改正　令和5年11月14日　内閣府令第72号

【趣　旨】

第1条　児童福祉法（昭和22年法律第164号。以下「法」という。）第45条第2項の内閣府令で定める基準（以下「設備運営基準」という。）は，次の各号に掲げる基準に応じ，それぞれ当該各号に定める規定による基準とする。

一　法第45条第1項の規定により，同条第2項第一号に掲げる事項について都道府県が条例を定めるに当たって従うべき基準　　第8条第2項（入所している者の保護に直接従事する職員に係る部分に限る。），第17条，第21条，第22条，第22条の2第1項，第27条，第27条の2第1項，第28条，第30条第2項，第33条第1項（第30条第1項において準用する場合を含む。）及び第2項，第38条，第42条，第42条の2第1項，第43条，第49条，第58条，第63条，第69条，第73条，第74条第1項，第80条，第81条第1項，第82条，第83条，第88条の3，第90条並びに第94条から第97条までの規定による基準

二　法第45条第1項の規定により，同条第2項第二号に掲げる事項について都道府県が条例を定めるに当たって従うべき基準　　第8条第2項（入所している者の居室及び各施設に特有の設備に係る部分に限る。），第19条第一号（寝室及び観察室に係る部分に限る。），第二号及び第三号，第20条第一号（乳幼児の養育のための専用の室に係る部分に限る。）及び第二号，第26条第一号（母子室に係る部分に限る。），第二号（母子室を1世帯につき1室以上とする部分に限る。）及び第三号，第32条第一号（乳児室及びほふく室に係る部分に限る。）（第30条第1項において準用する場合を含む。），第二号（第30条第1項において準用する場合を含む。），第三号（第30条第1項において準用する場合を含む。），第五号（保育室及び遊戯室に係る部分に限る。）（第30条第1項において準用する場合を含む。）及び第六号（保育室及び遊戯室に係る部分に限る。）（第30条第1項において準用する場合を含む。），第41条第一号（居室に係る部分に限る。）（第79条第2項において準用する場合を含む。）及び第二号（面積に係る部分に限る。）（第79条第2項において準用する場合を含む。），第48条第一号（居室に係る部分に限る。）及び第七号（面積に係る部分に限る。），第57条第一号（病室に係る部分に限る。），第62条第一号（指導訓練室及び遊戯室に係る部分に限る。），第二号（面積に係る部分に限る。）及び第三号，第68条第一号（病室に係る部分に限る。）並びに第72条第一号（居室に係る部分に限る。）及び第二号（面積に係る部分に限る。）の規定による基準

三　法第45条第1項の規定により，同条第2項第三号に掲げる事項について都道府県が条例を定めるに当たって従うべき基準　　第6条の3，第6条の4，第9条，第9条の2，第9条の4，第10条第3項，第11条，第14条の2，第15条，第19条第一号（調理室に係る部分に限る。），第26条第二号（調理設備に係る部分に限る。），第32条第一号（調理室に係る部分に限る。）（第30条第1項において準用する場合を含む。）及び第五号（調理室に係る部分に限る。）（第30条第1項において準用する場合を含む。），第32条の2（第30条第1項において準用する場合を含む。），第35条，第41条第一号（調理室に係る部分に限る。）（第79条第2項において準用する場合を含む。），第48条第一号（調理室に係る部分に限る。），第57条第一号（給食施設に係る部分に限る。），第62条第一号（調理室に係る部分に限る。）及び第六号（調理室に係る部分に限る。），第68条第一号（調理室に

　　係る部分に限る。）並びに第72条第一号（調理室に係る部分に限る。）の規定による基準
　四　法第45条第1項の規定により，同条第2項各号に掲げる事項以外の事項について都道
　　府県が条例を定めるに当たって参酌すべき基準　　この府令に定める基準のうち，前3
　　号に定める規定による基準以外のもの
2　設備運営基準は，都道府県知事の監督に属する児童福祉施設に入所している者が，明る
　くて，衛生的な環境において，素養があり，かつ，適切な訓練を受けた職員（児童福祉施
　設の長を含む。以下同じ。）の指導により，心身ともに健やかにして，社会に適応するよ
　うに育成されることを保障するものとする。
3　内閣総理大臣は，設備運営基準を常に向上させるように努めるものとする。

【最低基準の目的】
第2条　法第45条第1項の規定により都道府県が条例で定める基準（以下「最低基準」とい
　う。）は，都道府県知事の監督に属する児童福祉施設に入所している者が，明るくて，衛
　生的な環境において，素養があり，かつ，適切な訓練を受けた職員の指導により，心身と
　もに健やかにして，社会に適応するように育成されることを保障するものとする。

【児童福祉施設の一般原則】
第5条　児童福祉施設は，入所している者の人権に十分配慮するとともに，一人一人の人格
　を尊重して，その運営を行わなければならない。
2　児童福祉施設は，地域社会との交流及び連携を図り，児童の保護者及び地域社会に対し，
　当該児童福祉施設の運営の内容を適切に説明するよう努めなければならない。
3　児童福祉施設は，その運営の内容について，自ら評価を行い，その結果を公表するよう
　努めなければならない。
4　児童福祉施設には，法に定めるそれぞれの施設の目的を達成するために必要な設備を設
　けなければならない。
5　児童福祉施設の構造設備は，採光，換気等入所している者の保健衛生及びこれらの者に
　対する危害防止に十分な考慮を払って設けられなければならない。

【児童福祉施設と非常災害】
第6条　児童福祉施設（障害児入所施設及び児童発達支援センター（次条，第9条の4及び
　第10条第3項において「障害児入所施設等」という。）を除く。第9条の3及び第10条第
　2項において同じ。）においては，軽便消火器等の消火用具，非常口その他非常災害に必
　要な設備を設けるとともに，非常災害に対する具体的計画を立て，これに対する不断の注
　意と訓練をするように努めなければならない。
2　前項の訓練のうち，避難及び消火に対する訓練は，少なくとも毎月1回は，これを行わ
　なければならない。

【非常災害対策】
第6条の2　障害児入所施設等は，消火設備その他非常災害の際に必要な設備を設けるとと
　もに，非常災害に対する具体的計画を立て，非常災害の発生時の関係機関への通報及び連
　絡体制を整備し，それらを定期的に職員に周知しなければならない。
2，3　（略）

【安全計画の策定等】
第6条の3　児童福祉施設（助産施設，児童遊園及び児童家庭支援センターを除く。以下こ
　の条及び次条において同じ。）は，児童の安全の確保を図るため，当該児童福祉施設の設
　備の安全点検，職員，児童等に対する施設外での活動，取組等を含めた児童福祉施設での
　生活その他の日常生活における安全に関する指導，職員の研修及び訓練その他児童福祉施
　設における安全に関する事項についての計画（以下この条において「安全計画」という。）

を策定し，当該安全計画に従い必要な措置を講じなければならない。

2〜4　（略）

【種　類】

第15条　助産施設は，第一種助産施設及び第二種助産施設とする。

2　第一種助産施設とは，医療法（昭和23年法律第205号）の病院又は診療所である助産施設をいう。

3　第二種助産施設とは，医療法の助産所である助産施設をいう。

【設備の基準】

第19条　乳児院（乳児又は幼児（以下「乳幼児」という。）10人未満を入所させる乳児院を除く。）の設備の基準は，次のとおりとする。

　一　寝室，観察室，診察室，病室，ほふく室，相談室，調理室，浴室及び便所を設けること。

　二　寝室の面積は，乳幼児1人につき2.47 m² 以上であること。

　三　観察室の面積は，乳児1人につき1.65m²以上であること。

第20条　乳幼児10人未満を入所させる乳児院の設備の基準は，次のとおりとする。

　一　乳幼児の養育のための専用の室及び相談室を設けること。

　二　乳幼児の養育のための専用の室の面積は，1室につき9.91 m² 以上とし，乳幼児1人につき2.47 m² 以上であること。

【設備の基準】

第26条　母子生活支援施設の設備の基準は，次のとおりとする。

　一　母子室，集会，学習等を行う室及び相談室を設けること。

　二　母子室は，これに調理設備，浴室及び便所を設けるものとし，1世帯につき1室以上とすること。

　三　母子室の面積は，30m²以上であること。

　四　乳幼児を入所させる母子生活支援施設には，付近にある保育所又は児童厚生施設が利用できない等必要があるときは，保育所に準ずる設備を設けること。

　五　乳幼児30人未満を入所させる母子生活支援施設には，静養室を，乳幼児30人以上を入所させる母子生活支援施設には，医務室及び静養室を設けること。

【設備の基準】

第32条　保育所の設備の基準は，次のとおりとする。

　一　乳児又は満2歳に満たない幼児を入所させる保育所には，乳児室又はほふく室，医務室，調理室及び便所を設けること。

　二　乳児室の面積は，乳児又は前号の幼児1人につき1.65 m² 以上であること。

　三　ほふく室の面積は，乳児又は第一号の幼児1人につき3.3 m² 以上であること。

　四　乳児室又はほふく室には，保育に必要な用具を備えること。

　五　満2歳以上の幼児を入所させる保育所には，保育室又は遊戯室，屋外遊戯場（保育所の付近にある屋外遊戯場に代わるべき場所を含む。次号において同じ。），調理室及び便所を設けること。

　六　保育室又は遊戯室の面積は，前号の幼児1人につき1.98m²以上，屋外遊戯場の面積は，前号の幼児1人につき3.3m²以上であること。

　七　保育室又は遊戯室には，保育に必要な用具を備えること。

　八　乳児室，ほふく室，保育室又は遊戯室（以下「保育室等」という。）を2階に設ける建物は，次のイ，ロ及びへの要件に，保育室等を3階以上に設ける建物は，次に掲げる要件に該当するものであること。

　　イ　耐火建築物（建築基準法（昭和25年法律第201号）第2条第九号の二に規定する耐

火建築物をいう。以下この号において同じ。）又は準耐火建築物（同条第九号の三に規定する準耐火建築物をいい，同号ロに該当するものを除く。）（保育室等を３階以上に設ける建物にあっては，耐火建築物）であること。

ロ　保育室等が設けられている次の表の左欄に掲げる階に応じ，同表の中欄に掲げる区分ごとに，それぞれ同表の右欄に掲げる施設又は設備が１以上設けられていること。

階	区分	施設又は設備
２階	常用	1　屋内階段 2　屋外階段
２階	避難用	1　建築基準法施行令（昭和25年政令第338号）第123条第１項各号又は同条第３項各号に規定する構造の屋内階段（ただし，同条第１項の場合においては，当該階段の構造は，建築物の１階から２階までの部分に限り，屋内と階段室とは，バルコニー又は付室を通じて連絡することとし，かつ，同条第３項第三号，第四号及び第十号を満たすものとする。） 2　待避上有効なバルコニー 3　建築基準法第２条第七号の二に規定する準耐火構造の屋外傾斜路又はこれに準ずる設備 4　屋外階段
３階	常用	1　建築基準法施行令第123条第１項各号又は同条第３項各号に規定する構造の屋内階段 2　屋外階段
３階	避難用	1　建築基準法施行令第123条第１項各号又は同条第３項各号に規定する構造の屋内階段（ただし，同条第１項の場合においては，当該階段の構造は，建築物の１階から３階までの部分に限り，屋内と階段室とは，バルコニー又は付室を通じて連絡することとし，かつ，同条第３項第三号，第四号及び第十号を満たすものとする。） 2　建築基準法第２条第七号に規定する耐火構造の屋外傾斜路又はこれに準ずる設備 3　屋外階段
４階以上	常用	1　建築基準法施行令第123条第１項各号又は同条第３項各号に規定する構造の屋内階段 2　建築基準法施行令123条第２項各号に規定する構造の屋外階段
４階以上	避難用	1　建築基準法施行令第123条第１項各号又は同条第３項各号に規定する構造の屋内階段（ただし，同条第１項の場合においては，当該階段の構造は，建築物の１階から保育室等が設けられている階までの部分に限り，屋内と階段室とは，バルコニー又は付室（階段室が同条第３項第二号に規定する構造を有する場合を除き，同号に規定する構造を有するものに限る。）を通じて連絡することとし，かつ，同条第３項第三号，第四号及び第十号を満たすものとする。） 2　建築基準法第２条第七号に規定する耐火構造の屋外傾斜路 3　建築基準法施行令第123条第２項各号に規定する構造の屋外階段

ハ　ロに掲げる施設及び設備が避難上有効な位置に設けられ，かつ，保育室等の各部分からその一に至る歩行距離が30m以下となるように設けられていること。

ニ　保育所の調理室（次に掲げる要件のいずれかに該当するものを除く。ニにおいて同じ。）以外の部分と保育所の調理室の部分が建築基準法第２条第七号に規定する耐火構造の床若しくは壁又は建築基準法施行令第112条第１項に規定する特定防火設備で区画されていること。この場合において，換気，暖房又は冷房の設備の風道が，当該

床若しくは壁を貫通する部分又はこれに近接する部分に防火上有効にダンパーが設けられていること。

(1) スプリンクラー設備その他これに類するもので自動式のものが設けられていること。

(2) 調理用器具の種類に応じて有効な自動消火装置が設けられ，かつ，当該調理室の外部への延焼を防止するために必要な措置が講じられていること。

ホ　保育所の壁及び天井の室内に面する部分の仕上げを不燃材料でしていること。

ヘ　保育室等その他乳幼児が出入し，又は通行する場所に，乳幼児の転落事故を防止する設備が設けられていること。

ト　非常警報器具又は非常警報設備及び消防機関へ火災を通報する設備が設けられていること。

チ　保育所のカーテン，敷物，建具等で可燃性のものについて防炎処理が施されていること。

【設備の基準】

第37条　児童厚生施設の設備の基準は，次のとおりとする。

一　児童遊園等屋外の児童厚生施設には，広場，遊具及び便所を設けること。

二　児童館等屋内の児童厚生施設には，集会室，遊戯室，図書室及び便所を設けること。

【設備の基準】

第41条　児童養護施設の設備の基準は，次のとおりとする。

一　児童の居室，相談室，調理室，浴室及び便所を設けること。

二　児童の居室の1室の定員は，これを4人以下とし，その面積は，1人につき4.95m²以上とすること。ただし，乳幼児のみの居室の一室の定員は，これを6人以下とし，その面積は，1人につき3.3m²以上とする。

三　入所している児童の年齢等に応じ，男子と女子の居室を別にすること。

四　便所は，男子用と女子用とを別にすること。ただし，少数の児童を対象として設けるときは，この限りでない。

五　児童30人以上を入所させる児童養護施設には，医務室及び静養室を設けること。

六　入所している児童の年齢，適性等に応じ職業指導に必要な設備（以下「職業指導に必要な設備」という。）を設けること。

【設備の基準】

第48条　福祉型障害児入所施設の設備の基準は，次のとおりとする。

一　児童の居室，調理室，浴室，便所，医務室及び静養室を設けること。ただし，児童30人未満を入所させる施設であって主として知的障害のある児童を入所させるものにあっては医務室を，児童30人未満を入所させる施設であって主として盲児又はろうあ児（以下「盲ろうあ児」という。）を入所させるものにあっては医務室及び静養室を設けないことができる。

二　主として知的障害のある児童を入所させる福祉型障害児入所施設には，職業指導に必要な設備を設けること。

三　主として盲児を入所させる福祉型障害児入所施設には，次の設備を設けること。

イ　遊戯室，訓練室，職業指導に必要な設備及び音楽に関する設備

ロ　浴室及び便所の手すり並びに特殊表示等身体の機能の不自由を助ける設備

四　主としてろうあ児を入所させる福祉型障害児入所施設には，遊戯室，訓練室，職業指導に必要な設備及び映像に関する設備を設けること。

五　主として肢体不自由のある児童を入所させる福祉型障害児入所施設には，次の設備を

設けること。

イ　訓練室及び屋外訓練場

ロ　浴室及び便所の手すり等身体の機能の不自由を助ける設備

六　主として盲児を入所させる福祉型障害児入所施設又は主として肢体不自由のある児童を入所させる福祉型障害児入所施設においては，階段の傾斜を緩やかにすること。

七　児童の居室の1室の定員は，これを4人以下とし，その面積は，1人につき4.95m²以上とすること。ただし，乳幼児のみの居室の1室の定員は，これを6人以下とし，その面積は，1人につき3.3m²以上とする。

八　入所している児童の年齢等に応じ，男子と女子の居室を別にすること。

九　便所は，男子用と女子用とを別にすること。

【設備の基準】

第57条　医療型障害児入所施設の設備の基準は，次のとおりとする。

一　医療型障害児入所施設には，医療法に規定する病院として必要な設備のほか，訓練室及び浴室を設けること。

二　主として自閉症児を入所させる医療型障害児入所施設には，静養室を設けること。

三　主として肢体不自由のある児童を入所させる医療型障害児入所施設には，屋外訓練場，ギプス室，特殊手工芸等の作業を指導するに必要な設備，義肢装具を製作する設備を設けること。ただし，義肢装具を製作する設備は，他に適当な設備がある場合は，これを設けることを要しないこと。

四　主として肢体不自由のある児童を入所させる医療型障害児入所施設においては，階段の傾斜を緩やかにするほか，浴室及び便所の手すり等身体の機能の不自由を助ける設備を設けること。

【設備の基準】

第62条　福祉型児童発達支援センターの設備の基準は，次のとおりとする。

一　福祉型児童発達支援センター（主として重症心身障害児を通わせる福祉型児童発達支援センターを除く。以下この号において同じ。）には，指導訓練室，遊戯室，屋外遊戯場（福祉型児童発達支援センターの付近にある屋外遊戯場に代わるべき場所を含む。），医務室，相談室，調理室，便所並びに児童発達支援の提供に必要な設備及び備品を設けること。

二　福祉型児童発達支援センター（主として難聴児を通わせる福祉型児童発達支援センター及び主として重症心身障害児を通わせる福祉型児童発達支援センターを除く。次号において同じ。）の指導訓練室の1室の定員は，これをおおむね10人とし，その面積は，児童1人につき2.47m²以上とすること。

三　福祉型児童発達支援センターの遊戯室の面積は，児童1人につき1.65m²以上とすること。

四　主として知的障害のある児童を通わせる福祉型児童発達支援センターには，静養室を設けること。

五　主として難聴児を通わせる福祉型児童発達支援センターには，聴力検査室を設けること。

六　主として重症心身障害児を通わせる福祉型児童発達支援センターには，指導訓練室，調理室，便所並びに児童発達支援の提供に必要な設備及び備品を設けること。

【設備の基準】

第68条　医療型児童発達支援センターの設備の基準は，次のとおりとする。

一　医療法に規定する診療所として必要な設備のほか，指導訓練室，屋外訓練場，相談室

及び調理室を設けること。

二　階段の傾斜を緩やかにするほか，浴室及び便所の手すり等身体の機能の不自由を助ける設備を設けること。

【設備の基準】

第72条　児童心理治療施設の設備の基準は，次のとおりとする。

一　児童の居室，医務室，静養室，遊戯室，観察室，心理検査室，相談室，工作室，調理室，浴室及び便所を設けること。

二　児童の居室の１室の定員は，これを４人以下とし，その面積は，１人につき4.95m²以上とすること。

三　男子と女子の居室は，これを別にすること。

四　便所は，男子用と女子用とを別にすること。ただし，少数の児童を対象として設けるときは，この限りでない。

【設備の基準】

第79条　児童自立支援施設の学科指導に関する設備については，小学校，中学校又は特別支援学校の設備の設置基準に関する学校教育法の規定を準用する。ただし，学科指導を行わない場合にあってはこの限りでない。

2　前項に規定する設備以外の設備については，第41条（第二号ただし書を除く。）の規定を準用する。ただし男子と女子の居室は，これを別にしなければならない。

【設備の基準】

第88条の2　児童家庭支援センターには相談室を設けなければならない。

社会福祉法［抄］

昭和26年3月29日　法律第45号
最終改正　令和4年6月22日　法律第76号

【定　義】

第2条　この法律において，「社会福祉事業」とは，第一種社会福祉事業及び第二種社会福祉事業をいう。

2　次に掲げる事業を第一種社会福祉事業とする。

一　生活保護法（昭和25年法律第144号）に規定する救護施設，更生施設その他生計困難者を無料又は低額な料金で入所させて生活の扶助を行うことを目的とする施設を経営する事業及び生計困難者に対して助葬を行う事業

二　児童福祉法（昭和22年法律第164号）に規定する乳児院，母子生活支援施設，児童養護施設，障害児入所施設，児童心理治療施設又は児童自立支援施設を経営する事業

三　老人福祉法（昭和38年法律第133号）に規定する養護老人ホーム，特別養護老人ホーム又は軽費老人ホームを経営する事業

四　障害者の日常生活及び社会生活を総合的に支援するための法律（平成17年法律第123号）に規定する障害者支援施設を経営する事業

五　削除

六　売春防止法（昭和31年法律第118号）に規定する婦人保護施設を経営する事業

七　授産施設を経営する事業及び生計困難者に対して無利子又は低利で資金を融通する事業

3　次に掲げる事業を第二種社会福祉事業とする。

一　生計困難者に対して，その住居で衣食その他日常の生活必需品若しくはこれに要する金銭を与え，又は生活に関する相談に応ずる事業

一の二　生活困窮者自立支援法（平成25年法律第105号）に規定する認定生活困窮者就労訓練事業

二　児童福祉法に規定する障害児通所支援事業，障害児相談支援事業，児童自立生活援助事業，放課後児童健全育成事業，子育て短期支援事業，乳児家庭全戸訪問事業，養育支援訪問事業，地域子育て支援拠点事業，一時預かり事業，小規模住居型児童養育事業，小規模保育事業，病児保育事業又は子育て援助活動支援事業，同法に規定する助産施設，保育所，児童厚生施設又は児童家庭支援センターを経営する事業及び児童の福祉の増進について相談に応ずる事業

二の二　就学前の子どもに関する教育，保育等の総合的な提供の推進に関する法律（平成18年法律第77号）に規定する幼保連携型認定こども園を経営する事業

二の三　民間あっせん機関による養子縁組のあっせんに係る児童の保護等に関する法律（平成28年法律第110号）に規定する養子縁組あっせん事業

三　母子及び父子並びに寡婦福祉法（昭和39年法律第129号）に規定する母子家庭日常生活支援事業，父子家庭日常生活支援事業又は寡婦日常生活支援事業及び同法に規定する母子・父子福祉施設を経営する事業

四　老人福祉法に規定する老人居宅介護等事業，老人デイサービス事業，老人短期入所事業，小規模多機能型居宅介護事業，認知症対応型老人共同生活援助事業又は複合型サービス福祉事業及び同法に規定する老人デイサービスセンター，老人短期入所施設，老人福祉センター又は老人介護支援センターを経営する事業

四の二　障害者の日常生活及び社会生活を総合的に支援するための法律に規定する障害福祉サービス事業，一般相談支援事業，特定相談支援事業又は移動支援事業及び同法に規定する地域活動支援センター又は福祉ホームを経営する事業

五　身体障害者福祉法（昭和24年法律第283号）に規定する身体障害者生活訓練等事業，手話通訳事業又は介助犬訓練事業若しくは聴導犬訓練事業，同法に規定する身体障害者福祉センター，補装具製作施設，盲導犬訓練施設又は視聴覚障害者情報提供施設を経営する事業及び身体障害者の更生相談に応ずる事業

六　知的障害者福祉法（昭和35年法律第37号）に規定する知的障害者の更生相談に応ずる事業

七　削除

八　生計困難者のために，無料又は低額な料金で，簡易住宅を貸し付け，又は宿泊所その他の施設を利用させる事業

九　生計困難者のために，無料又は低額な料金で診療を行う事業

十　生計困難者に対して，無料又は低額な費用で介護保険法（平成 9 年法律第123号）に規定する介護老人保健施設又は介護医療院を利用させる事業

十一　隣保事業（隣保館等の施設を設け，無料又は低額な料金でこれを利用させることその他その近隣地域における住民の生活の改善及び向上を図るための各種の事業を行うものをいう。）

十二　福祉サービス利用援助事業（精神上の理由により日常生活を営むのに支障がある者に対して，無料又は低額な料金で，福祉サービス（前項各号及び前各号の事業において提供されるものに限る。以下この号において同じ。）の利用に関し相談に応じ，及び助言を行い，並びに福祉サービスの提供を受けるために必要な手続又は福祉サービスの利用に要する費用の支払に関する便宜を供与することその他の福祉サービスの適切な利用のための一連の援助を一体的に行う事業をいう。）

十三　前項各号及び前各号の事業に関する連絡又は助成を行う事業

4　（略）

宅地建物取引業法［抄］

昭和27年6月10日　法律第176号
最終改正　令和5年11月29日　法律第79号

【用語の定義】

第2条　この法律において次の各号に掲げる用語の意義は，それぞれ当該各号の定めるところによる。

　一　宅地　　建物の敷地に供せられる土地をいい，都市計画法（昭和43年法律第100号）第8条第1項第一号の用途地域内のその他の土地で，道路，公園，河川その他政令で定める公共の用に供する施設の用に供せられているもの以外のものを含むものとする。

　二　宅地建物取引業　　宅地若しくは建物（建物の一部を含む。以下同じ。）の売買若しくは交換又は宅地若しくは建物の売買，交換若しくは貸借の代理若しくは媒介をする行為で業として行うものをいう。

　三　宅地建物取引業者　　第3条第1項の免許を受けて宅地建物取引業を営む者をいう。

　四　宅地建物取引士　　第22条の2第1項の宅地建物取引士証の交付を受けた者をいう。

【免　許】

第3条　宅地建物取引業を営もうとする者は，2以上の都道府県の区域内に事務所（本店，支店その他の政令で定めるものをいう。以下同じ。）を設置してその事業を営もうとする場合にあっては国土交通大臣の，1の都道府県の区域内にのみ事務所を設置してその事業を営もうとする場合にあっては当該事務所の所在地を管轄する都道府県知事の免許を受けなければならない。

2　前項の免許の有効期間は，5年とする。

3　前項の有効期間の満了後引き続き宅地建物取引業を営もうとする者は，免許の更新を受けなければならない。

4　前項の免許の更新の申請があった場合において，第2項の有効期間の満了の日までにその申請について処分がなされないときは，従前の免許は，同項の有効期間の満了後もその処分がなされるまでの間は，なお効力を有する。

5　前項の場合において，免許の更新がなされたときは，その免許の有効期間は，従前の免許の有効期間の満了の日の翌日から起算するものとする。

6　第1項の免許のうち国土交通大臣の免許を受けようとする者は，登録免許税法（昭和42年法律第35号）の定めるところにより登録免許税を，第3項の規定により国土交通大臣の免許の更新を受けようとする者は，政令の定めるところにより手数料を，それぞれ納めなければならない。

【免許の基準】

第5条　国土交通大臣又は都道府県知事は，第3条第1項の免許を受けようとする者が次の各号のいずれかに該当する場合又は免許申請書若しくはその添付書類中に重要な事項について虚偽の記載があり，若しくは重要な事実の記載が欠けている場合においては，免許をしてはならない。

一　破産手続開始の決定を受けて復権を得ない者

二　第66条第1項第八号又は第九号に該当することにより免許を取り消され，その取消しの日から5年を経過しない者（当該免許を取り消された者が法人である場合においては，当該取消しに係る聴聞の期日及び場所の公示の日前60日以内に当該法人の役員（業務を執行する社員，取締役，執行役又はこれらに準ずる者をいい，相談役，顧問，その他いかなる名称を有する者であるかを問わず，法人に対し業務を執行する社員，取締役，執行役又はこれらに準ずる者と同等以上の支配力を有するものと認められる者を含む。以下この条，第18条第1項，第65条第2項及び第66条第1項において同じ。）であった者で当該取消しの日から5年を経過しないものを含む。）

三　第66条第1項第八号又は第九号に該当するとして免許の取消処分の聴聞の期日及び場所が公示された日から当該処分をする日又は当該処分をしないことを決定する日までの間に第11条第1項第四号又は第五号の規定による届出があった者（解散又は宅地建物取引業の廃止について相当の理由がある者を除く。）で当該届出の日から5年を経過しないもの

四　前号に規定する期間内に合併により消滅した法人又は第11条第1項第四号若しくは第五号の規定による届出があった法人（合併，解散又は宅地建物取引業の廃止について相当の理由がある法人を除く。）の前号の公示の日前60日以内に役員であった者で当該消滅又は届出の日から5年を経過しないもの

五　禁錮以上の刑に処せられ，その刑の執行を終わり，又は執行を受けることがなくなった日から5年を経過しない者

六　この法律若しくは暴力団員による不当な行為の防止等に関する法律（平成3年法律第77号）の規定（同法第32条の3第7項及び第32条の11第1項の規定を除く。第18条第1項第七号及び第52条第七号ハにおいて同じ。）に違反したことにより，又は刑法（明治40年法律第45号）第204条，第206条，第208条，第208条の2，第222条若しくは第247条の罪若しくは暴力行為等処罰に関する法律（大正15年法律第60号）の罪を犯したことにより，罰金の刑に処せられ，その刑の執行を終わり，又は執行を受けることがなくなった日から5年を経過しない者

七　暴力団員による不当な行為の防止等に関する法律第2条第六号に規定する暴力団員又は同号に規定する暴力団員でなくなった日から5年を経過しない者(以下「暴力団員等」という。)

八　免許の申請前5年以内に宅地建物取引業に関し不正又は著しく不当な行為をした者

九　宅地建物取引業に関し不正又は不誠実な行為をするおそれが明らかな者

十　心身の故障により宅地建物取引業を適正に営むことができない者として国土交通省令で定めるもの

十一　営業に関し成年者と同一の行為能力を有しない未成年者でその法定代理人（法定代理人が法人である場合においては，その役員を含む。）が前各号のいずれかに該当するもの

十二　法人でその役員又は政令で定める使用人のうちに第一号から第十号までのいずれかに該当する者のあるもの

十三　個人で政令で定める使用人のうちに第一号から第十号までのいずれかに該当する者のあるもの

十四　暴力団員等がその事業活動を支配する者

十五　事務所について第31条の3に規定する要件を欠く者

2　国土交通大臣又は都道府県知事は，免許をしない場合においては，その理由を附した書面をもって，申請者にその旨を通知しなければならない。

【宅地建物取引業者名簿等の閲覧】

第10条　国土交通大臣又は都道府県知事は，国土交通省令の定めるところにより，宅地建物取引業者名簿並びに免許の申請及び前条の届出に係る書類又はこれらの写しを一般の閲覧に供しなければならない。

【名義貸しの禁止】

第13条　宅地建物取引業者は，自己の名義をもって，他人に宅地建物取引業を営ませてはならない。

2　宅地建物取引業者は，自己の名義をもって，他人に，宅地建物取引業を営む旨の表示をさせ，又は宅地建物取引業を営む目的をもってする広告をさせてはならない。

【宅地建物取引士の業務処理の原則】

第15条　宅地建物取引士は，宅地建物取引業の業務に従事するときは，宅地又は建物の取引の専門家として，購入者等の利益の保護及び円滑な宅地又は建物の流通に資するよう，公正かつ誠実にこの法律に定める事務を行うとともに，宅地建物取引業に関連する業務に従事する者との連携に努めなければならない。

【営業保証金の供託等】

第25条　宅地建物取引業者は，営業保証金を主たる事務所のもよりの供託所に供託しなければならない。

2　前項の営業保証金の額は，主たる事務所及びその他の事務所ごとに，宅地建物取引業者の取引の実情及びその取引の相手方の利益の保護を考慮して，政令で定める額とする。

3～8　（略）

【宅地建物取引士の設置】

第31条の3　宅地建物取引業者は，その事務所その他国土交通省令で定める場所（以下この条及び第50条第1項において「事務所等」という。）ごとに，事務所等の規模，業務内容等を考慮して国土交通省令で定める数の成年者である専任の宅地建物取引士を置かなければならない。

2，3　（略）

【誇大広告等の禁止】

第32条　宅地建物取引業者は，その業務に関して広告をするときは，当該広告に係る
　宅地又は建物の所在，規模，形質若しくは現在若しくは将来の利用の制限，環境若
　しくは交通その他の利便又は代金，借賃等の対価の額若しくはその支払方法若しく
　は代金若しくは交換差金に関する金銭の貸借のあっせんについて，著しく事実に相
　違する表示をし，又は実際のものよりも著しく優良であり，若しくは有利であると
　人を誤認させるような表示をしてはならない。

【広告の開始時期の制限】

第33条　宅地建物取引業者は，宅地の造成又は建物の建築に関する工事の完了前にお
　いては，当該工事に関し必要とされる都市計画法第29条第1項又は第2項の許可，
　建築基準法（昭和25年法律第201号）第6条第1項の確認その他法令に基づく許可
　等の処分で政令で定めるものがあった後でなければ，当該工事に係る宅地又は建物
　の売買その他の業務に関する広告をしてはならない。

【取引態様の明示】

第34条　宅地建物取引業者は，宅地又は建物の売買，交換又は貸借に関する広告をす
　るときは，自己が契約の当事者となって当該売買若しくは交換を成立させるか，代
　理人として当該売買，交換若しくは貸借を成立させるか，又は媒介して当該売買，
　交換若しくは貸借を成立させるかの別（次項において「取引態様の別」という。）
　を明示しなければならない。

2　宅地建物取引業者は，宅地又は建物の売買，交換又は貸借に関する注文を受けた
　ときは，遅滞なく，その注文をした者に対し，取引態様の別を明らかにしなければ
　ならない。

【重要事項の説明等】

第35条　宅地建物取引業者は，宅地若しくは建物の売買，交換若しくは貸借の相手方
　若しくは代理を依頼した者又は宅地建物取引業者が行う媒介に係る売買，交換若し
　くは貸借の各当事者（以下「宅地建物取引業者の相手方等」という。）に対して，
　その者が取得し，又は借りようとしている宅地又は建物に関し，その売買，交換又
　は貸借の契約が成立するまでの間に，宅地建物取引士をして，少なくとも次に掲げ
　る事項について，これらの事項を記載した書面（第五号において図面を必要とする
　ときは，図面）を交付して説明をさせなければならない。

一　当該宅地又は建物の上に存する登記された権利の種類及び内容並びに登記名義
　　人又は登記簿の表題部に記録された所有者の氏名（法人にあっては，その名称）

二　都市計画法，建築基準法その他の法令に基づく制限で契約内容の別（当該契約
　　の目的物が宅地であるか又は建物であるかの別及び当該契約が売買若しくは交換
　　の契約であるか又は貸借の契約であるかの別をいう。以下この条において同じ。）
　　に応じて政令で定めるものに関する事項の概要

三　当該契約が建物の貸借の契約以外のものであるときは，私道に関する負担に関
　　する事項

四　飲用水，電気及びガスの供給並びに排水のための施設の整備の状況（これらの施設が整備されていない場合においては，その整備の見通し及びその整備についての特別の負担に関する事項）

五　当該宅地又は建物が宅地の造成又は建築に関する工事の完了前のものであるときは，その完了時における形状，構造その他国土交通省令・内閣府令で定める事項

六　当該建物が建物の区分所有等に関する法律（昭和37年法律第69号）第2条第1項に規定する区分所有権の目的であるものであるときは，当該建物を所有するための1棟の建物の敷地に関する権利の種類及び内容，同条第4項に規定する共用部分に関する規約の定めその他の1棟の建物又はその敷地（一団地内に数棟の建物があって，その団地内の土地又はこれに関する権利がそれらの建物の所有者の共有に属する場合には，その土地を含む。）に関する権利及びこれらの管理又は使用に関する事項で契約内容の別に応じて国土交通省令・内閣府令で定めるもの

六の二　当該建物が既存の建物であるときは，次に掲げる事項

　　イ　建物状況調査（実施後国土交通省令で定める期間を経過していないものに限る。）を実施しているかどうか，及びこれを実施している場合におけるその結果の概要

　　ロ　設計図書，点検記録その他の建物の建築及び維持保全の状況に関する書類で国土交通省令で定めるものの保存の状況

七　代金，交換差金及び借賃以外に授受される金銭の額及び当該金銭の授受の目的

八　契約の解除に関する事項

九　損害賠償額の予定又は違約金に関する事項

十　第41条第1項に規定する手付金等を受領しようとする場合における同条又は第41条の2の規定による措置の概要

十一　支払金又は預り金（宅地建物取引業者の相手方等からその取引の対象となる宅地又は建物に関し受領する代金，交換差金，借賃その他の金銭（第41条第1項又は第41条の2第1項の規定により保全の措置が講ぜられている手付金等を除く。）であって国土交通省令・内閣府令で定めるものをいう。第64条の3第2項第一号において同じ。）を受領しようとする場合において，同号の規定による保証の措置その他国土交通省令・内閣府令で定める保全措置を講ずるかどうか，及びその措置を講ずる場合におけるその措置の概要

十二　代金又は交換差金に関する金銭の貸借のあっせんの内容及び当該あっせんに係る金銭の貸借が成立しないときの措置

十三　当該宅地又は建物が種類又は品質に関して契約の内容に適合しない場合におけるその不適合を担保すべき責任の履行に関し保証保険契約の締結その他の措置で国土交通省令・内閣府令で定めるものを講ずるかどうか，及びその措置を講ずる場合におけるその措置の概要

十四　その他宅地建物取引業者の相手方等の利益の保護の必要性及び契約内容の別を勘案して，次のイ又はロに掲げる場合の区分に応じ，それぞれ当該イ又はロに定

　　める命令で定める事項

　イ　事業を営む場合以外の場合において宅地又は建物を買い，又は借りようとす
　　る個人である宅地建物取引業者の相手方等の利益の保護に資する事項を定める
　　場合　　国土交通省令・内閣府令

　ロ　イに規定する事項以外の事項を定める場合　　国土交通省令

2　宅地建物取引業者は，宅地又は建物の割賦販売（代金の全部又は一部について，
　目的物の引渡し後1年以上の期間にわたり，かつ，2回以上に分割して受領するこ
　とを条件として販売することをいう。以下同じ。）の相手方に対して，その者が取
　得しようとする宅地又は建物に関し，その割賦販売の契約が成立するまでの間に，
　宅地建物取引士をして，前項各号に掲げる事項のほか，次に掲げる事項について，
　これらの事項を記載した書面を交付して説明をさせなければならない。

　一　現金販売価格（宅地又は建物の引渡しまでにその代金の全額を受領する場合の
　　価格をいう。）

　二　割賦販売価格（割賦販売の方法により販売する場合の価格をいう。）

　三　宅地又は建物の引渡しまでに支払う金銭の額及び賦払金（割賦販売の契約に基
　　づく各回ごとの代金の支払分で目的物の引渡し後のものをいう。第42条第1項に
　　おいて同じ。）の額並びにその支払の時期及び方法

3　宅地建物取引業者は，宅地又は建物に係る信託（当該宅地建物取引業者を委託者
　とするものに限る。）の受益権の売主となる場合における売買の相手方に対して，
　その者が取得しようとしている信託の受益権に係る信託財産である宅地又は建物に
　関し，その売買の契約が成立するまでの間に，宅地建物取引士をして，少なくとも
　次に掲げる事項について，これらの事項を記載した書面（第五号において図面を必
　要とするときは，図面）を交付して説明をさせなければならない。ただし，その売
　買の相手方の利益の保護のため支障を生ずることがない場合として国土交通省令で
　定める場合は，この限りでない。

　一　当該信託財産である宅地又は建物の上に存する登記された権利の種類及び内容
　　並びに登記名義人又は登記簿の表題部に記録された所有者の氏名（法人にあって
　　は，その名称）

　二　当該信託財産である宅地又は建物に係る都市計画法，建築基準法その他の法令
　　に基づく制限で政令で定めるものに関する事項の概要

　三　当該信託財産である宅地又は建物に係る私道に関する負担に関する事項

　四　当該信託財産である宅地又は建物に係る飲用水，電気及びガスの供給並びに排
　　水のための施設の整備の状況（これらの施設が整備されていない場合において
　　は，その整備の見通し及びその整備についての特別の負担に関する事項）

　五　当該信託財産である宅地又は建物が宅地の造成又は建築に関する工事の完了前
　　のものであるときは，その完了時における形状，構造その他国土交通省令で定め
　　る事項

　六　当該信託財産である建物が建物の区分所有等に関する法律第2条第1項に規定
　　する区分所有権の目的であるものであるときは，当該建物を所有するための一棟

の建物の敷地に関する権利の種類及び内容，同条第4項に規定する共用部分に関する規約の定めその他の一棟の建物又はその敷地（一団地内に数棟の建物があって，その団地内の土地又はこれに関する権利がそれらの建物の所有者の共有に属する場合には，その土地を含む。）に関する権利及びこれらの管理又は使用に関する事項で国土交通省令で定めるもの

七　その他当該信託の受益権の売買の相手方の利益の保護の必要性を勘案して国土交通省令で定める事項

4　宅地建物取引士は，前3項の説明をするときは，説明の相手方に対し，宅地建物取引士証を提示しなければならない。

5　第1項から第3項までの書面の交付に当たっては，宅地建物取引士は，当該書面に記名しなければならない。

6　次の表の第1欄に掲げる者が宅地建物取引業者である場合においては，同表の第2欄に掲げる規定の適用については，これらの規定中同表の第3欄に掲げる字句は，それぞれ同表の第4欄に掲げる字句とし，前2項の規定は，適用しない。

宅地建物取引業者の相手方等	第1項	宅地建物取引士をして，少なくとも次に掲げる事項について，これらの事項	少なくとも次に掲げる事項
		交付して説明をさせなければ	交付しなければ
第2項に規定する宅地又は建物の割賦販売の相手方	第2項	宅地建物取引士をして，前項各号に掲げる事項のほか，次に掲げる事項について，これらの事項	前項各号に掲げる事項のほか，次に掲げる事項
		交付して説明をさせなければ	交付しなければ

7　宅地建物取引業者は，前項の規定により読み替えて適用する第1項又は第2項の規定により交付すべき書面を作成したときは，宅地建物取引士をして，当該書面に記名させなければならない。

8　宅地建物取引業者は，第1項から第3項までの規定による書面の交付に代えて，政令で定めるところにより，第1項に規定する宅地建物取引業者の相手方等，第2項に規定する宅地若しくは建物の割賦販売の相手方又は第3項に規定する売買の相手方の承諾を得て，宅地建物取引士に，当該書面に記載すべき事項を電磁的方法であって第5項の規定による措置に代わる措置を講ずるものとして国土交通省令で定めるものにより提供させることができる。この場合において，当該宅地建物取引業者は，当該宅地建物取引士に当該書面を交付させたものとみなし，同項の規定は，適用しない。

9　宅地建物取引業者は，第6項の規定により読み替えて適用する第1項又は第2項の規定による書面の交付に代えて，政令で定めるところにより，第6項の規定により読み替えて適用する第1項に規定する宅地建物取引業者の相手方等である宅地建物取引業者又は第6項の規定により読み替えて適用する第2項に規定する宅地若しくは建物の割賦販売の相手方である宅地建物取引業者の承諾を得て，当該書面に記載すべき事項を電磁的方法であって第7項の規定による措置に代わる措置を講ずる

ものとして国土交通省令で定めるものにより提供することができる。この場合において，当該宅地建物取引業者は，当該書面を交付したものとみなし，同項の規定は，適用しない。

【供託所等に関する説明】

第35条の2　宅地建物取引業者は，宅地建物取引業者の相手方等（宅地建物取引業者に該当する者を除く。）に対して，当該売買，交換又は貸借の契約が成立するまでの間に，当該宅地建物取引業者が第64条の2第1項の規定により指定を受けた一般社団法人の社員でないときは第一号に掲げる事項について，当該宅地建物取引業者が同項の規定により指定を受けた社団法人の社員であるときは，第64条の8第1項の規定により国土交通大臣の指定する弁済業務開始日前においては第一号及び第二号に掲げる事項について，当該弁済業務開始日以後においては第二号に掲げる事項について説明をするようにしなければならない。

一　営業保証金を供託した主たる事務所の最寄りの供託所及びその所在地

二　社員である旨，当該一般社団法人の名称，住所及び事務所の所在地並びに第64条の7第2項の供託所及びその所在地

【契約締結等の時期の制限】

第36条　宅地建物取引業者は，宅地の造成又は建物の建築に関する工事の完了前においては，当該工事に関し必要とされる都市計画法第29条第1項又は第2項の許可，建築基準法第6条第1項の確認その他法令に基づく許可等の処分で政令で定めるものがあった後でなければ，当該工事に係る宅地又は建物につき，自ら当事者として，若しくは当事者を代理してその売買若しくは交換の契約を締結し，又はその売買若しくは交換の媒介をしてはならない。

【標識の掲示等】

第50条　宅地建物取引業者は，事務所等及び事務所等以外の国土交通省令で定めるその業務を行う場所ごとに，公衆の見やすい場所に，国土交通省令で定める標識を掲げなければならない。

2　宅地建物取引業者は，国土交通省令の定めるところにより，あらかじめ，第31条の3第1項の国土交通省令で定める場所について所在地，業務内容，業務を行う期間及び専任の宅地建物取引士の氏名を免許を受けた国土交通大臣又は都道府県知事及びその所在地を管轄する都道府県知事に届け出なければならない。

畜舎等の建築等及び利用の特例に関する法律［抄］

令和 3 年 5 月19日　法律第34号
最終改正　令和 4 年 6 月17日　法律第68号

【目　的】

第1条　この法律は，畜産業を取り巻く国際経済環境の変化等に鑑み，その国際競争力の強化を図るため，畜舎等の建築等及び利用に関する計画の認定制度を創設し，当該認定を受けた計画に基づき建築等がされ，及び利用される畜舎等に関する建築基準法（昭和25年法律第201号）の特例を定め，もって畜産業の振興を図ることを目的とする。

【定　義】

第2条　この法律において「畜舎等」とは，畜舎（家畜の飼養の用に供する施設及びこれに関連する施設として**農林水産省令**[*1]で定める施設をいう。）及び堆肥舎（家畜排せつ物の処理又は保管の用に供する施設として**農林水産省令**[*2]で定める施設をいう。）をいう。

◆農林水産省令 1 ［家畜の飼養の用に供する施設に関連する施設］
農林水産省関係規則第 1 条　　　　　　　　　→p1295
2 ［家畜排せつ物の処理又は保管の用に供する施設］
農林水産省関係規則第 2 条　　　　　　　　　→p1295

2　この法律において「建築等」とは，畜舎等の新築，増築，改築及びその構造に変更を及ぼす行為として**主務省令**で定める行為をいう。

◆主務省令［畜舎等の構造に変更を及ぼす行為］規則第 2 条→p1297

3　この法律において「技術基準」とは，畜舎等の敷地，構造及び建築設備（畜舎等に設ける電気，ガス，給水，排水，換気，暖房，冷房，消火，排煙又は汚物処理の設備その他の**農林水産省令**で定める設備をいう。以下同じ。）について，次に掲げる要件を満たすために必要なものとして**主務省令**で定める基準をいう。

◆農林水産省令［建築設備］農林水産省関係規則第 3 条→p1296
◆主務省令［通則］規則第 3 条→p1297

一　継続的に畜産経営を行う上で，利用基準に適合する畜舎等の利用の方法と相まって，安全上，防火上及び衛生上支障がないこと（次号及び第三号に掲げる要件を除く。）。

二　敷地内の雨水及び汚水の排出又は処理並びに便所から排出する汚物の処理について，衛生上支障がないこと。

三　都市計画法（昭和43年法律第100号）第 4 条第 2 項に規定する都市計画区域及び準都市計画区域，景観法（平成16年法律第110号）第74条第 1 項の準景観地区並びに建築基準法第 6 条第 1 項第四号の規定に基づき都道府県知事が関係市町村の意見を聴いて指定する区域内に建築等がされる畜舎等にあっては，その建蔽率

（建築面積の敷地面積に対する割合をいう。）及び高さその他の構造について，適正かつ合理的な土地利用及び良好な景観の保全を図る観点から，交通上，安全上，防火上及び衛生上支障がないこと。

4　この法律において「利用基準」とは，畜舎等の利用の方法について，継続的に畜産経営を行う上で，安全上，防火上及び衛生上支障がないことを確保するために必要なものとして主務省令で定める基準であって，次に掲げる事項について定めるものをいう。

　　一　畜舎等における1日当たりの滞在者数及び滞在時間の制限に関すること。

　　二　災害時の避難経路の確保に関すること。

　　三　避難訓練の実施その他の災害による被害の防止又は軽減に資する取組に関すること。

【畜舎建築利用計画の認定】

第3条　畜舎等について，その敷地，構造及び建築設備が技術基準に適合するように建築等をし，及び利用基準に従って利用しようとする者（次項及び第4項において「申請者」という。）は，当該畜舎等の建築等及び利用に関する計画（以下「畜舎建築利用計画」という。）を作成し，主務省令で定めるところにより，これを当該畜舎等の工事施工地又は所在地を管轄する都道府県知事（以下単に「都道府県知事」という。）に提出して，その認定を受けることができる。

2　畜舎建築利用計画には，次に掲げる事項（その床面積が，建築士（建築士法（昭和25年法律第202号）第2条第1項に規定する建築士をいう。次項第三号において同じ。）の技術水準その他の事情を勘案して，安全上，防火上及び衛生上支障がないと認められる規模として**主務省令**で定める規模以下である畜舎等（以下「特例畜舎等」という。）の建築等及び利用をしようとする場合にあっては，第四号に掲げる事項を除く。）を記載しなければならない。

◆主務省令［特例畜舎等の面積］規則第65条→p1297

　　一　申請者の氏名又は名称及び住所並びに法人にあっては，その代表者の氏名

　　二　畜舎等の種類，工事施工地又は所在地並びに規模及び間取り

　　三　畜舎等の設計者（その者の責任において，設計図書（畜舎等又はその敷地に関する工事用の図面（現寸図その他これに類するものを除く。）及び仕様書をいう。以下同じ。）を作成した者をいう。以下同じ。）

　　四　畜舎等の敷地，構造及び建築設備

　　五　畜舎等の利用の方法

　　六　申請者が畜舎等で行う畜産業の内容

　　七　建築等の工事の着手及び完了の予定年月日

　　八　その他主務省令で定める事項

3　都道府県知事は，第1項の認定の申請があった場合において，主務省令で定めるところにより，当該申請に係る畜舎建築利用計画が次の各号（特例畜舎等の建築等及び利用をしようとする場合にあっては，第四号を除く。）のいずれにも適合すると認めるときは，その認定をするものとする。

一　都市計画法第7条第1項に規定する市街化区域及び同法第8条第1項第一号に規定する用途地域外の敷地において畜舎等の建築等及び利用をしようとするものであること。

二　畜舎等の高さが**主務省令**で定める高さ以下であって，その階数が1であり，かつ，畜舎等内に居住のための居室を有しないものであること。

◆**主務省令**〔畜舎等の高さ〕規則第68条→p1297

三　畜舎等が建築士の設計に係るものであること。

四　畜舎等の敷地，構造及び建築設備が技術基準並びに畜舎等の敷地，構造又は建築設備に関する法律並びにこれに基づく命令及び条例の規定で主務省令で定めるものに適合するものであること。

五　畜舎等の利用の方法が利用基準に適合するものであること。

六　その他畜舎等の建築等及び利用が適正に行われるものとして主務省令で定める基準に適合するものであること。

4　都道府県知事は，前項の規定にかかわらず，次の各号のいずれかに該当するときは，第1項の認定をしてはならない。

一　第1項の認定の申請に係る畜舎等が建築士法第3条第1項（同条第2項の規定により適用される場合を含む。第5条第2項において同じ。），第3条の2第1項（同条第2項において準用する同法第3条第2項の規定により適用される場合を含む。第5条第2項において同じ。）若しくは第3条の3第1項（同条第2項において準用する同法第3条第2項の規定により適用される場合を含む。第5条第2項において同じ。）の規定又は同法第3条の2第3項（同法第3条の3第2項において読み替えて準用する場合を含む。第5条第2項において同じ。）の規定に基づく条例の規定に違反して設計されたものであるとき。

二　申請者が，第1項の認定の申請に係る畜舎等（堆肥舎を除く。）における家畜の飼養管理又はその排せつ物の管理を適正に行うことができない者として農林水産省令で定める者に該当するとき。

三　申請者が，法人であって，その役員のうちに前号の農林水産省令で定める者に該当する者があるとき。

5　都道府県知事が第1項の認定をする場合（特例畜舎等に係る畜舎建築利用計画について当該認定をする場合を除く。）における消防法（昭和23年法律第186号）第7条第1項の規定の適用については，同項中「許可，認可若しくは確認」とあるのは，「認定」とする。

6　都道府県知事は，第1項の認定をしたときは，速やかに，その旨を当該認定を受けた者（以下「認定計画実施者」という。）に通知するとともに，その旨を公表しなければならない。

【畜舎等の設計及び工事監理】

第5条　認定畜舎等（認定畜舎建築利用計画（第3条第1項の認定を受けた畜舎建築利用計画（変更があったときは，その変更後のもの）をいう。以下この項及び第16条第2項において同じ。）に係る畜舎等をいう。以下同じ。）の工事は，当該認定畜

舎建築利用計画に記載された設計者の設計によらなければ，することができない。

2　認定計画実施者は，建築士法第3条第1項，第3条の2第1項若しくは第3条の3第1項に規定する建築物又は同法第3条の2第3項の規定に基づく条例に規定する建築物に該当する認定畜舎等の工事をする場合においては，それぞれ当該各条に規定する建築士である工事監理者（同法第2条第8項に規定する工事監理をする者をいう。第14条において同じ。）を定めなければならない。

3　前項の規定に違反した工事は，することができない。

【工事完了の届出】

第6条　認定計画実施者は，認定畜舎等の建築等の工事が完了したときは，主務省令で定めるところにより，その旨を都道府県知事に届け出なければならない。

2　認定畜舎等（特例畜舎等を除く。以下この項及び第18条第1項において同じ。）を新築する場合においては，認定計画実施者は，前項の規定による届出をした後でなければ，当該認定畜舎等を使用し，又は使用させてはならない。ただし，都道府県知事が，安全上，防火上及び避難上支障がないと認めたときは，当該届出をする前においても，仮に，当該認定畜舎等又はその部分を使用し，又は使用させることができる。

3　前項ただし書の規定による認定の申請の手続に関し必要な事項は，主務省令で定める。

【基準適合義務等】

第7条　認定畜舎等の敷地，構造及び建築設備は，技術基準に適合するものでなければならない。

2　認定計画実施者は，利用基準に従って認定畜舎等を利用しなければならない。

3　認定計画実施者は，認定畜舎等の用途を変更して畜舎等以外のものとしてはならない。

【建築基準法令の適用除外】

第12条　認定畜舎等については，建築基準法令の規定は，適用しない。

農林水産省関係畜舎等の建築等及び利用の特例に関する法律施行規則［抄］

令和3年12月16日　農林水産省令第69号
最終改正　令和5年1月31日　農林水産省令第3号

【家畜の飼養の用に供する施設に関連する施設】

第1条　畜舎等の建築等及び利用の特例に関する法律（以下「法」という。）第2条第1項の家畜の飼養の用に供する施設に関連する施設として農林水産省令で定める施設は，第一号に掲げる施設とし，第二号から第四号までに掲げる施設を含むものとする。

一　家畜の飼養の用に供する施設に付随する施設（家畜の飼養の用に供する施設の敷地又はこれに隣接し，若しくは近接する土地に建築等をし，当該家畜の飼養の用に供する施設と一体的に利用する施設をいう。）であって，次のイからホまでに掲げるもの
　　イ　搾乳施設
　　ロ　集乳施設
　　ハ　畜産経営に必要な貯水施設，水質浄化施設その他これらに類する施設
　　ニ　飼料，敷料その他の畜産経営に必要な物資の保管の目的のために使用する施設
　　ホ　農業用トラクター，トラクターショベルその他の畜産経営に必要な車両の保管の目的のために使用する施設
二　家畜の飼養の用に供する施設又は前号に掲げる施設に附属する門又は塀
三　家畜の飼養の用に供する施設又は第一号に掲げる施設内の室であって，畜産経営に関する執務又は作業（軽微なものに限る。）その他これらに類する目的のために使用するもの
四　家畜の飼養の用に供する施設又は第一号イからハまでに掲げる施設内の室であって，飼料，農業用トラクターその他の畜産経営に必要な物資又は車両の保管（軽微なものに限る。）の目的のために使用するもの

【家畜排せつ物の処理又は保管の用に供する施設】

第2条　法第2条第1項の家畜排せつ物の処理又は保管の用に供する施設として農林水産省令で定める施設は，家畜排せつ物の処理又は保管の用に供する施設のうち第一号及び第二号に掲げる施設とし，第三号から第七号までに掲げる施設を含むものとする。

一　屋根及び柱又は壁を有する施設（これに類する構造のものを含む。）
二　高さが8mを超える発酵槽その他これに類する施設（前号に掲げるものを除く。）
三　第一号に掲げる施設に付随する施設（同号に掲げる施設の敷地又はこれに隣接

し，若しくは近接する土地に建築等をし，当該施設と一体的に利用する施設をいう。）であって，次のイ又はロに掲げるもの

イ　もみ殻，おがくずその他の家畜排せつ物の処理又は保管に必要な物資の保管の目的のために使用する施設

ロ　農業用トラクター，トラクターショベルその他の家畜排せつ物の処理又は保管に必要な車両の保管の目的のために使用する施設

四　第二号に掲げる施設に附属する施設であって，当該第二号に掲げる施設を制御するための施設

五　家畜排せつ物の処理若しくは保管の用に供する施設又は第三号に掲げる施設に附属する門又は塀

六　第一号又は第三号に掲げる施設内の室であって，家畜排せつ物の処理又は保管に関する執務又は作業（軽微なものに限る。）その他これらに類する目的のために使用するもの

七　第一号に掲げる施設内の室であって，家畜排せつ物の処理又は保管のために必要な物資又は車両の保管（軽微なものに限る。）の目的のために使用するもの

【建築設備】

第3条　法第2条第3項の農林水産省令で定める設備は，畜舎等に設ける電気，ガス，給水，排水，換気，暖房，冷房，消火，排煙又は汚物処理の設備とする。

畜舎等の建築等及び利用の特例に関する法律施行規則［抄］

令和 3 年12月16日　農林水産省・国土交通省令第 6 号
最終改正　令和 5 年 3 月31日　農林水産省・国土交通省令第 3 号

【畜舎等の構造に変更を及ぼす行為】

第 2 条　法第 2 条第 2 項の主務省令で定める行為は，次に掲げる行為とする。
一　畜舎等の柱を撤去する行為
二　畜舎等における作業の能率の向上に資する模様替

【通　則】

第 3 条　法第 2 条第 3 項の主務省令で定める基準のうち，畜舎等（発酵槽等を除く。）に係る同項第一号に掲げる要件を満たすために必要なものについては，この節の定めるところによる。

【畜舎等の敷地及び構造の制限】

第 4 条　畜舎等の敷地，高さ，階数及び間取りは，次に掲げるところによらなければならない。
一　敷地が市街化区域（都市計画法第 7 条第 1 項に規定する市街化区域をいう。第60条の 3 第 1 項第一号において同じ。）及び用途地域（同法第 8 条第 1 項第一号に規定する用途地域をいう。以下同じ。）に属さないこと。
二　高さが16m 以下であること。
三　階数が 1 であること。
四　畜舎等内に居住のための居室及び継続的に行う長時間の執務のために使用する室を有しないこと。

【敷地の衛生及び安全】

第 5 条　湿潤な土地，出水のおそれの多い土地又はごみその他これに類する物で埋め立てられた土地に畜舎等の建築等をする場合においては，建築基準法第19条第 2 項に規定する措置を講じなければならない。
2　畜舎等が崖崩れ等による被害を受けるおそれのある場合においては，建築基準法第19条第 4 項に規定する措置を講じなければならない。

【特例畜舎等の面積】

第65条　法第 3 条第 2 項の主務省令で定める規模は，床面積3,000m² とする。

【畜舎等の高さ】

第68条　法第 3 条第 3 項第二号（法第 4 条第 3 項において準用する場合を含む。）の主務省令で定める高さは，16m とする。

駐 車 場 法［抄］

昭和32年 5 月16日　法律第106号
最終改正　平成29年 5 月12日　法律第26号

【用語の定義】

第 2 条　この法律において次の各号に掲げる用語の意義は，それぞれ当該各号に定めるところによる。

一　路上駐車場　　駐車場整備地区内の道路の路面に一定の区画を限って設置される自動車の駐車のための施設であって一般公共の用に供されるものをいう。

二　路外駐車場　　道路の路面外に設置される自動車の駐車のための施設であって一般公共の用に供されるものをいう。

三　道路　　道路法（昭和27年法律第180号）による道路をいう。

四　自動車　　道路交通法（昭和35年法律第105号）第 2 条第 1 項第九号に規定する自動車をいう。

五　駐車　　道路交通法第 2 条第 1 項第十八号に規定する駐車をいう。

【駐車場整備地区】

第 3 条　都市計画法（昭和43年法律第100号）第 8 条第 1 項第一号の商業地域（以下「商業地域」という。），同号の近隣商業地域（以下「近隣商業地域」という。），同号の第一種住居地域，同号の第二種住居地域，同号の準住居地域若しくは同号の準工業地域（同号の第一種住居地域，同号の第二種住居地域，同号の準住居地域又は同号の準工業地域にあっては，同項第二号の特別用途地区で政令で定めるものの区域内に限る。）内において自動車交通が著しくふくそうする地区又は当該地区の周辺の地域内において自動車交通が著しくふくそうする地区で，道路の効用を保持し，円滑な道路交通を確保する必要があると認められる区域については，都市計画に駐車場整備地区を定めることができる。

2　駐車場整備地区に関する都市計画を定め，又はこれに同意しようとする場合においては，あらかじめ，都道府県知事にあっては都道府県公安委員会の，国土交通大臣にあっては国家公安委員会の意見を聴かなければならない。

【構造及び設備の基準】

第11条　路外駐車場で自動車の駐車の用に供する部分の面積が500m²以上であるものの構造及び設備は，建築基準法（昭和25年法律第201号）その他の法令の規定の適用がある場合においてはそれらの法令の規定によるほか，**政令**で定める技術的基準によらなければならない。

◆**政令**　令第 6 条～第15条→p1301～1304

【設置の届出】

第12条　都市計画法第 4 条第 2 項の都市計画区域（以下「都市計画区域」という。）内において，前条の路外駐車場でその利用について駐車料金を徴収するものを設置

する者（以下「路外駐車場管理者」という。）は，あらかじめ，国土交通省令で定めるところにより，路外駐車場の位置，規模，構造，設備その他必要な事項を都道府県知事（市の区域内にあっては，当該市の長。以下「都道府県知事等」という。）に届け出なければならない。届け出てある事項を変更しようとするときも，また同様とする。

【建築物の新築又は増築の場合の駐車施設の附置】

第20条　地方公共団体は，駐車場整備地区内又は商業地域内若しくは近隣商業地域内において，延べ面積が2,000m²以上で条例で定める規模以上の建築物を新築し，延べ面積が当該規模以上の建築物について増築をし，又は建築物の延べ面積が当該規模以上となる増築をしようとする者に対し，条例で，その建築物又はその建築物の敷地内に自動車の駐車のための施設（以下「駐車施設」という。）を設けなければならない旨を定めることができる。劇場，百貨店，事務所その他の自動車の駐車需要を生じさせる程度の大きい用途で**政令**で定めるもの（以下「特定用途」という。）に供する部分のある建築物で特定用途に供する部分（以下「特定部分」という。）の延べ面積が当該駐車場整備地区内又は商業地域内若しくは近隣商業地域内の道路及び自動車交通の状況を勘案して条例で定める規模以上のものを新築し，特定部分の延べ面積が当該規模以上の建築物について特定用途に係る増築をし，又は建築物の特定部分の延べ面積が当該規模以上となる増築をしようとする者に対しては，当該新築又は増築後の当該建築物の延べ面積が2,000m²未満である場合においても，同様とする。

◆政令［特定用途］令第18条→p1304

2　地方公共団体は，駐車場整備地区若しくは商業地域若しくは近隣商業地域の周辺の都市計画区域内の地域（以下「周辺地域」という。）内で条例で定める地区内，又は周辺地域，駐車場整備地区並びに商業地域及び近隣商業地域以外の都市計画区域内の地域であって自動車交通の状況が周辺地域に準ずる地域内若しくは自動車交通がふくそうすることが予想される地域内で条例で定める地区内において，特定部分の延べ面積が2,000m²以上で条例で定める規模以上の建築物を新築し，特定部分の延べ面積が当該規模以上の建築物について特定用途に係る増築をし，又は建築物の特定部分の延べ面積が当該規模以上となる増築をしようとする者に対し，条例で，その建築物又はその建築物の敷地内に駐車施設を設けなければならない旨を定めることができる。

3　前2項の延べ面積の算定については，同一敷地内の2以上の建築物で用途上不可分であるものは，これを一の建築物とみなす。

【建築物の用途変更の場合の駐車施設の附置】

第20条の2　地方公共団体は，前条第1項の地区若しくは地域内又は同条第2項の地区内において，建築物の部分の用途の変更（以下「用途変更」という。）で，当該用途変更により特定部分の延べ面積が一定規模（同条第1項の地区又は地域内のものにあっては特定用途について同項に規定する条例で定める規模，同条第2項の地区内のものにあっては同項に規定する条例で定める規模をいう。以下同じ。）以上

となるもののために大規模の修繕又は大規模の模様替（建築基準法第2条第十四号又は第十五号に規定するものをいう。以下同じ。）をしようとする者又は特定部分の延べ面積が一定規模以上の建築物の用途変更で，当該用途変更により特定部分の延べ面積が増加することとなるもののために大規模の修繕又は大規模の模様替をしようとする者に対し，条例で，その建築物又はその建築物の敷地内に駐車施設を設けなければならない旨を定めることができる。

2　前条第3項の規定は，前項の延べ面積の算定について準用する。

駐車場法施行令［抄］

昭和32年12月13日　政令第340号
最終改正　令和2年11月13日　政令第323号

【適用の範囲】

第6条　この節の規定は，路外駐車場で自動車の駐車の用に供する部分の面積が500
m²以上であるものに適用する。

【自動車の出口及び入口に関する技術的基準】

第7条　法第11条の政令で定める技術的基準のうち，自動車の出口（路外駐車場の自
動車の出口で自動車の車路の路面が道路（道路交通法第2条第1項第一号に規定す
る道路をいう。以下この条において同じ。）の路面に接する部分をいう。以下この
条において同じ。）及び入口（路外駐車場の自動車の入口で自動車の車路の路面が
道路の路面に接する部分をいう。以下この条において同じ。）に関するものは，次
のとおりとする。

一　次に掲げる道路又はその部分以外の道路又はその部分に設けること。
　　イ　道路交通法第44条第1項各号に掲げる道路の部分
　　ロ　横断歩道橋（地下横断歩道を含む。）の昇降口から5m以内の道路の部分
　　ハ　幼稚園，小学校，義務教育学校，特別支援学校，幼保連携型認定こども園，
　　　　保育所，児童発達支援センター，児童心理治療施設，児童公園，児童遊園又は
　　　　児童館の出入口から20m以内の部分（当該出入口に接する柵の設けられた歩
　　　　道を有する道路及び当該出入口に接する歩道を有し，かつ，縁石線又は柵その
　　　　他これに類する工作物により車線が往復の方向別に分離されている道路以外の
　　　　道路にあっては，当該出入口の反対側及びその左右20m以内の部分を含む。）
　　ニ　橋
　　ホ　幅員が6m未満の道路
　　ヘ　縦断勾配が10％を超える道路

二　路外駐車場の前面道路が2以上ある場合においては，歩行者の通行に著しい支
障を及ぼすおそれのあるときその他特別の理由があるときを除き，その前面道路
のうち自動車交通に支障を及ぼすおそれの少ない道路に設けること。

三　自動車の駐車の用に供する部分の面積が6,000m²以上の路外駐車場にあって
は，縁石線又は柵その他これに類する工作物により自動車の出口及び入口を設け
る道路の車線が往復の方向別に分離されている場合を除き，自動車の出口と入口
とを分離した構造とし，かつ，それらの間隔を道路に沿って10m以上とするこ
と。

四　自動車の出口又は入口において，自動車の回転を容易にするため必要があると
きは，隅切りをすること。この場合において，切取線と自動車の車路との角度及
び切取線と道路との角度を等しくすることを標準とし，かつ，切取線の長さは，

1.5m 以上とすること。

五　自動車の出口付近の構造は，当該出口から，イ又はロに掲げる路外駐車場又は
その部分の区分に応じ，当該イ又はロに定める距離後退した自動車の車路の中心
線上1.4mの高さにおいて，道路の中心線に直角に向かって左右にそれぞれ60°
以上の範囲内において，当該道路を通行する者の存在を確認できるようにするこ
と。

イ　専ら大型自動二輪車及び普通自動二輪車（いずれも側車付きのものを除く。
以下「特定自動二輪車」という。）の駐車のための路外駐車場又は路外駐車場
の専ら特定自動二輪車の駐車のための部分（特定自動二輪車以外の自動車の進
入を防止するための駒止めその他これに類する工作物により特定自動二輪車以
外の自動車の駐車のための部分と区分されたものに限る。）　　1.3m

ロ　その他の路外駐車場又はその部分　　2m

六　縦断勾配が10％超える道路

2　前項第一号の規定は，自動車の出口又は入口を次に掲げる道路又はその部分（当
該道路又はその部分以外の同号イからへまでに掲げる道路又はその部分に該当する
ものを除く。）に設ける路外駐車場であって，必要な変速車線を設けること，必要
な交通整理が行われること等により，国土交通大臣が当該出口又は入口を設ける道
路の円滑かつ安全な交通の確保に支障がないと認めるものについては，適用しない。

一　道路交通法第44条第1項第一号，第二号，第四号又は第五号に掲げる道路の部
分（同項第一号に掲げる道路の部分にあっては，交差点の側端及びトンネルに限
る。）

二　橋

三　幅員が6m未満の道路

3　国土交通大臣は，前項の規定による認定をしようとするときは，あらかじめ，自
動車の出口又は入口を同項第一号に掲げる道路の部分（トンネルを除く。）又は同
項第三号に掲げる道路に設ける場合にあっては関係のある道路管理者及び都道府県
公安委員会と協議し，その他の場合にあっては関係のある道路管理者及び都道府県
公安委員会の意見を聴かなければならない。

4　第1項第二号から第五号までの規定は，自動車の出口又は入口を道路内に設ける
場合における当該自動車の出口（出口付近を含む。）又は入口については，適用し
ない。

【車路に関する技術的基準】

第8条　法第11条の政令で定める技術的基準のうち車路に関するものは，次のとおり
とする。

一　自動車が円滑かつ安全に走行することができる車路を設けること。

二　自動車の車路の幅員は，イからハまでに掲げる自動車の車路又はその部分の区
分に応じ，当該イからハまでに定める幅員とすること。

イ　一方通行の自動車の車路のうち，当該車路に接して駐車料金の徴収施設が設
けられており，かつ，歩行者の通行の用に供しない部分　　2.75m（前条第1

項第五号イに掲げる路外駐車場又はその部分（以下この条において「自動二輪
車専用駐車場」という。）の特定自動二輪車の車路又はその部分にあっては，
1.75m）以上

　ロ　一方通行の自動車の車路又はその部分（イに掲げる車路の部分を除く。）
　　　3.5m（自動二輪車専用駐車場の特定自動二輪車の車路又はその部分にあって
　　　は，2.25m）以上

　ハ　その他の自動車の車路又はその部分　　5.5m（自動二輪車専用駐車場の特
　　　定自動二輪車の車路又はその部分にあっては，3.5m）以上

三　建築物（建築基準法（昭和25年法律第201号）第2条第一号に規定する建築物
　をいう。以下同じ。）である路外駐車場の自動車の車路にあっては，次のいずれ
　にも適合する構造とすること。

　イ　はり下の高さは，2.3m以上であること。

　ロ　屈曲部（ターンテーブルが設けられているものを除く。以下同じ。）は，自
　　　動車を5m以上の内法半径で回転させることができる構造（自動二輪車専用
　　　駐車場の屈曲部にあっては，特定自動二輪車を3m以上の内法半径で回転さ
　　　せることができる構造）であること。

　ハ　傾斜部の縦断勾配は，17%を超えないこと。

　ニ　傾斜部の路面は，粗面とし，又は滑りにくい材料で仕上げること。

【駐車の用に供する部分の高さ】

第9条　建築物である路外駐車場の自動車の駐車の用に供する部分のはり下の高さ
は，2.1m以上でなければならない。

【避難階段】

第10条　建築物である路外駐車場において，直接地上へ通ずる出入口のある階以外の
階に自動車の駐車の用に供する部分を設けるときは，建築基準法施行令（昭和25年
政令第338号）第123条第1項若しくは第2項に規定する避難階段又はこれに代る設
備を設けなければならない。

【防火区画】

第11条　建築物である路外駐車場に給油所その他の火災の危険のある施設を附置する
場合においては，当該施設と当該路外駐車場とを耐火構造（建築基準法第2条第七
号に規定する耐火構造をいう。）の壁又は特定防火設備（建築基準法施行令第112条
第1項に規定する特定防火設備をいう。）によって区画しなければならない。

【換気装置】

第12条　建築物である路外駐車場には，その内部の空気を床面積$1m^2$につき$14m^3/h$
以上直接外気と交換する能力を有する換気装置を設けなければならない。ただし，
窓その他の開口部を有する階でその開口部の換気に有効な部分の面積がその階の床
面積の1/10以上であるものについては，この限りでない。

【照明装置】

第13条　建築物である路外駐車場には，次の各号に定める照度を保つために必要な照
明装置を設けなければならない。

一　自動車の車路の路面　　　　　　　　　　　　　　　　　　　　　　　　10 lx 以上
二　自動車の駐車の用に供する部分の床面　　　　　　　　　　　　　　　　2 lx 以上

　　【警報装置】

第14条　建築物である路外駐車場には，自動車の出入及び道路交通の安全を確保するために必要な警報装置を設けなければならない。

　　【特殊の装置】

第15条　この節の規定は，その予想しない特殊の装置を用いる路外駐車場については，国土交通大臣がその装置がこの節の規定による構造又は設備と同等以上の効力があると認める場合においては，適用しない。

　　【特定用途】

第18条　法第20条第1項後段の自動車の駐車需要を生じさせる程度の大きい用途で政令で定めるものは，劇場，映画館，演芸場，観覧場，放送用スタジオ，公会堂，集会場，展示場，結婚式場，斎場，旅館，ホテル，料理店，飲食店，待合，キャバレー，カフェー，ナイトクラブ，バー，舞踏場，遊技場，ボーリング場，体育館，百貨店その他の店舗，事務所，病院，卸売市場，倉庫及び工場とする。

特定空港周辺航空機騒音対策
特別措置法［抄］

昭和53年4月20日　法律第26号
最終改正　平成23年8月30日　法律第105号

【航空機騒音障害防止地区及び航空機騒音障害防止特別地区内における建築の制限等】

第5条　航空機騒音障害防止地区（航空機騒音障害防止特別地区を除く。）内において次に掲げる建築物（建築基準法（昭和25年法律第201号）第2条第一号に規定する建築物をいう。以下同じ。）の建築（同条第十三号に規定する建築をいう。以下同じ。）をしようとする場合においては，当該建築物は，**政令**で定めるところにより，防音上有効な構造としなければならない。

◆政令［防音構造］令第5条→p1306

一　学校教育法（昭和22年法律第26号）第1条に規定する学校
二　医療法（昭和23年法律第205号）第1条の5第1項に規定する病院
三　住宅
四　前3号に掲げる建築物に類する建築物で**政令**で定めるもの

◆政令［学校等に類する建築物］令第6条→p1306

2　航空機騒音障害防止特別地区内においては，前項各号に掲げる建築物の建築をしてはならない。ただし，都道府県知事が，公益上やむを得ないと認め，又は航空機騒音障害防止特別地区以外の地域に建築をすることが困難若しくは著しく不適当であると認めて許可した場合は，この限りでない。

3　前項ただし書の許可には，航空機の騒音により生ずる障害の防止のために必要な限度において，建築物の構造又は設備に関し条件を付けることができる。

4　航空機騒音障害防止特別地区に関する都市計画が定められた際既に着手していた建築については，第2項の規定は，適用しない。

5　前各項の規定は，建築物の用途を変更して第1項各号に掲げる建築物のいずれかとしようとする場合について準用する。

特定空港周辺航空機騒音対策特別措置法施行令［抄］

昭和53年10月19日　政令第355号
最終改正　平成29年3月29日　政令第63号

【防音構造】

第5条　航空機騒音障害防止地区（航空機騒音障害防止特別地区を除く。）内において法第5条第1項各号に掲げる建築物を建築しようとする場合においては，当該建築物は，次の各号に定める構造としなければならない。

一　直接外気に接する窓及び出入口（学校の教室，病院の病室，住宅の居室その他の国土交通大臣が指定する建築物の部分に設けられるものに限る。）にあっては，次に掲げる構造とすること。

イ　閉鎖した際防音上有害なすき間が生じないものであること。

ロ　窓又は出入口に設けられる戸は，ガラスの厚さ（当該戸が二重以上になっている場合は，それぞれの戸のガラスの厚さの合計）が0.5cm以上であるガラス入りの金属製のもの又はこれと防音上同等以上の効果のあるものであること。

二　直接外気に接する排気口，給気口，排気筒及び給気筒（前号の規定により国土交通大臣が指定する建築物の部分に設けられるものに限る。）にあっては，開閉装置を設ける等防音上効果のある措置を講ずること。

2　前項の規定は，建築物の用途を変更して法第5条第1項各号に掲げる建築物のいずれかとしようとする場合について準用する。

【学校等に類する建築物】

第6条　法第5条第1項第四号の政令で定める建築物は，次に掲げる建築物とする。

一　児童福祉法（昭和22年法律第164号）第7条第1項に規定する乳児院，保育所，障害児入所施設，児童発達支援センター，児童心理治療施設若しくは児童自立支援施設又は同法第6条の3第9項に規定する家庭的保育事業，同条第10項に規定する小規模保育事業若しくは同条第12項に規定する事業所内保育事業を行う施設

二　医療法（昭和23年法律第205号）第1条の5第2項に規定する診療所又は同法第2条第1項に規定する助産所

三　生活保護法（昭和25年法律第144号）第38条第1項（中国残留邦人等の円滑な帰国の促進並びに永住帰国した中国残留邦人等及び特別配偶者の自立の支援に関する法律（平成6年法律第30号）第14条第4項（中国残留邦人等の円滑な帰国の促進及び永住帰国後の自立の支援に関する法律の一部を改正する法律（平成19年法律第127号）附則第4条第2項において準用する場合を含む。）においてその例による場合を含む。）に規定する救護施設，更生施設又は授産施設

四　老人福祉法（昭和38年法律第133号）第5条の3に規定する特別養護老人ホー

　　ム

五　障害者の日常生活及び社会生活を総合的に支援するための法律（平成17年法律
　　第123号）第5条第11項に規定する障害者支援施設又は同条第1項に規定する障
　　害福祉サービス事業（同条第7項に規定する生活介護，同条第12項に規定する自
　　立訓練，同条第13項に規定する就労移行支援又は同条第14項に規定する就労継続
　　支援を行う事業に限る。）を行う施設

六　就学前の子どもに関する教育，保育等の総合的な提供の推進に関する法律（平
　　成18年法律第77号）第2条第7項に規定する幼保連携型認定こども園

都市の低炭素化の促進に関する法律［抄］

平成24年9月5日　法律第84号
最終改正　令和5年6月16日　法律第58号

【目　的】

第1条　この法律は，社会経済活動その他の活動に伴って発生する二酸化炭素の相当部分が都市において発生しているものであることに鑑み，都市の低炭素化の促進に関する基本的な方針の策定について定めるとともに，市町村による低炭素まちづくり計画の作成及びこれに基づく特別の措置並びに低炭素建築物の普及の促進のための措置を講ずることにより，地球温暖化対策の推進に関する法律（平成10年法律第117号）と相まって，都市の低炭素化の促進を図り，もって都市の健全な発展に寄与することを目的とする。

【定　義】

第2条　この法律において「都市の低炭素化」とは，都市における社会経済活動その他の活動に伴って発生する二酸化炭素の排出を抑制し，並びにその吸収作用を保全し，及び強化することをいう。

2　この法律において「低炭素まちづくり計画」とは，市町村が作成する都市の低炭素化を促進するためのまちづくりに関する計画であって，第7条の規定により作成されたものをいう。

3　この法律において「低炭素建築物」とは，二酸化炭素の排出の抑制に資する建築物であって，第54条第1項の認定を受けた第53条第1項に規定する低炭素建築物新築等計画(変更があったときは，その変更後のもの)に基づき新築又は増築，改築，修繕若しくは模様替若しくは空気調和設備その他の建築設備の設置若しくは改修が行われ，又は行われたものをいう。

【基本方針】

第3条　国土交通大臣，環境大臣及び経済産業大臣は，都市の低炭素化の促進に関する基本的な方針（以下「基本方針」という。）を定めなければならない。

2　基本方針においては，次に掲げる事項を定めるものとする。

一　都市の低炭素化の促進の意義及び目標に関する事項

二　都市の低炭素化の促進のために政府が実施すべき施策に関する基本的な方針

三　低炭素まちづくり計画の作成に関する基本的な事項

四　低炭素建築物の普及の促進に関する基本的な事項

五　都市の低炭素化の促進に関する施策の効果についての評価に関する基本的な事項

六　前各号に掲げるもののほか，都市の低炭素化の促進に関する重要事項

3　基本方針は，地球温暖化の防止を図るための施策に関する国の計画との調和が保たれたものでなければならない。

4　国土交通大臣，環境大臣及び経済産業大臣は，基本方針を定めようとするとき

は，関係行政機関の長に協議しなければならない。

5　国土交通大臣，環境大臣及び経済産業大臣は，基本方針を定めたときは，遅滞なく，これを公表しなければならない。

6　前3項の規定は，基本方針の変更について準用する。

【集約都市開発事業計画の認定】

第9条　第7条第2項第二号イに掲げる事項が記載された低炭素まちづくり計画に係る計画区域内における病院，共同住宅その他の多数の者が利用する建築物(以下「特定建築物」という。)及びその敷地の整備に関する事業（これと併せて整備する道路，公園その他の公共施設（次条第1項第三号において「特定公共施設」という。)の整備に関する事業を含む。)並びにこれに附帯する事業であって，都市機能の集約を図るための拠点の形成に資するもの（以下「集約都市開発事業」という。）を施行しようとする者は，国土交通省令で定めるところにより，当該低炭素まちづくり計画に即して集約都市開発事業に関する計画（以下「集約都市開発事業計画」という。）を作成し，市町村長の認定を申請することができる。

2　集約都市開発事業計画には，次に掲げる事項を記載しなければならない。

一　集約都市開発事業を施行する区域

二　集約都市開発事業の内容

三　集約都市開発事業の施行予定期間

四　集約都市開発事業の資金計画

五　集約都市開発事業の施行による都市の低炭素化の効果

六　その他国土交通省令で定める事項

【集約都市開発事業計画の認定基準等】

第10条　市町村長は，前条第1項の規定による認定の申請があった場合において，当該申請に係る集約都市開発事業計画が次に掲げる基準に適合すると認めるときは，その認定をすることができる。

一　当該集約都市開発事業が，都市機能の集約を図るための拠点の形成に貢献し，これを通じて，二酸化炭素の排出を抑制するものであると認められること。

二　集約都市開発事業計画（特定建築物の整備に係る部分に限る。次項から第四項まで及び第六項において同じ。）が第54条第1項第一号及び第二号に掲げる基準に適合するものであること。

三　当該集約都市開発事業により整備される特定建築物の敷地又は特定公共施設において緑化その他の都市の低炭素化のための措置が講じられるものであること。

四　集約都市開発事業計画に記載された事項が当該集約都市開発事業を確実に遂行するため適切なものであること。

五　当該集約都市開発事業の施行に必要な経済的基礎及びこれを的確に遂行するために必要なその他の能力が十分であること。

2　建築主事を置かない市町村（その区域内において施行される集約都市開発事業により整備される特定建築物が**政令**で定める建築物である場合における建築基準法（昭和25年法律第201号）第97条の2第1項又は第97条の3第1項の規定により建築

主事を置く市町村を含む。）の市町村長は，前項の認定をしようとするときは，当該認定に係る集約都市開発事業計画が同項第二号に掲げる基準に適合することについて，あらかじめ，都道府県知事に協議し，その同意を得なければならない。

◆政令［都道府県知事の同意を要する建築物］令第3条→p1314

3　前条第1項の規定による認定の申請をする者は，市町村長に対し，当該市町村長が当該申請に係る集約都市開発事業計画を建築主事に通知し，当該集約都市開発事業計画が建築基準法第6条第1項に規定する建築基準関係規定に適合するかどうかの審査を受けるよう申し出ることができる。この場合においては，当該申請に併せて，同項の規定による確認の申請書を提出しなければならない。

4　前項の規定による申出を受けた市町村長は，速やかに，当該申出に係る集約都市開発事業計画を建築主事に通知しなければならない。

5　建築基準法第18条第3項及び第14項の規定は，建築主事が前項の規定による通知を受けた場合について準用する。

6　市町村長が，前項において準用する建築基準法第18条第3項の規定による確認済証の交付を受けた場合において，第1項の認定をしたときは，当該認定を受けた集約都市開発事業計画は，同法第6条第1項の確認済証の交付があったものとみなす。

7　市町村長は，第5項において準用する建築基準法第18条第14項の規定による通知書の交付を受けた場合においては，第1項の認定をしてはならない。

8　建築基準法第12条第8項及び第9項並びに第93条から第93条の3までの規定は，第5項において準用する同法第18条第3項及び第14項の規定による確認済証及び通知書の交付について準用する。

9　集約都市開発事業を施行しようとする者がその集約都市開発事業計画について第1項の認定を受けたときは，当該集約都市開発事業計画に基づく特定建築物の整備のうち，建築物のエネルギー消費性能の向上に関する法律（平成27年法律第53号）第12条第1項の建築物エネルギー消費性能適合性判定を受けなければならないものについては，第3項の規定による申出があった場合及び同法第2条第2項の条例が定められている場合を除き，同法第12条第3項の規定により適合判定通知書の交付を受けたものとみなして，同条第6項から第8項までの規定を適用する。

10　集約都市開発事業を施行しようとする者がその集約都市開発事業計画について第1項の認定を受けたときは，当該集約都市開発事業計画に基づく特定建築物の整備のうち，建築物のエネルギー消費性能の向上に関する法律第19条第1項の規定による届出をしなければならないものについては，同法第2条第2項の条例が定められている場合を除き，同法第19条第1項の規定による届出をしたものとみなす。この場合においては，同条第2項及び第3項の規定は，適用しない。

【駐車施設の附置に係る駐車場法の特例】

第20条　低炭素まちづくり計画に第7条第3項第一号に定める事項が記載されているときは，当該事項に係る駐車機能集約区域内における駐車場法第20条第1項若しくは第2項又は第20条の2第1項の規定の適用については，同法第20条第1項中「近

隣商業地域内に」とあるのは「近隣商業地域内の駐車機能集約区域（都市の低炭素化の促進に関する法律（平成24年法律第84号）第7条第3項第一号に規定する駐車機能集約区域をいう。以下この条及び次条において同じ。）の区域内に」と，同項及び同条第2項並びに同法第20条の2第1項中「建築物又は」とあるのは「建築物若しくは」と，同法第20条第1項中「旨を」とあるのは「旨，その建築物若しくはその建築物の敷地内若しくは集約駐車施設（同号に規定する集約駐車施設をいう。以下この条及び次条において同じ。）内に駐車施設を設けなければならない旨又は集約駐車施設内に駐車施設を設けなければならない旨を」と，「駐車場整備地区内又は商業地域内若しくは近隣商業地域内の」とあるのは「駐車機能集約区域の区域内の」と，同条第2項中「地区内」とあるのは「地区内の駐車機能集約区域の区域内」と，同項及び同法第20条の2第1項中「旨を」とあるのは「旨，その建築物若しくはその建築物の敷地内若しくは集約駐車施設内に駐車施設を設けなければならない旨又は集約駐車施設内に駐車施設を設けなければならない旨を」と，同項中「前条第1項の地区若しくは地域内又は同条第2項の地区内」とあるのは「前条第1項又は第2項の駐車機能集約区域の区域内」と，「地区又は地域内の」とあり，及び「地区内の」とあるのは「駐車機能集約区域の区域内の」とする。

【低炭素建築物新築等計画の認定】

第53条　市街化区域等内において，建築物の低炭素化に資する建築物の新築又は建築物の低炭素化のための建築物の増築，改築，修繕若しくは模様替若しくは建築物への空気調和設備その他の**政令**[*1]で定める建築設備（以下この項において「空気調和設備等」という。）の設置若しくは建築物に設けた空気調和設備等の改修（以下「低炭素化のための建築物の新築等」という。）をしようとする者は，国土交通省令で定めるところにより，低炭素化のための建築物の新築等に関する計画（以下「低炭素建築物新築等計画」という。）を作成し，所管行政庁（建築主事を置く市町村の区域については市町村長をいい，その他の市町村の区域については都道府県知事をいう。ただし，建築基準法第97条の2第1項又は第97条の3第1項の規定により建築主事を置く市町村の区域内の**政令**[*2]で定める建築物については，都道府県知事とする。以下同じ。）の認定を申請することができる。

　　　　　　　◆**政令**1 [空気調和設備等] 令第11条　　　　　　　　→p1314
　　　　　　　　　2 [都道府県知事が所管行政庁となる建築物] 令第12条→p1314

2　低炭素建築物新築等計画には，次に掲げる事項を記載しなければならない。
　一　建築物の位置
　二　建築物の延べ面積，構造，設備及び用途並びに敷地面積
　三　低炭素化のための建築物の新築等に係る資金計画
　四　その他国土交通省令で定める事項

【低炭素建築物新築等計画の認定基準等】

第54条　所管行政庁は，前条第1項の規定による認定の申請があった場合において，当該申請に係る低炭素建築物新築等計画が次に掲げる基準に適合すると認めるときは，その認定をすることができる。

　一　当該申請に係る建築物のエネルギーの使用の効率性その他の性能が，建築物の
　　エネルギー消費性能の向上に関する法律第2条第1項第三号に規定する建築物エ
　　ネルギー消費性能基準を超え，かつ，建築物のエネルギー消費性能の向上の一層
　　の促進その他の建築物の低炭素化の促進のために誘導すべき経済産業大臣，国土
　　交通大臣及び環境大臣が定める基準に適合するものであること。

　二　低炭素建築物新築等計画に記載された事項が基本方針に照らして適切なもので
　　あること。

　三　前条第2項第三号の資金計画が低炭素化のための建築物の新築等を確実に遂行
　　するため適切なものであること。

2　前条第1項の規定による認定の申請をする者は，所管行政庁に対し，当該所管行
　政庁が当該申請に係る低炭素建築物新築等計画を建築主事に通知し，当該低炭素建
　築物新築等計画が建築基準法第6条第1項に規定する建築基準関係規定に適合する
　かどうかの審査を受けるよう申し出ることができる。この場合においては，当該申
　請に併せて，同項の規定による確認の申請書を提出しなければならない。

3　前項の規定による申出を受けた所管行政庁は，速やかに，当該申出に係る低炭素
　建築物新築等計画を建築主事に通知しなければならない。

4　建築基準法第18条第3項及び第14項の規定は，建築主事が前項の規定による通知
　を受けた場合について準用する。

5　所管行政庁が，前項において準用する建築基準法第18条第3項の規定による確認
　済証の交付を受けた場合において，第1項の認定をしたときは，当該認定を受けた
　低炭素建築物新築等計画は，同法第6条第1項の確認済証の交付があったものとみ
　なす。

6　所管行政庁は，第4項において準用する建築基準法第18条第14項の規定による通
　知書の交付を受けた場合においては，第1項の認定をしてはならない。

7　建築基準法第12条第8項及び第9項並びに第93条から第93条の3までの規定は，
　第4項において準用する同法第18条第3項及び第14項の規定による確認済証及び通
　知書の交付について準用する。

8　低炭素化のための建築物の新築等をしようとする者がその低炭素建築物新築等計
　画について第1項の認定を受けたときは，当該低炭素化のための建築物の新築等の
　うち，建築物のエネルギー消費性能の向上に関する法律第12条第1項の建築物エネ
　ルギー消費性能適合性判定を受けなければならないものについては，第2項の規定
　による申出があった場合及び同法第2条第2項の条例が定められている場合を除
　き，同法第12条第3項の規定により適合判定通知書の交付を受けたものとみなし
　て，同条第6項から第8項までの規定を適用する。

9　低炭素化のための建築物の新築等をしようとする者がその低炭素建築物新築等計
　画について第1項の認定を受けたときは，当該低炭素化のための建築物の新築等の
　うち，建築物のエネルギー消費性能の向上に関する法律第19条第1項の規定による
　届出をしなければならないものについては，同法第2条第2項の条例が定められて
　いる場合を除き，同法第19条第1項の規定による届出をしたものとみなす。この場

合においては，同条第２項及び第３項の規定は，適用しない。

【低炭素建築物新築等計画の変更】

第55条 前条第１項の認定を受けた者（以下「認定建築主」という。）は，当該認定を受けた低炭素建築物新築等計画の変更（国土交通省令で定める軽微な変更を除く。）をしようとするときは，国土交通省令で定めるところにより，所管行政庁の認定を受けなければならない。

2 前条の規定は，前項の認定について準用する。

【報告の徴収】

第56条 所管行政庁は，認定建築主に対し，第54条第１項の認定を受けた低炭素建築物新築等計画（変更があったときは，その変更後のもの。次条において「認定低炭素建築物新築等計画」という。）に基づく低炭素化のための建築物の新築等（次条及び第59条において「低炭素建築物の新築等」という。）の状況について報告を求めることができる。

【改善命令】

第57条 所管行政庁は，認定建築主が認定低炭素建築物新築等計画に従って低炭素建築物の新築等を行っていないと認めるときは，当該認定建築主に対し，相当の期限を定めて，その改善に必要な措置をとるべきことを命ずることができる。

【低炭素建築物新築等計画の認定の取消し】

第58条 所管行政庁は，認定建築主が前条の規定による命令に違反したときは，第54条第１項の認定を取り消すことができる。

【助言及び指導】

第59条 所管行政庁は，認定建築主に対し，低炭素建築物の新築等に関し必要な助言及び指導を行うよう努めるものとする。

【低炭素建築物の容積率の特例】

第60条 建築基準法第52条第１項，第２項，第７項，第12項及び第14項，第57条の２第３項第二号，第57条の３第２項，第59条第１項及び第３項，第59条の２第１項，第60条第１項，第60条の２第２項及び第４項，第68条の３第１項，第68条の４，第68条の５（第二号イを除く。），第68条の５の２（第二号イを除く。），第68条の５の３第１項（第一号ロを除く。），第68条の５の４（第一号ロを除く。），第68条の５の５第１項第一号ロ，第68条の８，第68条の９第１項，第68条第３項及び第４項，第86条の２第２項及び第３項，第86条の５第３項並びに第86条の６第１項に規定する建築物の容積率（同法第59条第１項，第60条の２第１項及び第68条の９第１項に規定するものについては，これらの規定に規定する建築物の容積率の最高限度に係る場合に限る。）の算定の基礎となる延べ面積には，同法第52条第３項及び第６項に定めるもののほか，低炭素建築物の床面積のうち，第54条第１項第一号に掲げる基準に適合させるための措置をとることにより通常の建築物の床面積を超えることとなる場合における**政令**で定める床面積は，算入しないものとする。

◆政令［低炭素建築物の容積率の特例に係る床面積］令第13条→p1314

都市の低炭素化の促進に関する法律施行令［抄］

平成24年11月30日　政令第286号
最終改正　令和5年9月29日　政令第293号

【都道府県知事の同意を要する建築物】

第3条　法第10条第2項の政令で定める建築物は，次の各号に掲げる区域内において整備される当該各号に定める建築物とする。

一　建築基準法（昭和25年法律第201号）第97条の2第1項の規定により建築主事を置く市町村の区域　　同法第6条第1項第四号に掲げる建築物（その新築，改築，増築，移転又は用途の変更に関して，法律並びにこれに基づく命令及び条例の規定により都道府県知事の許可を必要とするものを除く。）以外の建築物

二　建築基準法第97条の3第1項の規定により建築主事を置く特別区の区域　　次に掲げる建築物

イ　延べ面積（建築基準法施行令（昭和25年政令第338号）第2条第1項第四号の延べ面積をいう。第13条において同じ。）が10,000m²を超える建築物

ロ　その新築，改築，増築，移転又は用途の変更に関して，建築基準法第51条（同法第87条第2項及び第3項において準用する場合を含み，市町村都市計画審議会が置かれている特別区にあっては，卸売市場，と畜場及び産業廃棄物処理施設に係る部分に限る。）の規定又は同法以外の法律若しくはこれに基づく命令若しくは条例の規定により都知事の許可を必要とする建築物（地方自治法（昭和22年法律第67号）第252条の17の2第1項の規定により当該許可に関する事務を特別区が処理することとされた場合における当該建築物を除く。）

【空気調和設備等】

第11条　法第53条第1項の政令で定める建築設備は，次のとおりとする。

一　空気調和設備その他の機械換気設備
二　照明設備
三　給湯設備
四　昇降機

【都道府県知事が所管行政庁となる建築物】

第12条　法第53条第1項の政令で定める建築物は，第3条に規定する建築物とする。

【低炭素建築物の容積率の特例に係る床面積】

第13条　法第60条の政令で定める床面積は，低炭素建築物の床面積のうち通常の建築物の床面積を超えることとなるものとして国土交通大臣が定めるもの（当該床面積が当該低炭素建築物の延べ面積の1/20を超える場合においては，当該低炭素建築物の延べ面積の1/20）とする。

廃棄物の処理及び清掃に関する法律［抄］

昭和45年12月25日　法律第137号
最終改正　令和4年6月17日　法律第68号

【定　義】

第2条　この法律において「廃棄物」とは，ごみ，粗大ごみ，燃え殻，汚泥，ふん尿，廃油，廃酸，廃アルカリ，動物の死体その他の汚物又は不要物であって，固形状又は液状のもの（放射性物質及びこれによって汚染された物を除く。）をいう。

2　この法律において「一般廃棄物」とは，産業廃棄物以外の廃棄物をいう。

3　この法律において「特別管理一般廃棄物」とは，一般廃棄物のうち，爆発性，毒性，感染性その他の人の健康又は生活環境に係る被害を生ずるおそれがある性状を有するものとして**政令**で定めるものをいう。

◆**政令**［特別管理一般廃棄物］令第1条→p1319

4　この法律において「産業廃棄物」とは，次に掲げる廃棄物をいう。

一　事業活動に伴って生じた廃棄物のうち，燃え殻，汚泥，廃油，廃酸，廃アルカリ，廃プラスチック類その他政令で定める廃棄物

二　輸入された廃棄物（前号に掲げる廃棄物，船舶及び航空機の航行に伴い生ずる廃棄物（政令で定めるものに限る。第15条の4の5第1項において「航行廃棄物」という。）並びに本邦に入国する者が携帯する廃棄物（政令で定めるものに限る。同項において「携帯廃棄物」という。）を除く。）

5　この法律において「特別管理産業廃棄物」とは，産業廃棄物のうち，爆発性，毒性，感染性その他の人の健康又は生活環境に係る被害を生ずるおそれがある性状を有するものとして政令で定めるものをいう。

6　この法律において「電子情報処理組織」とは，第13条の2第1項に規定する情報処理センターの使用に係る電子計算機（入出力装置を含む。以下同じ。）と，第12条の3第1項に規定する事業者，同条第3項に規定する運搬受託者及び同条第4項に規定する処分受託者の使用に係る入出力装置とを電気通信回線で接続した電子情報処理組織をいう。

【国内の処理等の原則】

第2条の2　国内において生じた廃棄物は，なるべく国内において適正に処理されなければならない。

2　国外において生じた廃棄物は，その輸入により国内における廃棄物の適正な処理に支障が生じないよう，その輸入が抑制されなければならない。

【国民の責務】

第2条の4　国民は，廃棄物の排出を抑制し，再生品の使用等により廃棄物の再生利用を図り，廃棄物を分別して排出し，その生じた廃棄物をなるべく自ら処分するこ

と等により，廃棄物の減量その他その適正な処理に関し国及び地方公共団体の施策に協力しなければならない。

【事業者の責務】

第3条 事業者は，その事業活動に伴って生じた廃棄物を自らの責任において適正に処理しなければならない。

2 事業者は，その事業活動に伴って生じた廃棄物の再生利用等を行うことによりその減量に努めるとともに，物の製造，加工，販売等に際して，その製品，容器等が廃棄物となった場合における処理の困難性についてあらかじめ自ら評価し，適正な処理が困難にならないような製品，容器等の開発を行うこと，その製品，容器等に係る廃棄物の適正な処理の方法についての情報を提供すること等により，その製品，容器等が廃棄物となった場合においてその適正な処理が困難になることのないようにしなければならない。

3 事業者は，前2項に定めるもののほか，廃棄物の減量その他その適正な処理の確保等に関し国及び地方公共団体の施策に協力しなければならない。

【清潔の保持等】

第5条 土地又は建物の占有者（占有者がない場合には，管理者とする。以下同じ。）は，その占有し，又は管理する土地又は建物の清潔を保つように努めなければならない。

2 土地の所有者又は占有者は，その所有し，又は占有し，若しくは管理する土地において，他の者によって不適正に処理された廃棄物と認められるものを発見したときは，速やかに，その旨を都道府県知事又は市町村長に通報するように努めなければならない。

3 建物の占有者は，建物内を全般にわたって清潔にするため，市町村長が定める計画に従い，大掃除を実施しなければならない。

4 何人も，公園，広場，キャンプ場，スキー場，海水浴場，道路，河川，港湾その他の公共の場所を汚さないようにしなければならない。

5 前項に規定する場所の管理者は，当該管理する場所の清潔を保つように努めなければならない。

6 市町村は，必要と認める場所に，公衆便所及び公衆用ごみ容器を設け，これを衛生的に維持管理しなければならない。

7 便所が設けられている車両，船舶又は航空機を運行する者は，当該便所に係るし尿を生活環境の保全上支障が生じないように処理することに努めなければならない。

【一般廃棄物処理施設の許可】

第8条 一般廃棄物処理施設（ごみ処理施設で**政令**で定めるもの（以下単に「ごみ処理施設」という。），し尿処理施設（浄化槽法第2条第一号に規定する浄化槽を除く。以下同じ。）及び一般廃棄物の最終処分場で政令で定めるものをいう。以下同じ。）を設置しようとする者（第6条の2第1項の規定により一般廃棄物を処分するために一般廃棄物処理施設を設置しようとする市町村を除く。）は，当該一般廃棄物処

理施設を設置しようとする地を管轄する都道府県知事（保健所を設置する市又は特別区にあっては，市長又は区長とする。第20条の2第1項を除き，以下同じ。）の許可を受けなければならない。

◆政令［一般廃棄物処理施設］令第5条→p1320

2　前項の許可を受けようとする者は，環境省令で定めるところにより，次に掲げる事項を記載した申請書を提出しなければならない。

一　氏名又は名称及び住所並びに法人にあっては，その代表者の氏名
二　一般廃棄物処理施設の設置の場所
三　一般廃棄物処理施設の種類
四　一般廃棄物処理施設において処理する一般廃棄物の種類
五　一般廃棄物処理施設の処理能力（一般廃棄物の最終処分場である場合にあっては，一般廃棄物の埋立処分の用に供される場所の面積及び埋立容量）
六　一般廃棄物処理施設の位置，構造等の設置に関する計画
七　一般廃棄物処理施設の維持管理に関する計画
八　一般廃棄物の最終処分場である場合にあっては，災害防止のための計画
九　その他環境省令で定める事項

3〜6　（略）

【産業廃棄物処理施設】

第15条　産業廃棄物処理施設（廃プラスチック類処理施設，産業廃棄物の最終処分場その他の産業廃棄物の処理施設で政令で定めるものをいう。以下同じ。）を設置しようとする者は，当該産業廃棄物処理施設を設置しようとする地を管轄する都道府県知事の許可を受けなければならない。

2　前項の許可を受けようとする者は，環境省令で定めるところにより，次に掲げる事項を記載した申請書を提出しなければならない。

一　氏名又は名称及び住所並びに法人にあっては，その代表者の氏名
二　産業廃棄物処理施設の設置の場所
三　産業廃棄物処理施設の種類
四　産業廃棄物処理施設において処理する産業廃棄物の種類
五　産業廃棄物処理施設の処理能力（産業廃棄物の最終処分場である場合にあっては，産業廃棄物の埋立処分の用に供される場所の面積及び埋立容量）
六　産業廃棄物処理施設の位置，構造等の設置に関する計画
七　産業廃棄物処理施設の維持管理に関する計画
八　産業廃棄物の最終処分場である場合にあっては，災害防止のための計画
九　その他環境省令で定める事項

3〜6　（略）

【技術管理者】

第21条　一般廃棄物処理施設（政令で定めるし尿処理施設及び一般廃棄物の最終処分場を除く。）の設置者（市町村が第6条の2第1項の規定により一般廃棄物を処分するために設置する一般廃棄物処理施設にあっては，管理者）又は産業廃棄物処理

施設（政令で定める産業廃棄物の最終処分場を除く。）の設置者は，当該一般廃棄物処理施設又は産業廃棄物処理施設の維持管理に関する技術上の業務を担当させるため，技術管理者を置かなければならない。ただし，自ら技術管理者として管理する一般廃棄物処理施設又は産業廃棄物処理施設については，この限りでない。

2 技術管理者は，その管理に係る一般廃棄物処理施設又は産業廃棄物処理施設に関して第8条の3第1項又は第15条の2の3第1項に規定する技術上の基準に係る違反が行われないように，当該一般廃棄物処理施設又は産業廃棄物処理施設を維持管理する事務に従事する他の職員を監督しなければならない。

3 第1項の技術管理者は，環境省令で定める資格（市町村が第6条の2第1項の規定により一般廃棄物を処分するために設置する一般廃棄物処理施設に置かれる技術管理者にあっては，環境省令で定める基準を参酌して当該市町村の条例で定める資格）を有する者でなければならない。

廃棄物の処理及び清掃に関する法律施行令［抄］

昭和46年9月23日　政令第300号
最終改正　令和4年1月19日　政令第25号

【特別管理一般廃棄物】

第1条　廃棄物の処理及び清掃に関する法律（以下「法」という。）第2条第3項（ダイオキシン類対策特別措置法（平成11年法律第105号）第24条第2項の規定により読み替えて適用する場合を含む。）の政令で定める一般廃棄物は，次のとおりとする。

一　次に掲げるもの（国内における日常生活に伴って生じたものに限る。）に含まれるポリ塩化ビフェニルを使用する部品

イ　廃エアコンディショナー

ロ　廃テレビジョン受信機

ハ　廃電子レンジ

一の二　廃水銀（人の健康又は生活環境に係る被害を生ずるおそれがある性状を有するものとして環境省令で定めるものに限る。）

一の三　前号に掲げる廃棄物を処分するために処理したもの（環境省令で定める基準に適合しないものに限る。）

二　別表第1の1の項の中欄に掲げる施設において生じた同項の右欄に掲げる廃棄物（第2条の4第六号，第七号及び第九号に掲げるものを除く。）

三　前号に掲げる廃棄物を処分するために処理したもの（環境省令で定める基準に適合しないものに限るものとし，第2条の4第六号，第七号及び第九号に掲げるものを除く。）

四　別表第1の2の項の中欄に掲げる施設において生じた同項の右欄に掲げる廃棄物（第二号並びに第2条の4第五号リ(6)，第六号，第七号，第九号及び第十号に掲げるものを除く。）

五　前号に掲げる廃棄物を処分するために処理したもの（環境省令で定める基準に適合しないものに限るものとし，第三号並びに第2条の4第五号リ(6)，第六号，第七号，第九号及び第十号に掲げるものを除く。）

六　別表第1の3の項の中欄に掲げる工場又は事業場において生じた同項の右欄に掲げる廃棄物（第2条の4第五号ル(25)，第八号及び第十一号に掲げるものを除く。）

七　前号に掲げる廃棄物を処分するために処理したもの（環境省令で定める基準に適合しないものに限るものとし，第2条の4第五号ル(25)，第八号及び第十一号に掲げるものを除く。）

八　別表第1の4の項の中欄に掲げる施設において生じた同項の右欄に掲げる廃棄

物（国内において生じたものに限る。以下「感染性一般廃棄物」という。）

【一般廃棄物処理施設】

第5条 法第8条第1項の政令で定めるごみ処理施設は，1日当たりの処理能力が5t以上（焼却施設にあっては，1時間当たりの処理能力が200kg以上又は火格子面積が2m²以上）のごみ処理施設とする。

2 法第8条第1項の政令で定める一般廃棄物の最終処分場は，一般廃棄物の埋立処分の用に供される場所（公有水面埋立法（大正10年法律第57号）第2条第1項の免許又は同法第42条第1項の承認を受けて埋立てをする場所（以下「水面埋立地」という。）にあっては，主として一般廃棄物の埋立処分の用に供される場所として環境大臣が指定する区域に限る。）とする。

別表第1 （第1条，第2条の4関係）

1	第5条第1項に規定するごみ処理施設であって，環境省令で定めるもの	ばいじん（集じん施設によって集められたものに限る。以下この表において同じ。）
2	ダイオキシン類対策特別措置法施行令別表第1第五号に掲げる施設	ばいじん又は燃え殻（これらに含まれるダイオキシン類の量がダイオキシン類対策特別措置法第24条第1項の環境省令で定める基準を超えるものに限る。）
3	ダイオキシン類対策特別措置法施行令別表第2第十五号に掲げる施設を有する工場又は事業場	汚泥であってダイオキシン類を含むもの（環境省令で定める基準に適合しないものに限る。）
4	イ 病院 ロ 診療所 ハ 臨床検査技師等に関する法律（昭和33年法律第76号）第20条の3第1項に規定する衛生検査所 ニ 介護保険法（平成9年法律第123号）第8条第27項に規定する介護老人保健施設 ホ 介護保険法第8条第29項に規定する介護医療院 ヘ イからホまでに掲げるもののほか，人が感染し，又は感染するおそれのある病原体（以下この項において「感染性病原体」という。）を取り扱う施設であって，環境省令で定めるもの	感染性廃棄物（感染性病原体が含まれ，若しくは付着している廃棄物又はこれらのおそれのある廃棄物をいう。以下同じ。）であって，別表第2の下欄に掲げるもの以外のもの

被災市街地復興特別措置法［抄］

平成7年2月26日　法律第14号
最終改正　令和4年6月17日　法律第68号

【目　的】

第1条　この法律は，大規模な火災，震災その他の災害を受けた市街地についてその緊急かつ健全な復興を図るため，被災市街地復興推進地域及び被災市街地復興推進地域内における市街地の計画的な整備改善並びに市街地の復興に必要な住宅の供給について必要な事項を定める等特別の措置を講ずることにより，迅速に良好な市街地の形成と都市機能の更新を図り，もって公共の福祉の増進に寄与することを目的とする。

【定　義】

第2条　この法律において次の各号に掲げる用語の意義は，それぞれ当該各号に定めるところによる。

一　市街地開発事業　　都市計画法（昭和43年法律第100号）第4条第7項に規定する市街地開発事業をいう。

二　土地区画整理事業　　土地区画整理法（昭和29年法律第119号）による土地区画整理事業をいう。

三　市街地再開発事業　　都市再開発法（昭和44年法律第38号）による市街地再開発事業をいう。

四　借地権　　借地借家法（平成3年法律第90号）第2条第一号に規定する借地権をいう。

五　公営住宅等　　地方公共団体，地方住宅供給公社その他公法上の法人で政令で定めるものが自ら居住するため住宅を必要とする者に対し賃貸し，又は譲渡する目的で建設する住宅をいう。

【国及び地方公共団体の責務】

第3条　国及び地方公共団体は，大規模な火災，震災その他の災害が発生した場合において，これらの災害を受けた市街地の緊急かつ健全な復興を図るため，土地区画整理事業，市街地再開発事業その他の市街地開発事業の施行，道路，公園等の公共の用に供する施設の整備，建築物の不燃堅牢化その他都市の防災構造の改善に関する事業の実施等による当該市街地の整備改善及び公営住宅等の供給に関する事業の実施等による当該市街地の復興に必要な住宅の供給のため必要な措置を講ずるよう努めなければならない。

2　国及び地方公共団体は，前項に定めるもののほか，同項の災害を受けた市街地の整備改善に関する事業及び当該市街地の復興に必要な住宅の供給に関する事業を促進するため，これらの事業を実施する者に対し，必要な助言，指導その他の援助を行うよう努めなければならない。

【施策における配慮】

第4条 国及び地方公共団体は，この法律に規定する大規模な火災，震災その他の災害を受けた市街地の緊急かつ健全な復興を図るための施策の策定及び実施に当たっては，地域における創意工夫を尊重し，並びに住民の生活の安定及び福祉の向上並びに地域経済の活性化に配慮するとともに，地域住民，民間事業者等の理解と協力を得るよう努めなければならない。

【被災市街地復興推進地域に関する都市計画】

第5条 都市計画法第5条の規定により指定された都市計画区域内における市街地の土地の区域で次に掲げる要件に該当するものについては，都市計画に被災市街地復興推進地域を定めることができる。

　一　大規模な火災，震災その他の災害により当該区域内において相当数の建築物が滅失したこと。

　二　公共の用に供する施設の整備の状況，土地利用の動向等からみて不良な街区の環境が形成されるおそれがあること。

　三　当該区域の緊急かつ健全な復興を図るため，土地区画整理事業，市街地再開発事業その他建築物若しくは建築敷地の整備又はこれらと併せて整備されるべき公共の用に供する施設の整備に関する事業を実施する必要があること。

2　被災市街地復興推進地域に関する都市計画においては，都市計画法第10条の4第2項に定める事項のほか，第7条の規定による制限が行われる期間の満了の日を定めるものとするとともに，緊急かつ健全な復興を図るための市街地の整備改善の方針（以下「緊急復興方針」という。）を定めるよう努めるものとする。

3　前項の日は，第1項第一号の災害の発生した日から起算して2年以内の日としなければならない。

【建築行為等の制限等】

第7条 被災市街地復興推進地域内において，第5条第2項の規定により当該被災市街地復興推進地域に関する都市計画に定められた日までに，土地の形質の変更又は建築物の新築，改築若しくは増築をしようとする者は，国土交通省令で定めるところにより，都道府県知事（市の区域内にあっては，当該市の長。以下「都道府県知事等」という。）の許可を受けなければならない。ただし，次に掲げる行為については，この限りでない。

　一　通常の管理行為，軽易な行為その他の行為で政令で定めるもの

　二　非常災害（第5条第1項第一号の災害を含む。）のため必要な応急措置として行う行為

　三　都市計画事業の施行として行う行為又はこれに準ずる行為として政令で定める行為

2　都道府県知事等は，次に掲げる行為について前項の規定による許可の申請があった場合においては，その許可をしなければならない。

　一　土地の形質の変更で次のいずれかに該当するもの

　　イ　被災市街地復興推進地域に関する都市計画に適合する0.5ha以上の規模の土

地の形質の変更で，当該被災市街地復興推進地域の他の部分についての市街地開発事業の施行その他市街地の整備改善のため必要な措置の実施を困難にしないもの

ロ　次号ロに規定する建築物又は自己の業務の用に供する工作物（建築物を除く。）の新築，改築又は増築の用に供する目的で行う土地の形質の変更で，その規模が政令で定める規模未満のもの

ハ　次条第4項の規定により買い取らない旨の通知があった土地における同条第3項第二号に該当する土地の形質の変更

二　建築物の新築，改築又は増築で次のいずれかに該当するもの

イ　前項の許可（前号ハに掲げる行為についての許可を除く。）を受けて土地の形質の変更が行われた土地の区域内において行う建築物の新築，改築又は増築

ロ　自己の居住の用に供する住宅又は自己の業務の用に供する建築物（住宅を除く。）で次に掲げる要件に該当するものの新築，改築又は増築

⑴　階数が2以下で，かつ，地階を有しないこと。

⑵　主要構造部（建築基準法（昭和25年法律第201号）第2条第五号に規定する主要構造部をいう。）が木造，鉄骨造，コンクリートブロック造その他これらに類する構造であること。

⑶　容易に移転し，又は除却することができること。

⑷　敷地の規模が政令で定める規模未満であること。

ハ　次条第4項の規定により買い取らない旨の通知があった土地における同条第3項第一号に該当する建築物の新築，改築又は増築

3　第1項の規定は，次の各号に掲げる告示，公告等があった日後は，それぞれ当該各号に定める区域又は地区内においては，適用しない。

一　都市計画法第4条第5項に規定する都市施設又は市街地開発事業に関する都市計画についての同法第20条第1項（同法第21条第2項において準用する場合を含む。）の規定による告示（以下この号から第五号までにおいて単に「告示」という。）　当該告示に係る都市施設の区域又は市街地開発事業の施行区域

二　都市計画法第12条の4第1項第一号に掲げる地区計画に関する都市計画についての告示　当該告示に係る地区計画の区域のうち，同法第12条の5第2項第一号に掲げる地区整備計画が定められた区域

三　都市計画法第12条の4第1項第四号に掲げる沿道地区計画に関する都市計画についての告示　当該告示に係る沿道地区計画の区域のうち，幹線道路の沿道の整備に関する法律（昭和55年法律第34号）第9条第2項第一号に掲げる沿道地区整備計画が定められた区域

四　土地区画整理法第76条第1項第一号から第三号までに掲げる公告　当該公告に係る同法第2条第4項に規定する施行地区

五　都市再開発法第60条第2項第一号に掲げる公告　当該公告に係る同法第2条第三号に規定する施行地区

六　市街地開発事業に準ずる事業として国土交通省令で定めるものの実施に必要と

される認可その他の処分についての公告，告示等で国土交通省令で定めるもの　当該公告，告示等に係る区域

4　第1項の許可には，緊急かつ健全な復興を図るための市街地の整備改善を推進するために必要な条件を付けることができる。この場合において，その条件は，当該許可を受けた者に不当な義務を課するものであってはならない。

5　都道府県知事等は，第1項の規定に違反した者又は前項の規定により付けた条件に違反した者があるときは，これらの者又はこれらの者から当該土地若しくは建築物その他の工作物についての権利を承継した者に対して，相当の期限を定めて，緊急かつ健全な復興を図るための市街地の整備改善を推進するために必要な限度において，当該土地の原状回復又は当該建築物その他の工作物の移転若しくは除却を命ずることができる。

6　前項の規定により土地の原状回復又は建築物その他の工作物の移転若しくは除却を命じようとする場合において，過失がなくてその原状回復又は移転若しくは除却を命ずべき者を確知することができないときは，都道府県知事等は，それらの者の負担において，その措置を自ら行い，又はその命じた者若しくは委任した者にこれを行わせることができる。この場合においては，相当の期限を定めて，これを原状回復し，又は移転し，若しくは除却すべき旨及びその期限までに原状回復し，又は移転し，若しくは除却しないときは，都道府県知事等又はその命じた者若しくは委任した者が，原状回復し，又は移転し，若しくは除却する旨を公告しなければならない。

7　前項の規定により土地を原状回復し，又は建築物その他の工作物を移転し，若しくは除却しようとする者は，その身分を示す証明書を携帯し，関係人の請求があったときは，これを提示しなければならない。

風俗営業等の規制及び業務の適正化等に関する法律［抄］

昭和23年7月10日　法律第122号
最終改正　令和5年6月23日　法律第67号

【用語の意義】

第2条　この法律において「風俗営業」とは，次の各号のいずれかに該当する営業をいう。

一　キャバレー，待合，料理店，カフェーその他設備を設けて客の接待をして客に遊興又は飲食をさせる営業

二　喫茶店，バーその他設備を設けて客に飲食をさせる営業で，国家公安委員会規則で定めるところにより計った営業所内の照度を10lx以下として営むもの（前号に該当する営業として営むものを除く。）

三　喫茶店，バーその他設備を設けて客に飲食をさせる営業で，他から見通すことが困難であり，かつ，その広さが5㎡以下である客席を設けて営むもの

四　まあじゃん屋，ぱちんこ屋その他設備を設けて客に射幸心をそそるおそれのある遊技をさせる営業

五　スロットマシン，テレビゲーム機その他の遊技設備で本来の用途以外の用途として射幸心をそそるおそれのある遊技に用いることができるもの（国家公安委員会規則で定めるものに限る。）を備える店舗その他これに類する区画された施設（旅館業その他の営業の用に供し，又はこれに随伴する施設で政令で定めるものを除く。）において当該遊技設備により客に遊技をさせる営業（前号に該当する営業を除く。）

2　この法律において「風俗営業者」とは，次条第1項の許可又は第7条第1項，第7条の2第1項若しくは第7条の3第1項の承認を受けて風俗営業を営む者をいう。

3　この法律において「接待」とは，歓楽的雰囲気を醸し出す方法により客をもてなすことをいう。

4　この法律において「接待飲食等営業」とは，第1項第一号から第三号までのいずれかに該当する営業をいう。

5　この法律において「性風俗関連特殊営業」とは，店舗型性風俗特殊営業，無店舗型性風俗特殊営業，映像送信型性風俗特殊営業，店舗型電話異性紹介営業及び無店舗型電話異性紹介営業をいう。

6　この法律において「店舗型性風俗特殊営業」とは，次の各号のいずれかに該当する営業をいう。

一　浴場業（公衆浴場法（昭和23年法律第139号）第1条第1項に規定する公衆浴場を業として経営することをいう。）の施設として個室を設け，当該個室におい

て異性の客に接触する役務を提供する営業

二　個室を設け，当該個室において異性の客の性的好奇心に応じてその客に接触する役務を提供する営業（前号に該当する営業を除く。）

三　専ら，性的好奇心をそそるため衣服を脱いだ人の姿態を見せる興行その他の善良の風俗又は少年の健全な育成に与える影響が著しい興行の用に供する興行場（興行場法（昭和23年法律第137号）第1条第1項に規定するものをいう。）として政令で定めるものを経営する営業

四　専ら異性を同伴する客の宿泊（休憩を含む。以下この条において同じ。）の用に供する政令で定める施設（政令で定める構造又は設備を有する個室を設けるものに限る。）を設け，当該施設を当該宿泊に利用させる営業

五　店舗を設けて，専ら，性的好奇心をそそる写真，ビデオテープその他の物品で政令で定めるものを販売し，又は貸し付ける営業

六　前各号に掲げるもののほか，店舗を設けて営む性風俗に関する営業で，善良の風俗，清浄な風俗環境又は少年の健全な育成に与える影響が著しい営業として政令で定めるもの

7　この法律において「無店舗型性風俗特殊営業」とは，次の各号のいずれかに該当する営業をいう。

一　人の住居又は人の宿泊の用に供する施設において異性の客の性的好奇心に応じてその客に接触する役務を提供する営業で，当該役務を行う者を，その客の依頼を受けて派遣することにより営むもの

二　電話その他の国家公安委員会規則で定める方法による客の依頼を受けて，専ら，前項第五号の政令で定める物品を販売し，又は貸し付ける営業で，当該物品を配達し，又は配達させることにより営むもの

8　この法律において「映像送信型性風俗特殊営業」とは，専ら，性的好奇心をそそるため性的な行為を表す場面又は衣服を脱いだ人の姿態の映像を見せる営業で，電気通信設備を用いてその客に当該映像を伝達すること（放送又は有線放送に該当するものを除く。）により営むものをいう。

9　この法律において「店舗型電話異性紹介営業」とは，店舗を設けて，専ら，面識のない異性との一時の性的好奇心を満たすための交際（会話を含む。次項において同じ。）を希望する者に対し，会話（伝言のやり取りを含むものとし，音声によるものに限る。以下同じ。）の機会を提供することにより異性を紹介する営業で，その一方の者からの電話による会話の申込みを電気通信設備を用いて当該店舗内に立ち入らせた他の一方の者に取り次ぐことによって営むもの（その一方の者が当該営業に従事する者である場合におけるものを含む。）をいう。

10　この法律において「無店舗型電話異性紹介営業」とは，専ら，面識のない異性との一時の性的好奇心を満たすための交際を希望する者に対し，会話の機会を提供することにより異性を紹介する営業で，その一方の者からの電話による会話の申込みを電気通信設備を用いて他の一方の者に取り次ぐことによって営むもの（その一方の者が当該営業に従事する者である場合におけるものを含むものとし，前項に該当

するものを除く。）をいう。

11　この法律において「特定遊興飲食店営業」とは，ナイトクラブその他設備を設けて客に遊興をさせ，かつ，客に飲食をさせる営業（客に酒類を提供して営むものに限る。）で，午前 6 時後翌日の午前零時前の時間においてのみ営むもの以外のもの（風俗営業に該当するものを除く。）をいう。

12　この法律において「特定遊興飲食店営業者」とは，第31条の22の許可又は第31条の23において準用する第 7 条第 1 項，第 7 条の 2 第 1 項若しくは第 7 条の 3 第 1 項の承認を受けて特定遊興飲食店営業を営む者をいう。

13　この法律において「接客業務受託営業」とは，専ら，次に掲げる営業を営む者から委託を受けて当該営業の営業所において客に接する業務の一部を行うこと（当該業務の一部に従事する者が委託を受けた者及び当該営業を営む者の指揮命令を受ける場合を含む。）を内容とする営業をいう。

一　接待飲食等営業

二　店舗型性風俗特殊営業

三　特定遊興飲食店営業

四　飲食店営業（設備を設けて客に飲食をさせる営業で食品衛生法（昭和22年法律第233号）第55条第 1 項の許可を受けて営むものをいい，前 3 号に掲げる営業に該当するものを除く。以下同じ。）のうち，バー，酒場その他客に酒類を提供して営む営業（営業の常態として，通常主食と認められる食事を提供して営むものを除く。以下「酒類提供飲食店営業」という。）で，午前 6 時から午後10時までの時間においてのみ営むもの以外のもの

【営業の許可】

第 3 条　風俗営業を営もうとする者は，風俗営業の種別（前条第 1 項各号に規定する風俗営業の種別をいう。以下同じ。）に応じて，営業所ごとに，当該営業所の所在地を管轄する都道府県公安委員会（以下「公安委員会」という。）の許可を受けなければならない。

2　公安委員会は，善良の風俗若しくは清浄な風俗環境を害する行為又は少年の健全な育成に障害を及ぼす行為を防止するため必要があると認めるときは，その必要の限度において，前項の許可に条件を付し，及びこれを変更することができる。

【営業等の届出】

第27条　店舗型性風俗特殊営業を営もうとする者は，店舗型性風俗特殊営業の種別（第 2 条第 6 項各号に規定する店舗型性風俗特殊営業の種別をいう。以下同じ。）に応じて，営業所ごとに，当該営業所の所在地を管轄する公安委員会に，次の事項を記載した届出書を提出しなければならない。

一　氏名又は名称及び住所並びに法人にあっては，その代表者の氏名

二　営業所の名称及び所在地

三　店舗型性風俗特殊営業の種別

四　前 3 号に掲げるもののほか，内閣府令で定める事項

2　前項の届出書を提出した者は，当該店舗型性風俗特殊営業を廃止したとき，又は

同項各号（第三号を除く。）に掲げる事項（同項第二号に掲げる事項にあっては，営業所の名称に限る。）に変更があったときは，公安委員会に，廃止又は変更に係る事項その他の内閣府令で定める事項を記載した届出書を提出しなければならない。

3～5　（略）

【店舗型性風俗特殊営業の禁止区域等】

第28条　店舗型性風俗特殊営業は，一団地の官公庁施設（官公庁施設の建設等に関する法律（昭和26年法律第181号）第2条第4項に規定するものをいう。），学校（学校教育法（昭和22年法律第26号）第1条に規定するものをいう。），図書館（図書館法（昭和25年法律第118号）第2条第1項に規定するものをいう。）若しくは児童福祉施設（児童福祉法第7条第1項に規定するものをいう。）又はその他の施設でその周辺における善良の風俗若しくは清浄な風俗環境を害する行為若しくは少年の健全な育成に障害を及ぼす行為を防止する必要のあるものとして都道府県の条例で定めるものの敷地（これらの用に供するものと決定した土地を含む。）の周囲200mの区域内においては，これを営んではならない。

2　前項に定めるもののほか，都道府県は，善良の風俗若しくは清浄な風俗環境を害する行為又は少年の健全な育成に障害を及ぼす行為を防止するため必要があるときは，条例により，地域を定めて，店舗型性風俗特殊営業を営むことを禁止することができる。

3　第1項の規定又は前項の規定に基づく条例の規定は，これらの規定の施行又は適用の際現に第27条第1項の届出書を提出して店舗型性風俗特殊営業を営んでいる者の当該店舗型性風俗特殊営業については，適用しない。

4～12　（略）

文化財保護法［抄］

昭和25年5月30日　法律第214号
最終改正　令和4年6月17日　法律第68号

【文化財の定義】

第2条　この法律で「文化財」とは，次に掲げるものをいう。

一　建造物，絵画，彫刻，工芸品，書跡，典籍，古文書その他の有形の文化的所産で我が国にとって歴史上又は芸術上価値の高いもの（これらのものと一体をなしてその価値を形成している土地その他の物件を含む。）並びに考古資料及びその他の学術上価値の高い歴史資料（以下「有形文化財」という。）

二　演劇，音楽，工芸技術その他の無形の文化的所産で我が国にとって歴史上又は芸術上価値の高いもの（以下「無形文化財」という。）

三　衣食住，生業，信仰，年中行事等に関する風俗慣習，民俗芸能，民俗技術及びこれらに用いられる衣服，器具，家屋その他の物件で我が国民の生活の推移の理解のため欠くことのできないもの（以下「民俗文化財」という。）

四　貝づか，古墳，都城跡，城跡，旧宅その他の遺跡で我が国にとって歴史上又は学術上価値の高いもの，庭園，橋梁，峡谷，海浜，山岳その他の名勝地で我が国にとって芸術上又は観賞上価値の高いもの並びに動物（生息地，繁殖地及び渡来地を含む。），植物（自生地を含む。）及び地質鉱物（特異な自然の現象の生じている土地を含む。）で我が国にとって学術上価値の高いもの（以下「記念物」という。）

五　地域における人々の生活又は生業及び当該地域の風土により形成された景観地で我が国民の生活又は生業の理解のため欠くことのできないもの（以下「文化的景観」という。）

六　周囲の環境と一体をなして歴史的風致を形成している伝統的な建造物群で価値の高いもの（以下「伝統的建造物群」という。）

2，3　（略）

【指　定】

第27条　文部科学大臣は，有形文化財のうち重要なものを重要文化財に指定することができる。

2　文部科学大臣は，重要文化財のうち世界文化の見地から価値の高いもので，たぐいない国民の宝たるものを国宝に指定することができる。

【有形文化財の登録】

第57条　文部科学大臣は，重要文化財以外の有形文化財（第182条第2項に規定する指定を地方公共団体が行っているものを除く。）で建造物のうち，その文化財としての価値に鑑み保存及び活用のための措置が特に必要とされるものを文化財登録原簿に登録することができる。

2　文部科学大臣は，前項の規定による登録をしようとするときは，あらかじめ，関

係地方公共団体の意見を聴くものとする。ただし，当該登録をしようとする有形文化財が第182条の2第1項若しくは第183条の5第1項の規定又は文化観光拠点施設を中核とした地域における文化観光の推進に関する法律（令和2年法律第18号）第16条第1項の規定による登録の提案に係るものであるときは，この限りでない。

3　文化財登録原簿に記載すべき事項その他文化財登録原簿に関し必要な事項は，文部科学省令で定める。

【調査のための発掘に関する届出，指示及び命令】

第92条　土地に埋蔵されている文化財（以下「埋蔵文化財」という。）について，その調査のため土地を発掘しようとする者は，文部科学省令の定める事項を記載した書面をもって，発掘に着手しようとする日の30日前までに文化庁長官に届け出なければならない。ただし，文部科学省令の定める場合は，この限りでない。

2　埋蔵文化財の保護上特に必要があると認めるときは，文化庁長官は，前項の届出に係る発掘に関し必要な事項及び報告書の提出を指示し，又はその発掘の禁止，停止若しくは中止を命ずることができる。

【登録記念物】

第132条　文部科学大臣は，史跡名勝天然記念物（第110条第1項に規定する仮指定を都道府県の教育委員会が行ったものを含む。）以外の記念物（第182条第2項に規定する指定を地方公共団体が行っているものを除く。）のうち，その文化財としての価値にかんがみ保存及び活用のための措置が特に必要とされるものを文化財登録原簿に登録することができる。

2　（略）

【重要文化的景観の選定】

第134条　文部科学大臣は，都道府県又は市町村の申出に基づき，当該都道府県又は市町村が定める景観法（平成16年法律第110号）第8条第2項第一号に規定する景観計画区域又は同法第61条第1項に規定する景観地区内にある文化的景観であって，文部科学省令で定める基準に照らして当該都道府県又は市町村がその保存のため必要な措置を講じているもののうち特に重要なものを重要文化的景観として選定することができる。

2　（略）

【現状変更等の届出等】

第139条　重要文化的景観に関しその現状を変更し，又はその保存に影響を及ぼす行為をしようとする者は，現状を変更し，又は保存に影響を及ぼす行為をしようとする日の30日前までに，文部科学省令で定めるところにより，文化庁長官にその旨を届け出なければならない。ただし，現状変更については維持の措置若しくは非常災害のために必要な応急措置又は他の法令の規定による現状変更を内容とする命令に基づく措置を執る場合，保存に影響を及ぼす行為については影響の軽微である場合は，この限りでない。

2　前項ただし書に規定する維持の措置の範囲は，文部科学省令で定める。

3　重要文化的景観の保護上必要があると認めるときは，文化庁長官は，第1項の届

出に係る重要文化的景観の現状変更又は保存に影響を及ぼす行為に関し必要な指導，助言又は勧告をすることができる。

【伝統的建造物群保存地区】

第142条　この章において「伝統的建造物群保存地区」とは，伝統的建造物群及びこれと一体をなしてその価値を形成している環境を保存するため，次条第１項又は第２項の定めるところにより市町村が定める地区をいう。

【伝統的建造物群保存地区の決定及びその保護】

第143条　市町村は，都市計画法（昭和43年法律第100号）第５条又は第５条の２の規定により指定された都市計画区域又は準都市計画区域内においては，都市計画に伝統的建造物群保存地区を定めることができる。この場合においては，市町村は，条例で，当該地区の保存のため，政令の定める基準に従い必要な現状変更の規制について定めるほか，その保存のため必要な措置を定めるものとする。

2　市町村は，前項の都市計画区域又は準都市計画区域以外の区域においては，条例の定めるところにより，伝統的建造物群保存地区を定めることができる。この場合においては，前項後段の規定を準用する。

3　市町村は，伝統的建造物群保存地区に関し，地区の決定若しくはその取消し又は条例の制定若しくはその改廃を行った場合は，文化庁長官に対し，その旨を報告しなければならない。

4　文化庁長官又は都道府県の教育委員会は，市町村に対し，伝統的建造物群保存地区の保存に関し，必要な指導又は助言をすることができる。

【重要伝統的建造物群保存地区の選定】

第144条　文部科学大臣は，市町村の申出に基づき，伝統的建造物群保存地区の区域の全部又は一部で我が国にとってその価値が特に高いものを，重要伝統的建造物群保存地区として選定することができる。

2　前項の規定による選定は，その旨を官報で告示するとともに，当該申出に係る市町村に通知してする。

【地方公共団体の事務】

第182条　地方公共団体は，文化財の管理，修理，復旧，公開その他その保存及び活用に要する経費につき補助することができる。

2　地方公共団体は，条例の定めるところにより，重要文化財，重要無形文化財，重要有形民俗文化財，重要無形民俗文化財及び史跡名勝天然記念物以外の文化財で当該地方公共団体の区域内に存するもののうち重要なものを指定して，その保存及び活用のため必要な措置を講ずることができる。

3　（略）

4　第２項に規定する条例の制定若しくはその改廃又は同項に規定する文化財の指定若しくはその解除を行った場合には，教育委員会は，文部科学省令の定めるところにより，文化庁長官にその旨を報告しなければならない。

密集市街地における防災街区の
整備の促進に関する法律［抄］

平成9年5月9日　法律第49号
最終改正　令和5年6月16日　法律第58号

【目　的】

第1条　この法律は，密集市街地について計画的な再開発又は開発整備による防災街区の整備を促進するために必要な措置を講ずることにより，密集市街地の防災に関する機能の確保と土地の合理的かつ健全な利用を図り，もって公共の福祉に寄与することを目的とする。

【定　義】

第2条　この法律（第十号に掲げる用語にあっては，第48条を除く。）において，次の各号に掲げる用語の意義は，それぞれ当該各号に定めるところによる。

一　密集市街地　　当該区域内に老朽化した木造の建築物が密集しており，かつ，十分な公共施設が整備されていないことその他当該区域内の土地利用の状況から，その特定防災機能が確保されていない市街地をいう。

二　防災街区　　その特定防災機能が確保され，及び土地の合理的かつ健全な利用が図られた街区をいう。

三　特定防災機能　　火事又は地震が発生した場合において延焼防止上及び避難上確保されるべき機能をいう。

四　防災公共施設　　密集市街地において特定防災機能を確保するために整備されるべき主要な道路，公園その他政令で定める公共施設をいう。

五　防災街区整備事業　　密集市街地において特定防災機能の確保と土地の合理的かつ健全な利用を図るため，この法律で定めるところに従って行われる建築物及び建築物の敷地の整備並びに防災公共施設その他の公共施設の整備に関する事業並びにこれに附帯する事業をいう。

六　建築物　　建築基準法（昭和25年法律第201号）第2条第一号に規定する建築物をいう。

七　建築物の建替え　　現に存する1以上の建築物（建築物が2以上の場合にあっては，これらの敷地が隣接するものに限る。）を除却するとともに，当該建築物の敷地であった一団の土地の全部又は一部の区域に1以上の建築物を新築することをいう。

八　耐火建築物等　　建築基準法第53条第3項第一号イに規定する耐火建築物等をいう。

九　準耐火建築物等　　建築基準法第53条第3項第一号ロに規定する準耐火建築物等をいう。

十　公共施設　　道路，公園その他政令で定める公共の用に供する施設をいう。

十一　都市施設　　都市計画法（昭和43年法律第100号）第４条第５項に規定する都市施設をいう。

十二　都市計画施設　　都市計画法第４条第６項に規定する都市計画施設をいう。

十三　都市計画事業　　都市計画法第４条第15項に規定する都市計画施設をいう。

十四　借地権　　借地借家法（平成３年法律第90号）第２条第一号に規定する借地権をいう。ただし，一時使用のために設定されたことが明らかなものを除く。

十五　借家権　　建物の賃借権（一時使用のため設定されたことが明らかなものを除く。第13条第３項及び第５章を除き，以下同じ。）及び配偶者居住権をいう。

【防災街区整備方針】

第３条　都市計画法第７条第１項の市街化区域内においては，都市計画に，密集市街地内の各街区について防災街区としての整備を図るため，次に掲げる事項を明らかにした防災街区の整備の方針（以下「防災街区整備方針」という。）を定めることができる。

一　特に一体的かつ総合的に市街地の再開発を促進すべき相当規模の地区（以下「防災再開発促進地区」という。）及び当該地区の整備又は開発に関する計画の概要

二　防災公共施設の整備及びこれと一体となって特定防災機能を確保するための建築物その他の工作物（以下「建築物等」という。）の整備に関する計画の概要

2　国及び地方公共団体は，防災街区整備方針に従い，計画的な再開発又は開発整備による防災街区の整備を促進するため，第31条第１項の特定防災街区整備地区，第32条第１項の防災街区整備地区計画，第281条第１項の施行予定者を定める防災都市施設等の都市計画の決定，防災街区整備事業又は防災公共施設の整備に関する事業の実施その他の必要な措置を講ずるよう努めなければならない。

【建替計画の認定】

第４条　防災再開発促進地区の区域内において，建築物の建替えをしようとする者は，国土交通省令で定めるところにより，建築物の建替えに関する計画（以下この節において「建替計画」という。）を作成し，所管行政庁（建築主事を置く市町村の区域については市町村長をいい，その他の市町村の区域については都道府県知事をいう。ただし，建築基準法第97条の２第１項又は第97条の３第１項の規定により建築主事を置く市町村の区域内の政令で定める建築物については，都道府県知事とする。以下同じ。）の認定を申請することができる。

2〜4　（略）

【建替計画の認定基準】

第５条　所管行政庁は，建替計画の認定の申請があった場合において，当該申請に係る建替計画が次に掲げる基準に適合すると認めるときは，その旨の認定をすることができる。

一　除却する建築物の建築面積の合計に対する除却する建築物のうち延焼防止上支障がある木造の建築物で国土交通省令で定める基準に該当するものの建築面積の合計の割合が国土交通省令で定める数値以上であること。

二　新築する建築物が耐火建築物等又は準耐火建築物等であること。

三　新築する建築物の敷地面積がそれぞれ国土交通省令で定める規模以上であり，かつ，当該敷地面積の合計が国土交通省令で定める規模以上であること。

四　建替事業区域内に延焼防止上又は避難上有効な空地で国土交通省令で定める基準に該当するものが確保されていること。

五　建築物の建替えの事業の実施期間が当該建築物の建替えを迅速かつ確実に遂行するために適切なものであること。

六　建築物の建替えの事業に関する資金計画が当該建築物の建替えを確実に遂行するため適切なものであること。

2　建替計画が建築基準法第6条第1項の規定による確認又は同法第18条第2項の規定による通知を要するものである場合において，建替計画の認定をしようとするときは，所管行政庁は，あらかじめ，建築主事の同意を得なければならない。

3　建築主事は，前項の同意を求められた場合において，当該建替計画のうち新築する建築物に係る部分が建築基準法第6条第1項の建築基準関係規定（同法第6条の4第1項に規定する建築物の新築について同意を求められた場合にあっては，同項の規定により読み替えて適用される同法第6条第1項に規定する建築基準関係規定）に適合するものであるときは，同意を与えてその旨を当該所管行政庁に通知しなければならない。この場合において，建築主事は，同意することができない事由があると認めるときは，その事由を当該所管行政庁に通知しなければならない。

4　建築基準法第93条の規定は所管行政庁が同法第6条第1項の規定による確認又は同法第18条第2項の規定による通知を要する建替計画について建替計画の認定をしようとする場合について，同法第93条の2の規定は所管行政庁が同法第6条第1項の規定による確認を要する建替計画について建替計画の認定をしようとする場合について準用する。

5　建替計画が建築基準法第6条第1項の規定による確認又は同法第18条第2項の規定による通知を要するものである場合において，所管行政庁が建替計画の認定をしたときは，同法第6条第1項又は第18条第3項の規定による確認済証の交付があったものとみなす。この場合において，所管行政庁は，その旨を建築主事に通知するものとする。

【特定防災街区整備地区に関する都市計画】

第31条　密集市街地内の土地の区域については，当該区域及びその周辺の密集市街地における特定防災機能の確保並びに当該区域における土地の合理的かつ健全な利用を図るため，都市計画に，特定防災街区整備地区を定めることができる。

2　特定防災街区整備地区は，防火地域又は準防火地域が定められている土地の区域のうち，防災都市計画施設（防災都市施設に係る都市計画施設をいう。以下同じ。）と一体となって特定防災機能を確保するための防災街区として整備すべき区域その他当該密集市街地における特定防災機能の効果的な確保に貢献する防災街区として整備すべき区域に定めるものとする。

3　特定防災街区整備地区に関する都市計画には，都市計画法第8条第3項第一号及

び第三号に掲げる事項のほか，次に掲げる事項を定めるものとする。

一　建築物の敷地面積の最低限度

二　特定防災機能の確保又は土地の合理的かつ健全な利用を図るため必要な場合に
あっては，壁面の位置の制限

三　防災街区整備方針に即して防災都市計画施設と一体となって特定防災機能を確
保する建築物を整備するため必要な場合にあっては，建築物の防災都市計画施設
に係る間口率（建築物の防災都市計画施設に面する部分の長さの敷地の防災都市
計画施設に接する部分の長さに対する割合をいう。）の最低限度及び建築物の高
さの最低限度

【防災街区整備地区計画】

第32条　次に掲げる条件に該当する密集市街地内の土地の区域で，当該区域における
特定防災機能の確保と土地の合理的かつ健全な利用を図るため，当該区域の各街区
を防災街区として一体的かつ総合的に整備することが適切であると認められるもの
については，都市計画に防災街区整備地区計画を定めることができる。

一　当該区域における特定防災機能の確保を図るため，適正な配置及び規模の公共
施設を整備する必要がある土地の区域であること。

二　当該区域における特定防災機能に支障を来している土地の区域であること。

三　都市計画法第8条第1項第一号に規定する用途地域（第32条の3において単に
「用途地域」という。）が定められている土地の区域であること。

2　防災街区整備地区計画については，都市計画法第12条の4第2項に定める事項の
ほか，都市計画に，第一号及び第二号に掲げる事項を定めるものとするとともに，
第三号に掲げる事項を定めるよう努めるものとする。

一　当該区域における特定防災機能を確保するための防災公共施設（都市計画施設
を除く。以下「地区防災施設」という。）の区域（地区防災施設のうち建築物等
と一体となって当該特定防災機能を確保するために整備されるべきもの(以下「特
定地区防災施設」という。)にあっては，当該特定地区防災施設の区域及び当該
建築物等の整備に関する計画（以下「特定建築物地区整備計画」という。）

二　主として街区内の居住者等の利用に供される道路，公園その他の政令で定める
施設（都市計画施設及び地区防災施設を除く。以下「地区施設」という。）及び
建築物等（特定建築物地区整備計画の区域内の建築物等を除く。）の整備並びに
土地の利用に関して，地区防災施設の区域以外の防災街区整備地区計画の区域に
ついて定める計画（以下「防災街区整備地区整備計画」という。）

三　当該防災街区整備地区計画の目標その他当該区域の整備に関する方針

3　特定建築物地区整備計画においては，その区域及び建築物の構造に関する防火上
必要な制限，建築物の特定地区防災施設に係る間口率（建築物の特定地区防災施設
に面する部分の長さの敷地の特定地区防災施設に接する部分の長さに対する割合を
いう。第116条第1項第一号ロにおいて同じ。）の最低限度，建築物等の高さの最高
限度又は最低限度，建築物等の用途の制限，建築物の容積率（延べ面積の敷地面積
に対する割合をいう。以下同じ。）の最高限度又は最低限度，建築物の建ぺい率（建

築面積の敷地面積に対する割合をいう。以下同じ。）の最高限度，建築物の敷地面積又は建築面積の最低限度，壁面の位置の制限，壁面後退区域（壁面の位置の制限として定められた限度の線と敷地境界線との間の土地の区域をいう。以下同じ。）における工作物の設置の制限，建築物等の形態又は色彩その他の意匠の制限，建築物の緑化率（都市緑地法（昭和48年法律第72号）第34条第2項に規定する緑化率をいう。次項第二号において同じ。）の最低限度その他建築物等に関する事項で政令で定めるものを定めることができる。

4　防災街区整備地区整備計画においては，次に掲げる事項を定めることができる。

一　地区施設の配置及び規模

二　建築物の構造に関する防火上必要な制限，建築物等の高さの最高限度又は最低限度，建築物等の用途の制限，建築物の容積率の最高限度又は最低限度，建築物の建ぺい率の最高限度，建築物の敷地面積又は建築面積の最低限度，壁面の位置の制限，壁面後退区域における工作物の設置の制限，建築物等の形態又は色彩その他の意匠の制限，建築物の緑化率の最低限度その他建築物等に関する事項で政令で定めるもの

三　現に存する樹林地，草地等で良好な居住環境を確保するため必要なものの保全に関する事項

四　前3号に掲げるもののほか，土地の利用に関する事項で政令で定めるもの

5　防災街区整備地区計画を都市計画に定めるに当たっては，次に掲げるところに従わなければならない。

一　地区防災施設（特定地区防災施設を除く。）は，当該地区防災施設が，当該防災街区整備地区計画の区域及びその周辺において定められている都市計画と相まって，当該区域における特定防災機能を確保するとともに，良好な都市環境の形成に資するよう，必要な位置に適切な規模で配置すること。

二　特定地区防災施設は，当該特定地区防災施設が，当該防災街区整備地区計画の区域及びその周辺において定められている都市計画と相まって，特定建築物地区整備計画の区域内の建築物等と一体となって当該防災街区整備地区計画の区域における特定防災機能を確保するとともに，良好な都市環境の形成に資するよう，必要な位置に適切な規模で配置すること。

三　特定建築物地区整備計画は，当該特定建築物地区整備計画の区域内の建築物等が特定地区防災施設と一体となって当該防災街区整備地区計画の区域における特定防災機能を確保するとともに，適切な構造，高さ，配列等を備えた建築物等が整備されることにより当該区域内の土地が合理的かつ健全な利用形態となるように定めること。

四　地区施設は，当該地区施設が，当該防災街区整備地区計画の区域及びその周辺において定められている都市計画と相まって，火事又は地震が発生した場合の当該区域における延焼により生ずる被害の軽減及び避難上必要な機能の確保と良好な都市環境の形成に資するよう，必要な位置に適切な規模で配置すること。

五　防災街区整備地区整備計画における建築物等に関する事項は，当該防災街区整

備地区計画の区域の特性にふさわしい用途，容積，高さ，配列等を備えた建築物等が整備されることにより当該区域内の土地が合理的かつ健全な利用形態となるとともに，当該防災街区整備地区整備計画の区域内の建築物等（特定建築物地区整備計画の区域内の建築物等を除く。）が火事又は地震が発生した場合の当該区域における延焼により生ずる被害の軽減に資するように定めること。

6　防災街区整備地区計画を都市計画に定める際，当該防災街区整備地区計画の区域の全部又は一部について地区防災施設の区域（防災街区整備地区計画に特定地区防災施設を定めるべき場合にあっては，特定地区防災施設の区域及び特定建築物地区整備計画。以下この項において同じ。）又は防災街区整備地区整備計画を定めることができない特別の事情があるときは，当該防災街区整備地区計画の区域の全部又は一部について地区防災施設の区域又は防災街区整備地区整備計画を定めることを要しない。この場合において，地区防災施設の区域以外の防災街区整備地区計画の区域の一部について防災街区整備地区整備計画を定めるときは，当該防災街区整備地区計画については，当該防災街区整備地区整備計画の区域をも都市計画に定めなければならない。

【建築物の容積率の最高限度を区域の特性に応じたものと公共施設の整備状況に応じたものとに区分して定める特定建築物地区整備計画等】

第32条の2　特定建築物地区整備計画又は防災街区整備地区整備計画においては，適正かつ合理的な土地利用の促進を図るため特に必要であると認められるときは，前条第3項又は第4項第二号の建築物の容積率の最高限度について次の各号に掲げるものごとに数値を区分し，第一号に掲げるものの数値を第二号に掲げるものの数値を超えるものとして定めるものとする。

一　当該特定建築物地区整備計画又は防災街区整備地区整備計画の区域の特性に応じたもの

二　当該特定建築物地区整備計画又は防災街区整備地区整備計画の区域内の公共施設の整備の状況に応じたもの

【区域を区分して建築物の容積を適正に配分する特定建築物地区整備計画等】

第32条の3　防災街区整備地区計画（適正な配置及び規模の公共施設が地区防災施設又は地区施設として定められているものに限る。）の区域内の土地の区域（当該防災街区整備地区計画の区域の整備に関する方針に従って現に特定地区防災施設の整備が行われつつあり，又は行われることが確実であると見込まれるものに限る。）において，建築物の容積を適正に配分することが当該防災街区整備地区計画の区域における特定防災機能の確保及び当該特定地区防災施設の整備が行われた後の当該区域の特性に応じた合理的な土地利用の促進を図るため特に必要であると認められるときは，当該防災街区整備地区計画について定められた特定建築物地区整備計画及び防災街区整備地区整備計画においては，当該特定建築物地区整備計画及び防災街区整備地区整備計画の区域をそれぞれ区分し，又は区分しないで，当該特定建築物地区整備計画の区域内の第32条第3項の建築物の容積率の最高限度については当該区域内の用途地域において定められた建築物の容積率の数値以上のものとして定

め，当該防災街区整備地区整備計画の区域内の同条第4項第二号の建築物の容積率の最高限度については当該区域内の用途地域において定められた建築物の容積率の数値以下のものとして定めるものとする。

2　前項の場合において，当該特定建築物地区整備計画及び防災街区整備地区整備計画の区域内のそれぞれの区域について定められた建築物の容積率の最高限度の数値に当該数値の定められた区域の面積を乗じたものの合計は，当該特定建築物地区整備計画及び防災街区整備地区整備計画の区域内の用途地域において定められた建築物の容積率の数値に当該数値の定められた区域の面積を乗じたものの合計を超えてはならない。

【住居と住居以外の用途とを適正に配分する特定建築物地区整備計画等】

第32条の4　特定建築物地区整備計画又は防災街区整備地区整備計画においては，住居と住居以外の用途とを適正に配分することが当該特定建築物地区整備計画又は防災街区整備地区整備計画の区域の特性に応じた合理的な土地利用の促進を図るため特に必要であると認められるときは，第32条第3項又は第4項第二号の建築物の容積率の最高限度について次の各号に掲げるものごとに数値を区分し，第一号に掲げるものの数値を第二号に掲げるものの数値以上のものとして定めるものとする。

一　その全部又は一部を住宅の用途に供する建築物に係るもの

二　その他の建築物に係るもの

【区域の特性に応じた高さ，配列及び形態を備えた建築物の整備を誘導する特定建築物地区整備計画等】

第32条の5　特定建築物地区整備計画又は防災街区整備地区整備計画においては，当該特定建築物地区整備計画又は防災街区整備地区整備計画の区域の特性に応じた高さ，配列及び形態を備えた建築物を整備することが合理的な土地利用の促進を図るため特に必要であると認められるときは，壁面の位置の制限（道路（都市計画に定められた計画道路及び地区防災施設又は地区施設である道路を含む。）に面する壁面の位置を制限するものを含むものに限る。），壁面後退区域における工作物の設置の制限（当該壁面後退区域において連続的に有効な空地を確保するため必要なものを含むものに限る。）及び建築物の高さの最高限度を定めるものとする。

【建築物の敷地と道路との関係の特例】

第116条　促進地区内防災街区整備地区計画に定められた特定地区防災施設である道が，建築基準法第68条の7第1項に規定する予定道路として指定された場合において，次に掲げる条件に該当する促進地区内防災街区整備地区計画の区域内にある建築物（その敷地が当該予定道路に接するもの又は当該敷地内に当該予定道路があるものに限る。）で，当該促進地区内防災街区整備地区計画の内容に適合し，かつ，特定行政庁（同法第2条第三十五号に規定する特定行政庁をいう。）が交通上，安全上，防火上及び衛生上支障がないと認めて許可したものについては，当該予定道路を同法第42条第1項に規定する道路とみなして，同法第43条第1項の規定を適用する。

一　特定建築物地区整備計画が定められている区域のうち，次に掲げる事項が定め

られている区域であること。
　　イ　建築物の構造に関する防火上必要な制限
　　ロ　建築物の特定地区防災施設に係る間口率
　　ハ　壁面の位置の制限（特定地区防災施設に面する壁面の位置を制限するものを
　　　含むものに限る。）
　　ニ　壁面後退区域における工作物の設置の制限
　二　建築基準法第68条の2第1項の規定に基づく条例で，前号イからハまでに掲げ
　　る事項に関する制限が定められている区域であること。
2　建築基準法第44条第2項，第92条の2，第93条第1項及び第2項，第94条並びに
　第95条の規定は，前項の規定による許可をする場合に準用する。

【防災街区整備事業に関する都市計画】

第120条　防災街区整備事業に関する都市計画においては，都市計画法第12条第2項
　に定める事項のほか，防災公共施設その他の公共施設の配置及び規模並びに防災施
　設建築物の整備に関する計画を定めるものとする。
2　防災街区整備事業に関する都市計画は，次に掲げるところに従って定めなければ
　ならない。
　一　道路，公園，下水道その他の都市施設に関する都市計画が定められている場合
　　においては，その都市計画に適合するように定めること。
　二　施行区域が，適正な配置及び規模の防災公共施設その他の公共施設を備えるこ
　　とにより，特定防災機能が確保された良好な都市環境のものとなるように定める
　　こと。
　三　防災施設建築物の整備に関する計画は，適切な構造，高さ，配列等を備えた防
　　災施設建築物が整備されることにより，施行区域及びその周辺の密集市街地にお
　　ける特定防災機能の確保及び施行区域における土地の合理的かつ健全な利用が図
　　られるように定めること。この場合において，施行区域内に，又は施行区域に接
　　して防災都市施設に係る都市施設に関する都市計画（以下「防災都市施設に関す
　　る都市計画」という。）が定められているときは，当該防災都市施設と一体となっ
　　て特定防災機能の確保が図られるように定めること。

民　　法［抄］

明治29年4月27日　法律第89号
最終改正　令和5年6月14日　法律第53号

【基本原則】

第1条　私権は，公共の福祉に適合しなければならない。

2　権利の行使及び義務の履行は，信義に従い誠実に行わなければならない。

3　権利の濫用は，これを許さない。

【土地所有権の範囲】

第207条　土地の所有権は，法令の制限内において，その土地の上下に及ぶ。

【隣地の使用】

第209条　土地の所有者は，次に掲げる目的のため必要な範囲内で，隣地を使用することができる。ただし，住家については，その居住者の承諾がなければ，立ち入ることはできない。

一　境界又はその付近における障壁，建物その他の工作物の築造，収去又は修繕

二　境界標の調査又は境界に関する測量

三　第233条第3項の規定による枝の切取り

2　前項の場合には，使用の日時，場所及び方法は，隣地の所有者及び隣地を現に使用している者（以下この条において「隣地使用者」という。）のために損害が最も少ないものを選ばなければならない。

3　第1項の規定により隣地を使用する者は，あらかじめ，その目的，日時，場所及び方法を隣地の所有者及び隣地使用者に通知しなければならない。ただし，あらかじめ通知することが困難なときは，使用を開始した後，遅滞なく，通知することをもって足りる。

4　第1項の場合において，隣地の所有者又は隣地使用者が損害を受けたときは，その償金を請求することができる。

【公道に至るための他の土地の通行権】

第210条　他の土地に囲まれて公道に通じない土地の所有者は，公道に至るため，その土地を囲んでいる他の土地を通行することができる。

2　池沼，河川，水路若しくは海を通らなければ公道に至ることができないとき，又は崖があって土地と公道とに著しい高低差があるときも，前項と同様とする。

第211条　前条の場合には，通行の場所及び方法は，同条の規定による通行権を有する者のために必要であり，かつ，他の土地のために損害が最も少ないものを選ばなければならない。

2　前条の規定による通行権を有する者は，必要があるときは，通路を開設することができる。

第212条　第210条の規定による通行権を有する者は，その通行する他の土地の損害に

対して償金を支払わなければならない。ただし，通路の開設のために生じた損害に対するものを除き，1年ごとにその償金を支払うことができる。

第213条　分割によって公道に通じない土地が生じたときは，その土地の所有者は，公道に至るため，他の分割者の所有地のみを通行することができる。この場合においては，償金を支払うことを要しない。

2　前項の規定は，土地の所有者がその土地の一部を譲り渡した場合について準用する。

【自然水流に対する妨害の禁止】

第214条　土地の所有者は，隣地から水が自然に流れて来るのを妨げてはならない。

【水流の障害の除去】

第215条　水流が天災その他避けることのできない事変により低地において閉塞したときは，高地の所有者は，自己の費用で，水流の障害を除去するため必要な工事をすることができる。

【水流に関する工作物の修繕等】

第216条　他の土地に貯水，排水又は引水のために設けられた工作物の破壊又は閉塞により，自己の土地に損害が及び，又は及ぶおそれがある場合には，その土地の所有者は，当該他の土地の所有者に，工作物の修繕若しくは障害の除去をさせ，又は必要があるときは予防工事をさせることができる。

【費用の負担についての慣習】

第217条　前2条の場合において，費用の負担について別段の慣習があるときは，その慣習に従う。

【雨水を隣地に注ぐ工作物の設置の禁止】

第218条　土地の所有者は，直接に雨水を隣地に注ぐ構造の屋根その他の工作物を設けてはならない。

【水流の変更】

第219条　溝，堀その他の水流地の所有者は，対岸の土地が他人の所有に属するときは，その水路又は幅員を変更してはならない。

2　両岸の土地が水流地の所有者に属するときは，その所有者は，水路及び幅員を変更することができる。ただし，水流が隣地と交わる地点において，自然の水路に戻さなければならない。

3　前2項の規定と異なる慣習があるときは，その慣習に従う。

【排水のための低地の通水】

第220条　高地の所有者は，その高地が浸水した場合にこれを乾かすため，又は自家用若しくは農工業用の余水を排出するため，公の水流又は下水道に至るまで，低地に水を通過させることができる。この場合においては，低地のために損害が最も少ない場所及び方法を選ばなければならない。

【通水用工作物の使用】

第221条　土地の所有者は，その所有地の水を通過させるため，高地又は低地の所有者が設けた工作物を使用することができる。

2 前項の場合には,他人の工作物を使用する者は,その利益を受ける割合に応じて,工作物の設置及び保存の費用を分担しなければならない。

【堰の設置及び使用】

第222条 水流地の所有者は,堰を設ける必要がある場合には,対岸の土地が他人の所有に属するときであっても,その堰を対岸に付着させて設けることができる。ただし,これによって生じた損害に対して償金を支払わなければならない。

2 対岸の土地の所有者は,水流地の一部がその所有に属するときは,前項の堰を使用することができる。

3 前条第2項の規定は,前項の場合について準用する。

【境界標の設置】

第223条 土地の所有者は,隣地の所有者と共同の費用で,境界標を設けることができる。

【境界標の設置及び保存の費用】

第224条 境界標の設置及び保存の費用は,相隣者が等しい割合で負担する。ただし,測量の費用は,その土地の広狭に応じて分担する。

【囲障の設置】

第225条 2棟の建物がその所有者を異にし,かつ,その間に空地があるときは,各所有者は,他の所有者と共同の費用で,その境界に囲障を設けることができる。

2 当事者間に協議が調わないときは,前項の囲障は,板塀又は竹垣その他これらに類する材料のものであって,かつ,高さ2mのものでなければならない。

【囲障の設置及び保存の費用】

第226条 前条の囲障の設置及び保存の費用は,相隣者が等しい割合で負担する。

【相隣者の一人による囲障の設置】

第227条 相隣者の一人は,第225条第2項に規定する材料より良好なものを用い,又は同項に規定する高さを増して囲障を設けることができる。ただし,これによって生ずる費用の増加額を負担しなければならない。

【囲障の設置等に関する慣習】

第228条 前3条の規定と異なる慣習があるときは,その慣習に従う。

【境界標等の共有の推定】

第229条 境界線上に設けた境界標,囲障,障壁,溝及び堀は,相隣者の共有に属するものと推定する。

第230条 1棟の建物の一部を構成する境界線上の障壁については,前条の規定は,適用しない。

2 高さの異なる2棟の隣接する建物を隔てる障壁の高さが,低い建物の高さを超えるときは,その障壁のうち低い建物を超える部分についても,前項と同様とする。ただし,防火障壁については,この限りでない。

【共有の障壁の高さを増す工事】

第231条 相隣者の一人は,共有の障壁の高さを増すことができる。ただし,その障壁がその工事に耐えないときは,自己の費用で,必要な工作を加え,又はその障壁

を改築しなければならない。

2　前項の規定により障壁の高さを増したときは，その高さを増した部分は，その工事をした者の単独の所有に属する。

第232条　前条の場合において，隣人が損害を受けたときは，その償金を請求することができる。

【竹木の枝の切除及び根の切取り】

第233条　土地の所有者は，隣地の竹木の枝が境界線を越えるときは，その竹木の所有者に，その枝を切除させることができる。

2　前項の場合において，竹木が数人の共有に属するときは，各共有者は，その枝を切り取ることができる。

3　第1項の場合において，次に掲げるときは，土地の所有者は，その枝を切り取ることができる。

　一　竹木の所有者に枝を切除するよう催告したにもかかわらず，竹木の所有者が相当の期間内に切除しないとき。

　二　竹木の所有者を知ることができず，又はその所在を知ることができないとき。

　三　急迫の事情があるとき。

4　隣地の竹木の根が境界線を越えるときは，その根を切り取ることができる。

【境界線付近の建築の制限】

第234条　建物を築造するには，境界線から50cm以上の距離を保たなければならない。

2　前項の規定に違反して建築をしようとする者があるときは，隣地の所有者は，その建築を中止させ，又は変更させることができる。ただし，建築に着手した時から1年を経過し，又はその建物が完成した後は，損害賠償の請求のみをすることができる。

第235条　境界線から1m未満の距離において他人の宅地を見通すことのできる窓又は縁側（ベランダを含む。次項において同じ。）を設ける者は，目隠しを付けなければならない。

2　前項の距離は，窓又は縁側の最も隣地に近い点から垂直線によって境界線に至るまでを測定して算出する。

【境界線付近の建築に関する慣習】

第236条　前2条の規定と異なる慣習があるときは，その慣習に従う。

【境界線付近の掘削の制限】

第237条　井戸，用水だめ，下水だめ又は肥料だめを掘るには境界線から2m以上，池，穴蔵又はし尿だめを掘るには境界線から1m以上の距離を保たなければならない。

2　導水管を埋め，又は溝若しくは堀を掘るには，境界線からその深さの1/2以上の距離を保たなければならない。ただし，1mを超えることを要しない。

【境界線付近の掘削に関する注意義務】

第238条　境界線の付近において前条の工事をするときは，土砂の崩壊又は水若しく

は汚液の漏出を防ぐため必要な注意をしなければならない。

【地上権の内容】

第265条　地上権者は，他人の土地において工作物又は竹木を所有するため，その土地を使用する権利を有する。

流通業務市街地の整備に関する法律［抄］

昭和41年7月1日　法律第110号
最終改正　令和4年6月17日　法律第68号

【定　義】

第2条　この法律において「流通業務施設」とは，第5条第1項第一号から第六号までに掲げる施設をいう。

2　この法律において「流通業務団地造成事業」とは，第7条第1項の流通業務団地について，都市計画法（昭和43年法律第100号）及びこの法律で定めるところに従って行なわれる同項第二号に規定する流通業務施設の全部又は一部の敷地の造成，造成された敷地の処分並びにそれらの敷地とあわせて整備されるべき公共施設及び公益的施設の敷地の造成又はそれらの施設の整備に関する事業並びにこれに附帯する事業をいう。

3　この法律において「施行者」とは，流通業務団地造成事業を施行する者をいう。

4　この法律において「事業地」とは，流通業務団地造成事業を施行する土地の区域をいう。

5　この法律において「公共施設」とは，道路，自動車駐車場その他政令で定める公共の用に供する施設をいう。

6　この法律において「公益的施設」とは，官公庁施設，医療施設その他の施設で，流通業務地区の利便のために必要なものをいう。

7　この法律において「造成施設等」とは，流通業務団地造成事業により造成された敷地及び整備された施設をいう。

8　この法律において「造成敷地等」とは，造成施設等のうち，公共施設及びその敷地以外のものをいう。

9　この法律において「処分計画」とは，施行者が行なう造成施設等の処分に関する計画をいう。

【流通業務地区内の規制】

第5条　何人も，流通業務地区においては，次の各号のいずれかに該当する施設以外の施設を建設してはならず，また，施設を改築し，又はその用途を変更して次の各号のいずれかに該当する施設以外の施設としてはならない。ただし，都道府県知事（市の区域内にあっては，当該市の長。次条第1項及び第2項において「都道府県知事等」という。）が流通業務地区の機能を害するおそれがないと認め，又は公益上やむを得ないと認めて許可した場合においては，この限りでない。

一　トラックターミナル，鉄道の貨物駅その他貨物の積卸しのための施設

二　卸売市場

三　倉庫，野積場若しくは貯蔵槽（政令で定める危険物の保管の用に供するもので，

　　政令で定めるものを除く。）又は貯木場

四　上屋又は荷さばき場

五　道路貨物運送業，貨物運送取扱業，信書送達業，倉庫業又は卸売業の用に供する事務所又は店舗

六　前号に掲げる事業以外の事業を営む者が流通業務の用に供する事務所

七　金属板，金属線又は紙の切断，木材の引割りその他物資の流通の過程における簡易な加工の事業で政令で定めるものの用に供する工場

八　製氷又は冷凍の事業の用に供する工場

九　前各号に掲げる施設に附帯する自動車駐車場又は自動車車庫

十　自動車に直接燃料を供給するための施設，自動車修理工場又は自動車整備工場

十一　前各号に掲げるもののほか，流通業務地区の機能を害するおそれがない施設で政令で定めるもの

2　公共施設又は国土交通省令で定める公益的施設の建設及び改築並びに流通業務地区に関する都市計画が定められた際すでに着手していた建設及び改築については，前項の規定は，適用しない。

3　流通業務地区については，建築基準法（昭和25年法律第201号）第48条及び第49条の規定は，適用しない。

旅 館 業 法［抄］

昭和23年 7 月12日　法律第138号
最終改正　令和 5 年 6 月23日　法律第67号

【定　義】

第 2 条　この法律で「旅館業」とは，旅館・ホテル営業，簡易宿所営業及び下宿営業をいう。

2　この法律で「旅館・ホテル営業」とは，施設を設け，宿泊料を受けて，人を宿泊させる営業で，簡易宿所営業及び下宿営業以外のものをいう。

3　この法律で「簡易宿所営業」とは，宿泊する場所を多数人で共用する構造及び設備を主とする施設を設け，宿泊料を受けて，人を宿泊させる営業で，下宿営業以外のものをいう。

4　この法律で「下宿営業」とは，施設を設け， 1 月以上の期間を単位とする宿泊料を受けて，人を宿泊させる営業をいう。

5　この法律で「宿泊」とは，寝具を使用して前各項の施設を利用することをいう。

6　（略）

【営業の許可】

第 3 条　旅館業を営もうとする者は，都道府県知事（保健所を設置する市又は特別区にあっては，市長又は区長。第 4 項を除き，以下同じ。）の許可を受けなければならない。ただし，旅館・ホテル営業又は簡易宿所営業の許可を受けた者が，当該施設において下宿営業を営もうとする場合は，この限りでない。

2　都道府県知事は，前項の許可の申請があった場合において，その申請に係る施設の構造設備が**政令**で定める基準に適合しないと認めるとき，当該施設の設置場所が公衆衛生上不適当であると認めるとき，又は申請者が次の各号のいずれかに該当するときは，同項の許可を与えないことができる。

◆政令［構造設備の基準］令第 1 条→p1350

一　心身の故障により旅館業を適正に行うことができない者として厚生労働省令で定めるもの

二　破産手続開始の決定を受けて復権を得ない者

三　禁錮以上の刑に処せられ，又はこの法律若しくはこの法律に基づく処分に違反して罰金以下の刑に処せられ，その執行を終わり，又は執行を受けることがなくなった日から起算して 3 年を経過していない者

四　第 8 条の規定により許可を取り消され，取消しの日から起算して 3 年を経過していない者

五　暴力団員による不当な行為の防止等に関する法律（平成 3 年法律第77号）第 2 条第六号に規定する暴力団員又は同号に規定する暴力団員でなくなった日から起算して 5 年を経過しない者（第八号において「暴力団員等」という。）

六 営業に関し成年者と同一の行為能力を有しない未成年者でその法定代理人（法定代理人が法人である場合においては，その役員を含む。）が前各号のいずれかに該当するもの

七 法人であって，その業務を行う役員のうちに第一号から第五号までのいずれかに該当する者があるもの

八 暴力団員等がその事業活動を支配する者

3 第1項の許可の申請に係る施設の設置場所が，次に掲げる施設の敷地（これらの用に供するものと決定した土地を含む。以下同じ。）の周囲おおむね100mの区域内にある場合において，その設置によって当該施設の清純な施設環境が著しく害されるおそれがあると認めるときも，前項と同様とする。

一 学校教育法（昭和22年法律第26号）第1条に規定する学校（大学を除くものとし，次項において「第1条学校」という。）及び就学前の子どもに関する教育，保育等の総合的な提供の推進に関する法律（平成18年法律第77号）第2条第7項に規定する幼保連携型認定こども園（以下この条において「幼保連携型認定こども園」という。）

二 児童福祉法（昭和22年法律第164号）第7条第1項に規定する児童福祉施設（幼保連携型認定こども園を除くものとし，以下単に「児童福祉施設」という。）

三 社会教育法（昭和24年法律第207号）第2条に規定する社会教育に関する施設その他の施設で，前2号に掲げる施設に類するものとして都道府県（保健所を設置する市又は特別区にあっては，市又は特別区。以下同じ。）の条例で定めるもの

4 都道府県知事（保健所を設置する市又は特別区にあっては，市長又は区長）は，前項各号に掲げる施設の敷地の周囲おおむね100mの区域内の施設につき第1項の許可を与える場合には，あらかじめ，その施設の設置によって前項各号に掲げる施設の清純な施設環境が著しく害されるおそれがないかどうかについて，学校（第1条学校及び幼保連携型認定こども園をいう。以下この項において同じ。）については，当該学校が大学附置の国立学校（国（国立大学法人法（平成15年法律第112号）第2条第1項に規定する国立大学法人を含む。以下この項において同じ。）が設置する学校をいう。）又は地方独立行政法人法（平成15年法律第118号）第68条第1項に規定する公立大学法人（以下この項において「公立大学法人」という。）が設置する学校であるときは当該大学の学長，高等専門学校であるときは当該高等専門学校の校長，高等専門学校以外の公立学校であるときは当該学校を設置する地方公共団体の教育委員会（幼保連携型認定こども園であるときは，地方公共団体の長），高等専門学校及び幼保連携型認定こども園以外の私立学校であるときは学校教育法に定めるその所管庁，国及び地方公共団体（公立大学法人を含む。）以外の者が設置する幼保連携型認定こども園であるときは都道府県知事（地方自治法（昭和22年法律第67号）第252条の19第1項の指定都市（以下この項において「指定都市」という。）及び同法第252条の22第1項の中核市（以下この項において「中核市」という。）においては，当該指定都市又は中核市の長）の意見を，児童福祉施設につい

ては，児童福祉法第46条に規定する行政庁の意見を，前項第三号の規定により都道府県の条例で定める施設については，当該条例で定める者の意見を求めなければならない。

5　第2項又は第3項の規定により，第1項の許可を与えない場合には，都道府県知事は，理由を附した書面をもって，その旨を申請者に通知しなければならない。

6　第1項の許可には，公衆衛生上又は善良の風俗の保持上必要な条件を附することができる。

【営業施設について講ずべき措置】

第4条　営業者は，旅館業の施設について，換気，採光，照明，防湿及び清潔その他宿泊者の衛生に必要な措置を講じなければならない。

2　前項の措置の基準については，都道府県が条例で，これを定める。

3　第1項に規定する事項を除くほか，営業者は，旅館業の施設を利用させるについては，政令で定める基準によらなければならない。

旅館業法施行令［抄］

昭和32年6月21日　政令第152号
最終改正　令和5年11月15日　政令第330号

【構造設備の基準】

第1条　旅館業法（以下「法」という。）第3条第2項の規定による旅館・ホテル営業の施設の構造設備の基準は，次のとおりとする。

　一　一客室の床面積は，7m²（寝台を置く客室にあっては，9m²）以上であること。

　二　宿泊しようとする者との面接に適する玄関帳場その他当該者の確認を適切に行うための設備として厚生労働省令で定める基準に適合するものを有すること。

　三　適当な換気，採光，照明，防湿及び排水の設備を有すること。

　四　当該施設に近接して公衆浴場がある等入浴に支障を来さないと認められる場合を除き，宿泊者の需要を満たすことができる適当な規模の入浴設備を有すること。

　五　宿泊者の需要を満たすことができる適当な規模の洗面設備を有すること。

　六　適当な数の便所を有すること。

　七　その設置場所が法第3条第3項各号に掲げる施設の敷地（これらの用に供するものと決定した土地を含む。）の周囲おおむね100mの区域内にある場合には，当該施設から客室又は客の接待をして客に遊興若しくは飲食をさせるホール若しくは客に射幸心をそそるおそれがある遊技をさせるホールその他の設備の内部を見通すことを遮ることができる設備を有すること。

　八　その他都道府県（保健所を設置する市又は特別区にあっては，市又は特別区。以下この条において同じ。）が条例で定める構造設備の基準に適合すること。

2　法第3条第2項の規定による簡易宿所営業の施設の構造設備の基準は，次のとおりとする。

　一　客室の延床面積は，33m²（法第3条第1項の許可の申請に当たって宿泊者の数を10人未満とする場合には，3.3m²に当該宿泊者の数を乗じて得た面積）以上であること。

　二　階層式寝台を有する場合には，上段と下段の間隔は，おおむね1m以上であること。

　三　適当な換気，採光，照明，防湿及び排水の設備を有すること。

　四　当該施設に近接して公衆浴場がある等入浴に支障をきたさないと認められる場合を除き，宿泊者の需要を満たすことができる規模の入浴設備を有すること。

　五　宿泊者の需要を満たすことができる適当な規模の洗面設備を有すること

　六　適当な数の便所を有すること。

　七　その他都道府県が条例で定める構造設備の基準に適合すること。

3　法第3条第2項の規定による下宿営業の施設の構造設備の基準は，次のとおりと
　する。
　一　適当な換気，採光，照明，防湿及び排水の設備を有すること。
　二　当該施設に近接して公衆浴場がある等入浴に支障をきたさないと認められる場
　　合を除き，宿泊者の需要を満たすことができる規模の入浴設備を有すること。
　三　宿泊者の需要を満たすことができる適当な規模の洗面設備を有すること。
　四　適当な数の便所を有すること。
　五　その他都道府県が条例で定める構造設備の基準に適合すること。

老人福祉法［抄］

昭和38年 7 月11日　法律第133号
最終改正　令和 5 年 5 月19日　法律第31号

【施設の設置】

第15条　都道府県は，老人福祉施設を設置することができる。

2　国及び都道府県以外の者は，厚生労働省令の定めるところにより，あらかじめ，厚生労働省令で定める事項を都道府県知事に届け出て，老人デイサービスセンター，老人短期入所施設又は老人介護支援センターを設置することができる。

3　市町村及び地方独立行政法人（地方独立行政法人法（平成15年法律第118号）第 2 条第 1 項に規定する地方独立行政法人をいう。第16条第 2 項において同じ。）は，厚生労働省令の定めるところにより，あらかじめ，厚生労働省令で定める事項を都道府県知事に届け出て，養護老人ホーム又は特別養護老人ホームを設置することができる。

4　社会福祉法人は，厚生労働省令の定めるところにより，都道府県知事の許可を受けて，養護老人ホーム又は特別養護老人ホームを設置することができる。

5　国及び都道府県以外の者は，社会福祉法の定めるところにより，軽費老人ホーム又は老人福祉センターを設置することができる。

6　都道府県知事は，第 4 項の認可の申請があった場合において，当該申請に係る養護老人ホーム若しくは特別養護老人ホームの所在地を含む区域（介護保険法第118条第 2 項第一号の規定により当該都道府県が定める区域とする。）における養護老人ホーム若しくは特別養護老人ホームの入所定員の総数が，第20条の 9 第 1 項の規定により当該都道府県が定める都道府県老人福祉計画において定めるその区域の養護老人ホーム若しくは特別養護老人ホームの必要入所定員総数に既に達しているか，又は当該申請に係る養護老人ホーム若しくは特別養護老人ホームの設置によってこれを超えることになると認めるとき，その他の当該都道府県老人福祉計画の達成に支障を生ずるおそれがあると認めるときは，第 4 項の認可をしないことができる。

【施設の基準】

第17条　都道府県は，養護老人ホーム及び特別養護老人ホームの設備及び運営について，条例で基準*を定めなければならない。

●関連［養護老人ホームの設備及び運営に関する基準］　→p1357
　　　　［特別養護老人ホームの設備及び運営に関する基準］→p1354

2　都道府県が前項の条例を定めるに当たっては，第一号から第三号までに掲げる事項については厚生労働省令で定める基準に従い定めるものとし，第四号に掲げる事項については厚生労働省令で定める基準を標準として定めるものとし，その他の事項については厚生労働省令で定める基準を参酌するものとする。

一　養護老人ホーム及び特別養護老人ホームに配置する職員及びその員数
二　養護老人ホーム及び特別養護老人ホームに係る居室の床面積

　三　養護老人ホーム及び特別養護老人ホームの運営に関する事項であって，入所する老人の適切な処遇及び安全の確保並びに秘密の保持に密接に関連するものとして厚生労働省令で定めるもの

　四　養護老人ホームの入所定員

3　養護老人ホーム及び特別養護老人ホームの設置者は，第1項の基準を遵守しなければならない。

特別養護老人ホームの設備及び運営に関する基準［抄］

平成11年3月31日　厚生省令第46号

最終改正　令和3年1月25日　厚生労働省令第9号

【非常災害対策】

第8条　特別養護老人ホームは，消火設備その他の非常災害に際して必要な設備を設けるとともに，非常災害に関する具体的計画を立て，非常災害時の関係機関への通報及び連携体制を整備し，それらを定期的に職員に周知しなければならない。

2　特別養護老人ホームは，非常災害に備えるため，定期的に避難，救出その他必要な訓練を行なわなければならない。

3　（略）

【設備の基準】

第11条　特別養護老人ホームの建物（入所者の日常生活のために使用しない附属の建物を除く。）は，耐火建築物（建築基準法（昭和25年法律第201号）第2条第九号の二に規定する耐火建築物をいう。以下同じ。）でなければならない。ただし，次の各号のいずれかの要件を満たす2階建て又は平屋建ての特別養護老人ホームの建物にあっては，準耐火建築物（同条第九号の三に規定する準耐火建築物をいう。以下同じ。）とすることができる。

一　居室その他の入所者の日常生活に充てられる場所（以下「居室等」という。）を2階及び地階のいずれにも設けていないこと。

二　居室等を2階又は地階に設けている場合であって，次に掲げる要件の全てを満たすこと。

　イ　当該特別養護老人ホームの所在地を管轄する消防長（消防本部を置かない市町村にあっては，市町村長。以下同じ。）又は消防署長と相談の上，第8条第1項に規定する計画に入所者の円滑かつ迅速な避難を確保するために必要な事項を定めること。

　ロ　第8条第2項に規定する訓練については，同条第1項に規定する計画に従い，昼間及び夜間において行うこと。

　ハ　火災時における避難，消火等の協力を得ることができるよう，地域住民等との連携体制を整備すること。

2　前項の規定にかかわらず，都道府県知事（指定都市及び中核市にあっては，指定都市又は中核市の市長。以下同じ。）が，火災予防，消火活動等に関し専門的知識を有する者の意見を聴いて，次の各号のいずれかの要件を満たす木造かつ平屋建ての特別養護老人ホームの建物であって，火災に係る入所者の安全性が確保されていると認めたときは，耐火建築物又は準耐火建築物とすることを要しない。

一　スプリンクラー設備の設置，天井等の内装材等への難燃性の材料の使用，調理室等火災が発生するおそれがある箇所における防火区画の設置等により，初期消火及び延焼の抑制に配慮した構造であること。

二　非常警報設備の設置等による火災の早期発見及び通報の体制が整備されており，円滑な消火活動が可能なものであること。

三　避難口の増設，搬送を容易に行うために十分な幅員を有する避難路の確保等により，円滑な避難が可能な構造であり，かつ，避難訓練を頻繁に実施すること，配置人員を増員すること等により，火災の際の円滑な避難が可能な。ものであること。

3　特別養護老人ホームには，次の各号に掲げる設備を設けなければならない。ただし，他の社会福祉施設等の設備を利用することにより当該特別養護老人ホームの効果的な運営を期待することができる場合であって，入所者の処遇に支障がないときは，次の各号に掲げる設備の一部を設けないことができる。

一　居室

二　静養室（居室で静養することが一時的に困難な心身の状況にある入所者を静養させることを目的とする設備をいう。以下同じ。）

三　食堂

四　浴室

五　洗面設備

六　便所

七　医務室

八　調理室

九　介護職員室

十　看護職員室

圭　機能訓練室

圭　面談室

圭　洗濯室又は洗濯場

圭　汚物処理室

圭　介護材料室

圭　前各号に掲げるもののほか，事務室その他の運営上必要な設備

4　前項各号に掲げる設備の基準は，次のとおりとする。

一　居室

イ　1の居室の定員は，1人以下とすること。ただし，入所者へのサービスの提供上必要と認められる場合は，2人とすることができる。

ロ　地階に設けてはならないこと。

ハ　入所者1人当たりの床面積は，10.65m²以上とすること。

ニ　寝台又はこれに代わる設備を備えること。

ホ　1以上の出入口は，避難上有効な空地，廊下又は広間に直接面して設けること。

ヘ　床面積の1/14以上に相当する面積を直接外気に面して開放できるようにすること。

ト　入所者の身の回り品を保管することができる設備を備えること。

チ　ブザー又はこれに代わる設備を設けること。

二　静養室

イ　介護職員室又は看護職員室に近接して設けること。

ロ　イに定めるもののほか，前号ロ及びニからチまでに定めるところによること。

三　浴室

介護を必要とする者が入浴するのに適したものとすること。

四　洗面設備

イ　居室のある階ごとに設けること。

ロ　介護を必要とする者が使用するのに適したものとすること。

五　便所

イ　居室のある階ごとに居室に近接して設けること。

ロ　ブザー又はこれに代わる設備を設けるとともに，介護を必要とする者が使用するのに適したものとすること。

六　医務室

　イ　医療法（昭和23年法律第205号）第1条の5第2項に規定する診療所とすること。

　ロ　入所者を診療するために必要な医薬品及び医療機器を備えるほか，必要に応じて臨床検査設備を設けること。

七　調理室

　　火気を使用する部分は，不燃材料を用いること。

八　介護職員室

　イ　居室のある階ごとに居室に近接して設けること。

　ロ　必要な備品を備えること。

九　食堂及び機能訓練室

　イ　食堂及び機能訓練室は，それぞれ必要な広さを有するものとし，その合計した面積は，3m²に入所定員を乗じて得た面積以上とすること。ただし，食事の提供又は機能訓練を行う場合において，当該食事の提供又は機能訓練に支障がない広さを確保することができるときは，同一の場所とすることができる。

　ロ　必要な備品を備えること。

5　居室，静養室，食堂，浴室及び機能訓練室（以下「居室，静養室等」という。）は，3階以上の階に設けてはならない。ただし，次の各号のいずれにも該当する建物に設けられる居室，静養室等については，この限りでない。

一　居室等のある3階以上の各階に通ずる特別避難階段を2以上（防災上有効な傾斜路を有する場合又は車いす若しくはストレッチャーで通行するために必要な幅を有するバルコニー及び屋外に設ける避難階段を有する場合は，1以上）有すること。

二　3階以上の階にある居室等及びこれから地上に通ずる廊下その他の通路の壁及び天井の室内に面する部分の仕上げを不燃材料でしていること。

三　居室等のある3階以上の各階が耐火構造の壁又は建築基準法施行令（昭和25年政令第338号）第112条第1項に規定する特定防火設備（以下「特定防火設備」という。）により防災上有効に区画されていること。

6　前各項に規定するもののほか，特別養護老人ホームの設備の基準は，次に定めるところによる。

一　廊下の幅は，1.8m以上とすること。ただし，中廊下の幅は，2.7m以上とすること。

二　廊下，便所その他必要な場所に常夜灯を設けること。

三　廊下及び階段には，手すりを設けること。

四　階段の傾斜は，緩やかにすること。

五　居室，静養室等が2階以上の階にある場合は，1以上の傾斜路を設けること。ただし，エレベーターを設ける場合は，この限りでない。

養護老人ホームの設備及び運営に関する基準［抄］

昭和41年7月1日　厚生省令第19号
最終改正　令和3年1月25日　厚生労働省令第9号

【非常災害対策】

第8条　養護老人ホームは，消火設備その他の非常災害に際して必要な設備を設けるとともに，非常災害に対する具体的計画を立て，非常災害時の関係機関への通報及び連携体制を整備し，それらを定期的に職員に周知しなければならない。

2　養護老人ホームは，非常災害に備えるため，定期的に避難，救出その他必要な訓練を行なわなければならない。

3　（略）

【規　模】

第10条　養護老人ホームは，20人以上（特別養護老人ホームに併設する場合にあっては，10人以上）の人員を入所させることができる規模を有しなければならない。

【設備の基準】

第11条　養護老人ホームの建物（入所者の日常生活のために使用しない附属の建物を除く。）は，耐火建築物（建築基準法（昭和25年法律第201号）第2条第九号の二に規定する耐火建築物をいう。以下同じ。）又は準耐火建築物（同条第九号の三に規定する準耐火建築物をいう。以下同じ。）でなければならない。

2　前項の規定にかかわらず，都道府県知事（指定都市及び中核市にあっては，指定都市又は中核市の市長）が，火災予防，消火活動等に関し専門的知識を有する者の意見を聴いて，次の各号のいずれかの要件を満たす木造かつ平屋建ての養護老人ホームの建物であって，火災に係る入所者の安全性が確保されていると認めたときは，耐火建築物又は準耐火建築物とすることを要しない。

　一　スプリンクラー設備の設置，天井等の内装材等への難燃性の材料の使用，調理室等火災が発生するおそれがある箇所における防火区画の設置等により，初期消火及び延焼の抑制に配慮した構造であること。

　二　非常警報設備の設置等による火災の早期発見及び通報の体制が整備されており，円滑な消火活動が可能なものであること。

　三　避難口の増設，搬送を容易に行うために十分な幅員を有する避難路の確保等により，円滑な避難が可能な構造であり，かつ，避難訓練を頻繁に実施すること，配置人員を増員すること等により，火災の際の円滑な避難が可能なものであること。

3　養護老人ホームには，次の各号に掲げる設備を設けなければならない。ただし，他の社会福祉施設等の設備を利用することにより，施設の効果的な運営を期待することができる場合であって，入所者の処遇に支障がないときは，設備の一部を設けないことができる。

　一　居室
　二　静養室
　三　食堂
　四　集会室
　五　浴室
　六　洗面所

　　七　便所
　　八　医務室
　　九　調理室
　　十　宿直室
　　十一　介護職員室
　　十二　面接室
　　十三　洗濯室又は洗濯場
　　十四　汚物処理室
　　十五　霊安室
　　十六　前各号に掲げるもののほか，事務室その他の運営上必要な設備
　4　前項各号に掲げる設備の基準は，次のとおりとする。
　　一　居室
　　　イ　地階に設けてはならないこと。
　　　ロ　入所者1人当たりの床面積は，収納設備等を除き，10.65m²以上とすること。
　　　ハ　1以上の出入口は，避難上有効な空地，廊下又は広間に直接面して設けること。
　　　ニ　入所者の寝具及び身の回り品を各人別に収納することができる収納設備を設けること。
　　二　静養室
　　　イ　医務室又は職員室に近接して設けること。
　　　ロ　原則として1階に設け，寝台又はこれに代わる設備を備えること。
　　　ハ　イ及びロに定めるもののほか，前号イ，ハ及びニに定めるところによること。
　　三　洗面所
　　　　居室のある階ごとに設けること。
　　四　便所
　　　　居室のある階ごとに男子用と女子用を別に設けること。
　　五　医務室
　　　　入所者を診療するために必要な医薬品及び医療機械器具を備えるほか，必要に応じて臨床検査設備を設けること。
　　六　調理室
　　　　火気を使用する部分は，不燃材料を用いること。
　　七　職員室
　　　　居室のある階ごとに居室に近接して設けること。
　5　前各項に規定するもののほか，養護老人ホームの設備の基準は，次に定めるところによる。
　　一　廊下の幅は，1.35m以上とすること。ただし，中廊下の幅は，1.8m以上とすること。
　　二　廊下，便所その他必要な場所に常夜灯を設けること。
　　三　階段の傾斜は，ゆるやかにすること。

労働基準法［抄］

昭和22年4月7日　法律第49号
最終改正　令和4年6月17日　法律第68号

【労働条件の原則】

第1条　労働条件は，労働者が人たるに値する生活を営むための必要を充たすべきものでなければならない。

2　この法律で定める労働条件の基準は最低のものであるから，労働関係の当事者は，この基準を理由として労働条件を低下させてはならないことはもとより，その向上を図るように努めなければならない。

【寄宿舎の設備及び安全衛生】

第96条　使用者は，事業の附属寄宿舎について，換気，採光，照明，保温，防湿，清潔，避難，定員の収容，就寝に必要な措置その他労働者の健康，風紀及び生命の保持に必要な措置を講じなければならない。

2　使用者が前項の規定によって講ずべき措置の基準は，厚生労働省令で定める。

労働安全衛生法［抄］

昭和47年6月8日　法律第57号
最終改正　令和4年6月17日　法律第68号

【事業者等の責務】

第3条　事業者は，単にこの法律で定める労働災害の防止のための最低基準を守るだけでなく，快適な職場環境の実現と労働条件の改善を通じて職場における労働者の安全と健康を確保するようにしなければならない。また，事業者は，国が実施する労働災害の防止に関する施策に協力するようにしなければならない。

2　機械，器具その他の設備を設計し，製造し，若しくは輸入する者，原材料を製造し，若しくは輸入する者又は建設物を建設し，若しくは設計する者は，これらの物の設計，製造，輸入又は建設に際して，これらの物が使用されることによる労働災害の発生の防止に資するように努めなければならない。

3　建設工事の注文者等仕事を他人に請け負わせる者は，施工方法，工期等について，安全で衛生的な作業の遂行をそこなうおそれのある条件を附さないように配慮しなければならない。

【総括安全衛生管理者】

第10条　事業者は，**政令**で定める規模の事業場ごとに，厚生労働省令で定めるところにより，総括安全衛生管理者を選任し，その者に安全管理者，衛生管理者又は第25条の2第2項の規定により技術的事項を管理する者の指揮をさせるとともに，次の業務を統括管理させなければならない。

◆政令［総括安全衛生管理者を選任すべき事業場］令第2条→p1364

一　労働者の危険又は健康障害を防止するための措置に関すること。

二　労働者の安全又は衛生のための教育の実施に関すること。

三　健康診断の実施その他健康の保持増進のための措置に関すること。

四　労働災害の原因の調査及び再発防止対策に関すること。

五　前各号に掲げるもののほか，労働災害を防止するため必要な業務で，厚生労働省令で定めるもの

2　総括安全衛生管理者は，当該事業場においてその事業の実施を統括管理する者をもって充てなければならない。

3　都道府県労働局長は，労働災害を防止するため必要があると認めるときは，総括安全衛生管理者の業務の執行について事業者に勧告することができる。

【安全管理者】

第11条　事業者は，政令で定める業種及び規模の事業場ごとに，厚生労働省令で定める資格を有する者のうちから，厚生労働省令で定めるところにより，安全管理者を選任し，その者に前条第1項各号の業務（第25条の2第2項の規定により技術的事項を管理する者を選任した場合においては，同条第1項各号の措置に該当するもの

を除く。）のうち安全に係る技術的事項を管理させなければならない。

2　労働基準監督署長は，労働災害を防止するため必要があると認めるときは，事業者に対し，安全管理者の増員又は解任を命ずることができる。

【衛生管理者】

第12条　事業者は，政令で定める規模の事業場ごとに，都道府県労働局長の免許を受けた者その他厚生労働省令で定める資格を有する者のうちから，厚生労働省令で定めるところにより，当該事業場の業務の区分に応じて，衛生管理者を選任し，その者に第10条第1項各号の業務（第25条の2第2項の規定により技術的事項を管理する者を選任した場合においては，同条第1項各号の措置に該当するものを除く。）のうち衛生に係る技術的事項を管理させなければならない。

2　前条第2項の規定は，衛生管理者について準用する。

【安全衛生推進者等】

第12条の2　事業者は，第11条第1項の事業場及び前条第1項の事業場以外の事業場で，厚生労働省令で定める規模のものごとに，厚生労働省令で定めるところにより，安全衛生推進者（第11条第1項の政令で定める業種以外の業種の事業場にあっては，衛生推進者）を選任し，その者に第10条第1項各号の業務（第25条の2第2項の規定により技術的事項を管理する者を選任した場合においては，同条第1項各号の措置に該当するものを除くものとし，第11条第1項の政令で定める業種以外の業種の事業場にあっては，衛生に係る業務に限る。）を担当させなければならない。

【作業主任者】

第14条　事業者は，高圧室内作業その他の労働災害を防止するための管理を必要とする作業で，**政令**で定めるものについては，都道府県労働局長の免許を受けた者又は都道府県労働局長の登録を受けた者が行う技能講習を修了した者のうちから，厚生労働省令で定めるところにより，当該作業の区分に応じて，作業主任者を選任し，その者に当該作業に従事する労働者の指揮その他の厚生労働省令で定める事項を行わせなければならない。

◆政令［作業主任者を選任すべき作業］令第6条→p1364

【作業環境測定】

第65条　事業者は，有害な業務を行う屋内作業場その他の作業場で，**政令**で定めるものについて，厚生労働省令で定めるところにより，必要な作業環境測定を行い，及びその結果を記録しておかなければならない。

◆政令［作業環境測定を行うべき作業場］令第21条→p1365

2　前項の規定による作業環境測定は，厚生労働大臣の定める作業環境測定基準に従って行わなければならない。

3　厚生労働大臣は，第1項の規定による作業環境測定の適切かつ有効な実施を図るため必要な作業環境測定指針を公表するものとする。

4　厚生労働大臣は，前項の作業環境測定指針を公表した場合において必要があると認めるときは，事業者若しくは作業環境測定機関又はこれらの団体に対し，当該作業環境測定指針に関し必要な指導等を行うことができる。

5　都道府県労働局長は，作業環境の改善により労働者の健康を保持する必要があると認めるときは，労働衛生指導医の意見に基づき，厚生労働省令で定めるところにより，事業者に対し，作業環境測定の実施その他必要な事項を指示することができる。

【特別安全衛生改善計画】

第78条　厚生労働大臣は，重大な労働災害として厚生労働省令で定めるもの（以下この条において「重大な労働災害」という。）が発生した場合において，重大な労働災害の再発を防止するため必要がある場合として厚生労働省令で定める場合に該当すると認めるときは，**厚生労働省令**で定めるところにより，事業者に対し，その事業場の安全又は衛生に関する改善計画（以下「特別安全衛生改善計画」という。）を作成し，これを厚生労働大臣に提出すべきことを指示することができる。

　　　　　　　　◆厚生労働省令［特別安全衛生改善計画の作成の指示等］規則第84条→p1367

2　事業者は，特別安全衛生改善計画を作成しようとする場合には，当該事業場に労働者の過半数で組織する労働組合があるときにおいてはその労働組合，労働者の過半数で組織する労働組合がないときにおいては労働者の過半数を代表する者の意見を聴かなければならない。

3　第1項の事業者及びその労働者は，特別安全衛生改善計画を守らなければならない。

4　厚生労働大臣は，特別安全衛生改善計画が重大な労働災害の再発の防止を図る上で適切でないと認めるときは，**厚生労働省令**で定めるところにより，事業者に対し，当該特別安全衛生改善計画を変更すべきことを指示することができる。

　　　　　　　　◆厚生労働省令［特別安全衛生改善計画の変更の指示等］規則第84条の2→p1368

5　厚生労働大臣は，第1項若しくは前項の規定による指示を受けた事業者がその指示に従わなかった場合又は特別安全衛生改善計画を作成した事業者が当該特別安全衛生改善計画を守っていないと認める場合において，重大な労働災害が再発するおそれがあると認めるときは，当該事業者に対し，重大な労働災害の再発の防止に関し必要な措置をとるべきことを勧告することができる。

6　厚生労働大臣は，前項の規定による勧告を受けた事業者がこれに従わなかったときは，その旨を公表することができる。

【安全衛生改善計画】

第79条　都道府県労働局長は，事業場の施設その他の事項について，労働災害の防止を図るため総合的な改善措置を講ずる必要があると認めるとき（前条第1項の規定により厚生労働大臣が同項の厚生労働省令で定める場合に該当すると認めるときを除く。）は，**厚生労働省令**で定めるところにより，事業者に対し，当該事業場の安全又は衛生に関する改善計画（以下「安全衛生改善計画」という。）を作成すべきことを指示することができる。

　　　　　　　　◆厚生労働省令［安全衛生改善計画の作成の指示］規則第84条の3→p1368

2　前条第2項及び第3項の規定は，安全衛生改善計画について準用する。この場合において，同項中「第1項」とあるのは，「次条第1項」と読み替えるものとする。

【計画の届出等】

第88条　事業者は，機械等で，危険若しくは有害な作業を必要とするもの，危険な場所において使用するもの又は危険若しくは健康障害を防止するため使用するもののうち，厚生労働省令で定めるものを設置し，若しくは移転し，又はこれらの主要構造部分を変更しようとするときは，その計画を当該工事の開始の日の30日前までに**厚生労働省令**で定めるところにより，労働基準監督署長に届け出なければならない。ただし，第28条の2第1項に規定する措置その他の厚生労働省令で定める措置を講じているものとして，厚生労働省令で定めるところにより労働基準監督署長が認定した事業者については，この限りでない。

◆**厚生労働省令**［計画の届出等］規則第86条→p1368

2　事業者は，建設業に属する事業の仕事のうち重大な労働災害を生ずるおそれがある特に大規模な仕事で，**厚生労働省令**[*1]で定めるものを開始しようとするときは，その計画を当該仕事の開始の日の30日前までに，**厚生労働省令**[*2]で定めるところにより，厚生労働大臣に届け出なければならない。

◆**厚生労働省令**1［仕事の範囲］規則第89条　　　　　　→p1369
2［建設業に係る計画の届出］規則第91条→p1369

3　事業者は，建設業その他政令で定める業種に属する事業の仕事（建設業に属する事業にあっては，前項の厚生労働省令で定める仕事を除く。）で，**厚生労働省令**[*1]で定めるものを開始しようとするときは，その計画を当該仕事の開始の日の14日前までに，**厚生労働省令**[*2]で定めるところにより，労働基準監督署長に届け出なければならない。

◆**厚生労働省令**1　規則第90条　　　　　　　　　　→p1369
2［建設業に係る計画の届出］規則第91条→p1369

4　事業者は，第1項の規定による届出に係る工事のうち厚生労働省令で定める工事の計画，第2項の厚生労働省令で定める仕事の計画又は前項の規定による届出に係る仕事のうち厚生労働省令で定める仕事の計画を作成するときは，当該工事に係る建設物若しくは機械等又は当該仕事から生ずる労働災害の防止を図るため，厚生労働省令で定める資格を有する者を参画させなければならない。

5〜7　（略）

労働安全衛生法施行令［抄］

昭和47年 8 月19日　政令第318号
最終改正　令和 5 年 9 月 6 日　政令第276号

【総括安全衛生管理者を選任すべき事業場】

第 2 条　労働安全衛生法（以下「法」という。）第10条第 1 項の政令で定める規模の事業場は，次の各号に掲げる業種の区分に応じ，常時当該各号に掲げる数以上の労働者を使用する事業場とする。

一　林業，鉱業，建設業，運送業及び清掃業　　100人

二　製造業（物の加工業を含む。），電気業，ガス業，熱供給業，水道業，通信業，各種商品卸売業，家具・建具・じゅう器等卸売業，各種商品小売業，家具・建具・じゅう器小売業，燃料小売業，旅館業，ゴルフ場業，自動車整備業及び機械修理業　　300人

三　その他の業種　　1,000人

【作業主任者を選任すべき作業】

第 6 条　法第14条の政令で定める作業は，次のとおりとする。

一　高圧室内作業（潜函工法その他の圧気工法により，大気圧を超える気圧下の作業室又はシャフトの内部において行う作業に限る。）

二　（略）

三　次のいずれかに該当する機械集材装置（集材機，架線，搬器，支柱及びこれらに附属する物により構成され，動力を用いて，原木又は薪炭材を巻き上げ，かつ，空中において運搬する設備をいう。）若しくは運材索道（架線，搬器，支柱及びこれらに附属する物により構成され，原木又は薪炭材を一定の区間空中において運搬する設備をいう。）の組立て，解体，変更若しくは修理の作業又はこれらの設備による集材若しくは運材の作業

　　イ　原動機の定格出力が7.5kW を超えるもの

　　ロ　支間の斜距離の合計が350m 以上のもの

　　ハ　最大使用荷重が200kg 以上のもの

四　ボイラー（小型ボイラーを除く。）の取扱いの作業

五〜五の二　（略）

六　木材加工用機械（丸のこ盤，帯のこ盤，かんな盤，面取り盤及びルーターに限るものとし，携帯用のものを除く。）を 5 台以上（当該機械のうちに自動送材車式帯のこ盤が含まれている場合には， 3 台以上）有する事業場において行う当該機械による作業

七〜八の二　（略）

九　掘削面の高さが 2 m 以上となる地山の掘削（ずい道及びたて坑以外の坑の掘削を除く。）の作業（第十一号に掲げる作業を除く。）

十　土止め支保工の切りばり又は腹起こしの取付け又は取り外しの作業

十の二～圭　（略）

圭　型枠支保工（支柱，はり，つなぎ，筋かい等の部材により構成され，建設物におけるスラブ，桁等のコンクリートの打設に用いる型枠を支持する仮設の設備をいう。以下同じ。）の組立て又は解体の作業

圭　つり足場（ゴンドラのつり足場を除く。以下同じ。），張出し足場又は高さが5m以上の構造の足場の組立て，解体又は変更の作業

圭の二　建築物の骨組み又は塔であって，金属製の部材により構成されるもの（その高さが5m以上であるものに限る。）の組立て，解体又は変更の作業

圭の三　橋梁の上部構造であって，金属製の部材により構成されるもの（その高さが5m以上であるもの又は当該上部構造のうち橋梁の支間が30m以上である部分に限る。）の架設，解体又は変更の作業

圭の四　建築基準法施行令（昭和25年政令第338号）第2条第1項第七号に規定する軒の高さが5m以上の木造建築物の構造部材の組立て又はこれに伴う屋根下地若しくは外壁下地の取付けの作業

圭の五　コンクリート造の工作物（その高さが5m以上であるものに限る。）の解体又は破壊の作業

共　橋梁の上部構造であって，コンクリート造のもの（その高さが5m以上であるもの又は当該上部構造のうち橋梁の支間が30m以上である部分に限る。）の架設又は変更の作業

七～三　（略）

三　石綿若しくは石綿をその重量の0.1%を超えて含有する製剤その他の物（以下「石綿等」という。）を取り扱う作業（試験研究のため取り扱う作業を除く。）又は石綿等を試験研究のため製造する作業若しくは第16条第1項第四号イからハまでに掲げる石綿で同号の厚生労働省令で定めるもの若しくはこれらの石綿をその重量の0.1%を超えて含有する製剤その他の物（以下「石綿分析用試料等」という。）を製造する作業

【作業環境測定を行うべき作業場】

第21条　法第65条第1項の政令で定める作業場は，次のとおりとする。

一　土石，岩石，鉱物，金属又は炭素の粉じんを著しく発散する屋内作業場で，厚生労働省令で定めるもの

二　暑熱，寒冷又は多湿の屋内作業場で，厚生労働省令で定めるもの

三　著しい騒音を発する屋内作業場で，厚生労働省令で定めるもの

四　（略）

五　中央管理方式の空気調和設備（空気を浄化し，その温度，湿度及び流量を調節して供給することができる設備をいう。）を設けている建築物の室で，事務所の用に供されるもの

六　（略）

七　別表第3第一号若しくは第二号に掲げる特定化学物質（同号34の2に掲げる物

及び同号37に掲げる物で同号34の2に係るものを除く。）を製造し，若しくは取り扱う屋内作業場（同号3の3，11の2，13の2，15，15の2，18の2から18の4まで，19の2から19の4まで，22の2から22の5まで，23の2，33の2若しくは34の3に掲げる物又は同号37に掲げる物で同号3の3，11の2，13の2，15，15の2，18の2から18の4まで，19の2から19の4まで，22の2から22の5まで，23の2，33の2若しくは34の3に係るものを製造し，又は取り扱う作業で厚生労働省令で定めるものを行うものを除く。），石綿等を取り扱い，若しくは試験研究のため製造する屋内作業場若しくは石綿分析用試料等を製造する屋内作業場又はコークス炉上において若しくはコークス炉に接してコークス製造の作業を行う場合の当該作業場

八　別表第4第一号から第八号まで，第十号又は第十六号に掲げる鉛業務（遠隔操作によって行う隔離室におけるものを除く。）を行う屋内作業場

九　（略）

十　別表第6の2に掲げる有機溶剤を製造し，又は取り扱う業務が厚生労働省令で定めるものを行う屋内作業場

労働安全衛生規則［抄］

昭和47年9月30日　労働省令第32号
最終改正　令和5年9月29日　厚生労働省令第121号

【特別安全衛生改善計画の作成の指示等】

第84条　法第78条第1項の厚生労働省令で定める重大な労働災害は，労働災害のうち，次の各号のいずれかに該当するものとする。

一　労働者が死亡したもの

二　労働者が負傷し，又は疾病にかかったことにより，労働者災害補償保険法施行規則（昭和30年労働省令第22号）別表第1第1級の項から第7級の項までの身体障害欄に掲げる障害のいずれかに該当する障害が生じたもの又は生じるおそれのあるもの

2　法第78条第1項の厚生労働省令で定める場合は，次の各号のいずれにも該当する場合とする。

一　前項の重大な労働災害（以下この条において「重大な労働災害」という。）を発生させた事業者が，当該重大な労働災害を発生させた日から起算して3年以内に，当該重大な労働災害が発生した事業場以外の事業場において，当該重大な労働災害と再発を防止するための措置が同様である重大な労働災害を発生させた場合

二　前号の事業者が発生させた重大な労働災害及び当該重大な労働災害と再発を防止するための措置が同様である重大な労働災害が，いずれも当該事業者が法，じん肺法若しくは作業環境測定法（昭和50年法律第28号）若しくはこれらに基づく命令の規定又は労働基準法第36条第1項ただし書，第62条第1項若しくは第2項，第63条，第64条の2若しくは第64条の3第1項若しくは第2項若しくはこれらの規定に基づく命令の規定に違反して発生させたものである場合

3　法第78条第1項の規定による指示は，厚生労働大臣が，特別安全衛生改善計画作成指示書（様式第19号）により行うものとする。

4　法第78条第1項の規定により特別安全衛生改善計画（同項に規定する特別安全衛生改善計画をいう。以下この条及び次条において同じ。）の作成を指示された事業者は，特別安全衛生改善計画作成指示書に記載された提出期限までに次に掲げる事項を記載した特別安全衛生改善計画を作成し，厚生労働大臣に提出しなければならない。

一　氏名又は名称及び住所並びに法人にあっては，その代表者の氏名

二　計画の対象とする事業場

三　計画の期間及び実施体制

四　当該事業者が発生させた重大な労働災害及び当該重大な労働災害と再発を防止するための措置が同様である重大な労働災害の再発を防止するための措置

五　前各号に掲げるもののほか，前号の重大な労働災害の再発を防止するため必要な事項

5　特別安全衛生改善計画には，法第78条第2項に規定する意見が記載された書類を添付しなければならない。

【特別安全衛生改善計画の変更の指示等】

第84条の2　法第78条第4項の規定による変更の指示は，厚生労働大臣が，特別安全衛生改善計画変更指示書（様式第19号の2）により行うものとする。

2　法第78条第4項の規定により特別安全衛生改善計画の変更を指示された事業者は，特別安全衛生改善計画変更指示書に記載された提出期限までに特別安全衛生改善計画を変更し，特別安全衛生改善計画変更届（様式第19号の3）により，これを厚生労働大臣に提出しなければならない。

【安全衛生改善計画の作成の指示】

第84条の3　法第79条第1項の規定による指示は，所轄都道府県労働局長が，安全衛生改善計画作成指示書（様式第19号の4）により行うものとする。

【計画の届出をすべき機械等】

第85条　法第88条第1項の厚生労働省令で定める機械等は，法に基づく他の省令に定めるもののほか，別表第7の左欄に掲げる機械等とする。ただし，別表第7の左欄に掲げる機械等で次の各号のいずれかに該当するものを除く。

一　機械集材装置，運材索道（架線，搬器，支柱及びこれらに附属する物により構成され，原木又は薪炭材を一定の区間空中において運搬する設備をいう。以下同じ。），架設通路及び足場以外の機械等（法第37条第1項の特定機械等及び令第6条第十四号の型枠支保工（以下「型枠支保工」という。）を除く。）で，6月未満の期間で廃止するもの

二　機械集材装置，運材索道，架設通路又は足場で，組立てから解体までの期間が60日未満のもの

【計画の届出等】

第86条　事業者は，別表第7の左欄に掲げる機械等を設置し，若しくは移転し，又はこれらの主要構造部分を変更しようとするときは，法第88条第1項の規定により，様式第20号による届書に，当該機械等の種類に応じて同表の中欄に掲げる事項を記載した書面及び同表の下欄に掲げる図面等を添えて，所轄労働基準監督署長に提出しなければならない。

2　特定化学物質障害予防規則（昭和47年労働省令第39号。以下「特化則」という。）第49条第1項の規定による申請をした者が行う別表第7の16の項から20の3の項までの左欄に掲げる機械等の設置については，法第88条第1項の規定による届出は要しないものとする。

3　石綿則第47条第1項又は第48条の3第1項の規定による申請をした者が行う別表第7の25の項の上欄に掲げる機械等の設置については，法第88条第1項の規定による届出は要しないものとする。

【仕事の範囲】

第89条 法第88条第2項の厚生労働省令で定める仕事は，次のとおりとする。

一 高さが300m 以上の塔の建設の仕事

二 堤高（基礎地盤から堤頂までの高さをいう。）が150m 以上のダムの建設の仕事

三 最大支間500m（つり橋にあっては，1,000m）以上の橋梁の建設の仕事

四 長さが3,000m 以上のずい道等の建設の仕事

五 長さが1,000m 以上3,000m 未満のずい道等の建設の仕事で，深さが50m 以上のたて坑（通路として使用されるものに限る。）の掘削を伴うもの

六 ゲージ圧力が0.3MPa 以上の圧気工法による作業を行う仕事

第90条 法第88条第3項の厚生労働省令で定める仕事は，次のとおりとする。

一 高さ31m を超える建築物又は工作物（橋梁を除く。）の建設，改造，解体又は破壊（以下「建設等」という。）の仕事

二 最大支間50m 以上の橋梁の建設等の仕事

二の二 最大支間30m 以上50m 未満の橋梁の上部構造の建設等の仕事（第18条の2の2の場所において行われるものに限る。）

三 ずい道等の建設等の仕事（ずい道等の内部に労働者が立ち入らないものを除く。）

四 掘削の高さ又は深さが10m 以上である地山の掘削（ずい道等の掘削及び岩石の採取のための掘削を除く。以下同じ。）の作業（掘削機械を用いる作業で，掘削面の下方に労働者が立ち入らないものを除く。）を行う仕事

五 圧気工法による作業を行う仕事

五の二 建築物，工作物又は船舶（鋼製の船舶に限る。次号において同じ。）に吹き付けられている石綿等（石綿等が使用されている仕上げ用塗り材を除く。）の除去，封じ込め又は囲い込みの作業を行う仕事

五の三 建築物，工作物又は船舶に張り付けられている石綿等が使用されている保温材，耐火被覆材（耐火性能を有する被覆材をいう。）等の除去，封じ込め又は囲い込みの作業（石綿等の粉じんを著しく発散するおそれのあるものに限る。）を行う仕事

五の四 ダイオキシン類対策特別措置法施行令別表第1第五号に掲げる廃棄物焼却炉（火格子面積が2m² 以上又は焼却能力が1時間当たり200kg 以上のものに限る。）を有する廃棄物の焼却施設に設置された廃棄物焼却炉，集じん機等の設備の解体等の仕事

六 掘削の高さ又は深さが10m 以上の土石の採取のための掘削の作業を行う仕事

七 坑内掘りによる土石の採取のための掘削の作業を行う仕事

【建設業に係る計画の届出】

第91条 建設業に属する事業の仕事について法第88条第2項の規定による届出をしようとする者は，様式第21号による届書に次の書類及び圧気工法による作業を行う仕事に係る場合にあっては圧気工法作業摘要書（様式第21号の2）を添えて厚生労働大臣に提出しなければならない。ただし，圧気工法作業摘要書を提出する場合にお

いては，次の書類の記載事項のうち圧気工法作業摘要書の記載事項と重複する部分の記入は，要しないものとする。

一　仕事を行う場所の周囲の状況及び四隣との関係を示す図面

二　建設等をしようとする建設物等の概要を示す図面

三　工事用の機械，設備，建設物等の配置を示す図面

四　工法の概要を示す書面又は図面

五　労働災害を防止するための方法及び設備の概要を示す書面又は図面

六　工程表

2　（略）

【型わく支保工の構造】

第239条　事業者は，型わく支保工については，型わくの形状，コンクリートの打設の方法等に応じた堅固な構造のものでなければ，使用してはならない。

【組立図】

第240条　事業者は，型わく支保工を組み立てるときは，組立図を作成し，かつ，当該組立図により組み立てなければならない。

2　前項の組立図は，支柱，はり，つなぎ，筋かい等の部材の配置，接合の方法及び寸法が示されているものでなければならない。

3　第1項の組立図に係る型枠支保工の設計は，次に定めるところによらなければならない。

一　支柱，はり又ははりの支持物（以下この条において「支柱等」という。）が組み合わされた構造のものでないときは，設計荷重（型枠支保工が支える物の重量に相当する荷重に，型枠1m²につき150kg以上の荷重を加えた荷重をいう。以下この条において同じ。）により当該支柱等に生ずる応力の値が当該支柱等の材料の許容応力の値を超えないこと。

二　支柱等が組み合わされた構造のものであるときは，設計荷重が当該支柱等を製造した者の指定する最大使用荷重を超えないこと。

三　鋼管枠を支柱として用いるものであるときは，当該型枠支保工の上端に，設計荷重の2.5/100に相当する水平方向の荷重が作用しても安全な構造のものとすること。

四　鋼管枠以外のものを支柱として用いるものであるときは，当該型枠支保工の上端に，設計荷重の5/100に相当する水平方向の荷重が作用しても安全な構造のものとすること。

【型枠支保工についての措置等】

第242条　事業者は，型枠支保工については，次に定めるところによらなければならない。

一　敷角の使用，コンクリートの打設，くいの打込み等支柱の沈下を防止するための措置を講ずること。

二　支柱の脚部の固定，根がらみの取付け等支柱の脚部の滑動を防止するための措置を講ずること。

三　支柱の継手は，突合せ継手又は差込み継手とすること。

四　鋼材と鋼材との接続部及び交差部は，ボルト，クランプ等の金具を用いて緊結すること。

五　型枠が曲面のものであるときは，控えの取付け等当該型枠の浮き上がりを防止するための措置を講ずること。

五の二　Ｈ型鋼又はＩ型鋼（以下この号において「Ｈ型鋼等」という。）を大引き，敷角等の水平材として用いる場合であって，当該Ｈ型鋼等と支柱，ジャッキ等とが接続する箇所に集中荷重が作用することにより，当該Ｈ型鋼等の断面が変形するおそれがあるときは，当該接続する箇所に補強材を取り付けること。

六　鋼管（パイプサポートを除く。以下この条において同じ。）を支柱として用いるものにあっては，当該鋼管の部分について次に定めるところによること。

　　イ　高さ２ｍ以内ごとに水平つなぎを２方向に設け，かつ，水平つなぎの変位を防止すること。

　　ロ　はり又は大引きを上端に載せるときは，当該上端に鋼製の端板を取り付け，これをはり又は大引きに固定すること。

七　パイプサポートを支柱として用いるものにあっては，当該パイプサポートの部分について次に定めるところによること。

　　イ　パイプサポートを３以上継いで用いないこと。

　　ロ　パイプサポートを継いで用いるときは，４以上のボルト又は専用の金具を用いて継ぐこと。

　　ハ　高さが3.5ｍを超えるときは，前号イに定める措置を講ずること。

八　鋼管枠を支柱として用いるものにあっては，当該鋼管枠の部分について次に定めるところによること。

　　イ　鋼管枠と鋼管枠との間に交差筋かいを設けること。

　　ロ　最上層及び５層以内ごとの箇所において，型枠支保工の側面並びに枠面の方向及び交差筋かいの方向における５枠以内ごとの箇所に，水平つなぎを設け，かつ，水平つなぎの変位を防止すること。

　　ハ　最上層及び５層以内ごとの箇所において，型枠支保工の枠面の方向における両端及び５枠以内ごとの箇所に，交差筋かいの方向に布枠を設けること。

　　ニ　第六号ロに定める措置を講ずること。

九　組立て鋼柱を支柱として用いるものにあっては，当該組立て鋼柱の部分について次に定めるところによること。

　　イ　第六号ロに定める措置を講ずること。

　　ロ　高さが４ｍを超えるときは，高さ４ｍ以内ごとに水平つなぎを２方向に設け，かつ，水平つなぎの変位を防止すること。

九の二　Ｈ型鋼を支柱として用いるものにあっては，当該Ｈ型鋼の部分について第六号ロに定める措置を講ずること。

十　木材を支柱として用いるものにあっては，当該木材の部分について次に定めるところによること。

イ　第六号イに定める措置を講ずること。

ロ　木材を継いで用いるときは，2個以上の添え物を用いて継ぐこと。

ハ　はり又は大引きを上端に載せるときは，添え物を用いて，当該上端をはり又は大引きに固定すること。

十　はりで構成するものにあっては，次に定めるところによること。

イ　はりの両端を支持物に固定することにより，はりの滑動及び脱落を防止すること。

ロ　はりとはりとの間につなぎを設けることにより，はりの横倒れを防止すること。

【段状の型わく支保工】

第243条　事業者は，敷板，敷角等をはさんで段状に組み立てる型わく支保工については，前条各号に定めるところによるほか，次に定めるところによらなければならない。

一　型わくの形状によりやむを得ない場合を除き，敷板，敷角等を2段以上はさまないこと。

二　敷板，敷角等を継いで用いるときは，当該敷板，敷角等を緊結すること。

三　支柱は，敷板，敷角等に固定すること。

【コンクリートの打設の作業】

第244条　事業者は，コンクリートの打設の作業を行なうときは，次に定めるところによらなければならない。

一　その日の作業を開始する前に，当該作業に係る型わく支保工について点検し，異状を認めたときは，補修すること。

二　作業中に型わく支保工に異状が認められた際における作業中止のための措置をあらかじめ講じておくこと。

【型わく支保工の組立て等の作業】

第245条　事業者は，型わく支保工の組立て又は解体の作業を行なうときは，次の措置を講じなければならない。

一　当該作業を行なう区域には，関係労働者以外の労働者の立ち入りを禁止すること。

二　強風，大雨，大雪等の悪天候のため，作業の実施について危険が予想されるときは，当該作業に労働者を従事させないこと。

三　材料，器具又は工具を上げ，又はおろすときは，つり綱，つり袋等を労働者に使用させること。

【作業箇所等の調査】

第355条　事業者は，地山の掘削の作業を行う場合において，地山の崩壊，埋設物等の損壊等により労働者に危険を及ぼすおそれのあるときは，あらかじめ，作業箇所及びその周辺の地山について次の事項をボーリングその他適当な方法により調査し，これらの事項について知り得たところに適応する掘削の時期及び順序を定めて，当該定めにより作業を行わなければならない。

一　形状，地質及び地層の状態

二　き裂，含水，湧水及び凍結の有無及び状態

三　埋設物等の有無及び状態

四　高温のガス及び蒸気の有無及び状態

【掘削面のこう配の基準】

第356条　事業者は，手掘り（パワー・ショベル，トラクター・ショベル等の掘削機械を用いないで行なう掘削の方法をいう。以下次条において同じ。）により地山（崩壊又は岩石の落下の原因となるき裂がない岩盤からなる地山，砂からなる地山及び発破等により崩壊しやすい状態になっている地山を除く。以下この条において同じ。）の掘削の作業を行なうときは，掘削面（掘削面に奥行きが2m以上の水平な段があるときは，当該段により区切られるそれぞれの掘削面をいう。以下同じ。）のこう配を，次の表の左欄に掲げる地山の種類及び同表の中欄に掲げる掘削面の高さに応じ，それぞれ同表の右欄に掲げる値以下としなければならない。

地山の種類	掘削面の高さ（単位　m）	掘削面のこう配（単位　°）
地盤又は堅い粘土からなる地山	5未満	90
	5以上	75
その他の地山	2未満	90
	2以上5未満	75
	5以上	60

2　前項の場合において，掘削面に傾斜の異なる部分があるため，そのこう配が算定できないときは，当該掘削面について，同項の基準に従い，それよりも崩壊の危険が大きくないように当該各部分の傾斜を保持しなければならない。

第357条　事業者は，手掘りにより砂からなる地山又は発破等により崩壊しやすい状態になっている地山の掘削の作業を行なうときは，次に定めるところによらなければならない。

一　砂からなる地山にあっては，掘削面のこう配を35°以下とし，又は，掘削面の高さを5m未満とすること。

二　発破等により崩壊しやすい状態になっている地山にあっては，掘削面のこう配を45°以下とし，又は掘削面の高さを2m未満とすること。

2　前条第2項の規定は，前項の地山の掘削面に傾斜の異なる部分があるため，そのこう配が算定できない場合について，準用する。

【組立図】

第370条　事業者は，土止め支保工を組み立てるときは，あらかじめ，組立図を作成し，かつ，当該組立図により組み立てなければならない。

2　前項の組立図は，矢板，くい，背板，腹おこし，切りばり等の部材の配置，寸法及び材質並びに取付けの時期及び順序が示されているものでなければならない。

【部材の取付け等】

第371条　事業者は，土止め支保工の部材の取付け等については，次に定めるところ

によらなければならない。

一　切りばり及び腹おこしは，脱落を防止するため，矢板，くい等に確実に取り付けること。

二　圧縮材（火打ちを除く。）の継手は，突合せ継手とすること。

三　切りばり又は火打ちの接続部及び切りばりと切りばりとの交さ部は，当て板をあててボルトにより緊結し，溶接により接合する等の方法により堅固なものとすること。

四　中間支持柱を備えた土止め支保工にあっては，切りばりを当該中間支持柱に確実に取り付けること。

五　切りばりを建築物の柱等部材以外の物により支持する場合にあっては，当該支持物は，これにかかる荷重に耐えうるものとすること。

【切りばり等の作業】

第372条　事業者は，令第6条第十号の作業を行なうときは，次の措置を講じなければならない。

一　当該作業を行なう箇所には，関係労働者以外の労働者が立ち入ることを禁止すること。

二　材料，器具又は工具を上げ，又はおろすときは，つり綱，つり袋等を労働者に使用させること。

【調査及び作業計画】

第517条の14　事業者は，令第6条第十五号の五の作業を行うときは，工作物の倒壊，物体の飛来又は落下等による労働者の危険を防止するため，あらかじめ，当該工作物の形状，き裂の有無，周囲の状況等を調査し，当該調査により知り得たところに適応する作業計画を定め，かつ，当該作業計画により作業を行わなければならない。

2　前項の作業計画は，次の事項が示されているものでなければならない。

一　作業の方法及び順序

二　使用する機械等の種類及び能力

三　控えの設置，立入禁止区域の設定その他の外壁，柱，はり等の倒壊又は落下による労働者の危険を防止するための方法

3　事業者は，第1項の作業計画を定めたときは，前項第一号及び第三号の事項について関係労働者に周知させなければならない。

【保護帽の着用】

第517条の19　事業者は，令第6条第十五号の五の作業を行うときは，物体の飛来又は落下による労働者の危険を防止するため，当該作業に従事する労働者に保護帽を着用させなければならない。

2　前項の作業に従事する労働者は，同項の保護帽を着用しなければならない。

【作業床の設置等】

第518条　事業者は，高さが2m以上の箇所（作業床の端，開口部等を除く。）で作業を行なう場合において墜落により労働者に危険を及ぼすおそれがあるときは，足場を組み立てる等の方法により作業床を設けなければならない。

2　事業者は，前項の規定により作業床を設けることが困難なときは，防網を張り，労働者に要求性能墜落制止用器具を使用させる等墜落による労働者の危険を防止するための措置を講じなければならない。

第519条　事業者は，高さが2m以上の作業床の端，開口部等で墜落により労働者に危険を及ぼすおそれのある箇所には，囲い，手すり，覆い等（以下この条において「囲い等」という。）を設けなければならない。

2　事業者は，前項の規定により，囲い等を設けることが著しく困難なとき又は作業の必要上臨時に囲い等を取りはずすときは，防網を張り，労働者に要求性能墜落制止用器具を使用させる等墜落による労働者の危険を防止するための措置を講じなければならない。

【スレート等の屋根上の危険の防止】

第524条　事業者は，スレート，木毛板等の材料でふかれた屋根の上で作業を行なう場合において，踏み抜きにより労働者に危険を及ぼすおそれのあるときは，幅が30cm以上の歩み板を設け，防網を張る等踏み抜きによる労働者の危険を防止するための措置を講じなければならない。

【昇降するための設備の設置等】

第526条　事業者は，高さ又は深さが1.5mをこえる箇所で作業を行なうときは，当該作業に従事する労働者が安全に昇降するための設備等を設けなければならない。ただし，安全に昇降するための設備等を設けることが作業の性質上著しく困難なときは，この限りでない。

2　前項の作業に従事する労働者は，同項本文の規定により安全に昇降するための設備等が設けられたときは，当該設備等を使用しなければならない。

【移動はしご】

第527条　事業者は，移動はしごについては，次に定めるところに適合したものでなければ使用してはならない。

一　丈夫な構造とすること。

二　材料は，著しい損傷，腐食等がないものとすること。

三　幅は，30cm以上とすること。

四　すべり止め装置の取付けその他転位を防止するために必要な措置を講ずること。

【脚　立】

第528条　事業者は，脚立については，次に定めるところに適合したものでなければ使用してはならない。

一　丈夫な構造とすること。

二　材料は，著しい損傷，腐食等がないものとすること。

三　脚と水平面との角度を75°以下とし，かつ，折りたたみ式のものにあっては，脚と水平面との角度を確実に保つための金具等を備えること。

四　踏み面は，作業を安全に行なうため必要な面積を有すること。

【地山の崩壊等による危険の防止】

第534条　事業者は，地山の崩壊又は土石の落下により労働者に危険を及ぼすおそれ

のあるときは，当該危険を防止するため，次の措置を講じなければならない。

一　地山を安全なこう配とし，落下のおそれのある土石を取り除き，又は擁壁，土止め支保工等を設けること。

二　地山の崩壊又は土石の落下の原因となる雨水，地下水等を排除すること。

【高所からの物体投下による危険の防止】

第536条　事業者は，3m以上の高所から物体を投下するときは，適当な投下設備を設け，監視人を置く等労働者の危険を防止するための措置を講じなければならない。

2　労働者は，前項の規定による措置が講じられていないときは，3m以上の高所から物体を投下してはならない。

【物体の落下による危険の防止】

第537条　事業者は，作業のため物体が落下することにより，労働者に危険を及ぼすおそれのあるときは，防網の設備を設け，立入区域を設定する等当該危険を防止するための措置を講じなければならない。

【物体の飛来による危険の防止】

第538条　事業者は，作業のため物体が飛来することにより，労働者に危険を及ぼすおそれのあるときは，飛来防止の設備を設け，労働者に保護具を使用させる等当該危険を防止するための措置を講じなければならない。

【保護帽の着用】

第539条　事業者は，船台の附近，高層建築場等の場合で，その上方において他の労働者が作業を行なっているところにおいて作業を行なうときは，物体の飛来又は落下による労働者の危険を防止するため，当該作業に従事する労働者に保護帽を着用させなければならない。

2　前項の作業に従事する労働者は，同項の保護帽を着用しなければならない。

【通　路】

第540条　事業者は，作業場に通ずる場所及び作業場内には，労働者が使用するための安全な通路を設け，かつ，これを常時有効に保持しなければならない。

2　前項の通路で主要なものには，これを保持するため，通路であることを示す表示をしなければならない。

【通路の照明】

第541条　事業者は，通路には，正常の通行を妨げない程度に，採光又は照明の方法を講じなければならない。ただし，坑道，常時通行の用に供しない地下室等で通行する労働者に，適当な照明具を所持させるときは，この限りでない。

【屋内に設ける通路】

第542条　事業者は，屋内に設ける通路については，次に定めるところによらなければならない。

一　用途に応じた幅を有すること。

二　通路面は，つまずき，すべり，踏抜等の危険のない状態に保持すること。

三　通路面から高さ1.8m以内に障害物を置かないこと。

【機械間等の通路】

第543条 事業者は，機械間又はこれと他の設備との間に設ける通路については，幅80cm 以上のものとしなければならない。

【作業場の床面】

第544条 事業者は，作業場の床面については，つまずき，すべり等の危険のないものとし，かつ，これを安全な状態に保持しなければならない。

【作業踏台】

第545条 事業者は，旋盤，ロール機等の機械が，常時当該機械に係る作業に従事する労働者の身長に比べて不適当に高いときは，安全で，かつ，適当な高さの作業踏台を設けなければならない。

【架設通路】

第552条 事業者は，架設通路については，次に定めるところに適合したものでなければ使用してはならない。

一 丈夫な構造とすること。

二 勾配は，30°以下とすること。ただし，階段を設けたもの又は高さが 2 m 未満で丈夫な手掛を設けたものはこの限りでない。

三 勾配が15°を超えるものには，踏桟その他の滑止めを設けること。

四 墜落の危険のある箇所には，次に掲げる設備（丈夫な構造の設備であって，たわみが生ずるおそれがなく，かつ，著しい損傷，変形又は腐食がないものに限る。）を設けること。

　イ 高さ85cm 以上の手すり又はこれと同等以上の機能を有する設備（以下「手すり等」という。）

　ロ 高さ35cm 以上50cm 以下の桟又はこれと同等以上の機能を有する設備（以下「中桟等」という。）

五 たて坑内の架設通路でその長さが15m 以上であるものは，10m 以内ごとに踊場を設けること。

六 建設工事に使用する高さ 8 m 以上の登り桟橋には， 7 m 以内ごとに踊場を設けること。

2 前項第四号の規定は，作業の必要上臨時に手すり等又は中桟等を取り外す場合において，次の措置を講じたときは，適用しない。

一 要求性能墜落制止用器具を安全に取り付けるための設備等を設け，かつ，労働者に要求性能墜落制止用器具を使用させる措置又はこれと同等以上の効果を有する措置を講ずること。

二 前号の措置を講ずる箇所には，関係労働者以外の労働者を立ち入らせないこと。

3 事業者は，前項の規定により作業の必要上臨時に手すり等又は中桟等を取り外したときは，その必要がなくなった後，直ちにこれらの設備を原状に復さなければならない。

4 労働者は，第 2 項の場合において，要求性能墜落制止用器具の使用を命じられた

ときは，これを使用しなければならない。

【はしご道】

第556条　事業者は，はしご道については，次に定めるところに適合したものでなければ使用してはならない。

一　丈夫な構造とすること。

二　踏さんを等間隔に設けること。

三　踏さんと壁との間に適当な間隔を保たせること。

四　はしごの転位防止のための措置を講ずること。

五　はしごの上端を床から60cm以上突出させること。

六　坑内はしご道でその長さが10m以上のものは，5m以内ごとに踏だなを設けること。

七　坑内はしご道のこう配は，80°以内とすること。

2　前項第五号から第七号までの規定は，潜函内等のはしご道については，適用しない。

【鋼管足場に使用する鋼管等】

第560条　事業者は，鋼管足場に使用する鋼管のうち，令別表第8第一号から第三号までに掲げる部材に係るもの以外のものについては，日本産業規格A8951（鋼管足場）に定める単管足場用鋼管の規格（以下「単管足場用鋼管規格」という。）又は次に定めるところに適合するものでなければ，使用してはならない。

一　材質は，引張強さの値が370N/mm²以上であり，かつ，伸びが，次の表の左欄に掲げる引張強さの値に応じ，それぞれ同表の右欄に掲げる値となるものであること。

引張強さ（単位　N/mm²）	伸び（単位　％）
370以上390未満	25以上
390以上500未満	20以上
500以上	10以上

二　肉厚は，外径の1/31以上であること。

2　事業者は，鋼管足場に使用する附属金具のうち，令別表第8第2号から第7号までに掲げる附属金具以外のものについては，その材質（衝撃を受けるおそれのない部分に使用する部品の材質を除く。）が，圧延鋼材，鍛鋼品又は鋳鋼品であるものでなければ，使用してはならない。

【最大積載荷重】

第562条　事業者は，足場の構造及び材料に応じて，作業床の最大積載荷重を定め，かつ，これを超えて積載してはならない。

2　前項の作業床の最大積載荷重は，つり足場（ゴンドラのつり足場を除く。以下この節において同じ。）にあっては，つりワイヤロープ及びつり鋼線の安全係数が10以上，つり鎖及びつりフックの安全係数が5以上並びにつり鋼帯並びにつり足場の

下部及び上部の支点の安全係数が鋼材にあっては2.5以上，木材にあっては5以上となるように，定めなければならない。

3　事業者は，第1項の最大積載荷重を労働者に周知させなければならない。

【作業床】

第563条　事業者は，足場（一側足場を除く。第三号において同じ。）における高さ2m以上の作業場所には，次に定めるところにより，作業床を設けなければならない。

一　床材は，支点間隔及び作業時の荷重に応じて計算した曲げ応力の値が，次の表の左欄に掲げる木材の種類に応じ，それぞれ同表の右欄に掲げる許容曲げ応力の値を超えないこと。

木 材 の 種 類	許容曲げ応力（単位　N/cm²）
あかまつ，くろまつ，からまつ，ひば，ひのき，つが，べいまつ又はべいひ	1,320
すぎ，もみ，えぞまつ，とどまつ，べいすぎ又はべいつが	1,030
かし	1,910
くり，なら，ぶな又はけやき	1,470
アピトン又はカポールをフェノール樹脂により接着した合板	1,620

二　つり足場の場合を除き，幅，床材間の隙間及び床材と建地との隙間は，次に定めるところによること。

　イ　幅は，40cm以上とすること。

　ロ　床材間の隙間は，3cm以下とすること。

　ハ　床材と建地との隙間は，12cm未満とすること。

三　墜落により労働者に危険を及ぼすおそれのある箇所には，次に掲げる足場の種類に応じて，それぞれ次に掲げる設備（丈夫な構造の設備であって，たわみが生ずるおそれがなく，かつ，著しい損傷，変形又は腐食がないものに限る。以下「足場用墜落防止設備」という。）を設けること。

　イ　わく組足場（妻面に係る部分を除く。ロにおいて同じ。）　次のいずれかの設備

　　(1)　交さ筋かい及び高さ15cm以上40cm以下の桟若しくは高さ15cm以上の幅木又はこれらと同等以上の機能を有する設備

　　(2)　手すりわく

　ロ　わく組足場以外の足場　手すり等及び中桟等

四　腕木，布，はり，脚立その他作業床の支持物は，これにかかる荷重によって破壊するおそれのないものを使用すること。

五　つり足場の場合を除き，床材は，転位し，又は脱落しないように2以上の支持物に取り付けること。

　　六　作業のため物体が落下することにより，労働者に危険を及ぼすおそれのあると
　　　きは，高さ10cm 以上の幅木，メッシュシート若しくは防網又はこれらと同等以
　　　上の機能を有する設備（以下「幅木等」という。）を設けること。ただし，第三
　　　号の規定に基づき設けた設備が幅木等と同等以上の機能を有する場合又は作業の
　　　性質上幅木等を設けることが著しく困難な場合若しくは作業の必要上臨時に幅木
　　　等を取り外す場合において，立入区域を設定したときは，この限りでない。

2　前項第二号ハの規定は，次の各号のいずれかに該当する場合であって，床材と建
　地との隙間が12cm 以上の箇所に防網を張る等墜落による労働者の危険を防止する
　ための措置を講じたときは，適用しない。

　　一　はり間方向における建地と床材の両端との隙間の和が24cm 未満の場合
　　二　はり間方向における建地と床材の両端との隙間の和を24cm 未満とすることが
　　　作業の性質上困難な場合

3　第1項第三号の規定は，作業の性質上足場用墜落防止設備を設けることが著しく
　困難な場合又は作業の必要上臨時に足場用墜落防止設備を取り外す場合において，
　次の措置を講じたときは，適用しない。

　　一　要求性能墜落制止用器具を安全に取り付けるための設備等を設け，かつ，労働
　　　者に要求性能墜落制止用器具を使用させる措置又はこれと同等以上の効果を有す
　　　る措置を講ずること。
　　二　前号の措置を講ずる箇所には，関係労働者以外の労働者を立ち入らせないこと。

4　第1項第五号の規定は，次の各号のいずれかに該当するときは，適用しない。

　　一　幅が20cm 以上，厚さが3.5cm 以上，長さが3.6m 以上の板を床材として用い，
　　　これを作業に応じて移動させる場合で，次の措置を講ずるとき。
　　　イ　足場板は，3 以上の支持物に掛け渡すこと。
　　　ロ　足場板の支点からの突出部の長さは，10cm 以上とし，かつ，労働者が当該
　　　　突出部に足を掛けるおそれのない場合を除き，足場板の長さの1/18以下とする
　　　　こと。
　　　ハ　足場板を長手方向に重ねるときは，支点の上で重ね，その重ねた部分の長さ
　　　　は，20cm 以上とすること。
　　二　幅が30cm 以上，厚さが6 cm 以上，長さが4 m 以上の板を床材として用い，
　　　かつ，前号ロ及びハに定める措置を講ずるとき。

5　事業者は，第3項の規定により作業の必要上臨時に足場用墜落防止設備を取り外
　したときは，その必要がなくなった後，直ちに当該設備を原状に復さなければなら
　ない。

6　労働者は，第3項の場合において，要求性能墜落制止用器具の使用を命じられた
　ときは，これを使用しなければならない。

【丸太足場】

第569条　事業者は，丸太足場については，次に定めるところに適合したものでなけ
れば使用してはならない。

　　一　建地の間隔は，2.5m 以下とし，地上第1 の布は，3 m 以下の位置に設けること。

二　建地の脚部には，その滑動又は沈下を防止するため，建地の根本を埋め込み，根がらみを設け，皿板を使用する等の措置を講ずること。

三　建地の継手が重合せ継手の場合には，接続部において，1m以上を重ねて2箇所以上において縛り，建地の継手が突合せ継手の場合には，2本組の建地とし，又は1.8m以上の添木を用いて4箇所以上において縛ること。

四　建地，布，腕木等の接続部及び交差部は，鉄線その他の丈夫な材料で堅固に縛ること。

五　筋かいで補強すること。

六　一側足場，本足場又は張出し足場であるものにあっては，次に定めるところにより，壁つなぎ又は控えを設けること。

　イ　間隔は，垂直方向にあっては5.5m以下，水平方向にあっては7.5m以下とすること。

　ロ　鋼管，丸太等の材料を用いて堅固なものとすること。

　ハ　引張材と圧縮材とで構成されているものであるときは，引張材と圧縮材との間隔は，1m以内とすること。

2　前項第一号の規定は，作業の必要上同号の規定により難い部分がある場合において，なべつり，2本組等により当該部分を補強したときは，適用しない。

3　第1項第六号の規定は，窓枠の取付け，壁面の仕上げ等の作業のため壁つなぎ又は控えを取り外す場合その他作業の必要上やむを得ない場合において，当該壁つなぎ又は控えに代えて，建地又は布に斜材を設ける等当該足場の倒壊を防止するための措置を講ずるときは，適用しない。

【鋼管足場】

第570条　事業者は，鋼管足場については，次に定めるところに適合したものでなければ使用してはならない。

一　足場（脚輪を取り付けた移動式足場を除く。）の脚部には，足場の滑動又は沈下を防止するため，ベース金具を用い，かつ，敷板，敷角等を用い，根がらみを設ける等の措置を講ずること。

二　脚輪を取り付けた移動式足場にあっては，不意に移動することを防止するため，ブレーキ，歯止め等で脚輪を確実に固定させ，足場の一部を堅固な建設物に固定させる等の措置を講ずること。

三　鋼管の接続部又は交差部は，これに適合した附属金具を用いて，確実に接続し，又は緊結すること。

四　筋かいで補強すること。

五　一側足場，本足場又は張出し足場であるものにあっては，次に定めるところにより，壁つなぎ又は控えを設けること。

　イ　間隔は，次の表の左欄に掲げる鋼管足場の種類に応じ，それぞれ同表の右欄に掲げる値以下とすること。

鋼管足場の種類	間隔（単位　m）	
	垂直方向	水平方向
単管足場	5	5.5
わく組足場（高さが5m未満のものを除く。）	9	8

ロ　鋼管，丸太等の材料を用いて，堅固なものとすること。

ハ　引張材と圧縮材とで構成されているものであるときは，引張材と圧縮材との間隔は，1m以内とすること。

六　架空電路に近接して足場を設けるときは，架空電路を移設し，架空電路に絶縁用防護具を装着する等架空電路との接触を防止するための措置を講ずること。

2　前条第3項の規定は，前項第五号の規定の適用について，準用する。この場合において，前条第3項中「第1項第六号」とあるのは，「第570条第1項第五号」と読み替えるものとする。

【令別表第8第一号に掲げる部材等を用いる鋼管足場】

第571条　事業者は，令別表第8第一号に掲げる部材又は単管足場用鋼管規格に適合する鋼管を用いて構成される鋼管足場については，前条第1項に定めるところによるほか，単管足場にあっては第一号から第四号まで，わく組足場にあっては第五号から第七号までに定めるところに適合したものでなければ使用してはならない。

一　建地の間隔は，けた行方向を1.85m以下，はり間方向は1.5m以下とすること。

二　地上第1の布は，2m以下の位置に設けること。

三　建地の最高部から測って31mを超える部分の建地は，鋼管を2本組とすること。ただし，建地の下端に作用する設計荷重（足場の重量に相当する荷重に，作業床の最大積載荷重を加えた荷重をいう。）が当該建地の最大使用荷重（当該建地の破壊に至る荷重の1／2以下の荷重をいう。）を超えないときは，この限りでない。

四　建地間の積載荷重は，400kgを限度とすること。

五　最上層及び5層以内ごとに水平材を設けること。

六　はりわく及び持送りわくは，水平筋かいその他によって横振れを防止する措置を講ずること。

七　高さ20mを超えるとき及び重量物の積載を伴う作業を行うときは，使用する主わくは，高さ2m以下のものとし，かつ，主わく間の間隔は1.85m以下とすること。

2　前項第一号又は第四号の規定は，作業の必要上これらの規定により難い場合において，各支点間を単純ばりとして計算した最大曲げモーメントの値に関し，事業者が次条に定める措置を講じたときは，適用しない。

3　第1項第二号の規定は，作業の必要上同号の規定により難い部分がある場合において，2本組等により当該部分を補強したときは，適用しない。

【令別表第 8 第一号から第三号までに掲げる部材以外の部材等を用いる鋼管足場】

第572条　事業者は，令別表第 8 第一号から第三号までに掲げる部材以外の部材又は
単管足場用鋼管規格に適合する鋼管以外の鋼管を用いて構成される鋼管足場につい
ては，第570条第 1 項に定めるところによるほか，各支点間を単純ばりとして計算
した最大曲げモーメントの値が，鋼管の断面係数に，鋼管の材料の降伏強さの値（降
伏強さの値が明らかでないものについては，引張強さの値の1/2の値）の1/1.5及び
次の表の左欄に掲げる鋼管の肉厚と外径との比に応じ，それぞれ同表の右欄に掲げ
る係数を乗じて得た値（継手のある場合には，この値の3/4）以下のものでなけれ
ば使用してはならない。

鋼管の肉厚と外径との比	係　数
肉厚が外径の1/14以上	1
肉厚が外径の1/20以上1/14未満	0.9
肉厚が外径の1/31以上1/20未満	0.8

【鋼管の強度の識別】

第573条　事業者は，外径及び肉厚が同一であり，又は近似している鋼管で，強度が
異なるものを同一事業所で使用するときは，鋼管の混用による労働者の危険を防止
するため，鋼管に色又は記号を付する等の方法により，鋼管の強度を識別すること
ができる措置を講じなければならない。

2　前項の措置は，色を付する方法のみによるものであってはならない。

【つり足場】

第574条　事業者は，つり足場については，次に定めるところに適合したものでなけ
れば使用してはならない。

一　つりワイヤロープは，次のいずれかに該当するものを使用しないこと。

　イ　ワイヤロープ 1 よりの間において素線（フィラ線を除く。以下この号におい
　　て同じ。）の数の10%以上の素線が切断しているもの

　ロ　直径の減少が公称径の 7 %を超えるもの

　ハ　キンクしたもの

　ニ　著しく形崩れ又は腐食があるもの

二　つり鎖は，次のいずれかに該当するものを使用しないこと。

　イ　伸びが，当該つり鎖が製造されたときの長さの 5 %を超えるもの

　ロ　リンクの断面の直径の減少が，当該つり鎖が製造されたときの当該リンクの
　　断面の直径の10%を超えるもの

　ハ　亀裂があるもの

三　つり鋼線及びつり鋼帯は，著しい損傷，変形又は腐食のあるものを使用しない
　こと。

四　つり繊維索は，次のいずれかに該当するものを使用しないこと。

　イ　ストランドが切断しているもの

　ロ　著しい損傷又は腐食があるもの

五　つりワイヤロープ，つり鎖，つり鋼線，つり鋼帯又はつり繊維索は，その一端を足場桁，スターラップ等に，他端を突りょう，アンカーボルト，建築物のはり等にそれぞれ確実に取り付けること。

六　作業床は，幅を40cm 以上とし，かつ，隙間がないようにすること。

七　床材は，転位し，又は脱落しないように，足場桁，スターラップ等に取り付けること。

八　足場桁，スターラップ，作業床等に控えを設ける等動揺又は転位を防止するための措置を講ずること。

九　棚足場であるものにあっては，桁の接続部及び交差部は，鉄線，継手金具又は緊結金具を用いて，確実に接続し，又は緊結すること。

2　前項第六号の規定は，作業床の下方又は側方に網又はシートを設ける等墜落又は物体の落下による労働者の危険を防止するための措置を講ずるときは，適用しない。

【作業禁止】

第575条　事業者は，つり足場の上で，脚立，はしご等を用いて労働者に作業させてはならない。

【作業構台についての措置】

第575条の6　事業者は，作業構台については，次に定めるところによらなければならない。

一　作業構台の支柱は，その滑動又は沈下を防止するため，当該作業構台を設置する場所の地質等の状態に応じた根入れを行い，当該支柱の脚部に根がらみを設け，敷板，敷角等を使用する等の措置を講ずること。

二　支柱，はり，筋かい等の緊結部，接続部又は取付部は，変位，脱落等が生じないよう緊結金具等で堅固に固定すること。

三　高さ2m 以上の作業床の床材間の隙間は，3cm 以下とすること。

四　高さ2m 以上の作業床の端で，墜落により労働者に危険を及ぼすおそれのある箇所には，手すり等及び中桟等（それぞれ丈夫な構造の設備であって，たわみが生ずるおそれがなく，かつ，著しい損傷，変形又は腐食がないものに限る。）を設けること。

2　前項第四号の規定は，作業の性質上手すり等及び中桟等を設けることが著しく困難な場合又は作業の必要上臨時に手すり等又は中桟等を取り外す場合において，次の措置を講じたときは，適用しない。

一　要求性能墜落制止用器具を安全に取り付けるための設備等を設け，かつ，労働者に要求性能墜落制止用器具を使用させる措置又はこれと同等以上の効果を有する措置を講ずること。

二　前号の措置を講ずる箇所には，関係労働者以外の労働者を立ち入らせないこと。

3　事業者は，前項の規定により作業の必要上臨時に手すり等又は中桟等を取り外し

たときは，その必要がなくなった後，直ちにこれらの設備を原状に復さなければならない。

4　労働者は，第2項の場合において，要求性能墜落制止用器具の使用を命じられたときは，これを使用しなければならない。

【気　積】

第600条　事業者は，労働者を常時就業させる屋内作業場の気積を，設備の占める容積及び床面から4mをこえる高さにある空間を除き，労働者1人について，10m^{3}以上としなければならない。

【換　気】

第601条　事業者は，労働者を常時就業させる屋内作業場においては，窓その他の開口部の直接外気に向って開放することができる部分の面積が，常時床面積の1/20以上になるようにしなければならない。ただし，換気が十分行なわれる性質を有する設備を設けたときは，この限りでない。

2　事業者は，前条の屋内作業場の気温が10℃以下であるときは，換気に際し，労働者を1m/s以上の気流にさらしてはならない。

【照　度】

第604条　事業者は，労働者を常時就業させる場所の作業面の照度を，次の表の左欄に掲げる作業の区分に応じて，同表の右欄に掲げる基準に適合させなければならない。ただし，感光材料を取り扱う作業場，坑内の作業場その他特殊な作業を行なう作業場については，この限りでない。

作業の区分	基　準
精密な作業	300 lx 以上
普通の作業	150 lx 以上
粗な作業	70 lx 以上

【採光及び照明】

第605条　事業者は，採光及び照明については，明暗の対照が著しくなく，かつ，まぶしさを生じさせない方法によらなければならない。

2　事業者は，労働者を常時就業させる場所の照明設備について，6月以内ごとに1回，定期に，点検しなければならない。

【休養室等】

第618条　事業者は，常時50人以上又は常時女性30人以上の労働者を使用するときは，労働者がが床することのできる休養室又は休養所を，男性用と女性用に区別して設けなければならない。

【床の構造等】

第623条　事業者は，前条の床及び周壁並びに水その他の液体を多量に使用することにより湿潤のおそれがある作業場の床及び周壁を，不浸透性の材料で塗装し，かつ，排水に便利な構造としなければならない。

【便　所】

第628条　事業者は，次に定めるところにより便所を設けなければならない。ただし，坑内等特殊な作業場でこれによることができないやむを得ない事由がある場合で，適当な数の便所又は便器を備えたときは，この限りでない。

一　男性用と女性用に区別すること。

二　男性用大便所の便房の数は，次の表の左欄に掲げる同時に就業する男性労働者の数に応じて，同表の右欄に掲げる数以上とすること。

同時に就業する男性労働者の数	便房の数
60人以内	1
60人超	1に，同時に就業する男性労働者の数が60人を超える60人又はその端数を増すごとに1を加えた数

三　男性用小便所の箇所数は，次の表の左欄に掲げる同時に就業する男性労働者の数に応じて，同表の右欄に掲げる数以上とすること。

同時に就業する男性労働者の数	箇所数
30人以内	1
30人超	1に，同時に就業する男性労働者の数が30人を超える30人又はその端数を増すごとに1を加えた数

四　女性用便所の便房の数は，次の表の左欄に掲げる同時に就業する女性労働者の数に応じて，同表の右欄に掲げる数以上とすること。

同時に就業する女性労働者の数	便房の数
20人以内	1
20人超	1に，同時に就業する女性労働者の数が20人を超える20人又はその端数を増すごとに1を加えた数

五　便池は，汚物が土中に浸透しない構造とすること。

六　流出する清浄な水を十分に供給する手洗い設備を設けること。

2　事業者は，前項の便所及び便器を清潔に保ち，汚物を適当に処理しなければならない。

【独立個室型の便所の特例】

第628条の2　前条第1項第一号から第四号までの規定にかかわらず，同時に就業する労働者の数が常時10人以内である場合は，男性用と女性用に区別しない四方を壁等で囲まれた1個の便房により構成される便所（次項において「独立個室型の便所」という。）を設けることで足りるものとする。

2　前条第1項の規定にかかわらず，独立個室型の便所を設ける場合（前項の規定に

より独立個室型の便所を設ける場合を除く。）は，次に定めるところにより便所を設けなければならない。

一　独立個室型の便所を除き，男性用と女性用に区別すること。

二　男性用大便所の便房の数は，次の表の左欄に掲げる同時に就業する男性労働者の数に応じて，同表の右欄に掲げる数以上とすること。

同時に就業する男性労働者の数	便房の数
設ける独立個室型の便所の数に10を乗じて得た数以下	1
設ける独立個室型の便所の数に10を乗じて得た数を超える数	1に，設ける独立個室型の便所の数に10を乗じて得た数を同時に就業する男性労働者の数から減じて得た数が60人を超える60人又はその端数を増すごとに1を加えた数

三　男性用小便所の箇所数は，次の表の左欄に掲げる同時に就業する男性労働者の数に応じて，同表の右欄に掲げる数以上とすること。

同時に就業する男性労働者の数	箇所数
設ける独立個室型の便所の数に10を乗じて得た数以下	1
設ける独立個室型の便所の数に10を乗じて得た数を超える数	1に，設ける独立個室型の便所の数に10を乗じて得た数を同時に就業する男性労働者の数から減じて得た数が30人を超える30人又はその端数を増すごとに1を加えた数

四　女性用便所の便房の数は，次の表の左欄に掲げる同時に就業する女性労働者の数に応じて，同表の右欄に掲げる数以上とすること。

同時に就業する女性労働者の数	便房の数
設ける独立個室型の便所の数に10を乗じて得た数以下	1
設ける独立個室型の便所の数に10を乗じて得た数を超える数	1に，設ける独立個室型の便所の数に10を乗じて得た数を同時に就業する女性労働者の数から減じて得た数が20人を超える20人又はその端数を増すごとに1を加えた数

五　便池は，汚物が土中に浸透しない構造とすること。

六　流出する清浄な水を十分に供給する手洗い設備を設けること。

【食　堂】

第629条　事業者は，第614条本文に規定する作業場においては，作業場外に適当な食事の設備を設けなければならない。ただし，労働者が事業場内において食事をしないときは，この限りでない。

【食堂及び炊事場】

第630条 事業者は，事業場に附属する食堂又は炊事場については，次に定めるところによらなければならない。

一　食堂と炊事場とは区別して設け，採光及び換気が十分であって，そうじに便利な構造とすること。

二　食堂の床面積は，食事の際の1人について，1m²以上とすること。

三　食堂には，食卓及び労働者が食事をするためのいすを設けること（いすについては，坐食の場合を除く。）。

四　便所及び廃物だめから適当な距離のある場所に設けること。

五　食器，食品材料等の消毒の設備を設けること。

六　食器，食品材料及び調味料の保存のために適切な設備を設けること。

七　はえその他のこん虫，ねずみ，犬，猫等の害を防ぐための設備を設けること。

八　飲用及び洗浄のために，清浄な水を十分に備えること。

九　炊事場の床は，不浸透性の材料で造り，かつ，洗浄及び排水に便利な構造とすること。

十　汚水及び廃物は，炊事場外において露出しないように処理し，沈でん槽を設けて排出する等有害とならないようにすること。

十一　炊事従業員専用の休憩室及び便所を設けること。

十二　炊事従業員には，炊事に不適当な伝染病の疾病にかかっている者を従事させないこと。

十三　炊事従業員には，炊事専用の清潔な作業衣を使用させること。

十四　炊事場には，炊事従業員以外の者をみだりに出入りさせないこと。

十五　炊事場には，炊事場専用の履物を備え，土足のまま立ち入らせないこと。

【共用の避難用出入口等】

第670条　法第34条の建築物貸与者（以下「建築物貸与者」という。）は，当該建築物の避難用の出入口若しくは通路又はすべり台，避難用はしご等の避難用の器具で，当該建築物の貸与を受けた2以上の事業者が共用するものについては，避難用である旨の表示をし，かつ，容易に利用することができるように保持しておかなければならない。

2　建築物貸与者は，前項の出入口又は通路に設ける戸を，引戸又は外開戸としなければならない。

石綿障害予防規則 [抄]

平成17年2月24日　厚生労働省令第21号
最終改正　令和5年8月29日　厚生労働省令第105号

【事前調査及び分析調査】

第3条　事業者は，建築物，工作物又は船舶（鋼製の船舶に限る。以下同じ。）の解体又は改修（封じ込め又は囲い込みを含む。）の作業（以下「解体等の作業」という。）を行うときは，石綿による労働者の健康障害を防止するため，あらかじめ，当該建築物，工作物又は船舶（それぞれ解体等の作業に係る部分に限る。以下「解体等対象建築物等」という。）について，石綿等の使用の有無を調査しなければならない。

2　前項の規定による調査（以下「事前調査」という。）は，解体等対象建築物等の全ての材料について次に掲げる方法により行わなければならない。

一　設計図書等の文書（電磁的記録を含む。以下同じ。）を確認する方法。ただし，設計図書等の文書が存在しないときは，この限りでない。

二　目視により確認する方法。ただし，解体等対象建築物等の構造上目視により確認することが困難な材料については，この限りでない。

3　前項の規定にかかわらず，解体等対象建築物等が次の各号のいずれかに該当する場合は，事前調査は，それぞれ当該各号に定める方法によることができる。

一　既に前項各号に掲げる方法による調査に相当する調査が行われている解体等対象建築物等　当該解体等対象建築物等に係る当該相当する調査の結果の記録を確認する方法

二　船舶の再資源化解体の適正な実施に関する法律（平成30年法律第61号）第4条第1項の有害物質一覧表確認証書（同条第2項の有効期間が満了する日前のものに限る。）又は同法第8条の有害物質一覧表確認証書に相当する証書（同法附則第5条第2項に規定する相当証書を含む。）の交付を受けている船舶　当該船舶に係る同法第2条第6項の有害物質一覧表を確認する方法

三　建築物若しくは工作物の新築工事若しくは船舶（日本国内で製造されたものに限る。）の製造工事の着工日又は船舶が輸入された日（第7項第四号において「着工日等」という。）が平成18年9月1日以降である解体等対象建築物等（次号から第八号までに該当するものを除く。）　当該着工日等を設計図書等の文書で確認する方法

四　平成18年9月1日以降に新築工事が開始された非鉄金属製造業の用に供する施設の設備（配管を含む。以下この項において同じ。）であって，平成19年10月1日以降にその接合部分にガスケットが設置されたもの　当該新築工事の着工日及び当該ガスケットの設置日を設計図書等の文書で確認する方法

五　平成18年9月1日以降に新築工事が開始された鉄鋼業の用に供する施設の設備

であって，平成21年4月1日以降にその接合部分にガスケット又はグランドパッキンが設置されたもの　当該新築工事の着工日及び当該ガスケット又はグランドパッキンの設置日を設計図書等の文書で確認する方法

六　平成18年9月1日以降に製造工事が開始された潜水艦であって，平成21年4月1日以降にガスケット又はグランドパッキンが設置されたもの　当該製造工事の着工日及び当該ガスケット又はグランドパッキンの設置日を設計図書等の文書で確認する方法

七　平成18年9月1日以降に新築工事が開始された化学工業の用に供する施設（次号において「化学工業施設」という。）の設備であって，平成23年3月1日以降にその接合部分にグランドパッキンが設置されたもの　当該新築工事の着工日及び当該グランドパッキンの設置日を設計図書等の文書で確認する方法

八　平成18年9月1日以降に新築工事が開始された化学工業施設の設備であって，平成24年3月1日以降にその接合部分にガスケットが設置されたもの　当該新築工事の着工日及び当該ガスケットの設置日を設計図書等の文書で確認する方法

4　事業者は，事前調査のうち，建築物及び船舶に係るものについては，前項各号に規定する場合を除き，適切に当該調査を実施するために必要な知識を有する者として厚生労働大臣が定めるものに行わせなければならない。

5　事業者は，事前調査を行ったにもかかわらず，当該解体等対象建築物等について石綿等の使用の有無が明らかとならなかったときは，石綿等の使用の有無について，分析による調査（以下「分析調査」という。）を行わなければならない。ただし，事業者が，当該解体等対象建築物等について石綿等が使用されているものとみなして労働安全衛生法（以下「法」という。）及びこれに基づく命令に規定する措置を講ずるときは，この限りでない。

6　事業者は，分析調査については，適切に分析調査を実施するために必要な知識及び技能を有する者として厚生労働大臣が定めるものに行わせなければならない。

7　事業者は，事前調査又は分析調査（以下「事前調査等」という。）を行ったときは，当該事前調査等の結果に基づき，次に掲げる事項（第3項第三号から第八号までの場合においては，第一号から第四号までに掲げる事項に限る。）の記録を作成し，これを事前調査を終了した日（分析調査を行った場合にあっては，解体等の作業に係る全ての事前調査を終了した日又は分析調査を終了した日のうちいずれか遅い日）（第三号及び次項第一号において「調査終了日」という。）から3年間保存するものとする。

一　事業者の名称，住所及び電話番号

二　解体等の作業を行う作業場所の住所並びに工事の名称及び概要

三　調査終了日

四　着工日等（第3項第四号から第八号までに規定する方法により事前調査を行った場合にあっては，設計図書等の文書で確認した着工日及び設置日）

五　事前調査を行った建築物，工作物又は船舶の構造

六　事前調査を行った部分（分析調査を行った場合にあっては，分析のための試料

を採取した場所を含む。）

七　事前調査の方法（分析調査を行った場合にあっては，分析調査の方法を含む。）

八　第六号の部分における材料ごとの石綿等の使用の有無（第5項ただし書の規定により石綿等が使用されているものとみなした場合は，その旨を含む。）及び石綿等が使用されていないと判断した材料にあっては，その判断の根拠

九　事前調査のうち，建築物及び船舶に係るもの（第3項第三号に掲げる方法によるものを除く。）を行った者（分析調査を行った場合にあっては，当該分析調査を行った者を含む。）の氏名及び第4項の厚生労働大臣が定める者であることを証明する書類（分析調査を行った場合にあっては，前項の厚生労働大臣が定める者であることを証明する書類を含む。）の写し

十　第2項第二号ただし書に規定する材料の有無及び場所

8　事業者は，解体等の作業を行う作業場には，次の事項を，見やすい箇所に掲示するとともに，次条第1項の作業を行う作業場には，前項の規定による記録の写しを備え付けなければならない。

一　調査終了日

二　前項第六号及び第八号に規定する事項の概要

9　第2項第二号ただし書に規定する材料については，目視により確認することが可能となったときに，事前調査を行わなければならない。

【作業計画】

第4条　事業者は，石綿等が使用されている解体等対象建築物等（前条第5項ただし書の規定により石綿等が使用されているものとみなされるものを含む。）の解体等の作業（以下「石綿使用建築物等解体等作業」という。）を行うときは，石綿による労働者の健康障害を防止するため，あらかじめ，作業計画を定め，かつ，当該作業計画により石綿使用建築物等解体等作業を行わなければならない。

2　前項の作業計画は，次の事項が示されているものでなければならない。

一　石綿使用建築物等解体等作業の方法及び順序

二　石綿等の粉じんの発散を防止し，又は抑制する方法

三　石綿使用建築物等解体等作業を行う労働者への石綿等の粉じんのばく露を防止する方法

3　事業者は，第1項の作業計画を定めたときは，前項各号の事項について関係労働者に周知させなければならない。

【事前調査の結果等の報告】

第4条の2　事業者は，次のいずれかの工事を行おうとするときは，あらかじめ，電子情報処理組織（厚生労働省の使用に係る電子計算機と，この項の規定による報告を行う者の使用に係る電子計算機とを電気通信回線で接続した電子情報処理組織をいう。）を使用して，次項に掲げる事項を所轄労働基準監督署長に報告しなければならない。

一　建築物の解体工事（当該工事に係る部分の床面積の合計が80m²以上であるものに限る。）

二 建築物の改修工事（当該工事の請負代金の額が100万円以上であるものに限る。）

三 工作物（石綿等が使用されているおそれが高いものとして厚生労働大臣が定めるものに限る。）の解体工事又は改修工事（当該工事の請負代金の額が100万円以上であるものに限る。）

四 船舶（総トン数20t以上の船舶に限る。）の解体工事又は改修工事

2 前項の規定により報告しなければならない事項は，次に掲げるもの（第3条第3項第三号から第八号までの場合においては，第一号から第四号までに掲げるものに限る。）とする。

一 第3条第7項第一号から第四号までに掲げる事項及び労働保険番号

二 解体工事又は改修工事の実施期間

三 前項第一号に掲げる工事にあっては，当該工事の対象となる建築物（当該工事に係る部分に限る。）の床面積の合計

四 前項第二号又は第三号に掲げる工事にあっては，当該工事に係る請負代金の額

五 第3条第7項第五号，第八号及び第九号に掲げる事項の概要

六 前条第1項に規定する作業を行う場合にあっては，当該作業に係る石綿作業主任者の氏名

七 材料ごとの切断等の作業（石綿を含有する材料に係る作業に限る。）の有無並びに当該作業における石綿等の粉じんの発散を防止し，又は抑制する方法及び当該作業を行う労働者への石綿等の粉じんのばく露を防止する方法

3 第1項の規定による報告は，様式第1号による報告書を所轄労働基準監督署長に提出することをもって代えることができる。

4 第1項各号に掲げる工事を同一の事業者が2以上の契約に分割して請け負う場合においては，これを一の契約で請け負ったものとみなして，同項の規定を適用する。

5 第1項各号に掲げる工事の一部を請負人に請け負わせている事業者（当該仕事の一部を請け負わせる契約が2以上あるため，その者が2以上あることとなるときは，当該請負契約のうちの最も先次の請負契約における注文者とする。）があるときは，当該仕事の作業の全部について，当該事業者が同項の規定による報告を行わなければならない。

【作業の届出】

第5条 事業者は，次に掲げる作業を行うときは，あらかじめ，様式第1号の2による届書に当該作業に係る解体等対象建築物等の概要を示す図面を添えて，所轄労働基準監督署長に提出しなければならない。

一 解体等対象建築物等に吹き付けられている石綿等（石綿等が使用されている仕上げ用塗り材（第6条の3において「石綿含有仕上げ塗材」という。）を除く。）の除去，封じ込め又は囲い込みの作業

二 解体等対象建築物等に張り付けられている石綿等が使用されている保温材，耐火被覆材（耐火性能を有する被覆材をいう。）等（以下「石綿含有保温材等」という。）の除去，封じ込め又は囲い込みの作業（石綿等の粉じんを著しく発散す

るおそれがあるものに限る。）

2 前項の規定は，法第88条第3項の規定による届出をする場合にあっては，適用しない。

【吹き付けられた石綿等及び石綿含有保温材等の除去等に係る措置】

第6条 事業者は，次の作業に労働者を従事させるときは，適切な石綿等の除去等に係る措置を講じなければならない。ただし，当該措置と同等以上の効果を有する措置を講じたときは，この限りでない。

　一　前条第1項第一号に掲げる作業（囲い込みの作業にあっては，石綿等の切断等の作業を伴うものに限る。）

　二　前条第1項第二号に掲げる作業（石綿含有保温材等の切断等の作業を伴うものに限る。）

2 前項本文の適切な石綿等の除去等に係る措置は，次に掲げるものとする。

　一　前項各号に掲げる作業を行う作業場所（以下この項において「石綿等の除去等を行う作業場所」という。）を，それ以外の作業を行う作業場所から隔離すること。

　二　石綿等の除去等を行う作業場所にろ過集じん方式の集じん・排気装置を設け，排気を行うこと。

　三　石綿等の除去等を行う作業場所の出入口に前室，洗身室及び更衣室を設置すること。これらの室の設置に当たっては，石綿等の除去等を行う作業場所から労働者が退出するときに，前室，洗身室及び更衣室をこれらの順に通過するように互いに連接させること。

　四　石綿等の除去等を行う作業場所及び前号の前室を負圧に保つこと。

　五　第一号の規定により隔離を行った作業場所において初めて前項各号に掲げる作業を行う場合には，当該作業を開始した後速やかに，第二号のろ過集じん方式の集じん・排気装置の排気口からの石綿等の粉じんの漏えいの有無を点検すること。

　六　第二号のろ過集じん方式の集じん・排気装置の設置場所を変更したときその他当該集じん・排気装置に変更を加えたときは，当該集じん・排気装置の排気口からの石綿等の粉じんの漏えいの有無を点検すること。

　七　その日の作業を開始する前及び作業を中断したときは，第三号の前室が負圧に保たれていることを点検すること。

　八　前3号の点検を行った場合において，異常を認めたときは，直ちに前項各号に掲げる作業を中止し，ろ過集じん方式の集じん・排気装置の補修又は増設その他の必要な措置を講ずること。

3 事業者は，前項第一号の規定により隔離を行ったときは，隔離を行った作業場所内の石綿等の粉じんを処理するとともに，第1項第一号に掲げる作業（石綿等の除去の作業に限る。）又は同項第二号に掲げる作業（石綿含有保温材等の除去の作業に限る。）を行った場合にあっては，吹き付けられた石綿等又は張り付けられた石綿含有保温材等を除去した部分を湿潤化するとともに，石綿等に関する知識を有す

る者が当該石綿等又は石綿含有保温材等の除去が完了したことを確認した後でなければ，隔離を解いてはならない。

【石綿含有成形品の除去に係る措置】

第6条の2 事業者は，成形された材料であって石綿等が使用されているもの（石綿含有保温材等を除く。第3項において「石綿含有成形品」という。）を建築物，工作物又は船舶から除去する作業においては，切断等以外の方法により当該作業を実施しなければならない。ただし，切断等以外の方法により当該作業を実施することが技術上困難なときは，この限りでない。

2 事業者は，前項の作業の一部を請負人に請け負わせるときは，当該請負人に対し，切断等以外の方法により当該作業を実施する必要がある旨を周知させなければならない。ただし，同項ただし書の場合は，この限りでない。

3 事業者は，第1項ただし書の場合において，石綿含有成形品のうち特に石綿等の粉じんが発散しやすいものとして厚生労働大臣が定めるものを切断等の方法により除去する作業を行うときは，次に掲げる措置を講じなければならない。ただし，当該措置（第一号及び第二号に掲げる措置に限る。）と同等以上の効果を有する措置を講じたときは，第一号及び第二号の措置については，この限りでない。

 一 当該作業を行う作業場所を，当該作業以外の作業を行う作業場所からビニルシート等で隔離すること。

 二 当該作業中は，当該石綿含有成形品を常時湿潤な状態に保つこと。

 三 当該作業の一部を請負人に請け負わせるときは，当該請負人に対し，前2号に掲げる措置を講ずる必要がある旨を周知させること。

【石綿等の切断等の作業を伴わない作業に係る措置】

第7条 事業者は，次に掲げる作業に労働者を従事させるときは，当該作業場所に当該作業に従事する労働者以外の者（第14条に規定する措置が講じられた者を除く。）が立ち入ることを禁止し，かつ，その旨を見やすい箇所に表示しなければならない。

 一 第5条第1項第一号に掲げる作業（石綿等の切断等の作業を伴うものを除き，囲い込みの作業に限る。）

 二 第5条第1項第二号に掲げる作業（石綿含有保温材等の切断等の作業を伴うものを除き，除去又は囲い込みの作業に限る。）

2 特定元方事業者（法第15条第1項の特定元方事業者をいう。）は，その労働者及び関係請負人（法第15条第1項の関係請負人をいう。以下この項において同じ。）の労働者の作業が，前項各号に掲げる作業と同一の場所で行われるときは，当該作業の開始前までに，関係請負人に当該作業の実施について通知するとともに，作業の時間帯の調整等必要な措置を講じなければならない。

建築基準法関係
国土交通省告示

索　引

総則関係

○建築基準法第 7 条の 6 第 1 項第二号の国土交通大臣が定める基準等を
　定める件
　（法第 7 条の 6 ）　　　　　　　　　　　　　　（平27国交告247）………1740
○難燃材料を定める件
　（令第 1 条六号）　　　　　　　　　　　　　　（平12建告1402）………1506
○安全上，防火上及び衛生上支障がない軒等を定める等の件
　（令第 2 条第 1 項二号）　　　　　　　　　　　　（令 5 国交告143）………2000
○高い開放性を有する建築物
　（令第 2 条第 1 項二号）　　　　　　　　　　　　（平 5 建告1437）………1465
○定期報告を要しない通常の火災時において避難上著しい支障が生ずる
　おそれの少ない建築物等を定める件
　（令第16条第 1 項）　　　　　　　　　　　　　（平28国交告240）………1774
○建築基準法施行規則第10条の 4 の 4 の国土交通大臣が定める給湯設備
　を定める件
　（規則第10条の 4 の 4 ）　　　　　　　　　　　（令 5 国交告209）………2003

一般構造関係

○遮音性能を有する長屋又は共同住宅の界壁及び天井の構造方法を定め
　る件
　（法第30条）　　　　　　　　　　　　　　　　（昭45建告1827）………1417
○照明設備の設置，有効な採光方法の確保その他これらに準ずる措置の
　基準等を定める件
　（令第19条）　　　　　　　　　　　　　　　　（昭55建告1800）………1451
○建築物の開口部で採光に有効な部分の面積の算定方法で別に定めるも
　のを定める件
　（令第20条）　　　　　　　　　　　　　　　　（平15国交告303）………1638
○換気設備の構造方法を定める件
　（令第20条の 2 ，第20条の 3 ）　　　　　　　　（昭45建告1826）………1412
○ホルムアルデヒドの発散による衛生上の支障がないようにするために
　必要な換気を確保することができる居室の構造方法を定める件
　（令第20条の 7 ，第20条の 8 ）　　　　　　　　（平15国交告273）………1635
○石綿等をあらかじめ添加した建築材料で石綿等を飛散又は発散させる
　おそれがないものを定める件（法第28条の 2 ）（平18国交告1172）………1639
○地階における住居等の居室に設ける開口部及び防水層の設置方法を定
　める件
　（令第22条の 2 ）　　　　　　　　　　　　　　（平12建告1430）………1523
○建築基準法施行令第23条第 1 項の規定に適合する階段と同等以上に
　昇降を安全に行うことができる階段の構造方法を定める件
　（令第23条）　　　　　　　　　　　　　　　　（平26国交告709）………1736
○屎尿浄化槽の処理対象人員の算定方法
　（令第32条）　　　　　　　　　　　　　　　　（昭44建告3184）………1407
○建築物の用途別による屎尿浄化槽の処理対象人員算定基準
　（日本産業規格　JIS A 3302）　　　　　　　　　　　　　　　………1408

構造強度関係

○建築物の構造方法が安全性を有することを確かめるための構造計算の
方法を定める件
（法第20条）　　　　　　　　　　　　　　（平19国交告592）………1641
○建築基準法施行令第36条の2第五号の国土交通大臣が指定する建築物
を定める件
（令第36条の2）　　　　　　　　　　　　（平19国交告593）………1642
○建築物の基礎の構造方法及び構造計算の基準を定める件
（令第38条）　　　　　　　　　　　　　　（平12建告1347）………1467
○免震建築物の構造方法に関する安全上必要な技術基準を定める等の件
（令第36条，第38条，第80条の2，第81条）　　（平12建告2009）………1594
○屋根ふき材，外装材及び屋外に面する帳壁の構造方法
（令第39条）　　　　　　　　　　　　　　（昭46建告109）………1421
○特定天井及び特定天井の構造耐力上安全な構造方法を定める件
（令第39条）　　　　　　　　　　　　　　（平25国交告771）………1724
○柱と基礎とを接合する構造方法等を定める件
（令第42条）　　　　　　　　　　　　　　（平28国交告690）………1785
○木造の柱の構造耐力上の安全性を確かめるための構造計算の基準を定
める件
（令第43条）　　　　　　　　　　　　　　（平12建告1349）………1470
○軸組と同等以上の耐力を有する軸組及び当該軸組に係る倍率の数値
（令第46条）　　　　　　　　　　　　　　（昭56建告1100）………1452
○木造若しくは鉄骨造の建築物又は建築物の構造部分が構造耐力上安全
であることを確かめるための構造計算の基準を定める件
（令第46条，第48条，第69条）　　　　　　（昭62建告1899）………1463
○木造建築物の軸組の設置の基準を定める件
（令第46条）　　　　　　　　　　　　　　（平12建告1352）………1471
○床組及び小屋ばり組に木板その他これに類するものを打ち付ける基準
を定める件
（令第46条）　　　　　　　　　　　　　　（平28国交告691）………1786
○木造の継手及び仕口の構造方法を定める件
（令第47条）　　　　　　　　　　　　　　（平12建告1460）………1588
○鉄骨造の柱の脚部を基礎に緊結する構造方法の基準を定める件
（令第66条）　　　　　　　　　　　　　　（平12建告1456）………1577
○鉄骨造の建築物について一の柱のみの火熱による耐力の低下によって
建築物全体が容易に倒壊するおそれがある場合等を定める件
（令第70条）　　　　　　　　　　　　　　（平12建告1356）………1472
○鉄筋の継手の構造方法を定める件
（令第73条）　　　　　　　　　　　　　　（平12建告1463）………1592
○鉄筋コンクリート造の柱に取り付けるはりの構造耐力上の安全性を確
かめるための構造計算の基準を定める件
（令第73条）　　　　　　　　　　　　　　（平23国交告432）………1721
○現場打コンクリートの型わく及び支柱の取りはずしに関する基準
（令第76条）　　　　　　　　　　　　　　（昭46建告110）………1423
○鉄筋コンクリート造の柱の構造耐力上の安全性を確かめるための構造
計算の基準を定める件
（令第77条）　　　　　　　　　　　　　　（平23国交告433）………1722

○壁式ラーメン鉄筋コンクリート造の建築物又は建築物の構造部分の構
造方法に関する安全上必要な技術的基準を定める等の件
（令第80条の2，第36条，第81条）　　　　　　　（平13国交告1025）·········1614
○壁式鉄筋コンクリート造の建築物又は建築物の構造部分の構造方法に
関する安全上必要な技術的基準を定める件
（令第80条の2，第36条，第81条）　　　　　　　（平13国交告1026）·········1619
○構造耐力上主要な部分である床版又は屋根版にデッキプレート版を用
いる場合における当該床版又は屋根版の構造方法に関する安全上必要
な技術的基準を定める件
（令第80条の2，第36条）　　　　　　　　　　　　（平14国交告326）·········1632
○CLTパネル工法を用いた建築物又は建築物の構造部分の構造方法に
関する安全上必要な技術的基準を定める等の件
（令第80条の2，第36条）　　　　　　　　　　　　（平28国交告611）·········1776
○建築基準法施行令第81条第2項第一号イ若しくはロ，同項第二号イ又
は同条第3項に規定する国土交通大臣が定める基準に従った構造計算
によりプレストレストコンクリート造の建築物等の安全性を確かめた
場合の構造計算書を定める件
（令第81条）　　　　　　　　　　　　　　　　　　（平19国交告823）·········1656
○建築基準法施行令第81条第2項第一号ロに規定する国土交通大臣が定
める基準に従った構造計算により免震建築物の安全性を確かめた場合
の構造計算書を定める件
（令第81条）　　　　　　　　　　　　　　　　　　（平19国交告824）·········1669
○建築基準法施行令第81条第2項第一号イに規定する国土交通大臣が定
める基準に従った構造計算により壁式ラーメン鉄筋コンクリート造の
建築物又は建築物の構造部分の安全性を確かめた場合の構造計算書を
定める件
（令第81条）　　　　　　　　　　　　　　　　　　（平19国交告825）·········1673
○建築基準法施行令第81条第2項第一号イに規定する国土交通大臣が定
め基準に従った構造計算により枠組壁工法又は木質プレハブ工法を用
いた建築物又は建築物の構造部分の安全性を確かめた場合の構造計算
書を定める件
（令第81条）　　　　　　　　　　　　　　　　　　（平19国交告826）·········1677
○建築基準法施行令第81条第2項第一号イ又は同条第2項第二号イに規
定する国土交通大臣が定める基準に従った構造計算により膜構造の建
築物又は建分の安全性を確かめた場合の構造計算書を定める件
（令第81条）　　　　　　　　　　　　　　　　　　（平19国交告828）·········1681
○建築基準法施行令第81条第3項に規定する国土交通大臣が定める基準
に従った構造計算によりテント倉庫建築物の安全性を確かめた場合の
構造計算書を定める件
（令第81条）　　　　　　　　　　　　　　　　　　（平19国交告829）·········1688
○建築基準法施行令第81条第2項第一号イ又は同条第2項第二号イに規
定する国土交通大臣が定める基準に従った構造計算により鉄筋コンク
リート組積造の建築物又は建築物の構造部分の安全性を確かめた場合
の構造計算書を定める件
（令第81条）　　　　　　　　　　　　　　　　　　（平19国交告830）·········1691
○建築基準法施行令第81条第2項第一号ロの規定に基づきエネルギーの
釣合いに基づく耐震計算等の構造計算によって建築物の安全性を確か
めた場合の構造計算書を定める件
（令第81条）　　　　　　　　　　　　　　　　　　（平19国交告831）·········1698

○許容応力度等計算と同等以上に安全性を確かめることができる構造計算の基準を定める件
(令第81条) (平19国交告1274) ………1705
○建築物の張り間方向又は桁行方向の規模又は構造に基づく保有水平耐力計算と同等以上に安全性を確かめることができる構造計算の基準を定める件
(令第81条) (平27国交告189) ………1738
○建築物の使用上の支障が起こらないことを確かめる必要がある場合及びその確認方法を定める件
(令第82条) (平12建告1459) ………1586
○保有水平耐力計算及び許容応力度等計算の方法を定める件
(令第82条, 第82条の2, 第82条の3, 第82条の6) (平19国交告594) ………1647
○建築基準法施行令第82条各号及び同令第82条の4に定めるところによる構造計算と同等以上に安全性を確かめることができる構造計算の基準を定める件
(令第81条, 第82条, 第82条の4) (平19国交告832) ………1704
○D_s および F_{es} を算出する方法
(令第82条の3) (昭55建告1792) ………1437
○屋根ふき材及び屋外に面する帳壁の風圧に対する構造耐力上の安全性を確かめるための構造計算の基準を定める件
(令第82条の4) (平12建告1458) ………1579
○多雪区域を指定する基準及び垂直積雪量を定める基準を定める件
(令第86条) (平12建告1455) ………1571
○E の数値を算出する方法並びに V_0 及び風力係数の数値を定める件
(令第87条) (平12建告1454) ………1569
○Z の数値, R_t および A_i を算出する方法並びに地盤が著しく軟弱な区域として特定行政庁が指定する基準
(令第88条) (昭55建告1793) ………1448
○木材の基準強度 F_c, F_t, F_b 及び F_s を定める件
(令第89条) (平12建告1452) ………1562
○鋼材等及び溶接部の許容応力度並びに材料強度の基準強度を定める件
(令第90条, 第92条, 第96条, 第98条) (平12建告2464) ………1605
○コンクリートの付着, 引張り及びせん断に対する許容応力度及び材料強度を定める件
(令第91条, 第97条) (平12建告1450) ………1561
○高力ボルトの基準張力, 引張接合部の引張りの許容応力度及び材料強度の基準強度を定める件
(令第92条の2, 第94条, 第96条) (平12建告2466) ………1612
○地盤の許容応力度及び基礎ぐいの許容支持力を求めるための地盤調査の方法並びにその結果に基づき地盤の許容応力度及び基礎ぐいの許容支持力を定める方法等を定める件
(令第93条, 第94条) (平13国交告1113) ………1623

耐火構造, 準耐火構造, 防火構造, 防火区画等関係

○建築物の周囲において発生する通常の火災時における火熱により燃焼するおそれのない部分を定める件
(法第2条六号) (令2国交告197) ………1841

○ 耐火構造の構造方法を定める件
  （法第2条七号） （平12建告1399） ………1497
○ 準耐火構造の構造方法を定める件
  （法第2条七号の二） （平12建告1358） ………1473
○ 防火構造の構造方法を定める件
  （法第2条八号） （平12建告1359） ………1480
○ 不燃材料を定める件
  （法第2条九号） （平12建告1400） ………1504
○ 防火設備の構造方法を定める件
  （法第2条九号の二） （平12建告1360） ………1483
○ 建築基準法第21条第1項に規定する建築物の主要構造部の構造方法を
  定める件
  （法第21条） （令元国交告193） ………1800
○ 特定行政庁が防火地域及び準防火地域以外の市街地について指定する
  区域内における屋根の構造方法を定める件
  （法第22条） （平12建告1361） ………1489
○ 木造建築物等の外壁の延焼のおそれのある部分の構造方法を定める件
  （法第23条） （平12建告1362） ………1490
○ 建築基準法第27条第1項に規定する特殊建築物の主要構造部の構造方
  法等を定める件
  （法第27条第1項，令第110条の2） （平27国交告255） ………1751
○ 準不燃材料を定める件
  （令第1条五号） （平12建告1401） ………1505
○ 耐火性能検証法に関する算出方法等を定める件
  （令第108条の3） （平12建告1433） ………1524
○ 準耐火建築物と同等の性能を有する建築物等の屋根の構造方法を定め
  る件
  （令第109条の3，第113条） （平12建告1367） ………1492
○ 床又はその直下の天井の構造方法を定める件
  （令第109条の3，第115条の2） （平12建告1368） ………1493
○ 壁等の構造方法を定める件
  （令第109条の7） （平27国交告250） ………1746
○ 壁等の加熱面以外の面で防火上支障がないものを定める件
  （令第109条の7） （平27国交告249） ………1744
○ 不燃性の物品を保管する倉庫に類する用途等を定める件
  （令第109条の8，第136条の2の2） （平28国交告693） ………1789
○ 主要構造部を耐火構造等とすることを要しない避難上支障がない居室
  の基準を定める件
  （令第111条） （令2国交告249） ………1845
○ 特定防火設備の構造方法を定める件
  （令第112条） （平12建告1369） ………1494
○ 1時間準耐火基準に適合する主要構造部の構造方法を定める件
  （令第112条） （令元国交告195） ………1832
○ 通常の火災時において相互に火熱による防火上有害な影響を及ぼさな
  い建築物の2以上の部分の構造方法を定める件
  （令第112条） （令2国交告522） ………1892
○ 間仕切壁を準耐火構造としないこと等に関して防火上支障がない部分
  を定める件
  （令第112条，第114条） （平26国交告860） ………1737

○強化天井の構造方法を定める件
　（令第112条）　　　　　　　　　　　　　　　　（平28国交告694）………1791
○10分間防火設備の構造方法を定める件
　（令第112条）　　　　　　　　　　　　　　　　（令2国交告198）………1843
○警報設備を設けることその他これに準ずる措置の基準を定める件
　（令第112条）　　　　　　　　　　　　　　　　（令2国交告250）………1847
○防火区画に用いる防火設備等の構造方法を定める件
　（令第112条，第129条の13の2，第136条の2）　　（昭48建告2563）………1426
○防火区画に用いる遮煙性能を有する防火設備等の構造方法を定める件
　（令第112条，第126条の2，第145条）　　　　　（昭48建告2564）………1430
○風道の耐火構造等の防火区画を貫通する部分等にダンパーを設けない
　ことにつき防火上支障がないと認める場合を指定する件
　（令第112条）　　　　　　　　　　　　　　　　（昭49建告1579）………1432
○防火区画を貫通する風道に設ける防火設備等の構造方法を定める件
　（令第112条）　　　　　　　　　　　　　　　　（昭48建告2565）………1431
○防火壁及び防火床の構造方法を定める件
　（令第113条）　　　　　　　　　　　　　　　　（令元国交告197）………1839
○建築材料から石綿を飛散させるおそれがないものとして石綿が添加さ
　れた建築材料を被覆し又は添加された石綿を建築材料に固着する措置
　について国土交通大臣が定める基準を定める件
　（令第137条の4の3）　　　　　　　　　　　　（平18国交告1173）………1640
○20分間防火設備の構造方法を定める件
　（令第137条の10）　　　　　　　　　　　　　　（令元国交告196）………1838

避難施設等関係

○通常の火災時において相互に火熱又は煙若しくはガスによる防火上有
　害な影響を及ぼさない構造方法を定める件
　（令第117条）　　　　　　　　　　　　　　　　（平28国交告695）………1792
○直通階段の一に至る歩行距離に関し建築基準法施行令第116条の2第
　1項第一号に該当する窓その他の開口部を有する居室と同等の規制を
　受けるものとして避難上支障がない居室の基準を定める件
　（令第120条）　　　　　　　　　　　　　　　　（令5国交告208）………2001
○特別避難階段の階段室又は付室の構造方法を定める件
　（令第123条）　　　　　　　　　　　　　　　　（平28国交告696）………1794
○排煙設備の設置を要しない火災が発生した場合に避難上支障のある高
　さまで煙又はガスの降下が生じない建築物の部分を定める件
　（令第126条の2）　　　　　　　　　　　　　　（平12建告1436）………1546
○通常の火災時において相互に煙又はガスによる避難上有害な影響を及
　ぼさない建築物の2以上の部分の構造方法を定める件
　（令第126条の2）　　　　　　　　　　　　　　（令2国交告663）………1899
○通常の火災時に生ずる煙を有効に排出することができる特殊な構造の
　排煙設備の構造方法を定める件
　（令第126条の3）　　　　　　　　　　　　　　（平12建告1437）………1548
○非常用の照明装置を設けることを要しない避難階又は避難階の直上階
　若しくは直下階の居室で避難上支障がないものその他これらに類する
　ものを定める件
　（令第126条の4）　　　　　　　　　　　　　　（平12建告1411）………1507

○屋外からの進入を防止する必要がある特別の理由を定める件
　（令第126条の 6 ）　　　　　　　　　　　　　　　（平12建告1438）………1551
○一定の規模以上の空間及び高い開放性を有する通路その他の部分の構
　造方法を定める件
　（令第126条の 6 ）　　　　　　　　　　　　　　　（平28国交告786）………1799
○難燃材料でした内装の仕上げに準ずる仕上げを定める件
　（令第128条の 5 ）　　　　　　　　　　　　　　　（平12建告1439）………1552
○準不燃材料でした内装の仕上げに準ずる仕上げを定める件
　（令第128条の 5 ）　　　　　　　　　　　　　　　（平21国交告225）………1715
○壁及び天井の室内に面する部分の仕上げを防火上支障がないようにす
　ることを要しない火災が発生した場合に避難上支障のある高さまで煙
　又はガスの降下が生じない建築物の部分を定める件
　（令第128条の 5 ）　　　　　　　　　　　　　　　（令 2 国交告251）………1848
○火災の発生のおそれの少ない室を定める件
　（令第128条の 6 ）　　　　　　　　　　　　　　　（平12建告1440）………1553
○区画部分からの避難に要する時間に基づく区画避難安全検証法に関す
　る算出方法等を定める件
　（令第128条の 6 ）　　　　　　　　　　　　　　　（令 2 国交告509）………1849
○火災により生じた煙又はガスの高さに基づく区画避難安全検証法に関
　する算出方法等を定める件
　（令第128条の 6 ）　　　　　　　　　　　　　　　（令 3 国交告474）………1903
○階からの避難に要する時間に基づく階避難安全検証法に関する算出方
　法等を定める件
　（令第129条）　　　　　　　　　　　　　　　　　　（令 2 国交告510）………1865
○火災により生じた煙又はガスの高さに基づく階避難安全検証法に関す
　る算出方法等を定める件
　（令第129条）　　　　　　　　　　　　　　　　　　（令 3 国交告475）………1932
○建築物からの避難に要する時間に基づく全館避難安全検証法に関する
　算出方法等を定める件
　（令第129条の 2 ）　　　　　　　　　　　　　　　（令 2 国交告511）………1883
○火災により生じた煙又はガスの高さに基づく全館避難安全検証法に関
　する算出方法等を定める件
　（令第129条の 2 ）　　　　　　　　　　　　　　　（令 3 国交告476）………1963

建築設備等関係

○屋上から突出する水槽，煙突等の構造計算の基準を定める件
　（令第129条の 2 の 3 ）　　　　　　　　　　　　　（平12建告1389）………1495
○建築物に設ける飲料水の配管設備及び排水のための配管設備の構造方
　法を定める件
　（令第129条の 2 の 4 ）　　　　　　　　　　　　　（昭50建告1597）………1434
○中央管理方式の空気調和設備の構造方法を定める件
　（令第129条の 2 の 5 ）　　　　　　　　　　　　　（昭45建告1832）………1419
○特殊な構造又は使用形態のエレベーター及びエスカレーターの構造方
　法を定める件
　（令第129条の 3 ）　　　　　　　　　　　　　　　（平12建告1413）………1508
○地震その他の震動によってエレベーターの釣合おもりが脱落するおそ
　れがない構造方法を定める件
　（令第129条の 4 ）　　　　　　　　　　　　　　　（平25国交告1048）………1735

○エレベーターの地震その他の震動に対する構造耐力上の安全性を確か
　めるための構造計算の基準を定める件
　（令第129条の４）　　　　　　　　　　　（平25国交告1047）………1734
○かご内の人又は物による衝撃に対して安全なかごの各部の構造方法及
　びかご内の人又は物がかご外の物に触れるおそれのないかごの壁又は
　囲い及び出入口の戸の基準を定める件
　（令第129条の６）　　　　　　　　　　　（平20国交告1455）………1712
○昇降路外の人又は物がかご又は釣合おもりに触れるおそれのない壁又
　は囲い及び出入口の戸の基準を定める件
　（令第129条の７）　　　　　　　　　　　（平20国交告1454）………1710
○昇降路外の人又は物が昇降路内に落下するおそれのない昇降路の出入
　口の戸の施錠装置の基準を定める件
　（令第129条の７）　　　　　　　　　　　（平20国交告1447）………1709
○建築基準法施行令第129条の７第五号イ(2)の国土交通大臣が定める措置
　を定める件
　（令第129条の７）　　　　　　　　　　　（平20国交告1495）………1714
○エレベーターの駆動装置及び制御器が地震その他の震動によって転倒
　し又は移動するおそれがない方法を定める件
　（令第129条の８）　　　　　　　　　　　（平21国交告703）………1719
○エレベーターの制御器の構造方法を定める件
　（令第129条の８）　　　　　　　　　　　（平12建告1429）………1522
○エレベーターの制動装置の構造方法を定める件
　（令第129条の10）　　　　　　　　　　　（平12建告1423）………1517
○通常の使用状態において人又は物が挟まれ，又は障害物に衝突するこ
　とがないようにしたエスカレーターの構造及びエスカレーターの勾配
　に応じた踏段の定格速度を定める件
　（令第129条の12）　　　　　　　　　　　（平12建告1417）………1516
○地震その他の震動によってエスカレーターが脱落するおそれがない構
　造方法を定める件
　（令第129条の12）　　　　　　　　　　　（平25国交告1046）………1729
○エスカレーターの制動装置の構造方法を定める件
　（令第129条の12）　　　　　　　　　　　（平12建告1424）………1521
○小荷物専用昇降機の昇降路外の人又は物がかご又は釣合おもりに触れ
　るおそれのない壁又は囲い及び出し入れ口の戸の基準を定める件
　（令第129条の13）　　　　　　　　　　　（平20国交告1446）………1707
○非常用エレベーターの昇降路又は乗降ロビーの構造方法を定める件
　（令第129条の13の３）　　　　　　　　　（平28国交告697）………1798

用途地域関係

○第一種低層住居専用地域内に建築できる公益上必要な建築物
　（令第130条の４）　　　　　　　　　　　（昭45建告1836）………1420
○第一種中高層住居専用地域内に建築できる公益上必要な建築物
　（令第130条の５の４）　　　　　　　　　（平５建告1451）………1466
○準住居地域内で営むことができる特殊の方法による事業
　（令第130条の８の３）　　　　　　　　　（平５建告1438）………1465

防火地域又は準防火地域内の建築物関係

○防火地域又は準防火地域内の建築物の部分及び防火設備の構造方法を
定める件
(法第61条)　　　　　　　　　　　　　　　　　（令元国交告194）………1824
○防火地域又は準防火地域内の建築物の屋根の構造方法を定める件
(法第62条)　　　　　　　　　　　　　　　　　（平12建告1365）………1491

簡易な構造の建築物に対する制限の緩和関係

○簡易な構造の建築物で高い開放性を有する構造の建築物等の件
(令第136条の9)　　　　　　　　　　　　　　（平5建告1427）………1464
○通常の火災時における炎及び火熱を遮る上で有効と認める塀その他こ
れに類するものの基準
(令第136条の10)　　　　　　　　　　　　　　（平5建告1434）………1464

工作物関係

○建築基準法及びこれに基づく命令の規定による規制と同等の規制を受
けるものとして国土交通大臣が指定する工作物を定める件
(令第138条)　　　　　　　　　　　　　　　　（平23国交告1002）………1723
○煙突，鉄筋コンクリート造の柱等，広告塔又は高架水槽等及び擁壁並
びに乗用エレベーター又はエスカレーターの構造計算の基準を定める
件
(令第139条，第142条)　　　　　　　　　　　（平12建告1449）………1558
○構造及び周囲の状況に関し安全上支障がない鉄筋コンクリート造の柱
等の基準を定める件
(令第147条)　　　　　　　　　　　　　　　　（令4国交告1024）………1999

雑則関係

○建築物の基礎，主要構造部等に使用する建築材料並びにこれらの建築
材料が適合すべき日本産業規格又は日本農林規格及び品質に関する技
術的基準を定める件
(法第37条)　　　　　　　　　　　　　　　　　（平12建告1446）………1554

公布順索引

昭44	建告3184	1407	平12	建告1429	1522	平20	国交告1454	1710
昭45	建告1826	1412	平12	建告1430	1523	平20	国交告1455	1712
昭45	建告1827	1417	平12	建告1433	1524	平20	国交告1495	1714
昭45	建告1832	1419	平12	建告1436	1546	平21	国交告225	1715
昭45	建告1836	1420	平12	建告1437	1548	平21	国交告703	1719
昭46	建告109	1421	平12	建告1438	1551	平23	国交告432	1721
昭46	建告110	1423	平12	建告1439	1552	平23	国交告433	1722
昭48	建告2563	1426	平12	建告1440	1553	平23	国交告1002	1723
昭48	建告2564	1430	平12	建告1446	1554	平25	国交告771	1724
昭48	建告2565	1431	平12	建告1449	1558	平25	国交告1046	1729
昭49	建告1579	1432	平12	建告1450	1561	平25	国交告1047	1734
昭50	建告1597	1434	平12	建告1452	1562	平25	国交告1048	1735
昭55	建告1792	1437	平12	建告1454	1569	平26	国交告709	1736
昭55	建告1793	1448	平12	建告1455	1571	平26	国交告860	1737
昭55	建告1800	1451	平12	建告1456	1577	平27	国交告189	1738
昭56	建告1100	1452	平12	建告1458	1579	平27	国交告247	1740
昭62	建告1899	1463	平12	建告1459	1586	平27	国交告249	1744
平5	建告1427	1464	平12	建告1460	1588	平27	国交告250	1746
平5	建告1434	1464	平12	建告1463	1592	平27	国交告255	1751
平5	建告1437	1465	平12	建告2009	1594	平28	国交告240	1774
平5	建告1438	1465	平12	建告2464	1605	平28	国交告611	1776
平5	建告1451	1466	平12	建告2466	1612	平28	国交告690	1785
平12	建告1347	1467	平13	国交告1025	1614	平28	国交告691	1786
平12	建告1349	1470	平13	国交告1026	1619	平28	国交告693	1789
平12	建告1352	1471	平13	国交告1113	1623	平28	国交告694	1791
平12	建告1356	1472	平14	国交告326	1632	平28	国交告695	1792
平12	建告1358	1473	平15	国交告273	1635	平28	国交告696	1794
平12	建告1359	1480	平15	国交告303	1638	平28	国交告697	1798
平12	建告1360	1483	平18	国交告1172	1639	平28	国交告786	1799
平12	建告1361	1489	平18	国交告1173	1640	令元	国交告193	1800
平12	建告1362	1490	平19	国交告592	1641	令元	国交告194	1824
平12	建告1365	1491	平19	国交告593	1642	令元	国交告195	1832
平12	建告1367	1492	平19	国交告594	1647	令元	国交告196	1838
平12	建告1368	1493	平19	国交告823	1656	令元	国交告197	1839
平12	建告1369	1494	平19	国交告824	1669	令2	国交告197	1841
平12	建告1389	1495	平19	国交告825	1673	令2	国交告198	1843
平12	建告1399	1497	平19	国交告826	1677	令2	国交告249	1845
平12	建告1400	1504	平19	国交告828	1681	令2	国交告250	1847
平12	建告1401	1505	平19	国交告829	1688	令2	国交告251	1848
平12	建告1402	1506	平19	国交告830	1691	令2	国交告509	1849
平12	建告1411	1507	平19	国交告831	1698	令2	国交告510	1865
平12	建告1413	1508	平19	国交告832	1704	令2	国交告511	1883
平12	建告1417	1516	平19	国交告1274	1705	令2	国交告522	1892
平12	建告1423	1517	平20	国交告1446	1707	令2	国交告663	1899
平12	建告1424	1521	平20	国交告1447	1709	令3	国交告474	1903

令 3　国交告475 ……1932
令 3　国交告476 ……1963
令 4　国交告1024……1999
令 5　国交告143 ……2000
令 5　国交告208 ……2001
令 5　国交告209 ……2003
　　　JIS A 3302 ……1408

屎尿浄化槽の処理対象人員の算定方法

昭和44年 7 月 3 日　建設省告示第3184号
最終改正　令和元年 6 月25日　国土交通省告示第203号

　建築基準法施行令（昭和25年政令第338号）第32条第 1 項表中の規定に基づき，処理対象人員の算定方法を次のように定める。

　処理対象人員の算定方式は，日本産業規格「建築物の用途別による屎尿浄化槽の処理対象人員算定基準（JIS A 3302）」に定めるところによるものとする。

　　　　附　　則

　昭和44年建設省告示第1727号は，廃止する。

建築物の用途別による屎尿浄化槽の
処理対象人員算定基準

（日本産業規格 JIS A 3302 – 1960制定 – 2000改正）

1　適用範囲　　この規格は，建築物の用途別による屎尿浄化槽の処理対象人員算定基準について規定する。

2　建築用途別処理対象人員算定基準　　建築物の用途別による屎尿浄化槽の処理対象人員算定基準は，表のとおりとする。ただし，建築物の使用状況により，類似施設の使用水量その他の資料から表が明らかに実情に添わないと考えられる場合は，当該資料などを基にしてこの算定人員を増減することができる。

3　特殊の建築用途の適用

　3.1　特殊の建築用途の建築物又は定員未定の建築物については，表に準じて算定する。

　3.2　同一建築物が2以上の異なった建築用途に供される場合は，それぞれの建築用途の項を適用加算して処理対象人員を算定する。

　3.3　2以上の建築物が共同で屎尿浄化槽を設ける場合は，それぞれの建築用途の項を適用加算して処理対象人員を算定する。

　3.4　学校その他で，特定の収容される人だけが移動することによって，2以上の異なった建築用途に使用する場合には，3.2及び3.3の適用加算又は建築物ごとの建築用途別処理対象人員を軽減することができる。

表

類似用途別番号	建築用途			処理対象人員	
				算定式	算定単位
1	集会場施設関係	イ	公会堂・集会場・劇場・映画館・演芸場	$n = 0.08A$	n：人員（人） A：延べ面積（m²）
		ロ	競輪場・競馬場・競艇場	$n = 16C$	n：人員（人） C [1]：総便器数（個）
		ハ	観覧場・体育館	$n = 0.065A$	n：人員（人） A：延べ面積（m²）
		イ	住宅　$A \leqq 130$ [2] の場合	$n = 5$	n：人員（人） A：延べ面積（m²）
			住宅　130 [2] $< A$ の場合	$n = 7$	

2	住宅施設関係	ロ	共同住宅		$n = 0.05A$	n：人員（人） 　ただし，1戸当たりの n が，3.5人以下の場合は，1戸当たりの n を3.5人又は2人［1戸が1居室(3) だけで構成されている場合に限る。］とし，1戸当たりの n が6人以上の場合は，1戸当たりの n を6人とする。 A：延べ面積（m²）
		ハ	下宿・寄宿舎		$n = 0.07A$	n：人員（人） A：延べ面積（m²）
		ニ	学校寄宿舎・自衛隊キャンプ宿舎・老人ホーム・養護施設		$n = P$	n：人員（人） P：定員（人）
3	宿泊施設関係	イ	ホテル・旅館	結婚式場又は宴会場をもつ場合	$n = 0.15A$	n：人員（人） A：延べ面積（m²）
				結婚式場又は宴会場をもたない場合	$n = 0.075A$	
		ロ	モーテル		$n = 5R$	n：人員（人） R：客室数
		ハ	簡易宿泊所・合宿所・ユースホステル・青年の家		$n = P$	n：人員（人） P：定員（人）
4	医療施設関係	イ	病院・療養所・伝染病院	業務用厨房設備又は洗濯設備を設ける場合　300床未満の場合	$n = 8B$	n：人員（人） B：ベッド数（床）
				300床以上の場合	$n = 11.43(B-300) + 2\,400$	
				業務用厨房設備又は洗濯設備を設けない場合　300床未満の場合	$n = 5B$	
				300床以上の場合	$n = 7.14(B-300) + 1\,500$	
		ロ	診療所・医院		$n = 0.19A$	n：人員（人） A：延べ面積（m²）
		イ	店舗・マーケット		$n = 0.075A$	n：人員（人） A：延べ面積（m²）
		ロ	百貨店		$n = 0.15A$	

5	店舗関係	ハ	飲食店	一般の場合	$n = 0.72A$	n：人員（人） A：延べ面積（m²）
				汚濁負荷の高い場合	$n = 2.94A$	
				汚濁負荷の低い場合	$n = 0.55A$	
		ニ	喫茶店		$n = 0.80A$	
6	娯楽施設関係	イ	玉突場・卓球場		$n = 0.075A$	n：人員（人） A：延べ面積（m²）
		ロ	パチンコ店		$n = 0.11A$	
		ハ	囲碁クラブ・マージャンクラブ		$n = 0.15A$	
		ニ	ディスコ		$n = 0.50A$	
		ホ	ゴルフ練習場		$n = 0.25S$	n：人員（人） S：打席数（席）
		ヘ	ボーリング場		$n = 2.50L$	n：人員（人） L：レーン数（レーン）
		ト	バッティング場		$n = 0.25S$	n：人員（人） S：打席数（席）
		チ	テニス場	ナイター設備を設ける場合	$n = 3S$	n：人員（人） S：コート面数（面）
				ナイター設備を設けない場合	$n = 2S$	
		リ	遊園地・海水浴場		$n = 16C$	n：人員（人） C[1]：総便器数（個）
		ヌ	プール・スケート場		$n = \dfrac{20C + 120U}{8} \times t$	n：人員（人） C：大便器数（個） U[1]：小便器数（個） t：単位便器当たり 　1日平均使用時間 　（時間） 　$t = 1.0 \sim 2.0$
		ル	キャンプ場		$n = 0.56P$	n：人員（人） P：収容人員（人）
		ヲ	ゴルフ場		$n = 21H$	n：人員（人） H：ホール数（ホール）
		イ	サービスエリア	便所 一般部	$n = 3.60P$	n：人員（人） P：駐車ます数 　（ます）
				便所 観光部	$n = 3.83P$	
				便所 売店なしPA	$n = 2.55P$	
				売店 一般部	$n = 2.66P$	
				売店 観光部	$n = 2.81P$	

7	駐車場関係	ロ	駐車場・自動車車庫	$n = \dfrac{20C + 120U}{8} \times t$	n：人員（人） C：大便器数（個） U (4)：小便器数（個） t：単位便器当たり 　　１日平均使用時間 　　（時間） 　　$t = 0.4 \sim 2.0$
		ハ	ガソリンスタンド	$n = 20$	n：人員（人） １営業所当たり
8	学校施設関係	イ	保育所・幼稚園・小学校・中学校	$n = 0.20P$	n：人員（人） P：定員（人）
		ロ	高等学校・大学・各種学校	$n = 0.25P$	
		ハ	図書館	$n = 0.08A$	n：人員（人） A：延べ面積（m²）
9	事務所関係	イ	事務所　業務用厨房設備を設ける場合	$n = 0.075A$	n：人員（人） A：延べ面積（m²）
			業務用厨房設備を設けない場合	$n = 0.06A$	
10	作業場関係	イ	工場・作業所・研究所・試験所　業務用厨房設備を設ける場合	$n = 0.75P$	n：人員（人） P：定員（人）
			業務用厨房設備を設けない場合	$n = 0.30P$	
11	１〜10の用途に属さない設備	イ	市場	$n = 0.02A$	n：人員（人） A：延べ面積（m²）
		ロ	公衆浴場	$n = 0.17A$	
		ハ	公衆便所	$n = 16C$	n：人員（人） C (1)：総便器数（個）
		ニ	駅・バスターミナル　$P < 100,000$の場合	$n = 0.008P$	n：人員（人） P：乗降客数（人／日）
			$100,000 \leqq P < 200,000$の場合	$n = 0.010P$	
			$200,000 \leqq P$ の場合	$n = 0.013P$	

注 (1) 大便器数，小便器数及び両用便器数を合計した便器数
　　(2) この値は，当該地域における住宅の一戸当たりの平均的な延べ面積に応じて，増減できるものとする。
　　(3) 居室とは，建築基準法による用語の定義でいう居室であって，居住，執務，作業，集会，娯楽その他これらに類する目的のために継続的に使用する室をいう。ただし，共同住宅における台所及び食事室を除く。
　　(4) 女子専用便所にあっては，便器数のおおむね1/2を小便器とみなす。

換気設備の構造方法を定める件

昭和45年12月28日 建設省告示第1826号
最終改正 令和5年3月20日 国土交通省告示第207号

建築基準法施行令（昭和25年政令第338号）第20条の2第一号イ(3)及びロ(3)並びに第20条の3第2項第一号イ(3)，(4)，(6)及び(7)並びに第三号の規定に基づき，換気設備の衛生上有効な換気を確保するための構造方法を次のように定める。

第1 居室に設ける自然換気設備

建築基準法施行令（以下「令」という。）第20条の2第一号イ(3)の規定に基づき定める衛生上有効な換気を確保するための自然換気設備の構造方法は，次の各号に適合するものとする。

一 令第20条の2第一号イ(1)に規定する排気筒の必要有効断面積の計算式によって算出された A_v が0.00785未満のときは，0.00785とすること。

二 排気筒の断面の形状及び排気口の形状は，矩形，だ円形，円形その他これらに類するものとし，かつ，短辺又は短径の長辺又は長径に対する割合を1/2以上とすること。

三 排気筒の頂部が排気シャフトその他これに類するもの（以下「排気シャフト」という。）に開放されている場合においては，当該排気シャフト内にある立上り部分は，当該排気筒に排気上有効な逆流防止のための措置を講ずる場合を除き，2m以上のものとすること。この場合において，当該排気筒は，直接外気に開放されているものとみなす。

四 給気口及び排気口の位置及び構造は，室内に取り入れられた空気の分布を均等にするとともに，著しく局部的な空気の流れが生じないようにすること。

第2 居室に設ける機械換気設備

令第20条の2第一号ロ(3)の規定に基づき定める衛生上有効な換気を確保するための機械換気設備の構造方法は，次の各号に適合するものとする。

一 給気機又は排気機の構造は，換気経路の全圧力損失（直管部損失，局部損失，諸機器その他における圧力損失の合計をいう。）を考慮して計算により確かめられた給気又は排気能力を有するものとすること。ただし，居室の規模若しくは構造又は換気経路その他換気設備の構造により衛生上有効な換気を確保できることが明らかな場合においては，この限りでない。

二 給気口及び排気口の位置及び構造は，室内に取り入れられた空気の分布を均等にするとともに，著しく局部的な空気の流れが生じないようにすること。

第3 調理室等に設ける換気設備

一 令第20条の3第2項第一号イ(3)の規定により給気口の有効開口面積又は給気筒の有効断面積について国土交通大臣が定める数値は，次のイからホまでに掲げる場合に応じ，それぞれ次のイからホまでに定める数値（排気口，排気筒（排気フードを有するものを含む。）若しくは煙突又は給気口若しくは給気筒に換気上有効な換気扇その他これに類するもの（以下「換気扇等」という。）を設けた場合には，適当な数値）とすること。

イ ロからホまでに掲げる場合以外の場合 第二号ロの式によって計算した数値

ロ 火を使用する設備又は器具に煙突（令第115条第1項第七号の規定が適用される煙突を除く。ハにおいて同じ。）を設ける場合であって，常時外気又は通気性の良い玄関等に開放された給気口又は給気筒（以下この号において「常時開放型給気口等」と

いう。）を設けるとき　　第三号ロの式によって計算した数値

ハ　火を使用する設備又は器具に煙突を設ける場合であって，常時開放型給気口等以外の給気口又は給気筒を設けるとき　　第二号ロの式（この場合においてn，l及びhの数値は，それぞれ第三号ロの式のn，l及びhの数値を用いるものとする。）によって計算した数値

ニ　火を使用する設備又は器具の近くに排気フードを有する排気筒を設ける場合であって，常時開放型給気口等を設けるとき　　第四号ロの式によって計算した数値

ホ　火を使用する設備又は器具の近くに排気フードを有する排気筒を設ける場合であって，常時開放型給気口等以外の給気口又は給気筒を設けるとき　　第二号ロの式（この場合においてn，l及びhの数値は，それぞれ第四号ロの式のn，l及びhの数値を用いるものとする。）によって計算した数値

二　令第20条の3第2項第一号イ(4)の規定により国土交通大臣が定める数値は，次のイ又はロに掲げる場合に応じ，それぞれイ又はロに定める数値とすること。

イ　排気口又は排気筒に換気扇等を設ける場合　　次の式によって計算した換気扇等の必要有効換気量の数値

$$V = 40KQ$$

この式において，V，K及びQは，それぞれ次の数値を表すものとする。

V　換気扇等の必要有効換気量（単位　m^3/h）

K　燃料の単位燃焼量当たりの理論廃ガス量（別表(い)欄に掲げる燃料の種類については，同表(ろ)欄に掲げる数値によることができる。以下同じ。）（単位　m^3）

Q　火を使用する設備又は器具の実況に応じた燃料消費量（単位　kW又はkg/h）

ロ　排気口又は排気筒に換気扇等を設けない場合　　次の式によって計算した排気口の必要有効開口面積又は排気筒の必要有効断面積の数値

$$A_v = \frac{40KQ}{3600} \sqrt{\frac{3 + 5n + 0.2l}{h}}$$

この式においてA_v，K，Q，n，l及びhは，それぞれ次の数値を表すものとする。

A_v　排気口の必要有効開口面積又は排気筒の必要有効断面積（単位　m^2）

K　イに定めるKの量（単位　m^3）

Q　イに定めるQの量（単位　kW又はkg/h）

n　排気筒の曲りの数

l　排気口の中心から排気筒の頂部の外気に開放された部分の中心までの長さ（単位　m）

h　排気口の中心から排気筒の頂部の外気に開放された部分の中心までの高さ（単位　m）

三　令第20条の3第2項第一号イ(6)の規定により国土交通大臣が定める数値は，次のイ又はロに掲げる場合に応じ，それぞれイ又はロに定める数値とすること。

イ　煙突に換気扇等を設ける場合　　次の式によって計算した換気扇等の必要有効換気量の数値（火を使用する設備又は器具が煙突に直結しており，かつ，正常な燃焼を確保するための給気機等が設けられている場合には，適当な数値）

$$V = 2KQ$$

この式において，V，K及びQは，それぞれ次の数値を表すものとする。

V　換気扇等の必要有効換気量（単位　m³/h）

K　燃料の単位燃焼量当たりの理論廃ガス量（単位　m³）

Q　火を使用する設備又は器具の実況に応じた燃料消費量（単位　kW 又は kg/h）

ロ　煙突に換気扇等を設けない場合　次の式によって計算した煙突の必要有効断面積の数値

$$A_v = \frac{2\,KQ}{3600} \sqrt{\frac{0.5 + 0.4n + 0.1l}{h}}$$

この式においてA_v, K, Q, n, l 及び h は，それぞれ次の数値を表すものとする。

A_v　煙突の必要有効断面積（単位　m²）

K　イに定める K の量（単位　m³）

Q　イに定める Q の量（単位　kW 又は kg/h）

n　煙突の曲りの数

l　火源（煙突又は火を使用する設備若しくは器具にバフラー等の開口部を排気上有効に設けた場合にあっては当該開口部の中心。以下この号において同じ。）から煙突の頂部の外気に開放された部分の中心までの長さ（単位　m）

h　火源から煙突の頂部の外気に開放された部分の中心（l が 8 を超える場合にあっては火源からの長さが 8 m の部分の中心）までの高さ（単位　m）

四　令第20条の 3 第 2 項第一号イ(7)の規定により国土交通大臣が定める数値は，次のイ又はロに掲げる場合に応じ，それぞれイ又はロに定める数値とすること。

イ　排気フードを有する排気筒に換気扇等を設ける場合　次の式によって計算した換気扇等の必要有効換気量の数値

$V = NKQ$

この式において，V, N, K 及び Q は，それぞれ次の数値を表すものとする。

V　換気扇等の必要有効換気量（単位　m³/h）

N　(イ)に定める構造の排気フードを有する排気筒にあっては30と，(ロ)に定める構造の排気フードを有する排気筒にあっては20とする。

(イ)　次の(i)から(iii)までにより設けられた排気フード又は廃ガスの捕集についてこれと同等以上の効力を有するように設けられた排気フードとすること。

(i)　排気フードの高さ（火源又は火を使用する設備若しくは器具に設けられた排気のための開口部の中心から排気フードの下端までの高さをいう。以下同じ。）は，1 m 以下とすること。

(ii)　排気フードは，火源又は火を使用する設備若しくは器具に設けられた排気のための開口部（以下「火源等」という。）を覆うことができるものとすること。ただし，火源等に面して下地及び仕上げを不燃材料とした壁その他これに類するものがある場合には，当該部分についてはこの限りでない。

(iii)　排気フードの集気部分は，廃ガスを一様に捕集できる形状を有するものとすること。

(ロ)　次の(i)から(iii)までにより設けられた排気フード又は廃ガスの捕集についてこれと同等以上の効力を有するように設けられた排気フードとすること。

⒤ 排気フードの高さは，1m以下とすること。

⒦ 排気フードは，火源等及びその周囲（火源等から排気フードの高さの1/2以内の水平距離にある部分をいう。）を覆うことができるものとすること。ただし，火源等に面して下地及び仕上げを不燃材料とした壁その他これに類するものがある場合には，当該部分についてはこの限りでない。

⒧ 排気フードは，その下部に5cm以上の垂下り部分を有し，かつ，その集気部分は，水平面に対し10°以上の傾斜を有するものとすること。

K 燃料の単位燃焼量当たりの理論廃ガス量（単位 m³）

Q 火を使用する設備又は器具の実況に応じた燃料消費量（単位 kW又はkg/h）

ロ 排気フードを有する排気筒に換気扇等を設けない場合 次の式によって計算した排気筒の必要有効断面積

$$A_v = \frac{NKQ}{3600} \sqrt{\frac{2 + 4n + 0.2l}{h}}$$

この式において，A_v，N，K，Q，n，l及びhは，それぞれ次の数値を表すものとする。

A_v 排気筒の必要有効断面積（単位 m²）

N イに定めるNの値

K イに定めるKの量（単位 m³）

Q イに定めるQの量（単位 kW又はkg/h）

n 排気筒の曲りの数

l 排気フードの下端から排気筒の頂部の外気に開放された部分の中心までの長さ（単位 m）

h 排気フードの下端から排気筒の頂部の外気に開放された部分の中心までの高さ（単位 m）

第4 令第20条の3第2項第三号の規定に基づき定める居室に廃ガスその他の生成物を逆流させず，かつ，他の室に廃ガスその他の生成物を漏らさない排気口及びこれに接続する排気筒並びに煙突の構造方法は，次に定めるものとする。

一 排気筒又は煙突の頂部が排気シャフトに開放されている場合においては，当該排気シャフト内にある立上り部分は，逆流防止ダンパーを設ける等当該排気筒又は煙突に排気上有効な逆流防止のための措置を講ずること。この場合において，当該排気筒又は煙突は，直接外気に開放されているものとみなす。

二 煙突には，防火ダンパーその他温度の上昇により排気を妨げるおそれのあるものを設けないこと。

三 火を使用する設備又は器具を設けた室の排気筒又は煙突は，他の換気設備の排気筒，風道その他これらに類するものに連結しないこと。

四 防火ダンパーその他温度の上昇により排気を妨げるおそれのあるものを設けた排気筒に煙突を連結する場合にあっては，次に掲げる基準に適合すること。

イ 排気筒に換気上有効な換気扇等が設けられており，かつ，排気筒は換気上有効に直接外気に開放されていること。

ロ 煙突内の廃ガスの温度は，排気筒に連結する部分において65℃以下とすること。

ハ 煙突に連結する設備又は器具は，半密閉式瞬間湯沸器又は半密閉式の常圧貯蔵湯沸器若しくは貯湯湯沸器とし，かつ，故障等により煙突内の廃ガスの温度が排気筒に連

結する部分において65℃を超えた場合に自動的に作動を停止する装置が設けられていること。

別表

(い) 燃料の種類		(ろ) 理論廃ガス量
燃料の名称	発熱量	
(1) 都市ガス		0.93m³/kW·h
(2) LPガス（プロパン主体）	50.2MJ/kg	0.93m³/kW·h
(3) 灯油	43.1MJ/kg	12.1m³/kW·h

　　　附　則　（略）

遮音性能を有する長屋又は共同住宅の界壁及び天井の構造方法を定める件

昭和45年12月28日　建設省告示第1827号
最終改正　令和2年2月27日　国土交通省告示第200号

建築基準法（昭和25年法律第201号）第30条の規定に基づき，遮音性能を有する長屋又は共同住宅の界壁の構造方法を次のように定める。

第1　下地等を有しない界壁の構造方法

建築基準法施行令（昭和25年政令第338号。以下「令」という。）第22条の3第1項に規定する技術的基準に適合する間柱及び胴縁その他の下地（堅固な構造としたものに限る。以下「下地等」という。）を有しない界壁の構造方法は，次の各号のいずれかに該当するものとする。

一　鉄筋コンクリート造，鉄骨鉄筋コンクリート造又は鉄骨コンクリート造で厚さが10cm以上のもの

二　コンクリートブロック造，無筋コンクリート造，れんが造又は石造で肉厚及び仕上げ材料の厚さの合計が10cm以上のもの

三　土蔵造で厚さが15cm以上のもの

四　厚さが10cm以上の気泡コンクリートの両面に厚さが1.5cm以上のモルタル，プラスター又はしっくいを塗ったもの

五　肉厚が5cm以上の軽量コンクリートブロックの両面に厚さが1.5cm以上のモルタル，プラスター又はしっくいを塗ったもの

六　厚さが8cm以上の木片セメント板（かさ比重が0.6以上のものに限る。）の両面に厚さが1.5cm以上のモルタル，プラスター又はしっくいを塗ったもの

七　鉄筋コンクリート製パネルで厚さが4cm以上のもの（1m²当たりの質量が110kg以上のものに限る。）の両面に木製パネル（1m²当たりの質量が5kg以上のものに限る。）を堅固に取り付けたもの

八　厚さが7cm以上の土塗真壁造（真壁の四周に空隙のないものに限る。）

第2　下地等を有する界壁の構造方法

令第22条の3第1項に規定する技術的基準に適合する下地等を有する界壁の構造方法は，次の各号のいずれかに該当するものとする。

一　下地等の両面を次のイからニまでのいずれかに該当する仕上げとした厚さが13cm以上の大壁造であるもの

イ　鉄網モルタル塗又は木ずりしっくい塗で塗厚さが2cm以上のもの

ロ　木毛セメント板張又はせっこうボード張の上に厚さ1.5cm以上のモルタル又はしっくいを塗ったもの

ハ　モルタル塗の上にタイルを張ったものでその厚さの合計が2.5cm以上のもの

ニ　セメント板張又は瓦張の上にモルタルを塗ったものでその厚さの合計が2.5cm以上のもの

二　次のイ及びロに該当するもの

イ　界壁の厚さ（仕上材料の厚さを含まないものとする。）が10cm以上であり，その内部に厚さが2.5cm以上のグラスウール（かさ比重が0.02以上のものに限る。）又はロックウール（かさ比重が0.04以上のものに限る。）を張ったもの

　　ロ　界壁の両面を次の(1)又は(2)のいずれかに該当する仕上材料で覆ったもの
　　(1)　厚さが1.2cm 以上のせっこうボード，厚さが2.5cm 以上の岩綿保温板又は厚さが1.8cm 以上の木毛セメント板の上に厚さが0.09cm 以上の亜鉛めっき鋼板を張ったもの
　　(2)　厚さが1.2cm 以上のせっこうボードを2枚以上張ったもの
第3　天井の構造方法
　　令第22条の3第2項に規定する技術的基準に適合する天井の構造方法は，次の各号のいずれかに該当するものとする。
一　厚さが0.95cm 以上のせっこうボード（その裏側に厚さが10cm 以上のグラスウール（かさ比重が0.016以上のものに限る。）又はロックウール（かさ比重が0.03以上のものに限る。）を設けたものに限る。）とすること
二　平成28年国土交通省告示第694号に定める構造方法（開口部を設ける場合にあっては，当該開口部が遮音上有効な構造であるものに限る。）
　　　附　則　（略）

中央管理方式の空気調和設備の構造方法を定める件

昭和45年12月28日　建設省告示第1832号

最終改正　令和5年3月20日　国土交通省告示第207号

　建築基準法施行令（昭和25年政令第338号）第129条の2の5第3項の規定に基づき，中央管理方式の空気調和設備の構造方法を次のように定める。

一　中央管理方式の空気調和設備は，建築基準法施行令第20条の2第一号ロ(1)及び(2)に規定する必要有効換気量（同号ロ(1)中「A_f　居室の床面積（特殊建築物の居室以外の居室が換気上有効な窓その他の開口部を有する場合においては，当該開口部の換気上有効な面積に20を乗じて得た面積を当該居室の床面積から減じた面積）」は，「A_f　居室の床面積」と読み替えて計算するものとする。）以上の有効換気量を換気する能力を有するものとすること。

二　給気機又は排気機は，換気経路の全圧力損失（直管部損失，局部損失，諸機器その他における圧力損失の合計をいう。）を考慮して計算により確かめられた必要な給気又は排気能力を有するものとすること。ただし，居室の規模，構造又は換気経路その他空気調和設備の構造により，衛生上有効な換気を確保できることが明らかな場合においては，この限りでない。

三　風道は，断熱材を用いて内部結露が発生しないようにする場合等衛生上支障がない場合を除き，吸湿しない材料で造ること。

四　中央管理方式の空気調和設備の空気浄化装置に設ける濾過材，フィルターその他これらに類するものは，容易に取り替えられる構造とすること。

五　空気調和設備の風道は，火を使用する設備又は器具を設けた室の換気設備の風道その他これに類するものに連結しないこと。

六　居室における温度を外気の温度より低くする場合においては，その差を著しくしないよう制御できる構造とすること。

七　前各号に掲げるもののほか，空気調和設備は，次のイからホまでに掲げる空気調和負荷に基づいた構造とすること。

　　イ　壁，床又は天井（天井のない場合においては，屋根）よりの負荷

　　ロ　開口部よりの負荷

　　ハ　換気及びすき間風による負荷

　　ニ　室内で発生する負荷

　　ホ　その他建築物の実況に応じて生ずる負荷

　　附　則　（略）

第一種低層住居専用地域内に建築できる
公益上必要な建築物

昭和45年12月28日　建設省告示第1836号
最終改正　平成16年3月31日　国土交通省告示第396号

　建築基準法施行令（昭和25年政令第338号）第130条の4第五号の規定により国土交通大臣が指定する建築物は，次に掲げるものとする。
　一　認定電気通信事業者が認定電気通信事業の用に供する次のイ及びロに掲げる施設である建築物で執務の用に供する部分の床面積の合計が700m²以内のもの
　　イ　電気通信交換所
　　ロ　電報業務取扱所
　二　電気事業の用に供する次のイ及びロに掲げる施設である建築物
　　イ　開閉所
　　ロ　変電所（電圧17万V未満で，かつ，容量90万kVA未満のものに限る。）
　三　ガス事業の用に供する次のイからハまでに掲げる施設である建築物
　　イ　バルブステーション
　　ロ　ガバナーステーション
　　ハ　特定ガス発生設備（液化ガスの貯蔵量又は処理量が3.5t以下のものに限る。）
　四　液化石油ガス販売事業の用に供する供給設備である建築物（液化石油ガスの貯蔵量又は処理量が3.5t以下のものに限る。）
　五　水道事業の用に供するポンプ施設（給水能力が毎分6m³以下のものに限る。）である建築物
　六　公共下水道の用に供する次のイ及びロに掲げる施設である建築物
　　イ　合流式のポンプ施設（排水能力が毎秒2.5m³以下のものに限る。）
　　ロ　分流式のポンプ施設（排水能力が毎秒1m³以下のものに限る。）
　七　都市高速鉄道の用に供する次のイからハまでに掲げる施設である建築物（イに掲げる施設である建築物にあっては，執務の用に供する部分の床面積の合計が200m²以内のものに限る。）
　　イ　停車場又は停留場
　　ロ　開閉所
　　ハ　変電所（電圧12万V未満で，かつ，容量4万kVA未満のものに限る。）
　　　附　則　（略）

屋根ふき材，外装材及び屋外に面する
帳壁の構造方法

昭和46年1月29日　建設省告示第109号

最終改正　令和2年12月7日　国土交通省告示第1435号

　建築基準法施行令（昭和25年政令第338号）第39条第2項の規定に基づき，屋根ふき材，外装材及び屋外に面する帳壁の構造方法を次のように定める。

第1　屋根ふき材は，次に定めるところによらなければならない。

一　屋根ふき材は，荷重又は外力により，脱落又は浮き上がりを起こさないように，たるき，梁，けた，野地坂，その他これらに類する構造部材に取り付けるものとすること。

二　屋根ふき材及び緊結金物その他これらに類するものが，腐食又は腐朽するおそれがある場合には，有効なさび止め又は防腐のための措置をすること。

三　屋根瓦は，次のイからニまでに掲げる屋根の部分の区分に応じ，それぞれ当該イからニまでに定める方法でふき，又はこれと同等以上の耐力を有するようにふくこと。ただし，平成12年建設省告示第1458号に定める基準に従った構造計算によって構造耐力上安全であることが確かめられた場合においては，この限りでない。

イ　軒　　J形（日本産業規格（以下「JIS」という。）A 5208（粘土がわら）−1996に規定するJ形をいう。）の軒瓦（JIS A 5208（粘土がわら）−1996に適合するもの又はこれと同等以上の性能を有するものに限る。）又はS形（JIS A 5208（粘土がわら）−1996に規定するS形をいう。）若しくはF形（JIS A 5208（粘土がわら）−1996に規定するF形をいう。以下同じ。）の桟瓦（JIS A 5208（粘土がわら）−1996に適合するもの又はこれと同等以上の性能を有するものに限る。以下同じ。）を3本以上のくぎ（容易に抜け出ないように加工されたものに限る。）又はねじ（以下「くぎ等」という。）で下地に緊結する方法

ロ　けらば　　袖瓦（JIS A 5208（粘土がわら）−1996に適合するもの又はこれと同等以上の性能を有するものに限る。）を3本以上のくぎ等で下地に緊結する方法

ハ　むね　　下地に緊結した金物に芯材を取り付け，冠瓦（JIS A 5208（粘土がわら）−1996に適合するもの又はこれと同等以上の性能を有するものに限る。）をねじで当該芯材に緊結する方法

ニ　イからハまでに掲げる屋根の部分以外の屋根の部分　　桟瓦をくぎ等で下地に緊結し，かつ，次の(1)又は(2)のいずれかに該当する場合においては，隣接する桟瓦をフックその他これに類する部分によって構造耐力上有効に組み合わせる方法

(1)　V_0（建築基準法施行令第87条第2項に規定するV_0をいう。以下同じ。）が38m/s以上の区域である場合

(2)　V_0が32m/s以上の区域においてF形の桟瓦を使用する場合（当該桟瓦を2本以上のくぎ等で下地に緊結する場合を除く。）

第2　外装材は，次の各号に定めるところによらなければならない。

一　建築物の屋外に面する部分に取り付ける飾石，張り石その他これらに類するものは，ボルト，かすがい，銅線その他の金物で軸組，壁，柱又は構造耐力上主要な部分に緊結すること。

二　建築物の屋外に面する部分に取り付けるタイルその他これらに類するものは，銅線，くぎその他の金物又はモルタルその他の接着剤で下地に緊結すること。

第3 　地階を除く階数が3以上である建築物の屋外に面する帳壁は，次に定めるところによらなければならない。

一　帳壁及び支持構造部分は，荷重又は外力により脱落することがないように構造耐力上主要な部分に取り付けること。

二　プレキャストコンクリート板を使用する帳壁は，その上部又は下部の支持構造部分において可動すること。ただし，構造計算又は実験によってプレキャストコンクリート板を使用する帳壁及びその支持構造部分に著しい変形が生じないことを確かめた場合にあっては，この限りでない。

三　鉄網モルタル塗の帳壁に使用するラスシート，ワイヤラス又はメタルラスは，JIS A 5524（ラスシート（角波亜鉛鉄板ラス））－1994，JIS A 5504（ワイヤラス）－1994又はJIS A 5505（メタルラス）－1995にそれぞれ適合するか，又はこれらと同等以上の性能を有することとし，かつ，間柱又は胴縁その他の下地材に緊結すること。

四　帳壁として窓にガラス入りのはめごろし戸（網入ガラス入りのものを除く。）を設ける場合にあっては，硬化性のシーリング材を使用しないこと。ただし，ガラスの落下による危害を防止するための措置が講じられている場合にあっては，この限りでない。

五　高さ31mを超える建築物（高さ31m以下の部分で高さ31mを超える部分の構造耐力上の影響を受けない部分を除く。）の屋外に面する帳壁は，その高さの1/150の層間変位に対して脱落しないこと。ただし，構造計算によって帳壁が脱落しないことを確かめた場合においては，この限りでない。

　附　則　（略）

現場打コンクリートの型わく及び支柱の
取りはずしに関する基準

昭和46年1月29日　建設省告示第110号
最終改正　令和元年6月25日　国土交通省告示第203号

建築基準法施行令（昭和25年政令第338号）第76条第2項の規定に基づき，現場打コンクリートの型わく及び支柱の取りはずしに関する基準を次のように定める。

第1　せき板及び支柱の存置期間は，建築物の部分，セメントの種類及び荷重の状態並びに気温又は養生温度に応じて，次の各号に定めるところによらなければならない。ただし，特別な調査又は研究の結果に基づき，せき板及び支柱の存置期間を定めることができる場合は，当該存置期間によることができる。

一　せき板は，別表(ろ)欄に掲げる存置日数以上経過するまで又は次のイ若しくはロに掲げる方法により求めたコンクリートの強度が同表(は)欄に掲げるコンクリートの圧縮強度以上になるまで取り外さないこと。

イ　日本産業規格（以下「JIS」という。）A 1108（コンクリートの圧縮強度試験方法）-2012によること（コンクリートの圧縮強度試験に用いる供試体が現場水中養生，現場封かん養生又はこれらに類する養生を行ったものである場合に限る。）。

ロ　次の式によって計算すること。

$$fc_{te} = \exp\left\{ s\left[1 - \left(\frac{28}{(t_e - 0.5)/t_o} \right)^{1/2} \right] \right\} \cdot fc_m$$

この式において，fc_{te}, s, t_e, t_o 及び fc_{28} はそれぞれ次の数値を表すものとする。

fc_{te}　コンクリートの圧縮強度（単位　N/mm²）

s　セメントの種類に応じて次の表に掲げる数値

セメントの種類	数値
普通ポルトランドセメント	0.31
早強ポルトランドセメント	0.21
中庸熱ポルトランドセメント	0.60
低熱ポルトランドセメント	1.06
高炉セメントB種及び高炉セメントC種	0.54
フライアッシュセメントB種及びフライアッシュセメントC種	0.58

t_e　次の式によって計算したコンクリートの有効材齢（単位　日）

$$t_e = \frac{1}{24} \sum \Delta t_i \cdot \exp\left[13.65 - \frac{4000}{273 + T_i/T_o} \right]$$

この式において，Δt_i, T_i 及び T_o はそれぞれ次の数値を表すものとする。

Δt_i　$(i-1)$ 回目のコンクリートの温度の測定（以下単に「測定」という。）から i 回目の測定までの期間（単位　h）

T_i　i 回目の測定により得られたコンクリートの温度（単位　℃）

T_o　1（単位　℃）

t_o　1（単位　日）

fc_{28}　JIS A 5308（レディーミクストコンクリート）-2019に規定する呼び強度

　　　の強度値（建築基準法（昭和25年法律第201号）第37条第二号の国土交通大
　　　臣の認定を受けたコンクリートにあっては，設計基準強度に当該認定におい
　　　て指定された構造体強度補正値を加えた値）（単位　N/mm²）
二　支柱は，別表(ろ)欄に掲げる存置日数以上経過するまで取り外さないこと。ただし，次
　　のイ又はロに掲げる方法により求めたコンクリートの強度が，同表(は)欄に掲げるコンク
　　リートの圧縮強度以上又は12N/mm²（軽量骨材を使用する場合においては，9N）以上
　　であり，かつ，施工中の荷重及び外力によって著しい変形又は亀裂が生じないことが構
　　造計算により確かめられた場合においては，この限りでない。
　　イ　前号イに掲げる方法によること（コンクリートの圧縮強度試験に用いる供試体が現場
　　　　水中養生，現場封かん養生又はこれらに類する養生を行ったものである場合に限る。）。
　　ロ　JIS A 1107（コンクリートからのコアの採取方法及び圧縮強度試験方法）-2012の圧
　　　　縮強度試験によること（コンクリートの圧縮強度試験に用いる供試体が，コンクリー
　　　　トから切り取ったコア供試体又はこれに類する強度に関する特性を有する供試体であ
　　　　る場合に限る。）。
第2　支柱の盛りかえは，次の各号に定めるところによらなければならない。
一　大ばりの支柱の盛りかえは行なわないこと。
二　直上階に著しく大きい積載荷重がある場合においては，支柱（大ばりの支柱を除く。
　　以下同じ。）の盛りかえは，行なわないこと。
三　支柱の盛りかえは，養生中のコンクリートに有害な影響をもたらすおそれのある振動
　　又は衝撃を与えないように行なうこと。
四　支柱の盛りかえは，逐次行なうものとし，同時に多数の支柱について行なわないこと。
五　盛りかえ後の支柱の頂部には，十分な厚さ及び大きさを有する受板，角材その他これ
　　らに類するものを配置すること。

別表

(い)			(ろ)			(は)
せき板又は支柱の区分	建築物の部分	セメントの種類	材置日数 在置期間中の平均気温			コンクリートの圧縮強度
			15℃以上	15℃未満5℃以上	5℃未満	
	基礎，はり側，柱及び壁	早強ポルトランドセメント	2	3	5	5 N/mm²
		普通ポルトランドセメント，高炉セメントA種，フライアッシュセメントA種及びシリカセメントA種	3	5	8	
		高炉セメントB種，フライアッシュセメントB種及びシリカセメントB種	5	7	10	
		高炉セメントB種，フライアッシュセメントB種及びシリカセメ	5	7	10	

		ントB種				
せき板	版下及びはり下	早強ポルトランドセメント	4	6	10	コンクリートの設計基準強度の50%
		普通ポルトランドセメント，高炉セメントA種，フライアッシュセメントA種及びシリカセメントA種	6	10	16	
		中庸熱ポルトランドセメント，高炉セメントB種，高炉セメントC種，フライアッシュセメントB種，フライアッシュセメントC種，シリカセメントB種及びシリカセメントC種	8	12	18	
		低熱ポルトランドセメント	10	15	21	
支柱	版下	早強ポルトランドセメント	8	12	15	コンクリートの設計基準強度の85%
		普通ポルトランドセメント，高炉セメントA種，フライアッシュセメントA種及びシリカセメントA種	17	25	28	
		中庸熱ポルトランドセメント，低熱ポルトランドセメント，高炉セメントB種，高炉セメントC種，フライアッシュセメントB種，フライアッシュセメントC種，シリカセメントB種及びシリカセメントC種		28		
	はり下	普通ポルトランドセメント，早強ポルトランドセメント，中庸熱ポルトランドセメント，低熱ポルトランドセメント，高炉セメント，フライアッシュセメント及びシリカセメント		28		コンクリートの設計基準強度の100%

防火区画に用いる防火設備等の構造方法を定める件

昭和48年12月28日　建設省告示第2563号
最終改正　令和２年４月１日　国土交通省告示第508号

建築基準法施行令（昭和25年政令第338号）第112条第19項第一号，第129条の13の２及び第136条の２第一号の規定に基づき，防火区画に用いる防火設備等の構造方法を次のように定める。

第１　建築基準法施行令（以下「令」という。）第112条第19項第一号に規定する同号イからニまでに掲げる要件（ニに掲げる要件にあっては，火災により煙が発生した場合に，自動的に閉鎖又は作動をするものであることに限る。）を満たす防火設備の構造方法は，次の各号のいずれかに定めるものとする。

一　次に掲げる基準に適合する常時閉鎖状態を保持する構造の防火設備とすること。

　イ　次の⑴又は⑵のいずれかに適合するものであること。

　　⑴　面積が３m²以内の防火戸で，直接手で開くことができ，かつ，自動的に閉鎖するもの（以下「常時閉鎖式防火戸」という。）であること。

　　⑵　面積が３m²以内の防火戸で，昇降路の出入口に設けられ，かつ，人の出入りの後20秒以内に閉鎖するものであること。

　ロ　当該防火設備が開いた後に再び閉鎖するに際して，次に掲げる基準に適合するものであること。ただし，人の通行の用に供する部分以外の部分に設ける防火設備にあっては，この限りでない。

　　⑴　当該防火設備の質量（単位　kg）に当該防火設備の閉鎖時の速度（単位　m/s）の２乗を乗じて得た値が20以下となるものであること。

　　⑵　当該防火設備の質量が15kg以下であること。ただし，水平方向に閉鎖をするものであってその閉鎖する力が150N以下であるもの又は周囲の人と接触することにより停止するもの（人との接触を検知してから停止するまでの移動距離が５cm以下であり，かつ，接触した人が当該防火設備から離れた後に再び閉鎖又は作動をする構造であるものに限る。）にあっては，この限りでない。

二　次に掲げる基準に適合する随時閉鎖することができる構造の防火設備とすること。

　イ　当該防火設備が閉鎖するに際して，前号ロ⑴及び⑵に掲げる基準に適合するものであること。ただし，人の通行の用に供する部分以外の部分に設ける防火設備にあっては，この限りでない。

　ロ　居室から地上に通ずる主たる廊下，階段その他の通路に設けるものにあっては，当該防火設備に近接して当該通路に常時閉鎖式防火戸が設けられている場合を除き，直接手で開くことができ，かつ，自動的に閉鎖する部分を有し，その部分の幅，高さ及び下端の床面からの高さが，それぞれ，75cm以上，1.8m以上及び15cm以下である構造の防火設備とすること。

　ハ　煙感知器又は熱煙複合式感知器，連動制御器，自動閉鎖装置及び予備電源を備えたものであること。

　ニ　煙感知器又は熱煙複合式感知器は，次に掲げる基準に適合するものであること。

　　⑴　消防法（昭和23年法律第186号）第21条の２第１項の規定による検定に合格したものであること。

(2)　次に掲げる場所に設けるものであること。

　　〔i〕　防火設備からの水平距離が10m 以内で，かつ，防火設備と煙感知器又は熱煙複合式感知器との間に間仕切壁等がない場所

　　〔ii〕　壁（天井から50cm 以上下方に突出したたれ壁等を含む。）から60cm 以上離れた天井等の室内に面する部分（廊下等狭い場所であるために60cm 以上離すことができない場合にあっては，当該廊下等の天井等の室内に面する部分の中央の部分）

　　〔iii〕　次に掲げる場所以外の場所

　　　　〔イ〕　換気口等の空気吹出口に近接する場所

　　　　〔ロ〕　じんあい，微粉又は水蒸気が多量に滞留する場所

　　　　〔ハ〕　腐食性ガスの発生するおそれのある場所

　　　　〔ニ〕　厨房等正常時において煙等が滞留する場所

　　　　〔ホ〕　排気ガスが多量に滞留する場所

　　　　〔ヘ〕　煙が多量に流入するおそれのある場所

　　　　〔ト〕　結露が発生する場所

(3)　倉庫の用途に供する建築物で，その用途に供する部分の床面積の合計が50,000m² 以上のものの当該用途に供する部分に設ける火災情報信号（火災によって生ずる熱又は煙の程度その他火災の程度に係る信号をいう。）を発信する煙感知器又は熱煙複合式感知器（スプリンクラー設備，水噴霧消火設備，泡消火設備その他これらに類するもので自動式のものを設けた部分に設けるものを除く。）にあっては，煙感知器又は熱煙複合式感知器に用いる電気配線が，次の〔i〕又は〔ii〕のいずれかに定めるものであること。

　　〔i〕　煙感知器又は熱煙複合式感知器に接続する部分に，耐熱性を有する材料で被覆することその他の短絡を有効に防止する措置を講じたもの

　　〔ii〕　短絡した場合にあっても，その影響が準耐火構造の床若しくは壁又は建築基準法（昭和25年法律第201号）第2条第九号の二のロに規定する防火設備で区画された建築物の部分でその床面積が3,000m²以内のもの以外の部分に及ばないように断路器その他これに類するものを設けたもの

ホ　連動制御器は，次に定めるものであること。

(1)　煙感知器又は熱煙複合式感知器から信号を受けた場合に自動閉鎖装置に起動指示を与えるもので，随時，制御の監視ができるもの

(2)　火災による熱により機能に支障をきたすおそれがなく，かつ，維持管理が容易に行えるもの

(3)　連動制御器に用いる電気配線及び電線が，次に定めるものであるもの

　　〔i〕　昭和45年建設省告示第1829号第二号及び第三号に定める基準によるもの

　　〔ii〕　常用の電源の電気配線は，他の電気回路（電源に接続する部分及び消防法施行令（昭和36年政令第37号）第7条第3項第一号に規定する自動火災報知設備の中継器又は受信機に接続する部分を除く。）に接続しないもので，かつ，配電盤又は分電盤の階別主開閉器の電源側で分岐しているもの

ヘ　自動閉鎖装置は，次に定めるものであること。

(1)　連動制御器から起動指示を受けた場合に防火設備を自動的に閉鎖させるもの

(2)　自動閉鎖装置に用いる電気配線及び電線が，ホの(3)に定めるものであるもの

ト　予備電源は，昭和45年建設省告示第1829号第四号に定める基準によるものであること。

第2 令第112条第19項第一号に規定する同号イからニまでに掲げる要件（ニに掲げる要件にあっては，火災により温度が急激に上昇した場合に，自動的に閉鎖又は作動をするものであることに限る。）を満たす防火設備の構造方法は，次の各号のいずれかに定めるものとする。

一 第1第一号に定める構造の防火設備とすること。

二 次に掲げる基準に適合する随時閉鎖することができる構造の防火設備とすること。

　イ 第1第二号イ及びロに掲げる基準に適合すること。

　ロ 熱感知器又は熱煙複合式感知器と連動して自動的に閉鎖する構造のものにあっては，次に掲げる基準に適合すること。

　　(1) 熱感知器又は熱煙複合式感知器，連動制御器，自動閉鎖装置及び予備電源を備えたものであること。

　　(2) 熱感知器は，次に定めるものであること。

　　　(i) 消防法第21条の2第1項の規定による検定に合格した熱複合式若しくは定温式のもので特種の公称作動温度（補償式（熱複合式のもののうち多信号機能を有しないものをいう。）のものにあっては公称定温点，以下同じ。）が60℃から70℃までのもの（ボイラー室，厨房等最高周囲温度が50℃を超える場所にあっては，当該最高周囲温度より20℃高い公称作動温度のもの）

　　　(ii) 第1第二号ニ(2)(i)及び(ii)に掲げる場所に設けるもの

　　　(iii) 第1第二号ニ(3)に定めるもの

　　(3) 熱煙複合式感知器は，次に定めるものであること。

　　　(i) 消防法第21条の2第1項の規定による検定に合格したもののうち，定温式の性能を有するもので特種の公称作動温度が60℃から70℃までのもの（ボイラー室等最高周囲温度が50℃を超える場所にあっては，当該最高周囲温度より20℃高い公称作動温度のもの）

　　　(ii) 第1第二号ニ(2)に掲げる場所に設けられたもの

　　　(iii) 第1第二号ニ(3)に定めるもの

　　(4) 連動制御器，自動閉鎖装置及び予備電源は，第1第二号ホからトまでに定めるものであること。

　ハ 温度ヒューズと連動して自動的に閉鎖する構造のものにあっては，次に掲げる基準に適合すること。

　　(1) 温度ヒューズ，連動閉鎖装置及びこれらの取付部分を備えたもので，別記に規定する試験に合格したものであること。

　　(2) 温度ヒューズが，天井の室内に面する部分又は防火戸若しくは防火戸の枠の上部で熱を有効に感知できる場所において，断熱性を有する不燃材料に露出して堅固に取り付けられたものであること。

　　(3) 連動閉鎖装置の可動部部材が，腐食しにくい材料を用いたものであること。

第3 令第129条の13の2第三号に規定する令第112条第19項第一号イ，ロ及びニに掲げる要件（ニに掲げる要件にあっては，火災により煙が発生した場合に，自動的に閉鎖又は作動をするものであることに限る。）を満たす防火設備の構造方法は，次の各号のいずれかに定めるものとする。

一 第1第一号に定める構造の防火設備とすること。

二 第1第二号イ及びハからトまでに掲げる基準に適合する随時閉鎖することができる構造の防火設備とすること。

第4 令第129条の13の2第三号に規定する令第112条第19項第一号イ，ロ及びニに掲げる要

件（ニに掲げる要件にあっては，火災により温度が急激に上昇した場合に，自動的に閉鎖又は作動をするものであることに限る。）を満たす防火設備の構造方法は，次の各号のいずれかに定めるものとする。

一　第1第一号に定める構造の防火設備とすること。

二　第1第二号イ並びに第2第二号ロ及びハに掲げる基準に適合する随時閉鎖することができる構造の防火設備とすること。

別記　（略）

別図　（略）

防火区画に用いる遮煙性能を有する防火設備等の
構造方法を定める件

昭和48年12月28日　　建設省告示第2564号
最終改正　　令和2年4月1日　　国土交通省告示第508号

　建築基準法施行令（昭和25年政令第338号）第112条第19項第二号，第126条の2第2項及び第145条第1項第二号の規定に基づき，防火区画に用いる遮煙性能を有する防火設備の構造方法を次のように定める。

　一　建築基準法施行令（以下「令」という。）第112条第19項第二号に規定する同号イ及びロに掲げる要件を満たす防火設備又は令第145条第1項第二号に規定する同号イ及びロに掲げる要件を満たす防火設備の構造方法は，次に定めるものとする。

　　イ　昭和48年建設省告示第2563号第1第一号又は第二号に定める構造とすること。

　　ロ　防火戸が枠又は他の防火設備と接する部分が相じゃくり，又は定規縁若しくは戸当りを設けたもの等閉鎖した際に隙間が生じない構造とし，かつ，防火設備の取付金物を当該防火設備が閉鎖した際に露出しないように取り付けられたもの（シャッターにあっては，内のり幅が5m以下で，別記に規定する遮煙性能試験に合格したもの又はシャッターに近接する位置に網入りガラスその他建築基準法（昭和25年法律第201号）第2条第九号の二ロに規定する防火設備を固定して併設したもので，内のり幅が8m以下のものに限る。）とすること。

　二　令第112条第19項第二号に規定する同号イ及びロに掲げる要件を満たす戸の構造方法は，次に定めるものとする。

　　イ　昭和48年建設省告示第2563号第1第一号又は第二号に定める構造とすること。この場合において，同告示第1第一号又は第二号中「防火設備」及び「防火戸」とあるのは，「戸」と読み替えることとする。

　　ロ　戸の開閉する部分が当該戸の枠又は他の戸と接する部分を相じゃくり，又は定規縁若しくは戸当りを設けたもの等閉鎖した際に隙間が生じない構造とし，かつ，戸の取付金物を当該戸が閉鎖した際に露出しないように取り付けられたものとすること。

　三　令第126条の2第2項第一号に規定する令第112条第19項第一号イ及びロ並びに第二号ロに掲げる要件を満たす防火設備の構造方法は，次に定めるものとする。

　　イ　昭和48年建設省告示第2563号第3第一号又は第二号に定める構造とすること。

　　ロ　第一号ロに定める構造とすること。

別記　（略）

別図　（略）

防火区画を貫通する風道に設ける防火設備の
構造方法を定める件

昭和48年12月28日　建設省告示第2565号
最終改正　令和2年4月1日　国土交通省告示第508号

　建築基準法施行令（昭和25年政令第338号）第112条第21項の規定に基づき，防火区画を貫通する風道に設ける防火設備の構造方法を次のように定める。
　建築基準法施行令第112条第21項に掲げる要件を満たす防火設備の構造方法は，次の各号に定める場合に応じ，それぞれ当該各号に定めるものとする。

一　風道が，建築基準法施行令第112条第1項第二号，第6項，第10項から第13項まで又は第18項の規定による防火区画を貫通する場合（2以上の階にわたり煙が流出するおそれのない場合その他避難上及び防火上支障がないと認められる場合を除く。）　次に掲げる基準に適合し，かつ，別記に規定する漏煙試験に合格した構造の防火ダンパーとすること。
　　イ　鉄製であること。
　　ロ　昭和48年建設省告示第2563号第1第二号ハ，同号ニ(1)及び同号ホからトまでに掲げる基準に適合すること。この場合において，同号ヘ(1)中「防火戸」とあるのは，「防火ダンパー」と読み替えるものとする。
　　ハ　煙感知器は，次に掲げる場所に設けるものであること。
　　　(1)　間仕切壁等で区画された場所で，当該防火ダンパーに係る風道の換気口等がある場所
　　　(2)　昭和48年建設省告示第2563号第1第二号ニ(2)(ii)及び(iii)に掲げる場所
二　主要構造部を準耐火構造とし，かつ，地階又は3階以上の階に居室を有する建築物において，2以上の階に換気口等（空気吹出口又は空気吹込口をいう。以下同じ。）を有する同一系統の風道が，換気口等を有する階の直上の耐火構造等の防火区画である床を貫通する場合（2以上の階にわたり煙が流出するおそれのない場合その他避難上及び防火上支障がないと認められる場合を除く。）　前号に定める構造方法
三　前2号以外の場合　次のいずれかに定める構造の防火ダンパーとすること。
　　イ　鉄製で，昭和48年建設省告示第2563号第1第二号ハからトまでに掲げる基準（同号ニ(2)(i)及びヘ(1)に掲げる基準にあっては，「防火戸」とあるのは，「防火ダンパー」と読み替えるものとする。）に適合する構造で，かつ，別記に規定する漏煙試験に合格したもの
　　ロ　次のいずれかに該当する構造で，かつ，別記に規定する漏煙試験に合格したもの
　　　(1)　鉄製で，昭和48年建設省告示第2563号第2第二号ロに掲げる基準に適合するもの
　　　(2)　鉄製で，昭和48年建設省告示第2563号第2第二号ハ(1)及び(3)に掲げる基準に適合する構造であり，かつ，温度ヒューズが，当該温度ヒューズに連動して閉鎖するダンパーに近接した場所で風道の内部に設けられたもの
　　附　則
1　（略）
2　昭和56年建設省告示第1097号は，廃止する。
別記　（略）
別図　（略）

風道の耐火構造等の防火区画を貫通する部分等に
ダンパーを設けないことにつき
防火上支障がないと認める場合を指定する件

昭和49年12月28日　建設省告示第1579号
最終改正　令和2年4月1日　国土交通省告示第508号

　建築基準法施行令（昭和25年政令第338号。以下「令」という。）第112条第21項の規定に基づき，風道の耐火構造等の防火区画を貫通する部分等にダンパーを設けないことにつき防火上支障がないと認める場合を次のように指定し，昭和50年1月1日から施行する。

第1　令第20条の4第1項第一号に規定する設備又は器具（以下「密閉式燃焼設備等」という。）の換気の設備の風道がダクトスペースに貫通し，かつ，当該風道及びダクトスペースが次に該当するものである場合
　一　風道は，次に定めるものであること。
　　イ　鉄製で鉄板の厚さが0.6mm以上のもの又は建設大臣がこれと同等以上の耐火性能を有すると認めるものであること。
　　ロ　主要構造部に堅固に取り付けるものであること。
　　ハ　当該貫通する部分と耐火構造等の防火区画とのすき間をモルタルその他の不燃材料で埋めるものであること。
　二　ダクトスペースは，次に定めるものであること。
　　イ　密閉式燃焼設備等の換気以外の用に供しないものであること。
　　ロ　頂部を直接外気に開放するものであること。

第2　密閉式燃焼設備等の換気の設備の風道以外の換気の設備の風道がダクトスペースに貫通し，かつ，当該風道及びダクトスペースが次に該当するものである場合
　一　風道は，次に定めるものであること。
　　イ　鉄製で鉄板の厚さが0.8mm以上のもの又は建設大臣がこれと同等以上の耐火性能を有すると認めるものであること。
　　ロ　第1の一のロ及びハに定めるものであること。
　　ハ　ダクトスペース内において2m以上の立上り部分を有し，かつ，当該立上り部分と耐火構造等の防火区画に堅固に取り付けるものであること。ただし，有効な煙の逆流防止のための措置を講ずる場合は，この限りでない。
　　ニ　他の設備の風道に連結しないものであること。
　　ホ　当該貫通する部分の断面積が250cm²以下のものであること。
　二　ダクトスペースは，次に定めるものであること。
　　イ　換気（密閉式燃焼設備等の換気を除く。）以外の用に供しないものであること。
　　ロ　第1の二のロに定めるものであること。ただし，頂部に換気上有効な排気機を設ける場合は，この限りでない。

第3　密閉式燃焼設備等の換気の設備の風道が令第112条第16項本文の規定による耐火構造又は準耐火構造の外壁（以下「耐火構造等の外壁」という。）を貫通し，かつ，当該風道が次に定めるものである場合
　イ　第1の一のイからハまでに定めるものであること。
　ロ　当該貫通する部分の断面積が1,500cm²以下のものであること。

第4　密閉式燃焼設備等の換気の設備の風道以外の換気の設備の風道が耐火構造等の外壁を
　貫通し，かつ，当該風道が次に定めるものである場合
　イ　第2の一のイ，ロ及びホに定めるものであること。
　ロ　直接外気に開放された開口部に第2の一のイに規定する構造を有し，かつ，随時閉鎖
　　することができる設備を設けるものであること。

建築物に設ける飲料水の配管設備及び排水のための配管設備の構造方法を定める件

昭和50年12月20日　建設省告示第1597号

最終改正　平成22年 3 月29日　国土交通省告示第243号

　建築基準法施行令（昭和25年政令第338号）第129条の 2 の 4 第 2 項第六号及び第 3 項第五号の規定に基づき，建築物に設ける飲料水の配管設備及び排水のための配管設備を安全上及び衛生上支障のない構造とするための構造方法を次のように定める。

第 1　飲料水の配管設備の構造は，次に定めるところによらなければならない。

　一　給水管

　　イ　ウォーターハンマーが生ずるおそれがある場合においては，エアチャンバーを設ける等有効なウォーターハンマー防止のための措置を講ずること。

　　ロ　給水立て主管からの各階への分岐管等主要な分岐管には，分岐点に近接した部分で，かつ，操作を容易に行うことができる部分に止水弁を設けること。

　二　給水タンク及び貯水タンク

　　イ　建築物の内部，屋上又は最下階の床下に設ける場合においては，次に定めるところによること。

　　　⑴　外部から給水タンク又は貯水タンク（以下「給水タンク等」という。）の天井，底又は周壁の保守点検を容易かつ安全に行うことができるように設けること。

　　　⑵　給水タンク等の天井，底又は周壁は，建築物の他の部分と兼用しないこと。

　　　⑶　内部には，飲料水の配管設備以外の配管設備を設けないこと。

　　　⑷　内部の保守点検を容易かつ安全に行うことができる位置に，次に定める構造としたマンホールを設けること。ただし，給水タンク等の天井がふたを兼ねる場合においては，この限りでない。

　　　　⒤　内部が常時加圧される構造の給水タンク等（以下「圧力タンク等」という。）に設ける場合を除き，ほこりその他衛生上有害なものが入らないように有効に立ち上げること。

　　　　㋺　直径60cm 以上の円が内接することができるものとすること。ただし，外部から内部の保守点検を容易かつ安全に行うことができる小規模な給水タンク等にあっては，この限りでない。

　　　⑸　⑷のほか，水抜管を設ける等内部の保守点検を容易に行うことができる構造とすること。

　　　⑹　圧力タンク等を除き，ほこりその他衛生上有害なものが入らない構造のオーバーフロー管を有効に設けること。

　　　⑺　最下階の床下その他浸水によりオーバーフロー管から水が逆流するおそれのある場所に給水タンク等を設置する場合にあっては，浸水を容易に覚知することができるよう浸水を検知し警報する装置の設置その他の措置を講ずること。

　　　⑻　圧力タンク等を除き，ほこりその他衛生上有害なものが入らない構造の通気のための装置を有効に設けること。ただし，有効容量が 2 m³未満の給水タンク等については，この限りでない。

　　　⑼　給水タンク等の上にポンプ，ボイラー，空気調和機等の機器を設ける場合においては，飲料水を汚染することのないように衛生上必要な措置を講ずること。

　　ロ　イの場所以外の場所に設ける場合においては，次に定めるところによること。
　　　⑴　給水タンク等の底が地盤面下にあり，かつ，当該給水タンク等からくみ取便所の便槽，し尿浄化槽，排水管（給水タンク等の水抜管又はオーバーフロー管に接続する排水管を除く。），ガソリンタンクその他衛生上有害な物の貯溜又は処理に供する施設までの水平距離が5m未満である場合においては，イの⑴及び⑶から⑻までに定めるところによること。
　　　⑵　⑴の場合以外の場合においては，イの⑶から⑻までに定めるところによること。
第2　排水のための配管設備の構造は，次に定めるところによらなければならない。
　一　排水管
　　イ　掃除口を設ける等保守点検を容易に行うことができる構造とすること。
　　ロ　次に掲げる管に直接連結しないこと。
　　　⑴　冷蔵庫，水飲器その他これらに類する機器の排水管
　　　⑵　滅菌器，消毒器その他これらに類する機器の排水管
　　　⑶　給水ポンプ，空気調和機その他これらに類する機器の排水管
　　　⑷　給水タンク等の水抜管及びオーバーフロー管
　　ハ　雨水排水立て管は，汚水排水管若しくは通気管と兼用し，又はこれらの管に連結しないこと。
　二　排水槽（排水を一時的に滞留させるための槽をいう。以下この号において同じ。）
　　イ　通気のための装置以外の部分から臭気が洩れない構造とすること。
　　ロ　内部の保守点検を容易かつ安全に行うことができる位置にマンホール（直径60cm以上の円が内接することができるものに限る。）を設けること。ただし，外部から内部の保守点検を容易かつ安全に行うことができる小規模な排水槽にあっては，この限りでない。
　　ハ　排水槽の底に吸い込みピットを設ける等保守点検がしやすい構造とすること。
　　ニ　排水槽の底の勾配は吸い込みピットに向かって1/15以上1/10以下とする等内部の保守点検を容易かつ安全に行うことができる構造とすること。
　　ホ　通気のための装置を設け，かつ，当該装置は，直接外気に衛生上有効に開放すること。
　三　排水トラップ（排水管内の臭気，衛生害虫等の移動を有効に防止するための配管設備をいう。以下同じ。）
　　イ　雨水排水管（雨水排水立て管を除く。）を汚水排水のための配管設備に連結する場合においては，当該雨水排水管に排水トラップを設けること。
　　ロ　二重トラップとならないように設けること。
　　ハ　汚水に含まれる汚物等が付着し，又は沈殿しない措置を講ずること。ただし，阻集器を兼ねる排水トラップについては，この限りでない。
　　ニ　排水トラップの深さ（排水管内の臭気，衛生害虫等の移動を防止するための有効な深さをいう。）は，5cm以上10cm以下（阻集器を兼ねる排水トラップにあっては5cm以上）とすること。
　　ホ　容易に掃除ができる措置を講ずること。
　四　阻集器
　　イ　汚水が油脂，ガソリン，土砂その他排水のための配管設備の機能を著しく妨げ，又は排水のための配管設備を損傷するおそれがある物を含む場合においては，有効な位置に阻集器を設けること。
　　ロ　汚水から油脂，ガソリン，土砂等を有効に分離することができる構造とすること。

　　ハ　容易に掃除ができる構造とすること。

　五　通気管

　　イ　排水トラップの封水部に加わる排水管内の圧力と大気圧との差によって排水トラップが破封しないように有効に設けること。

　　ロ　汚水の流入により通気が妨げられないようにすること。

　　ハ　直接外気に衛生上有効に開放すること。ただし，配管内の空気が屋内に漏れることを防止する装置が設けられている場合にあっては，この限りでない。

　六　排水再利用配管設備（公共下水道，都市下水路その他の排水施設に排水する前に排水を再利用するために用いる排水のための配管設備をいう。以下この号において同じ。）

　　イ　他の配管設備（排水再利用設備その他これに類する配管設備を除く。）と兼用しないこと。

　　ロ　排水再利用水の配管設備であることを示す表示を見やすい方法で水栓及び配管にするか，又は他の配管設備と容易に判別できる色とすること。

　　ハ　洗面器，手洗器その他誤飲，誤用のおそれのある衛生器具に連結しないこと。

　　ニ　水栓に排水再利用水であることを示す表示をすること。

　　ホ　塩素消毒その他これに類する措置を講ずること。

第3　適用の特例

　　建築基準法別表第1(い)欄に掲げる用途以外の用途に供する建築物で，階数が2以下で，かつ，延べ面積が500m²以下のものに設ける飲料水の配管設備及び排水のための配管設備については，第1（第一号ロを除く。）並びに第2第三号イ及び第四号の規定は，適用しない。ただし，2以上の建築物（延べ面積の合計が500m²以下である場合を除く。）に対して飲料水を供給するための給水タンク等又は有効容量が5m³を超える給水タンク等については，第1第二号の規定の適用があるものとする。

　　　附　則　（略）

D_s 及び F_{es} を算出する方法

昭和55年11月27日　建設省告示第1792号
最終改正　平成19年5月18日　国土交通省告示第596号

　建築基準法施行令（昭和25年政令第338号）第82条の3第二号の規定に基づき，D_s 及び F_{es} を算出する方法を次のように定める。

第1　D_s を算出する方法

　　建築物の各階の D_s は，柱及びはりの大部分が木造である階にあっては第2に，柱及びはりの大部分が鉄骨造である階にあっては第3に，柱及びはりの大部分が鉄筋コンクリート造である階にあっては第4に，柱及びはりの大部分が鉄骨鉄筋コンクリートである階にあっては第5に，その他の階にあっては第6に，それぞれ定める方法によるものとする。ただし，特別な調査又は研究の結果に基づき当該建築物の振動に関する減衰性及び当該階の靱性を適切に評価して算出することができる場合においては，当該算出によることができる。

第2　柱及びはりの大部分が木造である階について D_s を算出する方法

　　柱及びはりの大部分が木造である階のうち，建築基準法施行令（以下「令」という。）第46条第2項第一号イ及びロに掲げる基準に適合するもの（柱及びはりの小径が15cm以上で，かつ，木材の繊維方向と直行する断面の面積が300cm²以上である部材を用いるものに限る。）にあっては，次の各号に定める方法により D_s を算出するものとする。

一　柱及びはりの種別は，建築物の架構が崩壊形（当該階の柱及びはりの接合部の破壊，はりの曲げ破壊その他の要因によって当該階が水平力に対して耐えられなくなる状態をいう。第2において同じ。）に達する時に当該部材に生ずる力が令第3章第8節第4款に規定する材料強度によって計算した当該部材の耐力の2/3以下である場合にあってはFAとし，それ以外の場合にあってはFCとすること。

二　接合部の種別を，次の表に掲げる接合部の構造方法に応じて定めること。

	接合部の構造方法	接合部の種別
(1)	木材のめりこみにより破壊する接合部（接合部に木材のめりこみの材料強度に相当する応力が作用する場合において，当該接合部に割裂き，せん断等による破壊が生じないものに限る。）	SA
(2)	(1)に掲げるもの以外のもので，接合する木材の厚さが当該接合に用いるボルトその他これに類する接合具（以下この表において「ボルト等」という。）の径の12倍以上である接合部（ボルト等の降伏時に木材部分に割裂き，せん断等による損傷が生じないものに限る。）	SB
(3)	(1)及び(2)に掲げるもの以外のもので，接合する木材の厚さが当該接合に用いるボルト等の径の8倍以上である接合部（ボルト等の降伏時に木材部分に割裂き，せん断等による損傷が生じないものに限る。）	SC
(4)	(1)から(3)までに掲げるもの以外の接合部	SD

三　D_s を計算する階における柱及びはり並びに接合部について，異なる種別が混在する場合の部材群としての種別は，次のイ及びロによって定めること。

イ　FA 及び FC の種別の柱及びはりが存在する場合にあっては FC とする。

ロ　接合部にあっては，次に定めるところによること。

⑴　SC 及び SD の種別が存在しない場合にあっては SB とする。

⑵　SD の種別が存在せず，SC の種別が存在する場合にあっては SC とする。

⑶　SD の種別が存在する場合にあっては SD とする。

四　各階の D_s は，次の表の⒤欄に掲げる部材群としての種別及び同表の⒭欄から⒦欄までに掲げる架構の形式に応じ，次の表に従って定めた数値以上の数値とする。

	⒤		⒭	⒣	⒦
	部材群としての種別		架構の形式		
	柱及びはりの部材群としての種別	接合部の部材群としての種別	剛節架構又はアーチ架構で筋かいを設けない構造とした場合	⒭欄及び⒦欄に掲げる架構以外の架構の場合	$\beta u \geqq 0.7$の場合
⑴	FA	SA	0.25	0.3	0.35
⑵		SB	0.3	0.35	0.4
⑶		SC	0.35	0.4	0.45
⑷	柱及びはりの部材群としての種別が FC である場合又は接合部の部材群としての種別が SD である場合		0.4	0.45	0.5

この表において，βu は，筋かいの水平耐力の和を保有水平耐力の数値で除した数値を表すものとする。

2　柱及びはりの大部分が木造である階のうち，前項に規定する以外の階にあっては，当該階の D_s は，0.55以上の数値とする。ただし，第1ただし書の規定による場合にあっては，架構の性状及び架構の形式に応じ，次の表に掲げる数値以上の数値とすることができる。

架構の性状 ＼ 架構の形式	⒤	⒭
	⒭欄に掲げる架構以外の架構	各階に生ずる水平力の大部分を当該階の筋かいによって負担する形式の架構
⑴ 架構を構成する部材に生ずる応力に対して割裂き，せん断破壊等の耐力が急激に低下する破壊が著しく生じ難いこと等のため，塑性変形の度が特に高いもの	0.3	0.35
⑵ ⑴に掲げるもの以外のもので架構を構成する部材に生ずる応力に対して割裂き，せん断破壊等の耐力が急激に低下する破壊が生じ難いこと等のため，塑性変形の度が高いもの	0.35	0.4

(3)	⑴及び⑵に掲げるもの以外のもので架構を構成する部材に塑性変形を生じさせる応力に対して当該部材に割裂き、せん断破壊等が生じないこと等のため、耐力が急激に低下しないもの	0.4	0.45
⑷	⑴から⑶までに掲げるもの以外のもの	0.45	0.5

第3　柱及びはりの大部分が鉄骨造である階について D_s を算出する方法

　　柱及びはりの大部分が鉄骨造である階にあっては，次に定める方法により D_s を算出するものとする。

一　筋かいの種別を，次の表に従い，有効細長比（断面の最小二次率半径に対する座屈長さの比をいう。以下同じ。）の数値に応じて定めること。

	有効細長比	筋かいの種別
⑴	$\lambda \leqq 495/\sqrt{F}$	BA
⑵	$495/\sqrt{F} < \lambda \leqq 890/\sqrt{F}$ 又は $1980/\sqrt{F} \leqq \lambda$	BB
⑶	$890/\sqrt{F} < \lambda < 1980/\sqrt{F}$	BC

　　この表において，λ 及び F は，それぞれ次の数値を表すものとする。
　　λ　筋かいの有効細長比
　　F　平成12年建設省告示第2464号第1に規定する基準強度（単位　N/mm²）

二　柱及びはりの種別を，次のイからハまでに掲げるところによって定めること。

　イ　炭素鋼（平成12年建設省告示第2464号第1に規定する基準強度が205N/mm²以上で，かつ，375N/mm²以下であるものに限る。）の場合にあっては，柱及びはりの種別は，次の表に従い，柱及びはりの区分に応じて幅厚比（円形鋼管にあっては，径厚比とする。）の数値が，同表に掲げる式によって計算した数値以下の数値となる種別として定めること。

柱及びはりの区分							柱及びはりの種別
部材	柱				はり		
断面形状	H形鋼		角形鋼管	円形鋼管	H形鋼		
部位	フランジ	ウェブ	—	—	フランジ	ウェブ	
幅厚比又は径厚比	$9.5\sqrt{235/F}$	$43\sqrt{235/F}$	$33\sqrt{235/F}$	$50(235/F)$	$9\sqrt{235/F}$	$60\sqrt{235/F}$	FA
	$12\sqrt{235/F}$	$45\sqrt{235/F}$	$37\sqrt{235/F}$	$70(235/F)$	$11\sqrt{235/F}$	$65\sqrt{235/F}$	FB
	$15.5\sqrt{235/F}$	$48\sqrt{235/F}$	$48\sqrt{235/F}$	$100(235/F)$	$15.5\sqrt{235/F}$	$71\sqrt{235/F}$	FC
	FA，FB及びFCのいずれにも該当しない場合						FD

　　この表において，F は平成12年建設省告示第2464号第1に規定する基準強度（単位　N/mm²）を表すものとする。

　ロ　ステンレス鋼の場合にあっては，柱及びはりの種別は，次の表に従い，柱及びはりの区分に応じてH形鋼の幅厚比にあっては，同表に掲げる式によって計算した数値が1以下となる種別として，角形鋼管の幅厚比及び円形鋼管の径厚比にあっては，それぞれ同表に掲げる数値以下の数値となる種別として定めること。

部材	柱						はり						柱及びはりの種別
断面形状	H形鋼		角形鋼管		円形鋼管		H形鋼		角形鋼管		円形鋼管		
鋼種	235N級鋼	325N級鋼	235N級鋼	325N級鋼	235N級鋼	325N級鋼	235N級鋼	325N級鋼	235N級鋼	325N級鋼	235N級鋼	325N級鋼	
幅厚比又は径厚比	$\left(\frac{b/t_f}{11}\right)^2 + \left(\frac{d/t_w}{43}\right)^2$	$\left(\frac{b/t_f}{11}\right)^2 + \left(\frac{d/t_w}{31}\right)^2$	25	25	72	44	$\left(\frac{b/t_f}{13}\right)^2 + \left(\frac{d/t_w}{67}\right)^2$ 及び $\frac{(D/t_w)}{65}$	$\left(\frac{b/t_f}{9}\right)^2 + \left(\frac{d/t_w}{47}\right)^2$ 及び $\frac{(D/t_w)}{58}$	32	32	72	44	FA
	$\left(\frac{b/t_f}{13}\right)^2 + \left(\frac{d/t_w}{51}\right)^2$	$\left(\frac{b/t_f}{13}\right)^2 + \left(\frac{d/t_w}{51}\right)^2$	28	28	83	51	$\left(\frac{b/t_f}{12}\right)^2 + \left(\frac{d/t_w}{90}\right)^2$ 及び $\frac{(D/t_w)}{68}$	$\left(\frac{b/t_f}{12}\right)^2 + \left(\frac{d/t_w}{66}\right)^2$ 及び $\frac{(D/t_w)}{58}$	38	38	88	53	FB
	$\left(\frac{b/t_f}{18}\right)^2 + \left(\frac{d/t_w}{67}\right)^2$ 及び $\frac{(d/t_w)}{48}$	$\left(\frac{b/t_f}{18}\right)^2 + \left(\frac{d/t_w}{51}\right)^2$ 及び $\frac{(d/t_w)}{41}$	34	34	112	68	$\left(\frac{b/t_f}{18}\right)^2 + \left(\frac{d/t_w}{153}\right)^2$ 及び $\frac{(D/t_w)}{71}$	$\left(\frac{b/t_f}{18}\right)^2 + \left(\frac{d/t_w}{101}\right)^2$ 及び $\frac{(D/t_w)}{61}$	51	51	132	80	FC
FA, FB 及び FC のいずれにも該当しない場合													FD

この表において，b，d，t_f 及び t_w は，それぞれ次の数値を表すものとする。

b 　フランジの半幅（フランジの半分の幅をいう。）（単位　mm）

d 　ウェブのせい（単位　mm）

t_f 　フランジの厚さ（単位　mm）

t_w 　ウェブの厚さ（単位　mm）

ハ　イ及びロに定めるほか，崩壊形に達する場合に塑性ヒンジを生じないことが明らかな柱の種別は，はりの種別によることとし，種別の異なる柱及びはりが接合されている場合における柱の種別（崩壊形に達する場合に塑性ヒンジを生じないことが明らかな柱の種別を含む。）は，当該柱及びはりの接合部において接合される部材（崩壊形（当該階の柱に接着するすべてのはりの端部に塑性ヒンジが生じることその他の要因によって当該階が水平力に対して耐えられなくなる状態をいう。以下同じ。）が明確な場合にあっては，崩壊形に達する場合に塑性ヒンジが生じる部材に限る。）の種別に応じ，次に定めるところによること。

⑴　FC 及び FD の種別が存在しない場合にあっては FB とする。

⑵　FD の種別が存在せず，FC の種別が存在する場合にあっては FC とする。

⑶　FD の種別が存在する場合にあっては FD とする。

三　D_s を計算する階における筋かい並びに柱及びはりの部材群としての種別は，次のイ及びびロによって定めること。

イ　次の(1)から(3)までに掲げる場合に該当する場合にあっては，当該階の部材の耐力の割合の数値に応じ，次の表に従って定めること。

(1)　筋かい端部の接合部が昭和55年建設省告示第1791号第 2 第二号に適合する場合

(2)　柱及びはりの接合部が昭和55年建設省告示第1791号第 2 第七号に適合する場合

(3)　はりの横補剛が十分であって急激な耐力の低下のおそれがない場合

	部材の耐力の割合	部材群としての種別
(1)	$\gamma_A \geqq 0.5$ かつ $\gamma_C \leqq 0.2$	A
(2)	$\gamma_C < 0.5$ （部材群としての種別が A の場合を除く。）	B
(3)	$\gamma_C \geqq 0.5$	C

　　この表において，γ_A 及び γ_C は，それぞれ次の数値を表すものとする。

　　γ_A　筋かいの部材群としての種別を定める場合にあっては種別 BA である筋かいの耐力の和をすべての筋かいの水平耐力の和で除した数値，柱及びはりの部材群としての種別を定める場合にあっては種別 FA である柱の耐力の和を種別 FD である柱を除くすべての柱の水平耐力の和で除した数値

　　γ_C　筋かいの部材群としての種別を定める場合にあっては種別 BC である筋かいの耐力の和をすべての筋かいの水平耐力の和で除した数値，柱及びはりの部材群としての種別を定める場合にあっては種別 FC である柱の耐力の和を種別 FD である柱を除くすべての柱の水平耐力の和で除した数値

ロ　イの(1)から(3)までに掲げる場合に該当しない場合又は部材の種別が FD である柱及びはりについて当該部材を取り除いた建築物の架構に局部崩壊が生ずる場合にあっては，柱及びはりの部材群としての種別は D としなければならない。

四　各階の D_s は，前号の規定に従って求めた当該階の筋かい並びに柱及びはりの部材群としての種別に応じ，次の表に掲げる数値以上の数値とすること。

			柱及びはりの部材群としての種別			
			A	B	C	D
筋かいの部材群としての種別		A 又は $\beta u = 0$ の場合	0.25	0.3	0.35	0.4
	B	$0 < \beta u \leqq 0.3$ の場合	0.25	0.3	0.35	0.4
		$0.3 < \beta u \leqq 0.7$ の場合	0.3	0.3	0.35	0.45
		$\beta u > 0.7$ の場合	0.35	0.35	0.4	0.5
	C	$0 < \beta u \leqq 0.3$ の場合	0.3	0.3	0.35	0.4
		$0.3 < \beta u \leqq 0.5$ の場合	0.35	0.35	0.4	0.45
		$\beta u > 0.5$ の場合	0.4	0.4	0.45	0.5

　　この表において，βu は，筋かい（耐力壁を含む。）の水平耐力の和を保有水平耐力の数値で除した数値を表すものとする。

第 4　柱及びはりの大部分が鉄筋コンクリート造である階について D_s を算出する方法

　　柱及びはりの大部分が鉄筋コンクリート造である階にあっては，次に定める方法により D_s を算出するものとする。

一　柱及びはりの種別を，次の表に従い，柱及びはりの区分に応じて定めること。ただし，崩壊形に達する場合に塑性ヒンジを生じないことが明らかな柱の種別は，表によらずはりの種別によることとし，種別の異なる柱及びはりが接合されている場合における柱の

種別（崩壊形に達する場合に塑性ヒンジを生じないことが明らかな柱の種別を含む。）
は，当該柱及びはりの接合部において接合される部材（崩壊形に達する場合に塑性ヒン
ジが生じる部材に限る。）の種別に応じ，次に定めるところによること。

⑴　FC 及び FD の種別が存在しない場合にあっては FB とする。

⑵　FD の種別が存在せず，FC の種別が存在する場合にあっては FC とする。

⑶　FD の種別が存在する場合にあっては FD とする。

部材	柱及びはりの区分						柱及びはりの種別
	柱及びはり	柱				はり	
	破壊の形式	h_0/D の数値	σ_0/F_c の数値	p_t の数値	τ_u/F_c の数値	τ_u/F_c の数値	
条件	せん断破壊，付着割裂破壊及び圧縮破壊その他の構造耐力上支障のある急激な耐力の低下のおそれのある破壊を生じないこと。	2.5以上	0.35以下	0.8以下	0.1以下	0.15以下	FA
		2.0以上	0.45以下	1.0以下	0.125以下	0.2以下	FB
		―	0.55以下	―	0.15以下	―	FC
	FA，FB 又は FC のいずれにも該当しない場合						FD

一　この表において，h_0，D，σ_0，F_c，p_t 及び τ_u は，それぞれ次の数値を表すものとする。

　　h_0　柱の内のり高さ（単位　cm）

　　D　柱の幅（単位　cm）

　　σ_0　D_s を算定しようとする階が崩壊形に達する場合の柱の断面に生ずる軸方向応力度（単位　N/mm²）

　　p_t　引張り鉄筋比（単位　%）

　　F_c　コンクリートの設計基準強度（単位　N/mm²）

　　τ_u　D_s を算定しようとする階が崩壊形に達する場合の柱又ははりの断面に生ずる平均せん断応力度（単位　N/mm²）

二　柱の上端又は下端に接着するはりについて，崩壊形に達する場合に塑性ヒンジが生ずることが明らかな場合にあっては，表中の h_0/D に替えて $2M/(Q \cdot D)$ を用いることができるものとする。この場合において，M は崩壊形に達する場合の当該柱の最大曲げモーメントを，Q は崩壊形に達する場合の当該柱の最大せん断力を表すものとする。

二　耐力壁の種別を，次の表に従い，耐力壁の区分に応じて定めること。

部材	耐力壁の区分			耐力壁の種別
	耐力壁	壁式構造以外の構造の耐力壁	壁式構造の耐力壁	
	破壊の形式	τ_u/F_c の数値	τ_u/F_c の数値	
条件	せん断破壊その他の構造耐力上支障のある急激な耐力の低下のおそれのある破壊を生じないこと。	0.2以下	0.1以下	WA
		0.25以下	0.125以下	WB
		―	0.15以下	WC
	WA，WB 又は WC のいずれにも該当しない場合			WD

この表において，τ_u 及び F_c は，それぞれ前号の表に規定する τ_u 及び F_c の数値を表すものとする。

三 D_s を計算する階における柱及びはり並びに耐力壁の部材群としての種別を，次の表に従い，当該階の部材の耐力の割合の数値に応じて定めること。ただし，部材の種別が FD である柱及びはり並びに部材の種別が WD である耐力壁について当該部材を取り除いた建築物の架構に局部崩壊が生ずる場合にあっては，部材群としての種別はそれぞれ D としなければならない。

	部材の耐力の割合	部材群としての種別
(1)	$\gamma_A \geqq 0.5$ かつ $\gamma_C \leqq 0.2$	A
(2)	$\gamma_C < 0.5$（部材群としての種別が A の場合を除く。）	B
(3)	$\gamma_C \geqq 0.5$	C

この表において，γ_A 及び γ_C は，それぞれ次の数値を表すものとする。

γ_A 柱及びはりの部材群としての種別を定める場合にあっては種別 FA である柱の耐力の和を種別 FD である柱を除くすべての柱の水平耐力の和で除した数値，耐力壁の部材群としての種別を定める場合にあっては種別 WA である耐力壁の耐力の和を種別 WD である耐力壁を除くすべての耐力壁の水平耐力の和で除した数値

γ_C 柱及びはりの部材群としての種別を定める場合にあっては種別 FC である柱の耐力の和を種別 FD である柱を除くすべての柱の水平耐力の和で除した数値，耐力壁の部材群としての種別を定める場合にあっては種別 WC である耐力壁の耐力の和を種別 WD である耐力壁を除くすべての耐力壁の水平耐力の和で除した数値

四 各階の D_s は，次のイからハまでのいずれかによって定める数値とすること。

イ 耐力壁を設けない剛節架構とした場合にあっては，前号の規定により定めた当該階の柱及びはりの部材群としての種別に応じ，次の表に掲げる数値以上の数値とする。

柱及びはりの部材群としての種別	D_s の数値
A	0.3
B	0.35
C	0.4
D	0.45

ロ 壁式構造とした場合にあっては，前号の規定により定めた当該階の耐力壁の部材群としての種別に応じ，次の表に掲げる数値以上の数値とする。

耐力壁の部材群としての種別	D_s の数値
A	0.45
B	0.5
C	0.55
D	0.55

ハ 剛節架構と耐力壁を併用した場合にあっては，前号の規定により定めた当該階の柱及びはり並びに筋かいの部材群としての種別に応じ，次の表に掲げる数値以上の数値とする。

			柱及びはりの部材群としての種別			
			A	B	C	D
耐力壁の部材群としての種別	A	$0<\beta u\leqq0.3$の場合	0.3	0.35	0.4	0.45
		$0.3<\beta u\leqq0.7$の場合	0.35	0.4	0.45	0.5
		$\beta u>0.7$の場合	0.4	0.45	0.45	0.55
	B	$0<\beta u\leqq0.3$の場合	0.35	0.35	0.4	0.45
		$0.3<\beta u\leqq0.7$の場合	0.4	0.4	0.45	0.5
		$\beta u>0.7$の場合	0.45	0.45	0.5	0.55
	C	$0<\beta u\leqq0.3$の場合	0.35	0.35	0.4	0.45
		$0.3<\beta u\leqq0.7$の場合	0.4	0.45	0.45	0.5
		$\beta u>0.7$の場合	0.5	0.5	0.5	0.55
	D	$0<\beta u\leqq0.3$の場合	0.4	0.4	0.45	0.45
		$0.3<\beta u\leqq0.7$の場合	0.45	0.5	0.5	0.5
		$\beta u>0.7$の場合	0.55	0.55	0.55	0.55

　この表において，βu は，耐力壁（筋かいを含む。）の水平耐力の和を保有水平耐力の数値で除した数値を表すものとする。

五　第一号の計算において各階の崩壊形を増分解析を用いて確認する場合にあっては，地上部分の各階について標準せん断力係数（令第88条に規定する地震力の計算に用いる係数をいう。）の数値を漸増させ，これに応じた地震層せん断力係数に当該各階が支える部分の固定荷重と積載荷重との和（令第86条第2項ただし書の規定により特定行政庁が指定する多雪区域においては，更に積雪荷重を加えるものとする。）を乗じた数値を水平力として作用させるものとすること。この場合において，当該地震層せん断力係数を計算する場合に用いる A_i は，令第88条第1項に規定する A_i を用いなければならない。

第5　柱及びはりの大部分が鉄骨鉄筋コンクリート造である階について D_s を算出する方法
　　柱及びはりの大部分が鉄骨鉄筋コンクリート造である階にあっては，次に定める方法により D_s を算出するものとする。
一　柱の種別を，次の表に従い，崩壊形に達する時に柱に生ずる力の条件及び部材の破壊の状況に応じて定めること。

崩壊形に達する時に柱に生ずる力の条件		部材の破壊の状況	
		曲げ破壊	せん断破壊
$N/N_0\leqq0.3$の場合	$sM_0/M_0\geqq0.4$の場合	FA	FB
	$sM_0/M_0<0.4$の場合	FB	FC
$0.3<N/N_0\leqq0.4$の場合	$sM_0/M_0\geqq0.4$の場合	FB	FC
	$sM_0/M_0<0.4$の場合	FC	FD
$N/N_0>0.4$の場合		FD	FD

この表において，N，N_0，sM_0及び M_0は，それぞれ次の値を表すものとする。

N　崩壊形に達する時に柱に生ずる圧縮力（単位 kN）

N_0　令第3章第8節第4款に規定する材料強度によって計算した柱の圧縮耐力（単位 kN）

sM_0　令第3章第8節第4款に規定する材料強度によって計算した柱の鉄骨部分の曲げ耐力（単位 kN）

M_0　令第3章第8節第4款に規定する材料強度によって計算した柱の曲げ耐力（単位 kN）

二　耐力壁の種別は，崩壊形に達する時の当該耐力壁の破壊の状況がせん断破壊である場合にあってはWCとし，せん断破壊以外の破壊である場合にあってはWAとすること。

三　D_sを計算する階における柱及び耐力壁の部材群としての種別を，次の表に従い，当該階の部材の耐力の割合の数値に応じて定めること。ただし，部材の種別がFDである柱について当該部材を取り除いた建築物の架構に局部崩壊が生ずる場合にあっては，部材群としての種別はDとしなければならない。

	部材の耐力の割合	部材群としての種別
(1)	$\gamma_A \geq 0.5$かつ $\gamma_C \leq 0.2$	A
(2)	$\gamma_C < 0.5$（部材群としての種別がAの場合を除く。）	B
(3)	$\gamma_C \geq 0.5$	C

この表において，γ_A及び γ_Cは，それぞれ次の数値を表すものとする。

γ_A　柱の部材群としての種別を定める場合にあっては種別FAである柱の耐力の和を種別FDである柱を除くすべての柱の水平耐力の和で除した数値，耐力壁の部材群としての種別を定める場合にあっては種別WAである耐力壁の耐力の和をすべての耐力壁の水平耐力の和で除した数値

γ_C　柱の部材群としての種別を定める場合にあっては種別FCである柱の耐力の和を種別FDである柱を除くすべての柱の水平耐力の和で除した数値，耐力壁の部材群としての種別を定める場合にあっては種別WCである耐力壁の耐力の和をすべての耐力壁の水平耐力の和で除した数値

四　各階の D_sは，次のイからハまでのいずれかによって定める数値とすること。

　イ　耐力壁を設けない剛節架構とした場合にあっては，前号の規定により定めた当該階の柱及びはりの部材群としての種別に応じ，次の表に掲げる数値以上の数値とする。

柱及びはりの部材群としての種別	D_sの数値
A	0.25
B	0.3
C	0.35
D	0.4

　ロ　壁式構造とした場合にあっては，前号の規定により定めた当該階の耐力壁の部材群としての種別に応じ，次の表に掲げる数値以上の数値とする。

耐力壁の部材群としての種別	D_sの数値
A	0.4
B	0.45

	0.5
C	0.5
D	0.5

ハ　剛節架構と耐力壁を併用した場合にあっては，前号の規定により定めた当該階の柱及びはり並びに筋かいの部材群としての種別に応じ，次の表に掲げる数値以上の数値とする。

			柱及びはりの部材群としての種別			
			A	B	C	D
耐力壁の部材群としての種別	A	$0 < \beta u \leq 0.3$の場合	0.25	0.3	0.35	0.4
		$0.3 < \beta u \leq 0.7$の場合	0.3	0.35	0.4	0.45
		$\beta u > 0.7$の場合	0.35	0.4	0.4	0.5
	B	$0 < \beta u \leq 0.3$の場合	0.3	0.3	0.35	0.4
		$0.3 < \beta u \leq 0.7$の場合	0.35	0.35	0.4	0.45
		$\beta u > 0.7$の場合	0.4	0.4	0.45	0.5
	C	$0 < \beta u \leq 0.3$の場合	0.3	0.3	0.35	0.4
		$0.3 < \beta u \leq 0.7$の場合	0.35	0.4	0.4	0.45
		$\beta u > 0.7$の場合	0.45	0.45	0.45	0.5
	D	$0 < \beta u \leq 0.3$の場合	0.35	0.35	0.4	0.4
		$0.3 < \beta u \leq 0.7$の場合	0.4	0.45	0.45	0.45
		$\beta u > 0.7$の場合	0.5	0.5	0.5	0.5

　この表において，βu は，耐力壁（筋かいを含む。）の水平耐力の和を保有水平耐力の数値で除した数値を表すものとする。

五　第4第五号の規定によること。

第6　その他の階について D_s を算出する方法

　　第2から第5までに掲げる階以外の階にあっては，次の表の数値以上の数値を用いるものとする。

架構の性状 ＼ 架構の形式	(い) 剛節架構又はこれに類する形式の架構	(ろ) (い)欄及び(は)欄に掲げるもの以外のもの	(は) 各階に生ずる水平力の大部分を当該階の耐力壁又は筋かいによって負担する形式の架構
(1) 架構を構成する部材に生ずる応力に対してせん断破壊等耐力が急激に低下する破壊が著しく生じ難いこと等のため，塑性変形の度が特に高いもの	0.3	0.35	0.4

(2)	(1)に掲げるもの以外のもので架構を構成する部材に生ずる応力に対してせん断破壊等耐力が急激に低下する破壊が生じ難いこと等のため，塑性変形の度が高いもの	0.35	0.4	0.45
(3)	(1)及び(2)に掲げるもの以外のもので架構を構成する部材に塑性変形を生じさせる応力に対して当該部材にせん断破壊等が生じないこと等のため，耐力が急激に低下しないもの	0.4	0.45	0.5
(4)	(1)から(3)までに掲げるもの以外のもの	0.45	0.5	0.55

第7　F_{es} を算出する方法

　建築物の各階の F_{es} は，当該階について，建築基準法施行令第82条の6第二号イの規定による剛性率に応じた次の表1に掲げる F_s の数値に同号ロの規定による偏心率に応じた次の表2に掲げる F_e の数値を乗じて算出するものとする。ただし，当該階の剛性率及び偏心率と形状特性との関係を適切に評価して算出することができる場合においては，当該算出によることができる。

1

剛 性 率		F_s の 数 値
(1)	$R_s \geqq 0.6$ の場合	1.0
(2)	$R_s < 0.6$ の場合	$2.0 - \dfrac{R_s}{0.6}$
この表において，R_s は，各階の剛性率を表すものとする。		

2

偏 心 率		F_e の 数 値
(1)	$R_e \leqq 0.15$ の場合	1.0
(2)	$0.15 < R_e < 0.3$ の場合	(1)と(3)とに掲げる数値を直線的に補間した数値
(3)	$R_e \geqq 0.3$ の場合	1.5
この表において，R_e は，各階の偏心率を表すものとする。		

　　附　則　（略）

Ｚの数値，R_t 及び A_i を算出する方法並びに地盤が著しく軟弱な区域として特定行政庁が指定する基準

昭和55年11月27日　建設省告示第1793号

最終改正　平成19年 5 月18日　国土交通省告示第597号

建築基準法施行令（昭和25年政令第338号）第88条第 1 項，第 2 項及び第 4 項の規定に基づき，Ｚの数値，R_t 及び A_i を算出する方法並びに地盤が著しく軟弱な区域として特定行政庁が指定する基準をそれぞれ次のように定める。

第1　Ｚの数値

Ｚは，次の表の左欄に掲げる地区の区分に応じ，同表右欄に掲げる数値とする。

地　　方		数値
(1)	(2)から(4)までに掲げる地方以外の地方	1.0
(2)	北海道のうち 　札幌市　函館市　小樽市　室蘭市　北見市　夕張市　岩見沢市　網走市　苫小牧市　美唄市　芦別市　江別市　赤平市　三笠市　千歳市　滝川市　砂川市　歌志内市　深川市　富良野市　登別市　恵庭市　伊達市　札幌郡　石狩郡　厚田郡　浜益郡　松前郡　上磯郡　亀田郡　芽部郡　山越郡　檜山郡　爾志郡　久遠郡　奥尻郡　瀬棚郡　島牧郡　寿都郡　磯谷郡　虻田郡　岩内郡　古宇郡　積丹郡　古平郡　余市郡　空知郡　夕張郡　樺戸郡　雨竜郡　上川郡（上川支庁）のうち東神楽町，上川町，東川町及び美瑛町　勇払郡　網走郡　斜里郡　常呂郡　有珠郡　白老郡 青森県のうち 　青森市　弘前市　黒石市　五所川原市　むつ市　東津軽郡　西津軽郡　中津軽郡　南津軽郡　北津軽郡　下北郡 秋田県 山形県 福島県のうち 　会津若松市　郡山市　白河市　須賀川市　喜多方市　岩瀬郡　南会津郡　北会津郡　耶麻郡　河沼郡　大沼郡　西白河郡 新潟県 富山県のうち 　魚津市　滑川市　黒部市　下新川郡 石川県のうち 　輪島市　珠洲市　鳳至郡　珠洲郡 鳥取県のうち 　米子市　倉吉市　境港市　東伯郡　西伯郡　日野郡 島根県 岡山県 広島県 徳島県のうち 　美馬郡　三好郡 香川県のうち 　高松市　丸亀市　坂出市　善通寺市　観音寺市　小豆郡　香川郡　綾歌郡　仲多	0.9

	度郡　三豊郡 愛媛県 高知県 熊本県（⑶に掲げる市及び郡を除く。） 大分県（⑶に掲げる郡を除く。） 宮崎県	
⑶	北海道のうち 　旭川市　留萌市　稚内市　紋別市　士別市　名寄市　上川郡（上川支庁）のうち 　鷹栖町，当麻町，比布町，愛別町，和寒町，剣淵町，朝日町，風連町及び下川町 　中川郡（上川支庁）　増毛郡　留萌郡　苫前郡　天塩郡　宗谷郡　枝幸郡　礼文 　郡　利尻郡　紋別郡 山口県 福岡県 佐賀県 長崎県 熊本県のうち 　八代市　荒尾市　水俣市　玉名市　本渡市　山鹿市　牛深市　宇土市　飽託郡 　宇土郡　玉名郡　鹿本郡　葦北郡　天草郡 大分県のうち 　中津市　日田市　豊後高田市　杵築市　宇佐市　西国東郡　東国東郡　速見郡 　下毛郡　宇佐郡 鹿児島県（名瀬市及び大島郡を除く。）	0.8
⑷	沖縄県	0.7

第2　R_tを算出する方法

R_tは，次の表の式によって算出するものとする。ただし，特別の調査又は研究の結果に基づき，地震時における基礎及び基礎ぐいの変形が生じないものとして構造耐力上主要な部分の初期剛性を用いて算出した振動特性を表す数値が同表の式によって算出した数値を下回ることが確かめられた場合においては，当該調査又は研究の結果に基づく数値（この数値が同表の式によって算出した数値に3/4を乗じた数値に満たないときは，当該数値）まで減じたものとすることができる。

$T < T_c$の場合	$R_t = 1$
$T_c \leqq T < 2T_c$の場合	$R_t = 1 - 0.2 \left(\dfrac{T}{T_c} - 1 \right)^2$
$2T_c \leqq T$の場合	$R_t = \dfrac{1.6 T_c}{T}$

この表において，T及びT_cは，それぞれ次の数値を表すものとする。
T　次の式によって計算した建築物の設計用一次固有周期（単位　s）
　　$T = h(0.02 + 0.01\alpha)$
　　　この式において，h及びαは，それぞれ次の数値を表すものとする。
　　　　h　当該建築物の高さ（単位　m）
　　　　α　当該建築物のうち柱及びはりの大部分が木造又は鉄骨造である階（地階を除く。）の高さの合計のhに対する比
T_c　建築物の基礎の底部（剛強な支持ぐいを使用する場合にあっては，当該支持ぐいの先端）の

直下の地盤の種別に応じて，次の表に掲げる数値（単位　s）

第一種地盤	岩盤，硬質砂れき層その他主として第三紀以前の地層によって構成されているもの又は地盤周期等についての調査若しくは研究の結果に基づき，これと同程度の地盤周期を有すると認められるもの	0.4
第二種地盤	第一種地盤及び第三種地盤以外のもの	0.6
第三種地盤	腐植土，泥土その他これらに類するもので大部分が構成されている沖積層（盛土がある場合においてはこれを含む。）で，その深さがおおむね30m 以上のもの，沼沢，泥海等を埋め立てた地盤の深さがおおむね3m 以上であり，かつ，これらで埋め立てられてからおおむね30年経過していないもの又は地盤周期等についての調査若しくは研究の結果に基づき，これらと同程度の地盤周期を有すると認められるもの	0.8

第3 *A_i* を算出する方法

A_i は，次の式によって算出するものとする。ただし，地震時における基礎及び基礎ぐいの変形が生じないものとして構造耐力上主要な部分の初期剛性を用いて算出した建築物の振動特性についての特別な調査又は研究の結果に基づいて算出する場合においては，当該算出によることができるものとする。

$$A_i = 1 + \left(\frac{1}{\sqrt{\alpha_i}} - \alpha_i \right) \frac{2T}{1 + 3T}$$

この式において，*α_i* 及び *T* は，それぞれ次の数値を表すものとする。

α_i　建築物の *A_i* を算出しようとする高さの部分を支える部分の固定荷重と積載荷重との和（建築基準法施行令第86条第2項ただし書の規定により特定行政庁が指定する多雪区域においては，更に積雪荷重を加えるものとする。以下同じ。）を当該建築物の地上部分の固定荷重と積載荷重との和で除した数値

T　第2に定める *T* の数値

第4　地盤が著しく軟弱な区域を定める基準

地盤が著しく軟弱な区域を定める基準は，地盤が第2の表中 *T_c* に関する表に掲げる第三種地盤に該当する区域であるものとする。

　　附　則　（略）

照明設備の設置，有効な採光方法の確保その他
これらに準ずる措置の基準等を定める件

昭和55年12月1日　建設省告示第1800号

最終改正　令和5年2月7日　国土交通省告示第86号

　建築基準法施行令（昭和25年政令第338号）第19条第3項ただし書の規定に基づき，照明設備の設置，有効な採光方法の確保その他これらに準ずる措置の基準及び居室の窓その他の開口部で採光に有効な部分の面積のその床面積に対する割合で別に定めるものを次のように定める。

第1　照明設備の設置，有効な採光方法の確保その他これらに準ずる措置の基準

一　幼稚園の教室，幼保連携型認定こども園の教室若しくは保育室又は保育所の保育室にあっては，床面において200lx以上の照度を確保することができるよう照明設備を設置すること。

二　小学校，中学校，義務教育学校，高等学校又は中等教育学校の教室にあっては，次のイ及びロに定めるものとする。

　　イ　床面から高さが50cmの水平面において200lx以上の照度を確保することができるよう照明設備を設置すること。

　　ロ　窓その他の開口部で採光に有効な部分のうち床面からの高さが50cm以上の部分の面積が，当該教室の床面積の1/7以上であること。

三　小学校，中学校，高等学校又は中等教育学校の音楽教室又は視聴覚教室で建築基準法施行令第20条の2に規定する技術的基準に適合する換気設備が設けられたものにあっては，前号イに定めるものとする。

四　住宅の居住のための居室にあっては，床面において50lx以上の照度を確保することができるよう照明設備を設置すること。

第2　窓その他の開口部で採光に有効な部分の面積のその床面積に対する割合で国土交通大臣が別に定めるもの

一　第1第一号又は第二号に定める措置が講じられている居室にあっては，1/7とする。

二　第1第三号又は第四号に定める措置が講じられている居室にあっては，1/10とする。

　　附　則　（略）

軸組と同等以上の耐力を有する軸組及び
当該軸組に係る倍率の数値

昭和56年 6 月 1 日　建設省告示第1100号

最終改正　令和元年 6 月25日　国土交通省告示第203号

建築基準法施行令（昭和25年政令第338号）第46条第 4 項表 1 ⑻項の規定に基づき，同表⑴項から⑺項までに掲げる軸組と同等以上の耐力を有する軸組及び当該軸組に係る倍率の数値をそれぞれ次のように定める。

第 1　建築基準法施行令（以下「令」という。）第46条第 4 項表 1 ⑴項から⑺項までに掲げる軸組と同等以上の耐力を有する軸組は，次の各号に定めるものとする。

一　別表第 1 ⒤欄に掲げる材料を，同表㋺欄に掲げる方法によって柱及び間柱並びにはり，けた，土台その他の横架材の片面に打ち付けた壁を設けた軸組（材料を継ぎ合わせて打ち付ける場合には，その継手を構造耐力上支障が生じないように柱，間柱，はり，けた若しくは胴差又は当該継手を補強するために設けた胴つなぎその他これらに類するものの部分に設けたものに限る。）

二　厚さ1.5cm 以上で幅4.5cm 以上の木材を31cm 以下の間隔で柱及び間柱並びにはり，けた，土台その他の横架材にくぎ（日本産業規格（以下「JIS」という。）A 5508-1975（鉄丸くぎ）に定める N50又はこれと同等以上の品質を有するものに限る。）で打ち付けた胴縁に，別表第 1 ⒤欄に掲げる材料をくぎ（JIS A 5508-1975（鉄丸くぎ）に定める N32又はこれと同等以上の品質を有するものに限る。）で打ち付けた壁（くぎの間隔が15 cm 以下のものに限る。）を設けた軸組

三　厚さ 3 cm 以上で幅 4 cm 以上の木材を用いて柱及びはり，けた，土台その他の横架材にくぎ（JIS A 5508-1975（鉄丸くぎ）に定める N75又はこれと同等以上の品質を有するものに限る。）で打ち付けた受け材（床下地材の上から打ち付けたものを含む。）（くぎの間隔は，別表第 2 ⑴項に掲げる軸組にあっては12cm 以下，同表⑵項及び⑶項に掲げる軸組にあっては20cm 以下，その他の軸組にあっては30cm 以下に限る。）並びに間柱及び胴つなぎその他これらに類するものに，同表第 2 ⒤欄に掲げる材料を同表㋺欄に掲げる方法によって打ち付けた壁を設けた軸組（材料を継ぎ合わせて打ち付ける場合にあっては，その継手を構造耐力上支障が生じないように間柱又は胴つなぎその他これらに類するものの部分に設けたものに限り，同表⑺項に掲げる材料を用いる場合にあっては，その上にせっこうプラスター（JIS A 6904-1976（せっこうプラスター）に定めるせっこうプラスター又はこれと同等以上の品質を有するものに限る。次号において同じ。）を厚さ15mm 以上塗ったものに限る。）

四　厚さ1.5cm 以上で幅 9 cm 以上の木材を用いて61cm 以下の間隔で 5 本以上設けた貫（継手を設ける場合には，その継手を構造耐力上支障が生じないように柱の部分に設けたものに限る。）に，別表第 2 ⒤欄に掲げる材料を同表㋺欄に掲げる方法によって打ち付けた壁を設けた軸組（材料を継ぎ合わせて打ち付ける場合にあっては，その継手を構造耐力上支障が生じないように貫の部分に設けたものに限り，同表⑺項に掲げる材料を用いる場合にあっては，その上にせっこうプラスターを厚さ15mm 以上塗ったものに限る。）

五　厚さ 3 cm 以上で幅 4 cm 以上（別表第 3 ⑴項から⑶項までに掲げる軸組にあっては，6 cm 以上）の木材を用いて，床下地材の上からはり，土台その他の横架材にくぎ（JIS

A 5508-2005（くぎ）に定める N75又はこれと同等以上の品質を有するものに限る。）
で打ち付けた受け材（くぎの間隔は，同表⑴項から⑶項までに掲げる軸組にあっては12
cm 以下，同表⑷項及び⑸項に掲げる軸組にあっては20cm 以下，その他の軸組にあって
は30cm 以下に限る。）並びに柱及び間柱並びにはり，けたその他の横架材の片面に，同
表㋑欄に掲げる材料を同表㋺欄に掲げる方法によって打ち付けた壁を設けた軸組

六　厚さ1.5cm 以上で幅10cm 以上の木材を用いて91cm 以下の間隔で，柱との仕口にくさ
びを設けた貫（当該貫に継手を設ける場合には，その継手を構造耐力上支障が生じない
ように柱の部分に設けたものに限る。）を 3 本以上設け，幅 2 cm 以上の割竹又は小径1.2
cm 以上の丸竹を用いた間渡し竹を柱及びはり，けた，土台その他の横架材に差し込み，
かつ，当該貫にくぎ（JIS A 5508-2005（くぎ）に定める SFN25又はこれと同等以上
の品質を有するものに限る。）で打ち付け，幅 2 cm 以上の割竹を4.5cm 以下の間隔とし
た小舞竹（柱及びはり，けた，土台その他の横架材との間に著しい隙間がない長さとし
たものに限る。以下同じ。）又はこれと同等以上の耐力を有する小舞竹（土と一体の壁
を構成する上で支障のないものに限る。）を当該間渡し竹にシュロ縄，パーム縄，わら
縄その他これらに類するもので締め付け，荒壁土（100 l の荒木田土，荒土，京土その
他これらに類する粘性のある砂質粘土に対して0.4kg 以上0.6kg 以下のわらすさを混合
したもの又はこれと同等以上の強度を有するものに限る。）を両面から全面に塗り，か
つ，中塗り土（100 l の荒木田土，荒土，京土その他これらに類する粘性のある砂質粘
土に対し，60 l 以上150 l 以下の砂及び0.4kg 以上0.8kgのもみすさを混合したもの又は
これと同等以上の強度を有するものに限る。）を別表第 4 ㋑欄に掲げる方法で全面に塗
り，土塗壁の塗り厚（柱の外側にある部分の厚さを除く。）を同表㋺欄に掲げる数値と
した土塗壁を設けた軸組

七　次に定めるところにより，土塗りの垂れ壁（当該垂れ壁の上下の横架材の中心間距離
が0.75m 以上であるものに限る。次号において同じ。）を設けた軸組
　イ　当該軸組の両端の柱の小径（当該小径が異なる場合にあっては，当該小径のうちい
　　ずれか小さいもの。次号において同じ。）を別表第 5 ㋑欄に掲げる数値と，中心間距
　　離を同表㋺欄に掲げる数値とすること。
　ロ　当該垂れ壁を別表第 5 ㋩欄に掲げる倍率の数値に応じた軸組に設けられる土塗壁と
　　すること。
　ハ　当該軸組の両端の柱と当該垂れ壁の下の横架材をほぞ差し込み栓打ち又はこれと同
　　等以上の強度を有する接合方法により接合すること。

八　次に定めるところにより，土塗りの垂れ壁及び高さ0.8m 以上の腰壁を設けた軸組
　イ　当該軸組の両端の柱の小径を別表第 6 ㋑欄に掲げる数値と，中心間距離を同表㋺欄
　　に掲げる数値とすること。
　ロ　土塗りの垂れ壁及び腰壁を別表第 6 ㋩欄に掲げる倍率の数値（当該数値が異なる場
　　合にあっては，当該数値のうちいずれか小さいもの）に応じた軸組に設けられる土塗
　　壁とすること。
　ハ　当該軸組の両端の柱と当該垂れ壁の下の横架材及び当該腰壁の上の横架材をほぞ差
　　し込み栓打ち又はこれと同等以上の強度を有する接合方法により接合すること。

九　別表第 7 ㋑欄に掲げる木材（含水率が15%以下のものに限る。）を，同表㋺欄に掲げ
る間隔で互いに相欠き仕口により縦横に組んだ格子壁（継手のないものに限り，大入れ，
短ほぞ差し又はこれらと同等以上の耐力を有する接合方法によって柱及びはり，けた，
土台その他の横架材に緊結したものに限る。）を設けた軸組

十　厚さ2.7cm 以上で別表第 8 ㋑欄に掲げる幅の木材（継手のないものに限り，含水率が

15%以下のものに限る。以下「落とし込み板」という。）と当該落とし込み板に相接する落とし込み板を同表㊯欄に掲げるだぼ又は吸付き桟を用いて同表㊮欄に掲げる接合方法により接合し，落とし込み板が互いに接する部分の厚さを2.7cm以上として，落とし込み板を同表㊬欄に掲げる方法によって周囲の柱及び上下の横架材に設けた溝（構造耐力上支障がなく，かつ，落とし込み板との間に著しい隙間がないものに限る。以下同欄において同じ。）に入れて，はり，けた，土台その他の横架材相互間全面に，水平に積み上げた壁を設けた軸組（柱相互の間隔を同表㊭欄に掲げる間隔としたものに限る。）

十一　別表第9㊠欄及び㊯欄に掲げる壁又は筋かいを併用した軸組

十二　別表第10㊠欄，㊯欄及び㊮欄に掲げる壁又は筋かいを併用した軸組

十三　別表第11㊠欄，㊯欄，㊮欄及び㊬欄に掲げる壁又は筋かいを併用した軸組

十四　前各号に掲げるもののほか，国土交通大臣がこれらと同等以上の耐力を有すると認める軸組

第2　倍率の数値は，次の各号に定めるものとする。

一　第1第一号に定める軸組にあっては，当該軸組について別表第1㊮欄に掲げる数値

二　第1第二号に定める軸組にあっては，0.5

三　第1第三号に定める軸組にあっては，当該軸組について別表第2㊮欄に掲げる数値

四　第1第四号に定める軸組にあっては，当該軸組について別表第2㊬欄に掲げる数値

五　第1第五号に定める軸組にあっては，当該軸組について別表第3㊮欄に掲げる数値

六　第1第六号に定める軸組にあっては，当該軸組について別表第4㊮欄に掲げる数値

七　第1第七号に定める軸組にあっては，当該軸組について別表第5㊬欄に掲げる数値

八　第1第八号に定める軸組にあっては，当該軸組について別表第6㊬欄に掲げる数値

九　第1第九号に定める軸組にあっては，当該軸組について別表第7㊬欄に掲げる数値

十　第1第十号に定める軸組にあっては，当該軸組について別表第8㊯欄に掲げる数値

十一　第1第十一号から第十三号までに定める軸組にあっては，併用する壁又は筋かいを設け又は入れた軸組の第一号から第十号まで又は令第46条第4項表1の倍率の欄に掲げるそれぞれの数値の和（当該数値の和が5を超える場合は5）

十二　第1第十四号に定める軸組にあっては，当該軸組について国土交通大臣が定めた数値

　　附　則　（略）

別表第1

	(い)	(ろ)		(は)
		くぎ打の方法		
	材　　　料	くぎの種類	くぎの間隔	倍率
(1)	構造用パーティクルボード（JIS A 5908-2015（パーティクルボード）に規定する構造用パーティクルボードに限る。）又は構造用MDF（JIS A 5905-2014（繊維板）に規定する構造用MDFに限る。）	N50	1枚の壁材につき外周部分は7.5cm以下，その他の部分は15cm以下	4.3
(2)	構造用合板又は化粧ばり構造用合板（合板の日本農林規格（平成15年農林水産省告示第233号）に規定するもの（屋外に面する壁又は常時湿潤の状態となるおそれのある壁（以下「屋外壁等」という。）に用いる場合は特類に限る。）で，厚さが9mm以上のものに限る。）	CN50		3.7

(3)	構造用パネル（構造用パネルの日本農林規格（昭和62年農林水産省告示第360号）に規定するもので，厚さが9mm以上のものに限る。）	N50		
(4)	構造用合板又は化粧ばり構造用合板（合板の日本農林規格に規定するもの（屋外壁等に用いる場合は特類に限る。）で，厚さが5mm（屋外壁等においては，表面単板をフェノール樹脂加工した場合又はこれと同等以上の安全上必要な耐候措置を講じた場合を除き，7.5mm）以上のものに限る。）			
(5)	パーティクルボード（JIS A 5908-1994（パーティクルボード）に適合するもの（曲げ強さによる区分が8タイプであるものを除く。）で厚さが12mm以上のものに限る。），構造用パーティクルボード（JIS A 5908-2015（パーティクルボード）に規定する構造用パーティクルボードに限る。），構造用MDF（JIS A 5905-2014（繊維板）に規定する構造用MDFに限る。）又は構造用パネル（構造用パネルの日本農林規格に規定するものに限る。）	N50	15cm以下	2.5
(6)	ハードボード（JIS A 5907-1977（硬質繊維板）に定める450又は350で厚さが5mm以上のものに限る。）			2
(7)	硬質木片セメント板（JIS A 5417-1985（木片セメント板）に定める0.9Cで厚さが12mm以上のものに限る。）			
(8)	炭酸マグネシウム板（JIS A 6701-1983（炭酸マグネシウム板）に適合するもので厚さ12mm以上のものに限る。）			
(9)	パルプセメント板（JIS A 5414-1988（パルプセメント板）に適合するもので厚さが8mm以上のものに限る。）			1.5
(10)	構造用せっこうボードA種（JIS A 6901-2005（せっこうボード製品）に定める構造用せっこうボードA種で厚さが12mm以上のものに限る。）（屋外壁等以外の用いる場合に限る。）	GNF40又はGNC40		1.7
(11)	構造用せっこうボードB種（JIS A 6901-2005（せっこうボード製品）に定める構造用せっこうボードB種で厚さが12mm以上のものに限る。）（屋外壁等以外の用いる場合に限る。）			1.2
(12)	せっこうボード（JIS A 6901-2005（せっこうボード製品）に定めるせっこうボードで厚さが12mm以上のものに限る。）（屋外壁等以外の用いる場合に限る。）又は強化せっこうボード（JIS A 6901-2005（せっこうボード製品）に定める強化せっこうボードで厚さが12mm以上のものに限る。）（屋外壁等以外の用いる場合に限る。）			0.9

	(13)	シージングボード（JIS A 5905‐1979（軟質繊維板）に定めるシージングインシュレーションボードで厚さが12mm以上のものに限る。）	SN40	1枚の壁材につき外周部分は10cm以下，その他の部分は20cm以下	1
	(14)	ラスシート（JIS A 5524‐1977（ラスシート（角波亜鉛鉄板ラス））に定めるもののうち角波亜鉛鉄板の厚さが0.4mm以上，メタルラスの厚さが0.6mm以上のものに限る。）	N38	15cm以下	

1　この表において，N38，N50，CN50，GNF40，GNC40及びSN40は，それぞれJIS A 5508‐2005（くぎ）に定めるN38，N50，CN50，GNF40，GNC40及びSN40又はこれらと同等以上の品質を有するくぎをいう。

2　表中(い)欄に掲げる材料（(10)項から(12)項までに掲げるものを除く。）を地面から1m以内の部分に用いる場合には，必要に応じて防腐措置及びしろありその他の虫による害を防ぐための措置を講ずるものとする。

3　2以上の項に該当する場合は，これらのうち(は)欄に掲げる数値が最も大きいものである項に該当するものとする。

別表第2

(い)			(ろ)		(は)	(に)
材　料			くぎ打の方法		第1第三号に定める軸組に係る倍率	第1第四号に定める軸組に係る倍率
			くぎの種類	くぎの間隔		
(1)	構造用パーティクルボード(JIS A 5908‐2015（パーティクルボード）に規定する構造用パーティクルボードに限る。）又は構造用MDF（JIS A 5905‐2014（繊維板）に規定する構造用MDFに限る。）		N50	1枚の壁材につき外周部分は7.5cm以下，その他の部分は15cm以下	4	—
(2)	構造用合板又は化粧ばり構造用合板（合板の日本農林規格に規定するもの（屋外壁等に用いる場合は特類に限る。）で，厚さが9mm以上のものに限る。）		CN50		3.3	—
(3)	構造用パネル（構造用パネルの日本農林規格に規定するもので，厚さが9mm以上のものに限る。）		N50			—
(4)	構造用合板又は化粧ばり構造用合板（合板の日本農林規格に適合するもの（屋外壁等に用いる場合は特類に限る。）で，厚さが7.5mm以上のものに限る。）		N50	15cm以下	2.5	1.5

(5)	パーティクルボード（JIS A 5908－1994（パーティクルボード）に適合するもの（曲げ強さによる区分が8タイプであるものを除く。）で厚さが12mm 以上のものに限る。）又は構造用パネル（構造用パネルの日本農林規格に規定するものに限る。）			
(6)	構造用パーティクルボード（JIS A 5908－2015（パーティクルボード）に規定する構造用パーティクルボードに限る。）又は構造用 MDF（JAS A 5905－2014（繊維板）に規定する構造用 MDF に限る。）			—
(7)	せっこうラスボード（JIS A 6906－1983（せっこうラスボード）に適合するもので厚さが9mm 以上のものに限る。）	GNF32 又は GNC32	1.5	1.0
(8)	構造用せっこうボードA種（JIS A 6901－2005（せっこうボード製品）に定める構造用せっこうボードA種で厚さが12mm 以上のものに限る。）（屋外壁等以外の用いる場合に限る。）	第1第三号による場合は GNF40 又は GNC40，第1第四号による場合は GNF32 又は GNC32	1.5	0.8
(9)	構造用せっこうボードB種（JIS A 6901－2005（せっこうボード製品）に定める構造用せっこうボードB種で厚さが12mm 以上のものに限る。）（屋外壁等以外の用いる場合に限る。）		1.3	0.7
(10)	せっこうボード（JIS A 6901－2005（せっこうボード製品）に定めるせっこうボードで厚さが12mm 以上のものに限る。）又は強化せっこうボード（JIS A 6901－2005（せっこうボード製品）に定める強化せっこうボードで厚さが12mm 以上のものに限る。）		1.0	0.5

1　この表において，N50，CN50，GNF32，GNC32，GNF40及び GNC40は，それぞれ JIS A 5508－2005（くぎ）に定める N50，CN50，GNF32，GNC32，GNF40及び GNC40又はこれらと同等以上の品質を有するくぎをいう。

2　表中(い)欄に掲げる材料（(7)項から(10)項までに掲げるものを除く。）を地面から1m 以内の部分に用いる場合には，必要に応じて防腐措置及びしろありその他の虫による害を防ぐための措置を講ずるものとする。

3　2以上の項に該当する場合は，これらのうち，第1第三号に定める軸組にあっては(は)欄に掲げる数値，第1第四号に定める軸組にあっては(に)欄に掲げる数値が，それぞれ最も大きいものである項に該当するものとする。

別表第3

	(い)	(ろ)		(は)
	材　　料	くぎ打の方法		倍率
		くぎの種類	くぎの間隔	
(1)	構造用パーティクルボード（JIS A 5908－2015（パーティクルボード）に規定する構造用パーティクルボードに限る。）又は構造用MDF（JIS A 5905－2014（繊維板）に規定する構造用MDFに限る。）	N50	1枚の壁材につき外周部分は7.5cm以下，その他の部分は15cm以下	4.3
(2)	構造用合板又は化粧ばり構造用合板（合板の日本農林規格に規定するもの（屋外壁等に用いる場合は特類に限る。）で，厚さが9mm以上のものに限る。）	CN50		3.7
(3)	構造用パネル（構造用パネルの日本農林規格に規定するもので，厚さが9mm以上のものに限る。）			
(4)	構造用合板又は化粧ばり構造用合板（合板の日本農林規格に規定するもの（屋外壁等に用いる場合は特類に限る。）で，厚さが5mm（屋外壁等においては，表面単板をフェノール樹脂加工した場合又はこれと同等以上の安全上必要な耐候措置を講じた場合を除き，7.5mm）以上のものに限る。）	N50	15cm以下	2.5
(5)	パーティクルボード（JIS A 5908－1994（パーティクルボード）に適合するもの（曲げ強さによる区分が8タイプであるものを除く。）で厚さが12mm以上のものに限る。），構造用パーティクルボード（JIS A 5908－2015（パーティクルボード）に規定する構造用パーティクルボードに限る。），構造用MDF（JIS A 5905－2014（繊維板）に規定する構造用MDFに限る。）又は構造用パネル（構造用パネルの日本農林規格に規定するものに限る。）			
(6)	構造用せっこうボードA種（JIS A 6901－2005（せっこうボード製品）に定める構造用せっこうボードA種で厚さが12mm以上のものに限る。）（屋外壁等以外の用いる場合に限る。）			1.6
(7)	構造用せっこうボードB種（JIS A 6901－2005（せっこうボード製品）に定める構造用せっこうボードB種で厚さが12mm以上のものに限る。）（屋外壁等以外の用いる場合に限る。）	GNF40又はGNC40	15cm以下	1.0
(8)	せっこうボード（JIS A 6901－2005（せっこうボード製品）に定めるせっこうボードで厚さが12mm以上のものに限る。）（屋外壁等以外の用いる場合に限る。）又は強化せっこうボード（JIS A 6901－2005（せっこうボード製品）に定める強化せっこうボードで厚さが12mm以上のものに限る。）（屋外壁等以外の用いる場合に限る。）			0.9

1　この表において，N50，CN50，GNF40及びGNC40は，それぞれJIS A 5508－2005（くぎ）に定めるN50，CN50，GNF40及びGNC40又はこれらと同等以上の品質を有するくぎをいう。

2　表中(い)欄に掲げる材料（(6)項から(8)項までに掲げるものを除く。）を地面から1m以内の部分に用いる場合には，必要に応じて防腐措置及びしろありその他の虫による害を防ぐための措置を講ずるものとする。

3　2以上の項に該当する場合は，これらのうち(は)欄に掲げる数値が最も大きいものである項に該当するものとする。

別表第4

	(い)	(ろ)	(は)
	中塗り土の塗り方	土塗壁の塗り厚	倍　率
(1)	両面塗り	7 cm 以上	1.5
(2)		5.5cm 以上	1.0
(3)	片面塗り		1.0

別表第5

	(い)	(ろ)	(は)	(に)
	軸組の両端の柱		土塗壁の倍率	倍　率
	小径	中心間距離		
(1)	0.15m 未満	0.45m 以上1.5m 未満	0.5以上1.0未満	0.1を軸組の両端の柱の中心間距離で除した数値
(2)			1.0以上1.5未満	0.2を軸組の両端の柱の中心間距離で除した数値
(3)			1.5以上2.0未満	0.3を軸組の両端の柱の中心間距離で除した数値
(4)		1.5m 以上	0.5以上2.0未満	0.1を軸組の両端の柱の中心間距離で除した数値
(5)	0.15m 以上	0.45m 以上	0.5以上1.0未満	0.1を軸組の両端の柱の中心間距離で除した数値
(6)			1.0以上1.5未満	0.2を軸組の両端の柱の中心間距離で除した数値
(7)			1.5以上2.0未満	0.3を軸組の両端の柱の中心間距離で除した数値

別表第6

	(い)	(ろ)	(は)	(に)
	軸組の両端の柱		土塗壁の倍率	倍　率
	小径	中心間距離		
(1)	0.13m 以上 0.15m 未満	0.45m 以上 1.5m 未満	0.5以上1.0未満	0.2を軸組の両端の柱の中心間距離で除した数値
(2)			1.0以上1.5未満	0.5を軸組の両端の柱の中心間距離で除した数値

(3)			1.5以上2.0未満	0.8を軸組の両端の柱の中心間距離で除した数値
(4)			0.5以上1.0未満	0.2を軸組の両端の柱の中心間距離で除した数値
(5)	0.15m 以上	0.45m 以上	1.0以上1.5未満	0.5を軸組の両端の柱の中心間距離で除した数値
(6)			1.5以上2.0未満	0.8を軸組の両端の柱の中心間距離で除した数値

別表第7

	(い)		(ろ)	(は)
	木　材		格子の間隔	倍　率
	見付け幅	厚さ		
(1)	4.5cm 以上	9.0cm 以上	9cm 以上16cm 以下	0.9
(2)	9.0cm 以上		18cm 以上31cm 以下	0.6
(3)	10.5cm 以上	10.5cm 以上		1.0

別表第8

	(い)	(ろ)	(は)	(に)	(ほ)	(へ)
	落とし込み板の幅	だぼ又は吸付き桟	接合方法	柱及び上下の横架材との固定方法	柱相互の間隔	倍率
(1)	13cm 以上	相接する落とし込み板に十分に水平力を伝達できる長さを有する小径が1.5cm 以上の木材のだぼ（なら，けやき又はこれらと同等以上の強度を有する樹種で，節等の耐力上の欠点のないものに限る。）又は直径9mm 以上の鋼材のだぼ（JIS G3112－1987（鉄筋コンクリート用棒鋼）に規定する SR235 若しくは SD295A に適合するもの又はこれらと同等以上の強度を有するものに限る。）	落とし込み板が互いに接する部分に62cm 以下の間隔で3箇所以上の穴（(ろ)欄に掲げるだぼと同寸法のものに限る。以下同じ。）を設け，当該穴の双方に隙間なく当該だぼを設けること。	柱に設けた溝に落とし込み板を入れること。	180cm 以上230cm 以下	0.6
(2)			落とし込み板が互いに接する部分に50cm 以下の間隔で90cm につき2箇所以上の穴を設け，当該穴の双方にだぼの径の3倍以上の長さずつ隙間なく当該だぼを設けること。	周囲の柱及び上下の横架材に設けた溝に落とし込み板を入れ，落とし込み板1枚ごとに柱に対して15cm 以下の間隔で2本以上，上下の横架材に対して15cm 以下の間隔で，それぞれくぎ（JIS A5508－1975（鉄丸くぎ）に定める CN75又はこれと同等以上の品質を有するものに限る。）を打ち付けること。	90cm 以上230cm 以下	2.5
(3)	20cm 以上	相接する落とし込み板に十分に水平力を伝達できる長さを有する小径が2.4cm 以上の木材の吸付き桟（なら，けやき又はこれらと同等以上の強度を有する樹種で，節等の耐力上の欠点のないものに限る。）	落とし込み板の片面に30cm 以下の間隔で90cm につき3箇所以上の深さ15mm 以上の溝を設け，当該溝の双方に(ろ)欄に掲げる吸付き桟の小径の3倍以上の長さずつ隙間なく当該吸付き桟を設け，外れないよう固定すること。			3.0

別表第9

	(い)	(ろ)
(1)	第1第一号から第五号までに掲げる壁のうち1	第1第一号から第五号まで若しくは第十号に掲げる壁若しくは令第46条第4項表1(1)項に掲げる壁又は(2)項から(6)項までに掲げる筋かいのうち1
(2)	第1第一号若しくは第二号に掲げる壁，令第46条第4項表1(1)項に掲げる壁（土塗壁を除く。）又は(2)項に掲げる壁のうち1	第1第六号又は第九号に掲げる壁のうち1
(3)	第1第十号に掲げる壁	令第46条第4項表1(1)項に掲げる壁又は(2)項から(4)項まで若しくは(6)項（同表(4)項に掲げる筋かいをたすき掛けに入れた軸組を除く。）に掲げる壁又は筋かいのうち1

別表第10

	(い)	(ろ)	(は)
(1)	第1第一号から第五号までに掲げる壁のうち1	令第46条第4項表1(1)項に掲げる壁	令第46条第4項表1(2)項から(6)項までに掲げる筋かいのうち1
(2)	第1第一号又は第二号に掲げる壁のうち1	令第46条第4項表1(1)項に掲げる壁（土塗壁を除く。）	第1第十号に掲げる壁
(3)	第1第一号から第五号までに掲げる壁のうち1	第1第一号から第五号までに掲げる壁のうち1	第1第十号に掲げる壁又は令第46条第4項表1(2)項から(6)項までに掲げる筋かいのうち1
(4)	第1第一号又は第二号に掲げる壁のうち1	第1第一号若しくは第二号に掲げる壁又は令第46条第4項表1(1)項に掲げる壁（土塗壁は除く。）のうち1	第1第六号及び第九号に掲げる壁のうち1
(5)	第1第一号若しくは第二号に掲げる壁，令第46条第4項表1(1)項に掲げる壁（土塗壁を除く。）又は(2)項に掲げる壁のうち1	第1第十号に掲げる壁	令第46条第4項表1(1)項に掲げる土塗壁又は(2)項から(4)項まで若しくは(6)項（同表(4)項に掲げる筋かいをたすき掛けに入れた軸組を除く。）に掲げる筋かいのうち1

別表第11

(い)	(ろ)	(は)	(に)
第1第一号又は第二号に掲げる壁のうち1	第1第六号又は第九号に掲げる壁のうち1	第1第十号に掲げる壁	令第46条第4項表1(1)項に掲げる土塗壁又は(2)項から(4)項まで若しくは(6)項（同表(4)項に掲げる筋かいをたすき掛けに入れた軸組を除く。）に掲げる筋かいのうち1

木造若しくは鉄骨造の建築物又は建築物の構造部分が構造耐力上安全であることを確かめるための構造計算の基準を定める件

昭和62年11月10日　建設省告示第1899号

最終改正　平成19年5月18日　国土交通省告示第617号

　建築基準法施行令（昭和25年政令第338号）第46条第2項第一号ハ及び第3項，第48条第1項第二号ただし書並びに第69条の規定に基づき，木造若しくは鉄骨造の建築物又は建築物の構造部分が構造耐力上安全であることを確かめるための構造計算の基準を次のように定める。

　建築基準法施行令（以下「令」という。）第46条第2項第一号ハ及び第3項，第48条第1項第二号ただし書並びに第69条の規定に基づき，木造若しくは鉄骨造の建築物又は建築物の構造部分が構造耐力上安全であることを確かめるための構造計算の基準は，次のとおりとする。

一　令第82条各号に定めるところによること。

二　令第82条の2に定めるところによること。ただし，令第88条第1項に規定する標準せん断力係数を0.3以上とした地震力によって構造耐力上主要な部分に生ずる力を計算して令第82条第一号から第三号までに規定する構造計算を行って安全性が確かめられた場合にあっては，この限りでない。

三　木造の建築物にあっては，令第82条の6第二号ロに定めるところにより張り間方向及びけた行方向の偏心率を計算し，それぞれ0.15を超えないことを確かめること。ただし，偏心率が0.15を超える方向について，次のいずれかに該当する場合にあっては，この限りでない。

イ　偏心率が0.3以下であり，かつ，令第88条第1項に規定する地震力について標準層せん断力係数を0.2に昭和55年建設省告示第1792号第7の表2の式によって計算した F_e の数値を乗じて得た数値以上とする計算をして令第82条第一号から第三号までに規定する構造計算を行って安全性が確かめられた場合

ロ　偏心率が0.3以下であり，かつ，令第88条第1項に規定する地震力が作用する場合における各階の構造耐力上主要な部分の当該階の剛心からの距離に応じたねじれの大きさを考慮して当該構造耐力上主要な部分に生ずる力を計算して令第82条第一号から第三号までに規定する構造計算を行って安全性が確かめられた場合

ハ　令第82条の3の規定に適合する場合

　附　則　（略）

簡易な構造の建築物で高い開放性を有する
構造の建築物等の件

平成 5 年 6 月22日　建設省告示第1427号

　建築基準法施行令（昭和25年政令第338号）第136条の 9 第一号の規定に基づき，高い開放性を有する構造の建築物又は建築物の部分を次のように定める。
　一　壁を有しない建築物
　二　次に掲げる基準に適合する建築物又は建築物の部分
　　イ　建築物又は建築物の部分の常時開放されている開口部の面積の合計が，その建築物又は建築物の部分の外壁又はこれに代わる柱の中心線（軒，ひさし，はね出し縁その他これらに類するものがある場合においては，その端。以下同じ。）で囲まれた部分の水平投影面積の1/6以上であること。
　　ロ　高さが2.1m（天井面又ははりの下端が床面から2.1m 未満の高さにある場合は，その高さ）以上の常時開放された開口部の幅の総和が外壁又はこれに代わる柱の中心線の長さの合計1/4以上であること。
　　ハ　建築物又は建築物の部分の各部分から外壁の避難上有効な開口部に至る距離が20m以内であること。
　　附　則　（略）

通常の火災時における炎及び火熱を遮る上で
有効と認める塀その他これに類するものの基準

平成 5 年 6 月24日　建設省告示第1434号

　建築基準法施行令（昭和25年政令第338号）第136条の10第三号ロの規定に基づき，通常の火災時における災及び火熱を遮る上で有効と認める塀その他これに類するものの基準を次のように定める。
　一　高さが 2 m（開放的簡易建築物の屋上の周囲で隣地境界線等からの水平距離が50cm以上の部分にあるものにあっては，1.5m）以上であること。
　二　開放的簡易建築物の床面又は床版面からの高さ50cm 以上の部分を覆うものであること。
　三　不燃材料又は準不燃材料で造られ，又は覆われていること。
　　附　則　（略）

高い開放性を有する建築物

平成 5 年 6 月24日　建設省告示第1437号
最終改正　平成12年12月26日　建設省告示第2465号

　建築基準法施行令（昭和25年政令第338号）第 2 条第 1 項第二号の規定に基づき，国土交通大臣が高い開放性を有すると認めて指定する構造は，次に掲げるものとする。
　一　外壁を有しない部分が連続して 4 m 以上であること
　二　柱の間隔が 2 m 以上であること
　三　天井の高さが2.1m 以上であること
　四　地階を除く階数が 1 であること
　　　附　則　（略）

準住居地域内で営むことができる
特殊の方法による事業

平成 5 年 6 月24日　建設省告示第1438号
最終改正　平成21年11月27日　国土交通省告示第1250号

　建築基準法施行令（昭和25年政令第338号）第130条の 8 の 3 の規定により国土交通大臣が防音上有効な構造と認めて指定する空気圧縮機は，次に掲げるものとする。
　一　ロータリー式の空気圧縮機
　二　パッケージ式の空気圧縮機

第一種中高層住居専用地域内に建築できる
公益上必要な建築物

平成 5 年 6 月25日　建設省告示第1451号
（昭和60年　建設省告示第725号の全部改正）
最終改正　平成16年 3 月31日　国土交通省告示第396号

　建築基準法施行令（昭和25年政令第338号）第130条の 5 の 4 第二号の規定に基づき，昭和60年建設省告示第725号の全部を次のように改正する。

　建築基準法施行令（昭和25年政令第338号）第130条の 5 の 4 第二号の規定により国土交通大臣が指定する建築物は，次に掲げるものとする。

　一　認定電気通信事業者が認定電気通信事業の用に供する次のイからハまでに掲げる施設である建築物
　　イ　電気通信交換所
　　ロ　電報業務取扱所
　　ハ　イ及びロに掲げる施設以外の施設の用途に供するものでその用途に供する部分の床面積の合計が1,500m²以下のもの（ 3 階以上の部分をその用途に供するものを除く。）
　二　電気事業の用に供する変電所である建築物（電圧30万 V 未満で，かつ，容量110万 kVA 未満のものに限る。）
　三　ガス事業の用に供するガス工作物の工事，維持及び運用に関する業務の用に供する建築物で執務の用に供する部分の床面積の合計が，1,500m²以内のもの

建築物の基礎の構造方法及び構造計算の基準を定める件

平成12年5月23日　建設省告示第1347号
最終改正　令和4年5月27日　国土交通省告示第592号

　建築基準法施行令（昭和25年政令第338号）第38条第3項及び第4項の規定に基づき，建築物の基礎の構造方法及び構造計算の基準を次のように定める。

第1　建築基準法施行令（以下「令」という。）第38条第3項に規定する建築物の基礎の構造は，次の各号のいずれかに該当する場合を除き，地盤の長期に生ずる力に対する許容応力度（改良された地盤にあっては，改良後の許容応力度とする。以下同じ。）が1m²につき20kN未満の場合にあっては基礎ぐいを用いた構造と，20kN/m²以上30kN/m²未満の場合にあっては基礎ぐいを用いた構造又はべた基礎と，30kN/m²以上の場合にあっては基礎ぐいを用いた構造，べた基礎又は布基礎としなければならない。

一　次のイ又はロに掲げる建築物に用いる基礎である場合

　イ　木造の建築物のうち，茶室，あずまやその他これらに類するもの

　ロ　延べ面積が10m²以内の物置，納屋その他これらに類するもの

二　地盤の長期に生ずる力に対する許容応力度が70kN/m²以上の場合であって，木造建築物又は木造と組積造その他の構造とを併用する建築物の木造の構造部分のうち，令第42条第1項ただし書の規定により土台を設けないものに用いる基礎である場合

三　門，塀その他これらに類するものの基礎である場合

四　建築基準法（昭和25年法律第201号）第85条第2項，第6項又は第7項に規定する仮設建築物（同法第6条第1項第二号及び第三号に掲げる建築物を除く。）に用いる基礎である場合

2　建築物の基礎を基礎ぐいを用いた構造とする場合にあっては，次に定めるところによらなければならない。

一　基礎ぐいは，構造耐力上安全に基礎ぐいの上部を支えるよう配置すること。

二　木造の建築物若しくは木造と組積造その他の構造とを併用する建築物の木造の構造部分（平家建ての建築物で延べ面積が50m²以下のものを除く。）の土台の下又は組積造の壁若しくは補強コンクリートブロック造の耐力壁の下にあっては，一体の鉄筋コンクリート造（2以上の部材を組み合わせたもので，部材相互を緊結したものを含む。以下同じ。）の基礎ばりを設けること。

三　基礎ぐいの構造は，次に定めるところによるか，又はこれらと同等以上の支持力を有するものとすること。

　イ　場所打ちコンクリートぐいとする場合にあっては，次に定める構造とすること。

　　(1)　主筋として異形鉄筋を6本以上用い，かつ，帯筋と緊結したもの

　　(2)　主筋の断面積の合計のくい断面積に対する割合を0.4%以上としたもの

　ロ　高強度プレストレストコンクリートぐいとする場合にあっては，日本産業規格A 5337（プレテンション方式遠心力高強度プレストレストコンクリートくい）－1995に適合するものとすること。

　ハ　遠心力鉄筋コンクリートぐいとする場合にあっては，日本産業規格A 5310（遠心力鉄筋コンクリートくい）－1995に適合するものとすること。

　ニ　鋼管ぐいとする場合にあっては，くいの肉厚は6mm以上とし，かつ，くいの直径

の1/100以上とすること。

3　建築物の基礎をべた基礎とする場合にあっては，次に定めるところによらなければならない。

　一　一体の鉄筋コンクリート造とすること。ただし，地盤の長期に生ずる力に対する許容応力度が70kN/m²以上であって，かつ，密実な砂質地盤その他著しい不同沈下等の生ずるおそれのない地盤にあり，基礎に損傷を生ずるおそれのない場合にあっては，無筋コンクリート造とすることができる。

　二　木造の建築物若しくは木造と組積造その他の構造とを併用する建築物の木造の土台の下又は組積造の壁若しくは補強コンクリートブロック造の耐力壁の下にあっては，連続した立上り部分を設けるものとすること。

　三　立上り部分の高さは地上部分で30cm以上と，立上り部分の厚さは12cm以上と，基礎の底盤の厚さは12cm以上とすること。

　四　根入れの深さは，基礎の底部を雨水等の影響を受けるおそれのない密実で良好な地盤に達したものとした場合を除き，12cm以上とし，かつ，凍結深度よりも深いものとすることその他凍上を防止するための有効な措置を講ずること。

　五　鉄筋コンクリート造とする場合には，次に掲げる基準に適合したものであること。

　　イ　立上り部分の主筋として径12mm以上の異形鉄筋を，立上り部分の上端及び立上り部分の下部の底盤にそれぞれ1本以上配置し，かつ，補強筋と緊結したものとすること。

　　ロ　立上り部分の補強筋として径9mm以上の鉄筋を30cm以下の間隔で縦に配置したものとすること。

　　ハ　底盤の補強筋として径9mm以上の鉄筋を縦横に30cm以下の間隔で配置したものとすること。

　　ニ　換気口を設ける場合は，その周辺に径9mm以上の補強筋を配置すること。

4　建築物の基礎を布基礎とする場合にあっては，次に定めるところによらなければならない。

　一　前項各号（第五号ハを除く。）の規定によること。ただし，根入れの深さにあっては24cm以上と，底盤の厚さにあっては15cm以上としなければならない。

　二　底盤の幅は，地盤の長期に生ずる力に対する許容応力度及び建築物の種類に応じて，次の表に定める数値以上の数値とすること。ただし，基礎ぐいを用いた構造とする場合にあっては，この限りでない。

底盤の幅 （単位　cm） 地盤の長期に生ずる力に対する許容応力度 （単位　kN/m²）	建築物の種類		
	木造又は鉄骨造その他これに類する重量の小さな建築物		その他の建築物
	平家建て	2階建て	
30以上50未満の場合	30	45	60
50以上70未満の場合	24	36	45
70以上の場合	18	24	30

　三　鉄筋コンクリート造とする場合にあって，前号の規定による底盤の幅が24cmを超えるものとした場合には，底盤に補強筋として径9mm以上の鉄筋を30cm以下の間隔で配置し，底盤の両端部に配置した径9mm以上の鉄筋と緊結すること。

第2　令第38条第4項に規定する建築物の基礎の構造計算の基準は，次のとおりとする。

　一　建築物，敷地，地盤その他の基礎に影響を与えるものの実況に応じて，土圧，水圧その他の荷重及び外力を採用し，令第82条第一号から第三号までに定める構造計算を行う

こと。

二　前号の構造計算を行うに当たり，自重による沈下その他の地盤の変形等を考慮して建
　築物又は建築物の部分に有害な損傷，変形及び沈下が生じないことを確かめること。

　　附　則　（略）

木造の柱の構造耐力上の安全性を確かめるための
構造計算の基準を定める件

平成12年 5 月23日　建設省告示第1349号
最終改正　平成13年 6 月12日　国土交通省告示第1024号

　建築基準法施行令（昭和25年政令第338号）第43条第 1 項ただし書及び第 2 項ただし書の規定に基づき，木造の柱の構造耐力上の安全性を確かめるための構造計算の基準を次のように定める。

　建築基準法施行令（以下「令」という。）第43条第 1 項ただし書及び第 2 項ただし書に規定する木造の柱の構造耐力上の安全性を確かめるための構造計算の基準は，次のとおりとする。

一　令第 3 章第 8 節第 2 款に規定する荷重及び外力によって当該柱に生ずる力を計算すること。

二　前号の当該柱の断面に生ずる長期及び短期の圧縮の各応力度を令第82条第二号の表に掲げる式によって計算すること。

三　前号の規定によって計算した長期及び短期の圧縮の各応力度が，平成13年国土交通省告示第1024号第 1 第一号ロに定める基準に従って計算した長期に生ずる力又は短期に生ずる力に対する圧縮材の座屈の各許容応力度を超えないことを確かめること。

　　　附　則　（略）

木造建築物の軸組の設置の基準を定める件

平成12年5月23日　建設省告示第1352号
最終改正　平成19年9月27日　国土交通省告示第1227号

　建築基準法施行令（昭和25年政令第338号）第46条第4項の規定に基づき，木造建築物の軸組の設置の基準を次のように定める。

　建築基準法施行令（以下「令」という。）第46条第4項に規定する木造建築物においては，次に定める基準に従って軸組を設置しなければならない。ただし，令第82条の6第二号ロに定めるところにより構造計算を行い，各階につき，張り間方向及びけた行方向の偏心率が0.3以下であることを確認した場合においては，この限りでない。

一　各階につき，建築物の張り間方向にあってはけた行方向の，けた行方向にあっては張り間方向の両端からそれぞれ1/4の部分（以下「側端部分」という。）について，令第46条第4項の表1の数値に側端部分の軸組の長さを乗じた数値の和（以下「存在壁量」という。）及び同項の表2の数値に側端部分の床面積（その階又は上の階の小屋裏，天井裏その他これらに類する部分に物置等を設ける場合においては，平成12年建設省告示第1351号に規定する数値を加えた数値とする。）を乗じた数値（以下「必要壁量」という。）を求めること。この場合において，階数については，建築物全体の階数にかかわらず，側端部分ごとに独立して計算するものとする。

二　各側端部分のそれぞれについて，存在壁量を必要壁量で除した数値（以下「壁量充足率」という。）を求め，建築物の各階における張り間方向及びけた行方向双方ごとに，壁量充足率の小さい方を壁量充足率の大きい方で除した数値（次号において「壁率比」という。）を求めること。

三　前号の壁率比がいずれも0.5以上であることを確かめること。ただし，前号の規定により算出した側端部分の壁量充足率がいずれも1を超える場合においては，この限りでない。

　　附　則　（略）

鉄骨造の建築物について一の柱のみの火熱による耐力の低下によって建築物全体が容易に倒壊するおそれがある場合等を定める件

平成12年5月23日　建設省告示第1356号

　建築基準法施行令（昭和25年政令第338号）第70条の規定に基づき，鉄骨造の建築物について一の柱のみの火熱による耐力の低下によって建築物全体が容易に倒壊するおそれがある場合等を次のように定める。

第1　建築基準法施行令（以下「令」という。）第70条に規定する一の柱のみの火熱による耐力の低下によって建築物全体が容易に倒壊するおそれがある場合は，一の柱を除いたと仮定した建築物の構造耐力上主要な部分に，当該建築物に常時作用している荷重（固定荷重と積載荷重との和（令第86条第2項ただし書の規定によって特定行政庁が指定する多雪区域においては，更に積雪荷重を加えたものとする。））によって生ずる応力度が，建築物の構造耐力上主要な部分の各断面のいずれかにおいて短期に生ずる力に対する許容応力度を越える場合とする。

第2　通常の火災による火熱が加えられた場合に，加熱開始後30分間構造耐力上支障のある変形，溶融，破壊その他の損傷を生じない柱の構造方法は次の各号のいずれかに該当するものとする。

一　厚さが12mm以上の石膏ボードで覆ったもの

二　厚さが12mm以上の窯業系サイディングで覆ったもの

三　厚さが12mm以上の繊維強化セメント板で覆ったもの

四　厚さが9mm以上の石膏ボードに厚さが9mm以上の石膏ボード又は難燃合板を重ねて覆ったもの

五　厚さが15mm以上の鉄網モルタル塗りで覆ったもの

　　附　則　（略）

準耐火構造の構造方法を定める件

平成12年5月24日　建設省告示第1358号
最終改正　令和3年6月7日　国土交通省告示第514号

建築基準法（昭和25年法律201号）第2条第七号の二の規定に基づき，準耐火構造の構造方法を次のように定める。

第1　壁の構造方法は，次に定めるもの（第一号ハ，第三号ハ及びニ並びに第五号ニ及びホに定める構造方法にあっては，防火被覆の取合いの部分，目地の部分その他これらに類する部分（以下「取合い等の部分」という。）を，当該取合い等の部分の裏面に当て木を設ける等当該建築物の内部への炎の侵入を有効に防止することができる構造とするものに限る。）とする。

一　建築基準法施行令（以下「令」という。）第107条の2第一号及び第二号に掲げる技術的基準に適合する耐力壁である間仕切壁の構造方法にあっては，次に定めるものとする。

イ　1時間準耐火基準に適合する構造とすること。

ロ　建築基準法（以下「法」という。）第21条第1項の規定による認定を受けた主要構造部の構造又は法第27条第1項の規定による認定を受けた主要構造部の構造とすること。

ハ　次の(1)から(4)までのいずれかに該当するもの

(1)　間柱及び下地を木材で造り，かつ，その両側にそれぞれ次の(i)から(v)までのいずれかに該当する防火被覆が設けられたものとすること。

(i)　令和元年国土交通省告示第195号（以下「1時間準耐火構造告示」という。）第1第一号ハ(1)，(3)又は(7)のいずれかに該当するもの

(ii)　厚さが15mm 以上のせっこうボード（強化せっこうボードを含む。以下同じ。）

(iii)　厚さが12mm 以上のせっこうボードの上に厚さが9mm 以上のせっこうボード又は難燃合板を張ったもの

(iv)　厚さが9mm 以上のせっこうボード又は難燃合板の上に厚さが12mm 以上のせっこうボードを張ったもの

(v)　厚さが7mm 以上のせっこうラスボードの上に厚さ8mm 以上せっこうプラスターを塗ったもの

(2)　間柱及び下地を木材又は鉄材で造り，かつ，その両側にそれぞれ次の(i)又は(ii)に該当する防火被覆が設けられた構造（間柱及び下地を木材のみで造ったものを除く。）とすること。

(i)　1時間準耐火構造告示第1第一号ハ(1)又は(3)に該当するもの

(ii)　(1)(ii)から(v)までのいずれかに該当するもの

(3)　間柱及び下地を不燃材料で造り，かつ，その両側にそれぞれ次の(i)から(iii)までのいずれかに該当する防火被覆が設けられた構造とすること。

(i)　塗厚さが15mm 以上の鉄網モルタル

(ii)　木毛セメント板又はせっこうボードの上に厚さ10mm 以上モルタル又はしっくいを塗ったもの

(iii)　木毛セメント板の上にモルタル又はしっくいを塗り，その上に金属板を張ったもの

(4)　間柱若しくは下地を不燃材料以外の材料で造り，かつ，その両側にそれぞれ次の(i)

からⅷまでのいずれかに該当する防火被覆が設けられた構造とすること。
　　⒤　塗厚さが20mm 以上の鉄網モルタル又は木ずりしっくい
　　⒤⒤　木毛セメント板又はせっこうボードの上に厚さ15mm 以上モルタル又はしっく
　　　いを塗ったもの
　　ⅲ　モルタルの上にタイルを張ったものでその厚さの合計が25mm 以上のもの
　　ⅳ　セメント板又は瓦の上にモルタルを塗ったものでその厚さの合計が25mm 以上
　　　のもの
　　ⅴ　土蔵造
　　ⅵ　土塗真壁造で裏返塗りをしたもの
　　ⅶ　厚さが12mm 以上のせっこうボードの上に亜鉛鉄板を張ったもの
　　ⅷ　厚さが25mm 以上のロックウール保温板の上に亜鉛鉄板を張ったもの
　ニ　1時間準耐火構造告示第1第一号ホに定める構造とすること。この場合において，
　　同号ホ⑴⒤(一)中「4.5cm」とあるのは「3.5cm」と，同号ホ⑴⒤(二)中「6cm」と
　　あるのは「4.5cm」と読み替えるものとする。第三号ホにおいて同じ。
二　令第107条の2第二号に掲げる技術的基準に適合する非耐力壁である間仕切壁の構造
　方法にあっては，次に定めるものとする。
　イ　1時間準耐火基準に適合する構造とすること。
　ロ　法第21条第1項の規定による認定を受けた主要構造部の構造又は法第27条第1項の
　　規定による認定を受けた主要構造部の構造とすること。
　ハ　前号ハに定める構造とすること。
　ニ　1時間準耐火構造告示第1第二号ニに定める構造とすること。この場合において，
　　同号ニ⑴⒤中「4.5cm」とあるのは「3.5cm」と，「7.5cm」とあるのは「6.5cm」と，
　　同号ニ⑴⒤⒤中「6cm」とあるのは「4.5cm」と，「9cm」とあるのは「7.5cm」と読
　　み替えるものとする。第四号ニ及び第五号へにおいて同じ。
三　令第107条の2に掲げる技術的基準に適合する耐力壁である外壁の構造方法にあって
　は，次に定めるものとする。
　イ　1時間準耐火基準に適合する構造とすること。
　ロ　法第21条第1項の規定による認定を受けた主要構造部の構造又は法第27条第1項の
　　規定による認定を受けた主要構造部の構造とすること。
　ハ　間柱及び下地を木材で造り，かつ，次に掲げる基準のいずれかに適合する構造とす
　　ること。
　　⑴　屋外側の部分に次の⒤から⒱までのいずれかに該当する防火被覆が設けられ，か
　　　つ，屋内側の部分に第一号ハ⑴⒤から⒱までのいずれかに該当する防火被覆が設け
　　　られていること。
　　　⒤　1時間準耐火構造告示第1第三号ハ⑴から⑹までのいずれかに該当するもの
　　　⒤⒤　厚さが12mm 以上のせっこうボードの上に金属板を張ったもの
　　　ⅲ　木毛セメント板又はせっこうボードの上に厚さ15mm 以上モルタル又はしっく
　　　　いを塗ったもの
　　　ⅳ　モルタルの上にタイルを張ったものでその厚さの合計が25mm 以上のもの
　　　ⅴ　セメント板又は瓦の上にモルタルを塗ったものでその厚さの合計が25mm 以上
　　　　のもの
　　　ⅵ　厚さが25mm 以上のロックウール保温板の上に金属板を張ったもの
　　⑵　屋外側の部分に次の⒤に該当する防火被覆が設けられ，かつ，屋内側の部分に次
　　　の⒤⒤に該当する防火被覆が設けられていること。

　　　⒤　塗厚さが15mm 以上の鉄網軽量モルタル（モルタル部分に含まれる有機物の量が当該部分の重量の 8 ％以下のものに限る。）

　　　⒤⒤　厚さが50mm 以上のロックウール（かさ比重が0.024以上のものに限る。以下同じ。）又はグラスウール（かさ比重が0.01以上のものに限る。）を充填した上に，せっこうボードを 2 枚以上張ったものでその厚さの合計が24mm 以上のもの又は厚さが21mm 以上の強化せっこうボード（ボード用原紙を除いた部分のせっこうの含有率を95％以上，ガラス繊維の含有率を0.4％以上とし，かつ，ひる石の含有率を2.5％以上としたものに限る。）を張ったもの

　　ニ　間柱及び下地を木材又は鉄材で造り，その屋外側の部分に次の⑴又は⑵に該当する防火被覆が設けられ，かつ，その屋内側の部分に第一号ハ⑵⒤又は⒤⒤に該当する防火被覆が設けられた構造（間柱及び下地を木材のみで造ったものを除く。）とすること。

　　　⑴　1 時間準耐火構造告示第 1 第三号ハ⑴から⑶までのいずれかに該当するもの

　　　⑵　ハ⑴⒤⒤から⒱までのいずれかに該当するもの

　　ホ　1 時間準耐火構造告示第 1 第一号ホに定める構造とすること。

　四　令第107条の 2 第二号及び第三号に掲げる技術的基準に適合する非耐力壁である外壁の延焼のおそれのある部分の構造方法にあっては，次に定めるものとする。

　　イ　1 時間準耐火基準に適合する構造とすること。

　　ロ　法第21条第 1 項の規定による認定を受けた主要構造部の構造又は法第27条第 1 項の規定による認定を受けた主要構造部の構造とすること。

　　ハ　前号ハ又はニに定める構造とすること。

　　ニ　1 時間準耐火構造告示第 1 第二号ニに定める構造とすること。

　五　令第107条の 2 第二号及び第三号に掲げる技術的基準に適合する非耐力壁である外壁の延焼のおそれのある部分以外の部分の構造方法にあっては，次に定めるものとする。

　　イ　耐火構造とすること。

　　ロ　法第21条第 1 項の規定による認定を受けた主要構造部の構造又は法第27条第 1 項の規定による認定を受けた主要構造部の構造とすること。

　　ハ　第三号ハ又はニに定める構造とすること。

　　ニ　間柱及び下地を木材で造り，その屋外側の部分に第三号ハ⑴⒤から⒱までのいずれかに該当する防火被覆が設けられ，かつ，その屋内側の部分に次の⑴又は⑵に該当する防火被覆が設けられた構造とすること。

　　　⑴　厚さが 8 mm 以上のスラグせっこう系セメント板

　　　⑵　厚さが12mm 以上のせっこうボード

　　ホ　間柱及び下地を木材又は鉄材で造り，その屋外側の部分に第三号ニ⑴又は⑵に該当する防火被覆が設けられ，かつ，その屋内側の部分にニ⑴又は⑵に該当する防火被覆が設けられた構造（間柱及び下地を木材のみで造ったものを除く。）とすること。

　　ヘ　1 時間準耐火構造告示第 1 第二号ニに定める構造とすること。

第 2　令第107条の 2 第一号に掲げる技術的基準に適合する柱の構造方法は，次に定めるものとする。

　一　1 時間準耐火基準に適合する構造とすること。

　二　法第21条第 1 項の規定による認定を受けた主要構造部の構造又は法第27条第 1 項の規定による認定を受けた主要構造部の構造とすること。

　三　第 1 第一号ハ⑴⒤⒤から⒱までのいずれかに該当する防火被覆を設けるか，又は次に掲げる基準に適合する構造とすること。

　　イ　令第46条第 2 項第一号イ及びロに掲げる基準に適合していること。

　　ロ　当該柱を接合する継手又は仕口が，昭和62年建設省告示第1901号に定める基準に
　　　　従って，通常の火災時の加熱に対して耐力の低下を有効に防止することができる構造
　　　　であること。
　　　　　この場合において，同告示第一号イ中「2.5cm」とあるのは「3.5cm」と，同号ロ
　　　　中「3cm」とあるのは「4.5cm」と読み替えるものとする。第4第三号ロにおいて同
　　　　じ。
　　ハ　当該柱を有する建築物全体が，昭和62年建設省告示第1902号に定める基準に従った
　　　　構造計算によって通常の火災により容易に倒壊するおそれのないことが確かめられた
　　　　構造であること。
　　　　　この場合において，同告示第二号イ中「2.5cm」とあるのは「3.5cm」と，同号ロ
　　　　中「3cm」とあるのは「4.5cm」と読み替えるものとする。第4第三号ハにおいて同
　　　　じ。
　　ニ　防火被覆の取合い等の部分を，当該取合い等の部分の裏面に当て木が設けられてい
　　　　る等当該建築物の内部への炎の侵入を有効に防止することができる構造とすること。
第3　令第107条の2第一号及び第二号に掲げる技術的基準に適合する床の構造方法は，次
　　に定めるもの（第三号に定める構造方法にあっては，防火被覆の取合い等の部分を，当該
　　取合い等の部分の裏面に当て木を設ける等当該建築物の内部への炎の侵入を有効に防止す
　　ることができる構造とするものに限る。）とする。
　一　1時間準耐火基準に適合する構造とすること。
　二　法第21条第1項の規定による認定を受けた主要構造部の構造又は法第27条第1項の規
　　　定による認定を受けた主要構造部の構造とすること。
　三　根太及び下地を木材又は鉄材で造り，かつ，次に掲げる基準に適合する構造とするこ
　　　と。
　　イ　表側の部分に次の⑴から⑷までのいずれかに該当する防火被覆が設けられているこ
　　　　と。
　　　⑴　厚さが12mm以上の構造用合板，構造用パネル，パーティクルボード，デッキプ
　　　　　レートその他これらに類するもの（以下この号において「合板等」という。）の上
　　　　　に厚さが9mm以上のせっこうボード若しくは軽量気泡コンクリートパネル又は厚
　　　　　さが8mm以上の硬質木片セメント板を張ったもの
　　　⑵　厚さが12mm以上の合板等の上に厚さが9mm以上モルタル，コンクリート（軽
　　　　　量コンクリート及びシンダーコンクリートを含む。以下同じ。）又はせっこうを塗っ
　　　　　たもの
　　　⑶　厚さが30mm以上の木材
　　　⑷　畳（ポリスチレンフォームの畳床を用いたものを除く。）
　　ロ　裏側の部分又は直下の天井に次の⑴から⑶までのいずれかに該当する防火被覆が設
　　　　けられていること
　　　⑴　1時間準耐火構造告示第3第三号ロ⑴，⑵又は⑷のいずれかに該当するもの
　　　⑵　厚さが15mm以上の強化せっこうボード
　　　⑶　厚さが12mm以上の強化せっこうボード（その裏側に厚さが50mm以上のロック
　　　　　ウール又はグラスウール（かさ比重が0.024以上のものに限る。以下同じ。）を設け
　　　　　たものに限る。）
　四　1時間準耐火構造告示第3第四号に定める構造とすること。この場合において，同号
　　　イ⑴(i)中「4.5cm」とあるのは「3.5cm」と，同号イ⑴(ii)中「6cm」とあるのは「4.5cm」
　　　と読み替えるものとする。

第4　令第107条の2第一号に掲げる技術的基準に適合するはりの構造方法は，次に定めるものとする。

一　1時間準耐火基準に適合する構造とすること。

二　法第21条第1項の規定による認定を受けた主要構造部の構造又は法第27条第1項の規定による認定を受けた主要構造部の構造とすること。

三　第3第三号ロ⑵又は⑶に該当する防火被覆を設けるか，又は次に掲げる基準に適合する構造とすること。

　イ　令第46条第2項第一号イ及びロに掲げる基準に適合していること。

　ロ　当該はりを接合する継手又は仕口が，昭和62年建設省告示第1901号に定める基準に従って，通常の火災時の加熱に対して耐力の低下を有効に防止することができる構造であること。

　ハ　当該はりを有する建築物全体が，昭和62年建設省告示第1902号に定める基準に従った構造計算によって，通常の火災により容易に倒壊するおそれのないことが確かめられた構造であること。

　ニ　防火被覆の取合い等の部分が，当該取合い等の部分の裏面に当て木が設けられている等当該建築物の内部への炎の侵入を有効に防止することができる構造とすること。

第5　屋根の構造方法は，次に定めるもの（第一号ハからホまで及び第二号ハに定める構造方法にあっては，防火被覆の取合い等の部分を，当該取合い等の部分の裏面に当て木を設ける等当該建築物の内部への炎の侵入を有効に防止することができる構造とするものに限る。）とする。

一　令第107条の2第一号及び第三号に掲げる技術的基準に適合する屋根（軒裏を除く。）の構造方法にあっては，次に定めるもの（第一号ハ及びニ並びに第二号ハに定める構造方法にあっては，防火被覆の取合い等の部分を，当該取合い等の部分の裏面に当て木を設ける等当該建築物の内部への炎の侵入を有効に防止することができる構造とするものに限る。）とする。

　イ　耐火構造とすること。

　ロ　法第21条第1項の規定による認定を受けた主要構造部の構造又は法第27条第1項の規定による認定を受けた主要構造部の構造とすること。

　ハ　次に定める構造とすること。

　　⑴　不燃材料で造るか，又はふいたもの

　　⑵　屋内側の部分又は直下の天井に次の⒤から⒲までのいずれかに該当する防火被覆が設けられたもの

　　　⒤　厚さが12mm以上の強化せっこうボード

　　　⒥　厚さが9mm以上のせっこうボードを2枚以上張ったもの

　　　⒦　厚さが12mm以上のせっこうボード（その裏側に厚さが50mm以上のロックウール又はグラスウールを設けたものに限る。）

　　　⒧　厚さが12mm以上の硬質木片セメント板

　　　⒨　第1第三号ハ⑴⒥から⒩までのいずれかに該当するもの

　　　⒩　塗厚さが20mm以上の鉄網モルタル

　　　⒪　繊維強化セメント板（けい酸カルシウム板に限る。）を2枚以上張ったもので，その厚さの合計が16mm以上のもの

　ニ　野地板に構造用合板，構造用パネル，パーティクルボード，硬質木片セメント板その他これらに類するもので厚さが9mm以上のものを使用し，かつ，その屋内側の部分又は直下の天井にハ⑵⒤に該当する防火被覆が設けられた構造とすること。

　ホ　屋内側の部分又は直下の天井に次の⑴から⑶までのいずれかに該当する防火被覆が

設けられた構造とすること。

(1) 第3第三号ロ(2)又は(3)に該当するもの

(2) せっこうボードを2枚以上張ったもので，その厚さの合計が21mm以上のもの

(3) 厚さが12mm以上のせっこうボードの上に厚さが9mm以上のロックウール吸音板を張ったもの

ヘ 構造用集成材，構造用単板積層材又は直交集成板（それぞれ集成材の日本農林規格（平成19年農林水産省告示第1152号）第2条，単板積層材の日本農林規格（平成20年農林水産省告示第701号）第1部箇条3又は直交集成板の日本農林規格（平成25年農林水産省告示第3079号）箇条3に規定する使用環境A又はBの表示をしてあるものに限る。以下同じ。）を使用し，かつ，次に掲げる基準に適合する構造とすること。

(1) 当該屋根の接合部の構造方法が，次に定める基準に従って，通常の火災時の加熱に対して耐力の低下を有効に防止することができる構造であること。

(i) 接合部のうち木材で造られた部分の表面（木材その他の材料で防火上有効に被覆された部分を除く。）から内側に，次の㋑又は㋺に掲げる場合に応じて，それぞれ当該㋑又は㋺に掲げる値の部分が除かれたときの残りの部分が，当該接合部の存在応力を伝えることができる構造であること。

㋑ 構造用集成材，構造用単板積層材又は直交集成板に使用する接着剤（㋺において単に「接着剤」という。）として，フェノール樹脂，レゾルシノール樹脂又はレゾルシノール・フェノール樹脂を使用する場合（構造用集成材又は直交集成板を使用する場合にあっては，ラミナの厚さが12mm以上の場合に限る。）　2.5cm

㋺ 接着剤として，㋑に掲げるもの以外のものを使用する場合（構造用集成材又は直交集成板を使用する場合にあっては，ラミナの厚さが21mm以上の場合に限る。）　3cm

(ii) 接合部にボルト，ドリフトピン，釘，木ねじその他これらに類するものを用いる場合においては，これらが木材その他の材料で防火上有効に被覆されていること。

(iii) 接合部に鋼材の添え板その他これに類するものを用いる場合においては，これらが埋め込まれ，又は挟み込まれていること。ただし，木材その他の材料で防火上有効に被覆されている場合においては，この限りでない。

(2) 当該屋根を有する建築物全体が，次に定める基準に従った構造計算によって通常の火災により容易に倒壊するおそれのないことが確かめられた構造であること。

(i) 主要構造部である屋根のうち木材で造られた部分の表面（木材その他の材料で防火上有効に被覆された部分を除く。）から内側に，(1)(i)㋑又は㋺に掲げる場合に応じて，それぞれ当該㋑又は㋺に掲げる値の部分が除かれたときの残りの断面（(ii)において「残存断面」という。）について，令第82条第二号の表に掲げる長期の組合せによる各応力の合計により，長期応力度を計算すること。

(ii) (i)によって計算した長期応力度が，残存断面について令第94条の規定に基づき計算した短期の許容応力度を超えないことを確かめること。

(3) 取合い等の部分を，当該取合い等の部分の裏面に当て木が設けられている等当該建築物の内部への炎の侵入を有効に防止することができる構造とすること。

二 令第107条の2第二号及び第三号に掲げる技術的基準に適合する軒裏（外壁によって小屋裏又は天井裏と防火上有効に遮られているものを除く。）の構造方法にあっては，次に定めるものとする。

　　イ　１時間準耐火基準に適合する構造とすること。

　　ロ　法第21条第１項の規定による認定を受けた主要構造部の構造又は法第27条第１項の規定による認定を受けた主要構造部の構造とすること。

　　ハ　前号ハ⑵ⅳ又は⒱に該当する防火被覆が設けられた構造とすること。

　　ニ　野地板（厚さが30mm 以上のものに限る。）及びたるきを木材で造り，これらと外壁（軒桁を含む。）とのすき間に厚さが45mm 以上の木材の面戸板を設け，かつ，たるきと軒桁との取合い等の部分を，当該取合い等の部分にたるき欠きを設ける等当該建築物の内部への炎の侵入を有効に防止することができる構造とすること。

第6　令第107条の２第一号に掲げる技術的基準に適合する階段の構造方法は，次に定めるものとする。

一　耐火構造とすること。

二　法第21条第１項の規定による認定を受けた主要構造部の構造又は法第27条第１項の規定による認定を受けた主要構造部の構造とすること。

三　段板及び段板を支えるけたが木材で造られたもので，当該木材の厚さが６cm 以上のもの又は次のイ若しくはロのいずれかに該当する構造とすること。

　　イ　当該木材の厚さが3.5cm 以上のもので，段板の裏面に第５第一号ハ⑵ⅰから⒱までのいずれかに該当する防火被覆が施され，かつ，けたの外側の部分に第１第五号ニ⑴又は⑵（屋外側にあっては，第１第三号ハ⑴ⅱから⒱までのいずれか）に該当する防火被覆が設けられたもの

　　ロ　段板の裏面に第３第三号ロ⑴から⑶までのいずれかに該当する防火被覆が設けられ，かつ，けたの外側の部分に第１第一号ハ⑴ⅱから⒱までのいずれか（屋外側にあっては，第１第三号ハ⑴ⅱから⒱までのいずれか）に該当する防火被覆が設けられたもの

　　　附　則

　　平成５年建設省告示第1453号は，廃止する。

防火構造の構造方法を定める件

平成12年 5 月24日　建設省告示第1359号
最終改正　令和 3 年 6 月 7 日　国土交通省告示第513号

建築基準法（昭和25年法律第201号）第 2 条第八号の規定に基づき，防火構造の構造方法を次のように定める。

第1　外壁の構造方法は，次に定めるものとする。

一　建築基準法施行令（昭和25年政令第338号。以下「令」という。）第108条に掲げる技術的基準に適合する耐力壁である外壁の構造方法にあっては，次のいずれかに該当するもの（ハに定める構造方法にあっては，屋内側の防火被覆の取合いの部分，目地の部分その他これらに類する部分（以下この号において「取合い等の部分」という。）を，当該取合い等の部分の裏面に当て木を設ける等当該建築物の内部への炎の侵入を有効に防止することができる構造とし，かつ，屋外側の防火被覆の取合い等の部分の裏面に厚さが12mm 以上の合板，構造用パネル，パーティクルボード，硬質木片セメント板その他これらに類するものを設け，又は当該取合い等の部分を相じゃくりとするものに限り，ホ(3)(i)(ハ)及び(ii)(ホ)に掲げる構造方法を組み合わせた場合にあっては，土塗壁と間柱及び桁との取合いの部分を，当該取合いの部分にちりじゃくりを設ける等当該建築物の内部への炎の侵入を有効に防止することができる構造とするものに限る。）とする。

イ　準耐火構造（耐力壁である外壁に係るものに限る。）とすること。

ロ　間柱及び下地を木材で造り，かつ，次に掲げる基準のいずれかに適合する構造（イに掲げる構造を除く。）とすること。

(1)　屋内側の部分に次の(i)に該当する防火被覆が設けられ，かつ，屋外側の部分に次の(ii)に該当する防火被覆が設けられていること。

(i)　厚さが50mm 以上のグラスウール（かさ比重が0.01以上のものに限る。(2)(i)において同じ。）又はロックウール（かさ比重が0.024以上のものに限る。）を充填した上に厚さが12mm 以上のせっこうボード（強化せっこうボードを含む。以下同じ。）を張ったもの

(ii)　塗厚さが15mm 以上の鉄網軽量モルタル（モルタル部分に含まれる有機物の量が当該部分の重量の 8 ％以下のものに限る。）

(2)　屋内側の部分に次の(i)に該当する防火被覆が設けられ，かつ，屋外側の部分に次の(ii)に該当する防火被覆が設けられていること。

(i)　厚さが50mm 以上のグラスウール又は厚さが55mm 以上のロックウール（かさ比重が0.03以上のものに限る。）を充填した上に厚さが 9 mm 以上のせっこうボードを張ったもの

(ii)　厚さが15mm 以上の窯業系サイディング（中空部を有する場合にあっては，厚さが18mm 以上で，かつ，中空部を除く厚さが 7 mm 以上のものに限る。）を張ったもの

ハ　間柱及び下地を木材又は鉄材で造り，かつ，ロ(2)に掲げる基準に適合する構造（イに掲げる構造並びに間柱及び下地を木材のみで造ったものを除く。）とすること。

ニ　間柱及び下地を不燃材料で造り，かつ，次に定める防火被覆が設けられた構造（イに掲げる構造を除く。）とすること。

　　⑴　屋内側にあっては，次のいずれかに該当するもの

　　　㈠　平成12年建設省告示第1358号第1第一号ハ⑴㈢から㈥まで又は⑵㈠のいずれか
　　　　に該当するもの

　　　㈡　厚さが9.5mm以上のせっこうボードを張ったもの

　　　㈢　厚さが75mm以上のグラスウール又はロックウールを充填した上に厚さが4
　　　　mm以上の合板，構造用パネル，パーティクルボード又は木材を張ったもの

　　⑵　屋外側にあっては，次のいずれかに該当するもの

　　　㈠　令和元年国土交通省告示第195号第1第三号ハ⑴又は⑵に該当するもの

　　　㈡　塗厚さが15mm以上の鉄網モルタル

　　　㈢　木毛セメント板又はせっこうボードの上に厚さ10mm以上モルタル又はしっく
　　　　いを塗ったもの

　　　㈣　木毛セメント板の上にモルタル又はしっくいを塗り，その上に金属板を張った
　　　　もの

　　　㈤　モルタルの上にタイルを張ったもので，その厚さの合計が25mm以上のもの

　　　㈥　セメント板又は瓦の上にモルタルを塗ったもので，その厚さの合計が25mm以
　　　　上のもの

　　　㈦　厚さが12mm以上のせっこうボードの上に金属板を張ったもの

　　　㈧　厚さが25mm以上のロックウール保温板の上に金属板を張ったもの

　ホ　間柱又は下地を不燃材料以外の材料で造り，かつ，次のいずれかに該当する構造（イ
　　に掲げる構造を除く。）とすること。

　　⑴　土蔵造

　　⑵　土塗真壁造で，塗厚さが40mm以上のもの（裏返塗りをしないものにあっては，
　　　間柱の屋外側の部分と土壁とのちりが15mm以下であるもの又は間柱の屋外側の部
　　　分に厚さが15mm以上の木材を張ったものに限る。）

　　⑶　次に定める防火被覆が設けられた構造とすること。ただし，真壁造とする場合の
　　　柱及びはりの部分については，この限りではない。

　　　㈠　屋内側にあっては，次のいずれかに該当するもの

　　　　㈡　平成12年建設省告示第1358号第1第一号ハ⑴㈠又は㈢から㈤までのいずれか
　　　　　に該当するもの

　　　　㈣　ニ⑴㈡又は㈢に該当するもの

　　　　㈥　土塗壁で塗厚さが30mm以上のもの

　　　㈡　屋外側にあっては，次のいずれかに該当するもの

　　　　㈡　令和元年国土交通省告示第195号第1第三号ハ⑴又は⑷から⑹までのいずれ
　　　　　かに該当するもの

　　　　㈣　塗厚さが20mm以上の鉄網モルタル又は木ずりしっくい

　　　　㈥　木毛セメント板又はせっこうボードの上に厚さ15mm以上モルタル又はしっ
　　　　　くいを塗ったもの

　　　　㈦　土塗壁で塗厚さが20mm以上のもの（下見板を張ったものを含む。）

　　　　㈮　厚さが12mm以上の下見板（屋内側が㈠㈥に該当する場合に限る。）

　　　　㈯　厚さが12mm以上の硬質木片セメント板を張ったもの

　　　　㈰　ロ⑵㈡又はニ⑵㈤から㈧までのいずれかに該当するもの

二　令第108条第二号に掲げる技術的基準に適合する非耐力壁の外壁の構造方法にあって
　は，次のいずれかに該当するものとする。

　イ　準耐火構造とすること。

　　ロ　前号ロからホまでのいずれかに該当する構造（イに掲げる構造を除く。）とすること。

第2　令第108条第二号に掲げる技術的基準に適合する軒裏（外壁によって小屋裏又は天井裏と防火上有効に遮られているものを除く。）の構造方法にあっては，次の各号のいずれかに該当するものとする。

一　準耐火構造とすること。

二　土蔵造（前号に掲げる構造を除く。）

三　第1第一号ニ(2)(v)から(viii)まで又はホ(3)(ii)(ロ)から(ニ)までのいずれかに該当する防火被覆が設けられた構造（前2号に掲げる構造を除く。）とすること。

　　　　附　　則

昭和34年建設省告示第2545号は，廃止する。

防火設備の構造方法を定める件

平成12年5月24日　建設省告示第1360号
最終改正　令和5年3月24日　国土交通省告示第225号

　建築基準法（昭和25年法律第201号）第2条第九号の二ロに規定に基づき，防火設備の構造方法を次のように定める。

第1　建築基準法施行令（昭和25年政令第338号）第109条の2に定める技術的基準に適合する防火設備の構造方法は，次に定めるものとすることとする。
一　令和元年国土交通省告示第194号第2第4項に規定する30分間防火設備
二　通常の火災による火熱が加えられた場合に，加熱開始後20分間加熱面以外の面に火炎を出さないものとして，建築基準法第61条の規定による国土交通大臣の認定を受けたもの
三　鉄材又は鋼材で造られたもので，鉄板又は鋼板の厚さが0.8mm以上のもの（網入りガラス（網入りガラスを用いた複層ガラスを含む。第六号において同じ。）を用いたものを含む。）
四　鉄骨コンクリート又は鉄筋コンクリートで造られたもの
五　土蔵造のもの
六　枠を鉄材又は鋼材で造り，かつ，次のイ又はロのいずれかに該当する構造としたもの
　イ　網入りガラスを用いたもの
　ロ　次に掲げる基準に適合するもの
　（1）　はめごろし戸であること。
　（2）　次のいずれかに該当するガラスが用いられたものであること。
　　（ⅰ）　耐熱強化ガラス（厚さが6.5mm以上であり，かつ，エッジ強度が250MPa以上であるものに限る。以下同じ。）
　　（ⅱ）　耐熱結晶化ガラス（主たる構成物質が二酸化けい素，酸化アルミニウム及び酸化リチウムであるガラスをいい，厚さが5mm以上であり，かつ，線膨張係数が30℃から750℃までの範囲において，1℃につき0±0.0000005であるものに限る。以下同じ。）
　　（ⅲ）　複層ガラス（耐熱強化ガラス，耐熱結晶化ガラス又は積層ガラス（厚さが6.6mm以上であり，かつ，フロート板ガラス（厚さが2.6mm以上であるものに限る。）及び中間層（主たる構成物質が二酸化けい素，酸化ナトリウム及び水であり，かつ，厚さが1.4mm以上であるものに限る。）により構成されるものに限る。以下同じ。）及び低放射ガラス（厚さが5mm以上であり，かつ，垂直放射率が0.03以上0.07以下であるものに限る。以下同じ。）により構成されるものに限る。以下この号において同じ。）
　（3）　次に掲げるガラスの種類（複層ガラスにあっては，これを構成するガラスのうち一の種類）に応じてそれぞれ次に定める開口部に取り付けられたものであること。
　　（ⅰ）　耐熱強化ガラス　　幅が700mm以上1,200mm以下で高さが850mm以上2,400mm以下であるもの
　　（ⅱ）　耐熱結晶化ガラス　　幅が1,000mm以上1,200mm以下で高さが1,600mm以上2,400mm以下であるもの
　　（ⅲ）　積層ガラス　　幅が200mm以上700mm以下で高さが200mm以上700mm以下

であるもの

⑷　火災時においてガラスが脱落しないよう，次に掲げる方法によりガラスが枠に取り付けられたものであること。

　　㈠　ガラスを鉄材又は鋼材で造られた厚さが 3 mm 以上の取付部材（ガラスを枠に取り付けるために設置される部材をいう。以下この号において同じ。）により枠に堅固に取り付けること。

　　㈡　取付部材を鋼材で造られたねじ，ボルト，リベットその他これらに類するものにより枠に250mm 以下の間隔で固定すること。

　　㈢　ガラスの下にセッティングブロック（鋼材又はけい酸カルシウム板で造られたものに限る。以下同じ。）を設置すること。

　　㈣　ガラスの取付部分に含まれる部分の長さ（以下「かかり代長さ」という。）を次に掲げるガラスの種類に応じてそれぞれ次に定める数値以上とすること。

　　　　㈠　耐熱強化ガラス又は耐熱結晶化ガラス　　　 7 mm

　　　　㈡　複層ガラス　　13mm

⑸　火災時においてガラスの取付部分に隙間が生じないよう，取付部分に次に掲げる部材をガラスの全周にわたって設置すること。

　　㈠　シーリング材又はグレイジングガスケットで，難燃性を有するもの（シリコーン製であるものに限る。）

　　㈡　加熱により膨張する部材（黒鉛を含有するエポキシ樹脂で造られたものに限る。以下「加熱膨張材」という。）

七　枠及び框の屋外側の部分をアルミニウム合金材で，屋内側の部分をアルミニウム合金材又は樹脂（無可塑ポリ塩化ビニルに限る。以下この号及び次号において同じ。）で造り，かつ，次に掲げる基準に適合するもの

　イ　次のいずれかに該当する戸であること。

　　⑴　はめごろし戸

　　⑵　縦すべり出し戸（枠及び框の屋外側の部分を厚さ0.8mm 以上のアルミニウム合金材（JIS H 4100に適合するものに限る。⑶において同じ。）で，これらの屋内側の部分を樹脂で造るものに限る。以下この号において同じ。）

　　⑶　横すべり出し戸（枠及び框の屋外側の部分を厚さ0.8mm 以上のアルミニウム合金材で，これらの屋内側の部分を樹脂で造るものに限る。以下この号において同じ。）

　ロ　次に掲げる戸の種類に応じてそれぞれ次に定めるガラスが用いられたものであること。

　　⑴　はめごろし戸　　　網入りガラス，耐熱結晶化ガラス又は複層ガラス（網入りガラス又は耐熱結晶化ガラス及び低放射ガラスにより構成されるものに限る。）

　　⑵　縦すべり出し戸　　　複層ガラス（網入りガラス及び低放射ガラスにより構成されるものに限る。）

　　⑶　横すべり出し戸　　　複層ガラス（耐熱結晶化ガラス及び低放射ガラスにより構成されるものに限る。）

　ハ　次に掲げる戸及びガラスの種類（複層ガラス（ロ⑴から⑶までに規定するものをいう。以下この号において同じ。）にあっては，これを構成するガラスのうち一の種類）に応じてそれぞれ次に定める開口部に取り付けられたものであること。

　　⑴　はめごろし戸

　　　㈠　網入りガラス　　　幅が800mm 以下で高さが2,250mm 以下であるもの

　　　（ii）　耐熱結晶化ガラス　　　幅が780mm以上920mm以下で高さが1,100mm以上1,890mm以下であるもの
　　（2）　縦すべり出し戸　　　幅が640mm以下で高さが1,370mm以下であるもの
　　（3）　横すべり出し戸　　　幅が640mm以上780mm以下で高さが370mm以上970mm以下であるもの
　ニ　火災時においてガラスが脱落しないよう，次に掲げる方法によりガラスが枠及び框に取り付けられたものであること。
　　（1）　ガラスをアルミニウム合金材又は鋼材で造られた厚さが1mm以上の取付部材（ガラスを枠及び框に取り付けるために設置される部材をいう。以下同じ。）により枠及び框に堅固に取り付けること。
　　（2）　取付部材が鋼材で造られたものである場合にあっては，取付部材を鋼材で造られたねじ，ボルト，リベットその他これらに類するものによりアルミニウム合金材で造られた縦枠（縦すべり出し戸又は横すべり出し戸にあっては，縦框）に350mm以下の間隔で1,100mmにつき3箇所以上固定すること。
　　（3）　ガラスの下にセッティングブロックを設置すること。
　　（4）　かかり代長さを，取付部材がアルミニウム合金材で造られたものである場合にあっては次に掲げるガラスの種類に応じてそれぞれ次に定める数値以上，鋼材で造られたものである場合にあっては2mm以上とすること。
　　　（i）　網入りガラス又は耐熱結晶化ガラス　　　7mm
　　　（ii）　複層ガラス　　　12mm
　ホ　火災時においてガラスの取付部分に隙間が生じないよう，取付部分に次に掲げる部材をガラスの全周にわたって設置すること。
　　（1）　シーリング材（取付部材がアルミニウム合金材で造られたものである場合に限る。）又はグレイジングガスケットで，難燃性を有するもの（塩化ビニル製又はシリコーン製（横すべり出し戸にあっては，シリコーン製）であるものに限る。）
　　（2）　加熱膨張材
　ヘ　縦すべり出し戸又は横すべり出し戸にあっては，火災時において枠と框との間に隙間が生じないよう，次に掲げる基準に適合すること。
　　（1）　加熱膨張材を枠と框の全周にわたって設置すること。
　　（2）　拘束金具及び支持金具を鋼材で造り，枠及び框に堅固に取り付けること。
八　枠及び框を樹脂で造り，かつ，次に掲げる基準に適合するもの
　イ　次のいずれかに該当する戸であること。
　　（1）　はめごろし戸
　　（2）　縦すべり出し戸
　　（3）　横すべり出し戸
　ロ　次に掲げる戸の種類に応じてそれぞれ次に定めるガラスが用いられたものであること。
　　（1）　はめごろし戸　　　複層ガラス（網入りガラス及び低放射ガラスにより構成されるものに限る。）
　　（2）　縦すべり出し戸　　　複層ガラス（網入りガラス及び低放射ガラスにより構成されるものに限る。）
　　（3）　横すべり出し戸　　　複層ガラス（網入りガラス，耐熱強化ガラス又は耐熱結晶化ガラス及び低放射ガラスにより構成されるものに限る。）
　ハ　次に掲げる戸及びガラスの種類（複層ガラス（ロ（1）から（3）までに規定されるものを

いう。以下この号において同じ。）にあっては，これを構成するガラスのうち一の種類）に応じてそれぞれ次に定める開口部に取り付けられたものであること。

(1)　はめごろし戸　　　幅が800mm 以下で高さが1,400mm 以下であるもの

(2)　縦すべり出し戸　　　幅が780mm 以下で高さが1,370mm 以下であるもの

(3)　横すべり出し戸

(i)　網入りガラス　　　幅が780mm 以下で高さが900mm 以下であるもの

(ii)　耐熱強化ガラス又は耐熱結晶化ガラス　　　幅が400mm 以上780mm 以下で高さが544mm 以上900mm 以下であるもの

ニ　次に掲げる戸の種類に応じてそれぞれ次に定める基準に従い，枠及び框の内部に補強材（鉄材又は鋼材で造られたものに限る。以下この号において同じ。）を設置すること。

(1)　はめごろし戸

(i)　補強材の厚さを1.6mm 以上とすること。

(ii)　枠及び補強材を開口部に固定すること。

(2)　縦すべり出し戸又は横すべり出し戸

(i)　補強材の厚さを2.3mm 以上とすること。

(ii)　枠及び補強材（枠に設置するものに限る。）を開口部に固定すること。

(iii)　框の各辺に補強材を設置し，かつ，当該補強材を相互に連結するよう，框の隅角部に補強材を設置すること。

ホ　火災時においてガラスが脱落しないよう，次に掲げる方法によりガラスが枠及び框に取り付けられたものであること。

(1)　ガラスを鋼材で造られた厚さが1mm 以上の取付部材により枠及び框の内部の補強材に堅固に取り付けること。

(2)　取付部材を樹脂で造られた通し材で覆うこと。

(3)　取付部材を鋼材で造られたねじ，ボルト，リベットその他これらに類するものにより枠及び框の内部の補強材に200mm 以下の間隔で固定すること。

(4)　ガラスの下にセッティングブロックを設置すること。

(5)　かかり代長さを次に掲げる戸の種類に応じてそれぞれ次に定める数値以上とすること。

(i)　はめごろし戸　　　11mm

(ii)　縦すべり出し戸又は横すべり出し戸　　　7mm

ヘ　火災時においてガラスの取付部分に隙間が生じないよう，次に掲げる基準に適合すること。

(1)　取付部分に次に掲げる部材をガラスの全周にわたって設置すること。

(i)　グレイジングガスケットで難燃性を有するもの（塩化ビニル製又はシリコーン製であるものに限る。）

(ii)　加熱膨張材

(2)　樹脂で造られた部分の火災による溶融により貫通のおそれがある部分には，鋼材を設置すること。

ト　縦すべり出し戸又は横すべり出し戸にあっては，火災時において枠と框との間に隙間が生じないよう，次に掲げる基準に適合すること。

(1)　加熱膨張材を枠及び框の全周にわたって設置すること。

(2)　拘束金具及び支持金具を鋼材で造り，枠及び框に堅固に取り付けること。

九　枠及び框を木材（気乾比重が0.45以上であるものに限る。以下この号において同じ。）

で造り，かつ，次に掲げる基準に適合するもの

イ　次のいずれかに該当する戸であること。

　⑴　はめごろし戸（枠の見付寸法が40mm 以上であって，見込寸法が70mm 以上であるものに限る。以下この号において同じ。）

　⑵　縦すべり出し戸（枠の見付寸法が40mm 以上であって，見込寸法が101mm 以上であり，かつ，框の見付寸法が40mm 以上であって，見込寸法が70mm 以上であるものに限る。以下この号において同じ。）

　⑶　横すべり出し戸（枠の見付寸法が40mm 以上であって，見込寸法が101mm 以上であり，かつ，框の見付寸法が40mm 以上であって，見込寸法が70mm 以上であるものに限る。以下この号において同じ。）

ロ　次に掲げる戸の種類に応じてそれぞれ次に定めるガラスが用いられたものであること。

　⑴　はめごろし戸　　複層ガラス（網入りガラス及び低放射ガラスにより構成されるものに限る。）

　⑵　縦すべり出し戸又は横すべり出し戸　　複層ガラス（網入りガラス及び低放射ガラスにより構成されるものに限る。）

ハ　次に掲げる戸の種類に応じてそれぞれ次に定める開口部に取り付けられたものであること。

　⑴　はめごろし戸　　幅が1,050mm 以下で高さが1,550mm 以下であるもの

　⑵　縦すべり出し戸　　幅が800mm 以下で高さが1,350mm 以下であるもの

　⑶　横すべり出し戸　　幅が800mm 以下で高さが1,200mm 以下であるもの

ニ　火災時においてガラスが脱落しないよう，次に掲げる方法によりガラスが枠及び框に取り付けられたものであること。

　⑴　ガラスを鋼材で造られた厚さが 1 mm 以上の取付部材により枠及び框に堅固に取り付けること。

　⑵　取付部材を木材で造られた通し材で覆うこと。

　⑶　取付部材を鋼材で造られた埋込長さが32mm 以上のねじにより枠及び框に150mm 以下の間隔で固定すること。

　⑷　ガラスの下にセッティングブロックを設置すること。

　⑸　かかり代長さを次に掲げる戸の種類に応じてそれぞれ次に定める数値以上とすること。

　　⒤　はめごろし戸　　13mm

　　⒤⒤　縦すべり出し戸又は横すべり出し戸　　9 mm

ホ　火災時においてガラスの取付部分に隙間が生じないよう，次に掲げる基準に適合すること。

　⑴　取付部分に次に掲げる部材をガラスの全周にわたって設置すること。

　　⒤　グレイジングガスケットで難燃性を有するもの（塩化ビニル製又はシリコーン製であるものに限る。）

　　⒤⒤　加熱膨張材

　⑵　縦すべり出し戸又は横すべり出し戸にあっては，ガラスの框に含まれる部分の長さを13mm 以上とすること。

ヘ　縦すべり出し戸又は横すべり出し戸にあっては，火災時において枠と框との間に隙間が生じないよう，次に掲げる基準に適合すること。

　⑴　加熱膨張材を枠及び框の全周にわたって設置すること。

　　⑵　拘束金具及び支持金具を鋼材で造り，枠及び框に堅固に取り付けること。

十　骨組を防火塗料を塗布した木材で造り，かつ，屋内面に厚さが1.2cm 以上の木毛セメント板又は厚さが0.9cm 以上のせっこうボードを張り，屋外面に亜鉛鉄板を張ったもの

十一　開口面積が0.5m²以内の開口部に設ける戸で，防火塗料を塗布した木材及び網入りガラスで造られたもの

第2　第1第三号，第六号又は第七号(枠及び框の屋内側の部分をアルミニウム合金材で造ったものに限る。)のいずれかに該当する防火設備は，周囲の部分（当該防火設備から屋内側に15cm 以内の間に設けられた建具がある場合には，当該建具を含む。）が不燃材料で造られた開口部に取り付けなければならない。

第3　防火戸，縦すべり出し戸及び横すべり出し戸が枠又は他の防火設備と接する部分は，相じゃくりとし，又は定規縁若しくは戸当りを設ける等閉鎖した際に隙間が生じない構造とし，かつ，防火設備の取付金物は，当該防火設備が閉鎖した際に露出しないように取り付けなければならない。

　　　附　則　（略）

特定行政庁が防火地域及び準防火地域以外の市街地について指定する区域内における屋根の構造方法を定める件

平成12年5月24日　建設省告示第1361号

最終改正　令和元年6月21日　国土交通省告示第200号

　建築基準法（昭和25年法律第201号）第22条第1項の規定に基づき，特定行政庁が防火地域及び準防火地域以外の市街地について指定する区域内における屋根の構造方法を次のように定める。

第1　建築基準法施行令（昭和25年政令第338号。以下「令」という。）第109条の8各号に掲げる技術的基準に適合する屋根の構造方法は，建築基準法第62条に規定する屋根の構造（令第136条の2の2各号に掲げる技術的基準に適合するものに限る。）とすることとする。

第2　令第109条の8第一号に掲げる技術的基準に適合する屋根の構造方法は，建築基準法第62条に規定する屋根の構造とすることとする。

　　附　則　（略）

木造建築物等の外壁の延焼のおそれのある部分の構造方法を定める件

平成12年 5 月24日　建設省告示第1362号

最終改正　令和元年 6 月21日　国土交通省告示第200号

　建築基準法（昭和25年法律第201号）第23条の規定に基づき，木造建築物等の外壁の延焼のおそれのある部分の構造方法を次のように定める。

第1　建築基準法施行令（昭和25年政令第338号。以下「令」という。）第109条の 9 に掲げる技術的基準に適合する耐力壁である外壁の構造方法は，次の各号のいずれかに該当するものとする。

一　防火構造（耐力壁である外壁に係るものに限る。）とすること。

二　土塗真壁造で塗厚さが30mm 以上のもので，かつ，土塗壁と間柱及び桁との取合いの部分を，当該取合いの部分にちりじゃくりを設ける等当該建築物の内部への炎の侵入を有効に防止することができる構造（前号に掲げる構造を除く。）とすること。

三　次に定める防火被覆が設けられた構造（第一号に掲げる構造を除く。）とすること。ただし，真壁造とする場合の柱及びはりの部分については，この限りではない。

　　イ　屋内側にあっては，厚さ9.5mm 以上のせっこうボードを張るか，又は厚さ75mm以上のグラスウール若しくはロックウールを充填した上に厚さ 4 mm 以上の合板，構造用パネル，パーティクルボード若しくは木材を張ったもの

　　ロ　屋外側にあっては，次のいずれかに該当するもの

　　　⑴　土塗壁（裏返し塗りをしないもの及び下見板を張ったものを含む。）

　　　⑵　下地を準不燃材料で造り，表面に亜鉛鉄板を張ったもの

　　　⑶　せっこうボード又は木毛セメント板（準不燃材料であるもので，表面を防水処理したものに限る。）を表面に張ったもの

　　　⑷　アルミニウム板張りペーパーハニカム芯（パネルハブ）パネル

第2　令第109条の 9 第二号に掲げる技術的基準に適合する非耐力壁である外壁の構造方法は，次に定めるものとする。

一　防火構造とすること。

二　第1第二号及び第三号に定める構造（前号に掲げる構造を除く。）とすること。

　　附　則　（略）

防火地域又は準防火地域内の建築物の屋根の構造方法を定める件

平成12年 5 月25日　建設省告示第1365号

　建築基準法（昭和25年法律第201号）第62条の規定に基づき，防火地域又は準防火地域内の建築物の屋根の構造方法を次のように定める。

第1　建築基準法施行令（昭和25年政令第338号。以下「令」という。）第136条の2の2各号に掲げる技術的基準に適合する屋根の構造方法は，次に定めるものとする。

　一　不燃材料で造るか，又はふくこと。

　二　屋根を準耐火構造（屋外に面する部分を準不燃材料で造ったものに限る。）とすること。

　三　屋根を耐火構造（屋外に面する部分を準不燃材料で造ったもので，かつ，その勾配が水平面から30°以内のものに限る。）の屋外面に断熱材（ポリエチレンフォーム，ポリスチレンフォーム，硬質ポリウレタンフォームその他これらに類する材料を用いたもので，その厚さの合計が50mm 以下のものに限る。）及び防水材（アスファルト防水工法，改質アスファルトシート防水工法，塩化ビニル樹脂系シート防水工法，ゴム系シート防水工法又は塗膜防水工法を用いたものに限る。）を張ったものとすること。

第2　令第136条の2の2第一号に掲げる技術的基準に適合する屋根の構造方法は，第1に定めるもののほか，難燃材料で造るか，又はふくこととする。

　　　附　則　（略）

準耐火建築物と同等の性能を有する建築物等の
屋根の構造方法を定める件

平成12年5月25日　建設省告示第1367号

最終改正　平成17年6月1日　国土交通省告示第568号

建築基準法施行令（昭和25年政令第338号）第109条の3第一号及び第113条第1項第三号の規定に基づき，準耐火建築物と同等の性能を有する建築物等の屋根の構造方法を次のように定める。

第1　屋内において発生する通常の火災による火熱が加えられた場合に，加熱開始後20分間屋外に火炎を出す原因となるき裂その他の損傷を生じない屋根の構造方法は，次に定めるものとする。

一　準耐火構造とすること。

二　次のイからハまでのいずれかに該当する構造とすること。ただし，イ及びロに掲げるものにあっては，野地板及びたるきが準不燃材料で造られている場合又は軒裏が防火構造である場合に限り，ハに掲げるものにあっては，金属板に接するたるき（たるきがない場合においては，もや）が不燃材料で造られている場合に限る。

イ　瓦又は厚さが4mm以上の繊維強化版（スレート波板及びスレートボードに限る。）でふいたもの

ロ　木毛セメント板の上に金属板をふいたもの

ハ　金属板でふいたもの

　　附　則　（略）

床又はその直下の天井の構造方法を定める件

平成12年 5 月25日　建設省告示第1368号
最終改正　平成16年 9 月29日　国土交通省告示第1176号

建築基準法施行令（昭和25年政令第338号）第109条の 3 第二号ハ及び第115条の 2 第 1 項第四号の規定に基づき，床又はその直下の天井の構造方法を次のように定める。

第 1　屋内において発生する通常の火災による火熱が加えられた場合に，加熱開始後30分間構造耐力上支障のある変形，溶融，き裂その他の損傷を生じず，かつ，加熱面以外の面（屋内に面するものに限る。）の温度が可燃物燃焼温度以上に上昇しない床又はその直下の天井の構造方法は，次に定めるものとする。

一　準耐火構造とすること。

二　根太及び下地を不燃材料で造った床又はつり木，受け木その他これらに類するものを不燃材料で造った天井にあっては，次のイからハまでのいずれかに該当する構造とすること。

　イ　鉄網モルタル塗で塗厚さが1.5cm 以上のもの

　ロ　木毛セメント板張又はせっこうボード張の上に厚さ 1 cm 以上モルタル又はしっくいを塗ったもの

　ハ　木毛セメント板の上にモルタル又はしっくいを塗り，その上に金属板を張ったもの

三　根太若しくは下地を不燃材料以外の材料で造った床にあっては，次のイからチまでのいずれかに該当するもの

　イ　鉄網モルタル塗又は木ずりしっくい塗で塗厚さが 2 cm 以上のもの

　ロ　木毛セメント板張又はせっこうボード張の上に厚さ1.5cm 以上モルタル又はしっくいを塗ったもの

　ハ　モルタル塗の上にタイルを張ったものでその厚さの合計が2.5cm 以上のもの

　ニ　セメント板張又は瓦張の上にモルタルを塗ったものでその厚さの合計が2.5cm 以上のもの

　ホ　土蔵造

　ヘ　土塗真壁造で裏返塗りをしたもの

　ト　厚さが1.2cm 以上のせっこうボード張の上に亜鉛鉄板を張ったもの

　チ　厚さが2.5cm 以上の岩綿保温板張の上に亜鉛鉄板又は石綿スレートを張ったもの

　　附　則　（略）

特定防火設備の構造方法を定める件

平成12年 5 月25日　建設省告示第1369号
最終改正　令和 2 年 2 月27日　国土交通省告示第198号

　建築基準法施行令（昭和25年政令第338号）第112条第 1 項の規定に基づき，特定防火設備の構造方法を次のように定める。

第 1　通常の火災による火熱が加えられた場合に，加熱開始後 1 時間加熱面以外の面に火炎を出さない防火設備の構造方法は，次に定めるものとすることとする。

一　令和元年国土交通省告示第193号第 1 第 9 項に規定する75分間防火設備

二　建築基準法（昭和25年法律第201号）第21条第 2 項第二号に規定する構造方法を用いるもの又は同号の規定による認定を受けたもの（建築基準法施行令第109条の 7 第一号に規定する火災継続予測時間が 1 時間以上である場合に限り，同条第二号の国土交通大臣が定める面を有するものを除く。）

三　通常の火災による火熱が加えられた場合に，加熱開始後 1 時間加熱面以外の面に火炎を出さないものとして，法第61条の規定による国土交通大臣の認定を受けたもの

四　平成27年国土交通省告示第250号第 2 項第三号リ(2)(ⅰ)(一)に規定する構造としたもの

五　骨組を鉄材又は鋼材で造り，両面にそれぞれ厚さが0.5mm 以上の鉄板又は鋼板を張ったもの

六　鉄材又は鋼材で造られたもので，鉄板又は鋼板の厚さが1.5mm 以上のもの

七　鉄骨コンクリート又は鉄筋コンクリートで造られたもので，厚さが3.5cm 以上のもの

八　土蔵造で厚さが15cm 以上のもの

九　建築基準法施行令第109条第 2 項の規定により同条第 1 項の防火設備とみなされる外壁，袖壁，塀その他これらに類するもので，防火構造としたもの

十　開口面積が100cm²以内の換気孔に設ける鉄板，モルタル板その他これらに類する材料で造られた防火覆い又は地面からの高さが 1 m 以下の換気孔に設ける網目 2 mm 以下の金網

第 2　第 1 第五号又は第六号のいずれかに該当する防火設備は，周囲の部分（当該防火設備から屋内側に15cm 以内の間に設けられた建具がある場合には，当該建具を含む。）が不燃材料で造られた開口部に取り付けなければならない。

第 3　防火戸（第 1 第九号又は第十号のいずれかに該当するものを除く。）が枠又は他の防火設備と接する部分は，相じゃくりとし，又は定規縁若しくは戸当りを設ける等閉鎖した際に隙間が生じない構造とし，かつ，防火設備の取付金物は，当該防火設備が閉鎖した際に露出しないように取り付けなければならない。

　　附　則

1　（略）

2　平成 2 年建設省告示第1125号は，廃止する。

屋上から突出する水槽，煙突等の構造計算の基準を定める件

平成12年5月29日　建設省告示第1389号

最終改正　平成27年1月29日　国土交通省告示第184号

　建築基準法施行令（昭和25年政令第338号）第129条の2の3第三号の規定に基づき，法第20条第1項第二号イ又はロに規定する建築物に設ける屋上から突出する水槽，煙突等の構造計算の基準を次のように定める。

　建築基準法（昭和25年法律第201号）第20条第1項第二号イ又はロに規定する建築物に設ける屋上から突出する水槽，冷却塔，煙突その他これらに類するもの（以下「屋上水槽等」という。）の構造計算の基準は，次のとおりとする。

一　屋上水槽等，支持構造部，屋上水槽等の支持構造部への取付け部分及び屋上水槽等又は支持構造部の建築物の構造耐力上主要な部分への取付け部分は，荷重及び外力によって当該部分に生ずる力（次の表に掲げる組合せによる各力の合計をいう。）に対して安全上支障のないことを確認すること。

力の種類	荷重及び外力について想定する状態	一般の場合	建築基準法施工令（以下「令」という。）第86条第2項ただし書の規定によって特定行政庁が指定する多雪区域における場合	備　　考
長期に生ずる力	常時	$G + P$	$G + P$	
	積雪時		$G + P + 0.7S$	
短期に生ずる力	積雪時	$G + P + S$	$G + P + S$	水又はこれに類するものを貯蔵する屋上水槽等にあっては，これの重量を積載荷重から除くものとする。
	暴風時	$G + P + W$	$G + P + W$	
			$G + P + 0.35S + W$	
	地震時	$G + P + K$	$G + P + 0.35S + K$	

　この表において，G，P，S，W及びKは，それぞれ次の力（軸方向力，曲げモーメント，せん断力等をいう。）を表すものとする。

　G　屋上水槽等及び支持構造部の固定荷重によって生ずる力

　P　屋上水槽等の積載荷重によって生ずる力

　S　令第86条に規定する積雪荷重によって生ずる力

　W　風圧力によって生ずる力

　　この場合において，風圧力は，次のイによる速度圧に次のロに定める風力係数を乗じて計算した数値とするものとする。ただし，屋上水槽等又は支持構造部の前面にルーバー等の有効な遮へい物がある場合においては，当該数値から当該数値の1/4を超えない数値を減じた数値とすることができる。

　　イ　速度圧は，令第87条第2項の規定に準じて定めること。この場合において，「建築物の高さ」とあるのは，「屋上水槽等又は支持構造部の地盤面からの高さ」と読み替えるものとする。

　　　ロ　風力係数は，令第87条第4項の規定に準じて定めること。
　ニ　地震力によって生ずる力
　　　この場合において，地震力は，特別な調査又は研究の結果に基づき定める場合のほか，
　　次の式によって計算した数値とするものとする。ただし，屋上水槽等又は屋上水槽等の
　　部分の転倒，移動等による危害を防止するための有効な措置が講じられている場合にあっ
　　ては，当該数値から当該数値の1/2を超えない数値を減じた数値とすることができる。

$P = kw$

　　この式において，P，k 及び w は，それぞれ次の数値を表すものとする。
　　　P　　地震力（単位　N）
　　　k　　水平震度（令第88条第1項に規定する Z の数値に1.0以上の数値を乗じて得
　　　　　た数値とする。）
　　　w　　屋上水槽等及び支持構造部の固定荷重と屋上水槽等の積載荷重との和（令第
　　　　　86条第2項ただし書の規定によって特定行政庁が指定する多雪区域において
　　　　　は，更に積雪荷重を加えるものとする。）（単位　N）

　二　屋上水槽等又は支持構造部が緊結される建築物の構造上主要な部分は，屋上水槽等又
　　は支持構造部から伝達される力に対して安全上支障のないことを確認すること。
　　　附　則
1　（略）
2　昭和56年建設省告示第1101号は，廃止する。

耐火構造の構造方法を定める件

平成12年5月30日　建設省告示第1399号
最終改正　令和5年3月20日　国土交通省告示第207号

　建築基準法（昭和25年法律第201号）第2条第七号の規定に基づき，耐火構造の構造方法を次のように定める。

第1　壁の構造方法は，次に定めるもの（第二号ロ，第三号ト及び第七号ハに定める構造方法にあっては，防火被覆の取合いの部分，目地の部分その他これらに類する部分（以下「取合い等の部分」という。）を，当該取合い等の部分の裏面に当て木を設ける等当該建築物の内部への炎の侵入を有効に防止することができる構造とするものに限る。）とする。この場合において，かぶり厚さ又は厚さは，それぞれモルタル，プラスターその他これらに類する仕上材料の厚さを含むものとする。

一　建築基準法施行令（昭和25年政令第338号。以下「令」という。）第107条第一号及び第二号に掲げる技術的基準（第一号にあっては，通常の火災による火熱が2時間加えられた場合のものに限る。）に適合する耐力壁である間仕切壁の構造方法にあっては，次のイからチまでのいずれかに該当する構造とすることとする。

　イ　鉄筋コンクリート造（鉄筋に対するコンクリートのかぶり厚さが平成13年国土交通省告示第1372号第2項の基準によるものにあっては，防火上支障のないものに限る。第5及び第6を除き，以下同じ。），鉄骨鉄筋コンクリート造（鉄筋又は鉄骨に対するコンクリートのかぶり厚さが平成13年国土交通省告示第1372号第2項の基準によるものにあっては，防火上支障のないものに限る。第5及び第6を除き，以下同じ。）又は鉄骨コンクリート造（鉄骨に対するコンクリートのかぶり厚さが3cm未満のものを除く。）で厚さが10cm以上のもの

　ロ　軸組を鉄骨造とし，その両面を塗厚さが4cm以上の鉄網モルタルで覆ったもの（塗下地が不燃材料で造られていないものを除く。）

　ハ　軸組を鉄骨造とし，その両面を厚さが5cm以上のコンクリートブロック，れんが又は石で覆ったもの

　ニ　鉄材によって補強されたコンクリートブロック造，れんが造又は石造で，肉厚及び仕上材料の厚さの合計が8cm以上であり，かつ，鉄材に対するコンクリートブロック，れんが又は石のかぶり厚さが5cm以上のもの

　ホ　軸組を鉄骨造とし，その両面を塗厚さが3.5cm以上の鉄網パーライトモルタルで覆ったもの（塗下地が不燃材料で造られていないものを除く。）

　ヘ　木片セメント板の両面に厚さ1cm以上モルタルを塗ったものでその厚さの合計が8cm以上のもの

　ト　軽量気泡コンクリートパネルで厚さが7.5cm以上のもの

　チ　中空鉄筋コンクリート製パネルで中空部分にパーライト又は気泡コンクリートを充填（てん）したもので，厚さが12cm以上であり，かつ，肉厚が5cm以上のもの

二　令第107条第一号及び第二号に掲げる技術的基準（第一号にあっては，通常の火災による火熱が1.5時間加えられた場合のものに限る。）に適合する耐力壁である間仕切壁の構造方法にあっては，次のイ又はロのいずれかに該当する構造とすることとする。

　イ　前号に定める構造

　　ロ　間柱及び下地を木材又は鉄材で造り，かつ，その両面に，防火被覆（強化せっこう
　　　ボード（ボード用原紙を除いた部分のせっこうの含有率を95%以上，ガラス繊維の含
　　　有率を0.4%以上とし，かつ，ひる石の含有率を2.5%以上としたものに限る。以下同
　　　じ。）を３枚以上張ったもので，その厚さの合計が63mm以上のものに限る。）が設け
　　　られたもの

　三　令第107条第一号及び第二号に掲げる技術的基準（第一号にあっては，通常の火災に
　　よる火熱が１時間加えられた場合のものに限る。）に適合する耐力壁である間仕切壁の
　　構造方法にあっては，次のイからトまでのいずれかに該当する構造とすることとする。

　　イ　前号に定める構造

　　ロ　鉄筋コンクリート造，鉄骨鉄筋コンクリート造又は鉄骨コンクリート造で厚さが7
　　　cm以上のもの

　　ハ　軸組を鉄骨造とし，その両面を塗厚さが３cm以上の鉄網モルタルで覆ったもの（塗
　　　下地が不燃材料で造られていないものを除く。）

　　ニ　軸組を鉄骨造とし，その両面を厚さが４cm以上のコンクリートブロック，れんが
　　　又は石で覆ったもの

　　ホ　鉄材によって補強されたコンクリートブロック造，れんが造又は石造で，肉厚が5
　　　cm以上であり，かつ，鉄材に対するコンクリートブロック，れんが又は石のかぶり
　　　厚さが４cm以上のもの

　　ヘ　コンクリートブロック造，無筋コンクリート造，れんが造又は石造で肉厚及び仕上
　　　材料の厚さの合計が７cm以上のもの

　　ト　間柱及び下地を木材又は鉄材で造り，かつ，その両側にそれぞれ次の(1)から(3)まで
　　　のいずれかに該当する防火被覆が設けられたもの

　　　(1)　強化せっこうボードを２枚以上張ったもので，その厚さの合計が42mm以上のも
　　　　の

　　　(2)　強化せっこうボードを２枚以上張ったもので，その厚さの合計が36mm以上のも
　　　　のの上に厚さが８mm以上の繊維強化セメント板（けい酸カルシウム板に限る。）
　　　　を張ったもの

　　　(3)　厚さが15mm以上の強化せっこうボードの上に厚さが50mm以上の軽量気泡コン
　　　　クリートパネルを張ったもの

　四　令第107条第二号に掲げる技術的基準に適合する非耐力壁である間仕切壁の構造方法
　　にあっては，前号に定める構造とすることとする。

　五　令第107条に掲げる技術的基準（第一号にあっては，通常の火災による火熱が２時間
　　加えられた場合のものに限る。）に適合する耐力壁である外壁の構造方法にあっては，
　　第一号に定める構造とすることとする。

　六　令第107条に掲げる技術的基準（第一号にあっては，通常の火災による火熱が1.5時間
　　加えられた場合のものに限る。）に適合する耐力壁である外壁の構造方法にあっては，
　　第二号又は前号に定める構造とすることとする。

　七　令第107条に掲げる技術的基準（第一号にあっては，通常の火災による火熱が１時間
　　加えられた場合のものに限る。）に適合する耐力壁である外壁の構造方法にあっては，
　　次のイからハまでのいずれかに該当する構造とすることとする。

　　イ　前号に定める構造

　　ロ　第三号イからホまでのいずれかに該当する構造

　　ハ　間柱及び下地を木材又は鉄材で造り，かつ，その両側にそれぞれ第三号ト(1)から(3)
　　　までのいずれかに該当する防火被覆（屋外側の防火被覆が(1)又は(2)に該当するものに

あっては，当該防火被覆の上に金属板，軽量気泡コンクリートパネル若しくは窯業系サイディングを張った場合又はモルタル若しくはしっくいを塗った場合に限る。）が設けられたもの

八　令第107条第二号及び第三号に掲げる技術的基準に適合する非耐力壁である外壁の延焼のおそれのある部分の構造方法にあっては，次のイ又はロのいずれかに該当する構造とする。

イ　前号に定める構造

ロ　気泡コンクリート又は繊維強化セメント板（けい酸カルシウム板に限る。）の両面に厚さが3mm以上の繊維強化セメント板（スレート波板及びスレートボードに限る。）又は厚さが6mm以上の繊維混入ケイ酸カルシウム板を張ったもので，その厚さの合計が3.5cm以上のもの

九　令第107条第二号及び第三号に掲げる技術的基準に適合する非耐力壁である外壁の延焼のおそれのある部分以外の部分の構造方法にあっては，前号に定める構造とすることとする。

第2　柱の構造方法は，次に定めるもの（第二号ハ，第三号ロ並びに第四号ニ及びへに定める構造方法にあっては，防火被覆の取合い等の部分を，当該取合い等の部分の裏面に当て木を設ける等当該建築物の内部への炎の侵入を有効に防止することができる構造とするものに限る。）とする。この場合において，かぶり厚さ又は厚さは，それぞれモルタル，プラスターその他これらに類する仕上材料の厚さを含むものとする。

一　令第107条第一号に掲げる技術的基準（通常の火災による火熱が3時間加えられた場合のものに限る。）に適合する柱の構造方法は，小径を40cm以上とし，かつ，次のイ又はロのいずれかに該当する構造とすることとする。

イ　鉄筋コンクリート造，鉄骨鉄筋コンクリート造又は鉄骨コンクリート造（鉄骨に対するコンクリートのかぶり厚さが6cm未満のものを除く。）

ロ　鉄骨を塗厚さが8cm（軽量骨材を用いたものについては7cm）以上の鉄網モルタル，厚さが9cm（軽量骨材を用いたものについては8cm）以上のコンクリートブロック又は厚さが9cm以上のれんが若しくは石で覆ったもの

二　令第107条第一号に掲げる技術的基準（通常の火災による火熱が2時間加えられた場合のものに限る。）に適合する柱の構造方法は，次のイからハまでのいずれかに該当する構造とすることとする。

イ　前号に定める構造

ロ　小径を25cm以上とし，かつ，次の⑴から⑶までのいずれかに該当する構造とすること。

⑴　鉄筋コンクリート造，鉄骨鉄筋コンクリート造又は鉄骨コンクリート造（鉄骨に対するコンクリートのかぶり厚さが5cm未満のものを除く。）

⑵　鉄骨を塗厚さが6cm（軽量骨材を用いたものについては5cm）以上の鉄網モルタル，厚さが7cm（軽量骨材を用いたものについては6cm）以上のコンクリートブロック又は厚さが7cm以上のれんが若しくは石で覆ったもの

⑶　鉄骨を塗厚さが4cm以上の鉄網パーライトモルタルで覆ったもの

ハ　鉄骨（断面積（mm²で表した面積とする。以下同じ。）を加熱周長（mmで表した長さとする。以下同じ。）で除した数値が6.7以上のH形鋼並びに鋼材の厚さが9mm以上の角形鋼管及び円形鋼管に限る。）に次の⑴又は⑵に該当する防火被覆が設けられたもの

⑴　厚さが50mm以上の繊維強化セメント板（けい酸カルシウム板（かさ比重が0.35

　　　　以上のものに限る。）に限る。）

　　⑵　厚さが55mm 以上の繊維強化セメント板（けい酸カルシウム板（かさ比重が0.15
　　　以上のものに限る。）に限る。）

　三　令第107条第一号に掲げる技術的基準（通常の火災による火熱が1.5時間加えられた場
　　合のものに限る。）に適合する柱の構造方法は，次のイ又はロのいずれかに該当する構
　　造とすることとする。

　　イ　前号に定める構造

　　ロ　木材又は鉄材に防火被覆（強化せっこうボードを３枚以上張ったもので，その厚さ
　　　の合計が63mm 以上のものに限る。）が設けられたもの

　四　令第107条第一号に掲げる技術的基準（通常の火災による火熱が１時間加えられた場
　　合のものに限る。）に適合する柱の構造方法は，次のイからへまでのいずれかに該当す
　　る構造とすることとする。

　　イ　前号に定める構造

　　ロ　鉄筋コンクリート造，鉄骨鉄筋コンクリート造又は鉄骨コンクリート造

　　ハ　鉄骨を塗厚さが４cm（軽量骨材を用いたものについては３cm）以上の鉄網モルタ
　　　ル，厚さが５cm（軽量骨材を用いたものについては４cm）以上のコンクリートブロ
　　　ック又は厚さが５cm 以上のれんが若しくは石で覆ったもの

　　ニ　鉄骨（断面積を加熱周長で除した数値が6.7以上のＨ形鋼並びに鋼材の厚さが９mm
　　　以上の角形鋼管及び円形鋼管に限る。）に次の⑴から⑷までのいずれかに該当する防
　　　火被覆が設けられたもの

　　　⑴　吹付け厚さが35mm 以上の吹付けロックウール（かさ比重が0.3以上のものに限
　　　　る。）

　　　⑵　厚さが20mm 以上の繊維強化セメント板（けい酸カルシウム板（かさ比重が0.35
　　　　以上のものに限る。）に限る。）

　　　⑶　厚さが27mm 以上の繊維強化セメント板（けい酸カルシウム板（かさ比重が0.15
　　　　以上のものに限る。）に限る。）

　　　⑷　厚さが35mm 以上の軽量気泡コンクリートパネル

　　ホ　鉄材によって補強されたコンクリートブロック造，れんが造又は石造で鉄材に対す
　　　るコンクリートブロック，れんが又は石のかぶり厚さが５cm 以上のもの

　　へ　木材又は鉄材に防火被覆（強化せっこうボードを２枚以上張ったもので，その厚さ
　　　の合計が46mm 以上のものに限る。）が設けられたもの

第3　床の構造方法は，次に定めるもの（第二号ロ及び第三号ホに定める構造方法にあって
　は，防火被覆の取合い等の部分を，当該取合い等の部分の裏面に当て木を設ける等当該建
　築物の内部への炎の侵入を有効に防止することができる構造とするものに限る。）とする。
　この場合において，かぶり厚さ又は厚さは，それぞれモルタル，プラスターその他これら
　に類する仕上材料の厚さを含むものとする。

　一　令第107条第一号及び第二号に掲げる技術的基準（第一号にあっては，通常の火災に
　　よる火熱が２時間加えられた場合のものに限る。）に適合する床の構造方法は，次のイ
　　からハまでのいずれかに該当する構造とすることとする。

　　イ　鉄筋コンクリート造又は鉄骨鉄筋コンクリート造で厚さが10cm 以上のもの

　　ロ　鉄材によって補強されたコンクリートブロック造，れんが造又は石造で，肉厚及び
　　　仕上材料の厚さの合計が８cm 以上であり，かつ，鉄材に対するコンクリートブロッ
　　　ク，れんが又は石のかぶり厚さが５cm 以上のもの

　　ハ　鉄材の両面を塗厚さが５cm 以上の鉄網モルタル又はコンクリートで覆ったもの（塗

　　　下地が不燃材料で造られていないものを除く。）

二　令第107第一号及び第二号に掲げる技術的基準（第一号にあっては，通常の火災による火熱が1.5時間加えられた場合のものに限る。）に適合する床の構造方法は，次のイ又はロのいずれかに該当する構造とすることとする。

　　イ　前号に定める構造

　　ロ　根太及び下地を木材又は鉄材で造り，かつ，その表側の部分及びその裏側の部分又は直下の天井に防火被覆（強化せっこうボードを3枚以上張ったもので，その厚さの合計が63mm以上のものに限る。）が設けられたもの

三　令第107条第一号及び第二号に掲げる技術的基準（第一号にあっては，通常の火災による火熱が1時間加えられた場合のものに限る。）に適合する床の構造方法は，次のイからホまでのいずれかに該当する構造とすることとする。

　　イ　鉄筋コンクリート造又は鉄骨鉄筋コンクリート造で厚さが7cm以上のもの

　　ロ　鉄材によって補強されたコンクリートブロック造，れんが造又は石造で，肉厚が5cm以上であり，かつ，鉄材に対するコンクリートブロック，れんが又は石のかぶり厚さが4cm以上のもの

　　ハ　鉄材の両面を塗厚さが4cm以上の鉄網モルタル又はコンクリートで覆ったもの（塗下地が不燃材料で造られていないものを除く。）

　　ニ　厚さが100mm以上の軽量気泡コンクリートパネル

　　ホ　根太及び下地を木材又は鉄材で造り，その表側の部分に防火被覆（強化せっこうボードを2枚以上張ったもので，その厚さの合計が42mm以上のものに限る。）が設けられ，かつ，その裏側の部分又は直下の天井に防火被覆（強化せっこうボードを2枚以上張ったもので，その厚さの合計が46mm以上のものに限る。）が設けられたもの

第4　はりの構造方法は，次に定めるもの（第二号ニ，第三号ロ及び第四号ニに定める構造方法にあっては，防火被覆の取合い等の部分を，当該取合い等の部分の裏面に当て木を設ける等当該建築物の内部への炎の侵入を有効に防止することができる構造とするものに限る。）とする。この場合において，かぶり厚さ又は厚さは，それぞれモルタル，プラスターその他これらに類する仕上材料の厚さを含むものとする。

一　令第107条第一号に掲げる技術的基準（通常の火災による火熱が3時間加えられた場合のものに限る。）に適合するはりの構造方法は，次のイからハまでのいずれかに該当する構造とすることとする。

　　イ　鉄筋コンクリート造，鉄骨鉄筋コンクリート造又は鉄骨コンクリート造（鉄骨に対するコンクリートのかぶり厚さが6cm未満のものを除く。）

　　ロ　鉄骨を塗厚さが8cm（軽量骨材を用いたものについては7cm）以上の鉄網モルタル，厚さが9cm（軽量骨材を用いたものについては8cm）以上のコンクリートブロック又は厚さが9cm以上のれんが若しくは石で覆ったもの

　　ハ　鉄骨を塗厚さが5cm以上の鉄網パーライトモルタルで覆ったもの

二　令第107条第一号に掲げる技術的基準（通常の火災による火熱が2時間加えられた場合のものに限る。）に適合するはりの構造方法は，次のイからニまでのいずれかに該当する構造とすることとする。

　　イ　鉄筋コンクリート造，鉄骨鉄筋コンクリート造又は鉄骨コンクリート造（鉄骨に対するコンクリートのかぶり厚さが5cm未満のものを除く。）

　　ロ　鉄骨を塗厚さが6cm（軽量骨材を用いたものについては5cm）以上の鉄網モルタル，厚さが7cm（軽量骨材を用いたものについては6cm）以上のコンクリートブロック又は厚さが7cm以上のれんが若しくは石で覆ったもの

　　ハ　鉄骨を塗厚さが4cm以上の鉄網パーライトモルタルで覆ったもの

　　ニ　鉄骨（断面積を加熱周長で除した数値が，上フランジが床スラブに密着した構造で3面から加熱されるものにあっては6.1以上，その他のものにあっては6.7以上のH形鋼に限る。）に次の⑴又は⑵に該当する防火被覆が設けられたもの

　　　⑴　厚さが45mm以上の繊維強化セメント板（けい酸カルシウム板（かさ比重が0.35以上のものに限る。）に限る。）

　　　⑵　厚さが47mm以上の繊維強化セメント板（けい酸カルシウム板（かさ比重が0.15以上のものに限る。）に限る。）

　三　令第107条第一号に掲げる技術的基準（通常の火災による火熱が1.5時間加えられた場合のものに限る。）に適合するはりの構造方法は，次のイ又はロのいずれかに該当する構造とすることとする。

　　イ　前号に定める構造

　　ロ　木材又は鉄材に防火被覆（強化せっこうボードを3枚以上張ったもので，その厚さの合計が63mm以上のものに限る。）が設けられたもの

　四　令第107条第一号に掲げる技術的基準（通常の火災による火熱が1時間加えられた場合のものに限る。）に適合するはりの構造方法は，次のイからへまでのいずれかに該当する構造とすることとする。

　　イ　前号に定める構造

　　ロ　鉄筋コンクリート造，鉄骨鉄筋コンクリート造又は鉄骨コンクリート造

　　ハ　鉄骨を塗厚さが4cm（軽量骨材を用いたものについては3cm）以上の鉄網モルタル，厚さが5cm（軽量骨材を用いたものについては4cm）以上のコンクリートブロック又は厚さが5cm以上のれんが若しくは石で覆ったもの

　　ニ　鉄骨（断面積を加熱周長で除した数値が，上フランジが床スラブに密着した構造で3面から加熱されるものにあっては6.1以上，その他のものにあっては6.7以上のH形鋼に限る。）に次の⑴又は⑵に該当する防火被覆が設けられたもの

　　　⑴　第2第四号ニ⑴又は⑵に該当するもの

　　　⑵　厚さが25mm以上の繊維強化セメント板（けい酸カルシウム板（かさ比重が0.15以上のものに限る。）に限る。）

　　ホ　第2第四号へに定める構造

　　へ　床面からはりの下端までの高さが4m以上の鉄骨造の小屋組で，その直下に天井がないもの又は直下に不燃材料又は準不燃材料で造られた天井があるもの

第5　令第107条第一号及び第三号に掲げる技術的基準に適合する屋根の構造方法は，次の各号のいずれかに該当する構造（第二号及び第七号に定める構造方法にあっては，防火被覆の取合い等の部分を，当該取合い等の部分の裏面に当て木を設ける等当該建築物の内部への炎の侵入を有効に防止することができる構造とするものに限る。）とすることとする。

　一　鉄筋コンクリート造又は鉄骨鉄筋コンクリート造

　二　たるきを断面の幅及び高さが，それぞれ，50mm以上及び100mm以上の鉄骨（断面積を加熱周長で除した数値が2.3以上のH形鋼及び溝形鋼並びに鋼材の厚さが2.3mm以上のリップ溝形鋼及び角形鋼管に限る。）で造り，これに次の⑴又は⑵のいずれかに該当する防火被覆を設け，かつ，野地板に厚さが25mm以上の硬質木毛セメント板又は厚さが18mm以上の硬質木片セメント板を使用し，厚さが0.35mm以上の鉄板又は鋼板でふいたもの

　　　⑴　吹付け厚さが25mm以上の吹付けロックウール（かさ比重が0.28以上のものに限る。）

⑵　厚さが25mm 以上の繊維強化セメント板（けい酸カルシウム板（かさ比重が0.35以上のものに限る。）に限る。）

三　鉄材によって補強されたコンクリートブロック造，れんが造又は石造

四　鉄網コンクリート若しくは鉄網モルタルでふいたもの又は鉄網コンクリート，鉄網モルタル，鉄材で補強されたガラスブロック若しくは網入りガラスで造られたもの

五　鉄筋コンクリート製パネルで厚さ 4 cm 以上のもの

六　軽量気泡コンクリートパネル

七　下地を木材又は鉄材で造り，かつ，その屋内側の部分又は直下の天井に防火被覆（強化せっこうボードを 2 枚以上張ったもので，その厚さの合計が27mm 以上のものに限る。）が設けられたもの

第6　令第107条第一号に掲げる技術的基準に適合する階段の構造方法は，次の各号のいずれかに該当する構造（第五号に定める構造方法にあっては，防火被覆の取合い等の部分を，当該取合い等の部分の裏面に当て木を設ける等当該建築物の内部への炎の侵入を有効に防止することができる構造とするものに限る。）とすることとする。

一　鉄筋コンクリート造又は鉄骨鉄筋コンクリート造

二　無筋コンクリート造，れんが造，石造又はコンクリートブロック造

三　鉄材によって補強されたれんが造，石造又はコンクリートブロック造

四　鉄造

五　けた及び下地を木材で造り，かつ，その表側の部分及び裏側の部分に防火被覆（強化せっこうボードを 2 枚以上張ったもので，その厚さの合計が27mm 以上のものに限る。）が設けられたもの

　　附　則

昭和39年建設省告示第1675号は，廃止する。

不燃材料を定める件

平成12年5月30日　建設省告示第1400号
最終改正　令和4年5月31日　国土交通省告示第599号

　建築基準法（昭和25年法律第201号）第2条第九号の規定に基づき，不燃材料を次のように定める。

　建築基準法施行令（昭和25年政令第338号）第108条の2各号（建築物の外部の仕上げに用いるものにあっては，同条第一号及び第二号）に掲げる要件を満たしている建築材料は，次に定めるものとする。

　一　コンクリート
　二　れんが
　三　瓦
　四　陶磁器質タイル
　五　繊維強化セメント板
　六　厚さが3mm以上のガラス繊維混入セメント板
　七　厚さが5mm以上の繊維混入ケイ酸カルシウム板
　八　鉄鋼
　九　アルミニウム
　十　金属板
　圭　ガラス
　圭　モルタル
　圭　しっくい
　尚　厚さが10mm以上の壁土
　圭　石
　圭　厚さが12mm以上のせっこうボード（ボード用原紙の厚さが0.6mm以下のものに限る。）
　圭　ロックウール
　圭　グラスウール板

　　　附　則

　昭和45年建設省告示第1828号は，廃止する。

準不燃材料を定める件

平成12年 5 月30日　建設省告示第1401号

　建築基準法施行令（昭和25年政令第338号）第 1 条第五号の規定に基づき，準不燃材料を次のように定める。

第 1　通常の火災による火熱が加えられた場合に，加熱開始後10分間建築基準法施行令（以下「令」という。）第108条の 2 各号に掲げる要件を満たしている建築材料は，次に定めるものとする。

　一　不燃材料のうち通常の火災による火熱が加えられた場合に，加熱開始後20分間令第108条の 2 各号に掲げる要件を満たしているもの

　二　厚さが 9 mm 以上のせっこうボード（ボード用原紙の厚さが0.6mm 以下のものに限る。）

　三　厚さが15mm 以上の木毛セメント板

　四　厚さが 9 mm 以上の硬質木片セメント板（かさ比重が0.9以上のものに限る。）

　五　厚さが30mm 以上の木片セメント板（かさ比重が0.5以上のものに限る。）

　六　厚さが 6 mm 以上のパルプセメント板

第 2　通常の火災による火熱が加えられた場合に，加熱開始後10分間令第108条の 2 第一号及び第二号に掲げる要件を満たしている建築材料は，次に定めるものとする。

　一　不燃材料

　二　第 1 第二号から第六号までに定めるもの

　　　附　則

1　（略）

2　昭和51年建設省告示第1231号は，廃止する。

難燃材料を定める件

平成12年 5 月30日　建設省告示第1402号

　建築基準法施行令（昭和25年政令第338号）第 1 条第六号の規定に基づき，難燃材料を次のように定める。

第1　通常の火災による火熱が加えられた場合に，加熱開始後 5 分間建築基準法施行令（以下「令」という。）第108条の 2 各号に掲げる要件を満たしている建築材料は，次に定めるものとする。

　一　準不燃材料のうち通常の火災による火熱が加えられた場合に，加熱開始後10分間令第108条の 2 各号に掲げる要件を満たしているもの

　二　難燃合板で厚さが5.5mm 以上のもの

　三　厚さが 7 mm 以上のせっこうボード（ボード用原紙の厚さが0.5mm 以下のものに限る。）

第2　通常の火災による火熱が加えられた場合に，加熱開始後 5 分間令第108条の 2 第一号及び第二号に掲げる要件を満たしている建築材料は，次に定めるものとする。

　一　準不燃材料

　二　第 1 第二号及び第三号に定めるもの

　　附　則　（略）

非常用の照明装置を設けることを要しない避難階又は避難階の直上階若しくは直下階の居室で避難上支障がないものその他これらに類するものを定める件

平成12年5月31日　建設省告示第1411号

最終改正　平成30年3月29日　国土交通省告示第516号

建築基準法施行令（昭和25年政令第338号）第126条の4第四号の規定に基づき，非常用の照明装置を設けることを要しない避難階又は避難階の直上階若しくは直下階の居室で避難上支障がないものその他これらに類するものを次のように定める。

建築基準法施行令（以下「令」という。）第126条の4第四号に規定する避難階又は避難階の直上階若しくは直下階の居室で避難上支障がないものその他これらに類するものは，次の各号のいずれかに該当するものとする。

一　令第116条の2第1項第一号に該当する窓その他の開口部を有する居室及びこれに類する建築物の部分（以下「居室等」という。）で，次のイ又はロのいずれかに該当するもの

イ　避難階に存する居室等にあっては，当該居室等の各部分から屋外への出口の一に至る歩行距離が30m以下であり，かつ，避難上支障がないもの

ロ　避難階の直下階又は直上階に存する居室等にあっては，当該居室等から避難階における屋外への出口又は令第123条第2項に規定する屋外に設ける避難階段に通ずる出入口に至る歩行距離が20m以下であり，かつ，避難上支障がないもの

二　床面積が30m²以下の居室（ふすま，障子その他随時開放することができるもので仕切られた2室は，1室とみなす。）で，地上への出口を有するもの又は当該居室から地上に通ずる建築物の部分が次のイ又はロに該当するもの

イ　令第126条の5に規定する構造の非常用の照明装置を設けた部分

ロ　採光上有効に直接外気に開放された部分

附　則

1　（略）

2　昭和47年建設省告示第34号は，廃止する。

特殊な構造又は使用形態のエレベーター及びエスカレーターの構造方法を定める件

平成12年 5 月31日　建設省告示第1413号

最終改正　令和元年 6 月25日　国土交通省告示第203号

　建築基準法施行令（昭和25年政令第338号）第129条の 3 第 2 項第一号及び第二号の規定に基づき，特殊な構造又は使用形態のエレベーター及びエスカレーターの構造方法を次のように定める。

第 1　建築基準法施行令（以下「令」という。）第129条の 3 第 2 項第一号に掲げる規定を適用しない特殊な構造又は使用形態のエレベーターは，次の各号に掲げるエレベーターの種類に応じ，それぞれ当該各号に定める構造方法を用いるものとする。ただし，第七号から第十号までに掲げるエレベーターにあっては第一号から第六号までの規定，非常用エレベーターにあっては第一号，第二号及び第四号から第十号までの規定は，それぞれ適用しない。

　一　籠の天井部に救出用の開口部を設けないエレベーター　　令第129条の 6 第二号，第三号及び第五号，第129条の 7 ，第129条の 8 第 2 項第二号，第129条の 9 並びに第129条の10第 3 項及び第 4 項の規定によるほか，次に定める構造とすること。ただし，第二号に適合するものにあっては令第129条の 7 第一号の規定，第三号に適合するものにあっては令第129条の 7 第一号及び第129条の 9 の規定，第四号又は第五号に適合するものにあっては令第129条の10第 3 項第二号の規定，第六号に適合するもの（籠の床面積が1.1 m²以下のものに限る。第三号及び第四号において同じ。）にあっては令第129条の10第 3 項第四号イの規定は，それぞれ適用しない。

　　イ　籠は，平成20年国土交通省告示第1455号第 1 に定める構造方法を用いるものとすること。この場合において，同告示第 1 第一号中「令第129条の 6 第四号に規定する開口部」とあるのは「非常の場合において籠内の人を安全に籠外に救出することができる籠の壁又は囲いに設ける開口部」と，第二号中「，かご内」とあるのは「，鍵を用いなければ籠内」と読み替えるものとする。

　　ロ　次のいずれかに適合するものとすること。

　　　⑴　常用の電源が絶たれた場合においても，制御器を操作することによって籠を昇降させることができるものであること。

　　　⑵　手動で籠を昇降させることができるものであること。

　二　昇降路の壁又は囲いの一部を有しないエレベーター　　令第129条の 6 ，第129条の 7 第二号から第五号まで，第129条の 8 第 2 項第二号，第129条の 9 並びに第129条の10第 3 項及び第 4 項の規定によるほか，次に定める構造とすること。ただし，第一号に適合するものにあっては令第129条の 6 第一号及び第四号の規定，第三号に適合するものにあっては令第129条の 9 の規定，第四号に適合するものにあっては令第129条の10第 3 項第二号の規定は，それぞれ適用しない。

　　イ　昇降路の壁又は囲いの一部を有しない部分の構造が次に掲げる基準に適合するものとすること。

　　　⑴　吹抜きに面した部分又は建築物の外に面する部分であること。

　　　⑵　建築物の床（その上部が吹抜きとなっている部分の床（以下「吹抜き部分の床」という。）を除く。）から水平距離で1.5m 以上離れた部分であること。

⑶　吹抜き部分の床若しくは昇降路に面する地面（人が立ち入らない構造となっているからぼりの底部の地面を除く。以下この号において同じ。）と昇降路が接している部分又は昇降路とこれに面する吹抜き部分の床先若しくは地面との水平距離が1.5m以下の部分にあっては，次の⒤又は⑰のいずれかに適合しているものであること。

　　　⒤　昇降路の周囲に柵，水面等を設け昇降路から水平距離で1.5m以下の部分に人が立ち入らない構造とし，かつ，昇降路に吹抜き部分の床又は地面から1.8m以上の高さの壁又は囲いを設けていること。

　　　⑰　昇降路に吹抜き部分の床又は地面から2.4m以上の高さの壁を設けていること。

　ロ　昇降路は，平成20年国土交通省告示第1454号第二号から第十一号までに定める基準に適合する壁又は囲い及び出入口の戸を設けたものとすること。

三　機械室を有しないエレベーター　　　令第129条の6，第129条の7第二号から第五号まで，第129条の8第2項第二号，第129条の10第3項及び第4項並びに第129条の13の3第2項，第3項及び第5項から第13項までの規定によるほか，次に定める構造とすること。ただし，第一号に適合するものにあっては令第129条の6第一号及び第四号の規定，第二号に適合するものにあっては令第129条の7第一号の規定，第四号又は第五号に適合するものにあっては令第129条の10第3項第二号の規定，第六号に適合するものにあっては令第129条の10第3項第四号イの規定，非常用エレベーター以外のエレベーターにあっては令第129条の13の3の規定は，それぞれ適用しない。

　イ　昇降路は，平成20年国土交通省告示第1454号（第六号に適合するものにあっては，同告示第六号を除く。）に定める基準に適合する壁又は囲い及び出入口の戸を設けたものとすること。この場合において，同告示第一号中「機械室に通ずる主索，電線その他のものの周囲」とあるのは「換気上有効な開口部」と読み替えるものとする。

　ロ　非常用エレベーターの昇降路は，非常用エレベーター2基以内ごとに，乗降ロビーに通ずる出入口及び換気上有効な開口部を除き，耐火構造の床及び壁で囲まれたものとすること。

　ハ　非常用エレベーターにあっては，駆動装置及び制御器（以下この号において「駆動装置等」という。）は，昇降路内（籠が停止する最下階の床面より上方に限る。）に設けること。この場合において，当該駆動装置等を籠が停止する最上階の床面より下方に設ける場合にあっては，当該駆動装置等は，日本産業規格C 0920（電気機械器具の外郭による保護等級（IPコード））－2003に規定するIPX 2に適合するもの又はこれと同等以上の防水の措置を講じたものとすること。

　ニ　駆動装置等を設ける場所には，換気上有効な開口部，換気設備又は空気調和設備を設けること。ただし，機器の発熱により駆動装置等を設けた場所の温度が7℃以上上昇しないことが計算により確かめられた場合においては，この限りでない。

　ホ　駆動装置等は，その設置する部分を除き，籠，釣合おもりその他の昇降する部分が触れるおそれのないように設けること。

　ヘ　駆動装置等から昇降路の壁又は囲いまでの水平距離は，保守点検に必要な範囲において50cm以上とすること。

　ト　制御器を昇降路内に設けるものにあっては，非常の場合に昇降路外において，籠を制御することができる装置を設けること。この場合において，当該装置がワイヤロープを用いた構造のものにあっては，非常の場合及び保守点検を行う場合を除き，ワイヤロープの変位が生じないようワイヤロープを壁，床その他の建築物の部分に固定す

ることその他の必要な措置を講ずること。

　チ　駆動装置等を昇降路の底部に設けるものにあっては，トに掲げる装置のほか，保守点検を安全に行うことができるよう次に掲げる装置を設け，かつ，籠又は釣合おもりが緩衝器に衝突した場合においても駆動装置等に触れるおそれのないものとすること。ただし，高さが１m以上の退避上有効な空間が確保されたものにあっては，⑶に掲げる装置を設けないこととすることができる。

　　⑴　昇降路外において，かごの降下を停止することができる装置
　　⑵　昇降路内において，機械的にかごの降下を停止することができる装置
　　⑶　非常の場合に昇降路内において，動力を切ることにより，かごの降下を停止することができる装置

　四　昇降行程が７m以下の乗用エレベーター及び寝台用エレベーター　　令第129条の６，第129条の７，第129条の８第２項第二号，第129条の９，第129条の10第３項第一号，第三号及び第四号並びに同条第４項の規定によること。ただし，第一号に適合するものにあっては令第129条の６第一号及び第四号の規定，第二号に適合するものにあっては令第129条の７第一号の規定，第三号に適合するものにあっては令第129条の７第一号及び第129条の９の規定，第六号に適合するものにあっては令第129条の10第３項第四号イの規定は，それぞれ適用しない。

　五　かごの定格速度が240m以上の乗用エレベーター及び寝台用エレベーター　　令第129条の６，第129条の７，第129条の８第２項第二号，第129条の９，第129条の10第３項第一号，第三号及び第四号並びに同条第４項の規定によるほか，平成20年国土交通省告示第1536号に規定する地震時等管制運転装置を設けること。この場合において，次の表の左欄に掲げるかごの定格速度の区分に応じて，同告示第２第三号ロの規定中同表の中欄に掲げる字句は，それぞれ同表の右欄に掲げる字句に読み替えるものとする。ただし，第一号に適合するものにあっては令第129条の６第一号及び第四号の規定，第三号に適合するものにあっては令第129条の７第一号及び第129条の９の規定は，それぞれ適用しない。

240m以上280m未満の場合	検知後10秒	検知後15秒
	かごを10秒以内	かごを15秒以内
280m以上，600m未満の場合	検知後10秒	検知後15秒
	かごを10秒以内	かごを15秒以内
	42m	50m
600m以上の場合	検知後10秒	検知後20秒
	かごを10秒以内	かごを20秒以内
	42m	50m

　六　籠が住戸内のみを昇降するエレベーターで，籠の床面積が1.3m²以下のもの　　令第129条の６第一号，第二号，第四号及び第五号，第129条の７第二号から第五号まで，第129条の８第２項第二号，第129条の９並びに第129条の10第３項及び第４項の規定によるほか，次に定める構造とすること。ただし，第一号に適合するものにあっては令第129条の６第一号及び第四号の規定，第三号に適合するものにあっては令第129条の９の規定，第四号に適合するものにあっては令第129条の10第３項第二号の規定，籠の床面積が1.1m²以下のものにあっては同項第四号イの規定は，それぞれ適用しない。

イ　籠は，次に定める構造とすること。

⑴　平成20年国土交通省告示第1455号第2第一号及び第三号から第八号までに定める基準に適合するものとすること。

⑵　籠の出入口の戸は，開き戸，折りたたみ戸又は引き戸とすること。ただし，乗用エレベーター及び寝台用エレベーター以外のエレベーターにあっては，上げ戸，下げ戸又は上下戸とすることができる。

⑶　開き戸又は折りたたみ戸である籠の出入口の戸は，閉じたときに，次の⒤から⒤⒤⒤までに掲げるものを除き，隙間が生じないものであること。

⒤　籠の出入口の戸と出入口枠の隙間で，8mm以下のもの

⒤⒤　籠の出入口の戸と床の隙間で，8mm以下のもの

⒤⒤⒤　籠の出入口の戸の突合せ部分の隙間で，8mm以下のもの

⑷　開き戸又は折りたたみ戸である籠の出入口の戸は，籠の昇降中に，籠外に向かって開くことができない構造とすること。

⑸　自動的に開閉する構造の開き戸又は折りたたみ戸である籠の出入口の戸は，次に掲げる基準に適合するものとすること。

⒤　戸の質量（単位　kg）に戸の開閉時の速度（単位　m/s）の2乗を乗じて得た値が20以下となるものであること。

⒤⒤　戸は，150N以下の力により開閉するものであること。

ロ　昇降路は，次に定める構造とすること。ただし，第三号に適合するものにあっては，⑴の規定は適用しない。

⑴　平成20年国土交通省告示第1454号第一号から第五号まで及び第七号から第十一号までに定める基準に適合するものとすること。

⑵　昇降路の出入口の戸は，開き戸，折りたたみ戸又は引き戸とすること。ただし，乗用エレベーター及び寝台用エレベーター以外のエレベーターにあっては，上げ戸，下げ戸又は上下戸とすることができる。

⑶　開き戸又は折りたたみ戸である昇降路の出入口の戸は，閉じたときに，次の⒤から⒤⒤⒤までに掲げるものを除き，隙間が生じないものであること。

⒤　昇降路の出入口の戸と出入口枠の隙間で，6mm以下のもの

⒤⒤　昇降路の出入口の戸と床の隙間で，6mm以下のもの

⒤⒤⒤　昇降路の出入口の戸の突合せ部分の隙間で，6mm以下のもの

⑷　自動的に開閉する構造の開き戸又は折りたたみ戸である昇降路の出入口の戸は，次に掲げる基準に適合するものとすること。

⒤　戸の質量（単位　kg）に戸の開閉時の速度（単位　m/s）の2乗を乗じて得た値が20以下となるものであること。

⒤⒤　戸は，150N以下の力により開閉するものであること。

ハ　籠外に向かって開く開き戸若しくは折りたたみ戸である籠の出入口の戸又は昇降路外に向かって開く開き戸若しくは折りたたみ戸である昇降路の出入口の戸を設ける場合には，地震時の転倒等により当該戸の開閉に支障を生じさせるおそれのある物を置かない旨を明示した標識を当該戸の近くの見やすい場所に掲示すること。

七　自動車運搬用エレベーターで，かごの壁又は囲い，天井及び出入口の戸の全部又は一部を有しないもの　　令第129条の6第二号及び第五号，第129条の7第一号から第三号まで及び第五号，第129条の8第2項第二号，第129条の9，第129条の10第3項第一号から第三号まで並びに同条第4項の規定によるほか，次に定める構造とすること。

イ　かごは，次に定める構造とすること。

⑴　出入口の部分を除き，高さ1.4m以上の壁又は囲いを設けること。

⑵　車止めを設けること。

⑶　かご内に操作盤（動力を切る装置を除く。）を設ける場合にあっては，当該操作盤は自動車の運転席から自動車の外に出ることなく操作ができる場所に設けること。

⑷　平成20年国土交通省告示第1455号第1第七号及び第八号に定める構造方法を用いるものであって，同告示第2第二号及び第五号から第七号までに定める基準に適合するものとすること。

ロ　昇降路は，かご内の人又は物が挟まれ，又は障害物に衝突しないものとすること。

ハ　自動車がかご内の通常の停止位置以外の場所にある場合にかごを昇降させることができない装置を設けること。

八　ヘリコプターの発着の用に供される屋上に突出して停止するエレベーターで，屋上部分の昇降路の囲いの全部又は一部を有しないもの　　令第129条の6第二号，第四号及び第五号，第129条の7第一号（屋上部分の昇降路に係るものを除く。），第二号，第四号及び第五号，第129条の9，第129条の10第3項第一号，第三号及び第四号並びに同条第4項の規定によるほか，次に定める構造とすること。

イ　かごは，次に定める構造とすること。

⑴　かご内の人又は物が釣合おもり，昇降路の壁その他のかご外の物に容易に触れることができない構造とした丈夫な壁又は囲い及び出入口の戸を設けること。

⑵　平成20年国土交通省告示第1455号第1第六号から第九号までに定める構造方法を用いるものであって，同告示第2第二号及び第五号から第八号までに定める基準に適合するものとすること。

ロ　屋上部分の昇降路は，次に定める構造とすること。

⑴　屋上部分の昇降路は，周囲を柵で囲まれたものとすること。

⑵　屋上と他の出入口及びかご内とを連絡することができる装置を設けること。

⑶　かごが屋上に突出して昇降する場合において，警報を発する装置を設けること。

ハ　昇降路の出入口の戸（屋上の昇降路の開口部の戸を除く。）には，平成20年国土交通省告示第1447号に定める基準に適合する施錠装置を設けること。この場合において，同告示第一号中「出入口の戸」とあるのは「出入口の戸（屋上の昇降路の開口部の戸を除く。以下同じ。）」と読み替えるものとする。

ニ　制御器は，平成12年建設省告示第1429号第1第二号から第四号までに定める基準に適合するものとすること。この場合において，同告示第1第二号中「戸」とあるのは「戸（屋上の昇降路の開口部の戸を除く。以下同じ。）」と，同条第三号中「建築基準法施行令第129条の7第三号」とあるのは「平成12年国土交通省告示第1413号第八号ハ」と読み替えるものとする。

ホ　鍵を用いなければかごの昇降ができない装置を設けること。

ヘ　屋上と最上階との間を昇降するものとすること。

九　車いすに座ったまま使用するエレベーターで，かごの定格速度が15m以下で，かつ，その床面積が2.25㎡以下のものであって，昇降行程が4m以下のもの又は階段及び傾斜路に沿って昇降するもの　　令第129条の7第五号の規定によるほか，次に定める構造とすること。

イ　かごは，次に定める構造とすること。

⑴　次に掲げるエレベーターの種類に応じ，それぞれ次に定めるものとすること。

〔i〕　かごの昇降の操作をかご内の人が行うことができない1人乗りのエレベーター

　　　　　出入口の部分を除き，高さ65cm 以上の丈夫な壁又は囲いを設けていること。
　　　　　ただし，昇降路の側壁その他のものに挟まれるおそれのない部分に面するかごの
　　　　　部分で，かごの床から 7 cm（出入口の幅が80cm 以下の場合にあっては， 6 cm）
　　　　　以上の立ち上がりを設け，かつ，高さ65cm 以上の丈夫な手すりを設けた部分に
　　　　　あっては，この限りでない。
　　　(ⅱ)　(i)以外のエレベーター　　出入口の部分を除き，高さ 1 m 以上の丈夫な壁又は
　　　　　囲いを設けていること。ただし，昇降路の側壁その他のものに挟まれるおそれの
　　　　　ない部分に面するかごの部分で，かごの床から高さ15cm 以上の立ち上がりを設
　　　　　け，かつ，高さ 1 m 以上の丈夫な手すりを設けた部分にあっては，この限りでな
　　　　　い。
　　(2)　出入口には，戸又は可動式の手すりを設けること。
　　(3)　用途，積載量（kg で表した重量とする。）及び最大定員（積載荷重を平成12年建
　　　設省告示第1415号第五号に定める数値とし，重力加速度を9.8m/s とし， 1 人当た
　　　りの体重を65kg，車いすの重さを110kg として計算した定員をいう。）並びに 1 人
　　　乗りのエレベーターにあっては車いすに座ったまま使用する 1 人乗りのものである
　　　ことを明示した標識をかご内の見やすい場所に掲示すること。
　ロ　昇降路は，次に定める構造とすること。
　　(1)　高さ1.8m 以上の丈夫な壁又は囲い及び出入口の戸又は可動式の手すりを設ける
　　　こと。ただし，かごの底と当該壁若しくは囲い又は床との間に人又は物が挟まれる
　　　おそれがある場合において，かごの下にスカートガードその他これに類するものを
　　　設けるか，又は強く挟まれた場合にかごの昇降を停止する装置を設けた場合にあっ
　　　ては，この限りでない。
　　(2)　出入口の床先とかごの床先との水平距離は， 4 cm 以下とすること。
　　(3)　釣合おもりを設ける場合にあっては，人又は物が釣合おもりに触れないよう壁又
　　　は囲いを設けること。
　　(4)　かご内の人又は物が挟まれ，又は障害物に衝突しないものとすること。
　ハ　制御器は，かご及び昇降路の全ての戸又は可動式の手すりが閉じていなければかご
　　を昇降させることができないものとすること。
　ニ　次に掲げる安全装置を設けること。
　　(1)　かごが折りたたみ式のもので動力を使用してかごを開閉するものにあっては，次
　　　に掲げる装置
　　　(ⅰ)　鍵を用いなければかごの開閉ができない装置
　　　(ⅱ)　開閉中のかごに人又は物が挟まれた場合にかごの開閉を制止する装置
　　　(ⅲ)　かごの上に人がいる場合又は物がある場合にかごを折りたたむことができない
　　　　装置
　　(2)　かごが着脱式のものにあっては，かごとレールが確実に取りつけられていなけれ
　　　ばかごを昇降させることができない装置
　　(3)　住戸内のみを昇降するもの以外のものにあっては，積載荷重を著しく超えた場合
　　　において警報を発し，かつ，かごを昇降させることができない装置又は鍵を用いな
　　　ければ，かごの昇降ができない装置
十　階段及び傾斜路に沿って 1 人の者がいすに座った状態で昇降するエレベーターで，定
　格速度が 9 m 以下のもの　　令第129条の 6 第五号及び第129条の 7 第五号の規定による
　ほか，次に定める構造とすること。
　イ　昇降はボタン等の操作によって行い，ボタン等を操作し続けている間だけ昇降する

構造とすること。

　　ロ　人又は物がかごと階段又は床との間に強く挟まれた場合にかごの昇降を停止する装置を設けること。

　　ハ　転落を防止するためのベルトを，背もたれ，ひじ置き，座席及び足を載せる台を有するいすに設けること。

第2　令第129条の3第2項第二号に掲げる規定を適用しない特殊な構造又は使用形態のエスカレーターは，次の各号に掲げるエスカレーターの種類に応じ，それぞれ当該各号に定める構造方法を用いるものとする。

一　勾配が30°を超えるエスカレーター　　令第129条の12第1項第一号，第三号，第四号及び第六号の規定によるほか，次に定める構造であること。

　　イ　勾配は，35°以下としていること。

　　ロ　踏段の定格速度は，30m以下としていること。

　　ハ　揚程は，6m以下としていること。

　　ニ　踏段の奥行きは，35cm以上としていること。

　　ホ　昇降口においては，2段以上の踏段のそれぞれの踏段と踏段の段差（踏段の勾配を15°以下としたすりつけ部分を除く。以下同じ。）を4mm以下としていること。

　　ヘ　平成12年建設省告示第1417号第1ただし書に規定する車いす使用者用エスカレーターでないこと。

二　踏段の幅が1.1mを超えるエスカレーター　　令第129条の12第1項第一号，第三号，第五号及び第六号の規定によるほか，次に定める構造であること。

　　イ　勾配は，4°以下としていること。

　　ロ　踏段と踏段の段差は，4mm以下としていること。

　　ハ　踏段の幅は，1.6m以下とし，踏段の端から当該踏段の端の側にある手すりの上端部の中心までの水平距離は，25cm以下としていること。

三　速度が途中で変化するエスカレーター　　令第129条の12第1項第六号の規定によるほか，次に定める構造であること。

　　イ　毎分の速度が50m以上となる部分にあっては，手すりの上端部の外側から壁その他の障害物（毎分の速度が50m以上となる部分において連続している壁で踏段の上の人が挟まれるおそれのないものを除く。）までの距離は，50cm以上としていること。

　　ロ　踏段側部とスカートガードのすき間は，5mm以下としていること。

　　ハ　踏段と踏段のすき間は，5mm以下としていること。

　　ニ　踏段と踏段の段差は，4mm以下としていること。

　　ホ　勾配は，踏段の速度が変化する部分にあっては4°以下とし，それ以外の部分にあっては8°以下としていること。

　　ヘ　踏段の幅は，1.6m以下とし，踏段の端から当該踏段の端の側にある手すりの上端部の中心までの水平距離は，25cm以下としていること。

　　ト　踏段の両側に手すりを設け，その手すりが次の⑴又は⑵のいずれかの基準に適合するものであること。

　　　⑴　手すりの上端部が，通常の場合において当該手すりの上端部をつかむ人が乗る踏段と同一方向に同一速度で連動するようにしたものとしていること。

　　　⑵　複数の速度が異なる手すりを，これらの間に固定部分を設ける等により挟まれにくい構造として組み合せたもので，次の手すりを持ち替えるまでの間隔が2秒以上（おおむね手すりと同一の高さとした手すりの間の固定部分の長さを15cm以下としたものを除く。）で，かつ，それぞれの手すりの始点から終点に至るまでの手す

りと踏段との進む距離の差が40cm 以下であること。

チ　踏段の毎分の速度は，昇降口において，50m 以下としていること。

リ　踏段の速度の変化により踏段の上の人に加わる加速度は，速度が変わる部分の踏段の勾配が 3 °以下の部分にあっては0.5m/s²以下，3 °を超え 4 °以下の部分にあっては0.3m/s²以下としていること。

附　則　（略）

通常の使用状態において人又は物が挟まれ，又は障害物に衝突することがないようにしたエスカレーターの構造及びエスカレーターの勾配に応じた踏段の定格速度を定める件

平成12年5月31日　建設省告示第1417号

建築基準法施行令（昭和25年政令第338号）第129条の12第1項第一号及び第五号の規定に基づき，通常の使用状態において人又は物が挟まれ，又は障害物に衝突することがないようにしたエスカレーターの構造及びエスカレーターの勾配に応じた踏段の定格速度を次のように定める。

第1　建築基準法施行令（以下「令」という。）第129条の12第1項第一号に規定する人又は物が挟まれ，又は障害物に衝突することがないようにしたエスカレーターの構造は，次のとおりとする。ただし，車いすに座ったまま車いす使用者を昇降させる場合に2枚以上の踏段を同一の面に保ちながら昇降を行うエスカレーターで，当該運転時において，踏段の定格速度を30m以下とし，かつ，2枚以上の踏段を同一の面とした部分の先端に車止めを設けたものにあっては，第一号及び第二号の規定は適用しない。

一　踏段側部とスカートガードのすき間は，5mm以下とすること。

二　踏段と踏段のすき間は，5mm以下とすること。

三　エスカレーターの手すりの上端部の外側とこれに近接して交差する建築物の天井，はりその他これに類する部分又は他のエスカレーターの下面（以下「交差部」という。）の水平距離が50cm以下の部分にあっては，保護板を次のように設けること。

イ　交差部の下面に設けること。

ロ　端は厚さ6mm以上の角がないものとし，エスカレーターの手すりの上端部から鉛直に20cm以下の高さまで届く長さの構造とすること。

ハ　交差部のエスカレーターに面した側と段差が生じないこと。

第2　令第129条の12第1項第五号に規定するエスカレーターの勾配に応じた踏段の定格速度は，次の各号に掲げる勾配の区分に応じ，それぞれ当該各号に定める速度とする。

一　勾配が8°以下のもの　　　50m

二　勾配が8°を超え30°（踏段が水平でないものにあっては15°）以下のもの　　　45m

　　　附　則　（略）

エレベーターの制動装置の構造方法を定める件

平成12年5月31日　建設省告示第1423号
最終改正　平成21年8月4日　国土交通省告示第859号

　建設基準法施行令（昭和25年政令第338号）第129条の10第2項の規定に基づき，エレベーターの制動装置の構造方法を次のように定める。
　エレベーターの制動装置の構造方法は，次に定めるものとする。

第1　かごを主索でつり，その主索を綱車又は巻胴で動かすエレベーターの制動装置の構造方法は，次の各号に掲げるエレベーターの区分に応じ，それぞれ当該各号に定めるものとする。

一　かごが停止する最上階にこれが停止したときのかごの枠の上端から昇降路の頂部にある床又ははりの下端までの垂直距離（以下「頂部すき間」という。）が次に掲げる基準のいずれかに該当し，かつ，かごが停止する最下階の床面から昇降路の底部の床面までの垂直距離（以下「ピットの深さ」という。）がイに掲げる基準に該当するエレベーター（第二号に掲げる基準に該当するエレベーターを除く。）　第2に定める構造方法

　イ　頂部すき間及びピットの深さが，かごの定格速度に応じて，次の表に定める数値以上であること。ただし，ピットの深さを第2第六号に定める緩衝器を設置することができる数値以上とする場合にあっては，当該数値以上とすることができる。

かごの定格速度	頂部すき間 （単位　m）	ピットの深さ （単位　m）
45m 以下の場合	1.2	1.2
45m を超え，60m 以下の場合	1.4	1.5
60m を超え，90m 以下の場合	1.6	1.8
90m を超え，120m 以下の場合	1.8	2.1
120m を超え，150m 以下の場合	2.0	2.4
150m を超え，180m 以下の場合	2.3	2.7
180m を超え，210m 以下の場合	2.7	3.2
210m を超え，240m 以下の場合	3.3	3.8
240m を超える場合	4.0	4.0

　ロ　イにかかわらず，主索のかごをつる側の反対側につり合おもりをつる構造のエレベーターの頂部すき間の基準にあっては(1)又は(2)に掲げる場合に応じ，それぞれ(1)又は(2)の式によって計算した数値以上と，巻胴式エレベーターの頂部すき間の基準にあってはかごが停止する最上階を超えて上昇した場合においてもかごが昇降路の頂部に衝突しない数値以上とすることができる。

　(1)　緩衝器を(2)以外のものとした場合及び緩衝器を設けずに緩衝材を設けた場合

$$H = S + R + \frac{V^2}{720} + C$$

⑵　緩衝器を第2第六号ロに定めるものとした場合

$$H = S + R + \frac{V^2}{1,068} + C$$

⑴及び⑵の式において，H，S，R，V及びCの値は，それぞれ次の数値を表すものとする。

H　頂部すき間（単位　cm）

S　つり合おもり側の緩衝器のストローク又は緩衝材の厚さ（単位　cm）

R　かごが最上階に停止した場合におけるつり合おもりとつり合おもり側の緩衝器又は緩衝材のすき間の垂直距離（単位　cm）

V　かごの定格速度（単位　m/min）

C　かご上で運転をする場合で頂部安全距離1.2m以上を確保し，かつ，頂部安全距離以上のかごの上昇を自動的に停止するリミットスイッチを設けた場合又はかご上で運転をしない場合においては2.5，それ以外の場合においては60（単位　cm）

二　次に掲げる基準に該当するエレベーター　　　第3に定める構造方法

イ　昇降行程が5m以下であること。

ロ　かごの定格速度が15m以下であること。

ハ　かごの床面積が1.5m²以下であること。

ニ　頂部すき間及びピット深さが前号に掲げる基準に該当すること。

第2　第1第一号に定めるエレベーターの制動装置の構造方法は，次に掲げる安全装置を設けた構造とすることとする。

一　かごを昇降路の出入口に自動的に停止させる装置又は操縦機の操作をする者が操作をやめた場合において操縦機がかごを停止させる状態に自動的に復する装置

二　かごの速度が異常に増大した場合において毎分の速度が定格速度に相当する速度の1.3倍（かごの定格速度が45m以下のエレベーターにあっては，63m）を超えないうちに動力を自動的に切る装置

三　動力が切れたときに惰性による原動機の回転を自動的に制止する装置

四　次のイ又はロに定める装置

イ　かごの降下する速度が第二号に掲げる装置が作動すべき速度を超えた場合（かごの定格速度が45m以下のエレベーターにあっては，かごの降下する速度が同号に掲げる装置が作動すべき速度に達し，又はこれを超えた場合）において毎分の速度が定格速度に相当する速度の1.4倍（かごの定格速度が45m以下のエレベーターにあっては，68m）を超えないうちにかごの降下を自動的に制止する装置（かごの定格速度が45mを超えるエレベーター又は斜行式エレベーターにあっては次第ぎき非常止め装置，その他のエレベーターにあっては早ぎき非常止め装置又は次第ぎき非常止め装置に限る。ロにおいて同じ。）

ロ　積載荷重が3,100N以下，かごの定格速度が45m以下で，かつ，昇降行程が13m以下のエレベーターにあっては，主索が切れた場合においてかごの降下を自動的に制止する装置

五　かご又はつり合おもりが昇降路の底部に衝突しそうになった場合においてこれに衝突しないうちにかごの昇降を自動的に制御し，及び制止する装置

六　次のイ又はロ（かごの定格速度が60mを超える場合にあっては，ロ）に掲げる装置。ただし，かごの定格速度が30m以下で，かごの降下する毎分の速度が定格速度に相当する速度の1.4倍を超えないうちにかごの降下を自動的に制止する装置を設けたエレベー

ターにあっては，適当な緩衝材又は緩衝器とすることができる。

イ　ストロークがかごの定格速度に応じて次の表に定める数値以上であるばね緩衝器

かごの定格速度	ストローク（単位　cm）
30m 以下の場合	3.8
30m を超え，45m 以下の場合	6.6
45m を超え，60m 以下の場合	10.0

ロ　ストロークが次の式によって計算した数値以上である油入緩衝器

$$L = \frac{V^2}{534}$$

　この式において，L 及び V は，それぞれ次の数値を表すものとする。
　　L　ストローク（単位　cm）
　　V　かごの定格速度（単位　m/min）

七　巻胴式エレベーターにあっては，主索が緩んだ場合において動力を自動的に切る装置

第3　第1第二号に定めるエレベーターの制動装置の構造方法は，次のいずれかに掲げる構造とすることとする。

一　主索が切れた場合においてかごの降下を自動的に制止する安全装置を設けること。

二　第2第一号，第三号，第五号及び第七号に掲げる安全装置を設けること。

第4　かごを主索又は鎖を用いることなく油圧により直接動かすエレベーター（以下「直接式油圧エレベーター」という。）の制動装置の構造方法は，次の各号（かごの定格速度が30m 以下の直接式油圧エレベーターその他安全上支障がない直接式油圧エレベーターにあっては，第二号ハを除く。）に定めるものとする。

一　昇降路の頂部すき間を，プランジャーの余裕ストロークによるかごの走行距離に2.5cmを加えた数値以上とすること。

二　次に掲げる安全装置を設けること。

イ　かごの上昇時に油圧が異常に増大した場合において，作動圧力（ポンプからの吐出圧力をいう。以下同じ。）が常用圧力（積載荷重を作用させて定格速度で上昇中の作動圧力をいう。）の1.5倍を超えないようにする装置

ロ　動力が切れた場合に油圧ジャッキ内の油の逆流によるかごの降下を自動的に制止する装置

ハ　油温を5℃以上60℃以下に保つための装置

ニ　プランジャーのシリンダーからの離脱を防止するための装置

ホ　電動機の空転を防止するための装置

ヘ　かご上運転をする場合において，頂部安全距離1.2m 以上を確保し，頂部安全距離以上のかごの上昇を自動的に制御するための装置

ト　第2第六号に掲げる装置

第5　かごを主索又は鎖でつり，その主索又は鎖を油圧で動かすエレベーターの制動装置の構造方法は，次に定めるものとする。

一　昇降路の構造を次に定めるものとすること

イ　頂部すき間が，次の式によって計算した数値以上であること。

$$H = S + \frac{V^2}{706} + 2.5$$

　この式において，H，S 及び V は，それぞれ次の数値を表すものとする。

H　頂部すき間（単位　cm）

S　プランジャーの余裕ストロークによるかごの走行距離（単位　cm）

V　かごの定格速度（単位　m/min）

ロ　ピット深さが第1第一号（同号イの表中の「かごの定格速度」にあっては「かごの下降定格速度（積載荷重を作用させて下降する場合の毎分の最高速度をいう。）」と読み替える。）に規定するピット深さであること。

二　第2第五号及び第4第二号に掲げる安全装置及び次に掲げる安全装置を設けたものとすること

イ　第2第四号イ又はかごの定格速度が45m以下のエレベーターにあっては主索が切れた場合においてかごの降下を自動的に静止する装置

ロ　主索又は鎖が緩んだ場合において動力を自動的に切る装置

ハ　主索又は鎖が伸びた場合において，プランジャーの行過ぎを防止する装置。ただし，プランジャーの余裕ストロークにより安全上支障ないものにあっては，この限りでない。

第6　段差解消機（平成12年建設省告示第1413号第1第九号に定めるエレベーターをいう。）の制動装置の構造方法は，次に掲げる装置を設けた構造とすることとする。

一　動力が切れた場合にかごの降下を自動的に制止する装置

二　主索又は鎖が切れた場合に自動的に停止する構造の場合を除き，かごの降下を自動的に制止する装置

三　かごを油圧により動かす段差解消機にあっては，第4第二号イからへまでに掲げる装置

四　かごを主索又は鎖でつり，その主索又は鎖を油圧で動かすエレベーターにあっては，第5第二号ロ及びハに掲げる装置

五　かご又はつり合おもりが昇降路の底部に衝突しそうになった場合においてこれに衝突しないうちにかごの昇降を自動的に制御し，及び制止する装置

六　かごが昇降路の底部に衝突した場合においても，かご内の人が安全であるように衝撃を緩和する緩衝器又は緩衝材

七　乗降口及びかご内においてかごの昇降を停止させる装置

第7　いす式階段昇降機（平成12年建設省告示第1413号第1第十号に定めるエレベーターをいう。）の制動装置の構造方法は，次に掲げる装置を設けた構造とすることとする。

一　操縦機の操作をする者が操作をやめた場合において操縦機がかごを停止させる状態に自動的に復する装置

二　主索又は鎖が緩んだ場合において動力を自動的に切る装置

三　動力が切れたときに惰性による原動機の回転を自動的に制止する装置

四　かご又はつり合おもりが昇降路の底部に衝突しそうになった場合においてこれに衝突しないうちにかごの昇降を自動的に制御し，及び制止する装置

五　主索又は鎖が切れた場合においてかごの降下を自動的に制止する装置

　　附　則　（略）

エスカレーターの制動装置の構造方法を定める件

平成12年5月31日　建設省告示第1424号

　建築基準法施行令（昭和25年政令第338号）第129条の12第5項の規定に基づき，エスカレーターの制動装置の構造方法を次のように定める。
　エスカレーターの制動装置の構造方法は，次に定めるものとする。
一　建築基準法施行令第129条の12第三号から第五号までの基準に適合するエスカレーターの制動装置であること。
二　次のイからホまで（勾配が15°以下で，かつ，踏段と踏段の段差（踏段の勾配を15°以下としたすりつけ部分を除く。以下同じ。）が4mm以下のエスカレーターにあっては，ニを除く。）に掲げる状態を検知する装置を設けること。
　　イ　踏段くさりが異常に伸びた状態
　　ロ　動力が切断された状態
　　ハ　昇降口において床の開口部を覆う戸を設けた場合においては，その戸が閉じようとしている状態
　　ニ　昇降口に近い位置において人又は物が踏段側面とスカートガードとの間に強く挟まれた状態
　　ホ　人又は物がハンドレールの入込口に入り込んだ状態
三　前号イからホまでに掲げる状態が検知された場合において，上昇している踏段の何も乗せない状態での停止距離を次の式によって計算した数値以上で，かつ，勾配が15°を超えるエスカレーター又は踏段と踏段の段差が4mmを超えるエスカレーターにあっては，0.6m以下とすること。

$$S = \frac{V^2}{9,000}$$

　　この式において，S 及び V は，それぞれ次の数値を表すものとする。
　　　S　踏段の停止距離（単位　m）
　　　V　定格速度（単位　m/min）
　　附　則　（略）

エレベーターの制御器の構造方法を定める件

平成12年5月31日　建設省告示第1429号
最終改正　平成20年12月15日　国土交通省告示第1469号

建築基準法施行令（昭和25年政令第338号）第129条の8第2項の規定に基づき，エレベーターの制御器の構造方法を次のように定める。

第1　かごを主索で吊るエレベーター又はかごを鎖で吊るエレベーター（油圧エレベーターを除く。）の制御器の構造方法は，次に定めるものとする。

一　かごを主索で吊るエレベーターにあっては，かごに積載荷重の1.25倍（平成12年建設省告示第1415号第2に規定するフォークリフト等がかごの停止時にのみ乗り込む乗用及び寝台用エレベーター以外のエレベーターにあっては，1.5倍）の荷重が加わった場合においてもかごの位置が著しく変動しないものとすること。ただし，かごの停止位置が着床面を基準として75mm以上下降するおそれがある場合において，これを調整するための床合せ補正装置（着床面を基準として75mm以内の位置において補正することができるものに限る。以下同じ。）を設けた場合にあっては，この限りでない。

二　かご又は昇降路の出入口の戸の開閉に応じて駆動装置の動力を調節する装置（次号において「調節装置」という。）を設けること。

三　調節装置の構造は，次のイ及びロに掲げる基準に適合するものとすること。

イ　かご又は昇降路の出入口の戸が開く場合に，自動的に作動し，かごを昇降させないものであること。

ロ　建築基準法施行令第129条の7第三号に規定する施錠装置が施錠された後に自動的に作動し，かごを昇降させるものであること。

四　かご内及びかごの上で駆動装置の動力を切ることができる装置を設けること。ただし，次に掲げるエレベーターにあっては，かごの上で駆動装置の動力を切ることができる装置を設けないものとすることができる。

イ　昇降行程が10m以下であるエレベーター

ロ　かごに天井がないエレベーター

第2　油圧エレベーターの制御器の構造方法は，次に定めるものとする。

一　かごの停止時における自然降下を調整するための床合せ補正装置を設けること。

二　圧力配管には，有効な圧力計を設けること。

三　第1第二号から第四号までに定める構造とすること。

附　則　（略）

地階における住宅等の居室の設ける開口部及び
防水層の設置方法を定める件

平成12年5月31日　建設省告示第1430号

　建築基準法施行令（昭和25年政令第338号）第22条の2第一号イ及び第二号イ⑴の規定に基づき，地階における住宅等の居室に設ける開口部及び防水層の設置方法を次のように定める。

第1　住宅等の居室の開口部は，次に定めるところにより設けられていることとする。

　一　次のイ又はロのいずれかに掲げる場所に面すること。

　　イ　居室が面する土地の部分を掘り下げて設けるからぼり（底面が当該開口部より低い位置にあり，かつ，雨水を排水するための設備が設けられているものに限る。）の次に掲げる基準に適合する部分

　　　⑴　上部が外気に開放されていること。

　　　⑵　当該居室の外壁からその壁の面するからぼりの周壁までの水平距離が1m以上であり，かつ，開口部の下端からからぼりの上端までの垂直距離（以下「開口部からの高さ」という。）の4/10以上であること。

　　　⑶　⑵の基準に適合する部分の当該居室の壁に沿った水平方向の長さが2m以上であり，かつ，開口部からの高さ以上であること。

　　ロ　当該開口部の前面に，当該住宅等の敷地内で当該開口部の下端よりも高い位置に地面がない場所

　二　その換気に有効な部分の面積が，当該居室の床面積に対して，1/20以上であること。

第2　住宅等の居室の外壁等には，次に掲げる方法により防水層を設けることとする。

　一　埋戻しその他工事中に防水層が損傷を受けるおそれがある場合において，き裂，破断その他の損傷を防止する保護層を設けること。

　二　下地の種類，土圧，水圧の状況等に応じ，割れ，すき間等が生じることのないよう，継ぎ目等に十分な重ね合わせをする等の措置を講じること。

　　附　則　（略）

耐火性能検証法に関する算出方法等を定める件

平成12年 5 月31日　建設省告示第1433号

最終改正　平成27年 2 月23日　国土交通省告示第258号

　建築基準法施行令（昭和25年政令第338号）第108条の 3 第 2 項第一号から第三号まで及び第 5 項第二号の規定に基づき，耐火性能検証法に関する算出方法等を次のように定める。

第1　建築基準法施行令（以下「令」という。）第108条の 3 第 2 項第一号に規定する当該室内の可燃物の発熱量は，次の式によって算出するものとする。

$$Q_r = q_l\,A_r + \Sigma\,(q_f\,A_f\,d_f) + \Sigma\,f_a\,\{q_{la}\,A_{ra} + \Sigma\,(q_{fa}\,A_{fa}\,d_{fa})\}$$

　この式において，Q_r，q_l，A_r，q_f，A_f，d_f，f_a，q_{la}，A_{ra}，q_{fa}，A_{fa}，及び d_{fa} は，それぞれ次の数値を表すものとする。

Q_r　　当該室内の可燃物の発熱量（単位　MJ）

q_l　　当該室内の収納可燃物の床面積 1 m² 当たりの発熱量（単位　MJ/m²）

A_r　　当該室の床面積（単位　m²）

q_f　　当該室の壁，床及び天井（天井のない場合においては，屋根。以下同じ。）の室内に面する部分の仕上げに用いる建築材料（以下「内装用建築材料」という。以下同じ。）の表面積 1 m²厚さ 1 mm 当たりの発熱量（単位　MJ/m²·mm）

A_f　　当該室の内装用建築材料の種類ごとの各部分の表面積（単位　m²）

d_f　　当該室の内装用建築材料の厚さ（単位　mm）

f_a　　当該室と隣接室の間の壁又は床の種類及び壁又は床の開口部の種類に応じて次の表の熱侵入係数の欄に掲げる数値

壁又は床	壁又は床の開口部	熱侵入係数
耐火構造（令第108条の 3 第 3 項の規定により耐火構造とみなされるものを含む。以下この表において同じ。）であるもの	特定防火設備（令第108条の 3 第 4 項の規定により特定防火設備とみなされるものを含む。以下この表において同じ。）が設けられたもの	0.0
	法第 2 条第九号の二のロに規定する防火設備が設けられたもの	0.07
1 時間準耐火基準に適合する準耐火構造（耐火構造を除く。以下この表において同じ。）であるもの	特定防火設備が設けられたもの	0.01
	法第 2 条第九号の二のロに規定する防火設備が設けられたもの	0.08
準耐火構造（耐火構造及び 1 時間準耐火基準に適合する準耐火構造を除く。）であるもの	特定防火設備が設けられたもの	0.05
	法第 2 条第九号の二のロに規定する防火設備が設けられたもの	0.09
その他のもの		0.15

q_{la}　　当該室の隣接室の収納可燃物の床面積 1 m²当たりの発熱量（単位　MJ/m²）

A_{ra} 当該室の隣接室の床面積（単位 m²）

q_{fa} 当該室の隣接室の内装用建築材料の表面積1m²厚さ1mm当たりの発熱量（単位 MJ/m²·mm）

A_{fa} 当該室の隣接室の内装用建築材料の種類ごとの各部分の表面積（単位 m²）

d_{fa} 当該室の隣接室の内装用建築材料の厚さ（単位 mm）

2　前項の室内の収納可燃物の床面積1m²当たりの発熱量は，当該室の種類に応じて次の表に定める数値とする。

室 の 種 類			発熱量（単位 MJ/m²）
(1)	住宅の居室		720
	住宅以外の建築物における寝室又は病室		240
(2)	事務室その他これに類するもの		560
	会議室その他これに類するもの		160
(3)	教室		400
	体育館のアリーナその他これに類するもの		80
	博物館又は美術館の展示室その他これらに類するもの		240
(4)	百貨店の売場又は物品販売業を営む店舗その他これらに類するもの	家具又は書籍の売場その他これらに類するもの	960
		その他の部分	480
	飲食店その他の飲食室	簡易な食堂	240
		その他の飲食室	480
(5)	劇場，映画館，演芸場，観覧場，公会堂，集会室その他これらに類する用途に供する室	客席部分　固定席の場合	400
		その他の場合	480
		舞台部分	240
(6)	自動車車庫又は自動車修理工場	車室その他これに類する部分	240
		車路その他これに類する部分	32
(7)	廊下，階段その他の通路		32
	玄関ホール，ロビーその他これらに類するもの	劇場，映画館，演芸場，観覧場，公会堂若しくは集会場その他これらに類する用途又は百貨店若しくは物品販売業を営む店舗その他これらに類する用途に供する建築物におけるもの	160
		その他のもの	80
(8)	昇降機その他の設備の機械室		160
(9)	屋上広場又はバルコニー		80
(10)	倉庫その他の物品の保管の用に供する室		2,000

3　第1項の内装用建築材料の表面積1m²厚さ1mm当たりの発熱量は，内装用建築材料の種類に応じて次の表に定める数値とする。

内装用建築材料	発熱量（単位　MJ/(m²·mm)）
不燃材料	0.8
準不燃材料（不燃材料を除く。）	1.6
難燃材料（準不燃材料を除く。）	3.2
木材その他これに類するもの（難燃材料を除く。）	8.0

第2 令第108条の3第2項第一号に規定する当該室内の可燃物の1秒間当たりの発熱量は，当該室の燃焼型支配因子に応じて次の表の1秒間当たりの発熱量の欄に掲げる式によって算出するものとする。

燃焼型支配因子	1秒間当たりの発熱量 （単位　MW）
$\chi \leqq 0.081$ の場合	$q_b = 1.6 \times \chi \times A_{fuel}$
$0.081 < \chi \leqq 0.1$ の場合	$q_b = 0.13 \times A_{fuel}$
$\chi > 0.1$ の場合	$q_b = (2.5 \times \chi \times \exp(-11 \times \chi) + 0.048) \times A_{fuel}$

この表において χ，q_b 及び A_{fuel} は，それぞれ次の数値を表すものとする。

χ 次の式によって計算した燃焼型支配因子

$$\chi = \max \left[\frac{\Sigma(A_{op}\sqrt{H_{op}})}{A_{fuel}}, \frac{A_r\sqrt{H_r}}{70 A_{fuel}} \right]$$

この式において A_{op}，H_{op}，A_{fuel}，A_r 及び H_r は，それぞれ次の数値を表すものとする。

A_{op} 各開口部の面積（単位　m²）

H_{op} 各開口部の上端から下端までの垂直距離（単位　m）

A_r 当該室の床面積（単位　m²）

H_r 当該室の床面から天井までの平均高さ（単位　m）

A_{fuel} 次の式によって計算した可燃物表面積（単位　m²）

$$A_{fuel} = 0.26 \times q_l^{1/3} \times A_r + \Sigma \phi \times A_f$$

この式において，q_l，A_r，A_f 及び ϕ は，それぞれ次の数値を表すものとする。

q_l 当該室内の収納可燃物の床面積1m²当たりの発熱量（単位　MJ/m²）

A_r 当該室の床面積（単位　m²）

A_f 当該室の壁，床及び天井の室内に面する部分の仕上げに用いる建築材料の種類ごとの各部分の表面積（単位　m²）

ϕ 建築材料の種類に応じて次の表の酸素消費係数の欄に掲げる数値

建築材料の種類	酸素消費係数
不燃材料	0.1
準不燃材料（不燃材料であるものを除く。）	0.2
難燃材料（準不燃材料であるものを除く。）	0.4
木材その他これに類するもの（難燃材料を除く。）	1.0

q_b 当該室内の可燃物の1秒間当たりの発熱量（単位　MW）

A_{fuel} 可燃物表面積（単位　m²）

第3　令第108条の3第2項第二号に規定する屋内火災保有耐火時間を求める方法は，次の各号に掲げる建築物の部分に応じ，それぞれ当該各号に定めるところによるものとする。

一　壁（耐力壁に限る。）　　当該構造の構造方法の区分に応じ，それぞれ次に定めるところにより屋内火災保有耐火時間を求めること。

イ　鉄筋コンクリート造（コンクリートの設計基準強度が60N/m²以下のものに限る。第4号第一号イにおいて同じ。）で，鉄筋に対するコンクリートのかぶり厚さが3cm以上のもの　　次に定めるところにより屋内火災保有耐火時間を求めること。

⑴　屋内火災保有耐火時間を次の式によって計算すること。

$$t_{fr} = \min\left[\ \max\left\{\frac{16772\ (cd)^2}{\alpha^{3 \cdot 2}\left(\log_e\dfrac{0.673}{(cd)^{1/3}}\right)^2},\ \left(\frac{480}{\alpha}\right)^6\right\},\ \frac{118.4 c_D D^2}{\alpha^{3/2}}\ \right]$$

この式において，t_{fr}，c，d，α，c_D 及び D は，次の数値を表すものとする。

t_{fr}　屋内火災保有耐火時間（単位　min）

c　次の表に掲げる熱特性係数

コンクリートの区分	熱特性係数
普通コンクリート（設計基準強度が60N/mm²以下のものに限る。以下同じ。）	0.21
一種軽量コンクリート（粗骨材が軽量骨材であり，かつ，細骨材が砂であるものをいう。以下同じ。）	0.23

d　次の式によって計算した熱劣化深さ（単位　mm）

$$d = \min\left\{D - \frac{3P}{2F_c},\ 2d_s\right\}$$

この式において，d，D，P，F_c 及び d_s は，次の数値を表すものとする。

d　熱劣化深さ（単位　mm）

D　壁の厚さ（単位　mm）

P　壁に作用する壁の長さ1mm当たりの荷重（単位　N/mm）

F_c　コンクリートの常温時の設計基準強度（単位　N/mm²）

d_s　加熱を受ける部分の鉄筋に対するかぶり厚さの最小値（単位　mm）

α　火災温度上昇係数

c_D　次の表に掲げる遮熱特性係数

コンクリートの区分	遮熱特性係数
普通コンクリート	1.0
一種軽量コンクリート	1.2

D　壁の厚さ（単位　mm）

⑵　⑴の火災温度上昇係数は，次の式によって計算するものとする。（ロ，第二号から第七号まで及び第5各号において同じ。）

$$\alpha = 1280\left(\frac{q_b}{\sqrt{\Sigma\ (A_c\ I_h)}\ \sqrt{f_{op}}}\right)^{2/3}$$

この式において，α，q_b，A_c，I_h 及び f_{op} は，それぞれ次の数値を表すものとす

る。

α　　火災温度上昇係数

q_b　　令第108条の３第２項第一号に規定する当該室内の可燃物の１秒間当たりの発熱量（単位　MW）

A_c　　当該室の壁，床及び天井の部分ごとの表面積（単位　m²）

I_h　　次の表に掲げる式によって計算した数値（単位　kW・s$^{1/2}$/(m²・K))

構　　　　　造	熱慣性
鉄筋コンクリート，コンクリートブロックその他これらに類する材料で造られたもの	1.75
軽微な間仕切り壁その他これに類するもの	0.3
金属板屋根，膜構造その他これらに類するもの	2.8
その他のもの	$I_h = \sqrt{kpc}$

この表において，I_h, k, p 及び c は，次の数値を表すものとする。

I_h　　当該室の壁，床及び天井の部分ごとの熱慣性（単位　kW・s$^{1/2}$/m・K）

k　　当該室の壁，床及び天井の部分ごとの熱伝導率（単位　kW/m・K）

p　　当該室の壁，床及び天井の部分ごとの密度（単位　kg/m³）

c　　当該室の壁，床及び天井の部分ごとの比熱（単位　KJ/kg・K）

f_{op}　　次の式によって計算した有効開口因子（単位　m$^{5/2}$）

$$f_{op} = \max \left\{ \Sigma \left(A_{op} \sqrt{H_{op}}, \ \frac{A_r \sqrt{H_r}}{70} \right) \right\}$$

この式において，f_{op}, A_{op}, H_{op}, A_r 及び H_r は，次の数値を表すものとする。

f_{op}　　有効開口因子（単位　m$^{5/2}$）

A_{op}　　当該室の壁，床及び天井に設けられた各開口部の面積（単位　m²）

H_{op}　　当該室の壁，床及び天井に設けられた各開口部の上端から下端までの垂直距離（単位　m）

A_r　　当該室の床面積（単位　m²）

H_r　　当該室の床面から天井までの平均高さ（単位　m）

ロ　イに掲げるもの以外の耐火構造である構造方法　　次の式によって屋内火災保有耐火時間を計算すること。

$$t_{fr} = t_A \left(\frac{460}{\alpha} \right)^{3/2}$$

この式において，t_{fr}, t_A 及び α は，次の数値を表すものとする。

t_{fr}　　屋内火災保有耐火時間（単位　min）

t_A　　耐火構造として通常の火災による火熱に対して耐えるべき時間として定められ又は認定を受けた時間（令第107条各号に掲げる時間のうち，最も短いものをいい，以下「耐火時間」という。）（単位　min）

α　　火災温度上昇係数

二　壁（非耐力壁に限る。）　　当該構造の構造方法の区分に応じ，それぞれ次に定めるところにより屋内火災保有耐火時間を求めること。

イ　鉄筋コンクリート造　　屋内火災保有耐火時間を次の式によって計算すること。

$$t_{fr} = \frac{118.4 c_D D^2}{\alpha^{3/2}}$$

この式において，t_{fr}, c_D, D 及び α は，次の数値を表すものとする。

　t_{fr}　屋内火災保有耐火時間（単位　min）

　c_D　次の表に掲げる遮熱特性係数

コンクリートの区分	遮熱特性係数
普通コンクリート	1.0
一種軽量コンクリート	1.2

　D　壁の厚さ（単位　mm）

　α　火災温度上昇係数

ロ　イに掲げるもの以外の耐火構造である構造方法　　屋内火災保有耐火時間を次の式によって計算すること。

$$t_{fr} = t_A \left(\frac{460}{\alpha} \right)^{3/2}$$

この式において，t_{fr}, t_A 及び α は，次の数値を表すものとする。

　t_{fr}　屋内火災保有耐火時間（単位　min）

　t_A　耐火時間（単位　min）

　α　火災温度上昇係数

三　柱　　当該構造の構造方法の区分に応じ，それぞれ次のイからホまでに定めるところにより屋内火災保有耐火時間を求めること。

イ　鉄骨造（防火被覆したものを除く。）　　次に定めるところにより屋内火災保有耐火時間を求めること。

⑴　屋内火災保有耐火時間を，次の式によって計算すること。

$$t_{fr} = \max \{ t_{fr1},\ t_{fr2} \}$$

この式において，t_{fr}, t_{fr1} 及び t_{fr2} は，次の数値を表すものとする。

　t_{fr}　屋内火災保有耐火時間（単位　min）

　t_{fr1}　次の表に掲げる式によって計算した数値

$\dfrac{987}{h} \left\{ \dfrac{1}{\log_e \{ h^{1/6}(T_{cr}-20)/1250 \}} \right\}^2$ $\geqq \alpha_l^{3/2}$の場合	$t_{fr1} = \dfrac{19732}{\alpha^{3/2} h} \left\{ \dfrac{1}{\log_e \{ h^{1/6}(T_{cr}-20)/1250 \}} \right\}^2$
$\dfrac{987}{h} \left\{ \dfrac{1}{\log_e \{ h^{1/6}(T_{cr}-20)/1250 \}} \right\}^2$ $< \alpha_l^{3/2}$の場合	$t_{fr1} = 0$

この表において，α, α_l, h 及び T_{cr} は，次の数値を表すものとする。

　α　火災温度上昇係数

　α_l　部材近傍火災温度上昇係数

　h　部材温度上昇係数

　T_{cr}　限界部材温度（単位　℃）

t_{fr2}　次の式によって計算した数値（単位　min）

$$t_{fr2} = \left(\frac{T_{cr} - 20}{\max |\alpha, \alpha_l|} \right)^6$$

この式において，α，α_l 及び T_{cr} は，次の数値を表すものとする。

　　α　火災温度上昇係数

　　α_l　部材近傍火災温度上昇係数

　　T_{cr}　限界部材温度（単位　℃）

⑵　⑴の部材近傍火災温度上昇係数は，床面からの高さに応じて次の表に掲げる式によって計算するものとする（ニ並びに第五号イ⑴及びニにおいて同じ。）

$z \leq 2$ の場合	$\alpha_l = 500$
$2 < z \leq 7$ の場合	$\alpha_l = 500 - 100 \, (z - 2)$
$z > 7$ の場合	$\alpha_l = 0$

この表において，z 及び α_l は，次の数値を表すものとする。

　　z　当該部材の床面からの高さ（単位　m）

　　α_l　部材近傍火災温度上昇係数

⑶　⑴の部材温度上昇係数は，次の表に掲げる式によって計算するものとする。

構　　　造	部材温度上昇係数
H 型鋼柱	$h = 0.00089 \, (H_s/A_s)$
角型鋼管又は円形鋼管柱	$h = 0.00116 \, (H_s/A_s)$

この表において，h，H_s 及び A_s は，次の数値を表すものとする。

　　h　部材温度上昇係数

　　H_s　部材の加熱周長（単位　m）

　　A_s　部材の断面積（単位　m²）

⑷　⑴の限界部材温度は，次の式によって計算するものとする（ロ⑴において同じ。）。

$$T_{cr} = \min |T_B, T_{LB}, T_{DP}, 550|$$

この式において，T_{cr}，T_B，T_{LB} 及び T_{DP} は，それぞれ次の数値を表すものとする。

　　T_{cr}　限界部材温度（単位　℃）

　　T_B　次の表に掲げる式によって計算した柱の全体座屈に対する上昇温度（単位　℃）

無次元化有効細長比	柱の全体座屈に対する上限温度
$\lambda < 0.1$ の場合	$T_B = 700 - 375p$
$0.1 \leq \lambda \leq 1$ の場合	$T_B = \max \left\{ 700 - 375p - 55.8 \right.$ $(p + 30p^2) \, (\lambda - 0.1),$ $\left. 500 \sqrt{1 - \dfrac{p \, (1 + 0.267 \lambda^2)}{1 - 0.24 \lambda^2}} \right\}$

この表において，λ，T_B 及び p は，次の数値を表すものとする。

λ　　次の式によって計算した無次元化有効細長比

$$\lambda = \frac{l_e / i}{3.14 \sqrt{E/F}}$$

この式において，l_e，i，E 及び F は，次の数値を表すものとする。

l_e　　柱の長さ（単位　mm）

i　　柱の断面の最小二次率半径（単位　mm）

E　　鋼材の常温時の弾性係数（単位　N/mm²）

F　　鋼材の常温時の基準強度（単位　N/mm²）

T_B　　柱の全体座屈に対する上限温度（単位　℃）

p　　次の式によって計算した柱の常温時における軸力比

$$p = \frac{P}{FA_c}$$

この式において，p，P，F 及び A_c は，次の数値を表すものとする。

p　　柱の常温時における軸力比

P　　当該柱が負担する圧縮力（単位　N）

F　　鋼材の常温時の基準強度（単位　N/mm²）

A_c　　当該柱の断面積（単位　mm²）

T_{LB}　　次の式によって計算した柱の局部座屈に対する上限温度（単位　℃）

$$T_{LB} = 700 - \frac{375p}{\min(R_{LBO},\ 0.75)}$$

この式において，T_{LB}，p 及び R_{LBO} は，それぞれ次の数値を表すものとする。

T_{LB}　　柱の局部座屈に対する上限温度（単位　℃）

p　　常温時における軸力比

R_{LBO}　　次の表に掲げる式によって計算した数値

断面の形状	R_{LBO}
H 形断面	$R_{LBO} = \min \left\{ \dfrac{7}{0.72\dfrac{B_f}{t_f} + 0.11\dfrac{B_w}{t_w}},\ 21\dfrac{t_w}{B_w} \right\}$
正方形中空断面（熱間成形又は溶接集成部材であるものに限る。）	$R_{LBO} = 21\dfrac{t}{B}$
正方形中空断面（冷間成形部材に限る。）	$R_{LBO} = 17\dfrac{t}{B}$

円形中空断面	$R_{LBO} = \dfrac{35.6}{D/t_{cy} + 10.6}$

この表において，B_f，B_w，t_f，t_w，B，t，D 及び t_{cy} は，次の数値を表すものとする。

B_f　鋼材のフランジ幅に0.5を乗じたもの（単位　mm）

B_w　鋼材のウェブ幅（単位　mm）

t_f　鋼材のフランジ厚（単位　mm）

t_w　鋼材のウェブ厚（単位　mm）

B　鋼材の断面の小径（単位　mm）

t　鋼材の板厚（単位　mm）

D　鋼材の断面の外径（単位　mm）

t_{cy}　鋼材の管厚（単位　mm）

T_{DP}　次の式によって計算した数値（単位　℃）

$$T_{DP} = 20 + \frac{18000}{\sqrt{S}}$$

この式において，T_{DP} 及び S は，それぞれ次の数値を表すものとする。

T_{DP}　柱の熱変形に対する上限温度（単位　℃）

S　当該柱が面する室の床面積（単位　m²）

ロ　鉄骨造で，吹付け厚さが25mm 以上の吹付けロックウール（比重が0.28以上で，かつ，ロックウールのセメントに対する重量比が1.5以上のものに限る。以下同じ。）又は厚さが20mm 以上の繊維混入ケイ酸カルシウム板（比重が0.35以上であるものに限る。以下同じ。）で被覆したもの　次に定めるところにより屋内火災保有耐火時間を求めること。

(1) 屋内火災保有耐火時間を次の式によって計算すること。

$$t_{fr} = \max\left[\frac{9866}{\alpha^{3.2}}\left\{ \frac{2}{h}\left\{ \frac{1}{\log_e\{h^{1.6}(T_{cr}-20)/1250\}} \right\}^2 + \frac{a_w}{(H_i/A_i)^2} \right\},\ \left(\frac{T_{cr}-20}{\alpha} \right)^6 \right]$$

この式において，t_{fr}，α，h，α_w，H_i，A_i 及び T_{cr} は，次の数値を表すものとする。

t_{fr}　屋内火災保有耐火時間（単位　min）

α　火災温度上昇係数

h　部材温度上昇係数

α_w　次の表に掲げる温度上昇遅延時間係数

防火被覆の区分	鋼材の区分	温度上昇遅延時間係数
吹付けロックウール（H 型鋼にあっては，ラス吹き工法のものを除く。）	H 型鋼	22,000
	角型鋼管又は円形鋼管	19,600
繊維混入ケイ酸カルシウム板（箱貼り工法のものに限る。）	H 型鋼	28,300
	角型鋼管又は円形鋼管	32,000

H_i　被覆材の加熱周長（単位　m）

A_i　被覆材の断面積（単位　m²）

T_{cr}　限界部材温度（単位　℃）

(2)　部材温度上昇係数は，次の式によって計算するものとする。

$$h = \frac{\phi K_0 (H_s/A_s)}{\left\{1 + \dfrac{\phi R}{H_i/A_i}\right\} \left\{1 + \dfrac{\phi C (H_s/A_s)}{2(H_i/A_i)}\right\}}$$

この式において，h，ϕ，K_0，H_s，A_s，R，H_i，A_i 及び C は，次の数値を表すものとする。

h　部材温度上昇係数

ϕ　次の式によって計算した加熱周長比

$$\phi = \frac{H_i}{H_s}$$

この式において，ϕ，H_i 及び H_s は，次の数値を表すものとする。

ϕ　加熱周長比

H_i　被覆材の加熱周長（単位　m）

H_s　部材の加熱周長（単位　m）

K_0　次の表に掲げる基本温度上昇速度（単位　m/min）

鋼材の区分	基本温度上昇速度
H 型鋼	0.00089
角型鋼管又は円形鋼管	0.00116

H_s　部材の加熱周長（単位　m）

A_s　部材の断面積（単位　m²）

R　次の表に掲げる熱抵抗係数

防火被覆の区分	鋼材の区分	熱抵抗係数
吹付けロックウール（H 型鋼にあっては，ラス吹き工法のものを除く。）	H 型鋼	310
	角型鋼管又は円形鋼管	390
繊維混入ケイ酸カルシウム板（箱貼り工法のものに限る。）	H 型鋼	815
	角型鋼管又は円形鋼管	700

H_i　被覆材の加熱周長（単位　m）

A_i　被覆材の断面積（単位　m²）

C　次の表に掲げる熱容量比

防火被覆の区分	熱容量比
吹付けロックウール	0.081
繊維混入ケイ酸カルシウム板	0.136

ハ　小径と長さの比が10以下の鉄筋コンクリート造（コンクリートの設計基準強度が60N/mm²以下のものに限る。）で，鉄筋に対するコンクリートのかぶり厚さが 3 cm 以上のもの　屋内火災保有耐火時間を次の式によって計算すること。

$$t_{fr} = \max\left\{ \frac{16772\,(cd)^2}{\alpha^{3\cdot2}\left(\log_e\dfrac{0.673}{(cd)^{1\cdot3}}\right)^2} , \left(\frac{480}{\alpha}\right)^6 \right\}$$

この式において，t_{fr}，α，c，及び d は，次の数値を表すものとする。

　t_{fr}　　屋内火災保有耐火時間（単位　min）

　α　　火災温度上昇係数

　c　　次の表に掲げる熱特性係数

コンクリートの区分	熱特性係数
普通コンクリート	0.21
一種軽量コンクリート	0.23

　d　　次の式によって計算した熱劣化深さ（単位　mm）

$$d = \min\left\{ \frac{A_c - \dfrac{3P}{2F_c}}{H_c} , \ 2\,d_s \right\}$$

この式において，d，A_c，P，F_c，H_c 及び d_s は，次の数値を表すものとする。

　d　　熱劣化深さ（単位　mm）

　A_c　　柱の断面積（単位　mm²）

　P　　当該柱が負担する圧縮力（単位　N）

　F_c　　コンクリートの常温時の設計基準強度（単位　N/mm²）

　H_c　　柱の断面の加熱を受ける部分の周長（単位　mm）

　d_s　　加熱を受ける部分の鉄筋に対するかぶり厚さの最小値（単位　mm）

ニ　小径が20cm 以上の木造　　屋内火災保有耐火時間を次の式によって計算すること。

$$t_{fr} = \left(\frac{240}{\max\{\alpha,\ \alpha_l\}}\right)^6$$

この式において，t_{fr}，α 及び α_l は，次の数値を表すものとする。

　t_{fr}　　屋内火災保有耐火時間（単位　min）

　α　　火災温度上昇係数

　α_l　　部材近傍火災温度上昇係数

ホ　イからニまでに掲げるもの以外の耐火構造である構造方法　　屋内火災保有耐火時間を次の式によって計算すること。

$$t_{fr} = t_A \left(\frac{460}{\alpha}\right)^{3\cdot2}$$

この式において，t_{fr}，t_A 及び α は，次の数値を表すものとする。

　t_{fr}　　屋内火災保有耐火時間（単位　min）

　t_A　　耐火時間（単位　min）

　α　　火災温度上昇係数

四　床　　当該構造の構造方法の区分に応じ，それぞれ次のイ及びロに定めるところにより屋内火災保有耐火時間を求めること。

　イ　釣合い鉄筋比以下の鉄筋比の鉄筋コンクリート造で，鉄筋に対するコンクリートのかぶり厚さが 2 cm 以上のもの（床の断面が長方形のものであって，水平各方向につ

いて等断面形状のものに限る。）　　屋内火災保有耐火時間を次の式によって計算すること。

$$t_{fr} = \min\left[\max\left\{\frac{16772\,(cd)^2}{\alpha^{3/2}\left(\log_e\frac{0.673}{(cd)^{1/3}}\right)^2}\,,\ \left(\frac{480}{\alpha}\right)^6\right\}\,,\ \frac{118.4c_DD^2}{\alpha^{3/2}}\right]$$

この式において，t_{fr}，α，c，d，c_D 及び D は，次の数値を表すものとする。

t_{fr}　　屋内火災保有耐火時間（単位　min）

α　　火災温度上昇係数

c　　次の表に掲げる熱特性係数

コンクリートの区分	熱特性係数
普通コンクリート	0.21
一種軽量コンクリート	0.23

d　　次の式によって計算した熱劣化深さ（単位　mm）

$$d = \min\left\{\frac{(M_{xp1}+M_{xp2}+2M_{xp3})+(M_{yp1}+M_{yp2}+2M_{yp3})\left(\frac{l_x}{l_y}\right)^2-250wl_x^2}{\left(\frac{M_{xp1}}{D_{x1}}+\frac{M_{xp2}}{D_{x2}}+\frac{M_{xp3}}{d_{x3}}\right)+\left(\frac{M_{yp1}}{D_{y1}}+\frac{M_{yp2}}{D_{y2}}+\frac{M_{yp3}}{d_{y3}}\right)\left(\frac{l_x}{l_y}\right)^2}\,,\right.$$

$$\left.2d_{x3},\ 2d_{y3},\right\}$$

この式において，d，M_{xp1}，M_{xp2}，M_{xp3}，M_{yp1}，M_{yp2}，M_{yp3}，l_x，l_y，w，D_{x1}，D_{x2}，d_{x3}，D_{y1}，D_{y2}及び d_{y3} は，次の数値を表すものとする。

d　　熱劣化深さ（単位　mm）

M_{xp1}，M_{xp2}　床の短辺方向の材端部の拘束条件に応じ，それぞれ次の表に掲げる式によって計算した数値

当該材端部が隣接する部材に剛接合されている場合	$M_{xpi}=0.9\,F_{xi}\,A_{xi}\,D_{xi}\,(i=1,\ 2)$
その他の場合	$M_{xpi}=0\,(i=1,\ 2)$

　　この表において，M_{xpi}，F_{xi}，A_{xi} 及び D_{xi} は，次の数値を表すものとする。

M_{xpi}　　床の短辺方向の材端部における床の長辺方向の長さ1m当たりの曲げモーメント（単位　N·mm/m）

F_{xi}　　床の材端部において短辺方向に配する主筋のうち引張り力を負担するものの基準強度（単位　N/mm²）

A_{xi}　　床の材端部において短辺方向に配する主筋のうち引張り力を負担するものの床の長辺方向の長さ1m当たりの断面積の合計（単位　mm²/m）

D_{xi}　　床の材端部において短辺方向に配する主筋のうち引張り力を負担するものの重心から当該断面の圧縮側最外縁までの長さの最小値（単位　mm）

M_{xp3}　　次の式によって計算した数値

$$M_{xp3} = 0.9 F_{x3} A_{x3} D_{x3}$$

この式において，M_{xp3}，F_{x3}，A_{x3}及びD_{x3}は，次の数値を表すものとする。

M_{xp3}　床の中央部における床の長辺方向の長さ1m当たりの短辺方向の曲げモーメント（単位　N·mm/m）

F_{x3}　床の中央部において床の短辺方向に配する主筋のうち引張り力を負担するものの基準強度（単位　N/mm²）

A_{x3}　床の中央部において床の短辺方向に配する主筋のうち引張り力を負担するものの床の長辺方向の長さ1m当たりの断面積の合計（単位　mm²/m）

D_{x3}　床の中央部において床の短辺方向に配する主筋のうち引張り力を負担するものの重心から当該断面の圧縮側最外縁までの長さの最小値（単位　mm）

M_{yp1}，M_{yp2}　長辺方向の材端部の拘束条件に応じ，それぞれ次の表に掲げる式によって計算した数値

当該材端部が隣接する部材に剛接合されている場合	$M_{ypi} = 0.9 F_{yi} A_{yi} D_{yi} (i=1, 2)$
その他の場合	$M_{ypi} = 0 (i=1, 2)$

この表において，M_{ypi}，F_{yi}，A_{yi}及びD_{yi}は，次の数値を表すものとする。

M_{ypi}　床の長辺方向の材端部における床の短辺方向の長さの1m当たりの曲げモーメント（単位　N·mm/m）

F_{yi}　床の材端部において長辺方向に配する主筋のうち引張り力を負担するものの基準強度（単位　N/mm²）

A_{yi}　床の材端部において長辺方向に配する主筋のうち引張り力を負担するものの床の短辺方向の長さ1m当たりの断面積の合計（単位　mm²/m）

D_{yi}　床の材端部において床の長辺方向に配する主筋のうち引張り力を負担するものの重心から当該断面の圧縮側最外縁までの長さの最小値（単位　mm）

M_{yp3}　次の式によって計算した数値

$$M_{yp3} = 0.9 F_{y3} A_{y3} D_{y3}$$

この式において，M_{yp3}，F_{y3}，A_{y3}及びD_{y3}は，次の数値を表すものとする。

M_{yp3}　床の中央部における床の短辺方向の長さ1m当たりの辺方向の曲げモーメント（単位　N·mm/m）

F_{y3}　床の中央部において床の短辺方向に配する主筋のうち引張り力を負担するものの基準強度（単位　N/mm²）

A_{y3}　床の中央部において床の短辺方向に配する主筋のうち引張り力を負担するものの床の長辺方向の長さ1m当たりの断面積の合計（単位　mm²/m）

D_{y3}　床の中央部において床の短辺方向に配する主筋のうち引張り力を負担するものの重心から当該断面の圧縮側最外縁までの長さの

　　　　最小値（単位　mm）

l_x　床の短辺方向の長さ（単位　m）

l_y　床の長辺方向の長さ（単位　m）

w　床に作用する等分布床荷重（単位　N/m²）

D_{x1}, D_{x2}　床の短辺方向に配する主筋のうち材端部において引張り力を負担するものの重心から当該断面の圧縮側最外縁までの長さ（単位　mm）

d_{x3}　床の短辺方向に配する主筋のうち床中央部で引張り力を負担するものに対するコンクリートのかぶり厚さの最小値（単位　mm）

D_{y1}, D_{y2}　床の長辺方向に配する主筋のうち材端部において引張り力を負担するものの重心から当該断面の圧縮側最外縁までの長さ（単位　mm）

d_{y3}　床の長辺方向に配する主筋のうち床中央部で引張り力を負担するものに対するコンクリートのかぶり厚さの最小値（単位　mm）

c_D　次の表に掲げる遮熱特性係数

コンクリートの区分	遮熱特性係数
普通コンクリート	1.0
一種軽量コンクリート	1.2

D　床の厚さ（単位　mm）

ロ　イに掲げるもの以外の耐火構造である構造方法　屋内火災保有耐火時間を次の式によって計算すること

$$t_{fr} = t_A \left(\frac{460}{\alpha} \right)^{3/2}$$

この式において，t_{fr}, t_A 及び α は，次の数値を表すものとする。

t_{fr}　屋内火災保有耐火時間（単位　min）

t_A　耐火時間（単位　min）

α　火災温度上昇係数

五　はり　　当該構造の構造方法の区分に応じ，それぞれ次のイからホまでに定めるところにより屋内火災保有耐火時間を求めること。

イ　鉄骨造（はりの長さ方向について等断面形状のものに限り，防火被覆したものを除く。）にあっては，次に定めるところにより屋内火災保有耐火時間を求めること。

⑴　屋内火災保有耐火時間を，次の式によって計算すること。

$$t_{fr} = \max \{t_{fr1}, \ t_{fr2}\}$$

この式において，t_{fr}, t_{fr1} 及び t_{fr2}は，次の数値を表すものとする。

t_{fr}　屋内火災保有耐火時間（単位　min）

t_{fr1}　次の表に掲げる式によって計算した数値

$\dfrac{987}{h} \left\{ \dfrac{1}{\log_e \{h^{1\cdot 6}(T_{cr}-20)/1250\}} \right\}^2$ $\geq \alpha_1{}^{3/2}$の場合	$t_{fr1} = \dfrac{19732}{\alpha^{3/2}h} \left\{ \dfrac{1}{\log_e \{h^{1\cdot 6}(T_{cr}-20)/1250\}} \right\}^2$

$\dfrac{987}{h}\left\{\dfrac{1}{\log_e \lvert h^{1\cdot6}(T_{cr}-20)/1250\rvert}\right\}^2$ $\geqq \alpha_l{}^{3\cdot2}$の場合	$t_{fr1}=0$

この表において，α，α_l，h 及び T_{cr} は，次の数値を表すものとする。

　α　　火災温度上昇係数

　α_l　部材近傍火災温度上昇係数

　h　　部材温度上昇係数

　T_{cr}　限界部材温度（単位　℃）

　t_{fr2}　次の式によって計算した数値（単位　min）

$$t_{fr2}=\left(\frac{T_{cr}-20}{\max\lvert\,\alpha,\,\alpha_l\rvert}\right)^6$$

この式において，α，α_l 及び T_{cr} は，次の数値を表すものとする。

　α　　火災温度上昇係数

　α_l　部材近傍火災温度上昇係数

　T_{cr}　限界部材温度（単位　℃）

(2)　(1)の部材温度上昇係数は，次の表に掲げる式によって計算するものとする。

構　　　　　　　　造	部材温度上昇係数
上フランジが床スラブに密着した構造の H 型鋼ばりで，3 面から加熱されるもの	$h=0.00067\,(H_s/A_s)$
その他の H 型鋼ばり	$h=0.00089\,(H_s/A_s)$

この表において，h，H_s 及び A_s は，次の数値を表すものとする。

　h　　部材温度上昇係数

　H_s　部材の加熱周長（単位　m）

　A_s　部材の断面積（単位　m²）

(3)　(1)の限界部材温度は，次の式によって計算するものとする。（ロ(1)において同じ。）

$$T_{cr}=\min\,(T_{Bcr},\ T_{DP},\ 550)$$

この式において，T_{cr}，T_{Bcr} 及び T_{DP} は，それぞれ次の数値を表すものとする。

　T_{cr}　　限界部材温度（単位　℃）

　T_{Bcr}　次の式によって計算したはりの高温耐力によって定まる上限温度（単位　℃）

$$T_{Bcr}=700-\frac{750l^2\,(w_1+w_2)}{M_{pB}(\sqrt{R_{B1}+R_{B3}}+\sqrt{R_{B2}+R_{B3}})^2}$$

この式において，T_{Bcr}，w_1，w_2，l，M_{pB}，R_{B1}，R_{B2} 及び R_{B3}は，それぞれ次の数値を表すものとする。

　　T_{Bcr}　はりの高温耐力によって定まる上限温度（単位　℃）

　　w_1　　当該はりに作用している分布荷重と同等の効果を与えるはりの長さ 1 m 当たりの荷重（単位　N/m）

　　w_2　　次の式によって計算した数値

$$w_2=a\sum_{i=1}^{n}\frac{Q_i}{2l}$$

この式において，w_2，a，Q_i，l 及び n は，それぞれ次の数値を表すものとする。

w_2　　当該はりに作用している集中荷重と同等の効果を与えるはりの長さ１ｍ当たりの荷重（単位　N/m）

a　　当該はりに作用している集中荷重の加力点の数に応じて次の表に掲げる数値

$n = 1$ の場合	2.0
$n = 2$ の場合	1.5
$n \geqq 3$ の場合	1.2

> この表において，n は，当該はりに作用している集中荷重の加力点の数を表すものとする。

Q_i　　当該はりに作用している集中荷重（単位　N）

l　　当該はりの長さに0.5を乗じた数値（単位　m）

n　　当該はりに作用している集中荷重の加力点の数

l　　当該はりの長さに0.5を乗じた数値（単位　m）

M_{pB}　　次の式によって計算した常温時の全塑性モーメント（単位　N·m）

$$M_{pB} = \frac{FZ_{pBx}}{1000}$$

この式において，M_{pB}，F 及び Z_{pBx} は，それぞれ次の数値を表すものとする。

M_{pB}　　常温時の全塑性モーメント（単位　N·m）

F　　鋼材の基準強度（単位　N/mm²）

Z_{pBx}　　当該はりの断面の強軸周りの塑性断面係数（単位　mm³）

R_{B_1}，R_{B_2}　　当該はりの各材端部の支持状態に応じ，それぞれの表に掲げる式によって計算した数値

当該材端部が隣接する部材に剛に接合されている場合	$R_{Bi} = 1 \, (i = 1,\ 2)$
その他の場合	$R_{Bi} = 0 \, (i = 1,\ 2)$

R_{B3}　　はり上端の拘束条件に応じて，次の表に掲げる式によって計算した数値

はり上端が床スラブに緊結されている場合	$R_{B3} = 1$
その他の場合	$R_{B3} = \dfrac{Z_{pBy}}{Z_{pBx}}$

> この表において，Z_{pBx} 及び Z_{pBy} は，次の数値を表すものとする。
> Z_{pBx}　　部材の断面の強軸周りの塑性断面係数（単位　mm³）
> Z_{pBy}　　部材の断面の弱軸周りの塑性断面係数（単位　mm³）

T_{DP}　次の式によって計算したはりの熱変形に対する上限温度（単位　℃）

$$T_{DP} = 20 + \frac{18000}{\sqrt{S}}$$

この式において，T_{DP} 及び S は，それぞれ次の数値を表すものとする。

　　T_{DP}　　はりの熱変形に対する上限温度（単位　℃）

　　S　　当該はりが面する室の床面積（単位　m²）

ロ　鉄骨造で，吹付け厚さが25mm 以上のロックウール又は厚さが20mm 以上の繊維混入ケイ酸カルシウム板で被覆したもの　　次に定めるところにより屋内火災保有耐火時間を求めること。

(1)　屋内火災保有耐火時間を，次の式によって計算すること。

$$t_{fr} = \max\left[\frac{9866}{\alpha^{3\cdot2}} \left\{ \frac{2}{h} \left\{ \frac{1}{\log_e |h^{1\cdot6}(T_{cr}-20)/1250|} \right\}^2 + \frac{a_w}{(H_i/A_i)^2} \right\}, \left(\frac{T_{cr}-20}{\alpha} \right)^6 \right]$$

この式において，t_{fr}, α, h, α_w, H_i, A_i 及び T_{cr} は，次の数値を表すものとする。

　　t_{fr}　　屋内火災保有耐火時間（単位　min）

　　α　　火災温度上昇係数

　　h　　部材温度上昇係数

　　α_w　次の表に掲げる温度上昇遅延時間係数

防火被覆の区分	鋼材の区分	温度上昇遅延時間係数
吹付けロックウール（ラス吹き工法のものを除く。）	上フランジが床スラブに密着した構造のH型鋼はりで，3面から加熱されるもの	26,000
	その他のH型鋼はり	22,000
繊維混入ケイ酸カルシウム板（箱貼り工法のものに限る。）	上フランジが床スラブに密着した構造のH型鋼はりで，3面から加熱されるもの	20,300
	その他のH型鋼はり	28,300

　　H_i　　被覆材の加熱周長（単位　m）

　　A_i　　被覆材の断面積（単位　m²）

　　T_{cr}　　限界部材温度（単位　℃）

(2)　(1)の部材温度上昇係数は，次の式によって計算するものとする。

$$h = \frac{\phi K_0(H_s/A_s)}{\left\{ 1 + \frac{\phi R}{H_i/A_i} \right\} \left\{ 1 + \frac{\phi C (H_s/A_s)}{2(H_i/A_i)} \right\}}$$

この式において，h, ϕ, K_0, H_s, A_s, R, H_i, A_i 及び C は，次の数値を表すものとする。

　　h　　部材温度上昇係数

　　ϕ　　次の式によって計算した加熱周長比

$$\phi = \frac{H_i}{H_s}$$

この式において，ϕ, H_i 及び H_s は，次の数値を表すものとする。

ϕ　加熱周長比

H_i　被覆材の加熱周長（単位　m）

H_s　部材の加熱周長（単位　m）

K_0　次の表に掲げる基本温度上昇速度（単位　m/min）

鋼材の区分	基本温度上昇速度
上フランジが床スラブに密着した構造のH型鋼はりで，3面から加熱されるもの	0.00067
その他のH型鋼はり	0.00089

H_s　部材の加熱周長（単位　m）

A_s　部材の断面積（単位　m²）

R　次の表に掲げる熱抵抗係数

防火被覆の区分	鋼材の区分	熱抵抗係数
吹付けロックウール（ラス吹き工法のものを除く。）	上フランジが床スラブに密着した構造のH型鋼はりで，3面から加熱されるもの	235
	その他のH型鋼はり	310
繊維混入ケイ酸カルシウム板（箱貼り工法のものに限る。）	上フランジが床スラブに密着した構造のH型鋼はりで，3面から加熱されるもの	365
	その他のH型鋼はり	815

H_i　被覆材の加熱周長（単位　m）

A_i　被覆材の断面積（単位　m²）

C　次の表に掲げる熱容量比

防火被覆の区分	熱容量比
吹付けロックウール	0.081
繊維混入ケイ酸カルシウム板	0.136

ハ　釣合い鉄筋比以下の鉄筋比の鉄筋コンクリート造で，鉄筋に対するコンクリートのかぶり厚さが3cm以上のもの（はりの材軸の直行方向の断面が長方形のもので，かつ，長さ方向について等断面形状のものに限る。）　屋内火災保有耐火時間を次の式によって計算すること。

$$t_{fr} = \max \left\{ \frac{16772(cd)^2}{\alpha^{3\cdot2} \left(\log_e \frac{0.673}{(cd)^{1/3}} \right)^2}, \left(\frac{480}{\alpha} \right)^6 \right\}$$

この式において，t_{fr}，α，c 及び d は，次の数値を表すものとする。

t_{fr}　屋内火災保有耐火時間（単位　min）

α　火災温度上昇係数

c　次の表に掲げる熱特性係数

コンクリートの区分	熱特性係数
普通コンクリート	0.21
一種軽量コンクリート	0.23

d 　次の式によって計算した熱劣化深さ（単位　mm）

$$d = \min \left\{ \frac{M_{p1} + M_{p2} + 2M_{p3} - 1000(w_1 + w_2)l^2}{\dfrac{M_{p1}}{D_1} + \dfrac{M_{p2}}{D_2} + \dfrac{M_{p3}}{d_3}} , \ 2d_3 \right\}$$

この式において，d，M_{p1}，M_{p2}，M_{p3}，w_1，w_2，l，D_1，D_2，及び d_3は，次の数値を表すものとする。

　d 　熱劣化深さ（単位　mm）

　M_{p1}，M_{p2}　当該はりの各材端部の支持状態に応じ，それぞれ次の表に掲げる式によって計算した数値

隣接する部材に剛接合されている場合	$M_{pi} = 0.9 F_{ri} A_{ri} D_i, \ (i = 1, \ 2)$
その他の場合	$M_{pi} = 0, (i = 1, \ 2)$

　　この表において，M_{pi}，F_{ri}，A_{ri} 及び D_iは，次の数値を表すものとする。
　　M_{pi} 　当該はりの材端部における曲げモーメント（単位　N·mm）
　　F_{ri} 　当該はりの材端部における引張り側の主筋の基準強度
　　　（単位　N/mm²）
　　A_{ri} 　当該はりの材端部における引張り側の主筋の断面積の合計
　　　（単位　mm²）
　　D_i 　当該はりの材端部における，引張り側の主筋の重心から当該断面の圧縮側最外縁までの長さの最小値（単位　mm）

　M_{p3} 　次の式によって計算した当該はりの中央部における曲げモーメントの値

　　　$M_{p3} = 0.9 F_{r3} A_{r3} D_3$

この式において，M_{p3}，F_{r3}，A_{r3}及び D_3は，次の数値を表すものとする。
　　M_{p3} 　当該はりの中央部における曲げモーメントの値（単位　N·mm）
　　F_{r3} 　当該はりの中央部における引張り側の主筋の基準強度（単位　N/mm²）
　　A_{r3} 　当該はりの中央部における引張り側の主筋の断面積の合計（単位　mm²）
　　D_3 　当該はりの中央部における，引張り側の主筋の重心から当該断面の圧縮側最外縁までの長さ（単位　mm）
　w_1 　当該はりに作用している分布荷重と同等の効果を与えるはりの長さ 1 m 当たりの荷重（単位　N/m）
　w_2 　次の式によって計算した数値

　　　$w_2 = a \sum\limits_{i=1}^{n} \dfrac{Q_i}{2l}$

この式において，w_2，a，Q_i，l 及び n は，それぞれ次の数値を表すものとする。

w_2　　当該はりに作用している集中荷重と同等の効果を与えるはりの長さ 1 m 当たりの荷重（単位　N/m）

a　　当該はりに作用している集中荷重の加力点の数に応じて次の表に掲げる数値

$n = 1$ の場合	2.0
$n = 2$ の場合	1.5
$n \geqq 3$ の場合	1.2

この表において，n は，当該はりに作用している集中荷重の加力点の数を表すものとする。

Q_i　　当該はりに作用している集中荷重（単位　N）

l　　当該はりの長さに0.5を乗じた数値（単位　m）

n　　当該はりに作用している集中荷重の加力点の数

l　　当該はりの長さに0.5を乗じた数値（単位　m）

D_i　　当該はりの材端部における主筋のうち引張り力を負担するものの重心から当該断面の圧縮側最外縁までの長さの最小値（単位　mm）

d_3　　当該はりの材端部以外の部分における主筋のうち引張り力を負担するものに対するかぶり厚さの最小値（単位　mm）

ニ　小径が20cm 以上の木造　　屋内火災保有耐火時間を次の式によって計算すること。

$$t_{fr} = \left(\frac{240}{\max | \alpha, \alpha_l |} \right)^6$$

この式において，t_{fr}，α 及び α_l は，次の数値を表すものとする。

t_{fr}　　屋内火災保有耐火時間（単位　min）

α　　火災温度上昇係数

α_l　　部材近傍火災温度上昇係数

ホ　イからニまでに掲げるもの以外の耐火構造である構造方法　　屋内火災保有耐火時間を次の式によって計算すること。

$$t_{fr} = t_A \left(\frac{460}{\alpha} \right)^{3/2}$$

この式において，t_{fr}，t_A，及び α は，次の数値を表すものとする。

t_{fr}　　屋内火災保有耐火時間（単位　min）

t_A　　耐火時間（単位　min）

α　　火災温度上昇係数

六　屋根のうち耐火構造であるもの　　屋内火災保有耐火時間を次の式によって計算すること。

$$t_{fr} = t_A \left(\frac{460}{\alpha} \right)^{3/2}$$

この式において，t_{fr}，t_A 及び α は，次の数値を表すものとする。

t_{fr}　　屋内火災保有耐火時間（単位　min）

t_A　　耐火時間（単位　min）

α　　火災温度上昇係数

七　階段のうち耐火構造であるもの　屋内火災保有耐火時間を次の式によって計算すること。

$$t_{fr} = t_A \left(\frac{460}{\alpha} \right)^{3.2}$$

この式において，t_{fr}，t_A 及び α は，次の数値を表すものとする。

t_{fr}　屋内火災保有耐火時間（単位　min）

t_A　耐火時間（単位　min）

α　火災温度上昇係数

2　前項各号において主要構造部に作用している力を計算する場合にあっては，当該建築物の自重及び積載荷重（令第86条第2項ただし書の規定により特定行政庁が指定する多雪区域における建築物の主要構造部にあっては，自重，積載荷重及び積雪荷重。）の合計により計算するものとする。

第4　令第108条の3第2項第三号に規定する屋外火災保有耐火時間を求める方法は，次の各号に掲げる建築物の部分に応じ，それぞれ当該各号に定めるところによるものとする。

一　外壁（耐力壁に限る。）　当該構造の構造方法の区分に応じ，それぞれ次のイ及びロに定めるところにより屋外火災保有耐火時間を求めること。

イ　鉄筋コンクリート造で，鉄筋に対するコンクリートのかぶり厚さが3cm以上のもの　屋外火災保有耐火時間を次の式によって計算すること。

$$t_{fr} = \min \left[\max \left\{ \frac{1.7\ (cd)^2}{\left(\log_e \dfrac{0.673}{(cd)^{1/3}} \right)^2},\ 1.29 \right\},\ 0.012 c_D D^2 \right]$$

この式において，t_{fr}，c，d，c_D 及び D は，次の数値を表すものとする。

t_{fr}　屋外火災保有耐火時間（単位　min）

c　次の表に掲げる熱特性係数

コンクリートの区分	熱特性係数
普通コンクリート	0.21
一種軽量コンクリート	0.23

d　次の式によって計算した熱劣化深さ（単位　mm）

$$d = \min \left\{ D - \frac{3P}{2F_c},\ 2d_s \right\}$$

この式において，d，D，P，F_c 及び d_s は，次の数値を表すものとする。

d　熱劣化深さ（単位　mm）

D　壁の厚さ（単位　mm）

P　壁に作用する壁の長さ1mm当たりの荷重（単位　N/mm）

F_c　コンクリートの常温時の設計基準強度（単位　N/mm²）

d_s　鉄筋に対するかぶり厚さの最小値（単位　mm）

c_D　次の表に掲げる遮熱特性係数

コンクリートの区分	遮熱特性係数
普通コンクリート	1.0
一種軽量コンクリート	1.2

D　壁の厚さ（単位　mm）

　　ロ　イに掲げるもの以外の耐火構造である構造方法　　屋外火災保有耐火時間を次の式によって計算すること。

$$t_{fr} = t_A$$

　　　この式において，t_{fr} 及び t_A は，次の数値を表すものとする。

　　　　t_{fr}　屋外火災保有耐火時間（単位　min）

　　　　t_A　耐火時間（単位　min）

　二　外壁（非耐力壁に限る。）　　当該構造の構造方法の区分に応じ，それぞれ次のイ及びロに定めるところにより屋外火災保有耐火時間を算出すること。

　　イ　鉄筋コンクリート造　　屋外火災保有耐火時間を次の式によって計算すること。

$$t_{fr} = 0.012\, c_D\, D^2$$

　　　この式において，t_{fr}，c_D 及び D は，次の数値を表すものとする。

　　　　t_{fr}　屋外火災保有耐火時間（単位　min）

　　　　c_D　次の表に掲げる遮熱特性係数

コンクリートの区分	遮熱特性係数
普通コンクリート	1.0
一種軽量コンクリート	1.2

　　　　D　壁の厚さ（単位　mm）

　　ロ　イに掲げるもの以外の耐火構造である構造方法　　屋外火災保有耐火時間を次の式によって計算すること。

$$t_{fr} = t_A$$

　　　この式において，t_{fr} 及び t_A は，次の数値を表すものとする。

　　　　t_{fr}　屋外火災保有耐火時間（単位　min）

　　　　t_A　耐火時間（単位　min）

2　第3第2項の規定は，前項各号において主要構造部に作用している力を計算する場合について準用する。

第5　令第108条の3第5項第二号に規定する保有遮炎時間を求める方法は，次の各号に掲げる構造方法の区分に応じ，それぞれ当該各号に定めるところによるものとする。

　一　法第2条第九号の二ロに規定する防火設備（防火戸に限る。）であるもの　　保有遮炎時間を次の式によって計算すること。

$$t_{fs} = 20\left(\frac{460}{\alpha}\right)^{3 \cdot 2}$$

　　　この式において，t_{fs} 及び α は，次の数値を表すものとする。

　　　　t_{fs}　保有遮炎時間（単位　min）

　　　　α　火災温度上昇係数

　二　特定防火設備（防火戸に限る。）であるもの　　保有遮炎時間を次の式によって計算すること。

$$t_{fs} = 60\left(\frac{460}{\alpha}\right)^{3 \cdot 2}$$

　　　この式において，t_{fs} 及び α は，次の数値を表すものとする。

　　　　t_{fs}　保有遮炎時間（単位　min）

　　　　α　火災温度上昇係数

　　附　則　（略）

排煙設備の設置を要しない火災が発生した場合に避難上支障のある高さまで煙又はガスの降下が生じない建築物の部分を定める件

平成12年 5 月31日　建設省告示第1436号
最終改正　令和 2 年 4 月 1 日　国土交通省告示第508号

建築基準法施行令（昭和25年政令第338号）第126条の 2 第 1 項第五号の規定に基づき，火災が発生した場合に避難上支障のある高さまで煙又はガスの降下が生じない建築物の部分を次のように定める。

建築基準法施行令（以下「令」という。）第126条の 2 第 1 項第五号に規定する火災が発生した場合に避難上支障のある高さまで煙又はガスの降下が生じない建築物の部分は，次に掲げるものとする。

一　次に掲げる基準に適合する排煙設備を設けた建築物の部分

　　イ　令第126条の 3 第 1 項第一号から第三号まで，第七号から第十号まで及び第十二号に定める基準

　　ロ　当該排煙設備は，一の防煙区画部分（令第126条の 3 第 1 項第三号に規定する防煙区画部分をいう。以下同じ。）にのみ設置されるものであること。

　　ハ　排煙口は，常時開放状態を保持する構造のものであること。

　　ニ　排煙機を用いた排煙設備にあっては，手動始動装置を設け，当該装置のうち手で操作する部分は，壁に設ける場合においては床面から80cm 以上1.5m 以下の高さの位置に，天井からつり下げて設ける場合においては床面からおおむね1.8m の高さの位置に設け，かつ，見やすい方法でその使用する方法を表示すること。

二　令第112条第 1 項第一号に掲げる建築物の部分（令第126条の 2 第 1 項第二号及び第四号に該当するものを除く。）で，次に掲げる基準に適合するもの

　　イ　令第126条の 3 第 1 項第二号から第八号まで及び第十号から第十二号までに掲げる基準

　　ロ　防煙壁（令第126条の 2 第 1 項に規定する防煙壁をいう。以下同じ。）によって区画されていること。

　　ハ　天井（天井のない場合においては，屋根。以下同じ。）の高さが 3 m 以上であること。

　　ニ　壁及び天井の室内に面する部分の仕上げを準不燃材料でしてあること。

　　ホ　排煙機を設けた排煙設備にあっては，当該排煙機は，1 分間に500m³ 以上で，かつ，防煙区画部分の床面積（2 以上の防煙区画部分に係る場合にあっては，それらの床面積の合計）1 m²につき 1 m³以上の空気を排出する能力を有するものであること。

三　次に掲げる基準に適合する排煙設備を設けた建築物の部分（天井の高さが 3 m 以上のものに限る。）

　　イ　令第126条の 3 第 1 項各号（第三号中排煙口の壁における位置に関する規定を除く。）に掲げる基準

　　ロ　排煙口が，床面からの高さが，2.1m 以上で，かつ，天井（天井のない場合においては，屋根）の高さの1/2以上の壁の部分に設けられていること。

　　ハ　排煙口が，当該排煙口に係る防煙区画部分に設けられた防煙壁の下端より上方に設けられていること。

　　ニ　排煙口が，排煙上，有効な構造のものであること。

四　次のイからホまでのいずれかに該当する建築物の部分

イ　階数が2以下で、延べ面積が200m²以下の住宅又は床面積の合計が200m²以下の長屋の住戸の居室で、当該居室の床面積の1/20以上の換気上有効な窓その他の開口部を有するもの

ロ　避難階又は避難階の直上階で、次に掲げる基準に適合する部分（当該基準に適合する当該階の部分（以下「適合部分」という。）以外の建築物の部分の全てが令第126条の2第1項第一号から第三号までのいずれか、前各号に掲げるもののいずれか若しくはイ及びハからホまでのいずれかに該当する場合又は適合部分と適合部分以外の建築物の部分とが準耐火構造の床若しくは壁若しくは同条第2項に規定する防火設備で区画されている場合に限る。）

⑴　建築基準法（昭和25年法律第201号。以下「法」という。）別表第1⒤欄に掲げる用途以外の用途又は児童福祉施設等（令第115条の3第1項第一号に規定する児童福祉施設等をいい、入所する者の使用するものを除く。）、博物館、美術館若しくは図書館の用途に供するものであること。

⑵　⑴に規定する用途に供する部分における主たる用途に供する各居室に屋外への出口等（屋外への出口、バルコニー又は屋外への出口に近接した出口をいう。以下同じ。）（当該各居室の各部分から当該屋外への出口等まで及び当該屋外への出口等から道までの避難上支障がないものに限る。）その他当該各居室に存する者が容易に道に避難することができる出口が設けられていること。

ハ　法第27条第3項第二号の危険物の貯蔵場又は処理場、自動車車庫、通信機械室、繊維工場その他これらに類する建築物の部分で、法令の規定に基づき、不燃性ガス消火設備又は粉末消火設備を設けたもの

ニ　高さ31m以下の建築物の部分（法別表第1⒤欄に掲げる用途に供する特殊建築物の主たる用途に供する部分で、地階に存するものを除く。）で、室（居室を除く。）にあっては⑴又は⑵に、居室にあっては⑶又は⑷に該当するもの

⑴　壁及び天井の室内に面する部分の仕上げを準不燃材料でし、かつ、屋外に面する開口部以外の開口部のうち、居室又は避難の用に供する部分に面するものに法第2条第九号の二ロに規定する防火設備で令第112条第19項第一号に規定する構造であるものを、それ以外のものに戸又は扉を、それぞれ設けたもの

⑵　床面積が100m²以下で、令第126条の2第1項に掲げる防煙壁により区画されたもの

⑶　床面積100m²以内ごとに準耐火構造の床若しくは壁又は法第2条第九号の二ロに規定する防火設備で令第112条第19項第一号に規定する構造であるものによって区画され、かつ、壁及び天井の室内に面する部分の仕上げを準不燃材料でしたもの

⑷　床面積が100m²以下で、壁及び天井の室内に面する部分の仕上げを不燃材料でし、かつ、その下地を不燃材料で造ったもの

ホ　高さ31mを超える建築物の床面積100m²以下の室で、耐火構造の床若しくは壁又は法第2条第九号の二に規定する防火設備で令第112条第19項第一号に規定する構造であるもので区画され、かつ、壁及び天井の室内に面する部分の仕上げを準不燃材料でしたもの

　　附　則

1　（略）

2　昭和47年建設省告示第30号、建設省告示第31号、建設省告示第32号及び建設省告示第33号は、廃止する。

通常の火災時に生ずる煙を有効に排出することができる特殊な構造の排煙設備の構造方法を定める件

平成12年5月31日　建設省告示第1437号
最終改正　令和2年4月1日　国土交通省告示第508号

建築基準法施行令（昭和25年政令第338号）第126条の3第2項規定に基づき，通常の火災時に生ずる煙を有効に排出することができる特殊な構造の排煙設備の構造方法を次のように定める。

建築基準法施行令（以下「令」という。）第126条の3第2項に規定する通常の火災時に生ずる煙を有効に排出することができる特殊な構造の排煙設備の構造方法は，次のとおりとする。

一　各室において給気及び排煙を行う排煙設備の構造方法にあっては，次に定めるものとする。

イ　当該排煙設備は，次に定める基準に適合する建築物の部分に設けられるものであること。

⑴　床面積が1,500m²以内の室（準耐火構造の壁若しくは床又は建築基準法（昭和25年法律第201号。以下「法」という。）第2条第九号のニの口に規定する防火設備で令第112条第19項第二号に規定する構造のものでその他の部分と区画されたものに限る。）であること。

⑵　当該排煙設備を設ける室以外の建築物の部分が令第126条の2及び令第126条の3第1項の規定に適合していること。

ロ　次に定める基準に適合する構造の排煙口を設けること。

⑴　当該室の各部分から排煙口の一に至る水平距離が30m以下となること。

⑵　天井又は壁の上部（天井から80cm以内の距離にある部分をいう。以下同じ。）に設けること。

⑶　直接外気に接すること。

⑷　開口面積が，当該室の床面積の数値を550で除した数値以上で，かつ，当該室の床面積の数値を60で除した数値以下であること。

ハ　次に定める基準に適合する構造の給気口を設けること。

⑴　当該室の壁の下部（床面からの高さが天井の高さの1/2未満の部分をいう。以下同じ。）に設けること。

⑵　次に定める基準に適合する構造の風道に直結すること。

〔i〕　屋内に面する部分を不燃材料で造ること。

〔ii〕　風道が令第126条の2第1項に規定する防煙壁（以下単に「防煙壁」という。）を貫通する場合には，当該風道と防煙壁との隙間をモルタルその他の不燃材料で埋めること。

⑶　次に定める基準に適合する構造の送風機が風道を通じて設けられていること。

〔i〕　一の排煙口の開放に伴い自動的に作動すること。

〔ii〕　1分間に，当該室の床面積1m²につき1m³以上で，かつ，排煙口の開口面積の合計値に550を乗じた数値（単位　m³/min）以下の空気を排出することができる能力を有するものであること。

ニ　令第126条の3第1項第二号，第四号から第六号まで及び第十号から第十二号まで

の規定に適合する構造とすること。

二　複数の室を統合した給気及び各室ごとに排煙を行う排煙設備の構造方法にあっては，次に定めるものとする。

イ　当該排煙設備は，次に定める基準に適合する建築物の部分に設けられるものであること。

⑴　準耐火構造の壁若しくは床又は法第2条第九号の二ロに規定する防火設備で令第112条第19項第二号に規定する構造のものでその他の部分と区画されていること。

⑵　当該排煙設備を設ける建築物の部分には，準耐火構造の壁若しくは床又は法第2条第九号の二ロに規定する防火設備で令第112条第19項第二号に規定する構造のもの（ハ⑵ⅲ⑺の規定によりガラリその他の圧力調整装置を設けた場合にあっては，法第2条第九号の二ロに規定する防火設備）で区画され，ハ⑴に定める給気口を設けた付室（以下「給気室」という。）を設け，当該給気室を通じて直通階段に通じていること。

⑶　床面積500m²以内ごとに防煙壁（間仕切壁であるものに限る。）が設けられていること。

⑷　当該排煙設備を設ける建築物の部分以外の部分が令第126条の2及び第126条の3第1項の規定に適合していること。

ロ　次に定める基準に適合する構造の排煙口を設けること。

⑴　イ⑵又は⑶の規定により区画された部分（以下「防煙区画室」という。）のそれぞれについて，当該防煙区画室の各部分から排煙口の一に至る水平距離が30m以下となること。

⑵　天井又は壁の上部に設けること。

⑶　直接外気に接すること。

⑷　開口面積が，当該排煙口に係る防煙区画室の床面積の数値を550で除した数値以上で，かつ，当該防煙区画室の床面積の数値を60で除した数値以下であること。

⑸　煙感知器と連動する自動開放装置又は遠隔操作方式による開放装置により開放された場合を除き，閉鎖状態を保持し，開放時に排煙に伴い生ずる気流により閉鎖されるおそれのない構造の戸その他これに類するものが設けられていること。

ハ　次の⑴又は⑵に掲げる防煙区画室の区分に応じ，それぞれ当該⑴又は⑵に定める構造の給気口を設けること。

⑴　給気室　　次に定める基準に適合する構造

（ⅰ）　前号ハ⑴及び⑵に掲げる基準

（ⅱ）　次に定める基準に適合する構造の送風機が風道を通じて設けられていること。

（イ）　一の排煙口の開放に伴い自動的に作動すること。

（ロ）　1分間に，防煙区画室のうち床面積が最大のものについて，その床面積1m²につき1m³以上の空気を排出することができ，かつ，防煙区画室（給気室を除く。）のうち排煙口の開口面積の合計が最小のものの当該排煙口の開口面積の合計値に550を乗じた数値（単位　m³/min）以下の空気を排出することができる能力を有するものであること。

⑵　給気室以外の室　　次に定める基準に適合する構造

（ⅰ）　当該室の壁の下部（排煙口の高さ未満の部分に限る。）に設けられていること。

（ⅱ）　当該給気口から給気室に通ずる建築物の部分（以下「連絡経路」という。）が次に定める基準に適合すること。

（イ）　吹抜きの部分でないこと。

　　　(ロ)　吹抜きとなっている部分，昇降機の昇降路の部分その他これらに類する部分
　　　　　に面する開口部（法第2条第九号の二ロに規定する防火設備で令第112条第19
　　　　　項第二号に規定する構造のものが設けられたものを除く。）が設けられていな
　　　　　いこと。
　　(iii)　連絡経路に開口部（排煙口を除く。）を設ける場合には，次に定める基準に適
　　　　　合する構造の戸を設けること。
　　　　(イ)　常時閉鎖状態を保持し，直接手で開くことができ，かつ，自動的に閉鎖する
　　　　　構造又は煙感知器と連動する自動閉鎖装置を設けた随時閉鎖することができる
　　　　　構造であること。
　　　　(ロ)　給気室に通ずる開口部である場合は，ガラリその他の圧力調整装置を有する
　　　　　こと。ただし，当該防火設備に近接する部分に圧力調整ダンパーその他これに
　　　　　類するものが設けられている場合においては，この限りでない。
　　(iv)　開口面積が，給気室の開口部（当該給気口に通ずるものに限る。）の開口面積
　　　　　以上であること。
　ニ　令第126条の3第1項第二号及び第十号から第十二号までの規定に適合する構造と
　　すること。
　　附　則　（略）

屋外からの進入を防止する必要がある
特別の理由を定める件

平成12年 5 月31日　　建設省告示第1438号

　建築基準法施行令（昭和25年政令第338号）第126条の 6 の規定に基づき，屋外からの進入を防止する必要がある特別な理由を次のように定める。

　建築基準法施行令（以下「令」という。）第126条の 6 の屋外からの進入を防止する必要がある特別の理由は，次に掲げるものとする。

一　次のいずれかに該当する建築物について，当該階に進入口を設けることにより周囲に著しい危害を及ぼすおそれがあること。

　イ　放射性物質，有害ガスその他の有害物質を取り扱う建築物

　ロ　細菌，病原菌その他これらに類するものを取り扱う建築物

　ハ　爆発物を取り扱う建築物

　ニ　変電所

二　次に掲げる用途に供する階（階の一部を当該用途に供するものにあっては，当該用途に供する部分以外の部分を一の階とみなした場合に令第126条の 6 及び第126条の 7 の規定に適合するものに限る。）に進入口を設けることによりその目的の実現が図られないこと。

　イ　冷蔵倉庫

　ロ　留置所，拘置所，その他人を拘禁することを目的とする用途

　ハ　美術品収蔵庫，金庫室その他これらに類する用途

　ニ　無響室，電磁しゃへい室，無菌室その他これらに類する用途

　　附　則　（略）

難燃材料でした内装の仕上げに準ずる仕上げを定める件

平成12年 5 月31日　建設省告示第1439号
最終改正　平成28年 4 月25日　国土交通省告示第707号

建築基準法施行令（昭和25年政令第338号）第128条の 5 第 1 項第一号ロ及び同条第 4 項第二号の規定に基づき，難燃材料でした内装の仕上げに準ずる仕上げを次のように定める。

第1　建築基準法施行令第128条の 5 第 1 項第一号ロ及び同条第 4 項第二号に規定する難燃材料でした内装の仕上げに準ずる材料の組合せは，次に定めるものとする。

一　天井（天井のない場合においては，屋根）の室内に面する部分（回り縁，窓台その他これらに類する部分を除く。）の仕上げにあっては，準不燃材料ですること。

二　壁の室内に面する部分（回り縁，窓台その他これらに類する部分を除く。）の仕上げにあっては，木材，合板，構造用パネル，パーティクルボード若しくは繊維版（これらの表面に不燃性を有する壁張り下地用のパテを下塗りする等防火上支障がないように措置した上で壁紙を張ったものを含む。以下「木材等」という。）又は木材等及び難燃材料ですること。

第2　建築基準法施行令第128条の 5 第 1 項第一号ロ及び同条第 4 項第二号に規定する難燃材料でした内装の仕上げに準ずる仕上げの方法は，第 1 第二号の木材等に係る仕上げの部分を次に定めるところによりすることとする。ただし，実験によって防火上支障がないことが確かめられた場合においては，この限りでない。

一　木材等の表面に，火炎伝搬を著しく助長するような溝を設けないこと。

二　木材等の取付方法は，次のイ又はロのいずれかとすること。ただし，木材等の厚さが25mm 以上である場合においては，この限りでない。

イ　木材等の厚さが10mm 以上の場合にあっては，壁の内部での火炎伝搬を有効に防止することができるよう配置された柱，間柱その他の垂直部材及びはり，胴縁その他の横架材（それぞれ相互の間隔が 1 m 以内に配置されたものに限る。）に取り付け，又は難燃材料の壁に直接取り付けること。

ロ　木材等の厚さが10mm 未満の場合にあっては，難燃材料の壁に直接取り付けること。

　　附　則

1　（略）

2　平成 4 年建設省告示第548号は，廃止する。

火災の発生のおそれの少ない室を定める件

平成12年5月31日　建設省告示第1440号
最終改正　令和2年12月28日　国土交通省告示第1593号

　建築基準法施行令（昭和25年政令第338号）第128条の6第2項の規定に基づき，火災の発生のおそれの少ない室を次のように定める。
　建築基準法施行令第128条の6第2項に規定する火災の発生のおそれの少ない室は，次の各号のいずれかに該当するもので，壁及び天井（天井がない場合にあっては，屋根）の室内に面する部分の仕上げを準不燃材料でしたものとする。
　一　昇降機その他の建築設備の機械室，不燃性の物品を保管する室その他これらに類するもの
　二　廊下，階段その他の通路，便所その他これらに類するもの
　　附　則　（略）

建築物の基礎，主要構造部等に使用する建築材料並びにこれらの建築材料が適合すべき日本産業規格又は日本農林規格及び品質に関する技術的基準を定める件

平成12年 5 月31日　　建設省告示第1446号
最終改正　令和 2 年 8 月28日　　国土交通省告示第821号

建築基準法（昭和25年法律第201号）第37条の規定に基づき，建築物の基礎，主要構造部等に使用する建築材料並びにこれらの建築材料が適合すべき日本産業規格又は日本農林規格及び品質に関する技術的基準を次のように定める。

第1　建築基準法（以下「法」という。）第37条の建築物の基礎，主要構造物その他安全上，防火上又は衛生上重要である部分に使用する建築材料で同条第一号又は第二号のいずれかに該当すべきものは，次に掲げるものとする。ただし，法第20条第 1 項第一号の規定による国土交通大臣の認定を受けた構造方法を用いる建築物に使用される建築材料で平成12年建設省告示第1461号第九号ハの規定に適合するもの，現に存する建築物又は建築物の部分（法第37条の規定又は法第40条の規定に基づく条例の建築材料の品質に関する制限を定めた規定に違反した建築物又は建築物の部分を除く。）に使用されている建築材料及び建築基準法施行令（昭和25年政令第338号。以下「令」という。）第138条第 1 項に規定する工作物でその存続期間が 2 年以内のものに使用される建築材料にあっては，この限りでない。

一　構造用鋼材及び鋳鋼

二　高力ボルト及びボルト

三　構造用ケーブル

四　鉄筋

五　溶接材料（炭素鋼，ステンレス鋼及びアルミニウム合金材の溶接）

六　ターンバックル

七　コンクリート

八　コンクリートブロック

九　免震材料（平成12年建設省告示第2009号第 1 第一号に規定する免震材料その他これに類するものをいう。以下同じ。）

十　木質接着成形軸材料（木材の単板を積層接着又は木材の小片を集成接着した軸材をいう。以下同じ。）

十一　木質複合軸材料（製材，集成材，木質接着成形軸材料その他の木材を接着剤によりＩ形，角形その他所要の断面形状に複合構成した軸材をいう。以下同じ。）

十二　木質断熱複合パネル（平板状の有機発泡剤の両面に構造用合板その他これに類するものを接着剤により複合構成したパネルのうち，枠組がないものをいう。以下同じ。）

十三　木質接着複合パネル（製材，集成材，木質接着成形軸材料その他の木材を使用した枠組に構造用合板その他これに類するものを接着剤により複合構成したパネルをいう。以下同じ。）

十四　タッピンねじその他これに類するもの（構造用鋼材にめねじを形成し又は構造用鋼材を切削して貫入するものに限る。）

十五　打込み鋲（構造用鋼材に打込み定着するものをいう。以下同じ。）

　夫　アルミニウム合金材
　七　トラス用機械式継手
　夫　膜材料，テント倉庫用膜材料及び膜構造用フィルム
　九　セラミックメーソンリーユニット
　二〇　石綿飛散防止剤
　二一　緊張材
　二二　軽量気泡コンクリートパネル
　二三　直交集成板（ひき板又は小角材（これらをその繊維方向を互いにほぼ平行にして長さ
　　　方向に接合接着して調整したものを含む。）をその繊維方向を互いにほぼ平行にして幅
　　　方向に並べ又は接着したものを，主として繊維方向を互いにほぼ直角にして積層接着し
　　　3層以上の構造を持たせたものをいう。以下同じ。）

第2　法第37条第一号の日本産業規格又は日本農林規格は，別表第1(い)欄に掲げる建築材料
　の区分に応じ，それぞれ同表(ろ)欄に掲げるものとする。

第3　法第37条第二号の品質に関する技術的基準は，次のとおりとする。
　一　別表第2(い)欄に掲げる建築材料の区分に応じ，それぞれ同表(は)欄に掲げる測定方法等
　　　により確認された同表(ろ)欄に掲げる品質基準に適合するものであること。
　二　別表第3(い)欄に掲げる建築材料の区分に応じ，それぞれ同表(ろ)欄に掲げる検査項目に
　　　ついて，同表(は)欄に掲げる検査方法により検査が行われていること。
　三　別表第2の(ろ)欄に掲げる品質基準に適合するよう，適切な方法により，製造，運搬及
　　　び保管がなされていること。
　四　検査設備が検査を行うために必要な精度及び性能を有していること。
　五　次に掲げる方法により品質管理が行われていること。
　　イ　社内規格が次のとおり適切に整備されていること。
　　　(1)　次に掲げる事項について社内規格が具体的かつ体系的に整備されていること。
　　　　(i)　製品の品質，検査及び保管に関する事項
　　　　(ii)　資材の品質，検査及び保管に関する事項
　　　　(iii)　工程ごとの管理項目及びその管理方法，品質特性及びその検査方法並びに作業
　　　　　方法に関する事項
　　　　(iv)　製造設備及び検査設備の管理に関する事項
　　　　(v)　外注管理（製造若しくは検査又は設備の管理の一部を外部に行わせている場合
　　　　　における当該発注に係る管理をいう。以下同じ。）に関する事項
　　　　(vi)　苦情処理に関する事項
　　　(2)　製品の検査方法その他の製品が所定の品質であることを確認するために必要な事
　　　　項（免震材料（出荷時において性能検査により個々の製品の性能を確認しているも
　　　　のに限る。以下ト及びチにおいて同じ。）にあっては，発注者又は発注者が指定す
　　　　る第三者が，製品について，所定の性能を満たしていることを確認するために必要
　　　　な事項を含む。）が社内規格に定められていること。
　　　(3)　社内規格が適切に見直されており，かつ，就業者に十分周知されていること。
　　ロ　製品及び資材の検査及び保管が社内規格に基づいて適切に行われていること。
　　ハ　工程の管理が次のとおり適切に行われていること。
　　　(1)　製造及び検査が工程ごとに社内規格に基づいて適切に行われているとともに，作
　　　　業記録，検査記録又は管理図を用いる等必要な方法によりこれらの工程が適切に管
　　　　理されていること。
　　　(2)　工程において発生した不良品又は不合格ロットの処置，工程に生じた異常に対す

　　　　る処置及び再発防止対策が適切に行われていること。
　　　⑶　作業の条件及び環境が適切に維持されていること。
　　ニ　製造設備及び検査設備について，点検，検査，校正，保守等が社内規格に基づいて適切に行われており，これらの設備の精度及び性能が適正に維持されていること。
　　ホ　外注管理が社内規格に基づいて適切に行われていること。
　　ヘ　苦情処理が社内規格に基づいて適切に行われているとともに，苦情の要因となった事項の改善が図られていること。
　　ト　製品の管理（製品の品質及び検査結果に関する事項（免震材料にあっては，検査結果の信頼性及び正確性を確認するために必要な事項を含む。）を含む。），資材の管理，工程の管理，設備の管理，外注管理，苦情処理等に関する記録が必要な期間保存されており，かつ，品質管理の推進に有効に活用されていること。
　　チ　免震材料については，製品の検査結果について改ざん防止のための措置が講じられていること。
　六　その他品質保持に必要な技術的生産条件を次のとおり満たしていること。
　　イ　次に掲げる方法により品質管理の組織的な運営が図られていること。
　　　⑴　品質管理の推進が工場その他の事業場（以下「工場等」という。）の経営方針として確立されており，品質管理が計画的に実施されていること。
　　　⑵　工場等における品質管理を適切に行うため，各組織の責任及び権限が明確に定められているとともに，品質管理推進責任者を中心として各組織間の有機的な連携がとられており，かつ，品質管理を推進する上での問題点が把握され，その解決のために適切な措置がとられていること。
　　　⑶　工場等における品質管理を推進するために必要な教育訓練が就業者に対して計画的に行われており，また，工程の一部を外部の者に行わせている場合においては，その者に対し品質管理の推進に係る技術的指導が適切に行われていること。
　　ロ　次に定めるところにより，品質管理推進責任者が配置されていること。
　　　⑴　工場等において，製造部門とは独立した権限を有する品質管理推進責任者を選任し，次に掲げる職務を行わせていること。
　　　　⒤　品質管理に関する計画の立案及び推進
　　　　⒲　社内規格の制定，改正等についての統括
　　　　⒳　製品の品質水準の評価
　　　　⒵　各工程における品質管理の実施に関する指導及び助言並びに部門間の調整
　　　　⒱　工程に生じた異常，苦情等に関する処理及びその対策に関する指導及び助言
　　　　Ⓐ　就業者に対する品質管理に関する教育訓練の推進
　　　　Ⓑ　外注管理に関する指導及び助言
　　　　Ⓒ　製品の品質基準への適合性の承認
　　　　Ⓓ　製品の出荷の承認
　　　⑵　品質管理推進責任者は，製品の製造に必要な技術に関する知識を有し，かつ，これに関する実務の経験を有する者であって，学校教育法（昭和22年法律第26号）に基づく大学，短期大学若しくは工業に関する高等専門学校，旧大学令（大正7年勅令第388号）に基づく大学，旧専門学校令（明治36年勅令第61号）に基づく専門学校若しくは外国におけるこれらの学校に相当する学校の工学若しくはこれに相当する課程において品質管理に関する科目を修めて卒業し（当該科目を修めて同法による専門職大学の前期課程を修了する場合を含む。），又はこれに準ずる品質管理に関する科目の講習会の課程を修了することにより品質管理に関する知見を有すると認

　　められるものであること。

2　前項の規定にかかわらず，製品の品質保証の確保及び国際取引の円滑化に資すると認められる場合は，次に定める基準によることができる。

　一　製造設備，検査設備，検査方法，品質管理方法その他品質保持に必要な技術的生産条件が，日本産業規格Ｑ 9001（品質マネジメントシステム－要求事項）－2000の規定に適合していること。

　二　前項第一号から第四号まで，第五号イ(2)及び第六号ロの基準に適合していること。

　三　製造をする建築材料の規格等に従って社内規格が具体的かつ体系的に整備されており，かつ，製品について規格等に適合することの検査及び保管が，社内規格に基づいて適切に行われていること。

別表　（略）

　　附　則　（略）

煙突，鉄筋コンクリート造の柱等，広告塔又は高架水槽等及び擁壁並びに乗用エレベーター又はエスカレーターの構造計算の基準を定める件

平成12年5月31日　　建設省告示第1449号
最終改正　令和5年5月26日　国土交通省告示第550号

　建築基準法施行令（昭和25年政令第338号）第139条第1項第四号イ（同令第140条第2項，第141条第2項及び第143条第2項において準用する場合を含む。）及び第142条第1項第五号の規定に基づき，煙突，鉄筋コンクリート造の柱等，広告塔又は高架水槽等及び擁壁並びに乗用エレベーター又はエスカレーターの安全性を確かめるための構造計算の基準を第1から第3までに定め，同令第139条第1項第三号（同令第140条第2項，第141条第2項及び第143条第2項において準用する場合を含む。）の規定に基づき，高さが60mを超える煙突，鉄筋コンクリート造の柱等，広告塔又は高架水槽等及び乗用エレベーター又はエスカレーターの構造計算の基準を第4に定める。

第1　建築基準法施行令（以下「令」という。）第138条第1項に規定する工作物のうち同項第一号及び第二号に掲げる煙突及び鉄筋コンクリート造の柱等（以下「煙突等」という。）の構造計算の基準は，次のとおりとする。

　一　煙突等の風圧力に関する構造計算は，次に定めるところによること。

　　イ　令第87条第2項の規定により計算した速度圧に，同条第4項に規定する風力係数を乗じて得た風圧力に対して構造耐力上安全であることを確かめること。この場合において，令第87条第2項中「建築物の屋根の高さ」とあるのは，「煙突等の地盤面からの高さ」と読み替えるものとする。

　　ロ　必要に応じ，風向と直角方向に作用する風圧力に対して構造耐力上安全であることを確かめること。

　二　煙突等の地震力に関する構造計算は，次に定めるところによること。ただし，煙突等の規模又は構造形式に基づき振動特性を考慮し，実況に応じた地震力を計算して構造耐力上安全であることが確かめられた場合にあっては，この限りでない。

　　イ　煙突等の地上部分の各部分の高さに応じ，それぞれ次の表に掲げる式によって計算した地震力により生ずる曲げモーメント及びせん断力に対して構造耐力上安全であることを確かめること。

曲げモーメント（単位　N·m）	$0.4hC_{si}W$
せん断力（単位　N）	$C_{si}W$

　　　この表において，h，C_{si}及びWは，それぞれ次の数値を表すものとする。
　　　h　　煙突等の地盤面からの高さ（単位　m）
　　　C_{si}　煙突等の地上部分の高さ方向の力の分布を表す係数で計算しようとする当該煙突等の部分の高さに応じて次の式に適合する数値

$$C_{si} \geq 0.3 Z \left(1 - \frac{h_i}{h}\right)$$

$$\left\{\begin{array}{l}\text{この式において，} Z \text{ 及び } h_i \text{ は，それぞれ次の数値を表すものとする。}\\ \quad Z \quad \text{令第88条第1項に規定する } Z \text{ の数値}\\ \quad h_i \quad \text{煙突等の地上部分の各部分の地盤面からの高さ（単位　m）}\\ W \quad \text{煙突等の地上部分の固定荷重と積載荷重との和（単位　N）}\end{array}\right.$$

ロ　煙突等の地下部分は，地下部分に作用する地震力により生ずる力及び地上部分から伝えられる地震力により生ずる力に対して構造耐力上安全であることを確かめること。この場合において，地下部分に作用する地震力は，煙突等の地下部分の固定荷重と積載荷重との和に次の式に適合する水平震度を乗じて計算するものとする。

$$k \geqq 0.1\left(1-\frac{H}{40}\right)Z$$

$$\left\{\begin{array}{l}\text{この式において，} k, H \text{ 及び } Z \text{ は，それぞれ次の数値を表すものとする。}\\ \quad k \quad \text{水平震度}\\ \quad H \quad \text{煙突等の地下部分の各部分の地盤面からの深さ（20を超えるときは20と}\\ \qquad \text{する）（単位　m）}\\ \quad Z \quad \text{令第88条第1項に規定する } Z \text{ の数値}\end{array}\right.$$

第2　令第138条第1項に規定する工作物のうち同項第三号及び第四号に掲げる広告塔又は高架水槽等並びに同条第2項第一号に掲げる乗用エレベーター又はエスカレーター（以下「広告塔等」という。）の構造計算の基準は，次のとおりとする。

一　広告塔等の構造上主要な部分の各部分に生ずる力を，次の表に掲げる式によって計算すること。

力の種類	荷重及び外力について想定する状態	一般の場合	第86条第2項ただし書の規定により特定行政庁が指定する多雪区域における場合
長期に生ずる力	常時	$G+P$	$G+P$
	積雪時		$G+P+0.7S$
短期に生ずる力	積雪時	$G+P+S$	$G+P+S$
	暴風時	$G+P+W$	$G+P+W$
			$G+P+0.35S+W$
	地震時	$G+P+K$	$G+P+0.35S+K$

この表において，G，P，S，W 及び K は，それぞれ次の力（軸方向力，曲げモーメント，せん断力等をいう。）を表すものとする。

G　広告塔等の固定荷重によって生ずる力

P　広告塔等の積載荷重によって生ずる力

S　令第86条に規定する積雪荷重によって生ずる力

W　令第87条に規定する風圧力によって生ずる力（この場合において，「建築物の屋根の高さ」とあるのは，「広告塔等の地盤面からの高さ」と読み替えるものとする。）

K　地震力によって生ずる力

この場合において，地震力は，次の式によって計算した数値とするものとする。ただし，広告塔等の規模や構造形式に基づき振動特性を考慮し，実況に応じた地震力を計算できる場合においては，当該荷重とすることができる。

$$P = kw$$

> この式において，P，k 及び w は，それぞれ次の数値を表すものとする。
>
> P　　地震力（単位　N）
>
> k　　水平震度（令第88条第1項に規定する Z の数値に0.5以上の数値を乗じて得た数値とする。）
>
> w　　工作物等の固定荷重と積載荷重との和（令第86条第2項ただし書の規定による多雪区域においては，更に積雪荷重を加えたものとする。）（単位　N）

二　前号の規定により計算した構造上主要な部分の各部分に生ずる力に対し，構造耐力上安全であることを確かめること。

三　広告塔等の地下部分については，第1第二号ロの基準を準用する。

第3　令第138条第1項に規定する工作物のうち同項第五号に掲げる擁壁の構造計算の基準は，宅地造成及び特定盛土等規制法施行令（昭和37年政令第16号）第9条に定めるとおりとする。ただし，次の各号のいずれかに該当する場合又は実験その他の特別な研究による場合にあっては，この限りでない。

一　宅地造成及び特定盛土等規制法施行令第8条第1項第一号イ又はロのいずれかに該当する崖面に設ける擁壁

二　宅地造成及び特定盛土等規制法施行令第10条に定める練積み造の擁壁の構造方法に適合する擁壁

三　宅地造成及び特定盛土等規制法施行令第17条の規定に基づき，同令第8条第1項第二号及び第9条から第12条までの規定による擁壁と同等以上の効力があると国土交通大臣が認める擁壁

第4　煙突等及び広告塔等のうち高さが60mを超えるものの構造計算の基準は，平成12年建設省告示第1461号（第二号ハ，第三号ロ及び第八号を除く。）に掲げる基準によることとする。この場合において，当該各号中「建築物」とあるのは，「工作物」と読み替えるものとする。

　　　附　則　（略）

コンクリートの付着，引張り及びせん断に対する許容応力度及び材料強度を定める件

平成12年 5 月31日　建設省告示1450号

建築基準法施行令（昭和25年政令第338号）第91条及び第97条の規定に基づき，コンクリートの付着，引張り及びせん断に対する許容応力度及び材料強度を次のように定める。

第 1　建築基準法施行令（以下「令」という。）第91条第 1 項に規定する異形鉄筋として異形棒鋼又は再生棒鋼を用いる場合のコンクリートの付着に対する長期に生ずる力に対する許容応力度及び短期に生ずる力に対する許容応力度は，次のとおりとする。

一　長期に生ずる力に対する付着の許容応力度は，鉄筋の使用位置及び令第74条第 1 項第二号に規定するコンクリートの設計基準強度（以下「設計基準強度」という。）に応じ，それぞれ次の表に掲げる式によって計算した数値とする。ただし，コンクリート中に設置した異形鉄筋の引抜きに関する実験によって付着強度を確認した場合においては，当該付着強度の1/3の数値とすることができる。

鉄筋の使用位置	設計基準強度（単位　N/mm²）	
	22.5以下の場合	22.5を超える場合
(1)　はりの上端	$\dfrac{1}{15}F$	$0.9+\dfrac{2}{75}F$
(2)　(1)に示す位置以外の位置	$\dfrac{1}{10}F$	$1.35+\dfrac{1}{25}F$
この表において，F は，設計基準強度を表すものとする。		

二　短期に生ずる力に対する付着の許容応力度は，前号に定める数値の 2 倍の数値とする。

第 2　令第91条第 1 項に規定する設計基準強度が21N/mm²を超えるコンクリートの長期に生ずる力に対する引張り及びせん断の各許容応力度は，設計基準強度に応じて次の式により算出した数値とする。ただし，実験によってコンクリートの引張又はせん断強度を確認した場合においては，当該強度にそれぞれ1/3を乗じた数値とすることができる。

$$F_s = 0.49 + \frac{F}{100}$$

この式において，F_s 及び F は，それぞれ次の数値を表すものとする。

　F_s　コンクリートの長期に生ずる力に対する許容応力度（単位　N/mm²）

　F　設計基準強度（単位　N/mm²）

第 3　令第97条に規定する異形鉄筋を用いた場合のコンクリートの付着に対する材料強度は，第 1 第一号に定める数値の 3 倍の数値とする。

2　令第97条に規定する設計基準強度が21N/mm²を超えるコンクリートの引張り及びせん断に対する材料強度は，第 2 に定める数値の 3 倍の数値とする。

　　附　則　（略）

木材の基準強度 F_c, F_t, F_b 及び F_s を定める件

平成12年5月31日　建設省告示第1452号
最終改正　令和2年8月28日　国土交通省告示第821号

　建築基準法施行令（昭和25年政令第338号）第89条第1項の規定に基づき，木材の基準強度 F_c, F_t, F_b 及び F_s を次のように定める。

　建築基準法施行令第89条第1項に規定する木材の基準強度 F_c, F_t, F_b 及び F_s は，次の各号に掲げる木材の種類及び品質に応じて，それぞれ当該各号に掲げるところによるものとする。

　一　製材の日本農林規格（平成19年農林水産省告示第1083号）に適合する構造用製材（ただし，円柱類にあってはすぎ，からまつ，及びひのきに限る。）目視等級区分によるもの　　その樹種，区分及び等級に応じてそれぞれ次の表の数値とする。ただし，たる木，根太その他荷重を分散して負担する目的で並列して設けた部材（以下「並列材」という。）にあっては，曲げに対する基準強度 F_b の数値について，当該部材群に構造用合板又はこれと同等以上の面材をはる場合には1.25を，その他の場合には1.15を乗じた数値とすることができる。

樹　　種	区　　分	等　級	基準強度（単位　N/mm²）			
			F_c	F_t	F_b	F_s
あかまつ	甲種構造材	一級	27.0	20.4	33.6	2.4
		二級	16.8	12.6	20.4	
		三級	11.4	9.0	14.4	
	乙種構造材	一級	27.0	16.2	26.4	
		二級	16.8	10.2	16.8	
		三級	11.4	7.2	11.4	
べいまつ	甲種構造材	一級	27.0	20.4	34.2	2.4
		二級	18.0	13.8	22.8	
		三級	13.8	10.8	17.4	
	乙種構造材	一級	27.0	16.2	27.0	
		二級	18.0	10.8	18.0	
		三級	13.8	8.4	13.8	
からまつ	甲種構造材	一級	23.4	18.0	29.4	2.1
		二級	20.4	15.6	25.8	
		三級	18.6	13.8	23.4	
	乙種構造材	一級	23.4	14.4	23.4	
		二級	20.4	12.6	20.4	
		三級	18.6	10.8	17.4	

ダフリカから まつ	甲種構造材	一級	28.8	21.6	36.0	2.1
		二級	25.2	18.6	31.2	
		三級	22.2	16.8	27.6	
	乙種構造材	一級	28.8	17.4	28.8	
		二級	25.2	15.0	25.2	
		三級	22.2	13.2	22.2	
ひば	甲種構造材	一級	28.2	21.0	34.8	2.1
		二級	27.6	21.0	34.8	
		三級	23.4	18.0	29.4	
	乙種構造材	一級	28.2	16.8	28.2	
		二級	27.6	16.8	27.6	
		三級	23.4	12.6	20.4	
ひのき	甲種構造材	一級	30.6	22.8	38.4	2.1
		二級	27.0	20.4	34.2	
		三級	23.4	17.4	28.8	
	乙種構造材	一級	30.6	18.6	30.6	
		二級	27.0	16.2	27.0	
		三級	23.4	13.8	23.4	
べいつが	甲種構造材	一級	21.0	15.6	26.4	2.1
		二級	21.0	15.6	26.4	
		三級	17.4	13.2	21.6	
	乙種構造材	一級	21.0	12.6	21.0	
		二級	21.0	12.6	21.0	
		三級	17.4	10.2	17.4	
えぞまつ及び とどまつ	甲種構造材	一級	27.0	20.4	34.2	1.8
		二級	22.8	17.4	28.2	
		三級	13.8	10.8	17.4	
	乙種構造材	一級	27.0	16.2	27.0	
		二級	22.8	13.8	22.8	
		三級	13.8	5.4	9.0	
すぎ	甲種構造材	一級	21.6	16.2	27.0	1.8
		二級	20.4	15.6	25.8	
		三級	18.0	13.8	22.2	
	乙種構造材	一級	21.6	13.2	21.6	

| | | 二級 | 20.4 | 12.6 | 20.4 |
| | | 三級 | 18.0 | 10.8 | 18.0 |

二　日本農林規格に適合する構造用製材（ただし，円柱類にあってはすぎ，からまつ，及びひのきに限る。）機械等級区分によるもの　　その樹種及び等級に応じてそれぞれ次の表の数値とする。ただし，並列材にあっては，曲げに対する基準強度 F_b の数値について，当該部材群に構造用合板又はこれと同等以上の面材をはる場合には1.15を乗じた数値とすることができる。

樹　　種	等級	基準強度（単位　N/mm²）			
		F_c	F_t	F_b	F_s
あかまつ，べいまつ，ダフリカからまつ，べいつが，えぞまつ及びとどまつ	E70	9.6	7.2	12.0	樹種に応じ，前号の表の基準強度による。
	E90	16.8	12.6	21.0	
	E110	24.6	18.6	30.6	
	E130	31.8	24.0	39.6	
	E150	39.0	29.4	48.6	
からまつ，ひのき及びひば	E50	11.4	8.4	13.8	
	E70	18.0	13.2	22.2	
	E90	24.6	18.6	30.6	
	E110	31.2	23.4	38.4	
	E130	37.8	28.2	46.8	
	E150	44.4	33.0	55.2	
すぎ	E50	19.2	14.4	24.0	
	E70	23.4	17.4	29.4	
	E90	28.2	21.0	34.8	
	E110	32.4	24.6	40.8	
	E130	37.2	27.6	46.2	
	E150	41.4	31.2	51.6	

三　枠組壁工法構造用製材及び枠組壁工法構造用たて継ぎ材の日本農林規格（昭和49年農林省告示第600号。以下「枠組壁工法構造用製材等規格」という。）に適合する枠組壁工法構造用製材のうち，寸法型式が104，203，204，304，404若しくは204W のもの又は枠組壁工法構造用たて継ぎ材のうち，寸法型式が203，204，304，404若しくは204W のもの　　その樹種群，区分及び等級に応じてそれぞれ次の表１に掲げる数値とする。この場合において，当該寸法型式以外の寸法型式の枠組壁工法構造用製材及び枠組壁工法構造用たて継ぎ材については，同表に掲げる数値に次の表２に掲げる数値を乗じた数値とする。更に，並列材にあっては，曲げに対する基準強度 F_b の数値について，当該部材群に構造用合板又はこれと同等以上の画材を張る場合には1.25を，その他の場合には1.15を乗じた数値とすることができる。

表1

樹　種　群	区分	等　　級	強度（単位　N/mm²）			
			F_c	F_t	F_b	F_s
DFir–L	甲種	特級	25.8	24.0	36.0	2.4
		一級	22.2	16.2	24.6	
		二級	19.2	15.0	21.6	
		三級	11.4	8.4	12.6	
	乙種	コンストラクション	21.6	11.4	16.2	
		スタンダード	17.4	6.6	9.6	
		ユーティリティ	11.4	3.0	4.2	
	たて枠用たて継ぎ材		17.4	6.6	9.6	
Hem–Tam	甲種	特級	18.0	13.8	29.4	2.1
		一級	15.0	8.4	18.0	
		二級	12.6	6.6	13.8	
		三級	7.2	3.6	8.4	
	乙種	コンストラクション	14.4	4.8	10.2	
		スタンダード	11.4	3.0	5.4	
		ユーティリティ	7.2	1.2	3.0	
	たて枠用たて継ぎ材		11.4	3.0	5.4	
Hem–Fir	甲種	特級	24.0	22.2	34.2	2.1
		一級	20.4	15.0	23.4	
		二級	18.6	12.6	20.4	
		三級	10.8	7.2	12.0	
	乙種	コンストラクション	19.8	9.6	15.6	
		スタンダード	16.8	5.4	9.0	
		ユーティリティ	10.8	2.4	4.2	
	たて枠用たて継ぎ材		16.8	5.4	9.0	
S–P–F 又は Spruce–Pine–Fir	甲種	特級	20.4	16.8	30.0	1.8
		一級	18.0	12.0	22.2	
		二級	17.4	11.4	21.6	
		三級	10.2	6.6	12.6	
	乙種	コンストラクション	18.6	8.4	16.2	
		スタンダード	15.6	4.8	9.0	
		ユーティリティ	10.2	2.4	4.2	
	たて枠用たて継ぎ材		15.6	4.8	9.0	

W Ceder	甲種	特級	15.0	14.4	23.4	1.8
		一級	12.6	10.2	16.8	
		二級	10.2	10.2	16.2	
		三級	6.0	6.0	9.6	
	乙種	コンストラクション	11.4	7.2	12.0	
		スタンダード	9.0	4.2	6.6	
		ユーティリティ	6.0	1.8	3.6	
	たて枠用たて継ぎ材		9.0	4.2	6.6	
SYP	甲種	特級	24.1	26.2	39.0	2.4
		一級	20.7	16.1	24.4	
		二級	18.7	11.9	18.5	
		三級	10.7	6.8	10.6	
	乙種	コンストラクション	19.9	8.9	13.9	
		スタンダード	16.5	5.0	7.8	
		ユーティリティ	10.7	2.3	3.7	
	たて枠用たて継ぎ材		16.5	5.0	7.8	
JSI	甲種	特級	24.9	20.6	33.6	2.1
		一級	21.1	14.1	23.7	
		二級	18.2	12.5	22.2	
		三級	10.6	7.3	12.9	
	乙種	コンストラクション	19.8	9.5	16.9	
		スタンダード	16.0	5.3	9.3	
		ユーティリティ	10.6	2.5	4.4	
	たて枠用たて継ぎ材		16.0	5.3	9.3	
JSII	甲種	特級	15.7	16.0	28.4	1.8
		一級	15.7	12.2	20.4	
		二級	15.7	12.2	19.5	
		三級	9.1	7.1	11.3	
	乙種	コンストラクション	15.7	9.3	14.8	
		スタンダード	13.8	5.1	8.2	
		ユーティリティ	9.1	2.4	3.9	
	たて枠用たて継ぎ材		13.8	5.1	8.2	

JSⅢ	甲種	特級	20.9	16.9	22.5	2.1
		一級	18.3	11.3	16.1	
		二級	17.0	9.7	15.5	
		三級	9.8	5.7	9.0	
	乙種	コンストラクション	17.9	7.4	11.8	
		スタンダード	14.9	4.1	6.5	
		ユーティリティ	9.8	1.9	3.1	
	たて枠用たて継ぎ材		14.9	4.1	6.5	

表2

寸法型式 ＼ 応力の種類	圧縮	引張り	曲げ	せん断
106　205　206　306　405　406	0.96	0.84	0.84	1.00
208　408	0.93	0.75	0.75	
210	0.91	0.68	0.68	
212	0.89	0.63	0.63	

四　枠組壁工法構造用製材等規格に適合するMSR枠組材及びMSRたて継ぎ材　その曲げMSR等級に応じてそれぞれ次の表に掲げる数値とする。ただし，並列材にあっては，曲げに対する基準強度 F_b の数値について，当該部材群に構造用合板又はこれと同等以上の面材を張る場合には1.15を乗じた数値とすることができる。

MSR 等級	基準強度（単位　N/mm²）			
	F_c	F_t	F_b	F_s
$900F_b-0.6E$ $900F_b-1.0E$ $900F_b-1.2E$	9.6	5.4	13.2	
$1200F_b-0.7E$ $1200F_b-0.8E$ $1200F_b-1.2E$ $1200F_b-1.5E$	12.6	9.0	17.4	
$1350F_b-1.2E$ $1350F_b-1.3E$ $1350F_b-1.8E$	13.8	11.4	19.8	
$1450F_b-1.2E$ $1450F_b-1.3E$	15.0	12.0	21.0	
$1500F_b-1.2E$ $1500F_b-1.3E$ $1500F_b-1.4E$ $1500F_b-1.8E$	15.6	13.2	22.2	

$1650F_b-1.3E$ $1650F_b-1.4E$ $1650F_b-1.5E$ $1650F_b-1.8E$	16.8	15.0	24.0	樹種群に応じ，枠組壁工法構造用製材及び枠組壁工法構造用たて継ぎ材の基準強度による。
$1800F_b-1.6E$ $1800F_b-2.1E$	18.6	17.4	26.4	
$1950F_b-1.5E$ $1950F_b-1.7E$	19.8	20.4	28.8	
$2100F_b-1.8E$	21.6	23.4	30.6	
$2250F_b-1.6E$ $2250F_b-1.9E$	22.8	25.8	33.0	
$2400F_b-1.7E$ $2400F_b-2.0E$	24.6	28.2	34.8	
$2550F_b-2.1E$	26.4	30.0	37.2	
$2700F_b-2.2E$	27.6	31.2	39.6	
$2850F_b-2.3E$	29.4	33.6	41.4	
$3000F_b-2.4E$	30.6	34.8	43.8	
$3150F_b-2.5E$	32.4	36.6	45.6	
$3300F_b-2.6E$	35.4	38.4	48.0	

五　無等級材（日本農林規格に定められていない木材をいう。）　その樹種に応じてそれぞれ次に掲げる数値とする。ただし，並列材にあっては，曲げに対する基準強度 F_b の数値について，当該部材群に構造用合板又はこれと同等以上の面材をはる場合には1.25を，その他の場合には1.15を乗じた数値とすることができる。

樹　　種		基準強度（単位　N/mm²）			
		F_c	F_t	F_b	F_s
針葉樹	あかまつ，くろまつ及びべいまつ	22.2	17.7	28.2	2.4
	からまつ，ひば，ひのき，べいひ及びべいひば	20.7	16.2	26.7	2.1
	つが及びべいつが	19.2	14.7	25.2	2.1
	もみ，えぞまつ，とどまつ，べにまつ，すぎ，べいすぎ及びスプルース	17.7	13.5	22.2	1.8
広葉樹	かし	27.0	24.0	38.4	4.2
	くり，なら，ぶな，けやき	21.0	18.0	29.4	3.0

六　前各号に掲げる木材以外で，国土交通大臣が指定したもの　その樹種，区分及び等級等に応じてそれぞれ国土交通大臣が指定した数値とする。

E の数値を算出する方法並びに *V*₀及び 風力係数の数値を定める件

平成12年 5 月31日　建設省告示第1454号

最終改正　令和 2 年12月 7 日　国土交通省告示第1437号

　建築基準法施行令（昭和25年政令第338号）第87条第 2 項及び第 4 項の規定に基づき，E の数値を算出する方法並びに V_0 及び風力係数の数値を次のように定める。

第 1　建築基準法施行令（以下「令」という。）第87条第 2 項に規定する E の数値は，次の式によって算出するものとする。

$$E = E_r^2 G_f$$

> この式において，E_r 及び G_f は，それぞれ次の数値を表すものとする。
> E_r　次項の規定によって算出した平均風速の高さ方向の分布を表す係数
> G_f　第 3 項の規定によって算出したガスト影響係数

2　前項の式の E_r は，次の表に掲げる式によって算出するものとする。ただし，局地的な地形や地物の影響により平均風速が割り増されるおそれのある場合においては，その影響を考慮しなければならない。

H が Z_b 以下の場合	$E_r = 1.7 \left(\dfrac{Z_b}{Z_G} \right)^{\alpha}$
H が Z_b を超える場合	$E_r = 1.7 \left(\dfrac{H}{Z_G} \right)^{\alpha}$

　この表において，E_r，Z_b，Z_G，α 及び H は，それぞれ次の数値を表すものとする。
E_r　平均風速の高さ方向の分布を表す係数
Z_b，Z_G 及び α　地表面粗度区分に応じて次の表に掲げる数値

地表面粗度区分		Z_b（単位　m）	Z_G（単位　m）	α
Ⅰ	極めて平坦で障害物がないものとして特定行政庁が規則で定める区域	5	250	0.10
Ⅱ	地表面粗度区分Ⅰ若しくはⅣの区域以外の区域のうち，海岸線若しくは湖岸線（対岸までの距離が1,500m 以上のものに限る。以下同じ。）までの距離が500m 以内の地域（建築物の高さが13m 以下である場合又は当該海岸線若しくは湖岸線からの距離が200m を超え，かつ，建築物の高さが31m 以下である場合を除く。）又は当該地域以外の地域のうち，極めて平坦で障害物が散在しているものとして特定行政庁が規則で定める区域	5	350	0.15
Ⅲ	地表面粗度区分Ⅰ，Ⅱ又はⅣの区域以外の区域	5	450	0.20
Ⅳ	都市化が極めて著しいものとして特定行政庁が規則で定める区域	10	550	0.27
H	建築物の高さと軒の高さとの平均（単位　m）			

3　第1項の式の G_f は，前項の表の地表面粗度区分及び H に応じて次の表に掲げる数値とする。ただし，当該建築物の規模又は構造特性及び風圧力の変動特性について，風洞試験又は実測の結果に基づき算出する場合にあっては，当該算出によることができる。

H 地表面粗度区分	(1) 10以下の場合	(2) 10を超え40未満の場合	(3) 40以上の場合
Ⅰ	2.0	(1)と(3)とに掲げる数値を直線的に補間した数値	1.8
Ⅱ	2.2		2.0
Ⅲ	2.5		2.1
Ⅳ	3.1		2.3

第2　令第87条第2項に規定する V_0 は，地方の区分に応じて次の表に掲げる数値とする。
　　表　（略）

第3　令第87条第1項の風力係数の数値は，次の図1から図7までに掲げる形状の建築物又は工作物にあってはそれぞれ当該形状に応じて表1から表9までに掲げる数値を用いて次の式により算出するものとし，その他の形状のものにあってはそれぞれ類似の形状のものの数値に準じて定めるものとする。ただし，風洞試験の結果に基づき算出する場合においては，当該数値によることができる。

　　$C_f = C_{pe} - C_{pi}$

　この式において，C_f，C_{pe} 及び C_{pi} は，それぞれ次の数値を表すものとする。

　　C_f　風力係数
　　C_{pe}　閉鎖型及び開放型の建築物の外圧係数で，次の表1から表4までに掲げる数値（屋外から当該部分を垂直に押す方向を正とする。）
　　C_{pi}　閉鎖型及び開放型の建築物の内圧係数で，次の表5に掲げる数値（室内から当該部分を垂直に押す方向を正とする。）
　　　　ただし，独立上家，ラチス構造物，金網その他の網状の構造物及び煙突その他の円筒形の構造物にあっては，次の表6から表9までに掲げる数値（図中の→の方向を正とする。）を C_f とするものとする。

　　図1～図7　（略）
　　表1～表9　（略）

多雪区域を指定する基準及び垂直積雪量を
定める基準を定める件

平成12年 5 月31日　　建設省告示第1455号

　　建築基準法施行令（昭和25年政令第338号）第86条第 2 項ただし書及び第 3 項の規定に基づき，多雪区域を指定する基準及び垂直積雪量を定める基準を次のように定める。

第 1　建築基準法施行令（以下「令」という。）第86条第 2 項ただし書に規定する多雪区域を指定する基準は，次の各号のいずれかとする。

一　第 2 の規定による垂直積雪量が 1 m 以上の区域

二　積雪の初終間日数（当該区域中の積雪部分の割合が1/2を超える状態が継続する期間の日数をいう。）の平年値が30日以上の区域

第 2　令第86条第 3 項に規定する垂直積雪量を定める基準は，市町村の区域（当該区域内に積雪の状況の異なる複数の区域がある場合には，それぞれの区域）について，次に掲げる式によって計算した垂直積雪量に，当該区域における局所的地形要因による影響等を考慮したものとする。ただし，当該区域又はその近傍の区域の気象観測地点における地上積雪深の観測資料に基づき統計処理を行う等の手法によって当該区域における50年再現期待値（年超過確率が 2 ％に相当する値をいう。）を求めることができる場合には，当該手法によることができる。

$$d = \alpha \cdot l_s + \beta \cdot r_s + \gamma$$

　この式において，d，l_s，r_s，α，β 及び γ はそれぞれ次の数値を表すものとする。

　　d　　垂直積雪量（単位　m）

　　α，β，γ　区域に応じて別表の当該各欄に掲げる数値

　　l_s　　区域の標準的な標高（単位　m）

　　r_s　　区域の標準的な海率（区域に応じて別表の R の欄に掲げる半径（単位 km）の円の面積に対する当該円内の海その他これに類するものの面積の割合をいう。）

　　　附　則

　　昭和27年建設省告示第1074号は，廃止する。

別表

	区　　　　　域	α	β	γ	R
(1)	北海道のうち 　稚内市　天塩郡のうち天塩町，幌延町及び豊富町　宗谷郡枝幸郡のうち浜頓別町及び中頓別町　礼文郡　利尻郡	0.0957	2.84	− 0.80	40
(2)	北海道のうち 　中川郡のうち美深町，音威子府村及び中川町　苫前郡のうち羽幌町及び初山別村　天塩郡のうち遠別町　枝幸郡のうち枝幸町及び歌登町	0.0194	− 0.56	2.18	20
(3)	北海道のうち 　旭川市　夕張市　芦別市　士別市　名寄市　千歳市　富良野市　虻田郡のうち真狩村及び留寿都村　夕張郡のうち由	0.0027	8.51	1.20	20

	仁町及び栗山町　上川郡のうち鷹栖町，東神楽町，当麻町，比布町，愛別町，上川町，東川町，美瑛町，和寒町，剣淵町，朝日町，風連町，下川町及び新得町　空知郡のうち上富良野町，中富良野町及び南富良野町　勇払郡のうち占冠村，追分町及び穂別町　沙流郡のうち日高町及び平取町　有珠郡のうち大滝村				
(4)	北海道のうち 　札幌市　小樽市　岩見沢市　留萌市　美唄市　江別市　赤平市　三笠市　滝川市　砂川市　歌志内市　深川市　恵庭市　北広島市　石狩市　石狩郡　厚田郡　浜益郡　虻田郡のうち喜茂別町，京極町及び倶知安町　岩内郡のうち共和町　古宇郡　積丹郡　古平郡　余市郡　空知郡のうち北村，栗沢町，南幌町，奈井江町及び上砂川町　夕張郡のうち長沼町　樺戸郡　雨竜郡　増毛郡　留萌郡　苫前郡のうち苫前町	0.0095	0.37	1.40	40
(5)	北海道のうち 　松前郡　上磯郡のうち知内町及び木古内町　桧山郡　爾志郡　久遠郡　奥尻郡　瀬棚郡　島牧郡　寿都郡　磯谷郡　虻田郡のうちニセコ町　岩内郡のうち岩内町	− 0.0041	− 1.92	2.34	20
(6)	北海道のうち 　紋別市　常呂郡のうち佐呂間町　紋別郡のうち遠軽町，上湧別町，湧別町，滝上町，興部町，西興部村及び雄武町	− 0.0071	− 3.42	2.98	40
(7)	北海道のうち 　釧路市　根室市　釧路郡　厚岸郡　川上郡のうち標茶町　阿寒郡　白糠郡のうち白糠町　野付郡　標津郡	0.0100	− 1.05	1.37	20
(8)	北海道のうち 　帯広市　河東郡のうち音更町，士幌町及び鹿追町　上川郡のうち清水町　河西郡　広尾郡　中川郡のうち幕別町，池田町及び豊頃町　十勝郡　白糠郡のうち音別町	0.0108	0.95	1.08	20
(9)	北海道のうち 　函館市　室蘭市　苫小牧市　登別市　伊達市　上磯郡のうち上磯町　亀田郡　茅部郡　山越郡　虻田郡のうち豊浦町，虻田町及び洞爺村　有珠郡のうち壮瞥町　白老郡　勇払郡のうち早来町，厚真町及び鵡川町　沙流郡のうち門別町　新冠郡　静内郡　三石郡　浦河郡　様似郡　幌泉郡	0.0009	− 0.94	1.23	20
(10)	北海道（(1)から(9)までに掲げる区域を除く）	0.0019	0.15	0.80	20
(11)	青森県のうち 　青森市　むつ市　東津軽郡のうち平内町，蟹田町，今別町，蓬田村及び平舘村　上北郡のうち横浜町　下北郡	0.0005	− 1.05	1.97	20
(12)	青森県のうち 　弘前市　黒石市　五所川原市　東津軽郡のうち三厩村　西津軽郡のうち鰺ヶ沢町，木造町，深浦町，森田村，柏村，	− 0.0285	1.17	2.19	20

稲垣村及び車力村　中津軽郡のうち岩木町　南津軽郡のうち藤崎町，尾上町，浪岡町，常盤村及び田舎館村　北津軽郡				
⒀　青森県のうち 　　八戸市　十和田市　三沢市　上北郡のうち野辺地町，七戸町，百石町，十和田湖町，六戸町，上北町，東北町，天間林村，下田町及び六ヶ所村　三戸郡	0.0140	0.55	0.33	40
⒁　青森県（⑾から⒀までに掲げる区域を除く） 　秋田県のうち 　　能代市　大館市　鹿角市　鹿角郡　北秋田郡　山本郡のうち二ツ井町，八森町，藤里町及び峰浜村	0.0047	0.58	1.01	40
⒂　秋田県のうち 　　秋田市　本荘市　男鹿市　山本郡のうち琴丘町，山本町及び八竜町　南秋田郡　河辺郡のうち雄和町　由利郡のうち仁賀保町，金浦町，象潟町，岩城町，由利町，西目町及び大内町 　山形県のうち 　　鶴岡市　酒田市　東田川郡　西田川郡　飽海郡	0.0308	−1.88	1.58	20
⒃　岩手県のうち 　　和賀郡のうち湯田町及び沢内村 　秋田県（⒁及び⒂に掲げる区域を除く） 　山形県のうち 　　新庄市　村山市　尾花沢市　西村山郡のうち西川町，朝日町及び大江町　北村山郡　最上郡	0.0050	1.01	1.67	40
⒄　岩手県のうち 　　宮古市　久慈市　釜石市　気仙郡のうち三陸町　上閉伊郡のうち大槌町　下閉伊郡のうち田老町，山田町，田野畑村及び普代村　九戸郡のうち種市町及び野田村	−0.0130	5.24	−0.77	20
⒅　岩手県のうち 　　大船渡市　遠野市　陸前高田市　岩手郡のうち葛巻町　気仙郡のうち住田町　下閉伊郡のうち岩泉町，新里村及び川井村　九戸郡のうち軽米町，山形村，大野村及び九戸村 　宮城県のうち 　　石巻市　気仙沼市　桃生郡のうち河北町，雄勝町及び北上町　牡鹿郡　本吉郡	0.0037	1.04	−0.10	40
⒆　岩手県（⒃から⒅までに掲げる区域を除く） 　宮城県のうち 　　古川市　加美郡　玉造郡　遠田郡　栗原郡　登米郡　桃生郡のうち桃生町	0.0020	0.00	0.59	0
⒇　宮城県（⒅及び⒆に掲げる区域を除く） 　福島県のうち 　　福島市　郡山市　いわき市　白河市　原町市　須賀川市	0.0019	0.15	0.17	40

	相馬市　二本松市　伊達郡　安達郡　岩瀬郡　西白河郡 東白川郡　石川郡　田村郡　双葉郡　相馬郡 茨城県のうち 　日立市　常陸太田市　高萩市　北茨城市　東茨城郡のうち 御前山村　那珂郡のうち大宮町，山方町，美和村及び緒川 村　久慈郡　多賀郡				
⑵⑴	山形県のうち 　山形市　米沢市　寒河江市　上山市　長井市　天童市　東 根市　南陽市　東村山郡　西村山郡のうち河北町　東置賜 郡　西置賜郡のうち白鷹町	0.0099	0.00	−0.37	0
⑵⑵	山形県　(⒂, ⒃及び⑵⑴に掲げる区域を除く) 福島県のうち 　南会津郡のうち只見町　耶麻郡のうち熱塩加納村，山都 町，西会津町及び高郷村　大沼郡のうち三島町及び金山町 新潟県のうち 　東蒲原郡のうち津川町，鹿瀬町及び上川村	0.0028	−4.77	2.52	20
⑵⑶	福島県　(⑵⓪及び⑵⑵に掲げる区域を除く)	0.0026	23.0	0.34	40
⑵⑷	茨城県　(⑵⓪に掲げる区域を除く) 栃木県 群馬県　(⑵⑸及び⑵⑹に掲げる区域を除く) 埼玉県 千葉県 東京都 神奈川県 静岡県 愛知県 岐阜県のうち 　多治見市　関市　中津川市　瑞浪市　羽島市　恵那市　美 濃加茂市　土岐市　各務原市　可児市　羽島郡　海津郡 安八郡のうち輪之内町，安八町及び墨俣町　加茂郡のうち 坂祝町，富加町，川辺町，七宗町及び八百津町　可児郡 土岐郡　恵那郡のうち岩村町，山岡町，明智町，串原村及 び上矢作町	0.0005	−0.06	0.28	40
⑵⑸	群馬県のうち 　利根郡のうち水上町 長野県のうち 　大町市　飯山市　北安曇郡のうち美麻村，白馬村及び小谷 村　下高井郡のうち木島平村及び野沢温泉村　上水内郡の うち豊野町，信濃町，牟礼村，三水村，戸隠村，鬼無里村， 小川村及び中条村　下水内郡 岐阜県のうち 　岐阜市　大垣市　美濃市　養老郡　不破郡　安八郡のうち 神戸町　揖斐郡　本巣郡　山県郡　武儀郡のうち洞戸村,	0.0052	2.97	0.29	40

区域				
板取村及び武芸川町　郡上郡　大野郡のうち清見村，荘川村及び宮村　吉城郡 滋賀県のうち 　大津市　彦根市　長浜市　近江八幡市　八日市市　草津市　守山市　滋賀郡　栗太郡　野洲郡　蒲生郡のうち安土町及び竜王町　神崎郡のうち五個荘町及び能登川町　愛知郡　犬上郡　坂田郡　東浅井郡　伊香郡　高島郡 京都府のうち 　福知山市　綾部市　北桑田郡のうち美山町　船井郡のうち和知町　天田郡のうち夜久野町　加佐郡 兵庫県のうち 　朝来郡のうち和田山町及び山東町				
⒆ 群馬県のうち 　沼田市　吾妻郡のうち中之条町，草津町，六合村及び高山村　利根郡のうち白沢村，利根村，片品村，川場村，月夜野町，新治村及び昭和村 長野県のうち 　長野市　中野市　更埴市　木曽郡　東筑摩郡　南安曇郡　北安曇郡のうち池田町，松川村及び八坂村　更級郡　埴科郡　上高井郡　下高井郡のうち山ノ内町　上水内郡のうち信州新町 岐阜県のうち 　高山市　武儀郡のうち武儀町及び上之保村　加茂郡のうち白川町及び東白川村　恵那郡のうち坂下町，川上村，加子母村，付知町，福岡町及び蛭川村　益田郡　大野郡のうち丹生川村，久々野町，朝日村及び高根村	0.0019	0.00	−0.16	0
⒆ 山梨県 長野県　（㉕及び㉖に掲げる区域を除く）	0.0005	6.26	0.12	40
㉘ 岐阜県　（㉔から㉖までに掲げる区域を除く） 新潟県のうち 　糸魚川市　西頸城郡のうち能生町及び青海町 富山県 福井県 石川県	0.0035	−2.33	2.72	40
㉙ 新潟県のうち 　三条市　新発田市　小千谷市　加茂市　十日町市　見附市　栃尾市　五泉市　北蒲原郡のうち安田町，笹神村，豊浦町及び黒川村　中蒲原郡のうち村松町　南蒲原郡のうち田上町，下田村及び栄町　東蒲原郡のうち三川村　古志郡　北魚沼郡　南魚沼郡　中魚沼郡　岩船郡のうち関川村	0.0100	−1.20	2.28	40
㉚ 新潟県　（㉒，㉘及び㉙に掲げる区域を除く）	0.0052	−3.22	2.65	20
㉛ 京都府のうち 　舞鶴市　宮津市　与謝郡　中郡　竹野郡　熊野郡	0.0076	1.51	0.62	40

	兵庫県のうち 　豊岡市　城崎郡　出石郡　美方郡　養父郡				
(32)	三重県 大阪府 奈良県 和歌山県 滋賀県　(25)に掲げる区域を除く) 京都府　(25)及び(31)に掲げる区域を除く) 兵庫県　(25)及び(31)に掲げる区域を除く)	0.0009	0.00	0.21	0
(33)	鳥取県 島根県 岡山県のうち 　阿哲郡のうち大佐町，神郷町及び哲西町　真庭郡　苫田郡 広島県のうち 　三次市　庄原市　佐伯郡のうち吉和村　山県郡　高田郡 　双三郡のうち君田村，布野村，作木村及び三良坂町　比婆 　郡 山口県のうち 　萩市　長門市　豊浦郡のうち豊北町　美祢郡　大津郡　阿 　武郡	0.0036	0.69	0.26	40
(34)	岡山県　(33)に掲げる区域を除く) 広島県　(33)に掲げる区域を除く) 山口県　(33)に掲げる区域を除く)	0.0004	-0.21	0.33	40
(35)	徳島県 香川県 愛媛県のうち 　今治市　新居浜市　西条市　川之江市　伊予三島市　東予 　市　宇摩郡　周桑郡　越智郡　上浮穴郡のうち面河村	0.0011	-0.42	0.41	20
(36)	高知県　(37)に掲げる区域を除く)	0.0004	-0.65	0.28	40
(37)	愛媛県　(35)に掲げる区域を除く) 高知県のうち 　中村市　宿毛市　土佐清水市　吾川郡のうち吾川村　高岡 郡のうち中土佐町，窪川町，梼原町，大野見村，東津野村， 葉山村及び仁淀村　幡多郡	0.0014	-0.69	0.49	20
(38)	福岡県 佐賀県 長崎県 熊本県 大分県のうち 　中津市　日田市　豊後高田市　宇佐市　西国東郡のうち真 玉町及び香々地町　日田郡　下毛郡	0.0006	-0.09	0.21	20
(39)	大分県　(38)に掲げる区域を除く) 宮崎県	0.0003	-0.05	0.10	20
(40)	鹿児島県	-0.0001	-0.32	0.46	20

鉄骨造の柱の脚部を基礎に緊結する構造方法の基準を定める件

平成12年5月31日　建設省告示第1456号

最終改正　令和4年5月27日　国土交通省告示第592号

　建築基準法施行令（昭和25年政令第338号）第66条の規定に基づき，鉄骨造の柱の脚部を基礎に緊結する構造方法の基準を次のように定める。

　建築基準法施行令（以下「令」という。）第66条に規定する鉄骨造の柱の脚部は，建築基準法（昭和25年法律第201号）第85条第2項，第6項又は第7項に規定する仮設建築物（同法第6条第1項第二号及び第三号に掲げる建築物を除く。）のものを除き，次の各号のいずれかに定める構造方法により基礎に緊結しなければならない。ただし，第一号（ロ及びハを除く。），第二号（ハを除く。）及び第三号の規定は，令第82条第一号から第三号までに規定する構造計算を行った場合においては，適用しない。

一　露出形式柱脚にあっては，次に適合するものであること。

　イ　アンカーボルトが，当該柱の中心に対して均等に配置されていること。

　ロ　アンカーボルトには座金を用い，ナット部分の溶接，ナットの二重使用その他これらと同等以上の効力を有する戻り止めを施したものであること。

　ハ　アンカーボルトの基礎に対する定着長さがアンカーボルトの径の20倍以上であり，かつ，その先端をかぎ状に折り曲げるか又は定着金物を設けたものであること。ただし，アンカーボルトの付着力を考慮してアンカーボルトの抜け出し及びコンクリートの破壊が生じないことが確かめられた場合においては，この限りではない。

　ニ　柱の最下端の断面積に対するアンカーボルトの全断面積の割合が20%以上であること。

　ホ　鉄骨柱のベースプレートの厚さをアンカーボルトの径の1.3倍以上としたものであること。

　ヘ　アンカーボルト孔の径を当該アンカーボルトの径に5mmを加えた数値以下の数値とし，かつ，縁端距離（当該アンカーボルトの中心軸からベースプレートの縁端部までの距離のうち最短のものをいう。以下同じ。）を次の表に掲げるアンカーボルトの径及びベースプレートの縁端部の種類に応じてそれぞれ次の表に定める数値以上の数値としたものであること。

アンカーボルトの径 （単位　mm）	縁端距離（単位　mm）	
	せん断縁又は手動ガス切断縁	圧延縁，自動ガス切断縁，のこ引き縁又は機械仕上げ縁等
10以下の場合	18	16
10を超え12以下の場合	22	18
12を超え16以下の場合	28	22
16を超え20以下の場合	34	26
20を超え22以下の場合	38	28
22を超え24以下の場合	44	32

24を超え27以下の場合	49	36
27を超え30以下の場合	54	40
30を超える場合	$\dfrac{9d}{5}$	$\dfrac{4d}{3}$

この表において，d は，アンカーボルトの径（単位　mm）を表すものとする。

二　根巻き形式柱脚にあっては，次に適合するものであること。

イ　根巻き部分（鉄骨の柱の脚部において鉄筋コンクリートで覆われた部分をいう。以下同じ。）の高さは，柱幅（張り間方向及びけた行方向の柱の見付け幅のうち大きい方をいう。第三号イ及びハにおいて同じ。）の2.5倍以上であること。

ロ　根巻き部分の鉄筋コンクリートの主筋（以下「立上り主筋」という。）は 4 本以上とし，その頂部をかぎ状に折り曲げたものであること。この場合において，立上り主筋の定着長さは，定着位置と鉄筋の種類に応じて次の表に掲げる数値を鉄筋の径に乗じて得た数値以上の数値としなければならない。ただし，その付着力を考慮してこれと同等以上の定着効果を有することが確かめられた場合においては，この限りではない。

定　着　位　置	鉄　筋　の　種　類	
	異形鉄筋	丸　　鋼
根巻き部分	25	35
基礎	40	50

ハ　根巻き部分に令第77条第二号及び第三号に規定する帯筋を配置したものであること。ただし，令第 3 章第 8 節第 1 款の 2 に規定する保有水平耐力計算を行った場合においては，この限りでない。

三　埋込み形式柱脚にあっては，次に適合するものであること。

イ　コンクリートへの柱の埋込み部分の深さが柱幅の 2 倍以上であること。

ロ　側柱又は隅柱の柱脚にあっては，径 9 mm 以上の U 字形の補強筋その他これに類するものにより補強されていること。

ハ　埋込み部分の鉄骨に対するコンクリートのかぶり厚さが鉄骨の柱幅以上であること。

附　則　（略）

屋根ふき材及び屋外に面する帳壁の風圧に対する
構造耐力上の安全性を確かめるための
構造計算の基準を定める件

平成12年5月31日　建設省告示第1458号
最終改正　平成19年9月27日　国土交通省告示第1231号

　建築基準法施行令（昭和25年政令第338号）第82条の4の規定に基づき，屋根ふき材及び屋外に面する帳壁の風圧に対する構造耐力上の安全性を確かめるための構造計算の基準を次のように定める。

1　建築基準法施行令（以下「令」という。）第82条の4に規定する屋根ふき材及び屋外に面する帳壁（高さ13mを超える建築物（高さ13m以下の部分で高さ13mを超える部分の構造耐力上の影響を受けない部分及び1階の部分又はこれに類する屋外からの出入口（専ら避難に供するものを除く。）を有する階の部分を除く。）の帳壁に限る。）の風圧に対する構造耐力上の安全性を確かめるための構造計算の基準は，次のとおりとする。

一　次の式によって計算した風圧力に対して安全上支障のないこと。

$$W = \overline{q}\,\hat{C}_f$$

　　この式において，W，$\overline{q}$及び$\hat{C}_f$は，それぞれ次の数値を表すものとする。

　　W　風圧力（単位　N/m²）
　　$\overline{q}$　次の式によって計算した平均速度圧（単位　N/m²）

$$\overline{q} = 0.6 E_r^2 V_0^2$$

　　　この式において，E_r及びV_0は，それぞれ次の数値を表すものとする。
　　　E_r　平成12年建設省告示第1454号第1第2項に規定するE_rの数値。ただし，地表面粗度区分がⅣの場合においては，地表面粗度区分がⅢの場合における数値を用いるものとする。
　　　V_0　平成12年建設省告示第1454号の第2に規定する基準風速の数値
　　$\hat{C}_f$　屋根ふき材又は屋外に面する帳壁に対するピーク風力係数で，風洞試験によって定める場合のほか，次項又は第3項に規定する数値

二　帳壁にガラスを使用する場合には，第一号の規定により計算した風圧力が，当該ガラスの種類，構成，板厚及び見付面積に応じて次の表により計算した許容耐力を超えないことを確かめること。

単板ガラス及び合わせガラス	$P = \dfrac{300 k_1 k_2}{A}\left(t + \dfrac{t^2}{4}\right)$
複層ガラス	構成するそれぞれのガラスごとに上に掲げる式を適用して計算した値のうち，いずれか小さい数値

　　この式において，P，k_1，k_2，A及びtは，それぞれ次の数値を表すものとする。
　　P　ガラスの許容耐力（単位　N/m²）
　　k_1　ガラスの種類に応じて次の表に掲げる数値（合わせガラスの場合においては，構成するそれぞれのガラスの合計の厚さに対応した単板ガラスの数値又は構成するそれぞれのガラスの厚さに対応したk_1の数値のうち，いずれか小さな数値とする。）

普通板ガラス			1.0
磨き板ガラス			0.8
フロート板ガラス	厚さ	8 mm 以下	1.0
		8 mm を超え，12mm 以下	0.9
		12mm を超え，20mm 以下	0.8
		20mm 超	0.75
倍強度ガラス			2.0
強化ガラス			3.5
網入，線入磨き板ガラス			0.8
網入，線入型板ガラス			0.6
型板ガラス			0.6
色焼付ガラス			2.0

k_2　ガラスの構成に応じて次の表に掲げる数値

単板ガラス	1.0
合わせガラス	0.75
複層ガラス	$0.75\ (1+r^3)$

　　　この表において，r は，P を計算しようとする複層ガラスのそれぞれのガラスの厚さに対する対向ガラス（複層ガラスとして対をなすガラスをいう。）の厚さの割合の数値（2 を超える場合は，2 とする。）を表すものとする。

A　ガラスの見付面積（単位　m²）

t　ガラスの厚さ（合わせガラスにあっては中間膜を除いたそれぞれのガラスの厚さの合計の厚さとし，複層ガラスにあってはこれを構成するそれぞれのガラスの厚さとする。）（単位　mm）

2　屋根ふき材に対するピーク風力係数は，次の各号に掲げる屋根の形式に応じ，それぞれ当該各号に定めるところにより計算した数値とする。

　一　切妻屋根面，片流れ屋根面及びのこぎり屋根面　　イに規定するピーク外圧係数（屋外から当該部分を垂直に押す方向を正とする。以下同じ。）からロに規定するピーク内圧係数（屋内から当該部分を垂直に押す方向を正とする。以下同じ。）を減じた値とする。

　　イ　ピーク外圧係数は，正の場合にあっては次の表1に規定する C_{pe} に次の表2に規定する G_{pe} を乗じて得た数値とし，負の場合にあっては次の表3に規定する数値とする。

　　ロ　ピーク内圧係数は，次の表6に規定する数値とする。

　二　円弧屋根面　　イに規定するピーク外圧係数からロに規定するピーク内圧係数を減じた値とする。

　　イ　ピーク外圧係数は，正の場合にあっては次の表4に規定する C_{pe} に次の表2に規定する G_{pe} を乗じて得た数値とし，負の場合にあっては次の表5に規定する数値とする。

　　ロ　ピーク内圧係数は，次の表6に規定する数値とする。

　三　独立上家　　平成12年建設省告示第1454号第3に規定する風力係数に，当該風力係数

が0以上の場合にあっては次の表2に，0未満の場合にあっては次の表7にそれぞれ規定する G_{pe} を乗じて得た数値とすること。

表1　切妻屋根面，片流れ屋根面及びのこぎり屋根面の正の C_{pe}

θ	10°	30°	45°	90°
C_{pe}	0	0.2	0.4	0.8

　この表において，θ は，表3の図中に掲げる θ とする。また，この表に掲げる θ の値以外の θ に応じた C_{pe} は，表に掲げる数値をそれぞれ直線的に補間した数値とし，θ が10°未満の場合にあっては当該係数を用いた計算は省略することができる。

表2　屋根面の正圧部の G_{pe}

地表面粗度区分　＼　H	(1)　5以下の場合	(2)　5を超え，40未満の場合	(3)　40以上の場合
Ⅰ	2.2	(1)と(3)とに掲げる数値を直線的に補間した数値	1.9
Ⅱ	2.6		2.1
Ⅲ及びⅣ	3.1		2.3

　この表において，H は，建築物の高さと軒の高さとの平均（単位　m）を表すものとする。

表3　切妻屋根面，片流れ屋根面及びのこぎり屋根面の負のピーク外圧係数

部位　＼　θ	10°以下の場合	20°	30°以上の場合
□ の部位	−2.5	−2.5	−2.5
▨ の部位	−3.2	−3.2	−3.2
▨ の部位	−4.3	−3.2	−3.2
■ の部位	−3.2	−5.4	−3.2

　この表において，部位の位置は，下図に定めるものとする。また，表に掲げる θ の値以外の θ に応じたピーク外圧係数は，表に掲げる数値をそれぞれ直線的に補間した数値とし，θ が10°以下の切妻屋根面については，当該 θ の値における片流れ屋根面の数値を用いるものとする。

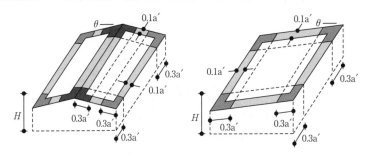

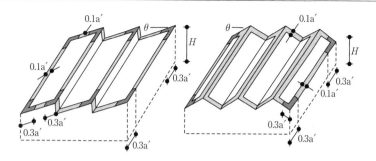

この図において，H，θ 及び a' はそれぞれ次の数値を表すものとする。

  H　建築物の高さと軒の高さとの平均（単位　m）

  θ　屋根面が水平面となす角度（単位　°）

  a'　平面の短辺長さと H の 2 倍の数値のうちいずれか小さな数値（30を超えるときは，30とする）（単位　m）

表4　円弧屋根面の正の C_{pe}

$\dfrac{h}{d}$ ＼ $\dfrac{f}{d}$	0.05	0.2	0.3	0.5以上
0	0.1	0.2	0.3	0.6
0.5以上	0	0	0.2	0.6

この表において，f, d 及び h は，表5の図中に規定する f, d 及び h とする。また，表に掲げる f/d 及び h/d 以外の当該比率に対応する C_{pe} は，表に掲げる数値をそれぞれ直線的に補間した数値とし，f/d が0.05未満の場合にあっては，当該係数を用いた計算は省略することができる。

表5　円弧屋根面の負のピーク外圧係数

	の部位	−2.5
	の部位	−3.2

この表において，部位の位置は，下図に定めるものとする。

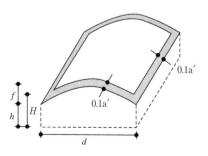

この図において，H，d，h，f 及び a' は，それぞれ次の数値を表すものとする。

- H　建築物の高さと軒の高さとの平均（単位　m）
- d　円弧屋根面の張り間方向の長さ（単位　m）
- h　建築物の軒の高さ（単位　m）
- f　建築物の高さと軒の高さとの差（単位　m）
- a'　平面の短辺の長さと H の 2 倍の数値のうちいずれか小さな数値（30を超えるときは，30とする。）（単位　m）

表6　屋根面のピーク内圧係数

閉鎖型の建築物	ピーク外圧係数が 0 以上の場合	-0.5
	ピーク外圧係数が 0 未満の場合	0
開放型の建築物	風上開放の場合	1.5
	風下開放の場合	-1.2

表7　独立上家の G_{pe}（平成12年建設省告示第1454号第 3 に規定する風力係数が 0 未満である場合）

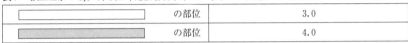

	の部位	3.0
	の部位	4.0

この表において，部位の位置は，下図に定めるものとする。

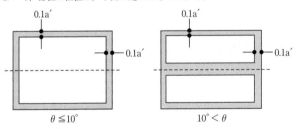

$\theta \leqq 10°$　　　　$10° < \theta$

この図において，θ 及び a' は，それぞれ次の数値を表すものとする。

- θ　屋根面が水平面となす角度（単位　°）
- a'　平面の短辺の長さと H の 2 倍の数値のうちいずれか小さな数値（30を超えるときは，30とする。）（単位　m）

3　屋外に面する帳壁に対するピーク風力係数は，第一号に規定するピーク外圧係数から第二号に規定するピーク内圧係数を減じた値とする。

- 一　ピーク外圧係数は，正の場合にあっては次の表8に規定する C_{pe} に次の表9に規定する G_{pe} を乗じて得た数値とし，負の場合にあっては次の表10に規定する数値とすること。
- 二　ピーク内圧係数は，表11に規定する数値とすること。

表8　帳壁の正の C_{pe}

H が5以下の場合		1.0
H が5を超える場合	Z が5以下の場合	$\left(\dfrac{5}{H}\right)^{2\alpha}$
	Z が5を超える場合	$\left(\dfrac{Z}{H}\right)^{2\alpha}$

この表において，H，Z 及び α は，それぞれ次の数値を表すものとする。

　　H　建築物の高さと軒の高さとの平均（単位　m）

　　Z　帳壁の部分の地盤面からの高さ（単位　m）

　　α　平成12年建設省告示第1454号第1第3項に規定する数値（地表面粗度区分がⅣの場合にあっては，地表面粗度区分がⅢの場合における数値を用いるものとする。）

表9　帳壁の正圧部の G_{pe}

地表面粗度区分 \ Z	(1) 5以下の場合	(2) 5を超え，40未満の場合	(3) 40以上の場合
Ⅰ	2.2	(1)と(3)とに掲げる数値を直線的に補間した数値	1.9
Ⅱ	2.6		2.1
Ⅲ及びⅣ	3.1		2.3

この表において，Z は，帳壁の部分の地盤面からの高さ（単位　m）を表すものとする。

表10　帳壁の負のピーク外圧係数

部位 \ H	(1) 45以下の場合	(2) 45を超え，60未満の場合	(3) 60以上の場合
□□□□□□□□ の部位	−1.8	(1)と(3)とに掲げる数値を直線的に補間した数値	−2.4
▨▨▨▨▨▨▨▨ の部位	−2.2		−3.0

この表において，部位の位置は，下図に定めるものとする。

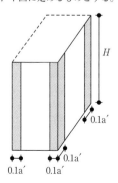

　この図において，H 及びa'は，それぞれ次の数値を表すものとする。
　　H　建築物の高さと軒の高さとの平均（単位　m）
　　a'　平面の短辺の長さと H の2倍の数値のうちいずれか小さな数値（単位　m）

表11　帳壁のピーク内圧係数

閉鎖型の建築物	ピーク外圧係数が0以上の場合	−0.5
	ピーク外圧係数が0未満の場合	0
開放型の建築物	風上開放の場合	1.5
	風下開放の場合	−1.2

　　附　則　（略）

建築物の使用上の支障が起こらないことを確かめる必要がある場合及びその確認方法を定める件

平成12年 5 月31日　建設省告示第1459号
最終改正　平成19年 5 月18日　国土交通省告示第621号

　建築基準法施行令（昭和25年政令第338号）第82条第四号の規定に基づき，建築物の使用上の支障が起こらないことを確かめる必要がある場合及びその確認方法を次のように定める。

第1　建築基準法施行令（以下「令」という。）第82条第四号に規定する使用上の支障が起こらないことを検証することが必要な場合は，建築物の部分に応じて次の表に掲げる条件式を満たす場合以外の場合とする。

建築物の部分		条件式
木造	はり（床面に用いるものに限る。以下この表において同じ。）	$\dfrac{D}{l} > \dfrac{1}{12}$
鉄骨造	デッキプレート版（床版としたもののうち平成14年国土交通省告示第326号の規定に適合するものに限る。以下同じ。）	$\dfrac{t}{l_x} > \dfrac{1}{25}$
	はり	$\dfrac{D}{l} > \dfrac{1}{15}$
鉄筋コンクリート造	床版（片持ち以外の場合）	$\dfrac{t}{l_x} > \dfrac{1}{30}$
	床版（片持ちの場合）	$\dfrac{t}{l_x} > \dfrac{1}{10}$
	はり	$\dfrac{D}{l} > \dfrac{1}{10}$
鉄骨鉄筋コンクリート造	はり	$\dfrac{D}{l} > \dfrac{1}{12}$
アルミニウム合金造	はり	$\dfrac{D}{l} > \dfrac{1}{10}$
軽量気泡コンクリートパネルを用いた構造	床版	$\dfrac{t}{l_x} > \dfrac{1}{25}$

　この表において，t, l_x, D 及び l は，それぞれ以下の数値を表すものとする。
　t　床版の厚さ（単位　mm）
　l_x　床版の短辺方向の有効長さ（デッキプレート版又は軽量気泡コンクリートパネルにあっては，支点間距離）（単位　mm）
　D　はりのせい（単位　mm）
　l　はりの有効長さ（単位　mm）

第2　令第82条第四号に規定する建築物の使用上の支障が起こらないことを確認する方法は，次のとおりとする。
一　当該建築物の実況に応じた固定荷重及び積載荷重によってはり又は床版に生ずるたわみの最大値を計算すること。ただし，令第85条の表に掲げる室の床の積載荷重について

は，同表(は)欄に定める数値によって計算することができる。

二　前号で求めたたわみの最大値に，構造の形式に応じて次の表に掲げる長期間の荷重により変形が増大することの調整係数（以下「変形増大係数」という。）を乗じ，更に当該部材の有効長さで除して得た値が1/250以下であることを確認すること。ただし，変形増大係数を載荷実験により求めた場合においては，当該数値を用いることができる。

構造の形式		変形増大係数
木造		2
鉄骨造		1（デッキプレート版にあっては，1.5）
鉄筋コンクリート造	床版	16
	はり	8
鉄骨鉄筋コンクリート造		4
アルミニウム合金造		1
軽量気泡コンクリートパネルを用いた構造		1.6

附　則（略）

木造の継手及び仕口の構造方法を定める件

平成12年5月31日　建設省告示第1460号

最終改正　令和元年6月25日　国土交通省告示第203号

　建築基準法施行令（昭和25年政令第338号）第47条第1項の規定に基づき，木造の継手及び仕口の構造方法を次のように定める。

　建築基準法施行令（以下「令」という。）第47条に規定する木造の継手及び仕口の構造方法は，次に定めるところによらなければならない。ただし，令第82条第一号から第三号までに定める構造計算によって構造耐力上安全であることが確かめられた場合においては，この限りでない。

一　筋かいの端部における仕口にあっては，次に掲げる筋かいの種類に応じ，それぞれイからホまでに定める接合方法又はこれらと同等以上の引張耐力を有する接合方法によらなければならない。

　　イ　径9mm以上の鉄筋　　柱又は横架材を貫通した鉄筋を三角座金を介してナット締めとしたもの又は当該鉄筋に止め付けた鋼板添え板に柱及び横架材に対して長さ9cmの太め鉄丸くぎ（日本産業規格（以下「JIS」という。）A 5508（くぎ）-1992のうち太め鉄丸くぎに適合するもの又はこれと同等以上の品質を有するものをいう。以下同じ。）を8本打ち付けたもの

　　ロ　厚さ1.5cm以上で幅9cm以上の木材　　柱及び横架材を欠き込み，柱及び横架材に対してそれぞれ長さ6.5cmの鉄丸くぎ（JIS A 5508（くぎ）-1992のうち鉄丸くぎに適合するもの又はこれと同等以上の品質を有するものをいう。以下同じ。）を5本平打ちしたもの

　　ハ　厚さ3cm以上で幅9cm以上の木材　　厚さ1.6mmの鋼板添え板を，筋かいに対して径12mmのボルト（JIS B 1180（六角ボルト）-1994のうち強度区分4.6に適合するもの又はこれと同等以上の品質を有するものをいう。以下同じ。）締め及び長さ6.5cmの太め鉄丸くぎを3本平打ち，柱に対して長さ6.5cmの太め鉄丸くぎを3本平打ち，横架材に対して長さ6.5cmの太め鉄丸くぎを4本平打ちとしたもの

　　ニ　厚さ4.5cm以上で幅9cm以上の木材　　厚さ2.3mm以上の鋼板添え板を，筋かいに対して径12mmのボルト締め及び長さ50mm，径4.5mmのスクリューくぎ7本の平打ち，柱及び横架材に対してそれぞれ長さ50mm，径4.5mmのスクリューくぎ5本の平打ちとしたもの

　　ホ　厚さ9cm以上で幅9cm以上の木材　　柱又は横架材に径12mmのボルトを用いた一面せん断接合としたもの

二　壁を設け又は筋かいを入れた軸組の柱の柱脚及び柱頭の仕口にあっては，軸組の種類と柱の配置に応じて，平家部分又は最上階の柱にあっては次の表1に，その他の柱にあっては次の表2に，それぞれ掲げる表3(い)から(ぬ)までに定めるところによらなければならない。ただし，次のイ又はロに該当する場合においては，この限りでない。

　　イ　当該仕口の周囲の軸組の種類及び配置を考慮して，柱頭又は柱脚に必要とされる引張力が，当該部分の引張耐力を超えないことが確かめられた場合

　　ロ　次のいずれにも該当する場合

　　　⑴　当該仕口（平家部分又は階数が2の建築物の1階の柱の柱脚のものに限る。）の

構造方法が，次の表 3 （い）から（ぬ）までのいずれかに定めるところによるもの（120mm の柱の浮き上がりに対してほぞが外れるおそれがないことを確かめられるものに限る。）であること。

⑵ 令第46条第 4 項の規定による各階における張り間方向及び桁行方向の軸組の長さの合計に，軸組の種類に応じた倍率の各階における最大値に応じた次の表 4 に掲げる低減係数を乗じて得た数値が，同項の規定による各階の床面積に同項の表 2 の数値（特定行政庁が令第88条第 2 項の規定によって指定した区域内における場合においては，同表の数値のそれぞれ1.5倍とした数値）を乗じて得た数値以上であることが確かめられること。

表 1

軸　組　の　種　類		出隅の柱	その他の軸組端部の柱
木ずりその他これに類するものを柱及び間柱の片面又は両面に打ち付けた壁を設けた軸組		表 3 (い)	表 3 (い)
厚さ1.5cm 以上幅 9 cm 以上の木材の筋かい又は径 9 mm 以上の鉄筋の筋かいを入れた軸組		表 3 (ろ)	表 3 (い)
厚さ 3 cm 以上幅 9 cm 以上の木材の筋かいを入れた軸組	筋かいの下部が取り付く柱	表 3 (ろ)	表 3 (い)
	その他の柱	表 3 (に)	表 3 (ろ)
厚さ1.5cm 以上幅 9 cm 以上の木材の筋かいをたすき掛けに入れた軸組又は径 9 mm 以上の鉄筋の筋かいをたすき掛けに入れた軸組		表 3 (に)	表 3 (ろ)
厚さ4.5cm 以上幅 9 cm 以上の木材の筋かいを入れた軸組	筋かいの下部が取り付く柱	表 3 (は)	表 3 (ろ)
	その他の柱	表 3 (ほ)	
構造用合板等を昭和56年建設省告示第1100号別表 1 ⑷項又は⑸項に定める方法で打ち付けた壁を設けた軸組		表 3 (ほ)	表 3 (ろ)
厚さ 3 cm 以上幅 9 cm 以上の木材の筋かいをたすき掛けに入れた軸組		表 3 (と)	表 3 (は)
厚さ4.5cm 以上幅 9 cm 以上の木材の筋かいをたすき掛けに入れた軸組		表 3 (と)	表 3 (に)

表 2

軸　組　の　種　類	上階及び当該階の柱が共に出隅の柱の場合	上階の柱が出隅の柱であり，当該階の柱が出隅の柱でない場合	上階及び当該階の柱が共に出隅の柱でない場合
木ずりその他これに類するものを柱及び間柱の片面又は両面に打ち付けた壁を設けた軸組	表 3 (い)	表 3 (い)	表 3 (い)
厚さ1.5cm 以上幅 9 cm 以上の木材の筋かい又は径 9 mm 以上の鉄筋の筋かいを入れた軸組	表 3 (ろ)	表 3 (い)	表 3 (い)
厚さ 3 cm 以上幅 9 cm 以上の木材の筋かいを入れた軸組	表 3 (に)	表 3 (ろ)	表 3 (い)
厚さ1.5cm 以上幅 9 cm 以上の木材の筋かいをたすき掛けに入れた軸組又は径 9 mm 以上の鉄筋の筋かいをたすき掛けに入れた軸組	表 3 (と)	表 3 (は)	表 3 (ろ)

厚さ4.5cm以上幅9cm以上の木材の筋かいを入れた軸組	表3(と)	表3(は)	表3(ろ)
構造用合板等を昭和56年建設省告示第1100号別表第1(4)項又は(5)項に定める方法で打ち付けた壁を設けた軸組	表3(ち)	表3(へ)	表3(は)
厚さ3cm以上幅9cm以上の木材の筋かいをたすき掛けに入れた軸組	表3(り)	表3(と)	表3(に)
厚さ4.5cm以上幅9cm以上の木材の筋かいをたすき掛けに入れた軸組	表3(ぬ)	表3(ち)	表3(と)

表3

(い)	短ほぞ差し，かすがい打ち又はこれらと同等以上の接合方法としたもの
(ろ)	長ほぞ差し込み栓打ち若しくは厚さ2.3mmのL字型の鋼板添え板を，柱及び横架材に対してそれぞれ長さ6.5cmの太め鉄丸くぎを5本平打ちとしたもの又はこれらと同等以上の接合方法としたもの
(は)	厚さ2.3mmのT字型の鋼板添え板を用い，柱及び横架材にそれぞれ長さ6.5cmの太め鉄丸くぎを5本平打ちしたもの若しくは厚さ2.3mmのV字型の鋼板添え板を用い，柱及び横架材にそれぞれ長さ9cmの太め鉄丸くぎを4本平打ちとしたもの又はこれらと同等以上の接合方法としたもの
(に)	厚さ3.2mmの鋼板添え板に径12mmのボルトを溶接した金物を用い，柱に対して径12mmのボルト締め，横架材に対して厚さ4.5mm，40mm角の角座金を介してナット締めをしたもの若しくは厚さ3.2mmの鋼板添え板を用い，上下階の連続する柱に対してそれぞれ径12mmのボルト締めとしたもの又はこれらと同等以上の接合方法としたもの
(ほ)	厚さ3.2mmの鋼板添え板に径12mmのボルトを溶接した金物を用い，柱に対して径12mmのボルト締め及び長さ50mm，径4.5mmのスクリュー釘打ち，横架材に対して厚さ4.5mm，40mm角の角座金を介してナット締めしたもの又は厚さ3.2mmの鋼板添え板を用い，上下階の連続する柱に対してそれぞれ径12mmのボルト締め及び長さ50mm，径4.5mmのスクリュー釘打ちとしたもの又はこれらと同等以上の接合方法としたもの
(へ)	厚さ3.2mmの鋼板添え板を用い，柱に対して径12mmのボルト2本，横架材，布基礎若しくは上下階の連続する柱に対して当該鋼板添え板に止め付けた径16mmのボルトを介して緊結したもの又はこれと同等以上の接合方法としたもの
(と)	厚さ3.2mmの鋼板添え板を用い，柱に対して径12mmのボルト3本，横架材（土台を除く。），布基礎若しくは上下階の連続する柱に対して当該鋼板添え板に止め付けた径16mmのボルトを介して緊結したもの又はこれと同等以上の接合方法としたもの
(ち)	厚さ3.2mmの鋼板添え板を用い，柱に対して径12mmのボルト4本，横架材（土台を除く。），布基礎若しくは上下階の連続する柱に対して当該鋼板添え板に止め付けた径16mmのボルトを介して緊結したもの又はこれと同等以上の接合方法としたもの
(り)	厚さ3.2mmの鋼板添え板を用い，柱に対して径12mmのボルト5本，横架材（土台を除く。），布基礎若しくは上下階の連続する柱に対して当該鋼板添え板に止め付けた径16mmのボルトを介して緊結したもの又はこれと同等以上の接合方法としたもの
(ぬ)	(と)に掲げる仕口を2組用いたもの

表4

軸組の種類に応じた倍率の各階における最大値	低減係数		
	階数が1の建築物	階数が2の建築物の1階	階数が2の建築物の2階
1.0以下の場合	1.0	1.0	1.0
1.0を超え1.5以下の場合	1.0	1.0	0.9
1.5を超え3.0以下の場合	0.6	0.9	0.5

　三　前2号に掲げるもののほか，その他の構造耐力上主要な部分の継手又は仕口にあっては，ボルト締，かすがい打，込み栓打その他の構造方法によりその部分の存在応力を伝えるように緊結したものでなくてはならない。

　　　　附　則　（略）

鉄筋の継手の構造方法を定める件

平成12年5月31日　建設省告示第1463号

建築基準法施行令（昭和25年政令第338号）第73条第2項ただし書（第79条の4において準用する場合を含む。）の規定に基づき，鉄筋の継手の構造方法を次のように定める。

1　建築基準法施行令（以下「令」という。）第73条第2項本文（第79条の4において準用する場合を含む。）の規定を適用しない鉄筋の継手は，構造部材における引張力の最も小さい部分に設ける圧接継手，溶接継手及び機械式継手で，それぞれ次項から第4項までの規定による構造方法を用いるものとする。ただし，一方向及び繰り返し加力実験によって耐力，靱性及び付着に関する性能が継手を行う鉄筋と同等以上であることが確認された場合においては，次項から第4項までの規定による構造方法によらないことができる。

2　圧接継手にあっては，次に定めるところによらなければならない。
　一　圧接部の膨らみの直径は主筋等の径の1.4倍以上とし，かつ，その長さを主筋等の径の1.1倍以上とすること。
　二　圧接部の膨らみにおける圧接面のずれは主筋等の径の1/4以下とし，かつ，鉄筋中心軸の偏心量は，主筋等の径の1/5以下とすること。
　三　圧接部は，強度に影響を及ぼす折れ曲がり，焼き割れ，へこみ，垂れ下がり及び内部欠陥がないものとすること。

3　溶接継手にあっては，次に定めるところによらなければならない。
　一　溶接継手は突合せ溶接とし，裏当て材として鋼材又は鋼管等を用いた溶接とすること。ただし，径が25mm以下の主筋等の場合にあっては，重ねアーク溶接継手とすることができる。
　二　溶接継手の溶接部は，割れ，内部欠陥等の構造耐力上支障のある欠陥がないものとすること。
　三　主筋等を溶接する場合にあっては，溶接される棒鋼の降伏点及び引張強さの性能以上の性能を有する溶接材料を使用すること。

4　機械式継手にあっては，次に定めるところによらなければならない。
　一　カップラー等の接合部分は，構造耐力上支障のある滑りを生じないように固定したものとし，継手を設ける主筋等の降伏点に基づき求めた耐力以上の耐力を有するものとすること。ただし，引張力の最も小さな位置に設けられない場合にあっては，当該耐力の1.35倍以上の耐力又は主筋等の引張強さに基づき求めた耐力以上の耐力を有するものとしなければならない。
　二　モルタル，グラウト材その他これに類するものを用いて接合部分を固定する場合にあっては，当該材料の強度を50N/mm²以上とすること。
　三　ナットを用いたトルクの導入によって接合部分を固定する場合にあっては，次の式によって計算した数値以上のトルクの数値とすること。この場合において，単位面積当たりの導入軸力は，30N/mm²を下回ってはならない。

$$T = \frac{0.2\,a\,\phi\,\sigma_s}{1000}$$

この式において，T，a，ϕ 及び σ_s は，それぞれ次の数値を表すものとする

T　　固定部分の最低トルク値（単位　N·m）

a　　主筋等の断面積（単位　mm²）

ϕ　　主筋等の径（単位　mm）

σ_s　　単位面積当たりの導入軸力（単位　N/mm²）

四　圧着によって接合部分を固定する場合にあっては，カップラー等の接合部分を鉄筋に密着させるものとすること。

　　附　則　（略）

免震建築物の構造方法に関する安全上必要な
技術的基準を定める等の件

平成12年10月17日　建設省告示第2009号
最終改正　平成28年5月31日　国土交通省告示第791号

　建築基準法施行令（昭和25年政令第338号）第38条第3項の規定に基づき，免震建築物の基礎の構造方法を第3に，及び同令第80条の2第二号の規定に基づき，免震建築物の構造方法に関する安全上必要な技術的基準を第4に定め，同令第36条第1項の規定に基づき，免震建築物の耐久性等関係規定を第5に指定し，並びに同令第81条第2項第一号ロの規定に基づき，限界耐力計算と同等以上に免震建築物の安全性を確かめることができる構造計算を第6のように定める。

第1　この告示において次の各号に掲げる用語の意義は，それぞれ当該各号に定めるところによる。

一　**免震材料**　建築材料のうち，建築物に作用する地震力を低減する機能を有するものとして次に掲げる支承材，減衰材又は復元材に該当するものをいう。

イ　**支承材**　水平に設置され，主として建築物に作用する鉛直荷重を支持し，建築物の水平方向の変形性能を確保するもので，次の表に掲げる種類に応じてそれぞれ同表に掲げる材料を用いたもの

種　類	材　料
弾性系	積層ゴムその他これに類する弾性体
すべり系	四フッ化エチレンその他これに類するすべり材
転がり系	鋼球その他これに類する転がり材

ロ　**減衰材**　速度及び変形の程度に応じた減衰の作用により上部構造の振動のエネルギーを吸収するもので，次の表に掲げる種類に応じてそれぞれ同表に掲げる材料を用いたもの

種　類	材　料
弾塑性系	鉛材，鋼材その他これらに類する材料
流体系	作動油その他これに類する粘性体

ハ　**復元材**　変形の程度に応じた復元の作用により建築物の周期を調整するもの

二　**免震層**　免震材料を緊結した床版又はこれに類するものにより挟まれた建築物の部分をいう。

三　**免震建築物**　免震層を配置した建築物をいう。

四　**上部構造**　免震建築物のうち，免震層より上に配置する建築物の部分をいう。

五　**下部構造**　免震建築物のうち，免震層より下に位置する建築物の部分（基礎の立上り部分を含む。）をいう。

第2　免震建築物（高さが60mを超える建築物を除く。）の構造方法は次の各号（建築基準法（昭和25年法律第201号。以下「法」という。）第20条第二号及び第三号に掲げる建築物にあっては，第二号又は第三号）のいずれかに，高さが60mを超える免震建築物の構造方

法は第三号に該当するものとしなければならない。

一　建築基準法施行令（以下「令」という。）第3章第1節及び第2節並びに第3及び第4に定めるところによる構造方法

二　令36条第1項に規定する耐久性等関係規定（以下単に「耐久性等関係規定」という。）に適合し，かつ，第6に規定する構造計算によって安全性が確認された構造方法

三　耐久性等関係規定に適合し，かつ，法第20条第一号の規定により国土交通大臣の認定を受けた構造方法

2　前項第一号に該当する構造方法を用いた免震建築物は，地盤の長期に生ずる力に対する許容応力度（改良された地盤にあっては，改良後の許容応力度）が50kN/m²以上である地盤に建築されなければならない。

第3　免震建築物の基礎の構造は，次に掲げる基準に適合するものとしなければならない。

一　基礎ぐいを用いた構造又は一体の鉄筋コンクリート造（2以上の部材を組み合わせたもので，これらの部材相互を緊結したものを含む。以下同じ。）のべた基礎とすること。

二　基礎の底部を，昭和55年建設省告示第1793号第2の表中 T_c に関する表に掲げる第一種地盤又は第二種地盤（地震時に液状化するおそれのないものに限る。）に達するものとすること。

三　基礎ぐいを用いた構造とする場合にあっては，次に定めるところによること。

　イ　基礎ぐいは，構造耐力上安全に基礎ぐいの上部を支えるよう配置すること。

　ロ　基礎ぐいの構造は，平成12年建設省告示第1347号第1第2項第三号に定めるところによること。

四　べた基礎とする場合にあっては，次に定めるところによること。

　イ　基礎の底盤の厚さは，25cm以上とすること。

　ロ　根入れの深さは，基礎の底部を雨水等の影響を受けるおそれのない密実で良好な地盤に達したものとした場合を除き，15cm以上とし，かつ，凍結深度よりも深いものとすることその他凍上を防止するための有効な措置を講ずること。

　ハ　立上り部分の主筋として径12mm以上の異形鉄筋を，立上り部分の上端に1本以上，かつ，立上り部分の下部の底盤に2本以上配置し，それぞれニ及びホの補強筋と緊結したものとすること。

　ニ　立上り部分の補強筋として径9mm以上の鉄筋を30cm以下の間隔で縦に配置したものとすること。

　ホ　底盤の補強筋として径12mm以上の鉄筋を縦横に20cm以下の間隔で複配筋として配置したものとすること。

第4　令第80条の2第二号に掲げる建築物である免震建築物の構造方法に関する安全上必要な技術的基準は，次に掲げるものとする。

一　免震層にあっては，次に掲げる基準に適合するものとすること。

　イ　免震層の上下の床版又はこれに類するものの間隔が，免震材料及び配管その他の建築設備の点検上支障のないものとすること。

　ロ　上部構造に作用する荷重及び外力を，免震材料のみによって安全に下部構造に伝える構造とすること。ただし，地震に対して安全上支障のないことを確かめた場合にあっては，暴風により生ずる免震層の著しい変位を防止するための措置に必要な部材を設けることができる。

　ハ　免震材料が，次に掲げる基準に適合すること。

　（1）　検査及び点検を容易に行うことができる位置に設けること。

　（2）　上部構造の構造耐力上主要な柱及び耐力壁に対し釣合いよく配置すること。

⑶　次号トに規定する床版その他これに類する上部構造の構造耐力上主要な部分及び第3第四号イに定める基礎の底盤又は第三号ロに規定する床版その他これらに類する下部構造の構造耐力上主要な部分に緊結すること。

ニ　第6第四号に規定する免震層の設計限界変位（以下単に「免震層の設計限界変位」という。）が35cm以上であること。

ホ　上部構造の建築面積を支承材の総数で除した数値が15m²以下であること。

ヘ　次の表に掲げる建築物の種類に応じて，それぞれ次に定めるところによること。

⑴　免震層の降伏時に各免震材料に生ずる水平力（単位　kN）の合計を建築面積で除した数値を，⑴の欄に掲げる数値以上⑵の欄に掲げる数値以下とすること。

⑵　免震層において，免震層の設計限界変位に相当する変位が生じている時（以下「免震層の設計限界変位時」という。）に各免震材料に生ずる水平力（単位　kN）の合計を建築面積で除した数値を，⑶の欄に掲げる数値以上⑷の欄に掲げる数値以下とすること。

建築物の種類		⑴	⑵	⑶	⑷
木造，鉄骨造その他これらに類する重量の小さな建築物	平屋建て	0.22	0.36	0.72	1.09
	2階建て	0.29	0.49	0.98	1.47
その他の建築物		0.34	0.58	1.17	1.75

ト　免震層の設計限界変位時の等価粘性減衰定数が20%以上であること。

二　上部構造にあっては，次に掲げる基準に適合するものとすること。

イ　令第3章第3節から第7節の2までの規定（令第42条第1項本文及び第2項，第57条第5項（基礎に関する部分に限る。），第62条の4第5項（基礎及び基礎ばりに関する部分に限る。），第66条及び第78条の2第2項第三号（基礎及び基礎ばりに関する部分に限り，令第79条の4及び昭和58年建設省告示第1320号第11第2項において準用する場合を含む。），平成13年国土交通省告示第1025号第6第二号（基礎及び基礎ばりに関する部分に限る。），平成13年国土交通省告示第1026号第5（基礎及び基礎ばりに関する部分に限る。），平成13年国土交通省告示第1540号第3第二号，平成13年国土交通省告示第1641号第3第二号，平成14年国土交通省告示第410号第4，平成14年国土交通省告示第411号第3第二号（基礎に関する部分に限る。），平成14年国土交通省告示第667号第3第1項，平成15年国土交通省告示第463号第8第二号（基礎及び基礎ばりに関する部分に限る。）並びに平成28年国土交通省告示第611号第3第一号，昭和61年建設省告示第859号第3（基礎に関する部分に限る。）並びに昭和62年建設省告示第1598号第6第二号（基礎及び基礎ばりに関する部分に限る。）を除く。）に適合すること。

ロ　上部構造の最下階の構造耐力上主要な部分である柱及び耐力壁の脚部並びに土台（丸太組構法におけるこれに代わる丸太材等を含む。）は，トに定める床版その他これに類する部分に存在応力を伝えるよう緊結すること。

ハ　平面形状が長方形その他これに類する整形の形状であり，張り間方向及びけた行方向の長さの数値の大きい方の数値を小さい方の数値で除した数値が4以下であること。

ニ　立面形状が長方形その他これに類する安定した形状であること。

ホ　倉庫その他これに類する積載荷重の変動の大きな用途に供するものでないこと。

ヘ　上部構造と当該建築物の下部構造及び周囲の構造物その他の物件との水平距離が，上部構造の部分ごとに，次の表に掲げる当該部分の周囲の使用状況に応じた距離以上

であること。

	周囲の使用状況	距離　（単位　m）
⑴	人の通行がある場合	0.5
⑵	⑴に掲げる場合以外の場合	0.4

　　ト　上部構造の最下階の床版は，厚さ18cm 以上の一体の鉄筋コンクリート造とし，かつ，径12mm 以上の異形鉄筋を縦横に20cm 以下の間隔で複配筋として配置すること。
　三　下部構造（基礎を除く。）にあっては，次に掲げる基準に適合するものとすること。
　　イ　一体の鉄筋コンクリート造とすること。
　　ロ　下部構造の上端に鉄筋コンクリート造の床版を設け，第一号ハ⑶の規定により免震材料と緊結する場合にあっては，当該床版の厚さは18cm 以上とし，径12mm 以上の異形鉄筋を縦横に20cm 以下の間隔で複配筋として配置し，その周囲の構造耐力上主要な部分に存在応力を伝えるよう緊結すること。
　　ハ　階を設ける場合にあっては，土圧がその全周にわたり一様に作用していること。
　四　免震建築物の周囲に安全上支障のある空隙を生じさせないものとすること。
　五　出入口その他の見やすい場所に，免震建築物であることその他必要な事項を表示すること。
　六　暴風により生ずる免震層の著しい変位を防止するための措置を講じた場合にあっては，構造耐力上安全であることを確かめること。
　七　必要がある場合においては，積雪時に免震建築物の変位を妨げないような措置を講ずること。
　八　必要に応じて免震材料の交換を行うことのできる構造とすること。
　九　免震層に浸水するおそれのある場合にあっては，基礎の底盤に排水口を設ける等免震材料の冠水を防止するための措置を講ずること。
第5　令第36条第1項に規定する耐久性等関係規定として，第4第一号イ，ロ及びハ⑴，第四号，第五号，並びに第七号から第九号まで（第6に規定する構造計算を行う場合にあっては，更に第3第二号並びに第4第一号ハ⑶及び第三号ハの規定を含むものとする。）に定める安全上必要な技術的基準を指定する。
第6　令第81条第2項第一号ロに規定する限界耐力計算と同等以上に免震建築物の安全性を確かめることができる構造計算は，次項から第5項までに定める基準に従った構造計算とする。
2　免震層について，次に定めるところにより構造計算を行うこと。
　一　地震時及び暴風時を除き，令第82条第一号から第三号まで（地震及び暴風に係る部分を除く。）に定めるところによること。この場合において，免震材料の許容応力度は，第6項に定めるところによるものとする。
　二　暴風時を除き，令第82条の5第二号（暴風に係る部分を除く。）に定めるところによること。この場合において，免震材料の材料強度は，第7項に定めるところによるものとする。
　三　令第82条の6第二号ロの規定の例により計算した免震層の偏心率が3/100以内であることを確かめること。ただし，免震建築物のねじれによる変形の割増を考慮して安全上支障のないことが確かめられた場合においては，この限りでない。
　四　免震層の設計限界変位を，当該免震層に設置した免震材料のうち1の材料がその種類に応じて次の式によって計算したそれぞれの設計限界変形に達した場合の層間変位以下

の変位として求めること。

$$_m\delta_d = \beta\,\delta_u$$

この式において，$_m\delta_d$，β 及び δ_u は，それぞれ次の数値を表すものとする。

$_m\delta_d$　　各免震材料の設計限界変形（単位　m）

β　　各免震材料の荷重の支持条件に関する係数で，免震材料の種類に応じて次の表に定める数値。ただし，免震材料に作用する荷重に関する変形の特性を適切に考慮し，安全上支障のないことが確認された場合においては，この限りでない。

免震材料の種類		β の数値
支承材	弾性系	0.8
	すべり系及び転がり系	0.9
減衰材		1.0
復元材		1.0

δ_u　　第9項に定める免震材料の水平基準変形（単位　m）

五　地震により免震層に生ずる水平方向の最大の層間変位（以下「免震層の地震応答変位」という。）を，次に定めるところによって計算し，当該地震応答変位が，免震層の設計限界変位を超えないことを確かめること。

イ　免震層の設計限界変位時の建築物の固有周期（以下「設計限界固有周期」という。）を，次の式によって計算すること。ただし，免震層の剛性及び減衰性に基づき固有値解析等の手法によって当該建築物の周期を計算することができる場合においては，当該計算によることができる。

$$T_s = 2\pi\sqrt{\frac{M}{K}}$$

この式において，T_s，M 及び K は，それぞれ次の数値を表すものとする。

T_s　　設計限界固有周期（単位　s）

M　　上部構造の総質量（上部構造の固定荷重と積載荷重との和（令第86条第2項ただし書の規定によって特定行政庁が指定する多雪区域においては，更に積雪荷重を加えたものとする。）を重力加速度で除した数値をいう。以下同じ。）（単位　t）

K　　免震層の等価剛性（免震層の設計限界変位時に各免震材料に生ずる水平力の合計を免震層の設計限界変位で除した数値をいう。以下同じ。）（単位　kN/m）

ロ　地震により免震層に作用する地震力を，次に定めるところによって計算すること。

(1)　支承材及び弾塑性系の減衰材（以下「履歴免震材料」という。）による免震層の等価粘性減衰定数を，次の式によって計算すること。

$$h_d = \frac{0.8}{4\pi}\cdot\frac{\Sigma\Delta W_i}{\Sigma W_i}$$

この式において，h_d，ΔW_i 及び W_i は，それぞれ次の数値を表すものとする。

h_d　　履歴免震材料による免震層の等価粘性減衰定数

ΔW_i　　免震層の設計限界変位時に各履歴免震材料に生ずる変形が最大となる場合における当該履歴免震材料の履歴特性を表す曲線により囲まれた面積（単位　kN·m）

W_i 免震層の設計限界変位時に各履歴免震材料に生ずる変形にその際の当該材料の耐力を乗じて2で除した数値（単位　kN・m）

(2) 流体系の減衰材による免震層の等価粘性減衰定数を，次の式によって計算すること。

$$h_v = \frac{1}{4\pi} \cdot \frac{T_s \Sigma C_{vi}}{M}$$

この式において，h_v, T_s, C_{vi} 及び M は，それぞれ次の数値を表すものとする。

h_v　流体系の減衰材による免震層の等価粘性減衰定数

T_s　設計限界固有周期（単位　s）

C_{vi}　流体系の減衰材の減衰係数で，免震層に次の式によって計算した等価速度が生じている時に各流体系の減衰材に生ずる減衰力を当該等価速度で除した数値

$$V_{eq} = 2\pi \frac{\delta_s}{T_s}$$

この式において，V_{eq} 及び δ_s は，それぞれ次の数値を表すものとする。

V_{eq}　免震層の等価速度（単位　m/s）

δ_s　免震層の設計限界変位（単位　m）

M　上部構造の総質量（単位　t）

(3) 設計限界固有周期における免震層の震動の減衰による加速度の低減率を，次の式によって計算すること。ただし，免震層の剛性及び減衰性の影響を考慮した計算手法によって加速度の低減率を算出することができる場合においては，当該計算によることができる。

$$F_h = \frac{1.5}{1 + 10(h_d + h_v)}$$

この式において，F_h, h_d 及び h_v は，それぞれ次の数値を表すものとする。

F_h　免震層の振動の減衰による加速度の低減率（0.4を下回る場合にあっては，0.4とする）

h_d　(1)に規定する履歴免震材料による免震層の等価粘性減衰定数

h_v　(2)に規定する流体系の減衰材による免震層の等価粘性減衰定数

(4) 地震によって免震層に作用する地震力を，設計限界固有周期に応じて次の表に掲げる式によって計算すること。

$T_s < 0.16$ の場合	$Q = (3.2 + 30T_s)\, MF_h\, ZG_s$
$0.16 \leq T_s < 0.64$ の場合	$Q = 8\, MF_h\, ZG_s$
$0.64 \leq T_s$ の場合	$Q = \dfrac{5.12\, MF_h\, ZG_s}{T_s}$

この表において，T_s, Q, M, F_h, Z 及び G_s は，それぞれ次の数値を表すものとする。

T_s　設計限界固有周期（単位　s）

Q　地震によって免震層に作用する地震力（単位　kN）

M　上部構造の総質量（単位　t）

F_h　(3)に規定する加速度の低減率

Z　令第88条第1項に規定する Z の数値

G_s　令第82条の5第五号の表に規定する G_s の数値

ハ　免震層の地震応答変位を，次の式によって計算すること。

$$\delta_r = 1.1\,\delta_r{}'$$

この式において，δ_r 及び $\delta_r{}'$ は，それぞれ次の数値を表すものとする。

　δ_r　免震層の地震応答変位（単位　m）

　$\delta_r{}'$　次に定めるところによって計算した免震層の代表変位（各免震材料の特性の変動を考慮して免震層の代表変位の最大値を求めることができる場合においては，当該計算によることができる。）（単位　m）

$$\delta_r{}' = \alpha\,\delta$$

この式において α 及び δ は，それぞれ次の数値を表すものとする。

　α　免震材料のばらつき，環境及び経年変化に関する係数（1.2を下回る場合は，1.2とする）

　δ　ロ(4)に定めるところにより計算した地震によって免震層に作用する地震力を免震層の等価剛性で除して得た数値（以下「免震層の基準変位」という。）（単位　m）

六　暴風により免震層に作用する力を次に定めるところによって計算し，当該力が作用しているときに免震層に生ずる変位（以下「免震層の風応答変位」という。）が免震層の設計限界変位（支承材にあっては，第四号の表中に規定する β の数値を，1.0とする。）を超えないことを確かめること。この場合において，第4第一号ロただし書に規定に基づき講じた措置によって免震層の風応答変位の最大値が別に定める場合にあっては，当該最大値を免震層の風応答変位とすることができる。

イ　暴風時に建築物に作用する風圧力を，令第87条の規定によって計算した風圧力の1.6倍の数値として計算すること。

ロ　暴風により免震層に作用する力を，建築物にイに規定する風圧力並びに令第3章第8節第2款に規定する荷重及び外力（令第87条に規定する風圧力を除き，暴風時に建築物に作用するものに限る。）が作用するものとして計算すること。

七　免震層が次の式によって計算した応答速度に達する場合に各流体系の減衰材に生ずる速度が，当該減衰材の平成12年建設省告示第1446号別表第2第1第九号に掲げる建築材料の項(ろ)欄第三号に規定する限界速度を超えないことを確かめること。ただし，各免震材料の特性の変動を考慮して応答速度を求めることができる場合においては，この限りでない。

$$V_r = 2.0\sqrt{\frac{(Q_h + Q_e)\,\delta_r}{M}}$$

この式において，V_r, Q_h, Q_e, δ_r 及び M は，それぞれ次の数値を表すものとする。

　V_r　免震層の応答速度（単位　m/s）

　Q_h　免震層において免震層の基準変位に相当する変位が生じている時に弾塑性系の減衰材及びこれと同等の減衰特性を有する支承材又は支承材の部分が負担する水平力の合計（単位　kN）

　Q_e　免震層において免震層の基準変位に相当する変位が生じている時に支承材（弾塑性系の減衰材と同等の減衰の特性を有する部分を除く。）及び復元材が負担する水平力の合計（単位　kN）

　δ_r　第五号ハに規定する免震層の地震応答変位（単位　m）

　M　上部構造の総質量（単位　t）

八　地震によって免震層に作用する力のうち減衰材（これと同等の減衰特性を有する支承材を含む。）の負担する割合として次の式によって計算した減衰材の負担せん断力係数が，0.03以上となることを確かめること。

$$\mu = \frac{\sqrt{(Q_h + Q_e)^2 + 2\,\varepsilon\,(Q_h + Q_e)\,Q_v + Q_v{}^2}}{M \cdot g} \cdot \frac{Q_h + Q_v}{Q_h + Q_v + Q_e}$$

この式において，μ，Q_h，Q_e，ε，Q_v及びMは，それぞれ次の数値を表すものとする。

μ　　減衰材の負担せん断力係数

Q_h，Q_e　前号に規定するQ_h及びQ_eの数値（単位　kN）

ε　　流体系の減衰材の特性に応じて次の表に掲げる数値

$V_r' \leqq V_y$の場合	0
$V_r' > V_y$の場合	0.5

この表において，V_r'及びV_yは，それぞれ次の数値を表すものとする。

V_r'　前号に規定する免震層の応答速度V_rの式のうち，δ_rを第五号ハに規定する免震層の基準変位で読み替えた数値（単位　m/s）

V_y　流体系の各減衰材の降伏速度の最小値（単位　m/s）

Q_v　免震層においてεの表に規定するV_r'に相当する速度が生じている時に各流体系の減衰材に生ずる速度に，それぞれ当該速度における各流体系の減衰材の減衰係数を乗じて得た数値の合計（単位　kN）

M　　上部構造の総質量（単位　t）

九　免震建築物の接線周期を次の式によって計算し，当該接線周期が，2.5秒（建築物の高さが13m以下であり，かつ，軒の高さが9m以下である場合にあっては，2秒）以上となることを確かめること。

$$T_t = 2\pi\sqrt{\frac{M}{K_t}}$$

この式において，T_t，M及びK_tは，それぞれ次の数値を表すものとする。

T_t　免震建築物の接線周期（単位　s）

M　上部構造の総質量（単位　t）

K_t　各免震材料の応答変形（免震層において免震層の基準変位に相当する変位を生じている時の各免震材料の変形をいう。）における接線剛性（当該変形における免震材料の荷重の変化量の変形の変化量に対する割合をいう。）の合計（単位　kN/m）

十　免震材料（鉛直荷重を支持するものに限る。）について，次に定めるところにより構造計算を行うこと。

　イ　上部構造の総質量の1.3倍に相当する荷重と次項第一号の規定によって計算した上部構造の地震力による圧縮力との和により各免震材料に生ずる圧縮の応力度が当該免震材料の材料強度を超えないことを確かめること。

　ロ　上部構造の総質量（積雪荷重を除く。）の0.7倍に相当する荷重と次項第一号の規定によって計算した上部構造の地震力による引張力との和により各免震材料に生ずる圧縮の応力度が0未満とならないことを確かめること。

3　上部構造について，次に定めるところにより構造計算を行うこと。ただし，法第20条第四号に掲げる建築物である免震建築物において，上部構造が第4第二号イ及びロの規定に適合し，かつ，第一号の規定の式によって計算した上部構造の最下階における地震層せん断力係数が0.2以下の数値となる場合にあっては，第一号から第三号まで，第六号及び第七号の規定については，適用しない。

一　令第82条第一号から第三号までに定めるところによること。この場合において，令第88条に定めるところにより地震力を計算するに当たっては，同条第1項中「建築物の地上部分」とあるのは「免震建築物のうち下部構造を除いた部分」と読み替えるものとし，地震層せん断力係数は，次の式によって計算するものとする。

$$C_{ri} = \gamma \frac{\sqrt{(Q_h + Q_e)^2 + 2\,\varepsilon\,(Q_h + Q_e)\,Q_v + Q_v{}^2}}{M \cdot g} \cdot \frac{A_i(Q_h + Q_v) + Q_e}{Q_h + Q_v + Q_e}$$

この式において，C_{ri}，γ，Q_h，Q_e，Q_v，ε，M 及び A_i は，それぞれ次の数値を表すものとする。

C_{ri}　免震建築物のうち下部構造を除いた部分の一定の高さにおける地震層せん断力係数

γ　免震材料のばらつき，環境及び経年変化に関する係数で，1.3を下回る場合には，1.3とする。ただし，免震材料のばらつき，環境及び経年変化の影響を考慮して当該係数を求めることができる場合においては，この限りでない。

Q_h，Q_e　前項第七号に規定する Q_h 及び Q_e の数値（単位　kN）

Q_v　前項第八号に規定する Q_v の数値（単位　kN）

ε　前項第八号に規定する ε の数値

M　上部構造の総質量（単位　t）

A_i　令第88条第1項に規定する A_i の数値

二　令第82条の5第二号に定めるところによること。ただし，上部構造が第4第二号イ及びロの規定に適合する場合にあっては，この限りでない。

三　上部構造の各階の層間変形角（第一号の地震力によって各階に生ずる層間変位の当該各階の高さに対する割合をいう。）が1/300（上部構造の高さが13m以下であり，かつ，軒の高さが9m以下である場合にあっては，1/200）以内であることを確かめること。

四　上部構造の最下階の床版又はこれに類するものが，水平力によって生ずる力を構造耐力上有効に免震層に伝えることができる剛性及び強度を有することを確かめること。

五　上部構造と当該建築物の下部構造及び周囲の構造物その他の物件との水平距離が，上部構造の部分ごとに，それぞれ免震層の地震応答変位に次の表に掲げる当該部分の周囲の使用状況に応じた距離を加えた数値以上であること及び免震層の風応答変位以上であることを確かめること。

	周囲の使用状況	距離（単位　m）
(1)	通行の用に供する場合	0.8
(2)	(1)に掲げる場合以外の人の通行がある場合	0.2
(3)	(1)及び(2)に掲げる場合以外の場合	0.1

六　令第82条第四号の規定によること。

七　令第82条の4の規定によること。

八　特定天井について，次に定めるところによること。ただし，平成25年国土交通省告示第771号第3第2項に定める基準（この場合において，同項第九号の表中の k は，天井を設ける階にかかわらず，0.5以上とすることができる。）に適合するもの，同告示第3第3項に定める基準（この場合において，同項第八号の表中の k は，天井を設ける階にかかわらず，0.7以上とすることができる。）に適合するもの又は令第39条第3項の規定に基づく国土交通大臣の認定を受けたものにあっては，この限りでない。

イ　天井面構成部材（天井面を構成する天井板，天井下地材及びこれに附属する金物を

いう。以下同じ。）の各部分が，地震の震動により生ずる力を構造耐力上有効に当該
天井面構成部材の他の部分に伝えることができる剛性及び強度を有することを確かめ
ること。

ロ　天井面構成部材及び天井面構成部材に地震その他の震動及び衝撃により生ずる力を
負担させるものの総重量に水平震度0.5以上の数値を乗じて得られた水平方向の地震
力（計算しようとする方向の柱の相互の間隔が15mを超える場合にあっては，当該水
平方向の地震力に加えて，天井面構成部材及び天井面構成部材に地震その他の震動及
び衝撃により生ずる力を負担させるものの総重量に数値が1以上の鉛直震度を乗じて
得られた鉛直方向の地震力）により天井に生ずる力が当該天井の許容耐力（繰り返し
載荷試験その他の試験又は計算によって確認した損傷耐力（天井材の損傷又は接合部
分の滑り若しくは外れが生ずる力に対する耐力をいう。）に2／3以下の数値を乗じた
値をいう。）を超えないことを確かめること。ただし，特別な調査又は研究の結果に
基づいて地震力により天井に生ずる力を算出する場合においては，当該算出によるこ
とができるものとする。

ハ　天井面構成部材と壁，柱その他の建築物の部分又は建築物に取り付けるもの（構造
耐力上主要な部分以外の部分であって，天井面構成部材に地震その他の震動及び衝撃
により生ずる力を負担させるものを除く。以下「壁等」という。）との隙間（当該隙間の全
部又は一部に相互に応力を伝えない部分を設ける場合にあっては，当該部分は隙間と
みなす。以下同じ。）が，6cmに吊り長さが3mを超える部分の長さに1.5/200を乗じ
た値を加えた数値以上であることを確かめること。ただし，特別な調査又は研究の結
果に基づいて，地震時に天井面構成部材が壁等と衝突しないよう天井面構成部材と壁
等との隙間を算出する場合においては，当該算出によることができるものとする。

ニ　イからハまでの構造計算を行うに当たり，風圧並びに地震以外の震動及び衝撃を適
切に考慮すること。

4　下部構造について，次に定めるところにより構造計算を行うこと。

一　地震時を除き，令第82条第一号から第三号まで（地震に係る部分を除く。）に定める
ところによること。

二　令第82条の5第二号に定めるところによること。ただし，下部構造が第3及び第4第
三号の規定に適合している場合にあっては，この限りでない。

三　令第88条第4項に規定する地震力の2倍の地震力及び次の式によって計算した免震層
に作用する地震力により下部構造の構造耐力上主要な部分の断面に生ずる短期の応力度
を令第82条第一号及び第二号の規定によって計算し，当該応力度が令第3章第8節第3
款の規定による短期に生ずる力に対する許容応力度を超えないことを確かめること。

$$Q_{iso} = \gamma \sqrt{(Q_h + Q_e)^2 + 2\varepsilon(Q_h + Q_e)Q_v + Q_v^2}$$

この式において，Q_{iso}，γ，Q_h，Q_e，Q_v及びεは，それぞれ次の数値を表すものと
する。

Q_{iso}　　免震層に作用する地震力（単位　kN）

γ　　　前項第一号に規定するγの数値

Q_h，Q_e　第2項第七号に規定するQ_h及びQ_eの数値（単位　kN）

Q_v　　第2項第八号に規定するQ_vの数値（単位　kN）

ε　　第2項第八号に規定するεの数値

四　令第82条第四号の規定によること。

5　土砂災害警戒区域等における土砂災害防止対策の推進に関する法律（平成12年法律第57
号）第8条第1項に規定する土砂災害特別警戒区域内における居室を有する建築物にあっ

ては，令第80条の3ただし書の場合を除き，土砂災害の発生原因となる自然現象の種類に応じ，それぞれ平成13年国土交通省告示第383号第2第二号イからハまで，第3第二号イ及びロ又は第4第二号イ及びロの規定によること。

6　免震材料の許容応力度は，免震材料の種類に応じて，次の表に掲げる数値とする。

許容応力度　種類	長期に生ずる力に対する許容応力度（単位　N/mm²）		短期に生ずる力に対する許容応力度（単位　N/mm²）	
	圧　　縮	せん断	圧　　縮	せん断
支承材	$\dfrac{F_c}{3}$	F_{s1}	$\dfrac{2F_c}{3}$	F_{s2}
減衰材	－	F_{s1}	－	F_{s2}
復元材	－	F_{s1}	－	F_{s2}

　　　この表において，F_c，F_{s1}及びF_{s2}は，それぞれ次の数値を表すものとする。
　　F_c　支承材の鉛直基準強度（単位　N/mm²）
　　F_{s1}　免震材料に当該免震材料の水平基準変形の1/3の変形を与えた時の水平方向の応力度
　　　　又は当該免震材料の水平基準変形を与えた時の水平方向の応力度を3で除した数値のうちい
　　　　ずれか大きい数値（単位　N/mm²）
　　F_{s2}　免震材料に当該免震材料の水平基準変形の2/3の変形を与えた時の水平方向の応力度
　　　　又は当該免震材料の水平基準変形を与えた時の水平方向の応力度を1.5で除した数値のうち
　　　　いずれか大きい数値（単位　N/mm²）

7　免震材料の材料強度は，免震材料の種類に応じて，次の表に掲げる数値とする。

種　　　　　類	材料強度（単位　N/mm²）	
	圧　　　縮	せん断
支承材	F_c	F_s
減衰材	－	F_s
復元材	－	F_s

　　　この表において，F_c及びF_sはそれぞれ次の数値を表すものとする。
　　F_c　支承材の鉛直基準強度（単位　N/mm²）
　　F_s　免震材料に当該免震材料の水平基準変形を与えた時の水平方向の応力度（単位　N/mm²）

8　第2項及び前項の「支承材の鉛直基準強度」とは，当該支承材の平成12年建設省告示第1446号別表第2第1第九号に掲げる建築材料の項(ろ)欄第四号に規定する圧縮限界強度に0.9を乗じた数値以下の数値（単位　N/mm²）とする。

9　第6項及び第7項の「免震材料の水平基準変形」とは，当該免震材料の種類に応じてそれぞれ次に定めるところによる。
　一　支承材にあっては，前項に規定する支承材の鉛直基準強度（変形を生じていない場合の値とする。）の1/3に相当する荷重における当該免震材料の水平方向の限界の変形（単位　m）とする。
　二　減衰材及び復元材にあっては，平成12年建設省告示第1446号別表第2第1第九号に掲げる建築材料の項(ろ)欄第三号に規定する限界変形（単位　m）とする。
　　　附　　則　（略）

鋼材等及び溶接部の許容応力度並びに材料強度の基準強度を定める件

平成12年12月26日　建設省告示第2464号

最終改正　令和元年6月25日　国土交通省告示第203号

　建築基準法施行令（昭和25年政令第338号）第90条，第92条，第96条及び第98条の規定に基づき，鋼材等及び溶接部の許容応力度並びに鋼材等及び溶接部の材料強度の基準強度を次のように定める。

第1　鋼材等の許容応力度の基準強度

　一　鋼材等の許容応力度の基準強度は，次号に定めるもののほか，次の表の数値とする。

鋼　材　等　の　種　類　及　び　品　質			基準強度 （N/mm²）
	SKK 400 SHK 400 SHK 400 M SS 400 SM 400 A SM 400 B SM 400 C SMA 400 AW SMA 400 AP SMA 400 BW SMA 400 BP SMA 400 CW SMA 400 CP	鋼材の厚さが40mm以下のもの	235
	SN 400 A SN 400 B SN 400 C SNR 400 A SNR 400 B SSC 400 SWH 400 SWH 400 L STK 400 STKR 400 STKN 400 W STKN 400 B	鋼材の厚さが40mmを超え100mm以下のもの	215
	SGH 400 SGC 400 CGC 400 SGLH 400 SGLC 400 CGLC 400		280
	SHK 490 M	鋼材の厚さが40mm以下のもの	315
	SS 490	鋼材の厚さが40mm以下のもの	275
		鋼材の厚さが40mmを超え100mm以下のもの	255

炭素鋼	構造用鋼材	SKK 490 SM 490 A SM 490 B SM 490 C SM 490 YA SM 490 YB SMA 490 AW SMA 490 AP		鋼材の厚さが40mm 以下のもの	325
		SMA 490 BW SMA 490 BP SMA 490 CW SMA 490 CP SN 490 B SN 490 C SNR 490 B STK 490 STKR 490 STKN 490 B		鋼材の厚さが40mm を超え100mm 以下のもの	295
		SGH 490 SGC 490 CGC 490 SGLH 490 SGLC 490 CGLC 490			345
		SM 520 B SM 520 C		鋼材の厚さが40mm 以下のもの	355
				鋼材の厚さが40mm を超え75mm 以下のもの	335
				鋼材の厚さが75mm を超え100mm 以下のもの	325
		SS 540		鋼材の厚さが40mm 以下のもの	375
		SDP 1 T SDP 1 TG		鋼材の厚さが40mm 以下のもの	205
		SDP 2 SDP 2 G SDP 3		鋼材の厚さが40mm 以下のもの	235
	ボルト	黒　皮			185
		仕上げ	強度区分	4.6 4.8	240
				5.6 5.8	300
				6.8	420
				構造用ケーブルの種類に応じて，次のいずれかの数値とすること。 　一　日本産業規格（以下「JIS」という。）G 3525	

	構造用ケーブル		（ワイヤーロープ）－1998の付表1から付表10までの区分に応じてそれぞれの表に掲げる破断荷重（単位　kN）に1,000/2を乗じた数値を構造用ケーブルの種類及び形状に応じて求めた有効断面積（単位　mm²）で除した数値 二　JIS G 3546（異形線ロープ）－2000の付表1から付表6までの区分に応じてそれぞれの表に掲げる破断荷重（単位　kN）に1,000/2を乗じた数値を構造用ケーブルの種類及び形状に応じて求めた有効断面積（単位　mm²）で除した数値 三　JIS G 3549（構造用ワイヤロープ）－2000の付表1から付表16までの区分に応じてそれぞれの表に掲げる破断荷重（単位　kN）に1,000/2を乗じた数値を構造用ケーブルの種類及び形状に応じて求めた有効断面積（単位　mm²）で除した数値
	リベット鋼		235
	鋳　鋼	SC 480 SCW 410 SCW 410 CF	235
		SCW 480 SCW 480 CF	275
		SCW 490 CF	315
ステンレス鋼	構造用鋼材	SUS 304 A SUS 316 A SDP 4 SDP 5	235
		SUS 304 N 2 A SDP 6	325
	ボルト	A 2 － 50 A 4 － 50	210
	構造用ケーブル		JIS　G3550（構造用ステンレス鋼ワイヤロープ）－2003の付表の区分に応じてそれぞれの表に掲げる破断荷重（単位　kN）に1000/2を乗じた数値を構造用ケーブルの種類及び形状に応じて求めた有効断面積（単位　mm²）で除した数値

	鋳　鋼	SCS 13AA-CF	235
鋳　鉄			150
丸　鋼	SR 235 SRR 235		235
	SR 295		295
異形鉄筋	SDR 235		235
	SD 295 A SD 295 B		295
	SD 345		345
	SD 390		390
鉄線の径が4 mm 以上の溶接金網			295

　この表において、SKK 400及び SKK 490は、JIS A 5525（鋼管ぐい）-1994に定め SKK 400 及び SKK 490を、SHK 400, SHK 400 M 及び SHK 490 M は、JIS A 5526（H 形鋼ぐい）- 1994に定める SHK 400, SHK 400 M 及び SHK 490 M を、SS 400, SS 490及び SS 540は、JIS G 3101（一般構造用圧延鋼材）-1995に定める SS 400, SS 490及び SS 540を、SM 400 A, SM 400 B, SM 400 C, SM 490 A, SM 490 B, SM 490 C, SM 490 YA, SM 490 YB, SM 520 B 及び SM 520 C は、JIS G 3106（溶接構造用圧延鋼材）-1999に定める SM 400 A, SM 400 B, SM 400 C, SM 490 A, SM 490 B, SM 490 C, SM 490 YA, SM 490 YB, SM 520 B 及 び SM 520 C を、SMA 400 AW, SMA 400 AP, SMA 400 BW, SMA 400 BP, SMA 400 CW, SMA 400 CP, SMA 490 AW, SMA 490 AP, SMA 490 BW, SMA 490 BP, SMA 490 CW 及び SMA 490 CP は、JIS G 3114（溶接構造用耐候性熱間圧延鋼材）-1998に定める SMA 400 AW, SMA 400 AP, SMA 400 BW, SMA 400 BP, SMA 400 CW, SMA 400 CP, SMA 490 AW, SMA 490 AP, SMA 490 BW, SMA 490 BP, SMA 490 CW及びSMA 490 CPを、SN 400 A, SN 400 B, SM 400 C, SN 490 B 及び SN 490 C は、JIS G 3136（建築構造用圧延鋼材）-1994に定める SN 400 A, SN 400 B, SN 400 C, SN 490 B 及び SN 490 C を、SNR 400 A, SNR 400 B 及び SNR 490 B は、JIS G 3138（建築構造用圧延棒鋼）-1996に定める SNR 400 A, SNR 400 B 及び SNR 490 B を、SGH 400, SGC 400, SGH 490及び SGC 490は、JIS G 3302（溶融亜鉛めっき鋼板及び鋼帯）-1998に定める SGH 400, SGC 400, SGH 490及び SGC 490を、CGC 400及び CGC 490は、JIS G 3312（塗装溶融亜鉛めっき鋼板及び鋼帯）-1994に定める CGC 400及び CGC 490を、SGLH 400, SGLC 400, SGLH 490及び SGLC 490は、JIS G 3321（溶融55%アルミニウム-亜鉛合金めっき鋼板及び鋼帯）-1998に定める SGLH 400, SGLC 400, SGLH 490及び SGLC 490を、CGLC 400及び CGLC 490は、JIS G 3322（塗装溶融55% アルミニウム-亜鉛合金めっき鋼板及び鋼帯）-1998に定める CGLC 400及び CGLC 490を、SSC 400は、JIS G 3350（一般構造用軽量形鋼）-1987に定める SSC 400を、SDP 1 T, SDP 1 TG, SDP 2, SDP 2 G, SDP 3, SDP 4, SDP 5 及び SDP 6 は、JIS G3352（デッキプレート）-2003に 定める SDP 1 T, SDP 1 TG, SDP 2, SDP 2 G, SDP 3, SDP 4, SDP 5 及び SDP 6 を、SWH 400及び SWH 400 L は、JIS G 3353（一般構造用溶接軽量 H 形鋼）-1990に定める SWH 400及 び SWH 400 L を、STK 400及び STK 490は、JIS G 3444（一般構造用炭素鋼管）-1994に定め る STK 400及び STK 490を、STKR 400及び STKR 490は、JIS G 3466（一般構造用角形鋼管） -1988に定める STKR 400及び STKR 490を、STKN 400 W, STKN 400 B 及び STKN 490 B は、JIS G 3475（建築構造用炭素鋼管）-1996に定める STKN 400 W, STKN 400 B 及び STKN 490 B を、4.6, 4.8, 5.6, 5.8及び6.8は、JIS B 1051（炭素鋼及び合金鋼製締結用部品の機械 的性質-第 1 部：ボルト、ねじ及び植込みボルト）-2000に定める強度区分である4.6, 4.8, 5.6, 5.8及び6.8を、SC 480は、JIS G 5101（炭素鋼鋳鋼品）-1991に定める SC 480を、SCW 410及 び SCW 480は、JIS G 5102（溶接構造用鋳鋼品）-1991に定める SCW 410及び SCW 480を、SCW 410 CF, SCW 480 CF 及び SCW 490 CF は、JIS G 5201（溶接構造用遠心力鋳鋼管）-1991に 定める SCW 410 CF, SCW 480 CF 及び SCW 490 CF を、SUS304A, SUS 316 A, SUS 304 NA 2-50及び A 4-50は、JIS B1054-1（耐食ステンレス鋼製締結用部品の機械的性質-第 1 部：

ボルト，ねじ及び植込みボルト)-20012 A 及び SCS 13 AA -CF は，JIS G 4321（建築構造用ステンレス鋼材)-2000に定める SUS304 A，SUS 316 A，SUS 304 N 2 A 及び SCS 13 AA -CF を，A 2 -50及び A 4 -50は，JIS B1054-1（耐食ステンレス鋼製締結用部品の機械的性質-第 1 部：ボルト，ねじ及び植込みボルト)-2001に定める A 2 -50及び A 4 -50を，SR 235，SR 295，SD 295 A，SD 295 B，SD 345及び SD 390は，JIS G 3112（鉄筋コンクリート用棒鋼)-1987に定める SR 235，SR 295，SD 295 A，SD295 B，SD 345及び SD 390を，SRR 235及び SDR 235 は，JIS G 3117（鉄筋コンクリート用再生棒鋼)-1987に定める SRR235及び SDR 235を，それぞれ表すものとする。以下第 2 の表において同様とする。

二　建築基準法（昭和25年法律第201号。以下「法」という。）第37条第一号の国土交通大臣の指定する JIS に適合するもののうち前号の表に掲げる種類以外の鋼材等及び同条第二号の国土交通大臣の認定を受けた鋼材等の許容応力の基準強度は，その種類及び品質に応じてそれぞれ国土交通大臣が指定した数値とする。

三　前 2 号の場合において，鋼材等を加工する場合には，加工後の当該鋼材等の機械的性質，化学成分その他の品質が加工前の当該鋼材等の機械的性質，化学成分その他の品質と同等以上であることを確かめなければならない。ただし，次のイからハまでのいずれかに該当する場合は，この限りでない。

　　イ　切断，溶接，局部的な加熱，鉄筋の曲げ加工その他の構造耐力上支障がない加工を行うとき。

　　ロ　500℃以下の加熱を行うとき。

　　ハ　鋼材等（鋳鉄及び鉄筋を除く。以下ハにおいて同じ。）の曲げ加工（厚さが 6 mm 以上の鋼材等の曲げ加工にあっては，外側曲げ半径が当該鋼材等の厚さの10倍以上となるものに限る。）を行うとき。

第2　溶接部の許容応力度の基準強度

一　溶接部の許容応力度の基準強度は，次号に定めるもののほか，次の表の数値（異なる種類又は品質の鋼材を溶接する場合においては，接合される鋼材の基準強度のうち小さい値となる数値。次号並びに第 4 第一号本文及び第二号において同じ。）とする。

鋼　材　の　種　類　及　び　品　質			基準強度 (N/mm²)
	SKK 400 SHK 400 M SS 400 SM 400 A SM 400 B SM 400 C SMA 400 AW SMA 400 AP SMA 400 BW SMA 400 BP SMA 400 CW SMA 400 CP	鋼材の厚さが40mm 以下のもの	235
	SN 400 A SN 400 B SN 400 C SNR 400 B SSC 400 SWH 400 SWH 400 L STK 400 STKR 400 STKN 400 W STKN 400 B	鋼材の厚さが40mm を超え 100mm 以下のもの	215

炭　素　鋼	構造用鋼材	SGH 400 SGC 400 CGC 400 SGLH 400 SGLC 400 CGLC 400		280
		SHK 490 M	鋼材の厚さが40mm 以下のもの	315
		SKK 490 SM 490 A SM 490 B SM 490 C SM 490 YA SM 490 YB SMA 490 AW SMA 490 AP SMA 490 BW	鋼材の厚さが40mm 以下のもの	325
		SMA 490 BP SMA 490 CW SMA 490 CP SN 490 B SN 490 C SNR 490 B STK 490 STKR 490 STKN 490 B	鋼材の厚さが40mm を超え100mm 以下のもの	295
		SGH 490 SGC 490 CGC 490 SGLH 490 SGLC 490 CGLC 490		345
		SM 520 B SM 520 C	鋼材の厚さが40mm 以下のもの	355
			鋼材の厚さが40mm を超え75mm 以下のもの	335
			鋼材の厚さが75mm を超え100mm 以下のもの	325
		SDP 1 T SDP 1 TG	鋼材の厚さが40mm 以下のもの	205
		SDP 2 SDP 2 G SDP 3	鋼材の厚さが40mm 以下のもの	235
	鋳　　　鋼	SCW 410 SCW 410 CF		235
		SCW 480 SCW 480 CF		275
		SCW 490 CF		315
ステンレス鋼	構造用鋼材	SUS 304 A SUS 316 A SDP 4 SDP 5		235

		SUS 304 N 2 A SDP 6	325
	鋳　　　鋼	SCS 13 AA–CF	235
丸　　　鋼		SR 235 SRR 235	235
		SR 295	295
異形鉄筋		SDR 235	235
		SD 295 A SK 295 B	295
		SD 345	345
		SD 390	390

　二　法第37条第一号の国土交通大臣の指定する JIS に適合するもののうち前号の表に掲げ
　　る種類以外の鋼材等及び同条第二号の国土交通大臣の認定を受けた鋼材に係る溶接部の
　　許容応力度の基準強度は，その種類及び品質に応じてそれぞれ国土交通大臣が指定した
　　数値とする。

第3　鋼材等の材料強度の基準強度
　一　鋼材等の材料強度の基準強度は，次号に定めるもののほか，第1の表の数値とする。
　　ただし，炭素鋼の構造用鋼材，丸鋼及び異形鉄筋のうち，同表に掲げる JIS に定めるも
　　のについては，同表の数値のそれぞれ1.1倍以下の数値とすることができる。
　二　法第37条第一号の国土交通大臣の指定する JIS に適合するもののうち第1の表に掲げ
　　る種類以外の鋼材等及び同条第二号の国土交通大臣の認定を受けた鋼材等の材料強度の
　　基準強度は，その種類及び品質に応じてそれぞれ国土交通大臣が指定した数値とする。
　三　第1第三号の規定は，前2号の場合に準用する。

第4　溶接部の材料強度の基準強度
　一　溶接部の材料強度の基準強度は，次号に定めるもののほか，第2の表の数値とする。
　　ただし，炭素鋼の構造用鋼材，丸鋼及び異形鉄筋のうち，同表に掲げる JIS に定めるも
　　のについては，同表の数値のそれぞれ1.1倍以下の数値とすることができる。
　二　法第37条第一号の国土交通大臣の指定する JIS に適合するもののうち第2の表に掲げ
　　る種類以外の鋼材等及び同条第二号の国土交通大臣の認定を受けた鋼材に係る溶接部の
　　材料強度の基準強度は，その種類及び品質に応じてそれぞれ国土交通大臣が指定した数
　　値とする。

　　　附　則　（略）

高力ボルトの基準張力，引張接合部の引張りの許容応力度及び材料強度の基準強度を定める件

平成12年12月26日　建設省告示第2466号
最終改正　令和元年6月25日　国土交通省告示第203号

　建築基準法施行令（昭和25年政令第338号）第92条の2，第94条及び第96条の規定に基づき，高力ボルトの基準張力，高力ボルト引張接合部の引張りの許容応力度及び高力ボルトの材料強度の基準強度をそれぞれ次のように定める。

第1　高力ボルトの基準張力
　一　高力ボルトの基準張力は，次の表の数値とする。

高力ボルトの品質		高力ボルトの基準張力 （N/mm²）
高力ボルトの種類	高力ボルトの締付ボルト張力 （単位　N/mm²）	
(1)　　1　　種	400以上	400
(2)　　2　　種	500以上	500
(3)　　3　　種	535以上	535

　　この表において，1種，2種及び3種は，日本産業規格（以下「JIS」という。）B1186（摩擦接合用高力六角ボルト・六角ナット・平座金のセット）−1995に定める1種，2種及び3種の摩擦接合用高力ボルト，ナット及び座金の組合せを表すものとする。

　二　建築基準法（昭和25年法律第201号。以下「法」という。）第37条第二号の国土交通大臣の認定を受けた高力ボルトの基準張力は，その品質に応じてそれぞれ国土交通大臣が指定した数値とする。

第2　高力ボルト引張接合部の引張りの許容応力度
　一　高力ボルト引張接合部の高力ボルトの軸断面に対する引張りの許容応力度は，次号に定めるもののほか，次の表の数値とする。

高力ボルトの品質	長期に生ずる力に対する引張りの許容応力度（単位　N/mm²）	短期に生ずる力に対する引張りの許容応力度（単位　N/mm²）
第1の表中(1)項に掲げるもの	250	長期に生ずる力に対する引張りの許容応力度の数値1.5倍とする
第1の表中(2)項に掲げるもの	310	
第1の表中(3)項に掲げるもの	330	

　二　法第37条第二号の国土交通大臣の認定を受けた高力ボルト引張接合部の引張りの許容応力度は，その品質に応じてそれぞれ国土交通大臣が指定した数値とする。

第3　高力ボルトの材料強度の基準強度
　一　高力ボルトの材料強度の基準強度は，次号に定めるもののほか，次の表の数値とする。

高力ボルトの品質	基準強度（単位　N/mm²）
F 8 T	640
F10T	900
F11T	950

　この表において，F 8 T，F10T 及び F11T は，JIS B 1186（摩擦接合用高力六角ボルト・六角ナット・平座金のセット）−1995に定める F 8 T，F10T 及び F11T の高力ボルトを表すものとする。

二　法第37条第二号の国土交通大臣の認定を受けた高力ボルトの材料強度の基準強度は，その品質に応じてそれぞれ国土交通大臣が指定した数値とする。

　　　附　則

　昭和55年建設省告示第1795号は，廃止する。

壁式ラーメン鉄筋コンクリート造の建築物又は建築物の構造部分の構造方法に関する安全上必要な技術的基準を定める等の件

平成13年 6 月12日　　国土交通省告示第1025号

最終改正　平成19年 5 月18日　　国土交通省告示第602号

建築基準法施行令（昭和25年政令第338号）第80条の 2 第一号の規定に基づき，壁式ラーメン鉄筋コンクリート造の建築物又は建築物の構造部分の構造方法に関する安全上必要な技術的基準を第 1 から第12までに定め，同令第36条第 1 項の規定に基づき，壁式ラーメン鉄筋コンクリート造の建築物又は建築物の構造部分の構造方法に関する安全上必要な技術的基準のうち耐久性等関係規定を第13に指定し，並びに同令第81条第 2 項第一号イの規定に基づき，壁式ラーメン鉄筋コンクリート造の建築物又は建築物の構造部分の構造計算が，第 8 から第12までに適合する場合においては，当該構造計算は，同条第 2 項第一号イに規定する保有水平耐力計算と同等以上に安全性を確かめることができるものと認める。

第 1　適用の範囲等

　壁式ラーメン鉄筋コンクリート造の建築物又は建築物の構造部分の構造方法は，建築基準法施行令（以下「令」という。）第 3 章第 6 節に定めるところによるほか，次に定めるところによる。

一　地階を除く階数が15以下で，かつ，軒の高さが45m 以下とすること。

二　けた行方向のそれぞれの架構が剛節架構であること。

三　張り間方向のそれぞれの架構が最下階から最上階まで連続している耐力壁（以下「連層耐力壁」という。）による壁式構造又は剛節架構のいずれかのみであること。ただし，張り間方向の架構が剛節架構の場合にあっては，1 階の外壁となる場合を除き，地上 2 階及びそれ以上の階に連続して耐力壁を設けたものとすることができる。

四　張り間方向の耐力壁線の数は 4 以上，かつ，剛節架構線の数は耐力壁線の数未満とすること。

五　耐力壁線の間にある剛節架構線の数は 2 以下とすること。

六　建築物の平面形状及び立面形状は，長方形その他これらに類する形状とすること。

七　構造耐力上主要な部分を，プレキャスト鉄筋コンクリートで造られた部分を含む構造とする場合にあっては，プレキャスト鉄筋コンクリートで造られた部材相互又はプレキャスト鉄筋コンクリートで造られた部材と現場打ち鉄筋コンクリートで造られた部材の接合部は，その部分の存在応力を伝えるとともに，必要な剛性及び靭性を有するよう緊結すること。

第 2　コンクリート及びモルタルの強度

一　コンクリート及びモルタルの設計基準強度は，これらを構造耐力上主要な部分に使用する場合にあっては，21N/mm²以上としなければならない。

二　モルタルの強度は，令第74条（第 1 項第一号を除く。）及び昭和56年建設省告示第1102号の規定を準用する。

第 3　鉄筋の種類

　構造耐力上主要な部分に使用する鉄筋のうち，柱の主筋及び帯筋，はりの主筋及びあばら筋並びに耐力壁の鉄筋にあっては，丸鋼を用いてはならない。

第4　けた行方向の構造

一　構造耐力上主要な部分である柱は，次のイからニまで（張り間方向の剛節架構を構成する柱にあっては，イからハまでを除く。）に定める構造としなければならない。

イ　張り間方向の小径は，30cm以上とし，かつ，けた行方向の小径は，3m以下とすること。

ロ　すみ柱及び外壁である連層耐力壁に接着する柱を除き，けた行方向の小径は，張り間方向の小径の2倍以上かつ5倍以下（地上部分の最下階を除く柱においては2倍以上かつ8倍以下）とすること。

ハ　各階の柱の小径をその上に接する柱の小径より小さくしないこと。

ニ　地上部分の各階の柱の水平断面積の和は，最下階のものについては次の(1)の式に，それ以外の階のものについては次の(2)の式に，それぞれ適合すること。

(1)　$\Sigma A_c \geqq 25\ \alpha_c\, Z\, N\, S_i\, \beta$

(2)　$\Sigma A_c \geqq 18\ \alpha_c\, Z\, N\, S_i\, \beta$

この式において，A_c，α_c，Z，N，S_i及びβは，それぞれ次の数値を表すものとする。

A_c　当該階の柱の水平断面積（単位　cm²）

α_c　張り間方向の耐力壁線の数に応じた次の数値

耐力壁線の数が4の場合　　　1.125

耐力壁線の数が5以上の場合　1.0

Z　令第88条第1項に規定するZの数値

N　当該建築物の地上部分の階数

S_i　当該階の床面積（単位　m²）

β　コンクリートの設計基準強度による低減係数として，21を使用するコンクリートの設計基準強度（単位　N/mm²）で除した数値の平方根の数値（当該数値が21を36で除した数値の平方根の数値未満のときは，21を36で除した数値の平方根の数値）

二　構造耐力上主要な部分であるはりは，次のイ及びロに定める構造としなければならない。

イ　幅は，30cm以上とすること。

ロ　丈は，50cm以上とし，かつ，はりの長さ（はりに相隣って接着する2つの柱がそのはりに接着する部分間の距離をいう。）の1/2以下とすること。

三　柱の張り間方向の小径は，その柱に接着するけた行方向のはりの幅以上としなければならない。

第5　張り間方向の構造

一　耐力壁は，次のイからハまでに定める構造としなければならない。

イ　厚さは，15cm以上とすること。

ロ　両端を柱に緊結して設けること。

ハ　地上部分の各階の耐力壁の水平断面積は，最下階のものについては次の(1)の式に，それ以外の階のものについては，次の(2)の式にそれぞれ適合すること。

ニ　地上部分の各階の柱の水平断面積の和は，最下階のものについては次の(1)の式に，それ以外の階のものについては次の(2)の式に，それぞれ適合すること。

(1)　$\Sigma A_w \geqq 20\, Z\, N\, S_i\, \beta$

(2)　$\Sigma A_w \geqq 15\, Z\, N\, S_i\, \beta$

この式において，A_w，Z，N，S_i及びβは，それぞれ次の数値を表すものとする。

A_w　当該階の耐力壁の水平断面積（単位　cm²）

Z　第4第一号ニに定める Z の数値

N　第4第一号ニに定める N の数値

S_i　第4第一号ニに定める S_i の数値

β　第4第一号ニに定める β の数値

二　一つの耐力壁線が複数の連層耐力壁によりなる場合にあっては，連層耐力壁間相互は，耐力壁の厚さ以上の幅を有するはりにより連結するとともに，当該はりに相隣って接着する2つの柱のけた行方向の小径は，当該耐力壁の厚さ以上としなければならない。

三　剛節架構を構成する構造耐力上主要な部分である柱及びはりは，次のイからハまでに定める構造としなければならない。

イ　柱は，第4第一号イ及びハの規定を満たすこと。

ロ　はりは，第4第二号の規定を満たすこと。

ハ　柱のけた行方向の小径は，その柱に接着する張り間方向のはりの幅以上とすること。

第6　床版及び屋根版の構造

構造耐力上主要な部分である床版及び屋根版は，次の各号に定める構造としなければならない。

一　鉄筋コンクリート造とすること。

二　水平力によって生ずる力を構造耐力上有効に柱，はり及び耐力壁（最下階の床版にあっては，布基礎又は基礎ばり）に伝えることができる剛性及び耐力を有する構造とすること。

三　厚さは，13cm 以上とすること。

第7　基礎ばり

基礎ばり（べた基礎及び布基礎の立上り部分を含む。以下同じ。）は，一体の鉄筋コンクリート造（2以上の部材を組み合わせたもので，部材相互を緊結したものを含む。）としなければならない。

第8　層間変形角

壁式ラーメン鉄筋コンクリート造の建築物又は建築物の構造部分の構造計算をするに当たっては，壁式ラーメン鉄筋コンクリート造の建築物又は建築物の構造部分の地上部分について，令第88条第1項に規定する地震力（以下「地震力」という。）によって各階に生ずる水平方向の層間変位の当該各階の高さに対する割合が1/200以内であることを確かめなければならない。

第9　剛性率及び偏心率

壁式ラーメン鉄筋コンクリート造の建築物又は建築物の構造部分の構造計算をするに当たっては，第8の規定によるほか，壁式ラーメン鉄筋コンクリート造の建築物又は建築物の構造部分の地上部分について，令第82条の6第二号イ及びロに定めるところによる各階（最上階を除く。）の剛性率及び偏心率の計算を行わなければならない。この場合において，同条第二号ロ中「15/100」とあるのは，「45/100」と読み替えて計算を行うものとする。

第10　保有水平耐力

壁式ラーメン鉄筋コンクリート造の建築物又は建築物の構造部分の構造計算をするに当たっては，第8及び第9の規定によるほか，壁式ラーメン鉄筋コンクリート造の建築物又は建築物の構造部分の地上部分について，次のイからホまでに定めるところによらなければならない。

イ　令第3章第8節第4款に規定する材料強度によって各階の水平力に対する耐力（以下「保有水平耐力」という。）を計算すること。

ロ　地震力に対する各階の必要保有水平耐力を次の式によって計算すること。

$$Q_{un} = D_s\,F_e\,Q_{ud}$$

この式において，Q_{un}，D_s，F_e，Q_{ud} はそれぞれ，次の数値を表すものとする。

Q_{un}　　各階の必要保有水平耐力

D_s　　各階の構造特性を表すものとして，建築物の構造耐力上主要な部分の構造方法に応じた減衰性及び各階の靱性を考慮してニに定めるところにより算出した数値

F_e　　各階の形状特性を表すものとして，各階の偏心率に応じて，ホに定める方法により算出した数値

Q_{ud}　　令第88条第1項及び第3項に規定する地震力によって各階に生ずる水平力

ハ　イの規定によって計算した保有水平耐力が，ロの規定によって計算した必要保有水平耐力以上であることを確かめること。

ニ　ロに定める建築物の各階の D_s は，次の表1及び表2に掲げる数値以上の数値を用いるものとする。ただし，当該建築物の構造耐力上主要な部分の構造方法に応じた減衰性及び当該階の靱性を適切に評価して算出できる場合においては当該算出によることができる。

表1　（張り間方向）

	架　構　の　性　状	張り間方向の D_s
(1)	架構を構成する部材に生ずる力に対してせん断破壊その他の耐力が急激に低下する破壊が著しく生じ難いこと等のため，塑性変形の度が特に高いもの	0.4
(2)	(1)に掲げるもの以外のもので，架構を構成する部材に生ずる力に対して，せん断破壊その他の耐力が急激に低下する破壊が生じ難いこと等のため，塑性変形の度が高いもの	0.45
(3)	(1)及び(2)に掲げるもの以外のもので，架構を構成する部材に生ずる力に対して，当該部材にせん断破壊が生じないこと等のため，耐力が急激に低下しないもの	0.5
(4)	(1)，(2)及び(3)に掲げる以外のもの	0.6

表2　（けた行方向）

	架　構　の　性　状	地　上　階　数	けた行方向の D_s
(1)	架構を構成する部材に生ずる力に対してせん断破壊その他の耐力が急激に低下する破壊が著しく生じ難いこと等のため，塑性変形の度が特に高いもの	5まで	0.4
		6から8まで	0.35
		9	0.34
		10	0.33
		11	0.32
		12から15まで	0.3

		5まで	
(2)	(1)に掲げるもの以外のもので,架構を構成する部材に生ずる力に対して,せん断破壊その他の耐力が急激に低下する破壊が生じ難いこと等のため,塑性変形の度が高いもの	6から8まで	(1)の数値にそれぞれ0.05を加えた数値
		9	
		10	
		11	
		12から15まで	
(3)	(1)及び(2)に掲げるもの以外のもので,架構を構成する部材に生ずる力に対して当該部材に,せん断破壊が生じないこと等のため,耐力が急激に低下しないもの	5まで	(1)の数値にそれぞれ0.1を加えた数値
		6から8まで	
		9	
		10	
		11	
		12から15まで	

ホ　ロに定める建築物の各階のF_eは,当該階について,第9の規定による偏心率に応じた次の表に掲げる数値以上の数値を用いるものとする。

偏　心　率	F_eの数値
(1) 0.15以下の場合	1.0
(2) 0.15を超えて0.45未満の場合	(1)と(3)とに掲げる数値を直線的に補間した数値
(3) 0.45以上の場合	2.0

第11　靭性の確保

　けた行方向の架構については,構造計算によって,第10イに定める保有水平耐力を計算するに当たっての各部に生ずる力に対して,特定の階の層間変位が急激に増加するおそれがないことを確かめなければならない。

第12　その他の計算

　令第82条及び第82条の4に定める計算を行うこと。

第13　耐久性等関係規定の指定

　令第36条第1項に規定する耐久性等関係規定として,第2第一号及び第3に定める安全上必要な技術的基準を指定する。

　　　附　則

1　(略)

2　昭和62年建設省告示第1598号は,廃止する。

壁式鉄筋コンクリート造の建築物又は建築物の構造部分の構造方法に関する安全上必要な技術的基準を定める件

平成13年 6 月12日　国土交通省告示第1026号
最終改正　令和元年 6 月25日　国土交通省告示第203号

　建築基準法施行令（昭和25年政令第338号）第80条の 2 第一号の規定に基づき，壁式鉄筋コンクリート造の建築物又は建築物の構造部分の構造方法に関する安全上必要な技術的基準を第 1 から第 8 までに定め，第36条第 1 項の規定に基づき，壁式鉄筋コンクリート造の建築物又は建築物の構造部分の構造方法に関する安全上必要な技術的基準のうち耐久性等関係規定を第 9 ，同条第 2 項第一号の規定に基づき，同令第81条第 2 項第一号イに規定する保有水平耐力計算によって安全性を確かめる場合に適用を除外することができる技術的基準を第10に，それぞれに指定する。

第1　適用の範囲等

　　壁式鉄筋コンクリート造の建築物又は建築物の構造部分の構造方法は，建築基準法施行令（以下「令」という。）第 3 章第 6 節に定めるところによるほか，次に定めるところによる。

一　地階を除く階数が 5 以下で，かつ，軒の高さは20m 以下とすること。

二　壁式鉄筋コンクリート造の建築物の構造部分を有する階の階高（床版の上面からその直上階の床版の上面（最上階又は階数が 1 の建築物にあっては，構造耐力上主要な壁と屋根版が接して設けられる部分のうち最も低い部分における屋根版の上面）までの高さをいう。）は3.5m 以下とすること。

三　平成19年国土交通省告示第593号第二号イを満たすものであること。

四　構造耐力上主要な部分を，プレキャスト鉄筋コンクリートで造られた部分を含む構造とする場合にあっては，プレキャスト鉄筋コンクリートで造られた部材相互又はプレキャスト鉄筋コンクリートで造られた部材と現場打ち鉄筋コンクリートで造られた部材の接合部（以下「接合部」という。）は，その部分の存在応力を伝えることができるものとすること。

第2　コンクリート及びモルタルの強度

一　コンクリート及びモルタルの設計基準強度は，これらを構造耐力上主要な部分に使用する場合にあっては18N/mm²以上としなければならない。

二　モルタルの強度は，令第74条（第 1 項第一号を除く。）及び昭和56年建設省告示第1102号の規定を準用する。

第3　接合部に使用する構造用鋼材の品質

　　接合部に使用する構造用鋼材は，日本産業規格（以下「JIS」という。）G 3101（一般構造用圧延鋼材）−2004，JIS G 3106（溶接構造用圧延鋼材）−2004若しくは JIS G 3136（建築構造用圧延鋼材）−1994に適合するもの又はこれらと同等以上の品質を有するものとしなければならない。

第4　基礎ばり

　　基礎ばり（べた基礎及び布基礎の立上り部分を含む。以上第 5 において同じ。）は，一体の鉄筋コンクリート造（ 2 以上の部材を組み合わせたもので，部材相互を緊結したもの

を含む。）としなければならない。

第5　床版及び屋根版の構造

　構造耐力上主要な部分である床版及び屋根版は，鉄筋コンクリート造とし，水平力によって生ずる力を構造耐力上有効に耐力壁及び壁ばり（最下階の床版にあっては，基礎ばり）に伝えることができる剛性及び耐力をもった構造としなければならない。

第6　耐力壁

一　耐力壁は，釣り合い良く配置しなければならない。

二　各階の張り間方向及びけた行方向に配置する耐力壁の長さの合計を，それぞれの方向につき，その階の床面積で除した数値（以下「壁量」という。）は，次の表1（壁式プレキャスト鉄筋コンクリート造の建築物又は建築物の構造部分にあっては表2）に掲げる数値以上としなければならない。

表1

階		数値（単位　cm/m²）
地上階	最上階から数えた階数が4及び5の階	15
	その他の階	12
地　階		20

表2

階		数値（単位　cm/m²）
地上階	地階を除く階数が4及び5の建築物の各階	15
	地階を除く階数が1から3までの建築物の各階	12
地　階		20

三　次のイからハまでに該当する場合にあっては，前号表1（壁式プレキャスト鉄筋コンクリート造の建築物又は建築物の構造部分にあっては表2）に掲げる数値から5を減じた数値を限度として，イからハまでのそれぞれに掲げる数値を前号表1（壁式プレキャスト鉄筋コンクリート造の建築物又は建築物の構造部分にあっては表2）に乗じた数値とすることができる。

　イ　耐力壁の厚さが第五号イの表1（壁式プレキャスト鉄筋コンクリート造の建築物又は建築物の構造部分にあっては表2）に掲げる数値を超える場合　　第五号イの表1（壁式プレキャスト鉄筋コンクリート造の建築物又は建築物の構造部分にあっては表2）の数値に耐力壁の長さの合計を乗じた数値を，耐力壁の厚さに当該耐力壁の長さの合計を乗じた数値の和で除した数値

　ロ　令第88条第1項に規定するZの数値（以下「Zの数値」という。）が1未満の地域の場合　　Zの数値

　ハ　耐力壁に使用するコンクリートの設計基準強度が18N/mm²を超える場合　　18を使用するコンクリートの設計基準強度（単位　N/mm²）で除した数値の平方根の数値（当該数値が1/2の平方根の数値未満のときは，1/2の平方根の数値）

四　壁式プレキャスト鉄筋コンクリート造の建築物又は建築物の構造部分の耐力壁の中心線により囲まれた部分の水平投影面積は，60m²以下としなければならない。ただし，令第82条第一号から第三号までに定める構造計算によって構造耐力上安全であることが確かめられた場合においては，この限りでない。

五　耐力壁は，次のイからハまでに定める構造としなければならない。

イ　耐力壁の厚さは，次の表1（壁式プレキャスト鉄筋コンクリート造の建築物又は建築物の構造部分にあっては表2）に掲げる数値以上とすること。ただし，令第82条第一号から第三号までに定める構造計算によって構造耐力上安全であることが確かめられた場合においては，当該計算に基づく数値（当該数値が12cm未満のときは，12cm）とすることができる。

表1

階			耐力壁の厚さ（単位　cm）
地上階	地階を除く階数が1の建築物		12
	地階を除く階数が2の建築物		15
	地階を除く階数が3以上の建築物	最上階	15
		その他の階	18
地　階			18

表2

階		耐力壁の厚さ（単位　cm）
地上階	最上階及び最上階から数えた階数が2の階	12
	その他	15
地　階		18

ロ　縦筋及び横筋の鉄筋比（耐力壁の壁面と直交する断面（縦筋にあっては水平断面，横筋にあっては鉛直断面）におけるコンクリートの断面積に対する鉄筋の断面積の和の割合をいう。以下この号において同じ。）は，それぞれ次の表1（壁式プレキャスト鉄筋コンクリート造の建築物又は建築物の構造部分にあっては表2）に掲げる数値以上とすること。ただし，令第82条第一号から第三号までに定める構造計算によって構造耐力上安全であることが確かめられた場合においては，当該計算に基づく数値（当該数値が0.15％（壁式プレキャスト鉄筋コンクリート造の建築物又は建築物の構造部分にあっては0.2％）未満のときは，0.15％（壁式プレキャスト鉄筋コンクリート造の建築物又は建築物の構造部分にあっては0.2％）とすることができる。

表1

階			鉄筋比（単位　％）
地上階	地階を除く階数が1の建築物		0.15
	地階を除く階数が2以上の建築物	最上階	0.15
		最上階から数えた階数が2の階	0.2
		その他の階	0.25
地　階			0.25

表2

階			鉄筋比（単位　％）
地上階	地階を除く階数が2以下の建築物の各階		0.2
	地階を除く階数が3以上の建築物	最上階	0.2
		最上階から数えた階数が2及び3の階	0.25
		その他の階	0.3
地　階			0.3

　　ハ　プレキャスト鉄筋コンクリートで造られた耐力壁にあっては，その頂部及び脚部に径12mm以上の鉄筋を配置すること。

第7　壁ばりの構造

　　壁ばりは，次に定める構造としなければならない。

　一　丈は45cm以上とすること。ただし，壁式鉄筋コンクリート造の建築物又は建築物の構造部分の地上部分について，令第82条第一号から第三号までに定める構造計算によって構造耐力上安全であることが確かめられた場合においては，この限りでない。

　二　複筋ばりとすること。

　三　主筋は，径12mm以上とすること。

　四　あばら筋比（はりの軸を含む水平断面における一組のあばら筋の断面の中心を通る直線と，相隣り合う一組のあばら筋の断面の中心を通る直線とではさまれた部分のコンクリートの面積に対するあばら筋の断面積の和の割合をいう。）は，0.15％（壁式プレキャスト鉄筋コンクリート造の建築物又は建築物の構造部分にあっては0.2％）以上とすること。

第8　接合部の構造

　　接合部は，次に定める構造としなければならない。ただし，令第82条第一号から第三号までに定める構造計算によって構造耐力上安全であることが確かめられた場合においては，第一号の規定は適用しない。

　一　耐力壁相互の鉛直方向の接合部は，ウェットジョイントによるものとし，径9mm以上のコッター筋によって構造耐力上有効に接合することができるものとすること。

　二　床版，屋根版，壁ばり及び耐力壁の水平方向の接合部は，その部分の存在応力を伝えることができるものとすること。

　三　接合部に使用する鉄筋，金物等は，防錆上及び耐火上有効に被覆すること。

第9　耐久性等関係規定の指定

　　令第36条第1項に規定する耐久性等関係規定として，第2第一号及び第3に定める安全上必要な技術的基準を指定する。

第10　令第36条第2項第一号の規定に基づく技術的基準の指定

　　令第36条第2項第一号の規定に基づき，令第81条第2項第一号イに掲げる保有水平耐力計算によって安全性を確かめる場合に適用を除外することができる技術的基準として，第1第二号及び第三号（令第82条の2に規定する層間変形角が1/2,000以内である場合に限る。），第2第一号（軽量骨材を使用する場合であって，令第82条の2に規定する層間変形角が1/2,000以内である場合に限る。），第5，第6第二号（令第82条の2に規定する層間変形角が1/2,000以内である場合に限る。）並びに第7第二号及び第三号に定める技術的基準を指定する。

　　　附　則　（略）

地盤の許容応力度及び基礎ぐいの許容支持力を求めるための地盤調査の方法並びにその結果に基づき地盤の許容応力度及び基礎ぐいの許容支持力を定める方法等を定める件

平成13年7月2日 国土交通省告示第1113号

最終改正 令和元年6月25日 国土交通省告示第203号

建築基準法施行令（昭和25年政令第338号）第93条の規定に基づき，地盤の許容応力度及び基礎ぐいの許容支持力を求めるための地盤調査の方法を第1に，その結果に基づき地盤の許容応力度及び基礎ぐいの許容支持力を定める方法を第2から第6に定め，並びに同令第94条の規定に基づき，地盤アンカーの引抜き方向の許容応力度を第7に，くい体又は地盤アンカー体に用いる材料の許容応力度を第8に定める。

第1 地盤の許容応力度及び基礎ぐいの許容支持力を求めるための地盤調査の方法は，次の各号に掲げるものとする。

一 ボーリング調査

二 標準貫入試験

三 静的貫入試験

四 ベーン試験

五 土質試験

六 物理探査

七 平板載荷試験

八 載荷試験

九 くい打ち試験

十 引抜き試験

第2 地盤の許容応力度を定める方法は，次の表の(1)項，(2)項又は(3)項に掲げる式によるものとする。ただし，地震時に液状化するおそれのある地盤の場合又は(3)項に掲げる式を用いる場合において，基礎の底部から下方2m以内の距離にある地盤にスウェーデン式サウンディングの荷重が1kN以下で自沈する層が存在する場合若しくは基礎の底部から下方2mを超え5m以内の距離にある地盤にスウェーデン式サウンディングの荷重が500N以下で自沈する層が存在する場合にあっては，建築物の自重による沈下その他の地盤の変形等を考慮して建築物又は建築物の部分に有害な損傷，変形及び沈下が生じないことを確かめなければならない。

	長期に生ずる力に対する地盤の許容応力度を定める場合	短期に生ずる力に対する地盤の許容応力度を定める場合
(1)	$q_a = \dfrac{1}{3}\,(i_c\,\alpha\,CN_c + i_\gamma\,\beta\,\gamma_1 BN_\gamma + i_q\gamma_2 D_f N_q)$	$q_a = \dfrac{2}{3}\,(i_c\,\alpha\,CN_c + i_\gamma\,\beta\,\gamma_1 BN_\gamma + i_q\gamma_2 D_f N_q)$
(2)	$q_a = q_t + \dfrac{1}{3}N'\gamma_2 D_f$	$q_a = 2q_t + \dfrac{1}{3}N'\gamma_2 D_f$
(3)	$q_a = 30 + 0.6\overline{N_{sw}}$	$q_a = 60 + 1.2\overline{N_{sw}}$

この表において，q_a, i_c, $i\gamma$, i_q, α，β，C，B，N_c，$N\gamma$，N_q，γ_1，γ_2，D_f，q_t，N' 及び $\overline{N_{sw}}$ は，それぞれ次の数値を表すものとする。

q_a　　地盤の許容応力度（単位　kN/m²）

i_c, $i\gamma$ 及び i_q　　基礎に作用する荷重の鉛直方向に対する傾斜角に応じて次の式によって計算した数値

$$i_c = i_q = (1 - \theta/90)^2$$
$$i\gamma = (1 - \theta/\phi)^2$$

これらの式において，θ 及び ϕ は，それぞれ次の数値を表すものとする。

　θ　　基礎に作用する荷重の鉛直方向に対する傾斜角（θ が ϕ を超える場合は，ϕ とする。）（単位　°）

　ϕ　　地盤の特性によって求めた内部摩擦角（単位　°）

α 及び β　　基礎荷重面の形状に応じて次の表に掲げる係数

係数＼基礎荷重面の形状	円　　　形	円形以外の形状
α	1.2	$1.0 + 0.2\dfrac{B}{L}$
β	0.3	$0.5 - 0.2\dfrac{B}{L}$

この表において，B 及び L は，それぞれの基礎荷重面の短辺又は短径及び長辺又は長径の長さ（単位　m）を表すものとする。

C　　基礎荷重面下にある地盤の粘着力（単位　kN/m²）

B　　基礎荷重面の短辺又は短径（単位　m）

N_c, $N\gamma$ 及び N_q　　地盤内部の摩擦角に応じて次の表に掲げる支持力係数

支持力係数＼内部摩擦角	0°	5°	10°	15°	20°	25°	28°	32°	36°	40°以上
N_c	5.1	6.5	8.3	11.0	14.8	20.7	25.8	35.5	50.6	75.3
$N\gamma$	0	0.1	0.4	1.1	2.9	6.8	11.2	22.0	44.4	93.7
N_q	1.0	1.6	2.5	3.9	6.4	10.7	14.7	23.2	37.8	64.2

この表に掲げる内部摩擦角以外の内部摩擦角に応じた N_c, $N\gamma$ 及び N_q は，表に掲げる数値をそれぞれ直線的に補間した数値とする。

γ_1　　基礎荷重面下にある地盤の単位体積重量又は水中単位体積重量（単位　kN/m³）

γ_2　　基礎荷重面より上方にある地盤の平均単位体積重量又は水中単位体積重量（単位　kN/m³）

D_f　　基礎に近接した最低地盤面から基礎荷重面までの深さ（単位　m）

q_t　　平板載荷試験による降伏荷重度の1/2の数値又は極限応力度の1/3の数値のうちいずれか小さい数値（単位　kN/m²）

N'　　基礎荷重面下の地盤の種類に応じて次の表に掲げる係数

係数＼地盤の種類	密実な砂質地盤	砂質地盤（密実なものを除く。）	粘土質地盤
N'	12	6	3

$\overline{N_{sw}}$　　基礎の底部から下方2m以内の距離にある地盤のスウェーデン式サウンディングにおける1mあたりの半回転数（150を超える場合は150とする。）の平均値（単位　回）

第3　セメント系固化材を用いて改良された地盤の改良体（セメント系固化材を改良前の地盤と混合し固結したものをいう。以下同じ。）の許容応力度を定める方法は，次の表に掲げる改良体の許容応力度によるものとする。この場合において，改良体の設計基準強度（設計に際し採用する圧縮強度をいう。以下第3において同じ。）は，改良体から切り取ったコア供試体若しくはこれに類する強度に関する特性を有する供試体について行う強度試験により得られた材齢が28日の供試体の圧縮強度の数値又はこれと同程度に構造耐力上支障がないと認められる圧縮強度の数値以下とするものとする。

長期に生ずる力に対する改良体の許容応力度 （単位　kN/m²）	短期に生ずる力に対する改良体の許容応力度 （単位　kN/m²）
$\dfrac{1}{3}F$	$\dfrac{2}{3}F$
この表において，F は，改良体の設計基準強度（単位　kN/m²）を表すものとする。	

第4　第2及び第3の規定にかかわらず地盤の許容応力度を定める方法は，適用する改良の方法，改良の範囲及び地盤の種類ごとに，基礎の構造形式，敷地，地盤その他の基礎に影響を与えるものの実況に応じた平板載荷試験又は載荷試験の結果に基づいて，次の表に掲げる式によることができるものとする。

長期に生ずる力に対する改良された地盤の許容応力度を定める場合	短期に生ずる力に対する改良された地盤の許容応力度を定める場合
$q_a = \dfrac{1}{3}\,q_b$	$q_a = \dfrac{2}{3}\,q_b$
この表において，q_a 及び q_b は，それぞれ次の数値を表すものとする。 q_a　改良された地盤の許容応力度（単位　kN/m²） q_b　平板載荷試験又は載荷試験による極限応力度（単位　kN/m²）	

第5　基礎ぐいの許容支持力を定める方法は，基礎ぐいの種類に応じて，次の各号に定めるところによるものとする。

一　支持ぐいの許容支持力は，打込みぐい，セメントミルク工法による埋込みぐい又はアースドリル工法，リバースサーキュレーション工法若しくはオールケーシング工法による場所打ちコンクリートぐい（以下「アースドリル工法等による場所打ちぐい」という。）の場合にあっては，次の表の(1)項又は(2)項の式（基礎ぐいの周囲の地盤に軟弱な粘土質地盤，軟弱な粘土質地盤の上部にある砂質地盤又は地震時に液状化するおそれのある地盤が含まれる場合にあっては(2)項の式），その他の基礎ぐいの場合にあっては，次の表の(1)項の式（基礎ぐいの周囲の地盤に軟弱な粘土質地盤，軟弱な粘土質地盤の上部にある砂質地盤又は地震時に液状化するおそれのある地盤が含まれない場合に限る。）によりそれぞれ計算した地盤の許容支持力又はくい体の許容耐力のうちいずれか小さい数値とすること。ただし，同表の(1)項の長期に生ずる力に対する地盤の許容支持力は，同表の(1)項の短期に生ずる力に対する地盤の許容支持力の数値未満の数値で，かつ，限界沈下量（載荷試験からくい頭荷重の載荷によって生ずるくい頭沈下量を求め，くい体及び建築物又は建築物の部分に有害な損傷，変形及び沈下が生じないと認められる場合におけるくい頭沈下量をいう。以下同じ。）に対応したくい頭荷重の数値とすることができる。

	長期に生ずる力に対する地盤の許容支持力	短期に生ずる力に対する地盤の許容支持力
(1)	$R_a = \dfrac{1}{3} R_u$	$R_a = \dfrac{2}{3} R_u$
(2)	$R_a = q_p A_p + \dfrac{1}{3} R_F$	$R_a = q_p A_p + \dfrac{2}{3} R_F$

この表において，R_a，R_u，q_p，A_p 及び R_F は，それぞれ次の数値を表すものとする。

R_a　地盤の許容支持力（単位　kN）

R_u　載荷試験による極限支持力（単位　kN）

q_p　基礎ぐいの先端の地盤の許容応力度（次の表の上欄に掲げる基礎ぐいにあっては下欄の当該各項に掲げる式により計算した数値とする。）（単位　kN/m²）

基 礎 ぐ い の 種 類	基礎ぐいの先端の地盤の許容応力度
打込みぐい	$q_p = \dfrac{300}{3} \overline{N}$
セメントミルク工法による埋込みぐい	$q_p = \dfrac{200}{3} \overline{N}$
アースドリル工法等による場所打ちぐい	$q_p = \dfrac{150}{3} \overline{N}$

　この表において，$\overline{N}$ は，基礎ぐいの先端付近の地盤の標準貫入試験による打撃回数の平均値（60を超えるときは60とする。）（単位　回）を表すものとする。

A_p　基礎ぐいの先端の有効断面積（単位　m²）

R_F　次の式により計算した基礎ぐいとその周囲の地盤（地震時に液状化するおそれのある地盤を除き，軟弱な粘土質地盤又は軟弱な粘土質地盤の上部にある砂質地盤にあっては，建築物の自重による沈下その他の地盤の変形等を考慮して建築物又は建築物の部分に有害な損傷，変形及び沈下が生じないことを確かめたものに限る。以下この表において同じ。）との摩擦力（単位　kN）

$$R_F = \left(\frac{10}{3} \overline{N_s} L_s + \frac{1}{2} \overline{q_u} L_c \right) \psi$$

　この式において，$\overline{N_s}$，L_s，$\overline{q_u}$，L_c 及び ϕ は，それぞれ次の数値を表すものとする。

$\overline{N_s}$　基礎ぐいの周囲の地盤のうち砂質地盤の標準貫入試験による打撃回数（30を超えるときは30とする。）の平均値（単位　回）

L_s　基礎ぐいがその周囲の地盤のうち砂質地盤に接する長さの合計（単位　m）

$\overline{q_u}$　基礎ぐいの周囲の地盤のうち粘土質地盤の一軸圧縮強度（200を超えるときは200とする。）の平均値（単位　kN/m²）

L_c　基礎ぐいがその周囲の地盤のうち粘土質地盤に接する長さの合計（単位　m）

ψ　基礎ぐいの周囲の長さ（単位　m）

二　摩擦ぐいの許容支持力は，打込みぐい，セメントミルク工法による埋込みぐい又はアースドリル工法等による場所打ちぐいの場合にあっては，次の表の(1)項又は(2)項の式（基礎ぐいの周囲の地盤に軟弱な粘土質地盤，軟弱な粘土質地盤の上部にある砂質地盤又は地震時に液状化するおそれのある地盤が含まれる場合にあっては(2)項の式），その他の基礎ぐいの場合にあっては，次の表の(1)項の式（基礎ぐいの周囲の地盤に軟弱な粘土質地盤，軟弱な粘土質地盤の上部にある砂質地盤又は地震時に液状化するおそれのある地盤が含まれない場合に限る。）によりそれぞれ計算した基礎ぐいとその周囲の地盤との摩擦力又はくい体の許容耐力のうちいずれか小さい数値とすること。ただし，同表の(1)項の長期に生ずる力に対する基礎ぐいとその周囲の地盤との摩擦力は，同表の(1)項の短

期に生ずる力に対する基礎ぐいとその周囲の地盤との摩擦力の数値未満の数値で，かつ，限界沈下量に対応したくい頭荷重の数値とすることができる。

	長期に生ずる力に対する基礎ぐいとその周囲の地盤との摩擦力	短期に生ずる力に対する基礎ぐいとその周囲の地盤との摩擦力
(1)	$R_a = \dfrac{1}{3} R_u$	$R_a = \dfrac{2}{3} R_u$
(2)	$R_a = \dfrac{1}{3} R_F$	$R_a = \dfrac{2}{3} R_F$

この表において，R_a は，基礎ぐいとその周囲の地盤との摩擦力（単位　kN）を，R_u 及び R_F は，それぞれ前号に掲げる数値を表すものとする。

三　基礎ぐいの引抜き方向の許容支持力は，打込みぐい，セメントミルク工法による埋込みぐい又はアースドリル工法等による場所打ちぐいの場合にあっては，次の表の(1)項又は(2)項の式（基礎ぐいの周囲の地盤に軟弱な粘土質地盤，軟弱な粘土質地盤の上部にある砂質地盤又は地震時に液状化するおそれのある地盤が含まれる場合にあっては(2)項の式），その他の基礎ぐいの場合にあっては，次の表の(1)項の式（基礎ぐいの周囲の地盤に軟弱な粘土質地盤，軟弱な粘土質地盤の上部にある砂質地盤又は地震時に液状化するおそれのある地盤が含まれない場合に限る。）によりそれぞれ計算した地盤の引抜き方向の許容支持力又はくい体の許容耐力のうちいずれか小さい数値とすること。

	長期に生ずる力に対する地盤の引抜き方向の許容支持力	短期に生ずる力に対する地盤の引抜き方向の許容支持力
(1)	$_tR_a = \dfrac{1}{3}\,_tR_u + w_p$	$_tR_a = \dfrac{2}{3}\,_tR_u + w_p$
(2)	$_tR_a = \dfrac{4}{15} R_F + w_p$	$_tR_a = \dfrac{8}{15} R_F + w_p$

この表において，$_tR_a$，$_tR_u$，R_F 及び w_p は，それぞれ次の数値を表すものとする。

$_tR_a$　地盤の引抜き方向の許容支持力（単位　kN）

$_tR_u$　引抜き試験により求めた極限引抜き抵抗力（単位　kN）

R_F　第一号に掲げる R_F（単位　kN）

w_p　基礎ぐいの有効自重（基礎ぐいの自重より実況によって求めた浮力を減じた数値をいう。）（単位　kN）

第6　第5の規定にかかわらず，基礎ぐいの許容支持力又は基礎ぐいの引抜き方向の許容支持力を定める方法は，基礎の構造形式，敷地，地盤その他の基礎に影響を与えるものの実況に応じて次に定めるところにより求めた数値によることができるものとする。

一　基礎ぐいの許容支持力は，次の表に掲げる式により計算した地盤の許容支持力又は基礎ぐいの許容耐力のうちいずれか小さい数値とすること。ただし，地盤の許容支持力は，適用する地盤の種類及び基礎ぐいの構造方法ごとに，それぞれ基礎ぐいを用いた載荷試験の結果に基づき求めたものとする。

長期に生ずる力に対する地盤の許容支持力	短期に生ずる力に対する地盤の許容支持力
$R_a = \dfrac{1}{3}\,\{\alpha\,\overline{N}A_p + (\beta\,\overline{N_s}\,L_s + \gamma\,\overline{q_u}\,L_c)\,\psi\}$	$R_a = \dfrac{2}{3}\,\{\alpha\,\overline{N}A_p + (\beta\,\overline{N_s}\,L_s + \gamma\,\overline{q_u}\,L_c)\,\psi\}$

この表において，R_a，$\overline{N}$，A_p，$\overline{N_s}$，L_s，$\overline{q_u}$，L_c，ψ，α，β 及び γ は，それぞれ次の数値を表すものとする。

R_a　地盤の許容支持力（単位　kN）

$\overline{N}$　基礎ぐいの先端付近の地盤の標準貫入試験による打撃回数の平均値（60を超えるときは60とする。）（単位　回）

A_p　基礎ぐいの先端の有効断面積（単位　m²）

$\overline{N_s}$　基礎ぐいの周囲の地盤のうち砂質地盤の標準貫入試験による打撃回数の平均値（単位　回）

L_s　基礎ぐいがその周囲の地盤のうち砂質地盤に接する長さの合計（単位　m）

$\overline{q_u}$　基礎ぐいの周囲の地盤のうち粘土質地盤の一軸圧縮強度の平均値（単位　kN/m²）

L_c　基礎ぐいがその周囲の地盤のうち粘土質地盤に接する長さの合計（単位　m）

ψ　基礎ぐいの周囲の長さ（単位　m）

α，β 及び γ　基礎ぐいの先端付近の地盤又は基礎ぐいの周囲の地盤（地震時に液状化するおそれのある地盤を除き，軟弱な粘土質地盤又は軟弱な粘土質地盤の上部にある砂質地盤にあっては，建築物の自重による沈下その他の地盤の変形等を考慮して建築物又は建築物の部分に有害な損傷，変形及び沈下が生じないことを確かめたものに限る。）の実況に応じた載荷試験により求めた数値

二　基礎ぐいの引抜き方向の許容支持力は，次の表に掲げる式により計算した地盤の引抜き方向の許容支持力又は基礎ぐいの許容耐力のうちいずれか小さい数値とすること。ただし，地盤の引抜き方向の許容支持力は，適用する地盤の種類及び基礎ぐいの構造方法ごとに，それぞれ基礎ぐいを用いた引抜き試験の結果に基づき求めたものとする。

長期に生ずる力に対する地盤の引抜き方向の許容支持力	短期に生ずる力に対する地盤の引抜き方向の許容支持力
$tRa = \dfrac{1}{3}\{\kappa\overline{N}A_p + (\lambda\overline{N_s}L_s + \mu\overline{q_u}L_c)\,\psi\} + w_p$	$tRa = \dfrac{2}{3}\{\kappa\overline{N}A_p + (\lambda\overline{N_s}L_s + \mu\overline{q_u}L_c)\,\psi\} + w_p$

この表において，tRa，$\overline{N}$，A_p，$\overline{N_s}$，L_s，$\overline{q_u}$，L_c，ψ，w_p，κ，λ 及び μ は，それぞれ次の数値を表すものとする。

tRa　地盤の引抜き方向の許容支持力（単位　kN）

$\overline{N}$　基礎ぐいの先端付近の地盤の標準貫入試験による打撃回数の平均値（60を超えるときは60とする。）（単位　回）

A_p　基礎ぐいの先端の有効断面積（単位　m²）

$\overline{N_s}$　基礎ぐいの周囲の地盤のうち砂質地盤の標準貫入試験による打撃回数の平均値（単位　回）

L_s　基礎ぐいがその周囲の地盤のうち砂質地盤に接する長さの合計（単位　m）

$\overline{q_u}$　基礎ぐいの周囲の地盤のうち粘土質地盤の一軸圧縮強度の平均値（単位　kN/m²）

L_c　基礎ぐいがその周囲の地盤のうち粘土質地盤に接する長さの合計（単位　m）

ψ　基礎ぐいの周囲の長さ（単位　m）

w_p　基礎ぐいの有効自重（基礎ぐいの自重より実況によって求めた浮力を減じた数値をいう。）（単位　kN）

κ，λ 及び μ　基礎ぐいの先端付近の地盤又は基礎ぐいの周囲の地盤（地震時に液状化するおそれのある地盤を除き，軟弱な粘土質地盤又は軟弱な粘土質地盤の上部にある砂質地盤にあっては，建築物の自重による沈下その他の地盤の変形等を考慮して建築物又は建築物の部分に有害な損傷，変形及び沈下が生じないことを確かめたものに限る。）の実況に応じた引抜き試験により求めた数値

第7　地盤アンカーの引抜き方向の許容応力度は，鉛直方向に用いる場合に限り，次の表に掲げる式により計算した地盤の引抜き方向の許容支持力又は地盤アンカー体の許容耐力の

うちいずれか小さな数値を地盤アンカー体の種類及び形状により求まる有効面積で除した数値によらなければならない。

長期に生ずる力に対する地盤の引抜き方向の許容支持力	短期に生ずる力に対する地盤の引抜き方向の許容支持力
$_tRa = \dfrac{1}{3}\,{}_tRu$	$_tRa = \dfrac{2}{3}\,{}_tRu$

この表において，$_tRa$ 及び $_tRu$ は，それぞれ次の数値を表すものとする。

$_tRa$　地盤の引抜き方向の許容支持力（単位　kN）

$_tRu$　第1に定める引抜き試験により求めた極限引抜き抵抗力（単位　kN）

第8　くい体又は地盤アンカー体に用いる材料の許容応力度は，次に掲げるところによる。

一　場所打ちコンクリートぐいに用いるコンクリートの許容応力度は，くい体の打設の方法に応じて次の表の数値によらなければならない。この場合において，建築基準法施行令（以下「令」という。）第74条第1項第二号に規定する設計基準強度（以下第8において単に「設計基準強度」という。）は18N/mm²以上としなければならない。

くい体の打設の方法		長期に生ずる力に対する許容応力度（単位　N/mm²）			短期に生ずる力に対する許容応力度（単位　N/mm²）		
		圧　縮	せ　ん　断	付　　着	圧縮	せん断	付着
(1)	掘削時に水若しくは泥水を使用しない方法によって打設する場合又は強度，寸法及び形状をくい体の打設の状況を考慮した強度試験により確認できる場合	$\dfrac{F}{4}$	$\dfrac{F}{40}$ 又は $\dfrac{3}{4}\left(0.49+\dfrac{F}{100}\right)$ のうちいずれか小さい数値	$\dfrac{3}{40}F$ 又は $\dfrac{3}{4}\left(1.35+\dfrac{F}{25}\right)$ のうちいずれか小さい数値	長期に生ずる力に対する圧縮の許容応力度の数値の2倍とする。	長期に生ずる力に対するせん断又は付着の許容応力度のそれぞれの数値の1.5倍とする。	
(2)	(1)以外の場合	$\dfrac{F}{4.5}$ 又は6のうちいずれか小さい数値	$\dfrac{F}{45}$ 又は $\dfrac{3}{4}\left(0.49+\dfrac{F}{100}\right)$ のうちいずれか小さい数値	$\dfrac{F}{15}$ 又は $\dfrac{3}{4}\left(1.35+\dfrac{F}{25}\right)$ のうちいずれか小さい数値			

この表において，F は，設計基準強度（単位　N/mm²）を表すものとする。

二　遠心力鉄筋コンクリートくい及び振動詰め鉄筋コンクリートくいに用いるコンクリートの許容応力度は，次の表の数値によらなければならない。この場合において，設計基準強度は40N/mm²以上としなければならない。

長期に生ずる力に対する許容応力度 (単位　N/mm²)			短期に生ずる力に対する許容応力度 (単位　N/mm²)		
圧　縮	せん断	付　着	圧　縮	せん断	付　着
$\dfrac{F}{4}$又は11のうちいずれか小さい数値	$\dfrac{3}{4}\left(0.49+\dfrac{F}{100}\right)$又は0.7のうちいずれか小さい数値	$\dfrac{3}{4}\left(1.35+\dfrac{F}{25}\right)$又は2.3のうちいずれか小さい数値	長期に生ずる力に対する圧縮の許容応力度の数値の2倍とする。	長期に生ずる力に対するせん断又は付着の許容応力度のそれぞれの数値の1.5倍とする。	
この表において，F は，設計基準強度（単位　N/mm²）を表すものとする。					

三　外殻鋼管付きコンクリートくいに用いるコンクリートの圧縮の許容応力度は，次の表の数値によらなければならない。この場合において，設計基準強度は80N/mm²以上としなければならない。

長期に生ずる力に対する圧縮の許容応力度 (単位　N/mm²)	短期に生ずる力に対する圧縮の許容応力度 (単位　N/mm²)
$\dfrac{F}{3.5}$	長期に生ずる力に対する圧縮の許容応力度の数値の2倍とする。
この表において，F は，設計基準強度（単位　N/mm²）を表すものとする。	

四　プレストレストコンクリートくいに用いるコンクリートの許容応力度は，次の表の数値によらなければならない。この場合において，設計基準強度は50N/mm²以上としなければならない。

長期に生ずる力に対する許容応力度（単位　N/mm²）			短期に生ずる力に対する許容応力度 (単位　N/mm²)		
圧　縮	曲げ引張り	斜め引張り	圧　縮	曲げ引張り	斜め引張り
$\dfrac{F}{4}$又は15のうちいずれか小さい数値	$\dfrac{\sigma_e}{4}$又は2のうちいずれか小さい数値	$\dfrac{0.07}{4}F$又は0.9のうちいずれか小さい数値	長期に生ずる力に対する圧縮又は曲げ引張りの許容応力度のそれぞれの数値の2倍とする。		長期に生ずる力に対する斜め引張りの許容応力度の数値の1.5倍とする。
この表において，F 及び σ_e は，それぞれ次の数値を表すものとする。 　F　設計基準強度（単位　N/mm²） 　σ_e　有効プレストレス量（単位　N/mm²）					

五　遠心力高強度プレストレストコンクリートくい（日本産業規格（以下「JIS」という。）A 5373（プレキャストプレストレストコンクリート製品）－2004　附属書5　プレストレストコンクリートくいに適合するものをいう。）に用いるコンクリートの許容応力度は，次の表の数値によらなければならない。この場合において，設計基準強度は80N/mm²以上としなければならない。

長期に生ずる力に対する許容応力度 （単位　N/mm²)			短期に生ずる力に対する許容応力度 （単位　N/mm²)		
圧縮	曲げ引張り	斜め引張り	圧縮	曲げ引張り	斜め引張り
$\dfrac{F}{3.5}$	$\dfrac{\sigma_e}{4}$ 又は2.5のうちいずれか小さい数値	1.2	長期に生ずる力に対する圧縮又は曲げ引張りの許容応力度のそれぞれの数値の2倍とする。		長期に生ずる力に対する斜め引張りの許容応力度の数値の1.5倍とする。

この表において，F 及び σ_e は，それぞれ次の数値を表すものとする。
F　設計基準強度（単位　N/mm²)
σ_e　有効プレストレス量（単位　N/mm²)

六　前各号の規定にかかわらず，くい体の構造方法及び施工方法並びに当該くい体に用いるコンクリートの許容応力度の種類ごとに応じて行われたくい体を用いた試験により構造耐力上支障がないと認められる場合にあっては，当該くい体のコンクリートの許容応力度の数値を当該試験結果により求めた許容応力度の数値とすることができる。

七　くい体又は地盤アンカー体に用いる緊張材の許容応力度は，平成13年国土交通省告示第1024号第1第十七号の規定を準用しなければならない。

八　くい体又は地盤アンカー体に用いる鋼材等の許容応力度は，令第90条に定めるところによらなければならない。ただし，鋼管ぐいにあっては，腐食しろを除いたくい体の肉厚をくい体の半径で除した数値が0.08以下の場合においては，圧縮及び曲げに対する許容応力度に対して，次に掲げる式によって計算した低減係数を乗じるものとする。

$$R_c = 0.80 + 2.5\,\frac{t-c}{r}$$

この式において，R_c，t，c 及び r は，それぞれ次の数値を表すものとする。
R_c　低減係数
t　くい体の肉厚（単位　mm）
c　腐食しろ（有効な防食措置を行なう場合を除き，1以上とする。）
　　（単位　mm）
r　くい体の半径（単位　mm）

2　くい体に継手を設ける場合にあっては，くい体に用いる材料の長期に生ずる力に対する圧縮の許容応力度は，継手部分の耐力，剛性及び靱性に応じて低減させなければならない。ただし，溶接継手（鋼管ぐいとする場合にあっては，JIS A 5525（鋼管ぐい)-1994に適合するものに限る。）又はこれと同等以上の耐力，剛性及び靱性を有する継手を用いる場合にあっては，この限りでない。

　　附　則　（一部略）
昭和46年建設省告示第111号は，廃止する。

構造耐力上主要な部分である床版又は屋根版にデッキプレート版を用いる場合における当該床版又は屋根版の構造方法に関する安全上必要な技術的基準を定める件

平成14年4月16日　　国土交通省告示第326号
最終改正　　令和元年6月25日　　国土交通省告示第203号

　建築基準法施行令（昭和25年政令第338号）第80条の2第一号の規定に基づき，建築物の構造耐力上主要な部分である床版又は屋根版にデッキプレート版（平板状若しくは波板状の鋼板その他これに類する成形を行ったもの又は当該鋼板にコンクリートを打込んで鋼板とコンクリートが一体化した板状のもの（有効なコンクリートの定着のための措置を行ったものに限る。）。以下同じ。）を用いた構造方法に関する安全上必要な技術的基準を第1から第3までに定め，及び同令第36条第1項の規定に基づき，安全上必要な技術的基準のうち耐久性等関係規定を第4，同条第2項第一号の規定に基づき，同令第81条第2項第一号イに掲げる保有水平耐力計算によって安全性を確かめる場合に適用を除外することができる技術的基準を第5にそれぞれに指定する。

第1　床版又は屋根版

　構造耐力上主要な部分である床版又は屋根版に用いるデッキプレート版は，次に定めるところによらなければならない。ただし，建築基準法施行令（以下「令」という。）第82条各号に定めるところによる構造計算によって安全性が確かめられた場合は，第二号ロ及びホ並びに第三号（イ及びハ(1)を除く。）の規定を除き，適用しない。

　一　デッキプレート版に用いる鋼板（以下単に「鋼板」という。）にコンクリートを打込み，当該鋼板とコンクリートとを一体化すること。

　二　鋼板は，次に定めるところによること。

　　イ　構造用鋼材を用いること。

　　ロ　折れ，ゆがみ，欠け等による耐力上の欠点のないものとすること。

　　ハ　鋼板の形状及び寸法が次に定めるところによること。

　　　⑴　日本産業規格（以下「JIS」という。）G 3352（デッキプレート）－2003に適合する形状とすること。

　　　⑵　厚さは，1.2mm以上とすること。

　　　⑶　高さは，50mm以上とすること。

　　　⑷　みぞ下寸法は，38mm以上とすること。

　　　⑸　みぞ上寸法は，58mm以上とすること。

　　　⑹　単位幅は，205mm以下とすること。

　　　⑺　みぞの方向の有効長さは，1.8m以下とすること。

　　ニ　鋼板の上フランジに，径6mm以上の鉄筋をみぞの方向と垂直に溶接すること。この場合において，鉄筋相互の間隔を30cm以下とすること。ただし，鋼板の立体的な加工，頭付きスタッドの設置その他これに類する有効なコンクリートの定着のための措置を行った場合は，この限りでない。

　　ホ　鋼板を並べて配置する場合は，溶接その他の方法により鋼板相互を緊結すること，又は鋼板相互が構造耐力上支障となるずれ等の生ずるおそれのない嵌合若しくはかしめその他の接合方法により接合すること。ただし，鋼板に打込むコンクリート及びコ

ンクリート内部の鉄筋若しくは溶接金網又は頭付きスタッド等を介して存在応力を相互に伝えることができる場合は，この限りでない。

三　鋼板に打込むコンクリートは，令第72条及び令第74条から令第76条までの規定を準用するほか，次に定めるところによること。この場合において，令第72条第二号の規定中「鉄筋相互間及び鉄筋とせき板」とあるのは，「鉄筋，溶接金網又は頭付きスタッド等（以下この号において「鉄筋等」という。）相互間並びに鉄筋等とせき板及び鋼板」と読み替えるものとする。

イ　コンクリートの厚さ（コンクリートの表面から鋼板の上面までの距離をいう。）は，5cm以上とすること。

ロ　はり等の横架材を介してデッキプレート版を連続して設けることにより鋼板に打込んだコンクリートにひび割れを生じさせる引張り応力が生ずる場合その他のこれに類する構造耐力上の支障となるコンクリートのひび割れを生ずるおそれのある場合にあっては，溶接金網の設置その他これらに類する有効なひび割れ防止のための措置を講ずること。

ハ　コンクリートの内部に鉄筋を設ける場合にあっては，次に定めるところによること。

⑴　構造耐力上主要な鉄筋の継手及び定着については，令第73条の規定を準用すること。

⑵　鋼板に接する部分以外の部分のコンクリートの鉄筋に対するかぶり厚さについては，令第79条の規定を準用すること。

第2　接合

構造耐力上主要な部分に使用するデッキプレート版の接合は，周囲のはり等に存在応力を伝えることができるものとするほか，当該デッキプレート版と接合する部材の種類に応じてそれぞれ次に定めるところによること。

一　鉄骨その他の鋼材との接合　　次に定めるところによらなければならない。

イ　鋼板の端部において接合すること。ただし，令第82条各号に定めるところによる構造計算によって安全性が確かめられた場合は，この限りでない。

ロ　鋼板に設けたみぞの方向に垂直な方向の端部において接合する場合にあっては，当該鋼板の各みぞの下フランジにおいて接合しなければならない。

ハ　次の⑴から⑸までに掲げるいずれかに定めるところによること。

⑴　ボルト接合又は高力ボルト接合で，その相互間の中心間距離を60cm以下とし，令第68条の規定を準用すること。

⑵　溶接接合で，溶接部の長さを5cm以上としたもの，鋼板に設けた各みぞの下フランジをみぞの方向に垂直な方向の全長にわたり溶接したもの又は鋼板に設けた各みぞの下フランジをみぞの方向に垂直な方向の両端から均等に溶接して，その合計した長さを5cm以上としたもので，断続的に溶接する場合は，間隔を60cm以下とすること。

⑶　径3.7mm以上の打込み鋲による接合で，次に該当すること。

ⅰ　鋼板の厚さを1.6mm以下とすること。

ⅱ　鋼板を垂直に，かつ，打込み鋲の先端が十分に鉄骨その他の鋼材の部分に埋まるように打抜くことによって部材相互を緊結すること。

ⅲ　打込み鋲相互間の中心距離を当該打込み鋲の径の3倍かつ15mm以上とし，60cm以下とすること。

ⅳ　打込み鋲の縁端距離（当該打込み鋲の中心軸から接合する鋼材等の縁端部までの距離のうち最短のものをいう。）を次に掲げる鋼材の部位に応じ，それぞれ(イ)及び(ロ)に定める長さの数値とすること（端抜けのおそれのない部分に用いるもの

を除く。)。

　　(イ)　デッキプレート版のうち鋼板の部分　　　25mm 以上

　　(ロ)　鉄骨その他の鋼材の部分　　　15mm 以上

　⑷　焼抜き栓溶接による接合で、次に該当すること。

　　(i)　鋼板の厚さを1.6mm 以下とすること。

　　(ii)　溶接部に割れ、内部欠陥等の構造耐力上支障のある欠陥のないこと。

　　(iii)　溶接部周辺における鋼板と鉄骨その他の鋼材との隙間を 2 mm 以下とすること。

　　(iv)　溶接部の直径を18mm 以上とすること。

　　(v)　溶接部相互間の中心距離を60cm 以下とすること。

　　(vi)　溶接部（端抜けのおそれのない部分を除く。）の縁端距離（当該溶接部の中心から接合する鋼材等の縁端部までの距離のうち最短のものをいう。）を20mm 以上とすること。

　　(vii)　焼き切れ及び余盛不足のないものとすること。

　⑸　鋼板に打込むコンクリート及び鉄骨その他の鋼材の部分に溶接した頭付きスタッド等を介して、⑴から⑷に定めるところによる接合と同等以上に存在応力を相互に伝えることができるものとすること。

　二　鋼板に打込んだコンクリート以外のコンクリートとの接合　　　埋込み長さが 3 cm（鋼板のみぞの方向に平行な方向の端部にあっては、 1 cm）以上の鋼板の埋込みによる接合としなければならない。ただし、鋼板に打込むコンクリート及びコンクリートの内部の鉄筋若しくは溶接金網又は頭付きスタッド等を介して存在応力を相互に伝えることができる場合は、この限りでない。

第3　防錆措置等

　一　構造耐力上主要な部分に用いるデッキプレート版の鋼板（厚さ2.3mm 未満のものに限る。）の表面仕上げは、JIS G 3302（溶融亜鉛めっき鋼板及び鋼帯）－1998に規定するめっきの付着量表示記号 Z 27その他これに類する有効なさび止めのための措置を講じたものとすること。ただし、次に掲げる場合にあっては、この限りでない。

　　イ　鋼板を JIS G 3125（高耐候性圧延鋼材）－1987に適合する鋼帯その他これに類する腐食に耐える性質を有するものとする場合

　　ロ　鋼板を屋外に面する部分及び湿潤状態となるおそれのある部分以外の部分に使用する場合

　二　構造耐力上主要な部分に使用する鋼板のうち当該鋼板以外の材料との接触により鋼板が構造耐力上支障のある腐食を生じやすい場合には、鋼板と鋼板以外の材料との間にゴムシートを使用した絶縁その他これに類する有効な防食措置を講じなければならない。

　三　構造耐力上主要な部分に使用する鋼板の接合に使用するボルト等の材料にあっては、鋼板の防錆上支障のないものとしなければならない。

第4　耐久性等関係規定の指定

　令第36条第 1 項に規定する耐久性等関係規定として第 1 第二号ロ及び第三号（イ及びハ⑴を除く。）並びに第 3 に定める安全上必要な技術的基準を指定する。

第5　令第36条第 2 項第一号の規定に基づく技術的基準の指定

　令第36条第 2 項第一号の規定に基づき、令第81条第 2 項第一号イに規定する保有水平耐力計算によって安全性を確かめる場合に適用を除外することができる技術的基準として、第 1 第一号、第二号イ、ハ及びニ並びに第三号イ及びハ⑴並びに第 2 第一号イ及びハ⑴（令第68条第 4 項の規定の準用に係る部分に限る。）に定める技術的基準を指定する。

ホルムアルデヒドの発散による衛生上の支障が ないようにするために必要な換気を確保することが できる居室の構造方法を定める件

平成15年3月27日　国土交通省告示第273号
最終改正　令和元年6月21日　国土交通省告示第200号

建築基準法施行令（昭和25年政令第383号）第20条の7第1項第二号の表及び第20条の8第2項の規定に基づき，ホルムアルデヒドの発散による衛生上の支障がないようにするために必要な換気を確保することができる居室の構造方法を次のように定める。

第1　換気回数が0.7以上の機械換気設備を設けるものに相当する換気が確保される居室

建築基準法施行令（以下「令」という。）第20条の7第1項第二号の表に規定する換気回数が0.7以上の機械換気設備を設けるものに相当する換気が確保される居室の構造方法は，天井の高さを2.7m以上とし，かつ，次の各号に適合する機械換気設備を設けるものとする。

一　有効換気量（m³/hで表した量とする。以下同じ。）又は有効換気換算量（m³/hで表した量とする。以下同じ。）が次の式によって計算した必要有効換気量以上とすること。

$$V_r = nAh$$

この式において，V_r, n, A 及び h は，それぞれ次の数値を表すものとする。

V_r　必要有効換気量（単位　m³/h）

n　居室の天井の高さの区分に応じて次の表に掲げる数値

3.3m未満	0.6
3.3m以上4.1m未満	0.5
4.1m以上5.4m未満	0.4
5.4m以上8.1m未満	0.3
8.1m以上16.1m未満	0.2
16.1m以上	0.1

A　居室の床面積（単位　m²）

h　天井の高さ（単位　m）

二　令第129条の2の5第2項のほか，令第20条の8第1項第一号イ(2)及び(3)又はロ(2)及び(3)並びに同項第二号に適合するものとすること。

第2　換気回数が0.5以上0.7未満の機械換気設備を設けるものに相当する換気が確保される住宅等の居室以外の居室

令第20条の7第1項第二号の表に規定する換気回数が0.5以上0.7未満の機械換気設備を設けるものに相当する換気が確保される住宅等の居室以外の居室（第1に適合するものを除く。）の構造方法は，次の各号のいずれかに適合するものとする。

一　天井の高さを2.9m以上とし，かつ，次のイ及びロに適合する機械換気設備（第1の

各号に適合するものを除く。）を設けるものとすること。

イ　有効換気量又は有効換気換算量が次の式によって計算した必要有効換気量以上とすること。

$$V_r = nAh$$

> この式において，V_r，n，A 及び h は，それぞれ次の数値を表すものとする。
>
> 　　V_r　必要有効換気量（単位　m³/h）
>
> 　　n　居室の天井の高さの区分に応じて次の表に掲げる数値
>
> | | |
> |---|---|
> | 3.9m 未満 | 0.4 |
> | 3.9m 以上5.8m 未満 | 0.3 |
> | 5.8m 以上11.5m 未満 | 0.2 |
> | 11.5m 以上 | 0.1 |
>
> 　　A　居室の床面積（単位　m²）
>
> 　　h　天井の高さ（単位　m）

ロ　令第129条の2の5第2項のほか，令第20条の8第1項第一号イ⑵及び⑶又はロ⑵及び⑶並びに同項第二号に適合するものとすること。

二　外気に常時開放された開口部等の通気上有効な面積の合計が，床面積に対して，15/10,000以上とすること。

三　ホテル又は旅館の宿泊室その他これらに類する居室以外の居室（常時開放された開口部を通じてこれと相互に通気が確保される廊下その他の建築物の部分を含む。）で，使用時に外気に開放される開口部等の換気上有効な面積の合計が，床面積に対して，15/10,000以上とすること。

四　真壁造の建築物（外壁に合板その他これに類する板状に成型した建築材料を用いないものに限る。）の居室で，天井及び床に合板その他これに類する板状に成型した建築材料を用いないもの又は外壁の開口部に設ける建具（通気が確保できる空隙のあるものに限る。）に木製枠を用いるものとすること。

第3　ホルムアルデヒドの発散による衛生上の支障がないようにするために必要な換気を確保することができる住宅等の居室

一　第1に適合するものとすること。

二　第2の各号のいずれかに適合するものとすること。ただし，第2第三号中「ホテル又は旅館の宿泊室その他これらに類する居室以外の居室」とあるのは「家具その他これに類する物品の販売業を営む店舗の売場」と読み替えて適用するものとする。

第4　ホルムアルデヒドの発散による衛生上の支障がないようにするために必要な換気を確保することができる住宅等の居室以外の居室

令第20条の8第2項に規定する同条第1項に規定する基準に適合する換気設備を設ける住宅等の居室以外の居室と同等以上にホルムアルデヒドの発散による衛生上の支障がないようにするために必要な換気を確保することができる住宅等の居室以外の居室の構造方法は，次の各号のいずれかに適合するものとする。

一　第1に適合するものとすること。

二　第2の各号のいずれかに適合するものとすること。

三　天井の高さを3.5m以上とし，かつ，次のイ及びロに適合する機械換気設備を設ける

ものとすること。

イ　有効換気量又は有効換気換算量が次の式によって計算した必要有効換気量以上とすること。

$$V_r = nAh$$

この式において，V_r，n，A 及び h は，それぞれ次の数値を表すものとする。

　　V_r　必要有効換気量（単位　m^3/h）

　　n　居室の天井の高さの区分に応じて次の表に掲げる数値

6.9m 未満	0.2
6.9m 以上13.8m 未満	0.1
13.8m 以上	0.01

　　A　居室の床面積（単位　m^2）

　　h　天井の高さ（単位　m）

ロ　令第129条の2の5第2項のほか，令第20条の8第1項第一号イ(2)及び(3)又はロ(2)及び(3)並びに同項第二号に適合するものとすること。

　　附　則　（略）

建築物の開口部で採光に有効な部分の面積の算定方法で別に定めるものを定める件

平成15年3月28日　国土交通省告示第303号

最終改正　平成30年3月22日　国土交通省告示第474号

　建築基準法施行令（昭和25年政令第338号。以下「令」という。）第20条第1項ただし書の規定に基づき，建築物の開口部で採光に有効な部分の面積の算定方法で別に定めるものを次のように定める。ただし，令第111条第1項第一号又は令第116条の2第1項第一号に規定する採光に有効な部分の面積を計算する場合においては，第二号の規定は，適用しない。

一　特定行政庁が土地利用の現況その他の地域の状況を考慮して規則で指定する区域内の建築物の居室（長屋又は共同住宅にあっては，同一の住戸内の居室に限る。）の窓その他の開口部（以下「開口部」という。）ごとの面積に，それぞれ令第20条第2項各号のうちから特定行政庁が当該規則で指定する号に掲げるところにより計算した数値（天窓にあっては当該数値に3.0を乗じて得た数値，その外側に幅90cm以上の縁側（ぬれ縁を除く。）その他これに類するものがある開口部にあっては当該数値に0.7を乗じて得た数値とする。ただし，3.0を超える場合にあっては，3.0とする。）を乗じて得た面積を合計して算定するものとする。

二　2以上の居室（2以上の居室が，一体的な利用に供され，かつ，衛生上の支障がないものとして特定行政庁の規則で定める基準に適合すると特定行政庁が認めるものに限る。）の開口部ごとの面積にそれぞれ令第20条第1項の採光補正係数（前号に掲げる居室にあっては，前号に掲げる数値）を乗じて得た面積を合計して算定した面積の当該2以上の居室の床面積の合計に対する割合が，建築基準法（昭和25年法律第201号）第28条第1項に定める割合以上である場合は，当該2以上の居室の各居室については，採光に有効な部分の面積は，それぞれその居室の床面積に対する当該割合以上のものとみなす。

三　近隣商業地域又は商業地域内の住宅の居室（長屋又は共同住宅にあっては，同一の住戸内の居室に限る。）で開口部を有する壁によって区画された2の居室について，いずれか1の居室の開口部ごとの面積に，それぞれ令第20条第1項の採光補正係数を乗じて得た面積を合計して算定した採光に有効な部分の面積が，当該2の居室の床面積の合計の1/7以上である場合は，その他の居室については，当該壁の開口部で採光に有効な部分の面積は，当該開口部の面積とする。

石綿等をあらかじめ添加した建築材料で石綿等を飛散又は発散させるおそれがないものを定める件

平成18年9月29日　　国土交通省告示第1172号

　建築基準法（昭和25年法律第201号）第28条の2第二号の規定に基づき，石綿等を飛散又は発散させるおそれがないものとして国土交通大臣が定める石綿等をあらかじめ添加した建築材料は，次に掲げるもの以外の石綿をあらかじめ添加した建築材料とする。
　一　吹付け石綿
　二　吹付けロックウールでその含有する石綿の重量が当該建築材料の重量の0.1%を超えるもの
　　　附　則　（略）

建築材料から石綿を飛散させるおそれがないものとして石綿が添加された建築材料を被覆し又は添加された石綿を建築材料に固着する措置について国土交通大臣が定める基準を定める件

平成18年9月29日　　国土交通省告示第1173号

建築基準法施行令（昭和25年政令第338号）第137条の4の3第三号の規定に基づき，建築材料から石綿を飛散させるおそれがないものとして石綿が添加された建築材料を被覆し又は添加された石綿を建築材料に固着する措置について国土交通大臣が定める基準は，建築基準法（昭和25年法律第201号）第28条の2第一号及び第二号に適合しない建築材料であって，人が活動することが想定される空間に露出しているもの（以下「対象建築材料」という。）に対して，次の各号のいずれかに掲げる措置を講じるものとする。

一　次のイからへに適合する方法により対象建築材料を囲い込む措置
　　イ　対象建築材料を板等の材料であって次のいずれにも該当するもので囲い込むこと。
　　　⑴　石綿を透過させないものであること。
　　　⑵　通常の使用状態における衝撃及び劣化に耐えられるものであること。
　　ロ　イの囲い込みに用いる材料相互又は当該材料と建築物の部分が接する部分から対象建築材料に添加された石綿が飛散しないよう密着されていること。
　　ハ　維持保全のための点検口を設けること。
　　ニ　対象建築材料に劣化又は損傷の程度が著しい部分がある場合にあっては，当該部分から石綿が飛散しないよう必要な補修を行うこと。
　　ホ　対象建築材料と下地との付着が不十分な部分がある場合にあっては，当該部分に十分な付着が確保されるよう必要な補修を行うこと。
　　へ　結露水，腐食，振動，衝撃等により，対象建築材料の劣化が進行しないよう必要な措置を講じること。
二　次のイからニに適合する方法により対象建築材料に添加された石綿を封じ込める措置
　　イ　対象建築材料に建築基準法第37条第2項に基づく認定を受けた石綿飛散防止剤以下単に「石綿飛散防止剤」という。）を均等に吹き付け又は含浸させること。
　　ロ　石綿飛散防止剤を吹き付け又は含浸させた対象建築材料は，通常の使用状態における衝撃及び劣化に耐えられるものであること。
　　ハ　対象建築材料に石綿飛散防止剤を吹き付け又は含浸させることによって当該対象建築材料の撤去を困難にしないものであること。
　　ニ　第一号ニからへまでに適合すること。
　　附　則　（略）

建築物の構造方法が安全性を有することを
確かめるための構造計算の方法を定める件

平成19年 5 月18日　国土交通省告示第592号

最終改正　平成27年 1 月29日　国土交通省告示第184号

　建築基準法（昭和25年法律第201号）第20条第 1 項第二号イ及び第三号イの規定に基づき，建築物の構造方法が安全性を有することを確かめるための構造計算の方法を次のように定める。

　一　建築基準法施行令（昭和25年政令第338号。以下「令」という。）第 3 章第 8 節に規定する基準に従った構造計算は，次のイからハまでに定めるところによるものとする。

　　イ　令第82条各号，令第82条の 2 ，令第82条の 4 ，令第82条の 5 （第二号，第三号，第五号及び第八号を除く。）及び第82条の 6 の規定による構造計算又はこれと同等以上に安全性を確かめることができるものとして国土交通大臣が定める基準に従った構造計算を行う場合にあっては，固定モーメント法，たわみ角法その他の解析法のうち荷重及び外力によって建築物の構造耐力上主要な部分その他の部分に生ずる力及び変形を当該建築物の性状に応じて適切に計算できる方法を用いること。

　　ロ　令第82条の 3 並びに令第82条の 5 第二号及び第八号の規定による構造計算又はこれと同等以上に安全性を確かめることができるものとして国土交通大臣が定める基準に従った構造計算を行う場合にあっては，増分解析若しくは極限解析による方法又は節点振分け法その他の解析法のうち荷重及び外力によって建築物の構造耐力上主要な部分に生ずる力及び各階の保有水平耐力その他の耐力を当該建築物の性状に応じて適切に計算できる方法を用いること。

　　ハ　令第82条の 5 第三号及び第五号の規定による構造計算を行う場合にあっては，増分解析による方法を用いるものとし，これと同等以上に安全性を確かめることができるものとして国土交通大臣が定める基準に従った構造計算を行う場合にあっては，増分解析法その他の解析法のうち荷重及び外力によって建築物の構造耐力上主要な部分に生ずる力及び変形並びに各階の保有水平耐力その他の耐力を当該建築物の性状に応じて適切に計算できる方法を用いること。

　二　前号に定める構造計算を行うに当たって，実験その他の特別な調査又は研究の結果に基づく部材又は架構その他の建築物の部分の耐力算定式又は構造計算上必要となる数値を用いる場合にあっては，当該耐力算定式又は数値が建築物の性状に応じて適切であることを確かめるものとする。

　　　附　則　（略）

建築基準法施行令第36条の2第五号の
国土交通大臣が指定する建築物を定める件

平成19年5月18日　国土交通省告示第593号
最終改正　令和元年6月25日　国土交通省告示第203号

建築基準法施行令（昭和25年政令第338号。以下「令」という。）第36条の2第五号の規定に基づき，その安全性を確かめるために地震力によって地上部分の各階に生ずる水平方向の変形を把握することが必要であるものとして，構造又は規模を限って国土交通大臣が指定する建築物は，次に掲げる建築物（平成14年国土交通省告示第474号に規定する特定畜舎等建築物を除く。）とする。

一　地階を除く階数が3以下，高さが13m以下及び軒の高さが9m以下である鉄骨造の建築物であって，次のイからハまでのいずれか（薄板軽量形鋼造の建築物及び屋上を自動車の駐車その他これに類する積載荷重の大きな用途に供する建築物にあっては，イ又はハ）に該当するもの以外のもの

イ　次の(1)から(5)までに該当するもの

(1)　架構を構成する柱の相互の間隔が6m以下であるもの

(2)　延べ面積が500m²以内であるもの

(3)　令第88条第1項に規定する地震力について標準せん断力係数を0.3以上とする計算をして令第82条第一号から第三号までに規定する構造計算をした場合に安全であることが確かめられたもの。この場合において，構造耐力上主要な部分のうち冷間成形により加工した角形鋼管（厚さ6mm以上のものに限る。）の柱にあっては，令第88条第1項に規定する地震力によって当該柱に生ずる力の大きさの値にその鋼材の種別並びに柱及びはりの接合部の構造方法に応じて次の表に掲げる数値以上の係数を乗じて得た数値を当該柱に生ずる力の大きさの値としなければならない。ただし，特別な調査又は研究の結果に基づき，角形鋼管に構造耐力上支障のある急激な耐力の低下を生ずるおそれのないことが確かめられた場合にあっては，この限りでない。

鋼材の種別		柱及びはりの接合部の構造方法	
		(い)	(ろ)
		内ダイアフラム形式（ダイアフラムを落とし込む形式としたものを除く。）	(い)欄に掲げる形式以外の形式
(1)	日本産業規格G 3466（一般構造用角形鋼管）−2006に適合する角形鋼管	1.3	1.4
(2)	(1)に掲げる角形鋼管以外の角形鋼管のうち，ロール成形その他断面のすべてを冷間成形により加工したもの	1.2	1.3
(3)	(1)に掲げる角形鋼管以外の角形鋼管のうち，プレス成形その他断面の一部を冷間成形により加工したもの	1.1	1.2

　　⑷　水平力を負担する筋かいの軸部が降伏する場合において，当該筋かいの端部及び
　　　　接合部が破断しないことが確かめられたもの
　　⑸　特定天井が平成25年国土交通省告示第771号第3第2項若しくは第3項に定める
　　　　基準に適合するもの，令第39条第3項の規定に基づく国土交通大臣の認定を受けた
　　　　もの又は同告示第3第4項第一号に定める構造計算によって構造耐力上安全である
　　　　ことが確かめられたもの
　ロ　次の⑴から⑺までに該当するもの
　　⑴　地階を除く階数が2以下であるもの
　　⑵　架構を構成する柱の相互の間隔が12m以下であるもの
　　⑶　延べ面積が500m²以内（平家建てのものにあっては，3,000m²以内）であるもの
　　⑷　イ⑶及び⑷の規定に適合するもの
　　⑸　令第82条の6第二号ロの規定に適合するもの
　　⑹　構造耐力上主要な部分である柱若しくははり又はこれらの接合部が局部座屈，破
　　　　断等によって，又は構造耐力上主要な部分である柱の脚部と基礎との接合部がアン
　　　　カーボルトの破断，基礎の破壊等によって，それぞれ構造耐力上支障のある急激な
　　　　耐力の低下を生ずるおそれのないことが確かめられたもの
　　⑺　イ⑸の規定に適合するもの
　ハ　建築基準法施行規則（昭和25年建設省令第40号。以下「施行規則」という。）第1
　　　条の3第1項第一号ロ⑵の規定に基づき，国土交通大臣があらかじめ安全であると認
　　　定した構造の建築物又はその部分
二　高さが20m以下である鉄筋コンクリート造（壁式ラーメン鉄筋コンクリート造，壁式
　鉄筋コンクリート造及び鉄筋コンクリート組積造を除く。）若しくは鉄骨鉄筋コンクリ
　ート造の建築物又はこれらの構造を併用する建築物であって，次のイ又はロに該当する
　もの以外のもの
　イ　次の⑴から⑶までに該当するもの
　　⑴　地上部分の各階の耐力壁（平成19年国土交通省告示第594号第1第三号イ⑴に規
　　　　定する開口周比が0.4以下であるものに限る。以下この号において同じ。）並びに構
　　　　造耐力上主要な部分である柱及び耐力壁以外の鉄筋コンクリート造又は鉄骨鉄筋コ
　　　　ンクリート造の壁（上端及び下端が構造耐力上主要な部分に緊結されたものに限
　　　　る。）の水平断面積が次の式に適合するもの。ただし，鉄骨鉄筋コンクリート造の
　　　　柱にあっては，同式中「0.7」とあるのは「1.0」とする。

　　　　　$\Sigma 2.5\alpha A_w + \Sigma 0.7\alpha A_c \geqq ZWA_i$

　　　　　この式において，α，A_w，A_c，Z，W及びA_iは，それぞれ次の数値を表すもの
　　　　とする。
　　　　　α　コンクリートの設計基準強度による割り増し係数として，設計基準強度
　　　　　　が18N/mm²未満の場合にあっては1.0，18N/mm²以上の場合にあっては使
　　　　　　用するコンクリートの設計基準強度（単位　N/mm²）を18で除した数値の
　　　　　　平方根の数値（当該数値が2の平方根の数値を超えるときは，2の平方根
　　　　　　の数値）
　　　　　A_w　当該階の耐力壁のうち計算しようとする方向に設けたものの水平断面積
　　　　　　（単位　mm²）
　　　　　A_c　当該階の構造耐力上主要な部分である柱の水平断面積及び耐力壁以外の
　　　　　　鉄筋コンクリート造又は鉄骨鉄筋コンクリート造の壁（上端及び下端が構
　　　　　　造耐力上主要な部分に緊結されたものに限る。）のうち計算しようとする

方向に設けたものの水平断面積（単位　mm²）

Z　令第88条第１項に規定する Z の数値

W　令第88条第１項の規定により地震力を計算する場合における当該階が支える部分の固定荷重と積載荷重との和（令第86条第２項ただし書の規定により特定行政庁が指定する多雪区域においては，更に積雪荷重を加えるものとする。）（単位　N）

A_i　令第88条第１項に規定する当該階に係る A_i の数値

(2)　構造耐力上主要な部分が，地震力によって当該部分に生ずるせん断力として次の式によって計算した設計用せん断力に対して，せん断破壊等によって構造耐力上支障のある急激な耐力の低下を生ずるおそれのないことが確かめられたものであること。

$$Q_D = \min \{Q_L + nQ_E,\ Q_O + Q_y\}$$

この式において，Q_D，Q_L，n，Q_E，Q_O 及び Q_y は，それぞれ次の数値を表すものとする。

Q_D　設計用せん断力（単位　N）

Q_L　固定荷重と積載荷重との和（令第86条第２項ただし書の規定により特定行政庁が指定する多雪区域においては，更に積雪荷重を加えるものとする。以下この号において「常時荷重」という。）によって生ずるせん断力。ただし，柱の場合には零とすることができる。（単位　N）

n　鉄筋コンクリート造にあっては1.5（耐力壁にあっては2.0）鉄骨鉄筋コンクリート造にあっては1.0以上の数値

Q_E　令第88条第１項の規定により地震力を計算する場合における当該地震力によって生ずるせん断力（単位　N）

Q_O　柱又ははりにおいて，部材の支持条件を単純支持とした場合に常時荷重によって生ずるせん断力。ただし，柱の場合には零とすることができる。（単位　N）

Q_y　柱又ははりにおいて，部材の両端に曲げ降伏が生じた時のせん断力。ただし，柱の場合には柱頭に接続するはりの曲げ降伏を考慮した数値とすることができる。（単位　N）

(3)　前号イ(5)の規定に適合するもの

ロ　施行規則第１条の３第１項第一号ロ(2)の規定に基づき，国土交通大臣があらかじめ安全であると認定した構造の建築物又はその部分

三　木造，組積造，補強コンクリートブロック造及び鉄骨造のうち２以上の構造を併用する建築物又はこれらの構造のうち一以上の構造と鉄筋コンクリート造若しくは鉄骨鉄筋コンクリート造とを併用する建築物であって，次のイからへまでに該当するもの以外のもの（次号イ又はロに該当するものを除く。）

イ　地階を除く階数が３以下であるもの

ロ　高さが13m以下で，かつ，軒の高さが９m以下であるもの

ハ　延べ面積が500m²内であるもの

ニ　鉄骨造の構造部分を有する階が第一号イ(1)，(3)及び(4)に適合するもの

ホ　鉄筋コンクリート造及び鉄骨鉄筋コンクリート造の構造部分を有する階が前号イ(1)及び(2)に適合するもの

へ　第一号イ(5)の規定に適合するもの

四　木造と鉄筋コンクリート造の構造を併用する建築物であって，次のイ又はロに該当するもの以外のもの（前号イからへまでに該当するものを除く。）

イ　次の⑴から⑾までに該当するもの
　⑴　次の⒤又は⑪に該当するもの
　　⒤　地階を除く階数が2又は3であり，かつ，1階部分を鉄筋コンクリート造とし，2階以上の部分を木造としたもの
　　⑪　地階を除く階数が3であり，かつ，1階及び2階部分を鉄筋コンクリート造とし，3階部分を木造としたもの
　⑵　高さが13m以下で，かつ，軒の高さが9m以下であるもの
　⑶　延べ面積が500m²以内であるもの
　⑷　地上部分について，令第82条の2に適合することが確かめられたもの
　⑸　⑴⒤に該当するもののうち地階を除く階数が3であるものにあっては，2階及び3階部分について，令第82条の6第二号イに適合することが確かめられたもの。この場合において，同号イ中「当該建築物」とあるのは，「2階及び3階部分」と読み替えるものとする。
　⑹　⑴⑪に該当するものにあっては，1階及び2階部分について，令第82条の6第二号イに適合することが確かめられたもの。この場合において，同号イ中「当該建築物」とあるのは，「1階及び2階部分」と読み替えるものとする。
　⑺　地上部分について，各階の偏心率が令第82条の6第二号ロに適合することが確かめられたもの
　⑻　鉄筋コンクリート造の構造部分について，昭和55年建設省告示第1791号第3第一号に定める構造計算を行ったもの
　⑼　木造の構造部分について，昭和55年建設省告示第1791号第1に定める構造計算を行ったもの
　⑽　CLTパネル工法を用いた建築物の構造部分について，平成28年国土交通省告示第611号第9第二号に定める構造計算を行ったもの
　⑾　第一号イ⑸の規定に適合するもの
ロ　次の⑴から⑸までに該当するもの
　⑴　地階を除く階数が2であり，かつ，1階部分を鉄筋コンクリート造とし，2階部分を木造としたもの
　⑵　イ⑵，⑷及び⑺から⑽までに該当するもの
　⑶　延べ面積が3,000m²以内であるもの
　⑷　2階部分の令第88条第1項に規定する地震力について，標準せん断力係数を0.3以上（同項ただし書の区域内における木造のもの（令第46条第2項第一号に掲げる基準に適合するものを除く。）にあっては，0.45以上）とする計算をし，当該地震力によって令第82条第一号から第三号までに規定する構造計算をした場合に安全であることが確かめられたもの又は特別な調査若しくは研究の結果に基づき当該建築物の振動特性を適切に考慮し，安全上支障のないことが確かめられたもの
　⑸　第一号イ⑸の規定に適合するもの
五　構造耐力上主要な部分である床版又は屋根版にデッキプレート版を用いた建築物であって，デッキプレート版を用いた部分以外の部分（建築物の高さ及び軒の高さについては当該屋根版を含む。以下同じ。）が次のイからへまでのいずれかに該当するもの以外のもの
イ　高さが13m以下で，かつ，軒の高さが9m以下である木造のもの
ロ　地階を除く階数が3以下である組積造又は補強コンクリートブロック造のもの
ハ　地階を除く階数が3以下，高さが13m以下及び軒の高さが9m以下である鉄骨造の

　　　ものであって，第一号イ又はロ（薄板軽量形鋼造のもの及び屋上を自動車の駐車その
　　　他これに類する積載荷重の大きな用途に供するものにあっては，イ）に該当するもの
　　ニ　高さが20m以下である鉄筋コンクリート造（壁式ラーメン鉄筋コンクリート造，壁
　　　式鉄筋コンクリート造及び鉄筋コンクリート組積造を除く。）若しくは鉄骨鉄筋コン
　　　クリート造のもの又はこれらの構造を併用するものであって，第二号イに該当するも
　　　の
　　ホ　木造，組積造，補強コンクリートブロック造及び鉄骨造のうち2以上の構造を併用
　　　するもの又はこれらの構造のうち1以上の構造と鉄筋コンクリート造若しくは鉄骨鉄
　　　筋コンクリート造とを併用するものであって，第三号イ(1)から(5)までに該当するもの
　　ヘ　木造と鉄筋コンクリート造の構造を併用するものであって，前号イ(1)から(10)まで又
　　　は前号(1)から(4)までに該当するもの
　　ト　第一号イ(5)の規定に適合するもの
　六　構造耐力上主要な部分である床版又は屋根版に軽量気泡コンクリートパネルを用いた
　　建築物であって，軽量気泡コンクリートパネルを用いた部分以外の部分（建築物の高さ
　　及び軒の高さについては当該屋根版を含む。以下同じ。）が前号イ若しくはハ又はホ（木
　　造と鉄骨造の構造を併用するものに限る。）及びトに該当するもの以外のもの
　七　屋根版にシステムトラスを用いた建築物であって，屋根版以外の部分（建築物の高さ
　　及び軒の高さについては当該屋根版を含む。以下同じ。）が第五号イからへまでのいず
　　れかに該当するもの以外のもの
　八　平成14年国土交通省告示第666号に規定する骨組膜構造の建築物であって，次のイ又
　　はロに該当するもの以外のもの
　　イ　次の(1)及び(2)に該当するもの
　　　(1)　平成14年国土交通省告示第666号第1第2項第一号ロ(1)から(3)までに規定する構
　　　　造方法に該当するもの
　　　(2)　骨組の構造が第五号イからへまでのいずれかに該当し，天井がトに該当するもの
　　ロ　次の(1)及び(2)に該当するもの
　　　(1)　平成14年国土交通省告示第666号第5第1項各号及び第2項から第6項まで（第
　　　　4項を除く。）に規定する構造計算によって構造耐力上安全であることが確かめら
　　　　れたもの
　　　(2)　第一号イ(5)の規定に適合するもの

　　附　則

1　（略）
2　昭和55年建設省告示第1790号は，廃止する。

保有水平耐力計算及び許容応力度等計算の方法を定める件

平成19年 5 月18日　国土交通省告示第594号
最終改正　令和元年 6 月25日　国土交通省告示第203号

建築基準法施行令（昭和25年政令第338号）第82条第一号，第82条の 2，第82条の 3 第一号及び第82条の 6 第二号ロの規定に基づき，保有水平耐力計算及び許容応力度等計算の方法を次のように定める。

第 1　構造計算に用いる数値の設定方法

一　建築物の架構の寸法，耐力，剛性，剛域その他の構造計算に用いる数値については，当該建築物の実況に応じて適切に設定しなければならない。

二　前号の数値の設定を行う場合においては，接合部の構造方法その他当該建築物の実況に応じて適切な設定の組み合わせが複数存在するときは，それらすべての仮定に基づき構造計算をして当該建築物の安全性を確かめなければならない。

三　壁に開口部を設ける場合にあっては，開口部を設けない場合と同等以上の剛性及び耐力を有するように当該開口部の周囲が補強されている場合を除き，次のイ又はロの区分に応じ，それぞれ当該各号に定める方法により当該壁の剛性及び耐力を低減した上で耐力壁として構造計算を行うか，当該壁を非構造部材（構造耐力上主要な部分以外の部分をいう。以下同じ。）として取り扱った上で第 2 第二号の規定によることとする。この場合において，開口部の上端を当該階のはりに，かつ，開口部の下端を当該階の床版にそれぞれ接するものとした場合にあっては，当該壁を一の壁として取り扱ってはならないものとする。

イ　鉄筋コンクリート造とした耐力壁（周囲の構造耐力上主要な部分である柱及びはりに緊結されたものとした場合に限る。）に開口部を設ける場合であって，当該開口部が(1)に適合することを確かめた場合　　当該開口部を有する耐力壁のせん断剛性の数値に(2)によって計算した低減率を乗じるとともに，当該開口部を有する耐力壁のせん断耐力の数値に(3)によって計算した低減率を乗じて構造計算を行うこと。

(1)　次の式によって計算した開口周比が0.4以下であること。

$$r_0 = \sqrt{(h_0 \cdot l_0)/(h \cdot l)}$$

この式において，r_0，h_0，l_0，h 及び l は，それぞれ次の数値を表すものとする。

　r_0　　開口周比
　h_0　　開口部の高さ（単位　m）
　l_0　　開口部の長さ（単位　m）
　h　　開口部を有する耐力壁の上下のはりの中心間距離（単位　m）
　l　　開口部を有する耐力壁の両端の柱の中心間距離（単位　m）

(2)　当該開口部を有する耐力壁のせん断剛性の低減率を次の式によって計算すること。

$$r_1 = 1 - 1.25 r_0$$

この式において，r_1はせん断剛性の低減率を表すものとし，r_0は(1)に規定する r_0 の数値を表すものとする。

(3)　当該開口部を有する耐力壁のせん断耐力の低減率を次の式によって計算すること。

$$r_2 = 1 - \max\{r_0,\ l_0/l,\ h_0/h\}$$

〔この式において，r_2はせん断耐力の低減率を表すものとし，r_0，l_0，l，h_0及びh〕
〔は，それぞれ(1)に規定するr_0，l_0，l，h_0及びhを表すものとする。〕

　　ロ　開口部を有する耐力壁の剛性及び耐力の低減について特別な調査又は研究が行われ
　　　ている場合　　当該開口部を有する耐力壁の剛性及び耐力を当該特別な調査又は研究
　　　の結果に基づき低減して構造計算を行うこと。

　四　壁以外の部材に開口部を設ける場合にあっては，開口部を設けない場合と同等以上の
　　剛性及び耐力を有するように当該開口部の周囲が補強されている場合を除き，当該部材
　　の剛性及び耐力の低減について特別な調査又は研究の結果に基づき算出した上で構造耐
　　力上主要な部分として構造計算を行うか，当該部材を非構造部材として取り扱った上で
　　第2第二号の規定によることとする。

第2　荷重及び外力によって建築物の構造耐力上主要な部分に生ずる力の計算方法

　一　建築基準法施行令（以下「令」という。）第82条第一号の規定に従って構造耐力上主
　　要な部分に生ずる力を計算するに当たっては，次のイ及びロに掲げる基準に適合するも
　　のとしなければならない。

　　イ　構造耐力上主要な部分に生ずる力は，当該構造耐力上主要な部分が弾性状態にある
　　　ものとして計算すること。

　　ロ　基礎又は基礎ぐいの変形を考慮する場合にあっては，平成13年国土交通省告示第11
　　　13号第1に規定する地盤調査の結果に基づき，当該基礎又は基礎ぐいの接する地盤が
　　　弾性状態にあることを確かめること。

　二　前号の計算に当たっては，非構造部材から伝達される力の影響を考慮して構造耐力上
　　主要な部分に生ずる力を計算しなければならない。ただし，特別な調査又は研究の結果
　　に基づき非構造部材から伝達される力の影響がないものとしても構造耐力上安全である
　　ことが確かめられた場合にあっては，この限りでない。

　三　前2号の規定によって構造耐力上主要な部分に生ずる力を計算するほか，次のイから
　　ホまでに掲げる場合に応じてそれぞれ当該イからホまでに定める方法によって計算を行
　　わなければならない。ただし，特別な調査又は研究の結果に基づき，イからホまでに定
　　める方法による計算と同等以上に建築物又は建築物の部分が構造耐力上安全であること
　　を確かめることができる計算をそれぞれ行う場合にあっては，この限りでない。

　　イ　建築物の地上部分の剛節架構の一部に鉄筋コンクリート造又は鉄骨鉄筋コンクリー
　　　ト造である耐力壁を配置する架構とし，かつ，地震時に当該架構を設けた階における
　　　耐力壁（その端部の柱を含む。）が負担するせん断力の和が当該階に作用する地震力
　　　の1/2を超える場合　　当該架構の柱（耐力壁の端部となる柱を除く。）について，当
　　　該柱が支える部分の固定荷重と積載荷重との和（令第86条第2項ただし書の規定によ
　　　り特定行政庁が指定する多雪区域においては，更に積雪荷重を加えるものとする。以
　　　下「常時荷重」という。）に令第88条第1項に規定する地震層せん断力係数を乗じた
　　　数値の0.25倍以上となるせん断力が作用するものとし，これと常時荷重によって生ず
　　　る力を組み合わせて計算した当該柱の断面に生ずる応力度が令第3章第8節第3款の
　　　規定による短期に生ずる力に対する許容応力度を超えないことを確かめること。

　　ロ　地階を除く階数が4以上である建築物又は高さが20mを超える建築物のいずれかの
　　　階において，当該階が支える部分の常時荷重の20%以上の荷重を支持する柱を架構の
　　　端部に設ける場合　　建築物の張り間方向及びけた行方向以外の方向に水平力が作用
　　　するものとして令第82条第一号から第三号までに規定する構造計算を行い安全である
　　　ことを確かめること。

ハ　地階を除く階数が４以上である建築物又は高さが20m を超える建築物であって，昇降機塔その他これに類する建築物の屋上から突出する部分（当該突出する部分の高さが２m を超えるものに限る。）又は屋外階段その他これに類する建築物の外壁から突出する部分を設ける場合　　作用する荷重及び外力（地震力にあっては，当該部分が突出する方向と直交する方向の水平震度（令第88条第１項に規定する Z の数値に1.0以上の数値を乗じて得た数値又は特別な調査若しくは研究に基づき当該部分の高さに応じて地震動の増幅を考慮して定めた数値を乗じて得た数値とする。）に基づき計算した数値とする。）に対して，当該部分及び当該部分が接続される構造耐力上主要な部分に生ずる力を計算して令第82条第一号から第三号までに規定する構造計算を行い安全であることを確かめること。

ニ　片持ちのバルコニーその他これに類する建築物の外壁から突出する部分（建築物の外壁から突出する部分の長さが２m 以下のものを除く。）を設ける場合　　作用する荷重及び外力（地震力にあっては，当該部分の鉛直震度（令第88条第１項に規定する Z の数値に1.0以上の数値を乗じて得た数値とする。）に基づき計算した数値とする。）に対して，当該部分及び当該部分が接続される構造耐力上主要な部分に生ずる力を計算して令第82条第一号から第三号までに規定する構造計算を行い安全であることを確かめること。

ホ　令第86条第２項ただし書の規定により特定行政庁が指定する多雪区域以外の区域（同条第１項に規定する垂直積雪量が0.15m 以上である区域に限る。）内にある建築物（屋根版を鉄筋コンクリート造又は鉄骨鉄筋コンクリート造としたものを除く。）が特定緩勾配屋根部分（屋根勾配が15°以下で，かつ，最上端から最下端までの水平投影の長さが10m 以上の屋根の部分をいう。以下同じ。）を有する場合　　特定緩勾配屋根部分に作用する荷重及び外力（積雪荷重にあっては，同条に規定する方法によって計算した積雪荷重に次の式によって計算した割り増し係数を乗じて得た数値（屋根面における雨水が滞留するおそれのある場合にあっては，当該数値にその影響を考慮した数値）とする。）に対して，特定緩勾配屋根部分及び特定緩勾配屋根部分が接続される構造耐力上主要な部分に生ずる力を計算して令第82条第一号から第三号までに規定する構造計算を行い安全であることを確かめること。

$$\alpha = 0.7 + \sqrt{\frac{dr}{\mu b d}}$$

この式において，α，dr，μb 及び d は，それぞれ次の数値を表すものとする。

α　割り増し係数（当該数値が1.0未満の場合には，1.0）

dr　特定緩勾配屋根部分の最上端から最下端までの水平投影の長さ及び屋根勾配に応じて，次の表に掲げる数値（単位　m）

最上端から最下端までの水平投影の長さ （単位　m）	屋根勾配（単位°）	dr の数値
10	2 以下	0.05
	15	0.01
50以上	2 以下	0.14
	15	0.03

この表に掲げる最上端から最下端までの水平投影の長さ及び屋根勾配の数値以外の当該数値に応じた dr は，表に掲げる数値をそれぞれ直線的に補間した数値とする。

$\left.\begin{array}{ll} \mu b & \text{令第86条第4項に規定する屋根形状係数} \\ d & \text{令第86条第1項に規定する垂直積雪量(単位　m)} \end{array}\right\}$

第3　地震力によって各階に生ずる水平方向の層間変位の計算方法

一　令第82条の2に規定する層間変位は，地震力が作用する場合における各階の上下の床版と壁又は柱とが接する部分の水平方向の変位の差の計算しようとする方向の成分として計算するものとする。この場合において，同条に規定する層間変形角（当該層間変位の当該各階の高さに対する割合をいう。）については，上下の床版に接する壁及び柱のすべてについて確かめなければならない。

二　前号の規定にかかわらず，令第82条の6第二号イの規定に従って剛性率を計算する場合における層間変形角の算定に用いる層間変位は，各階において当該階が計算しようとする方向のせん断力に対して一様に変形するものとして計算した水平剛性の数値に基づき計算するものとする。ただし，特別な調査又は研究によって建築物の層間変位を計算した場合にあっては，この限りでない。

第4　保有水平耐力の計算方法

一　令第82条の3第一号に規定する保有水平耐力は，建築物の地上部分の各階ごとに，架構が次に定める崩壊形に達する時における当該各階の構造耐力上主要な部分に生じる水平力の和のうち最も小さい数値以下の数値として計算するものとする。

イ　全体崩壊形（建築物のすべてのはり（最上階のはり及び1階の床版に接するはりを除く。）の端部並びに最上階の柱頭及び1階の柱脚に塑性ヒンジが生じること，1階の耐力壁の脚部に塑性ヒンジが生じることその他の要因によって建築物の全体が水平力に対して耐えられなくなる状態をいう。以下同じ。）

ロ　部分崩壊形（全体崩壊形以外の状態であって，建築物の特定の階においてすべての柱頭及び柱脚に塑性ヒンジが生じること，耐力壁がせん断破壊することその他の要因によって建築物の特定の階が水平力に対して耐えられなくなる状態をいう。以下同じ。）

ハ　局部崩壊形（建築物の構造耐力上主要な部分のいずれかが破壊し，架構が水平力に対しては引き続き耐えられる状態であっても，常時荷重に対して架構の一部が耐えられなくなる状態をいう。以下同じ。）

二　各階の保有水平耐力を増分解析により計算する場合にあっては，建築物の地上部分の各階について標準せん断力係数（令第88条に規定する地震力の計算時に用いる係数をいう。）の数値を漸増させ，これに応じた地震層せん断力係数に当該各階が支える部分の常時荷重を乗じた数値を水平力として作用させるものとする。この場合において，当該地震層せん断力係数を計算する場合に用いる A_i は，令第88条第1項に規定する A_i（以下単に「A_i」という。）を用いなければならない。ただし，次のイからハまでのいずれかに該当する場合にあっては，A_i に同項に規定する D_s（以下単に「D_s」という。）及び F_{es}（以下単に「F_{es}」という。）を乗じた数値を A_i に替えて用いることができる。

イ　A_i を用いて増分解析を行い，架構の崩壊状態が全体崩壊形となることが確かめられた場合

ロ　A_i を用いて増分解析を行い，架構の崩壊状態が部分崩壊形又は局部崩壊形となることが確かめられ，かつ，崩壊する階（部分崩壊形にあっては水平力に対して不安定になる階を，局部崩壊形にあっては局部的な崩壊が生じる階をいう。）以外の階である建築物の部分（崩壊する階が架構の中間である場合にあっては，当該階の上方及び下方のそれぞれの建築物の部分）について，すべてのはり（当該建築物の部分の最上階のはり及び最下階の床版に接するはりを除く。）の端部並びに最上階の柱頭及び最下

階の柱脚に塑性ヒンジが生じることその他の要因によって当該建築物の部分の全体が水平力に対して耐えられなくなる状態となることが確かめられた場合

ハ　建築物の振動特性に関する特別な調査又は研究によって地震力に耐えている建築物の各階の層せん断力の高さ方向の分布について D_s 及び F_{es} を考慮して計算した数値とすることができることが確かめられた場合

三　構造耐力上主要な部分である柱，はり若しくは壁又はこれらの接合部について，第一号における架構の崩壊状態の確認に当たっては，局部座屈，せん断破壊等による構造耐力上支障のある急激な耐力の低下が生ずるおそれのないことを，次のイからニまでに掲げる方法その他特別な調査又は研究の結果に基づき適切であることが確かめられた方法によるものとする。

イ　木造の架構にあっては，構造耐力上主要な部分である柱若しくははり又はこれらの接合部がその部分の存在応力を伝えることができるものであること。

ロ　鉄骨造の架構において冷間成形により加工した角形鋼管（厚さ 6 mm 以上のものに限る。以下ロにおいて単に「角形鋼管」という。）を構造耐力上主要な部分である柱に用いる場合にあっては，次に定める構造計算を行うこと。ただし，特別な調査又は研究の結果に基づき，角形鋼管に構造耐力上支障のある急激な耐力の低下を生ずるおそれのないことが確かめられた場合にあっては，この限りでない。

⑴　構造耐力上主要な部分である角形鋼管を用いた柱が日本産業規格（以下「JIS」という。）G 3466（一般構造用角形鋼管）－2006に適合する場合にあっては，構造耐力上主要な部分である柱及びはりの接合部（最上階の柱の柱頭部及び 1 階の柱の脚部である接合部を除く。）について，昭和55年建設省告示第1791号第 2 第三号イに適合することを確かめるほか，当該柱が 1 階の柱である場合にあっては，地震時に柱の脚部に生ずる力に1.4（柱及びはりの接合部の構造方法を内ダイアフラム形式（ダイアフラムを落とし込む形式としたものを除く。）とした場合は1.3）以上の数値を乗じて令第82条第一号から第三号までに規定する構造計算をして当該建築物が安全であることを確かめること。

⑵　構造耐力上主要な部分である角形鋼管を用いた柱が JIS　G3466（一般構造用角形鋼管）－2006に適合する角形鋼管以外の角形鋼管である場合にあっては，当該柱の存する階ごとに，柱及びはりの接合部（最上階の柱頭部及び 1 階の柱脚部を除く。）について次の式に適合することを確かめること。ただし，次の式に適合しない階に設けた角形鋼管の柱の材端（はりその他の横架材に接着する部分をいう。以下⑵において同じ。），最上階の角形鋼管の柱頭部及び 1 階の角形鋼管の柱脚部の耐力を，鋼材の種別並びに柱及びはりの接合部の構造方法に応じて次の表に掲げる係数を乗じて低減し，かつ，当該耐力を低減した柱に接着するはりの材端（柱に接着する部分をいう。以下⑵において同じ。）において塑性ヒンジを生じないものとして令第82条の 3 に規定する構造計算を行い安全であることを確かめた場合にあっては，この限りでない。

$$\Sigma M_{pc} \geqq \Sigma \min \{1.5 M_{pb},\ 1.3 M_{pp}\}$$

この式において，M_{pc}，M_{pb} 及び M_{pp} は，それぞれ次の数値を表すものとする。

　M_{pc}　各階の柱及びはりの接合部において柱の材端に生じうるものとした最大の曲げモーメント（単位　Nm）

　M_{pb}　各階の柱及びはりの接合部においてはりの材端に生じうるものとした最大の曲げモーメント（単位　Nm）

M_{pp}　各階の柱及びはりの接合部に生じうるものとした最大の曲げモーメント（単位　Nm）

鋼材の種別	柱及びはりの接合部の構造方法	
	(い)	(ろ)
	内ダイアフラム形式（ダイアフラムを落とし込む形式としたものを除く。）	(い)欄に掲げる形式以外の形式
ロール成形その他断面のすべてを冷間成形により加工したもの	0.80	0.75
プレス成形その他断面の一部を冷間成形により加工したもの	0.85	0.80

ハ　鉄筋コンクリート造の架構にあっては，使用する部分及び第一号の計算を行う場合における部材（せん断破壊を生じないものとした部材に限る。）の状態に応じ，次の表の式によって構造耐力上主要な部分にせん断破壊を生じないことを確かめること。ただし，特別な調査又は研究の結果に基づき，構造耐力上主要な部分にせん断破壊を生じないことが確かめられた場合にあっては，この限りでない。

使用する部分	第一号の計算を行う場合における部材の状態	
	(い)	(ろ)
	部材の両端にヒンジが生ずる状態	(い)欄に掲げる状態以外の状態
はり	$Q_b \geqq Q_0 + 1.1Q_M$	$Q_b \geqq Q_0 + 1.2Q_M$
柱	$Q_c \geqq 1.1Q_M$	$Q_c \geqq 1.25Q_M$
耐力壁	—	$Q_w \geqq 1.25Q_M$

この表において，Q_b，Q_c，Q_w，Q_0及びQ_Mは，それぞれ次の数値を表すものとする。

Q_b　次の式によって計算したはりのせん断耐力（単位　N）

$$Q_b = \left\{ \frac{0.068p_t^{0.23} \cdot (F_c + 18)}{M/(Q \cdot d) + 0.12} + 0.85\sqrt{p_w \cdot \sigma_{wy}} \right\}$$

この式において，p_t，F_c，M/Q，d，p_w，σ_{wy}，b及びjは，それぞれ次の数値を表すものとする。

p_t　引張鉄筋比（単位　％）

F_c　コンクリートの設計基準強度（設計に際し採用する圧縮強度をいう。以下同じ。）（単位　N/mm²）

M/Q　はりのシアスパン（はりの有効長さ内における当該はりに作用する最大の曲げモーメント M と最大のせん断力 Q の比とし，M/Q の数値が d 未満となる場合にあっては d とし，d に3を乗じて得た数値を超える場合にあっては d に3を乗じて得た数値とする。）（単位　mm）

d　はりの有効せい（単位　mm）

p_w　せん断補強筋比（小数とする。）

σ_{wy}　せん断補強筋の材料強度（単位　N/mm²）

b　はりの幅（単位　mm）

　　j　応力中心距離（はりの有効せいに7/8を乗じて計算した数値とする。）（単位　mm）

Q_c　次の式によって計算した柱のせん断耐力（単位　N）

$$Q_c = Q_b + 0.1\,\sigma_0 \cdot b \cdot j$$

この式において，Q_b，σ_0，b 及び j は，それぞれ次の数値を表すものとする。

　　Q_b　当該柱をはりとみなして計算した場合における部材のせん断耐力（単位　N）

　　σ_0　平均軸応力度（F_c に0.4を乗じた数値を超える場合は，F_c に0.4を乗じた数値とする。）（単位　N/mm²）

　　b　柱の幅（単位　mm）

　　j　応力中心距離（柱の有効せいに7/8を乗じて計算した数値とする。）（単位　mm）

Q_w　次の式によって計算した耐力壁のせん断耐力（単位　N）

$$Q_w = \left\{ \frac{0.068 p_{te}^{0.23} \cdot (F_c + 18)}{\sqrt{M/(Q \cdot D) + 0.12}} + 0.85\sqrt{p_{wh} \cdot \sigma_{wh}} + 0.1\sigma_0 \right\} \cdot t_e \cdot j$$

この式において，p_{te}，a_t，t_e，F_c，M/Q，D，p_{wh}，σ_{wh}，σ_0 及び j は，それぞれ次の数値を表すものとする。

　　p_{te}　等価引張鉄筋比（$100a_t/(t_e \cdot d)$ によって計算した数値とする。）この場合において，d は耐力壁の有効長さとして，周囲の柱及びはりと緊結された耐力壁で水平方向の断面がI形とみなせる場合（以下「I形断面の場合」という。）にあっては $D - D_c/2$（D_c は圧縮側柱のせい），耐力壁の水平方向の断面が長方形の場合（以下「長方形断面の場合」という。）にあっては0.95D とする。（単位　%）

　　a_t　I形断面の場合は引張側柱内の主筋断面積，耐力壁の水平方向の断面が長方形の場合は端部の曲げ補強筋の断面積（単位　mm²）

　　t_e　耐力壁の厚さ（I形断面の場合にあっては，端部の柱を含む水平方向の断面の形状に関して長さと断面積とがそれぞれ等しくなるように長方形の断面に置き換えたときの幅の数値とし，耐力壁の厚さの1.5倍を超える場合にあっては，耐力壁の厚さの1.5倍の数値とする。）（単位　mm）

　　F_c　コンクリートの設計基準強度（単位　N/mm²）

　　M/Q　耐力壁のシアスパン（当該耐力壁の高さの内における最大の曲げモーメント M と最大のせん断力 Q の比とし，M/Q の数値が D 未満となる場合にあっては D とし，D に3を乗じて得た数値を超える場合にあっては D に3を乗じて得た数値とする。）（単位　mm）

　　D　耐力壁の全長（I形断面の場合にあっては端部の柱のせいを加えた数値とする。）（単位　mm）

　　p_{wh}　t_e を厚さと考えた場合の耐力壁のせん断補強筋比（小数とする。）

　　σ_{wh}　せん断補強筋の材料強度（単位　N/mm²）

　　σ_0　耐力壁の全断面積に対する平均軸方向応力度（単位　N/mm²）

　　j　応力中心距離（耐力壁の有効長さに7/8を乗じて計算した数値とする。）（単位　mm）

Q_0　第一号の計算において部材に作用するものとした力のうち長期に生ずるせん断力（単位　N）

Q_M　第一号の計算において部材に作用するものとした力のうち地震力によって生ずるせん断力（単位　N）

ニ　平成19年国土交通省告示第593号第二号イ⑵の規定によること。この場合において，式中「n　1.5（耐力壁にあっては2.0）以上の数値」とあるのは，「n　1.5（耐力壁にあっては1.0）以上の数値」と読み替えるものとする。ただし，特別な調査又は研究の結果に基づき鉄筋コンクリート造である構造耐力上主要な部分に損傷を生じないことを別に確かめることができる場合にあっては，この限りでない。

四　鉄筋コンクリート造又は鉄骨鉄筋コンクリート造である建築物の構造部分であって，令第73条，第77条第二号から第六号までのいずれか，第77条の２第２項，第78条又は第78条の２第１項第三号の規定に適合しないものについては，当該構造部分に生ずる力を次の表に掲げる式によって計算し，当該構造部分に生ずる力が，それぞれ令第３章第8節第４款の規定による材料強度によって計算した当該構造部分の耐力を超えないことを確かめるものとする。ただし，当該構造部分の実況に応じた加力実験によって耐力，靭性及び付着に関する性能が当該構造部分に関する規定に適合する部材と同等以上であることが確認された場合にあっては，この限りでない。

荷重及び外力について想定する状態	一般の場合	令第86条第２項ただし書の規定により特定行政庁が指定する多雪区域における場合	備　　考
積雪時	$G+P+1.4S$	$G+P+1.4S$	
暴風時	$G+P+1.6W$	$G+P+1.6W$	建築物の転倒，柱の引抜き等を検討する場合においては，Pについては，建築物の実況に応じて積載荷重を減らした数値によるものとする。
		$G+P+0.35S+1.6W$	
地震時	$G+P+K$	$G+P+0.35S+K$	

この表において，G，P，S，W及びKは，それぞれ次の力（軸方向力，曲げモーメント，せん断力等をいう。）を表すものとする。

G　令第84条に規定する固定荷重によって生ずる力

P　令第85条に規定する積載荷重によって生ずる力

S　令第86条に規定する積雪荷重によって生ずる力

W　令第87条に規定する風圧力によって生ずる力

K　令第88条に規定する地震力によって生ずる力（標準せん断力係数を1.0以上とする。ただし，当該建築物の振動に関する減衰性及び当該部材を含む階の靭性を適切に評価して計算をすることができる場合においては，標準せん断力係数を当該計算により得られた数値（当該数値が0.3未満のときは0.3）とすることができる。）

五　建築物の地上部分の塔状比（計算しようとする方向における架構の幅に対する高さの比をいう。）が４を超える場合にあっては，次のイ又はロに掲げる層せん断力のいずれかが作用するものとした場合に建築物の地盤，基礎ぐい及び地盤アンカーに生ずる力を計算し，当該力が地盤にあっては平成13年国土交通省告示第1113号第1に規定する方法による地盤調査（以下この号において単に「地盤調査」という。）によって求めた極限応力度に基づき計算した極限支持力の数値を，基礎ぐい及び地盤アンカーにあっては令第３章第8節第４款の規定による材料強度に基づき計算した当該基礎ぐい及び地盤アンカーの耐力並びに地盤調査によって求めた圧縮方向及び引抜き方向の極限支持力の数値をそれぞれ超えないことを確かめるものとする。ただし，特別な調査又は研究によって

地震力が作用する建築物の全体の転倒が生じないことを確かめた場合にあっては，この限りでない。

　イ　令第88条第1項に規定する地震力について標準せん断力係数を0.3以上として計算した層せん断力

　ロ　第一号の規定によって計算した保有水平耐力に相当する層せん断力が生ずる場合に各階に作用するものとした層せん断力

第5　各階の剛心周りのねじり剛性の計算方法

　令第82条の6第二号ロの各階の剛心周りのねじり剛性は，当該階が計算しようとする方向のせん断力に対して一様に変形するものとして計算した水平剛性の数値に基づき，次の式によって計算した数値とする。ただし，特別な調査又は研究の結果に基づき各階の剛心周りのねじり剛性を計算した場合にあっては，この限りでない。

$$K_R = \Sigma(k_x \cdot \overline{Y}{}^2) + \Sigma(k_y \cdot \overline{X}{}^2)$$

　この式において，K_R，k_x，$\overline{Y}$，k_y及び$\overline{X}$は，それぞれ次の数値を表すものとする。

　　K_R　剛心周りのねじり剛性（単位　Nm）

　　k_x　令第82条の2に規定する構造計算を行う場合における各部材の張り間方向の剛性（単位　N/m）

　　$\overline{Y}$　剛心と各部材をそれぞれ同一水平面上に投影させて結ぶ線をけた行方向の平面に投影させた線の長さ（単位　m）

　　k_y　令第82条の2に規定する構造計算を行う場合における各部材のけた行方向の剛性（単位　N/m）

　　$\overline{X}$　剛心と各部材をそれぞれ同一水平面上に投影させて結ぶ線を張り間方向の平面に投影させた線の長さ（単位　m）

　附　則　（略）

建築基準法施行令第81条第2項第一号イ若しくはロ，同項第二号イ又は同条第3項に規定する国土交通大臣が定める基準に従った構造計算によりプレストレストコンクリート造の建築物等の安全性を確かめた場合の構造計算書を定める件

平成19年6月19日　国土交通省告示第823号

最終改正　平成27年1月29日　国土交通省告示第184号

建築基準法施行規則（昭和25年建設省令第40号。以下「施行規則」という。）第1条の3第1項第一号ロ(2)(ii)の規定に基づき，プレストレストコンクリート造の建築物等の構造計算書を次のように定める。

　一　建築基準法施行令（昭和25年政令第338号。以下「令」という。）第81条第2項第一号イに規定する保有水平耐力計算と同等以上に安全性を確かめることができる構造計算によりプレストレストコンクリート造の建築物等の安全性を確かめた場合　　別表第1とする。

　二　令第81条第2項第一号ロに規定する限界耐力計算と同等以上に安全性を確かめることができる構造計算によりプレストレストコンクリート造の建築物等の安全性を確かめた場合　　別表第2とする。

　三　令第81条第2項第二号イに規定する許容応力度等計算と同等以上に安全性を確かめることができる構造計算によりプレストレストコンクリート造の建築物等の安全性を確かめた場合　　別表第3とする。

　四　令第81条第3項に規定する令第82条各号及び令第82条の4に定めるところによる構造計算と同等以上に安全性を確かめることができる構造計算によりプレストレストコンクリート造の建築物等の安全性を確かめた場合　　別表第4とする。

別表第1

	構造計算書の種類	明示すべき事項
(1)	構造計算チェックリスト	プログラムによる構造計算を行う場合において，申請に係る建築物が，当該プログラムによる構造計算によって安全性を確かめることのできる建築物の構造の種別，規模その他のプログラムの使用条件に適合するかどうかを照合するための事項
	使用構造材料一覧表	構造耐力上主要な部分である部材（接合部を含む。）に使用されるすべての材料の種別（規格がある場合にあっては，当該規格）及び使用部位
		使用する材料の許容応力度，許容耐力及び材料強度の数値及びそれらの算出方法
		使用する指定建築材料が建築基準法（昭和25年法律第201号。以下「法」という。）第37条の規定に基づく国土交通大臣の認定を受けたものである場合にあっては，その使用位置，形状及び寸法，当該構造計算において用いた許容応力度及び材料強度の数値並びに認定番号

	特別な調査又は研究の結果等説明書	法第68条の25の規定に基づく国土交通大臣の認定を受けた構造方法等その他特殊な構造方法等が使用されている場合にあっては，その認定番号，使用条件及び内容
		特別な調査又は研究の結果に基づき構造計算が行われている場合にあっては，その検討内容
		構造計算の仮定及び計算結果の適切性に関する検討内容
(2)	基礎・地盤説明書（施行規則第1条の3第1項の表3中の規定に基づき国土交通大臣があらかじめ適切であると認定した算出方法により基礎ぐいの許容支持力を算出する場合で当該認定に係る認定書の写しを添えた場合にあっては，当該算出方法に係る図書のうち国土交通大臣の指定したものを除く。）	地盤調査方法及びその結果
		地層構成，支持地盤及び建築物（地下部分を含む。）の位置
		地下水位（地階を有しない建築物に直接基礎を用いた場合を除く。）
		基礎の工法（地盤改良を含む。）の種別，位置，形状，寸法及び材料の種別
		構造計算において用いた支持層の位置，層の構成及び地盤調査の結果により設定した地盤の特性値
		地盤の許容応力度並びに基礎及び基礎ぐいの許容支持力の数値及びそれらの算出方法
	略伏図	各階の構造耐力上主要な部分である部材の種別，配置及び寸法並びに開口部の位置
	略軸組図	すべての通りの構造耐力上主要な部分である部材の種別，配置及び寸法並びに開口部の位置
	部材断面表	各階及びすべての通りの構造耐力上主要な部分である部材の断面の形状，寸法及び仕様
	荷重・外力計算書	固定荷重の数値及びその算出方法
		各階又は各部分の用途ごとに積載荷重の数値及びその算出方法
		各階又は各部分の用途ごとに大規模な設備，塔屋その他の特殊な荷重（以下「特殊な荷重」という。）の数値及びその算出方法
		積雪荷重の数値及びその算出方法
		風圧力の数値及びその算出方法
		地震力の数値及びその算出方法
		プレストレスの数値及びその算出方法
		土圧，水圧その他考慮すべき荷重及び外力の数値及びそれらの算出方法
		略伏図上に記載した特殊な荷重の分布
	応力計算書（応力図及び基礎反力図を含む。）	構造耐力上主要な部分である部材に生ずる力の数値及びその算出方法

		地震時（風圧力によって生ずる力が地震力によって生ずる力を上回る場合にあっては暴風時）における柱が負担するせん断力及びその分担率並びに耐力壁又は筋かいが負担するせん断力及びその分担率
		平成19年国土交通省告示第817号別記第3号様式に定める応力図及び同告示別記第4号様式に定める基礎反力図に記載すべき事項
	断面計算書（断面検定比図を含む。）	構造耐力上主要な部分である部材（接合部を含む。）の位置，部材に付す記号，部材断面の仕様，部材に生じる荷重の種別及び当該荷重が作用する方向
		構造耐力上主要な部分である部材（接合部を含む。）の軸方向，曲げ及びせん断の応力度
		構造耐力上主要な部分である部材（接合部を含む。）の軸方向，曲げ及びせん断の許容応力度
		構造耐力上主要な部分である部材（接合部を含む。）の応力度と許容応力度の比率
		昭和58年建設省告示第1320号（以下「告示」という。）第13第二号ロに規定する構造計算の計算書
		告示第13第二号ハに規定する構造計算の計算書
		告示第15第二号に規定する構造計算の計算書（告示第16に規定する構造計算を行った場合にあっては，省略することができるものとする。）
		平成19年国土交通省告示第817号別記第5号様式に定める断面検定比図に記載すべき事項
	基礎ぐい等計算書	基礎ぐい，床版，小ばりその他の構造耐力上主要な部分である部材に関する構造計算の計算書
	使用上の支障に関する計算書	告示第13第二号ニに規定する構造計算の計算書
(3)	層間変形角計算書	層間変位の計算に用いる地震力
		地震力によって各階に生ずる水平方向の層間変位の算出方法
		各階及び各方向の地震力による層間変形角の算出方法
	層間変形角計算結果一覧表	各階及び各方向の地震力による層間変形角
		損傷が生ずるおそれのないことについての検証内容（層間変形角が1/200を超え1/120以内である場合に限る。）
(4)	保有水平耐力計算書	保有水平耐力計算に用いる地震力
		各階及び各方向の保有水平耐力の算出方法
		令第82条の3第二号に規定する各階の構造特性を表す Ds（以下この表において「Ds」という。）の算出方法
		令第82条の3第二号に規定する各階の形状特性を表す Fes（以下この表において「Fes」という。）の算出方法

		各階及び各方向の必要保有水平耐力の算出方法
		構造耐力上主要な部分である柱，はり若しくは壁又はこれらの接合部について，局部座屈，せん断破壊等による構造耐力上支障のある急激な耐力の低下が生ずるおそれのないことについての検証内容
	保有水平耐力計算結果一覧表	各階の保有水平耐力を増分解析により計算する場合における外力分布
		架構の崩壊形
		保有水平耐力，Ds，Fes 及び必要保有水平耐力の数値
		各階及び各方向の Ds の算定時における構造耐力上主要な部分である部材に生ずる力の分布及び塑性ヒンジの発生状況
		各階及び各方向の構造耐力上主要な部分である部材の部材群としての部材種別
		各階及び各方向の保有水平耐力時における構造耐力上主要な部分である部材に生ずる力の分布及び塑性ヒンジの発生状況
		各階の保有水平耐力を増分解析により計算する場合において，建築物の各方向におけるせん断力と層間変形角の関係
(5)	使用構造材料一覧表	屋根ふき材，外装材及び屋外に面する帳壁に使用されるすべての材料の種別（規格がある場合にあっては当該規格）及び使用部位
		使用する材料の許容応力度，許容耐力及び材料強度の数値及びそれらの算出方法
		使用する指定建築材料が法第37条の規定に基づく国土交通大臣の認定を受けたものである場合にあっては，その使用位置，形状及び寸法，当該構造計算において用いた許容応力度及び材料強度の数値並びに認定番号
	荷重・外力計算書	風圧力の数値及びその算出方法
	応力計算書	屋根ふき材及び屋外に面する帳壁に生ずる力の数値及びその算出方法
	屋根ふき材等計算書	告示第17に規定する構造計算の計算書

構造計算書の作成に当たっては，次に掲げる事項について留意するものとする。
1　確認申請時に提出する構造計算書には通し頁を付すことその他の構造計算書の構成を識別できる措置を講じること。
2　建築物の構造等の実況に応じて，当該建築物の安全性を確かめるために必要な図書の追加，変更等を行うこと。
3　他の構造を併用する建築物にあっては，それぞれの構造種別に応じて構造計算書を作成すること。
4　この表の略伏図及び略軸組図は，構造計算における架構の様相を示した図に代えることができるものとするほか，プログラムによる構造計算を行わない場合にあっては省略することができるものとする。

別表第2

	構造計算書の種類	明示すべき事項
(1)	構造計算チェックリスト	プログラムによる構造計算を行う場合において，申請に係る建築物が，当該プログラムによる構造計算によって安全性を確かめることのできる建築物の構造の種別，規模その他のプログラムの使用条件に適合するかどうかを照合するための事項
	使用構造材料一覧表	構造耐力上主要な部分である部材（接合部を含む。）に使用されるすべての材料の種別（規格がある場合にあっては，当該規格）及び使用部位
		使用する材料の許容応力度，許容耐力及び材料強度の数値及びそれらの算出方法
		使用する指定建築材料が法第37条の規定に基づく国土交通大臣の認定を受けたものである場合にあっては，その使用位置，形状及び寸法，当該構造計算において用いた許容応力度及び材料強度の数値並びに認定番号
	特別な調査又は研究の結果等説明書	法第68条の25の規定に基づく国土交通大臣の認定を受けた構造方法等その他特殊な構造方法等が使用されている場合にあっては，その認定番号，使用条件及び内容
		特別な調査又は研究の結果に基づき構造計算が行われている場合にあっては，その検討内容
		構造計算の仮定及び計算結果の適切性に関する検討内容
(2)	基礎・地盤説明書（施行規則第1条の3第1項の表3中の規定に基づき国土交通大臣があらかじめ適切であると認定した算出方法により基礎ぐいの許容支持力を算出する場合で当該認定に係る認定書の写しを添えた場合にあっては，当該算出方法に係る図書のうち国土交通大臣の指定したものを除く。）	地盤調査方法及びその結果
		地層構成，支持地盤及び建築物（地下部分を含む。）の位置
		地下水位（地階を有しない建築物に直接基礎を用いた場合を除く。）
		基礎の工法（地盤改良を含む。）の種別，位置，形状，寸法及び材料の種別
		構造計算において用いた支持層の位置，層の構成及び地盤調査の結果により設定した地盤の特性値
		地盤の許容応力度並びに基礎及び基礎ぐいの許容支持力の数値及びそれらの算出方法
	略伏図	各階の構造耐力上主要な部分である部材の種別，配置及び寸法並びに開口部の位置
	略軸組図	すべての通りの構造耐力上主要な部分である部材の種別，配置及び寸法並びに開口部の位置
	部材断面表	各階及びすべての通りの構造耐力上主要な部分である部材の断面の形状，寸法及び仕様
	荷重・外力計算書	固定荷重の数値及びその算出方法
		各階又は各部分の用途ごとに積載荷重の数値及びその算出方法

		各階又は各部分の用途ごとに特殊荷重の数値及びその算出方法
		積雪荷重の数値及びその算出方法
		風圧力の数値及びその算出方法
		地震力の数値及びその算出方法
		プレストレスの数値及びその算出方法
		土圧，水圧その他考慮すべき荷重及び外力の数値及びそれらの算出方法
		略伏図上に記載した特殊な荷重の分布
	応力計算書（応力図及び基礎反力図を含む。）（地下部分の計算を含む。）	構造耐力上主要な部分である部材に生ずる力の数値及びその算出方法
		地震時（風圧力によって生ずる力が地震力によって生ずる力を上回る場合にあっては暴風時）における柱が負担するせん断力及びその分担率並びに耐力壁又は筋かいが負担するせん断力及びその分担率
		平成19年国土交通省告示第817号別記第3号様式に定める応力図及び同告示別記第4号様式に定める基礎反力図に記載すべき事項
	断面計算書（断面検定比図を含む。）（地下部分の計算を含む。）	構造耐力上主要な部分である部材（接合部を含む。）の位置，部材に付す記号，部材断面の仕様，部材に生じる荷重の種別及び当該荷重が作用する方向
		構造耐力上主要な部分である部材（接合部を含む。）の軸方向，曲げ及びせん断の応力度
		構造耐力上主要な部分である部材（接合部を含む。）の軸方向，曲げ及びせん断の許容応力度
		構造耐力上主要な部分である部材（接合部を含む。）の応力度と許容応力度の比率
		告示第13第二号ロに規定する構造計算の計算書
		平成19年国土交通省告示第817号別記第5号様式に定める断面検定比図に記載すべき事項
	積雪・暴風時耐力計算書	構造耐力上主要な部分である部材（接合部を含む。）に生ずる力の数値及びその算出方法
		構造耐力上主要な部分である部材（接合部を含む。）の耐力の数値及びその算出方法
	積雪・暴風時耐力計算結果一覧表	構造耐力上主要な部分である部材（接合部を含む。）に生ずる力及び耐力並びにその比率
(3)	損傷限界に関する計算書	各階及び各方向の損傷限界変位の数値及びその算出方法
		建築物の損傷限界固有周期の数値及びその算出方法

		建築物の損傷限界固有周期に応じて求めた地震時に作用する地震力の数値及びその算出方法
		表層地盤による加速度の増幅率 Gs の数値及びその算出方法
		各階及び各方向の損傷限界耐力の数値及びその算出方法
	損傷限界に関する計算結果一覧表	令第82条の5第三号ハに規定する地震力及び損傷限界耐力
		損傷限界変位の当該各階の高さに対する割合
		損傷が生ずるおそれのないことについての検証内容（損傷限界変位の当該各階の高さに対する割合が1/200を超え1/120以内である場合に限る。）
(4)	安全限界に関する計算書	各階及び各方向の安全限界変位の数値及びその算出方法
		建築物の安全限界固有周期の数値及びその算出方法
		建築物の安全限界固有周期に応じて求めた地震時に作用する地震力の数値及びその算出方法
		各階の安全限界変位の当該各階の高さに対する割合及びその算出方法
		表層地盤による加速度の増幅率 Gs の数値及びその算出方法
		各階及び各方向の保有水平耐力の数値及びその算出方法
		構造耐力上主要な部分である柱，はり若しくは壁又はこれらの接合部について，局部座屈，せん断破壊等による構造耐力上支障のある急激な耐力の低下が生ずるおそれのないことについての検証内容
	安全限界に関する計算結果一覧表	各階の保有水平耐力を増分解析により計算する場合における外力分布
		各階の安全限界変位の当該各階の高さに対する割合
		各階の安全限界変位の当該各階の高さに対する割合が1/75（木造である階にあっては1/30）を超える場合にあっては，建築物の各階が荷重及び外力に耐えることができることについての検証内容
		表層地盤による加速度の増幅率 Gs の数値を精算法で算出する場合にあっては，工学的基盤の条件
		令第82条の5第五号ハに規定する地震力及び保有水平耐力
		各階及び各方向の安全限界変形時における構造耐力上主要な部分である部材に生ずる力の分布
		各階及び各方向の安全限界変形時における構造耐力上主要な部分である部材に生ずる塑性ヒンジ及び変形の発生状況
		各階及び各方向の保有水平耐力時における構造耐力上主要な部分である部材に生ずる塑性ヒンジ及び変形の発生状況

		各階の保有水平耐力を増分解析により計算する場合において，建築物の各方向それぞれにおけるせん断力と層間変形角の関係
(5)	基礎ぐい等計算書	基礎ぐい，床版，小ばりその他の構造耐力上主要な部分である部材に関する構造計算の計算書
(6)	屋根ふき材等計算書	告示第18第6に規定する構造計算の計算書

構造計算書の作成に当たっては，次に掲げる事項について留意するものとする。
1　確認申請時に提出する構造計算書には通し頁を付すことその他の構造計算書の構成を識別できる措置を講じること。
2　建築物の構造等の実況に応じて，当該建築物の安全性を確かめるために必要な図書の追加，変更等を行うこと。
3　他の構造を併用する建築物にあっては，それぞれの構造種別に応じて構造計算書を作成すること。
4　この表の略伏図及び略軸組図は，構造計算における架構の様相を示した図に代えることができるものとするほか，プログラムによる構造計算を行わない場合にあっては省略することができるものとする。

別表第3

	構造計算書の種類	明示すべき事項
(1)	構造計算チェックリスト	プログラムによる構造計算を行う場合において，申請に係る建築物が，当該プログラムによる構造計算によって安全性を確かめることのできる建築物の構造の種別，規模その他のプログラムの使用条件に適合するかどうかを照合するための事項
	使用構造材料一覧表	構造耐力上主要な部分である部材（接合部を含む。）に使用されるすべての材料の種別（規格がある場合にあっては，当該規格）及び使用部位
		使用する材料の許容応力度，許容耐力及び材料強度の数値及びそれらの算出方法
		使用する指定建築材料が法第37条の規定に基づく国土交通大臣の認定を受けたものである場合にあっては，その使用位置，形状及び寸法，当該構造計算において用いた許容応力度及び材料強度の数値並びに認定番号
	特別な調査又は研究の結果等説明書	法第68条の25の規定に基づく国土交通大臣の認定を受けた構造方法等その他特殊な構造方法等が使用されている場合にあっては，その認定番号，使用条件及び内容
		特別な調査又は研究の結果に基づき構造計算が行われている場合にあっては，その検討内容
		構造計算の仮定及び計算結果の適切性に関する検討内容
(2)	基礎・地盤説明書（施行規則第1条の3第1項の表3中の	地盤調査方法及びその結果
		地層構成，支持地盤及び建築物（地下部分を含む。）の位置

規定に基づき国土交通大臣があらかじめ適切であると認定した算出方法により基礎ぐいの許容支持力を算出する場合で当該認定に係る認定書の写しを添えた場合にあっては、当該算出方法に係る図書のうち国土交通大臣の指定したものを除く。）	地下水位（地階を有しない建築物に直接基礎を用いた場合を除く。）
	基礎の工法（地盤改良を含む。）の種別、位置、形状、寸法及び材料の種別
	構造計算において用いた支持層の位置、層の構成及び地盤調査の結果により設定した地盤の特性値
	地盤の許容応力度並びに基礎及び基礎ぐいの許容支持力の数値及びそれらの算出方法
略伏図	各階の構造耐力上主要な部分である部材の種別、配置及び寸法並びに開口部の位置
略軸組図	すべての通りの構造耐力上主要な部分である部材の種別、配置及び寸法並びに開口部の位置
部材断面表	各階及びすべての通りの構造耐力上主要な部分である部材の断面の形状、寸法及び仕様
荷重・外力計算書	固定荷重の数値及びその算出方法
	各階又は各部分の用途ごとに積載荷重の数値及びその算出方法
	各階又は各部分の用途ごとに特殊荷重の数値及びその算出方法
	積雪荷重の数値及びその算出方法
	風圧力の数値及びその算出方法
	地震力の数値及びその算出方法
	プレストレスの数値及びその算出方法
	土圧、水圧その他考慮すべき荷重及び外力の数値及びそれらの算出方法
	略伏図上に記載した特殊な荷重の分布
応力計算書（応力図及び基礎反力図を含む。）	構造耐力上主要な部分である部材に生ずる力の数値及びその算出方法
	地震時（風圧力によって生ずる力が地震力によって生ずる力を上回る場合にあっては暴風時）における柱が負担するせん断力及びその分担率並びに耐力壁又は筋かいが負担するせん断力及びその分担率
	平成19年国土交通省告示第817号別記第3号様式に定める応力図及び同告示別記第4号様式に定める基礎反力図に記載すべき事項
断面計算書（断面検定比図を含む。）	構造耐力上主要な部分である部材（接合部を含む。）の位置、部材に付す記号、部材断面の仕様、部材に生じる荷重の種別及び当該荷重が作用する方向
	構造耐力上主要な部分である部材（接合部を含む。）の軸方向、曲げ及びせん断の応力度

		構造耐力上主要な部分である部材（接合部を含む。）の軸方向，曲げ及びせん断の許容応力度
		構造耐力上主要な部分である部材（接合部を含む。）の応力度と許容応力度の比率
		告示第13第2号ロに規定する構造計算の計算書
		告示第13第2号ハに規定する構造計算の計算書
		平成19年国土交通省告示第817号別記第5号様式に定める断面検定比図に記載すべき事項
	基礎ぐい等計算書	基礎ぐい，床版，小ばりその他の構造耐力上主要な部分である部材に関する構造計算の計算書
	使用上の支障に関する計算書	告示第13第2号ニに規定する構造計算の計算書
(3)	層間変形角計算書	層間変位の計算に用いる地震力
		地震力によって各階に生ずる水平方向の層間変位の算出方法
		各階及び各方向の地震力による層間変形角の算出方法
	層間変形角計算結果一覧表	各階及び各方向の地震力による層間変形角
		損傷が生ずるおそれのないことについての検証内容（層間変形角が1/200を超え1/120以内である場合に限る。）
(4)	使用構造材料一覧表	屋根ふき材，外装材及び屋外に面する帳壁に使用されるすべての材料の種別（規格がある場合にあっては当該規格）及び使用部位
		使用する材料の許容応力度，許容耐力及び材料強度の数値及びそれらの算出方法
		使用する指定建築材料が法第37条の規定に基づく国土交通大臣の認定を受けたものである場合にあっては，その使用位置，形状及び寸法，当該構造計算において用いた許容応力度及び材料強度の数値並びに認定番号
	荷重・外力計算書	風圧力の数値及びその算出方法
	応力計算書	屋根ふき材及び屋外に面する帳壁に生ずる力の数値及びその算出方法
	屋根ふき材等計算書	告示第17に規定する構造計算の計算書
(5)	剛性率・偏心率計算書	各階及び各方向の剛性率を計算する場合における層間変形角の算定に用いる層間変位の算出方法
		各階及び各方向の剛性率の算出方法
		各階の剛心周りのねじり剛性の算出方法
		各階及び各方向の偏心率の算出方法
		告示第15第1号ロに規定する構造計算の計算書

剛性率・偏心率計算結果一覧表	各階の剛性率及び偏心率
	告示第15第1号ロに規定する構造計算の結果が適切であること

構造計算書の作成に当たっては，次に掲げる事項について留意するものとする。
1　確認申請時に提出する構造計算書には通し頁を付すことその他の構造計算書の構成を識別できる措置を講じること。
2　建築物の構造等の実況に応じて，当該建築物の安全性を確かめるために必要な図書の追加，変更等を行うこと。
3　他の構造を併用する建築物にあっては，それぞれの構造種別に応じて構造計算書を作成すること。
4　この表の略伏図及び略軸組図は，構造計算における架構の様相を示した図に代えることができるものとするほか，プログラムによる構造計算を行わない場合にあっては省略することができるものとする。

別表第4

	構造計算書の種類	明示すべき事項
(1)	構造計算チェックリスト	プログラムによる構造計算を行う場合において，申請に係る建築物が，当該プログラムによる構造計算によって安全性を確かめることのできる建築物の構造の種別，規模その他のプログラムの使用条件に適合するかどうかを照合するための事項
	使用構造材料一覧表	構造耐力上主要な部分である部材（接合部を含む。）に使用されるすべての材料の種別（規格がある場合にあっては，当該規格）及び使用部位
		使用する材料の許容応力度，許容耐力及び材料強度の数値及びそれらの算出方法
		使用する指定建築材料が法第37条の規定に基づく国土交通大臣の認定を受けたものである場合にあっては，その使用位置，形状及び寸法，当該構造計算において用いた許容応力度及び材料強度の数値並びに認定番号
	特別な調査又は研究の結果等説明書	法第68条の25の規定に基づく国土交通大臣の認定を受けた構造方法等その他特殊な構造方法等が使用されている場合にあっては，その認定番号，使用条件及び内容
		特別な調査又は研究の結果に基づき構造計算が行われている場合にあっては，その検討内容
		構造計算の仮定及び計算結果の適切性に関する検討内容
(2)	告示第13及び第17に規定する構造計算の適用	告示第14各号に適合していることの検証内容
	基礎・地盤説明書（施行規則第1条の3第1項の表3中の規定に基づき国土交通大臣があらかじめ適切であると認定した算出方法により基礎ぐい	地盤調査方法及びその結果
		地層構成，支持地盤及び建築物（地下部分を含む。）の位置
		地下水位（地階を有しない建築物に直接基礎を用いた場合を除く。）

の許容支持力を算出する場合で当該認定に係る認定書の写しを添えた場合にあっては、当該算出方法に係る図書のうち国土交通大臣の指定したものを除く。）	基礎の工法（地盤改良を含む。）の種別，位置，形状，寸法及び材料の種別
	構造計算において用いた支持層の位置，層の構成及び地盤調査の結果により設定した地盤の特性値
	地盤の許容応力度並びに基礎及び基礎ぐいの許容支持力の数値及びそれらの算出方法
略伏図	各階の構造耐力上主要な部分である部材の種別，配置及び寸法並びに開口部の位置
略軸組図	すべての通りの構造耐力上主要な部分である部材の種別，配置及び寸法並びに開口部の位置
部材断面表	各階及びすべての通りの構造耐力上主要な部分である部材の断面の形状，寸法及び仕様
荷重・外力計算書	固定荷重の数値及びその算出方法
	各階又は各部分の用途ごとに積載荷重の数値及びその算出方法
	各階又は各部分の用途ごとに特殊荷重の数値及びその算出方法
	積雪荷重の数値及びその算出方法
	風圧力の数値及びその算出方法
	地震力の数値及びその算出方法
	プレストレスの数値及びその算出方法
	土圧，水圧その他考慮すべき荷重及び外力の数値及びそれらの算出方法
	略伏図上に記載した特殊な荷重の分布
応力計算書（応力図及び基礎反力図を含む。）	構造耐力上主要な部分である部材に生ずる力の数値及びその算出方法
	地震時（風圧力によって生ずる力が地震力によって生ずる力を上回る場合にあっては暴風時）における柱が負担するせん断力及びその分担率並びに耐力壁又は筋かいが負担するせん断力及びその分担率
	平成19年国土交通省告示第817号別記第3号様式に定める応力図及び同告示別記第4号様式に定める基礎反力図に記載すべき事項
断面計算書（断面検定比図を含む。）	構造耐力上主要な部分である部材（接合部を含む。）の位置，部材に付す記号，部材断面の仕様，部材に生じる荷重の種別及び当該荷重が作用する方向
	構造耐力上主要な部分である部材（接合部を含む。）の軸方向，曲げ及びせん断の応力度
	構造耐力上主要な部分である部材（接合部を含む。）の軸方向，曲げ及びせん断の許容応力度

		構造耐力上主要な部分である部材（接合部を含む。）の応力度と許容応力度の比率
		告示第13第2号ロに規定する構造計算の計算書
		告示第13第2号ハに規定する構造計算の計算書
		平成19年国土交通省告示第817号別記第5号様式に定める断面検定比図に記載すべき事項
	基礎ぐい等計算書	基礎ぐい，床版，小ばりその他の構造耐力上主要な部分である部材に関する構造計算の計算書
	使用上の支障に関する計算書	告示第13第2号ニに規定する構造計算の計算書
(3)	使用構造材料一覧表	屋根ふき材，外装材及び屋外に面する帳壁に使用されるすべての材料の種別（規格がある場合にあっては当該規格）及び使用部位
		使用する材料の許容応力度，許容耐力及び材料強度の数値及びそれらの算出方法
		使用する指定建築材料が法第37条の規定に基づく国土交通大臣の認定を受けたものである場合にあっては，その使用位置，形状及び寸法，当該構造計算において用いた許容応力度及び材料強度の数値並びに認定番号
	荷重・外力計算書	風圧力の数値及びその算出方法
	応力計算書	屋根ふき材及び屋外に面する帳壁に生ずる力の数値及びその算出方法
	屋根ふき材等計算書	告示第17に規定する構造計算の計算書

構造計算書の作成に当たっては，次に掲げる事項について留意するものとする。

1　確認申請時に提出する構造計算書には通し頁を付すことその他の構造計算書の構成を識別できる措置を講じること。

2　建築物の構造等の実況に応じて，当該建築物の安全性を確かめるために必要な図書の追加，変更等を行うこと。

3　他の構造を併用する建築物にあっては，それぞれの構造種別に応じて構造計算書を作成すること。

4　この表の略伏図及び略軸組図は，構造計算における架構の様相を示した図に代えることができるものとするほか，プログラムによる構造計算を行わない場合にあっては省略することができるものとする。

附　則　（略）

建築基準法施行令第81条第2項第一号ロに規定する
国土交通大臣が定める基準に従った構造計算により
免震建築物の安全性を確かめた場合の構造計算書を定める件

平成19年6月19日　国土交通省告示第824号
最終改正　平成27年1月29日　国土交通省告示第184号

　建築基準法施行規則（昭和25年建設省令第40号）第1条の3第1項第一号ロ(2)(ii)の規定に基づき，建築基準法施行令（昭和25年政令第338号）第81条第2項第一号ロに規定する限界耐力計算と同等以上に安全性を確かめることができる構造計算により免震建築物の安全性を確かめた場合における免震建築物の構造計算書を別表に定める。

別表

	構造計算書の種類	明示すべき事項
(1)	構造計算チェックリスト	プログラムによる構造計算を行う場合において，申請に係る建築物が，当該プログラムによる構造計算によって安全性を確かめることのできる建築物の構造の種別，規模その他のプログラムの使用条件に適合するかどうかを照合するための事項
	使用構造材料一覧表	構造耐力上主要な部分である部材（接合部を含む。）に使用されるすべての材料の種別（規格がある場合にあっては，当該規格）及び使用部位
		使用する材料の許容応力度，許容耐力及び材料強度の数値及びそれらの算出方法
		使用する指定建築材料が建築基準法（昭和25年法律第201号。以下「法」という。）第37条の規定に基づく国土交通大臣の認定を受けたものである場合にあっては，その使用位置，形状及び寸法，当該構造計算において用いた許容応力度及び材料強度の数値並びに認定番号
	特別な調査又は研究の結果等説明書	法第68条の25の規定に基づく国土交通大臣の認定を受けた構造方法等その他特殊な構造方法等が使用されている場合にあっては，その認定番号，使用条件及び内容
		特別な調査又は研究の結果に基づき構造計算が行われている場合にあっては，その検討内容
		構造計算の仮定及び計算結果の適切性に関する検討内容
(2)	基礎・地盤説明書（施行規則第1条の3第1項の表3中の規定に基づき国土交通大臣があらかじめ適切であると認定した算出方	地盤調査方法及びその結果
		地層構成，支持地盤及び建築物（地下部分を含む。）の位置

法により基礎ぐいの許容支持力を算出する場合で当該認定に係る認定書の写しを添えた場合にあっては，当該算出方法に係る図書のうち国土交通大臣の指定したものを除く。）	地下水位（地階を有しない建築物に直接基礎を用いた場合を除く。）
	基礎の工法（地盤改良を含む。）の種別，位置，形状，寸法及び材料の種別
	構造計算において用いた支持層の位置，層の構成及び地盤調査の結果により設定した地盤の特性値
	地盤の許容応力度並びに基礎及び基礎ぐいの許容支持力の数値及びそれらの算出方法
略伏図	各階の構造耐力上主要な部分である部材の種別，配置及び寸法並びに開口部の位置
略軸組図	すべての通りの構造耐力上主要な部分である部材の種別，配置及び寸法並びに開口部の位置
部材断面表	各階及びすべての通りの構造耐力上主要な部分である部材の断面の形状，寸法及び仕様
荷重・外力計算書	固定荷重の数値及びその算出方法
	各階又は各部分の用途ごとに積載荷重の数値及びその算出方法
	各階又は各部分の用途ごとに大規模な設備，塔屋その他の特殊な荷重の数値及びその算出方法
	積雪荷重の数値及びその算出方法
	風圧力の数値及びその算出方法（免震層を除く。）
	地震力の数値及びその算出方法（免震層を除く。）
	土圧，水圧その他考慮すべき荷重及び外力の数値及びそれらの算出方法
	略伏図上に記載した特殊な荷重の分布
応力計算書（応力図及び基礎反力図を含む。）	構造耐力上主要な部分である部材に生ずる力の数値及びその算出方法
	地震時（風圧力によって生ずる力が地震力によって生ずる力を上回る場合にあっては暴風時）における柱が負担するせん断力及びその分担率並びに耐力壁又は筋かいが負担するせん断力及びその分担率
	平成19年国土交通省告示第817号別記第3号様式に定める応力図及び同告示別記第4号様式に定める基礎反力図に記載すべき事項
断面計算書（断面検定比図を含む。）	構造耐力上主要な部分である部材（接合部を含む。）の位置，部材に付す記号，部材断面の仕様，部材に生じる荷重の種別及び当該荷重が作用する方向

			構造耐力上主要な部分である部材（接合部を含む。）の軸方向，曲げ及びせん断の応力度
			構造耐力上主要な部分である部材（接合部を含む。）の軸方向，曲げ及びせん断の許容応力度
			構造耐力上主要な部分である部材（接合部を含む。）の応力度と許容応力度の比率
			平成19年国土交通省告示第817号別記第5号様式に定める断面検定比図に記載すべき事項
	積雪・暴風時耐力計算書		構造耐力上主要な部分である部材（接合部を含む。）に生ずる力の数値及びその算出方法（免震層を除く。）
			構造耐力上主要な部分である部材（接合部を含む。）の耐力の数値及びその算出方法（免震層を除く。）
	積雪・暴風時耐力計算結果一覧表		構造耐力上主要な部分である部材（接合部を含む。）に生ずる力及び耐力並びにその比率（免震層を除く。）
(3)	免震層の構造計算に関する計算書	免震層の構造計算の過程に係る部分	平成12年建設省告示第2009号（以下「告示」という。）第6第2項第二号の積雪時に免震層に作用する積雪荷重の数値及び算出方法
			免震層の偏心率の算出方法
			免震層の設計限界変位の算出方法
			設計限界固有周期の数値及びその算出方法
			履歴免震材料による免震層の等価粘性減衰定数の数値及びその算出方法
			流体系の減衰材による免震層の等価粘性減衰定数の数値及びその算出方法
			設計限界固有周期における免震層の振動の減衰による加速度の低減率の数値及びその算出方法
			表層地盤による加速度の増幅率 Gs の数値及びその算出方法
			免震層に作用する地震力の数値及びその算出方法
			免震層の地震応答変位の算出方法
			暴風により免震層に作用する風圧力の数値及びその算出方法
			免震層の風応答変位の算出方法
			免震層の応答速度の算出方法
			流体系減衰材の負担せん断力係数の算出方法

			免震建築物の接線周期の算出方法
			免震材料のばらつき，環境及び経年変化に関する検討内容
	免震層の構造計算の結果に係る部分	免震層の偏心率の数値	
		免震層の地震応答変位及び設計限界変位の数値	
		免震層の風応答変位及び設計限界変位の数値	
		免震層の応答速度及び平成12年建設省告示第1446号表第2第1第9号に掲げる建築材料の項(ろ)欄第3号に規定する限界速度の数値	
		流体系減衰材の負担せん断力係数の数値	
		免震建築物の接線周期の数値	
		免震材料が告示第6第2項第10号イ及びびロの規定に適合することの検証内容	
	免震層の応答の確保に関する部分	上部構造の各階の層間変形角の数値	
		上部構造と建築物の下部構造及び周囲の構造物その他の物件との水平距離の数値	
		下部構造が告示第6第4項第3号の規定に適合することの検証内容	
(4)	基礎ぐい等計算書		基礎ぐい，床版，小ばりその他の構造耐力上主要な部分である部材に関する構造計算の計算書
(5)	使用上の支障に関する計算書		建築基準法施行令第82条第四号に規定する構造計算の計算書
(6)	土砂災害特別警戒区域内破壊防止計算書		告示第6第5項に規定する構造計算の計算書

構造計算書の作成に当たっては，次に掲げる事項について留意するものとする。
1　確認申請時に提出する構造計算書には通し頁を付すことその他の構造計算書の構成を識別できる措置を講じること。
2　建築物の構造等の実況に応じて，当該建築物の安全性を確かめるために必要な図書の追加，変更等を行うこと。
3　他の構造を併用する建築物にあっては，それぞれの構造種別に応じて構造計算書を作成すること。
4　この表の略伏図及び略軸組図は，構造計算における架構の様相を示した図に代えることができるものとするほか，プログラムによる構造計算を行わない場合にあっては省略することができるものとする。

附　則　（略）

建築基準法施行令第81条第2項第一号イに規定する
国土交通大臣が定める基準に従った構造計算により
壁式ラーメン鉄筋コンクリート造の建築物又は建築物の
構造部分の安全性を確かめた場合の構造計算書を定める件

平成19年6月19日　国土交通省告示第825号

最終改正　平成27年1月29日　国土交通省告示第184号

　建築基準法施行規則（昭和25年建設省令第40号）第1条の3第1項第一号ロ(2)(ii)の規定に基づき，建築基準法施行令（昭和25年政令第338号。以下「令」という。）第81条第2項第一号イに規定する保有水平耐力計算と同等以上に安全性を確かめることができる構造計算により壁式ラーメン鉄筋コンクリート造の建築物又は建築物の構造部分の安全性を確かめた場合における壁式ラーメン鉄筋コンクリート造の建築物又は建築物の構造部分の構造計算書を別表に定める。

別表

	構造計算書の種類	明示すべき事項
(1)	構造計算チェックリスト	プログラムによる構造計算を行う場合において，申請に係る建築物が，当該プログラムによる構造計算によって安全性を確かめることのできる建築物の構造の種別，規模その他のプログラムの使用条件に適合するかどうかを照合するための事項
	使用構造材料一覧表	構造耐力上主要な部分である部材（接合部を含む。）に使用されるすべての材料の種別（規格がある場合にあっては，当該規格）及び使用部位
		使用する材料の許容応力度，許容耐力及び材料強度の数値及びそれらの算出方法
		使用する指定建築材料が建築基準法（昭和25年法律第201号。以下「法」という。）第37条の規定に基づく国土交通大臣の認定を受けたものである場合にあっては，その使用位置，形状及び寸法，当該構造計算において用いた許容応力度及び材料強度の数値並びに認定番号
	特別な調査又は研究の結果等説明書	法第68条の25の規定に基づく国土交通大臣の認定を受けた構造方法等その他特殊な構造方法等が使用されている場合にあっては，その認定番号，使用条件及び内容
		特別な調査又は研究の結果に基づき構造計算が行われている場合にあっては，その検討内容
		構造計算の仮定及び計算結果の適切性に関する検討内容
(2)	基礎・地盤説明書（施行規則第1条の3第1項の表3中の	地盤調査方法及びその結果
		地層構成，支持地盤及び建築物（地下部分を含む。）の位置

規定に基づき国土交通大臣があらかじめ適切であると認定した算出方法により基礎ぐいの許容支持力を算出する場合で当該認定に係る認定書の写しを添えた場合にあっては，当該算出方法に係る図書のうち国土交通大臣の指定したものを除く。)	地下水位（地階を有しない建築物に直接基礎を用いた場合を除く。)
	基礎の工法（地盤改良を含む。）の種別，位置，形状，寸法及び材料の種別
	構造計算において用いた支持層の位置，層の構成及び地盤調査の結果により設定した地盤の特性値
	地盤の許容応力度並びに基礎及び基礎ぐいの許容支持力の数値及びそれらの算出方法
略伏図	各階の構造耐力上主要な部分である部材の種別，配置及び寸法並びに開口部の位置
略軸組図	すべての通りの構造耐力上主要な部分である部材の種別，配置及び寸法並びに開口部の位置
部材断面表	各階及びすべての通りの構造耐力上主要な部分である部材の断面の形状，寸法及び仕様
荷重・外力計算書	固定荷重の数値及びその算出方法
	各階又は各部分の用途ごとに積載荷重の数値及びその算出方法
	各階又は各部分の用途ごとに大規模な設備，塔屋その他の特殊な荷重の数値及びその算出方法
	積雪荷重の数値及びその算出方法
	風圧力の数値及びその算出方法
	地震力の数値及びその算出方法
	土圧，水圧その他考慮すべき荷重及び外力の数値及びそれらの算出方法
	略伏図上に記載した特殊な荷重の分布
応力計算書（応力図及び基礎反力図を含む。)	構造耐力上主要な部分である部材に生ずる力の数値及びその算出方法
	地震時（風圧力によって生ずる力が地震力によって生ずる力を上回る場合にあっては暴風時）における柱が負担するせん断力及びその分担率並びに耐力壁又は筋かいが負担するせん断力及びその分担率
	平成19年国土交通省告示第817号別記第3号様式に定める応力図及び同告示別記第4号様式に定める基礎反力図に記載すべき事項
断面計算書（断面検定比図を含む。)	構造耐力上主要な部分である部材（接合部を含む。）の位置，部材に付す記号，部材断面の仕様，部材に生じる荷重の種別及び当該荷重が作用する方向
	構造耐力上主要な部分である部材（接合部を含む。）の軸方向，曲げ及びせん断の応力度

		構造耐力上主要な部分である部材（接合部を含む。）の軸方向，曲げ及びせん断の許容応力度
		構造耐力上主要な部分である部材（接合部を含む。）の応力度と許容応力度の比率
		平成19年国土交通省告示第817号別記第5号様式に定める断面検定比図に記載すべき事項
	基礎ぐい等計算書	基礎ぐい，床版，小ばりその他の構造耐力上主要な部分である部材に関する構造計算の計算書
	使用上の支障に関する計算書	令第82条第4号に規定する構造計算の計算書
(3)	層間変形角計算書	層間変位の計算に用いる地震力
		地震力によって各階に生ずる水平方向の層間変位の算出方法
		各階及び各方向の地震力による層間変形角の算出方法
	層間変形角計算結果一覧表	各階及び各方向の地震力による層間変形角
		損傷が生ずるおそれのないことについての検証内容（層間変形角が1/200を超え1/120以内である場合に限る。）
(4)	剛性率・偏心率等計算書	各階及び各方向の剛性率を計算する場合における層間変形角の算定に用いる層間変位の算出方法
		各階及び各方向の剛性率の算出方法
		各階の剛心周りのねじり剛性の算出方法
		各階及び各方向の偏心率の算出方法
	剛性率・偏心率等計算結果一覧表	各階の剛性率及び偏心率
(5)	保有水平耐力計算書	保有水平耐力計算に用いる地震力
		各階及び各方向の保有水平耐力の算出方法
		平成13年国土交通省告示第1025号（以下「告示」という。）第12に規定する各階の構造特性を表す Ds（以下この表において「Ds」という。）の算出方法
		告示第10ホに規定する各階の形状特性を表す Fe（以下この表において「Fe」という。）の算出方法
		各階及び各方向の必要保有水平耐力の算出方法
		けた行方向の架構について，保有水平耐力を計算するに当たっての各部に生ずる力に対して，特定の階の層間変位が急激に増大するおそれのないことについての検証内容
	保有水平耐力計算結果一覧表	各階の保有水平耐力を増分解析により計算する場合における外力分布
		架構の崩壊形
		保有水平耐力，Ds，Fe 及び必要保有水平耐力の数値

		各階及び各方向の Ds の算定時における構造耐力上主要な部分である部材に生ずる力の分布及び塑性ヒンジの発生状況
		各階及び各方向の構造耐力上主要な部分である部材の部材群としての部材種別
		各階及び各方向の保有水平耐力時における構造耐力上主要な部分である部材に生ずる力の分布及び塑性ヒンジの発生状況
		各階の保有水平耐力を増分解析により計算する場合において，建築物の各方向におけるせん断力と層間変形角の関係
(6)	使用構造材料一覧表	屋根ふき材，外装材及び屋外に面する帳壁に使用されるすべての材料の種別（規格がある場合にあっては当該規格）及び使用部位
		使用する材料の許容応力度，許容耐力及び材料強度の数値及びそれらの算出方法
		使用する指定建築材料が法第37条の規定に基づく国土交通大臣の認定を受けたものである場合にあっては，その使用位置，形状及び寸法，当該構造計算において用いた許容応力度及び材料強度の数値並びに認定番号
	荷重・外力計算書	風圧力の数値及びその算出方法
	応力計算書	屋根ふき材及び屋外に面する帳壁に生ずる力の数値及びその算出方法
	屋根ふき材等計算書	令第82条の4に規定する構造計算の計算書

構造計算書の作成に当たっては，次に掲げる事項について留意するものとする。
1　確認申請時に提出する構造計算書には通し頁を付すことその他の構造計算書の構成を識別できる措置を講じること。
2　建築物の構造等の実況に応じて，当該建築物の安全性を確かめるために必要な図書の追加，変更等を行うこと。
3　他の構造を併用する建築物にあっては，それぞれの構造種別に応じて構造計算書を作成すること。
4　この表の略伏図及び略軸組図は，構造計算における架構の様相を示した図に代えることができるものとするほか，プログラムによる構造計算を行わない場合にあっては省略することができるものとする。

附　則　（略）

建築基準法施行令第81条第2項第一号イに規定する
国土交通大臣が定める基準に従った構造計算により
枠組壁工法又は木質プレハブ工法を用いた建築物又は建築物の
構造部分の安全性を確かめた場合の構造計算書を定める件

平成19年6月19日　国土交通省告示第826号
最終改正　平成27年1月29日　国土交通省告示第184号

　建築基準法施行規則（昭和25年建設省令第40号）第1条の3第1項第一号ロ(2)(ii)の規定に基づき，建築基準法施行令（昭和25年政令第338号。以下「令」という。）第81条第2項第一号イに規定する保有水平耐力計算と同等以上に安全性を確かめることができる構造計算により枠組壁工法又は木質プレハブ工法を用いた建築物又は建築物の構造部分の安全性を確かめた場合における枠組壁工法又は木質プレハブ工法を用いた建築物又は建築物の構造部分の構造計算書を別表に定める。

別表

	構造計算書の種類	明示すべき事項
(1)	構造計算チェックリスト	プログラムによる構造計算を行う場合において，申請に係る建築物が，当該プログラムによる構造計算によって安全性を確かめることのできる建築物の構造の種別，規模その他のプログラムの使用条件に適合するかどうかを照合するための事項
	使用構造材料一覧表	構造耐力上主要な部分である部材（接合部を含む。）に使用されるすべての材料の種別（規格がある場合にあっては，当該規格）及び使用部位
		使用する材料の許容応力度，許容耐力及び材料強度の数値及びそれらの算出方法
		使用する指定建築材料が建築基準法（昭和25年法律第201号。以下「法」という。）第37条の規定に基づく国土交通大臣の認定を受けたものである場合にあっては，その使用位置，形状及び寸法，当該構造計算において用いた許容応力度及び材料強度の数値並びに認定番号
	特別な調査又は研究の結果等説明書	法第68条の25の規定に基づく国土交通大臣の認定を受けた構造方法等その他特殊な構造方法等が使用されている場合にあっては，その認定番号，使用条件及び内容
		特別な調査又は研究の結果に基づき構造計算が行われている場合にあっては，その検討内容
		構造計算の仮定及び計算結果の適切性に関する検討内容
(2)	基礎・地盤説明書（施行規則第1条の3第1項の表3中の	地盤調査方法及びその結果
		地層構成，支持地盤及び建築物（地下部分を含む。）の位置

規定に基づき国土交通大臣があらかじめ適切であると認定した算出方法により基礎ぐいの許容支持力を算出する場合で当該認定に係る認定書の写しを添えた場合にあっては、当該算出方法に係る図書のうち国土交通大臣の指定したものを除く。）	地下水位（地階を有しない建築物に直接基礎を用いた場合を除く。）
	基礎の工法（地盤改良を含む。）の種別，位置，形状，寸法及び材料の種別
	構造計算において用いた支持層の位置，層の構成及び地盤調査の結果により設定した地盤の特性値
	地盤の許容応力度並びに基礎及び基礎ぐいの許容支持力の数値及びそれらの算出方法
略伏図	各階の構造耐力上主要な部分である部材の種別，配置及び寸法並びに開口部の位置
略軸組図	すべての通りの構造耐力上主要な部分である部材の種別，配置及び寸法並びに開口部の位置
部材断面表	各階及びすべての通りの構造耐力上主要な部分である部材の断面の形状，寸法及び仕様
荷重・外力計算書	固定荷重の数値及びその算出方法
	各階又は各部分の用途ごとに積載荷重の数値及びその算出方法
	各階又は各部分の用途ごとに大規模な設備，塔屋その他の特殊な荷重の数値及びその算出方法
	積雪荷重の数値及びその算出方法
	風圧力の数値及びその算出方法
	地震力の数値及びその算出方法
	土圧，水圧その他考慮すべき荷重及び外力の数値及びそれらの算出方法
	略伏図上に記載した特殊な荷重の分布
応力計算書（応力図及び基礎反力図を含む。）	構造耐力上主要な部分である部材に生ずる力の数値及びその算出方法
	地震時（風圧力によって生ずる力が地震力によって生ずる力を上回る場合にあっては暴風時）における柱が負担するせん断力及びその分担率並びに耐力壁又は筋かいが負担するせん断力及びその分担率
	平成19年国土交通省告示第817号別記第3号様式に定める応力図及び同告示別記第4号様式に定める基礎反力図に記載すべき事項
断面計算書（断面検定比図を含む。）	構造耐力上主要な部分である部材（接合部を含む。）の位置，部材に付す記号，部材断面の仕様，部材に生じる荷重の種別及び当該荷重が作用する方向
	構造耐力上主要な部分である部材（接合部を含む。）の軸方向，曲げ及びせん断の応力度

		構造耐力上主要な部分である部材（接合部を含む。）の軸方向，曲げ及びせん断の許容応力度
		構造耐力上主要な部分である部材（接合部を含む。）の応力度と許容応力度の比率
		平成19年国土交通省告示第817号別記第5号様式に定める断面検定比図に記載すべき事項
	基礎ぐい等計算書	基礎ぐい，床版，小ばりその他の構造耐力上主要な部分である部材に関する構造計算の計算書
	使用上の支障に関する計算書	令第82条第4号に規定する構造計算の計算書
(3)	層間変形角計算書	層間変位の計算に用いる風圧力及び地震力
		風圧力及び地震力によって各階に生ずる水平方向の層間変位の算出方法
		各階及び各方向の風圧力及び地震力による層間変形角の算出方法
	層間変形角計算結果一覧表	各階及び各方向の風圧力及び地震力による層間変形角
		損傷が生ずるおそれのないことについての検証内容（層間変形角が1/200を超え1/120以内である場合に限る。）
(4)	保有水平耐力計算書	保有水平耐力計算に用いる地震力
		各階及び各方向の保有水平耐力の算出方法
		令第82条の3第二号に規定する各階の構造特性を表す Ds（以下この表において「Ds」という。）の算出方法
		令第82条の3第二号に規定する各階の形状特性を表す Fes（以下この表において「Fes」という。）の算出方法
		各階及び各方向の必要保有水平耐力の算出方法
		構造耐力上主要な部分である柱，はり若しくは壁又はこれらの接合部について，局部座屈，せん断破壊等による構造耐力上支障のある急激な耐力の低下が生ずるおそれのないことについての検証内容
	保有水平耐力計算結果一覧表	各階の保有水平耐力を増分解析により計算する場合における外力分布
		耐力壁のせん断破壊による崩壊
		保有水平耐力，Ds，Fes 及び必要保有水平耐力の数値
		各階及び各方向の Ds の算定時における構造耐力上主要な部分である部材に生ずる力の分布
		各階及び各方向の構造耐力上主要な部分である部材の部材群としての部材種別
		各階及び各方向の保有水平耐力時における構造耐力上主要な部分である部材に生ずる力の分布

		各階の保有水平耐力を増分解析により計算する場合において，建築物の各方向におけるせん断力と層間変形角の関係

構造計算書の作成に当たっては，次に掲げる事項について留意するものとする。

1　確認申請時に提出する構造計算書には通し頁を付すことその他の構造計算書の構成を識別できる措置を講じること。

2　建築物の構造等の実況に応じて，当該建築物の安全性を確かめるために必要な図書の追加，変更等を行うこと。

3　他の構造を併用する建築物にあっては，それぞれの構造種別に応じて構造計算書を作成すること。

4　この表の略伏図及び略軸組図は，構造計算における架構の様相を示した図に代えることができるものとするほか，プログラムによる構造計算を行わない場合にあっては省略することができるものとする。

附　則　（略）

建築基準法施行令第81条第 2 項第一号イ又は同条第 2 項第二号イに規定する国土交通大臣が定める基準に従った構造計算により膜構造の建築物又は建築物の構造部分の安全性を確かめた場合の構造計算書を定める件

平成19年 6 月19日　国土交通省告示第828号
最終改正　平成27年 1 月29日　国土交通省告示第184号

　建築基準法施行規則（昭和25年建設省令第40号。以下「施行規則」という。）第 1 条の 3 第 1 項第一号ロ(2)(ii)の規定に基づき，膜構造の建築物又は建築物の構造部分の構造計算書を次のように定める。

　一　建築基準法施行令（昭和25年政令第338号。以下「令」という。）第81条第 2 項第一号イに規定する保有水平耐力計算と同等以上に安全性を確かめることができる構造計算により膜構造の建築物又は建築物の構造部分の安全性を確かめた場合　　別表第 1 とする。

　二　令第81条第 2 項第二号イに規定する許容応力度等計算と同等以上に安全性を確かめることができる構造計算により膜構造の建築物又は建築物の構造部分の安全性を確かめた場合　　別表第 2 とする。

別表第 1

	構造計算書の種類	明示すべき事項
(1)	構造計算チェックリスト	プログラムによる構造計算を行う場合において，申請に係る建築物が，当該プログラムによる構造計算によって安全性を確かめることのできる建築物の構造の種別，規模その他のプログラムの使用条件に適合するかどうかを照合するための事項
	使用構造材料一覧表	構造耐力上主要な部分である部材（接合部を含む。）に使用されるすべての材料の種別（規格がある場合にあっては，当該規格）及び使用部位
		使用する材料の許容応力度，許容耐力及び材料強度の数値及びそれらの算出方法
		使用する指定建築材料が建築基準法（昭和25年法律第201号。以下「法」という。）第37条の規定に基づく国土交通大臣の認定を受けたものである場合にあっては，その使用位置，形状及び寸法，当該構造計算において用いた許容応力度及び材料強度の数値並びに認定番号
	特別な調査又は研究の結果等説明書	法第68条の25の規定に基づく国土交通大臣の認定を受けた構造方法等その他特殊な構造方法等が使用されている場合にあっては，その認定番号，使用条件及び内容
		特別な調査又は研究の結果に基づき構造計算が行われている場合にあっては，その検討内容
		構造計算の仮定及び計算結果の適切性に関する検討内容

(2)	基礎・地盤説明書（施行規則第1条の3第1項の表3中の規定に基づき国土交通大臣があらかじめ適切であると認定した算出方法により基礎ぐいの許容支持力を算出する場合で当該認定に係る認定書の写しを添えた場合にあっては，当該算出方法に係る図書のうち国土交通大臣の指定したものを除く。）	地盤調査方法及びその結果
		地層構成，支持地盤及び建築物（地下部分を含む。）の位置
		地下水位（地階を有しない建築物に直接基礎を用いた場合を除く。）
		基礎の工法（地盤改良を含む。）の種別，位置，形状，寸法及び材料の種別
		構造計算において用いた支持層の位置，層の構成及び地盤調査の結果により設定した地盤の特性値
		地盤の許容応力度並びに基礎及び基礎ぐいの許容支持力の数値及びそれらの算出方法
	略伏図	各階の構造耐力上主要な部分である部材の種別，配置及び寸法並びに開口部の位置
	略軸組図	すべての通りの構造耐力上主要な部分である部材の種別，配置及び寸法並びに開口部の位置
	部材断面表	各階及びすべての通りの構造耐力上主要な部分である部材の断面の形状，寸法及び仕様
	荷重・外力計算書	固定荷重の数値及びその算出方法
		各階又は各部分の用途ごとに積載荷重の数値及びその算出方法
		各階又は各部分の用途ごとに大規模な設備，塔屋その他の特殊な荷重（以下「特殊な荷重」という。）の数値及びその算出方法
		積雪荷重の数値及びその算出方法
		風圧力の数値及びその算出方法
		地震力の数値及びその算出方法
		膜面の張力の数値及びその算出方法
		土圧，水圧その他考慮すべき荷重及び外力の数値及びそれらの算出方法
		略伏図上に記載した特殊な荷重及び膜面の張力の分布
	応力計算書（応力図及び基礎反力図を含む。）	構造耐力上主要な部分である部材に生ずる力の数値及びその算出方法
		地震時（風圧力によって生ずる力が地震力によって生ずる力を上回る場合にあっては暴風時）における柱が負担するせん断力及びその分担率並びに耐力壁又は筋かいが負担するせん断力及びその分担率
		平成19年国土交通省告示第817号別記第3号様式に定める応力図及び同告示別記第4号様式に定める基礎反力図に記載すべき事項

	断面計算書（断面検定比図を含む。）	構造耐力上主要な部分である部材（接合部を含む。）の位置，部材に付す記号，部材断面の仕様，部材に生じる荷重の種別及び当該荷重が作用する方向
		構造耐力上主要な部分である部材（接合部を含む。）の軸方向，曲げ及びせん断の応力度
		構造耐力上主要な部分である部材（接合部を含む。）の軸方向，曲げ及びせん断の許容応力度
		構造耐力上主要な部分である部材（接合部を含む。）の応力度と許容応力度の比率
		平成14年国土交通省告示第666号（以下「告示」という。）第5第2項に規定する構造計算の計算書
		平成19年国土交通省告示第817号別記第5号様式に定める断面検定比図に記載すべき事項
	基礎ぐい等計算書	基礎ぐい，床版，小ばりその他の構造耐力上主要な部分である部材に関する構造計算の計算書
	使用上の支障に関する計算書	告示第5第1項第4号に規定する構造計算の計算書
(3)	相対変形量に関する計算書	告示第5第3項に規定する構造計算の計算書
(4)	層間変形角計算書	層間変位の計算に用いる地震力
		地震力によって各階に生ずる水平方向の層間変位の算出方法
		各階及び各方向の地震力による層間変形角の算出方法
	層間変形角計算結果一覧表	各階及び各方向の地震力による層間変形角
		損傷が生ずるおそれのないことについての検証内容（層間変形角が1/200を超え1/120以内である場合に限る。）
(5)	保有水平耐力計算書	保有水平耐力計算に用いる地震力
		各階及び各方向の保有水平耐力の算出方法
		令第82条の3第二号に規定する各階の構造特性を表すDs（以下この表において「Ds」という。）の算出方法
		令第82条の3第二号に規定する各階の形状特性を表すFes（以下この表において「Fes」という。）の算出方法
		各階及び各方向の必要保有水平耐力の算出方法
		構造耐力上主要な部分である柱，はり若しくは壁又はこれらの接合部について，局部座屈，せん断破壊等による構造耐力上支障のある急激な耐力の低下が生ずるおそれのないことについての検証内容
	保有水平耐力計算結果一覧表	各階の保有水平耐力を増分解析により計算する場合における外力分布
		架構の崩壊形
		保有水平耐力，Ds，Fes及び必要保有水平耐力の数値

		各階及び各方向の Ds の算定時における構造耐力上主要な部分である部材に生ずる力の分布及び塑性ヒンジの発生状況
		各階及び各方向の構造耐力上主要な部分である部材の部材群としての部材種別
		各階及び各方向の保有水平耐力時における構造耐力上主要な部分である部材に生ずる力の分布及び塑性ヒンジの発生状況
		各階の保有水平耐力を増分解析により計算する場合において，建築物の各方向におけるせん断力と層間変形角の関係
(6)	使用構造材料一覧表	屋根ふき材，外装材及び屋外に面する帳壁に使用されるすべての材料の種別（規格がある場合にあっては当該規格）及び使用部位
		使用する材料の許容応力度，許容耐力及び材料強度の数値及びそれらの算出方法
		使用する指定建築材料が法第37条の規定に基づく国土交通大臣の認定を受けたものである場合にあっては，その使用位置，形状及び寸法，当該構造計算において用いた許容応力度及び材料強度の数値並びに認定番号
	荷重・外力計算書	風圧力の数値及びその算出方法
	応力計算書	屋根ふき材及び屋外に面する帳壁に生ずる力の数値及びその算出方法
	屋根ふき材等計算書	告示第5第5項に規定する構造計算の計算書

構造計算書の作成に当たっては，次に掲げる事項について留意するものとする。
1　確認申請時に提出する構造計算書には通し頁を付すことその他の構造計算書の構成を識別できる措置を講じること。
2　建築物の構造等の実況に応じて，当該建築物の安全性を確かめるために必要な図書の追加，変更等を行うこと。
3　他の構造を併用する建築物にあっては，それぞれの構造種別に応じて構造計算書を作成すること。
4　この表の略伏図及び略軸組図は，構造計算における架構の様相を示した図に代えることができるものとするほか，プログラムによる構造計算を行わない場合にあっては省略することができるものとする。

別表第2

	構造計算書の種類	明示すべき事項
(1)	構造計算チェックリスト	プログラムによる構造計算を行う場合において，申請に係る建築物が，当該プログラムによる構造計算によって安全性を確かめることのできる建築物の構造の種別，規模その他のプログラムの使用条件に適合するかどうかを照合するための事項
	使用構造材料一覧表	構造耐力上主要な部分である部材（接合部を含む。）に使用されるすべての材料の種別（規格がある場合にあっては，当該規格）及び使用部位

		使用する材料の許容応力度，許容耐力及び材料強度の数値及びそれらの算出方法
		使用する指定建築材料が法第37条の規定に基づく国土交通大臣の認定を受けたものである場合にあっては，その使用位置，形状及び寸法，当該構造計算において用いた許容応力度及び材料強度の数値並びに認定番号
	特別な調査又は研究の結果等説明書	法第68条の25の規定に基づく国土交通大臣の認定を受けた構造方法等その他特殊な構造方法等が使用されている場合にあっては，その認定番号，使用条件及び内容
		特別な調査又は研究の結果に基づき構造計算が行われている場合にあっては，その検討内容
		構造計算の仮定及び計算結果の適切性に関する検討内容
(2)	基礎・地盤説明書（施行規則第1条の3第1項の表3中の規定に基づき国土交通大臣があらかじめ適切であると認定した算出方法により基礎ぐいの許容支持力を算出する場合で当該認定に係る認定書の写しを添えた場合にあっては，当該算出方法に係る図書のうち国土交通大臣の指定したものを除く。）	地盤調査方法及びその結果
		地層構成，支持地盤及び建築物（地下部分を含む。）の位置
		地下水位（地階を有しない建築物に直接基礎を用いた場合を除く。）
		基礎の工法（地盤改良を含む。）の種別，位置，形状，寸法及び材料の種別
		構造計算において用いた支持層の位置，層の構成及び地盤調査の結果により設定した地盤の特性値
		地盤の許容応力度並びに基礎及び基礎ぐいの許容支持力の数値及びそれらの算出方法
	略伏図	各階の構造耐力上主要な部分である部材の種別，配置及び寸法並びに開口部の位置
	略軸組図	すべての通りの構造耐力上主要な部分である部材の種別，配置及び寸法並びに開口部の位置
	部材断面表	各階及びすべての通りの構造耐力上主要な部分である部材の断面の形状，寸法及び仕様
	荷重・外力計算書	固定荷重の数値及びその算出方法
		各階又は各部分の用途ごとに積載荷重の数値及びその算出方法
		各階又は各部分の用途ごとに特殊な荷重の数値及びその算出方法
		積雪荷重の数値及びその算出方法
		風圧力の数値及びその算出方法
		地震力の数値及びその算出方法
		膜面の張力の数値及びその算出方法
		土圧，水圧その他考慮すべき荷重及び外力の数値及びそれらの算出方法

			略伏図上に記載した特殊な荷重及び膜面の張力の分布
		応力計算書（応力図及び基礎反力図を含む。）	構造耐力上主要な部分である部材に生ずる力の数値及びその算出方法
			地震時（風圧力によって生ずる力が地震力によって生ずる力を上回る場合にあっては暴風時）における柱が負担するせん断力及びその分担率並びに耐力壁又は筋かいが負担するせん断力及びその分担率
			平成19年国土交通省告示第817号別記第3号様式に定める応力図及び同告示別記第4号様式に定める基礎反力図に記載すべき事項
		断面計算書（断面検定比図を含む。）	構造耐力上主要な部分である部材（接合部を含む。）の位置，部材に付す記号，部材断面の仕様，部材に生じる荷重の種別及び当該荷重が作用する方向
			構造耐力上主要な部分である部材（接合部を含む。）の軸方向，曲げ及びせん断の応力度
			構造耐力上主要な部分である部材（接合部を含む。）の軸方向，曲げ及びせん断の許容応力度
			構造耐力上主要な部分である部材（接合部を含む。）の応力度と許容応力度の比率
			告示第5第2項に規定する構造計算の計算書
			平成19年国土交通省告示第817号別記第5号様式に定める断面検定比図に記載すべき事項
		基礎ぐい等計算書	基礎ぐい，床版，小ばりその他の構造耐力上主要な部分である部材に関する構造計算の計算書
		使用上の支障に関する計算書	告示第5第1項第四号に規定する構造計算の計算書
(3)		相対変形量に関する計算書	告示第5第3項に規定する構造計算の計算書
(4)		層間変形角計算書	層間変位の計算に用いる地震力
			地震力によって各階に生ずる水平方向の層間変位の算出方法
			各階及び各方向の地震力による層間変形角の算出方法
		層間変形角計算結果一覧表	各階及び各方向の地震力による層間変形角
			損傷が生ずるおそれのないことについての検証内容（層間変形角が1/200を超え1/120以内である場合に限る。）
(5)		使用構造材料一覧表	屋根ふき材，外装材及び屋外に面する帳壁に使用されるすべての材料の種別（規格がある場合にあっては当該規格）及び使用部位
			使用する材料の許容応力度，許容耐力及び材料強度の数値及びそれらの算出方法

		使用する指定建築材料が法第37条の規定に基づく国土交通大臣の認定を受けたものである場合にあっては，その使用位置，形状及び寸法，当該構造計算において用いた許容応力度及び材料強度の数値並びに認定番号
	荷重・外力計算書	風圧力の数値及びその算出方法
	応力計算書	屋根ふき材及び屋外に面する帳壁に生ずる力の数値及びその算出方法
	屋根ふき材等計算書	告示第5第5項に規定する構造計算の計算書
(6)	剛性率・偏心率計算書	各階及び各方向の剛性率を計算する場合における層間変形角の算定に用いる層間変位の算出方法
		各階及び各方向の剛性率の算出方法
		各階の剛心周りのねじり剛性の算出方法
		各階及び各方向の偏心率の算出方法
		令第82条の6第三号の規定に基づき国土交通大臣が定める基準による計算の根拠
	剛性率・偏心率計算結果一覧表	各階の剛性率及び偏心率
		令第82条の6第三号の規定に基づき国土交通大臣が定める基準に適合していること

構造計算書の作成に当たっては，次に掲げる事項について留意するものとする。
1　確認申請時に提出する構造計算書には通し頁を付すことその他の構造計算書の構成を識別できる措置を講じること。
2　建築物の構造等の実況に応じて，当該建築物の安全性を確かめるために必要な図書の追加，変更等を行うこと。
3　他の構造を併用する建築物にあっては，それぞれの構造種別に応じて構造計算書を作成すること。
4　この表の略伏図及び略軸組図は，構造計算における架構の様相を示した図に代えることができるものとするほか，プログラムによる構造計算を行わない場合にあっては省略することができるものとする。

附　則　（略）

建築基準法施行令第81条第3項に規定する国土交通大臣が定める基準に従った構造計算によりテント倉庫建築物の安全性を確かめた場合の構造計算書を定める件

平成19年6月19日　国土交通省告示第829号
最終改正　平成27年1月29日　国土交通省告示第184号

　建築基準法施行規則（昭和25年建設省令第40号）第1条の3第1項第一号ロ(2)(ii)の規定に基づき，建築基準法施行令（昭和25年政令第338号）第81条第3項に規定する令第82条各号及び令第82条の4に定めるところによる構造計算と同等以上に安全性を確かめることができる構造計算によりテント倉庫建築物の安全性を確かめた場合におけるテント倉庫建築物の構造計算書を別表に定める。

別表

	構造計算書の種類	明示すべき事項
(1)	構造計算チェックリスト	プログラムによる構造計算を行う場合において，申請に係る建築物が，当該プログラムによる構造計算によって安全性を確かめることのできる建築物の構造の種別，規模その他のプログラムの使用条件に適合するかどうかを照合するための事項
	使用構造材料一覧表	構造耐力上主要な部分である部材（接合部を含む。）に使用されるすべての材料の種別（規格がある場合にあっては，当該規格）及び使用部位
		使用する材料の許容応力度，許容耐力及び材料強度の数値及びそれらの算出方法
		使用する指定建築材料が建築基準法（昭和25年法律第201号。以下「法」という。）第37条の規定に基づく国土交通大臣の認定を受けたものである場合にあっては，その使用位置，形状及び寸法，当該構造計算において用いた許容応力度及び材料強度の数値並びに認定番号
	特別な調査又は研究の結果等説明書	法第68条の25の規定に基づく国土交通大臣の認定を受けた構造方法等その他特殊な構造方法等が使用されている場合にあっては，その認定番号，使用条件及び内容
		特別な調査又は研究の結果に基づき構造計算が行われている場合にあっては，その検討内容
		構造計算の仮定及び計算結果の適切性に関する検討内容
(2)	基礎・地盤説明書（施行規則第1条の3第1項の表3中の規定に基づき国土交通大臣があらかじめ適切であると認定した算出方法により基礎ぐい	地盤調査方法及びその結果
		地層構成，支持地盤及び建築物（地下部分を含む。）の位置
		地下水位（地階を有しない建築物に直接基礎を用いた場合を除く。）

の許容支持力を算出する場合で当該認定に係る認定書の写しを添えた場合にあっては，当該算出方法に係る図書のうち国土交通大臣の指定したものを除く。)	基礎の工法（地盤改良を含む。）の種別，位置，形状，寸法及び材料の種別
	構造計算において用いた支持層の位置，層の構成及び地盤調査の結果により設定した地盤の特性値
	地盤の許容応力度並びに基礎及び基礎ぐいの許容支持力の数値及びそれらの算出方法
	平成14年国土交通省告示第667号第5に規定するテント倉庫建築物の基礎について定める構造計算の計算書
略伏図	各階の構造耐力上主要な部分である部材の種別，配置及び寸法並びに開口部の位置
略軸組図	すべての通りの構造耐力上主要な部分である部材の種別，配置及び寸法並びに開口部の位置
部材断面表	各階及びすべての通りの構造耐力上主要な部分である部材の断面の形状，寸法及び仕様
荷重・外力計算書	固定荷重の数値及びその算出方法
	各階又は各部分の用途ごとに積載荷重の数値及びその算出方法
	各階又は各部分の用途ごとに大規模な設備，塔屋その他の特殊な荷重の数値及びその算出方法
	積雪荷重の数値及びその算出方法
	風圧力の数値及びその算出方法
	地震力の数値及びその算出方法
	土圧，水圧その他考慮すべき荷重及び外力の数値及びそれらの算出方法
	略伏図上に記載した特殊な荷重の分布
応力計算書（応力図及び基礎反力図を含む。）	構造耐力上主要な部分である部材に生ずる力の数値及びその算出方法
	地震時（風圧力によって生ずる力が地震力によって生ずる力を上回る場合にあっては暴風時）における柱が負担するせん断力及びその分担率並びに耐力壁又は筋かいが負担するせん断力及びその分担率
	平成19年国土交通省告示第817号別記第3号様式に定める応力図及び同告示別記第4号様式に定める基礎反力図に記載すべき事項
断面計算書（断面検定比図を含む。）	構造耐力上主要な部分である部材（接合部を含む。）の位置，部材に付す記号，部材断面の仕様，部材に生じる荷重の種別及び当該荷重が作用する方向
	構造耐力上主要な部分である部材（接合部を含む。）の軸方向，曲げ及びせん断の応力度

	構造耐力上主要な部分である部材（接合部を含む。）の軸方向，曲げ及びせん断の許容応力度
	構造耐力上主要な部分である部材（接合部を含む。）の応力度と許容応力度の比率
	平成19年国土交通省告示第817号別記第5号様式に定める断面検定比図に記載すべき事項
基礎ぐい等計算書	基礎ぐい，床版，小ばりその他の構造耐力上主要な部分である部材に関する構造計算の計算書
使用上の支障に関する計算書	平成12年建設省告示第1459号に規定する構造計算の計算書

構造計算書の作成に当たっては，次に掲げる事項について留意するものとする。

1　確認申請時に提出する構造計算書には通し頁を付すことその他の構造計算書の構成を識別できる措置を講じること。

2　建築物の構造等の実況に応じて，当該建築物の安全性を確かめるために必要な図書の追加，変更等を行うこと。

3　他の構造を併用する建築物にあっては，それぞれの構造種別に応じて構造計算書を作成すること。

4　この表の略伏図及び略軸組図は，構造計算における架構の様相を示した図に代えることができるものとするほか，プログラムによる構造計算を行わない場合にあっては省略することができるものとする。

附　則　（略）

建築基準法施行令第81条第2項第一号イ又は同条第2項第二号イに規定する国土交通大臣が定める基準に従った構造計算により鉄筋コンクリート組積造の建築物又は建築物の構造部分の安全性を確かめた場合の構造計算書を定める件

平成19年6月19日　国土交通省告示第830号
最終改正　平成27年1月29日　国土交通省告示第184号

　建築基準法施行規則（昭和25年建設省令第40号。以下「施行規則」という。）第1条の3第1項第一号ロ⑵ⅱの規定に基づき，鉄筋コンクリート組積造の建築物又は建築物の構造部分の構造計算書を次のように定める。

　一　建築基準法施行令（昭和25年政令第838号。以下「令」という。）第81条第2項第一号イに規定する保有水平耐力計算と同等以上に安全性を確かめることができる構造計算により鉄筋コンクリート組積造の建築物又は建築物の構造部分の安全性を確かめた場合　別表第1とする。

　二　令第81条第2項第二号イに規定する許容応力度等計算と同等以上に安全性を確かめることができる構造計算により鉄筋コンクリート組積造の建築物又は建築物の構造部分の安全性を確かめた場合　　別表第2とする。

別表第1

	構造計算書の種類	明示すべき事項
(1)	構造計算チェックリスト	プログラムによる構造計算を行う場合において，申請に係る建築物が，当該プログラムによる構造計算によって安全性を確かめることのできる建築物の構造の種別，規模その他のプログラムの使用条件に適合するかどうかを照合するための事項
	使用構造材料一覧表	構造耐力上主要な部分である部材（接合部を含む。）に使用されるすべての材料の種別（規格がある場合にあっては，当該規格）及び使用部位
		使用する材料の許容応力度，許容耐力及び材料強度の数値及びそれらの算出方法
		使用する指定建築材料が建築基準法（昭和25年法律第201号。以下「法」という。）第37条の規定に基づく国土交通大臣の認定を受けたものである場合にあっては，その使用位置，形状及び寸法，当該構造計算において用いた許容応力度及び材料強度の数値並びに認定番号
	特別な調査又は研究の結果等説明書	法第68条の25の規定に基づく国土交通大臣の認定を受けた構造方法等その他特殊な構造方法等が使用されている場合にあっては，その認定番号，使用条件及び内容
		特別な調査又は研究の結果に基づき構造計算が行われている場合にあっては，その検討内容
		構造計算の仮定及び計算結果の適切性に関する検討内容

(2)	基礎・地盤説明書（施行規則第1条の3第1項の表3中の規定に基づき国土交通大臣があらかじめ適切であると認定した算出方法により基礎ぐいの許容支持力を算出する場合で当該認定に係る認定書の写しを添えた場合にあっては，当該算出方法に係る図書のうち国土交通大臣の指定したものを除く。）	地盤調査方法及びその結果
		地層構成，支持地盤及び建築物（地下部分を含む。）の位置
		地下水位（地階を有しない建築物に直接基礎を用いた場合を除く。）
		基礎の工法（地盤改良を含む。）の種別，位置，形状，寸法及び材料の種別
		構造計算において用いた支持層の位置，層の構成及び地盤調査の結果により設定した地盤の特性値
		地盤の許容応力度並びに基礎及び基礎ぐいの許容支持力の数値及びそれらの算出方法
	略伏図	各階の構造耐力上主要な部分である部材の種別，配置及び寸法並びに開口部の位置
	略軸組図	すべての通りの構造耐力上主要な部分である部材の種別，配置及び寸法並びに開口部の位置
	部材断面表	各階及びすべての通りの構造耐力上主要な部分である部材の断面の形状，寸法及び仕様
	荷重・外力計算書	固定荷重の数値及びその算出方法
		各階又は各部分の用途ごとに積載荷重の数値及びその算出方法
		各階又は各部分の用途ごとに大規模な設備，塔屋その他の特殊な荷重（以下「特殊な荷重」という。）の数値及びその算出方法
		積雪荷重の数値及びその算出方法
		風圧力の数値及びその算出方法
		地震力の数値及びその算出方法倒壊
		土圧，水圧その他考慮すべき荷重及び外力の数値及びそれらの算出方法
		略伏図上に記載した特殊な荷重の分布
	応力計算書（応力図及び基礎反力図を含む。）	構造耐力上主要な部分である部材に生ずる力の数値及びその算出方法
		地震時（風圧力によって生ずる力が地震力によって生ずる力を上回る場合にあっては暴風時）における柱が負担するせん断力及びその分担率並びに耐力壁又は筋かいが負担するせん断力及びその分担率
		平成19年国土交通省告示第817号別記第3号様式に定める応力図及び同告示別記第4号様式に定める基礎反力図に記載すべき事項
	断面計算書（断面検定比図を含む。）	構造耐力上主要な部分である部材（接合部を含む。）の位置，部材に付す記号，部材断面の仕様，部材に生じる荷重の種別及び当該荷重が作用する方向

		構造耐力上主要な部分である部材（接合部を含む。）の軸方向, 曲げ及びせん断の応力度
		構造耐力上主要な部分である部材（接合部を含む。）の軸方向, 曲げ及びせん断の許容応力度
		構造耐力上主要な部分である部材（接合部を含む。）の応力度と許容応力度の比率
		平成19年国土交通省告示第817号別記第5号様式に定める断面検定比図に記載すべき事項
		平成15年国土交通省告示第463号（以下「告示」という。）第9第一号に規定する構造計算の計算書
	基礎ぐい等計算書	基礎ぐい, 床版, 小ばりその他の構造耐力上主要な部分である部材に関する構造計算の計算書
	使用上の支障に関する計算書	令第82条第四号に規定する構造計算の計算書
(3)	層間変形角計算書	層間変位の計算に用いる地震力
		地震力によって各階に生ずる水平方向の層間変位の算出方法
		各階及び各方向の地震力による層間変形角の算出方法
	層間変形角計算結果一覧表	各階及び各方向の地震力による層間変形角
		損傷が生ずるおそれのないことについての検証内容（鉄筋コンクリート組積造の構造部分を有する階以外の階であって, 層間変形角が1/200を超え1/120以内である場合に限る。）
(4)	保有水平耐力計算書	保有水平耐力計算に用いる地震力
		各階及び各方向の保有水平耐力の算出方法
		令第82条の3第二号に規定する各階の構造特性を表すD_s（以下この表において「D_s」という。）の算出方法
		令第82条の3第二号に規定する各階の形状特性を表すF_{es}（以下この表において「F_{es}」という。）の算出方法
		各階及び各方向の必要保有水平耐力の算出方法
		構造耐力上主要な部分である柱, はり若しくは壁又はこれらの接合部について, 局部座屈, せん断破壊等による構造耐力上支障のある急激な耐力の低下が生ずるおそれのないことについての検証内容
	保有水平耐力計算結果一覧表	各階の保有水平耐力を増分解析により計算する場合における外力分布
		架構の崩壊形
		保有水平耐力, D_s, F_{es} 及び必要保有水平耐力の数値
		各階及び各方向の D_s の算定時における構造耐力上主要な部分である部材に生ずる力の分布及び塑性ヒンジの発生状況

		各階及び各方向の構造耐力上主要な部分である部材の部材群としての部材種別
		各階及び各方向の保有水平耐力時における構造耐力上主要な部分である部材に生ずる力の分布及び塑性ヒンジの発生状況
		各階の保有水平耐力を増分解析により計算する場合において，建築物の各方向におけるせん断力と層間変形角の関係
(5)	使用構造材料一覧表	屋根ふき材，外装材及び屋外に面する帳壁に使用されるすべての材料の種別（規格がある場合にあっては当該規格）及び使用部位
		使用する材料の許容応力度，許容耐力及び材料強度の数値及びそれらの算出方法
		使用する指定建築材料が法第37条の規定に基づく国土交通大臣の認定を受けたものである場合にあっては，その使用位置，形状及び寸法，当該構造計算において用いた許容応力度及び材料強度の数値並びに認定番号
	荷重・外力計算書	風圧力の数値及びその算出方法
	応力計算書	屋根ふき材及び屋外に面する帳壁に生ずる力の数値及びその算出方法
	屋根ふき材等計算書	令第82条の4に規定する構造計算の計算書

構造計算書の作成に当たっては，次に掲げる事項について留意するものとする。
1　確認申請時に提出する構造計算書には通し頁を付すことその他の構造計算書の構成を識別できる措置を講じること。
2　建築物の構造等の実況に応じて，当該建築物の安全性を確かめるために必要な図書の追加，変更等を行うこと。
3　他の構造を併用する建築物にあっては，それぞれの構造種別に応じて構造計算書を作成すること。
4　この表の略伏図及び略軸組図は，構造計算における架構の様相を示した図に代えることができるものとするほか，プログラムによる構造計算を行わない場合にあっては省略することができるものとする。

別表第2

	構造計算書の種類	明示すべき事項
(1)	構造計算チェックリスト	プログラムによる構造計算を行う場合において，申請に係る建築物が，当該プログラムによる構造計算によって安全性を確かめることのできる建築物の構造の種別，規模その他のプログラムの使用条件に適合するかどうかを照合するための事項
	使用構造材料一覧表	構造耐力上主要な部分である部材（接合部を含む。）に使用されるすべての材料の種別（規格がある場合にあっては，当該規格）及び使用部位

		使用する材料の許容応力度，許容耐力及び材料強度の数値及びそれらの算出方法
		使用する指定建築材料が法第37条の規定に基づく国土交通大臣の認定を受けたものである場合にあっては，その使用位置，形状及び寸法，当該構造計算において用いた許容応力度及び材料強度の数値並びに認定番号
	特別な調査又は研究の結果等説明書	法第68条の25の規定に基づく国土交通大臣の認定を受けた構造方法等その他特殊な構造方法等が使用されている場合にあっては，その認定番号，使用条件及び内容
		特別な調査又は研究の結果に基づき構造計算が行われている場合にあっては，その検討内容
		構造計算の仮定及び計算結果の適切性に関する検討内容
(2)	基礎・地盤説明書（施行規則第1条の3第1項の表3中の規定に基づき国土交通大臣があらかじめ適切であると認定した算出方法により基礎ぐいの許容支持力を算出する場合で当該認定に係る認定書の写しを添えた場合にあっては，当該算出方法に係る図書のうち国土交通大臣の指定したものを除く。）	地盤調査方法及びその結果
		地層構成，支持地盤及び建築物（地下部分を含む。）の位置
		地下水位（地階を有しない建築物に直接基礎を用いた場合を除く。）
		基礎の工法（地盤改良を含む。）の種別，位置，形状，寸法及び材料の種別
		構造計算において用いた支持層の位置，層の構成及び地盤調査の結果により設定した地盤の特性値
		地盤の許容応力度並びに基礎及び基礎ぐいの許容支持力の数値及びそれらの算出方法
	略伏図	各階の構造耐力上主要な部分である部材の種別，配置及び寸法並びに開口部の位置
	略軸組図	すべての通りの構造耐力上主要な部分である部材の種別，配置及び寸法並びに開口部の位置
	部材断面表	各階及びすべての通りの構造耐力上主要な部分である部材の断面の形状，寸法及び仕様
	荷重・外力計算書	固定荷重の数値及びその算出方法
		各階又は各部分の用途ごとに積載荷重の数値及びその算出方法
		各階又は各部分の用途ごとに大規模な設備，塔屋その他の特殊な荷重（以下「特殊な荷重」という。）の数値及びその算出方法
		積雪荷重の数値及びその算出方法
		風圧力の数値及びその算出方法
		地震力の数値及びその算出方法
		土圧，水圧その他考慮すべき荷重及び外力の数値及びそれらの算出方法

		略伏図上に記載した特殊な荷重の分布
	応力計算書（応力図及び基礎反力図を含む。）	構造耐力上主要な部分である部材に生ずる力の数値及びその算出方法
		地震時（風圧力によって生ずる力が地震力によって生ずる力を上回る場合にあっては暴風時）における柱が負担するせん断力及びその分担率並びに耐力壁又は筋かいが負担するせん断力及びその分担率
		平成19年国土交通省告示第817号別記第3号様式に定める応力図及び同告示別記第4号様式に定める基礎反力図に記載すべき事項
	断面計算書（断面検定比図を含む。）	構造耐力上主要な部分である部材（接合部を含む。）の位置，部材に付す記号，部材断面の仕様，部材に生じる荷重の種別及び当該荷重が作用する方向
		構造耐力上主要な部分である部材（接合部を含む。）の軸方向，曲げ及びせん断の応力度
		構造耐力上主要な部分である部材（接合部を含む。）の軸方向，曲げ及びせん断の許容応力度
		構造耐力上主要な部分である部材（接合部を含む。）の応力度と許容応力度の比率
		平成19年国土交通省告示第817号別記第5号様式に定める断面検定比図に記載すべき事項
		告示第11第一号ニに規定する構造計算の計算書
	基礎ぐい等計算書	基礎ぐい，床版，小ばりその他の構造耐力上主要な部分である部材に関する構造計算の計算書
	使用上の支障に関する計算書	令第82条第四号に規定する構造計算の計算書
(3)	層間変形角計算書	層間変位の計算に用いる地震力
		地震力によって各階に生ずる水平方向の層間変位の算出方法
		各階及び各方向の地震力による層間変形角の算出方法
	層間変形角計算結果一覧表	各階及び各方向の地震力による層間変形角
		損傷が生ずるおそれのないことについての検証内容（鉄筋コンクリート組積造の構造部分を有する階以外の階であって，層間変形角が1/200を超え1/120以内である場合に限る。）
(4)	使用構造材料一覧表	屋根ふき材，外装材及び屋外に面する帳壁に使用されるすべての材料の種別（規格がある場合にあっては当該規格）及び使用部位
		使用する材料の許容応力度，許容耐力及び材料強度の数値及びそれらの算出方法

		使用する指定建築材料が法第37条の規定に基づく国土交通大臣の認定を受けたものである場合にあっては，その使用位置，形状及び寸法，当該構造計算において用いた許容応力度及び材料強度の数値並びに認定番号
	荷重・外力計算書	風圧力の数値及びその算出方法
	応力計算書	屋根ふき材及び屋外に面する帳壁に生ずる力の数値及びその算出方法
	屋根ふき材等計算書	令第82条の4に規定する構造計算の計算書
(5)	剛性率・偏心率計算書	各階及び各方向の剛性率を計算する場合における層間変形角の算定に用いる層間変位の算出方法
		各階及び各方向の剛性率の算出方法
		各階の剛心周りのねじり剛性の算出方法
		各階及び各方向の偏心率の算出方法
		令第82条の6第三号の規定に基づき国土交通大臣が定める基準による計算の根拠
	剛性率・偏心率計算結果一覧表	各階の剛性率及び偏心率
		令第82条の6第三号の規定に基づき国土交通大臣が定める基準に適合していること

構造計算書の作成に当たっては，次に掲げる事項について留意するものとする。
1　確認申請時に提出する構造計算書には通し頁を付すことその他の構造計算書の構成を識別できる措置を講じること。
2　建築物の構造等の実況に応じて，当該建築物の安全性を確かめるために必要な図書の追加，変更等を行うこと。
3　他の構造を併用する建築物にあっては，それぞれの構造種別に応じて構造計算書を作成すること。
4　この表の略伏図及び略軸組図は，構造計算における架構の様相を示した図に代えることができるものとするほか，プログラムによる構造計算を行わない場合にあっては省略することができるものとする。

附　則　（略）

建築基準法施行令第81条第2項第一号ロの規定に基づきエネルギーの釣合いに基づく耐震計算等の構造計算によって建築物の安全性を確かめた場合の構造計算書を定める件

平成19年6月19日　国土交通省告示第831号

最終改正　平成27年1月29日　国土交通省告示第184号

　建築基準法施行規則（昭和25年建設省令第40号）第1条の3第1項第一号ロ⑵ⅲの規定に基づき，建築基準法施行令（昭和25年政令第338号。以下「令」という。）第81条第2項第一号ロに規定する限界耐力計算と同等以上に安全性を確かめることができる構造計算であるエネルギーの釣合いに基づく耐震計算等の構造計算によって建築物の安全性を確かめた場合の構造計算書を別表に定める。

別表

	構造計算書の種類	明示すべき事項
⑴	構造計算チェックリスト	プログラムによる構造計算を行う場合において，申請に係る建築物が，当該プログラムによる構造計算によって安全性を確かめることのできる建築物の構造の種別，規模その他のプログラムの使用条件に適合するかどうかを照合するための事項
	使用構造材料一覧表	構造耐力上主要な部分である部材（接合部を含む。）に使用されるすべての材料の種別（規格がある場合にあっては，当該規格）及び使用部位
		使用する材料の許容応力度，許容耐力及び材料強度の数値及びそれらの算出方法
		使用する指定建築材料が建築基準法（昭和25年法律第201号。以下「法」という。）第37条の規定に基づく国土交通大臣の認定を受けたものである場合にあっては，その使用位置，形状及び寸法，当該構造計算において用いた許容応力度及び材料強度の数値並びに認定番号
	特別な調査又は研究の結果等説明書	法第68条の25の規定に基づく国土交通大臣の認定を受けた構造方法等その他特殊な構造方法等が使用されている場合にあっては，その認定番号，使用条件及び内容
		特別な調査又は研究の結果に基づき構造計算が行われている場合にあっては，その検討内容
		構造計算の仮定及び計算結果の適切性に関する検討内容
⑵	基礎・地盤説明書（施行規則第1条の3第1項の表3中の規定に基づき国土交通大臣があらかじめ適切であると認定した算出方法により基礎ぐい	地盤調査方法及びその結果
		地層構成，支持地盤及び建築物（地下部分を含む。）の位置
		地下水位（地階を有しない建築物に直接基礎を用いた場合を除く。）

の許容支持力を算出する場合で当該認定に係る認定書の写しを添えた場合にあっては，当該算出方法に係る図書のうち国土交通大臣の指定したものを除く。）	基礎の工法（地盤改良を含む。）の種別，位置，形状，寸法及び材料の種別
	構造計算において用いた支持層の位置，層の構成及び地盤調査の結果により設定した地盤の特性値
	地盤の許容応力度並びに基礎及び基礎ぐいの許容支持力の数値及びそれらの算出方法
略伏図	各階の構造耐力上主要な部分である部材の種別，配置及び寸法並びに開口部の位置
略軸組図	すべての通りの構造耐力上主要な部分である部材の種別，配置及び寸法並びに開口部の位置
部材断面表	各階及びすべての通りの構造耐力上主要な部分である部材の断面の形状，寸法及び仕様
荷重・外力計算書	固定荷重の数値及びその算出方法
	各階又は各部分の用途ごとに積載荷重の数値及びその算出方法
	各階又は各部分の用途ごとに大規模な設備，塔屋その他の特殊な荷重の数値及びその算出方法
	積雪荷重の数値及びその算出方法
	風圧力の数値及びその算出方法
	地震により建築物に作用するエネルギー量の数値及びその算出方法
	土圧，水圧その他考慮すべき荷重及び外力の数値及びそれらの算出方法
	略伏図上に記載した特殊な荷重の分布
応力計算書（応力図及び基礎反力図を含む。）（地下部分の計算を含む。）	構造耐力上主要な部分である部材に生ずる力の数値及びその算出方法
	地震時（風圧力によって生ずる力が地震力によって生ずる力を上回る場合にあっては暴風時）における柱が負担するせん断力及びその分担率並びに耐力壁又は筋かいが負担するせん断力及びその分担率
	平成19年国土交通省告示第817号別記第2号様式に定める応力図及び同告示別記第3号様式に定める基礎反力図に記載すべき事項
断面計算書（断面検定比図を含む。）	構造耐力上主要な部分である部材（接合部を含む。）の位置，部材に付す記号，部材断面の仕様，部材に生じる荷重の種別及び当該荷重が作用する方向
	構造耐力上主要な部分である部材（接合部を含む。）の軸方向，曲げ及びせん断の応力度
	構造耐力上主要な部分である部材（接合部を含む。）の軸方向，曲げ及びせん断の許容応力度

		構造耐力上主要な部分である部材（接合部を含む。）の応力度と許容応力度の比率
		平成19年国土交通省告示第817号別記第5号様式に定める断面検定比図に記載すべき事項
	積雪・暴風時耐力計算書	構造耐力上主要な部分である部材（接合部を含む。）に生ずる力の数値及びその算出方法
		構造耐力上主要な部分である部材（接合部を含む。）の耐力の数値及びその算出方法
	積雪・暴風時耐力計算結果一覧表	構造耐力上主要な部分である部材（接合部を含む。）に生ずる力及び耐力並びにその比率
(3)	平成17年国土交通省告示第631号（以下「告示」という。）第4の構造計算に関する計算書	建築物の損傷限界時の各階の主架構に生ずる層せん断力の数値及びその算出方法
		各階の損傷限界時層間変位の数値及びその算出方法
		各階の主架構に弾性ひずみエネルギーとして吸収されるエネルギー量の数値及びその算出方法
		告示第4第一号に規定する $Wdei$ の算出時に用いる各階のダンパー部分の層せん断力の数値及びその算出方法
		告示第4第一号に規定する $Wdei$ の算出時に用いる各階のダンパー部分の層せん断力を各階のダンパー部分の水平方向の剛性で除して得た各階のダンパー部分の層間変位の数値及びその算出方法
		各階のダンパー部分に弾性ひずみエネルギーとして吸収されるエネルギー量の数値及びその算出方法
		告示第4第一号に規定する $Wdpi$ の算出時に用いる各階のダンパー部分の層せん断力の数値及びその算出方法
		告示第4第一号に規定する $Wdpi$ の算出時に用いる各階のダンパー部分の層せん断力を各階のダンパー部分の水平方向の剛性で除して得た各階のダンパー部分の層間変位の数値及びその算出方法
		各階のダンパー部分の塑性変形の累積の程度を表す数値（ni）及びその算出方法
		各階のダンパー部分に塑性ひずみエネルギーとして吸収されるエネルギー量の数値及びその算出方法
		建築物が損傷限界に達する時までに吸収することができるエネルギー量の数値及びその算出方法
		建築物が損傷限界に達する時の建築物の固有周期の数値及びその算出方法
		表層地盤による加速度の増幅率 Gs の数値及びその算出方法

		地震により建築物に作用するエネルギー量の速度換算値の数値及びその算出方法
		地震により建築物に作用するエネルギー量の数値及びその算出方法
		告示第4第四号に規定する建築物の各階に作用する層せん断力の数値及びその算出方法
	告示第4の構造計算に関する計算結果一覧表	建築物が損傷限界に達する時までに吸収することができるエネルギー量及び地震により建築物に作用するエネルギー量の数値
		各階に作用する層せん断力その他の各階に作用する力による層間変位の当該各階の高さに対する割合
		損傷が生ずるおそれのないことについての検証内容（建築物の各階に作用する層せん断力その他の各階に作用する力による層間変位の当該各階の高さに対する割合が1/200を超え1/120以内である場合に限る。）
		地震により建築物に作用するエネルギーが作用した後に生ずる残留層間変位その他の残留変形によって，当該建築物に構造耐力上の支障が生じないものであることの検証内容
(4)	告示第6の構造計算に関する計算書	各階の主架構及びダンパー部分の保有エネルギー吸収量の数値及びその算出方法
		地震により建築物に作用するエネルギー量の速度換算値の数値及びその算出方法
		告示第6第一号ロ(1)に規定する Ts の数値及びその算出方法
		表層地盤による加速度の増幅率 Gs の数値及びその算出方法
		告示第4第一号の規定を準用して計算した建築物が損傷限界に達する時までに吸収することができるエネルギー量の数値及びその算出方法
		建築物の必要エネルギー吸収量の数値及びその算出方法
		各階の保有水平耐力の数値及びその算出方法
		各階の主架構及びダンパー部分の保有水平耐力の数値及びその算出方法
		各階の必要エネルギー吸収量に各階の保有水平耐力に対するダンパー部分の保有水平耐力の比を乗じた数値及びその算出方法
		各階の主架構の保有水平耐力を当該主架構の水平方向の剛性で除した得た各階の層間変位の数値及びその算出方法
		各階のダンパー部分の保有水平耐力を各階のダンパー部分の水平方向の剛性で除した得た各階のダンパー部分の層間変位の数値及びその算出方法
		建築物の1階の必要エネルギー吸収量に対する各階の必要エネルギー吸収量の比を表す基準値及びその算出方法

		建築物の1階の保有水平層せん断力係数に対する各階の保有水平層せん断力係数の比と *Ai*（昭和55年建設省告示第1793号第3に規定する *Ai* をいう。）の数値との比及びその算出方法
		各階の必要エネルギー吸収量に係る当該階の偏心による割増に等価な保有水平層せん断力係数の低減係数の数値及びその算出方法
		建築物の必要エネルギー吸収量を各階の剛性及び耐力に応じて各階に分配する程度を表す数値及びその算出方法
		各階の必要エネルギー吸収量の数値及びその算出方法
		各階の主架構の必要エネルギー吸収量の数値及びその算出方法
		告示第6第一号ロ(1)に規定する *We* が作用する時の各階の層間変位（*δi*）の数値及びその算出方法
		各階のダンパー部分の塑性変形の累積の程度を表す数値（*nsi*）及びその算出方法
		告示第6第一号ロ(1)に規定する地震に対してダンパー部分のみが塑性している時に当該ダンパー部分に塑性ひずみエネルギーとして吸収されるエネルギー量の数値及びその算出方法
		告示第4第二号に規定する地震によるエネルギー吸収量の割増係数の数値及びその算出方法
		各階のダンパー部分の塑性変形の累積の程度を表す数値（*ndi*）及びその算出方法
		告示第4第二号に規定する地震によって作用するエネルギーのうちダンパー部分に塑性ひずみエネルギーとして吸収されるエネルギー量の数値及びその算出方法
	告示第6の構造計算に関する計算結果一覧表	各階の主架構の保有エネルギー吸収量及び必要エネルギー吸収量の数値
		各階のダンパー部分の保有エネルギー吸収量及び必要エネルギー吸収量の数値
(5)	基礎ぐい等計算書	基礎ぐい，床版，小ばりその他の構造耐力上主要な部分である部材に関する構造計算の計算書
(6)	使用上の支障に関する計算書	令第82条第四号に規定する構造計算の計算書
(7)	屋根ふき材等計算書	告示第8に規定する構造計算の計算書
(8)	土砂災害特別警戒区域内破壊防止計算書	告示第9に規定する構造計算の計算書

構造計算書の作成に当たっては，次に掲げる事項について留意するものとする。
1 確認申請時に提出する構造計算書には通し頁を付すことその他の構造計算書の構成を識別できる措置を講じること。
2 建築物の構造等の実況に応じて，当該建築物の安全性を確かめるために必要な図書の追加，変更等を行うこと。
3 この表の略伏図及び略軸組図は，構造計算における架構の様相を示した図に代えることがで

きるものとするほか，プログラムによる構造計算を行わない場合にあっては省略することができるものとする。

附　則　（略）

建築基準法施行令第82条各号及び同令第82条の4に定めるところによる構造計算と同等以上に安全性を確かめることができる構造計算の基準を定める件

平成19年 6 月19日　国土交通省告示第832号

最終改正　令和 3 年 6 月30日　国土交通省告示第756号

　建築基準法施行令（昭和25年政令第338号。以下「令」という。）第81条第 3 項の規定に基づき，同令第82条各号及び同令第82条の 4 に定めるところによる構造計算と同等以上に安全性を確かめることができる構造計算の基準は，建築基準法施行規則（昭和25年建設省令第40号）第 1 条の 3 第 1 項第一号ロ(2)の規定により国土交通大臣があらかじめ安全であると認定した構造の建築物又はその部分について当該構造であることを確かめることができるものとして国土交通大臣が指定した構造計算の基準（令第82条各号及び令第82条の 4 に定めるところによる構造計算と同等以上に安全性を確かめることができるものとして国土交通大臣が指定したものに限る。）とする。

　　　附　則　（略）

許容応力度等計算と同等以上に安全性を
確かめることができる構造計算の基準を定める件

平成19年10月5日　国土交通省告示第1274号
最終改正　令和3年6月30日　国土交通省告示第755号

建築基準法施行令（昭和25年政令第338号。以下「令」という。）第81条第2項第二号イの規定に基づき，許容応力度等計算と同等以上に安全性を確かめることができる構造計算の基準は，次の各号に定める基準とする。

一　地階を除く階数が3以下，高さが13m以下及び軒の高さが9m以下である鉄骨造の建築物の張り間方向又は桁行方向のいずれかの方向が平成19年国土交通省告示第593号第一号イの規定を満たす場合にあっては，次のイ及びロに該当するものであること。

　イ　建築物の張り間方向又は桁行方向のうち平成19年国土交通省告示第593号第一号イの規定を満たす方向について，令第82条各号及び令第82条の4に定めるところによる構造計算によって構造耐力上安全であることが確かめられたもの

　ロ　イの規定により構造耐力上安全であることが確かめられた方向以外の方向について，次の⑴及び⑵に該当するもの

　　⑴　令第3章第8節第1款の4に規定する許容応力度等計算によって構造耐力上安全であることが確かめられたもの

　　⑵　平成19年国土交通省告示第593号第一号イ⑴の規定を満たすもの

二　地階を除く階数が2以下，高さが13m以下及び軒の高さが9m以下である鉄骨造の建築物の張り間方向又は桁行方向のいずれかの方向が平成19年国土交通省告示第593号第一号ロの規定を満たす場合にあっては，次のイ及びロに該当するものであること。

　イ　建築物の張り間方向又は桁行方向のうち平成19年国土交通省告示第593号第一号ロの規定を満たす方向について，令第82条各号及び令第82条の4に定めるところによる構造計算によって構造耐力上安全であることが確かめられたもの

　ロ　イの規定により構造耐力上安全であることが確かめられた方向以外の方向について，次の⑴及び⑵に該当するもの

　　⑴　令第3章第8節第1款の4に規定する許容応力度等計算によって構造耐力上安全であることが確かめられたもの

　　⑵　平成19年国土交通省告示第593号第一号ロ⑵の規定を満たすもの

三　高さが20m以下である鉄筋コンクリート造（壁式ラーメン鉄筋コンクリート造，壁式鉄筋コンクリート造及び鉄筋コンクリート組積造を除く。）又は鉄骨鉄筋コンクリート造の建築物の張り間方向又は桁行方向のいずれかの方向が平成19年国土交通省告示第593号第二号イの規定を満たす場合にあっては，次のイ及びロに該当するものであること。

　イ　建築物の張り間方向又は桁行方向のうち平成19年国土交通省告示第593号第二号イの規定を満たす方向について，令第82条各号及び令第82条の4に定めるところによる構造計算によって構造耐力上安全であることが確かめられたもの

　ロ　イの規定により構造耐力上安全であることが確かめられた方向以外の方向について，令第3章第8節第1款の4に規定する許容応力度等計算によって構造耐力上安全であることが確かめられたもの

四　建築基準法（昭和25年法律第201号）第20条第1項第三号に掲げる建築物にあっては，

次のイ及びロに該当するものであること。

イ　建築物の張り間方向又は桁行方向のいずれかの方向について，令第82条各号及び令第82条の4に定めるところによる構造計算によって構造耐力上安全であることが確かめられたもの

ロ　イの規定により構造耐力上安全であることが確かめられた方向以外の方向について，令第3章第8節第1款の4に規定する許容応力度等計算によって構造耐力上安全であることが確かめられたもの

五　建築基準法施行規則（昭和25年建設省令第40号）第1条の3第1項第一号ロ(2)の規定により国土交通大臣があらかじめ安全であると認定した構造の建築物又はその部分にあっては，当該構造であることを確かめることができるものとして国土交通大臣が指定した構造計算の基準（許容応力度等計算と同等以上に安全性を確かめることができるものとして国土交通大臣が指定したものに限る。）

　　附　則　（略）

小荷物専用昇降機の昇降路外の人又は物がかご又は釣合おもりに触れるおそれのない壁又は囲い及び出し入れ口の戸の基準を定める件

平成20年12月9日　国土交通省告示第1446号
最終改正　令和元年6月25日　国土交通省告示第203号

　建築基準法施行令（昭和25年政令第338号）第129条の13第一号の規定に基づき，小荷物専用昇降機の昇降路外の人又は物がかご又は釣合おもりに触れるおそれのない壁又は囲い及び出し入れ口の戸の基準を次のように定める。
　建築基準法施行令第129条の13第一号に規定する小荷物専用昇降機の昇降路外の人又は物がかご又は釣合おもりに触れるおそれのない壁又は囲い及び出し入れ口の戸の基準は，次のとおりとする。
　一　昇降路は，次のイからニまでに掲げる部分を除き，壁又は囲いで囲むものであること。
　　イ　昇降路の出し入れ口
　　ロ　機械室に通ずる主索，電線その他のものの周囲
　　ハ　昇降路の頂部及び底部
　　ニ　保守点検に必要な開口部（かぎを用いなければ昇降路外から開くことができない施錠装置を設けた戸を設けるものに限る。）であって，次の⑴又は⑵のいずれかに該当するもの
　　　⑴　出し入れ口の床面から開口部の下端までの高さが1.8m以上であるもの
　　　⑵　自動的に閉鎖する戸（当該戸を自動的に施錠する機能を有する施錠装置を設けたものに限る。）を設けるもの
　二　昇降路の壁又は囲い及び出し入れ口の戸は，任意の5cm²の面にこれと直角な方向の300Nの力が昇降路外から作用した場合において，次のイ及びロに適合するものであること。
　　イ　15mmを超える変形が生じないものであること。
　　ロ　塑性変形が生じないものであること。
　三　昇降路の壁又は囲い及び出し入れ口の戸の全部又は一部（構造上軽微な部分を除く。）に使用するガラスは，合わせガラス（日本産業規格R 3205に適合するものに限る。）又はこれと同等以上の飛散防止性能を有するものであること。
　四　昇降路の出し入れ口の戸は，昇降路外の人又は物による衝撃により容易に外れないものであること。
　五　昇降路の出し入れ口の戸は，空隙のないものであること。
　六　昇降路の出し入れ口の戸は，上げ戸又は上下戸とすること。
　七　上げ戸又は上下戸である昇降路の出し入れ口の戸は，閉じたときに，次のイからニまでに掲げるものを除き，すき間が生じないものであること。
　　イ　昇降路の出し入れ口の戸と出し入れ口枠のすき間で，6mm以下のもの
　　ロ　上げ戸にあっては，昇降路の出し入れ口の戸と敷居のすき間で，2mm（戸の敷居に面する部分に難燃性ゴムを使用するものにあっては，4mm）以下のもの
　　ハ　上下戸にあっては，昇降路の出し入れ口の戸の突合せ部分のすき間で，2mm（戸の突合せ部分に難燃性ゴムを使用するものにあっては，4mm）以下のもの

　　ニ　２枚の戸が重なり合って開閉する構造の上げ戸である昇降路の出し入れ口の戸に
　　　　あっては，重なり合う戸のすき間で，6 mm 以下のもの
　八　昇降路の出し入れ口の戸は，安全かつ円滑に開閉するものであること。
　　　附　則　（略）

昇降路外の人又は物が昇降路内に落下するおそれのない
昇降路の出入口の戸の施錠装置の基準を定める件

平成20年12月9日　国土交通省告示第1447号
最終改正　平成24年6月7日　国土交通省告示第680号

　建築基準法施行令（昭和25年政令第338号）第129条の7第三号の規定に基づき，昇降路外の人又は物が昇降路内に落下するおそれのない昇降路の出入口の戸の施錠装置の基準を次のように定める。

　建築基準法施行令第129条の7第三号に規定する昇降路外の人又は物が昇降路内に落下するおそれのない昇降路の出入口の戸の施錠装置の基準は，次のとおりとする。

一　施錠装置は，昇降路の出入口の戸の昇降路内に面する部分に堅固に取り付けられたものであること。

二　施錠装置は，昇降路の出入口の戸が閉じた場合に，当該戸を自動的かつ機械的に施錠するものであること。

三　施錠装置は，かごが昇降路の出入口の戸の位置に停止していない場合においては，かぎを用いずに当該戸を開こうとした場合においても施錠された状態を保持する力が減少しないものであること。

四　施錠装置は，施錠された昇降路の出入口の戸に昇降路外の人又は物による衝撃が作用した場合において，当該戸が容易に開かないよう，施錠された状態を保持することができるものであること。

五　施錠装置は，腐食若しくは腐朽しにくい材料を用いたもの，又は有効なさび止め若しくは防腐のための措置が講じられたものであること。

六　施錠装置の係合部分は，7mm以上であること。

　　附　則　（略）

昇降路外の人又は物がかご又は釣合おもりに触れる
おそれのない壁又は囲い及び出入口の戸の
基準を定める件

平成20年12月10日　国土交通省告示第1454号

最終改正　令和元年6月25日　国土交通省告示第203号

　建築基準法施行令（昭和25年政令第338号）第129条の7第一号の規定に基づき，昇降路外の人又は物がかご又は釣合おもりに触れるおそれのない壁又は囲い及び出入口の戸の基準を次のように定める。

　建築基準法施行令第129条の7第一号に規定する昇降路外の人又は物がかご又は釣合おもりに触れるおそれのない壁又は囲い及び出入口の戸の基準は，次のとおりとする。

　一　昇降路は，次のイからニまでに掲げる部分を除き，壁又は囲いで囲むものであること。

　　イ　昇降路の出入口（非常口を含む。次号から第五号まで及び第十号において同じ。）

　　ロ　機械室に通ずる主索，電線その他のものの周囲

　　ハ　昇降路の頂部及び底部

　　ニ　保守点検に必要な開口部（かぎを用いなければ昇降路外から開くことができない施錠装置を設けた戸を設けるものに限る。）であって，次の(1)又は(2)のいずれかに該当するもの

　　　(1)　出入口の床面から開口部の下端までの高さが1.8m以上であるもの

　　　(2)　自動的に閉鎖する戸（当該戸を自動的に施錠する機能を有する施錠装置を設けたものに限る。）を設けるもの

　二　昇降路の壁又は囲い及び出入口の戸は，任意の5cm²の面にこれと直角な方向の300Nの力が昇降路外から作用した場合において，次のイ及びロに適合するものであること。

　　イ　15mmを超える変形が生じないものであること。

　　ロ　塑性変形が生じないものであること。

　三　昇降路の壁又は囲い及び出入口の戸の全部又は一部（構造上軽微な部分を除く。）に使用するガラスは，合わせガラス（日本産業規格R 3205に適合するものに限る。）又はこれと同等以上の飛散防止性能を有するものであること。ただし，昇降路の出入口の戸（床面からの高さが1.1mを超える部分に限る。）に使用するガラスにあっては，厚さ6mm以上で幅20cm以下の網入ガラス（日本産業規格R 3204に適合する網入板ガラスに限る。）又はこれと同等以上の遮炎性能を有するものとすることができる。

　四　昇降路の出入口の戸は，昇降路外の人又は物による衝撃により容易に外れないものであること。

　五　昇降路の出入口の戸は，空隙のないものであること。

　六　昇降路の出入口の戸は，引き戸とすること。ただし，乗用エレベーター及び寝台エレベーター以外のエレベーターにあっては，上げ戸，下げ戸又は上下戸とすることができる。

　七　引き戸である昇降路の出入口の戸は，閉じたときに，次のイからニまでに掲げるものを除き，すき間が生じないものであること。

　　イ　昇降路の出入口の戸と出入口枠のすき間で，6mm以下のもの

　　ロ　昇降路の出入口の戸と敷居のすき間で，6mm以下のもの

ハ　昇降路の出入口の戸の突合せ部分のすき間で，6 mm 以下のもの

ニ　2枚以上の戸が重なり合って開閉する構造の昇降路の出入口の戸にあっては，重なり合う戸のすき間で，6 mm 以下のもの

八　上げ戸，下げ戸又は上下戸である昇降路の出入口の戸は，閉じたときに，次のイからニまでに掲げるものを除き，すき間が生じないものであること。

イ　昇降路の出入口の戸と出入口枠のすき間で，9.5mm 以下のもの

ロ　上げ戸にあっては，昇降路の出入口の戸と敷居のすき間で，9.5mm 以下のもの

ハ　上下戸にあっては，昇降路の出入口の戸の突合せ部分のすき間で，9.5mm 以下のもの

ニ　2枚以上の戸が重なり合って開閉する構造の昇降路の出入口の戸にあっては，重なり合う戸のすき間で，9.5mm 以下のもの

九　昇降路の非常口の戸は，開き戸又は引き戸とすること。ただし，開き戸にあっては，昇降路内に向かって開くことができない構造とすること。

十　昇降路の出入口の戸は，安全かつ円滑に開閉するものであること。

十一　自動的に閉鎖する構造の引き戸である昇降路の出入口の戸は，150N 以下の力により閉じるものであること。ただし，出入口の1/3が閉じられるまでの間は，この限りでない。

附　則　（略）

かご内の人又は物による衝撃に対して安全なかごの各部の構造方法及びかご内の人又は物がかご外の物に触れるおそれのないかごの壁又は囲い及び出入口の戸の基準を定める件

平成20年12月10日　国土交通省告示第1455号

最終改正　令和元年 6 月25日　国土交通省告示第203号

建築基準法施行令（昭和25年政令第338号）第129条の 6 第 1 項第一号及び第三号の規定に基づき，かご内の人又は物による衝撃に対して安全なかごの各部の構造方法及びかご内の人又は物がかご外の物に触れるおそれのないかごの壁又は囲い及び出入口の戸の基準を次のように定める。

第1　建築基準法施行令（以下「令」という。）第129条の 6 第 1 項第一号に規定するかご内の人又は物による衝撃に対して安全なかごの各部の構造方法は，次に定めるものとする。

　一　かごは，次のイからハまでに掲げる部分を除き，壁又は囲い，床及び天井で囲むこと。
　　イ　かごの出入口
　　ロ　令第129条の 6 第四号に規定する開口部
　　ハ　かごの壁又は囲い（床面からの高さが180cm 以上又は30cm 以下の部分に限る。）及び天井部に設ける換気上有効な開口部
　二　前号のロに掲げる開口部には，かご内から開くことができない構造の戸を設けること。
　三　第一号のハに掲げる開口部には，ガラリその他これに類するものを設けること。
　四　かごの壁又は囲い及び出入口の戸は，任意の 5 cm² の面にこれと直角な方向の300N の力がかご内から作用した場合において，次のイ及びロに適合するものとすること。
　　イ　15mm を超える変形が生じないものであること。
　　ロ　塑性変形が生じないものであること。
　五　かごの壁又は囲い，床，天井及び出入口の戸の全部又は一部（構造上軽微な部分を除く。）に使用するガラスは，次のイ及びロに適合するものとすること。
　　イ　合わせガラス（日本産業規格 R 3205に適合するものに限る。）又はこれと同等以上の飛散防止性能を有するものであること。ただし，かごの出入口の戸（床面からの高さが1.1m を超える部分に限る。）に使用するガラスにあっては，厚さ 6 mm 以上で幅20cm 以下の網入ガラス（日本産業規格 R 3204に適合する網入板ガラスに限る。）とすることができる。
　　ロ　かごの壁又は囲い（床面からの高さが1.1m 以下の部分に限る。）に使用するガラスにあっては，手すり（ガラスが用いられる部分以外の部分に堅固に取り付けられるものに限る。）を床面から0.8m 以上1.1m 以下の高さの位置に設けることその他安全上必要な措置が講じられたものであること。
　六　かごの壁又は囲いは，その脚部を床版に，頂部を天井板に緊結すること。
　七　かごの出入口の戸は，かご内の人又は物による衝撃により容易に外れないものとすること。
　八　かごの床面で50lx（乗用エレベーター及び寝台用エレベーター以外のエレベーターにあっては25lx）以上の照度を確保することができる照明装置を設けること。

　　九　乗用エレベーター及び寝台用エレベーターにあっては，かごの天井の高さは2m以上とすること。

第2　令第129条の6第1項第三号に規定するかご内の人又は物がかご外の物に触れるおそれのないかごの壁又は囲い及び出入口の戸の基準は，次のとおりとする。

　　一　かごの出入口の戸は，空隙のないものであること。

　　二　かごの出入口の戸は，引き戸とすること。ただし，乗用エレベーター及び寝台用エレベーター以外のエレベーターにあっては，上げ戸，下げ戸又は上下戸とすることができる。

　　三　引き戸であるかごの出入口の戸は，閉じたときに，次のイからニまでに掲げるものを除き，すき間が生じないものであること。

　　　　イ　かごの出入口の戸と出入口枠のすき間で，8mm以下のもの

　　　　ロ　かごの出入口の戸と敷居のすき間で，8mm以下のもの

　　　　ハ　かごの出入口の戸の突合せ部分のすき間で，8mm以下のもの

　　　　ニ　2枚以上の戸が重なり合って開閉する構造のかごの出入口の戸にあっては，重なり合う戸のすき間で，8mm以下のもの

　　四　上げ戸，下げ戸又は上下戸であるかごの出入口の戸は，閉じたときに，次のイからニまでに掲げるものを除き，すき間が生じないものであること。

　　　　イ　かごの出入口の戸と出入口枠のすき間で，9.5mm以下のもの

　　　　ロ　上げ戸にあっては，かごの出入口の戸と敷居のすき間で，9.5mm以下のもの

　　　　ハ　上下戸にあっては，かごの出入口の戸の突合せ部分のすき間で，9.5mm以下のもの

　　　　ニ　2枚以上の戸が重なり合って開閉する構造のかごの出入口の戸にあっては，重なり合う戸のすき間で，9.5mm以下のもの

　　五　かごの出入口の戸は，安全かつ円滑に開閉するものであること。

　　六　かごの出入口の戸は，かごの昇降中に，かご内の人又は物による衝撃により容易に開かないものであること。

　　七　自動的に閉鎖する構造のかごの出入口の戸は，反転作動（人又は物が戸に挟まれ，又は挟まれるおそれがある場合において，戸の閉鎖を自動的に停止し，当該戸を開くことをいう。）ができるものであること。

　　八　自動的に閉鎖する構造の引き戸であるかごの出入口の戸は，150N以下の力により閉じるものであること。ただし，出入口の1/3が閉じられるまでの間は，この限りでない。

建築基準法施行令第129条の7第五号イ(2)の
国土交通大臣が定める措置を定める件

平成20年12月19日　国土交通省告示第1495号

　建築基準法施行令（昭和25年政令第338号）第129条の7第五号イ(2)の規定に基づき，国土交通大臣が定める措置を次のように定める。

　建築基準法施行令第129条の7第五号イ(2)に規定する国土交通大臣が定める措置は，次に掲げるものとする。

　一　かごと接合するガイドレールを取り付けるために昇降路内に設けるレールブラケットで，地震時にその回りに昇降路内の主索その他の索が掛かった場合において，エレベーターの機能に支障が生じるおそれのあるものにあっては，索が回り込まないように当該レールブラケットの端部間に鉄線，鋼線又は鋼索を設けること。

　二　釣合おもりと接合するガイドレールを取り付けるために昇降路内に設けるレールブラケットにあっては，索が回り込まないようにその端部間に鉄線，鋼線又は鋼索を設けること。

　三　昇降路内に設ける横架材で，地震時にその回りに昇降路内の主索その他の索が掛かった場合において，エレベーターの機能に支障が生じるおそれのあるものにあっては，索が回り込まないように当該横架材の端部を昇降路の立柱に緊結すること。

　　　附　則　（略）

準不燃材料でした内装の仕上げに準ずる
仕上げを定める件

平成21年2月27日　国土交通省告示第225号

最終改正　令和4年5月31日　国土交通省告示第599号

　建築基準法施行令（昭和25年政令第338号）第128条の5第1項第二号ロの規定に基づき，準不燃材料でした内装の仕上げに準ずる仕上げを次のように定める。

第1　建築基準法施行令（以下「令」という。）第128条の5第1項第二号ロに規定する準不燃材料でした内装の仕上げに準ずる材料の組合せは，令第128条の4第4項に規定する内装の制限を受ける調理室等（令第128条の5第1項から第5項までの規定によってその壁及び天井（天井のない場合においては，屋根。以下同じ。）の室内に面する部分（回り縁，窓台その他これらに類する部分を除く。）の仕上げを同条第1項第二号に掲げる仕上げとしなければならない室及びホテル，旅館，飲食店等の厨房その他これらに類する室を除く。）にあっては，次の各号に掲げる当該室の種類に応じ，それぞれ当該各号に定めるものとする。

一　こんろ（専ら調理のために用いるものであって，1口における1秒間当たりの発熱量が4.2kW以下のものに限る。以下同じ。）を設けた室（こんろの加熱部の中心点を水平方向に25cm移動したときにできる軌跡上の各点を，垂直上方に80cm移動したときにできる軌跡の範囲内の部分（回り縁，窓台その他これらに類する部分を含む場合にあっては，当該部分の仕上げを不燃材料（平成12年建設省告示第1400号第一号から第八号まで，第十号，第十二号，第十三号及び第十五号から第十八号までに規定する建築材料に限る。以下「特定不燃材料」という。）でしたものに限る。）に壁又は天井が含まれる場合にあっては，当該壁又は天井の間柱及び下地を特定不燃材料としたものに限る。）　次に定める材料の組合せであること。

　　イ　こんろの加熱部の中心点から天井までの垂直距離（以下この号において「こんろ垂直距離」という。）が235cm以上の場合にあっては，当該中心点を水平方向に80cm移動したときにできる軌跡上の各点を，垂直上方に235cm移動したときにできる軌跡の範囲内の部分（回り縁，窓台その他これらに類する部分を含む場合にあっては，当該部分の仕上げを特定不燃材料でしたものに限る。以下「こんろ可燃物燃焼部分」という。）の壁及び天井の室内に面する部分の仕上げを，次の(1)又は(2)に掲げる場合の区分に応じ，それぞれ当該(1)又は(2)に定めるところによりするものとする。

　　　(1)　こんろ可燃物燃焼部分の間柱及び下地を特定不燃材料とした場合　　特定不燃材料ですること。

　　　(2)　(1)に規定する場合以外の場合　　次の(i)から(iii)までのいずれかに該当するものですること。

　　　　(i)　厚さが12.5mm以上のせっこうボードを張ったもの

　　　　(ii)　厚さが5.6mm以上の繊維混入ケイ酸カルシウム板又は繊維強化セメント板を2枚以上張ったもの

　　　　(iii)　厚さが12mm以上のモルタルを塗ったもの

　　ロ　こんろ垂直距離が235cm未満の場合にあっては，こんろの加熱部の中心点を水平方向に80cm移動したときにできる軌跡上の各点を，垂直上方にこんろ垂直距離だけ移動したときにできる軌跡の範囲内の部分及び当該中心点の垂直上方にある天井部の点

　　を235cmからこんろ垂直距離を減じた距離だけ移動したときにできる軌跡の範囲内の部分（回り縁，窓台その他これらに類する部分を含む場合にあっては，当該部分の仕上げを特定不燃材料でしたものに限る。）の壁及び天井の室内に面する部分の仕上げを，イ(1)又は(2)に掲げる場合の区分に応じ，それぞれ当該(1)又は(2)に定めるところによりするものとする。

　ハ　イ又はロの規定にかかわらず，こんろの加熱部の中心点を水平方向に25cm移動したときにできる軌跡上の各点を，垂直上方に80cm移動したときにできる軌跡の範囲内の部分の壁及び天井の室内に面する部分の仕上げを特定不燃材料でするものとする。

　ニ　イ又はロに規定する部分以外の部分の壁及び天井の室内に面する部分の仕上げを難燃材料又は平成12年建設省告示第1439号第1第二号に規定する木材等（以下「難燃材料等」という。）でするものとする。

二　ストーブその他これに類するもの（飛び火による火災を防止する構造その他の防火上支障のない構造であって，1秒間当たりの発熱量が18kW以下のものに限る。以下この号において「ストーブ等」という。）を設けた室　　次のイ又はロに掲げる場合の区分に応じ，それぞれ当該イ又はロに定める材料の組合せであること。

　イ　ストーブ等の水平投影外周線の各点（当該水平投影外周線が頂点を有する場合にあっては，当該頂点を除く。）における法線に垂直な平面であって当該各点からの最短距離が次の表に掲げる式によって計算したストーブ等可燃物燃焼水平距離である点を含むもので囲まれた部分のうち，当該ストーブ等の表面の各点について，当該各点を垂直上方に次の(1)の規定により計算したストーブ等可燃物燃焼垂直距離だけ移動したときにできる軌跡上の各点（以下この号において単に「軌跡上の各点」という。）を，水平方向に次の(2)の規定により計算したストーブ等可燃物燃焼基準距離だけ移動したときにできる軌跡の範囲内の部分（回り縁，窓台その他これらに類する部分を含む場合にあっては，当該部分の仕上げを特定不燃材料でしたものに限る。以下この号において「ストーブ等可燃物燃焼部分」という。）の間柱及び下地を特定不燃材料とした場合（ロの場合を除く。）　　次の(3)及び(4)に掲げる材料の組合せであること。

ストーブ等の室内に面する開口部（以下この号において「ストーブ等開口部」という。）がある面	ストーブ等開口部がガラス等の材料によって適切に覆われている場合	$L_{Sop} = 2.40\sqrt{A_V}$
	ストーブ等開口部がガラス等の材料によって適切に覆われている場合以外の場合	$L_{Sop} = 3.16\sqrt{A_V}$
ストーブ等開口部がある面以外の面		$L_{Ssl} = 1.59\sqrt{A_V}$

　　この表において，L_{Sop}，A_V及びL_{Ssl}は，それぞれ次の数値を表すものとする。

L_{Sop}　ストーブ等開口部がある面からのストーブ等可燃物燃焼水平距離（単位　cm）

A_V　ストーブ等の鉛直投影面積（単位　cm²）

L_{Ssl}　ストーブ等開口部がある面以外の面からのストーブ等可燃物燃焼水平距離（単位　cm）

　(1)　ストーブ等可燃物燃焼垂直距離は，次の式によって計算すること。

$$H_S = 0.0106\left(1 + \frac{10\,000}{A_H + 800}\right)A_H$$

　　　この式において，H_S及びA_Hは，それぞれ次の数値を表すものとする。

　　　H_S　ストーブ等可燃物燃焼垂直距離（単位　cm）

　　　A_H　ストーブ等の水平投影面積（単位　cm²）

　(2)　ストーブ等可燃物燃焼基準距離は，次の式によって計算すること。

$$D_S = \left(\frac{H_S - h}{H_S} \right) L_S$$

この式において，D_S，H_S，h 及び L_S は，それぞれ次の数値を表すものとする。

D_S　ストーブ等可燃物燃焼基準距離（単位　cm）

H_S　(1)に定める H_S の数値

h　ストーブ等の表面の各点から軌跡上の各点までの垂直距離（単位　cm）

L_S　ストーブ等可燃物燃焼水平距離（単位　cm）

(3)　ストーブ等可燃物燃焼部分の壁及び天井の室内に面する部分の仕上げにあっては，特定不燃材料ですること。

(4)　(3)に掲げる部分以外の部分の壁及び天井の室内に面する部分の仕上げにあっては，難燃材料等ですること。

ロ　次の(1)から(3)までに定める方法により，ストーブ等可燃物燃焼部分の壁及び天井の室内に面する部分に対する火熱の影響が有効に遮断されている場合　壁及び天井の室内に面する部分の仕上げを難燃材料等ですること。

(1)　次の(i)及び(ii)に定めるところにより，ストーブ等とストーブ等可燃物燃焼部分の壁及び天井の室内に面する部分との間に特定不燃材料の板等であって，火熱の影響が有効に遮断されるもの（以下「遮熱板等」という。）を設けること。

(i)　ストーブ等とストーブ等可燃物燃焼部分の壁との間にあっては，ストーブ等との距離は27.5cm 以上，ストーブ等可燃物燃焼部分の壁との距離は2.5cm 以上とすること。

(ii)　ストーブ等とストーブ等可燃物燃焼部分の天井との間にあっては，ストーブ等との距離は42.5cm 以上，ストーブ等可燃物燃焼部分の天井との距離は2.5cm 以上とすること。

(2)　ストーブ等と壁の室内に面する部分との距離は，ストーブ等可燃物燃焼水平距離の1/3以上とすること。ただし，ストーブ等可燃物燃焼水平距離の1/3が30cm 未満の場合は，30cm 以上とすること。

(3)　ストーブ等と天井の室内に面する部分との距離は，ストーブ等可燃物燃焼垂直距離の1/2以上とすること。ただし，ストーブ等可燃物燃焼垂直距離の1/2が45cm 未満の場合は，45cm 以上とすること。

三　壁付暖炉（壁付暖炉が設けられている壁に火熱の影響を与えない構造であって，壁付暖炉の室内に面する開口部（以下この号において「暖炉開口部」という。）の幅及び高さが，それぞれ，100cm 以内及び75cm 以内のものに限る。）を設けた室　次のイ又はロに掲げる場合の区分に応じ，それぞれ当該イ又はロに定める材料の組合せであること。

イ　暖炉開口部の各点から当該各点を含む平面に対し垂直方向に次の表に掲げる式によって計算した壁付暖炉可燃物燃焼基準距離だけ離れた各点を，壁付暖炉可燃物燃焼基準距離だけ移動したときにできる軌跡の範囲内の部分（回り縁，窓台その他これらに類する部分を含む場合にあっては，当該部分の仕上げを特定不燃材料でしたものに限る。以下この号において「壁付暖炉可燃物燃焼部分」という。）の間柱及び下地を特定不燃材料とした場合（ロの場合を除く。）　次の(1)及び(2)に掲げる材料の組合せであること。

| 暖炉開口部がガラス等の材料によって適切に覆われている場合 | $L_F = 1.20 \sqrt{A_{op}}$ |
| 暖炉開口部がガラス等の材料によって適切に覆われている場合以外の場合 | $L_F = 1.58 \sqrt{A_{op}}$ |

この表において，L_F 及び A_{op} は，それぞれ次の数値を表すものとする。

L_F　壁付暖炉可燃物燃焼基準距離（単位　cm）

A_{op}　暖炉開口部の面積（単位　cm²）

⑴　壁付暖炉可燃物燃焼部分の壁及び天井の室内に面する部分の仕上げにあっては，特定不燃材料ですること。

⑵　⑴に掲げる部分以外の部分の壁及び天井の室内に面する部分の仕上げにあっては，難燃材料等ですること。

ロ　次の⑴から⑶までに定める方法により，壁付暖炉可燃物燃焼部分の壁及び天井の室内に面する部分に対する火熱の影響が有効に遮断されている場合　壁及び天井の室内に面する部分の仕上げを難燃材料等ですること。

　⑴　次の(i)及び(ii)に定めるところにより，暖炉開口部と壁付暖炉可燃物燃焼部分の壁及び天井の室内に面する部分との間に遮熱板等を設けること。

　　(i)　暖炉開口部と壁付暖炉可燃物燃焼部分の壁との間にあっては，暖炉開口部との距離は27.5cm 以上，壁付暖炉可燃物燃焼部分の壁との距離は2.5cm 以上とすること。

　　(ii)　暖炉開口部と壁付暖炉可燃物燃焼部分の天井との間にあっては，暖炉開口部との距離は42.5cm 以上，壁付暖炉可燃物燃焼部分の天井との距離は2.5cm 以上とすること。

　⑵　暖炉開口部と壁の室内に面する部分との距離は，壁付暖炉可燃物燃焼基準距離の2/3以上とすること。ただし，壁付暖炉可燃物燃焼基準距離の2/3が30cm 未満の場合は，30cm 以上とすること。

　⑶　暖炉開口部と天井の室内に面する部分との距離は，壁付暖炉可燃物燃焼基準距離の1/2以上とすること。ただし，壁付暖炉可燃物燃焼基準距離の1/2が45cm 未満の場合は，45cm 以上とすること。

四　いろり（長幅が90cm 以下のものに限る。）を設けた室（いろりの端の各点を水平方向に95cm 移動したときにできる軌跡上の各点を，垂直上方に130cm 移動したときにできる軌跡の範囲内の部分(回り縁，窓台その他これらに類する部分を含む場合にあっては，当該部分の仕上げを特定不燃材料でしたものに限る。以下この号において「いろり可燃物燃焼部分」という。）に壁又は天井が含まれる場合にあっては，当該壁又は天井の間柱及び下地を特定不燃材料としたものに限る。）　次に定める材料の組合せであること。

イ　いろり可燃物燃焼部分の壁及び天井の室内に面する部分の仕上げを特定不燃材料ですること。

ロ　いろり可燃物燃焼部分以外の部分（いろりの端の各点を水平方向に150cm 移動したときにできる軌跡上の各点を，垂直上方に420cm 移動したときにできる軌跡の範囲内の部分に限る。）の壁及び天井の室内に面する部分の仕上げを難燃材料等ですること。

第2　令第128条の5第1項第二号ロに規定する準不燃材料でした内装の仕上げに準ずる仕上げの方法は，次に定めるものとする。

一　第1第一号に掲げる室にあっては，こんろ可燃物燃焼部分の壁及び天井の室内に面する部分の仕上げの材料の表面に，火炎伝搬を著しく助長するような溝を設けないこと。

二　第1第一号イ⑵若しくはロ，第1第二号ロ又は第1第三号ロの場合にあっては，壁及び天井の室内に面する部分について，必要に応じて，当該部分への着火を防止するための措置を講じること。

　　附　則　（略）

エレベーターの駆動装置及び制御器が地震その他の震動によって転倒し又は移動するおそれがない方法を定める件

平成21年7月6日　国土交通省告示第703号
最終改正　令和元年6月25日　国土交通省告示第203号

建築基準法施行令（以下「令」という。）第129条の8第1項に規定するエレベーターの駆動装置及び制御器（以下「駆動装置等」という。）が地震その他の震動によって転倒し又は移動するおそれがない方法は，次に定めるものとする。

一　駆動装置等は，機械室の部分（機械室以外の部分に設置することが構造上やむを得ないものにあっては昇降路等の部分。以下同じ。）又は駆動装置等を支持する台（以下「支持台」という。）にボルトで緊結すること。ただし，防振ゴムを用いる場合にあっては，ボルト又はボルト及び形鋼，鋼板その他これらに類するもの（以下「形鋼等」という。）で固定すること。

二　支持台は，機械室の部分にボルトで緊結されたものであること。ただし，防振ゴムを用いる場合にあっては，ボルト又はボルト及び形鋼等で固定されたものであること。

三　駆動装置等及び支持台を設置する機械室の部分並びに支持台は，地震その他の震動に対して安全上の支障となる変形又はひび割れその他の損傷が生じないものであること。

四　支持台及び形鋼等は，次のイ又はロのいずれかに適合する材料を用いたものであること。

イ　日本産業規格G 3101に規定するSS330，SS400，SS490若しくはSS540に適合する鋼材又はこれと同等以上の強度を有するものであること。

ロ　日本産業規格G 5501に規定するFC250，FC300若しくはFC350に適合する鋳鉄又はこれと同等以上の強度を有するものであること。

五　ボルトは，次のイ及びロに適合するものであること。

イ　座金の使用，ナットの二重使用その他これらと同等以上の効力を有する戻り止めの措置を講じたものであること。

ロ　ボルトの軸断面に生ずる長期の引張り及びせん断の応力度並びに短期の引張り及びせん断の応力度が次の表に掲げる式に適合することが確かめられたものであること。

力の種類	式
長期に生ずる力	$\left(\dfrac{R_1}{Ra_1}\right)^2 + \left(\dfrac{S_1}{Sa_1}\right)^2 \leqq 1$
短期に生ずる力	$\left(\dfrac{R_2}{Ra_2}\right)^2 + \left(\dfrac{S_2}{Sa_2}\right)^2 \leqq 1$

　この表において，R_1，Ra_1，S_1，Sa_1，R_2，Ra_2，S_2及びSa_2は，それぞれ次の数値を表すものとする。

R_1　ボルトの軸断面に生ずる長期の引張りの応力度（単位　N/mm²）

Ra_1　令第90条に規定するボルトの長期に生ずる力に対する引張りの許容応力度（単位　N/mm²）

S_1　ボルトの軸断面に生ずる長期のせん断の応力度（単位　N/mm²）

Sa_1　令第90条に規定するボルトの長期に生ずる力に対するせん断の許容応力度（単位　N/mm²）

R_2　ボルトの軸断面に生ずる短期の引張りの応力度（単位　N/mm²）

Ra_2　令第90条に規定するボルトの短期に生ずる力に対する引張りの許容応力度（単位　N/mm²）

S_2　ボルトの軸断面に生ずる短期のせん断の応力度（単位　N/mm²）

Sa_2　令第90条に規定するボルトの短期に生ずる力に対するせん断の許容応力度（単位　N/mm²）

附　則　（略）

鉄筋コンクリート造の柱に取り付けるはりの構造耐力上の安全性を確かめるための構造計算の基準を定める件

平成23年4月27日　国土交通省告示第432号

　建築基準法施行令（昭和25年政令第338号）第73条第3項ただし書の規定に基づき，鉄筋コンクリート造の柱に取り付けるはりの構造耐力上の安全性を確かめるための構造計算の基準を次のように定める。

第1　建築基準法施行令（以下「令」という。）第73条第3項ただし書に規定する鉄筋コンクリート造の柱に取り付けるはりの安全性を確かめるための構造計算の基準は，柱に取り付けるはりの引張り鉄筋が建築基準法（昭和25年法律第201号）第37条第一号に該当する異形鉄筋である場合においては，次のとおりとする。

一　令第3章第8節第2款に規定する荷重及び外力によって当該柱に取り付けるはりに生ずる力を平成19年国土交通省告示第594号第2の規定に従って計算すること。

二　当該柱に取り付けるはりの，はりが柱に取りつく部分の鉄筋の断面に生ずる短期の応力度を令第82条第二号の表に掲げる式によって計算すること。

三　当該応力度が次の式に適合することを確かめること。

$$l \geqq \frac{k\sigma d}{F/4+9}$$

　この式において，l，k，F，σ 及び d は，それぞれ次の数値を表すものとする。

　l　柱に取り付けるはりの引張り鉄筋の，柱に定着される部分の水平投影の長さ（単位　mm）

　k　1.57（軽量骨材を使用する鉄筋コンクリート造については，1.96）

　F　令第74条第1項第二号に定める設計基準強度（単位　N/mm²）

　σ　第二号の規定によって計算した短期の応力度（当該応力度の数値が令第90条に定める短期に生ずる力に対する許容応力度の数値未満の場合にあっては，当該許容応力度の数値とする。）（単位　N/mm²）

　d　柱に取り付けるはりの引張り鉄筋の径（単位　mm）

第2　特別な調査又は研究の結果に基づき当該柱に取り付けるはりの引張り鉄筋の付着力を考慮して当該鉄筋の抜け出し及びコンクリートの破壊が生じないことが確かめられた場合においては，第1に定める基準によらないことができる。

　　附　則　（略）

鉄筋コンクリート造の柱の構造耐力上の安全性を確かめるための構造計算の基準を定める件

平成23年4月27日　国土交通省告示第433号

　建築基準法施行令（昭和25年政令第338号）第77条第五号の規定に基づき，鉄筋コンクリート造の柱の構造耐力上の安全性を確かめるための構造計算の基準を次のように定める。

　建築基準法施行令（以下「令」という。）第77条第五号ただし書に規定する鉄筋コンクリート造の柱の構造耐力上の安全性を確かめるための構造計算の基準は，次のとおりとする。ただし，特別な調査又は研究の結果に基づき当該鉄筋コンクリート造の柱が座屈しないことが確かめられた場合にあっては，これによらないことができる。

一　令第3章第8節第2款に規定する荷重及び外力によって当該柱に生ずる力を平成19年国土交通省告示第594号第2の規定に従って計算すること。

二　当該柱の断面に生ずる長期及び短期の圧縮及び引張りの各応力度を令第82条第二号の表に掲げる式によって計算すること。

三　次の表の柱の小径をその構造耐力上主要な支点間の距離で除した数値の欄に掲げる区分に応じて，前号の規定によって計算した長期及び短期の圧縮及び引張りの各応力度に同表の割増係数の欄に掲げる数値を乗じて，長期及び短期の圧縮及び引張りの各設計用応力度を計算すること。

柱の小径をその構造耐力上主要な支点間の距離で除した数値	割　増　係　数
1/15	1.0
1/20	1.25
1/25	1.75

この表に掲げる柱の小径をその構造耐力上主要な支点間の距離で除した数値以外の柱の小径をその構造耐力上主要な支点間の距離で除した数値に応じた割増係数は，表に掲げる数値をそれぞれ直線的に補間した数値とする。

四　前号の規定によって計算した長期及び短期の圧縮及び引張りの各設計用応力度が，それぞれ令第3章第8節第3款の規定による長期に生ずる力又は短期に生ずる力に対する圧縮及び引張りの各許容応力度を超えないことを確かめること。

　　附　則　（略）

建築基準法及びこれに基づく命令の規定による規制と同等の規制を受けるものとして国土交通大臣が指定する工作物を定める件

平成23年9月30日　国土交通省告示第1002号
最終改正　平成28年3月25日　国土交通省告示第520号

　建築基準法施行令（昭和25年政令第338号）第138条第1項の規定に基づき，建築基準法（昭和25年法律第201号）及びこれに基づく命令の規定による規制と同等の規制を受けるものとして国土交通大臣が指定する工作物を次のように定める。

　建築基準法施行令第138条第1項の規定に基づき，建築基準法及びこれに基づく命令の規定による規制と同等の規制を受けるものとして国土交通大臣が指定する工作物は，次に掲げる工作物とする。

　一　鉄筋コンクリート造の柱，鉄柱，木柱その他これらに類するもの（架空電線路用並びに電気事業法（昭和39年法律第170号）第2条第1項第十七号に規定する電気事業者の保安通信設備用のものに限る。）
　二　太陽電池発電設備（電気事業法第2条第1項第十八号に規定する電気工作物であるものに限る。）
　三　風力発電設備（船舶安全法（昭和8年法律第11号）第2条第1項の規定の適用を受けるもの又は電気事業法第2条第1項第十八号に規定する電気工作物であるものに限る。）

　　附　則　（略）

特定天井及び特定天井の構造耐力上
安全な構造方法を定める件

平成25年8月5日　国土交通省告示第771号

最終改正　令和元年6月25日　国土交通省告示第203号

建築基準法施行令（昭和25年政令第338号）第39条第3項の規定に基づき，特定天井を第2に，特定天井の構造方法を第3に定める。

第1　この告示において次の各号に掲げる用語の意義は，それぞれ当該各号に定めるところによる。

一　吊り天井　天井のうち，構造耐力上主要な部分又は支持構造部（以下「構造耐力上主要な部分等」という。）から天井面構成部材を吊り材により吊り下げる構造の天井をいう。

二　天井材　天井面構成部材，吊り材，斜め部材その他の天井を構成する材料をいう。

三　天井面構成部材　天井面を構成する天井板，天井下地材及びこれに附属する金物をいう。

四　天井面構成部材等　天井面構成部材並びに照明設備その他の建築物の部分又は建築物に取り付けるもの（天井材以外の部分のみで自重を支えるものを除く。）であって，天井面構成部材に地震その他の震動及び衝撃により生ずる力を負担させるものをいう。

五　吊り材　吊りボルト，ハンガーその他の構造耐力上主要な部分等から天井面構成部材を吊るための部材をいう。

六　斜め部材　地震の震動により天井に生ずる力を構造耐力上主要な部分等に伝達するために天井面に対して斜めに設ける部材をいう。

七　吊り長さ　構造耐力上主要な部分（支持構造部から吊り下げる天井で，支持構造部が十分な剛性及び強度を有する場合にあっては，支持構造部）で吊り材が取り付けられた部分から天井面の下面までの鉛直方向の長さをいう。

第2　特定天井

特定天井は，吊り天井であって，次の各号のいずれにも該当するものとする。

一　居室，廊下その他の人が日常立ち入る場所に設けられるもの

二　高さが6mを超える天井の部分で，その水平投影面積が200m²を超えるものを含むもの

三　天井面構成部材等の単位面積質量（天井面の面積の1m²当たりの質量をいう。以下同じ。）が2kgを超えるもの

第3　特定天井の構造方法

特定天井の構造方法は，次の各項のいずれかに定めるものとする。

2　次の各号に掲げる基準に適合する構造とすること。

一　天井面構成部材等の単位面積質量は，20kg以下とすること。

二　天井材（グラスウール，ロックウールその他の軟質な繊維状の材料から成る単位面積質量が4kg以下の天井板で，他の天井面構成部材に適切に取り付けられているものを除く。）は，ボルト接合，ねじ接合その他これらに類する接合方法により相互に緊結すること。

三　支持構造部は十分な剛性及び強度を有するものとし，建築物の構造耐力上主要な部分に緊結すること。

四　吊り材には日本産業規格（以下「JIS」という。）A 6517（建築用鋼製下地（壁・天井））
　−2010に定めるつりボルトの規定に適合するもの又はこれと同等以上の引張強度を有す
　るものを用いること。

五　吊り材及び斜め部材（天井材に緊結するものを除く。）は，埋込みインサートを用い
　た接合，ボルト接合その他これらに類する接合方法により構造耐力上主要な部分等に緊
　結すること。

六　吊り材は，天井面構成部材を鉛直方向に支持し，かつ，天井面の面積が 1 m²当たりの
　平均本数を 1 本（天井面構成部材等の単位面積質量が 6 kg 以下のものにあっては，0.5
　本）以上とし，釣合い良く配置しなければならない。

七　天井面構成部材に天井面の段差その他の地震時に有害な応力集中が生ずるおそれのあ
　る部分を設けないこと。

八　吊り長さは，3 m 以下とし，おおむね均一とすること。

九　斜め部材（JIS G 3302（溶融亜鉛めっき鋼板及び鋼帯）−2010，JIS G 3321（溶融55％ア
　ルミニウム−亜鉛合金めっき鋼板及び鋼帯）−2010又はこれと同等以上の品質を有する材
　料を使用したものに限る。）は，2 本の斜め部材の下端を近接して V 字状に配置したも
　のを一組とし，次の表に掲げる式により算定した組数以上を張り間方向及びけた行方向
　に釣合い良く配置しなければならない。ただし，水平方向に同等以上の耐力を有するこ
　とが確かめられ，かつ，地震その他の震動及び衝撃により天井に生ずる力を伝達するた
　めに設ける部材が釣合い良く配置されている場合にあっては，この限りでない。

式	$n = \dfrac{kW}{3\,\alpha B} \cdot \gamma \cdot L_b{}^3$

この式において，n，k，W，α，B，γ及びL_bは，それぞれ次の数値を表すものとする。

n　2 本の斜め部材から構成される組数

k　天井を設ける階に応じて次の表に掲げる水平震度

	天井を設ける階	水平震度
(1)	$0.3(2N+1)$を超えない整数に 1 を加えた階から最上階までの階	$2.2r$
(2)	(1)及び(3)以外の階	$1.3r$
(3)	$0.11(2N+1)$を超えない整数の階から最下階までの階	0.5

この表において，N及びrは，それぞれ次の数値を表すものとする。

N　地上部分の階数

r　次に定める式によって計算した数値

$$r = \min\left[\frac{1+0.125(N-1)}{1.5},\,1.0\right]$$

W　天井面構成部材及び天井面構成部材に地震その他の震動及び衝撃により生ずる力を負
　担させるものの総重量（単位　kN）

α　斜め部材の断面形状及び寸法に応じて次の表に掲げる数値

	断面形状	寸法（単位　mm）			α
		高さ	幅	板厚	
(1)		38	12	1.2	0.785
(2)	溝　形	38	12	1.6	1.000

		40	20	1.6	4.361
(4)	その他の断面形状又は寸法				$I/1080$

この表において、I は次の数値を表すものとする。

I 当該断面形状及び寸法の斜め部材の弱軸周りの断面二次モーメント（単位 mm^4）

B 斜め部材の水平投影長さ（単位   m）

γ 斜め部材の細長比に応じて次の表に掲げる割増係数

細長比	割増係数
$\lambda < 130$ の場合	$\left\{\dfrac{18}{60\left(\dfrac{\lambda}{130}\right)^2}\right\}\left\{\dfrac{\dfrac{3}{2}+\dfrac{2}{3}\left(\dfrac{\lambda}{130}\right)^2}{1-\dfrac{2}{5}\left(\dfrac{\lambda}{130}\right)^2}\right\}$
$\lambda \geqq 130$ の場合	1

この表において、λ は斜め部材の細長比を表す。

L_b 斜め部材の長さ（単位   m）

十   天井面構成部材と壁、柱その他の建築物の部分又は建築物に取り付けるもの（構造耐力上主要な部分以外の部分であって、天井面構成部材に地震その他の震動及び衝撃により生ずる力を負担させるものを除く。以下「壁等」という。）との間に、6cm以上の隙間（当該隙間の全部又は一部に相互に応力を伝えない部分を設ける場合にあっては、当該部分は隙間とみなす。以下同じ。）を設けること。ただし、特別な調査又は研究の結果に基づいて、地震時に天井面構成部材が壁等と衝突しないよう天井面構成部材と壁等との隙間を算出する場合においては、当該算出によることができるものとする。

十一   建築物の屋外に面する天井は、風圧により脱落することがないように取り付けること。

3   次の各号に掲げる基準に適合する構造とすること。

一   前項第一号から第四号まで及び第七号に掲げる基準に適合すること。

二   天井板にはせっこうボード（JIS A 6901（せっこうボード製品）-2014に規定するせっこうボードをいう。）のうち厚さ9.5mm以上のもの又はこれと同等以上の剛性及び強度を有するものを用いること。

三   天井面構成部材（天井板を除く。）にはJIS A 6517（建築用鋼製下地（壁・天井））-2010に定める天井下地材の規定に適合するもの又はこれと同等以上の剛性及び強度を有するものを用いること。

四   吊り材は、埋込みインサートを用いた接合、ボルト接合その他これらに類する接合方法により構造耐力上主要な部分等に緊結すること。

五   吊り材は、天井面構成部材を鉛直方向に支持し、かつ、天井面の面積が1m²当たりの平均本数を1本以上とし、釣合い良く配置しなければならない。

六   天井面は水平とすること。

七   吊り長さは、1.5m（吊り材の共振を有効に防止する補剛材等を設けた場合にあっては、3m）以下とすること。

八   天井面の長さは、張り間方向及び桁行方向それぞれについて、次の式によって計算した数値（当該計算した数値が20m以上となる場合にあっては、20m）以下とすること。

式	$L_{max} = P_a / (k \cdot w)$

この式において，L_{max}，P_a，k 及び w は，それぞれ次の数値を表すものとする。

L_{max}　天井面の長さ（単位　m）

P_a　次に定める式によって計算した天井面の幅 1 m 当たりの許容耐力

$P_a = P_{cr} \cdot R_{HL} \cdot R_o / 1.5$

　　この式において，P_{cr}，R_{HL} 及び R_o は，それぞれ次の数値を表すものとする。

P_{cr}　加力試験により求めた天井面の幅 1 m 当たりの損傷耐力

R_{HL}　試験体の吊り長さを設計吊り長さで除した値を 2 乗した値（1.0を超える場合にあっては，1.0）

R_o　幅開口率（天井に設ける開口部（天井下地材を切り欠いたものに限る。）を加力方向に水平投影した長さの合計のその天井の幅に対する割合をいう。以下同じ。）に応じて次の表に掲げる低減率

幅開口率	低減率
20%未満	1
20%以上50%未満	$(100 - W_o)/80$
50%以上	0

この表において，W_o は幅開口率（単位　%）を表すものとする。

k　天井を設ける階に応じて次の表に掲げる水平震度

天井を設ける階		水平震度
(1)	0.3（2N＋1）を超えない整数に 1 を加えた階から最上階までの階	3.0r
(2)	(1)及び(3)以外の階	1.7r
(3)	0.11（2N＋1）を超えない整数の階から最下階までの階	0.7

この表において，N 及び r は，それぞれ次の数値を表すものとする。

N　地上部分の階数

r　次に定める式によって計算した数値

$r = \min\ (1 + 0.125(N-1))/(1.5),\ 1.0$

w　天井面構成部材並びに天井面構成部材に地震その他の震動及び衝撃により生ずる力を負担させるものの単位面積重量（単位　kN/m^2）

九　天井面の周囲には，壁等を天井面の端部との間に隙間が生じないように設けること。この場合において，天井面構成部材並びに天井面構成部材に地震その他の震動及び衝撃により生ずる力を負担させるものの単位面積重量に，天井を設ける階に応じて前号の表に掲げる水平震度以上の数値を乗じて得られた水平方向の地震力を壁等に加えた場合に，構造耐力上支障のある変形及び損傷が生じないことを確かめること。

十　天井面を貫通して地震時に天井面と一体的に振動しないおそれのある部分が設けられている場合にあっては，天井面と当該部分との間に，5 cm（当該部分が柱である場合にあっては，2.5cm）以上の隙間を設けること。

十一　斜め部材を設けないこと。

十二　屋外に面しないものとすること。

4　次の各号のいずれかに定める構造計算によって構造耐力上安全であることが確かめられた構造とすること。

一　次のイからニまでに定めるところによること。この場合において，吊り材，斜め部材

その他の天井材は釣合い良く配置することとし、吊り材を支持構造部に取り付ける場合にあっては、支持構造部は十分な剛性及び強度を有するものとしなければならない。

イ　天井面構成部材の各部分が、地震の震動により生ずる力を構造耐力上有効に当該天井面構成部材の他の部分に伝えることができる剛性及び強度を有することを確かめること。

ロ　天井面構成部材及び天井面構成部材に地震その他の震動及び衝撃により生ずる力を負担させるものの総重量に、天井を設ける階に応じて次の表に掲げる水平震度以上の数値を乗じて得られた水平方向の地震力（計算しようとする方向の柱の相互の間隔が15mを超える場合にあっては、当該水平方向の地震力に加えて、天井面構成部材及び天井面構成部材に地震その他の震動及び衝撃により生ずる力を負担させるものの総重量に数値が一以上の鉛直震度を乗じて得られた鉛直方向の地震力）により天井に生ずる力が当該天井の許容耐力（繰り返し載荷試験その他の試験又は計算によって確認した損傷耐力（天井材の損傷又は接合部分の滑り若しくは外れが生ずる力に対する耐力をいう。）に2/3以下の数値を乗じた値をいう。）を超えないことを確かめること。

天井を設ける階		水平震度
(1)	$0.3(2N+1)$ を超えない整数に1を加えた階から最上階までの階	$2.2rZ$
(2)	(1)及び(3)以外の階	$1.3rZ$
(3)	$0.11(2N+1)$ を超えない整数の階から最下階までの階	0.5

この表において、N、r及びZは、それぞれ次の数値を表すものとする。

N　地上部分の階数

r　次に定める式によって計算した数値

$$r = \min\left[\frac{1+0.125(N-1)}{1.5}, 1.0\right]$$

Z　建築基準法施行令（昭和25年政令第338号）第88条第1項に規定するZの数値

ハ　天井面構成部材と壁等との隙間が、6cmに吊り長さが3mを超える部分の長さに1.5/200を乗じた値を加えた数値以上であることを確かめること。ただし、特別な調査又は研究の結果に基づいて、地震時に天井面構成部材が壁等と衝突しないよう天井面構成部材と壁等との隙間を算出する場合においては、当該算出によることができるものとする。

ニ　イからハまでの構造計算を行うに当たり、風圧並びに地震以外の震動及び衝撃を適切に考慮すること。

二　平成12年建設省告示第1457号第11第二号イからニまでに定めるところによること。

　　附　則　（略）

地震その他の震動によってエスカレーターが脱落するおそれがない構造方法を定める件

平成25年10月29日　国土交通省告示第1046号
最終改正　令和元年6月25日　国土交通省告示第203号

　建築基準法施行令（昭和25年政令第338号。以下「令」という。）第129条の12第1項第六号に規定する地震その他の震動によってエスカレーターが脱落するおそれがない構造方法は，エスカレーターが床又は地盤に自立する構造である場合その他地震その他の震動によって脱落するおそれがないことが明らかである場合を除き，次のいずれかに定めるものとする。

第1　次に定める構造方法とすること。
一　一の建築物に設けるものとすること。
二　エスカレーターのトラス又ははり（以下「トラス等」という。）を支持する構造は，トラス等の一端を支持部材を用いて建築物のはりその他の堅固な部分（以下「建築物のはり等」という。）に固定し，その他端の支持部材を建築物のはり等の上にトラス等がしゅう動する状態（以下「一端固定状態」という。）で設置したもの又はトラス等の両端の支持部材を建築物のはり等の上にトラス等がしゅう動する状態（以下「両端非固定状態」という。）で設置したものであること。
三　トラス等がしゅう動する状態で設置する部分（以下「非固定部分」という。）において，エスカレーターの水平投影の長辺方向（以下単に「長辺方向」という。）について，トラス等の一端の支持部材を設置した建築物のはり等とその他端の支持部材を設置した建築物のはり等との相互間の距離（以下単に「建築物のはり等の相互間の距離」という。）が地震その他の震動によって長くなる場合にトラス等の支持部材がしゅう動可能な水平距離（以下この号において「かかり代長さ」という。）が，次のイ又はロに掲げる場合に応じてそれぞれ次の表に掲げる式に適合するものであること。
　　イ　一端固定状態の場合

	隙間及び層間変位について想定する状態	かかり代長さ
(1)	$\Sigma \gamma H - C \leq 0$ の場合	$B \geq \Sigma \gamma H + 20$
(2)	$0 < \Sigma \gamma H - C \leq 20$ の場合	$B \geq \Sigma \gamma H + 20$
(3)	$20 < \Sigma \gamma H - C$ の場合	$B \geq 2 \Sigma \gamma H - C$

　一　この表において，C，γ，H 及び B は，それぞれ次の数値を表すものとする。
　　　C　非固定部分における建築物のはり等の相互間の距離が地震その他の震動によって長辺方向に短くなる場合にトラス等の支持部材がしゅう動可能な水平距離（以下「隙間」という。）（単位　mm）
　　　γ　エスカレーターの上端と下端の間の各階の長辺方向の設計用層間変形角
　　　H　エスカレーターの上端と下端の間の各階の揚程（単位　mm）
　　　B　かかり代長さ（単位　mm）
　二　(2)項及び(3)項の適用は，長辺方向の設計用層間変形角における層間変位によって，エスカレーターが建築物のはり等と衝突することによりトラス等に安全上支障となる変形が生じないことをトラス等強度検証（第3に規定するトラス等強度検証法をいう。）によって確かめた場合に限る。

ロ 両端非固定状態の場合

	隙間及び層間変位について想定する状態	かかり代長さ
(1)	$\Sigma\gamma H - C \leqq 0$ の場合	$B \geqq \Sigma\gamma_i H_i + 20$
(2)	$0 < \Sigma\gamma H - C \leqq 20$の場合	$B \geqq \Sigma\gamma_i H_i + 20$
(3)	$20 < \Sigma\gamma H - C$ の場合	$B \geqq \Sigma\gamma_i H_i + \Sigma\gamma H - C$

一 この表において，C，D，γ，H 及び B は，それぞれ次の数値を表すものとする。
　C　計算しようとする一端の隙間（単位　mm）
　D　他端の隙間（単位　mm）
　γ　エスカレーターの上端と下端の間の各階の長辺方向の設計用層間変形角
　H　エスカレーターの上端と下端の間の各階の揚程（単位　mm）
　B　かかり代長さ（単位　mm）
二 (2)項及び(3)項の適用は，長辺方向の設計用層間変形角における層間変位によって，エスカレーターが建築物のはり等と衝突することによりトラス等に安全上支障となる変形が生じないことをトラス等強度検証法によって確かめた場合に限る。

四　非固定部分は，エスカレーターの水平投影の短辺方向の設計用層間変形角における層間変位によって，エスカレーターが建築物のはり等に衝突しないようにすること。

五　前2号，第2第四号及び第3の設計用層間変形角は次のいずれかによるものとする。
　イ　令第82条の2の規定によって算出した層間変位の各階の高さに対する割合の5倍（その数値が1/100に満たない場合にあっては，1/100）以上とすること。
　ロ　地震力の大部分を筋かいで負担する鉄骨造の建築物であって，平成19年国土交通省告示第593号第一号イ又はロで規定する建築物に該当するものに設けられたエスカレーターにあっては，1/100以上とすること。
　ハ　鉄筋コンクリート造の建築物であって，平成19年国土交通省告示第593号第二号イで規定する建築物に該当するものに設けられたエスカレーターにあっては，1/100以上とすること。
　ニ　特別な調査又は研究の結果に基づき地震時における設計用層間変形角を算出することができる場合においては，当該算出した値（その数値が1/100に満たない場合にあっては，1/100）以上とすること。
　ホ　1/24以上とすること。

六　トラス等の一端を支持部材を用いて建築物のはり等に固定する部分（以下「固定部分」という。）は，次の式の地震力による水平荷重が加わった場合又は第三号イの表の(2)項及び(3)項の場合に，安全上支障となる変形を生じないものであること。

$$S = ZK_h(G+P) + \mu(1 + ZK_v) \cdot R$$

　この式において，S，Z，K_h，G，P，μ，K_v 及び R は，それぞれ次の数値を表すものとする。
　　S　地震力により固定部分にかかる水平荷重（単位　N）
　　Z　令第88条第1項に規定する Z の数値
　　K_h　次の表の固定部分を設ける場所における設計用水平標準震度の欄に掲げる数値（特別な調査又は研究の結果に基づき定めた場合は，その数値）
　　G　エスカレーターの固定荷重（単位　N）
　　P　令第129条の12第3項に規定するエスカレーターの積載荷重（エスカレーターの積載荷重は地震その他の震動によって人又は物から踏段に作用する力の影響に基づいた数値を算出した場合は，その数値）（単位　N）

　　　　μ　非固定部分の支持部材と建築物のはり等との摩擦係数

　　　　K_l　次の表の非固定部分を設ける場所における設計用鉛直標準震度の欄に掲げる数値
　　　　　　（特別な調査又は研究の結果に基づき定めた場合は，その数値）

　　　　R　エスカレーターの固定荷重及び積載荷重により，非固定部分の建築物のはり等に
　　　　　　作用する鉛直荷重（単位　N）

固定部分又は非固定部分を設ける場所	固定部分を設ける場所における設計用水平標準震度	非固定部分を設ける場所における設計用鉛直標準震度
地階及び一階	0.4	0.2
中間階	0.6	0.3
上層階及び屋上	1.0	0.5

　この表において，上層階とは，地階を除く階数が2以上6以下の建築物にあっては最上階，地階を除く階数が7以上9以下の建築物にあっては最上階及びその直下階，地階を除く階数が10以上12以下の建築物にあっては最上階及び最上階から数えた階数が3以内の階，地階を除く階数が13以上の建築物にあっては最上階及び最上階から数えた階数が4以内の階をいい，中間階とは，地階，1階及び上層階を除く階をいうものとする。

2　2以上の部分がエキスパンションジョイントその他の相互に応力を伝えない構造方法のみで接している建築物の当該建築物の部分は，前項第一号の規定の適用については，それぞれ別の建築物とみなす。

第2　次に定める構造方法とすること。

一　第1第1項第一号，第二号，第四号及び第六号並びに第2項の規定に適合すること。

二　第1第1項第三号に適合すること。この場合において，同号に掲げる表のかかり代長さの欄に掲げる設計用層間変形角は，1/100以上とすること。

三　非固定部分の支持部材が建築物のはり等から外れた場合に，エスカレーターが落下しないよう支持する措置（以下「脱落防止措置」という。）を講ずること。

四　脱落防止措置に用いる支持部材（以下単に「脱落防止措置の支持部材」という。）は，次に定めるものとすること。

イ　釣合い良く配置すること。

ロ　エスカレーターの固定荷重及び積載荷重を支持する強度を有することが確かめられたものとすること。

ハ　長辺方向の設計用層間変形角における層間変位が生じた場合に支持できるものとすること。この場合において，トラス等が長辺方向にしゅう動する状態でトラス等の支持部材を脱落防止措置の支持部材の上に設置するときは，建築物のはり等の相互間の距離が地震その他の震動によって長くなる場合にトラス等の支持部材がしゅう動可能な水平距離（以下「脱落防止措置のかかり代長さ」という。）が，次の場合に応じてそれぞれ次の表に掲げる式に適合するものであること。

（1）　一端固定状態の場合

	隙間及び層間変位について想定する状態	脱落防止措置のかかり代長さ
（1）	$\Sigma \gamma H - C \leqq 0$ の場合	$B \geqq \Sigma \gamma_k H_k + 20$
（2）	$0 < \Sigma \gamma H - C \leqq 20$ の場合	$B \geqq \Sigma \gamma_k H_k + 20$
（3）	$20 < \Sigma \gamma H - C$ の場合	$B \geqq \Sigma \gamma_k H_k + \Sigma \gamma H - C$

　一　この表において，C，γ，H，B，γ_k 及び H_k は，それぞれ次の数値を表すものとする。

　　　C　エスカレーターの端部の隙間（単位　mm）

　　　γ　エスカレーターの上端と下端の間の各階の長辺方向の設計用層間変形角

　　　H　エスカレーターの上端と下端の間の各階の揚程（単位　mm）

　　　B　脱落防止措置のかかり代長さ（単位　mm）

　　　γ_k　脱落防止措置が設けられた部分から固定部分までの間の各階の長辺方向の設計用層間変形角

　　　H_k　脱落防止措置が設けられた部分から固定部分までの間の各階の揚程（単位　mm）

　二　(2)項及び(3)項の適用は，長辺方向の設計用層間変形角における層間変位によって，エスカレーターが建築物のはり等と衝突することによりトラス等に安全上支障となる変形が生じないことをトラス等強度検証法によって確かめた場合に限る。

(2)　両端非固定状態の場合

隙間及び層間変位について想定する状態		脱落防止措置のかかり代長さ
(1)	$\Sigma\gamma H - C - D \leqq 0$ の場合	上端側	$B \geqq \Sigma\gamma_{k1}H_{k1} + C + 20$
		下端側	$B \geqq \Sigma\gamma_{k2}H_{k2} + D + 20$
(2)	$0 < \Sigma\gamma H - C - D \leqq 20$の場合	上端側	$B \geqq \Sigma\gamma_{k1}H_{k1} + C + 20$
		下端側	$B \geqq \Sigma\gamma_{k2}H_{k2} + D + 20$
(3)	$20 < \Sigma\gamma H - C - D$ の場合	上端側	$B \geqq \Sigma\gamma_{k1}H_{k1} + \Sigma\gamma H - D$
		下端側	$B \geqq \Sigma\gamma_{k2}H_{k2} + \Sigma\gamma H - C$

　一　この表において，C，D，γ，H，B，γ_{k1}，H_{k1}，γ_{k2} 及び H_{k2} は，それぞれ次の数値を表すものとする。

　　　C　エスカレーターの上端の隙間（単位　mm）

　　　D　エスカレーターの下端の隙間（単位　mm）

　　　γ　エスカレーターの上端と下端の間の各階の長辺方向の設計用層間変形角

　　　H　エスカレーターの上端と下端の間の各階の揚程（単位　mm）

　　　B　脱落防止措置のかかり代長さ（単位　mm）

　　　γ_{k1}　脱落防止措置が設けられた部分からエスカレーターの上端までの間の各階の長辺方向の設計用層間変形角

　　　H_{k1}　脱落防止措置が設けられた部分からエスカレーターの上端までの間の各階の揚程（単位　mm）

　　　γ_{k2}　脱落防止措置が設けられた部分からエスカレーターの下端までの間の各階の長辺方向の設計用層間変形角

　　　H_{k2}　脱落防止措置が設けられた部分からエスカレーターの下端までの間の各階の揚程（単位　mm）

　二　(2)項及び(3)項の適用は，長辺方向の設計用層間変形角における層間変位によって，エスカレーターが建築物のはり等と衝突することによりトラス等に安全上支障となる変形が生じないことをトラス等強度検証法によって確かめた場合に限る。

第3　トラス等強度検証法は，衝突後のトラス等（次の各号に掲げる構造の種別の区分に応じ，それぞれ当該各号に定める基準に適合するものに限る。以下この号において同じ。）の残存応力度を次の表に掲げる式によって計算し，当該残存応力度がトラス等の常時の応

力度（令第129条の12第2項において読み替えて準用する令第129条の4第2項第二号の規定によって計算した数値をいう。）を超えることを確かめることとする。

一　トラス　　トラスに用いる鋼材は，日本産業規格 G 3101に規定する SS400に適合する鋼材又はこれと同等以上の強度を有するもの（上弦材及び下弦材に用いる鋼材にあっては，山形鋼で，かつ，有効細長比が100以下であるものに限る。）とすること。

二　はり　　はりに用いる鋼材は，日本産業規格 G 3101に規定する SS400に適合する鋼材又はこれと同等以上の強度を有するもの（構造上主要な部分に用いる鋼材にあっては，H型鋼で，かつ，有効細長比が100以下であるものに限る。）とすること。

構造の種別	残存応力度（単位　N/mm²）
トラス	$(420-(\Sigma \gamma H - C))/(1980)F_d$
はり	$(420-(\Sigma \gamma H - C))/(1320)F_d$

この表において，C，γ，H 及び Fd は，それぞれ次の数値を表すものとする。

C　エスカレーターの端部の隙間の合計（単位　mm）

γ　エスカレーターの上端と下端の間の各階の長辺方向の設計用層間変形角

H　エスカレーターの上端と下端の間の各階の揚程（単位　mm）

F_d　材料の破壊強度（単位　N/mm²）

2　前項のトラス等強度検証法を行うに当たっては，衝突により建築物のはり等に次の表に掲げる式によって計算した反力が作用する場合において，当該はり等にエスカレーターが脱落するおそれがある変形及び損傷が生じないことを確かめることとする。

	隙間及び層間変位について想定する状態	反力（単位　kN）
(1)	$0<\Sigma \gamma H - C \leqq 20$の場合	$25(\Sigma \gamma H - C)$
(2)	$20<\Sigma \gamma H - C$ の場合	500

この表において，C，γ 及び H は，それぞれ次の数値を表すものとする。

C　エスカレーターの端部の隙間の合計（単位　mm）

γ　エスカレーターの上端と下端の間の各階の長辺方向の設計用層間変形角

H　エスカレーターの上端と下端の間の各階の揚程（単位　mm）

　　附　則　（略）

エレベーターの地震その他の震動に対する構造耐力上の安全性を確かめるための構造計算の基準を定める件

平成25年10月29日　国土交通省告示第1047号

　　建築基準法施行令（昭和25年政令第338号。以下「令」という。）第129条の4第3項第六号に規定するエレベーターの地震その他の震動に対する構造耐力上の安全性を確かめるための構造計算の基準は，次のとおりとする。

一　令第129条の5第1項に規定する固定荷重及び同条第2項に規定する積載荷重並びに次号に規定する地震力によって，主要な支持部分（令第129条の4第1項に規定する主要な支持部分をいう。以下同じ。）に生ずる力を計算すること。

二　前号の主要な支持部分の断面に生ずる短期の応力度を次の式によって計算すること。

$$G + P + K$$

　　　この式において，G 及び P は，それぞれ令第129条の5第1項に規定する固定荷重及び同条第2項に規定する積載荷重によって生ずる力を，K は，次の力を表すものとする。この場合において，固定荷重及び積載荷重のうち昇降する部分の荷重にあっては，当該荷重に1.3を乗じたものとすること。ただし，特別な調査又は研究の結果に基づき，地震時に昇降する部分に生ずる加速度を考慮した数値を定める場合にあっては，この限りでない。

　　　K　地震力によって生ずる力

　　　この場合において，地震力は，特別な調査又は研究の結果に基づき定める場合のほか，水平方向及び鉛直方向について次の式によって計算した数値とするものとする。

$$P = kw$$

　　　この式において，P，k 及び w は，それぞれ次の数値を表すものとする。

　　　P　地震力（単位　N）

　　　k　令第88条第1項に規定する Z の数値に，次の表の階又は屋上の欄の区分に応じて，それぞれ同表の設計用水平標準震度又は設計用鉛直標準震度の欄に掲げる数値以上の数値を乗じて得た数値とする。

階又は屋上	設計用水平標準震度	設計用鉛直標準震度
地階及び1階	0.4	0.2
その他の階及び屋上	0.6	0.3

　　　w　エレベーターの固定荷重と積載荷重との和（積載荷重にあっては，地震その他の震動によって人又は物からかごに作用する力の影響に基づいた数値を算出した場合は，その数値）（単位　N）

三　第一号の主要な支持部分ごとに前号の規定によって計算した各短期の応力度が，令第3章第8節第3款の規定による短期に生ずる力に対する各許容応力度を超えないことを確かめること。この場合において，主要な支持部分に規格が定められた鋼材等を用いる場合にあっては，当該材料の引張強さを平成12年建設省告示第1414号に規定する安全装置作動時の安全率で除して求めた数値を基準強度とすることができる。

　　　　附　則　（略）

地震その他の震動によってエレベーターの釣合おもりが脱落するおそれがない構造方法を定める件

平成25年10月29日　国土交通省告示第1048号

　建築基準法施行令（昭和25年政令第338号。以下「令」という。）第129条の4第3項第五号の規定に基づき，地震その他の震動によってエレベーターの釣合おもりが脱落するおそれがない構造方法は，次に定めるものとする。ただし，実験により釣合おもりが第二号に規定する地震力によって脱落しないことが確かめられた場合においては，この限りでない。

　一　釣合おもりは，釣合おもりの枠(たて枠，上下の枠その他の釣合おもり片の脱落を防止する部材をいい，これらの接合部を含む。以下同じ。）及び釣合おもり片により構成されること。
　二　次に定めるところにより構造計算を行うこと。
　　イ　固定荷重及びロに規定する地震力によって，釣合おもりの枠に生ずる力を計算すること。
　　ロ　釣合おもりの枠の断面に生ずる短期の応力度を次の式によって計算すること。

$$G + K$$

　　　　この式において，G は釣合おもりの固定荷重に1.3（特別な調査又は研究の結果に基づき，地震時に釣合おもりに生ずる加速度を考慮した数値を定めた場合は，その数値）を乗じたものによって生ずる力を，K は地震力によって生ずる力を表すものとする。
　　　　この場合において，地震力は，特別な調査又は研究の結果に基づき定める場合のほか，水平方向及び鉛直方向について次の式によって計算した数値とするものとする。

$$P = kw$$

　　　　この式において，P，k 及び w は，それぞれ次の数値を表すものとする。
　　　　P　地震力（単位　N）
　　　　k　令第88条第1項に規定する Z の数値に，次に掲げる設計用水平標準震度又は設計用鉛直標準震度の数値以上の数値を乗じて得た数値とする。
　　　　設計用水平標準震度　0.6
　　　　設計用鉛直標準震度　0.3
　　　　w　釣合おもりの固定荷重（単位　N）

　　ハ　釣合おもりの枠の部分ごとにロの規定によって計算した各短期の応力度が，令第3章第8節第3款の規定による短期に生ずる力に対する各許容応力度を超えないことを確かめること。この場合において，釣合おもりの枠に規格が定められた鋼材等を用いる場合にあっては，当該材料の引張強さを2.0で除して求めた数値を基準強度とすることができる。
　三　釣合おもりのたて枠は，釣合おもり片及び釣合おもりの上下の枠を全て貫通するボルトによるボルト接合その他のたわみ（前号に規定する地震力によって釣合おもりのたて枠に生ずると想定されるたわみをいう。以下同じ。）によって釣合おもり片が脱落するおそれがない措置を講ずる場合を除き，釣合おもり片と接する部分のたわみの方向の長さが，たわみよりも10mm以上長いものとすること。この場合において，特別な調査又は研究の結果に基づき接合部の剛性及び耐力に関する性能を確かめた場合を除き，たて枠及び上下の枠の接合部をピンによる接合とみなして構造計算を行うこと。

　　　附　則　（略）

建築基準法施行令第23条第1項の規定に適合する階段と同等以上に昇降を安全に行うことができる階段の構造方法を定める件

平成26年6月27日　国土交通省告示第709号

最終改正　令和元年6月24日　国土交通省告示第202号

建築基準法施行令（昭和25年政令第338号）第23条第4項の規定に基づき，同条第1項の規定に適合する階段と同等以上に昇降を安全に行うことができる階段の構造方法を次のように定める。

第1　建築基準法施行令（以下「令」という。）第23条第4項に規定する同条第1項の規定に適合する階段と同等以上に昇降を安全に行うことができる階段の構造方法は，次に掲げる基準に適合するものとする。

　一　階段及びその踊場の幅並びに階段の蹴上げ及び踏面の寸法が，次の表の各項に掲げる階段の種別の区分に応じ，それぞれ当該各項に定める寸法（次の表の各項のうち2以上の項に掲げる階段の種別に該当するときは，当該2以上の項に定める寸法のうちいずれかの寸法）であること。ただし，屋外階段の幅は，令第120条又は令第121条の規定による直通階段にあっては90cm以上，その他のものにあっては60cm以上とすることができる。

階段の種別		階段及びその踊場の幅（単位 cm）	蹴上げの寸法（単位 cm）	踏面の寸法（単位 cm）
(1)	令第23条第1項の表の(1)に掲げるもの	140以上	18以下	26以上
(2)	令第23条第1項の表の(2)に掲げるもの	140以上	20以下	24以上
(3)	令第23条第1項の表の(4)に掲げるもの	75以上	23以下	19以上
(4)	階数が2以下で延べ面積が200m²未満の建築物におけるもの	75以上	23以下	15以上

　二　階段の両側に，手すりを設けたものであること。

　三　階段の踏面の表面を，粗面とし，又は滑りにくい材料で仕上げたものであること。

　四　第一号の表(4)の項に掲げる階段の種別に該当する階段で同項に定める寸法に適合するもの（同表(1)から(3)までの各項のいずれかに掲げる階段の種別に該当する階段でそれぞれ当該各項に定める寸法に適合するものを除く。）にあっては，当該階段又はその近くに，見やすい方法で，十分に注意して昇降を行う必要がある旨を表示したものであること。

第2　令第23条第2項の規定は第1第一号の踏面の寸法について，同条第3項の規定は同号の階段及びその踊場の幅について準用する。

　　　　附　則　（略）

間仕切壁を準耐火構造としないこと等に関して
防火上支障がない部分を定める件

平成26年8月22日　国土交通省告示第860号

最終改正　令和2年4月1日　国土交通省告示第508号

　建築基準法施行令第112条第4項及び第114条第2項に規定する防火上支障がない部分は，居室の床面積が100m²以下の階又は居室の床面積100m²以内ごとに準耐火構造の壁若しくは建築基準法（昭和25年法律第201号）第2条第九号の二ロに規定する防火設備で区画されている部分（これらの階又は部分の各居室（以下「各居室」という。）に消防法施行令（昭和36年政令第37号）第5条の6第二号に規定する住宅用防災報知設備若しくは同令第7条第3項第一号に規定する自動火災報知設備又は住宅用防災警報器及び住宅用防災報知設備に係る技術上の規格を定める省令（平成17年総務省令第11号）第2条第四号の三に規定する連動型住宅用防災警報器（いずれも火災の発生を煙により感知するものに限る。）を設けたものに限る。）で，次の各号のいずれかに該当するものとする。

一　各居室から直接屋外への出口等（屋外への出口若しくは避難上有効なバルコニーで，道若しくは道に通ずる幅員50cm以上の通路その他の空地に面する部分又は準耐火構造の壁若しくは建築基準法第2条第九号の二ロに規定する防火設備で区画されている他の部分をいう。以下同じ。）へ避難することができること。

二　各居室の出口（各居室から屋外への出口等に通ずる主たる廊下その他の通路（以下「通路」という。）に通ずる出口に限る。）から屋外への出口等の一に至る歩行距離が8m（各居室及び通路の壁（各居室の壁にあっては，床面からの高さが1.2m以下の部分を除く。）及び天井（天井のない場合においては，屋根）の室内に面する部分（回り縁，窓台その他これらに類する部分を除く。）の仕上げを難燃材料でした場合又は建築基準法施行令第128条の5第1項第一号ロに掲げる仕上げとした場合は，16m）以下であって，各居室と通路とが間仕切壁及び戸（ふすま，障子その他これらに類するものを除き，常時閉鎖した状態にあるか，又は火災により煙が発生した場合に自動的に閉鎖するものに限る。）で区画されていること。

　　附　則　（略）

建築物の張り間方向又は桁行方向の規模又は
構造に基づく保有水平耐力計算と同等以上に安全性を
確かめることができる構造計算の基準を定める件

平成27年1月29日　国土交通省告示第189号

最終改正　令和3年6月30日　国土交通省告示第758号

建築基準法施行令（昭和25年政令第338号。以下「令」という。）第81条第2項第一号イの規定に基づき，保有水平耐力計算と同等以上に安全性を確かめることができる構造計算の基準は，次の各号に定める基準とする。

一　建築基準法（昭和25年法律第201号。以下「法」という。）第20条第1項第二号に掲げる建築物（高さが31m以下のものに限る。）が令第3章第1節から第7節の2までの規定に適合する場合（次号から第四号までに掲げる場合を除く。）にあっては，次のイ及びロに該当するものであること。

　　イ　建築物の張り間方向又は桁行方向のいずれかの方向について，令第3章第8節第1款の4に規定する許容応力度等計算によって構造耐力上安全であることが確かめられたもの

　　ロ　イの規定により構造耐力上安全であることが確かめられた方向以外の方向について，令第3章第8節第1款の2に規定する保有水平耐力計算によって構造耐力上安全であることが確かめられたもの

二　地階を除く階数が3以下，高さが13m以下及び軒の高さが9m以下である鉄骨造の建築物が令第3章第1節から第7節の2までの規定に適合し，かつ，当該建築物の張り間方向又は桁行方向のいずれかの方向が平成19年国土交通省告示第593号第一号イの規定を満たす場合にあっては，次のイ又はロのいずれかに該当するものであること。

　　イ　前号イ及びロに定める基準に該当するもの

　　ロ　次の(1)及び(2)に該当するもの

　　(1)　建築物の張り間方向又は桁行方向のうち平成19年国土交通省告示第593号第一号イの規定を満たす方向について，令第82条各号及び令第82条の4に定めるところによる構造計算によって構造耐力上安全であることが確かめられたもの

　　(2)　(1)の規定により構造耐力上安全であることが確かめられた方向以外の方向について，次の(i)及び(ii)に該当するもの

　　(i)　令第3章第8節第1款の2に規定する保有水平耐力計算によって構造耐力上安全であることが確かめられたもの

　　(ii)　平成19年国土交通省告示第593号第一号イ(1)の規定を満たすもの

三　地階を除く階数が2以下，高さが13m以下及び軒の高さが9m以下である鉄骨造の建築物が令第3章第1節から第7節の2までの規定に適合し，かつ，当該建築物の張り間方向又は桁行方向のいずれかの方向が平成19年国土交通省告示第593号第一号ロの規定を満たす場合にあっては，次のイ又はロのいずれかに該当するものであること。

　　イ　第一号イ及びロに定める基準に該当するもの

　　ロ　次の(1)及び(2)に該当するもの

　　(1)　建築物の張り間方向又は桁行方向のうち平成19年国土交通省告示第593号第一号ロの規定を満たす方向について，令第82条各号及び令第82条の4に定めるところによる構造計算によって構造耐力上安全であることが確かめられたもの

⑵　⑴の規定により構造耐力上安全であることが確かめられた方向以外の方向について，次の(i)及び(ii)に該当するもの

(i)　令第3章第8節第1款の2に規定する保有水平耐力計算によって構造耐力上安全であることが確かめられたもの

(ii)　平成19年国土交通省告示第593号第一号ロ⑵の規定を満たすもの

四　高さが20m以下である鉄筋コンクリート造（壁式ラーメン鉄筋コンクリート造，壁式鉄筋コンクリート造及び鉄筋コンクリート組積造を除く。）又は鉄骨鉄筋コンクリート造の建築物が令第3章第1節から第7節の2までの規定に適合し，かつ，当該建築物の張り間方向又は桁行方向のいずれかの方向が平成19年国土交通省告示第593号第二号イの規定を満たす場合にあっては，次のイ又はロのいずれかに該当するものであること。

イ　第一号イ及びロに定める基準に該当するもの

ロ　次の⑴及び⑵に該当するもの

⑴　建築物の張り間方向又は桁行方向のうち平成19年国土交通省告示第593号第二号イの規定を満たす方向について，令第82条各号及び令第82条の4に定めるところによる構造計算によって構造耐力上安全であることが確かめられたもの

⑵　⑴の規定により構造耐力上安全であることが確かめられた方向以外の方向について，令第3章第8節第1款の2に規定する保有水平耐力計算によって構造耐力上安全であることが確かめられたもの

五　法第20条第1項第三号に掲げる建築物が令第3章第1節から第7節の2までの規定に適合する場合にあっては，次のイ又はロのいずれかに該当するものであること。

イ　第一号イ又はロに定める基準に該当するもの

ロ　次の⑴及び⑵に該当するもの

⑴　建築物の張り間方向又は桁行方向のいずれかの方向について，令第82条各号及び令第82条の4に定めるところによる構造計算によって構造耐力上安全であることが確かめられたもの

⑵　⑴の規定により構造耐力上安全であることが確かめられた方向以外の方向について，令第3章第8節第1款の2に規定する保有水平耐力計算によって構造耐力上安全であることが確かめられたもの

　附　則　（略）

建築基準法第7条の6第1項第二号の国土交通大臣が定める基準等を定める件

平成27年2月23日　国土交通省告示第247号
最終改正　令和2年4月1日　国土交通省告示第508号

　建築基準法（昭和25年法律第201号）第7条の6第1項第二号の規定に基づき，安全上，防火上及び避難上支障がないものとして国土交通大臣が定める基準を第1に定め，建築基準法施行規則（昭和25年建設省令第40号）第4条の16第2項の規定に基づき，仮使用の認定をするために必要な図書として国土交通大臣が定めるものを第2に定め，同条第3項の規定に基づき，国土交通大臣が定める工事を第3に定める。

第1　建築基準法（以下「法」という。）第7条の6第1項第二号の国土交通大臣が定める基準は，次の各項に定めるところによるものとする。

2　次の各号に掲げる場合においては，当該申請に係る建築物及びその敷地が建築基準関係規定に適合するものであること。

　一　建築基準法施行規則第4条の16第3項に規定する増築等に関する工事について，法第7条第1項の規定による申請が受理された後又は指定確認検査機関が法第7条の2第1項の規定による検査の引受けを行った後に仮使用の認定の申請が行われた場合

　二　新築の工事又は第3に定める工事が完了した場合において仮使用の認定の申請が行われた場合

3　新築の工事又は第3に定める工事が完了していない場合において仮使用の認定の申請が行われた場合においては，次の各号に掲げる区分に応じ，当該申請に係る建築物及びその敷地がそれぞれ当該各号に定める基準に適合するものであること。

　一　当該敷地のみに係る工事以外の工事が完了している場合　　次に掲げる基準に適合すること。

　　イ　当該建築物が建築基準関係規定（建築基準法施行令（昭和25年政令第338号。以下「令」という。）第127条から令第128条の2まで及び仮使用の部分を使用する者の安全上，防火上及び避難上支障がないもの（建築物の敷地のみに係る部分に限る。）を除く。第二号ハにおいて同じ。）に適合すること。

　　ロ　当該敷地が令第127条から令第128条の2までの規定に適合すること。この場合において，これらの規定中「通路」とあるのは，「通路（仮使用の部分を使用する者の用に供するものに限る。）」と読み替えるものとする。

　　ハ　仮使用の部分の各室から当該建築物の敷地外に通ずる通路と，仮使用の部分以外の部分から当該建築物の敷地外に通ずる通路又は当該建築物の敷地のうち工事関係者が継続的に使用する部分とが重複しないこと。

　　ニ　仮使用をする期間が3年を超えない範囲内であること。

　二　前号に掲げる場合以外の場合　　次に掲げる基準に適合すること。

　　イ　仮使用の部分と仮使用の部分以外の部分とを1時間準耐火基準に適合する準耐火構造の床若しくは壁又は特定防火設備（常時閉鎖をした状態にあるものに限る。）で区画すること。

　　ロ　令第112条第7項，第11項（ただし書を除く。）から第17項まで及び第19項から第21項までの規定は，仮使用の認定の申請に係る建築物について準用する。この場合において，次の表の左欄に掲げる規定中同表の中欄に掲げる字句は，それぞれ同表の右欄

1740

に掲げる字句に読み替えるものとする。

令第112条第 7 項	は，第 1 項	（以下「高層部分」という。）を仮使用する場合にあっては，平成27年国土交通省告示第247号第 1 第 3 項第二号イ
	床面積の合計100m²以内ごとに	高層部分にある仮使用の部分と高層部分にある仮使用の部分以外の部分とを
令第112条第11項	主要構造部	工事完了後において主要構造部
	の竪穴部分	となるものの竪穴部分
	については，当該竪穴部分以外の部分（直接外気に開放されている廊下，バルコニーその他これらに類する部分を除く。）	を仮使用する場合にあっては，平成27年国土交通省告示第247号第 1 第 3 項第二号イの規定にかかわらず，当該竪穴部分にある仮使用の部分については，当該竪穴部分にある仮使用の部分以外の部分
	しなければならない	すれば足りる
令第112条第12項及び第13項	の竪穴部分については，当該竪穴部分以外の部分	となるものの竪穴部分を仮使用する場合にあっては，平成27年国土交通省告示第247号第 1 第 3 項第二号イの規定にかかわらず，当該竪穴部分にある仮使用の部分については，当該竪穴部分にある仮使用の部分以外の部分
	しなければならない	すれば足りる。
令第112条第19項	若しくは作動をした状態にあるか，又は随時閉鎖若しくは作動をできるもので	をした状態に

ハ　仮使用の部分（仮使用の部分以外の部分から当該建築物の敷地外に通ずる通路に該当する部分を除く。以下ハにおいて同じ。）が建築基準関係規定に適合すること。ただし，令第 5 章第 2 節及び第 3 節並びに令第129条の13の 3 第 2 項の規定については，仮使用の部分を一の建築物とみなした場合において，これらの規定に適合しなければならない。

ニ　前号ロからニまでに掲げる基準に適合すること。

ホ　建築物の建替え（現に存する 1 以上の建築物（以下「従前の建築物」という。）の同一敷地内に新たに建築物を建設し，当該建設の開始後において従前の建築物を 1 以上除却することをいう。）により新たに建設された建築物又は建築物の部分を仮使用する場合において，当該建築物又は建築物の部分について法第 2 条第九号の二若しくは第九号の三，法第23条，法第25条，法第28条（居室の採光に有効な部分の面積に係る部分に限る。），法第 3 章若しくは令第120条第 1 項若しくは令第126条の 4 （これらの規定中令第116条の 2 第 1 項第一号に該当する窓その他の開口部を有しない居室に係る部分に限る。）の規定又はこれらに基づく命令若しくは条例の規定に適合しないことがやむを得ないと認められる場合においては，従前の建築物の除却を完了するまでの間これらの規定に適合することを要しない。

4　第3第一号及び第三号に掲げる建築物に対する前2項の規定の適用については，次の表の左欄に掲げる規定中同表の中欄に掲げる字句は，それぞれ同表の右欄に掲げる字句とする。

第2項	建築物	建築物の増築又は改築に係る部分（以下「増改築部分」という。）
	その敷地	建築物の敷地
第3項各号列記以外の部分	建築物	増改築部分
	その敷地	建築物の敷地
第3項第一号イ及びロ	当該建築物	当該増改築部分
	仮使用の部分	仮使用の部分及び増改築部分以外の部分
第3項第一号ハ	仮使用の部分の各室	仮使用の部分及び増改築部分以外の部分の各室
	，仮使用の部分以外の部分	，これらの部分以外の部分
第3項第二号ハ	仮使用の部分以外の部分	仮使用の部分以外の部分（増改築部分以外の部分を除く。）

第2　建築基準法施行規則第4条の16第2項の国土交通大臣が定める図書は，次の表のとおりとする。

図書の種類	明示すべき事項
各階平面図	縮尺，方位，間取，各室の用途，新築又は避難施設等に関する工事に係る建築物又は建築物の部分及び仮使用の部分
	仮使用の部分の各室から建築物の敷地外に通ずる通路
	仮使用の部分以外の部分の各室から建築物の敷地外に通ずる通路
	第1第3項第二号イ又はロの規定による区画（以下「仮使用区画」という。）の位置及び面積
	仮使用区画に用いる壁の構造
	仮使用区画に設ける防火設備の位置及び種別
	仮使用区画を貫通する風道の配置
	仮使用区画を貫通する風道に設ける防火設備の位置及び種別
	給水管，配電管その他の管と仮使用区画との隙間を埋める材料の種別
2面以上の断面図	仮使用区画に用いる床の構造
	令第112条第10項に規定する外壁の位置及び構造
	仮使用区画を貫通する風道に設ける防火設備の位置及び種別
	給水管，配電管その他の管と仮使用区画との隙間を埋める材料の種別

耐火構造等の構造詳細図	仮使用区画に用いる床及び壁の断面の構造，材料の種別及び寸法
	仮使用区画に設ける防火設備の構造，材料の種別及び寸法
配置図	縮尺，方位，工作物の位置及び仮使用の部分
	敷地境界線及び敷地内における建築物の位置
	敷地の接する道路の位置及び幅員
	仮使用の部分の各室から建築物の敷地外に通ずる通路
	仮使用の部分以外の部分の各室から建築物の敷地外に通ずる通路
	建築物の敷地のうち工事関係者が継続的に使用する部分
安全計画書	工事中において安全上，防火上又は避難上講ずる措置の概要
その他法第 7 条の 6 第 1 項第二号の国土交通大臣が定める基準に適合することの確認に必要な図書	法第 7 条の 6 第 1 項第二号の国土交通大臣が定める基準に適合することの確認に必要な事項

第3　建築基準法施行規則第 4 条の16第 3 項の国土交通大臣が定める工事は，次の各号に掲げるものとする。
　一　増築の工事であって，次に掲げる要件に該当するもの
　　イ　仮使用の認定の申請前に避難施設等に関する工事（仮使用の部分に係るものに限る。）を完了していること。
　　ロ　増築に係る部分以外の部分に係る避難施設等に関する工事を含まないこと。
　二　建築物の改築（一部の改築を除く。）の工事
　三　建築物が開口部のない自立した構造の壁で区画されている場合における当該区画された部分の改築（一部の改築を除く。）の工事
　　　附　則　（略）

壁等の加熱面以外の面で防火上支障がないものを定める件

平成27年 2 月23日　　国土交通省告示第249号

最終改正　令和元年 6 月21日　　国土交通省告示第200号

建築基準法施行令（以下「令」という。）第109条の 7 第二号に規定する壁等の加熱面以外の面で防火上支障がないものは，次の各号に掲げる区分に応じ，当該各号に定めるものとする。

一　耐力壁である間仕切壁及び防火設備により区画する場合又は間仕切壁，柱及びはり並びに防火設備により区画する場合　　壁等を構成する防火設備の面で，次のイ及びロに該当するもの

イ　防火設備が次の(1)又は(2)に該当するものであること。

　(1)　通常の火災による火熱が加えられた場合に，加熱開始後火災継続予測時間当該加熱面以外の面に火炎を出さないものであること。

　(2)　特定防火設備（平成12年建設省告示第1369号に定めるものに限る。）のうち，骨組を鉄材若しくは鋼材で造り，両面にそれぞれ厚さが 1 mm 以上の鉄板若しくは鋼板を張ったもの又は鉄材若しくは鋼材で造られたもので，鉄板若しくは鋼板の厚さが1.8mm 以上のものであること（火災継続予測時間が90分間以下である場合に限る。）。

ロ　次の(1)又は(2)に該当するものであること。

　(1)　防火設備に通常の火災による火熱が火災継続予測時間加えられた場合に，防火設備の加熱面以外の面が面する室内の建築物の部分（壁等の部分を除く。）及び収納可燃物の温度が当該建築物の部分及び収納可燃物が燃焼する温度以上に上昇しないこと。

　(2)　防火設備の加熱面以外の面が令第129条第 2 項に規定する火災の発生のおそれの少ない室（以下(2)において「室」という。）に面するものであり，かつ，当該室内の建築物の部分（壁等の部分を除く。）の室内に面する部分（防火設備からの水平距離が火災継続予測時間に応じて次の表 1 に掲げる式により計算した数値以下である部分に限る。）の仕上げが準不燃材料でされ，かつその下地が準不燃材料で造られたもの又は仕上げに厚さ2.5cm 以上のせっこう若しくは厚さ4.5cm 以上のモルタルを塗ったものであること。ただし，天井又は室の区画を構成する壁については，防火設備の上端から天井までの垂直距離又は防火設備の両端から当該壁までの水平距離が次の表 2 に掲げる式により計算した数値以上である場合には，この限りでない。

表 1

防火設備からの水平距離（単位　m）	
火災継続予測時間が 1 時間以下	火災継続予測時間が90分間以下
$\sqrt{A}$	$1.2\sqrt{A}$
この表において，A は防火設備の面積（単位　m²）を表すものとする。	

表2

防火設備の上端から天井までの垂直距離又は防火設備の両端から室の区画を構成する壁までの水平距離（単位　m）	
火災継続予測時間が1時間以下	火災継続予測時間が90分間以下
$\dfrac{A}{25} + 0.28$ （0.38 a を超える場合は0.38 a）	$\dfrac{A}{25} + 0.36$ （0.54 a を超える場合は0.54 a）
この表において，A 及び a は，それぞれ次の数値を表すものとする。 A　防火設備の面積（単位　m²） a　防火設備の高さ（単位　m）	

二　令第129条第2項に規定する火災の発生のおそれの少ない室（開口部（床の開口部を除く。）に防火設備を設けたものに限る。）を構成する壁等により区画する場合　壁等の室内に面する面（次のイ及びロに該当する場合には，壁等の加熱面以外の防火設備の面（屋内に面するものに限り，かつ，壁等の室内に面するものを除く。）を含む。）

イ　壁等の加熱面以外の面（屋内に面するものに限り，かつ，壁等の室内に面するものを除く。）が面する室に面する防火設備が次の⑴又は⑵に該当するものであること。

⑴　壁等に通常の火災による火熱が加えられた場合に，加熱開始後火災継続予測時間当該加熱面以外の面に火炎を出さないものであること。

⑵　特定防火設備であること（火災継続予測時間が90分間以下である場合に限る。）。

ロ　次の⑴又は⑵に該当するものであること。

⑴　壁等に通常の火災による火熱が火災継続予測時間加えられた場合に，壁等の加熱面以外の面（屋内に面するものに限り，かつ，壁等の室内に面するものを除く。）が面する室内の建築物の部分（壁等の部分を除く。）及び収納可燃物の温度が当該建築物の部分及び収納可燃物が燃焼する温度以上に上昇しないこと。

⑵　第一号ロ⑵に該当すること（火災継続予測時間が90分間以下である場合に限る。）。この場合において，同号ロ⑵中，「防火設備の加熱面以外の面」とあるのは「壁等の加熱面以外の防火設備の面（屋内に面するものに限り，かつ，壁等の室内に面するものを除く。）」と読み替え，同号ロ⑵の防火設備からの水平距離は，火災継続予測時間が1時間以下の場合の数値とする。

附　則　（略）

壁等の構造方法を定める件

平成27年2月23日　国土交通省告示第250号
最終改正　令和2年4月1日　国土交通省告示第508号

建築基準法施行令（昭和25年政令第338号。以下「令」という。）第109条の7に規定する技術的基準に適合する壁等の構造方法は、次に定めるものとする。

第1　この告示は、3階建て以下の建築物（倉庫その他の物品（不燃性の物品を除く。）を保管する用途に供する建築物を除く。）で、屋根の仕上げを不燃材料でしたものについて適用する。

第2　壁等を構成する建築物の部分及び防火設備の構造方法は、次の各号に掲げる区分に応じ、当該各号に定めるものとすること。

一　耐力壁である間仕切壁及び防火設備により区画する場合　　次のイ及びロに適合するものであること。

イ　耐力壁である間仕切壁は、次の(1)から(5)までのいずれかに該当する構造であること。この場合において、かぶり厚さ又は厚さは、それぞれモルタル、プラスターその他これらに類する仕上材料の厚さを含むものとする。

(1)　鉄筋コンクリート造（鉄筋に対するコンクリートのかぶり厚さが平成13年国土交通省告示第1372号第2項の基準によるものにあっては、防火上支障のないものに限る。）、鉄骨鉄筋コンクリート造（鉄筋又は鉄骨に対するコンクリートのかぶり厚さが同項の基準によるものにあっては、防火上支障のないものに限る。）又は鉄骨コンクリート造（鉄骨に対するコンクリートのかぶり厚さが30mm未満のものを除く。）で厚さが85mm以上のもの

(2)　軸組を鉄骨造とし、その両面を塗厚さが4cm以上の鉄網モルタルで覆ったもの（塗下地が不燃材料で造られていないものを除く。）

(3)　軸組を鉄骨造とし、その両面を塗厚さが3.5cm以上の鉄網パーライトモルタルで覆ったもの（塗下地が不燃材料で造られていないものを除く。）

(4)　軸組を鉄骨造とし、その両面を厚さが5cm以上のコンクリートブロック、れんが又は石で覆ったもの

(5)　間柱及び下地を木材又は鉄材で造り、かつ、その両面を、強化せっこうボード（ボード用原紙を除いた部分のせっこうの含有率を95%以上、ガラス繊維の含有率を0.4%以上とし、かつ、ひる石の含有率を2.5%以上としたものに限る。）を3枚以上張ったもので、その厚さの合計が63mm以上のもので覆ったもの

ロ　防火設備は、次の(1)又は(2)に掲げる区分に応じ、当該(1)又は(2)に定めるものとすること。

(1)　平成27年国土交通省告示第249号第一号ロ(2)の防火設備からの水平距離を火災継続予測時間が90分間以下の場合の数値とした場合において、防火設備の両面が同号ロ(2)に該当する場合　　次の(i)から(iii)までに適合するものであること。

(i)　平成27年国土交通省告示第249号第一号イ(2)に規定する特定防火設備又は骨組を鉄製とし、両面にそれぞれ厚さが1mm以上の鉄板及び厚さが30mm以上のケイ酸カルシウム板を張った防火戸（次の㋑及び㋺に適合するものに限る。）であること。

　　　㈠　周囲の部分（防火設備から内側に15cm 以内の間に設けられた建具がある場合においては，その建具を含む。）が不燃材料で造られた開口部に取り付けられていること。

　　　㈡　防火設備が枠と接する部分は，相じゃくりとし，又は定規縁若しくは戸当りを設ける等閉鎖した際に隙間が生じない構造とし，かつ，防火設備の取付金物は，取付部分が閉鎖した際に露出しないように取り付けられていること。

　　⒤　令第112条第19項第一号イからハまでに掲げる要件を満たし，かつ，防火上支障のない遮煙性能を有するとともに，常時閉鎖をした状態にあるもの以外のものにあっては，火災により煙が発生した場合に自動的に閉鎖をするものであること。

　　㈽　ラッチその他の開放防止機構を設けること。ただし，ドアクローザーの閉鎖力が，次の式によって計算した数値以上である場合には，この限りではない。

$$F = \frac{\Delta P H_d\, B_d}{2}$$

　　　この式において，F，ΔP，H_d 及び B_d は，それぞれ次の数値を表すものとする。

　　　　F　　ドアクローザーの閉鎖力（単位　N）

　　　　ΔP　　通常の火災時において防火設備に加わる平均圧力として建築物の階に応じて次の表に定める数値（単位　N/m²）

	1 階	2 階	3 階
地階を除く階数が 3 の建築物	30	25	50
地階を除く階数が 2 の建築物	20	25	―

　　　　H_d　　床から防火設備の上端までの高さ（単位　m）

　　　　B_d　　防火設備の幅（単位　m）

　⑵　⑴に掲げる場合以外の場合　　次の⒤及び㈼に適合するものであること。

　　⒤　骨組を鉄製とし，両面にそれぞれ厚さが1 mm 以上の鉄板及び厚さが30mm 以上のケイ酸カルシウム板を張った防火戸（⑴⒤の㈠及び㈡に適合するものに限る。）であること。

　　㈼　⑴の⒤及び㈽に適合するものであること。

二　間仕切壁，柱及びはり並びに防火設備により区画する場合　　次のイからニまでに適合するものであること。

　イ　間仕切壁は，次の⑴から⑶までのいずれか（耐力壁にあっては⑴に限る。）に該当する構造であること。

　　⑴　前号イに定める構造

　　⑵　間柱及び下地を鉄材で造り，かつ，その両面を，ケイ酸カルシウム板を 2 枚以上張ったもので，その厚さの合計が30mm 以上のもので覆ったもの

　　⑶　軽量気泡コンクリートパネルで，厚さが75mm 以上のもの

　ロ　柱は，耐火構造（令第107条第一号に掲げる技術的基準（通常の火災による火熱が 2 時間又は 3 時間加えられた場合のものに限る。）に適合するものに限る。）であること。

　ハ　はりは，耐火構造（令第107条第一号に掲げる技術的基準（通常の火災による火熱が 2 時間又は 3 時間加えられた場合のものに限る。）に適合するものに限る。）であること。

　　ニ　防火設備は，前号ロに適合するものであること。

　三　令第129条第2項に規定する火災の発生のおそれの少ない室（開口部（床の開口部を除く。）に防火設備を設けたものに限る。）を構成する壁等により区画する場合　　次のイからヌまでに適合し，かつ，壁等を構成する建築物の部分の接合部を防火上支障がない構造とすること。

　　イ　耐力壁である間仕切壁は，第一号イに定める構造であること。

　　ロ　非耐力壁である間仕切壁は，耐火構造であること。

　　ハ　外壁は，第一号イに定める構造であること。

　　ニ　柱は，前号ロに定める構造であること。

　　ホ　床（最下階の床を除く。）は，第一号イに定める構造（間仕切壁によって壁等で区画された部分（壁等により構成される室の部分を除く。第3において同じ。）と防火上有効に遮られている床にあっては，耐火構造）であること。

　　ヘ　最下階の床は，不燃材料（平成12年建設省告示第1400号に定めるものに限る。第3において同じ。）で造られたもの又は耐火構造であること。

　　ト　はりは，前号ハに定める構造であること。

　　チ　屋根は，耐火構造であること。

　　リ　間仕切壁の開口部に設ける防火設備は，次の(1)又は(2)に掲げる区分に応じ，当該(1)又は(2)に定めるものとすること。

　　　(1)　平成27年国土交通省告示第249号第二号ロ(2)に該当する場合　　次の(i)及び(ii)に適合するものであること。

　　　　(i)　特定防火設備であること。

　　　　(ii)　第一号ロ(1)の(ii)及び(iii)に適合するものであること。

　　　(2)　(1)に掲げる場合以外の場合　　次の(i)及び(ii)に適合するものであること。

　　　　(i)　次の(一)又は(二)に適合するものであること。

　　　　　(一)　骨組を鉄製とし，両面にそれぞれ厚さが24mm以上のケイ酸カルシウム板を張ったもの（第一号ロ(1)(i)の(一)及び(二)に適合するものに限る。）であること。

　　　　　(二)　第一号ロ(2)(i)に適合するものであること。

　　　　(ii)　第一号ロ(1)の(ii)及び(iii)に適合するものであること。

　　ヌ　外壁の開口部に設ける防火設備は，特定防火設備であること。

第3　第2第三号に掲げる場合には，壁等で区画された部分の一方と壁等により構成される室の部分の床面積の合計がそれぞれ3000m²を超えず，かつ，壁等の室内の建築物の部分（壁等を構成する建築物の部分を除く。第4において同じ。）（延焼防止上支障のない建築設備を除く。）が不燃材料で造られたもの又は耐火構造（被覆材に可燃性の材料を含まないものに限る。以下第3において同じ。）（構造耐力上主要な部分である壁，柱及びはりにあっては耐火構造）であること。

第4　壁等が，壁等以外の建築物の部分（第2第三号に掲げる場合には，壁等の室内の建築物の部分を除く。）とエキスパンションジョイントその他の相互に応力を伝えない構造方法（延焼防止上支障がないものに限る。）のみで接するものであること。

第5　次の各号に掲げる区分に応じ，当該各号に定める基準に適合するものであること。

　一　第2第一号又は第二号に掲げる場合　　壁等の両端及び上端は，建築物の外壁面及び屋根面から2m以上突出させること。ただし，壁等を設けた部分の外壁又は屋根が，壁等を含み，耐火構造（壁等の部分と接する外壁の一方のみを耐火構造とする場合その他延焼防止上支障がある場合には，第2第一号イに定める構造。以下「耐火構造等」という。）又は防火構造の別に応じて次の表に掲げる式によって計算した幅にわたってこれ

らの構造（防火構造の場合最下階を除く。）である場合（次のイ及びロに該当する場合に限る。）においては，その部分については，この限りでない。

イ　外壁にあっては，屋外側の仕上げが不燃材料（防火構造の部分にあっては準不燃材料）でされ，開口部に特定防火設備（防火構造の部分にあっては建築基準法（以下「法」という。）第2条第九号のニロに規定する防火設備）が設けられていること。

ロ　耐火構造等の部分に接して軒裏，ひさしその他これらに類するものが設けられていないこと。

耐火構造等又は防火構造の別	幅（単位　m）
耐火構造等	4.6（1−L） （3を超える場合3）
防火構造	10（1−0.5L） （6.5を超える場合6.5）

　この表において，Lは壁等の両端又は上端を建築物の外壁面又は屋根面から突出させる幅（単位　m）を表すものとする。

二　第2第三号に掲げる場合　　次のイからニまでに適合するものであること。

イ　外壁が，壁等を構成する外壁の全てを含み幅3m以上にわたって耐火構造であること。

ロ　外壁（最下階を除く。）及び屋根が，壁等を構成する外壁及び屋根の全てを含みそれぞれ幅6.5m以上にわたって防火構造であること。

ハ　外壁（イ及びロに適合する耐火構造又は防火構造の部分に限る。）の屋外側の仕上げが不燃材料（防火構造の部分にあっては準不燃材料）でされ，開口部に特定防火設備（防火構造の部分にあっては法第2条第九号のニロに規定する防火設備）が設けられていること。

ニ　イに適合する耐火構造の部分に接して軒裏，ひさしその他これらに類するものが設けられていないこと。

第6　壁等で区画された部分の外壁面が壁等で区画された他の部分の外壁面となす角度が90°以上であること。この場合において，135°以内の角度をなす外壁面が交差する部分からそれぞれ幅10m以内のこれらの外壁面に，壁等で区画された部分と壁等で区画された他の部分の外壁面（第2第三号に掲げる場合には，壁等を構成する外壁面を除く。）がある場合においては，次の各号に適合するものであること。

一　当該135°以内の角度をなす外壁面を有する外壁のうち，耐火構造である部分（屋外側の仕上げが不燃材料でされ，当該部分の外壁の開口部に特定防火設備が設けられている部分に限る。）以外の部分相互の水平距離が5m以上であること。

二　当該135°以内の角度をなす外壁面を有する外壁のうち，防火構造である部分（屋外側の仕上げが準不燃材料でされ，当該部分の外壁の開口部に法第2条第九号のニロに規定する防火設備が設けられている部分に限る。）以外の部分相互の水平距離が10m以上であること。

第7　建築物に高さが異なる部分がある場合において，壁等を建築物の低い部分（以下「低い部分」という。）に設ける場合においては，当該壁等からの水平距離が5m以内で，かつ，低い部分の屋根面からの垂直距離が7m以下である建築物の高い部分（以下「高い部分」という。）の外壁（低い部分に面する部分に限る。）が耐火構造であり，かつ，屋外側の仕上げが不燃材料でされ，当該部分の外壁の開口部に特定防火設備が設けられているこ

と。ただし，低い部分（当該壁等で区画された部分のうち高い部分を含まない部分に限る。）の屋根で，高い部分からの水平距離が5m以下である部分が耐火構造であり，かつ，この部分に開口部がない場合においては，この限りでない。

第8 令第112条第20項の規定は給水管，配電管その他の管が壁等を貫通する場合に，同条第21項の規定は換気，暖房又は冷房の設備の風道が壁等を貫通する場合に準用する。

　　　附　則　（略）

建築基準法第27条第1項に規定する特殊建築物の主要構造部の構造方法等を定める件

平成27年2月23日　国土交通省告示第255号
最終改正　令和3年5月28日　国土交通省告示第476号

　建築基準法（昭和25年法律第201号）第27条第1項の規定に基づき，同項に規定する特殊建築物の主要構造部の構造方法を第1に，同項に規定する特殊建築物の延焼するおそれがある外壁の開口部に設ける防火設備の構造方法を第2に定め，及び建築基準法施行令（昭和25年政令第338号）第110条の2第二号の規定に基づき，他の外壁の開口部から通常の火災時における火炎が到達するおそれがあるものを第3に定める。

第1　建築基準法施行令（以下「令」という。）第110条第一号に掲げる基準に適合する建築基準法（以下「法」という。）第27条第1項に規定する特殊建築物の主要構造部の構造方法は，次の各号に掲げる建築物の区分に応じ，それぞれ当該各号に定めるもの（次の各号のうち2以上の号に掲げる建築物に該当するときは，当該2以上の号に定める構造方法のうちいずれかの構造方法）とする。

一　次に掲げる基準に適合する建築物　　準耐火構造（主要構造部である壁，柱，床，はり及び屋根の軒裏にあっては，避難時倒壊防止構造）とすること。

　イ　2階以上の階に居室を有するものにあっては，次に掲げる基準に適合する直通階段（傾斜路を含む。）が設けられていること。

　　⑴　令第123条第3項各号（同項第三号，第四号，第十号及び第十二号を除く。）に掲げる基準に適合していること。

　　⑵　階段室，バルコニー及び付室は，令第123条第3項第六号の開口部，同項第八号の窓又は⑷の出入口の部分（令第129条の13の3第3項に規定する非常用エレベーターの乗降ロビーの用に供するバルコニー又は付室にあっては，当該エレベーターの昇降路の出入口の部分を含む。）を除き，次の⒤又は⒤のいずれかに掲げる壁（防火被覆が設けられていないものを除く。）で囲むこと。

　　　⒤　次の㈠から㈢までに掲げる固有特定避難時間に1.6を乗じた時間の区分に応じ，それぞれ当該㈠から㈢までに定める構造の壁（その全部又は一部に木材を用いた壁に限る。）

　　　　㈠　90分を超える場合　　通常火災終了時間が固有特定避難時間に1.6を乗じた時間以上である建築物の壁（非耐力壁である外壁にあっては，延焼のおそれのある部分に限る。以下この㈠及び⒤㈠において同じ。）（法第21条第1項に規定する構造方法を用いるもの又は同項の規定による認定を受けたものに限る。）又は特定避難時間が固有特定避難時間に1.6を乗じた時間以上である建築物の壁（法第27条第1項に規定する構造方法を用いるもの又は同項の規定による認定を受けたものに限る。）の構造方法を用いる構造

　　　　㈡　75分を超え，90分以下である場合　　次の⑷又は㈹のいずれかに掲げるもの
　　　　　⑷　㈠に定める構造
　　　　　㈹　令和元年国土交通省告示第194号第2第3項第一号イ又はロのいずれかに該当する構造

　　　　㈢　75分以下である場合　　次の⑷又は㈹のいずれかに掲げるもの
　　　　　⑷　㈡に定める構造

　　　　(ロ)　75分間準耐火構造（令和元年国土交通省告示第193号第１第８項に規定する75分間準耐火構造をいう。以下同じ。）

　　(ⅱ)　次の(一)から(四)までに掲げる固有特定避難時間に1.2を乗じた時間の区分に応じ、それぞれ当該(一)から(四)までに定める構造の壁（その全部又は一部に木材を用いた壁以外の壁に限る。）

　　　　(一)　90分を超える場合　　通常火災終了時間が固有特定避難時間に1.2を乗じた時間以上である建築物の壁（法第21条第１項に規定する構造方法を用いるもの又は同項の規定による認定を受けたものに限る。）又は特定避難時間が固有特定避難時間に1.2を乗じた時間以上である建築物の壁（法第27条第１項に規定する構造方法を用いるもの又は同項の規定による認定を受けたものに限る。）の構造方法を用いる構造

　　　　(二)　75分を超え、90分以下である場合　　次の(イ)又は(ロ)のいずれかに掲げるもの

　　　　　(イ)　(一)に定める構造

　　　　　(ロ)　令和元年国土交通省告示第194号第２第３項第一号イ又はロのいずれかに該当する構造

　　　　(三)　60分を超え、75分以下である場合　　次の(イ)又は(ロ)のいずれかに掲げるもの

　　　　　(イ)　(二)に定める構造

　　　　　(ロ)　75分間準耐火構造

　　　　(四)　60分以下である場合　　次の(イ)又は(ロ)のいずれかに掲げるもの

　　　　　(イ)　(三)に定める構造

　　　　　(ロ)　令和元年国土交通省告示第195号第１第一号イ若しくはニ又は第三号イ若しくはニのいずれかに定める構造方法を用いる構造

(3)　階段室及び付室の壁及び天井（天井がない場合にあっては、屋根。以下同じ。）の室内に面する部分の仕上げを不燃材料でしたものであること。

(4)　屋内からバルコニー又は付室に通ずる出入口には特定避難時間防火設備で令第112条第19項第二号に規定する構造であるものを、バルコニー又は付室から階段室に通ずる出入口には法第２条第九号の二ロに規定する防火設備で令第112条第19項第二号に規定する構造であるものを設けていること。

(5)　バルコニー又は付室の床面積（バルコニーで床面積がないものにあっては、床部分の面積。以下この(5)において同じ。）は10m²以上とし、各階におけるバルコニー又は付室の床面積の合計は、当該階に設ける各居室の床面積に、3/100を乗じたものの合計以上とすること。

ロ　外壁の開口部（次の(1)から(4)までのいずれにも該当しないものに限る。以下この項及び第７項において「他の外壁の開口部」という。）の下端の中心点を水平方向に、それぞれ表１に掲げる式によって計算した水平移動距離又は最大水平移動距離のいずれか短い距離だけ移動したときにできる軌跡上の各点を、垂直上方に表２に掲げる式によって計算した垂直移動距離又は最大垂直移動距離のいずれか短い距離だけ移動した時にできる軌跡の範囲内の部分（当該建築物が令第112条第１項、第４項又は第５項の規定により区画された建築物である場合にあっては、当該規定により区画された各部分のうち他の外壁の開口部が設けられた部分を除く。）である外壁に設けられた開口部に上階延焼抑制防火設備が設けられていること。

(1)　昇降機その他の建築設備の機械室、不燃性の物品を保管する室、便所その他これらに類する室で、壁及び天井の室内に面する部分の仕上げを準不燃材料でしたものに設けられたもの

⑵　⑴に規定する室のみに隣接する通路その他防火上支障のない通路に設けられたもの

⑶　開口部の高さが0.3m以下のもの

⑷　開口面積が0.2m²以内のもの

表1

水平移動距離（単位　m）	$\dfrac{2}{3}Y(1-0.5L)+\dfrac{1}{2}B$
最大水平移動距離（単位　m）	$3+\dfrac{1}{2}B$

一　この表において，Y，L及びBは，それぞれ次の数値を表すものとする。
　　Y　表2に掲げる式により計算した垂直移動距離又は最大垂直移動距離のいずれか短い距離（単位　m）
　　L　他の外壁の開口部の側部に袖壁等が防火上有効に設けられている場合における当該袖壁等が外壁面から突出している距離（単位　m）
　　B　他の外壁の開口部の幅（単位　m）
二　他の外壁の開口部の周囲の外壁面の仕上げを木材その他の可燃材料による仕上げとした場合においては，当該外壁面の部分の幅を当該開口部の幅に含めるものとする。

表2

垂直移動距離（単位　m）	$\dfrac{B}{H}<2$	$(H+1.1B)(1-0.5L)+H$
	$\dfrac{B}{H}\geqq2$	$3.2H(1-0.5L)+H$
最大垂直移動距離（単位　m）	$6.2+H$	

一　この表において，B，H及びLは，それぞれ次の数値を表すものとする。
　　B　他の外壁の開口部の幅（単位　m）
　　H　他の外壁の開口部の高さ（単位　m）
　　L　他の外壁の開口部の上部にひさし等（ひさし，袖壁その他これらに類するもので，次のイからニまでのいずれかに掲げる構造方法を用いるものをいう。以下同じ。）が防火上有効に設けられている場合における当該ひさし等が外壁面から突出している距離（単位　m）
　　イ　準耐火構造の床又は壁に用いる構造とすること。
　　ロ　防火構造の外壁に用いる構造とすること。
　　ハ　令第109条の3第二号ハに規定する3階以上の階における床に用いる構造又は令第115条の2第1項第四号に規定する1階の床（直下に地階がある場合に限る。）及び2階の床（通路等の床を除く。）に用いる構造とすること。
　　ニ　不燃材料で造ること。
二　他の外壁の開口部の周囲の外壁面の仕上げを木材その他の可燃材料による仕上げとした場合においては，当該外壁面の部分の幅及び高さを当該開口部の幅及び高さに含めるものとする。

ハ　居室に避難上支障がないよう自動火災報知設備が設けられていること。

ニ　周囲（開口部（居室に設けられたものに限る。）がある外壁に面する部分に限り，道に接する部分を除く。第三号ロにおいて同じ。）に幅員が3m以上の通路（敷地の

接する道まで達するものに限る。第三号ロにおいて同じ。）が設けられていること。

ホ　用途地域が定められていない土地の区域内にある建築物にあっては，当該建築物の各部分（昇降機その他の建築設備の機械室その他これに類する室及び便所その他これに類する室を除く。）にスプリンクラー設備（水源として，水道の用に供する水管を当該スプリンクラー設備に連結したものを除く。），水噴霧消火設備，泡消火設備その他これらに類するもので自動式のもの（以下「スプリンクラー設備等」という。）が設けられていること。

二　法第27条第1項第二号に該当する建築物（同項各号（同項第二号にあっては，法別表第1(1)項に係る部分に限る。）に該当するものを除く。）　準耐火構造又は令第109条の3各号に掲げる基準に適合する構造とすること。

三　地階を除く階数が3で，3階を下宿，共同住宅又は寄宿舎の用途に供するもの（3階の一部を法別表第1(い)欄に掲げる用途（下宿，共同住宅及び寄宿舎を除く。）に供するもの及び法第27条第1項第二号（同表(2)項から(4)項までに係る部分を除く。）から第四号までに該当するものを除く。）のうち防火地域以外の区域内にあるものであって，次のイからハまでに掲げる基準（防火地域及び準防火地域以外の区域内にあるものにあっては，イ及びロに掲げる基準）に適合するもの　1時間準耐火基準に適合する準耐火構造とすること。

イ　下宿の各宿泊室，共同住宅の各住戸又は寄宿舎の各寝室（以下「各宿泊室等」という。）に避難上有効なバルコニーその他これに類するものが設けられていること。ただし，各宿泊室等から地上に通ずる主たる廊下，階段その他の通路が直接外気に開放されたものであり，かつ，各宿泊室等の当該通路に面する開口部に法第2条第九号のニロに規定する防火設備が設けられている場合においては，この限りでない。

ロ　建築物の周囲に幅員が3m以上の通路が設けられていること。ただし，次に掲げる基準に適合しているものについては，この限りでない。

(1)　各宿泊室等に避難上有効なバルコニーその他これに類するものが設けられていること。

(2)　各宿泊室等から地上に通ずる主たる廊下，階段その他の通路が，直接外気に開放されたものであり，かつ，各宿泊室等の当該通路に面する開口部に法第2条第九号のニロに規定する防火設備が設けられていること。

(3)　外壁の開口部から当該開口部のある階の上階の開口部へ延焼するおそれがある場合においては，当該外壁の開口部の上部にひさし等が防火上有効に設けられていること。

ハ　3階の各宿泊室等（各宿泊室等の階数が2以上であるものにあっては2階以下の階の部分を含む。）の外壁の開口部及び当該各宿泊室等以外の部分に面する開口部（外壁の開口部又は直接外気に開放された廊下，階段その他の通路に面する開口部にあっては，当該開口部から90cm未満の部分に当該各宿泊室等以外の部分の開口部がないもの又は当該各宿泊室等以外の部分の開口部と50cm以上突出したひさし等で防火上有効に遮られているものを除く。）に法第2条第九号のニロに規定する防火設備が設けられていること。

四　地階を除く階数が3で，3階を法別表第1(い)欄(3)項に掲げる用途に供するもの（3階の一部を法別表第1(い)欄に掲げる用途（同欄(3)項に掲げるものを除く。）に供するもの及び法第27条第1項第二号（同表(2)項から(4)項までに係る部分を除く。）から第四号までに該当するものを除く。）であって，前号ロ（ただし書を除く。）に掲げる基準に適合するもの　1時間準耐火基準に適合する準耐火構造とすること。

2　前項及び第７項の「避難時倒壊防止構造」は，次の各号に掲げる建築物の部分の区分に応じ，それぞれ当該各号に定める基準に適合する構造をいう。

一　耐力壁　　次に掲げる基準

　　イ　自重又は積載荷重（令第86条第２項ただし書の規定によって特定行政庁が指定する多雪区域における建築物にあっては，自重，積載荷重又は積雪荷重）を支える部分の全部又は一部に木材を用いた建築物（以下この項において「木造建築物」という。）の耐力壁（その全部又は一部に木材を用いたものでその全部又は一部に防火被覆を設けていないものに限る。）にあっては，次の⑴又は⑵のいずれかに掲げる基準に適合していること。

　　　⑴　構造用集成材，構造用単板積層材又は直交集成板（それぞれ集成材の日本農林規格（平成19年農林水産省告示第1152号）第２条，単板積層材の日本農林規格（平成20年農林水産省告示第701号）第１部箇条３又は直交集成板の日本農林規格（平成25年農林水産省告示第3079号）箇条３に規定する使用環境Ａ又はＢの表示をしてあるものに限る。以下この項において同じ。）を使用するものであり，かつ，次に掲げる基準に適合する構造であるほか，取合いの部分，目地の部分その他これらに類する部分（以下この項において「取合い等の部分」という。）が，当該取合い等の部分の裏面に当て木を設ける等当該建築物の内部への炎の侵入を有効に防止することができる構造（以下この項において「炎侵入防止構造」という。）であること。

　　　　⒤　当該耐力壁の接合部の構造方法が，次に定める基準に従って，通常の火災時の加熱に対して耐力の低下を有効に防止することができる構造であること。

　　　　　㊀　接合部のうち木材で造られた部分の片側（当該耐力壁が面する室内において発生する火災による火熱が当該耐力壁の両側に同時に加えられるおそれがある場合にあっては，両側。）の表面（木材その他の材料で防火上有効に被覆された部分を除く。）から内側に，次のイ又はㄷに掲げる場合の区分に応じ，それぞれ当該イ又はㄷに定める値の部分が除かれたときの残りの部分が，当該接合部の存在応力を伝えることができる構造であること。

　　　　　　㋑　構造用集成材，構造用単板積層材又は直交集成板に使用する接着剤（以下単に「接着剤」という。）として，フェノール樹脂，レゾルシノール樹脂又はレゾルシノール・フェノール樹脂（以下「フェノール樹脂等」という。）を使用する場合（構造用集成材又は直交集成板を使用する場合にあっては，ラミナの厚さが12mm以上である場合に限る。）　　次に掲げる式によって計算した値

$$D_1 = 8.25 \times 10^{-2}\, t_{r,\,eq(nc)}$$

　　　　　　　　この式において，D_1 及び $t_{r,\,eq(nc)}$ は，それぞれ次の数値を表すものとする。

　　　　　　　　　D_1　　　燃えしろ深さ（単位　cm）

　　　　　　　　　$t_{r,\,eq(nc)}$　補正固有特定避難時間（単位　min）

　　　　　　㋺　接着剤として，フェノール樹脂等以外のものを使用する場合（構造用集成材又は直交集成板を使用する場合にあっては，ラミナの厚さが21mm以上である場合に限る。）　　次に掲げる式によって計算した値

$$D_2 = 7.5 \times 10^{-2}\, k_c\, t_{r,\,eq(nc)}$$

　　　　　　　　この式において，D_2，k_c 及び $t_{r,\,eq(nc)}$ は，それぞれ次の数値を表すものとする。

　　　　　　　　　D_2　　燃えしろ深さ（単位　cm）

　　　　　　　　　k_c　　次の表の左欄に掲げる補正固有特定避難時間の区分に応じ，それ

ぞれ同表の右欄に定める炭化速度係数

75分以下である場合	1.45
75分を超え，90分以下である場合	1.6
90分を超え，120分以下である場合	1.8
120分を超え，180分以下である場合	2.0

$t_{r.eq(nc)}$　　補正固有特定避難時間（単位　min）

(ニ)　接合部にボルト，ドリフトピン，釘，木ねじその他これらに類するものを用いる場合においては，これらが木材その他の材料で防火上有効に被覆されていること。

(ホ)　接合部に鉄材又は鋼材の添え板その他これに類するものを用いる場合においては，これらが埋め込まれ，又は挟み込まれていること。ただし，木材その他の材料で防火上有効に被覆されている場合においては，この限りでない。

(ii)　当該耐力壁を有する建築物全体が，次に定める基準に従った構造計算によって通常の火災により容易に倒壊するおそれのないことが確かめられた構造であること。

(一)　主要構造部である耐力壁のうち木材で造られた部分の表面（木材その他の材料で防火上有効に被覆された部分を除く。）から内側に，(i)(一)(イ)又は(ロ)に掲げる場合の区分に応じ，それぞれ当該(イ)又は(ロ)に定める値の部分が除かれたときの残りの断面（(二)及び(iii)において「残存断面」という。）について，令第82条第二号の表に掲げる長期の組合せによる各応力の合計により，長期応力度を計算すること。

(二)　(一)によって計算した長期応力度が，残存断面について令第94条の規定に基づき計算した短期の許容応力度を超えないことを確かめること。

(iii)　残存断面の厚さが20cm以上であること。

(2)　次の(i)から(iii)までに掲げる補正固有特定避難時間の区分に応じ，それぞれ当該(i)から(iii)までに定める構造とするほか，取合い等の部分が炎侵入防止構造であること。

(i)　75分を超える場合　　通常火災終了時間が補正固有特定避難時間以上である建築物の耐力壁（法第21条第1項に規定する構造方法を用いるもの又は同項の規定による認定を受けたものに限る。）又は特定避難時間が補正固有特定避難時間以上である建築物の耐力壁（法第27条第1項に規定する構造方法を用いるもの又は同項の規定による認定を受けたものに限る。）の構造方法を用いる構造

(ii)　60分を超え，75分以下である場合　　次の(一)又は(二)のいずれかに掲げる構造

(一)　(i)に定める構造

(二)　75分間準耐火構造

(iii)　60分以下である場合　　次の(一)又は(二)のいずれかに掲げる構造

(一)　(ii)(一)又は(二)のいずれかに掲げる構造

(二)　令和元年国土交通省告示第195号第1第一号ホに定める構造方法を用いる構造

ロ　木造建築物の耐力壁（イに規定するものを除く。）又は組積造，鉄骨造，鉄筋コンクリート造若しくは鉄骨鉄筋コンクリート造の建築物（以下「組積造の建築物等」という。）の耐力壁にあっては，次の(1)から(4)までに掲げる固有特定避難時間の区分に応じ，それぞれ当該(1)から(4)までに定める構造とするほか，取合い等の部分が炎侵入

防止構造であること。

(1) 90分を超える場合　　通常火災終了時間が固有特定避難時間以上である建築物の耐力壁（法第21条第1項に規定する構造方法を用いるもの又は同項の規定による認定を受けたものに限る。）又は特定避難時間が固有特定避難時間以上である建築物の耐力壁（法第27条第1項に規定する構造方法を用いるもの又は同項の規定による認定を受けたものに限る。）の構造方法を用いる構造

(2) 75分を超え，90分以下である場合　　次の(i)又は(ii)のいずれかに掲げる構造

 (i)　(1)に定める構造

 (ii)　令和元年国土交通省告示第194号第2第3項第一号イ又はロのいずれかに該当する構造

(3) 60分を超え，75分以下である場合　　次の(i)又は(ii)のいずれかに掲げる構造

 (i)　(2)(i)又は(ii)のいずれかに掲げる構造

 (ii)　75分間準耐火構造

(4) 60分以下である場合　　次の(i)又は(ii)のいずれかに掲げる構造

 (i)　(3)(i)又は(ii)のいずれかに掲げる構造

 (ii)　令和元年国土交通省告示第195号第1第一号イ，ハ若しくはニ又は第三号イ，ハ若しくはニのいずれかに定める構造方法を用いる構造

二　非耐力壁　　次に掲げる基準

 イ　木造建築物の非耐力壁（その全部又は一部に木材を用いたものでその全部又は一部に防火被覆を設けていないものに限る。）にあっては，次の(1)又は(2)のいずれかに掲げる基準に適合していること。

 (1)　構造用集成材，構造用単板積層材又は直交集成板を使用するものであり，かつ，当該非耐力壁の厚さが次の(i)又は(ii)に掲げる場合の区分に応じ，それぞれ当該(i)又は(ii)に定める値以上であるほか，取合い等の部分が炎侵入防止構造であること。

  (i)　接着剤として，フェノール樹脂等を使用する場合（構造用集成材を使用する場合にあってはラミナの厚さが12mm以上の場合に限り，直交集成板を使用する場合にあってはラミナの厚さが12mm以上で，かつ，加熱面の表面から前号イ(1)(i)㈠(イ)に定める値の部分が除かれたときに，互いに接着された平行層と直交層が存在する場合に限る。）　　次に掲げる式によって計算した値

$$D_{t1} = 8.25 \times 10^{-2}\, t_{r,\,eq(nc)} + 3$$

この式において，D_{t1}及び$t_{r,\,eq(nc)}$は，それぞれ次の数値を表すものとする。

 D_{t1}　　厚さ（単位　cm）

 $t_{r,\,eq(nc)}$　補正固有特定避難時間（単位　min）

  (ii)　接着剤として，フェノール樹脂等以外のものを使用する場合（構造用集成材を使用する場合にあってはラミナの厚さが21mm以上の場合に限り，直交集成板を使用する場合にあってはラミナの厚さが21mm以上で，かつ，加熱面の表面から前号イ(1)(i)㈠(ロ)に定める値の部分が除かれたときに，互いに接着された平行層と直交層が存在する場合に限る。）　　次に掲げる式によって計算した値

$$D_{t2} = 7.5 \times 10^{-2}\, k_c t_{r,\,eq(nc)} + 3$$

この式において，D_{t2}，k_c及び$t_{r,\,eq(nc)}$は，それぞれ次の数値を表すものとする。

 D_{t2}　　厚さ（単位　cm）

 k_c　　前号イ(1)(i)㈠(ロ)に規定する炭化速度係数

 $t_{r,\,eq(nc)}$　補正固有特定避難時間（単位　min）

 (2)　次の(i)から(iii)までに掲げる補正固有特定避難時間の区分に応じ，それぞれ当該(i)

から(iii)までに定める構造とするほか，取合い等の部分が炎侵入防止構造であること。

(i)　75分を超える場合　　通常火災終了時間が補正固有特定避難時間以上である建築物の非耐力壁（外壁にあっては，延焼のおそれのある部分に限る。以下この(i)及びロ(1)において同じ。）（法第21条第１項に規定する構造方法を用いるもの又は同項の規定による認定を受けたものに限る。）又は特定避難時間が補正固有特定避難時間以上である建築物の非耐力壁（法第27条第１項に規定する構造方法を用いるもの又は同項の規定による認定を受けたものに限る。）の構造方法を用いる構造

(ii)　60分を超え，75分以下である場合　　次の(一)又は(二)のいずれかに掲げる構造

(一)　(i)に定める構造

(二)　75分間準耐火構造

(iii)　60分以下である場合　　次の(一)又は(二)のいずれかに掲げる構造

(一)　(ii)(一)又は(二)のいずれかに掲げる構造

(二)　令和元年国土交通省告示第195号第１第二号ニに定める構造方法を用いる構造

ロ　木造建築物の非耐力壁（イに規定するものを除く。）又は組積造の建築物等の非耐力壁にあっては，次の(1)から(4)までに掲げる固有特定避難時間の区分に応じ，それぞれ当該(1)から(4)までに定める構造とするほか，取合い等の部分が炎侵入防止構造であること。

(1)　90分を超える場合　　通常火災終了時間が固有特定避難時間以上である建築物の非耐力壁（法第21条第１項に規定する構造方法を用いるもの又は同項の規定による認定を受けたものに限る。）又は特定避難時間が固有特定避難時間以上である建築物の非耐力壁（法第27条第１項に規定する構造方法を用いるもの又は同項の規定による認定を受けたものに限る。）の構造方法を用いる構造

(2)　75分を超え，90分以下である場合　　次の(i)又は(ii)のいずれかに掲げる構造

(i)　(1)に定める構造

(ii)　令和元年国土交通省告示第194号第２第３項第一号イ又はロのいずれかに該当する構造

(3)　60分を超え，75分以下である場合　　次の(i)又は(ii)のいずれかに掲げる構造

(i)　(2)(i)又は(ii)のいずれかに掲げる構造

(ii)　75分間準耐火構造

(4)　60分以下である場合　　次の(i)又は(ii)のいずれかに掲げる構造

(i)　(3)(i)又は(ii)のいずれかに掲げる構造

(ii)　令和元年国土交通省告示第195号第１第二号イ若しくはハ又は第四号イ若しくはハのいずれかに定める構造方法を用いる構造

三　柱　　次に掲げる基準

イ　木造建築物の柱（その全部又は一部に木材を用いたものでその全部又は一部に防火被覆を設けていないものに限る。）にあっては，次の(1)又は(2)のいずれかに掲げる基準に適合していること。

(1)　構造用集成材又は構造用単板積層材を使用するものであり，かつ，次に掲げる基準に適合する構造であるほか，取合い等の部分が炎侵入防止構造であること。

(i)　令第46条第２項第一号イ及びロに掲げる基準に適合していること。

(ii)　当該柱を接合する継手又は仕口が，昭和62年建設省告示第1901号に定める基準に従って，通常の火災時の加熱に対して耐力の低下を有効に防止することができ

る構造であること。この場合において，同告示第一号イ中「2.5cm」とあるのは「平成27年国土交通省告示第255号第1第2項第一号イ⑴⒤㈠～㈧又は㈑に掲げる場合の区分に応じ，それぞれ当該㈧又は㈑に定める値」と読み替えるものとする。

　㈽　当該柱を有する建築物全体が，昭和62年建設省告示第1902号に定める基準に従った構造計算によって通常の火災により容易に倒壊するおそれのないことが確かめられた構造であること。この場合において，同告示第二号イ中「2.5cm」とあるのは「平成27年国土交通省告示第255号第1第2項第一号イ⑴⒤㈠～㈧又は㈑に掲げる場合の区分に応じ，それぞれ当該㈧又は㈑に定める値」と読み替えるものとする。

　㈼　主要構造部である柱のうち木材で造られた部分の表面（木材その他の材料で防火上有効に被覆された部分を除く。）から内側に，第一号イ⑴⒤㈠～㈧又は㈑に掲げる場合の区分に応じ，それぞれ当該㈧又は㈑に定める値の部分が除かれたときの残りの断面の小径が，20cm以上であること。

⑵　次の⒤から㈽までに掲げる補正固有特定避難時間の区分に応じ，それぞれ当該⒤から㈽までに定める構造とするほか，取合い等の部分が炎侵入防止構造であること。

　⒤　75分を超える場合　　通常火災終了時間が補正固有特定避難時間以上である建築物の柱（法第21条第1項に規定する構造方法を用いるもの又は同項の規定による認定を受けたものに限る。）又は特定避難時間が補正固有特定避難時間以上である建築物の柱（法第27条第1項に規定する構造方法を用いるもの又は同項の規定による認定を受けたものに限る。）の構造方法を用いる構造

　㈼　60分を超え，75分以下である場合　　次の㈠又は㈡のいずれかに掲げる構造
　　㈠　⒤に定める構造
　　㈡　75分間準耐火構造

　㈽　60分以下である場合　　次の㈠又は㈡のいずれかに掲げる構造
　　㈠　㈼㈠又は㈡のいずれかに掲げる構造
　　㈡　令和元年国土交通省告示第195号第2第三号イからニまでに掲げる基準に適合する構造

ロ　木造建築物の柱（イに規定するものを除く。）又は組積造の建築物等の柱にあっては，次の⑴から⑸までに掲げる固有特定避難時間の区分に応じ，それぞれ当該⑴から⑸までに定める構造とするほか，取合い等の部分が炎侵入防止構造であること。

⑴　180分を超える場合　　通常火災終了時間が固有特定避難時間以上である建築物の柱（法第21条第1項に規定する構造方法を用いるもの又は同項の規定による認定を受けたものに限る。）又は特定避難時間が固有特定避難時間以上である建築物の柱（法第27条第1項に規定する構造方法を用いるもの又は同項の規定による認定を受けたものに限る。）の構造方法を用いる構造

⑵　120分を超え，180分以下である場合　　次の⒤又は㈼のいずれかに掲げる構造
　⒤　⑴に定める構造
　㈼　耐火構造（3時間通常の火災による火熱が加えられた場合に，構造耐力上支障のある変形，溶融，破壊その他の損傷を生じないものに限る。）

⑶　75分を超え，120分以下である場合　　次の⒤又は㈼のいずれかに掲げる構造
　⒤　⑵⒤又は㈼のいずれかに掲げる構造
　㈼　耐火構造（2時間通常の火災による火熱が加えられた場合に，構造耐力上支障のある変形，溶融，破壊その他の損傷を生じないものに限る。）

⑷　60分を超え，75分以下である場合　　次の⒤又は㈼のいずれかに掲げる構造

   ⒤　⑶⒤又は⒥のいずれかに掲げる構造

   ⒥　75分間準耐火構造

  ⑸　60分以下である場合　　次の⒤又は⒥のいずれかに掲げる構造

   ⒤　⑷⒤又は⒥のいずれかに掲げる構造

   ⒥　令和元年国土交通省告示第195号第2第一号又は第三号のいずれかに定める構造方法（第三号イからニまでに掲げる基準に適合する構造とすることを除く。）を用いる構造

 四　床　　次に掲げる基準

 イ　木造建築物の床（その全部又は一部に木材を用いたものでその全部又は一部に防火被覆を設けていないものに限る。）にあっては，次の⑴又は⑵のいずれかに掲げる基準に適合していること。

  ⑴　構造用集成材，構造用単板積層材又は直交集成板を使用するものであり，かつ，次に掲げる基準に適合する構造であるほか，取合い等の部分が炎侵入防止構造であること。

   ⒤　当該床の接合部の構造方法が，次に定める基準に従って，通常の火災時の加熱に対して耐力の低下を有効に防止することができる構造であること。

    ㈠　接合部のうち木材で造られた部分の表面（木材その他の材料で防火上有効に被覆された部分を除く。）から内側に，第一号イ⑴⒤㈠⑷又は㈡に掲げる場合の区分に応じ，それぞれ当該⑷又は㈡に定める値の部分が除かれたときの残りの部分が，当該接合部の存在応力を伝えることができる構造であること。

    ㈡　第一号イ⑴⒤㈡及び㈢に定める基準に適合していること。

   ⒥　当該床を有する建築物全体が，次に定める基準に従った構造計算によって通常の火災により容易に倒壊するおそれのないことが確かめられた構造であること。

    ㈠　主要構造部である床のうち木材で造られた部分の表面（木材その他の材料で防火上有効に被覆された部分を除く。）から内側に，第一号イ⑴⒤㈠⑷又は㈡に掲げる場合の区分に応じ，それぞれ当該⑷又は㈡に定める値の部分が除かれたときの残りの断面（㈡及び⒥において「残存断面」という。）について，令第82条第二号の表に掲げる長期の組合せによる各応力の合計により，長期応力度を計算すること。

    ㈡　㈠によって計算した長期応力度が，残存断面について令第94条の規定に基づき計算した短期の許容応力度を超えないことを確かめること。

   ⒦　残存断面の厚さが20cm以上であること。

  ⑵　次の⒤から⒦までに掲げる補正固有特定避難時間の区分に応じ，それぞれ当該⒤から⒦までに定める構造とするほか，取合い等の部分が炎侵入防止構造であること。

   ⒤　75分を超える場合　　通常火災終了時間が補正固有特定避難時間以上である建築物の床（法第21条第1項に規定する構造方法を用いるもの又は同項の規定による認定を受けたものに限る。）又は特定避難時間が補正固有特定避難時間以上である建築物の床（法第27条第1項に規定する構造方法を用いるもの又は同項の規定による認定を受けたものに限る。）の構造方法を用いる構造

   ⒥　60分を超え，75分以下である場合　　次の㈠又は㈡のいずれかに掲げる構造

    ㈠　⒤に定める構造

    ㈡　75分間準耐火構造

   ⒦　60分以下である場合　　次の㈠又は㈡のいずれかに掲げる構造

    ㈠　⒥㈠又は㈡のいずれかに掲げる構造

　　　(二)　令和元年国土交通省告示第195号第3第四号に定める構造方法を用いる構造

ロ　木造建築物の床（イに規定するものを除く。）又は組積造の建築物等の床にあっては，次の(1)から(4)までに掲げる固有特定避難時間の区分に応じ，それぞれ当該(1)から(4)までに定める構造とするほか，取合い等の部分が炎侵入防止構造であること。

(1)　90分を超える場合　　通常火災終了時間が固有特定避難時間以上である建築物の床（法第21条第1項に規定する構造方法を用いるもの又は同項の規定による認定を受けたものに限る。）又は特定避難時間が固有特定避難時間以上である建築物の床（法第27条第1項に規定する構造方法を用いるもの又は同項の規定による認定を受けたものに限る。）の構造方法を用いる構造

(2)　75分を超え，90分以下である場合　　次の(i)又は(ii)のいずれかに掲げる構造
　　(i)　(1)に定める構造
　　(ii)　平成27年国土交通省告示第250号第2第一号イ(1)から(5)までのいずれかに該当する構造

(3)　60分を超え，75分以下である場合　　次の(i)又は(ii)のいずれかに掲げる構造
　　(i)　(2)(i)又は(ii)のいずれかに掲げる構造
　　(ii)　75分間準耐火構造

(4)　60分以下である場合　　次の(i)又は(ii)のいずれかに掲げる構造
　　(i)　(3)(i)又は(ii)のいずれかに掲げる構造
　　(ii)　令和元年国土交通省告示第195号第3第一号又は第三号のいずれかに定める構造方法を用いる構造

五　はり　　次に掲げる基準

イ　木造建築物のはり（その全部又は一部に木材を用いたものでその全部又は一部に防火被覆を設けていないものに限る。）にあっては，次の(1)又は(2)のいずれかに掲げる基準に適合していること。

(1)　構造用集成材又は構造用単板積層材を使用するものであり，かつ，次に掲げる基準に適合する構造であるほか，取合い等の部分が炎侵入防止構造であること。

　　(i)　令第46条第2項第一号イ及びロに掲げる基準に適合していること。

　　(ii)　当該はりを接合する継手又は仕口が，昭和62年建設省告示第1901号に定める基準に従って，通常の火災時の加熱に対して耐力の低下を有効に防止することができる構造であること。この場合において，同告示第一号イ中「2.5cm」とあるのは「平成27年国土交通省告示第255号第1第2項第一号イ(1)(i)(一)(イ)又は(ロ)に掲げる場合の区分に応じ，それぞれ当該(イ)又は(ロ)に定める値」と読み替えるものとする。

　　(iii)　当該はりを有する建築物全体が，昭和62年建設省告示第1902号に定める基準に従った構造計算によって，通常の火災により容易に倒壊するおそれのないことが確かめられた構造であること。この場合において，同告示第二号イ中「2.5cm」とあるのは「平成27年国土交通省告示第255号第1第2項第一号イ(1)(i)(一)(イ)又は(ロ)に掲げる場合の区分に応じ，それぞれ当該(イ)又は(ロ)に定める値」と読み替えるものとする。

　　(iv)　主要構造部であるはりのうち木材で造られた部分の表面（木材その他の材料で防火上有効に被覆された部分を除く。）から内側に，第一号(1)(i)(一)(イ)又は(ロ)に掲げる場合の区分に応じ，それぞれ当該(イ)又は(ロ)に定める値の部分が除かれたときの残りの断面の小径が，20cm以上であること。

(2)　次の(i)から(iii)までに掲げる補正固有特定避難時間の区分に応じ，それぞれ当該(i)

からⅲまでに定める構造とするほか，取合い等の部分が炎侵入防止構造であること。

⒤　75分を超える場合　　通常火災終了時間が補正固有特定避難時間以上である建築物のはり（法第21条第1項に規定する構造方法を用いるもの又は同項の規定による認定を受けたものに限る。）又は特定避難時間が補正固有特定避難時間以上である建築物のはり（法第27条第1項に規定する構造方法を用いるもの又は同項の規定による認定を受けたものに限る。）の構造方法を用いる構造

⒥　60分を超え，75分以下である場合　　次の㈠又は㈡のいずれかに掲げる構造

㈠　⒤に定める構造

㈡　75分間準耐火構造

ⅲ　60分以下である場合　　次の㈠又は㈡のいずれかに掲げる構造

㈠　⒥㈠又は㈡のいずれかに掲げる構造

㈡　令和元年国土交通省告示第195号第4第三号イからニまでに掲げる基準に適合する構造

ロ　木造建築物のはり（イに規定するものを除く。）又は組積造の建築物等のはりにあっては，次の⑴から⑸までに掲げる固有特定避難時間の区分に応じ，それぞれ当該⑴から⑸までに定める構造とするほか，取合い等の部分が炎侵入防止構造であること。

⑴　180分を超える場合　　通常火災終了時間が固有特定避難時間以上である建築物のはり（法第21条第1項に規定する構造方法を用いるもの又は同項の規定による認定を受けたものに限る。）又は特定避難時間が固有特定避難時間以上である建築物のはり（法第27条第1項に規定する構造方法を用いるもの又は同項の規定による認定を受けたものに限る。）の構造方法を用いる構造

⑵　120分を超え，180分以下である場合　　次の⒤又は⒥のいずれかに掲げる構造

⒤　⑴に定める構造

⒥　耐火構造（3時間通常の火災による火熱が加えられた場合に，構造耐力上支障のある変形，溶融，破壊その他の損傷を生じないものに限る。）

⑶　75分を超え，120分以下である場合　　次の⒤又は⒥のいずれかに掲げる構造

⒤　⑵⒤又は⒥のいずれかに掲げる構造

⒥　耐火構造（2時間通常の火災による火熱が加えられた場合に，構造耐力上支障のある変形，溶融，破壊その他の損傷を生じないものに限る。）

⑷　60分を超え，75分以下である場合　　次の⒤又は⒥のいずれかに掲げる構造

⒤　⑶⒤又は⒥のいずれかに掲げる構造

⒥　75分間準耐火構造

⑸　60分以下である場合　　次の⒤又は⒥のいずれかに掲げる構造

⒤　⑷⒤又は⒥のいずれかに掲げる構造

⒥　令和元年国土交通省告示第195号第4第一号又は第三号のいずれかに定める構造方法（第三号イからニまでに掲げる基準に適合する構造とすることを除く。）を用いる構造

六　軒裏　　次に掲げる基準

イ　木造建築物の軒裏（その全部又は一部に木材を用いたものでその全部又は一部に防火被覆を設けていないものに限る。）にあっては，次の⑴又は⑵のいずれかに掲げる基準に適合していること。

⑴　構造用集成材，構造用単板積層材又は直交集成板を使用するものであり，かつ，当該軒裏の厚さが第二号イ⑴⒤又は⒥に掲げる場合の区分に応じ，それぞれ当該⒤又は⒥に定める値以上であるほか，取合い等の部分が炎侵入防止構造であること。

　　(2)　次の(i)又は(ii)に掲げる補正固有特定避難時間の区分に応じ，それぞれ当該(i)又は(ii)に定める構造とするほか，取合い等の部分が炎侵入防止構造であること。

　　　(i)　75分を超える場合　　通常火災終了時間が補正固有特定避難時間以上である建築物の軒裏（延焼のおそれがある部分に限る。以下この(i)及びロ(1)において同じ。）（法第21条第１項に規定する構造方法を用いるもの又は同項の規定による認定を受けたものに限る。）又は特定避難時間が補正固有特定避難時間以上である建築物の軒裏（法第27条第１項に規定する構造方法を用いるもの又は同項の規定による認定を受けたものに限る。）の構造方法を用いる構造

　　　(ii)　75分以下である場合　　次の(一)又は(二)のいずれかに掲げる構造

　　　　(一)　(i)に定める構造

　　　　(二)　75分間準耐火構造

　ロ　木造建築物の軒裏（イに規定するものを除く。）又は組積造の建築物等の軒裏にあっては，次の(1)から(4)までに掲げる固有特定避難時間の区分に応じ，それぞれ当該(1)から(4)までに定める構造とするほか，取合い等の部分が炎侵入防止構造であること。

　　(1)　90分を超える場合　　通常火災終了時間が固有特定避難時間以上である建築物の軒裏（法第21条第１項に規定する構造方法を用いるもの又は同項の規定による認定を受けたものに限る。）又は特定避難時間が固有特定避難時間以上である建築物の軒裏（法第27条第１項に規定する構造方法を用いるもの又は同項の規定による認定を受けたものに限る。）の構造方法を用いる構造

　　(2)　75分を超え，90分以下である場合　　次の(i)又は(ii)のいずれかに掲げる構造

　　　(i)　(1)に定める構造

　　　(ii)　令和元年国土交通省告示第194号第２第３項第二号イ又はロのいずれかに該当する構造

　　(3)　60分を超え，75分以下である場合　　次の(i)又は(ii)のいずれかに掲げる構造

　　　(i)　(2)(i)又は(ii)のいずれかに掲げる構造

　　　(ii)　75分間準耐火構造

　　(4)　60分以下である場合　　次の(i)又は(ii)のいずれかに掲げる構造

　　　(i)　(3)(i)又は(ii)のいずれかに掲げる構造

　　　(ii)　令和元年国土交通省告示第195号第５第二号又は第三号のいずれかに定める構造方法を用いる構造

3　第１項の「特定避難時間防火設備」は，次の各号に掲げる当該建築物の固有特定避難時間の区分に応じ，それぞれ当該各号に定める防火設備（周囲の部分（防火設備から内側に15cm以内の間に設けられた建具がある場合においては，その建具を含む。）が不燃材料で造られた開口部に取り付けられたものであって，枠若しくは他の防火設備と接する部分を相じゃくりとし，又は定規縁若しくは戸当たりを設ける等閉鎖した際に隙間が生じない構造とし，かつ，取付金物が当該防火設備が閉鎖した際に露出しないように取り付けられたものに限る。）をいう。

　一　90分を超える場合　　通常の火災による火熱が加えられた場合に，加熱開始後固有特定避難時間当該加熱面以外の面に火炎を出さないものとして，法第61条の規定による国土交通大臣の認定を受けた防火設備

　二　75分を超え，90分以下である場合　　次のイからホまでのいずれかに該当する防火設備

　　イ　前号に定める防火設備

　　ロ　平成27年国土交通省告示第250号第２第一号ロに適合する構造方法を用いる防火設備

ハ　骨組を鉄材又は鋼材とし，両面にそれぞれ厚さが1mm以上の鉄板又は鋼板を張った防火設備

ニ　鉄材又は鋼材で造られたもので鉄板又は鋼板の厚さが1.8mm以上の防火設備

ホ　厚さ30mm以上の繊維強化セメント板で造られた防火設備

三　60分を超え，75分以下である場合　次のイ又はロのいずれかに該当する防火設備

イ　前号に定める防火設備

ロ　75分間防火設備（令和元年国土交通省告示第193号第1第9項に規定する75分間防火設備をいう。）

四　45分を超え，60分以下である場合　次のイ又はロのいずれかに該当する防火設備

イ　前号に定める防火設備

ロ　特定防火設備

五　45分である場合　次のイ又はロのいずれかに該当する防火設備

イ　前号に定める防火設備

ロ　令第114条第5項において読み替えて準用する令第112条第21項に規定する構造方法を用いる防火設備又は同項の規定による国土交通大臣の認定を受けた防火設備

4　前各項の「固有特定避難時間」は，次の式によって計算した値とする。

$$t_{r,eq(c)} = \left(\frac{\alpha}{460}\right)^{3.2} t_r$$

この式において，$t_{r,eq(c)}$，α 及び t_r は，それぞれ次の数値を表すものとする。

$t_{r,eq(c)}$　固有特定避難時間（単位　min）

α　次の式によって計算した当該建築物の各室における火災温度上昇係数のうち最大のもの

$$\alpha_i = \max\left\{1280\left(\frac{q_b}{\sqrt{\Sigma(A_i I_i)}\sqrt{f_{op}}}\right)^{2.3},\ 460\right\}$$

この式において，α_i，q_b，A_i，I_i 及び f_{op} は，それぞれ次の数値を表すものとする。

α_i　当該建築物の各室における火災温度上昇係数

q_b　平成12年建設省告示第1433号第2に規定する当該室内の可燃物の1秒間当たりの発熱量（単位　MW）

A_i　当該室の壁，床及び天井の各部分の表面積（単位　m²）

I_i　次の式によって計算した当該室の壁，床及び天井の各部分の熱慣性（単位　kW·s^{1/2}/m²·K）

$$I_i = \sqrt{k\rho c}$$

この式において，I_i，k，ρ 及び c は，それぞれ次の数値を表すものとする。

I_i　当該室の壁，床及び天井の各部分の熱慣性（単位　kW·s^{1/2}/m²·K）

k　当該室の壁，床及び天井の各部分の熱伝導率（単位　kW/m·K）

ρ　当該室の壁，床及び天井の各部分の密度（単位　kg/m³）

c　当該室の壁，床及び天井の各部分の比熱（単位　kJ/kg·K）

f_{op}　平成12年建設省告示第1433号第3第一号イ(2)に規定する有効開口因子（単位　m^{5/2}）

t_r　次の式によって計算した実特定避難時間（単位　min）

$$t_r = \max(t_{escape}, t_{region}) + t_{search} + t_{retreat}$$

この式において，t_r，t_{escape}，t_{region}，t_{search} 及び $t_{retreat}$ は，それぞれ次の数値を表すものとする。

t_r 　　実特定避難時間（単位　min）

t_{escape} 　次の式によって計算した在館者避難時間（単位　min）

$$t_{escape} = t_{escape(w)} + t_{escape(c)}$$

この式において，t_{escape}，$t_{escape(w)}$ 及び $t_{escape(c)}$ は，それぞれ次の数値を表すものとする。

t_{escape} 　　在館者避難時間（単位　min）

$t_{escape(w)}$ 　次の式によって計算した当該建築物の各部分から地上までの避難を終了するまでに要する歩行時間のうち最大のもの（単位　min）

$$t_{escape(wi)} = \frac{L}{v}$$

この式において，$t_{escape(wi)}$，L 及び v は，それぞれ次の数値を表すものとする。

$t_{escape(wi)}$ 　当該建築物の各部分から地上までの避難を終了するまでに要する歩行時間（単位　min）

L 　　当該部分から地上への出口の一に至る歩行距離（単位 m）

v 　　当該部分の用途，建築物の部分の種類及び避難の方向に応じ，次の表に定める歩行速度（単位　m/min）

当該部分の用途		建築物の部分の種類	避難の方向	歩行速度
劇場，映画館，演芸場，観覧場，公会堂，集会場その他これらに類する用途		階段	上り	9
		階段	下り	12
		その他の部分	—	30
児童福祉施設等（令第115条の3第一号に規定する児童福祉施設等をいう。以下同じ。）（通所のみにより利用されるものに限る。）その他これに類する用途	乳児又は満2歳に満たない幼児を保育する場合（当該用途に供する階が3階以下の階である場合に限る。）	階段	下り	2.5
		保育室	—	12
		廊下	—	8
		その他の部分	—	30
	乳児又は満2歳に満たない幼児を保育する場合以外の場合（当該用途に供する階が5階以下の階である場合	階段	上り	4.5
			下り	6

に限る。）	その他の部分	—	15
百貨店，展示場その他これらに類する用途又は共同住宅，ホテルその他これらに類する用途（病院，診療所及び児童福祉施設等を除く。）	階段	上り	9
		下り	12
	その他の部分	—	30
学校（幼保連携型認定こども園を除く。），事務所その他これらに類する用途	階段	上り	12
		下り	16
	その他の部分	—	39

$t_{escape(c)}$　次の式によって計算した当該建築物の各部分から地上までの避難を終了するまでに要する各階段における滞留時間のうち最大のもの（単位　min）

$$t_{escape(ci)} = \frac{P}{R}$$

この式において，$t_{escape(ci)}$，P 及び R は，それぞれ次の数値を表すものとする。

$t_{escape(ci)}$　当該建築物の各部分から地上までの避難を終了するまでに要する各階段における滞留時間（単位　min）

P　次の式によって計算した当該階段を経由して避難する者（以下「避難者」という。）の数（単位　人）

$$P = \Sigma p A_{area}$$

この式において，P，p 及び A_{area} は，それぞれ次の数値を表すものとする。

P　在室者の数（単位　人）

p　次の表の左欄に掲げる避難者の存する居室の種類に応じ，それぞれ同表右欄に定める在館者密度（単位　人/m²）

住宅の居室		0.06
住宅以外の建築物における寝室	固定ベッドの場合	ベッド数を床面積で除した数値
	その他の場合	0.16
事務室，会議室その他これらに類するもの		0.125
教室		0.7
百貨店又は物品販売業を営む店舗	売場の部分	0.5
	売場に附属する通路の部分	0.25
飲食室		0.7

劇場，映画館，演芸場，観覧場，公会堂，集会場その他これらに類する用途に供する居室	固定席の場合	座席数を床面積で除した数値
	その他の場合	1.5
展示室その他これに類するもの		0.5
保育所又は幼保連携型認定こども園の用途に供する居室	乳児又は満2歳に満たない幼児を保育する用途に供する場合	0.6
	その他の場合	0.5
児童福祉施設等（保育所及び幼保連携型認定こども園を除き，通所のみにより利用されるものに限る。）の用途に供する居室		0.33

A_{area}　避難者の存する居室の床面積（単位　m²）

R　次の式によって計算した当該階段における流動量（単位　人/min）

$$R = \min(90D_{co},\ R_d,\ R_{st})$$

この式において，R，D_{co}，R_d及びR_{st}は，それぞれ次の数値を表すものとする。

　R　当該階段における流動量（単位　人/min）

　D_{co}　当該階段から地上に通ずる廊下の幅のうち最小のもの（単位　m）

　R_d　次の式によって計算した当該階段から地上に通ずる各出口の有効流動量のうち最小のもの（単位　人/min）

$$R_{di} = B_d N_d$$

この式において，R_{di}，B_d及びN_dは，それぞれ次の数値を表すものとする。

　　R_{di}　当該階段から地上に通ずる各出口の有効流動量（単位　人/min）

　　B_d　当該出口の幅（単位　m）

　　N_d　次の表の左欄に掲げる当該出口の区分に応じ，それぞれ同表の右欄に定める当該出口の流動係数（単位　人/min・m）

階段及び居室に設けられた出口	90

	階段及び居室以外の部分に設けられた出口	$\min\{\max(150-60B_d/D_{co}, 90), 120\}$

この表において，B_d 及び D_{co} は，それぞれ次の数値を表すものとする。

B_d 　当該出口の幅（単位　m）

D_{co} 　当該階段から地上に通ずる廊下の幅のうち最小のもの（単位　m）

R_{st} 　次の式によって計算した当該階段の有効流動量（単位　人/min）

$$R_{st} = D_{st}N_{st}$$

この式において，R_{st}，D_{st} 及び N_{st} は，それぞれ次の数値を表すものとする。

R_{st} 　当該階段における有効流動量（単位　人/min）

D_{st} 　当該階段の幅（単位　m）

N_{st} 　次の表の左欄及び中欄に掲げる場合の区分に応じ，それぞれ同表の右欄に定める当該階段の流動係数（単位　人/min・m）

下り	$D_{landing} < D_{st}$	$\min\{72-48(1-D_{landing}/D_{st}), 90D_{landing}/D_{st}\}$
	$D_{landing} \geq D_{st}$	72
上り	$D_{landing} < D_{st}$	$\min\{60-36(1-D_{landing}/D_{st}), 90D_{landing}/D_{st}\}$
	$D_{landing} \geq D_{st}$	60

この表において，$D_{landing}$ 及び D_{st} は，それぞれ次の数値を表すものとする。

$D_{landing}$ 　当該階段の踊り場の幅（単位 m）

D_{st} 　当該階段の幅（単位　m）

t_{region} 　次の表の左欄に掲げる建築物が立地する土地の区域の区分に応じ，それぞれ同表の右欄に定める常備消防機関の現地到着時間（単位　min）

用途地域が定められている土地の区域	20
用途地域が定められていない土地の区域のうち特定行政庁が指定する区域	30以上であって特定行政庁が定める時間

t_{search} 　次の式によって計算した当該建築物の各室（以下「火災室」という。）で火災が発生した場合における当該建築物の捜索時間のうち最大

のもの（単位　min）

$$t_{search, i} = \frac{L_1}{60} + \frac{L_2}{v_{fb}} + \frac{A_1}{V_1} + \frac{A_2}{V_2} + \frac{A_3}{50}$$

この式において，$t_{search, i}$，L_1，L_2，v_{fb}，A_1，V_1，A_2，V_2 及び A_3 は，それぞれ次の数値を表すものとする。

$t_{search, i}$　火災室で火災が発生した場合における当該建築物の捜索時間（単位　min）

L_1　　地上から当該建築物へ通ずる出入口から避難階の階段室（火災室で火災が発生した場合における当該火災室のある階（以下「出火階」という。）に通ずるものに限る。以下この項において同じ。）までの歩行距離（単位　m）

L_2　　避難階の階段室から出火階の階段室までの歩行距離（単位　m）

v_{fb}　　次の表の左欄に掲げる建築物の部分の種類に応じ，同表の右欄に定める避難階の階段室から出火階の階段室までの移動速度（単位　m/min）

建築物の部分の種類	移動速度
非常用の昇降機が設けられている部分	60
連結送水管が設けられている部分	15
その他の部分	10.8

A_1　　出火階の床面積（単位　m²）

V_1　　次の表の左欄に掲げる建築物の部分の種類に応じ，同表の右欄に定める出火階における捜索速度（単位　m²/min）

建築物の部分の種類	捜索速度
スプリンクラー設備等及び令第126条の3の規定に適合する排煙設備が設けられている部分（当該建築物が令第112条第1項，第4項又は第5項の規定により区画された建築物である場合にあっては，当該区画された各部分のうち火災室が存する部分が2以上の階にわたる場合を除く。）	50
令第126条の3の規定に適合する排煙設備が設けられている部分	25
その他の部分	5

A_2　　出火階の直上階の床面積（単位　m²）

V_2　　次の表の左欄掲げる建築物の部分の種類に応じ，同表の右欄に定める出火階の直上階における捜索速度（単位　m²/min）

建築物の部分の種類	捜索速度
令第126条の3第1項に掲げる基準に適合する排煙設備が設けられている部分	50
その他の部分	25

A_3　　出火階及び出火階の直上階以外の階の床面積（単位　m²）

$t_{retreat}$　次の式によって計算した退避時間（単位　min）

$$t_{retreat} = \frac{L_1}{60} + \frac{L_2}{25}$$

この式において，$t_{retreat}$，L_1 及び L_2 は，それぞれ次の数値を表すものとする。

　$t_{retreat}$　退避時間（単位　min）

　L_1　地上から当該建築物へ通ずる出入口から避難階の階段室までの歩行距離（単位　m）

　L_2　避難階の階段室から出火階の階段室までの歩行距離（単位　m）

5　第2項の「補正固有特定避難時間」は，次の式によって計算した値とする。

$$t_{r.\,eq(nc)} = \frac{CR_1}{0.75} t_r$$

この式において，$t_{r.\,eq(nc)}$，CR_1 及び t_r は，それぞれ次の数値を表すものとする。

　$t_{r.\,eq(nc)}$　補正固有特定避難時間（単位　min）

　CR_1　次の式によって計算した炭化速度（単位　mm/min）

　　$CR_1 = \min(1.3,\ 0.0022\,\alpha - 0.262)$

　　この式において，CR_1 及び α は，それぞれ次の数値を表すものとする。

　　　CR_1　炭化速度（単位　mm/min）

　　　α　前項に規定する当該建築物の各室における火災温度上昇係数のうち最大のもの

　t_r　前項に規定する実特定避難時間（単位　min）

6　第1項の「上階延焼抑制防火設備」は，次の各号に掲げる当該外壁の開口部の必要遮炎時間の区分に応じ，それぞれ当該各号に定める防火設備をいう。

一　60分を超える場合　　通常の火災による火熱が加えられた場合に，加熱開始後必要遮炎時間加熱面以外の面に火炎を出さないものとして，法第61条の規定による国土交通大臣の認定を受けた防火設備

二　45分を超え，60分以下である場合　　次のイ又はロのいずれかに掲げる防火設備

　イ　前号に定める防火設備

　ロ　特定防火設備

三　30分を超え，45分以下である場合　　次のイ又はロのいずれかに掲げる防火設備

　イ　前号に定める防火設備

　ロ　令第114条第5項において読み替えて準用する令第112条第21項に規定する構造方法を用いる防火設備又は同項の規定による国土交通大臣の認定を受けた防火設備

四　20分を超え，30分以下である場合　　次のイ又はロのいずれかに掲げる防火設備

　イ　前号に定める防火設備

　ロ　令和元年国土交通省告示第194号第2第4項に規定する30分間防火設備

五　20分以下である場合　　次のイ又はロのいずれかに掲げる防火設備

　イ　前号に定める防火設備

　ロ　法第2条第九号の二ロに規定する防火設備

7　前項の「必要遮炎時間」は，次の式によって計算した値とする。

$$t_{intg} = \left(\frac{\alpha}{460}\right)^{3.2} \frac{t_{spread} - t_{ceiling}}{1 + \mu}$$

この式において，t_{intg}，α，t_{spread}，$t_{ceiling}$ 及び μ は，それぞれ次の数値を表すものとする。

t_{intg}　　必要遮炎時間（単位　min）

α　　第４項に規定する当該建築物の各室における火災温度上昇係数のうち最大のもの

t_{spread}　　次の式によって計算した上階延焼抑制時間（単位　min）

$$t_{spread} = \max(t_{escape}, t_{region}) + t_{travel} + \max\{15(N-3), 0\}$$

この式において，t_{spread}，t_{escape}，t_{region}，t_{travel} 及び N は，それぞれ次の数値を表すものとする。

t_{spread}　　上階延焼抑制時間（単位　min）

t_{escape}　　第４項に規定する在館者避難時間（単位　min）

t_{region}　　第４項に規定する常備消防機関の現地到着時間（単位　min）

t_{travel}　　次の式によって計算した火災室で火災が発生した場合における地上から当該火災室までの移動時間のうち最大のもの（単位　min）

$$t_{travel, i} = \sum\left(\frac{L_1}{60} + \frac{L_2}{v_p}\right) + \frac{L_1 + L_2}{40} + \frac{L_f}{v_f} + 6$$

この式において，$t_{travel,i}$，L_1，L_2，v_{fb}，L_f 及び v_f は，それぞれ次の数値を表すものとする。

$t_{travel,i}$　　火災室で火災が発生した場合における地上から当該火災室までの移動時間（単位　min）

L_1　　地上から当該建築物へ通ずる出入口から避難階の階段室までの歩行距離（単位　m）

L_2　　避難階の階段室から出火階の階段室までの歩行距離（単位　m）

v_{fb}　　第４項に規定する避難階の階段室から出火階の階段室までの歩行速度（単位　m/min）

L_f　　出火階の階段のバルコニー又は付室から火災室までの歩行距離（単位　m）

v_f　　次の表の左欄に掲げる場合の区分に応じ，それぞれ同表の右欄に定める出火階における歩行速度（単位　m/min）

出火階の階段のバルコニー若しくは付室から火災室までの廊下その他の避難の用に供する部分に令第126条の３第１項に掲げる基準に適合する排煙設備が設けられ，又は当該部分が外気に有効に開放されている場合	15
その他の場合	3

N　　当該建築物の階数

$t_{ceiling}$　　次の表の左欄及び中欄に掲げる当該他の外壁の開口部が設けられた室の区分に応じ，それぞれ同表の右欄に定める天井燃焼抑制時間（単位　min）

スプリンクラー設備等が設けられている場合	天井の室内に面する部分（回り縁，窓台その他これらに類する部分を除く。以下この表において同じ。）の仕上げが準不燃材料でされている場合	22
	壁及び天井の室内に面する部分の仕上げが準不燃材料でされている場合	24
	その他の場合	0
その他の場合	天井の室内に面する部分の仕上げが準不燃材料でされている場合	2
	壁及び天井の室内に面する部分の仕上げが準不燃材料でされている場合	4
	その他の場合	0

μ　次の表の左欄に掲げる当該他の外壁の開口部に防火上有効に設けられているひさしその他これに類するもの（避難時倒壊防止構造の床の構造方法を用いるものに限る。）の長さに応じ，それぞれ同表右欄に定める数値

ひさしその他これに類するものの長さ（単位　m）	数値
0.9未満	1
0.9以上1.5未満	1.25
1.5以上2.0未満	1.6
2.0以上	2

8　令第110条第二号に掲げる基準に適合する法第27条第1項に規定する特殊建築物の主要構造部の構造方法は，耐火構造又は令第108条の3第1項第一号若しくは第二号に該当する構造とすることとする。

第2　令第110条の3に規定する技術的基準に適合する法第27条第1項の特殊建築物の延焼するおそれがある外壁の開口部に設ける防火設備の構造方法は，令第137条の10第四号に規定する20分間防火設備とすることとする。

第3　令第110条の2第二号に規定する他の外壁の開口部から通常の火災時における火炎が到達するおそれがあるものは，第1第1項第四号に掲げる建築物（1時間準耐火基準に適合する準耐火構造（耐火構造を除く。）としたものに限る。）及び法第27条第1項第一号に該当する特殊建築物で令第110条第一号に掲げる基準に適合するものとして同項の規定による認定を受けたものの外壁の開口部（次の各号のいずれにも該当しないものに限る。以下「他の外壁の開口部」という。）の下端の中心点を水平方向に，それぞれ第1第一号ロ表1に掲げる式により計算した水平移動距離又は最大水平移動距離のいずれか短い距離だけ移動したときにできる軌跡上の各点を，垂直上方に第1第一号ロ表2に掲げる式により計算した垂直移動距離又は最大垂直移動距離のいずれか短い距離だけ移動したときにできる軌跡の範囲内の部分である外壁の開口部（令第110条の2第一号に掲げるもの及び他の外壁の開口部が設けられた防火区画内に設けられたものを除く。）とする。

一　スプリンクラー設備，水噴霧消火設備，泡消火設備その他これらに類するもので自動式のものを設けた室（通路に該当する室を除く。以下同じ。）に設けられたもの

二　天井の室内に面する部分の仕上げを準不燃材料による仕上げとした室（床面積が40m²以下であるものを除く。）に設けられたもの

三　昇降機その他の建築設備の機械室，不燃性の物品を保管する室，便所その他これらに類する室で，壁及び天井の室内に面する部分の仕上げを準不燃材料でしたものに設けられたもの

四　第一号から前号までに規定する室のみに隣接する通路その他防火上支障のない通路に設けられたもの

五　法第２条第九号の二ロに規定する防火設備を設けたもの

六　開口部の高さが0.3m 以下のもの

七　開口面積が0.2m²以内のもの

附　則　（略）

定期報告を要しない通常の火災時において避難上著しい支障が生ずるおそれの少ない建築物等を定める件

平成28年1月21日　国土交通省告示第240号

最終改正　令和元年6月21日　国土交通省告示第200号

建築基準法施行令（昭和25年政令第338号）第16条第1項の規定に基づき，定期報告を要しない通常の火災時において避難上著しい支障が生ずるおそれの少ない建築物を第1に，同条第3項第一号の規定に基づき，定期報告を要しない人が危害を受けるおそれのある事故が発生するおそれの少ない昇降機を第2に，及び同項第二号の規定に基づき，定期報告を要しない通常の火災時において避難上著しい支障が生ずるおそれの少ない防火設備を第3に定める。

第1　建築基準法施行令（以下「令」という。）第16条第1項に規定する通常の火災時において避難上著しい支障が生ずるおそれの少ない建築物は，次に掲げるもの（避難階以外の階を建築基準法（昭和25年法律第201号。以下「法」という。）別表第1(い)欄(1)項から(4)項までに掲げる用途に供しないものを除く。）以外のものとする。

一　地階又は3階以上の階を法別表第1(い)欄(1)項に掲げる用途（屋外観覧場を除く。）に供する建築物（地階及び3階以上の階における当該用途に供する部分の床面積の合計がそれぞれ100m²以下のもの（以下「特定規模建築物」という。）を除く。）及び当該用途に供する部分（客席の部分に限る。）の床面積の合計が200m²以上の建築物

二　劇場，映画館又は演芸場の用途に供する建築物で，主階が1階にないもの

三　地階又は3階以上の階を病院，診療所（患者の収容施設があるものに限る。第3第二号において同じ。），ホテル又は旅館の用途に供する建築物（特定規模建築物を除く。）及び当該用途に供する2階の部分（病院又は診療所にあっては，その部分に患者の収容施設がある場合に限る。）の床面積の合計が300m²以上の建築物

四　地階又は3階以上の階を次項に規定する高齢者，障害者等の就寝の用に供する用途に供する建築物（特定規模建築物を除く。）及び当該用途に供する2階の部分の床面積の合計が300m²以上の建築物

五　3階以上の階を法別表第1(い)欄(3)項に掲げる用途（学校又は学校に附属する体育館その他これに類する用途を除く。）に供する建築物（特定規模建築物を除く。）及び当該用途に供する部分の床面積の合計が2,000m²以上の建築物

六　地階又は3階以上の階を法別表第1(い)欄(4)項に掲げる用途に供する建築物（特定規模建築物を除く。），当該用途に供する部分の床面積の合計が3,000m²以上の建築物及び当該用途に供する2階の部分の床面積の合計が500m²以上の建築物

2　高齢者，障害者等の就寝の用に供する用途は，次に掲げるものとする。

一　共同住宅及び寄宿舎（サービス付き高齢者向け住宅又は老人福祉法（昭和38年法律第133号）第5条の2第6項に規定する認知症対応型老人共同生活援助事業若しくは障害者の日常生活及び社会生活を総合的に支援するための法律（平成17年法律第123号）第5条第17項に規定する共同生活援助を行う事業の用に供するものに限る。）

二　助産施設，乳児院及び障害児入所施設

三　助産所

四　盲導犬訓練施設

五　救護施設及び更生施設

六　老人短期入所施設その他これに類するもの

七　養護老人ホーム，特別養護老人ホーム及び軽費老人ホーム並びに有料老人ホーム

八　母子保健施設

九　障害者支援施設，福祉ホーム及び障害福祉サービス事業（自立訓練又は就労移行支援を行う事業に限る。）の用に供する施設（利用者の就寝の用に供するものに限る。）

第2　令第16条第3項第一号に規定する人が危害を受けるおそれのある事故が発生するおそれの少ない昇降機は，次に掲げるものとする。

一　籠が住戸内のみを昇降するもの

二　労働安全衛生法施行令（昭和47年政令第318号）第12条第1項第六号に規定するエレベーター

三　小荷物専用昇降機で，昇降路の全ての出し入れ口の下端が当該出し入れ口が設けられる室の床面よりも50cm以上高いもの

第3　令第16条第3項第二号に規定する通常の火災時において避難上著しい支障が生ずるおそれの少ない防火設備は，次に掲げる建築物に設ける随時閉鎖又は作動をできるもの（防火ダンパーを除く。）以外のものとする。

一　第1第1項各号に掲げる建築物（避難階以外の階を法別表第1(い)欄(1)項から(4)項までに掲げる用途に供しないものを除く。）

二　病院，診療所又は第1第2項に規定する高齢者，障害者等の就寝の用に供する用途に供する部分の床面積の合計が200m²超える建築物

附　則　（略）

CLT パネル工法を用いた建築物又は建築物の構造部分の構造方法に関する安全上必要な技術的基準を定める等の件

平成28年4月1日　国土交通省告示第611号

最終改正　令和4年11月8日　国土交通省告示第1115号

建築基準法施行令（昭和25年政令第338号）第80条の2第一号の規定に基づき，構造耐力上主要な部分にCLTパネル工法（直交集成板を用いたパネルを水平力及び鉛直力を負担する壁として設ける工法をいう。以下同じ。）を用いた建築物又は建築物の構造部分（以下「建築物等」という。）の構造方法に関する安全上必要な技術的基準を第2から第7までに定め，同令第36条第1項の規定に基づき，建築物等の構造方法に関する安全上必要な技術的基準のうち耐久性等関係規定を第11に，同条第2項第一号の規定に基づき，同令第81条第2項第一号イに規定する保有水平耐力計算によって安全性を確かめる場合に適用を除外することができる技術的基準を第12にそれぞれ指定し，同号イの規定に基づき，CLTパネル工法を用いた建築物等の構造計算が，第8に適合する場合においては，当該構造計算は，同号イに規定する保有水平耐力計算と同等以上に安全性を確かめることができるものと認め，同項第二号イの規定に基づき，CLTパネル工法を用いた建築物等の構造計算が，第9に適合する場合においては，当該構造計算は，同号イに規定する許容応力度等計算と同等以上に安全性を確かめることができるものと認め，同条第3項の規定に基づき，CLTパネル工法を用いた建築物等の構造計算が，第10に適合する場合においては，当該構造計算は，同項に規定する同令第82条各号及び同令第82条の4に定めるところによる構造計算と同等以上に安全性を確かめることができるものと認める。

第1　適用の範囲

CLTパネル工法を用いた建築物等の構造方法は，次の各号に掲げる建築物の区分に応じ，当該各号に定める基準に適合するものでなければならない。

一　高さが60mを超える建築物　第11に指定する耐久性等関係規定（以下単に「耐久性等関係規定」という。）に適合し，かつ，建築基準法（昭和25年法律第201号。以下「法」という。）第20条第1項第一号後段に規定する構造計算によって安全性が確かめられたものであること。

二　高さが31mを超え，又は地階を除く階数が7以上（耐力壁の構造が第5第三号ハに掲げる基準に適合する場合にあっては，4以上）の建築物（前号に掲げるものを除く。）

次のいずれかに適合するものであること。

イ　第2から第7までに規定する技術的基準（第12に指定するものを除く。）に適合し，かつ，第8に規定する構造計算によって安全性が確かめられたものであること。

ロ　耐久性等関係規定に適合し，かつ，建築基準法施行令（以下「令」という。）第81条第2項第一号ロに規定する構造計算によって安全性が確かめられたものであること。

ハ　前号に定める基準に適合するものであること。

三　高さが31m以下及び地階を除く階数が6以下（耐力壁の構造が第5第三号ハに掲げる基準に適合する場合にあっては，3以下）の建築物（次号に掲げる建築物を除く。）

次のいずれかに適合するものであること。

イ　第2から第7までに規定する技術的基準に適合し，かつ，第9に規定する構造計算によって安全性が確かめられたものであること。

ロ　前2号に定める基準のいずれかに適合するものであること。

四　高さが13m 以下，軒の高さが9 m 以下及び地階を除く階数が3以下の建築物　　次のいずれかに適合するものであること。

イ　第2から第7までに規定する技術的基準に適合し，かつ，第10に規定する構造計算によって安全性が確かめられたものであること。

ロ　前3号に定める基準のいずれかに適合するものであること。

第2　材　料

一　構造耐力上主要な部分（間柱，小ばりその他これらに類するものを除く。）に使用する直交集成板は，直交集成板の日本農林規格（平成25年農林水産省告示第3079号。以下「直交集成板規格」という。）に規定する直交集成板又は法第37条第二号の規定による国土交通大臣の認定を受け，かつ，平成13年国土交通省告示第1024号第1第十九号ニ及び第2第十八号ニの規定に基づき，国土交通大臣がその許容応力度及び材料強度の数値を指定した直交集成板（これらの直交集成板の各ラミナの厚さが24mm 以上36mm 以下である場合に限る。ただし，特別な調査又は研究の結果に基づき，直交集成板の材料特性を適切に考慮し，安全上支障のないことが確かめられた場合にあっては，この限りでない。）とすること。

二　構造耐力上主要な部分である柱及び横架材（間柱，小ばりその他これらに類するものを除く。）に使用する集成材その他の木材は，昭和62年建設省告示第1898号第一号から第六号までに掲げる基準のいずれかに適合すること。

三　接合部に使用する材料は，その種類に応じて構造耐力上必要な品質を有するものとすること。

第3　土　台

一　構造耐力上主要な部分である土台を設ける場合にあっては，当該土台は基礎に緊結しなければならない。

二　構造耐力上主要な部分である土台を設ける場合にあっては，当該土台の幅は当該土台の上部に設ける耐力壁の厚さと同寸法以上にしなければならない。

第4　床　版

一　床版は，水平力によって生ずる力を構造耐力上有効に耐力壁（最下階に床版を設ける場合にあっては，土台又は基礎）に伝えることができる剛性及び耐力を有する構造としなければならない。ただし，建築物に作用する水平力を負担しない部分については，この限りでない。

二　床版に一の直交集成板で次のイからハまでのいずれかに該当するものを使用する場合にあっては，当該直交集成板の外層ラミナの方向は，当該直交集成板の長辺方向又は短辺方向と平行でなければならない。

イ　形状が矩形であり，かつ，構造耐力上支障のある開口部又は欠き込み（以下「開口部等」という。）を設けないもの

ロ　形状が矩形であるものに開口部等を設けたもので，かつ，開口部等を設けない場合と同等以上の剛性及び耐力を有するように当該開口部等の周囲が補強されているもの

ハ　形状が矩形であるものに開口部等を設けたもので，かつ，当該直交集成板の剛性及び耐力の低減について特別な調査又は研究の結果に基づき算出した上で構造耐力上主要な部分として構造計算を行い構造耐力上安全であることが確かめられたもの

三　床版に床パネル（一の直交集成板で，前号イからハまでのいずれかに該当するもの又

はその形状が四角形であり，かつ，その剛性及び耐力の低減について特別な調査若しくは研究の結果に基づき算出した上で構造耐力上主要な部分として構造計算を行い構造耐力上安全であることが確かめられたものをいう。以下同じ。）を使用する場合にあっては，床パネルを，平行する２つの壁又ははりによって，構造耐力上有効に支持しなければならない。ただし，特別な調査又は研究の結果に基づき，安全上及び使用上支障のないことが確かめられた場合にあっては，この限りでない。

四　床版に床パネルを使用する場合にあっては，床パネル相互は，構造耐力上有効に緊結しなければならない。この場合において，床パネル相互が接する線と耐力壁線が交さする部分は，当該部分に生ずる引張応力を伝えるように緊結しなければならない。

五　吹抜きその他床版を設けない部分で外壁に接する部分は，はりを設けることその他の方法により風圧力その他の外力に対して構造耐力上有効に補強しなければならない。

第5　壁　等

一　耐力壁は，壁パネル（次に掲げるものをいう。以下同じ。）を使用したものとし，建築物に作用する水平力及び鉛直力に対して安全であるように釣合いよく配置するとともに，CLTパネル工法を用いる建築物等の最下階の壁パネルを除き，床版（２以上の階に連続して一の耐力壁を設ける場合であって，当該耐力壁の構造が第三号イ又はロに掲げる基準に適合するときは，当該耐力壁の脚部にある階の床版）の上部に配置しなければならない。この場合において，耐力壁の負担する鉛直力を負担する柱又は耐力壁以外の壁を設ける場合においては，当該耐力壁に代えて当該柱又は耐力壁以外の壁を配置することができる。

イ　無開口壁パネル（一の直交集成板で第4第二号イからハまでのいずれかに該当するものをいう。以下同じ。）

ロ　有開口壁パネル（開口部等を有する一の直交集成板でイに規定する無開口壁パネルに該当しないものをいう。以下同じ。）であって，垂れ壁部分（当該開口部等の直上の部分をいう。以下同じ。），腰壁部分（当該開口部等の直下の部分をいう。以下同じ。）及び袖壁部分（腰壁部分及び垂れ壁部分以外の部分をいう。以下同じ。）がそれぞれ第4第二号イからハまでのいずれかに該当するもの

二　壁パネルとして使用する直交集成板の外層ラミナの方向は，当該壁パネルの長辺方向又は短辺方向と平行でなければならない。

三　耐力壁の構造は，次のイからハまでのいずれかに適合しなければならない。

イ　次の(1)から(3)までに掲げる基準に適合すること

(1)　無開口壁パネルを使用し，かつ，有開口壁パネルを使用しないこと。

(2)　垂れ壁パネル（無開口壁パネルを垂れ壁として使用する場合における当該無開口壁パネルをいう。以下同じ。）を設ける場合にあっては当該垂れ壁パネルの両側，腰壁パネル（無開口壁パネルを腰壁として使用する場合における当該無開口壁パネルをいう。以下同じ。）を設ける場合にあっては当該腰壁パネルの両側に，袖壁パネル（無開口壁パネルを袖壁として使用する場合における当該無開口壁パネルをいう。以下同じ。）（ロに適合する耐力壁の構造と同一の方向（張り間方向及び桁行方向をいう。以下同じ。）で併用する場合にあっては，袖壁パネル及び有開口壁パネルの袖壁部分）を設け，構造耐力上有効に緊結しなければならない。

(3)　無開口壁パネルは，構造耐力上主要な部分である床版その他の部分と構造耐力上有効に緊結しなければならない。この場合において，無開口壁パネル（垂れ壁パネル及び腰壁パネルを除く。）の上下四隅は，次に掲げる基準に適合しなければならない。

　　　(i)　次に掲げる部分を緊結すること。

　　　　(イ)　CLT パネル工法を用いる建築物等の最下階の壁パネルと基礎又はこれに類する部分

　　　　(ロ)　上下階の壁パネル相互又は壁パネルと床版，小屋組若しくは屋根版

　　　(ii)　接合部は，当該接合部に生ずる引張応力を伝えるように緊結すること。

　ロ　次の(1)から(3)までに掲げる基準に適合すること

　　(1)　有開口壁パネル又は有開口壁パネル及び無開口壁パネル（垂れ壁パネル，腰壁パネル及び袖壁パネルを除く。以下「独立無開口壁パネル」という。）を使用すること。

　　(2)　有開口壁パネルの端に袖壁部分を設けない場合にあっては，当該有開口壁パネルの垂れ壁部分又は腰壁部分（袖壁を設けていない部分に限る。）は，当該有開口壁パネルと同一方向に設けた独立無開口壁パネル（イに適合する耐力壁の構造と同一の方向で併用する場合にあっては，無開口壁パネル（垂れ壁パネル及び腰壁パネルを除く。））又は他の有開口壁パネルの袖壁部分と構造耐力上有効に緊結しなければならない。

　　(3)　独立無開口壁パネル及び有開口壁パネルは，構造耐力上主要な部分である床版その他の部分と構造耐力上有効に緊結しなければならない。この場合において，独立無開口壁パネル及び有開口壁パネルの袖壁部分の上下四隅は，イ(3)(i)及び(ii)に掲げる基準に適合しなければならない。

　ハ　次の(1)及び(2)に掲げる基準に適合すること

　　(1)　ロ(1)及び(2)に掲げる基準に適合すること。

　　(2)　独立無開口壁パネル及び有開口壁パネルは，構造耐力上主要な部分である床版その他の部分と構造耐力上有効に緊結しなければならない。この場合において，独立無開口壁パネル及び有開口壁パネルの上下四隅（有開口壁パネルの端に袖壁部分を設けない場合にあっては，当該有開口壁パネルの垂れ壁部分又は腰壁部分（袖壁を設けていない部分に限る。）の隅部を除く。）は，イ(3)(i)及び(ii)に掲げる基準に適合しなければならない。

四　地階の壁は，鉄筋コンクリート造としなければならない。ただし，直接土に接する部分及び地面から30cm 以内の外周の部分以外の壁は，構造耐力上安全なものとした壁パネルを使用することができる。

第6　小屋組等

　　第4第一号から第五号までに掲げる基準に適合する構造としなければならない。この場合において，これらの規定（第4第一号を除く。）中「床版」とあるのは「小屋組又は屋根版」と，「床パネル」とあるのは「屋根パネル」と，同号中「床版は」とあるのは「小屋組又は屋根版は」と，「耐力壁（最下階に床版を設ける場合にあっては，土台又は基礎）」とあるのは「耐力壁」と読み替えるものとする。

第7　防腐措置等

一　土台及び耐力壁が基礎と接する面の下地には，防水紙その他これに類するものを使用しなければならない。

二　地面から1m 以内の構造耐力上主要な部分（床版の屋外に面しない部分を除く。）に使用する木材には，有効な防腐措置を講ずるとともに，必要に応じて，しろありその他の虫による害を防ぐための措置を講じなければならない。

三　構造耐力上主要な部分のうち，直接土に接する部分及び地面から30cm 以内の外周の部分は，鉄筋コンクリート造若しくは鉄骨造とするか，又は腐朽及びしろありその他の

虫による害を防ぐための措置を講じなければならない。

四　腐食のおそれのある部分及び常時湿潤状態となるおそれのある部分の部材を緊結するための金物には，有効なさび止めのための措置を講じなければならない。

第8　保有水平耐力計算と同等以上に安全性を確かめることができる構造計算

令第81条第2項第一号イに規定する保有水平耐力計算と同等以上に安全性を確かめることができる構造計算は，次に定める基準に従った構造計算とする。

一　令第3章第8節第1款の2に定めるところによること。この場合において，令第82条の3第二号中「各階の構造特性を表すものとして，建築物の構造耐力上主要な部分の構造方法に応じた減衰性及び各階の靭性を考慮して国土交通大臣が定める数値」とあるのは，「平成28年国土交通省告示第611号第8第二号に定める数値」と読み替えるものとする。

二　建築物の各階の D_s は，次のイからトまでに定める基準に適合する場合にあっては次の表の左欄に掲げる耐力壁の構造に応じてそれぞれ同表の右欄に掲げる数値以上の数値とし，当該基準に適合しない場合にあっては0.75以上の数値とする。ただし，特別な調査又は研究の結果に基づき，当該建築物の振動に関する減衰性及び当該階の靭性を適切に評価して算出することができる場合においては，当該算出によることができる。

イ　耐力壁の構造が，次のいずれかに適合するものであること。

⑴　第5第二号及び第三号イ（⑵を除く。）又はロ（⑵を除く。）に掲げる基準に適合すること。

⑵　第五第二号及び第三号ハ（⑴（同号ロ⑵に係る部分に限る。）を除く。）に掲げる基準に適合すること。

ロ　無開口壁パネル（垂れ壁パネル及び腰壁パネルを除く。）及び有開口壁パネルの袖壁部分（以下「無開口壁パネル等」という。）の長さが90cm以上であること。

ハ　垂れ壁パネル及び有開口壁パネルの垂れ壁部分（以下「垂れ壁パネル等」という。）並びに腰壁パネル及び有開口壁パネルの腰壁部分（以下「腰壁パネル等」という。）の長さが70cm以上4m以下であること。

ニ　次に掲げる引張応力を負担する接合部（以下「引張接合部」という。）が，それぞれ次に定める基準に適合すること。

⑴　CLTパネル工法を用いる建築物等の最下階の壁パネルと基礎又はこれに類する部分との接合部　当該接合部の引張応力に対して有効な部分の終局引張耐力時の変形量が4cm以上で，伸び率（当該接合部の引張応力に対して有効な部分の長さに対する当該部分の終局引張耐力時の変形量の割合をいう。以下同じ。）が10%以上であること。

⑵　上下階の壁パネル相互の接合部又は壁パネルと床版との接合部　当該接合部の引張応力に対して有効な部分の終局耐力時の変形量が2cm以上で，伸び率が10%以上であること。

ホ　垂れ壁パネル等を設ける場合にあっては，次に掲げる措置又はこれと同等以上に有効な垂れ壁パネル等の脱落防止措置を講じていること。

⑴　垂れ壁パネルを設ける場合にあっては，袖壁パネルに幅が45mm以上の欠き込みを設け，又は厚さが当該垂れ壁パネルと同寸法以上で幅が45mm以上の受け材を設置すること。

⑵　有開口壁パネルに垂れ壁部分を設ける場合にあっては，厚さが当該垂れ壁部分と同寸法以上で幅が45mm以上の受け材を設置すること。

ヘ　耐力壁線上に壁パネルを設けない部分を有する場合にあっては，当該部分の上部に

設けられたはり，床版又は屋根版が脱落しないための措置を講じていること。

ト　第5第三号イ(3)(i)(イ)に掲げる部分の接合部が降伏する場合において，当該接合部以外のCLTパネル工法を用いる建築物等の部分が降伏しないことが確かめられたものであること。

耐力壁の構造	数　値
イ(1)に適合するもの	0.4
イ(2)に適合するもの	0.55

この表において，D_sを計算する階における耐力壁の構造について，異なる区分のものが混在する場合は，0.55を当該階の数値とする。

第9　許容応力度等計算と同等以上に安全性を確かめることができる構造計算

令第81条第2項第二号イに規定する許容応力度等計算と同等以上に安全性を確かめることができる構造計算は，次に定める基準に従った構造計算とする。

一　令第82条の6に定めるところによること。

二　令第82条第一号の規定により計算した当該階の構造耐力上主要な部分に生ずる令第88条第1項の規定による地震力による応力の数値に，次に掲げる構造耐力上主要な部分の種類に応じてそれぞれ次に定める応力割増し係数を乗じて得た数値を当該応力の数値として令第82条第二号及び第三号に規定する構造計算を行うこと。

イ　引張接合部（上下階の壁パネル相互の接合部又は壁パネルと床版との接合部に限る。）及びせん断応力を負担する接合部（以下「せん断接合部」という。）　次の表の左欄に掲げる耐力壁の構造に応じてそれぞれ同表の右欄に掲げる数値以上の数値

耐力壁の構造	数　値
第5第三号イ又はロに掲げる基準に適合するもの	2.0
第5第三号ハに掲げる基準に適合するもの	2.5

この表において，応力割増し係数を計算する階における耐力壁の構造について，異なる区分のものが混在する場合は，2.5を当該階の数値とする。

ロ　壁パネルと小屋組又は屋根版との引張接合部及びイに掲げる構造耐力上主要な部分以外の構造耐力上主要な部分　次に掲げる基準に適合する場合にあっては次の表の左欄に掲げる耐力壁の構造に応じてそれぞれ同表の右欄に掲げる数値以上の数値とし，当該基準に適合しない場合にあっては2.5以上の数値

(1)　第8第二号ロからトまでに掲げる基準に適合すること。

(2)　耐力壁の構造が，次のいずれかに適合するものであること。

(i)　第5第三号イ又はロに掲げる基準に適合すること。

(ii)　第5第三号ハに掲げる基準に適合すること。

耐力壁の構造	数　値
ロ(2)(i)に適合するもの	1.0
ロ(2)(ii)に適合するもの	1.8

この表において，応力割増し係数を計算する階における耐力壁の構造について，異なる区分のものが混在する場合は，1.8を当該階の数値とする。

2　前項に定める基準に従った構造計算は，次の各号に掲げる引張接合部が，当該各号に定める基準に適合する場合に適用する。

一　CLT パネル工法を用いる建築物等の最下階の壁パネルと基礎又はこれに類する部分との接合部　当該接合部の引張応力に対して有効な部分の終局引張耐力時の変形量が 4 cm 以上で，伸び率が10％以上であること。

二　上下階の壁パネル相互の接合部又は壁パネルと床版との接合部　当該接合部の引張応力に対して有効な部分の終局耐力時の変形量が 2 cm 以上で，伸び率が10％以上であること。

第10　令第82条各号及び令第82条の 4 に定めるところによる構造計算と同等以上に安全性を確かめることができる構造計算

令第81条第 3 項に規定する令第82条各号及び令第82条の 4 に定めるところによる構造計算と同等以上に安全性を確かめることができる構造計算は，次の各号に定める基準のいずれかに従った構造計算とする。

一　次に定めるところによること。

イ　令第82条各号及び令第82条の 4 に定めるところによること。

ロ　令第88条第 1 項に規定する標準層せん断力係数を0.3以上として計算した地震力によって構造耐力上主要な部分（耐力壁を除く。）に生ずる力を計算して令第82条第一号から第三号までに規定する構造計算を行うこと。

ハ　令第82条の 6 第二号ロに定めるところにより張り間方向及び桁行方向の偏心率を計算し，それぞれ0.15を超えないことを確かめること。ただし，偏心率が0.15を超える方向について，次のいずれかに該当する場合にあっては，この限りでない。

(1)　偏心率が0.3以下であり，かつ，令第88条第 1 項に規定する地震力について標準層せん断力係数を0.2に昭和55年建設省告示第1792号第 7 の表 2 に掲げる Fe の数値を乗じて得た数値以上とする計算をして令第82条第一号から第三号までに規定する構造計算を行って安全性が確かめられた場合

(2)　偏心率が0.3以下であり，かつ，令第88条第 1 項に規定する地震力が作用する場合における各階の構造耐力上主要な部分の当該階の剛心からの距離に応じたねじれの大きさを考慮して当該構造耐力上主要な部分に生ずる力を計算して令第82条第一号から第三号までに規定する構造計算を行って安全性が確かめられた場合

二　前号イに定めるところによること。

2　前項第一号に定める基準に従った構造計算は，次の各号に定める基準に適合する場合に適用し，同項第二号に定める基準に従った構造計算は，建築物が平成19年国土交通省告示第593号第四号イ又はロに該当する場合に適用する。

一　耐力壁の構造が，第 5 第三号イ又はロに掲げる基準に適合するものであること。

二　耐力壁として設ける無開口壁パネル又は有開口壁パネルの垂れ壁部分，腰壁部分若しくは袖壁部分（以下この号において「垂れ壁部分等」という。）であって，第 4 第二号ハに該当するものにあっては，無開口壁パネル又は有開口壁パネルの垂れ壁部分等に設けた開口部等の寸法は25cm 角以下とするとともに，無開口壁パネル又は有開口壁パネルの垂れ壁部分等が構造耐力上安全であるよう当該開口部等を適当な位置に設けること。

三　耐力壁として設ける無開口壁パネル等の下階に，次に掲げる基準に適合する無開口壁パネル等を耐力壁として設けること。

イ　上階の無開口壁パネル等と同じ長さ，かつ，同寸法以上の厚さであること。

ロ　接合部（第 5 第三号イ(3)(i)(イ)に掲げる部分の接合部を除く。）は，上階の無開口壁パネル等の接合部と同等の耐力及び変形性能を有するものであること。

四　各階の耐力壁として設ける無開口壁パネル等の長さは，次の式に適合するものとすること。ただし，特別な調査又は研究の結果に基づき，当該耐力壁の脚部における曲げモーメントを適切に評価して算出することができる場合においては，当該算出によることができる。

$\Sigma Q_a L \geqq P$

> この式において，Q_a，L及びPは，それぞれ次の数値を表すものとする。
>
> > Q_a　当該階の耐力壁として設ける無開口壁パネル等（長さが90cm以上2m以下であるものに限る。）のうち計算しようとする方向に設けたものの許容せん断耐力で，次の式によって計算した数値（単位　kN/m）
> >
> > $$Q_a = \frac{3}{H}(Q_0 + 1.5n)$$
> >
> > > この式において，H，Q_0及びnはそれぞれ次の数値を表すものとする。
> > >
> > > > H　当該階の階高（当該階高が3m以下である場合は，3とする。）（単位　m）
> > > >
> > > > Q_0　地階を除く階数が2以下の場合にあっては15，3の場合にあっては10（単位　kN/m）
> > > >
> > > > n　耐力壁の構造が第5第三号イに掲げる基準に適合する場合にあっては，当該独立無開口壁パネル及び袖壁パネル（その上下階の独立無開口壁パネル及び袖壁パネルを含む。）に緊結された垂れ壁パネル及び腰壁パネル（長さが90cm以上4m以下で，高さが50cm以上のものに限る。）を合計した数値，耐力壁の構造が同号ロに掲げる基準に適合する場合にあっては，当該独立無開口壁パネル及び有開口壁パネルの袖壁部分（その上下階の独立無開口壁パネル及び有開口壁パネルの袖壁部分を含む。）に接する垂れ壁部分及び腰壁部分（次に掲げる基準に適合するものに限る。）を合計した数値
> > > >
> > > > > (イ)　長さが90cm以上4m以下であること。
> > > > >
> > > > > (ロ)　高さが50cm以上であること。
> > > > >
> > > > > (ハ)　高さが，当該垂れ壁部分又は腰壁部分に接する独立無開口壁パネル又は有開口壁パネルの袖壁部分の長さに1.67（当該独立無開口壁パネル又は有開口壁パネルの袖壁部分が2の垂れ壁部分又は腰壁部分に接する場合にあっては，0.83）を乗じて得た数値以下であること。ただし，当該垂れ壁部分又は腰壁部分に接する独立無開口壁パネル又は有開口壁パネルの袖壁部分が曲げ破壊又はせん断破壊する時の力が，当該独立無開口壁パネル又は有開口壁パネルの袖壁部分のQ_aに3.75を乗じて得た数値以上であることが確かめられた場合にあっては，この限りでない。
> >
> > L　当該階の耐力壁として設ける無開口壁パネル等（長さが90cm以上2m以下であるものに限る。）のうち計算しようとする方向に設けたものの長さ（単位　m）
> >
> > P　各階に生ずる外力として，前項第一号イにより計算した令第88条第1項の規定による地震力（単位　kN）

五　第8第二号ホ及びへに掲げる基準に適合すること。

六　耐力壁として設ける壁パネルには，直交集成板規格箇条4に規定する強度等級S60-3-3若しくはMx60-5-5に該当する直交集成板でラミナの厚さが24mm以上36mm以下

のもの又はこれと同等以上の耐力を有するものを使用すること。

七　次に掲げる引張接合部が，それぞれ次に掲げるものであること。

　　イ　CLTパネル工法を用いる建築物等の最下階の壁パネルと基礎又はこれに類する部分との接合部　　次のいずれかに適合するもの

　　　⑴　U形の鋼材その他これに類するものにJIS　B1220（構造用転造両ねじアンカーボルトセット）-2010のうちABR490に適合するもの（以下単に「ABR490」という。）でねじの呼びがM16のボルトを有効長さ40cm以上を確保して接合した金物を，直交集成板に終局引張耐力が86kN以上となるように緊結したもの

　　　⑵　ABR490でねじの呼びがM16のボルトを有効長さ40cm以上を確保して，直交集成板に鋼板を介して終局引張耐力が86kN以上となるように緊結したもの

　　ロ　上下階の壁パネル相互の接合部又は壁パネルと床版との接合部　　次のいずれかに適合するもの

　　　⑴　U形の鋼材その他これに類するものにABR490でねじの呼びがM20以上のボルトを有効長さ20cm以上を確保して接合した金物を，直交集成板に終局引張耐力が135kN以上となるように緊結したもの

　　　⑵　ABR490でねじの呼びがM20以上のボルトを有効長さ20cm以上を確保して，直交集成板に鋼板を介して終局引張耐力が135kN以上となるように緊結したもの

　　　⑶　第8第二号ニ⑵に定める基準に適合し，かつ，135kN以上の終局引張耐力を有するもの

　　ハ　壁パネルと小屋組又は屋根版との接合部　　25kN以上の終局引張耐力を有するもの

八　壁パネル相互を緊結する場合にあっては接合部の短期に生ずる力に対する許容せん断耐力が1箇所当たり52kN以上，床パネル相互又は耐力壁線上に設けるはりその他の横架材相互を緊結する場合にあっては接合部（床パネル相互を緊結する場合にあっては，床パネル相互が接する線と耐力壁線が交叉する部分に限る。）の短期に生ずる力に対する許容引張耐力が1箇所当たり52kN以上となるようにすること。

九　耐力壁である壁パネルと次に掲げる部分を緊結する場合にあっては，金物その他これに類するものの間隔を1m以下として当該壁パネルの部分に配置するとともに，当該接合部の短期に生ずる力に対する許容せん断耐力が次に掲げる部分に応じて，それぞれ次に掲げる数値以上となるようにすること。

　　イ　基礎又は土台　　1箇所当たり47kN

　　ロ　床版，小屋組又は屋根版　　1箇所当たり54kN

第11　耐久性等関係規定の指定

　　令第36条第1項に規定する耐久性等関係規定として，第7に定める安全上必要な技術的基準を指定する。

第12　令第36条第2項第一号の規定に基づく技術的基準の指定

　　令第36条第2項第一号の規定に基づき，第8に規定する構造計算を行った場合に適用を除外することができる技術的基準として，第3第二号，第4，第5（第三号イ⑶前段，ロ⑶前段及びハ⑵前段を除く。）及び第六に定める技術的基準を指定する。

　　　附　則　（略）

柱と基礎とを接合する構造方法等を定める件

平成28年4月22日　国土交通省告示第690号

　建築基準法施行令（昭和25年政令第338号）第42条第1項第三号の規定に基づき，柱と基礎とを接合する構造方法及び当該柱に構造耐力上支障のある引張応力が生じないことを確かめる方法を次のように定める。

第1　建築基準法施行令（以下「令」という。）第42条第1項第三号に規定する柱と基礎を接合する構造方法は，次に掲げる基準に適合するものとする。

　一　直径11mmの鋼材のだぼ（JIS G3101（一般構造用圧延鋼材）－1995に規定するSS400に適合するものに限る。）を基礎に緊結し，当該だぼを小径105mm以上の柱（構造耐力上主要な部分である柱で最下階の部分に使用するものをいう。以下同じ。）に長さ90mm以上埋込む方法又はこれと同等以上の耐力を有するだぼ継ぎによって，構造耐力上有効に接合すること。

　二　腐食のおそれのある部分又は常時湿潤状態となるおそれのある部分に用いる場合には，有効なさび止めその他の劣化防止のための措置を講ずること。

第2　令第42条第1項第三号に規定する柱に構造耐力上支障のある引張応力が生じないことを確かめる方法は，次のいずれかに定めるものとする。

　一　全ての柱（基礎に緊結した柱を除く。）において，柱の周囲の軸組の種類及び配置を考慮して，当該柱に引張応力が生じないこと並びに45mmの柱の浮き上がりに対してだぼが外れるおそれがないことを確かめること。

　二　令第46条第4項の規定による各階における張り間方向及び桁行方向の軸組の長さの合計に，軸組の種類に応じた倍率の各階における最大値に応じた次の表に掲げる低減係数を乗じて得た数値が，同項の規定による各階の床面積に同項の表2の数値（特定行政庁が令第88条第2項の規定によって指定した区域内における場合においては，同表の数値のそれぞれ1.5倍とした数値）を乗じて得た数値以上であること並びに120mmの柱の浮き上がりに対してだぼが外れるおそれがないことを確かめること。

軸組の種類に応じた倍率の各階における最大値	低減係数		
	階数が1の建築物	階数が2の建築物の1階	階数が2の建築物の2階
1.0以下の場合	1.0	1.0	1.0
1.0を超え，1.5以下の場合	1.0	1.0	0.9
1.5を超え，3.0以下の場合	0.6	0.9	0.5

　　附　則　（略）

床組及び小屋ばり組に木板その他これに類するものを
打ち付ける基準を定める件

平成28年4月22日　国土交通省告示第691号
最終改正　令和5年3月28日　国土交通省告示第229号

　建築基準法施行令（昭和25年政令第338号）第46条第3項の規定に基づき，床組及び小屋
ばり組に木板その他これに類するものを打ち付ける基準を次のように定める。
　建築基準法施行令（以下「令」という。）第46条第3項に規定する床組及び小屋ばり組に
木板その他これに類するものを打ち付ける基準は，次のいずれかとする。
　一　床組及び小屋ばり組の隅角に火打ち材を使用すること。
　二　床組及び小屋ばり組（次に掲げる基準に適合するものに限る。）の根太又ははり（以
　　　下「根太等」といい，根太等の相互の間隔が500mm以下の場合に限る。）に対して，厚さ
　　　30mm以上，幅180mm以上の板材をJIS A 5508（くぎ）－2005に規定するN90を用いて60
　　　mm以下の間隔で打ち付けること又はこれと同等以上の耐力を有するようにすること。
　　イ　床組及び小屋ばり組を設ける建築物の階数が2以下であること。
　　ロ　横架材の上端と根太等の上端の高さを同一に納めること。
　　ハ　各階の張り間方向及び桁行方向において，耐力壁線（次の⒤又は⒤に該当するもの
　　　　をいう。以下同じ。）の相互の間隔が，耐力壁線の配置に応じて，次の表に定める数
　　　　値以下であること。この場合において，耐力壁線から直交する方向に1m以内の耐力
　　　　壁（令第46条第4項の表1の軸組の種類の欄に掲げるものをいう。以下同じ。）は同
　　　　一直線上にあるものとみなすことができる。
　　　⒤　各階の張り間方向及び桁行方向において，外壁線の最外周を通る平面上の線（⒤
　　　　　に該当するものを除く。）
　　　⒤　各階の張り間方向及び桁行方向において，床の長さの6/10の長さ以上で，かつ，
　　　　　4m以上の有効壁長（耐力壁の長さに当該壁の倍率（令第46条第4項の表1の倍率
　　　　　の欄に掲げる数値をいう。）を乗じた値をいう。）を有する平面上の線

耐力壁線の配置	耐力壁線の相互の間隔（単位　m）			
	階数が1の建築物	階数が2の建築物の1階		階数が2の建築物の2階
		2階の耐力壁線が1階の耐力壁線の直上にのみある場合	左欄に掲げる場合以外の場合	
床組及び小屋ばり組が接する当該階の耐力壁線のいずれもが⒤に該当する場合	10	8.6	4.3	6.6
上に掲げる場合以外の場合	5	2.2（1階の耐力壁線の⒤に該当するものの直上の2階の耐力壁線が⒤に該当するものである場合にあっては，4.4)	2.2	3.3

ニ　耐力壁線の長さに対する当該耐力壁線の相互の間隔の比（以下「アスペクト比」という。）が，耐力壁線の配置に応じて，次の表に定める数値以下であること。この場合において，耐力壁線から直交する方向に1ｍ以内の耐力壁は同一直線上にあるものとみなすことができる。

耐力壁線の配置	アスペクト比			
	階数が1の建築物	階数が2の建築物の1階		階数が2の建築物の2階
		2階の耐力壁線が1階の耐力壁線の直上にのみある場合	左欄に掲げる場合以外の場合	
床組及び小屋ばり組が接する当該階の耐力壁線のいずれもがハ(ii)に該当する場合	1.4	1.4	0.7	1.4
上に掲げる場合以外の場合	0.7	0.4（1階の耐力壁線のハ(i)に該当するものの直上の2階の耐力壁線がハ(i)に該当するものである場合にあっては，0.8）	0.4	0.7

三　床組が前2号に掲げる基準のいずれかに適合し，かつ，小屋ばり組（次に掲げる基準に適合するものに限る。）の軒桁に対して，たるき JIS A 5508（くぎ）－2005に規定するN50を135mm 以上の間隔で2本ずつ用いて，野地板（厚さ15mm，幅180mm 以上のものに限る。）を打ち付けるものに限る。以下同じ。）を，その両側面から JIS A 5508（くぎ）－2005に規定する N75を用いて打ち付けるとともに，当該小屋ばり組の小屋ばりに対して，小屋束を，短ほぞ差し及びかすがい両面打ちにより緊結すること又はこれと同等以上の耐力を有するようにすること。

イ　小屋ばり組を設ける建築物の階数が2以下であること。

ロ　小屋ばりの長さが8ｍ以下であること。

ハ　小屋ばりと軒桁とは，かぶとあり掛け及び羽子板ボルト締めにより緊結すること。

ニ　小屋ばり組に係る屋根の形式は切妻屋根（小屋組に切妻壁又は梁行筋かいを設けたものに限る。）とすること。

ホ　小屋ばり組に係る小屋束に対して，棟木及びもやを，長ほぞ差し及びかすがい両面打ちにより緊結すること。ただし，当該小屋束に接する横架材の相互間の垂直距離が600mm を超える場合にあっては，小屋組の桁行方向に，厚さ27mm 以上，幅105mm以上の小屋貫又は厚さ15mm，幅90mm 以上の桁行筋かい（端部を JIS A 5508（くぎ）－2005に規定する N50を2本以上用いて小屋束に打ち付けるものに限る。）を設けること。

ヘ　小屋ばり組に緊結するたるきを，棟木及びもやに対して，その両側面から JIS A 5508（くぎ）－2005に規定する N75を用いて打ち付けること。

ト　小屋ばり組が接する階の桁行方向の壁率比（平成12年建設省告示第1352号第二号に

規定する壁率比をいう。以下同じ。）が0.5以上であること。

チ　小屋ばり組が接する階の，張り間方向の両端からそれぞれ1/4の部分（以下「側端部分」という。）を除いた部分について，存在壁量（その階の桁行方向に配置する壁を設け又は筋かいを入れた軸組について，令第46条第4項の表1の軸組の種類の欄に掲げる区分に応じて当該軸組の長さに同表の倍率の欄に掲げる数値を乗じて得た長さの合計をいう。以下同じ。）が，必要壁量（その階の床面積（その階の小屋裏，天井裏その他これらに類する部分に物置等を設ける場合にあっては，平成12年建設省告示第1351号に規定する面積をその階の床面積に加えた面積）に同項の表2に掲げる数値を乗じた数値をいう。以下同じ。）に次の表に掲げる数値を乗じて得た数値以上となること。

小屋ばりの長さ	建築物の桁行方向の側端部分を除いた部分に必要な壁量の割合					
	階数が1の建築物			階数が2の建築物		
	桁行方向の壁率比が0.9以上の場合	桁行方向の壁率比が0.7以上0.9未満の場合	桁行方向の壁率比が0.5以上0.7未満の場合	桁行方向の壁率比が0.9以上の場合	桁行方向の壁率比が0.7以上0.9未満の場合	桁行方向の壁率比が0.5以上0.7未満の場合
4 m 以下	0	0	0.05	0	0.1	0.2
6 m 以下	0.05	0.15	0.25	0.15	0.25	0.35
8 m 以下	0.15	0.25	0.35	0.25	0.35	0.4

リ　小屋ばり組が接する階の，桁行方向の各側端部分のそれぞれについて，存在壁量が，必要壁量に0.25を乗じて得た数値以上となること。

　　附　則　（略）

不燃性の物品を保管する倉庫に類する用途等を定める件

平成28年4月22日　国土交通省告示第693号
最終改正　令和元年6月21日　国土交通省告示第200号

建築基準法施行令（昭和25年政令第338号）第109条の8及び令第136条の2の2の規定に基づき，不燃性の物品を保管する倉庫に類する用途及び通常の火災による火の粉が屋内に到達した場合に建築物の火災が発生するおそれのない構造方法を次のように定める。

第1　建築基準法施行令（以下「令」という。）第109条の8及び令第136条の2の2に規定する不燃性の物品を保管する倉庫に類する用途は，次に掲げるものとする。

一　スケート場，水泳場，スポーツの練習場その他これらに類する運動施設

二　不燃性の物品を取り扱う荷捌き場その他これと同等以上に火災の発生のおそれの少ない用途

三　畜舎，堆肥舎並びに水産物の増殖場及び養殖場

四　劇場，映画館，演芸場，観覧場，公会堂及び集会場

五　アトリウムその他の大規模な空間を通行の用に供する用途

第2　令第109条の8及び令第136条の2の2に規定する通常の火災による火の粉が屋内に到達した場合に建築物の火災が発生するおそれのない構造方法は，次の各号に掲げる用途の区分に応じ，それぞれ当該各号に定めるものとする。

一　第1第一号から第三号までに掲げる用途　　屋根以外の主要構造部が準不燃材料で造られたものとすること。

二　第1第四号に掲げる用途　　次に掲げる基準に適合するものとすること。

イ　屋根以外の主要構造部を準不燃材料で造られたものとすること。

ロ　次に掲げる室以外の室の屋根が，令第109条の8各号又は令第136条の2の2各号に掲げる技術的基準に適合するものであること。

⑴　次に掲げる基準に適合する室

(i)　屋内の客席が固定席その他これに類するものであり，かつ，当該客席及び天井が難燃材料で造られたものその他の通常の火災又は市街地の火災を想定した火の粉による屋根の損傷によって屋内に到達した火の粉（以下「火の粉」という。）により建築物の火災が発生するおそれがない構造のものであること。

(ii)　特定屋根部分（建築基準法（昭和25年法律第201号）第22条第1項の市街地の区域内にある建築物にあっては令第109条の8第二号，防火地域又は準防火地域内にある建築物にあっては令第136条の2の2第二号に掲げる基準に適合しない屋根の部分をいう。以下同じ。）が面する居室の壁（主要構造部を除く。）及び屋根（特定屋根部分を除く。）の当該室内に面する部分の仕上げを難燃材料でしたものであること。ただし，床，壁その他の建築物の部分で防火上有効に遮られている部分その他当該居室の構造又は特定屋根部分からの距離により火の粉が到達しないことが明らかな部分は，この限りでない。

⑵　次のいずれかに該当する室で，壁及び天井（天井がない場合にあっては，屋根（特定屋根部分を除く。））の室内に面する部分の仕上げを令128条の5第1項第二号に掲げる仕上げとしたもの

(i)　昇降機その他の建築設備の機械室，不燃性の物品を保管する室その他これらに

　　　　　類するもの
　　　⒤　廊下，階段その他の通路，便所その他これらに類するもの
　三　第1第五号に掲げる用途　前号イ及びロ⑴⒤に掲げる基準に適合するものとすること。

　　　　附　則　（略）
1　（略）
2　平成12年建設省告示第1434号は，廃止する。

強化天井の構造方法を定める件

平成28年4月22日　国土交通省告示第694号
最終改正　令和2年4月1日　国土交通省告示第508号

　建築基準法施行令（昭和25年政令第338号）第112条第4項第一号の規定に基づき，強化天井の構造方法を次のように定める。

　建築基準法施行令（以下「令」という。）第112条第4項第一号に規定する強化天井の構造方法は，次に掲げる基準に適合するものとする。

一　強化せっこうボード（ボード用原紙を除いた部分のせっこうの含有率を95％以上，ガラス繊維の含有率を0.4％以上とし，かつ，ひる石の含有率を2.5％以上としたものに限る。）を2枚以上張ったもので，その厚さの合計が36mm以上のものが設けられていること。

二　給水管，配電管その他の管が強化天井を貫通する場合においては，当該管と強化天井との隙間をロックウールその他の不燃材料で埋めるとともに，当該管の構造を令第129条の2の4第1項第七号イからハまでのいずれかに適合するものとすること。この場合において，同号ハ中「20分間（第112条第1項若しくは第4項から第6項まで，同条第7項（同条第8項の規定により床面積の合計200m²以内ごとに区画する場合又は同条第9項の規定により床面積の合計500m²以内ごとに区画する場合に限る。），同条第10項（同条第8項の規定により床面積の合計200m²以内ごとに区画する場合又は同条第9項の規定により床面積の合計500m²以内ごとに区画する場合に限る。）若しくは同条第18項の規定による準耐火構造の床若しくは壁又は第113条第1項の防火壁若しくは防火床にあっては1時間，第114条第1項の界壁，同条第2項の間仕切壁又は同条第3項若しくは第4項の隔壁にあっては45分間）」とあるのは，「1時間」と読み替えるものとする。ただし，1時間準耐火基準に適合する準耐火構造の床若しくは壁又は特定防火設備で建築物の他の部分と区画されたパイプシャフト，パイプダクトその他これらに類するものの中にある部分については，この限りでない。

三　換気，暖房又は冷房の設備の風道が強化天井を貫通する場合においては，当該風道の強化天井を貫通する部分又はこれに近接する部分に令第112条第21項に規定する構造の特定防火設備を設けていること。

四　防火被覆の取合いの部分，目地の部分その他これらに類する部分が，当該部分の裏面に当て木が設けられている等天井裏への炎の侵入を有効に防止することができる構造であること。

　　附　則　（略）

通常の火災時において相互に火熱又は煙若しくは
ガスによる防火上有害な影響を及ぼさない
構造方法を定める件

平成28年4月22日　国土交通省告示第695号

最終改正　令和2年12月28日　国土交通省告示第1593号

　建築基準法施行令（昭和25年政令第338号）第117条第2項第二号の規定に基づき，通常の火災時において相互に火熱又は煙若しくはガスによる防火上有害な影響を及ぼさない構造方法を次のように定める。

　建築基準法施行令（以下「令」という。）第117条第2項第二号に規定する通常の火災時において相互に火熱又は煙若しくはガスによる防火上有害な影響を及ぼさない構造方法は，建築物の2以上の部分（以下「被区画部分」という。）を連絡する室として，次の各号に掲げる基準に適合する渡り廊下のみを設けたものとすることとする。

一　通行の用にのみ供する室で，壁及び天井（天井がない場合にあっては，屋根）の室内に面する部分の仕上げを準不燃材料でしたものであること。

二　一の被区画部分から他の被区画部分への避難の用に供しないこと。

三　一の渡り廊下の同一階における一の被区画部分に連絡する渡り廊下の開口部（屋外に面する部分に設けるものを除く。以下「区画開口部」という。）と他の被区画部分に連絡する区画開口部との距離は，区画開口部の幅（一の被区画部分に連絡する区画開口部が複数ある場合にあっては，その合計）又は高さ（一の被区画部分に連絡する区画開口部が複数ある場合にあっては，その高さのうち最も大きいもの）の数値のうち，いずれか大きい数値に2.5を乗じて得た数値以上であること。ただし，避難上支障がない場合においては，この限りでない。

四　主要構造部が耐火構造であること。

五　渡り廊下の区画開口部以外の開口部に，建築基準法（昭和25年法律第201号）第27条第1項に規定する防火設備を設けていること。ただし，当該開口部と被区画部分との水平距離が90cm以上である場合又は当該開口部が外壁面から50cm以上突出した準耐火構造の袖壁その他これに類するもので防火上有効に遮られている場合においては，この限りでない。

六　区画開口部に，次に掲げる基準に適合する特定防火設備を設けていること。

　イ　令第112条第19項第二号イ及びロに掲げる構造とすること。ただし，渡り廊下に令第126条の3第1項に適合する排煙設備を設けた場合にあっては，令第112条第19項第二号ロの規定については，この限りでない。

　ロ　直接手で開くことができ，かつ，自動的に閉鎖する戸又は戸の部分は，渡り廊下から避難の方向に開くことができるものとすること。

七　渡り廊下の室内に面する部分（防火設備からの垂直距離及び水平距離が防火設備の面積の数値の平方根以下である部分に限る。）が次のイ又はロに適合するものであること。ただし，天井又は渡り廊下の区画を構成する壁については，防火設備の上端から天井までの垂直距離又は防火設備の両端から当該壁までの水平距離が次に掲げる式により計算した数値以上である場合には，この限りでない。

$$\frac{A}{25} + 0.28 \ （0.38a \ を超える場合は0.38a）$$

この式において，A 及び a は，それぞれ次の数値を表すものとする。

　A　防火設備の面積（単位　m²）

　a　防火設備の高さ（単位　m）

イ　下地が準不燃材料で造られたものであること。

ロ　仕上げが塗厚さ25mm 以上のせっこう又は塗厚さ45mm 以上のモルタルを塗ったものであること。

八　給水管，配電管その他の管が渡り廊下の壁（屋外に面するものを除く。）を貫通する場合においては，当該管と当該壁との隙間をモルタルその他の不燃材料で埋めるとともに，当該管の構造を令第129条の2の4第1項第七号イからハまでのいずれかに適合するものとすること。ただし，1時間準耐火基準に適合する準耐火構造の床若しくは壁又は特定防火設備で建築物の他の部分と区画されたパイプシャフト，パイプダクトその他これらに類するものの中にある部分については，この限りでない。この場合において，同号ハ中「20分間（第112条第1項若しくは第4項から第6項まで，同条第7項（同条第8項の規定により床面積の合計200m²以内ごとに区画する場合又は同条第9項の規定により床面積の合計500m²以内ごとに区画する場合に限る。），同条第10項（同条第8項の規定により床面積の合計200m²以内ごとに区画する場合又は同条第9項の規定により床面積の合計500m²以内ごとに区画する場合に限る。）若しくは同条第18項の規定による準耐火構造の床若しくは壁又は第113条第1項の防火壁若しくは防火床にあっては1時間，第114条第1項の界壁，同条第2項の間仕切壁又は同条第3項若しくは第4項の隔壁にあっては45分間）」とあるのは，「1時間」と読み替えるものとする。

九　換気，暖房又は冷房の設備の風道が渡り廊下の壁（屋外に面するものを除く。）を貫通する場合においては，当該風道の当該壁を貫通する部分又はこれに近接する部分に令第112条第21項に規定する構造の特定防火設備を設けていること。

十　区画開口部と居室から直通階段の出入口に通ずる通路との距離が当該区画開口部の幅又は高さのうちいずれか大きい数値に1.5を乗じて得た数値以上となるように区画開口部を設けること。ただし，避難上支障がない場合においては，この限りでない。

　　附　則　（略）

特別避難階段の階段室又は付室の構造方法を定める件

平成28年4月22日　国土交通省告示第696号
最終改正　令和4年5月31日　国土交通省告示第599号

　建築基準法施行令（昭和25年政令第338号）第123条第3項第二号の規定に基づき，特別避難階段の階段室又は付室の構造方法を次のように定める。

　建築基準法施行令（以下「令」という。）第123条第3項第二号に規定する特別避難階段の付室の構造方法は，次の各号に定めるものとする。

　一　通常の火災時に生ずる煙を付室から有効に排出できるものとして，外気に向かって開くことのできる窓（常時開放されている部分を含む。以下同じ。）（次に掲げる基準に適合するものに限る。）を設けたものであること。

　　イ　排煙時に煙に接する部分は，不燃材料で造ること。

　　ロ　付室の天井（天井のない場合においては，屋根。以下同じ。）又は壁の上部（床面からの高さが天井の高さの1/2以上の部分をいう。）に設けること。

　　ハ　開口面積は，2m²（付室を令第129条の13の3第3項に規定する非常用エレベーターの乗降ロビーの用に供する場合（以下「兼用する場合」という。）にあっては，3m²）以上とすること。

　　ニ　常時閉鎖されている部分の開放は，手動開放装置により行なうものとすること。

　　ホ　ニの手動開放装置のうち手で操作する部分は，付室内の壁面の床面から0.8m以上1.5m以下の高さの位置に設け，かつ，見やすい方法でその使用方法を示す標識を設けること。

　二　通常の火災時に生ずる煙を付室から有効に排出できるものとして，最上部を直接外気に開放する排煙風道による排煙設備（次に掲げる基準に適合するものに限る。）を設けたものであること。

　　イ　排煙設備の排煙口，排煙風道，給気口，給気風道その他排煙時に煙に接する排煙設備の部分は，不燃材料で造ること。

　　ロ　排煙口は，開口面積を4m²（兼用する場合にあっては，6m²）以上とし，前号ロの例により設け，かつ，排煙風道に直結すること。

　　ハ　排煙口には，前号ホの例により手動開放装置を設けること。

　　ニ　排煙口は，ハの手動開放装置，煙感知器と連動する自動開放装置又は遠隔操作方式による開放装置により開放された場合を除き，閉鎖状態を保持し，かつ，開放時に排煙に伴い生ずる気流により閉鎖されるおそれのない構造の戸その他これに類するものを有すること。

　　ホ　排煙風道は，内部の断面積を6m²（兼用する場合にあっては，9m²）以上とし，鉛直に設けること。

　　ヘ　給気口は，開口面積を1m²（兼用する場合にあっては，1.5m²）以上とし，付室の床又は壁の下部（床面からの高さが天井の高さの1/2未満の部分をいう。）に設け，かつ，内部の断面積が2m²（兼用する場合にあっては，3m²）以上で直接外気に通ずる給気風道に直結すること。

　　ト　電源を必要とする排煙設備には，予備電源を設けること。

　　チ　電源，電気配線及び電線については，昭和45年建設省告示第1829号の規定に適合す

るものであること。

三　通常の火災時に生ずる煙を付室から有効に排出できるものとして，排煙機による排煙
設備（次に掲げる基準に適合するものに限る。）を設けたものであること。

イ　排煙口は，第一号ロの例により設け，かつ，排煙風道に直結すること。

ロ　排煙機は，4 m³/s（兼用する場合にあっては，6 m³）以上の空気を排出する能力を
有し，かつ，排煙口の一の開放に伴い，自動的に作動するものとすること。

ハ　前号イ，ハ，ニ及びへからチまでに掲げる基準に適合すること。

四　通常の火災時に生ずる煙を付室から有効に排出できるものとして，令第126条の3第
2項に規定する送風機を設けた排煙設備その他の特殊な構造の排煙設備（平成12年建設
省告示第1437号第一号又は第二号に掲げる基準に適合するものに限る。）を設けたもの
であること。

五　通常の火災時に生ずる煙が付室に流入することを有効に防止することができるものと
して，加圧防排煙設備（次に掲げる基準に適合するものに限る。）を設けたものである
こと。

イ　付室に設ける給気口その他の排煙設備の部分にあっては，次に掲げる基準に適合す
る構造であること。

⑴　給気口その他の排煙設備の煙に接する部分は，不燃材料で造ること。

⑵　給気口は，次に掲げる基準に適合する構造であること。

⒤　第一号ホの例により手動開放装置を設けること。

⒥　給気風道に直結すること。

⒦　開放時に給気に伴い生ずる気流により閉鎖されるおそれのない構造の戸その他
これに類するものを有するものであること。

⑶　給気風道は，煙を屋内に取り込まない構造であること。

⑷　⑵の給気口には，送風機が設けられていること。

⑸　送風機の構造は，給気口の開放に伴い，自動的に作動するものであること。

ロ　付室は，次の⑴から⑸までに該当する空気逃し口を設けている隣接室（付室と連絡
する室のうち階段以外の室をいう。以下同じ。）又は当該空気逃し口を設けている
一般室（隣接室と連絡する室のうち付室以外の室をいう。以下同じ。）と連絡する隣
接室と連絡しているものであること。

⑴　イ（2）の給気口の開放に伴って開放されるものであること。

⑵　次の⒤又は⒥のいずれかに該当するものであること。

⒤　直接外気に接するものであること。

⒥　厚さが0.15cm以上の鉄板及び厚さが2.5cm以上の金属以外の不燃材料で造ら
れており，かつ，常時開放されている排煙風道と直結するものであること。

⑶　次の⒤及び⒥に該当する構造の戸その他これに類するものを設けること。

⒤　⑴の規定により開放された場合を除き，閉鎖状態を保持すること。ただし，当
該空気逃し口に直結する排煙風道が，他の排煙口その他これに類するものに直結
する風道と接続しない場合は，この限りでない。

⒥　開放時に生ずる気流により閉鎖されるおそれのない構造であること。

⑷　不燃材料で造られていること。

⑸　開口面積（m²で表した面積とする。ハ⑵⒤⑶において同じ。）が，次の式で定め
る必要開口面積以上であること。ただし，必要開口面積の値が零以下となる場合は，
この限りでない。

$$A_p = \frac{(VH - V_e)}{7}$$

この式において，A_p，V，H 及び V_e は，それぞれ次の数値を表すものとする。

　　A_p　必要開口面積（単位　m²）

　　V　付室と隣接室を連絡する開口部（以下「遮煙開口部」という。）を通過する排出風速（単位　m/s）

　　H　遮煙開口部の開口高さ（単位　m）

　　V_e　当該隣接室又は一般室において当該空気逃し口からの水平距離が30m以下となるように設けられた排煙口のうち，令第126条の３第１項第七号の規定に適合する排煙風道で，かつ，開放されているものに直結する排煙口（不燃材料で造られ，かつ，付室の給気口の開放に伴い自動的に開放されるものに限る。）の排煙機（当該排煙口の開放に伴い自動的に作動するものに限る。）による排出能力（単位　m³/s）

ハ　遮煙開口部にあっては，次の(1)及び(2)に定める基準に適合する構造であること。

　(1)　遮煙開口部における排出風速（m/s で表した数値とする。）が，当該遮煙開口部の開口幅を40cmとしたときに，次の(i)から(iii)までに掲げる場合に応じ，それぞれ(i)から(iii)までの式によって計算した必要排出風速以上であること。

　　(i)　隣接室が，一時間準耐火基準に適合する準耐火構造の壁（小屋裏又は天井裏に達したもので，かつ，給水管，配電管その他の管が当該壁を貫通する場合においては，当該管と当該壁との隙間をモルタルその他の不燃材料で埋めたものに限る。）又は特定防火設備（当該特定防火設備を設ける開口部の幅の総和を当該壁の長さの１/４以下とする場合に限る。）で区画され，かつ，令第129条第２項に規定する火災の発生のおそれの少ない室（以下単に「火災の発生のおそれの少ない室」という。）である場合

　　　　$V = 2.7 \sqrt{H}$

　　(ii)　隣接室が，平成12年建設省告示第1400号第十六号に規定する不燃材料の壁（小屋裏又は天井裏に達したもので，かつ，給水管，配電管その他の管が当該壁を貫通する場合においては，当該管と当該壁との隙間をモルタルその他の不燃材料で埋めたものに限る。）又は建築基準法（昭和25年法律第201号。以下「法」という。）第２条第九号の二ロに規定する防火設備で区画され，かつ，火災の発生のおそれの少ない室である場合

　　　　$V = 3.3 \sqrt{H}$

　　(iii)　(i)又は(ii)に掲げる場合以外の場合

　　　　$V = 3.8 \sqrt{H}$

　　　　(i)から(iii)までの式において，V 及び H は，それぞれ次の数値を表すものとする。

　　　　　V　必要排出風速（単位　m/s）

　　　　　H　遮煙開口部の開口高さ（単位　m）

　(2)　次に掲げる基準のいずれかに適合するものであること。

　　(i)　次の(イ)及び(ロ)に適合するものであること。

　　　(イ)　遮煙開口部に設けられている戸の部分のうち，天井から80cmを超える距離にある部分にガラリその他の圧力調整装置が設けられていること。ただし，遮煙開口部に近接する部分（当該遮煙開口部が設けられている壁の部分のうち，天井から80cmを超える距離にある部分に限る。）に(ロ)に規定する必要開口面積

　　　　以上の開口面積を有する圧力調整ダンパーその他これに類するものが設けられ
　　　　ている場合においては，この限りでない。
　　(ロ)　(イ)の圧力調整装置の開口部の開口面積が，次の式で定める必要開口面積以上
　　　　であること。
　　　　$A_{dmp} = 0.04VH$
　　　　　　この式において，A_{dmp}，V 及び H は，それぞれ次の数値を表すものとする。
　　　　　　　A_{dmp}　　必要開口面積（単位　m²）
　　　　　　　V　　　　遮煙開口部を通過する排出風速（単位　m/s）
　　　　　　　H　　　　遮煙開口部の開口高さ（単位　m）
　　(ⅱ)　遮煙開口部に設けられた戸が，イ(4)の送風機を作動させた状態で，100N 以下
　　　　の力で開放することができるものであること。
　ニ　第二号ト及びチに掲げる基準に適合すること。
　ホ　法第34条第2項に規定する建築物に設ける加圧防排煙設備の制御及び作動状態の監
　　　視は，中央管理室において行うことができるものとすること。
　　附　則　（略）

非常用エレベーターの昇降路又は乗降ロビーの
構造方法を定める件

平成28年4月22日　国土交通省告示第697号

　建築基準法施行令（昭和25年政令第338号）第129条の13の3第13項の規定に基づき，非常
用エレベーターの昇降路又は乗降ロビーの構造方法を次のように定める。
　建築基準法施行令（以下「令」という。）第129条の13の3第13項に規定する非常用エレベ
ーターの乗降ロビーの構造方法は，平成28年国土交通省告示第696号各号に定めるものとす
る。この場合において，同告示（第一号ハを除く。）中「付室」とあるのは「乗降ロビー」
と，同告示第一号ハ中「付室を令第129条の13の3第3項に規定する非常用エレベーターの
乗降ロビーの用に供する場合」とあるのは「乗降ロビーを令第123条第3項に規定する特別
避難階段の付室の用に供する場合」と，同告示第五号ロ中「と連絡する室のうち階段室以外
の室」とあるのは「と連絡する室」と読み替えるものとする。

　　　附　則　（略）

一定の規模以上の空間及び高い開放性を有する通路
その他の部分の構造方法を定める件

平成28年5月30日　　国土交通省告示第786号

第1　建築基準法施行令第126条の6第三号に規定する一定の規模以上の空間（以下単に「空間」という。）は，吹抜きとなっている部分で，避難上及び消火上支障がないものとして次に掲げる基準に適合するものとする。

　一　吹抜きとなっている部分が屋根まで達するか，又は当該部分の頂部が直接外気に開放したものであること。

　二　吹抜きとなっている部分の床又は地面は，直径40m以上の円が内接することのできるものであること。

　三　次に掲げる基準に適合する通路に通ずるものであること。ただし，避難上及び消火上支障がない場合にあっては，この限りでない。

　　イ　幅員及び天井までの高さが4m以上であること。

　　ロ　通路の壁及び天井の室内に面する部分の仕上げが準不燃材料でされたものであること。

　　ハ　道（都市計画区域又は準都市計画区域内においては，建築基準法（昭和25年法律第201号）第42条に規定する道路をいう。以下同じ。）又は道に通ずる幅員4m以上の通路その他の空地に通ずること。

第2　建築基準法施行令第126条の6第三号に規定する高い開放性を有する通路その他の部分の構造方法は，次に掲げる基準に適合する構造（観覧場の用途に供するものに設けたものに限る。）とする。

　一　次のいずれかに該当するものであること。

　　イ　空間との間に壁を有しないこと。

　　ロ　空間から開放し又は破壊して進入できる構造であること。

　二　空間に長さ40m以下の間隔で設けたものであること。

　三　空間の高さ31m以下の部分にあること。

　　　附　則　（略）

建築基準法第21条第１項に規定する建築物の
主要構造部の構造方法を定める件

令和元年６月21日　国土交通省告示第193号

最終改正　令和２年12月28日　国土交通省告示第1593号

　建築基準法（昭和25年法律第201号）第21条第１項の規定に基づき，建築基準法第21条第１項に規定する建築物の主要構造部の構造方法を定める件を次のとおり制定する。

第１　建築基準法施行令（昭和25年政令第338号。以下「令」という。）第109条の５第一号に掲げる基準に適合する建築基準法（以下「法」という。）第21条第１項に規定する建築物の主要構造部の構造方法は，次の各号に掲げる建築物の区分に応じ，それぞれ当該各号に定めるもの（次の各号のうち２以上の号に掲げる建築物に該当するときは，当該２以上の号に定める構造方法のうちいずれかの構造方法）とする。

一　次に掲げる基準に適合する建築物　　準耐火構造（主要構造部である壁，柱，床，はり及び屋根の軒裏にあっては，火災時倒壊防止構造）とすること。

　イ　当該建築物（階段室及び付室を除く。）が，床面積の合計100m²以内ごとに火災時倒壊防止構造の床若しくは壁又は通常火災終了時間防火設備で令第112条第19項第一号に規定する構造であるもので区画されていること。ただし，次の表の左欄に掲げる建築物の部分については，それぞれ同表右欄に定める床面積の合計以内ごとに区画されていれば足りる。

建築物の部分	床面積の合計（単位　m²）
スプリンクラー設備（水源として，水道の用に供する水管を連結したものを除く。），水噴霧消火設備，泡消火設備その他これらに類するもので自動式のもの（以下「スプリンクラー設備等」という。）を設け，天井（天井のない場合においては，屋根。以下同じ。）の室内に面する部分（回り縁，窓台その他これらに類する部分を除く。以下このイ，次号ト及び第四号ロにおいて同じ。）の仕上げを準不燃材料でした部分	200
スプリンクラー設備等を設け，天井の室内に面する部分の仕上げを準不燃材料でした部分（当該部分に設けられた通常火災終了時間防火設備が常時閉鎖又は作動をした状態にあるものである場合に限る。）	500
スプリンクラー設備等を設け，壁及び天井の室内に面する部分の仕上げを準不燃材料でした部分（当該部分に設けられた通常火災終了時間防火設備が常時閉鎖又は作動をした状態にあるものである場合に限る。）	600

　ロ　給水管，配電管その他の管（以下「給水管等」という。）が，イに規定する火災時倒壊防止構造の床又は壁（以下このロ及びハにおいて「防火区画」という。）を貫通する場合においては，次に掲げる基準に適合するものであること。

　　⑴　次の⒤から⒧までに掲げる固有通常火災終了時間の区分に応じ，それぞれ当該⒤から⒧までに定める基準に適合する防火被覆を防火区画の貫通孔の内側に面する部

分に設けていること。

　　(i)　75分以下である場合　　　強化せっこうボード（ボード用原紙を除いた部分の
　　　せっこうの含有率を95％以上，ガラス繊維の含有率を0.4％以上とし，かつ，ひ
　　　る石の含有率を2.5％以上としたものに限る。以下同じ。）を2枚以上張ったもの
　　　で，その厚さの合計が42mm以上であるもの

　　(ii)　75分を超え，90分以下である場合　　　強化せっこうボードを2枚以上張ったも
　　　ので，その厚さの合計が50mm以上であるもの

　　(iii)　90分を超え，105分以下である場合　　　強化せっこうボードを2枚以上張った
　　　もので，その厚さの合計が55mm以上であるもの

　　(iv)　105分を超え，120分以下である場合　　　強化せっこうボードを3枚以上張った
　　　もので，その厚さの合計が61mm以上であるもの

(2)　給水管等と防火区画との隙間がモルタルその他の不燃材料で埋められており，か
　つ，当該不燃材料で埋められた部分及び(1)に規定する防火被覆の外面に次の(i)から
　(iv)までに掲げる固有通常火災終了時間の区分に応じ，それぞれ当該(i)から(iv)までに
　定める基準に適合する防火被覆を設けていること。

　　(i)　75分以下である場合　　　強化せっこうボードを張ったもので，その厚さの合計
　　　が21mm以上であるもの

　　(ii)　75分を超え，90分以下である場合　　　強化せっこうボードを張ったもので，そ
　　　の厚さの合計が25mm以上であるもの

　　(iii)　90分を超え，105分以下である場合　　　強化せっこうボードを張ったもので，
　　　その厚さの合計が28mm以上であるもの

　　(iv)　105分を超え，120分以下である場合　　　強化せっこうボードを張ったもので，
　　　その厚さの合計が31mm以上であるもの

(3)　給水管等の構造が次のいずれかに適合するものであること。

　　(i)　鉄管又は鋼管であること。

　　(ii)　給水管等が防火区画を貫通する部分及び当該貫通する部分から両側に1m以内
　　　の距離にある部分が不燃材料で造られていること。

　　(iii)　給水管等の外径が，給水管等の用途，覆いの有無，材質，肉厚及び固有通常火
　　　災終了時間に応じ，それぞれ次の表に定める数値未満であり，かつ，その内部に
　　　電線等を挿入していない予備配管にあっては，当該予備配管の先端を密閉したも
　　　のであること。

給水管等の用途	覆いの有無	材　質	肉　厚 （単位　mm）	給水管等の外径 （単位　mm）	
				固有通常火災終了時間	
				60分以下で ある場合	60分を超え， 120分以下で ある場合
給水管		難燃材料又 は硬質塩化 ビニル	5.5以上6.6未満	90	90
			6.6以上	115	90
配電管		難燃材料又 は硬質塩化 ビニル	5.5以上	90	90

排水管及び排水管に附属する通気管	厚さ0.5mm以上の鉄板又は鋼板で覆われている場合	難燃材料又は硬質塩化ビニル	5.5以上6.6未満	90	90
			6.6以上	115	90
	その他の場合	難燃材料又は硬質塩化ビニル	4.1以上5.5未満	61	61
			5.5以上	90	61

ハ　換気，暖房又は冷房の設備の風道（以下「換気等設備の風道」という。）が防火区画を貫通する場合においては，当該風道の当該防火区画を貫通する部分又はこれに近接する部分に，昭和48年建設省告示第2565号第三号に定める構造方法を用いる通常火災終了時間防火設備を次に掲げる方法により設けなければならない。

(1)　主要構造部に堅固に取り付けること。

(2)　換気等設備の風道の防火区画を貫通する部分に近接する部分に防火設備を設ける場合にあっては，当該防火設備と当該防火区画との間の風道は，次の(i)から(iii)までに掲げる固有通常火災終了時間の区分に応じ，それぞれ当該(i)から(iii)までに定める厚さ以上の鉄板又は鋼板で造ること。

　　(i)　60分以下である場合　　　1.5mm
　　(ii)　60分を超え，75分以下である場合　　　1.6mm
　　(iii)　75分を超え，90分以下である場合　　　1.8mm

(3)　天井，壁等に一辺の長さが45cm以上の保守点検が容易に行える点検口並びに防火設備の開閉及び作動状態を確認できる検査口を設けること。

ニ　2階以上の階に居室を有するものにあっては，次に掲げる基準に適合する直通階段（傾斜路を含む。）が設けられていること。

(1)　令第123条第3項各号（同項第三号，第四号，第十号及び第十二号を除く。）に掲げる基準に適合していること。

(2)　階段室，バルコニー及び付室は，令第123条第3項第六号の開口部，同項第八号の窓又は(4)の出入口の部分（令第129条の13の3第3項に規定する非常用エレベーターの乗降ロビーの用に供するバルコニー又は付室にあっては，当該エレベーターの昇降路の出入口の部分を含む。）を除き，次の(i)又は(ii)のいずれかに掲げる壁（防火被覆が設けられていないものを除く。）で囲むこと。

　　(i)　次の(一)から(三)までに掲げる固有通常火災終了時間に1.6を乗じた時間の区分に応じ，それぞれ当該(一)から(三)までに定める構造の壁（その全部又は一部に木材を用いた壁に限る。）

　　　(一)　90分を超える場合　　　通常火災終了時間が固有通常火災終了時間に1.6を乗じた時間以上である建築物の壁（非耐力壁である外壁にあっては，延焼のおそれのある部分に限る。以下この(一)，(ii)及び次号チ(2)(i)において同じ。）（法第21条第1項に規定する構造方法を用いるもの又は同項の規定による認定を受けたものに限る。）又は特定避難時間が固有通常火災終了時間に1.6を乗じた時間以上である建築物の壁（法第27条第1項に規定する構造方法を用いるもの又は同項の規定による認定を受けたものに限る。）の構造方法を用いる構造

　　　(二)　75分を超え，90分以下である場合　　　次の(イ)又は(ロ)のいずれかに掲げるもの
　　　(イ)　(一)に定める構造
　　　(ロ)　令和元年国土交通省告示第194号第2第3項第一号イ又はロのいずれかに

　　　　　該当する構造

　　　(三)　75分以下である場合　　　次の(イ)又は(ロ)のいずれかに掲げるもの

　　　　(イ)　(二)に定める構造

　　　　(ロ)　75分間準耐火構造

　　(ii)　次の(一)から(四)までに掲げる固有通常火災終了時間に1.2を乗じた時間の区分に応じ，それぞれ当該(一)から(四)までに定める構造の壁（その全部又は一部に木材を用いた壁以外の壁に限る。）

　　　(一)　90分を超える場合　　　通常火災終了時間が固有通常火災終了時間に1.2を乗じた時間以上である建築物の壁（法第21条第１項に規定する構造方法を用いるもの又は同項の規定による認定を受けたものに限る。）又は特定避難時間が固有通常火災終了時間に1.2を乗じた時間以上である建築物の壁（法第27条第１項に規定する構造方法を用いるもの又は同項の規定による認定を受けたものに限る。）の構造方法を用いる構造

　　　(二)　75分を超え，90分以下である場合　　　次の(イ)又は(ロ)のいずれかに掲げるもの

　　　　(イ)　(一)に定める構造

　　　　(ロ)　令和元年国土交通省告示第194号第２第３項第一号イ又はロのいずれかに該当する構造

　　　(三)　60分を超え，75分以下である場合　　　次の(イ)又は(ロ)のいずれかに掲げるもの

　　　　(イ)　(二)に定める構造

　　　　(ロ)　75分間準耐火構造

　　　(四)　60分以下である場合　　　次の(イ)又は(ロ)のいずれかに掲げるもの

　　　　(イ)　(三)に定める構造

　　　　(ロ)　令和元年国土交通省告示第195号第１第一号イ若しくはニ又は第三号イ若しくはニのいずれかに定める構造方法を用いる構造

　(3)　階段室及び付室の壁及び天井の室内に面する部分の仕上げを不燃材料でしたものであること。

　(4)　屋内からバルコニー又は付室に通ずる出入口には通常火災終了時間防火設備で令第112条第19項第二号に規定する構造であるものを，バルコニー又は付室から階段室に通ずる出入口には法第２条第九号の二ロに規定する防火設備で令第112条第19項第二号に規定する構造であるものを設けていること。

　(5)　バルコニー又は付室の床面積（バルコニーで床面積がないものにあっては，床部分の面積。以下この(5)において同じ。）は10m²以上とし，各階におけるバルコニー又は付室の床面積の合計は，当該階に設ける各居室の床面積に，3/100を乗じたものの合計以上とすること。

　ホ　外壁の開口部（次の(1)から(4)までのいずれにも該当しないものに限る。以下「他の外壁の開口部」という。）の下端の中心点を水平方向に，それぞれ平成27年国土交通省告示第255号第１第一号ロ表１に掲げる式によって計算した水平移動距離又は最大水平移動距離のいずれか短い距離だけ移動したときにできる軌跡上の各点を，垂直上方に同号ロ表２に掲げる式によって計算した垂直移動距離又は最大垂直移動距離のいずれか短い距離だけ移動した時にできる軌跡の範囲内の部分（イの規定により区画された各部分のうち他の外壁の開口部が設けられた部分を除く。）である外壁に設けられた開口部に上階延焼抑制防火設備が設けられていること。

　(1)　昇降機その他の建築設備の機械室，不燃性の物品を保管する室，便所その他これらに類する室で，壁及び天井の室内に面する部分の仕上げを準不燃材料でしたもの

　　　　に設けられたもの
　　⑵　⑴に規定する室のみに隣接する通路その他防火上支障のない通路に設けられたもの
　　⑶　開口部の高さが0.3m以下のもの
　　⑷　開口面積が0.2m²以内のもの
　ヘ　居室に避難上支障がないよう自動火災報知設備が設けられていること。
　ト　周囲（開口部（居室に設けられたものに限る。）がある外壁に面する部分に限り，道に接する部分を除く。）に幅員が３m以上の通路（敷地の接する道まで達するものに限る。第三号ロにおいて同じ。）が設けられていること。
　チ　用途地域が定められていない土地の区域内にある建築物にあっては，当該建築物の各部分（昇降機その他の建築設備の機械室その他これに類する室及び便所その他これに類する室を除く。）にスプリンクラー設備等が設けられていること。
　二　次に掲げる基準に適合する建築物　　準耐火構造（主要構造部である壁，柱，床，はり及び屋根の軒裏にあっては，75分間準耐火構造）とすること。
　イ　地階を除く階数が４以下であること。
　ロ　法別表第１⒤欄⑸項又は⑹項に掲げる用途に供するものでないこと。
　ハ　当該建築物（階段室及び付室の部分を除く。）が，床面積の合計200m²以内ごとに75分間準耐火構造の床若しくは壁又は75分間防火設備で令第112条第19項第一号に規定する構造であるもので区画されていること。ただし，当該防火設備が常時閉鎖又は作動をした状態にあるものである場合にあっては，床面積の合計500m²以内ごとに区画されていれば足りる。
　ニ　ハの規定により区画された部分ごとにスプリンクラー設備等が設けられていること。
　ホ　給水管等がハに規定する75分間準耐火構造の床又は壁（以下このホ及びへにおいて「防火区画」という。）を貫通する場合においては，次に掲げる基準に適合するものであること。
　　⑴　前号ロ⑴⒤に定める基準に適合する防火被覆を防火区画の貫通孔の内側に面する部分に設けていること。
　　⑵　給水管等と防火区画との隙間がモルタルその他の不燃材料で埋められており，かつ，当該不燃材料で埋められた部分及び⑴に規定する防火被覆の外面に前号ロ⑵⒤に定める基準に適合する防火被覆を設けていること。
　　⑶　給水管等の構造が次のいずれかに適合するものであること。
　　　⒤　鉄管又は鋼管であること。
　　　⒥　給水管等が防火区画を貫通する部分及び当該貫通する部分から両側に１m以内の距離にある部分が不燃材料で造られていること。
　　　⒦　給水管等の外径が，給水管等の用途，覆いの有無，材質及び肉厚に応じ，次の表に定める数値未満であり，かつ，その内部に電線等を挿入していない予備配管にあっては，当該予備配管の先端を密閉したものであること。

給水管等の用途	覆いの有無	材　質	肉　厚 （単位　mm）	給水管等の外径 （単位　mm）
給水管		難燃材料又は硬質塩化ビニル	5.5以上	90
配電管		難燃材料又は硬質塩化ビニル	5.5以上	90

排水管及び排水管に附属する通気管	厚さ0.5mm以上の鉄板又は鋼板で覆われている場合	難燃材料又は硬質塩化ビニル	5.5以上	90
	その他の場合	難燃材料又は硬質塩化ビニル	4.1以上	61

ヘ　換気等設備の風道が防火区画を貫通する場合においては，当該風道の当該防火区画を貫通する部分又はこれに近接する部分に，昭和48年建設省告示第2565号第三号に定める構造方法を用いる75分間防火設備を次に掲げる方法により設けなければならない。

(1)　主要構造部に堅固に取り付けること。

(2)　換気等設備の風道の防火区画を貫通する部分に近接する部分に防火設備を設ける場合にあっては，当該防火設備と当該防火区画との間の風道は，厚さ1.6mm以上の鉄板又は鋼板で造ること。

(3)　天井，壁等に一辺の長さが45cm以上の保守点検が容易に行える点検口並びに防火設備の開閉及び作動状態を確認できる検査口を設けること。

ト　天井の室内に面する部分の仕上げが準不燃材料でされていること。

チ　2階以上の階に居室を有するものにあっては，次に掲げる基準に適合する直通階段（傾斜路を含む。）が設けられていること。

(1)　前号ニ(1)，(3)及び(5)に掲げる基準に適合していること。

(2)　階段室，バルコニー及び付室は，令第123条第3項第六号の開口部，同項第八号の窓又は(3)の出入口の部分（令第129条の13の3第3項に規定する非常用エレベーターの乗降ロビーの用に供するバルコニー又は付室にあっては，当該エレベーターの昇降路の出入口の部分を含む。）を除き，次の(i)又は(ii)のいずれかに掲げる壁（防火被覆が設けられていないものを除く。）で囲むこと。

(i)　その全部又は一部に木材を用いた壁で通常火災終了時間が2時間以上である建築物の壁（法第21条第1項に規定する構造方法を用いるもの又は同項の規定による認定を受けたものに限る。）又は特定避難時間が2時間以上である建築物の壁（法第27条第1項に規定する構造方法を用いるもの又は同項の規定による認定を受けたものに限る。）の構造方法を用いるもの

(ii)　令和元年国土交通省告示第194号第2第3項第一号イ又はロのいずれかに該当する構造の壁（その全部又は一部に木材を用いたものを除く。）

(3)　屋内からバルコニー又は付室に通ずる出入口には75分間防火設備で令第112条第19項第二号に規定する構造であるものを，バルコニー又は付室から階段室に通ずる出入口には法第2条第九号の二ロに規定する防火設備で令第112条第19項第二号に規定する構造であるものを設けること。

リ　他の外壁の開口部の下端の中心点を水平方向に，それぞれ平成27年国土交通省告示第255号第1第一号ロ表1に掲げる式により計算した水平移動距離又は最大水平移動距離のいずれか短い距離だけ移動したときにできる軌跡上の各点を，垂直上方に同号ロ表2に掲げる式により計算した垂直移動距離又は最大垂直移動距離のいずれか短い距離だけ移動したときにできる軌跡の範囲内の部分（ハの規定により区画された各部分のうち他の外壁の開口部が設けられた部分を除く。）である外壁に設けられた開口部に法第2条第九号の二ロに規定する防火設備が設けられていること。

ヌ　前号ヘ及びトに掲げる基準に適合していること。

　　　ル　廊下その他の避難の用に供する部分に令第126条の3第1項に掲げる基準に適合する排煙設備が設けられ、又は当該部分が外気に有効に開放されていること。

　　　ヲ　用途地域が定められている土地の区域内にある建築物であること。

　　三　次に掲げる基準に適合する建築物（倉庫又は自動車車庫の用途に供するものを除く。）

　　　準耐火構造（主要構造部である壁、柱、床、はり及び屋根の軒裏にあっては、1時間準耐火基準に適合する準耐火構造）とすること。

　　　イ　地階を除く階数が3以下であること。

　　　ロ　周囲（道に接する部分を除く。）に幅員が3m以上の通路が設けられていること。ただし、次に掲げる基準に適合する建築物については、この限りでない。

　　　　(1)　延べ面積が200m²を超えるものにあっては、床面積の200m²以内ごとに1時間準耐火基準に適合する準耐火構造の床若しくは壁又は法第2条第九号の二ロに規定する防火設備で区画されていること。

　　　　(2)　外壁の開口部から当該開口部のある階の上階の開口部へ延焼するおそれがある場合においては、当該外壁の開口部の上部にひさしその他これに類するもので、次の(i)から(iv)までのいずれかに掲げる構造方法を用いるものが、防火上有効に設けられていること。

　　　　　(i)　準耐火構造の床又は壁に用いる構造とすること。

　　　　　(ii)　防火構造の外壁に用いる構造とすること。

　　　　　(iii)　令第109条の3第二号ハに規定する3階以上の階における床に用いる構造又は令第115条の2第1項第四号に規定する1階の床（直下に地階がある部分に限る。）及び2階の床（通路等の床を除く。）に用いる構造とすること。

　　　　　(iv)　不燃材料で造ること。

　　四　次に掲げる基準に適合する建築物（倉庫又は自動車車庫の用途に供するものを除く。）

　　　令第115条の2第1項第四号から第六号まで、第八号及び第九号の規定に適合する構造とすること。

　　　イ　地階を除く階数が2以下であること。

　　　ロ　建築物の各室及び各通路について、壁（床面からの高さが1.2m以下の部分を除く。）及び天井の室内に面する部分の仕上げが難燃材料でされ、又はスプリンクラー設備、水噴霧消火設備、泡消火設備その他これらに類するもので自動式のもの及び令第126条の3の規定に適合する排煙設備が設けられていること。

　　　ハ　令第46条第2項第一号イ及びロに掲げる基準に適合していること。

　2　前項及び第7項の「火災時倒壊防止構造」は、次の各号に掲げる建築物の部分の区分に応じ、それぞれ当該各号に定める基準に適合する構造をいう。

　　一　耐力壁　　次に掲げる基準

　　　イ　自重又は積載荷重（令第86条第2項ただし書の規定によって特定行政庁が指定する多雪区域における建築物にあっては、自重、積載荷重又は積雪荷重）を支える部分の全部又は一部に木材を用いた建築物（以下この項及び第8項において「木造建築物」という。）の耐力壁（その全部又は一部に木材を用いたものでその全部又は一部に防火被覆を設けていないものに限る。）にあっては、次の(1)又は(2)のいずれかに掲げる基準に適合していること。

　　　　(1)　構造用集成材、構造用単板積層材又は直交集成板（それぞれ集成材の日本農林規格（平成19年農林水産省告示第1152号）第2条、単板積層材の日本農林規格（平成20年農林水産省告示第701号）第1部箇条3又は直交集成板の日本農林規格（平成25年農林水産省告示第3079号）箇条3に規定する使用環境A又はBの表示をして

あるものに限る。以下この項及び第８項において同じ。）を使用するものであり，かつ，次に掲げる基準に適合する構造であるほか，取合いの部分，目地の部分その他これらに類する部分（以下この項及び第８項において「取合い等の部分」という。）が，当該取合い等の部分の裏面に当て木を設ける等当該建築物の内部への炎の侵入を有効に防止することができる構造（以下この項及び第８項において「炎侵入防止構造」という。）であること。

(i)　当該耐力壁の接合部の構造方法が，次に定める基準に従って，通常の火災時の加熱に対して耐力の低下を有効に防止することができる構造であること。

(一)　接合部のうち木材で造られた部分の片側（当該耐力壁が面する室内において発生する火災による火熱が当該耐力壁の両側に同時に加えられるおそれがある場合にあっては，両側。第８項において同じ。）の表面（木材その他の材料で防火上有効に被覆された部分を除く。）から内側に，次の(イ)又は(ロ)に掲げる場合の区分に応じ，それぞれ当該(イ)又は(ロ)に定める値の部分が除かれたときの残りの部分が，当該接合部の存在応力を伝えることができる構造であること。

(イ)　構造用集成材，構造用単板積層材又は直交集成板に使用する接着剤（以下単に「接着剤」という。）として，フェノール樹脂，レゾルシノール樹脂又はレゾルシノール・フェノール樹脂（以下「フェノール樹脂等」という。）を使用する場合（構造用集成材又は直交集成板を使用する場合にあっては，ラミナの厚さが12mm 以上である場合に限る。）　次に掲げる式によって計算した値

$$D_1 = 8.25 \times 10^{-2} t_{ff(nc)}$$

この式において，D_1 及び $t_{ff(nc)}$ は，それぞれ次の数値を表すものとする。

D_1　　燃えしろ深さ（単位　cm）

$t_{ff(nc)}$　　補正固有通常火災終了時間（単位　min）

(ロ)　接着剤として，フェノール樹脂等以外のものを使用する場合（構造用集成材又は直交集成板を使用する場合にあっては，ラミナの厚さが21mm 以上である場合に限る。）　次に掲げる式によって計算した値

$$D_2 = 7.5 \times 10^{-2} k_c t_{ff(nc)}$$

この式において，D_2, k_c 及び $t_{ff(nc)}$ は，それぞれ次の数値を表すものとする。

D_2　　燃えしろ深さ（単位　cm）

k_c　　次の表の左欄に掲げる補正固有通常火災終了時間の区分に応じ，それぞれ同表の右欄に定める炭化速度係数

75分以下である場合	1.45
75分を超え，90分以下である場合	1.6
90分を超え，120分以下である場合	1.8
120分を超え，180分以下である場合	2.0

$t_{ff(nc)}$　　補正固有通常火災終了時間（単位　min）

(二)　接合部にボルト，ドリフトピン，釘，木ねじその他これらに類するものを用いる場合においては，これらが木材その他の材料で防火上有効に被覆されていること。

(三)　接合部に鉄材又は鋼材の添え板その他これに類するものを用いる場合におい

ては，これらが埋め込まれ，又は挟み込まれていること。ただし，木材その他の材料で防火上有効に被覆されている場合においては，この限りでない。

(ⅱ)　当該耐力壁を有する建築物全体が，次に定める基準に従った構造計算によって通常の火災により容易に倒壊するおそれのないことが確かめられた構造であること。

(一)　主要構造部である耐力壁のうち木材で造られた部分の表面（木材その他の材料で防火上有効に被覆された部分を除く。）から内側に，(ⅰ)(一)(イ)は(ロ)に掲げる場合の区分に応じ，それぞれ当該(イ)又は(ロ)に定める値の部分が除かれたときの残りの断面（(二)及び(ⅲ)において「残存断面」という。）について，令第82条第二号の表に掲げる長期の組合せによる各応力の合計により，長期応力度を計算すること。

(二)　(一)によって計算した長期応力度が，残存断面について令第94条の規定に基づき計算した短期の許容応力度を超えないことを確かめること。

(ⅲ)　残存断面の厚さが20cm以上であること。

(2)　次の(ⅰ)から(ⅲ)までに掲げる補正固有通常火災終了時間の区分に応じ，それぞれ当該(ⅰ)から(ⅲ)までに定める構造とするほか，取合い等の部分が炎侵入防止構造であること。

(ⅰ)　75分を超える場合　　通常火災終了時間が補正固有通常火災終了時間以上である建築物の耐力壁（法第21条第1項に規定する構造方法を用いるもの又は同項の規定による認定を受けたものに限る。）又は特定避難時間が補正固有通常火災終了時間以上である建築物の耐力壁（法第27条第1項に規定する構造方法を用いるもの又は同項の規定による認定を受けたものに限る。）の構造方法を用いる構造

(ⅱ)　60分を超え，75分以下である場合　　次の(一)又は(二)のいずれかに掲げる構造

(一)　(ⅰ)に定める構造

(二)　75分間準耐火構造

(ⅲ)　60分以下である場合　　次の(一)又は(二)のいずれかに掲げる構造

(一)　(ⅱ)(一)又は(二)のいずれかに掲げる構造

(二)　令和元年国土交通省告示第195号第1第一号ホに定める構造方法を用いる構造

ロ　木造建築物の耐力壁（イに規定するものを除く。）にあっては，次の(1)から(4)までに掲げる固有通常火災終了時間の区分に応じ，それぞれ当該(1)から(4)までに定める構造とするほか，取合い等の部分が炎侵入防止構造であること。

(1)　90分を超える場合　　通常火災終了時間が固有通常火災終了時間以上である建築物の耐力壁（法第21条第1項に規定する構造方法を用いるもの又は同項の規定による認定を受けたものに限る。）又は特定避難時間が固有通常火災終了時間以上である建築物の耐力壁（法第27条第1項に規定する構造方法を用いるもの又は同項の規定による認定を受けたものに限る。）の構造方法を用いる構造

(2)　75分を超え，90分以下である場合　　次の(ⅰ)又は(ⅱ)のいずれかに掲げる構造

(ⅰ)　(1)に定める構造

(ⅱ)　令和元年国土交通省告示第194号第2第3項第一号イ又はロのいずれかに該当する構造

(3)　60分を超え，75分以下である場合　　次の(ⅰ)又は(ⅱ)のいずれかに掲げる構造

(ⅰ)　(2)(ⅰ)又は(ⅱ)のいずれかに掲げる構造

(ⅱ)　75分間準耐火構造

(4)　60分以下である場合　　次の(ⅰ)又は(ⅱ)のいずれかに掲げる構造

　　(i)　(3)(i)又は(ii)のいずれかに掲げる構造

　　(ii)　令和元年国土交通省告示第195号第1第一号イ，ハ若しくはニ又は第三号イ，ハ若しくはニのいずれかに定める構造方法を用いる構造

二　非耐力壁　　次に掲げる基準

　イ　木造建築物の非耐力壁（その全部又は一部に木材を用いたものでその全部又は一部に防火被覆を設けていないものに限る。）にあっては，次の(1)又は(2)のいずれかに掲げる基準に適合していること。

　　(1)　構造用集成材，構造用単板積層材又は直交集成板を使用するものであり，かつ，当該非耐力壁の厚さが次の(i)又は(ii)に掲げる場合の区分に応じ，それぞれ当該(i)又は(ii)に定める値以上であるほか，取合い等の部分が炎侵入防止構造であること。

　　　(i)　接着剤として，フェノール樹脂等を使用する場合（構造用集成材を使用する場合にあってはラミナの厚さが12mm 以上の場合に限り，直交集成板を使用する場合にあってはラミナの厚さが12mm 以上で，かつ，加熱面の表面から前号イ(1)(i)(一)(イ)に定める値の部分が除かれたときに，互いに接着された平行層と直交層が存在する場合に限る。）　　次に掲げる式によって計算した値

$$D_{t1} = 8.25 \times 10^{-2} t_{ff(nc)} + 3$$

　　　　この式において，D_{t1} 及び $t_{ff(nc)}$ は，それぞれ次の数値を表すものとする。

　　　　　D_{t1}　　厚さ（単位　cm）

　　　　　$t_{ff(nc)}$　　補正固有通常火災終了時間（単位　min）

　　　(ii)　接着剤として，フェノール樹脂等以外のものを使用する場合（構造用集成材を使用する場合にあってはラミナの厚さが21mm 以上の場合に限り，直交集成板を使用する場合にあってはラミナの厚さが21mm 以上で，かつ，加熱面の表面から前号イ(1)(i)(一)(ロ)に定める値の部分が除かれたときに，互いに接着された平行層と直交層が存在する場合に限る。）　　次に掲げる式によって計算した値

$$D_{t2} = 7.5 \times 10^{-2} k_c t_{ff(nc)} + 3$$

　　　　この式において，D_{t2}，k_c 及び $t_{ff(nc)}$ は，それぞれ次の数値を表すものとする。

　　　　　D_{t2}　　厚さ（単位　cm）

　　　　　k_c　　前号イ(1)(i)(一)(ロ)に規定する炭化速度係数

　　　　　$t_{ff(nc)}$　　補正固有通常火災終了時間（単位　min）

　　(2)　次の(i)から(iii)までに掲げる補正固有通常火災終了時間の区分に応じ，それぞれ当該(i)から(iii)までに定める構造とするほか，取合い等の部分が炎侵入防止構造であること。

　　　(i)　75分を超える場合　　通常火災終了時間が補正固有通常火災終了時間以上である建築物の非耐力壁（外壁にあっては，延焼のおそれのある部分に限る。以下この(i)，ロ(1)及び第8項第二号イ(2)において同じ。）（法第21条第1項に規定する構造方法を用いるもの又は同項の規定による認定を受けたものに限る。）又は特定避難時間が補正固有通常火災終了時間以上である建築物の非耐力壁（法第27条第1項に規定する構造方法を用いるもの又は同項の規定による認定を受けたものに限る。）の構造方法を用いる構造

　　　(ii)　60分を超え，75分以下である場合　　次の(一)又は(二)のいずれかに掲げる構造

　　　　(一)　(i)に定める構造

　　　　(二)　75分間準耐火構造

　　　(iii)　60分以下である場合　　次の(一)又は(二)のいずれかに掲げる構造

　　　　(一)　(ii)(一)又は(二)のいずれかに掲げる構造

㈡　令和元年国土交通省告示第195号第1第二号ニに定める構造方法を用いる構
造

ロ　木造建築物の非耐力壁（イに規定するものを除く。）にあっては，次の⑴から⑷ま
でに掲げる固有通常火災終了時間の区分に応じ，それぞれ当該⑴から⑷までに定める
構造とするほか，取合い等の部分が炎侵入防止構造であること。

⑴　90分を超える場合　　通常火災終了時間が固有通常火災終了時間以上である建築
物の非耐力壁（法第21条第1項に規定する構造方法を用いるもの又は同項の規定に
よる認定を受けたものに限る。）又は特定避難時間が固有通常火災終了時間以上で
ある建築物の非耐力壁（法第27条第1項に規定する構造方法を用いるもの又は同項
の規定による認定を受けたものに限る。）の構造方法を用いる構造

⑵　75分を超え，90分以下である場合　　次の⒤又は⑪のいずれかに掲げる構造

⒤　⑴に定める構造

⑪　和元年国土交通省告示第194号第2第3項第一号イ又はロのいずれかに該当す
る構造

⑶　60分を超え，75分以下である場合　　次の⒤又は⑪のいずれかに掲げる構造

⒤　⑵⒤又は⑪のいずれかに掲げる構造

⑪　75分間準耐火構造

⑷　60分以下である場合　　次の⒤又は⑪のいずれかに掲げる構造

⒤　⑶⒤又は⑪のいずれかに掲げる構造

⑪　令和元年国土交通省告示第195号第1第二号イ若しくはハ又は第四号イ若しく
はハのいずれかに定める構造方法を用いる構造

三　柱　　次に掲げる基準

イ　木造建築物の柱（その全部又は一部に木材を用いたものでその全部又は一部に防火
被覆を設けていないものに限る。）にあっては，次の⑴又は⑵のいずれかに掲げる基
準に適合していること。

⑴　構造用集成材又は構造用単板積層材を使用するものであり，かつ，次に掲げる基
準に適合する構造であるほか，取合い等の部分が炎侵入防止構造であること。

⒤　令第46条第2項第一号イ及びロに掲げる基準に適合していること。

⑪　当該柱を接合する継手又は仕口が，昭和62年建設省告示第1901号に定める基準
に従って，通常の火災時の加熱に対して耐力の低下を有効に防止することができ
る構造であること。この場合において，同告示第一号イ中「2.5cm」とあるのは
「令和元年国土交通省告示第193号第1第2項第一号イ⑴⒤㈠〜㈠又は㈡に掲げる場
合の区分に応じ，それぞれ当該㈠又は㈡に定める値」と読み替えるものとする。

⑬　当該柱を有する建築物全体が，昭和62年建設省告示第1902号に定める基準に
従った構造計算によって通常の火災により容易に倒壊するおそれのないことが確
かめられた構造であること。この場合において，同告示第二号イ中「2.5cm」と
あるのは「令和元年国土交通省告示第193号第1第2項第一号イ⑴⒤㈠〜㈠又は㈡
に掲げる場合の区分に応じ，それぞれ当該㈠又は㈡に定める値」と読み替えるも
のとする。

⑭　主要構造部である柱のうち木材で造られた部分の表面（木材その他の材料で防
火上有効に被覆された部分を除く。）から内側に，第一号⑴⒤㈠〜㈠又は㈡に掲
げる場合の区分に応じ，それぞれ当該㈠又は㈡に定める値の部分が除かれたとき
の残りの断面の小径が，20cm以上であること。

⑵　次の⒤から⑬までに掲げる補正固有通常火災終了時間の区分に応じ，それぞれ当

該(i)から(iii)までに定める構造とするほか，取合い等の部分が炎侵入防止構造であること。

(i)　75分を超える場合　　通常火災終了時間が補正固有通常火災終了時間以上である建築物の柱（法第21条第１項に規定する構造方法を用いるもの又は同項の規定による認定を受けたものに限る。）又は特定避難時間が補正固有通常火災終了時間以上である建築物の柱（法第27条第１項に規定する構造方法を用いるもの又は同項の規定による認定を受けたものに限る。）の構造方法を用いる構造

(ii)　60分を超え，75分以下である場合　　次の(一)又は(二)のいずれかに掲げる構造

(一)　(i)に定める構造

(二)　75分間準耐火構造

(iii)　60分以下である場合　　次の(一)又は(二)のいずれかに掲げる構造

(一)　(ii)(一)又は(二)のいずれかに掲げる構造

(二)　令和元年国土交通省告示第195号第２第三号イからニまでに掲げる基準に適合する構造

ロ　木造建築物の柱（イに規定するものを除く。）にあっては，次の(1)から(5)までに掲げる固有通常火災終了時間の区分に応じ，それぞれ当該(1)から(5)までに定める構造とするほか，取合い等の部分が炎侵入防止構造であること。

(1)　180分を超える場合　　通常火災終了時間が固有通常火災終了時間以上である建築物の柱（法第21条第１項に規定する構造方法を用いるもの又は同項の規定による認定を受けたものに限る。）又は特定避難時間が固有通常火災終了時間以上である建築物の柱（法第27条第１項に規定する構造方法を用いるもの又は同項の規定による認定を受けたものに限る。）の構造方法を用いる構造

(2)　120分を超え，180分以下である場合　　次の(i)又は(ii)のいずれかに掲げる構造

(i)　(1)に定める構造

(ii)　耐火構造（３時間通常の火災による火熱が加えられた場合に，構造耐力上支障のある変形，溶融，破壊その他の損傷を生じないものに限る。）

(3)　75分を超え，120分以下である場合　　次の(i)又は(ii)のいずれかに掲げる構造

(i)　(2)(i)又は(ii)のいずれかに掲げる構造

(ii)　耐火構造（２時間通常の火災による火熱が加えられた場合に，構造耐力上支障のある変形，溶融，破壊その他の損傷を生じないものに限る。）

(4)　60分を超え，75分以下である場合　　次の(i)又は(ii)のいずれかに掲げる構造

(i)　(3)(i)又は(ii)のいずれかに掲げる構造

(ii)　75分間準耐火構造

(5)　60分以下である場合　　次の(i)又は(ii)のいずれかに掲げる構造

(i)　(4)(i)又は(ii)のいずれかに掲げる構造

(ii)　令和元年国土交通省告示第195号第２第一号又は第三号のいずれかに定める構造方法（第三号イからニまでに掲げる基準に適合する構造とすることを除く。）を用いる構造

四　床　　次に掲げる基準

イ　木造建築物の床（その全部又は一部に木材を用いたものでその全部又は一部に防火被覆を設けていないものに限る。）にあっては，次の(1)又は(2)のいずれかに掲げる基準に適合していること。

(1)　構造用集成材，構造用単板積層材又は直交集成板を使用するものであり，かつ，次に掲げる基準に適合する構造であるほか，取合い等の部分が炎侵入防止構造であ

ること。

(i)　当該床の接合部の構造方法が，次に定める基準に従って，通常の火災時の加熱に対して耐力の低下を有効に防止することができる構造であること。

　(一)　接合部のうち木材で造られた部分の表面（木材その他の材料で防火上有効に被覆された部分を除く。）から内側に，第一号イ(1)(i)(一)(イ)又は(ロ)に掲げる場合の区分に応じ，それぞれ当該(イ)又は(ロ)に定める値の部分が除かれたときの残りの部分が，当該接合部の存在応力を伝えることができる構造であること。

　(二)　第一号イ(1)(i)(一)及び(二)に定める基準。

(ii)　当該床を有する建築物全体が，次に定める基準に従った構造計算によって通常の火災により容易に倒壊するおそれのないことが確かめられた構造であること。

　(一)　主要構造部である床のうち木材で造られた部分の表面（木材その他の材料で防火上有効に被覆された部分を除く。）から内側に，第一号イ(1)(i)(一)(イ)又は(ロ)に掲げる場合の区分に応じ，それぞれ当該(イ)又は(ロ)に定める値の部分が除かれたときの残りの断面（(二)及び(iii)において「残存断面」という。）について，令第82条第二号の表に掲げる長期の組合せによる各応力の合計により，長期応力度を計算すること。

　(二)　(一)によって計算した長期応力度が，残存断面について令第94条の規定に基づき計算した短期の許容応力度を超えないことを確かめること。

(iii)　残存断面の厚さが20cm 以上であること。

(iv)　床の上面に次の(一)から(四)までに掲げる固有通常火災終了時間の区分に応じ，それぞれ当該(一)から(四)までに定める基準に適合する防火被覆を設けていること。

　(一)　105分を超え，120分以下である場合　　強化せっこうボードを3枚以上張ったもので，その厚さの合計が61mm 以上であるもの

　(二)　90分を超え，105分以下である場合　　強化せっこうボードを2枚以上張ったもので，その厚さの合計が55mm 以上であるもの

　(三)　75分を超え，90分以下である場合　　強化せっこうボードを2枚以上張ったもので，その厚さの合計が50mm 以上であるもの

　(四)　75分以下である場合　　強化せっこうボードを2枚以上張ったもので，その厚さの合計が42mm 以上であるもの

(2)　次の(i)から(iii)までに掲げる補正固有通常火災終了時間の区分に応じ，それぞれ当該(i)から(iii)までに定める構造とするほか，取合い等の部分が炎侵入防止構造であること。

(i)　75分を超える場合　　通常火災終了時間が補正固有通常火災終了時間以上である建築物の床（法第21条第1項に規定する構造方法を用いるもの又は同項の規定による認定を受けたものに限る。）又は特定避難時間が補正固有通常火災終了時間以上である建築物の床（法第27条第1項に規定する構造方法を用いるもの又は同項の規定による認定を受けたものに限る。）の構造方法を用いる構造

(ii)　60分を超え，75分以下である場合　　次の(一)又は(二)のいずれかに掲げる構造

　(一)　(i)に定める構造

　(二)　75分間準耐火構造

(iii)　60分以下である場合　　次の(一)又は(二)のいずれかに掲げる構造

　(一)　(ii)(一)又は(二)のいずれかに掲げる構造

　(二)　令和元年国土交通省告示第195号第3第四号に定める構造方法を用いる構造

ロ　木造建築物の床（イに規定するものを除く。）にあっては，次の(1)から(4)までに掲

げる固有通常火災終了時間の区分に応じ，それぞれ当該(1)から(4)までに定める構造とするほか，取合い等の部分が炎侵入防止構造であること。

(1)　90分を超える場合　　通常火災終了時間が固有通常火災終了時間以上である建築物の床（法第21条第1項に規定する構造方法を用いるもの又は同項の規定による認定を受けたものに限る。）又は特定避難時間が固有通常火災終了時間以上である建築物の床（法第27条第1項に規定する構造方法を用いるもの又は同項の規定による認定を受けたものに限る。）の構造方法を用いる構造

(2)　75分を超え，90分以下である場合　　次の(i)又は(ii)のいずれかに掲げる構造
　　(i)　(1)に定める構造
　　(ii)　平成27年国土交通省告示第250号第2第一号イ(1)から(5)までのいずれかに掲げる構造

(3)　60分を超え，75分以下である場合　　次の(i)又は(ii)のいずれかに掲げる構造
　　(i)　(2)(i)又は(ii)のいずれかに該当する構造
　　(ii)　75分間準耐火構造

(4)　60分以下である場合　　次の(i)又は(ii)のいずれかに掲げる構造
　　(i)　(3)(i)又は(ii)のいずれかに掲げる構造
　　(ii)　令和元年国土交通省告示第195号第3第一号又は第三号のいずれかに定める構造方法を用いる構造

五　はり　　次に掲げる基準

イ　木造建築物のはり（その全部又は一部に木材を用いたものでその全部又は一部に防火被覆を設けていないものに限る。）にあっては，次の(1)又は(2)のいずれかに掲げる基準に適合していること。

(1)　構造用集成材又は構造用単板積層材を使用するものであり，かつ，次に掲げる基準に適合する構造であるほか，取合い等の部分が炎侵入防止構造であること。
　　(i)　令第46条第2項第一号イ及びロに掲げる基準に適合していること。
　　(ii)　当該はりを接合する継手又は仕口が，昭和62年建設省告示第1901号に定める基準に従って，通常の火災時の加熱に対して耐力の低下を有効に防止することができる構造であること。この場合において，同告示第一号イ中「2.5cm」とあるのは「令和元年国土交通省告示第193号第1第2項第一号イ(1)(i)→(イ)又は(ロ)に掲げる場合の区分に応じ，それぞれ当該(イ)又は(ロ)に定める値」と読み替えるものとする。
　　(iii)　当該はりを有する建築物全体が，昭和62年建設省告示第1902号に定める基準に従った構造計算によって，通常の火災により容易に倒壊するおそれのないことが確かめられた構造であること。この場合において，同告示第二号イ中「2.5cm」とあるのは「令和元年国土交通省告示第193号第1第2項第一号イ(1)(i)→(イ)又は(ロ)に掲げる場合の区分に応じ，それぞれ当該(イ)又は(ロ)に定める値」と読み替えるものとする。
　　(iv)　主要構造部であるはりのうち木材で造られた部分の表面（木材その他の材料で防火上有効に被覆された部分を除く。）から内側に，第一号イ(1)(i)→(イ)又は(ロ)に掲げる場合の区分に応じ，それぞれ当該(イ)又は(ロ)に定める値の部分が除かれたときの残りの断面の小径が，20cm以上であること。

(2)　次の(i)から(iii)までに掲げる補正固有通常火災終了時間の区分に応じ，それぞれ当該(i)から(iii)までに定める構造とするほか，取合い等の部分が炎侵入防止構造であること。

　　　㈠　75分を超える場合　　　通常火災終了時間が補正固有通常火災終了時間以上である建築物のはり（法第21条第１項に規定する構造方法を用いるもの又は同項の規定による認定を受けたものに限る。）又は特定避難時間が補正固有通常火災終了時間以上である建築物のはり（法第27条第１項に規定する構造方法を用いるもの又は同項の規定による認定を受けたものに限る。）の構造方法を用いる構造

　　　㈡　60分を超え，75分以下である場合　　　次の㈠又は㈡のいずれかに掲げる構造
　　　　　㈠　㈠に定める構造
　　　　　㈡　75分間準耐火構造

　　　㈢　60分以下である場合　　　次の㈠又は㈡のいずれかに掲げる構造
　　　　　㈠　㈡㈠又は㈡のいずれかに掲げる構造
　　　　　㈡　令和元年国土交通省告示第195号第４第三号イからニまでに掲げる基準に適合する構造

　ロ　木造建築物のはり（イに規定するものを除く。）にあっては，次の⑴から⑸までに掲げる固有通常火災終了時間の区分に応じ，それぞれ当該⑴から⑸までに定める構造とするほか，取合い等の部分が炎侵入防止構造であること。

　　⑴　180分を超える場合　　　通常火災終了時間が固有通常火災終了時間以上である建築物のはり（法第21条第１項に規定する構造方法を用いるもの又は同項の規定による認定を受けたものに限る。）又は特定避難時間が固有通常火災終了時間以上である建築物のはり（法第27条第１項に規定する構造方法を用いるもの又は同項の規定による認定を受けたものに限る。）の構造方法を用いる構造

　　⑵　120分を超え，180分以下である場合　　　次の㈠又は㈡のいずれかに掲げる構造
　　　㈠　⑴に定める構造
　　　㈡　耐火構造（３時間通常の火災による火熱が加えられた場合に，構造耐力上支障のある変形，溶融，破壊その他の損傷を生じないものに限る。）

　　⑶　75分を超え，120分以下である場合　　　次の㈠又は㈡のいずれかに掲げる構造
　　　㈠　⑵㈠又は㈡のいずれかに掲げる構造
　　　㈡　耐火構造（２時間通常の火災による火熱が加えられた場合に，構造耐力上支障のある変形，溶融，破壊その他の損傷を生じないものに限る。）

　　⑷　60分を超え，75分以下である場合　　　次の㈠又は㈡のいずれかに掲げる構造
　　　㈠　⑶㈠又は㈡のいずれかに掲げる構造
　　　㈡　75分間準耐火構造

　　⑸　60分以下である場合　　　次の㈠又は㈡のいずれかに掲げる構造
　　　㈠　⑷㈠又は㈡のいずれかに掲げる構造
　　　㈡　令和元年国土交通省告示第195号第４第一号又は第三号のいずれかに定める構造方法（第三号イからニまでに掲げる基準に適合する構造とすることを除く。）を用いる構造

　六　軒裏　　　次に掲げる基準
　イ　木造建築物の軒裏（その全部又は一部に木材を用いたものでその全部又は一部に防火被覆を設けていないものに限る。）にあっては，次の⑴又は⑵のいずれかに掲げる基準に適合していること。

　　⑴　構造用集成材，構造用単板積層材又は直交集成板を使用するものであり，かつ，当該軒裏の厚さが第二号イ⑴㈠又は㈡に掲げる場合の区分に応じ，それぞれ当該㈠又は㈡に定める値以上であるほか，取合い等の部分が炎侵入防止構造であること。

　　⑵　次の㈠又は㈡に掲げる補正固有通常火災終了時間の区分に応じ，それぞれ当該㈠

又は⒤に定める構造とするほか，取合い等の部分が炎侵入防止構造であること。

　⒤　75分を超える場合　　通常火災終了時間が補正固有通常火災終了時間以上である建築物の軒裏（延焼のおそれがある部分に限る。以下この⒤，ロ⑴及び第８項第六号イ⑵において同じ。）（法第21条第１項に規定する構造方法を用いるもの又は同項の規定による認定を受けたものに限る。）又は特定避難時間が補正固有通常火災終了時間以上である建築物の軒裏（法第27条第１項に規定する構造方法を用いるもの又は同項の規定による認定を受けたものに限る。）の構造方法を用いる構造

　⒤　75分以下である場合　　次の㈠又は㈡のいずれかに掲げる構造
　　㈠　⒤に定める構造
　　㈡　75分間準耐火構造

　ロ　木造建築物の軒裏（イに規定するものを除く。）にあっては，次の⑴から⑷までに掲げる固有通常火災終了時間の区分に応じ，それぞれ当該⑴から⑷までに定める構造とするほか，取合い等の部分が炎侵入防止構造であること。

　⑴　90分を超える場合　　通常火災終了時間が固有通常火災終了時間以上である建築物の軒裏（法第21条第１項に規定する構造方法を用いるもの又は同項の規定による認定を受けたものに限る。）又は特定避難時間が固有通常火災終了時間以上である建築物の軒裏（法第27条第１項に規定する構造方法を用いるもの又は同項の規定による認定を受けたものに限る。）の構造方法を用いる構造

　⑵　75分を超え，90分以下である場合　　次の⒤又は⒤のいずれかに掲げる構造
　　⒤　⑴に定める構造
　　⒤　令和元年国土交通省告示第194号第２第３項第二号イ又はロのいずれかに該当する構造

　⑶　60分を超え，75分以下である場合　　次の⒤又は⒤のいずれかに掲げる構造
　　⒤　⑵⒤又は⒤のいずれかに掲げる構造
　　⒤　75分間準耐火構造

　⑷　60分以下である場合　　次の⒤又は⒤のいずれかに掲げる構造
　　⒤　⑶⒤又は⒤のいずれかに掲げる構造
　　⒤　令和元年国土交通省告示第195号第５第二号又は第三号のいずれかに定める構造方法を用いる構造

3　第１項の「通常火災終了時間防火設備」は，次の各号に掲げる当該建築物の固有通常火災終了時間の区分に応じ，それぞれ当該各号に定める防火設備（周囲の部分（防火設備から内側に15cm以内の間に設けられた建具がある場合においては，その建具を含む。）が不燃材料で造られた開口部に取り付けられたものであって，枠若しくは他の防火設備と接する部分を相じゃくりとし，又は定規縁若しくは戸当たりを設ける等閉鎖した際に隙間が生じない構造とし，かつ，取付金物が当該防火設備が閉鎖した際に露出しないように取り付けられたものに限る。第９項において同じ。）をいう。

一　90分を超える場合　　通常の火災による火熱が加えられた場合に，加熱開始後固有通常火災終了時間当該加熱面以外の面に火炎を出さないものとして，法第61条の規定による国土交通大臣の認定を受けた防火設備

二　75分を超え，90分以下である場合　　次のイからホまでのいずれかに該当する防火設備
　イ　前号に定める防火設備
　ロ　平成27年国土交通省告示第250号第２第一号ロに適合する構造方法を用いる防火設備

ハ　骨組を鉄材又は鋼材とし，両面にそれぞれ厚さが１mm以上の鉄板又は鋼板を張った防火設備

ニ　鉄材又は鋼材で造られたもので鉄板又は鋼板の厚さが1.8mm以上の防火設備

ホ　厚さ30mm以上の繊維強化セメント板で造られた防火設備

三　60分を超え，75分以下である場合　　次のイ又はロのいずれかに該当する防火設備

イ　前号に定める防火設備

ロ　75分間防火設備

四　45分を超え，60分以下である場合　　次のイ又はロのいずれかに該当する防火設備

イ　前号に定める防火設備

ロ　特定防火設備

五　45分である場合　　次のイ又はロのいずれかに該当する防火設備

イ　前号に定める防火設備

ロ　令第114条第５項において読み替えて準用する令第112条第21項に規定する構造方法を用いる防火設備又は同項の規定による国土交通大臣の認定を受けた防火設備

4　前各項の「固有通常火災終了時間」は，次の式によって計算した値とする。

$$t_{ff(c)} = 1.3\left(\frac{\alpha}{460}\right)^{3.2}\left[\max\left(t_{escape}, t_{region}\right) + t_{travel,f} + \max\left\{15\left(N-3\right),\ 0\right\}\right]$$

この式において，$t_{ff(c)}$，α，t_{escape}，t_{region}，$t_{travel,f}$ 及び N は，それぞれ次の数値を表すものとする。

$t_{ff(c)}$　固有通常火災終了時間（単位　min）

α　平成27年国土交通省告示第255号第１第４項に規定する当該建築物の各室における火災温度上昇係数のうち最大のもの

t_{escape}　平成27年国土交通省告示第255号第１第４項に規定する在館者避難時間（単位　min）

t_{region}　平成27年国土交通省告示第255号第１第４項に規定する常備消防機関の現地到着時間（単位　min）

$t_{travel,f}$　次の式によって計算した当該建築物の各室（以下「火災室」という。）で火災が発生した場合における地上から当該火災室までの移動時間のうち最大のもの（単位　min）

$$t_{travel,fi} = t_{travel,i}$$

この式において，$t_{travel,fi}$ 及び $t_{travel,i}$ は，それぞれ次の数値を表すものとする。

$t_{travel,fi}$　火災室で火災が発生した場合における地上から当該火災室までの移動時間（単位　min）

$t_{travel,i}$　平成27年国土交通省告示第255号第１第７項に規定する火災室で火災が発生した場合における地上から当該火災室までの移動時間（単位　min）

N　当該建築物の階数

5　第２項の「補正固有通常火災終了時間」は，次の式によって計算した値とする。

$$t_{ff(nc)} = \frac{CR_1\left[\max\left(t_{escape}, t_{region}\right) + t_{travel,f} + \max\left\{15\left(N-3\right), 0\right\}\right] + 12)}{0.75}$$

この式において，$t_{ff(nc)}$，CR_1，t_{escape}，t_{region}，$t_{travel,f}$ 及び N は，それぞれ次の数値を表すものとする。

$t_{ff(nc)}$　補正固有通常火災終了時間（単位　min）

CR_1　次の式によって計算した放水開始以前の炭化速度（単位　mm/min）

$$CR_1 = \min(1.3,\ 0.0022\alpha - 0.262)$$

この式において，CR_1及びαは，それぞれ次の数値を表すものとする。

CR_1　　放水開始以前の炭化速度（単位　mm/min）

α　　平成27年国土交通省告示第255号第1第4項に規定する当該建築物の各室における火災温度上昇係数のうち最大のもの

t_{escape}　平成27年国土交通省告示第255号第1第4項に規定する在館者避難時間（単位　min）

t_{region}　平成27年国土交通省告示第255号第1第4項に規定する常備消防機関の現地到着時間（単位　min）

$t_{travel,f}$　前項に規定する火災室で火災が発生した場合における地上から当該火災室までの移動時間のうち最大のもの（単位　min）

N　　当該建築物の階数

6　第1項の「上階延焼抑制防火設備」は，次の各号に掲げる当該外壁の開口部の必要遮炎時間の区分に応じ，それぞれ当該各号に定める防火設備をいう。

一　60分を超える場合　　通常の火災による火熱が加えられた場合に，加熱開始後必要遮炎時間加熱面以外の面に火炎を出さないものとして，法第61条の規定による国土交通大臣の認定を受けた防火設備

二　45分を超え，60分以下である場合　　次のイ又はロのいずれかに掲げる防火設備

　イ　前号に定める防火設備

　ロ　特定防火設備

三　30分を超え，45分以下である場合　　次のイ又はロのいずれかに掲げる防火設備

　イ　前号に定める防火設備

　ロ　令第114条第5項において読み替えて準用する令第112条第21項に規定する構造方法を用いる防火設備又は同項の規定による国土交通大臣の認定を受けた防火設備

四　20分を超え，30分以下である場合　　次のイ又はロのいずれかに掲げる防火設備

　イ　前号に定める防火設備

　ロ　令和元年国土交通省告示第194号第2第4項に規定する30分間防火設備

五　20分以下である場合　　次のイ又はロのいずれかに掲げる防火設備

　イ　前号に定める防火設備

　ロ　法第2条第九号の二ロに規定する防火設備

7　前項の「必要遮炎時間」は，次の式によって計算した値とする。

$$t_{intg} = \left(\frac{\alpha}{460}\right)^{3/2} \frac{t_{spread} - t_{ceiling}}{1 - \mu}$$

この式において，t_{intg}，α，t_{spread}，$t_{ceiling}$及びμは，それぞれ次の数値を表すものとする。

t_{intg}　　必要遮炎時間（単位　min）

α　　平成27年国土交通省告示255号第1第4項に規定する当該建築物の各室における火災温度上昇係数のうち最大のもの

t_{spread}　次の式によって計算した上階延焼抑制時間（単位　min）

$$t_{spread} = \max(t_{escape}, t_{region}) + t_{travel,f} + \max\{15(N-3),\ 0\}$$

この式において，t_{spread}，t_{escape}，t_{region}，$t_{travel,f}$及びNは，それぞれ次の数値を表すものとする。

t_{spread}　上階延焼抑制時間（単位　min）

t_{escape}　平成27年国土交通省告示第255号第1第4項に規定する在館者避難

時間（単位　min）

t_{region}　　平成27年国土交通省告示第255号第1第4項に規定する常備消防機関の現地到着時間（単位　min）

$t_{travel, f}$　　第4項に規定する火災室で火災が発生した場合における地上から当該火災室までの移動時間のうち最大のもの（単位　min）

N　　　　当該建築物の階数

$t_{ceiling}$　平成27年国土交通省告示第255号第1第7項に規定する天井燃焼抑制時間（単位　min）

μ　　次の表の左欄に掲げる当該他の外壁の開口部に防火上有効に設けられているひさしその他これに類するもの（火災時倒壊防止構造の床の構造方法を用いるものに限る。）の長さに応じ，それぞれ同表右欄に定める数値

ひさしその他これに類するものの長さ（単位　m）	数　値
0.9未満	1
0.9以上1.5未満	1.25
1.5以上2.0未満	1.6
2.0以上	2

8　第1項及び第2項の「75分間準耐火構造」は，次の各号に掲げる建築物の部分の区分に応じ，それぞれ当該各号に定める基準に適合する構造をいう。

一　耐力壁　　次に掲げる基準

イ　木造建築物の耐力壁（その全部又は一部に木材を用いたものでその全部又は一部に防火被覆を設けていないものに限る。）にあっては，次の(1)又は(2)のいずれかに掲げる基準に適合すること。

(1)　構造用集成材，構造用単板積層材又は直交集成板を使用するものであり，かつ，次に掲げる基準に適合する構造であるほか，取合い等の部分が炎侵入防止構造であること。

(i)　当該耐力壁の接合部の構造方法が，次に定める基準に従って，通常の火災時の加熱に対して耐力の低下を有効に防止することができる構造であること。

(一)　接合部のうち木材で造られた部分の片側の表面（木材その他の材料で防火上有効に被覆された部分を除く。）から内側に，次の(イ)又は(ロ)に掲げる場合の区分に応じ，それぞれ当該(イ)又は(ロ)に定める値の部分が除かれたときの残りの部分が，当該接合部の存在応力を伝えることができる構造であること。

(イ)　接着剤として，フェノール樹脂等を使用する場合（構造用集成材又は直交集成板を使用する場合にあっては，ラミナの厚さが12mm以上の場合に限る。）　　6.5cm

(ロ)　接着剤として，フェノール樹脂等以外のものを使用する場合（構造用集成材又は直交集成板を使用する場合にあっては，ラミナの厚さが21mm以上の場合に限る。）　　8.5cm

(二)　第2項第一号イ(1)(i)(一)及び(三)に定める基準。

(ii)　当該耐力壁を有する建築物全体が，次に定める基準に従った構造計算によって通常の火災により容易に倒壊するおそれのないことが確かめられた構造であること。

(一)　主要構造部である耐力壁のうち木材で造られた部分の表面（木材その他の材料で防火上有効に被覆された部分を除く。）から内側に，(1)(i)(一)(イ)又は(ロ)に掲げる場合の区分に応じ，それぞれ当該(イ)又は(ロ)に定める値の部分が除かれたと

きの残りの断面（㈡及び㈢において「残存断面」という。）について，令第82条第二号の表に掲げる長期の組合せによる各応力の合計により，長期応力度を計算すること。

㈡　㈠によって計算した長期応力度が，残存断面について令第94条の規定に基づき計算した短期の許容応力度を超えないことを確かめること。

㈢　残存断面の厚さが20cm以上であること。

⑵　通常火災終了時間が75分間以上である建築物の耐力壁（法第21条第１項に規定する構造方法を用いるもの又は同項の規定による認定を受けたものに限る。）又は特定避難時間が75分間以上である建築物の耐力壁（法第27条第１項に規定する構造方法を用いるもの又は同項の規定による認定を受けたものに限る。）の構造方法を用いる構造であること。

ロ　木造建築物の耐力壁（イに規定するものを除く。）にあっては，次の⑴から⑶までのいずれかに該当するものであるほか，取合い等の部分が炎侵入防止構造であること。

⑴　平成27年国土交通省告示第250号第２第一号イ⑴から⑸までのいずれかに該当する構造であるもの

⑵　間柱及び下地を木材，鉄材又は鋼材で造り，かつ，その両側に防火被覆（強化せっこうボードを２枚以上張ったもので，その厚さの合計が42mm以上のものに限る。）を設け，かつ，当該壁が外壁である場合にあっては，屋外側の防火被覆の上に金属板，軽量気泡コンクリートパネル若しくは窯業系サイディングを張ったもの又はモルタル若しくはしっくいを塗ったもの

⑶　イ⑵に掲げる基準に適合するもの

二　非耐力壁　　次に掲げる基準

イ　木造建築物の非耐力壁（その全部又は一部に木材を用いたものでその全部又は一部に防火被覆を設けていないものに限る。）にあっては，次の⑴又は⑵のいずれかに掲げる基準に適合すること。

⑴　構造用集成材，構造用単板積層材又は直交集成板を使用するものであり，かつ，当該非耐力壁の厚さが次の⑴又は⑵に掲げる場合の区分に応じ，それぞれ当該⑴又は⑵に定める値以上であるほか，取合い等の部分が炎侵入防止構造であること。

⑴　接着剤として，フェノール樹脂等を使用する場合（構造用集成材を使用する場合にあってはラミナの厚さが12mm以上の場合に限り，直交集成板を使用する場合にあってはラミナの厚さが12mm以上で，かつ，加熱面の表面から6.5cmの部分が除かれたときに，互いに接着された平行層と直交層が存在する場合に限る。）　9.5cm

⑵　接着剤として，フェノール樹脂等以外のものを使用する場合（構造用集成材を使用する場合にあってはラミナの厚さが21mm以上の場合に限り，直交集成板を使用する場合にあってはラミナの厚さが21mm以上で，かつ，加熱面の表面から8.5cmの部分が除かれたときに，互いに接着された平行層と直交層が存在する場合に限る。）　11.5cm

⑵　通常火災終了時間が75分間以上である建築物の非耐力壁（法第21条第１項に規定する構造方法を用いるもの又は同項の規定による認定を受けたものに限る。）又は特定避難時間が75分間以上である建築物の非耐力壁（法第27条第１項に規定する構造方法を用いるもの又は同項の規定による認定を受けたものに限る。）の構造方法を用いる構造であること。

ロ　木造建築物の非耐力壁（イに規定するものを除く。）にあっては，次の⑴から⑶までのいずれかに該当するものであるほか，取合い等の部分が炎侵入防止構造であること。
　⑴　平成27年国土交通省告示第250号第２第一号イ⑴から⑸までのいずれかに該当する構造であるもの
　⑵　前号ロ⑵に該当する構造であるもの
　⑶　イ⑵に掲げる基準に適合するもの

三　柱　　次に掲げる基準
イ　木造建築物の柱（その全部又は一部に木材を用いたものでその全部又は一部に防火被覆を設けていないものに限る。）にあっては，次の⑴又は⑵のいずれかに掲げる基準に適合すること。
　⑴　構造用集成材又は構造用単板積層材を使用するものであり，かつ，次に掲げる基準に適合する構造であるほか，取合い等の部分が炎侵入防止構造であること。
　　⒤　令第46条第２項第一号イ及びロに掲げる基準に適合していること。
　　⒤　当該柱を接合する継手又は仕口が，昭和62年建設省告示第1901号に定める基準に従って，通常の火災時の加熱に対して耐力の低下を有効に防止することができる構造であること。この場合において，同告示第一号イ中「2.5cm」とあるのは「令和元年国土交通省告示第193号第１第８項第一号イ⑴⒤㈠イ又はロに掲げる場合の区分に応じ，それぞれ当該イ又はロに定める値」と読み替えるものとする。
　　ⅲ　当該柱を有する建築物全体が，昭和62年建設省告示第1902号に定める基準に従った構造計算によって通常の火災により容易に倒壊するおそれのないことが確かめられた構造であること。この場合において，同告示第二号イ中「2.5cm」とあるのは「令和元年国土交通省告示第193号第１第８項第一号イ⑴⒤㈠イ又はロに掲げる場合の区分に応じ，それぞれ当該イ又はロに定める値」と読み替えるものとする。
　　ⅳ　主要構造部である柱のうち木材で造られた部分の表面（木材その他の材料で防火上有効に被覆された部分を除く。）から内側に，第一号⑴⒤㈠イ又はロに掲げる場合の区分に応じ，それぞれ当該イ又はロに定める値の部分が除かれたときの残りの断面の小径が，20cm 以上であること。
　⑵　次の⒤又は⒤のいずれかに掲げる構造であること。
　　⒤　耐火構造（２時間通常の火災による火熱が加えられた場合に，構造耐力上支障のある変形，溶融，破壊その他の損傷を生じないものに限る。第五号イ⑵⒤において同じ。）
　　⒤　通常火災終了時間が75分間以上である建築物の柱（法第21条第１項に規定する構造方法を用いるもの又は同項の規定による認定を受けたものに限る。）又は特定避難時間が75分間以上である建築物の柱（法第27条第１項に規定する構造方法を用いるもの又は同項の規定による認定を受けたものに限る。）の構造方法を用いる構造
ロ　木造建築物の柱（イに規定するものを除く。）にあっては，次の⑴又は⑵のいずれかに該当するものであるほか，取合い等の部分が炎侵入防止構造であること。
　⑴　イ⑵⒤又は⒤のいずれかに掲げる構造であるもの
　⑵　防火被覆（強化せっこうボードを２枚以上張ったもので，その厚さの合計が46mm以上のものに限る。）を設けたもの

四　床　　次に掲げる基準
イ　木造建築物の床（その全部又は一部に木材を用いたものでその全部又は一部に防火

被覆を設けていないものに限る。）にあっては，次の⑴又は⑵のいずれかに掲げる基準に適合すること。

⑴　構造用集成材，構造用単板積層材又は直交集成板を使用するものであり，かつ，次に掲げる基準に適合する構造であるほか，取合い等の部分が炎侵入防止構造であること。

　⒤　当該床の接合部の構造方法が，次に定める基準に従って，通常の火災時の加熱に対して耐力の低下を有効に防止することができる構造であること。

　　㈠　接合部のうち木材で造られた部分の表面（木材その他の材料で防火上有効に被覆された部分を除く。）から内側に，第一号⑴⒤㈠～㈡イ又はロに掲げる場合の区分に応じ，それぞれ当該イ又はロに定める値の部分が除かれたときの残りの部分が，当該接合部の存在応力を伝えることができる構造であること。

　　㈡　第２項第一号イ⑴⒤㈡及び㈢に定める基準。

　⒥　当該床を有する建築物全体が，次に定める基準に従った構造計算によって通常の火災により容易に倒壊するおそれのないことが確かめられた構造であるほか，取合い等の部分が炎侵入防止構造であること。

　　㈠　主要構造部である床のうち木材で造られた部分の表面（木材その他の材料で防火上有効に被覆された部分を除く。）から内側に，第一号⑴⒤㈠～㈡イ又はロに掲げる場合の区分に応じ，それぞれ当該イ又はロに定める値の部分が除かれたときの残りの断面（㈡及び⒥において「残存断面」という。）について，令第82条第二号の表に掲げる長期の組合せによる各応力の合計により，長期応力度を計算すること。

　　㈡　㈠によって計算した長期応力度が，残存断面について令第94条の規定に基づき計算した短期の許容応力度を超えないことを確かめること。

　⒥　残存断面の厚さが20cm以上であること。

　⒦　床の上面に防火被覆（強化せっこうボードを２枚以上張ったもので，その厚さの合計が46mm以上のものに限る。）を設けること。

⑵　通常火災終了時間が75分間以上である建築物の床（法第21条第１項に規定する構造方法を用いるもの又は同項の規定による認定を受けたものに限る。）又は特定避難時間が75分間以上である建築物の床（法第27条第１項に規定する構造方法を用いるもの又は同項の規定による認定を受けたものに限る。）の構造方法を用いる構造であること。

ロ　木造建築物の床（イに規定するものを除く。）にあっては，次の⑴から⑶までのいずれかに該当するものであるほか，取合い等の部分が炎侵入防止構造であること。

⑴　平成27年国土交通省告示第250号第２第一号イ⑴から⑸までのいずれかに該当する構造であるもの

⑵　根太及び下地を木材，鉄材又は鋼材で造り，かつ，その表側の部分に防火被覆（強化せっこうボードを２枚以上張ったもので，その厚さの合計が42mm以上のものに限る。）を設け，かつ，その裏側の部分又は直下の天井に防火被覆（強化せっこうボードを２枚以上張ったもので，その厚さの合計が46mm以上のものに限る。）を設けたもの

⑶　イ⑵に掲げる基準に適合するもの

五　はり　　次に掲げる基準

イ　木造建築物のはり（その全部又は一部に木材を用いたものでその全部又は一部に防火被覆を設けていないものに限る。）にあっては，次の⑴又は⑵のいずれかに掲げる基準に適合すること。

　⑴　構造用集成材又は構造用単板積層材を使用し，かつ，次に掲げる基準に適合する構造であるほか，取合い等の部分が炎侵入防止構造であること。
　　(i)　令第46条第２項第一号イ及びロに掲げる基準に適合していること。
　　(ii)　当該はりを接合する継手又は仕口が，昭和62年建設省告示第1901号に定める基準に従って，通常の火災時の加熱に対して耐力の低下を有効に防止することができる構造であること。この場合において，同告示第一号イ中「2.5cm」とあるのは「令和元年国土交通省告示第193号第１第８項第一号イ⑴(i)㈠→(イ)又は(ロ)に掲げる場合の区分に応じ，それぞれ当該(イ)又は(ロ)に定める値」と読み替えるものとする。
　　(iii)　当該はりを有する建築物全体が，昭和62年建設省告示第1902号に定める基準に従った構造計算によって通常の火災により容易に倒壊するおそれのないことが確かめられた構造であること。この場合において，同告示第二号イ中「2.5cm」とあるのは「令和元年国土交通省告示第193号第１第８項第一号イ⑴(i)㈠→(イ)又は(ロ)に掲げる場合の区分に応じ，それぞれ当該(イ)又は(ロ)に定める値」と読み替えるものとする。
　　(iv)　主要構造部であるはりのうち木材で造られた部分の表面（木材その他の材料で防火上有効に被覆された部分を除く。）から内側に，第一号イ⑴(i)㈠→(イ)又は(ロ)に掲げる場合の区分に応じ，それぞれ当該(イ)又は(ロ)に掲げる値の部分が除かれたときの残りの断面の小径が，20cm以上であること。
　⑵　次の(i)又は(ii)のいずれかに掲げる構造であること。
　　(i)　耐火構造
　　(ii)　通常火災終了時間が75分間以上である建築物のはり（法第21条第１項に規定する構造方法を用いるもの又は同項の規定による認定を受けたものに限る。）又は特定避難時間が75分間以上である建築物のはり（法第27条第１項に規定する構造方法を用いるもの又は同項の規定による認定を受けたものに限る。）の構造方法を用いる構造
　ロ　木造建築物のはり（イに規定するものを除く。）にあっては，次の⑴又は⑵のいずれかに該当するものであるほか，取合い等の部分が炎侵入防止構造であること。
　⑴　イ⑵(i)又は(ii)のいずれかに掲げる構造であるもの
　⑵　第三号ロ⑵に該当するもの
六　軒裏　　次に掲げる基準
　イ　木造建築物の軒裏（その全部又は一部に木材を用いたものでその全部又は一部に防火被覆を設けていないものに限る。）にあっては，次の⑴又は⑵のいずれかに掲げる基準に適合すること。
　⑴　構造用集成材，構造用単板積層材又は直交集成板を使用するものであり，かつ，当該軒裏の厚さが第二号⑴(i)又は(ii)に掲げる場合の区分に応じ，それぞれ当該(i)又は(ii)に定める値以上であるほか，取合い等の部分が炎侵入防止構造であること。
　⑵　通常火災終了時間が75分間以上である建築物の軒裏（法第21条第１項に規定する構造方法を用いるもの又は同項の規定による認定を受けたものに限る。）又は特定避難時間が75分間以上である建築物の軒裏（法第27条第１項に規定する構造方法を用いるもの又は同項の規定による認定を受けたものに限る。）の構造方法を用いる構造であること。
　ロ　木造建築物の軒裏（イに規定するものを除く。）にあっては，次の⑴から⑶までのいずれかに該当するものであるほか，取合い等の部分が炎侵入防止構造であること。

　　⑴　平成27年国土交通省告示第250号第2第一号イ⑴から⑶まで又は⑸のいずれかに該当する構造であるもの

　　⑵　イ⑵に掲げる基準に適合するもの

　　⑶　第三号ロ⑵に該当するもの

9　第1項及び第3項の「75分間防火設備」は，次の各号のいずれかに掲げる防火設備をいう。

　一　通常の火災による火熱が加えられた場合に，加熱開始後75分間当該加熱面以外の面に火炎を出さないものとして，法第61条の規定による国土交通大臣の認定を受けた防火設備

　二　骨組を鉄材又は鋼材とし，両面にそれぞれ厚さが0.8mm以上の鉄板又は鋼板を張った防火設備

　三　鉄材又は鋼材で造られたもので鉄板又は鋼板の厚さが1.6mm以上の防火設備

　四　厚さ28mm以上の繊維強化セメント板で造られた防火設備

第2　令第109条の5第二号に掲げる基準に適合する法第21条第1項に規定する建築物の主要構造部の構造方法は，耐火構造又は令第108条の3第1項第一号若しくは第二号に該当する構造とすることとする。

　　　附　則

1　（略）

2　ひさしその他これに類するものの構造方法を定める件（平成27年国土交通省告示第254号）は，廃止する。

防火地域又は準防火地域内の建築物の部分及び
防火設備の構造方法を定める件

令和元年 6 月21日　国土交通省告示第194号
最終改正　令和 2 年 4 月 1 日　国土交通省告示第508号

　建築基準法（昭和25年法律第201号）第61条の規定に基づき，防火地域又は準防火地域内の建築物の部分及び防火設備の構造方法を定める件を次のように定める。

第 1　建築基準法施行令（昭和25年政令第338号。以下「令」という。）第136条の 2 第一号イに掲げる基準に適合する建築物の部分及び外壁開口部設備（同号イに定める外壁開口部設備をいう。以下同じ。）の構造方法は，次に定めるものとする。

　一　主要構造部は，耐火構造又は令第108条の 3 第 1 項第一号若しくは第二号に該当する構造とすること。

　二　外壁開口部設備は，建築基準法（以下「法」という。）第 2 条第九号の二ロに規定する防火設備とすること。

第 2　令第136条の 2 第一号ロに掲げる基準に適合する建築物の部分及び外壁開口部設備の構造方法は，次の各号に掲げる建築物の区分に応じ，それぞれ当該各号に定めるものとする。

　一　次に掲げる基準に適合する建築物　　次の表 2 に掲げる建築物の区分に応じ，それぞれ同表に定める構造方法

　イ　地階を除く階数が 3 以下であること。

　ロ　延べ面積が3,000m²（一戸建ての住宅にあっては，200m²）以下であること。

　ハ　各階における外壁の開口部の面積の合計の当該外壁の面積に対する割合が，次の表 1 に掲げる場合の区分に応じ，それぞれ同表に定める数値以下であること。

　　1

$s \leqq 1$ の場合	0.05
$1 < s \leqq 3$ の場合	s を10で除して得た数値から0.05を減じて得た数値
$3 < s$ の場合	0.25

　　　この表において，s は，当該外壁の開口部から隣地境界線，当該建築物と同一敷地内の他の建築物（同一敷地内の建築物の延べ面積の合計が500m²以内である場合における当該他の建築物を除く。第 4 第一号イ(1)(ii)(三)において同じ。）との外壁間の中心線（第 4 第一号において「隣地境界線等」という。）又は道路中心線までの水平距離（単位　m）を表すものとする。

　ニ　次の表 2 の(1)から(3)までに掲げる建築物のうち延べ面積が500m²（同表の(2)に掲げる建築物にあっては，100m²）を超えるものにあっては，床面積の合計500m²（同表の(2)に掲げる建築物にあっては，100m²）以内ごとに 1 時間準耐火基準に適合する準耐火構造の床若しくは壁又は特定防火設備で区画され，かつ，当該区画された部分ごとにスプリンクラー設備（水源として，水道の用に供する水管を連結したものを除く。），水噴霧消火設備，泡消火設備その他これらに類するもので自動式のものが設けられていること。

　ホ　次の表 2 の(4)掲げる建築物にあっては，令第112条第11項に規定する竪穴部分と当該竪穴部分以外の部分とが準耐火構造の床若しくは壁又は令第112条第12項ただし書に規定する10分間防火設備で区画されていること。

2

	建築物	主要構造部（外壁，屋根及び階段を除く。）の構造方法	外壁及び屋根の軒裏の構造方法	屋根（軒裏を除く。）及び階段の構造方法	外壁開口部設備の構造方法
(1)	別表第1(い)欄(1)項，(3)項若しくは(4)項に掲げる用途（物品販売業を営む店舗を除く。）又は事務所の用途に供する建築物	1時間準耐火基準に適合する準耐火構造とすること。	75分間準耐火構造とすること。	準耐火構造とすること。	法第2条第九号のニロに規定する防火設備とすること。
(2)	法別表第1(い)欄(2)項に掲げる用途に供する建築物	1時間準耐火基準に適合する準耐火構造とすること。	90分間準耐火構造とすること。	準耐火構造とすること。	法第2条第九号のニロに規定する防火設備とすること。
(3)	物品販売業を営む店舗の用途に供する建築物	1時間準耐火基準に適合する準耐火構造とすること。	90分間準耐火構造とすること。	準耐火構造とすること。	30分間防火設備とすること。
(4)	一戸建ての住宅	準耐火構造とすること。	75分間準耐火構造とすること。	準耐火構造とすること。	法第2条第九号のニロに規定する防火設備とすること。

二　卸売市場の上家，機械製作工場その他これらと同等以上に火災の発生のおそれが少ない用途に供する建築物　　次のイ及びロに掲げる構造方法
　　イ　主要構造部は，不燃材料で造られたものその他これに類する構造とすること。
　　ロ　外壁開口部設備は，20分間防火設備（令第137条の10第四号に規定する20分間防火設備をいう。以下同じ。）とすること。
2　前項第一号の「75分間準耐火構造」とは，令和元年国土交通省告示第193号第1第8項に規定する75分間準耐火構造をいう。
3　第1項第一号の「90分間準耐火構造」とは，次の各号に掲げる建築物の部分の区分に応じ，それぞれ当該各号に定める構造をいう。
　一　壁　　次のイ又はロのいずれかに該当する構造
　　イ　平成27年国土交通省告示第250号第2第一号イ(1)から(5)までのいずれかに該当する構造
　　ロ　法第21条第1項の規定により令第109条の5第一号に掲げる基準に適合する建築物とした建築物（通常火災終了時間が90分間以上であるものに限る。次号ロにおいて同じ。）又は法第27条第1項の規定により令第110条第一号に掲げる基準に適合する建築物とした建築物（特定避難時間が90分間以上であるものに限る。次号ロにおいて同じ。）の壁（非耐力壁である外壁にあっては，延焼のおそれのある部分に限る。）の構造方法を用いる構造
　二　軒裏　　次のイ又はロのいずれかに該当する構造

　　イ　平成27年国土交通省告示第250号第2第一号イ(1)から(3)まで又は(5)のいずれかに該当する構造

　　ロ　法第21条第1項の規定により令第109条の5第一号に掲げる基準に適合する建築物とした建築物又は法第27条第1項の規定により令第110条第一号に掲げる基準に適合する建築物とした建築物の軒裏（延焼のおそれのある部分に限る。）の構造方法を用いる構造

4　第1項第一号の「30分間防火設備」とは，次に掲げる防火設備（第二号又は第三号に掲げる防火設備にあっては，周囲の部分（当該防火設備から屋内側に15cm以内の間に設けられた建具がある場合には，当該建具を含む。）が不燃材料で造られた開口部に取り付けられたものであって，枠又は他の防火設備と接する部分を相じゃくりとし，又は定規縁若しくは戸当りが設けられていることその他の閉鎖した際に隙間が生じない構造とし，かつ，取付金物を当該防火設備が閉鎖した際に露出しないように取り付けたものに限る。）をいう。

一　令第114条第5項において読み替えて準用する令第112条第21項に規定する構造方法を用いる防火設備又は同項の規定による認定を受けた防火設備

二　鉄材又は鋼材で造られた防火設備で，鉄板又は鋼板の厚さが1.0mm以上のもの（耐熱結晶化ガラス（主たる構成物質が二酸化けい素，酸化アルミニウム及び酸化リチウムであるガラスをいい，厚さが5mm以上であり，かつ，線膨張係数が30℃から750℃までの範囲において，1℃につき0±0.0000005であるものに限る。次号イにおいて同じ。）を用いたものを含む。）

三　枠を鉄材又は鋼材で造り，かつ，次のイからホまでに掲げる基準に適合する構造とした防火設備

　　イ　耐熱結晶化ガラスを用いたものであること。

　　ロ　はめごろし戸であること。

　　ハ　幅が1,000mm以上1,200mm以下で高さが1,600mm以上2,400mm以下の開口部に取り付けられたものであること。

　　ニ　火災時においてガラスが脱落しないよう，次に掲げる方法によりガラスが枠に取り付けられたものであること。

　　　(i)　ガラスを鉄材又は鋼材で造られた厚さが3mm以上の取付部材（ガラスを枠に取り付けるために設置される部材をいう。(ii)において同じ。）により枠に堅固に取り付けること。

　　　(ii)　取付部材を鋼材で造られたねじにより枠に250mm以下の間隔で固定すること。

　　　(iii)　ガラスの下にセッティングブロック（鋼材又はけい酸カルシウム板で造られたものに限る。）を設置すること。

　　　(iv)　ガラスの取付部分に含まれる部分の長さを7mm以上とすること。

　　ホ　火災時においてガラスの取付部分に隙間が生じないよう，取付部分に次に掲げる部材をガラスの全周にわたって設置すること。

　　　(i)　シーリング材又はグレイジングガスケットで，難燃性を有するもの（シリコーン製であるものに限る。）

　　　(ii)　加熱により膨張する部材（黒鉛を含有するエポキシ樹脂で造られたものに限る。）

第3　令第136条の2第二号イに掲げる基準に適合する建築物の部分及び外壁開口部設備の構造方法は，次に定めるものとする。

一　主要構造部は，準耐火構造又は令第109条の3第一号若しくは第二号に掲げる基準に適合する構造とすること。

二　外壁開口部設備は，法第2条第九号の二ロに規定する防火設備とすること。

第4　令第136条の2第二号ロに掲げる基準に適合する建築物の部分及び外壁開口部設備の構造方法は，次の各号に掲げる建築物の区分に応じ，それぞれ当該各号に定めるものとする。

一　準防火地域内にある建築物のうち地階を除く階数が3で延べ面積が500m²以下のもの（第三号に掲げる建築物で同号に定める構造方法を用いるものを除く。）　次のイ又はロのいずれかに掲げる構造方法

イ　次に掲げる構造とすること。

　⑴　外壁は，次に掲げる基準に適合する構造とすること。

　　⒤　準耐火構造又は次に掲げる基準に適合する構造であること。

　　　㈠　防火構造であること。

　　　㈡　当該外壁（天井裏（直下の天井が⑸に定める構造であるものに限る。⑶において同じ。）又は床下にある部分を除く。）の屋内側の部分に次の⑷から㈅までのいずれかに該当する防火被覆を設けた構造であること。

　　　　⑷　厚さが12mm以上のせっこうボード

　　　　ロ　厚さが5.5mm以上の難燃合板又は厚さが9mm以上のせっこうボードの上に厚さが9mm以上のせっこうボードを張ったもの

　　　　㈅　厚さが7mm以上のせっこうラスボードの上に厚さが8mm以上のせっこうプラスターを塗ったもの

　　　㈢　防火被覆の取合いの部分，目地の部分その他これらに類する部分（以下第4において「取合い等の部分」という。）が，当該取合い等の部分の裏面に当て木が設けられていることその他の外壁の内部への炎の侵入を有効に防止することができる構造であること。

　　⒥　隣地境界線等又は道路中心線に面する外壁にあっては，その開口部（防火上有効な公園，広場，川その他の空地又は水面，耐火構造の壁その他これらに類するものに面するものを除く。以下同じ。）で，当該隣地境界線等又は道路中心線からの水平距離が5m以下のものについて，当該開口部の面積が，当該隣地境界線等又は道路中心線からの水平距離に応じて次に定める基準に適合するものであること。

　　　㈠　張り間方向又は桁行方向と直交し，かつ，当該建築物に面する平面（以下この㈠及び㈡において「基準面」という。）のそれぞれについて，各開口部の当該基準面への張り間方向又は桁行方向の投影面積（単位　m²）（以下この㈠において「投影面積」という。）を当該開口部に面する隣地境界線等又は道路中心線から当該開口部までの水平距離の区分に応じて次の表に掲げる数値で除して得た数値を合計したものが1を超えないものであること。この場合において，法第2条第九号の二ロに規定する防火設備で，令第112条第19項第一号イ及びニに掲げる要件を満たすもの又ははめごろし戸であるものを設けた開口部以外の開口部の投影面積は，当該投影面積の1.5倍であるものとみなす。

隣地境界線等又は道路中心線からの水平距離 （単位　m）	投影面積を除する数値
1以下	9
1を超え，2以下	16

2 を超え，3 以下	25
3 を超え，4 以下	36
4 を超え，5 以下	49

　　　㈡　外壁面の基準面への張り間方向又は桁行方向の投影長さが10m を超える場合においては，㈠の数値の合計は当該基準面の長さ10m 以内ごとに区分された部分について算定する。この場合において，㈠の表の数値に当該区分された部分の長さのメートルの数値を10で除した数値を乗じて得た数値を同表の数値とする。

　　　㈢　道路の幅員又は当該建築物と同一敷地内の他の建築物の外壁との水平距離（以下この㈢において「道路の幅員等」という。）が 6 m を超える場合においては，㈠の適用に当たっては，道路中心線又は当該建築物と同一敷地内の他の建築物との外壁間の中心線（以下この㈢において「道路中心線等」という。）からの水平距離に道路の幅員等の 1 / 2 を加えたもののメートルの数値から 3 を減じたものを道路中心線等からの水平距離のメートルの数値とみなす。

　⑵　構造耐力上主要な部分に枠組壁工法を用いた建築物（平成13年国土交通省告示第1540号第 1 から第12までに規定する技術的基準に適合する建築物をいう。⑸において同じ。）の耐力壁は，準耐火構造又は⑶㈦㈠㈡及び㈣に掲げる基準に適合する構造とすること。

　⑶　主要構造部である柱及びはりは，準耐火構造又は次に掲げる基準に適合する構造とすること。

　　㈠　全部又は一部に木材を用いたものであること。

　　㈡　次の㈠から㈣までのいずれかに該当するものを除き，その小径が12cm 以上であること。

　　　㈠　次に掲げる基準に適合する壁の内部にあるもの

　　　　㈠　壁（準耐火構造であるもの及び天井裏又は床下にある部分を除く。）の屋内側の部分に⑴㈠㈡㈠から㈥までのいずれかに該当する防火被覆が設けられた構造であること。

　　　　㈡　防火被覆の取合い等の部分が，当該取合い等の部分の裏面に当て木が設けられていることその他の壁の内部への炎の侵入を有効に防止することができる構造であること。

　　　㈡　⑷に規定する構造の床，準耐火構造の床又は令第109条の 3 第二号ハ若しくは第115条の 2 第 1 項第四号に規定する構造の床の内部にあるもの

　　　㈢　⑹に規定する構造の屋根の内部にあるもの

　　　㈣　天井裏にあるもの

　⑷　床（最下階の床を除く。）は，次の㈠に掲げる基準に適合する構造とすること。ただし，当該床の直下の天井を次の㈡に掲げる基準に適合する構造とする場合においては，この限りでない。

　　㈠　令第109条の 3 第二号ハに規定する構造又は次に掲げる基準に適合する構造であること。

　　　㈠　床の裏側の部分に次の㈠又は㈡のいずれかに該当する防火被覆が設けられた構造であること。

　　　　㈠　厚さが12mm 以上のせっこうボード

　　　　(ロ)　厚さが5.5mm 以上の難燃合板又は厚さが9mm 以上のせっこうボードの
　　　　　　上に厚さが9mm 以上のせっこうボード又は厚さが9mm 以上のロックウー
　　　　　　ル吸音板を張ったもの
　　　(二)　防火被覆の取合い等の部分が，当該取合い等の部分の裏面に当て木が設けら
　　　　　れていることその他の床の内部への炎の侵入を有効に防止することができる構
　　　　　造であること。
　　(ii)　令第109条の3第二号ハに規定する構造又は次に掲げる基準に適合する構造で
　　　　あること。
　　　(一)　(i)(一)(イ)又は(ロ)のいずれかに該当する防火被覆が設けられた構造であること。
　　　(二)　防火被覆の取合い等の部分が，当該取合い等の部分の裏面に当て木が設けら
　　　　　れていることその他の天井裏の内部への炎の侵入を有効に防止することができ
　　　　　る構造であること。
　(5)　構造耐力上主要な部分に枠組壁工法を用いた建築物のトラス（小屋組に用いる場
　　　合に限る。）の直下の天井は，(4)(ii)に掲げる基準に適合する構造とすること。
　(6)　屋根は，次の(i)に掲げる基準に適合する構造とすること。ただし，当該屋根の直
　　　下の天井を次の(ii)に掲げる基準に適合する構造とする場合は，この限りでない。
　　(i)　令第109条の3第一号に規定する構造又は次に掲げる基準に適合する構造であ
　　　　ること。
　　　(一)　屋根の屋内側の部分に次の(イ)又は(ロ)のいずれかに該当する防火被覆が設けら
　　　　　れた構造であること。
　　　　(イ)　厚さが12mm 以上のせっこうボードの上に厚さが9mm 以上のせっこうボ
　　　　　　ード又は厚さが9mm 以上のロックウール吸音板を張ったもの
　　　　(ロ)　厚さが9mm 以上のせっこうボードの上に厚さが12mm 以上のせっこうボ
　　　　　　ードを張ったもの
　　　(二)　防火被覆の取合い等の部分が，当該取合い等の部分の裏面に当て木が設けら
　　　　　れていることその他の屋根の内部への炎の侵入を有効に防止することができる
　　　　　構造であること。
　　(ii)　次に掲げる基準に適合する構造であること。
　　　(一)　(i)(一)(イ)又は(ロ)のいずれかに該当する防火被覆が設けられた構造であること。
　　　(二)　(4)(ii)(二)に規定する構造であること。
　(7)　軒裏は，防火構造とすること。
　(8)　3階の室の部分は，それ以外の部分と間仕切壁又は戸（ふすま，障子その他これ
　　　らに類するものを除く。）で区画すること。
　(9)　外壁開口部設備は，20分間防火設備とすること。ただし，隣地境界線等に面する
　　　外壁の開口部で，当該隣地境界線等からの水平距離が1m 以下のもの（換気孔又は
　　　居室以外の室（かまど，こんろその他火を使用する設備又は器具を設けたものを除
　　　く。）に設ける換気のための窓で，開口面積が各々0.2m²以内のものを除く。）に設
　　　ける外壁開口部設備にあっては，法第2条第九号の二ロに規定する防火設備で，昭
　　　和48年建設省告示第2563号第3若しくは第4に規定する構造方法を用いるもの又は
　　　はめごろし戸であるものとすることとする。
　ロ　次に掲げる基準に適合する構造とすること。
　(1)　主要構造部は，令第108条の3第1項第一号又は第二号に該当する構造であること。
　(2)　外壁開口部設備は，法第2条第九号の二ロに規定する防火設備であること。
二　延べ面積が50m²以内の平家建ての附属建築物　　次のイ又はロのいずれかに掲げる構

　　造方法
　　イ　次に掲げる基準に適合する構造とすること。
　　　⑴　外壁及び軒裏は，防火構造であること。
　　　⑵　外壁開口部設備は，20分間防火設備であること。
　　ロ　次に掲げる基準に適合する構造とすること。
　　　⑴　主要構造部は，令第108条の3第1項第一号又は第二号に該当する構造であること。
　　　⑵　外壁開口部設備は，法第2条第九号の二ロに規定する防火設備であること。
　三　卸売市場の上家，機械製作工場その他これらと同等以上に火災の発生のおそれが少な
　　い用途に供する建築物　　次のイ又はロに掲げる構造方法
　　イ　第2第1項第二号イ及びロに掲げる構造方法
　　ロ　次に掲げる基準に適合する構造とすること。
　　　⑴　主要構造部は，令第108条の3第1項第一号又は第二号に該当する構造であること。
　　　⑵　外壁開口部設備は，法第2条第九号の二ロに規定する防火設備であること。
　四　前3号に掲げる建築物以外の建築物　　次に掲げる基準に適合する構造とすること。
　　イ　主要構造部は，令第108条の3第1項第一号又は第二号に該当する構造であること。
　　ロ　外壁開口部設備は，法第2条第九号の二ロに規定する防火設備であること。
第5　令第136条の2第三号イに掲げる基準に適合する建築物の部分及び外壁開口部設備の
　構造方法は，次の各号のいずれかに定めるものとする。
　一　次に掲げる基準に適合する構造とすること。
　　イ　外壁及び軒裏で延焼のおそれのある部分は，防火構造であること。
　　ロ　外壁開口部設備は，20分間防火設備であること。
　二　次に掲げる基準に適合する構造とすること。
　　イ　主要構造部は，令第108条の3第1項第一号又は第二号に該当する構造であること。
　　ロ　外壁開口部設備は，法第2条第九号の二ロに規定する防火設備であること。
第6　令第136条の2第四号イに掲げる基準に適合する外壁開口部設備の構造方法は，20分
　間防火設備とすることとする。
第7　令第136条の2第五号に掲げる基準に適合する門又は塀（準防火地域内にある木造建
　築物等に附属するものにあっては，当該門又は塀が建築物の1階であるとした場合に延焼
　のおそれのある部分に限る。）の構造方法は，門にあっては第一号，塀にあっては第二号
　に定めるものとする。
　一　次に掲げる構造方法
　　イ　不燃材料で造り，又は覆うこと。
　　ロ　道に面する部分を厚さ24mm以上の木材で造ること。
　二　次に掲げる構造方法
　　イ　不燃材料で造り，又は覆うこと。
　　ロ　厚さ24mm以上の木材で造ること。
　　ハ　土塗真壁造で塗厚さが30mm以上のもの（表面に木材を張ったものを含む。）とす
　　　ること。
第8　第1第二号，第3第二号及び第4第四号ロの規定は，準防火地域内にある建築物で法
　第86条の4各号のいずれかに該当するものの外壁開口部設備には適用しない。
　2　第2第1項第二号ロ，第4第一号イ⑽及びロ⑵，第二号イ⑵及びロ⑵並びに第三号ロ⑵，
　　第5第一号ロ及び第二号ロ並びに第6の規定は，法第86条の4各号のいずれかに該当する
　　建築物の外壁開口部設備には適用しない。

　　　附　則

1　（略）

2　外壁の開口部の面積に関する基準を定める件（昭和62年建設省告示第1903号），建築物の部分を指定する件（昭和62年建設省告示第1904号）及び外壁，主要構造部である柱及びはり，床，床の直下の天井，屋根，屋根の直下の天井並びに国土交通大臣が指定する建築物の部分の構造方法を定める件（昭和62年建設省告示第1905号）は，廃止する。

１時間準耐火基準に適合する主要構造部の
構造方法を定める件

令和元年６月21日　国土交通省告示第195号

最終改正　令和５年３月20日　国土交通省告示第207号

　建築基準法施行令（昭和25年政令第338号）第112条第２項の規定に基づき，１時間準耐火基準に適合する主要構造部の構造方法を定める件を次のように定める。

　建築基準法施行令（以下「令」という。）第112条第２項に規定する１時間準耐火基準に適合する主要構造部の構造方法は次のとおりとする。

第１　壁の構造方法は，次に定めるもの（第一号ハ及びニ並びに第三号ハ及びニに定める構造方法にあっては，取合いの部分，目地の部分その他これらに類する部分（以下「取合い等の部分」という。）を，当該取合い等の部分の裏面に当て木を設けることその他の当該建築物の内部への炎の侵入を有効に防止することができる構造とするものに限る。）とする。

一　令第112条第２項第一号及び第二号に定める基準に適合する耐力壁である間仕切壁の構造方法にあっては，次に定めるものとする。

　イ　耐火構造とすること。

　ロ　特定準耐火構造（通常火災終了時間が１時間以上である建築物の主要構造部（建築基準法（昭和25年法律第201号。以下「法」という。）第21条第１項に規定する構造方法を用いるもの又は同項の規定による認定を受けたものに限る。）又は特定避難時間が１時間以上である建築物の主要構造部（法第27条第１項に規定する構造方法を用いるもの又は同項の規定による認定を受けたものに限る。）の構造方法をいう。以下同じ。）とすること。

　ハ　間柱及び下地を木材で造り，かつ，その両側にそれぞれ次の⑴から⑺までのいずれかに該当する防火被覆が設けられたものとすること。

　　⑴　平成12年建設省告示第1399号第１第三号ヘ⑴から⑶までのいずれかに該当するもの

　　⑵　厚さが12mm 以上のせっこうボード（強化せっこうボードを含む。以下同じ。）を２枚以上張ったもの

　　⑶　厚さが８mm 以上のスラグせっこう系セメント板の上に厚さが12mm 以上のせっこうボードを張ったもの

　　⑷　厚さが16mm 以上の強化せっこうボード

　　⑸　厚さが12mm 以上の強化せっこうボードの上に厚さが９mm 以上のせっこうボード又は難燃合板を張ったもの

　　⑹　厚さが９mm 以上のせっこうボード又は難燃合板の上に厚さが12mm 以上の強化せっこうボードを張ったもの

　　⑺　厚さが35mm 以上の軽量気泡コンクリートパネル

　ニ　間柱及び下地を木材又は鉄材で造り，かつ，その両側にハ⑴から⑹までのいずれかに該当する防火被覆が設けられた構造（間柱及び下地を木材のみで造ったものを除く。）とすること。

　ホ　構造用集成材，構造用単板積層材又は直交集成板（それぞれ集成材の日本農林規格（平成19年農林水産省告示第1152号）第２条，単板積層材の日本農林規格（平成20年農林水産省告示第701号）第１部箇条３又は直交集成板の日本農林規格（平成25年農

林水産省告示第3079号）箇条 3 に規定する使用環境 A 又は B の表示をしてあるもの
に限る。以下同じ。）を使用し，かつ，次に掲げる基準に適合する構造とすること。

(1) 当該壁の接合部の構造方法が，次に定める基準に従って，通常の火災時の加熱に
対して耐力の低下を有効に防止することができる構造であること。

　(i) 接合部のうち木材で造られた部分の片側（当該壁が面する室内において発生す
る火災による火熱が当該壁の両側に同時に加えられるおそれがある場合にあって
は，両側。以下同じ。）の表面（木材その他の材料で防火上有効に被覆された部
分を除く。）から内側に，次の㈠又は㈡に掲げる場合の区分に応じ，それぞれ当
該㈠又は㈡に定める値の部分が除かれたときの残りの部分が，当該接合部の存在
応力を伝えることができる構造であること。

　　㈠ 構造用集成材，構造用単板積層材又は直交集成板に使用する接着剤（以下単
に「接着剤」という。）として，フェノール樹脂，レゾルシノール樹脂又はレ
ゾルシノール・フェノール樹脂（以下「フェノール樹脂等」という。）
を使用する場合（構造用集成材又は直交集成板を使用する場合にあっては，ラ
ミナの厚さが12mm 以上の場合に限る。）　　　4.5cm

　　㈡ 接着剤として，フェノール樹脂等以外のものを使用する場合（構造用集成材
又は直交集成板を使用する場合にあっては，ラミナの厚さが21mm 以上の場合
に限る。）　　　6 cm

　(ii) 接合部にボルト，ドリフトピン，釘，木ねじその他これらに類するものを用い
る場合においては，これらが木材その他の材料で防火上有効に被覆されていること。

　(iii) 接合部に鋼材の添え板その他これに類するものを用いる場合においては，これ
らが埋め込まれ，又は挟み込まれていること。ただし，木材その他の材料で防火
上有効に被覆されている場合においては，この限りでない。

(2) 当該壁を有する建築物全体が，次に定める基準に従った構造計算によって通常の
火災により容易に倒壊するおそれのないことが確かめられた構造であること。

　(i) 主要構造部である壁のうち木材で造られた部分の表面（木材その他の材料で防
火上有効に被覆された部分を除く。）から内側に，(1)(i)㈠又は㈡に掲げる場合の
区分に応じ，それぞれ当該㈠又は㈡に定める値の部分が除かれたときの残りの断
面（(ii)において「残存断面」という。）について，令第82条第二号の表に掲げる
長期の組合せによる各応力の合計により，長期応力度を計算すること。

　(ii) (i)によって計算した長期応力度が，残存断面について令第94条の規定に基づき
計算した短期の許容応力度を超えないことを確かめること。

(3) 取合い等の部分を，当該取合い等の部分の裏面に当て木を設けることその他の当
該建築物の内部への炎の侵入を有効に防止することができる構造とすること。

二　令第112条第 2 項第二号に定める基準に適合する非耐力壁である間仕切壁の構造方法
にあっては，次に定めるものとする。

イ　耐火構造とすること。

ロ　特定準耐火構造とすること。

ハ　前号ハ又はニに定める構造とすること。

ニ　構造用集成材，構造用単板積層材又は直交集成板を使用し，かつ，次に掲げる基準
に適合する構造とすること。

(1) 壁の厚さが，次の(i)又は(ii)に掲げる場合の区分に応じ，それぞれ当該(i)又は(ii)に
定める値以上であること。

　(i) 接着剤として，フェノール樹脂等を使用する場合（構造用集成材を使用する場

合にあってはラミナの厚さが12mm以上の場合に限り，直交集成板を使用する場合にあってはラミナの厚さが12mm以上で，かつ，加熱面の表面から4.5cmの部分が除かれたときに，互いに接着された平行層と直交層が存在する場合に限る。）
　　　　7.5cm

(ii)　接着剤として，フェノール樹脂等以外のものを使用する場合（構造用集成材を使用する場合にあってはラミナの厚さが21mm以上の場合に限り，直交集成板を使用する場合にあってはラミナの厚さが21mm以上で，かつ，加熱面の表面から6cmの部分が除かれたときに，互いに接着された平行層と直交層が存在する場合に限る。）　9cm

(2)　取合い等の部分を，当該取合い等の部分の裏面に当て木を設けることその他の当該建築物の内部への炎の侵入を有効に防止することができる構造とすること。

三　令第112条第2項に定める基準に適合する耐力壁である外壁の構造方法にあっては，次に定めるものとする。

イ　耐火構造とすること。

ロ　特定準耐火構造とすること。

ハ　間柱及び下地を木材で造り，その屋外側の部分に次の(1)から(6)までのいずれかに該当する防火被覆が設けられ，かつ，その屋内側の部分に第一号ハ(1)から(7)までのいずれかに該当する防火被覆が設けられた構造とすること。

(1)　平成12年建設省告示第1399号第1第三号ヘ(1)から(3)までのいずれかに該当する防火被覆（同号ヘ(1)又は(2)に該当するものにあっては，当該防火被覆の上に金属板，軽量気泡コンクリートパネル若しくは窯業系サイディングを張ったもの又はモルタル若しくはしっくいを塗ったものに限る。）

(2)　厚さが18mm以上の硬質木片セメント板

(3)　塗厚さが20mm以上の鉄網モルタル

(4)　塗厚さが20mm以上の鉄網軽量モルタル（モルタル部分に含まれる有機物の量が当該部分の重量の8％以下のものに限る。以下同じ。）

(5)　第一号ハ(7)に該当するもの

(6)　厚さが12mm以上の硬質木片セメント板の上に厚さが10mm以上の鉄網軽量モルタルを塗ったもの

ニ　間柱及び下地を木材又は鉄材で造り，その屋外側の部分にハ(1)から(3)までのいずれかに該当する防火被覆が設けられ，かつ，その屋内側の部分に第一号ハ(1)から(6)までのいずれかに該当する防火被覆が設けられた構造（間柱及び下地を木材のみで造ったものを除く。）とすること。

ホ　第一号ホに定める構造とすること。

四　令第112条第2項第二号及び第三号に定める基準に適合する非耐力壁である外壁の延焼のおそれのある部分の構造方法にあっては，次に定めるものとする。

イ　耐火構造とすること。

ロ　特定準耐火構造とすること。

ハ　前号ハ又はニに定める構造とすること。

ニ　第二号ニに定める構造とすること。

第2　令第112条第2項第一号に定める基準に適合する柱の構造方法は，次に定めるものとする。

一　耐火構造とすること。

二　特定準耐火構造とすること。

三　第１第一号ハ(2)から(6)までのいずれかに該当する防火被覆を設け，又は次に掲げる基準に適合する構造とすること。

　イ　令第46条第２項第一号イ及びロに掲げる基準に適合していること。

　ロ　当該柱を接合する継手又は仕口が，昭和62年建設省告示第1901号に定める基準に従って，通常の火災時の加熱に対して耐力の低下を有効に防止することができる構造であること。この場合において，同告示第一号イ中「2.5cm」とあるのは「4.5cm」と，同号ロ中「３cm」とあるのは「６cm」と読み替えるものとする。第４第三号ロにおいて同じ。

　ハ　当該柱を有する建築物全体が，昭和62年建設省告示第1902号に定める基準に従った構造計算によって通常の火災により容易に倒壊するおそれのないことが確かめられた構造であること。この場合において，同告示第二号イ中「2.5cm」とあるのは「4.5cm」と，同号ロ中「３cm」とあるのは「６cm」と読み替えるものとする。第４第三号ハにおいて同じ。

　ニ　取合い等の部分を，当該取合い等の部分の裏面に当て木を設けることその他の当該建築物の内部への炎の侵入を有効に防止することができる構造とすること。

第３　令第112条第２項第一号及び第二号に定める基準に適合する床の構造方法は，次に定めるもの（第三号に定める構造方法にあっては，取合い等の部分を，当該取合い等の部分の裏面に当て木を設けることその他の当該建築物の内部への炎の侵入を有効に防止することができる構造とするものに限る。）とする。

一　耐火構造とすること。

二　特定準耐火構造とすること。

三　根太及び下地を木材又は鉄材で造り，かつ，次に掲げる基準に適合する構造とすること。

　イ　表側の部分に次の(1)から(4)までのいずれかに該当する防火被覆が設けられていること。

　　(1)　厚さが12mm 以上の構造用合板，構造用パネル，パーティクルボード，デッキプレートその他これらに類するもの（以下「合板等」という。）の上に厚さが12mm 以上のせっこうボード，硬質木片セメント板又は軽量気泡コンクリートパネルを張ったもの

　　(2)　厚さが12mm 以上の合板等の上に厚さ12mm 以上モルタル，コンクリート（軽量コンクリート及びシンダーコンクリートを含む。以下同じ。）又はせっこうを塗ったもの

　　(3)　厚さ40mm 以上の木材

　　(4)　畳（ポリスチレンフォームの畳床を用いたものを除く。）

　ロ　裏側の部分又は直下の天井に次の(1)から(4)までのいずれかに該当する防火被覆が設けられていること。

　　(1)　厚さが12mm 以上のせっこうボードを２枚以上張ったもの（その裏側に厚さが50mm 以上のロックウール（かさ比重が0.024以上のものに限る。以下同じ。）又はグラスウール（かさ比重が0.024以上のものに限る。以下同じ。）を設けたものに限る。）

　　(2)　厚さが12mm 以上の強化せっこうボードを２枚以上張ったもの

　　(3)　厚さが15mm 以上の強化せっこうボード（その裏側に厚さが50mm 以上のロックウール又はグラスウールを設けたものに限る。）

　　(4)　厚さが12mm 以上の強化せっこうボードの上に厚さが９mm 以上のロックウール吸音板を張ったもの

四　構造用集成材，構造用単板積層材又は直交集成板を使用し，かつ，次に掲げる基準に適合する構造とすること。

　　イ　当該床の接合部の構造方法が，次に定める基準に従って，通常の火災時の加熱に対して耐力の低下を有効に防止することができる構造であること。

　　⑴　接合部のうち木材で造られた部分の表面（木材その他の材料で防火上有効に被覆された部分を除く。）から内側に，次の⒤又は⑪に掲げる場合の区分に応じ，それぞれ当該⒤又は⑪に定める値の部分が除かれたときの残りの部分が，当該接合部の存在応力を伝えることができる構造であること。

　　　　⒤　接着剤として，フェノール樹脂等を使用する場合（構造用集成材又は直交集成板を使用する場合にあっては，ラミナの厚さが12mm 以上の場合に限る。）
　　　　　　4.5cm

　　　　⑪　接着剤として，フェノール樹脂等以外のものを使用する場合（構造用集成材又は直交集成板を使用する場合にあっては，ラミナの厚さが21mm 以上の場合に限る。）　　　6 cm

　　⑵　接合部にボルト，ドリフトピン，釘，木ねじその他これらに類するものを用いる場合においては，これらが木材その他の材料で防火上有効に被覆されていること。

　　⑶　接合部に鋼材の添え板その他これに類するものを用いる場合においては，これらが埋め込まれ，又は挟み込まれていること。ただし，木材その他の材料で防火上有効に被覆されている場合においては，この限りでない。

　　ロ　当該床を有する建築物全体が，次に定める基準に従った構造計算によって通常の火災により容易に倒壊するおそれのないことが確かめられた構造であること。

　　⑴　主要構造部である床のうち木材で造られた部分の表面（木材その他の材料で防火上有効に被覆された部分を除く。）から内側に，イ⑴⒤又は⑪に掲げる場合の区分に応じ，それぞれ当該⒤又は⑪に定める値の部分が除かれたときの残りの断面（⑵において「残存断面」という。）について，令第82条第二号の表に掲げる長期の組合せによる各応力の合計により，長期応力度を計算すること。

　　⑵　⑴によって計算した長期応力度が，残存断面について令第94条の規定に基づき計算した短期の許容応力度を超えないことを確かめること。

　　ハ　取合い等の部分を，当該取合い等の部分の裏面に当て木を設けることその他の当該建築物の内部への炎の侵入を有効に防止することができる構造とすること。

第4　令第112条第2項第一号に定める基準に適合するはりの構造方法は，次に定めるものとする。

一　耐火構造とすること。

二　特定準耐火構造とすること。

三　第3第三号ロ⑴から⑷までのいずれかに該当する防火被覆を設け，又は次に掲げる基準に適合する構造とすること。

　　イ　令第46条第2項第一号イ及びロに掲げる基準に適合していること。

　　ロ　当該はりを接合する継手又は仕口が，昭和62年建設省告示第1901号に定める基準に従って，通常の火災時の加熱に対して耐力の低下を有効に防止することができる構造であること。

　　ハ　当該はりを有する建築物全体が，昭和62年建設省告示第1902号に定める基準に従った構造計算によって，通常の火災により容易に倒壊するおそれのないことが確かめられた構造であること。

　　ニ　取合い等の部分を，当該取合い等の部分の裏面に当て木を設けることその他の当該建築物の内部への炎の侵入を有効に防止することができる構造とすること。

第5　令第112条第2項第二号に定める基準に適合する軒裏の構造方法は，次に定めるもの

（第二号に定める構造方法にあっては，取合い等の部分を，当該取合い等の部分の裏面に当て木を設けることその他の当該建築物の内部への炎の侵入を有効に防止することができる構造とするものに限る。）とする。

一　特定準耐火構造とすること。

二　次のいずれかに該当する防火被覆が設けられた構造とすること。

　　イ　厚さが15mm の強化せっこうボードの上に金属板を張ったもの

　　ロ　繊維強化セメント板（けい酸カルシウム板に限る。）を 2 枚以上張ったもので，その厚さの合計が16mm 以上のもの

　　ハ　第 1 第三号ハ⑵から⑷まで又は⑹のいずれかに該当するもの

三　野地板（厚さが30mm 以上のものに限る。）及びたるきを木材で造り，これらと外壁（軒桁を含む。）との隙間に次のいずれかに該当する防火被覆を設け，かつ，たるきと軒桁との取合い等の部分を，当該取合い等の部分にたるき欠きを設けることその他の当該建築物の内部への炎の侵入を有効に防止することができる構造とすること。

　　イ　厚さが12mm 以上の木材の面戸板の屋内側に厚さが40mm 以上のしっくい，土又はモルタル（ロにおいて「しっくい等」という。）を塗ったもの

　　ロ　厚さが30mm 以上の木材の面戸板の屋内側又は屋外側に厚さが20mm 以上のしっくい等を塗ったもの（屋内側にしっくい等を塗ったものにあっては，火災により当該面戸板が除かれた場合に当該しっくい等が自立する構造であるものに限る。）

　　　附　則

1　（略）

2　主要構造部を木造とすることができる大規模の建築物の主要構造部の構造方法を定める件（平成27年国土交通省告示第253号）は，廃止する。

20分間防火設備の構造方法を定める件

令和元年6月21日　国土交通省告示第196号

　建築基準法施行令（昭和25年政令第338号）第137条の10第四号の規定に基づき，20分間防火設備の構造方法を次のように定める。

　建築基準法施行令（以下「令」という。）第137条の10第四号に規定する20分間防火設備の構造方法は，次に定めるものとする。

　一　建築基準法（昭和25年法律第201号。以下「法」という。）第2条第九号のニロに規定する防火設備とすること。

　二　法第27条第1項の規定による国土交通大臣の認定を受けた防火設備とすること。

　三　建築物の周囲において発生する通常の火災による火熱が加えられた場合に，加熱開始後20分間加熱面以外の面（屋内に面するものに限る。）に火炎を出さないものとして，法第61条の規定による国土交通大臣の認定を受けた防火設備とすること。

　　附　則

1　（略）

2　防火地域又は準防火地域内にある建築物の外壁の開口部の延焼のおそれのある部分に設ける防火設備の構造方法を定める件（平成27年国土交通省告示第257号）は，廃止する。

防火壁及び防火床の構造方法を定める件

令和元年6月21日　国土交通省告示第197号
最終改正　令和2年4月1日　国土交通省告示第508号

建築基準法施行令（昭和25年政令第338号）第113条第1項第二号及び第三号の規定に基づき，防火壁及び防火床の構造方法を次のように定める。

第1　建築基準法施行令（以下「令」という。）第113条第1項第二号に規定する通常の火災による防火壁又は防火床以外の建築物の部分の倒壊によって生ずる応力が伝えられた場合に倒壊しない防火壁及び防火床の構造方法は，次に定めるものとする。

一　木造の建築物においては，無筋コンクリート造又は組積造としないこと。

二　防火壁にあっては，自立する構造とすること。

三　防火床にあっては，これを支持する壁（耐力壁に限る。），柱及びはりを耐火構造とすること。

第2　令第113条第1項第三号に規定する通常の火災時において防火壁又は防火床で区画された部分から屋外に出た火炎による当該防火壁又は防火床で区画された他の部分への延焼を有効に防止できる防火壁及び防火床の構造方法は，次に定めるものとする。

一　防火壁にあっては，その両端及び上端を，建築物の外壁面及び屋根面から50cm（防火壁の中心線から水平距離1.8m以内の部分において，外壁が防火構造であり，かつ，屋根の構造が平成12年建設省告示第1367号の規定に適合するもの又は令第109条の3第一号の規定による認定を受けたものである場合において，これらの部分に開口部がないときにあっては，10cm）以上突出させること。ただし，防火壁を設けた部分の外壁又は屋根が防火壁を含み桁行方向に幅3.6m以上にわたって耐火構造であり，かつ，これらの部分に開口部がない場合又は開口部があって，これに建築基準法（昭和25年法律第201号。以下「法」という。）第2条第九号の二ロに規定する防火設備が設けられている場合においては，その部分については，この限りでない。

二　防火床にあっては，次に掲げる基準に適合する構造とすること。

イ　次に掲げる基準のいずれかに適合するものであること。

⑴　防火床（屋外にある部分の裏側の部分の仕上げを不燃材料でしたものに限る。）が建築物の外壁面から1.5m以上突出したものであるほか，防火床の上方で，防火床の中心線から垂直距離5m以内の部分において，外壁及び軒裏が防火構造であり，かつ，外壁及び軒裏の屋外側の部分の仕上げが準不燃材料でされ，外壁の開口部に法第2条第九号の二ロに規定する防火設備が設けられていること。

⑵　防火床の下方で，防火床の中心線から垂直距離5m以内の部分において，外壁が耐火構造であり，かつ，外壁の屋外側の部分の仕上げが不燃材料でされ，外壁の開口部に法第2条第九号の二ロに規定する防火設備が設けられていること。

⑶　防火床の上方及び下方で，防火床の中心線から垂直距離5m以内の部分において，外壁及び軒裏が準耐火構造であり，かつ，外壁及び軒裏の屋外側の部分の仕上げが準不燃材料でされ，外壁の開口部に法第2条第九号の二ロに規定する防火設備が設けられていること。

ロ　防火床を貫通する竪穴部分（令第112条第11項に規定する竪穴部分をいう。以下同じ。）と当該竪穴部分以外の部分とが耐火構造の床若しくは壁又は特定防火設備で同

条第19項第一号に規定する構造であるもので区画されていること。

附　則　（略）

建築物の周囲において発生する通常の火災時における火熱により燃焼するおそれのない部分を定める件

令和2年2月27日　　国土交通省告示第197号

　　建築基準法（昭和25年法律第201号）第2条第六号ロの規定に基づき，建築物の周囲において発生する通常の火災時における火熱により燃焼するおそれのない部分を次のように定める。

　　建築基準法（以下「法」という。）第2条第六号ロに規定する建築物の周囲において発生する通常の火災時における火熱により燃焼するおそれのない部分は，次の各号に掲げる場合の区分に応じ，それぞれ当該各号に定める建築物の部分以外の部分とする。

一　隣地境界線等（法第2条第六号に規定する隣地境界線等をいう。以下同じ。）が同一敷地内の2以上の建築物（延べ面積の合計が500m²以内の建築物は，一の建築物とみなす。）相互の外壁間の中心線であって，かつ，当該隣地境界線等に面する他の建築物（以下単に「他の建築物」という。）が主要構造部が建築基準法施行令（昭和25年政令第338号）第107条各号，同令第107条の2各号，同令第108条の3第1項第一号イ及びロ若しくは同令第109条の3第一号若しくは第二号に掲げる基準に適合する建築物又は同令第136条の2第一号ロ若しくは第二号に掲げる基準に適合する建築物である場合　　次のいずれにも該当する建築物の部分

イ　隣地境界線等から，建築物の階の区分ごとに次の式によって計算した隣地境界線等からの距離以下の距離にある当該建築物の部分

$$d = \max \{D,\ A(1 - 0.000068\,\theta^2)\}$$

　　この式において，d，D，A及びθは，それぞれ次の数値を表すものとする。

　　　d　　隣地境界線等からの距離（単位　m）

　　　D　　次の表の左欄に掲げる建築物の階の区分に応じ，それぞれ同表右欄に掲げる数値（単位　m）

1階	2.5
2階以上	4

　　　A　　次の表の左欄に掲げる建築物の階の区分に応じ，それぞれ同表右欄に掲げる数値（単位　m）

1階	3
2階以上	5

　　　θ　　建築物の外壁面（隣地境界線等に面するものに限る。）と当該隣地境界線等とのなす角度のうち最小のもの（当該外壁面が当該隣地境界線等に平行である場合にあっては，0とする。）（単位　°）

ロ　他の建築物の地盤面から，次の式によって計算した他の建築物の地盤面からの高さ以下にある建築物の部分

$$h = h_{low} + H + 5\sqrt{\{1 - (S/d_{floor})^2\}}$$

　　この式において，h，h_{low}，H，S及びd_{floor}は，それぞれ次の数値を表すものとる。

　　h　　　他の建築物の地盤面からの高さ（単位　m）

　　h_{low}　　他の建築物の高さ（単位　m）

　　H　　　次の表の左欄に掲げる他の建築物の高さの区分に応じ，それぞれ同表右欄に掲げる数値（単位　m）

5 m 未満	5
5 m 以上	10

　　S　　　建築物から隣地境界線等までの距離のうち最小のもの（単位　m）

　　d_{floor}　　イに規定する隣地境界線等からの距離のうち最大のもの（単位　m）

二　前号に掲げる場合以外の場合　　隣地境界線等から，建築物の階の区分ごとに前号イに掲げる式によって計算した隣地境界線等からの距離以下の距離にある建築物の部分

　　　附　則　（略）

10分間防火設備の構造方法を定める件

令和2年2月27日　国土交通省告示第198号

最終改正　令和2年4月1日　国土交通省告示第508号

　建築基準法施行令（昭和25年政令第338号）第112条第12項ただし書の規定に基づき，10分間防火設備の構造方法を次のように定める。

第1　建築基準法施行令第112条第12項ただし書に規定する10分間防火設備の構造方法は，次に定めるものとする。

一　建築基準法（昭和25年法律第201号。以下「法」という。）第2条第九号の二ロに規定する防火設備とすること。

二　通常の火災による火熱が加えられた場合に，加熱開始後10分間当該加熱面以外の面に火炎を出さないものとして，法第61条の規定による国土交通大臣の認定を受けた防火設備とすること。

三　次に掲げる基準に適合するものとすること。

　イ　補強材（鉄材又は鋼材で造られたものに限る。）の両面にそれぞれ厚さが0.5mm以上の鉄板又は鋼板（ハにおいて「表面材」という。）が堅固に取り付けられたものであること。

　ロ　充填材を用いる場合にあっては，防火上支障のない性能を有するものが用いられたものであること。

　ハ　ガラスを用いる場合にあっては，次に掲げる場合の区分に応じ，それぞれ次に定める基準に適合するものであること。

　⑴　枠に鉄材若しくは鋼材を用いる場合又は枠を設けない場合　　　次の⒤又は⒤のいずれかに該当する構造であること。

　⒤　網入りガラス（網入りガラスを用いた複層ガラスを含む。）を用いたもの

　⒤　次に掲げる基準に適合するもの

　　㈠　はめごろし戸であること。

　　㈡　次のいずれかに該当するガラスが用いられたものであること。

　　　㈶　強化ガラス（厚さが5mm以上であり，かつ，表面圧縮応力が140MPa以上であるものに限る。⑵において同じ。）

　　　㈺　耐熱強化ガラス（厚さが5mm以上であり，かつ，エッジ強度が250MPa以上であるものに限る。⑵において同じ。）

　　　㈮　耐熱結晶化ガラス（主たる構成物質が二酸化けい素，酸化アルミニウム及び酸化リチウムであるガラスをいい，厚さが5mm以上であり，かつ，線膨張係数が30℃から750℃までの範囲において，1℃につき0±0.0000005であるものに限る。⑵において同じ。）

　　㈢　幅が700mm以下で高さが2,100mm以下の開口部に取り付けられたものであること。

　四　火災時においてガラスが脱落しないよう，次に掲げる方法によりガラスが枠（枠を設けない場合にあっては，表面材。㈶において同じ。）に取り付けられたものであること。

　　　　(イ)　ガラスを鉄材，鋼材又はアルミニウム合金材で造られた厚さが1mm以上
　　　　　　の取付部材（ガラスを枠に取り付けるために設置される部材をいう。(2)にお
　　　　　　いて同じ。）により枠に堅固に取り付けること。

　　　　(ロ)　ガラスの下にセッティングブロックを設けること。

　　　　(ハ)　ガラスの取付部分に含まれる部分の長さを6mm以上とすること。

　　　(五)　火災時においてガラスの取付部分に隙間が生じないよう，取付部分にシーリ
　　　　　ング材又はグレイジングガスケットで，難燃性を有するもの（シリコーン製で
　　　　　あるものに限る。(2)において同じ。）がガラスの全周にわたって設置されたも
　　　　　のであること。

　　　(六)　枠に鉄材又は鋼材を用いる場合にあっては，表面材の枠に含まれる部分の長
　　　　　さが2mm以上であること。

　(2)　枠にアルミニウム合金材を用いる場合　　次に掲げる基準に適合するものである
　　　こと。

　　(i)　はめごろし戸であること。

　　(ii)　次のいずれかに該当するガラスが用いられたものであること。

　　　　(一)　網入りガラス

　　　　(二)　強化ガラス

　　　　(三)　耐熱強化ガラス

　　　　(四)　耐熱結晶化ガラス

　　(iii)　幅が700mm以下で高さが2,100mm以下の開口部に取り付けられたものである
　　　　こと。

　　(iv)　火災時においてガラスが脱落しないよう，次に掲げる方法によりガラスが枠に
　　　　取り付けられたものであること。

　　　　(一)　ガラスを鉄材，鋼材又はアルミニウム合金材で造られた厚さが1mm以上の
　　　　　取付部材により枠に堅固に取り付けること。

　　　　(二)　ガラスの下にセッティングブロックを設けること。

　　　　(三)　ガラスの取付部分に含まれる部分の長さを6mm以上とすること。

　　(v)　火災時においてガラスの取付部分に隙間が生じないよう，取付部分にシーリ
　　　　ング材又はグレイジングガスケットで，難燃性を有するものがガラスの全周にわ
　　　　たって設置されたものであること。

　　(vi)　表面材の枠に含まれる部分の長さが2mm以上であること。

第2　第1第三号に該当する防火設備は，周囲の部分（当該防火設備から屋内側に15cm以
　　内の間に設けられた建具がある場合には，当該建具を含む。）が準不燃材料で造られた開
　　口部に取り付けなければならない。

第3　防火戸が枠又は他の防火設備と接する部分は，相じゃくりとし，又は定規縁若しくは
　　戸当りを設ける等閉鎖した際に隙間が生じない構造とし，かつ，防火設備の取付金物は，
　　当該防火設備が閉鎖した際に露出しないように取り付けなければならない。

　　　附　則　（略）

主要構造部を耐火構造等とすることを要しない
避難上支障がない居室の基準を定める件

令和2年3月6日　国土交通省告示第249号
最終改正　令和5年3月20日　国土交通省告示第207号

　建築基準法施行令（昭和25年政令第338号）第111条第1項の規定に基づき，主要構造部を耐火構造等とすることを要しない避難上支障がない居室の基準を次のように定める。

　建築基準法施行令（以下「令」という。）第111条第1項に規定する避難上支障がない居室の基準は，次の各号のいずれかに掲げるものとする。

一　次のイからハまでのいずれか及び第二号へに該当すること。

　イ　床面積が30㎡以内の居室（寝室，宿直室その他の人の就寝の用に供するものを除く。以下この号において同じ。）であること。

　ロ　避難階の居室で，当該居室の各部分から当該階における屋外への出口の一に至る歩行距離が30m以下のものであること。

　ハ　避難階の直上階又は直下階の居室で，当該居室の各部分から避難階における屋外への出口又は令第123条第2項に規定する屋外に設ける避難階段に通ずる出入口の一に至る歩行距離が20m以下のものであること。

二　次のいずれにも該当するものであること。

　イ　次の(1)又は(2)のいずれかに該当すること。

　　(1)　居室（寝室，宿直室その他の人の就寝の用に供するもの，病院，診療所（患者の収容施設があるものに限る。）若しくは児童福祉施設等（令第115条の3第一号に規定する児童福祉施設等をいい，通所のみにより利用されるものを除く。）の用に供するもの及び地階に存するものを除く。以下同じ。）から令第120条の規定による直通階段（以下単に「直通階段」という。）に通ずる廊下等（廊下その他の避難の用に供する建築物の部分をいう。以下同じ。）が，不燃材料で造り，又は覆われた壁又は戸（ふすま，障子その他これらに類するものを除く。以下同じ。）で令第112条第19項第二号に規定する構造であるもので区画されたものであること。

　　(2)　当該居室から直通階段に通ずる廊下等が，スプリンクラー設備（水源として，水道の用に供する水管を当該スプリンクラー設備に連結したものを除く。），水噴霧消火設備，泡消火設備その他これらに類するもので自動式のもの（以下「スプリンクラー設備等」という。）を設けた室以外の室（令第128条の6第2項に規定する火災の発生のおそれの少ない室（以下単に「火災の発生のおそれの少ない室」という。）を除く。）に面しないものであり，かつ，火災の発生のおそれの少ない室に該当する場合を除き，スプリンクラー設備等を設けたものであること。

　ロ　直通階段が，次のいずれかに該当すること。

　　(1)　直通階段の階段室が，その他の部分と準耐火構造の床若しくは壁又は建築基準法（昭和25年法律第201号。以下「法」という。）第2条第九号の二ロに規定する防火設備で令第112条第19項第二号に規定する構造であるもので区画されたものであること。

　　(2)　直通階段が屋外に設けられ，かつ，屋内から当該直通階段に通ずる出入口に(1)に規定する防火設備を設けたものであること。

　ハ　避難階における階段から屋外への出口に通ずる廊下等（火災の発生のおそれの少な

い室に該当するものに限る。ただし，当該廊下等にスプリンクラー設備等を設けた場合においては，この限りでない。）が，準耐火構造の床若しくは壁又は法第2条第九号のニロに規定する防火設備で令第112条第19項第二号に規定する構造であるもので区画されたものであること。

ニ　居室から直通階段に通ずる廊下等が，火災の発生のおそれの少ない室に該当すること。ただし，不燃材料で造り，又は覆われた壁又は戸で令第112条第19項第二号に規定する構造であるもので区画された居室に該当する場合において，次の(1)から(3)までに定めるところにより，当該居室で火災が発生した場合においても当該居室からの避難が安全に行われることを火災により生じた煙又はガスの高さに基づき検証する方法により確かめられたときは，この限りでない。

(1)　当該居室に存する者（当該居室を通らなければ避難することができない者を含む。）の全てが当該居室において火災が発生してから当該居室からの避難を終了するまでの時間を，令和3年国土交通省告示第475号第一号イ及びロに掲げる式に基づき計算した時間を合計することにより計算すること。

(2)　(1)の規定によって計算した時間が経過したときにおける当該居室において発生した火災により生じた煙又はガスの高さを，令和3年国土交通省告示第475号第二号に掲げる式に基づき計算すること。

(3)　(2)の規定によって計算した高さが，1.8mを下回らないことを確かめること。

ホ　居室及び当該居室から地上に通ずる廊下等（採光上有効に直接外気に開放された部分を除く。）が，令第126条の5に規定する構造の非常用の照明装置を設けたものであること。

ヘ　令第110条の5に規定する基準に従って警報設備（自動火災報知設備に限る。）を設けた建築物の居室であること。

　　附　則　（略）

警報設備を設けることその他これに準ずる
措置の基準を定める件

令和2年3月6日　国土交通省告示第250号

　建築基準法施行令（昭和25年政令第338号）第112条第18項ただし書の規定に基づき，警報設備を設けることその他これに準ずる措置の基準を次のように定める。

第1　この告示は，建築基準法（昭和25年法律第201号。以下「法」という。）第27条第1項各号，第2項各号又は第3項各号のいずれかに該当する建築物の部分（以下「特定用途部分」という。）を次に掲げる用途に供する場合であって，特定用途部分と特定用途部分に接する部分（特定用途部分の存する階にあるものを除く。）とを1時間準耐火基準に適合する準耐火構造とした床若しくは壁又は特定防火設備で区画し，かつ，特定用途部分に接する部分（特定用途部分の存する階にあるものに限る。第2において同じ。）を法別表第1(い)欄(1)項に掲げる用途又は病院，診療所（患者の収容施設があるものに限る。）若しくは児童福祉施設等（建築基準法施行令（以下「令」という。）第115条の3第一号に規定するものをいう。以下同じ。）（通所のみにより利用されるものを除く。）の用途に供しない場合について適用する。

一　ホテル
二　旅館
三　児童福祉施設等（通所のみにより利用されるものに限る。）
四　飲食店
五　物品販売業を営む店舗

第2　令第112条第18項ただし書に規定する警報設備を設けることその他これに準ずる措置の基準は，特定用途部分及び特定用途部分に接する部分に令第110条の5に規定する構造方法を用いる警報設備（自動火災報知設備に限る。）を同条に規定する設置方法により設けることとする。

　　　附　則　（略）

壁及び天井の室内に面する部分の仕上げを
防火上支障がないようにすることを要しない火災が
発生した場合に避難上支障のある高さまで煙又は
ガスの降下が生じない建築物の部分を定める件

令和2年3月6日　国土交通省告示第251号

　建築基準法施行令（昭和25年政令第338号）第128条の5第7項の規定に基づき，壁及び天井の室内に面する部分の仕上げを防火上支障がないようにすることを要しない火災が発生した場合に避難上支障のある高さまで煙又はガスの降下が生じない建築物の部分を次のように定める。

　建築基準法施行令（以下「令」という。）第128条の5第7項に規定する火災が発生した場合に避難上支障のある高さまで煙又はガスの降下が生じない建築物の部分は，次の各号のいずれかに該当するもの（第一号又は第二号に該当するものにあっては，建築基準法（昭和25年法律第201号。以下「法」という。）別表第1(い)欄(1)項に掲げる用途又は病院，診療所（患者の収容施設があるものに限る。）若しくは児童福祉施設等（令第115条の3第一号に規定する児童福祉施設等をいい，通所のみにより利用されるものを除く。）の用途に供するもの並びに令第128条の3の2に規定する居室，令第128条の4第1項第二号又は第三号に掲げる特殊建築物の部分及び同条第4項に規定する内装の制限を受ける調理室等を除く。）とする。

一　次のイ及びロに掲げる基準に適合する居室（当該居室以外の部分と間仕切壁又は法第2条第九号の二ロに規定する防火設備（当該居室にスプリンクラー設備その他これに類するものを設けた場合にあっては，令第112条第12項に規定する10分間防火設備）で同条第19項第二号に規定する構造であるもので区画されているものに限る。）
　イ　床面積が100m²以内であること。
　ロ　天井（天井のない場合においては，屋根。以下同じ。）の高さが3m以上であること。
二　次のイ及びロに掲げる基準に適合する建築物の部分（避難階又は避難階の直上階にある部分であって，令第110条の5に規定する基準に従って警報設備（自動火災報知設備に限る。）を設けた建築物の部分であり，かつ，屋外への出口等（屋外への出口，バルコニー又は屋外への出口に近接した出口をいい，当該部分の各部分から当該屋外への出口等まで及び当該屋外への出口等から道までの避難上支障がないものに限る。）その他当該部分に存する者が容易に道に避難することができる出口を設けたものに限る。）
　イ　延べ面積が500m²以内の建築物の部分であること。
　ロ　スプリンクラー設備，水噴霧消火設備，泡消火設備その他これらに類するもので自動式のもの（以下「スプリンクラー設備等」という。）を設けていること。
三　スプリンクラー設備等を設けた建築物の部分（天井の室内に面する部分（回り縁，窓台その他これらに類する部分を除く。）の仕上げを準不燃材料でしたものに限り，令第128条の3の2に規定する居室，令第128条の4第1項第二号又は第三号に掲げる特殊建築物の部分及び同条第4項に規定する内装の制限を受ける調理室等を除く。）
四　スプリンクラー設備等及び令第126条の3の規定に適合する排煙設備を設けた建築物の部分
　　附　則　（略）

区画部分からの避難に要する時間に基づく
区画避難安全検証法に関する算出方法等を定める件

令和2年4月1日　国土交通省告示第509号
最終改正　令和3年5月28日　国土交通省告示第474号

　建築基準法施行令（昭和25年政令第338号）第128条の6第3項第一号イ，ロ，ニ及びホの規定に基づき，区画部分からの避難に要する時間に基づく区画避難安全検証法に関する算出方法等を次のように定める。
一　建築基準法施行令（以下「令」という。）第128条の6第3項第一号に規定する方法を用いる場合における同号イに規定する当該居室に存する者（当該居室を通らなければ避難することができない者を含む。以下「在室者」という。）の全てが当該居室において火災が発生してから当該居室からの避難を終了するまでに要する時間は，次に掲げる時間を合計して計算するものとする。
　イ　次の式によって計算した火災が発生してから在室者が避難を開始するまでに要する時間（以下「居室避難開始時間」という。）（単位　min）

$$t_{start(room)} = \frac{\sqrt{\Sigma A_{area}}}{30}$$

> この式において，$t_{start(room)}$ 及び A_{area} は，それぞれ次の数値を表すものとする。
> $t_{start(room)}$　　居室避難開始時間（単位　min）
> A_{area}　　　　当該居室及び当該居室を通らなければ避難することができない建築物の部分（以下「当該居室等」という。）の各部分の床面積（単位　m²）

　ロ　次の式によって計算した在室者が当該居室等の各部分から当該居室の出口（当該居室から当該区画部分以外の部分等（令第128条の6第2項に規定する当該区画部分以外の部分等をいう。以下同じ。）に通ずる主たる廊下その他の通路に通ずる出口に限る。以下同じ。）の一に達するまでに要する歩行時間のうち最大のもの（単位　min）

$$t_{travel(room),i} = \Sigma \frac{l_{room}}{v}$$

> この式において，$t_{travel(room),i}$，l_{room} 及び v は，それぞれ次の数値を表すものとする。
> $t_{travel(room),i}$　　在室者が当該居室等の各部分から当該居室の出口の一に達するまでに要する歩行時間（単位　min）
> l_{room}　　　　当該居室等の各部分から当該居室の出口の一に至る歩行距離（単位　m）
> v　　　　歩行速度（令和2年国土交通省告示第510号第一号ロに規定するものをいう。以下同じ。）（単位　m/min）

　ハ　次の式によって計算した在室者が当該居室の出口を通過するために要する時間（以下「居室出口通過時間」という。）（単位　min）

$$t_{queue(room)} = \frac{\Sigma p A_{area}}{\Sigma N_{eff(room)} B_{eff(room)}}$$

> この式において，$t_{queue(room)}$，p，A_{area}，$N_{eff(room)}$ 及び $B_{eff(room)}$ は，それぞれ次の数値を表すものとする。
> $t_{queue(room)}$　　居室出口通過時間（単位　min）
> p　　　　　在館者密度（令和2年国土交通省告示第510号第一号ハに規定する

1849

ものをいう。以下同じ。）（単位　人/m²）

A_{area}　　当該居室等の各部分の床面積（単位　m²）

$N_{eff(room)}$　　当該居室の各出口の幅，当該居室の種類及び当該居室の各出口に面する部分（以下「居室避難経路等の部分」という。）の収容可能人数に応じ，それぞれ次の表に掲げる式によって計算した当該居室の各出口の有効流動係数（単位　人/min・m）

当該居室の各出口の幅	当該居室の種類	居室避難経路等の部分の収容可能人数	当該居室の各出口の有効流動係数
60cm 未満である場合		–	$N_{eff(room)} = 0$
その他の場合	地上への出口を有する場合	–	$N_{eff(room)} = 90$
	その他の場合	$\sum \dfrac{A_{co}}{a_{n(room)}} \geqq \sum pA_{load(room)}$ である場合	$N_{eff(room)} = 90$
		$\sum \dfrac{A_{co}}{a_{n(room)}} < \sum pA_{load(room)}$ である場合	$N_{eff(room)} = \max \left(\dfrac{80B_{neck(room)} \sum \dfrac{A_{co}}{a_{n(room)}}}{B_{room} \sum pA_{load(room)}},\ \dfrac{80B_{neck(room)}}{B_{load(room)}} \right)$

この表において，$N_{eff(room)}$，A_{co}，$a_{n(room)}$，p，$A_{load(room)}$，$B_{neck(room)}$，B_{room} 及び $B_{load(room)}$ は，それぞれ次の数値を表すものとする。

$N_{eff(room)}$　　当該居室の各出口の有効流動係数（単位　人/min・m）

A_{co}　　当該居室避難経路等の部分の各部分（当該部分が階段室である場合にあっては，当該居室の存する階からその直下階までの階段室（当該居室の存する階が地階である場合にあっては当該居室の存する階からその直上階までの階段室，当該居室の存する階が避難階である場合にあっては当該居室の存する階の階段室）に限る。）の床面積（単位　m²）

$a_{n(room)}$　　令和2年国土交通省告示第510号第一号ハに規定する必要滞留面積（単位　m²/人）

p　　在館者密度（単位　人/m²）

$A_{load(room)}$　　当該居室避難経路等の部分を通らなければ避難することができない建築物の各部分（当該居室の存する階にあるものに限る。）の床面積（単位　m²）

$B_{neck(room)}$　　当該出口の幅又は当該出口の通ずる当該居室避難経路等の部分の出口（当該区画部分以外の部分等に通ずるものに限る。）の幅のうち最小のもの（単位　m）

B_{room}　　当該出口の幅（単位　m）

$B_{load(room)}$　　当該出口の通ずる当該居室避難経路等の部分を通らなければ避難することができない建築物の部分（当該居室の存する階にあるものに限る。）の当該出口の通ずる当該居室避難経路等の部分に面する出口の幅の合計（単位　m）

$B_{eff(room)}$　　当該居室の各出口の幅及び火災が発生してから在室者が当該居室の出口の一に達するまでに要する時間に応じ，それぞれ次の表に掲げる式によって計算した当該居室の各出口の有効出口幅（単位　m）

当該居室の各出口の幅	火災が発生してから在室者が当該居室の出口の一に達するまでに要する時間	当該居室の各出口の有効出口幅
当該出口の幅が当該居室の出口の幅のうち最大のものである場合	$t_{reach(room)} \leqq \dfrac{0.14}{\sqrt{\alpha_f + \alpha_m}}$ である場合	$B_{eff(room)} = B_{room}$
	$t_{reach(room)} > \dfrac{0.14}{\sqrt{\alpha_f + \alpha_m}}$ である場合	$B_{eff(room)} = \max(B_{room}$ $- 7.2\sqrt{\alpha_f + \alpha_m}\, t_{reach(room)} + 1,\ 0)$
その他の場合		$B_{eff(room)} = B_{room}$

この表において，$t_{reach(room)}$，α_f，α_m，$B_{eff(room)}$ 及び B_{room} は，それぞれ次の数値を表すものとする。

　$t_{reach(room)}$　　次の式によって計算した火災が発生してから在室者が当該居室の出口の一に達するまでに要する時間（単位　min）

$t_{reach(room)} = t_{start(room)} + t_{travel(room)}$

　　　この式において，$t_{reach(room)}$，$t_{start(room)}$ 及び $t_{travel(room)}$ は，それぞれ次の数値を表すものとする。

　　　$t_{reach(room)}$　　火災が発生してから在室者が当該居室の出口の一に達するまでに要する時間（単位　min）

　　　$t_{start(room)}$　　イに規定する居室避難開始時間（単位　min）

　　　$t_{travel(room)}$　　ロに規定する在室者が当該居室等の各部分から当該居室の出口の一に達するまでに要する歩行時間のうち最大のもの（単位　min）

　α_f　　積載可燃物の火災成長率（令和2年国土交通省告示第510号第一号ハに規定するものをいう。以下同じ。）

　α_m　　内装材料の火災成長率（令和2年国土交通省告示第510号第一号ハに規定するものをいう。以下同じ。）

　$B_{eff(room)}$　　当該居室の各出口の有効出口幅（単位　m）

　B_{room}　　当該出口の幅（単位　m）

二　令第128条の6第3項第一号ロに規定する当該居室において発生した火災により生じた煙又はガス（以下「煙等」という。）が避難上支障のある高さまで降下するために要する時間（以下「居室煙降下時間」という。）は，次の式によって計算するものとする。

$$t_{s(room)} = \dfrac{A_{room}(H_{room} - 1.8)}{\max(V_{s(room)} - V_{e(room)},\ 0.01)}$$

この式において，$t_{s(room)}$，A_{room}，H_{room}，$V_{s(room)}$ 及び $V_{e(room)}$ は，それぞれ次の数値を表すものとする。

　$t_{s(room)}$　　居室煙降下時間（単位　min）

　A_{room}　　当該居室の床面積（単位　m²）

　H_{room}　　当該居室の基準点（床面の最も高い位置をいう。以下同じ。）から天井（天井がない場合にあっては屋根。以下同じ。）までの高さの平均（単位　m）

$V_{s(room)}$　　次の式によって計算した当該居室の煙等発生量（単位　m³/min）

$$V_{s(room)} = 9 \left\{ (\alpha_f + \alpha_m) A_{room} \right\}^{1/3} \left\{ H_{low}^{5/3} + (H_{low} - H_{room} + 1.8)^{5/3} \right\}$$

この式において，$V_{s(room)}$，α_f，α_m，A_{room}，H_{low} 及び H_{room} は，それぞれ次の数値を表すものとする。

$V_{s(room)}$　　当該居室の煙等発生量（単位　m³/min）

α_f　　積載可燃物の火災成長率

α_m　　内装材料の火災成長率

A_{room}　　当該居室の床面積（単位　m²）

H_{low}　　当該居室の床面の最も低い位置から天井までの高さの平均（単位　m）

H_{room}　　当該居室の基準点から天井までの高さの平均（単位　m）

$V_{e(room)}$　　次のイ又はロに掲げる当該居室の区分に応じ，それぞれ当該イ又はロに定める当該居室の有効排煙量（単位　m³/min）

イ　床面積1,500m²以内ごとに，天井面から30cm 以上下方に突出した垂れ壁その他これと同等以上に煙の流動を妨げる効力のあるもので，不燃材料で造り，又は覆われたもの（以下「防煙垂れ壁」という。）によって区画された居室（床面から防煙垂れ壁の下端までの高さが1.8m 以上である場合に限る。）　次の式によって計算した各防煙区画（防煙垂れ壁で区画された部分をいう。以下この号において同じ。）の有効排煙量のうち最小のもの（単位　m³/min）

$$V_{e(room),i} = A^*_{(room)} E_{(sc)}$$

この式において，$V_{e(room),i}$，$A^*_{(room)}$ 及び $E_{(sc)}$ は，それぞれ次の数値を表すものとする。

$V_{e(room),i}$　　各防煙区画の有効排煙量（単位　m³/min）

$A^*_{(room)}$　　当該防煙区画の壁又は天井に設けられた開口部の床面からの高さが1.8m 以上の部分（以下「有効開口部」という。）の有無及びその上端の位置に応じ，それぞれ次の表に掲げる式によって計算した当該防煙区画の排煙効果係数

有効開口部の有無	有効開口部の上端の位置	当該防煙区画の排煙効果係数
有効開口部がない場合	－	$A^*_{(room)} = 0$
有効開口部がある場合	$\overline{H_{st(room)}} < H_{w(room)}$ である場合	$A^*_{(room)} = 0.4 \left(\dfrac{\overline{H_{st(room)}} - 1.8}{H_{top(room)} - 1.8} \right)$
	$\overline{H_{st(room)}} \geqq H_{w(room)}$ である場合	$A^*_{(room)} = 0.4 \left(\dfrac{\overline{H_{st(room)}} - 1.8}{H_{top(room)} - 1.8} \right)$ $+ 0.6 \left(1 - \dfrac{A_{sc}}{A_{room}} \right)$ $\left(\dfrac{\overline{H_{st(room)}} - H_{w(room)}}{\overline{H_{st(room)}} - 1.8} \right)^2$

この表において，$A^*_{(room)}$，$\overline{H_{st(room)}}$，$H_{w(room)}$，$H_{top(room)}$，A_{sc} 及び A_{room} は，それぞれ次の数値を表すものとする。

$A^*_{(room)}$	当該防煙区画の排煙効果係数
$\overline{H_{st(room)}}$	当該居室の基準点から当該防煙区画に設けられた各有効開口部の上端までの高さの平均（単位　m）
$H_{w(room)}$	当該居室の基準点から当該防煙区画における防煙垂れ壁の下端までの高さのうち最大のもの（単位　m）
$H_{top(room)}$	当該居室の基準点から当該防煙区画の天井までの高さのうち最大のもの（単位　m）
A_{sc}	当該防煙区画の床面積（単位　m²）
A_{room}	当該居室の床面積（単位　m²）

$E_{(sc)}$　当該防煙区画に設けられた有効開口部の種類に応じ，それぞれ次の表に掲げる式によって計算した当該防煙区画に設けられた各有効開口部の排煙量（当該防煙区画に設けられた有効開口部の種類が同表㈠又は㈡に掲げるものである場合にあっては，当該防煙区画に設けられた各有効開口部及び当該有効開口部の開放に伴い開放される当該防煙区画に設けられた他の有効開口部のうち当該有効開口部からの距離が30m以内であるもの（以下このイにおいて「他の有効開口部」という。）の排煙量の合計）のうち最小のもの（単位　m³/min）

	当該防煙区画に設けられた 有効開口部の種類	当該防煙区画に設けられた各有効開口部の排煙量
㈠	有効開口部を排煙口とした場合に，当該防煙区画に設けられた排煙設備が令第126条の3第1項第二号，第三号（排煙口の壁における位置に係る部分を除く。），第四号から第六号まで及び第十号から第十二号までの規定（以下「自然排煙関係規定」という。）に適合し，かつ，当該居室の壁の床面からの高さが1.8m以下の部分に排煙口の開放に連動して自動的に開放され又は常時開放状態にある給気口が設けられたもの（当該居室に設けられた当該排煙設備以外の排煙設備が同項第二号，第三号（排煙口の壁における位置に係る部分を除く。），第四号から第七号まで，第八号（排煙口の開口面積に係る部分を除く。），第九号（空気を排出する能力に係る部分を除く。）及び第十号から第十二号までの規定（以下「機械排煙関係規定」という。）に適合する場合を除く。）	$e_{(sc)} =$ $$\max\left\{19A_{s(sc)}\sqrt{h_{s(sc)}},\ \frac{76A_{s(sc)}\sqrt{H_{c(sc)}-1.8}}{\sqrt{1+\left(\dfrac{A'_{s(sc)}}{A_a}\right)^2}}\right\}$$

㈡	有効開口部を排煙口とした場合に，当該防煙区画に設けられた排煙設備が機械排煙関係規定に適合し，かつ，当該居室の壁の床面からの高さが1.8m以下の部分に排煙口の開放に連動して自動的に開放され又は常時開放状態にある給気口が設けられたもの（当該居室に設けられた当該排煙設備以外の排煙設備が自然排煙関係規定に適合する場合を除く。）	$e_{(sc)} = \min \lvert w_{(sc)},$ $3.9(H_{c(sc)} - 1.8)w_{(sc)}{}^{2/3}\rvert$
㈢	有効開口部を排煙口とした場合に，当該防煙区画に設けられた排煙設備が平成12年建設省告示第1437号第一号イ，ロ⑴及び⑶，ハ⑴，⑵及び⑶⒤又は第二号イ，ロ⑴，⑶及び⑸，ハ⑴⒤，⑵⒤⒠及び⑵並びにニの規定に適合するもの	$e_{(sc)} = \min (s_{(sc)},$ $550A_{s(sc)})$
四	その他の有効開口部	$e_{(sc)} = 0$

この表において，$e_{(sc)}$，$A_{s(sc)}$，$h_{s(sc)}$，$H_{c(sc)}$，$A'_{s(sc)}$，A_a，$w_{(sc)}$ 及び $s_{(sc)}$ は，それぞれ次の数値を表すものとする。

$e_{(sc)}$　当該防煙区画に設けられた各有効開口部の排煙量（単位　m³/min）

$A_{s(sc)}$　当該有効開口部の開口面積（単位　m²）

$h_{s(sc)}$　当該有効開口部の上端と下端の垂直距離（単位　m）

$H_{c(sc)}$　当該居室の基準点から当該有効開口部の中心までの高さ（単位　m）

$A'_{s(sc)}$　当該有効開口部及び他の有効開口部の開口面積の合計（単位　m²）

A_a　当該居室に設けられた給気口（当該有効開口部の開放に伴い開放され又は常時開放状態にある給気口に限る。）の開口面積の合計（単位　m²）

$w_{(sc)}$　当該有効開口部の排煙機の空気を排出することができる能力（単位　m³/min）

$s_{(sc)}$　当該防煙区画に係る送風機の当該防煙区画に設けられた有効開口部から空気を排出することができる能力（単位　m³/min）

ロ　イに掲げる居室以外の居室で床面積が1,500m³以下のもの　　次の式によって計算した当該居室の有効排煙量（単位　m³/min）

$$V_{e(room)} = 0.4 \left(\frac{\overline{H_{st(room)}} - 1.8}{H_{top(room)} - 1.8} \right) E$$

この式において，$V_{e(room)}$，$\overline{H_{st(room)}}$，$H_{top(room)}$ 及び E は，それぞれ次の数値を表すものとする。

$V_{e(room)}$　当該居室の有効排煙量（単位　m³/min）

$\overline{H_{st(room)}}$　当該居室の基準点から当該居室に設けられた各有効開口部の上端までの高さの平均（単位　m）

$H_{top(room)}$　当該居室の基準点から天井までの高さのうち最大のもの（単位　m）

E　　　当該居室に設けられた有効開口部の種類に応じ，それぞれ次の表に掲げる式によって計算した当該居室に設けられた各有効開口部の排煙量（当該居室に設けられた有効開口部の種類が同表㈠又は㈡に掲げるものである場合にあっては，当該居室に設けられた各有効開口部及び当該有効開口部の開放に伴い開放される当該居室に設けられた他の有効開口部のうち当該有効開口部からの距離が30m以内であるもの（以下このロにおいて「他の有効開口部」という。）の排煙量の合計）のうち最小のもの（単位　m³/min）

	当該居室に設けられた 有効開口部の種類	当該居室に設けられた 各有効開口部の排煙量
㈠	有効開口部を排煙口とした場合に，当該居室に設けられた排煙設備が自然排煙関係規定に適合し，かつ，当該居室の壁の床面からの高さが1.8m以下の部分に排煙口の開放に連動して自動的に開放され又は常時開放状態にある給気口が設けられたもの（当該居室に設けられた当該排煙設備以外の排煙設備が機械排煙関係規定に適合する場合を除く。）	$e = \max\left\{ 19A_s\sqrt{h_s}, \dfrac{76A_s\sqrt{H_c-1.8}}{\sqrt{1+\left(\dfrac{A'_s}{A_a}\right)^2}} \right\}$
㈡	有効開口部を排煙口とした場合に，当該居室に設けられた排煙設備が機械排煙関係規定に適合し，かつ，当該居室の壁の床面からの高さが1.8m以下の部分に排煙口の開放に連動して自動的に開放され又は常時開放状態にある給気口が設けられたもの（当該居室に設けられた当該排煙設備以外の排煙設備が自然排煙関係規定に適合する場合を除く。）	$e = \min\{w, 3.9(H_c-1.8)\,w^{2/3}\}$
㈢	有効開口部を排煙口とした場合に，当該居室に設けられた排煙設備が平成12年建設省告示第1437号第一号イ，ロ(1)及び(3)，ハ(1)，(2)及び(3)(i)並びにニ又は第二号イ，ロ(1)，(3)及び(5)，ハ(1)(i)，(ii)(イ)及び(2)並びにニの規定に適合するもの	$e = \min(s,\ 550A_s)$
㈣	その他の有効開口部	$e = 0$

この表において，e, A_s, h_s, H_c, A'_s, A_a, w及びsは，それぞれ次の数値を表すものとする。

e　　当該居室に設けられた各有効開口部の排煙量（単位　m³/min）

A_s　　当該有効開口部の開口面積（単位　m²）

h_s　　当該有効開口部の上端と下端の垂直距離（単位　m）

H_c 　当該居室の基準点から当該有効開口部の中心までの高さ（単位　m）

A'_s 　当該有効開口部及び他の有効開口部の開口面積の合計（単位　m²）

A_a 　当該居室に設けられた給気口（当該有効開口部の開放に伴い開放され又は常時開放状態にある給気口に限る。）の開口面積の合計（単位　m²）

w 　当該有効開口部の排煙機の空気を排出することができる能力（単位　m³/min）

s 　当該居室に係る送風機の当該居室に設けられた有効開口部から空気を排出することができる能力（単位　m³/min）

三　令第128条の6第3項第一号ニに規定する区画部分に存する者の全てが当該火災室で火災が発生してから当該区画部分からの避難を終了するまでに要する時間（以下「区画避難完了時間」という。）は，次に掲げる時間を合計して計算するものとする。

イ　当該区画部分（当該区画部分以外の部分に当該区画部分を通らなければ避難することができない建築物の部分がないものに限り，竪穴部分（令第112条第11項に規定する竪穴部分をいう。）に面する場合にあっては，出入口の部分を除き，当該区画部分と当該竪穴部分とが準耐火構造の壁又は建築基準法（昭和25年法律第201号）第2条第九号の二ロに規定する防火設備で令第112条第19項第二号に規定する構造であるものであって，はめごろし戸であるもので区画されているものに限る。以下同じ。）の用途に応じ，それぞれ次の表に掲げる式によって計算した火災が発生してから区画部分に存する者が避難を開始するまでに要する時間（以下「区画避難開始時間」という。）（単位　min）

当該区画部分の用途	区画避難開始時間
共同住宅，ホテルその他これらに類する用途（病院，診療所及び児童福祉施設等（令第115条の3第一号に規定する児童福祉施設等をいう。以下同じ。）を除く。）	$t_{start(comp)} = \dfrac{\sqrt{\sum A_{area(comp)}}}{30} + 5$
その他の用途（病院，診療所及び児童福祉施設等を除く。）	$t_{start(comp)} = \dfrac{\sqrt{\sum A_{area(comp)}}}{30} + 3$
この表において，$t_{start(comp)}$ 及び $A_{area(comp)}$ は，それぞれ次の数値を表すものとする。 　　$t_{start(comp)}$　区画避難開始時間（単位　min） 　　$A_{area(comp)}$　当該区画部分の各部分の床面積（単位　m²）	

ロ　次の式によって計算した区画部分に存する者が当該区画部分の各室の各部分から当該区画部分以外の部分等の一に達するまでに要する歩行時間のうち最大のもの（単位　min）

$$t_{travel(comp),i} = \sum \frac{l_{comp}}{v}$$

この式において，$t_{travel(comp),i}$，l_{comp} 及び v は，それぞれ次の数値を表すものとする。

　　$t_{travel(comp),i}$　区画部分に存する者が当該区画部分の各室の各部分から当該区画部分以外の部分等の一に達するまでに要する歩行時間（単位　min）

　　l_{comp}　　　　　当該区画部分の各室の各部分から当該区画部分以外の部分等への出口（当該火災室が当該区画部分以外の部分等への出口を有する場合において

は，当該火災室の当該区画部分以外の部分等への出口のうち，その幅が最大
のものを除く。）の一に至る歩行距離（単位　m）

v　　　　　歩行速度（単位　m/min）

ハ　次の式によって計算した区画部分に存する者が当該区画部分から当該区画部分以外
の部分等への出口を通過するために要する時間（単位　min）

$$t_{queue(comp)} = \frac{\Sigma p A_{area(comp)}}{\Sigma N_{eff(comp)} B_{comp}}$$

この式において，$t_{queue(comp)}$，p，$A_{area(comp)}$，$N_{eff(comp)}$ 及び B_{comp} は，それぞれ次の数
値を表すものとする。

$t_{queue(comp)}$　　区画部分に存する者が当該区画部分から当該区画部分以外の部分等
への出口を通過するために要する時間（単位　min）

p　　　　　在館者密度（単位　人/m²）

$A_{area(comp)}$　　当該区画部分の各部分の床面積（単位　m²）

$N_{eff(comp)}$　　当該区画部分から当該区画部分以外の部分等への各出口（当該火災
室が当該区画部分以外の部分等への出口を有する場合においては，当該火災
室の当該区画部分以外の部分等への出口のうち，その幅が最大のものを除
く。以下このハにおいて同じ。）の幅，当該区画部分の種類，当該区画部分
から当該区画部分以外の部分等への各出口の種類及び当該区画部分から当該
区画部分以外の部分等への各出口の通ずる直通階段の階段室の床面積に応
じ，それぞれ次の表に掲げる式によって計算した当該区画部分から当該区画
部分以外の部分等への各出口の有効流動係数（単位　人/min·m）

当該区画部分から当該区画部分以外の部分等への各出口の幅	当該区画部分の種類	当該区画部分から当該区画部分以外の部分等への各出口の種類	当該区画部分から当該区画部分以外の部分等への各出口の通ずる直通階段の階段室の床面積	当該区画部分から当該区画部分以外の部分等への各出口の有効流動係数
60cm未満である場合		-		$N_{eff(comp)} = 0$
その他の場合	避難階に存する場合	地上への出口である場合	-	$N_{eff(comp)} = 90$
		その他の場合	-	$N_{eff(comp)} = \dfrac{90 B_{neck(comp)}}{B_{comp}}$
	その他の場合	$\Sigma A_{st} \geqq 0.25 \Sigma p A_{area(comp)}$ である場合	$N_{eff(comp)} = 90$
		$\Sigma A_{st} < 0.25 \Sigma p A_{area(comp)}$ である場合	$N_{eff(comp)} = \dfrac{320 B_{neck(comp)} \Sigma A_{st}}{B_{comp} \Sigma p A_{area(comp)}}$

この表において，$N_{eff(comp)}$，$B_{neck(comp)}$，B_{comp}，A_{st}，p 及び $A_{area(comp)}$ は，それぞれ次の数値を表すものとする。

$N_{eff(comp)}$　　当該区画部分から当該区画部分以外の部分等への各出口の有効流動係数（単位　人/min・m）

$B_{neck(comp)}$　　当該出口の幅，当該出口の通ずる直通階段への出口の幅，当該直通階段の幅又は当該直通階段から地上若しくは避難階への出口の幅（当該区画部分が避難階に存する場合にあっては，当該出口の幅又は当該出口の通ずる地上への出口の幅）のうち最小のもの（単位　m）

B_{comp}　　当該出口の幅（単位　m）

A_{st}　　当該区画部分から当該区画部分以外の部分等への各出口の通ずる直通階段の当該区画部分の存する階からその直下階（当該区画部分の存する階が地階である場合にあっては，その直上階）までの階段室の床面積（単位　m²）

p　　在館者密度（単位　人/m²）

$A_{area(comp)}$　　当該区画部分の各部分の床面積（単位　m²）

B_{comp}　　当該出口の幅（単位　m）

四　令第128条の6第3項第一号ホに規定する当該火災室において発生した火災により生じた煙等が，当該区画部分の各居室（当該火災室を除く。）及び当該居室から当該区画部分以外の部分等に通ずる主たる廊下その他の建築物の部分において避難上支障のある高さまで降下するために要する時間は，当該火災室から当該区画部分以外の部分等への出口を有する室に通ずる各経路上にある各室について次の式によって計算した時間（以下「室煙降下時間」という。）の合計のうち最小のものとする。

$$t_{s(comp)} = \frac{A_{room(comp)}\left(H_{room(comp)} - H_{lim}\right)}{\max\left(V_{s(comp)} - V_{e(comp)},\ 0.01\right)}$$

この式において，$t_{s(comp)}$，$A_{room(comp)}$，$H_{room(comp)}$，H_{lim}，$V_{s(comp)}$ 及び $V_{e(comp)}$ は，それぞれ次の数値を表すものとする。

$t_{s(comp)}$　　室煙降下時間（単位　min）

$A_{room(comp)}$　　当該室の床面積（単位　m²）

$H_{room(comp)}$　　当該室の基準点から天井までの高さの平均（単位　m）

H_{lim}　　当該室の種類及び当該室の開口部に設けられた防火設備の構造に応じ，それぞれ次の表に定める数値（以下「限界煙層高さ」という。）（単位　m）

当該室の種類	当該室の開口部に設けられた防火設備の構造	限界煙層高さ
当該区画部分以外の部分等への出口を有する室	－	1.8
その他の室	常時閉鎖式の防火設備（建築基準法第2条第九号の二のロに規定する防火設備に限る。以下同じ。）又は随時閉鎖することができ，かつ，煙感知器と連動する自動閉鎖装置を設けた防火設備	当該室の床面から各開口部の上端までの高さのうち最大のものの1/2の高さ
	その他の構造	当該室の床面から各開口部の上端までの高さのうち最大のもの

$V_{s(comp)}$　次のイ又はロに掲げる当該室の区分に応じ，それぞれ当該イ又はロに定める当該室の煙等発生量（単位　m³/min）

イ　火災室　　次の式によって計算した当該室の煙等発生量（単位　m³/min）

$$V_{s(comp)} = 9 \left\{ (\alpha_f + \alpha_m) A_{room(comp)} \right\}^{1/3} \left\{ H_{low(comp)}{}^{5/3} + (H_{low(comp)} - H_{room(comp)} + H_{lim})^{5/3} \right\}$$

この式において，$V_{s(comp)}$，α_f，α_m，$A_{room(comp)}$，$H_{low(comp)}$，$H_{room(comp)}$ 及び H_{lim} は，それぞれ次の数値を表すものとする。

$V_{s(comp)}$　　　当該室の煙等発生量（単位　m³/min）

α_f　　　　積載可燃物の火災成長率

α_m　　　　内装材料の火災成長率

$A_{room(comp)}$　　当該室の床面積（単位　m²）

$H_{low(comp)}$　　当該室の床面の最も低い位置から天井までの高さの平均（単位　m）

$H_{room(comp)}$　　当該室の基準点から天井までの高さの平均（単位　m）

H_{lim}　　　　限界煙層高さ（単位　m）

ロ　火災室以外の室　　当該火災室と当該室とを区画する壁（当該室が当該火災室に隣接していない場合にあっては，当該経路（当該火災室から当該室に至る部分に限る。以下このロにおいて同じ。）上にある室の壁（当該経路上にある他の室に面するものであって，開口部が設けられたものに限る。）のうちいずれかの壁。以下このロにおいて同じ。）及び当該壁の開口部の構造に応じ，それぞれ次の表に掲げる式によって計算した当該室の煙等発生量（単位　m³/min）

当該火災室と当該室とを区画する壁及び 当該壁の開口部の構造	当該室の煙等発生量
準耐火構造の壁又は不燃材料で覆われた壁の開口部に令第112条第19項第二号に規定する構造である防火設備が設けられている場合	$V_{s(comp)} = 0.2 A_{op}$
準耐火構造の壁又は不燃材料で覆われた壁の開口部に令第112条第19項第一号に規定する構造である防火設備が設けられている場合	$V_{s(comp)} = 2 A_{op}$
その他の場合	$V_{s(comp)} = \max(V_{s0} - V_{e(comp),f},\ 0)$

この表において，$V_{s(comp)}$，A_{op}，V_{s0} 及び $V_{e(comp),f}$ は，それぞれ次の数値を表すものとする。

$V_{s(comp)}$　　当該室の煙等発生量（単位　m³/min）

A_{op}　　　当該火災室と当該室とを区画する壁の開口部の面積の合計（単位　m²）

V_{s0}　　　イに掲げる式によって計算した当該火災室の煙等発生量（単位　m³/min）

$V_{e(comp),f}$　次の(1)又は(2)に掲げる当該火災室の区分に応じ，それぞれ当該(1)又は(2)に定める当該火災室の有効排煙量（自然排煙関係規定に適合した排煙設備を設け，かつ，当該火災室の壁の床面からの高さが1.8m 以下の部分に排煙口の開放に連動して自動的に開放され又は常時開放状態にある給気口を設けた場合以外の場合には，0とする。）（単位　m³/min）

(1)　床面積1,500m²以内ごとに，防煙垂れ壁によって区画された火災室（床面から防煙垂れ壁の下端までの高さが限界煙層高さ以上である場合に限る。）次の式によって計算した各防煙区画（防煙垂れ壁で区画された部分をいう。以下この号において同じ。）の有効排煙量のうち最小のもの（以下「防煙区画有効排煙量」という。）（単位　m³/min）

$$V_{e(comp),i} = A^*_{(comp)} E_{(comp,sc)}$$

この式において，$V_{e(comp),i}$，$A^*_{(comp)}$ 及び $E_{(comp,sc)}$ は，それぞれ次の数値を表すものとする。

$V_{e(comp),i}$　　各防煙区画の有効排煙量（単位　m³/min）

$A^*_{(comp)}$　　当該防煙区画の壁又は天井に設けられた開口部の床面からの高さが限界煙層高さ以上の部分（以下「限界煙層高さ有効開口部」という。）の有無及びその上端の位置に応じ，それぞれ次の表に掲げる式によって計算した当該防煙区画の排煙効果係数

限界煙層高さ有効開口部の有無	限界煙層高さ有効開口部の上端の位置	当該防煙区画の排煙効果係数
限界煙層高さ有効開口部がない場合	－	$A^*_{(comp)} = 0$
限界煙層高さ有効開口部がある場合	$\overline{H_{st(comp)}} < H_{w(comp)}$ である場合	$A^*_{(comp)} =$ $0.4\left(\dfrac{\overline{H_{st(comp)}} - H_{lim}}{H_{top(comp)} - H_{lim}}\right)$
	$\overline{H_{st(comp)}} \geqq H_{w(comp)}$ である場合	$A^*_{(comp)} =$ $0.4\left(\dfrac{\overline{H_{st(comp)}} - H_{lim}}{H_{top(comp)} - H_{lim}}\right)$ $+ 0.6\left(1 - \dfrac{A_{sc}}{A_{room(comp)}}\right)$ $\left(\dfrac{\overline{H_{st(comp)}} - H_{w(comp)}}{\overline{H_{st(comp)}} - H_{lim}}\right)^2$

この表において，$A^*_{(comp)}$，$\overline{H_{st(comp)}}$，$H_{w(comp)}$，H_{lim}，$H_{top(comp)}$，A_{sc} 及び $A_{room(comp)}$ は，それぞれ次の数値を表すものとする。

$A^*_{(comp)}$　　当該防煙区画の排煙効果係数

$\overline{H_{st(comp)}}$　　当該室の基準点から当該防煙区画に設けられた各限界煙層高さ有効開口部の上端までの高さの平均（単位　m）

$H_{w(comp)}$　　当該室の基準点から当該防煙区画における防煙垂れ壁の下端までの高さのうち最大のもの（単位　m）

H_{lim}　　限界煙層高さ（単位　m）

$H_{top(comp)}$　　当該室の基準点から当該防煙区画の天井までの高さのうち最大のもの（単位　m）

A_{sc}　　当該防煙区画の床面積（単位　m²）

$A_{room(comp)}$　　当該室の床面積（単位　m²）

$E_{(comp,sc)}$　当該防煙区画に設けられた限界煙層高さ有効開口部の種類に応じ，それぞれ次の表に掲げる式によって計算した当該防煙区画に設けられた各限界煙層高さ有効開口部の排煙量（当該防煙区画に設けられた限界煙層高さ有効開口部の種類が同表㈠又は㈡に掲げるものである場合にあっては，当該防煙区画に設けられた各限界煙層高さ有効開口部及び当該限界煙層高さ有効開口部の開放に伴い開放される当該防煙区画に設けられた他の限界煙層高さ有効開口部のうち当該限界煙層高さ有効開口部からの距離が30m以内であるもの（以下この(1)において「他の限界煙層高さ有効開口部」という。）の排煙量の合計）のうち最小のもの（単位　m^3/min）

当該防煙区画に設けられた限界煙層高さ有効開口部の種類		当該防煙区画に設けられた各限界煙層高さ有効開口部の排煙量
㈠	限界煙層高さ有効開口部を排煙口とした場合に，当該防煙区画に設けられた排煙設備が自然排煙関係規定に適合し，かつ，当該室の壁の床面からの高さが1.8m以下の部分に排煙口の開放に連動して自動的に開放され又は常時開放状態にある給気口が設けられたもの（当該室に設けられた当該排煙設備以外の排煙設備が機械排煙関係規定に適合する場合を除く。）	$e_{(comp,sc)} = \max\left\{ 19A_{s(comp,sc)}\sqrt{h_{s(comp,sc)}}, \dfrac{76A_{s(comp,sc)}\sqrt{H_{c(comp,sc)}-H_{lim}}}{\sqrt{1+\left(\dfrac{A'_{s(comp,sc)}}{A_{a(comp)}}\right)^2}} \right\}$
㈡	限界煙層高さ有効開口部を排煙口とした場合に，当該防煙区画に設けられた排煙設備が機械排煙関係規定に適合し，かつ，当該室の壁の床面からの高さが1.8m以下の部分に排煙口の開放に連動して自動的に開放され又は常時開放状態にある給気口が設けられたもの（当該室に設けられた当該排煙設備以外の排煙設備が自然排煙関係規定に適合する場合を除く。）	$e_{(comp,sc)} = \min\{w_{(comp,sc)}, 3.9(H_{c(comp,sc)}-H_{lim})w_{(comp,sc)}{}^{2/3}\}$

三	限界煙層高さ有効開口部を排煙口とした場合に，当該防煙区画に設けられた排煙設備が平成12年建設省告示第1437号第一号イ，ロ(1)及び(3)，ハ(1)，(2)及び(3)(i)並びにニ又は第二号イ，ロ(1)，(3)及び(5)，ハ(1)(i)，(ii)(イ)及び(2)並びにニの規定に適合するもの	$e_{(comp,sc)} = \min \left(s_{(comp,sc)},\ 550 A_{s(comp,sc)} \right)$
四	その他の限界煙層高さ有効開口部	$e_{(comp,sc)} = 0$

この表において，$e_{(comp,sc)}$，$A_{s(comp,sc)}$，$h_{s(comp,sc)}$，$H_{c(comp,sc)}$，H_{lim}，$A'_{s(comp,sc)}$，$A_{a(comp)}$，$w_{(comp,sc)}$ 及び $s_{(comp,sc)}$ は，それぞれ次の数値を表すものとする。

$e_{(comp,sc)}$　　当該防煙区画に設けられた各限界煙層高さ有効開口部の排煙量（単位　m³/min）

$A_{s(comp,sc)}$　　当該限界煙層高さ有効開口部の開口面積（単位　m²）

$h_{s(comp,sc)}$　　当該限界煙層高さ有効開口部の上端と下端の垂直距離（単位　m）

$H_{c(comp,sc)}$　　当該室の基準点から当該限界煙層高さ有効開口部の中心までの高さ（単位　m）

H_{lim}　　限界煙層高さ（単位　m）

$A'_{s(comp,sc)}$　　当該限界煙層高さ有効開口部及び他の限界煙層高さ有効開口部の開口面積の合計（単位　m²）

$A_{a(comp)}$　　当該室に設けられた給気口（当該限界煙層高さ有効開口部の開放に伴い開放され又は常時開放状態にある給気口に限る。）の開口面積の合計（単位　m²）

$w_{(comp,sc)}$　　当該限界煙層高さ有効開口部の排煙機の空気を排出することができる能力（単位　m³/min）

$s_{(comp,sc)}$　　当該防煙区画に係る送風機の当該防煙区画に設けられた限界煙層高さ有効開口部から空気を排出することができる能力（単位　m³/min）

(2)　(1)に掲げる火災室以外の火災室で床面積が1,500m²以下のもの　　次の式によって計算した当該室の有効排煙量（以下「室有効排煙量」という。）（単位　m³/min）

$$V_{e(comp)} = 0.4 \left(\frac{\overline{H_{st(comp)}} - H_{lim}}{H_{top(comp)} - H_{lim}} \right) E_{(comp)}$$

この式において，$V_{e(comp)}$，$\overline{H_{st(comp)}}$，H_{lim}，$H_{top(comp)}$ 及び $E_{(comp)}$ は，それぞれ次の数値を表すものとする。

$V_{e(comp)}$　　当該室の有効排煙量（単位　m³/min）

$\overline{H_{st(comp)}}$　　当該室の基準点から当該室に設けられた各限界煙層高さ有効開口部の上端までの高さの平均（単位　m）

H_{lim}　　限界煙層高さ（単位　m）

$H_{top(comp)}$　　当該室の基準点から天井までの高さのうち最大のもの（単位　m）

$E_{(comp)}$　　　当該室に設けられた限界煙層高さ有効開口部の種類に応じ，それぞれ次の表に掲げる式によって計算した当該室に設けられた各限界煙層高さ有効開口部の排煙量（当該室に設けられた限界煙層高さ有効開口部の種類が同表㈠又は㈡に掲げるものである場合にあっては，当該室に設けられた各限界煙層高さ有効開口部及び当該限界煙層高さ有効開口部の開放に伴い開放される当該室に設けられた他の限界煙層高さ有効開口部のうち当該限界煙層高さ有効開口部からの距離が30m以内であるもの（以下この⑵において「他の限界煙層高さ有効開口部」という。）の排煙量の合計）のうち最小のもの（単位　m³/min）

	当該室に設けられた限界煙層高さ有効開口部の種類	当該室に設けられた各限界煙層高さ有効開口部の排煙量
㈠	限界煙層高さ有効開口部を排煙口とした場合に，当該室に設けられた排煙設備が自然排煙関係規定に適合し，かつ，当該室の壁の床面からの高さが1.8m以下の部分に排煙口の開放に連動して自動的に開放され又は常時開放状態にある給気口が設けられたもの（当該室に設けられた当該排煙設備以外の排煙設備が機械排煙関係規定に適合する場合を除く。）	$e_{(comp)} = \max\left\{ 19A_{s(comp)}\sqrt{h_{s(comp)}}, \dfrac{76A_{s(comp)}\sqrt{H_{c(comp)}-H_{lim}}}{\sqrt{1+\left(\dfrac{A'_{s(comp)}}{A_{a(comp)}}\right)^2}} \right\}$
㈡	限界煙層高さ有効開口部を排煙口とした場合に，当該室に設けられた排煙設備が機械排煙関係規定に適合し，かつ，当該室の壁の床面からの高さが1.8m以下の部分に排煙口の開放に連動して自動的に開放され又は常時開放状態にある給気口が設けられたもの（当該室に設けられた当該排煙設備以外の排煙設備が自然排煙関係規定に適合する場合を除く。）	$e_{(comp)} = \min\{w_{(comp)}, 3.9(H_{c(comp)}-H_{lim})w_{(comp)}^{2/3}\}$
㈢	限界煙層高さ有効開口部を排煙口とした場合に，当該室に設けられた排煙設備が平成12年建設省告示第1437号第一号イ，ロ⑴及び⑶，ハ⑴，⑵及	$e_{(comp)} = \min(s_{(comp)}, 550A_{s(comp)})$

		び(3)(i)並びにニ又は第二号イ、ロ(1)、(3)及び(5)、ハ(1)(i)、(ii)イ及び(2)並びにニの規定に適合するもの	
四		その他の限界煙層高さ有効開口部	$e_{(comp)} = 0$

この表において、$e_{(comp)}$, $A_{s(comp)}$, $h_{s(comp)}$, $H_{c(comp)}$, H_{lim}, $A'_{s(comp)}$, $A_{a(comp)}$, $w_{(comp)}$ 及び $s_{(comp)}$ は、それぞれ次の数値を表すものとする。

$e_{(comp)}$　　当該室に設けられた各限界煙層高さ有効開口部の排煙量（単位　m³/min）

$A_{s(comp)}$　　当該限界煙層高さ有効開口部の開口面積（単位　m²）

$h_{s(comp)}$　　当該限界煙層高さ有効開口部の上端と下端の垂直距離（単位　m）

$H_{c(comp)}$　　当該室の基準点から当該限界煙層高さ有効開口部の中心までの高さ（単位　m）

H_{lim}　　限界煙層高さ（単位　m）

$A'_{s(comp)}$　　当該限界煙層高さ有効開口部及び他の限界煙層高さ有効開口部の開口面積の合計（単位　m²）

$A_{a(comp)}$　　当該室に設けられた給気口（当該限界煙層高さ有効開口部の開放に伴い開放され又は常時開放状態にある給気口に限る。）の開口面積の合計（単位　m²）

$w_{(comp)}$　　当該限界煙層高さ有効開口部の排煙機の空気を排出することができる能力（単位　m³/min）

$s_{(comp)}$　　当該室に係る送風機の当該室に設けられた限界煙層高さ有効開口部から空気を排出することができる能力（単位　m³/min）

$V_{e(comp)}$　　次のイ又はロに掲げる当該室の区分に応じ、それぞれ当該イ又はロに定める当該室の有効排煙量（単位　m³/min）

イ　床面積1,500m²以内ごとに、防煙垂れ壁によって区画された室（床面から防煙垂れ壁の下端までの高さが限界煙層高さ以上である場合に限る。）　防煙区画有効排煙量（単位　m³/min）

ロ　イに掲げる室以外の室で床面積が1,500m²以下のもの　室有効排煙量（単位　m³/min）

附　則　（略）

階からの避難に要する時間に基づく
階避難安全検証法に関する算出方法等を定める件

令和２年４月１日　国土交通省告示第510号

（平成12年　建設省告示第1441号の全部改正）

最終改正　令和３年５月28日　国土交通省告示第475号

建築基準法施行令（昭和25年政令第338号）第129条第３項第一号イ，ロ，ニ及びホの規定に基づき，階避難安全検証法に関する算出方法等を定める件（平成12年建設省告示第1441号）の全部を改正する告示を次のように定める。

建築基準法施行令（昭和25年政令第338号。以下「令」という。）第129条第３項第一号イ，ロ，ニ及びホの規定に基づき，階からの避難に要する時間に基づく階避難安全検証法に関する算出方法等を次のように定める。

一　令第129条第３項第一号に規定する方法を用いる場合における同号イに規定する当該居室に存する者（当該居室を通らなければ避難することができない者を含む。以下「在室者」という。）の全てが当該居室において火災が発生してから当該居室からの避難を終了するまでに要する時間は，次に掲げる時間を合計して計算するものとする。

イ　次の式によって計算した火災が発生してから在室者が避難を開始するまでに要する時間（以下「居室避難開始時間」という。）（単位　min）

$$t_{start(room)} = \frac{\sqrt{\Sigma A_{area}}}{30}$$

> この式において，$t_{start(room)}$ 及び A_{area} は，それぞれ次の数値を表すものとする。
>
> $t_{start(room)}$　居室避難開始時間（単位　min）
>
> A_{area}　　　当該居室及び当該居室を通らなければ避難することができない建築物の部分（以下「当該居室等」という。）の各部分の床面積（単位　m²）

ロ　次の式によって計算した在室者が当該居室等の各部分から当該居室の出口（当該居室から直通階段（避難階又は地上に通ずるものに限り，避難階にあっては地上。以下同じ。）（当該直通階段が令第123条第３項に規定する特別避難階段である場合にあっては，当該直通階段への出口を有する室を同項第三号，第四号，第六号及び第九号（これらの規定中バルコニー又は付室に係る部分に限る。）並びに第十号（バルコニー又は付室から階段室に通ずる出入口に係る部分に限る。）に定める構造としたものに限る。以下同じ。）に通ずる主たる廊下その他の通路に通ずる出口に限る。以下同じ。）の一に達するまでに要する歩行時間のうち最大のもの（単位　min）

$$t_{travel(room),i} = \sum \frac{l_{room}}{v}$$

> この式において，$t_{travel(room),i}$，l_{room} 及び v は，それぞれ次の数値を表すものとする。
>
> $t_{travel(room),i}$　在室者が当該居室等の各部分から当該居室の出口の一に達するまでに要する歩行時間（単位　min）
>
> l_{room}　　　当該居室等の各部分から当該居室の出口の一に至る歩行距離（単位　m）
>
> v　　　　建築物の部分の用途及び種類並びに避難の方向に応じ，それぞれ次の表に定める歩行速度（単位　m/min）

建築物の部分の用途	建築物の部分の種類	避難の方向	歩行速度
劇場，映画館，演芸場，観覧場，公会堂，集会場その他これらに類する用途	階段	上り	27
		下り	36
	客席部分	－	30
	その他の部分	－	60
百貨店，展示場その他これらに類する用途又は共同住宅，ホテルその他これらに類する用途（病院，診療所及び児童福祉施設等（令第115条の3第一号に規定する児童福祉施設等をいう。以下同じ。）を除く。）	階段	上り	27
		下り	36
	その他の部分	－	60
学校（幼保連携型認定こども園を除く。），事務所その他これらに類する用途	階段	上り	35
		下り	47
	その他の部分	－	78

ハ　次の式によって計算した在室者が当該居室の出口を通過するために要する時間（以下「居室出口通過時間」という。）（単位　min）

$$t_{queue(room)} = \frac{\Sigma p A_{area}}{\Sigma N_{eff(room)} B_{eff(room)}}$$

この式において，$t_{queue(room)}$，p，A_{area}，$N_{eff(room)}$ 及び $B_{eff(room)}$ は，それぞれ次の数値を表すものとする。

$t_{queue(room)}$　　居室出口通過時間（単位　min）

p　　　　　建築物の部分の種類に応じ，それぞれ次の表に定める在館者密度（単位　人/m²）

建築物の部分の種類		在館者密度
住宅の居室		0.06
住宅以外の建築物における寝室	固定ベッドの場合	ベッド数を床面積で除した数値
	その他の場合	0.16
事務室，会議室その他これらに類するもの		0.125
教室		0.7
百貨店又は物品販売業を営む店舗その他これらに類するもの	売場の部分	0.5
	売場に附属する通路の部分	0.25
飲食室		0.7

劇場，映画館，演芸場，観覧場，公会堂，集会場その他これらに類する用途に供する居室	固定席の場合	座席数を床面積で除した数値
	その他の場合	1.5
展示室その他これに類するもの		0.5

A_{area}　　　当該居室等の各部分の床面積（単位　m²）

$N_{eff(room)}$　　当該居室の各出口の幅，当該居室の種類及び当該居室の各出口に面する部分（以下「居室避難経路等の部分」という。）の収容可能人数に応じ，それぞれ次の表に掲げる式によって計算した当該居室の各出口の有効流動係数（単位　人/min·m）

当該居室の各出口の幅	当該居室の種類	居室避難経路等の部分の収容可能人数	当該居室の各出口の有効流動係数
60cm 未満である場合		–	$N_{eff(room)} = 0$
その他の場合	地上への出口を有する場合	–	$N_{eff(room)} = 90$
	その他の場合	$\sum \dfrac{A_{co}}{a_{n(room)}} \geqq \sum pA_{load(room)}$ である場合	$N_{eff(room)} = 90$
		$\sum \dfrac{A_{co}}{a_{n(room)}} < \sum pA_{load(room)}$ である場合	$N_{eff(room)} = \max\left(\dfrac{80B_{neck(room)}\sum\dfrac{A_{co}}{a_{n(room)}}}{B_{room}\Sigma pA_{load(room)}}, \dfrac{80B_{neck(room)}}{B_{load(room)}} \right)$

この表において，$N_{eff(room)}$，A_{co}，$a_{n(room)}$，p，$A_{load(room)}$，$B_{neck(room)}$，B_{room} 及び $B_{load(room)}$ は，それぞれ次の数値を表すものとする。

　$N_{eff(room)}$　　当該居室の各出口の有効流動係数（単位　人/min·m）

　A_{co}　　　　当該居室避難経路等の部分の各部分（当該部分が階段室である場合にあっては，当該居室の存する階からその直下階までの階段室（当該居室の存する階が地階である場合にあっては当該居室の存する階からその直上階までの階段室，当該居室の存する階が避難階である場合にあっては当該居室の存する階の階段室）に限る。）の床面積（単位　m²）

　$a_{n(room)}$　　　当該居室避難経路等の部分の各部分の種類に応じ，それぞれ次の表に定める必要滞留面積（単位　m²/人）

当該居室避難経路等の部分の各部分の種類	必要滞留面積
階段の付室又はバルコニー	0.2
階段室	0.25
居室又は廊下その他の通路	0.3

p 　　　在館者密度（単位　人/m²）

$A_{load(room)}$ 　当該居室避難経路等の部分を通らなければ避難することができない建築物の各部分（当該居室の存する階にあるものに限る。）の床面積（単位　m²）

$B_{neck(room)}$ 　当該出口の幅又は当該出口の通ずる当該居室避難経路等の部分の出口（直通階段に通ずるものに限る。）の幅のうち最小のもの（単位　m）

B_{room} 　　当該出口の幅（単位　m）

$B_{load(room)}$ 　当該出口の通ずる当該居室避難経路等の部分を通らなければ避難することができない建築物の部分（当該居室の存する階にあるものに限る。）の当該出口の通ずる当該居室避難経路等の部分に面する出口の幅の合計（単位　m）

$B_{eff(room)}$ 　当該居室の各出口の幅及び火災が発生してから在室者が当該居室の出口の一に達するまでに要する時間に応じ，それぞれ次の表に掲げる式によって計算した当該居室の各出口の有効出口幅（単位　m）

当該居室の各出口の幅	火災が発生してから在室者が当該居室の出口の一に達するまでに要する時間	当該居室の各出口の有効出口幅
当該出口の幅が当該居室の出口の幅のうち最大のものである場合	$t_{reach(room)} \leqq \dfrac{0.14}{\sqrt{\alpha_f + \alpha_m}}$ である場合	$B_{eff(room)} = B_{room}$
	$t_{reach(room)} > \dfrac{0.14}{\sqrt{\alpha_f + \alpha_m}}$ である場合	$B_{eff(room)} = \max(B_{room} -7.2\sqrt{\alpha_f + \alpha_m\, t_{reach(room)}} + 1,\ 0)$
その他の場合		$B_{eff(room)} = B_{room}$

この表において，$t_{reach(room)}$，α_f，α_m，$B_{eff(room)}$ 及び B_{room} は，それぞれ次の数値を表すものとする。

$t_{reach(room)}$ 　次の式によって計算した火災が発生してから在室者が当該居室の出口の一に達するまでに要する時間（単位　min）

$t_{reach(room)} = t_{start(room)} + t_{travel(room)}$

　この式において，$t_{reach(room)}$，$t_{start(room)}$ 及び $t_{travel(room)}$ は，それぞれ次の数値を表すものとする。

　　$t_{reach(room)}$ 　火災が発生してから在室者が当該居室の出口の一に達するまでに要する時間（単位　min）

　　$t_{start(room)}$ 　イに規定する居室避難開始時間（単位　min）

　　$t_{travel(room)}$ 　ロに規定する在室者が当該居室等の各部分から当該居室の出口の一に達するまでに要する歩行時間のうち最大のもの（単位　min）

α_f 　当該室の積載可燃物の1m²当たりの発熱量に応じ，それぞれ次の表に掲げる式によって計算した積載可燃物の火災成長率

当該室の積載可燃物の1m²当たりの発熱量	積載可燃物の火災成長率
$q_l \leqq 170$ である場合	$\alpha_f = 0.0125$
$q_l > 170$ である場合	$\alpha_f = 2.6 \times 10^{-6} q_l^{5/3}$

この表において，q_l 及び α_f は，それぞれ次の数値を表すものとする。

q_l 　　　当該室の種類に応じ，それぞれ次の表に定める当該室の積載可燃物の1㎡当たりの発熱量（単位　MJ/㎡）

当該室の種類			当該室の積載可燃物の1㎡当たりの発熱量
住宅の居室			720
住宅以外の建築物における寝室			240
事務室その他これに類するもの			560
会議室その他これに類するもの			160
教室			400
体育館のアリーナその他これに類するもの			80
博物館又は美術館の展示室その他これらに類するもの			240
百貨店又は物品販売業を営む店舗その他これらに類するもの	家具又は書籍の売場その他これらに類するもの		960
	その他の部分		480
飲食店その他の飲食室	簡易な食堂		240
	その他の飲食室		480
劇場，映画場，演芸場，観覧場，公会堂，集会室その他これらに類する用途に供する室	客席部分	固定席の場合	400
		その他の場合	480
	舞台部分		240
自動車車庫又は自動車修理工場	車室その他これに類する部分		240
	車路その他これに類する部分		32
廊下，階段その他の通路			32
玄関ホール，ロビーその他これらに類するもの	劇場,映画館,演芸場,観覧場，公会堂若しくは集会場その他これらに類する用途又は百貨店若しくは物品販売業を営む店舗その他これらに類する用途に供する建築物の玄関ホー		160

	ル，ロビーその他これらに類するもの	
	その他のもの	80
昇降機その他の建築設備の機械室		160
屋上広場又はバルコニー		80
倉庫その他の物品の保管の用に供する室		2,000

α_f　　積載可燃物の火災成長率

α_m　　　　当該室の内装仕上げの種類に応じ，それぞれ次の表に定める内装材料の火災成長率

	当該室の内装仕上げの種類	内装材料の火災成長率
(一)	壁（床面からの高さが1.2m以下の部分を除く。以下この表において同じ。）及び天井（天井がない場合にあっては屋根。以下同じ。）の室内に面する部分（回り縁，窓台その他これらに類する部分を除く。以下この表において同じ。）の仕上げを不燃材料でしたもの	0.0035
(二)	壁及び天井の室内に面する部分の仕上げを準不燃材料でしたもの（(一)に掲げるものを除く。）	0.014
(三)	壁及び天井の室内に面する部分の仕上げを令第128条の5第1項第一号に掲げる仕上げとしたもの（(一)及び(二)に掲げるものを除く。）	0.056
(四)	壁及び天井の室内に面する部分の仕上げを木材その他これに類する材料でしたもの（(一)から(三)までに掲げるものを除く。）	0.35

$B_{eff(room)}$　　当該居室の各出口の有効出口幅（単位　m）

B_{room}　　　当該出口の幅（単位　m）

二　令第129条第3項第一号ロに規定する当該居室において発生した火災により生じた煙又はガス（以下「煙等」という。）が避難上支障のある高さまで降下するために要する時間（以下「居室煙降下時間」という。）は，次の式によって計算するものとする。

$$t_{s(room)} = \frac{A_{room}(H_{room}-1.8)}{\max(V_{s(room)} - V_{e(room)},\ 0.01)}$$

この式において，$t_{s(room)}$，A_{room}，H_{room}，$V_{s(room)}$ 及び $V_{e(room)}$ は，それぞれ次の数値を表すものとする。

$t_{s(room)}$　　居室煙降下時間（単位　min）

A_{room}　　　当該居室の床面積（単位　m²）

H_{room}　　　当該居室の基準点（床面の最も高い位置をいう。以下同じ。）から天井までの高さの平均（単位　m）

$V_{s(room)}$　　次の式によって計算した当該居室の煙等発生量（単位　m³/min）

$$V_{s(room)} = 9\{(\alpha_f + \alpha_m)A_{room}\}^{1/3}\{H_{low}^{5/3} + (H_{low} - H_{room} + 1.8)^{5/3}\}$$

この式において，$V_{s(room)}$，α_f，α_m，A_{room}，H_{low} 及び H_{room} は，それぞれ次の数値を表すものとする。

$V_{s(room)}$　　当該居室の煙等発生量（単位　$\mathrm{m^3/min}$）

α_f　　　　前号ハに規定する積載可燃物の火災成長率

α_m　　　　前号ハに規定する内装材料の火災成長率

A_{room}　　　当該居室の床面積（単位　$\mathrm{m^2}$）

H_{low}　　　当該居室の床の最も低い位置から天井までの高さの平均（単位　m）

H_{room}　　　当該居室の基準点から天井までの高さの平均（単位　m）

$V_{e(room)}$　　次のイ又はロに掲げる当該居室の区分に応じ，それぞれ当該イ又はロに定める当該居室の有効排煙量（単位　$\mathrm{m^3/min}$）

イ　床面積1,500$\mathrm{m^2}$以内ごとに，天井面から30cm以上下方に突出した垂れ壁その他これと同等以上に煙の流動を妨げる効力のあるもので，不燃材料で造り，又は覆われたもの（以下「防煙垂れ壁」という。）によって区画された居室（床面から防煙垂れ壁の下端までの高さが1.8m以上である場合に限る。）　次の式によって計算した各防煙区画（防煙垂れ壁で区画された部分をいう。以下この号において同じ。）の有効排煙量のうち最小のもの（単位　$\mathrm{m^3/min}$）

$$V_{e(room),i} = A^*_{(room)}E_{(sc)}$$

この式において，$V_{e(room),i}$，$A^*_{(room)}$ 及び $E_{(sc)}$ は，それぞれ次の数値をものとする。

$V_{e(room),i}$　各防煙区画の有効排煙量（単位　$\mathrm{m^3/min}$）

$A^*_{(room)}$　　当該防煙区画の壁又は天井に設けられた開口部の床面からの高さが1.8m以上の部分（以下「有効開口部」という。）の有無及びその上端の位置に応じ，それぞれ次の表に掲げる式によって計算した当該防煙区画の排煙効果係数

有効開口部の有無	有効開口部の上端の位置	当該防煙区画の排煙効果係数
有効開口部がない場合	－	$A^*_{(room)} = 0$
有効開口部がある場合	$\overline{H_{st(room)}} < H_{w(room)}$ である場合	$A^*_{(room)} = 0.4\left(\dfrac{\overline{H_{st(room)}}-1.8}{H_{top(room)}-1.8}\right)$
	$\overline{H_{st(room)}} \geqq H_{w(room)}$ である場合	$A^*_{(room)} = 0.4\left(\dfrac{\overline{H_{st(room)}}-1.8}{H_{top(room)}-1.8}\right)$ $+ 0.6\left(1 - \dfrac{A_{sc}}{A_{room}}\right)$ $\left(\dfrac{\overline{H_{st(room)}}-H_{w(room)}}{\overline{H_{st(room)}}-1.8}\right)^2$

この表において，$A^*_{(room)}$，$\overline{H_{st(room)}}$，$H_{w(room)}$，$H_{top(room)}$，A_{sc} 及び A_{room} は，それぞれ次の数値を表すものとする。

$A^*_{(room)}$　　当該防煙区画の排煙効果係数

$\overline{H_{st(room)}}$　当該居室の基準点から当該防煙区画に設けられた各有効開口部

　　　　　　　の上端までの高さの平均（単位　m）

$H_{w(room)}$　　当該居室の基準点から当該防煙区画における防煙垂れ壁の下端
　　　　　までの高さのうち最大のもの（単位　m）

$H_{top(room)}$　　当該居室の基準点から当該防煙区画の天井までの高さのうち最
　　　　　大のもの（単位　m）

A_{sc}　　　　当該防煙区画の床面積（単位　m²）

A_{room}　　　当該居室の床面積（単位　m²）

$E_{(sc)}$　　当該当該防煙区画に設けられた有効開口部の種類に応じ，それぞ
れ次の表に掲げる式によって計算した当該防煙区画に設けられた各有
効開口部の排煙量（当該防煙区画に設けられた有効開口部の種類が同
表㈠又は㈡に掲げるものである場合にあっては，当該防煙区画に設け
られた各有効開口部及び当該有効開口部の開放に伴い開放される当該
防煙区画に設けられた他の有効開口部のうち当該有効開口部からの距
離が30m 以内であるもの（以下このイにおいて「他の有効開口部」と
いう。）の排煙量の合計）のうち最小のもの（単位 m³/min）

当該防煙区画に設けられた 有効開口部の種類	当該防煙区画に設けられた 各有効開口部の排煙量
㈠ 有効開口部を排煙口とした場合に，当該防煙区画に設けられた排煙設備が令第126条の 3 第 1 項第二号，第三号（排煙口の壁における位置に係る部分を除く。），第四号から第六号まで及び第十号から第十二号までの規定（以下「自然排煙関係規定」という。）に適合し，かつ，当該居室の壁の床面からの高さが1.8m 以下の部分に排煙口の開放に連動して自動的に開放され又は常時開放状態にある給気口が設けられたもの（当該居室に設けられた当該排煙設備以外の排煙設備が同項第二号，第三号（排煙口の壁における位置に係る部分を除く。），第四号から第七号まで，第八号（排煙口の開口面積に係る部分を除く。），第九号（空気を排出する能力に係る部分を除く。）及び第十号から第十二号までの規定（以下「機械排煙関係規定」という。）に適合する場合を除く。）	$e_{(sc)} =$ $\max\left\{ 19A_{s(sc)}\sqrt{h_{s(sc)}},\ \dfrac{76A_{s(sc)}\sqrt{H_{c(sc)}-1.8}}{\sqrt{1+\left(\dfrac{A'_{s(sc)}}{A_a}\right)^2}} \right\}$
㈡ 有効開口部を排煙口とした場合に，当該防煙区画に設けられた排煙設備が機械排煙関係規定に適合し，かつ，当該居室の壁の床面からの高さが1.8m 以下の部分に排煙口の開放に連動して自動的に開放され又は常時開放状態にあ	$e_{(sc)} = \min\{w_{(sc)},$ $3.9(H_{c(sc)}-1.8)w_{(sc)}{}^{2/3}\}$

	る給気口が設けられたもの（当該居室に設けられた当該排煙設備以外の排煙設備が自然排煙関係規定に適合する場合を除く。）	
三	有効開口部を排煙口とした場合に，当該防煙区画に設けられた排煙設備が平成12年建設省告示第1437号第一号イ，ロ(1)及び(3)，ハ(1)，(2)及び(3)(i)並びにニ又は第二号イ，ロ(1)，(3)及び(5)，ハ(1)(i)，(ii)(イ)及び(2)並びにニの規定に適合するもの	$e_{(sc)} = \min(s_{(sc)}, 550A_{s(sc)})$
四	その他の有効開口部	$e_{(sc)} = 0$

この表において，$e_{(sc)}$，$A_{s(sc)}$，$h_{s(sc)}$，$H_{c(sc)}$，$A'_{s(sc)}$，A_a，$w_{(sc)}$ 及び $s_{(sc)}$ は，それぞれ次の数値を表すものとする。

$e_{(sc)}$　当該防煙区画に設けられた各有効開口部の排煙量（単位　m³/min）

$A_{s(sc)}$　当該有効開口部の開口面積（単位　m²）

$h_{s(sc)}$　当該有効開口部の上端と下端の垂直距離（単位　m）

$H_{c(sc)}$　当該居室の基準点から当該有効開口部の中心までの高さ（単位　m）

$A'_{s(sc)}$　当該有効開口部及び他の有効開口部の開口面積の合計（単位　m²）

A_a　当該居室に設けられた給気口（当該有効開口部の開放に伴い開放され又は常時開放状態にある給気口に限る。）の開口面積の合計（単位　m²）

$w_{(sc)}$　当該有効開口部の排煙機の空気を排出することができる能力（単位　m³/min）

$s_{(sc)}$　当該防煙区画に係る送風機の当該防煙区画に設けられた有効開口部から空気を排出することができる能力（単位　m³/min）

ロ　イに掲げる居室以外の居室で床面積が1,500m²以下のもの　　次の式によって計算した当該居室の有効排煙量（単位　m³/min）

$$V_{e(room)} = 0.4 \left(\frac{\overline{H_{st(room)}} - 1.8}{H_{top(room)} - 1.8} \right) E$$

この式において，$V_{e(room)}$，$\overline{H_{st(room)}}$，$H_{top(room)}$ 及び E は，それぞれ次の数値を表すものとする。

$V_{e(room)}$　当該居室の有効排煙量（単位　m³/min）

$\overline{H_{st(room)}}$　当該居室の基準点から当該居室に設けられた各有効開口部の上端までの高さの平均（単位　m）

$H_{top(room)}$　当該居室の基準点から天井までの高さのうち最大のもの（単位　m）

E　　当該居室に設けられた有効開口部の種類に応じ，それぞれ次の表に掲げる式によって計算した当該居室に設けられた各有効開口部の排煙量（当該居室に設けられた有効開口部の種類が同表(一)又は(二)に掲げるものである場合にあっては，当該居室に設けられた各有効開口部及び当該有効開口部の開放に伴い開放される当該居室に設けられた他の有効開口部のうち当該有効開口部からの距離が30m以内であるもの

（以下このロにおいて「他の有効開口部」という。）の排煙量の合計）
のうち最小のもの（単位　m³/min）

当該居室に設けられた 有効開口部の種類	当該居室に設けられた 各有効開口部の排煙量
（一） 有効開口部を排煙口とした場合に，当該居室に設けられた排煙設備が自然排煙関係規定に適合し，かつ，当該居室の壁の床面からの高さが1.8m以下の部分に排煙口の開放に連動して自動的に開放され又は常時開放状態にある給気口が設けられたもの（当該居室に設けられた当該排煙設備以外の排煙設備が機械排煙関係規定に適合する場合を除く。）	$e = \max\left\{ 19A_s\sqrt{h_s},\ \dfrac{76A_s\sqrt{H_c-1.8}}{\sqrt{1+\left(\dfrac{A'_s}{A_a}\right)^2}} \right\}$
（二） 有効開口部を排煙口とした場合に，当該居室に設けられた排煙設備が機械排煙関係規定に適合し，かつ，当該居室の壁の床面からの高さが1.8m以下の部分に排煙口の開放に連動して自動的に開放され又は常時開放状態にある給気口が設けられたもの（当該居室に設けられた当該排煙設備以外の排煙設備が自然排煙関係規定に適合する場合を除く。）	$e = \min\left\{w,\ 3.9(H_c-1.8)\ w^{2/3}\right\}$
（三） 有効開口部を排煙口とした場合に，当該居室に設けられた排煙設備が平成12年建設省告示第1437号第一号イ，ロ(1)及び(3)，ハ(1)，(2)及び(3)(i)並びにニ又は第二号イ，ロ(1)，(3)及び(5)，ハ(1)(i)，(ii)(イ)及び(2)並びにニの規定に適合するもの	$e = \min(s,\ 550A_s)$
（四） その他の有効開口部	$e = 0$

この表において，e，A_s，h_s，H_c，A'_s，A_a，w 及び s は，それぞれ次の数値を表すものとする。

e　　当該居室に設けられた各有効開口部の排煙量（単位　m³/min）

A_s　　当該有効開口部の開口面積（単位　m²）

h_s　　当該有効開口部の上端と下端の垂直距離（単位　m）

H_c　　当該居室の基準点から当該有効開口部の中心までの高さ（単位　m）

A'_s　　当該有効開口部及び他の有効開口部の開口面積の合計（単位　m²）

A_a　　当該居室に設けられた給気口（当該有効開口部の開放に伴い開放され又は常時開放状態にある給気口に限る。）の開口面積の合計（単位　m²）

w　　当該有効開口部の排煙機の空気を排出することができる能力（単位　m³/min）

s　　当該居室に係る送風機の当該居室に設けられた有効開口部から空気を

排出することができる能力（単位　m³/min）

三　令第129条第3項第一号ニに規定する当該階に存する者（当該階を通らなければ避難することができない者を含む。以下「階に存する者」という。）の全てが当該火災室で火災が発生してから当該階からの避難を終了するまでに要する時間（以下「階避難完了時間」という。）は，次に掲げる時間を合計して計算するものとする。

イ　当該階の各室及び当該階を通らなければ避難することができない建築物の部分（以下「当該階の各室等」という。）の用途に応じ，それぞれ次の表に掲げる式によって計算した火災が発生してから階に存する者が避難を開始するまでに要する時間（以下「階避難開始時間」という。）（単位　min）

当該階の各室等の用途	階避難開始時間
共同住宅，ホテルその他これらに類する用途（病院，診療所及び児童福祉施設等を除く。）	$t_{start(floor)} = \dfrac{\sqrt{\Sigma A_{area(floor)}}}{30} + 5$
その他の用途（病院，診療所及び児童福祉施設等を除く。）	$t_{start(floor)} = \dfrac{\sqrt{\Sigma A_{area(floor)}}}{30} + 3$
この表において，$t_{start(floor)}$ 及び $A_{area(floor)}$ は，それぞれ次の数値を表すものとする。 　$t_{start(floor)}$　階避難開始時間（単位　min） 　$A_{area(floor)}$　当該階の各室等の各部分の床面積（単位　m²）	

ロ　次の式によって計算した階に存する者が当該階の各室等の各部分から直通階段の一に達するまでに要する歩行時間のうち最大のもの（単位　min）

$$t_{travel(floor),i} = \Sigma \frac{l_{floor}}{v}$$

この式において，$t_{travel(floor),i}$，l_{floor} 及び v は，それぞれ次の数値を表すものとする。
　$t_{travel(floor),i}$　階に存する者が当該階の各室等の各部分から直通階段の一に達するまでに要する歩行時間（単位　min）
　l_{floor}　　　　当該階の各室等の各部分から直通階段への出口（当該火災室が直通階段への出口を有する場合においては，当該火災室の直通階段への出口のうち，その幅が最大のものを除く。）の一に至る歩行距離（単位　m）
　v　　　　　　第一号ロに規定する歩行速度（単位　m/min）

ハ　次の式によって計算した階に存する者が当該階から直通階段への出口を通過するために要する時間（単位　min）

$$t_{queue(floor)} = \frac{\Sigma p A_{area(floor)}}{\Sigma N_{eff(floor)} B_{st}}$$

この式において，$t_{queue(floor)}$，p，$A_{area(floor)}$，$N_{eff(floor)}$ 及び B_{st} は，それぞれ次の数値を表すものとする。
　$t_{queue(floor)}$　階に存する者が当該階から直通階段への出口を通過するために要する時間（単位　min）
　p　　　　　　第一号ハに規定する在館者密度（単位　人/m²）
　$A_{area(floor)}$　当該階の各室等の各部分の床面積（単位　m²）
　$N_{eff(floor)}$　　当該階から直通階段への各出口（当該火災室が直通階段への出口を有する場合においては，当該火災室の直通階段への出口のうち，その幅が最大のものを除く。以下このハにおいて同じ。）の幅及び種類並びに当該階

から直通階段への各出口の通ずる直通階段の階段室の床面積に応じ，それぞれ次の表に掲げる式によって計算した当該階から直通階段への各出口の有効流動係数（単位　人/min·m）

当該階から直通階段への各出口の幅	当該階から直通階段への各出口の種類	当該階から直通階段への各出口の通ずる直通階段の階段室の床面積	当該階から直通階段への各出口の有効流動係数
60cm 未満である場合		–	$N_{eff(floor)} = 0$
その他の場合	地上への出口である場合	–	$N_{eff(floor)} = 90$
	その他の場合	$\Sigma A_{st} \geqq 0.25\Sigma pA_{load(floor)}$ である場合	$N_{eff(floor)} = 90$
		$\Sigma A_{st} < 0.25\Sigma pA_{load(floor)}$ である場合	$N_{eff(floor)} = \dfrac{320B_{neck(floor)}\Sigma A_{st}}{B_{st}\Sigma pA_{load(floor)}}$

この表において，$N_{eff(floor)}$，A_{st}，p，$A_{load(floor)}$，$B_{neck(floor)}$ 及び B_{st} は，それぞれ次の数値を表すものとする。

$N_{eff(floor)}$　　当該階から直通階段への各出口の有効流動係数（単位　人/min·m）

A_{st}　　当該階から直通階段への各出口の通ずる直通階段の当該階からその直下階（当該階が地階である場合にあっては，その直上階）までの階段室の床面積（単位　m²）

p　　　　第一号ロに規定する在館者密度（単位　人/m²）

$A_{load(floor)}$　当該階から直通階段への各出口を通らなければ避難することができない建築物の各部分の床面積（単位　m²）

$B_{neck(floor)}$　当該出口の幅，当該出口の通ずる直通階段の幅又は当該直通階段から地上若しくは避難階への出口の幅のうち最小のもの（単位　m）

B_{st}　　　当該出口の幅（単位　m）

B_{st}　　当該出口の幅（単位　m）

四　令第129条第3項第一号ホに規定する当該火災室において発生した火災により生じた煙等が，当該階の各居室（当該火災室を除く。）及び当該居室から直通階段に通ずる主たる廊下その他の建築物の部分において避難上支障のある高さまで降下するために要する時間は，当該火災室から直通階段への出口を有する室に通ずる各経路上にある各室について次の式によって計算した時間（以下「室煙降下時間」という。）の合計のうち最小のものとする。

$$t_{s(floor)} = \frac{A_{roon(floor)}(H_{room(floor)} - H_{lim})}{\max(V_{s(floor)} - V_{e(floor)},\ 0.01)}$$

この式において，$t_{s(floor)}$，$A_{room(floor)}$，$H_{room(floor)}$，H_{lim}，$V_{s(floor)}$ 及び $V_{e(floor)}$ は，それぞれ次の数値を表すものとする。

$t_{s(floor)}$　　室煙降下時間（単位　min）

$A_{room(floor)}$　当該室の床面積（単位　m²）

$H_{room(floor)}$　当該室の基準点から天井までの高さの平均（単位　m）

H_{lim}　　　当該室の種類及び当該室の開口部に設けられた防火設備の構造に応じ，それぞれ次の表に定める数値（以下「限界煙層高さ」という。）（単位　m）

当該室の種類	当該室の開口部に設けられた防火設備の構造	限界煙層高さ
直通階段への出口を有する室	－	1.8
その他の室	常時閉鎖式の防火設備（建築基準法（昭和25年法律第201号）第2条第九号の二ロに規定する防火設備に限る。以下同じ。）又は随時閉鎖することができ，かつ，煙感知器と連動する自動閉鎖装置を設けた防火設備	当該室の床面から各開口部の上端までの高さのうち最大のものの1/2の高さ
その他の室	その他の構造	当該室の床面から各開口部の上端までの高さのうち最大のもの

$V_{s(floor)}$　　　次のイ又はロに掲げる当該室の区分に応じ，それぞれ当該イ又はロに定める当該室の煙等発生量（単位　m³/min）

イ　火災室　　次の式によって計算した当該室の煙等発生量（単位　m³/min）

$$V_{s(floor)} = 9\left\{(\alpha_f + \alpha_m)A_{room(floor)}\right\}^{1/3}\left\{H_{low(floor)}^{5/3} + (H_{low(floor)} - H_{room(floor)} + H_{lim})^{5/3}\right\}$$

この式において，$V_{s(floor)}$，α_f，α_m，$A_{room(floor)}$，$H_{low(floor)}$，$H_{room(floor)}$ 及び H_{lim} は，それぞれ次の数値を表すものとする。

$V_{s(floor)}$　　当該室の煙等発生量（単位　m³/min）

α_f　　　第一号ハに規定する積載可燃物の火災成長率

α_m　　　第一号ハに規定する内装材料の火災成長率

$A_{room(floor)}$　当該室の床面積（単位　m²）

$H_{low(floor)}$　当該室の床面の最も低い位置から天井までの高さの平均（単位　m）

$H_{room(floor)}$　　当該室の基準点から天井までの高さの平均（単位　m）

H_{lim}　　　限界煙層高さ（単位　m）

ロ　火災室以外の室　　当該火災室と当該室とを区画する壁（当該室が当該火災室に隣接していない場合にあっては，当該経路（当該火災室から当該室に至る部分に限る。以下このロにおいて同じ。）上にある室の壁（当該経路上にある他の室に面するものであって，開口部が設けられたものに限る。）のうちいずれかの壁。以下このロにおいて同じ。）及び当該壁の開口部の構造に応じ，それぞれ次の表に掲げる式によって計算した当該室の煙等発生量（単位　m³/min）

当該火災室と当該室とを区画する壁及び当該壁の開口部の構造	当該室の煙等発生量
準耐火構造の壁又は不燃材料で覆われた壁の開口部に令第112条第19項第二号に規定する構造である防火設備が設けられている場合	$V_{s(floor)} = 0.2A_{op}$
準耐火構造の壁又は不燃材料で覆われた壁の開口部に令第112条第19項第一号に規定する構造である防火設備が設けられている場合	$V_{s(floor)} = 2A_{op}$

| その他の場合 | $V_{s(floor)} = \max(V_{s0} - V_{e(floor),f},\ 0)$ |

この表において，$V_{s(floor)}$，A_{op} ，V_{s0} 及び $V_{e(floor),f}$ は，それぞれ次の数値を表すものとする。

$V_{s(floor)}$　　当該室の煙等発生量（単位　m³/min）

A_{op}　　　当該火災室と当該室とを区画する壁の開口部の面積の合計（単位　m²）

V_{s0}　　　イに掲げる式によって計算した当該火災室の煙等発生量（単位　m³/min）

$V_{e(floor),f}$　次の(1)又は(2)に掲げる当該火災室の区分に応じ，それぞれ当該(1)又は(2)に定める当該火災室の有効排煙量（自然排煙関係規定に適合した排煙設備を設け，かつ，当該火災室の壁の床面からの高さが1.8m 以下の部分に排煙口の開放に連動して自動的に開放され又は常時開放状態にある給気口を設けた場合以外の場合には，0 とする。）（単位　m³/min）

(1)　床面積1,500㎡以内ごとに，防煙垂れ壁によって区画された火災室（床面から防煙垂れ壁の下端までの高さが限界煙層高さ以上である場合に限る。）　次の式によって計算した各防煙区画（防煙垂れ壁で区画された部分をいう。以下この号において同じ。）の有効排煙量のうち最小のもの（以下「防煙区画有効排煙量」という。）（単位　m³/min）

$$V_{e(floor),i} = A^*_{(floor)} E_{(floor,sc)}$$

この式において，$V_{e(floor),i}$，$A^*_{(floor)}$ 及び $E_{(floor,sc)}$ は，それぞれ次の数値を表すものとする。

$V_{e(floor),i}$　各防煙区画の有効排煙量（単位　m³/min）

$A^*_{(floor)}$　　当該防煙区画の壁又は天井に設けられた開口部の床面からの高さが限界煙層高さ以上の部分（以下「限界煙層高さ有効開口部」という。）の有無及びその上端の位置に応じ，それぞれ次の表に掲げる式によって計算した当該防煙区画の排煙効果係数

限界煙層高さ有効開口部の有無	限界煙層高さ有効開口部の上端の位置	当該防煙区画の排煙効果係数
限界煙層高さ有効開口部がない場合	－	$A^*_{(floor)} = 0$
限界煙層高さ有効開口部がある場合	$\overline{H_{st(floor)}} < H_{w(floor)}$ である場合	$A^*_{(floor)} = 0.4\left(\dfrac{\overline{H_{st(floor)}} - H_{lim}}{H_{top(floor)} - H_{lim}}\right)$
	$\overline{H_{st(floor)}} \geqq H_{w(floor)}$ である場合	$A^*_{(floor)} = 0.4\left(\dfrac{\overline{H_{st(floor)}} - H_{lim}}{H_{top(floor)} - H_{lim}}\right) + 0.6\left(1 - \dfrac{A_{sc}}{A_{room(floor)}}\right)\left(\dfrac{\overline{H_{st(floor)}} - H_{w(floor)}}{\overline{H_{st(floor)}} - H_{lim}}\right)^2$

この表において，$A^*_{(floor)}$，$\overline{H_{st(floor)}}$，$H_{w(floor)}$，H_{lim}，$H_{top(floor)}$，A_{sc} 及び $A_{room(floor)}$ は，それぞれ次の数値を表すものとする。

$A^*_{(floor)}$　　当該防煙区画の排煙効果係数

$H_{st(floor)}$　　　当該室の基準点から当該防煙区画に設けられた各限界煙層高さ有効開口部の上端までの高さの平均（単位　m）

$H_{w(floor)}$　　　当該室の基準点から当該防煙区画における防煙垂れ壁の下端までの高さのうち最大のもの（単位　m）

H_{lim}　　　限界煙層高さ（単位　m）

$H_{top(floor)}$　　　当該室の基準点から当該防煙区画の天井までの高さのうち最大のもの（単位　m）

A_{sc}　　　当該防煙区画の床面積（単位　m²）

$A_{room(floor)}$　　　当該室の床面積（単位　m²）

$E_{(floor, sc)}$　　　当該防煙区画に設けられた限界煙層高さ有効開口部の種類に応じ，それぞれ次の表に掲げる式によって計算した当該防煙区画に設けられた各限界煙層高さ有効開口部の排煙量（当該防煙区画に設けられた限界煙層高さ有効開口部の種類が同表㈠又は㈡に掲げるものである場合にあっては，当該防煙区画に設けられた各限界煙層高さ有効開口部及び当該限界煙層高さ有効開口部の開放に伴い開放される当該防煙区画に設けられた他の限界煙層高さ有効開口部のうち当該限界煙層高さ有効開口部からの距離が30m以内であるもの（以下この(1)において「他の限界煙層高さ有効開口部」という。）の排煙量の合計）のうち最小のもの（単位　m³/min）

	当該防煙区画に設けられた限界煙層高さ有効開口部の種類	当該防煙区画に設けられた各限界煙層高さ有効開口部の排煙量
㈠	限界煙層高さ有効開口部を排煙口とした場合に，当該防煙区画に設けられた排煙設備が自然排煙関係規定に適合し，かつ，当該室の壁の床面からの高さが1.8m以下の部分に排煙口の開放に連動して自動的に開放され又は常時開放状態にある給気口が設けられたもの（当該室に設けられた当該排煙設備以外の排煙設備が機械排煙関係規定に適合する場合を除く。）	$e_{(floor, sc)} = $ $$\max \left\{ 19A_{s(sc)} \sqrt{h_{s(sc)}}, \quad \frac{76A_{s(sc)}\sqrt{H_{c(sc)}-H_{lim}}}{\sqrt{1+\left(\dfrac{A_{s(sc)}}{A_{a(floor)}}\right)^2}} \right\}$$
㈡	限界煙層高さ有効開口部を排煙口とした場合に，当該防煙区画に設けられた排煙設備が機械排煙関係規定に適合し，かつ，当該室の壁の床面からの高さが1.8m以下の部分に排煙口の開放に連動して自動的に開放され又は常時開放状態にある給気口が設けられたもの（当該室に設けられた当該排煙設備以外の排煙設備が自然排煙関係規定に適合する場合を除く。）	$e_{(floor, sc)} = \min \{ w_{(sc)}, $ $3.9(H_{c(sc)} - H_{lim})w_{(sc)}^{2/3} \}$

三	限界煙層高さ有効開口部を排煙口とした場合に，当該防煙区画に設けられた排煙設備が平成12年建設省告示第1437号第一号イ，ロ(1)及び(3)，ハ(1)，(2)及び(3)(i)並びにニ又は第二号イ，ロ(1)，(3)及び(5)，ハ(1)(i)，(ii)(イ)及び(2)並びにニの規定に適合するもの	$e_{(floor, sc)} = \min(s_{(sc)}, 550A_{s(sc)})$
四	その他の限界煙層高さ有効開口部	$e_{(floor, sc)} = 0$

この表において，$e_{(floor, sc)}$，$A_{s(sc)}$，$h_{s(sc)}$，$H_{c(sc)}$，H_{lim}，$A'_{s(sc)}$，$A_{a(floor)}$，$w_{(sc)}$ 及び $s_{(sc)}$ は，それぞれ次の数値を表すものとする。

$e_{(floor, sc)}$　当該防煙区画に設けられた各限界煙層高さ有効開口部の排煙量（単位　m³/min）

$A_{s(sc)}$　当該限界煙層高さ有効開口部の開口面積（単位　m²）

$h_{s(sc)}$　当該限界煙層高さ有効開口部の上端と下端の垂直距離（単位　m）

$H_{c(sc)}$　当該室の基準点から当該限界煙層高さ有効開口部の中心までの高さ（単位　m）

H_{lim}　限界煙層高さ（単位　m）

$A'_{s(sc)}$　当該限界煙層高さ有効開口部及び他の限界煙層高さ有効開口部の開口面積の合計（単位　m²）

$A_{a(floor)}$　当該室に設けられた給気口（当該限界煙層高さ有効開口部の開放に伴い開放され又は常時開放状態にある給気口に限る。）の開口面積の合計（単位　m²）

$w_{(sc)}$　当該限界煙層高さ有効開口部の排煙機の空気を排出することができる能力（単位　m³/min）

$s_{(sc)}$　当該防煙区画に係る送風機の当該防煙区画に設けられた限界煙層高さ有効開口部から空気を排出することができる能力（単位　m³/min）

(2)　(1)に掲げる火災室以外の火災室で床面積が1,500m²以下のもの　　次の式によって計算した当該室の有効排煙量（以下「室有効排煙量」という。）（単位　m³/min）

$$V_{e(floor)} = 0.4\left(\frac{\overline{H_{st(floor)}} - H_{lim}}{H_{top(floor)} - H_{lim}}\right)E_{(floor)}$$

この式において，$V_{e(floor)}$，$\overline{H_{st(floor)}}$，H_{lim}，$H_{top(floor)}$ 及び $E_{(floor)}$ は，それぞれ次の数値を表すものとする。

$V_{e(floor)}$　当該室の有効排煙量（単位　m³/min）

$\overline{H_{st(floor)}}$　当該室の基準点から当該室に設けられた各限界煙層高さ有効開口部の上端までの高さの平均（単位　m）

H_{lim}　限界煙層高さ（単位　m）

$H_{top(floor)}$　当該室の基準点から天井までの高さのうち最大のもの（単位　m）

$E_{(floor)}$　　　当該室に設けられた限界煙層高さ有効開口部の種類に応じ，それぞれ次の表に掲げる式によって計算した当該室に設けられた各限界煙層高さ有効開口部の排煙量（当該室に設けられた限界煙層高さ有効開口部の種類が同表㈠又は㈡に掲げるものである場合にあっては，当該室に設けられた各限界煙層高さ有効開口部及び当該限界煙層高さ有効開口部の開放に伴い開放される当該室に設けられた他の限界煙層高さ有効開口部のうち当該限界煙層高さ有効開口部からの距離が30m以内であるもの（以下この(2)において「他の限界煙層高さ有効開口部」という。）の排煙量の合計）のうち最小のもの（単位　m³/min）

	当該室に設けられた限界煙層高さ有効開口部の種類	当該室に設けられた各限界煙層高さ有効開口部の排煙量
㈠	限界煙層高さ有効開口部を排煙口とした場合に，当該室に設けられた排煙設備が自然排煙関係規定に適合し，かつ，当該室の壁の床面からの高さが1.8m以下の部分に排煙口の開放に連動して自動的に開放され又は常時開放状態にある給気口が設けられたもの（当該室に設けられた当該排煙設備以外の排煙設備が機械排煙関係規定に適合する場合を除く。）	$e_{(floor)} = \max\left\{ 19A_{s(floor)}\sqrt{h_{s(floor)}}, \dfrac{76A_{s(floor)}\sqrt{H_{c(floor)} - H_{lim}}}{\sqrt{1 + \left(\dfrac{A'_{s(floor)}}{A_{a(floor)}}\right)^2}} \right\}$
㈡	限界煙層高さ有効開口部を排煙口とした場合に，当該室に設けられた排煙設備が機械排煙関係規定に適合し，かつ，当該室の壁の床面からの高さが1.8m以下の部分に排煙口の開放に連動して自動的に開放され又は常時開放状態にある給気口が設けられたもの（当該室に設けられた当該排煙設備以外の排煙設備が自然排煙関係規定に適合する場合を除く。）	$e_{(floor)} = \min\left\{ w_{(floor)}, \dfrac{3.9(H_{c(floor)} - H_{lim})}{w_{(floor)}^{2/3}} \right\}$
㈢	限界煙層高さ有効開口部を排煙口とした場合に，当該室に設けられた排煙設備が平成12年建設省告示第1437号第一号イ，ロ(1)及び(3)，ハ(1)，(2)及び(3)(i)並びにニ又は第二号イ，ロ(1)，(3)及び(5)，ハ(1)(i)，(ii)(イ)及び(2)並びにニの規定に適合するもの	$e_{(floor)} = \min(s_{(floor)},\ 550A_{s(floor)})$

四	その他の限界煙層高さ有効開口部	$e_{(floor)} = 0$

この表において，$e_{(floor)}$，$A_{s(floor)}$，$h_{s(floor)}$，$H_{c(floor)}$，H_{lim}，$A_s'_{(floor)}$，$A_{a(floor)}$，$w_{(floor)}$ 及び $s_{(floor)}$ は，それぞれ次の数値を表すものとする。

$e_{(floor)}$　　当該室に設けられた各限界煙層高さ有効開口部の排煙量（単位　m³/min）

$A_{s(floor)}$　　当該限界煙層高さ有効開口部の開口面積（単位　m²）

$h_{s(floor)}$　　当該限界煙層高さ有効開口部の上端と下端の垂直距離（単位　m）

$H_{c(floor)}$　　当該室の基準点から当該限界煙層高さ有効開口部の中心までの高さ（単位　m）

H_{lim}　　限界煙層高さ（単位　m）

$A_s'_{(floor)}$　　当該限界煙層高さ有効開口部及び他の限界煙層高さ有効開口部の開口面積の合計（単位　m²）

$A_{a(floor)}$　　当該室に設けられた給気口（当該限界煙層高さ有効開口部の開放に伴い開放され又は常時開放状態にある給気口に限る。）の開口面積の合計（単位　m²）

$w_{(floor)}$　　当該限界煙層高さ有効開口部の排煙機の空気を排出することができる能力（単位　m³/min）

$s_{(floor)}$　　当該室に係る送風機の当該室に設けられた限界煙層高さ有効開口部から空気を排出することができる能力（単位　m³/min）

$V_{e(floor)}$　　次のイ又はロに掲げる当該室の区分に応じ，それぞれ当該イ又はロに定める当該室の有効排煙量（単位　m³/min）

　イ　床面積1,500m²以内ごとに，防煙垂れ壁によって区画された室（床面から防煙垂れ壁の下端までの高さが限界煙層高さ以上である場合に限る。）　防煙区画有効排煙量（単位　m³/min）

　ロ　イに掲げる室以外の室で床面積が1,500m²以下のもの　　室有効排煙量（単位　m³/min）

附　則　（略）

建築物からの避難に要する時間に基づく
全館避難安全検証法に関する算出方法等を定める件

令和2年4月1日　国土交通省告示第511号
（平成12年　建設省告示第1442号の全部改正）
最終改正　令和3年5月28日　国土交通省告示第476号

建築基準法施行令（昭和25年政令第338号）第129条の2第4項第一号ロ及びハの規定に基づき，全館避難安全検証法に関する算出方法等を定める件（平成12年建設省告示第1442号）の全部を改正する告示を次のように定める。

建築基準法施行令（昭和25年政令第338号。以下「令」という。）第129条の2第4項第一号ロ及びハの規定に基づき，建築物からの避難に要する時間に基づく全館避難安全検証法に関する算出方法等を次のように定める。

一　令第129条の2第4項第一号に規定する方法を用いる場合における同号ロに規定する当該建築物に存する者（以下「在館者」という。）の全てが，当該火災室で火災が発生してから当該建築物からの避難を終了するまでに要する時間は，次に掲げる時間を合計して計算するものとする。

イ　当該建築物の用途に応じ，それぞれ次の表に掲げる式によって計算した火災が発生してから在館者が避難を開始するまでに要する時間（以下「避難開始時間」という。）（単位　min）

当該建築物の用途	避難開始時間
共同住宅，ホテルその他これらに類する用途（病院，診療所及び児童福祉施設等（令第115条の3第一号に規定する児童福祉施設等をいう。以下同じ。）を除く。）	$t_{start} = \dfrac{2\sqrt{\Sigma A_{floor}}}{15} + 5$
その他の用途（病院，診療所及び児童福祉施設等を除く。）	$t_{start} = \dfrac{2\sqrt{\Sigma A_{floor}}}{15} + 3$

この表において，t_{start} 及び A_{floor} は，それぞれ次の数値を表すものとする。
t_{start}　避難開始時間（単位　min）
A_{floor}　当該火災室の存する階（以下「出火階」という。）の各室及び出火階を通らなければ避難することができない建築物の部分の各部分の床面積（単位　m²）

ロ　次の式によって計算した在館者が当該建築物の各室の各部分から地上への出口の一に達するまでに要する歩行時間のうち最大のもの（単位　min）

$$t_{travel,\,i} = \sum \frac{l_i}{v}$$

この式において，$t_{travel,\,i}$，l_i 及び v は，それぞれ次の数値を表すものとする。
$t_{travel,\,i}$　在館者が当該建築物の各室の各部分から地上への出口の一に達するまでに要する歩行時間（単位　min）
l_i　　当該建築物の各室の各部分から地上への出口（当該火災室が地上への出口を有する場合においては，当該火災室の地上への出口のうち，その幅が最大のものを除く。）の一に至る歩行距離（単位　m）
v　　令和2年国土交通省告示第510号第一号ロに規定する歩行速度（単位

　　　　　　　　　　m/min）

　ハ　次の式によって計算した在館者が当該建築物から地上への出口を通過するために要
　　する時間（単位　min）

$$t_{queue} = \frac{\Sigma\, p A_{room}}{\Sigma N_{eff} B_d}$$

　　　この式において，t_{queue}，p，A_{room}，N_{eff} 及び B_d は，それぞれ次の数値を表すものと
　　する。

　　　t_{queue}　　在館者が当該建築物から地上への出口を通過するために要する時間（単
　　　　　　位　min）

　　　p　　　在館者密度（令和2年国土交通省告示第510号第一号ハに規定するもの
　　　　　　をいう。以下同じ。）（単位　人/m²）

　　　A_{room}　避難階以外の階からの主たる避難経路である地上への各出口（当該火災
　　　　　　室が避難階以外の階からの主たる避難経路である地上への出口を有する場合
　　　　　　においては，当該火災室の避難階以外の階からの主たる避難経路である地上
　　　　　　への出口のうち，その幅が最大のものを除く。以下このハにおいて単に「地
　　　　　　上への各出口」という。）を通らなければ避難することができない建築物の
　　　　　　各部分の床面積（単位　m²）

　　　N_{eff}　　地上への各出口の幅及び地上への各出口に通ずる直通階段（当該直通階
　　　　　　段が令第123条第3項に規定する特別避難階段である場合にあっては，当該
　　　　　　直通階段に通ずる室を同項第四号，第六号及び第九号の規定（これらの規定
　　　　　　中バルコニー又は付室に係る部分に限る。）に定める構造としたものに限る。
　　　　　　以下同じ。）の階段室の床面積に応じ，次の表に掲げる式によって計算した
　　　　　　地上への各出口の有効流動係数（単位　人/min・m）

地上への各出口の幅	地上への各出口に通ずる階段室の床面積	地上への各出口の有効流動係数
60cm 未満である場合	－	$N_{eff} = 0$
その他の場合	$\Sigma A_{st} \geq 0.25\, \Sigma p A_{room}$ の場合	$N_{eff} = 80$
	$\Sigma A_{st} < 0.25\, \Sigma p A_{room}$ の場合	$N_{eff} = \dfrac{320 B_{neck}\, \Sigma A_{st}}{B_{st}\, \Sigma p A_{room}}$

　　　この表において，N_{eff}，A_{st}，p，A_{room}，B_{neck} 及び B_{st} は，それぞれ次の数値を表すも
　　のとする。

　　　N_{eff}　　地上への各出口の有効流動係数（単位　人/min・m）
　　　A_{st}　　地上への各出口に通ずる直通階段の階段室の床面積（単位　m²）
　　　p　　　在館者密度（単位　人/m²）
　　　A_{room}　地上への各出口を通らなければ避難することができない建築物の各部分の
　　　　　　床面積（単位　m²）
　　　B_{neck}　当該地上への出口に通ずる直通階段の幅又は当該直通階段から地上若しく
　　　　　　は避難階への出口の幅のうち最小のもの（単位　m）
　　　B_{st}　　当該地上への出口に通ずる直通階段の幅（単位　m）

　　　B_d　　当該地上への出口の幅（単位　m）

　二　令第129条の2第4項第一号ハに規定する当該火災室において発生した火災により生

じた煙又はガス（以下「煙等」という。）が，階段の部分又は当該階の直上階以上の階の一に流入するために要する時間は，当該火災室から出火階の直通階段への出口を有する室又は竪穴部分（令第112条第11項に規定する竪穴部分をいう。）に面する室に通ずる各経路上にある各室について次の式によって計算した時間（以下「室煙降下時間」という。）の合計のうち最小のものとする。

$$t_s = \frac{A_{room}(H_{room} - H_{lim})}{\max(V_s - V_e, \, 0.01)}$$

この式において，t_s，A_{room}，H_{room}，H_{lim}，V_s及びV_eは，それぞれ次の数値を表すものとする。

t_s　室煙降下時間（単位　min）

A_{room}　当該室の床面積（単位　m²）

H_{room}　当該室の床面の最も高い位置（以下「基準点」という。）からの天井（天井がない場合にあっては屋根。以下同じ。）までの高さの平均（単位　m）

H_{lim}　当該室の開口部に設けられた防火設備の構造に応じ，それぞれ次の表に定める数値（以下「限界煙層高さ」という。）（単位　m）

当該室の開口部に設けられた防火設備の構造	限界煙層高さ
常時閉鎖式の防火設備（建築基準法（昭和25年法律第201号）第2条第九号のニに規定する防火設備に限る。以下同じ。）又は随時閉鎖することができ，かつ，煙感知器と連動する自動閉鎖装置を設けた防火設備	当該室の床面から各開口部の上端までの高さのうち最大のものの1/2の高さ
その他の構造	当該室の床面から各開口部の上端までの高さのうち最大のもの

V_s　次のイ又はロに掲げる当該室の区分に応じ，それぞれ当該イ又はロに定める当該室の煙等発生量（単位　m³/min）

イ　火災室　　次の式によって計算した当該室の煙等発生量（単位　m³/min）

$$V_s = 9\left\{(\alpha_f + \alpha_m)A_{room}\right\}^{1/3}\left\{H_{low}^{5/3} + (H_{low} - H_{room} + H_{lim})^{5/3}\right\}$$

この式において，V_s，α_f，α_m，A_{room}，H_{low}，H_{room}及びH_{lim}は，それぞれ次の数値を表すものとする。

V_s　　当該室の煙等発生量（単位　m³/min）

α_f　　令和2年国土交通省告示第510号第一号ハに規定する積載可燃物の火災成長率

α_m　　令和2年国土交通省告示第510号第一号ハに規定する内装材料の火災成長率

A_{room}　　当該室の床面積（単位　m²）

H_{low}　　当該室の床面の最も低い位置から天井までの高さの平均（単位　m）

H_{room}　　当該室の基準点からの天井までの高さの平均（単位　m）

H_{lim}　　限界煙層高さ（単位　m）

ロ　火災室以外の室　　当該火災室と当該室とを区画する壁（当該室が当該火災室に隣接していない場合にあっては，当該経路（当該火災室から当該室に至る部分に限る。以下このロにおいて同じ。）上にある室の壁（当該経路上にある他の室に面するものであって，開口部が設けられたものに限る。）の

うちいずれかの壁。以下このロにおいて同じ。）及び当該壁の開口部の構造に応じ，次の表に掲げる式によって計算した当該室の煙等発生量（単位　m³/min）

当該火災室と当該室とを区画する壁及び 当該壁の開口部の構造	当該室の煙等発生量
準耐火構造の壁又は不燃材料で覆われた壁の開口部に令第112条第19項第二号に規定する構造である防火設備が設けられている場合	$V_s = 0.2 A_{op}$
準耐火構造の壁又は不燃材料で覆われた壁の開口部に令第112条第19項第一号に規定する構造である防火設備が設けられている場合	$V_s = 2 A_{op}$
その他の場合	$V_s = \max(V_{s0} - V_{e,f},\ 0)$

この表において，V_s, A_{op}, V_{s0} 及び $V_{e,f}$ は，それぞれ次の数値を表すものとする。

V_s　　当該室の煙等発生量（単位　m³/min）

A_{op}　　当該火災室と当該室とを区画する壁の開口部の面積の合計（単位 m²）

V_{s0}　　イに掲げる式によって計算した当該火災室の煙等発生量（単位　m³/min）

$V_{e,f}$　　次の(1)又は(2)に掲げる当該火災室の区分に応じ，それぞれ当該(1)又は(2)に定める当該火災室の有効排煙量（令第126条の３第１項第二号，第三号（排煙口の壁における位置に係る部分を除く。），第四号から第六号まで及び第十号から第十二号までの規定（以下「自然排煙関係規定」という。）に適合した排煙設備を設け，かつ，当該火災室の壁の床面からの高さが1.8m以下の部分に排煙口の開放に連動して自動的に開放され又は常時開放状態にある給気口を設けた場合以外の場合には，０とする。）（単位　m³/min）

(1)　床面積1,500m²以内ごとに，天井から30cm以上下方に突出した垂れ壁その他これと同等以上に煙の流動を妨げる効力のあるもので，不燃材料で造り，又は覆われたもの（以下「防煙垂れ壁」という。）によって区画された火災室（床面から防煙垂れ壁の下端までの高さが限界煙層高さ以上である場合に限る。）　次の式によって計算した各防煙区画（防煙垂れ壁で区画された部分をいう。以下この号において同じ。）の有効排煙量のうち最小のもの（以下「防煙区画有効排煙量」という。）（単位　m³/min）

$V_{e,i} = A^* E_{(sc)}$

　　この式において，$V_{e,i}$, A^* 及び $E_{(sc)}$ は，それぞれ次の数値を表すものとする。

　　$V_{e,i}$　　各防煙区画の有効排煙量（単位　m³/min）

　　A^*　　当該防煙区画の壁又は天井に設けられた開口部の床面からの高さが限界煙層高さ以上の部分（以下「有効開口部」という。）の有無及びその上端の位置に応じ，それぞれ次の表に掲げる式によって計算した当該防煙区画の排煙効果係数

有効開口部の有無	有効開口部の上端の位置	当該防煙区画の排煙効果係数
有効開口部がない場合	－	$A^* = 0$
有効開口部がある場合	$\overline{H_{st}} < H_w$ の場合	$A^* = 0.4\left(\dfrac{\overline{H_{st}} - H_{lim}}{H_{top} - H_{lim}}\right)$
	$\overline{H_{st}} \geqq H_w$ の場合	$A^* = 0.4\left(\dfrac{\overline{H_{st}} - H_{lim}}{H_{top} - H_{lim}}\right)$ $+ 0.6\left(1 - \dfrac{A_{sc}}{A_{room}}\right)\left(\dfrac{\overline{H_{st}} - H_w}{\overline{H_{st}} - H_{lim}}\right)^2$

この表において，A^*，$\overline{H_{st}}$，H_w，H_{lim}，H_{top}，A_{sc} 及び A_{room} は，それぞれ次の数値を表すものとする。

A^* 　当該防煙区画の排煙効果係数
$\overline{H_{st}}$ 　当該室の基準点から当該防煙区画に設けられた各有効開口部の上端までの高さの平均（単位　m）
H_w 　当該室の基準点から当該防煙区画における防煙垂れ壁の下端までの高さのうち最大のもの（単位　m）
H_{lim} 　限界煙層高さ（単位　m）
H_{top} 　当該室の基準点から当該防煙区画の天井までの高さのうち最大のもの（単位　m）
A_{sc} 　当該防煙区画の床面積（単位　m²）
A_{room} 　当該室の床面積（単位　m²）

$E_{(sc)}$ 　当該防煙区画に設けられた有効開口部の種類に応じ，それぞれ次の表に掲げる式によって計算した当該防煙区画に設けられた各有効開口部の排煙量（当該防煙区画に設けられた有効開口部の種類が同表㈠又は㈡に掲げるものである場合にあっては，当該防煙区画に設けられた各有効開口部及び当該有効開口部の開放に伴い開放される当該防煙区画に設けられた他の有効開口部のうち当該有効開口部からの距離が30m 以内であるもの（以下この(1)において「他の有効開口部」という。）の排煙量の合計）のうち最小のもの（単位　m³/min）

	当該防煙区画に設けられた有効開口部の種類	当該防煙区画に設けられた各有効開口部の排煙量
㈠	有効開口部を排煙口とした場合に，当該防煙区画に設けられた排煙設備が自然排煙関係規定に適合し，かつ，当該居室の壁の床面からの高さが1.8m 以下の部分に排煙口の開放に連動して自動的に開放され又は常時開放状態にある	

				給気口が設けられたもの（当該居室に設けられた当該排煙設備以外の排煙設備が令第126条の3第1項第二号，第三号（排煙口の壁における位置に係る部分を除く。），第四号から第七号まで，第八号（排煙口の開口面積に係る部分を除く。），第九号（空気を排出する能力に係る部分を除く。）及び第十号から第十二号までの規定（以下「機械排煙関係規定」という。）に適合する場合を除く。）	$e_{(sc)} = \max\left\{ 19A_{s(sc)}\sqrt{h_{s(sc)}},\ \dfrac{76A_{s(sc)}\sqrt{H_{s(sc)} - H_{lim}}}{\sqrt{1 + \left(\dfrac{A'_{s(sc)}}{A_a}\right)^2}} \right\}$
			二	有効開口部を排煙口とした場合に，当該防煙区画に設けられた排煙設備が機械排煙関係規定に適合し，かつ，当該居室の壁の床面からの高さが1.8m以下の部分に排煙口の開放に連動して自動的に開放され又は常時開放状態にある給気口が設けられたもの（当該居室に設けられた当該排煙設備以外の排煙設備が自然排煙関係規定に適合する場合を除く。）	$e_{(sc)} = \min\{w_{(sc)},\ 3.9(H_{c(sc)} - H_{lim})w_{(sc)}{}^{2/3}\}$
			三	有効開口部を排煙口とした場合に，当該防煙区画に設けられた排煙設備が平成12年建設省告示第1437号第一号イ，ロ(1)及び(3)，ハ(1)，(2)及び(3)(i)並びにニ又は第二号イ，ロ(1)，(3)及び(5)，ハ(1)(i)，(ii)(イ)及び(2)並びにニの規定に適合するもの	$e_{(sc)} = \min(s_{(sc)},\ 550A_{s(sc)})$
			四	その他の有効開口部	$e_{(sc)} = 0$

この表において，$e_{(sc)}$，$A_{s(sc)}$，$h_{s(sc)}$，$H_{c(sc)}$，H_{lim}，$A'_{s(sc)}$，A_a，$w_{(sc)}$ 及び $s_{(sc)}$ は，それぞれ次の値を表すものとする。

$e_{(sc)}$　　当該防煙区画に設けられた各有効開口部の排煙量（単位　㎥/min）

$A_{s(sc)}$　　当該有効開口部の開口面積（単位　㎡）

$h_{s(sc)}$　　当該有効開口部の上端と下端の垂直距離（単位　m）

$H_{c(sc)}$　当該室の基準点から当該有効開口部の中心までの高さ（単位　m）

H_{lim}　限界煙層高さ（単位　m）

$A_{s(sc)}'$　当該有効開口部及び他の有効開口部の開口面積の合計（単位　m²）

A_a　当該室に設けられた給気口（当該有効開口部の開放に伴い開放され又は常時開放状態にある給気口に限る。）の開口面積の合計（単位　m²）

$w_{(sc)}$　当該有効開口部の排煙機の空気を排出することができる能力（単位　m³/min）

$s_{(sc)}$　当該防煙区画に係る送風機の当該防煙区画に設けられた有効開口部から空気を排出することができる能力（単位　m³/min）

(2)　(1)に掲げる火災室以外の火災室で床面積が1,500m²以下のもの

次の式によって計算した当該室の有効排煙量（以下「室有効排煙量」という。）（単位　m³/min）

$$V_e = 0.4\left(\frac{\overline{H_{st}} - H_{lim}}{H_{top} - H_{lim}}\right)E$$

この式において，V_e，$\overline{H_{st}}$，H_{lim}，H_{top} 及び E は，それぞれ次の数値を表すものとする。

V_e　当該室の有効排煙量（単位　m³/min）

$\overline{H_{st}}$　当該室の基準点から当該室に設けられた各有効開口部の上端までの高さの平均（単位　m）

H_{lim}　限界煙層高さ（単位　m）

H_{top}　当該室の基準点から天井までの高さのうち最大のもの（単位　m）

E　当該室に設けられた有効開口部の種類に応じ，それぞれ次の表に掲げる式によって計算した当該室に設けられた各有効開口部の排煙量（当該室に設けられた有効開口部の種類が同表㈠又は㈡に掲げるものである場合にあっては，当該室に設けられた各有効開口部及び当該有効開口部の開放に伴い開放される当該室に設けられた他の有効開口部のうち当該有効開口部からの距離が30m以内であるもの（以下この(2)において「他の有効開口部」という。）の排煙量の合計）のうち最小のもの（単位　m³/min）

	当該室に設けられた有効開口部の種類	当該室に設けられた各有効開口部の排煙量
㈠	有効開口部を排煙口とした場合に，当該室に設けられた排煙設備が自然排煙関係規定に適合し，かつ，当該室の壁の床面からの高さが1.8m以下の部分に排煙口の開放に連動して自動的に開放され又は常時開放状態にある給気口が設	$e = \max\left\{19A_s\sqrt{h_s},\ \dfrac{76A_s\sqrt{H_c - H_{lim}}}{\sqrt{1 + \left(\dfrac{A_s'}{A_a}\right)^2}}\right\}$

				けられたもの（当該室に設けられた当該排煙設備以外の排煙設備が機械排煙関係規定に適合する場合を除く。）	
			（二）	有効開口部を排煙口とした場合に，当該室に設けられた排煙設備が機械排煙関係規定に適合し，かつ，当該室の壁の床面からの高さが1.8m以下の部分に排煙口の開放に連動して自動的に開放され又は常時開放状態にある給気口が設けられたもの（当該室に設けられた当該排煙設備以外の排煙設備が自然排煙関係規定に適合する場合を除く。）	$e = \min \{w,$ $3.9(H_c - H_{lim})w^{2/3}\}$
			（三）	有効開口部を排煙口とした場合に，当該室に設けられた排煙設備が平成12年建設省告示第1437号第一号イ，ロ(1)及び(3)，ハ(1)，(2)及び(3)(i)並びにニ又は第二号イ，ロ(1)，(3)及び(5)，ハ(1)(i)，(ii)(イ)及び(2)並びにニの規定に適合するもの	$e = \min\ (s,\ 550As)$
			（四）	その他の有効開口部	$e = 0$

この表において，e，A_s，h_s，H_c，H_{lim}，A_s'，A_a，w 及び s は，それぞれ次の数値を表すものとする。

e　　当該室に設けられた各有効開口部の排煙量（単位　m³/min）

A_s　　当該有効開口部の開口面積（単位　m²）

h_s　　当該有効開口部の上端と下端の垂直距離（単位　m）

H_c　　当該室の基準点から当該有効開口部の中心までの高さ（単位　m）

H_{lim}　限界煙層高さ（単位　m）

A_s'　　当該有効開口部及び他の有効開口部の開口面積の合計（単位　m²）

A_a　　当該室に設けられた給気口（当該有効開口部の開放に伴い開放され又は常時開放状態にある給気口に限る。）の開口面積の合計（単位　m²）

w　　当該有効開口部の排煙機の空気を排出することができる能力（単位　m³/min）

s　　当該室に係る送風機の当該室に設けられた有効開口部から空気を排出することができる能力（単位　m³/min）

V。次のイ又はロに掲げる当該室の区分に応じ，それぞれ当該イ又はロに定める
当該室の有効排煙量（単位　m³/min）

イ　床面積1,500m²以内ごとに，防煙垂れ壁によって区画された室（床面から
防煙垂れ壁の下端までの高さが限界煙層高さ以上である場合に限る。）
防煙区画有効排煙量（単位　m³/min）

ロ　イに掲げる室以外の室で床面積が1,500m²以下のもの　　室有効排煙量（単
位　m³/min）

附　則　（略）

通常の火災時において相互に火熱による
防火上有害な影響を及ぼさない建築物の2以上の部分の
構造方法を定める件

令和2年4月1日　国土交通省告示第522号

　建築基準法施行令（昭和25年政令第338号）第112条第3項の規定に基づき，通常の火災時において相互に火熱による防火上有害な影響を及ぼさない建築物の2以上の部分の構造方法を次のように定める。

　建築基準法施行令（以下「令」という。）第112条第3項に規定する通常の火災時において相互に火熱による防火上有害な影響を及ぼさない建築物の2以上の部分の構造方法は，次に定めるものとする。

一　当該2以上の部分を，次に掲げる基準に適合する特定空間部分（令第112条第3項に規定する空間部分をいい，当該部分に階段（令第120条又は第121条の規定による直通階段（令第123条第1項又は第2項の規定による避難階段及び同条第3項の規定による特別避難階段を除く。）を除く。）の部分（当該部分からのみ人が出入りすることのできる便所，公衆電話所その他これらに類するものを含む。）又は昇降機の昇降路の部分（当該昇降機の乗降のためのロビーの部分を含む。）がある場合においては，これらの部分を含む。以下同じ。）に接する部分（特定空間部分と床で区画されたものを除く。）とすること。

イ　居室（玄関ホール，ロビーその他これらに類するものを除く。）を有しないこと。

ロ　高さが6m以上の吹抜けとなっている部分であること。

ハ　各階における水平断面が直径6m以上の円が内接することができるものであること。

ニ　壁及び天井（天井のない場合においては，屋根。以下同じ。）の室内に面する部分（回り縁，窓台その他これらに類する部分を除く。）の仕上げを準不燃材料でしたものであること。

ホ　特定空間部分に接する部分（特定空間部分と耐火構造の床若しくは壁又は特定防火設備で区画されたものを除く。トにおいて同じ。）が，廊下その他の通路であって，壁及び天井の室内に面する部分の仕上げを準不燃材料でしたもの（以下「廊下等」という。）であること。

ヘ　特定空間部分に接する部分（特定空間部分と床で区画されたものを除く。チ(5)(ii)及び次号において同じ。）の最下階の特定廊下等（特定空間部分に接する廊下等をいい，特定空間部分と耐火構造の床若しくは壁又は特定防火設備で区画されたものを除く。以下同じ。）の幅が4.6m以上であること。

ト　特定空間部分と特定空間部分に接する部分とが特定防火設備で区画されているものとみなして令第112条第1項の規定を適用した場合において，特定空間部分がいずれの階においても2以上のみなし防火区画部分（同項の規定により耐火構造の床若しくは壁又は特定防火設備で区画された部分であって，特定空間部分と特定防火設備で区画されているものとみなされたものをいう。以下このトにおいて同じ。）に接しないこと。ただし，みなし防火区画部分が当該部分の存する階において他のみなし防火区画部分に接しない場合（当該みなし防火区画部分と特定空間部分との接点と当該他の

みなし防火区画部分と特定空間部分との接点とを結んだ線の長さの最小値が6m以上である場合に限る。）にあっては，この限りではない。

チ　次に定める構造とした排煙設備を設けたものであること。

(1)　令第126条の3第1項第二号，第七号及び第十号から第十二号までの規定に適合すること。

(2)　排煙口は，特定空間部分の天井の高さの1／2以上の高さの位置に設け，直接外気に接する場合を除き，排煙風道に直結すること。

(3)　排煙口には，常時外気に開放された構造である場合を除き，手動開放装置（令第126条の3第1項第五号に定める構造であるものに限る。以下この(3)において同じ。）又は遠隔操作方式による開放装置及び手動開放装置又は煙感知器と連動する自動開放装置を設けること。

(4)　排煙口には，常時外気に開放された構造である場合を除き，(3)の手動開放装置若しくは煙感知器と連動する自動開放装置又は遠隔操作方式による開放装置により開放された場合を除き閉鎖状態を保持し，かつ，開放時に排煙に伴い生ずる気流により閉鎖されるおそれのない構造の戸その他これに類するものを設けること。

(5)　排煙口が直接外気に接する場合を除き，次に定める構造とした排煙機を設けること。

　(i)　一の排煙口の開放に伴い自動的に作動するものとすること。

　(ii)　次の式によって計算した排煙風量以上の空気を排出する能力を有するものとすること。

$$v = 1.23\,m$$

この式において，v 及び m は，それぞれ次の数値を表すものとする。

v　排煙風量（単位　m³/s）

m　次に掲げる式によって計算した各火災部分（各特定部分（特定廊下等に接する特定空間部分以外の部分（当該特定廊下等と耐火構造の床若しくは壁又は特定防火設備で区画された部分を除く。）であって，特定廊下等以外の部分と耐火構造の床若しくは壁又は特定防火設備で区画された部分をいう。以下同じ。）又は特定空間部分をいう。以下同じ。）で火災が発生した場合の特定空間部分における熱気流の質量流量のうち最大のもの（単位　kg/s）

$$m_i = \max\left[\frac{Q}{140} - 0.015\left\{A_c + L_w(H_c - 1.8)\right\},\ 0.08Q^{1/3}(0.4H_{op(\max)} + z_0 + 1.8)^{5/3}\right]$$

この式において，m_i，Q，A_c，L_w，H_c，$H_{op(\max)}$ 及び z_0 は，それぞれ次の数値を表すものとする。

　m_i　各火災部分で火災が発生した場合の特定空間部分における熱気流の質量流量（単位　kg/s）

　Q　当該火災部分の種類に応じ，それぞれ次の表に掲げる式によって計算した特定空間部分における1秒間当たりの発熱量（単位　kW）

当該火災部分の種類	特定空間部分における1秒間当たりの発熱量
特定部分	$Q = Q_d + \max(1000q_b - q_v,\ 0)$
特定空間部分	$Q = 3000$

この表において，Q，Q_d，q_b 及び q_v は，それぞれ次の数値を表すものとする。

Q　特定空間部分における１秒間当たりの発熱量（単位　kW）

Q_d　次の式によって計算した当該火災部分からの噴出熱気流の運搬熱量（単位　kW）

$Q_d = m_d(T_f - 20)$

この式において，Q_d，m_d 及び T_f は，それぞれ次の数値を表すものとする。

Q_d　当該火災部分からの噴出熱気流の運搬熱量（単位　kW）

m_d　次の式によって計算した当該火災部分からの噴出熱気流の質量流量（単位　kg/s）

$m_d = 0.5 H_{op(\max)}{}^{1/2} A_{op}'$

この式において，m_d，$H_{op(\max)}$ 及び A_{op}' は，それぞれ次の数値を表すものとする。

m_d　当該火災部分からの噴出熱気流の質量流量（単位　kg/s）

$H_{op(\max)}$　当該火災部分の特定廊下等に面する壁に設けた各開口部の下端のうち最も低い位置から当該各開口部の上端のうち最も高い位置までの高さ（単位　m）

A_{op}'　当該火災部分の特定廊下等に面する壁に設けた開口部の開口面積の合計（単位　m^2）

T_f　次の式によって計算した当該火災部分の温度（単位　℃）

$T_f = \alpha t_f^{1/6} + 20$

この式において，T_f，α 及び t_f は，それぞれ次の数値を表すものとする。

T_f　当該火災部分の温度（単位　℃）

α　平成12年建設省告示第1433号（以下この(ii)において「耐火性能検証法告示」という。）第３第一号イ(2)に掲げる式によって計算した当該火災部分における火災温度上昇係数

t_f　次の式によって計算した当該火災部分における火災継続時間（単位　min）

$$t_f = \frac{Q_r}{60 q_b}$$

この式において，t_f，Q_r 及び q_b は，それぞれ次の数値を表すものとする。

t_f　当該火災部分における火災継続時間（単位　min）

Q_r　耐火性能検証法告示第１第１項に掲げる式によって計算した当該火災部分内の可燃物の発熱量（単位　MJ）

q_b　耐火性能検証法告示第2に掲げる式によって計算した当該火災部分内の可燃物の1秒間当たりの発熱量（単位　MW）

q_b　耐火性能検証法告示第2に掲げる式によって計算した当該火災部分内の可燃物の1秒間当たりの発熱量（単位　MW）

q_v　次の式によって計算した噴出火炎の1秒間当たりの発生限界発熱量（単位　kW）

$$q_v = 150 A_T{}^{2/5} f_{op}{}^{3/5}$$

この式において，q_v，A_T 及び f_{op} は，それぞれ次の数値を表すものとする。

　q_v　噴出火炎の1秒間当たりの発生限界発熱量（単位　kW）

　A_T　当該火災部分の壁，床及び天井の室内に面する部分の表面積（単位　m²）

　f_{op}　次の式によって計算した当該火災部分の壁に設けた各開口部（特定廊下等に面する壁に設けたもの又は直接外気に接するものに限る。以下この(ii)において同じ。）の開口因子の合計（単位　m⁵ᐟ²）

$$f_{op} = \sum \left(A_{op} \sqrt{H_{op}} \right)$$

この式において，f_{op}，A_{op} 及び H_{op} は，それぞれ次の数値を表すものとする。

　f_{op}　当該火災部分の壁に設た各開口部の開口因子の合計（単位　m⁵ᐟ²）

　A_{op}　当該開口部の面積（単位　m²）

　H_{op}　当該開口部の高さ（単位　m）

A_c　特定空間部分の天井の室内に面する部分の表面積（単位　m²）

L_w　当該火災部分の存する階（当該火災部分が特定空間部分である場合にあっては，特定空間部分に接する部分の最下階。以下この(ii)において「出火階」という。）の直上階以上の各階における特定空間部分の周長の平均（単位　m）

H_c　当該火災部分の種類に応じ，それぞれ次の表に定める高さ（単位　m）

当該火災部分の種類	高　　さ
特定部分	当該火災部分の特定廊下等に面する壁に設けた開口部の上端のうち最も高い位置から特定空間部分に接する部分の最上階に存する特定廊下等の天井までの高さ
特定空間部分	当該火災部分の床面の最も高い位置から当該火災部分に接する部分の最上階に存する特定廊下等の天井までの高さ

$H_{op\,(\max)}$　当該火災部分の特定廊下等に面する壁に設けた各開口部の下端のうち最も低い位置から当該各開口部の上端のうち最も高い位置までの高さ（当該火災部分が特定空間部分である場合に

あっては，0）（単位　m）

z_0　　当該火災部分の種類に応じ，それぞれ次の表に掲げる式によって計算した距離（単位　m）

当該火災部分の種類	距　離
特定部分	$z_0 = \dfrac{4.55 m_d{}^{3/5}}{Q_d{}^{1/5}}$
特定空間部分	$z_0 = 0$

この表において，z_0，m_d 及び Q_d は，それぞれ次の数値を表すものとする。

　z_0　距離（単位　m）

　m_d　当該火災部分からの噴出熱気流の質量流量（単位　kg/s）

　Q_d　当該火災部分からの噴出熱気流の運搬熱量（単位　kW）

⑹　排煙口が直接外気に接する場合にあっては，給気口（特定空間部分又は特定廊下等の特定空間部分の床面からの高さが1.8m以下の部分に設けたものであって，排煙口の開放に連動して自動的に開放され又は常時開放状態にあるものに限る。以下この⑹において同じ。）を設け，かつ，排煙口の開口面積は次の式によって計算した開口面積以上とすること。

$$A_e = \dfrac{1.22 m}{\sqrt{\max\left\{4.5(H_e - 1.8) - \left(\dfrac{m}{A_d}\right)^2, \ 0.01\right\}}}$$

この式において，A_e，m，H_e 及び A_d は，それぞれ次の数値を表すものとする。

　A_e　開口面積（単位　m²）

　m　⑸ⅱに規定する各火災部分で火災が発生した場合の特定空間部分における熱気流の質量流量のうち最大のもの（単位　kg/s）

　H_e　特定空間部分における熱気流の質量流量が最大となる火災部分の種類に応じ，それぞれ次の表に定める高さ（単位　m）

特定空間部分における熱気流の質量流量が最大となる火災部分の種類	高　さ
特定部分	当該火災部分の特定廊下等に面する壁に設けた開口部の上端のうち最も高い位置から排煙口の中心までの高さ
特定空間部分	当該火災部分の床面の最も高い位置から排煙口の中心までの高さ

　A_d　特定空間部分及び特定廊下等に設けた給気口の開口面積の合計（単位　m²）

二　当該2以上の部分を，次に掲げる方法によって，火炎の放射熱が，特定空間部分を通じて当該2以上の部分（火災が発生した部分を除く。）に防火上有害な影響を及ぼさないことが確かめられた構造とすること。

　イ　各特定部分（特定空間部分に接する部分の最下階に存するものを除く。）について，次の式によって計算した特定空間部分で火災が発生した場合における火炎による各特

定部分に対する放射熱が$8\,\text{kW/m}^2$以下であることを確かめること。

$$I_1 = 81F_1$$

> この式において，I_1及びF_1は，それぞれ次の数値を表すものとする。
>
> I_1　火炎による各特定部分に対する放射熱（単位　kW/m^2）
>
> F_1　特定空間部分の床面から当該特定部分の床面（当該特定部分に接する特定廊下等に腰壁（耐火構造の壁に用いる構造方法を用いるものに限る。以下この号において同じ。）がある場合にあっては，当該腰壁の上端。以下このイにおいて同じ。）までの高さに応じ，それぞれ次の表に掲げる式によって計算した火炎の放射面から当該特定部分への形態係数
>
> | 特定空間部分の床面から
当該特定部分の床面までの高さ | 火炎の放射面から当該特定部分への形態係数 |
> |---|---|
> | 5.2m 以上である場合 | $F_1 = 0$ |
> | 5.2m 未満である場合 | $F_1 = \dfrac{1.5\,(5.2 - H_h)}{W_{1c}{}^2\pi\sqrt{\left\{1 + \dfrac{(5.2 - H_h)^2}{W_{1c}{}^2\pi}\right\}\left(1 + \dfrac{2.25}{W_{1c}{}^2\pi}\right)}}$ |
>
> この表において，F_1，H_h及びW_{1c}は，それぞれ次の数値を表すものとする。
>
> F_1　火炎の放射面から当該特定部分への形態係数
>
> H_h　特定空間部分の床面から当該特定部分の床面までの高さ（単位　m）
>
> W_{1c}　当該特定部分に接する特定廊下等の幅（単位　m）

ロ　各特定部分について，次の式によって計算した各特定部分で火災が発生した場合における火炎による当該特定部分の存する階の直上階の特定部分に対する放射熱が$8\,\text{kW/m}^2$以下であることを確かめること。

$$I_2 = 81F_2$$

> この式において，I_2及びF_2は，それぞれ次の数値を表すものとする。
>
> I_2　火炎による当該特定部分の存する階の直上階の特定部分に対する放射熱（単位　kW/m^2）
>
> F_2　次の式によって計算した火炎の放射面から当該特定部分の存する階の直上階の特定部分への形態係数
>
> $$F_2 = \frac{L_f B_{op}}{W_{2c}{}^2\pi\sqrt{\left(1 + \dfrac{L_f{}^2}{W_{2c}{}^2\pi}\right)\left(1 + \dfrac{B_{op}{}^2}{W_{2c}{}^2\pi}\right)}}$$
>
> > この式において，F_2，L_f，B_{op}及びW_{2c}は，それぞれ次の数値を表すものとする。
> >
> > F_2　火炎の放射面から当該特定部分の存する階の直上階の特定部分への形態係数
> >
> > L_f　次の式によって計算した当該特定部分の存する階の直上階の床面（当該階に存する特定廊下等（当該特定部分と床で区画された特定部分に接するものに限る。）に腰壁がある場合にあっては，当該腰壁の上端。以下このロにおいて同じ。）から火炎の上端までの高さ（単位　m）

$$L_f = \max\left(0.024Q'^{2/3}B_{op}^{-2/3} - L_h,\ 0\right)$$

この式において，L_f，Q'，B_{op} 及び L_h は，それぞれ次の数値を表すものとする。

L_f　　当該特定部分の存する階の直上階の床面から火炎の上端までの高さ（単位　m）

Q'　　前号(5)(ii)に掲げる式によって計算した当該特定部分が火災部分である場合の特定空間部分における1秒間当たりの発熱量（単位　kW）

B_{op}　　当該特定部分の特定廊下等に面する壁に設けた開口部の幅の合計（単位　m）

L_h　　当該特定部分の特定廊下等に面する壁に設けた開口部の上端のうち最も高い位置から当該特定部分の存する階の直上階の床面までの鉛直距離及び当該開口部から特定空間部分までの水平距離の合計（単位　m）

B_{op}　　当該特定部分の特定廊下等に面する壁に設けた開口部の幅の合計（単位　m）

W_{2c}　　当該特定部分の存する階の直上階に存する特定廊下等（当該特定部分と床で区画された特定部分に接するものに限る。）の幅（単位　m）

　附　則　（略）

通常の火災時において相互に煙又はガスによる避難上有害な影響を及ぼさない建築物の2以上の部分の構造方法を定める件

令和2年6月10日　　国土交通省告示第663号

　建築基準法施行令（昭和25年政令第338号）第126条の2第2項第二号の規定に基づき，通常の火災時において相互に煙又はガスによる避難上有害な影響を及ぼさない建築物の2以上の部分の構造方法を次のように定める。

　建築基準法施行令（以下「令」という。）第126条の2第2項第二号に規定する通常の火災時において相互に煙又はガス（以下「煙等」という。）による避難上有害な影響を及ぼさない建築物の2以上の部分の構造方法は，次に定めるものとする。

一　当該2以上の部分を，令和2年国土交通省告示第522号第一号及び第二号に定める構造方法を用いる構造とすること。

二　当該2以上の部分と特定空間部分（令和2年国土交通省告示第522号第一号に規定する特定空間部分をいう。以下同じ。）とを，通常の火災時に生じた煙等が特定空間部分を通じて当該2以上の部分（火災が発生した部分を除く。）に流入することを有効に防止できるものであることについて，次に掲げる方法により確かめられた防煙壁で区画すること。

イ　各火災部分（令和2年国土交通省告示第522号第一号チ(5)(ii)に規定する火災部分をいう。以下同じ。）ごとに，当該火災部分において発生した火災により生じた煙等の下端の位置が防煙壁の下端のうち最も高い位置（以下「防煙壁の下端」という。）にある時における特定空間部分の煙等発生量を次の式によって計算すること。

$$V_{s,i} = \frac{4.8Q^{1/3}(0.4H_{op(\max)} + z_0 + H_{sw})^{5/3}}{\rho_s}$$

　この式において，$V_{s,i}$，Q，$H_{op(\max)}$，z_0，H_{sw} 及び ρ_s は，それぞれ次の数値を表すものとする。

$V_{s,i}$　　　特定空間部分の煙等発生量（単位　m³/min）

Q　　　　当該火災部分の種類に応じ，それぞれ令和2年国土交通省告示第522号第一号チ(5)(ii)の表に掲げる式によって計算した特定空間部分における1秒間当たりの発熱量（単位　kW）

$H_{op(\max)}$　当該火災部分の特定廊下等（令和2年国土交通省告示第522号第一号へに規定する特定廊下等をいう。以下同じ。）に面する壁に設けた各開口部の下端のうち最も低い位置から当該各開口部の上端のうち最も高い位置までの高さ（当該火災部分が特定空間部分である場合にあっては，0。以下同じ。）（単位　m）

z_0　　　　当該火災部分の種類に応じ，それぞれ令和2年国土交通省告示第522号第一号チ(5)(ii)の表に掲げる式によって計算した距離（以下「仮想点熱源距離」という。）（単位　m）

H_{sw}　　　当該火災部分の種類に応じ，それぞれ次の表に定める高さ（以下「防煙壁下端高さ」という。）（単位　m）

当該火災部分の種類	高　さ
特定部分（令和2年国土交通省告示第522号第一号チ(5)(ii)に規定する特定部分をいう。以下同じ。）	当該火災部分の特定廊下等に面する壁に設けた開口部の上端のうち最も低い位置から防煙壁の下端までの高さ
特定空間部分	当該火災部分の床面の最も低い位置から防煙壁の下端までの高さ

ρ_s　　次の式によって計算した特定空間部分の煙層密度（単位　kg/m³）

$$\rho_s = \frac{353}{\Delta T_s + 293}$$

この式において、ρ_s 及び ΔT_s は、それぞれ次の数値を表すものとする。

ρ_s　　特定空間部分の煙層密度（単位　kg/m³）

ΔT_s　　次の式によって計算した特定空間部分の煙層上昇温度（単位　℃）

$$\Delta T_s = \min\left(\frac{Q}{0.08Q^{1/3}(0.4H_{op(\max)} + z_0 + H_{sw})^{5/3} + 0.015(A_c + A_w)} , \ 925 \right)$$

この式において、ΔT_s、Q、$H_{op(\max)}$、z_0、H_{sw}、A_c 及び A_w は、それぞれ次の数値を表すものとする。

ΔT_s　　特定空間部分の煙層上昇温度（単位　℃）

Q　　特定空間部分における1秒間当たりの発熱量（単位　kW）

$H_{op(\max)}$　　当該火災部分の特定廊下等に面する壁に設けた各開口部の下端のうち最も低い位置から当該各開口部の上端のうち最も高い位置までの高さ（単位　m）

z_0　　仮想点熱源距離（単位　m）

H_{sw}　　防煙壁下端高さ（単位　m）

A_c　　特定空間部分の天井（天井のない場合においては、屋根。以下同じ。）の室内に面する部分の表面積（単位　m²）

A_w　　防煙壁の特定空間部分に面する部分の表面積（単位　m²）

ロ　各火災部分ごとに、当該火災部分において発生した火災により生じた煙等の下端の位置が防煙壁の下端にある時における特定空間部分に設けられた各有効開口部（壁又は天井に設けられた開口部の床面からの高さが防煙壁の下端の床面からの高さ以上の部分をいう。以下同じ。）及び当該有効開口部の開放に伴い開放される特定空間部分に設けられた他の有効開口部のうち当該有効開口部からの距離が30m以内であるもの（以下「他の有効開口部」という。）の排煙量の合計を、特定空間部分に設けられた有効開口部の種類に応じ、それぞれ次の表に掲げる式によって計算した当該有効開口部及び他の有効開口部の排煙量を合計することにより計算すること。

特定空間部分に設けられた有効開口部の種類	有効開口部の排煙量 （単位　m³/min）
有効開口部を排煙口とした場合に，特定空間部分に設けられた排煙設備が令第126条の３第１項第二号，第三号（排煙口の壁における位置に係る部分を除く。），第四号から第六号まで及び第十号から第十二号までの規定（以下「自然排煙関係規定」という。）に適合し，かつ，特定空間部分又は特定廊下等の特定空間部分の床面からの高さが防煙壁の下端の特定空間部分の床面からの高さ以下の部分に排煙口の開放に連動して自動的に開放され又は常時開放状態にある給気口が設けられたもの（特定空間部分に設けられた当該排煙設備以外の排煙設備が同項第二号，第三号（排煙口の壁における位置に係る部分を除く。），第四号から第七号まで，第八号（排煙口の開口面積に係る部分を除く。），第九号（空気を排出する能力に係る部分を除く。）及び第十号から第十二号までの規定（以下「機械排煙関係規定」という。）に適合する場合を除く。）	$V_{e,i} = 186\left(\dfrac{1.2-\rho_s}{\rho_s}\right)^{1/2}$ $\times \max\left\{\dfrac{A_s\sqrt{h_s}}{4},\ \dfrac{A_s\sqrt{H_c-H_{sw}}}{\sqrt{1+\left(\dfrac{A_s'}{A_a}\right)^2}}\right\}$
有効開口部を排煙口とした場合に，特定空間部分に設けられた排煙設備が機械排煙関係規定に適合し，かつ，特定空間部分又は特定廊下等の特定空間部分の床面からの高さが防煙壁の下端の特定空間部分の床面からの高さ以下の部分に排煙口の開放に連動して自動的に開放され又は常時開放状態にある給気口が設けられたもの（イに規定する特定空間部分の煙層上昇温度が260℃以上である場合にあっては，排煙口が，厚さ1.5mm以上の鉄板又は鋼板で造り，かつ，厚さ25mm以上のロックウールで覆われた風道に直結するものに限る。）（特定空間部分に設けられた当該排煙設備以外の排煙設備が自然排煙関係規定に適合する場合を除く。）	$V_{e,i} = w$
その他の有効開口部	$V_{e,i} = 0$

この表において，$V_{e,i}$，ρ_s，A_s，h_s，H_c，H_{sw}，A_s'，A_a 及び w は，それぞれ次の数値を表すものとする。

$V_{e,i}$　特定空間部分に設けられた各有効開口部の排煙量（単位　m³/min）

ρ_s　イに規定する特定空間部分の煙層密度（単位　kg/m³）

A_s　当該有効開口部の開口面積（単位　m²）

h_s　当該有効開口部の上端と下端の垂直距離（単位　m）

H_c　当該火災部分の種類に応じ，それぞれ次の表に定める高さ（単位　m）

当該火災部分の種類	高　さ
特定部分	当該火災部分の特定廊下等に面する壁に設けた開口部の上端のうち最も低い位置から当該有効開口部の中心までの高さ
特定空間部分	当該火災部分の床面のうち最も低い位置から当該有効開口部の中心までの高さ

> H_{sw}　防煙壁下端高さ（単位　m）
> A_s'　当該有効開口部及び他の有効開口部の開口面積の合計（単位　m²）
> A_a　特定空間部分及び特定廊下等に設けられた給気口（当該有効開口部の開放に伴い
> 　　開放され又は常時開放状態にある給気口に限る。）の開口面積の合計（単位　m²）
> w　当該有効開口部の排煙機の空気を排出することができる能力（単位　m³/min）

　ハ　各火災部分についてイの規定によって計算した特定空間部分の煙等発生量が，ロの
　　規定によって計算した特定空間部分に設けられた各有効開口部及び他の有効開口部の
　　排煙量の合計のうち最小のものを超えないことを確かめること。

　　附　則　（略）

火災により生じた煙又はガスの高さに基づく区画避難安全検証法に関する算出方法等を定める件

令和3年5月28日　国土交通省告示第474号

　建築基準法施行令（昭和25年政令第338号）第128条の6第3項第一号イ及びニ並びに第二号イからニまでの規定に基づき，火災により生じた煙又はガスの高さに基づく区画避難安全検証法に関する算出方法等を次のように定める。

一　建築基準法施行令（以下「令」という。）第128条の6第3項第二号に規定する方法を用いる場合における同項第一号イに規定する当該居室に存する者（当該居室を通らなければ避難することができない者を含む。以下「在室者」という。）の全てが当該居室において火災が発生してから当該居室からの避難を終了するまでに要する時間（以下「居室避難完了時間」という。）は，次に掲げる時間を合計して計算するものとする。

イ　当該居室の種類に応じ，それぞれ次の表に掲げる式によって計算した火災が発生してから在室者が避難を開始するまでに要する時間（以下「居室避難開始時間」という。）

（単位　min）

当該居室の種類	居室避難開始時間
当該居室を通らなければ避難することができない部分がない場合又は当該居室を通らなければ避難することができない全ての部分が当該居室への出口（幅が60cm未満であるものを除く。）を有する場合	$t_{start(room)} = \min\left(5 \times 10^{-3}L_{wall(room)}{}^{6/5}, \dfrac{2 \times 10^{-3}L_{wall(room)}{}^{6/5}}{\alpha_{room}{}^{1/5}} + t_{0(room)}\right)$
その他の場合	$t_{start(room)} = \min\left(5 \times 10^{-3}L_{wall(room)}{}^{6/5}, \dfrac{2 \times 10^{-3}L_{wall(room)}{}^{6/5}}{\alpha_{room}{}^{1/5}} + t_{0(room)}\right) + 3$

この表において，$t_{start(room)}$，$L_{wall(room)}$，α_{room} 及び $t_{0(room)}$ は，それぞれ次の数値を表すものとする。

$t_{start(room)}$　　居室避難開始時間（単位　min）

$L_{wall(room)}$　　当該居室の周長（単位　m）

α_{room}　　　次の式によって計算した当該居室又は当該居室に隣接する室（当該居室と準耐火構造の壁若しくは準不燃材料で造り，若しくは覆われた壁又は令第112条第12項に規定する10分間防火設備（以下単に「10分間防火設備」という。）で区画されたものを除く。以下同じ。）の火災成長率のうち最大のもの（以下「居室火災成長率」という。）

$\alpha_{room,i} = \max\left(1.51 \times 10^{-4}q_l,\ 0.0125\right) \times k_m$

　　この式において，$\alpha_{room,i}$，q_l 及び k_m は，それぞれ次の数値を表すものとする。

　　$\alpha_{room,i}$　　当該居室又は当該居室に隣接する室の火災成長率

　　q_l　　　　当該室の種類に応じ，それぞれ次の表に定める積載可燃物の1m²当たりの発熱量（単位　MJ/m²）

当該室の種類			積載可燃物の1m²当たりの発熱量
住宅の居室			720
住宅以外の建築物における寝室			240
事務室その他これに類するもの			560
会議室その他これに類するもの			160
教室			400
体育館のアリーナその他これに類するもの			80
博物館又は美術館の展示室その他これらに類するもの			240
百貨店又は物品販売業を営む店舗その他これらに類するもの	家具又は書籍の売場その他これらに類するもの		960
	その他の部分		480
飲食店その他の飲食室	簡易な食堂		240
	その他の飲食室		480
劇場，映画館，演芸場，観覧場，公会堂，集会室その他これらに類する用途に供する室	客席部分	固定席の場合	400
		その他の場合	480
	舞台部分		240
自動車車庫又は自動車修理工場	車室その他これに類する部分		240
	車路その他これに類する部分		32
廊下，階段その他の通路			32
玄関ホール，ロビーその他これらに類するもの	劇場，映画館，演芸場，観覧場，公会堂若しくは集会場その他これらに類する用途又は百貨店若しくは物品販売業を営む店舗その他これらに類する用途に供する建築物の玄関ホール，ロビーその他これらに類するもの		160
	その他のもの		80
昇降機その他の建築設備の機械室			160
屋上広場又はバルコニー			80
倉庫その他の物品の保管の用に供する室			2,000
診療所（患者の収容施設を有しないものに限る。）の診察室又は待合室			240
保育所又は幼保連携型認定こども園の用途に供する室			240

| 児童福祉施設等（令第115条の3第一号に規定する児童福祉施設等をいう。以下同じ。）（保育所及び幼保連携型認定こども園を除き、通所のみにより利用されるものに限る。）の用途に供する室 | 400 |

　　　k_m　内装燃焼係数（令和3年国土交通省告示第475号第一号イに規定する内装燃焼係数をいう。以下同じ。）

　　$t_{0(room)}$　次の式によって計算した当該居室の燃焼拡大補正時間（単位　min）

$$t_{0(room)} = \frac{100 - \left(\frac{100}{\alpha_{room}}\right)^{1/2}}{60}$$

　　　この式において、$t_{0(room)}$ 及び α_{room} は、それぞれ次の数値を表すものとする。

　　　$t_{0(room)}$　当該居室の燃焼拡大補正時間（単位　min）

　　　α_{room}　居室火災成長率

ロ　当該居室及び当該居室を通らなければ避難することができない建築物の部分（以下「当該居室等」という。）の各部分から当該居室の出口（幅が60cm未満であるものを除き、当該居室から当該区画部分以外の部分等（令第128条の6第2項に規定する当該区画部分以外の部分等をいう。以下同じ。）に通ずる主たる廊下その他の通路に通ずる出口に限る。以下同じ。）を経由して直通階段（避難階又は地上に通ずるものに限る。以下同じ。）（当該居室が避難階に存する場合にあっては地上）に至る各経路（避難の用に供するものであって、当該経路上にある各出口の幅が60cm以上であるものに限る。以下このロにおいて「避難経路」という。）ごとに、当該居室等の種類及び居室出口滞留時間に応じ、それぞれ次の表に掲げる式によって計算した在室者が当該居室等の各部分から当該居室の出口の一に達し、当該出口を通過するために要する時間（以下「居室出口通過時間」という。）のうち最大のもの（単位　min）

当該居室等の種類	居室出口滞留時間	居室出口通過時間
準耐火構造の壁若しくは準不燃材料で造り、若しくは覆われた壁又は10分間防火設備で区画されたもの	$t_{crowd(room)} \leqq 3$である場合	$t_{pass(room),i} = \max\left(\sum \frac{l_{room}}{v_{crowd}},\ t_{crowd(room)}\right)$
	$t_{crowd(room)} > 3$である場合	$t_{pass(room),i} = \max\left(\sum \frac{l_{room}}{v_{crowd}},\ t_{crowd(room)}\right) + 3$
その他のもの	$t_{crowd(room)} \leqq 1.5$である場合	$t_{pass(room),i} = \max\left(\sum \frac{l_{room}}{v_{crowd}},\ t_{crowd(room)}\right)$
	$t_{crowd(room)} > 1.5$である場合	$t_{pass(room),i} = \max\left(\sum \frac{l_{room}}{v_{crowd}},\ t_{crowd(room)}\right) + 4.5$

この表において、$t_{crowd(room)}$、$t_{pass(room),i}$、l_{room} 及び v_{crowd} は、それぞれ次の数値を表すものとする。

　$t_{crowd(room)}$　当該居室等の用途及び当該避難経路上にある当該居室の出口の幅の合計に応じ、それぞれ次の表に掲げる式によって計算した居室出口滞留時間（単位　min）

当該居室等の用途	当該避難経路上にある当該居室の出口の幅の合計	居室出口滞留時間
児童福祉施設等（通所のみにより利用されるものに限る。）	$90B_{room} \leqq R_{neck(room)}$ である場合	$t_{crowd(room)} = \dfrac{P_{room}}{45B_{room}}$
	$90B_{room} > R_{neck(room)}$ である場合	$t_{crowd(room)} = \dfrac{\min\left(P_{room}, \ \sum \dfrac{k_{co}A_{co}}{a_n}\right)}{45B_{room}}$ $+ \dfrac{\max\left(P_{room} - \sum \dfrac{k_{co}A_{co}}{a_n}, \ 0\right)}{0.5R_{neck(room)}}$
その他の用途（病院，診療所（患者の収容施設があるものに限る。）及び児童福祉施設等を除く。）	$90B_{room} \leqq R_{neck(room)}$ である場合	$t_{crowd(room)} = \dfrac{P_{room}}{90B_{room}}$
	$90B_{room} > R_{neck(room)}$ である場合	$t_{crowd(room)} = \dfrac{\min\left(P_{room}, \ \sum \dfrac{k_{co}A_{co}}{a_n}\right)}{90B_{room}}$ $+ \dfrac{\max\left(P_{room} - \sum \dfrac{k_{co}A_{co}}{a_n}, \ 0\right)}{R_{neck(room)}}$

この表において，B_{room}，$R_{neck(room)}$，$t_{crowd(room)}$，P_{room}，k_{co}，A_{co} 及び a_n は，それぞれ次の数値を表すものとする。

B_{room}　　当該避難経路上にある当該居室の出口の幅の合計（単位　m）

$R_{neck(room)}$　次の式によって計算した当該避難経路の流動量（単位　人/min）

$R_{neck(room)} = \min \ (90D_{co(room)}, \ R_{d(room)}, \ R_{st(room)})$

この式において，$R_{neck(room)}$，$D_{co(room)}$，$R_{d(room)}$ 及び $R_{st(room)}$ は，それぞれ次の数値を表すものとする。

$R_{neck(room)}$　　当該避難経路の流動量（単位　人/min）

$D_{co(room)}$　　当該避難経路上の各廊下（当該居室等に設けられた廊下を除く。以下このロにおいて同じ。）の幅のうち最小のもの（単位　m）

$R_{d(room)}$　　次の式によって計算した当該避難経路上にある各出口（当該居室等に設けられた出口を除く。以下このロにおいて同じ。）の有効流動量のうち最小のもの（単位　人/min）

$R_{d(room),i} = B_{d(room)}N_{d(room)}$

この式において，$R_{d(room),i}$，$B_{d(room)}$ 及び $N_{d(room)}$ は，それぞれ次の数値を表すものとする。

$R_{d(room),i}$　　当該避難経路上にある各出口の有効流動量（単位　人/min）

$B_{d(room)}$　　当該出口の幅（単位　m）

$N_{d(room)}$　　当該出口の種類に応じ，それぞれ次の表に掲げる式によって計算した当該出口の流動係数（単位　人/min·m）

当該出口の種類	当該出口の流動係数
階段又は居室に設けられた出口	$N_{d(room)} = 90$
その他の出口	$N_{d(room)} = \min$ $\left\{ \max\left(150 - \dfrac{60B_{d(room)}}{D_{co(room)}}, \ 90\right), \ 120\right\}$

この表において，$N_{d(room)}$，$B_{d(room)}$ 及び $D_{co(room)}$ は，それぞれ次の数値を表すものとする。

$N_{d(room)}$　　当該出口の流動係数（単位　人/min・m）

$B_{d(room)}$　　当該出口の幅（単位　m）

$D_{co(room)}$　　当該避難経路上の各廊下の幅のうち最小のもの（単位　m）

$R_{st(room)}$　次の式によって計算した当該避難経路上の各階段（当該居室等に設けられた階段を除く。以下このロにおいて同じ。）又は直通階段の有効流動量のうち最小のもの（単位　人/min）

$$R_{st(room),i} = D_{st(room)}N_{st(room)}$$

この式において，$R_{st(room),i}$，$D_{st(room)}$ 及び $N_{st(room)}$ は，それぞれ次の数値を表すものとする。

$R_{st(room),i}$　　当該避難経路上の各階段又は直通階段の有効流動量（単位　人/min）

$D_{st(room)}$　　当該階段の幅（単位　m）

$N_{st(room)}$　　当該階段の種類，避難の方向及び当該階段の幅に応じ，それぞれ次の表に掲げる式によって計算した当該階段の流動係数（単位　人/min・m）

当該階段の種類	避難の方向	当該階段の幅	当該階段の流動係数
屋内と階段室とが付室を通じて連絡しており，かつ，屋内と付室とが準耐火構造の壁若しくは不燃材料で造り，若しくは覆われた壁若しくは建築基準法（昭和25年法律第201号。以下「法」という。）第2条第九号の二ロに規定する防火設備で令第112条第19項第二号に規定する構造であるもので区画された直通階段又は直通階段以外の階段	下り	$D_{landing(room)}$ $<D_{st(room)}$ である場合	$N_{st(room)} = \min \left\{ 72 - 48\left(1 - \dfrac{D_{landing(room)}}{D_{st(room)}}\right), 90\dfrac{D_{landing(room)}}{D_{st(room)}} \right\}$
		$D_{landing(room)}$ $\geqq D_{st(room)}$ である場合	$N_{st(room)} = 72$
	上り	$D_{landing(room)}$ $<D_{st(room)}$ である場合	$N_{st(room)} = \min \left\{ 60 - 36\left(1 - \dfrac{D_{landing(room)}}{D_{st(room)}}\right), 90\dfrac{D_{landing(room)}}{D_{st(room)}} \right\}$
		$D_{landing(room)}$ $\geqq D_{st(room)}$ である場合	$N_{st(room)} = 60$

	下り	$D_{landing(room)}$ $<D_{st(room)}$ である場合	$N_{st(room)}=\min$ $\left\{72-48\left(1-\dfrac{D_{landing(room)}}{D_{st(room)}}\right),\ 90\dfrac{D_{landing(room)}}{D_{st(room)}}\right\}$ $\times0.5^{\max(N'-2,0)}$
		$D_{landing(room)}$ $\geqq D_{st(room)}$ である場合	$N_{st(room)}=72$ $\times0.5^{\max(N'-2,0)}$
その他の直通階段	上り	$D_{landing(room)}$ $<D_{st(room)}$ である場合	$N_{st(room)}=\min$ $\left\{60-36\left(1-\dfrac{D_{landing(room)}}{D_{st(room)}}\right),\ 90\dfrac{D_{landing(room)}}{D_{st(room)}}\right\}$ $\times0.5^{\max(N'-2,0)}$
		$D_{landing(room)}$ $\geqq D_{st(room)}$ である場合	$N_{st(room)}=60$ $\times0.5^{\max(N'-2,0)}$

この表において，$D_{landing(room)}$，$D_{st(room)}$，$N_{st(room)}$及びN'は，それぞれ次の数値を表すものとする。

$D_{landing(room)}$　当該階段の踊り場の幅（単位　m）

$D_{st(room)}$　当該階段の幅（単位　m）

$N_{st(room)}$　当該階段の流動係数（単位　人/min·m）

N'　当該建築物の階数

$t_{crowd(room)}$　居室出口滞留時間（単位　min）

P_{room}　次の式によって計算した在室者のうち当該避難経路上にある当該居室の出口を通って避難する者の数（単位　人）

$$P_{room}=\sum pA_{area(room)}\times\left(\frac{B_{room}}{B_{load(room)}}\right)$$

この式において，P_{room}，p，$A_{area(room)}$，B_{room}及び$B_{load(room)}$は，それぞれ次の数値を表すものとする。

P_{room}　在室者のうち当該避難経路上にある当該居室の出口を通って避難する者の数（単位　人）

p　建築物の部分の種類に応じ，それぞれ次の表に定める在館者密度（単位　人/m²）

建築物の部分の種類		在館者密度
住宅の居室		0.06
住宅以外の建築物における寝室	固定ベッドの場合	ベッド数を床面積で除した数値
	その他の場合	0.16
事務室，会議室その他これらに類するもの		0.125
教室		0.7
百貨店又は物品販売業を営む店舗その他これらに類するもの	売場の部分	0.5
	売場に附属する通路の部分	0.25
飲食室		0.7
劇場,映画館,演芸場,観覧場,公会堂,集会場その他これらに類する用途に供する居室	固定席の場合	座席数を床面積で除した数値
	その他の場合	1.5
展示室その他これに類するもの		0.5
診療所（患者の収容施設を有しないものに限る。以下この表において同じ。）の診察室		0.16
診療所の待合室		0.5
保育所又は幼保連携型認定こども園の用途に供する居室	乳児又は満2歳に満たない幼児を保育する用途に供する場合	0.6
	その他の場合	0.5
児童福祉施設等（保育所及び幼保連携型認定こども園を除き，通所のみにより利用されるものに限る。）の用途に供する居室		0.33

$A_{area(room)}$　当該居室等の各部分の床面積（単位　m²）

B_{room}　　当該避難経路上にある当該居室の出口の幅の合計（単位　m）

$B_{load(room)}$　当該居室の出口の幅の合計（単位　m）

k_{co}　有効滞留面積率（令和3年国土交通省告示第475号第一号ロに規定する有効滞留面積率をいう。）

A_{co}　当該避難経路上にある当該居室の出口に面する部分（以下「居室避難経路等の部分」という。）の各部分（当該部分が階段室である場合にあっては，当該居室の存する階からその直下階までの階段室（当該居室の存する階が地階である場合にあっては当該居室の存する階からその直上階までの階段室，当該居室の存する階が避難階である場合にあっては当該居室の存する階の階段室）に限る。）の床面積（単位　m²）

a_n　居室避難経路等の部分の各部分の用途及び種類に応じ，それぞれ次の表に定める必要滞留面積（単位　m²/人）

居室避難経路等の部分の各部分の用途	居室避難経路等の部分の各部分の種類	必要滞留面積
児童福祉施設等（通所のみにより利用されるものに限る。）	－	1.0
その他の用途（病院，診療所（患者の収容施設があるものに限る。）及び児童福祉施設等を除く。）	居室，廊下その他の通路又は玄関ホール，ロビーその他これらに類するもの	0.3
	階段室	0.25
	階段の付室又はバルコニー	0.2

$t_{pass(room),i}$　居室出口通過時間（単位　min）

l_{room}　　　当該居室等の各部分から当該避難経路上にある当該居室の出口の一に至る歩行距離（単位　m）

V_{crowd}　　　建築物の部分の用途及び種類並びに避難の方向に応じ，それぞれ次の表に定める滞留時歩行速度（単位　m/min）

建築物の部分の用途		建築物の部分の種類	避難の方向	滞留時歩行速度
劇場，映画館，演芸場，観覧場，公会堂，集会場その他これらに類する用途		階段	上り	9
			下り	12
		その他の部分	－	30
診療所（患者の収容施設を有しないものに限る。）		階段	上り	9
			下り	12
		その他の部分	－	30
児童福祉施設等（通所のみにより利用されるものに限る。）その他これに類する用途	乳児又は満2歳に満たない幼児を保育する場合（当該用途に供する階が3階以下の階である場合に限る。）	階段	下り	2.5
		保育室	－	12
		廊下	－	8
		その他の部分	－	30
	乳児又は満2歳に満たない幼児を保育する場合以外の場合（当該用途に供する階が5階以下の階である場合に限る。）	階段	上り	4.5
			下り	6
		その他の部分	－	15
百貨店，展示場その他これらに類する用途又は共同住宅，ホテルその他これらに類する用途（病院，診療所及び児童福祉施設等を除く。）		階段	上り	9
			下り	12
		その他の部分	－	30
学校（幼保連携型認定こども園を除く。），事務所その他これらに類する用途		階段	上り	12
			下り	16
		その他の部分	－	39

二　令第128条の6第3項第二号イに規定する同項第一号イの規定によって計算した居室避難完了時間が経過した時における当該居室において発生した火災により生じた煙又はガス（以下「煙等」という。）の高さ（当該居室の基準点（床面の最も高い位置をいう。以下同じ。）から煙等の下端の位置までの高さとする。以下「居室煙層下端高さ」という。）は，居室避難完了時間が経過した時における当該居室の煙層上昇温度（以下単に「当該居室の煙層上昇温度」という。）及び居室避難完了時間に応じ，それぞれ次の表に掲げる式によって計算するものとする。

当該居室の煙層上昇温度		居室避難完了時間	居室煙層下端高さ
$\Delta T_{r,room} > 180$ である場合		－	$Z_{room} = 0$
$\Delta T_{r,room} \leq 180$ である場合	$\Delta T_{r,room} \leq \sqrt{\dfrac{500}{3\,t_{pass(room)}}}$ である場合	－	$Z_{room} = 1.8$
	$\Delta T_{r,room} > \sqrt{\dfrac{500}{3\,t_{pass(room)}}}$ である場合	$t_{escape(room)} \leq \dfrac{5}{3}$ である場合	$Z_{room} = \max\left[\left\{\dfrac{11 t_{escape(room)}^{5/3}}{\rho_{r,room} A_{room}} + \dfrac{1}{(H_{room}+h_{room})^{2/3}}\right\}^{-3/2} - h_{room},\ 0\right]$
		$t_{escape(room)} > \dfrac{5}{3}$ である場合	$Z_{room} = \max\left[Z_{phase1(room)} - \dfrac{\max(V_{s(r,room)} - V_{e(r,room)},\ 0.01) \times \left(t_{escape(room)} - \dfrac{5}{3}\right)}{A_{room}},\ 0\right]$

この表において，$\Delta T_{r,room}$, Z_{room}, $t_{pass(room)}$, $t_{escape(room)}$, $\rho_{r,room}$, A_{room}, H_{room}, h_{room}, $Z_{phase1(room)}$, $V_{s(r,room)}$ 及び $V_{e(r,room)}$ は，それぞれ次の数値を表すものとする。

$\Delta T_{r,room}$　居室避難完了時間に応じ，それぞれ次の表に掲げる式によって計算した当該居室の煙層上昇温度（単位　℃）

居室避難完了時間	当該居室の煙層上昇温度
$t_{escape(room)} \leq t_{m(room)}$ である場合	$\Delta T_{r,room} = \min\left\{\dfrac{Q_{r,room}}{0.37 Q_{r,room}^{1/3} + 0.015 A_{w(room)}},\ \Delta T_{room(max)}\right\}$
$t_{escape(room)} > t_{m(room)}$ である場合	$\Delta T_{r,room} = \Delta T_{room(max)}$

この表において，$t_{escape(room)}$, $t_{m(room)}$, $\Delta T_{r,room}$, $Q_{r,room}$, $A_{w(room)}$ 及び $\Delta T_{room(max)}$ は，それぞれ次の数値を表すものとする。

　$t_{escape(room)}$　前号に規定する居室避難完了時間（単位　min）

　$t_{m(room)}$　当該居室又は当該居室に隣接する室の内装仕上げの種類に応じ，それぞれ次の表に掲げる式によって計算した当該居室又は当該居室に隣接する室の燃焼抑制時間のうち最小のもの（単位　min）

当該居室又は当該居室に隣接する室の内装仕上げの種類		当該居室又は当該居室に隣接する室の燃焼抑制時間
(一)	壁（床面からの高さが1.2m 以下の部分を除く。以下この表において同じ。）及び天井（天井のない場合においては，屋根。以下同じ。）の室内に面する部分（回り縁，窓台その他これらに類する部分を除く。以下この表において同じ。）の仕上げを不燃材料でしたもの	$t_{m(room),i} = 20$
(二)	壁及び天井の室内に面する部分の仕上げを準不燃材料でしたもの（(一)に掲げるものを除く。）	$t_{m(room),i} = 10$
(三)	壁及び天井の室内に面する部分の仕上げを難燃材料でしたもの又は壁の室内に面する部分の仕上げを木材等（平成12年建設省告示第1439号第1第二号に規定する木材等をいう。以下同じ。）でし，かつ，天井の室内に面する部分の仕上げを準不燃材料でしたもの（(一)及び(二)に掲げるものを除く。）	$t_{m(room),i} = 5$
(四)	壁及び天井の室内に面する部分の仕上げを木材等でしたもの（(一)から(三)までに掲げるものを除く。）	$t_{m(room),i} = \min\left\{ t_{0(room)} + \frac{1}{60}\left(\frac{18H_{room(min)}{}^{5/2}}{\alpha_{room,i}}\right)^{1/2},\ 2\right\}$

この表において，$t_{m(room),i}$，$t_{0(room)}$，$H_{room(min)}$ 及び $\alpha_{room,i}$ は，それぞれ次の数値を表すものとする。

$t_{m(room),i}$　　当該居室又は当該居室に隣接する室の燃焼抑制時間（単位　min）

$t_{0(room)}$　　前号イに規定する当該居室の燃焼拡大補正時間（単位　min）

$H_{room(min)}$　　当該室の基準点から天井の最も低い位置までの高さ（単位　m）

$\alpha_{room,i}$　　前号イに規定する当該居室又は当該居室に隣接する室の火災成長率

$\Delta T_{r,room}$　　当該居室の煙層上昇温度（単位　℃）

$Q_{r,room}$　　居室避難完了時間に応じ，それぞれ次の表に掲げる式によって計算した当該居室における1秒間当たりの発熱量（単位　kW）

居室避難完了時間	当該居室における1秒間当たりの発熱量
$t_{escape(room)} \leq \dfrac{5}{3}$ である場合	$Q_{r,room} = 0.01\ (60t_{escape(room)})^2$
$t_{escape(room)} > \dfrac{5}{3}$ である場合	$Q_{r,room} = \alpha_{room}\ (60t_{escape(room)} - 60t_{0(room)})^2$

> この表において，$t_{escape(room)}$，$Q_{r,room}$，α_{room} 及び $t_{0(room)}$ は，それぞれ次の数値を表すものとする。
> $t_{escape(room)}$　　前号に規定する居室避難完了時間（単位　min）
> $Q_{r,room}$　　当該居室における1秒間当たりの発熱量（単位　kW）
> α_{room}　　前号イに規定する居室火災成長率
> $t_{0(room)}$　　前号イに規定する当該居室の燃焼拡大補正時間（単位　min）

$A_{w(room)}$　　当該居室の壁（基準点からの高さが1.8m 以下の部分を除く。）及び天井の室内に面する部分の表面積（単位　m²）

$\Delta T_{room(max)}$　　最大煙層上昇温度（令和3年国土交通省告示第475号第二号に規定する最大煙層上昇温度をいう。以下同じ。）（単位　℃）

Z_{room}　　居室煙層下端高さ（単位　m）

$t_{pass(room)}$　　前号ロに規定する居室出口通過時間のうち最大のもの（単位　min）

$t_{escape(room)}$　　前号に規定する居室避難完了時間（単位　min）

$\rho_{r,room}$　　次の式によって計算した居室避難完了時間が経過した時における当該居室の煙層密度（以下単に「当該居室の煙層密度」という。）（単位　kg/m³）

$$\rho_{r,room} = \frac{353}{\Delta T_{r,room} + 293}$$

> この式において，$\rho_{r,room}$ 及び $\Delta T_{r,room}$ は，それぞれ次の数値を表すものとする。
> $\rho_{r,room}$　　当該居室の煙層密度（単位　kg/m³）
> $\Delta T_{r,room}$　　当該居室の煙層上昇温度（単位　℃）

A_{room}　　当該居室の床面積（単位　m²）

H_{room}　　当該居室の基準点から天井までの高さの平均（単位　m）

h_{room}　　当該居室の床面の最も低い位置から基準点までの高さ（単位　m）

$Z_{phase1(room)}$　　次の式によって計算した火災発生後100秒間が経過した時における居室煙層下端高さ（単位　m）

$$Z_{phase1(room)} = \max\left[\left\{\frac{26}{\rho_{r,room}A_{room}} + \frac{1}{(H_{room}+h_{room})^{2/3}}\right\}^{-3/2} - h_{room},\ 0\right]$$

> この式において，$Z_{phase1(room)}$，$\rho_{r,room}$，A_{room}，H_{room} 及び h_{room} は，それぞれ次の数値を表すものとする。
> $Z_{phase1(room)}$　　火災発生後100秒間が経過した時における居室煙層下端高さ（単位　m）
> $\rho_{r,room}$　　当該居室の煙層密度（単位　kg/m³）
> A_{room}　　当該居室の床面積（単位　m²）
> H_{room}　　当該居室の基準点から天井までの高さの平均（単位　m）
> h_{room}　　当該居室の床面の最も低い位置から基準点までの高さ（単位　m）

$V_{s(r,room)}$　　次の式によって計算した当該居室の煙等発生量（単位　m³/min）

$$V_{s(r,room)} = \frac{4.2\left(\frac{Q_{r,room}}{3}\right)^{1/3}\left\{(Z_{phase1(room)}+h_{room})^{5/3} + (h_{room}+1.8)^{5/3}\right\}}{\rho_{r,room}}$$

> この式において，$V_{s(r,room)}$，$Q_{r,room}$，$Z_{phase1(room)}$，h_{room} 及び $\rho_{r,room}$ は，それぞれ次の数値を表すものとする。
> $V_{s(r,room)}$　　当該居室の煙等発生量（単位　m³/min）
> $Q_{r,room}$　　当該居室における1秒間当たりの発熱量（単位　kW）
> $Z_{phase1(room)}$　　火災発生後100秒間が経過した時における居室煙層下端高さ（単位　m）
> h_{room}　　当該居室の床面の最も低い位置から基準点までの高さ（単位　m）
> $\rho_{r,room}$　　当該居室の煙層密度（単位　kg/m³）

$V_{e(r,room)}$　　　次の式によって計算した当該居室の有効排煙量（単位　m^3/min）

$$V_{e(r,room)} = \min\ (1.5 A_{room}{}^{-0.15},\ 0.8) \times \left(\frac{\overline{H}_{st(room)} - 1.8}{H_{top(room)} - 1.8}\right) E_{r,room}$$

この式において，$V_{e(r,room)}$，A_{room}，$\overline{H}_{st(room)}$，$H_{top(room)}$ 及び $E_{r,room}$ は，それぞれ次の数値を表すものとする。

$V_{e(r,room)}$　　　当該居室の有効排煙量（単位　m^3/min）

A_{room}　　　　当該居室の床面積（単位　m^2）

$\overline{H}_{st(room)}$　　　当該居室の基準点から当該居室に設けられた各有効開口部（壁又は天井に設けられた開口部の床面からの高さが1.8m以上の部分をいう。以下同じ。）の上端までの高さの平均（単位　m）

$H_{top(room)}$　　　当該居室の基準点から天井までの高さのうち最大のもの（単位　m）

$E_{r,room}$　　　　当該居室に設けられた有効開口部の種類に応じ，それぞれ次の表に掲げる式によって計算した当該居室に設けられた各有効開口部及び当該有効開口部の開放に伴い開放される当該居室に設けられた他の有効開口部のうち当該有効開口部からの距離が30m以内であるもの（以下この号において「他の有効開口部」という。）の排煙量の合計のうち最小のもの（当該居室に設けられた有効開口部の種類が同表㈡に掲げるものである場合にあっては，当該居室に設けられた各有効開口部及び他の有効開口部の排煙量の合計のうち最小のもの又は当該居室に設けられた給気口（当該居室に設けられた有効開口部の開放に伴い開放され又は常時開放状態にある給気口に限る。）の開口面積の合計に550を乗じたもののうち，いずれか小さい数値）（単位　m^3/min）

当該居室に設けられた 有効開口部の種類		当該居室に設けられた 各有効開口部の排煙量
㈠	有効開口部を排煙口とした場合に，当該居室に設けられた排煙設備が令第126条の3第1項第二号，第三号（排煙口の壁における位置に係る部分を除く。），第四号から第六号まで及び第十号から第十二号までの規定（以下「自然排煙関係規定」という。）に適合し，かつ，当該居室の壁の床面からの高さが1.8m以下の部分に排煙口の開放に連動して自動的に開放され又は常時開放状態にある給気口が設けられたもの（当該居室に設けられた当該排煙設備以外の排煙設備が同項第二号，第三号（排煙口の壁における位置に係る部分を除く。），第四号から第七号まで，第八号（排煙口の開口面積に係る部分を除く。），第九号（空気を排出する能力に係る部分を除く。）及び第十号から第十二号までの規定（以下「機械排煙関係規定」という。）に適合する場合を除く。）	$e_{r,room} = 186 \left(\dfrac{1.205 - \rho_{r,room}}{\rho_{r,room}}\right)^{1/2} \times$ $\max\left\{\dfrac{A_{s(room)}\sqrt{h_{s(room)}}}{4},\right.$ $\left.\dfrac{A_{s(room)}\sqrt{H_{c(room)} - 1.8}}{\sqrt{1 + \left(\dfrac{A'_{s(room)}}{A_{a(room)}}\right)^2}}\right\}$

(二)	有効開口部を排煙口とした場合に，当該居室に設けられた排煙設備が機械排煙関係規定に適合し，かつ，当該居室の壁の床面からの高さが1.8m以下の部分に排煙口の開放に連動して自動的に開放され又は常時開放状態にある給気口が設けられたもの（当該居室に設けられた当該排煙設備以外の排煙設備が自然排煙関係規定に適合する場合を除く。）	$e_{r,room} = \min \left\{ W_{room}, \right.$ $\left. 3.7 \times 10^4 \dfrac{\Delta T_{r,room}}{\rho_{r,room}(\Delta T_{r,room} + 293)^2} (H_{c(room)} - 1.8) w_{room}^{3/5} \right\}$
(三)	その他の有効開口部	$e_{r,room} = 0$

この表において，$e_{r,room}$, $\rho_{r,room}$, $A_{s(room)}$, $h_{s(room)}$, $H_{c(room)}$, $A'_{s(room)}$, $A_{a(room)}$, w_{room} 及び $\Delta T_{r,room}$ は，それぞれ次の数値を表すものとする。

- $e_{r,room}$ 　当該居室に設けられた各有効開口部の排煙量（単位　m³/min）
- $\rho_{r,room}$ 　当該居室の煙層密度（単位　kg/m³）
- $A_{s(room)}$ 　当該有効開口部の開口面積（単位　m²）
- $h_{s(room)}$ 　当該有効開口部の上端と下端の垂直距離（単位　m）
- $H_{c(room)}$ 　当該居室の基準点から当該有効開口部の中心までの高さ（単位　m）
- $A'_{s(room)}$ 　当該有効開口部及び他の有効開口部の開口面積の合計（単位　m²）
- $A_{a(room)}$ 　当該居室に設けられた給気口（当該有効開口部の開放に伴い開放され又は常時開放状態にある給気口に限る。）の開口面積の合計（単位　m²）
- w_{room} 　当該有効開口部の排煙機の空気を排出することができる能力（単位　m³/min）
- $\Delta T_{r,room}$ 　当該居室の煙層上昇温度（単位　℃）

三　令第128条の6第3項第二号ロに規定する避難上支障のある高さは，1.8mとする。

四　令第128条の6第3項第二号に規定する方法を用いる場合における同項第一号ニに規定する区画部分に存する者の全てが当該火災室で火災が発生してから当該区画部分からの避難を終了するまでに要する時間（以下「区画避難完了時間」という。）は，次に掲げる時間を合計して計算するものとする。

イ　当該区画部分（当該区画部分以外の部分に当該区画部分を通らなければ避難することができない建築物の部分がないものに限り，竪穴部分（令第112条第11項に規定する竪穴部分をいう。）に面する場合にあっては，出入口の部分を除き，当該区画部分と当該竪穴部分とが準耐火構造の壁又は法第2条第九号のニロに規定する防火設備で令第112条第19項第二号に規定する構造であるものであって，はめごろし戸であるもので区画されているものに限る。以下同じ。）の用途に応じ，それぞれ次の表に掲げる式によって計算した火災が発生してから区画部分に存する者が避難を開始するまでに要する時間（以下「区画避難開始時間」という。）（単位　min）

当該区画部分の用途	区画避難開始時間
共同住宅，ホテルその他これらに類する用途（病院，診療所及び児童福祉施設等を除く。）	$t_{start(comp)} = \min\left(5 \times 10^{-3}L_{wall(comp)}{}^{6/5},\right.$ $\left.\dfrac{2 \times 10^{-3}L_{wall(comp)}{}^{6/5}}{\alpha_{comp}{}^{1/5}} + t_{0(comp)}\right) + 5$
その他の用途（病院，診療所（患者の収容施設があるものに限る。）及び児童福祉施設等（通所のみに利用されるものを除く。）を除く。）	$t_{start(comp)} = \min\left(5 \times 10^{-3}L_{wall(comp)}{}^{6/5},\right.$ $\left.\dfrac{2 \times 10^{-3}L_{wall(comp)}{}^{6/5}}{\alpha_{comp}{}^{1/5}} + t_{0(comp)}\right) + 3$

この表において，$t_{start(comp)}$，$L_{wall(comp)}$，α_{comp} 及び $t_{0(comp)}$ は，それぞれ次の数値を表すものとする。

　　$t_{start(comp)}$　　区画避難開始時間（単位　min）

　　$L_{wall(comp)}$　　当該火災室の周長（単位　m）

　　α_{comp}　　　　次の式によって計算した当該火災室又は当該火災室に隣接する室（当該火災室と準耐火構造の壁若しくは準不燃材料で造り，若しくは覆われた壁又は10分間防火設備で区画されたものを除く。以下同じ。）の火災成長率のうち最大のもの（以下「火災室火災成長率」という。）

　　　　　$\alpha_{comp,i} = \max\ \left|5.8 \times 10^{-4}(0.26q_l{}^{1/3} - \phi_{sp})q_l{}^{2/3},\ 0.0125\right| \times k_m$

　　　　　この式において，$\alpha_{comp,i}$，q_l，ϕ_{sp} 及び k_m は，それぞれ次の数値を表すものとする。

　　　　　　$\alpha_{comp,i}$　　当該火災室又は当該火災室に隣接する室の火災成長率

　　　　　　q_l　　第一号イに規定する積載可燃物の1m²当たりの発熱量（単位　MJ/m²）

　　　　　　ϕ_{sp}　　燃焼表面積低減率（令和3年国土交通省告示第475号第四号イに規定する燃焼表面積低減率をいう。）

　　　　　　k_m　　内装燃焼係数

　　$t_{0(comp)}$　　次の式によって計算した当該火災室の燃焼拡大補正時間（単位　min）

$$t_{0(comp)} = \dfrac{100 - \left(\dfrac{100}{\alpha_{comp}}\right)^{1/2}}{60}$$

　　　　　この式において，$t_{0(comp)}$ 及び α_{comp} は，それぞれ次の数値を表すものとする。

　　　　　　$t_{0(comp)}$　　当該火災室の燃焼拡大補正時間（単位　min）

　　　　　　α_{comp}　　火災室火災成長率

ロ　当該区画部分の各室の各部分から，当該区画部分から当該区画部分以外の部分等への出口（幅が60cm未満であるものを除き，当該区画部分から直通階段（当該区画部分が避難階に存する場合にあっては地上）に通ずる主たる廊下その他の通路に通ずる出口に限る。以下同じ。）を経由して直通階段（当該区画部分が避難階に存する場合にあっては地上）に至る各経路（避難の用に供するものであって当該経路上にある各出口の幅が60cm以上であるものに限り，当該室が当該火災室又は当該火災室（居室であるものに限る。）を通らなければ避難することができない部分である場合以外の場合にあっては，当該火災室を経由するものを除く。以下このロにおいて「避難経路」という。）ごとに，区画出口滞留時間に応じ，それぞれ次の表に掲げる式によって計算した区画部分に存する者が当該区画部分の各室の各部分から当該区画部分から当該区画部分以外の部分等への出口の一に達し，当該出口を通過するために要する時間(以下「区画出口通過時間」という。)のうち最大のもの（単位　min）

区画出口滞留時間	区画出口通過時間
$t_{crowd(comp)} \leqq 3$ である場合	$t_{pass(comp),i} = \max\left(\sum \dfrac{l_{comp}}{v_{crowd}},\ t_{crowd(comp)}\right)$
$t_{crowd(comp)} > 3$ である場合	$t_{pass(comp),i} = \max\left(\sum \dfrac{l_{comp}}{v_{crowd}},\ t_{crowd(comp)}\right) + 3 \times \max\left(1,\ N'-2\right)$

この表において，$t_{crowd(comp)}$，$t_{pass(comp),i}$，l_{comp}，v_{crowd} 及び N' は，それぞれ次の数値を表すものとする。

$t_{crowd(comp)}$　当該区画部分の用途及び当該避難経路上にある当該区画部分から当該区画部分以外の部分等への出口の幅の合計に応じ，それぞれ次の表に掲げる式によって計算した区画出口滞留時間（単位　min）

当該区画部分の用途	当該避難経路上にある当該区画部分から当該区画部分以外の部分等への出口の幅の合計	区画出口滞留時間
児童福祉施設等（通所のみにより利用されるものに限る。）	$90B_{comp} \leqq R_{neck(comp)}$ である場合	$t_{crowd(comp)} = \dfrac{P_{comp}}{45B_{comp}}$
	$90B_{comp} > R_{neck(comp)}$ である場合	$t_{crowd(comp)} = \dfrac{P_{comp}}{0.5R_{neck(comp)}}$
その他の用途（病院，診療所（患者の収容施設があるものに限る。）及び児童福祉施設等を除く。）	$90B_{comp} \leqq R_{neck(comp)}$ である場合	$t_{crowd(comp)} = \dfrac{P_{comp}}{90B_{comp}}$
	$90B_{comp} > R_{neck(comp)}$ である場合	$t_{crowd(comp)} = \dfrac{P_{comp}}{R_{neck(comp)}}$

この表において，B_{comp}，$R_{neck(comp)}$，$t_{crowd(comp)}$ 及び P_{comp} は，それぞれ次の数値を表すものとする。

B_{comp}　　当該避難経路上にある当該区画部分から当該区画部分以外の部分等への出口の幅の合計（単位　m）

$R_{neck(comp)}$　次の式によって計算した当該避難経路の流動量（単位　人/min）

$R_{neck(comp)} = \min\left(90D_{co(comp)},\ R_{d(comp)},\ R_{st(comp)}\right)$

この式において，$R_{neck(comp)}$，$D_{co(comp)}$，$R_{d(comp)}$ 及び $R_{st(comp)}$ は，それぞれ次の数値を表すものとする。

$R_{neck(comp)}$　当該避難経路の流動量（単位　人/min）

$D_{co(comp)}$　当該避難経路上の各廊下（当該区画部分に設けられた廊下を除く。以下このロにおいて同じ。）の幅のうち最小のもの（単位　m）

$R_{d(comp)}$　次の式によって計算した当該避難経路上にある各出口（当該区画部分に設けられた出口を除く。以下このロにおいて同じ。）の有効流動量のうち最小のもの（単位　人/min）

$R_{d(comp),i} = B_{d(comp)}N_{d(comp)}$

この式において，$R_{d(comp),i}$，$B_{d(comp)}$ 及び $N_{d(comp)}$ は，それぞれ次の数値を表すものとする。

$R_{d(comp),i}$　当該避難経路上にある各出口の有効流動量（単位　人/min）

$B_{d(comp)}$　当該出口の幅（単位　m）

$N_{d(comp)}$　当該出口の種類に応じ，それぞれ次の表に掲げる式によって計算した当該出口の流動係数（単位　人/min·m）

当該出口の種類	当該出口の流動係数
階段又は居室に設けられた出口	$N_{d(comp)} = 90$
その他の出口	$N_{d(comp)} = \min \left\{ \max \left(150 - \dfrac{60 B_{d(comp)}}{D_{co(comp)}},\ 90 \right),\ 120 \right\}$

この表において，$N_{d(comp)}$，$B_{d(comp)}$ 及び $D_{co(comp)}$ は，それぞれ次の数値を表すものとする。

$N_{d(comp)}$　　当該出口の流動係数（単位　人/min·m）

$B_{d(comp)}$　　当該出口の幅（単位　m）

$D_{co(comp)}$　　当該避難経路上の各廊下の幅のうち最小のもの（単位　m）

$R_{st(comp)}$　　次の式によって計算した当該避難経路上の各階段（当該区画部分に設けられた階段を除く。以下このロにおいて同じ。）又は直通階段の有効流動量のうち最小のもの（単位　人/min）

$$R_{st(comp),i} = D_{st(comp)} N_{st(comp)}$$

この式において，$R_{st(comp),i}$，$D_{st(comp)}$ 及び $N_{st(comp)}$ は，それぞれ次の数値を表すものとする。

$R_{st(comp),i}$　　当該避難経路上の各階段又は直通階段の有効流動量（単位　人/min）

$D_{st(comp)}$　　当該階段の幅（単位　m）

$N_{st(comp)}$　　当該階段の種類，避難の方向及び当該階段の幅に応じ，それぞれ次の表に掲げる式によって計算した当該階段の流動係数（単位　人/min·m）

当該階段の種類	避難の方向	当該階段の幅	当該階段の流動係数
屋内と階段室とが付室を通じて連絡しており，かつ，屋内と付室とが準耐火構造の壁若しくは不燃材料で造り，若しくは覆われた壁若しくは法第2条第九号のニのロに規定する防火設備で令第112条第19項第二号に規定する構造であるもので区画された直通階段又は直通階段以外の階段	下り	$D_{landing(comp)} < D_{st(comp)}$ である場合	$N_{st(comp)} = \min \left\{ 72 - 48 \left(1 - \dfrac{D_{landing(comp)}}{D_{st(comp)}} \right),\ 90 \dfrac{D_{landing(comp)}}{D_{st(comp)}} \right\}$
		$D_{landing(comp)} \geqq D_{st(comp)}$ である場合	$N_{st(comp)} = 72$
	上り	$D_{landing(comp)} < D_{st(comp)}$ である場合	$N_{st(comp)} = \min \left\{ 60 - 36 \left(1 - \dfrac{D_{landing(comp)}}{D_{st(comp)}} \right),\ 90 \dfrac{D_{landing(comp)}}{D_{st(comp)}} \right\}$

		$D_{landing(comp)} \geq D_{st(comp)}$ である場合	$N_{st(comp)} = 60$
その他の直通階段	下り	$D_{landing(comp)} < D_{st(comp)}$ である場合	$N_{st(comp)} = \min\left\{72 - 48\left(1 - \dfrac{D_{landing(comp)}}{D_{st(comp)}}\right),\ 90\dfrac{D_{landing(comp)}}{D_{st(comp)}}\right\} \times 0.5^{\max(N'-2.0)}$
		$D_{landing(comp)} \geq D_{st(comp)}$ である場合	$N_{st(comp)} = 72 \times 0.5^{\max(N'-2.0)}$
	上り	$D_{landing(comp)} < D_{st(comp)}$ である場合	$N_{st(comp)} = \min\left\{60 - 36\left(1 - \dfrac{D_{landing(comp)}}{D_{st(comp)}}\right),\ 90\dfrac{D_{landing(comp)}}{D_{st(comp)}}\right\} \times 0.5^{\max(N'-2.0)}$
		$D_{landing(comp)} \geq D_{st(comp)}$ である場合	$N_{st(comp)} = 60 \times 0.5^{\max(N'-2.0)}$

この表において，$D_{landing(comp)}$，$D_{st(comp)}$，$N_{st(comp)}$ 及び N' は，それぞれ次の数値を表すものとする。

$D_{landing(comp)}$	当該階段の踊り場の幅（単位　m）
$D_{st(comp)}$	当該階段の幅（単位　m）
$N_{st(comp)}$	当該階段の流動係数（単位　人/min·m）
N'	当該建築物の階数

$t_{crowd(comp)}$　区画出口滞留時間（単位　min）

P_{comp}　　次の式によって計算した当該区画部分に存する者のうち当該避難経路上にある当該区画部分から当該区画部分以外の部分等への出口を通って避難する者の数（単位　人）

$$P_{comp} = \sum pA_{area(comp)} \times \left(\frac{B_{comp}}{B_{load(comp)}}\right)$$

この式において，P_{comp}，p，$A_{area(comp)}$，B_{comp} 及び $B_{load(comp)}$は，それぞれ次の数値を表すものとする。

P_{comp}	当該区画部分に存する者のうち当該避難経路上にある当該区画部分から当該区画部分以外の部分等への出口を通って避難する者の数（単位　人）
p	第一号ロに規定する在館者密度（単位　人/m²）

> $A_{area(comp)}$ 　　 当該区画部分の各部分の床面積（単位 　 m²）
> B_{comp} 　　　　 当該避難経路上にある当該区画部分から当該区画部分以外の
> 部分等への出口の幅の合計（単位 　 m）
> $B_{load(comp)}$ 　　 当該区画部分から当該区画部分以外の部分等への出口の幅の
> 合計（単位 　 m）

$t_{pass(comp),i}$ 　 区画出口通過時間（単位 　 min）
l_{comp} 　　 当該区画部分の各室の各部分から当該避難経路上にある当該区画部分から当該
区画部分以外の部分等への出口の一に至る歩行距離（単位 　 m）
v_{crowd} 　　 第一号ロに規定する滞留時歩行速度（単位 　 m/min）
N' 　　 当該建築物の階数

五　令第128条の 6 第 3 項第二号ハに規定する同項第一号ニの規定によって計算した区画
避難完了時間が経過した時における当該火災室において発生した火災により生じた煙等
の当該区画部分の各居室（当該火災室を除く。以下この号において同じ。）及び当該居
室から当該区画部分以外の部分等に通ずる主たる廊下その他の建築物の部分における高
さ（当該室の基準点から煙等の下端の位置までの高さとする。）は，次のイからハまで
に掲げる建築物の部分の区分に応じ，それぞれ当該イからハまでに定める数値とする。
イ　当該火災室に面する部分（当該火災室（居室であるものに限る。）を通らなければ
避難することができない部分及びハに掲げる部分を除く。以下「火災室隣接部分」と
いう。）　区画避難完了時間，区画避難完了時間が経過した時における当該火災室
隣接部分の煙層上昇温度（以下単に「火災室隣接部分の煙層上昇温度」という。）及
び当該火災室における漏煙開始時間に応じ，それぞれ次の表に掲げる式によって計算
した数値（以下「火災室隣接部分の煙層下端高さ」という。）（単位 　 m）

区画避難 完了時間	火災室隣接部分 の煙層上昇温度		当該火災室 における漏 煙開始時間	火災室隣接部分 の煙層下端高さ
$t_{escape(comp)}>$ 10である場合	－			$Z_{comp}=0$
$t_{escape(comp)}\leq$ 10である場合	$\Delta T_{c,comp}>180$ である場合		－	$Z_{comp}=0$
	$\Delta T_{c,comp}\leq$ 180 である場合	$\Delta T_{c,comp}\leq$ $\sqrt{\dfrac{500}{3\,t_{pass(comp)}}}$ である場合	－	$Z_{comp}=1.8$
		$\Delta T_{c,comp}>$ $\sqrt{\dfrac{500}{3\,t_{pass(comp)}}}$ である場合	$t_{escape(comp)}$ $\leq t_{d(room)}$ である場合	$Z_{comp}=H_{comp}$

| | | | $t_{escape(comp)} >$ $t_{d(room)}$ である場合 | $Z_{comp} = \max\Big[H_{comp} -$ $\dfrac{\max(V_{s(c,comp)} - V_{e(c,comp)}),\, 0.01) \times}{A_{comp}}$ $(t_{escape(comp)} - t_{d(room)}),\ 0 \Big]$ |

この表において，$t_{escape(comp)}$，Z_{comp}，$\Delta T_{c,comp}$，$t_{pass(comp)}$，$t_{d(room)}$，H_{comp}，$V_{s(c,comp)}$，$V_{e(c,comp)}$ 及び A_{comp} は，それぞれ次の数値を表すものとする。

$t_{escape(comp)}$　前号に規定する区画避難完了時間（単位　min）

Z_{comp}　　　火災室隣接部分の煙層下端高さ（単位　m）

$\Delta T_{c,comp}$　次の式によって計算した火災室隣接部分の煙層上昇温度（単位　℃）

$$\Delta T_{c,comp} = \frac{Q_{c,comp}}{0.37 Q_{c,comp}{}^{1/3} + 0.015 A_{w(comp)}}$$

この式において，$\Delta T_{c,comp}$，$Q_{c,comp}$ 及び $A_{w(comp)}$ は，それぞれ次の数値を表すものとする。

$\Delta T_{c,comp}$　　火災室隣接部分の煙層上昇温度（単位　℃）

$Q_{c,comp}$　　次の式によって計算した当該火災室からの噴出熱気流の運搬熱量（単位　kW）

$$Q_{c,comp} = \max\left\{ m_d - \frac{0.005 \rho_{c,room} E_{c,room} \times \min\,(\Sigma C_d A_d,\, A_{a(comp,r)})}{\min\,(\Sigma C_d A_d,\, A_{a(comp,r)}) + A_{a(c,room)}},\ 0 \right\} \times \Delta T_{c,room}$$

この式において，$Q_{c,comp}$，m_d，$\rho_{c,room}$，$E_{c,room}$，C_d，A_d，$A_{a(comp,r)}$，$A_{a(c,room)}$ 及び $\Delta T_{c,room}$ は，それぞれ次の数値を表すものとする。

$Q_{c,comp}$当該火災室からの噴出熱気流の運搬熱量（単位　kW）

m_d　　次に掲げる式によって計算した当該火災室からの噴出熱気流の質量流量（単位　kg/s）

$$m_d = 0.5 H_{d(max)}{}^{1/2} \Sigma C_d A_d + 0.5 \Sigma C_w B_w H_w{}^{3/2}$$

この式において，m_d，$H_{d(max)}$，C_d，A_d，C_w，B_w 及び H_w は，それぞれ次の数値を表すものとする。

m_d　　　当該火災室からの噴出熱気流の質量流量（単位　kg/s）

$H_{d(max)}$　当該火災室の当該火災室隣接部分に面する壁に設けられた各開口部の下端のうち最も低い位置から当該各開口部の上端のうち最も高い位置までの高さ（単位　m）

C_d　　　当該火災室の当該火災室隣接部分に面する壁に設けられた開口部の種類に応じ，それぞれ次の表に定める当該火災室の当該火災室隣接部分に面する壁に設けられた開口部の開口率

当該火災室の当該火災室隣接部分に面する壁に設けられた開口部の種類	当該火災室の当該火災室隣接部分に面する壁に設けられた開口部の開口率

法第 2 条第九号の二ロに規定する防火設備が設けられたもの	令第112条第19項第一号に規定する構造である防火設備（同項第二号に規定する構造であるものを除く。）が設けられたもの	0.01
	令第112条第19項第二号に規定する構造である防火設備が設けられたもの	0.001
10分間防火設備（法第 2 条第九号の二ロに規定する防火設備を除き，令第112条第19項第二号に規定する構造であるものに限る。）が設けられたもの（当該火災室の壁（床面からの高さが1.2m 以下の部分を除く。）及び天井の室内に面する部分（回り縁，窓台その他これらに類する部分を除く。）の仕上げを木材等でしたものにあっては，当該火災室にスプリンクラー設備（水源として，水道の用に供する水管を当該スプリンクラー設備に連結したものを除く。以下同じ。），水噴霧消火設備，泡消火設備その他これらに類するもので自動式のもの（以下「スプリンクラー設備等」という。）が設けられている場合に限る。）	昭和48年建設省告示第2564号第一号ロに定める構造方法を用いる構造である防火設備（同告示別記に規定する遮煙性能試験に合格したものに限る。）が設けられたもの	0.001
	その他のもの	0.01
その他のもの		1.0

A_d　当該火災室の当該火災室隣接部分に面する壁に設けられた開口部の開口面積（単位　m²）

C_w　当該火災室の内装仕上げの種類及び当該火災室隣接部分に面する壁の種類に応じ，それぞれ次の表に定める当該火災室の当該火災室隣接部分に面する壁の開口率

当該火災室の内装仕上げの種類	当該火災室の当該火災室隣接部分に面する壁の種類		当該火災室の当該火災室隣接部分に面する壁の開口率
壁（床面からの高さが1.2m以下の部分を除く。）及び天井の室内に面する部分（回り縁，窓台その他これらに類する部分を除く。）の仕上げを木材等でしたもの	準耐火構造の壁又は不燃材料で造り，若しくは覆われた壁（以下この表において「準耐火構造の壁等」という。）		0
	その他の壁		1.0
その他のもの	準耐火構造の壁等		0
	準不燃材料で造り，又は覆われた壁（準耐火構造の壁等を除く。）		0
	難燃材料（準不燃材料を除く。）で造り，又は覆われた壁（準耐火構造の壁等を除く。）	$t_{escape(comp)} \leq 5$である場合	0
		$t_{escape(comp)} > 5$である場合	1.0
	その他の壁		1.0

この表において，$t_{escape(comp)}$は前号に規定する区画避難完了時間（単位　min）を表すものとする。

B_w　当該火災室の当該火災室隣接部分に面する壁の幅（単位　m）

H_w　当該火災室の当該火災室隣接部分に面する壁の高さ（単位　m）

$\rho_{c,room}$　次の式によって計算した区画避難完了時間が経過した時における当該火災室の煙層密度（以下単に「当該火災室の煙層密度」という。）（単位　kg/m³）

$$\rho_{c,room} = \frac{353}{\Delta T_{c,room} + 293}$$

この式において，$\rho_{c,room}$ 及び $\Delta T_{c,room}$ は，それぞれ次の数値を表すものとする。

$\rho_{c,room}$　当該火災室の煙層密度（単位　kg/m³）

$\Delta T_{c,room}$　区画避難完了時間に応じ，それぞれ次の表に掲げる式によって計算した区画避難完了時間が経過した時における

当該火災室の煙層上昇温度（以下単に「当該火災室の煙層上昇温度」という。）（単位　℃）

区画避難完了時間	当該火災室の煙層上昇温度
$t_{escape(comp)}$ $\leq t_{m(comp)}$ である場合	$\Delta T_{c,room} = \min$ $\left[\dfrac{Q_{c,room}}{0.04Q_{c,room}^{1/3}H_{room}^{5/3} + 0.015A_{w(c,room)}} + 0.34m_{sp}H_{room}, \ \Delta T_{room(max)}\right]$
$t_{escape(comp)}$ $> t_{m(comp)}$ である場合	$\Delta T_{c,room} = \Delta T_{room(max)}$

この表において，$t_{escape(comp)}$，$t_{m(comp)}$，$\Delta T_{c,room}$，$Q_{c,room}$，H_{room}，$A_{w(c,room)}$，m_{sp} 及び $\Delta T_{room(max)}$ は，それぞれ次の数値を表すものとする。

$t_{escape(comp)}$　前号に規定する区画避難完了時間（単位　min）

$t_{m(comp)}$　　当該火災室又は当該火災室に隣接する室の内装仕上げの種類に応じ，それぞれ次の表に掲げる式によって計算した当該火災室又は当該火災室に隣接する室の燃焼抑制時間のうち最小のもの（以下「火災室燃焼抑制時間」という。）（単位　min）

	当該火災室又は当該火災室に隣接する室の内装仕上げの種類	当該火災室又は当該火災室に隣接する室の燃焼抑制時間
(一)	壁（床面からの高さが1.2 m 以下の部分を除く。以下この表において同じ。）及び天井の室内に面する部分（回り縁，窓台その他これらに類する部分を除く。以下この表において同じ。）の仕上げを不燃材料でしたもの	$t_{m(comp),i} = 20$
(二)	壁及び天井の室内に面する部分の仕上げを準不燃材料でしたもの（(一)に掲げるものを除く。	$t_{m(comp),i} = 10$
(三)	壁及び天井の室内に面する部分の仕上げを難燃材料でしたもの又は壁の室内に面する部分の仕上げを木材等でし，かつ，天井の室内に面する部分の	$t_{m(comp),i} = 5$

1924

	仕上げを準不燃材料でした もの（㈠及び㈡に掲げ るものを除く。）	
㈣	壁及び天井の室内に面す る部分の仕上げを木材等 でしたもの（㈠から㈢ま でに掲げるものを除 く。）	$t_{m(comp),i} = \min \left\{ t_{0(comp)} + \dfrac{1}{60}, \left(\dfrac{18 H_{comp(min)}{}^{5/2}}{\alpha_{comp,i}} \right)^{1/2}, 2 \right\}$

この表において，$t_{m(comp),i}$，$t_{0(comp)}$，$H_{comp(min)}$ 及び $\alpha_{comp,i}$ は，それぞれ次の数値を表すものとする。

$t_{m(comp),i}$　当該火災室又は当該火災室に隣接する 室の燃焼抑制時間（単位　min）

$t_{0(comp)}$　　前号イに規定する当該火災室の燃焼拡 大補正時間（単位　min）

$H_{comp(min)}$　当該室の基準点から天井の最も低い位 置までの高さ（単位　m）

$\alpha_{comp,i}$　　前号イに規定する当該火災室又は当該 火災室に隣接する室の火災成長率

$\Delta T_{c,room}$　　当該火災室の煙層上昇温度（単位　℃）

$Q_{c,room}$　　区画避難完了時間に応じ，それぞれ次の表に 掲げる式によって計算した当該火災室における1秒間 当たりの発熱量（単位　kW）

区画避難完了時間	当該火災室における 1秒間当たりの発熱量
$t_{escape(comp)} \leqq \dfrac{5}{3}$ である場合	$Q_{c,room} = 0.01 \, (60 t_{escape(comp)})^2$
$t_{escape(comp)} > \dfrac{5}{3}$ である場合	$Q_{c,room} = \alpha_{comp}$ $(60 t_{escape(comp)} - 60 t_{0(comp)})^2$

この表において，$t_{escape(comp)}$，$Q_{c,room}$，α_{comp} 及び $t_{0(comp)}$ は，それぞれ次の数値を表すものとする。

$t_{escape(comp)}$　前号に規定する区画避難完了時間（単 位　min）

$Q_{c,room}$　　当該火災室における1秒間当たりの発 熱量（単位　kW）

α_{comp}　　前号イに規定する火災室火災成長率

$t_{0(comp)}$　　前号イに規定する当該火災室の燃焼拡 大補正時間（単位　min）

H_{room}　　当該火災室の基準点から天井までの高さの平 均（単位　m）

$A_{w(c,room)}$　当該火災室の壁（基準点からの高さが天井の 高さの1／2以下の部分を除く。）及び天井の室内に面 する部分の表面積（単位　m²）

m_{sp}　　スプリンクラー設備等の1秒間当たりの有効散水量（令和3年国土交通省告示第475号第五号イに規定するスプリンクラー設備等の1秒間当たりの有効散水量をいう。）（単位　kg/s）

$\Delta T_{room(max)}$　最大煙層上昇温度（単位　℃）

$E_{c,room}$　当該火災室に設けられた限界煙層高さ有効開口部（壁又は天井に設けられた開口部の床面からの高さが限界煙層高さ（令和2年国土交通省告示第509号第四号に規定する限界煙層高さをいう。以下同じ。）以上の部分をいう。以下同じ。）の種類に応じ、それぞれ次の表に掲げる式によって計算した当該火災室に設けられた各限界煙層高さ有効開口部及び当該限界煙層高さ有効開口部の開放に伴い開放される当該火災室に設けられた他の限界煙層高さ有効開口部のうち当該限界煙層高さ有効開口部からの距離が30m以内であるもの（以下「他の限界煙層高さ有効開口部」という。）の排煙量の合計のうち最小のもの（当該火災室に設けられた限界煙層高さ有効開口部の種類が同表㈡に掲げるものである場合にあっては、当該火災室に設けられた各限界煙層高さ有効開口部及び他の限界煙層高さ有効開口部の排煙量の合計のうち最小のもの又は当該火災室に設けられた給気口（当該火災室に設けられた限界煙層高さ有効開口部の開放に伴い開放され又は常時開放状態にある給気口に限る。）の開口面積の合計に550を乗じたもののうち、いずれか小さい数値。以下「当該火災室の排煙量」という。）（単位　m³/min）

	当該火災室に設けられた限界煙層高さ有効開口部の種類	当該火災室に設けられた各限界煙層高さ有効開口部の排煙量
(一)	限界煙層高さ有効開口部を排煙口とした場合に、当該火災室に設けられた排煙設備が自然排煙関係規定に適合し、かつ、当該火災室の壁の床面からの高さが限界煙層高さ以下の部分に排煙口の開放に連動して自動的に開放され又は常時開放状態にある給気口が設けられたもの（当該火災室に設けられた当該排煙設備以外の排煙設備が機械排煙関係規定に適合する場合を除く。）	$e_{c,room} = 186\left(\dfrac{1.205 - \rho_{c,room}}{\rho_{c,room}}\right)^{1/2}$ $\times \max\left\{\dfrac{A_{s(c,room)}\sqrt{h_{s(c,room)}}}{4},\dfrac{A_{s(c,room)}\sqrt{H_{c(c,room)} - H_{lim}}}{\sqrt{1 + \left(\dfrac{A'_{s(c,room)}}{A_{a(c,room)}}\right)^2}}\right\}$
(二)	限界煙層高さ有効開口部を排煙口とした場合に、当該火災室に設けられた排煙設備が機械排煙関係規定に適合し、かつ、当該火災室の壁の床面からの高さが限界煙層高さ以下の部分に排煙口の開放に連動して自動的に開	

| | 放され又は常時開放状態にある給気口が設けられたもの（当該火災室の煙層上昇温度が260℃以上である場合にあっては，排煙口が，厚さが1.5mm以上の鉄板又は鋼板で造り，かつ，厚さが25mm以上のロックウールで覆われた風道に直結するものに限る。）（当該火災室に設けられた当該排煙設備以外の排煙設備が自然排煙関係規定に適合する場合を除く。） | $e_{c,room} = \min\left\{ w_{c,room},\ 3.7 \times 10^4 \dfrac{\Delta T_{c,room}}{\rho_{c,room}(\Delta T_{c,room}+293)^2} (H_{c(c,room)} - H_{lim})\ w_{c,room}{}^{3/5} \right\}$ |
|（三）| その他の限界煙層高さ有効開口部 | $e_{c,room} = 0$ |

この表において，$e_{c,room}$，$\rho_{c,room}$，$A_{s(c,room)}$，$h_{s(c,room)}$，$H_{c(c,room)}$，H_{lim}，$A'_{s(c,room)}$，$A_{a(c,room)}{}'$，$w_{c,room}$ 及び $\Delta T_{c,room}$ は，それぞれ次の数値を表すものとする。

$e_{c,room}$　　　当該火災室に設けられた各限界煙層高さ有効開口部の排煙量（単位　m³/min）

$\rho_{c,room}$　　　当該火災室の煙層密度（単位　kg/m³）

$A_{s(c,room)}$　　　当該限界煙層高さ有効開口部の開口面積（単位　m²）

$h_{s(c,room)}$　　　当該限界煙層高さ有効開口部の上端と下端の垂直距離（単位　m）

$H_{c(c,room)}$　　　当該火災室の基準点から当該限界煙層高さ有効開口部の中心までの高さ（単位　m）

H_{lim}　　　限界煙層高さ（単位　m）

$A'_{s(c,room)}$　　　当該限界煙層高さ有効開口部及び他の限界煙層高さ有効開口部の開口面積の合計（単位　m²）

$A_{a(c,room)}{}'$　当該火災室に設けられた給気口（当該限界煙層高さ有効開口部の開放に伴い開放され又は常時開放状態にある給気口に限る。）の開口面積の合計（単位　m²）

$w_{c,room}$　　　当該限界煙層高さ有効開口部の排煙機の空気を排出することができる能力（単位　m³/min）

$\Delta T_{c,room}$　　　当該火災室の煙層上昇温度（単位　℃）

C_d　　　当該火災室の当該火災室隣接部分に面する壁に設けられた開口部の開口率

A_d　　　当該火災室の当該火災室隣接部分に面する壁に設けられた開口部の開口面積（単位　m²）

$A_{a(comp,r)}$　　　当該火災室隣接部分に設けられた給気口（当該火災室に設けられた限界煙層高さ有効開口部の開放に伴い開放され又は常時開放状態にあるものに限る。）の開口面積の合計（単位　m²）

$A_{a(c,room)}$　　　当該火災室に設けられた給気口（当該火災室に設けられた限界煙層高さ有効開口部の開放に伴い開放され又は常時開放状態にあるものに限る。）の開口面積の合計（単位　m²）

$\Delta T_{c,room}$　　　当該火災室の煙層上昇温度（単位　℃）

$A_{w(comp)}$　　当該火災室隣接部分の壁（基準点からの高さが1.8m以下の部分を除く。）及び天井の室内に面する部分の表面積（単位　m²）

$t_{pass(comp)}$　　前号ロに規定する区画出口通過時間のうち最大のもの（単位　min）

$t_{d(room)}$　　次の式によって計算した当該火災室における漏煙開始時間（単位　min）

$$t_{d(room)} = \min\left[\frac{A_{room}(Z_{phase1(comp)} - H_{lim})}{\max(V_{s(c,room)} - V_{e(c,room)},\ 0.01)} + \frac{5}{3},\ t_{m(comp)} \right]$$

この式において，$t_{d(room)}$，A_{room}，$Z_{phase1(comp)}$，H_{lim}，$V_{s(c,room)}$，$V_{e(c,room)}$ 及び $t_{m(comp)}$は，それぞれ次の数値を表すものとする。

$t_{d(room)}$　　当該火災室における漏煙開始時間（単位　min）

A_{room}　　当該火災室の床面積（単位　m²）

$Z_{phase1(comp)}$　　次の式によって計算した火災発生後100秒間が経過した時における当該火災室の基準点から煙等の下端の位置までの高さ（以下「火災室煙層下端高さ」という。）（単位　m）

$$Z_{phase1(comp)} = \max\left[\left\{ \frac{26}{\rho_{c,room} A_{room}} + \frac{1}{(H_{room} + h_{room})^{2/3}} \right\}^{-3/2} - h_{room},\ H_{lim} \right]$$

この式において，$Z_{phase1(comp)}$，$\rho_{c,room}$，A_{room}，H_{room}，h_{room} 及び H_{lim} は，それぞれ次の数値を表すものとする。

$Z_{phase1(comp)}$　　火災発生後100秒間が経過した時における火災室煙層下端高さ（単位　m）

$\rho_{c,room}$　　当該火災室の煙層密度（単位　kg/m³）

A_{room}　　当該火災室の床面積（単位　m²）

H_{room}　　当該火災室の基準点から天井までの高さの平均（単位　m）

h_{room}　　当該火災室の床面の最も低い位置から基準点までの高さ（単位　m）

H_{lim}　　限界煙層高さ（単位　m）

H_{lim}　　限界煙層高さ（単位　m）

$V_{s(c,room)}$　次の式によって計算した当該火災室の煙等発生量（単位　m³/min）

$$V_{s(c,room)} = \frac{4.2\left(\dfrac{Q_{c,room}}{3}\right)^{1/3} \left\{ (Z_{phase1(comp)} + h_{room})^{5/3} + (H_{lim} + h_{room})^{5\cdot3} \right\}}{\rho_{c,room}}$$

この式において，$V_{s(c,room)}$，$Q_{c,room}$，$Z_{phase1(comp)}$，h_{room}，H_{lim} 及び $\rho_{c,room}$は，それぞれ次の数値を表すものとする。

$V_{s(c,room)}$　　当該火災室の煙等発生量（単位　m³/min）

$Q_{c,room}$　　当該火災室における1秒間当たりの発熱量（単位　kW）

$Z_{phase1(comp)}$　　火災発生後100秒間が経過した時における火災室煙層下端高さ（単位　m）

h_{room}　　当該火災室の床面の最も低い位置から基準点までの高さ（単位　m）

H_{lim}　　限界煙層高さ（単位　m）

$\rho_{c,room}$　　当該火災室の煙層密度（単位　kg/m³）

$V_{e(c,room)}$　　次の式によって計算した当該火災室の有効排煙量（単位　m³/min）

$$V_{e(c,room)} = \min\ (1.5A_{room}^{-0.15},\ 0.8) \times \left(\frac{\overline{H}_{st(room)} - H_{lim}}{H_{top(room)} - H_{lim}} \right) E_{c,room}$$

この式において，$V_{e(c,room)}$，A_{room}，$\overline{H}_{st(room)}$，H_{lim}，$H_{top(room)}$及び$E_{c,room}$
は，それぞれ次の数値を表すものとする。

$V_{e(c,room)}$　当該火災室の有効排煙量（単位　m³/min）

A_{room}　　当該火災室の床面積（単位　m²）

$\overline{H}_{st(room)}$　当該火災室の基準点から当該火災室に設けられた各限界煙層
　　　高さ有効開口部の上端までの高さの平均（単位　m）

H_{lim}　　　限界煙層高さ（単位　m）

$H_{top(room)}$　当該火災室の基準点から天井までの高さのうち最大のもの
　　　（単位　m）

$E_{c,room}$　　当該火災室の排煙量（単位　m³/min）

$t_{m(comp)}$　　火災室燃焼抑制時間（単位　min）

H_{comp}　　　当該火災室隣接部分の基準点から天井までの高さの平均（単位　m）

$V_{s(c,comp)}$　　次の式によって計算した当該火災室隣接部分の煙等発生量（単位　m³/min）

$$V_{s(c,comp)} = \frac{4.2Q_{c,comp}{}^{1/3}\ \{(H_{comp}+h_{comp})^{5/3}+\ (1.8+h_{comp})^{5/3}\}}{\rho_{c,comp}}$$

この式において，$V_{s(c,comp)}$，$Q_{c,comp}$，H_{comp}，h_{comp}及び$\rho_{c,comp}$は，それぞれ次の
数値を表すものとする。

$V_{s(c,comp)}$　当該火災室隣接部分の煙等発生量（単位　m³/min）

$Q_{c,comp}$　当該火災室からの噴出熱気流の運搬熱量（単位　kW）

H_{comp}　当該火災室隣接部分の基準点から天井までの高さの平均（単位　m）

h_{comp}　当該火災室隣接部分の床面の最も低い位置から基準点までの高さ（単
　　位　m）

$\rho_{c,comp}$　次の式によって計算した区画避難完了時間が経過した時における当該
　　火災室隣接部分の煙層密度（以下単に「火災室隣接部分の煙層密度」とい
　　う。）（単位　kg/m³）

$$\rho_{c,comp} = \frac{353}{\Delta T_{c,comp}+293}$$

この式において，$\rho_{c,comp}$及び$\Delta T_{c,comp}$は，それぞれ次の数値を表すものと
する。

$\rho_{c,comp}$　火災室隣接部分の煙層密度（単位　kg/m³）

$\Delta T_{c,comp}$　火災室隣接部分の煙層上昇温度（単位　℃）

$V_{e(c,comp)}$　　次の式によって計算した当該火災室隣接部分の有効排煙量（単位　m³/min）

$$V_{e(c,comp)} = \min\ (1.5A_{comp}{}^{-0.15},\ 0.8) \times \left(\frac{\overline{H}_{st(comp)}-1.8}{H_{top(comp)}-1.8}\right)E_{c,comp}$$

この式において，$V_{e(c,comp)}$，A_{comp}，$\overline{H}_{st(comp)}$，$H_{top(comp)}$及び$E_{c,comp}$は，それぞれ
次の数値を表すものとする。

$V_{e(c,comp)}$　　当該火災室隣接部分の有効排煙量（単位　m³/min）

A_{comp}　　　当該火災室隣接部分の床面積（単位　m²）

$\overline{H}_{st(comp)}$　　当該火災室隣接部分の基準点から当該火災室隣接部分に設けられた
　　各有効開口部の上端までの高さの平均（単位　m）

$H_{top(comp)}$　　当該火災室隣接部分の基準点から天井までの高さのうち最大のもの
　　（単位　m）

$E_{c,comp}$　　　当該火災室隣接部分に設けられた有効開口部の種類に応じ，それぞ
　　れ次の表に掲げる式によって計算した当該火災室隣接部分に設けられた各有
　　効開口部及び当該有効開口部の開放に伴い開放される当該火災室隣接部分に
　　設けられた他の有効開口部のうち当該有効開口部からの距離が30m以内であ

るもの（以下「他の有効開口部」という。）の排煙量の合計のうち最小のもの（当該火災室隣接部分に設けられた有効開口部の種類が同表㈡に掲げるものである場合にあつては，当該火災室隣接部分に設けられた各有効開口部及び他の有効開口部の排煙量の合計のうち最小のもの又は当該火災室隣接部分に設けられた給気口（当該火災室隣接部分に設けられた有効開口部の開放に伴い開放され又は常時開放状態にある給気口に限る。）の開口面積の合計に550を乗じたもののうち，いずれか小さい数値）（単位　㎥/min）

当該火災室隣接部分に設けられた有効開口部の種類		当該火災室隣接部分に設けられた各有効開口部の排煙量
㈠	有効開口部を排煙口とした場合に，当該火災室隣接部分に設けられた排煙設備が自然排煙関係規定に適合し，かつ，当該火災室隣接部分の壁の床面からの高さが1.8m以下の部分に排煙口の開放に連動して自動的に開放され又は常時開放状態にある給気口が設けられたもの（当該火災室隣接部分に設けられた当該排煙設備以外の排煙設備が機械排煙関係規定に適合する場合を除く。）	$e_{c,comp} = 186 \left(\dfrac{1.205 - \rho_{c,comp}}{\rho_{c,comp}} \right)^{1/2} \times$ $\max \left\{ \dfrac{A_{s(c,comp)}\sqrt{h_{s(c,comp)}}}{4} , \right.$ $\left. \dfrac{A_{s(c,comp)}\sqrt{H_{c(c,comp)} - 1.8}}{\sqrt{1 + \left(\dfrac{A'_{s(c,comp)}}{A_{a(c,comp)}} \right)^2}} \right\}$
㈡	有効開口部を排煙口とした場合に，当該火災室隣接部分に設けられた排煙設備が機械排煙関係規定に適合し，かつ，当該火災室隣接部分の壁の床面からの高さが1.8m以下の部分に排煙口の開放に連動して自動的に開放され又は常時開放状態にある給気口が設けられたもの（当該火災室隣接部分に設けられた当該排煙設備以外の排煙設備が自然排煙関係規定に適合する場合を除く。）	$e_{c,comp} = \min \left\{ w_{c,comp} , \right.$ $3.7 \times 10^4 \dfrac{\Delta T_{c,comp}}{\rho_{c,comp}(\Delta T_{c,comp} + 293)^2}$ $\left. (H_{c(c,comp)} - 1.8) w_{c,comp}^{3/5} \right\}$
㈢	その他の有効開口部	$e_{c,comp} = 0$

この表において，$e_{c,comp}$，$\rho_{c,comp}$，$A_{s(c,comp)}$，$h_{s(c,comp)}$，$H_{c(c,comp)}$，$A'_{s(c,comp)}$，$A_{a(c,comp)}$，$w_{c,comp}$ 及び $\Delta T_{c,comp}$ は，それぞれ次の数値を表すものとする。

$e_{c,comp}$　　当該火災室隣接部分に設けられた各有効開口部の排煙量（単位　㎥/min）

$\rho_{c,comp}$　　火災室隣接部分の煙層密度（単位　kg/㎥）

$A_{s(c,comp)}$　　当該有効開口部の開口面積（単位　㎡）

$h_{s(c,comp)}$　　当該有効開口部の上端と下端の垂直距離（単位　m）

$H_{c(c,comp)}$　　当該火災室隣接部分の基準点から当該有効開口部の中心までの高さ（単位　m）

$A'_{s(c,comp)}$　　当該有効開口部及び他の有効開口部の開口面積の合計（単位　㎡）

> $A_{a(c, comp)}$　当該火災室隣接部分に設けられた給気口（当該有効開口部の
> 　　開放に伴い開放され又は常時開放状態にある給気口に限る。）の開口
> 　　面積の合計（単位　m²）
>
> $W_{c, comp}$　当該有効開口部の排煙機の空気を排出することができる能力
> 　　（単位　m³/min）
>
> $\Delta T_{c, comp}$　火災室隣接部分の煙層上昇温度（単位　℃）

A_{comp}　当該火災室隣接部分の床面積（単位　m²）

ロ　火災室隣接部分以外の部分（ハに掲げる部分を除く。）　　イの規定によって計算
した各火災室隣接部分の煙層下端高さのうち最小のものに応じ，それぞれ次の表に定
める数値（以下「火災室隣接部分以外の部分の煙層下端高さ」という。）（単位　m）

各火災室隣接部分の煙層下端高さのうち 最小のもの	火災室隣接部分以外の部分の煙層下端高さ
1.8m 以上である場合	1.8
1.8m 未満である場合	0

ハ　直通階段の付室（当該直通階段の階段室又は当該付室の構造が平成28年国土交通省
告示第696号に定める構造方法（同告示第四号に定める構造方法にあっては，送風機
が1分間につき90m³以上の空気を排出することができる能力を有するものに限る。）
を用いる構造であるものに限る。）　　1.8m

六　令第128条の6第3項第二号ニに規定する避難上支障のある高さは，1.8mとする。

　附　則　（略）

火災により生じた煙又はガスの高さに基づく
階避難安全検証法に関する算出方法等を定める件

令和3年5月28日　国土交通省告示第475号

最終改正　令和4年5月31日　国土交通省告示第599号

　建築基準法施行令（昭和25年政令第338号）第129条第3項第一号イ及びニ並びに第二号イからニまでの規定に基づき，火災により生じた煙又はガスの高さに基づく階避難安全検証法に関する算出方法等を次のように定める。

一　建築基準法施行令（以下「令」という。）第129条第3項第二号に規定する方法を用いる場合における同項第一号イに規定する当該居室に存する者（当該居室を通らなければ避難することができない者を含む。以下「在室者」という。）の全てが当該居室において火災が発生してから当該居室からの避難を終了するまでに要する時間（以下「居室避難完了時間」という。）は，次に掲げる時間を合計して計算するものとする。

イ　当該居室の種類に応じ，それぞれ次の表に掲げる式によって計算した火災が発生してから在室者が避難を開始するまでに要する時間（以下「居室避難開始時間」という。）

（単位　min）

	当該居室の種類	居室避難開始時間
(一)	当該居室及び当該居室を通らなければ避難することができない建築物の部分（以下「当該居室等」という。）が病院，診療所（患者の収容施設があるものに限る。）又は児童福祉施設等（令第115条の3第一号に規定する児童福祉施設等をいう。以下同じ。）（通所のみにより利用されるものを除く。）の用途に供するものである場合	$t_{start(room)} = \min\left(5 \times 10^{-3}L_{wall(room)}{}^{6/5},\right.$ $\left.\dfrac{2 \times 10^{-3}L_{wall(room)}{}^{6/5}}{\alpha_{room}{}^{1/5}} + t_{0(room)}\right)$
(二)	当該居室を通らなければ避難することができない部分がない場合又は当該居室を通らなければ避難することができない全ての部分が当該居室への出口（幅が60cm未満であるものを除く。）を有する場合（(一)に掲げるものを除く。）	$t_{start(room)} = \min\left(5 \times 10^{-3}L_{wall(room)}{}^{6/5},\right.$ $\left.\dfrac{2 \times 10^{-3}L_{wall(room)}{}^{6/5}}{\alpha_{room}{}^{1/5}} + t_{0(room)}\right)$
(三)	その他の場合	$t_{start(room)} = \min\left(5 \times 10^{-3}L_{wall(room)}{}^{6/5},\right.$ $\left.\dfrac{2 \times 10^{-3}L_{wall(room)}{}^{6/5}}{\alpha_{room}{}^{1/5}} + t_{0(room)}\right) + 3$

この表において，$t_{start(room)}$，$L_{wall(room)}$，α_{room}及び$t_{0(room)}$は，それぞれ次の数値を表すものとする。

　$t_{start(room)}$　　居室避難開始時間（単位　min）

　$L_{wall(room)}$　　当該居室の周長（単位　m）

　α_{room}　　　次の式によって計算した当該居室又は当該居室に隣接する室（当該居室と準耐火構造の壁若しくは準不燃材料で造り，若しくは覆われた壁又は令第112条第12項に規定する10分間防火設備（以下単に「10分間防火設備」という。）で区画されたものを除く。以下同じ。）の火災成長率のうち最大のもの（以下「居室火災成長率」という。）

　　　$\alpha_{room,i} = \max\left(1.51 \times 10^{-4}q_l,\ 0.0125\right) \times k_m$

この式において，$\alpha_{room,i}$，q_l 及び k_m は，それぞれ次の数値を表すものとする。

$\alpha_{room,i}$　　当該居室又は当該居室に隣接する室の火災成長率

q_l　　当該室の種類に応じ，それぞれ次の表に定める積載可燃物の1m²当たりの発熱量（単位　MJ/m²）

当該室の種類			積載可燃物の1m²当たりの発熱量
住宅の居室			720
住宅以外の建築物における寝室（児童福祉施設等の用途に供するものを除く。）又は病室			240
事務室その他これに類するもの			560
会議室その他これに類するもの			160
教室			400
体育館のアリーナその他これに類するもの			80
博物館又は美術館の展示室その他これらに類するもの			240
百貨店又は物品販売業を営む店舗その他これらに類するもの	家具又は書籍の売場その他これらに類するもの		960
	その他の部分		480
飲食店その他の飲食室	簡易な食堂		240
	その他の飲食室		480
劇場，映画館，演芸場，観覧場，公会堂，集会室その他これらに類する用途に供する室	客席部分	固定席の場合	400
		その他の場合	480
	舞台部分		240
自動車車庫又は自動車修理工場	車室その他これに類する部分		240
	車路その他これに類する部分		32
廊下，階段その他の通路			32
玄関ホール，ロビーその他これらに類するもの	劇場，映画館，演芸場，観覧場，公会堂若しくは集会場その他これらに類する用途又は百貨店若しくは物品販売業を営む店舗その他これらに類する用途に供する建築物の玄関ホール，ロビーその他これらに類するもの		160
	その他のもの		80
昇降機その他の建築設備の機械室			160

屋上広場又はバルコニー	80
倉庫その他の物品の保管の用に供する室	2,000
病院又は診療所の診察室又は待合室	240
保育所又は幼保連携型認定こども園の用途に供する室	240
児童福祉施設等（保育所及び幼保連携型認定こども園を除く。）の用途に供する室	400

k_m　当該室の内装仕上げの種類に応じ，それぞれ次の表に定める内装燃焼係数

当該室の内装仕上げの種類		内装燃焼係数
（一）	壁（床面からの高さが1.2m以下の部分を除く。以下この表において同じ。）及び天井（天井のない場合においては，屋根。以下同じ。）の室内に面する部分（回り縁，窓台その他これらに類する部分を除く。以下この表において同じ。）の仕上げを平成21年国土交通省告示第225号第1第一号に規定する特定不燃材料（平成12年建設省告示第1400号第十六号に規定する建築材料を除く。）でしたもの	1.0
（二）	壁及び天井の室内に面する部分の仕上げを不燃材料でしたもの（（一）に掲げるものを除く。）	1.1
（三）	壁及び天井の室内に面する部分の仕上げを準不燃材料でしたもの（（一）及び（二）に掲げるものを除く。）	1.2
（四）	壁及び天井の室内に面する部分の仕上げを難燃材料でしたもの（（一）から（三）までに掲げるものを除く。）	1.5
（五）	壁の室内に面する部分の仕上げを木材等（平成12年建設省告示第1439号第1第二号に規定する木材等をいう。以下同じ。）でし，かつ，天井の室内に面する部分の仕上げを準不燃材料でしたもの（（一）から（四）までに掲げるものを除く。）	2.0
（六）	壁及び天井の室内に面する部分の仕上げを木材等でしたもの（（一）から（五）までに掲げるものを除く。）	2.2

$t_{0(room)}$　次の式によって計算した当該居室の燃焼拡大補正時間（単位　min）

$$t_{0(room)} = \frac{100 - \left(\dfrac{100}{\alpha_{room}}\right)^{1/2}}{60}$$

この式において，$t_{0(room)}$ 及び α_{room} は，それぞれ次の数値を表すものとする。

$t_{0(room)}$　当該居室の燃焼拡大補正時間（単位　min）

α_{room}　居室火災成長率

ロ　当該居室等の各部分から当該居室の出口（幅が60cm未満であるものを除き，当該居室から直通階段（避難階又は地上に通ずるものに限り，当該直通階段が令第123条第3項に規定する特別避難階段である場合にあっては，当該直通階段への出口を有す

る室を同項第二号並びに第三号，第四号，第六号及び第九号（これらの規定中バルコニー又は付室に係る部分に限る。）並びに第十号（バルコニー又は付室から階段室に通ずる出入口に係る部分に限る。）に定める構造としたものに限る。以下同じ。）（当該居室が避難階に存する場合にあっては地上）に通ずる主たる廊下その他の通路に通ずる出口に限る。以下同じ。）を経由して直通階段（当該居室が避難階に存する場合にあっては地上）に至る各経路（避難の用に供するものであって，当該経路上にある各出口の幅が60cm以上であるものに限る。以下この口において「避難経路」という。）ごとに，当該居室等の種類，当該避難経路上にある当該居室の出口に面する部分（以下「居室避難経路等の部分」という。）の収容可能人数及び居室出口滞留時間に応じ，それぞれ次の表に掲げる式によって計算した在室者が当該居室等の各部分から当該居室の出口の一に達し，当該出口を通過するために要する時間（以下「居室出口通過時間」という。）のうち最大のもの（単位　min）

当該居室等の種類		居室避難経路等の部分の収容可能人数	居室出口滞留時間	居室出口通過時間
病院，診療所（患者の収容施設があるものに限る。）又は児童福祉施設等（通所のみにより利用されるものを除く。）の用途に供するもの		$P_{co} \geqq P_{room}$ である場合	−	$t_{pass(room),i} = \sum \dfrac{l_{room}}{v_{crowd}}$
その他のもの	準耐火構造の壁若しくは準不燃材料で造り，若しくは覆われた壁又は10分間防火設備で区画されたもの	−	$t_{crowd(room)} \leqq 3$ である場合	$t_{pass(room),i} = \max\left(\sum \dfrac{l_{room}}{v_{crowd}}, t_{crowd(room)} \right)$
		−	$t_{crowd(room)} > 3$ である場合	$t_{pass(room),i} = \max\left(\sum \dfrac{l_{room}}{v_{crowd}}, t_{crowd(room)} \right) + 3$
	その他のもの	−	$t_{crowd(room)} \leqq 1.5$ である場合	$t_{pass(room),i} = \max\left(\sum \dfrac{l_{room}}{v_{crowd}}, t_{crowd(room)} \right)$
		−	$t_{crowd(room)} > 1.5$ である場合	$t_{pass(room),i} = \max\left(\sum \dfrac{l_{room}}{v_{crowd}}, t_{crowd(room)} \right) + 4.5$

この表において，P_{co}，P_{room}，$t_{pass(room),i}$，l_{room}，v_{crowd}及び$t_{crowd(room)}$は，それぞれ次の数値を表すものとする。

P_{co}　次の式によって計算した居室避難経路等の部分の収容可能人数（単位　人）

$$P_{co} = \sum \frac{k_{co} A_{co}}{a_n}$$

この式において，P_{co}，k_{co}，A_{co}及びa_nは，それぞれ次の数値を表すものとする。

P_{co}　居室避難経路等の部分の収容可能人数（単位　人）

k_{co}　居室避難経路等の部分の各部分の種類に応じ，それぞれ次の表に定める有効滞留面積率

居室避難経路等の部分の各部分の種類	有効滞留面積率
居室	0.5
玄関ホール，ロビーその他これらに類するもの	0.7
廊下その他の通路，階段室又は階段の付室（令第123条第3項第二号から第四号まで，第六号，第九号及び第十号に定める構造であるものに限る。）若しくはバルコニー（同項第三号，第六号，第九号及び第十号に定める構造であるものに限る。）	1.0

A_{co}　居室避難経路等の部分の各部分（当該部分が階段室である場合にあっては，当該居室の存する階からその直下階までの階段室（当該居室の存する階が地階である場合にあっては当該居室の存する階からその直上階までの階段室，当該居室の存する階が避難階である場合にあっては当該居室の存する階の階段室）に限る。）の床面積（単位　m²）

a_n　居室避難経路等の部分の各部分の用途及び種類に応じ，それぞれ次の表に定める必要滞留面積（単位　m²/人）

居室避難経路等の部分の各部分の用途	居室避難経路等の部分の各部分の種類	必要滞留面積
病院，診療所（患者の収容施設を有するものに限る。）又は児童福祉施設等（通所のみにより利用されるものを除く。）	－	4.0
児童福祉施設等（通所のみにより利用されるものに限る。）	－	1.0
その他の用途	居室，廊下その他の通路又は玄関ホール，ロビーその他これらに類するもの	0.3
	階段室	0.25
	階段の付室又はバルコニー	0.2

P_{room}　次の式によって計算した在室者のうち当該避難経路上にある当該居室の出口を通って避難する者の数（単位　人）

$$P_{room} = \sum p A_{area(room)} \times \left(\frac{B_{room}}{B_{load(room)}} \right)$$

この式において，P_{room}，p，$A_{area(room)}$，B_{room} 及び $B_{load(room)}$ は，それぞれ次の数値を表すものとする。

　P_{room}　在室者のうち当該避難経路上にある当該居室の出口を通って避難する者の数（単位　人）

　p　　建築物の部分の種類に応じ，それぞれ次の表に定める在館者密度（単位　人/m²）

建築物の部分の種類		在館者密度
住宅の居室		0.06
住宅以外の建築物における寝室又は病室	固定ベッドの場合	ベッド数を床面積で除した数値

	その他の場合	0.16
事務室，会議室その他これに類するもの		0.125
教室		0.7
百貨店又は物品販売業を営む店舗その他これらに類するもの	売場の部分	0.5
	売場に附属する通路の部分	0.25
飲食室		0.7
劇場，映画館，演芸場，観覧場，公会堂，集会場その他これらに類する用途に供する居室	固定席の場合	座席数を床面積で除した数値
	その他の場合	1.5
展示室その他これに類するもの		0.5
病院又は診療所の診察室		0.16
病院又は診療所の待合室		0.5
保育所又は幼保連携型認定こども園の用途に供する居室	乳児又は満2歳に満たない幼児を保育する用途に供する場合	0.6
	その他の場合	0.5
児童福祉施設等（保育所及び幼保連携型認定こども園を除く。）の用途に供する居室（寝室を除く。）		0.33

$A_{area(room)}$　　当該居室等の各部分の床面積（単位　m²）

B_{room}　　当該避難経路上にある当該居室の出口の幅の合計（単位　m）

$B_{load(room)}$　　当該居室の出口の幅の合計（単位　m）

$t_{pass(room),i}$　居室出口通過時間（単位　min）

l_{room}　　当該居室等の各部分から避難経路上にある当該居室の出口の一に至る歩行距離（単位　m）

v_{crowd}　　建築物の部分の用途及び種類並びに避難の方向に応じ，それぞれ次の表に定める滞留時歩行速度（単位　m/min）

建築物の部分の用途	建築物の部分の種類	避難の方向	滞留時歩行速度
劇場，映画館，演芸場，観覧場，公会堂，集会場その他これらに類する用途	階段	上り	9
		下り	12
	その他の部分	−	30
病院，診療所（患者の収容施設があるものに限る。）又は児童福祉施設等（通所のみにより利用されるものを除く。）	寝室（入所する者の使用するものに限る。）又は病室	−	15
	廊下	−	3
	その他の部分（階段を除く。）	−	30

診療所（患者の収容施設を有しないものに限る。	階段	上り	9
		下り	12
	その他の部分	－	30
児童福祉施設等（通所のみにより利用されるものに限る。）その他これに類する用途	乳児又は満2歳に満たない幼児を保育する場合（当該用途に供する階が3階以下の階である場合に限る。）	階段 下り	2.5
		保育室 －	12
		廊下	8
		その他の部分	30
	乳児又は満2歳に満たない幼児を保育する場合以外の場合（当該用途に供する階が5階以下の階である場合に限る。）	階段 上り	4.5
		下り	6
		その他の部分 －	15
百貨店，展示場その他これらに類する用途又は共同住宅，ホテルその他これらに類する用途（病院，診療所及び児童福祉施設等を除く。）	階段	上り	9
		下り	12
	その他の部分	－	30
学校（幼保連携型認定こども園を除く。），事務所その他これらに類する用途	階段	上り	12
		下り	16
	その他の部分	－	39

$t_{crowd(room)}$　当該居室等の用途及び当該避難経路上にある当該居室の出口の幅の合計に応じ，それぞれ次の表に掲げる式によって計算した居室出口滞留時間（単位　min）

当該居室等の用途	当該避難経路上にある当該居室の出口の幅の合計	居室出口滞留時間
児童福祉施設等（通所のみにより利用されるものに限る。）	$90B_{room} \leqq R_{neck(room)}$ である場合	$t_{crowd(room)} = \dfrac{P_{room}}{45B_{room}}$
	$90B_{room} > R_{neck(room)}$ である場合	$t_{crowd(room)} = \dfrac{\min\ (P_{room},\ P_{co})}{45B_{room}}$ $+ \dfrac{\max\ (P_{room} - P_{co},\ 0)}{0.5R_{neck(room)}}$

その他の用途	$90B_{room} \leqq R_{neck(room)}$である場合	$t_{crowd(room)} = \dfrac{P_{room}}{90B_{room}}$
	$90B_{room} > R_{neck(room)}$である場合	$t_{crowd(room)} = \dfrac{\min\,(P_{room},\ P_{co})}{90B_{room}}$ $+ \dfrac{\max\,(P_{room} - P_{co},\ 0)}{R_{neck(room)}}$

この表において，B_{room}，$R_{neck(room)}$，$t_{crowd(room)}$，P_{room} 及び P_{co} は，それぞれ次の数値を表すものとする。

B_{room}　　当該避難経路上にある当該居室の出口の幅の合計（単位　m）

$R_{neck(room)}$　次の式によって計算した当該避難経路の流動量（単位　人/min）

$$R_{neck(room)} = \min\,(90D_{co(room)},\ R_{d(room)},\ R_{st(room)})$$

> この式において，$R_{neck(room)}$，$D_{co(room)}$，$R_{d(room)}$ 及び $R_{st(room)}$ は，それぞれ次の数値を表すものとする。
>
> $R_{neck(room)}$　当該避難経路の流動量（単位　人/min）
>
> $D_{co(room)}$　　当該避難経路上の各廊下（当該居室等に設けられた廊下を除く。以下このロにおいて同じ。）の幅のうち最小のもの（単位　m）
>
> $R_{d(room)}$　　次の式によって計算した当該避難経路上にある各出口（当該居室等に設けられた出口を除く。以下このロにおいて同じ。）の有効流動量のうち最小のもの（単位　人/min）
>
> $$R_{d(room),i} = B_{d(room)}N_{d(room)}$$
>
> > この式において，$R_{d(room),i}$，$B_{d(room)}$ 及び $N_{d(room)}$ は，それぞれ次の数値を表すものとする。
> >
> > $R_{d(room),i}$　当該避難経路上にある各出口の有効流動量（単位　人/min）
> >
> > $B_{d(room)}$　　当該出口の幅（単位　m）
> >
> > $N_{d(room)}$　　当該出口の種類に応じ，それぞれ次の表に掲げる式によって計算した当該出口の流動係数（単位　人/min·m）
> >
> > | 当該出口の種類 | 当該出口の流動係数 |
> > |---|---|
> > | 階段又は居室に設けられた出口 | $N_{d(room)} = 90$ |
> > | その他の出口 | $N_{d(room)} = \min\left\{ \max\left(150 - \dfrac{60B_{d(room)}}{D_{co(room)}},\ 90\right),\ 120\right\}$ |
> >
> > この表において，$N_{d(room)}$，$B_{d(room)}$ 及び $D_{co(room)}$ は，それぞれ次の数値を表すものとする。
> >
> > $N_{d(room)}$　　当該出口の流動係数（単位　人/min·m）
> >
> > $B_{d(room)}$　　当該出口の幅（単位　m）
> >
> > $D_{co(room)}$　当該避難経路上の各廊下の幅のうち最小のもの（単位　m）
>
> $R_{st(room)}$　次の式によって計算した当該避難経路上の各階段（当該居室等に設けられた階段を除く。以下このロにおいて同じ。）又は直通階段の有効流動量のうち最小のもの（単位　人/min）
>
> $$R_{st(room),i} = D_{st(room)}N_{st(room)}$$

この式において，$R_{st(room),i}$，$D_{st(room)}$及び$N_{st(room)}$は，それぞれ次の数値を表すものとする。

$R_{st(room),i}$　　当該避難経路上の各階段又は直通階段の有効流動量（単位　人/min）

$D_{st(room)}$　　当該階段の幅（単位　m）

$N_{st(room)}$　　当該階段の種類，避難の方向及び当該階段の幅に応じ，それぞれ次の表に掲げる式によって計算した当該階段の流動係数（単位　人/min・m）

当該階段の種類	避難の方向	当該階段の幅	当該階段の流動係数
屋内と階段室とが付室を通じて連絡しており，かつ，屋内と付室とが準耐火構造の壁若しくは不燃材料で造り，若しくは覆われた壁若しくは建築基準法（昭和25年法律第201号。以下「法」という。）第2条第九号の二ロに規定する防火設備で令第112条第19項第二号に規定する構造であるもので区画された直通階段又は直通階段以外の階段	下り	$D_{landing(room)} < D_{st(room)}$である場合	$N_{st(room)} = \min\left\{72 - 48\left(1 - \dfrac{D_{landing(room)}}{D_{st(room)}}\right), 90\dfrac{D_{landing(room)}}{D_{st(room)}}\right\}$
		$D_{landing(room)} \geq D_{st(room)}$である場合	$N_{st(room)} = 72$
	上り	$D_{landing(room)} < D_{st(room)}$である場合	$N_{st(room)} = \min\left\{60 - 36\left(1 - \dfrac{D_{landing(room)}}{D_{st(room)}}\right), 90\dfrac{D_{landing(room)}}{D_{st(room)}}\right\}$
		$D_{landing(room)} \geq D_{st(room)}$である場合	$N_{st(room)} = 60$
その他の直通階段	下り	$D_{landing(room)} < D_{st(room)}$である場合	$N_{st(room)} = \min\left\{72 - 48\left(1 - \dfrac{D_{landing(room)}}{D_{st(room)}}\right), 90\dfrac{D_{landing(room)}}{D_{st(room)}}\right\} \times 0.5^{\max(N-2, 0)}$

	$D_{landing(room)}$ $\geq D_{st(room)}$ である場合	$N_{st(room)} = 72$ $\times 0.5^{max(N'-2.0)}$
上り	$D_{landing(room)}$ $< D_{st(room)}$ である場合	$N_{st(room)} = \min$ $\left\{ 60 - 36\left(1 - \dfrac{D_{landing(room)}}{D_{st(room)}}\right), \right.$ $\left. 90\dfrac{D_{landing(room)}}{D_{st(room)}} \right\}$ $\times 0.5^{max(N'-2.0)}$
	$D_{landing(room)}$ $\geq D_{st(room)}$ である場合	$N_{st(room)} = 60$ $\times 0.5^{max(N'-2.0)}$

この表において，$D_{landing(room)}$，$D_{st(room)}$，$N_{st(room)}$ 及び N' は，それぞれ次の数値を表すものとする。

　$D_{landing(room)}$　　当該階段の踊り場の幅（単位　m）
　$D_{st(room)}$　　　　当該階段の幅（単位　m）
　$N_{st(room)}$　　　　当該階段の流動係数（単位　人/min・m）
　N'　　　　　　　当該建築物の階数

　$t_{crowd(room)}$　　居室出口滞留時間（単位　min）
　P_{room}　　　　在室者のうち当該避難経路上にある当該居室の出口を通って避難する
　　者の数（単位　人）
　P_{co}　　　　　居室避難経路等の部分の収容可能人数（単位　人）

二　令第129条第3項第二号イに規定する同項第一号イの規定によって計算した居室避難完了時間が経過した時における当該居室において発生した火災により生じた煙又はガス（以下「煙等」という。）の高さ（当該居室の基準点（床面の最も高い位置をいう。以下同じ。）から煙等の下端の位置までの高さとする。以下「居室煙層下端高さ」という。）は，居室避難完了時間が経過した時における当該居室の煙層上昇温度（以下単に「当該居室の煙層上昇温度」という。）及び居室避難完了時間に応じ，それぞれ次の表に掲げる式によって計算するものとする。

当該居室の煙層上昇温度		居室避難完了時間	居室煙層下端高さ
$\Delta T_{r,room} > 180$ である場合		－	$Z_{room} = 0$
$\Delta T_{r,room}$ ≤ 180 である場合	$\Delta T_{r,room} \leq \sqrt{\dfrac{500}{3\,t_{pass(room)}}}$ である場合	－	$Z_{room} = 1.8$
	$\Delta T_{r,room} > \sqrt{\dfrac{500}{3\,t_{pass(room)}}}$ である場合	$t_{escape(room)}$ $\leq \dfrac{5}{3}$ である場合	$Z_{room} = \max\left[\left\{ \dfrac{11t_{escape(room)}^{5/3}}{\rho_{r,room}A_{room}} + \dfrac{1}{(H_{room} + h_{room})^{2/3}} \right\}^{-3/2} - h_{room},\ 0 \right]$

$t_{escape(room)}$ $> \dfrac{5}{3}$ である場合	$Z_{room} = \max\Bigg[Z_{phase1(room)} - \dfrac{\max(V_{s(r,room)} - V_{e(r,room)}, 0.01) \times \left(t_{escape(room)} - \dfrac{5}{3} \right)}{A_{room}} ,\ 0 \Bigg]$

この表において，$\Delta T_{r,room}$，Z_{room}，$t_{pass(room)}$，$t_{escape(room)}$，$\rho_{r,room}$，A_{room}，H_{room}，h_{room}，$Z_{phase1(room)}$，$V_{s(r,room)}$ 及び $V_{e(r,room)}$ は，それぞれ次の数値を表すものとする。

$\Delta T_{r,room}$　　居室避難完了時間に応じ，それぞれ次の表に掲げる式によって計算した当該居室の煙層上昇温度（単位　℃）

居室避難完了時間	当該居室の煙層上昇温度
$t_{escape(room)} \leqq t_{m(room)}$ である場合	$\Delta T_{r,room} = \min\left\{ \dfrac{Q_{r,room}}{0.37 Q_{r,room}{}^{1/3} + 0.015 A_{w(room)}},\ \Delta T_{room(max)} \right\}$
$t_{escape(room)} > t_{m(room)}$ である場合	$\Delta T_{r,room} = \Delta T_{room(max)}$

この表において，$t_{escape(room)}$，$t_{m(room)}$，$\Delta T_{r,room}$，$Q_{r,room}$，$A_{w(room)}$ 及び $\Delta T_{room(max)}$ は，それぞれ次の数値を表すものとする。

　$t_{escape(room)}$　　前号に規定する居室避難完了時間（単位　min）

　$t_{m(room)}$　　当該居室又は当該居室に隣接する室の内装仕上げの種類に応じ，それぞれ次の表に掲げる式によって計算した当該居室又は当該居室に隣接する室の燃焼抑制時間のうち最小のもの（単位　min）

	当該居室又は当該居室に隣接する室の内装仕上げの種類	当該居室又は当該居室に隣接する室の燃焼抑制時間
(一)	壁（床面からの高さが1.2m以下の部分を除く。以下この表において同じ。）及び天井の室内に面する部分（回り縁，窓台その他これらに類する部分を除く。以下この表において同じ。）の仕上げを不燃材料でしたもの	$t_{m(room),i} = 20$
(二)	壁及び天井の室内に面する部分の仕上げを準不燃材料でしたもの（(一)に掲げるものを除く。）	$t_{m(room),i} = 10$
(三)	壁及び天井の室内に面する部分の仕上げを難燃材料でしたもの又は壁の室内に面する部分の仕上げを木材等でし，かつ，天井の室内に面する部分の仕上げを準不燃材料でしたもの（(一)及び(二)に掲げるものを除く。）	$t_{m(room),i} = 5$
(四)	壁及び天井の室内に面する部分の仕上げを木材等でしたもの（(一)から(三)までに掲げるものを除く。）	$t_{m(room),i} = \min\left\{ t_{0(room)} + \dfrac{1}{60}\left(\dfrac{18 H_{room(min)}{}^{5/2}}{\alpha_{room,i}} \right)^{1/2},\ 2 \right\}$

この表において，$t_{m(room),i}$，$t_{0(room)}$，$H_{room(min)}$ 及び $\alpha_{room,i}$ は，それぞれ次の数値を表すものとする。

　　$t_{m(room),i}$　　当該居室又は当該居室に隣接する室の燃焼抑制時間（単位　min）

$t_{0(room)}$　　前号イに規定する当該居室の燃焼拡大補正時間（単位　min）

$H_{room(min)}$　　当該室の基準点から天井の最も低い位置までの高さ（単位　m）

$\alpha_{room,\,i}$　　前号イに規定する当該居室又は当該居室に隣接する室の火災成長率

$\Delta T_{r,\,room}$　当該居室の煙層上昇温度（単位　℃）

$Q_{r,\,room}$　居室避難完了時間に応じ，それぞれ次の表に掲げる式によって計算した当該居室における1秒間当たりの発熱量（単位　kW）

居室避難完了時間	当該居室における1秒間当たりの発熱量
$t_{escape(room)} \leqq \dfrac{5}{3}$である場合	$Q_{r,\,room} = 0.01\ (60 t_{escape(room)})^2$
$t_{escape(room)} > \dfrac{5}{3}$である場合	$Q_{r,\,room} = \alpha_{room}\ (60 t_{escape(room)} - 60 t_{0(room)})^2$

この表において，$t_{escape(room)}$，$Q_{r,\,room}$，α_{room} 及び $t_{0(room)}$ は，それぞれ次の数値を表すものとする。

$t_{escape(room)}$　　前号に規定する居室避難完了時間（単位　min）

$Q_{r,\,room}$　　　当該居室における1秒間当たりの発熱量（単位　kW）

α_{room}　　　前号イに規定する居室火災成長率

$t_{0(room)}$　　　前号イに規定する当該居室の燃焼拡大補正時間（単位　min）

$A_{w(room)}$　　　当該居室の壁（基準点からの高さが1.8m以下の部分を除く。）及び天井の室内に面する部分の表面積（単位　m²）

$\Delta T_{room(max)}$　　当該室の内装仕上げの種類に応じ，それぞれ次の表に定める最大煙層上昇温度（単位　℃）

	当該室の内装仕上げの種類	最大煙層上昇温度
(一)	壁（床面からの高さが1.2m以下の部分を除く。以下この表において同じ。）及び天井の室内に面する部分（回り縁，窓台その他これらに類する部分を除く。以下この表において同じ。）の仕上げを難燃材料でしたもの又は壁の室内に面する部分の仕上げを木材等でし，かつ，天井の室内に面する部分の仕上げを準不燃材料でしたもの	630
(二)	壁及び天井の室内に面する部分の仕上げを木材等でしたもの（(一)に掲げるものを除く。）	945

Z_{room}　　居室煙層下端高さ（単位　m）

$t_{pass(room)}$　　前号ロに規定する居室出口通過時間のうち最大のもの（単位　min）

$t_{escape(room)}$　前号に規定する居室避難完了時間（単位　min）

$\rho_{r,\,room}$　　次の式によって計算した居室避難完了時間が経過した時における当該居室の煙層密度（以下単に「当該居室の煙層密度」という。）（単位　kg/m³）

$$\rho_{r,\,room} = \frac{353}{\Delta T_{r,\,room} + 293}$$

この式において，$\rho_{r,\,room}$ 及び $\Delta T_{r,\,room}$ は，それぞれ次の数値を表すものとする。

$\rho_{r,\,room}$　　当該居室の煙層密度（単位　kg/m³）

$\Delta T_{r,\,room}$　当該居室の煙層上昇温度（単位　℃）

A_{room}　　　　当該居室の床面積（単位　m²）

H_{room}　　　　当該居室の基準点から天井までの高さの平均（単位　m）

h_{room}　　　　当該居室の床面の最も低い位置から基準点までの高さ（単位　m）

$Z_{phase1(room)}$　　次の式によって計算した火災発生後100秒間が経過した時における居室煙層下端高さ（単位　m）

$$Z_{phase1(room)} = \max\left[\left\{ \frac{26}{\rho_{r,room}A_{room}} + \frac{1}{(H_{room}+h_{room})^{2/3}} \right\}^{-3/2} - h_{room}, \quad 0 \right]$$

この式において，$Z_{phase1(room)}$，$\rho_{r,room}$，A_{room}，H_{room} 及び h_{room} は，それぞれ次の数値を表すものとする。

　$Z_{phase1(room)}$　　火災発生後100秒間が経過した時における居室煙層下端高さ（単位　m）

　$\rho_{r,room}$　　　当該居室の煙層密度（単位　kg/m³）

　A_{room}　　　　当該居室の床面積（単位　m²）

　H_{room}　　　　当該居室の基準点から天井までの高さの平均（単位　m）

　h_{room}　　　　当該居室の床面の最も低い位置から基準点までの高さ（単位　m）

$V_{s(r,room)}$　　　次の式によって計算した当該居室の煙等発生量（単位　m³/min）

$$V_{s(r,room)} = \frac{4.2\left(\dfrac{Q_{r,room}}{3}\right)^{1/3}\left\{(Z_{phase1(room)}+h_{room})^{5/3}+(h_{room}+1.8)^{5/3}\right\}}{\rho_{r,room}}$$

この式において，$V_{s(r,room)}$，$Q_{r,room}$，$Z_{phase1(room)}$，h_{room} 及び $\rho_{r,room}$ は，それぞれ次の数値を表すものとする。

　$V_{s(r,room)}$　　　当該居室の煙等発生量（単位　m³/min）

　$Q_{r,room}$　　　当該居室における1秒間当たりの発熱量（単位　kW）

　$Z_{phase1(room)}$　　火災発生後100秒間が経過した時における居室煙層下端高さ（単位　m）

　h_{room}　　　　当該居室の床面の最も低い位置から基準点までの高さ（単位　m）

　$\rho_{r,room}$　　　当該居室の煙層密度（単位　kg/m³）

$V_{e(r,room)}$　　　次の式によって計算した当該居室の有効排煙量（単位　m³/min）

$$V_{e(r,room)} = \min\ (1.5A_{room}^{-0.15},\ 0.8) \times \left(\frac{\overline{H}_{st(room)}-1.8}{H_{top(room)}-1.8}\right)E_{r,room}$$

この式において，$V_{e(r,room)}$，A_{room}，$\overline{H}_{st(room)}$，$H_{top(room)}$ 及び $E_{r,room}$ は，それぞれ次の数値を表すものとする。

　$V_{e(r,room)}$　　　当該居室の有効排煙量（単位　m³/min）

　A_{room}　　　　当該居室の床面積（単位　m²）

　$\overline{H}_{st(room)}$　　当該居室の基準点から当該居室に設けられた各有効開口部（壁又は天井に設けられた開口部の床面からの高さが1.8m以上の部分をいう。以下同じ。）の上端までの高さの平均（単位　m）

　$H_{top(room)}$　　当該居室の基準点から天井までの高さのうち最大のもの（単位　m）

　$E_{r,room}$　　　当該居室に設けられた有効開口部の種類に応じ，それぞれ次の表に掲げる式によって計算した当該居室に設けられた各有効開口部及び当該有効開口部の開放に伴い開放される当該居室に設けられた他の有効開口部のうち当該有効開口部からの距離が30m以内であるもの（以下この号において「他の有効開口部」という。）の排煙量の合計のうち最小のもの（当該居室に設けられた有効開口部の種類が同表㈡に掲げるものである場合にあっては，当該居室に設けられた各有効開口部及び他の有効開口部の排煙量の合計のうち最小のもの又は当該居室に設けられた給気口（当該居室に設けられた有効開口部の開放に伴い開放され又は常時開放状態にある給気口に限る。）の開口面積の合計に550を乗じたもののうち，いずれか小さい数値）（単位　m³/min）

当該居室に設けられた 有効開口部の種類		当該居室に設けられた 各有効開口部の排煙量
(一)	有効開口部を排煙口とした場合に，当該居室に設けられた排煙設備が令第126条の3第1項第二号，第三号（排煙口の壁における位置に係る部分を除く。），第四号から第六号まで及び第十号から第十二号までの規定（以下「自然排煙関係規定」という。）に適合し，かつ，当該居室の壁の床面からの高さが1.8m以下の部分に排煙口の開放に連動して自動的に開放され又は常時開放状態にある給気口が設けられたもの（当該居室に設けられた当該排煙設備以外の排煙設備が同項第二号，第三号（排煙口の壁における位置に係る部分を除く。），第四号から第七号まで，第八号（排煙口の開口面積に係る部分を除く。），第九号（空気を排出する能力に係る部分を除く。）及び第十号から第十二号までの規定（以下「機械排煙関係規定」という。）に適合する場合を除く。）	$e_{r,room} = 186 \left(\dfrac{1.205 - \rho_{r,room}}{\rho_{r,room}} \right)^{1/2} \times \max$ $\left\{ \dfrac{A_{s(room)} \sqrt{h_{s(room)}}}{4}, \dfrac{A_{s(room)} \sqrt{H_{c(room)} - 1.8}}{\sqrt{1 + \left(\dfrac{A'_{s(room)}}{A_{a(room)}} \right)^2}} \right\}$
(二)	有効開口部を排煙口とした場合に，当該居室に設けられた排煙設備が機械排煙関係規定に適合し，かつ，当該居室の壁の床面からの高さが1.8m以下の部分に排煙口の開放に連動して自動的に開放され又は常時開放状態にある給気口が設けられたもの（当該居室に設けられた当該排煙設備以外の排煙設備が自然排煙関係規定に適合する場合を除く。）	$e_{r,room} = \min \left\{ w_{room}, \right.$ $3.7 \times 10^4 \dfrac{\Delta T_{r,room}}{\rho_{r,room}(\Delta T_{r,room} + 293)^2}$ $\left. (H_{c(room)} - 1.8) \, w_{room}^{3/5} \right\}$
(三)	その他の有効開口部	$e_{r,room} = 0$

この表において，$e_{r,room}$，$\rho_{r,room}$，$A_{s(room)}$，$h_{s(room)}$，$H_{c(room)}$，$A'_{s(room)}$，$A_{a(room)}$，w_{room} 及び $\Delta T_{r,room}$ は，それぞれ次の数値を表すものとする。

$e_{r,room}$　　当該居室に設けられた各有効開口部の排煙量（単位　m³/min）

$\rho_{r,room}$　　当該居室の煙層密度（単位　kg/m³）

$A_{s(room)}$　　当該有効開口部の開口面積（単位　m²）

$h_{s(room)}$　　当該有効開口部の上端と下端の垂直距離（単位　m）

$H_{c(room)}$　　当該居室の基準点から当該有効開口部の中心までの高さ（単位　m）

$A'_{s(room)}$　当該有効開口部及び他の有効開口部の開口面積の合計（単位　m²）

$A_{a(room)}$　当該居室に設けられた給気口（当該有効開口部の開放に伴い開放され又は常時開放状態にある給気口に限る。）の開口面積の合計（単位　m²）

w_{room}　当該有効開口部の排煙機の空気を排出することができる能力（単位　m³/min）

$\Delta T_{r,room}$　当該居室の煙層上昇温度（単位　℃）

三　令第129条第3項第二号ロに規定する避難上支障のある高さは，1.8mとする。

四　令第129条第3項第二号に規定する方法を用いる場合における同項第一号ニに規定する階に存する者の全てが当該火災室で火災が発生してから当該階からの避難を終了するまでに要する時間（以下「階避難完了時間」という。）は，次に掲げる時間を合計して計算するものとする。

イ　当該階の各室及び当該階を通らなければ避難することができない建築物の部分（以下「当該階の各室等」という。）の用途に応じ，それぞれ次の表に掲げる式によって計算した火災が発生してから階に存する者が避難を開始するまでに要する時間（以下「階避難開始時間」という。）（単位　min）

当該階の各室等の用途	階避難開始時間
病院，診療所（患者の収容施設があるものに限る。）又は児童福祉施設等（通所のみにより利用されるものを除く。）	$t_{start(floor)} = \min\left(5 \times 10^{-3}L_{wall(floor)}^{6/5},\ \dfrac{2 \times 10^{-3}L_{wall(floor)}^{6/5}}{\alpha_{floor}^{1/5}} + t_{0(floor)} \right)$
共同住宅，ホテルその他これらに類する用途（病院，診療所及び児童福祉施設等を除く。）	$t_{start(floor)} = \min\left(5 \times 10^{-3}L_{wall(floor)}^{6/5},\ \dfrac{2 \times 10^{-3}L_{wall(floor)}^{6/5}}{\alpha_{floor}^{1/5}} + t_{0(floor)} \right) + 5$
その他の用途	$t_{start(floor)} = \min\left(5 \times 10^{-3}L_{wall(floor)}^{6/5},\ \dfrac{2 \times 10^{-3}L_{wall(floor)}^{6/5}}{\alpha_{floor}^{1/5}} + t_{0(floor)} \right) + 3$

この表において，$t_{start(floor)}$，$L_{wall(floor)}$，α_{floor} 及び $t_{0(floor)}$は，それぞれ次の数値を表すものとする。

$t_{start(floor)}$　階避難開始時間（単位　min）

$L_{wall(floor)}$　当該火災室の周長（単位　m）

α_{floor}　次の式によって計算した当該火災室又は当該火災室に隣接する室（当該火災室と準耐火構造の壁若しくは準不燃材料で造り，若しくは覆われた壁又は10分間防火設備で区画されたものを除く。以下同じ。）の火災成長率のうち最大のもの（以下「火災室火災成長率」という。）

$$\alpha_{floor,i} = \max\ \left\{ 5.8 \times 10^{-4}\ (0.26q_l^{1/3} - \phi_{sp})\ q_l^{2/3},\ 0.0125\right\} \times k_m$$

この式において，$\alpha_{floor,i}$，q_l，ϕ_{sp} 及び k_mは，それぞれ次の数値を表すものとする。

$\alpha_{floor,i}$　当該火災室又は当該火災室に隣接する室の火災成長率

q_l　第一号イに規定する積載可燃物の1m²当たりの発熱量（単位　MJ/m²）

ϕ_{sp}　当該室の種類に応じ，それぞれ次の表に定める燃焼表面積低減率

当該室の種類	燃焼表面積低減率
天井の高さが3.5m以下であり，かつ，天井の室内に面する部分（回り縁，窓台その他これらに類する部分を除く。）の仕上げを準不燃材料でした室（スプリンクラー設備（水源として，水道の用に供する水管を当該スプリンクラー設備に連結したものを除く。以下同じ。），水噴霧消火設備，泡消火設備その他これらに類するもので自動式のもの（以下「スプリンクラー設備等」という。）が設けられたものに限る。）	0.5
その他の室	0

k_m　　第一号イに規定する内装燃焼係数

$t_{0(floor)}$　　次の式によって計算した当該火災室の燃焼拡大補正時間（単位　min）

$$t_{0(floor)} = \frac{100 - \left(\dfrac{100}{\alpha_{floor}}\right)^{1/2}}{60}$$

この式において，$t_{0(floor)}$ 及び α_{floor} は，それぞれ次の数値を表すものとする。

$t_{0(floor)}$　　当該火災室の燃焼拡大補正時間（単位　min）

α_{floor}　　火災室火災成長率

ロ　当該階の各室等の各部分から直通階段（当該階が避難階以外の階で病院，診療所（患者の収容施設を有するものに限る。）又は児童福祉施設等（通所のみにより利用されるものを除く。）の用途に供するものである場合にあっては，令第123条第3項第一号から第十一号までに定める構造とした直通階段に限り，当該階が避難階である場合にあっては地上とする。以下このロにおいて同じ。）に至る各経路（避難の用に供するものであって，当該経路上にある各出口の幅が60cm以上であるものに限り，当該室が当該火災室又は当該火災室（居室であるものに限る。）を通らなければ避難することができない部分である場合以外の場合にあっては，当該火災室を経由するものを除く。以下このロにおいて「避難経路」という。）ごとに，当該階の各室等の用途，当該階の種類，当該直通階段の種類及び階出口滞留時間に応じ，それぞれ次の表に掲げる式によって計算した階に存する者が当該階の各室等の各部分から当該階から直通階段への出口（幅が60cm未満であるものを除く。以下同じ。）の一に達し，当該出口を通過するために要する時間（以下「階出口通過時間」という。）のうち最大のもの（単位　min）

当該階の各室等の用途	当該階の種類	当該直通階段の種類	階出口滞留時間	階出口通過時間
病院，診療所（患者の収容施設があるものに限る。）又は児童福祉施設等（通所のみにより利用されるものを除く。）	避難階	–	–	$t_{pass(floor),i} = \sum \dfrac{l_{floor}}{v_{crowd}}$

	避難階以外の階（当該階に設けられた直通階段の階段室と屋内とを連絡するバルコニー又は付室の床面積（バルコニーで床面積がないものにあっては，床部分の面積）の合計が当該階にあるベッドの数に4を乗じた数値以上であるものに限る。）	–	–	$t_{pass(floor),i} = \sum \dfrac{l_{floor}}{v_{crowd}}$
その他の用途	避難階	–	$t_{crowd(floor)} \leqq 3$ である場合	$t_{pass(floor),i} = \max \left(\sum \dfrac{l_{floor}}{v_{crowd}}, \ t_{crowd(floor)} \right)$
			$t_{crowd(floor)} > 3$ である場合	$t_{pass(floor),i} = \max \left(\sum \dfrac{l_{floor}}{v_{crowd}}, \ t_{crowd(floor)} \right) + 3 \times \max(1, N'-2)$
	避難階以外の階	屋内と階段室とが付室を通じて連絡しており，かつ，屋内と付室とが準耐火構造の壁又は法第2条第九号の二ロに規定する防火設備（令第112条第19項第二号に規定する構造であるものに限る。）で区画された直通階段	$t_{crowd(floor)} \leqq 6$ である場合	$t_{pass(floor),i} = \max \left(\sum \dfrac{l_{floor}}{v_{crowd}}, \ t_{crowd(floor)} \right)$
			$t_{crowd(floor)} > 6$ である場合	$t_{pass(floor),i} = \max \left(\sum \dfrac{l_{floor}}{v_{crowd}}, \ t_{crowd(floor)} \right) + 3 \times \max(1, N'-2)$
		その他の直通階段	$t_{crowd(floor)} \leqq 3$ である場合	$t_{pass(floor),i} = \max \left(\sum \dfrac{l_{floor}}{v_{crowd}}, \ t_{crowd(floor)} \right)$
			$t_{crowd(floor)} > 3$ である場合	$t_{pass(floor),i} = \max \left(\sum \dfrac{l_{floor}}{v_{crowd}}, \ t_{crowd(floor)} \right) + 3 \times \max(1, N'-2)$

この表において，$t_{pass(floor),i}$，l_{floor}，v_{crowd}，$t_{crowd(floor)}$ 及び N' は，それぞれ次の数値を表すものとする。

$t_{pass(floor),i}$　階出口通過時間（単位　min）

l_{floor}　　当該階の各室等の各部分から当該避難経路上にある当該階から直通階段への出口の一に至る歩行距離（単位　m）

v_{crowd}　　第一号ロに規定する滞留時歩行速度（単位　m/min）

$t_{crowd(floor)}$　当該階の各室等の用途及び当該避難経路上にある当該階から直通階段への出口の幅の合計に応じ，それぞれ次の表に掲げる式によって計算した階出口滞留時間（単位　min）

当該階の各室等の用途	当該避難経路上にある当該階から直通階段への出口の幅の合計	階出口滞留時間
児童福祉施設等（通所のみにより利用されるものに限る。）	$90B_{floor} \leqq R_{st(floor)}$ である場合	$t_{crowd(floor)} = \dfrac{P_{floor}}{45B_{floor}}$
	$90B_{floor} > R_{st(floor)}$ である場合	$t_{crowd(floor)} = \dfrac{P_{floor}}{0.5R_{st(floor)}}$
その他の用途	$90B_{floor} \leqq R_{st(floor)}$ である場合	$t_{crowd(floor)} = \dfrac{P_{floor}}{90B_{floor}}$
	$90B_{floor} > R_{st(floor)}$ である場合	$t_{crowd(floor)} = \dfrac{P_{floor}}{R_{st(floor)}}$

この表において，B_{floor}，$R_{st(floor)}$，$t_{crowd(floor)}$ 及び P_{floor} は，それぞれ次の数値を表すものとする。

B_{floor}　　当該避難経路上にある当該階から直通階段への出口の幅の合計（単位　m）

$R_{st(floor)}$　次の式によって計算した当該避難経路上の直通階段の有効流動量（単位　人/min）

$$R_{st(floor)} = D_{st(floor)}N_{st(floor)}$$

この式において，$R_{st(floor)}$，$D_{st(floor)}$ 及び $N_{st(floor)}$ は，それぞれ次の数値を表すものとする。

$R_{st(floor)}$　当該避難経路上の直通階段の有効流動量（単位　人/min）

$D_{st(floor)}$　当該直通階段の幅（単位　m）

$N_{st(floor)}$　当該直通階段の種類，避難の方向及び当該直通階段の幅に応じ，それぞれ次の表に掲げる式によって計算した当該直通階段の流動係数（単位　人/min·m）

当該直通階段の種類	避難の方向	当該直通階段の幅	当該直通階段の流動係数
屋内と階段室とが付室を通じて連絡しており，かつ，屋内と付室とが準耐火構造の壁若しくは不燃材料で造り，若しくは覆わ	下り	$D_{landing(floor)} < D_{st(floor)}$ である場合	$N_{st(floor)} = \min \left\{ 72 - 48\left(1 - \dfrac{D_{landing(floor)}}{D_{st(floor)}}\right), \right.$ $\left. 90\dfrac{D_{landing(floor)}}{D_{st(floor)}} \right\}$

		条件	$N_{st(floor)}$
れた壁又は法第2条第九号の二ロに規定する防火設備で令第112条第19項第二号に規定する構造であるもので区画された直通階段	上り	$D_{landing(floor)} \geq D_{st(floor)}$ である場合	$N_{st(floor)} = 72$
		$D_{landing(floor)} < D_{st(floor)}$ である場合	$N_{st(floor)} = \min\left\{60 - 36\left(1 - \dfrac{D_{landing(floor)}}{D_{st(floor)}}\right),\ 90\dfrac{D_{landing(floor)}}{D_{st(floor)}}\right\}$
		$D_{landing(floor)} \geq D_{st(floor)}$ である場合	$N_{st(floor)} = 60$
その他の直通階段	下り	$D_{landing(floor)} < D_{st(floor)}$ である場合	$N_{st(floor)} = \min\left\{72 - 48\left(1 - \dfrac{D_{landing(floor)}}{D_{st(floor)}}\right),\ 90\dfrac{D_{landing(floor)}}{D_{st(floor)}}\right\} \times 0.5^{\max(N'-2,0)}$
		$D_{landing(floor)} \geq D_{st(floor)}$ である場合	$N_{st(floor)} = 72 \times 0.5^{\max(N'-2,0)}$
	上り	$D_{landing(floor)} < D_{st(floor)}$ である場合	$N_{st(floor)} = \min\left\{60 - 36\left(1 - \dfrac{D_{landing(floor)}}{D_{st(floor)}}\right),\ 90\dfrac{D_{landing(floor)}}{D_{st(floor)}}\right\} \times 0.5^{\max(N'-2,0)}$
		$D_{landing(floor)} \geq D_{st(floor)}$ である場合	$N_{st(floor)} = 60 \times 0.5^{\max(N'-2,0)}$

この表において，$D_{landing(floor)}$，$D_{st(floor)}$，$N_{st(floor)}$及びN'は，それぞれ次の数値を表すものとする。

$D_{landing(floor)}$　　当該直通階段の踊り場の幅（単位　m）

$D_{st(floor)}$　　当該直通階段の幅（単位　m）

$N_{st(floor)}$　　当該直通階段の流動係数（単位　人/min·m）

N'　　当該建築物の階数

$t_{crowd(floor)}$　　階出口滞留時間（単位　min）

P_{floor}　　次の式によって計算した当該階に存する者のうち当該避難経路上にある当該階から直通階段への出口を通って避難する者の数（単位　人）

$$P_{floor} = \sum pA_{area(floor)} \times \left(\frac{B_{floor}}{B_{load(floor)}}\right)$$

> この式において，P_{floor}，p，$A_{area(floor)}$，B_{floor} 及び $B_{load(floor)}$ は，それぞれ次の数値を表すものとする。
>
> P_{floor}　　　当該階に存する者のうち当該避難経路上にある当該階から直通階段への出口を通って避難する者の数（単位　人）
>
> p　　　　第一号ロに規定する在館者密度（単位　人/m²）
>
> $A_{area(floor)}$　　当該階の各室等の各部分の床面積（単位　m²）
>
> B_{floor}　　　当該避難経路上にある当該階から直通階段への出口の幅の合計（単位　m）
>
> $B_{load(floor)}$　　当該階から直通階段への出口の幅の合計（単位　m）

　N'　当該建築物の階数

五　令第129条第3項第二号ハに規定する同項第一号ニの規定によって計算した階避難完了時間が経過した時における当該火災室において発生した火災により生じた煙等の当該階の各居室（当該火災室を除く。以下この号において同じ。）及び当該居室から直通階段（当該居室が避難階に存する場合にあっては地上）に通ずる主たる廊下その他の建築物の部分における高さ（当該室の基準点から煙等の下端の位置までの高さとする。）は，次のイからハまでに掲げる建築物の部分の区分に応じ，それぞれ当該イからハまでに定める数値とする。

イ　当該火災室に面する部分（当該火災室（居室であるものに限る。）を通らなければ避難することができない部分及びハに掲げる部分を除く。以下「火災室隣接部分」という。）　階避難完了時間，階避難完了時間が経過した時における当該火災室隣接部分の煙層上昇温度（以下単に「火災室隣接部分の煙層上昇温度」という。）及び当該火災室における漏煙開始時間に応じ，それぞれ次の表に掲げる式によって計算した数値（以下「火災室隣接部分の煙層下端高さ」という。）（単位　m）

階避難完了時間	火災室隣接部分の煙層上昇温度		当該火災室における漏煙開始時間	火災室隣接部分の煙層下端高さ
$t_{escape(floor)} >$ 10である場合	–			$Z_{floor} = 0$
$t_{escape(floor)} \leqq$ 10である場合	$\Delta T_{f,floor} > 180$ である場合		–	$Z_{floor} = 0$
	$\Delta T_{f,floor} \leqq$ 180である場合	$\Delta T_{f,floor} \leqq \sqrt{\dfrac{500}{3\,t_{pass(floor)}}}$ である場合	–	$Z_{floor} = 1.8$
		$\Delta T_{f,floor} > \sqrt{\dfrac{500}{3\,t_{pass(floor)}}}$ である場合	$t_{escape(floor)} \leqq t_{d(room)}$ である場合	$Z_{floor} = H_{floor}$
			$t_{escape(floor)} > t_{d(room)}$ である場合	$Z_{floor} = \max\Big[H_{floor} - \dfrac{\max\ (V_{s(f,floor)} - V_{e(f,floor)},\ 0.01)}{A_{floor}} \times (t_{escape(floor)} - t_{d(room)}),\ 0 \Big]$

この表において，$t_{escape(floor)}$，Z_{floor}，$\Delta T_{f,floor}$，$t_{pass(floor)}$，$t_{d(room)}$，H_{floor}，$V_{s(f,floor)}$，$V_{e(f,floor)}$ 及び A_{floor} は，それぞれ次の数値を表すものとする。

$t_{escape(floor)}$　前号に規定する階避難完了時間（単位　min）

Z_{floor}　　　火災室隣接部分の煙層下端高さ（単位　m）

$\Delta T_{f,floor}$　　次の式によって計算した火災室隣接部分の煙層上昇温度（単位　℃）

$$\Delta T_{f,floor} = \frac{Q_{f,floor}}{0.37Q_{f,floor}^{1/3} + 0.015A_{w(floor)}}$$

この式において，$\Delta T_{f,floor}$，$Q_{f,floor}$ 及び $A_{w(floor)}$ は，それぞれ次の数値を表すものとする。

$\Delta T_{f,floor}$　火災室隣接部分の煙層上昇温度（単位　℃）

$Q_{f,floor}$　　次の式によって計算した当該火災室からの噴出熱気流の運搬熱量（単位　kW）

$$Q_{f,floor} = \max \left| m_d - \frac{0.005\rho_{f,room}E_{f,room} \times \min\ (\Sigma C_d A_d A_{\alpha(floor,r)})}{\min\ (\Sigma C_d A_d,\ A_{\alpha(floor,r)})\ + A_{\alpha(f,room)}},\ 0 \right| \times \Delta T_{f,room}$$

この式において，$Q_{f,floor}$，m_d，$\rho_{f,room}$，$E_{f,room}$，C_d，A_d，$A_{\alpha(floor,r)}$，$A_{\alpha(f,room)}$ 及び $\Delta T_{f,room}$ は，それぞれ次の数値を表すものとする。

$Q_{f,floor}$　当該火災室からの噴出熱気流の運搬熱量（単位　kW）

m_d　　　次に掲げる式によって計算した当該火災室からの噴出熱気流の質量流量（単位　kg/s）

$$m_d = 0.5H_{d(max)}^{1/2}\Sigma C_d A_d + 0.5\Sigma C_w B_w H_w^{3/2}$$

この式において，m_d，$H_{d(max)}$，C_d，A_d，C_w，B_w 及び H_w は，それぞれ次の数値を表すものとする。

m_d　　　当該火災室からの噴出熱気流の質量流量（単位　kg/s）

$H_{d(max)}$　当該火災室の当該火災室隣接部分に面する壁に設けられた各開口部の下端のうち最も低い位置から当該各開口部の上端のうち最も高い位置までの高さ（単位　m）

C_d　　　当該火災室の当該火災室隣接部分に面する壁に設けられた開口部の種類に応じ，それぞれ次の表に定める当該火災室の当該火災室隣接部分に面する壁に設けられた開口部の開口率

当該火災室の当該火災室隣接部分に面する壁に設けられた開口部の種類		当該火災室の当該火災室隣接部分に面する壁に設けられた開口部の開口率
法第2条第九号の二ロに規定する防火設備が設けられたもの	令第112条第19項第一号に規定する構造である防火設備（同項第二号に規定する構造であるものを除く。）が設けられたもの	0.01
	令第112条第19項第二号に規定する構造である防火設備が設けられたもの	0.001

10分間防火設備（法第2条第九号のニロに規定する防火設備を除き，令第112条第19項第二号に規定する構造であるものに限る。）が設けられたもの（当該火災室の壁（床面からの高さが1.2m以下の部分を除く。）及び天井の室内に面する部分（回り縁，窓台その他これらに類する部分を除く。）の仕上げを木材等でしたものにあっては，当該火災室にスプリンクラー設備等が設けられている場合に限る。）	昭和48年建設省告示第2564号第一号ロに定める構造方法を用いる構造である防火設備（同告示別記に規定する遮煙性能試験に合格したものに限る。）が設けられたもの	0.001
	その他のもの	0.01
その他のもの		1.0

A_d　当該火災室の当該火災室隣接部分に面する壁に設けられた開口部の開口面積（単位　m²）

C_w　当該火災室の内装仕上げの種類及び当該火災室隣接部分に面する壁の種類に応じ，それぞれ次の表に定める当該火災室の当該火災室隣接部分に面する壁の開口率

当該火災室の内装仕上げの種類	当該火災室の当該火災室隣接部分に面する壁の種類	当該火災室の当該火災室隣接部分に面する壁の開口率
壁（床面からの高さが1.2m以下の部分を除く。）及び天井の室内に面する部分（回り縁，窓台その他これらに類する	準耐火構造の壁又は不燃材料で造り，若しくは覆われた壁（以下この表において「準耐火構造の壁等」という。）	0
	その他の壁	1.0

部分を除く。）の仕上げを木材等でしたもの				
その他のもの	準耐火構造の壁等			0
	準不燃材料で造り，又は覆われた壁（準耐火構造の壁等を除く。）			0
	難燃材料（準不燃材料を除く。）で造り，又は覆われた壁（準耐火構造の壁等を除く。）	$t_{escape(floor)} \leqq$ 5である場合		0
		$t_{escape(floor)} >$ 5である場合		1.0
	その他の壁			1.0

この表において，$t_{escape(floor)}$は前号に規定する階避難完了時間（単位　min）を表すものとする。

B_w　　当該火災室の当該火災室隣接部分に面する壁の幅（単位　m）

H_w　　当該火災室の当該火災室隣接部分に面する壁の高さ（単位　m）

$\rho_{f,room}$　　次の式によって計算した階避難完了時間が経過した時における当該火災室の煙層密度（以下単に「当該火災室の煙層密度」という。）（単位　kg/m³）

$$\rho_{f,room} = \frac{353}{\Delta T_{f,room} + 293}$$

この式において，$\rho_{f,room}$ 及び $\Delta T_{f,room}$ は，それぞれ次の数値を表すものとする。

$\rho_{f,room}$　　当該火災室の煙層密度（単位　kg/m³）

$\Delta T_{f,room}$　　階避難完了時間に応じ，それぞれ次の表に掲げる式によって計算した階避難完了時間が経過した時における当該火災室の煙層上昇温度（以下単に「当該火災室の煙層上昇温度」という。）（単位　℃）

階避難完了時間	当該火災室の煙層上昇温度
$t_{escape(floor)} \leqq$ $t_{m(floor)}$ である場合	$\Delta T_{f,room} = \min \left[\dfrac{Q_{f,room}}{0.04 Q_{f,room}^{1/3} H_{room}^{5/3} + 0.015 A_{w(f,room)} + 0.34 m_{sp} H_{room}}, \ \Delta T_{room(max)} \right]$

| $t_{escape(floor)} >$ $t_{m(floor)}$ である場合 | $\Delta T_{f,room} = \Delta T_{room(max)}$ |

この表において，$t_{escape(floor)}$，$t_{m(floor)}$，$\Delta T_{f,room}$，$Q_{f,room}$，H_{room}，$A_{w(f,room)}$，m_{sp} 及び $\Delta T_{room(max)}$ は，それぞれ次の数値を表すものとする。

$t_{escape(floor)}$　前号に規定する階避難完了時間（単位　min）

$t_{m(floor)}$　　当該火災室又は当該火災室に隣接する室の内装仕上げの種類に応じ，それぞれ次の表に掲げる式によって計算した当該火災室又は当該火災室に隣接する室の燃焼抑制時間のうち最小のもの（以下「火災室燃焼抑制時間」という。）（単位　min）

	当該火災室又は当該火災室に隣接する室の内装仕上げの種類	当該火災室又は当該火災室に隣接する室の燃焼抑制時間
(一)	壁（床面からの高さが1.2m以下の部分を除く。以下この表において同じ。）及び天井の室内に面する部分（回り縁，窓台その他これらに類する部分を除く。以下この表において同じ。）の仕上げを不燃材料でしたもの	$t_{m(floor),i} = 20$
(二)	壁及び天井の室内に面する部分の仕上げを準不燃材料でしたもの（(一)に掲げるものを除く。）	$t_{m(floor),i} = 10$
(三)	壁及び天井の室内に面する部分の仕上げを難燃材料でしたもの又は壁の室内に面する部分の仕上げを木材等でし，かつ，天井の室内に面する部分の仕上げを準不燃材料でしたもの（(一)及び(二)に掲げるものを除く。）	$t_{m(floor),i} = 5$

（四）	壁及び天井の室内に面する部分の仕上げを木材等でしたもの（（一）から（三）までに掲げるものを除く。）	$t_{m(floor),i} = \min\left\{ t_{0(floor)} + \dfrac{1}{60}, \left(\dfrac{18H_{floor(min)}^{5.2}}{\alpha_{floor,i}}\right)^{1/2}, 2 \right\}$

この表において，$t_{m(floor),i}$，$t_{0(floor)}$，$H_{floor(min)}$及び $\alpha_{floor,i}$は，それぞれ次の数値を表すものとする。

> $t_{m(floor),i}$　当該火災室又は当該火災室に隣接する室の燃焼抑制時間（単位　min）
>
> $t_{0(floor)}$　　前号イに規定する当該火災室の燃焼拡大補正時間（単位　min）
>
> $H_{floor(min)}$　当該室の基準点から天井の最も低い位置までの高さ（単位　m）
>
> $\alpha_{floor,i}$　　前号イに規定する当該火災室又は当該火災室に隣接する室の火災成長率

$\Delta T_{f,room}$　当該火災室の煙層上昇温度（単位　℃）

$Q_{f,room}$　階避難完了時間に応じ，それぞれ次の表に掲げる式によって計算した当該火災室における1秒間当たりの発熱量（単位　kW）

階避難完了時間	当該火災室における1秒間当たりの発熱量
$t_{escape(floor)} \leqq \dfrac{5}{3}$ である場合	$Q_{f,room} = 0.01\,(60 t_{escape(floor)})^2$
$t_{escape(floor)} > \dfrac{5}{3}$ である場合	$Q_{f,room} = \alpha_{floor}\,(60 t_{escape(floor)} - 60 t_{0(floor)})^2$

この表において，$t_{escape(floor)}$，$Q_{f,room}$，α_{floor}及び $t_{0(floor)}$は，それぞれ次の数値を表すものとする。

> $t_{escape(floor)}$　前号に規定する階避難完了時間（単位　min）
>
> $Q_{f,room}$　　当該火災室における1秒間当たりの発熱量（単位　kW）
>
> α_{floor}　　前号イに規定する火災室火災成長率
>
> $t_{0(floor)}$　　前号イに規定する当該火災室の燃焼拡大補正時間（単位　min）

H_{room}　　当該火災室の基準点から天井までの高さの平均（単位　m）

$A_{w(f,room)}$　当該火災室の壁（基準点からの高さが天井の高さの1／2以下の部分を除く。）及び天井の室内に面する部分の表面積（単位　m²）

m_{sp}　当該火災室のスプリンクラー設備等（スプリンクラー設備又は水噴霧消火設備で自動式のものに限る。以下このイにおいて同じ。）の設置の状況に応じ，それぞれ次の表に定めるスプリンクラー設備等の1秒間当たりの有効散水量（単位　kg/s）

当該火災室のスプリンクラー設備等の設置の状況	スプリンクラー設備等の1秒間当たりの有効散水量
スプリンクラー設備等が設けられている場合	2.7
その他の場合	0

$\Delta T_{room(max)}$　第二号に規定する最大煙層上昇温度（単位　℃）

$E_{f, room}$　当該火災室に設けられた限界煙層高さ有効開口部（壁又は天井に設けられた開口部の床面からの高さが限界煙層高さ（令和2年国土交通省告示第510号第四号に規定する限界煙層高さをいう。以下同じ。）以上の部分をいう。以下同じ。）の種類に応じ，それぞれ次の表に掲げる式によって計算した当該火災室に設けられた各限界煙層高さ有効開口部及び当該限界煙層高さ有効開口部の開放に伴い開放される当該火災室に設けられた他の限界煙層高さ有効開口部のうち当該限界煙層高さ有効開口部からの距離が30m以内であるもの（以下「他の限界煙層高さ有効開口部」という。）の排煙量の合計のうち最小のもの（当該火災室に設けられた限界煙層高さ有効開口部の種類が同表㈡に掲げるものである場合にあっては，当該火災室に設けられた各限界煙層高さ有効開口部及び他の限界煙層高さ有効開口部の排煙量の合計のうち最小のもの又は当該火災室に設けられた給気口（当該火災室に設けられた限界煙層高さ有効開口部の開放に伴い開放され又は常時開放状態にある給気口に限る。）の開口面積の合計に550を乗じたもののうち，いずれか小さい数値。以下「当該火災室の排煙量」という。）（単位　m³/min）

当該火災室に設けられた限界煙層高さ有効開口部の種類		当該火災室に設けられた各限界煙層高さ有効開口部の排煙量
㈠	限界煙層高さ有効開口部を排煙口とした場合に，当該火災室に設けられた排煙設備が自然排煙関係規定に適合し，かつ，当該火災室の壁の床面からの高さが限界煙層高さ以下の部分に排煙口の開放に連動して自動的に開放され又は常時開放状	$e_{f, room} = 186 \left(\dfrac{1.205 - \rho_{f, room}}{\rho_{f, room}} \right)^{1/2}$ $\times \max \left\{ \dfrac{A_{s(f, room)} \sqrt{h_{s(f, room)}}}{4} , \right.$ $\left. \dfrac{A_{s(f, room)} \sqrt{H_{c(f, room)} - H_{lim}}}{\sqrt{1 + \left(\dfrac{A'_{s(f, room)}}{A_{\alpha(f, room)}} \right)^2}} \right\}$

				態にある給気口が設けられたもの（当該火災室に設けられた当該排煙設備以外の排煙設備が機械排煙関係規定に適合する場合を除く。）	
			(二)	限界煙層高さ有効開口部を排煙口とした場合に，当該火災室に設けられた排煙設備が機械排煙関係規定に適合し，かつ，当該火災室の壁の床面からの高さが限界煙層高さ以下の部分に排煙口の開放に連動して自動的に開放され又は常時開放状態にある給気口が設けられたもの（当該火災室の煙層上昇温度が260℃以上である場合にあっては，排煙口が，厚さが1.5mm以上の鉄板又は鋼板で造り，かつ，厚さが25mm以上のロックウールで覆われた風道に直結するものに限る。）（当該火災室に設けられた当該排煙設備以外の排煙設備が自然排煙関係規定に適合する場合を除く。）	$e_{f,\,room} = \min \left\{ w_{f,\,room},\ 3.7 \times 10^4 \dfrac{\Delta T_{f,\,room}}{\rho_{f,\,room}(\Delta T_{f,\,room} + 293)^2} \left(H_{c(f,\,room)} - H_{lim}\right) w_{f,\,room}{}^{3.5} \right\}$
			(三)	その他の限界煙層高さ有効開口部	$e_{f,\,room} = 0$

この表において，$e_{f,\,room}$，$\rho_{f,\,room}$，$A_{s(f,\,room)}$，$h_{s(f,\,room)}$，$H_{c(f,room)}$，H_{lim}，$A'_{s(f,\,room)}$，$A_{\alpha(f,\,room)}{}'$，$w_{f,\,room}$ 及び $\Delta T_{f,\,room}$ は，それぞれ次の数値を表すものとする。

$e_{f,\,room}$　　当該火災室に設けられた各限界煙層高さ有効開口部の排煙量（単位　m³/min）

$\rho_{f,\,room}$　　当該火災室の煙層密度（単位　kg/m³）

$A_{s(f,\,room)}$　　当該限界煙層高さ有効開口部の開口面積（単位　m²）

$h_{s(f,\,room)}$　　当該限界煙層高さ有効開口部の上端と下端の垂直距離（単位　m）

$H_{c(f,\,room)}$　　当該火災室の基準点から当該限界煙層高さ有効開口部の中心までの高さ（単位　m）

H_{lim}　　　　限界煙層高さ（単位　m）

$A'_{s(f,\,room)}$　　当該限界煙層高さ有効開口部及び他の限界煙層高さ有効開口部の開口面積の合計（単位　m²）

$A_{\alpha(f,room)}{}'$　　当該火災室に設けられた給気口（当該限界煙層高さ有効開口部の開放に伴い開放され又は常時開放状態にある給気口に限る。）の開口面積の合計（単位　m²）

$W_{f,room}$　　　当該限界煙層高さ有効開口部の排煙機の空気を排出することができる能力（単位　m³/min）

$\Delta T_{f,room}$　　当該火災室の煙層上昇温度（単位　℃）

C_d　　　　当該火災室の当該火災室隣接部分に面する壁に設けられた開口部の開口率

A_d　　　　当該火災室の当該火災室隣接部分に面する壁に設けられた開口部の開口面積（単位　m²）

$A_{\alpha(floor,r)}$　　当該火災室隣接部分に設けられた給気口（当該火災室に設けられた限界煙層高さ有効開口部の開放に伴い開放され又は常時開放状態にあるものに限る。）の開口面積の合計（単位　m²）

$A_{\alpha(f,room)}$　　当該火災室に設けられた給気口（当該火災室に設けられた限界煙層高さ有効開口部の開放に伴い開放され又は常時開放状態にあるものに限る。）の開口面積の合計（単位　m²）

$\Delta T_{f,room}$　　当該火災室の煙層上昇温度（単位　℃）

$A_{w(floor)}$　当該火災室隣接部分の壁（基準点からの高さが1.8m以下の部分を除く。）及び天井の室内に面する部分の表面積（単位　m²）

$t_{pass(floor)}$　前号ロに規定する階出口通過時間のうち最大のもの（単位　min）

$t_{d(room)}$　次の式によって計算した当該火災室における漏煙開始時間（単位　min）

$$t_{d(room)} = \min\left[\frac{A_{room}\,(Z_{phase1(floor)} - H_{lim})}{\max\,(V_{s(f,room)} - V_{e(f,room)},\ 0.01)} + \frac{5}{3},\ t_{m(floor)}\right]$$

この式において，$t_{d(room)}$，A_{room}，$Z_{phase1(floor)}$，H_{lim}，$V_{s(f,room)}$，$V_{e(f,room)}$ 及び $t_{m(floor)}$ は，それぞれ次の数値を表すものとする。

$t_{d(room)}$　　　当該火災室における漏煙開始時間（単位　min）

A_{room}　　　当該火災室の床面積（単位　m²）

$Z_{phase1(floor)}$　　次の式によって計算した火災発生後100秒間が経過した時における当該火災室の基準点から煙等の下端の位置までの高さ（以下「火災室煙層下端高さ」という。）（単位　m）

$$Z_{phase1(floor)} = \max\left[\left\{\frac{26}{\rho_{f,room}\,A_{room}} + \frac{1}{(H_{room} + h_{room})^{2/3}}\right\}^{-3/2} - h_{room},\ H_{lim}\right]$$

この式において，$Z_{phase1(floor)}$，$\rho_{f,room}$，A_{room}，H_{room}，h_{room} 及び H_{lim} は，それぞれ次の数値を表すものとする。

$Z_{phase1(floor)}$　　火災発生後100秒間が経過した時における火災室煙層下端高さ（単位　m）

$\rho_{f,room}$　　　当該火災室の煙層密度（単位　kg/m³）

A_{room}　　　当該火災室の床面積（単位　m²）

H_{room}　　　当該火災室の基準点から天井までの高さの平均（単位　m）

h_{room}　　　当該火災室の床面の最も低い位置から基準点までの高さ（単位　m）

H_{lim}　　　限界煙層高さ（単位　m）

H_{lim}　　限界煙層高さ（単位　m）

$V_{s(f,room)}$　次の式によって計算した当該火災室の煙等発生量（単位　m³/min）

$$V_{s(f,room)} = \cfrac{4.2\left(\cfrac{Q_{f,room}}{3}\right)^{1\cdot3}\left\{(Z_{phase1(floor)}+h_{room})^{5\cdot3}+(H_{lim}+h_{room})^{5\cdot3}\right\}}{\rho_{f,room}}$$

$\left[\begin{array}{l}
\text{この式において，} V_{s(f,room)}, Q_{f,room}, Z_{phase1(floor)}, h_{room}, H_{lim} \text{及び} \rho_{f,room} \\
\text{は，それぞれ次の数値を表すものとする。}
\end{array}\right.$

　　$V_{s(f,room)}$　　当該火災室の煙等発生量（単位　m³/min）

　　$Q_{f,room}$　　　当該火災室における 1 秒間当たりの発熱量（単位　kW）

　　$Z_{phase1(floor)}$　火災発生後100秒間が経過した時における火災室煙層下端
　　　　　　　　高さ（単位　m）

　　h_{room}　　　　当該火災室の床面の最も低い位置から基準点までの高さ
　　　　　　　　（単位　m）

　　H_{lim}　　　　　限界煙層高さ（単位　m）

　　$\rho_{f,room}$　　　当該火災室の煙層密度（単位　kg/m³）

$V_{e(f,room)}$　　次の式によって計算した当該火災室の有効排煙量（単位　m³/min）

$$V_{e(f,room)} = \min\ (1.5A_{room}{}^{-0.15},\ 0.8)\ \times\left(\frac{\overline{H}_{st(room)}-H_{lim}}{H_{top(room)}-H_{lim}}\right)E_{f,room}$$

$\left[\begin{array}{l}
\text{この式において，} V_{e(f,room)}, A_{room}, \overline{H}_{st(room)}, H_{lim}, H_{top(room)} \text{及び} E_{f,room} \\
\text{は，それぞれ次の数値を表すものとする。}
\end{array}\right.$

　　$V_{e(f,room)}$　　当該火災室の有効排煙量（単位　m³/min）

　　A_{room}　　　　当該火災室の床面積（単位　m²）

　　$\overline{H}_{st(room)}$　　当該火災室の基準点から当該火災室に設けられた各限界煙
　　　　　　　　層高さ有効開口部の上端までの高さの平均（単位　m）

　　H_{lim}　　　　　限界煙層高さ（単位　m）

　　$H_{top(room)}$　　当該火災室の基準点から天井までの高さのうち最大のもの
　　　　　　　　（単位　m）

　　$E_{f,room}$　　　当該火災室の排煙量（単位　m³/min）

　　$t_{m(floor)}$　　火災室燃焼抑制時間（単位　min）

H_{floor}　　　　当該火災室隣接部分の基準点から天井までの高さの平均（単位　m）

$V_{s(f,floor)}$　　次の式によって計算した当該火災室隣接部分の煙等発生量（単位　m³/min）

$$V_{s(f,floor)} = \cfrac{4.2Q_{f,floor}{}^{1\cdot3}\left\{(H_{floor}+h_{floor})^{5\cdot3}+(1.8+h_{floor})^{5\cdot3}\right\}}{\rho_{f,floor}}$$

$\left[\begin{array}{l}
\text{この式において，} V_{s(f,floor)}, Q_{f,floor}, H_{floor}, h_{floor} \text{及び} \rho_{f,floor} \text{は，それぞれ次の数} \\
\text{値を表すものとする。}
\end{array}\right.$

　　$V_{s(f,floor)}$　　当該火災室隣接部分の煙等発生量（単位　m³/min）

　　$Q_{f,floor}$　　　当該火災室からの噴出熱気流の運搬熱量（単位　kW）

　　H_{floor}　　　　当該火災室隣接部分の基準点から天井までの高さの平均（単位　m）

　　h_{floor}　　　　当該火災室隣接部分の床面の最も低い位置から基準点までの高さ（単
　　　　　　　　位　m）

　　$\rho_{f,floor}$　　　次の式によって計算した階避難完了時間が経過した時における当該火
　　　　　　　　災室隣接部分の煙層密度（以下単に「火災室隣接部分の煙層密度」という。）
　　　　　　　　（単位　kg/m³）

$$\rho_{f,floor} = \frac{353}{\Delta T_{f,floor}+293}$$

$\left[\begin{array}{l}
\text{この式において，} \rho_{f,floor} \text{及び} \Delta T_{f,floor} \text{は，それぞれ次の数値を表すもの} \\
\text{とする。}
\end{array}\right.$

　　　　$\rho_{f,floor}$　　火災室隣接部分の煙層密度（単位　kg/m³）

　　　　$\Delta T_{f,floor}$　　火災室隣接部分の煙層上昇温度（単位　℃）

$V_{e(f,floor)}$　次の式によって計算した当該火災室隣接部分の有効排煙量（単位　m³/min）

$$V_{e(f,floor)} = \min\ (1.5A_{floor}^{-0.15},\ 0.8)\ \times \left(\frac{\overline{H}_{st(floor)} - 1.8}{H_{top(floor)} - 1.8}\right) E_{f,floor}$$

この式において，$V_{e(f,floor)}$，A_{floor}，$\overline{H}_{st(floor)}$，$H_{top(floor)}$ 及び $E_{f,floor}$ は，それぞれ次の数値を表すものとする。

　$V_{e(f,floor)}$　　当該火災室隣接部分の有効排煙量（単位　m³/min）

　A_{floor}　　　　当該火災室隣接部分の床面積（単位　m²）

　$\overline{H}_{st(floor)}$　　　当該火災室隣接部分の基準点から当該火災室隣接部分に設けられた各有効開口部の上端までの高さの平均（単位　m）

　$H_{top(floor)}$　　当該火災室隣接部分の基準点から天井までの高さのうち最大のもの（単位　m）

　$E_{f,floor}$　　　当該火災室隣接部分に設けられた有効開口部の種類に応じ，それぞれ次の表に掲げる式によって計算した当該火災室隣接部分に設けられた各有効開口部及び当該有効開口部の開放に伴い開放される当該火災室隣接部分に設けられた他の有効開口部のうち当該有効開口部からの距離が30m以内であるもの（以下「他の有効開口部」という。）の排煙量の合計のうち最小のもの（当該火災室隣接部分に設けられた有効開口部の種類が同表㈡に掲げるものである場合にあっては，当該火災室隣接部分に設けられた各有効開口部及び他の有効開口部の排煙量の合計のうち最小のもの又は当該火災室隣接部分に設けられた給気口（当該火災室隣接部分に設けられた有効開口部の開放に伴い開放され又は常時開放状態にある給気口に限る。）の開口面積の合計に550を乗じたもののうち，いずれか小さい数値）（単位　m³/min）

当該火災室隣接部分に設けられた 有効開口部の種類		当該火災室隣接部分に設けられた各有効開口部の排煙量
㈠	有効開口部を排煙口とした場合に，当該火災室隣接部分に設けられた排煙設備が自然排煙関係規定に適合し，かつ，当該火災室隣接部分の壁の床面からの高さが1.8m以下の部分に排煙口の開放に連動して自動的に開放され又は常時開放状態にある給気口が設けられたもの（当該火災室隣接部分に設けられた当該排煙設備以外の排煙設備が機械排煙関係規定に適合する場合を除く。）	$e_{f,floor} = 186\left(\dfrac{1.205 - \rho_{f,floor}}{\rho_{f,floor}}\right)^{1.2}$ $\times \max\left\{\dfrac{A_{s(f,floor)}\ \sqrt{h_{s(f,floor)}}}{4},\right.$ $\left.\dfrac{A_{s(f,floor)}\ \sqrt{H_{c(f,floor)} - 1.8}}{\sqrt{1 + \left(\dfrac{A'_{s(f,floor)}}{A_{a(f,floor)}}\right)^2}}\right\}$
㈡	有効開口部を排煙口とした場合に，当該火災室隣接部分に設けられた排煙設備が機械排煙関係規定に適合し，かつ，当該火災室隣接部分の壁の床面からの高さが1.8m以下の部分に排煙口の開放に連動して自動的に開放され又は常時開放状態にある給気口が設けられたもの（当該火災室隣接部分に設けられた当該排煙設備以外の排煙設備が自然排煙関係規定に適合する場合を除く。）	$e_{f,floor} = \min\left\{w_{f,floor},\ 3.7\right.$ $\times 10^4\ \dfrac{\Delta T_{f,floor}}{\rho_{f,floor}(\Delta T_{f,floor} + 293)^2}$ $\left.(H_{c(f,floor)} - 1.8)\ w_{f,floor}^{3/5}\right\}$

(二)	その他の有効開口部	$e_{f,floor} = 0$

この表において、$e_{f,floor}$、$\rho_{f,floor}$、$A_{s(f,floor)}$、$h_{s(f,floor)}$、$H_{c(f,floor)}$、$A'_{s(f,floor)}$、$A_{a(f,floor)}$、$w_{f,floor}$ 及び $\Delta T_{f,floor}$ は、それぞれ次の数値を表すものとする。

$e_{f,floor}$　　当該火災室隣接部分に設けられた各有効開口部の排煙量（単位　m³/min）

$\rho_{f,floor}$　　火災室隣接部分の煙層密度（単位　kg/m³）

$A_{s(f,floor)}$　　当該有効開口部の開口面積（単位　m²）

$h_{s(f,floor)}$　　当該有効開口部の上端と下端の垂直距離（単位　m）

$H_{c(f,floor)}$　　当該火災室隣接部分の基準点から当該有効開口部の中心までの高さ（単位　m）

$A'_{s(f,floor)}$　　当該有効開口部及び他の有効開口部の開口面積の合計（単位　m²）

$A_{a(f,floor)}$　　当該火災室隣接部分に設けられた給気口（当該有効開口部の開放に伴い開放され又は常時開放状態にある給気口に限る。）の開口面積の合計（単位　m²）

$w_{f,floor}$　　当該有効開口部の排煙機の空気を排出することができる能力（単位　m³/min）

$\Delta T_{f,floor}$　　火災室隣接部分の煙層上昇温度（単位　℃）

A_{floor}　当該火災室隣接部分の床面積（単位　m²）

ロ　火災室隣接部分以外の部分（ハに掲げる部分を除く。）　　イの規定によって計算した各火災室隣接部分の煙層下端高さのうち最小のものに応じ，それぞれ次の表に定める数値（以下「火災室隣接部分以外の部分の煙層下端高さ」という。）（単位　m）

各火災室隣接部分の煙層下端高さのうち最小のもの	火災室隣接部分以外の部分の煙層下端高さ
1.8m 以上である場合	1.8
1.8m 未満である場合	0

ハ　直通階段の付室（当該直通階段の階段室又は当該付室の構造が平成28年国土交通省告示第696号に定める構造方法（同告示第四号に定める構造方法にあっては，送風機が1分間につき90m³以上の空気を排出することができる能力を有するものに限る。）を用いる構造であるものに限る。）　　1.8m

六　令第129条第3項第二号ニに規定する避難上支障のある高さは，1.8mとする。

　　附　則　（略）

火災により生じた煙又はガスの高さに基づく
全館避難安全検証法に関する算出方法等を定める件

令和 3 年 5 月 28 日　　国土交通省告示第476号

建築基準法施行令（昭和25年政令第338号）第129条の 2 第 4 項第一号ロ並びに第二号ロ及びハの規定に基づき，火災により生じた煙又はガスの高さに基づく全館避難安全検証法に関する算出方法等を次のように定める。

　一　この告示は，次に掲げる基準に適合する建築物について適用する。

　　イ　直通階段（避難階又は地上に通ずるものに限る。以下同じ。）の階段室と屋内とを連絡するバルコニー又は付室の床面積（バルコニーで床面積がないものにあっては，床部分の面積。以下このイにおいて「付室面積」という。）がそれぞれ10m²以上であり，かつ，避難階以外の各階における付室面積の合計が，次の式によって計算した必要付室面積以上であること。

$$A_{att} = \sum k_r p A_{floor}$$

　　　この式において，A_{att}，k_r，p 及び A_{floor} は，それぞれ次の数値を表すものとする。

　　　A_{att}　必要付室面積（単位　m²）

　　　k_r　当該階の各室及び当該階を通らなければ避難することができない建築物の部分（以下このイにおいて「当該階の各室等」という。）の用途に応じ，それぞれ次の表に定める自力避難困難者混在率

当該階の各室等の用途	自力避難困難者混在率
児童福祉施設等（建築基準法施行令（以下「令」という。）第115条の 3 第一号に規定する児童福祉施設等をいう。以下同じ。）（通所のみにより利用されるものに限る。）	1.0
その他の用途（病院，診療所（患者の収容施設があるものに限る。）及び児童福祉施設等を除く。）	0.02

　　　p　　令和 3 年国土交通省告示第474号第一号ロに規定する在館者密度（単位　人/m²）

　　　A_{floor}　当該階の各室等の各部分の床面積（単位　m²）

　　ロ　令第123条第 3 項に規定する特別避難階段への出口を有する室が同項第二号並びに第四号，第六号及び第九号の規定（これらの規定中バルコニー又は付室に係る部分に限る。）に定める構造であること。

　　ハ　竪穴部分（令第112条第11項に規定する竪穴部分をいい，直通階段の部分を除く。以下同じ。）の壁及び天井（天井のない場合においては，屋根。以下同じ。）の室内に面する部分の仕上げを準不燃材料でしたものであること。

　二　令第129条の 2 第 4 項第二号に規定する方法を用いる場合における同項第一号ロに規定する当該建築物に存する者（以下「在館者」という。）の全てが，当該火災室で火災が発生してから当該建築物からの避難を終了するまでに要する時間（以下「避難完了時間」という。）は，次に掲げる時間を合計して計算するものとする。

　　イ　当該建築物の用途に応じ，それぞれ次の表に掲げる式によって計算した火災が発生してから在館者が避難を開始するまでに要する時間（以下「避難開始時間」という。）

（単位 min）

当該建築物の用途	避難開始時間
共同住宅，ホテルその他これらに類する用途（病院，診療所及び児童福祉施設等を除く。）	$t_{start} = \min \left(5 \times 10^{-3} L_{wall}^{6.5}, \dfrac{2 \times 10^{-3} L_{wall}^{6.5}}{\alpha^{1.5}} + t_0 \right) + 8$
その他の用途（病院，診療所（患者の収容施設があるものに限る。）及び児童福祉施設等（通所のみに利用されるものを除く。）を除く。）	$t_{start} = \min \left(5 \times 10^{-3} L_{wall}^{6.5}, \dfrac{2 \times 10^{-3} L_{wall}^{6.5}}{\alpha^{1.5}} + t_0 \right) + 6$

この表において，t_{start}，L_{wall}，α及びt_0は，それぞれ次の数値を表すものとする。

t_{start}　避難開始時間（単位　min）

L_{wall}　準耐火構造であるか，若しくは不燃材料で造り，若しくは覆われた床若しくは壁又は建築基準法（昭和25年法律第201号。以下「法」という。）第2条第九号の二ロに規定する防火設備で区画された部分で当該火災室を含むもの（当該火災室が準耐火構造であるか，若しくは不燃材料で造り，若しくは覆われた床若しくは壁又は法第2条第九号の二ロに規定する防火設備で区画された部分である場合にあっては，当該火災室。以下「火災部分」という。）の周長（単位　m）

α　次の式によって計算した火災部分の各室の火災成長率のうち最大のもの（以下「火災部分火災成長率」という。）

$$\alpha_i = \max \left| 5.8 \times 10^{-4} \left(0.26 q_l^{1.3} - \phi_{sp} \right) q_l^{2/3}, \ 0.0125 \right| \times k_m$$

　この式において，α_i，q_l，ϕ_{sp}及びk_mは，それぞれ次の数値を表すものとする。

　　α_i　火災部分の各室の火災成長率

　　q_l　積載可燃物の1 m²当たりの発熱量（令和3年国土交通省告示第474号第一号イに規定する積載可燃物の1 m²当たりの発熱量をいう。以下同じ。）（単位　MJ/m²）

　　ϕ_{sp}　令和3年国土交通省告示第475号第四号イに規定する燃焼表面積低減率

　　k_m　令和3年国土交通省告示第475号第一号イに規定する内装燃焼係数

t_0　次の式によって計算した火災部分の燃焼拡大補正時間（単位　min）

$$t_0 = \frac{100 - \left(\dfrac{100}{\alpha} \right)^{1/2}}{60}$$

　この式において，t_0及びαは，それぞれ次の数値を表すものとする。

　　t_0　火災部分の燃焼拡大補正時間（単位　min）

　　α　火災部分火災成長率

ロ　次の式によって計算した在館者が当該建築物の各室の各部分から地上への出口（幅が60cm未満であるものを除く。）の一に達し，かつ，当該出口を通過するために要する時間（以下「出口通過時間」という。）（単位　min）

$$t_{pass} = t_{escape(w)} + t_{escape(c)}$$

　この式において，t_{pass}，$t_{escape(w)}$及び$t_{escape(c)}$は，それぞれ次の数値を表すものとする。

　　t_{pass}　出口通過時間（単位　min）

　　$t_{escape(w)}$　平成27年国土交通省告示第255号第1第4項に規定する当該建築物の各部分から地上までの避難を終了するまでに要する歩行時間のうち最大のもの（単位　min）

$t_{escape(c)}$　平成27年国土交通省告示第255号第1第4項に規定する当該建築物の各部分から地上までの避難を終了するまでに要する各階段における滞留時間のうち最大のもの（単位　min）

三　令第129条の2第4項第二号ロに規定する同項第一号ロの規定によって計算した避難完了時間が経過した時における当該火災室において発生した火災により生じた煙又はガス（以下「煙等」という。）の階段の部分及び当該火災室の存する階（以下「出火階」という。）の直上階以上の各階の各部分における高さ（当該各部分の基準点（床面の最も高い位置をいう。以下同じ。）から煙等の下端の位置までの高さとする。）は，次のイ又はロに掲げる建築物の部分の区分に応じ，それぞれ当該イ又はロに定める数値とする。

イ　直通階段の部分　　出火階の種類，当該直通階段に隣接する各室（出火階にあるものに限る。以下「階段隣接室」という。）における煙等の高さ（当該各室の基準点から煙等の下端の位置までの高さとする。以下「階段隣接室の煙層下端高さ」という。）のうち最小のもの及び当該直通階段から地上に至る経路上にある各室（以下「階段避難経路の部分」という。）における煙等の高さ（当該各室の基準点から煙等の下端の位置までの高さとする。以下「階段避難経路の部分の煙層下端高さ」という。）のうち最小のものに応じ，それぞれ次の表に掲げる式によって計算した数値（以下「直通階段の部分の煙層下端高さ」という。）（単位　m）

出火階の種類	階段隣接室の煙層下端高さのうち最小のもの	階段避難経路の部分の煙層下端高さのうち最小のもの	直通階段の部分の煙層下端高さ
避難階	$Z_{room(st)} \geq H_{lim}$ である場合	$Z_{room(ev)} \geq 1.8$ である場合	$Z_{dst} = H_{dst}$
		$Z_{room(ev)} < 1.8$ である場合	$Z_{dst} = 0$
	$Z_{room(st)} < H_{lim}$ である場合	－	$Z_{dst} = 0$
避難階以外の階	$Z_{room(st)} \geq H_{lim}$ である場合	－	$Z_{dst} = H_{dst}$
	$Z_{room(st)} < H_{lim}$ である場合	－	$Z_{dst} = 0$

この表において，$Z_{room(st)}$，H_{lim}，$Z_{room(ev)}$，Z_{dst} 及び H_{dst} は，それぞれ次の数値を表すものとする。

$Z_{room(st)}$　避難完了時間，当該階段隣接室の種類，避難完了時間が経過した時における当該階段隣接室の煙層上昇温度（以下単に「階段隣接室の煙層上昇温度」という。）及び火災部分から当該階段隣接室への噴出熱気流の運搬熱量に応じ，それぞれ次の表に掲げる式によって計算した階段隣接室の煙層下端高さのうち最小のもの（単位　m）

避難完了時間	当該階段隣接室の種類	階段隣接室の煙層上昇温度	火災部分から当該階段隣接室への噴出熱気流の運搬熱量	階段隣接室の煙層下端高さ
$t_{escape} >$ $t_{fr(room)}$ である場合	－	－	－	$Z_{room(st),i} = 0$
$t_{escape} \leq$ $t_{fr(room)}$ である場合	直通階段の付室（火災部分又は火災部分の一部であるものを除	－	－	$Z_{room(st),i} = H_{lim}$

き，当該直通階段の階段室又は当該付室の構造が平成28年国土交通省告示第696号に定める構造方法（同告示第四号に定める構造方法にあっては，送風機が1分間につき90m³以上の空気を排出することができる能力を有するものに限る。）を用いる構造であるものに限る。以下同じ。）				
その他のもの	$\Delta T_{room(st)}$ >180 である場合	–	–	$Z_{room(st),i} = 0$
	$\Delta T_{room(st)}$ ≦180 である場合	$\Delta T_{room(st)} \leqq \sqrt{\dfrac{500}{3\,t_{pass}}}$ である場合	–	$Z_{room(st),i} = H_{lim}$
		$\Delta T_{room(st)} > \sqrt{\dfrac{500}{3\,t_{pass}}}$ である場合	$Q_{room(st)} \leqq \left(\dfrac{\rho_{room(st)} E_{room(st)}}{8.4H_{lim}{}^{5/3}}\right)^3$ である場合	$Z_{room(st),i} = H_{lim}$
			$Q_{room(st)} > \left(\dfrac{\rho_{room(st)} E_{room(st)}}{8.4H_{lim}{}^{5/3}}\right)^3$ である場合	$Z_{room(st),i} = \max\left[H_{room(st)} - \dfrac{\max(V_{s(room(st))} - V_{e(room(st))}, 0.01)}{A_{room(st)}} \times \left(t_{escape} - \dfrac{5}{3}\right), 0\right]$

この表において，t_{escape}，$t_{fr(room)}$，$Z_{room(st),i}$，H_{lim}，$\Delta T_{room(st)}$，t_{pass}，$Q_{room(st)}$，$\rho_{room(st)}$，$E_{room(st)}$，$H_{room(st)}$，$V_{s(room(st))}$，$V_{e(room(st))}$ 及び $A_{room(st)}$ は，それぞれ次の数値を表すものとする。

t_{escape}　　前号に規定する避難完了時間（単位　min）

$t_{fr(room)}$　　火災部分を区画する床又は壁の構造に応じ，それぞれ次の表に定める時間（火災部分にスプリンクラー設備（水源として，水道の用に供する水管を当該スプリンクラー設備に連結したものを除く。），水噴霧消火設備，泡消火設備その他これらに類するもので自動式のもの（以下「スプリンクラー設備等」という。）が設けられている場合にあっては，同表に定める時間に2を乗じた数値）のうち最小のもの（以下「火災部分保有遮炎時間」という。）（単位　min）

	火災部分を区画する床又は壁の構造		時間
(一)	通常火災終了時間が90分以上である建築物の床又は壁（法第21条第1項に規定する構造方法を用いるもの又は同項の規定による認定を受けたものに限る。）の構造方法を用いる構造		当該建築物の通常火災終了時間
(二)	特定避難時間が90分以上である建築物の床又は壁（法第27条第1項に規定する構造方法を用いるもの又は同項の規定による認定を受けたものに限る。）の構造方法を用いる構造		当該建築物の特定避難時間
(三)	平成27年国土交通省告示第250号第2第一号イ(1)から(5)までのいずれかに該当する構造（(一)及び(二)に掲げるものを除く。）		90
(四)	令和元年国土交通省告示第193号第1第8項に規定する75分間準耐火構造（(一)から(三)までに掲げるものを除く。）		75
(五)	耐火構造（(一)から(四)までに掲げるものを除く。）		60
(六)	準耐火構造（(一)から(五)までに掲げるものを除く。）	1時間準耐火基準に適合するもの	60
		その他のもの	45
(七)	不燃材料で造り，又は覆われたもの（(一)から(六)までに掲げるものを除く。）		20

$Z_{room(st),i}$　　階段隣接室の煙層下端高さ（単位　m）

H_{lim}　　限界煙層高さ（令和2年国土交通省告示第511号第二号に規定する限界煙層高さをいう。以下同じ。）（単位　m）

$\Delta T_{room(st)}$　　当該階段隣接室の種類に応じ，それぞれ次の表に掲げる式によって計算した階段隣接室の煙層上昇温度（単位　℃）

当該階段隣接室の種類	階段隣接室の煙層上昇温度
火災部分に隣接する部分	$\Delta T_{room(st)} = \min \left(\dfrac{Q_{room(st)}}{0.14 Q_{room(st)}^{1/3} H_{lim}^{5/3} + 0.015 A_{w(room(st))}}, \Delta T_{room(f)} \right)$

その他のもの（火災部分又は火災部分の一部であるものを除く。）	$\Delta T_{room(st)} = \min$ $\left(\dfrac{Q_{room(st)}}{0.14Q_{room(st)}^{1/3}H_{lim}^{5/3} + 0.015A_{w(room(st))}}, \right.$ $\left. \Delta T_{room(m(st))} \right)$

この表において，$\Delta T_{room(st)}$，$Q_{room(st)}$，H_{lim}，$A_{w(room(st))}$，$\Delta T_{room(f)}$ 及び $\Delta T_{room(m(st))}$ は，それぞれ次の数値を表すものとする。

　$\Delta T_{room(st)}$　階段隣接室の煙層上昇温度（単位　℃）

　$Q_{room(st)}$　当該階段隣接室の種類に応じ，それぞれ次の表に掲げる式によって計算した火災部分から当該階段隣接室への噴出熱気流の運搬熱量（単位　kW）

当該階段隣接室の種類	火災部分から当該階段隣接室への噴出熱気流の運搬熱量
火災部分に隣接する部分	$Q_{room(st)} = \max \left\{ m_{d(f,st)} - \right.$ $\dfrac{0.005\rho_{room(f)}E_{room(f)} \times}{\min(\Sigma C_{d(f,st)}A_{d(f,st)}, \ A_{a(room(st),f)}) +}$ $\left. \dfrac{\min(\Sigma C_{d(f,st)}A_{d(f,st)}, \ A_{a(room(st),f)})}{A_{a(room(f))}}, \ 0 \right\} \times \Delta T_{room(f)}$
その他のもの（火災部分又は火災部分の一部であるものを除く。）	$Q_{room(st)} = \min \left\{ \max \ (Q_{room(m(st))} - \right.$ $0.015A_{w(room(m(st)))}), \ 0),$ $\left. m_{d(m(st)),st}\Delta T_{room(m(st))} \right\}$

この表において，$Q_{room(st)}$，$m_{d(f,st)}$，$\rho_{room(f)}$，$E_{room(f)}$，$C_{d(f,st)}$，$A_{d(f,st)}$，$A_{a(room(st),f)}$，$A_{a(room(f))}$，$\Delta T_{room(f)}$，$Q_{room(m(st))}$，$A_{w(room(m(st)))}$，$m_{d(m(st)),st}$ 及び $\Delta T_{room(m(st))}$ は，それぞれ次の数値を表すものとする。

　$Q_{room(st)}$　火災部分から当該階段隣接室への噴出熱気流の運搬熱量（単位　kW）

　$m_{d(f,st)}$　次の式によって計算した火災部分から当該階段隣接室への噴出熱気流の質量流量（単位　kg/s）

$$m_{d(f,st)} = 0.5H_{d(f,st)(max)}^{1/2}\sum C_{d(f,st)}A_{d(f,st)} + 0.5\sum C_{w(f,st)}B_{w(f,st)}H_{w(f,st)}^{3/2}$$

　　この式において，$m_{d(f,st)}$，$H_{d(f,st)(max)}$，$C_{d(f,st)}$，$A_{d(f,st)}$，$C_{w(f,st)}$，$B_{w(f,st)}$ 及び $H_{w(f,st)}$ は，それぞれ次の数値を表すものとする。

　　　$m_{d(f,st)}$　　火災部分から当該階段隣接室への噴出熱気流の質量流量（単位　kg/s）

　　　$H_{d(f,st)(max)}$　　火災部分の当該階段隣接室に面する壁に設けられた各開口部の下端のうち最も低い位置から当該各開口部の上端のうち最も高い位置までの高さ（単位　m）

　　　$C_{d(f,st)}$　　避難完了時間及び火災部分の当該階段隣接室に面する壁に設けられた開口部の種類に応じ，それぞれ次の表に定める火災部分の当該階段隣接室に面する壁に設けられた開口部の開口率

避難完了時間	火災部分の当該階段隣接室に面する壁に設けられた開口部の種類	火災部分の当該階段隣接室に面する壁に設けられた開口部の開口率
$t_{escape} \leqq t_{fr(d)}$ である場合	令第112条第19項第一号に規定する構造である防火設備（同項第二号に規定する構造であるものを除く。）が設けられたもの	0.01
	令第112条第19項第二号に規定する構造である防火設備が設けられたもの	0.001
	その他のもの	1.0
$t_{escape} > t_{fr(d)}$ である場合	－	1.0

この表において，t_{escape} 及び $t_{fr(d)}$ は，それぞれ次の数値を表すものとする。

　t_{escape}　前号に規定する避難完了時間（単位　min）

　$t_{fr(d)}$　当該開口部に設けられた防火設備の種類に応じ，それぞれ次の表に定める時間（火災部分にスプリンクラー設備等が設けられている場合にあっては，同表に定める時間に2を乗じた数値。以下「防火設備保有遮炎時間」という。）（単位　min）

	当該開口部に設けられた防火設備の種類	時間
(一)	法第61条の規定による国土交通大臣の認定を受けた防火設備	通常の火災による火熱が加えられた場合に，当該加熱面以外の面に火炎を出さないものとして国土交通大臣の認定を受けた時間

㈡	令和元年国土交通省告示第193号第1第3項第二号に規定する防火設備（㈠に掲げるものを除く。）	90
㈢	令和元年国土交通省告示第193号第1第9項に規定する75分間防火設備（㈠及び㈡に掲げるものを除く。）	75
㈣	特定防火設備（㈠から㈢までに掲げるものを除く。）	60
㈤	令第114条第5項において読み替えて準用する令第112条第21項に規定する構造方法を用いる防火設備又は同項の規定による国土交通大臣の認定を受けた防火設備（㈠から㈣までに掲げるものを除く。）	45
㈥	令和元年国土交通省告示第194号第2第4項に規定する30分間防火設備（㈠から㈤までに掲げるものを除く。）	30
㈦	法第2条第九号のニロに規定する防火設備（㈠から㈥までに掲げるものを除く。）	20
㈧	その他のもの	0

$A_{d(f,st)}$　火災部分の当該階段隣接室に面する壁に設けられた開口部の開口面積（単位　m²）

$C_{w(f,st)}$　避難完了時間に応じ，それぞれ次の表に定める火災部分の当該階段隣接室に面する壁の開口率

避難完了時間	火災部分の当該階段隣接室に面する壁の開口率
$t_{escape} \leqq t_{fr(w)}$ である場合	0
$t_{escape} > t_{fr(w)}$ である場合	1.0

この表において，t_{escape} 及び $t_{fr(w)}$ は，それぞれ次の数値を表すものとする。

t_{escape}　前号に規定する避難完了時間（単位　min）

$t_{fr(w)}$　当該壁の構造に応じ，それぞれ次の表に定める時間（火災部分にスプリンクラー設備等が設けられている場合にあっては，同表に定める時間に2を乗じた数値。以下「壁保有遮炎時間」という。）（単位　min）

	当該壁の構造		時間
(一)	通常火災終了時間が90分以上である建築物の壁（法第21条第1項に規定する構造方法を用いるもの又は同項の規定による認定を受けたものに限る。）の構造方法を用いる構造		当該建築物の通常火災終了時間
(二)	特定避難時間が90分以上である建築物の壁（法第27条第1項に規定する構造方法を用いるもの又は同項の規定による認定を受けたものに限る。）の構造方法を用いる構造		当該建築物の特定避難時間
(三)	平成27年国土交通省告示第250号第2第一号イ(1)から(5)までのいずれかに該当する構造（(一)及び(二)に掲げるものを除く。）		90
(四)	令和元年国土交通省告示第193号第1第8項に規定する75分間準耐火構造（(一)から(三)までに掲げるものを除く。）		75
(五)	耐火構造（(一)から(四)までに掲げるものを除く。）		60
(六)	準耐火構造（(一)から(五)までに掲げるもの	1時間準耐火基準に適合するもの	60

	のを除く。）	その他のもの	45
(七)		不燃材料で造り，又は覆われたもの（㈠から㈥までに掲げるものを除く。）	20
(八)	その他のもの		0

$B_{w(f, st)}$　火災部分の当該階段隣接室に面する壁の幅（単位　m）

$H_{w(f, st)}$　火災部分の当該階段隣接室に面する壁の高さ（単位　m）

$\rho_{room(f)}$　次の式によって計算した避難完了時間が経過した時における火災部分の煙層密度（以下単に「火災部分の煙層密度」という。）（単位　kg/m³）

$$\rho_{room(f)} = \frac{353}{\Delta T_{room(f)} + 293}$$

この式において，$\rho_{room(f)}$及び$\Delta T_{room(f)}$は，それぞれ次の数値を表すものとする。

$\rho_{room(f)}$　火災部分の煙層密度（単位　kg/m³）

$\Delta T_{room(f)}$　火災部分の内装仕上げの種類に応じ，それぞれ次の表に定める避難完了時間が経過した時における火災部分の煙層上昇温度（以下単に「火災部分の煙層上昇温度」という。）（単位　℃）

	火災部分の内装仕上げの種類	火災部分の煙層上昇温度
(一)	壁（床面からの高さが1.2m以下の部分を除く。以下この表において同じ。）及び天井の室内に面する部分（回り縁，窓台その他これらに類する部分を除く。以下この表において同じ。）の仕上げを不燃材料でしたもの	860
(二)	壁及び天井の室内に面する部分の仕上げを準不燃材料でしたもの（㈠に掲げるものを除く。）	895
(三)	壁及び天井の室内に面する部分の仕上げを難燃材料でしたもの又は壁の室内に面する部分の仕上げを木材等（平成12年建設省告示第1439号第1第二号に規定する木材等をい	910

	う。㈣において同じ。）でし，かつ，天井の室内に面する部分の仕上げを準不燃材料でしたもの（㈠及び㈡に掲げるものを除く。）	
㈣	壁及び天井の室内に面する部分の仕上げを木材等でした場合（㈠から㈢までに掲げるものを除く。）	1,300

$E_{room(f)}$　火災部分に設けられた限界煙層高さ有効開口部（壁又は天井に設けられた開口部の床面からの高さが限界煙層高さ以上の部分をいう。以下同じ。）の種類に応じ，それぞれ次の表に掲げる式によって計算した火災部分に設けられた各限界煙層高さ有効開口部及び当該限界煙層高さ有効開口部の開放に伴い開放される火災部分に設けられた他の限界煙層高さ有効開口部のうち当該限界煙層高さ有効開口部からの距離が30m以内であるもの（以下「他の限界煙層高さ有効開口部」という。）の排煙量の合計のうち最小のもの（火災部分に設けられた限界煙層高さ有効開口部の種類が同表㈡に掲げるものである場合にあっては，火災部分に設けられた各限界煙層高さ有効開口部及び他の限界煙層高さ有効開口部の排煙量の合計のうち最小のもの又は火災部分に設けられた給気口（火災部分に設けられた限界煙層高さ有効開口部の開放に伴い開放され又は常時開放状態にある給気口に限る。）の開口面積の合計に550を乗じたもののうち，いずれか小さい数値。以下「火災部分の排煙量」という。）

（単位　m^3/min）

	火災部分に設けられた限界煙層高さ有効開口部の種類	火災部分に設けられた各限界煙層高さ有効開口部の排煙量
㈠	限界煙層高さ有効開口部を排煙口とした場合に，火災部分に設けられた排煙設備が令第126条の3第1項第二号，第三号（排煙口の壁における位置に係る部分を除く。），第四号から第六号まで及び第十号から第十二号までの規定（以下「自然排煙関係規定」という。）に適合し，かつ，火災部分の壁の床面からの高さが限界煙層高さ以下の部分に排煙口の開放に連動して自動的に開放され又は常時開放状態にある給気口が設けら	$e_{room(f)} = 186$ $\left(\dfrac{1.205 - \rho_{room(f)}}{\rho_{room(f)}} \right)^{1/2} \times \max$ $\left\{ \dfrac{A_{s(room(f))} \sqrt{h_{s(room(f))}}}{4}, \right.$ $\dfrac{A_{s(room(f))}}{\sqrt{1 + \left(\dfrac{A'_{s(room(f))}}{A_{a(room(f))}} \right)^2}}$ $\left. \sqrt{H_{c(room(f))} - H_{lim}} \right.$

	れたもの（火災部分に設けられた当該排煙設備以外の排煙設備が同項第二号，第三号（排煙口の壁における位置に係る部分を除く。），第四号から第七号まで，第八号（排煙口の開口面積に係る部分を除く。），第九号（空気を排出する能力に係る部分を除く。）及び第十号から第十二号までの規定（以下「機械排煙関係規定」という。）に適合する場合を除く。）	
(二)	限界煙層高さ有効開口部を排煙口とした場合に，火災部分に設けられた排煙設備が機械排煙関係規定に適合し，かつ，火災部分の壁の床面からの高さが限界煙層高さ以下の部分に排煙口の開放に連動して自動的に開放され又は常時開放状態にある給気口が設けられたもの（排煙口が，厚さが1.5mm以上の鉄板又は鋼板で造り，かつ，厚さが25mm以上のロックウールで覆われた風道に直結するものに限る。）（火災部分に設けられた当該排煙設備以外の排煙設備が自然排煙関係規定に適合する場合を除く。）	$e_{room(f)} = \min$ $$\left(w_{room(f)}, \; 3.7 \times 10^4 \; \frac{\Delta T_{room(f)}}{\rho_{room(f)}(\Delta T_{room(f)} + 293)^2} \; (H_{c(room(f))} - H_{lim}) w_{room(f)}^{3.5} \right)$$
(三)	その他の限界煙層高さ有効開口部	$e_{room(f)} = 0$

この表において，$e_{room(f)}$，$\rho_{room(f)}$，$A_{s(room(f))}$，$h_{s(room(f))}$，$H_{c(room(f))}$，H_{lim}，$A'_{s(room(f))}$，$A_{a(room(f))}$，$w_{room(f)}$及び$\Delta T_{room(f)}$は，それぞれ次の数値を表すものとする。

$e_{room(f)}$　　火災部分に設けられた各限界煙層高さ有効開口部の排煙量（単位　m³/min）

$\rho_{room(f)}$　　火災部分の煙層密度（単位　kg/m³）

$A_{s(room(f))}$　　当該限界煙層高さ有効開口部の開口面積（単位　m²）

$h_{s(room(f))}$　　当該限界煙層高さ有効開口部の上端と下端の垂直距離（単位　m）

$H_{c(room(f))}$　火災部分の基準点から当該限界煙層高さ有効開口部の中心までの高さ（単位　m）

H_{lim}　　　　限界煙層高さ（単位　m）

$A'_{s(room(f))}$　当該限界煙層高さ有効開口部及び他の限界煙層高さ有効開口部の開口面積の合計（単位　m²）

$A_{a(room(f))}$　火災部分に設けられた給気口（当該限界煙層高さ有効開口部の開放に伴い開放され又は常時開放状態にある給気口に限る。）の開口面積の合計（単位　m²）

$w_{room(f)}$　　当該限界煙層高さ有効開口部の排煙機の空気を排出することができる能力（単位　m³/min）

$\Delta T_{room(f)}$　火災部分の煙層上昇温度（単位　℃）

$C_{d(f, st)}$　　　　　火災部分の当該階段隣接室に面する壁に設けられた開口部の開口率

$A_{d(f, st)}$　　　　　火災部分の当該階段隣接室に面する壁に設けられた開口部の開口面積（単位　m²）

$A_{a(room(st), f)}$　当該階段隣接室に設けられた給気口（火災部分に設けられた限界煙層高さ有効開口部の開放に伴い開放され又は常時開放状態にあるものに限る。）の開口面積の合計（単位　m²）

$A_{a(room(f))}$　　火災部分に設けられた給気口（火災部分に設けられた限界煙層高さ有効開口部の開放に伴い開放され又は常時開放状態にあるものに限る。）の開口面積の合計（単位　m²）

$\Delta T_{room(f)}$　　火災部分の煙層上昇温度（単位　℃）

$Q_{room(m(st))}$　　次の式によって計算した火災部分から階段隣接室中間部分（火災部分から当該階段隣接室に至る経路の部分をいう。以下同じ。）への噴出熱気流の運搬熱量（単位　kW）

$$Q_{room(m(st))} = \max \left\{ m_{d(f, m(st))} - \frac{0.005 \rho_{room(f)} E_{room(f)} \times \min\left(\Sigma C_{d(f, m(st))} A_{d(f, m(st))},\ A_{a(room(m(st)), f)}\right)}{A_{a(room(f))}} + \frac{\min\left(\Sigma C_{d(f, m(st))} A_{d(f, m(st))},\ A_{a(room(m(st)), f)}\right)}{A_{a(room(f))}},\ 0 \right\} \times \Delta T_{room(f)}$$

この式において，$Q_{room(m(st))}$，$m_{d(f, m(st))}$，$\rho_{room(f)}$，$E_{room(f)}$，$C_{d(f, m(st))}$，$A_{d(f, m(st))}$，$A_{a(room(m(st)), f)}$，$A_{a(room(f))}$及び$\Delta T_{room(f)}$は，それぞれ次の数値を表すものとする。

$Q_{room(m(st))}$　火災部分から階段隣接室中間部分への噴出熱気流の運搬熱量（単位　kW）

$m_{d(f, m(st))}$　次の式によって計算した火災部分から階段隣接室中間部分への噴出熱気流の質量流量（単位　kg/s）

$$m_{d(f, m(st))} = 0.5 H_{d(f, m(st))(max)}^{1/2} \Sigma C_{d(f, m(st))} A_{d(f, m(st))} + 0.5 \Sigma C_{w(f, m(st))} B_{w(f, m(st))} H_{w(f, m(st))}^{3/2}$$

この式において，$m_{d(f, m(st))}$，$H_{d(f, m(st))(max)}$，$C_{d(f, m(st))}$，$A_{d(f, m(st))}$，$C_{w(f, m(st))}$，$B_{w(f, m(st))}$及び$H_{w(f, m(st))}$は，それぞれ次の数値を表すものとする。

$m_{d(f, m(st))}$　　火災部分から階段隣接室中間部分への噴出熱気流の質量流量（単位　kg/s）

$H_{d(f, m(st))(max)}$　火災部分の階段隣接室中間部分

に面する壁に設けられた各開口部の下端の
うち最も低い位置から当該各開口部の上端の
うち最も高い位置までの高さ（単位　m）

$C_{d(f, m(st))}$　避難完了時間及び火災部分の階
段隣接室中間部分に面する壁に設けられた開
口部の種類に応じ，それぞれ次の表に定める
火災部分の階段隣接室中間部分に面する壁に
設けられた開口部の開口率

避難完了時間	火災部分の階段隣接室中間部分に面する壁に設けられた開口部の種類	火災部分の階段隣接室中間部分に面する壁に設けられた開口部の開口率
$t_{escape} \leqq$ $t_{fr(d)}$ である場合	令第112条第19項第一号に規定する構造である防火設備（同項第二号に規定する構造であるものを除く。）が設けられたもの	0.01
	令第112条第19項第二号に規定する構造である防火設備が設けられたもの	0.001
	その他のもの	1.0
$t_{escape} >$ $t_{fr(d)}$ である場合	－	1.0

この表において，t_{escape} 及び $t_{fr(d)}$ は，そ
れぞれ次の数値を表すものとする。

t_{escape}　前号に規定する避難完了時間
（単位　min）

$t_{fr(d)}$　防火設備保有遮炎時間（単位
min）

$A_{d(f, m(st))}$　火災部分の階段隣接室中間部分に面
する壁に設けられた開口部の開口面積（単位
m²）

$C_{w(f, m(st))}$　避難完了時間に応じ，それぞれ次
の表に定める火災部分の階段隣接室中間部分
に面する壁の開口率

避難完了時間	火災部分の階段隣接室中間部分に面する壁の開口率
$t_{escape} \leqq t_{fr(w)}$ である場合	0
$t_{escape} > t_{fr(w)}$ である場合	1.0

この表において，t_{escape} 及び $t_{fr(w)}$ は，それぞれ次の数値を表すものとする。

t_{escape}　前号に規定する避難完了時間（単位　min）

$t_{fr(w)}$　壁保有遮炎時間（単位　min）

$B_{w(f, m(st))}$　火災部分の階段隣接室中間部分に面する壁の幅（単位　m）

$H_{w(f, m(st))}$　火災部分の階段隣接室中間部分に面する壁の高さ（単位　m）

$\rho_{room(f)}$　　　　　火災部分の煙層密度（単位　kg/m³）

$E_{room(f)}$　　　　　火災部分の排煙量（単位　m³/min）

$C_{d(f, m(st))}$　　　　火災部分の階段隣接室中間部分に面する壁に設けられた開口部の開口率

$A_{d(f, m(st))}$　　　　火災部分の階段隣接室中間部分に面する壁に設けられた開口部の開口面積（単位　m²）

$A_{a(room(m(st)), f)}$　階段隣接室中間部分に設けられた給気口（火災部分に設けられた限界煙層高さ有効開口部の開放に伴い開放され又は常時開放状態にあるものに限る。）の開口面積の合計（単位　m²）

$A_{a(room(f))}$　　　　火災部分に設けられた給気口（火災部分に設けられた限界煙層高さ有効開口部の開放に伴い開放され又は常時開放状態にあるものに限る。）の開口面積の合計（単位　m²）

$\Delta T_{room(f)}$　　　　　火災部分の煙層上昇温度（単位　℃）

$A_{w(room(m(st)))}$　階段隣接室中間部分の壁（基準点からの高さが天井の高さの1/2以下の部分を除く。）及び天井の室内に面する部分の表面積（単位　m²）

$m_{d(m(st), st)}$　　　　次の式によって計算した階段隣接室中間部分から当該階段隣接室への噴出熱気流の質量流量（単位　kg/s）

$$m_{d(m(st), st)} = 0.5 H_{d(m(st), st)(max)}^{1/2} \Sigma C_{d(m(st), st)} A_{d(m(st), st)} + 0.5 \Sigma C_{w(m(st), st)} B_{w(m(st), st)} H_{w(m(st), st)}^{3/2}$$

この式において，$m_{d(m(st), st)}$，$H_{d(m(st), st)(max)}$，$C_{d(m(st), st)}$，$A_{d(m(st), st)}$，$C_{w(m(st), st)}$，$B_{w(m(st), st)}$ 及び $H_{w(m(st), st)}$ は，それぞれ次の数値を表すものとする。

$m_{d(m(st), st)}$　　　階段隣接室中間部分から当該階段隣接室への噴出熱気流の質量流量（単位　kg/s）

$H_{d(m(st), st)(max)}$　階段隣接室中間部分の当該階段隣接室に面する壁に設けられた各開口部の下端のうち最も低い位置から当該各開口部の上端のうち最も高い位置までの高さ（単位　m）

$C_{d(m(st),st)}$　避難完了時間及び階段隣接室中間部分の当該階段隣接室に面する壁に設けられた開口部の種類に応じ，それぞれ次の表に定める階段隣接室中間部分の当該階段隣接室に面する壁に設けられた開口部の開口率

避難完了時間	階段隣接室中間部分の当該階段隣接室に面する壁に設けられた開口部の種類	階段隣接室中間部分の当該階段隣接室に面する壁に設けられた開口部の開口率
$t_{escape} \leqq t_{fr(d)}$ である場合	令第112条第19項第一号に規定する構造である防火設備（同項第二号に規定する構造であるものを除く。）が設けられたもの	0.01
	令第112条第19項第二号に規定する構造である防火設備が設けられたもの	0.001
	その他のもの	1.0
$t_{escape} > t_{fr(d)}$ である場合	－	1.0

この表において，t_{escape} 及び $t_{fr(d)}$ は，それぞれ次の数値を表すものとする。

t_{escape}　前号に規定する避難完了時間（単位　min）

$t_{fr(d)}$　防火設備保有遮炎時間（単位　min）

$A_{d(m(st),st)}$　階段隣接室中間部分の当該階段隣接室に面する壁に設けられた開口部の開口面積（単位　m²）

$C_{w(m(st),st)}$　避難完了時間に応じ，それぞれ次の表に定める階段隣接室中間部分の当該階段隣接室に面する壁の開口率

避難完了時間	階段隣接室中間部分の当該階段隣接室に面する壁の開口率
$t_{escape} \leqq t_{fr(w)}$ である場合	0
$t_{escape} > t_{fr(w)}$ である場合	1.0

この表において，t_{escape} 及び $t_{fr(w)}$ は，それぞれ次の数値を表すものとする。

t_{escape}　　前号に規定する避難完了時間（単位　min）

$t_{fr(w)}$　　壁保有遮炎時間（単位　min）

$B_{w(m(st),st)}$　　階段隣接室中間部分の当該階段隣接室に面する壁の幅（単位　m）

$H_{w(m(st),st)}$　　階段隣接室中間部分の当該階段隣接室に面する壁の高さ（単位　m）

$\Delta T_{room(m(st))}$　　次の式によって計算した避難完了時間が経過した時における階段隣接室中間部分の煙層上昇温度（以下単に「階段隣接室中間部分の煙層上昇温度」という。）（単位　℃）

$$\Delta T_{room(m(st))} = \min \left(\frac{Q_{room(m(st))}}{0.04Q_{room(m(st))}^{1/3}H_{room(m(st))}^{5/3} + 0.015A_{w(room(m(st)))}}, \Delta T_{room(f)} \right)$$

この式において、$\Delta T_{room(m(st))}$，$Q_{room(m(st))}$，$H_{room(m(st))}$，$A_{w(room(m(st)))}$及び$\Delta T_{room(f)}$はそれぞれ次の数値を表すものとする。

$\Delta T_{room(m(st))}$　　階段隣接室中間部分の煙層上昇温度（単位　℃）

$Q_{room(m(st))}$　　火災部分から階段隣接室中間部分への噴出熱気流の運搬熱量（単位　kW）

$H_{room(m(st))}$　　階段隣接室中間部分の基準点から天井までの高さの平均（単位　m）

$A_{w(room(m(st)))}$　　階段隣接室中間部分の壁（基準点からの高さが天井の高さの1/2以下の部分を除く。）及び天井の室内に面する部分の表面積（単位　m²）

$\Delta T_{room(f)}$　　火災部分の煙層上昇温度（単位　℃）

H_{lim}　　限界煙層高さ（単位　m）

$A_{w(room(st))}$　　当該階段隣接室の壁（基準点からの高さが限界煙層高さ以下の部分を除く。）及び天井の室内に面する部分の表面積（単位　m²）

$\Delta T_{room(f)}$　　火災部分の煙層上昇温度（単位　℃）

$\Delta T_{room(m(st))}$　　階段隣接室中間部分の煙層上昇温度（単位　℃）

t_{pass}　　前号ロに規定する出口通過時間（単位　min）

$Q_{room(st)}$　　火災部分から当該階段隣接室への噴出熱気流の運搬熱量（単位　kW）

$\rho_{room(st)}$　　次の式によって計算した避難完了時間が経過した時における当該階段隣接室の煙層密度（以下単に「階段隣接室の煙層密度」という。）（単位　kg/m³）

$$\rho_{room(st)} = \frac{353}{\Delta T_{room(st)} + 293}$$

この式において、$\rho_{room(st)}$及び$\Delta T_{room(st)}$は，それぞれ次の数値を表すものとする。

$\rho_{room(st)}$　　階段隣接室の煙層密度（単位　kg/m³）

$\Delta T_{room(st)}$　　階段隣接室の煙層上昇温度（単位　℃）

$E_{room(st)}$　　当該階段隣接室に設けられた限界煙層高さ有効開口部の種類に応じ，それぞれ次の表に掲げる式によって計算した当該階段隣接室に設けられた各限界煙層高さ有効開口部及び他の限界煙層高さ有効開口部の排煙量の合計のうち最小のもの（当該階段隣接室に設けられた限界煙層高さ有効開口部の種類が同表㈡に掲げるものである場合にあっては，当該階段隣接室に設けられた各限界

煙層高さ有効開口部及び他の限界煙層高さ有効開口部の排煙量の合計のうち最小のもの又は当該階段隣接室に設けられた給気口（当該階段隣接室に設けられた限界煙層高さ有効開口部の開放に伴い開放され又は常時開放状態にある給気口に限る。）の開口面積の合計に550を乗じたもののうち，いずれか小さい数値。以下「階段隣接室の排煙量」という。）（単位　m³/min）

	当該階段隣接室に設けられた限界煙層高さ有効開口部の種類	当該階段隣接室に設けられた各限界煙層高さ有効開口部の排煙量
(一)	限界煙層高さ有効開口部を排煙口とした場合に，当該階段隣接室に設けられた排煙設備が自然排煙関係規定に適合し，かつ，当該階段隣接室の壁の床面からの高さが限界煙層高さ以下の部分に排煙口の開放に連動して自動的に開放され又は常時開放状態にある給気口が設けられたもの（当該階段隣接室に設けられた当該排煙設備以外の排煙設備が機械排煙関係規定に適合する場合を除く。）	$e_{room(st)} =$ $$186 \left(\frac{1.205 - \rho_{room(st)}}{\rho_{room(st)}} \right)^{1/2} \times$$ $$\max \left\{ \frac{A_{s(room(st))} \sqrt{h_{s(room(st))}}}{4} , \frac{A_{s(room(st))} \sqrt{H_{c(room(st))} - H_{lim}}}{\sqrt{1 + \left(\frac{A'_{s(room(st))}}{A_{a(room(st))}'} \right)^2}} \right\}$$
(二)	限界煙層高さ有効開口部を排煙口とした場合に，当該階段隣接室に設けられた排煙設備が機械排煙関係規定に適合し，かつ，当該階段隣接室の壁の床面からの高さが限界煙層高さ以下の部分に排煙口の開放に連動して自動的に開放され又は常時開放状態にある給気口が設けられたもの（当該階段隣接室に設けられた当該排煙設備以外の排煙設備が自然排煙関係規定に適合する場合を除く。）	$e_{room(st)} = \min \left\{ w_{room(st)}, 3.7 \right.$ $$\times 10^4 \frac{\Delta T_{room(st)}}{\rho_{room(st)} (\Delta T_{room(st)} + 293)^2}$$ $$\left. (H_{c(room(st))} - H_{lim}) \ w_{room(st)}^{3.5} \right\}$$
(三)	その他の限界煙層高さ有効開口部	$e_{room(st)} = 0$

この表において，$e_{room(st)}$，$\rho_{room(st)}$，$A_{s(room(st))}$，$h_{s(room(st))}$，$H_{c(room(st))}$，H_{lim}，$A'_{s(room(st))}$，$A_{a(room(st))}'$，$w_{room(st)}$ 及び $\Delta T_{room(st)}$ は，それぞれ次の数値を表すものとする。

$e_{room(st)}$　　　当該階段隣接室に設けられた各限界煙層高さ有効開口部の排煙量（単位　m³/min）

$\rho_{room(st)}$　　　階段隣接室の煙層密度（単位　kg/m³）

$A_{s(room(st))}$　　　当該限界煙層高さ有効開口部の開口面積（単位　m²）

$h_{s(room(st))}$　　　当該限界煙層高さ有効開口部の上端と下端の垂直距離（単位　m）

$H_{c(room(st))}$　　　当該階段隣接室の基準点から当該限界煙層高さ有効開口部の中心までの高さ（単位　m）

H_{lim}　　　限界煙層高さ（単位　m）

$A'_{s(room(st))}$　　　当該限界煙層高さ有効開口部及び他の限界煙層高さ有効開口部の開口面積の合計（単位　m²）

$A_{a(room(st))}'$　　　当該階段隣接室に設けられた給気口（当該限界煙層高さ有効

開口部の開放に伴い開放され又は常時開放状態にある給気口に限る。）の開口面積の合計（単位　m²）

$W_{room(st)}$　　当該限界煙層高さ有効開口部の排煙機の空気を排出することができる能力（単位　m³/min）

$\Delta T_{room(st)}$　　階段隣接室の煙層上昇温度（単位　℃）

$H_{room(st)}$　当該階段隣接室の基準点から天井までの高さの平均（単位　m）

$V_{s(room(st))}$　次の式によって計算した当該階段隣接室の煙等発生量（単位　m³/min）

$$V_{s(room(st))} = \frac{4.2 Q_{room(st)}{}^{1/3} \left| (H_{room(st)} + h_{room(st)})^{5/3} + (H_{lim} + h_{room(st)})^{5/3} \right|}{\rho_{room(st)}}$$

この式において，$V_{s(room(st))}$，$Q_{room(st)}$，$H_{room(st)}$，$h_{room(st)}$，H_{lim} 及び $\rho_{room(st)}$ は，それぞれ次の数値を表すものとする。

　　$V_{s(room(st))}$　　当該階段隣接室の煙等発生量（単位　m³/min）
　　$Q_{room(st)}$　　火災部分から当該階段隣接室への噴出熱気流の運搬熱量（単位　kW）
　　$H_{room(st)}$　　当該階段隣接室の基準点から天井までの高さの平均（単位　m）
　　$h_{room(st)}$　　当該階段隣接室の床面の最も低い位置から基準点までの高さ（単位　m）
　　H_{lim}　　限界煙層高さ（単位　m）
　　$\rho_{room(st)}$　　階段隣接室の煙層密度（単位　kg/m³）

$V_{e(room(st))}$　次の式によって計算した当該階段隣接室の有効排煙量（単位　m³/min）

$$V_{e(room(st))} = \min \left(1.5 A_{room(st)}{}^{-0.15}, \ 0.8\right) \times \left(\frac{\overline{H}_{st(room(st))} - H_{lim}}{H_{top(room(st))} - H_{lim}}\right) E_{room(st)}$$

この式において，$V_{e(room(st))}$，$A_{room(st)}$，$\overline{H}_{st(room(st))}$，$H_{lim}$，$H_{top(room(st))}$ 及び $E_{room(st)}$ は，それぞれ次の数値を表すものとする。

　　$V_{e(room(st))}$　　当該階段隣接室の有効排煙量（単位　m³/min）
　　$A_{room(st)}$　　当該階段隣接室の床面積（単位　m²）
　　$\overline{H}_{st(room(st))}$　　当該階段隣接室の基準点から当該階段隣接室に設けられた各限界煙層高さ有効開口部の上端までの高さの平均（単位　m）
　　H_{lim}　　限界煙層高さ（単位　m）
　　$H_{top(room(st))}$　　当該階段隣接室の基準点から天井までの高さのうち最大のもの（単位　m）
　　$E_{room(st)}$　　階段隣接室の排煙量（単位　m³/min）

$A_{room(st)}$　当該階段隣接室の床面積（単位　m²）

H_{lim}　限界煙層高さ（単位　m）

$Z_{room(ev)}$　避難完了時間，当該階段避難経路の部分の種類，避難完了時間が経過した時における当該階段避難経路の部分の煙層上昇温度（以下単に「階段避難経路の部分の煙層上昇温度」という。）及び火災部分から当該階段避難経路の部分への噴出熱気流の運搬熱量に応じ，それぞれ次の表に掲げる式によって計算した階段避難経路の部分の煙層下端高さのうち最小のもの（単位　m）

避難完了時間	当該階段避難経路の部分の種類	階段避難経路の部分の煙層上昇温度	火災部分から当該階段避難経路の部分への噴出熱気流の運搬熱量	階段避難経路の部分の煙層下端高さ

$t_{escape} >$ $t_{fr(room)}$ で ある場合	–		–	–	$Z_{room(ev),i} = 0$
$t_{escape} \leq$ $t_{fr(room)}$ で ある場合	直通階段 の付室		–	–	$Z_{room(ev),i} = 1.8$
	その他の もの	$\Delta T_{room(ev)}$ >180 で ある場合	–	–	$Z_{room(ev),i} = 0$
		$\Delta T_{room(ev)}$ ≤ 180 で ある場合	$\Delta T_{room(ev)} \leq$ $\sqrt{\dfrac{500}{3\,t_{pass}}}$ である場合	–	$Z_{room(ev),i} = 1.8$
			$\Delta T_{room(ev)} >$ $\sqrt{\dfrac{500}{3\,t_{pass}}}$ である場合	$Q_{room(ev)} \leq$ $\left(\dfrac{\rho_{room(ev)} E_{room(ev)}}{22.4}\right)^3$ である場合	$Z_{room(ev),i} = 1.8$
				$Q_{room(ev)} >$ $\left(\dfrac{\rho_{room(ev)} E_{room(ev)}}{22.4}\right)^3$ である場合	$Z_{room(ev),i} = \max$ $\Bigg[H_{room(ev)} -$ $\dfrac{\max(V_{s(room(ev))} - V_{e(room(ev))},\ 0.01)}{A_{room(ev)}}$ $\times \left(t_{escape} - \dfrac{5}{3}\right),\ 0 \Bigg]$

この表において，t_{escape}，$t_{fr(room)}$，$Z_{room(ev),i}$，$\Delta T_{room(ev)}$，t_{pass}，$Q_{room(ev)}$，$\rho_{room(ev)}$，$E_{room(ev)}$，$H_{room(ev)}$，$V_{s(room(ev))}$，$V_{e(room(ev))}$ 及び $A_{room(ev)}$ は，それぞれ次の数値を表すものとする。

t_{escape}　　　前号に規定する避難完了時間（単位　min）

$t_{fr(room)}$　　火災部分保有遮炎時間（単位　min）

$Z_{room(ev),i}$　階段避難経路の部分の煙層下端高さ（単位　m）

$\Delta T_{room(ev)}$　当該階段避難経路の部分の種類に応じ，それぞれ次の表に掲げる式に よって計算した階段避難経路の部分の煙層上昇温度（単位　℃）

当該階段避難経路 の部分の種類	階段避難経路の部分の煙層上昇温度
火災部分に隣接す る部分	$\Delta T_{room(ev)} = \min$ $\left(\dfrac{Q_{room(ev)}}{0.37 Q_{room(ev)}^{1/3} + 0.015 A_{w(room(ev))}},\ \ \Delta T_{room(f)} \right)$

その他のもの（火災部分又は火災部分の一部であるものを除く。）	$\Delta T_{room(ev)} = \min$ $$\left(\frac{Q_{room(ev)}}{0.37Q_{room(ev)}^{1/3} + 0.015A_{w(room(ev))}}, \ \Delta T_{room(m(ev))} \right)$$

この表において，$\Delta T_{room(ev)}$，$Q_{room(ev)}$，$A_{w(room(ev))}$，$\Delta T_{room(f)}$及び$\Delta T_{room(m(ev))}$は，それぞれ次の数値を表すものとする。

$\Delta T_{room(ev)}$　階段避難経路の部分の煙層上昇温度（単位　℃）

$Q_{room(ev)}$　当該階段避難経路の部分の種類に応じ，それぞれ次の表に掲げる式によって計算した火災部分から当該階段避難経路の部分への噴出熱気流の運搬熱量（単位　kW）

当該階段避難経路の部分の種類	火災部分から当該階段避難経路の部分への噴出熱気流の運搬熱量
火災部分に隣接する部分	$Q_{room(ev)} = \max \Bigg\{ m_{d(f,ev)} -$ $\dfrac{0.005\rho_{room(f)}E_{room(f)} \times \min(\Sigma C_{d(f,ev)}A_{d(f,ev)}, \ A_{a(room(ev),f)})}{\min(\Sigma C_{d(f,ev)}A_{d(f,ev)}, \ A_{a(room(ev),f)}) + A_{a(room(f))}}$ $, \ 0 \Bigg\} \times \Delta T_{room(f)}$
その他のもの（火災部分又は火災部分の一部であるものを除く。）	$Q_{room(ev)} = \min \Big\{ \max \big(Q_{room(m(ev))} -$ $0.015A_{w(room(m(ev)))} \big), 0 \big), \ m_{d(m(ev),ev)}\Delta T_{room(m(ev))} \Big\}$

この表において，$Q_{room(ev)}$，$m_{d(f,ev)}$，$\rho_{room(f)}$，$E_{room(f)}$，$C_{d(f,ev)}$，$A_{d(f,ev)}$，$A_{a(room(ev),f)}$，$A_{a(room(f))}$，$\Delta T_{room(f)}$，$Q_{room(m(ev))}$，$A_{w(room(m(ev)))}$，$m_{d(m(ev),ev)}$及び$\Delta T_{room(m(ev))}$は，それぞれ次の数値を表すものとする。

$Q_{room(ev)}$　火災部分から当該階段避難経路の部分への噴出熱気流の運搬熱量（単位　kW）

$m_{d(f,ev)}$　次の式によって計算した火災部分から当該階段避難経路の部分への噴出熱気流の質量流量（単位　kg/s）

$$m_{d(f,ev)} = 0.5H_{d(f,ev)(max)}^{1/2}\Sigma C_{d(f,ev)}A_{d(f,ev)} + 0.5\Sigma C_{w(f,ev)}B_{w(f,ev)}H_{w(f,ev)}^{3/2}$$

この式において，$m_{d(f,ev)}$，$H_{d(f,ev)(max)}$，$C_{d(f,ev)}$，$A_{d(f,ev)}$，$C_{w(f,ev)}$，$B_{w(f,ev)}$及び$H_{w(f,ev)}$は，それぞれ次の数値を表すものとする。

$m_{d(f,ev)}$　　　火災部分から当該階段避難経路の部分への噴出熱気流の質量流量（単位　kg/s）

$H_{d(f,ev)(max)}$　火災部分の当該階段避難経路の部分に面する壁に設けられた各開口部の下端のうち最も低い位置から当該各開口部の上端のうち最も高い位置までの高さ（単位　m）

$C_{d(f,ev)}$　　避難完了時間及び火災部分の当該階段避難経路の部分に面する壁に設けられた開口部の種類に応じ，それぞれ次の表に定める火災部分の当該階段避難経路の部分に面する壁に設けられた開口部の開口率

避難完了時間	火災部分の当該階段避難経路の部分に面する壁に設けられた開口部の種類	火災部分の当該階段避難経路の部分に面する壁に設けられた開口部の開口率
t_{escape} $\leq t_{fr(d)}$ である場合	令第112条第19項第一号に規定する構造である防火設備（同項第二号に規定する構造であるものを除く。）が設けられたもの	0.01
	令第112条第19項第二号に規定する構造である防火設備が設けられたもの	0.001
	その他のもの	1.0
t_{escape} $> t_{fr(d)}$ である場合	－	1.0

この表において，t_{escape} 及び $t_{fr(d)}$ は，それぞれ次の数値を表すものとする。

　　t_{escape}　前号に規定する避難完了時間（単位　min）

　　$t_{fr(d)}$　防火設備保有遮炎時間（単位　min）

$A_{d(f, ev)}$　　火災部分の当該階段避難経路の部分に面する壁に設けられた開口部の開口面積（単位　m²）

$C_{w(f, ev)}$　　避難完了時間に応じ，それぞれ次に定める火災部分の当該階段避難経路の部分に面する壁の開口率

避難完了時間	火災部分の当該階段避難経路の部分に面する壁の開口率
$t_{escape} \leq t_{fr(w)}$ である場合	0
$t_{escape} > t_{fr(w)}$ である場合	1.0

この表において，t_{escape} 及び $t_{fr(w)}$ は，それぞれ次の数値を表すものとする。

　　t_{escape}　前号に規定する避難完了時間（単位　min）

　　$t_{fr(w)}$　壁保有遮炎時間（単位　min）

$B_{w(f, ev)}$　　火災部分の当該階段避難経路の部分に面する壁の幅（単位　m）

$H_{w(f, ev)}$　　火災部分の当該階段避難経路の部分に面する壁の高さ（単位　m）

$\rho_{room(f)}$　　　　火災部分の煙層密度（単位　kg/m³）

$E_{room(f)}$　　　　火災部分の排煙量（単位　m³/min）

$C_{d(f, ev)}$　　　火災部分の当該階段避難経路の部分に面する壁に設

けられた開口部の開口率

$A_{d(f,ev)}$　　　火災部分の当該階段避難経路の部分に面する壁に設けられた開口部の開口面積（単位　m²）

$A_{a(room(ev)),f)}$　　　当該階段避難経路の部分に設けられた給気口（火災部分に設けられた限界煙層高さ有効開口部の開放に伴い開放され又は常時開放状態にあるものに限る。）の開口面積の合計（単位　m²）

$A_{a(room(f))}$　　　火災部分に設けられた給気口（火災部分に設けられた限界煙層高さ有効開口部の開放に伴い開放され又は常時開放状態にあるものに限る。）の開口面積の合計（単位　m²）

$\Delta T_{room(f)}$　　　火災部分の煙上昇温度（単位　℃）

$Q_{room(m(ev))}$　　　次の式によって計算した火災部分から階段避難経路中間部分（火災部分から当該階段避難経路の部分に至る経路の部分をいう。以下同じ。）への噴出熱気流の運搬熱量（単位　kW）

$$Q_{room(m(ev))} = \max \left\{ m_{d(f,m(ev))} - \frac{0.005\rho_{room(f)}E_{room(f)} \times \min(\Sigma C_{d(f,m(ev))}A_{d(f,m(ev))},\ A_{a(room(m(ev)),f)})}{\min(\Sigma C_{d(f,m(ev))}A_{d(f,m(ev))},\ A_{a(room(m(ev)),f)}) + A_{a(room(f))}},\ 0 \right\} \times \Delta T_{room(f)}$$

この式において，$Q_{room(m(ev))}$，$m_{d(f,m(ev))}$，$\rho_{room(f)}$，$E_{room(f)}$，$C_{d(f,m(ev))}$，$A_{d(f,m(ev))}$，$A_{a(room(m(ev)),f)}$，$A_{a(room(f))}$ 及び $\Delta T_{room(f)}$ は，それぞれ次の数値を表すものとする。

　$Q_{room(m(ev))}$　　　火災部分から階段避難経路中間部分への噴出熱気流の運搬熱量（単位　kW）

　$m_{d(f,m(ev))}$　　　次の式によって計算した火災部分から階段避難経路中間部分への噴出熱気流の質量流量（単位　kg/s）

$$m_{d(f,m(ev))} = 0.5H_{d(f,m(ev))(max)}^{1/2} \Sigma C_{d(f,m(ev))}A_{d(f,m(ev))} + 0.5\Sigma C_{w(f,m(ev))}B_{w(f,m(ev))}H_{w(f,m(ev))}^{3/2}$$

　　この式において，$m_{d(f,m(ev))}$，$H_{d(f,m(ev))(max)}$，$C_{d(f,m(ev))}$，$A_{d(f,m(ev))}$，$C_{w(f,m(ev))}$，$B_{w(f,m(ev))}$ 及び $H_{w(f,m(ev))}$ は，それぞれ次の数値を表すものとする。

　　$m_{d(f,m(ev))}$　　　火災部分から階段避難経路中間部分への噴出熱気流の質量流量（単位　kg/s）

　　$H_{d(f,m(ev))(max)}$　　　火災部分の階段避難経路中間部分に面する壁に設けられた各開口部の下端のうち最も低い位置から当該各開口部の上端のうち最も高い位置までの高さ（単位　m）

　　$C_{d(f,m(ev))}$　　　避難完了時間及び火災部分の階段避難経路中間部分に面する壁に設けられた開口部の種類に応じ，それぞれ次の表に定める火災部分の階段避難経路中間部分に面する壁に設けられた開口部の開口率

避難完了時間	火災部分の階段避難経路中間部分に面する壁に設けられた開口部の種類	火災部分の階段避難経路中間部分に面する壁に設けられた開口部の開口率
t_{escape} ≦ $t_{fr(d)}$ である場合	令第112条第19項第一号に規定する構造である防火設備（同項第二号に規定する構造であるものを除く。）が設けられたもの	0.01
	令第112条第19項第二号に規定する構造である防火設備が設けられたもの	0.001
	その他のもの	1.0
t_{escape} ＞ $t_{fr(d)}$ である場合	－	1.0

この表において，t_{escape} 及び $t_{fr(d)}$ は，それぞれ次の数値を表すものとする。

　t_{escape}　前号に規定する避難完了時間（単位　min）

　$t_{fr(d)}$　防火設備保有遮炎時間（単位　min）

$A_{d(f,m(ev))}$　火災部分の階段避難経路中間部分に面する壁に設けられた開口部の開口面積（単位　m²）

$C_{w(f,m(ev))}$　避難完了時間に応じ，それぞれ次の表に定める火災部分の階段避難経路中間部分に面する壁の開口率

避難完了時間	火災部分の階段避難経路中間部分に面する壁の開口率
t_{escape} ≦ $t_{fr(w)}$ である場合	0
t_{escape} ＞ $t_{fr(w)}$ である場合	1.0

この表において，t_{escape} 及び $t_{fr(w)}$ は，それぞれ次の数値を表すものとする。

t_{escape}　前号に規定する避難完了時間（単位　min）

$t_{fr(w)}$　壁保有遮炎時間（単位　min）

$B_{w(f,m(ev))}$　火災部分の階段避難経路中間部分に面する壁の幅（単位　m）

$H_{w(f,m(ev))}$　火災部分の階段避難経路中間部分に面する壁の高さ（単位　m）

$\rho_{room(f)}$　　　　　火災部分の煙層密度（単位　kg/m³）

$E_{room(f)}$　　　　　火災部分の排煙量（単位　m³/min）

$C_{d(f,m(ev))}$　　　　　火災部分の階段避難経路中間部分に面する壁に設けられた開口部の開口率

$A_{d(f,m(ev))}$　　　　　火災部分の階段避難経路中間部分に面する壁に設けられた開口部の開口面積（単位　m²）

$A_{a(room(m(ev)),f)}$　階段避難経路中間部分に設けられた給気口（火災部分に設けられた限界煙層高さ有効開口部の開放に伴い開放され又は常時開放状態にあるものに限る。）の開口面積の合計（単位　m²）

$A_{a(room(f))}$　　　　火災部分に設けられた給気口（火災部分に設けられた限界煙層高さ有効開口部の開放に伴い開放され又は常時開放状態にあるものに限る。）の開口面積の合計（単位　m²）

$\Delta T_{room(f)}$　　　　　火災部分の煙層上昇温度（単位　℃）

$A_{w(room(m(ev)))}$　階段避難経路中間部分の壁（基準点からの高さが天井の高さの1/2以下の部分を除く。）及び天井の室内に面する部分の表面積（単位　m²）

$m_{d(m(ev),ev)}$　　次の式によって計算した階段避難経路中間部分から当該階段避難経路の部分への噴出熱気流の質量流量（単位　kg/s）

$$m_{d(m(ev),ev)} = 0.5 H_{d(m(ev),ev)(max)}^{1/2} \Sigma C_{d(m(ev),ev)} A_{d(m(ev),ev)} + 0.5 \Sigma C_{w(m(ev),ev)} B_{w(m(ev),ev)} H_{w(m(ev),ev)}^{3/2}$$

この式において，$m_{d(m(ev),ev)}$，$H_{d(m(ev),ev)(max)}$，$C_{d(m(ev),ev)}$，$A_{d(m(ev),ev)}$，$C_{w(m(ev),ev)}$，$B_{w(m(ev),ev)}$ 及び $H_{w(m(ev),ev)}$ は，それぞれ次の数値を表すものとする。

$m_{d(m(ev),ev)}$　　　階段避難経路中間部分から当該階段避難経路の部分への噴出熱気流の質量流量（単位　kg/s）

$H_{d(m(ev),ev)(max)}$　階段避難経路中間部分の当該階段避難経路の部分に面する壁に設けられた各開口部の下端のうち最も低い位置から当該各開口部の上端のうち最も高い位置までの高さ（単位　m）

$C_{d(m(ev),ev)}$　　　避難完了時間及び階段避難経路中間部分の当該階段避難経路の部分に面する壁に設けられた開口部の種類に応じ，それぞれ次の表に定める階段避難経路中間部分の当該階段避難経路の部分に面する壁に設けられた開口部の開口率

避難完了時間	階段避難経路中間部分の当該階段避難経路の部分に面する壁に設けられた開口部の種類	階段避難経路中間部分の当該階段避難経路の部分に面する壁に設けられた開口部の開口率
$t_{escape} \leqq$ $t_{fr(d)}$ である場合	令第112条第19項第一号に規定する構造である防火設備（同項第二号に規定する構造であるものを除く。）が設けられたもの	0.01
	令第112条第19項第二号に規定する構造である防火設備が設けられたもの	0.001
	その他のもの	1.0
$t_{escape} >$ $t_{fr(d)}$ である場合	－	1.0

この表において，t_{escape} 及び $t_{fr(d)}$ は，それぞれ次の数値を表すものとする。

　t_{escape}　　前号に規定する避難完了時間（単位　min）

　$t_{fr(d)}$　　防火設備保有遮炎時間（単位　min）

$A_{d(m(ev),ev)}$　　階段避難経路中間部分の当該階段避難経路の部分に面する壁に設けられた開口部の開口面積（単位　m²）

$C_{w(m(ev),ev)}$　　避難完了時間に応じ，それぞれ次の表に定める階段避難経路中間部分の当該階段避難経路の部分に面する壁の開口率

避難完了時間	階段避難経路中間部分の当該階段避難経路の部分に面する壁の開口率
$t_{escape} \leqq t_{fr(w)}$ である場合	0
$t_{escape} > t_{fr(w)}$ である場合	1.0

この表において，t_{escape} 及び $t_{fr(w)}$ は，それぞれ次の数値を表すものとする。

　t_{escape}　前号に規定する避難完了時間（単位　min）

　$t_{fr(w)}$　壁保有遮炎時間（単位　min）

$B_{w(m(ev),ev)}$　　階段避難経路中間部分の当該階段避難経路の部分に面する壁の幅（単位　m）

$H_{w(m(ev),ev)}$　階段避難経路中間部分の当該階段避難経路の部分に面する壁の高さ（単位　m）

$\Delta T_{room(m(ev))}$　次の式によって計算した避難完了時間が経過した時における階段避難経路中間部分の煙層上昇温度（以下単に「階段避難経路中間部分の煙層上昇温度」という。）（単位　℃）

$$\Delta T_{room(m(ev))} = \min\left(\frac{Q_{room(m(ev))}}{0.04Q_{room(m(ev))}^{1/3}H_{room(m(ev))}^{5/3}+0.015A_{w(room(m(ev)))}},\ \Delta T_{room(f)}\right)$$

この式において，$\Delta T_{room(m(ev))}$，$Q_{room(m(ev))}$，$H_{room(m(ev))}$，$A_{w(room(m(ev)))}$及び$\Delta T_{room(f)}$はそれぞれ次の数値を表すものとする。

　　$\Delta T_{room(m(ev))}$　　階段避難経路中間部分の煙層上昇温度（単位　℃）

　　$Q_{room(m(ev))}$　　火災部分から階段避難経路中間部分への噴出熱気流の運搬熱量（単位　kW）

　　$H_{room(m(ev))}$　　階段避難経路中間部分の基準点から天井までの高さの平均（単位　m）

　　$A_{w(room(m(ev)))}$　　階段避難経路中間部分の壁（基準点からの高さが天井の高さの1/2以下の部分を除く。）及び天井の室内に面する部分の表面積（単位　m²）

　　$\Delta T_{room(f)}$　　火災部分の煙層上昇温度（単位　℃）

$A_{w(room(ev))}$　当該階段避難経路の部分の壁（基準点からの高さが1.8m以下の部分を除く。）及び天井の室内に面する部分の表面積（単位　m²）

$\Delta T_{room(f)}$　火災部分の煙層上昇温度（単位　℃）

$\Delta T_{room(m(ev))}$　階段避難経路中間部分の煙層上昇温度（単位　℃）

t_{pass}　　前号ロに規定する出口通過時間（単位　min）

$Q_{room(ev)}$　　火災部分から当該階段避難経路の部分への噴出熱気流の運搬熱量（単位　kW）

$\rho_{room(ev)}$　　次の式によって計算した避難完了時間が経過した時における当該階段避難経路の部分の煙層密度（以下単に「階段避難経路の部分の煙層密度」という。）（単位　kg/m³）

$$\rho_{room(ev)} = \frac{353}{\Delta T_{room(ev)} + 293}$$

この式において，$\rho_{room(ev)}$及び$\Delta T_{room(ev)}$は，それぞれ次の数値を表すものとする。

　　$\rho_{room(ev)}$　　階段避難経路の部分の煙層密度（単位　kg/m³）

　　$\Delta T_{room(ev)}$　　階段避難経路の部分の煙層上昇温度（単位　℃）

$E_{room(ev)}$　　当該階段避難経路の部分に設けられた有効開口部（壁又は天井に設けられた開口部の床面からの高さが1.8m以上の部分をいう。以下同じ。）の種類に応じ，それぞれ次の表に掲げる式によって計算した当該階段避難経路の部分に設けられた各有効開口部及び当該有効開口部の開放に伴い開放される当該階段避難経路の部分に設けられた他の有効開口部のうち当該有効開口部からの距離が30m以内であるもの（以下「他の有効開口部」という。）の排煙量の合計のうち最小のもの（当該階段避難経路の部分に設けられた有効開口部の種類が

同表(二)に掲げるものである場合にあっては，当該階段避難経路の部分に設けられた各有効開口部及び他の有効開口部の排煙量の合計のうち最小のもの又は当該階段避難経路の部分に設けられた給気口（当該階段避難経路の部分に設けられた有効開口部の開放に伴い開放され又は常時開放状態にある給気口に限る。）の開口面積の合計に550を乗じたもののうち，いずれか小さい数値。以下「階段避難経路の部分の排煙量」という。）（単位　m³/min）

	当該階段避難経路の部分に設けられた有効開口部の種類	当該階段避難経路の部分に設けられた各有効開口部の排煙量
(一)	有効開口部を排煙口とした場合に，当該階段避難経路の部分に設けられた排煙設備が自然排煙関係規定に適合し，かつ，当該階段避難経路の部分の壁の床面からの高さが1.8m以下の部分に排煙口の開放に連動して自動的に開放され又は常時開放状態にある給気口が設けられたもの（当該階段避難経路の部分に設けられた当該排煙設備以外の排煙設備が機械排煙関係規定に適合する場合を除く。）	$e_{room(ev)} = 186 \left(\dfrac{1.205 - \rho_{room(ev)}}{\rho_{room(ev)}} \right)^{1/2}$ $\times \max \left\{ \dfrac{A_{s(room(ev))} \sqrt{h_{s(room(ev))}}}{4}, \right.$ $\left. \dfrac{A_{s(room(ev))} \sqrt{H_{c(room(ev))} - 1.8}}{\sqrt{1 + \left(\dfrac{A'_{s(room(ev))}}{A_{a(room(ev))}'} \right)^2}} \right\}$
(二)	有効開口部を排煙口とした場合に，当該階段避難経路の部分に設けられた排煙設備が機械排煙関係規定に適合し，かつ，当該階段避難経路の部分の壁の床面からの高さが1.8m以下の部分に排煙口の開放に連動して自動的に開放され又は常時開放状態にある給気口が設けられたもの（当該階段避難経路の部分に設けられた当該排煙設備以外の排煙設備が自然排煙関係規定に適合する場合を除く。）	$e_{room(ev)} = \min \left\{ w_{room(ev)}, 3.7 \right.$ $\times 10^4 \dfrac{\Delta T_{room(ev)}}{\rho_{room(ev)} (\Delta T_{room(ev)} + 293)^2}$ $\left. (H_{c(room(ev))} - 1.8) \; w_{room(ev)}^{3.5} \right\}$
(三)	その他の有効開口部	$e_{room(ev)} = 0$

この表において，$e_{room(ev)}$，$\rho_{room(ev)}$，$A_{s(room(ev))}$，$h_{s(room(ev))}$，$H_{c(room(ev))}$，$A'_{s(room(ev))}$，$A_{a(room(ev))}'$，$w_{room(ev)}$ 及び$\Delta T_{room(ev)}$は，それぞれ次の数値を表すものとする。

$e_{room(ev)}$　　　当該階段避難経路の部分に設けられた各有効開口部の排煙量（単位　m³/min）

$\rho_{room(ev)}$　　　階段避難経路の部分の煙層密度（単位　kg/m³）

$A_{s(room(ev))}$　　　当該有効開口部の開口面積（単位　m²）

$h_{s(room(ev))}$　　　当該有効開口部の上端と下端の垂直距離（単位　m）

$H_{c(room(ev))}$　　　当該階段避難経路の部分の基準点から当該有効開口部の中心までの高さ（単位　m）

$A'_{s(room(ev))}$　　　当該有効開口部及び他の有効開口部の開口面積の合計（単位　m²）

$A_{a(room(ev))}{}'$　当該階段避難経路の部分に設けられた給気口（当該有効開口部の開放に伴い開放され又は常時開放状態にある給気口に限る。）の開口面積の合計（単位　m²）

$W_{room(ev)}$　当該有効開口部の排煙機の空気を排出することができる能力（単位　m³/min）

$\Delta T_{room(ev)}$　階段避難経路の部分の煙層上昇温度（単位　℃）

$H_{room(ev)}$　当該階段避難経路の部分の基準点から天井までの高さの平均（単位　m）

$V_{s(room(ev))}$　次の式によって計算した当該階段避難経路の部分の煙等発生量（単位　m³/min）

$$V_{s(room(ev))} = \frac{4.2 Q_{room(ev)}{}^{1/3} \left\{ (H_{room(ev)} + h_{room(ev)})^{5/3} + (1.8 + h_{room(ev)})^{5/3} \right\}}{\rho_{room(ev)}}$$

この式において，$V_{s(room(ev))}$，$Q_{room(ev)}$，$H_{room(ev)}$，$h_{room(ev)}$ 及び $\rho_{room(ev)}$ は，それぞれ次の数値を表すものとする。

　　$V_{s(room(ev))}$　当該階段避難経路の部分の煙等発生量（単位　m³/min）

　　$Q_{room(ev)}$　火災部分から当該階段避難経路の部分への噴出熱気流の運搬熱量（単位　kW）

　　$H_{room(ev)}$　当該階段避難経路の部分の基準点から天井までの高さの平均（単位　m）

　　$h_{room(ev)}$　当該階段避難経路の部分の床面の最も低い位置から基準点までの高さ（単位　m）

　　$\rho_{room(ev)}$　階段避難経路の部分の煙層密度（単位　kg/m³）

$V_{e(room(ev))}$　次の式によって計算した当該階段避難経路の部分の有効排煙量（単位　m³/min）

$$V_{e(room(ev))} = \min \left(1.5 A_{room(ev)}{}^{-0.15}, 0.8\right) \times \left(\frac{\overline{H}_{st(room(ev))} - 1.8}{H_{top(room(ev))} - 1.8}\right) E_{room(ev)}$$

この式において，$V_{e(room(ev))}$，$A_{room(ev)}$，$\overline{H}_{st(room(ev))}$，$H_{top(room(ev))}$ 及び $E_{room(ev)}$ は，それぞれ次の数値を表すものとする。

　　$V_{e(room(ev))}$　当該階段避難経路の部分の有効排煙量（単位　m³/min）

　　$A_{room(ev)}$　当該階段避難経路の部分の床面積（単位　m²）

　　$\overline{H}_{st(room(ev))}$　当該階段避難経路の部分の基準点から当該階段避難経路の部分に設けられた各有効開口部の上端までの高さの平均（単位　m）

　　$H_{top(room(ev))}$　当該階段避難経路の部分の基準点から天井までの高さのうち最大のもの（単位　m）

　　$E_{room(ev)}$　階段避難経路の部分の排煙量（単位　m³/min）

$A_{room(ev)}$　当該階段避難経路の部分の床面積（単位　m²）

Z_{dst}　直通階段の部分の煙層下端高さ（単位　m）

H_{dst}　直通階段の部分の基準点から天井までの高さの平均（単位　m）

ロ　階段の部分（直通階段の部分を除く。）及び出火階の直上階以上の各階の各部分

　　出火階の直上階以上の各階における竪穴部分（出火階の一部を含むものに限る。以下このロにおいて同じ。）に隣接する各室（以下「竪穴隣接室」という。）における煙等の高さ（当該各室の基準点から煙等の下端の位置までの高さとする。以下「竪穴隣接室の煙層下端高さ」という。）のうち最小のものに応じ，それぞれ次の表に定める高さ（以下「階段の部分及び出火階の直上階以上の各階の各部分の煙層下端高さ」という。）（単位　m）

竪穴隣接室の煙層下端高さのうち最小のもの	階段の部分及び出火階の直上階以上の各階の各部分の煙層下端高さ
$Z_{room(up(s))} \geqq 1.8$である場合	1.8
$Z_{room(up(s))} < 1.8$である場合	0

この表において，$Z_{room(up(s))}$は，避難完了時間及び避難完了時間が経過した時における当該竪穴隣接室の煙層上昇温度（以下単に「竪穴隣接室の煙層上昇温度」という。）に応じ，それぞれ次の表に掲げる式によって計算した竪穴隣接室の煙層下端高さのうち最小のもの（単位　m）

避難完了時間	竪穴隣接室の煙層上昇温度		竪穴隣接室の煙層下端高さ
$t_{escape} > t_{fr(room)}$である場合	—		$Z_{room(up(s)),i} = 0$
$t_{escape} \leqq t_{fr(room)}$である場合	$\Delta T_{room(up(s))} > 180$である場合	—	$Z_{room(up(s)),i} = 0$
	$\Delta T_{room(up(s))} \leqq 180$である場合	$\Delta T_{room(up(s))} \leqq \sqrt{\dfrac{500}{3\,t_{pass}}}$ である場合	$Z_{room(up(s)),i} = 1.8$
		$\Delta T_{room(up(s))} > \sqrt{\dfrac{500}{3\,t_{pass}}}$ である場合	$Z_{room(up(s)),i} = \max\Big[H_{room(up(s))} - \dfrac{\max(V_{s(room(up(s)))},\ 0.01) \times \left(t_{escape} - \frac{5}{3}\right)}{A_{room(up(s))}},\ 0\Big]$

この表において，t_{escape}，$t_{fr(room)}$，$Z_{room(up(s)),i}$，$\Delta T_{room(up(s))}$，t_{pass}，$H_{room(up(s))}$，$V_{s(room(up(s)))}$及び$A_{room(up(s))}$は，それぞれ次の数値を表すものとする。

t_{escape}　　　前号に規定する避難完了時間（単位　min）

$t_{fr(room)}$　　　イに規定する火災部分保有遮炎時間（単位　min）

$Z_{room(up(s)),i}$　　竪穴隣接室の煙層下端高さ（単位　m）

$\Delta T_{room(up(s))}$　　次の式によって計算した竪穴隣接室の煙層上昇温度（単位　℃）

$$\Delta T_{room(up(s))} = \min\left(\frac{Q_{room(up(s))}}{0.37Q_{room(up(s))}{}^{1/3} + 0.015A_{w(room(up(s)))}},\ \Delta T_{room(sft)}\right)$$

この式において，$\Delta T_{room(up(s))}$，$Q_{room(up(s))}$，$A_{w(room(up(s)))}$及び$\Delta T_{room(sft)}$は，それぞれ次の数値を表すものとする。

$\Delta T_{room(up(s))}$　　竪穴隣接室の煙層上昇温度（単位　℃）

$Q_{room(up(s))}$　　　当該竪穴隣接室が隣接する竪穴部分（以下このロにおいて単に「竪穴部分」という。）の種類に応じ，それぞれ次の表に掲げる式によって計算した火災部分から当該竪穴隣接室への噴出熱気流の運搬熱量（単位　kW）

竪穴部分の種類	火災部分から当該竪穴隣接室への噴出熱気流の運搬熱量

火災部分又は火災部分の一部	$Q_{room(up(s))} = m_{d(s,up(s))} \Delta T_{room(sft)}$
その他の部分	$Q_{room(up(s))} = \min \{ \max (Q_{room(sft)} - 0.015 A_{w(room(sft))}),\ 0),\ m_{d(s,up(s))} \Delta T_{room(sft)} \}$

この表において，$Q_{room(up(s))}$，$m_{d(s,up(s))}$，$\Delta T_{room(sft)}$，$Q_{room(sft)}$ 及び $A_{w(room(sft))}$ は，それぞれ次の数値を表すものとする。

$Q_{room(up(s))}$　火災部分から当該竪穴隣接室への噴出熱気流の運搬熱量（単位　kW）

$m_{d(s,up(s))}$　次の式によって計算した竪穴部分から当該竪穴隣接室への噴出熱気流の質量流量（単位　kg/s）

$$m_{d(s,up(s))} = (0.5\Sigma C_{d(s,up(s))} A_{d(s,up(s))} + 0.5\Sigma C_{w(s,up(s))} B_{w(s,up(s))} H_{w(s,up(s))}) \sqrt{h_{sft}}$$

この式において，$m_{d(s,up(s))}$，$C_{d(s,up(s))}$，$A_{d(s,up(s))}$，$C_{w(s,up(s))}$，$B_{w(s,up(s))}$，$H_{w(s,up(s))}$ 及び h_{sft} は，それぞれ次の数値を表すものとする。

$m_{d(s,up(s))}$　竪穴部分から当該竪穴隣接室への噴出熱気流の質量流量（単位　kg/s）

$C_{d(s,up(s))}$　避難完了時間及び竪穴部分の当該竪穴隣接室に面する壁に設けられた開口部の種類に応じ，それぞれ次の表に定める竪穴部分の当該竪穴隣接室に面する壁に設けられた開口部の開口率

避難完了時間	竪穴部分の当該竪穴隣接室に面する壁に設けられた開口部の種類	竪穴部分の当該竪穴隣接室に面する壁に設けられた開口部の開口率
$t_{escape} \leqq t_{fr(d)}$ である場合	令第112条第19項第一号に規定する構造である防火設備（同項第二号に規定する構造であるものを除く。）が設けられたもの	0.01
	令第112条第19項第二号に規定する構造である防火設備が設けられたもの	0.001
	その他のもの	1.0
$t_{escape} > t_{fr(d)}$ である場合	－	1.0

この表において，t_{escape} 及び $t_{fr(d)}$ は，それぞれ次

の数値を表すものとする。

t_{escape}　前号に規定する避難完了時間（単位　min）

$t_{fr(d)}$　イに規定する防火設備保有遮炎時間（単位　min）

$A_{d(s, up(s))}$　竪穴部分の当該竪穴隣接室に面する壁に設けられた開口部の開口面積（単位　m²）

$C_{w(s, up(s))}$　避難完了時間に応じ，それぞれ次の表に定める竪穴部分の当該竪穴隣接室に面する壁の開口率

避難完了時間	竪穴部分の当該竪穴隣接室に面する壁の開口率
$t_{escape} \leqq t_{fr(w)}$ である場合	0
$t_{escape} > t_{fr(w)}$ である場合	1.0

この表において，t_{escape} 及び $t_{fr(w)}$ は，それぞれ次の数値を表すものとする。

t_{escape}　前号に規定する避難完了時間（単位　min）

$t_{fr(w)}$　イに規定する壁保有遮炎時間（単位　min）

$B_{w(s, up(s))}$　竪穴部分の当該竪穴隣接室に面する壁の幅（単位　m）

$H_{w(s, up(s))}$　竪穴部分の当該竪穴隣接室に面する壁の高さ（単位　m）

h_{sft}　　　火災部分又は竪穴中間部分（火災部分から竪穴部分に至る経路の部分をいう。以下同じ。）の竪穴部分に面する壁に設けられた各開口部の下端のうち最も低い位置（竪穴部分が火災部分又は火災部分の一部である場合にあっては，竪穴部分の床面の最も低い位置）から竪穴部分の当該竪穴隣接室に面する壁に設けられた各開口部の上端のうち最も高い位置までの高さ（単位　m）

$\Delta T_{room(sft)}$　竪穴部分の種類に応じ，それぞれ次の表に掲げる式によって計算した避難完了時間が経過した時における竪穴部分の煙層上昇温度（以下単に「竪穴部分の煙層上昇温度」という。）（単位　℃）

竪穴部分の種類	竪穴部分の煙層上昇温度
火災部分又は火災部分の一部	$\Delta T_{room(sft)} = \min$ $\left(\dfrac{Q_{sft}}{0.04 Q_{sft}^{1\,3} H_{room(sft)}^{5\,3} + 0.015 A_{w(room(sft))}}, \right.$ $\left. \Delta T_{room(f)} \right)$

その他の部分	$\Delta T_{room(sft)} = \min$ $\left(\dfrac{Q_{room(sft)}}{0.04 Q_{room(sft)}^{1/3} H_{room(sft)}^{5/3} + 0.015 A_{w(room(sft))}}, \ \Delta T_{room(f)} \right)$

この表において，$\Delta T_{room(sft)}$，Q_{sft}，$H_{room(sft)}$，$A_{w(room(sft))}$，$\Delta T_{room(f)}$ 及び $Q_{room(sft)}$ は，それぞれ次の数値を表すものとする。

$\Delta T_{room(sft)}$　　竪穴部分の煙層上昇温度（単位　℃）

Q_{sft}　　　　火災部分の種類に応じ，それぞれ次の表に掲げる式によって計算した竪穴部分における1秒間当たりの発熱量（単位　kW）

火災部分の種類	竪穴部分における1秒間当たりの発熱量
ロビーその他これに類するもの	$Q_{sft} = \min (68 A_{sft}, \ 3,000)$
その他のもの	$Q_{sft} = 12.5 \Sigma q l^{1/3} A_{sft,i}$

この表において，Q_{sft}，A_{sft}，ql 及び $A_{sft,i}$ は，それぞれ次の数値を表すものとする。

Q_{sft}　　竪穴部分における1秒間当たりの発熱量（単位　kW）

A_{sft}　　火災部分の床面積（単位　m²）

ql　　積載可燃物の1m²当たりの発熱量（単位　MJ/m²）

$A_{sft,i}$　　火災部分の各室の床面積（単位　m²）

$H_{room(sft)}$　　竪穴部分の基準点から天井までの高さの平均（単位　m）

$A_{w(room(sft))}$　　竪穴部分及び竪穴中間部分の壁（基準点からの高さが天井の高さの1/2以下の部分を除く。）及び天井の室内に面する部分の表面積（単位　m²）

$\Delta T_{room(f)}$　　火災部分の煙層上昇温度（単位　℃）

$Q_{room(sft)}$　　次の式によって計算した火災部分から竪穴部分への噴出熱気流の運搬熱量（単位　kW）

$$Q_{room(sft)} = m_{d(f,s)} \Delta T_{room(f)}$$

この式において，$Q_{room(sft)}$，$m_{d(f,s)}$ 及び $\Delta T_{room(f)}$ は，それぞれ次の数値を表すものとする。

$Q_{room(sft)}$　　火災部分から竪穴部分への噴出熱気流の運搬熱量（単位　kW）

$m_{d(f,s)}$　　次の式によって計算した火災部分から竪穴部分への噴出熱気流の質量流量（単位　kg/s）

$$m_{d(f,s)} = (0.5 \Sigma C_{d(f,s)} A_{d(f,s)} + 0.5 \Sigma C_{w(f,s)} B_{w(f,s)} H_{w(f,s)}) \sqrt{h_{sft}}$$

この式において，$m_{d(f,s)}$，$C_{d(f,s)}$，$A_{d(f,s)}$，$C_{w(f,s)}$，$B_{w(f,s)}$，$H_{w(f,s)}$ 及び h_{sft} は，

それぞれ次の数値を表すものとする。

$m_{d(f,s)}$　火災部分から竪穴部分への噴出熱気流の質量流量（単位　kg/s）

$C_{d(f,s)}$　避難完了時間及び火災部分又は竪穴中間部分の竪穴部分に面する壁に設けられた開口部の種類に応じ，それぞれ次の表に定める火災部分又は竪穴中間部分の竪穴部分に面する壁に設けられた開口部の開口率

避難完了時間	火災部分又は竪穴中間部分の竪穴部分に面する壁に設けられた開口部の種類	火災部分又は竪穴中間部分の竪穴部分に面する壁に設けられた開口部の開口率
$t_{escape} \leq t_{fr(d)}$ である場合	令第112条第19項第一号に規定する構造である防火設備（同項第二号に規定する構造であるものを除く。）が設けられたもの	0.01
	令第112条第19項第二号に規定する構造である防火設備が設けられたもの	0.001
	その他のもの	1.0
$t_{escape} > t_{fr(d)}$ である場合	－	1.0

この表において, t_{escape} 及び $t_{fr(d)}$ は, それぞれ次の数値を表すものとする。

　t_{escape}　前号に規定する避難完了時間（単位　min）

　$t_{fr(d)}$　イに規定する防火設備保有遮炎時間（単位　min）

$A_{d(f,s)}$　火災部分又は竪穴中間部分の竪穴部分に面する壁に設けられた開口部の開口面積（単位　m²）

$C_{w(f,s)}$　避難完了時間に応じ, それぞれ次の表に定める火災部分又は竪穴中間部分の竪穴部分に面する壁の開口率

避難完了時間	火災部分又は竪穴中間部分の竪穴部分に面する壁の開口率
$t_{escape} \leqq$ $t_{fr(w)}$ である場合	0
$t_{escape} >$ $t_{fr(w)}$ である場合	1.0

この表において, t_{escape} 及び $t_{fr(w)}$ は, それぞれ次の数値を表すものとする。

　t_{escape}　前号に規定する避難完了時間（単位　min）

　$t_{fr(w)}$　イに規定する壁保有遮炎時間（単位　min）

$B_{w(f,s)}$　火災部分又は竪穴中間部分の竪穴部分に面する壁の幅（単位　m）

$H_{w(f,s)}$　火災部分又は竪穴中間部分の竪穴部分に面する壁の高さ（単位　m）

h_{sft}　　火災部分又は竪穴中間部分の竪穴部分に面する壁に設けられた各開口部の下端のうち最も低い位置（竪穴部分が火災部分又は火災部分の一部である場合にあっては, 竪穴部分の床面の最も低い位置）から竪穴部分の当該竪穴隣接室に面する壁に設けられた各開口

部の上端のうち最も高い位置までの高さ（単位　m）

$\Delta T_{room(f)}$　火災部分の煙層上昇温度（単位　℃）

$Q_{room(sft)}$　火災部分から竪穴部分への噴出熱気流の運搬熱量（単位　kW）

$A_{w(room(sft))}$　竪穴部分及び竪穴中間部分の壁（基準点からの高さが天井の高さの1／2以下の部分を除く。）及び天井の室内に面する部分の表面積（単位　m²）

$A_{w(room(up(s)))}$　当該竪穴隣接室の壁（基準点からの高さが1.8m以下の部分を除く。）及び天井の室内に面する部分の表面積（単位　m²）

$\Delta T_{room(sft)}$　竪穴部分の煙層上昇温度（単位　℃）

t_{pass}　前号ロに規定する出口通過時間（単位　min）

$H_{room(up(s))}$　当該竪穴隣接室の基準点から天井までの高さの平均（単位　m）

$V_{s(room(up(s)))}$　次の式によって計算した当該竪穴隣接室の煙等発生量（単位　m³/min）

$$V_{s(room(up(s)))} = \frac{4.2Q_{room(up(s))}{}^{1.3}\{(H_{room(up(s))}+h_{room(up(s))})^{5.3}+(1.8+h_{room(up(s))})^{5.3}\}}{\rho_{room(up(s))}}$$

この式において，$V_{s(room(up(s)))}$，$Q_{room(up(s))}$，$H_{room(up(s))}$，$h_{room(up(s))}$ 及び $\rho_{room(up(s))}$ は，それぞれ次の数値を表すものとする。

$V_{s(room(up(s)))}$　当該竪穴隣接室の煙等発生量（単位　m³/min）

$Q_{room(up(s))}$　火災部分から当該竪穴隣接室への噴出熱気流の運搬熱量（単位　kW）

$H_{room(up(s))}$　当該竪穴隣接室の基準点から天井までの高さの平均（単位　m）

$h_{room(up(s))}$　当該竪穴隣接室の床面の最も低い位置から基準点までの高さ（単位　m）

$\rho_{room(up(s))}$　次の式によって計算した避難完了時間が経過した時における当該竪穴隣接室の煙層密度（以下単に「竪穴隣接室の煙層密度」という。）（単位　kg/m³）

$$\rho_{room(up(s))} = \frac{353}{\Delta T_{room(up(s))}+293}$$

この式において，$\rho_{room(up(s))}$ 及び $\Delta T_{room(up(s))}$ は，それぞれ次の数値を表すものとする。

$\rho_{room(up(s))}$　竪穴隣接室の煙層密度（単位　kg/m³）

$\Delta T_{room(up(s))}$　竪穴隣接室の煙層上昇温度（単位　℃）

$A_{room(up(s))}$　当該竪穴隣接室の床面積（単位　m²）

四　令第129条の2第4項第二号ハに規定する避難上支障のある高さは，1.8m とする。

附　則　（略）

構造及び周囲の状況に関し安全上支障がない鉄筋コンクリート造の柱等の基準を定める件

令和４年９月30日　国土交通省告示第1024号

建築基準法施行令（昭和25年政令第338号）第147条第４項の規定に基づき，国土交通大臣が定める基準を次のように定める。

第１　構造

建築基準法施行令第138条第１項に規定する工作物のうち同項第二号に掲げる工作物（以下「鉄筋コンクリート造の柱等」という。）の構造が，次に掲げる基準に適合するものであること。

一　鉄柱であって，これを支えることができる支線を設けた構造であること。

二　高さが90m 以下であるものであること。

三　平成12年建設省告示第1449号第１第二号ロに定めるところによる構造計算並びに同告示第２第一号及び第二号に定めるところによる構造計算に準じた構造計算によって構造耐力上安全であることが確かめられたものであること。この場合において，同告示第２第一号中「広告塔等」とあるのは，「鉄筋コンクリート造の柱等」と読み替えるものとする。

第２　周囲の状況

鉄筋コンクリート造の柱等の周囲の状況が，次に掲げる基準に適合するものであること。

一　山地，原野その他の人が容易に立ち入るおそれがない場所に設けられるものであること。

二　鉄筋コンクリート造の柱等の基礎の部分から周囲の建築物，建築基準法（昭和25年法律第201号）第88条第１項若しくは第２項に規定する工作物（平成23年国土交通省告示第1002号に規定するものを含む。以下この号において「工作物」という。），同法第42条第１項各号に掲げる道路又は農道その他これに類する公共の用に供する道までの距離が，当該鉄筋コンクリート造の柱等の高さの２倍に相当する距離以上であること。ただし，周囲の工作物の配置その他の状況によって安全上支障がない場合においては，この限りでない。

　　附　則　（略）

安全上，防火上及び衛生上支障がない軒等を
定める等の件

令和 5 年 2 月28日　国土交通省告示第143号

　建築基準法施行令（昭和25年政令第338号。以下「令」という。）第 2 条第 1 項第二号の規定に基づき，安全上，防火上及び衛生上支障がない軒等及び軒等の端からの後退距離を次のように定める。

第 1　令第 2 条第 1 項第二号に規定する安全上，防火上及び衛生上支障がない軒等は，次の各号に掲げる基準に適合する軒等の全部又はその一部とする。

一　軒等の全部の端からその突き出た方向の敷地境界線までの水平距離のうち最小のものが 5 m 以上であること。

二　軒等の全部の各部分の高さは，当該部分から当該軒等が突き出た方向の敷地境界線までの水平距離に相当する距離以下とすること。

三　軒等の全部が不燃材料で造られていること。

四　軒等の全部の上部に上階を設けないこと。ただし，令第126条の 6 の非常用の進入口に係る部分及び空気調和設備の室外機その他これらに類するものを設ける部分については，この限りでない。

五　第一号から第四号に掲げる基準に適合する軒等の全部又はその一部について，次のイ又はロに掲げる軒等の区分に応じ，それぞれ当該イ又はロに定める面積の合計は，敷地面積（建築基準法（昭和25年法律第201号）第53条の規定により建蔽率の最高限度が定められている場合においては，敷地面積に当該最高限度を乗じて得た面積）に 1/10 を乗じて得た面積以下とすること。

イ　建築物の外壁又はこれに代わる柱の中心線から突き出た距離が水平距離 1 m 以上 5 m 未満の軒等　　その端と当該中心線の間の部分の水平投影面積

ロ　建築物の外壁又はこれに代わる柱の中心線から水平距離 5 m 以上突き出た軒等　　その端とその端から第 2 に定める距離後退した線の間の部分の水平投影面積

第 2　令第 2 条第 1 項第二号に規定する軒等の端からの後退距離は，水平距離 5 m とする。

　　附　則　（略）

直通階段の一に至る歩行距離に関し
建築基準法施行令第116条の2第1項第一号に該当する
窓その他の開口部を有する居室と同等の規制を受けるものとして
避難上支障がない居室の基準を定める件

令和5年3月20日　国土交通省告示第208号

建築基準法施行令（昭和25年政令第338号）第120条第1項の表の⑴の項の規定に基づき，直通階段の一に至る歩行距離に関し建築基準法施行令第116条の2第1項第一号に該当する窓その他の開口部を有する居室と同等の規制を受けるものとして避難上支障がない居室の基準を次のように定める。

建築基準法施行令（以下「令」という。）第120条第1項の表の⑴の項に規定する避難上支障がない居室の基準は，次に掲げるものとする。

一　次のイ又はロのいずれかに該当すること。

イ　床面積が30m²以内の居室（病院，診療所（患者の収容施設があるものに限る。）又は児童福祉施設等（令第115条の3第一号に規定する児童福祉施設等をいい，通所のみにより利用されるものを除く。）の用に供するもの及び地階に存するものを除く。以下同じ。）であること。

ロ　居室及び当該居室から地上に通ずる廊下等（廊下その他の避難の用に供する建築物の部分をいう。以下同じ。）（採光上有効に直接外気に開放された部分を除く。）が，令第126条の5に規定する構造の非常用の照明装置を設けたものであること。

二　次のイ又はロのいずれかに該当すること。

イ　居室から令第120条の規定による直通階段（以下単に「直通階段」という。）に通ずる廊下等が，不燃材料で造り，又は覆われた壁又は戸（ふすま，障子その他これらに類するものを除く。以下同じ。）で令第112条第19項第二号に規定する構造であるもので区画されたものであること。

ロ　居室から直通階段に通ずる廊下等が，スプリンクラー設備（水源として，水道の用に供する水管を当該スプリンクラー設備に連結したものを除く。），水噴霧消火設備，泡消火設備その他これらに類するもので自動式のもの（以下「スプリンクラー設備等」という。）を設けた室以外の室（令第128条の6第2項に規定する火災の発生のおそれの少ない室（以下単に「火災の発生のおそれの少ない室」という。）を除く。）に面しないものであり，かつ，火災の発生のおそれの少ない室に該当する場合を除き，スプリンクラー設備等を設けたものであること。

三　直通階段が次のイ又はロのいずれかに該当すること。

イ　直通階段の階段室が，その他の部分と準耐火構造の床若しくは壁又は建築基準法（昭和25年法律第201号）第2条第九号の二ロに規定する防火設備で令第112条第19項第二号に規定する構造であるもので区画されたものであること。

ロ　直通階段が屋外に設けられ，かつ，屋内から当該直通階段に通ずる出入口にイに規定する防火設備を設けたものであること。

四　居室から直通階段に通ずる廊下等が，火災の発生のおそれの少ない室に該当するこ

と。ただし，不燃材料で造り，又は覆われた壁又は戸で令第112条第19項第二号に規定する構造であるもので区画された居室に該当する場合において，次のイからハまでに定めるところにより，当該居室で火災が発生した場合においても当該居室からの避難が安全に行われることを火災により生じた煙又はガスの高さに基づき検証する方法により確かめられたときは，この限りでない。

イ　当該居室に存する者（当該居室を通らなければ避難することができない者を含む。）の全てが当該居室において火災が発生してから当該居室からの避難を終了するまでの時間を，令和3年国土交通省告示第475号第一号イ及びロに掲げる式に基づき計算した時間を合計することにより計算すること。

ロ　イの規定によって計算した時間が経過したときにおける当該居室において発生した火災により生じた煙又はガスの高さを，令和3年国土交通省告示第475号第二号に掲げる式に基づき計算すること。

ハ　ロの規定によって計算した高さが，1.8mを下回らないことを確かめること。

五　令第110条の5に規定する基準に従って警報設備（自動火災報知設備に限る。）を設けた建築物の居室であること。

　　附　則　（略）

建築基準法施行規則第10条の４の４の
国土交通大臣が定める給湯設備を定める件

令和５年３月22日　国土交通省告示第209号

　建築基準法施行規則（昭和25年建設省令第40号）第10条の４の４の規定に基づき，国土交通大臣が定める給湯設備を次のように定める。

　建築基準法施行規則第10条の４の４に規定する国土交通大臣が定める給湯設備は，次に掲げるものとする。

一　電気ヒートポンプ給湯機
二　潜熱回収型給湯機
三　ハイブリッド給湯機
四　給湯の機能を有する燃料電池設備
五　給湯の機能を有するコージェネレーション設備

　附　則　（略）

法令名索引

い

石綿障害予防規則［抄］ ……………………………………………………1389
一般高圧ガス保安規則［抄］ ………………………………………………1226
医　療　法［抄］ ……………………………………………………………1243
医療法施行規則［抄］ ………………………………………………………1244

え

液化石油ガスの保安の確保及び取引の適正化に関する法律［抄］ ……………1207
液化石油ガスの保安の確保及び取引の適正化に関する法律施行規則［抄］ ……1208
エネルギーの使用の合理化及び非化石エネルギーへの転換等に
　関する法律［抄］ …………………………………………………………1246
エネルギーの使用の合理化及び非化石エネルギーへの転換等に
　関する法律施行令［抄］ …………………………………………………1249

お

屋外広告物法［抄］ …………………………………………………………1250

か

ガス事業法［抄］ ……………………………………………………………1214
ガス事業法施行規則［抄］ …………………………………………………1215
学校教育法［抄］ ……………………………………………………………1252
幹線道路の沿道の整備に関する法律［抄］ ………………………………1127

き

危険物の規制に関する政令［抄］ …………………………………………784
危険物の規制に関する規則［抄］ …………………………………………802
急傾斜地の崩壊による災害の防止に関する法律［抄］ …………………1133
急傾斜地の崩壊による災害の防止に関する法律施行令［抄］ …………1134
給水装置の構造及び材質の基準に関する省令［抄］ ……………………1236

け

景　観　法［抄］ ……………………………………………………………1135
下　水　道　法［抄］ ………………………………………………………1220
下水道法施行令［抄］ ………………………………………………………1223
建　設　業　法［抄］ ………………………………………………………693
建設業法施行令［抄］ ………………………………………………………712
建設工事に係る資材の再資源化等に関する法律［抄］ …………………1256
建設工事に係る資材の再資源化等に関する法律施行令［抄］ …………1260
建築基準法 ……………………………………………………………………1
建築基準法施行令 ……………………………………………………………181
建築基準法施行規則 …………………………………………………………389
建築基準法に基づく指定建築基準適合判定資格者検定機関等に関する省令［抄］ …571
建築基準法関係国土交通省告示 ……………………………………………1395

建 築 士 法 ……………………………………………613
建築士法施行令 ………………………………………657
建築士法施行規則 ……………………………………660
建築物における衛生的環境の確保に関する法律［抄］…………1262
建築物における衛生的環境の確保に関する法律施行令［抄］………1264
建築物のエネルギー消費性能の向上に関する法律［抄］…………1086
建築物のエネルギー消費性能の向上に関する法律施行令…………1106
建築物エネルギー消費性能基準等を定める省令…………1110
建築物の耐震改修の促進に関する法律［抄］…………1031
建築物の耐震改修の促進に関する法律施行令…………1046
建築物の耐震改修の促進に関する法律施行規則［抄］…………1053
建築物の耐震改修の促進に関する法律に基づく告示…………1061

　　こ

高圧ガス保安法［抄］…………………………………1225
高齢者，障害者等の移動等の円滑化の促進に関する法律［抄］…………980
高齢者，障害者等の移動等の円滑化の促進に関する法律施行令［抄］…………998
高齢者，障害者等の移動等の円滑化の促進に関する法律施行規則［抄］…………1009
高齢者，障害者等が円滑に利用できるようにするために誘導すべき
　　建築物特定施設の構造及び配置に関する基準を定める省令［抄］…………1014
高齢者，障害者等の移動等の円滑化の促進に関する法律に基づく告示…………1022
港　湾　法［抄］………………………………………1266
国土利用計画法［抄］…………………………………1140

　　し

自転車の安全利用の促進及び自転車等の駐車対策の総合的推進に
　　関する法律［抄］…………………………………1271
児童福祉施設の設備及び運営に関する基準［抄］…………1274
児童福祉法［抄］………………………………………1272
社会福祉法［抄］………………………………………1281
住宅の品質確保の促進等に関する法律［抄］…………933
住宅の品質確保の促進等に関する法律施行令［抄］…………941
住宅の品質確保の促進等に関する法律施行規則［抄］…………942
住宅用防災機器の設置及び維持に関する条例の制定に関する基準を定める省令…808
住宅用防災警報器及び住宅用防災報知設備に係る技術上の規格を
　　定める省令［抄］…………………………………803
集落地域整備法［抄］…………………………………1143
浄　化　槽　法［抄］…………………………………1227
消　防　法［抄］………………………………………721
消防法施行令［抄］……………………………………742

　　す

水　道　法［抄］………………………………………1233
水道法施行令［抄］……………………………………1235

た

宅地造成及び特定盛土等規制法［抄］ ……………………………1146
宅地造成及び特定盛土等規制法施行令［抄］ …………………1155
宅地建物取引業法［抄］ ……………………………………………1283

ち

畜舎等の建築等及び利用の特例に関する法律［抄］ ………………1291
畜舎等の建築等及び利用の特例に関する法律施行規則［抄］ ………1297
駐 車 場 法［抄］ …………………………………………………1298
駐車場法施行令［抄］ ………………………………………………1301
長期優良住宅の普及の促進に関する法律［抄］ …………………948
長期優良住宅の普及の促進に関する法律施行令 …………………958
長期優良住宅の普及の促進に関する法律施行規則 ………………960

つ

津波防災地域づくりに関する法律［抄］ …………………………1166

と

道 路 法［抄］ ………………………………………………………1168
特定共同住宅等における必要とされる防火安全性能を有する消防の用に
　供する設備等に関する省令 ………………………………………812
特定空港周辺航空機騒音対策特別措置法［抄］ …………………1305
特定空港周辺航空機騒音対策特別措置法施行令［抄］ …………1306
特定住宅瑕疵担保責任の履行の確保に関する法律［抄］ ………967
特定小規模施設における必要とされる防火安全性能を有する消防の用に
　供する設備等に関する省令 ………………………………………822
特定駐車場における必要とされる防火安全性能を有する消防の用に供する
　設備等に関する省令 ………………………………………………827
特別養護老人ホームの設備及び運営に関する基準［抄］ ………1354
都市計画法［抄］ ……………………………………………………841
都市計画法施行令［抄］ ……………………………………………893
都市計画法施行規則［抄］ …………………………………………924
都市公園法［抄］ ……………………………………………………1170
都市公園法施行令［抄］ ……………………………………………1172
都市再開発法［抄］ …………………………………………………1174
都市再生特別措置法［抄］ …………………………………………1181
都市再生特別措置法施行令［抄］ …………………………………1191
都市の低炭素化の促進に関する法律［抄］ ………………………1308
都市の低炭素化の促進に関する法律施行令［抄］ ………………1314
土砂災害警戒区域等における土砂災害防止対策の推進に関する法律［抄］ …1197
都市緑地法［抄］ ……………………………………………………1193
都市緑地法施行令［抄］ ……………………………………………1196
土地区画整理法［抄］ ………………………………………………1199

の

農林水産省関係畜舎等の建築等及び利用の特例に関する法律施行規則［抄］……1295

は

排煙設備に代えて用いることができる必要とされる防火安全性能を有する
　消防の用に供する設備等に関する省令 ……………………………………824
廃棄物の処理及び清掃に関する法律［抄］ ………………………………1315
廃棄物の処理及び清掃に関する法律施行令［抄］ ………………………1319

ひ

被災市街地復興特別措置法［抄］ …………………………………………1321

ふ

風俗営業等の規制及び業務の適正化等に関する法律［抄］ ……………1325
風致地区内における建築等の規制に係る条例の制定に関する
　基準を定める政令［抄］ …………………………………………………1202
複合型居住施設における必要とされる防火安全性能を有する消防の用に
　供する設備等に関する省令 ………………………………………………825
文化財保護法［抄］ …………………………………………………………1329

み

密集市街地における防災街区の整備の促進に関する法律［抄］ ………1332
民　　　法［抄］ ……………………………………………………………1340

よ

幼稚園設置基準［抄］ ………………………………………………………1254
養護老人ホームの設備及び運営に関する基準［抄］ ……………………1357

り

流通業務市街地の整備に関する法律［抄］ ………………………………1345
旅 館 業 法［抄］ ……………………………………………………………1347
旅館業法施行令［抄］ ………………………………………………………1350

ろ

老人福祉法［抄］ ……………………………………………………………1352
労働安全衛生法［抄］ ………………………………………………………1360
労働安全衛生法施行令［抄］ ………………………………………………1364
労働安全衛生規則［抄］ ……………………………………………………1367
労働基準法［抄］ ……………………………………………………………1359

［令和6年度版］
井上建築関係法令集

2024年1月20日　　第1版第1刷発行

編　集	建築法令研究会
発行者	石川泰章
発行所	株式会社井上書院
	東京都文京区湯島2-17-15 斉藤ビル
	電話(03)5689-5481　FAX(03)5689-5483
	https://www.inoueshoin.co.jp/
	振替00110-2-100535
印刷所	新日本印刷株式会社

ISBN 978-4-7530-2187-1　C3052　　Printed in Japan